Gewerbesteuergesetz

Kommentar

von

Georg Güroff
Vors. Richter am Finanzgericht a. D.

Dr. Johannes Selder
Richter am Bundesfinanzhof

Dr. Ludwig Wagner
Richter am Finanzgericht Nürnberg

8., völlig neubearbeitete Auflage

2014

C. H. BECK

Es haben bearbeitet:
Georg Güroff
§§ 1–3, 6, 8–11, 16–34
Dr. Johannes Selder
§§ 4, 5, 7, 14–15, 35a, 36
Dr. Ludwig Wagner
§ 7 Anhang (Umwandlungsvorgänge)

Zitiervorschlag: [Autor] in Glanegger/Güroff, GewStG, § … Rn …

www.beck.de

ISBN 978 3 406 63334 8

© 2014 Verlag C.H. Beck oHG
Wilhelmstraße 9, 80801 München
Druck: Druckerei C.H. Beck Nördlingen (Adresse wie Verlag)

Satz: Meta Systems, Wustermark

Gedruckt auf säurefreiem, alterungsbeständigem Papier
(hergestellt aus chlorfrei gebleichtem Zellstoff)

Vorwort zur 8. Auflage

Steuern rauf oder Steuern runter? Die Entscheidung des Wählers bei der bei Abfassung dieses Vorworts anstehenden BT-Wahl wird die Antwort auf diese Frage vorprägen. Nichts ändern wird sie am Status Quo und am Quo Vadis unseres Steuerrechts. Denn für keinen Aspiranten war – soweit ersichtlich – diese Frage einen Gedanken, geschweige denn ein gesprochenes/geschriebenes Wort wert. Allerdings wäre ein Gedanke dazu dringend geboten gewesen. Denn seit Erscheinen der Vorauflage hat es keinen Anlass für eine Entwarnung gegeben. Im Gegenteil, die Komplizierung und Unübersichtlichkeit des Steuerrechts wurde weiter vorangetrieben. Die Folge ist, dass seine Rechtsstaatlichkeit immer häufiger angezweifelt wird. Als repräsentativ genannt sei der Kongressvortrag von *Dieter Birk*, der in Erinnerung an *Klaus Vogel* und an dessen schon 1987 gesprochene Worte der Hoffnung Ausdruck verlieh „... dass unser Staat auch in seinem Steuerrecht wieder ein Rechtsstaat, ein Staat des Rechts werden wird" (Münchener Schriften zum Internationalen Steuerrecht 2010, Heft 29, S. 12 ff). Die Vorstellungen von Bestimmtheit, Klarheit und Beständigkeit einer Norm sowie vom Abbau von Privilegien werden weiterhin wohl Wunschvorstellungen bleiben.

Ebenfalls nicht zur Debatte stand/steht die Reform oder gar Abschaffung der Gewerbesteuer – angesichts der im europäischen Kontext weiterhin anstehenden Großaufgaben sicher nicht zeitgemäß; allerdings für die Unternehmen auch mit Belastungssteigerungen verbunden, da ein Großteil der Gemeinden den jeweiligen Hebesatz abermals angehoben hat (vgl FAZ vom 9.7.2013).

Der **Gesetzgeber** ist in den vergangenen 4 Jahren – soweit gewerbesteuerlich relevant – wie folgt tätig geworden:
- WachstumsbeschleunigungsG vom 22.12.2009 (BGBl I 2009, 3950): Absenkung des hinzuzurechnenden Anteils der Miet- und Pachtzinsen bei unbeweglichen WG (§ 8 Nr 1 Buchst e GewStG); Einführung einer in mancherlei Hinsicht unklaren Konzernklausel und Verschonungsklausel beim schädlichen Beteiligungserwerb (§ 8c Abs 1 KStG iVm § 10a Satz 10 GewStG);
- G vom 8.4.2010 (BGBl I 2010, 386): Durch Einführung eines neuen § 19 Abs 4 GewStDV und Streichung des bisherigen § 19 Abs 3 Nr 4 GewStDV Schaffung einer etwas versteckten partiellen, sachbezogenen Gewerbesteuerbefreiung für Schuldentgelte (§ 8 Nr 1 Buchst a GewStG) bei bestimmten Finanzdienstleistungsunternehmen (durch Amtshilferichtlinie-Umsetzungsgesetz erweitert auf bestimmte Zahlungsinstitute) mit dem gesetzgeberischen Hinweis auf die Bedeutung von Leasingunternehmen für die mittelständische Wirtschaft;
- Das JStG 2010 vom 8.12.2010 (BGBl I 2010, 1768) brachte neben dem gewohnten Wechsel der nach § 3 Nr 2 GewStG befreiten Banken und Kreditinstitute in § 10a Satz 9 GewStG eine Rechtsgrundlage für die gesonderte Feststellung des verbleibenden Gewerbeverlusts in der jeweiligen Sparte von Kapitalgesellschaften (Eigengesellschaften) der öffentlichen Hand, den Fortfall der Sonderregelung für Inhaber eines Blindenwaren-Vertriebsausweises in § 35a Abs 2 GewStG und in § 35b Abs 2 Sätze 2 u 3 GewStG Bestimmungen zur Berücksichtigung von Besteuerungsgrundlagen bei der (geänderten) Feststellung des vortragsfähigen Gewerbeverlusts.
- Mit dem Beitreibungsrichtlinie-Umsetzungsgesetz vom 7.12.2011 (BGBl I 2011, 2592) erhielt § 34 Abs 7c KStG eine für die Anwendung des § 10a Satz 10 GewStG erhebliche Anwendungsbestimmung zu § 8c Abs 1a KStG (Sanierungsklausel): Anwendung, wenn der Kommissionsbeschluss K(2011) 275 durch den EuGH für nichtig erklärt wird, bei einem die Anwendung des § 8c Abs 1a KStG

V

Vorwort

zulassenden Beschluss der EU-Kommission oder bei Vorliegen der Voraussetzungen des Art 2 jenes Beschlusses und Steuerfestsetzung vor dem 26.1.2011.
- Durch G zur Änderung und Vereinfachung der Unternehmensbesteuerung und des steuerlichen Reisekostenrechts vom 20.2.2013 (BGBl I 2013, 285) haben sich die körperschaft- und gewerbesteuerlichen (§ 2 Abs 2 Satz 2 GewStG) Vorschriften über die Organschaft (§§ 14 ff KStG) erheblich verändert, insbesondere durch eine Neuregelung der Berücksichtigung von Auslandssachverhalten bzw des Inlandsbezugs. Bei der Organgesellschaft genügt nunmehr die Geschäftsleitung im Inland und der Sitz in einem Mitgliedstaat der EU/des EWR (§ 14 Abs 1 Satz 1, § 17 Satz 1 KStR nF). Beim Organträger wird der Inlandsbezug nunmehr hergestellt durch Zuordnung der die Eingliederung vermittelnden Beteiligung zu einer inländischen Betriebsstätte (§ 12 AO; § 14 Abs 1 Nr 2 KStG nF). § 18 KStG aF ist aufgehoben worden. Zudem ist § 14 Abs 1 Nr 3 um eine Fiktion der tatsächlichen Durchführung des Gewinnabführungsvertrags erweitert worden und bestimmt eine neuer § 14 Abs 5 KStG die gesonderte und einheitliche Feststellung des dem Organträger zuzurechnenden Einkommens.
- Das G zur Stärkung des Ehrenamts vom 21.3.2013 (BGBl I 2013, 556) brachte für die Befreiungsvorschrift des § 3 Nr 6 GewStG bedeutsame Änderungen des steuerlichen Gemeinnützigkeitsrechts. Deren Schwerpunkt liegt in der Entlastung der befreiten Körperschaft vom Druck der zeitnahen Mittelverwendung (§ 55 Abs 1 Nr 5 AO) durch Verlängerung der Verwendungsfrist auf 2 Jahre, Einbau einer weiteren Ausnahme für Mittelzuwendungen (§ 58 Nr 3 AO nF) und der Schaffung einer eigenständigen Vorschrift über die zulässige Rücklagen- und Vermögensbildung (§ 62 AO nF), zT mit Verlagerung entsprechender Vorschriften aus § 58 AO aF. Neu ist eine das bisherige Verfahren der vorläufigen Bescheinigung ablösende Vorschrift über die gesonderte Feststellung der Einhaltung der satzungsmäßigen Voraussetzungen (§ 60a AO nF). Das Gebot der satzungsmäßigen Geschäftsführung (§ 63 AO) hat einen neuen Absatz 5 über die Zulässigkeit der Ausstellung von Zuwendungsbestätigungen erhalten.
In § 9 Nr 5 GewStG wird die Abziehbarkeit von Zuwendungen in den Vermögensstock einer Stiftung dahin differenziert, dass es sich hierbei um das zu erhaltende Vermögen im Gegensatz zum verbrauchbaren Vermögen handeln muss (§ 9 Nr 5 Sätze 9 u 10 nF GewStG). Die Veranlasserhaftung bei Fehlverwendung von Mitteln wird durch Streichung des zweiten „wer" in § 9 Nr 5 Satz 14 nF GewStG als verschuldensabhängig ausgestaltet.
- Das Amtshilferichtlinie-Umsetzungsgesetz vom 26.6.2013 (BGBl I 2013, 1809) brachte eine Ausweitung der für Windkraftanlagen geltenden Zerlegungsvorschrift (§ 29 Abs 1 Nr 2 GewStG) auf Erzeuger von Energie aus solarer Strahlungsenergie mit einem für diese in den EZ 2013–2022 geltenden weiter differenzierenden Zerlegungsmaßstab.

Die **BReg** hat am 28.4.2010 die lang erwarteten **GewSt-Richtlinien** (mit dem Zusatz „2009") erlassen; ebenfalls vom 28.4.2010 datieren die neu erstellten Hinweise zu den GewSt-Richtlinien – **GewStH**. In beiden spiegeln sich die Änderungen des GewStG insbesondere durch das G vom 14.8.2007 mit den zentralen Vorschriften des § 8 Nr 1 Buchst a–f GewStG. Sie sind wesentlich knapper gehalten als die GewStR 1998. Kritik entzündet sich daran sowie daran, dass nicht wenige Neuerungen des Gesetzes nicht aufgegriffen und eine Vielzahl von Anregungen seitens der Fachöffentlichkeit nicht berücksichtigt worden sind.

Für die Abgrenzung der Land- und Forstwirtschaft vom Gewerbebetrieb wesentlich ist eine Änderung von R 15.5 EStR 2012, der die neuere BFH-Rechtsprechung aufnimmt.

Die unermüdliche **Finanzverwaltung** hat durch eine Vielzahl von Erlassen und Schreiben auch das Gewerbesteuerrecht bereichert. Hervorgehoben seien die Änderung des Anwendungserlasses zur AO im Hinblick auf die Vorschriften des Gemein-

Vorwort

nützigkeitsrechts (u.a. Aufgabe der „Geprägetheorie" bei den „eigenwirtschaftlichen Zwecken"), die gleich lautenden Ländererlasse zu den Finanzierungsanteilen nach § 8 Nr 1 GewStG, der Umwandlungssteuererlass, u.a. mit der Europäisierung des Begriffs des Teilbetriebs.

In der **Rechtsprechung** von Interesse sind Entscheidungen des **BFH** u.a. zur Freiberuflichkeit von Tätigkeiten in der IT-Branche; zur Nichtgewerblichkeit der Verwertung erworbener gebrauchter Lebensversicherungen; beim gewerblichen Grundstückshandel zur Gewinnerzielungsabsicht, zur Zählbarkeit eines unter Zwang veräußerten Grundstücks, zur Umqualifizierung eines Veräußerungsgewinns zum laufenden Gewinn und zur „Ein-Objekt-Grenze"; zum Fortfall der Vervielfältigungstheorie bei der sonstigen selbstständigen Arbeit; zur strengen Anforderung an die Geltungsdauer des Gewinnabführungsvertrags bei der Organschaft; zur (engen) Auslegung des § 51 Abs 3 AO bei Körperschaften mit Gemeinnützigkeitsbestreben im Visier des Verfassungsschutzes; zur Nachversteuerung bei gravierenden Satzungsverstößen durch die tatsächliche Geschäftsführung; zum Umfang der Zweckbetriebe; zur (weiten) Auslegung des Begriffs des Berufsverbandes; zum Umfang der Befreiung bei Krankenhäusern, Alten- und Pflegeheimen; zur Verfassungsmäßigkeit der Hinzurechnungsvorschriften § 8 Nr 1 Buchst a, d, e und f GewStG; zur Hinzurechnung von Dividendenbezügen aus Investmentfonds; zur Teilwertzuschreibung bei vorausgegangener Hinzurechnung der Teilwertabschreibung; zum numerus clausus der Kürzungsvorschriften; zur Versagung der erweiterten Kürzung nach Veräußerung des letzten Grundstücks, bei einer kapitalistischen Betriebsaufspaltung und bei Beteiligung einer GmbH an einer vermögensverwaltenden KG; zur Versagung der Kürzung von Gewinnanteilen bei Beteiligung an einer gewerbesteuerbefreiten Gesellschaft; zur Belassung (Nichthinzurechnung) eines „finalen Betriebsstättenverlustes" aus einem DBA-Staat; zum Verhältnis von inter- und intraperiodischem Verlustausgleich; zum Verlustabzug bei Verschmelzung einer GmbH auf eine beteiligte KG; mehrfach zur wirtschaftlichen Identität nach § 8 Abs 4 KStG aF; zum persönlichen Anwendungsbereich des § 8c KStG nF; zur Verlustverrechnung bei unterjährigem Beteiligungswechsel; zum Verlust des Verlustvortrags durch Wechsel zu einer mittelbaren Beteiligung für eine „logische Sekunde"; zur Verfassungsmäßigkeit der Mindestbesteuerung; dazu umwandlungssteuerrechtliche Entscheidungen, zB zum steuerfreien Übernahmeergebnis bei Abwärts- und Seitenabspaltungen; zum (Nicht)Übergang einer Wertaufholungsverpflichtung bei einer Abwärtsverschmelzung; zur Unschädlichkeit der Übertragung einer wesentlichen Betriebsgrundlage unmittelbar vor der Einbringung eines Einzelunternehmens in eine Personengesellschaft bzw ihrer Ausgliederung in eine Schwestergesellschaft unmittelbar vor der Einbringung von Mitunternehmeranteilen in eine Kapitalgesellschaft; zur Drittanfechtung bei einer Einbringung nach § 20 UmwStG. Nicht unerwähnt bleiben darf die Rechtsprechung des **EuGH**, zB zum Abzug von finalen Verlusten bei grenzüberschreitenden Verschmelzungen und zur Europarechtskompatibilität des § 8 Nr 1 Buchst a GewStG nF, und des **BVerfG**, zB zur Frage der AdV wegen eines beim BVerfG anhängigen Verfahrens sowie zum Rückwirkungsverbot im Zusammenhang mit der Hinzurechnung von Streubesitzdividenden (§ 8 Nr 5 GewStG).

In **eigener Sache** erlauben wir uns auf die weitgehende **Neugestaltung** der Kommentierung im Hinblick auf die formale Gliederung und die damit zusammenhängenden Hervorhebungen von Schlagworten aufmerksam zu machen. Zudem haben wir bei Gerichtsentscheidungen die Zitierweise dahin verändert, dass Aktenzeichen und nur eine Fundstelle (BStBl II, BFH/NV, EFG, DStR usw) erscheinen; die Doppelzitate (BFHE und BStBl II) sind entfallen. Wir waren – wir hoffen, mit Erfolg – bestrebt, die Nutzungsfreundlichkeit des Kommentars zu erhöhen.

Ihnen, verehrter Leser, danken wir – wie immer – für Ihr Interesse an diesem Kommentar und an der persönlichen Erörterung. Natürlich freuen wir uns weiterhin über Ihre Anregungen und Hinweise.

Vorwort

Schließlich danken wir den Mitarbeitern des Verlags, in erster Linie Herrn Hans Theismann, für die unermüdliche, kompetente und freundliche Unterstützung beim Zustandekommen dieser Auflage, das auch ihnen insbesondere angesichts der Neugestaltung viel abverlangt hat.

München, im Oktober 2013 *Die Verfasser*

Vorwort zur 1. Auflage

Ihre Verwegenheit, dem geneigten Publikum einen neuen Kommentar anzubieten, sei rational kaum zu erklären, so die Verfasser des von L. Schmidt herausgegebenen Kommentars zum EStG vor sechs Jahren, wiewohl ihnen auf zukunftssicherem Terrain ein großer Wurf gelungen war. Aberwitzige Kühnheit, so scheint es, muß dann wohl im Spiele sein, wagt sich in diesen Tagen jemand noch an die Neukommentierung des GewStG heran. Denn von der Parteien Gunst und Haß gebeutelt blickt die Gewerbesteuer ungewiß nur in die Zukunft (vgl. die neueren Meldungen in der Süddeutschen Zeitung: Bangemann kündigt Abschaffung der Gewerbesteuer nach 1990 an [4. 2. 1988]; Späth kritisiert dies als nicht ungefährlichen Schnellschuß [5. 2. 1988]; Apel kritisiert die Ankündigung als Konjunkturhindernis; Schmalstieg nennt sie ungeheuerlich [8. 2. 1988]; Kohl erneuert vorläufige Gewerbesteuer-Garantie [12. 2. 1988]; Strauß hält Bangemanns Äußerungen für völlig verfehlt [25. 2. 1988]; DGB will Gewerbesteuer erhalten [26. 2. 1988] ...). Wenn wir uns dennoch in ein solches Unterfangen verstiegen haben, so gründet dies auf dem vorsichtigen Optimismus, daß der Gewerbesteuer noch einige Jahre beschieden sein werden, und auf der festen Überzeugung, daß im gegenwärtigen System der öffentlichen Finanzen und Finanzverfassung auf die Gewerbesteuer – wenn auch in veränderter Gestalt – letztlich nicht verzichtet werden kann.

Vor diesem Hintergrund war es unser Anliegen, eine Handkommentierung zum GewStG zu erstellen, die in übersichtlicher Form seine Probleme und die Möglichkeiten ihrer Lösungen so knapp wie möglich und so ausführlich wie zum Verständnis nicht nur des Fachmannes nötig aufzeigt. Hierbei haben wir uns bemüht, die Rechtsprechung insbesondere des Bundesfinanzhofs und die einschlägige Literatur möglichst erschöpfend zu erfassen und darzustellen. Dabei wird allerdings auch mit kritischen Anmerkungen nicht völlig hinterm Berg gehalten.

Gewisse Schwerpunkte bei der Bearbeitung und damit verbunden umfangreichere Darstellungen waren wegen der Bedeutung einzelner Vorschriften oder wegen der ihnen immanenten Probleme unumgänglich. Sie liegen insbesondere bei den Vorschriften über die Gewerbesteuerpflicht von Gewerbebetrieben, über die Freistellung von der Gewerbesteuer vor allem der gemeinnützigen Vereinigungen sowie der Pensions- und Unterstützungskassen sowie über die Ermittlung des Gewerbeertrags und hier insbesondere über die Hinzurechnung von Dauerschulden und Dauerschuldzinsen sowie von Miet- und Pachtzinsen. Um dem Benutzer die Arbeit mit dem Kommentar zu erleichtern, werden eine Reihe von Erläuterungen in ABC-Form dargestellt, z. B. für Abgrenzungsfragen der gewerblichen Tätigkeit, des Betriebs gewerblicher Art, der Gemeinnützigkeit, der Dauerschulden, der Miet- und Pachtzinsen etc.

Die Abschnitte bei § 7 über die Grundzüge des Umwandlungssteuergesetzes und der Mitunternehmerschaft sowie Hinweise zur Unternehmensform und zur Vertragsgestaltung sind nicht nur wegen ihrer gewerbesteuerrechtlichen Bezüge, sondern auch zu dem Zweck eingefügt worden, dem Berater bei Vertragsabschlüssen eine Hilfe zu sein.

In einem eigenen Anhang werden die Änderungen des GewStG, die der kürzlich veröffentlichte Entwurf des Steuerreformgesetzes 1990 vorsieht, kurz dargestellt.

Nie völlig zu vermeidende Schwachstellen bitten wir mit Nachsicht zu bedenken. Für Anregungen und Hinweise zur Vervollkommnung des Konzepts und seiner Ausführung sind wir jederzeit dankbar.

Vorwort

Dankbar sind wir dem Verleger, der die Kommentierung ermöglicht hat, sowie den Mitarbeitern des Verlags für ihre tatkräftige Unterstützung, insbesondere Herrn Theismann. Nicht vergessen wollen wir mit unserem Dank unsere Ehefrauen, die an der Last der Gewerbesteuer mitgetragen haben.

München, im März 1988 *Die Verfasser*

Inhaltsverzeichnis

Vorwort zur 8. Auflage V
Vorwort zur 1. Auflage IX
Abkürzungsverzeichnis XIII

Erläuterungen zum Gewerbesteuergesetz (GewStG)
Detaillierte Übersichten zu Beginn jedes Paragraphen

Abschnitt I. Allgemeines

§ 1	Steuerberechtigte	3
§ 2	Steuergegenstand	30
§ 2a	Arbeitsgemeinschaften	253
§ 3	Befreiungen	257
§ 4	Hebeberechtigte Gemeinde	418
§ 5	Steuerschuldner	423
§ 6	Besteuerungsgrundlage	435

Abschnitt II. Bemessung der Gewerbesteuer

§ 7	Gewerbeertrag	438
	Anhang zu § 7: Vorgänge nach dem UmwG und dem UmwStG	524
§ 8	Hinzurechnungen	766
§ 8a	Hinzurechnung des Gewerbeertrags bei niedriger Gewerbesteuerbelastung *(aufgehoben)*	886
§ 9	Kürzungen	889
§ 10	Maßgebender Gewerbeertrag	976
§ 10a	Gewerbeverlust	979
§ 11	Steuermesszahl und Steuermessbetrag	1056

Abschnitt III.

§§ 12, 13 (weggefallen)

Abschnitt IV. Steuermessbetrag

§ 14	Festsetzung des Steuermessbetrags	1068
§ 14a	Steuererklärungspflicht	1072
§ 14b	Verspätungszuschlag	1074
§ 15	Pauschfestsetzung	1075

Abschnitt V. Entstehung, Festsetzung und Erhebung der Steuer

§ 16	Hebesatz	1078
§ 17 (weggefallen)		
§ 18	Entstehung der Steuer	1086
§ 19	Vorauszahlungen	1087
§ 20	Abrechnung über die Vorauszahlungen	1094
§ 21	Entstehung der Vorauszahlungen	1096

§§ 22 bis 27 (weggefallen)

Abschnitt VI. Zerlegung

§ 28	Allgemeines	1098

Inhaltsverzeichnis

§ 29 Zerlegungsmaßstab 1107
§ 30 Zerlegung bei mehrgemeindlichen Betriebsstätten 1114
§ 31 Begriff der Arbeitslöhne für die Zerlegung 1121
§ 32 (weggefallen)
§ 33 Zerlegung in besonderen Fällen 1126
§ 34 Kleinbeträge 1131
§ 35 (weggefallen)

Abschnitt VII. Gewerbesteuer der Reisegewerbebetriebe
§ 35a Gewerbesteuer der Reisegewerbebetriebe 1133

Abschnitt VIII. Änderung des Gewerbesteuermessbescheids von Amts wegen
§ 35b Änderung des Gewerbesteuermessbescheids von Amts wegen 1136

Abschnitt IX. Durchführung
§ 35c Ermächtigung 1144

Abschnitt X. Schlussvorschriften
§ 36 Zeitlicher Anwendungsbereich 1146
§ 37 (weggefallen)

Sachregister 1155

Abkürzungsverzeichnis

Verzeichnis der Abkürzungen und der abgekürzt zitierten Literatur

A	Abschnitt
aA (AA)	anderer Ansicht
aaO	am angegebenen Ort
ABl	Amtsblatt
abl	ablehnend
ABlKR	Amtsblatt des Kontrollrats in Deutschland
Abs	Absatz
Abschn	Abschnitt
abw	abweichend
AdV	Aussetzung der Vollziehung
aE	am Ende
AEAO	Anwendungserlass zur AO, zuletzt idF vom 2. 1. 2008 (BStBl I 2008, 26) mit nachfolgenden Änderungen
AEUV	Vertrag über die Arbeitsweise der Europäischen Union
aF	alte Fassung
AfA	Absetzung für Abnutzung
AFG	Arbeitsförderungsgesetz
AG	Aktiengesellschaft, auch Zeitschrift „Die Aktiengesellschaft"; mit Ortsbezeichnung: Amtsgericht; mit anderen Gesetzesabkürzungen: Ausführungsgesetz
ähnl	ähnlich
AIG	Auslandsinvestitionsgesetz
AK	Anschaffungskosten
AktG	Aktiengesetz
AktStR	Aktuelles Steuerrecht (Zeitschrift)
ALG	Gesetz über die Alterssicherung der Landwirte
Allg (allg)	Allgemein(es)
allg M	allgemeine Meinung
aM	anderer Meinung
AmtlSlg	Amtliche Sammlung der Entscheidungen des RFH
Anl	Anlage
Anm	Anmerkung
AO	Abgabenordnung
Arch	Archiv
arg	argumentum (Argument)
Art	Artikel
AStG	Außensteuergesetz
ATG	Altersteilzeitgesetz
Aufl	Auflage
ausl	ausländisch
AuslInvG	Auslandinvestmentgesetz
AV	Anlagevermögen
AVG	Angestelltenversicherungsgesetz
AWG	Außenwirtschaftsgesetz
Az	Aktenzeichen

Abkürzungsverzeichnis

BAG	Bundesarbeitsgericht
BAnz	Bundesanzeiger
BauGB	Baugesetzbuch
Ba-Wü	Baden-Württemberg
Bay, bay	Bayern, bayerisch
BayLfSt	Bayerisches Landesamt für Steuern
BayObLG	Bayerisches Oberstes Landesgericht
BB	Betriebs-Berater (Zeitschrift)
BBG	Bundesbeamtengesetz
Bbg	Brandenburg
Bd	Band
BdF	siehe BMF
Beermann/Gosch	Kommentar zur Abgabenordnung und Finanzgerichtsordnung (Loseblatt)
BEG	Bundesentschädigungsgesetz
Begr	Begründung
Bespr	Besprechung
best	bestätigt
betr	betrifft, betreffend
BetrAVG	Gesetz zur Verbesserung der betrieblichen Altersversorgung
BewDV	Durchführungsverordnung zum Bewertungsgesetz
BewG	Bewertungsgesetz
BFH	Bundesfinanzhof
BFHE	Sammlung der Entscheidungen des Bundesfinanzhofs
BFHEntlG	Gesetz zur Entlastung des Bundesfinanzhofs
BFH/NV	Sammlung amtlich nicht veröffentlichter Entscheidungen des BFH (Zeitschrift)
B/G	siehe Beermann/Gosch
BgA	Betrieb gewerblicher Art
BGB	Bürgerliches Gesetzbuch
BGBl I/II	Bundesgesetzblatt Teil I/Teil II
BGBl III	Bereinigte Sammlung des Bundesrechts, abgeschlossen am 28. 12. 1968 (in Nachweisform fortgeführt durch FNA)
BGH	Bundesgerichtshof
BGHZ	Sammlung von Entscheidungen des Bundesgerichtshofs in Zivilsachen
BKGG	Bundeskindergeldgesetz
Bln	Berlin
Blümich/(Bearbeiter)	Kommentar zu EStG, KStG, GewStG und Nebengesetzen (Loseblatt)
BMF	Bundesminister(ium) der Finanzen
Bp	Betriebsprüfung
BPflV	Bundespflegesatzverordnung
BpO	Betriebsprüfungsordnung vom 15. 3. 2000 (BStBl I 2000, 368) mit nachfolgenden Änderungen
BRD	Bundesrepublik Deutschland
BRDrs	Bundesratsdrucksache
BReg	Bundesregierung
BRH	Bundesrechnungshof
BSHG	Bundessozialhilfegesetz
Bsp	Beispiel
BSt	Betriebsstätte

Abkürzungsverzeichnis

BStBl I/II/III	Bundessteuerblatt Teil I/Teil II/Teil III (bis 1967)
BTDrs	Bundestagsdrucksache
BTProt	Bundestagsprotokoll
Buchst	Buchstabe
BV	Betriebsvermögen
BVerfG	Bundesverfassungsgericht
BVerfGE	Sammlung von Entscheidungen des Bundesverfassungsgerichts
BVerfSchG	Bundesverfassungsschutzgesetz
BVerwG	Bundesverwaltungsgericht
BVerwGE	Sammlung von Entscheidungen des Bundesverwaltungsgerichts
BVG	Bundesversorgungsgesetz
bzgl	bezüglich
bzw	beziehungsweise
DB	Der Betrieb (Zeitschrift)
DBA	Abkommen zur Vermeidung der Doppelbesteuerung (Doppelbesteuerungsabkommen)
DDR	Deutsche Demokratische Republik
DDR-IG	DDR-Investitionsgesetz
Debatin/Wassermeyer	siehe Wassermeyer
dgl	dergleichen
DGStZ	Deutsche Gemeindesteuer-Zeitung
dh	das heißt
DIHK	Deutscher Industrie- und Handelskammertag
DJZ	Deutsche Juristenzeitung
DM	Deutsche Mark
DNotZ	Deutsche Notar-Zeitschrift
Dötsch/Pung/Möhlenbrock	Kommentar zum Körperschaftsteuergesetz (Loseblatt)
DÖV	Die Öffentliche Verwaltung (Zeitschrift)
DR	Deutsches Recht (Zeitschrift)
Drs	Drucksache
DStBl	Deutsches Steuerblatt
DStBTag	Deutscher Steuerberatertag (Protokolle)
DStJG	Jahrbuch der Deutschen Steuerjuristischen Gesellschaft eV
DStR	Deutsches Steuerrecht (Zeitschrift)
DStRE	Deutsches Steuerrecht – Entscheidungsdienst (Zeitschrift)
DStZ	Deutsche Steuerzeitung
DStZ/A	Deutsche Steuerzeitung Ausgabe A
DStZ/E	Deutsche Steuerzeitung/Eildienst
dt	deutsch
DV, DVO	Durchführungsverordnung
DVR	Deutsche Verkehrsteuer-Rundschau
EFG	Entscheidungen der Finanzgerichte (Zeitschrift)
EFH	Einfamilienhaus
EG	Europäische Gemeinschaft(en)
eG	eingetragene Genossenschaft
EGAO	Einführungsgesetz zur AO
EGBGB	Einführungsgesetz zum Bürgerlichen Gesetzbuch
EGV	Vertrag zur Gründung der Europäischen Gemeinschaft
Einf	Einführung
Einl	Einleitung

Abkürzungsverzeichnis

einschr	einschränkend
EK	Eigenkapital
ENeuOG	Eisenbahnneuordnungsgesetz
Entw	Entwurf
EntwLStG	Entwicklungsländer-Steuergesetz (früher: EntwHStG – Entwicklungshilfe-Steuergesetz)
ErbStG	Erbschaftsteuer- und Schenkungsteuergesetz
ErbStR	Erbschaftssteuer-Richtlinien
ErfVO	Erfinderverordnung
Erl	Erlass
ERP	European Recovery Program
ESt	Einkommensteuer
EStB	Der Einkommensteuerberater (Zeitschrift)
EStDV	Einkommensteuer-Durchführungsverordnung
EStG	Einkommensteuergesetz
EStH	Einkommensteuer-Hinweise
EStR	Einkommensteuer-Richtlinien
etc	et cetera (und so weiter)
ETW	Eigentumswohnung
EU	Europäische Union
EURLUmsG	EU-Richtlinien-Umsetzungsgesetz
EUV	Vertrag über die Europäische Union
eV	eingetragener Verein
evtl	eventuell
EW	Einheitswert
EWBV	Einheitswert des Betriebsvermögens
EWG	Europäische Wirtschaftsgemeinschaft
EWIV	Europäische wirtschaftliche Interessenvereinigung
EZ	Erhebungszeitraum
f, ff	(fort)folgend(e)
FA (FÄ)	Finanzamt (Finanzämter)
FAG	Finanzausgleichsgesetz
Ffm	Frankfurt am Main
FG	Finanzgericht
FGO	Finanzgerichtsordnung
FinA	Finanzausschuss
FinVerw	Finanzverwaltung
FKPG	Gesetz zur Umsetzung des Föderalen Konsolidierungsprogramms
Flick/Wassermeyer/Becker	Kommentar zum Außensteuerrecht (Loseblatt)
FM	Finanzministerium, Finanzminister
Fn	Fußnote
FNA	Bundesgesetzblatt Teil I, Fundstellennachweis A (Bundesrecht ohne völkerrechtliche Vereinbarungen)
FR	Finanz-Rundschau (Zeitschrift)
frz	französisch
FS	Festschrift
FSen	Finanzsenator (Senatsverwaltung für Finanzen)
FSt	(Institut) Finanzen und Steuern
FusRL	Fusions-Richtlinie
FVG	Finanzverwaltungsgesetz

Abkürzungsverzeichnis

G	Gesetz
GAL	Gesetz über eine Altershilfe für Landwirte; siehe jetzt ALG
GAV	Gewinnabführungsvertrag
GBl	Gesetzblatt
GbR	Gesellschaft des bürgerlichen Rechts
gem	gemäß
GemFinRefG	Gemeindefinanzreformgesetz
GemVO	Gemeinnützigkeitsverordnung
GenG	Genossenschaftsgesetz
GesSt	Gesellschaftsteuer
GewErtrSt	Gewerbeertragsteuer
GewKapitalSt	Gewerbekapitalsteuer
GewSt	Gewerbesteuer
GewStÄndG	Gesetz zur Änderung des Gewerbesteuerrechts vom 27.2.1951 (BGBl I 1952, 2)
GewStDV	Gewerbesteuer-Durchführungsverordnung
GewStG	Gewerbesteuergesetz
GewStH	Gewerbesteuer-Hinweise
GewSt-Hdb	Handbuch zur Gewerbesteuerveranlagung (jährlich, Beck-Verlag, München)
GewStR	Gewerbesteuer-Richtlinien
GG	Grundgesetz
ggf	gegebenenfalls
ggü	gegenüber
GGW	Gesamtverband Gemeinnütziger Wohnungsunternehmen eV
GHV	Gesamthandsvermögen
glA	gleicher Ansicht
GmbH	Gesellschaft mit beschränkter Haftung
GmbHG	Gesetz betreffend die GmbH (GmbH-Gesetz)
GmbH iL	Gesellschaft mit beschränkter Haftung in Liquidation
GmbHR	GmbH-Rundschau
GmbH-StB	Der GmbH-Steuer-Berater (Zeitschrift)
GO	Gemeindeordnung
grds	grundsätzlich
GrESt	Grunderwerbsteuer
GrEStG	Grunderwerbsteuergesetz
GrS	Großer Senat
GrundSt	Grundsteuer
GrundStG	Grundsteuergesetz
GStB	Gestaltende Steuerberatung (Zeitschrift)
GuV-Rechnung	Gewinn- und Verlustrechnung
GVBl, GVOBl	Gesetz- und Verordnungsblatt
GWB	Gesetz gegen Wettbewerbsbeschränkungen
GWG	geringwertige Wirtschaftsgüter
H	Hinweis (der Einkommensteuer-, Gewerbesteuer-, Körperschaftsteuer-, Lohnsteuer-, Erbschaftsteuer-Hinweise)
ha	Hektar
HAG	Heimarbeitsgesetz
Hann	Hannover
Haritz/Menner	Kommentar zum Umwandlungssteuergesetz, 3. Aufl.
HB	Handelsbilanz
HBeglG	Haushaltsbegleitgesetz

Abkürzungsverzeichnis

HBNB	Hartmann/Böttcher/Nissen/Bordewin, Kommentar zum Einkommensteuergesetz (Loseblatt)
Hdb	Handbuch
Hess, hess	Hessen, hessisch
HFR	Höchstrichterliche Finanzrechtsprechung (Zeitschrift)
HGA	Hypothekengewinnabgabe
HGB	Handelsgesetzbuch
HGB-Großkomm	Großkommentar zum Handelsgesetzbuch
HHR	Herrmann/Heuer/Raupach, Kommentar zum Einkommen- und Körperschaftsteuergesetz (Loseblatt)
HHSp	Hübschmann/Hepp/Spitaler, Kommentar zur Abgabenordnung und Finanzgerichtsordnung (Loseblatt)
Hidien/Pohl/Schnitter	Gewerbesteuer, 14. Aufl 2009
hL	herrschende Lehre
hM	herrschende Meinung
HR	Handelsregister
HRG	Hochschulrechtsrahmengesetz
HRR	Höchstrichterliche Rechtsprechung (Zeitschrift)
Hrsg, hrsg	Herausgeber, herausgegeben
Hs	Halbsatz
idF	in der Fassung
idR	in der Regel
idS	in diesem Sinne
IdW	Institut der Wirtschaftsprüfer
iE	im Ergebnis
ieS	im engeren Sinne
iF(v)	in Form (von)
Inf	Die Information über Steuer und Wirtschaft; seit 2003: Die Information für Steuerberater und Wirtschaftsprüfer (Zeitschrift)
insb	insbesondere
InsO	Insolvenzordnung
InstFSt	Institut Finanzen und Steuern
InvZulG	Investitionszulagengesetz
iRd	im Rahmen des
iSd(v)	im Sinne des (von)
iÜ	im Übrigen
iVm	in Verbindung mit
IWB	Internationale Wirtschaftsbriefe (Zeitschrift)
iwS	im weiteren Sinne
iZm	im Zusammenhang mit
JbDStJG	Jahrbuch der Deutschen Steuerjuristischen Gesellschaft eV
JbFfSt	Jahrbuch der Fachanwälte für Steuerrecht
Jg(e)	Jahrgang (Jahrgänge)
JR	Juristische Rundschau
JStErgG	Jahressteuer-Ergänzungsgesetz
JStG	Jahressteuergesetz
JuS	Juristische Schulung (Zeitschrift)
JW	Juristische Wochenschrift
JWG	Gesetz über Jugendwohlfahrt
JZ	Juristenzeitung

Abkürzungsverzeichnis

KAG	Kommunalabgabengesetz
KAGG	Gesetz über Kapitalanlagegesellschaften
Kap	Kapitel
KapGes	Kapitalgesellschaft
KBV	Kleinbetragsverordnung
KG	Kammergericht; Kommanditgesellschaft
KGaA	Kommanditgesellschaft auf Aktien
KHEntgG	Krankenhausentgeltgesetz
KHG	Krankenhausfinanzierungsgesetz
KiSt	Kirchensteuer
KKZ	Kommunal-Kassen-Zeitschrift
Klein/ (Bearbeiter)	Kommentar zur Abgabenordnung (11. Aufl 2012)
KleinUntFG	Kleinunternehmerförderungsgesetz
Knobbe-Keuk	Bilanz- und Unternehmenssteuerrecht (9. Aufl 1993)
KO	Konkursordnung
Koch/Scholtz	Kommentar zur Abgabenordnung (5. Aufl 1996)
Kölner Handbuch	Kölner Trainingstagungen zur Betriebsaufspaltung, Protokoll 14
Komm	Kommentar
KÖSDI	Kölner Steuerdialog (Zeitschrift)
KRG	Kontrollratsgesetz
krit	kritisch
KrWG	Kreislaufwirtschaftsgesetz
KSt	Körperschaftsteuer
KStDV	Körperschaftsteuer-Durchführungsverordnung
KStG	Körperschaftsteuergesetz
KStH	Körperschaftsteuer-Hinweise
KStR	Körperschaftsteuer-Richtlinien
KStZ	Kommunale Steuer-Zeitschrift
KSVG	Künstlersozialversicherungsgesetz vom 27. 7. 1981 (BGBl. I 1981, 31) mit nachfolgenden Änderungen
KTS	Konkurs-, Treuhand- und Schiedsgerichtswesen (Zeitschrift)
KVSt	Kapitalverkehrsteuer
KVStG	Kapitalverkehrsteuergesetz
KWG	Gesetz über das Kreditwesen
Lademann	Kommentar zum Einkommensteuergesetz (Loseblatt)
LAG	Lastenausgleichsgesetz
L/B/P	Littmann/Bitz/Pust, Das Einkommensteuerrecht. Kommentar (Loseblatt)
Leingärtner	Besteuerung der Landwirte (Loseblatt)
Lenski/ Steinberg	Kommentar zum Gewerbesteuergesetz (Loseblatt)
Lfg	Lieferung
LG	Landgericht
LM	Lindenmaier/Möhring, Nachschlagewerk des BGH
LPartG	Gesetz über die Eingetragene Lebenspartnerschaft
LPG	Landwirtschaftliche Produktionsgenossenschaft
Ls	Leitsatz
L/S	siehe Lenski/Steinberg
LSt	Lohnsteuer
LStH	Lohnsteuer-Hinweise
LStJA	Lohnsteuer-Jahresausgleich

Abkürzungsverzeichnis

LStR	Lohnsteuer-Richtlinien
LSW	Lexikon des Steuer- und Wirtschaftsrechts
lt	laut
LuF	Land- und Forstwirtschaft
LwAnpG	Landwirtschafts-Anpassungsgesetz
M	Mark der DDR
Maunz/Dürig	Maunz/Dürig, Kommentar zum Grundgesetz (Loseblatt)
maW	mit anderen Worten
mE (ME)	meines Erachtens
Meyer-Scharenberg/Popp/Woring	Gewerbesteuer-Kommentar (4. Aufl 2001)
MFH	Mehrfamilienhaus
MinBl	Ministerialblatt
mögl	möglich
MTR	Mutter-Tochter-Richtlinie
MU	Mitunternehmer
MünchKomm	Münchener Kommentar zum BGB (5. bzw 6. Aufl 2006 ff bzw 2012 f)
M-V (Meckl-V)	Mecklenburg-Vorpommern
mwN	mit weiteren Nachweisen
MwSt	Mehrwertsteuer
mWv	mit Wirkung vom
NAnwErl	Nichtanwendungserlass
Nds, nds	Niedersachsen, niedersächsisch
nF	neue(r) Fassung, neue(r) Folge
NJW	Neue Juristische Wochenschrift
Nr(n)	Nummer(n)
nrkr	nicht rechtskräftig
NRW, NW	Nordrhein-Westfalen
NSt	Neues Steuerrecht von A bis Z
nv	nicht (im Druck) veröffentlicht
NVwZ	Neue Zeitschrift für Verwaltungsrecht
NWB	Neue Wirtschaftsbriefe (Zeitschrift)
NZB	Nichtzulassungsbeschwerde
NZI	Neue Zeitschrift für das Recht der Insolvenz und Sanierung
o.a.	oben angeführt
o.ä.	oder ähnlich
obj	objektiv
OECD-MA	OECD-Musterabkommen
OFD	Oberfinanzdirektion
öff	öffentlich
OFH	Oberster Finanzgerichtshof
OG	Organgesellschaft
OHG	Offene Handelsgesellschaft
OLG	Oberlandesgericht
OLGZ	Entscheidungen der Oberlandesgerichte in Zivilsachen
OT	Organträger
oV	ohne (benannten) Verfasser
OVG	Oberverwaltungsgericht
OWiG	Ordnungswidrigkeitengesetz

Abkürzungsverzeichnis

Palandt/ (Bearbeiter)	Kommentar zum BGB (71. Aufl 2012)
PersGes	Personengesellschaft
PersHandelsGes	Personenhandelsgesellschaft
Petzold	Gewerbesteuer (5. Aufl 1997)
preuß	preußisch
PrOVG	Preußisches Oberverwaltungsgericht
PV	Privatvermögen
qm	Quadratmeter
R	Recht; Einzelrichtlinie der Einkommensteuer-, Gewerbesteuer-, Körperschaftsteuer-, Lohnsteuer-, Erbschaftsteuer-Richtlinien
RA	Rechtsanwalt(-anwälte)
RAO	Reichsabgabenordnung
RBerG	Rechtsberatungsgesetz
RdErl	Runderlass
RdF	Reichsminister der Finanzen
RdVfg	Rundverfügung
RegE	Regierungsentwurf
Rev	Revision (eingelegt)
RFH	Reichsfinanzhof
RFHE	Sammlung der Entscheidungen des Reichsfinanzhofs
RG	Reichsgericht
RGBl	Reichsgesetzblatt
RGZ	Amtliche Sammlung von Entscheidungen des Reichsgerichts in Zivilsachen
Rh-Pf	Rheinland-Pfalz
RIW	Recht der internationalen Wirtschaft (Zeitschrift)
rkr	rechtskräftig
Rössler/Troll	Kommentar zum Bewertungsgesetz (Loseblatt)
Rn	Randnummer
Rspr	Rechtsprechung
RStBl	Reichssteuerblatt
RVO	Reichsversicherungsordnung
RVOrgG	Gesetz zur Organisationsreform in der Rentenversicherung
Rz	Randziffer
S, s	Seite; siehe
Saarl	Saarland
S-Anh	Sachsen-Anhalt
sc	scilicet (= nämlich)
SCE	Societas Cooperativa Europaea (Europäische Genossenschaft)
Schl-H	Schleswig-Holstein
Schmidt (Schmidt/...)	Kommentar zum Einkommensteuergesetz (32. Aufl 2013)
SE	Societas Europaea (Europäische (Aktien-)Gesellschaft)
SEEG	Gesetz zur Einführung der Europäischen (Aktien-)Gesellschaft
SEStEG	Gesetz über steuerliche Begleitmaßnahmen zur Einführung der Europäischen (Aktien-)Gesellschaft
SGB III	Sozialgesetzbuch, Drittes Buch, Arbeitsförderung
SGB V	Sozialgesetzbuch, Fünftes Buch, Gesetzliche Krankenversicherung

Abkürzungsverzeichnis

SGB VI	Sozialgesetzbuch, Sechstes Buch, Gesetzliche Rentenversicherung
SGB VIII	Sozialgesetzbuch, Achtes Buch, Kinder- und Jugendhilfe
SGB IX	Sozialgesetzbuch, Neuntes Buch, Rehabilitation und Teilhabe behinderter Menschen
SGB X	Sozialgesetzbuch, Zehntes Buch, Sozialverwaltungsverfahren und Sozialdatenschutz
SGB XI	Sozialgesetzbuch, Elftes Buch, Soziale Pflegeversicherung
SGB XII	Sozialgesetzbuch, Zwölftes Buch, Sozialhilfe
Soergel	Soergel/Siebert, Kommentar zum Bürgerlichen Gesetzbuch (13. Aufl 1999 ff)
sog	sogenannt(e)
Sp	Spalte
SparPG	Sparprämiengesetz
St	Steuer
StÄndG	Steueränderungsgesetz
StandOG	Standortsicherungsgesetz
StAnpG	Steueranpassungsgesetz
StatJb	Statistisches Jahrbuch, hrsg vom Statistischen Landesamt
Staudinger	Kommentar zum Bürgerlichen Gesetzbuch (12. Aufl 1978 ff/ 13. Aufl 1993 ff)
StB	Steuerbilanz
StBereinG	Steuerbereinigungsgesetz
StBerG	Steuerberatungsgesetz
Stbg	Die Steuerberatung (Zeitschrift)
StbJb	Steuerberater-Jahrbuch
StbKRep	Steuerberaterkongress-Report
StBp	Die steuerliche Betriebsprüfung (Zeitschrift)
StC	SteuerConsultant (Zeitschrift)
StEd	Steuereildienst
StEK	Steuererlasse in Karteiform, hrsg von Felix † und Carlé
StEntlG	Steuerentlastungsgesetz
StMBG	Missbrauchsbekämpfungs- und Steuerbereinigungsgesetz
StPfl, Stpfl, stpfl	Steuerpflicht(iger), steuerpflichtig
str	strittig
StRefG	Steuerreformgesetz
StRK	Steuerrechtsprechung in Karteiform, hrsg von Weiß
StRKAnm	Anmerkungen zur Steuerrechtsprechung in Karteiform
st Rspr	ständige Rechtsprechung
StStud	Steuer und Studium (Zeitschrift)
StuW	Steuer und Wirtschaft (Zeitschrift)
StVergAbG	Steuervergünstigungsabbaugesetz
StWa	Steuerwarte (Zeitschrift)
StZBl	Steuer- und Zollblatt
subj	subjektiv(e)
T	Tausend
teilw	teilweise
Th	Thüringen
Tipke/Kruse	Kommentar zur Abgabenordnung und Finanzgerichtsordnung (Loseblatt)
Tipke/Lang	Steuerrecht (20. Aufl 2010)
TVG	Tarifvertragsgesetz

Abkürzungsverzeichnis

Tz	Textziffer
u	und
u.a.	unter anderem
u.ä.	und ähnlich
Ubg	Die Unternehmensbesteuerung (Zeitschrift)
UBGG	Gesetz über Unternehmensbeteiligungsgesellschaften
uE	unseres Erachtens
UmwBerG	Gesetz zur Bereinigung des Umwandlungsrechts
UmwG	Umwandlungsgesetz
UmwStE	Umwandlungssteuererlass vom 11.11.2011 (BStBl I 2011, 1314)
UmwStG	Umwandlungssteuergesetz
UntStFG	Unternehmenssteuerfortentwicklungsgesetz
UntStRefG	Gesetz zur Fortsetzung der Unternehmenssteuerreform
Urt	Urteil
USt	Umsatzsteuer
UStAE	Umsatzsteuer-Anwendungserlass vom 1.10.2010 (BStBl I 2010, 846) mit nachfolgenden Änderungen
UStDB	Umsatzsteuer-Durchführungsbestimmungen
UStDV	Umsatzsteuer-Durchführungsverordnung
UStG	Umsatzsteuergesetz
UStR	Umsatzsteuer-Richtlinien (ersetzt durch den UStAE)
usw	und so weiter
uU	unter Umständen
UV	Umlaufvermögen
UWG	Gesetz gegen den unlauteren Wettbewerb
VA	Verwaltungsakt
VAG	Versicherungsaufsichtsgesetz
VB	Verfassungsbeschwerde
VEB	Volkseigener Betrieb
VerfGH	Verfassungsgerichtshof
VerglO	Vergleichsordnung
VerkFlBerG	Verkehrsflächenbereinigungsgesetz
VermBG	Vermögensbildungsgesetz
VerschG	Verschollenheitsgesetz
Vfg	Verfügung
VG	Verwaltungsgericht
vGA	verdeckte Gewinnausschüttung
VGH	Verwaltungsgerichtshof
vgl	vergleiche
vH	vom Hundert
VO	Verordnung
Vorb	Vorbemerkung
VSt	Vermögensteuer
VStG	Vermögensteuergesetz
VStR	Vermögensteuer-Richtlinien
vT	vom Tausend
VVaG	Versicherungsverein auf Gegenseitigkeit
VVG	Gesetz über den Versicherungsvertrag
VwZG	Verwaltungszustellungsgesetz
VZ	Veranlagungszeitraum
Wassermeyer	Doppelbesteuerung: DBA (Loseblatt – bis 2012: Debatin/Wassermeyer)

XXIII

Abkürzungsverzeichnis

WEG	Wohnungseigentumsgesetz
WG	Wirtschaftsgut
WGG	Wohnungsgemeinnützigkeitsgesetz
WGGDV	Durchführungsverordnung zum WGG
WiGBl	Gesetzblatt der Verwaltung des Vereinigten Wirtschaftsgebiets
Wihtol/Bittner	Kommentar zum Gewerbesteuergesetz (Loseblatt)
Wj	Wirtschaftsjahr
WM	Wertpapiermitteilungen (Zeitschrift)
wN	weitere Nachweise
WoBauG	II. Wohnungsbaugesetz
WoP	Wohnungsbauprämie
WoPG	Wohnungsbauprämiengesetz
WPg	Die Wirtschaftsprüfung (Zeitschrift)
WpHG	Wertpapierhandelsgesetz
WRV	Weimarer Reichsverfassung
zB	zum Beispiel
ZFH	Zweifamilienhaus
ZGB	Zivilgesetzbuch (der DDR)
ZGR	Zeitschrift für Unternehmens- und Gesellschaftsrecht
Ziff	Ziffer
ZIP	Zeitschrift für Wirtschaftsrecht
zit	zitiert
Zitzelsberger	Grundlagen der Gewerbesteuer (1990)
ZivilR	Zivilrecht
ZKF	Zeitschrift für Kommunalfinanzen
ZPO	Zivilprozessordnung
zT	zum Teil
zust	zustimmend
zutr	zutreffend
zZ (zZt)	zur Zeit
zzgl	zuzüglich

Gewerbesteuergesetz (GewStG)

In der Fassung der Bekanntmachung vom 15. Oktober 2002
(BGBl I 2002, 4167)

BGBl III/FNA 611-5

Geändert durch Art 4 Steuervergünstigungsabbaugesetz vom 16.5.2003 (BGBl I 2003, 660), Art 3 Kleinunternehmerförderungsgesetz vom 31.7.2003 (BGBl I 2003, 1550), Art 7 Förderbankenneustrukturierungsgesetz vom 15.8.2003 (BGBl I 2003, 1657), Art 4 Steueränderungsgesetz vom 15.12.2003 (BGBl I 2003, 2645), Art 4 Gesetz zur Umsetzung der Protokollerklärung der Bundesregierung zur Vermittlungsempfehlung zum Steuervergünstigungsabbaugesetz vom 22.12.2003 (BGBl I 2003, 2840), Art 2 Gesetz zur Änderung des Gewerbesteuergesetzes und anderer Gesetze vom 23.12.2003 (BGBl I 2003, 2922), Art 50 Gesetz zur Einordnung des Sozialhilferechts in das Sozialbuch vom 27.12.2003 (BGBl I 2003, 3022), Art 12 Haushaltsbegleitgesetz 2004 vom 29.12.2003 (BGBl I 2003, 3076), Art 32 Gesetz zur Organisationsreform in der gesetzlichen Rentenversicherung vom 9.12.2004 (BGBl I 2003, 3242), Art 4 Richtlinien-Umsetzungsgesetz vom 9.12.2004 (BGBl I 2204, 3310, ber I 2004, 3834), Art 4 Gesetz zum Dritten Zusatzprotokoll zum DBA Deutschland – Niederlande vom 15.12.2004 (BGBl II 2004, 1653), Art 4 SEStEG vom 7.12.2006 (BGBl I 2006, 2782, ber I 2007, 68), Art 5 Jahressteuergesetz 2007 vom 13.12.2006 (BGBl I 2006, 2878), Art 3 Unternehmensteuerreformgesetz 2008 vom 14.8.2007 (BGBl 2007, 1912), Art 4 Gesetz zur weiteren Stärkung des bürgerschaftlichen Engagements vom 10.10.2007 (BGBl I 2007, 2332), Art 5 Jahressteuergesetz 2008 vom 20.12.2007 (BGBl I 2007, 3150), Art 5 Gesetz zur Modernisierung der Rahmenbedingungen für Kapitalbeteiligungen vom 12.8.2008 (BGBl I 2008, 1672), Art 4 Jahressteuergesetz 2009 vom 19.12.2008 (BGBl I 2008, 2794), Art 7 Steuerbürokratieabbaugesetz vom 20.12.2008 (BGBl I 2008, 2850), Art 6a Drittes Mittelstandsentlastungsgesetz vom 17.3.2009 (BGBl I 2009, 550), Art 3 Wachstumsbeschleunigungsgesetz vom 22.12.2009 (BGBl I 2009, 3950), Art 3 Gesetz zur Umsetzung steuerlicher EU-Vorgaben sowie zur Änderung steuerlicher Vorschriften vom 8.4.2010 (BGBl I 2010, 386), Art 3 Jahressteuergesetz 2010 vom 8.12.2010 (BGBl I 2010, 1768), Art 5 Beitreibungsrichtlinie-Umsetzungsgesetz vom 7.12.2011 (BGBl I 2011, 2592), Art 4 Gesetz zur Änderung und Vereinfachung der Unternehmensbesteuerung und des steuerlichen Reisekostenrechts vom 20.2.2013 (BGBl I 2013, 285, Art 5 Ehrenamtstärkungsgesetz vom 21.3.2013 (BGBl I 2013, 556), Art 4 Amtshilferichtlinie-Umsetzungsgesetz vom 26.6.2013 (BGBl I 2013, 1809)

Gewerbesteuer-Durchführungsverordnung (GewStDV

In der Fassung der Bekanntmachung vom 15. Oktober 2002
(BGBl I 2002, 4180)

BGBl III/FNA 611-5-1

Geändert durch Art 5 Steuervergünstigungsabbaugesetz (StVergAbG) vom 16.5.2003 (BGBl I 2003, 660), Art 4 Kleinunternehmerförderungsgesetz vom 31.7.2003 (BGBl I 2003, 1550), Art 5 Gesetz über steuerliche Begleitmaßnahmen zur Einführung der Europäischen Gesellschaft und zur Änderung weiterer steuerrechtlicher Vorschriften (SEStEG) vom 7.12.2006 (BGBl I 2006, 2782), Art 6 Jahressteuergesetz 2007 (JStG 2007) vom 13.12.2006 (BGBl I 2006, 2878), Art 4 Unternehmensteuerreformgesetz 2008 vom 14.8.2007 (BGBl I 2007, 1912), Art 6 Jahressteuergesetz 2008 (JStG 2008) vom 20.12.2007 (BGBl I 2007, 3150), Art 5 Jahressteuergesetz 2009 (JStG 2009) vom 19.12.2008 (BGBl I 2008, 2794), Art 6b Drittes Gesetz zum Abbau bürokratischer Hemmnisse insbesondere in der mittelständischen Wirtschaft (Drittes Mittelstandsentlastungsgesetz) vom 17.3.2009 (BGBl I 2009, 550), Art 17 Gesetz zur verbesserten steuerlichen Berücksichtigung von Vorsorgeaufwendungen (Bürgerentlastungsgesetz Krankenversicherung) vom 16.7.2009 (BGBl I 2009, 1959), Art 4 Gesetz zur Umsetzung steuerlicher EU-Vorgaben sowie zur Änderung steuerlicher Vorschriften vom 8.4.2010 (BGBl I 2010, 386), Art 4 Verordnung zur Änderung steuerlicher Verordnungen vom 17.11.2010 (BGBl I 2010, 1544), Art 5 Amtshilferichtlinie-Umsetzungsgesetz vom 26.6.2013 (BGBl I 2013, 1809)

Gewerbesteuer-Richtlinien 2009 (GewStR 2009)

vom 28. April 2010 (BStBl I 2010 Sondernummer 1, 2)

mit den Gewerbesteuer-Hinweisen 2009 (GewStH 2009)

Abschnitt I. Allgemeines

§ 1 Steuerberechtigte

Die Gemeinden erheben eine Gewerbesteuer als Gemeindesteuer.

Gewerbesteuer-Richtlinien 2009: R 1.1–1.9 GewStR/H 1.1–1.8 GewStH

Literatur: *Haensel,* Zur Theorie der Kommunalbesteuerung, FS v Schanz, 1928, II, 402; *Klein,* Die Realsteuergarantie der Gemeinden im Grundgesetz, Schriftenreihe der Verwaltungsakademie Ostwestfalen/Lippe, 1959, Teil I; *Haller,* Die Bedeutung des Äquivalenzprinzips für die öffentliche Finanzwirtschaft, 1961; *Ossenbühl,* Die gerechte Steuerlast; *Oswald,* Wie sichern die Gemeinden ihr Aufkommen an Realsteuern, KStZ 1963, 173; *Grass,* Unruhige Gewerbesteuer – Theorie und Praxis eines unzeitgemäßen Steuergesetzes, StbKRep 1965, 116; *Milbradt,* Überlegungen zu einer Reform des kommunalen Steuersystems aus ökonomischer Sicht, DVBl 1981, 522; *InstFSt* Brief 206, Zur Begrenzung des Realsteuer-Hebesatzes der Gemeinden; *InstFSt* Brief 208, Vorschläge zur weiteren Strukturverbesserung der GewSt; *Karrenberg,* Die Bedeutung der GewSt für die Städte 1985; *Clemens/Held/Burg,* GewStReform im Spannungsfeld von Unternehmenssteuerbelastung und kommunaler Finanzautonomie, Schriften zur Mittelstandsforschung Nr 13 NF, 1986; *Schnädter,* Ist die Beschränkung der Gewerbesteuerpflicht auf die Gewerbetreibenden verfassungsgemäß?, KStZ 1986, 141; *Wendt,* Zur Vereinbarkeit der Gewerbesteuer mit dem Gleichheitsgrundsatz und dem Prinzip der Besteuerung nach der Leistungsfähigkeit, BB 1987, 1257; *Zitzelsberger,* Grundlagen der Gewerbesteuer, 1990 (zugleich Habilitation Regensburg 1989); *Schneider,* Grundzüge der Unternehmensbesteuerung, 5. Aufl 1990; *Zimmermann,* Versuch zur Klassifizierung der unternehmensbezogenen Steuern in finanzwissenschaftlicher Sicht, StuW 1993, 231; *Gosch,* Einige aktuelle und zugleich grundsätzliche Bemerkungen zur Gewerbesteuer, DStZ 1998, 327; *InstFSt,* Entwicklung wesentlicher Daten der öffentlichen Finanzwirtschaft in der BRD von 1992–2002, InstFSt-Schrift Nr 408; *Mattern/Schnitger,* Die neue Hinzurechnungsbesteuerung des Gewerbesteuergesetzes, DStR 2003, 1371; *Walz/Süß,* Verfassungswidrigkeit der gewerbesteuerlichen Änderungen durch das Steuervergünstigungsabbaugesetz?, DStR 2003, 1637; *Gröning/Siegmund,* Aushöhlung des Objektsteuerprinzip der Gewerbesteuer: Dauerschuldzinsaufwendungen für Streubesitzbeteiligungen, DStR 2003, 617; *Hey,* Gewerbesteuer zwischen Bundesverfassungsgericht und Gesetzgeber, FR 2004, 876; *Otting,* Verfassungsrechtliche Grenzen der Bestimmung des Gewerbesteuerhebesatzes durch Bundesgesetz, DB 2004, 1222; *Hidien,* Staatliche Gewerbesteuerpflicht und gemeindliches Gewerbesteuerertragsrecht, ZKF 2004, 29; *Schmidt,* Auswirkungen des GewStÄG auf Unternehmen und die GewSt-Hebesätze der Gemeinden, StuB 2004, 249; *Jochum,* Das Bundesverfassungsgericht als Hüter der Gewerbesteuer?, StuB 2005, 254; *Kasper,* Haftung für Gemeindesteuern, DStZ 2006, 509; *InstFSt,* Entwicklung der Realsteuerhebesätze der Gemeinden mit 50 000 und mehr Einwohnern im Jahr 2007 gegenüber 2006, InstFSt-Brief Nr 446; *Hey,* Körperschaft- und Gewerbesteuer und objektives Nettoprinzip, DStR 2009, Beih zu Nr 34, 109; *Heger,* dito, DStR 2009, Beih zu Nr 34, 117; *Loritz,* Die Besteuerung des unternehmerischen Einsatzes von Kapital und Arbeit, Kernfragen des Unternehmenssteuerrechts 2010, 31; *Loritz,* Verfassungsmäßigkeit der Gewerbesteuer und der Einkommensteuer § 15 Abs 3 Nr 1 EStG, WuB X 3 15 1.09; *Roser,* Kritische Bestandsaufnahme der Gewerbesteuer, Kommunalsteuern und -abgaben 2012, 189.

Übersicht

	Rn
I. Gewerbesteuer als Gemeindesteuer	1–17
1. Entstehungsgeschichte	1, 2
a) Früheste Ansätze einer Gewerbesteuer	1
b) Gemeindesteuer	2

§ 1 Steuerberechtigte

	Rn
2. Begriff der Gemeinde	3–7
a) Gebietskörperschaft	3
b) Das Wesen der Gebietskörperschaft	4
c) Gemeindeeinteilung	5
d) Verfassungsrecht	6
e) Besonderheiten	7
3. Verfassungsrechtliche Grundlagen der Gewerbesteuer	8–10
a) Verfassungsrechtliche Garantie	8
b) Verfassungsrechtliche Absicherung	9
c) Verteilung	10
4. Zweck der Gewerbesteuer	11, 12
a) Äquivalenzprinzip	11
b) Kritik am Äquivalenzprinzip	12
5. GewSt als Steuer ieS	13–15
a) Steuerbegriff	13
b) GewSt als Objektsteuer	14
c) GewSt als Kostensteuer	15
6. Erhebungspflicht	16, 17
a) Entwicklung	16
b) Bindung an das Gesetz	17
II. Verfassungsmäßigkeit der Gewerbesteuer/Europarecht	18–23
1. Allgemeines	18
2. Einzelheiten	19–23
a) Gleichheitssatz	19–19b
b) Freie Berufswahl, Eigentum	20
c) Sozialstaatsprinzip	21
d) Finanzverfassung/Objektsteuerprinzip	22
e) Europarecht	23
III. Besteuerungsverfahren und Verwaltung der Gewerbesteuer	24–54
1. Besteuerungsverfahren	24–43
a) Allgemeines	24–26
b) Das GewStMessbetragsverfahren	27–31
c) Zerlegung	32
d) Verwirkung/Verjährung	33, 34
e) Zuständigkeit	35, 36
f) Die Steuerfestsetzung	37–43
2. Erhebung und Verwaltung	44–46
3. Rechtsschutz	47–54
a) Finanzrechtsweg	47–49
b) Verwaltungsrechtsweg	50–54
IV. Finanzwirtschaftliche Bedeutung der Gewerbesteuer	55, 56
1. Grundsätzliches	55
2. Die Gemeindefinanzreform/Gemeindeumlage	56
V. Diskussion, Ausblick und neuere Entwicklungen	57–60

I. Gewerbesteuer als Gemeindesteuer

1. Entstehungsgeschichte

1 **a) Früheste Ansätze einer Gewerbesteuer.** Sie finden sich bereits in einigen mittelalterlichen Stadtgemeinden, wo gewisse SonderGewSt zu Grundvermögen-Ertragsteuern hinzutreten und sich von diesen abspalten. Entsprechendes findet sich

Gewerbesteuer als Gemeindesteuer   § 1

in einigen Territorialstaaten des 17./18. Jahrh in Form der Übertragung des für die GrundSt eingeführten Katastralverfahrens auf solche GewSt. Erst zu Beginn des 19. Jahrh hält in den dt Staaten eine allg GewSt nach dem Vorbild der franz Revolutionsgesetzgebung als Staatssteuer Einzug. Die heutige GewSt beruht auf preußischem Vorbild. Nach dem 1. GewStEdikt (1810) erfasste sie jede selbstständige auf Einnahmeerzielung gerichtete Tätigkeit einschließlich der Selbstständigen (ausgenommen durch GewStG von 1820), jedoch ohne LuF, nach zunächst 6 Steuerklassen (ab 1820 Klassen A–L). Allerdings wies die GewSt noch Merkmale einer Gebühr auf, da mit der Zahlung die Berechtigung zur Erlangung eines Gew-Scheins verbunden war. Erst ab 1820 hatte sie den deutlichen Charakter einer Steuer verbunden mit einer enumerativen Aufzählung der Steuergegenstände. Als Merkmalgrößen für die Besteuerung wurden herangezogen das fixe Kapital, der Rohstoffeinsatz, der Ausstoß an Fertigprodukten, der Umsatz und die AN-Zahl. Nach der Miquel'schen Reform 1891 wurden alle stehenden GewBetriebe (ohne Selbstständige und LuF) unter Berücksichtigung von Freigrenzen erfasst. Die Merkmalbesteuerung wich der Besteuerung nach Ertrag und Betriebskapital in 4 Steuerklassen. Durch KommunalabgabenG v 14.7.1893 trat die GewSt als Staatssteuer zum 1.4.1895 außer Hebung und wurde den Gemeinden überlassen. Bayern ist bis zum 1. Weltkrieg bedeutsam, weil es das Ertragsteuerkonzept am nachhaltigsten ausgestaltet hatte. Hier findet sich die Besonderheit der sog RepartitionsSt; dh Verteilung eines staat Steuerkontingents durch örtl Steuergemeinschaften (vgl zu allem *Zitzelsberger*, Grundlagen, S 9 ff). Insgesamt bestanden im Vergleich der Länder uneinheitliche Regelungen in Bezug auf die Steuergläubigerschaft, den Steuergegenstand, die Bemessungsgrundlage, die Steuerbefreiungen und den Tarif. Eine weitere Änderung ergab sich durch das LandessteuerG v 30.3.1920. Zwar war die GewSt als GemeindeSt grundsätzlich anerkannt. Doch stand der Anerkennung unter dem Vorbehalt einer reichsgesetzlichen Regelung und einer Konkurrenzklausel zugunsten der Länder, denen die Ertragsteuern vom Gewerbe praktisch zustanden. Daran änderte sich durch das Reichsfinanzausgleichsgesetz v 27.4.1926 (RGBl I 1926, 203) grundsätzlich nichts. Die Länder waren aber berechtigt, von der Erhebung der GewSt abzusehen und sie ganz oder zum Teil den Gemeinden zu überlassen. Die landesrechtlichen Bestimmungen zur GewSt wichen zum Teil stark voneinander ab, insbesondere zur Frage, wem die Steuer zufließen sollte (Steuerberechtigung). In Hamburg, Lübeck und Bremen war die GewSt eine reine Landessteuer, in Preußen reine Gemeindesteuer; in Baden, Bayern und Württemberg war sie als Landessteuer ausgestaltet, zu der die Gemeinden Zuschläge erhoben (vgl Anlage 1 zur Begründung zum GewStG v 1.12.1936, RStBl 1937, 699).

b) Gemeindesteuer. Praktisch reine Gemeindesteuer wurde die GewSt durch die **Realsteuerreform 1936** (§§ 1 und 27 EinfRealStG v 1.12.1936, RGBl I 1936, 961 und GewStG v 1.12.1936, RGBl I 1936, 979). Zwar ging bereits durch GewStVereinfVO v 31.3.1943 (RGBl I 1943, 237) die gesamte Verwaltung der GewSt einschließlich Festsetzung und Erhebung auf das Reich über. Dieses war auch Steuergläubiger. Doch floss das gesamte Aufkommen der GewSt nach dem Gewerbeertrag und Gewerbekapital den Gemeinden nach ihrem Anteil am Aufkommen zu. Nur die GewSt nach der Lohnsumme blieb als Gemeindesteuer erhalten. Durch Art 106 GG in seiner ursprünglichen Fassung veränderte sich diese Lage insoweit, als das Aufkommen an den Realsteuern grundsätzlich den Ländern zustand. Doch überließen die Länder die GewSt übereinstimmend den Gemeinden. Im Jahr 1951 nahm der Bund sein **konkurrierendes Gesetzgebungsrecht** (Art 105 Abs 2 Nr 3 GG aF iVm Art 72 Abs 2 GG aF) in Anspruch und erließ das Gesetz zur Änderung des GewStRechts v 27.12.1951 (BGBl I 1951, 996). Auf Grund dessen wurde die GewStG 1950 (v 30.4.1952, BGBl I 1952, 270) bekanntgemacht. In § 1 desselben ist – wie im GewStG 1936 – ausdrücklich festgelegt, dass die GewSt eine Gemeinde-

2

§ 1 Steuerberechtigte

steuer ist. Seine **jetzige Fassung** erhielt § 1 durch Art 2 Nr 1 GewStÄndG v 23.12.2002 (BGBl I 2003, 2922): ab EZ 2004 sind die **Gemeinden verpflichtet,** GewSt nach dem GewStG zu erheben (hierzu Rn 16).

2. Begriff der Gemeinde

3 a) **Gebietskörperschaft.** Gemeinde ist die **kleinste** öffentlich-rechtliche mit Gebietshoheit ausgestattete **Gebietskörperschaft** innerhalb des Organisationsaufbaus verfasster öffentlicher Verwaltung, bei denen sich die Zugehörigkeit aus dem Wohnsitz in ihrem Gebiet ergibt (vgl BVerfGE 52, 95, 117). Die Gemeindeordnungen der Länder definieren den Begriff redaktionell unterschiedlich. Sie sprechen von Gebietskörperschaften, ursprünglichen Gebietskörperschaften, öffentlichen Gebietskörperschaften und öffentlich-rechtlichen Körperschaften, ohne dass sich hieraus Wesensunterschiede ableiten ließen. Auch der in Art 1 der BayGO verwendete Begriff der „ursprünglichen" Gebietskörperschaft dient im Wesentlichen allein der Beschreibung einer soziologischen Tatsache (offen gelassen in BayVGH GVBl 1958, 13, 18) und der in Art 1 Satz 2 BayGO zum Ausdruck kommenden programmatischen Idee, dass die Gemeinden die Grundlagen des Staates und des demokratischen Lebens bilden. Im Übrigen hat er rechtshistorische Bedeutung. Er soll insb das Verhältnis zu den jüngeren Gebilden der Landkreise und Bezirke sowie des Staates selbst hervorheben. Unmittelbar positivrechtliche Folgen, etwa im Sinne der Unantastbarkeit des Gemeindebestandes, lassen sich hieraus nicht ableiten (*Masson*, Bayerische Kommunalgesetze, Art 1 GO Rn 16c ff mwN).

4 b) **Das Wesen der Gebietskörperschaft.** Es besteht darin, dass ein **mit Rechtspersönlichkeit ausgestattetes Gemeinwesen** in einem ihm zugewiesenen Bereich des Staatsgebietes auf der dinglichen Grundlage des Gemeindebezirks Aufgaben auf dem Gebiet des öffentlichen Rechts eigenverantwortlich wahrnimmt und regelt. Hierbei handelt es sich um Aufgaben der „örtlichen Gemeinschaft". Allerdings sind auch dies letztlich staatliche Aufgaben, die den Gemeinden übertragen sind und im Hinblick auf deren Erledigung die Gemeinden der Staatsaufsicht unterworfen sind. Der heute gültige Begriff der Gemeinde geht wohl auf die Deutsche Gemeindeordnung v 30.1.1935 (RGBl I 1935, 49) zurück. Allerdings hatten die Gemeindeordnungen der Länder den Begriff der Gemeinde bereits als Körperschaft des öffentl Rechts mit dem Recht der Selbstverwaltung definiert (vgl Bay Gemeindeordnung, Bezirksordnung und Landkreisordnung v 1927).

5 c) **Gemeindeeinteilung. Welche örtliche Gemeinschaft** im Einzelfall als Gemeinde anzusehen ist, bestimmte sich ursprünglich nach historischen Gegebenheiten. In Bayern etwa geht die derzeit maßgebende Gemeindeeinteilung in ihren Grundzügen zurück auf das Edikt v 28.7.1808 über die Bildung der Gemeinden und auf das Gemeindeedikt v 1818. Nachfolgend war der unveränderte Fortbestand anzunehmen, sofern nicht eine Änderung mit Genehmigung des Staatsministeriums des Innern (§ 5 des Gemeindeedikts v 1818, Art 4 GO 1869, Art 5 GO 1927) oder nach Maßgabe der §§ 13, 15 Deutsche GO, der Art 11 bis 14 BayGO oder der VO der Staatsregierung v 27.12.1971 (GVBl 1971, 495) eintrat. Eine Vermutung für das Bestehen einer Gemeinde gab es nicht. Die Existenz war im Streitfall zu dokumentieren durch den Nachweis des Vorhandenseins eines bestimmten abgegrenzten Gemeindegebiets (BayVGHE 4, 554; 14, 148). Nach den Gemeindereformen von 1972 und 1978 hat sich der Gemeindebestand jedoch erheblich verändert (vgl Bek über das Verzeichnis der Gemeinden und Verwaltungsgemeinschaften in Bayern nach dem Stand v 1.1.1986, v 21.10.1985 MABl 1985, 569). Änderungen erfolgen durch rechtsgestaltenden Verwaltungsakt der zuständigen Behörde (vgl Art 12 BayGO; hierzu BayVGHE nF 14, 92).

d) Verfassungsrecht. Das gültige **verfassungsrechtliche Fundament** der 6
Gemeinden ist **in Art 28 GG** angelegt: „In den ... Gemeinden muss das Volk
eine Vertretung haben, die aus allgemeinen, unmittelbaren, freien, gleichen und
geheimen Wahlen hervorgegangen ist" (Art 28 Abs 1 Satz 2 GG). Außerdem „muss
das Recht gewährleistet sein, alle Angelegenheiten der örtlichen Gemeinschaft im
Rahmen der Gesetze in eigener Verantwortung zu regeln" (Art 28 Abs 2 Satz 1
GG). Diese Garantie der Selbstverwaltung der Gemeinden ist eine **institutionelle
Garantie.** Sie erhält **keine individuelle Garantie.** Daher verstoßen Gemeindeauf-
lösungen, Umgemeindungen oder sonstige Gebietsveränderungen nicht gegen
Art 28 GG (vgl *Maunz/Dürig* Art 28 Rn 45).

Die institutionelle Garantie schließt die Garantie der **Finanzhoheit** ein. Nach
Art 28 Abs 3 GG gewährleistet der Bund, dass die verfassungsmäßigen Ordnungen
der Länder das Selbstverwaltungsrecht und die Finanzhoheit der Gemeinden beachten. Der Begriff der Finanzhoheit bezeichnet die Möglichkeit, eine eigenständige
Einnahmen- und Ausgabenwirtschaft zu betreiben. Das ist nunmehr ausdrücklich
geregelt in Art 28 Abs 2 Satz 3 GG (hierzu Rn 9).

e) Besonderheiten. Keine Gemeinden sind die **Gemeindeverbände,** wie sich 7
aus der gesonderten Erwähnung in Art 28 Abs 2 Satz 2 GG ergibt (BVerfGE 52,
95, 110). Sie sind also nicht zur Erhebung von GewSt berechtigt. Entsprechendes
gilt für **Gemeindebezirke** (BVerfGE 83, 60).

Für Betriebsstätten in **gemeindefreien Gebieten** gilt ab 1.1.1974 (G v
17.4.1974, BGBl I 1974, 949) § 4 Abs 2. Danach bestimmt die Landesregierung
durch VO, wer dort die Befugnisse nach dem Gesetz ausübt.

3. Verfassungsrechtliche Grundlagen der Gewerbesteuer

a) Verfassungsrechtliche Garantie. Diese bestand für die Gemeinden 8
zunächst durch die am 1.4.1957 in Kraft getretene Fassung des **Art 106 Abs 6
Satz 1 GG** (G v 24.12.1956, BGBl I 1956, 1077), die das Aufkommen der Realsteuern (hierzu Rn 14) den Ländern und nach Maßgabe der LandesG den Gemeinden
zuwies, **nicht unmittelbar.** Nach der Rspr des BVerfG hatten die Gemeinden
kein verfassungsmäßiges Recht auf Realsteueraufkommen nach den realsteuer-
lichen Vorschriften bei Inkrafttreten des Art 106 Abs 6 GG (BVerfGE 26, 172, 180). Art 28
Abs 3 GG verpflichte den Bund lediglich zur Sorge um eine dem Selbstverwaltungsrecht der Gemeinden nach Art 28 Abs 2 GG entsprechende verfassungsmäßige Ordnung. Die unterschiedlichen Auswirkungen des GewStSystems auf die Einnahmen
der Gemeinden zeige, dass der Gesetzgeber in der Lage sein müsse, das System der
GewSt zu ändern und die eigenen Einnahmequellen der Gemeinden anders zu
verteilen. Eine Senkung der GewSt beeinträchtige das Selbstverwaltungsrecht der
Gemeinden dann nicht, wenn die Einbußen der einzelnen Gemeinden auf andere
Weise ausgeglichen würden.

b) Verfassungsrechtliche Absicherung. Eine gewisse Absicherung erfolgte 9
mit der **Änderung des Art 106 Abs 6 Satz 2 GG** iZm der Abschaffung der
GewKapitalSt ab EZ 1998 durch die Nennung der GewErtragSt und des Hebesatzrechts der Gemeinden (G v 20.10.1997, BGBl I 1997, 2470). Hierin liegt zwar
lediglich die Sicherung des Hebesatzrechts, nicht jedoch seines Gegenstandes
(BVerfGE 125, 141).

Die Sicherung einer eigenen Steuerquelle der Gemeinden erfolgte mit der **Ergänzung des Art 28 Abs 2 Satz 3 GG** um einen zweiten Halbsatz, wonach zu den
Grundlagen der finanziellen Eigenverantwortung der Gemeinden eine diesen mit
Hebesatzrecht zustehende **wirtschaftskraftbezogene Steuerquelle** gehört (ebenfalls durch G v 20.10.1997, BGBl I 1997, 2470). Diese Bestimmung gewährleistet
immerhin, dass die wirtschaftskraftbezogene GewSt nicht abgeschafft werden kann,

ohne dass die Gemeinden an ihrer Stelle eine andere wirtschaftskraftbezogene Steuerquelle mit Hebesatzrecht erhalten (BVerfGE 125, 141). Ein unmittelbarer Durchgriff auf die Gemeinden ist dem Bund wegen der landesstaatlichen Ordnung nicht gestattet (BVerfGE 26, 181). Gleichwohl ist der Gesetzgeber befugt, Rechte und Pflichten auch der Gemeinden iZm der GewSt zu bestimmen (s auch Rn 16 f). Insbesondere müssen die Gemeinden die Möglichkeiten des Finanzausgleichs (s unten Rn 56) beachten (BVerfGE 23, 271; 26, 244).

Die verfassungsrechtliche Problematik, ob die GewSt in ihrer jeweiligen Gestalt noch dem Typus der Realsteuer entspricht, stellt sich mE nicht mehr (vgl auch Beschlussempfehlung und Bericht des Rechtsausschusses BTDrs 13/8488, 10

10 **c) Verteilung.** Eine **andere Verteilung** mit Ausgleich des Steueraufkommens wurde ab 1.1.1970 durch die weitere Neufassung des **Art 106 Abs 5 und 6 GG** (Finanzreformgesetz v 12.5.1969, BGBl I 1969, 359) ermöglicht. Danach ist vorgesehen, dass die Gemeinden am Aufkommen der ESt beteiligt werden und Bund und Länder am GewStAufkommen beteiligt werden können. Dies ist durch **§ 6 Gemeindefinanzreformgesetz** v 8.9.1969 (BGBl I 1969, 1587) in Form der **Gemeindeumlage** geschehen (vgl im Einzelnen Rn 56). Grund hierfür war der Umstand, dass das GewStAufkommen von jeher ungleichmäßig verteilt war. Der GewStErtrag ist in Zahl und Größe von den in einer Gemeinde ansässigen GewBetrieben abhängig. Da die größeren Betriebe vielfach standortgebunden sind, ergeben sich hierdurch stets Benachteiligungen der Gemeinden, in deren Gebiet keine oder nur wenige kleine Wirtschaftsunternehmen arbeiten (*Kommission für die Finanzreform*, Gutachten über die Finanzreform in der BRD 1966, 27). Die GewSt ist danach **keine ausschließliche Gemeindesteuer** mehr (BVerfG 1 BvR 15/75 BStBl II 1978, 125; *Blümich/Hofmeister* § 1 GewStG Rn 3). Gleichwohl ist grundsätzlich der Charakter der GewSt als Gemeindesteuer im Wesentlichen nicht verändert worden. Denn nach Art 106 Abs 6 GG haben die Gemeinden das verfassungsmäßig garantierte Recht, die Höhe der GewSt durch Festsetzung und Anwendung der Hebesätze „im Rahmen der Gesetze" zu bestimmen. Der Gesetzesvorbehalt bedeutet jedoch, dass eine gesetzliche Begrenzung der Hebesätze zum Zwecke einer allgemeinen Steuersenkung nicht ausgeschlossen ist (vgl *InstFSt* Brief 206, 14 ff).

4. Zweck der Gewerbesteuer

11 **a) Äquivalenzprinzip.** Nach der **Begründung zum GewStG 1936** (RStBl 1937, 699) besteht der Grund für die den Gemeinden eingeräumte Möglichkeit, eine GewSt zu erheben, darin, dass die GewBetriebe nach dem sog **Äquivalenzprinzip** zu den Lasten beitragen sollen, die den Gemeinden insbesondere durch ihre Existenz entstehen, etwa für den Bau und die Unterhaltung von Straßen und Wegen, der Kanalisation, der öffentlichen Verkehrsmittel, von Schulen, Krankenhäusern usw. Dies sind Aufgaben, die mit der Niederlassung von GewBetrieben und dem damit verbundenen Anstieg der Einwohnerzahlen verbunden sind (vgl auch BVerfGE 21, 54, 61; 26, 1). Allerdings bedeutet das Äquivalenzprinzip nicht Belastungs(Kosten)-Nutzen-Äquivalenz (so aber *Haller* S 248; *Ossenbühl* S 24), sondern ist in einer weiteren Fassung dahin zu verstehen, dass das Interesse der Besteuerten insb an der gemeindlichen Infrastruktur die Steuer begründet und die Gemeinde als Partner der örtlichen Produktionsprozesse erscheint *(Zitzelsberger* S 150, 155). Als unmittelbare Grundlegung für die Gewerbebesteuerung nach dem Ertrag und (bis EZ 1997) dem Kapital ist es sicher ungeeignet, weil diese Faktoren wenig über die von dem Betrieb ausgehende Belastung aussagen (*InstFSt* Brief 208, 28 ff). Da die durch den Betrieb verursachten Lasten nicht feststellbar sind, kann von einem individuellen Lastenausgleich keine Rede sein (*Milbradt* aaO). Zudem ist die GewSt durch Festsetzung von Freibeträgen beim GewErtrag und (bis 31.12.1997:) GewKapital sowie Freigrenzen beim GewErtrag weitgehend denaturiert. Nur etwa 35% aller

GewBetriebe unterliegen der GewSt. Das Äquivalenzprinzip stellt demnach nur eine **pauschale Rechtfertigung** für die GewSt dar (BVerfGE 46, 224, BStBl II 1978, 125). Es lässt den Umstand unberührt, dass die GewSt eine allgemeine Geldquelle für die Gemeinden darstellt, die nicht nur der Abdeckung der durch die GewBetriebe verursachten Kosten dient. Häufig wird daher angeführt, die GewSt basiere auf dem sog fundierten Einkommen, also dem als besonders sicher und ertragreich angesehenen Einkommen, das durch Nutzung des Betriebskapitals erwirtschaftet wird (**Fundustheorie,** vgl BVerfGE 13, 331, 348; 40, 109; *Grass* StbKRep 1965, 116). Diese Theorie ist unhaltbar, zumal sie nicht erklärt, warum nur die gewerblich „fundierten" Einkünfte zur GewSt herangezogen werden. Finanzwissenschaftlich ist die GewSt Unternehmenssteuer (*Zimmermann* StuW 1993, 231) in Gestalt einer Ertragsteuer (*Zitzelsberger* S 99). Am Einkommen setzt die GewSt weder beim GewErtrag (s § 8) noch (bis EZ 1997) beim GewKapital an. Was sie berührt, ist der Einkommensentstehungsprozess *(Zitzelsberger* S 164 f). Die Rechtfertigung der GewSt, insb auf der Grundlage des Äquivalenzprinzips, ist nach allem umstritten (vgl *Wendt* BB 1987, 1257; *Jochum* 2005, 254; *Roser* Kommunalsteuern und -abgaben 2012, 189). Auch dieser Umstand trägt die jahrzehntelange Diskussion um die Reform der GewSt (vgl Rn 57 ff).

b) Kritik am Äquivalenzprinzip. Die **Kritik am Äquivalenzprinzip** als Rechtfertigung für die GewSt in der heutigen Gestalt ist mE nicht von der Hand zu weisen (s auch *Blümich/Hofmeister* § 1 GewStG Rn 9). Insbesondere scheint in weiten Bereichen eine Unterscheidung zwischen GewBetrieben, Freiberuflern und sonstigen Selbstständigen nicht mehr gerechtfertigt. Betriebsgrößen von Freiberuflern erreichen nicht selten ein Mehrfaches derjenigen von (Klein-)Gewerbetreibenden. Auch ist die Wirkung freiberuflicher Betriebe auf die Einwohnerzahl der Gemeinden und die dadurch ausgelösten Anforderungen an die Gemeinde-Infrastruktur – zumal in ihrer Vielzahl – nicht anders zu beurteilen als diejenigen kleinerer GewBetriebe, insbesondere derjenigen, die sich in zahllosen Verfahren immer wieder darum bemühen, als ähnlicher Beruf iSd § 18 Abs 1 EStG anerkannt zu werden. Auch ist die GewSt durch die besondere Ausgestaltung längst zu einer **Sondersteuer für mittlere und Großbetriebe** geworden. Gleichwohl ist mE der Grundgedanke einer auf dem Äquivalenzprinzip beruhenden Gemeindesteuer nach wie vor der richtige. Worum es geht, ist jedoch, ihn „reiner", insbesondere durch einen umfassenderen Kosten- und Interessenausgleich unter Beteiligung von Freiberuflern und sonstigen Selbstständigen sowie Land- und Forstwirten durchzuführen (iE ähnlich *Gosch* DStZ 1998, 327). Das gilt umso mehr, als die GewSt mit der Abschaffung der GewKapitalSt eine Wandlung hin zur reinen ErtragSt erfahren hat. 12

5. GewSt als Steuer ieS

a) Steuerbegriff. Sie erfüllt den Begriff der **Steuer iSd § 3 Abs 1 AO:** Geldleistung, die nicht Gegenleistung für eine besondere Leistung darstellt und von öffentlich-rechtlichen Gemeinwesen zur Erzielung von Einnahmen auferlegt wird. Trotz ihres in Rn 11 dargestellten finanzpolitischen Zwecks hat die GewSt nicht den Charakter eines Beitrages. Von einem Beitrag wird gesprochen, wenn er erbracht wird für Gegenleistungen und wirtschaftliche Vorteile, die dem Leistenden unmittelbar zu Gute kommen. Das ist bei der GewSt nicht der Fall. Sie wird nicht für die Gewährung eines Vorteils erhoben, sondern weil der Betrieb in besonderem Maße für das Entstehen von Aufgaben und Kosten einzustehen hat. Auch die nicht reine Durchführung des Äquivalenzprinzips (Rn 11) spricht gegen den Beitragsgedanken. 13

b) GewSt als Objektsteuer. Der **Begriff der Objektsteuer** bedeutet, dass Anknüpfungspunkt für ihre Erhebung ein Gegenstand oder Inbegriff von Gegen- 14 ständen ist. Man findet auch den Begriff der **Sach-** oder **Realsteuer** (zur Problematik dieses Begriffes *Zitzelsberger* S 101 ff). Im Gegensatz hierzu stehen Steuern, die an die Existenz oder wirtschaftliche Leistungsfähigkeit einer Rechtsperson oder an einen rechtlichen oder tatsächlichen Vorgang anknüpfen. § 3 Abs 2 AO zählt mit der GrundSt und der GewSt die derzeit erhobenen Realsteuern lediglich auf, ohne eine nähere Begriffsbestimmung zu geben. § 2 GewStG kennzeichnet als Gegenstand der GewSt den GewBetrieb. Das sind gewerbliche Unternehmen iSd Einkommensteuerrechts (§ 2 Abs 1) und die rechtsformabhängigen Unternehmen des § 2 Abs 2 u 3. **Sachlich steuerpflichtig** ist demnach nicht der Gewerbetreibende, sondern **der jeweilige GewBetrieb.** Nach Abschaffung der GewKapitalSt und der Wandlung der GewSt zur reinen ErtragSt betrifft diese Aussage jedoch nicht (mehr) den Besteuerungsgrund, sondern die Besteuerungsmaßstäbe (*Gosch* DStZ 1998, 327). Allerdings ist der Inhaber des GewBetriebs Steuerschuldner (§ 5 Abs 1).

Der Objektsteuercharakter der GewSt gebietet es an sich, den Gewerbeertrag ohne Rücksicht auf die persönlichen Verhältnisse und Beziehungen des Inhabers zum Gegenstand der Besteuerung zu erfassen (BVerfG BStBl II 1969, 424; BFH X R 64/89 BStBl II 1991, 358). Abgebildet werden sollte demnach die **objektive Ertragskraft** des jeweiligen Gewerbebetriebs (hierzu etwa *Hey* DStR 2009, Beih zu Nr 34, 109; *Heger* aaO, 117). U.a. hierauf basieren die Hinzurechnungs- und Kürzungsvorschriften der §§ 8 und 9 sowie der beim Verlustabzug des § 10 a bedeutsame Grundsatz der Unternehmensgleichheit (vgl BFH I R 165/80 BStBl II 1985, 403). Allerdings hindert der Objektsteuercharakter der GewSt nach hM nicht eine **Einbeziehung personaler Elemente** (krit *Roser* Kommunalsteuern und -abgaben 2012, 189). Danach ist etwa für den Verlustabzug nach § 10 a die sog Unternehmeridentität Voraussetzung (vgl § 10 a Rn 90 ff). Andererseits ist der Gesetzgeber nicht gehalten, bei Personenunternehmen eine Kürzung des GewErtrags um einen kalkulatorischen Unternehmerlohn vorzusehen (BVerfGE 46, 224, BStBl II 1978, 125).

15 **c) GewSt als Kostensteuer.** Die GewSt wird als auf dem GewBetrieb lastende Steuer durch diesen veranlasst. Sie ist an sich **Betriebsausgabe** iSd § 4 Abs 4 EStG und führte systemgerecht **bis EZ 2007** (Wj in diesem endend) daher zu einer Verminderung der GewSt selbst (§ 7; BFH IV R 215/71 BStBl II 1973, 739; zum Zeitpunkt der Bildung der GewStRückstellung vgl BFH I R 32/90 BStBl II 1992, 94). Bei der Berechnung der GewStRückstellung bestand nach dem Grundsatz der Selbstbindung der Verwaltung ein Rechtsanspruch auf die Anwendung der Vereinfachungsregelung der R 4.9 Abs 2 Satz 2 EStR (BFH VIII R 61/87 BStBl II 1991, 752; vgl BFH IV R 112/81 BStBl II 1984, 554 und die Kritik von *Bachem* BB 1992, 460, DStR 1993, 736). Zur Problematik der Berechnung bei Anwendung der **ab 1.1.1993** (bis einschl EZ 2007) gestaffelten GewStMesszahlen vgl *Pauka* DB 1992, 1837 u 1993, 952; *Binz/Vogel* BB 1993, 1710; *Theile* BB 1993, 2351; *Stüttgen* DB 1993, 950; *Mielke* DB 1993, 2446; *Pasch* DB 1994, 343; *Beck* StWa 1995, 44. Besteht ein abweichendes Wirtschaftsjahr, dann darf die GewSt für den Erhebungszeitraum, der am Ende des Wirtschaftsjahres noch läuft, in voller Höhe zu Lasten des Gewinns dieses abweichenden Wirtschaftsjahres berücksichtigt werden.

Ab EZ 2008 darf die GewSt zzgl Nebenleistungen **systemwidrig** den Gewinn nicht mindern (§ 4 Abs 5 b EStG); ein Ausgleich erfolgt über die Anhebung des Anrechnungsfaktors nach § 35 EStG auf 3,8. FG Hamburg (1 K 48/12 EFG 2012, 933; Rev I R 21/12) hält die Vorschrift „noch" für verfassungsmäßig (krit *Quinten/Anton* NWB 2012, 4227).

Betriebswirtschaftlich ist die GewSt **Kostenbestandteil.** Sie ist anteilig den Fertigungsgemeinkosten und den Verwaltungsgemeinkosten zuzuordnen. Nach BFH I 70/57 U BStBl III 1958, 392 hat der Stpfl ein Wahlrecht, ob er die GewErtragsteuer den Herstellungskosten zurechnen will (**aA** *Blümich/Hofmeister* § 1 GewStG Rn 5).

6. Erhebungspflicht

a) Entwicklung. Bis einschließlich EZ 2003 hatten die Gemeinden lediglich 16 das **Recht,** nicht die Pflicht, GewSt zu erheben. Der Gesetzgeber ging davon aus, es liege im Wesen ihrer verfassungsrechtlich garantierten Finanzhoheit, keinen Gebrauch von der ihnen eröffneten Möglichkeit zu machen. Allerdings waren in den letzten Jahren nur wenige Fälle bekannt, in denen kleinere Gemeinden (zB Norderfriedrichskoog, Kreuzbruch) tatsächlich auf die Erhebung von GewSt verzichtet hatten. Die vielfältigen und kostenintensiven Aufgaben der Gemeinden bedeuten grds ebenso einen faktischen Zwang zur Erhebung der GewSt wie die nach § 16 Abs 5 GewStG zulässigen Länderregelungen zur Koppelung der Hebesätze bei der Grund- und GewSt.

Ab EZ 2004 besteht die gesetzliche **Verpflichtung** für alle Gemeinden, die GewSt zu erheben. Diese Regelung dient dem Ziel, die (wenigen) GewSt-Oasen (s oben), die nach Auffassung des Gesetzgebers zu einem nicht akzeptablen Steuerwettbewerb zu Lasten der anderen Gemeinden geführt hatten, auszutrocknen und die Bildung weiterer zu verhindern (BTDrs 15/1517, 17). Diesem gesetzgeberischen Ziel dient auch die Einführung eines **Mindesthebesatzes** nach § 16 Abs 4 Satz 2 von 200% ebenfalls ab EZ 2004 sowie die rückwirkend schon für den EZ 2003 wirkende Änderung des § 28, wonach Gemeinden mit einem Hebesatz unter 200% bei der Zerlegung ganz oder zum Teil nicht berücksichtigt werden.

Diese Regelungen sind trotz des mit ihnen verbundenen Eingriffs in die durch Art 28 Abs 2 Satz 3 und Art 106 Abs 6 Satz 2 GG garantierte Finanzhoheit der Gemeinden (s.o.) **verfassungsgemäß.** Die bezeichneten Verfassungsartikel stehen schon prinzipiell einer Beschränkung des Hebesatzrechts nicht entgegen („im Rahmen der Gesetze"). Zudem dient § 16 Abs 4 Satz 2 unter Wahrung des Verhältnismäßigkeit dem Interesse der Allgemeinheit, tiefgreifende Nachteile einer wettbewerbsverzerrenden Steuerkonkurrenz zu vermeiden (BVerfG 2 BvR 2185/04 u.a. BVerfGE 125, 141; BFH I B 87/04 BStBl II 2005, 143; iE ebenso *Blümich/Hofmeister* § 1 GewStG Rn 16; *Mattern/Schnitger* DStR 2003, 1377, 1381; **aA** *Walz/Süß* DStR 2003, 1637; *Otting* DB 2004, 1222; *Schmidt* StuB 2004, 249; *Jochum* StB 2005, 254).

b) Bindung an das Gesetz. Bei der Erhebung sind die **Gemeinden** an die 17 Vorschriften des Gesetzes **gebunden** (vgl Art 28 Abs 2 GG). Dieses enthält eine abschließende Regelung der Rechte und Pflichten der Gewerbetreibenden. Auf keinen Fall können die Gemeinden eigene GewStOrdnungen erlassen, in eigener Zuständigkeit die gewstpfl von nicht gewstpfl Betrieben abgrenzen oder anstelle bzw neben der Gewerbebesteuerung nach diesem Gesetz eine eigene Art von GewSt erheben. Auch durch **Vereinbarung** können keine im Gesetz nicht enthaltenen Steuertatbestände geschaffen werden (vgl allgemein BVerfGE 8, 239; zu GrSt/EWBV BFH III 31/60 U BStBl III 1962, 241). Ebenso wenig dürfen die Gemeinden im Wege des Privatrechts besondere Pflichten der GewStpfl begründen, die über solche des Gesetzes hinausgehen, insbesondere den Steuertatbestand erst herbeiführen sollen. Auflagen und vertragliche Vereinbarungen über das Bestehenbleiben des Betriebes oder der betrieblichen Verhältnisse in der Gemeinde zur Sicherung des GewStAufkommens sind daher ohne Wirksamkeit (BGH II ZR 253/74 BB 1976, 783). Unzulässig ist auch die Umkehrung solcher Vereinbarungen, nämlich eine Beschränkung der Stpfl mit privatrechtlichen Mitteln (RGZ 82, 326). Der Stpfl ist auch nicht schadensersatzpflichtig, wenn er eine Betriebsstätte in der Gemeinde eröffnet hat, ohne diese anzumelden, und die Gemeinde bei der Zerlegung keinen Anteil an der GewSt erhalten hat (BGH BB 1968, 943).

Nach Art 108 Abs 5 Satz 2 GG ist der **Bund** als Gesetzgeber befugt, **Verfahrensvorschriften** zur Verwaltung der GewSt zu erlassen. Auch solche Vorschriften sind für die Gemeinden verbindlich. Ob Gleiches in vollem Umfang auch für die GewStR gilt, darf bezweifelt werden. Nach Art 108 Abs 7 GG bedürfen allgemeine Verwaltungsvorschriften der Zustimmung des BR.

II. Verfassungsmäßigkeit der Gewerbesteuer/Europarecht

1. Allgemeines

18 Die **GewSt als Ganzes** ist nach st Rspr des BVerfG **verfassungsgemäß**. Die ausdrückliche Erwähnung in Art 106 GG bedeutet, dass der Verfassungsgeber die Steuer in ihrer üblichen Ausgestaltung und historisch gewachsenen Bedeutung billigt und als zulässige Form des Steuereingriffs anerkennt (vgl BVerfGE 13, 331, 348; 26, 1, 8; 46, 224, 236; BFH X R 2/00 BStBl II 2004, 17; X R 74/01 BFH/NV 2005, 2195; zust *Kirchhof* StuW 1996, 3, 7; *Wieland* KStZ 2003, 81 f; **aA** *Tipke* BB 1994, 437, FR 1999, 532; *Jachmann* BB 2000, 1432, DStJG 25 (2002), 195, 212; *Wendt* BB 1987, 1677; *Gosch* DStZ 1998, 1022; *Keß* FR 2000, 695; *Seer* FR 1998, 1022; *Hey* StuW 2002, 314; *Jochum* StB 2005, 254).

2. Einzelheiten

19 a) **Gleichheitssatz. aa) Die herrschende Rspr.** Der Gleichheitssatz des **Art 3 GG** sei **nicht verletzt,** obwohl nur Gewerbetreibende, nicht auch Land- und Forstwirte, Freiberufler und sonstige Selbstständige herangezogen werden (BVerfGE 13, 331, 345; 13, 290, 297; 21, 54, 69; 42, 374, 384; 46, 224; krit *Orth* StuW 1979, 77). Der Gesetzgeber dürfe die Sachverhalte auswählen, an die er die Rechtsfolge Steuer knüpfen wolle, wenn nur die gewählten Differenzierungen auf sachgerechten Erwägungen beruhten. Die Kombination der Produktionsfaktoren Boden, Arbeit und Kapital sei aber bei Landwirtschaft, freien Berufen und Gewerbetreibenden grundlegend verschieden.

Mehrere **Vorstöße des Nds FG** (zB EFG 1997, 1456; 2004, 1065; 2005, 690) hat das BVerfG als unzulässig verworfen (zB BVerfG 1 BvL 10/98 BStBl II 1999, 509; krit *Tipke* FR 1999, 532) bzw nicht zur Entscheidung angenommen und die GewStFreiheit von Selbstständigen und Landwirten für verfassungsgemäß erklärt (abermals BVerfG 1 BvL 2/04, BVerfGE 120, 1).

19a bb) **Kritik.** ME befriedigt diese Begründung nicht (aA zB *Schnädter* KStZ 1986, 14; *Zitzelsberger* S 176, 183 f). **(1.)** Ob zu differenzierten Rechtsfolgen führende Erwägungen des Gesetzgebers sachgerecht sind, bestimmt sich mE allein nach dem **Zweck des Gesetzes.** Dieser aber besteht in dem Ausgleich von Kosten, die sich durch Anforderungen an und Auswirkungen auf die gemeindliche Infrastruktur ergeben (vgl oben Rn 11). Insofern bestehen keine begrifflichen oder typischen Unterschiede zwischen den genannten Gruppen. Die einen tragen zur Notwendigkeit, die gemeindliche Infrastruktur auszubauen und zu unterhalten, ebenso bei wie die anderen. Nicht schlüssig daher *Zitzelsberger* S 185 f, der meint, die Äquivalenzbeziehung zwischen Gemeinde und ortsansässigem Gewerbe liefere, weil es an einer konkreten Gegenleistungsrelation fehle, keinen verfassungsrechtlich verwertbaren Anhaltspunkt für die Außenabgrenzung der GewSt. Auch die Behauptung des BVerfG (BVerfG 21, 54, 69), die Kombination der Produktionsfaktoren Boden, Arbeit und Kapital sei bei Landwirtschaft, freien Berufen und Gewerbe grundverschieden, ist in dieser Allgemeinheit sicher nicht richtig. Sie trifft keine typischerweise vorliegenden Verhältnisse. Das BVerfG übersieht, dass ein Großteil der Gew-Betriebe aus Handwerks- und kleinen Dienstleistungsbetrieben besteht, die insoweit den freien Berufen vergleichbar sind (vgl zum Handelsvertreter BFH IV R 50/72 BStBl II 1977, 201), und dass freiberufliche „Betriebe" auch in Ansehung von Arbeit und Kapital häufig erheblich größer sind als kleine Gewerbebetriebe (Stichworte „Kanzleifabrik", Apparatemedizin; vgl *Knobbe-Keuk* DB 1989, 1303). In diesem Zusammenhang ist bereits die Typisierung sachfremd, weil sie nicht auf dem Boden von Rechtstatsachen steht (kritisch zB auch *Gosch* DStZ 1998, 327; *Jachmann* BB 2000, 1432; *Loritz* WuB § 15 EStG 1.09).

(2.) Die Schwäche der gängigen Argumentation tritt mE jedoch deutlich zutage, **19b** vergegenwärtigt man sich, dass der **Katalog der freien Berufe** in § 18 Abs 1 Nr 1 EStG nach keinerlei sachgerechten Gesichtspunkten insb im Hinblick auf die Kombination von Arbeit und Kapital willkürlich zusammengewürfelt ist, was am allmählichen „Wachstum" des Katalogs sowie an der Nicht-/Berücksichtigung bestimmter Berufe (zB Mathematiker, Physiker auf der einen, Ingenieure, Handelschemiker auf der anderen Seite) besonders deutlich wird. Der Gesetzgeber hat im Laufe der Zeit bestimmte Berufsgruppen – offenbar nicht nach Sachgesichtspunkten – handverlesen; andere mussten – ebenso sachwidrig – draußen bleiben.

Verstärkt wird der Wildwuchs durch eine in sich unstimmige und methodenfehlerhafte Rspr des BFH, durch die **im Bereich der ähnlichen Berufe** einigen Berufsgruppen (Heilhilfsberufe) entgegen den vom BFH selbst geprägten Grundsätzen willkürlich eine **Sonderbehandlung** als ähnlicher Beruf gewährt wird (hierzu § 2 Rn 175).

Unabhängig von diesen Unstimmigkeiten ist gerade bei den ähnlichen Berufen für den StPfl idR die **Rechtsfolge nicht vorhersehbar**, ob er letztendlich als Freiberufler oder Gewerbetreibender eingestuft wird – abhängig von dem Maße der Bereitschaft des Gutachters/des FG zu einer großzügigen Betrachtung (die idR vom BFH als mögliche Würdigung gehalten wird).

Es sind also **nicht sachliche Erwägungen** tragende **Fakten,** sondern häufig genug von den Fakten losgelöste, idR rein voluntaristische Wertungen, die zu der unterschiedlichen steuerlichen Beurteilung führen, an die wiederum das ebenfalls nicht auf Fakten gestützte und in den Abgrenzungsstreitigkeiten idR nicht einschlägige Postulat von der besonderen Kombination von Arbeit und Kapital zur verfassungsrechtlichen Legitimation ergebnisorientiert angehängt wird. In Anbetracht solcher Unstimmigkeiten und der Tatsache, dass seit Inkrafttreten des Gesetzes 1936 die nach der Vorstellung des Gesetzgebers vorhandenen typischen Gegebenheiten (hier eigene Arbeitsleistung, dort Kapital und fremde Arbeitskraft) und die tatsächlichen Verhältnisse sich deutlich auseinander entwickelt haben, erscheinen typisierende Betrachtungen, wie sie das BVerfG immer wieder anstellt, nicht gerechtfertigt.

b) Freie Berufswahl, Eigentum. Auch die Grundrechte der **freien Berufs-** **20** **wahl** und **-ausübung (Art 12 GG)** und des **Eigentums (Art 14 GG)** sind nicht verletzt. Beide hindern den Gesetzgeber nicht, an die Tätigkeit und an dessen betriebliches Substrat Steuerfolgen zu knüpfen, weil (und soweit) nur der daraus fließende Gewinn gemindert wird. Ein Verstoß gegen Art 14 GG kommt nur dann in Betracht, wenn Geldleistungspflichten den StPfl übermäßig belasten und seine Vermögensverhältnisse grundlegend beeinträchtigen (vgl BFH IV R 215/71 BStBl II 1973, 739; VIII R 95/72 BStBl II 1974, 572; BVerfGE 29, 402, 413; 30, 250, 271 und BVerfG 2 BvR 760/90 StEd 1991, 278; zu den rechtstheoretischen Problemen s *Zitzelsberger* S 198 ff). Für die Berufsausübung gelten ähnliche Erwägungen, die mit dem Begriff der „Erdrosselungssteuer" (BVerfGE 38, 61) gekennzeichnet werden können (hierzu *Maunz/Dürig,* Art 12 Rn 427). Eine eigene Problematik ergibt sich insoweit aus dem Beschluss des BVerfG zum „Halbteilungsgrundsatz" (BVerfGE 93, 121, BStBl II 1995, 655). Überträgt man diesen zur Vermögensteuer ergangenen Grundsatz auf die Einkommen- und Gewerbesteuer, so liegt der Gedanke nahe, eine Belastung mit Einkommen- und Gewerbesteuer von mehr als 50% als verfassungswidrig anzusehen. Dem ist der BFH (BFH XI R 77/97 BStBl II 1999, 771; X R 2/00 BStBl II 2004, 17; IV B 91/04 BStBl II 2005, 647; X B 104/12 BFH/

NV 2013, 559; zust *Rößler* DStZ 2000, 307; *Fischer* FR 1999, 1292; krit *List* BB 1999, 981; *Seer* FR 1999, 1280, 1296) und auch das BVerfG (BVerfGE 115, 97) nicht gefolgt: Aus Art 14 Abs 2 GG („zugleich") ist eine Höchstbelastungsgrenze bei einer ca 50%igen Teilung des Gewinns bzw Einkommens zwischen Bürger und öffentl Hand nicht herzuleiten (Anm *Kanzler* FR 2006, 635). Durch die Anrechnung von Gewerbesteuer (§ 35 EStG) wird die Problematik mE jedoch weitgehend entschärft.

21 **c) Sozialstaatsprinzip.** Auch das **Sozialstaatsprinzip** ist insbesondere bei Inanspruchnahme sozial schwächerer Gewerbetreibender (Handelsvertreter!) nicht verletzt. Der Gesetzgeber kann der sozialen Schutzbedürftigkeit des jeweils in Rede stehenden Berufsstandes durch je verschiedene gesetzliche Regelungen Rechnung tragen (BVerfGE 46, 224, BStBl II 1978, 125).

22 **d) Finanzverfassung/Objektsteuerprinzip.** Grundsätze der **Finanzverfassung,** insb Art 105 Abs 2 Nr 3 und Art 106 Abs 6 GG, sind durch die Fassungen des GewStG bis einschließlich 1997 nicht verletzt. Die GewSt gehört zwar zu den dort genannten Realsteuern. Sie ist auch als Realsteuer (Objektsteuer) nicht rein durchgeführt (vgl oben Rn 14). Doch verpflichtet das GG den Gesetzgeber nicht zu einer „reinen Durchführung des **Objektsteuerprinzips**" (BVerfGE 13, 331, 345; 25, 28, 38; s auch Rn 14 aE). Das hat mE Bedeutung für die Gestaltung der GewSt nach Abschaffung der GewKapitalSt ebenso wie für eine weitere Aushöhlung des Objektsteuerprinzips durch Einzelvorschriften (zu § 8 Nr 5 vgl *Gröning/Siegmund* DStR 2003, 617).

23 **e) Europarecht.** Die GewSt als Ganzes verstößt auch nicht gegen **Europarecht,** insb nicht gegen den Grundsatz des freien Warenverkehrs bzw der Niederlassungs- oder der Dienstleistungsfreiheit (vgl BFH X R 2/00 BStBl II 2004, 17; Anm *Keß* FR 2004, 82; *Kulosa* HFR 2004, 144). Im Feuer stehen lediglich Einzelvorschriften, insb Hinzurechnungs- oder Kürzungsvorschriften (§§ 8, 9), soweit sie den Steuerinländer günstiger stellen als den Steuerausländer (im Einzelnen hierzu *Stapperfend* FR 2003, 165). S jedoch § 8 Nr 1 Buchst a Rn 3a.

III. Besteuerungsverfahren und Verwaltung der Gewerbesteuer

Literatur: *Jäger,* Billigkeitsmaßnahmen bei der GewSt, FR 1956, 7; *Ehlers,* in Münsterische Beiträge zur Rechtswissenschaft (Bd 18): Der gerichtliche Rechtsschutz der Gemeinden gegenüber Verwaltungsakten des Finanzamts im Gewerbesteuerverfahren; *Dürschke,* Die Rechtsmittelbefugnis der Gemeinden im GewStMeßbetragsverfahren, FR 1963, 546; *Runge,* Das Städtebauförderungsgesetz in seinen steuerlichen Bestimmungen, BB 1971, 1046; *Loberg,* Erlaß der GewSt nach dem Städtebauförderungsgesetz, BB 1973, 464; *Moll,* Zur Teilnahmebefugnis der Gemeinden nach § 21 Abs 3 FVG, KStZ 1979, 81; *Hatopp,* Das Recht der Gemeinden zur Teilnahme an Außenprüfungen nach § 21 Abs 3 FVG, DGStZ 1979, 150; *Deparieux,* Dürfen die Gemeinden Satzungen über Hebesätze erlassen?, BB 1983, 436; *Langel,* Rechtswidrige Übergriffe der Gemeinden zu Lasten der Steuerpflichtigen bei der Anpassung der GewStVorauszahlungen, DB 1983, 1944; *Langel,* Herabsetzung von GewSt-Vorauszahlungen während des laufenden EZ für bereits verstrichene Vorauszahlungstermine, DB 1987, 196; *Söhn,* Klagerecht der Gemeinden im Steuermeßverfahren, StuW 1993, 354; *Suck,* Das Auskunfts- und Teilnahmerecht der Gemeinden nach § 21 Abs 3 FVG am Beispiel der Gewerbesteuer, DStZ 2009, 402; *Fest,* Plädoyer für ein effektives Verfahren über den Gewerbesteuererlass im RegE-ESUG, NZI 2011, 345; *Hagemann,* Zu den Auskunftspflichten des Finanzamts gegenüber der Gemeinde, KKZ 2011, 60; *Braun/Spannbrucker,* Gewerbesteuerverfahren – ein haftungsfreier Raum im Verhältnis

Gemeinde und Finanzverwaltung?, NVwZ 2011, 82; *Drüen,* Kommunale Informationsrechte im staatlichen Besteuerungsverfahren, DÖV 2012, 493.

1. Besteuerungsverfahren

a) Allgemeines. Das **Besteuerungsverfahren** wird von den FÄ und den Gemeinden durchgeführt. Die Gemeinden sind nur zur Erhebung der GewSt berechtigt. Erhebung ist an sich nur die Einziehung des Steuerbetrags und nach BFH VII R 89/88 BStBl II 1989, 537 (unzutreffend, da die Tragweite des § 85 Abs 1 AO verkannt wird) auch die Beitreibung, nicht jedoch die Festsetzung (*Blümich/ Hofmeister* § 1 GewStG Rn 17). Das ergibt sich aus § 16 Abs 1, wo in Übereinstimmung mit § 85 Abs 1 AO zwischen Festsetzung und Erhebung unterschieden wird. Die Befugnis der Gemeinden auch zur Festsetzung der GewSt beruht auf den wiederum auf Art 108 Abs 4 Satz 2 GG beruhenden Landesgesetzen, mit denen die Länder die Verwaltung der RealSt zum Teil den Gemeinden übertragen haben (vgl Art 18 bay KAG idF der Bek v 4.4.1993, GVBl 1993, 264). Krit zur Übertragung *Fest* NZI 2011, 345. 24

Anmeldung des Betriebes. Das Verfahren beginnt in der Regel mit der Anmeldung eines GewBetriebes/einer Betriebsstätte bei der zuständigen Gemeindebehörde, in dessen Bezirk der Betrieb oder die Betriebsstätte eröffnet wird (§ 14 GewO, § 138 AO). Zur Anmeldung ist der Inhaber des GewBetriebs verpflichtet, bei einem Strohmannverhältnis auch der Scheininhaber (OLG Köln BB 1988, 1993). Die Fortführung durch den Rechtsnachfolger und Erwerber gilt als Eröffnung. Das gilt auch für eine Religionsgemeinschaft, die sich wirtschaftlich betätigt (BVerwG NJW 1998, 3279). Auch die Betriebsaufgabe ist anzuzeigen. Finanzämter und Gemeinden unterrichten sich gegenseitig über die bei ihnen eingegangenen Anzeigen. Anmeldung und Ummeldung können vom Finanzamt nach § 328 AO und von den Gemeindebehörden nach Landesrecht erzwungen werden. Ein Schadensersatzanspruch der Gemeinde gegen den Stpfl, der die Eröffnung einer Betriebsstätte in der Gemeinde nicht angezeigt hat, wegen des Ausfalls an GewSt ist allerdings nicht gegeben (BGH BB 1968, 943). 25

Zweiteilung des Besteuerungsverfahrens. Das Besteuerungsverfahren selbst zerfällt in die Ermittlung und Festsetzung der Besteuerungsgrundlagen durch einen sog GewStMessbescheid durch das Finanzamt und der hierauf beruhenden Festsetzung der GewSt selbst durch die Gemeinde. Im Einzelnen sind folgende Verfahrensabschnitte zu unterscheiden: 26
– das GewStMessbetragsverfahren (§ 14; s auch Rn 27);
– das Zerlegungs-, ggf auch Zuteilungsverfahren (§§ 28 ff; s auch Rn 32);
– das GewStFestsetzungsverfahren (§ 16; s auch Rn 37 ff);
– das GewStErhebungsverfahren (§ 16; s auch Rn 44 ff);
– das GewStVorauszahlungsverfahren (§ 19; s auch Rn 43).
Die Festsetzung von **Hinterziehungszinsen** erfolgt nicht im zweigeteilten Verfahren, da es einen Hinterziehungs-Messbetrag nicht gibt (aA *Fuchsen* DStR 1992, 1307).

b) Das GewStMessbetragsverfahren. Mit dem *GewStMessbescheid* setzt das Finanzamt den **GewStMessbetrag** fest. Es handelt sich um einen auf den **einzelnen GewBetrieb bezogenen** StBescheid (§ 2 Rn 36). Besteuerungsgrundlage für die GewSt ist der GewErtrag (§ 6). Das ist der nach den Vorschriften des EStG oder des KStG zu ermittelnde Gewinn aus dem GewBetrieb, vermehrt oder vermindert um die in den §§ 8 und 9 bezeichneten (Hinzurechnungs- oder Kürzungs-)Beträge (§ 7 Satz 1), s im Einzelnen § 7. Der Messbetrag ergibt sich durch Anwendung eines Prozentsatzes (Steuermesszahl) auf den abgerundeten und – bei natürlichen Personen/Personengesellschaften sowie bestimmten Unternehmen – um einen Freibetrag geminderten GewErtrag (§ 11 Abs 1). 27

§ 1 Steuerberechtigte

28 Die **Ermittlung des GewErtrags** ist nach § 7 nach den Vorschriften des EStG oder KStG durchzuführen. Das Verfahren ist jedoch **unabhängig vom ESt-** *oder* **KSt-Verfahren** bzw vom Verfahren der **Gewinnfeststellung,** dh der dort ermittelte Gewinn bindet trotz Anwendung derselben Ermittlungsgrundsätze bei der Ermittlung des GewErtrags nicht (BFH IV 403/61 U BStBl III 1964, 534; X R 110/87 BStBl II 1990, 195; X R 48/91 BStBl II 1992, 351; IV R 112/94 BFH/ NV 1996, 449; IV B 149/00 BFH/NV 2001, 1527; III R 22/06 BFH/NV 2009, 1087; X R 34/10 BStBl II 2012, 647). Der ESt/KSt- oder Gewinnfeststellungsbescheid ist also **nicht Grundlagenbescheid** für den GewStMessbescheid (BFH X B 222/10 BFH/NV 2011, 1843). Auch ein in solchen Verfahren ergangenes Urteil hat **keine Rechtskraftwirkung** für die GewSt (BFH X B 214/11 BFH/NV 2013, 85). Die Ergebnisse können in der Praxis voneinander abweichen. Der Stpfl kann sich in den jeweiligen Verfahren auf unterschiedliche Einwendungen berufen, und zwar auch dann, wenn der ESt- oder KSt-Bescheid rechtskräftig ist (BFH I 139/54 BStBl III 1956, 4; I 194/56 U BStBl III 1957, 105). Im Extremfall können Einkünfte, die bei der ESt oder KSt einer anderen Einkunftsart zugeordnet worden sind, bei der Festsetzung des GewErtrags als solche aus GewBetrieb angesehen werden (BFH IV 336/59 U BStBl III 1961, 281; IV R 13/07 BFH/NV 2010, 652).

29 Eine **beschränkte Bindung** bewirkt **§ 35 b.** Hiernach ist ein GewStMessbescheid *von Amts wegen aufzuheben oder zu ändern,* wenn der ESt-, KSt- oder ein Feststellungsbescheid aufgehoben oder geändert worden ist und hierdurch die Höhe des Gewinns oder (bis 31.12.1997) des EWBV berührt wird (hierzu BFH VI 341/ 62 U BStBl III 1964, 581; I 175/64 S BStBl III 1965, 228). § 35 b enthält eine selbstständige Rechtsgrundlage zur Aufhebung oder Änderung von GewStMessbescheiden und Verlustfeststellungsbescheiden; das gilt auch für eine Gewinnänderung bei der Organgesellschaft (BFH I R 29/09 BStBl II 2010, 644). Sie greift jedoch nicht beim erstmaligen Erlass eines solchen Bescheides (BFH I R 28/88 BStBl II 1991, 244), zumal nicht nach Ablauf der Festsetzungsfrist (BFH IV R 99/06 BStBl II 2010, 593). § 35 b ist eine Vereinfachungsvorschrift, die es dem Stpfl erspart, bei einem Angriff gegen einen ESt-, KSt- oder Feststellungsbescheid auch den GewStMessbescheid anzufechten. Eine absolute Bindung des GewStMessbescheids durch den ESt-, KSt- oder Feststellungsbescheid ergibt sich also nicht (BFH IV 336/59 U BStBl III 1961, 281).

Aber auch verfahrensrechtlich bestehen **Grenzen der Vereinfachungswirkung,** zB wenn das FG rechtskräftig über den GewStMessbescheid entschieden hat und der Stpfl nur noch seine Klage gegen den ESt-Bescheid weiterverfolgt (BFH I S 8/79 BStBl II 1980, 104). Eine Beschwer durch den ESt/KSt-Bescheid lässt sich aus den Wirkungen des § 35b nicht herleiten (BFH X B 222/10 BFH/NV 2011, 1843). Insbesondere wenn das FA einen ESt-, Gewinnfeststellungs- oder KSt-Bescheid aus rein verfahrensrechtlichen Gründen aufgehoben hat, erzeugt dies keine Bindungswirkung für den GewStMessbescheid (BFH X R 48/91 BStBl II 1992, 351; X R 36/06 BStBl II 2010, 171). Vielmehr setzt die Änderung gemäß § 35 b eine Änderung der Höhe des Gewinns aus Gewerbebetrieb voraus (BFH XI R 28/ 98 BStBl II 1999, 475). Hierfür genügt, wenn die vorausgegangene Änderung oder Aufhebung des ESt-Bescheides darauf beruht, dass die Tätigkeit des Stpfl nicht mehr wie bisher als gewerbliche qualifiziert, sondern einer anderen Einkunftsart zugeordnet wird (BFH X R 59/01 BStBl II 2004, 901) und umgekehrt, oder ein bisher als Veräußerungsgewinn aus Gewerbebetrieb nunmehr als laufender Gewinn behandelt wird (BFH X R 14/03 BStBl II 2005, 184; zu beiden Fällen *OFD Hannover* DB 2005, 137); nicht jedoch, wenn lediglich einzelne Gewinnanteile ohne Änderung der (des) Gewinnfeststellung(sbescheids) umqualifiziert werden (BFH VIII B 150/02 BFH/NV 2004, 226). Zu den Tücken der Vorschrift *Streck/Mack/ Schwedhelm* Stbg 1991, 457; 1994, 379.

Besteuerungsverfahren und Verwaltung der Gewerbesteuer § 1

Der **GewStMessbescheid ist Steuerbescheid** iSd Vorschriften der AO (§ 184 **30** Abs 1 Satz 3 iVm § 155 Abs 1 AO). Damit gelten für ihn die Vorschriften der AO, insb über den Inhalt und die Bestimmtheit, die **Bekanntgabe** und **Bestandskraft** von Steuerbescheiden. Ein GewStMessbescheid kann nach Eröffnung des Konkurs-/ Insolvenzverfahrens bis zum Prüfungstermin nicht mehr ergehen (BFH I R 11/97 BStBl II 1998, 428; Änderungen von BFH I R 117/84 BStBl II 1985, 650; I R 155/84 BFH/NV 1987, 564); wird die GewStForderung im Prüfungstermin bestritten, ist ein GewStMessbescheid gegen den Konkurs-/Insolvenzverwalter zu erlassen (BFH I R 11/97 BStBl II 1998, 428). Im Liquidationsstadium hat die Bekanntgabe an den Liquidator zu erfolgen (vgl FG Bremen EFG 1994, 862 rkr). Bei Adressierung des GewStMessbescheids an eine Personengesellschaft, deren Gesellschafter teilweise nicht als Mitunternehmer behandelt werden, ist der Bescheid unwirksam (BFH VIII R 260/84 BStBl II 1987, 768). Ein an beide Ehegatten gerichteter GewStMessbescheid ist unwirksam, wenn nur ein Ehegatte eine gewerbliche Tätigkeit entfaltet (BFH VIII R 82/87 BFH/NV 1988, 216). Zur Adressierung bei einer atypischen stillen Gesellschaft vgl BFH I R 20/93 BStBl II 1994, 327; IV R 85/88 BFH/NV 1990, 591; FG Ba-Wü EFG 1993, 335 rkr. Der GewStMessbescheid ist Grundlagenbescheid für den GewStBescheid der Gemeinde (§ 184 Abs 1 Satz 4 iVm § 182 Abs 1 AO; vgl Rn 36). Die durch jenen bewirkte Bindung bedeutet, dass der Stpfl bei Einwendungen gegen den Messbetrag auch dann (nur) den GewStMessbescheid anfechten muss, wenn das FA GewStMessbescheid und GewStBescheid erlassen hat (BFH I R 301/83 BStBl II 1987, 816; BVerwG NJW 1993, 2453).

Nach § 184 Abs 3 AO ergeht eine **Mitteilung des GewStMessbetrags** durch **31** das FA an die Gemeinde, der die StFestsetzung obliegt (§ 184 Abs 3 AO). In der Praxis bedienen sich die FÄ der Gemeinden in der Weise, dass sie diesen den Messbescheid übersenden und diese die Bekanntgabe an den Stpfl vornehmen. Hierfür fehlt auf jeden Fall dann die Rechtsgrundlage, wenn die Gemeinden sogar an der Herstellung der Messbescheide mitwirken und nicht die Länder – wie etwa Ba-Wü (§ 6 Abs 2 KAG, GVBl 1982, 57) oder NRW (§ 2 RealStG, GVBl 1981, 732) – die entsprechende Befugnis gesetzlich delegieren (BFH I R 178/82 BStBl II 1986, 880; I R 28/88 BStBl II 1991, 244; III B 51/85 BFH/NV 1987, 146; *HHSp* § 184 AO Rn 42). Entsprechendes gilt mE, wenn die Gemeinde, ohne an der Herstellung des Bescheides mitzuwirken, dessen Bekanntgabe besorgt (*Tipke/Kruse* § 184 AO Rn 4 a; aA *Lenski/Steinberg* § 14 Rn 4; hier (*Selder*) § 14 Rn 3; *Blümich/Hofmeister* § 14 GewStG Rn 10; FG Ba-Wü EFG 1986, 306; EFG 1989, 327: Amtshilfe). Auf jeden Fall ist aber Heilung anzunehmen, wenn die Einspruchsentscheidung durch das FA fehlerfrei zugestellt wird (BFH XI B 69/92 BStBl II 1993, 263). Im Übrigen können die obersten Landesfinanzbehörden anordnen, dass der GewStMessbescheid dem Stpfl unmittelbar vom FA zugestellt wird.

Wenn ein GewStMessbetrag nicht festzusetzen ist, dann erhalten die Beteiligten einen **Freistellungsbescheid** (hierbei besteht keine Bindung an eine Freistellung von der ESt, BFH IV 336/59 U BStBl II 1961, 281). Dieser wird dem Stpfl nur bekannt gegeben, wenn er es beantragt oder Vorauszahlungen geleistet hat.

Ist der GewStMessbetrag zu **zerlegen** (s Rn 32), dann wird der Bescheid nur dem Stpfl zusammen mit dem Zerlegungsbescheid bekanntgegeben. Die Gemeinden erhalten in diesem Falle nur eine Ausfertigung des Zerlegungsbescheides (§ 185 iVm § 184 Abs 3 AO). Doch können die obersten Landesfinanzbehörden anordnen, dass der GewStMessbescheid auch der Gemeinde bekannt zu geben ist, in deren Bezirk sich die Geschäftsleitung des Unternehmens befindet.

c) Zerlegung. Sind in einem EZ Betriebsstätten zur Ausübung des Gewerbes in **32** mehreren Gemeinden unterhalten worden, so ist der einheitliche GewStMessbetrag in die auf die einzelnen Gemeinden entfallenden Anteile (**Zerlegungsanteile**) zu zerlegen. Das gilt auch in den Fällen, in denen eine Betriebsstätte sich über mehrere

Gemeinden erstreckt hat oder eine Betriebsstätte innerhalb eines Erhebungszeitraums von einer Gemeinde in eine andere Gemeinde verlegt worden ist (§ 28 Abs 1). Über die Zerlegung ergeht ein schriftlicher **Zerlegungsbescheid** (§ 188 Abs 1 AO). Er ist bindend für die Festsetzung der GewSt (§ 28 Rn 12), auch wenn er noch nicht bestandskräftig ist (VG Gelsenkirchen 5 K 4357/09). Besteht jedoch Streit darüber, wem der Steuermessbetrag in voller Höhe zusteht, dann entscheidet das FA durch **Zuteilungsbescheid** (§ 190 AO). Die Vorschriften über die Steuerbescheide sind anzuwenden (§ 185 AO).

Hat das Land nicht von seiner Befugnis nach Art 108 Abs 2 GG zur Übertragung der Verwaltung der GewSt auf die Gemeinde Gebrauch gemacht, ist die Gemeinde nicht zum Rechtsbehelfsverfahren hinzuziehen/beizuladen (BFH I R 18/08 BFH/NV 2010, 941).

33 **d) Verwirkung/Verjährung.** Wenn nach allem die Festsetzung des einheitlichen GewStMessbetrags durch das FA nur ein gesonderter Teil des Besteuerungsverfahrens ist, so unterliegt dennoch der Anspruch des FA auf Erlass eines GewStMessbescheids der **Verwirkung** (BFH IV R 180/81 BStBl II 1984, 780); mE zutreffend, weil die Gemeinde im GewStMessverfahren nicht Beteiligte und somit auch nicht beschwert ist. Verwirkung setzt allerdings die Schaffung eines Vertrauenstatbestandes durch das FA dahin voraus, es werde künftig nicht von einem Gewerbebetrieb und damit der GewStPfl ausgehen. Hierfür genügt das bloße Nichttätigwerden des FA ebenso wenig (BFH VII B 102/10 BFH/NV 2011, 740) wie ein unter Nachprüfungsvorbehalt stehender ESt-Bescheid (BFH IV B 7/01 BFH/NV 2002, 1612). Entsprechendes gilt, wenn das FA die Einkünfte in dem dem EZ entsprechenden Veranlagungszeitraum als nichtgewerblich behandelt hat (BFH IV 213/65 BStBl II 1970, 793; IV R 112/94 BFH/NV 1996, 449; IV B 149/00 BFH/NV 2001, 1527; ebenso *Pump* StBp 1995, 39). Etwas anderes kann jedoch gelten, wenn die Einkunftsart streitig gewesen ist, die GewSt nach Prüfung der Frage auf 0 DM herabgesetzt und aus späteren ESt-Veranlagungen deutlich ist, dass das FA die Tätigkeit als freiberuflich beurteilt, insb wenn für das Folgejahr ebenfalls ein ESt-Bescheid mit als solchen aus freiberuflicher Tätigkeit qualifizierten Einkünften ergangen ist (BFH VIII 23/65 BStBl II 1971, 749; XI B 150/00 BFH/NV 2003, 505, Ls) oder wenn ein vorläufig ergangener ESt-/Gewinnfeststellungsbescheid (Einkünfte aus selbstständiger Arbeit) für endgültig erklärt wird (Sächs FG K 1417/09 EFG 2010, 1146; K 1087/09 EFG 2010, 1147, rkr; Anm *Matthes* EFG 2010, 1147).

34 Auch unterliegt nicht nur die Festsetzung der GewSt selbst, sondern auch des GewStMessbetrages der (Festsetzungs-)**Verjährung** (§§ 169 ff AO). Für den Beginn des Laufs der grundsätzlich vierjährigen Verjährungsfrist kommt es nicht darauf an, ob der StPfl annehmen durfte, zur Abgabe einer Steuererklärung nicht verpflichtet zu sein (BFH IV R 112/94 BFH/NV 1996, 449; XI B 166/02 BFH/NV 2005, 504). Der Ablauf der Verjährungsfrist wird nicht durch Abgabe der GewStErklärung (etwa im Sinne eines Antrags auf Steuerfestsetzung nach § 171 Abs 3 AO) gehemmt (BFH VIII R 54/89 BStBl II 1992, 124).

35 **e) Zuständigkeit. Sachlich zuständig** für die Festsetzung des einheitlichen GewStMessbetrags und die Zerlegung ist das FA (§ 155 Abs 1 Satz 1 AO). **Örtlich zuständig** ist das BetriebsFA, dh das FA, in dessen Bezirk sich die Geschäftsleitung befindet (§ 18 Abs 1 Nr 2 AO). Fehlt es an einer Geschäftsleitung im Inland, so ist das FA zuständig, in dessen Bezirk sich die Betriebsstätte oder – wenn das Unternehmen mehrere Betriebsstätten hat – die wirtschaftlich bedeutendste Betriebsstätte befindet (§ 18 Abs 1 Nr 2 AO). Der Erlass eines GewStMessbescheids durch das örtlich unzuständige FA führt nach § 127 AO nicht zu dessen Unwirksamkeit, wenn keine andere Entscheidung in der Sache hätte getroffen werden können (FG München EFG 1988, 381; vgl hierzu aber BFH I R 151/80 BStBl II 1985, 607).

Mitwirkungsrechte der Gemeinden bestehen jedoch auch in den vorbezeich- 36
neten Verfahrensabschnitten (hierzu *Hagemann* KKZ 2011, 60). Nach § 21 Abs 2
FVG haben sie das Recht, sich über die für die Realsteuern erheblichen Vorgänge
bei den zuständigen Landesfinanzbehörden zu informieren. Hierzu gehört das Recht
auf Akteneinsicht sowie auf mündliche und schriftliche Auskunft. Außerdem
sind die Gemeinden nach § 21 Abs 3 FVG berechtigt, durch Gemeindebedienstete an
Betriebsprüfungen teilzunehmen, wenn der Stpfl in der Gemeinde eine Betriebsstätte oder Grundbesitz hat und die Betriebsprüfung im Gemeindebezirk erfolgt (im
Einzelnen *Drüen* DÖV 2012, 493). Der Gemeindebedienstete hat jedoch nur ein
durch Nennung in der Prüfungsanordnung entsprechend § 197 AO zu verwirklichendes Anwesenheits- und Informationsrecht, seine Teilnahme darf weder durch
VA angeordnet werden noch darf er selbst als Prüfer auftreten (vgl BVerwG BStBl
II 1995, 522; R 1.2 Abs 3 GewStR; *Klos* Inf 1996, 138; *Suck* DStZ 2009, 402).

f) Die Steuerfestsetzung. Nach Art 108 Abs 2 Satz 1 GG steht die Verwaltung 37
der GewSt an sich den **Landesfinanzbehörden** zu. Sie kann nach Art 108 Abs 4
Satz 2 GG jedoch den Gemeinden (Gemeindeverbänden) überlassen werden. Hierfür ist ein Landesgesetz erforderlich (BVerwG BStBl II 1984, 236). Sämtliche Bundesländer, mit Ausnahme der Stadtstaaten, haben hiervon Gebrauch gemacht. Bei
letzteren sind die FÄ für das gesamte Verfahren zuständig.

Die **Höhe der Steuer** ergibt sich durch Anwendung eines sog **Hebesatzes** 38
(Prozentsatz; § 16 Abs 1) auf den GewStMessbetrag. Der jeweilige Hebesatz wird
von der hebeberechtigten Gemeinde (§§ 4, 35 a) bestimmt, und zwar grundsätzlich
durch Gemeindesatzung. In der Bestimmung der Höhe des Hebesatzes sind die
Gemeinden im Wesentlichen frei. Gewisse faktische Beschränkungen bestehen
jedoch im Hinblick auf § 16 Abs 5, wonach es landesrechtlichen Regelungen vorbehalten ist zu bestimmen, in welchem Verhältnis die Hebesätze für die GrundSt und
für die GewSt zueinander stehen müssen, welche Höchstsätze nicht überschritten
werden dürfen und inwieweit mit Genehmigung der Gemeindeaufsichtsbehörde
Ausnahmen zugelassen werden können. Umgekehrt können sich iRd staatlichen
Kommunalaufsicht Beschränkungen bei der Senkung der RealStHebesätze ergeben,
wenn sich die Gemeinde in einer anhaltenden Haushaltsnotlage befindet und kein
belastbares Haushaltssicherungskonzept vorlegt (BVerwG 8 C 43/09 NVwZ 2011,
424; weitere Einzelheiten s die Erl zu § 16). Zur Frage, ob allgemein gesetzliche
Beschränkungen der Hebeberechtigung erforderlich sind, vgl *InstFSt* Brief 206, 42 ff
und Brief 208, 47, 50.

Nach den Erhebungen des *DIHK* haben sich die GewSt-Hebesätze der Gemeinden mit mehr als 50 000 Einwohnern in den Jahren 2012 und 2011 wie folgt
entwickelt:

Übersicht 1: Streuung nach GewStHebesatzgruppen

Hebesatz in %	Gemeinden			
	2012		2011	
	Anzahl	%	Anzahl	%
320–350	0	0,0	0	0,0
350–370	12	6,4	19	10,2
370–390	19	10,2	16	8,6
390–410	26	13,9	27	14,4
410–430	27	14,4	27	14,4
430–450	42	22,5	43	23,0
450–470	32	17,1	35	18,7
470–490	20	10,7	13	7,0

§ 1

Hebesatz in %	Gemeinden			
	2012		2011	
	Anzahl	%	Anzahl	%
490–510	8	4,3	7	3,7
über 510	1	0,5	0	0,0
Summe	187	100	187	100

Übersicht 2: Durchschnittliche GewStHebesatzanspannung für Gemeinden mit mehr als 50 000 Einwohnern nach Ländern

Rangfolge (nach Hebesatz 2012)	Bundesland	Hebesätze in %		Veränderung in %-Punkten
		2012	2011	
1.	Baden-Württemberg	397	395	+2
2.	Rheinland-Pfalz	409	402	+7
3.	Berlin	410	410	0
4.	Brandenburg	413	408	+5
5.	Schleswig-Holstein	421	418	+3
6.	Niedersachsen	425	422	+3
7.	Mecklenburg-Vorpommern	430	427	+3
8.	Bremen	432	432	0
9.	Hessen	435	434	+1
10.	Thüringen	436	321	+15
	Bundesdurchschnitt	*440*	*438*	*+2*
11.	Bayern	449	448	+1
12.	Saarland	450	450	0
13.	Sachsen-Anhalt	450	450	0
14.	Sachsen	452	452	0
15.	Nordrhein-Westfalen	462	457	+5
16.	Hamburg	470	470	0

Übersicht 3: GewStHebesätze in Großstädten mit 500 000 und mehr Einwohnern

Rangfolge (nach Hebesatz 2012)	Stadt	Einwohner (31.12.2010)	Hebesatz 2012 %	Veränderung gegen Vorjahr in %-Punkten
1.	Berlin	3460725	410	0
2.	Stuttgart	606588	420	0
3.	Bremen	547340	440	0
4.	Düsseldorf	588735	440	0
5.	Nürnberg	505664	447	0
6.	Dresden	523058	450	0
7.	Frankfurt a.M.	679664	460	0
8.	Hannover	522686	460	0
9.	Leipzig	522883	460	0
10.	Dortmund	580444	468	0

Besteuerungsverfahren und Verwaltung der Gewerbesteuer § 1

Rangfolge (nach Hebesatz 2012)	Stadt	Einwohner (31.12.2010)	Hebesatz 2012 %	Veränderung gegen Vorjahr in %-Punkten
11.	Hamburg	1786448	470	0
12.	Köln	1007119	475	0
13.	Essen	574635	480	0
14.	München	1353186	490	0

Die **Festsetzung der GewSt** auf Grund des gemeindlichen Hebesatzes erfolgt 42 ebenfalls **durch Steuerbescheid** (§ 155 Abs 1 AO). GewStMessbescheid und GewStBescheid stehen im Verhältnis von **Grundlagen- und Folgebescheid** zueinander (s Rn 47). Entscheidungen im GewStMessbescheid sind daher im Hinblick auf den einheitlichen GewStMessbetrag, der sachlichen und persönlichen Steuerpflicht bindend (zB VGH Ba-Wü 2 S 733/12 KStZ 2012, 793); das gilt nicht für die Hebeberechtigung der Gemeinde (BFH I B 64/11 BFH/NV 2012, 452). Ergeht der GewStBescheid ausnahmsweise ohne GewStMessbescheid, dann liegt in der Abgabe der (Lohnsummen-)Steuererklärung und der vorbehaltenen Annahme durch die Gemeinde ein formloser Steuerbescheid (BVerwGE 19, 68).

Vorauszahlungen. Auf die festzusetzende GewSt hat der Steuerschuldner (§ 5) 43 an vier Terminen Vorauszahlungen zu entrichten (vgl §§ 19–21).

2. Erhebung und Verwaltung

Alle weiteren Maßnahmen der **Erhebung** und **Verwaltung der GewSt** oblie- 44 gen nach Art 108 Abs 2 GG an sich den Landesfinanzbehörden. Die Länder sind aber nach Art 108 Abs 2 GG berechtigt, die Verwaltung ganz oder zum Teil **den Gemeinden** bzw Gemeindeverbänden, und zwar durch LandesG (BVerwG BStBl II 1984, 236) zu übertragen. Da die meisten Länder von dieser Befugnis Gebrauch gemacht haben, fallen diese Maßnahmen grundsätzlich in den Zuständigkeitsbereich der Gemeinden (für eine Zuständigkeitsverlagerung de lege ferenda auf den Bund *Fest* NZI 2011, 345). Hierher gehören insb die Fälligkeitsbestimmung, die Abrechnung mit Vorauszahlungen, die Stundung, die Beitreibung und die Niederschlagung (vgl jedoch § 16 Rn 5 ff). Durch Vorauszahlungen überzahlte Beträge sind unverzüglich zu erstatten; sie werden mit der Bekanntgabe des GewSt-Bescheides fällig (§ 20 Abs 3; hierzu *Sächs FM* v 3.4.1996, BB 1996, 1208).

Umstritten war die Rechtslage im Hinblick auf den **Erlass von GewSt** (vgl im 45 Einzelnen § 16 Rn 3). Grundsätzlich zuständig hierfür sind die Gemeinden (Art 108 Abs 4 Satz 2 GG; BVerfG BStBl II 1984, 249; Hess VGH 5 A 1043/10 HGZ 2010, 358; *BMF* BStBl I 2003, 240 Rn 15). Die Landesfinanzbehörden waren nach BFH I 101/60 S BStBl III 1962, 238 nicht befugt, einzelne steuererhöhende Besteuerungsgrundlagen nicht anzusetzen, wenn die Festsetzung und Erhebung der GewSt den Gemeinden übertragen ist. Dem ist zuzustimmen. Erlass bedeutet Erlöschen der Steuerschuld und somit Verfügung über den Steueranspruch. Hierzu kann grundsätzlich nur der Steuergläubiger befugt sein. Eine Ausnahme gilt demnach nur dann, wenn die Gemeinden sich mit der Nichtberücksichtigung einzelner Besteuerungsgrundlagen im Billigkeitswege einverstanden erklärt haben (BFH IV 162/62 S BStBl III 1963, 143; VIII R 32/67 BStBl II 1973, 233).

Diese Rechtslage dürfte auch nach § 163 AO bestehen, weil die Verwaltungshoheit über die GewSt sich nicht verändert hat. Die FÄ sind nicht befugt, einzelne Besteuerungsgrundlagen nach § 163 Abs 1 Satz 1 AO außer Betracht zu lassen, es sei denn, die Gemeinde hat der Maßnahme zugestimmt (H 1.5 (1) GewStH).

Allerdings sind die FÄ nach § 184 Abs 2 AO befugt, ohne Beteiligung der 46 Gemeinden bei der Festsetzung des einheitlichen GewStMessbetrags **Billigkeits-**

§ 1 Steuerberechtigte

maßnahmen nach § 163 Abs 1 Satz 1 AO zu treffen, wenn in einer allgemeinen Verwaltungsvorschrift die Bundesregierung oder die obersten Landesfinanzbehörden Richtlinien hierfür gegeben haben. Solche Maßnahmen sind nach § 184 Abs 3 AO den Gemeinden mit dem GewStMessbetrag mitzuteilen (R 1.5 Abs 3 GewStR). Der **Sanierungserlass** des *BMF* BStBl I 2003, 240 erfüllt diese Voraussetzungen nicht; die Zuständigkeit für einen Sanierungserlass verbleibt damit bei den Gemeinden (BFH I R 24/11 DStR 2012, 1544; FG Düsseldorf 7 K 3831/10 AO EFG 2011, 1685 aufgh; hierzu *Eilers/Büring* FR 2012, 429; 2013, 44; zur sachlichen Unbilligkeit VG München M 10 K 08.214 BB 2010, 747; *Braun/Geist* BB 2010,748; *Rauber* Gemeindehaushalt 2010, 83.

Zur Frage der **Haftung für GemeindeSt** vgl *Kasper* DStZ 2006, 509.

3. Rechtsschutz

47 a) **Finanzrechtsweg.** Gegen Entscheidungen im **GewStMessbescheid** ist der **Einspruch** gegen eben diesen zum FA gegeben (§ 347 Abs 1 Nr 1 AO). Der GewStBescheid der Gemeinde als Folgebescheid (s oben Rn 34) kann also mit Einwendungen gegen Entscheidungen im GewStMessbescheid nicht angefochten werden (BVerwG HFR 1981, 225; BFH I R 301/83 BStBl II 1987, 816; Sächs OVG 5 B 264/08). Ebenso wenig kann der GewStMessbescheid mit Einwendungen gegen den Einheitswertbescheid angefochten werden.

Das FA kann **Aussetzung der Vollziehung** (§ 361 AO) auf Antrag gewähren, und zwar auch dann, wenn der auf Grund des GewStMessbescheids erlassene Steuerbescheid rechtskräftig ist (BFH I 126/59 S BStBl III 1960, 393) oder wenn die Steuer schon bezahlt ist (BFH III B 34/74 BStBl II 1977, 838). Eine Aussetzung der Vollziehung des bestandskräftigen GewStMessbescheids kommt sogar in Betracht, wenn die Vollziehung des EStBescheids wegen Streits um die Einkünfte aus GewBetrieb ausgesetzt wird (BFH I B 1/66 BStBl III 1966, 651; VI R 278/67 BStBl II 1968, 350). Aussetzung der Vollziehung eines bestandskräftigen GewStMessbescheids wegen ernsthafter Zweifel an seiner Rechtmäßigkeit setzt voraus, dass die Aussetzung der Vollziehung des EStBescheids oder begehrt wird und nur deshalb nicht möglich ist, weil die EStSchuld bezahlt ist (BFH III B 49/71 BStBl II 1972, 955; vgl hierzu BFH IV B 72/74 BStBl II 1977, 367). Ein AdV-Antrag ist dann nicht statthaft, wenn das FG in der GewStMessbetragssache rechtskräftig entschieden hat und der Stpfl nur die ESt-Sache weiter verfolgt (BFH I S 8/79 BStBl II 1980, 104). Auch aus § 35 b ergibt sich nichts anderes (vgl BFH IV S 17/74 BStBl II 1974, 639). Der AdV-Antrag ist aber dann zulässig, wenn er mit Zweifeln an der Rechtmäßigkeit eines Feststellungsbescheids begründet wird, dessen Änderung nach § 35 b zu einer Änderung des GewStMessbescheids führen würde (BFH VIII B 107/93 BStBl II 1994, 300). Bis EZ 1997 Aussetzung des bestandskräftigen GewStMessbescheides auch, wenn der maßgebliche EW-Bescheid von der Vollziehung ausgesetzt wird.

Im Rahmen der Entscheidung über den AdV-Antrag hat das FA die Kompetenz, auf die Anordnung einer Sicherheitsleistung durch die Gemeinde Einfluss zu nehmen; jedoch darf es die Anordnung nicht selbst treffen (§ 361 Abs 3 Satz 3 AO; hierzu *Knackstedt* DStR 1996, 953).

Nach erfolglosem Einspruch ist die **Anfechtungsklage** im Finanzrechtsweg (vor den Finanzgerichten) statthaft (§ 33 Abs 1 Nr 1 FGO). Nach dem Tode des Unternehmers kann ein GewStProzess nicht allein von dem Miterben, der Unternehmensnachfolger geworden ist, sondern nur von allen Erben fortgeführt werden (BFH X R 76/87 BFH/NV 1990, 303). Ein atypischer stiller Gesellschafter kann nicht Beteiligter an einem GewStProzess sein (BFH VIII B 90/87 BStBl II 1989, 145).

48 Den **Gemeinden als Steuergläubiger** steht im **GewStMessverfahren** idR kein förmlicher Rechtsbehelf (Einspruch oder Klage) zu (BVerwG BStBl II 1995, 522); eine Hinzuziehung oder Beiladung im Rechtsbehelfsverfahren des Steuerschuldners erfolgt nicht (*Hagemann* KKZ 2011, 60). Sie sind nicht unmittelbar in ihren rechtlich geschützten Interessen beschwert (§ 40 Abs 2 FGO), sondern nur mittelbar wirtschaftlich betroffen (BFH I B 43/55 U BStBl III 1956, 44; FG Köln 13 V 2802/12 EFG 2013, 237; vgl zur Grundsteuer BFH III R 60/74 BStBl II 1976, 426 mwN). Auch Art 19 Abs 4 GG hilft nicht weiter, weil die Gemeinden dem FA auch nicht dadurch gewaltunterworfen sind, dass sie bei der Erhebung der GewSt an den GewStMessbescheid gebunden sind.

Nur ausnahmsweise in **Willkürfällen** bei einer ins Gewicht fallenden Interessenkollision konnte die Gemeinde wie ein Gewaltunterworfener den Rechtsweg zu den FG beschreiten (vgl zur GrundSt BFH III 279/58 S BStBl III 1962, 145; s auch BFH I 57/52 U BStBl III 1953, 344). Willkür in diesem Sinne lag vor, wenn die Entscheidung des FA ohne Begründung oder mit offenbar falschen oder unsachlichen Gründen zum Nachteil der Gemeinde erging. Das allerdings war nicht schon dann der Fall, wenn der Bescheid auf einer gesetzlichen Grundlage beruhte, aber Streit über die Auslegung (und die zutreffende Anwendung) derselben bestehen konnte (BFH III 279/58 S BStBl III 1962, 145). Dagegen wurde eine Rechtsbehelfsbefugnis der Gemeinden anerkannt, wenn bei Erlass des GewStMessbescheids politische Erwägungen eine Rolle gespielt hatten (BFH I 196/60 S BStBl III 1963, 216). Kein Fall von Willkür mit Interessenkollision lag bei einer Billigkeitsentscheidung des FA nach § 163 Abs 1 Satz 1 AO vor (oben Rn 45 f). Die Gemeinde hatte zwar unabhängig von der Rechtskraft des GewStMessbescheids einen Anspruch auf Ersetzung des GewStMessbescheids. Diesen konnte sie jedoch nicht vor den FG durchsetzen (BFH I 129/59 S BStBl III 1962, 497).

Allerdings ist nach BFH I R 81, 82, 92-94/68 BStBl II 1971, 30 die Rspr, die eine Rechtsbehelfsbefugnis bei Vorliegen von Willkür anerkannte, **überholt.** ME zutreffend; im Verhältnis zu den Landesfinanzbehörden besteht ein rechtlich geschützter Bereich der ertragsberechtigten Gemeinden im Hinblick auf die sachliche Richtigkeit der im Einzelfall getroffenen Maßnahmen der Landesfinanzbehörden nicht. Eine Klagebefugnis nach § 40 Abs 3 FGO ergibt sich nicht, weil weder der Bund noch das Land die GewSt schulden würde (vgl BFH I B 6/01 BStBl II 2002, 91). Aus Vorstehendem ergibt sich auch, dass die Gemeinde eine Feststellungsklage nach § 41 Abs 1 FGO nicht erheben kann, weil sie ein berechtigtes Interesse an einer baldigen Feststellung nicht hat (BFH I R 81, 82, 92-94/68 BStBl II 1971, 30; aA *Lenski/Steinberg* § 1 Rn 9; *Söhn* StuW 1993, 354). Der Gemeinde bleibt bei Willkürakten also nur der Weg, den Amtsträger wegen Amts- oder Dienstpflichtverletzung **zivilrechtlich** in Anspruch zu nehmen. Hierfür besteht jedoch nach § 32 AO eine Haftungsbeschränkung auf Pflichtverletzungen, die mit einer Strafe bedroht sind. Im Übrigen haftet das mit der Festsetzung des GewStMessbetrags befasste FA nicht gegenüber der Gemeinde (BGH III ZR 362/02 DStR 2003, 1940; hierzu *Braun/Spannbrucker* NVwZ 2011, 82).

Für einen Antrag auf Aussetzung der Vollziehung fehlt der Gemeinde idR ebenfalls das Rechtsschutzbedürfnis (BFH I B 54/06 BStBl II 1997, 136).

Im **Zerlegungsverfahren** hingegen sind die **Gemeinden** als Steuergläubiger selbst Beteiligte (§ 186 AO). Sie können unmittelbar in ihrem Recht auf Zuteilung des GewStMessbetrages beschwert sein. Daher stehen ihnen Einspruch und Klage zu (vgl BFH VIII R 13/97 BStBl II 1999, 542; zur Akteneinsicht BFH I R 111/98 BFH/NV 2000, 346). Die am Zerlegungsverfahren ebenfalls beteiligten und durch eine andere Zerlegung betroffenen Gemeinden sind im Einspruchsverfahren nach § 360 Abs 3 AO hinzuzuziehen und im Klageverfahren nach § 60 Abs 3 FGO beizuladen (BFH IV R 197/71 BStBl II 1975, 828). Der **Stpfl** ist dann nicht notwendig beizuladen, wenn die GewStHebesätze der beteiligten Gemeinden gleich hoch sind (FG Nürnberg 4 K 1962/2008, EFG 2011, 559).

Für den Sonderfall einer **Organschaft** hat die Gemeinde jedoch kein Klagerecht mit dem Vorbringen, das FA habe zu Unrecht eine Organschaft nicht berücksichtigt (FG Münster EFG 1998, 226 rkr).

50 **b) Verwaltungsrechtsweg.** Gegen den **gemeindlichen GewStBescheid** ist nach § 40 Abs 1 VwGO, § 33 Abs 1 Nr 4 FGO der Verwaltungsrechtsweg gegeben (BFH I B 18/71 BStBl II 1971, 738), dh anstelle des Einspruchs ist **Widerspruch** (§ 44 VwGO) und nach Erfolglosigkeit **Anfechtungsklage** (§ 42 Abs 1 VwGO) vor den Verwaltungsgerichten statthaft und geboten. Zu den möglichen Einwendungen vgl Rn 47.

Entsprechendes gilt für die **Aussetzung der Vollziehung** des GewStBescheides. Sie wird nach § 80 Abs 4 VwGO durch die Widerspruchsbehörde gewährt und kann im Übrigen nach § 80 Abs 5 Satz 3 VwGO nur vor den Verwaltungsgerichten beantragt werden. Die Einleitung eines Zwangsvollstreckungsverfahrens hindert die Aussetzung der Vollziehung nicht. Zur **Anordnung einer Sicherheitsleistung** ist nur die Gemeinde bzw Widerspruchsbehörde befugt (§ 361 Abs 3 Satz 3 AO; hierzu *Knackstedt* DStR 1996, 953).

51 Wird **Stundung** oder **Erlass** der GewSt von der Gemeinde versagt, so ist ebenfalls der **Verwaltungsrechtsweg** zu den Verwaltungsgerichten eröffnet (§ 40 VwGO; BVerfG BStBl II 1984, 249). Die erstrebte Billigkeitsmaßnahme lässt die Festsetzung des GewStMessbetrages grundsätzlich unberührt. Der Finanzrechtsweg ist nur eröffnet, wenn und soweit die Abgaben durch Bundes- oder Landesbehörden verwaltet werden (§ 33 Abs 1 Nr 1 FGO). Auch wenn das FA nach § 163 Abs 1 Nr 1 AO mit Zustimmung der Gemeinden einzelne Besteuerungsgrundlagen aus Billigkeitsgründen unberücksichtigt lassen soll, so ist die Zustimmung der Gemeinden nur auf dem Verwaltungsrechtsweg erzwingbar.

Etwas **anderes gilt** nur dann, wenn die Länder nach Art III § 5 Abs 2 des Gesetzes zur Änderung des GewStRechts vom 27.12.1951 (BGBl I 1951, 996) die Festsetzung und Erhebung der GewSt auf die FÄ übertragen haben, sowie in den Fällen des § 184 Abs 2 AO, wenn die FÄ also ohne die Gemeinden berechtigt sind, bei der Festsetzung des GewStMessbetrags Billigkeitsmaßnahmen nach § 163 Abs 1 Satz 1 AO zu treffen. In diesen Fällen ist bei Ablehnung des Antrags **Einspruch** nach § 347 Abs 1 Nr 1 AO und bei Ablehnung **Verpflichtungsklage** auf dem **Finanzrechtsweg** nach § 40 Abs 1 FGO geboten. Denn insoweit wird die Steuer von Landesbehörden verwaltet (§ 33 Abs 1 Nr 1 FGO).

Zu den Voraussetzungen für Billigkeitsmaßnahmen vgl die §§ 222 und 227 AO sowie die einschlägige Kommentarliteratur zur AO.

52–54 *(frei)*

IV. Finanzwirtschaftliche Bedeutung der Gewerbesteuer

Literatur: *Elsner/Schüler*, Das Gemeindefinanzreformgesetz, Hannover 1970; *Schmidt*, Gemeindefinanzreformgesetz, Köln 1970; *Heine*, Neue Bundesregierung – Gewerbesteuer quo vadis?, KStZ 2009, 186; *Salzer*, Der Bundes- und Länderanteil an der Gewerbesteuer, StW 2010, 84; *Kirchhof*, Die Erneuerung der Gemeindesteuer, FR 2010, 861.

1. Grundsätzliches

55 Die GewSt ist die bedeutendste der den Gemeinden unmittelbar zufließenden Steuern. Die Einnahmen der Gemeinden haben sich nach dem Finanzbericht 2009 (hrsg v *BMF*) Tabellen 11 u 12 seit 2005 wie folgt entwickelt (2008 u 2009 geschätzt):

lfd. Nr	Steuerart	2008 Mio DM	2009 Mio €	2010 Mio €	2011 Mio €	2012 Mio €
1	Grundsteuer	10807	10936	113153	11622	11837
2	Gewerbesteuer	41037	32241	35711	38650	42000

Finanzwirtschaftliche Bedeutung der Gewerbesteuer § 1

lfd. Nr	Steuerart	2008 Mio DM	2009 Mio €	2010 Mio €	2011 Mio €	2012 Mio €
3	Gewerbesteuer abzgl Umlage	(34252)	(27814)	(30804)	(32164)	(35043)
4	Gemeindeanteil an Einkommensteuer	27082	25732	24908	25365	27605
5	Gemeindeanteil an Umsatzsteuer	3514	3533	3594	3742	3840
6	Sonstige Gemeinde-Steuern	624	671	754	795	795
	Steuereinnahmen der Gemeinden	73485	65153	67781	69946	75280

2. Die Gemeindefinanzreform/Gemeindeumlage

Nach § 6 GemFinRefG idF v 10.3.2009 (BGBl I 2009, 502), haben die Gemein- 56
den eine **Umlage** aus ihrem Aufkommen an GewSt an Bund und Länder abzuführen. Im Austausch werden sie mit 15% an der LohnSt und der veranlagten ESt auf der Grundlage eines plafondierten örtlichen Aufkommens sowie mit 12% des Aufkommens an Kapitalertragsteuer nach § 43 Abs 1 Satz 1 Nr 6, 7 und 8–12 sowie Satz 2 EStG (bis 31.12.2008: Zinsabschlag) beteiligt (§ 1 GemFinRefG). Zudem sind die Gemeinden mit 2,2% am USt-Aufkommen beteiligt (§ 1 Abs 1 Satz 3 FAG v 20.12.2001 BGBl I 2001, 3955, zuletzt geändert durch G v 15.7.2013 BGBl I 2013, 2401).

Die Umlage ist entsprechend dem Verhältnis von Bundes- und Landesvervielfältiger auf den Bund und das Land aufzuteilen (§ 6 Abs 1 GemFinRefG). Die GewSt steht einem einzelnen Land zu, soweit sie in diesem vereinnahmt worden ist (§ 3 FAG ab 1.1.2005).

Die Umlage wird nach § 6 Abs 2 GemFinRefG in der Weise ermittelt, dass das Istaufkommen der Gewerbesteuer im Erhebungsjahr durch den von der Gemeinde für dieses Jahr festgesetzten Hebesatz der Steuer geteilt und mit dem Vervielfältiger nach Abs 3 multipliziert wird. Das Istaufkommen entspricht den Isteinnahmen nach der Jahresrechnung gemäß § 3 Abs 2 Nr 1 des Finanz- und Personalstatistikgesetzes.

Der Vervielfältiger ist die Summe eines Bundes- und Landesvervielfältigers für das jeweilige Land. Der Bundesvervielfältiger beträgt im Jahr 2008 12%, im Jahr 2009 13% und ab dem Jahr 2010 14,5%. Der Landesvervielfältiger für die Länder Brandenburg, Mecklenburg-Vorpommern, Sachsen, Sachsen-Anhalt und Thüringen beträgt im Jahr 2008 18%, im Jahr 2009 19% und ab dem Jahr 2010 20,5%. Der Landesvervielfältiger für die übrigen Länder beträgt im Jahr 2008 47%, im Jahr 2009 48% und ab dem Jahr 2010 49,5% (vgl zu allem *Salzer* StW 2010, 84).

Das sich bei den übrigen Ländern aus der höheren Gewerbesteuerumlage – in Relation zum Vervielfältiger der Länder Brandenburg, Mecklenburg-Vorpommern, Sachsen, Sachsen-Anhalt und Thüringen – auf Grund der unterschiedlichen Landesvervielfältiger ergebende Mehraufkommen bleibt bei der Ermittlung der Steuereinnahmen der Länder und Gemeinden iSd §§ 7 und 8 FAG unberücksichtigt (§ 6 Abs 4 GemFinRefG).

Zur Mitfinanzierung der Belastungen, die den Ländern im Zusammenhang mit der Neuregelung der Finanzierung des Fonds „Deutsche Einheit" verbleiben, wird der Landesvervielfältiger nach Abs 3 Satz 4 bis einschließlich dem Jahr 2019 um eine Erhöhungszahl angehoben ... Das BMF wird ermächtigt, durch Rechtsverordnung mit Zustimmung des Bundesrates die Erhöhungszahl jährlich so festzusetzen, dass das Mehraufkommen der Umlage 50% der Finanzierungsbeteiligung der

§ 1

Gemeinden iHv bundesdurchschnittlich rund 40% des Betrages von 2 582 024 000 € entspricht... Das auf der Anhebung des Vervielfältigers beruhende Mehraufkommen an Gewerbesteuerumlage steht den Ländern zu und bleibt bei der Ermittlung der Steuereinnahmen der Länder und Gemeinden iSd §§ 7 und 8 FAG unberücksichtigt (§ 6 Abs 5 GemFinRefG).

Übersteigen in einer Gemeinde die Erstattungen an Gewerbesteuer in einem Jahr die Einnahmen aus dieser Steuer, so erstattet das Finanzamt der Gemeinde einen Betrag, der sich durch Anwendung der Bemessungsgrundlage des Abs 2 auf den Unterschiedsbetrag ergibt (§ 6 Abs 6 GemFinRefG).

Die Umlage ist bis zum 1. Februar des auf den EZ folgenden Jahres an das FA abzuführen. Zum 1. Mai, August und November des EZ sind Abschlagszahlungen für das vorhergehende Kalendervierteljahr zu leisten (§ 6 Abs 7 GemFinRefG).

V. Diskussion, Ausblick und neuere Entwicklungen

Literatur: *Klaus-Dieter Arndt-Stiftung,* Zur Revitalisierung der GewSt, Grundlegung eines Modells; *Karl-Bräuer-Institut,* Abbau und Ersatz der GewSt – Darstellung, Kritik, Vorschläge – Heft 57; *Karl-Bräuer-Institut,* Kommunale Steuerautonomie und Gewerbesteuerabbau, Heft 94; *InstFSt,* Modell für die Ablösung der GewSt durch einen Gemeindeanteil an der Umsatzsteuer, Brief 211; *L-v-Stein-Institut für Verwaltungswissenschaften,* Arbeitspapier Nr 11, GewSt-Reform; *Wissenschaftl Beirat beim BMF,* Gutachten zur Reform der Gemeindesteuern, Heft 31 der Schriftenreihe des BMF, 1982; *Krause,* Reform bzw Aufhebung der GewSt und deren Auswirkung auf die Wirtschaft, BB 1982, 2038; *Beichelt* (FDP-Kommission Föderalismus und Finanzverfassung), Wie lange leisten wir uns noch die GewSt?, DStZ/A 1983, 375; *Spitzenverbände der Deutschen Wirtschaft,* Kommunale Wertschöpfungsteuer der falsche Weg, Köln 1984; *Strauß* (Finanzwiss Forschungsinstitut an der Universität Köln), Probleme und Möglichkeiten einer Substituierung der GewSt, in: Forschungsberichte des Landes NRW, Nr 3175, 1984; *Zitzelsberger,* Neuerliche Entwicklungstendenzen der GewSt und Reformvorschläge, 1985; *Fuest/Willemsen* (Inst d dt Wirtschaft), Alte Steuer – gute Steuer? 1988; *Scholz,* Das GewSt-Teilanrechnungsmodell – ein Beitrag zur Reform der kommunalen Steuern? BB Beilage 11/1988; *Schult,* Ausdehnung der GewSt (Wertschöpfungsteuer) auch auf die Freiberufler?, DB 1988, 769; *Lang,* Reform der Unternehmensbesteuerung, StuW 1989, 3; *Knobbe-Keuk,* Möglichkeiten und Grenzen einer Unternehmenssteuerreform, DB 1989, 1303; *Richter/Wiegand,* Cash-Flow-Steuern: Ersatz für die Gewerbesteuer, StuW 1990, 40; *Cansier,* Ersatz der Gewerbesteuer durch die Cash-Flow-Steuer?, BB 1990, 253; *InstFSt,* Verfassungsrechtliche Vorgaben für eine Reform der Gewerbesteuer, Brief 299, 1990; *Wissenschaftlicher Beirat beim BMF,* Gutachten zur Reform der Unternehmensbesteuerung, BMF-Schriftenreihe Heft 43, 1990; *Schneider,* Zwei Gutachten zur Reform der Unternehmensbesteuerung, StuW 1991, 354; *Jansen,* Totalreform des Steuersystems? DStZ 1991, 593; *Wendt,* Reform der Unternehmensbesteuerung aus europäischer Sicht, StuW 1992, 66; *Ritter,* Steuerrechtliche Rahmenbedingungen für den Wirtschaftsstandort Deutschland, BB 1993, 297; *Tipke,* Vom Konglomerat herkömmlicher Steuern zum System gerechter Steuern, BB 1994, 437; *Dziadkowski,* Reformüberlegungen zur GewSt, FR 1995, 425; *Kirchhof,* Die Steuerrechtsordnung als Wertordnung, StuW 1996, 3; *Wosnitza,* Konsequenzen des BVerfG-Beschlüsse v 22.6.1995 für die Diskussion um die Reform der Gewerbeertragsteuer, BB 1996, 1465; *Bonk,* Verfassungsrechtliche Aspekte der GewSt im Rahmen der Unternehmenssteuerreform, FR 1999, 443; *Reiß,* Diskussionsbeitrag: Kritische Anmerkung zu den Brühler Empfehlungen zur Reform der Unternehmensbesteuerung, DStR 1999, 2011; *Hey,* Die Brühler Empfehlungen..., BB 1999, 1192; *Hidien,* Steuerreform 2000 – Anmerkungen zum gewerbesteuerlichen Anrechnungsmodell, BB 2000, 485; *Herzig/Lochmann,* Die Steuermäßigung für gewerbliche Einkünfte bei der ESt nach dem Entwurf zum Steuersenkungsgesetz, DB 2000, 1192; *Jachmann,* Ansätze zu einer gleichheitsgerechten Ersetzung der GewSt, BB 2000, 1432; *Kollruss,* Anrechnung der GewSt auf die Einkommensteuer bei Personenunterneh-

Diskussion, Ausblick und neuere Entwicklungen § 1

men gem § 35 EStG 2001, StbG 2000, 559; *Stuhrmann,* Unternehmenssteuerreform: Einkommensteuerminderung durch Berücksichtigung der Gewerbesteuerbelastung als Basismodell, FR 2000, 550; *Wendt,* StSenkG: Pauschale Gewerbesteueranrechnung bei Einzelunternehmen, Mitunternehmerschaft und Organschaft, FR 2000, 1173; *Broer,* Ersatz der Gewerbesteuer durch ein harmonisches Zuschlagrecht zur Einkommen- und Körperschaftsteuer, DStZ 2001, 622; *Keß,* Unternehmenssteuerreform: Ohne Reform der GewSt?, FR 2000, 695; *Bundesverband der Deutschen Industrie eV/Verband der Chemischen Industrie eV,* Verfassungskonforme Reform der GewSt ..., Köln 2001 (BDI/VCI); *Hey,* Von der Verlegenheitslösung des § 35 EStG zur Reform der GewSt, FR 2001, 870; *Hey,* Kommunale Einkommen- und Körperschaftsteuer, StuW 2002, 314; *Fuest/Huber,* Neue Wege bei der Finanzierung der Kommunen ..., Wirtschaftsdienst 2002, 260; *Homburg,* Kommunalzuschlag statt Gewerbesteuer, BB 2002, Heft 7 I; *Scherf,* Ersatz der GewSt durch eine anrechenbare Wertschöpfungsteuer, Wirtschaftsdienst 2002, 603; *BMF-Sekretariat* der Arbeitsgruppe Kommunalsteuern, Bericht ... von der Kommission zur Reform der Gemeindefinanzen (Berlin 20.6.2003); *Schnittker/Welling,* 7. Berliner Steuergespräch: „Reform der Gemeindefinanzen – die Gewerbesteuer auf dem Prüfstand", FR 2003, 990; *Fromme,* Nachfolgeregelung für die GewSt, ZRP 2003, 198; *Wiese/Klass,* Der Gesetzentwurf zur Ablösung der GewSt durch die neue Gemeindewirtschaftsteuer, GmbHR 2003, 1101; *Djanami/Brähler/Lösel,* Die Anrechnung der Gewerbeertragsteuer auf die Einkommensteuer, BB 2003, 1254; *Broer,* Der Kabinettsentwurf zur Gemeindewirtschaftsteuer, BB 2003, 1930; *Keß,* Entwicklungen und Kritik der geplanten Gemeindewirtschaftsteuer, FR 2003, 959; *Fromme,* Von der GewSt zur „Gemeindewirtschaftsteuer", Der Gemeindehaushalt 2003, 178; *Jarass/Obermair,* Von der GewSt zur kommunalen Betriebssteuer, Wirtschaftsdienst 2003, 157; *Bertelsmann-Stiftung,* Reform der Gemeindefinanzen ..., Gütersloh 2003; *Henckel,* Ein Konsensvorschlag zur Reform der kommunalen Wirtschaftsbesteuerung und zur Substitution der GewSt, DStZ 2004, 570; *Homburg,* BB-Forum: Die Steuerreformvorschläge der Stiftung Marktwirtschaft, BB 2005, 2382; *Jachmann,* Eine neue Qualität der kommunalen Steuerfinanzierung: Das Vier-Säulen-Modell der Kommission Steuergesetzbuch, StuW 2006, 115; *Otten,* Die Grundmodelle der Alternativen zur Gewerbesteuer: Vereinbarkeit mit dem Grundgesetz und Europarecht, 2005; *Heilmann,* Wechselwirkungen eines Zuschlagsmodells mit dem kommunalen Finanzausgleich, FiFo-Berichte Nr 6; *Kollruss,* Beim Schlussgesellschafter ist Schluss: Keine Anrechnung nach § 35 EStG bei Beteiligungen von Organgesellschaft an Personengesellschaft, DStR 2007, 378; *Korezkij,* BMF-Schreiben vom 19.9.2007 zu § 35 EStG ..., DStR 2007, 2103; *Herzig/Lochmann,* Unternehmensteuerreform 2008, DB 2007, 1037; *Förster,* Anrechnung der Gewerbesteuer auf die Einkommensteuer nach der Unternehmensteuerreform 2008, DB 2007, 760; *Blaufus/Hechtner/Hundsdoerfer,* Die Gewerbesteuerkompensation nach § 35 EStG im Jahressteuergesetz 2008, BB 2008, 80; *Heine,* Neue Bundesregierung – Gewerbesteuer quo vadis?, KStZ 2009, 186; *J. Lang,* Auf der Suche nach einer rechtsformneutralen Besteuerung der Unternehmen, FS N. Herzig, 2010, 323; *Jonas,* Reformnotwendigkeit der Gewerbesteuer, FS N. Herzig, 2010, 336; *Birk,* „...dass unser Staat auch in seinem Steuerrecht wieder ein Rechtsstaat, ein Staat des Rechts werden wird.", Münchener Schriften zum Internationalen Steuerrecht, Heft 29; *Kirchhof,* Die Erneuerung der Gemeindefinanzen, FR 2010, 961; *Oestreicher,* Die Reform der kommunalen Steuerfinanzierung, FR 2010, 965; *Fahrenschon,* Kommunale Steuerfinanzierung, FR 2010, 975; *Jonas,* Gewerbesteuer – eine schlechte Gemeindesteuer, FR 2010, 976; *Kuban,* Gewerbesteuer – eine gute Gemeindesteuer, FR 2010, 978; *Merz,* Vom Bierdeckel zur Reform – der lange Weg zur Vereinfachung des Steuerrechts, FS J. Lang, 2010, 367; *Deubel,* Durch mehr kommunale Selbstverwaltung aus der Krise – Art 28 GG wirklich mit Leben füllen, FS J. Lang, 2010, 423; *Solms,* Die Ersetzung der Gewerbesteuer – (K)eine unüberwindbare Hürde für eine große Steuerreform, FS J. Lang, 2010, 439; *Bunzeck,* Gewerbesteuer – Der Weg der kleinen Schritte, DB 2010, H 39, M 1; *Ondracek,* Steuerreform ist machbar – aber wie und wann?, DStR 2011, 1; *Däke,* Die Gewerbesteuer – eine Sonder- und Altlast, Kreditwesen 2011, 35; *Hey,* Perspektiven der Unternehmensbesteuerung, StuW 2011, 131; *Seer,* Kommunalsteuern und -abgaben – Einführung und Rechtfertigung des Themas, Kommunalsteuern und -abgaben 2012, 1; *Feld/Fritz,* Das Finanzsystem der Kommunen aus ökonomischer Sicht, Kommunalsteuern und -abgaben 2012, 61; *Roser,* Kritische Bestandsaufnahme der Gewerbesteuer, Kommunalsteuern und -abgaben 2012, 189; *Bier,* Die Gewerbesteuer aus Sicht der Unternehmen, Kommunalsteuern und -abgaben 2012, 219; *Lang,* Bestandsaufnahme der kommunalsteuerlichen Reformmodelle, Kommunalsteuern und -abgaben 2012, 307; *Neugebauer/ Schneider,* Kommunalmodell bei der GewSt: Keine gute Idee, FR 2012, 1144.

57 Die **ständige Kritik** an der GewSt bezieht sich auf ihre Existenz überhaupt wie auf ihre gegenwärtige Ausgestaltung (zB *Bunzeck* DB 2010, H 39 I; *Roser* Komunalsteuern und -abgaben 2012, 189). „Fremdkörper im Steuersystem der BRD" (*InstFSt* Briefe 211, 306), „wirtschaftstheoretisches Denken, das im Mittelalter vertreten wurde" (*Schneider,* Grundzüge, S 169) oder „gesamtwirtschaftliches Unding" (*Küffner* aaO) sind nur wenige der zugkräftigen Schlagwörter. Sachlich geht es im Wesentlichen um die Benachteiligung des unternehmerischen Einsatzes von Kapital und Arbeit sowie das überholte Äquivalenzdenken (*Loritz* Kernfragen 2010, 31), Eingriffe in die Unternehmenssubstanz, standortbedingte Belastungsgefälle (*Lang* StuW 1989, 3) sowie Wettbewerbsverzerrungen im nationalen und internationalen Vergleich (*Barth* DB 1989, 1237), prozyklische Effekte, Volatilität der GewSt (*Jonas* FR 2010, 976; FS Herzig 2010, 336) sowie allokative Verwerfungen, die mit ihr einhergehen (vgl *L-v-Stein-Institut* aaO; *Knobbe-Keuk* DB 1989, 1303; hierzu auch *Wendt* StuW 1992, 66). – Dagegen stehen nur vereinzelte Stimmen, die nur – wie die Kritiker auch – die finanzwirtschaftliche Bedeutung der GewSt für die Kommunen hervorheben, sondern auch die gemeinhin als substanzbesteuernd eingestuften Elemente (insb die Hinzurechnungen nach § 8) aus Gründen der Finanzneutralität bejahen und eine Wachstumsdynamik der GewSt erkennen (zB *Kuban* FR 2010, 978). Beachtlich ist mE auch, dass der Kritikpunkt Belastungsverzerrung im internationalen Vergleich durch Herabsetzung des KSt-Satzes auf 15% (§ 23 Abs 1 KStG) und die Anrechnung der GewSt (§ 35 EStG) nicht unerheblich entschärft worden ist (einige der bisher diskutierten Reformmodelle beinhalteten umgekehrt eine Erhöhung der KSt, zB *Homburg* BB 2002, Heft 7, I). Vgl die **Bestandsaufnahme** von *Seer* Kommunalsteuern und -abgaben 2012, 1; *Bier* aaO 2012, 219; *J. Lang* aaO 2012, 307.

58 **Reformmodelle** befassen sich nach allem vorwiegend mit der Ersetzung der GewSt durch andere Geldquellen (vgl u.a. *Oestreicher* FR 2010, 965), aber auch mit Strukturverbesserungen (vgl *Bunzeck* DB 2010, H 39 I; *Feld/Fritz* Kommunalsteuern und -abgaben 2012, 61). In letzter Zeit werden im Wesentlichen noch folgende Modelle erörtert (zu den bisher erörterten und größtenteils überholten Vorschlägen s die Vorauflage):
– Ersetzung der GewSt durch eine **„WertschöpfungsSt"** für GewTreibende sowie Freiberufler und andere Selbstständige (mit verschiedenen Varianten) hierbei wird als Wertschöpfung der Beitrag einer Wirtschaftseinheit zur Herstellung von Gütern und Dienstleistungen verstanden; ihre Größe ergibt sich aus der Addition von Löhnen, Mieten, Pachten, Zinsen und Gewinnen (*Wissenschaftl Beirat beim BMF* 1982 u 1990). Das Konzept der Wertschöpfungsteuer taucht auch in der Form einer „Gemeindewirtschaftsteuer" (hierzu unten) auf (*HessFM,* Vorschlag zur Neuordnung der Gemeindesteuern von Staatsminister *Karlheinz Weimer,* Wiesbaden 2002); auch eine „kommunale Wirtschaftsteuer" knüpft an das Konzept der Wertschöpfung an, ergänzt durch Abschaffung der Grundsteuer A, Veränderungen bei der Grundsteuer B sowie Einführung einer Bürgersteuer (*Bertelsmann-Stiftung* aaO);
– Ersetzung der GewSt durch eine **GemeindeSt,** die aus durch einheitl Hebesätze verknüpften BetriebsSt, EinwohnerSt und GrundSt besteht (*Kronberger Kreis* aaO; *Sachverständigenrat zur Begutachtung der gesamtwirtschaftlichen Entwicklung* 1989/1990, Ziff 342 ff);
– **„Revitalisierung"** der GewSt durch Ausweitung auf alle Unternehmen iSv § 2 UStG mit eng begrenzten Befreiungen, Ansatz von Schuld-, Miet- und Pachtzin-

sen sowie der Löhne (*Dt Städtetag* aaO; *Klaus-Dieter-Arndt-Stiftung* aaO); in modifizierter Form tauchte dieser Vorschlag wieder als **"Kommunalmodell"** in der Diskussion auf (*Bundesvereinigung der kommunalen Spitzenverbände*, Mitteilung v 28.2.2003; hierzu *Oestreicher* FR 2010, 965; krit *Neugebauer/Schneider* FR 2012, 1144);

– Ersetzung der KSt und GewSt durch eine nur am Einkommen (Gewinn ohne Hinzurechnungen und Abrechnungen) orientierte **einheitliche Unternehmenssteuer** (*Tipke*, Die Steuerrechtsordnung, Bd 13, 1028 f, 1546, hierzu BB 1994, 437; *Kirchhof* StuW 1996, 3; ähnlich *Wosnitza* BB 1996, 1465; *Jachmann* BB 2000, 1432); auch als „integrierte Unternehmenssteuer" – mit Hebesatzrecht ausgestatteter Gemeindezuschlag zur Unternehmenssteuer – gedacht (hierzu *Henckel* DStZ 2004, 570);

– Ersetzung der GewSt durch eine politisch diskutierte **"Gemeindewirtschaftsteuer"**, die Gewerbebetriebe und Selbstständige nach § 18 EStG betraf. Sie orientierte sich weitgehend an der Struktur der GewSt, jedoch ohne die Hinzurechnung von Dauerschuldentgelten, Renten und dauernden Lasten, Mieten und Pachten sowie Gewinnanteilen bei Streubesitz; eingeführt werden sollte eine Hinzurechnung von Schuldzinsen an den Gesellschafter einer Kapitalgesellschaft oder nahe stehende Personen. Entfallen sollte die Kürzung des Ertrags bei zum Betriebsvermögen rechnendem Grundbesitz, von Miet- und Pachtzinsen sowie Zinsen für Gesellschafterfremdkapital. Ein entsprechender Gesetzentwurf wurde von der BReg im Jahr 2003 auf den Gesetzgebungsweg gebracht, wurde letztendlich jedoch nicht Gesetz (zu Einzelheiten und zur Kritik *oV* Inf 2003, 682; *Broer* BB 2003, 1930; *Keß* FR 2003, 959; *Wiese/Klass* GmbHR 2003, 1101; *Henckel* DStZ 2004, 570);

– Ersetzung der GewSt durch ein **"Konsensmodell"**, in dem sich objektive und subjektive Steuerpflicht nach dem Erfolg (Gewinn/Einkommen), die Steuerverteilung (Zerlegung) hingegen nach der Wertschöpfung richtet (*Henckel* DStZ 2004, 570);

– Ersetzung der GewSt durch ein **"Vier-Säulen-Modell"**, in dem die Kommunalfinanzen durch eine reformierte GrundSt, eine BürgerSt (mit Hebesatzrecht versehener ESt-Anteil der Gemeinden), eine kommunale UnternehmensSt (Hebesatz auf den einbehaltenen Gewinn) und einen Anteil an der LSt gespeist werden (Kommission „Steuergesetzbuch" der Stiftung Marktwirtschaft [Frankfurter Institut], vgl *Homburg* BB 2005, 2382; *Jachmann* StuW 2006, 115; *Lang* FS Herzig, 2010, 323). Varianten hierzu:

– eine Art **Drei-Säulen-Modell** mit einer die Gemeindeeinwohner treffenden GewErtragSt, einer betrieblichen ZuschlagSt sowie einem Gemeindeanteil an der ESt u USt (*Kirchhof* FR 2010, 961);

– eine Art **Zwei-Säulen-Modell** mit einer mit Hebesatzrecht versehenen ZuschlagSt zur ESt u KSt sowie einer Erhöhung des Gemeindeanteils an der USt (so schon *Karl-Bräuer-Institut*, Heft 94; *Solms* FS J. Lang, 2010, 439; *Däke* Kreditwesen 2011, 35); Variante hierzu: ohne BetriebSt, aber mit GrundSt (*Deubel* FS J. Lang 2010, 423);

– das **"Prüfmodell"** (eine Art Eine-Säule-Modell) als ZuschlagSt zur ESt u KSt (*Broer* DStZ 2001, 622; *Hey* StuW 2002, 314; 2011, 131; auch zur Frage der Verfassungsmäßigkeit einer reinen GewinnSt); als Vorläufervariante kann das früher schon diskutierte Modell der **Gemeinde-ESt** (ggf als mit Hebesatzrecht versehene AnnexSt) gelten (zB *Wendt* BB 1987, 1677; StuW 1992, 66, 79; *Schneider* StuW 1991, 354);

– Erhalt der **GewSt als GewinnSt,** also ohne Hinzurechnungen und Kürzungen, ggf mit Erhöhung des Gemeindeanteils an der USt (*Fahrenschon* FR 2010, 975; *Ondracek* DStZ 2011, 1).

§ 2   Steuergegenstand

59 Sicher darf sein, dass das Problem GewSt allein im Rahmen einer **grundlegenden Neugestaltung** der Steuererhebung durch Bund, Länder und Gemeinden und der Finanzbeziehungen zwischen ihnen gelöst werden kann. Denn es geht um ein Konzept für eine **Gemeindesteuerreform,** das von allen Beteiligten gemeinsam erarbeitet und getragen wird (vgl BReg in BTDrs 10/952). Ein Schritt in die richtige Richtung war die Abschaffung der GewKapitalSt mit Wirkung ab EZ 1998. Es folgte ein Schlingerkurs, gekennzeichnet durch die Erhöhung von Freibeträgen und die Senkung der StMesszahlen mit Einführung eines Staffeltarifs, und schließlich (durch G v 14.8.2007 BGBl I 2007, 1912) die Ausweitung der Hinzurechnungstatbestände (§ 8 Nr 1) sowie die Abschaffung des Staffeltarifs – obwohl noch wenige Jahre zuvor die Abschaffung der GewSt im (politischen) Raum stand. Konzepte sehen anders aus.

60 Indes gibt es wohl kein Modell, das nicht **unerwünschte Begleiterscheinungen** zeitigen würde. Das gilt insbesondere für die Beteiligung am Umsatzsteueraufkommen (vgl *Richter/Wiegand* StuW 1990, 40; *Zitzelsberger* s Literatur vor Anm 1, S 292 ff), aber auch für eine Cash-Flow-Steuer (*Feldhoff* StuW 1989, 53). Eine Gemeinde-Einkommensteuer schließlich würde den Anreiz zur Ansiedlung von Industriebetrieben nehmen (*Woring* s vor Anm 1 § 1 Anm 25) und birgt die Gefahr einer Übersteuerung (*Blümich/Hofmeister* § 1 GewStG Rn 25). Bedenkenswert ist das „Vier-Säulen-Modell", zumal eine Senkung der Unternehmensbelastungen auf 25–30% verspricht (*Jachmann* StuW 2006, 115). Allerdings erscheint fraglich, ob es trotz seiner Komplexität im Ergebnis größere Vorteile bringt als das Modell einer revitalisierten GewSt unter Einbeziehung der Selbstständigen sowie land- u forstwirtschaftlichen Großbetriebe und Einschränkung substanzbesteuernder Elemente sowie Senkung der StMesszahl. Insbesondere aus der Sicht des internationalen Wettbewerbs dringendsten Hauptanliegen, die Grenzbelastung der Gewinne zu senken (vgl *Klein* StuW 1990, 390; *Wendt* StuW 1992, 66; *Schneider* StuW 1991, 354; *Wittmann* StuW 1993, 35; *Ritter* BB 1993, 297), ist mE nach Senkung des KSt-Satzes auf 15% und der Anrechnung der GewSt auf die ESt (auch wenn unvollständig; zu Anrechnungsüberhängen BFH X R 32/06, BStBl II 2009, 7; im Übrigen *Jachmann* BB 2000, 1432; *Korezkij* BB 2001, 389) Genüge getan.

§ 2 Steuergegenstand

(1) ¹**Der Gewerbesteuer unterliegt jeder stehende Gewerbebetrieb, soweit er im Inland betrieben wird.** ²**Unter Gewerbebetrieb ist ein gewerbliches Unternehmen im Sinne des Einkommensteuergesetzes zu verstehen.** ³**Im Inland betrieben wird ein Gewerbebetrieb, soweit für ihn im Inland oder auf einem in einem inländischen Schiffsregister eingetragenen Kauffahrteischiff eine Betriebsstätte unterhalten wird.**

(2) ¹**Als Gewerbebetrieb gilt stets und in vollem Umfang die Tätigkeit der Kapitalgesellschaften (insbesondere Europäische Gesellschaften, Aktiengesellschaften, Kommanditgesellschaften auf Aktien, Gesellschaften mit beschränkter Haftung), Genossenschaften einschließlich Europäischer Genossenschaften sowie der Versicherungs- und Pensionsfondsvereine auf Gegenseitigkeit.** ²**Ist eine Kapitalgesellschaft Organgesellschaft im Sinne der § 14 oder § 17 des Körperschaftsteuergesetzes, so gilt sie als Betriebsstätte des Organträgers.**

(3) **Als Gewerbebetrieb gilt auch die Tätigkeit der sonstigen juristischen Personen des privaten Rechts und der nichtrechtsfähigen Vereine, soweit sie einen wirtschaftlichen Geschäftsbetrieb (ausgenommen Land- und Forstwirtschaft) unterhalten.**

Steuergegenstand **§ 2**

(4) Vorübergehende Unterbrechungen im Betrieb eines Gewerbes, die durch die Art des Betriebs veranlasst sind, heben die Steuerpflicht für die Zeit bis zur Wiederaufnahme des Betriebs nicht auf.

(5) ¹Geht ein Gewerbebetrieb im Ganzen auf einen anderen Unternehmer über, so gilt der Gewerbebetrieb als durch den bisherigen Unternehmer eingestellt. ²Der Gewerbebetrieb gilt als durch den anderen Unternehmer neu gegründet, wenn er nicht mit einem bereits bestehenden Gewerbebetrieb vereinigt wird.

(6) Inländische Betriebsstätten von Unternehmen, deren Geschäftsleitung sich in einem ausländischen Staat befindet, mit dem kein Abkommen zur Vermeidung der Doppelbesteuerung besteht, unterliegen nicht der Gewerbesteuer, wenn und soweit
1. die Einkünfte aus diesen Betriebsstätten im Rahmen der beschränkten Einkommensteuerpflicht steuerfrei sind und
2. der ausländische Staat Unternehmen, deren Geschäftsleitung sich im Inland befindet, eine entsprechende Befreiung von den der Gewerbesteuer ähnlichen oder ihr entsprechenden Steuern gewährt, oder in dem ausländischen Staat keine der Gewerbesteuer ähnlichen oder ihr entsprechenden Steuern bestehen.

(7) Zum Inland im Sinne dieses Gesetzes gehört auch
1. der der Bundesrepublik Deutschland zustehende Anteil am Festlandsockel, soweit dort Naturschätze des Meeresgrundes und des Meeresuntergrundes erforscht oder ausgebeutet werden oder dieser der Energieerzeugung unter Nutzung erneuerbarer Energien dient, und
2. der nicht zur Bundesrepublik Deutschland gehörende Teil eines grenzüberschreitenden Gewerbegebiets, das nach den Vorschriften eines Abkommens zur Vermeidung der Doppelbesteuerung als solches bestimmt ist.

Gewerbesteuer-Durchführungsverordnung

§ 1 GewStDV Stehender Gewerbebetrieb

Stehender Gewerbebetrieb ist jeder Gewerbebetrieb, der kein Reisegewerbebetrieb im Sinne des § 35 a Abs. 2 des Gesetzes ist.

§ 2 GewStDV Betriebe der öffentlichen Hand

(1) ¹Unternehmen von juristischen Personen des öffentlichen Rechts sind gewerbesteuerpflichtig, wenn sie als stehende Gewerbebetriebe anzusehen sind; für den Umfang des Unternehmens ist § 4 Abs. 6 Satz 1 des Körperschaftsteuergesetzes entsprechend anzuwenden. ²Das gilt auch für Unternehmen, die der Versorgung der Bevölkerung mit Wasser, Gas, Elektrizität oder Wärme, dem öffentlichen Verkehr oder dem Hafenbetrieb dienen.

(2) ¹Unternehmen von juristischen Personen des öffentlichen Rechts, die überwiegend der Ausübung der öffentlichen Gewalt dienen (Hoheitsbetriebe), gehören unbeschadet der Vorschrift des Absatzes 1 Satz 2 nicht zu den Gewerbebetrieben. ²Für die Annahme eines Hoheitsbetriebs reichen Zwangs- oder Monopolrechte nicht aus.

§ 3 GewStDV (weggefallen)

§ 4 GewStDV Aufgabe, Auflösung und Insolvenz

(1) Ein Gewerbebetrieb, der aufgegeben oder aufgelöst wird, bleibt Steuergegenstand bis zur Beendigung der Aufgabe oder Abwicklung.

(2) Die Gewerbesteuerpflicht wird durch die Eröffnung des Insolvenzverfahrens über das Vermögen des Unternehmers nicht berührt.

§ 2 Steuergegenstand

§ 5 GewStDV Betriebsstätten auf Schiffen
Ein Gewerbebetrieb wird gewerbesteuerlich insoweit nicht im Inland betrieben, als für ihn eine Betriebsstätte auf einem Kauffahrteischiff unterhalten wird, das im sogenannten regelmäßigen Liniendienst ausschließlich zwischen ausländischen Häfen verkehrt, auch wenn es in einem inländischen Schiffsregister eingetragen ist.

§ 6 GewStDV Binnen- und Küstenschifffahrtsbetriebe
Bei Binnen- und Küstenschifffahrtsbetrieben, die feste örtliche Anlagen oder Einrichtungen zur Ausübung des Gewerbes nicht unterhalten, gilt eine Betriebsstätte in dem Ort als vorhanden, der als Heimathafen (Heimatort) im Schiffsregister eingetragen ist.

§ 7 GewStDV *(weggefallen)*

§ 8 GewStDV Zusammenfassung mehrerer wirtschaftlicher Geschäftsbetriebe
Werden von einer sonstigen juristischen Person des privaten Rechts oder einem nichtrechtsfähigen Verein (§ 2 Abs. 3 des Gesetzes) mehrere wirtschaftliche Geschäftsbetriebe unterhalten, so gelten sie als ein einheitlicher Gewerbebetrieb.

§ 9 GewStDV *(weggefallen)*

Gewerbesteuer-Richtlinien 2009: R 2.1–2.9 GewStR/H 2.1–2.9 GewStH

Übersicht

	Rn
A. Allgemeines	1–49
I. Steuergegenstand/Objektsteuercharakter	1–5
1. Objektsteuercharakter	1
2. Betriebsbegriff	2
3. Besteuerung des laufenden Gewinns	3, 4
4. Abgrenzung	5
II. Gesetzesaufbau	6–15
1. Stehender Gewerbebetrieb/Reisegewerbe	6
2. Rechtsform	7–12
a) Rechtsformunabhängige Gewerbebetriebe	7
b) Rechtsformabhängige Gewerbebetriebe	8
c) Personengesellschaft	9
d) Organgesellschaft	10
e) Juristische Personen des privaten Rechts	11
f) Juristische Personen des öffentlichen Rechts	12
3. Inland	13–15
III. Mehrheit von sachlich selbstständigen Gewerbebetrieben	16–49
1. Allgemeines	16
2. Einzelunternehmen	17–25
a) Sachliche Selbstständigkeit	17
b) Merkmale sachlicher Selbstständigkeit beim Einzelunternehmer	18–22
c) Mehrere Betriebe	23
d) Zeitfragen	24
e) Beispiele aus der Rechtsprechung (ABC)	25
3. Mitunternehmerschaften	26–36
a) Allgemeines	26
b) Personenhandelsgesellschaft	27
c) BGB-Gesellschaft	28

Übersicht §2

	Rn
d) Partenreederei	29
e) Atypische stille Gesellschaft	30
f) Andere Innengesellschaften/Unterbeteiligungsverhältnisse	31
g) Arbeitsgemeinschaften	32
h) Erbengemeinschaften	33
i) Ehegatten	34
j) Eheähnliche Lebensgemeinschaften	35
k) Eingetragene Lebenspartnerschaften	36
4. Sonstige Fälle	37–46
a) Verbundene Gesellschaften	37
b) BGB-Gesellschaften	38
c) Vermögensverwaltende BGB-Gesellschaften	39
d) Betriebsaufspaltung	40
e) Kapitalgesellschaften	41
f) Wirtschaftliche Geschäftsbetriebe	42
g) Unternehmen der öffentlichen Hand	43–45
h) Zusammentreffen von stehendem Gewerbebetrieb und Reisegewerbe	46
5. Objektbezogener Steuerbescheid	47–49
B. Rechtsformunabhängiges gewerbliches Unternehmen im Sinne des Einkommensteuerrechts (§ 2 Abs 1 Satz 2)	50–399
I. Rechtsgrundlagen	50–53
1. Definition des Gewerbebetriebs	50
2. Steuerrechtlicher Begriff	51, 52
3. Zurechnungssubjekt	53
II. Begriffsmerkmale	54–99
1. Selbstständige Tätigkeit (§ 15 Abs 2 EStG)	54–59
a) Persönliche Selbstständigkeit, Grundsatz	55
b) Nichtselbstständigkeit, Einzelnes	56
c) Selbstständigkeit, Einzelnes	57
d) Nebenpflichten	58
e) Rechtsprechungsbeispiele zur Frage der Nichtselbstständigkeit (ABC)	59
2. Nachhaltige Betätigung (§ 15 Abs 2 EStG)	60–67
a) Tatsächliche Wiederholung	61
b) Zeitlicher Zusammenhang	62
c) Einmaliger Entschluss	63
d) Aktivitäten selbstständiger Rechtssubjekte	64
e) Gewinnerzielungsabsicht	65
f) Keine nachhaltige Tätigkeit	66
g) Verfassungsrecht/Feststellungslast	67
3. Beteiligung am allgemeinen wirtschaftlichen Verkehr (§ 15 Abs 2 EStG)	68–72
a) Allgemeines	69
b) Größe/Beschaffenheit des Abnehmerkreises	70
c) Einzelheiten	71
d) Fallvergleiche	72
4. Gewinnerzielungsabsicht	73–99
a) Subjektives Tatbestandselement	73
b) Totalgewinn/Prognose	74
c) Steuerrechtliche Grundsätze	75–78
d) Negative Prognose und persönliche Neigung	79–81

Güroff 33

	Rn
e) Indizien	82–85
f) Anscheinsbeweisgrundsätze	86–89
g) Zeitlicher Rahmen	90–93
h) Verschiedenartige Aktivitäten	94
i) Beginn/Wegfall	95
j) Feststellungslast	96
k) Rechtsprechungsbeispiele Gewinnerzielungsabsicht	97
l) Personengesellschaften	98, 99
III. Abgrenzung Gewerbebetrieb/Vermögensverwaltung	100–139
1. Allgemeines	100
2. Gemischte Tätigkeiten	101
3. Abgrenzungsgrundsätze	102–104
a) Allgemeines	102
b) Betriebliche Organisation	103
c) Rechtsanwendung	104
4. Einzelheiten	105–114
a) Händlerverhalten	105
b) Vermietung von Grundstücken	106
c) Möblierte Zimmer	107
d) Bewegliche Gegenstände	108
e) Leasing	109
f) Nebentätigkeit	110–114
3. ABC Vermögensverwaltung/Gewerbebetrieb	115–139
IV. Gewerblicher Grundstückshandel	140–209
1. Allgemeines	140–142
a) Allgemeines	140
b) Gewinnerzielungsabsicht	141
c) Zurechnung	142
2. Fallgruppen	143–147
a) Langjährige Vermietung oder Selbstnutzung	143
b) Erwerb/Bebauung und Veräußerung	144
c) Zumindest bedingte Veräußerungsabsicht	145
d) Erwerb	146
e) Veräußerung	147
3. Anzahl der Objekte	148–152
a) 3-Objekt-Grenze	148
b) Mehr als 3 Objekte	149
c) Ehegatten	150
d) Keine 3-Erwerbe-Grenze	151
e) Indizielle Bedeutung	152
4. Besondere Übertragungsfälle	153–154a
5. Nutzung	155, 156
a) Privatvermögen	155
b) Dauerhafte Selbstnutzung/Vermietung	156
6. Veräußerungsmotive	157, 158
a) Unbeachtlichkeit	157
b) Zwangsweise Veräußerung	158
7. Der Begriff des Objekts	159–166
a) Selbstständige Nutzbarkeit	159
b) Wirtschaftliche Einheit	160
c) Eigentumswohnungen	161
d) Aufteilung/Zusammenfassung von Objekten	162
e) Gundstücksgeschäft/Art und Durchführung	163

Übersicht §2

	Rn
f) Ausland	164
g) Großobjekte	165, 166
8. Zeitlicher Zusammenhang	167–169
a) Beginn	168
b) Zeitspanne	169
9. Nur Beweisanzeichen	170–172
a) Einzelfälle	171
b) Annahme der Gewerblichkeit	172
10. Keine starre zeitliche Grenze	173–177
a) Mehrere Objekte	174
b) 10-Jahreszeitraum	175
c) Noch längerer Zeitraum	176
d) Rechtsnachfolge	177
11. Planmäßiger Zusammenhang	178–181
a) Gesamtbild	179
b) Umlaufvermögen	180, 181
12. Personenmehrheiten	182–188
a) Ebene der Gesellschaft	182–184
b) Ebene der Gesellschafter	185–188
13. Anteilsverkauf bei Immobilien-Personengesellschaft	189–191
a) Vermögensverwaltende Gesellschaft	189, 190
b) Grundstückshandelsgesellschaft	191
14. Zwischengeschaltete Personengesellschaft	192
15. Kapitalgesellschaft	193
16. Ausnahmen von der 3-Objekt-Theorie	194–198
a) Grundsatz	194
b) Indizien	195, 196
c) Zeitpunkt der Gewerblichkeit	197
d) Unzureichende Maßnahmen	198
17. Weitere Beispiele für die Annahme von Gewerblichkeit	199
18. LuF-Grundstücke	200
19. Einzelfragen zum gewerblichen Grundstückshandel	201–209
a) Einlagezeitpunkt/Beginn der Gewerbesteuerpflicht/ Beurteilungszeitraum	201
b) Umfang des Betriebsvermögens	202
c) Gewinnverwirklichung	203
d) Ende der Gewerbesteuerpflicht/Betriebsaufgabe	204
e) Dauerschulden und Dauerschuldzinsen	205
f) Rücklagen nach § 6 b EStG/AfA	206–209
V. Abgrenzung land- und forstwirtschaftliche/gewerbliche Einkünfte	210–234
1. Allgemeines	210
2. Bodenbewirtschaftung	211
3. Tierzucht und Tierhaltung	212–218
a) Einzelfälle	213
b) Ausreichende Nutzflächen	214–216
c) Gemeinschaftliche Tierhaltung und Tierzucht	217
d) Pensionstierhaltung u.a.	218
4. Sonstige landwirtschaftliche Einkünfte	219
5. Jagd	220
6. Mindestgröße	221
7. Betriebseinheit/-vielheit/Nebenbetriebe	222–229
a) Verschiedene Betätigungen	222

	Rn
b) Substanzbetriebe	223
c) Be- oder Verarbeitungsbetrieb	224
d) Einheitlicher luf Betrieb	225
e) Absatz der Eigenerzeugnisse	226
f) Wirtschaftliche Eigenständigkeit	227
g) Baumschulen	228
h) Dienst- bzw Werkvertragsleistung	229
8. Strukturwandel	230–234
VI. Abgrenzung selbstständige Arbeit/Gewerbebetrieb	235–294
1. Allgemeines	235
2. Freier Beruf	236–238
a) Kein einheitlicher Begriff	236
b) Katalog	237
c) Tätigkeit nach Berufsbild	238
3. Eigenverantwortliche Tätigkeit	239–245
a) Fachlich vorgebildete Arbeitskräfte	239
b) Leitung und Eigenverantwortung	240
c) Prägung	241
d) Grenzziehung	242
e) Vertretung	243
f) Nutzung technischer Hilfsmittel	244
g) Berufsfremde Personen	245
4. Personengesellschaften	246
5. Ähnliche Berufe	247–259
a) Keine Gruppenähnlichkeit	247
b) Merkmale	248
c) Schwierigkeitsgrad	249
d) Mehrere Berufsbilder	250
e) Ausbildung	251–253
f) Stellungnahme	254
g) Gesetzliche Regelungen	255–257
h) Sonderfall Ähnlichkeit eines Heilhilfsberufs	258, 259
6. Lotterieeinnehmer	260
7. Sonstige selbstständige Arbeit	261–266
a) Begriff	261
b) Neuere Rechtspraxis	262
c) Zwangs- und Insolvenzverwalter	263
d) Unmittelbarkeit	264
e) Vervielfältigungsverbot	265, 266
8. Gewinnvorzug (carried interest)	267–274
a) Regelung	267
b) Voraussetzungen	268–274
9. ABC Selbstständige Tätigkeit/Gewerbebetrieb	275
10. Mischtatbestände	276–282
a) Grundsatz	276, 277
b) Einzelfälle	278, 279
c) Rechtsfolgen	280–282
11. Mischtatbestände bei Personengesellschaften	283–290
a) Tätigkeit, Qualifikation	283
b) Abgrenzung	284–286
c) Abfärbetheorie	287
d) Keine Abfärbewirkung	288
e) Interprofessionelle Zusammenschlüsse	289

Übersicht

	Rn
f) Kostengemeinschaften (Bürogemeinschaften)	290
12. Feststellungslast	291–294
VII. Gewerbebetrieb durch Betriebsaufspaltung/Unternehmensverbund	295–379
1. Begriff	295–299
a) Organisatorisch	295
b) Ertragsteuerlich	296
c) Regelfall	297
d) Handelsrechtlich	298
e) Echte/unechte Betriebsaufspaltung	299
2. Rechtsentwicklung/Kritik	300, 301
a) Rechtsentwicklung	300
b) Kritik	301
3. Erscheinungsformen	302
4. Sachlicher Umfang der Betriebsaufspaltung	303–307
a) Voraussetzungen	304
b) Bestimmung des sachlichen Umfangs	305
c) Sonstige Rechtsbeziehungen	306
d) Eigenständigkeit des Gesellschaftszwecks	307
5. Besitz-Personengesellschaften	308
6. Abgrenzung zur Mitunternehmerschaft	309–311
a) Mitunternehmerische Betriebsaufspaltung	309, 310
b) Gewinnerzielungsabsicht	311
7. Verhältnis zur Betriebsverpachtung	312
8. Unentgeltliche Betriebsaufspaltung	313
9. Vor- und Nachteile der Betriebsaufspaltung	314–316
a) Haftung	314
b) Vermögensmäßige Teilhabe	315
c) Steuerlich	316
10. Sachliche Voraussetzungen der Betriebsaufspaltung	317–324
a) Nutzungsüberlassung	317
b) Wesentliche Betriebsgrundlage	318–320
c) Keine wesentliche Betriebsgrundlage	321
d) Einzelfälle	322, 323
e) Sonstiges Anlagevermögen	324
11. Personelle Voraussetzungen	325–340
a) Beherrschung	325
b) Gleichgerichtete Interessen	326
c) Personengruppentheorie	327–329
d) Beherrschung	330–332
e) Rechtsmissbrauch	333
f) Betriebsgesellschaft	334
g) Partei kraft Amtes	335
h) Einheitlicher geschäftlicher Betätigungswille bei Ehegatten	336–338
i) Wiesbadener Modell	339
j) Beteiligung minderjähriger Kinder	340
12. Faktische Beherrschung/Beherrschung ohne geeigneten Anteilsbesitz	341–346
a) Betriebsgesellschaft	341–345
b) Besitzgesellschaft	346
13. Beherrschung durch mittelbare Beteiligung	347, 348
a) Zwischengeschaltete GmbH	347

	Rn
b) Kontroverse Deutung	348
14. Besondere Erscheinungsformen der Betriebsaufspaltung	349–351
a) Kapitalistische Betriebsaufspaltung	349
b) „Umgekehrte" Betriebsaufspaltung	350
c) Mehrere Betriebsgesellschaften	351
15. Gründungsphase	352–355
a) Betriebskapitalgesellschaft	352
b) Betriebspersonengesellschaft	353
c) Geschäftswert	354
d) LuF-Betrieb	355
16. Gewinnermittlung, verdeckte Gewinnausschüttung	356–361
a) Grundsatz der Selbstständigkeit/Wirtschaftsjahr	356
b) Gewinnermittlung	357
c) Pachtzinsen	358
d) Erfindervergütungen	359
e) Buchführungsgrundsätze	360
f) Geschäftswert/vGA/Einlage	361
17. Betriebsvermögen des Besitzunternehmens	362–366
a) Gesellschaftsanteile	362
b) Andere Wirtschaftsgüter	363
c) Sonderbetriebsvermögen	364
d) Abspaltung von (Sonder-)Betriebsvermögen	365
e) Disquotale Einlage	366
18. Beendigung der Betriebsaufspaltung	367–371
a) Sachliche/persönliche Voraussetzungen	367
b) Verschmelzung	368
c) Realakt	369
d) Insolvenzverfahren	370
e) Vorübergehende Betriebsaufspaltung/Beendigung	371
19. Gewerbesteuerrechtliche Folgen der Betriebsaufspaltung	372–374
a) Steuerpflicht	372
b) Doppelbelastung	373
c) Getrennte Besteuerung	374
d) Gewerbesteuerrechtliche Organschaften	374
20. Betriebsaufspaltung über die Grenze	375
21. Investitionszulage/Zonenrandförderung	376
22. Beginn und Ende der sachlichen Steuerpflicht	377–379
VIII. Unternehmen der öffentlichen Hand	380–399
1. Allgemeines	380
2. Hoheitliches Tätigwerden	381
3. Hoheitsbetriebe/Abgrenzung	382–388
a) Hoheitsbetriebe	382
b) Annahmezwang	383
c) Wettbewerbsrelevanz	384
d) Mischtatbestände	385
e) Hilfsgeschäfte	386
f) Gewerbliches Tätigwerden	387
g) Absolute Umsatz- oder Gewinnzahlen	388
4. ABC Hoheitsbetrieb/Gewerbebetrieb	389
5. Unternehmenszurechnung	390
6. Gewinnermittlung	391–399
a) BgA und Trägerkörperschaft	391, 392
b) Gewinnerzielungsabsicht	393–399

Übersicht § 2

	Rn
C. Die rechtsformabhängigen Steuergegenstände	400–564
I. Personengesellschaften	400–429
1. Allgemeines	400–402
a) Gewerbebetriebe	400
b) Rechtsformabhängigkeit	401
c) Liebhaberei/Vermögensverwaltung	402
2. Gesellschaftstypus	403–407
a) Personengesellschaften/Mitunternehmerschaften	403
b) Innengesellschaften	404
c) Partnerschaftsgesellschaft	405
d) Europäische wirtschaftliche Interessenvereinigung (EWIV)	406
e) Weitere Formen von Mitunternehmerschaften	407
3. Mitunternehmer	408–413
a) Mitunternehmerinitiative	409
b) Mitunternehmerrisiko	410
c) Ausprägung der Merkmale	411
d) Treuhandverhältnisse	412
e) Doppelstöckige Personengesellschaft	413
4. Atypische stille Gesellschaft	414–418
a) Inhaber des Handelsgewerbes	415
b) Beteiligter	416
c) Segmentierung	417
d) Atypische Unterbeteiligung	418
5. Faktische Mitunternehmerschaft	419
6. Verdeckte Mitunternehmerschaft	420–422
a) Bejaht	421
b) Verneint	422
7. Mischtatbestände	423–429
a) Abfärbung/Grundsatz	424–427
b) Ausnahme	428
c) Betroffene Tätigkeiten	429
II. Gewerblich geprägte Personengesellschaften	430–455
1. Allgemeines	430–432
a) Gewerbebetrieb, Fiktion	430, 431
b) Gewerbesteuer	432
2. Anwendungsbereich	433–435
a) Personengesellschaften	433
b) Mitunternehmerschaft	434
c) Einkünfteerzielungsabsicht	435
3. Voraussetzungen	436–442
a) Beteiligung von Kapitalgesellschaften	436
b) Persönliche Gesellschafterhaftung	437
c) Geschäftsführung	438–442
4. Rechtsformen	443–457
a) Gepräge-KG	444
b) Schein-KG	445
c) Gepräge-OHG	446
d) Gepräge-GbR	447
5. Rechtsfolgen	448–450
a) Fiktion des § 15 Abs 3 Nr 2 EStG	448
b) Wegfall der Einkunfterzielungsabsicht	449
c) Betriebsaufgabe durch Rechtshandlungen	450

§ 2 Steuergegenstand

	Rn
6. GewStPflicht	451, 452
a) Beginn	451
b) Ende	451
c) GewStBelastung	452
7. Zeitlicher Geltungsbereich (§ 52 Abs 18 a EStG aF)	453
8. Beteiligung von Kapitalgesellschaften an nicht gewerblich tätigen Personengesellschaften	454, 455
III. Die Tätigkeit der Kapitalgesellschaften, der Erwerbs- und Wirtschaftsgenossenschaften und der Versicherungsvereine auf Gegenseitigkeit	456–484
1. Grundsatz	456
2. Rechtsformen	457–466
a) Europäische Gesellschaft	457
b) Aktiengesellschaft	458
c) Kommanditgesellschaft auf Aktien	459
d) Gesellschaft mit beschränkter Haftung	460
e) Genossenschaften	461
f) Europäische Genossenschaft	462
g) Versicherungsvereine auf Gegenseitigkeit	463
h) Kartelle	464
i) Sondervermögen von Kapitalanlagegesellschaften	465
j) Ausländische Rechtsgebilde	466
3. Rechtsfolgen	467–469
a) Einheitlicher Gewerbebetrieb	468
b) Weitere Einkünfte	469
4. Entstehung der GmbH	470–472
a) Vor-GmbH und Eintragung	470
b) Vorgesellschaft ohne Eintragung	471
c) Vorgründungsgesellschaft	472
5. Entstehen bei Genossenschaften	473
6. Beendigung des Steuergegenstands	474
7. Einzelfragen	475–484
a) Veräußerungsgewinne	475
b) Abwicklung/Insolvenz	476
c) Reisegewerbe	477
d) Beteiligung und GewSt	478
e) Besteuerung kleiner Körperschaften	479–484
IV. Unternehmensverbund Organschaft	485–539
1. Begriff	485
2. Rechtsentwicklung	486, 487
a) Ältere Entwicklung	486
b) Neuere Entwicklung	487
3. Betriebsstättenfiktion	488
4. Gesetzliche Voraussetzungen der Organschaft	489
5. Organträger	490–495
a) Kapitalgesellschaft	491
b) Personengesellschaft	492
c) Steuerpflicht des Organträgers	493
d) Inlandsbezug	494, 494a
e) Ausländische Unternehmen	495
6. Organgesellschaft	496–500
a) Kapitalgesellschaft	496
b) Gewerblich geprägte Personengesellschaft	496a

Übersicht

	Rn
c) Atypische stille Gesellschaft	497
d) Ausländische Kapitalgesellschaft	498
e) Kapitalgesellschaft im Gründungsstadium	499
f) Lebens- und Krankenversicherungsunternehmen	500
7. Finanzielle Eingliederung	501–504
a) Rückbeziehung	501
b) Personengesellschaften	502
c) Mittelbare Beteiligung	503
d) Zwischengeschaltete natürliche Personen	504
8. Organisatorische und wirtschaftliche Eingliederung	505, 506
a) Organisatorische Eingliederung	505
b) Wirtschaftliche Eingliederung	506
9. Betriebsaufspalterisches Besitzunternehmen	507
10. Gewinnabführungsvertrag	508–516
a) Bedeutung	509
b) Formelle Vorgaben	510, 511
c) Materielle Vorgaben	512–516
11. Mehrmütterorganschaft	517
12. Gewinnermittlung im Organkreis	518–522
a) Organgesellschaft	518
b) Eigenständigkeit	519
c) Einzelheiten	520
d) Gewerbesteuerumlagen	521
e) Bilanzierungskonkurrenz	522
13. Gewerbeertragsermittlung im Organkreis	523–532
a) Erste Stufe	523
b) Zweite Stufe	524
c) Weitere Einzelfälle	525–532
13. Steuerschuldner (§ 5)	533
14. Beginn und Ende der Organschaft	534, 535
a) Beginn	534
b) Ende	535
15. Verfahren	536
16. Haftung	537–539
V. Wirtschaftlicher Geschäftsbetrieb (§ 2 Abs 3)	540–564
1. Persönlicher Anwendungsbereich	540–545
a) Vereine, juristische Personen des Privatrechts	540
b) Berufsverbände	541
c) LuF-Vereine	542
d) Politische Parteien	543
e) Ausländische Rechtsgebilde	544
f) Kleinere Vereine	545
2. Rechtsformabhängigkeit	546
3. Begriff	547–550
a) Weite Auslegung	548
b) Gewinnerzielungsabsicht nicht erforderlich	549
c) Folgen fehlender Gewinnerzielungsabsicht	550
4. Wirtschaftlicher Geschäftsbetrieb – Einzelfälle	551
5. Gewinnermittlung	552–556
a) Allgemeines	552
b) Betriebseinnahmen	553
c) Betriebsausgaben	554
d) Verdeckte Gewinnausschüttung	555

	Rn
e) Stille Reserven	556
6. Übertragung	557
7. Beginn und Ende des Steuergegenstands wirtschaftlicher Geschäftsbetrieb	558–564
D. Beginn und Ende der sachlichen Steuerpflicht	565–589
I. Allgemeines	565–568
1. Einkommensteuer/Gewerbesteuer	565
2. Beginn	566
3. Beendigung	567, 568
a) Einkommensteuer	567
b) Gewerbesteuer	568
II. Einzelheiten	569–589
1. Natürliche Personen und Personengesellschaften mit originärer gewerblicher Tätigkeit	569–581
a) Beginn	569
b) Gewerbesteuerrechtliche Betriebseinstellung	570–573
c) Veräußerung von Anlagevermögen	574
d) Liquidation	575
e) Eröffnung des Insolvenzverfahrens	576
f) Betriebsunterbrechungen	577
g) Betriebsverlegungen	578
h) Betriebsverpachtung	579–581
2. Gewerblich geprägte Personengesellschaft	582
3. GmbH & Co KG	583
4. Kapitalgesellschaften	584
5. Organschaft	584a
6. Wirtschaftlicher Geschäftsbetrieb	585–589
E. Unternehmerwechsel (§ 2 Abs 5)	590–609
I. Gesetzeszweck	590
II. Betriebsübergang im Ganzen	591
III. Erbfall	592
IV. Umwandlung	593–596
1. Allgemeines	593
2. Kapitalgesellschaft	594
3. Personengesellschaften	595, 596
a) Änderungen im Gesellschafterbestand	595
b) Einbringung	596
V. Materiell-rechtliche Folgen des Unternehmerwechsels	597, 598
1. Verlustabzug nach § 10a	597
2. Abgekürzter Erhebungszeitraum	598
VI. Steuerschuldnerschaft und Unternehmerwechsel	599–609
1. Bescheidadressierung	599
2. Einzelheiten	600–609
a) Zeitpunkt des Wechsels	600
b) Aufteilung des Gewerbeertrags	601, 602
c) Verfahrensrecht	603–609
F. Betriebsstätte (§ 2 Abs 1)	610–639
I. Bedeutung/Rechtsgrundlagen	610, 611
1. Bedeutung	610
2. Rechtsgrundlagen	611
II. Allgemeines	612, 613
1. Unternehmensbezug	612
2. Vorbemerkungen	613

	Rn
III. Die einzelnen Merkmale	614–639
1. Feste Geschäftseinrichtung oder Anlage	614–618
a) Dauer	614
b) Körperliche Gegenstände	615
c) Feste Verbindung	616
d) Definitionsmerkmale	617
e) Schiffe	618
2. Verfügungsmacht	619–621
a) Gesicherte Rechtsposition	619
b) Ausländisches Unternehmen	620
c) Keine geeignete Verfügungsmacht	621
3. Unmittelbares Dienen	622–625
a) Begriff	622
b) Verpachtung/Grundvermögen	623
c) Hilfs- oder Nebenhandlungen	624
d) Kapitalgesellschaften/gewerblich geprägte Personengesellschaften	625
4. Ständiger Vertreter	626, 627
a) Definition	626
b) Verfügungsmacht	627
5. Gesetzlich geregelte Einzelfälle	628–637
a) Stätte der Geschäftsleitung (§ 12 Satz 2 Nr 1 AO)	628
b) Zweigniederlassung (§ 12 Satz 2 Nr 2 AO)	629
c) Geschäftsstellen (§ 12 Satz 2 Nr 3 AO)	630
d) Fabrikations- oder Werkstätten (§ 12 Satz 2 Nr 4 AO)	631
e) Warenlager (§ 12 Satz 2 Nr 5 AO), Verkaufsstellen (§ 12 Satz 2 Nr 6 AO)	632
f) Gewinnung von Bodenschätzen (§ 12 Satz 2 Nr 7 AO)	633
g) Bauausführungen/Montagen (§ 12 Satz 2 Nr 8 AO)	634–636
h) Stätten der Erkundung oder Versuchsbohrungen	637
6. Mehrgemeindliche Betriebsstätten	638
7. Betriebsstätte des Mitunternehmers	639
G. Inlandsbesteurung	640, 641
I. Inlandsbegriff	640
II. Nicht-DBA-Länder	641

A. Allgemeines

I. Steuergegenstand/Objektsteuercharakter

1. Objektsteuercharakter

Der Objektsteuercharakter der Gewerbesteuer verlangt zwar prinzipiell, dass der Gewerbebetrieb **ohne** Rücksicht auf **die persönlichen Verhältnisse** der Beteiligten und ihre persönliche Beziehung zum Besteuerungsgegenstand erfasst werden soll (BVerfG BStBl II 1969, 424). Die Hinzurechnungs- u Kürzungsvorschriften der §§ 8 u 9 verdeutlichen dies. Gleichwohl enthält das GewStG nach hM mehrere Einbrüche in dieses Prinzip, so die Beurteilung des Übergangs eines GewBetriebs auf einen anderen Unternehmer (BFH IV 666/55 U BStBl III 1958, 210) oder eines Mitunternehmeranteils als partielle Betriebsbeendigung (BFH VIII R 41/95 BStBl II 1997, 179; VIII R 1/00 BStBl II 2001, 114; VIII R 7/01, BStBl II 2004, 754). ME wahren solche Qualifikationen jedoch das Objektsteuerprinzip. Denn nach der für die GewSt maßgeblichen Legaldefinition des § 15 Abs 2 EStG (vgl Rn 35) ist GewBetrieb die qualifizierte Tätigkeit; die aber wechselt mit dem Unternehmer ganz oder teilweise. Die Beschränkung des gewstlichen Verlustabzugs (§ 10 a) auf die Unternehmergleichheit ist insofern konsequent.

2. Betriebsbegriff

2   **Oberbegriff** des Gewerbebetriebs ist der des **wirtschaftlichen Geschäftsbetriebs** (§ 14 AO; BFH GrS 2/71 BStBl II 1972, 63). Nach § 2 Abs 1 Satz 2 ist Gewerbebetrieb jedoch ein gewerbliches Unternehmen iSd EStRechts (Gewinnerzielungsabsicht!). Der Beschluss des Großen Senats des BFH (GrS 4/82 BStBl II 1984, 751, C III 3 b, aa) spricht von einem Unternehmen im funktionellen Sinn, das BFH-Urteil II R 177/81 (BStBl II 1984, 804) von einer wirtschaftlichen Einheit iS eines betriebswirtschaftlichen Organismus. Zutreffend ist mE ein zumindest auch **tätigkeitsbezogener Gewerbebetriebsbegriff** (vgl den Wortlaut des § 15 Abs 2 EStG; BFH X R 234/93 BStBl II 1996, 503; *Braun* BB 1993, 1122). Nach der gewstrechtlichen Rspr des BFH sind mit dem Begriff des „gewerblichen Unternehmens" nicht nur die sachlichen Grundlagen des Betriebes und die mit ihnen ausgeübte Tätigkeit, sondern auch deren Beziehung zu der Person/den Personen, auf deren Rechnung und Gefahr sie ausgeübt wird (Rn 53, 400), angesprochen (BFH GrS 3/92 BStBl II 1993, 616; VIII R 84/90 BStBl II 1994, 764; IV R 26/07 BStBl II 2010,751).

Objektbesteuerung verlangt ein Anknüpfen ebenso an einen **wirtschaftlichen Betriebsbegriff**. Danach bestimmt sich die Unternehmensgleichheit und der damit zusammenhängende Beginn und das Ende der sachlichen Steuerpflicht vor allem bei natürlichen Personen und Personengesellschaften (anschaulich BFH XI R 63/96 BStBl II 1997, 573). Auch für den gewerbesteuerrechtlichen Verlustabzug (§ 10 a) ist die wirtschaftliche Unternehmensgleichheit ebenso von Gewicht (BFH VIII R 424/83 BFH/NV 1991, 804) wie die Tatsache, dass bei verschiedenartigen Tätigkeiten eine gewerbliche Tätigkeit eine sonstige Tätigkeit nicht „infiziert" (vgl BFH VIII R 28/94 BStBl II 1997, 202; XI B 41/00 BFH/NV 2001, 204).

Bei den gewerblich geprägten Personengesellschaften (Rn 430 ff) und Kapitalgesellschaften (Rn 456 ff) berücksichtigt die Besteuerung zwar ebenfalls die wirtschaftliche Einheit Betrieb (zB § 10 a GewStG, § 16 EStG), knüpft aber auch an das Tätigwerden überhaupt an (vgl BFH I R 98/87 BStBl II 1990, 1073).

3. Besteuerung des laufenden Gewinns

3   **Wirkungen** kann das Objektsteuerprinzip an sich nur insoweit entfalten, als konkrete gesetzliche Vorschriften hierfür Raum lassen (BFH IV R 26/07 BStBl II 2010, 751). Es bedingt jedoch, dass grundsätzlich nur das Ergebnis der Ertragskraft des werbenden Betriebs, also der **laufende Gewinn** der GewSt unterliegt (BFH III R 23/89 BStBl II 1994, 709; IV R 52/09 BFH/NV 2011, 1247), nicht jedoch das Ergebnis der Aufdeckung stiller Reserven anlässlich seiner Beendigung (st Rspr, vgl BFH VIII R 7/01 BStBl II 2004, 754; IV R 3/05 BStBl II 2007, 777, jeweils mwN). Deren Nichtbesteuerung dient dem Zweck, die Folge ihrer Zusammenballung zu mildern (BFH IV R 41/07 BStBl II 2010, 977).

4   Zum laufenden Gewinn gehört der **Gewinn aus der Veräußerung** einer 100%igen Beteiligung an einer Kapitalgesellschaft (vgl BFH I R 5/92 BStBl II 1993, 131; IV R 75/99 BFHE 194, 421; VIII B 95/01 BFH/NV 2002, 811), nicht jedoch der Gewinn aus der Veräußerung und Aufgabe eines Teilbetriebs (BFH X B 192/07 BFH/NV 2009, 43), Gewerbebetriebs oder (bis EZ 2001:) eines Mitunternehmeranteils (vgl BFH VIII R 7/01 BStBl II 2004, 754 mwN; zu Unrecht und unnötig nimmt der BFH Bezug auf § 7, zB BFH XI R 73/95 BFH/NV 1997, 377), ebenso bei Entnahme von Sonderbetriebsvermögen durch den Rechtsnachfolger in einen Anteil (BFH VIII R 51/98

BStBl II 2000, 316), und zwar auch wenn es sich um sog einbringungsgeborene Anteile handelte (BFH I R 89/95 BStBl II 1997, 224). Dagegen konnte auch bisher die Veräußerung eines Teilbetriebs oder eines Anteils an einem Mitunternehmeranteil zur GewStPflicht führen, wenn wesentliche Betriebsgrundlagen nicht mitveräußert wurden (BFH IV R 51/98 BStBl II 2005, 173; zum umgekehrten Fall der gewstpfl Entnahme eines Grundstücks ohne Veräußerung eines Mitunternehmeranteils vgl BFH XI B 3/01 BFH/NV 2002, 373) oder wenn auf der Seite des Veräußerers und des Erwerbers dieselben Personen stehen (BFH VIII R 7/01 BStBl II 2004, 754). Zweifel an der durch den Objektsteuercharakter bedingten Unterscheidung von laufendem Gewinn und Veräußerungsgewinn äußern BFH I 78/61 S BStBl III 1962, 438; IV R 75/99 DStR 2001, 1212; I R 104/90 BFH/NV 2002, 535. Durch G v 20.12.2001 (BGBl I 2001, 3858) ist jedoch insofern eine Rechtsänderung **ab EZ 2002** eingetreten, als nach § 7 Satz 2 zum Gewerbeertrag auch der Gewinn aus der Veräußerung oder Aufgabe **(1.)** des (Teil-)Betriebs einer Mitunternehmerschaft, **(2.)** des Mitunternehmeranteils (hierzu *Füger/Rieger* DStR 2002, 933; *Neyer* BB 2005, 577) und **(3.)** des Anteils des persönlich haftenden Gesellschafters einer KGaA gehört, soweit er nicht auf eine natürliche Person als unmittelbar beteiligter Mitunternehmer entfällt; betroffen ist somit die juristische Person, insb Kapitalgesellschaft, als Mitunternehmer (vgl Rn 475, § 7 Rn 70 b).

4. Abgrenzung

Die erforderliche Abgrenzung vom laufenden Ertrag erfolgt nach dem **Charakter** 5 **des Vorfalls.** So hängt der **Handelsvertreteranspruch** nach § 89 b HGB mit dem laufenden Betrieb zusammen; er unterfällt der GewSt selbst dann, wenn die Beendigung des Vertragsverhältnisses mit der Betriebsveräußerung oder -aufgabe zusammenfällt (BFH X R 111/88 BStBl II 1991, 218; XI B 73/95 BFH/NV 1996, 169; XI R 73/95 BFH/NV 1997, 377; XI B 225/08 BFH/NV 2009, 967; IV R 37/08 BFH/NV 2011, 1120; X B 56/11 BFH/NV 2012, 1331). Gleiches gilt etwa für die Veräußerung des letzten zum Umlaufvermögen gehörenden Grundstücks beim Grundstückshandel (vgl Rn 116). Anders ist zu entscheiden bei einer sog Provisionsrente (BFH XI R 63/96 BStBl II 1997, 573) sowie Abfindungen und Entschädigungen (BFH X R 56/95 BFH/NV 1998, 1354). Auch der Gewinn aus der Liquidation eines Betriebes unterfällt bereits nach § 2 Abs 1 nicht der GewSt (BFH IV R 68/77 BStBl II 1980, 658). Zur Behandlung von **Übernahmegewinnen** und **-verlusten** nach § 18 Abs 2 UmwStG vgl BFH VIII R 5/99 BStBl II 2001, 35; klargestellt durch die Neufassung der Vorschrift durch G v 24.3.1999 (BGBl I 1999, 402). Zur **Nachversteuerung** nach § 18 Abs 4 UmwStG vgl *Patt* FR 2000, 1115.

II. Gesetzesaufbau

1. Stehender Gewerbebetrieb/Reisegewerbe

Der **stehende Gewerbebetrieb** in § 2 Abs 1 Satz 1 bildet den Gegensatz zum 6 sog **Reisegewerbe** (§ 1 GewStDV). Der Reisegewerbetreibende hat idR keine Betriebsstätte (s Rn 617). Es fehlt deshalb idR das herkömmliche Merkmal für die Gewerbesteuerberechtigung der Gemeinde und für eine Zerlegung nach § 29 Abs 1 und die sachliche Steuerpflicht im Inland (§ 2 Abs 7). Aus diesem Grunde finden sich die Sonderregelungen für das Reisegewerbe in § 35 a GewStG und § 35 GewStDV.

Die in **§ 1 GewStDV** gewählte negative Abgrenzung des stehenden Gewerbebetriebs (Fehlen einer Reisegewerbekarte nach § 55 GewO oder – bis 13.9.2007 – Fehlen des Blindenwarenvertriebsausweises nach § 55 a Abs 1 Nr 4 GewO aF; vgl auch BFH I 317/61 U BStBl III 1963, 148) führt zu dem Ergebnis, dass der Reisegewerbetreibende im Einzelfall eine allerdings gewstrechtlich nicht bedeutsame

§ 2 Steuergegenstand

Betriebsstätte haben kann (vgl § 55 Abs 1 1. Alternative GewO). Lediglich theoretischer Natur dürfte die Frage sein, ob das Merkmal „stehend" notwendig eine Betriebsstätte voraussetzt, wie dies die wohl hL bejaht (vgl *Hidien/Pohl/Schnitter* Tz 2.8; R 2.9 GewStR). Denn die GewStPfl knüpft beim stehenden Gewerbebetrieb an das Vorhandensein einer (inländischen) Betriebsstätte an (§ 2 Abs 1 Satz 3).

2. Rechtsform

§ 2 unterscheidet die **rechtsformunabhängigen** von den **rechtsformabhängigen** Gewerbebetrieben.

7   a) **Rechtsformunabhängige Gewerbebetriebe.** Für diese gilt nach § 2 Abs 1 Satz 2 die **Legaldefinition** des § 15 Abs 2 EStG (Rn 50 f). Mit Ausnahme der Betriebsverpachtung und des Beginns und der Beendigung des gewerbesteuerrechtlichen Objekts Gewerbebetrieb bestehen einkommen- und gewerbesteuerrechtlich inhaltsgleiche Grundsätze. Verfahrensrechtlich ist allerdings getrennt darüber zu befinden (§ 7).

8   b) **Rechtsformabhängige Gewerbebetriebe.** Hier **typisiert** der Gesetzgeber. Die Regelungen werden deshalb kritisch gesehen (vgl *Seer* StuW 1993, 114). Am weitesten gehen sie für die **Kapitalgesellschaft**, deren Tätigkeit unabhängig von der Art stets und in vollem Umfang als GewBetrieb gilt, und zwar auch dann, wenn sie keine Einkunftsart iSv § 2 Abs 1 EStG verwirklicht (BFH I R 67/88 BStBl II 1991, 250).

9   c) **Personengesellschaft.** Für die Personengesellschaft, bei der die Gesellschafter als Mitunternehmer anzusehen sind, gilt dieser **Grundsatz nur eingeschränkt** (s § 15 Abs 3 EStG iVm § 2 Abs 1 Satz 2 GewStG). Bei ihr findet sich gegenüber dem Einzelunternehmer lediglich die Besonderheit, dass estrechtlich und gewstrechtlich nicht innerhalb der Betätigung der Personengesellschaft differenziert wird (Rn 26 ff). Dass der Gesetzgeber damit für die Kapitalgesellschaft in vollem Umfang und für die Personenhandelsgesellschaft in beschränktem Maße der Ordnungsstruktur des Handelsrechts folgt und insbesondere bei der Kapitalgesellschaft den Gewerbebetrieb an die gesellschaftsrechtliche Organisation knüpft (vgl § 6 HGB), ist verfassungsrechtlich unbedenklich (BFH I R 196/79 BStBl II 1983, 77). Eine besondere gesetzliche Regelung (§ 15 Abs 3 Nr 2 EStG) hat die **gewerblich geprägte Personengesellschaft** gefunden (Rn 430 ff).

10   d) **Organgesellschaft.** Mit der Behandlung einer als **Organgesellschaft** tätigen Kapitalgesellschaft als Betriebsstätte in § 2 Abs 2 Satz 2 berücksichtigt der Gesetzgeber dagegen nicht zivilrechtliche Vorgaben, sondern räumt gerade einem die Gesellschaftstypen überschreitenden wirtschaftlichen Unternehmensverbund iS eines einheitlichen wirtschaftlichen Organismus den Vorzug ein.

11   e) **Juristische Personen des privaten Rechts.** Für diese und die **nichtrechtsfähigen Vereine** genügt für die Annahme eines Gewerbebetriebs ein wirtschaftlicher Geschäftsbetrieb (ausgenommen bei Land- und Forstwirtschaft). Gewinnerzielungsabsicht und eine Teilnahme am allgemeinen wirtschaftlichen Verkehr sind nicht erforderlich.

12   f) **Juristische Personen des öffentlichen Rechts.** Sie sind nach **§ 2 Abs 1 GewStDV** gewstpfl, wenn sie einen stehenden Gewerbebetrieb iSd § 2 Abs 1 iVm § 15 Abs 2 EStG unterhalten. Hoheitsbetriebe begründen dagegen keine gewerbliche Tätigkeit (§ 2 Abs 2 GewStDV).

3. Inland

Im **Inland** betrieben wird nach der **Legaldefinition** des § 2 Abs 1 Satz 3 ein **13** Gewerbebetrieb, soweit für ihn im Inland (oder auf einem in einem inländischen Schiffsregister eingetragenen Kauffahrteischiff) eine Betriebsstätte unterhalten wird. Wegen der Verwendung des Wortes „soweit" besteht mE gewstrechtlich eine beschränkte Steuerpflicht (zur ausländischen Kapitalgesellschaft FG Ba-Wü 10 K 3268/10 EFG 2010, 2111). Besteht eine inländische Betriebsstätte, so unterliegt das Unternehmen nur mit dem auf die inländische Betriebsstätte entfallenden Teil des GewErtrags (BFH I R 165/90 BStBl II 1993, 577, 580) der GewSt, jedoch nicht auch mit dem Teil des GewErtrags, der im Rahmen der Gesamtbetätigung durch die ausländische Betriebsstätte erzielt worden und ihr zuzurechnen ist (BFH I R 200/67 BStBl II 1971, 743). Ein Teil des vom Unternehmen erzielten GewErtrags muss regelmäßig der Betriebsstätte der Geschäftsleitung zugerechnet werden (BFH I R 4/02 BFH/NV 2004, 83). Kürzungen treten daher nach § 9 Nr 3 bei ausländischen Betriebsstätten ein, soweit ein Teil des GewErtrags in diesem Sinne auf sie entfällt (evtl aA BFH IV R 80/82 BStBl II 1985, 405; I R 95/84 BStBl II 1988, 663/5). Die Besteuerung knüpft also an einen Gewerbebetriebsbegriff an, dessen Merkmale auch im Ausland verwirklicht werden können (keine isolierende Betrachtungsweise); eine ausländische Gesellschaft, die einer inländischen Kapitalgesellschaft entspricht, begründet einen Gewerbebetrieb iSd § 2 Abs 2 GewStG und ist bei einer inländischen Betriebsstätte im Inland gewstpfl (BFH I R 196/79 BStBl II 1983, 77). Die Vorschriften der §§ 8, 9 (Ausnahmen § 9 Nr 7 u 8, § 8 Nr 8) beziehen sich auf die danach der inländischen Besteuerung unterliegenden Gewinne (BFH I R 248/71 BStBl II 1974, 752; s auch Rn 477). Zum Strukturvergleich ausländischer Rechtsgebilde s BFH I R 134/84 BStBl II 1988, 588. Zum Betriebsstättenbegriff s Rn 612 ff.

Ausnahmen von dem Vorgesagten bringt der Absatz 6 für Nicht-DBA-Länder **14** (siehe dazu Rn 641).

(frei) **15**

III. Mehrheit von sachlich selbstständigen Gewerbebetrieben

1. Allgemeines

Die **sachliche Selbstständigkeit** hat Bedeutung für die Besteuerung als solche, **16** weil **jeder Gewerbebetrieb** auch in einer Hand ein **eigener Steuergegenstand** ist (BFH I 375/62 HFR 1965, 224; X R 36/06 BStBl II 2010, 171); im weiteren für den Verlustausgleich zwischen den einzelnen Bereichen, den Verlustabzug nach § 10 a oder die Freibeträge nach § 11 Abs 1, aber auch hinsichtlich aller Vorschriften, die an den Betrieb als Einheit anknüpfen. Eine Trennung eigenständiger Betriebe ist nach hM auch dann erforderlich, wenn sie einem Unternehmer zuzuordnen sind (aA *Schuhmacher* StuW 1987, 111; *Braun* BB 1993, 1122, 1125). § 2 enthält keine Aussage darüber, wie mehrere Gewerbebetriebe in der Hand desselben Unternehmers voneinander abzugrenzen sind, wenn es sich um rechtsformunabhängige Gewerbebetriebe handelt. Eindeutig ist die Beurteilung dagegen bei Kapitalgesellschaften, deren gesamte Tätigkeit als Gewerbebetrieb gilt (§ 2 Abs 2) und bei Gewerbebetrieben kraft wirtschaftlichen Geschäftsbetriebs (§ 2 Abs 3), bei denen § 8 GewStDV eine Zusammenfassung vorsieht. Bei Personengesellschaften und sonstigen Formen der Mitunternehmerschaft ist zweifelhaft, inwieweit die gesellschaftsrechtliche Organisation den wirtschaftlich aufzufassenden Betriebsbegriff im Sinne eines sachlich selbständigen Besteuerungsgegenstandes bestimmt oder umgekehrt dieser den Umfang der Mitunternehmerschaft (vgl dazu Rn 26 ff).

§ 2 Steuergegenstand

2. Einzelunternehmen

17 **a) Sachliche Selbstständigkeit.** Gemäß dem wirtschaftlichen Betriebsbegriff (Rn 2) bestimmt sich die sachliche Selbstständigkeit danach, ob die fraglichen Betätigungen **wirtschaftliche Eigenständigkeit** besitzen (vgl BFH I R 95/76 BStBl II 1980, 465; XI R 63/96 BStBl II 1997, 573).

Mithin ist nicht einem alle gewerblichen Tätigkeiten des Einzelunternehmers zusammenfassenden weiten Betriebsbegriff, sondern einem **engen Betriebsbegriff** zu folgen (vgl BFH IV R 206/67 BStBl II 1971, 485; IV R 136/85 BStBl II 1989, 7), den die Rechtsprechung für den Teilbetriebsbegriff entwickelt hat.

Ist schon ein **Teilbetrieb** ein organisch geschlossener Teil iS einer Untereinheit, die auch als selbstständiges Unternehmen geführt werden könnte, und nach dem Gesamtbild der Verhältnisse anhand einer räumlichen Trennung vom Hauptbetrieb, einer gesonderten Buchführung, eigenen Personals, einer selbstständigen Organisation, eigenen Anlagevermögens, einer Ungleichartigkeit der Tätigkeiten und eines eigenen Kundenstammes zu bestimmen ist (vgl BFH GrS 2/98 BStBl II 2000, 123; IV R 18/02 BStBl II 2003, 838; *Menner/Broer* BB 2003, 229), ist auch ein selbstständiger Gesamtbetrieb gekennzeichnet durch eine eigenständige wirtschaftliche Organisation interner und externer Beziehungen, insb einer Mehrheit von miteinander funktional in Zusammenhang stehenden materiellen und immateriellen Wirtschaftsgütern.

18 **b) Merkmale sachlicher Selbstständigkeit beim Einzelunternehmer.** Maßgebend ist das **Gesamtbild der Verhältnisse**. Bestimmend sind allein objektive Merkmale. Dagegen bleiben solche Umstände, die lediglich durch die besondere Beziehung des Inhabers zum Betrieb begründet sind, wegen des Objektsteuercharakters der GewSt außer Betracht (BFH HFR 1965, 224). Das gilt auch für die subjektive Überlegung, ob der Inhaber durch die Tätigkeit seinen Lebensunterhalt verdient (BFH X B 234/08 BFH/NV 2009, 1145). Kriterium ist, ob die Betriebe sachlich, insbesondere **organisatorisch, wirtschaftlich und finanziell** getrennt geführt werden. Merkmale hierfür sind die räumliche Trennung bzw Verbindung, die Art – insbesondere die Gleichartigkeit – der gewerblichen Betätigung, der Kunden- und Lieferantenkreis, die Geschäftsleitung, die Arbeitnehmerschaft, die Betriebsstätte(n) sowie die Zusammensetzung und Finanzierung des Aktivvermögens (BFH IV R 177/80 BStBl II 1983, 425; X R 130/87 BStBl II 1989, 901; XI R 63/96 BStBl II 1997, 573; VIII R 294/84 BFH/NV 1990, 261; III B 38/96 BFH/NV 1997, 229; X B 111/00 BFH/NV 2001, 816; XI R 23/04 BFH/NV 2005, 1134). Ob hiernach ein einheitlicher Gewerbebetrieb oder mehrere selbstständige Gewerbebetriebe vorliegen, ist auf Grund der Gesamtwürdigung dieser Merkmale zu entscheiden. Die Gewichtung der einzelnen Merkmale kann je nach Sachlage unterschiedlich sein. Eine allgemeine Feststellung der Bedeutung des einzelnen Merkmals im Rahmen der Gesamtwürdigung ist nicht möglich (vgl BFH II B 57/98 BFH/NV 1999, 1455 mwN). Zu den einzelnen Merkmalen:

19 **aa) Organisatorischer Zusammenhang.** Er besteht etwa, wenn die Unternehmensbereiche in demselben Geschäftslokal untergebracht sind, dieselben Arbeitnehmer eingesetzt werden und die Waren bzw. Betriebsmittel gemeinsam angeschafft und bezahlt werden (BFH XI R 63/96 BStBl II 1997, 573). Zur Indizwirkung der räumlichen Nähe vgl auch R 2.4 Abs 2 Satz 2 GewStR, H 2.4 (2) GewStH.

20 **bb) Wirtschaftlicher Zusammenhang.** Er besteht etwa, wenn zwei oder mehrere Unternehmensbereiche sich gegenseitig stützen und ergänzen und nur miteinander betrieben werden können (BFH XI R 63/96 BStBl II 1997, 573). Hier ist die Gleichartigkeit bzw. Ungleichartigkeit der Betätigung zu berücksichtigen. „Gleichartigkeit" wird nicht nur dann angenommen, wenn die Tätigkeiten demselben Gewerbezweig zuzurechnen sind, sondern auch, wenn sie sich wirtschaftlich ergänzen (BFH X R 130/87 BStBl II 1989, 901). Der BFH behandelt mE unnötig das Moment des Ergänzens insb bei ungleichartigen Tätigkeiten jedoch wie ein eigenständiges Kriterium neben der wirtschaftlichen Verflechtung (vgl BFH III B 29/05 BFH/NV 2006, 1152).

cc) Finanzieller Zusammenhang. Er besteht etwa, wenn gemeinsame Auf- 21 zeichnungen geführt oder gemeinsame Bankkonten unterhalten oder gemeinsame Kassenabrechnungen vorgenommen oder gemeinsame Gewinn- und Verlustrechnungen sowie Bilanzen erstellt werden (BFH XI R 63/96 BStBl II 1997, 573).

dd) Organisatorische und finanzielle Betriebsverbindungen. Diese dürfen 22 nicht gewertet werden, soweit sie auf der Identität des Unternehmers beruhen (vgl BFH I 64/63 U BStBl 1965, 656; I 375/62 HFR 1965, 224; X B 182/09 BFH/NV 2010, 1658). Es kann aber nicht zweifelhaft sein, dass dem Unternehmer bei der Herstellung von wirtschaftlichen Zusammenhängen ein beträchtlicher Gestaltungsspielraum eröffnet ist.

c) Mehrere Betriebe. Diese liegen vor, wenn sich ein organisatorischer, wirt- 23 schaftlicher und finanzieller Zusammenhang **nicht feststellen lässt**. Sie sind jeder für sich gewerbesteuerlich zu erfassen (BFH XI R 63/96 BStBl II 1997, 573). Das bedeutet:
Räumlich getrennte und **ungleichartige Tätigkeiten** werden idR getrennte Gewerbebetriebe ergeben (BFH X R 130/87 BStBl II 1989, 901); eine **räumliche Nähe** allein stellt ebenfalls keine Einheit her (BFH X R 36/10 BFH/NV 2013, 252). Die Ungleichartigkeit der Betätigung indiziert – Sonderfälle einer wesentlichen wirtschaftlichen Ergänzung ausgenommen – selbstständige Betriebe (BFH I 64/63 U BStBl III 1965, 656), auch wenn bestimmte Räume (Lager, Geschäftsleitung) gemeinsam genutzt werden (BFH X B 182/09 BFH/NV 2010, 1658). Umgekehrt indiziert die Gleichartigkeit der Tätigkeit die wirtschaftliche Identität (BFH XI R 73/95 BFH/NV 1997, 377). Insbesondere folgt aus der **gezielten Auffächerung** gleichartiger Leistungen (zB Edeka-Lebensmittelmärkte) in ein und derselben Gemeinde idR die – widerlegbare – Vermutung des wirtschaftlichen, finanziellen oder organisatorischen Zusammenhangs der Betriebsteile, wenngleich nach dem Gesamtbild auch bei gleichartiger Tätigkeit in derselben Gemeinde eine sachliche Selbstständigkeit gegeben sein kann (BFH VIII R 294/84 BFH/NV 1990, 261).
Der **persönliche Einsatz** des Unternehmers, dh die Unternehmeridentität bei mehrfacher branchengleicher Betätigung, wird nur dann funktionale Bedeutung haben, wenn dem Arbeitseinsatz des Geschäftsinhabers, wie zB bei einem Handelsvertreter, besonderes Gewicht im Rahmen der betrieblichen Organisation zukommt.
Bei einer **Betätigung innerhalb derselben Gemeinde** kann vor allem ein **einheitlicher Kundenstamm** bedeutsam sein. Dies muss aber nicht so sein (vgl FG Hamburg EFG 1985, 135, von BFH nv bestätigt).
Ob die Zusammenhänge **nach außen erkennbar** sind, ist nicht entscheidend: ein einheitlicher Betrieb besteht nicht schon bei einheitlicher Firmierung und einheitlichen Angebots- und Rechnungsformularen (vgl BFH HFR 1965, 224); anders dagegen, wenn sich daraus ein einheitlicher Kundenstamm als wesentliche Verknüpfung der Betriebsteile ergibt (zB Kaufhaus).
Ferner setzt ein weiterer sachlich selbstständiger Gewerbebetrieb – Reisegewerbe ausgenommen – stets auch gewstrechtlich eine **Betriebsstätte** voraus.

d) Zeitfragen. Die vorstehenden Abgrenzungsmerkmale haben Bedeutung 24 sowohl für ein zeitliches **Nebeneinander** wie für ein zeitliches **Nacheinander** von Betrieben (BFH XI R 63/96 BStBl II 1997, 573; XI R 73/95 BFH/NV 1997, 377).

§ 2   Steuergegenstand

25   **e) Beispiele aus der Rechtsprechung (ABC).**
- Zwei **Bäckereibetriebe** in verschiedenen Vororten, deren Nebeneinanderbestehen nur auf kurze Zeit angelegt war, wurden als getrennte Betriebe behandelt (BFH StRK § 2 GewStG Abs 1 R 142).
- **Bahnhofswirtschaft und Hotel:** Einheitlichkeit bejaht bei wirtschaftlicher Abhängigkeit beider Unternehmen (RFH RStBl 1939, 372).
- **Baugeschäft und Kunststeinwerk:** selbstständige Betriebe wegen Ungleichartigkeit, wirtschaftliche Unabhängigkeit trotz teilweise einheitlicher Kundenkreise und gewisser Lieferbeziehungen zwischen beiden Unternehmen bejaht (FG Karlsruhe EFG 1962, 156 rkr).
- **Beratungstätigkeit,** einheitlicher Betrieb, auch wenn die eigene GmbH teilweise Leistungsempfänger ist (BFH X R 108/87 BStBl II 1989, 572).
- **Bohr-, Bergbau- und Tiefbauunternehmen** und **Anlagenbau für Wasseraufbereitung:** zwei selbstständige Betriebe wegen der Ungleichartigkeit der Betätigung, obwohl gewisse Zusammenhänge organisatorischer und finanzieller Art bestanden hatten (BFH I 64/63 U BStBl III 1965, 656).
- **Busunternehmen,** bei 20 km voneinander entfernten Filialen trotz getrennter Buchführung einheitlicher Betrieb (vgl BFH III B 266/08 BFH/NV 2010, 642).
- **Campingplatz** und darauf betriebener **Kiosk** als einheitlicher Betrieb, weil sich beides ergänze (Nds FG EFG 1982, 360 rkr).
- **Edeka-Lebensmittelgeschäfte** in derselben Gemeinde, einheitlicher Betrieb angenommen (BFH X R 130/87 BStBl II 1989, 901).
- **Einzelhandel mit Lebensmitteln** und ein **Versandhaus** mit anderen Waren: zwei Betriebe wegen Unterschieden vor allem in der Vertriebsart. Der innere Zusammenhang beider Unternehmen durch die Unternehmeridentität und Mitarbeit der Ehefrau wurde als unmaßgeblich erachtet (BFH HFR 1965, 224).
- **Einzelhandel mit Lebensmitteln, Haushalt und Küchengeräten und Installationsgeschäft:** als einheitlicher Gewerbebetrieb wegen einheitlicher Bilanzierung und finanzieller Verflechtung durch einheitliche Kassen- und Buchführung, mE bedenklich, FG Karlsruhe EFG 1957, 56 rkr. Die in R 2.4 Abs 1 GewStR zitierten Beispiele wie Metzgerei und Speisewirtschaft reflektieren die Verkehrsauffassung.
- **Einzelhandel mit Zeitschriften** und **Tabakwaren** und eine **Toto-Lotto-Annahmestelle:** Einheitlichkeit bejaht bei Verkauf idR anderen GewBetriebs (BFH VIII R 310/83 BStBl II 1986, 719; FG Köln EFG 1993, 594 rkr; *Eppler* DStR 1987, 84; H 2.4 (1) GewStH); auch bei Verbindung mit Großhandel (FG B-Bbg 13 K 324/08 EFG 2010, 1148). Ebenso für die Kombination mit Textileinzelhandel, FG Berlin EFG 1982, 91 (s dazu allerdings Rn 275 Stichwort „Lotterieeinnehmer").
- **Flugzeugmotorenentwicklung** s „Waschsalon".
- **Foto-Fachgeschäft** und in demselben Geschäftsraum betriebene **Lotto-Toto-Annahmestelle:** als selbstständige Gewerbebetriebe, weil ungleichartige Betätigung mit unterschiedlichen Kundenkreisen (FG Münster EFG 1981, 191 rkr).
- **Friseurmeister** mit **zwei Geschäften:** sie wurden trotz seiner Mitarbeit in beiden Geschäften als selbstständig beurteilt (FG Düsseldorf EFG 1963, 259 rkr).
- **Franchisebetrieb.** Einheitlichkeit der Geschäftsidee und deren technische und organisatorische Durchführung deuten auf einheitlichen Betrieb hin (BFH XI B 23/04 BFH/NV 2005, 1134; anders BFH VIII R 23/05 BStBl II 2007, 723).
- **Gaststättenbetriebe,** auch bei räumlicher Nähe der Betriebsstätten nicht als einheitlicher Gewerbebetrieb behandelt, weil keine organisatorischen, finanziellen und wirtschaftlichen Zusammenhänge bestanden hatten und kein Personalaustausch stattfand (FG Hamburg EFG 1981, 32 rkr). BFH VIII R 100/86 BFH/NV 1990, 102 verneint einheitlichen Betrieb für **Brauerei und Gaststätte.**

- **Großhandel mit Zeitungen und Zeitschriften** und Briefmarkeneinzelhandel kein einheitlicher Gewerbebetrieb (FG Nürnberg EFG 1955, 42 rkr).
- **Grundstückshandel.** Der Verkauf von Grundstücken kann sich iR eines eigenständigen gewerblichen Grundstückshandels oder eines davon getrennten bereits bestehenden GewBetriebs abspielen (BFH IX R 39/01 BFH/NV 2004, 622; X B 116/10 BFH/NV 2012, 577).
- **Handel mit Farben und Tapeten** in verschiedenen Gemeinden als einheitlicher Gewerbebetrieb (RFH RStBl 1938, 1117).
- **Handels- und Produktionsbetriebe** können bei erheblichem Zukauf getrennte Unternehmen sein (FG München EFG 1987, 367 rkr).
- **Handelsvertretung** für bestimmte Lebensmittel und **Fabrikation** für Zucker- und Backwaren: wegen ungleichartiger Betätigung zwei selbstständige Betriebe, obwohl beide Betriebe von einer Stelle aus geleitet wurden, einheitliches Büropersonal hatten und der eine der beiden Betriebe den anderen finanziell stützen musste (FG Karlsruhe EFG 1961, 496 rkr).
- **Kosmetikinstitut und Apotheke** als einheitlicher Gewerbebetrieb (BFH VIII R 149/81 BStBl II 1983, 278).
- **Maklertätigkeit und Spirituosengeschäft,** keine Unternehmensgleichheit (BFH IV 353/60 U BStBl III 1961, 65).
- **Medizinische Fußpflege und Handel mit Fußpflegemitteln,** orthopädischen Schuhen etc, der im selben Geschäftslokal, wenn auch in gesonderten Räumen, betrieben wird, als einheitlicher Gewerbebetrieb und zwar mit Rücksicht auf den sachlichen und wirtschaftlichen Zusammenhang zwischen beiden Tätigkeiten (FG Bremen EFG 1984, 133 rkr).
- **Metzgerei/Gaststätte,** von in Gütergemeinschaft lebenden Ehegatten nebeneinander betrieben, ist einheitlicher GewBetrieb trotz getrennter Buchführung und Abschlüsse (FG Saarl EFG 2004, 1472 rkr; s auch R 2.4 Abs 1 Satz 3 GewStR).
- **Photovoltaikanlage** und Einzelhandel selbstständig (BFH X R 36/10 BFH/NV 2013, 252; Schl-H FG 2 K 282/07 EFG 2010, 2102).
- **Reisebüro,** sachliche Selbstständigkeit zweier Reisebüros bei getrenntem Auftreten nach außen und fehlenden finanziellen Verflechtungen bejaht (Schl-H FG EFG 1973, 395 rkr).
- **Reisegewerbe** s § 35 a Abs 2 Satz 2 (§ 35 Rn 2).
- **Rohproduktenhandel und Automatengeschäft:** als ungleichartig und deshalb trotz einheitlicher Buchführung als zwei selbstständige Betriebe behandelt: Nds FG EFG 1963, 313 rkr.
- **Rohrbiegerei,** s „Waschsalon".
- **Spielhallen und Automatenaufstellung:** Einheitlichkeit wegen gleichartiger Unternehmen bejaht, obwohl diese wirtschaftlich, finanziell und organisatorisch getrennt geführt wurden (FG Berlin EFG 1980, 245 rkr).
- Zwei **Tankstellen** in derselben Gemeinde als zwei Gewerbebetriebe (FG Hamburg EFG 1985, 135, bestätigt durch BFH VIII R 294/84 BFH/NV 1990, 261; s auch X R 62/87 BStBl II 1989, 973).
- **Vermietung** von **Grundstücken** und **Fluggeräten** sind verschiedenartige Tätigkeiten (in den entschiedenen Streitfällen war die Vermietung von Fluggeräten mangels Sonderleistungen jedoch nicht gewerblich (BFH VIII R 28/94 BStBl II 1997, 202; XI B 41/00 BFH/NV 2001, 204).
- **Versicherungsdirektor** übt nach seinem Ausscheiden aus der Versicherungsgesellschaft, Aufgabe des Geschäftslokals sowie Entlassung der Arbeitnehmer mit der gelegentlichen Vermittlung von Versicherungen eine andere Tätigkeit aus als zuvor (BFH XI R 63/96 BStBl II 1997, 573).
- **Waschsalon.** Betreiben mehrerer Münzwaschsalons, einer Rohrbiegerei und der Entwicklung von Flugzeugmotoren sind verschiedene GewBetriebe (BFH III B 29/05 BFH/NV 2006, 1152).

3. Mitunternehmerschaften

26 a) **Allgemeines.** Nach § 15 Abs 3 Nr 1 EStG iVm § 2 Abs 1 Satz 2 GewStG gilt auch für die Gewerbebesteuerung als **Gewerbebetrieb in vollem Umfang** die mit der Einkünfteerzielungsabsicht unternommene Tätigkeit einer Personengesellschaft, wenn die Gesellschaft auch iSd § 15 Abs 1 Satz 1 Nr 1 EStG gewerblich tätig wird. Ebenso unterhält eine gewerblich geprägte Personengesellschaft (§ 15 Abs 3 Nr 2 EStG, s Rn 15) nur einen Gewerbebetrieb.

§ 15 Abs 3 Nr 1 EStG betrifft neben OHG u KG andere **Personengesellschaften,** also auch die BGB-Gesellschaft und Innengesellschaften (BFH I R 133/93 BStBl II 1995, 171), jedoch **nicht sonstige** Formen der Mitunternehmerschaften, wie zB Erbengemeinschaften (BFH IV R 214/84 BStBl II 1987, 120, auch soweit mitunternehmerschaftlich überlagert, BFH GrS 4/82 BStBl II 1984, 751, 768) und eheliche Gütergemeinschaften, soweit sie sich gewerblich betätigen (ähnlich R 2.1 Abs 2 und R 2.4 Abs 3 GewStR). Auch die **ausländische** (Außen-)Personengesellschaft fällt ebenso wie ein entsprechendes Gebilde in den Anwendungsbereich des § 15 Abs 3 Nr 1 EStG, wenn sie/es im Inland steuerpflichtig wird (H 2.1 (4) GewStH; RFH RStBl 1930, 444). Die gesetzlich geregelte Einheitsbeurteilung knüpft an die Rechtsform von Personengesellschaften und damit an deren nach außen wirkende Organisation an und nicht an das Bestehen eines einheitlichen wirtschaftlichen Organismus. Vielfach werden bei mehreren voneinander verschiedenen und daher bei einem Einzelunternehmer getrennt zu sehenden Betrieben auch unterschiedliche (Innen)Gesellschaften anzunehmen sein (Ähnliches gilt für atypische stille Gesellschaften, vgl Rn 30, 31). Im Einzelnen gilt Folgendes:

27 b) **Personenhandelsgesellschaft.** Für die Personenhandelsgesellschaft (Trägerin von Rechten und Pflichten; einheitlicher Gesellschaftszweck, § 105 Abs 1 HGB) ist ein **einheitlicher GewBetrieb** anzunehmen (BFH VIII R 28/94 BStBl II 1997, 202), auch wenn nicht unbedingt von einem einheitlichen wirtschaftlichen Organismus gesprochen werden kann, zumal wenn sich die Handelsgesellschaft auf unterschiedlichen Feldern betätigt. Das erscheint sinnvoll, weil sich die Rechtszuständigkeit der Personenhandelsgesellschaft auf den gesamten von ihr unterhaltenen Bereich erstreckt. Umgekehrt können auch **gesellschafteridentische Personengesellschaften** nicht zu einer Einheit zusammengefasst werden (Aufgabe der Theorie von der sog Unternehmenseinheit, BFH I R 95/76 BStBl II 1980, 465; vgl III R 34/01 BStBl II 2003, 700).

Verschiedene Gewerbebetriebe sind dann anzunehmen, wenn der **Rechtsfolgewille** der Gesellschafter auf die Begründung von verschiedenen Gesellschaften gerichtet war, worauf insb verschiedene Bezeichnungen (jedoch nicht notwendig, BFH IV B 153/96 BFH/NV 1998, 847), getrennte Gesellschaftsvermögen und getrennte Ergebnisermittlungen hinweisen können (BFH IV R 86/80 BStBl II 1984, 152; IV R 43/88 BStBl II 1989, 797; IV R 73/93 BStBl II 1995, 589; VIII R 52/91 BFH/NV 1993, 684). Die zweite Gesellschaft muss nach außen erkennbar geworden sein (BFH IV R 11/97 BStBl II 1998, 603; IV B 153/96 BFH/NV 1998, 847; XI R 21/99 BFH/NV 2002, 1554). Der Gewerbebetrieb als Steuergegenstand ist das in dieser Rechtsform betriebene Unternehmen (BFH VIII R 23/89 BStBl II 1992, 375; IV S 1/94 BStBl II 1994, 398). An sich gemischte Tätigkeiten sind dementsprechend bei Fehlen eines abweichenden Rechtsfolgewillens einheitlich als gewerblich zu behandeln (BFH VIII R 28/94 BStBl II 1997, 202).

28 c) **BGB-Gesellschaft.** Auch bei der BGB-Gesellschaft nimmt die Rspr (BFH IV R 43/88 BStBl II 1989, 797) idR einen **einheitlichen GewBetrieb** an. Entscheidend ist der **Gesellschaftszweck** (§ 705 BGB) nach dem Rechtsfolgewillen der Gesellschafter (BFH VIII R 28/94 BStBl II 1997, 202). Der Zweck bestimmt die Beitragsverpflichtung und damit das Betriebsvermögen der BGB-Gesellschaft.

Ähnlich wie bei der Personenhandelsgesellschaft können Mitunternehmer bei anderen Zusammenschlüssen derselben Personengruppe bei entsprechendem Rechtsfolgewillen mehrere Zwecke verfolgen. In diesem Fall setzt die Annahme verschiedener Mitunternehmerschaften derselben Personengruppe voraus, dass die zweite Gesellschaft nach außen erkennbar geworden ist (BFH I B 153/96 BFH/NV 1998, 847). Weitere Beweisanzeichen (zB getrennte Kassen und Konten sowie Buchführungen, eigene Rechnungsvordrucke) müssen die Ausübung abgrenzbarer Tätigkeiten ergeben (BFH IV R 11/97 BStBl II 1998, 603). Auch auf den Gesellschaftsvertrag kann es ankommen (s auch BFH IV R 86/80 BStBl II 1984, 152; VIII R 52/91 BFH/NV 1993, 684 sowie IV R 152/76 BStBl II 1981, 602).

Allerdings kann trotz der **formalen Aufgliederung** eines wirtschaftlichen Organismus durch die Gründung mehrerer BGB-Gesellschaften derselben natürlichen Personen von einem einheitlichen Unternehmen und einem einheitlichen Gesellschaftszweck auszugehen sein (zur Innengesellschaft BFH VIII R 81/96 BFH/NV 1999, 355).

d) Partenreederei. Partenreedereien (§ 489 HGB, zur Rechtsnatur vgl BFH IV R 12/80 BStBl II 1981, 90) haben gesetzlich festgelegt den **Betrieb eines Schiffes** zum Gegenstand (BFH IV R 50/90 BStBl II 1992, 380). Sie sind „andere Gesellschaft" iSv § 15 Abs 1 Satz 1 Nr 2 EStG und daher der OHG/KG weitgehend gleichgestellt (BFH VIII R 257/80 BStBl II 1986, 53; IV R 50/90 BStBl II 1992, 380; Rn 407). Der Gewerbebetrieb beginnt bei einem Ein-Schiff-Unternehmen erst mit Indienststellung des Schiffes (BFH IV R 100/84 BStBl II 1986, 527). 29

Der **Korrespondentreeder** kann Mitunternehmer sein, aber auch einen eigenständigen GewBetrieb führen (BFH IV R 65/85 BStBl II 1987, 564).

e) Atypische stille Gesellschaft. Bei ihr (Rn 414) ist entscheidend der **Bezug der Mitunternehmerschaft** auf den *jeweiligen Betrieb*, ggf *mehrere Betriebe* oder *einen Betriebszweig* des Geschäftsinhabers (BFH I R 133/93 BStBl II 1995, 171; *Kempermann* FR 1995, 27; *Ruban* DStR 1995, 637). Allerdings können mehrere Betriebe auch dann nicht ohne Weiteres zusammengefasst werden, wenn an allen Betrieben derselbe/dieselben Geschäftspartner atypisch still beteiligt sind. Die Beteiligung mehrerer Personen(gruppen) kann ein einziger Gewerbebetrieb sein, wenn der Zweck aller Beteiligungen in der gemeinsamen Ausübung der gesamten gewerblichen Tätigkeit des Geschäftsinhabers besteht (BFH I R 127/93 BStBl II 1995, 764; IV R 18/98 BStBl II 1999, 286; VIII R 81/96 BFH/NV 1999, 355; IV B 42/02 BFH/NV 2002, 1447; **aA** *Lindwurm* DStR 2000, 53); mehrere Gewerbebetriebe können anzunehmen sein, wenn die jeweiligen Beteiligungen an getrennten Geschäftsbeziehungen nicht identisch sind (BFH IV R 18/98 BStBl II 1998, 685; FG Köln EFG 2006, 526). 30

f) Andere Innengesellschaften/Unterbeteiligungsverhältnisse. Gewerbesteuerrechtlich (s auch Rn 404) stehen sie der atypischen stillen Gesellschaft nahe (Rn 30; vgl auch BFH VIII R 364/83 BStBl II 1986, 311; IV R 79/94 BStBl II 1996, 269). Bei ihnen bezieht sich Mitunternehmerschaft auf den vom Hauptgesellschafter gehaltenen Gesellschaftsanteil; insoweit stellen sie **eigenständige Mitunternehmerschaften** dar (vgl BFH IV R 5/86 BStBl II 1990, 168; IV R 135/92 BStBl II 1995, 531; *Glanegger* FR 1990, 469). Gleichwohl kann nur ein Gewerbebetrieb selbst dann vorliegen, wenn der nach außen tätige Gesellschafter mehrere Gesellschaftsverträge zur Realisierung des Projekts abgeschlossen hat (BFH VIII R 81/96 BFH/NV 1999, 355). 31

g) Arbeitsgemeinschaften. Für sie gilt § 2 a GewStG. Nach dessen Grundsätzen sollte mE bei **Meta-Gesellschaften** und **Konsortien** verfahren werden, wenn sie Mitunternehmerschaften sind (bei Meta-Gesellschaft zweifelhaft, s § 7 Rn 133). 32

§ 2

Steuergegenstand

Die an einer **Interessengemeinschaft** Beteiligten bleiben jeweils selbstständige Gewerbesteuerpflichtige; die Interessengemeinschaft wird idR nicht als solche gewerblich tätig (RFH RStBl 1934, 658).

33 **h) Erbengemeinschaften.** Die ungeteilte Erbengemeinschaft unterhält, soweit gewerblich tätig, **einen Gewerbebetrieb.** Die Erben sind Mitunternehmer (BFH GrS 2/89 BStBl II 1990, 837; X R 72/89 BStBl II 1991, 350); anders jedoch, wenn ein durch Vermächtnis Begünstigter schon vor Erfüllung des Vermächtnisses als Inhaber des Gewerbebetriebes anzusehen ist (BFH VIII R 349/83 BStBl II 1992, 330). Die Erbengemeinschaft ist jedoch keine Personengesellschaft iSd § 15 Abs 3 Nr 1 EStG. Die Gesamtrechtsnachfolge lässt die sachliche Selbstständigkeit mehrerer vom Erblasser gehaltener Gewerbebetriebe unberührt. Wird der Betrieb von den miterbmerischen Erben fortgeführt (möglicherweise durch Zeitablauf, vgl BFH IV R 133/68 BStBl II 1974, 84), dann ist die Selbstständigkeit wirtschaftlich nicht zusammenhängender Betriebe ebenso zu beachten (BFH IV R 214/84 BStBl II 1987, 120), anders bei der OHG (Rn 407).

34 **i) Ehegatten.** Die **Gütergemeinschaft** führt, wenn ein Ehegatte einen zum Gesamtgut gehörenden GewBetrieb hält, angesichts der Teilhabe an den Erträgen, der dinglichen Mitberechtigung und der Haftung des anderen Ehegatten idR zu einer **Mitunternehmerschaft der Ehegatten**, auch wenn der andere nicht in Erscheinung tritt und nur geringfügige Kontrollrechte hat (vgl BFH GrS 4/82 BStBl II 1984, 751, 768; IV R 37/04 BStBl II 2006, 165; FG Saarl EFG 2004, 1449 rkr). Deren Beendigung erfolgt nicht bereits mit der Trennung der Eheleute oder der Scheidung der Ehe, sondern erst mit der Abwicklung der Gütergemeinschaft (BFH IV B 66/10 BFH/NV 2012, 411). Keine Mitunternehmerschaft entsteht, wenn im Betrieb die persönliche Arbeitsleistung des Ersteren entscheidend in den Vordergrund tritt und kein nennenswertes Kapital eingesetzt wird (BFH VIII R 18/95 BStBl II 1999, 384). Für diese mitunternehmerischen Gemeinschaften gilt § 15 Abs 3 Nr 1 EStG nicht (vgl zur Erbengemeinschaft BFH IV R 214/84 BStBl II 1987, 120).

Ehegattenpersonengesellschaften. IdR werden eigenständige wirtschaftliche Organismen wegen der unterschiedlichen Zwecke des jeweiligen Zusammenschlusses zu mehreren Mitunternehmerschaften (Gesellschaften) zwischen den Ehegatten führen, wenn die Regeln über die Klarheit und Eindeutigkeit von Vereinbarungen und deren tatsächlicher Durchführung beachtet werden (vgl BFH IV R 206/80 BStBl II 1983, 636). Der konkludente Abschluss einer Vereinbarung soll ausreichen (BFH VIII R 21/04 BFH/NV 2006, 1839), der aber nicht vorliegt, wenn die Ehefrau auf ihren Namen das Gewerbe sowie Firmenkonten an- und ummeldet und vorträgt, nur „pro forma" für ihren Ehemann aufgetreten zu sein (BFH VIII R 61/02 BFH/NV 2004, 27). Einen unternehmerischen Zusammenschluss hält die Rechtsprechung zB auch bei Ehegatten für möglich, die teilweise getrennt und teilweise gemeinsam Grundstücksgeschäfte betreiben (vgl BFH I R 28/75 BStBl II 1977, 552). Auf die gemeinsamen Geschäfte kann jedoch nicht verzichtet werden, weil gleichartige Gewerbebetriebe in der Hand von Ehegatten nicht ohne Weiteres zusammenzufassen sind (vgl zum Gesamtgut bei Errungenschaftsgemeinschaft BFH IV R 50/72 BStBl II 1977, 201).

35 **j) Eheähnliche Lebensgemeinschaften.** Für sie gelten mE die allgemeinen Grundsätze. Die zu Verträgen zwischen nahen Angehörigen geltenden Grundsätze sind nicht anzuwenden (BFH IV R 225/85 BStBl II 1988, 670).

36 **k) Eingetragene Lebenspartnerschaften.** Für sie gelten die Grundsätze zu Ehegatten: sie leben grds im Güterstand der Zugewinngemeinschaft (§ 6 LPartG) und können ihre güterrechtlichen Verhältnisse durch Lebenspartnerschaftsvertrag

(§ 7 LPartG) regeln (Beachtung der Verträge zwischen nahen Angehörigen, vgl *Kanzler* FR 2000, 859, 965).

4. Sonstige Fälle

a) Verbundene Gesellschaften. Bei **Beteiligung** einer Personenhandelsgesellschaft I an einer anderen Personenhandelsgesellschaft II bildet deren Betätigung regelmäßig einen eigenen Gewerbebetrieb. Zum Konkurrenzverhältnis s auch *Glanegger* FR 1990, 469. Dies gilt selbst dann, wenn Komplementärin der Gesellschaft I eine GmbH ist, die von den Gesellschaftern der Gesellschaft II beherrscht wird (vgl BFH IV R 56/80 BStBl II 1984, 150). Einen Sonderfall bei **Schwestergesellschaften** behandelt BFH VIII R 16/01 BFH/NV 2003, 81: Verkauf des Betriebsgrundstücks durch Gesellschaft I an einen Dritten und des beweglichen Anlagevermögens an die Gesellschaft II, die – selbst produzierend – die Produktion von I übernimmt, führt zur Unternehmensidentität; mE schon deswegen zweifelhaft, weil der BFH sich über die Eigenständigkeit von Rechtspersonen hinwegsetzt und im Streitfall nur Teile der Betriebsmittel übernommen wurden, nicht aber das Unternehmen als solches. 37

b) BGB-Gesellschaften. Für BGB-Gesellschaften oder andere mitunternehmerische Gemeinschaften besteht **Priorität des § 15 Abs 1 Satz 1 Nr 2 EStG** zugunsten der gewerblich tätigen Personengesellschaft, wenn die an ihr beteiligte Gesellschaft II keine eigenständigen gewerblichen Einkünfte erzielt (vgl dazu BFH IV R 36/82 BStBl II 1985, 622). Die BGB-Gesellschaft kann an einer Gesamthand beteiligt sein (BFH GrS 7/89 BStBl II 1991, 691). Einigkeit besteht in Literatur und Rechtsprechung, dass die Beteiligungsergebnisse den Gesellschafter einer Personengesellschaft auch dann unmittelbar über das einheitliche Gewinnfeststellungsverfahren (§ 180 AO) treffen, wenn die *Beteiligung in einem Betriebsvermögen* gehalten wird (BFH IV R 254/84 BStBl II 1986, 182; IV R 42/02 BStBl II 2004, 353; *Schmidt/Wacker* § 15 Rn 620). Ggf sind die Kürzungs- und Hinzurechnungsvorschriften der § 9 Nr 2 und § 8 Nr 8 zu beachten. Sie sollen gewährleisten, dass die Gewinn- bzw Verlustanteile nur bei der Beteiligungspersonengesellschaft erfasst werden. Deren Tätigkeit gilt stets und in vollem Umfang als eigenständiger Gewerbebetrieb (vgl BFH I R 85/79 BStBl II 1983, 427). 38

c) Vermögensverwaltende BGB-Gesellschaften. Für Zwecke der Gewerbesteuer unbeachtet bleibt dagegen die einheitliche Gewinnfeststellung für eine vermögensverwaltende BGB-Gesellschaft. Ist an ihr eine gewerblich tätige Personenhandelsgesellschaft beteiligt, so erzielt diese gewerbliche Gewinne auch aus ihrer Beteiligung. Für die Gewerbesteuer ist dann der Gewerbeertrag der Personenhandelsgesellschaft in der Weise eigenständig zu ermitteln, dass ihr die Anteile an den Wirtschaftsgütern der BGB-Gesellschaft nach § 39 AO zuzurechnen sind (vgl § 7 Rn 112). 39

d) Betriebsaufspaltung. Bei der Betriebsaufspaltung bestehen hinsichtlich der Bestimmung des Gewerbebetriebs **besondere Grundsätze**. Betriebs- und Besitzunternehmen werden formal als eigenständige Gewerbebetriebe behandelt (vgl im Einzelnen Rn 296). 40

e) Kapitalgesellschaften. Mehrere sachlich selbstständige Betriebe in der Hand einer Kapitalgesellschaft gibt es nicht. Diese gilt stets und in vollem Umfang als **ein Gewerbebetrieb**. Die Gründe dafür sind im Wesentlichen dieselben, die gegen einen Personenhandelsgesellschaft für einen sachlich einheitlichen Gewerbebetrieb sprechen. Im Gegensatz zu den Personengesellschaften erzielt die Kapitalgesellschaft *stets* gewerbliche Einkünfte. Diese Typisierung des Gesetzgebers ist mit dem Grundgesetz 41 vereinbar, obgleich sie die Kapitalgesellschaften insoweit wesentlich schlechter stellt als natürliche Personen (BFH I R 40/75 BStBl II 1977, 668; vgl iE Rn 468).

42 **f) Wirtschaftliche Geschäftsbetriebe.** Mehrere wirtschaftliche Geschäftsbetriebe, die von sonstigen juristischen Personen oder nichtrechtsfähigen Vereinen unterhalten werden, gelten als **einheitlicher Gewerbebetrieb** (§ 8 GewStDV).

43 **g) Unternehmen der öffentlichen Hand.** Sie sind gewerbesteuerpflichtig, soweit sie die Merkmale des allgemeinen Gewerbebetriebs nach § 2 Abs 1 Satz 2 erfüllen (vgl Rn 380).

Körperschaften des öffentlichen Rechts können wie natürliche Personen **mehrere sachlich selbstständige** Gewerbebetriebe führen. Es besteht Ähnlichkeit mit körperschaftsteuerlich bedeutsamen Betrieben gewerblicher Art (BFH I R 7/71 BStBl II 1974, 391).

Die **Zusammenfassung** von Betrieben gewerblicher Art und **Ausübung öffentlicher Gewalt** ist auch nach der Neufassung des § 4 Abs 6 Satz 2 KStG für Besteuerungszwecke unzulässig (zur bisherigen Rechtslage R 7 KStR; BFH I 164/59 S BStBl III 1962, 448). Tatsächlich nicht trennbare Vorgänge werden bei überwiegender Ausübung öffentlicher Gewalt als Hoheitsbetrieb eingestuft (§ 2 Abs 2 GewStDV). Nach R 7 Abs 2 KStR ist die Zusammenfassung von Betrieben gewerblicher Art in Kapitalgesellschaften grundsätzlich (Ausnahme Missbrauch) zulässig.

44 **Mehrere Betriebe gewerblicher Art** kann die öffentliche Hand zu einem einheitlichen Betrieb **zusammenfassen,** wenn sie **(1.)** gleichartig sind oder **(2.)** zwischen ihnen nach dem Gesamtbild der tatsächlichen Verhältnisse objektiv eine enge wechselseitige technisch-wirtschaftliche Verflechtung von einigem Gewicht besteht oder **(3.)**, wenn es sich um Versorgungsbetriebe (§ 4 Abs 3 KStG) handelt. Diese Regelung in § 4 Abs 6 Satz 1 KStG nF entspricht im Wesentlichen der bisherigen Rechtslage (BFH I 65/60 U BStBl III 1962, 450; I 267/63 BStBl III 1967, 679; I R 42/01 BFH/NV 2003, 511). **Gleichartig** sind die Betriebe, wenn sie im gleichen GewZweig betrieben werden oder sich – auch auf unterschiedlichen Produktions- u Vertriebsstufen – gegenseitig ergänzen (BFH X R 130/87 BStBl II 1989, 901; I R 161/94 BFH/NV 1997, 625). Ein notwendiger Funktionszusammenhang muss nicht vorliegen (BFH GrS 4/66 BStBl III 1967, 240). Gemeinsame Betriebsmittel und funktional aufeinander abgestimmte Betriebsvorgänge (zB Doppelfunktion eines Wasserturms) sowie Personalaustausch können solche **Verflechtungen** bewirken (BFH III 50/61 BStBl III 1967, 510). Die Verknüpfung mit der Abnehmerseite reicht nicht aus. Dagegen genügte stets ein einheitlicher Versorgungszweck (BFH GrS 4/66 aaO), insb wenn ein einheitlicher Kundenstamm existiert. Er wurde angenommen bei verschiedenen **Versorgungsbetrieben,** Bäderbetrieb einerseits und Strom-/Wasserversorgung andererseits (BFH I 164/59 S BStBl III 1962, 448; I 212/63 BStBl III 1966, 287; I R 187/85 BStBl II 1990, 242; I R 74/89 BStBl II 1992, 432; H 7 KStH „Zusammenfassung ..."). Zum einheitlichen Wirtschaftsgut Leitungsnetz s BFH V R 126/80 BFH/NV 1987, 269. Steuerrechtlich anerkannt werden kann die Zusammenfassung aber erst ab dem Zeitpunkt, ab dem die Verflechtung tatsächlich besteht (BFH I R 74/89 BStBl II 1992, 432).

45 Betätigt sich die öffentliche Hand in der Rechtsform einer **Handels-, BGB-** oder **Kapitalgesellschaft,** so gelten die für diese Zusammenschlüsse entwickelten Grundsätze.

46 **h) Zusammentreffen von stehendem Gewerbebetrieb und Reisegewerbe.** Wird im Rahmen eines einheitlichen Gewerbebetriebs sowohl ein stehendes als auch ein Reisegewerbe betrieben, so ist der Betrieb **in vollem Umfang** als **stehendes Gewerbe** zu behandeln (§ 35 a Abs 2 Satz 2). Die Voraussetzungen eines einheitlichen Betriebs bestimmen sich nach den vorstehenden Erläuterungen (vgl

Gewerbebetrieb § 2

insb Rn 16 ff). Es kommt also auch hier auf die organisatorischen, wirtschaftlichen und finanziellen Beziehungen zwischen beiden Betätigungen an.

5. Objektbezogener Steuerbescheid

Für jeden GewBetrieb hat ein **eigenständiger GewStMessbescheid** zu ergehen, auch wenn sich mehrere GewBetriebe in nur einer Hand befinden (BFH X R 38/11 BFH/NV 2013, 1125). **Verfahrensrechtlich** ist bedeutsam, dass das FG die für jeden Betrieb ergangenen Gewerbesteuermessbescheide nicht abzuändern, sondern aufzuheben hat, wenn es im Gegensatz zu der Auffassung des Finanzamts die Einheitlichkeit des Gewerbebetriebs bejaht. Der Grund liegt darin, dass sich Bescheide auf einen unzutreffenden Steuergegenstand beziehen (BFH VIII R 149/81 BStBl II 1983, 278). Entsprechendes gilt, wenn das FA zu Unrecht selbstständige Betriebe zusammengefasst hat (vgl BFH XI R 63/96 BStBl II 1997, 573). 47

(frei) 48, 49

B. Rechtsformunabhängiges gewerbliches Unternehmen im Sinne des Einkommensteuerrechts (§ 2 Abs 1 Satz 2)

I. Rechtsgrundlagen

1. Definition des Gewerbebetriebs

§ 15 Abs 2 EStG idF des Steuerentlastungsgesetzes 1984 v 22.12.1983 (BGBl I 1983, 1583) übernahm die früher nur in § 1 GewStDV gegebene Definition des Gewerbebetriebs aus Gründen der Rechtsklarheit in das Einkommensteuergesetz. Sie bezeichnet auch den Begriff des Gewerbebetriebs iSd des GewStG (§ 2 Abs 1 Satz 2; BFH X R 110/87 BStBl II 1990, 195). 50

Insoweit zuletzt geändert durch G v 8.12.2010 (BGBl I 2010, 1768) lautet **§ 15 Abs 1 mit 3 EStG:**

§ 15 EStG Einkünfte aus Gewerbebetrieb

(1) ¹**Einkünfte aus Gewerbebetrieb sind**
1. **Einkünfte aus gewerblichen Unternehmen.** ²**Dazu gehören auch Einkünfte aus gewerblicher Bodenbewirtschaftung, z. B. aus Bergbauunternehmen und aus Betrieben zur Gewinnung von Torf, Steinen und Erden, soweit sie nicht land- oder forstwirtschaftliche Nebenbetriebe sind;**
2. **die Gewinnanteile der Gesellschafter einer Offenen Handelsgesellschaft, einer Kommanditgesellschaft und einer anderen Gesellschaft, bei der der Gesellschafter als Unternehmer (Mitunternehmer) des Betriebs anzusehen ist, und die Vergütungen, die der Gesellschafter von der Gesellschaft für seine Tätigkeit im Dienst der Gesellschaft oder für die Hingabe von Darlehen oder für die Überlassung von Wirtschaftsgütern bezogen hat.** ²**Der mittelbar über eine oder mehrere Personengesellschaften beteiligte Gesellschafter steht dem unmittelbar beteiligten Gesellschafter gleich; er ist als Mitunternehmer des Betriebs der Gesellschaft anzusehen, an der er mittelbar beteiligt ist, wenn er und die Personengesellschaften, die seine Beteiligung vermitteln, jeweils als Mitunternehmer der Betriebe der Personengesellschaften anzusehen sind, an denen sie unmittelbar beteiligt sind;**
3. **die Gewinnanteile der persönlich haftenden Gesellschafter einer Kommanditgesellschaft auf Aktien, soweit sie nicht auf Anteile am Grundkapital entfallen, und die Vergütungen, die der persönlich haftende Gesellschafter von der**

Gesellschaft für seine Tätigkeit im Dienst der Gesellschaft oder für die Hingabe von Darlehen oder für die Überlassung von Wirtschaftsgütern bezogen hat. ²Satz 1 Nummer 2 und 3 gilt auch für Vergütungen, die als nachträgliche Einkünfte (§ 24 Nummer 2) bezogen werden. ³§ 13 Absatz 5 gilt entsprechend, sofern das Grundstück im Veranlagungszeitraum 1986 zu einem gewerblichen Betriebsvermögen gehört hat.

(1 a) ¹In den Fällen des § 4 Absatz 1 Satz 5 ist der Gewinn aus einer späteren Veräußerung der Anteile ungeachtet der Bestimmungen eines Abkommens zur Vermeidung der Doppelbesteuerung in der gleichen Art und Weise zu besteuern, wie die Veräußerung dieser Anteile an der Europäischen Gesellschaft oder Europäischen Genossenschaft zu besteuern gewesen wäre, wenn keine Sitzverlegung stattgefunden hätte. ²Dies gilt auch, wenn später die Anteile verdeckt in eine Kapitalgesellschaft eingelegt werden, die Europäische Gesellschaft oder Europäische Genossenschaft aufgelöst wird oder wenn ihr Kapital herabgesetzt und zurückgezahlt wird oder wenn Beträge aus dem steuerlichen Einlagenkonto im Sinne des § 27 des Körperschaftsteuergesetzes ausgeschüttet oder zurückgezahlt werden.

(2) ¹Eine selbstständige nachhaltige Betätigung, die mit der Absicht, Gewinn zu erzielen, unternommen wird und sich als Beteiligung am allgemeinen wirtschaftlichen Verkehr darstellt, ist Gewerbebetrieb, wenn die Betätigung weder als Ausübung von Land- und Forstwirtschaft noch als Ausübung eines freien Berufs noch als eine andere selbstständige Arbeit anzusehen ist. ²Eine durch die Betätigung verursachte Minderung der Steuern vom Einkommen ist kein Gewinn im Sinne des Satzes 1. ³Ein Gewerbebetrieb liegt, wenn seine Voraussetzungen im Übrigen gegeben sind, auch dann vor, wenn die Gewinnerzielungsabsicht nur ein Nebenzweck ist.

(3) Als Gewerbebetrieb gilt in vollem Umfang die mit Einkünfteerzielungsabsicht unternommene Tätigkeit
1. einer Offenen Handelsgesellschaft, einer Kommanditgesellschaft oder einer anderen Personengesellschaft, wenn die Gesellschaft auch eine Tätigkeit im Sinne des Absatzes 1 Nummer 1 ausübt, oder gewerbliche Einkünfte im Sinne des Absatzes 1 Satz 1 Nummer 2 bezieht;
2. einer Personengesellschaft, die keine Tätigkeit im Sinne des Absatzes 1 Satz 1 Nummer 1 ausübt und bei der ausschließlich eine oder mehrere Kapitalgesellschaften persönlich haftende Gesellschafter sind und nur diese oder Personen, die nicht Gesellschafter sind, zur Geschäftsführung befugt sind (gewerblich geprägte Personengesellschaft). ²Ist eine gewerblich geprägte Personengesellschaft als persönlich haftender Gesellschafter an einer anderen Personengesellschaft beteiligt, so steht für die Beurteilung, ob die Tätigkeit dieser Personengesellschaft als Gewerbebetrieb gilt, die gewerblich geprägte Personengesellschaft einer Kapitalgesellschaft gleich.

(4) ...

Wegen der verschiedenartigen Normzwecke sind die **Begriffe** Gewerbebetrieb iSd Einkommensteuerrechts und des HGB oder auch der GewO **nicht inhaltsgleich** (VGH Ba-Wü BB 1995, 1262). Die Besteuerung folgt selbstständigen Prinzipien, die dem Handelsrecht fremd sind, etwa dem Postulat der wettbewerbsneutralen Besteuerung (vgl dazu allg *Kirchhof* StuW 1984, 297, 305). Der Eigenständigkeit des steuerrechtlichen Gewerbebetriebsbegriffes steht die trotz der verschiedenartigen Interessenlage bestehende gewisse Ähnlichkeit der Begriffsmerkmale nicht entgegen.

Gewerbebetrieb § 2

Unterschiede bestehen aber vor allem bei der Land- und Forstwirtschaft und der Vermögensverwaltung, die zwar steuerrechtlich nicht, wohl aber handelsrechtlich (§§ 2, 3 HGB) als Gewerbe, zB in der Form einer OHG, betrieben werden kann (§ 7 Rn 136; *Schmidt/Wacker* § 15 Rn 181). Umgekehrt rechnet das Besitzunternehmen einer Betriebsaufspaltung nur steuerrechtlich (Rn 200, 203), nicht aber handelsrechtlich zum Gewerbe (vgl zur nicht gewerblich tätigen Personengesellschaft *Groh* JbFfSt 1979/1980, 209, 215; DB 1984, 2373). Allerdings tendiert ein Teil der handelsrechtlichen Lehre dahin, das Handelsrecht auch auf solche Besitzunternehmen anzuwenden, die das am Markt tätige Betriebsunternehmen beherrschen (*Hopt* ZGR 1987, 145/76, 78; **aA** *K. Schmidt* DB 1988, 897).

2. Steuerrechtlicher Begriff

Der steuerrechtliche Begriff des rechtsformunabhängigen Gewerbebetriebs ist ein **51 offener Typusbegriff** (zB BFH X R 83/96 BStBl II 1999, 534, 538). Das besagt, dass sich der Begriff des Gewerbebetriebs und die Subsumtion im Einzelfall nicht anhand festumrissener Merkmale abschließend bestimmen lässt. Vielmehr ist auf die Gesamtverhältnisse abzustellen (BFH VIII R 14/99 BStBl II 2002, 811; IX B 183/03 BFH/NV 2005, 1058) und in Zweifelsfällen auf die – angeblich – gerichtsbekannte und nicht beweisbedürftige Auffassung darüber, ob die Tätigkeit dem Bild entspricht, das nach der Verkehrsanschauung einen Gewerbebetrieb ausmacht (BFH GrS 1/98 BStBl II 2002, 291; X R 183/96 BStBl II 2003, 238; X R 7/99 BStBl II 2004, 408). Am Deutlichsten wird die **begriffliche Offenheit** an der judikativen Einführung des negativen Tatbestandsmerkmals „Überschreiten der privaten Vermögensverwaltung" (Rn 100 ff) sowie an der Methode, für die Abgrenzung im Einzelfall auf das Erscheinungsbild „typischer" Gewerbetreibender (Produzent, Dienstleister, Händler) zurückzugreifen (zB BFH X R 255/93 BStBl II 1996, 303; X R 183/96 BStBl II 1998, 332; X R 55/97 BStBl II 2001, 809; IV R 94/99 BStBl II 2002, 565; X R 37/00 BStBl II 2003, 464; X R 21/00 BStBl II 2003, 520) oder – wie X R 40/03 BStBl II 2005, 35, blumig formuliert – das „Bild des Gewerbebetriebs" durch Orientierung an unmittelbar der Lebenswirklichkeit entlehnten Berufsbildern „zu konturieren". Das ist naturgemäß nicht für alle Wirtschaftsgüter (Tätigkeiten) nach einheitlichen Maßstäben durchführbar; vielmehr sind artspezifische Besonderheiten zu beachten (BFH X R 37/00 BStBl II 2003, 464; X R 7/99 BStBl II 2004, 408; *Wendt* FR 2002, 34): die Gewerblichkeit bestimmt sich etwa beim Grundstückshandel anders als beim Wertpapierhandel.

Gleichwohl unterliegt die Vorstellung des offenen Typus als zu rationaler Rechts- **52** anwendung untauglich **wachsender Kritik** (*Weber-Grellet* FS Beisse 1997, 551, FR 1998, 313; *Koblenzer* BB 1999, 718; *Fischer* DStZ 2000, 885, FR 2002, 597, 600; *Mössner* FS Kruse 2001, 161; *Kempermann* StbJb 2002/03, 419, 436; *Groh* DB 2001, 2569; *Kratzsch* Inf 2005, 378; wie hier: *Zugmaier* FR 1999, 997) – **mE zu Unrecht:** denn dem Problem liegt lediglich die strukturell bedingte Unschärfe zugrunde, die sich notwendig einstellt, wenn ontische Mannigfaltigkeit auf den Begriff gebracht werden soll und dies nur durch – unausgesprochene – Bezugnahme auf ein typisches Erscheinungsbild (einen Typus) erfolgen kann, wie offensichtlich auch mit der Beschreibung des Gewerbebetriebs durch den Gesetzgeber in § 15 Abs 2 EStG geschehen. Gerade die juristische Normsetzung, -interpretation und -anwendung ist (notwendig) durch eine solche strukturelle Offenheit gekennzeichnet. Das ist keine Besonderheit des Typusbegriffs. Die Rechtsstaatlichkeit steht mE so lange nicht in Frage, als Normsetzung, -interpretation und -anwendung zu rational nachvollziehbaren Ergebnissen führen kann – und sei es durch Typenvergleich (ähnlich iE BFH X R 21/00 BStBl II 2003, 520; X R 40/03 BStBl II 2005, 35).

Güroff

§ 2 Steuergegenstand

3. Zurechnungssubjekt

53 Zurechnungssubjekt gewerblicher Tätigkeit ist der **Urheber** des Inbegriffs **derjenigen Tätigkeiten** (Handel, Produktion, Dienstleistungen), die Gegenstand des als rechtliche und/oder organisatorische Wirkungseinheit verfassten Betriebs sind. Das gilt sowohl bei einem verdeckten Treuhandverhältnis (im eigenen Namen für fremde Rechnung; BFH X B 106/09 BFH/NV 2010, 601) als auch bei mittelbarer Tatbestandsverwirklichung, Letzteres dann, wenn der Unternehmer eine in seinem Betrieb erwirtschaftete Erwerbschance aus privaten Gründen einem anderen überlässt (zB ein Grundstück zur Veräußerung, BFH X R 39/03 BStBl II 2005, 817; *Fischer* FR 2005, 949; aA *G. Söffing* BB 2005, 2101; *Hornig* DStR 2005, 1719), nicht jedoch bei Einschaltung einer GmbH.

II. Begriffsmerkmale

1. Selbstständige Tätigkeit (§ 15 Abs 2 EStG)

54 Es wird zwischen **persönlicher** und **sachlicher Selbstständigkeit** unterschieden. Die sachliche Selbstständigkeit ist vor allem für die Gewerbesteuer iSd Eigenständigkeit des Betriebs als Objekt der Gewerbebesteuerung von Bedeutung (vgl BFH IV R 152/76 BStBl II 1981, 602, s im Einzelnen Rn 16, 47). Für die Einkommensteuer interessiert sie nur insofern, als die nach der Verkehrsauffassung zu beurteilende Selbstständigkeit des Betriebs und seine Unterscheidbarkeit von anderen auch darüber entscheidet, für welche betriebliche Einheit(en) der Unternehmer seine Gewinnermittlung vorzunehmen hat. Nach dem hier abgeleiteten (vgl Rn 17) weiten und deshalb alle Gewerbebetriebe zusammenfassenden Betriebsbegriff spielt die sachliche Selbstständigkeit keine Rolle. Besonderheiten bestehen insoweit bei Personengesellschaften wegen der in der Rechtsprechung vorherrschenden Ansicht, § 15 Abs 1 Satz 1 Nr 2 EStG als Zuordnungsnorm bzw als Norm zur Bestimmung der Einkunftsart aufzufassen (vgl § 7 Rn 123).

55 **a) Persönliche Selbstständigkeit, Grundsatz.** Diese folgt im ESt-, USt- und GewStRecht denselben Kriterien (BFH XI R 71/93 BStBl II 1995, 559; VIII R 34/08 BFH/NV 2011, 585). Die arbeits- und sozialversicherungsrechtliche Beurteilung muss sich nicht mit dem **steuerrechtlichen Arbeitnehmerbegriff** decken (vgl auch BFH I R 121/76 BStBl II 1979, 188; VI R 50/05 BFH/NV 2008, 868; zum Vorstandsmitglied einer AG BFH VI R 86/77 BStBl II 1980, 393; VI R 168/83 BFH/NV 1987, 574; XI R 38/99 BFH/NV 2000, 820). Nach dieser ist Arbeitnehmer, wer einem Anderen (Arbeitgeber) seine Arbeitskraft schuldet (s auch § 1 LStDV; R 15.1 EStR; *BMF* BStBl I 1990, 638). Die persönliche Selbstständigkeit bedeutet ein Handeln auf eigene Rechnung und Gefahr (BFH I R 186/78 BStBl II 1980, 106; VIII R 2/92 BFH/NV 1996, 325; FG Bbg EFG 2002, 1548 rkr) und unabhängig von (arbeitsrechtlichen) Weisungen (BFH X R 163, 164/87 BStBl II 1991, 802). Das damit verbundene **Unternehmerrisiko** und die **Unternehmerinitiative** sind wesentliches Merkmal (BFH III R 43, 44/85 BStBl II 1988, 497; vgl X R 14/10 BStBl II 2012, 511).

56 **b) Nichtselbstständigkeit, Einzelnes.** Für Nichtselbstständigkeit (zur Abgrenzung nach der Rspr *Demme* BB 2008, 1540) spricht idR die organisatorische Eingliederung in den Betrieb eines Unternehmers, gekennzeichnet durch die **Weisungsgebundenheit** nach Zeit, Ort und Inhalt der Tätigkeit (BFH X R 83/96 BStBl II 1999, 534; VI R 50/05 BStBl II 2008, 868). Entscheidend ist das **Gesamtbild der Verhältnisse**, insbesondere das äußere Erscheinungsbild (BFH VI R 11/07 BStBl II 2008, 933; VI R 5/06 BStBl II 2009, 931). Bei der Entscheidung sind die Umstände, die jeweils für bzw gegen die Selbstständigkeit sprechen, im Rahmen einer **Gesamtwürdigung** zu gewichten und abzuwägen (BFH XI R 70/07 BStBl II 2008, 912; V R 37/08 BStBl II 2009, 873; V B 22/03 BFH/NV 2003, 1615; VI B 53/03 BFH/NV 2004, 42 mwN). Bei zeitlich nur **kurzer Berührung** mit dem Betrieb des Auftraggebers lässt sich nach BFH aus einem technisch notwendigen Eingliedern noch nicht die Arbeitnehmereigenschaft folgern (vgl zum Synchronsprecher BFH IV R 1/77 BStBl II 1981, 706; mE jedoch fraglich, vielmehr ist umgekehrt die Arbeitnehmereigenschaft nicht von der Dauer der Eingliederung abhängig). Anspruch auf bezahlten Urlaub und Lohnfortzahlung kann das Fehlen eines typischen Unternehmerrisikos und damit Arbeitnehmereigenschaft anzeigen. Auch kann trotz Vereinbarung von „freier Mitarbeit" Nichtselbstständigkeit vorliegen (BFH VI R 126/88 BStBl II 1993, 155), insb wenn nicht der Arbeitserfolg, sondern die Arbeitskraft geschuldet wird (vgl zum **Scheinselbstständigen** FG München 10 K 3854/09; *Laber* DStR 2000, 114). Keine ausschlaggebende Bedeutung kommt der Abführung von LSt sowie von Sozialversicherungsbeiträgen zu (BFH IV 162/63 BStBl III 1967, 598; FG Saarl EFG 1994, 751 rkr). Siehe zur Übersicht geeigneter Indizien BFH VI R 150, 152/82 BStBl II 1985, 661; zur Überlassung von Kräften BFH VI R 122/87 BStBl II 1991, 409.

c) Selbstständigkeit, Einzelnes. Im Einzelfall kann gleichwohl trotz Vorliegens 57 solcher Merkmale Selbstständigkeit bejaht werden (vgl BFH IV R 131/82 BStBl II 1985, 51: Selbstständigkeit, obwohl Lohnfortzahlung im Krankheitsfall vereinbart war), zumal wenn nicht die Arbeitsleistung als solche, sondern der Arbeitserfolg im Vordergrund steht (BFH VI R 94/93 BStBl II 1994, 944; IV R 60-61/94 BStBl II 1995, 888). Selbstständigkeit aber der Abhängigkeit des wirtschaftlichen Erfolges von der eigenen Tätigkeit (BFH I R 121/76 BStBl II 1979, 188) sowie der Möglichkeit, Arbeit zu delegieren (BFH XI R 71/93 BStBl II 1995, 559). Nicht entscheidend ist die Art der Tätigkeit (BFH VI R 150, 152/82 BStBl II 1985, 661, Werbedamen), wenngleich eine einfache Tätigkeit eher für Unselbstständigkeit spricht (BFH VI R 126/88 BStBl II 1993, 155).

d) Nebenpflichten. Besteht bei Nebenpflichten – insb eines Arbeitnehmers – 58 ein **sachlicher und wirtschaftlicher Zusammenhang** der Einzeltätigkeit zur Haupttätigkeit/zum Beschäftigungsverhältnis (Nebentätigkeit gegenüber demselben Auftraggeber/Arbeitgeber unter denselben organisatorischen Bedingungen), ist diese für die Einordnung der Nebentätigkeit von Bedeutung; bei Arbeitnehmern liegt auch insoweit Unselbstständigkeit vor (BFH X R 94/96 BStBl II 1998, 619; XI R 32/00 BStBl II 2001, 496; VI R 152/01 BStBl II 2006, 94). Jedoch kann der Dienstleistende auch im Verhältnis zum selben Auftraggeber **zum Teil** selbstständig, zum Teil nichtselbstständig sein (BFH X R 163, 164/87 BStBl II 1991, 802). Werden Angestellte nur zum Teil auf eigene Rechnung tätig, dann sind sie nur insoweit selbstständig (BFH X R 39/88 BStBl II 1991, 631).

Auch bei einer **GbR**, sogar als **beliehener Unternehmer,** kann Unselbstständigkeit vorliegen, weil ihre Einheit dem Durchgriff auf ihre Gesellschafter nicht entgegensteht (BFH VIII R 2/92 BFH/NV 1996, 325 mwN). Auch eine sog „**Ich-AG**" kann mE nach allgemeinen Grundsätzen selbstständig oder nichtselbstständig sein (vgl *Greiner* DB 2003, 1058, 1063).

e) Rechtsprechungsbeispiele zur Frage der Nichtselbstständigkeit 59 **(ABC):**
– **Abonnentenwerbung** (hier: durch Zeitungsausträger) selbstständig, da nicht Nebenpflicht der Haupttätigkeit des Arbeitnehmers (vgl BFH VI R 59/96 BStBl II 1997, 254).
– **Agent,** auch Generalagent, je nach Einzelfall gewerblich oder nichtselbstständig (BFH I 200/59 S BStBl III 1961, 567; IV 194/64 BStBl III 1967, 398; VIII R 50, 51/66, 162/70 BStBl II 1972, 624; I R 110/76 BStBl II 1978, 137).

§ 2 Steuergegenstand

- **Amateursportler** kann Arbeitnehmer sein, wenn die Vergütung des Vereins nicht nur unwesentlich den eigenen Aufwand des Sportlers übersteigt (BFH VI R 59/91 BStBl II 1993, 303). Bei der Werbung kommt es auf das Maß der Eingliederung in den Vereinsbetrieb bzw die Vermarktungsgesellschaft an (BFH VIII R 104/85 BStBl II 1986, 424; vgl *BMF* DStR 1995, 1508).
- **Anzeigenwerber** können auch bei Übernahme eines gewissen Unternehmerrisikos nach dem Gesamtbild der Verhältnisse unselbstständig sein (BFH V R 98/76 DB 1977, 2170).
- **Arbeitnehmerähnliche** Person, idR selbstständig (s R 15.1 Abs 3 EStR).
- **Artist** ist bei längerem Engagement idR nichtselbstständig, ansonsten gewerblich tätig (BFH IV 197/50 U BStBl III 1951, 97; IV 77/53 S BStBl III 1955, 100).
- **Arzt.** Als *Krankenhausarzt* nichtselbstständig auch hinsichtlich wahlärztlicher Leistungen (BFH VI R 152/01 BStBl II 2006, 94). Darf er *ambulant* mit eigenem Liquidationsrecht behandeln, ist er insoweit selbstständig (zur Abgrenzung *BMF* BStBl I 2006, 1041). Bei *Gutachten* ist entscheidend, ob dieses als Leistung des Krankenhauses erscheint (nichtselbstständig) oder nicht (dann selbstständig; BFH IV 88/56 U BStBl III 1956, 187). Der Oberarzt als Vertreter des Chefarztes bei dessen Privatpatienten ist dessen Arbeitnehmer (BFH IV R 241/70 BStBl II 1972, 213; IV R 186/82 BStBl II 1985, 286; **aA** FG Ba-Wü EFG 1978, 462 rkr).
- **Ärztepropagandist** (BFH IV 329/58 U BStBl II 1961, 315).
- **Assistent** von BT- oder EU-Abgeordneten ist Arbeitnehmer (FinVerw DB 1985, 215).
- **AStA**-Mitglieder sind Arbeitnehmer der Studentenschaft (BFH VI R 51/05 BStBl II 2008, 981).
- **Aufsichtsratsmitglied,** idR selbstständig nach § 18 Abs 1 Nr 3 EStG (BFH V R 136/71 BStBl II 1972, 810; IV R 81/76 BStBl II 1981, 29).
- **Au-pair-Mädchen,** idR nicht auf Grund eines entgeltlichen Arbeitsverhältnisses tätig (FG Hamburg EFG 1983, 21, rkr).
- **Aushilfstätigkeit.** Bindung an Zeit und Ort sowie Einfachheit der Leistung sprechen für Eingliederung (zB BFH VI 73/58 U BStBl III 1959, 354, Erntehelfer; BFH VI 183/59 S BStBl II 1962, 37, Kohlenhandlung; BFH VI R 221/69 BStBl II 1974, 301, Verladearbeiten); anders, jedoch unsystematisch, in Einzelfällen (BFH VI 87/60 U BStBl III 1962, 69, Hopfentreter; BFH StRK EStG § 19 Abs 1 Nr 1 R 136, Ausschachtungsarbeiten).
- **Beratung** des Arbeitgebers durch den Arbeitnehmer beim Verkauf des Betriebs gehört noch zur nichtselbstständigen Tätigkeit (BFH XI R 32/00 BStBl II 2001, 496).
- **Berufssportler,** wiederholte Mitwirkung bei industriellen Werbeveranstaltungen ist gewerbliche Tätigkeit (BFH I R 39/80 BStBl II 1983, 182). Es kommt auf das Maß der Eingliederung in Vereinsbetrieb bzw Vermarktungsgesellschaft an (vgl „Amateursportler"). Der DFB-Musterarbeitsvertrag für *Bundesliga-Fußballspieler* verpflichtet nicht zur Teilnahme an Werbeveranstaltungen (BFH X R 14/10 BStBl II 2012, 511; hierzu *Kanzler* FR 2012, 738; *Becker/Figura* BB 2012, 3046). *Berufsringer* sind bei Turnieren nicht selbstständig tätig (BFH I R 159/76 BStBl II 1979, 182); ebenso *Radrennfahrer* (BFH IV 77/53 S BStBl III 1955, 100; I 398/60 U BStBl III 1964, 207). S auch Rn 275 „Berufssportler".
- **Buchführungshelfer,** je nach dem Maße der Eingliederung (vgl *Traxel* DStZ 1996, 364).
- **Buchhalter,** entsprechend.
- **Buchmacher,** gewerblich (BFH IV R 49/78 BStBl II 1982, 650).
- **Dienstmann** trotz bestimmter Verpflichtungen gegenüber Bahnverwaltung gewerblich (RFH RStBl 1942, 572).
- **Erziehungshelfer,** es kommt Selbstständigkeit und Unselbstständigkeit in Betracht (*FinVerw* DB 2000, 1735).

ABC Selbstständige Tätigkeit (Rn 59) § 2

- **Fernsehfahnder** wie Rundfunkermittler *(s dort)*.
- **Filmautoren, -komponisten, -regisseure,** im Allgemeinen selbstständig (*BMF* BStBl I 1990, 638), nach allgemeinen Grundsätzen im Einzelfall selbstständig (BFH VI R 19/07 BFH/NV 2008, 1485).
- **Filmschauspieler,** idR Arbeitnehmer (BFH I R 207/66 BStBl II 1972, 88; vgl VI R 212/75 BStBl II 1979, 131).
- **Fotomodell,** gewerblich (BFH IV 62/65 BStBl III 1967, 618), auch wenn kurzfristig eingesetzt (BFH VI R 5/06 BStBl II 2009, 931).
- **Frachtführer** ist nichtselbstständig, wenn auf Fahrzeugen des Auftraggebers eingesetzt (FG München EFG 1999, 1046 rkr); ansonsten, wenn auf eigene Rechnung tätig, mE selbstständig (ebenso *Linnenkohl* BB 2002, 622).
- **Franchisenehmer** ist selbstständig (BFH VIII R 88/87 BStBl II 1993, 89).
- **Fremdenführer,** idR gewerblich (BFH I R 85/83 BStBl II 1986, 851); unselbstständig jedoch bei Burg- u Museumsführungen (FG Rh-Pf EFG 1991, 321).
- **GEMA**-Beauftragter ist idR Arbeitnehmer (*OFD Hannover* DStZ 2000, 426, DB 2000, 549).
- **Gepäckträger,** bei eigenem Risiko selbstständig; jedoch nach FG Münster EFG 1971, 596 rkr, nicht auf Bahnhöfen der Bahn.
- **Gesellschafter-Geschäftsführer** einer Kapitalgesellschaft kann je nach Gestaltung als Arbeitnehmer tätig sein (vgl BFH I R 138/70 BStBl II 1972, 949; VI R 81/06 BStBl II 2012, 262, trotz erfolgsbezogener Honorierung; BFH VI R 16/03 BFH/NV 2006, 544; *BMF* DB 1998, 2040); s zum gesetzlichen Vertreter BFH XI R 47/96 BStBl II 1997, 255, zum ehrenamtlich tätigen, ehemaligen Geschäftsführer FG Rh-Pf EFG 1995, 29 rkr. Doch kommt auch eine selbstständige Tätigkeit in Betracht, insb wenn er mindestens 50% des Stammkapitals hält (vgl BFH XI R 34/08 BFH/NV 2011, 585; *Titgemeyer* BB 2007, 189).
- **Gutachter** in Gutachterausschüssen sind mE regelmäßig selbstständig tätig; anders bei entsandten Beamten (*FinVerw* DB 1987, 2285).
- **Handelsvertreter.** Je nach Gestaltung und Arbeitszeit selbstständig oder nichtselbstständig (vgl § 84 Abs 1 Satz 5 HGB; BFH IV R 98/71 BStBl II 1975, 115). Entlohnung auf Provisionsbasis muss nicht gegen Nichtselbstständigkeit sprechen (BFH V 139/59 U BStBl III 1962, 149). Die vertragliche Bezeichnung als Handelsvertreter hat kein ausschlaggebendes Gewicht (BFH IV R 1/69 BStBl II 1972, 214). Von Bedeutung sind Unternehmerrisiko und Unternehmerinitiative. Vorhandensein eines selbstständigen wirtschaftlichen Organismus, Beschäftigung eigener Arbeitskräfte, erhebliche eigene Bürokosten, provisionsabhängige Bezüge (BFH I 200/59 S BStBl III 1961, 567). Fixum und Spesenersatz können Unternehmerwagnis einschränken und Nichtselbstständigkeit annehmen lassen (BFH V R 150/66 BStBl II 1970, 474; *Abramczik* DStR 1996, 184; *Hopf* DB 1998, 863).
- **Hausgehilfe/-gehilfin,** idR Arbeitnehmer, jedoch bei entsprechender Gestaltung im Einzelfall selbstständig (vgl BFH VI R 28/77 BStBl II 1979, 326; FG Th EFG 1999, 235 rkr); mE nicht bei **Reinigungsarbeiten** (s FG Ba-Wü EFG 1979, 238 rkr).
- **Hausgewerbetreibende/Heimarbeiter: Hausgewerbetreibende** (§ 2 Abs 2 HAG, hierzu § 11 Rn 5 f; BFH I R 67/80 BStBl II 1984, 534; III R 223/83 BStBl II 1987, 719) sind idR selbstständig und unterliegen der Gewerbesteuer (BFH IV 186/65 BStBl II 1972, 385; I R 101/77 BStBl II 1983, 200; zur Abgrenzung FG Ba-Wü EFG 1991, 38). Im Gegensatz dazu erzielen **Heimarbeiter** Einkünfte aus nichtselbstständiger Tätigkeit (BFH I R 17/78 BStBl II 1980, 303; zur Abgrenzung R 15.1 EStR). Selbstständigkeit und Nichtselbstständigkeit bestimmt sich auch bei diesem Personenkreis nach allgemeinen steuerrechtlichen Kriterien. Gleichwohl bieten die im Heimarbeitsgesetz (HAG v 14.3.1951, BGBl I 1951, 191, zuletzt geändert durch VO v 31.10.2006, BGBl I 2006, 2407)

§ 2   Steuergegenstand

vorgesehenen Begriffsbestimmungen wichtige Hinweise für die Beurteilung als Gewerbetreibender oder Lohnempfänger. Den **Heimarbeitern gleichgestellt** werden nach § 1 Abs 2 Buchst a HAG solche Personen, „die idR allein oder mit ihren Familienangehörigen in eigener Wohnung oder selbst gewählter Betriebsstätte eine sich in regelmäßigen Arbeitsvorgängen wiederholende Arbeit im Auftrag eines anderen gegen Entgelt ausüben, ohne dass ihre Tätigkeit als gewerblich anzusehen oder dass der Auftraggeber ein Gewerbetreibender oder Zwischenmeister ist". **Selbstständige Gewerbetreibende** sind dagegen idR die den Hausgewerbetreibenden nach § 1 Abs 2 Buchst b bis d gleichgestellten Personen. Über die Gleichstellung entscheiden die Heimarbeitsausschüsse bei den Arbeitsbehörden. **Zwischenmeister** ist nach § 2 Abs 3 HAG, „wer, ohne Arbeitnehmer zu sein, die ihm vom Gewerbetreibenden übertragene Arbeit an Heimarbeiter oder Hausgewerbetreibende weitergibt".
- **Hausmeister/Hausverwalter** je nach Gestaltung Arbeitnehmer oder selbstständig (*FinVerw* DB 1999, 1298).
- **Herbergsvater,** mE nichtselbstständig, nicht jedoch in Bezug auf den Getränkeverkauf in eigener Regie.
- **Hopfentreter,** gewerblich (BFH VI 87/60 U BStBl III 1962, 69).
- **Kassierer** von Vereinen (BFH VI 143/56 U BStBl III 1958, 15), Gewerkschaften (BFH IV 127/53 U BStBl III 1954, 374), Ersatzkassen (BFH VI 208/61 U BStBl III 1962, 125) nach BFH mangels Eingliederung nicht Arbeitnehmer; mE sehr fraglich.
- **Kettenhonorarverträge** können zB bei einem Redakteur einer Rundfunkanstalt zu einer nichtselbstständigen Tätigkeit führen, FG Rh-Pf EFG 1989, 22.
- **Künstler.** Für die Frage der Eingliederung in den Betrieb (Theater, Oper, Filmproduktion, Konzertveranstaltung usw) stellt der BFH auf die Verfügbarkeit (Einbringung) nicht in das künstlerische Umfeld (zB Ensemble/Opernaufführung), sondern in den davon angeblich abweichenden Gesamtbetrieb (zB Theater, Gaststätte) ab (BFH IV R 118/72 BStBl II 1973, 636; vgl *BMF* BStBl I 1990, 638). Deswegen sei der Künstler je nach Zeitdauer oder Häufigkeit des Engagements selbstständig oder nichtselbstständig (zust *Wolf* FR 2002, 202; krit *Güroff* in *L/B/P* § 18 Rn 60 a). Diese Unterscheidung ist gekünstelt: Produktion von Kunst ist betrieblicher Zweck des Theaters, Konzertveranstalters usw, nicht anders als die Produktion von Autos bei einem Autohersteller; weder bei dem einen noch bei dem anderen hat die betriebliche Organisation einen Selbstzweck (auch bei einem Gaststättenbetrieb o.ä. steht etwa eine Musikgruppe eindeutig im Dienst des Betriebszwecks). Darüber hinaus ist die Rspr widersprüchlich. Denn wenn es nicht auf die Verfügbarkeit im künstlerischen Umfeld ankommt, ändern auch längere Dauer oder größere Häufigkeit von Engagements nichts an der fehlenden Eingliederung in den abweichend verstandenen Betrieb. ME sind Schauspieler u Musiker daher idR nichtselbstständig tätig.
- **Mannequin,** bei freier beruflicher Gestaltung gewerblich (BFH VI R 56/67 BStBl II 1969, 71).
- **Masseuse** im Massagesalon, idR Arbeitnehmer (FG Düsseldorf EFG 1979, 239 rkr).
- **Museumsführer,** idR Arbeitnehmer (FG Rh-Pf EFG 1991, 321 rkr).
- **Musiker,** s zunächst bei „Künstler"; bei nebenberuflichen Auftritten (Ausnahmen: nur gelegentlich) wird idR Nichtselbstständigkeit angenommen (BFH VI R 80/74 BStBl II 1977, 178; *FinVerw* DStR 1996, 1407), eine Ebenenverwechslung, denn die Eingliederung besteht unabhängig von der Haupt- bzw Nebenberuflichkeit der Tätigkeit; gleichwohl mag das Ergebnis im Einzelfall zutreffen. Wegen der Eingliederung ist die Aushilfe in einem Sinfonieorchester mE nichtselbstständig (**aA** FG Köln EFG 1982, 345 rkr); ist dagegen Selbstständigkeit

ABC Selbstständige Tätigkeit (Rn 59) § 2

anzunehmen, so stellt sich die Frage nach der künstlerischen Tätigkeit (§ 18 EStG; hierzu Rn 185).
- **Opernsänger,** s zunächst bei „Künster"; im Einzelfall selbstständig (BFH IV R 118/72 BStBl II 1973, 636).
- **Prostituierte** in Bar/Bordell können je nach Gestaltung Arbeitnehmer sein (vgl BFH VII B 5/00 BFH/NV 2000, 552; IV B 111/06 BFH/NV 2008, 949), aber auch selbstständig (vgl BFH V B 31/09 BFH/NV 2010, 959), zB wenn sie das Leistungsentgelt selbst behalten dürfen (FG München 15 K 2482/0 EFG 2010, 50).
- **Redakteur,** je nach dem, ob Produktion auf eigenes Risiko, selbstständig (Hess FG EFG 1990, 310 rkr) oder unselbstständig (FG Rh-Pf EFG 1989, 22 rkr).
- **Reinigungsarbeiter,** idR nichtselbstständig tätig (*FinVerw* FR 1995, 717).
- **Reiseleiter,** idR selbstständig (FG Hamburg EFG 1988, 120 rkr).
- **Rettungswache,** im entschiedenen Fall BFH VIII R 2/92 BFH/NV 1996, 325 selbstständig.
- **Rundfunkermittler,** selbstständig und daher gewerblich (BFH VIII R 184/75 BStBl II 1979, 53; I R 121/76 BStBl II 1979, 188; X R 83/96 BStBl II 1999, 534; V R 73/01 BStBl II 2003, 217).
- **Rundfunk- u Fernsehmitarbeiter** (auch **Ansager** oder **Sprecher**) kann bei freier Gestaltung selbstständig sein (BFH IV 359/61 U BStBl III 1962, 385; V 52/61 BStBl III 1963, 589), aber auch bei dauernder „freier Mitarbeit" Arbeitnehmer (BFH V R 137/73 BStBl II 1977, 50; VI R 49/02 BStBl II 2006, 917; VI B 250/07 BFH/NV 2009, 394). Regelmäßig Nichtselbstständigkeit nimmt *BMF* BStBl I 1990, 638 an.
- **Schauspieler** s „Künstler".
- **Schwarzarbeiter.** Entscheidend ist das Gesamtbild der Verhältnisse, insb die Frage der Eingliederung (BFH VI R 60/73 BStBl II 1975, 513).
- **Sportler.** Bei längerfristigem Engagement, insb Fehlen des Unternehmerrisikos wird Nichtselbstständigkeit angenommen (BFH IV 197/50 U BStBl III 1951, 97, Ringer; BFH IV 77/53 S BStBl III 1955, 100; V 182/58 U BStBl III 1960, 376; I 398/60 U BStBl III 1964, 207, Boxer; BFH I R 159/76 BStBl II 1979, 182, Catcher; BFH StRK EStG § 15 R 120 Sechstagefahrer; FG Düsseldorf EFG 1991, 192, Werks-Motocross-Fahrer), nicht dagegen wenn er selbst eine Veranstaltung organisiert (FG Köln EFG 2003, 80 rkr); vgl zu allem *Enneking/Denk* DStR 1996, 450; *Lutz* DStZ 1998, 279. Bei **Werbetätigkeit** hängt die Entscheidung vom Maß der Eingliederung ab (BFH I R 39/80 BStBl II 1983, 182; VIII R 104/85 BStBl II 1986, 424; FG Hess EFG 2001, 683 rkr; *BMF* DStR 1995, 1508; 1996, 1378, 1567).
- **Stromableser** kann Arbeitnehmer sein, auch wenn „freie Mitarbeit" vereinbart und Vertretung in Ausnahmefällen zulässig ist (BFH VI R 126/88 BStBl II 1993, 155; FG München EFG 2004, 1050 rkr; aA FG Bbg EFG 2004, 34 rkr).
- **Subunternehmer.** Zur Abgrenzung BFH VI R 122/87 BStBl II 1991, 409; FG Hamburg EFG 1991, 279 rkr; FG Nds EFG 2005, 20 rkr.
- **Synchronsprecher,** idR selbstständig, BFH VI R 212/75 BStBl II 1979, 131; IV R 1/77 BStBl II 1981, 706.
- **Telearbeit** am eigenen Arbeitsplatz, insb mittels Internetverbindung, kann mE immer noch nichtselbstständig sein, wenn nach Einzelweisung und ohne Unternehmerrisiko gearbeitet wird.
- **Trainer** ist regelmäßig Arbeitnehmer des Vereins (FG Hess EFG 1994, 396 rkr).
- **Treuhänder** kann auch dann selbstständig sein, wenn er iÜ Angestellter des betreuten Unternehmens ist (BFH V 213/56 U BStBl II 1957, 430).
- **Überlassungsverträge** („Arbeitnehmer-Überlassung") können je nach Gestaltung zur Annahme von Arbeitnehmer- oder aber (Sub-)Unternehmereigenschaft führen (BFH VI R 122/87 BStBl II 1991, 409).

§ 2 Steuergegenstand

- **Urlaubsvertreter,** zB bei Apotheken, auch dann Arbeitnehmer, wenn es sich um einen Selbstständigen mit weitgehender fachlicher Entscheidungsfreiheit handelt (BFH IV R 241/70 BStBl II 1972, 213; VIII R 52/77 BStBl II 1979, 414).
- **Vermittlungen.** Die Einordnung hängt davon ab, ob der Arbeitgeber in das Geschäft eingeschaltet ist, dann nichtselbstständig (BFH VI 120/61 U BStBl III 1962, 490; FG Rh-Pf EFG 1972, 584; *FinVerw* DStR 1999, 1318); wenn nicht, dann selbstständig (FG Nbg EFG 1979, 30 zur Bedeutung der Dienstzeit; FG Düsseldorf EFG 2002, 96; *FinVerw* FR 2001, 505).
- **Versicherungsvertreter,** je nach Gestaltung von Tätigkeit und Arbeitszeit selbstständig oder nichtselbstständig (zB FG Nds EFG 1999, 130 rkr; FG Düsseldorf EFG 2002, 96 rkr).
- **Werbedamen** können gewerblich tätig sein (BFH VI R 150, 152/82 BStBl II 1985, 661).
- **Werbefilme.** Hier eingesetztes Model nach BFH VI R 5/06 BStBl II 2009, 931 idR selbstständig; mE fraglich (s Künstler).
- **Werbeprospekt-/Zeitschriftenverteiler** können je nach Umfang und Organisation ihrer Tätigkeit Arbeitnehmer oder Gewerbetreibende sein (BFH VI B 53/03 BFH/NV 2004, 42; FG Münster EFG 2001, 1200).
- **Werks-Motocross-Fahrer** s „Sportler".
- **Zeitungsausträger** ist regelmäßig Arbeitnehmer (FG Nds EFG 1999, 1015 rkr; *FinVerw* FR 2000, 303), kann jedoch je nach Gestaltung der Umstände selbstständig sein (BFH VI R 29/68 BStBl II 1969, 103; VI B 53/03 BFH/NV 2004, 42; VI B 150/03 BFH/NV 2005, 347).
- **Zwangsverpflichteter** (Wehrpflichtiger, Strafgefangener, Asylbewerber) ist regelmäßig Arbeitnehmer (vgl FG Rh-Pf EFG 1998, 1313 rkr; *FinVerw* DStR 1999, 852; zT aA FG Düsseldorf EFG 1979, 75 rkr; *HHR* § 19 Rn 26, 40 „Bundeswehr"). Zahlungen an ehemalige Zwangsarbeiter ergehen nicht in einer Einkunftsart (*FinVerw* DB 2000, 398).

2. Nachhaltige Betätigung (§ 15 Abs 2 EStG)

60 Dieses Begriffsmerkmal dient dem **Zweck,** einerseits eine nur gelegentliche Tätigkeit auszuschließen, andererseits aber auch andauernde Tätigkeiten einzubeziehen. Es bezieht sich im Wesentlichen auf die **Veräußerungsseite,** so dass es auf die Betätigung auf der Beschaffungsseite grundsätzlich nicht ankommt (BFH III R 47/88 BStBl II 1992, 143; XI R 43-45/89 BStBl II 1996, 232; IV R 28/92 BFH/NV 1993, 728) und bei nur einem Beschaffungsvorgang Nachhaltigkeit gegeben sein kann (BFH III R 28/87 BStBl II 1990, 1057; III R 59/89 BFH/NV 1992, 464; *BMF* BStBl I 1990, 884).

Nachhaltig ist die Tätigkeit, wenn sie **auf Wiederholung angelegt** ist, also mit einer Wiederholungsabsicht ausgeübt wird (vgl BFH I R 39/80 BStBl II 1983, 182; IV R 2/92 BStBl II 1996, 369; III R 61/97 BStBl II 1999, 390). Fragwürdig ist der Zusatz in einigen BFH-Entscheidungen (zB BFH III R 37/02 BStBl II 2004, 950) „wenn sie sich – idR durch Wiederholung – als gewerblich darstellt"; die Nachhaltigkeit ist Definitionsmerkmal der Gewerblichkeit, nicht umgekehrt. Unscharf ist die Formulierung, für die Annahme der Wiederholungsabsicht hätten die „tatsächlichen Umstände" besondere Bedeutung; auch die Absicht ist eine Tatsache – gemeint sind offenbar äußerlich erkennbare (objektive) Tatsachen (vgl BFH III R 47/88 BStBl II 1992, 143).

61 **a) Tatsächliche Wiederholung.** Die tatsächliche Wiederholung von Geschäften über einen bestimmten Zeitraum ist, sofern Wiederholungsabsicht gegeben ist, **nicht erforderlich** (BFH III R 275/83 BStBl II 1988, 293; XI R 4345/89 BStBl II 1996, 232, 238; IV R 54/02 BStBl II 2004, 868; X R 39/09 BStBl II 2005, 817; *Kempermann* DStR 2006, 265; krit *Hornig* DStR 2005, 1719; *Moritz* DStR 2005,

2010; *Söffing* BB 2005, 2101); **ebenso wenig** eine bestimmte **Dauer** der Tätigkeit (BFH I R 60/80 BStBl II 1986, 88), zeitliche **Kontinuität** (BFH I R 173/83 BStBl II 1991, 66) oder wirtschaftliche **Intensität** (BFH XI R 22/90 BFH/NV 1992, 238; aA V R 86/87 BStBl II 1991, 776, s Rn 66). Die tatsächliche Wiederholung bietet immerhin Beweisanzeichen (BFH III R 275/83 BStBl II 1988, 293). Sie ist aber für die Einstufung der ersten Geschäfte nicht unwiderlegbare Vermutung (vgl BFH IV R 156/81 BStBl II 1984, 798). Auf jeden Fall können zehn von einer einheitlichen Wiederholungsabsicht getragene Wertpapiergeschäfte ausreichen (BFH I R 173/83 BStBl II 1991, 66); ebenso der Verkauf eines Warenlagers innerhalb eines Monats (Nds FG EFG 1993, 722).

b) Zeitlicher Zusammenhang. Doch erfordert der Begriff der Nachhaltigkeit einen gewissen zeitlichen Zusammenhang zwischen den einzelnen Maßnahmen. Er ist beim **Grundstückshandel** gegeben, wenn innerhalb von 5 Jahren mindestens 4 Objekte verkauft werden. Die sog 3-Objekt-Grenze stellt aber keine Mindestgrenze für die Nachhaltigkeit dar (vgl BFH III R 37/02 BStBl II 2004, 950; X R 40/03 BStBl II 2005, 35 mwN; *Kempermann* StbJb 2002/03, 419, 433); zwei Verkäufe können genügen (BFH GrS 1/98 BStBl II 2002, 291; X R 183/96 BStBl II 2003, 238; X R 108/96 BFH/NV 2003, 455; X R 53/01 BFH/NV 2003, 1291); auch nach Ablauf von 5 Jahren veräußerte Objekte können zu berücksichtigen sein (BFH X R 107-108/89 BStBl II 1990, 1060; XI R 23/90 BStBl II 1992, 135). Der Annahme von Nachhaltigkeit steht in solchen Fällen nicht entgegen, dass alle verkauften Objekte durch ein einziges Kaufgeschäft angeschafft worden sind (BFH III R 28/87 BStBl II 1990, 1057; III R 59/89 BFH/NV 1992, 464). Unter der Voraussetzung, dass weitere Grundstücksgeschäfte zumindest geplant sind, gilt entsprechendes auch für ein einziges Verkaufsgeschäft (BFH XI R 38, 39/91 BFH/NV 1994, 20; X R 112, 153/94 BFH/NV 1998, 853).

c) Einmaliger Entschluss. Nachhaltigkeit ist aber auch gegeben, wenn die Tätigkeit auf einem **einmaligen Entschluss** bzw **Vertrag** (mit nur einer Person) beruht, zur Durchführung aber mehrere Handlungen erforderlich sind (BFH X R 39/03 BStBl II 2005, 817; IV R 65/04 BStBl II 2006, 259; IV R 10/06 BStBl II 2009, 533; X B 225/10 BFH/NV 2011, 2083), insb wenn sie die Einnahmen bzw den Verkaufspreis erhöhen sollen (BFH I R 191/72 BStBl II 1973, 260; I R 60/80 BStBl II 1986, 88; VIII R 40/01 BStBl II 2003, 294). Hierbei sollen nach BFH IV R 54/02 BStBl II 2004, 868, in Vermietungsabsicht getätigte Maßnahmen unberücksichtigt bleiben (fraglich, weil Vermengung von Begriffselementen). Davon abgesehen gilt der o.a. Grundsatz (beim Grundstückshandel) bei der Veräußerung mehrerer Parzellen (BFH I R 214/71 BStBl II 1974, 6) bzw Miteigentumsanteile in verschiedenen Verträgen (BFH IV R 112/92 BStBl II 1996, 367; III R 37/02 BStBl II 2004, 950; IV B 47/06 BFH/NV 2007, 234) oder wenn der Verkäufer eines noch unbebauten Grundstücks sich verpflichtet, auf diesem ein Wohnhaus zu errichten, oder im Hinblick auf Nutzungsvorstellungen des Käufers eine Vielzahl von Aktivitäten entfaltet (BFH VIII R 40/01 BStBl II 2003, 294); s jedoch Rn 48.

d) Aktivitäten selbstständiger Rechtssubjekte. Wenn sich diese **gegenseitig bedingen** und im Interesse desselben Ziels miteinander **verflochten sind**, können die Handlungen des einen **dem anderen zugerechnet** werden (BFH X R 4/04 BStBl II 2007, 885); das gilt insbesondere für Handlungen eines Generalunternehmers (BFH IV R 10/06 BStBl II 2009, 533; *Kempermann* DStR 2009, 1725; *Weber-Grellet* NWB 2009, 3404), jedenfalls dann, wenn der StPfl die Wirksamkeit des Generalunternehmervertrags vom Grundstücksverkauf abhängig macht (BFH X R 41/08 BFH/NV 2011, 245). Aktivitäten nach Veräußerung können zu beachten sein (zB bei Rückkaufsrecht zur Verhinderung des Bedingungseintritts, BFH X R 4/04 BStBl II 2007, 885).

65 e) **Gewinnerzielungsabsicht.** Bei mehreren Einzelhandlungen ist nicht erforderlich, dass hinsichtlich jeder einzelnen **Gewinnerzielungsabsicht** vorliegt (BFH XI R 28/94 BFH/NV 1995, 787). Nachhaltigkeit kann auch nicht mit dem Hinweis verneint werden, es habe sich um Gefälligkeiten gehandelt (BFH V R 25/94 BStBl II 1996, 109).

66 f) **Keine nachhaltige Tätigkeit.** Nachhaltige Tätigkeit ist dann nicht gegeben, wenn es sich nur um ein **gelegentliches Geschäft** handelt, bei dem keine Wiederholungs- oder Verkaufsabsicht besteht (BFH X R 108/91 BStBl II 1994, 96; IV R 102/86 BFH/NV 1989, 101; IV R 130, 131/86 BFH/NV 1989, 102) bzw die Wiederholung nicht mit Sicherheit vorgesehen ist (BFH IV R 98/73 BStBl II 1977, 728; IV R 28/92 BFH/NV 1993, 728). Das gilt beim Grundstückshandel auch dann, wenn mehrere Objekte durch einen einzigen Vertrag an denselben Erwerber veräußert werden (BFH III R 37/02 BStBl II 2004, 950; offen gelassen in BFH X R 40/03 BStBl II 2005, 35; IV R 27/03 BStBl II 2005, 164), es sei denn, besondere weitere Umstände (zB Bemühen um Einzelverkäufe; Branchennähe, Verhältnisse der Gesellschaft; Errichtung nach Veräußerung) lassen auf Wiederholungsabsicht schließen (zB BFH III R 47/88 BStBl II 1992, 143; VIII R 40/01 BStBl II 2003, 294; IV R 54/02 BStBl II 2004, 868; IV R 17/04 BStBl II 2005, 606; IV R 65/04 BStBl II 2006, 259; s aber IV R 8, 9/07 BFH/NV 2009, 923; krit G. *Söffing* BB 2005, 2101). Aktivitäten zur Errichtung eines ZFH genügen nicht; anders nur, wenn iZm dem Verkauf Aktivitäten entwickelt werden, die zur Errichtung mehrerer Objekte notwendig sind (BFH IV R 85/06 BStBl II 2009, 795; X R 49/09 BFH/NV 2011, 245).

Bei einem nicht jährlich stattfindenden Verkauf von *Jahreswagen* liegt mangels wirtschaftlicher Intensität keine Nachhaltigkeit vor (BFH V R 86/87 BStBl II 1991, 776); ebenso wenig bei Erwerb von *Rundholz* in der Absicht der späteren Veräußerung in zwei Partien (Hess FG 10 K 1915/09 EFG 2011, 621).

67 g) **Verfassungsrecht/Feststellungslast.** Die o.a. Rechtsprechung ist **verfassungsrechtlich unbedenklich** (BVerfG 2 BvR 629/03 HFR 2006, 395). Die **Feststellungslast** für die einen Gewerbebetrieb begründende nachhaltige Betätigung hat das Finanzamt (BFH I R 60/80 BStBl II 1986, 88).

3. Beteiligung am allgemeinen wirtschaftlichen Verkehr (§ 15 Abs 2 EStG)

68 **Zweck** dieses Merkmals ist die Abgrenzung des Markteinkommens von sonstigen Vermögensmehrungen (*Schön* FS Vogel 2000, 661), soll also solche Tätigkeiten ausklammern, die zwar von Gewinnabsicht getragen, aber nicht auf einen Leistungs- u Güteraustausch gerichtet sind (BFH I R 85/83 BStBl II 1986, 851; IV R 112/92 BStBl II 1996, 367; IV R 2/92 BStBl II 1996, 369; XI R 80/97 BStBl II 1999, 448; X R 83/96 BStBl II 1999, 534; III R 30/10 BStBl II 2012, 661, typusbezogene Auslegung; aA *Weber-Grellet* DStR 1999, 716). Der **Beginn der Beteiligung** am allgemeinen wirtschaftlichen Verkehr kann nicht allgemein definiert werden; er ist entsprechend der Verkehrsauffassung nach den jeweiligen Umständen zu ermitteln (BFH IV R 52/09 BStBl II 2011, 929).

69 a) **Allgemeines.** Es liegt vor, wenn sich der Steuerpflichtige **an den Markt wendet** und erkennbar Leistungen gegen Entgelt der Allgemeinheit anbietet (BFH I R 191/72 BStBl II 1973, 260; I R 85/83 BStBl II 1986, 851; III R 58/85 BStBl II 1989, 24; XI R 53/95 BStBl II 1997, 295; IV R 61/97 BStBl II 1999, 390; III R 37/02 BStBl II 2004, 950). Ein „grauer Markt" genügt (BFH VI R 149/67 BStBl II 1971, 620; X R 39/88 BStBl II 1991, 631). Auch ein Handeln über einen Strohmann (Beauftragten) reicht aus (BFH V B 23/71 BStBl II 1971, 562; I R 173/

83 BStBl II 1991, 66). Allgemeine Erkennbarkeit für das Publikum (zB Werbung) ist nicht erforderlich (BFH VIII R 266/84 BStBl II 1989, 621), ebenso wenig Teilnahme am allgemeinen Wettbewerb (BFH VI 313/62 U BStBl II 1964, 137; IV 179/64 U BStBl III 1965, 261). Es genügt die Erkennbarkeit für die beteiligten Kreise (RStBl 1939, 578, 579; BFH VI R 149/67 BStBl II 1971, 620; I R 39/80 BStBl II 1983, 182), ebenso die Einschaltung von am allgemeinen wirtschaftlichen Verkehr Beteiligten (zB Banken, I R 173/83 BStBl II 1991, 66) und ein Verhalten gemäß der von diesen getroffenen Absprachen (BFH X R 14/10 BFH/NV 2012, 864, vom Fußballbund vereinbarte Werbung durch Spieler). Auch genügt, wenn der Verkäufer seine Verkaufsabsicht in der Weise bekanntgibt, dass er damit rechnet, seine Verkaufsabsicht werde sich bei einem unabgeschlossenen Personenkreis herumsprechen (BFH I R 120/80 BStBl II 1984, 137; III R 275/83 BStBl II 1988, 293; III R 47/88 BStBl II 1992, 143; IV R 66, 67/91 BStBl II 1994, 463; XI R 22/90 BFH/NV 1992, 238; III B 122/94 BFH/NV 1997, 477). Daher kann auch eine verschleierte (kriminelle) Tätigkeit ausreichen (BFH X R 163, 164/87 BStBl II 1991, 802, Untreue eines Bankangestellten; FG Köln EFG 1986, 350 rkr, Rauschgifthandel). Geschäftsbeziehungen mit mehreren, womöglich wechselnden Kunden sprechen zwar im Allgemeinen für das Teilhaben am Marktgeschehen, sind aber kein unerlässliches Erfordernis (BFH XI R 43, 45/89 BStBl II 1996, 232; IV R 112/92 BStBl II 1996, 367; IV R 44/88 BFH/NV 1990, 798).

b) Größe/Beschaffenheit des Abnehmerkreises. Auch Leistungen **nur an** 70 **einen Abnehmer** können Teilnahme am Wirtschaftsverkehr sein, wenn die zu berücksichtigende Tätigkeit nach Art und Umfang dem Bild einer unternehmerischen Marktteilnahme entspricht (BFH I R 16/99 BStBl II 2000, 404; IV R 94/99 BStBl II 2002, 565; X R 37/00 BStBl II 2003, 464; IV R 65/04 BStBl II 2006, 259; IV R 10/06 BStBl II 2009, 533). Insb beim Grundstücksverkauf ist nicht erforderlich, dass jedes einzelne Grundstück einer Mehrzahl von Personen angeboten wird (BFH IV R 66, 67/91 BStBl II 1994, 463; IV R 44/08 BStBl II 2011, 645; vgl auch X B 136/97 BFH/NV 1998, 1084;). Ein Tätigwerden für nur einen Geschäftspartner schließt eine Beteiligung am allgemeinen wirtschaftlichen Verkehr nicht aus, insb dann nicht, wenn der StPfl bereit gewesen ist, bei Scheitern dieses Geschäfts auch an einen anderen zu verkaufen (BFH I R 182/79 BStBl II 1984, 722; III R 220/83 BStBl II 1987, 711; III R 209/83 BStBl II 1988, 277; III R 47/88 BStBl II 1992, 143; IV R 2/92 BStBl II 1996, 369); ebenso wenig wenn sich der StPfl eines Maklers/Vermittlers bedient (BFH VIII R 74/87 BStBl II 1991, 844; IV R 112/92 BStBl II 1996, 367; I R 148/83 BFH/NV 1987, 646; IX B 47/99 BFH/NV 2000, 185, verdeckte Stellvertretung) oder nur ein einziges Geschäft mit einem Dritten abschließt, sich dieser aber nach außen erkennbar nach Bestimmung des StPfl an den allgemeinen Markt wendet (BFH XI R 43, 45/89 BStBl II 1996, 232), bzw der Erwerber bereits bekannt war (BFH IV B 44/02 BFH/NV 2002, 1559). Das Merkmal ist ebenfalls erfüllt beim Verkauf im Rahmen eines Grundstückshandels bzw bei sonstiger Leistungen nur an Mieter und/oder Angehörige (BFH IV R 10/00 BStBl II 2002, 338; IV B 64/99 BFH/NV 2000, 1329; *BMF* BStBl I 2004, 434 Rn 4), Verkauf an eine vom StPfl beherrschte GmbH (BFH IV R 62/07 BFH/NV 2010, 2261; s aber Rn 71) bzw Einbringung in „seine" Personengesellschaft (FG Hamburg 2 K 158/08 EFG 2009, 1934). Entsprechendes gilt, wenn der StPfl vertraglich an Geschäftsbeziehungen zu weiteren Personen gehindert ist, sofern sich seine Tätigkeit (nur seinem Kunden gegenüber) nach Art und Umfang als unternehmerische Tätigkeit darstellt (BFH I R 16/99 BStBl II 2000, 404; X R 41/08 BFH/NV 2011, 245; vgl auch BFH XI R 80/97 BStBl II 1999, 448) oder wenn er nur an bestimmten Personen auf deren Wunsch veräußert (BFH III R 10/01 BStBl II 2003, 510). Dritten Geschäftspartnern des Auftraggebers muss nicht deutlich sein, dass die zu beurteilende Tätigkeit selbstständig oder nichtselbstständig erbracht wird (BFH IV R 94/99 BStBl II 2002, 565).

71 **c) Einzelheiten. Keine Beteiligung** am allgemeinen wirtschaftlichen Verkehr ist gegeben, wenn **Leistungen** nicht angeboten, sondern **nur angenommen** werden (BFH I R 133/68 BStBl II 1970, 865, Glücksspiele; BFH I R 98/87 BStBl II 1990, 1073, Verwaltung von Stammkapital) und wenn der Stpfl für Geschäfte mit anderen nicht offen ist (vgl BFH III R 47/88 BStBl II 1992, 143 unter 1 d; vgl auch BFH I R 68/81 BStBl II 1985, 120; IV R 80/05 BStBl II 2009, 266: konzerninterne Geschäfte; BFH X R 17/96 BFH/NV 1998, 1467: wirtschaftliche Rückabwicklung des Erwerbs an den Veräußerer; BFH VI R 387/69 BStBl II 1971, 173: Vermietung von PKW an Angestellte; BFH X B 58/06 BFH/NV 2006, 1837: Bürgschaftsübernahme durch Gesellschafter) sowie bei einem **hoheitlichen Tätigwerden** (BFH III R 241/84 BStBl II 1988, 615: Präsident einer Berufskammer). Dies schließt indessen nicht einen Gewerbebetrieb bei einer Person aus, der öffentlich-rechtliche Aufgaben übertragen wurden (vgl BFH I R 121/76 BStBl II 1979, 188; X R 83/96 BStBl II 1999, 534, Rundfunkermittler; BFH XI R 53/95 BStBl II 1997, 295, Kaminkehrer), und auch nicht, wenn eine Person als sog beliehener Unternehmer öffentliche Befugnisse ausübt (siehe zur Künstler- u Artisten- bzw Bühnenvermittlung BFH I 157/63 U BStBl III 1966, 36 sowie I R 107/68 BStBl II 1970, 517). Die Beteiligung am allgemeinen wirtschaftlichen Verkehr ist auch gegeben bei einem **leistungsabhängigen Entgelt** (BFH XI R 48/91 BFH/NV 1994, 622), bei Zahlung durch einen Dritten (BFH I R 110/76 BStBl II 1978, 137), nicht jedoch, wenn eine Tätigkeit **nicht** auf einen **Leistungsaustausch,** sondern nur auf die Differenz zwischen Ankaufs- und Verkaufskurs gerichtet ist und den Teilnehmern somit zu Spieleinnahmen verholfen wird (BFH IV R 220/85 BStBl II 1989, 39; H 15.4 c EStH); Entsprechendes gilt bei „privatem" An- und Verkauf von Wertpapieren und Briefmarken (BFH XI R 80/97 BStBl II 1999, 448).

72 **d) Fallvergleiche.** Gelegentlich lässt sich die Rechtsprechung bzgl des Merkmals der Beteiligung am allgemeinen wirtschaftlichen Verkehr weniger von allgemeinen Aussagen als vom Fallvergleich leiten: Das Einsammeln von leeren Coca-Cola-Flaschen wurde als nicht typisch iS einer gewerblichen Tätigkeit angesehen (vgl BFH I R 203/71 BStBl II 1973, 727); dagegen die Entscheidung in BFH VIII R 172/83 BStBl II 1984, 132; III R 9/89 BFH/NV 1994, 80: Börsentermingeschäfte als gewerbliche Tätigkeit denkbar; ebenso zum Berufsspieler BFH XI R 48/91 BFH/NV 1994, 622.

4. Gewinnerzielungsabsicht

73 **a) Subjektives Tatbestandselement.** Die Gewinnerzielungsabsicht ist **subjektives Tatbestandselement,** dessen Bestimmung durch **objektive Kriterien** („Hilfstatsachen") und Würdigungen zu erfolgen hat (BFH GrS 4/82 BStBl II 1984, 751, 767; IV R 2/92 BStBl II 1997, 369; X R 48/99 BStBl II 2003, 282; X R 33/03 BStBl II 2004, 1063; zum Meinungsstreit über die Bedeutung subjektiver und objektiver Merkmale vgl *Vinzenz* DStR 1993, 550; *Weber-Grellet* DStR 1992, 561; 1993, 980; *Berz* DStR 1997, 358; *Braun* BB 2000, 283; *Ismer/Riemer* FR 2011, 455). Die **Hilfstatsachen** können auch **nachträglich** entstehen und zu einer entsprechenden Würdigung führen (BFH IX R 11/91 BStBl II 1995, 192; IV R 1/07 BStBl II 2009, 335).

Die **Motive** des Gewinnstrebens sind **unbeachtlich** (BFH I R 186/78 BStBl II 1980, 106; VIII R 74/87 BStBl II 1991, 844). Die Gewinnerzielung genügt als Nebenzweck (§ 15 Abs 2 Satz 3 EStG; BFH IV B 203/03 BStBl II 2004, 355). Auch auf die Gewissheit des finanziellen Erfolges kommt es nicht an (BFH IV R 8/84 BStBl II 1985, 424; IV R 82/89 BStBl II 1991, 333); eine nur theoretische, glücksspielartige Gewinnchance reicht jedoch nicht aus (BFH VIII R 59/92 BStBl II 1996, 219). Hat sich der StPfl noch nicht entschlossen, fehlt die Gewinnerzielungsabsicht ebenfalls (BFH XI R 8/02 BFH/NV 2003, 1315).

Bei **Fehlen der Gewinnerzielungsabsicht** liegt ein est- u gewstrechtlich irrelevanter Betrieb vor. Das gilt auch dann, wenn in einzelnen Jahren unvorhergesehen **tatsächliche Gewinne** (Rn 89) anfallen (vgl BFH IV R 43/10 BFH/NV 2013, 408).

b) Totalgewinn/Prognose. Das Merkmal der Gewinnerzielungsabsicht betrifft nicht den (durchschnittlichen) Periodengewinn (§ 4 Abs 1, § 5 Abs 1 EStG), sondern den sog **Totalgewinn** (BFH IV R 30/87 BStBl II 1989, 718) iS einer voraussichtlichen Betriebsvermögensvermehrung von der Gründung bis zur Aufgabe oder Liquidation (BFH GrS 4/82 BStBl II 1984, 751, 765 ff; IV R 175/84 BStBl II 1987, 89; X R 33/03 BStBl II 2004, 1063; hierzu *Weber-Grellet* DStR 1992, 561; 1998, 873; *Droszdol* DStR 1992, 199; *Pferdmenges* StuW 1990, 240; *Fleischmann* DStR 1998, 364). Auf das Vorhandensein von durch die aufgelaufenen Verluste nicht überstiegenen **stillen Reserven** kommt es nicht an (BFH X B 186/10 BFH/NV 2011, 1137). Es entscheidet das Urteil aus der Sicht des an objektiven Gegebenheiten orientierten StPfl im jeweiligen Besteuerungszeitraum (BFH VIII R 4/83 BStBl II 1986, 289; *Groh* DB 1984, 2424) auf Grund einer in die Zukunft gerichteten **langfristigen Prognose,** für die die Verhältnisse eines abgelaufenen Zeitraums wichtige Anhaltspunkte bieten (BFH VIII R 59/92 BStBl II 1996, 219; XI R 64/97 BStBl II 1998, 727; IV R 8/03 BFH/NV 2005, 854). Eine retrospektive Beurteilung ist insb dann angezeigt, wenn sie die im VZ objektiv bestehenden Anhaltspunkte besser beleuchtet (BFH X R 109/87 BStBl II 1990, 278; VIII R 28/94 BStBl II 1997, 202, 205; X R 10/88 BFH/NV 1992, 108; *Leingärtner* DStR 1985, 131, 134). Eine *Mindestverzinsung* des eingesetzten Kapitals ist nicht erforderlich; es muss jedoch ein ins Gewicht fallender Betrag verbleiben (BFH IV R 149/83 BStBl II 1985, 549; zur Ermittlung *Groh* DStR 1992, 561, 602; *Lüdicke* FR 1994, 110).

Nicht ausreichend ist die Prognose lediglich bescheidener Gewinne in der Zukunft, wenn ein Ausgleich der bisherigen Verluste damit nicht möglich ist (BFH X B 60/00 BFH/NV 2001, 1381). Ebensowenig reicht eine nur theoretische Gewinnchance (BFH IV R 33/99 BStBl II 2000, 227). Entsprechendes gilt für das Streben nach einem finanzwirtschaftlichen Überschuss (Cash-Flow; BFH X B 86/07 BFH/NV 2009, 18). Auch die **Deckung von Selbstkosten** allein genügt nicht. Hierzu gehört neben der Erwirtschaftung der laufenden Kosten auch die Erhaltung des Vermögens (BFH IV R 31/94 BStBl II 1995, 718). Keine Deckung nur der Selbstkosten liegt vor, wenn (zusätzliches) Eigenkapital zB für Erweiterungsinvestitionen, Schuldentilgung u.ä. erwirtschaftet werden soll, es sei denn, dies soll später durch Kostenunterdeckung wieder aufgezehrt werden (BFH I R 36/98 BStBl II 1999, 366; I R 137/97 BFH/NV 1999, 1250).

c) Steuerrechtliche Grundsätze. Die Gewinnerzielungsabsicht ist **nach steuerrechtlichen Grundsätzen** zu beurteilen (vgl BFH XI R 64/97 BStBl II 1998, 727; X B 86/07 BFH/NV 2009, 18; *Drüen* FR 1999, 1097; AG 2006, 707; *Fuhrmann* KÖSDI 2003, 13 994; krit *Theisen* StuW 1999, 255, 260: betriebswirtschaftliche Beurteilungsgröße); auch für beschränkt StPfl (BFH I R 14/01 BStBl II 2002, 861; *Gosch/Lüdicke* DStR 2002, 671). Hierbei hat die Prüfung der **zutreffenden Gewinnermittlungsart** Vorrang (BFH IV R 60/07 BFH/NV 2010, 1446).

Für die Bestimmung der Gewinnerzielungsabsicht auf Grund des **Veranlassungsprinzips** *Schuck* DStR 1993, 975; *Littwein* BB 1996, 243; *Schuhmann* StBp 2000, 357; ähnlich *Westerfelhaus* DStZ 2005, 585: § 12 EStG erfasse den „zugrunde liegenden Sachverhalt per se"; mE zu Unrecht, denn § 12 EStG setzt eine Qualität voraus, die mit der Erörterung der Gewinnerzielungsabsicht erst bestimmt werden soll.

§ 2   Steuergegenstand

76   aa) **Tatsächliche Erträge und Aufwendungen.** Nur diese, **nicht kalkulatorische Größen** sind maßgebend (*Groh* DB 1984, 2424; DStR 1992, 561, 602). Eine nur durch Geldentwertung eingetretene Vermögensmehrung genügt nicht (BFH IV R 88/86 BFH/NV 1989, 771; *Weber-Grellet* DStR 1992, 561), wohl aber vorhersehbare Wechselkursschwankungen (BFH IV B 31/96 BFH/NV 1997, 478), direkte stpfl u stfreie Subventionen (*BMF* StEK § 15 EStG Nr 272; FR 1999, 827; *Pferdmenges* FR 1990, 700) sowie Sponsorengelder (Nds FG 11 K 556/07 EFG 2010, 1016); nicht jedoch eine Minderung der Steuern vom Einkommen (§ 15 Abs 2 Satz 2 EStG; hierzu *Kulosa* HFR 2005, 26). Steuerpflichtige Veräußerungsgewinne und ähnliche Vorgänge sind einzubeziehen (BFH III R 41/85 BStBl II 1988, 778). Steuerfreie Veräußerungsgewinne bleiben außer Betracht (vgl BFH IX R 11/87 BFH/NV 1993, 8). Auch reine Buchgewinne, bei denen – handelsrechtlich bedingt – lediglich der Veräußerungsgewinn in Höhe des negativen Kapitalkontos eintritt, stellen keine echte Betriebsvermögensmehrung dar.

77   bb) **Nicht abziehbare Betriebsausgaben; Subventions-/Vereinfachungsvorschriften.** Sie sind **nicht zu berücksichtigen** (BFH GrS 4/82 BStBl II 1984, 751; III R 41/85 BStBl II 1988, 778; IX R 11/87 BFH/NV 1993, 8; X R 99/92 BFH/NV 1996, 891). Doch kann zu berücksichtigen sein, ob die für die Tätigkeit verwendeten Gegenstände erneuert werden müssen (BFH IX B 111/97 BFH/NV 1998, 843). Subventionsnormen sind im Gegensatz zu Vereinfachungsnormen nicht anzuwenden: § 6 b Abs 2 EStG ist zu berücksichtigen (BFH IV B 8/05 BFH/NV 2007, 231), nicht aber Sonderabschreibungen (BFH IX R 97/00 BStBl II 2002, 726; *Stuhrmann* StB 2003, 82; **aA** *BMF* BStBl I 1998, 1444; *Stein* DStZ 2000, 780). Bei Verlustzuweisungsgesellschaften ist zu vermuten (widerlegbare tatsächliche Vermutung wie bei einem Anscheins- oder Indizienbeweis, BFH I B 160/93 BFH/NV 1995, 221), dass sie zunächst keine Gewinnerzielungsabsicht haben, sondern lediglich die Möglichkeit einer späteren Gewinnerzielung in Kauf nehmen (BFH VIII R 25/86 BStBl II 1991, 564; VIII R 39/86 BStBl II 1992, 328; VIII R 59/92 BStBl II 1996, 219; IX R 2/96 BStBl II 2001, 789; *Spindler* DB 1995, 894; zum Verfahren *BMF* BStBl I 1992, 404; I 1994, 420; kritisch *Pezzer* DStR 1995, 1853; *Uhländer* FR 1996, 301; *Kohlhaas* DStR 1996, 209, 945; 1999, 504 zu § 2 b EStG; FR 2003, 598; *Lüdicke/Pannen* DStR 2000, 2109; *Lang* FR 1997, 201; zur Prognose *Ross* DStZ 1998, 717; *Drüen* FR 1999, 1097).

78   cc) **Einkunftsübergreifender Totalgewinn.** Zur **einkunftsübergreifenden Realisierung** des Totalgewinns BFH VIII R 234/84 BStBl II 1986, 596 (Berücksichtigung einer Einkunft nach § 17 EStG iRd § 20 EStG) sowie BFH XI R 46/01 BStBl II 2003, 602 (teils selbstständig, teils nichtselbstständig). Umgekehrt ist es für die Totalgewinnprognose unerheblich, ob in einem anderen **rechtlich selbstständigen** Unternehmen ein Gewinn erzielt werden kann (FG Münster EFG 2001, 564 rkr).

79   d) **Negative Prognose und persönliche Neigung.** Eine **negative Prognose** allein **reicht nicht** für die Annahme fehlender Gewinnerzielungsabsicht (BFH X R 62/01 BStBl II 2005, 336), ebenso wenig langjährige Verluste (BFH XI R 18, 19/92 BFH/NV 1993, 475; III R 49/95 BFH/NV 1996, 812). Bei länger aufrechterhaltenen Verlustbetrieben muss zu den über die betriebsspezifischen Anlaufzeiten (hierzu auch Rn 85) hinausreichenden Verlustperioden als weiteres Beweisanzeichen die Feststellung möglich sein, dass der Steuerpflichtige die verlustbringende Tätigkeit nur aus Gründen seiner **Lebensführung** oder **Neigungen** ausübt (BFH III R 41/85 BStBl II 1988, 778; IV R 40/06 BFH/NV 2009, 1115; IV B 96/08 BFH/NV 2010, 207: „Beweggründe"; *Weber-Grellet* DStR 1998, 873; *Kupfer* KÖSDI 2000, 12 514). Das gilt nach der höchstrichterlichen Rspr insb für Tätigkeiten, die nicht typischerweise dazu bestimmt und geeignet sind, der Befriedi-

gung persönlicher Neigungen oder Erlangung wirtschaftlicher Vorteile außerhalb der Einkunftssphäre zu dienen (BFH IV R 60/01 BStBl II 2003, 85; IV R 43/02 BStBl II 2004, 455; X B 57/11 BFH/NV 2012, 1307; IV R 43/10 BFH/NV 2013, 408) – eine **auf Richterrecht beruhende Einschränkung**, die das G nicht hergibt und wohl auf einer Vermischung mit den Grundsätzen zu § 12 EStG beruht.

aa) Typische persönliche Neigungen. Ist die Tätigkeit **typischerweise** zur 80 Befriedigung persönlicher Neigungen usw geeignet und/oder bestimmt, bedarf es ausnahmsweise der o.a. Feststellung nicht (BFH IV R 81/99 BStBl II 2002, 276; XI R 46/01 BStBl II 2003, 602; IV B 93/02 BFH/NV 2004, 1396). Die Neigung kann sich natürlich auch auf den Beruf selbst beziehen (BFH IV R 60/01 BStBl II 2003, 85; IV B 168/01 BFH/NV 2003, 896). Ist dies der Fall, muss der StPfl zu Beginn seiner Tätigkeit ein schlüssiges, die Möglichkeit eines Totalgewinns ergebendes Betriebskonzept erstellt haben (BFH X R 33/04 BStBl II 2007, 874; Anm *Kanzler* FR 2008, 85).

bb) Kein Freizeitvergnügen erforderlich. Persönliche Neigung im vorste- 81 henden Zusammenhang (Rn 79 f) bedeutet jedoch **nicht Freizeitvergnügen** (BFH III B 30/06 BFH/NV 1997, 571 mwN; *Weber-Grellet* DStR 1992, 561); es genügt jedes einkommensteuerrechtlich unbeachtliche Motiv, also auch das Vorhaben, Angehörigen eine wohnungsrechtliche Beschäftigung zu ermöglichen (BFH X B 4/12 BFH/NV 2013, 370), Gehaltszahlungen an nahe Angehörige (BFH IV R 43/02 BStBl II 2004, 455; X R 106/97 BFH/NV 2001, 160) geltend zu machen oder erhöhte Werbeaufwendungen abzusetzen (BFH I R 92/00, BFH/NV 2002, 1538), einen unrentablen Betrieb bis zur Übernahme durch den Sohn fortzuführen (BFH IV R 81/99 BStBl II 2002, 276), Steuern zu sparen, soweit es darum geht, Kosten der privaten Lebensführung in den steuerlich relevanten Bereich zu verlagern (BFH IV R 43/02 BStBl II 2004, 455; X R 149/95 BFH/NV 2000, 23; X B 169/01 BFH/NV 2002, 1428 mwN). Das gilt trotz StMinderung *nicht* für die **Verrechnung „echter Verluste"** (BFH IV B 81/01 BStBl II 2003, 804; X R 33/03 BStBl II 2004, 1063), was mE aber nur solche sein können, bei denen Feststellungen der vorgenannten Art (insb Tätigkeit aus Neigung; Verlagerung der Kosten in den steuerlich relevanten Bereich) nicht möglich sind.

ME ist „persönliche Neigung" **jede** die Gewinnerzielung betreffende **indifferente Haltung** (ebenso *Wüllenkemper* Anm zu FG Köln EFG 2010, 1411 rkr; *Schmidt/Wacker* § 15 Rn 32), weswegen BFH XI R 10/97 BStBl II 1998, 663 (zum Rechtsanwalt) trotz deutlicher auf Indifferenz beruhender Dauerverluste völlig zu Unrecht die Gewinnerzielungsabsicht bejaht hat (zutreffend jedoch BFH XI R 6/02 BStBl II 2005, 392).

e) Indizien. Das **Fehlen** der Gewinnerzielungsabsicht **wird indiziert**, wenn 82 nach dem Urteil eines Sachkundigen **der Betrieb** nach Wesensart und/oder Bewirtschaftung **objektiv ungeeignet** ist für die Erzielung eines Totalgewinns (BFH IV R 4/95 BFH/NV 1998, 947; IV R 33/99 BStBl II 2000, 227; X R 62/01 BStBl II 2005, 336; IV B 139/10 BFH/NV 2012, 263; X B 57/11 BFH/NV 2012, 1307); insb wenn langjährige Verluste erklärt und mit positiven Einkünften (ggf des Ehepartners) verrechnet werden (FG Köln 10 K 3679/08 EFG 2010, 1411 rkr). In einem gewissen Gegensatz zu diesem Grundsatz steht BFH IV R 37/85 BFH/NV 1989, 574, wonach es nicht darauf ankomme, dass der StPfl die aufgelaufenen Verluste erkannt hat, sofern er nur bestrebt gewesen sei, sie wettzumachen oder möglichst gering zu halten (ähnlich BFH IV R 109/87 BFH/NV 1989, 692).

aa) Umstrukturierung. In diesem Zusammenhang ist jedoch zu prüfen, ob der 83 StPfl bei Dauerverlusten durch geeignete **Umstrukturierungsmaßnahmen** korrigierend zur Herstellung der Rentabilität eingegriffen hat (BFH X R 109/87 BStBl II 1990, 278; VIII R 25/86 BStBl II 1991, 564; VIII R 68/93 BStBl II 1995, 722; X

R 33/03 BStBl II 2004, 1063; X R 62/01 BStBl II 2005, 336; IV R 6/05 BFH/NV 2007, 1492; X B 86/07 BFH/NV 2009, 18). Maßgebend ist der Erkenntnishorizont zum Zeitpunkt der Maßnahmen. Erscheinen sie danach Erfolg versprechend, ist dieses ein gewichtiges Indiz für die Gewinnerzielungsabsicht (BFH X B 159/10 BFH/NV 2011, 1865).

84 **bb) Geeignete Maßnahmen.** Das **Fehlen** von geeigneten Maßnahmen zur Gesundung des Betriebs bei langjährigen Verlusten **indiziert persönliche Gründe** und Neigungen (BFH IV R 27/97 BStBl II 1999, 638; X B 118/99 BFH/NV 2000, 1333; X R 33/03 BStBl II 2004, 1063; X R 62/01 BStBl II 2005, 336; IV R 40/06 BFH/NV 2009, 1115; IV R 36/09 BFH/NV 2011, 2092, keine hohen Anforderungen an die Feststellung der Motive; aA BFH IV R 60/01 BStBl II 2003, 85; ebenfalls anders in dem Fall BFH III B 73/01 BFH/NV 2002, 1025: Vercharterung von 6 Yachten; zu den offenen Fragen *Paus* DStZ 2005, 668). Ungeeignete Maßnahmen genügen also nicht (FG Hamburg EFG 2003, 994 rkr). **Geeignete Maßnahmen** sind solche, die nach dem zu ihrer Zeit gegebenen Erkenntnishorizont aus der Sicht des wirtschaftlich vernünftig denkenden Betriebsinhabers eine hinreichende Wahrscheinlichkeit boten, innerhalb eines überschaubaren Zeitraums (der abhängig ist von Gegenstand und Art des Betriebs) in die Gewinnzone zu führen. Nach BFH X R 33/03 BStBl II 2004, 1063, reicht hierfür die **reine Kostensenkung** aus, wenn sie ohne die Zinsen aus früheren Fehlmaßnahmen zu künftig positiven Ergebnissen führt – was mE einen Verstoß gegen den Totalgewinngrundsatz (Rn 74) sowie fundamentale Erfordernisse betriebswirtschaftlichen Denkens darstellt; zudem eröffnet eine solche Rechtsbehauptung „erfreuliche" Gestaltungsmöglichkeiten.

85 **cc) Anfangsverluste.** Sie sprechen nicht stets gegen Gewinnerzielungsabsicht (BFH X R 106/95 BFH/NV 1999, 1081; VIII B 160/05 BFH/NV 2006, 1477), zumal dann, wenn sie einen angemessenen zeitlichen Rahmen nicht überschreiten; dieser ist nicht allgemein, sondern berufsspezifisch zu bestimmen, liegt aber nur in Ausnahmefällen unter **fünf Jahren**. Die Einstellung der Tätigkeit in der Phase der Anfangsverluste beweist noch nicht die Gewinnerzielungsabsicht (BFH X R 33/04 BStBl II 2007, 874; X B 98/11 BFH/NV 2013, 924). Allerdings sprechen Anfangsverluste nur dann gegen Gewinnerzielungsabsicht, wenn feststeht, dass der Betrieb so, wie er geführt wird, von vornherein nicht in der Lage war, nachhaltige Gewinne (einen Totalgewinn) zu erzielen (BFH VIII R 28/94 BStBl II 1997, 202, 206; X B 106/12 BFH/NV 2013, 1090).

86 **f) Anscheinsbeweisgrundsätze.** Sie sind **anwendbar** (vgl BFH GrS 4/82 BStBl II 1984, 751, 767; krit *Weber-Grellet* DStR 1993, 980; DB 2002, 2568; FR 2003, 142; *Littwin* BB 1996, 243; *Gosch* StBp 2003, 60; *Schmidt-Liebig* FR 2003, 273: reine Rechtsanwendung und Subsumtion; mE jedoch zu Unrechtwegen der bipolaren Natur von Beweisanzeichen, *Heuermann* DStZ 2004, 9). Der Anscheinsbeweis kann durch einzelne objektive Umstände geführt, aber durch die ernsthafte Möglichkeit des Gegenteils entkräftet werden (BFH VIII R 93/73 BStBl II 1980, 69; GrS 4/82 BStBl II 1984, 751, 767; VIII R 4/83 BStBl II 1986, 289). Ist der zulässige Gegen- oder Erschütterungsbeweis geführt, darf die (fehlende) Gewinnerzielungsabsicht nicht mehr vermutet werden; es kommt auf die objektive Beweislast (Rn 44) an (BFH VIII R 4/83 BStBl II 1986, 289; VIII R 59/92 BStBl II 1996, 221; VIII R 28/94 BStBl II 1997, 202).

87 **aa) Neu gegründete Handels- und Fertigungsbetriebe.** Hier spricht der Beweis des ersten Anscheins für das Vorliegen von Gewinnerzielungsabsicht (BFH VIII R 4/83 BStBl II 1986, 289; X B 83/95 BFH/NV 1996, 206), insb bei einem größeren Unternehmen (zur Druckerei BFH IV R 79/88 BFH/NV 1991, 364); es sei denn die Art des Betriebes bzw seine Bewirtschaftung oder die Marktverhältnisse sprechen nach der Lebenserfahrung dagegen, dass der Betrieb geeignet oder bestimmt ist, dauerhaft mit Gewinn zu arbeiten (BFH VIII R 25/86 BStBl II 1991, 564; VIII R 55/93 BFH/NV 1995, 866; III R 49/95 BFH/NV 1996, 812; X B 156/98 BFH/NV 1999, 1204; X B 60/00 BFH/NV 2001, 1381).

bb) Entkräftung. Zur Entkräftung des Anscheinsbeweises reichen dauerhafte **88** Verluste allein nicht aus (BFH VIII R 4/83 BStBl II 1986, 289). Ein Beweis des ersten Anscheins dahin, dass jedwedes neu gegründete Unternehmen mit Gewinnerzielungsabsicht betrieben wird, besteht aber nicht (BFH X B 237/94 BFH/NV 1995, 1062). Ist der Betrieb die **alleinige Existenzgrundlage,** scheidet also die Möglichkeit der steuerwirksamen Verlustverrechnung aus, ist idR keine Liebhaberei anzunehmen (BFH XI B 23/97 BFH/NV 1998, 845). Zu berücksichtigen ist auch, ob etwa eine Krankheit (BFH IV R 113/73 BStBl II 1976, 485; IV B 130/01 BFH/NV 2003, 1303) oder vom StPfl nicht zu vertretende widrige Marktverhältnisse für die Verluste ursächlich waren (BFH IV B 200/02 BFH/NV 2003, 625), er also nicht sehenden Auges am Markt vorbei produziert hat.

cc) Tatsächliche Gewinne. In erheblichem Umfang über Jahre hinweg **89** **erzielte Gewinne** sind ein kaum zu widerlegendes Anzeichen für das Vorliegen von Gewinnerzielungsabsicht (BFH I R 102/81 BStBl II 1985, 61; IV R 82/89 BStBl II 1991, 333; III R 193/81 BFH/NV 1986, 278; IV R 4/95 BFH/NV 1998, 947, 950; III B 107/09 BFH/NV 2011, 804; *Ismer* FR 2011, 455), auch bei **intermittierenden Verlusten** aus einzelnen Geschäften (BFH IV R 2/92 BStBl II 1996, 369). Zur Entkräftung müssen gewichtige außergewöhnliche Umstände des Einzelfalles dargelegt und ggf bewiesen werden, nach denen die Gewinnerzielung nach objektiven Kriterien unvorhersehbar war (BFH IV R 53/98 BFH/NV 2000, 1090; vgl auch IV B 203/03 BStBl II 2004, 355). **Umgekehrt** rechtfertigen Gewinne aus einzelnen Geschäften bei einem Verlustbetrieb nicht den Schluss auf Gewinnerzielungsabsicht (BFH I R 33/02 BFH/NV 2004, 445); ebenso wenig bei einem Gewinn, der allein auf der Verjährung einer Verbindlichkeit beruht (BFH IV R 43/10 BFH/NV 2013, 408).

g) Zeitlicher Rahmen. Der **zeitliche Rahmen** der erforderlichen Prüfung lässt **90** sich jedoch **nicht allgemein** festlegen (vgl BFH IV R 8/84 BStBl II 1985, 424; X R 10/88 BFH/NV 1992, 108). Das gilt auch für die Anlaufperiode selbst (BFH IV B 207/99 BFH/NV 2000, 1094; X B 60/00 BFH/NV 2001, 1381; krit *Hartmann* StBp 2000, 27; s aber BFH X R 33/04 BStBl II 2007, 874: idR nicht unter fünf Jahren). Insbesondere sind **berufstypische Besonderheiten** zu berücksichtigen (BFH VIII R 59/82 BStBl II 1985, 455, Gästehaus; BFH III R 273/83 BStBl II 1988, 10, Erfinder; BFH VIII R 28/94 BStBl II 1997, 202, Vercharterung; BFH VIII R 55/93 BFH/NV 1995, 866, Erweiterung einer Tennisanlage).

aa) Begrenzung. Eine **Begrenzung** erfährt der Prognosezeitraum dadurch, dass **91** der StPfl sich vertraglich bindet oder sich die Möglichkeit verschafft, den Gegenstand der Einkunftserzielung innerhalb einer bestimmten Frist zu verkaufen (BFH IX R 33/97 BStBl II 2000, 667). Besteht eine Verpflichtung zur entgeltlichen Übertragung eines Verlustbetriebs zu einem bestimmten Zeitpunkt, in dem ein Totalgewinn nicht möglich ist, dann fehlt (zumindest) ab dem Zeitpunkt der Verpflichtung die Gewinnerzielungsabsicht (BFH X R 48/99 BStBl II 2003, 282; Anm *Kanzler* FR 2003, 358; *FinVerw* DStR 2005, 379). Ist ein großzügiger zeitlicher Rahmen für die Anerkennung von Anlaufverlusten angezeigt (zB bei der Erfindertätigkeit), kann trotzdem vor Zeitablauf auf Grund einzelner Umstände (zB Marktverhältnisse) auf das Fehlen von Gewinnerzielungsabsicht geschlossen werden (BFH IV R 8/84 BStBl II 1985, 424).

§ 2 Steuergegenstand

92 **bb) Umstellung der Berufstätigkeit.** Bei Umstellung der Betriebsführung am Ende der Berufstätigkeit umfasst die Prüfung des Totalgewinns nur die **verbleibenden Jahre.** In der Vergangenheit erzielte Gewinne sind dann ohne Bedeutung (BFH IV R 43/02 BStBl II 2004, 455; zu Unrecht krit *Schmidt/Weber-Grellet* § 15 Rn 30).

93 **cc) Generationenbetrieb.** Hierfür gelten hinsichtlich der Anforderungen an den Aufweis der Gewinnerzielungsabsicht **keine Besonderheiten.** Gewinnerzielungsabsicht kann auch unter Einbeziehung der Rechtsnachfolge zu begründen sein; das erfordert jedoch Unentgeltlichkeit der Rechtsnachfolge (BFH IX R 97/00 BStBl II 2002, 726; X R 48/99 BStBl II 2003, 282; *Credo* DStZ 2005, 74; zT **aA** *Valentin* DStR 2001, 545). Handelt der Rechtsnachfolger in einem (bisherigen) Liebhabereibetrieb wieder mit Gewinnerzielungsabsicht, so sind die von ihm erzielten Verluste als Anfangsverluste in einem neu errichteten Gewerbebetrieb anzuerkennen (BFH IV R 46/99 BStBl II 2000, 674).

94 **h) Verschiedenartige Aktivitäten.** Bei verschiedenartigen Aktivitäten sind getrennte Prüfungen aufgrund einer **Segmentierung** durchzuführen, insb bei Zweigbetrieben. Gewinne der gewinnbringenden Teile dürfen dann nicht durch die Liebhaberei neutralisiert werden (BFH IV R 178/83 BStBl II 1986, 293; IV R 1/89 BStBl II 1991, 452 bei LuF; IV R 45/89 BStBl II 1991, 625, Fleischfabrik und Rinderzucht jedoch einheitlich; BFH IV R 31/94 BStBl II 1995, 718, Tanzschule und Getränkeverkauf; BFH VIII R 28/94 BStBl II 1997, 202, Betriebsaufspaltung; BFH X R 106/95 BFH/NV 1999, 1081, Vermietung; BFH VIII R 15/00 BFH/NV 2005, 1033; IV B 94/04 BFH/NV 2006, 2059; zust *Berz* DStR 1997, 358).

95 **i) Beginn/Wegfall.** Eine steuerrechtlich relevante Tätigkeit kann **zu einem anderen Zeitpunkt** beginnen oder wegfallen als dem des tatsächlichen Betriebsbeginns oder -endes (BFH IV R 138/78 BStBl II 1982, 381; VIII R 25/86 BStBl II 1991, 564; X R 3/99 BStBl II 2002, 809; IV B 155/11 BFH/NV 2012, 950; hierzu *Bolz* AktStR 2012, 405). Führt eine Prognose anhand der Erkenntnismöglichkeiten zum Zeitpunkt des Beginns der Tätigkeit zur Annahme von Gewinnerzielungsabsicht, dann sind spätere unvorhersehbare negative Einflüsse unschädlich (vgl *Meyer-Scharenberg* DStR 2000, 670). Reagiert der StPfl hierauf nicht angemessen, kann dies ein Zeichen dafür sein, dass die Gewinnerzielungsabsicht entfallen ist (vgl BFH IV R 27/97 BStBl II 1999, 638; X B 119/99 BFH/NV 2000, 1333). Das gilt insb für die Fortsetzung der verlustbringenden Tätigkeit über die Anlaufzeit hinaus (BFH VIII R 4/83 BStBl II 1986, 289; X R 62/01 BStBl II 2005, 336).

Bei einer **qualitativen Veränderung** der Arbeitsweise soll aber nach Nds FG EFG 2004, 111 rkr eine neue Anlaufphase beginnen (was mE nur zutreffend ist bei einer entsprechenden Totalgewinnprognose; bei einer Einbringung des Verlustbetriebs gilt dies jedoch nicht (BFH VIII R 54/01 BFH/NV 2003, 1298). Zieht der Steuerpflichtige aus der Verlustträchtigkeit seines Unternehmens die Konsequenzen und versucht, den Betrieb zu veräußern oder mangels Veräußerungsmöglichkeit vorübergehend zu verpachten, so handelt es sich um steuerrechtlich anzuerkennende Abwicklungsverluste bzw erfolglose Aufwendungen (vgl dazu allg BFH GrS 4/82 BStBl II 1984, 751, 767; IV R 139/81 BStBl II 1985, 205). Eine von Anfang an gegebene Gewinnerzielungsabsicht wirkt idR fort (BFH VIII R 68/93 BStBl II 1995, 722), doch kann bei einem (nicht erkannten) Grundstückshandel die von Anfang an bestehende Gewinnerzielungsabsicht fortfallen, wenn erkennbar wird, dass die Grundstücke nur mit Verlust zu veräußern sind (BFH X R 30/06 BFH/NV 2009, 1790). Für den Fortfall der Gewinnerzielungsabsicht kommt es nicht darauf an, dass die aufgelaufenen Verluste die stillen Reserven übersteigen (vgl BFH X B 186/10 BFH/NV 2011, 1137 zum Hotelbetrieb).

ABC Gewinnerzielungsabsicht (Rn 97) § 2

j) Feststellungslast. Die Feststellungslast für das Vorliegen von Gewinnerzie- 96
lungsabsicht trägt derjenige, der sich zu seinen Gunsten auf sie beruft (BFH VIII R
25/86 BStBl II 1991, 564; VIII R 59/92 BStBl II 1996, 219; VIII R 28/94 BStBl
II 1997, 202; XI R 18, 19/92 BFH/NV 1993, 475; III R 49/95 BFH/NV 1996
812; XI S 5/99 BFH/NV 2001, 12). Die Beweislast wirkt sich jedoch erst dann
aus, wenn eine weitere Aufklärung ergebnislos ist (hierzu BFH VIII R 4/83 BStBl
II 1986, 289; IV R 178/83 BStBl II 1986, 293).

k) Rechtsprechungsbeispiele für **Gewinnerzielungsabsicht** *(bejahend: +; ver-* 97
neinend: −):
- **Amway-Fälle** s FG Me-Vo DStRE 2003, 725 rkr (+); Hess FG EFG 2006, 268 rkr (−); FinVerw DB 1999, 1678.
- **Anlaufverluste** allein begründen nicht den Beweis des ersten Anscheins für das Fehlen von Gewinnerzielungsabsicht (BFH GrS 4/82 BStBl II 1984, 751). Sind sie nach Sachlage nicht ausgleichbar, ist Liebhaberei indiziert (vgl BFH IV R 25/82 BStBl II 1985, 399; X R 62/01 BStBl II 2005, 336); zur Nichtberücksichtigung von (unschädlichen) Anlaufverlusten s Rn 85.
- **Automatenaufsteller,** BFH XI R 18, 19/92 BFH/NV 1993, 475 (−); offen in BFH IV R 40/06 BFH/NV 2009, 1115.
- **Devisentermingeschäfte,** BFH VIII R 63/96 BStBl II 1999, 466 (+), IV R 87/05 BFH/NV 2009, 1650 (+).
- **Druckerei,** BFH IV R 79/88 BFH/NV 1991, 364 (+).
- **Ehegatten-Arbeitsverhältnis** im Rahmen eines Nebenberufes, das fortlaufend Verluste verursacht, FG Ba-Wü EFG 1992, 458 rkr (−).
- **Erfindertätigkeit** auch bei längeren Verlustphasen, BFH IV R 8/84 BStBl II 1985, 424; III R 273/83 BStBl II 1988, 10 (+), auch bei längeren Verlustperioden; das Fehlen der Gewinnabsicht kann aber aus anderen Umständen (zB den Marktverhältnissen) erschlossen werden (BFH II R 49/03 BFH/NV 2005, 1566).
- **Ferienhausvermietung,** BFH IV R 6/05 BFH/NV 2007, 1492 (−); zu Ferienwohnungen vgl BFH IV R 6/91 BFH/NV 1994, 240.
- **Frachtschiffbetrieb,** der missglückt, BFH VIII B 52/90 BFH/NV 1994, 293 (−).
- **Fußballtrainer,** BFH IV R 131/92 BFH/NV 1994, 93 (+).
- **Gaststätte,** aus Gründen der Familientradition verlustträchtig geführt, Nds FG EFG 1992, 329 (−).
- **Gästehaus,** BFH VIII R 59/82 BStBl II 1985, 455 (+); zust *Müller* Stbg 1996, 381.
- **Gebrauchtwagenhandel,** der nach der Art der Bewirtschaftung nicht nachhaltig Gewinn erbringen kann, BFH X B 156/98 BFH/NV 1999, 1204 (−).
- **Geschenkartikel,** Herstellung in Handarbeit u Handel, BFH X B 25/08 BFH/NV 2008, 1673 (−).
- **Getränkegroßhandel** ebenso, BFH VIII R 4/83 BStBl II 1986, 289 (−).
- **Golfhotel,** BFH X B 86/07 BFH/NV 2009, 18 (−).
- **Grundstückshandel** ebenso, BFH IV B 203/03 BStBl II 2004, 356 (−).
- **Handelsgeschäfte** mit jahrelangen Verlusten, BFH VIII R 4/83 BStBl II 1986, 289; FG Ba-Wü EFG 1995, 713; Hess FG EFG 1987, 303 (−); abgrenzend FG Düsseldorf EFG 1995, 618.
- **Hotelbetrieb,** s Nds FG 15 K 14150/08 (−), hierzu BFH X B 186/10 BFH/NV 2011, 1137; vgl auch IV R 43/10 BFH/NV 2013, 408.
- **Kosmetikbetrieb,** FG Düsseldorf EFG 1995, 166 rkr (+).
- **Kleintierzucht** (Wellensittiche), BFH X R 10/88 BFH/NV 1992, 108 (+).
- **Kraftwerksbetrieb,** BFH III 90/96 BFH/NV 1997, 571 (−).
- **Kunsthandel,** s BFH X B 75/99 BFH/NV 2000, 1458 (−); FG Düsseldorf EFG 1992, 522 (−); EFG 1995, 23 (−); EFG 1996, 751 (−); nicht anerkannt für **künstlerische** Betätigung im Nebenberuf (FG Ba-Wü EFG 1993, 514).

§ 2 Steuergegenstand

- **Laborgemeinschaften** fehlt bei entsprechender vertraglicher Gestaltung die Gewinnerzielungsabsicht (*OFD Ffm* BB 1996, 1703, DStR 1996, 1484).
- **Mietkaufmodell** s BFH XI R 15/91 BFH/NV 1994, 301 (–).
- **Minibarvermietung,** BFH IV R 97/86 BFH/NV 1991, 432 (+).
- **Möbeleinzelhandel,** BFH X R 62/01 BStBl II 2005, 336 (–).
- **Modellbaubetrieb,** BFH X B 60/00 BFH/NV 2001, 1381.
- **Motorboot,** Verpachtung nicht gewerblich (BFH X R 106/95 BFH/NV 1999, 1081).
- **Motorsportverein** mit nachhaltigen Verlusten, BFH I R 33/02 BFH/NV 2004, 445.
- **Musikproduzent,** FG Ba-Wü EFG 2002, 17 rkr (–).
- **Pferdezucht** s BFH IV B 168/01 BFH/NV 2003, 896; IV B 96/08 BFH/NV 2010, 207 (–).
- **Porzellanmanufaktur,** FG Münster EFG 2001, 564, rkr (–).
- **Rallye„sport",** zur Teilnahme s FG Nds EFG 1992, 67 (–).
- **Reiki-Lebensberater,** FG Ba-Wü 6 K 97/07 EFG 2011, 231.
- **Reitschule,** BFH IV R 139/81 BStBl II 1985, 205 (+).
- **Restaurant,** FG Berlin EFG 1994, 127.
- **Schriftstellertätigkeit** als Liebhaberei bei Verlusten über die Dauer von zehn Jahren (BFH IV R 25/82 BStBl II 1985, 399; IV R 84/82 BStBl II 1985, 515; XI B 42/99 BFH/NV 2000, 1200), anders wenn die Vermarktung des Konzepts aus unvorhersehbaren Gründen scheitert (BFH IV B 200/02 BFH/NV 2003, 625).
- **Skilehrer,** FG München EFG 1991, 320 (–).
- **Springreiter,** Nds FG 11 K 556/07 EFG 2010, 1016 (+).
- **Steuerberaterin** mit Dauerverlusten, FG Köln 10 K 3679/08 EFG 2010, 1411 rkr (–).
- **Strukturvertrieb,** FG Me-Vo EFG 2003, 532 (–).
- **Tennishallenrestaurant,** BFH VIII R 55/93 BFH/NV 1995, 866 (+).
- **Tierzucht** mit wenigen Tieren, BFH X B 214/09 BFH/NV 2010, 1811 (–).
- **Trabergestüt,** BFH IV R 82/89 BStBl II 1991, 333; IV R 109/87 BFH/NV 1989, 692; IV R 53/98 BFH/NV 2000, 1090 (+).
- **Trachyon-Produkte-Vertrieb,** BFH X B 67/05 BFH/NV 2006, 742 (–).
- **Vercharterung** bzw **Vermietung** insb von Yachten, Wohnmobilen und Fluggerät s BFH III R 273/83 BStBl II 1988, 10; VIII R 28/94 BStBl II 1997, 202; I R 22/88 BFH/NV 1990, 768; VIII R 30/97 BFH/NV 1999, 771; X R 106/95 BFH/NV 1999, 1081; X B 118/99 BFH/NV 2000, 1333; s aber XI R 26/99 BFH/NV 2002, 625; FG Nds EFG 2002, 534 rkr (+); nach neuerer Auffassung kommen bei gelegentlicher Vermietung von einem oder wenigen Objekten Einkünfte nach § 22 Nr 3 EStG in Betracht (BFH IX R 77/98 BFH/NV 2000, 1081; *Hoffmann* Inf 1997, 362; *Ritzrow* StWu 2006, 232).
- **Verlagstätigkeit,** BFH X R 33/04 BStBl II 2007, 874, (+).
- **Verlustzuweisungsgesellschaften** s BFH GrS 4/82 BStBl II 1984, 751, 767; VIII R 25/86 BStBl II 1991, 564; VIII R 39/86 BStBl II 1992, 328; VIII R 59/92 BStBl II 1996, 219; IX R 2/96 BStBl II 2001, 789.
- **Versicherungsagentur** nebenberuflich, FG Rh-Pf EFG 1998, 364 (–).
- **Wasserverband,** BFH I R 79-80/86 BStBl II 1990, 452 (+).
- **Weinverkauf,** BFH X R 62/66 nv (–).

98 l) **Personengesellschaften.** Bei **Personengesellschaften** ist für die Anerkennung einer steuerrechtlich relevanten Tätigkeit, insbesondere eines Gewerbebetriebs, die Gewinnerzielungsabsicht **zweistufig** auf der Ebene der **Gesellschafter (Mitunternehmer)** und auf der Ebene der **Gesellschaft** zu prüfen (BFH VIII B 59/00 BFH/NV 2001, 895; VIII R 38/01 BFH/NV 2004, 1372). Das bedeutet, auch die Beteiligten als gesellschaftlich Verbundene müssen in Gewinnerzielungsabsicht handeln (BFH IV R 31/94 BStBl II 1995, 718; IV B 149/98 BFH/NV 1999, 1336). Die Absicht muss auf eine Mehrung des Betriebsvermögens einschließlich des Sonderbetriebsvermögens der Gesellschafter gerichtet sein (BFH VIII R 25/86 BStBl II 1991, 564; VIII R 55/93 BFH/NV 1995, 866; I R 69/95 BFH/NV 1997, 408; *FinVerw* FR 1999, 827). Das gilt auch für eine **GmbH & atypisch Still** (BFH VIII B 112/97 BFH/NV 1999, 169; VIII B 59/00 BFH/NV 2001, 895; FG Hamburg EFG 2002, 391). Fehlt es bei einzelnen Gesellschaftern hieran, sind sie keine Mitunternehmer (BFH XI R 45/88 BStBl II 1993, 538, 541; vgl BFH IV B 38/05 BFH/NV 2007, 231 zu Nds FG EFG 2005, 770, nrkr). Zweifelhaft ist die Gewinnerzielungsabsicht bei einer (gewerblich geprägten) Vorrats(Projekt-)gesellschaft (bejahend FG Bbg EFG 2012, 39).

Da bei einer Personengesellschaft grundsätzlich von einem einheitlichen Gewerbebetrieb auszugehen ist, sind an sich **gemischte Tätigkeiten** zunächst insgesamt als gewerblich zu behandeln. Erst nach dieser **vorrangigen „Färbung"** ist für die jeweils verschiedenen selbstständigen Tätigkeitsbereiche (Rn 94) das Vorliegen der Gewinnerzielungsabsicht zu prüfen; hierdurch ergeben sich andere Bezugsgrößen. Ertrag und Aufwand einer privat veranlassten Tätigkeit sind nicht in die steuerrechtliche Gewinnermittlung einzubeziehen (BFH IV R 31/94 BStBl II 1995, 718; VIII R 28/94 BStBl II 1997, 202 mit ausführlichen Hinweisen zum Meinungsstreit; s auch *Weber-Grellet* DStR 1998, 873). Abzugrenzen ist nach dem Förderungs- u Sachzusammenhang, in dem die zu beurteilende Tätigkeit mit der betrieblichen Haupttätigkeit steht. Hierdurch wird zugleich eine weitreichende **Segmentierung** von isoliert betrachtet verlustbringenden Tätigkeiten **vermieden.** 99

III. Abgrenzung Gewerbebetrieb/Vermögensverwaltung

1. Allgemeines

Da **private Vermögensverwaltung** auch dann noch vorliegen kann, wenn ein Stpfl sich selbstständig, nachhaltig und mit Gewinnabsicht am allgemeinen wirtschaftlichen Verkehr beteiligt, setzt der Gewerbebetriebsbegriff **als negatives Tatbestandsmerkmal** das Fehlen privater Vermögensverwaltung voraus (BFH I R 191/72 BStBl II 1973, 260; GrS 4/82 BStBl II 1984, 751, 762; GrS 1/93 BStBl II 1995, 617; X R 255/93 BStBl II 1996, 303; IV R 75/00 BStBl II 2003, 467). Insofern verhält es sich ähnlich wie bei dem wirtschaftlichen Geschäftsbetrieb (§ 14 AO) als Oberbegriff (Rn 2). Ein Gewerbebetrieb erfordert also, dass die Betätigung über den Rahmen einer Vermögensverwaltung hinausgeht. 100

Die **Abgrenzung** lässt sich **nicht nach einheitlichen Merkmalen** für alle Tätigkeiten vornehmen; artspezifische Besonderheiten sind zu berücksichtigen (BFH XI R 80/97 BStBl II 1999, 448; X R 37/00 BStBl II 2003, 464, X R 40/43 BStBl II 2005, 35; krit *Hartrott* FR 2008, 1095). Für sie ist aber bedeutsam, dass der Gesetzgeber bestimmte Tätigkeiten (verzinsliche Kapitalanlagen; Grundstücksvermietung) jedenfalls in ihren **typischen Erscheinungsformen** als Vermögensverwaltung (§ 14 AO) beurteilt. Es müssten deshalb in diesen Fällen **besondere Umstände** gegeben sein, damit zB ein Vermieterrisiko zu einem typischen Unternehmerrisiko wird. Vergleichbares ist für die Erzielung von Einkünften aus Kapitalvermögen und Spekulationsgeschäften (§§ 20, 23 EStG) anzunehmen.

2. Gemischte Tätigkeiten

Tätigkeiten von originär **gewerblicher** und **vermögensverwaltender** Natur sind einheitlich gewerblich, wenn sie eng verflochten sind und nach der Verkehrsan- 101

§ 2 Steuergegenstand

schauung als Einheit erscheinen (BFH IV R 5/02 BStBl II 2004, 464; IV B 44/02 BFH/NV 2002, 1559; FG Hamburg EFG 2004, 333 rkr).

3. Abgrenzungsgrundsätze

102 **a) Allgemeines.** Nach st Rspr wird die Grenze zur privaten **Vermögensverwaltung überschritten,** wenn die Ausnutzung substantieller Vermögenswerte durch Umschichtung gegenüber der Nutzung von Vermögen iS einer Fruchtziehung aus zu erhaltenden Substanzwerten entscheidend in den Vordergrund tritt (zB BFH III R 10/01 BStBl II 2003, 510; III R 37/02 BStBl II 2004, 950; X R 40/43 BStBl II 2005, 35; krit *Fischer* FR 2002, 597). Bei der Entscheidung sind alle Umstände des Einzelfalles nicht nur des jeweiligen Gewinnermittlungszeitraums, sondern der gesamten Dauer eines überschaubaren Mehrjahreszeitraums zu berücksichtigen (BFH GrS 1/98 BStBl II 2002, 291; X R 39/03 BStBl II 2005, 817; VIII R 27/94 BFH/NV 1997, 170). In **Zweifelsfällen** ist darauf abzustellen, ob die Tätigkeit **dem Bild entspricht,** das nach der Verkehrsauffassung einen Gewerbebetrieb ausmacht (BFH GrS 1/92 BStBl II 1995, 617 unter C I; hierzu Rn 51 f), oder ob lediglich aus vorhandenem Vermögen höhere Erträge erzielt werden sollen (BFH I R 120/80 BStBl II 1984, 137; zum Quellengedanken als Abgrenzungsmerkmal insb beim Grundstückshandel *Beater* StuW 1991, 33; *Schmidt-Liebig* BB 1993, 904; zur Wertschöpfung als Abgrenzungsmerkmal *Schnorr* NJW 2004, 3214). Notwendig ist mE auch die Einbeziehung subjektiver Elemente (Absicht, Planungen, Zwecke), weil letztlich sie – allgemein, so auch hier – die Qualität von menschlichem Handeln bestimmen.

103 **b) Betriebliche Organisation.** Überholt ist die ältere Rspr, die gelegentlich für das Überschreiten der Vermögensverwaltung eine **besondere betriebliche Organisation** gefordert hatte (zB BFH VIII R 172/83 BStBl II 1984, 132; VIII R 27/72 BStBl II 1977, 244). Eine solche mag ein Indiz von mehreren (u.a. auch der beruflichen Erfahrung) für das Vorliegen eines GewBetriebs sein; mehr aber nicht; Entsprechendes gilt für eine **Gewerbeanmeldung** (hierzu BFH X R 25/06 BStBl II 2009, 965 zum Grundstückshandel).

104 **c) Rechtsanwendung.** Die Würdigung betrifft eine Frage **revisibler Rechtsanwendung** (BFH XI R 43-45/89 BStBl II 1996, 232).

4. Einzelheiten

105 **a) Händlerverhalten.** Das **Verhalten wie ein Händler,** zB bei An- u Verkauf von Hausrat, kennzeichnet ebenso gewerbliche Tätigkeit (BFH I R 173/85 BFH/NV 1991, 685) wie bei einem Handel (Sammlung und Veräußerung) von Oldtimer-Fahrzeugen (FG Schl-H EFG 1997, 1018 rkr), beim Verkauf von Rechten aus einer nachhaltigen Erfindertätigkeit (BFH IV R 29/97 BStBl II 1998, 567; **aA** *Jakob* DStZ 2000, 317), aber auch bei Kauf u Veräußerung von Wertpapieren (BFH I R 46/10 BFH/NV 2011, 2165) oder „gebrauchten" Lebensversicherungen (BFH IV R 32/10 BFH/NV 2013, 443, zum Fehlen des Händlerverhaltens). Diese Fallgruppen sind gekennzeichnet durch ein Tätigwerden auf der Grundlage einer auf Güterumschlag gerichteten Absicht (vgl BFH X R 55/97 BStBl II 2001, 809 und die dort unter II 1 d aufgeführten Nachweise). Ebenso ist zu entscheiden, wenn der Güterumschlag mit Vermietungsleistungen verklammert ist (BFH X R 37/00 BStBl II 2003, 464).

106 **b) Vermietung von Grundstücken.** Zu anderen als beherbergungsähnlichen (s dazu Rn 121) Zwecken ist **Grundstücksvermietung** grundsätzlich private Vermögensverwaltung (BFH IX R 71/96 BStBl II 2000, 467). Dies gilt selbst bei umfangreichem Grundvermögen, dessen Vermietung einen erheblichen Einsatz an

Abgrenzung Gewerbebetrieb/Vermögensverwaltung **§ 2**

Arbeitskraft oder Personal mit sich bringt. Für eine gewerbliche Vermietung bedarf es daher besonderer **Zusatzleistungen,** die das Risiko des Vermieters verändern und die Tätigkeit nach der Verkehrsauffassung dem das GewBetriebs angleichen (BFH X R 7/02 BFH/NV 2004, 945; IX R 70/02 BFH/NV 2005, 1040; FG BaWü DStE 2006, 1183, aus verfahrensrechtlichen Gründen aufgeh: BFH IV R 91/05 BFH/NV 2008, 1289). Lediglich indiziell von Bedeutung ist mE die vom Steuerpflichtigen bereitgehaltene **Organisation.** Diese darf sich aber nicht nur aus dem Umfang des vermieteten Grundbesitzes ergeben. Sie muss vielmehr durch die erwähnten zusätzlichen Leistungen bedingt sein (BFH I 53/60 S BStBl III 1961, 233; IV 136/61 S BStBl III 1964, 364; IV R 196/71 BStBl II 1973, 561; IV R 21/96 BFH/NV 1997, 762).

Danach kann die *Vermietung von Verkaufsständen* noch vermögensverwaltend sein (BFH IV 141/60 U BStBl III 1964, 367). Dagegen ist Gewerblichkeit angenommen worden bei Vermietung im Rahmen von *Asylbewerber-* und *Aussiedlerbeherbergung* (BFH XI B 158/01 BFH/NV 2003, 152; IV B 29/02 BFH/NV 2004, 330; vgl FG München EFG 2000, 127), die Vermietung von *Parkplätzen* an Kurzparker (idR Nebenleistungen, wie zB die Bewachung, BFH X R 21/00 BStBl II 2003, 520), die Vermietung von *Tennisplätzen* (BFH VIII R 262/80 BStBl II 1989, 291), *Campingplätzen* (BFH I R 7/79 BStBl II 1983, 80), *Messeständen* (vgl R 15.7 Abs 2 EStR) sowie *Liegeplätzen* für Sportboote (FG Berlin EFG 1999, 1185). Die Vermietung von Zimmern an *Prostituierte* ist gewerblich, wenn der Vermieter den Kontakt mit Prostituierten durch organisatorische Maßnahmen erleichtert oder fördert (BFH VIII R 256/81 BFH/NV 1989, 44; Hess FG EFG 1995, 711).

c) Möblierte Zimmer. Die Vermietung von **möblierten Zimmern** an Dauer- **107** mieter führt auch bei üblichen Zusatzleistungen (Frühstück, Reinigung) nicht zur Gewerblichkeit (BFH IX R 109/84 BStBl II 1989, 922; H 15.7 (2) EStH); ebenso bei **Ferienzimmern** in Privathäusern (BFH IV R 150/82 BStBl II 1985, 211); mE nicht zutreffend, wenn eine **bestimmte Anzahl** überschritten wird, denn anders liegt der Verstoß gegen den Gleichbehandlungsgrundsatz auf der Hand. In jedem Fall führen Sonderleistungen zu einem (ggf getrennt zu erfassenden) GewBetrieb (BFH VIII R 27/72 BStBl II 1977, 244). Zur **Ferienwohnung** s Rn 121.

d) Bewegliche Gegenstände. Die **Vermietung** einzelner **beweglicher 108 Gegenstände** geht idR nicht über Vermögensverwaltung hinaus, es sei denn, dass **Zusatzleistungen** der Gesamttätigkeit das Gepräge geben (BFH VIII R 263/81 BStBl II 1986, 359: Autovermietung gewerblich; BFH III R 65/97 BFH/NV 1999, 619, zur Segelyacht, und BFH III B 202/96 BFH/NV 1999, 1077, Vermietung eines Hausbootes nicht gewerblich; BFH III R 38/97 BFH/NV 1999, 1510; X B 82/99 BFH/NV 2000, 1186; X B 118/99 BFH/NV 2000, 1333). Auch die Veräußerung vor Ablauf der betriebsgewöhnlichen Nutzungsdauer überschreitet die Vermögensverwaltung nur bei Hinzutreten besonderer Umstände, wie sich aus dem Betriebskonzept ergebende Notwendigkeit des Verkaufs zur Erreichung eines Totalgewinns oder eine große Anzahl der Verkäufe (BFH X R 37/00 BStBl II 2003, 464; X B 173/08 BFH/NV 2009, 1260 zu Wohnmobilen; BFH X B 241/08 BFH/NV 2010, 198 zu Hochseecontainern; BFH IV R 17/05 BStBl II 2007, 768 zum nichtgewerblichen Verkauf von Maschinen). Mit der Verpachtung von **know-how und Patenten** betätigt sich ein Steuerpflichtiger ausnahmsweise dann gewerblich, wenn er die „Pachtgegenstände" (bei know-how zweifelhaft) vertragsgemäß ständig auf dem neuesten Stand halten muss (BFH VI R 185/66 BStBl III 1967, 674). Die **Vermietung von Flugzeugen** führt bei Eintragung in die Luftfahrtrolle und Fehlen von Sonderleistungen zu Einkünften nach § 21 EStG (BFH IX R 71/96 BStBl II 2000, 467; Anm *Rößler* BB 2001, 240), bei kurzfristigen Vermietungen ggf zur Gewerblichkeit (BFH IV B 44/02 BFH/NV 2002, 1559). Die Vermietung von sonstigen Fluggeräten ohne Übernahme weiterer Leistungspflichten ist vermögensverwaltende Tätigkeit und nach § 22 Nr 3 EStG zu besteuern (vgl BFH IX R 71/96 BStBl II 2000, 467; XI B 41/00 BFH/NV 2001, 204; *Höhmann* DStR 1997, 601). Gewerblichkeit jedoch, wenn (s.o.) die Vermietung aufgrund des Geschäftskonzepts mit dem An- u Verkauf (Totalgewinn erst hierdurch) verklammert ist (BFH IV R 49/04 BStBl II 2009, 289; IV B 17/10 BFH/NV 2010, 2268; IV B 34/10 BFH/NV 2011, 241; *Lüdicke/Rode* BB 2008, 2552). Auf die 3-Objekt-Grenze kommt es nicht an. Zur **Verwertung von Urheberrechten** vgl BFH X B 132/92 BFH/NV 1993, 97.

109   e) **Leasing.** Auch die Gebrauchsüberlassung auf der Grundlage von **Leasingverträgen** ist mE wegen der damit verbundenen Zusatzleistungen gewerbliche Tätigkeit. Zwar gehen die damit verbundenen Nebenpflichten, wie zB Wartung, Instandhaltung und Erneuerung, nicht über typische Vermieterleistungen hinaus. Doch beschreibt die Vielfalt der Vertragsangebote bei einem Leasinggeber einschließlich der Regelung von Finanzierungsfragen ein typisches Unternehmerrisiko. S dazu auch BFH I R 115/85 BStBl II 1986, 362.

110   f) **Nebentätigkeit.** Eine **brancheneinschlägige/branchentypische** (Neben-)Tätigkeit wird idR der Haupttätigkeit zugerechnet (BFH I R 225/73 BStBl II 1975, 850; I R 10/74 BStBl II 1977, 287). Zwar kann trotz der §§ 343 Abs 1, 344 HGB ein Gewerbetreibender sich in „seiner Branche" privat betätigen. Ein privates Geschäft wird nicht allein deswegen gewerblich, weil der Stpfl berufliche Kenntnisse und Erfahrungen einsetzt (vgl BFH IV 139/63 BStBl II 1968, 775, Börsenmakler; BFH X R 39/88 BStBl II 1991, 631). Doch bedarf die steuerliche Zuordnung eines solchen Geschäfts zur Privatsphäre einer auch durch den Stpfl durchgeführten klaren und eindeutigen Abgrenzung von der betrieblichen Sphäre (BFH III R 20/01 BStBl II 2003, 297; X R 51/03 B BFH/NV 2005, 1532; FG Düsseldorf EFG 2006, 1511 rkr; *Weber-Grellet* BB 2004, 35; zum Grundstückshandel Rn 140 ff).

111–114   *(frei)*

3. ABC Vermögensverwaltung/Gewerbebetrieb

115 – **Beteiligungshandel.** Der Handel mit GmbH-Geschäftsanteilen ist gewerblicher Natur (BFH X R 55/97 BStBl II 2001, 809; Anm *Wendt* FR 2002, 31; *Fischer* FR 2002, 597; *Wiese* GmbHR 2002, 293; krit *Groh* DB 2001, 2569; *Blumers/Witt* DB 2002, 60; *Hey* BB 2002, 870). Zu „Venture Capital Fonds" und „Private Equity Fonds" vgl Rn 130 aE.

116 – **Briefmarkensammler,** bei Überschreiten der üblichen Sammleraktivitäten gewerblich (FG Düsseldorf EFG 1983, 20).

117 – **Campingplatzinhaber** sind gewerbesteuerpflichtig entweder auf Grund häufiger Mieterwechsel oder bei zur Verfügung gestellten sanitären Anlagen, ihrer Reinigung, Stromversorgung, Instandhaltung, Pflege und Überwachung des Platzes sowie Müllbeseitigung, soweit dafür ein Personal- und Sachaufwand erforderlich ist, der einen Vergleich mit einer Fremdenpension oder einem Hotelbetrieb zulässt (BFH I R 7/79 BStBl II 1983, 80). Dies gilt auch bei der Vermietung von Standplätzen an Dauercamper (BFH IV R 215/80 BStBl II 1989, 426).

118 – **Devisengeschäfte** können je nach Umfang (200 Geschäfte im Umfang von mehreren Mio US-Dollar) gewerblich sein, wenn eine Bank für Rechnung des StPfl am allgemeinen Devisenmarkt tätig wird; nicht jedoch, wenn es sich lediglich um sog „Leergeschäfte" handelt (BFH IX B 47/99 BFH/NV 2000, 185).

119 – **Differenzgeschäfte** über Devisen oder Edelmetalle führen schon mangels Teilnahme am Wirtschaftsverkehr idR nicht zu einer gewerblichen Tätigkeit (BFH IV R 220/85 BStBl II 1989, 39; XI R 1/96 BStBl II 1997, 399; offen geblieben in BFH X R 1/97 BStBl II 2001, 706).

ABC Vermögensverwaltung/Gewerbebetrieb § 2

- **Erbbaurechtsveräußerungen** können nach den für Grundstücksgeschäfte geltenden Grundsätzen (Rn 160) eine gewerbliche Betätigung darstellen (*Schmidt-Liebig* FR 1998, 177). 120
- **Ferienwohnungen.** Die Rechtsprechung unterscheidet zwischen einem hotelmäßigen Angebot und der hotelmäßigen Nutzung (zum Problem *Becker/Urbahns* DStZ 1998, 863; Inf 1999, 673; StBp 2000, 177, 180; *Schmitz/Hildesheim* DStZ 2001, 413). – **(1.)** Beim **hotelmäßigen Angebot** mit häufigem Mieterwechsel und einem dadurch verursachten, einem Hotel vergleichbaren, sachlichen und personellen Aufwand liegt auch bei einer geringen Anzahl von vermieteten Objekten Gewerblichkeit vor (BFH XI B 158/01 BFH/NV 2003, 152). Auch die Vermietung nur einer Wohnung ist gewerblich, wenn etwa die Wohnung in einem Feriengebiet im Verbund mit einer Vielzahl gleichartig an laufend wechselnde Kunden vermieteter Wohnungen liegt, mehrere Wohnungseigentümer sich zusammengeschlossen und die organisatorischen Aufgaben einem Dritten *(Feriendienstorganisation)* übertragen haben (BFH III R 167/73 BStBl II 1976, 728; III R 31/87 BStBl II 1990, 383; XI R 31/95 BStBl II 1997, 247; IX R 52/97 BFH/NV 2001, 752; IV B 52/08 BFH/NV 2009, 1114; R 15.7 Abs 3 EStR). – **(2.)** Bei einer Vermietung **ohne Feriendienstorganisationen** nimmt die Rspr bei drei zur Vermietung bereitgehaltenen Ferienwohnungen noch kein hotelmäßiges Angebot an. Gleichwohl kann sich aus der Überlassung der Wohnung zur *hotelmäßigen Nutzung* ebenfalls eine gewerbliche Tätigkeit ergeben, wenn der Vermieter Zusatzleistungen erbringt, das erzielte Entgelt (Unternehmerrisiko) einer Fremdenpension vergleichbar von diesen Zusatzleistungen abhängt (vgl zB Gewährung von Verpflegung, Wäschedienst etc), die Zusatzleistungen für den Mieter ins Gewicht fallen und nicht nur im Haushalt mitzuerledigen sind. Das gilt auch, wenn sie vom Vermieter in eigener Person, dh ohne die Beschäftigung von Angestellten erbracht werden (vgl BFH IV R 150/82 BStBl II 1985, 211; I R 182/79 BStBl II 1984, 722; XI R 31/95 BStBl II 1997, 247; XI B 158/01 BFH/NV 2003, 152; IX B 23/03 BFH/NV 2003, 1425; X R 7/02 BFH/NV 2004, 945; IX R 69/02 BFH/NV 2004, 1640). Zur Unschädlichkeit bestimmter Zusatzleistungen BFH III R 37/86 BFH/NV 1990, 36; IX R 58/97 BFH/NV 2001, 752. Die Einschaltung eines Vermittlers führt nicht dazu, dass dessen Gewerblichkeit dem Vermieter zugerechnet wird; das ist nur dann der Fall, wenn der Vermittler Zusatzleistungen für den Vermieter erbringt (BFH VII R 125/73 BStBl II 1976, 778; III R 65/97 BStBl II 1999, 619; IX R 69/02 BFH/NV 2004, 1640). Zu Einzelheiten s OFD Nürnberg DStR 1996, 649. – **(3.)** Die nachrangige **Privatnutzung** der Wohnung, zB außerhalb der Saison, steht der Gewerblichkeit nicht entgegen (BFH III R 31/87 BStBl II 1990, 383). 121
- Geschlossene **Fonds** (Container-, Schiffs-, Lebensversicherungsfonds) können je nach Konzept nach den Grundsätzen von BFH IV R 17/05 BStBl II 2007, 768 u IV R 49/04 BFH/NV 2007, 2004 (s Rn 126) gewerblich oder vermögensverwaltend tätig sein (*Hensell/Reibis* DStR 2008, 87). 122
- **„Gaststättenhandel".** Die häufige Verpachtung und Veräußerung von (Teil-)Betrieben (Gaststätten) begründet nicht ohne Weiteres einen Gewerbebetrieb „Gaststättenhandel" (BFH IV R 56/97 BStBl II 1998, 735). 123
- Grundstückshandel s Rn 140 ff. 124
- **Kreditgewährung** kann, wenn wiederholt an verschiedene Kreditnehmer, bankähnlich und damit gewerblich werden (BFH VIII R 236/77 BStBl II 1980, 571; FG Köln EFG 1995, 1019 rkr). 125
- Die **Komplementärtätigkeit** für mehrere Kommanditgesellschaften ist nicht gewerblich (BFH I R 301/83 BStBl II 1987, 816). 126
- Der Ankauf von gewerblichen **Kundenforderungen** ist idR gewerblich (BFH III B 61/02 BFH/NV 2003, 470). 127

§ 2 Steuergegenstand

128 – **Leasingunternehmen** werden regelmäßig gewerblich tätig, weil das damit verbundene Risiko in Zusammenhang mit Zusatzleistungen mit dem üblichen Vermieterrisiko nichts mehr gemein hat (vgl BFH VIII R 263/81 BStBl II 1986, 359).

129 – **Lebensversicherungen.** (Erwerb und) Verwertung gebrauchter Lebensversicherungen ist Vermögensverwaltung, sofern nicht ein händlertypischer Umschlag vorliegt (BFH IV R 32/10 BFH/NV 2013, 443; FG München 1 K 2663/07 EFG 2010, 1883, best; *Biagosch/Greiner* DStR 2004, 1365; *Lohr* DB 2004, 2334; *Fleischer/Karsten* BB 2004, 1143; *Meyer-Scharenberg* DStR 2006, 1437; *Hensell/Reibis* DStR 2008, 87; *Hartrott* FR 2008, 1095, 1101; *Heuermann* StBp 2013, 87; **aA** *FinVerw* DStR 2004, 1386; 2006, 1458 gewerblich).

130 – **Photovoltaikanlage**, gewerblich (s BFH XI R 21/10 BFH/NV 2011, 2201; *Fromm* DStR 2010, 207).

131 – Sog „**Private Equity Fonds**" oder „**Venture Capital Fonds**" können je nach Organisationsstruktur, Einsatz von Bankkrediten, Angeboten gegenüber der breiten Öffentlichkeit, Dauer der Beteiligungen, Reinvestitionen und unternehmerischem Tätigwerden in Portfolio-Gesellschaften gewerblich oder vermögensverwaltend sein (Einzelheiten: *BMF* BStBl I 2004, 40; s auch DStR 2006, 1505, DB 2007, 135; *OFD Magdeburg* DStZ 2006, 421; hierzu zT krit *Bärenz/Veith* BB 2004, 251; *Veith/Bärenz* DB 2004, 103; *Rodin/Veith/Bärenz* DStR 2004, 103; *Wiese/Klass* FR 2004, 324; *Bauer/Gemmeke* DStR 2004, 580; *Milatz/Ehlers* DB 2002, 2291, *Schuhmann* StB 2005, 144; *Friedrichs/Köhler* DB 2006, 1396; *Elser/Dürschmidt* FR 2010, 1075). Der BFH hat die Abgrenzung durch *BMF* BStBl I 2004, 40 in Frage gestellt (BFH I R 46/10 BFH/NV 2011, 2165; hierzu *Süß/Mayer* DStR 2011, 2276).
Die „*Abfärbe*"-Rspr (Rn 424) ist mE für die Abgrenzung insofern bedeutsam, als der Rahmen der Vermögensverwaltung nicht überschritten wird, wenn sich der Fonds an einer gewerblich tätigen oder geprägten Gesellschaft beteiligt (ebenso *Plewka/Schienke* DB 2005, 1076; *Ernst* BB 2005, 2213; *Figna/Goldacker/Mayta* DB 2005, 966). Zu den möglichen Gefahren durch die (engeren) Grundsätze von BFH IV R 49/04 BStBl II 2009, 289 und IV R 17/05 BStBl II 2007, 768 vgl *Hensell/Reibis* DStR 2008, 87. Zum WagniskapitalbeteiligungsG *Helios/Wiesbrok* DStR 2007, 1793; *Möller* BB 2006, 971; zur Attraktivität für den Mittelstand *Breuninger/Ernst* FR 2008, 659.

132 – **Termingeschäfte** sind nur bei Vorliegen besonderer Umstände – wie dem Unterhalten einer Büroorganisation, dem regelmäßigen Besuch der Börse, Ausnutzung eines bestimmten Markts unter Einsatz beruflicher Erfahrung – gewerblicher Natur (BFH VIII R 172/83 BStBl II 1984, 132; s auch *Differenzgeschäfte*; vgl zur buchmäßigen Behandlung von Goldtermingeschäften BFH IV R 94/78 BStBl II 1981, 658; zur Abgrenzung von privaten Wertpapierdepots und Termingeschäften *Weber* DStZ 1991, 353).

133 – **Wertpapierhandel** kann gewerblich sein, und zwar bei Verhalten „*wie ein Händler*" (vgl BFH X R 1/97 BStBl II 2001, 706; I R 46/10 BFH/NV 2011, 2165). – **(1.) Normative Vorgaben** für die Qualifizierung als gewerblich entnimmt der BFH (BFH X R 7/99 BStBl II 2004, 408; IX R 35/01 BStBl II 2005, 26; X B 209/05 BFH/NV 2006, 1461; X R 14/07 BFH/NV 2008, 2012) dem Bild (Rn 51) eines „**Wertpapier-Handelsunternehmens**" iSv § 1 Abs 3d Satz 2 KWG (Handeln für fremde Rechnung) oder eines „**Finanzunternehmens**" iSv § 1 Abs 3 KWG (Handel mit institutionellen Partnern, nicht nur zur Abwicklung über die depotführende Bank); krit u.a. *Weber-Grellet* FR 2004, 596; *Schuhmann* StBp 2004, 331). – **(2.)** Dagegen ist ein Wertpapierhandel **ohne Hinzutreten weiterer Umstände** (u.ä.) **nicht gewerblich**, was sich schon aus § 23 EStG ergibt (BFH X R 55/97 BStBl II 2001, 809; X R 24/06 BFH/NV 2008, 774; zust *Milatz/Ehlers* DB 2002, 2291). Hierzu gehört etwa eine *Büroorganisation*

(jedoch geringe Indizwirkung, BFH X R 1/97 BStBl II 2001, 706; X R 7/99 BStBl II 2004, 408), Verhalten *wie ein Händler* (BFH X R 1/97 BStBl II 2001, 706; X R 67/98 BFH/NV 2001, 1015); der einem gewerblichen Unternehmen entsprechende *Umfang der Tätigkeit* (vgl BFH XI R 80/97 BStBl II 1999, 448; IX R 162/83 BFH/NV 1988, 230). Auch bei der privaten Vermögensverwaltung gehört die Veränderung des Bestands zur Natur der Sache (BFH IV 139/63 BStBl II 1968, 775; VI R 149/67 BStBl II 1971, 620; I R 191/72 BStBl II 1973, 260; VIII B 94/95 BFH/NV 1997, 235; X S 22/96 BFH/NV 1998, 703). Das gilt auch für einen Gewerbetreibenden (BFH VIII R 150/76 BStBl II 1980, 389; IV R 183/78 BStBl II 1982, 587). Demnach ist das Handeln für andere noch nicht gewerblich, wenn es für eine/n Verwandte/n (Mutter) durchgeführt wird mit nur einem geringen Anteil am eigenen Depot (BFH III R 31/07 BFH/NV 2010, 844). Auch der An- und Verkauf von Optionskontrakten u.ä. *iHv ca 520 000 DM* allein reicht nicht (offen gelassen in BFH X R 1/97 BStBl II 2001, 706; vgl aber X R 24/06 BFH/NV 2008, 774); ebenso wenig der *fremdfinanzierte Kauf* von Aktien im Wert von 8 Mio DM (BFH XI R 80/97 BStBl II 1999, 448); anders bei einem Umfang von *An- u Verkauf iHv 98 Mio DM* in wenigen Wochen (BFH I R 173/83 BStBl II 1991, 66). Auch der (hohe) **Finanzierungsgrad** steht der Annahme von Vermögensverwaltung nicht entgegen (BFH X R 7/99 BStBl II 2004, 408; anders noch BFH III R 9/89 BFH/NV 1994, 80). – **(3.)** **Einschlägige Erfahrungen** sprechen für Gewerblichkeit, wenn sie im Hauptberuf gewonnen worden sind (BFH X R 7/99 BStBl II 2004, 408). Bei branchenüblichen Wertpapiergeschäften *eines Bankiers* kann Betriebszugehörigkeit beim Hauptbetrieb (BFH I R 10/74 BStBl II 1977, 287) oder eigenständiger Gewerbebetrieb angenommen werden. An- und Verkäufe von Wertpapieren können gewerblich sein, wenn diese zur Schaffung einer *Dauerkapitalanlage* bei bestimmendem Einfluss auf die Geschäftsführung einer Kapitalgesellschaft vorgenommen werden (BFH VIII S 15/76 BStBl II 1977, 726). Bankgeschäfte eines *Bankangestellten* unter Ausnutzung seiner Vertrauensstellung zu Lasten der Bank sind gewerblich (BFH X R 163-164/87 BStBl II 1991, 802; vgl aber XI R 1/96 BStBl II 1997, 399). Auch ein *Rentenhändler,* der unter Ausschaltung des Kursrisikos tagtäglich „durchhandelt", erzielt Einkünfte aus Gewerbebetrieb (BFH X R 39/88 BStBl II 1991, 631). Die Teilnahme an einem „grauen Markt" genügt (BFH VI R 149/67 BStBl II 1971, 620). – **(4.)** Die o.a. Grundsätze gelten auch für **Investmentclubs** (idR nicht gewerblich, OFD Hannover FR 2002, 1097).

– Die Vermietung von nur einem **Wohnmobil** stellt keine gewerbliche Tätigkeit **134** dar, sondern führt zu Einkünften nach § 22 Nr 3 EStG (BFH XI R 44/95 BStBl II 1998, 774; XI R 44/95 BFH/NV 1998, 831; s aber X R 37/00 BStBl II 2003, 464; X B 173/08 BFH/NV 2009, 1260).

(frei) **135–139**

IV. Gewerblicher Grundstückshandel

1. Allgemeines

Überblick über die Problematik mit Prüfungsschema insb bei *BMF* BStBl I 2004, 434; *Kempermann* DStR 2002, 785; *G. Söffing* DB 2002, 964; BB 2005, 2101; FR 2006, 485; *Bloehs* BB 2002, 1968; *Paus* EStB 2002, 279; DStZ 2002, 715; *Schmidt-Liebig* BB 2002, 2577; Inf 2002, 673, 709; FR 2003, 273; *Schubert* DStR 2003, 573; *Jacobsen/Tietjen* FR 2003, 907; *Carlé* DStZ 2003, 844; *Vogelgesang* DB 2003, 844; BB 2004, 183; Stbg 2005, 116; FS Korn 2005, 187; *Lüdicke/Naujok* DB 2004, 1796; *M. Söffing* DStR 2004, 793; *Drüen/Krumm* FR 2004, 685; *Lammersen* DStZ 2004, 549, 595; *Kratzsch* Inf 2004, 575, 618; *Paus* FR 2004, 1268, StW 2005, 10; *Moritz*

§ 2 Steuergegenstand

DStR 2005, 2010; *Hornig* DStR 2005, 1719; *Fischer* FR 2005, 991; *Apitz* StBp 2006, 371; *Kempermann* DStR 2009, 1725; *Carlé* DStZ 2009, 278; *Hartrott* BB 2010, 2271; *Sommer* DStR 2010, 1405).

140 **a) Allgemeines.** Veräußerungen können im Rahmen eines bestehenden GewBetriebs (BFH XI R 39/01 BFH/NV 2004, 622), der Vermögensverwaltung, aber auch eines **eigenständigen gewerblichen Grundstückshandels** erfolgen. Ist Ersterer nicht gegeben, ist für die **Einordnung** von Grundstücksgeschäften maßgebend, ob die Veräußerung noch (letzter) Teil der auf Fruchtziehung aus zu erhaltender Substanz gerichteten Tätigkeit ist (dann noch Vermögensverwaltung) oder ob die Substanzverwertung durch Umschichtung in den Vordergrund tritt (dann keine Vermögensverwaltung mehr; st Rspr, vgl BFH XI R 7/02 BStBl II 2004, 738; X R 40/03 BStBl 2005, 35; XI R 47, 48/03 BStBl II 2005, 41). Zu fragen ist demnach, ob Verwaltung und Nutzung als Haupttätigkeit vorliegt, auf die sich das Grundstücksgeschäft wie ein Nebengeschäft günstig auswirkt (BFH IV R 286/66 BStBl II 1971, 456; I R 174/69 BStBl II 1971, 338), etwa als Finanzierungsinstrument (*Wihtol* Anm zu StRK GewStG § 9 R 62), auch zur Abwendung einer drohenden Enteignung (*Birkholz* FR 1971, 344). Bei der Beurteilung sind alle Aktivitäten des StPfl auf dem Grundstücksmarkt bis zum verbindlichen Abschluss der zu prüfenden Veräußerungsverträge einzubeziehen (BFH III R 9/98 BStBl II 2002, 571), wobei die Identität des Betriebes ebenso wenig von Bedeutung ist wie die der Nutzungsart des Grundstücks (BFH III B 38/96 BFH/NV 1997, 229).

141 **b) Gewinnerzielungsabsicht.** Die Qualifikation als GewBetrieb setzt **Gewinnerzielungsabsicht** voraus (BFH IX R 35/04 HFR 2006, 575). Sie kann insgesamt gegeben sein, wenn einzelne Geschäfte ohne Gewinn oder gar mit Verlust abgewickelt werden (vgl BFH IV R 2/92 BStBl II 1996, 369; X R 28/00 BStBl II 2003, 133; X R 4/02 BFH/NV 2003, 457; III B 174/01 BFH/NV 2003, 1166). Andererseits kann sie trotz einer zunächst vorhandenen Absicht insgesamt fehlen, wenn bei Beginn der Veräußerungen erkennbar wird, dass sie nur mit Verlusten möglich sind (BFH X R 39/06 BFH/NV 2009, 1790).

142 **c) Zurechnung.** Die **Zurechnung des Handelns** erfolgt nach allgemeinen Grundsätzen (Rn 53); dh ein Grundstücksverkauf kann – auch ohne Rückgriff auf § 42 AO (Rn 192) – dem StPfl zuzurechnen sein, wenn er die bereits ausgehandelte Geschäftschance einem nahen Angehörigen überlässt, der sie ohne weitere Betätigung unternehmerischer Art nutzt (BFH X R 39/03 BStBl II 2005, 817; aA *G. Söffing* BB 2005, 2101; *Hornig* DStR 2005, 1719).

2. Fallgruppen

Folgende Fallgruppen lassen sich unterscheiden:

143 **a) Langjährige Vermietung oder Selbstnutzung.** Diese führt unabhängig von der Zahl der nachfolgenden Verkaufsfälle ohne weitere die Gewerblichkeit anzeigenden Maßnahmen **nicht über den Rahmen der Vermögensverwaltung** hinaus (BFH I R 120/80 BStBl II 1984, 137; III R 28/87 BStBl II 1990, 1057). **Langjährigkeit** in diesem Sinne ist nicht schon gegeben bei einer etwas mehr als dreijährigen Vermietung (BFH III R 275/83 BStBl II 1988, 293), wohl aber ab 5 Jahren (BFH VIII R 46/84 BStBl II 1988, 65). Eine nicht langjährige Selbstnutzung oder Vermietung steht der Annahme von Gewerblichkeit nicht entgegen (BFH VIII R 266/84 BStBl II 1989, 621; X R 107, 108/89 BStBl II 1990, 1060; III R 47/88 BStBl II 1992, 143; XI R 23/90 BStBl II 1992, 135; X R 255/93 BStBl II 1996, 303; VIII R 96/84 BFH/NV 1999, 784; IV B 119/97 BFH/NV 1998, 1475); gleichwohl kann bei nachweisbaren außerbetrieblichen Gründen für die Anschaffung und kurze Vermietung Privatvermögen anzunehmen sein (BFH X R 105,

107/88 BStBl II 1991, 519). Zu den Besonderheiten bei der LuF vgl *v. Schönberg* DStZ 2005, 61.

b) Erwerb/Bebauung und Veräußerung. Erwirbt/bebaut und veräußert **144** der Stpfl Grundstücke im **engen zeitlichen Zusammenhang,** qualifiziert die Rspr nach objektiven Maßstäben die Tätigkeit selbst dann als gewerblichen Grundstückshandel, wenn der Stpfl ursprünglich in der Absicht gehandelt hat, das Gebäude durch Vermietungstätigkeit zu nutzen (BFH X R 1/96 BStBl II 1998, 346; X R 40/03 BStBl II 2005, 35; XI R 47, 48/03 BStBl II 2005, 41; X B 21/05 BFH/NV 2005, 1806, jeweils mwN). **Erwerb u Bebauung** markieren für die Frage des zeitlichen Zusammenhangs einen je **gleichwertigen Ausgangspunkt** (BFH GrS 1/98 BStBl II 2002, 291; III R 1/05 BStBl II 2007, 375; X R 41/08 BFH/NV 2011, 245).

c) Zumindest bedingte Veräußerungsabsicht. Die Gewerblichkeit ist nach **145** dieser Rspr aber nur dann indiziert, wenn diese Maßnahmen schon von einer – wenn auch nur bedingten – **Veräußerungsabsicht** getragen sind oder jedenfalls damit und nicht mit einer privaten Vermögensverwaltung wirtschaftlich zusammenhängen (BFH IX R 140/92 BStBl II 1995, 838; XI R 43, 45/89 BStBl II 1996, 232; III R 20/01 BStBl II 2003, 297; III R 37/02 BStBl II 2004, 950; *Kempermann* StbJb 2002/03, 419; *Carlé* KÖSDI 2003, 13 653). Das subjektive Tatbestandsmerkmal der nach BFH GrS 1/98 BStBl II 2002, 291 an sich stets gegebenen (bedingten) Verkaufsabsicht ist nur anhand objektiver Merkmale zu bestimmen. Nach BFH GrS 1/98 BStBl II 2002, 291; III R 20/01 aaO, soll es auf **äußere Indizien** nicht ankommen, wenn sich aus „ganz besonderen Umständen" zweifelsfrei eine von Anfang an bestehende oder fehlende Veräußerungsabsicht ergibt – das ist nicht recht logisch, denn diese besonderen Umstände sind nichts anderes als äußere Indizien (zur grundsätzlichen Begriffsverwirrung durch den BFH in Sachen Indizien vgl *Schmidt-Liebig* Inf 2002, 673, 709; FR 2003, 273).

Der Indizwirkung der 3-Objektgrenze bedarf es selbstredend nicht, wenn auf Grund besonderer Umstände feststeht, dass der StPfl in **unbedingter Verkaufsabsicht** (Rn 194) gehandelt hat (BFH X R 14/05 BFH/NV 2009, 1204). **Beweisanträge** in diesem Zusammenhang müssen sich also auf objektive Gegebenheiten beziehen. „Kenntnisse" subjektiver Natur genügen nicht (BFH VIII R 9/90 BFH/NV 1993, 656; VIII B 87/95 BFH/NV 1996, 897).

Kritik in der Literatur am Erfordernis der bedingten Veräußerungsabsicht („obsolet") geht dahin, es gehe „zumeist" nicht um Tatsachenfeststellung, sondern um Rechtsanwendung (vgl *Weber-Grellet* FR 2000, 826; DStR 2002, 492; *Bloehs* BB 2002, 1068; *Fischer* FR 2002, 597; *Gosch* StBp 2003, 124; *Schmidt-Liebig* Grundstücksgeschäfte Rn 582; *Söffing/Seitz* DStR 2007, 1841). Diese Kritik ist mE unbegründet. Rechtsanwendung geschieht notwendig auf der Grundlage von (festzustellenden) Tatsachen. Das subjektive Element wiederum ist (auch) der Abgrenzung der Vermögensverwaltung (Rn 100) immanent.

d) Erwerb. Unter dem Aspekt des händlertypischen Verhaltens ist Erwerb die **146** **(entgeltliche) Anschaffung,** nicht die (vorweggenommene) **Erbschaft** oder eine sonstige **unentgeltliche Übertragung** (BFH III R 1/05 BStBl II 2007, 375; *BMF* BStBl II 2004, 434 Tz 9) sowie die **Realteilung** einer Bruchteils- oder Gesamthandsgemeinschaft (BFH IV R 74/95 BStBl II 1996, 599), wohl aber der Erwerb des anderen Teils durch **Teilungs-** oder **Zwangsversteigerung** (BFH XI R 47, 48/03 BStBl II 2005, 41) oder der Erwerb im Rahmen eines Bauherrenmodells (BFH IX R 140/92 BStBl II 1995, 838).

e) Veräußerung. Veräußerung ist grundsätzlich der **händlertypische Verkauf,** **147** nicht der selbstlose Eigentumsübergang. Abzustellen ist auf das obligatorische Geschäft (BFH IV R 57/01 BStBl II 2003, 291). Ein Veräußerungsversuch indiziert

§ 2 Steuergegenstand

auch dann eine (bedingte) Veräußerungsabsicht, wenn er letztlich scheitert (BFH X B 183/05 B BFH/NV 2007, 232). Veräußerung ist aber auch die **Einbringung** in eine Kapitalgesellschaft (BFH X R 51/98 BStBl II 2003, 394; *BMF* BStBl I 2004, 434 Rn 7) oder eine Personengesellschaft (FG Hamburg 2 K 158/08 EFG 2009, 1934). **Keine Veräußerung** in diesem Sinne sind die *Realteilung* (s aber Rn 186), *Schenkung* (Rn 154), ggf die *teilentgeltliche Übertragung* (Rn 154), Übertragung im *Umlegungsverfahren* (Rn 158). Die schlichte *Bestellung eines Erbbaurechts* ist keine Veräußerung (BFH XI R 28/97 BStBl II 1998, 665; X R 4/04 BStBl II 2007, 885; *Tiedtke/Wälzholz* DB 2002, 652; *Kanzler* FR 2008, 127); das gilt mE auch für die Bestellung eines *Dauerwohnrechts;* anders ist dies jedoch bei Verbindung mit einem Ankaufsrecht (BFH IV R 2/85 BFH/NV 1989, 580); doch kann das *bestellte Erbbaurecht* bei Veräußerung Objekt sein (Rn 160). Bei **Aufhebung** des schuldrechtlichen Vertrags noch vor dem dinglichen Vollzug liegt keine Veräußerung im o.a. Sinne vor (Nds FG EFG 2005, 424 rkr). Zur *Zwangsversteigerung,* die wegen der besonderen Umstände des Falles nicht für eine bedingte Veräußerungsabsicht spricht, FG B-Bbg 7 K 9207/04 B EFG 2008, 1972.

3. Anzahl der Objekte

148 a) **3-Objekt-Grenze.** Werden innerhalb eines überschaubaren **Zeitraums von fünf Jahren** (s unten) nicht mehr als **3 Objekte** veräußert, dann nimmt die Rspr grundsätzlich **Vermögensverwaltung** an (BFH XI R 23/90 BStBl II 1992, 135; XI R 17/90 BStBl II 1992, 1007; XI R 43-45/89 BStBl II 1996, 232; GrS 1/98 BStBl II 2002, 291; X R 40/03 BStBl II 2005, 35; XI R 47, 48/03 BStBl II 2005, 41; IV B 3/03 BFH/NV 2004, 781; X R 74/01 BFH/NV 2005, 2195; X B 131/07 BFH/NV 2008, 960; X R 74/01 BStBl II 2007, 375; zust *Flies* StBp 1999, 18; krit *Gast-deHaan* DStZ 1992, 289; *Prinz* DStR 1996, 1145; *Fischer* FR 1995, 803; *Schuhmann* StBp 1997, 34; *Schmidt-Liebig* BB 1998, 563; *Wangler* DStR 1999, 184; *Paus* DStZ 2002, 715; *Lüdicke/Naujok* DB 2004, 1796; *Lammersen* DStZ 2004, 549). Jedoch löst die 3-Objekt-Theorie die Probleme bei der Abgrenzung nicht, sondern wirft neue Fragen auf (vgl die Hinweise bei *Söffing* DStZ 1996, 458; aA *Jung* DStR 1993, 1581; gegen die 3-Objekt-Theorie *Paus* DStZ 1991, 740; *Schmidt-Liebig* BB 1993, 904; *Anzinger* FR 2010, 526). Die Objektgrenze gilt auch für Angehörige der Branche (vgl BFH VIII R 373/83 BStBl II 1990, 1053; X R 100/88 BStBl II 1990, 1060).

149 b) **Mehr als 3 Objekte.** Besteht der **zeitliche Zusammenhang** von Kauf/Errichtung und **Veräußerung** von mindestens **4 Objekten,** dann ist regelmäßig der Rahmen der privaten Vermögensverwaltung überschritten (BFH III R 10/01 BStBl II 2003, 510). Hierbei kommt es auf den Abschluss des (obligatorischen) Geschäfts, nicht auf die Realisierung des Gewinns an (BFH IV R 57/01 BStBl II 2003, 291; X R 74/01 BFH/NV 2005, 2195; III R 1/05 BStBl II 2007, 375). Unerheblich ist, ob bei Erwerb/Bebauung eine feste, „planmäßige" Verkaufsabsicht bestanden hat oder ob die Absicht auf eine anderweitige Nutzung gerichtet war (BFH III R 28/87 BStBl II 1990, 1057; X R 107-108/89 BStBl II 1990, 1060; VIII R 74/87 BStBl II 1991, 844; III R 59/89 BFH/NV 1992, 464); es genügt, wenn die Umschichtungsabsicht beim ersten bedeutsamen Veräußerungsvorgang nachweisbar ist (BFH X R 139/90 BFH/NV 1993, 474).

150 c) **Ehegatten.** Verkäufe von Grundstücken im **Alleineigentum von Ehegatten** werden nicht zusammengerechnet (BFH I R 28/75 BStBl II 1977, 552; IV R 98-99/85 BStBl II 1986, 913; IV R 160/85 BFH/NV 1987, 767; *BMF* BStBl I 2004, 434 Tz 12), es sei denn, sie haben im Hinblick auf diese eine Mitunternehmerschaft (Innengesellschaft) gegründet (BFH VIII R 100/90 BFH/NV 1993, 538).

d) **Keine 3-Erwerbe-Grenze.** Die 3-Objekt-Grenze ist **keine 3-Erwerbe-** 151
Grenze (BFH GrS 1/98 BStBl II 2002, 291; IV B 3/03 BFH/NV 2004, 781 mwN). Der Annahme des gewerblichen Grundstückshandels steht nicht entgegen, dass die Anzahl der Objekte bei Erwerb/Modernisierung nicht der Anzahl der aus ihnen entstandenen und veräußerten Objekten entspricht: die Aufteilung eines Mietwohngrundstücks in ETW und der Verkauf von mehr als drei Objekten an verschiedene Erwerber erfüllt den Tatbestand (BFH III R 28/87 BStBl II 1990, 1057; IV R 28/95 BFH/NV 1996, 747; IV R 57/01 BStBl II 2003, 291; XI R 47/03 BStBl II 2005, 41; IV B 107/10 BFH/NV 2010, 414). Errichtet eine GbR aber 5 Mehrfamilienhäuser und veräußert sie im zeitlichen Zusammenhang nur 3 Objekte, so liegt kein Gewerbebetrieb vor (BFH VIII B 72/02 BFH/NV 2002, 1445).

e) **Indizielle Bedeutung.** Der 3-Objekt-Grenze kommt in beiden Richtungen 152
nur **indizielle Bedeutung** zu, dh mit ihrem Nicht-/Überschreiten muss die Entscheidung, ob gewerblich oder nicht, noch nicht feststehen (BFH III R 1/05 BStBl II 2007, 375). Die 3-Objekt-Grenze ist also **keine Freigrenze** (BFH X B 15/03 BFH/NV 2003, 1419, 1423). Ihre **Abgrenzungsfunktion** wird in der Rspr verstärkt vom Tatbestandsmerkmal der Nachhaltigkeit (Rn 60 ff) übernommen (*Fischer* FR 2005, 991). Auch ein **erfolgloser Verkaufsversuch** kann indizielle Bedeutung haben (BFH X B 183/05 BFH/NV 2007, 232; FG Köln EFG 2007, 920 rkr), ebenso wie – in umgekehrter Richtung – „ungenügende Verkaufsbemühungen" (BFH X B 165/10 BFH/NV 2011, 985).

4. Besondere Übertragungsfälle

Einzubeziehen sind auch solche Grundstücke, die von vornherein zum **Verkauf** 153
an konkrete Personen bestimmt waren (BFH IV R 66–67/91 BStBl II 1994, 463), zB an Mieter oder Angehörige (BFH III R 28/87 BStBl II 1990, 1057; VIII R 184/84 BFH/NV 1989, 726; IV B 64/99 BFH/NV 2000, 1329), wenn der StPfl bei Erwerb die bedingte Veräußerungsabsicht auch im Hinblick auf diese Objekte hatte (BFH X R 183/96 BStBl II 2003, 238). Ebenso sind nach der Rspr (BFH IV R 2/92 BStBl II 1996, 369; X R 28/00 BStBl II 2003, 133; X B 26/99 BFH/NV 2000, 557; X R 4/02 BFH/NV 2003, 457, 1166) auch die **ohne Gewinn/mit Verlust** verkauften Objekte einzubeziehen, sofern nicht schon bei Erwerb insofern die Gewinnerzielungsabsicht fehlte.

Nicht einzubeziehen als **Zählobjekt** sind Grundstücke, die gemäß einer schon 154
bei Erwerb bestehenden Absicht insb an Angehörige/Freunde **ohne Gewinn veräußert** werden (BFH VIII R 373/83 BStBl II 1990, 1053; IV R 74/95 BStBl II 1996, 599; VIII R 14/99 BStBl II 2002, 811; *BMF* BStBl I 2004, 434 Tz 9). ME gilt das für **Schenkungen** nur dann, wenn es sich um eine in jeder Hinsicht selbstlose Übertragung handelt; tritt ein Gewinn in **mittelbarem Zusammenhang** mit der Übertragung ein (der Übernehmer beauftragt eine GmbH, an der der Übertragende beteiligt ist, mit der Bebauung), dann ist das Objekt mitzuzählen. Bei Schenkungen kann davon abgesehen bei einem vom Schenker beherrschten Verkauf durch den Begünstigten **Missbrauch gemäß § 42 AO** angenommen werden mit der Folge der steuerlichen Erfassung beim Schenker im Jahr der Veräußerung (BFH III R 227/94 BFH/NV 1999, 302; VIII R 19/01 BFH/NV 2002, 1571; X B 13/02 BFH/NV 2003, 162; X B 146/04 BFH/NV 2005, 1559, u.a. mit Bezugnahme auf die in BFH X R 1/96 BStBl II 1998, 346; X R 68/95 BStBl II 1998, 667; VIII B 50/95 BFH/NV 1996, 746 entschiedenen Sachverhalte). Auch bei Verstoß gegen die Grundsätze zu **Verträgen zwischen nahen Angehörigen, Scheingeschäften** und **Strohmanngeschäften** ist die Schenkung nicht anzuerkennen mit der Folge der Zählung dieses Objekts (vgl BFH X R 183/96 BStBl II 2003, 238 mwN).

§ 2 Steuergegenstand

154a **Teilentgeltliche** Übertragungen (Veräußerung unter Preis) sind nicht zu berücksichtigen, wenn das Entgelt die Selbstkosten nicht übersteigt (BFH X R 39/03 BStBl II 2005, 817; VI B 155/99 BFH/NV 2002, 1572); verbleibt ein Gewinn oder ein sonstiger (auch mittelbarer) Vorteil, ist das Objekt mitzuzählen (BFH X B 24/02 BFH/NV 2003, 165; VIII R 15/00 BFH/NV 2005, 1033).

5. Nutzung

155 a) **Privatvermögen.** Zudem ist dem StPfl der **Nachweis** nicht verwehrt, bestimmte Objekte seien **Privatvermögen** (BFH GrS 1/93 BStBl II 1995, 617; X R 98/91 BFH/NV 1994, 627; III B 38/96 BFH/NV 1997, 229) bzw es habe von Anfang an eine (bedingte) Verkaufsabsicht gefehlt (BFH GrS 1/98 BStBl II 2002, 291). Das gilt für Angehörige einschlägiger Berufsgruppen (zB BFH VIII R 60/70 BStBl II 1976, 152, Architekt; BFH X R 107, 108/89 BStBl II 1990, 1060, Bauunternehmer) wie für einen (gelegentlichen) Grundstückshändler (BFH X B 37/05 BFH/NV 2005, 1802). Die unterschiedlichen Vermögenszugehörigkeiten müssen unabhängig vom Anlass für die Veräußerung auf Grund von objektiven Tatsachen **klar erkennbar** sein; es müssen plausible Gegebenheiten von solchem Gewicht erkennbar sein, die der an sich stets vorhandenen bedingten **Veräußerungsabsicht keine Bedeutung** mehr zukommen lassen (BFH GrS 1/98 BStBl II 2002, 291; IV R 44/08 BStBl II 2011, 645) und das Grundstück der privaten Sphäre zuweisen, weil das Grundstück aus außerbetrieblichen Gründen veräußert worden ist (BFH X B 37/05 aaO), und zwar aus offenkundigen Sachzwängen (BFH X R 36/04 BFH/NV 2005, 1535; X B 21/05 BFH/NV 2005, 1806).

156 b) **Dauerhafte Selbstnutzung/Vermietung.** Erheblich ist die **nachweisbare Bestimmung** des Objekts **zur dauerhaften Selbstnutzung** (BFH X R 28/00 BStBl II 2003, 133; X R 74/99 BStBl II 2003, 245; III R 20/01 BStBl II 2003, 297; X R 22/02 BFH/NV 2004, 1629), ggf nur zur Hälfte (BFH X R 36/04 BFH/NV 2005, 1535), was auch für einen Grundstückshändler gilt (BFH IX B 39/02 BFH/NV 2003, 479). Entsprechendes gilt bei einer von vornherein **langfristig vereinbarten Vermietung** (mehr als 5 Jahre) von Wohnobjekten (BFH III R 20/01 BStBl II 2003, 297; III R 10/01 BStBl II 2003, 510; XI R 7/02 BStBl II 2004, 738; *Jacobsen/Tietjen* FR 2003, 907; s jedoch BFH XI B 150/02 BFH/NV 2005, 197; X B 49/04 BFH/NV 2005, 698: langjährig feste Vermietung wegen rascher Verkäufe unerheblich!); eine Vermietung auf unbestimmte Zeit genügt nicht (BFH X B 118/08 BFH/NV 2009, 152). Wenn angesichts solcher Voraussetzungen die Veräußerung auf nicht vorhersehbaren Umständen beruht (zB beruflich bedingte örtliche Veränderung, Familienzuwachs, Umzug zum Arbeitsplatz, Trennung der Eheleute), ist dies dem StPfl nicht anzulasten (BFH X R 34, 35/93 BFH/NV 1996, 302; X R 36/04 BFH/NV 2005, 1535). Sind solche Umstände nicht vorhanden, dann spricht die Veräußerung nach kurzfristiger Eigennutzung oder Vermietung trotz anderweitiger Buchung für Veräußerungsabsicht (BFH VIII R 27/94 BFH/NV 1997, 170; X B 83/99 BFH/NV 2000, 946; X B 67/02 BFH/NV 2003, 161), umso mehr, wenn dem Mieter ein unbedingtes Ankaufsrecht eingeräumt wird (BFH X B 48/04 BFH/NV 2005, 698) oder der Veräußerer in die Mietverträge eingetreten ist (BFH XI R 35/02 BFH/NV 2005, 1267). Das bedeutet, bei Überschreiten der Objektgrenze ist das Objekt bzw der betriebliche Vorgang im betrieblichen Bereich zu erfassen (BFH IV R 183/78 BStBl II 1982, 587; X R 105, 107/88 BStBl II 1991, 519).

Bei **Gewerbeobjekten** ist auch eine **langfristige Vermietung unerheblich** (BFH X R 234/93 BStBl II 1996, 503; X B 185/03 BFH/NV 2005, 1060; X R 51/03 BFH/NV 2005, 1532).

Gewerblicher Grundstückshandel § 2

6. Veräußerungsmotive

a) Unbeachtlichkeit. Die **Motive** für die Veräußerung (Finanzierungsschwierigkeiten, Wegzug, Scheidung, Entwicklung am Wohnungsmarkt, Trennung von Objekten, Notsituation) sind – wenn von einer zumindest bedingten Veräußerungsabsicht auszugehen ist – **grds unbeachtlich** (st Rspr, zB BFH X R 28/00 BStBl II 2003, 133; III R 10/01 BStBl II 2003, 510; III R 37/02 BStBl II 2004, 950; III R 1/05 BStBl II 2007, 375; III R 101/06 BStBl II 2010, 541, gegen FG Köln EFG 2007, 185; *BMF* BStBl I 2004, 434 Rn 21, 30). Das gilt auch bei Finanzierung eigengenutzter Wohnungen (BFH IV R 23/88 BStBl II 1990, 637), bei unvorhergesehenem Finanzbedarf (BFH XI R 34/99 BFH/NV 2001, 1545; verfassungsgemäß BVerfG 2 BvR 1572/01 DStRE 2005, 698), bei schlechter Vermietbarkeit der veräußerten Wohnung (BFH IV B 2/98 BFH/NV 1999, 1320 mwN), bei Beschaffung von Ersatzwohnraum (BFH IV R 203/03 BStBl II 2004, 356), bei Krankheit des Veräußerers und Verlusten aus dem betreffenden Geschäft (Verkauf unter Preis, BFH XI R 58/97 BFH/NV 1999, 766; VIII R 15/00 BFH/NV 2005, 1033), bei Androhung der Zwangsversteigerung (BFH III R 19/11 BStBl II 2013, 433). Die Indizwirkung (Rn 152) wird erschüttert durch Gestaltungen des StPfl, die eine Veräußerung wesentlich erschweren oder unwirtschaftlich erscheinen lassen (BFH III R 19/11 aaO; X B 225/10 BFH/NV 2011, 2083).

Zu Recht **aA,** wenn der Verkauf auf Grund von **Druck** durch die finanzierende Bank erfolgte (FG München 11 K 2166/07 EFG 2011, 142; *Anzinger* FR 2010, 526; *Figgener/Kiesel/Haug* DStR 2010, 1324) oder durch eine Androhung der Zwangsversteigerung erzwungen wurde (FG Münster 14 K 991/05 G EFG 2011, 1254, aufgeh durch BFH III R 19/11 aaO; *Henningfeld* EFG 2011, 1256).

b) Zwangsweise Veräußerung. Grundstücke, die nach dem VerkFlBerG 158 **zwangsweise an die öffentliche Hand** veräußert werden, sind nicht mitzuzählen (*OFD Hannover* DStZ 2004, 693; vgl FG Münster EFG 2004, 1116 rkr, zum Umlegungsverfahren). Auch ist ein gewerblicher Grundstückshandel nicht schon deswegen anzunehmen, wenn der StPfl Grundstücke zur Erstellung von Straßen an die Gemeinde abtritt (BFH X B 26/99 BFH/NV 2000, 557). Zu städtebaulichen Verträgen s OFD Nds DB 2011, 2119.

7. Der Begriff des Objekts

a) Selbstständige Nutzbarkeit. Objekt ist grds jedes Immobilienstück, das 159 **sachenrechtlich selbstständig** veräußert und genutzt werden kann, und zwar unabhängig von Größe, Wert und anderen Umständen, wie zB die Nutzungsart (BFH GrS 1/98 BStBl II 2002, 291; III R 9/98 BStBl II 2002, 571; X R 108/96 BFH/NV 2003, 455; IX R 56/99 BStBl II 2004, 227; IV R 54/02 BStBl II 2004, 868; III R 37/02 BStBl II 2004, 950; *BMF* BStBl I 2004, 434 Rn 16). Denn die selbstständige Veräußerbarkeit folgt grundsätzlich dem **Sachenrecht** (BFH X R 40/03 BStBl II 2005, 35; IV 62/07 BFH/NV 2010, 2261).

b) Wirtschaftliche Einheit. Auch sachenrechtlich selbstständige Grundstücke 160 in ihrer Zusammenfassung als **wirtschaftliche Einheit** iSd Bewertungsrechts können ein einziges Objekt darstellen (BFH III R 61/97 BStBl II 1999, 390; IV R 62/07 BFH/NV 2010, 2261); die Grenze bestimmt die Verkehrsauffassung, regional geprägte Usancen sind unbeachtlich (BFH X R 40/03 BStBl II 2005, 35). **Objekte sind demnach** Einfamilienhaus, Zweifamilienhaus, Eigentumswohnung – ETW – (BFH VIII R 74/87 BStBl II 1991, 844; VIII R 373/83 BStBl II 1990, 1053; III R 56/85 BStBl II 1990, 1054; XI R 83/00 BStBl II 2004, 699; X B 124/88 BFH/NV 1990, 640; XI R 38, 39/91 BFH/NV 1994, 20, 94; X R 12/92 BFH/NV 1996, 676; IV B 2/98 BFH/NV 1999, 1320), ebenso die einzelne Parzelle eines

Güroff 91

§ 2 Steuergegenstand

aufgeteilten unbebauten Grundstücks (BFH IV R 112/92 BStBl II 1996, 367; XI R 22/90 BFH/NV 1992, 238; X R 12/92 BFH/NV 1996, 608; IV R 39, 40/05 BFH/NV 2007, 221), auch ein durchgehandeltes und erschlossenes Objekt (BFH III R 1/05 BStBl II 2007, 375), ein Erbbaurecht (BFH X R 31/99 BFH/NV 2002, 1559) sowie der Miteigentumsanteil an solchen Objekten (BFH X B 157/00 BFH/NV 2002, 330; III R 1/05 BStBl II 2007, 375), insb an einem ungeteilten Grundstück (BFH X R 36/06 BStBl II 2010, 171; IV B 3/10 BStBl II 2012, 740). Mehrere zusammenhängende Parzellen können eine wirtschaftliche Einheit (1 Objekt) darstellen (BFH IV R 54/02 BStBl II 2004, 868). Trotzdem bleibt ein ungeteiltes Grundstück mit mehreren Mehrfamilienhäusern nur ein Objekt (BFH IV R 34/08 BStBl II 2011, 787).

161 c) **Eigentumswohnungen.** Auch bei **ETW** ist zwar grundsätzlich jedes Wohnungseigentum als selbstständiges Objekt anzusehen (§ 93 Abs 1 BewG). Eine ungeteilt erworbene, später in **mehrere Wohnungen aufgeteilte** ETW ist grundsätzlich **nur ein Objekt**; für die Qualifizierung als mehrere Objekte ist die Aufteilung mit Vollzug nach dem WEG erforderlich (BFH X R 36/06 BStBl II 2010, 171). **Umgekehrt** können mehrere Wohnungen, die auf Grund eines einheitlichen Wohnungseigentumsrechts errichtet werden, selbstständige **wirtschaftliche Einheiten** bilden, wenn sie sich räumlich nicht bzw kaum berühren (BFH II R 82/88 BStBl II 1991, 503 mwN). Dasselbe gilt für eine Wohnung, die unter Inanspruchnahme von mehreren Wohnungseigentumsrechten entstanden ist, wenn sie durch Anordnung neben- oder übereinander einen einheitlichen Raumkörper ergeben (BFH IX R 137/86 BStBl II 1991, 872; III R 9/98 BStBl II 2002, 571; X B 183/03 BFH/NV 2005, 1274), ohne dass es auf die zeitliche Reihenfolge von Übertragung der Rechte und Fertigstellung ankäme (BFH XI R 17/90 BStBl II 1992, 1007). Erforderlich ist jedoch, dass der StPfl sich schon mit Abschluss der Kaufverträge zur (Errichtung und) Übertragung einer mehrere Wohnungseigentumsrechte umfassenden Wohnung verpflichtet; nach Abschluss geäußerte und berücksichtigte Wünsche nach Zusammenlegung wirken nicht zurück (dann mehrere Objekte, BFH III R 9/98 BStBl II 2002, 571). Wirtschaftliche Einheit besteht auch mit den zugehörigen **Tiefgaragen-Stellplätzen** (FG München 10 K 3596/08 EFG 2010, 1205; 11 K 2166/07 EFG 2011, 142).

162 d) **Aufteilung/Zusammenfassung von Objekten.** Werden zwei **Mehrfamilienhäuser in ETW** aufgeteilt und diese veräußert, so liegen so viele Objekte vor wie ETW (BFH III R 37/02 BStBl II 2004, 950; I R 143/83 BFH/NV 1987, 646), auch wenn sie mit einem einzigen Vertrag an nur einen Erwerber veräußert werden und keine Modernisierung erfolgt war (BFH IV R 57/01 BStBl II 2003, 291; XI R 47, 48/03 BStBl II 2005, 41; IV R 28/95 BFH/NV 1996, 747; XI R 35/02 BFH/NV 2005, 1267). Entsprechendes gilt für einen ungeteilten **Miteigentumsanteil**, der in der Kaufvertragsurkunde in mehrere Wohn- u Gewerbeobjekte aufgeteilt wird, von denen einem Erwerber mehr als drei zugewiesen werden (BFH IV R 44/08 BStBl II 2011, 645). Es handelt sich um rechtlich und wirtschaftlich selbstständige Verkäufe (BFH III R 9/98 BStBl II 2002, 571). Die Anzahl der Verkaufsakte berührt das Tatbestandsmerkmal der Nachhaltigkeit (BFH IV R 27/03 BStBl II 2005, 164).

Liegen eine wirtschaftliche Einheit begründende Umstände nicht vor, wird die Selbstständigkeit von Grundstücken auch nicht durch die **unmittelbare räumliche Nähe** aufgehoben (BFH X R 40/03 BStBl II 2005, 35, zu angrenzenden Mehrfamilienhäusern; krit G. *Söffing* DStR 2005, 1930), und zwar auch dann nicht, wenn sie grundbuchrechtlich zu einer Einheit zusammengefasst sind. **Garagen(-Grundstücke)** sind, selbst wenn sie isoliert verkauft werden, keine eigenständigen Objekte (BFH X R 183/96 BStBl II 1998, 332; X R 183/96 BStBl II 2003, 238; krit *Kempermann* FR 2003, 247; StBJb 2002/03, 419).

Gewerblicher Grundstückshandel § 2

e) Gundstücksgeschäft/Art und Durchführung. Die Grundstücksgeschäfte 163
müssen nach Art und Durchführung **nicht vergleichbar** sein (BFH VIII R 9/90
BFH/NV 1993, 656; die einzelnen Objekte können unterschiedlichen Nutzungsarten zuzuordnen sein (BFH XI R 21/91 BStBl II 1993, 668; III B 38/96 BFH/NV
1997, 229). Die verkauften Objekte werden einzeln gezählt, und zwar auch dann,
wenn sie in einem Vertrag an denselben Käufer abgesetzt werden (BFH IV R 57/
01 BStBl II 2003, 291; X R 40/03 BStBl II 2005, 35). Die o.a. Grundsätze gelten
auch, wenn ein StPfl Wohneinheiten im Rahmen eines Bauherrenmodells erwirbt
und veräußert (BFH IX R 140/92 BStBl II 1995, 838). Auch ein Anteil von einer
Grundstücksgesellschaft kann 1 Objekt sein (Rn 189 ff).

f) Ausland. Grundstücke im **Ausland** sind in jedem Fall zu berücksichtigen 164
(*FinVerw* DStR 1993, 1481; DB 1993, 1647, FR 1993, 587; krit *Prinz* DStR 1996,
1145; *Bornheim* DStR 1998, 1773).

g) Großobjekte. Auf die **Größe des Objekts** kommt es grds nicht an. Der 165
GrS des BFH (BFH GrS 1/98 BStBl II 2002, 291) hat entschieden, die Errichtung
von **Wohnobjekten,** deren Aufteilung in (10) ETW sowie deren Veräußerung
stelle nicht unabhängig von der 3-Objekt-Grenze etwa wegen der Ähnlichkeit
mit dem Typus des Bauunternehmers/Bauträgers eine gewerbliche Betätigung dar.
Immerhin lässt der GrS weiterhin die Möglichkeit zu, dass weitere Umstände
(Verkauf vor Bebauung; Errichtung nach Wünschen oder auf Rechnung des
Erwerbers; keine Abrechnung zwischen StPfl und Bauunternehmer wie zwischen
Fremden üblich; vgl Rn 194 f; Übergangsregelung durch *BMF* BStBl I 2003, 171)
trotz Nichtüberschreitens der 3-Objekt-Grenze zur Gewerblichkeit führen (hierzu
Kempermann FR 2002, 455; *DStR* 2002, 785; *Söffing* DB 2002, 964; *Vogelgesang*
DB 2003, 844; BB 2004, 183 mit Gestaltungshinweisen; krit u.a. *Paus* DStZ
2002, 715; *Schmidt/Liebig* Inf 2002, 673, 709; *Carlé* DStZ 2003, 483 für eine
nutzwertorientierte Gesamtbetrachtung *Bloehs* BB 2002, 1068; dagegen *Schmidt/
Liebig* BB 2002, 2577).

Das bedeutet zum einen, dass sog **Großobjekte** *nur* **1 Objekt** iSd Objektrecht- 166
sprechung darstellen können (vgl BFH X R 53/01 BFH/NV 2003, 1291). Das
betrifft nicht nur Mehrfamilienhäuser, sofern nicht in ETW aufgeteilt (BFH III R
37/02 BStBl II 2002, 950), u Doppelhaushälften auf ungeteiltem Grundstück (BFH
I R 118/97 BStBl II 2000, 28; X R 130/97 BStBl II 2001, 530; IX R 56/99 BStBl
II 2004, 277; VIII R 159/02 BFH/NV 2003, 1062; VIII B 141/05 BFH/NV 2006,
1465), 5 Mehrfamilienhäuser auf einem ungeteilten Grundstück (BFH IV R 34/08
BStBl II 2011, 787), sondern auch gewerblich genutzte Objekte. Zum anderen
kommt bei ihnen eher als bei einfachen Objekten (zumal Wohnobjekten) die Möglichkeit in Betracht, ihre Errichtung und Veräußerung **unabhängig von der
Anzahl der Objekte** nach den unter Rn 194 ff aufgezeigten Kriterien als gewerblich einzuordnen (vgl die dort angegebene Rspr; aA *M. Söffing* DStR 2004, 793;
FR 2006, 485).

8. Zeitlicher Zusammenhang

Für die **Erschließung der** *zumindest bedingten* **Verkaufsabsicht** bei Erwerb/ 167
Bebauung des Grundstücks ist der **zeitliche Zusammenhang** mit dem Verkauf
von Bedeutung (vgl BFH GrS 1/98 BStBl II 2002, 291; X R 40/03 BStBl II 2005,
35; XI R 38, 39/91 BFH/NV 1994, 20; VIII R 10/92 BFH/NV 1994, 94; X R
60/93 BFH/NV 1996, 202; IV R 44/08 BFH/NV 2011, 1212). Je kürzer der
Zeitraum zwischen Erwerb bzw. Bebauung und Veräußerung, desto unwahrscheinlicher ist die ursprüngliche Absicht der Vermietung oder Eigennutzung (BFH X R
1/96 BStBl II 1998, 346; III R 37/02 BStBl II 2004, 950; II B 121/04 BFH/NV
2005, 197).

§ 2   Steuergegenstand

168   **a) Beginn.** Der zu beurteilende **Zeitraum beginnt** bei Veräußerung unbebauter Grundstücke mit dem Erwerb, bei der Veräußerung bebauter Grundstücke mit dem Erwerb bzw mit der Bebauung (vgl BFH III R 275/83 BStBl II 1988, 293; IV R 23/88 BStBl II 1990, 637), auch wenn das Grundstück vor der Bebauung längere Zeit im Eigentum des StPfl gestanden hatte (BFH VIII R 46/84 BStBl II 1988, 65); bei Verkauf nach Sanierungs- bzw Modernisierungsarbeiten mit deren Abschluss (BFH IV R 66-67/91 BStBl II 1994, 463; IV R 57/01 BStBl II 2003, 291; FG Köln EFG 2005, 451; FG Münster EFG 2011, 454; *BMF* BStBl I 2004, 434 Rn 24). Auf den zeitlichen Zusammenhang mit dem Erwerb des Grundstücks kommt es dann nicht an (BFH IV R 23/88 BStBl II 1990, 637), auch wenn das Grundstück vorübergehend selbstgenutzt war (BFH VIII R 266/84 BStBl II 1989, 621; X R 105, 107/88 BStBl II 1991, 519; IV R 79/91 BFH/NV 1992, 809; VIII R 9/90 BFH/NV 1993, 656). Bei der Entnahme eines unbebauten land- und forstwirtschaftlichen Grundstücks ist der Zeitraum, in dem es sich im Betriebsvermögen befunden hat, einzubeziehen (*OFD Ffm* DStR 1999, 1946).

169   **b) Zeitspanne.** Ein **enger zeitlicher Zusammenhang** wird noch angenommen, wenn die Zeitspanne bis zu den ersten Veräußerungen **nicht mehr als 5 Jahre** beträgt (zB BFH III R 47/88 BStBl II 1992, 143; X R 74/99 BStBl II 2003, 245; III R 10/01 BStBl II 2003, 510; XI R 25/03 BFH/NV 2004, 1399). Hierbei kommt es auf den Abschluss des (obligatorischen) Geschäfts, nicht auf die Realisierung des Gewinns an (BFH IV R 57/01 BStBl II 2003, 291; X R 74/01 BFH/NV 2005, 2195; III R 1/05 BStBl II 2007, 375).

In diesen Fällen wird mangels gegenteiliger Anhaltspunkte nach der „Lebenserfahrung" angenommen, dass bei Kauf/Bebauung zumindest eine bedingte Verkaufsabsicht bestanden hat (BFH III R 10/01 BStBl II 2003, 510; X R 53/01 BFH/NV 2003, 1291). Unerheblich ist, ob eine feste, „planmäßige" Verkaufsabsicht bestanden hat oder ob die Absicht – auch bzw zunächst – auf eine anderweitige Nutzung gerichtet war (BFH III R 28/87 BStBl II 1990, 1057; X R 107, 108/89 BStBl II 1990, 1060; VIII R 74/87 BStBl II 1991, 844; III R 59/89 BFH/NV 1992, 464).

9. Nur Beweisanzeichen

170   Doch ist der zeitliche Zusammenhang **nur** ein **Beweisanzeichen**, das durch eindeutige Anhaltspunkte, die gegen eine von Anfang an bestehende Verkaufsabsicht sprechen, erschüttert werden kann (auch Rn 155 f). An die Widerlegung der Vermutung sind aber strenge Anforderungen zu stellen (BFH III R 47/88 BStBl II 1992, 143; IV R 2/92 BStBl II 1996, 369; XI R 47, 48/03 BStBl II 2005, 41). Die Gegenindizien müssen so gewichtig sein, dass der (im Grunde stets vorhandenen) bedingten Veräußerungsabsicht keine Bedeutung mehr zukommt (BFH X R 44/08 BFH/NV 2011, 1212). Es sind umso strengere Anforderungen zu stellen, je enger der zeitliche Zusammenhang ist (BFH X R 255/93 BStBl II 1996, 303). Erforderlich ist eine Gesamtwürdigung der in Betracht kommenden Umstände (BFH GrS 1/98 BStBl II 2002, 291; IV R 27/98 BStBl II 2002, 537). In der Regel wird die Indizwirkung widerlegt durch Gestaltungen des StPfl, die eine Veräußerung wesentlich erschweren oder unwirtschaftlich erscheinen lassen (BFH III R 101/06 BStBl II 2010, 541; X B 225/10 BFH/NV 2011, 2083).

171   **a) Einzelfälle. Zugunsten des StPfl** kann von Bedeutung etwa sein, dass der StPfl bei Umwandlung von 4 Eigentumswohnungen nach langjähriger Vermietung oder Eigennutzung nicht der Branche angehört (BFH VIII R 46/84 BStBl II 1988, 65; IV R 102/86 u IV R 130-131/86 BFH/NV 1989, 101 u 102; VIII R 27/94 BFH/NV 1997, 170), wobei Langjährigkeit ebenfalls erst ab einem Zeitraum von 5 Jahren angenommen wird (BFH III R 275/83 BStBl II 1988, 293; VIII R 266/84 BStBl II 1989, 621; XI R 23/90 BStBl II 1992, 135; XI R 21/91 BStBl II 1993,

Gewerblicher Grundstückshandel §2

668; X B 155/98 BFH/NV 1999, 1209); ähnlich wenn der StPfl das Haus vor Abriss und Neugestaltung zu einem Haus mit mehreren Eigentumswohnungen noch zum Zwecke der Eigennutzung renoviert hat (BFH X R 34, 35/93 BFH/NV 1996, 302). Auch die Langfristigkeit der Finanzierung kann (zugunsten des StPfl) zu berücksichtigen sein (BFH III R 20/01 BStBl II 2003, 297; IX R 88/00 BFH/NV 2004, 1089).

b) Annahme der Gewerblichkeit. Gewerblichkeit ist anzunehmen bei Auf- 172 teilung eines MFH in ETW und Verkauf auch an nur einen Erwerber, wenn der Stpfl schon zuvor ein Gebäude veräußert hat (BFH XI R 35/02 BFH/NV 2005, 1267). Auch genügt nicht die Zwischenvermietung an einen gewerblichen Zwischenmieter (BFH IV R 79/91 BFH/NV 1992, 809), der Verkauf eines Grundstücks aus einer Notlage heraus (BFH III B 75/99 BFH/NV 2000, 1340) oder gar die einfache Behauptung der Vermietungsabsicht (BFH III R 47/88 BStBl II 1992, 143; III R 37/02 BStBl II 2004, 950). Letzteres schließt eine Beweisführung durch Vernehmung von Zeugen, die ihre „Kenntnisse" nur aus Gesprächen mit dem StPfl haben können, aus (BFH III R 37/02 BStBl II 2004, 950; VIII B 87/95 BFH/NV 1996, 897). Gleichwohl hat BFH VIII R 46/84 BStBl II 1988, 65 bei (Vereinbarung der) Vermietung auf eine feste Dauer von 5–10 Jahren durch einen Branchenfremden und gleichwohl nach 2 Jahren seit Errichtung erfolgter Aufteilung in Eigentumswohnungen noch eine private Vermögensverwaltung angenommen (zust BFH X R 107-108/89 BStBl II 1990, 1060; III R 10/01 BStBl II 2003, 510; VIII R 10/92 BFH/NV 1994, 94) was sehr fraglich ist, weil (wie der Fall zeigt) auch ein langfristiger Mietvertrag die Veräußerungsabsicht nicht ausschließt. Auch die Begründung, wegen der langfristigen Vermietung sei ein Wohn-Grundstück nur eingeschränkt verwertbar, ist nicht tragfähig. Im Übrigen gilt diese Begründung nicht bei Gewerbeobjekten (Rn 156 aE). Ebenso genügen auf unbestimmte Zeit geschlossene Mietverträge nicht (BFH VIII R 27/94 BFH/NV 1997, 170) sowie das Vorhaben, durch Erwerb von Renditeobjekten die Altersversorgung zu sichern (BFH X R 28/00 BStBl II 2003, 133; III R 37/02 BStBl II 2004, 950; IV R 28/95 BFH/NV 1996, 747).

10. Keine starre zeitliche Grenze

Der 5-Jahreszeitraum ist nach allem **keine starre zeitliche Grenze** iS eines 173 Tatbestandsmerkmals. Eine geringfügige Überschreitung kann unerheblich sein, wenn andere Umstände auf eine bedingte Veräußerungsabsicht hinweisen (BFH IV R 286/66 BStBl II 1971, 456; I R 120/80 BStBl II 1984, 137; III R 275/83 BStBl II 1988, 293; III R 37/02 BStBl II 2004, 950; IV R 44/08 BStBl II 2011, 645). Je länger die Zeitgrenze überschritten ist, desto mehr verringert sich die Indizwirkung solcher Umstände (BFH X B 118/08 BFH/NV 2009, 152).

a) Mehrere Objekte. Auch wenn **innerhalb von 5 Jahren weniger** als 4 174 Objekte, jedoch danach in kürzerer Zeit weitere Objekte verkauft werden, ist der enge zeitliche Zusammenhang mit den letzten Verkäufen noch gewahrt (BFH X R 74/99 BStBl II 2003, 245; XI R 7/02 BStBl II 2004, 738; XI R 47, 48/03 BStBl II 2005, 41; X B 71/01 BFH/NV 2002, 572; X R 108/96, VIII R 70/98, IX R 77/99, X R 53/01 BFH/NV 2003, 455, 742, 911, 1291; X B 30/03 BFH/NV 2004, 194). In einem solchen Fall sind auch nach Ablauf des Fünfjahreszeitraums erfolgende Verkäufe in die Beurteilung einzubeziehen (BFH III R 75/85 BStBl II 1990, 747; XI B 150/02, IV B 104/03 BFH/NV 2005, 197, 1541). So wenn der StPfl in 6 Jahren 5 Objekte oder in 7½ Jahren 7 Objekte anschafft und veräußert (BFH X R 160/97 BFH/NV 2003, 890; XI R 25/03 BFH/NV 2004, 1399); ähnlich zur Veräußerung von Anteilen an Immobilien-GbR Hess FG EFG 2011, 658 rkr. **Beurteilungskriterien** sind – wie vor – hohe Verkaufszahlen, Branchennähe bzw Insiderwissen (BFH X B 141/01 BFH/NV 2002, 1453; X R 4/02, X R 160/97 BFH/NV 2003, 457, 890; XI R 25/03 BFH/NV 2004, 1399; IV B 74/09 BFH/NV 2009, 919), die Art der Finanzierung, zusätzliche Aktivitäten wie Modernisierung u Erschließung, Aufteilung in ETW bei Erwerb, die Dauer der Vermietung (BFH X B 185/03 BFH/NV 2005, 1060: nicht bei Langfristigkeit bei Wohnraum). Krit hierzu *Bloehs* BB 2002, 1068; *Schmidt-Liebig* BB 2002, 257.

175 **b) 10-Jahreszeitraum.** Unter Einschluss der Frage der Nachhaltigkeit (Rn 60 ff) kann sich die Notwendigkeit ergeben, die Verhältnisse in einem **10-Jahreszeitraum** zu prüfen (BFH XI R 23/90 BStBl II 1992, 135; XI R 24/90 BFH/NV 1992, 235). Auch Verkäufe in festsetzungsverjährter Zeit sind einzubeziehen (BFH X B 149/10 BFH/NV 2011, 1348). Je länger der Zeitraum, desto geringer ist jedoch die Indizwirkung für den Erwerb in (bedingter) Verkaufsabsicht; sie muss ggf durch weitere Anhaltspunkte ergänzt werden (zB höhere Anzahl von Verkäufen; Branchennähe, BFH XI R 7/02 BStBl II 2004, 738; VIII R 16/93 BFH/NV 1996, 466; IX R 77/99 BFH/NV 2003, 911; X B 118/08 BFH/NV 2009, 152; *BMF* BStBl I 2004, 434). Insb Häufigkeit und Dichte der Veräußerungen können ein Indiz für eine von vornherein bestehende Veräußerungsabsicht gewinnen (vgl BFH X R 107, 108/89 BStBl II 1990, 1060, wo bei 12 Objekten in insgesamt 9 Jahren GewBetrieb angenommen wird).

176 **c) Noch längerer Zeitraum.** Beträgt der Zeitraum **mehr als 10 Jahre,** dann liegt grundsätzlich Vermögensverwaltung vor (BFH I R 153/71 BStBl II 1973, 661). Gleichwohl bleiben nicht alle Grundstücke, die der StPfl mehr als 10 Jahre in Eigentum hatte, unberücksichtigt. Auch die 10-Jahres-Grenze ist nicht starr zu handhaben (BFH X R 108/90 BFH/NV 1994, 84 für den Fall eines laufenden Verkaufs unbebauter Grundstücke). Befand sich das Grundstück aber 20 Jahre im Eigentum des StPfl, dann ist die nachfolgende Veräußerung außer Betracht zu lassen (BFH X R 241/93 BFH/NV 1997, 396).

177 **d) Rechtsnachfolge.** Bei **Rechtsnachfolge,** insb im Falle der (vorweggenommenen) **Erbschaft,** sind die Vorbesitzzeiten beim Erblasser grds nicht zu berücksichtigen (BFH X R 130/97 BStBl II 2001, 530; *Schmidt-Liebig* Inf 1998, 97). Ererbte Grundstücke sind ohnehin nur dann Objekt, wenn sie im zeitlichen Zusammenhang mit anderen veräußert werden (*BMF* BStBl I 2004, 434 Rz 9; krit *Söffing* DStR 2004, 793) oder der StPfl in Hinblick auf sie zusätzliche Aktivitäten entfaltet (BFH III R 1/05 BStBl II 2007, 375). Das hat mE auch für **andere unentgeltliche Erwerbsvorgänge** (zB Schenkung) zu gelten (ebenso *M. Söffing/Klümper-Neusel* DStR 2000, 1753). Zur Rückübertragung ehemals enteigneter Grundstücke im Beitrittsgebiet *Kaiser* DStR 1993, 270).

11. Planmäßiger Zusammenhang

178 Die 5-Jahreszeiträume (Rn 148, 167 ff) sind also maßgeblich für den Erwerb/die Errichtung und Veräußerung des einzelnen Objekts sowie für den Zeitraum zwischen Erwerb/Errichtung des ersten und Veräußerung des vierten Objekts (BFH X R 74/99 BStBl II 2003, 245; X R 165/87 BFH/NV 1991, 381; X R 108/90 BFH/NV 1994, 84; XI R 25/03 BFH/NV 2004, 1399; *Weber-Grellet* DStZ 1991, 23).

179 **a) Gesamtbild.** Werden die jeweiligen 5-Jahreszeiträume nicht eingehalten, kann es ausreichen, wenn die An- und Verkäufe, die in einem planmäßigen Zusammenhang stehen, **nur zum Teil in** dem auf die gesamte Betätigung bezogenen **5-Jahreszeitraum** getätigt werden; es entscheidet das Gesamtbild der Verhältnisse (BFH III R 27/98 BStBl II 2002, 537; IV R 58/01 BFH/NV 2003, 588; X R 53/01 BFH/NV 2003, 1291). Ist dies nicht der Fall, so wird die Veräußerung nicht dadurch (etwa gar nachträglich) gewerblich, dass der StPfl in einem anderen Zusam-

Gewerblicher Grundstückshandel § 2

menhang planmäßig einen Grundstückhandel beginnt (BFH X R 241/93 BFH/ NV 1997, 396). Auch ist geklärt, dass eine längerfristige Unterbrechung der Verkaufstätigkeit, eine inaktive Phase, den Fortbestand des gewerblichen Grundstückshandels unberührt lässt (BFH IV R 39/94 BStBl II 1996, 276; III R 1/05 BStBl II 2007, 375; III B 47/99 BFH/NV 2000, 1451; IX R 77/99 BFH/NV 2003, 911). Denn ein Gesamtplan ist andererseits nicht erforderlich (BFH III R 1/05 BStBl II 2007, 375; IV B 47/06 BFH/NV 2007, 234); es genügt ein einheitlicher Betätigungswille (BFH X B 26/99 BFH/NV 2000, 557). **Großzügig** FG Bremen (1 K 90/07 G EFG 2009,743): Verkauf von 3 Grundstücken und 21 ETW durch einen Arzt innerhalb von fünf Jahren (Rn 148), wobei der Zeitraum zwischen An- u Verkauf nur bei einem Objekt weniger als 5 Jahre, im Übrigen zwischen 7 u 11 Jahre betrug, sei kein gewerblicher Grundstückshandel.

b) Umlaufvermögen. Ein sachlicher Zusammenhang wird nicht dadurch 180 berührt, dass ein Teil der Objekte bereits Umlaufvermögen eines anderen Gewerbebetriebs war (BFH X R 51/03 BFH/NV 2005, 1532).
(frei) 181

12. Personenmehrheiten

a) Ebene der Gesellschaft. Bei Personengesellschaften, Gemeinschaften, 182 Güter-, Erbengemeinschaften sind auf der Ebene der Gesellschaft/Gemeinschaft die o.a. Grundsätze anzuwenden, wenn und soweit die Gesellschafter in ihrer gesamthänderischen Verbundenheit im Grundstückshandel tätig werden (BFH GrS 4/82 BStBl II 1984, 751, 762; IV R 14/99 BStBl II 2002, 811; IV R 76/92 BFH/NV 1996, 678); das gilt entsprechend für Bruchteilsgemeinschaften (BFH GrS 1/93 BStBl II 1995, 617; IV B 32/06 BFH/NV 2007, 2095). Hierbei sind auch solche Grundstücke in die Objekt- und Zeitberechnung einzubeziehen, die zum Sonderbetriebsvermögen des StPfl gehören (BFH I R 28/75 BStBl II 1977, 552; VIII R 7/02 BStBl II 2004, 914), innerhalb der Personenmehrheit oder an eine Schwestergesellschaft veräußert werden (BFH VIII R 15/00 BFH/NV 2005, 1033; IV B 144/06 BFH/NV 2008, 1134), nicht dagegen solche, die im Wege der Realteilung übertragen werden (BFH IV R 74/95 BStBl II 1996, 599; *Vogelgesang* DB 2003, 844).

aa) Keine „Infektion". Es erfolgt **keine** „Infektion" durch die Tätigkeit der 183 Gesellschafter (BFH VIII R 7/02 BStBl II 2004, 914); dh auf der Ebene der Gesellschaft werden deren Verkäufe nicht mit denen der Gesellschafter zusammengerechnet (BFH IX R 114/82 BStBl II 1987, 810; IV R 66, 67/91 BStBl II 1994, 463; GrS 1/93 BStBl II 1995, 617; X R 44/93 BStBl 1996, 676; *BMF* BStBl I 2004, 434 Rn 14).

bb) Ausnahmen. Doch können ausnahmsweise verschiedene **beteiligungs-** 184 **identische** und für sich genommen vermögensverwaltende **Personenmehrheiten** nur *einen* GewBetrieb darstellen (BFH VIII R 100/90 BFH/NV 1993, 538; IV B 44/02 BFH/NV 2002, 1559; IV R 39/05 BFH/NV 2007, 221; IV R 80/05 BStBl II 2009, 266; aA FG B-Bbg 1 K 32/92/02 B EFG 2010, 323 rkr); das gilt nicht für eine für sich betrachtet gewerblich tätige Gesellschaft (BFH IV R 72/07 BStBl II 2009, 529; IV R 85/06 BFH/NV 2009, 795). Werden nicht mehr als 3 Objekte veräußert und sprechen auch sonstige erhebliche Gründe nicht für Gewerblichkeit, dann schadet auch die *Branchennähe* der Gesellschafter nicht (BFH VIII R 19/01 BFH/NV 2002, 1571; IV R 12/07 BFH/NV 2009, 926). Das gilt auch für sog Großobjekte (vgl Rn 165) es sei denn, sonstige Aktivitäten weisen die Geschäfte als gewerbliche aus (Rn 194 ff). Beschränkt sich die Gesellschaft auf die Vermögensverwaltung, **entsteht** die **GewSt** (nur) beim Gesellschafter (BFH III R 62/97 BFH/NV 1999, 1067; FG München EFG 2002, 420).

§ 2 Steuergegenstand

185 **b) Ebene der Gesellschafter.** Hier besteht grundsätzlich **keine Abschirmwirkung**, dh die Aktivitäten der Gesellschaft/Gemeinschaft werden den Geschäften des Gesellschafters hinzugezählt (BFH GrS 1/93 BStBl II 1995, 617; zur Obergesellschaft von mehreren KG FG Hamburg 7 K 19/04 EFG 2009, 557 rkr).

186 **aa) Sachzusammenhang.** Erforderlich ist jedoch ein **Sachzusammenhang** zwischen beiden Bereichen (BFH IV R 27/03 BStBl II 2005, 164; IV B 44/02 BFH/NV 2002, 1559; X B 109/02 BFH/NV 2003, 1082), der bei einer vermögensverwaltenden Gesellschaft idR anzunehmen ist. Bei einer originär gewerblich tätigen Gesellschaft findet eine Zusammenrechnung mit den Geschäften der Gesellschaft idR mangels Sachzusammenhang nicht statt (BFH GrS 1/93 BStBl II 1995, 617).

Grundstücke, die im Wege der **Realteilung** übertragen werden, sind dann einzubeziehen, wenn der StPfl sie alsbald, insb in zeitlichem Zusammenhang mit anderen Grundstücksverkäufen veräußert (BFH X R 160/97 BFH/NV 2003, 890).

187 **bb) Mindestbeteiligung.** *BMF* BStBl I 2004, 434 Rn 14 rechnet die Grundstücksgeschäfte nur der Personengesellschaften zu, an denen der Gesellschafter mit **mindestens 10% beteiligt** ist, bzw wenn der Verkehrswert des Gesellschaftsanteils oder Anteils am veräußerten Grundstück mehr als **250 000 €** beträgt. Der Große Senat des BFH hat dies bestätigt (BFH GrS 1/93 BStBl II 1995, 617; hierzu *Fabry* DStZ 1996, 26; *Kohlhaas* DStR 1997, 93; *Weber-Grellet* DStR 1996, 1342; *Spindler* DStZ 1997, 10; *Meyer-Scharenberg/Fleischmann* DStR 1995, 1409; *G. Söffing* DB 1995, 2138; *Schmalhofer/Streicher* DB 1995, 2445; *Schmidt-Liebig* Inf 1996, 65; BB 1996, 1799; DB 1997, 346; *Paus* DStZ 1996, 172; *Schuhmann* StBp 1997, 34; *Vogelgesang* DB 2003, 844; *Lüdicke/Naujok* DB 2004, 1796). Auch bei einer geringeren Beteiligung kann eine Zurechnung dann erfolgen, wenn der Gesellschafter über eine Generalvollmacht oder aus anderen Gründen die Geschäfte der Gesellschaft maßgebend bestimmt (BFH X R 4/04 BStBl II 2007, 885).

188 **cc) Rechtsfolgen.** Überschreiten die Verkäufe **in beiden Bereichen zusammen** also die 3-Objekt-Marke (zB GbR 4, Gesellschafter 0), dann liegt auch auf der Ebene des Gesellschafters ein (weiterer) gewerblicher Grundstückshandel vor (BFH GrS 2/02 BStBl II 2005, 679; X R 4/02 BFH/NV 2003, 457; IX R 80/98 BFH/NV 2006, 1247; X B 165/05 BFH/NV 2007, 42; X R 24/11 BStBl II 2012, 865 zu FG Köln EFG 2010, 1995; *BMF* BStBl I 2004, 434 Rn 17; *Figgener/von der Tann* DStR 2012, 2579; *Hartrott* FR 2013, 126). Entsprechendes kann gelten, wenn ein Gesellschafter das letzte einer den Grundstückshandel betreibenden GbR verbliebene Grundstück übernimmt (BFH X B 165/11 BFH/NV 2012, 1593). Die **Einkünftequalifikation** bei einer *Zebra-Gesellschaft* erfolgt für den Gesellschafter durch sein WohnsitzFA (BFH GrS 2/02 BStBl II 2005, 679). Ist der Gesellschafter an mehreren Gesellschaften beteiligt, sind ihm alle durch diese getätigten Verkäufe zuzurechnen, mit der Folge eines gewerblichen Grundstückshandels auch dann, wenn sich nur durch die Zusammenrechnung auf seiner Ebene mehr als 3 Verkäufe ergeben (*BMF* BStBl I 2004, 434 Rz 18).

Im Übrigen gelten die o.a. Grundsätze für Erbengemeinschaften (BFH IV R 23/88 BStBl II 1990, 637) und für Bruchteilsgemeinschaften (BFH IV R 111/90 BStBl II 1992, 283; GrS 1/93 BStBl II 1995, 617; XI R 21/91 BFH/NV 1996, 478; *BMF* BStBl I 2004, 434; krit *Reiß* FR 1992, 364).

13. Anteilsverkauf bei Immobilien-Personengesellschaft

189 **a) Vermögensverwaltende Gesellschaft. aa) Grundsatz.** Auch der **Verkauf von Anteilen** an (einer) vermögensverwaltenden Immobilien-Personengesellschaft(en) kann zu gewerblichem Grundstückshandel führen, weil er die Übertragung ideeller Anteile an den einzelnen gesamthänderisch gebundenen Wirtschaftsgütern des Gesellschaftsvermögens darstellt. Die Gewerblichkeit auf Ebene des

Gesellschafters kann sich aus der Zusammenrechnung mit eigenen Grundstücksgeschäften, aber auch aus der Anzahl der veräußerten Anteile bzw der durch sie verkörperten ideellen Grundstücksanteile ergeben (vgl BFH IV R 2/92 BStBl II 1996, 369; III R 1/01 BStBl II 2003, 250; III R 62/97 BFH/NV 1999, 1067; X R 23/05 BStBl II 2009, 407; IV R 81/06 BStBl II 2010, 974; Hess FG EFG 2011, 658 rkr; ebenso bei Anteil über 10% *BMF* BStBl I 2004, 434 Rn 18; **aA** *Bitz* FR 1991, 438; *Zacharias/Rinnewitz/Jung* DStR 1991, 861; *Fleischmann/Meyer-Scharenberg* BB 1991, 995; zum Problem iÜ: *Paus* DStZ 1991, 740; *Gast-deHaan* DStZ 1992, 285, 293; *Hofer* DStR 2000, 1635; *Prinz* DStR 1996, 1145, 1150; *Kempermann* DStR 1996, 1158; *Schmidt-Liebig* Inf 1996, 107, FR 1997, 325, 331; BB 1998, 563, 566; *Weber-Grellet* DStR 1995, 1341; *Penne/Holz* WPg 1995, 753; *Bitz* DStR 1998, 433, *Kobor* FR 1999, 1155; *Altfelder* FR 2000, 349, 370). Das gilt auch für **gewerblich geprägte Personengesellschaften** (BFH X R 23/05 BStBl II 2009, 407; IV R 81/06 BStBl II 2010, 974; IV B 46/10 BFH/NV 2011, 244; X R 39/07 BFH/NV 2012, 16).

Ein im Gewinnfeststellungsbescheid als Veräußerungsgewinn qualifizierter Gewinn kann bei der GewStVeranlagung gleichwohl **als laufender Gewinn** im Rahmen eines gewerblichen Grundstückshandels **umqualifiziert** werden (BFH X R 34/10 BStBl II 2012, 647; *Wendt* FR 2012, 925).

bb) Dauer und Höhe der Beteiligung. Abzustellen ist mE zunächst auf die **190 Dauer der Beteiligung** und sodann (wenn diese 5 Jahre überschritten hat) auf die der Zugehörigkeit der Grundstücke zum Betriebsvermögen (*Penne/Holz* WPg 1995, 753; aA *Götz* FR 2005, 137: nur Beteiligungsdauer). Bei Verkauf von 4 Beteiligungen in 5 Jahren entsteht also ein gewstpfl gewerblicher Grundstückshandel beim Gesellschafter (BFH III R 61/97 BStBl II 1999, 390; III R 62/97 BFH/NV 1999, 1067; zum Verkauf von Anteilen an gewerblich geprägter GbR BFH III R 81/06 BStBl II 2010, 974; **aA** *Fratz/Löhr* DStR 2005, 1044). Nach den Grundsätzen zu Rn 173 f ist Grundstückshandel anzunehmen bei Verkauf von Anteilen an 3 Gesellschaften innerhalb von 5 Jahren und weiteren 3 Anteilen innerhalb von 7 ½ Jahren (Hess FG 8 K 3380/07 EFG 2011, 658).

Die *FinVerw* wendet die o.a. Grundsätze nur bei einer **Mindestbeteiligung von 10%** an; liegt sie darunter, genügt sie im Verkehrwert der Beteiligung bzw des Anteils am verkörperten Grundstück von **250 000 €** (*BMF* BStBl I 2004, 434 Rn 14, 18). Die Veräußerung allerdings einer 50%igen Beteiligung bedeutet anteilige Übertragung so vieler Objekte, wie sich im Gesamthandseigentum befinden (BFH III R 1/01 BStBl II 2003, 250; IV B 71/08 BFH/NV 2009, 930). ME gelten diese Grundsätze auch für **nach dem EZ 2001** verwirklichte Fälle; angesichts des Eigenlebens des (auch über Mitunternehmerschaften gestalteten) Gewerbebetriebs besteht mE für diesen ein **Vorrang vor § 7 Satz 2 Nr 2,** nicht umgekehrt (zweifelnd *Behrens/Schmitt* BB 2008, 2332).

b) Grundstückshandelsgesellschaft. Betreibt die Gesellschaft den gewerblichen Grundstückshandel, ist der GewErtrag aus der Anteilsveräußerung unabhängig von den o.a. Grundsätzen ein laufender und daher gewstpfl (BFH IV R 3/05 BStBl II 2007, 777; IV B 71/08 BFH/NV 2009, 930). Ggf muss er auf Grundstücke im UV bzw AV aufgeteilt werden (vgl BFH IV R 75/05 DStRE 2008, 341; IV R 69/04 BStBl II 2010, 973). **191**

14. Zwischengeschaltete Personengesellschaft

Die **Zwischenschaltung** einer nur zum Zweck des Kaufs und Weiterverkaufs **192** dem StPfl gehörender Wohnungen gegründeten und nur aus nahe stehenden Personen gebildeten Personengesellschaft **kann rechtsmissbräuchlich** (§ 42 AO) sein (BFH III R 47/88 BStBl II 1992, 143; IV R 28/92 BFH/NV 1993, 728). Das gilt

§ 2 Steuergegenstand

insb, wenn sie an den StPfl einen so hohen Kaufpreis zahlt, dass sie keinen (namhaften) Gewinn erwarten kann oder wenn die Mittel zum Ankauf der Wohnungen vom StPfl selbst stammen oder erst nach Weiterverkauf des Kaufpreis aus dem Erlös zu zahlen ist (BFH III B 35/97 BFH/NV 2001, 138; einschränkend FG Münster EFG 2004, 1830 rkr trotz Auseinandersetzung der Gesamthand noch am Tag der Veräußerung. Zum Problem *Kempermann* StbJB 2002/03, 419, 432; *Vogelgesang* BB 2004, 183.

15. Kapitalgesellschaft

193 Ob **Verkäufe durch Kapitalgesellschaften** den Gesellschaftern zuzurechnen sind, ist **umstritten** (**abl** BFH III R 25/02 BStBl II 2004, 787; IV R 76/92 BFH/NV 1996, 678; X R 36/06 BStBl II 2010, 171; X R 48/07 BFH/NV 2010, 212; *FinVerw* DStR 1997, 1208; DB 1997, 1440; *Meyer-Scharenberg/Fleischmann* DStR 1995, 1409; *Fischer* FR 1996, 377; *Bitz* DStR 1998, 433; *Paus* DStZ 1996, 172; *Tiedtke/Wälzholz* DB 2002, 652; *Carlé* DStZ 2003, 413, KÖSDI 2003, 13 653; BeSt 2005, 38; *M. Söffing* DStR 2004, 793; *G. Söffing* BB 2005, 2101; *Moritz* DStR 2005, 201; **zust** BFH XI R 4345/89 BStBl II 1996, 232; VIII B 50/95 BFH/NV 1996, 746; X R 27/03 BFH/NV 2007, 412; X B 192/06 BFH/NV 2008, 68; FG Münster EFG 2005, 953; *Weber-Grellet* DStR 1995, 1341, FR 1998, 955; *Gosch* StBp 1996, 135; 1998, 276; 2003, 124; *Altfelder* FR 2000, 349; *Valentin* EFG 2003, 100).

ME ist die Frage zu verneinen, weil der Kapitalgesellschafter nicht Mitunternehmer der Kapitalgesellschaft ist und diese ihre eigene Rechtspersönlichkeit hat. Mit einer Betriebsaufspaltung ist die Inhaberschaft von Kapitalanteilen nicht zu vergleichen. ME kommt eine „mittelbare Tatbestandsverwirklichung" nur in Betracht, wenn die Voraussetzungen einer Betriebsaufspaltung vorliegen und Verkäufe durch die Kapitalgesellschaft in sachlichem Zusammenhang stehen mit Grundstücksgeschäften des Anteilsinhabers; der Durchgriff auf eine Kapitalgesellschaft kann nicht stärker sein als bei einer Personengesellschaft (Rn 192). Doch kann die **Zwischenschaltung** einer Kapitalgesellschaft **rechtsmissbräuchlich** sein (BFH VIII B 50/95 BFH/NV 1996, 746; X R 68/95 BStBl II 1998, 667; III B 9/98 BStBl II 1998, 721; III R 25/02 BStBl II 2004, 787). Das gilt insb, wenn der an den Anteilseigner zu entrichtende Kaufpreis erst aus den Erlösen aus der Weiterveräußerung zu entrichten ist (BFH III R 25/02 BStBl II 2004, 787; III B 35/97 BFH/NV 2001, 138); nicht jedoch wenn die GmbH nicht funktionslos, sondern wertschöpfend (zB als Bauunternehmen) tätig ist (BFH IV R 25/08 BStBl II 2010, 622). Zudem kann die Einschaltung der GmbH zur Annahme von Branchennähe führen (*FinVerw* DStR 1997, 1208; DB 1997, 1440). Zu Gestaltungsmöglichkeiten und Steuerwirkungen *Salomon/Werdich* DB 1995, 1481; *Olbrich* DB 1996, 2049.

16. Ausnahmen von der 3-Objekt-Theorie

194 **a) Grundsatz.** Unabhängig von der mittels der 3-Objekt-Theorie zu ermittelnden bedingten Veräußerungsabsicht kann sich die **Gewerblichkeit** des Grundstückshandels auch **aus anderen Merkmalen** ergeben. Erforderlich ist eine **unbedingte Verkaufsabsicht,** gekennzeichnet durch „das typusprägende Händlerbild, das das Gesamtspektrum des Grundstücksumschlags (Erwerb und Veräußerung) umfasst", schon bei der maßgebenden Maßnahme (Erwerb, Erschließung, Bebauung, Abschluss der Sanierung; BFH GrS 1/98 BStBl II 2002, 291; IV R 65/04 BStBl II 2006, 259; IV R 3/05 BStBl II 2007, 777; X R 4/04 BStBl II 2007, 885; IV R 44/08 BStBl II 2011, 645; für unbebaute Parzellen schon BFH X B 148/00 BFH/NV 2002, 192). Sie erschließt sich aufgrund **objektiver Umstände** als **Indizien;** subjektive Vorstellungen, ebenso wie ggf durch eine Gewerbeanmeldung gestützte Behauptungen des StPfl genügen nicht (BFH X R 25/06 BStBl II 2009, 965; X S 31/09 BFH/NV 2011, 1178; s aber XI S 31/04 BFH/NV 2005, 1344; ebenfalls aA *Sommer* DStR 2010, 1405). Die **Würdigung** kann auf Umstände gestützt werden, die erst nach Baubeginn eingetreten oder zutage getreten sind (BFH IV R 77/08 BStBl II 2009, 791).

Einer stets vorhandenen **bedingten Verkaufsabsicht** kommt **keine Bedeutung** zu (BFH GrS 1/98 BStBl II 2002, 291; IV R 54/02 BStBl II 2004, 868). Das Gleiche gilt für den Anlass der Veräußerung (BFH III R 1/05 BStBl II 2007, 375). Ebenso wenig genügt allein der **Umfang der Wertsteigerungs- u Verwertungsmaßnahmen** (so noch BFH IV R 20/78 BStBl II 1982, 700; IV R 112/92 BStBl II 1996, 367; X R 255/93 BStBl II 1996, 303; X R 1/96 BStBl II 1998, 346; VIII B 58/94 BFH/NV 1995, 974; IV R 78, 81/94 BFH/NV 1996, 535; *G. Söffing* DStZ 1996, 455). Abzustellen ist vielmehr auf deren **Art und Weise** sowie den Umfang der Aktivitäten (vgl BFH IV R 44/08 BStBl II 2011, 645; hierzu *Schubert* DStR 2003, 573). Zum Problem *BMF* BStBl I 2004, 434 Rn 29.

b) Indizien. In Betracht kommen **Aktivitäten zur Erhöhung des Grundstückswerts,** wenn bereits feststeht, dass es aus dem Vermögen des Stpfl ausscheiden wird bzw ausgeschieden ist (BFH GrS 1/98 BStBl II 2002, 291; VIII R 40/01 BStBl II 2003, 294; X B 7/03 BFH/NV 2003, 1423; IV R 44/08 BStBl II 2011, 645), zB nach einer Veräußerung im Hinblick auf die Nutzungsvorstellungen des Käufers (BFH VIII R 40/01 BStBl II 2003, 294; Anm *Kempermann* FR 2003, 457), dessen maßgeblicher Einfluss auf die Bauplanung und Finanzierung (vgl schon BFH IV R 133/85 BStBl 1986, 666; VIII R 74/84 BStBl II 1991, 844), Erbringung von Zusatzleistungen (Vermittlung, Garantie, FG Schl-H EFG 2002, 456 rkr), Bebauung des Grundstücks nach Veräußerung (BFH GrS 1/98 BStBl II 2002, 291; VIII R 14/99 BStBl II 2002, 811; XI R 22/02 BFH/NV 2004, 1629; VIII R 6/03 2005, 890; zT aA FG Düsseldorf EFG 2007, 686) bzw nach Vereinbarung eines unbedingten Ankaufsrechts (BFH X B 48/04 BFH/NV 2005, 698), auch ein Grundstückstausch zum Zwecke der Erhöhung des zu nutzenden Grundstücks, damit zusammenhängend eine Bauvoranfrage und schließlich Schaffung eines Grundstücks anderer Marktgängigkeit sind hinreichende Indizien (BFH IV R 34/05 BStBl II 2008, 231).

Der **Verkauf vor Fertigstellung allein** ist neuerdings **kein hinreichendes Indiz;** es bedarf weiterer Anhaltspunkte für den Schluss auf eine unbedingte Verkaufsabsicht (BFH X R 14/05 BFH/NV 2009, 1244; X R 41/05 BFH/NV 2010, 38; X R 36/06 BFH/NV 2010, 171; IV R 38/06 BStBl II 2009, 278; III B 253/08 BFH/NV 2010, 643; anders X R 35/07 BFH/NV 2009, 1249; zB die vollständige Umgestaltung des Gebäudes auf Wunsch des Erwerbers (BFH IV R 10/08 BFH/NV 2011, 1666). Entsprechendes gilt für den **engen zeitlichen Zusammenhang** zwischen den einzelnen Hauptaktivitäten Erwerb, Bebauung/Sanierung und Veräußerung (BFH IV R 38/06 BStBl II 2009, 278; X R 14/05 BFH/NV 2009, 1244; IV R 8, 9/07 BFH/NV 2009, 923; IV R 12/07 BFH/NV 2009, 926; X R 48/07 BFH/NV 2010, 212; IV R 10/08 BFH/NV 2011, 1666); insb bei einer Veräußerung erst nach 2 Jahren (BFH IV R 72/07 BStBl II 2009, 529); zur Problematik *Kempermann* DStR 2009, 1725.

In Betracht kommt eine **Zusammenschau** der genannten Anhaltspunkte, ggf auch mit einer kurzfristigen Finanzierung; oder einer „langfristigen Finanzierung" mit dem Recht auf Sondertilgungen in unbeschränkter Höhe ohne Vorfälligkeitsgebühren o.ä. (zB BFH X R 41/06 BFH/NV 2010, 38; X R 36/06 BFH/NV 2010, 171); s aber IV R 10/08 BFH/NV 2011, 1666 zur von vornherein beabsichtigten Ablösung des kurzfristigen Darlehens durch ein langfristiges. Diese Grundsätze gelten auch bei **Branchennähe** des StPfl (BFH IV R 38/06 BStBl II 2009, 278; hierzu *Carlé* KÖSDI 2003, 13 653).

195

§ 2 Steuergegenstand

Weitere Indizien sind Maßnahmen zur Veräußerung (Zeitungsanzeigen), Einschaltung eines Maklers in der Bauphase (BFH X R 183/96 BStBl II 2003, 238; FG Rh-Pf DStRE 2005, 635), erst recht die Bebauung von fremdem Grund und Boden (BFH VIII R 53/97 BFH/NV 2002, 1586; XI S 21/02 BFH/NV 2003, 1555), planungsgemäße Bebauung und Veräußerung von nur 2 Objekten unmittelbar nach dem Ankauf (BFH X R 5/00 BStBl II 2003, 286; krit *Weber-Grellet* FR 2003, 301), Bebauung nach Wünschen und auf Rechnung des Erwerbers (FG München EFG 2005, 526 rkr), die Erschließung nach Art eines Unternehmers (*BMF* BStBl I 2004, 434 Rn 3), Abrechnung von Leistungen nicht wie unter fremden Dritten (*BMF* BStBl 2003, 171; BStBl 2004, 434) und Bau und Veräußerung von einem Supermarkt/Einkaufszentrum (Rn 165). Auch der Antrag auf Abgeschlossenheitsbescheinigung alsbald nach Erwerb spricht für Veräußerungsabsicht (BFH III R 47/88 BStBl II 1992, 143). Diese Grundsätze gelten auch, wenn ein Stpfl ein schadstoffbelastetes Grundstück erwirbt und Sanierungsmaßnahmen durchführt (BFH IV R 54/02 BStBl II 2004, 868).

196 **Ausnahmen** bestehen für unvorhergesehene, die beabsichtigte Vermietung vereitelnde Ereignisse zwischen Beauftragung der Handwerker und Beginn der Bauarbeiten (BFH IV R 17/04 BStBl II 2005, 606; hierzu *Hornig* DStR 2005, 1719). Eine gesellschaftsvertragliche Bindung der Gesellschafter, ein Grundstück im Gesellschaftsvermögen zu halten, kann ein Indiz (ggf von mehreren) für das Fehlen von der Veräußerungsabsicht sein (vgl BFH IV R 200/83 BFH/NV 1988, 154). Entsprechendes gilt für eine langfristige Vermietung von Wohnraum (BFH IV R 77/08 BStBl II 2009, 791; X B 192/06 BFH/NV 2008, 68). Ebenso genügt nicht die Parzellierung und Bauvoranfrage (BFH IV R 286/66 BStBl II 1971, 456).

197 **c) Zeitpunkt der Gewerblichkeit.** Die entsprechenden **Gegebenheiten markieren** den **Zeitpunkt,** in dem das Grundstück gewerblich geworden ist. Liegen Indizien der vorbezeichneten Art vor, ist die auf sie zu gründende Würdigung (unbedingte Veräußerungsabsicht) nicht durch eine „Indizwirkung" der geringen Zahl der Objekte korrigieren (BFH X R 1/96 BStBl II 1998, 346); vielmehr genügen Aktivitäten auch in Bezug auf nur **1 Objekt** (BFH IV R 17/04 BStBl II 2005, 606; IV R 65/04 BStBl II 2006, 259; IV R 3/05 BStBl II 2007, 777; X R 4/04 BStBl II 2007, 885; VII R 70/98 BFH/NV 2003, 742; IV B 96/05 BFH/NV 2007, 30; krit *Weber-Grellet* DB 2002, 2568; *Kratzsch* Inf 2004, 618; *Vogelgesang* BB 2004, 183; FS Korn 2005, 187, 208; *Hoffmann* EFG 2006, 430; *Kempermann* DStR 2005, 265: „Nichtaufgriffsgrenze" 2,5 Mio €).

Umso mehr gilt das für Erwerb u Veräußerung von 3 unbebauten Grundstücken (BFH X R 39/03 BStBl II 2005, 817; IV B 59/05 BFH/NV 2006, 2063) oder den Erwerb eines Grundstücks, die Errichtung eines Gebäudes mit 3 ETW und deren Veräußerung im zeitlichen Zusammenhang (BFH XI S 31/04 BFH/NV 2005, 1344); Veräußerung an nur einen Erwerber genügt, wenn bereits zuvor ein Gebäude veräußert worden war (BFH XI R 35/02 BFH/NV 2005, 1267). Aber auch ohne einen Verkauf kann sich auf Grund eindeutiger Maßnahmen (Indizien) deren Gewerblichkeit ergeben (FG Ba-Wü EFG 2005, 1191 rkr). Das betreffende Objekt wird damit notwendiges BV bis zur Betriebsaufgabe, Veräußerung oder Entnahme (BFH XI R 7/02 BStBl II 2004, 738).

198 **d) Unzureichende Maßnahmen.** Ohne (weitere) Indizien für eine unbedingte Verkaufsabsicht genügt für sich genommen nicht, wenn durch die Maßnahmen (zB Sanierung) im eigenen Interesse ein **„Objekt anderer Marktgängigkeit"** geschaffen wird (BFH IV R 54/02 BStBl II 2004, 868: Sanierung eines schadstoffbelasteten Grundstücks), also weder die Herbeiführung der Baureife (so noch BFH IV R 20/78 BStBl II 1982, 700; XI R 43–45/89 BStBl II 1996, 232; IV R 28/92 BFH/NV 1993, 728) noch die Bebauung mit *einem* Wohnhaus und dessen Aufteilung in Eigentumswohnungen (so noch BFH IV B 81/96 BFH/NV 1998, 317), noch der Erwerb eines Grundstücks sowie dessen Bebauung mit einem Mehrfamilienhaus und Veräußerung innerhalb von 5 Jahren (so noch BFH X R 1/96 BStBl II 1998, 345, wo allerdings der Schwerpunkt auf dem Gesichtspunkt „Produktion für den Markt" lag). Entsprechendes gilt wohl für erhebliche Modernisierungsmaßnahmen mit anschließendem Verkauf (so noch BFH I R 120/80 BStBl II 1984, 137; X B 91/01 BFH/NV 2002, 775; neuerdings IV B 32/06 BFH/NV 2007, 2095 mit von den Gründen abweichendem Leitsatz). Die Parzellierung/Umwandlung in Eigentumswohnungen allein ohne vorherigen Ankauf in zeitlichem Zusammenhang war schon nach der bisherigen Rechtsauffassung kein Indiz für Gewerblichkeit (vgl BFH I R 210/71 BStBl II 1973, 642; IV R 130, 131/86 BFH/NV 1989, 102); umso mehr gilt dies nach neuerer Auffassung (vgl BFH X R 130/97 BStBl II 2001, 530; XI R 47, 48/03 BStBl II 2005, 41). Ob sie – wie bisher – schädlich sein kann im Rahmen einer planmäßigen, auf Dauer angelegten Maßnahme (so BFH I R 23/73 BStBl II 1975, 44; VIII R 60/70 BStBl II 1976, 152; III R 196/81 BFH/NV 1986, 279; IV R 28/95 BFH/NV 1996, 747), hängt mE vom Gewicht der übrigen Aktivitäten ab.

Doch können auch die vorbezeichneten Maßnahmen dann für Gewerblichkeit sprechen, wenn die übrigen äußeren Umstände gegen einen Vorrang der Fruchtziehung sprechen, also Grundstücke wie von einem Generalübernehmer oder Baubetreuer errichtet und veräußert werden.

17. Weitere Beispiele für die Annahme von Gewerblichkeit

Sie sind mE nach wie vor von Bedeutung: Bau und Verkauf von 82 Bungalows (BFH VI R 26/67 BStBl III 1967, 677); Vermietung u Veräußerung von Kaufeigenheimen im sog Baupatenverfahren (BFH GrS 10/70 BStBl II 1972, 700); Übernahme der Erschließung bei der Gemeinde (BFH I R 210/71 BStBl II 1973, 642); Einbringung in eine Erschließungsgesellschaft (BFH IV R 133/85 BStBl II 1986, 666; hierzu *Jäkske* DStR 2006, 1349); Errichtung einer Wohnanlage mit 41 bzw 42 ETW (BFH IV R 153/66 BStBl III 1967, 337; VIII R 1/71 BStBl II 1972, 360) bzw von 34 ETW nach Aufgabe der Vermietungsabsicht (BFH I R 179/68 BStBl II 1972, 279) und sogar bei 4 ETW (BFH I R 49/70 BStBl II 1972, 291; I R 186/78 BStBl II 1980, 106); Bau und Verkauf von 4 Reihenhäusern und 8 ETW (BFH I R 191/72 BStBl II 1973, 260); Erschließung und Veräußerung von 12 unbebauten und 4 bebauten Grundstücken (BFH I R 90, 91/71 BStBl II 1973, 682). **199**

18. LuF-Grundstücke

Veräußert ein **Landwirt** bisher **luf genutzte Grundstücke** als Bauland, so ist nach vorstehenden Grundsätzen zu entscheiden, ob ein gewerblicher Grundstückshandel oder ein luf Hilfsgeschäft vorliegt (BFH IV R 133/85 BStBl II 1986, 666; IV R 38/03 BStBl II 2006, 166; *BMF* BStBl I 2004, 434 Rn 27; H 15.5 EStH; *v. Schönberg* DStZ 2005, 61): GewBetrieb bei nachhaltiger Veräußerung (BFH IV R 156/81 BStBl II 1984, 798) und bei auf Schaffung eines Objekts anderer Marktgängigkeit gerichteten zusätzlichen Aktivitäten (BFH IV R 34/05 BStBl II 2008, 231: optimierender Hinzukauf/-tausch und Bauantrag; IV R 35/06 BStBl II 2008, 359; s auch IV B 147/10 BFH/NV 2012, 432 zu FG Düsseldorf 16 K 4489/08 E, G EFG 2011, 542). Erfolgen solche weiteren Aktivitäten nicht, ist noch ein luf Hilfsgeschäft anzunehmen (BFH IV R 22/07 BFH/NV 2011, 31). **200**

19. Einzelfragen zum gewerblichen Grundstückshandel

a) Einlagezeitpunkt/Beginn der Gewerbesteuerpflicht/Beurteilungszeitraum. In ein **Betriebsvermögen** eingelegt (als Umlaufvermögen vgl BFH III R **201**

§ 2

27/98 BStBl II 2002, 537; zugleich zur Umqualifizierung als Anlagevermögen im Falle einer Betriebsaufspaltung; sowie BFH X R 28/00 BStBl II 2003, 133, zugleich zur möglichen Buchwertfortführung; zur Zuordnung BFH VII B 357/06 BFH/NV 2008, 113) werden die zur Veräußerung bestimmten Objekte dann, wenn der Steuerpflichtige mit Tätigkeiten beginnt, die objektiv erkennbar auf die Vorbereitung der Grundstücksgeschäfte gerichtet sind (BFH I R 29/79 BStBl II 1983, 451), in der Regel der Kauf der unbebauten Grundstücke bzw die Errichtung der Wohnungen usw in zumindest bedingter Veräußerungsabsicht (BFH III R 275/83 BStBl II 1988, 293; IV R 66-67/91 BStBl II 1994, 463; III R 27/98 BStBl II 2002, 537; zum Erwerb durch Erbfall BFH V R 47/07 BFH/NV 2010, 400). Dies bedeutet indessen nicht den Beginn der Gewerbesteuerpflicht; er erfordert den Beginn der werbenden Tätigkeit (Rn 566; vgl R 2.5 Abs 1 GewStR; *Freudenberg* Inf 1991, 289). Zu berücksichtigen sind auch die Erwerbshandlungen, die auf eine unbedingte Veräußerungsabsicht hinweisen (Rn 194 ff; BFH X R 60/93 BFH/NV 1996, 202; X R 48/07 BFH/NV 2010, 212). Das kann zu unterschiedlichen Teilwertansätzen führen (*Glanegger* FR 1990, 469; *Schmidt/Wacker* § 15 Rn 130).

Die Beurteilung stellt notwendig auf einen Mehrjahreszeitraum ab (BFH X R 12/02 BStBl II 2004, 722). Der Verkauf eines 4. Objekts stellt **kein rückwirkendes Ereignis** iSv § 175 Abs 1 Satz 1 Nr 2 AO dar, weil hierdurch der bisherige Sachverhalt nicht rückwirkend gestaltet, sondern nur anwesend gewürdigt wird (BFH VIII R 17/97 BStBl II 2000, 306). ME ist aber § 173 Abs 1 Nr 1 AO wegen **nachträglichen Bekanntwerdens** einer neuen (Hilfs-)Tatsache zu prüfen, denn sie sind Indizien für die innere Tatsache „bedingte Verkaufsabsicht" (ebenso BFH IV R 58/01 BFH/NV 2003, 588; *BMF* BStBl I 2004, 434 Rz 33; *Apitz* StBp 2000, 146; *Vogelgesang* DB 2004, 183; aA *G. Söffing* DStR 2000, 916). Das 4. Objekt ist auf jeden Fall zu erfassen (BFH III R 1/05 BStBl II 2007, 375).

202 **b) Umfang des Betriebsvermögens.** Er bestimmt sich **bei weiteren Objekten** nach dem sachlichen und zeitlichen Zusammenhang mit den den Gewerbebetrieb begründenden Geschäften (BFH XI R 7/02 BStBl II 2003, 297; XI R 7/02 BStBl II 2004, 738; III R 37/02 BStBl II 2004, 950; X B 30/03 BFH/NV 2004, 194; vgl *Paus* FR 2004, 1268; *Kratzsch* Inf 2005, 898). Aber auch nicht im zeitlichen Zusammenhang hiermit (bei Überschreiten der 5-Jahresfrist) veräußerte Objekte gehören zum Betriebsvermögen, wenn sie von vornherein zur Veräußerung bestimmt waren (BFH IX R 33/03 BStBl II 2004, 750; X B 140/04 BFH/NV 2005, 1794). Steht die Absicht nicht fest, sind die Objekte einzubeziehen, bei denen der zeitliche Zusammenhang zwischen Anschaffung/Errichtung und Veräußerung die Veräußerungsabsicht indiziert und die Veräußerungen von einem einheitlichen Betätigungswillen (indiziert durch den zeitlichen Zusammenhang zwischen den Veräußerungen) umfasst werden (BFH X R 74/99 BStBl II 2003, 245; III R 10/01 BStBl II 2003, 510; X R 14/05 BFH/NV 2009, 124; X R 48/07 BFH/NV 2010, 212). Auch insofern ist der **5-Jahres-Zeitraum** keine starre Grenze, sondern kann je nach Gewicht der die Gewerblichkeit indizierenden Umstände verlängert werden (Rn 173 ff). Nicht zum Betriebsvermögen gehören die nachweisbar zur Privatnutzung/Vermögensanlage erworbenen Objekte (BFH III R 20/01 BStBl II 2003, 297; XI B 221/02 BFH/NV 2004, 486; *BMF* BStBl I 2004, 434 Rn 32). Übt aber eine Gesellschaft mit dem Grundstückshandel eine gewerbliche Tätigkeit aus, werden auch lediglich vermietete Grundstücke notwendiges Betriebsvermögen (BFH XI R 7/02 BStBl II 2004, 738; IX R 77/99 BFH/NV 2003, 911; VIII R 15/00 BFH/NV 2005, 1033), und zwar als Anlagevermögen (BFH IV R 2/92 BStBl II 1996, 369). Ein durch eine Betriebsaufspaltung verstricktes Objekt ist auch nach deren Beendigung durch seinen Verkauf nicht in einen gewerblichen Grundstückshandel einzubeziehen (BFH III R 64/05 BFH/NV 2007, 1659).

Gehört das Grundstück zum AV eines anderen Betriebes (Gewerbe, LuF), dann gehört es erst dann zum UV eines gewerblichen Grundstückshandels, wenn der Stpfl es durch entsprechende (zusätzliche) Aktivitäten zum Zwecke der Veräußerung (unbedingte Veräußerungsabsicht) zu einem Objekt anderer Marktgängigkeit gemacht hat (BFH IV R 38/03 BStBl II 2006, 166; IV R 3/05 BStBl II 2007, 777; hierzu *Kempermann* DStR 2006, 265).

c) Gewinnverwirklichung. Sie liegt bei der Veräußerung schlüsselfertiger 203 Wohnungen regelmäßig erst im Zeitpunkt des Übergangs der bezugsfertigen Wohnungen vor (BFH IV R 13/76 BStBl II 1980, 318). Die **Gewinnermittlungsart** dürfte in den typischen Problemfällen die Einnahmen-Überschussrechnung nach § 4 Abs 3 EStG sein, da der Händler idR kein Vollkaufmann nach § 1 HGB ist (hierzu *Kohlhaas* DStR 2000, 1249; *Carlé* KÖSDI 2003, 13 653; *Vogelgesang* BB 2004, 183; *Drüen/Krumm* FR 2004, 685; **aA** BFH VIII R 15/00 BFH/NV 2005, 1033; *Apitz* StBp 2001, 344); im Übrigen – bei Erfordernis eines in kaufmännischer Weise eingerichteten Gewerbebetriebs – Bestandsvergleich nach § 4 Abs 1, § 5 Abs 1 EStG (*BMF* BStBl I 2004, 434 Rn 33). Zur Wahl der Gewinnermittlungsart vgl BFH X R 28/06 BFH/NV 2009, 1979 u *BMF* BStBl I 2004, 434 Rn 33 (hierzu aber *FinVerw* BB 2010, 754).

d) Ende der Gewerbesteuerpflicht/Betriebsaufgabe. Das **Ende der** 204 **GewStPflicht** tritt bei ausschließlichem Grundstückshandel von natürlichen Personen und Personengesellschaften wohl zusammen mit der einkommensteuerrechtlichen Betriebsaufgabe durch Beendigung des Grundstückshandels ein (BFH VIII R 15/00 BFH/NV 2005, 1033), die durch den letzten Verkauf gekennzeichnet ist. Dieser gehört jedoch idR noch zum laufenden Geschäftsverkehr (*BMF* BStBl I 2004, 434 Rn 35; differenzierend jedoch *Fleischmann/Meyer-Scharenberg* BB 1991, 955). Da der Betrieb auf die Veräußerung von Grundstücken (Umlaufvermögen) gerichtet ist, kann nach der Rechtsprechung der Gewinn aus dem Verkauf der letzten Grundstücke nicht zu einem einkommensteuerbegünstigten und gewerbesteuerfreien Betriebsaufgabegewinn führen (BFH I R 49/70 BStBl II 1972, 291; IV R 30/92 BStBl II 1994, 105; IV R 112/92 BStBl II 1997, 367; IV R 72/84 BFH/NV 1988, 28; s dazu auch § 7 Rn 52a). Das gilt auch dann, wenn der gesamte Grundstücksbestand an ein oder zwei (auch gewerbliche) Erwerber veräußert wird (BFH V R 76, 77/92 BStBl II 1995, 388; XI B 19/01 BFH/NV 2002, 783) und auch bei Aufgabe der Bebauungsabsicht im Zusammenhang mit der Betriebsaufgabe (BFH VIII R 65/02 BStBl II 2006, 160); anders – begünstigt – bei Übernahme ins Privatvermögen (BFH IV R 2/85 BFH/NV 1989, 590) sowie bei Ausbleiben geplanter Aktivitäten zwischen Erwerb und Verkauf des einzigen Grundstücks (BFH VIII R 19/85 BFH/NV 1990, 625).

Der **Verkauf eines Anteils** an einer Immobilien-Personengesellschaft durch eine natürliche Person führt zu einem stpfl GewErtrag jedenfalls dann, wenn das BV (fast) ausschließlich aus zum Umlaufvermögen zählenden Grundstücken besteht (BFH IV R 3/05 BStBl II 2007, 777 mwN; IV R 35/05 BFH/NV 2007, 692; FG Münster 13 K 3102/05 G EFG 2008, 59; aA *Fratz/Löhr* DStR 2005, 1044). Zur Notwendigkeit der Aufteilung des Veräußerungsentgelts auf das WG der Gesellschaft BFH IV R 3/05 BFH/NV 2007, 601; IV R 69/04 BStBl II 2010, 973.

Keine Betriebsaufgabe, sondern lediglich **Betriebsunterbrechung** liegt vor, wenn das Grundstückshandelsunternehmen nur noch Grundstücksvermietung betreibt (BFH IV R 39/94 BStBl II 1996, 276; XI R 7/02 BStBl II 2004, 738; IX R 77/99 BFH/NV 2003, 911). Sie ist ohne Aufgabeerklärung erstrechtlich unschädlich für den Fortbestand des gewerblichen Grundstückshandels. GewStPfl besteht jedoch nicht mehr (s Rn 577). Nach der Weiterführung werden die zum Anlagevermögen gehörenden Grundstücke Umlaufvermögen (BFH III B 47/99 BFH/NV 2000, 1451).

§ 2　　　　　　　　　　　　　　　　　　　　　　Steuergegenstand

205　**e) Dauerschulden und Dauerschuldzinsen.** Werden Bauvorhaben über Kontokorrent- bzw Überziehungskredite finanziert, so ergab sich in der Regel aus dem Mindestbetrag der Schuld über einen Zeitraum von mehr als einem Jahr eine Dauerschuld iSv § 8 Nr 1 aF mit der Folge der Hinzurechnung der Dauerschuldzinsen beim GewErtrag. Ausnahmsweise können im Grundsatz anders zu beurteilende Teilkredite vorliegen, wenn die Schuld ihre Selbstständigkeit und damit den wirtschaftlichen Bezug zur einzelnen Baumaßnahme auch im Rahmen des Kontokorrentkredits behält (BFH I R 203/73 BStBl II 1976, 551; VIII R 423/83 BStBl II 1991, 23; aA *Mahlow* DB 1991, 1189; zu den Einzelheiten vgl § 8 Nr 1a Rn 51 ff, 92).

206　**f) Rücklagen nach § 6 b EStG/AfA.** Während für Veräußerungszwecke in ein Grundstücksverwertungsunternehmen eingelegte Grundstücke zweifelsfrei zum Umlaufvermögen gehören und deshalb eine Rücklage nach § 6 b EStG/AfA nach § 7 Abs 4 EStG nicht in Betracht kommt, bestehen Zweifel für die Fälle, in denen zB ein Wohnungsbauunternehmen oder ein Landwirt vorhandenes betriebliches Anlagevermögen parzelliert und bei seiner Veräußerung eine Rücklage bilden will. Maßgebend ist, ob nach den Kriterien insb zu Rn 195 ff, 200 vor der Veräußerung eine **Umqualifizierung von AV in UV** stattgefunden hat, zB durch zusätzlich werterhöhende Maßnahmen zur Schaffung eines Grundstücks anderer Marktgängigkeit (vgl BFH IV R 47, 48/00 BStBl II 2002, 289; IV R 22/07 BFH/NV 2011, 31). Bei Umqualifizierung von Umlauf- in Anlagevermögen des Besitzunternehmens im Rahmen einer Betriebsaufspaltung sind Afa (und Rücklagen) zu gewähren (BFH III R 27/98 BStBl II 2002, 537).

207–209　*(frei)*

V. Abgrenzung land- und forstwirtschaftliche/gewerbliche Einkünfte

1. Allgemeines

210　Die Einkünfte aus Land- und Forstwirtschaft sind geregelt in § 13 EStG.

§ 13 EStG Einkünfte aus Land- und Forstwirtschaft

(1) Einkünfte aus Land- und Forstwirtschaft sind
1. **Einkünfte aus dem Betrieb von Landwirtschaft, Forstwirtschaft, Weinbau, Gartenbau und aus allen Betrieben, die Pflanzen und Pflanzenteile mit Hilfe der Naturkräfte gewinnen.** ²**Zu diesen Einkünften gehören auch die Einkünfte aus der Tierzucht und Tierhaltung, wenn im Wirtschaftsjahr**

für die ersten 20 Hektar	nicht mehr als 10 Vieheinheiten,
für die nächsten 10 Hektar	nicht mehr als 7 Vieheinheiten,
für die nächsten 20 Hektar	nicht mehr als 6 Vieheinheiten,
für die nächsten 50 Hektar	nicht mehr als 3 Vieheinheiten
und für die weitere Fläche	nicht mehr als 1,5 Vieheinheiten

je Hektar der vom Inhaber des Betriebs regelmäßig landwirtschaftlich genutzten Flächen erzeugt oder gehalten werden. ³**Die Tierbestände sind nach dem Futterbedarf in Vieheinheiten umzurechnen.** ⁴**§ 51 Absatz 2 bis 5 des Bewertungsgesetzes ist anzuwenden.** ⁵**Die Einkünfte aus Tierzucht und Tierhaltung einer Gesellschaft, bei der die Gesellschafter als Unternehmer (Mitunternehmer) anzusehen sind, gehören zu den Einkünften im Sinne des Satzes 1, wenn die Voraussetzungen des § 51 a des Bewertungsgesetzes erfüllt sind und andere Einkünfte der Gesellschafter aus dieser Gesellschaft zu den Einkünften aus Land- und Forstwirtschaft gehören;**

2. Einkünfte aus sonstiger land- und forstwirtschaftlicher Nutzung (§ 62 des Bewertungsgesetzes);
3. Einkünfte aus Jagd, wenn diese mit dem Betrieb einer Landwirtschaft oder einer Forstwirtschaft im Zusammenhang steht;
4. Einkünfte von Hauberg-, Wald-, Forst- und Laubgenossenschaften und ähnlichen Realgemeinden im Sinne des § 3 Absatz 2 des Körperschaftsteuergesetzes.

(2) Zu den Einkünften im Sinne des Absatzes 1 gehören auch
1. Einkünfte aus einem land- und forstwirtschaftlichen Nebenbetrieb. [2]Als Nebenbetrieb gilt ein Betrieb, der dem land- und forstwirtschaftlichen Hauptbetrieb zu dienen bestimmt ist;
2. der Nutzungswert der Wohnung des Steuerpflichtigen, wenn die Wohnung die bei Betrieben gleicher Art übliche Größe nicht überschreitet und das Gebäude oder der Gebäudeteil nach den jeweiligen landesrechtlichen Vorschriften ein Baudenkmal ist;
3. die Produktionsaufgaberente nach dem Gesetz zur Förderung der Einstellung der landwirtschaftlichen Erwerbstätigkeit.

(3) [1]Die Einkünfte aus Land- und Forstwirtschaft werden bei der Ermittlung des Gesamtbetrags der Einkünfte nur berücksichtigt, soweit sie den Betrag von 670 Euro übersteigen. [2]Satz 1 ist nur anzuwenden, wenn die Summe der Einkünfte 30 700 Euro nicht übersteigt. [3]Im Fall der Zusammenveranlagung von Ehegatten verdoppeln sich die Beträge der Sätze 1 und 2.

(4) [1]Absatz 2 Nummer 2 findet nur Anwendung, sofern im Veranlagungszeitraum 1986 bei einem Steuerpflichtigen für die von ihm zu eigenen Wohnzwecken oder zu Wohnzwecken des Altenteilers genutzte Wohnung die Voraussetzungen für die Anwendung des § 13 Absatz 2 Nummer 2 des Einkommensteuergesetzes in der Fassung der Bekanntmachung vom 16. April 1997 (BGBl. I S. 821) vorlagen. [2]Der Steuerpflichtige kann für einen Veranlagungszeitraum nach dem Veranlagungszeitraum 1998 unwiderruflich beantragen, dass Absatz 2 Nummer 2 ab diesem Veranlagungszeitraum nicht mehr angewendet wird. [3]§ 52 Absatz 21 Satz 4 und 6 des Einkommensteuergesetzes in der Fassung der Bekanntmachung vom 16. April 1997 (BGBl. I S. 821) ist entsprechend anzuwenden. [4]Im Fall des Satzes 2 gelten die Wohnung des Steuerpflichtigen und die Altenteilerwohnung sowie der dazugehörende Grund und Boden zu dem Zeitpunkt als entnommen, bis zu dem Absatz 2 Nummer 2 letztmals angewendet wird. [5]Der Entnahmegewinn bleibt außer Ansatz. [6]Werden
1. die Wohnung und der dazugehörende Grund und Boden entnommen oder veräußert, bevor sie nach Satz 4 als entnommen gelten, oder
2. eine vor dem 1. Januar 1987 einem Dritten entgeltlich zur Nutzung überlassene Wohnung und der dazugehörende Grund und Boden für eigene Wohnzwecke oder für Wohnzwecke eines Altenteilers entnommen,

bleibt der Entnahme- oder Veräußerungsgewinn ebenfalls außer Ansatz; Nummer 2 ist nur anzuwenden, soweit nicht Wohnungen vorhanden sind, die Wohnzwecken des Eigentümers des Betriebs oder Wohnzwecken eines Altenteilers dienen und die unter Satz 4 oder unter Nummer 1 fallen.

(5) Wird Grund und Boden dadurch entnommen, dass auf diesem Grund und Boden die Wohnung des Steuerpflichtigen oder eine Altenteilerwohnung errichtet wird, bleibt der Entnahmegewinn außer Ansatz; der Steuerpflichtige kann die Regelung nur für eine zu eigenen Wohnzwecken genutzte Wohnung und für eine Altenteilerwohnung in Anspruch nehmen.

§ 2 Steuergegenstand

(6) ¹Werden einzelne Wirtschaftsgüter eines land- und forstwirtschaftlichen Betriebs auf einen der gemeinschaftlichen Tierhaltung dienenden Betrieb im Sinne des § 34 Absatz 6 a des Bewertungsgesetzes einer Erwerbs- und Wirtschaftsgenossenschaft oder eines Vereins gegen Gewährung von Mitgliedsrechten übertragen, so ist die auf den dabei entstehenden Gewinn entfallende Einkommensteuer auf Antrag in jährlichen Teilbeträgen zu entrichten. ²Der einzelne Teilbetrag muss mindestens ein Fünftel dieser Steuer betragen.

(7) § 15 Absatz 1 Satz 1 Nummer 2, Absatz 1 a, Absatz 2 Satz 2 und 3, §§ 15 a und 15 b sind entsprechend anzuwenden.

Grundsatz. Die Erzielung von land- und forstwirtschaftlichen Einkünften bedeutet **originäre Fruchtziehung mit Hilfe der Naturkräfte** sowie Beteiligung am allgemeinen wirtschaftlichen Verkehr (BFH IV R 86/99 BStBl II 2002, 80; IV R 45/02 BStBl II 2004, 512; IV R 62/99 BFH/NV 2001, 1248), jedoch unter der Voraussetzung, dass der Bewirtschaftende Eigentümer der Früchte wird (BFH IV R 96/87 BStBl II 1989, 504). In **Abgrenzung** hierzu liegt ein **Gewerbebetrieb** vor, wenn der Land-/Forstwirt eine an sich luf Betätigung ohne Beziehung zum eigenen Betrieb ausübt (BFH IV R 10/05 BStBl II 2007, 516; IV R 24/05 BStBl II 2008, 356). Das ist nicht nur der Fall, wenn nachhaltig fremde Erzeugnisse über den betriebsnotwendigen Umfang hinaus zugekauft werden, sondern auch, wenn die Fruchtziehung (Urproduktion) aufgrund eines mit einem anderen Landwirt geschlossenen Dienstvertrages erfolgt (BFH IV R 91/99 BStBl II 2002, 221; zur Abgrenzung vgl auch R 15.5 EStR 2012); nicht jedoch, wenn (lediglich) die Erntearbeiten überlassen werden und auch keine Hofstelle vorhanden ist (BFH IV R 52/02 BFH/NV 2005, 674).

Liegen **teils gewerbliche, teils luf** Tätigkeiten vor, sind die Tätigkeiten zu trennen, sofern nach der Verkehrsauffassung möglich; nicht jedoch, wenn die Tätigkeiten, sich unlösbar gegenseitig bedingend, miteinander verflochten sind. Ist Letzteres der Fall, ist die einheitliche Tätigkeit danach zu qualifizieren, welches der Elemente überwiegt (vgl R 15.5 Abs 1 EStR 2012; iE so für ein Handelsgeschäft bei nachhaltigem Verkauf fremder Erzeugnisse über die Umsatzgrenzen von R 15.5 Abs 11 EStR 2012 hinaus, vgl BFH IV R 21/06 BStBl II 2010, 113). Zur Infektionsgefahr durch Eintreten einer mitunternehmerischen Betriebsaufspaltung *Gum* Inf 2005, 670.

2. Bodenbewirtschaftung

211 Beträgt der Nettoumsatzanteil aus dem dauernden und **nachhaltigen Zukauf** fremder Erzeugnisse einschließlich Nebenkosten **bis zu 1/3** des betrieblichen Gesamtumsatzes oder 51 500 € (ohne USt), so nimmt die *FinVerw* (R 15.5 Abs 11 EStR 2012) und wohl auch die Rechtsprechung (BFH IV R 21/06 BStBl II 2010, 113, abw von VIII R 254/71 BStBl II 1975, 118) noch einen land- und forstwirtschaftlichen Betrieb an. Der Einkaufswert-Umsatz-Vergleich versagt jedoch, weil er an unterschiedliche Bewertungsgrößen anknüpft (so neuerdings auch R 15.5 Abs 11 EStR 2012).

3. Tierzucht und Tierhaltung

212 Sie führen trotz des offenen Wortlauts des § 13 Abs 1 Nr 1 Satz 2 EStG nur dann zu LuF, wenn der Tierbestand nach der Verkehrsauffassung **typisch für** *(traditionelle)* **LuF** ist: Schwein, Rindvieh, Schaf, Ziege, Pferd, Geflügel, Damwild (R 13.2 EStR). Zucht u Haltung von anderen Tieren ist gewerblich (BFH IV R 4/04 BStBl II 2005, 347).

Abgrenzung land- und forstwirtschaftliche/gewerbliche Einkünfte § 2

a) Einzelfälle. 213
- **Brieftauben,** Zucht u Haltung gehören nicht zur typischen Landwirtschaft, daher gewerblich (BFH VII R 45/92 BStBl II 1993, 200).
- **Fischzucht** in Stahlbehältern ist keine Teichwirtschaft (Nds FG EFG 1995, 232).
- **Hähnchenmast,** zum Überschreiten der zulässigen Vieheinheiten s BFH I R 113/74 BStBl II 1976, 423.
- **Haustierzucht,** insb **Hundezucht u -haltung** ist keine typische landwirtschaftliche Tätigkeit und daher gewerblich (BFH VIII R 22/797 BStBl II 1981, 210).
- **Kleintierzucht** ist ungeachtet einer vorhandenen Futtergrundlage gewerblich (BFH IV R 4/04 BStBl II 2005, 347).
- **Kükenbrüterei** ist unabhängig von vorhandenen landwirtschaftlichen Nutzflächen gewerblich, wenn die Küken überwiegend verkauft werden (BFH IV R 88/88 BStBl II 1990, 152); zur Putenbrüterei BFH IV B 64/07 BFH/NV 2008, 1474. Abgrenzend bei Erzeugung von Bruteiern im eigenen Betrieb und Verkauf von Küken Nds FG EFG 1995, 910.
- **Pelztiere** gehören nur dann zur landwirtschaftlichen Tierhaltung, wenn das erforderliche Futter überwiegend von den vom Betriebsinhaber landwirtschaftlich genutzten Flächen gewonnen wird (§ 51 Abs 5 BewG; s BFH VIII R 272/83 BStBl II 1988, 264 für Nerzzucht).
- **Pferdezucht und -haltung** gehört bei ausreichender Futtergrundlage zur Land- und Forstwirtschaft. Das gilt auch für den Ankauf, die Ausbildung von Pferden zu Renn- u Turnierpferden, die nicht nur kurzfristig im Betrieb verbleiben und nach der Ausbildung an Dritte veräußert werden (BFH I R 71/03 BStBl II 2004, 742; IV R 34/06 BStBl II 2009, 453; hierzu *FM BaWü* v 1.4.2010 S 2236).
- **Vogelzucht** (Singvögel, Brieftauben) ist gewerblich (BFH VIII R 22/79 BStBl II 1981, 210; VII R 45/92 BStBl II 1993, 200; X R 10/88 BFH/NV 1992, 108).

b) Ausreichende Nutzflächen. Die Qualifikation als LuF setzt voraus, dass die in 214 § 13 Abs 1 EStG erwähnten **Tierbestände** nicht überschritten werden und deshalb iS dieser Vorschriften ausreichende landwirtschaftliche Nutzflächen als **Futtergrundlage** zur Verfügung stehen (vgl hierzu BFH IV R 88/88 BStBl II 1990, 152; IV R 134/89 BStBl II 1992, 378). Dies gilt auch für die Aufbauphase, wenn vorhandene wesentliche Grundlagen bei Verfolgung des Aufbauplans einen selbstständigen lebensfähigen Organismus erwarten lassen (BFH IV R 14/89 BStBl II 1992, 134; IV R 110/91 BStBl II 1993, 752). Eine ohne ausreichende Fläche betriebene Tierzucht oder Tierhaltung ist jedoch gewerblich iSv § 15 Abs 4 EStG (BFH IV R 96/94 BStBl II 1996, 85). Einen landwirtschaftlichen Betrieb führt auch der Erwerber von totem und lebendem Inventar eines Gestüts, wenn eine beabsichtigte Zusammenarbeit mit dem formal Nutzungsberechtigten der landwirtschaftlich genutzten Flächen scheitert, der Erwerber aber Pachtzahlungen für diese Flächen leistet, die auch tatsächlich die Futtergrundlage für die erworbenen Tiere bilden (BFH IV R 55/01 BStBl II 2003, 13).

Die Tierbestände werden nach dem Futterbedarf in **Vieheinheiten** umgerechnet 215 (vgl R 13.2 Abs 1 EStR; hierzu BFH V R 110, 112/84 BStBl II 1989, 1036; IV R 134/89 BStBl II 1992, 378). Die dazu ins Verhältnis zu setzende Fläche ist die regelmäßig landwirtschaftlich genutzte Fläche (§ 51 Abs 1 a BewG) mit zugepachteten Flächen. Ein angefangener Hektar rechnet nicht voll (BFH V R 110, 112/84 BStBl II 1989, 1036). Nicht dazu zählen forstwirtschaftliche und Sonderkulturflächen etc (vgl Einzelheiten R 13.2 Abs 3 EStR). Der Umrechnungsschlüssel verstößt nicht gegen Verfassungsrecht (BFH II R 35/90 BStBl II 1994, 152). Nicht erforderlich ist die tatsächliche Ernährung der Tiere mit Futter aus dem Betrieb (BFH X R 33/82 BStBl II 1988, 922; V R 110, 112/84 BStBl II 1989, 1036, auch zur Umrechnung bei Zucht- und Masthaltung); anders jedoch, wenn Tierhaltung und sonstiger Betrieb keine Berührungspunkte haben (FG Schl-H EFG 1987, 117; Nds FG EFG 1994, 83: Entfernung 80 km).

§ 2 Steuergegenstand

216 Der über den gesetzlichen Höchstsatz hinausgehende Bestand ist **gewerbliche Tierzucht und Tierhaltung.** Damit wird zwar nicht der gesamte Tätigkeitsbereich zum Gewerbebetrieb; betroffen und gewerblich ist aber der Zweig, bei dem die Überbestände vorliegen, zB Masthühner. Als besondere Zweige gelten bei jeder Tierart jeweils Zugvieh, Zuchtvieh, Mastvieh und das übrige Nutzvieh (H 13.2 EStH). Davon unabhängig kann die Tierhaltung uU gewerblichen Charakter annehmen (BFH VIII R 91/83 BStBl II 1989, 416), zB wenn zusätzlich wesentliche weitere Leistungen gegenüber Dritten angeboten werden (BFH IV R 191/74 BStBl II 1979, 246, Reitunterricht) – was jedoch bei Verkauf (Verwertung) der Produkte noch nicht der Fall ist (BFH IV R 156/76 BStBl II 1981, 672) – oder wenn die Tierhaltung nur der Vorbereitung einer anderweitigen gewerblichen Tätigkeit dient (BFH IV R 82/89 BStBl II 1991, 333; Teilnahme an Pferderennen); ebenso bei kurzfristigem Verbleiben der Tiere im Betrieb (= Handel; BFH I R 71/03 BStBl II 2004, 742).

Für die Frage, ab wann landwirtschaftliche Tierzucht und Tierhaltung sich zur gewerblichen gewandelt hat bzw in welchen Fällen von Beginn an eine gewerbliche Tätigkeit vorliegt, gelten ähnliche Grundsätze wie bei der Bodenbewirtschaftung (vgl R 13.2 Abs 2 Satz 7 EStR; BFH I R 113/74 BStBl II 1976, 423).

217 **c) Gemeinschaftliche Tierhaltung und Tierzucht.** Die Einkünfte aus Tierzucht und Tierhaltung einer **Gesellschaft,** bei der die Gesellschafter als Unternehmer **(Mitunternehmer)** anzusehen sind, gehören zu den landwirtschaftlichen Einkünften, wenn die Voraussetzungen des § 51 a BewG erfüllt sind und andere Einkünfte der Gesellschafter aus dieser Gesellschaft zu den Einkünften aus Land- und Forstwirtschaft gehören (§ 13 Abs 1 Satz 5 EStG). Zur sachlichen Steuerbefreiung vgl auch § 3 Rn 400 ff.

Danach kann eine aus Landwirten bestehende Mitunternehmerschaft auch dann landwirtschaftliche Tierhaltung oder -zucht betreiben, wenn die Gesellschaft (gilt auch für Genossenschaften oder Vereine) selbst nicht über landwirtschaftliche Flächen verfügt (§ 51 a Abs 2 BewG; s zu den Einzelheiten BFH V R 90/87 BStBl II 1990, 802).

Erzielen die Mitunternehmer aus ihrer **Beteiligung gewerbliche Einkünfte**, zB weil die von ihnen gebildete OHG einheitlich gewerbliche Einkünfte hat, so kann es gleichwohl von Bedeutung sein, ob für die von der OHG unterhaltene Tierzucht bzw -haltung ausreichende selbstbewirtschaftete landwirtschaftliche Flächen iSv § 13 Abs 1 EStG als Futtergrundlage zur Verfügung stehen. Ist dies zu bejahen, so gehören zwar die Erträgnisse aus der Tierhaltung und Tierzucht ebenfalls zum einheitlichen Gewerbebetrieb. Es handelt sich bei den daraus erzielten Verlusten aber nicht um solche Verluste aus gewerblicher Tierhaltung oder -zucht, für die das Ausgleichsverbot nach § 15 Abs 4 EStG gilt (BFH IV R 195/83 BStBl II 1985, 133, im Wege der teleologischen Interpretation). Auch bei gewerblicher Prägung iSv § 15 Abs 3 Nr 2 EStG liegt Gewerblichkeit der Tierhaltung vor (BFH IV R 45/89 BStBl II 1991, 625).

218 **d) Pensionstierhaltung u.a.** Das Unterstellen und Füttern **fremder Tiere** gegen Entgelt stellt land- und forstwirtschaftliche Betätigung dar, wenn der in § 13 Abs 1 EStG vorgesehene Flächenschlüssel eingehalten wird (vgl BFH IV R 22/91 BFH/NV 1992, 655). Ob es sich beim Aufzüchter um fremde oder eigene Tiere handelt, spielt dabei keine Rolle (BFH IV R 191/74 BStBl II 1979, 246). Nach BFH III R 182/84 BStBl II 1989, 111 rechnet die **Pensionsreitpferdehaltung** auch dann zur landwirtschaftlichen Tierhaltung, wenn den Pferdeeinstellern Reitanlagen zur Verfügung gestellt werden (vgl *FM Ba-Wü* v 1.4.2010 S 2236). Die **Vermietung von Reitpferden** an Feriengäste ist bei vorhandener flächenmäßiger Futtergrundlage landwirtschaftliche Tätigkeit, wenn keine gewichtigen Zusatzleistungen außerhalb der Landwirtschaft erbracht werden (BFH VIII R 91/83 BStBl II 1989, 416; V R 34/89 BFH/NV 1992, 845).

4. Sonstige landwirtschaftliche Einkünfte

Einkünfte aus **Binnenfischerei, Teichwirtschaft, Fischzucht für Binnenfischerei und Teichwirtschaft, Imkerei und Wanderschäferei** sind landwirtschaftlich. Der Katalog ist abschließend. Es rechnen also nicht dazu Hochseefischerei sowie Fischzucht für andere Zwecke. Insb die Aufzucht von Zierfischen in Teichen bedeutet keine Teichwirtschaft (vgl BFH V R 55/77 BStBl II 1987, 467; *Sarrazin* in *L/S* § 2 Rn 296). 219

5. Jagd

Einkünfte aus einer Jagd sind dann landwirtschaftlich, wenn sie mit dem Betrieb einer Landwirtschaft oder einer Forstwirtschaft **im Zusammenhang** stehen. Dieser Zusammenhang muss mE wirtschaftlicher Art sein. Besteht er, so wird die Jagd mE auch dann berücksichtigt, wenn sie vorübergehend Verluste aufweist (zur Liebhaberei vgl Rn 73 ff). Die Haltung eines **Wildparks** zählt mE nicht zur Land- und Forstwirtschaft. 220

6. Mindestgröße

Für die Mindestgröße eines land- oder forstwirtschaftlichen Betriebs lassen sich **keine allgemeingültigen Aussagen** machen. Immerhin hat aber die Rechtsprechung gewisse Kriterien dazu entwickelt, die wesentlich mit der Möglichkeit eines nachhaltig erzielbaren Ertrags zusammenhängen. Aus bewertungsrechtlicher Sicht wurde für eine landwirtschaftliche Nebenerwerbsstelle ein angemessener jährlicher Rohertrag von 3000 DM vorausgesetzt (BFH III R 122/71 BStBl II 1973, 282). Nach der Entscheidung in BFH IV R 149/83 BStBl II 1985, 549 ist es zweifelhaft, ob bei einem zu erwartenden Jahresgewinn von unter 1000 DM (jetzt wohl 500 €) noch von einem Forstbetrieb gesprochen werden kann. Das Unterschreiten solcher Mindestgrößen wird im Allgemeinen weniger für die Abgrenzung zu gewerblichen Einkünften, sondern eher für die Frage einer privat motivierten Liebhaberei eine Rolle spielen. Ausnahmsweise kann es bei einem wirtschaftlichen Zusammenhang mit einem Gewerbebetrieb dafür sprechen, dass man es mit einer einheitlichen gewerblichen Betätigung zu tun hat. 221

7. Betriebseinheit/-vielheit/Nebenbetriebe

a) Verschiedene Betätigungen. Verschiedene Betätigungen des Land- u Forstwirts können zu **unterschiedlichen Folgen** führen: zwei selbstständige Betriebe (LuF u Gewerbebetrieb, BFH IV R 1/89 BStBl II 1991, 452), ein gewerblicher Haupt- und ein luf Nebenbetrieb oder ein luf Hauptbetrieb und ein gewerblicher Nebenbetrieb. **Vorrangig** ist jedoch die **Prüfung,** ob es sich bei der fraglichen Tätigkeit um ein luf **Hilfsgeschäft** handelt, wie etwa bei der (einfachen) Parzellierung und Veräußerung von Grundstücken (BFH IV R 38/03 BStBl II 2006, 166). Maßgebend ist, ob die Betätigung ihr **Gepräge** durch den luf Betrieb erhält; wenn nicht, erfolgt eine getrennte Beurteilung (BFH IV R 24/05 BStBl II 2008, 356 mwN). 222

Zum land- und forstwirtschaftlichen Hauptbetrieb gehören auch die **Nebenbetriebe,** die dem Hauptbetrieb zu dienen bestimmt sind (vgl § 13 Abs 2 Nr 1 EStG). Liegt diese Voraussetzung vor, kann auch eine für sich betrachtet gewerbliche Tätigkeit einen luf Nebenbetrieb darstellen (BFH IV R 78/95 BStBl II 1997, 427; V R

§ 2 Steuergegenstand

78/93 BStBl II 1998, 359). Dabei sind Substanzbetriebe und Be- oder Verarbeitungsbetriebe zu unterscheiden.

223 **b) Substanzbetriebe.** Als Nebenbetriebe kommen **Steinbrüche, Ziegeleien, Torfstechereien, Kiesvorkommen** etc in Betracht, die etwa als landwirtschaftlicher Nebenbetrieb für landwirtschaftliche Zwecke (zB Forststraßenbau, Baumaterial für Betriebsgebäude, vgl BFH IV R 73/81 BStBl II 1983, 106) verwendet werden (R 15.5 Abs 3 Satz 9 EStR 2012). Bodenschätze sind erst dann als WG greifbar, wenn mit der Aufschließung (Antrag auf Abbaugenehmigung, Verwertung) begonnen wird (BFH GrS 1/05 BStBl II 2007, 508). Der bloße Antrag auf Abbaugenehmigung begründet keine gewerbliche Tätigkeit; der Verkauf des Grundstücks nach der Beantragung verlässt nicht den Rahmen eines luf Hilfsgeschäfts (BFH X R 10/07 BFH/NV 2010, 184). **Ausbeuteverträge mit Dritten** führen regelmäßig zu privaten Vermietungseinkünften (vgl BFH IV R 19/79 BStBl II 1983, 203). Kippgebühren für die Ablagerung von Bodenaushub sind land- und forstwirtschaftliche Einnahmen, wenn sie nicht zu den Erträgen zB eines gewerblichen Kiesausbeuteunternehmens gehören. Die Auffüllung des Geländes für die weitere landwirtschaftliche Nutzung bedeutet auch nicht den Betrieb einer gewerblichen Mülldeponie (BFH IV R 27/82, nv). Zur Einlagefähigkeit von Bodenschätzen BFH I R 197/83 BStBl II 1987, 865; III R 58/89 BStBl II 1994, 293; VIII R 75/91 BStBl II 1994, 346. Zur **Entsorgung/Verwertung** organischer Abfälle s R 15.5 Abs 4 EStR 2012; zur **Biogaserzeugung** s *BMF* BStBl I 2006, 248, 417; R 15.5 Abs 12 Satz 3 EStR 2012; *Wiegand* Inf 2006, 497.

224 **c) Be- oder Verarbeitungsbetrieb.** Dieser ist **nach R 15.5 Abs 3 Satz 4 EStR 2012** als land- und forstwirtschaftlicher **Nebenbetrieb** anzusehen, wenn
– überwiegend im eigenen Hauptbetrieb erzeugte Rohstoffe be- u verarbeitet werden und die dabei gewonnenen Erzeugnisse überwiegend für den Verkauf bestimmt sind oder
– Umsätze aus der Übernahme von Rohstoffen (zB organische Abfälle) erzielt, diese be- und verarbeitet und die dabei gewonnenen Erzeugnisse nahezu ausschließlich im eigenen Betrieb der Land- und Forstwirtschaft verwendet werden und
– die Erzeugnisse im Rahmen der **1. Stufe der Be- u Verarbeitung,** die noch dem land- und forstwirtschaftlichen Bereich zuzuordnen ist, hergestellt werden.
Die Ver- und Bearbeitungen der **2. Stufe** behandelt die *FinVerw* als gewerblich, wenn die Umsatzgrenzen von R 15.5 Abs 11 EStR 2012 überschritten werden; Entsprechendes gilt für die Be- und Verarbeitung fremder Erzeugnisse (R 15.5 Abs 3 Satz 5 ff EStR 2012). Der Absatz von Eigenerzeugnissen über ein eigenständiges Handelsgeschäft gehört noch zur LuF (R 15.5 Abs 6 EStR 2012).
In **Abweichung hiervon** (und von BFH IV R 86/80 BStBl II 1984, 152) stellt BFH IV R 78/95 BStBl II 1997, 427 dagegen auf den **Umfang der Veränderung** ab. Geringfügige Bearbeitung, wie Haltbarmachung von Milch, Verarbeitung zu Quark und Käse, ist Nebenbetrieb. Wertschöpfung, die sich traditionell außerhalb der Land- u Forstwirtschaft vollzieht, wie zB Herstellung von Wurst und Schinken, führt zu eigenständigem Gewerbebetrieb (zust *Zugmaier* Inf 1997, 579; *Schild* DStR 1997, 642). Je weiter sich die Verarbeitung (Produktionsstufe) von der luf Urerzeugung entfernt, umso eher ist auch kein luf Nebenbetrieb mehr anzunehmen und ist/sind je nach dem Maß der Verflechtung (vgl BFH V R 78/93 BStBl II 1998, 359) nur ein GewBetrieb oder mehrere GewBetriebe anzunehmen.

225 **d) Einheitlicher luf Betrieb.** Ein **einheitlicher luf Betrieb** wurde angenommen:
– Winzer mit Trauben aus Fremdproduktion (BFH III R 270/83 BFH/NV 1988, 85);

Abgrenzung land- und forstwirtschaftliche/gewerbliche Einkünfte § 2

- Brutbetrieb, wenn die Küken im luf Betrieb weiter verwendet werden (BFH IV R 88/88 BStBl II 1990, 152; IV B 64/07 BFH/NV 2008, 1474);
- Brennerei u LuF (BFH V R 78/93 BStBl II 1998, 359); ggf GewBetrieb (BFH III R 25/69 BStBl II 1971, 287);
- Pilzzucht (*FM Nds* DB 1988, 1727).

Als **GewBetrieb** wurde angenommen:
- Verarbeitung von Schnittholz (BFH V 200/58 S BStBl III 1962, 298);
- Metzgerei/Gastwirtschaft mit LuF (BFH IV R 299/61 U BStBl III 1966, 193);
- Weinbau mit Einkauf (BFH VIII R 419/83 BStBl II 1989, 284);
- Rinderzucht u Wurstfabrik (BFH IV R 45/89 BStBl II 1991, 625);
- Pferdezucht mit Trabrennstall (BFH IV R 82/89 BStBl II 1991, 333);
- Direktvermarktung von Wurst (BFH IV R 78/95 BStBl II 1997, 427; s jedoch IV R 21/06 BStBl II 2010, 113);
- Klärschlammtransporte (BFH IV R 24/05 BStBl II 2008, 356).

e) Absatz der Eigenerzeugnisse. Der Absatz **dient dem Hauptbetrieb** der Landwirtschaft, wenn sich der Erzeuger im Groß- und Einzelhandel auf die Bearbeitung auf den Verkauf eigener Produkte beschränkt (BFH I 108/59 U BStBl III 1960, 460; IV 285/62 U BStBl III 1965, 90; zur Auslagerung *Bolin* Inf 2001, 305). Von einem **einheitlichen Betrieb (LuF)** ist idR dann auszugehen, wenn regelmäßig und nachhaltig im Handelsbetrieb nicht mehr als 1/3 des Gesamtumsatzes bzw ein Betrag von nicht mehr als 51 500 € auf Fremderzeugnisse entfällt (R 15.5 Abs 11 EStR 2012). Bisher wurde ein einheitlicher land- u forstwirtschaftlicher Betrieb angenommen, wenn der Zukauf fremder Erzeugnisse, die nicht dem Erzeugungsprozess im eigenen Betrieb dienen, gemessen an deren Einkaufswert (vgl *FM M-V* DB 1998, 2500, FR 1999, 44), 1/3 des Gesamtumsatzes nicht übersteigt (vgl Rn 211). Ein **Handelsgeschäft** ist nach R 15.5 Abs 6 EStR ein selbstständiger Gewerbebetrieb, wenn **(1.)** nicht ausschließlich eigene Erzeugnisse des Betriebes der Land- u Forstwirtschaft abgesetzt werden, es sei denn, die o.a. Umsatzgrenzen werden nicht überschritten; **(2.)** ausschließlich fremde Erzeugnisse über das Handelsgeschäft abgesetzt werden (zur bisherigen Rechtslage *Schild* Inf 1997, 421; DStR 1997, 642; *Wiegand* NWB 2012, 460). 226

Naturalpacht aus den Pachtgrundstücken wird zutreffend nicht als schädlicher Zukauf angesehen (für Weingut FG Rh-Pf EFG 1983, 567; s *Kanzler* FR 1988, 596 im Anschluss an BFH III R 270/83 BFH/NV 1988, 85).

Ein **Hofladen** ist grds genau so wie ein räumlich getrenntes Hilfsgeschäft Teil eines einheitlichen luf Betriebs, wenn darin ausschließlich Eigenerzeugnisse verkauft werden (BFH IV R 21/06 BStBl II 2010, 113; hierzu *Wiegand* NWB 2012, 460). Es entsteht jedoch ein eigenständiger Gewerbebetrieb, wenn der Nettoumsatzanteil der zugekauften Produkte ein Drittel des Gesamtumsatzes des Hofladens oder 51.500 € nachhaltig übersteigt (keine Differenzierung nach Art der zugekauften Produkte; vgl nunmehr R 15 Abs 5 u 6 EStR 2012; hierzu *Günther* EStB 2009, 300; *Wendt* BFH/PR 2009, 367; *BMF* BStBl I 2010, 46 iVm 2011, 561: bis zur Neuregelung in den EStR bleibt Altregelung anwendbar).

f) Wirtschaftliche Eigenständigkeit. Entscheidend ist die **wirtschaftliche Eigenständigkeit** der jeweiligen Unternehmen. So hat die Rspr bei einer **Kombination landwirtschaftlicher Erzeugerbetrieb** *(zB Schäferei)* **und Verarbeitungsbetrieb** *(Großschlächterei)* in dem Umfang der zwischen beiden Betrieben bestehenden Lieferbeziehungen keinen ausreichenden Anhalt für ein einheitliches Unternehmen gesehen (BFH IV R 156, 157/67 BStBl II 1972, 8). Der Verkehrsauffassung kommt für die Frage der Betriebsvielheit nur insoweit Gewicht zu, als das einheitliche Auftreten zweier Betriebszweige nach außen möglicherweise über einen einheitlichen Kundenstamm und andere Geschäftsbeziehungen wirtschaftlich zum Tragen kommt. Regelmäßig wird die planmäßige wirtschaftliche Verbindung zwi- 227 schen den Unternehmensteilen entscheiden, deren Wegfall von beträchtlicher Wirkung auf die Struktur des Gesamtbetriebs ist (siehe für Landwirtschaft und Gasthof/Metzgerei BFH IV 299/61 U BStBl III 1966, 193).

Auch bei getrennt zu sehenden Betrieben kann zweifelhaft sein, ob in ustrechtlicher Hinsicht selbsterzeugtes Vieh im Rahmen des neben einer Landwirtschaft bestehenden Gewerbebetriebs veräußert wird und die Umsätze deshalb der Regelbesteuerung unterliegen (vgl Urteile Nds FG EFG 1982, 213, 214).

228 **g) Baumschulen.** Sie sind **selbsterzeugende landwirtschaftliche Betriebe,** und zwar auch dann, wenn sie auf der Grundlage von sog Kostverträgen Sämlinge bei anderen Unternehmen zur Aufzucht geben (BFH V R 115/71 BStBl II 1977, 272). Im Allgemeinen wird das zur Aufzucht gebende Unternehmen auch in solchen Fällen das typisch landwirtschaftliche Risiko der Selbsterzeugung tragen. Die Erzeugnisse stellen aber keine Grundstücksfrüchte dar. Das hälftige Grundeigentum von Ehegatten gibt deshalb keinen Grund für eine Mitunternehmerschaft ab (BFH IV R 341/84 BStBl II 1987, 23).

229 **h) Dienst- bzw Werkvertragsleistung.** Ein **eigenständiger GewBetrieb** liegt vor, wenn der Stpfl eine an sich luf Betätigung **ohne Beziehung zum eigenen luf Betrieb** für andere Land- u Forstwirte ausübt (BFH IV R 91/99 BStBl II 2002, 221; IV R 45/02 BStBl II 2004, 512; IV R 10/05 BStBl II 2007, 516). **Zusatzleistungen** (zB Grabpflege, Gartengestaltung) kennzeichnen grundsätzlich einen eigenständigen Gewerbebetrieb. Bei Einsatz selbsterzeugter Produkte ist jedoch aus Vereinfachungsgründen ein einheitlicher land- u forstwirtschaftlicher Betrieb anzunehmen, wenn die Umsätze aus den Zusatzleistungen ⅓ des Gesamtumsatzes des Betriebs bzw 51 500 € nicht übersteigen (vgl R 15.5 Abs 7 iVm Abs 11 EStR 2012).

Im Einzelnen: Eine **Friedhofsgärtnerei** mit eigenem Gartenbau erzielt mE einheitlich gewerbliche Umsätze, wenn die Einnahmen aus der Grabpflege die o.a. Grenzen übersteigen (zur früheren Rechtslage BFH IV 110/62 U BStBl III 1965, 147; nunmehr R 15.5 Abs 7 EStR 2012). Keine Betriebsmehrheit, sondern ein einheitlicher Gewerbebetrieb Friedhofsgärtnerei war bisher anzunehmen, wenn sie regelmäßig wegen der Grabpflegedienste von Kunden aufgesucht wird, selbst dann, wenn der Umsatz aus dem Absatz der selbsterzeugten Pflanzen höher ist als der Anteil für Leistungen und andere Lieferungen als selbstgezogene Pflanzen (BFH VIII R 15/73 BStBl II 1976, 492). **Gartenbauunternehmen** mit Landwirtschaftsgärtnerei sind unter den Voraussetzungen zur Friedhofsgärtnerei einheitliche Gewerbebetriebe (BFH I R 24/66 BStBl III 1966, 678; V R 129/84 BStBl II 1989, 432; *Bracke* Inf 1997, 389). Unter die **Vereinfachungsregelung** in R 15.5 Abs 7 Satz 3 EStR 2012 fallen mE auch landschaftspflegerische Tätigkeiten eines LuF für Nichtlandwirte; hierzu gehört auch die Entsorgung von Gartenabfällen und Verwertung als Humuszusatz auf eigenen Feldern (*OFD Ffm* DStR 1992, 395). Zur Einheitlichkeit des Betriebs bei **Pferdepension**, Pferdeverleih und land- und forstwirtschaftlicher Betätigung s BFH IV R 139/81 BStBl II 1985, 205; V R 22/78 BStBl II 1988, 83. Für getrennte Beurteilung von Pensionstierhaltung bzw Pferdevermietung als landwirtschaftliche Einkünfte vgl BFH IV R 191/74 BStBl II 1979, 246, zur Gewerblichkeit bei im Vordergrund stehenden Zusatzleistungen (Unterricht) BFH VIII R 91/83 BStBl II 1989, 416; IV R 82/89 BStBl II 1991, 333. Bei **Verwendung von Wirtschaftsgütern** außerhalb des luf Betriebes liegt ein Gewerbebetrieb vor, wenn jene eigens dafür angeschafft sind und im luf Betrieb nicht benötigt werden (BFH IV R 10/05 BStBl II 2007, 516). Im Übrigen ist sie jedoch unbeachtlich, wenn die Umsatzgrenzen der R 15.5 Abs 11 EStR 2012 nicht überschritten werden und der Einsatz für den eigenen Betrieb 10% nicht unterschreitet (R 15.5 Abs 9 EStR 2012). **Fuhrleistungen** können daher noch Teil des luf Betriebes, aber auch GewBetriebs sein (BFH IV R 45/02 BStBl II 2004, 512; vgl

Abgrenzung selbstständige Arbeit/Gewerbebetrieb **§ 2**

R 15.5 Abs 10 EStR 2012). **Holzrücktätigkeit** unter Einsatz eigens dazu angeschaffter Anlagegüter (Forstspezialschlepper) bildet trotz eingehaltener Umsatzgrenze einen eigenständigen Gewerbebetrieb (BFH IV R 19/90 BStBl II 1992, 651). Zum **Absatz von selbsterzeugten Getränken** in Zusammenhang mit besonderen Leistungen, zB in einer Besen- u Straußwirtschaft, vgl R 15.5 Abs 8 EStR 2012. **Energieerzeugung** ist idR keine Land- u Forstwirtschaft, da keine planmäßige Nutzung des Bodens zur Aufzucht; daher auch kein Nebenbetrieb; Ausnahme ggf Erzeugung von **Biogas** (R 15.5 Abs 12 EStR 2012); nicht jedoch, wenn diese dem Betrieb das Gepräge gibt, zB bei Einsatz der gesamten Ernte hierfür (BFH II R 55/11 BStBl II 2013, 518). **Beherbergung** von Fremden ist idR gewerblich, kann unter Beachtung der Umsatzgrenzen des R 15.5 Abs 11 EStR 2012 jedoch im Ganzen der LuF zugerechnet werden; aus Vereinfachungsgründen ist keine gewerbliche Tätigkeit anzunehmen, wenn weniger als 4 Zimmer und 6 Betten bzw außer dem Frühstück keine Hauptmahlzeiten angeboten werden (R 15.5 Abs 12 EStR 2012).
Vermietung/Verpachtung. Die Vermietung von Parkplätzen, Liftanlagen, Campingplätzen, Golfplätzen u.ä. ist idR GewBetrieb (BFH X R 21/00 BStBl II 2003, 520). Ein mit einem Pachtvertrag gekoppelter Bewirtschaftungsvertrag führt zu gewerblichen Einkünften, wenn die Umstände nicht auf einen verdeckten Kaufvertrag schließen lassen (BFH IV R 91/99 BStBl II 2002, 221).
Nicht zu den luf Einkünften – auch nicht über die Zurechnungsnorm des § 13 Abs 2 Nr 2 EStG – gehören Entgelte aus **Schlossbesichtigungen** (gewerbliche Tätigkeit, BFH VIII R 95/77 BStBl II 1980, 633).
Zur **Abgrenzung** zwischen landwirtschaftlichem Hilfsgeschäft und gewerblichem **Grundstückshandel** s Rn 200.

8. Strukturwandel

Der **Strukturwandel** vom Gewerbebetrieb **zur Landwirtschaft** stellt weder **230** eine Entnahme noch eine einkommensteuerrechtliche Betriebsaufgabe iS einer Totalentnahme (vgl BFH GrS 1/73 BStBl II 1975, 168) dar. Er bedeutet allerdings ein Erlöschen der GewStPfl und erfordert wie der Betriebsverpachtung, dass der StPfl zum Betriebsvermögensvergleich übergeht. Der **umgekehrte Fall** ist u.a. gegeben, wenn durch auf Dauer angelegte Maßnahmen die Vieheinheitengrenze nachhaltig überschritten wird (ggf – bei Überschreiten um nicht mehr als 10% – Beobachtungszeitraum von 3 Jahren, BFH IV R 18/06 BStBl II 2009, 654, hierzu *BMF* BStBl I 2011, 1249, gleichzeitig zur Anwendung von R 15.5 EStR). Er kann sich auch für einen Zeitpunkt ergeben, zu dem der StPfl größere Investitionen und Vertragsabschlüsse mit entsprechenden Verpflichtungen für seinen künftigen Handelsbetrieb tätigt, die dem Bild des luf Betriebes nicht mehr entsprechen. Fehlt es daran, so kommt es idR auf das nachhaltige Überschreiten der Umsatzgrenzen von R 15.5 Abs 11 EStR 2012 an. Nachhaltigkeit wird angenommen bei einem Zeitraum von mehr als drei Jahren; der Zeitraum ist **objektbezogen** (R 15.5 Abs 2 EStR 2012).

(frei) **231–234**

VI. Abgrenzung selbstständige Arbeit/Gewerbebetrieb

1. Allgemeines

Die Einkünfte aus selbstständiger Arbeit sind geregelt in **§ 18 EStG**. **235**

§ 18 EStG Selbstständige Arbeit
 (1) Einkünfte aus selbstständiger Arbeit sind
1. **Einkünfte aus freiberuflicher Tätigkeit.** ²Zu der freiberuflichen Tätigkeit gehören die selbstständig ausgeübte wissenschaftliche, künstlerische, schriftstel-

§ 2 Steuergegenstand

lerische, unterrichtende oder erzieherische Tätigkeit, die selbstständige Berufstätigkeit der Ärzte, Zahnärzte, Tierärzte, Rechtsanwälte, Notare, Patentanwälte, Vermessungsingenieure, Ingenieure, Architekten, Handelschemiker, Wirtschaftsprüfer, Steuerberater, beratenden Volks- und Betriebswirte, vereidigten Buchprüfer, Steuerbevollmächtigten, Heilpraktiker, Dentisten, Krankengymnasten, Journalisten, Bildberichterstatter, Dolmetscher, Übersetzer, Lotsen und ähnlicher Berufe. ³Ein Angehöriger eines freien Berufs im Sinne der Sätze 1 und 2 ist auch dann freiberuflich tätig, wenn er sich der Mithilfe fachlich vorgebildeter Arbeitskräfte bedient; Voraussetzung ist, dass er auf Grund eigener Fachkenntnisse leitend und eigenverantwortlich tätig wird. ⁴Eine Vertretung im Fall vorübergehender Verhinderung steht der Annahme einer leitenden und eigenverantwortlichen Tätigkeit nicht entgegen;

2. Einkünfte der Einnehmer einer staatlichen Lotterie, wenn sie nicht Einkünfte aus Gewerbebetrieb sind;
3. Einkünfte aus sonstiger selbstständiger Arbeit, z. B. Vergütungen für die Vollstreckung von Testamenten, für Vermögensverwaltung und für die Tätigkeit als Aufsichtsratsmitglied;
4. Einkünfte, die ein Beteiligter an einer vermögensverwaltenden Gesellschaft oder Gemeinschaft, deren Zweck im Erwerb, Halten und in der Veräußerung von Anteilen an Kapitalgesellschaften besteht, als Vergütung für Leistungen zur Förderung des Gesellschafts- oder Gemeinschaftszwecks erzielt, wenn der Anspruch auf die Vergütung unter der Voraussetzung eingeräumt worden ist, dass die Gesellschafter oder Gemeinschafter ihr eingezahltes Kapital vollständig zurückerhalten haben; § 15 Absatz 3 ist nicht anzuwenden.

(2) Einkünfte nach Absatz 1 sind auch dann steuerpflichtig, wenn es sich nur um eine vorübergehende Tätigkeit handelt.

(3) ¹Zu den Einkünften aus selbstständiger Arbeit gehört auch der Gewinn, der bei der Veräußerung des Vermögens oder eines selbstständigen Teils des Vermögens oder eines Anteils am Vermögen erzielt wird, das der selbstständigen Arbeit dient. ²§ 16 Abs. 1 Satz 1 Nummer 1 und 2 und Absatz 1 Satz 2 sowie Absatz 2 bis 4 gilt entsprechend.

(4) ¹§ 13 Absatz 5 gilt entsprechend, sofern das Grundstück im Veranlagungszeitraum 1986 zu einem der selbstständigen Arbeit dienenden Betriebsvermögen gehört hat. ²§ 15 Absatz 1 Satz 1 Nummer 2, Absatz 1 a, Absatz 2 Satz 2 und 3, §§ 15 a und 15 b sind entsprechend anzuwenden.

2. Freier Beruf

236 **a) Kein einheitlicher Begriff.** Dem geltenden Steuerrecht ist **kein einheitlicher Begriff** der freien Berufe eigen (vgl BVerfG BStBl II 1978, 125 unter B II 3) – eine Tatsache, die der BFH dadurch verschärft, dass er bei der Anerkennung eines „ähnlichen Berufs" für unterschiedliche Berufsgruppen (zB Heilberufe) höchst unterschiedliche abstrakte Maßstäbe anlegt. Hinzu kommen weitere (unsachliche) Unterschiede auf der Ebene der Rechtsanwendung (Subsumtion), insb zur Frage der Eigenverantwortlichkeit (Rn 239 ff). Die Folge ist eine über die berufsspezifischen Eigenarten hinausgehende **Zersplitterung des Bildes** der freien Berufe. Nimmt man die in § 1 Rn 11 angeführten Bedenken sowie die Tatsache der Entwicklung neuer Berufsbilder hinzu, so ergibt sich der unerfreuliche Befund, dass häufig genug die Frage der GewStFreiheit im Einzelfall nicht mehr nach den Sachgesichtspunkten beantwortet wird, die der Privilegierung der freien Berufe ursprünglich zugrunde gelegen haben. Vorbei sind die Zeiten, in denen sich ihre Sonderstellung mit bestimmten idealtypischen Besonderheiten des Berufs begründen ließ (unmittelba-

rer, persönlicher individueller Einsatz; nur eingeschränkter Kapital- u Personaleinsatz; eingeschränktes Gewinnstreben u.ä.; hierzu noch BFH VIII R 116/74 BStBl II 1976, 155). Das gilt umso mehr, als sich auch im nichtsteuerlichen Bereich unablässig Veränderungen bei überlieferten Berufsbildern, insb im Standesrecht (zB Lockerung bzw Aufhebung von Werbe- u Gewerbeverboten bei rechtsberatenden Berufen), ergeben. Man muss an all dem fest vorbei sehen, um die Privilegierung der freien Berufe in der gegenwärtig praktizierten Form für unbedenklich zu halten (so letztmalig BVerfG 1 BvL 2/04 BVerfGE 120, 1, DStRE 2008, 1003).

b) Katalog. Statt einer Begriffsbestimmung des freien Berufs enthält das G also 237 einen **Katalog,** der verschiedene Tätigkeitsarten („wissenschaftlich" usw) und Berufe („Ärzte ..., Rechtsanwälte" usw sowie „ähnliche") aufzählt. Dieser Katalog wird für **verfassungsrechtlich unbedenklich** gehalten (vgl BFH IV R 109/90 BStBl II 1993, 235). Dem Gesetzgeber stehe es frei, Berufsbilder festzulegen (BVerfGE 25, 236, 247 mwN), ein Satz, der – unbeabsichtigt – die Tatsache hervorhebt, dass der Katalog eine willkürliche Aufzählung von begünstigten Berufen enthält. Bei der Auslegung des § 18 EStG können diese zugrunde gelegt werden (BVerfG 1 BvR 15/75 BVerfGE 46, 224, 239, BStBl II 1978, 125).

c) Tätigkeit nach Berufsbild. Für die **Abgrenzung** von der gewerblichen 238 Tätigkeit (vgl die Darstellung in der neueren Rspr bei *Brandt* Inf 2003, 57; *Jahn* DB 2012, 1947) kommt es **nicht allein** auf die **Zugehörigkeit** zu bzw **Ähnlichkeit** mit einem Katalogberuf an, sondern auch auf eine **entsprechende Tätigkeit,** die das Bild des jeweiligen Katalogberufs bestimmt und sich als unmittelbare, persönliche und individuelle Arbeitsleistung gegenüber dem Auftraggeber am einzelnen Werk darstellen muss (BFH VIII R 154/86 BStBl II 1988, 40; X B 54/87 BStBl II 1988, 17; IV R 299/83 BStBl II 1989, 727; IV R 140/88 BStBl II 1990, 507; XI R 85/93 BStBl II 1995, 732; IV R 59/97 BStBl II 1999, 167; IV R 21/02 BStBl II 2003, 919). Aber auch dieser sinnvolle Grundsatz wird zunehmend aufgelöst: erfüllt der Betriebsinhaber die Erfordernisse des § 18 EStG (insb Eigenverantlichkeit, s Rn 239) nur zum Teil, hilft der BFH inzwischen – ergebnisorientiert – mit der Aufteilung eines einheitlichen Betriebs in freiberuflich und gewerblich (BFH VIII R 53/07 BStBl II 2009, 143; hierzu Rn 241 aE; zu **Personengesellschaften** s Rn 246).

Die **Vermittlung von Geschäftsabschlüssen** zur Absatzförderung ist auch bei einem Angehörigen eines Katalogberufs gewerblich (BFH I R 204/81 BStBl II 1985, 15; XI R 91/94 BFH/NV 1996, 135; IV B 20/01 BFH/NV 2001, 1400); ebenso **Produktion u Absatz** wie durch GewTreibenden (BFH X R 10/06 BStBl II 2008, 54: Errichtung schlüsselfertiger Gebäude durch Ingenieur/Architekt); ebenso die Tätigkeit eines Angehörigen eines Freiberufs (zB Ingenieur) in einem anderen Berufsfeld (zB Unternehmensberatung), für die ihm die (freiberufliche) Qualifikation fehlt (BFH III B 37/12 BFH/NV 2013, 368).

3. Eigenverantwortliche Tätigkeit

a) Fachlich vorgebildete Arbeitskräfte. Nach § 18 Abs 1 Nr 1 Satz 3 EStG 239 steht der freiberuflichen Tätigkeit nicht entgegen, wenn der Angehörige des freien Berufs **fachlich vorgebildete Arbeitskräfte** beschäftigt. Die sog **Vervielfältigungstheorie** ist mit dem StÄG 1960 (BGBl I 1960, 616) aufgehoben.

Dies sind u.a. Mitarbeiter, die die **fachliche Qualifikation des Betriebsinhabers** aufweisen bzw dessen Tätigkeit ausüben (BFH IV R 140/88 BStBl II 1990, 507; X R 85/93 BStBl II 1995, 732; IV R 80/94 BStBl II 1995, 776; IV R 43/96 BStBl II 1997, 681; IV B 12/99 BFH/NV 2000, 837), aber auch Subunternehmer (BFH XI R 8/00 BStBl II 2002, 478, mE fraglich) und solche Mitarbeiter, die nicht die fachliche Qualifikation des Berufsträgers haben, deren Tätigkeit jedoch die seine in Teilbereichen ersetzt und nicht von untergeordneter Bedeutung ist (zB BFH IV

§ 2 Steuergegenstand

R 43/96 BStBl II 1997, 681; XI R 8/00 BStBl II 2002, 478). Unschädlich ist die Beschäftigung von Arbeitskräften ohne fachliche Vorbildung mit Aufgaben, die ihren Vorkenntnissen entsprechen (BFH III R 118/85 BStBl II 1988, 782).

240 **b) Leitung und Eigenverantwortung. Voraussetzung** ist allerdings, dass der Freiberufler dann auf Grund eigener Fachkenntnisse **leitend und eigenverantwortlich** tätig wird. Diese Tatbestandsmerkmale stehen selbstständig nebeneinander (BFH VIII R 116/74 BStBl II 1976, 155), müssen also beide erfüllt sein. Seine eigene Arbeit am Werk bzw für den Auftraggeber muss es ihm ermöglichen, uneingeschränkt die **fachliche Verantwortung** auch für die von seinen Mitarbeitern erbrachten Leistungen zu übernehmen (BFH IV 373/60 U BStBl II 1963, 595; VIII R 116/74 BStBl II 1976, 155; IV R 140/88 BStBl II 1990, 507). Hierfür genügt nicht die Übernahme der Verantwortung nach außen. Vielmehr muss die Ausführung jedes einzelnen Auftrags ihm selbst, nicht jedoch den qualifizierten Mitarbeitern, den Hilfskräften, den technischen Hilfsmitteln oder dem Unternehmen im Ganzen zuzurechnen sein (BFH VIII R 116/74 BStBl II 1976, 155; XI R 85/93 BStBl II 1995, 732; Ausnahme VIII R 53/07 BStBl II 2009, 143: ggf Aufteilung; hierzu Rn 241 aE) – eine Anforderung, die mE idR schon bei einer von wenigen Mitarbeitern „vervielfältigten" Tätigkeit nicht zu erfüllen ist. Eine noch so intensive leitende Tätigkeit (Organisation des Sach- u Personalbereichs, Arbeitsplanung, Arbeitsverteilung, Aufsicht über Mitarbeiter und deren Anleitung, stichprobenweise Prüfung der Ergebnisse) genügt dem nicht (BFH X B 54/87 BStBl II 1988, 17; VIII R 116/74 BStBl II 1976, 155; IV R 43/96 BStBl II 1997, 681; XI R 8/00 BStBl 2002, 478; *Brandt* Inf 2003, 57); ebenso wenig die eigenverantwortliche Leitung einer Zweigstelle durch einen Angestellten (BFH IV R 11/95 BFH/NV 1996, 464).

241 **c) Prägung.** Die **Prägung jeder einzelnen Mitarbeiterleistung** durch die Eigenpersönlichkeit des Freiberuflers und seine fachliche Verantwortung für die von seinen Angestellten geleistete Arbeit spielt eine wesentliche Rolle (vgl BFH IV R 140/88 BStBl II 1990, 507; X R 8/00 BStBl II 2002, 478). Die Leistung des Mitarbeiters muss den „Stempel der Persönlichkeit" des StPfl tragen (vgl BFH IV R 51/01 BStBl II 2004, 509; XI R 59/05 BFH/NV 2007, 1319). Das kann bei unterschiedlichen Berufsgruppen einen unterschiedlichen Inhalt haben (BFH IV R 61/65 U BStBl III 1965, 557; XI B 227/03 BFH/NV 2006, 55). Unzureichend ist, wenn der Steuerpflichtige nur auf einen Teil seiner betrieblichen Leistung an Dritte persönlichen gestalterischen Einfluss hat (vgl BFH IV R 125/66 BStBl II 1969, 165).

BFH VIII R 53/07 BStBl II 2009, 143 nimmt im Hinblick auf den Teil der Betriebsleistung, bei dem diese Voraussetzungen nicht erfüllt sind, eine **Trennung der Leistungen** in freiberufliche und gewerbliche vor, allerdings nach den zur Trennbarkeit nach dem Kriterium des geschuldeten Leistungserfolgs bei Mischtatbeständen geltenden und hier nicht einschlägigen Grundsätzen (Rn 276). Eine Auseinandersetzung mit der Rspr, nach der bei nicht vollständiger Eigenverantwortlichkeit die gesamte betriebliche Tätigkeit als gewerblich qualifiziert wurde (trotz „Trennbarkeit"), unterbleibt völlig.

242 **d) Grenzziehung.** Eine **generelle, abstrakte Grenzziehung** zwischen Prägung und Nichtprägung im Hinblick auf die **Zahlen der Mitarbeiter** und Aufträge ist nach der Rspr auch für den einzelnen Beruf nicht möglich (BFH IV B 29/01 BStBl II 2002, 581). Sie ist jedoch **überschritten** bei:
- **Steuerbevollmächtigten** mit 20 fachlich vorgebildeten Mitarbeitern (FG Düsseldorf EFG 1993, 512 rkr); anders bei 25 Mitarbeitern (BFH StRK EStG § 18 R 258; **Steuerberater** in Buchstelle mit 53 Mitarbeitern (BFH IV 61/65 U BStBl III 1965, 557);

Abgrenzung selbstständige Arbeit/Gewerbebetrieb § 2

- **Laborärzten,** wenn täglich etwa 692 bis 862 Untersuchungen bei täglich zwischen 277 und 345 Aufträgen erledigt werden (BFH IV R 140/88 BStBl II 1990, 507; noch krasser im Fall BFH II R 6/94 BStBl II 1995, 738);
- 3 angestellten **Ärzten** und 63 sonstigen Mitarbeitern (BFH VIII R 116/74 BStBl II 1976, 155; X B 54/87 BFH II 1988, 17); zur **Laborgemeinschaft** s BMF BStBl I 2003, 170; zur **pathologischen Praxis** FG Münster EFG 2006, 1913 rkr: 74 Sek pro Untersuchung genügen!??
- **Krankenpfleger,** der wegen des Umfangs der zu erbringenden Leistungen diese weitgehend auf Mitarbeiter überträgt (BFH IV R 43/96 BStBl II 1997, 681);
- **Masseur** mit zwei Betriebsstätten (BFH IV R 11/95 BFH/NV 1996, 464);
- **Kinderheim** mit mehreren Wohngruppen (Nds FG EFG 2006, 1772 rkr);
- **Krankengymnast** mit mehreren Angestellten, denen er Anamnese und Behandlung weitgehend überlässt (BFH IV B 205/03 BFH/NV 2006, 48);
- **Vermessungsingenieur** mit mehreren Angestellten (BFH XI B 227/03 BFH/NV 2006, 55);
- **Fahrschule** mit 14 Fahrlehrern (FG Bremen EFG 1985, 498 rkr; vgl BFH V R 87/85 BFH/NV 1991, 848);
- **Privatschule** mit 30 Lehrkräften und 750 Wochen-Unterrichtsstunden (BFH IV R 125/66 BStBl II 1969, 165; s auch BFH IV R 127/68 BStBl II 1970, 214);
- einem **Ingenieur** mit 12 Fachkräften und 63 sonstigen Mitarbeitern (BFH I R 173/66 BStBl II 1968, 820);
- anders bei einem **Sportlehrer** mit 3 Lehrkräften (BFH IV R 130/79 BStBl II 1982, 589; s auch IV R 11/95 BFH/NV 1996, 464).

e) Vertretung. Eine Vertretung des Freiberuflers im Fall **vorübergehender** 243 **Verhinderung** (zB Urlaub, Krankheit) steht der Annahme einer leitenden und eigenverantwortlichen Tätigkeit nicht entgegen (§ 18 Abs 1 Satz 4 EStG), ebenso wenig der geringe eigene Einsatz aus besonderen Gründen im einzelnen Jahr (BFH XI R 53/91 BFH/NV 1995, 1048). Anders jedoch, wenn die Leitung und fachliche Verantwortung auf Dauer auf einen Vertreter übertragen wird (BFH IV R 11/95 BFH/NV 1996, 464).

f) Nutzung technischer Hilfsmittel. Bei (ständig verbesserten) Fähigkeiten 244 **technischer Hilfsmittel** auf dem den Freiberuf bestimmenden Sachgebiet (insb Computer-Programme) muss die einzelne Leistung in gleicher Weise von der individuellen Tätigkeit des Stpfl geprägt sein, darf sich also nicht in der Anwendung technischer Vorgaben (zB StErklärung nach Programm) erschöpfen (vgl BFH IV R 299/83 BStBl II 1989, 727; IV R 80/94 BStBl II 1995, 776; IV B 12/99 BFH/NV 2000, 837).

g) Berufsfremde Personen. Das Erfordernis des eigenverantwortlichen Tätig- 245 werdens schließt **berufsfremde Personen** als Unternehmer oder Mitunternehmer von einer freiberuflichen Tätigkeit iSd § 18 EStG aus. Wird die Praxis eines Freiberuflers zB von einem berufsfremden **Erben** fortgeführt, so bezieht dieser Einkünfte aus Gewerbebetrieb (BFH VIII R 43/70 BStBl II 1977, 539; VIII R 13/93 BStBl II 1994, 922). Das gilt nicht, wenn der Erbe nur Gewinne zu versteuern hat, die noch in der Tätigkeit des Erblassers begründet sind, etwa weil zum Nachlass eines Kunstmalers gehörende Bilder veräußert werden (BFH IV R 16/92 BStBl II 1993, 716; mE fraglich). Entsprechendes gilt, wenn der Erbe den freiberuflichen Betrieb nur abwickelt und Forderungen einzieht (BFH IV R 45/87 BStBl II 1989, 509; VIII R 143/78 BStBl II 1981, 665). Dagegen ist eine **Körperschaft des öffentlichen Rechts** dann gewerblich tätig, wenn sie nach Erbschaft einer Steuerberatungskanzlei Forderungen einzieht, aber auch in geringem Umfang eigene Leistungen erbringt und die Kanzlei nach 6 Monaten veräußert (BFH I R 19/87 BStBl II 1990, 246).

§ 2 Steuergegenstand

4. Personengesellschaften

246 Bei ihnen ist zum Einen erforderlich, dass die **Tätigkeit der Gesellschaft selbst** sich als freiberuflich darstellt (vgl BFH XI 9/06 BStBl II 2007, 266; Einzelheiten s Rn 283 ff). Zudem müssen **sämtliche Mitunternehmer** sowohl die Qualifikation eines freien Berufs aufweisen als auch die entsprechende Tätigkeit eigenverantwortlich ausführen (BFH IV R 235/84 BStBl II 1987, 124; IV R 120/87 BFH/NV 1991, 319; VIII R 73/06 BStBl II 2009, 647; III B 37/12 BFH/NV 2013, 368; zu den Problemen *Pötsch* KÖSDI 2012, 18177). Dabei genügt es, wenn der jeweilige Freiberuf-Gesellschafter auf seinem Tätigkeitsgebiet – auftragsbezogen oder generell – aufgrund eigener Fachkenntnisse eigenverantwortlich tätig ist (BFH IV R 299/83 BStBl II 1989, 727). Das gilt auch für **interprofessionelle** Gesellschaften (BFH IV R 48/99 BStBl II 2001, 241; VI R 73/06 BStBl II 2010, 40; *Kempermann* FR 2007, 577); auch bei nicht tätigkeitsbezogener Vergütung (FG Düsseldorf EFG 2005, 1350 rkr; differenzierend *FinVerw* DB 2006, 73; DStR 2007, 1628). Es genügt jedoch nicht, wenn einer der Mitunternehmer sich nicht selbst iSd freien Berufs betätigt, also nur kapitalmäßig beteiligt ist oder nur Aufgaben des Managements/der Organisation u.ä. wahrnimmt bzw nur Kapital zur Verfügung stellt/bzw beschafft (vgl BFH VIII R 69/06 BStBl II 2009, 642).

Bei einer **doppelstöckigen Gesellschaft** müssen zur Wahrung der Freiberuflichkeit der Untergesellschaft sämtliche Mitunternehmer der Obergesellschaft die vorstehenden Voraussetzungen erfüllen (BFH VIII R 69/06 BStBl II 2009, 642).

5. Ähnliche Berufe

247 Zu den freiberuflichen Einkünften zählen auch die Tätigkeiten, die einem **Katalogberuf ähnlich** sind (§ 18 Abs 1 Nr 1 Satz 2 EStG). Ähnlichkeit mit einer **künstlerischen, wissenschaftlichen, erzieherischen oder unterrichtenden** Tätigkeit ist im Gesetz nicht vorgesehen (BFH I R 109/77 BStBl II 1981, 118).

a) Keine Gruppenähnlichkeit. Die **Rspr** verneint eine sog „**Gruppenähnlichkeit**", also die Existenz von alle Katalogberufe umfassenden und den freien Beruf schlechthin kennzeichnenden Merkmalen (vgl BFH IV R 74/00 BStBl II 2003, 27; XI R 2/95 BStBl II 1997, 687; IV B 133/99 BFH/NV 2000, 1460; IV R 74/03 BFH/NV 2005, 1289; III B 67/12 BFH/NV 2013, 920; *Brandt* DStZ 2002, 267). Die gesetzlich geforderte *Eigenverantwortlichkeit* sei zwar ein tätigkeitsbezogenes Merkmal und deshalb einer der Gründe für die Besserstellung der selbstständigen Arbeit im Verhältnis zum Gewerbebetrieb. Sie sei aber ungeeignet, den ähnlichen Beruf allgemein zu bestimmen. Die Rspr geht von einer **Ähnlichkeit** aus, wenn das typische Bild eines bestimmten Katalogberufs mit allen Einzelheiten oder zumindest mit den wesentlichen Merkmalen (BFH I R 122/81 BStBl II 1984, 823) dem Gesamtbild der zu beurteilenden Tätigkeit vergleichbar ist (BFH I R 109/77 BStBl II 1981, 118; s *Wolff-Diepenbrock* DStZ 1981, 333). Honorarordnungen werden zur Bestimmung des Leistungsbildes nur als ergänzendes Indiz herangezogen (BFH IV R 118, 119/87 BStBl II 1990, 64; XI B 88/01 BFH/NV 2002, 1026).

248 **b) Merkmale.** Ein Beruf ist einem Katalogberuf ähnlich, wenn er in **wesentlichen Punkten** mit diesem verglichen werden kann. Dazu gehört die Vergleichbarkeit der *Ausbildung*, der *Kenntnisse*, der *Qualifikation* und der *Tätigkeit* (vgl BFH XI R 47/98 BStBl II 2000, 31; IV R 94/99 BStBl II 2002, 261; IV R 45/00 BStBl II 2003, 21; IV R 49/01 BStBl II 2003, 21; IV R 51/01 BStBl II 2004, 509).

249 **c) Schwierigkeitsgrad.** Die **Tätigkeiten** müssen einen dem Katalogberuf **vergleichbaren Schwierigkeitsgrad** aufweisen und mit dieser Qualität den **Schwerpunkt der Tätigkeit** des StPfl ausmachen, dh die Tätigkeit prägen (BFH XI R 82/94 BStBl II 1996, 518; IV R 19/97 BStBl II 1998, 139; XI B 63/68 BFH/NV

Abgrenzung selbstständige Arbeit/Gewerbebetrieb § 2

2000, 424). Zum Fehlen von Ausarbeitungen BFH VIII B 54/12 BFH/NV 2013, 1098. Spezialisierungen auf einen Hauptbereich (zB der Betriebswirtschaft) sind aber unschädlich (BFH IV R 74/00 BStBl II 2003, 27; IV R 21/02 BStBl II 2003, 919). Es genügt hier, wenn die im Einzelfall zu beurteilende Tätigkeit die gleichen charakteristischen Merkmale aufweist, die für den Katalogberuf typisch sind (BFH IV R 127/70 BStBl II 1971, 319). Nur wenn durch die **praktische Arbeit** die vergleichbaren Kenntnisse nach Tiefe und Breite nachgewiesen sind, darf sich die Tätigkeit auf Teilbereiche des Katalogberufs beschränken (BFH IV B 68/99 BFH/NV 2000, 705). Auch die Einheitlichkeit einer untrennbar gemischten Tätigkeit – Rn 278 – ist schädlich (BFH IV R 89/99 BStBl II 2000, 625).

d) Mehrere Berufsbilder. Berührt ein Beruf **mehrere Berufsbilder nach Katalog,** ohne einem einzigen ähnlich zu sein, dann ist keine Freiberuflichkeit anzunehmen (BFH IV R 74/00 BStBl II 2003, 27; IV R 34/01 BStBl II 2003, 761); eine Ausnahme gilt, wenn der zu beurteilende Beruf eine Kombination zweier Katalogberufe darstellt, wie beim Dipl-Wirtschaftsingenieur (BFH IV R 21/02 BStBl II 2003, 919; XI R 3/06 BStBl II 2007, 118). 250

e) Ausbildung. Setzt der Katalogberuf eine qualifizierende Ausbildung voraus, dann muss der StPfl, der einen ähnlichen Beruf für sich reklamiert, eine **vergleichbare Ausbildung,** zumindest aber die entsprechenden – ggf wissenschaftlichen – **Kenntnisse nach Breite und Tiefe** nachweisen (BFH IV R 154/86 BStBl II 1990, 73; XI B 63/98 BFH/NV 2000, 424; XI R 5/06 BStBl II 2007, 551). Selbst vertiefte Kenntnisse nur auf einem **Teilbereich** des Katalogberufs genügen nicht (BFH X R 11/06 BFH/NV 2007, 2091; XI R 29/06 BStBl II 2007, 781). 251

aa) Fach-/Hochschulausbildung. Der Kenntniserwerb muss bei einer für den Katalogberuf erforderlichen **Fach-** bzw **Hochschulausbildung** aber nicht an den gleichen Lehranstalten, sondern kann auch durch **Fernkurse** und die Berufstätigkeit selbst oder in sonstiger Weise **autodidaktisch** geschehen (BFH I R 113/78 BStBl II 1981, 121; IV R 63/86 BStBl II 1989, 198; IV R 154/86 BStBl II 1990, 73). Ein Autodidakt verfügt über die entsprechenden Kenntnisse, wenn es eine Hochschule, Fachhochschule, Berufsakademie oder (bei Betriebswirten) Fachschule gibt, mit deren Prüfungsanforderungen sich das Wissen des StPfl vergleichen lässt (BFH IV R 21/02 BStBl II 2003, 919; zur Kombination von Katalogberufen s.o.). Genügen die Kenntnisse in nur einem Teilbereich dem Kenntnisstand, der für eine Abschlussprüfung im Vergleichsberuf verlangt wird, nicht, dann ist dies unschädlich, wenn der StPfl mit den Kenntnissen in den übrigen Teilbereichen die Abschlussprüfung bestehen würde (BFH IV R 74/00 BStBl II 2003, 27). 252

bb) Nachweis. Der Nachweis kann **anhand der praktischen Arbeit** geführt werden und muss den Schluss rechtfertigen, dass die Kenntnisse in ihrer Tiefe und Breite denen entsprechen, die ein Berufsangehöriger während seiner Ausbildung erwirbt, insb wenn die berufliche Tätigkeit so geartet ist, dass sie ohne die entsprechenden Kenntnisse nicht ausgeübt werden kann (BFH IV B 68/99 BFH/NV 2000, 705; VI B 273/00 BFH/NV 2001, 893; VIII B 99/07 BFH/NV 2008, 940; *FinVerw* DStZ 2008, 194). In diesem Fall muss diese besonders anspruchsvoll sein und nach Tiefe und Breite zumindest das Wissen eines Kernbereichs eines Fachstudiums erfordern (BFH IV R 73/90 BStBl II 1991, 878; IV R 116/90 BStBl II 1993, 100; IV R 17/90 BStBl II 1993, 324). Kenntnisse auf dem Hauptbereich, in dem der Stpfl tätig ist, reichen jedoch nicht (BFH IV R 135/90 BStBl II 1991, 769); ebenso wenig Erfahrungen unter Einsatz von Formelsammlungen (BFH IV R 73/90 BStBl II 1991, 878). Nach BFH IV R 116/90 BStBl II 1993, 100 muss die praktische Tätigkeit die **fachliche Breite des Katalogberufs** (hier: Ingenieur) abdecken (Abgrenzung zu BFH I R 113/78 BStBl II 1981, 121), wenngleich eine Spezialisierung nicht schadet (BFH IV R 118, 119/87 BStBl II 1990, 64). Auch Tätigkeiten 252a

§ 2

in früheren Jahren können für den Nachweis der Kenntnisse herangezogen werden (BFH IV R 118, 119/87 BStBl II 1990, 64; IV B 108/91 BFH/NV 1992, 821). Eine im absolvierten Studium fremde Tätigkeit wird nicht allein aufgrund des Studienabschlusses freiberuflich (BFH IV R 27/05 BFH/NV 2006, 1270). Im Übrigen müssen die Kenntnisse entweder durch Zeugnisse, Zertifikate u.ä. eines erfolgreich abgeschlossenen Selbststudiums nachgewiesen werden (BFH III R 43, 44/85 BStBl II 1988, 497; I R 121/83 BStBl II 1987, 116; IV R 63/86 BStBl II 1989, 198; IV R 4/01 BStBl II 2002, 475). Ein abgebrochenes Studium reicht idR als Nachweis nicht (BFH IV R 51/99 BStBl II 2000, 616; Anm *Kempermann* FR 2000, 1225).

253 cc) **Sachverständigengutachten. In der Regel** wird – wenn der Kenntnisstand nicht schon wegen des Sachvortrags und der Zeugennachweise zur Überzeugung des FG feststeht – ein **Sachverständigengutachten** in Betracht kommen (hierzu BFH IV R 51/99 BStBl II 2002, 475; IV B 112/93 BFH/NV 1995, 420; III B 244/11 BFH/NV 2012, 1119). Auch kann sich der StPfl einer Wissensprüfung durch den Sachverständigen unterziehen (nur ergänzendes Beweismittel, BFH IV R 56/00 BStBl II 2002, 768; XI R 62/04 BFH/NV 2006, 505; das seitens des StPfl nicht an die Bedingung geknüpft werden darf, dass der fachkundige Prozessbevollmächtigte jederzeit Zwischenfragen stellen darf, BFH IV B 74/03 BFH/NV 2005, 1289). Das FG ist zu einer solchen Beweiserhebung nur verpflichtet, wenn sich aus dem Sachvortrag ergibt, dass der StPfl über die entsprechenden Kenntnisse verfügen könnte, ein Nachweis anhand der praktischen Arbeiten aber nicht geführt werden kann und der StPfl die Wissensprüfung beantragt (BFH IV R 56/00 BStBl II 2002, 768; IV B 70/01 BFH/NV 2002, 644; III B 134/12 BFH/NV 2013, 930; hierzu *Krömke* EStB 2002, 314). Insgesamt darf aber das FG die Beurteilung der Sach- und Rechtslage nicht allein dem Sachverständigen überlassen (BFH I B 146/93 BFH/NV 1995, 217; XI B 88/01 BFH/NV 2002, 1026). Zur Ermittlung der Berufsmerkmale *FinVerw* DB 2002, 1026 mit „BERUFEnet".

254 f) **Stellungnahme.** Die **Rspr des BFH** (keine Gruppenähnlichkeit) ist mE **nicht schlüssig,** geschweige denn zwingend. Der Begriff „ähnlich" hat eine andere Bedeutung als „vergleichbar" oder „entsprechend", worauf der BFH tatsächlich abstellt. Auch die bunte Mischung der Katalogberufe zeigt auf, dass es weder auf ein bestimmtes Tätigkeitsbild noch auf einen bestimmten Schwierigkeitsgrad bei Ausbildung und Tätigkeit ankommt. Zudem weisen die Katalogberufe – mit Ausnahme des persönlichen Einsatzes – keinerlei vergleichbare Tätigkeiten auf. Bei einzelnen Berufsgruppen, zB bei den Heilberufen, hat der BFH – wenn auch verbal verdeckt – gleichwohl Ähnlichkeiten nach der hier vertretenen Auffassung begründet, obwohl Ähnlichkeiten iS seiner eigenen Rspr-Grundsätze (und des Gebrauchs der deutschen Sprache) nicht vorhanden waren/sind: entstanden ist eine SGB-V-Ingroup. Auch die Entscheidung BFH XI R 5/06 BStBl II 2007, 551 („Beratung" durch Betriebswirt und Umweltauditor) weist in diese Richtung. Schließlich zeigt die Entwicklung der Rspr zur Tätigkeit von EDV-Fachleuten (Rn 275 Stichwort „Datenverarbeitung") die Tendenz zur Gruppenbildung auf, bei der insb die Prüfung der ingenieurmäßigen Kenntnisse nach Breite und Tiefe völlig in den Hintergrund tritt.

Der **Katalog** ist mE schon aus Gründen der Gleichmäßigkeit der Besteuerung (hierzu BFH XI R 5/06 BStBl II 2007, 519) **tendenziell offen** im Hinblick auf eine Erweiterung zu Berufen, die sich durch einen persönlichen Arbeitseinsatz des StPfl bei der Erfüllung des Auftrags auszeichnen (aA *Bauhaus*, Abgrenzungsprobleme bei den Einkünften aus freiberuflicher Tätigkeit, S 166 ff). Schließlich sollte nicht außer Betracht gelassen werden, dass § 18 EStG keine Norm darstellt, die als Sozialzwecknorm lediglich der Förderung der bestehenden freien Berufe dienen soll wegen allgemeiner nicht tätigkeitsbezogener Kennzeichen, wie etwa der für diesen

Personenkreis typischen längeren Ausbildung (angedeutet im Beschluss des BVerfG 1 BvR 15/75 BStBl II 1978, 125). Die Vorschrift dient vielmehr als Finanzzwecknorm einer an der Leistungsfähigkeit gemessenen Besteuerung. Dies bedeutet, dass berufsbeschreibende Merkmale, wie etwa Regelungen über die Berufszulassung und Ausbildung, nur dann Maßstäbe für den ähnlichen Beruf bieten, wenn sie das wirtschaftliche Tätigkeitsbild des Katalogberufs bestimmen und deshalb auch für den vergleichbaren Beruf Entsprechendes gefordert werden muss.

g) Gesetzliche Regelungen. aa) Berufszulassungsvorschriften. Ihre Erfüllung lässt regelmäßig schon einen Katalogberuf, wie zB den des Ingenieurs, annehmen, sie können für die Ähnlichkeit naturgemäß keine eigenständige Bedeutung haben (BFH I R 109/77 BStBl II 1981, 118). Gleichwohl können sie und die damit verbundene staatliche Überwachung wesensypisch für das Tätigkeitsbild sein, das auch den ähnlichen Beruf betreffen muss (glA BFH IV R 141/88 BFH/NV 1990, 438). Setzt die Ausübung des Katalogberufs eine **Erlaubnis** voraus, dann kann die als ähnlich reklamierte Tätigkeit, die ohne Erlaubnis ausgeübt wird, auch wenn diese nicht erforderlich ist, keine ähnliche Tätigkeit iSd Vorschrift sein (BFH IV R 43/96 BStBl II 1997, 681; IV R 65/00 BStBl II 2002, 149; IV R 33/95 BFH/NV 1997, 751; FG Köln EFG 2006, 511). Denn aus der Existenz von Zulassungs- und Überwachungsvorschriften kann idR geschlossen werden, dass der Gesetzgeber den Zugang zu einem Tätigkeitsfeld wie dem der **Heilberufe** oder **Rechtsberater** einheitlich unter staatliche Aufsicht gestellt hat (vgl BFH V R 144/74 BStBl II 1977, 579; bestätigt BVerfG HFR 1979, 204; vgl auch BFH IV R 117/87 BStBl II 1990, 153; V R 97/84 BStBl II 1990, 804; IV R 49/01 BStBl II 2003, 721). Dies bedeutet, dass auch für den steuerberatenden Beruf (BFH IV R 235/84 BStBl II 1987, 124; vgl auch IV R 176/85 BStBl II 1988, 273 zum Beratungsstellenleiter eines LSt-Hilfevereins), die rechtsberatenden Berufe (BFH IV R 117/87 BStBl II 1990, 153; IV R 33/95 BFH/NV 1997, 751), die sog Heilhilfsberufe grds staatliche Erlaubnis und Überwachung mitentscheidend sind (vgl zum medizinischen Fußpfleger BFH I R 218/74 BStBl II 1976, 621; IV R 45/00 BStBl II 2003, 21 zum Fußreflexzonenmasseur).

bb) Unerlaubte Ausübung. Eine unerlaubte Ausübung eines zulassungspflichtigen Berufs begründet mE keine freiberufliche Tätigkeit iSd § 18 EStG. Denn die Beachtung vorhandener Standesrichtlinien oder gesetzlicher Bestimmungen des Berufsrechts wird bei Angehörigen der Katalogberufe gemeinhin unterstellt und ist mit ein – wenn sich auch zunehmend verflüchtigender (Rn 161) – Grund für die Befreiung von der GewSt (vgl BFH IV R 43/96 BStBl II 1997, 681; FG Köln EFG 2006, 511).

cc) Standesrecht. Verstöße gegen das Standesrecht können nach der Rspr für Gewerblichkeit auch des Angehörigen eines Katalogberufs sprechen (BFH I R 204/81 BStBl II 1985, 15; I R 114/85 BStBl II 1989, 965). Das muss zwar nicht ausnahmslos so sein (BFH I R 1/66 BStBl II 1969, 138; IV R 77/76 BStBl II 1982, 340; IV R 86-88/91 BFH/NV 1992, 811); auch macht dieser Zusammenhang – ohnehin aus § 18 Abs 1 Nr 1 EStG nicht begründbar – zunehmend keinen Sinn. Allerdings kann standeswidriges Verhalten als gewichtiges Indiz dafür zu werten sein, dass die Tätigkeit auf Absatzförderung ausgerichtet ist (BFH IV R 131/90 BFH/NV 1992, 664; XI R 91/94 BFH/NV 1996, 135; IV B 36/95 BFH/NV 1996, 882; IV B 20/01 BFH/NV 2001, 1400).

h) Sonderfall Ähnlichkeit eines Heilhilfsberufs. BFH IV R 69/00 BStBl II 2004, 954; IV R 51/01 BStBl II 2004, 509 (zust *BMF* BStBl I 2004, 1040) haben unter Vernachlässigung der selbstgesetzten Grundsätze (Rn 247 ff) für die Annahme von Ähnlichkeit bei Heilhilfsberufen abweichende Regelungen dekretiert. Hiernach ist bei ihnen **nicht** auf eine **staatliche Regelung,** die **Kenntnisse** und die mit dem

§ 2 Steuergegenstand

Katalogberuf des Krankengymnasten **vergleichbaren Tätigkeiten** abzustellen; es reicht aus, wenn der StPfl über die Erlaubnis seiner Berufsorganisation (!) verfügt, die wiederum Kenntnisse bescheinigt (!), die den Anforderungen einer staatlichen Prüfung für die Ausübung des Heilhilfsberufs vergleichbar sind (!); und: die **Zulassung** des jeweiligen StPfl bzw die regelmäßige Zulassung einer Berufsgruppe nach § 124 Abs 2 SGB V **durch die gesetzlichen Krankenkassen** stellt ein ausreichendes (??) Indiz (??) für das Vorliegen einer dem Katalogberuf des Krankengymnasten ähnlichen Ausbildung, Erlaubnis und Tätigkeit dar (Leistungen nach § 36 SGB XI genügen nicht).

Aber es kommt noch ärger: fehlt es an einer solchen Zulassung, haben (!) die FÄ und ggf FG festzustellen, ob die Ausbildung, die Erlaubnis und die Tätigkeit des StPfl mit den Erfordernissen des § 124 Abs 2 Satz 1 Nr 1–3 SGB V vergleichbar (!) sind. Diese Rspr ist **höchst bedenklich**: es mag noch angehen, die Zulassung nach § 124 Abs 2 SGB V als ähnlichkeitsbegründend mit einer staatlichen Zulassung oder der Verleihung einer gesetzlich geschützten Berufsbezeichnung anzusehen (wenngleich der Begriff der Ähnlichkeit schon damit überstrapaziert wird); die Zulassung aber als ausreichendes Indiz für eine entsprechende Ausbildung bzw entsprechende Kenntnisse und eine vergleichbare Tätigkeit anzusehen, hat mit Ähnlichkeit per Analogie nichts zu tun. Diese Rspr gründet auf formallogischen und methodologischen Mängeln mit der entsprechenden Folge: einander nicht ähnliche Berufe werden als einander ähnlich behandelt. Entsprechendes gilt für die Berücksichtigung einer Erlaubnis und Bescheinigung durch die Berufsorganisation. Noch luftiger wird es jedoch bei Fehlen der Zulassung: denn Ähnlichkeiten von Heilhilfsberufen lassen sich – Sichwort „staatliche Erlaubnis" – noch mit der Zulassung nach § 124 Abs 2 SGB V begründen, nicht jedoch können die Voraussetzungen dieser Vorschrift Ähnlichkeit begründender Vergleichsmaßstab für Ausbildung, Kenntnisse und Tätigkeit eines nicht zugelassenen Berufs sein. Die o.a. Rspr ist nicht Subsumtion und Deduktion, sondern Dekret, mit dem in Teilbereichen des § 18 Abs 1 Nr 1 EStG der Grundsatz der Einzelähnlichkeit zugunsten einer Teilgruppen-Ähnlichkeit aufgegeben wird – und das ausgerechnet bei Heil(hilfs-)berufen!

259 *(frei)*

6. Lotterieeinnehmer

260 Zum Begriff des **Einnehmers staatlicher Lotterien** (§ 18 Abs 1 Nr 2 EStG) s Rn 275 Stichwort „Lotterieeinnehmer".

7. Sonstige selbstständige Arbeit

261 **a) Begriff.** Das Gesetz enthält **keine Begriffsbestimmung**; es nennt den Testamentsvollstrecker, den Vermögensverwalter (siehe Rn 275 Stichwörter „Hausverwalter", „Zwangsverwalter", „Insolvenzverwalter") und das Aufsichtsratsmitglied (vgl Stichwort). Der nur beispielhaften und nicht abschließenden Aufzählung ist zu entnehmen, dass noch **andere Berufe** unter § 18 Abs 1 Nr 3 EStG fallen können. Die Rspr will darunter ein gelegentliches und nur ausnahmsweise nachhaltig ausgeübtes Tätigwerden verstehen (BFH IV 404/60 U BStBl II 1961, 306; IV R 1/03 BStBl II 2004, 112). Nicht in § 18 Abs 1 Nr 3 EStG genannte Tätigkeiten sollen nur unter die Vorschrift fallen, wenn sie einem der genannten Berufe („ganz") ähnlich sind (BFH IV R 127/69 BStBl II 1973, 730; I R 110/76 BStBl II 1978, 137; IV R 43/88 BStBl II 1989, 797). Aus den aufgezählten Tätigkeiten folgt jedoch, dass es sich um vermögensverwaltende Tätigkeiten, also um die Betreuung fremder Vermögensinteressen handeln muss (BFH III R 58/85 BStBl 1989, 24; IV R 10/00 BStBl II 2002, 338; IV R 26/03 BStBl II 2005, 288).

Abgrenzung selbstständige Arbeit/Gewerbebetrieb § 2

b) Neuere Rechtspraxis. Diese **subsumiert** jedoch unter die Vorschrift auch 262
solche Berufe, die den genannten Verwaltertätigkeiten insofern **nicht „ganz ähnlich"** sind, als sie einen „fremden Geschäftskreis" betreuen, also auch die **persönliche Betreuung** eines Menschen übernehmen, zB den Berufsbetreuer (s Stichwort
Rn 275; hierzu *Kempermann* FR 2010, 1048) oder zwar auch über fremde Mittel
verfügen, jedoch nicht als Verwalter, sondern als Kommunalpolitiker (Kreistagsabgeordneter, Fraktionsvorsitzender; vgl BFH VIII R 58/06 BStBl II 2009, 405). Auch
ein Oberbürgermeister in NRW bezieht Einkünfte nach § 18 Abs 1 Nr 3 EStG
(BFH IV R 41/85 BStBl II 1988, 266; III B 156/12 BFH/NV 2013, 1420).

c) Zwangs- und Insolvenzverwalter. Dieser ist auch dann nach § 18 Abs 1 263
Nr 3 EStG tätig, wenn es sich um einen **Rechtsanwalt** handelt (BFH VIII R 50/
09 BStBl II 2011, 506; VIII R 13/10 BFH/NV 2011, 1309).

d) Unmittelbarkeit. Voraussetzung ist die **unmittelbare** Berechtigung und 264
Verpflichtung des tätigen StPfl; ein **Subunternehmer** erfüllt sie nicht (BFH IV R
41/03 BStBl II 2005, 611). Das Erbringen einer höchstpersönlichen Arbeitsleistung
anstelle des Einsatzes von Kapital ist zwar kein geeignetes Abgrenzungskriterium
(BFH IV R 1/03 BStBl II 2004, 112). Jedoch sprengt die Betreuung einer hohen
Zahl von Auftraggebern den Rahmen der Verwaltungstätigkeit (BFH XI R 9/06
BStBl II 2007, 266).

e) Vervielfältigungsverbot. § 18 Abs 1 Nr 3 EStG wurde legislativ nicht wie 265
§ 18 Abs 1 Nr 1 EStG im Hinblick auf das **Vervielfältigungsverbot** abgemildert
(vgl BFH I R 123/69 BStBl II 1971, 239). Gleichwohl hält es der BFH – wie
einige FG – nunmehr auch für die sonstige selbstständige Arbeit **nicht** mehr für
einschlägig (BFH VIII R 50/09 BStBl II 2011, 506; VIII R 3/10 BStBl II 2011,
498; hierzu *Korn* KÖSDI 2012, 17755; s Stichwort „Insolvenzverwalter"), eine
rechtspolitische Entscheidung, die mE – so sinnvoll sie im Ergebnis ist – die Grenzen
zulässiger Rechtsauslegung überschreitet. Das bedeutet, dass § 18 Abs 1 Nr 1 Sätze
3 u 4 EStG auch bei den Einkünften aus sonstiger selbstständiger Arbeit anwendbar
ist mit der weiteren Folge der Zulässigkeit der Mithilfe qualifizierter Mitarbeiter
unter der Voraussetzung der eigenverantwortlichen Leitung (Rn 239 ff). Davon
unberührt bleibt mE die Möglichkeit, dass der schiere Umfang der Aufträge, der
beschäftigten Mitarbeiter und der damit einhergehenden betrieblichen Organisation
die Tätigkeit als gewerblich qualifiziert (Rn 264 aE).
(frei) 266

8. Gewinnvorzug (carried interest)

a) Regelung. Nach **§ 18 Abs 1 Nr 4 EStG** zählen Einkünfte, die ein Beteiligter 267
an einer vermögensverwaltenden Gesellschaft oder Gemeinschaft, deren Zweck im
Erwerb, Halten und in der Veräußerung von Anteilen an Kapitalgesellschaften
besteht, als Vergütungen für Leistungen zur Förderung des Gesellschaftszwecks
erzielt, zu den Einkünften aus nichtselbstständiger Arbeit, wenn der Anspruch auf
Vergütung unter der Voraussetzung eingeräumt worden ist, dass die Gesellschafter
oder Gemeinschafter ihr eingezahltes Kapital vollständig zurückerhalten haben; § 15
Abs 3 EStG ist nicht anzuwenden.
Die Vorschrift ist durch G v 30.7.2004, BGBl I 2004, 2013 eingefügt worden
und ist – was die Qualifikation der Einkünfte betrifft – durchgängig **ab EZ 2004**
anzuwenden.

b) Voraussetzungen. aa) Beteiligung an einer Gesellschaft. Bei ihr kann es 268
sich auch um eine **Kapitalgesellschaft** handeln (*Watrin/Struffert* BB 2004, 1888,
jedoch str). Es muss sich wohl um eine kapitalmäßige Beteiligung handeln (aA
Behrens FR 2004, 1211). Auf eine Mindestquote kommt es nicht an (*Schmidt/*

§ 2 Steuergegenstand

Wacker § 18 Rn 286). Auch kommt es nicht auf die Bezeichnung als „Wagniskapital-Gesellschaft", „Venture Capital Fonds" oder „Private Equity Fonds" an (zu Begriff und Durchführung der Geschäftstätigkeit vgl *BMF* BStBl I 2004, 40).

269 **bb) Vermögensverwaltend.** Dies bedeutet Beachtung der **Grundsätze in Rn 100 ff** (vgl *BMF* BStBl I 2004, 40). Es kommt auf die Art der Tätigkeit, nicht auf die Organisationsstruktur an (vgl. BFH I R 46/10 DStR 2011, 2085). Die Regeln über die Infektion bzw Abfärbung sind nicht anwendbar; Letzteres schon deswegen, weil angesichts der häufigen Organisation der Fonds als GmbH & Co KG der Zweck der Vorschrift weitgehend verfehlt würde (*BMF* aaO; *Handzik* in *L/B/P* § 3 Rn 1521 a; *Behrens* FR 2004, 1211; aA *Schmidt/Wacker* § 18 Rn 286). Auch eine Beteiligung an einer gewerblich tätigen oder geprägten Personengesellschaft dürfte unschädlich sein (*Ernst* BB 2005, 2213; s auch *Figna/Goldacker/Mayta* DB 2005, 966; *Plewka/Schienke* DB 2005, 966; *Friederichs/Köhler* DB 2006, 1396).

270 **cc) Gesellschaftszweck.** S.o. Rn 267; es muss sich mE nach dem Wortlaut der Vorschrift um den **alleinigen Zweck** handeln (*Schmidt/Wacker* § 18 Rn 286; *Geerling/Ismer* DStR 2005, 1596: **aA** *Handzik* in *L/B/P* § 3 Rn 1521a; *Friederichs/Köhler* DB 2004, 1638; *Behrens* FR 2004, 1211). Unschädlich daher nur Hilfsgeschäfte der Beteiligungsverwaltung.

271 **dd) Vergütungen.** Sie sind *kapitaldisproportional* und werden zur Förderung des Fondszwecks, nicht der Portfoliogesellschaft gezahlt. **Zahlung** darf erst nach vollständiger Kapitalrückzahlung erfolgen. Abschläge vor Rückzahlung sind mE schädlich (aA *Behrens* FR 2004, 1211). Auch soll unerheblich sein, aus welchen Mitteln die Vergütung gezahlt wird (BTDrs 15/3336; *Bauer/Gemmeke* DStR 2004, 1470; *Handzik* in *L/B/P* § 3 Rn 1521a). Das kann mE jedoch nur gelten, so lange die Zeitfolge nach der Kapitalrückzahlung nachvollziehbar bleibt. § 15 Abs 3 EStG ist nach § 18 Abs 1 Nr 4 Satz 2 EStG nicht anwendbar; was sich mE auf die Initiatoren-Personengesellschaft bezieht, nicht hingegen auf den Betrieb des Initiators (ebenso *Schmidt/Wacker* § 18 Rn 286; **aA** *Friederichs/Köhler* DB 2004, 1638).

272 **ee) Rechtsfolge.** Qualifizierung der Vergütungen für die Förderung des Gesellschaftszwecks als **Einkünfte aus selbstständiger Arbeit**, und zwar im Hinblick auf alle Quellen der Vergütung innerhalb des Fonds. Daher (insofern) keine GewSt auch bei gewerblichen/gewerblich geprägten Initiatoren, mE nicht jedoch bei Kapitalgesellschaften (vgl § 8 Abs 2 KStG, der mE dem § 8 Abs 1 KStG insofern vorgeht; **aA** *Watrin/Strüffert* BB 2004, 1888; *Friedrichs/Köhler* DB 2004, 1638; *Bauer/Gemmeke* DStR 2004, 1470; *Schmidt/Wacker* § 18 Rn 287 unter Hinweis auf R 32 Abs 1 Nr 1 KStR). Werden die Voraussetzungen des § 18 Abs 1 Nr 4 EStG nicht erfüllt, unterfällt der Gewinnvorzug mE der GewSt (*BMF* BStBl I 2004, 40; **aA** *Friedrichs/Köhler* DB 2006, 1396); keine Anwendung des Halbeinkünfteverfahrens (BayLfSt v 29. 8. 2008 – S 2241 – 17 St 32/St 33 DB 2008, 2166). Die übrigen Anleger erzielen Einkünfte nach § 17, 20 Abs 1 Nr 1, 23 EStG, ggf nach § 8 b KStG (Einzelheiten *OFD Ffm* DB 2007, 22). Zu **ausländischen** Carry-Holdern *Geerling/Kost* IStR 2005, 757.

273, 274 *(frei)*

9. ABC Selbstständige Tätigkeit/Gewerbebetrieb

275 Vgl H 15.6 EStH; BERUFEnet, *OFD Münster* DB 2002, 1026.
- **Abfallwirtschaftsberater** kann freiberuflich, weil ingenieurähnlich, tätig sein (BFH IV R 27/05 BFH/NV 2006, 1270).
- **Abgeordnete** (Kreistag, Stadt, Gemeinderat), § 18 Abs 1 Nr 3 EStG (BFH IV R 41/85 BStBl II 1988, 266; IV R 15/95 BStBl II 1996, 431); anders Parlamentsabgeordnete (BFH IX R 255/87 BStBl II 1988, 435).

ABC Selbstständige Tätigkeit/Gewerbebetrieb (Rn 275) § 2

- **Akquisition** für Anzeigen, gewerblich (BFH DB 1960, 1012; V R 98/76 DB 1977, 2170; FG Saarl EFG 1987, 630 rkr); Parteispenden: § 22 Nr 3 EStG, EFG 1987, 564 rkr; zweifelhaft.
- **Altenpfleger** kann ein einem Heil(hilfs)beruf ähnlicher Beruf sein, nach BFH IV R 51/01 BStBl II 2004, 509 jedoch nur, wenn die Ausbildung der des Krankengymnasten ähnlich ist. Werden hauswirtschaftliche Dienste geleistet, dann müssen sie getrennt abgerechnet werden (sonst insgesamt gewerblich, *BMF* BStBl I 2004, 1030). Die Mithilfe qualifizierten Personals schadet nicht, wenn der StPfl selbst einen wesentlichen Teil der Pflegeleistungen übernimmt, dh durch regelmäßige und eingehende Kontrolle maßgeblich auf die Pflegetätigkeit der Mitarbeit bei jedem einzelnen Patienten Einfluss nimmt („Stempel der Persönlichkeit", vgl BFH IV R 51/01 BStBl II 2004, 509). S auch „Ambulanter Pflegedienst".
- **Ambulanter Pflegedienst,** der nur Leistungen der Grundpflege und der hauswirtschaftlichen Versorgung erbringt, fällt nicht unter § 18 Abs 1 Nr 1 oder Nr 3 EStG (BFH VIII B 135/10 BFH/NV 2011, 2062).
- **Anlageberater,** idR gewerblich (BFH IV R 115/76 BStBl II 1980, 336; III R 58/85 BStBl II 1989, 24; VIII B 54/12 BFH/NV 2013, 1098; *Melcher* BB 1981, 2101; **aA** *List* BB 1993, 1488); vgl auch „Finanzanalyst".
- **Anlagenvermittlung,** gewerblich (BFH VIII R 92/83 BStBl II 1984, 129; IV R 208/85 BFH/NV 1991, 435; X R 24/10 BStBl II 2012, 498).
- **Apothekeninventurbüro,** gewerblich (BFH IV 283/63 U BStBl II 1965, 556).
- **Apothekenrezeptabrechner,** gewerblich (BFH IV R 153/73 BStBl II 1974, 515).
- **Apotheker** ist kein Katalogberuf und auch kein dem Heilberuf ähnlicher Beruf; daher gewerblich (vgl BFH VIII R 52/77 BStBl II 1979, 414; IV B 48/97 BFH/NV 1998, 706, zugleich zur Rspr des BVerfG; *BMF* BStBl I 2004, 1030; hierzu *Balke* BB 1998, 779).
- **Arbeiterwohnheim,** gewerblich (BFH IV R 196/71 BStBl II 1973, 561).
- **Architekt.** Zu seinen Berufsaufgaben gehören die künstlerische, auf wirtschaftlichen und technischen Grundlagen beruhende Planung und Gestaltung von Bauwerken und Räumen, Garten-, Landes- und Regionalplanung (BFH IV R 86-88/91 BFH/NV 1992, 811), die Bearbeitung von Leitplänen, die Überwachung von Bauausführungen, die Vertretung des Bauherrn gegenüber Behörden und Handwerkern (BFH IV 336/64 BStBl III 1965, 586; XI R 3/06 BStBl II 2007, 118). Eine Spezialisierung ist unschädlich (BFH IV R 118, 119/87 BStBl II 1990, 64). Übernimmt der Architekt/Ingenieur auch die Bauausführung, dann ist er insoweit gewerblich tätig (BFH XI R 10/06 BStBl II 2008, 54, best FG Münster EFG 2006, 585); ebenso bei Vermittlungstätigkeiten (FG Ba-Wü EFG 1992, 71) und sonstigen Tätigkeiten zur Absatzförderung (BFH I R 204/81 BStBl II 1985, 15; XI R 91/94 BFH/NV 1996, 135); ein Erfolgshonorar kann hierfür Indiz sein (BFH IV B 20/01 BFH/NV 2001, 1400).
Eine dem Architekten **ähnliche Tätigkeit** setzt nicht die befugte Führung dieser Berufsbezeichnungen voraus (BFH IV R 75/74 BStBl II 1975, 558). Vgl zu Einzelheiten der architektenähnlichen Tätigkeit BFH I R 113/78 BStBl II 1981, 121; I R 66/78 BStBl II 1981, 121; VIII R 121/80 BStBl II 1982, 492 (Handwerksmeister als Entwurfsverfasser); III R 43, 44/85 BStBl II 1988, 497. Die qualifizierten Merkmale müssen Schwerpunkt der Tätigkeit sein, quantitativ überwiegen und das Gepräge geben (BFH IV R 154/86 BStBl II 1990, 73), zudem Kenntnisse der gesamten Breite, nicht nur eines Ausschnitts des Berufs erfordern (vgl BFH XI R 47/98 BStBl II 2001, 31). Für den Nachweis der Kenntnisse kann auch auf Tätigkeiten in früheren Jahren abgestellt werden (BFH IV R 118, 119/87 BStBl II 1990, 64; IV B 108/91 BFH/NV 1992, 821).
Das Berufsbild des Architekten erfasst nicht die Tätigkeit des sog *Advokatenplaners* zur Durchführung der Bürgerbeteiligung an städtischen Bausanierungsmaßnah-

§ 2 Steuergegenstand

men (wissenschaftliche Tätigkeit angenommen, BFH v 8.12.1983 IV R 177/82, nv).
- **Artist,** gewerblich (BFH IV 77/53 S BStBl III 1995, 100); ebenso **Artistenvermittler** (BFH I 157/63 U BStBl III 1966, 36).
- **Arzt.** Der Arztberuf ist **Heilberuf;** das Berufsbild wird bestimmt durch Tätigkeiten zur Vermeidung, Heilung und Linderung von Erkrankungen; dazu gehören auch Impfungen, Diagnose und Maßnahmen zur Prophylaxe (*FinVerw* DB 1999, 1981, DStR 2000, 730) sowie die laufende Erstellung von Gutachten (BFH IV R 20/76 BStBl II 1977, 31; IV R 187/79 BStBl II 1982, 253; V R 72/99 BStBl II 2000, 554; V R 7/05 BStBl II 2007, 412), auch bei Spezialisierung auf besondere Bereiche wie etwa Blutgruppen-, Gewebeuntersuchungen und dergleichen (BFH IV R 102/83 BStBl II 1985, 293; vgl jedoch „Laboratoriumsmedizin"). Etwas anders gilt mE für Gutachten ohne therapeutischen Zusammenhang (ggf wissenschaftlich, hierzu BFH IV R 20/76 BStBl II 1977, 31; *kk* KÖSDI 2001, 12 800). Die Ausübung der Tätigkeit ist auch als Nebenberuf Freiberuf (BFH IV R 20/76 BStBl II 1977, 31).
Die **Medikamentenabgabe** ist gewerbliche Tätigkeit, wenn sie nicht zwangsläufig mit der Behandlung verbunden ist (zB Praxisbedarf, Notfälle etc, s BFH V R 95/76 BStBl II 1977, 879; IV R 113/76 BStBl II 1979, 574). Entsprechendes ist zu beachten für die Abgabe von Impfstoffen (*BMF* DB 2000, 648) sowie für den planmäßigen Verkauf von anderen Produkten, wie etwa den Absatz von Kontaktlinsen und Pflegemitteln bei Augenärzten (*BMF* BStBl I 1997, 566 empfiehlt bei Gemeinschaftspraxen die Gründung verschiedener Gesellschaften; ebenso für Tierärzte *OFD Magdeburg* FR 1993, 485). Zur Abfärbung hierbei *BayLfSt* DStZ 2007, 400.
Nicht zur freiberuflichen Tätigkeit gehört die **wirtschaftliche Krankenhausberatung** (BFH XI B 63/98 BFH/NV 2000, 424) und die Arbeitssicherheit (BFH VI R 6/03 BFH/NV 2005, 1544). ME gilt Entsprechendes für die **Medikamentenerprobung** für Pharma-Hersteller (s „Gutachtertätigkeit"); denn der Arzt wird nicht zur Heilung/Linderung tätig (zur Wissenschaftlichkeit fehlt die Kenntnis des Gesamtzusammenhangs).
Zum Krankenhaus als ärztlichem Hilfsmittel s „Krankenhausbetrieb" und „Kindererholungsheim". S im Übrigen auch „Heilberufe".
- **Ärztepropagandist,** bei Selbstständigkeit gewerblich (BFH IV 329/58 U BStBl III 1961, 315); Absatzförderung, vgl BFH I R 204/81 BStBl II 1985, 15.
- **Arztvertretung,** idR freiberuflich mangels Weisungsgebundenheit (BFH IV 429/52 U BStBl III 1953, 142).
- **Astrologe,** gewerblich (FG Düsseldorf EFG 1967, 522; 2005, 824).
- **Audio-Psycho-Phonologe,** angeblich einem Krankengymnasten ähnlich (BFH IV R 69/00 BSBl II 2004, 954; hierzu Rn 175).
- **Auditor,** gewerblich (Hess FG DStRE 2005, 943 rkr); s aber „Umweltauditor".
- **Aufsichtsratsmitglied,** § 18 Abs 1 Nr 3 EStG, wenn er nicht mit Aufgaben der Geschäftsführung, sondern mit deren Überwachung betraut ist (BFH IV R 1/03 BStBl II 2004, 112) und nicht nur Repräsentationsaufgaben wahrnimmt (BFH VIII R 159/78 BStBl II 1978, 352). Nicht zu den Vergütungen nach § 18 Abs 1 Nr 3 EStG gehören Zahlungen für sonstige Leistungen (BFH IV R 1/03 BStBl II 2004, 112). Zum Umfang *FinVerw* DB 1968, 594; FR 2003, 48.
- **Augenhersteller** von künstlichen Menschenaugen ist gewerblich tätig (BFH IV R 251/66 BStBl II 1968, 662).
- **Auktionator,** gewerblich tätig einschließlich der weder künstlerischen noch wissenschaftlichen Tätigkeit als Sachverständiger für Möbel (BFH IV 317/52 U BStBl III 1953, 175; IV 697/54 U BStBl III 1957, 106).
- **Bademeister** (medizinischer), gewerblich, es sei denn, die Bäder sind Hilfsmaßnahmen einer im Übrigen freien Berufstätigkeit (BFH IV 60/65 BStBl II 1971,

ABC Selbstständige Tätigkeit/Gewerbebetrieb (Rn 275) § 2

249). Nach *BMF* BStBl I 2004, 1030 freiberuflich, „soweit" (also wohl gesonderte Abrechnung erforderlich) der Bademeister zur Feststellung des Krankheitsbildes oder iR einer Heilbehandlung tätig wird.
- **Baubetreuer,** nur wirtschaftliche Baubetreuung ist keine Architektentätigkeit, sondern gewerblich (BFH I R 35/71 BStBl II 1973, 668; VIII R 55, 56/70 BStBl II 1974, 447; X R 255/93 BStBl II 1996, 303).
- **Bauleitung** eines Technikers idR gewerblich (BFH VIII R 121/80 BStBl II 1982, 492; III R 43, 44/85 BStBl II 1988, 497; zum Bauführer FG Berlin EFG 1972, 535), kann aber bei einem Hochbautechniker mit langjähriger praktischer Tätigkeit auf dem Gebiet der Bauplanung eine architektenähnliche Tätigkeit sein (BFH IV R 118, 119/87 BStBl II 1990, 64).
- **Bausachverständiger** mit architektenähnlicher Vorbildung ist freiberuflich tätig (BFH IV 6/53 U BStBl III 1954, 147; IV 45/58 U BStBl III 1959, 267; IV R 244/84 BStBl II 1986, 843). Anders wenn nur Wertgutachten erstellt werden (BFH V R 70/73 BStBl II 1974, 528; I R 26/82 BFH/NV 1986, 81).
- **Bausparkassenaktionsleiter,** gewerblich (BFH I R 114/85 BStBl II 1989, 965; FG Düsseldorf EFG 2002, 96 rkr).
- **Baustatiker,** freiberuflich, da architektenähnlich (BFH IV R 185/71 BStBl II 1976, 380; IV R 146/75 BStBl II 1979, 109).
- **Bauzeichner,** im Einzelfall architektenähnlich (FG Bremen EFG 1991, 389).
- **Belastingadviseur-NL** ist gewerblich tätig, weil er weder in den Niederlanden noch in Deutschland einer Zulassung bedarf (vgl BFH VII B 330/02, VII S 41/02 BStBl II 2003, 422; BVerfG StEd 2005, 655; *BMF* DStR 1998, 1054; *Kempermann* StbJb 2003/04, 387, 396; krit *Sauren* DStR 1999, 1100; *Korn* § 18 EStG Rn 39).
- **Beleuchtungskörper.** Ihre Einzelanfertigung kann künstlerisch sein (BFH IV 43/64 BStBl II 1969, 70).
- **Belieferungsrechte.** Ihre Überlassung ist idR gewerblicher Natur (BFH X R 49/93 BFH/NV 1996, 133).
- **Beratender Betriebswirt,** s BFH III R 175/80 BStBl II 1986, 15. Der **ähnliche Beruf** setzt eine nach Tiefe und Breite vergleichbare Vorbildung in jedem Hauptbereich der Betriebswirtschaft (Unternehmensführung, Leistungserstellung [Fertigung von Gütern, Bereitstellung von Dienstleistungen], Materialwirtschaft, Finanzierung, Vertrieb, Verwaltungs- u Rechnungswesen, Personalwesen) sowie die entsprechende Tätigkeit voraus (BFH IV R 70/00 BStBl II 2003, 25; IV R 74/00 BStBl II 2003, 27; IV R 34/01 BStBl II 2003, 761; IV R 1/03 BStBl II 2004, 112; IV B 133/99 BFH/NV 2000, 1460; IV B 70/01 BFH/NV 2002, 644; IV B 52/01 BFH/NV 2003, 1413). „Ausnahmsweise" ist die **Kombination zweier Katalogberufe** beim (Dipl)Wirtschafts-Ingenieur anzuerkennen (BFH IV R 21/02 BStBl II 2003, 919; XI R 35/06 BStBl II 2007, 118, zum Studium in der ehem DDR). Die auf bestimmte Fachbereiche beschränkte Beratungstätigkeit reicht als *Qualifikationsnachweis* nicht aus (BFH IV R 135/90 BStBl II 1991, 769), ebenso wenig ein abgebrochenes Studium (BFH IV R 51/99 BStBl II 2000, 616; Anm *Kempermann* FR 2000, 1225), wohl aber ein Selbststudium sowie eine die entsprechenden Kenntnisse erfordernde Tätigkeit (BFH IV B 68/99 BFH/NV 2000, 705). Es genügen Kenntnisse auf dem Niveau der Fachschule (BFH IV R 74/00 BStBl II 2003, 27), aber auf allen („klassischen") Hauptgebieten der Betriebswirtschaftslehre (BFH IV B 52/01 BFH/NV 2003, 1413). Eine Wissensprüfung – wenn gewollt – muss beantragt werden (BFH VIII R 43/08 BFH/NV 2009, 759; XI R 24/06 BFH/NV 2007, 1495). Ein Dipl-Bankbetriebswirt – Bankakademie – übt mangels Vorkenntnissen keinen ähnlichen Beruf aus (FG Münster EFG 2007, 1172).

Zur Schädlichkeit/Unschädlichkeit der Beschränkung der **Beratungstätigkeit** BFH IV R 74/00 BStBl II 2003, 27; IV R 21/02 BStBl II 2003, 919; IV B

68/99, IV B 133/99 BFH/NV 2000, 705, 1460: Beratungstätigkeit in einem Hauptbereich der Betriebswirtschaftslehre genügt. Beratungstätigkeit auf dem Gebiet des *Marketing* (= Hauptbereich) kann ein ähnlicher Beruf sein. Werden daneben noch andere – isoliert betrachtet, gewerbliche – Leistungen erbracht, dann muss die Beratung den Schwerpunkt der Gesamttätigkeit bilden. Eine völlige Spezialisierung auf nur einen Fachbereich kennzeichnet Gewerblichkeit (BFH I R 106/72 BStBl II 1974, 293; I R 63/75 BStBl II 1977, 34; VIII R 149/74 BStBl II 1978, 565). S auch Stichwörter „Datenverarbeitung", „Unternehmensberater".
- **Beratungsstellenleiter** eines LSt-Hilfevereins, wenn nicht unselbstständig, dann gewerblich (vgl BFH IV R 176/85 BStBl II 1988, 273; zur Mitunternehmerschaft FG Rh-Pf EFG 1995, 21).
- **Bergführer** kann auch freiberuflich tätig sein, wenn unterrichtend (ebenso *März* DStR 1994, 1177; **aA** *HHR* § 18 Anm 600).
- **Berufsbetreuer** iSv §§ 1896 ff BGB übt trotz seines über die Vermögensverwaltung hinaus gehenden Aufgabenkreises eine sonstige selbstständige Tätigkeit aus (Änderung der Rspr: BFH VIII R 10/09 BStBl II 2010, 906; VIII R 14/09 BStBl II 2010, 909; hierzu *Kempermann* FR 2010, 1048).
- **Berufssportler,** gewerbliche Tätigkeit, soweit nicht nichtselbstständig (BFH I R 39/80 BStBl II 1983, 182; hierzu *Dziadkowski* BB 1995, 1062); auch bei Sportartikelwerbung (BFH VIII R 104/85 BStBl II 1986, 424) oder einer Promotion(Werbe)veranstaltung (BFH X R 14/10 BStBl II 2012, 511). Für die Frage der Selbstständigkeit kommt es letztlich auf das Maß der Eingliederung in den Betrieb des Vereins bzw der Vermarktungsgesellschaft an (*BMF* DStR 1995, 1508). Ein international tätiger **Berater von Berufsfußballern** ist gewerblich tätig (BFH IV R 59/97 BStBl II 1999, 167).
- **Besamungstechniker,** gewerblich (BFH I R 96/66 BStBl III 1966, 677).
- **Bezirkskaminkehrermeister** ist trotz Wahrnehmung hoheitlicher Aufgaben als beliehener Unternehmer gewerblich tätig (BFH IV 178/58 U BStBl II 1960, 209; IV 236/61 U BStBl II 1994, 99; XI R 53/95 BStBl II 1997, 295, **aA** Nds FG EFG 1995, 900 aufgeh; *Habscheidt* BB 1994, 482).
- **Bilanzbuchhalter,** gewerblich (BFH HFR 1983, 368).
- **Bildberichterstatter** ist freiberuflich tätig, wenn er an der Gestaltung des geistigen Inhalts publizistischer Medien insofern mitwirkt, als er über Zustände und Ereignisse politischer, wirtschaftlicher, gesellschaftlicher oder kultureller Art berichtet (BFH I R 78/69 BStBl II 1971, 267; IV R 50/96 BStBl II 1998, 405; VIII B 96/07 BFH/NV 2008, 1472). Auch eine GbR bestehend aus Kameramann und Tontechniker, die mit Originalton unterlegtes Bildmaterial über aktuelle Ereignisse herstellt, ist freiberuflich tätig. Gibt sie Aufträge an Dritte weiter, ohne auf die Gestaltung des Materials Einfluss zu nehmen, dann ist die GbR insgesamt (Rn 100) gewerblich tätig (BFH XI R 8/00 BStBl II 2002, 478).
- **Bildhauer,** kann auch dann freiberuflich tätig sein, wenn er Modelle für Serienprodukte entwirft (BFH StRK UStG § 4 Nr 17 R 9).
- **Bildjournalist,** ehedem gewerblich (BFH IV 283/63 U BStBl III 1965, 556; IV 238/61 U BStBl III 1965, 114); allein bei gestalterischem Schwerpunkt im Bild kam freiberufliche Tätigkeit in Frage (BFH IV 336/64 BStBl III 1965, 586; I R 78/69 BStBl II 1971, 267; vgl jetzt „Bildberichterstatter".
- **Biologe,** kann auch mit reinen Bestandsaufnahmen wissenschaftlich tätig sein (BFH IV R 64/91 BFH/NV 1993, 360).
- **Blutgruppengutachter,** dem Arzt ähnlich und daher freiberuflich (BFH IV R 102/83 BStBl II 1985, 293; IV R 231/82, IV R 218/82 BFH/NV 1987, 367, 613).
- **Body-Builder** s „Fitness-Studio".
- **Börsenmakler** s FG München EFG 2006, 1322.

ABC Selbstständige Tätigkeit/Gewerbebetrieb (Rn 275) § 2

- **Bordell** (Zimmervermietung), gewerblich (BFH IV 79/60 U BStBl III 1961, 518).
- **Buchhalter** ohne Qualifikation als Wirtschaftsprüfer oder Steuerberater ist gewerblich tätig (BFH VII R 107/83 BStBl II 1984, 336; VIII B 46/07 BFH/NV 2008, 785).
- **Buchmacher,** gewerblich (BFH IV R 49/78 BStBl II 1982, 650).
- **Bühnenvermittler,** gewerblich (BFH I R 107/68 BStBl II 1970, 517; ebenso Künstlerbetreuer, FG Hamburg EFG 1988, 429).
- **Büttenredner,** keine künstlerische Tätigkeit (BFH IV R 105/85 BStBl II 1987, 376; die im Bezugsurteil genannten Anforderungen an die Darlegung eigener Sachkunde sind zT durch BFH IV B 200/04 BStBl II 2006, 709 überholt; im Übrigen **aA** FG Düsseldorf EFG 2004, 1628 rkr).
- **Castingdirektor,** der Schauspieler nach den Anforderungen des Drehbuchs auswählt, soll eine künstlerische Tätigkeit ausüben (FG München EFG 2012, 159; zur Sachkunde *Neu* EFG 2012, 161), was den Kunstbegriff (s Stichwort „Künstlerische Tätigkeit") insb im Hinblick auf die Elemente Werk, Ausdruck u Gestaltungshöhe überstrapaziert.
- **Chemiker,** arztähnliche Tätigkeit verneint BFH V R 144/74 BStBl II 1977, 579; bei einem Sachverständigen für chemische Bodenanalysen ebenfalls Freiberuf verneint von FG Düsseldorf EFG 1992, 744; ustrechtlich heilberuflich nur im Rahmen einer Heilbehandlung der **klinische Chemiker** (A 4.14.5 Abs 8 f UStAE).
- **Chiromant, Chirologe** (Handleser), mE gewerblich.
- **Choreograph,** freiberuflich, weil künstlerisch tätig (*BMF* BStBl I 1990, 638).
- **Consultant** als einem Aufsichtsratsmitglied ähnlicher Berater ist selbstständig tätig, wenn er nur mit der Überwachung der Geschäftsführung einer Gesellschaft beauftragt ist; nimmt er selbst wesentlich Geschäftsführungsaufgaben wahr, ist er gewerblich tätig (BFH IV R 1/03 BStBl II 2004, 112).
- **Datenschutzbeauftragter** übt weder den Beruf des Ingenieurs noch des beratenden Betriebswirts noch eine ähnliche Tätigkeit aus (BFH IV R 34/01 BStBl II 2003, 761; IV R 41/01 BFH/NV 2003, 1557).
- **Datenverarbeitung.** Zur Tätigkeit des Ingenieurs gehören neben der Entwicklung und Konstruktion von Hard- u Software die Entwicklung von Betriebssystemen und ihre Anpassung an die Bedürfnisse der Kunden, die rechnergestützte Steuerung, Überwachung und Optimierung industrieller Abläufe, der Aufbau und die Betreuung von Firmennetzwerken u -servern sowie die Bereitstellung qualifizierter Dienstleistungen. Ingenieurtätigkeit ist daher auch die *Systemadministration* (BFH VIII R 31/07 BStBl II 2010, 467), die *IT-Projektleitung* (BFH VIII R 79/06 BStBl II 2010, 404) und das *Software-Engineering* (BFH VIII R 63/06 BStBl II 2010, 466; zur neueren Rspr *Moritz* AktStR 2010, 242; *Demuth* BeSt 2010, 17; EStB 2010, 87; *Pezzer* BFH/PR 2010, 130; *Steinhauff* NWB 2010, 819; *Brandt* StBp 2010, 180; *Korn* KÖSDI 2012, 17755). Nicht aufrecht erhalten hat der BFH die frühere **Unterscheidung** *zwischen* **Systemsoftware- u Anwendersoftwareentwicklung** (ebenso *Graf* Inf 1990, 457; *Graf/Bisle* DStR 2003, 1823; *Hackenberg* DB 2004, 459) mit Ausnahme von „Trivialsoftware" (hierzu *FinVerw* DStR 2005, 68; R 5.5 Abs 1 EStR; Nds FG EFG 2004, 206 rkr; FG München DStRE 2006, 792 rkr; *Graf* Inf 2005, 298).
Die **ingenieurähnliche Tätigkeit** in diesen Bereichen erfordert den Nachweis der entsprechenden Ausbildung/Kenntnisse (BFH XI R 29/06 BStBl II 2007, 781; XI B 153/05 BFH/NV 2006, 2255); ggf mittels einer Wissensprüfung (BFH VIII R 27/07 HFR 2009, 898). Unter dieser Voraussetzung ist die Entwicklung und Anfertigung mathematischer Modelle zur Lösung betriebswirtschaftlicher Fragestellungen für den Einsatz von Datenverarbeitung bei einem Dipl-Mathema-

§ 2

tiker eine ingenieurähnliche Tätigkeit (BFH III R 175/80 BStBl II 1986, 15), ebenso bei einem Dipl-Informatiker (BFH IV R 115/87 BStBl II 1990, 337). Demgegenüber werden sog **Berater für Datenverarbeitung** regelmäßig als gewerblich Tätige beurteilt; eine einem *beratenden Betriebswirt ähnliche* Tätigkeit liegt nicht vor (BFH IV R 79/80 BStBl II 1982, 267; zur Absatzförderung BFH XI R 57/05 BFH/NV 2007, 1854); vgl zum Organisationsberater für Datenverarbeitung BFH I R 63/75 BStBl II 1977, 34; I R 285/82 BStBl II 1986, 484; für Software-Programme BFH VIII R 104/85 BStBl II 1986, 424; VIII R 25/85 BStBl II 1986, 520; für Software-Betreuer BFH IV R 60, 61/94 BStBl II 1995, 888; für IT-Berater BFH IV B 244/11 BFH/NV 2012, 1119; vgl auch IV B 89/91 BFH/NV 1993, 292; IV B 56/96 BFH/NV 1997, 399); selbst dann nicht, wenn der EDV-Berater über einen Hochschulabschluss verfügt (BFH IV R 60, 61/94 BStBl II 1995, 888). Umso mehr gilt dies, wenn die entsprechende Ausbildung bzw Kenntnis nicht nachgewiesen werden kann (BFH XI R 29/06 BStBl II 2007, 781 zum Systemberater). In Betracht kommt aber eine ingenieurähnliche Tätigkeit, wenn der StPfl wie ein Dipl-Informatiker tätig ist und die entsprechenden Kenntnisse aufweist (BFH IV B 120/01 BFH/NV 2003, 170). Da die entsprechenden Berufsbilder in der Entwicklung begriffen sind, kann die bisherige Beurteilung des EDV-Beraters durch die Rspr als dem beratenden Betriebswirt (nicht) ähnlich (zB BFH IV R 60, 61/94 BStBl II 1995, 888; aA *List* BB 1993, 1488) noch nicht als endgültig gelten (Überblick bei *FinVerw* DStR 2004, 1561).

- Ein **EDV-Schuler** kann als Unterrichtender freiberuflich tätig sein (vgl BFH IV B 49/96 BFH/NV 1999, 462; *Förster* DStR 1998, 635). Zum Verfassen eines Softwarelernprogramms s „Schriftsteller".
- **Dekorateur**, gewerblich wie Werbefachleute (BFH V 134/56 S BStBl III 1957, 60).
- **Designer**, auch Fotodesigner und Industrie-Designer, kann bei entsprechender künstlerischer Gestaltungshöhe freiberuflich tätig sein (BFH VIII R 76/75 BStBl II 1977, 74; IV R 61/89 BStBl II 1991, 20).
- **Desinfektor**, gewerblich (RFH RStBl 1938, 280).
- **Detektiv**, gewerblich (RFH RStBl 1942, 989).
- **Diätassistenten** sind, wenn nach dem DiätassistentenG ausgebildet, dem Krankengymnasten ähnlich (!?) und daher freiberuflich tätig (*BMF* BStBl I 2004, 1030; *OFD Hannover* FR 2000, 282).
- **Dispacheur** ist gewerblich, da nicht wissenschaftlich tätig und nicht einem Katalogberuf (zB Wirtschaftsprüfer) ähnlich (BFH IV R 109/90 BStBl II 1993, 235; vom BVerfG nicht zur Entscheidung angenommen (vgl FR 2000, 367; HFR 2001, 496).
- **Dokumentar** (auch Dipl-) ist idR nicht freiberuflich tätig; anders nur bei fachwissenschaftlicher Dokumentation (BFH IV R 48/99 BStBl II 2001, 241).
- **EDV-Berater** s „Datenverarbeitung".
- **Ehevermittler**, gewerblich (BFH I R 167/66 BStBl II 1970, 85; I 242/65 BStBl II 1969, 145).
- **Eichaufnehmer**, nach Änderung der Rspr zum Ingenieur (hierzu BFH XI R 82/94 BStBl II 1996, 518, 522) nicht mehr freiberuflich tätig (ebenso *Schmidt/Wacker* § 18 Rn 155; **aA** *HHR* § 18 Rn 600).
- **Elektrotechniker**, bei Einstellung und Anpassung von Messmaschinen nach FG Saarl (EFG 1991, 475) ingenieurähnlich; mE angesichts des eingeschränkten Tätigkeitsbereichs in mehrfacher Hinsicht (Nachweis der Ausbildung; vergleichbare Tätigkeit) fraglich (vgl BFH I R 113/78 BStBl II 1981, 121; Nds FG EFG 1999, 975 rkr).
- **Energieberater**, ggf freiberuflich, weil bei entsprechender Ausbildung und Tätigkeit ingenieurähnlich; nicht jedoch bei erfolgsabhängiger Beratung (BFH IV B 20/01 BFH/NV 2001, 1400).

ABC Selbstständige Tätigkeit/Gewerbebetrieb (Rn 275) § 2

- **Entbindungspfleger** s BFH I R 96/66 BStBl III 1966, 677.
- **Erben** beziehen, sofern nicht lediglich Entgelte für im Rahmen der freiberuflichen Tätigkeit des Erblassers erbrachte Leistungen bezogen werden (BFH IV R 16/92 BStBl II 1993, 716), keine Einkünfte aus einer ehemaligen Tätigkeit des Erblassers iSv § 24 Nr 2 EStG, sondern verwirklichen einen eigenständigen, durch ihre Qualifikation und Tätigkeit gekennzeichneten Einkünftetatbestand (BFH GrS 2/89 BStBl II 1990, 837, 842 f). Die Fortführung von freiberuflichem Büro/Praxis durch eine teilweise aus Berufsfremden bestehende Erbengemeinschaft führt zu einem Gewerbebetrieb, es sei denn, der Betrieb wird nur abgewickelt (BFH VIII R 13/93 BStBl II 1994, 922; *BMF* BStBl I 2006, 253 Rn 5). Die Erbengemeinschaft wird erst beendet, wenn sich die Miterben hinsichtlich des gemeinsamen Vermögens nach den für Personengesellschaften geltenden Grundsätzen auseinandergesetzt haben (BFH GrS 2/89 BStBl II 1990, 837).
- **Erbensucher,** gewerblich (BFH I 349/61 U BStBl III 1965, 263).
- **Erfindertätigkeit,** meistens selbstständige Arbeit (wissenschaftlich oder einem bereits ausgeübten Katalogberuf zugehörig; vgl BFH I R 126/88 BStBl II 1990, 377 mwN), idR auch vom gleichzeitig ausgeübten **Gewerbebetrieb** trennbar (Ausnahme einheitlich geschuldeter Erfolg, Patententwicklung von vornherein zum Einsatz im Betrieb bestimmt; vgl BFH I R 20/74 BStBl II 1976, 666; IV R 78/66 BStBl II 1970, 319; IV R 160/67 BStBl II 1970, 317; IV R 160/67 BStBl II 1995, 776; IV R 223/85 BFH/NV 1988, 737 Ursprung oder Verwendung im Betrieb). Gewerbliche Tätigkeit auch dann, wenn Patente wesentliche Grundlage einer Betriebsgesellschaft im Rahmen einer **Betriebsaufspaltung** (vgl dazu Rn 324) sind. Freiberufliche Einkünfte aus Lizenzvertrag besteht dann, wenn daneben die Erfindung im eigenen Gewerbebetrieb genutzt, weiterhin aber Betriebsvermögen nach § 18 EStG bleibt (BFH IV R 14/00 BStBl II 2001, 798). Das gilt auch für die Nutzung im Rahmen eines Betriebs, den der Erfinder zusammen mit anderen in der Form einer Personengesellschaft oder einer GmbH betreibt. Die Lizenzvergabe stellt ein im freiberuflichen Betriebsvermögen verbliebenes Recht dar.
Bei einer sog **Zufallserfindung** fehlt es idR am Merkmal der Nachhaltigkeit, wenn der StPfl seine Idee lediglich in einer Skizze niedergelegt hat. Auch in der Anmeldung zum Patent liegt noch keine Nachhaltigkeit (BFH IV R 29/97 BStBl II 1998, 567; XI R 26/02 BStBl II 2004, 218). Nachhaltigkeit aber, wenn bei einer „Blitzidee" weitere Tätigkeiten erforderlich sind, um die Erfindung der Verwertungsreife zuzuführen (BFH IV B 170/01 BFH/NV 2003, 1406). Allerdings steht der BFH der Vorstellung von der „Blitzidee" etwas skeptischer gegenüber als die jeweiligen FG und einige der Kommentatoren (insb *List* DB 1999, 1085; 2004, 1172; 2006, 1291; *Jakob* DStZ 2000, 317; *Zugmaier* FR 1998, 946; wie BFH auch *Güroff* in *L/B/P* § 18 Rn 90). S auch FG Hamburg EFG 2006, 661 (zust *List* DB 2006, 1291), das die Anfertigung einer Handskizze allein zutreffend nicht als nachhaltig wertet, jedoch unzutreffend eine Vielzahl von Arbeiten durch einen Dritten zur Umsetzung der Idee dem StPfl nicht zurechnete, obwohl erst diese zur Erteilung des Schutzrechts führten.
- **Ergotherapeut** nach *BMF* BStBl I 2004, 1030 unter den in Rn 258 genannten Bedingungen freiberuflich.
- **Ernährungsberater** s „Oecotrophologe".
- **Erzieherische Tätigkeit** (§ 18 Abs 1 Nr 1 Satz 2 EStG) kann als freiberufliche auch ohne Ablegen einer fachlichen Prüfung, zB auf Grund eigener praktischer Erfahrung, ausgeübt werden (BFH VIII R 166/73 BStBl II 1974, 642). Erziehung ist die planmäßige Tätigkeit zur körperlichen, geistigen und sittlichen Formung junger Menschen – und zwar grds der ganzen Persönlichkeit – zu tüchtigen und mündigen Menschen; dabei wird unter Mündigkeit die Fähigkeit verstanden, selbstständig und verantwortlich die Aufgaben des Lebens zu bewältigen (BFH

§ 2   Steuergegenstand

II R 107/68 BStBl II 1975, 389; IV R 14/87 BStBl II 1990, 1018). Die (Management-)Beratung in Teilbereichen der zwischenmenschlichen Beziehungen gehört nicht dazu (BFH XI R 2/95 BStBl II 1997, 687), dagegen durchaus die Betreuung jüngerer Menschen, wenn die Erziehung ihr das Gepräge gibt (BFH IV R 26/96 BStBl II 1997, 652; IV R 4/02 BStBl II 2004, 129). Die Aufnahme von Pflegekindern im Rahmen der sog **Familienpflege** nach dem SGB VIII (früher Jugendwohlfahrtsgesetz) begründet möglicherweise Einkünfte nach § 18 Abs 1 Nr 1 oder Nr 3 EStG oder sonstige Einkünfte iSd § 22 Abs 1 EStG. Zur **Familienhelferin** (nicht den Heilberufen ähnlich, BFH V R 7/99 BFH/NV 2001, 651) vgl *FinVerw* DB 2005, 536. Die von allen Jugendämtern gezahlten Bezüge zur Förderung der Erziehung können nach § 3 Nr 11 EStG steuerfrei sein (BFH IV R 49/83 BStBl II 1984, 571; Einzelheiten *BMF* BStBl I 2011, 487; hierzu *Gragert* NWB 2011, 2120).
- **Erzprobennehmer,** gewerblich, wenn die wissenschaftliche Analyse nicht von den übrigen Tätigkeiten trennbar ist, wie bei einer Personengesellschaft (vgl BFH VIII R 18/67 BStBl II 1973, 183; VIII R 314/82 BFH/NV 1987, 156; FG Düsseldorf EFG 1992, 744).
- **Fahrschule** s „Schulen".
- **Fakir,** gewerblich (BFH I R 96/92 BFH/NV 1993, 716).
- **Fernsehen,** Überlassung einer im Ausland ausgearbeiteten und einstudierten **Show** an inländische Unternehmer ist gewerblich (BFH I R 191/70 BStBl II 1973, 134).
- **Fernsehsprecher,** der eigene Texte einbringt, kann künstlerisch tätig sein, nicht jedoch der Sprecher von Werbesendungen (vgl auch FG Berlin EFG 1967, 432).
- **Filmemacher.** Der Hersteller eines Films ist nur dann Künstler (§ 18 Abs 1 Nr 1 Satz 2 EStG), wenn er an allen Tätigkeiten, die für die Gestaltung des einzelnen Films bestimmend sind, selbst mitwirkt (BFH VIII R 32/75 BStBl II 1981, 170). Zum **Cutter** vgl FG Hamburg EFG 2005, 697 rkr.
- **Finanzanalyst,** gewerblich auch bei entsprechender wissenschaftlicher Ausbildung als Dipl-Kfm (BFH III R 58/85 BStBl II 1989, 24); hierzu *List* BB 1993, 1488.
- **Finanz- und Kreditberater** üben eine gewerbl Tätigkeit aus (BFH I R 300/83 BStBl II 1988, 666; X R 108/87 BStBl II 1989, 572).
- **Fitness-Studio.** Abzustellen ist auf das Gesamtbild der Verhältnisse (BFH VIII B 50/94 BFH/NV 1995, 676); gewerblich, wenn die unterrichtende Tätigkeit (s „Unterricht") den Kurs nur in der Anfangsphase prägt und im Übrigen dem Kunden die Sportgeräte zur freien Verfügung stehen (BFH IV R 79/92 BStBl II 1994, 362; IV R 35/95 BStBl II 1996, 573; FG Rh-Pf EFG 1994, 836) bzw wenn diese mit Nebenleistungen wie Sauna, Geräte- und Raumbenutzung untrennbar verbunden ist (FG Nürnberg EFG 1989, 543 rkr). Die Rechtslage ist insoweit geklärt (BFH VIII B 50/94 BFH/NV 1995, 676).
- **Fleischbeschauer** kann als tierärztähnlich zu beurteilen sein (RFH RStBl 1938, 429, mit beschränktem Bild vom Tierarzt; s daher BFH StRK EStG § 18 R 400).
- **Fotograf,** keine künstlerische Tätigkeit bei der Fertigung von Fotografien auftragsgebundener Objekte, eigenschöpferische Tätigkeit als Künstler wurde verneint (BFH IV 321/61 U BStBl III 1963, 216; IV R 139/66 BStBl II 1972, 335; I R 78/69 BStBl II 1971, 267; VIII R 76/75 BStBl II 1977, 474). **Modefotograf/Fotodesigner** kann künstlerische Tätigkeit ausüben, die Herstellung für Gebrauchszwecke soll keine Rolle spielen, serienmäßige Vervielfältigung aber für Gewerblichkeit sprechen (BFH VIII R 76/75 BStBl II 1977, 474); wegen des Verwendungszwecks künstlerische Tätigkeit bei Mode-Werbefotograf verneinend BFH IV 321/61 U BStBl III 1963, 216. Wer für Zeitschriften **Objekte** auswählt und zum Zweck der Ablichtung **arrangiert,** um die von einem Fotografen dann hergestellten Aufnahmen zu veröffentlichen, ist gewerblich tätig (BFH

IV R 50/96 BStBl II 1998, 441); ebenso wenn auf fotografierte Produkte lediglich „gestalterisch Einfluss" genommen wird (BFH IV R 70/97 BFH/NV 1999, 456).
- **Fotomodelle** für Werbeaufnahmen erzielen regelmäßig Einkünfte aus Gewerbebetrieb (BFH IV 62/65 BStBl II 1967, 618; FG Hamburg EFG 1992, 332).
- **Fotoreporter** (Bildberichterstatter) können eine journalistische Tätigkeit ausüben (siehe „Journalist"), nicht jedoch beim Tätigwerden für eine Pressestelle eines gewerblichen Unternehmens, das die Fotos für Werbezwecke verwendet (BFH IV 238/61 U BStBl III 1965, 114).
- **Frachtenprüfer**, nach FG Berlin EFG 1970, 343 rkr als rechtsanwaltsähnlich (wie das?) angeblich freiberuflich.
- **Franchise-Verkauf**, gewerbliche Tätigkeit (Hess FG EFG 1989, 572 rkr).
- **Frauenbeauftragte** einer Gemeinde nach *OFD Hannover* StEK EStG § 18 Nr 211 selbstständig tätig iSv § 18 Abs 1 Nr 3 EStG; mE jedoch fraglich, weil ihre Aufgaben in der Regel nicht die Vermögensverwaltung, sondern die Personenbetreuung betreffen, was bei Berufsbetreuern (s Stichwort „Berufsbetreuer") immerhin auch der Fall ist.
- **Fremdenführer**, idR gewerblich (BFH I R 85/83 BStBl II 1986, 851); anders für Burgbesichtigungen/Museumsführungen FG Rh-Pf EFG 1991, 321 (unterrichtend!, jedoch fraglich).
- **Friedhofsgärtner**, gewerblich, wenn nicht im Rahmen von LuF tätig (BFH VIII R 15/73 BStBl II 1976, 492).
- **Fußpfleger**. Zur Rechtslage vor 2002/03 s 5. Aufl; vgl *BMF* BStBl I 2002, 962 u BFH IV R 65/00 BStBl II 2002, 149. Inzwischen gilt allgemein das G v 4.12.2001, BGBl I 2001, 3320 – Podologe –. Bei Erfüllen der dort bezeichneten Voraussetzungen ist der Fußpfleger mE freiberuflich tätig (vgl *BMF* BStBl I 2004, 1030). Zudem ist mE die neue Rspr zur Ähnlichkeit mit dem Beruf des Krankengymnasten (Rn 258) auch hier einschlägig.
- **Fußreflexzonenmasseur**, mangels gesetzlicher Berufsregelung nicht freiberuflich (BFH IV R 45/00 BStBl II 2003, 21; mE nicht überholt durch BFH IV R 69/00 BStBl II 2004, 954; *BMF* BStBl I 2004, 1030).
- **Gartenarchitekt**, jedenfalls dann gewerblich, wenn gleichzeitig auch die Ausführung der Gartenplanung übernommen wird (BFH IV 318/59 U BStBl III 1962, 302; VI 304/62 U BStBl III 1963, 537).
- **Generalbevollmächtigter** eines Testamentsvollstreckers angesichts eines erfolgsabhängigen Honorars gewerblich (BFH IV R 155/86 BFH/NV 1990, 372).
- **Geschäftsführer** ohne Anstellungsvertrag ist einem beratenden Betriebswirt nicht ähnlich (FG Saarl EFG 1992, 70 rkr).
- **Glücksspiele**. Die Veranstaltung ist gewerblich (BFH IV R 77/67 BStBl II 1968, 718; X B 148/96 BFH/NV 1996, 750; X B 276/96 BFH/NV 1998, 854).
- **Graphiker**, freiberuflich, wenn künstlerische Tätigkeit (BFH IV R 9/77 BStBl II 1981, 21), und zwar auch der Gebrauchsgraphiker (BFH V 96/59 S BStBl III 1960, 453); sonst gewerblich (BFH VIII R 76/75 BStBl II 1977, 474; V R 130/84 BFH/NV 1990, 232; *BMF* DStR 1990, 118; zum **Perspektivgraphiker** FG Nürnberg EFG 1978, 33 rkr). Auflagen bis 20 Exemplaren stehen der Annahme von Kunst nicht entgegen (BFH IV R 15/90 BStBl II 1991, 889). Zum **Graphik-Designer** BFH IV R 105/85 BStBl II 1987, 376; IV B 200/04 BStBl II 2006, 709; FG Bremen EFG 1994, 928 (abgelehnt wegen Zerlegung des Rechnungsausweises in eine Vielzahl weiterer Einzelleistungen; vgl BFH XI B 118/95 S BFH/NV 1996, 806); desgleichen mangels künstlerischer Qualität BFH IV B 200/04 BStBl II 2006, 709. S auch „Retuscheur".
- **Gutachtertätigkeit**. Eine einem Katalogberuf ähnliche Tätigkeit setzt vergleichbare Kenntnisse sowie die entsprechende Tätigkeit auf ihrer Grundlage voraus (vgl BFH IV 6/53 U BStBl III 1954, 147; I R 109/77 BStBl II 1981, 118; IV

§ 2 Steuergegenstand

B 95/96 BFH/NV 1998, 456). Eine ingenieurähnl Tätigkeit kann bei Unfallursachenforschung auf Grundlage mathematischer Kenntnisse vorliegen (BFH IV R 63/86 BStBl II 1989, 198); erforderlich ist aber, dass die praktische Tätigkeit die volle Breite des Ingenieurberufs abdeckt und ihr das Gepräge gibt (BFH IV R 116/90 BStBl II 1993, 100; IV R 156/86 BFH/NV 1991, 359; IV R 65-67/89 BFH/NV 1993, 238). Die erforderlichen theoretischen Kenntnisse dürfen auch auf der praktischen Arbeit beruhen (BFH IV R 63/86 BStBl II 1989, 198); die Anwendung von Formelsammlungen oder Berechnungsvordrucken genügt nicht (BFH IV R 73/90 BStBl II 1991, 878). Die Bestellung zum Kfz-Sachverständigen (Schadensgutachter) durch die IHK allein genügt nicht (BFH IV B 153/91 BFH/NV 1993, 224; IV B 28/92 BFH/NV 1994, 629). S im Übrigen auch BFH IV R 23/84 BFH/NV 1987, 508; IV 353/58 HFR 1962, 340. Darüber hinaus kann Gutachtertätigkeit als selbstständige Arbeit gelten, wenn sie als wissenschaftlich oder künstlerisch anzusehen ist; verneint bei Schätzung von Kunst- u Einrichtungsgegenständen, auch wenn vereinzelt aufgrund von vertiefter Sachkenntnis (BFH IV 697/54 U BStBl III 1957, 106; VIII 23/65 BStBl II 1971, 749). Zur Medikamentenerprobung der pharmazeutischen Industrie vgl FG Rh-Pf EFG 1975, 69 u FG Bremen EFG 1977, 18; zur erbbiologischen Grundlagenforschung FG Ba-Wü BB 1976, 634.

– **Handaufleger,** mangels entsprechender Ausbildung u Kenntnisse mE gewerblich.
– **Handelsvertreter,** soweit selbstständig, gewerbliche Tätigkeit (BFH I R 204/81 BStBl II 1985, 15; IV R 131/90 BFH/NV 1992, 664; XI R 91/94 BFH/NV 1996, 135; I R 48/96 BFH/NV 1997, 802; X B 56/11 BFH/NV 2012, 1331; nach BVerfGE 46, 224, BStBl II 1978, 125 verfassungsgemäß; vgl hierzu § 1 Rn 18 f).
– **Hausgewerbetreibende** s Rn 58.
– **Hausverwalter** (§ 18 Abs 1 Nr 3 EStG), sonstige selbstständige Tätigkeit, wenn sie nicht über die reine Vermögensverwaltung hinaus geht und keine qualifizierten Arbeiten auf Angestellte oder Subunternehmer übertragen werden (BFH IV R 5/98 BFH/NV 1999, 1456, zugleich zur getrennten Beurteilung). Sie ist dagegen gewerblich, wenn der Umfang der zu bewältigenden Verwaltungsarbeit die ständige Beschäftigung von Angestellten und sonstigen Hilfskräften erfordert (BFH IV 395/54 U BStBl III 1956, 45; VI 63/64 BStBl III 1966, 489; I R 123/69 BStBl II 1971, 239). Gewerblichkeit wurde angenommen bei der Verwaltung von 280 Wohneinheiten (BFH VIII R 67/92 BStBl II 1994, 449; FG Bremen EFG 1983, 357; krit *Sauren* Inf 2000, 268).
– **Havariesachverständiger,** gewerblich (BFH I 347/60 U BStBl III 1965, 593).
– **Hebamme,** Entbindungshilfen sind unter den in Rn 175 bezeichneten Voraussetzungen freiberuflich (*BMF* BStBl I 2004, 1030).
– **Heilberufe/Heilhilfsberufe.** Es handelt sich um Berufsgruppen, in der sich neue Berufe entwickeln, ohne dass sogleich staatliche Regelungen vorhanden sind. Deswegen ist BFH IV R 10/00 BStBl II 2004, 954 bei der Beurteilung der **Ähnlichkeit** entsprechend großzügig (vgl Rn 258) – mE völlig zu Unrecht, zumal Rechtspolitik in Form von Dekreten nicht Aufgabe der Rspr ist. Zur Abgrenzung allgemein *BMF* BStBl I 2004, 1030. **Heilmasseur** ist dem Krankengymnasten (§ 18 Abs 1 Nr 1 Satz 2 EStG) ähnlich, soweit heilberuflich tätig; auch insoweit, als er Fangopackungen ohne Massage verabreicht (BFH IV R 249/82 BStBl II 1985, 676). Dies gilt nicht für überwiegend kosmetische und **Schönheitsmassagen** (BFH IV 60/65 BStBl II 1971, 249). Zum **Fußpfleger** s dort. Heilmittelverkauf ist gewerblich, wenn nicht zwangsläufig mit der Heilbehandlung verbunden (BFH V R 95/76 BStBl II 1977, 879; IV R 113/76 BStBl II 1979, 574).

ABC Selbstständige Tätigkeit/Gewerbebetrieb (Rn 275) § 2

- **Heileurhythmist** ist mangels staatlicher Berufserlaubnis und -aufsicht Gewerbetreibender (*BMF* BStBl I 2004, 1030; mE zutr, weil heileurhythmische Heilbehandlungen nach SGB V weder als Regel- noch als Satzungsleistungen erstattet werden (zur USt: BFH V R 34/02 BStBl II 2005, 316; A 4.14.4 Abs 12 UStAE).
- **Heilpraktiker** sind ausdrücklich in § 18 Abs 1 Satz 2 EStG erwähnt. Ähnlichkeit setzt staatliche Erlaubnis voraus (BFH I R 218/74 BStBl II 1976, 621; IV R 69/00 BStBl II 2004, 954).
- **Hellseherin**, gewerbliche Tätigkeit (BFH VIII R 137/75 BStBl II 1976, 464; FG Düsseldorf EFG 2005, 824 rkr).
- **Hochbautechniker**, freiberuflich, wenn er die entsprechenden Kenntnisse erworben hat und nicht nur als Bauleiter tätig ist (BFH IV R 118, 119/87 BStBl II 1990, 64; IV R 116/90 BStBl II 1993, 100; einschr jedoch XI R 47/98 BStBl 2000, 31).
- **Holzschnitzer** kann Künstler, also freiberuflich tätig sein (BFH IV R 15/90 BStBl II 1991, 889).
- **Hypnotherapeut**, der keine dem Arzt vergleichbare wissenschaftliche Ausbildung hat, übt eine gewerbliche Tätigkeit aus (BFH XI R 38/98 BFH/NV 2000, 839); mE ist dies anders bei einem psychologischen Psychotherapeuten (s „Psychotherapeuten").
- **Illustration** zB in medizinischen Fachbüchern durch Zeichnen und Malen von Organen usw kann künstlerische Tätigkeit sein (FG Hamburg EFG 1991, 124).
- **Informationsdienst**, juristischer, keine freiberufliche Tätigkeit, wenn sich Unternehmer nicht eigenverantwortlich betätigt (BFH VIII R 111/71 BStBl II 1976, 641).
- **Ingenieur** ist grundsätzlich freiberuflich tätig, wenn er in (einem der) Kernbereiche(n) tätig ist; das sind: Forschung, Lehre, Versuchs- und Prüfungswesen, Projektierung, Berechnung, Konstruktion, Gestattung, Fertigung und Betrieb, Montage, Instandhaltung, Kundendienst, technische Verwaltung und Betriebsführung (BFH VIII R 254/80 BStBl II 1985, 584; IV R 53/00 BFH/NV 2001, 1547). Im Übrigen ist kennzeichnend für seine Tätigkeit die Planung, Konstruktion und Überwachung der Fertigung von technischen Werken auf der Grundlage von natur- und technikwissenschaftlichen Erkenntnissen (vgl BFH IV 34/01 BStBl II 2003, 761; XI R 9/03 BStBl II 2004, 989). Es genügt jedoch die Beratung, ein konstruierendes Element ist nicht erforderlich (BFH IV R 27/05 BFH/NV 2006, 1270). Als Ingenieur kann nur angesehen werden, wer nach den Ingenieurgesetzen der Länder diese Bezeichnung führen darf (BFH I R 109/77 BStBl II 1981, 118). Dafür genügt aber ohne nähere Prüfung der Tätigkeit nicht, dass der Steuerpflichtige die Berufsbezeichnung auf Grund einer Übergangsregelung weiterführt (BFH I R 121/83 BStBl II 1987, 116; IV R 156/86 BFH/NV 1991, 359). Ein beratender Ingenieur oder Architekt wird (als Handelsvertreter) gewerblich tätig, wenn er an der Vermittlung von Geschäftsabschlüssen auch nur mittelbar beteiligt ist oder bei Absatzwerbung tätig wird (RFH RStBl 1940, 14; BFH I R 204/81 BStBl II 1985, 15; IV R 131/90 BFH/NV 1992, 664). Ein Ingenieur, der schlüsselfertige Gebäude errichten lässt, erzielt (insoweit) gewerbliche Einkünfte (BFH XI R 10/06 BStBl II 2008, 54).
Zur **ingenieurähnlichen Tätigkeit** vgl BFH IV R 154/86 BStBl II 1990, 73; IV R 73/90 BStBl II 1991, 878; XI B 223/03 BFH/NV 2005, 1284; sie erfordert vergleichbare Kenntnisse und Einsatz derselben in Hauptbereichen des Ingenieurberufs (BFH IV R 63/86 BStBl II 1989, 198; IV R 116/90 BStBl II 1993, 100); insb bei der Planung, Konstruktion und Überwachung von technischen Werken (BFH XI R 9/03 BStBl II 2004, 989; XI R 29/06 BStBl II 2007, 781); großzügig zum Nachweis BFH VIII B 264/09 BFH/NV 2010, 1300.
Zur Ingenieurtätigkeit bzw Ähnlichkeit im Rahmen der **Datenverarbeitung** s dort. Zur nichttechnischen **Unternehmensberatung** s dort.

§ 2 Steuergegenstand

- **Inkassobüro,** gewerblich (BFH I B 240/93 BFH/NV 1995, 501; FG Rh-Pf EFG 1995, 222).
- **Innenarchitekt** ist freiberuflich tätig (RFH BStBl 1939, 159); schädlich ist jedoch die Absatzförderung zB von Mobiliar (BFH I R 204/81 BStBl II 1985, 15). **Ähnlich** sein kann bei großzügigster Bewertung ein Innenraumgestalter (FG Hannover EFG 1977, 15 rkr) oder ein Planer von Großküchen (FG Hamburg EFG 1981, 154 rkr).
- **Insolvenzverwalter** übt nach Änderung der Rspr grundsätzlich eine sonstige selbstständige Arbeit iSv § 18 Abs 1 Nr 3 EStG aus. Die *Vervielfältigungstheorie* in ihrer strengen Ausprägung ist nicht mehr anzuwenden; vielmehr ist entspr § 18 Abs 1 Nr 1 Satz 3 EStG die Mithilfe fachlich vorgebildeter Mitarbeiter zulässig (BFH VIII R 50/09 BStBl II 2011, 506; VIII R 3/10 BStBl II 2011, 498; VIII R 37/09 BFH/NV 2011, 1303; VIII R 12/10 BFH/NV 2011, 1306; VIII 13/10 BFH/NV 2010, 1309).
- **Instrumentenbauer,** gewerblich (BFH HFR 1964, 104; zum **Geigenbauer** FG Ba-Wü EFG 2005, 870 rkr).
- **Internat** s „Schulen".
- **Interviewer,** bei gelegentlicher Tätigkeit o.a. (Rn 179) Grundsätzen widersprechend § 18 Abs 1 Nr 3 EStG angenommen, *OFD Köln* BB 1986, 17; zum Erhebungsbeauftragten StRK EStG § 3 Nr 66.
- **Inventurbüro,** gewerblich (BFH IV R 240/67 BStBl II 1969, 164; IV R 153/73 BStBl II 1974, 515).
- **Journalist,** zum Berufsbild des Journalisten (§ 18 Abs 1 Nr 1 EStG) gehört die Befassung mit gegenwartsbezogenen Geschehnissen (BFH IV R 88/76 BStBl II 1980, 152) auf zB politischem, gesellschaftlichem, wirtschaftlichem oder kulturellem Gebiet (BFH IV R 112/72 BStBl II 1977, 459). Eingeschränkt als Schlussredakteur Tätiger ist Journalist (FG Ba-Wü EFG 1989, 226 rkr). Zur Verwertung von **Urheberrechten** Hess FG EFG 1990, 310 rkr.
- **Kameramann,** Tätigkeit kann im Einzelfall künstlerischer Art sein (BFH IV R 196/72 BStBl II 1974, 383); erforderlich ist die eigenverantwortliche Erstellung des Bildmaterials (BFH XI R 8/00 BStBl II 2002, 478); s auch „Bildberichterstatter".
- **Kartenspieler** (beruflich) ist gewerblich tätig (zur USt: BFH V R 20/91 BStBl II 1994, 54; XI R 48/91 BFH/NV 1994, 622; krit *Lühn* BB 2012, 298).
- **Kartograph,** ungelernter, ist gewerblich tätig, insb wenn er auch den Vertrieb übernimmt (FG Hamburg EFG 1971, 39; FG Schl-H EFG 1981, 628; Hess FG 1992, 333). Der gelernte Kartograph, der Schummerungskarten auf Vorrat unter Mithilfe von Personal erstellt, ist freiberuflich tätig (BFH IV R 80/94 BStBl II 1995, 776).
- **Kfz-Sachverständiger** s „Gutachter".
- **Kindererholungsheim** ist ein Gewerbebetrieb, wenn der Unterbringung, Verköstigung und allgemeinen Betreuung der Kinder nicht nur die Bedeutung eines Hilfsmittels bei der erzieherischen Tätigkeit zukommt (BFH VIII R 229/71 BStBl II 1974, 553; IV R 204/70 BStBl II 1975, 147; III R 198/81 BFH/NV 1986, 358).
- **Kinderheim** ist nur dann kein Gewerbebetrieb, wenn die Kinder von der entsendenden Stelle in erster Linie nach erzieherischen Gesichtspunkten ausgewählt werden und die Heimunterbringung geeignet ist, die Erziehung der Kinder wesentlich zu fördern (BFH I R 107/73 BStBl II 1975, 610). Der Leiter ist nicht freiberuflich tätig, wenn er sich im Wesentlichen auf Verwaltungsaufgaben beschränkt (BFH VIII 171/84 BFH/NV 1985, 70) oder die erzieherische Tätigkeit nicht eigenverantwortlich (Familienwohngruppen) ausübt (Nds FG EFG 2006, 1772 rkr).

ABC Selbstständige Tätigkeit/Gewerbebetrieb (Rn 275) § 2

- **Klavierstimmer,** nicht künstlerisch tätig, und zwar auch dann, wenn er nur für namhafte Künstler arbeitet (BFH IV R 145/88 BStBl II 1990, 643).
- **Kommunalberater** kann einem beratenden Betriebswirt ähnlich tätig sein (FG Nbg EFG 1982, 379 rkr).
- **Kommunikationstechnik.** Berater ist gewerblich tätig (Nds FG EFG 2003, 1800 rkr).
- **Komparse** kann künstlerisch tätig sein (BFH XI R 21/06 BStBl II 2007, 702, allerdings zu § 3 Nr 26 EStG).
- **Kompasskompensierer,** dem Ingenieur ähnlich freiberuflich tätig (BFH IV 84/57 U BStBl III 1958, 3).
- **Konstrukteur,** der überwiegend Bewehrungspläne fertigt, ist gewerblich tätig (BFH IV R 126/85 BStBl II 1990, 155; IV R 154/86 BStBl II 1990, 73); ebenso der Bauzeichner (FG Ba-Wü EFG 1988, 306 rkr).
- **Konzertdirektion,** die im Ausland ihren Sitz hat und im Inland Künstler überlässt, übt schon nach den im Inland gegebenen Besteuerungsmerkmalen eine gewerbliche Tätigkeit aus (BFH I R 283/81 BStBl II 1984, 828).
- **Kosmetikerin,** gewerblich (FG Düsseldorf EFG 1965, 567 rkr).
- **Krankengymnast,** freiberuflich (§ 18 Abs 1 EStG) nur, wenn der Berufsträger die Qualifikation und Berechtigung zur Berufsausübung hat (*BMF* BStBl I 2004, 1030). Ein medizinisches Gerätetraining genügt nicht (*FinVerw* DStR 2004, 1963), ggf aber eine **Hippotherapie** (zur USt: BFH XI R 53/06 BStBl II 2008, 647). **Eigenverantwortlichkeit** setzt Einflussnahme auf die Pflegeleistungen bei jedem einzelnen Patienten durch regelmäßige eingehende Kontrolle voraus (BFH XI R 59/05 BFH/NV 2007, 1319). Dem ist nicht genügt, wenn der Krankengymnast den fachlich vorgebildeten Mitarbeitern die Anamnese u den Großteil der Behandlung überlässt (BFH IV B 205/03 BFH/NV 2006, 48). Zur Ähnlichkeit vgl Rn 258.
- **Krankenhausberater** ohne vergleichbare qualifizierte Ausbildung bzw Tätigkeit (zB einem Betriebswirt ähnlich) ist gewerblich tätig (zum Arzt: BFH XI B 63/98 BFH/NV 2000, 424; zum klinischen Monitor: FG München EFG 2005, 382).
- **Krankenhausbetrieb** führt bei einem Arzt zur GewStPfl, wenn das Krankenhaus nicht ein notwendiges Hilfsmittel für die ärztliche Tätigkeit darstellt bzw aus Beherbergung u Beköstigung ein besonderer Gewinn erzielt wird (RStBl 1939, 853; BFH IV R 285/62 U BStBl III 1965, 90). Bei getrennter Abrechnung lassen sich jedoch Beherbergung/Beköstigung vom freiberuflichen Bereich trennen (BFH IV R 43/00 BStBl II 2002, 152; IV R 48/01 BStBl II 2004, 363).
- **Krankenpfleger** ist einem Heilberuf ähnlich freiberuflich tätig (BFH IV 459/52 U BStBl II 1953, 269), es sei denn die Pflegeleistungen werden weitgehend von den Mitarbeitern erbracht (BFH IV R 43/96 BStBl II 1997, 681). Eine leitende und **eigenverantwortliche** Tätigkeit setzt voraus, dass der StPfl aufgrund seiner Fachkenntnisse durch regelmäßige und eingehende Kontrollen maßgeblich auf die Pflegeleistungen seiner Mitarbeiter bei jedem einzelnen Patienten Einfluss nimmt. Es muss eine persönliche Beziehung zur weitaus überwiegenden Zahl der Patienten bestehen. Ein Erstgespräch allein genügt nicht (BFH IV B 89/03 BFH/NV 2005, 1865). Die Quantität der Patienten und Mitarbeiter lässt diesbezügliche Schlüsse zu (BFH IV B 171/01 BFH/NV 2003, 1414; IV B 135/01 BFH/NV 2004, 783). Eine **hauswirtschaftliche Versorgung** schadet, wenn und soweit eine einheitliche Abrechnung erfolgt (BFH IV R 89/99 BStBl II 2000, 625; IV R 51/01 BStBl II 2004, 509; *BMF* BStBl I 2004, 1030). Erfolgt sie getrennt, ist trotz überwiegenden hauswirtschaftlichen Tätigkeiten der gesamte Dienst gewerblich, sondern ist auch eine Trennung der Einnahmen zu prüfen (BFH IV B 89/03 BFH/NV 2005, 1865); Einzelheiten: *OFD Koblenz* DStR 2004, 1339. Die **Krankenhaushygieneberatung** durch Fachpfleger ist – angeblich – freiberuflich (BFH XI R 64/05 BStBl II 2007, 177); die Erstellung

§ 2 Steuergegenstand

von Pflegeversicherungsgutachten ist gewerblich (BFH V R 72/99 BStBl II 2000, 554). Der **Krankenpflegehelfer** ist ebenfalls gewerblich tätig (BFH V R 45/89 BStBl II 1993, 887; IV R 51/01 BStBl II 2004, 509).
- **Krankenschwester,** die Pflegeversicherungsgutachten erstellt, ist nicht freiberuflich tätig (zur USt: BFH V R 23/07 BStBl II 2009, 429).
- **Kreditberater** s „Finanzberater".
- **Kreistagsabgeordneter** bezieht Einkünfte aus sonstiger selbstständiger Arbeit (BFH VIII R 58/06 BStBl II 2009, 405).
- **Kükensortierer,** gewerblich (BFH I 237/54 U BStBl III 1955, 295).
- **Kulturwissenschaftler,** je nach Tätigkeitsbild freiberuflich – wissenschaftlich, unterrichtend – tätig; ggf aber auch gewerblich, zB genealogische Recherchen (*BMF* DB 2006, 1348).
- **Künstleragent,** gewerblich (BFH VIII R 50-51/66; 162/70 BStBl II 1972, 624).
- **Künstlerische Tätigkeit.** Auch wenn es nach der Rspr keinen allgemeinen Kunstbegriff gibt (BFH IV R 64/79 BStBl II 1983, 7), lässt sich das Wesen von Kunst doch bestimmen als eigenschöpferische Tätigkeit mit einer gewissen Gestaltungshöhe (BFH V 96/59 S BStBl III 1960, 453), dh eine Leistung, in der die individuelle Anschauungsweise und die besondere Gestaltungskraft des Schöpfers durch das Medium einer bestimmten Formensprache zum Ausdruck kommt (vgl BVerfGE 30, 173, 189; 67, 213, 216; BFH I R 183/79 BStBl II 1982, 22; IV R 61/89 BStBl II 1991, 20; IV R 15/90 BStBl II 1991, 889; IV R 33/90 BStBl II 1992, 353; IV R 102/90 BStBl II 1992, 413; I R 54/93 BStBl II 1994, 864; IV R 1/97 BFH/NV 1999, 465, jeweils mwN; kritisch *Heuer* DStR 1983, 638; *Kirchhof* NJW 1985, 225, 228; *Kempermann* FR 1992, 250; *Maaßen,* Kunst oder Gewerbe?, 1991; *Schneider* DStZ 1993, 165; *Birtel/Richter* DStR 1993, Beihefter zu Heft 27). Allerdings ist die künstlerische Arbeit nicht nach ihrem künstlerischen Niveau zu bewerten; dem stünde Art 5 Abs 3 Satz 1 GG entgegen (FG Bremen EFG 1994, 928). Auch eine reproduzierende Tätigkeit kann diesen Begriff erfüllen, zB Tanz- u Unterhaltungsorchester (BFH IV R 64/79 BStBl II 1983, 7) oder ein Statist (FG Sachsen EFG 2006, 1036). S auch die einzelnen Stichworte: Büttenredner, Graphiker, Fotograf, Holzschnitzer, Illustration, Kameramann, Maler, Musiker, Modeschöpfer, Werbung. In Betracht kommen nicht nur Herstellung eines Werkes, sondern auch andere Tätigkeiten, zB Musikunterricht (BFH IV R 97/81 BStBl II 1984, 491), beratende Tätigkeit beim Modeschöpfer (s dort). Von Bedeutung kann auch die Verkehrsauffassung sein (BFH I R 96/92 BFH/NV 1993, 716, Fakir). Es gilt die Dreiteilung Kunst, Kunstgewerbe und Kunsthandwerk (BFH I R 183/79 BStBl II 1982, 22); sie können nebeneinander vorliegen (BFH IV R 15/90 BStBl II 1991, 889). Die Verwaltung eines künstlerischen Nachlasses führt zu Einkünften aus künstlerischer Tätigkeit (BFH IV R 16/92 BStBl II 1993, 716).

Für die **Eigenverantwortlichkeit** ist erforderlich, dass der Künstler an allen relevanten Tätigkeiten mitwirkt und entscheidenden Einfluss auf die Gestaltung ausübt (BFH VIII R 32/75 BStBl II 1981, 170). Diese Grundsätze gelten auch für die **Gebrauchskunst** (BFH IV R 9/77 BStBl II 1981, 21). Bei ihr besteht die besondere Voraussetzung, dass der Kunstwert den Gebrauchswert übersteigen muss (BFH IV 43/64 BStBl II 1969, 70, Beleuchtungskörper; BFH I R 1/66 BStBl II 1969, 138, Modellkleider; zu Anforderungen an die Gestaltungshöhe BFH IV B 200/04 BStBl II 2006, 709; FG Düsseldorf EFG 2007, 197 rkr).

Ob die Tätigkeit **insgesamt künstlerisch** ist, hängt von den Umständen des jeweiligen Falles ab (BFH XI B 118/95 BFH/NV 1996, 806). Ist der künstlerische Bestandteil integriert in eine Vielzahl von nichtkünstlerischen Einzelhandlungen (von der Konzeption bis zur Terminüberwachung) und insbesondere nicht gesondert in Rechnung gestellt, so ist die Tätigkeit insgesamt nicht als künstlerisch anzusehen (BFH IV R 15/73 BStBl II 1979, 236; IV R 102/90 BStBl II 1992,

413). Zu beurteilen ist nicht das einzelne Werk, sondern das Gesamtschaffen (BFH IV R 196/72 BStBl II 1974, 383); entscheidend ist also die Tätigkeit im EZ (BFH IV 560/56 U BStBl II 1958, 182). Zum **Nachweis** durch Gutachterausschüsse vgl BFH VIII R 76/75 BStBl II 1977, 474; *FinVerw* DStR 1999, 1989; durch Parteigutachten *FinVerw* DStR 2002, 544; DB 2002, 454; durch sonstige Sachverständige BFH XI B 61/98 BFH/NV 2000, 446; zur Überzeugungsbildung durch das FG vgl BFH IV R 15/90 BStBl II 1991, 889; IV B 200/04 BStBl II 2006, 709; *Neu* EFG 2012, 161.
– **Künstlermanager** ist kein Freiberufler (BFH IV B 2/90 BFH/NV 1992, 372).
– **Kurberatung,** gewerblich, insb nicht einem Rechtsanwalt ähnlich (BFH VIII B 23/10 BFH/NV 2011, 46).
– **Kurheim,** gewerblich, auch wenn von einem Arzt betrieben; die Einnahmen aus ärztlichen Leistungen sind insoweit Einkünfte aus Gewerbebetrieb (BFH I 375/61 HFR 1963, 393; IV 285/62 U BStBl III 1965, 90).
– **Kurpackerin,** wenn selbstständig, dann gewerblich tätig (FG München EFG 1988, 330 rkr).
– **Kursmakler/Kursmaklerstellvertreter,** gewerblich (BFH I 250/54 U BStBl III 1955, 325; IV B 102/03 BStBl II 2005, 864; X R 38/92 BFH/NV 1994, 850).
– **Laboratoriumsmedizin.** Auch in diesem Bereich muss der Arzt nicht nur die organisatorische, sondern auch die personelle, rechtliche und ethische Verantwortung tragen (BFH X B 54/87 BStBl II 1988, 17). Er muss jeden einzelnen Auftrag zur Kenntnis nehmen, die Untersuchungsmethoden bestimmen, Personal auswählen und das Untersuchungsergebnis (Befunderhebung und -auswertung) kontrollieren (BFH VIII R 116/74 BStBl II 1976, 155). Das ist bei 277 Aufträgen (692 Untersuchungen) pro Tag nicht mehr möglich, daher in diesem Fall gewerbliche Tätigkeit (BFH IV R 140/88 BStBl II 1990, 507); noch krasser in den Fällen BFH XI R 85/93 BStBl II 1995, 732 und IV R 45/94 BFH/NV 1996, 463). Die Gewerblichkeit ergibt sich auch dann, wenn die überwiegende Zahl der Leistungen von Mitarbeitern selbstständig erbracht wird (BFH IV R 45/94 aaO). Die Kürze der Zeit, die der Laborarzt selbst auf die einzelne Untersuchung verwendet, sowie die hohe Zahl fachlich vorgebildeter Angestellter begründen eine widerlegliche Vermutung dahin, dass die Tätigkeit nicht eigenverantwortlich ausgeübt wird (BFH IV B 12/99 BFH/NV 2000, 837, zugleich zur Entkräftung dieser Vermutung durch Sachverständigengutachten). Jedoch bestehen keine absoluten Grenzen (BFH IV B 29/01 BStBl II 2002, 581). Zum Problem *Römermann* BB 1996, 613; 2000, 2394; *Korn* DStR 1995, 1249). Vgl auch „Zytologielabor". Lediglich kostendeckend arbeitenden **Laborgemeinschaften** fehlt idR die Gewinnerzielungsabsicht (BFH IV B 232/02 BFH/NV 2005, 352). Im Übrigen gelten mE die o.a. Grundsätze (Einzelheiten bei *BMF* DB 2003, 366).
– **Layouter** kann künstlerisch tätig sein (FG Hamburg EFG 1993, 315).
– **Leichenfrau/-mann,** gewerblich (FG Nürnberg EFG 1959, 54; v 12.10.1993 I 49/93 nv).
– **Lexikograph** übt einen dem Übersetzer ähnlichen Beruf aus (FG Rh-Pf EFG 1972, 435 rkr).
– **Logopäde** s „Sprechtherapeut".
– **Lohnsteuer-Hilfeverein,** Ortsstellenleiter, gewerblich (BFH X R 13/86 BFH/NV 1989, 498).
– **Lotterieeinnehmer** für staatliche Lotterien haben Einkünfte aus sonstiger selbstständiger Arbeit, wenn diese nicht Einkünfte aus GewBetrieb sind (§ 18 Abs 1 Nr 2 EStG). Das ist der Fall, wenn die Lotterieeinnahme unselbstständiger Teil eines einheitlichen GewBetriebs ist oder für den Verkauf ein einheitlicher GewBetrieb unterhalten wird (BFH VIII R 310/83 BStBl II 1986, 719). Jedoch greift insoweit die Befreiungsvorschrift des § 13 GewStDV ein. Die Vorschrift ist zu

§ 2 Steuergegenstand

beachten (BFH I R 158/81 BStBl II 1985, 223), und zwar trotz des Wegfalls reichsrechtlicher Ermächtigung (vgl zur Rechtsentwicklung *Eppler* DStR 1987, 84). Sowohl § 18 EStG als auch § 13 GewStDV setzen voraus, dass es sich um einen Einnehmer für eine **staatliche Lotterie** handelt (BFH VIII R 310/83 aaO; III B 64/12 BFH/NV 2013, 985). Der private Veranstalter fällt nicht unter die genannten Vorschriften (BFH IV R 18/09 BStBl II 2011, 368; IV R 39/07 BFH/NV 2011, 482). Dazu muss der Staat selbst und nicht eine von ihm gehaltene Kapitalgesellschaft das Lotterieunternehmen betreiben (BFH GrS 1/62 S BStBl III 1964, 190). Die **Deutsche Klassenlotterie Berlin** erfüllt als Anstalt des öffentlichen Rechts diese Voraussetzungen (BFH I R 158/81 BStBl II 1985, 223; ebenso für Staatslotterie in Hessen *OFD Ffm* BB 1987, 955), nicht die Lotto Hamburg GmbH (ab 1.1.2008, *FinBeh Hbg* v 7.1.2009).

Zur steuerbefreiten Tätigkeit des Lotterieeinnehmers kann es auch gehören, dass der Lotterieeinnehmer **Lagerlose** vorrätig hält und hierdurch selbst an den einzelnen Losziehungen der Lotterie teilnimmt (BFH IV R 205/75 BStBl II 1976, 576). Der **Bezirksstellenleiter** einer staatlichen Lotterie, der keine Lotteriegeschäfte mit Kunden abschließt, ist kein von der GewSt befreiter Lotterieeinnehmer iSd § 13 GewStDV (BFH IV R 77/67 BStBl II 1968, 718; IV R 81/66 BStBl II 1972, 801; H 3.1 GewStH mwN).

- **Makler,** gewerblich (BFH I 250/54 U BStBl III 1955, 325; I R 107/68 BStBl II 1970, 517; IV R 173/74 BStBl II 1976, 643).
- **Maler,** selbstständige Arbeit, eine gewisse künstlerische Gestaltungshöhe muss nicht festgestellt werden, wenn die Produkte im Kunsthandel wie die Produkte anerkannter Künstler gehandelt werden (BFH IV R 9/77 BStBl II 1981, 21).
- **Managementtrainer,** auch mit Ausbildung als Industriekaufmann einem beratenden Betriebswirt nicht ähnlich (BFH XI B 205/95 BFH/NV 1997, 559).
- **Manager** eines Künstlers gewerblich (BFH I B 2/90 BFH/NV 1992, 372).
- **Mannequin,** idR nicht freiberuflich (BFH VI R 56/67 BStBl II 1969, 71; **aA** für ein sog Starmannequin [??] FG Düsseldorf EFG 1964, 555 rkr).
- **Marketingberater** kann einem beratenden Betriebswirt (s dort) ähnlich sein (BFH XI B 205/95 BFH/NV 1997, 559, jedoch abgelehnt; IV B 86/99 BFH/NV 2000, 705; FG Münster EFG 2000, 744, rkr).
- **Markscheider,** freiberuflich (BFH VI R 155/71 BStBl II 1975, 290; IV R 23/94 BFH/NV 1996, 550).
- **Marktforscher/Marktforschungsberater,** keine dem beratenden Betriebswirt ähnl Tätigkeit (BFH V R 73/83 BStBl II 1989, 212; IV R 27/90 BStBl II 1992, 826; V R 61/92 BFH/NV 1994, 89; kritisch im Hinblick auf den Marktforscher *List* BB 1993, 1488).
- **Maschinenbautechniker,** handwerklich und daher gewerblich tätig (Hess FG EFG 1989, 346 rkr).
- **Masseur,** unter der Voraussetzung der entsprechenden Qualifikation und Berechtigung zur Führung der Berufsbezeichnung freiberuflich, da dem Beruf des Krankengymnasten ähnlich (BFH IV 60/65 BStBl II 1971, 249; hierzu *BMF* BStBl I 2004, 1030), jedoch gewerblich, wenn er überwiegend kosmetische oder Schönheitsmassagen durchführt (BFH IV 60/65 BStBl II 1971, 249; *BMF* aaO) oder wenn er eine zweite Betriebsstätte betreibt, die ein Angestellter eigenverantwortlich führt (BFH IV R 11/95 BFH/NV 1996, 464).
- **Mediator** ist vergleichbar mE mit einem Rechtsbeistand (s Stichwort) nur dann freiberuflich tätig, wenn er Kenntnisse des Rechtsanwalts hat und die Tätigkeit nicht nur auf bestimmte Aspekte beschränkt ist. Zur EU-Mediationsrichtlinie *Eidenmüller/Pause* NJW 2008, 2737.
- **Medikamentenerprobung** soll nach BFH IV R 202/79 BStBl II 1982, 118 zur ärztlichen Tätigkeit gehören (was sie mE nicht tut; hierzu *Güroff* in *L/B/P* § 18 Rn 151 a) bzw nach FG RhPf EFG 1975, 69 rkr wissenschaftlicher Natur sein

(was mE mangels methodischen Vorgehens ebenfalls nicht der Fall ist, wenn etwa der Arzt nur seinen Patienten die zu erprobenden Medikamente verabreicht).
- **Medizinisch-technische(r) Assistent(in),** freiberuflich nach *BMF* BStBl I 2004, 1030; ebenso der **medizinisch-diagnostische Assistent** (BFH IV 459/52 U BStBl III 1953, 269).
- **Medizinphysiker** übt keine heilberufliche oder sonstige freiberufliche Tätigkeit aus (zur USt: BFH XI R 59/93 BFH/NV 1995, 647).
- **Militärberater,** nur freiberuflich, wenn einem beratenden Betriebswirt (hierzu s Stichwort) ähnlich (FG Ba-Wü 7 K 5850/08 EFG 2011, 1632).
- **Mitgliederwerber** auf Provisionsbasis, idR gewerblich (*Felix* DStR 1993, 1550).
- **Mitunternehmerschaft.** Wird eine an sich als selbstständige Arbeit zu bewertende Leistung an eine Gesellschaft erbracht, an der der Leistende beteiligt ist, und handelt es sich im weitesten Sinne um einen gesellschaftsrechtlich veranlassten Vorgang, so findet eine Umqualifizierung in gewerbliche Einkünfte statt (BFH I R 163/77 BStBl II 1979, 757).
- **Modefotograf/Fotodesigner** kann künstlerische Tätigkeit ausüben, die Herstellung für Gebrauchszwecke soll keine Rolle spielen, serienmäßige Vervielfältigung aber für Gewerblichkeit sprechen (BFH VIII R 76/75 BStBl II 1977, 474); unter Berücksichtigung des Verwendungszwecks künstlerische Tätigkeit bei Mode-Werbefotograf verneinend BFH IV 321/61 U BStBl III 1963, 216.
- **Modellbauer.** Bau von Architektenmodellen ist im Allgemeinen gewerbliche Tätigkeit (BFH IV 15/60 U BStBl III 1963, 598; vgl auch IV R 73/90 BStBl II 1991, 878; I B 125/93 BFH/NV 1994, 470).
- **Modeschöpfer,** künstlerische Tätigkeit, bejahend sogar für beratende Tätigkeit, wenn sich die gedankliche Leistung in der Gestaltung der Erzeugnisse niederschlägt (BFH I R 1/66 BStBl II 1969, 138).
- **Modewerbeberater, -zeichner,** gewerblich (BFH IV 100/62 BStBl III 1967, 371).
- **Motopädagoge** soll wie Krankengymnast freiberuflich sein (FG Ba-Wü EFG 2006, 773, von BFH V R 64/05 BFH/NV 2007, 1207 zurückverwiesen).
- **Musiker,** auch an Marktbedürfnissen orientierte Tanz- und Unterhaltungsmusik ist künstlerisch, wenn sie einen bestimmten Qualitätsstandard erreicht (BFH IV R 64/79 BStBl II BStBl II 1983, 7). Die Aushilfe in einem Orchester ohne feste Anstellung soll freiberuflich sein (FG Köln EFG 1982, 345); mE verfehlt, weil dennoch eine Eingliederung vorliegt (unselbstständig!) und es an der Möglichkeit der gestalterischen Einflussnahme fehlt. Zur Einkünftequalifikation *Wolf* FR 2002, 202.
- **Musikinstrumentenbauer,** gewerblich (BFH V 23/61 HFR 1964, 104; FG Münster EFG 1993, 679).
- **Musiktherapeut.** Nach BFH V B 78/98 BFH/NV 1999, 528 keinem Heilhilfsberuf ähnlich; ggf nach Änderung der Rspr durch Kassenzulassung (Rn 258) freiberuflich.
- **Nachlassabwickler,** gewerblich (FG Berlin EFG 1987, 119 rkr).
- **Nachlassverwalter** ggf Einkünfte nach § 18 Abs 1 Nr 3 EStG (BFH I R 122/81 BStBl II 1984, 823; X R 56/00 BStBl II 2002, 202).
- **Netzplantechniker,** wurde als ingenieurähnlicher Beruf gewertet (FG Düsseldorf EFG 1987, 368).
- **Notenschreiber,** gewerblich (FG Hamburg EFG 1967, 613 rkr).
- **Oecotrophologe** (Dipl-): da weder eine berufsrechtliche Regelung besteht noch eine Kassenzulassung nach § 124 SGB V vorgesehen ist, dürfte es an der Vergleichbarkeit mit einem Heilberuf nach Katalog fehlen; daher gewerblich (*BMF* DB 2000, 1001); vgl zur USt-Befreiung (Ernährungsberatung im Rahmen medizinischer Behandlung) A 4.14.4 Abs 11 UStAE.

§ 2 Steuergegenstand

- **Organisationsberater** für Datenverarbeitung, gewerblich (BFH I R 63/75 BStBl II 1977, 34).
- **Orthoptist,** unter den in Rn 258 bezeichneten Voraussetzungen freiberuflich nach *BMF* BStBl I 2004, 1030.
- **Outplacementberater,** gewerblich (*FinVerw* DB 2004, 2073).
- **Patentberichterstatter,** gewerblich, soweit reine Ermittlungstätigkeit ohne Auswertung (BFH IV 465/54 U BStBl III 1956, 89; I R 23/67 BStBl II 1971, 233).
- **Personalberater** übt – auch mit der Ausbildung zum Dipl-Kfm – keine dem beratenden Betriebswirt ähnliche und damit keine freiberufliche Tätigkeit aus (BFH IV R 70/00 BStBl II 2003, 25; IV R 12/02 BFH/NV 2004, 168). Beratungstätigkeit zur Lösung zwischenmenschlicher Beziehungen ist weder erzieherischer, unterrichtender noch wissenschaftlicher Natur (BFH XI R 2/95 BStBl II 1997, 687).
- **Personalsachbearbeiter,** zB bei Insolvenzverfahren, ist gewerblich tätig (BFH IV R 152/86 BStBl II 1989, 729).
- **Personalvermittler,** weder dem Ingenieur noch dem beratenden Betriebswirt ähnlich, also gewerblich (BFH IV R 12/02 BFH/NV 2004, 168).
- **Pharmaberater,** gewerblich (FG Düsseldorf EFG 1996, 989 rkr).
- **Physiotherapeut** bedarf nach dem G v 26.4.1994 (BGBl I 1994, 1084) der Zulassung (hierzu *FinVerw* FR 2000, 284) und ist danach freiberuflich tätig (vgl *BMF* BStBl II 2004, 1030).
- **Pilot,** nicht dem Ingenieur oder dem Lotsen ähnlich und daher gewerblich (BFH IV R 94/99 BStBl II 2002, 565).
- **Planungsberater** ohne wirtschaftswissenschaftliche Ausbildung ist kein beratender Betriebswirt (BFH IV R 51/99 BStBl II 2000, 616).
- **Podologe** s „Fußpfleger".
- **Pornographie,** Herstellung von Filmen und Bildern gewerblich (Hess FG EFG 1984, 396 rkr).
- **PR-Berater/Werbeberater** sind, soweit nicht Werbekünstler, gewerblich tätig (BFH I R 106/72 BStBl II 1974, 293; VIII R 149/74 BStBl II 1978, 565). Das gilt ebenso für eine auch organisatorisch tätige Agentur für Presse- und Öffentlichkeitsarbeit (BFH IV R 16/98 BFH/NV 1999, 602).
- **Pressezeichner,** der statistische, grafische Darstellungen, Schaubilder o.ä. herstellt, ist gewerblich tätig (BFH HFR 1965, 37).
- **Projektmanager,** gewerblich (Nds FG EFG 2001, 1146 rkr); offen geblieben (Zurückverweisung) durch BFH XI R 34/06 BFH/NV 2007, 1495.
- **Promotionsvermittler, -berater,** gewerblich (BFH VIII R 74/05 BStBl II 2009, 238).
- **Prostituierte** werden abweichend von der früheren Rechtsauffassung (§ 22 Nr 3 EStG; hierzu BFH VI R 164/68 BStBl II 1970, 620) als gewerblich behandelt (BFH GrS 1/12 BStBl II 2013, 441; III R 30/10 BFH/NV 2013, 1577; *OFD Düsseldorf* DB 2004, 1702; aA noch Sächs FG 8 K 1846/07 EFG 2011, 318). Auch die **Zimmervermietung** an Prostituierte ist Gewerbebetrieb (BFH VIII R 256/81 BFH/NV 1989, 44; FG Saarl EFG 1993, 332; Hess FG EFG 1995, 711). Zur „mangelhaften Besteuerung" *Kemper* DStR 2005, 543.
- **Prozessleittechniker,** ohne vertiefte mathematisch-naturwissenschaftliche Kenntnisse gewerblich (FG Saarl v 14.10.1993 1 K 97/93).
- **Psychologe,** bei entsprechender wissenschaftlicher Ausbildung und Betätigung (Heilbehandlung) freiberuflich (*BMF* BStBl II 2000, 42), im Übrigen gewerblich tätig (FG Münster EFG 1979, 548, Gerichtsgutachten; BFH IV B 133/99 BFH/NV 2000, 1460; XI B 2/06 BFH/NV 2006, 1831 Unternehmensberatung).
- **Psychotherapeuten** bedürfen zur Aufnahme ihrer Tätigkeit nach dem G v 16.6.1998 (BGBl I 1998, 1311, PsychotherapeutenG) der staatlichen Erlaubnis

(Approbation). Das gilt auch für psychologische Psychotherapeuten, die somit eine dem Arzt vergleichbare Tätigkeit ausüben und daher freiberuflich tätig sind, sowie Kinder- und Jugendlichenpsychotherapeuten (*BMF* BStBl I 2004, 1030). In Ausbildung befindliche StPfl haben keine eigene Abrechnungsmöglichkeit und sind nicht eigenverantwortlich tätig (*OFD Koblenz* DStZ 2004, 582).
- **Puppenhersteller** s „Sammlerpuppen".
- **Rechtsanwalt.** Die Tätigkeit als Rechtsanwalt setzt seine Berufszulassung als Anwalt voraus (§§ 4, 6 ff BRAO), sein zentraler Aufgabenbereich ist die Beratung in Rechtsangelegenheiten (Vertragsgestaltung, Rechtsverfolgung) und Vertretung vor Gericht, wohl auch Tätigkeiten nach § 18 Abs 1 Nr 3 EStG (Testamentsvollstrecker, BFH IV R 77/70 BStBl II 1973, 729; IV R 125/89 BStBl II 1990, 1028; Aufsichtsrat, RFH RStBl 1932, 731), die Anfertigung von Rechtsgutachten (BFH IV R 111/69 BStBl II 1971, 132) sowie die Tätigkeit als Schiedsrichter (BFH IV 135/58 U BStBl III 1961, 60; IV R 1/73 BStBl II 1974, 568, mE zweifelhaft, da Rechtsanwalt grundsätzlich Parteivertreter ist). Als Verwalter im **Zwangs- u Vergleichsverfahren** sowie im **Insolvenzverfahren** erzielt der Rechtsanwalt Einkünfte nach § 18 Abs 1 Nr 3 EStG; die Vervielfältigungstheorie in ihrer strengen Ausprägung ist nicht mehr anwendbar (Rn 265). Die **treuhänderische Tätigkeit** eines Rechtsanwalts für Bauherrengemeinschaften ist weder als sonstige selbstständige Arbeit noch als freiberufliche Anwaltstätigkeit, sondern als gewerblich zu werten (BFH IV R 43/88 BStBl II 1989, 797; IV R 42/89 BStBl II 1990, 534); ebenso die **reine Inkassotätigkeit** durch seine Büroorganisation (BFH III B 246/11 BFH/NV 2012, 1959). Ein Hochschullehrer des Rechts, der in einem Verfassungsrechtsstreit vor Gericht auftritt, übt eine einem Rechtsanwalt ähnliche Tätigkeit aus (BFH IV R 194/70 BStBl II 1971, 684). Bestimmte **Geldgeschäfte**, wie zB Darlehensgeschäfte, Bürgschaftsübernahmen, Vermittlung von Vermögensanlagen u.ä. sind idR nicht zum Betrieb zu rechnen (BFH IV R 49/00 BStBl II 2001, 828; IV R 208/85 BFH/NV 1991, 435; XI B 237/02 BFH/NV 2003, 1576; Ausnahmefall BFH VIII R 236/77 BStBl II 1980, 571, Rettung einer Forderung; BFH IV R 80/88 BStBl II 1990, 17, Rettung eines Mandats). Die Vereinbarung eines standeswidrigen Erfolgshonorars lässt Freiberuflichkeit nicht ohne Weiteres entfallen (vgl BFH IV R 107/77 BStBl II 1981, 564; IV R 77/76 BStBl II 1982, 340).

Die Tätigkeit des **Rechtsreferendars** soll eine **ähnliche** sein können (BFH IV R 7/72 BStBl II 1972, 615), was mE gegen allgemeine Gundsätze (zB Rn 255) verstößt.
- **Rechtsbeistand,** vor allem wegen der nur für bestimmtes Aktenstudium zugelassenen Tätigkeit Ähnlichkeit mit Rechtsanwaltsberuf verneint (BFH I R 147/67 BStBl II 1970, 455); ähnlich für ausschließliche Forderungseintreibung (BFH XI B 67/06 BFH/NV 2006, 2076); im Übrigen kommt freiberufliche Tätigkeit in Betracht (zB BFH I R 69/75 BStBl II 1979, 64; IV R 19/97 BStBl II 1998, 139), was mE gegen allgemeine Gundsätze (zB Rn 255) verstößt.
- **Rechtsberatung** ohne Anwaltszulassung ist gewerblich (FG Köln EFG 2006, 511 rkr).
- **Rehabilitationstraining** (Funktionstraining) nach § 43 SGB V ist ustfrei (BFH V R 6/07 BStBl II 2009, 679; A 4.14.4 Abs 9 UStAE); mE gilt das nach der Rspr zu den Heil(hilfs)berufen (s dort) auch für die ESt bzw GewSt.
- **Reiseleiter** nach FG Hamburg II 402/93 DStRE 2005, 1442 freiberuflich (mE fragwürdig; zu Recht aA FG Nürnberg EFG 1963, 63).
- **Rennveranstaltungen** (Teilnahme an), gewerblich, da Erwerbschance (BFH IV R 82/89 BStBl II 1991, 333).
- **Restaurator,** künstlerisch tätig bei entsprechender Gestaltungsfreiheit (FG Nürnberg EFG 1993, 677, 678; bestätigt BFH I R 54/93 BStBl II 1994, 864; IV R

§ 2 Steuergegenstand

63/02 BStBl II 2005, 362; XI R 9/05 BFH/NV 2006, 2238; hierzu *Kempermann* FR 2005, 497).
- **Rettungsassistent,** unter den in Rn 258 genannten Voraussetzungen freiberuflich nach *BMF* BStBl I 2004, 1030.
- **Rettungsschwimmer** (DLRG) ist weder nichtselbstständig noch gewerblich tätig, sondern erzielt Einkünfte nach § 22 Nr 3 EStG (*OFD Ffm* DB 2000, 1202).
- **Rettungswache,** gewerblich, da keinem Heilberuf ähnlich (BFH VIII R 2/92 BFH/NV 1996, 325).
- **Retuscheur,** gewerbliche Einkünfte (BFH V R 130/84 BFH/NV 1990, 232; FG Düsseldorf EFG 2007, 197).
- **Rezeptabrechner,** gewerblich (BFH IV R 153/73 BStBl II 1974, 515).
- **Rundfunkberatung,** ohne entsprechende Ausbildung/Kenntnisse kein dem beratenden Betriebswirt ähnlicher Beruf (BFH VIII B 103/10 BFH/NV 2011, 1133).
- **Rundfunkermittler,** gewerblich (BFH VIII R 184/75 BStBl II 1979, 53; I R 121/76 BStBl II 1979, 188; X R 83/96 BStBl II 1999, 534); vom BVerfG nicht zur Entscheidung angenommen (vgl FR 2001, 367).
- **Rundfunksprecher,** gewerblich tätig, wenn er Programme ansagt oder Nachrichten u.ä. verliest; journalistisch tätig, wenn er zB Gesprächsrunden leitet; und künstlerisch, wenn er Hörspielrollen spricht (BFH IV R 112/72 BStBl II 1977, 459).
- **Rutengänger,** gewerblich (FG München EFG 2006, 1920).
- **Sammlerpuppen,** Herstellung und Vertrieb ist keine künstlerische Tätigkeit (FG Berlin EFG 1992, 332).
- **Saucen-Designer** ist weder künstlerisch noch ähnlich einem Handelschemiker tätig, daher gewerblich (BFH X R 150/94 BFH/NV 1998, 956).
- **Sauna** ist idR gewerblich, es sei denn sie dient der Vor- u Nachbehandlung einer Massage (FG Rh-Pf EFG 1996, 52).
- **Schadensgutachter bzw -regulierer,** gewerblich (BFH I 21/61 U BStBl III 1961, 505; IV R 63/86 BStBl II 1989, 198; XI R 82/94 BStBl II 1996, 518; IV R 65-67/89 BFH/NV 1993, 238).
- **Schiffssachverständiger** ist gewerblich tätig, wenn er überwiegend reine Schadengutachten erstellt (BFH XI R 82/94 BStBl II 1996, 518).
- **Schlossbesichtigung,** gewerblich (BFH VIII R 95/77 BStBl II 1980, 633).
- **Schneeballsystem.** Die leitende Teilnahme hieran erfüllt mE die Voraussetzungen für die Annahme eines Gewerbebetriebs (nach BFH X B 148/96 BFH/NV 1996, 750 zweifelhaft).
- **Schönheitskönigin,** die ihren Titel durch entgeltliche Auftritte verwertet, ist gewerblich tätig (FG Rh-Pf EFG 1996, 52).
- **Schriftsteller** (§ 18 Abs 1 Nr 1 EStG), zum Begriff: „schriftlicher Ausdruck eigener Gedanken mit Mitteln der Sprache" (vgl BFH IV R 142/72 BStBl II 1976, 192; I R 183/79 BStBl II 1982, 22). **Verlegerische Betreuung** eigener Werke ist gewerbliche Tätigkeit (BFH I 389/61 U BStBl II 1965, 148; VIII R 111/71 BStBl II 1976, 641). Abgrenzung zum Übersetzer (vor allem wegen § 34 Abs 4 EStG aF; BFH IV R 142/72 BStBl II 1976, 192). Das **Verfassen** von **Anleitungen** zu technischen Geräten (BFH IV R 4/01 BStBl II 2002, 475) oder zu einem **Softwarelernprogramm** kann schriftstellerische Tätigkeit sein (BFH IV R 16/97 BStBl II 1999, 215; vgl auch III B 89/97 BFH/NV 1999, 462; *Wendt* FR 1999, 128; *Trachte/Helios* BB 2001, 909), ebenso die Tätigkeit als **Drehbuchautor** (FG Hbg EFG 2001, 907 rkr), oder Rätselhersteller (FG Düsseldorf EFG 1971, 229 rkr), ggf auch das Erstellen eines **Vorschriftensuchregisters** bei Nachschlagewerken (vgl BFH IV 270/60 U BStBl III 1962, 131; VIII R 111/71 BStBl II 1976, 641) sowie ein **analytischer Parlamentsstenograph** (Nds FG EFG 2004,

ABC Selbstständige Tätigkeit/Gewerbebetrieb (Rn 275) § 2

567 rkr) und ein **Werbetexter** (FG Rh-Pf EFG 1998, 1584 rkr; FG Nürnberg EFG 1980, 599 rkr).
- **Schulen.** Unternehmer muss auf Grund eigener Fachkenntnisse und eigenverantwortlich tätig sein (vgl dazu allg BFH I R 138/71 BStBl II 1974, 213). Voraussetzung ist die charakteristische persönliche Beziehung zum Schüler (BFH V R 87/85 BFH/NV 1991, 848). Dies wurde bei 33 bzw 54 beschäftigten Lehrern verneint (BFH IV R 127/68 BStBl II 1970, 214). Sind Unterrichtsanstalten mit einem **Internat** verbunden, besteht schon dann Gewerbesteuerpflicht, wenn der Betrieb sein wirtschaftliches Gepräge durch das Internat erhält und das Internat nicht Hilfsmittel für die Erziehung ist (BFH VI 301/62 U BStBl III 1964, 630; siehe auch Kinderheim). **Fahrschule:** Freiberuflichkeit setzt Eigenverantwortlichkeit und daher Unterrichtsmitwirkung voraus (BFH I 249/63 BStBl III 1966, 685; IV R 16/97 BStBl II 2003, 838; V R 87/85 BFH/NV 1991, 848). Die Einnahmen aus **Werbeflächen** auf Fahrzeugen führen zu einer eigenständigen gewerblichen Tätigkeit. Bei einer Personengesellschaft soll dagegen für Fahrlehrertätigkeit und Werbetätigkeit einheitlich gewerbliche Tätigkeit vorliegen (*OFD Düsseldorf* DStR 1989, 81). **Sportschule:** zum Erfordernis der Eigenverantwortlichkeit, Beschäftigung von drei fremden Lehrkräften unschädlich bei wesentlicher Teilhabe des Inhabers an der Art und Weise des Unterrichts (BFH IV R 130/79 BStBl II 1982, 589). **Reitunterricht** ist gewerblich, wenn der Inhaber nicht oder nur in Ausnahmefällen unterrichtet und auf unterrichtende Angestellte keinen Einfluss nimmt (BFH IV R 191/74 BStBl II 1979, 246; IV R 127/68 BStBl II 1970, 214). Zur teilweisen Gewerbesteuerbefreiung nach § 3 Nr 13 und zur Aufteilung der Gewerbesteuermessbeträge s BFH VIII R 149/76 BStBl II 1981, 746). Auch eine **Yogaschule** kann mE unter den o.a. Voraussetzungen freiberuflich sein.
- **Sicherheitsberater** kann freiberuflich (unterrichtend) tätig sein, wenn er Wachmannschaften zusammenstellt und schult (FG Rh-Pf EFG 1996, 712).
- **Spielerberater/-vermittler,** gewerblich (BFH IV R 59/97 BStBl II 1999, 167, Berufsfußballer).
- **Sprechtherapeut** mit der Berufsbezeichnung **Logopäde** ist freiberuflich tätig, wenn die Tätigkeit auf einer Erlaubnis nach dem LogopädenG (BGBl I 1980, 529) beruht (BFH V R 195/83 BFH/NV 1989, 201; *BMF* BStBl I 2004, 1030); nicht dagegen Atem-, Sprech- u Stimmlehrer ohne staatliche Erlaubnis (BVerfG BStBl II 1988, 975). In Nds gibt es hierzu staatliche Regelungen (G v 2.3.1998, Nds GVBl 1998, 126). Vor deren Erlass war ein **Sprachheilpädagoge** nicht freiberuflich tätig; keine Rückwirkung; ggf kam unterrichtende Tätigkeit in Betracht (BFH IV R 49/01 BStBl II 2003, 721). Inzwischen dürfte die Problematik durch die geänderte Rspr zu Heilshilfsberufen (Rn 258) überholt sein (FG Düsseldorf EFG 2005, 958; *MK* DStR 2003, 1433; zur USt: BFH V R 38/04 BStBl II 2008, 37; A 4.14.4 Abs 11 UStAE).
- **Steuerberater/Steuerbevollmächtigter** ist, wer nach §§ 40 ff bzw § 42 StBerG als solcher bestellt worden ist. Zentraler Aufgabenbereich ist die Hilfeleistung in Steuersachen. Die Vermittlung von Vermögensanlagen (BFH IV R 208/85 BFH/NV 1991, 435) und von Verträgen zB für Baubetreuungsfirmen und Interessenten für den Erwerb von Eigentumswohnungen ist getrennt von der freiberuflichen Tätigkeiten zu beurteilende gewerbliche Tätigkeit (BFH VIII R 92/83 BStBl II 1984, 129). Die **Treuhänderschaft** für eine Bauherrengemeinschaft ist gewerblich (BFH I R 133/93 BStBl II 1995, 171), ausgenommen die abgrenzbare freiberufliche (Beratungs-)Leistung (BFH IV R 99/93 BStBl II 1994, 650). Zur Eigenverantwortlichkeit s Rn 239 f. Die **Aufgabe des sog Buchführungsprivilegs** durch das BVerfG hat bewirkt, dass zwar die laufende Buchführung (einschließlich Kontieren, ohne Abschluss) und auch die Erstellung von Lohnsteuervoranmeldungen nicht mehr den steuerberatenden Berufen vorbehalten ist, gleichwohl

Güroff 147

§ 2 Steuergegenstand

aber Hilfeleistung in Steuersachen bleibt (BVerfG-Beschlüsse BStBl II 1980, 706 sowie BStBl II 1982, 281; s dazu auch *FinVerw* BStBl I 1982, 586). Dies führt indessen nicht dazu, dass die Ausübung dieser Tätigkeiten nun als eine dem Steuerberaterberuf **ähnliche** aufzufassen ist. Es handelt sich mE um eine schädliche Spezialisierung; auch liegen die Voraussetzungen des § 18 Abs 1 Nr 3 EStG nicht vor (BFH IV R 10/00 BStBl II 2002, 338). Die Fertigung von USt-Voranmeldungen bleibt den Steuerberatern vorbehalten (BFH VII R 27/82 BStBl II 1983, 318). Zum **Beratungsstellenleiter** s dort; zum „Asesor-Fiscal" FG Rh-Pf DStR 2007, 691 rkr.

- **Stromableser,** gewerblich (FG Bbg EG 2004, 34 rkr).
- **Stundenbuchhalter,** wenn selbstständig, dann gewerblich (BFH IV R 10/00 BStBl II 2002, 338).
- **Stuntman/Stuntkoordinator,** idR gewerblich (FG München EFG 2004, 333, rkr).
- **Synchronsprecher** übt idR eine künstlerische Tätigkeit aus (BFH VI R 212/75 BStBl II 1979, 131; IV R 1/77 BStBl II 1981, 706).
- **Systemanalytiker,** idR gewerblich (BFH III R 31/00 BFH/NV 2002, 634; FG Bremen EFG 1979, 185; vgl FG Saarl EFG 1991, 475).
- **Tagesmütter** fallen unter § 18 Abs 1 Nr 1 bzw 3 EStG (vgl FG RhPf DStRE 2003, 769; Nds FG EFG 2007, 994; zu Einzelheiten *BMF* DStZ 2005, 536; *Benzler* DStR 2009, 954).
- **Talkshow.** Honorare für die Teilnahme (zB von Künstlern) führen zu Einkünften nach § 22 Nr 3 EStG (BFH I B 99/98 BStBl II 2000, 254).
- **Tanzschule,** an sich freiberuflich, da unterrichtende Tätigkeit; auch dann, wenn Kurse teilweise an Mitarbeiter vergeben, diese aber überwacht werden (FG Düsseldorf EFG 2007, 689 rkr); mit Gewinnerzielungsabsicht betriebener Getränkeverkauf einer GbR qualifiziert die gesamte Tätigkeit als gewerblich (BFH IV R 31/94 BStBl II 1995, 718; VIII R 294/81 BFH/NV 1986, 79).
- **Techniker,** keine den Ingenieur ähnliche Tätigkeit, wenn nicht umfangreiche mathematisch-technische Kenntnisse erforderlich sind (vgl BFH VIII R 121/80 BStBl II 1982, 492; IV R 73/90 BStBl II 1991, 878; IV R 156/86 BFH/NV 1991, 359; IV B 156/99 BFH/NV 2001, 593; VIII B 264/09 BFH/NV 2010, 1300; zum Refa-Techniker vgl Nds FG EFG 1991, 388). S auch „Tontechniker".
- **Telefonsex,** unter den Voraussetzungen des § 15 Abs 2 EStG gewerblich (BFH X R 142/95 BStBl II 2000, 610; Anm *W.-G.* FR 2000, 980; *Fischer* DStR 2000, 1341).
- **Telekommunikationsberater,** gewerblich (BFH I R 89/92 BFH/NV 1994, 460; Nds FG EFG 2003, 1800 rkr).
- **Testamentsvollstrecker** s Rn 261. Freiberuflich evtl die nach BRAGO/RVG abrechenbaren Tätigkeiten (BFH V R 30/86 BFH/NV 1991, 126). Nicht freiberuflich ist der Generalbevollmächtigte des Testamentsvollstreckers tätig, der Grundstücksverkäufe vermittelt (BFH IV R 155/86 BFH/NV 1990, 372). Nachhaltigkeit ist nicht deswegen zu verneinen, weil keine Verwertung, sondern eine Auseinandersetzungstestamentsvollstreckung durchgeführt wird (zur USt: BFH V R 26/93 BFH/NV 1996, 938). Abgrenzung zum Vermächtnis u zur umsatzsteuerlichen Problematik bei Handeln im eigenen Namen BFH V R 75/85 BStBl II 1991, 191.
- **Textildesigner** kann bei entsprechender Gestaltungshöhe freiberuflich tätig sein (im Einzelfall abgelehnt durch BFH IV 352/60 U BStBl III 1964, 45; bejaht durch FG Düsseldorf EFG 1967, 287).
- **Tontechniker,** der Klangbilder aus musikalischen Darbietungen erstellt, kann künstlerisch tätig sein (FG Berlin EFG 1987, 244).
- **Tourneeleiter,** der nicht nur für die künstlerische Betreuung zuständig ist, ist insgesamt gewerblich tätig (FG Rh-Pf EFG 1995, 25).

ABC Selbstständige Tätigkeit/Gewerbebetrieb (Rn 275) § 2

- **Trabertrainer, Trabrennfahrer,** idR gewerblich (BFH VI R 60/67 BStBl II 1970, 41).
- **Trainer** ist überwiegend unterrichtend tätig und daher idR freiberuflich (BFH IV R 131/92 BFH/NV 1994, 93; s aber Hess FG EFG 1994, 396: selbstständig); zum Trainer für Rennpferde s BFH IV R 139/68 BStBl II 1970, 411.
- **Trauerredner,** gewerblich und nicht künstlerisch, wenn mit Redeschablonen gearbeitet wird (BFH I R 183/79 BStBl II 1982, 22; Nds FG EFG 2004, 1314 rkr).
- **Treuhänder** s „Rechtsanwalt" u „Steuerberater"; idR gewerblich tätig (BFH IV R 43/88 BStBl II 1989, 797). Das gilt auch für einen Rechtsanwalt, soweit dieser als Treuhänder für Bauherrengemeinschaften tätig wird; eine enge Verflechtung mit seiner Tätigkeit als Anwalt, die eine einheitliche Beurteilung geböte, besteht nicht (BFH IV R 42/89 BStBl II 1990, 534; vgl I R 133/93 BStBl II 1995, 171; XI R 9/06 BStBl II 2007, 266; ebenso beim Steuerberater BFH IV R 99/93 BStBl II 1994, 650). Eine KG aus **Wirtschaftsprüfern** und **Steuerberatern,** die auch die Treuhandtätigkeit ausübt, ist in vollem Umfang gewerblich; der Treugeber kann Mitunternehmer sein (BFH GrS 4/82 BStBl II 1984, 751, 768). Entsprechendes gilt für eine **Wirtschaftsprüfer-GbR** (BFH XI R 9/06 BStBl II 2007, 266). In Betracht kommt auch eine Tätigkeit nach § 18 Abs 1 Nr 3 EStG (BFH IV R 7/03 BFH/NV 2004, 183).
- **Tutor** erzielt Einkünfte nach § 22 Nr 1 Satz 3 EStG (BFH VIII R 116/75 BStBl II 1978, 387; *Rössler* DStZ 1979, 78; aA *Weber-Grellet* DStZ 1978, 453).
- **Übersetzer.** Tätigkeitsbild beinhaltet nicht wortgetreue, sondern auch sinnbetonte Textwiedergabe, auch mit schriftstellerischen Elementen (BFH IV R 38/83 nv, sowie BFH IV R 142/72 BStBl II 1976, 192).
- **Übersetzungsbüro,** gewerblich, wenn der Inhaber nicht selbst sämtliche Sprachen beherrscht, in die oder aus denen Übersetzungen gefertigt werden (BFH IV B 1/92 BFH/NV 1994, 168; IV B 121/95 BFH/NV 1997, 25).
- **Umweltauditor** kann einem Handelschemiker ähnlich freiberuflich tätig sein (BFH XI R 5/06 BStBl II 2007, 519; Vorinstanz FG Köln EFG 2006, 663: ingenieurähnlich).
- **Umweltberater,** nur dann freiberuflich, wenn bei entsprechender Vorbildung der Schwerpunkt der Tätigkeit mit zumindest einem Hauptbereich in der Betriebswirtschaft liegt (BFH IV R 74/00 BStBl 2003, 27; XI R 62/04 BFH/NV 2006, 505); weitergehend FG Rh-Pf EFG 2004, 1835 rkr zum Umweltmanagement. Zum Umweltgutachter s auch „Umweltauditor".
- **Unternehmensberater.** Bei Vergleichbarkeit der Berufsausbildung bzw des Kenntnisstandes kommt Ähnlichkeit mit einem beratenden Betriebswirt in Betracht (vgl BFH IV R 56/00 BStBl II 2002, 768; IV R 70/00 BStBl II 2003, 25; XI B 121/99 BFH/NV 2000, 1470; IV B 52/01 BFH/NV 2003, 1413; offen gelassen noch durch BFH IV R 115/76 BStBl II 1980, 336); im Einzelfall bei einer EDV-orientierten Arbeitsweise die Anwendbarkeit der dafür geltenden Grundsätze (s „Datenverarbeitung"). Liegt der Schwerpunkt der Beratung auf nichttechnischem Gebiet, liegt auch für einen **Ingenieur** keine Ingenieurstätigkeit und mangels Qualifikation als Betriebswirt kein Freiberuf vor (BFH III B 37/12 BFH/NV 2013, 368).
Auch ein in der Unternehmensberatung tätiger **Dipl-Psychologe** muss, um freiberuflich tätig zu sein, die einem beratenden Betriebswirt (s dort) vergleichbare Vorbildung haben und Tätigkeit ausüben (BFH IV B 133/99 BFH/NV 2000, 1460).
- **Unterricht** ist die auf einem schulmäßigen Programm beruhende Vermittlung von Wissen, Fähigkeiten, Fertigkeiten, Handlungsweisen und Einstellungen durch Lehrer an Schulen in organisierter und institutionalisierter Form (BFH IV R 35/95 BStBl II 1996, 573; XI R 2/95 BStBl II 1997, 687). Der Unterricht

muss von Dauer sein; nur kurzfristige Anleitungen genügen nicht (BFH IV R 79/92 BStBl II 1994, 362; IV R 35/95 BStBl II 1996, 573). Er setzt einen persönlichen Kontakt zu jedem Schüler voraus (s „Schulen"); nach FG Düsseldorf EFG 2007, 689 rkr genügt, wenn der Lehrer nur einen Teil der Kurse selbst hält, im Übrigen berät und überwacht (mE fraglich). Steuerlich wird jede Art von unterrichtenden Tätigkeiten zu den freien Berufen gerechnet (BFH IV R 79/92 BStBl II 1994, 362). Der Gegenstand ist nicht von Bedeutung (BFH IV R 130/79 BStBl II 1982, 589). Er muss grundsätzlich auf einem „schulmäßigen" Programm beruhen und darf auch individuell erfolgen (BFH XI R 2/95 BStBl II 1997, 687; FG Münster 4 K 3554/08 G). Eine auf spezielle Bedürfnisse eines Einzelnen zugeschnittene Beratung ist aber keine unterrichtende Tätigkeit (BFH IV R 35/95 BStBl II 1996, 573; XI R 2/95 BStBl II 1997, 687); problematisch daher der Sprachheilpädagoge (BFH IV R 49/01 BStBl II 2003, 721); zum EDV-Schüler s *Förster* DStR 1998, 635. Werden im Zusammenhang hiermit andere Leistungen angeboten, so kann nach den in Rn 276 aufgezeigten Grundsätzen je nach Art und Umfang eine gewerbliche Tätigkeit vorliegen (BFH IV R 191/74 BStBl II 1979, 246; I R 114/85 BStBl II 1989, 965).

– **Urlaubsvertreter,** der selbst (als Arzt oder Rechtsanwalt) eine Praxis hat, ist idR selbstständig (freiberuflich) tätig (vgl BFH VI 134/57 U BStBl III 1958, 384). Anders bei Abschluss eines Anstellungsvertrages; nach BFH VIII R 52/77 BStBl II 1979, 414 schon bei Fehlen von Unternehmerrisiko (fraglich, weil deswegen noch keine Nichtselbstständigkeit vorliegt).
– **Verbands-/Vereinsgeschäftsführer bzw -vorstand** kann selbstständig tätig sein (RFH RStBl 1935, 1036; FG Köln EFG 1982, 494).
– **Verfahrenspfleger** s „Berufsbetreuer".
– **Vergleichsverwalter,** erzielte Einkünfte aus sonstiger selbstständiger Tätigkeit (BFH IV R 127/69 BStBl II 1973, 730).
– **Verkauftrainer,** bei einer einem Betriebswirt vergleichbaren Ausbildung und Beschäftigung mit betrieblichem Hauptbereich freiberufliche Tätigkeit bejaht (*Märkle* DB 1980, 706), mE aber sehr zweifelhaft.
– **Versicherungsberater** übt keinen einem Katalogberuf iSv § 18 Abs 1 Nr 1 EStG (Rechtsanwalt, Patentanwalt, Wirtschaftsprüfer, Betriebswirt) ähnlichen Beruf aus (BFH IV R 19/97 BStBl II 1998, 139).
– **Versicherungsmathematiker** übt wissenschaftliche, nicht einem Katalogberuf ähnliche Tätigkeit aus (BFH IV 196/62 HFR 1965, 265).
– **Versicherungsvertreter,** gewerbliche Tätigkeit, auch wenn nur für ein einziges Unternehmen tätig (BFH IV 194/64 BStBl III 1967, 398; I R 110/76 BStBl II 1978, 137).
– **Video-Cutter/-Editor,** idR gewerblich (FG Hamburg EFG 2005, 697 rkr).
– **Viehkastrierer,** gewerblich (BFH I 203/54 U BStBl III 1956, 90).
– **Viehklauenpfleger,** gewerblich (BFH IV 246/63 BStBl II 1968, 77).
– **Visagist** kann nach FG Hamburg EFG 1993, 766 rkr eine künstlerische Tätigkeit ausüben.
– **Vortragswerber,** gewerblich (BFH IV 617/54 U BStBl III 1956, 255).
– **Weinlabor,** gewerblich (FG Rh-Pf EFG 1992, 89).
– **Werbeanzeigen.** Der entgeltliche Abdruck in Festschriften, Broschüren usw stellt eine gewerbliche Tätigkeit dar (vgl BFH XI R 86/90 BStBl II 1994, 274). Bei gemeinnützigen Körperschaften liegt idR ein wirtschaftlicher Geschäftsbetrieb, kein Zweckbetrieb vor (§ 3 Rn 242).
– **Werbeberater,** idR gewerblich, wenn nicht eine qualifizierende wissenschaftliche, künstlerische oder schriftstellerische (BFH I 206/53 U BStBl III 1955, 386; IV 560/56 U BStBl III 1958, 182; I R 106/72 BStBl II 1974, 293) bzw einem Betriebswirt ähnliche Tätigkeit vorliegt (BFH VIII R 149/74 BStBl II 1978, 565). Besteht aufgrund von Vorgaben keine Möglichkeit, einen Werbetext indi-

ABC Selbstständige Tätigkeit/Gewerbebetrieb (Rn 275) § 2

viduell zu gestalten, ist die Bearbeitung von Werbetexten gewerblicher Natur (FG Ba-Wü EFG 2003, 770). Entsprechendes gilt bei Wahrnehmung journalistischer und organisatorischer Aufgaben (BFH IV R 16/98 BFH/NV 1999, 602).
Werbung durch Künstler kann bei einer selbstständigen künstlerischen Leistung freiberuflich sein; nicht jedoch, wenn lediglich die Rolle des Produktbenutzers gesprochen oder das Produkt angepriesen wird (vgl FG München DStRE 2004, 755, rkr). Letzteres gilt auch bei Verwertung von Fotografien der eigenen Person (BFH IV R 33/90 BStBl II 1992, 353; IV R 102/90 BStBl II 1992, 413), und zwar auch dann, wenn der Schauspieler die Gestaltung der Fotografie beeinflussen konnte (BFH IV R 1/97 BFH/NV 1999, 465; III R 34/98 BFH/NV 1999, 1380; zur Mitwirkung eines Friseurs vgl BFH XI R 71/97 BFH/NV 1999, 460). Keine Kunst liegt vor, wenn nur die Bekanntheit oder Beliebtheit des Künstlers ausgenutzt wird (vgl FG Hamburg EFG 1991, 217, aufgeh). Bei der Bewertung der künstlerischen Qualität ist der Verwendungszweck ebenso unbeachtlich wie das Motiv des Auftraggebers (BFH IV R 9/77 BStBl II 1981, 21; VIII R 76/75 BStBl II 1977, 474; zum Problem *Schneider* DStZ 1993, 301). Zur Werbung durch Sportler s „Berufssportler".
– **Wirtschaftsberater,** der nach einer Ingenieurausbildung in der Personalberatung tätig ist, ist idR Gewerbetreibender (BFH IV B 83/98 BFH/NV 1999, 1327).
– **Wirtschaftsingenieur** kann als beratender Betriebswirt freiberuflich tätig sein (BFH IV R 21/02 BStBl II 2003, 919; XI R 3/06 BStBl II 2007, 118).
– **Wirtschaftsprüfer,** zum Berufsbild vgl BFH V R 120/73 BStBl II 1981, 189. Zur **Treuhandtätigkeit** s dort.
– **Wissenschaftliche Tätigkeit** ist nicht nur schöpferische oder forschende Arbeit (zB Grundlagenforschung), sondern auch Anwendung wissenschaftlicher Erkenntnisse auf konkrete Vorgänge (angewandte Wissenschaft). In jedem Fall ist erforderlich, dass grundsätzliche Fragen oder konkrete Vorgänge methodisch nach streng objektiven Gesichtspunkten hinsichtlich ihrer Ursachen erforscht, begründet und in einen Verständniszusammenhang gebracht werden (BFH VIII R 137/75 BStBl II 1976, 464; IV R 109/90 BStBl II 1993, 235). Sie ist im besonderen Maße mit den an den Universitäten gelehrten Disziplinen verbunden (BFH IV R 64/91 BFH/NV 1993, 360). Eine solche Tätigkeit wird regelmäßig auch eine Ausbildung voraussetzen, die ihrerseits wissenschaftliches Grundwissen vermittelt (BFH IV R 48/99 BStBl II 2001, 241; IV B 45/96 BFH/NV 1998, 956). Die wissenschaftliche Tätigkeit setzt gewisse Mindestanforderungen nach Inhalt und Form voraus, die den Nachvollzug des Vorgehens ermöglichen (BFH IV R 61/92 BFH/NV 1994, 89). In welcher Form die Anforderungen zu erfüllen sind, hängt von dem jeweiligen Fachgebiet ab; bei Rechtsfragen (nur?) das Abwägen des Für und Wider der Argumente (BFH IV R 27/90 BStBl II 1992, 826); zur biologischen Bestandsaufnahme vgl BFH IV R 64/91 BFH/NV 1993, 360. Schwierig zu beurteilen bei erst im wissenschaftlichen Aufbau begriffenen Disziplinen (zB aus dem Bereich der Datenverarbeitung). Das Arbeiten auf wissenschaftlicher Grundlage, also die bloße Anwendung wissenschaftlicher Grundsätze und Methoden auf konkrete Verhältnisse, wird bei vielen Katalogberufen vorausgesetzt. Gleichwohl handelt es sich dann um die laufende Ausübung des Katalogberufs und nicht um eine gesonderte wissenschaftliche Betätigung (BFH IV R 20/76 BStBl II 1977, 31; IV R 109/90 BStBl II 1993, 235; I R 54/93 BStBl II 1994, 864; IV R 133/99 BFH/NV 2000, 1460). Auch die laufende Erstellung von Sachverständigengutachten wird meistens Ausübung eines Katalogberufs oder jedenfalls eine dem ähnliche, aber keine wissenschaftliche Tätigkeit sein (vgl „Arzt"). Unterrichtserteilung kann wissenschaftliche Tätigkeit sein (BFH IV R 99/78 BStBl II 1980, 642). Das gilt auch für eine beratende Tätigkeit, wenn die gestellten Aufgaben einen Schwierigkeitsgrad oder eine Gestaltungshöhe aufweisen, wie sie wissenschaftliche Prüfungsarbeiten oder Veröffentlichungen erreichen

(BFH VIII R 74/05 BStBl II 2009, 238). Gleichwohl kann eine Tätigkeit nicht allein deswegen aus dem Bereich der wissenschaftlichen Tätigkeiten ausgeschieden werden, weil sie iZm mit einem Katalogberuf ausgeübt wird (BFH IV R 20/76 BStBl II 1977, 31; I B 176/09 BFH/NV 2011, 255).

Keine wissenschaftliche Tätigkeit liegt vor, wenn vermittels der auf wissenschaftlicher Grundlage erworbenen Kenntnisse und Erfahrungen lediglich Fragen der ökonomischen Zweckmäßigkeit und Notwendigkeit nach wirtschaftlichen Erfahrungswerten begutachtet werden oder wenn Gutachten auf Marktkenntnissen oder gewerblichen und handwerklichen Erfahrungen beruhen (BFH IV 6/53 U BStBl III 1954, 147; IV 697/54 U BStBl III 1957, 106; VIII 23/65 BStBl II 1971, 749). Zur wissenschaftlichen Tätigkeit von wissenschaftlich nicht Vorgebildeten (zB Managementberatung, Personalbeurteilung) vgl BFH XI R 2/95 BStBl II 1997, 687. Ein Dipl-Dokumentar ist idR nicht wissenschaftlich tätig (BFH IV R 48/99 BStBl II 2001, 241).

- **Wohnheim** für Arbeiter, Asylanten, Schüler u.ä. Personenkreise ist gewerblich (BFH III R 217/82 BFH/NV 1987, 441; Hess FG EFG 1994, 485 rkr).
- **Zahnpraktiker,** unter den in Rn 258 bezeichneten Voraussetzungen freiberuflich nach *BMF* BStBl I 2004, 1030.
- **Zahntechniker,** nur für Zahnärzte tätig, ist idR gewerblich tätig (BFH IV R 251/66 BStBl II 1968, 662; vgl I R 54/77 BStBl II 1982, 189; IV B 232/02 BFH/NV 2005, 352).
- **Zauberei** ist keine Kunst (vgl BFH I R 72/87 BFH/NV 1990, 146 für das Gemeinnützigkeitsrecht); die Einkünfte eines Zauberers sind daher gewerblich (**aA** FG Rh-Pf EFG 1985, 128: bei entsprechender Gestaltungshöhe Kunst).
- **Zollberater** ist gewerblich tätig, weil er weder einem beratenden Betriebswirt oder Volkswirt noch (ohne die entsprechende Zulassung) dem Steuerberater/Rechtsanwalt ähnlich tätig ist (BFH IV R 33/95 BFH/NV 1997, 751).
- **Zolldeklarant** ist gewerblich tätig, weil weder dem Rechtsanwalt noch dem Steuerberater ähnlich (BFH IV R 117/87 BStBl II 1990, 153).
- **Zwangsverwalter** iSd §§ 146 ff ZVG, idR sonstige selbständige Arbeit iSd § 18 Abs 1 Nr 3 EStG (BFH I R 122/81 BStBl II 1984, 823; I R 123/69 BStBl II 1971, 239). Zur Änderung der Rspr zur Vervielfältigungstheorie vgl Rn 181 und „Insolvenzverwalter".
- **Zytologielabor,** angesichts eingeschränkter Kompetenzen der MTA Freiberuflichkeit bejaht von Hess FG (BB 1998, 1518 unter Hinweis auf BFH III R 118/85 BStBl II 1988, 782; zust *Römermann* BB 1998, 1520; s jedoch *Kempermann* FR 1996, 514). Angesichts der Tatsachenfeststellung (97% der Präparate bleiben ohne ärztlichen Befund) eine bedenkliche Entscheidung.

10. Mischtatbestände

276 **a) Grundsatz. aa) Freiberuflich und gewerblich.** Weist die Tätigkeit des Stpfl neben freiberuflichen **auch gewerbliche Elemente** auf, gebieten es die Tatbestandsmäßigkeit und Gleichmäßigkeit der Besteuerung, Einkünfte aus unterschiedlichen Einkunftsarten jeweils für sich zu besteuern. Das gilt auch bei sachlichen und wirtschaftlichen Zusammenhängen (BFH IV R 196/72 BStBl II 1974, 383; VIII R 116/74 BStBl II 1976, 155; IV R 102/90 BStBl II 1992, 413). Die Verflechtung kann aber im Einzelfall so eng sein, dass eine **Trennung gegen die Verkehrsauffassung** verstoßen würde; sie erfordert eine **einheitliche Qualifikation** (BFH VIII R 149/74 BStBl II 1978, 565; IV R 15/73 BStBl II 1979, 236; IV R 17/90 BStBl II 1993, 324; II B 135/99 BFH/NV 2001, 204). Das ist der Fall, wenn die Tätigkeiten sich gegenseitig unauflösbar bedingen (vgl BFH IV R 63/02 BStBl II 2005, 362), insb wenn der StPfl durch ein **einheitliches Vertragswerk** einen einheitlichen Erfolg schuldet (BFH IV R 42/89 BStBl II 1990, 534). Bei der Frage

der Trennbarkeit sind weniger die Dauer oder das Erfordernis einer betrieblichen Organisation als tätigkeitsbeschreibende Merkmale bestimmend (vgl BFH IV R 194/70 BStBl II 1971, 684; V R 106/78 BStBl II 1986, 213).

bb) Getrennte Qualifikation. Diese erfordert von Seiten des Freiberuflers ein **277 Leistungsangebot**, das wirtschaftlich **eigenständige Bedeutung** und regelmäßig auch eine eigene vertragliche Grundlage hat (BFH IV R 42/89 BStBl II 1990, 534). Ggf ist in dem Kontext zu prüfen, ob eine bestimmte an sich gewerbliche Tätigkeit als Hilfsmittel der freiberuflichen Tätigkeit anzusehen ist (BFH IV 153/64 U BStBl III 1965, 90 zum Sanatorium; IV R 48/01 BStBl II 2004, 363 zur Privatklinik; vgl Rn 275 Stichworte: Krankenhaus, Kinderheim, Schulen). Ist dies nicht der Fall, dann liegt eine eigenständige gewerbliche Tätigkeit vor (vgl BFH V R 95/76 BStBl II 1977, 879; IV R 113/76 BStBl II 1979, 574; s auch zur Abgabe von Heilmitteln *BMF* DStR 1999, 1814; 2000, 730; BStBl I 1997, 566).

b) Einzelfälle. aa) Keine Trennung. Arzt mit einem ganzheitlichen Heilver- **278** fahren (Kneipp-Senatorium, BFH IV 153/64 U BStBl III 1965, 90), Schriftsteller als Selbstverleger (BFH IV R 15/73 BStBl II 1979, 236), Herstellung von Filmen mit Originalton (BFH X R 8/00 BStBl II 2002, 478), Schauspieler als Produzent sendefertiger Bänder (vgl BFH IV R 15/00 BFH/NV 2001, 1280), Ingenieur als Bauunternehmer (BFH XI R 10/06 BStBl II 2008, 54), Restaurator und GmbH „Kirchenmalerei" (BFH I R 54/93 BStBl II 1994, 864), Marketingberater mit Schreiben von Fachartikeln (BFH IV R 74/00 BStBl II 2003, 27), Vertrieb von Hard- u Software (BFH IV R 60/95 BStBl II 1997, 567), fachliche Unterstützung von Kollegen durch einen „übergeordneten" Versicherungsvertreter (FG Münster 4 K 3554/08 G).

bb) Trennung möglich. Bei Architektenleistungen neben gesondert vereinbar- **279** ten Grundstücksverkäufen (BFH VIII R 60/70 BStBl II 1976, 152); bei einem Steuerberater, der die Vermittlung von Baubetreuung bzw (Vermögens-)Anlagen betreibt (BFH VIII R 92/83 BStBl II 1984, 129; XI B 100/01 BFH/NV 2002, 909; Hess FG EFG 2001, 1211 rkr); bei einem Arzt, der eine Privatklinik betreibt und stationäre Leistungen erbringt, wenn die Leistungen gesondert abgerechnet werden (BFH IV R 48/01 BStBl II 2004, 363); ebenso bei einem Rechtsanwalt/ Steuerberater als Treuhänder für Bauherrengemeinschaften (BFH IV R 42/89 BStBl II 1990, 534; IV R 99/93 BStBl II 1994, 650; vgl auch VI R 105/92 BStBl II 1994, 836; I R 133/93 BStBl II 1995, 171; *Schwendy* Inf 1995, 75). Das gilt auch dann, wenn die Kontakte zu den freiberufsfremden Geschäften der freiberuflichen Tätigkeit entspringen: zB Softwareentwicklung durch Freiberufler (BFH IV R 17/90 BStBl II 1993, 324; IV B 35/98 BFH/NV 1999, 1328); Personalvermittlung durch Betriebswirt (BFH IV R 70/00 BStBl II 2003, 25); Publikation durch Hochschullehrer (FG Düsseldorf EFG 2002, 1227 rkr); externe Wohngruppen und Kinderheim (Nds FG EFG 2002, 1772 rkr). Eine Trennung ist auch vorzunehmen, wenn der Betriebsinhaber einzelne Aufträge selbst durchführt, andere von einem Angestellten eigenverantwortlich erledigen lässt (BFH VIII R 53/07 BStBl II 2009, 143).

c) Rechtsfolgen. Im Fall der **Trennung** sind die anderen Geschäfte als **gewerb-** **280 lich** zu behandeln. Erforderlichenfalls hat eine Trennung der gewerblichen Einnahmen und Ausgaben im Schätzungswege zu erfolgen (vgl die o.a. Rspr). Allerdings darf die Schätzung nicht dazu führen, miteinander verflochtene Geschäfte entgegen den o.a. Grundsätzen zu trennen.

Erfolgt auf Grund der Verflechtung der Tätigkeiten **keine Trennung**, so richtet **281** sich die **Qualifizierung** danach, welche Elemente der Gesamttätigkeit das **Gepräge** geben (vgl BFH IV R 102/90 BStBl II 1992, 413; IV R 17/90 BStBl II 1993, 324; I R 54/93 BStBl II 1994, 864; IV R 74/00 BStBl II 2003, 27). Zur Abgrenzung

§ 2 Steuergegenstand

rechts- u wirtschaftsberatender Berufe von der Verwaltungstätigkeit vgl BFH VI R 105/92 BStBl II 1994, 836.

282 Im Übrigen kann sich bei bestimmten Tätigkeiten das Erfordernis der **Umqualifizierung** ergeben, wenn die **Verwertung** des Ergebnisses der an sich freiberuflichen Tätigkeit nicht vom StPfl unmittelbar (an seinen Auftraggeber), sondern durch einen von ihm unterhaltenen Gewerbebetrieb (Schriftsteller betreibt Verlag; Ingenieur betreibt Baugeschäft) erfolgt (BFH IV R 160/67 BStBl II 1970, 317; VIII R 111/71 BStBl II 1976, 641; IV R 15/73 BStBl II 1979, 236). Das wiederum ist nicht der Fall, wenn der Freiberufler auf Vorrat produziert und hieraus einzeln wie an einen Auftraggeber (Einzelinteressenten) veräußert (BFH IV R 16/92 BStBl II 1993, 716; IV R 80/94 BStBl II 1995, 776).

11. Mischtatbestände bei Personengesellschaften

283 **a) Tätigkeit, Qualifikation.** Die Freiberuflichkeit einer Personengesellschaft setzt auch bei Angehörigen eines Katalogberufs eine **entsprechende Tätigkeit** (BFH XI R 9/06 BStBl II 2007, 266) sowie die **Qualifikation aller Gesellschafter** als freiberuflich voraus (§ 18 Abs 4 Satz 2 iVm § 15 Abs 1 Nr 2 EStG; BFH GrS 4/82 BStBl II 1984, 751 unter C II 3 c, III 3 a/5 a; IV R 17/90 BStBl II 1993, 324). Das gilt für die **GbR** (ggf konkludenter Abschluss eines Gesellschaftsvertrages, zB BFH IV R 48/99 BStBl II 2001, 241; I R 25/98 BFH/NV 2001, 154; Nutzungsüberlassung jedoch nicht ausreichend, BFH VIII R 18/95 BStBl II 1999, 384); **Partnerschaften** nach § 7 Abs 2 PartGG (BFH VIII R 154/97 BStBl II 1998, 692: Zugehörigkeit zu Freiberuf nach § 1 Abs 2 Satz 1 und 2 PartGG, Katalog präjudiziert nicht Freiberuflichkeit nach § 18 Abs 1 Nr 1 EStG; BFH IV R 18/97 BFH/NV 1998, 1206; zur Anerkennung von Steuerberatungsgesellschaften s §§ 3 Nr 2, 50 StBerG, hierzu *FinVerw* DStZ 2003, 278; zur freiberuflichen Partnerschaft *K. Schmidt* NJW 1995, 1; *U. Müller* FR 1995, 402; *Sommer* GmbHR 1995, 279); **OHG/KG**: lediglich widerlegbare Vermutung der Gewerblichkeit durch Eintragung (BFH IV R 17/90 BStBl II 1993, 324; H 5.1 EStH); s auch BFH IV R 26/99 BStBl II 2000, 498 (Wirtschaftsprüfer/Steuerberater); IV R 67/96 BStBl II 1998, 254 (Betriebsaufspaltung); IV R 17/90 BStBl II 1993, 324 (IngenieurKG); IV 60/65 BStBl II 1971, 249 (MassagoKG).

Bei **internationalen Partnerschaften** kommt es auf die Erlaubnis bzw Überwachung durch die ausländischen Behörden/Berufsorganisationen an (vgl *Kempermann* StbJb 2003/4, 379).

284 **b) Abgrenzung.** Bei o.a. Gesellschaften ist nach der Rspr (BFH IV R 113/76 BStBl II 1979, 574; IV R 43/88 BStBl II 1989, 797) nicht nach den Grundsätzen (Rn 276) zu verfahren. Nach § 15 Abs 3 EStG gilt die Tätigkeit der Gesellschaft **in vollem Umfang als Gewerbebetrieb,** wenn die Gesellschaft auch Einkünfte nach § 15 Abs 1 Satz 1 Nr 1 oder 2 EStG bezieht (Theorie von der Personengesellschaft als „Gewinnermittlungs- und Einkunftsbestimmungssubjekt", BFH GrS 4/82 BStBl II 1984, 751, 761 f).

285 **aa) Trennung.** Daher ist bei Gesellschaften die Trennung zwischen gewerblichen und freiberuflichen Einkünften nicht ebenso durchzuführen wie bei natürlichen Personen: eine freiberufliche Tätigkeit der Gesellschaft liegt nach der Rspr grundsätzlich nur vor, wenn die **Tätigkeit der Gesellschaft** nicht auch trennbare gewerbliche Leistungen umfasst (BFH IV R 63/02 BStBl II 2005, 362; XI R 9/06 BStBl II 2007, 362) **und alle Gesellschafter** die qualifizierenden Elemente des Freiberufs aufweisen (BFH I R 133/93 BStBl II 1995, 171), auch wenn sie unterschiedlichen freien Berufen angehören (BFH IV R 48/99 BStBl II 2001, 241).

Ist ein **Berufsfremder** Mitunternehmer, bedeutet das Gewerblichkeit der Gesamtbetätigung (BFH IV R 235/84 BStBl II 1987, 124; IV R 17/90 BStBl II

1993, 324; IV R 48/99 BStBl II 2001, 241; XI R 56/00 BStBl II 2002, 202; IV R 33/95 BFH/NV 1997, 751; VIII R 77/05 BFH/NV 2008, 53; VIII B 220/08 BFH/NV 2009, 1429; *FinVerw* DB 2006, 73; krit *Müller* FR 1995, 402; *Lüdemann/ Wildfeuer* BB 2000, 589; *Demuth* DStZ 2005, 73; *Hild* DB 2005, 1875). Entsprechendes gilt, wenn ein Mitunternehmer zwar die entsprechende Berufsqualifikation hat, sich aber **berufsfremd betätigt** oder nur kapitalistisch beteiligt ist (vgl Rn 246). Ob der jeweilige Gesellschafter aber überhaupt Mitunternehmer ist, bestimmt sich nach allgemeinen Grundsätzen (vgl BFH XI R 82/03 BStBl II 2005, 752; zum „Außensozius", nicht Mitunternehmer FG Ba-Wü EFG 2005, 1539 rkr; im Einzelnen Rn 408 f f).

Entsprechendes gilt für die **Beteiligung einer Kapitalgesellschaft** mit der Folge der GewStPfl der Personengesellschaft (BFH IV B 192/03 BStBl II 2004, 303); auch dann, wenn sämtliche Gesellschafter der GmbH und ihre Geschäftsführer ihrerseits Angehörige eines freien Berufs sind (BFH IV R 115/76 BStBl II 1980, 336; VIII R 73/05 BStBl II 2008, 681; BVerfG StEd 2004, 323; *Best/Schmidt/Gröger* Inf 2003, 673) und wenn die GmbH am Vermögen und Gewinn der KG nicht beteiligt ist und nur eine Haftungsvergütung erhält (BFH VIII R 42/10 BStBl II 2013, 79, Einzelfallentscheidung; hierzu *Röhrig* EStB 2011, 339; *Karl* GmbHR 2013, 213; *Kempermann* FR 2013, 284).

bb) Mischtatbestand. Liegt auf der **Ebene des Gesellschafters** ein Mischtatbestand vor, ist bei ihm nach den Grundsätzen in Rn 281 zu verfahren (BFH IV R 17/90 BStBl II 1993, 324; IV R 60/95 BStBl II 1997, 567; IV R 63/02 BStBl II 2005, 362; XI R 9/06 BStBl II 2007, 266). Allerdings sind gewerbliche Einkünfte im **Sonderbereich** des Gesellschafters unschädlich (BFH XI R 31/05 BStBl II 2007, 378; *Demuth* KÖSDI 2005, 14 491, 14 498; *Schulze zur Wiesche* BB 2006, 75; *Söffing* DB 2006, 2479; **aA** zB *Schoor* Inf 1997, 269). **286**

c) Abfärbetheorie. Die **Qualifikation** der Tätigkeit des Gesellschafters als gewerblicher Natur qualifiziert die gesamte Tätigkeit der Gesellschaft als gewerblich – **„Abfärbewirkung"**. Entsprechendes gilt, wenn die Gesellschaft eine Leistung schuldet, der **gewerbliche Elemente** das Gepräge geben (BFH IV R 31/94 BStBl II 1995, 718; XI R 56/00 BStBl II 2002, 202; IV R 91/99 BStBl II 2002, 221). **287**

Das **Verhältnis** der originär nicht gewerblichen zur gewerblichen Tätigkeit ist **grundsätzlich unbedeutend:** nach der Rspr reicht eine **geringfügige** gewerbliche Tätigkeit für die Abfärbewirkung aus, auch eine Beteiligung an einer Kapitalgesellschaft oder an einer gewerblich tätigen/geprägten Personengesellschaft (BFH IV R 7/92 BStBl II 1996, 264; VIII R 68/98 BStBl II 2001, 359; krit *Niehues* FR 2002, 977) sowie gewerbliche Einkünfte durch **Betriebsaufspaltung** (BFH I R 133/93 BStBl II 1995, 171; IV R 67/96 BStBl II 1998, 254; krit *Korn* DStR 1995, 1249, 1253; *Neu* DStR 1995, 1893; *Habscheidt* BB 1998, 1184).

Eine *abweichende Auffassung* für eine **äußerst geringfügige** gewerbliche Betätigung vertreten BFH XI R 12/98 BStBl II 2000, 229; VIII R 50/09 BStBl II 2011, 506, wonach ein gewerblicher Anteil von 1,25% bzw 1 % an der Gesamttätigkeit für eine Abfärbewirkung nicht ausreicht: Nach SchlH FG (EFG 2012, 41) sind 5 % schädlich; nach FG Köln (EFG 2011, 1167, Rev VIII R 16/11) sind 2,25 % unschädlich. Eine **Geringfügigkeitsgrenze** für die Schädlichkeit der gewerblichen Betätigung hat der BFH bisher nicht angegeben, was Unsicherheit in die Anwendung der Abfärbetheorie bringt (hierzu und zu den verschiedenen Lösungsvorschlägen *Neu* DStR 1999, 2109; *Wendt* FR 1999, 1182, 1184; *Paus* DStZ 2000, 308; *Priebe* StBp 2001, 19; *Drüen* FR 2000, 177; *Rose* DB 2000, 993; *Seer/Drüen* BB 2000, 2176; *Kempermann* DStR 2002, 664; *Wehrheim/Brodthage* DStR 2003, 485; *Heuermann* DB 2004, 2548). In der Rspr scheint eine Tendenz jedoch dahin zu gehen, dass der **Freibetrag des § 11 Abs 1 Nr 1** keine absolute Geringfügigkeits-

§ 2 Steuergegenstand

grenze darstellt (FG Münster EFG 2009, 1875; SchlH FG EFG 2012, 41, Rev IV R 54/11; aA Nds FG EFG 2012, 625, Rev VIII R 41/11; *Demuth* KÖDI 2005, 14491). Für die **Beteiligung eines Berufsfremden** besteht jedoch keine Geringfügigkeitsgrenze (BFH VIII R 69/06 BStBl II 2009, 642).

Ist die gewerbliche Tätigkeit **von der GewSt befreit,** erstreckt sich die Befreiung auch auf die als gewerblich umqualifizierte freiberufliche Tätigkeit (BFH IV R 43/00 BStBl II 2002, 152). Zur Gefahr der Abfärbung für Arztpraxen in den Fällen der integrierten Versorgung *BMF* DB 2006, 1763.

288 d) **Keine Abfärbewirkung.** Bei einer **Beteiligung** an einer gewerblich tätigen/geprägten Personengesellschaft tritt die Abfärbewirkung dann nicht ein, wenn der Gesellschafter persönlich beteiligt ist, ohne dass die Beteiligung Sonderbetriebsvermögen bei der Gesellschaft darstellt (ebenso *BMF* BStBl I 1996, 621; aA *Wendt* FR 1996, 265; *Hiller* Inf 1995, 388). Das Gleiche gilt bei einer **Auslagerung** der gewerblichen Leistungen auf eine andere, auch eine personenidentische Personengesellschaft (BFH IV R 7/92 BStBl II 1996, 264; VIII R 28/94 BStBl II 1997, 202; IV R 67/96 BStBl II 1998, 254; IV R 11/97 BStBl II 1998, 603; XI R 21/99 BFH/NV 2002, 1554; *BMF* BStBl I 1996, 621; 1997, 566; *Schild* DStR 2000, 576; zugleich zu den hiermit verbundenen Schwierigkeiten: *Priebe* StBp 2001, 19). Schon deswegen ist die Abfärbetheorie **nicht verfassungswidrig** (BFH I R 133/93 BStBl II 1995, 171; IV R 67/96 BStBl II 1998, 254; Nichtannahmebeschluss BVerfG FR 2005, 139; zum Problem auch *Moog* DB 1997, 325; *Neu* DStR 1996, 1757; *Schwendy* Inf 1995, 75; *Seer/Drüen* BB 2000, 2176; zu den Gestaltungsmöglichkeiten und Gefahren *Schoor* Inf 1997, 269; *Kloßmann* Inf 1997, 587). Im Übrigen **gilt** die Abfärbetheorie **auch bei Innengesellschaften,** insb atypischen stillen Gesellschaften (BFH I R 133/93 BStBl II 1995, 171; IV R 67/96 BStBl II 1998, 254; zust *Kempermann* FR 1995, 12; diff *Gosch* StBp 1995, 43; *Schmidt/Wacker* § 18 Rn 44). Zu den Steuerwirkungen *Höck* FR 2001, 683.

Bei nur **zeitweiser Abfärbung** im Wirtschaftsjahr/EZ ist das Jahresergebnis ggf aufzuteilen (BFH XI R 8/00 BStBl II 2002, 478).

289 e) **Interprofessionelle Zusammenschlüsse.** Besteht die Gesellschaft aus Angehörigen **verschiedener freier Berufe,** dann ist diese nicht allein deswegen gewerblich, vorausgesetzt jeder Gesellschafter betätigt sich allein auf seinem Fachgebiet; dann auch, wenn die einzelnen Arbeitsergebnisse (zB in einem Gutachten) zusammengefasst werden (BFH IV R 48/99 BStBl II 2001, 241; IV R 73/06 BStBl II 2010, 40). Das gilt auch für **Partnergesellschaften,** vorausgesetzt dass alle Gesellschafter leitend und eigenverantwortlich auf Grund eigener Fachkenntnisse tätig werden. Auch Kommanditisten dürfen nicht nur kapitalmäßig beteiligt sein oder Tätigkeiten ausüben, die nicht als freiberufliche zu werten sind (BFH IV 60/65 BStBl II 1971, 249; *FinVerw* DStR 2007, 1628). Ein bloß standeswidriger Zusammenschluss ist unschädlich (FG Düsseldorf EFG 2005, 1530 rkr; *FinVerw* DStR 2007, 1628; *Schulze zur Wiesche* DStR 2001, 1589; *Kempermann* StbJb 2003/04, 379, 394). Problematisch ist die Frage der **Tätigkeitsvergünstigung:** die *FinVerw* (DB 2006, 73) vertrat zunächst unter Hinweis auf BFH IV R 48/99 BStBl II 2001, 241 die Auffassung, die Teilhabe des Berufsfremden am Erfolg einer ihm nicht erlaubten Tätigkeit widerspreche dem Grundsatz der „Höchstpersönlichkeit der Einkünfteerzielung", FG Düsseldorf aaO ist dem nicht gefolgt (Anm *Trossen* EFG 2005, 1353); auch die *FinVerw* (DStR 2007, 1628) fordert nur folgend nunmehr eine angemessene Gewinnverteilung, bei der auch die Einbringung eines Einzelunternehmens oder eines Kundenstamms berücksichtigt werden darf.

290 f) **Kostengemeinschaften (Bürogemeinschaften).** Sog **Kostengemeinschaften,** die lediglich kostendeckende Leistungen für beteiligte Freiberufler erbringen, sind mangels Gewinnerzielungsabsicht keine selbstständigen Gewinnermittlungssubjekte (BFH GrS 4/82 BStBl II 1984, 751) und auch nicht Besteuerungsgegenstand für die Gewerbesteuer (vgl BFH IV R 133/85 BStBl II 1986, 666; XI R 82/03 BStBl II 2005, 752); anders, wenn sie in der Form eines **Vereins** betrieben werden (BFH I R 138/79 BStBl II 1984, 451). Dies hindert nicht, verfahrensrechtlich die Kostengemeinschaft nach § 180 Abs 2 AO zu einer gesonderten Feststellung der Kosten zusammenzufassen (vgl *BMF* BStBl I 1990, 764 zur VO nach § 180 Abs 2 AO; sowie *BMF* BStBl I 2003, 170; ähnl BFH IV R 87/85 BStBl II 1988, 342; IV R 25/98 BStBl II 1999, 545). Die Gewinne aus der Veräußerung des gemeinsamen Vermögens sind jedoch zu erfassen, weil es sich bei den einzelnen Mitgliedern um Betriebsvermögen handelt.

Entsprechendes gilt für **Labor- u Apparategemeinschaften** (BFH IV B 232/02 BFH/NV 2005, 352; *FinVerw* FR 1998, 79).

12. Feststellungslast

Die **Feststellungslast** für das Vorliegen einer selbstständigen Arbeit trägt der **291** **StPfl,** sowohl im Hinblick auf die qualifizierenden Merkmale seiner Tätigkeit als auch auf deren Überwiegen bei Mischtatbeständen (BFH IV R 15/90 BStBl II 1991, 889; I R 54/93 BStBl II 1994, 864; IV R 65-67/89 BFH/NV 1993, 238).
(frei) **292–294**

VII. Gewerbebetrieb durch Betriebsaufspaltung/Unternehmensverbund

1. Begriff

a) Organisatorisch. Betriebsaufspaltung bedeutet die **Aufteilung eines ein-** **295** **heitlichen Organismus** auf verschiedene für sich zu betrachtende Unternehmensträger (grundlegend BFH GrS 2/71 BStBl II 1972, 63). Dies berührt eine **Vielzahl von Rechtsvorschriften,** angefangen von den Gründungsvorgängen bei der GmbH (§§ 2 ff GmbHG) über die Pachtvorschriften des BGB, des Gewerbebegriffs des HGB (*Schön* DB 1998, 1169; *K. Schmidt* DB 1998, 61), ggf Vorschriften des UmwG (§§ 123 Abs 3, 124 Abs 1, 152) zB bei partieller Gesamtrechtsnachfolge (hierzu *Patt* DStR 1994, 1383; *Kallmeyer* ZIP 1994, 1746), bis hin zur Funktionsnachfolge in Arbeitsverhältnissen (§ 613 a BGB; s auch *Moog* DStR 1997, 457) sowie zur Haftung des GmbH-Geschäftsführers (*Gosch* StBp 2002, 392; *Hinze* BB 2002, 1011; *Drygala* GmbHR 2003, 729; *Benecke* BB 2003, 1190). Auch für die Anwendbarkeit der Mitbestimmungsrechts und der Lohnfortzahlungsvorschriften kann die Aufspaltung Bedeutung haben (vgl dazu *Kaligin,* Die Betriebsaufspaltung, 7. Aufl, S 61; Hinweise zur Vertragsgestaltung in *Brandmüller* FR 1980, 83, 85). Auch für staatliche Konzessionen kommt nach der Aufspaltung das Betriebsunternehmen in Betracht. Vgl im Übrigen die Gesamtdarstellung von *Carlé,* Die Betriebsaufspaltung, Köln 2003; *G. Söffing/Micker,* Die Betriebsaufspaltung, 4. Aufl 2010; *Märkle* DStR 2002, 1109, 1153; *Micker* DStR 2012, 589.

b) Ertragsteuerlich. Spezifisch ertragsteuerlich ist Betriebsaufspaltung die **296** Verpachtung einer wesentlichen Betriebsgrundlage durch ein sog Besitzunternehmen an ein gewerbliches Betriebsunternehmen (sachliche Verflechtung, Rn 317 ff) mit der Besonderheit der engen personellen Verflechtung (Rn 326 ff) beider Unternehmen (BFH GrS 2/71 BStBl II 1972, 63; VIII R 36/91 BStBl II 1993, 233; X R 25/93 BStBl II 1997, 44; vgl zu den Grundzügen die Darstellungen von *Patt/Rasche* StWa 1994, 181; *Schulze zur Wiesche* GmbHR 1994, 98; *Schäfer* StBp 1997, 94). Hierbei genügt, dass das Betriebsunternehmen allein aufgrund seiner Rechtsform (§ 8 Abs 2 KStG; § 2 Abs 2 GewStG) Gewerbebetrieb ist (BFH VIII R 53/

§ 2 Steuergegenstand

02 BFH/NV 2005, 1624); ein Verlustübernahmevertrag beeinträchtigt daher die Betriebsaufspaltung nicht (BFH III R 68/06 BFH/NV 2010, 241). Zusammen mit der *sachlichen Beziehung* als *Instrument der Beherrschung* (vgl BFH X R 50/97 BStBl II 2002, 363; X B 103/02 BFH/NV 2004, 180) rechtfertigt die einen *einheitlichen Betätigungswillen* tragende *personelle Verflechtung* nach der st Rspr des BFH (neuerdings BFH IV R 29/04 BStBl II 2006, 173), die Vermietungs- und Verpachtungstätigkeit des Besitzunternehmens ebenfalls als gewerblich anzusehen. Dabei geht die Rspr nicht nur zivilrechtlich, sondern auch steuerrechtlich von **zwei gewerblichen Unternehmen** aus, gleichviel ob sich die Anteile am Betriebsunternehmen im BV der Gesellschafter oder der Personengesellschaft befinden (BFH I R 111/78 BStBl II 1980, 77; I R 33/77 BStBl II 1980, 356). Sie nimmt auch dann gewerbliche Besitzunternehmen an, wenn das Gesamtunternehmen Einkünfte aus freiberuflicher Tätigkeit hatte (BFH I R 77/77 BStBl II 1981, 39; VIII R 240/81 BStBl II 1986, 296; IV R 151/86 BStBl II 1989, 455; III R 15/87 BFH/NV 1990, 58).

Verfassungsrechtlich sind die Grundsätze zur Betriebsaufspaltung nicht zu beanstanden (BVerfG BStBl II 1985, 475; vgl auch BFH XI B 71/00 BFH/NV 2001, 1560; IV R 44/07 BStBl II 2012, 136).

297 c) **Regelfall.** Der häufigste Fall der Betriebsaufspaltung ist, dass es sich beim **Besitzunternehmen** um ein Einzelunternehmen, eine Bruchteilsgemeinschaft (BFH IV R 36/34 BStBl II 1989, 363; IV R 77/97 BStBl II 1999, 279; IV R 59/04 BStBl II 2005, 830; VIII R 34/00 BFH/NV 2002, 185; *Stahl* KÖSDI 2003, 13 830; *Weber* FR 2006, 572), eine GbR (BFH IV R 29/04 BStBl II 2006, 173) oder – bei entsprechender Gebrauchsregelung (§ 15 WEG) – eine Wohnungseigentumsgemeinschaft (BFH IV R 73/94 BStBl II 1997, 569; teilrechtsfähig, BGH V ZB 32/05 DStR 2005, 1283) handelt bei der **Betriebsgesellschaft** GmbH ist (zB BFH VIII R 57/99 BStBl II 2002, 662; „klassische" Betriebsaufspaltung, *Kessler/Teufel* BB 2001, 17, bzw „eigentliche" Betriebsaufspaltung, *Kroschel/Wellisch* DStZ 1999, 167). Als Besitzunternehmen kommt aber auch eine Personenhandelsgesellschaft sowie eine Erben- (BFH IV R 214/84 BStBl II 1987, 120; III R 7/03 BFH/NV 2005, 1974; *Center Gutachterdienst* GmbHR 2004, 300) oder Gütergemeinschaft (BFH IV R 13/91 BStBl II 1993, 134; IV R 15/91 BStBl II 1993, 876; IV R 22/02 BFH/NV 2007, 149), ein eingetragener (auch gemeinnütziger) Verein (BFH I R 164/94 BFH/NV 1997, 825), eine eingetragene Genossenschaft (BFH IV R 44/07 BStBl II 2012, 136; IV R 43/07 BFH/NV 2012, 222), eine Stiftung (*Fichtelmann* GStB 2012, 235) sowie eine Körperschaft des öffentlichen Rechts in Betracht. Ein **Einzelunternehmen** kann nicht Betriebsunternehmen einer Betriebsaufspaltung sein und auch als Besitzunternehmen nur im Verhältnis zu einer Betriebskapitalgesellschaft in Betracht (BFH III R 28/08 BFH/NV 2010, 1946).

Die Betriebsaufspaltung ist auch **mit mehreren Besitzpersonengesellschaften** möglich (BFH IV R 59/04 BStBl II 2005, 830; hierzu *Fichtelmann* GmbHR 1996, 580; *Schallmoser* DStR 1997, 49).

298 d) **Handelsrechtlich.** Danach ist das **Besitzunternehmen nicht** unbedingt **Istkaufmann** iSv § 1 Abs 2 HGB (keine formwechselnde Umwandlung, BFH IV R 36/82 BStBl II 1985, 622; *Groh* JbFfSt 1979/80, 209, 215; *Tillmann* StbKRep 1980, 265, 268; *K. Schmidt* DB 1988, 88; aA OLG München DB 1988, 902); allerdings ist neuerdings § 105 Abs 2 HGB zu beachten; hierzu *K. Schmidt* DB 1998, 61; *Schön* DB 1998, 1169). Das Fortbestehen einer stillen Gesellschaft am Besitzunternehmen (§ 355 HGB) setzt bei dieser ein Handelsgewerbe voraus. Die Besitzgesellschaft kann auch zivilrechtlich ein verbundenes Unternehmen für die Frage sein, ob kapitalersetzende Darlehen der BetriebsGmbH (§ 30 GmbHG) vorliegen (BGH II ZR 58/86 NJW 1987, 1080).

e) **Echte/unechte Betriebsaufspaltung.** Von einer **echten Betriebsaufspal-** 299
tung wird dann gesprochen, wenn ein bereits bestehendes gewerbliches Unternehmen durch Übertragung eines Teils des BV und Nutzungsüberlassung einer wesentlichen Betriebsgrundlage in ein Betriebs- und ein Besitzunternehmen aufgespalten wird. Die Aufspaltung durch den Erblasser kann auch für die Erbengemeinschaft einen gewerblichen Betrieb ergeben (BFH IV R 214/84 BStBl II 1987, 120; IV R 67/96 BStBl II 1998, 254).

Eine **unechte Betriebsaufspaltung** liegt vor, wenn von vornherein getrennte Unternehmen bestanden haben oder gegründet wurden und zwischen diesen eine sachliche und personelle Verflechtung besteht (BFH X R 8/00 BStBl II 2002, 527). Die **Gewerblichkeit** des Besitzunternehmens beginnt *einkommensteuerrechtlich* in dem Zeitpunkt, in dem der spätere Besitzunternehmer mit Tätigkeiten beginnt, die eindeutig auf die Vorbereitung der endgültigen Überlassung von wesentlichen Betriebsgrundlagen an die Betriebsgesellschaft gerichtet sind (BFH III R 39/86 BStBl II 1991, 773). *Gewerbesteuerrechtlich* ist mE in Anlehnung an die in Rn 565 ff dargestellten Grundsätze die tatsächliche Nutzungsüberlassung erforderlich, aber auch hinreichend.

Da die SteuerRspr entgeltliche Einräumung von dinglichen Nutzungsrechten (wie **Erbbaurecht** oder Nießbrauch) wie Miete und Pacht, dh als schwebende Vertragsverhältnisse, behandelt, kann mE eine steuerliche Betriebsaufspaltung nicht durch den Austausch von Pacht und Miete gegen entgeltliche Nießbrauchsrechte oder Erbbaurechte vermieden werden (vgl *L. Schmidt* DStR 1979, 699, 700; aA zB *Kölner Handbuch* Rz 258).

2. Rechtsentwicklung/Kritik

a) **Rechtsentwicklung. Ursprünglich** war die Figur der Betriebsaufspaltung als 300
Missbrauchsabwehr (vgl dazu *Groh* BB 1984, 304; *Knobbe-Keuk* StbJb 1980/81, 335, 349) gedacht, wengleich die Aufspaltung eines Betriebes ursprünglich in erster Linie der Haftungsminderung und der Unternehmensführung diente (*Eismann*, Der Fachanwalt für Steuerrecht im Rechtswesen, 1999, S 253, 260; *Weilbach* BB 1990, 829). Gleichwohl hat sich der Gedanke der gewerblichen Betätigung kraft abgeleiteter Beteiligung am allgemeinen wirtschaftlichen Verkehr mit der typisierenden Einbeziehung der unechten Betriebsaufspaltung weitgehend **verselbstständigt** (krit *Groh* DB 1989, 748; *Eikmeier*, Die Rechtsprechung zur Betriebsaufspaltung unter dem Blickwinkel des § 42 AO 1977, S 16 ff). In früheren Entscheidungen wird daher (mE zutreffend) deutlich auf die bei **formal selbstständigen Betrieben** materiell-rechtlich bedeutsame Verbundenheit beider Unternehmen zu einem einheitlichen Organismus abgehoben (zB BFH III R 27/71 BStBl II 1973, 438; VIII R 57/70 BStBl II 1974, 613; IV R 59/73 BStBl II 1975, 700).

b) **Kritik.** Die **Kritik an diesen Grundsätzen** (zB *Knobbe-Keuk* § 22 X 2; *Jans-* 301
sen BB 1995, 25; *Söffing* DStR 1996, 1225; *Felix* StB 1997, 145; *Mössner* Stbg 1997, 1; *Haritz/Wisniewski* GmbHR 2000, 795; *Kessler/Teufel* BB 2001, 17), die Rspr sei über die Grenzen der **richterlichen Rechtsfortbildung** hinausgegangen, ist mE unberechtigt (hierzu BVerfG 1 BvR 571/81 BStBl II 1985, 475; BFH IV R 44/07 BStBl II 2012, 136; IV R 43/07 BFH/NV 2012, 222). Zumindest bei der echten Betriebsaufspaltung (Rn 299) kann die Tätigkeit der Besitzperson(engruppe) im Wege der Auslegung des Begriffs Gewerbebetrieb (§ 15 Abs 1 Satz 1 Nr 1, Abs 2 EStG) und der Subsumtion (Würdigung) als gewerbliche Betätigung verstanden werden (BFH I R 98/88 BStBl II 1992, 246; VIII R 57/99 BStBl II 2002, 662; ähnlich *Felix* StB 1997, 145, unter III; *Hitz* FR 1996, 850; *Weber-Grellet* FR 1998, 955; *Drüen* GmbHR 2005, 69). Bei der unechten Betriebsaufspaltung (Rn 299) führt die identische Struktur objektiver und subjektiver Gegebenheiten zu demselben Ergebnis (**aA** *Eikmeier* S 139, nach dem eine unechte überhaupt keine Betriebs-

§ 2 Steuergegenstand

aufspaltung ist). ME handelt es sich mithin nicht um ein „*Rechtsinstitut*" (so BFH VIII R 61/97 BStBl II 1999, 483; **aA** StB 1997, 145), sondern um einen **Typus der gewerblichen Teilhabe** am allgemeinen Wirtschaftsverkehr. Auch der Vorwurf, die Grundsätze zur Betriebsaufspaltung enthielten in sich widersprüchlich Elemente der Einheits- und der Trennungstheorie (was an sich zutrifft; hierzu *Schallmoser* DStR 1997, 49), greift deswegen nicht, weil diese Elemente verschiedene Ebenen betreffen (Einkünftequalifikation; Gewinnermittlung). Der Vorwurf, die Grundsätze zur Betriebsaufspaltung widersprächen dem Beschluss des Großen Senats in BFH GrS 4/82 BStBl II 1984, 751 (zB *Söffing* BB 2006, 1529), greift nicht, weil auch in den Besitzpersonengruppe das Handeln in gesamthänderischer Verbundenheit in Rede steht. Die Unsicherheit im Hinblick auf die Verwirklichung von Tatbestandsmerkmalen (*Miesch/Wengert* DB 1995, 111) ist charakteristisch für jede Rechtsanwendung, speziell für den offenen Typusbegriff (vgl Rn 51) und – wie etwa beim Begriff des Gewerbebetriebs selbst – hinzunehmen. Es handelt sich um ein „bewegliches System" (*Petersen,* Unternehmenssteuerrecht und bewegliches System ... 1999, 39 ff, 53 ff). Eine Umqualifizierung lediglich auf der Ebene des „Sowohl-als-auch-Gesellschafters" (*Söffing* BB 2006, 1529) würde mE gegen § 15 Abs 3 Nr 1 EStG verstoßen.

3. Erscheinungsformen

302 (1.) **Klassische Betriebsaufspaltung,** Rn 297; – (2.) **Kapitalistische Betriebsaufspaltung:** Kapitalgesellschaft ist Besitzunternehmen (Rn 349); – (3.) **Mitunternehmerische Betriebsaufspaltung,** Rn 309; – (4.) **Umgekehrte Betriebsaufspaltung:** Besitz-Kapitalgesellschaft wird von Betriebsunternehmen beherrscht (Rn 350; BFH III R 45/92 BStBl II 1995, 75; *Kessler/Teufel* DStR 2001, 869); – (5.) **Qualifizierte Betriebsaufspaltung:** Nutzungsüberlassung von *ausschließlich* wesentlichen Betriebsgrundlagen (BFH X R 8/00 BStBl II 2002, 527); – (6.) **Überlagerte Betriebsaufspaltung:** Besitzunternehmen übt *originäre* gewerbliche Tätigkeit aus (hierzu *Thiel/Rödder,* FR 1998, 401); – (7.) **Einheitliche Betriebsaufspaltung:** Besitzunternehmen ist selbst unmittelbar am Betriebsunternehmen beteiligt (BFH VIII R 31/04 BStBl II 2006, 874).

4. Sachlicher Umfang der Betriebsaufspaltung

303 Der sachliche Umfang der Betriebsaufspaltung kann mE **nicht** gleich bleibend durch den **historischen Vorgang** der Aufspaltung selbst bestimmt werden. Entscheidend ist, dass die Rechtsbeziehungen zwischen Besitz- und Betriebsunternehmen ihre Grundlage in dem einheitlichen geschäftlichen Betätigungswillen haben (vgl BFH VIII R 57/70 BStBl II 1974, 613) und der betriebliche **Zweck der Besitzgesellschaft** ein von der Betriebsgesellschaft abgeleiteter ist.

304 **a) Voraussetzungen.** Ein **Gewerbebetrieb** schon **vor der Betriebsaufspaltung** ist nicht erforderlich. Auch muss das Betriebsunternehmen nicht originär gewerblich tätig sein; es genügt ein GewBetrieb kraft Rechtsform, zB bei der „gewerblich geprägten Betriebsaufspaltung" (§ 15 Abs 3 Nr 2 EStG) oder einer freiberuflich (BFH I R 77/77 BStBl II 1981, 39; VIII R 240/81 BStBl II 1986, 296; VIII R 151/85 BFH/NV 1990, 99) oder vermögensverwaltend tätigen Kapitalgesellschaft (§ 8 Abs 2 KStG; hierzu BFH XI R 12/87 BStBl II 1992, 415: Lizenzvergabe; BFH IV R 47/96 BStBl II 1998, 254: Labor-GmbH; BFH VIII R 11/99 BStBl II 2000, 621: Ingenieurbüro; BFH VIII R 24/01 BStBl II 2003, 757: Steuerberatung; BFH VIII R 53/02 BFH/NV 2005, 1624: Vermietung; **aA** *Meyer-Arndt* BB 1987, 942; *Felix* StB 1997, 145).

305 **b) Bestimmung des sachlichen Umfangs.** Ausschlaggebend hierfür sind die **Vermietung oder Verpachtung** einer wesentlichen Betriebsgrundlage an die

Betriebsgesellschaft und die damit **wirtschaftlich zusammenhängenden** Vorgänge. Regelmäßig werden die zwischen der Besitz- und der Betriebsgesellschaft **bestehenden Rechtsbeziehungen** in die Betriebsaufspaltung einbezogen. Anderes gilt, wenn die Leistungen mangels wirtschaftlichen Zusammenhangs nicht spezifisch auf der Betriebsaufspaltung beruhen (zB unmittelbar mit der Betriebskapitalgesellschaft geschlossene Lizenzverträge, BFH I R 33/77 BStBl II 1980, 356; oder an sie im Rahmen selbstständiger oder nichtselbstständiger Arbeit erbrachte Leistungen, vgl BFH IV R 16/69 BStBl II 1970, 722).

c) Sonstige Rechtsbeziehungen. Daher können von der Betriebsaufspaltung **306** auch **sonstige Rechtsbeziehungen** (zB Darlehen, Bürgschaften, Lizenzen; s Rn 324) zur Betriebsgesellschaft erfasst werden, sofern diese ihre Grundlage in dem einheitlichen geschäftlichen Betätigungswillen haben (BFH I R 33/77 BStBl II 1980, 356). Ihr **sachlicher Umfang** wird danach bestimmt, ob die anderen Vorgänge bei der Besitzgesellschaft die Belange der Betriebsgesellschaft fördern, insb dazu dienen, die Vermögens- und Ertragslage der Betriebsgesellschaft zu verbessern (BFH VIII R 36/91 BStBl II 1993, 233; XI R 72/97 BStBl II 1999, 281, Letzteres zu Lizenzeinnahmen).

Das ist etwa nicht der Fall bei einer selbstständigen Vermietungstätigkeit der Gesellschafter (vgl BFH IV R 77/97 BStBl II 1999, 279; zu den Gestaltungsmöglichkeiten *Fichtelmann* Inf 1999, 76).

d) Eigenständigkeit des Gesellschaftszwecks. Die Eigenständigkeit des **307** Gesellschaftszwecks des Besitzunternehmens iSd bereits abgeschlossenen Vorgangs der Betriebsaufspaltung bedeutet bei einer vom Besitzgesellschafter persönlich im späteren Verlauf dem Betriebsunternehmen zur Verfügung gestellten wesentlichen Betriebsgrundlage (zB Erfindung) ein getrennt zu beurteilendes **neues Besitzunternehmen** (BFH I R 33/77 BStBl II 1980, 356; vgl hierzu auch IV R 89/73 BStBl II 1975, 781), sofern dieser Gesellschafter in der Lage ist, das Betriebsunternehmen zu beherrschen. Im erstgenannten Urteil konnte eine Erfindung sinnvoll auch ohne die übrigen vom Besitzunternehmen an das Betriebsunternehmen verpachteten Wirtschaftsgüter verpachtet werden (kein Sonderbetriebsvermögen); im letztgenannten Urteil war dies nicht der Fall (Sonderbetriebsvermögen). Liegt nach diesen Grundsätzen kein Sonderbetriebsvermögen vor, kann sich gleichwohl die Überlassung als eigenständiger Gewerbebetrieb darstellen (BFH IV R 152/73 BStBl II 1978, 545). Davon abgesehen besteht die Möglichkeit der Überlagerung mehrerer Bruchteilsgemeinschaften durch eine GbR als Besitzunternehmen (BFH IV R 98, 99/85 BStBl II 1986, 913); zum Vorliegen mehrerer Besitzpersonengesellschaften s *Fichtelmann* GmbHR 1996, 580; *Schallmoser* GmbHR 1997, 49.

5. Besitz-Personengesellschaften

Für diese (oder Bruchteilsgemeinschaften) bedeutet Betriebsaufspaltung **in vol- 308 lem Umfang gewerbliche Einkünfte** (BFH IV R 86/80 BStBl II 1984, 152; § 15 Abs 3 Nr 1 aF/nF EStG), sofern die Besitzgesellschaft Subjekt für die Bestimmung der Einkunftsart (BFH GrS 4/82 BStBl II 1984, 751, 761) ist. Die gewerbliche Tätigkeit der Betriebsgesellschaft bestimmt die Qualifikation der Verpachtungstätigkeit durch die sachliche und personelle Verflechtung (BFH III B 9/87 BStBl II 1988, 537 mwN). Daher werden auch gewerbliche Einkünfte der **Nurbesitzgesellschafter** begründet, soweit der Tatbestand der Besitzgesellschaft reicht (BFH IV R 67/96 BStBl II 1998, 254; VIII R 61/97 BStBl II 1999, 483; aA *Micker* FR 2009, 852; zweifelnd *Felix* BB 1985, 1970; mit Gestaltungsvorschlägen: StB 1997, 145, 147; *Schulze zur Wiesche* BB 1987, 1301). Auch für die Bruchteilsgemeinschaft tritt diese Rechtsfolge wegen des Wortlauts des § 15 Abs 3 Nr 1 EStG ein (BFH VIII R 240/81 BStBl II 1986, 296). Bei einer betriebsaufspalterisch, aber auch originär gewerblichen Personenhandelsgesellschaft dürfte ein einheitlicher Gewerbebetrieb iSv § 15 Abs 3 Nr 1 EStG vorliegen, bei GbRs im Falle unterschiedlicher Gesellschaftszwecke idR mehrere Gesellschaften (Rn 26 ff).

6. Abgrenzung zur Mitunternehmerschaft

309 a) **Mitunternehmerische Betriebsaufspaltung.** Die **Überschneidung** des Tatbestands nach § 15 Abs 1 Satz 1 Nr 2 Hs 2 EStG mit der mitunternehmerischen Betriebsaufspaltung (Betriebspersonengesellschaft) wird von der Rspr des BFH (BFH IV R 59/04 BStBl II 2005, 830) wie folgt gelöst: – (**1.**) Ist derjenige (natürl Person, Personengesellschaft, Kapitalgesellschaft), der der Betriebspersonengesellschaft wesentliche Betriebsgrundlagen zur Nutzung überlässt, **selbst** an dieser beherrschend **beteiligt** (als Mitunternehmer), dann hat § 15 Abs 1 Satz 1 Nr 2 Hs 2 EStG **Vorrang vor der Betriebsaufspaltung,** dh die SonderBV-Eigenschaft bei der Betriebs-KG hat Vorrang vor der BV-Eigenschaft der überlassenen WG bei der überlassenden Person/Gesellschaft (BFH I R 114/97 BStBl II 2000, 399; III R 35/98 BStBl II 2001, 316; III R 50/96 BStBl II 2003, 613). Das gilt auch, wenn die natürliche Person „ihrer" GmbH, an der sie still beteiligt ist, wesentliche Betriebsgrundlagen vermietet (BFH III R 23/89 BStBl II 1994, 709). Ebenso bei Vermietung durch eine weder gewerblich tätige noch geprägte Personengesellschaft unentgeltlich/teilentgeltlich ohne Gewinnabsicht an von ihren Gesellschaftern beherrschte Schwestergesellschaft (*BMF* BStBl I 1998, 583; 2005, 458).

310 (**2.**) Überlässt eine Personengesellschaft wesentliche Betriebsgrundlagen an die Betriebspersonengesellschaft und ist nicht sie selbst, sondern ist/sind nur ihr(e) beherrschende(r) Gesellschaft(er) an dieser beherrschend beteiligt, dann hat die **Betriebsaufspaltung Vorrang** vor § 15 Abs 1 Satz 1 Nr 2 Hs 2 EStG (BFH VIII R 13/95 BStBl II 1998, 325; VIII R 61/97 BStBl II 1999, 483; VIII R 30/97 BFH/NV 1999, 771; *BMF* BStBl I 1998, 583; 2005, 458 Nrn 2–4). Es handelt sich mE um eine konsequente Fortentwicklung der zu originär gewerblich tätigen Personengesellschaften ergangenen Urteile in BFH IV R 48/93 BStBl II 1996, 82; VIII R 63/93 BStBl II 1996, 93 und III R 91/93 BStBl II 1996, 428. Sie ist entgegen der Kritik gerechtfertigt, weil es für eine Differenzierung von Personengesellschaften mit originär gewerblichen Einkünften (zur Entwicklung der Rspr *Patt/Rasche* DStR 1995, 46; zust *Neufang* Inf 1996, 743; *Neu* DStR 1997, 1757; *Berz/Müller* DStR 1996, 1019; *Schulze zur Wiesche* BB 1997, 1229; *Kiesel* DStR 2001, 560; *Kloster* BB 2001, 1449; *Paus* FR 1997, 90; *G. Söffing* BB 1997, 337; FR 1998, 358; BB 1998, 1973; DStR 2001, 158; *Patt/Rasche* GmbHR 1997, 487, DStZ 1999, 127; *Meyer/Ball* FR 1998, 1075) und solchen mit „abgeleiteten" gewerblichen Einkünften keinen tragenden Grund gibt. Die Änderung der Rspr bedeutet u.a., dass der Nurbesitzgesellschafter nicht privat vermietet. Nach der Abfärbetheorie des BFH (Rn 424 ff) ist er Mitunternehmer einer Personengesellschaft mit insgesamt (abgeleitet) gewerblichen Einkünften (BFH IV R 67/96 BStBl II 1998, 254). Der Vorrang bedeutet jedoch nicht, dass die SonderBV-Eigenschaft gegenüber der Betriebsgesellschaft erlischt; sie besteht vielmehr latent weiter und lebt nach Beendigung der Betriebsaufspaltung mangels personeller Verflechtung wieder auf (BFH XI R 9/01 BStBl II 2002, 737; IV R 50/05 BStBl II 2008, 129; IV R 33/08 BStBl II 2012, 10).

Entsprechendes gilt wohl bei einer vermietenden **Bruchteilsgemeinschaft** (*FinVerw* DB 1999, 1878; *Poll* DStR 1999, 477; **aA** *Stahl* KÖSDI 1998, 11 533; *Meyer/Ball* FR 1998, 1075; hierzu *Brandenberg* DB 1998, 2488; *Neu* Inf 1999, 492; *Weber* FR 2006, 572) – ggf konkludente Begründung einer GbR (BFH VIII R 34/00 BFH/NV 2002, 185) – sowie bei einer **mittelbaren Beteiligung** an der Betriebspersonengesellschaft (BFH I R 118/80 BStBl II 1982, 662) und der Beherrschung der Betriebspersonengesellschaft über eine Komplementär-GmbH (BFH I R 178/ 77 BStBl II 1983, 136; **aA** *Kroschel/Wellisch* DStZ 1999, 167).

b) Gewinnerzielungsabsicht. Voraussetzung einer mitunternehmerischen 311 Betriebsaufspaltung ist **Gewinnerzielungsabsicht,** die – anders als bei der klassischen – bei unentgeltlicher oder teilentgeltlicher Nutzungsüberlassung fehlen mag (*BMF* BStBl I 1998, 583; 2005, 458 Nr 1; *Wendt* FR 2006, 25). Eine nichtgewerbliche Tätigkeit der Betriebsgesellschaft hindert eine mitunternehmerische Betriebsaufspaltung ebenfalls (BFH IV R 29/04 BStBl II 2006, 173).

7. Verhältnis zur Betriebsverpachtung

Die **Betriebsverpachtung** (§ 7 Rn 72) ist dadurch gekennzeichnet, dass dazu 312 **alle wesentlichen Betriebsgrundlagen** verpachtet werden müssen und bei Beendigung des Pachtverhältnisses der Betrieb in bisheriger Weise fortgesetzt werden kann (BFH IV R 36/84 BStBl II 1989, 363). Bei der Betriebsaufspaltung genügt dagegen *eine* der Grundlagen. Werden im Rahmen einer „qualifizierten Betriebsaufspaltung" *alle* wesentlichen Betriebsgrundlagen insgesamt an die Betriebsgesellschaft verpachtet (BFH X R 8/00 BStBl II 2002, 527), entfällt das dem Verpachtenden steuerrechtlich sonst eingeräumte Wahlrecht, bei Beginn der Verpachtung die Betriebsaufgabe zu erklären oder gewerbesteuerfrei den Betrieb als verpachteten fortzuführen (Nachrang der Betriebsverpachtungsgrundsätze, vgl BFH VIII R 13/ 93 BStBl II 1994, 922; XI R 8/99 BFH/NV 2000, 1135; *BMF* BStBl I 1994, 771). Zur Fortsetzung einer aufgegebenen Betriebsaufspaltung als Verpachtungsbetrieb s Rn 367.

8. Unentgeltliche Betriebsaufspaltung

Auch eine **unentgeltliche** schuldrechtliche **Nutzungsüberlassung** genügt 313 (BFH X R 84/88 BStBl II 1991, 713; IV R 67/96 BStBl II 1998, 254; VIII R 68/ 96 BFH/NV 2000, 1278; X R 22/07 BFH/NV 2010, 208). Der BFH hat trotz Unentgeltlichkeit wegen der Austauschbarkeit von (höheren) Ausschüttungen zzgl Wertsteigerungen des Anteils und der Nutzungsentgelte Gewinnerzielungsabsicht des Besitzunternehmens angenommen; das gilt auch bei Anwendung des Halbeinkünfteverfahrens (*Märkle* DStR 2002, 1153; **aA** die Gewinnerzielungsabsicht für den in Betracht kommenden verschiedenen Gestaltungen in Frage stellend *Fichtelmann* FR 1992, 442; EStB 2003, 223; ähnlich *Dörner* Inf 1996, 587).

Zur Frage der Gewinnerzielungsabsicht bei einer Betriebsaufspaltung mit einer Kapitalgesellschaft und **mehreren Besitzpersonengesellschaften** mit Dauerverlusten *Schallmoser* DStR 1997, 49.

9. Vor- und Nachteile der Betriebsaufspaltung

a) Haftung. Das vom Besitzunternehmen an die Betriebsgesellschaft verpachtete 314 Vermögen ist grundsätzlich zivilrechtlich **von der Haftung** für Verbindlichkeiten der GmbH **ausgenommen.** Das kann bei einer unzureichend mit Kapital ausgestatteten GmbH zweifelhaft sein: ggf Einbeziehung der verpachteten Betriebsgrundlagen in das Aktivvermögen der GmbH auf Grund von §§ 32 a, 32 b GmbHG aF bzw nach den insolvenzrechtlichen Vorschriften des mWv 1.11.2008 in Kraft getretenen MoMiG (vgl *Kaligin,* Die Betriebsaufspaltung, 7. Aufl 2011, S 25 ff; zur Behandlung eines Gesellschafter-Darlehens wie haftendes Eigenkapital BGH GmbHR 1980, 28). Zur Existenzvernichtungshaftung des GmbH-Gesellschafters s BGH II ZR 3/04 DStR 2007, 1586. Gehaftet wird zudem idR für Altverbindlichkeiten (zur Begrenzung der Haftung nach § 26 HGB s *Renaud/Markert* BB 1988, 1060). Auch eine Haftung nach § 74 AO ist möglich (*Jestädt* DStR 1989, 243). Möglichkeiten der Fremdfinanzierung bei *Dörner* Inf 2005, 867.

§ 2 Steuergegenstand

315 **b) Vermögensmäßige Teilhabe.** Die Möglichkeit der Betriebsaufspaltung auch bei fehlender Personenidentität (Beteiligungsidentität) lässt im Besitzunternehmen die vermögensmäßige Teilhabe insb von Angehörigen zu, die andererseits von maßgeblichen Entscheidungen für das Betriebsunternehmen ausgeschlossen bleiben sollen. Siehe zu den Vor- und Nachteilen auch *Rose* DStBTag 1982, 95; *Märkle* BB 1994, 831; *Buchheister* BB 1996, 1867; *v Randenborgh* DStR 1998, 22; *Kiesel* DStR 1998, 962; *Neufang* Inf 1999, 13; *Weilbach* BB 1990, 829.

316 **c) Steuerlich.** In steuerlicher Hinsicht (vgl zum Belastungsvergleich GmbH/Betriebsaufspaltung nach der Unternehmenssteuerreform *Kessler/Teufel* BB 2001, 17; DStR 2001, 689) kommt insb in Betracht: Abzugsfähigkeit der Geschäftsführervergütung einschließlich Pensionsrückstellung; Halbeinkünfteverfahren; günstiger KSt-Satz, ggf KSt-Freistellung; Einsparung der KiSt bei der GmbH; Ausgleich der gewstpfl Pachteinnahmen über § 35 EStG. Die betriebsaufspalterische Besitzgesellschaft genießt auch die Steuersubventionen, die an ein gewerbliches Unternehmen anknüpfen (vgl zur Investitionszulage Rn 376). **Nachteilig** ist die Besteuerung von realisierten Wertsteigerungen beim BV des Besitzunternehmers, das ohne (unechte) Betriebsaufspaltung PV wäre; ein gewisser Ausgleich besteht in §§ 13 a, 13 b, 19 a ErbStG für das BV (*Kroschel/Wellisch* DB 1998, 1632; *Vorwold* BB 1999, 1300; *Braun* Ubg 2009, 647). Soweit die Betriebs-GmbH selbst **Verluste** erzielt, können diese mit den Einkünften der am Besitzunternehmen beteiligten Personen **nicht saldiert** werden, auch nicht wie im Organkreis mit solchen aus dem Besitzunternehmen. **Gewerbesteuerrechtliche Doppelerfassungen** sind möglich (vgl Rn 373).

Schließlich kann das Besitzunternehmen als Personengesellschaft anders als die GmbH den **Freibetrag nach § 11 Abs 1 GewStG** in Anspruch nehmen; bei der mitunternehmerischen Betriebsaufspaltung zweimal. Nach *Fichtelmann* (GmbHR 1996, 580; **aA** *Felix* StB 1997, 145) soll der Freibetrag nach § 11 Abs 1 mehrfach in Anspruch genommen werden können, wenn die Eigner des Grundstücke mehrere Mietverträge mit der Kapitalgesellschaft abschließen. Fraglich ist jedoch, ob jedes Mietverhältnis auf Aeiten der Eigentümer einen eigenständigen Gewerbebetrieb begründet.

Die klassische Betriebsaufspaltung – s Rn 297, 302 – hat im Belastungsvergleich ihre „Spitzenposition" gegenüber dem Einzelunternehmen und der GmbH verloren. Daran dürfte sich durch die Neuregelung der Hinzurechnung von Nutzungsentgelten (§ 8 Nr 1 Buchst d–f) nichts geändert haben. Gleichwohl stellt sie eine flexible Unternehmensform mit Vorteilen der Personengesellschaft und der Kapitalgesellschaft dar (*Kußmaul/Schwarz* GmbHR 2012, 1055). Zudem gewinnt die sog „umgekehrte Betriebsaufspaltung" an Attraktivität (vgl zu allem *Kessler/Teufel* BB 2001, 17; DStR 2001, 869; *Haritz/Wisniewski* GmbHR 2000, 789, 793; *Salzmann* DStR 2000, 1329, 1333; *Strahl* FS Schaumburg 2009, 493; KÖSDI 2008, 16027). Zum **UntStRefG 2008** *Wehrheim/Rupp* BB 2008, 920.

10. Sachliche Voraussetzungen der Betriebsaufspaltung

Vgl H 15.7 (5) EStH; Übersicht bei *Ritzrow* StW 2003, 95.

317 **a) Nutzungsüberlassung.** Nutzungsüberlassung von **wesentlichen Betriebsgrundlagen** in Gestalt von materiellen und immateriellen WG (vgl BFH X R 22/02 BStBl II 2006, 457), sei es auf schuldrechtlicher, sei es auf dinglicher Grundlage (BFH VIII R 57/99 BStBl II 2002, 662). Wesentliche Betriebsgrundlagen müssen **nicht notwendig im Eigentum** des Besitzunternehmens stehen (BFH IV 219/64 BStBl III 1966, 601; IV R 135/86 BStBl II 1989, 1014; II R 6/86 BStBl II 1989, 54; IV R 49/91 BFH/NV 1993, 95; X R 22/07 BFH/NV 2010, 208); auch der (vorbehaltene) Nießbrauch genügt (BFH VIII R 25/01 BFH/NV 2002, 781; hierzu *Schlegel* NWB 2012, 1654). Davon abgesehen kann auch eine **mittelbare Nut-**

zungsüberlassung (A vermietet an B zum Zwecke der Weitervermietung an das von A beherrschte Betriebsunternehmen) eine Betriebsaufspaltung begründen (BFH X R 50/97 BStBl II 2002, 363); anders jedoch, wenn die Nutzungsüberlassung nicht zu diesem Zweck erfolgt (BFH XI R 31/05 BStBl II 2007, 378; hierzu *Söffing* DB 2006, 2479; *Wendt* FR 2007, 83). Auch eine nur **vorübergehende** sachliche Verflechtung (zB bei Vermietung für eine zu überbrückende Zeit) ist geeignet, eine Betriebsaufspaltung zu begründen, weil sie bis dahin als unternehmerisches Instrument der Beherrschung fungiert (BFH X B 103/02 BFH/NV 2004, 180) und die – alsbaldige – Beendigung nicht auf die Begründung zurückwirkt (aA *Fichtelmann* Inf 1997, 460).

b) Wesentliche Betriebsgrundlage. Was als solche – die Verpachtung einer **318** von mehreren genügt (BFH VIII R 57/70 BStBl II 1974, 613; XI R 8/99 BFH/NV 2000, 1135) – beurteilt werden muss, hängt vom Einzelfall ab.

aa) Funktionale Bedeutung. Anders als bei der Betriebsveräußerung ist für die Wesentlichkeit die **funktionale Bedeutung** eines Wirtschaftsguts und weniger das Ausmaß seiner stillen Reserven maßgebend (vgl § 7 Rn 61; BFH IV R 135/86 BStBl II 1989, 1014; IV R 84/96 BStBl II 1998, 104; VIII R 24/01 BStBl II 2003, 757; *Hörger* DStR 1998, 233; krit *Wendt* FR 1999, 29; H 15.7 (5) EStH). Daher sind **funktional zusammenhängende** WG auch zusammen zu gewichten (BFH VIII R 77/87 BStBl II 1992, 334). Es kommt nicht mehr darauf an, dass die WG, insb **Gebäude und Grundstücke,** von der Besitzgesellschaft für die Zwecke der Betriebsgesellschaft **hergerichtet** worden sind.

bb) Neuere Rechtsprechung. Sie stellt stattdessen verstärkt darauf ab, ob das **319** Grundstück unabhängig von der besonderen Gestaltung für die Betriebsgesellschaft für die Erreichung des Betriebszwecks **erforderlich** ist (BFH III R 39/86 BStBl II 1991, 773) und **besonderes Gewicht** hat (BFH XI R 23/96 BStBl II 1997, 437, 439; IV R 73/94 BStBl II 1997, 569; VIII R 11/99 BStBl II 2000, 621; III R 86/96 BFH/NV 1999, 758; IV B 34/99 BFH/NV 2000, 1084). Maßgebend ist die **innere Struktur des Betriebsunternehmens** (BFH X R 4/01 BFH/NV 2003, 41; IX R 43/01 BFH/NV 2003, 910; X B 103/02 BFH/NV 2004, 180); hierfür sind nicht einzelne Teile, sondern ist das Grundstück im Ganzen zu beurteilen (BFH VIII R 304/84 BFH/NV 1991, 90; VIII R 77/87 BStBl II 1992, 334). Für die Frage des Gewichts können verschiedene Gesichtspunkte von Bedeutung sein, u.a. die individuelle (BFH VIII R 342/82 BStBl II 1986, 299; VIII R 240/81 BStBl II 1986, 296; VIII R 339/82 BFHE 154, 539) oder branchenübliche (BFH VIII R 110/87 BStBl II 1991, 336) Gestaltung, auch durch das Betriebsunternehmen selbst (BFH X R 47/87 BStBl II 1991, 405), seine Anpassung an den Betriebsablauf (BFH X R 21/93 BStBl II 1997, 565; III R 80/91 BFH/NV 1993, 160), seine auf den Betrieb bezogene Gliederung und Bauart (BFH IV R 135/86 BStBl II 1989, 1014; XI R 22/89 BFH/NV 1992, 312), seine auf den Betrieb zugeschnittene Lage (BFH XI R 18/90 BStBl II 1992, 723; III R 91/88 BFH/NV 1993, 167) und Größe (BFH VIII R 342/82 BStBl II 1986, 299; VIII R 11/99 BStBl II 2000, 621). Hierbei kann sich die besondere Gestaltung aus der räumlichen Zusammenfassung von Betriebsteilen (BFH VIII R 77/87 BStBl II 1992, 334; VIII R 36/91 BStBl II 1993, 233), aber auch aus dem zeitlichen Zusammenhang zwischen Errichtung des Betriebsgebäudes, der Vermietung und der Aufnahme des Betriebes in diesem Gebäude ergeben (BFH IV R 49/91 BFH/NV 1993, 95; III R 80/89 BFH/NV 1993, 169; IX E 64/88 BFH/NV 1993, 528).

cc) Grundlage der betrieblichen Organisation. Zum Teil wird darauf abge- **320** stellt, ob das Grundstück – wie das Geschäftslokal im Einzelhandel – die **örtliche** (BFH IV R 135/86 BStBl II 1989, 1014) und **funktionale (sachliche) Grundlage** der betrieblichen Organisation bildet, und ob die Ausübung des Gewerbes ohne

§ 2 Steuergegenstand

ein entsprechendes (nicht dieses!) Objekt nicht möglich ist (BFH XI R 18/90 BStBl II 1992, 723; IV R 48/91 BFH/NV 1994, 265; X B 70/89 BFH/NV 1999, 39), bzw dass das Grundstück die Ausübung des Betriebs ermöglicht (BFH X B 99/10 BFH/NV 2012, 1110). Das ist zB dann der Fall, wenn sich auf dem Grundstück sämtliche für den Betriebsablauf erforderlichen Räume befinden (BFH IV R 69/92 BFH/NV 1994, 15).

321 **c) Keine wesentliche Betriebsgrundlage.** Eine wesentliche Betriebsgrundlage **liegt nicht vor,** wenn das Grundstück für die Betriebsgesellschaft *qualitativ* (Betriebsablauf) oder *quantitativ* (Größe) **von geringem Gewicht** ist (BFH X R 21/93 BStBl II 1997, 565; X B 70/98 BFH/NV 1999, 39; III R 96/96 BFH/NV 1999, 758); das ist jedoch bei einem Anteil von 22% am gesamten Grundbesitz nicht der Fall (BFH XI R 1/92 BStBl II 1993, 245; XI R 22/89 BFH/NV 1992, 312; XI R 41/04 BFH/NV 2006, 1455). Str ist die **relative Grenze** (*Weber-Grellet* DStR 1993, 271: 20%; *Kempermann* FR 1993, 593; 10%); nach BFH XI R 45/04 BFH/NV 2006, 1453 ist ein Raum von 18,5 m^2 (7,45%) keine wesentliche Betriebsgrundlage; dagegen ist das einzelne Ladenlokal eines Einzelhandelsunternehmens auch bei einem Anteil von weniger als 10% wesentliche Betriebsgrundlage (BFH IV R 78/06 BStBl II 2009, 803).

Ggf kann die **absolute Größe** zu beachten sein (offen in BFH IV R 25/05 BStBl II 2006, 804). Die Frage nach dem Gewicht stellt sich nicht, wenn das gesamte Anlagevermögen des Besitzunternehmens verpachtet wird (qualifizierte Betriebsaufspaltung, BFH VIII R 57/92 BFH/NV 1994, 162; XI R 8/99 BFH/NV 2000, 1135); ebenso wenig wenn das WG (Räumlichkeiten) funktional wesentlich ist (BFH XI R 30/05 BStBl II 2007, 524).

Nach **früheren Entscheidungen** lag keine wesentliche Betriebsgrundlage lvor, wenn der Stpfl jederzeit am Markt ein gleichwertiges Grundstück erwerben kann (BFH VIII R 110/87 BStBl II 1991, 336; VIII R 77/87 BStBl II 1992, 334). Gleichwohl stand die **Austauschbarkeit** der Annahme einer wesentlichen Betriebsgrundlage nicht ohne Weiteres entgegen; erforderlich war die problemlose Austauschbarkeit ohne irgendwelche Nachteile für die Betriebsführung (vgl BFH IV R 50/91 BStBl II 1992, 830; IV R 49/91 BFH/NV 1993, 95; Anm *Söffing* FR 1992, 592; *Hoffmann* BB 1993, 118). Das **Kriterium der Austauschbarkeit** hat der BFH wieder **aufgegeben** und auf die Erforderlichkeit aus innerbetrieblichen Gründen abgestellt (BFH IV R 50/91 BStBl II 1992, 830; X R 78/91 BStBl II 1993, 718; IV R 96/92 BFH/NV 1994, 15; IX R 43/01 BFH/NV 2003, 910; X B 99/10 BFH/NV 2012, 1110; ebenso *Kempermann* FR 1993, 593), wofür bereits die Anmietung des Grundstücks spricht (BFH VIII R 68/96 BFH/NV 2000, 1278; VIII R 13/03 BFH/NV 2004, 1253), bzw darauf, dass der Betrieb aus örtlichen oder sonstigen, innerbetrieblichen Gründen ohne das Grundstück nicht fortgeführt werden kann (BFH X R 21/93 BStBl II 1997, 565; VIII R 11/99 BStBl II 2000, 621; X R 4/01 BFH/NV 2003, 41; IX R 15/01 BFH/NV 2003, 1321). Die Austauschbarkeit ist demnach lediglich ein Indiz von mehreren (BFH VIII R 29/92 BFH/NV 1994, 228). In der Regel dürfte es sogar so sein, dass ein Grundstück nicht ohne Weiteres problemlos ausgetauscht werden kann (BFH IV R 48/91 BFH/NV 1994, 265). Auch ein „Allerweltsgebäude" kann wesentliche Betriebsgrundlage sein (*Patt* EStB 2006, 454).

322 **d) Einzelfälle. aa) Wesentliche Betriebsgrundlage bejaht: (1.) Gebäude bzw Gebäudeteile.** Für eine **Fabrikationshalle,** auch wenn nur teilweise genutzt (BFH XI R 76/92 BFH/NV 1994, 303), **Fabrikgebäude** bzw **-grundstücke** (BFH VIII R 77/87 BStBl II 1992, 334; IV R 8/90 BStBl II 1992, 347; IV R 113/90 BStBl II 1992, 349; IV R 50/91 BStBl II 1992, 830 jeweils mwN) sowie für **andere Gebäude,** die Lager-, Betriebs- und Verwaltungsräume umfassen (BFH IV B 34/99 BFH/NV 2000, 1084), **Allzweckhalle** eines Bäckereibetriebes (BFH XI

R 15/92 BFH/NV 1993, 523), Ausstellungs- bzw Lagerhalle im Möbeleinzelhandel (BFH VIII R 110/87 BStBl II 1991, 336; X R 47/87 BStBl II 1991, 405; IV R 48/91 BFH/NV 1994, 265; VIII R 75/93 BFH/NV 1995, 597), **Lagerhalle** eines Handelsbetriebs (BFH X R 74, 75/90 BStBl II 1994, 15; VIII R 21/93 BStBl II 1995, 890; IV B 111/00 BFH/NV 2001, 1252; IV R 37/10 BFH/NV 2013, 910; so inzwischen auch *OFD Cottbus* FR 1995, 331), ebenso eines Fertigungsbetriebes (BFH X R 25/93 BStBl II 1997, 44; XI B 150/02 BFH/NV 2005, 197), die Werkhalle eines Bauhofs (BFH XI R 23/96 BStBl II 1997, 437), Werkstattgebäude (BFH X B 103/02 BFH/NV 2004, 180), **Hotelgrundstück** (BFH VIII R 57/70 BStBl II 1974, 613), Gemeinschaftseinrichtungen und Appartements eines Hotels (BFH IV R 73/94 BStBl II 1997, 569), Hotelgebäude (BFH IV R 135/86 BStBl II 1989, 1014; IV R 13/91 BStBl II 1993, 134), **Bürogebäude** und **-räume** (BFH IV R 41/69 BStBl II 1973, 869; VIII B 21/93 BStBl II 1997, 565; IV B 111/00 BFH/NV 2001, 1252; IX R 15/01 BFH/NV 2003, 1321, wenn für betriebliche Zwecke hergerichtet; zust *Wehrheim* DStR 1999, 1803; *differenzierend* BFH I R 101/69 BStBl II 1971, 61; VIII R 11/99 BFH/NV 2000, 621; VIII R 24/01 BStBl II 2003, 757; IV R 7/05 BStBl II 2006, 176; IV R 25/05 BStBl II 2006, 804; III R 231/94 BFH/NV 1998, 1001; XI R 41/04 BFH/NV 2006, 1455; räumliche und funktionale Grundlage der Geschäftstätigkeit der Betriebsgesellschaft, BFH VIII B 18/99 BFH/NV 2001, 438; VIII R 71/98 BFH/NV 2001, 894; IV B 111/00 BFH/NV 2001, 1252; X R 118/98 BFH/NV 2002, 1130; III B 89/11 BFH/NV 2013, 1100; Billigkeitsregelung durch *BMF* BStBl I 2001, 634; BStBl 2002, 88, 647; zum Problem *Kempermann* FR 1993, 593, 596, DStR 1997, 1441; *Fischer* FR 2001, 33; zweifelnd *Binz* DStR 1996, 565; *Märkle* BB 2000, Beih 7, S 10; DStR 2002, 1109; *Stahl* KÖSDI 2003, 13 796); das gilt nicht für SonderBV (BFH VIII R 79/05 BStBl II 2008, 863); **Verbrauchermarktgrundstück** (BFH IV R 103/78 BStBl II 1982, 60; zum Betrieb gewerblicher Art *FinVerw* DStR 2004, 727), **Warenhausgrundstück** (BFH III R 121/76 BStBl II 1979, 366), **Ladenlokal** eines Einzelhandelsbetriebes (BFH XI R 18/90 BStBl II 1992, 723; XI R 1/92 BStBl II 1993, 245); sind mehrere vorhanden, dann nur, wenn es den Betrieb der Filiale vergleichbaren eigenständigen Unternehmens gestattet, auch wenn auf es weniger als 10% der gesamten Nutzfläche des Unternehmens entfällt (BFH IV R 78/06 BStBl II 2009, 803; hierzu *Strahl* BeSt 2009, 22; *Zimmers* GmbH-StPr 2009, 297; *Wacker* HFR 2009, 876; *Fehling* NWB 2009, 2404).

(2.) **Unbebaute Grundstücke.** Sie können bei entsprechendem **Funktionszusammenhang** bzw Betriebsnotwendigkeit wesentliche Betriebsgrundlage sein (BFH IV R 8/97 BStBl II 1998, 478), was sich durch bedarfsentsprechende Gestaltung (BFH VIII R 57/99 BStBl II 2002, 662) oder einen sonstigen Bezug (Abstellfläche vor Betriebsgebäude) dokumentieren kann (BFH IV R 59/04 BStBl II 2005, 830).

(3.) **Erbbaurecht.** Auch die Begründung und Überlassung eines **Erbbaurechts** zur betrieblichen Nutzung kann wesentliche Betriebsgrundlage sein (BFH VIII R 57/99 BStBl II 2002, 662), jedoch nur wenn und solange das Grundstück selbst oder ein Nießbrauchsrecht hieran beim Erbbaurechtsbesteller (beherrschender Gesellschafter der Betriebsgesellschaft) verbleibt (Einzelheiten hierzu bei *Meyer/Ball* DB 2003, 1597).

bb) Wesentliche Betriebsgrundlage verneint. Verneint wurde eine wesentliche Betriebsgrundlage zB bei **nicht betriebsnotwendigen** fremdvermieteten (BFH IV R 116/77 BStBl II 1981, 566; I R 39-40/74 BStBl II 1978, 67), nur zu Vorratszwecken angeschafften Grundstücken bzw bei nur vorübergehender Nutzung oder nur kurzzeitigem Eigentum des Gesellschafters (BFH I R 101/69 BStBl II 1971, 61) oder ihrer Art nach nicht für gewerbliche Zwecke bestimmte Gebäude (ehema- **323**

§ 2 Steuergegenstand

lige Schule, BFH VIII R 339/82 BFHE 154, 539). Bei Vermietung nur von **Gebäudeteilen** sollte nach FG Th EFG 2001, 687 keine sachliche Verflechtung bestehen, aufgeh von BFH IX R 15/01 BFH/NV 2003, 1321: sachl Verflechtung wegen räumlicher u funktionaler Grundlage für die Betriebsgesellschaft.

324 **e) Sonstiges Anlagevermögen.** Dieses kann wesentliche Betriebsgrundlage sein, wenn es dem Betrieb das **Gepräge** gibt bzw für die Betriebsführung **wirtschaftliches Gewicht** besitzt (BFH I R 39, 40/74 BStBl II 1978, 67). Dies gilt zB für **Maschinen** u andere Produktionsanlagen, jedoch abhängig von Branche und Eigenart des Betriebes (**bejaht:** BFH VIII R 33/85 BStBl II 1989, 458 – Torfabbaumaschine; IV R 135/86 BStBl II 1989, 1014 – Autowerkstatt; XI R 56/95 BStBl II 1996, 527 – Fabrikation; X B 157/94 BFH/NV 1995, 385 – Dreschmaschine für Lohndrescherei; FG Düsseldorf EFG 2004, 41 rkr; 2006, 264 rkr; **verneint:** BFH IV R 106/75 BStBl II 1979, 300 – Metzgerei; VIII R 153/77 BStBl II 1980, 181 – Bäckerei, Hotel; X R 101/90 BStBl II 1993, 710; III R 77/03 BStBl II 2005, 340 – kurzfristig wiederbeschaffbare **einzelne** Maschinen in Fabrikation; X B 167/03 BFH/NV 2004, 1262 entsprechend in Montage- bzw Reparaturbetrieb).

Auch **Umlaufvermögen** im Rahmen eines gewerblichen Grundstückshandels kann zur wesentlichen Betriebsgrundlage (Anlagevermögen) einer unechten Betriebsaufspaltung werden (BFH III R 27/98 BFH/NV 2001, 1641).

Bei **immateriellen WG** ist die Rspr uneinheitlich: **bejaht** für: gewerbliche Schutzrechte (BFH IV R 41/69 BStBl II 1973, 869), Erfindungen (BFH IV R 152/73 BStBl II 1978, 545; XI R 12/87 BStBl II 1992, 415; IV R 142/88 BFH/NV 1990, 522; XI R 72/97 BStBl II 1999, 281; X R 22/02 BStBl II 2006, 457; Abgrenzung zum Patentkauf (BFH III B 9/87 BStBl II 1988, 537); Firmenwert bzw Kunden/Mandantenstamm (BFH XI R 45/04 BFH/NV 2006, 1453; IV R 79/05 BStBl II 2009, 15; IV R 65/01 BStBl II 2009, 699; VIII B 116/10 BFH/NV 2011, 1135), Werberechte (BFH I R 164/94 BFH/NV 1997, 825); ggf ein Namensrecht (hierzu BFH I R 97/09 BFH/NV 2011, 312); **verneint** für die Übertragung von wirtschaftlichen Aktivitäten als Geschäftschance (BFH I R 97/09 BFH/NV 2011, 312), nichtpatentfähige Erfindungen (BFH VIII R 339/82 BFHE 154, 539); mE aber zu bejahen für ein ungeschütztes Erfinderrecht (vgl BFH I R 86/92 BStBl II 1994, 168). Maßgebend ist der für das Betriebsunternehmen erwirtschaftete Umsatz (BFH VIII R 151/85 BFH/NV 1990, 99). Zum Patent als wesentlicher Betriebsgrundlage bei Umsatzbeteiligung als Entgelt s FG Saarl EFG 1987, 131 rkr. Dabei genügt es, wenn das betreffende Anlagevermögen wesentliche Grundlage für einen von **mehreren Funktionsbereichen** des Betriebsunternehmens ist (BFH III R 121/76 BStBl II 1979, 366). Ein **Darlehen allein** ist idR keine wesentliche Betriebsgrundlage (BFH IV R 151/86 BStBl II 1989, 455; aA *Fichtelmann* GmbHR 2006, 345).

11. Personelle Voraussetzungen

Vgl H 15.7 (6–8) EStH.

325 **a) Beherrschung. Eine oder mehrere Personen** zusammen (Personengruppe) sind in der Lage, sowohl das Besitzunternehmen als auch das Betriebsunternehmen in dem Sinne zu beherrschen, dass sie in beiden Unternehmen einen **einheitlichen geschäftlichen Betätigungswillen durchsetzen** können (grds BFH GrS 2/71 BStBl II 1972, 63; vgl auch VIII R 240/81 BStBl II 1986, 296; VIII R 36/91 BStBl II 1993, 233; VII R 82/98 BStBl II 2002, 774). Es kommt also auf die **Möglichkeit der Durchsetzung,** nicht auf die tatsächliche Durchsetzung an (BFH VIII R 57/70 BStBl II 1974, 613). Daher sind auch vorübergehende Verhältnisse – so lange sie währen – zu berücksichtigen (zum Erbfall BFH III R 7/03 BFH/NV 2005, 1974; aA *Fichtelmann* Inf 1997, 460). Eine Betriebsaufspaltung kommt auch mit einem **Verein** oder einer **eingetragenen Genossenschaft** als Mehrheitsgesellschafterin der Besitzpersonengesellschafterin und Rechtsträgerin der Betriebskapitalgesellschaft in Betracht (BFH I R 164/94 BFH/NV 1997, 825; IV R 44/07 BStBl II 2012, 136; IV R 43/07 BFH/NV 2012, 222; krit *Stoschek/Sommerfeld* DStR 2012, 215).

Eine Personenidentität bzw **Beteiligungsidentität** der Organe bzw der an der Besitz- und Betriebsgesellschaft beteiligten Personen – als Idealfall – ist **nicht erforderlich;** es genügt **Beherrschungsidentität** (BFH I R 164/94 BFH/NV 1997, 825). Ist der Inhaber des Besitzunternehmens nur mit 50% am Betriebsunternehmen beteiligt, liegt keine personelle Verflechtung vor (BFH X R 32/05 BStBl II 2009, 634, unter 2a).

b) Gleichgerichtete Interessen. Die Personengruppe darf **nicht nur zufällig,** 326 sondern muss zweckgerichtet in Verfolgung wirtschaftlich gleichgerichteter Interessen zusammengekommen sein (BFH IV 87/65 BStBl II 1972, 796; IV R 62/98 BStBl II 2000, 417; IV R 96/92 BFH/NV 1994, 15; IV B 34/99 BFH/NV 2000, 1084). Insofern wird von der *„Theorie der bewusst geplanten Doppelgesellschaft"* gesprochen (*MK* DStR 2000, 818; *Märkle* DStR 2002, 1109; krit *Gosch* StBp 2000, 185). Erwerb der Beteiligungen durch Erbgang steht dem nicht entgegen (BFH IX R 64/88 BFH/NV 1993, 528). Der Beherrschungswille muss sich auf jeden Fall auf das Nutzungsverhältnis hinsichtlich der wesentlichen Betriebsgrundlagen beziehen. Dieses darf nicht gegen den Willen der das Besitzunternehmen beherrschenden Personen(gruppe) aufgelöst werden können (BFH IV R 13/91 BStBl II 1993, 134). Der Doppelgesellschafter fördert kraft seiner Mehrheitsbeteiligungen über die Betriebsgesellschaft seine verpachtende Tätigkeit (BFH IV R 135/86 BStBl II 1989, 1014; X R 25/93 BStBl II 1997, 44). Eine Betriebsaufspaltung liegt in Abweichung von der Fallgestaltung in BFH X R 25/93 BStBl II 1997, 44 nicht vor, wenn nur einer der beiden Gesellschafter oder Geschäftsführer der BesitzGbR an der BetriebsGmbH beteiligt ist (BFH VIII R 82/98 BStBl II 2002, 774) und die Beschlüsse in der GbR einstimmig gefasst werden müssen (BFH IV R 96/96 BStBl II 2002, 771; VIII R 72/96 BStBl II 2002, 722).

Die Möglichkeit der personellen Verflechtung ist nicht davon abhängig, dass die an die Betriebsgesellschaft überlassenen Wirtschaftsgüter im Eigentum des Besitzunternehmens stehen (BFH IV R 219/64 BStBl II 1966, 601; IV R 135/86 BStBl II 1989, 1014; IV R 49/91 BFH/NV 1993, 95). Der Idealfall des für eine Betriebsaufspaltung vorausgesetzten einheitlichen geschäftlichen Betätigungswillens ist die **Beteiligungsidentität** bei Besitz- und Betriebsunternehmen.

Beispiel 1:

A und B sind zu je Gesellschafter einer BGB-Gesellschaft und einer GmbH. Die GmbH nutzt entgeltlich ein Werksgelände, das sich im Gesamthandsvermögen der BGB-Gesellschaft befindet. Die Voraussetzungen einer Betriebsaufspaltung sind erfüllt (BFH I R 117/71 BStBl II 1973, 447; IV R 8/90 BStBl II 1992, 347; IV R 113/90 BStBl II 1992, 349).

Beispiel 2:

A ist Alleininhaber des Besitzunternehmens und beherrscht gleichzeitig die Betriebs-GmbH (ähnlich BFH I R 15/70 BStBl II 1972, 634).

c) Personengruppentheorie. Personelle Verflechtung besteht nach der **Perso-** 327 **nengruppentheorie** aber auch dann, wenn der Gesellschafterbestand an Besitz- und Betriebsunternehmen nur teilweise identisch ist und eine Gruppe beherrschend tätig wird oder wenn die Mitglieder der (herrschenden) Gruppe an beiden Gesellschaften in unterschiedlicher Höhe beteiligt sind (BFH IV R 62/98 BStBl II 2000, 417; IV B 34/99 BFH/NV 2000, 1084; IV B 120/00 BFH/NV 2001, 1561; VIII R 34/00 BFH/NV 2002, 185; verfassungsgemäß, BVerfG 1 BvR 549/04 DStZ

§ 2 Steuergegenstand

2004, 458). Der Beherrschungsidentität vermittelnde einheitliche geschäftliche Betätigungswille ergibt sich aus der **bewussten Doppelkonstruktion,** die die Gesellschafter ungeachtet der entgegengesetzten Mehrheitsverhältnisse in beiden Unternehmen dazu zwingt, insgesamt zu gemeinsamen Entscheidungen zu gelangen (BFH IV B 34/99 BFH/NV 2000, 1084; IV B 120/00 BFH/NV 2001, 1561; VIII R 34/00 BFH/NV 2002, 185; *Märkle* DStR 2002, 1109; **krit** *Gosch* StBp 2000, 185). Auf keinen Fall genügt es aber, wenn die Personen, die das Betriebsunternehmen beherrschen, das Besitzunternehmen **nur mittelbar** über eine GmbH beherrschen (sog Durchgriffsverbot, vgl BFH IV R 13/91 BStBl II 1993, 134 mwN). Zur mittelbaren Beherrschung der Betriebsgesellschaft vgl Rn 347.

328   **aa) Entgegengesetzte Beteiligungsverhältnisse. Ausnahmen** gelten im Übrigen nur bei extrem entgegengesetzten Beteiligungsverhältnissen am Besitzunternehmen und am Betriebsunternehmen (BFH X R 5/86 BStBl II 1989, 152), etwa beispielsweise wenn bei Beteiligungsidentität A am Besitzunternehmen mit 10% und am Betriebsunternehmen mit 90% beteiligt ist und B umgekehrt. Extrem unterschiedliche Beteiligungsverhältnisse werden noch nicht angenommen bei 10% zu 90% in der Betriebs-GmbH und 50% zu 50% in der Besitzgemeinschaft (BFH VIII R 36/84 BStBl II 1987, 858), bei 50% zu 50% in der Personengesellschaft und 98% zu 2% in der Betriebsgesellschaft (BFH IV R 89/93 BStBl II 1994, 466) sowie bei 60 : 40 in der BesitzGbR und 40 : 60 in der BetriebsGmbH (BFH IV R 62/98 BStBl II 2000, 417).

329   **bb) Ständige Interessengegensätze.** Trotz geeigneter Mehrheitsverhältnisse ist allerdings keine Betriebsaufspaltung anzunehmen, wenn ständige, durch **konkrete Tatsachen belegte Interessengegensätze** bestehen (BFH IV R 89/73 BStBl II 1975, 781; VIII B 129/95 BFH/NV 1997, 528). Das einfache Behaupten solcher Gegensätze reicht jedoch ebenso wenig (BFH I R 118/80 BStBl II 1982, 662) wie das Bestehen unterschiedlicher Motive der Gesellschafter oder gelegentliche Meinungsverschiedenheiten; vielmehr müssen sich die an der Betriebsgesellschaft beteiligten Gesellschafter bei der Willensbildung im Besitzunternehmen erkennbar blockieren (BFH IV R 73/94 BStBl II 1997, 569), so dass der Wille, die geschäftliche Betätigung durch die „Doppelkonstruktion" (Rn 326, 328) zu verwirklichen, ausgeschlossen werden kann (BFH IV B 120/00 BFH/NV 2001, 1561). Hieran kann im Einzelfall eine im Übrigen rechnerisch mögliche Betriebsaufspaltung mit mehreren Besitzpersonengesellschaften scheitern (*Fichtelmann* GmbHR 1996, 580).

330   **d) Beherrschung.** Sie geschieht **grundsätzlich** (Ausnahme Rn 331) mit den **Mitteln des Gesellschaftsrechts,** also mit der durch die Anteile gegebenen Mehrheit der Stimmen (BFH IV R 15/91 BStBl II 1993, 876; IV R 89/93 BStBl II 1994, 466; XI R 23/96 BStBl II 1997, 437). Es genügt einfache Mehrheit; das Erfordernis einer 75%igen Mehrheit wurde aufgegeben (BFH I R 141/75 BStBl II 1980, 162). Ausschlaggebend ist die aus den **Mehrheitsverhältnissen** abzuleitende *Möglichkeit der tatsächlichen Beherrschung* beider Unternehmen (vgl BFH IV 87/65 BStBl II 1972, 796; IV R 41/69 BStBl II 1973, 869; I R 260/72 BStBl II 1975, 266). Maßgebend ist der **Gesellschaftsvertrag,** (Stimmrechts-)Vereinbarungen sind beachtlich (BFH VIII R 5/87 BStBl II 1989, 96; *Natschke* StBp 2000, 133). Gegen ein generelles Abstellen auf die rein tatsächliche Beherrschung BFH VIII R 72/96 BStBl II 2002, 722; IV R 96/96 BStBl II 2002, 771 (gegen *Beisse* FS L. Schmidt, 1993, 455). Auch BFH IV R 91/89 BFH/NV 1990, 562; III R 94/87 BStBl II 1990, 500; IV R 13/91 BStBl II 1993, 134; IV R 73/94 BStBl II 1997, 569, 572 stellen grundsätzlich auf die *Mehrheitsverhältnisse* ab, sofern kraft Gesetz (§ 745 BGB) oder Vertrag (§ 709 BGB) wenigstens für Geschäfte des täglichen Lebens das Mehrheitsprinzip maßgeblich ist und der Gesellschaftsvertrag hierfür nicht eine qualifizierte Mehrheit vorsieht (vgl BFH IV R 15/91 BStBl II 1993, 876;

IV R 15/87 BFH/NV 1991, 439; XI R 25/88 BFH/NV 1991, 454; VIII R 71/87 BFH/NV 1992, 551; VIII B 22/97 BFH/NV 1998, 852). Ist dem so, dann ist trotz des Erfordernisses von Einstimmigkeit oder qualifizierter Mehrheit in besonderen Fällen Beherrschung gegeben (BFH X R 25/93 BStBl II 1997, 44; FG Nürnberg DStRE 2006, 671 rkr; *BMF* BStBl I 2002, 1028; *Kempermann* GmbHR 2005, 317). Hierbei stellt die Entscheidung über die Verpachtung der (wesentlichen) Wirtschaftsgüter keine des gewöhnlichen Betriebs des Handelsgewerbes dar (vgl FG München EFG 1991, 416; krit *Söffing* BB 1998, 397; *Gschwendtner* DStR 2000, 1137; *Rätke* StuB 2000, 464). Überlässt eine Bruchteilsgemeinschaft einem Miteigentümer eine Teilfläche, die dieser über eine GmbH gewerblich nutzt, ist Beherrschung gegeben, wenn er hinsichtlich dieses Teils über Geschäfte des täglichen Lebens bestimmen kann (BFH X R 22/07 BFH/NV 2010, 208). Andererseits ist es für die personelle Verflechtung unschädlich, wenn sich eine gemeinsame Geschäftsführung bzw Vertretung nur auf Abschluss/Beendigung der Nutzungsüberlassungsverträge bezieht und die laufende Verwaltung dem Nurbesitzgesellschafter überlassen bleibt (BFH IV R 44/07 BStBl II 2012, 136). Das Handeln durch einen Fremdgeschäftsführer steht der personellen Verflechtung nicht entgegen (BFH IV R 100/78 BStBl II 1982, 479).

aa) Einstimmigkeitsprinzip. Der BFH geht in st Rspr (vgl BFH IV R 96/96 **331** BStBl II 2002, 771; IV R 44/07 BStBl II 2012, 136; IV R 43/07 BFH/NV 2012, 222) davon aus, dass bei **vorgeschriebener Einstimmigkeit** in der **Besitzgesellschaft** (§ 709 Abs 1 und 2 BGB, §§ 119, 161 Abs 2 HGB; vgl zur Bruchteilsgemeinschaft § 745 BGB) die Besitz- oder Betriebsgesellschaft bei Teilidentität nicht beherrscht werden kann (vgl auch BFH IV R 77/79 BStBl II 1982, 476; IV R 91/89 BFH/NV 1998, 852). Das gilt jedenfalls dann, wenn das Einstimmigkeitsprinzip auch die laufende Verwaltung der vermieteten WG, die sog „Geschäfte des täglichen Lebens" einschließt, wie regelmäßig bei der GbR (BFH VIII R 72/96 BStBl II 2002, 722; IV R 96/96 BStBl II 2002, 771; hierzu *BMF* BStBl I 2002, 1018; *Schoor* StBp 2003, 42; *Neufang* DB 2004, 730; *Wendt* FR 2000, 819; *Kempermann* GmbHR 2005, 317; krit *Neumann* DB 2003, 2356). Die personelle Verflechtung ist also nicht gegeben, wenn der Besitzgesellschaft Nur-Besitzgesellschafter angehören und vertraglich einstimmige Beschlüsse vorgeschrieben sind (vgl BFH IV R 96/96 BStBl II 2002, 771; VIII R 72/96 BStBl II 2002, 772; VIII R 82/98 BStBl II 2002, 774; s auch IV B 167/04 BStBl II 2006, 158; IV R 44/07 BStBl II 2012, 136). Entsprechende Grundsätze gelten bei Vereinbarung des Erfordernisses einer **qualifizierten Mehrheit** für den Fall, dass die Doppelgesellschafter diese nicht erreichen.

bb) Ausnahme. Beherrschung der Besitzgesellschaft ist **trotz Einstimmig-** **332** **keitserfordernis** möglich, wenn im Gesellschaftsvertrag dem Mehrheitsgesellschafter der BetriebsGmbH die Führung der Geschäfte überlassen wird (BFH VIII R 24/01 BStBl II 2003, 757; Schl-H FG EFG 2011, 1433; hierzu *Kempermann* FR 2003, 965; **krit** G. *Söffing* BB 2004, 1303; *Gosch* StBp 2003, 309; *Kölpin* StuB 2003, 980). Das Fehlen der Befreiung des beherrschenden Besitzgesellschafters vom Verbot des Selbstkontrahierens (§ 181 BGB) hindert die personelle Verflechtung nicht, wenn jener aufgrund seiner Stellung in der Betriebsgesellschaft nicht selbst für diese auftreten muss (BFH IX R 52/04 BStBl II 2007, 165).

e) Rechtsmissbrauch. Rechtsmissbrauch, der auch im Hinblick auf die **333** Gestaltung von Stimmrechtsverhältnissen in Betracht kommt, wird **nicht angenommen**, wenn das gesetzliche Einstimmigkeitserfordernis nicht abbedungen wird (BFH VIII R 50, 51/96 BFH/NV 2000, 601).
Nach BFH I R 174/79 BStBl II 1984, 212; VIII R 240/81 BStBl II 1986, 296 soll entscheiden, ob die Grundstücksgemeinschafter tatsächlich einen zivilrechtlich zweifelhaften (s BGH DB 1989, 1715, BB 1990, 367; vgl aber BFH VIII B 22/97

§ 2 Steuergegenstand

BFH/NV 1998, 852) **Stimmrechtsausschluss** im Hinblick auf die Beziehung zur Betriebsgesellschaft praktizieren oder abbedungen haben (zu den Varianten *Groh* DB 1989, 752). Wird er aber tatsächlich nicht praktiziert, steht dies der Annahme der Beherrschung nicht entgegen (vgl BFH X R 25/93 BStBl II 1997, 44; IV R 151/86 BStBl II 1989, 455, Vetorecht). Im Übrigen gelten die Grundsätze zur „Personengruppentheorie" (Rn 225) auch für die Ausgestaltung von Stimmrechten (BFH IV B 120/00 BFH/NV 2001, 1561).

334 **f) Betriebsgesellschaft.** Für diese hat das **Einstimmigkeitserfordernis** nicht dieselbe Bedeutung wie in der Besitzgesellschaft. Können die das Besitzunternehmen als Eigentümer beherrschenden Mehrheitsgesellschafter und Geschäftsführer der Betriebsgesellschaft die das Nutzungsverhältnis betreffenden Geschäfte in der Betriebsgesellschaft ohne Zustimmung der Gesellschafterversammlung durchführen, ist auch in der Betriebsgesellschaft Beherrschung durch sie gegeben, wenn sie nicht gegen ihren Willen abgesetzt werden können (zB BFH X R 25/93 BStBl II 1997, 44; X R 56/04 BStBl II 2006, 415; IV B 15/03 BFH/NV 2005, 545). Entsprechendes gilt für das Erfordernis qualifizierter Mehrheiten (BFH XI R 25/88 BFH/NV 1991, 454).

aa) GmbH. Bei einer GmbH genügt es, wenn die Doppelgesellschafter über die **einfache Mehrheit** der Anteile und damit der Stimmen verfügen (§ 47 Abs 1 GmbHG; BFH IV R 15/91 BStBl II 1993, 876; FG München EFG 2003, 1535 rkr). Abzustellen ist auf die Geschäfte des täglichen Lebens (s.o. Rn 330; BFH X R 25/93 BStBl II 1997, 44), weswegen ein Stimmrechtsausschluss (§ 47 Abs 4 GmbHR) für Geschäfte mit dem Besitzunternehmen unerheblich ist. Insofern kann zumindest durch die Bestellung/Abberufung von Geschäftsführern der Beherrschungswille durchgesetzt werden, was für die personelle Verflechtung ausreicht (BFH IV R 151/86 BStBl II 1989, 455). Entsprechendes gilt für die **Bestellung von Beiräten** (vgl FG Nürnberg DStRE 2006, 671 rkr; krit *Söffing* BB 2006, 1529).

bb) Stimmrechtsvollmacht. Die fehlende Mehrheit kann wegen der damit verbundenen tatsächlichen Machtstellung durch **Stimmrechtsvollmacht** hergestellt werden (BFH XI R 23/96 BStBl II 1997, 437; *Fichtelmann* GmbHR 2006, 345 für Stimmrechtsbindungsvertrag). Umgekehrt kann die Stimmrechtsvollmacht (insb mit **Nießbrauch** am GmbH-Anteil) die personelle Verflechtung nicht verhindern, weil entweder das Kausalgeschäft den Vollmachtnehmer bindet oder die Vollmacht frei widerruflich ist (BFH X B 230/08 BFH/NV 2009, 1647, mit Hinweis auf das Zivilrecht).

cc) Stimmrechtsbindung. Bei Stimmrechtsbindung kann trotz einer an sich vorhandenen Stimmenmehrheit keine Beherrschung in der Betriebsgesellschaft gegeben sein (BFH VIII B 22/97 BFH/NV 1998, 852; *Röschmann/Frey* GmbHR 1997, 155). Auch kann die Stimmrechtsbindung (insb bei Option zum Erwerb der Anteile an der Betriebsgesellschaft) zur Unterbrechung der Betriebsaufspaltung führen (BFH X R 37/07 BFH/NV 2010, 406). Zur Stimmrechtsbindung bei (behaupteter) Treuhand BFH VIII R 36/84 BStBl II 1987, 858.

dd) Personengesellschaft. Ist Betriebsgesellschaft eine Personengesellschaft, genügt für die Beherrschung grds die **Mehrheit der Anteile**, wenn das Mehrheitsprinzip zumindest für die Geschäfte des täglichen Lebens gilt. Keine Beherrschung bei Einstimmigkeitsprinzip auch diesbezüglich oder Bestehen eines Vetorechts des Nur-Betriebsgesellschafters im Hinblick auf das Nutzungsverhältnis bei den wesentlichen Betriebsgrundlagen (BFH IV R 13/91 BStBl II 1993, 134).

ee) Aktiengesellschaft. Bei der (auch börsennotierten) **AG** ist ebenfalls davon auszugehen, dass der **Mehrheitsaktionär** seinen Willen zumindest mittelbar durchsetzen kann, so dass eine Betriebsaufspaltung zwischen ihr und seinem Besitzunternehmen nicht zweifelhaft ist (BFH IV 100/78 BStBl II 1982, 479; X R 45/09 BStBl II 2011, 778 zu FG Hamburg 3 K 124/08 EFG 2010, 140; hierzu *Wachter* DStR 2011, 1599; krit *Crezelius* FR 2010, 297; *Bode* FR 2011, 1001).

g) Partei kraft Amtes. Handeln zB Testamentsvollstrecker/Insolvenz- oder 335 Zwangsverwalter **an Stelle einer Person(engruppe),** die das Betriebsunternehmen beherrscht, dann fehlt es an einem für die Begründung einer Betriebsaufspaltung erforderlichen einheitlichen Betätigungswillen (BFH VIII R 237/81 BStBl II 1985, 657). Doch kann deren Eintreten eine bestehende Betriebsaufspaltung nicht beenden (BFH IV R 76/05 BStBl II 2008, 858). Eine Zwangsbetriebsaufgabe (Rn 367 ff) tritt nicht ein.

h) Einheitlicher geschäftlicher Betätigungswille bei Ehegatten. 336 **aa) BVerfG-Rechtsprechung.** Nach der Rspr des BVerfG verbietet der Grundrechtsschutz der Art 3 u 6 GG die Zusammenfassung der **Beteiligungen von Eheleuten,** wenn der eine *nur* in dem einen Unternehmen und der andere *nur* in dem anderen Unternehmen beteiligt ist oder wenn das andere Unternehmen nur zusammen mit dem Ehegatten beherrscht werden kann. Etwas anderes gilt nur, wenn sich anhand sonstiger Beweisanzeichen eine sich nicht nur durch die eheliche Lebensgemeinschaft ergebende wirtschaftliche Interessengleichrichtung feststellen lässt (BVerfG 1 BvR 571/81 BStBl II 1985, 475). Der BFH ist dem gefolgt (BFH IV R 98, 99/85 BStBl II 1986, 913; bestätigt BVerfG 1 BvR 1159/86 DStR 1988, 288; vgl BFH X B 255/10 BFH/NV 2011, 1859). Die Rspr des BVerfG berührt also die *Personengruppentheorie* (Rn 327 ff) auch dann nicht, wenn Ehegatten bzw andere Familienangehörige beteiligt sind; denn hier beruht der vermutete Interessengleichklang auf dem zielgerichteten Zusammenschluss derselben Personen in beiden Unternehmen (BFH IV B 28/90 BStBl II 1991, 801; IV R 89/93 BStBl II 1994, 446).

bb) Gütergemeinschaft. Daher ist eine personelle Verflechtung anzunehmen, 337 wenn das Betriebsgrundstück und die Mehrheit der Anteile an der Betriebs-GmbH zum **Gesamtgut** einer ehelichen Gütergemeinschaft gehört (BFH IV R 15/91 BStBl II 1993, 876; IV R 22/02 BFH/NV 2007, 149; BVerfG 1 BvR 19/07 HFR 2008, 754, Nichtannahme) oder wenn Ehegatten ein Grundstück zu Bruchteilen erwerben, um es an eine GmbH zu vermieten, an der sie im umgekehrten Verhältnis beteiligt sind (BFH VIII R 34/00 BFH/NV 2002, 185). Formal ist damit Gleichbehandlung von Ehegatten und Dritten erreicht, wenngleich die bei Ehegatten gegebene Wirtschaftsgemeinschaft steuerliche Gestaltungen erleichtert (*L. Schmidt* DStR 1979, 699, 702).

cc) Zusätzliche Beweisanzeichen. S auch H 15.7 Abs 5, 6 EStH. Dies sind 338 etwa unübliche Vertragsgestaltungen zwischen Besitz- und Betriebsunternehmen (vgl auch *BMF* BStBl I 1986, 537; *Heidner* DB 1990, 73), ein Stimmrechtsbindungsvertrag oder eine unwiderrufliche Stimmrechtsvollmacht (BFH VIII R 151/85 BFH/NV 1990, 99), die planmäßige gemeinsame Gestaltung mehrerer Unternehmen (überlagernde Innengesellschaft BFH IV R 98, 99/85 BStBl II 1986, 913; krit *Barth* DStR 1987, 211; *Lothmann* BB 1987, 1014; *Kuhfus* GmbHR 1990, 401). Solche **besonderen Umstände** werden nicht darin gesehen, dass einer der Ehegatten den anderen seinen Anteil an der Besitzgemeinschaft überträgt und gleichzeitig dessen Anteil an der Betriebsgesellschaft erwirbt (BFH VIII R 36/84 BStBl II 1987, 858; mE ist das jedoch planmäßige Gestaltung). Ferner reichen dafür nicht aus: jahrelanges konfliktfreies Zusammenwirken der Eheleute in der Gesellschaft, Herkunft der Mittel für die Beteiligung der Ehefrau vom Ehemann, Erbeinsetzung der Ehefrau als Alleinerbin, Beteiligung der Ehefrau zur Altersicherung, gemeinsame nicht gleichlaufende geschäftliche Interessen (BFH I R 115/85 BStBl II 1986, 362; IV R 65/83 BStBl II 1986, 364; VIII R 125/85 BStBl II 1986, 611), Prägung der Betriebsge-

§ 2 Steuergegenstand

sellschaft durch den Ehemann, Schenkung der Mittel für GmbH-Beteiligung (BFH III R 94/87 BStBl II 1990, 500).

339 **i) Wiesbadener Modell.** Bei diesem hält **ein Ehegatte** die Anteile an der Betriebsgesellschaft, während **der andere** Alleineigentümer einer wesentlichen Betriebsgrundlage (zB Grundstück) ist. Hier bilden die Ehegatten in keinem Unternehmen eine Personengruppe. Eine Betriebsaufspaltung ist deshalb nicht anzunehmen (BFH VIII R 263/81 BStBl II 1986, 359; VIII R 198/84 BStBl II 1987, 28; X R 5/86 BStBl II 1989, 152, 155; *Schoor* StBp 2003, 42). Eine Scheidungs- oder Widerrufsklausel kann aber wirtschaftliches Eigentum des Ehegatten, der die wesentliche Betriebsgrundlage oder den GmbH-Anteil geschenkt hat, an diesem WG annehmen lassen (vgl BFH VIII R 196/84 BStBl II 1989, 877).

340 **j) Beteiligung minderjähriger Kinder.** Auch dabei (vgl hierzu das frühere Urteil BFH I R 178/77 BStBl II 1983, 136) ergeben sich Konsequenzen aus BVerfG 1 BvR 571/81 u.a. BStBl II 1985, 475, 481. Eine **Zusammenrechnung** ohne besondere Beweisanzeichen kann mE **nur** erfolgen, wenn beide Eltern an beiden Unternehmen und an einem Unternehmen das Kind (hier mit den Eltern mehrheitlich) beteiligt sind, vorausgesetzt beide Eltern sind sorgeberechtigt (R 15.7 Abs 8 Satz 1 EStR). In anderen Fällen (zB am Besitzunternehmen ein Elternteil ohne Kind mehrheitlich, am Betriebsunternehmen dieser zu 50%, das Kind zu 10%) müssen zusätzliche Beweisanzeichen für eine Interessengleichrichtung sprechen. Zu volljährigen Kindern vgl BFH IV R 65/83 BStBl II 1986, 364 (grundsätzlich keine Zusammenrechnung, BFH IV R 11/81 BStBl II 1984, 714; VIII R 13/93 BStBl II 1994, 922; III R 174/80 BFH/NV 1985, 49).

12. Faktische Beherrschung/Beherrschung ohne geeigneten Anteilsbesitz

341 **a) Betriebsgesellschaft. Ausnahmsweise** kann sich die Fähigkeit, den geschäftlichen Betätigungswillen in der Betriebsgesellschaft durchzusetzen, auch aus einer rein **tatsächlichen Machtstellung** herleiten lassen (BFH VIII R 82/98 BStBl II 2002, 774), zB Vermietung einer unverzichtbaren Betriebsgrundlage (*BMF* BStBl I 2002, 1028; *Kempermann* FR 2005, 317), auch über eine zwischengeschaltete GmbH (BFH X R 50/97 BStBl II 2002, 363). Diese müssen bewirken, dass der Beherrschende faktisch auf die zur Beherrschung führenden Stimmrechte Einfluss nehmen (BFH VIII B 15/01 BFH/NV 2002, 185), dh mindestens ein Beteiligter von seinen gesellschaftsrechtlichen Einwirkungsmöglichkeiten keinen Gebrauch machen kann (krit *Pannen* DB 1994, 1252).

342 **aa) Bejaht.** Verpachtung der wesentlichen Betriebsgrundlage durch den fachkundigen Ehegatten an eine Gesellschaft, an der (nur) der fachkundige Ehegatte (beherrschend) beteiligt ist (BFH IV R 145/72 BStBl II 1976, 750); Beherrschung über eine Stiftung (BFH I R 118/80 BStBl II 1982, 662); Besitzgesellschafter führt Betriebsgesellschaft und kann aufgrund von Option/Vollmacht jederzeit die Mehrheit an ihr erwerben (BFH XI R 23/96 BStBl II 1997, 437; VIII B 45/01 BFH/NV 2002, 345).

343 **bb) Verneint.** Betriebsverpachtung an GmbH mit Ehefrau als „fachunkundige" Alleingesellschafterin (BFH X R 5/86 BStBl II 1989, 152; auch bei jahrelanger konfliktfreier Zusammenarbeit); Verpachtung an GmbH, der der Verpächter das „Gepräge" gibt und dessen Alleingesellschafterin dessen Ehefrau ist (BFH I R 228/84 BStBl II 1989, 155), der eine Ehegatte die GmbH-Anteile dem Ehegatten geschenkt hatte, den Pachtvertrag kündigen konnte, Gläubiger der GmbH war und mit Ehegatten und Kindern Gesellschafter der GmbH war (BFH III R 94/87 BStBl II 1990, 500, 502; s auch VIII R 50, 51/96 BFH/NV 2000, 601); einer der Ehegat-

Gewerbebetrieb durch Betriebsaufspaltung/Unternehmensverbund **§ 2**

ten erwirbt den Anteil des anderen Ehegatten an der Betriebsgesellschaft und überträgt ihm seinen Anteil an der Besitzgesellschaft (BFH VIII R 36/84 BStBl II 1987, 858). Ein einfacher Vorteil auf Grund von beruflicher Vorbildung oder Erfahrung genügt auch dann nicht, wenn der Ehegatte die Besitzgesellschaft beherrscht, bei der GmbH angestellt ist und den Geschäftsanteil des anderen einziehen kann (BFH IV R 20/98 BStBl II 1999, 445), bzw die Eheleute zu je 50% an der GmbH beteiligt sind (BFH XI R 25/88 BFH/NV 1991, 454); bei Einstimmigkeitsprinzip in Besitzgesellschaft trotz Mehrheit an beiden Gesellschaften und Anmietung des Grundstücks durch einen Ehegatten (BFH VIII R 82/98 BStBl II 2002, 774); bei nicht vereinbarungsgemäßer Vertragsdurchführung (Hess FG EFG 1992, 25); Vereinnahmung der Miete allein durch Alleingesellschafter der Betriebsgesellschaft (FG Münster EFG 2004, 329 rkr); bei Begrenzung der Geschäftsführungsbefugnis in der BetriebsGmbH (FG Düsseldorf EFG 2004, 1632 rkr); Geschäftsführung der GmbH durch den nicht an ihr, aber am Besitzunternehmen beherrschend beteiligten Eigentümer des Betriebsgrundstücks (BFH IV R 11/81 BStBl II 1984, 714).

cc) Großgläubiger. Auch ein Großgläubiger, der die Geschäftsführung des **344** Schuldner-Betriebsunternehmens vollständig an sich zieht, kann iSd Betriebsaufspaltung tatsächlich beherrschen (BFH VIII R 198/84 BStBl II 1987, 28; IV R 13/91 BStBl II 1993, 134). Das ist nicht der Fall, wenn ein weiterer (kompetenter) Geschäftsführer vorhanden ist. Auch die Möglichkeit, bestimmte Darlehen zurückzufordern, allein reicht nicht (BFH III R 94/87 BStBl II 1990, 500, 502).

dd) Stimmenmehrheit. Beherrschenden Einfluss kann auch die **rechtliche 345 Möglichkeit** vermitteln, jederzeit die für **die Stimmenmehrheit** erforderlichen Anteile zu erwerben (BFH IV R 117/80 BStBl II 1983, 299; IV R 96/96 BStBl II 2002, 771; VIII R 82/98 BStBl II 2002, 774; VIII B 22/97 BFH/NV 1998, 852; VIII B 45/01 BFH/NV 2002, 345; anders jedoch FG Münster EFG 2001, 1035 und BFH IX B 117/01 BFH/NV 2002, 777), auch wenn sie auf einer jederzeit widerruflichen Vollmacht beruht (BFH XI R 23/96 BStBl II 1997, 437), ebenso die Übertragung der Stimmrechtsmehrheit; nicht jedoch bei einer einfachen Scheidungsklausel (BFH IV R 20/98 BStBl II 1999, 445).

b) Besitzgesellschaft. Die **faktische Beherrschung** der BesitzGbR durch den **346** Geschäftsführer **setzt voraus,** dass die anderen Gesellschafter-Geschäftsführer bei der Beschlussfassung über Angelegenheiten der Gesellschaft keinen eigenen geschäftlichen Willen entfalten können. Ein auf schuldrechtlicher Basis bestehender wirtschaftlicher Druck genügt hierfür nicht (BFH VIII R 82/98 BStBl II 2002, 774), ebensowenig der Umstand, dass de facto jahrelang alle Entscheidungen iS einer Personengruppe ausgefallen sind (BFH IX B 117/01 BFH/NV 2002, 777; *Wendt* FR 2000, 819). Dagegen liegt trotz Einstimmigkeitserfordernis Beherrschung vor, wenn im Gesellschaftsvertrag *einem* Gesellschafter die Führung der Geschäfte überlassen wird (BFH VIII R 24/01 BStBl II 2003, 757; Anm *Kempermann* FR 2003, 965; G. *Söffing* BB 2004, 1303).

13. Beherrschung durch mittelbare Beteiligung

a) Zwischengeschaltete GmbH. Mittelbar kann ein **Betriebsunternehmen 347** auch über eine zwischengeschaltete GmbH beherrscht werden, die Anteile an dem Betriebsunternehmen hält (BFH I R 136/70 BStBl II 1975, 112; I R 178/77 BStBl II 1983, 136; III B 9/87 BStBl II 1988, 537; IV R 48/91 BFH/NV 1994, 265; X R 49/97 BFH/NV 2002, 631).

Beispiel:

A vermietet der B-GmbH ein Grundstück, an der die ihm zu 100 % gehörende C-GmbH mehrheitlich beteiligt ist.

§ 2 Steuergegenstand

Dies gilt auch dann, wenn sich die Zwischengesellschaft **im Ausland** befindet (BFH I R 136/70 BStBl II 1975, 112; IV R 103/78 BStBl II 1982, 60; X R 22/02 BStBl II 2006, 457). Entsprechendes gilt auch für eine zwischengeschaltete **rechtsfähige Stiftung** (BFH I R 118/80 BStBl II 1982, 662). Ist Betriebsgesellschaft eine GmbH & Co KG, bei der die Kommanditisten über die Mehrheit des Kapitals und der Stimmen verfügen, dann übt der Alleingesellschafter der Komplementär-GmbH nicht ohne Weiteres die Herrschaft in der KG aus, weil die Auflösung des die sachliche Verflechtung begründenden Pachtverhältnisses über den gewöhnlichen Geschäftsbetrieb (§ 164 HGB) hinausgeht (BFH IV R 13/91 BStBl II 1993, 134).

Umgekehrt genügt es nicht, wenn derjenige, der seinen Willen in der Betriebsgesellschaft (evtl auch durch mittelbaren Anteilsbesitz) durchsetzen kann, nur **mittelbar am Besitzunternehmen** (über eine Kapitalgesellschaft) beteiligt ist (Durchgriffsverbot, BFH IV R 13/91 BStBl II 1993, 134; vgl zu § 9 Nr 1 BFH IV R 11/98 BStBl II 1999, 532). Der in der Person des Anteilseigners gegebene Tatbestand (Beherrschung des Betriebsunternehmens) kann hiernach nicht der Besitzkapitalgesellschaft zugerechnet werden. Entsprechendes gilt, wenn die Betriebsgesellschaft an der Besitzgesellschaft nur über Kapitalgesellschaften beteiligt ist. Zwischen Schwesterkapitalgesellschaften kann es nach dieser Rspr nicht zu einer Betriebsaufspaltung kommen (*Salzmann* DStR 2000, 1329; aA *Klein/Wienands* GmbHR 1995, 499). Ist der die Betriebsgesellschaft beherrschende Gesellschafter auch unmittelbar an der Personengesellschaft beteiligt, genügt es, wenn deren Beherrschung über die Komplementär-GmbH vermittelt wird (BFH IV R 13/91 BStBl II 1993, 134).

348 **b) Kontroverse Deutung.** Die **Einordnung** dieser Rspr ist im Schrifttum **kontrovers**: zum Teil wird sie so gedeutet, dass sowohl im Hinblick auf die Besitzpersonengesellschaft als auch auf die Betriebskapitalgesellschaft eine nur mittelbare Beteiligung nicht ausreicht (*Salzmann* DStR 2000, 1229); zum Teil wird Beherrschung auch bei mittelbarer Beteiligung auch an der Besitzpersonengesellschaft angenommen (zB *Schmidt/Wacker* § 15 Rn 835; dem ist mE zuzustimmen: zumindest faktische Beherrschung); im Übrigen wird zutreffend die unterschiedliche Behandlung bei Besitzpersonengesellschaft und Betriebskapitalgesellschaft abgelehnt (*Kroschel/Wellisch* DStR 1999, 167; *Söffing* FR 2002, 335).

14. Besondere Erscheinungsformen der Betriebsaufspaltung

349 **a) Kapitalistische Betriebsaufspaltung.** Durch die höchstrichterliche Rspr anerkannt ist die sog kapitalistische Betriebsaufspaltung, bei der die Besitzgesellschaft eine Kapitalgesellschaft oder eine andere Körperschaft und an der Betriebskapitalgesellschaft beherrschend (über 50%) beteiligt ist (BFH III R 45/92 BStBl II 1995, 75; I R 180/82 BStBl II 1987, 117; I S 2, 3/85 BFH/NV 1986, 433; I R 164/94 BFH/NV 1997, 826; *BMF* BStBl I 1985, 683; *OFD Hamburg* DStR 1996, 427; FG Köln EFG 1986, 351, rkr; zum Begriff *Fichtelmann* Inf 1981, 433). Die Frage ist nicht nur theoretischer Natur: Zwar erzielt auch das Besitzunternehmen in der Form einer Kapitalgesellschaft kraft Gesetzes Einkünfte aus Gewerbebetrieb. Auch wenn die **Betriebs-GmbH** lediglich kraft Gesetzes Einkünfte aus Gewerbebetrieb erzielt, weil sie eine **vermögensverwaltende Tätigkeit** ausübt (§ 2 Abs 2 GewStB; § 8 Abs 2 KStG), kann im Verhältnis zu ihr eine Betriebsaufspaltung begründet werden (FG Münster EFG 1988, 527 rkr). Zu den Gefahren *Bitz* DStR 2002, 752. Gleichwohl kann die Frage der Betriebsaufspaltung für die GewStBefreiung (Rn 374) und die Investitionszulage von Bedeutung sein. Eine Betriebsaufspaltung zwischen **Schwester-Kapitalgesellschaften** hat der BFH abgelehnt und die Gewinnkürzungsvorschrift des § 9 Nr 1 Satz 2 GewStG angewendet, die allein wegen ihrer Rechtsform gewerbesteuerpflichtige Kapitalgesellschaften entlasten soll (BFH I R 111/78 BStBl II 1980, 77; III S 42/92 BStBl II 1993, 723; III R 45/92

BStBl II 1995, 75, 78; **aA** *Wienands* DStZ 1994, 623; *Klein/Wienands* GmbHR 1995, 499).

Auch ein **eingetragener Verein** kann ein Besitzunternehmen abgeben (BFH I R 164/94 BFH/NV 1997, 825), nicht dagegen, wenn nur die Vereinsmitglieder an der Betriebs-GmbH beteiligt sind (FG Saarl EFG 1988, 526 rkr). Ist der beteiligte **Verein gemeinnützig,** dann stellt die Überlassung wesentlicher Betriebsgrundlagen an das Betriebsunternehmen einen wirtschaftlichen Geschäftsbetrieb (§ 14 AO) dar (BFH I R 187/81 BFH/NV 1986, 432; I R 164/94 BFH/NV 1997, 825).

b) **„Umgekehrte" Betriebsaufspaltung.** Diese wird dadurch gekennzeichnet, 350 dass durch eine Besitzgesellschaft (Kapitalgesellschaft) wesentliche Betriebsgrundlagen an das **beherrschende Betriebsunternehmen** vermietet oder verpachtet werden (vgl BFH III S 42/92 BStBl II 1993, 723; *BMF* BStBl I 1985, 683). Das Betriebsunternehmen kann Personengesellschaft (Anteile der Gesellschafter an der Kapitalgesellschaft als SonderBV!), Eigentümergemeinschaft oder Kapitalgesellschaft (s.o.) sein.

c) **Mehrere Betriebsgesellschaften.** Ein Besitzunternehmen (zB Bruchteilsge- 351 meinschaft) kann im Verhältnis zu **mehreren Betriebsgesellschaften** in Betriebsaufspaltung stehen (BFH IV R 165, 166/77 BStBl II 1981, 376; IV R 117/80 BStBl II 1983, 299; XI R 6/93 BStBl II 1994, 23; IV R 137/91 BStBl II 1994, 477): unter Umständen Teilbetriebe der Besitzgesellschaft (BFH XI R 24/97 BFH/NV 1998, 690). Zur Möglichkeit mehrerer Besitzunternehmen im Verhältnis zu einer Betriebsgesellschaft s Rn 307 f.

15. Gründungsphase

Ab EZ 1999 gilt Folgendes:

a) **Betriebskapitalgesellschaft.** Die **Übertragung einzelner Wirtschaftsgü-** 352 **ter** auf eine **Betriebskapitalgesellschaft** zu Buchwerten scheitert an § 6 Abs 6 Satz 2 EStG, trotz der wirtschaftlichen Einheit der beiden Unternehmen (BTDrs 14/23; hierzu *Kulemann/Harle* GmbHR 2000, 972): idR Gewinnrealisierung durch Erhöhung der AK um den Teilwert bzw Einlagenwert (§ 6 Abs 1 Nr 5 Satz 1 Buchst a EStG). Gestaltungsmöglichkeiten zur Verhinderung der Aufdeckung der stillen Reserven bietet trotz gewisser Risiken bei der echten Betriebsaufspaltung die Betriebsverpachtung (*Wien* DStZ 2001, 196; *Hörger/Mentel/Schulz* DStR 1999, 565, 572; *Hoffmann* GmbHR 1999, 452; *Naufang* DB 1999, 64; *Strahl* FR 1999, 628), evtl iVm dem sog „Schrumpfungsmodell" (*Hörger* DStR 1999, 565; *Hörger/Förster* DStR 2000, 401, 407; *Hörger/Pauli* GmbHR 2001, 1139; **aA** *Frystanzki* EStB 1999, 94). Erörtert werden iÜ die Einbringung eines Teilbetriebs nach § 20 UmwStG aF/nF (*Lederle* GmbHR 2004, 985, 989); die Aufteilung einer GmbH & Co KG durch Ausscheiden der KomplementärGmbH, die nunmehr als Betriebsgesellschaft fungiert (zB *L/B/P* § 15 Rn 158 b); ggf die Nutzung des § 6 b EStG ab 1.1.2001 durch die Gesellschafter (*Stahl* KÖSDI 2003, 13 796).

b) **Betriebspersonengesellschaft.** Bei **Übertragung einzelner Wirtschafts-** 353 **güter** auf eine **Betriebspersonengesellschaft nach dem 31.12.1998** und **vor dem 1.1.2001** war nach § 6 Abs 5 Satz 3 EStG der Teilwert anzusetzen. Nach dem 31.12.2000 sind nach § 6 Abs 5 EStG (auch idF des G v 20.12.2001, BGBl I 2001, 3858, hierzu *Mitsch* Inf 2002, 77) die Buchwerte fortzuführen, sofern die (spätere) Besteuerung der stillen Reserven gesichert ist (Ausnahme: Beteiligung eines Nur-Betriebsgesellschafters oder Verkauf zu marktüblichen Bedingungen).

c) **Geschäftswert.** Dieser verbleibt grundsätzlich beim Besitzunternehmen, 354 kann aber auf die Betriebsgesellschaft, zB bei langfristiger Verpachtung aller wesentlichen Betriebsgrundlagen, **übertragen werden** (BFH I R 42/00 BStBl II 2001,

§ 2 Steuergegenstand

771; *Märkle* DStR 2002, 1153; *Schulze zur Wiesche* WPg 2003, 90; *Schießl* GmbHR 2006, 459; krit *Fichtelmann* Inf 2002, 46) oder ihr zur Nutzung überlassen werden (vgl BFH X R 32/05 BStBl II 2009, 634; FG Düsseldorf EFG 2004, 41 rkr). Auch geht er bei Übertragung sämtlicher Aktiva und Passiva einschließlich der Firma und Überlassung der zurückbehaltenen Betriebsgrundstücke zur Nutzung grundsätzlich auf die Betriebsgesellschaft über (BFH X R 34/03 BStBl II 2005, 378; IV R 79/05 BStBl II 2009, 15). Zur Übertragung von wirtschaftlichem Eigentum und verdeckten Einlagen in die Betriebs-GmbH BFH X R 17/05 BStBl II 2008, 579.

355 **d) LuF-Betrieb.** Die Begründung einer Betriebsaufspaltung schließt die **vorherige steuerbegünstigte Aufgabe** eines luf Betriebs nicht aus (BFH IV R 31/03 BStBl II 2006, 652).

16. Gewinnermittlung, verdeckte Gewinnausschüttung

356 **a) Grundsatz der Selbstständigkeit/Wirtschaftsjahr.** Besitz- u Betriebsunternehmen bleiben zwar formal-rechtlich **selbstständige Unternehmen** (vgl BFH IV R 10/01 BStBl II 2004, 416; Rn 296, 300). Für die Anwendung des **§ 7 g EStG** ist deswegen der Betriebsvermögenswert des Besitzunternehmens dem des Betriebsunternehmens nicht hinzuzurechnen (BFH I R 98/88 BStBl II 1992, 246; *BMF* BStBl I 2009, 633 Rn 15).

Dennoch stellt die Festlegung des Wirtschaftsjahres durch die Besitzgesellschaft abweichend von dem der Betriebsgesellschaft ohne außersteuerliche Gründe mit der Wirkung einer Steuerpause für das Besitzunternehmen nach der Rspr einen Missbrauch iSv § 42 AO dar (BFH VIII R 89/02 BFH/NV 2004, 936); nicht jedoch, wenn die Entstehung eines Rumpfwirtschaftsjahres vermieden wird (BFH IV R 21/05 BFH/NV 2007, 1002).

357 **b) Gewinnermittlung.** Für die eigenständigen Subjekte der Einkünfteerzielung erfolgt die **Gewinnermittlung unabhängig;** es gibt keinen Grundsatz der durchgängigen **Korrespondenz** (BFH I R 98/88 BStBl II 1992, 246; VIII R 57/99 BStBl II 2002, 662). Allerdings hat bei der Frage einer **Teilwertabschreibung** der Anteile sowie von eigenkapitalersetzenden Darlehen eine **Gesamtbetrachtung** beider Unternehmen zu erfolgen (BFH IV R 10/01 BStBl II 2004, 416; einheitliche Maßstäbe: BFH X R 45/06 BStBl II 2010, 274); ebenso für eine qualifizierten Rangrücktritt BFH IV R 13/04 BStBl II 2006, 618 (krit *Wassermeyer* DB 2006, 296).

358 **c) Pachtzinsen.** Die vom Betriebsunternehmen entrichteten **Pachtzinsen** müssen **angemessen** sein, damit sie nicht zu einer verdeckten Gewinnausschüttung der Betriebs-GmbH führen (vgl BFH I R 11/75 BStBl II 1977, 679; hierzu *Schulze zur Wiesche* DStR 1991, 137, 141; zu den Gestaltungsmöglichkeiten *Fichtelmann* Inf 1994, 366, 396; *Kessler/Teufel* BB 2001, 17, 21). Sind sie zu niedrig, kann mE nach BFH GrS 2/86 BStBl II 1988, 348 keine verdeckte Einlage mehr angenommen werden; anders bei Verzicht auf eine werthaltige Pachtzinsforderung (vgl BFH GrS 1/94 BStBl II 1998, 307; VIII R 57/94 BStBl II 1998, 652). Zur Problematik der Anwendung von § 3c Abs 2 EStG vgl FG Münster EFG 2011, 1135, Rev X R 17/11.

359 **d) Erfindervergütungen.** Bei Zahlung von Erfindervergütungen wird keine **Verwertung im eigenen Betrieb** angenommen, wenn ein freier Erfinder die Verwertung seiner Erfindung einer von ihm beherrschten Kapitalgesellschaft überlässt (BFH IV R 39/73 BStBl II 1977, 821; I R 33/77 BStBl II 1980, 356). Andererseits können Lizenzeinnahmen als Ergebnis einer Betriebsaufspaltung gewerbliche Einkünfte darstellen (BFH IV R 152/73 BStBl II 1978, 545; VIII R 151/85 BFH/NV 1990, 99).

360 **e) Buchführungsgrundsätze.** Die **allgemeinen Buchführungsgrundsätze** gelten für die Rechtsbeziehungen zwischen dem Besitzunternehmen und dem

Betriebsunternehmen **nur eingeschränkt,** zB das Imparitätsprinzip (vgl zur korrespondierenden Bilanzierung der Warenrückgabe- und Pachterneuerungsverpflichtung bei Besitz- und Betriebsunternehmen BFH IV R 59/73 BStBl II 1975, 700). Die **phasengleiche Aktivierung** der Gewinnansprüche aus der Beteiligung an der Betriebsgesellschaft ist nicht schon wegen des Bestehens der Betriebsaufspaltung zulässig, wenn zum Bilanzierungsstichtag noch kein Beschluss über die Gewinnverwendung bei der Betriebs-GmbH gefasst ist oder wenn in der Satzung der Betriebsgesellschaft bei Stimmengleichheit Gewinnthesaurierung vorgesehen ist und ihr Jahresabschluss nach dem der Besitzgesellschaft festgestellt worden ist (BFH IV R 52/96 BStBl II 1999, 547). „Äußerst seltene Ausnahmefälle": **(1.)** am Bilanzstichtag besteht bereits eine Verpflichtung zu einer bestimmten Gewinnausschüttung oder **(2.)** die Meinungsbildung der Gesellschafter über die Höhe der späteren Ausschüttung ist am Bilanzstichtag abgeschlossen (BFH VIII R 85/94 BStBl II 2001, 185; VIII R 19/94 BFH/NV 2001, 447; in Anwendung von BFH GrS 2/99 BStBl II 2000, 632).

Anwartschaften auf Hinterbliebenenversorgung aus einer Pensionszusage gegenüber dem Geschäftsführer der Betriebskapitalgesellschaft sind auch dann nicht während der Anwartschaftszeit beim Besitzunternehmen zu aktivieren, wenn die Zuführungen zur Pensionsrückstellung bei jener zu vGA führen (BFH X R 42/08 BStBl II 2012,188)

f) Geschäftswert/vGA/Einlage. In der **Rückgabe des Geschäftswerts** nach 361 Beendigung der Betriebsaufspaltung liegt keine verdeckte Gewinnausschüttung (BFH I R 111/69 BStBl II 1971, 536). Zur entgeltlichen *Rückgängigmachung* einer Betriebsaufspaltung vgl auch BFH I R 13/73 BStBl II 1975, 204. Dabei ist von einem verpachteten Geschäftswert auszugehen, der auch für die Pachthöhe zu berücksichtigen ist. Der Geschäftswert kann nun auch Gegenstand einer verdeckten Einlage (Ausschüttung) sein, zB bei Teilbetriebsübertragung (vgl BFH I R 150/82 BStBl II 1987, 455; I R 202/83 BStBl II 1987, 705).

17. Betriebsvermögen des Besitzunternehmens

a) Gesellschaftsanteile. Anteile an der Betriebs-GmbH (BFH III R 47/98 362 BStBl II 2000, 255) oder an einer *Zwischengesellschaft* (BFH X R 22/02 BStBl II 2006, 457), die – ggf mittelbar – der Durchsetzung des einheitlichen geschäftlichen Betätigungswillens in der Betriebsgesellschaft dienen, sind BV. Eine Beteiligung ohne beherrschenden Einfluss auf eine als Kommanditistin an der Betriebspersonengesellschaft beteiligte GmbH erfüllt diese Voraussetzungen nicht (BFH IV R 103/78 BStBl II 1982, 60). Besteht eine Betriebsaufspaltung mit mehreren Besitzpersonengesellschaften, sind die Gesellschaftsanteile an der Betriebs-GmbH mE bei der zuerst gegründeten Besitzpersonengesellschaft Sonderbetriebsvermögen (ebenso *Schallmoser* DStR 1997, 49).

b) Andere Wirtschaftsgüter. Nicht nur die die **sachliche Verflechtung** 363 **begründenden** wesentlichen Betriebsgrundlagen, sondern auch **andere Wirtschaftsgüter** gehören zum gewillkürten oder notwendigen Betriebsvermögen der Besitzgesellschaft, wenn ihre Überlassung an die Betriebsgesellschaft in einem *unmittelbaren Zusammenhang* mit der Betriebsaufspaltung steht (BFH I R 39, 40/74 BStBl II 1978, 67; X R 47/87 BStBl II 1991, 405; VIII R 36/91 BStBl II 1993, 233; X R 58/04 BFH/NV 2005, 1774). Betriebsvermögen ist auch die – ggf mittelbare – Beteiligung an einer anderen Kapitalgesellschaft mit intensiven Geschäftsbeziehungen zur Betriebsgesellschaft (BFH X R 2/03 BStBl II 2005, 694; X B 98/05 BStBl II 2005, 833). Das kann jedoch bei einem Anteil an dem der Betriebs-GmbH überlassenen Grundstück angesichts der Umstände des Einzelfalles anders sein (BFH III R 77/03 BStBl II 2005, 340; s auch FG Düsseldorf EFG 2006, 264). Auch

§ 2 Steuergegenstand

Darlehensforderungen gegen die Betriebskapitalgesellschaft zählen bei betrieblicher Veranlassung zum notwendigen Betriebsvermögen der Besitzgesellschaft (BFH IV R 73/99 BStBl II 2001, 335; IV R 13/04 BStBl II 2006, 618). Auf die wirtschaftliche Verknüpfung des Darlehens mit der GmbH-Beteiligung kommt es nicht an (BFH VIII R 38/74 BStBl II 1978, 378). Entsprechendes gilt für Darlehen an Geschäftspartner der Betriebsgesellschaft (BFH IV R 7/03 BStBl II 2005, 354). **Erfindungen/Patente** sind ebenso BV des Besitzunternehmens (BFH XI R 72/97 BStBl II 1999, 281) wie Verbindlichkeiten aus **Bürgschaften** für die Betriebsgesellschaft (BFH X R 104/98 BFH/NV 2002, 163), nicht jedoch der Anspruch auf die **GmbH-Geschäftsführervergütung** des Besitzunternehmers (BFH IV R 16/69 BStBl II 1970, 722).

Ist das Besitzunternehmen eine Personengesellschaft, sind BV alle WG des **Gesamthandsvermögens** ohne Rücksicht auf deren Überlassung an die Betriebsgesellschaft (zB BFH VIII R 61/97 BStBl II 1999, 483).

364 c) **Sonderbetriebsvermögen.** **Sonderbetriebsvermögen I** der Gesellschafter sind u.a. die der Besitzgesellschaft zur Überlassung an die Betriebsgesellschaft überlassenen WG (BFH IV R 59/04 BStBl II 2005, 830). In Betracht als **Sonderbetriebsvermögen II** kommen zB an die Betriebsgesellschaft im betrieblichen Interesse des Besitzunternehmens überlassene WG (betriebliche Veranlassung; vgl BFH IV R 89/73 BStBl II 1975, 781; I R 16/73 BStBl II 1976, 188; VIII B 111/02 BFH/NV 2003, 1309; zur Abgrenzung BFH IV R 65/07 BStBl II 2009, 371). Das gilt auch für Anteile an der Betriebskapitalgesellschaft (BFH IV R 121/76 BStBl II 1979, 366; X R 84/88 BStBl II 1991, 713; VIII R 63/87 BStBl II 1991, 832; VIII R 2/87 BStBl II 1993, 328; IV R 21/98 BStBl II 1999 715), wie für Beteiligungen, die nur einen mittelbaren Einfluss auf die Betriebsgesellschaft ermöglichen (BFH IV R 103/78 BStBl II 1982, 60), für Anteile an einer Kapitalgesellschaft mit intensiven Geschäftskontakten zur Betriebsgesellschaft (BFH IV R 7/03 BStBl II 2005, 354), für Darlehen und Bürgschaften zu marktüblichen Konditionen (BFH IV R 15/93 BStBl II 1995, 452; IV R 73/99 BStBl II 2001, 335; VIII R 27/00 BStBl II 2002, 733; X R 60/99 BFH/NV 2003, 900). Vermieten Gesellschafter einer Besitz-GbR als Bruchteilseigentümer ein Grundstück zu fremdüblichen Konditionen an die Betriebsgesellschaft (keine betriebliche Veranlassung), so begründet dies kein SonderBV II (BFH VIII R 44/95 BStBl II 1997, 530), ebenso die Vermietung von Wohnungen an fremde Nutzer. Allerdings kommt ein Ausweis als **gewillkürtes Betriebsvermögen** in Betracht (BFH IV R 214/84 BStBl II 1987, 120; vgl VIII R 46/95 BStBl II 1999, 357); Entsprechendes gilt für **gewillkürtes SonderBV** (BFH IV R 77/97 BStBl II 1999, 279).

365 d) **Abspaltung von (Sonder-)Betriebsvermögen. Überträgt ein Gesellschafter** der Besitzgesellschaft einen **Teil seines Anteils** an der Betriebskapitalgesellschaft (Sonderbetriebsvermögen) gegen Leistung einer Einlage, die niedriger ist als der Wert des übertragenen Anteils, dann liegt hierin eine Entnahme in Höhe der Wertdifferenz (BFH VIII R 63/87 BStBl II 1991, 832; FG Köln EFG 2004, 880 rkr; *BMF* BStBl I 1985, 97). Entsprechendes gilt bei einer **Kapitalerhöhung** in der Betriebsgesellschaft und Übernahme einer Stammeinlage durch einen Dritten zum Nennwert (BFH III R 8/03 BStBl II 2006, 287; hierzu *Söffing* BB 2006, 1529; *Mitsch* Inf 2006, 749).

366 e) **Disquotale Einlage.** Bei einer zu einer **verdeckten Einlage** führenden Übertragung von WG mit stillen Reserven durch den Besitzgesellschafter an die durch Bargründung errichtete Betriebsgesellschaft, in deren Genuss auch der Nur-Betriebsgesellschafter kommt (unentgeltliche Zuwendung), liegt ebenfalls eine Entnahme in Höhe der disquotalen Einlage vor (BFH X R 34/03 BStBl II 2005, 378) und erhöhen sich die Anschaffungskosten des Ersteren nur entsprechend seiner Beteiligungsquote (*Thiel* FS Haas 1996, 353, 359).

Gewerbebetrieb durch Betriebsaufspaltung/Unternehmensverbund **§ 2**

18. Beendigung der Betriebsaufspaltung

a) Sachliche/persönliche Voraussetzungen. Beim **Entfallen der** 367 sachlichen und/oder persönlichen **Voraussetzungen** einer Betriebsaufspaltung nimmt die Rechtsprechung eine Betriebsaufgabe des Besitzunternehmens mit der Folge an, dass die im Betriebsvermögen des Besitzunternehmens enthaltenen stillen Reserven aufzulösen sind (BFH VIII R 90/81 BStBl II 1984, 474; IV R 36/84 BStBl II 1989, 363; X R 78/91 BStBl II 1993, 718; XI R 6/93 BStBl II 1994, 23; IV R 83/95 BStBl 1997, 287; IX R 52/04 BStBl II 2007, 165; IV R 1/01 BFH/NV 2000, 559).

Für **Zwecke der GewSt** endet der Gewerbebetrieb mit dem Ende der Betriebsaufspaltung; das gilt auch in den Fällen, in denen estrechtlich das Besitzunternehmen nach Beendigung einer qualifizierten Betriebsaufspaltung (BFH IV R 1/01 BStBl II 2002, 519; X R 8/00 BStBl II 2002, 527) als Verpachtungsbetrieb (BFH VIII R 80/03 BStBl II 2006, 591; R 16 Abs 2 EStR) fortgeführt wird (FG Köln 10 K 399/06 EFG 2009, 1244).

b) Verschmelzung. Die Beendigung der Betriebsaufspaltung durch **Ver-** 368 **schmelzung** der BetriebsGmbH auf eine AG oder die Einbringung des Betriebsunternehmens in die AG kann nur dann gewinnneutral gestaltet werden, wenn das Besitzunternehmen nicht wegen der Betriebsaufspaltung gewerblich tätig war; andernfalls führt die Verschmelzung zur Aufgabe des Gewerbetriebs mit der Folge, dass dieser nicht zu Buchwerten in die AG eingebracht werden kann (BFH VIII R 25/98 BStBl II 2001, 321; hierzu *Haritz* BB 2001, 861; *Serotzki* StuB 2001, 552; zur Gestaltung *Dörner* Inf 2001, 397). Zur Einbringung der Besitzgesellschaft in die Betriebsgesellschaft (§§ 20 ff bzw § 24 UmwStG), bzw Verschmelzung der BetriebsGmbH auf die Besitzpersonengesellschaft (§§ 3 ff UmwStG) s *BMF* BStBl I 1998, 583 Rn 5 (hierzu *Wien* DStZ 2001, 196; *Märkle* DStR 2002, 1153; *Honert* EStB 2003, 310).

c) Realakt. Zweifelhaft ist die Annahme eines Entnahmevorgangs und die 369 **Beendigung** der Betriebsaufspaltung **durch einen Realakt** (zB Vernichtung der verpachteten wesentlichen Betriebsgrundlagen durch Einwirkung Dritter und ähnliche Vorgänge), weil es an Entnahmehandlungen fehlt (zu Billigkeitsmaßnahmen s *Neufang* StBp 1999, 227). Die **Erbfolge** durch einen nicht am Besitzunternehmen beteiligten Erben soll nach BFH VIII R 90/81 BStBl II 1984, 474, 479 li Sp, wohl zu einer Entnahme führen (zu den Lösungsmöglichkeiten *Fichtelmann* GmbHR 1994, 583). Umgekehrt kann durch den Erbfall eine Betriebsaufspaltung entstehen (zum Zeitpunkt *Gosch* BB 1995, 49). Zur **Schenkung des Besitzunternehmens** s BFH VIII R 193/83 BStBl II 1989, 414, wobei allerdings auch die GmbH-Anteile mit übertragen wurden und eine Betriebsaufgabe nicht angenommen werden konnte. Keine Betriebsaufgabe liegt vor, wenn die Eigentümer das an das Besitzunternehmen vermietete Grundstück unter Nießbrauchsvorbehalt an ihre Kinder verschenken (BFH VIII R 25/01 BFH/NV 2002, 781). Im Falle einer Teilbetriebsaufgabe müssen alle wesentlichen Betriebsgrundlagen veräußert oder in das Privatvermögen überführt werden (BFH XI R 24/97 BFH/NV 1998, 690). Umso mehr, wenn auch die GmbH-Anteile übertragen werden (Nds FG EFG 2007, 1584 rkr). Der **Strukturwandel** hin zu einem freiberuflichen Unternehmen, zB durch Erlöschen des Patentschutzes (hierzu kontrovers *Paus* DStZ 1990, 193; *Fichtelmann* GmbHR 2006, 345), löst gwstrechtlich bei einem Einzelunternehmen und einer Personengesellschaft eine Betriebsaufgabe aus (zur ESt evtl anders: BFH XI B 91/05 BFH/NV 2006, 1266). Anders jedoch, wenn das Besitzunternehmen gewerblich tätig/geprägt war/ist.

d) Insolvenzverfahren. Die **Eröffnung des Insolvenzverfahrens** über das 370 Vermögen der Betriebsgesellschaft führt regelmäßig zur Beendigung der personellen

Güroff

§ 2 Steuergegenstand

Verflechtung und damit der Betriebsaufspaltung sowie Betriebsaufgabe der Besitzgesellschaft, es sei denn das Insolvenzverfahren wird mit anschließender Fortführung der Betriebsgesellschaft aufgehoben oder eingestellt (zum Konkursverfahren: BFH XI R 2/96 BStBl II 1997, 460; *Fichtelmann* DStZ 1991, 257). Zur Beendigung einer Betriebsaufspaltung durch Änderung der Rechtsprechung vgl *Tiedtke/Heckel* DStZ 1999, 725 (Aufschub der Versteuerung der stillen Reserven analog § 8 VO zu § 180 Abs 2 AO).

371 **e) Vorübergehende Betriebsaufspaltung/Beendigung.** Der Annahme einer Betriebsaufspaltung steht nicht entgegen, dass die sie begründenden Verhältnisse, zB personelle Verflechtung, **nur kurze Zeit** bestehen, etwa weil bis zur Eintragung der GmbH in das HR die Mehrheitsanteile an ihr an einen Dritten veräußert worden sind (FG Saarl EFG 2011, 2067). Bei einer **„missglückten Betriebsaufspaltung"** (keine personelle Verflechtung) soll nach BFH VIII R 72/96 BStBl II 2002, 722 nur eine Betriebsunterbrechung vorliegen (zur Option auf Erwerb der Anteile an der BetriebsGmbH mit Stimmrechtsbindung BFH X R 37/07 BFH/NV 2010, 406); mE ist jedoch danach zu differenzieren, welchen Verlauf die Betriebsgestaltung im Folgenden nimmt (zu Recht krit *Natschke* StBp 2000, 133).

Die **vorübergehende Beendigung** der Betriebsaufspaltung ist estrechtlich als Betriebsunterbrechung zu qualifizieren mit der Folge, dass auch die Aufdeckung der stillen Reserven unterbleibt (BFH XI R 2/96 BStBl II 1997, 460, 466; VIII R 80/03 BStBl II 2006, 591; *Fichtelmann* Inf 1997, 464; 2000, 4; vgl auch *Schäfer* StBp 1997, 94). Ob gewstrechtlich der Steuergegenstand erhalten bleibt, richtet sich nach § 2 Abs 4 (hierzu Rn 577).

19. Gewerbesteuerrechtliche Folgen der Betriebsaufspaltung

372 **a) Steuerpflicht.** Das **Besitzunternehmen** unterliegt als solches ebenso wie das Betriebsunternehmen der GewSt (BFH IV R 8/97 BStBl II 1998, 478; *Gosch* StBp 1998, 221), und zwar sobald die sachliche und personelle Verflechtung vorliegen (BFH VIII R 57/99 BStBl II 2002, 662). Das gilt auch für eine **freiberufliche Betriebsaufspaltung** (BFH XI R 12/87 BStBl II 1992, 415; IV R 67/96 BStBl II 1998, 254; VIII R 24/01 BStBl II 2003, 757); ebenso wenn Betriebskapitalgesellschaft iÜ nur **kraft Rechtsform** (zB § 2 Abs 2 GewStG, § 8 Abs 2 KStG) GewBetrieb ist. Es handelt sich rechtlich u wirtschaftlich **um zwei selbstständige,** sachliche GewStPfl begründende Unternehmen (BFH IV R 8/97 BStBl II 1998, 478; IV B 125/92 BFH/NV 1994, 617; VIII R 57/99 BStBl II 2002, 662). Die Eigenständigkeit bedeutet, das im Falle einer Besitz-Personengesellschaft diese vollumfänglich einen GewBetrieb führt; hierin sind die Nur-Besitzgesellschafter eingeschlossen (BFH IV R 67/96 BStBl 1998, 254; VIII R 61/97 BStBl II 1999, 483). Das galt mE auch vor Ergänzung des § 15 Abs 3 Nr 1 EStG nF trotz des zur vermögensverwaltenden Obergesellschaft ergangenen Urteils BFH X R 34/03 BStBl II 2005, 378 (*Kratzsch* Inf 2005, 378). Zur Bruchteilsgemeinschaft vgl BFH VIII R 240/81 BStBl II 1986, 296 und IV R 73/94 BStBl II 1997, 569. Ein **Teilbetrieb** auf der Ebene der Betriebsgesellschaft hat diese Qualität nicht ohne Weiteres auf der Ebene der Besitzgesellschaft. Jedoch sind auch diese Teilbetriebe möglich, zB nach Rückübertragung eines Teils des operativen Betriebs auf sie (vgl BFH IV R 14/03 BStBl II 2005, 395).

Zum **GewErtrag des Besitzunternehmens** gehören die Erträgnisse, die sachlich mit der Betriebsaufspaltung zusammenhängen, insb *Mieten und Pachten,* Erträgnisse aus originär gewerblicher Tätigkeit sowie Gewinnausschüttungen auf Anteile an der Kapitalgesellschaft (BFH III R 47/98 BStBl II 2000, 255).

373 **b) Doppelbelastung.** Die Behandlung beider Unternehmen als eigenständige Objekte kann zu einer **Doppelbelastung** mit GewSt führen. Dies gilt zwar wegen

Gewerbebetrieb durch Betriebsaufspaltung/Unternehmensverbund   § 2

des Schachtelprivilegs (§ 9 Nr 2 a; R 9.3 GewStR) idR nicht für die *Gewinnausschüttungen* der Betriebs-GmbH an das Besitzunternehmen. Deshalb unterliegen ausschüttungsbedingte *Teilwertabschreibungen* auch der Hinzurechnung nach § 8 Nr 10. Die bei der Betriebsgesellschaft hinzuzurechnenden *Entgelte für (Dauer)Schulden* gegenüber dem Besitzunternehmen (§ 8 Nr 1 aF, Nr 1 Buchst a nF) können zu einer Doppelbelastung führen (vgl BFH XI R 65/03 BStBl II 2005, 102); eine Saldierung wechselseitiger Darlehen findet nicht statt (BFH I R 119/04 BFH/NV 2006, 606). Weitere Hinzurechnungen kommen in Betracht für *Miet- u Pachtzinsen* für bewegliche WG (§ 8 Nr 1 Buchst d), unbewegliche WG (§ 8 Nr 1 Buchst e) sowie für die befristete Überlassung von Rechten (8 Nr 1 Buchst f); mE jedoch ohne die Überlassung des Geschäftswerts (vgl § 8 Nr 1 Buchst d Rn 9, gleichzeitig zur abw Rechtslage nach § 8 Nr 7 aF). Zur Anwendbarkeit von § 8 Nr 7 aF u § 9 Nr 4 aF s BFH I R 76/96 BFH/NV 1998, 742 (hierzu *Gabriel* StuB 2002, 945; *Kessler/Teufel* BB 2001, 17, DStR 2001, 869).

§ 9 Nr 1 Satz 2 ist für die Besitzgesellschaft nicht anwendbar (BFH I R 174/72 BStBl II 1973, 686; IV R 97/72 BStBl II 1973, 688; VIII R 53/02 BFH/NV 2005, 1624; IV R 80/06 BFH/NV 2009, 1279; zT anders *Stahl* KÖSDI 2003, 13802). Zum **Verlustvortrag** s § 10 a Rn 15.

c) Getrennte Besteuerung. Die **getrennte Gewerbebesteuerung** von Besitz- 374 und Betriebsunternehmen wird jedoch nicht mit der letzten Konsequenz durchgeführt. Die Rspr gewährt in Übereinstimmung mit der hM in der Literatur (*L. Schmidt* FR 1984, 128; *Söffing* BB 1998, 2289; 2006, 1529; *Wehrheim* BB 2001, 913; *Bitz* GmbHR 2002, 597; 2004, 1026; 2006, 778; *Gosch* StBp 2002, 216; *Seer* BB 2002, 1833; *Söffing/Seer* DB 2003, 2457; *Drüen* GmbHR 2005, 69; *Bitz* GmbHR 2006, 778; *Söffing* BB 2006, 1529; **aA** *Gschwendtner* DStR 2002, 896; *L/S* § 3 Rn 1; *Blümich/von Twickel* § 3 Rn 13) die **Gewerbesteuerfreiheit** für das Besitzunternehmen, soweit nur für die spezifisch betrieblichen Aktivitäten der Betriebsgesellschaft vorgesehen ist (BFH X R 59/00 BStBl II 2006, 661; IV R 22/02 BFH/NV 2007, 149; I R 42/11 BFH/NV 2013, 589; hierzu *FinVerw* DStR 2010, 2462; **überholt** sind BFH I R 187/79 BStBl II 1984, 115; I R 98/88 BStBl II 1992, 246; VIII R 57/99 BStBl II 2002, 662). Insoweit besteht mE Übereinstimmung mit der Behandlung bei der Investitionszulage (Rn 376), bei der der BFH den Einheitsgedanken entscheidend in den Vordergrund stellt.

d) Gewerbesteuerrechtliche Organschaften. S Rn 485 ff.

20. Betriebsaufspaltung über die Grenze

Hat der Eigentümer der an die Betriebsgesellschaft verpachteten Grundstücke 375 **Wohnsitz** (§ 8 AO) bzw **Geschäftsleitung** (§ 10 AO) **im Ausland**, liegt eine Betriebsaufspaltung über die Grenze nicht vor, mit der Folge, dass **keine GewStPfl** besteht (aA für § 49 Abs 1 Nr 2 EStG *Becker/Günkel* FS Schmidt 1993, 483; zu § 49 Abs 1 Nr 6 EStG *Ruf* IStR 2006, 232). Dabei ist von Bedeutung, dass die Besitzgesellschaft in dem an die Betriebsgesellschaft verpachteten Betrieb oder Teilen davon regelmäßig weder eine Betriebsstätte noch die Betriebskapitalgesellschaft ohne Weiteres als ständiger Vertreter der Besitzgesellschaft anzusehen ist (BFH VI B 31/63 BStBl III 1966, 598). In jedem Falle zutreffend ist die Ansicht, dass GewSt nur bei Bestehen einer inländischen Betriebsstätte anfällt. Dafür reicht wegen § 12 AO ein ständiger Vertreter nicht mehr aus (aA FG Ba-Wü EFG 2004, 1384 rkr; krit *Piltz* IStR 2005, 173).

Ist eine **inländische Betriebsstätte der Besitzgesellschaft** vorhanden, so ist gewstrechtlich ein Gewerbebetrieb anzunehmen, auch wenn die einzelnen Merkmale dafür im Ausland verwirklicht werden (gewstrechtlich keine isolierende Betrachtungsweise, s BFH I R 196/79 BStBl II 1983, 77; Rn 13). Befindet sich

§ 2 Steuergegenstand

aber das **Betriebsunternehmen** mit seiner Betriebsstätte **im Ausland**, dann besteht mE ebenfalls keine Betriebsaufspaltung über die Grenze (*Söffing/Micker*, Die Betriebsaufspaltung, 4. Aufl, S 245 f; s auch *Kaligin*, Die Betriebsaufspaltung, 7. Aufl, S 268 ff; *Ruf* IStR 2006, 232). Zu den (ungewissen) steuerlichen Vorteilen einer Betriebsaufspaltung über die Grenze *Haverkamp* IStR 2008, 165.

Unabhängig von Betriebsaufspaltungskriterien sind nach § 42 AO die Sachverhalte zu beurteilen, bei denen eine ausländische Besitzgesellschaft lediglich als **Domizilgesellschaft** ohne weitergehende Funktion eingeschaltet ist (s *Tipke/Kruse* § 42 AO Rn 48).

21. Investitionszulage/Zonenrandförderung

376   Bei der Investitionszulage behandelt die Rspr Besitz- und Betriebsunternehmen durch **Merkmalübertragung** wie einen einheitlichen Betrieb. Tatbestandsvoraussetzungen des InvZulG gelten daher auch dann als erfüllt, wenn das investierende Besitzunternehmen das Wirtschaftsgut dem Betriebsunternehmen zur Nutzung überlässt, allerdings nur unter der Voraussetzung, dass beide Unternehmen für die Dauer der (Verbleibens)Fristen des InvZulG auch betriebsvermögensmäßig miteinander verbunden sind, dh wenn sich die personelle Verflechtung aus den Beteiligungsverhältnissen und nicht nur aus rein tatsächlichen Machtverhältnissen ergibt (BFH III S 42/92 BStBl II 1993, 723; III R 91/93 BStBl II 1996, 428; III R 77/96 BStBl II 1999, 610; III R 21/99 BStBl II 2000, 700; IV R 27/06 BStBl II 2009, 881; krit *Kanzler* FR 1999, 707). Das gilt auch für die kapitalistische Betriebsaufspaltung (BFH III R 45/92 BStBl II 1995, 75; III R 28/08 BFH/NV 2010, 1946).

Verpachtet die **unmittelbar** an der Betriebspersonengesellschaft beteiligte Besitzpersonengesellschaft eine Hotelanlage an jene, so ist ausschließlich die Betriebspersonengesellschaft für die bei ihr als Sonderbetriebsvermögen zu aktivierenden Wirtschaftsgüter anspruchsberechtigt (BFH III R 35/98 BStBl II 2001, 316). Die Verwaltung wendet diese Grundsätze allgemein an (*BMF* BStBl I 2006, 119 Rn 42).

Das Besitzunternehmen muss selbst keine Betriebsstätte im Fördergebiet haben (BFH III R 50/95 BStBl II 1999, 607; *Tiedtke/Wälzholz* DStR 1996, 1551).

22. Beginn und Ende der sachlichen Steuerpflicht

377   Für die **Betriebsgesellschaft** gelten die **allgemeinen Grundsätze** (s Rn 584 f für Kapitalgesellschaften, Rn 569 ff für Personengesellschaften). Die **Besitzgesellschaft** (das Besitzunternehmen) kann mE jedenfalls nicht zeitlich vor der Betriebsgesellschaft ihre sachliche Steuerpflicht begründen, weil ihr die Betriebsgesellschaft die Beteiligung am allgemeinen wirtschaftlichen Verkehr vermittelt. Im Übrigen beginnt die sachliche GewStPfl des Besitzunternehmens, wenn die Voraussetzungen für die Annahme einer Betriebsaufspaltung (Rn 317 ff, 325 ff) erstmals vorliegen (BFH IV R 8/97 BStBl II 1998, 478). Entsprechendes gilt für das Betriebsende (vgl BFH XI R 6/93 BStBl II 1994, 23).

378, 379   *(frei)*

VIII. Unternehmen der öffentlichen Hand

1. Allgemeines

380   Der Gewerbebetrieb der öffentlichen Hand wird nach allgemeinen Grundsätzen danach bestimmt, dass die Voraussetzungen des § 15 Abs 2 EStG vorliegen. Es gilt daher der **rechtsformunabhängige Gewerbebetriebsbegriff** (st Rspr, s BFH I R 102/81 BStBl II 1985, 61). Auch § 2 Abs 1 GewStDV geht davon aus.

Betroffen sind aus Gründen der wettbewerbsneutralen Besteuerung die **Fiskalbetriebe**, mit deren Leistungen die öffentliche Hand sich, ohne eine hoheitliche Aufgabe zu erfüllen, an den allgemeinen Markt wendet (zB staatliche Brauerei, *Stuber* BB 1989, 716). Die **Abgrenzung** zum **Hoheitsbetrieb** (Rn 382) sollte gegen § 2 Abs 2 GewStDV (nur „überwiegend") teleologisch nach dem systemtragenden Grundsatz der Wettbewerbsneutralität erfolgen (*Seer/Wendt* DStR 2001, 825).

Sie wird insb erforderlich, wenn die öffentliche Hand ihre rein fiskalische Betätigung nicht in Gesellschaftsformen des Privatrechts, vor allem **Kapitalgesellschaften** vornimmt (zu den verschiedenen Möglichkeiten BFH I R 158/81 BStBl II 1985, 223), also unmittelbar gewerblich tätig wird. Die Körperschaftsteuer bedient sich dafür der Rechtsfigur des **Betriebs gewerblicher Art** (§ 4 KStG; hierzu *Kußmaul/Blasius* Inf 2003, 21). Das **Gewerbesteuerrecht** knüpft für den sachlichen Umfang und die sachliche Selbstständigkeit des Gewerbebetriebsbegriffs an diese Rechtsfigur an, hat aber § 15 Abs 2 EStG zu beachten (s R 2.1 Abs 6 GewStR; zum Verhältnis der beiden Vorschriften BFH I R 25/81 BStBl II 1984, 726). Dadurch ergeben sich dem Grunde nach einige Abweichungen (kein Gewerbebetrieb durch schlichte Betriebsverpachtung, anders § 4 Abs 4 KStG; Notwendigkeit der Gewinnerzielungsabsicht und Beteiligung am allgemeinen wirtschaftlichen Verkehr, anders § 4 Abs 1 Satz 2 KStG).

2. Hoheitliches Tätigwerden

Im Gegensatz zu dem Fiskalbetrieb steht − funktional bzw zweckorientiert betrachtet − das **hoheitliche Tätigwerden**. Gleichwohl kann die im **öffentlichen Recht** begrifflich festgelegte Grenze zwischen hoheitlichem und fiskalischem Bereich nicht den Ausschlag geben zur Bestimmung von Gewerbebetrieben juristischer Personen des öffentlichen Rechts. Denn zur Hoheitsverwaltung in diesem „erweiterten" Sinn zählt das öffentliche Recht auch die sog Daseinsvorsorge, bei der sich eine eigenständige, mit Gewinnerzielungsabsicht betriebene Teilnahme am allgemeinen Wirtschaftsverkehr ergeben kann (vgl BFH VI R 171/74 BStBl II 1975, 563). Daher rechnen Versorgungsbetriebe nach § 2 Abs 1 Satz 2 GewStDV dann zu Gewerbebetrieben, wenn die allgemeinen Voraussetzungen des § 15 Abs 2 EStG vorliegen. Hoheitliche Tätigkeiten, die gleichzeitig Versorgungsbetriebe sind, werden in den Bereich möglicher Gewerbebetriebe einbezogen (BFH I R 255/72 BStBl II 1975, 549; I R 102/74 BStBl II 1976, 793).

§ 4 Abs 3 KStG und § 2 Abs 1 GewStDV sind also **für den Versorgungsbetrieb** nicht konstitutiv (zur Entstehungsgeschichte BFH I R 255/72 BStBl II 1975, 549). ME ist daher für die Einordnung/Abgrenzung im Einzelfall nicht entscheidend, ob die Betätigung im Wege des einseitigen Verwaltungshandelns (zB **Leistungsbescheid, Gebührenbescheid**) oder des Verwaltungsprivatrechts bzw schlichter Hoheitstätigkeit (zB Gebührenrechnung, öffentliches Beförderungsentgelt auf **vertraglicher Grundlage**) erfolgt (BFH V R 3/88 BStBl II 1993, 380). Allenfalls **indiziell** spricht für einen Hoheitsbetrieb, dass ein **Anschlusszwang** besteht, ebenso die gesetzliche Statuierung bestimmter **öffentlicher Aufgaben und Anstalten** (BFH I R 102/74 BStBl II 1976, 793). Dies gilt vor allem für die in § 2 Abs 1 GewStDV nunmehr ausdrücklich aufgezählten Versorgungseinrichtungen (vgl § 2 Abs 2 GewStDV). Zu vermeiden sind wettbewerbsverzerrende und verfassungswidrige Ergebnisse (*Wolf* DB 2003, 849).

3. Hoheitsbetriebe/Abgrenzung

a) Hoheitsbetriebe. Dies sind nach der Definition des § 2 Abs 2 GewStDV (vgl § 4 Abs 5 KStG) Betriebe, die **überwiegend** der **Ausübung der öffentlichen**

381

382

§ 2   Steuergegenstand

Gewalt dienen. Die Vorschriften sind unscharf gefasst („überwiegend") und lassen der öffentlichen Hand Spielraum für eine steuerfreie Wirtschaftstätigkeit (*Wolf* DB 2003, 849); sie sind daher nicht unbedenklich.

Die **Verbindung** der Begriffe **Unternehmen** und **Ausübung öffentlicher Gewalt** kann mE nur dann Sinn geben, wenn sie die Einrichtungen erfassen, die möglicherweise der Allgemeinheit Leistungen erbringen, aber gleichzeitig und *untrennbar* überwiegend der Ausübung öffentlicher Gewalt dienen. Letzteres bezeichnet Sachbereiche, die aus der Staatsgewalt abgeleitet einer oder der juristischen Person als Träger öffentlicher Gewalt vorbehalten und eigentümlich sind (BFH V R 3/79 BStBl II 1983, 491; I R 63/03 BStBl II 2005, 501; I R 106/10 BStBl II 2012, 837; hierzu *Damas* DStZ 2005, 145; *Baldauf* DStZ 2011, 35). Das sind solche, bei denen nicht die auch einem privaten Anbieter mögliche Versorgungsleistung, sondern das im weitesten Sinne polizeirechtliche (ähnlich BFH I 327/56 U BStBl III 1957, 146) oder vergleichbar auf staatlichen Hoheitsakt angelegte Handlungsbedürfnis bestimmend für die staatliche Verwaltung ist (vgl BFH V R 89/85 BStBl II 1990, 95; I R 156/87 BStBl II 1990, 866; I R 1/94 BStBl II 1997, 139; I R 166/85 BFH/NV 1991, 628; I R 42/01 BFH/NV 2003, 511; I B 245/04 BFH/NV 2005, 1135).

383   **b) Annahmezwang.** Unter **Zwangsrecht** iSv § 2 Abs 2 GewStDV (§ 4 Abs 5 S 2 KStG) ist nicht Eingriffsverwaltung schlechthin, sondern der Annahmezwang zu verstehen (vgl *HHR* § 4 KStG Rn 62). Da Annahmezwang auch bei der gesetzlichen Daseinsvorsorge häufig ist, lassen die Vorschriften keinen Schluss darauf zu, dass die öffentliche Aufgabe der Körperschaft den Begriff der öffentlichen Gewalt ausmacht (s Rn 271; aA *Koch* KStZ 1984, 187, 188). Zu weit in der Begründung mE BVerfG (2 BvR 1/68 u.a. BStBl II 1971, 567) betreffend Rundfunkanstalten: Erfüllung öffentlicher Aufgaben und steuerrechtlich gewerbliche Tätigkeit als Gegensätze.

384   **c) Wettbewerbsrelevanz.** Erfüllt eine Einrichtung auch den o.a. Begriff der Ausübung öffentlicher Gewalt, schaltet sich aber die Körperschaft zur vorrangigen Erzielung von Einnahmen in den **allgemeinen Wettbewerb** ein und dienen die Zwangs- oder Monopolrechte vorrangig dem **Schutz vor Konkurrenz,** kennzeichnet die Tätigkeit mangels überwiegender Ausübung der öffentlichen Gewalt keinen Hoheitsbetrieb (BFH I R 1/94 BStBl II 1997, 139; I R 51/07 BStBl II 2009, 1022). Auch die Zuweisung einer Aufgabe an die Körperschaft genügt (dann) nicht für die Annahme eines Hoheitsbetriebs (BFH I R 8/09 BStBl II 2010, 502).

385   **d) Mischtatbestände.** Von Mischtatbeständen, die wegen eines **überwiegenden hoheitlichen Anteils** nicht als Gewerbebetrieb behandelt werden, kann auch noch gesprochen werden, wenn ein Betrieb lediglich als **Hilfsmittel** zur Erfüllung des öffentlichen Zwecks beurteilt wird. Dies trifft beispielsweise zu auf Arbeitsbetriebe der Strafvollzugsanstalt und bei gleicher Beschäftigung auch der Untersuchungsgefängnisse (BFH I 80/62 U BStBl III 1965, 95). Problematisch ist die entsprechende Einordnung für *Schülerheime* (R 10 Abs 2 KStR) und Veranstaltungen einer *freiwilligen Feuerwehr* (FG Düsseldorf EFG 1991, 752), für *Arbeitsbetriebe* solcher Anstalten, die der Fürsorgetätigkeit dienen, sowie für die fürsorgende Unterbringung in *Behinderten-, Altenheimen* und ähnlichen Einrichtungen (vgl H 2.1 (6) GewStH; R 9, 10 KStR). Es handelt sich bei diesen Beispielen um eine lediglich *betriebswirtschaftlich* orientierte Einheitsbetrachtung, die allein zu keiner steuerrechtlichen Zusammenfassung führen darf und dem Gebot der weitestgehenden Trennung und Ausgliederung gewerblicher Tätigkeiten (s für *gewerbliche Grabpflege und Friedhofsverwaltung* BFH V R 15/74 BStBl II 1977, 813; zur „Aufteilung" bei *Schulschwimmhalle* mit allgemeinem Badebetrieb BFH V R 26/74 BStBl II 1979, 746) widerspricht.

e) Hilfsgeschäfte. Wie Hilfsmittel werden auch **Hilfsgeschäfte** dem hoheitlichen Bereich zugeordnet (R 9 Abs 2 KStR). Schließen sich mehrere Körperschaften des öffentlichen Rechts mit ihren Hoheitsbetrieben zu einer **BGB-Gesellschaft** zusammen, so liegt mE gleichwohl noch ein Hoheitsbetrieb vor. 386

Zum „hoheitlichen Bereich" **bei öffentlich-rechtlichen Religionsgemeinschaften** vgl *FinVerw* DStZ 2004, 350.

f) Gewerbliches Tätigwerden. Dies setzt für die juristischen Personen des öffentlichen Rechts (Begriff s R 6 Abs 1 KStR) **neben den allgemeinen Merkmalen** des § 15 Abs 2 EStG **Gewinnerzielungsabsicht** voraus (BFH I R 79, 80/86 BStBl II 1990, 452; I R 264/83 BFH/NV 1989, 388; I B 52/02 BFH/NV 2002, 1341; I B 245/04 BFH/NV 2005, 1135; Rn 73 ff, 393 f), die von gegeben sein kann, wenn der Betrieb nach kommunalrechtlichen Vorgaben nicht darauf ausgerichtet ist (BFH I B 9/12 BFH/NV 2013, 83). Entsprechendes gilt für die Beteiligung am **allgemeinen wirtschaftlichen Verkehr.** Insgesamt muss das Tätigwerden eine **sachliche Selbstständigkeit** in dem Sinne aufweisen, dass es sich innerhalb der Gesamtbetätigung der juristischen Person wirtschaftlich heraushebt (vgl R 2.1 Abs 6 GewStR unter Verweis auf § 4 KStG). Das erfordert ein Mindestmaß an betrieblicher Organisation. Sie muss das äußere **Bild eines GewBetriebs** bieten (BFH I R 102/74 BStBl II 1976, 793). Hierfür entscheidend ist nicht, ob sich die Körperschaft des öffentlichen Rechts bedient, sondern ob sie eine wirtschaftliche Leistung anbietet, die in gleicher Weise auch von **privaten Anbietern** erbracht werden könnte (BFH I R 22/11 BFH/NV 2012, 1334; *Baldauf* DStZ 2011, 35). 387

Gleichwohl und hiermit nicht übereinstimmend hat BFH V R 111/85 BStBl II 1990, 868 darauf abgestellt, ob zumindest die theoretische Möglichkeit einer **Konkurrenzlage** besteht; was mE schon begrifflich verfehlt ist und die Möglichkeit von Veränderungen im gewerblichen Tätigkeitsfeld (zB Wetterwarte, RFHE 23, 224) vernachlässigt. Eine **fehlende Konkurrenzlage** ist ohnehin nur in Ausnahmefällen anzunehmen (glA BFH V R 79/84 BStBl II 1988, 910; zu einer Musikschule der öffentlichen Hand: BFH V R 141/68 u.a. BStBl II 1971, 645).

g) Absolute Umsatz- oder Gewinnzahlen. Diese sind zur Bestimmung eines Gewerbebetriebs nach der Rspr **nicht heranzuziehen** (BFH V R 26/74 BStBl II 1979, 746; für den Maßstab einer bescheidenen Existenz einer Privatperson: BFH I 327/56 U BStBl III 1957, 146). Die *FinVerw* will *absolute Maßstäbe* entscheiden lassen: ab 127 825 € Jahresumsatz regelmäßig wirtschaftliche Selbstständigkeit, bis 30 678 € nur bei besonderen Gründen (Wettbewerb mit Privaten), das Überschreiten der 30 678 €-Grenze soll ein wichtiger Anhaltspunkt für eine wirtschaftliche Eigenständigkeit sein (*BMF* BStBl I 1979, 684; R 6 Abs 5 KStR; hierzu *Kronawitter* KStZ 2011, 181). Zu Recht wird dabei jedenfalls das Verhältnis der Einnahmen aus der wirtschaftlichen Tätigkeit und dem Gesamthaushalt der juristischen Person des öffentlichen Rechts nicht als bestimmend erachtet (R 6 Abs 5 KStR). 388

4. ABC Hoheitsbetrieb/Gewerbebetrieb

S auch R 6 ff KStR. 389
- **Abfallberatung** nach § 6 Abs 4 VerpackV im Dualen System ist Gewerbebetrieb (BFH I R 22/11 BFH/NV 2012, 1334; aA FG B-Bbg 12 K 8281/06 DStZ 2011, 423, aufgeh).
- **Abfallentsorgung** s Müllbeseitigung.
- **Abfallwirtschaft** als Regiebetrieb einer Kommune ist Gewerbebetrieb (vgl BFH I R 112/09 BFH/NV 2011, 1194).
- **Altenheime, Altenwohnheime** sind Betriebe gewerblicher Art, unter den Voraussetzungen des § 3 Nr 20 allerdings von der Gewerbesteuer befreit.

§ 2

- **Anschlagstellen.** Die Überlassung des Rechts, Anschlagsäulen auf öffentlichen Wegen und Plätzen zu errichten und zu nutzen, ist nur körperschaftsteuerrechtliche Betriebsverpachtung (§ 4 Abs 4 KStG; BFH I R 100/79 BStBl II 1983, 386). Für die GewSt gelten hinsichtlich der Verpachtung ohnehin besondere Grundsätze (Stichwort Betriebsverpachtung). Ein Hoheitsbetrieb kommt in jedem Fall nicht in Betracht (BFH aaO).
- **Bäderbetriebe** (Hallenbad, Freibad) sind Betriebe gewerblicher Art (vgl BFH I R 74/89 BStBl II 1992, 432).
- **Banken,** Betriebe gewerblicher Art, s auch die partiellen Gewerbesteuerbefreiungen in § 3 Nr 2.
- **Beliehener Unternehmer.** Die Tatsache, dass ein Privater mit der Ausübung öffentlicher Gewalt beliehen wird, steht der Beurteilung seiner Tätigkeit als gewerblich nicht entgegen (BFH I 157/63 U BStBl III 1966, 36). Daran ändert auch das bestehende öffentliche Gewaltverhältnis eigener Art nichts (BFH I R 107/68 BStBl II 1970, 517). Bei der Eingriffsverwaltung kann das Gewaltverhältnis zu einer persönlichen und sachlichen Eingliederung des Privaten führen und auch eine Beteiligung am allgemeinen wirtschaftlichen Verkehr fehlen (vgl RFH RStBl 1940, 643; 1938, 429).
- **Berufsorganisationen** können insb bei Freiberuflern durch Gesetz die Ausübung hoheitlicher Befugnisse übertragen sein. Im Rahmen der ihnen zustehenden Ordnungsgewalt werden sie als Körperschaften des öffentlichen Rechts nicht gewerblich tätig (s *HHR* § 4 KStG Rn 65 zur **Kassenärztlichen Vereinigung** und **Ärztekammer** und Rn 66 zur **Landwirtschaftskammer**; BFH V R 79/84 BStBl II 1988, 910). Es können sich daraus aber auch Betriebe gewerblicher Art ergeben. Dies gilt zB für **Versorgungseinrichtungen des öffentlichen Rechts** von bestimmten freien Berufsgruppen (BFH I R 200/73 BStBl II 1976, 355; IV R 160/71 BStBl II 1974, 631). S auch die Befreiungsvorschrift des § 3 Nr 11.
- **Beteiligung.** Eine juristische Person des öffentlichen Rechts kann auch an einer Personengesellschaft mitunternehmerisch beteiligt sein. Für die Gewerbesteuer wird sie dann dem Objekt Gewerbebetrieb der Personengesellschaft erfasst (BFH III R 78/72 BStBl II 1973, 616). KSt-rechtlich besteht auch dann ein Betrieb gewerblicher Art (BFH I R 25/81 BStBl II 1984, 726), wenn die Tätigkeit, falls von der juristischen Person allein ausgeübt, als hoheitlich zu beurteilen wäre *(OFD Ffm DStZ 2002, 270)*. Die Beteiligung an einer Kapitalgesellschaft stellt mE einen GewBetrieb dar, wenn die Trägerkörperschaft entscheidenden Einfluss auf die Geschäftsführung der Gesellschaft nimmt (vgl zum wirtschaftlichen Geschäftsbetrieb § 3 Nr 6 Rn 229); bei Beteiligung an einer gemeinnützigen Tochtergesellschaft liegt mE jedoch Vermögensverwaltung vor (*Strahl* FR 2002, 916).
- **Betriebsaufspaltung.** Einen Gewerbebetrieb kraft Betriebsaufspaltung gibt es im Bereich ein und derselben juristischen Person des öffentlichen Rechts nicht. Die Rspr lehnt es ab, in der Vermietung oder Verpachtung wesentlicher Betriebsgrundlagen an den Betrieb gewerblicher Art bei seiner Trägerkörperschaft einen weiteren Gewerbebetrieb nach Betriebsaufspaltungsgrundsätzen zu sehen (BFH I R 223/80 BStBl II 1984, 496).
- **Betriebsverpachtung.** Gewstrechtlich liegt wie bei einem Privaten in der Verpachtung eines Gewerbebetriebs eine Betriebseinstellung (s Rn 579), es sei denn, sie stellt sich selbst als werbender Betrieb dar (R 15.7 Abs 1, R 16 Abs 5 EStR). Unter den Voraussetzungen des § 4 Abs 4 KStG ist auch gewstrechtlich kein Raum für ein Wahlrecht, die Betriebsaufgabe zu erklären. Das verpachtete Betriebsvermögen bleibt steuerrechtliches Betriebsvermögen bis zur tatsächlichen Aufgabe des Betriebs (BFH I R 106/76 BStBl II 1979, 716).

ABC Hoheitsbetrieb/Gewerbebetrieb (Rn 389) §2

- **Blutalkoholuntersuchung** stellt keine Ausübung hoheitlicher Gewalt dar (BFH V R 89/85 BStBl II 1990, 95; I R 156/87 BStBl II 1990, 866).
- **Bundeseisenbahnvermögen.** Es unterhält zwar einen Versorgungsbetrieb, ist aber im Rahmen seiner Zweckbestimmung von der GewSt freigestellt (§ 3 Nr 1).
- **Campingplatz.** Die Verpachtung eines Campingplatzes wird als Betrieb gewerblicher Art iSd KStR angesehen, wenn die dafür wesentlichen Einrichtungen von der verpachtenden Körperschaft zur Verfügung gestellt werden. Gewstrechtlich gelten hinsichtlich der Verpachtung eigenständige Grundsätze (s „Betriebsverpachtung"). Der Betrieb eines Campingplatzes durch die Gemeinde selbst ist regelmäßig Gewerbebetrieb (s Rn 106).
- **Drittmittelforschung** der Hochschulen. Zur Problematik vgl *Lang/Seer* StuW 1993, 47; *BMF* DB 1989, 857; *OFD Münster* BB 1990, 1334. Vgl auch § 3 Rn 302 ff u EuGH v 20.6.2002 C-287/00 DStR 2002, 1172 m Anm *FK*.
- **Erbschaft** s „Steuerberaterkanzlei".
- **Faschingsbälle,** die von einer Universität veranstaltet werden, können nach FG München EFG 1997, 707 (rkr) Betrieb gewerblicher Art sein (zweifelnd *Olbertz* UVR 1997, 1).
- **Forschungsanstalten** können als Hoheitsbetriebe anzusehen sein. Treten Universitätsinstitute durch die Erstellung wissenschaftlicher Einzelgutachten, zB über Stoffbeschaffenheit, in eine Konkurrenzlage zu Privatunternehmen, so liegt keine hoheitliche Tätigkeit mehr vor (BFH V 120/59 U BStBl III 1961, 298). Handelt es sich um eine gemeinnützige Körperschaft, so ist § 68 Nr 9 AO (Drittmittelforschung als Zweckbetrieb, vgl § 3 Rn 302 ff) zu prüfen. Besteht bei der Körperschaft kein gewerbliches Unternehmen (Hilfsmittel oder keine Konkurrenzlage), so kann sie unabhängig hiervon einen unschädlichen Zweckbetrieb (§ 65 AO) haben. S zur Zusammenarbeit mit erwerbswirtschaftlichen Unternehmen *Wegehenkel* BB 1985, 116, 395, 792.
- **Freiwillige Feuerwehren** sind mit den Überschüssen aus Festveranstaltungen zur Selbstdarstellung und Mitgliederwerbung nicht gewerbesteuerpflichtig, wenn die Überschüsse für den hoheitlichen Zweck verwendet werden (FG Düsseldorf EFG 1991, 752).
- **Friedhofsverwaltung** ist hoheitliche Tätigkeit (s auch zur Abgrenzung von wirtschaftlich damit verbundenen gewerblichen Unternehmen: BFH V R 15/74 BStBl II 1977, 813; V R 3/79 BStBl II 1983, 491; H 10 KStH).
- **Fürsorgetätigkeit** zählt mE nicht zu den Betrieben gewerblicher Art.
- **Garagenablösung.** Verlangen Gemeinden Ablösungsbeträge für die Befreiung von der Pflicht zum Bau von Garagen, so liegt mE auch bei entsprechenden organisatorischen Vorkehrungen kein Betrieb gewerblicher Art vor, sondern die Ausübung öffentlicher Gewalt vor. ME handeln die Gemeinden wie bei den sog Baudispens- und Nachfolgelastenverträgen auch bei der vertraglichen Garagenablösung hoheitlich im Bereich der Eingriffsverwaltung. Das Verwaltungsverfahrensgesetz bestätigt in seinen §§ 54, 56 die Existenz solcher subordinationsrechtlicher Verträge.
- **Gaststätte.** Das Unterhalten einer Gaststätte ist ein Betrieb gewerblicher Art (BFH I 213/58 U BStBl III 1959, 339).
- **Gefangenenarbeitsbetriebe** sind Hoheitsbetriebe (BFH I 80/62 U BStBl III 1965, 95).
- **Gemeindewerke** sind Gewerbebetriebe (BFH I R 108/95 BStBl II 1997, 230; vgl V B 35/10 BFH/NV 2011, 462).
- **Gutachterausschüsse** nach § 192 BauGB sind Betriebe gewerblicher Art (vgl *FM Thüringen* DStR 1999, 322; R 10 Abs 9 KStR).
- **Industriegleisanlagen,** Betrieb gewerblicher Art (BFH I B 136/98 BFH/NV 2000, 894).

§ 2 Steuergegenstand

- **Kaminkehrer** sind trotz der ihnen übertragenen feuerpolizeilichen Befugnisse gewerblich tätig (s auch „Beliehener Unternehmer").
- **Kanalbetrieb** wird ebenso wie Abwasser- und Abfallbeseitigung als Hoheitsbetrieb angesehen (BFH I 164/59 S BStBl III 1962, 448).
- **Kantinen.** Bei Kantinen, die nur für die Belegschaft eines Betriebs eingerichtet sind, soll es an einer Beteiligung am allgemeinen wirtschaftlichen Verkehr und damit an der Gewerbesteuerpflicht fehlen (R 2.1 Abs 6 GewStR; s aber für die Körperschaftsteuer H 9 KStH „Hoheitsbetrieb" mit der Annahme eines Betriebs gewerblicher Art.
- **Kindergarten** (kommunal), trotz Anspruch der Kinder nach dem 3. Lebensjahr auf Förderung in Tageseinrichtungen nach dem SGB VIII Betrieb gewerblicher Art (BFH I R 106/10 BStBl II 2012, 837; aA FG Düsseldorf 6 K 2138/08 EFG 2011, 482, aufgeh); zu kirchlichem Kindergarten FG Hamburg 3 K 74/12 EFG 2013, 956 zur GrESt: bejaht – Rev II R 11/13.
- **Kommunale Datenverarbeitungszentralen** üben mE weder in der Rechtsform einer BGB-Gesellschaft noch beim unmittelbaren Tätigwerden der öffentlichen Hand öffentliche Gewalt aus, sondern sind bei bestehender Gewinnerzielungsabsicht gewerbesteuerpflichtig (aA mit Rücksicht auf die öffentlich-rechtliche Aufgabe *Koch* KStZ 1984, 184).
- **Konzessionsvergabe** durch Gemeinde an Energieversorgungsunternehmen ist nicht gewerblich (BFH XI R 8/10 BFH/NV 2012, 1667 zu Sächs FG 3 K 2115/05 ZKF 2010, 287, aufgeh).
- **Krankenanstalten** sind zwar Betriebe gewerblicher Art (BFH I R 21/81 BStBl II 1985, 162), aber unter den in § 3 Nr 20 genannten Voraussetzungen von der Gewerbesteuer befreit (s § 3 Rn 431 ff). Die Überlassung medizinischer Großgeräte an Gemeinschaftspraxis ist wirtschaftlicher Geschäftsbetrieb (BFH I R 85/04 BStBl II 2005, 545).
- **Krankenversicherungen,** gesetzlich, werden durch Vermittlung von Zusatzleistungen gewerblich tätig (BFH I R 8/09 BStBl II 2010, 502)
- **Krematorium** nebst Urnenversand ist gewerblich (BFH I B 245/04 BFH/NV 2005, 1135; I R 51/07 BStBl II 2009, 1022).
- **Kurverwaltung** einer Gemeinde stellt einen Betrieb gewerblicher Art dar (BFH I 53/61 U BStBl III 1962, 542); eine Zuordnung von dem öffentlichen Verkehr gewidmeten Straßen hierzu ist nicht zulässig (BFH V R 166/84 BStBl II 1990, 799).
- **Landwirtschaftliche Unternehmen** begründen auch für juristische Personen des öffentlichen Rechts keine gewerblichen Einkünfte.
- **Leihanstalten** sind keine Hoheits-, sondern Gewerbebetriebe (RFH RStBl 1940, 655).
- **Märkte,** die von Gemeinden auf öffentlichen Straßen und Plätzen abgehalten werden, begründen regelmäßig Betriebe gewerblicher Art (BFH I 145/60 U BStBl III 1961, 67).
- **Müllbeseitigung** (§ 15 KrW/AbfG) stellt keinen Betrieb gewerblicher Art dar, sondern einen Hoheitsbetrieb (BFH I R 1/94 BStBl II 1997, 139 zum Müllsackverkauf; *FM Ba-Wü* BB 1987, 668). Abgabe der Abfälle oder der aus diesen gewonnenen Stoffe oder Energie ist idR Hilfsgeschäft, kann aber bei Gewinnerzielungsabsicht GewStPfl begründen. Hilfsgeschäfte liegen mE dann nicht vor, wenn die Müllbeseitigung im Dienst des Versorgungsunternehmens steht (s aber H 9 KStH sowie *BMF* FR 1982, 435). Bei Wärmelieferung Betrieb gewerblicher Art verneint, FG Münster EFG 1986, 619 rkr. Auf privatrechtlichen Vereinbarungen mit dem Dualen System beruhende Tätigkeiten sind immer wirtschaftliche Tätigkeit (BFH I R 72/06 BStBl II 2009, 246).
- **Parkhaus** ist idR Betrieb gewerblicher Art, und zwar auch dann, wenn die Benutzung durch öffentlich-rechtliche Satzung geregelt ist (BFH V R 3/88 BStBl II 1993, 380; R 10 Abs 4 KStR).

ABC Hoheitsbetrieb/Gewerbebetrieb (Rn 389) §2

- **Parkplatz.** Gebührenpflichtige Parkplätze, die Gemeinden auf eigenem oder gepachtetem Grund unterhalten, sind Betriebe gewerblicher Art (BFH I R 102/74 BStBl II 1976, 793). Dagegen zählt der Betrieb von Parkuhren und Parkscheinautomaten zur Ausübung öffentlicher Gewalt (R 10 Abs 4 KStR).
- **Pflegeheime** sind Betriebe gewerblicher Art, aber unter den Voraussetzungen des § 3 Nr 20 steuerbefreit.
- **Photovoltaikanlage** einer Kirchengemeinde ist gewerblich (Nds FG 16 K 11189/08 EFG 2010, 1263, zur USt).
- **Rundfunksendeanlagen und Rundfunksendungen.** Nach der Entscheidung des BVerfG (2 BvF 1/68, 2 BvR 702/68 BStBl II 1971, 567) ist der Betrieb von Rundfunkanstalten keine Betätigung gewerblicher Art. Das gilt nicht für Werbesendungen. S jetzt § 8 Abs 1 Satz 2 KStG iVm § 7 Abs 1 Satz 3 GewStG.
- **Schlachthöfe** stellen Hoheitsbetriebe dar (R 9 Abs 1 KStR).
- **Schulen** rechnen zum Hoheitsbereich (BFH V R 26/74 BStBl II 1979, 746). Für den **Hochschulbereich** gilt mit Rücksicht auf das Staatsprüfungsmonopol nichts anderes. Dies hindert nicht die Annahme von Betrieben gewerblicher Art bei entgeltlicher Gutachtertätigkeit von Instituten (BFH V 120/59 U BStBl III 1961, 298). Zweifelhaft mE wegen möglicher Konkurrenzlage die Beurteilung einer allgemeinen Musikschule als Hoheitsbetrieb (s BFH V R 141/68 u.a. BStBl II 1971, 645).
- **Schwimmbad.** Betrieb gewerblicher Art, soweit außerhalb schulischer Zwecke eingesetzt (BFH V R 26/74 BStBl II 1979, 746). Zur Verpachtung von Leerräumen zum Betrieb einer Gaststätte vgl *OFD Ffm* DB 2000, 1050.
- **Skilift,** Betrieb gewerblicher Art (FG Nürnberg EFG 1984, 416).
- **Sparkassen** üben keine hoheitliche Tätigkeit aus, sondern stellen Betriebe gewerblicher Art dar (BFH VI R 391/69 BStBl II 1971, 818).
- **Sportstätten.** Maßgebend für die Abgrenzung von der Vermögensverwaltung sind Zusatzleistungen sowie ein Jahresumsatz von mehr als 30 678 €, ab 1.1.2013 45 000 € (*OFD Münster* DStRE 2007, 295). Überlassung zum Zwecke des Sportunterrichts ist nicht gewerblich (Sächs FG 5 K 1593/04 ZFK 2011, 119).
- **Steuerberaterkanzlei,** auch wenn im **Erbgang** von juristischer Person des öff Rechts erworben und zur Veräußerung bestimmt, ist ein Betrieb gewerblicher Art (BFH I R 19/87 BStBl II 1990, 246).
- **Straßenreinigung** wird als hoheitliche Tätigkeit angesehen (R 9 Abs 1 KStR).
- **Tiefgarage,** Betrieb gewerblicher Art (BFH I R 187/85 BStBl II 1990, 242; R 10 Abs 4 KStR).
- **Toilettenanlagen** gehören als Teil der Daseinsvorsorge zur öffentlichen Gewalt und können nicht (gewillkürtes) BV eines gewerblichen (Markt)Betriebs sein (BFH I R 52/02 BStBl II 2009, 248).
- **Vermietung** von Einrichtungen ist Betrieb gewerblicher Art (BFH V R 95/86 BStBl II 1992, 569, Mehrzweckhalle).
- **Verpachtung** einer Gaststätte ist Betrieb gewerblicher Art (BFH V R 111/85 BStBl II 1990, 868), s auch „Betriebsverpachtung".
- **Versicherungsanstalten** der öffentlichen Hand können einen GewBetrieb bilden, soweit das Unternehmen nicht dem Staat eigentümliche Aufgaben erfüllt. Entscheidend ist nicht die Form, sondern der Inhalt der Tätigkeit, also die Rechte und Pflichten aus dem öffentlich-rechtlichen Versicherungsverhältnis (BFH I R 157/67 BStBl II 1970, 519; I B 134/94 BFH/NV 1996, 366). Die Betriebe der öffentlichen Träger der **Sozialversicherung** gelten nur dann als Hoheitsbetriebe, wenn in ihnen überwiegend (95%) ihrer Mitglieder behandelt werden (R 10 Abs 1 KStR; mE aber typischer GewBetrieb).
- **Versorgungsbetriebe** werden größtenteils in Erfüllung einer öffentlichen Aufgabe eingerichtet. Das sind nach § 2 Abs 1 GewStDV die Unternehmen, die der Versorgung der Bevölkerung mit Wasser (hierzu BFH I R 79, 80/86 BStBl II

§ 2 Steuergegenstand

1990, 452; VI R 42/86 BStBl II 1990, 679), Gas, Elektrizität (BFH I R 44/94 BStBl II 1995, 742) oder Wärme, dem öffentlichen Verkehr oder dem Hafenbetrieb dienen (vgl auch BFH I 82-85/00 BStBl II 2001, 773). Es kommen aber nicht nur die dort aufgezählten Unternehmen als Versorgungsbetriebe in Frage (vgl zB für Badebetriebe BFH GrS 4/66 BStBl III 1967, 240; Tiefgarage BFH I R 187/85 BStBl II 1990, 242).

- **Versorgungswerk** einer Berufskammer ist auch bei Investition von Beiträgen in gewerbliche Personengesellschaften nicht gewerblich tätig (BFH I R 47/09 BFH/ NV 2011, 1257).
- **Wasserversorgungsbetriebe und -verbände** unterhalten, soweit sie mit Gewinnerzielungsabsicht betrieben werden, Gewerbebetriebe (BFH I R 79, 80/ 86 BStBl II 1990, 452; VI R 42/86 BStBl II 1990, 679; I R 108/95 BStBl II 1997, 230; vgl aber I R 232/71 BStBl II 1972, 500; I R 58/75 BStBl II 1977, 250). Zur **Gewinnerzielungsabsicht** eines gemeindlichen Wasserwerks s BFH I R 264/83 BFH/NV 1989, 388; I B 9/12 BFH/NV 2013, 83. Vielfach sind die Versorgungsunternehmen Subventionsbetriebe (s Rn 281). Als Versorgungsbetriebe werden ferner behandelt: Wasserwerk (BFH I R 34/75 BStBl II 1977, 251), Verkehrsbetriebe, Straßenbeleuchtung, Elektrizitäts- und Gasversorgung (BFH VI R 171/74 BStBl III 1975, 563).
- **Wertstoffverwertung,** Betrieb gewerblicher Art (BFH I R 42/01 BFH/NV 2003, 511; R 10 Abs 6 KStR), s auch „Müllbeseitigung".

5. Unternehmenszurechnung

390 Der Betrieb gewerblicher Art ist **für die Gewerbebesteuerung** ebenso wenig Besteuerungssubjekt und damit Steuerschuldner wie bei der Körperschaftsteuer. **Subjektiv steuerpflichtig** ist vielmehr die jeweilige juristische Person des öffentlichen Rechts (BFH I R 21/81 BStBl II 1985, 162 mwN), auf deren Rechnung der Betrieb unterhalten wird (BFH I R 126/83 BStBl II 1988, 70; I R 112/09 BFH/ NV 2011, 1194); das gilt auch bei **Beteiligung an einer Mitunternehmerschaft** (BFH IV B 64/12 BFH/NV 2013, 514, gleichzeitig zur Gewinnfeststellung und Zurechnung). Der Betrieb als organisatorische Einheit ist jedoch Gegenstand der Gewinnermittlung (Rn 280). Hinsichtlich der **Betriebsstätte** besteht für die Zerlegung bei Versorgungsunternehmen eine Sonderregelung in § 28 Abs 2 (s dort).

6. Gewinnermittlung

391 a) **BgA und Trägerkörperschaft.** Obwohl er kein Rechtssubjekt ist, wird er für die Zwecke der Gewinnermittlung im Verhältnis zur Trägerkörperschaft wie ein solches behandelt, und zwar grds jeder einzelne Betrieb (BFH I R 161/94 BFH/ NV 1997, 625; I R 42/01 BFH/NV 2003, 511; Ausnahme Rn 43 ff). Dieser Umstand bedingt auch Besonderheiten bei der Bestimmung und Abgrenzung des **Betriebsvermögens** (hierzu BFH I R 20/01 BFH/NV 2002, 1260; *FM Nds* DStZ 2003, 320; *Gastl* DStZ 2004, 323: Vergleich mit Betriebsaufspaltung; ähnlich *Wallenhorst* DStZ 2002, 703). Für die Besteuerung als Betriebsvermögen angesehen werden vor allem die wesentlichen Grundlagen des Betriebs. **Gewillkürtes Betriebsvermögen** können nicht Gegenstände eines Hoheitsbetriebs sein (BFH I R 52/02 BStBl II 2009, 248 zur Toilettenanlage); zum gewillkürten Betriebsvermögen eines BgA s *BMF* DB 1988, 2602; *FM Ba-Wü* BB 1989, 544. Zur Einlage von Wirtschaftsgütern mit dem Teilwert s BFH I R 197/83 BStBl II 1987, 865; zur Bildung von Rückstellungen für Pensionsverpflichtungen für im BgA eingesetzte Beamte vgl BFH I R 46/04 BStBl II 2006, 688.

392 Die Beziehungen werden denen zwischen Kapitalgesellschaft und Gesellschaftern gleichgesetzt mit der Folge möglicher **verdeckter Gewinnausschüttungen** (BFH

Personengesellschaften §2

I R 4/84 BStBl II 1990, 237; I R 61/91 BStBl II 1993, 459; I R 108/95 BStBl II 1997, 230; I R 47/02 BFH/NV 2004, 736). Das gilt insb für **Miet- u Pachtzinsen** (BFH I R 223/80 BStBl II 1984, 496; I R 50/98 BStBl II 2001, 558), ggf auch für die (Nach)Zahlung von **Konzessionsabgaben** (BFH I R 28/09 BFH/NV 2011, 850; zur Abziehbarkeit der Konzessionsabgaben bei Versorgungsbetrieben in den Fällen des Verbands oder der Organschaft s *BMF* BStBl I 1986, 13), nicht jedoch für **Sondernutzungsentgelte** aufgrund einer Gebührensatzung (BFH I R 72/06 BStBl II 2009, 246). **Zinsen** für dem Betrieb gewährte *Darlehen* werden als verdeckte Gewinnausschüttungen behandelt, soweit der Betrieb, gemessen an der Kapitalstruktur gleichartiger Unternehmen, unzureichend mit Kapital ausgestattet ist (BFH I R 52/78 BStBl II 1983, 147). Zur Abgrenzung s BFH I R 2/85 BStBl II 1989, 473.

b) Gewinnerzielungsabsicht. Die **nach allgemeinen Grundsätzen** erforderliche Gewinnerzielungsabsicht (Rn 73) kann allein unter Einbeziehung von verdeckten Gewinnausschüttungen gegeben sein (BFH I B 52/02 BFH/NV 2002, 1341), ebenso unter Einbeziehung von Kapitalerträgen aus von der Trägerkörperschaft eingelegten Aktien (BFH I B 52/02 BFH/NV 2002, 1341). Jedoch genügt nicht die beabsichtigte **Selbstkostendeckung** (BFH X R 84/88 BStBl II 1991, 713). Diese liegt auch dann noch vor, wenn ein Gewinn nur zu dem Zweck der **Verlustausgleichung** (bereits eingetretene oder ernsthaft zu erwartende Vermögensverluste) erwirtschaftet werden soll (BFH I R 102/81 BStBl II 1985, 61; s auch I R 58/75 BStBl II 1977, 250). Auf die erstmalige Erzielung eines Gesamtgewinns kommt es aber nicht an (BFH I R 264/83 BFH/NV 1989, 388). Bei kommunalen Verkehrsbetrieben – auch in Form einer Betriebsaufspaltung – liegt idR keine Gewinnerzielungsabsicht vor (vgl *FM NRW* FR 1993, 278; hierzu *Meier* FR 1993, 564). Zum Problem des ohne Verlustausgleich **dauerdefizitären Betriebs** vgl BFH I R 8/04 BStBl II 2006, 190, Beitrittsaufforderung an BMF; hierzu *Pinkos* DB 2006, 692; *Kolwarowskyi/Pinkos* DB 2006, 1809; krit *Kohlhepp* DB 2005, 1705; *Wallenhorst* DStZ 2004, 711. Bei dauerdefizitären Eigenbetrieben in Form von Kapitalgesellschaften nimmt BFH I R 32/06 BStBl II 2007, 961 (Anm *Hoffmann* DStR 2007, 1957) bei Fehlen eines Verlustausgleichs verdeckte Gewinnausschüttungen an (hierzu *BMF* BStBl I 2007, 905 sowie FG Düsseldorf 6 K 3720/06, K,G,F EFG 2010, 1443). Ein dauerdefizitärer gewerblicher Betrieb kann **kein tauglicher Organträger** sein (Rn 491). Zum **Regiebetrieb** vgl BFH I R 18/07 BStBl II 2008, 573.

Zur Frage der mE grundsätzlich bestehenden **Buchführungspflicht** (nicht bei Betrieben mit Dauerverlusten) vgl *Stapelfeld/Heyer* DB 2003, 1818; *OFD Rostock* DB 2003, 1301.

(frei) 395–399

393

394

C. Die rechtsformabhängigen Steuergegenstände

I. Personengesellschaften

1. Allgemeines

a) Gewerbebetriebe. Zu den rechtsformabhängigen Steuergegenständen gehören auch die von **Personengesellschaften unterhaltenen Gewerbebetriebe.** § 2 Abs 1 Satz 2 GewStG bestimmt durch Bezugnahme auf das EStG (§ 15 Abs 1 Satz 1 Nr 1 u 2 EStG) für Personengesellschaften die allgemeinen Merkmale des Gewerbebetriebs und die gewerbliche Natur von Tätigkeiten (§ 15 Abs 2 EStG) wie bei einem Einzelunternehmer. Im EStRecht knüpft hieran die These von

400

§ 2 Steuergegenstand

der *Gleichstellung* an, wenn auch die **Einheit der Mitunternehmerschaft** dort zurücktreten muss, wo das Subjekt der ESt bzw der Einkünfteerzielung (der Gesellschafter), nicht der Gewinnermittlung und Einkünftequalifikation in Rede steht (vgl BFH GrS 2/02 BStBl II 2005, 679; IV R 72/02 BStBl II 2008, 420; IV R 26/07 BStBl II 2010, 751; IV B 46/10 BFH/NV 2011, 244; VIII R 12/09 BStBl II 2012, 207; *Kratzsch* Inf 2005, 578; *Pinkernell,* Einkünfteerzielung bei Personengesellschaften, S 182 ff; krit *Bodden* FR 2002, 559; DStZ 2002, 391). Der **Mitunternehmer unterscheidet sich** im Hinblick auf die Einkünfteerzielung vom Einzelunternehmer nur dadurch, dass er seine Tätigkeit zusammen mit anderen in gesellschaftsrechtlicher Verbundenheit ausübt (vgl BFH GrS 3/92 BStBl II 1993, 616). Zur *Abgrenzung eigener betrieblicher Leistungen* eines Mitunternehmers vgl BFH X R 24/10 BStBl II 2012, 498.

401   b) **Rechtsformabhängigkeit.** Gleichwohl ist es richtig, die Personengesellschaft in die rechtsformabhängigen Steuergegenstände einzureihen. Denn nach § 15 Abs 3 Nr 1 EStG gilt als **Gewerbebetrieb in vollem Umfang** die mit Einkünfteerzielungsabsicht unternommene Tätigkeit einer offenen Handelsgesellschaft, einer Kommanditgesellschaft oder einer anderen Personengesellschaft, wenn die Gesellschaft *auch* eine Tätigkeit iSd § 15 Abs 1 Satz 1 Nr 1 EStG ausübt (gewerbliches Unternehmen) oder gewerbliche Einkünfte iSv § 15 Abs 1 Nr 2 EStG bezieht. Zu den **Konsequenzen** bei der Frage der **Betriebseinheit** bzw -vielheit vgl Rn 26 ff. Zu **Mischtatbeständen** s Rn 423.

Als **gewerbesteuerlicher Unternehmer** (§ 5 Abs 1 Satz 2) wird gleichwohl nicht die Gesellschaft selbst (auch wenn sie nach § 5 Abs 1 Satz 3 Steuerschuldner ist), sondern (in Übereinstimmung mit dem EStRecht, BFH GrS 1/93 BStBl II 1995, 617; XI R 44/05 BStBl II 2006, 903) **der einzelne Gesellschafter** angesehen (vgl BFH IV R 117/88 BStBl II 1990, 436; GrS 3/92 BStBl II 1993, 616; IV B 133/95 BStBl II 1997, 82; hiergegen u.a. *Braun* BB 1993, 1055; *List* BB 2004, 1473), mit Folgen für die Frage der Unternehmeridentität beim Verlustausgleich nach § 10 a EStG. Das bedeutet indes nur, dass die Gesellschafter als (Mit)Unternehmer eines einheitlichen Betriebs anzusehen sind. Der einheitliche Betrieb ist mit seinen sachlichen Grundlagen und Beziehungen zu den einzelnen (Mit-)Unternehmern der Gewerbebetrieb iSv § 2 Abs 1 (BFH VIII R 13/94 BStBl II 1994, 809; IV B 133/95 BStBl II 1997, 82, 85); und er ist dies (nur) insoweit, als der Gesellschafter auch Mitunternehmer im estrechtlichen Sinne ist, also auf Rechnung und Gefahr mehrerer (Mit)Unternehmer geführt wird (zB BFH IV R 130/90 BStBl II 1993, 574; IV R 26/07 BStBl II 2010, 751).

402   c) **Liebhaberei/Vermögensverwaltung.** Sie sind **nicht einzubeziehen** („Einkünfteerzielungsabsicht"; hierzu BFH GrS 4/82 BStBl II 1984, 751, V 3; s hierzu Rn 73 ff). Die **Gewinnerzielungsabsicht** ist **zweistufig**, auf der Ebene der Gesellschaft und des Gesellschafters zu prüfen (zB BFH IX R 2/96 BStBl II 2001, 789; VIII R 38/01 BFH/NV 2004, 1372). Ebenfalls nicht einzubeziehen ist die **vermögensverwaltende Personengesellschaft,** auch wenn sie als OHG oder KG eingetragen ist (BFH GrS 2/02 BStBl II 2005, 679; *Bitz* DStR 1998, 1742; *Nöcker/Solfrian* StuB 2002, 428; krit *Niehues* DStR 2004, 143, 152); jedoch widerlegbare Vermutung für Handelsgewerbe (BFH IV R 17/90 BStBl II 1993, 324). Beteiligt sich eine vermögensverwaltende Personengesellschaft an einer gewerblich tätigen Personengesellschaft, so erzielt Erstere in vollem Umfang Einkünfte aus Gewerbebetrieb (Rn 428).

2. Gesellschaftstypus

403   a) **Personengesellschaften/Mitunternehmerschaften.** § 15 Abs 3 Nr 1 EStG (Einheitlichkeit des Betriebs und der gewerblichen Einkunftsart) erfasst **OHG**

und **KG** sowie jede andere Personengesellschaft, wenn sie **(1.)** eine gewerbliche Tätigkeit (§ 15 Abs 1 Nr 1 EStG) ausübt, also auch **BGB-Gesellschaften** (BFH GrS 3/92 BStBl II 1993, 616; VIII R 52/91 BFH/NV 1993, 684), jeweils unter Beteiligung von Treugebern möglich (BFH IV R 47/85 BStBl II 1989, 722; XI R 45/88 BStBl II 1993, 538); oder **(2.)** gewerbliche Einkünfte aus einer gewerblichen **Mitunternehmerschaft** (§ 15 Abs 1 Nr 2 EStG) bezieht; zum Begriff s § 7 Rn 103 ff. Für **Arbeitsgemeinschaften** gilt § 2 a. **KGaA** werden als Kapitalgesellschaften behandelt.

b) Innengesellschaften. Von der Einheitlichkeit des Betriebs und der Einkunftsart werden auch Innengesellschaften erfasst (BFH VIII R 54/93 BStBl II 1995, 794; VIII R 12/94 BStBl II 1997, 272; VIII R 81/96 BFH/NV 1999, 355) – Gleichbehandlung wirtschaftlich gleichwertiger Gebilde (BFH I R 133/93 BStBl II 1995, 171). Voraussetzung ist ein zweckgerichtetes Zusammenwirken (Überlassung eines Grundstücks ist unzureichend, BFH IV R 79/05 BStBl II 2009, 15).

Zur **stillen Gesellschaft** s Rn 414.

c) Partnerschaftsgesellschaft. Mitunternehmerschaft ist auch eine Partnerschaftsgesellschaft nach dem PartGG (BGBl I 1994, 1744). Sie ist wie eine OHG namens-, grundbuch- u parteifähig (vgl § 8 PartGG iVm §§ 129 f HGB). Die Vorschriften der BGB-Gesellschaft (§§ 705 ff BGB) finden nur Anwendung, soweit im PartGG nichts anderes bestimmt ist (§ 1 Abs 4 PartGG).

d) Europäische wirtschaftliche Interessenvereinigung (EWIV). Sie ist eine **Gesellschaftsform des europäischen Binnenmarkts** (Art 308 EGV; VO Nr 2137/85; EWIV-AusfG, BGBl I 1988, 514). Sie darf nur Hilfstätigkeiten ausführen, muss mindestens zwei Gesellschafter aus verschiedenen EU-Mitgliedstaaten haben (zur Mitgliedschaft einer BGB-Gesellschaft *Bach* BB 1990, 1432; *Authenrieth* BB 1989, 305; *Müller-Gugenberger* NJW 1989, 1449) und dient der grenzüberschreitenden Kooperation von Freiberuflern und kleinen bis mittleren Unternehmen. Sie gilt für das Steuerrecht und Handelsrecht als OHG. Erforderlich ist Totalgewinnabsicht (Art 40 VO Nr 2137/85; vgl *Weimer/Delp* WPg 1989, 89, 96) und eine gewerbliche Tätigkeit nach allgemeinen Regeln, ggf eine gewerbliche Prägung. Sie hat aber im **Regelfall** nicht den Zweck, Gewinne für sich selbst zu erzielen, und unterhält mE deshalb regelmäßig keine Tätigkeit iSd § 15 Abs 3 EStG. Sie ist mit Kostengemeinschaften (Rn 195, 298) zu vergleichen und **keine Mitunternehmerschaft** (aA *Busl* DStZ 1992, 773). Zu Einzelheiten der Feststellung nach der VO zu § 180 AO *BMF* DB 1989, 354.

e) Weitere Formen von Mitunternehmerschaften. In Betracht kommen die den genannten **Gesellschaften wirtschaftlich ähnlichen** oder wegen der Mitunternehmermerkmale schlechthin gleichzusetzenden (BFH GrS 4/82 BStBl II 1984, 751 unter C V 3; GrS 1/93 BStBl II 1995, 617) anderen **Gemeinschaftsverhältnisse,** wie die mitunternehmerische **Erbengemeinschaft** (BFH GrS 2/89 BStBl II 1990, 837), die sich durch die Besonderheit auch der Nachfolge in die Einkunftsart des Erblassers bis zur Erbauseinandersetzung auszeichnet (Rn 33); **Gütergemeinschaft** (BFH VIII R 18/95 BStBl II 1999, 384 zur persönlichen Arbeitsleistung; BFH IV R 37/04 BStBl II 2006, 165; IV R 66/10 BFH/NV 2012, 411; zur ausländischen Gütergemeinschaft BFH X R 163/09 BFH/NV 2010, 2082); mE auch **Vermögensgemeinschaft** nach § 6 Abs 2 LPartG (Rn 36) **und Bruchteilsgemeinschaft** (vgl BFH IV R 42/89 BStBl II 1993, 729; XI R 43–45/89 BStBl II 1996, 232, 237; VIII R 100/90 BFH/NV 1993, 538; jeweils mwN) sowie – bei Bestehen einer entsprechenden Gebrauchsregelung (§ 15 WEG) – **Wohnungseigentümergemeinschaft** (BFH IV R 73/94 BStBl II 1997, 569). Auf die letztgenannten Gemeinschaften ist § 15 Abs 3 Nr 1 EStG nicht anwendbar, weil sie keine Personengesellschaften sind (vgl BFH IV R 214/84 BStBl II 1987, 120). Auch eine

§ 2 Steuergegenstand

Partenreederei ist Mitunternehmerschaft iSv § 15 Abs 1 Satz 1 Nr 2 EStG sowie Personengesellschaft iSv § 15 Abs 3 Nr 1 EStG, da einer OHG/KG weitgehend gleichgestellt (BFH XI R 50/88 BStBl II 1994, 364). Sie bezieht sich nach § 489 Abs 1 HGB nur auf *ein* Schiff. Dessen Verkauf bedeutet idR Betriebsveräußerung; betreibt dieselbe Personengruppe mehrere Schiffe, so bestehen mehrere Mitunternehmerschaften (BFH VIII R 257/80 BStBl II 1986, 53; IV R 50/90 BStBl II 1992, 380). Zum **Korrespondentreeder** s BFH IV R 65/85 BStBl II 1987, 564.

Keine Mitunternehmerschaften sind **Büro-** bzw **Praxisgemeinschaften,** die lediglich den Zweck haben, bestimmte Kosten gemeinsam zu tragen und umzulegen. Gemeinsames Auftreten nach außen genügt für die Qualifizierung als Mitunternehmerschaft nicht (BFH XI R 82/03 BStBl II 2005, 752).

3. Mitunternehmer

408 Mitunternehmer ist, wer **zivilrechtlich Gesellschafter** einer Personengesellschaft ist **oder** eine diesem **vergleichbare Stellung** einnimmt (BFH GrS 4/82 BStBl II 1984, 751; VIII R 50/92 BStBl II 1994, 282; zur Mitunternehmerschaft von Ehegatten bei Vereinbarung einer Gütergemeinschaft BFH IV R 130/90 BStBl II 1993, 574; zur Ausnahme der verdeckten Mitunternehmerschaft s unten), auch der „wirtschaftliche Eigentümer" eines Anteils (hierzu BFH VIII R 196/84 BStBl II 1989, 877; VIII R 70/84 BFH/NV 1991, 223; VIII R 81/85 BStBl II 1994, 645; IV R 34/93 BFH/NV 1996, 314). Erforderlich sind **Mitunternehmerinitiative** und **-risiko** (BFH GrS 4/82 BStBl II 1984, 751; aA *Kratzsch* Inf 2005, 378: Mitunternehmerinitiative unerheblich). Sind die Voraussetzungen gegeben, so ändert eine Testamentsvollstreckung oder eine Belastung des Anteils mit einem (Unter-)Vermächtnis hieran nichts (BFH VIII R 18/93 BStBl II 1995, 714; IV B 23/96 BFH/NV 1997, 393).

409 a) **Mitunternehmerinitiative.** Sie bedeutet vor allem **Teilhabe an unternehmerischen Entscheidungen**; zu würdigen ist die rechtliche und wirtschaftliche Stellung des Betroffenen (BFH VIII R 12/94 BStBl II 1997, 272). Für den persönlich haftenden Gesellschafter bedeutet dies Befugnis zur Geschäftsführung oder Vertretung der Gesellschaft (BFH VIII R 252/80 BStBl II 1987, 530; II R 44/08 BFH/NV 2010, 690). Sie ist auch aufgrund Vollmacht für den Treuhandkommanditisten möglich (BFH IV R 63/07 BFH/NV 2011, 214); ebenso auch durch Schenkung unter Nießbrauchs- u Stimmrechtsvorbehalt (BFH II R 44/08 BFH/NV 2010, 690; zur Abgrenzung: Gesellschafter-, insb Stimmrechte beim Schenker BFH IV R 4/07 BStBl II 2009, 312). Im Übrigen genügen Stimm-, Kontroll- u Widerspruchsrechte eines Kommanditisten entspr §§ 164, 166 HGB bzw die Kontrollrechte entspr § 716 Abs 1 BGB. Ein **Kommanditist** hat Mitunternehmerinitiative, wenn seine Stimm-, Kontroll- und Widerspruchsrechte und Pflichten dem Regelstatus der KG nach §§ 164, 166 HGB bzw § 716 Abs 1 BGB wenigstens nahekommen (BFH GrS 4/82 BStBl II 1984, 751 unter V. 3. c. cc; VIII R 16/97 BStBl II 2001, 186; *Bodden* FR 2002, 559, 563). Entscheidungsbefugnisse im gewöhnlichen Geschäftsverkehr genügen nicht (BFH VII R 32/07 BFH/NV 2009, 355).

410 b) **Mitunternehmerrisiko.** Dies bedeutet die objektive **Möglichkeit der Teilhabe an der Betriebsvermögensmehrung** (Gewinn u Verlust sowie stille Reserven). Der Kommanditist trägt kein Mitunternehmerrisiko, wenn er tatsächlich oder rechtlich nicht in der Lage ist, an der Betriebsvermögensmehrung teilzunehmen; eine nur theoretische Möglichkeit genügt nicht (BFH IX R 100/06 BFH/NV 2010, 1056). Ist er am Gewinn beteiligt, ist er auch kein Mitunternehmer, sondern ggf Darlehensgeber oder typischer stiller Gesellschafter (BFH VIII R 66–70/97 BStBl II 2000, 183). Fehlt im Gesellschaftsvertrag eine Regelung über die Teilhabe an den stillen Reserven, besteht auch kein Mitunternehmerrisiko (FG B-Bbg 6 K

Personengesellschaften § 2

6178/08 EFG 2010, 1127). Eine nur vorübergehende oder nur durch *außerordentliche Glücksfälle* eintretende Teilhabe am Geschäftswert genügt nicht (BFH IV R 1/92 BStBl II 1994, 700; IV R 6/01 BFH/NV 2003, 36; VIII R 20/01 BFH/NV 2003, 601; *FinVerw* FR 2003, 1299). Auch Verzinsung der Einlage (BFH IV R 1/92 BStBl II 1994, 700), *Umsatzbeteiligung* (BFH VIII R 81/85 BStBl II 1994, 645) genügt nicht, es sei denn, Letztere kommt Gewinnbeteiligung gleich (BFH IV R 17/84 BStBl II 1988, 62). Auch die Teilhabe auf Grund einer Lebensgemeinschaft ist nicht Mitunternehmerrisiko (BFH VII R 32/07 BFH/NV 2009, 355). Eine unbeschränkte **Außenhaftung** genügt, ist jedoch nicht erforderlich (BFH IV R 74/03 BStBl II 2006, 595; IV R 26/07 BStBl II 2010, 751).

Im Hinblick auf das Mitunternehmerrisiko selbst kann den **einzelnen Merkmalen** ein je **unterschiedliches Gewicht** zuzumessen sein (BFH VIII R 12/94 BStBl II 1997, 272): die neben der Beteiligung am Gewinn und Verlust regelmäßig zu fordernde Vermögensteilhabe (BFH IV R 1/92 BStBl II 1994, 700; VIII R 21/04 BFH/NV 2006, 1839) muss nicht vorliegen, wenn die Gesellschaft besonders risikoträchtige Geschäfte verfolgt (BFH I R 25/79 BStBl II 1982, 186). Ist der **persönlich haftende Gesellschafter** vereinbarungsgemäß durch die anderen Gesellschafter von der **Außenhaftung freizustellen**, dann hat er bei Beteiligung am Gewinn gleichwohl Mitunternehmerrisiko (BFH VIII R 74/03 BStBl II 2006, 595; VIII R 43/98 BFH/NV 1999, 1196; *Kempermann* FR 2006, 825). Für die rein kapitalistisch organisierte Mitunternehmerschaft gilt dies auch ohne Beteiligung der **Komplementär-GmbH** am Kapital (BFH R 74/03 BStBl II 2006, 595; VIII R 42/10 BStBl II 2013, 79).

c) Ausprägung der Merkmale. Auch **im Übrigen** kann die Ausprägung der 411 Merkmale **unterschiedlich** sein; bei stark ausgeprägter Initiative genügt ein schwach ausgeprägtes Risiko; Beteiligung am Verlust sowie an den stillen Reserven ist dann nicht erforderlich (BFH VIII R 42/90 BStBl II 1994, 702; IV R 65/94 BStBl II 1996, 66; IV B 83/96 BFH/NV 1997, 840; VIII R 6/93 BFH/NV 2004, 1080; *Schulze zur Wiesche* DB 1997, 244; zur Mitunternehmerschaft einer GmbH trotz eingeschränkter Gesellschafterstellung BFH XI R 61/96 BStBl II 1997, 170 mwN; zur Mitunternehmerschaft von minderjährigen Kindern BFH IV R 114/91 BStBl II 1994, 635; VIII R 16/97 BStBl II 2001, 186; zur atypischen stillen Gesellschaft mit dem beherrschenden Gesellschafter-Geschäftsführer einer GmbH BFH VIII R 42/90 BStBl II 1994, 712; zur fehlerhaften Gesellschaft BFH VIII B 62/97 BStBl II 1998, 401). Bei fehlender Vermögensteilhabe genügt eine besonders ausgeprägte Mitunternehmerinitiative (BFH B 88/00 BFH/NV 2001, 1550; VIII R 20/01 BFH/NV 2003, 601). Umgekehrt erfordert die fehlende Teilhabe am Verlust eine stark ausgeprägte Mitunternehmerinitiative (BFH I B 84/00 BFH/NV 2010, 1425). Mitunternehmer ist auch, wer mit einer hohen Vermögenseinlage am Gewinn beteiligt ist und wie ein Komplementär auf das Schicksal des Unternehmens Einfluss nehmen kann (BFH VIII B 194/01 BFH/NV 2003, 1308).

d) Treuhandverhältnisse. Fremdnützige Treuhänder sind **nicht Mitunter-** 412 **nehmer** (BFH VIII R 67/88 BFH/NV 2000, 427). Dagegen können die Treugeber auch dann Mitunternehmer sein, wenn der Treuhänder die Wirtschaftsweise bestimmt (BFH IV R 90/96 BFH/NV 1999, 754).

Ein Treuhandverhältnis über den **Komplementäranteil für den Kommanditisten** schließt die Mitunternehmerstellung des Treugebers nicht aus, da er das Haftungsrisiko trägt und nicht von der Vertretung der KG ausgeschlossen werden kann (§ 170 HGB; BFH VIII R 83/84 BFHE 152, 230). Anders ist dies jedoch, wenn der *Kommanditanteil* treuhänderisch *für den Komplementär* gehalten wird, weil der Treuhandanteil keine Mitunternehmerstellung vermittelt (BFH IV R 130/90 BStBl II 1993, 574; IV R 40/03 BFH/NV 2005, 1994). In diesem Fall sind die aus dem Kommanditanteil erzielten Einkünfte dem Komplementär nach § 39 Abs 2

§ 2 Steuergegenstand

Nr 2 AO zuzurechnen; das kann ggf bei einer Vertretungsvollmacht anders sein (BFH IV R 63/07 BFH/NV 2011, 214). Bei dem sog **"Treuhandmodell"** ist de facto nur die Muttergesellschaft Alleinunternehmerin (BFH IV R 26/07 BStBl II 2010, 751; ebenso *Hönle* DB 1981, 1007; *Krämer* DStR 2000, 2157; *Stegemann* Inf 2003, 629; *Berg/Trompeter* FR 2003, 903; *Wild/Reinfeld* DB 2005, 69; *Rödder* DStR 2005, 955; *Suchanek* FR 2005, 559; *Hönle* DB 2005, 1007; *Wild/Reinfeld* DB 2005, 69; *Tschesche/Hofmann* BB 2010, 1453; *Hubertus/Lüdemann* BB 2010, 2474; *Strahl* BeSt 2010, 28; aA FG Düsseldorf EFG 2007, 1097 (aufgeh). Die *FinVerw* folgt der Rspr (vgl *OFD Magdeburg* G 1400-13-ST 216, GewSt-Karte 10). Die bisherige VerwAuffassung (zB *OFD Münster* DStR 2005, 744; *OFD Magdeburg* DStR 2005, 867) ist überholt.

413 **e) Doppelstöckige Personengesellschaft.** Bei der doppelstöckigen Personengesellschaft ist unter den genannten Voraussetzungen Mitunternehmer **die beteiligte Personengesellschaft** (BFH GrS 3/92 BStBl II 1993, 616) und unter den weiteren Voraussetzungen des § 15 Abs 1 Satz 1 Nr 2 Satz 2 EStG auch der an dieser beteiligte Gesellschafter. Die genannte Vorschrift strahlt zwar grundsätzlich auch auf die GewSt aus (*Bordewin* DStR 1996, 1595). Indes ist ihre Wirkung auf den Sonderbetriebsbereich des mittelbar Beteiligten beschränkt (vgl BFH IV R 69/99 BStBl II 2001, 731), was Auswirkungen insb für den Verlustabzug nach § 10 a hat (BFH VIII B 74/99 BStBl II 1999, 794).

4. Atypische stille Gesellschaft

414 Unter der Voraussetzung des **zweckgerichteten Zusammenwirkens** ist Mitunternehmerschaft auch die atypische stille Gesellschaft. Dem folgt der BFH inzwischen geschlossen (vgl BFH GrS 3/92 BStBl II 1993, 616; VIII R 42/90 BStBl II 1994, 702; VIII R 42/94 BStBl II 1998, 328; VIII R 31/01 BStBl II 2002, 464; VIII R 63/03 BFH/NV 2008, 194). Ob im Einzelfall eine stille Gesellschaft vorliegt, hängt vom wirtschaftlich Gewollten ab; der Formulierung der Vertragsparteien kommt indizielle Bedeutung zu (BFH VIII R 63/05 BStBl II 2008, 852). Erforderlich ist eine **Beteiligung** mit einer **buchungsfähigen Einlage**; die Verpflichtung zu einer Leistung genügt nicht (BFH IV R 73/06 BStBl II 2010, 40). Auch die *Umwandlung einer wertlosen Forderung* in eine stille Beteiligung vermittelt kein Mitunternehmerrisiko (BFH IV R 40/09 BFH/NV 2012, 1440). **Abzugrenzen** ist das **partiarische Darlehen** bzw ein ähnliches Rechtsverhältnis (BFH I R 48/04 BStBl II 2006, 334).

Im Falle der atypischen stillen Gesellschaft trifft die **sachliche GewStPflicht** die Mitunternehmerschaft, die **persönliche GewStPflicht** den Inhaber des Betriebs (BFH VIII R 54/93 BStBl II 1995, 794; VIII R 32/90 BStBl II 1998, 480; I R 109/94 BStBl II 1998, 685; VIII R 22/98 BFH/NV 2000, 420; IV B 141/11 BFH/NV 2013, 574).

415 **a) Inhaber des Handelsgewerbes. Inhaber** kann eine natürliche Person, OHG, KG auch GmbH & Co KG (BFH VIII R 85/91 BStBl II 1994, 243) oder eine Kapitalgesellschaft sein (BFH VIII B 62/97 BStBl II 1998, 401; zur Ltd & Still *Kessler/Eicke* DStR 2005, 2101, 2106). Ist diese nicht originär gewerblich tätig, hat die atypische stille Gesellschaft unabhängig von § 15 Abs 3 Nr 2 EStG keinen GewBetrieb (BFH X B 35/98 BFH/NV 1999, 169; *Bodden* FR 2002, 559; *Suchanek* FR 2004, 1149, 1153; **aA** *FinVerw* FR 2003, 1299).

Liegen die Voraussetzungen eines Gewerbebetriebs vor, trägt der Inhaber des Betriebs schon wegen seiner unbeschränkten Außenhaftung **Mitunternehmerrisiko** (BFH IV R 2/05 BStBl II 2007, 927).

416 **b) Beteiligter.** Der *Beteiligte* trägt nach den Grundsätzen zu Rn 410 **Mitunternehmerrisiko,** wenn er am Gewinn und Verlust beteiligt ist und für den Fall der

Auflösung der stillen Gesellschaft einen Anspruch auf Abfindung seiner Beteiligung (BFH VIII R 21/98 BFH/NV 2000, 554; IV B 124/08 BFH/NV 2009, 1981) sowie Zuwachs der stillen Reserven (bei wirtschaftl Bedeutung) einschließlich des Zuwachses am Geschäftswert hat. **Mitunternehmerinitiative** setzt Rechte u Pflichten wie nach dem Regelstatus der §§ 164, 166 HGB voraus (BFH IV R 18/98 BStBl II 1999, 286).

c) Segmentierung. Besteht die Beteiligung nur **an einzelnen Tätigkeiten** des Unternehmens, so führt dies zu einem eigenständigen Gewerbebetrieb, wenn der betreffende Geschäftsbereich von den anderen Tätigkeiten des Unternehmens abgegrenzt werden kann. Beteiligt sich der Kommanditist an „seiner" KG, entstehen zwar zwei Mitunternehmerschaften. Es verbleibt aber bei Identität der Tätigkeiten bei einem einheitlichen Gewerbebetrieb. Bei Beteiligung im Rahmen einer doppelstöckigen Gesellschaft wird die Obergesellschaft und werden nicht die Obergesellschafter Mitunternehmer der Untergesellschaft (FG Köln 4 K 3505/07 EFG 2011, 1083, mE fraglich, Rev IV R 34/10). 417

d) Atypische Unterbeteiligung. Auch im Falle einer **atypischen Unterbeteiligung** kann eine von der Hauptgesellschaft getrennt zu erfassende Mitunternehmerschaft entstehen (*Hohaus* GmbHR 2002, 883), wenn der Unterbeteiligte diesbezüglich Mitunternehmerinitiative hat und Mitunternehmerrisiko trägt (BFH VIII R 51/84 BStBl II 1992, 512; IV R 75/96 BStBl II 1998, 137). Ggf ist der Unterbeteiligte Mitunternehmer bei der Hauptgesellschaft (hierzu BFH IV R 79/94 BStBl II 1996, 269; IV R 75/96 BStBl II 1998, 137; krit *Bodden* FR 2002, 559). Die o.a. Grundsätze gelten nicht für die Unterbeteiligung an einem GmbH-Anteil (BFH VIII R 34/01 BStBl II 2005, 857; IV R 1/02 BStBl II 2006, 253; *Martens* BB 2005, 1668; *Wacker* HFR 2006, 42; *Schulze zur Wiesche/Custodio* GmbHR 2006, 630, 910) sowie an einem Anteil an einer gewerblich geprägten Mituntuternehmerschaft (*Groh* DB 1987, 1006; ggf Einkünfte nach §§ 17, 20 Abs 1 Nr 1 EStG). 418

5. Faktische Mitunternehmerschaft

Die von der früheren Rspr zugelassene faktische Mitunternehmerschaft wird seit BFH GrS 4/82 BStBl II 1984, 751 **nicht mehr anerkannt** (vgl BFH VIII R 12/94 BStBl II 1997, 272; hierzu *Fischer* FR 1998, 813, 821; *Bodden* FR 2002, 559). 419

6. Verdeckte Mitunternehmerschaft

Anerkannt und abzugrenzen hiervon ist die sog **verdeckte Mitunternehmerschaft,** die regelmäßig ein durch Mitunternehmerinitiative und -risiko gekennzeichnetes gemeinsames Handeln zu einem gemeinsamen Zweck voraussetzt (BFH II R 26/07 BStBl II 2009, 602). Die Beurteilung erfolgt unabhängig von der formalen Rechtsbeziehung bzw der vertraglichen Eigenqualifikation der Beteiligten zueinander nach den **mit Bindungswillen „wirklich gewollten"** Rechtswirkungen (BFH IV R 65/94 BStBl II 1996, 66; *Priester* FS Schmidt S 331, 338; krit *Fichtelmann* Inf 1996, 257; *Fischer* FR 1998, 813), die jedoch nicht bloß unterstellt werden dürfen, zB auf Grund bloßer tatsächlicher Einflussmöglichkeiten (vgl auch BFH VIII R 2/03 BFH/NV 2003, 1564). 420

Erforderlich ist **eine Rechtsbeziehung,** die zivilrechtlich als Innengesellschaft zu werten ist (zB BFH IV R 1/92 BStBl II 1994, 700; VIII B 62/97 BStBl II 1998, 401; *Zimmermann* GmbHR 2006, 231); also Beteiligung am Gewinn aufgrund eines (Innen-)Gesellschaftsverhältnisses; eine Bündelung von Risiken aus Austauschverträgen (Dienst-, Pacht-) genügt nicht (BFH VIII R 50/92 BStBl II 1994, 282). Allerdings können auch Austauschverträge eine Gewinnbeteiligung vermitteln (BFH IV R 94/96 BFH/NV 1999, 295).

§ 2   Steuergegenstand

Indizien für ein Gesellschaftsverhältnis sind unübliche/unangemessene Gegenleistungen (Entgelte), die sich durch Sachleistungen nicht erklären lassen; Unwirksamkeit/Nichtdurchführung des Austauschvertrages; tatsächliches Verhalten wie Gesellschafter (zB Entnahmen); ggf Eigenart und Entstehung des Unternehmens (BFH VIII R 12/94 BStBl II 1997, 272; VIII R 32/90 BStBl II 1998, 480). Fehlt jedoch eine Gewinnbeteiligung, dann ist selbst bei hohem Kapitalverlustrisiko keine verdeckte Mitunternehmerschaft gegeben (BFH IV B 62/97 BFH/NV 1999, 167). Diese Grundsätze gelten auch bei Verträgen mit „Typenvermischung" (zur Automatenaufstellung BFH VIII R 68/98 BStBl II 2001, 359). Bei **nahen Angehörigen** sind für die Annahme einer verdeckten Mitunternehmerschaft die Grundsätze zum Fremdvergleich nicht anzuwenden (BFH XI R 14/95 BStBl II 1996, 133).

421   **a) Bejaht.** Gesellschafter-Geschäftsführer einer FamilienKG führt Austauschvertrag nicht durch, erhält gewinnabhängige Bezüge und tätigt Entnahmen u Einlagen (BFH VIII R 32/90 BStBl II 1998, 480); Neugründung eines Betriebes durch Ehefrau, Anstellung des Ehemannes gegen hohe Provision (BFH IV B 51/85 BStBl II 1986, 10); Übertragung des Betriebs auf FamilienKG mit faktischer Beherrschung, insb Gewinnentnahmen durch den Übertragenden (BFH IV R 272/84 BStBl II 1986, 802); Betriebsverpachtung gegen unübliche Konditionen an FamilienKG (BFH IV R 53/82 BStBl II 1986, 798); FamilienKG, Ehemann Gesellschafter-Geschäftsführer der Komplementär-GmbH mit überhöhten gewinnabhängigen Bezügen, Ehefrau einzige Kommanditistin (BFH IV R 65/94 BStBl II 1996, 66); Medienfonds mit unternehmerischem Einfluss sowie Beteiligung am Einspielergebnissen für nicht beteiligte Personen (*BMF* BStBl I 2001, 175, Rn 27). In Betracht kommt mE auch ein sog *Joint-Venture,* wenn nicht nur eine Arbeitsgemeinschaft nach § 2 a GewStG vorliegt, etwa wenn ein Partner für Rechnung aller Beteiligten handelt oder diese gemeinsam handeln (im Einzelfall verneint FG Ba-Wü EFG 1993, 225 rkr).

422   **b) Verneint.** Betriebsverpachtung durch Ehemann an FamilienKG, Geschäftsführung durch ihn über Komplementär-GmbH, Ehefrau als einzige Kommanditistin (in Varianten: BFH VIII R 303/81 BStBl II 1985, 363; VIII R 335/82 BStBl II 1986, 599; VIII R 259/84 BStBl II 1987, 766; VIII R 81/85 BStBl II 1994, 645); Übertragung des Betriebs durch Ehemann auf von ihm geführte GmbH der Ehefrau, Verpachtung des Betriebsgrundstücks durch ihn gegen umsatzabhängige Pacht (BFH IV R 17/84 BStBl II 1988, 62); ähnlich für GmbH & Co KG trotz ungesicherter Darlehen u Bürgschaft (BFH VIII R 362/83 BStBl II 1989, 705; XI R 61, 62/89 BFH/NV 1993, 14); Betriebsübertragung unter Vorbehalt der lebenslangen Verwaltungs- und Verfügungsbefugnis (BFH VIII R 193/83 BStBl II 1989, 414); Betriebsverpachtung durch Ehemann an GmbH der Ehefrau, deren Geschäftsführer der Ehemann ist (BFH III R 94/87 BStBl II 1990, 500); Verkauf des Betriebs durch Ehemann an von Ehefrau beherrschter GmbH & Co KG trotz unüblicher Austauschverträge (BFH VIII R 50/92 BStBl II 1994, 282).

7. Mischtatbestände

423   Angesprochen sind solche Fallgestaltungen, in denen die Mitunternehmerschaft **teils nicht gewerbliche, teils gewerbliche** Tätigkeiten entfaltet bzw in denen eine nicht gewerblich tätige Gesellschaft an einer gewerblich tätigen Gesellschaft beteiligt ist. Nicht angesprochen sind solche Fälle, in denen an einer nicht gewerblich tätigen Gesellschaft ein Gesellschafter beteiligt ist, für den auf Grund persönlicher Qualifikationsmerkmale die Einkünfte aus der Gesellschaft ganz oder teilweise gewerblicher Art sind (sog *Zebragesellschaft*). In diesen Fällen ist die Gesellschaft zB nur vermögensverwaltend tätig und daher nicht gewstpfl (vgl BFH GrS 2/02 BStBl II 2005, 679; X R 58/01 BFH/NV 2006, 230; III R 18/03 BFH/NV 2006, 235;

Söffing DB 1998, 896; *Schlagheck* StBp 2000, 115; **aA** *Niehues* DStR 2004, 143; zum Verfahren nunmehr BFH GrS 2/02 BStBl II 2005, 679; IX R 80/98 BFH/NV 2006, 1247; *BMF* BStBl I 1994, 282; 1996, 1521; *Kempermann* FR 2005, 1030; *Dürrschmidt* DStR 2005, 1515; *Lüdicke* DB 2005, 1813).

a) Abfärbung/Grundsatz. Wegen der Formulierung in § 15 Abs 3 Nr 1 EStG „in vollem Umfang" geht die Rechtsprechung (zB BFH IV R 86/80 BStBl II 1984, 152; IV R 60/95 BStBl II 1997, 567; IV R 67/96 BStBl II 1998, 254) davon aus, dass Personengesellschaften **einheitlich gewerbliche Einkünfte** haben, wenn sie auch eine gewerbliche Tätigkeit ausüben („Abfärbung" bzw „Infektion"; *Kempermann* DStR 2002, 664; *Groh* DB 2005, 2430; krit *Stapperfend* StuW 2006, 303; zur freiberuflichen Tätigkeit s Rn 287). **424**

aa) Mitunternehmerische Gesellschaften. Betroffen sind auch mitunternehmerisch tätige Innengesellschaften (BFH IV R 73/06 BStBl II 2010, 40). **Nicht betroffen** sind andere Rechtsgebilde zB in Form einer **Gemeinschaft**, die zwar Mitunternehmerschaft iSv § 15 Abs 1 Satz 1 Nr 2 EStG sein können, aber eben nicht die Qualität einer (ggf verdeckten) Personengesellschaft aufweisen (vgl BFH IV R 214/84 BStBl II 1987, 120; I R 133/93 BStBl II 1995, 171). **425**

bb) Zweistufige Prüfung. Die angegebene **Rechtsfolge** tritt bereits dann ein, wenn **nur einer der Gesellschafter** eine gewerbliche Tätigkeit ausübt (BFH IV R 17/90 BStBl II 1993, 324; vgl IV R 7/92 BStBl II 1996, 264). Zunächst ist aber auf der **Ebene der Gesellschaft** zu prüfen **(1.)** ob überhaupt ein einheitlicher Betrieb vorliegt (26 f); wenn ja, **(2.)** ob nach den Grundsätzen in Rn 283 die Tätigkeit wegen **untrennbarer Verflechtung** insgesamt als nichtgewerblich zu qualifizieren ist, wenn ja, findet keine Abfärbung statt (BFH IV R 60/95 BStBl II 1997, 567; XI R 31/05 BStBl II 2007, 378; XI R 32/00 BStBl II 2001, 496; vgl *Demuth* KÖSDI 2005, 14 491). Entsprechendes gilt auf der **Ebene des Gesellschafters**. **426**

cc) Ausgliederung. Ggf empfiehlt sich deshalb die **Gründung mehrerer Gesellschaften,** wenn auch Einkünfte anfallen, die für sich gesehen einer anderen Einkunftsart angehören (BFH IV R 67/96 BStBl II 1998, 254; IV R 11/97 BStBl II 1998, 603; *Moog* DB 1997, 298; *Neu* DStR 1996, 1757; *Schmidt* FS Haas 321, 325; *Hiller* Inf 1996, 463; *Schoor* Inf 1997, 269). Das erfordert unterschiedliche Bezeichnungen, getrennte Gesellschaftsvermögen und getrennte Einkünfteermittlung (vgl BFH IV R 86/80 BStBl II 1984, 152; IV R 120/87 BFH/NV 1991, 319 sowie zu Tierärzten *OFD Magdeburg* FR 1993, 485, mE fraglich). Eine Beteiligung der nicht gewerblichen Gesellschaft an der gewerblichen ist schädlich, nicht jedoch die Beteiligung des Gesellschafters persönlich (*BMF* BStBl I 1996, 621; aA *Wendt* FR 1996, 265; *Hiller* Inf 1995, 388). **427**

b) Ausnahme. Eine **Ausnahme von der „Infektion"** besteht jedoch, wenn die Personengesellschaft nur in äußerst geringem Umfang gewerblich tätig ist (Rn 287). Entschieden hat dies BFH XI R 12/98 BStBl II 2000, 229 für 1,25% Anteil an der Gesamttätigkeit (zust *Drüen* FR 2000, 177; **aA** *Groh* DB 2005, 2430); Zweifel hat BFH IV B 212/03 BFH/NV 2004, 954 bei 2,81%. BFH IV R 13/03 BStBl II 2004, 985 hält 10% als Grenzanteil für anwendbar; hingegen hält BFH I R 133/93 BStBl II 1995, 171 einen Anteil von 6,27% für schädlich; FG Köln 8 K 4450/08 EFG 2011, 1167, Rev VIII R 16/11 hält 2,25% für unschädlich. Der Freibetrag des § 11 Abs 1 Satz 3 Nr 1 stellt keine Geringfügigkeitsgrenze im o.a. Sinne dar (FG Schl-H EFG 2012, 41, Rev IV R 54/11). Die Frage harrt einer endgültigen Lösung (vgl *Gosch* StBp 2000, 57; *Kempermann* StbJb 2003/04, 379). S auch Rn 288. **428**

§ 2 Steuergegenstand

Nach BFH IX R 53/01 BStBl II 2005, 383; IV ER-S-3/03 BStBl II 2005, 376, kommt es nicht zur Abfärbung, wenn sich eine **vermögensverwaltende Personengesellschaft** (Obergesellschaft) an einer gewerblich tätigen Personengesellschaft beteiligt, aus der sie Einkünfte nach § 15 Abs 1 Satz 1 Nr 2 EStG bezieht (ähnlich FG Köln EFG 2005, 1714 rkr; hierzu *Heuermann* DB 2004, 2548; *Hallerbach* FR 2005, 792; *Kratzsch* Inf 2005, 378; *Blumers/Goerg* DStR 2005, 397; *Ernst* BB 2005, 2213; *Stapperfend* StuW 2006, 343). Die *FinVerw* ist dem nicht gefolgt (NAnwErl BStBl I 2005, 698; hierzu krit *Müller/Funk/Müller* BB 2005, 2271; *Groh* DB 2005, 2430; krit *Wacker* StbJB 2005/06, 67, 92; *Fischer* FR 2005, 143; *Blumers/Georg* DStR 2005, 397). Die **Neufassung des § 15 Abs 3 Nr 1 EStG**, wonach auch der Bezug gewerblicher Einkünfte nach § 15 Abs 1 Satz 1 Nr 2 EStG abfärbt, hat dieser Rspr den Boden entzogen, und zwar rückwirkend (§ 52 Abs 32 a EStG), was mE angesichts der vom BFH geschaffenen Unklarheit der Rechtslage verfassungsrechtlich nicht zu beanstanden ist (ebenso *Schmidt/Wacker* § 15 Rn 189).

429 c) **Betroffene Tätigkeiten.** Sachlich-gegenständlich gilt die Abfärbetheorie **(1.)** für gewerbliche Betätigungen und Beteiligungen einer freiberuflichen Personengesellschaft (BFH I R 133/93 BStBl II 1996, 171; R 2.4 Abs 3 GewStR); allerdings tritt diese Wirkung nicht ein, wenn ein einzelner Gesellschafter auf eigene Rechnung gewerbliche Sonderbetriebseinnahmen hat (BFH XI R 31/05 BStBl II 2007, 378; *Seer/Drüen* 2000, 2176; *Demuth* KÖSDI 2005, 14 491; *Wendt* FR 2007, 83; **aA** mE zutreffend *Gosch* StBp 1995, 43); **(2.)** für gewerblich tätige luf Personengesellschaften (BFH IV R 45/89 BStBl II 1991, 625; IV R 7/92 BStBl II 1996, 264; vgl IV B 133/95 BStBl II 1997, 82, 84; ebenso *Schulze zur Wiesche* DB 1988, 252; *Felix* KÖSDJ 7/1991, 8571; *Mitsche* DB 1992, 1267; *Söffing* FR 1994, 808; 1995, 381; aA *Binger* DB 1992, 855; *Döllerer* DStR 1991, 1275; *Groh* Jb FfSt 1979/80, 209; *Gosch* Stbg 1995, 165; *Hiller* Inf 1995, 388; *Breuninger/Prinz* DStR 1995, 1664); **(3.)** für gewerbliche Betätigungen und Beteiligungen von vermögensverwaltenden Personengesellschaften. Zur Betriebsaufspaltung BFH IV R 37/10 BFH/NV 2013, 910; zum Beginn Nds FG 2 K 295/08 EFG 2011, 870, Rev IV R 5/11.

Nicht betroffen von der Abfärbewirkung des § 15 Abs 3 Nr 1 EStG ist eine Personengesellschaft, die in der Kombination freiberuflich, vermögensverwaltend und/oder luf tätig ist (vgl BFH XI R 31/05 BStBl II 2007, 378).

II. Gewerblich geprägte Personengesellschaften

1. Allgemeines

430 a) **Gewerbebetrieb, Fiktion.** Als solcher gilt **in vollem Umfang** die mit Einkünfteerzielungsabsicht unternommene Tätigkeit einer Personengesellschaft, die keine Tätigkeit iSd § 15 Abs 1 Satz 1 Nr 1 EStG ausübt (gewerbliche Unternehmen) und bei der ausschließlich eine oder mehrere Kapitalgesellschaften persönlich haftende Gesellschafter sind und nur diese oder Personen, die nicht Gesellschafter sind, zur Geschäftsführung befugt sind. Ist eine gewerblich geprägte Personengesellschaft als persönlich haftender Gesellschafter an einer anderen Personengesellschaft beteiligt, so steht für die Beurteilung, ob die Tätigkeit dieser Personengesellschaft als Gewerbebetrieb gilt, die gewerblich geprägte Personengesellschaft einer Kapitalgesellschaft gleich **(§ 15 Abs 3 Nr 2 EStG).** Die Vorschrift korrigiert die **Aufgabe der Geprägerechtsprechung** (BFH GrS 4/82 BStBl II 1984, 751; s BRDrs 165/85, 6). Sie ist angesichts ihres Ausnahmecharakters und ihres Wortlauts **teleologisch nicht auslegbar** (*Groh* DB 1987, 1006; *Meyer-Scharenberg/Popp/Woring* § 2 Rz 520).

431 Die **Einkünfte** der *vermögensverwaltenden* Personengesellschaft sind im Wege der einheitlichen und gesonderten Gewinnfeststellung in gewerbliche **umzuqualifizie-**

ren (BFH IV R 77/99 BFH/NV 2001, 254). Zu Vor- u Nachteilen sowie Fallstricken bei der Steuerplanung *Pauli* DB 2005, 1021.

b) Gewerbesteuer. Nach **einhelliger Auffassung** in Rspr u Schrifttum ist der **432** so umschriebene fiktive Gewerbebetrieb der gewerblich geprägten Personengesellschaft auch **Gewerbebetrieb iSv § 2 Abs 1** (BFH IV R 35/94 BStBl II 1996, 76; VIII R 68/98 BStBl II 2001, 359; IV R 41/07 BStBl II 2010, 977). Gegen **Verfassungsrecht** wird nicht verstoßen (BFH IV R 5/02 BStBl II 2004, 464; BVerfG DStZ 2004, 458).

2. Anwendungsbereich

a) Personengesellschaften. Seinem *Wortlaut* nach erfasst § 15 Abs 3 Nr 2 **alle** **433** **Arten** von Personengesellschaften: OHG, KG, BGB-Gesellschaft, auch Innengesellschaft, und stille Gesellschaft, ebenso die Schein-OHG und Schein-KG (BFH IV R 48/93 BStBl II 1994, 82). Die Gesetzesauslegung kann sich an der (aufgegebenen) Gepräge-Rspr orientieren (BFH IV R 222/84 BStBl II 1987, 553; IV R 133/92 BFH/NV 1995, 290; III R 41/89 BFH/NV 1996, 360; *Felix* NJW 1997, 1040). Gleichwohl wird neben der **Außengesellschaft** (vgl BFH VIII R 42/94 BStBl II 1998, 328) auch die **Innengesellschaft** (trotz Fehlens von Gesellschaftsschulden) erfasst (vgl BFH VIII R 42/94 BStBl II 1998, 328; iV R 18/98 BStBl II 1999, 286; VIII B 112/97 BFH/NV 1999, 169; *Stadie* FR 1989, 93; *Gschwendtner* DStZ 1998, 335, 343; *Schmidt/Wacker* § 15 Rn 215, 228). Das G stellt weder auf das Auftreten einer betrieblichen Organisation nach außen noch auf damit vorhandene Wirkungen (zB Gesellschaftsschulden), sondern – gemäß der GewBetriebsdefinition – auf die *Tätigkeit* ab. Weiter wird für die gewerblich geprägte Personengesellschaft vorausgesetzt, dass die Gesellschaft keine Tätigkeit iSd § 15 Abs 3 Nr 1 EStG, dh **keine originär gewerbliche Tätigkeit ausübt** (BFH IV B 38/09 BFH/NV 2010, 1489). Wird die eigentliche Unternehmenstätigkeit von der unbeschränkt haftenden und allein geschäftsführenden Kapitalgesellschaft ausgeübt, wird die Personengesellschaft von ihr gewerblich geprägt, so dass die Gewerblichkeit der Kapitalgesellschaft auf sie durchschlägt (BFH VIII R 63/93 BStBl II 1996, 93).

b) Mitunternehmerschaft. Da das Gesetz – wenn auch fiktiv – von einem **434** Gewerbebetrieb der Gesellschaft ausgeht, bedarf es für die Zurechnung der Einkünfte der Rechtsfigur der **Mitunternehmerschaft** (vgl Begründung des RegE BRDrs 165/85, 8; aA zB *Groh* DB 1987, 1006, 1008). Dass die prägende Kapitalgesellschaft idR Mitunternehmerin ist, ergibt sich mE aus dem mit der Außenhaftung verbundenen Mitunternehmerrisiko (*Autenrieth/Haug* DStZ 1987, 279). Die **GmbH & Still** fällt deshalb ebenfalls unter diese Regelung. Zur Begründung einer Gepräge-OHG durch **mehrere GmbH** & Still *Felix* NJW 1997, 1040.

c) Einkünfteerzielungsabsicht. Da § 15 Abs 3 EStG auch für die gewerblich **435** geprägte Personengesellschaft eine mit Einkünfteerzielungsabsicht unternommene Tätigkeit voraussetzt, scheiden steuerrechtlich irrelevante, insbesondere **Liebhabereitätigkeiten** aus (Begründung des RegE BRDrs 165/85, 8; BFH VIII B 112/97 BFH/NV 1999, 169). Für die Bestimmung der **Einkünfteerzielungsabsicht** (Rn 73 ff) kommt es mE maßgeblich auf die Verhältnisse **zur Zeit der Prägung** an (vgl BFH IV R 6/91 BFH/NV 1994, 240; IV R 80/05 BStBl II 2009, 266 zu Vorlaufverlusten; *Henkel/Jakobs* FR 1995, 145; *Henkel* DStR 1995, 1573; *Kreidl/Kächele* DStR 1995, 625; *Felix* NJW 1997, 1040; **aA** vor Prägung: *Leuthe*, Die gewerblich geprägte Gesellschaft bürgerlichen Rechts, 194; *Bitz* in *L/B/P* § 15 Rn 175; *Herzig/Kessler* DStR 1986, 951; *Christoffel/Dankmeyer* DB 1986, 347; *Eisgruber* DStR 1995, 1569; vor und nach Prägung: *Lüdemann* BB 1996, 2650). Auch bei der Segmentierung von gefärbten Personengesellschaften stellt der BFH auf die Verhältnisse nach der Färbung ab (BFH VIII R 28/94 BStBl II 1997, 202). Ob einer

§ 2 Steuergegenstand

Vorratsgesellschaft die Gewinnerzielungsabsicht zuzusprechen ist, ist mE zweifelhaft (bejahend FG B-Bbg EFG 2012, 39, Rev IV R 34/11).

3. Voraussetzungen

436 **a) Beteiligung von Kapitalgesellschaften.** Die **schlichte Beteiligung** einer Kapitalgesellschaft **genügt nicht;** vielmehr müssen ausschließlich eine oder mehrere Kapitalgesellschaften **persönlich haftende Gesellschafter** sein. Für anders geartete Beteiligungen einer Kapitalgesellschaft an vermögensverwaltenden Personengesellschaften (BFH I R 116/75 BStBl II 1976, 480) stellt sich daher das Problem der Umqualifizierung bzw Umrechnung der Einkünfte.

Nach dem geltenden Recht führt schon das Vorhandensein einer **natürlichen Person** als persönlich haftender Gesellschafter zum Wegfall der gewerblichen Prägung. Bei der Einmann-GmbH & Co KG kann davon nicht gesprochen werden. Sie ist wie die mehrgliedrige gewerblich (zB *Herzig/Kessler* DStR 1986, 643). Die **ausschließliche Beteiligung von Kapitalgesellschaften** erfüllt dagegen wie bisher die Voraussetzungen (auch bei einer GbR, vgl BFH IV R 222/84 BStBl II 1987, 553; VIII R 63/93 BStBl II 1996, 93; *Felix* NJW 1997, 1040). Es ist nicht erforderlich, dass jede Kapitalgesellschaft unbeschränkt haftet.

Der **Begriff der Kapitalgesellschaft** ist deckungsgleich mit § 1 Abs 1 KStG, § 2 Abs 2 GewStG (Europäische Gesellschaft, AG, GmbH, KGaA); hierzu zählen bei späterer Eintragung ins HR auch die Vorgesellschaft (vgl Rn 470 f), nicht jedoch die Stiftungen (ebenso *Götz* Inf 2004, 669; *Wehrheim u.a.* StuW 2005, 234), Versicherungsvereine auf Gegenseitigkeit, Genossenschaften u sonstige juristische Personen. Zum Problem der analogen Anwendung auf VVaG BFH III R 41/89 BFH/NV 1996, 360. Eine **GmbH & Co KG** ist, obwohl keine Kapitalgesellschaft, bei **doppelstöckigen Gesellschaften** nach § 15 Abs 3 Nr 2 Satz 2 EStG der Kapitalgesellschaft für Zwecke der gewerblichen Prägung der Untergesellschaft gleichgestellt. Das gilt in Erweiterung des Wortlauts der Vorschrift auch für eine originär gewerblich tätige GmbH & Co KG (BFH IV R 37/99 BStBl II 2001, 162; **aA** *Felix* NJW 1997, 1040; *Söffing* DB 2003, 905). Für eine nicht gewerblich geprägte GmbH & Co KG (zB Geschäftsführungsbefugnis eines nicht haftenden Gesellschafters) gilt das mE ebenso wenig (ebenso *Euhus* DStR 2011, 1350) wie für eine gewerblich tätige OHG (Saarl FG EFG 2011, 2067).

Auch die Beteiligung einer **ausländischen Kapitalgesellschaft** führt zur gewerblichen Prägung (BFH I R 34/97 BStBl II 1998, 296; XI R 15/05 BStBl II 2007, 924 mwN; s auch *Schmidt/Wacker* § 15 Rn 215 f; *Wachter* GmbHR 2005, 1181; *Kessler u.a.* DStR 2005, 2101; *Stoschek/Schmitzger* DStR 2006, 1395; verneinend zB Nds FG EFG 2005, 1035, aufgeh). ME steht dem weder der Wortlaut noch die Systematik und Entstehungsgeschichte des § 15 Abs 3 Nr 2 EStG entgegen.

437 **b) Persönliche Gesellschafterhaftung.** § 15 Abs 3 Nr 2 EStG spricht hinsichtlich der **persönlichen Gesellschafterhaftung,** für die nur Kapitalgesellschaften in Betracht kommen, das **Außenverhältnis** an (§§ 161 Abs 1, 128 HGB; Maßgeblichkeit des Regelstatuts). Ein nur im Innenverhältnis haftender Gesellschafter ist ebenso wenig persönlich haftender Gesellschafter wie der Kommanditist, auch bei Haftung durch Bürgschaft (vgl *Groh* DB 1987, 1006) oder auf Grund von Krediten (BFH IV B 96/03 BFH/NV 2005, 1564). Umgekehrt bewirkt eine nur interne Haftungsfreistellung nicht, dass der Komplementär nicht persönlich haftender Gesellschafter wäre (ebenso *Felix* NJW 1997, 1040; *Herzig/Kessler* DStR 1996, 455).

Bei einer **GbR** kann entgegen früheren Auffassungen (*Felix* NJW 1997, 1040; *Jestädt* DStR 1992, 349; *Neufang/Heinrich* Inf 1995, 107; *Bordewin* FR 1987, 1; *Kögel* DB 1995, 2301; *Saller* DStR 1995, 183; *Heermann* DB 1994, 2421; zweifelnd *Groh* DB 1987, 1009; **aA** *Jakobs* FS Felix S 128 ff; *Bitz* in *L/B/P* § 15 Rn 177) die Haftung der Gesellschafter nicht durch einen allgemeinen Hinweis beschränkt werden (zB BGH II ZR 371/98 DStR 1999, 1704). Eine GmbH & Co GbR, bei der früher eine allgemeine Haftungsbeschränkung angenommen wurde, ist daher keine gewerblich geprägte Personengesellschaft (FG Hamburg 1 K 36/07 EFG 2009, 589; FG München 11 K 1401/06 EFG 2009, 253; hierzu *Gronau/Konold* DStR 1999, 1465; DStR 2000, 1860; *Daubner-Lieb* DStR 1999, 1992; *Nagel* DStR 2000, 2091; *Petersen/Rothenfußer* GmbHR 2000, 801). Anders ist das jedoch, wenn sich diese Gesellschaft (als Kommanditgesellschaft) nach §§ 2, 105 Abs 2, 161 Abs 2 HGB in das Handelsregister eintragen lässt (zum Vertrauensschutz *BMF* BStBl I 2000, 1198; *BayFM* GmbHR 2001, 123; *Limmer* DStR 2000, 1230; zu den steuerlichen Auswirkungen *BMF* BStBl I 2001, 614).

c) **Geschäftsführung.** Zur Geschäftsführung der gewerblich geprägten Personengesellschaften dürfen nur die **persönlich haftenden Kapitalgesellschaften** oder **Personen** befugt sein, die **nicht Gesellschafter** sind. Ob und inwieweit die zweite Alternative der Vorschrift zum Tragen kommen kann, erscheint ungewiss, weil der Ausschluss sämtlicher persönlich haftender Gesellschafter von der Geschäftsführung wohl nicht zulässig ist (str, *Felix* DStR 1987, 231; *Breithecker/Zisowski* BB 1998, 508); s jedoch BGH II ZR 213/80 NJW 1982, 877 zur ausschließlichen Geschäftsführung durch Dritte (abgeleitete Befugnis). **438**

Sind **natürliche Personen** (zB Kommanditisten) auch zur Geschäftsführung berufen, entfällt die gewerbliche Prägung (sog verfremdete GmbH & Co KG; vgl BFH IV R 87/93 BStBl II 1996, 523; FG Münster EFG 1993, 719 rkr; *Crezelius* NJW 1996, 2361; *Felix* NJW 1997, 1040; **aA** *Stadie* FR 1987, 485; *Binzler/Buchbinder* DB 1987, 503, die nur auf die Vertretungsbefugnis abstellen).

Ist eine **nicht haftende Gesellschafter-Kapitalgesellschaft** (Kommanditistin) zur Geschäftsführung berufen, ist mE der insoweit eindeutige Wortlaut der Vorschrift nicht erfüllt (R 15.8 Abs 6 Satz 1, 2 EStR; *Groh* DB 1987, 1006, 1010; *Hörger/Kemper* DB 1987, 758; *Felix* NJW 1997, 1040; *Pyszka* DStR 2010, 1372; **aA** *Schmidt/Wacker* § 15 Rn 222 aE).

(1.) Maßgeblich ist die **gesetzliche oder gesellschaftsvertragliche** (organschaftliche), nicht jedoch dienstvertragliche **Befugnis** im Innenverhältnis der Gesellschafter zueinander zu einer auf Verwirklichung des Gesellschaftszwecks gerichteten Tätigkeit iSv §§ 114 bis 117, 164 HGB, §§ 709 bis 713 BGB; auf die Vertretungsmacht (zB iSv §§ 125 ff HGB) kommt es nicht an (BFH VIII R 63/93 BStBl II 1996, 93; IV R 87/93 BStBl II 1996, 523; I R 52/10 BFH/NV 2011, 1354; *Felix* NJW 1997, 1040). Die Prägung tritt durch die Geschäftsführung und persönliche Haftung durch eine Kapitalgesellschaft ein (vgl schon BFH IV 233/65, 234/65 BStBl III 1966, 171). Geschäftsführungsbefugnisse sind als dem Innenverhältnis zugehörend vertraglich gestaltbar (§ 114 Abs 2 HGB; § 710 BGB; vgl BGH II ZR 33/67 BGHZ 51, 198). Daraus ergibt sich weiter, dass es auf die aktuellen Geschäftsführungsbefugnisse ankommt. Unschädlich ist es, wenn mehrere Kapitalgesellschaften lediglich zur Gesamtgeschäftsführung befugt sind (BFH VIII R 63/93 BStBl II 1996, 93; *Felix* NJW 1997, 1040). Nach dem Wortlaut des § 15 Abs 3 Nr 2 EStG müssen nicht alle persönlich haftenden Gesellschafter zur Geschäftsführung befugt sein. **439**

(2.) Der Kommanditist als Geschäftsführer der Komplementär-GmbH – insb bei der **Einmann-GmbH & Co KG** – handelt für die GmbH und beeinträchtigt deren Geschäftsführungsbefugnisse und die Gewerblichkeit nicht (BFH IV R 87/93 BStBl II 1996, 523; FG Hamburg EFG 1992, 666 rkr; *Schmidt/Wacker* § 15 Rn 223). Das ist jedoch anders, wenn der Geschäftsführer nach dem Gesellschaftsvertrag der KG zur Geschäftsführung befugt ist (FG Bbg 1 K 455/98 EFG 2002, 265 rkr; *Christoffel/Denkmeyer* BB 1986, 352; *Herzig/Kessler* DStR 1986, 643; *Rodewald* GmbHR 1996, 914; **aA** *Felix* NJW 1997, 1040). **440**

§ 2 Steuergegenstand

441 (3.) Die Tätigkeit des **Kommanditisten als Prokurist** oder **Generalbevollmächtigter** steht der Prägung nicht entgegen, weil sich hiermit zwar die Vertretungs-, nicht jedoch die Geschäftsführungsbefugnis im organschaftlichen Sinne verbindet (vgl BFH IV R 87/93 BStBl II 1996, 523, 526; *Groh* DB 1987, 1011; *Felix* NJW 1997, 1040; zweifelnd *Kessler* DStR 1986, 451). Eine Tätigkeitsbefugnis, die sich allein aus einem **Dienst- oder Arbeitsvertrag** ergibt, ist keine Geschäftsführungsbefugnis iSd § 15 Abs 3 Nr 2 EStG (BFH IV R 87/93 BStBl II 1996, 523; *Felix* NJW 1997, 1040). Auch schadet es nicht, wenn der Kommanditist Mitglied eines KG-Beirats mit Kontroll- u Einwirkungsmöglichkeiten ist (*Groh* DB 1987, 1010).

442 (4.) Ob **tatsächliches Verhalten** des Kommanditisten iSd Geschäftsführung geprägeschädlich ist (so *Groh* DB 1987, 1010; **aA** *Felix* NJW 1997, 1040), hängt mE davon ab, ob es als Hinweis für eine in schlüssiger Weise erteilte Geschäftsführungsbefugnis im organschaftlichen Sinne zu werten ist. Auch wenn der an der KG still beteiligte Kommanditist „**als Stiller**" geschäftsführungsbefugt ist, ist das geprägeschädlich (**aA** *Felix* NJW 1997, 1040), weil § 15 Abs 3 Nr 2 EStG personenbezogen darauf abstellt, dass die andere zur Geschäftsführung berufene Person nicht Gesellschafter ist.

4. Rechtsformen

443 Die Vorschrift erfasst **jede Form der Personengesellschaft.** Ob dies auch für *ausländische Gesellschaften* gilt, ist str (**zust** *Groh* DB 1987, 1006; *Weßling u.a.* Stbg 2004, 501; **aA** *Lüdicke* DStR 2002, 672), mE auf jeden Fall für Gesellschaftsformen der EU zu bejahen. DBA-Normen haben jedoch Vorrang (BFH I R 34/97 BStBl II 1998, 296).

444 a) **Gepräge-KG.** Sie ist **Leitbild der Geprägegesellschaft** (vgl BFH IV R 5/02 BStBl II 2004, 464). Sie setzt voraus, dass keine Person, die nicht Kapitalgesellschaft ist, Komplementär ist. Ebenso wenig darf eine solche Person an der Geschäftsführung (Rn 316) beteiligt sein. Umgekehrt liegt eine Gepräge-KG auch vor, wenn auch Kapitalgesellschaften Kommanditisten sind. Die Vorschrift setzt nicht voraus, dass jede beteiligte Kapitalgesellschaft unbeschränkt haftet (ebenso *Felix* NJW 1997, 1040).

445 b) **Schein-KG.** Auch diese fällt nunmehr unter die gewerblich geprägte Personengesellschaft (BFH IV R 222/84 BStBl II 1987, 553; IV R 48/93 BStBl II 1996, 82; *Ehlers/König* DB 1986, 1352; *Bordewin* FR 87, 1; *Felix* NJW 1997, 1040; aA *Söffing* FR 1986, 521). Maßgeblich sind die Beteiligungs-, Haftungs- und Geschäftsführungsverhältnisse. Eine BGB-Gesellschaft in der Form der **Soll-KG** kann von § 15 Abs 3 Nr 2 EStG betroffen sein, wenn sie vor Eintragung ins Handelsregister auftritt (*Groh* DB 1987, 1006, 1008).

446 c) **Gepräge-OHG.** Sie setzt voraus, dass **alle Gesellschafter** Kapitalgesellschaften sind (BFH I R 252/70 BStBl II 1973, 405; VIII R 63/93 BStBl II 1996, 93; IV R 51/00 BStBl II 2002, 873). Die kraft Rechtsform eintretende Beschränkung der Haftung auf das Gesellschaftsvermögen ist insoweit ohne Bedeutung (vgl BFH VIII R 63/93 BStBl II 1996, 93). Werden einer oder mehrere Gesellschafter von der Geschäftsführung ausgeschlossen, entfällt die gewerbliche Prägung mE nicht (aA zur Bruchteilsgemeinschaft *Felix* NJW 1997, 1040). Das G verlangt nicht, dass alle persönlich haftenden Kapitalgesellschaften geschäftsführungsbefugt sein müssen. Eine OHG (oder GbR) aus Kapitalgesellschaften und natürlichen Personen ist mE nicht gewerblich geprägt.

447 d) **Gepräge-GbR.** Ihre **Anerkennung** (auch Partenreederei) ist damit vorgezeichnet (*Bordewin* FR 1987, 1; *Felix* NJW 1997, 1040), wenn eine oder mehrere

Kapitalgesellschaften mit persönlicher Haftung beteiligt sind und zumindest eine von ihnen allein (oder mit einer gesellschaftsfremden Person) geschäftsführungsbefugt ist (vgl BFH IV R 51/00 BStBl II 2002, 873). Zur Haftungsbeschränkung kraft Rechtsform vgl Rn 446. Entsprechendes gilt für die Innengesellschaft, insb die stille Gesellschaft (s.o.).

5. Rechtsfolgen

a) Fiktion des § 15 Abs 3 Nr 2 EStG. Diese knüpft **zwingend** die gewerblichen Einkünfte an die Rechtsform der gewerblich geprägten Personengesellschaft (zu den Vorteilen *Hennerkes/Binz* BB 1985, 2161; 1986, 235). Sie gewährleistet, dass die von ihr erzielten Einkünfte immer als gewerbliche gelten (BFH VIII R 63/93 BStBl II 1996, 93; I R 52/10 BFH/NV 2011, 1354; *Fick* StBp 1995, 18, 88; *Felix* NJW 1997, 1040). Das gilt auch für eine **ausländische Personengesellschaft**, die nach ihrer rechtlichen und wirtschaftlichen Gestaltung einer inländischen (gewerblich geprägten) Personengesellschaft entspricht (BFH XI R 15/05 BStBl II 2007, 924; Hess FG 11 K 3175/09 IStR 2013, 157, Rev I R 3/13; *Stahl/Mann* FR 2013, 292). 448

b) Wegfall der Einkunftserzielungsabsicht. Er bedeutet für sich gesehen nach BFH IV R 138/81 BStBl II 1982, 381 noch nicht eine gewinnrealisierende Betriebsaufgabe. Das erscheint zweifelhaft, zumal eine von Anfang estrechtlich irrelevant tätige Personengesellschaft keine gewerblich geprägte Personengesellschaft ist (s Rn 435). 449

c) Betriebsaufgabe durch Rechtshandlungen. Diese müssen mE **vom Steuerpflichtigen ausgehen**, s BFH VIII R 90/81 BStBl II 1984, 474; die Betriebsaufgabe ist mE anzunehmen bei Wegfall der gesetzlichen Voraussetzungen (Haftungs- und Geschäftsführungsverhältnisse; BFH XI R 15/05 BStBl II 2007, 924); Ausnahme: Aufnahme einer originär gewerblichen Tätigkeit oder Betriebsverpachtung. 450
Der **Wechsel der Tätigkeiten** kann mE jedenfalls dann nicht zu einer gewinnrealisierenden Betriebsaufgabe führen, wenn sich die Gesellschaft immer nur vermögensverwaltend betätigt. Auch bei der GmbH & Co KG, die einen *eigenen originären Gewerbebetrieb* unterhält und deshalb nicht unter § 15 Abs 3 Nr 2 EStG, sondern unter Abs 3 Nr 1 fällt, bedeutet Zerstörung oder Aufgabe der wirtschaftlichen Identität des Betriebs (Teilbetriebs) wie bei der gewerblich geprägten Personengesellschaft nicht ohne Weiteres Betriebs(Teilbetriebs-)aufgabe (Veräußerung).

6. GewStPflicht

Sie besteht **auf Grund Rechtsform** (*Fick* StBp 1995, 18, 88), und zwar ab EZ 1986 (Rn 453). Eine gegenteilige Aussage ist auch BFH VIII R 44/92 BStBl II 1995, 900 nicht zu entnehmen (*OFD Köln* FR 1997, 430; GmbHR 1997, 672, zugleich zum NAnwErl *BMF* BStBl I 1995, 819). 451

a) Beginn. Die GewStPfl beginnt, wenn alle **Tatbestandsmerkmale des § 15 Abs 3 Nr 2 EStG** vorliegen, also mit Aufnahme einer von Einkünfteabsicht getragenen „werbenden" Tätigkeit unter Beteiligung am allgemeinen Wirtschaftsverkehr. Vorbereitungshandlungen genügen nicht (vgl BFH VIII R 44/92 BStBl II 1995, 900; IV R 23/97 BStBl II 1998, 745; IV R 5/02 BStBl II 2004, 464). Zur Umstellung des Gesellschaftszwecks BFH IV B 38/09 BFH/NV 2010, 1489, zu FG Hamburg 2 K 124/07 EFG 2009, 950; zur Veräußerung einer Beteiligung mit anschließender Darlehensgewährung FG Köln EFG 2011, 905 (einheitlicher Betrieb). ME ist auch die **Eintragung im Handelsregister** erforderlich (BFH I R 52/10 BFH/NV 2011, 1354; vgl zu § 13a ErbStG BFH II R 41/07 BStBl II 2009, 600; hierzu *FinVerw* DB 2008, 323; *Lühn* BB 2009, 1792).

b) Ende. Die **GewStPfl endet** erst mit Einstellung jeglicher solcher Tätigkeiten (*Fick* StBp 1995, 88). Auch das Ausscheiden der prägenden Kapitalgesellschaft aus der Personengesellschaft führt zur Betriebsaufgabe (BFH XI R 15/05 BStBl II 2007, 924). Eine *Betriebsverpachtung* führt anders als bei Einzelunternehmen und sonstigen Personengesellschaften (vgl Rn 442) weiterhin zur GewStPfl (BFH IV B 9/95 BFH/NV 1996, 213).

452 **c) GewStBelastung.** Der gewerblich geprägten Personengesellschaft steht die **erweiterte Kürzung** des § 9 Nr 1 Satz 2 zu (BFH IV R 97/72 BStBl II 1973, 688; I R 50/75 BStBl II 1977, 778; ebenso IV B 9/95 BFH/NV 1996, 213; Ausnahme vgl IV R 51/00 BStBl II 2002, 873). Umgekehrt entfällt das Kürzungsprivileg, wenn eine Grundstücksverwaltungsgemeinschaft eine Beteiligung an einer grundstücksverwaltenden Geprägegesellschaft erwirbt (BFH I R 61/90 BStBl II 1992, 628). Ist sie als Unternehmenstochter vermögensverwaltend tätig, so sollen der Unternehmensmutter hinsichtlich der auf die Tochter ausgegliederten Vermögensteile die Korrekturen nach § 8 Nr 8, § 9 Nr 2, der Tochter die Kürzungsvorschrift des § 9 Nr 1 Satz 2 zukommen (*Hennerkes/Binz* BB 1985, 2161, 2164). Bei gleichzeitiger Betriebsaufspaltung (umgekehrte Betriebsaufspaltung) ist die Anwendung des § 9 Nr 1 Satz 2 dagegen zweifelhaft.

7. Zeitlicher Geltungsbereich (§ 52 Abs 18 a EStG aF)

453 Für die **Einkommensteuer** ist nach § 52 Abs 18 a EStG aF die Geprägeregelung auch für Veranlagungszeiträume vor 1986 anzuwenden. Zu den Folgen BFH IV R 222/84 BStBl II 1987, 553; *BMF* BStBl I 1986, 929. Die Rückwirkung ist mit den gleichzeitig berücksichtigten Vertrauensschutztatbeständen von Verfassungs wegen unbedenklich (BFH IV R 12/81 BStBl II 1986, 811; VIII B 22/01 BFH/NV 2002, 333).

Gewerbesteuerrechtlich regelte hinsichtlich der **zeitlichen Anwendung** § 36 idF des StBereinG 1986, dass gewerblich geprägte Personengesellschaften für die Erhebungszeiträume vor 1986 nicht der GewSt unterliegen, soweit die Bescheide noch nicht bestandskräftig sind oder unter dem Vorbehalt der Nachprüfung stehen. Hieraus ergab sich, dass die estrechtliche Rückwirkung nicht auf die GewSt ausgedehnt werden sollte (hierzu BFH IV R 5/02 BStBl II 2004, 464). Ein Verlustvortrag aus vor 1986 liegenden Erhebungszeiträumen wird (allerdings nach Verrechnung positiver Ergebnisse dieser Vorjahre) für möglich gehalten (*FM Ba-Wü* BB 1987, 393; *Pauka* DB 1987, 655, 659).

8. Beteiligung von Kapitalgesellschaften an nicht gewerblich tätigen Personengesellschaften

454 Die nach Aufgabe der GeprägeRspr ergangenen Entscheidungen des BFH haben nunmehr für die Fälle Bedeutung, in denen trotz Beteiligung einer Kapitalgesellschaft die Personengesellschaft nicht als gewerblich geprägt anzusehen ist, zB weil die Kapitalgesellschaft nicht persönlich Haftende ist oder neben ihr noch eine natürliche Person persönlich haftender oder/und geschäftsführungsbefugter Gesellschafter ist. Unterhält eine solche Gesellschaft keinen Gewerbebetrieb, sondern eine **Vermögensverwaltung,** so fehlt es auch gewstrechtlich an einem Gewerbebetrieb (BFH VIII R 255/80 BStBl II 1985, 434). Für die beteiligte Kapitalgesellschaft sind die anteiligen Einkünfte umzuqualifizieren und umzurechnen. Die für die vermögensverwaltende Gesellschaft einheitlich und gesondert festgestellten Erträge und Verluste sind bei der beteiligten Kapitalgesellschaft zu berücksichtigen. Im Übrigen ist aber von einer anteiligen Zugehörigkeit der Wirtschaftsgüter bei der Kapitalgesellschaft auszugehen. Die Kürzungs- und Hinzurechnungsvorschriften des § 9 Nr 2 und des § 8 Nr 8 sind unanwendbar, weil sie eine Beteiligung an einer gewerblich

Die Tätigkeit der Kapitalgesellschaften § 2

tätigen Personengesellschaft des § 15 EStG voraussetzen (BFH IV R 31/83 BStBl II 1985, 372; IV R 319/84 BStBl II 1987, 64).
Bei der Beteiligung von Kapitalgesellschaften an Zusammenschlüssen von **Freiberuflern** ist die Personenvereinigung nach herrschender Auffassung gewstpfl (Rn 285). Bei einer Kapitalgesellschaft als Teilhaberin an einer ausschließlich **land- und forstwirtschaftlich** tätigen Personengesellschaft ist dagegen wie bei der vermögensverwaltenden Personengesellschaft umzurechnen und umzuqualifizieren (BFH IV R 106/81 BStBl II 1985, 291).
(frei) 455

III. Die Tätigkeit der Kapitalgesellschaften, der Erwerbs- und Wirtschaftsgenossenschaften und der Versicherungsvereine auf Gegenseitigkeit

1. Grundsatz

Das G enthält **für Zwecke der GewSt** eine **typisierende Fiktion**: nach § 2 456 Abs 2 Satz 1 GewStG gilt stets und in vollem Umfang die Tätigkeit der Kapitalgesellschaften, Genossenschaften sowie der Versicherungs- u Pensionsfondvereine auf Gegenseitigkeit. **Gegenstand der GewSt** ist demnach nicht der Betrieb als wirtschaftliche Einheit, sondern die in der bestimmten Rechtsform ausgeübte Aktivität.
Als **Kapitalgesellschaften** nennt § 2 Abs 2 „insbesondere" Europäische Gesellschaften, Aktiengesellschaften, Kommanditgesellschaften auf Aktien (s auch § 7 Rn 124; zur Rechtsformwahl *Kallmeyer* DStR 1994, 977; zur gewstlichen Optimierung bei der GmbH & Co KGaA *Kollruss* Inf 2003, 347) und Gesellschaften mit beschränkter Haftung. Eine Kapitalgesellschaft ist auch dann eine juristische Person des privaten Rechts, wenn an ihr nur öffentlich-rechtliche Körperschaften beteiligt sind, kein Betrieb gewerblicher Art (BFH v 5.10.1983 I R 107–108/79, nv).

2. Rechtsformen

a) Europäische Gesellschaft. Die Societas Europaea **(SE)** hat ihre Grundlage 457 in der EG-VO Nr 2157/2001 v 8.10.2001 (ABl EU Nr L 294) – SEVO – (in Kraft seit 8.10.2004), der RL 2001/86/EG v 8.10.2001 (ABl EU Nr L 294, 22), dem SEAG v 29.12.2004 (BGBl I 2004, 3675) und dem SEBG v 29.12.2004 (BGBl I 2004, 3686). Eingereiht in die rechtsformabhängigen Steuergegenstände des § 2 Abs 2 Satz 1 GewStG wurde sie durch SEStEG v 7.12.2006 (BGBl I 2006, 2782). Die **Gründung einer SE** erfolgt *ausschließlich* durch Kapitalgesellschaften (Verschmelzung, Gründung einer Tochtergesellschaft oder Holding, formwechselnde Umwandlung), von denen mindestens zwei aus verschiedenen Mitgliedstaaten stammen oder seit mindestens zwei Jahren eine Tochtergesellschaft oder Zweigniederlassung in einem anderen Mitgliedstaat haben; auch eine SE kann eine TochterSE gründen. Das Mindestkapital beträgt 120 000 €. Sitz u Hauptverwaltung müssen sich in demselben Mitgliedstaat, bei ausländischen SE an demselben Ort befinden. Rechtspersönlichkeit erlangt eine SE im Inland mit Eintragung ins HR (§ 3 SEAG). Zu den Vorteilen auch für den Mittelstand *Manz/Mayer* Inf 2006, 833.

b) Aktiengesellschaft. Die **AG** hat ihre normative Grundlage im AktG. Ihr 458 Grundkapital beträgt mindestens 50 000 €. Sie kann durch eine einzelne Person gegründet werden und erlangt Rechtspersönlichkeit durch Eintragung ins HR.

c) Kommanditgesellschaft auf Aktien. Die **KGaA** hat ihre Rechtsgrundlage 459 in §§ 278 ff AktG. Ihre Besonderheit besteht darin, dass ein Gesellschafter (Komplementär), der auch eine GmbH sein kann (BGH II ZB 11/96 DStR 1997, 1012;

§ 2 Steuergegenstand

fraglich für eine Stiftung *Wehrheim/Gehrke* StuW 2005, 234), unbeschränkt haftet und die übrigen – nicht haftenden – Gesellschafter durch Erwerb von Aktien am Grundkapital beteiligt sind. Sie erlangt ebenfalls durch Eintragung ins HR Rechtspersönlichkeit. Gewstrechtlich (wie auch kst- u estrechtlich) unterliegt sie einer kombinierten Besteuerung: Sie ist Gegenstand der GewSt; der Gewinnanteil des Komplementärs wird bei der Ermittlung des Einkommens abgezogen (§ 9 Abs 1 Nr 1 KStG) und bei der Ermittlung des GewErtrages wieder hinzugerechnet (§ 8 Nr 4 GewStG).

460 **d) Gesellschaft mit beschränkter Haftung.** Die **GmbH** hat ihre Rechtsgrundlage im GmbHG. Ihr Stammkapital beträgt mindestens 25 000 €. Sie kann ebenfalls durch eine einzelne Person gegründet werden und erlangt Rechtspersönlichkeit mit Eintragung in das HR. Die **GmbH & Co KG** ist keine Kapitalgesellschaft (BFH IV R 56/80 BStBl II 1984, 150), sondern eine originär gewerbliche oder gewerblich geprägte Personengesellschaft; sie steht lediglich für die Beurteilung der gewerblichen Prägung einer anderen (Unter)Gesellschaft nach § 15 Abs 3 Nr 2 Satz 2 EStG einer Kapitalgesellschaft gleich (Rn 436).

461 **e) Genossenschaften.** Es sind Vereinigungen mit nicht geschlossener Mitgliederzahl, die die **Förderung** des Erwerbs oder der Wirtschaft **ihrer Mitglieder** durch gemeinschaftlichen Geschäftsbetrieb oder deren sozialer oder kultureller Belange bezwecken (§ 1 Abs 1 GenG), zB Produktions- u Absatzgenossenschaften, Kredit- u Konsumvereine. Ein Mindestkapital *kann* vorgesehen werden. Die Mindestzahl der Genossen ist drei. Rechtspersönlichkeit erlangt die Genossenschaft durch *Eintragung* ins Genossenschaftsregister. Nicht eingetragene Genossenschaften, die durch Verleihung den Status einer juristischen Person erlangt haben (Art 163 ff EGBGB), sind den eingetragenen gleich zu behandeln.

Nichtrechtsfähige Vereinigungen, die die Voraussetzungen des GenG erfüllen, sind mE insoweit nach § 2 Abs 3 GewStG gewstpfl, als sie einen wirtschaftlichen Geschäftsbetrieb unterhalten (zB Molkerei-, Keltergenossenschaft; zur Abgrenzung *Glenk*, Die eingetragene Genossenschaft, 1996, Rn 25 ff). **Öffentlich-rechtliche** Genossenschaften (zB Berufsgenossenschaften, Deich-, Fischereigenossenschaften) sind nicht Genossenschaften iSv § 2 Abs 2 GewStG. Entsprechendes gilt für die von alters her bestehenden nichtrechtsfähigen Hauberg-, Wald-, Forst- und Laubgenossenschaften und ähnliche **Realgemeinden** (RStBl 1934, 1060); sie sind nach § 3 Nr 5 nur mit einem Gewerbebetrieb steuerpflichtig, der über den Rahmen eines Nebenbetriebs hinausgeht.

462 **f) Europäische Genossenschaft.** Die Societas Corporativa Europaea (**SCE**) dient dem Zweck der Bedarfsdeckung bzw der Förderung der wirtschaftlichen und/oder sozialen Tätigkeit der Mitglieder. Rechtsgrundlage ist die EG-VO Nr 1435/2003 v 22.7.2003 (ABl EU Nr L 207, 1) – SCE-VO –, die RL 2003/72/EG v 22.7.2003 (ABl EU Nr L 207, 25), das SCEAG v 14.8.2006 (BGBl I 2006, 1911) und das SCEBG v 14.8.2006 (BGBl I 2006, 1917). Sie kann durch fünf natürl oder jur Personen, Verschmelzung oder Formwechsel von nationalen Genossenschaften gegründet werden; es müssen Rechtsbeziehungen zu zwei Mitgliedstaaten bestehen. Das Mindestkapital beträgt 30 000 €. Rechtspersönlichkeit erlangt die SCE im Inland mit ihrer Eintragung ins Genossenschaftsregister (§ 3 SCEAG).

463 **g) Versicherungsvereine auf Gegenseitigkeit.** S § 15 Versicherungsaufsichtsgesetz – VAG –; sie werden von § 2 Abs 2 erfasst. Für kleinere Vereine iSd § 53 VAG besteht im Rahmen des § 12 a GewStDV Steuerbefreiung.

464 **h) Kartelle.** Die in Ausnahme von § 1 GWB **gestatteten Kartelle** sind ebenso wie die **Syndikate** nach der ihnen eigenen Rechtsform zu besteuern.

Die Tätigkeit der Kapitalgesellschaften § 2

Eine generelle Besteuerung als Kapitalgesellschaft findet nach der Verwerfung der *Kartellsteuer* v 20.12.1941 (RStBl 1941, 953) durch BFH I R 107/72 BStBl II 1974, 695 nicht statt. Entsprechendes gilt für **Konsortien** (jur Person oder Mitunternehmerschaft).

i) Sondervermögen von Kapitalanlagegesellschaften. Das sind Geldmarkt-, 465 Wertpapier-, Beteiligungs-, Investmentfondsanteil-, Grundstücks- und Altersvorsorge-Sondervermögen, sie sind nach §§ 37 n bis 50 d des Gesetzes über Kapitalanlagegesellschaften idF v 9.9.1998 (BGBl I 1998, 2726) von der Gewerbesteuer befreit; ab 1.1.2004 s **Investmentsteuergesetz** (InvStG) v 15.12.2003 (BGBl I 2003, 2676/2724), wonach bestimmte ausländische Sondervermögen als Zweckvermögen iSd § 1 Abs 1 Nr 5 KStG von der KSt und der GewSt befreit sind (§ 11 Abs 1 InvStG).
Gesetzlich anerkannte **Unternehmensbeteiligungsgesellschaften** iSd Gesetzes über Unternehmensbeteiligungsgesellschaften idF v 9.9.1998 (BGBl I 1998, 2765) sind nach § 3 Nr 23 von der Gewerbesteuer befreit. Zu den Einzelheiten s § 3 Rn 448 ff.

j) Ausländische Rechtsgebilde. Sie werden auch **von § 2 Abs 2 erfasst** (FG 466 Ba-Wü 10 K 3286/10 EFG 2010, 2111). Voraussetzung ist, dass sie bei Gesamtwürdigung der maßgeblichen ausländischen Bestimmungen rechtlich und wirtschaftlich einer inländischen Kapitalgesellschaft entsprechen (BFH I R 196/79 BStBl II 1983, 77; IV R 182/77 BStBl II 1981, 220). Ihre GewStPfl setzt bisher eine inländische Betriebsstätte voraus oder jedenfalls die Beteiligung an einer Personengesellschaft mit inländischer Betriebsstätte. Nach Ergehen u.a. der „Überseering"-Entscheidung des EuGH (NJW 2002, 3614: Verstoß gegen Art 43 u 48 EGV) ist auch eine doppelt ansässige Gesellschaft allein mit Sitz der Geschäftsleitung im Inland gewstpflichtig (hierzu *BMF* BStBl I 2005, 727: Anwendung − wenn zum Nachteil des Stpfl − erst ab EZ 2004).

3. Rechtsfolgen

Nach § 2 Abs 2 gelten die dort aufgezählten Kapitalgesellschaften, Genossenschaf- 467 ten und Versicherungs- u Pensionsfondvereine **stets und in vollem Umfang** (anders § 15 Abs 3 EStG) als **Gewerbebetrieb** (R 2.1 Abs 4 GewStR mwN). Verfassungsrechtlich wird dies als unbedenklich angesehen (BFH I R 196/79 BStBl II 1983, 77).

a) Einheitlicher Gewerbebetrieb. Danach haben nach hM Kapitalgesellschaf- 468 ten einen **einheitlichen Gewerbebetrieb**, der nicht nur vermögensverwaltende in originär gewerbliche Tätigkeiten einbezieht, sondern auch wegen der Organisationsform Kapitalgesellschaft an sich nichtgewerbliche Einkünfte zu gewerblichen umqualifiziert (BFH I R 40/75 BStBl II 1977, 668; I R 165/80 BStBl II 1985, 403; I R 80/87 BStBl II 1990, 920). Das gilt auch für eine **„an sich" freiberufliche Tätigkeit** (BFH I R 40/75 BStBl II 1977, 668, Wirtschaftsprüfungs- und Steuerberatungsgesellschaft),, mithin auch für die „kleine Freiberufler-GmbH" (BFH I R 76/03 BFH/NV 2010, 1118, zu FG München 7 K 4529/00 EFG 2003, 1722).

b) Weitere Einkünfte. Auch solche Einkünfte werden **umqualifiziert,** die 469 nicht unter die sieben Einkunftsarten des § 2 Abs 1 EStG fallen (BFH I R 67/88 BStBl II 1991, 250; krit *Gosch* StuW 1992, 350). Es handelt sich um eine Folge der GewBetriebsfiktion (Rn 456). Das bedeutet: die Kapitalgesellschaft hat auch unter der Geltung des Halbeinkünfteverfahrens keine außerbetriebliche Sphäre (BFH I R 32/06 BStBl II 2007, 961, mwN auch zur Kritik).

§ 2 Steuergegenstand

4. Entstehung der GmbH

470 **a) Vor-GmbH und Eintragung.** Der Steuergegenstand Kapitalgesellschaft entsteht im Allgemeinen mit Eintragung der Gesellschaft. Tritt allerdings eine **Vor-GmbH** (Gründungsgesellschaft) schon vor diesem Zeitpunkt nach außen auf, so besteht Identität mit der später eingetragenen Gesellschaft; beide bilden einen einheitlichen Steuergegenstand (BFH I R 244/74 BStBl II 1977, 561; I R 118/78 BStBl II 1983, 247; I R 174/86 BStBl II 1990, 91; III R 2/03 BStBl II 2005, 405; IV R 38/07 BStBl II 2010, 60). Das gilt auch bei einem Wechsel der Gesellschafter der Vorgesellschaft, wenn der ausgeschiedene Gesellschafter an der den Wechsel betreffenden Änderung des Gesellschaftsvertrages mitgewirkt hat (BFH I R 17/92 BStBl II 1993, 352). Die bloße Verwaltung des Stammkapitals durch die Vorgesellschaft ist kein Auftreten nach außen und löst daher die Steuerpflicht noch nicht aus (BFH I R 98/87 BStBl II 1990, 1073).

471 **b) Vorgesellschaft ohne Eintragung.** Sie setzt bei der GmbH einen Vertrag bzw bei der Einmann-GmbH die Abgabe einer notariellen Erklärung voraus (BFH I 8/52 U BStBl III 1952, 172; BGH WM 1984, 929).

Die Rspr unterscheidet zwischen einer **echten Vorgesellschaft**, die scheitert, nicht in das Handelsregister eingetragen wird und nach Aufgabe der Eintragungsabsicht ihre werbende Tätigkeit sofort einstellt (BFH IV R 88/06 BStBl II 2010, 991) und einer **unechten Vorgesellschaft**, bei der von Anfang an die Eintragungsabsicht fehlt bzw die nach deren späterem Wegfall die werbende Tätigkeit fortsetzt (BFH VII R 82/97 BStBl II 1998, 531; BGH II ZR 204/00 BGHZ 152, 210). Sie wird steuerlich als Einzelunternehmen bzw Mitunternehmerschaft behandelt (hierzu *Martini* DStR 2011, 337).

472 **c) Vorgründungsgesellschaft.** Dagegen bezieht sich eine **Vorgründungsgesellschaft,** die die Vorgesellschaft erst entstehen lassen soll, auf die Zeit vor Abschluss des notariellen Gesellschaftsvertrags. Es besteht keine Identität mit den nachfolgenden Gesellschaften (BFH I R 174/86 BStBl II 1990, 91). Sie sind nach ihrer Rechtsform, idR als **BGB-Gesellschaften,** zu behandeln, treten aber regelmäßig gewstrechtlich mangels werbender Tätigkeit nicht in Erscheinung. Betreiben sie ein Handelsgewerbe, ist idR jeweils eine OHG anzunehmen (vgl BGH II ZR 331/00 DStR 2001, 310 unter A I 2c; FG Bremen EFG 1990, 273). Es gelten die Grundsätze des § 2 Abs 5.

5. Entstehen bei Genossenschaften

473 Für diese (insb Erwerbs- u Wirtschaftsgenossenschaften) sowie die Versicherungs- und Pensionsfondvereine auf Gegenseitigkeit gelten dieselben Grundsätze: Es kommt für den **Beginn als frühester Zeitpunkt** in Betracht die **Errichtung des Status** (Vorgenossenschaft, s *Meyer/Meulenbergh/Beuthien*, Genossenschaftsgesetz, 12. Aufl, § 13 Rn 3) bzw der Satzung (Vorverein, *Reichert/Dannecker/Kühr*, Handbuch des Vereins- und Verbandsrechts, 3. Aufl, Tz 7, vereinsrechtl str, aA: Vertrag). Hinzu kommen muss der Beginn irgendeiner Tätigkeit. Nach § 17 Abs 2 GenG gelten Genossenschaften grds als Kaufleute iSd HGB. Sie sind deshalb bereits nach Handelsrecht **buchführungspflichtig.**

6. Beendigung des Steuergegenstands

474 Seine Beendigung findet der Steuergegenstand Kapitalgesellschaft mit der **Einstellung jeglicher Tätigkeit,** also nicht nur der eigentlichen werbenden Tätigkeit, sondern auch der Verwertung im Rahmen der Abwicklung. Dass es sich um eine werbende Tätigkeit handelt, unterstellt das Gesetz. Deshalb unterliegt die Kapitalgesellschaft auch während der Liquidationsphase der GewSt (BFH IV R 68/77 BStBl

Die Tätigkeit der Kapitalgesellschaften § 2

II 1980, 658; I R 28/00 BFH/NV 2001, 816; R 2.6 Abs 2 GewStR). Werden in der Bilanz weder Erträge noch Verbindlichkeiten oder Vermögenswerte ausgewiesen, ist das wirtschaftliche Leben der Kapitalgesellschaft beendet (BFH I B 29/12 BFH/NV 2013, 84).
Die Liquidation findet grundsätzlich mit der Verteilung des Vermögens an die Gesellschafter ihr Ende (RFH RStBl 1940, 435). Siehe aber zum Prozessrecht BFH I R 111/79 BStBl II 1980, 587; I B 210/03 BFH/NV 2004, 670. Zur Liquidation und Neugründung derselben Kapitalgesellschaft s BFH I R 165/80 BStBl II 1985, 403.

7. Einzelfragen

a) Veräußerungsgewinne. Kapitalgesellschaften, Genossenschaften sowie Versicherungs- und Pensionsfondvereine auf Gegenseitigkeit sind gegenüber den natürlichen Personen und Personengesellschaften insoweit benachteiligt, als bei ihnen auch **Gewinne aus der Veräußerung** von Betrieben, Teilbetrieben oder von betrieblichen Beteiligungen zum **Gewerbeertrag** rechnen (so die hM; BFH I R 116/69 BStBl II 1971, 182; I R 92/86 BStBl II 1990, 699; I R 27/01 BStBl II 2002, 155; III R 19/02 BStBl II 2004, 515; I B 197/94 BFH/NV 1996, 366; I R 104/00 BFH/NV 2002, 535; Anm *Wendt* FR 2002, 39; R 7.1 Abs 4 GewStR). Diese Auffassung wird zutreffend damit begründet, dass § 2 Abs 2 die GewStPfl von Kapitalgesellschaften allein an die Rechtsform anknüpft (BFH I B 197/94 BFH/NV 1996, 366; vgl auch I R 89/95 BStBl II 1997, 224). 475

ME ist diese Beurteilung **zutreffend** (aA *Roser/Tetsch* FR 1998, 183). Bei den Steuergegenständen des § 2 Abs 2 wird für die Dauer ihres wie immer auch gearteten Tätigwerdens ein GewBetrieb ausnahmslos fingiert und daher auch für die Zeit der Abwicklung angenommen (§ 16 Abs 1 GewStDV). Davon abgesehen haben § 2 Abs 2 GewStG (für Kapitalgesellschaften) und § 15 Abs 3 Nr 1 EStG (für Personengesellschaften) insofern keinen identischen Wortlaut als bei Ersterem die Fiktion „stets" angeordnet ist, bei Letzterem nicht. Das bedeutet, dass bei jenen die Ergebnisse – auch in zeitlicher Hinsicht – aus *allen* Tätigkeiten der Besteuerung unterliegen, was bei diesen auch im Hinblick auf den Objektsteuercharakter der GewSt anders bewertet werden muss; die Abfärbung setzt zumindest *eine* gewerbliche Tätigkeit voraus (BFH I R 67/88 BStBl II 1991, 250). Daran ändert auch der Hinweis auf die Teilbetriebsveräußerung nichts, weil insofern ein Ertrag aus *dessen* werbender Tätigkeit nicht in Rede steht. Das ist Grund genug, dass derartige Vorgänge nicht von denen des § 16 Abs 1 GewStDV bzw § 11 KStG unterschieden und nach § 16 EStG iVm § 7 GewStG gewerbesteuerfrei behandelt werden können (offengelassen in BFH I R 89/95 BStBl II 1997, 224).

b) Abwicklung/Insolvenz. Im Falle der **Abwicklung** ist der GewErtrag auf die Jahre des Abwicklungszeitraums zu verteilen (§ 16 Abs 1 GewStDV). Das beinhaltet eine zeitanteilige Zuweisung des GewErtrags des gesamten Abwicklungszeitraums auf den einzelnen EZ (BFH I R 35/12 BStBl II 2013, 508; *Wälzholz* GmbH-StB 2011, 117). Eine „Zwischenveranlagung" mit Wirkung auch für die GewSt (§ 14 GewStG) ist nach BFH zulässig (BFH I R 67/05 BStBl II 2008, 312; I R 44/06 BStBl II 2008, 319); aA *BMF* NAnwErl BStBl I 2008, 542). Entsprechendes gilt im Falle der **Insolvenz** (§ 16 Abs 2 GewStDV). 476

c) Reisegewerbe. Es kann nur von **natürlichen Personen** und deshalb nicht von den Körperschaften des § 2 Abs 2 ausgeübt werden (BFH I 317/61 U BStBl III 1963, 148). 477

d) Beteiligung und GewSt. Bei Beteiligung einer Kapitalgesellschaft (oder einer anderen Körperschaft iSd § 2 Abs 2) an gewerblich tätigen Personengesellschaften kommen die **Korrekturvorschriften** des § 8 Nr 8 und § 9 Nr 2 zur Anwendung. 478

§ 2 Steuergegenstand

(zu nicht gewerblich tätigen Personengesellschaften s Rn 454). Nicht als Personengesellschaft in diesem Sinne gilt die **KG auf Aktien** (BFH I R 235/81 BStBl II 1986, 72).

479 e) **Besteuerung kleiner Körperschaften.** Diese kann nach § 156 Abs 2 AO unterbleiben, wenn feststeht, dass die Kosten der Einziehung einschließlich der Festsetzung außer Verhältnis zu dem festzusetzenden Betrag stehen. Ein solches Missverhältnis wird angenommen, wenn der Gewinn im Einzelfall offensichtlich 500 € (früher 1000 DM) nicht übersteigt (R 7.1 Abs 7 GewStR).

480–484 *(frei)*

IV. Unternehmensverbund Organschaft

1. Begriff

485 Unter **Organschaft** wird eine Verschmelzung wirtschaftlicher Interessen verschiedener rechtlich selbstständiger Unternehmen zu einer wirtschaftlichen **Unternehmenseinheit** verstanden (*Tipke/Lang*, Steuerrecht, 21. Aufl, § 11 Rn 110). Unter Berücksichtigung der inzwischen gesetzlich geregelten Voraussetzungen für die steuerrechtliche Anerkennung einer Organschaft handelt es sich dem Sachverhalt nach um die Beziehung (Organverhältnis) zwischen einer juristischen Person (Organgesellschaft – OG –) und einer natürlichen Person, einer nicht steuerbefreiten Körperschaft, Personenvereinigung oder Vermögensmasse (Organträger – OT –), die nach dem **bis EZ 2001** geltenden Recht durch die finanzielle, wirtschaftliche und organisatorische Eingliederung der OG in den OT gekennzeichnet war. **Ab EZ 2002** (Verweis ab EZ 2012 auf §§ 14 oder 17 KStG) bedarf es der wirtschaftlichen und organisatorischen Eingliederung nicht mehr (hierzu die nachfolgenden Anm). Ihre Vorteile bestehen in der Besteuerung des Organkreises als Einheit (zB Verlustausgleich innerhalb des Organkreises; s allg R 7.1 Abs 5 GewStR sowie *Urbahns* Inf 2001, 582).

Als **Alternative** werden in verstärktem Maße Modelle der **Gruppenbesteuerung** diskutiert. S hierzu insb *Gassner* DB 2004, 841; *Danelsing* DStR 2005, 1342; *Jochum* FR 2005, 577, *Gradel* Stbg 2005, 322; *Herzig/Wagner* DB 2005, 2374; zu Dänemark *Kessler/Daller* IStR 2005, Länderbericht Heft 15, 2; zu Österreich *Kessler/Daller* IStR 2006, 289.

Davon abgesehen bietet sich nach *Kessler/Reitsam* DStR 2003, 269, 315 nach wie vor die **typische stille Beteiligung** an. Zur Nutzbarmachung der Organschaft bei der GmbH & Co KG aA *Kollruss* Inf 2003, 347. Zudem wird als Alternative das sog *„Treuhandmodell"* diskutiert (Muttergesellschaft ist über eine zu 100% von ihr gehaltene GmbH als Komplementärin mit 99% an einer Tochter-GmbH & Co KG beteiligt, während eine ebenfalls zu 100% von ihr gehaltene weitere GmbH mit 1% treuhänderisch für die Mutter an der Tochter beteiligt ist; hierzu Rn 412 mwN).

2. Rechtsentwicklung

486 a) **Ältere Entwicklung.** Während die **Organschaft** für Zwecke der Körperschaftsteuer erst mit dem G v 15.8.1969 (BGBl I 1969, 1182) eine ausdrückliche Regelung fand, bestanden **für die Gewerbesteuer** und die Umsatzsteuer schon seit längerer Zeit entsprechende Vorschriften (§ 2 Abs 2 Ziff 2 GewStG v 1.12.1936, RGBl I 1936, 979, sowie § 2 Abs 2 Ziff 2 UStG v 16.10.1934, RStBl 1934, 1166; vgl zur rechtlichen Entwicklung auch *Holtmeier,* Die Organtheorie, S 57, 115; *Herzig,* Die Organschaft, 2003, S 4; BFH I 249/61 S BStBl III 1965, 329). Die gesetzlichen Regelungen gehen teilweise zurück auf die von der Rspr und Lehre entwickelte Organtheorie (Organlehre). Sie wurde als steuerrechtliche Lehre von der wirtschaftlichen Einheit mehrerer rechtlich selbstständiger Unternehmen bezeichnet (BFH V 17/52 S BStBl III 1952, 234), hat aber in einer Vielzahl von Betrachtungsweisen spezifische Prägung erhalten (Einheitstheorie, Filialtheorie, Angestelltentheorie, Zurechnungstheorie, Bilanzierungstheorie; vgl dazu im Einzelnen BFH 280/63 BStBl III 1967, 118; *Jurkat,* Die Organschaft, Rz 3). Die gewerbesteuerliche Organschaft hat ihren Ursprung in der Rspr des PrOVG zur Frage der GewStPfl von Unternehmen, die im Erhebungsgebiet durch einen Mittelsmann (natürliche oder juristische Person) als Organ vertreten wurden (vgl *Holtmeier* aaO S 115).

b) Neuere Entwicklung. Durch die **Neuregelung** der körperschaftsteuerlichen Organschaft durch G v 23.10.2000 (BGBl I 2000, 1433), der die Regelungen der gewerbesteuerlichen – dieses nur zunächst – (und umsatzsteuerlichen) Organschaft nicht gefolgt sind, zersplitterte das Organschaftsrecht zunächst weiter (hierzu *Prinz* FR 2000, 1255, 1262; *Kollruss* StBp 2001, 132). 487

Durch G v 20.12.2001 (BGBl I 2001, 3858) ist die gewstliche Organschaft nach Gegenstand und Voraussetzungen an die kstliche Organschaft angeglichen worden (jedoch nicht die umsatzsteuerliche Organschaft; § 2 Abs 2 Nr 2 UStG). Das bedeutet, dass **ab EZ 2002** eine **Zwangsverknüpfung** der gewstlichen mit der kstlichen Organschaft besteht. Das kann für eine Vielzahl von Unternehmen bedeuten, dass sie von der Gestaltung einer gewstlichen Organschaft ausgeschlossen sind, mit nicht zu unterschätzenden Auswirkungen auf Höhe und Verteilung des GewStAufkommens (*Prinz* FR 2002, 66, 68; *Dierichs/Seifried* DStR 2002, 2068, mit Überlegungen zur Vermeidung einer doppelten Gewinnberücksichtigung bei Beendigung der gewstlichen Organschaft). Weitere tiefe Eingriffe in das auch gewstrechtliche Organschaftsrecht erfolgten durch das StVergAbG (hierzu *BMF* BStBl I 2005, 1038; *Dötsch* DB 2005, 2541), wenngleich der ursprüngliche Plan, die gewstliche Organschaft überhaupt abzuschaffen (hierzu *Rödder/Schumacher* DStR 2002, 1969; *Prinz/Otto* FR 2003, 53), nicht Gesetz geworden ist (vgl zur Rechtsentwicklung auch *Wehrheim/Adrian* DB 2003, 737; *Ott* Inf 2003, 376). Zu Vor- u Nachteilen der Organschaft im Zusammenhang mit dem Halbeinkünfteverfahren vgl *Heinz/Wessinger* GmbHR 2005, 1390.

3. Betriebsstättenfiktion

Nach § 2 Abs 2 **gilt** die OG **als Betriebsstätte** des OT. Das hat zur Folge, dass die persönliche – nicht jedoch die sachliche – StPfl der OG für die Dauer des Bestehens der Organschaft erlischt und der OT Steuerschuldner (§ 5) der auf den GewErträgen des Organkreises beruhenden GewSt ist (BFH I R 44/95 BStBl II 1997, 181; VIII R 1/00 BStBl II 2001, 114). Nur gegen ihn wird der GewStMessbetrag festgesetzt und ergeht folglich der GewStMessbescheid (BFH I R 183/85 BStBl II 1990, 916). Das gilt auch für das Verhältnis von Konzernmutter und Einzelgesellschaft. 488

Zweck der Regelung ist der Schutz der am Aufkommen der GewSt beteiligten Gemeinden vor willkürlichen Gewinnverlagerungen, aber auch die Vermeidung einer zweimaligen Erfassung des wirtschaftlich gleichen Ertrags durch die gleiche Steuerart (BFH I R 5/73 BStBl II 1975, 179; I R 183/85 BStBl II 1990, 916). Die Betriebsstättenfiktion ist Grundlage für die Zurechnung des Gewerbeertrags der OG beim OT (BFH I R 10/93 BStBl II 1994, 768; VIII R 54/93 BStBl II 1995, 794).

Trotz dieser Fiktion bilden OT und OG **kein einheitliches Unternehmen.** Sie bleiben selbstständige Gewerbebetriebe, die getrennt für sich bilanzieren und deren GewErträge getrennt zu ermitteln sind (sog „gebrochene Einheitstheorie"; vgl Rn 518). Gegen die Ermittlung eines für die OG zu ermittelnden GewErtrags *Wassermeyer* DStR 2004, 214 (für sie sei nur ein Betriebsstättengewinn – § 7 – zu ermitteln; hierzu auch *von Groll* DStR 2004, 1193). Er erörtert jedoch nicht die Vorgabe des § 6 und seine Folgen für die nach § 2 Abs 2 Satz 2 zur Vermeidung

4. Gesetzliche Voraussetzungen der Organschaft

489   Bis **einschließlich EZ 2001** nahm § 2 Abs 2 Satz 1 GewStG auf § 14 Nr 1 u 2 KStG aF (bis EZ 1998) bzw auf § 14 Nr 1 bis 3 KStG idF v 22.4.1999 und damit auf das Erfordernis der finanziellen, wirtschaftlichen und organisatorischen **Eingliederung** Bezug. Ein Gewinnabführungsvertrag musste im Gegensatz zur körperschaftsteuerlichen Regelung nicht vorhanden sein. Nach der Angleichung der gewstlichen an die kstliche Organschaft (G v 20.12.2001, BGBl I 2001, 3858) kommt es **ab EZ 2002** auf eine wirtschaftliche und organisatorische Eingliederung nicht mehr an; dafür ist künftig ein **Gewinnabführungsvertrag – GAV** – erforderlich (zur Entwicklung *Kollruss* StBp 2001, 132; *Rödder/Schumacher* DStR 2002, 105; *Prinz* FR 2002, 66; zur Durchführung im Hinblick auf einen vorvertraglichen Verlustvortrag des Organs *Berger*, DB 2005, 403).

5. Organträger

490   Dies kann jedes **gewerbliche Unternehmen**, also eine natürliche Person, eine juristische Person, Personengesellschaft oder ein anderes rechtliches Gebilde sein, das die Voraussetzungen des § 14 Nr 1 KStG erfüllen kann (vgl BFH I R 91, 102/97 BStBl II 1999, 306; zu den Vorteilen einer personalistischen Organschaft *Moog* DStR 1996, 161).

491   a) **Kapitalgesellschaft.** Sie muss einer **originär gewerblichen Tätigkeit** nachgehen. Daher ist OT auch eine Besitzkapitalgesellschaft, die bereits vor Begründung der Organschaft unter Berücksichtigung voraussichtlicher Gewinnausschüttungen Gewinn erwirtschaftet hätte (BFH I R 20/09 BFH/NV 2010, 391). Ein **BgA** ist nur dann tauglicher OT, wenn er die Voraussetzungen des „Abs 1 iVm § 15 Abs 2 Satz 1 EStG erfüllt (BFH aaO). Ein **dauerdefizitärer** BgA ist kein tauglicher OT (FG Düsseldorf 6 K 2990/07 K EFG 2010, 1732 rkr).

492   b) **Personengesellschaft.** Eine **Personengesellschaft** (zur atypischen stillen Gesellschaft s Rn 502) kann ab EZ 2003 jedoch nach § 14 Abs 1 Nr 2 Satz 2 KStG nur noch dann OT sein, wenn sie eine Tätigkeit **nach § 15 Abs 1 Satz 1 Nr 1 EStG** ausübt (hierzu *Mindermann/Lukas* NWB 2013, 516); eine gewerbliche Prägung nach § 15 Abs 3 Nr 2 EStG reicht demnach nicht mehr (R 2.3 Abs 3 Satz 3 GewStR; *Blumers/Goerg* BB 2003, 2203; DStR 2005, 397; *Haase* DB 2004, 1580). Weder nach dem insoweit uneindeutigen Wortlaut noch nach dem Sinn und Zweck der Vorschrift muss die o.a. Voraussetzung während des **ganzen Wirtschaftsjahres der OG** bestehen; die unterjährige Begründung reicht (BFH I R 40/12 DStR 2013, 1939; *Dötsch/Pung* DB 2003, 1470; *Ley/Strahl* DStR 2003, 2145; aA FG Münster 9 K 3556/10 K,G EFG 2012, 1589; *BMF* BStBl I 2005, 1038; *Füger* BB 2003, 1755; *Stollenwerk* GmbH-StB 2003, 199; *Haase* DB 2004, 1580; *Mehl/Tetzlaff* NWB 2012, 3163); eine Ausnahme wäre ohnehin aus verfassungsrechtlichen Gründen denkbar für das Wirtschaftsjahr (ggf 2002/2003) bzw den ersten EZ (2003) der Anwendung der Vorschrift.

Als **Alternative** zur Begründung einer bisher nicht vorhandenen gewerblichen Betätigung kommen in Betracht: Formwechsel in eine Kapitalgesellschaft, Beginn oder Einbeziehung einer gewerblichen Betätigung (wofür Dienstleistungen für andere Gruppenunternehmen ausreichen sollen, *BMF* BStBl I 2005, 1038; **aA** *Löwenstein/Maier/Lohrmann* DStR 2003, Beih 4, 5; **zust** *Rödder/Schuhmacher* DStR 2003, 805, 808; wohl aber das „cash-pooling" als Verwaltung fremden Vermögens,

Unternehmensverbund Organschaft § 2

Ley/Strahl DStR 2003, 2145; *Löwenstein/Maier/Lohrmann,* DStR 2003, Beih 4, 5) und die Tätigkeit als Besitzgesellschaft (die Einschränkungen, die sich für die „wirtschaftliche Eingliederung" ergeben, Rn 506, sind mE hier nicht einschlägig!) bzw als geschäftsleitende Holding (wofür das Halten einer Beteiligung an einer gewerblich tätigen Personengesellschaft wohl nicht ausreicht; anders ggf bei zwei Beteiligungen *Dötsch/Pung* DB 2003, 1470; *Löwenstein/Maier/Lohrmann* DStR 2003, Beih 4, 5; *Ley/Strahl* DStR 2003, 2145; *Orth* DB 2005, 741; *Bregenhorn-Kuhs/Rathmann* Inf 2005, 340; *Sauter/Heurung/Klübenspies* DB 2005, 1304; **aA** *BMF* BStBl I 2005, 1038; *Neu/Lühn* DStR 2003, 63; *Förster* DB 2003, 403; *Haase* DB 2004, 1580). Auch eine nur ganz geringfügige gewerbliche Tätigkeit (Anwendung der „Infektionsrechtsprechung", Rn 428) reicht nicht aus, da die Vorschrift Missbrauchsgestaltungen nach Abschaffung der Mehrmütterorganschaft verhindern will (*BMF* BStBl I 2005, 1038; *Fatouros* DStZ 2003, 179; *Neu/Lühn,* aaO; *Förster* aaO; **aA** *Füger* aaO; *Löwenstein/Maier/Lohrmann* aaO; *Ley/Strahl* aaO; *Haase* DB 2004, 1580; *Rautenstrauch/Adrian* DB 2005, 1018). Ggf wird die Kündigung des Ergebnisabführungsvertrages erwogen werden müssen (*Ley/Strahl* aaO; *Dötsch/Pung* aaO; *Neu/Lühn* aaO; *Füger* aaO).

c) Steuerpflicht des Organträgers. Ab EZ 2002 muss der OT entweder eine **unbeschränkt stpfl** Person oder eine **nicht steuerbefreite** Körperschaft, Personenvereinigung oder Vermögensmasse iSd § 1 KStG sein. Hiermit ist lediglich die (völlige) persönliche, nicht auch eine sachliche (bzw beschränkt persönliche) Steuerbefreiung angesprochen. Daher kann auch eine **steuerbefreite GmbH** OT (zB einer OG, die im Auftrag des OT Dienstleistungen erbringt) sein. Der ihr zuzurechnende GewErtrag wird nicht von der sachlichen GewStBefreiung umfasst; vielmehr ist die persönliche GewStPfl der OG dem OT zuzurechnen (BFH I R 41/09 BStBl II 2011, 181; Hinweis auf BFH I R 100/01 BStBl II 2004, 244). 493

Ab EZ 2012 verlangt § 14 Abs 1 Nr 2 KStG nF bei einer natürlichen Person **keine unbeschränkte StPfl** mehr; erforderlich ist ein Betriebsstättenbezug (Rn 494a). Die Körperschaft usw darf – wie bisher – **nicht (körperschaft)steuerbefreit** sein.

d) Inlandsbezug. aa) Bis EZ 2012. Der OT muss (lediglich die) Geschäftsleitung im Inland haben. Damit ist der **doppelte Inlandsbezug** für diese Unternehmensformen **entfallen,** weil es auf den statutarischen Sitz (zur Unterscheidung vom Verwaltungssitz *Schmidt/Sedemund* DStR 1999, 2057) nicht mehr ankommt (hierzu *Prinz* FR 2002, 66, 72). Für ältere Fälle hat bereits BFH I R 6/99 BStBl II 2004, 1043 aus der „Überseering"-Entscheidung des EuGH C-208/00 IStR 2002, 809 (Verstoß gegen Diskriminierungsverbot nach Art 43 u 48 EGV; hierzu *BMF* BStBl I 2005, 727) sowie aus Art 24 Abs 4 DBA-USA 1989 ohnehin gefolgert, dass die Sitztheorie auch für die Organträgerschaft – zumindest in Zuzugsfällen – keine Bedeutung mehr haben kann (hierzu *Sedemund* BB 2003, 1362; *Wagner* GmbHR 2003, 684 insb auch zu Wegzugsfällen; *Dubovizkaja* GmbHR 2003, 694). Weitergehend BFH I R 54, 55/10 BStBl II 2012, 106: Verstoß gegen das Diskriminierungsverbot des DBA-Großbritannien. 494

bb) Ab EZ 2012. Der **Inlandsbezug** erfordert nunmehr eine **inländische Betriebsstätte** (Rn 610 ff) und die **Zuordnung der Beteiligung** zu ihr: die unmittelbare Beteiligung an der OG oder – bei mittelbarer Beteiligung – an der vermittelnden Gesellschaft muss dieser Betriebsstätte zuzuordnen sein. Diese Voraussetzung muss ununterbrochen während der gesamten Dauer der Organschaft gegeben sein (§ 14 Abs 1 Nr 2 Satz 4 KStG nF, G v 20.2.2013, BGBl I 2013, 285). Das gilt entsprechend für eine mittelbare Beteiligung über eine Personengesellschaft. Die Zuordnung entscheidet darüber, **welcher Betriebsstätte** das **Einkommen** der OG **zuzurechnen** ist (§ 14 Abs 1 Nr 2 Satz 6 KStG nF). 494a

§ 2 Steuergegenstand

Eine **inländische Betriebsstätte** ist **gegeben,** wenn die ihr zuzurechnenden Einkünfte sowohl nach innerstaatlichem Steuerrecht als auch nach einem einschlägigen DBA der inländischen Besteuerung unterliegen (§ 14 Abs 1 Nr 2 Satz 7 KStG nF).

495 e) **Ausländische Unternehmen.** Bis EZ 2011 konnten ausländische gewerbliche Unternehmen **nach § 18 KStG aF** unter der Voraussetzung des Unterhaltens einer im Inland ins HR eingetragenen Zweigniederlassung sowie des Abschlusses eines GAV unter der Firma der Zweigniederlassung und der finanziellen Eingliederung (Beteiligung im BV der Zweigniederlassung) OT sein. Im Übrigen – Geschäftsleitung im Ausland und sogar Sitz im Inland – konnten sie nicht OT sein, was im Hinblick auf Art 49 AEUV (Niederlassungsfreiheit) problematisch ist.

Mit der Änderung der Vorschriften über den Inlandsbezug (Rn 494a) ist § 18 KStG aF ab EZ 2012 **weggefallen.**

6. Organgesellschaft

496 a) **Kapitalgesellschaft.** Dies muss eine **Kapitalgesellschaft** sein (Europäische Gesellschaft – SE –, Aktiengesellschaft, Kommanditgesellschaft auf Aktien, GmbH; vgl § 14 Abs 1 u § 17 KStG). Einzelunternehmen und Personengesellschaften scheiden aus (krit *Hönle* DB 1986, 1246; *Roser* FR 2001, 628: Organfähigkeit der Personengesellschaft de lege ferenda). Dagegen kann auch eine **Besitz-GmbH,** die nur kraft Gesetzes gewerbliche Einkünfte erzielt, OG sein (BFH I R 204/75 BStBl II 1977, 357). Ist eine GmbH **persönlich haftende Gesellschafterin** einer KG, kann sie nicht OG dieser KG sein (zur USt: BFH XI B 85/10 BFH/NV 2012, 283).

496a b) **Gewerblich geprägte Personengesellschaft.** Die **gewerblich geprägte** Personengesellschaft des § 15 Abs 3 Nr 2 EStG kann **nicht OG** sein (BFH IV R 56/8 BStBl II 1984, 150 mwN; vgl auch VIII R 252/80 BStBl II 1987, 33); auch dann nicht, wenn ihre Komplementär-GmbH OG eines anderen Unternehmens ist. Letzteres ist grundsätzlich möglich (vgl BFH I R 76/93 BFH/NV 1996, 504). Liegen die Voraussetzungen für eine *steuerrechtliche Mitunternehmerschaft* vor, hat die Besteuerung der Mitunternehmerschaft Vorrang vor der Organschaft (BFH VIII R 54/93 BStBl II 1995, 794). Für eine solche mitunternehmerische GmbH sind dann die Hinzurechnungs- und Kürzungsvorschriften (§ 9 Nr 2 und § 8 Nr 8) zu beachten.

497 c) **Atypische stille Gesellschaft.** Auch diese, insb die **GmbH & atypisch Still,** kann als Personengesellschaft **nicht OG** sein (BFH VIII R 54/93 BStBl II 1995, 794; I R 76/93 BFH/NV 1996, 504; *Sarrazin* FR 1989, 11; zu ihrer OT-Eigenschaft s Rn 502). Die GmbH als Inhaberin des Handelsgewerbes selbst kann nicht OG sein, weil sie nicht den ganzen Gewinn abführen kann; der GAV lässt sich auch nicht dahin auslegen, dass nur der Gewinn nach Abführung der Gewinnanteile an den Stillen gemeint sei, weil diese keine BA sind (FG Hamburg 2 K 312/99 DStRE 2011, 1205; *Schmich* GmbHR 2008, 464; 2011, 332). Dagegen kommt eine Eignung der GmbH als Inhaberin des Handelsgeschäfts zur OG unter besonderen, die Annahme einer Mitunternehmerschaft verhindernden Umständen in Betracht (BFH VIII R 54/93 BStBl II 1995, 794).

498 d) **Ausländische Kapitalgesellschaft.** Nach den älteren Fassungen des § 2 Abs 2 konnte auch eine **ausländische Kapitalgesellschaft** mit Betriebsstätte im Inland OG sein (BFH I R 81/76 BStBl II 1979, 447). Nach der Neufassung des § 14 Abs 1 Satz 1 KStG durch G v 20.12.2001 (BGBl I 2001, 3858) ist **ab EZ 2002** für die OG der **doppelte Inlandsbezug,** dh Sitz *und* Geschäftsleitung im Inland, Voraussetzung (H 2.3 (1) GewStH). Zur europarechtlichen Problematik insb im Hinblick auf EuGH DStR 2005, 2168 „Marks & Spencer" vgl etwa *Danelsing* DStR 2005,

1342; *Wagner* StBp 2005, 190; zum Problem eines ggf zuzulassenden Verlustabzugs bei dem inländischen OT BFH I R 16/10 BFH/NV 2011, 524.

Nach der abermaligen Änderung (G v 20.2.2013, BGBl I 2013, 285) gilt in allen **noch offenen Fällen**: es genügt der **einfache Inlandsbezug**, dh Geschäftsleitung im Inland und Sitz in einem Mitgliedstaat der EU oder des EWR (§§ 14 Abs 1 Satz 1, 17 Satz 1 KStG idF des o.a. G).

e) Kapitalgesellschaft im Gründungsstadium. Hier gelten Besonderheiten: **499** Es ist zu unterscheiden zwischen der **Vorgründungsgesellschaft** und der **Vorgesellschaft**. Bei der erstgenannten handelt es sich um eine vor Abschluss des notariellen Gesellschaftsvertrages bestehende, mit der Vorgesellschaft und der Kapitalgesellschaft nicht identische Gesellschaft bürgerlichen Rechts (BFH I R 174/86 BStBl II 1990, 91). Als solches kommt sie mE nicht als OG in Betracht, zumal auch ihre Rechte und Verbindlichkeiten nicht automatisch auf die Vorgesellschaft bzw die Kapitalgesellschaft übergehen. Die Vorgesellschaft hingegen bezieht sich auf die Zeit zwischen Abschluss des notariellen Gesellschaftsvertrages und Eintragung (BFH I R 174/86 BStBl II 1990, 91). Sie ist mit der eingetragenen Kapitalgesellschaft identisch (Rn 470) und bildet mit dieser einen einheitlichen Steuergegenstand. Unter der Voraussetzung der späteren Eintragung kommt sie mE daher als OG in Betracht, die Einzelübertragung von Rechten und Pflichten ist mE nicht erforderlich.

f) Lebens- und Krankenversicherungsunternehmen. Diese konnten **ab EZ 500 2002** nicht mehr OG sein (vgl § 14 Abs 2 KStG idF des G v 16.5.2003, BGBl I 2003, 660; hierzu *Prinz* FR 2002, 66, 69; zur Verfassungsmäßigkeit *Hey* FR 2001, 1279; *Krebühl* DStR 2002, 1241, 1248; *Stadler/Elsner* in *Linklaters/Oppenhoff* u *Rädler* DB 2002, Beil 1, 48; *Schnittker/Hartmann* BB 2002, 277; *Harle/Bank* BB 2002, 1341; *Krühl* BB 2002, 1018, 1023). Die Vorschrift ist grundsätzlich letztmalig anzuwenden, wenn das Wirtschaftsjahr der OG vor dem 1.1.2009 endet (abw Regelung bei gemeinsamem Antrag; § 34 Abs 9 Nr 6 KStG idF des G v 19.12.2008, BGBl I 2008, 2794)

7. Finanzielle Eingliederung

Sie liegt vor, wenn **mit Beginn des Wirtschaftsjahrs** der OG der OT an der **501** OG in einem solchen Maße beteiligt ist, dass ihm die **Mehrheit der Stimmrechte** aus Anteilen an der OG zusteht (§ 14 Nr 1 KStG iVm § 2 Abs 2 GewStG). Fehlt es an diesem Zeitelement, liegt in dem betreffenden EZ keine Organschaft vor (Hess FG 8 K 1694/09 EFG 2013, 235). Ehegattenanteile werden nicht zusammengerechnet (*OFD Koblenz* BB 1987, 463).

a) Rückbeziehung. Liegt die finanzielle Eingliederung erst **im Laufe des Wirtschaftsjahres** der OG vor, dann ist eine Rückbeziehung der Eingliederung auf den Beginn des Wirtschaftsjahres nicht zulässig (vgl *BMF* BStBl I 2003, 437); das gilt auch für Organschaften und Kapitalgesellschaften in den neuen Bundesländern (*OFD Hannover* DStR 1993, 990).

Die Rückbeziehung ist nach BFH I R 55/02 BStBl II 2004, 534 (ebenso *Haun/ Reiser* BB 2002, 2257) jedoch **bei übertragender Umwandlung** von einer GmbH I & Co KG in eine GmbH wegen der Rückwirkungsfiktion des § 25 iVm § 20 Abs 7 u 8 UmwStG aF möglich (beschr *AnwErl* BStBl I 2004, 549; hierzu krit *Herlinghaus* FR 2004, 974; *Plewka/Schienke* DB 2005, 1703: rückwirkende Ausgliederung eines Teilbetriebs auf Tochtergesellschaft). Entsprechendes gilt nach BFH I R 66/05 BStBl II 2006, 469 für die rückwirkende Beendigung durch Verschmelzung, § 2 Abs 1 UmwStG. Zur Rückwirkung nach § 20 Abs 1 Satz 2 UmwStG bei Einbringung einer Mehrheitsbeteiligung BFH I R 111/09 BFH/NV 2011, 67 (mit umfangreichen Hinw auf das Schrifttum); zur vorhergehenden Ausgliederung eines

§ 2

Teilbetriebs zur Neugründung BFH I R 89/09 BFH/NV 2010, 2355; FG Köln 13 K 416/10 EFG 2010, 2029 rkr; *Kessler* DStZ 2010, 906.

502 **b) Personengesellschaften.** Bei diesen (zu den Verhältnissen bis einschließlich EZ 2002 vgl 5. Aufl) muss **ab EZ 2003** die finanzielle Eingliederung der OG **im Verhältnis zur Personengesellschaft** selbst bestehen. Das Halten von Anteilen durch die Gesellschafter auch im Sonderbetriebsvermögen der Personengesellschaft reicht nicht. Erforderlich ist ggf die Übertragung von (nur) so vielen Anteilen in das Gesamthandsvermögen, dass die Personengesellschaft selbst die Mehrheit der Stimmrechte hält. Hierzu und zu den möglichen steuerlichen Folgen *Ley/Strahl* DStR 2003, 2145. Auch eine gewerblich tätige **BGB-Gesellschaft** kann mE OT sein.

Bei einer **atypischen stillen Gesellschaft,** bei der das Handelsgeschäft des Inhabers den Betrieb ausmacht, kann allerdings die finanzielle Eingliederung an sich nur im Verhältnis zum Geschäftsinhaber gegeben sein; auch schließt allein er den GAV ab, aus dem allein er berechtigt und verpflichtet wird (§ 230 Abs 2 HGB). Dies hindert an sich die Möglichkeit einer Organschaft im Verhältnis zu einer atypischen stillen Gesellschaft als OT (*Döllerer* DStR 1985, 295, 301). Indes ist anerkannt, dass die stille Gesellschaft auch ohne eigenes Gesellschaftsvermögen, dem jedoch das BV des Inhabers entspricht, Mitunternehmerschaft sein kann (Rn 414 ff), somit auch gewerbliches Unternehmen iSv § 14 Abs 1 KStG. Deswegen ist mE auch die Eingliederung der stillen Gesellschaft zuzuordnen (*Schmidt/Hageböke* DStR 2005, 761; *Hageböke/Heinz* DB 2006, 473; *Suchanek* DStR 2006, 836; *Ernst & Young* § 14 Rn 175; *Gosch* FS Raupach S 461, 473 ff).

503 **c) Mittelbare Beteiligung.** Diese **genügt,** wenn die Beteiligung an jeder vermittelnden Gesellschaft die Mehrheit der Stimmrechte – gemeint ist offensichtlich: an der zwischengeschalteten Gesellschaft – gewährt (§ 14 Abs 1 Nr 1 Satz 2 KStG; BFH/NV 1999, 1135 zur USt). **Alleiniger OT** ist dann das **herrschende Unternehmen,** nicht (auch) die zwischengeschaltete Gesellschaft (vgl BFH I R 132/87 BStBl II 1998, 687; I R 54, 55/10 BFH/NV 2011, 920). Wirtschaftliches Eigentum an der Beteiligung reicht aus, wenn sie mit einer Stimmrechtsübertragung verbunden ist (FG Hamburg EFG 1986, 415 rkr). Diese Voraussetzung liegt vor im Fall einer „Organkette" (Mutter – Tochter – Enkel), wenn die jeweilige Mutter an der nachgeschalteten Gesellschaft mehr als 50% der Stimmrechte innehat (vgl *D/J/P/W* § 14 Rn 50), nach BMF BStBl I 2003, 437 unter IV auch in folgendem

Beispiel:

Die Gesellschaft A ist über je eine 100%ige Beteiligung an den beiden Töchtern B und C zu je 50% an der Gesellschaft D beteiligt. Nach BMF besteht die finanzielle Eingliederung unmittelbar von B u C, aber auch – wenn auch nur mittelbar – von D, weil zwar nicht jede der Beteiligungen, auf denen die mittelbare Beteiligung beruht, die Mehrheit der Stimmrechte gewährt, jedoch die Zusammenrechnung der mittelbaren Beteiligungen die Mehrheit der Stimmrechte an der D ergibt.

Das sog **Additionsverbot** hat mE nur noch die Bedeutung, dass solche mittelbaren Beteiligungen nicht berücksichtigt werden dürfen, die dem OT nicht die Mehrheit der Stimmrechte an der vermittelnden Gesellschaft gewähren (vgl R 57 Satz 4 KStR).

504 **d) Zwischengeschaltete natürliche Personen. Natürliche Personen** können keine mittelbare Eingliederung bewirken (*Schwend/Hall* DStR 1984, 99 mwN), wohl aber zwischengeschaltete **Personengesellschaften** (vgl § 14 Abs 1 Nr 2 Satz 5 KStG nF). Es kommt nach dem Wortlaut der Vorschrift nur auf die Mehrheit der Stimmrechte an der vermittelnden Gesellschaft an, nicht darauf, ob diese selbst OG sein kann (BFH I R 143/75 BStBl II 1978, 74).

8. Organisatorische und wirtschaftliche Eingliederung

a) Organisatorische Eingliederung. Sie war von Bedeutung nur **bis einschließlich EZ 2001;** vgl hierzu die 5. Aufl. Ihr stand im Übrigen nicht entgegen, wenn die maßgeblichen Entscheidungen nicht bei ihr, sondern bei der ausländischen Muttergesellschaft des OT getroffen wurden (BFH I R 83/01 BFH/NV 2003, 345). 505

b) Wirtschaftliche Eingliederung. Auch diese war von Bedeutung nur **bis einschließlich EZ 2001;** vgl hierzu die 5. Aufl. Die Frage der wirtschaftlichen Eingliederung durch Förderung der Tätigkeit des OT war nach dem Gesamtbild der tatsächlichen Verhältnisse während mehrerer Jahre vorrangig durch Umsatzvergleich (vgl BFH I R 24/03 B BFH/NV 2004, 1671; I R 43/07 GmbHR 2008, 1108), aber auch nach anderen Gesichtspunkten, wie Gewinne oder die absolute Größenordnung des beherrschenden Unternehmens zu prüfen (BFH I R 83/01 BFH/NV 2003, 345). Es genügte eine einheitliche Gesamtkonzeption, die darin bestehen konnte, dass die Unternehmen verschiedenartigen Geschäftszweigen angehörten und im Interesse des Risikoausgleichs unter der einheitlichen Leitung zusammengefasst wurden (BFH X R 46/06 BFH/NV 2010, 677). Veräußerte die OG wesentliche Betriebsgrundlagen oder ihren Betrieb und ging sie sodann keiner eigenen gewerblichen Tätigkeit mehr nach, fehlte es idR an der wirtschaftlichen Eingliederung (BFH I R 88/02 BStBl II 2004, 751; I R 111/97 BFH/NV 2000, 896). 506

9. Betriebsaufspalterisches Besitzunternehmen

Es kann zwar **Organgesellschaft** sein (BFH I R 204/75 BStBl II 1977, 357; zust *Karsten* DStR 1991, 893), regelmäßig fehlen ihm aber für eine **Organträgerfunktion** der Abschluss eines Gewinnabführungsvertrages (*Walter* GmbHR 2005, 456). Im Hinblick auf die eigengewerbliche Tätigkeit des Besitzunternehmens (vgl BFH I R 152/84 BStBl II 1989, 668; I R 110/88 BStBl II 1990, 24) erfolgt nach *BMF* BStBl I 2005, 1038 Rn 16 eine Merkmalszurechnung. Zudem kann es sich bei dem Besitzunternehmen um eine geschäftsleitende Holding handeln; die Grundsätze zur wirtschaftlichen Eingliederung hierzu (zb BFH I R 166/71 BStBl II 1973, 420) sind nicht anzuwenden (*BMF* aaO Rn 18); auch kann das Besitzunternehmen neben der Verpachtungstätigkeit eine originäre gewerbliche Tätigkeit ausüben, die in besonderen Fällen einen einheitlichen wirtschaftlichen Betrieb des Besitzunternehmens abgibt (BFH I R 182/76 BStBl II 1975, 46; *Mösbauer* FR 1989, 473; BFH IV R 100/85 BStBl II 1988, 456; zur USt vgl BFH V B 108/97 BFH/NV 1998, 1268, 1272; V B 119/98 BFH/NV 1999, 684). ME ist die eine Organschaft iRd Betriebsaufspaltung verneinende **ältere Rspr überholt**, weil es auf die wirtschaftliche Eingliederung der Betriebsgesellschaft nicht mehr ankommt (vgl BFH X R 46/06 BFH/NV 2010, 677; I R 40/12 DStR 2013, 1939). 507

10. Gewinnabführungsvertrag

§ 2 Abs 2 Satz 2 (idF des G v 20.12.2001, BGBl I 2001, 3858) fordert **ab EZ 2002** den Abschluss eines **Gewinnabführungsvertrages** iSd § 291 Abs 1 AktG (was auch ein unentgeltlicher Geschäftsführungsvertrag sein kann, § 291 Abs 1 Satz 2 AktG; *Ernst & Young* § 14 Rn 536). **Krit** zum Erfordernis aus EU-rechtlichen Gründen *Gerlach* FR 2012, 450. 508

Bei **anderen Kapitalgesellschaften** genügt eine wirksame Verpflichtung zur Gewinnabführung mit der Begrenzung des § 301 AktG (hierzu *BMF* DB 2005, 2781; *Fatouros* FR 2006, 163).

a) Bedeutung. Der GAV ist seiner Art nach ein **gesellschaftsrechtlicher Organisationsakt** bzw **-vertrag** (*Hüffer* AktG § 291 Anm 23 f), daher korporativer Rechtsnatur (BFH I R 94/06 BFH/NV 2008, 1270). Er ändert satzungsgleich 509 den rechtlichen Status der beherrschten Gesellschaft. Seine Auslegung erfolgt nach objektiven Gesichtspunkten nur aus sich heraus; Umstände, für die sich in ihm keine Anhaltspunkte finden, sind nicht heranzuziehen, auch wenn sie den Mitgliedern und Organen bekannt waren (BFH IV R 38/07 BStBl II 2010, 60; I B 71/10 BFH/NV 2011, 849; I R 1/12 BFH/NV 2013, 989).

Problematisch ist, ob eine **SE** angesichts der normativen Zuweisung der Geschäftsführungsfunktion auf das Leitungsorgan (Art 39 SEVO) handelsrechtlich einen GAV abschließen kann (*Hommelhoff* AG 2003, 179). Andererseits lässt Art 9 Abs 1 c SEVO nach seiner offenen Fassung zugunsten von Rechtsvorschriften des Mitgliedstaates wohl hinreichend Spielraum für den Abschluss eines GAV durch die SE (*Albert* Inst FSt Nr 426, 27 ff).

510 **b) Formelle Vorgaben.** Der GAV bedarf zumindest der Schriftform (Nds FG 6 K 21/09 EFG 2010, 259) sowie der Zustimmung nach § 294 AktG (ungeklärt ist das Zustimmungserfordernis, wenn die herrschende Gesellschaft keine AG ist, BFH I R 266/07 BStBl II 2009, 972).

aa) Fünf-Jahres-Zeitraum. Er muss bis zum Ende des Wirtschaftsjahres der Organgesellschaft, für die erstmals eine gewerbesteuerliche Organschaft nach neuem Recht begründet werden soll, für fünf Jahre (**Zeitjahre** ab erstmaligem Eintritt seiner Rechtswirkung, BFH I R 3/10 BStBl II 2011, 727; R 60 Abs 2 Satz 2 KStR; *BMF* BStBl I 2005, 1038) abgeschlossen und während seiner gesamten Geltungsdauer durchgeführt werden (§ 14 Abs 1 Nr 3 KStG idF v 2002; zu den Erfordernissen BFH IV B 73/08 BFH/NV 2009, 1840; zur Kritik *Krebs* BB 2001, 2029; vgl auch *Dötsch/Pung* DB 2003, 1970). Zweck der Laufzeitbestimmung ist die Verhinderung eines Vertragsabschlusses von Fall zu Fall zum Zweck der Verlagerung von Einkünften. Fehlt auch nur 1 Tag, ist dies schädlich (BFH I R 1/12 BFH/NV 2013, 989).

Diese Regelung gilt jedoch nur, wenn der Vertrag nicht nach dem 20.11.2002 abgeschlossen worden ist (Nds FG 6 K 21/09 EFG 2010, 259). In diesem Fall genügen für eine gewstliche Organschaft also Abschluss im EZ 2002 und Eintragung im EZ 2003 (*Prinz* FR 2002, 66, 68). Ist der GAV nach dem 20.11.2002 abgeschlossen worden, sind die ab EZ 2003 geltenden Voraussetzungen auch für 2002 anzuwenden (§ 34 Abs 9 Nr 3 KStG).

511 **bb) Eintragung. Ab EZ 2003** muss der Vertrag **bis Ende des ersten Wirtschaftsjahres** der Organgesellschaft, für das eine Organschaft begründet werden soll, **wirksam werden** (§ 14 Abs 1 Satz 2 KStG idF des G v 16.5.2003, BGBl I 2005, 660), also im HR eingetragen sein (§ 294 Abs 1 AktG); er muss nach § 14 Abs 1 Satz 2 KStG („in dem") aber nicht *vor* Beginn des Wirtschaftsjahres, das in dem ersten Kalenderjahr endet, wirksam geworden sein (BFH I B 27/10 BStBl II 2010, 935; I B 71/10 BFH/NV 2011/849; aA *BMF* BStBl I 2005, 1038; hierzu *Sauter/Heurung/Klübenspies* BB 2005, 1304). Kann die zeitgerechte Eintragung nicht sichergestellt werden, wird die Vereinbarung einer 6-jährigen Laufzeit empfohlen, was jedoch zum Auseinanderfallen einer handelsrechtlichen und kst-/gewstlichen Organschaft führen kann (*Rödder/Schuhmacher* DStR 2003, 805; *Fatouros* DStZ 2003, 179). Ggf sollte daher bereits im Vertrag der Beginn der Laufzeit auf den Beginn der Eintragung festgelegt werden (*Füger* BB 2003, 1755; *Ley/Strahl* DStR 2003, 2145).

Für die **erstmalige Geltung** der neuen Regelung kommt es bei abweichendem Wirtschaftsjahr auf die Verhältnisse zum Ende des Wirtschaftsjahres 2001/2002 (Abschluss) bzw 2002/2003 (Eintragung) an (*OFD Ffm* FR 2003, 3171). Soll eine gewstliche Organschaft jedoch vermieden werden, kommt lediglich eine Kündigung des Gewinnabführungsvertrages in Betracht. Ob diese jedoch körperschaftsteuerunschädlich (§ 14 Abs 1 Satz 1 Nr 3 KStG) aus wichtigem Grund erfolgen kann, erscheint zweifelhaft (*Prinz* FR 2002, 66, 68). Ein Recht zur Kündigung

Unternehmensverbund Organschaft § 2

aus wichtigem Grund (zB wegen Anteilsveräußerung) sollte bei der Begründung der Organschaft vereinbart werden (*Fenzl/Antoszkiewicz* FR 2003, 1061).

Bereits nach bisherigem Recht **bestehende** gewstliche Organschaften **endeten** mit Ablauf des EZ 2001, wenn nicht mit Wirkung ab EZ 2002 ein Gewinnabführungsvertrag geschlossen wurde (*BMF* BStBl I 2003, 437, 438).

c) Materielle Vorgaben. aa) Mindestlaufzeit. Die **Mindestlaufzeit** (Rn 510) **512** muss **ausdrücklich bestimmt** sein; die ergänzende Auslegung eines insofern unvollständigen Vertrages ist nicht zulässig (BFH I R 94/06 BFH/NV 2008, 1270; IV B 73/08 BFH/NV 2009, 1840). Ungenügend ist daher die Regelung einer unbestimmten Laufzeit mit der Bestimmung der Weitergeltung für den Fall, dass er nicht gekündigt wird (FG B-Bbg 6 K 39/06 EFG 2007, 1897).

bb) Gewinnabführung. Abführung des **ganzen Gewinns** (ohne Abwick- **513** lungs„gewinn", BFH I 262/63 BStBl II 1968, 105; I R 148/68 BStBl II 1971, 411) bedeutet, die Beschränkung auf bestimmte Einrichtungen oder Betätigungsbereiche genügt nicht; sie umfasst auch den nach einem DBA steuerbefreiten Gewinn (BFH I B 177/10 BFH/NV 2011, 1397). Vereinbarungen über dessen Berechnung sind zulässig (zB zu Rücklagen, aber in den Grenzen des § 14 Abs 1 Satz 1 Nr 4 KStG). Jedoch ist *Höchstbetrag* der *Jahresüberschuss* (ohne Gewinnvortrag, § 275 HGB) abzgl Verlustvortrag und gesetzliche Rücklagen (§ 300 f AktG) und ohne Auflösung von Kapitalrücklagen (BFH I R 25/00 BStBl II 2003, 923; **aA** *Dötsch/Pinkos* DB 2005, 125) sowie vorvertragliche Gewinnrücklage (R 60 Abs 4, R 55 Abs 4 Satz 1 KStR). Aufgelöste stille Reserven sowie stfreie Rücklagen (§ 247 Abs 3 HGB) auch aus vorvertraglicher Zeit sind nicht nach § 301 AktG ausgeschlossen (zB *Gosch* § 14 Rn 317). Dagegen sind es Beträge aus vorvertraglicher Rücklagen (*HHR* § 14 Rn 235). Zur Ausschüttung aufgelöster freier vorvertraglicher Rücklagen vgl R 60 Abs 4 Satz 4 KStR. Auch **freie Rücklagen** dürfen nur bei wirtschaftlicher Begründetheit nach vernünftiger kaufmännischer Beurteilung gebildet werden (vgl § 14 Abs 1 Satz 1 Nr 4 KStR), wobei die Verhältnisse des OT einbezogen werden dürfen (vgl R 60 Abs 5 Nr 3 Satz 3 KStG), zB bei besonderen Risiken (BFH I R 61/77 BStBl II 1981, 336), Kapazitätserweiterung, Werkserneuerung, Unternehmenserwerb u.ä. (vgl *Ernst & Young* § 14 Rn 662); auch stille Rücklagen sind innerhalb der handelsrechtlichen Bilanzierungs- u Bewertungsvorschriften unbeschränkt zulässig (*Ernst & Young* aaO); Entsprechendes gilt nach R 60 Abs 5 Nr 3 Satz 4 KStR für Rücklagen nach § 6 b EStG (Übertragung stiller Reserven) und R 6.6 EStR (Ersatzbeschaffung).

cc) Verlustübernahme. Die Verlustübernahme (§ 302 Abs 1 AktG) muss bei **514** einer **OG iSv § 14 Abs 1 KStG** im GAV nicht geregelt werden. Allerdings ist der Vorstand der OG frei in seiner Entscheidung, ob und inwieweit der Jahresfehlbetrag durch Auflösung etwa von Gewinnrücklagen gemindert wird (*Blümich/Danelsing* § 14 KStG Rn 147).

Bei **anderen Kapitalgesellschaften** iSv § 17 KStG ist die Vereinbarung einer Verlustübernahme erforderlich (vgl BFH I R 68/09 BFH/NV 2010, 1132 mwN; FG Ba-Wü 3 K 2384/11 EFG 2013, 159 mwN). Nach § 17 Abs 2 Nr 2 KStG nF genügt ein Verweis auf § 302 AktG (Anwendungsregeln in § 34 Abs 10b KStG nF).

dd) Ausgleichszahlungen. Ihre Vereinbarung ist **schädlich, wenn** neben **515** einem bestimmten Festbetrag ein zusätzlicher Betrag in Höhe der Differenz zwischen hypothetischem Gewinnanspruch des Außenstehenden ohne die Gewinnabführung und dem Festbetrag vereinbart wird (BFH I R 1/08 BStBl II 2010, 407; aA *BMF* BStBl I 2010, 372; hierzu *Hubertus* DStR 2009, 2136; *Scheunemann/Bauersfeld* BB 2010, 1582).

Für eine **andere Kapitalgesellschaft**, insb eine GmbH, **als Organgesellschaft** ist hingegen die Vereinbarung der Verlustübernahme entspr § 302 AktG mit den o.a. Zeitvorgaben erforderlich (BFH I R 68/09 BFH/NV 2010, 1132; **aA** zB

§ 2 Steuergegenstand

Dötsch/Jost/Pung/Witt § 17 KStG nF Rn 24; *Crezelius,* Ubg 2009, 733; *Hahn* DStR 2009, 134; *Schulze/Grothoff* BB 2010, 101), ggf nicht nach § 302 Abs 2, wohl aber nach § 302 Abs 4 AktG (BFH I B 27/10 BStBl II 2010, 935; I B 83/10 BFH/NV 2011, 528). Zum Problem iÜ *Kinzl* AG 2010, 447; *Wulf* AG 2011, 23; *Rödder* DStR 2010, 1218.

516 ee) **Durchführung des GAV.** Das bedeutet **tatsächlichen Vollzug** der Vereinbarung gemäß den GoB (Einzelheiten bei *Suchanek/Herbst* FR 2005, 665). Zur Verpflichtung zur „nachträglichen" Verlustübernahme bei Meinungsverschiedenheiten mit dem FA über den Ansatz von Bilanzposten BFH I R 156/93 DStR 1995, 1109; zu Mehrgewinnen nach einer Außenprüfung *Dötsch/Pinkos* DB 2005, 125; zu Gewinnabführungen nach Ende des GAV R 61 Abs 7 KStR. Nicht durchgeführt ist der GAV bei einer „vergessenen" Verlustausgleichsverpflichtung (BFH IV R 21/07 BFH/NV 2011, 151; aA *Kreitl* BB 2006, 1880; s auch *Carlé* BeSt 2011, 10; *Buciek* FR 2011, 325) zur – nicht generell – unzulässigen Aufrechnung (BGH BB 2006, 1759) gegen einen Verlustausgleichsanspruch (zB Anrechnung von Geld- u Sachmitteln, vgl *Neyer/Schlepper* BB 2007, 413; zur Frage des nicht in Geld geleisteten Verlustausgleichs *Priester* DStR 2005, 2483). Die unterlassene Verzinsung des Verlustausgleichsanspruchs (§§ 352 f HGB) steht der Anerkennung der tatsächlichen Durchführung des GAV nicht entgegen (*BMF* BStBl I 2007, 765). Zur Deutung struktureller Dauerdefizite eines kommunalen Eigenbetriebs ohne Verlustausgleich durch die Trägerkörperschaft als vGA BFH I R 32/06 BStBl II 2007, 961 mwN; *BMF* BStBl I 2007, 905 (Anm *Hoffmann* DStR 2007, 1957). Die **vorzeitige Kündigung** eines GAV ist nur zulässig bei einem wichtigen Grund (§ 14 Abs 1 Nr 3 Satz 2 KStG); ein solcher liegt nicht vor bei Verkauf der OG (Nds FG 6 K 140/10 EFG 2012, 1591, Rev I R 45/12).

Für noch offene Fälle gilt die **Fiktion der Durchführung** des GAV bei **fehlerhaften Bilanzansätzen** (§ 14 Abs 1 Nr 3 Sätze 4 ff KStG nF) unter folgenden Voraussetzungen: **(1.)** wirksame *Feststellung* des Jahresabschlusses, **(2.)** *Nichterkennbarkeit* des Fehlers bei Anwendung der Sorgfalt eines ordentlichen Kaufmanns mit *weiterer Fiktion* bei Vorliegen eines uneingeschränkten *Bestätigungsvermerks* o.ä., **(3.)** Korrektur des Fehlers im nächsten Jahresabschluss nach der Beanstandung und Ausgleich bei der Gewinnabführung.

11. Mehrmütterorganschaft

517 Die Möglichkeit einer **Mehrmütterorganschaft** ist durch Aufhebung des § 2 Abs 2 Satz 3 GewStG ebenso wie des § 14 Abs 2 KStG aF ab EZ 2003 (§ 36 Abs 2) **nicht mehr gegeben.** Ihre **rückwirkende Regelung** durch das UntStFG **war verfassungskonform** (BFH I B 145/05 BStBl II 2006, 546; I R 1/04 BStBl II 2006, 549; BVerfG 1 BvR 1416/06 BFH/NV 2009, 1768). § 14 Abs 1 Nr 2 Satz 3 KStG enthielt zusammen mit der Anwendungsregelung des § 34 Abs 1 KStG 2002 eine verdeckte Regelungslücke, die dahin zu schließen war, dass genügte, wenn die Voraussetzungen des § 14 Abs 1 Nr 1 KStG im Verhältnis zur Personengesellschaft bis zum Ende des ersten Wirtschaftsjahres 2003 der Organgesellschaft gegeben waren (BFH I B 7/11 BStBl II 2012, 751; *BMF* BStBl II 2005, 1038).

Zur Mehrmütterorganschaft im Einzelnen vgl die 5. Aufl; zu Gestaltungs- u Handlungsalternativen *Schroer/Starke* GmbHR 2003, 153; zur KGaA als Gestaltungsalternative *Winkemann* BB 2003, 1649; *Raupach/Burwitz* DStR 2003, 1961. Übergangsregelung in *BMF* BStBl I 2005, 1038; hierzu u.a. *Walter* GmbHR 2005, 496; *Rautenstock/Adrian* DB 2005, 1018. Hinweis auf den AdV-Beschluss FG Berlin EFG 2004, 1115, wonach die über § 36 Abs 3 rückwirkende Änderung des § 14 Abs 2 KStG (Willensbildungs GbR als Organträger) mangels Unklarheit der bis dahin geltenden Rechtslage verfassungswidrig war.

Unternehmensverbund Organschaft § 2

12. Gewinnermittlung im Organkreis

Zu Zweifelsfragen ab EZ 2002 vgl *Orth* DB 2002, 811.

a) Organgesellschaft. Sie bleibt **selbstständiges Subjekt** der Gewinnermitt- 518
lung (sog „gebrochene Einheitstheorie"; zB BFH VI R 17/68 BStBl II 1972, 582;
I R 100/01 BStBl II 2004, 244; I R 85/79 BStBl II 1983, 427; I R 10/93 BStBl
II 1994, 768; VIII R 54/93 BStBl II 1995, 794; I R 44/95 BStBl II 1997, 181; I
R 109/97 BStBl II 1998, 748; III R 19/02 BStBl II 2004, 515; X R 4/10 BStBl
II 2011, 887; I R 79/98 BFH/NV 2000, 745, 896). Das ergibt sich bereits aus dem
Wortlaut des § 7 GewStG auch in Bezug genommenen § 14 KStG „. . . Gewinn
. . . abzuführen", „. . . Einkommen der Organgesellschaft dem Träger des Unternehmens
(Organträger) zuzurechnen . . .". Aus diesen Vorschriften folgt für die GewSt
zudem die einheitliche Besteuerung des Organkreises durch **Zurechnung** der auf
die OG entfallenden Gewerbeerträge **beim Organträger** (BFH VIII R 54/93
BStBl II 1995, 794; I R 44/95 BStBl II 1997, 181), und zwar (erstmals) für das
Kalenderjahr, in dem das Wirtschaftsjahr der OG endet, in dem der GAV wirksam
wird (anschaulich BFH I B 27/10 BStBl II 2010, 935, Berichtigung von I B 27/
10 BStBl II 2010, 932). Das darf aber nicht dazu führen, dass das von der OG
erzielte Einkommen beim OT doppelt besteuert wird (BFH III R 19/02 BStBl II
2005, 49 mwN). Notwendige Korrekturen dienen der **Vermeidung einer Doppelbesteuerung**
der nur einmaligen Erfassung von Einnahme- u Abzugsbeträgen
(vgl zur Veräußerung von Anteilen an der OG mit versteuerter Rücklage BFH I
R 41/93 BStBl II 1996, 614 – Ausgleichsposten nur in Höhe des Teils der Rücklage,
der dem Anteil des OG an der OG entspricht; hierzu *Krebs* FR 1996, 857). Ansonsten
werden die am Organkreis beteiligten Unternehmen für sich gesehen. Es gibt
keine Konzern- oder Einheitsbilanz (BFH I R 56/82 BStBl II 1986, 73; VIII
R 54/93 BStBl II 1995, 794; I R 44/95 BStBl II 1997, 181).

b) Eigenständigkeit. Die Eigenständigkeit der Organunternehmen für die 519
Gewinnermittlung zeigt sich mehrfach:

Der an eine Personengesellschaft als OT **abgeführte Gewinn** ist bei dieser außerhalb
der Bilanz zu kürzen und das im selben Veranlagungszeitraum für die OG
ermittelte Einkommen als eigenständige einheitlich und gesondert festzustellende
Besteuerungsgrundlage im Gewinnfeststellungsbescheid auszuweisen (*FM NRW* BB
1976, 495). **Vororganschaftlich verursachte Mehrabführungen** stellen **bis EZ
2003** keine Gewinnausschüttung nach § 8 Abs 3, § 27 KStG, sondern Gewinnabführungen
nach § 14 KStG dar (BFH I R 51/01 BStBl II 2005, 49; hierzu *BMF* BStBl I
2005, 65; Anm *Then* FR 2003, 460; *Romani/Maier* DB 2003, 630; *Heckner/Suchanek*
Inf 2003, 420). **Ab EZ 2004** gelten o.a. Mehrabführungen nach § 14 Abs 3 KStG als
Gewinnausschüttungen der OG an den OT (zu durch die Vorschrift ausgelösten
Zweifelsfragen *Rödder* DStR 2005, 217; *Suchanek* Inf 2005, 21; zum Begriff und zur
Behandlung im Umwandlungsfall *Grube/Behrendt/Heeg* GmbHR 2006, 1026).

Für in **organschaftlicher Zeit** verursachte **Mehr- bzw Minderabführungen**
sind nach § 14 Abs 4 KStG idF des JStG 2008 Ausgleichsposten zu bilden (zur zuvor
bestehenden Rechtslage BFH I R 5/05 BStBl II 2007, 796; I R 31/08 BFH/NV
2009, 790; zur Problematik der in § 34 Abs 9 Nr 5 KStG angeordneten Rückwirkung
Suchanek/Herbst FR 2008, 112).

Zu Besonderheiten der Gewinnermittlung im Organkreis vgl § 15 KStG. Zu den
Folgen einer **„verunglückten"** Organschaft vgl BFH I R 66/07 BStBl II 2009,
672.

c) Einzelheiten. Hinzurechnungsbeträge nach §§ 7 ff AStG werden gegen- 520
über der OG nach § 18 AStG festgestellt, wenn diese die gesetzlichen Voraussetzungen
hierfür erfüllt (BFH I R 21/80 BStBl II 1985, 119; s auch zum Zurechnungsempfänger
bei nachgeschalteten ausländischen Zwischengesellschaften BFH I R 11/

Güroff 225

§ 2 Steuergegenstand

83 BStBl II 1985, 410). Eigenständigkeit besitzt die OG auch für die **verdeckte Gewinnausschüttung** (BFH I R 150/82 BStBl II 1987, 104; zur Vorteilsausgleichung BFH I R 99/80 BStBl II 1985, 18). Sie darf wie eine Gewinnabführung zu keiner Doppelerfassung beim OT führen (R 61 Abs 4 KStR; zur Gefahr einer doppelten Begünstigung R 62 Abs 2 KStR; *Wassermeyer* DB 2006, 296; *Thiel* DB 2006, 633). Gewinnabführung bei **fehlgeschlagener Organschaft** erzeugt eine verdeckte Gewinnausschüttung (BFH I R 110/88 BStBl II 1990, 24), die Verlustübernahme nachträgliche Anschaffungskosten auf die Beteiligung (BFH I R 96/88 BStBl II 1990, 797 gegen FG Düsseldorf EFG 1989, 478 rkr; kritisch *Sturm* DB 1991, 2055). Die Eigenschaft einer Kapitalgesellschaft als OG lässt ihre **Mitunternehmerstellung** als Beteiligte einer Personengesellschaft unberührt (BFH IV R 56/80 BStBl II 1984, 150). Für den **Lieferungs- und Leistungsverkehr** zwischen OG und OT gelten allgemeine Grundsätze. **Veräußerungsgewinne** der OG iSd § 8 b Abs 2 bzw Abs 6 KStG sind nach § 15 Satz 1 Nr 2 KStG nF bei der Ermittlung des Einkommens nur des OT zu erfassen und unterliegen dort, soweit es sich um Kapitalgesellschaften handelt, der Befreiung (vgl *BMF* BStBl I 2003, 437 Rn 28 ff). Bei natürlichen Personen(gesellschaften) ist der Gewinn der OG aus der Veräußerung eines Teilbetriebs nicht dem ermäßigten Steuersatz des § 34 EStG zu unterwerfen (BFH III R 19/02 BStBl II 2004, 515); nach § 15 Satz 1 Nr 2 KStG sind die Bezüge und Aufwendungen nach dem Halbeinkünfteverfahren zu besteuern (§§ 3 Nr 40 und 3 c EStG; zu Einzelheiten *OFD Koblenz* DStZ 2003, 857). Für **Schachteldividenden** ist § 8b Abs 1 KStG bei der OG nicht anwendbar; hier jedoch Kürzung nach § 9 Nr 2a (Rn 523) mit Vermeidung der 5%-igen „Schachtelstrafe" (vgl *BMF* BStBl I 2003, 437 Rn 28 ff; *Blümich/Gosch* § 9 Rn 187a; *Deloitte/Rehfeld* § 9 Nr 2a Rn 13; *Bergemann/Wingler* § 9 Rn 140; *Kollruss* DStR 2006, 2291; aA wohl *Sarrazin* in *L/S* 2 Rn 2653). Zur Auflösung einer **Kapitalrücklage** BFH I R 25/00 BStBl II 2003, 923 (Ausschüttung, nicht Gewinnabführung) sowie *BMF* BStBl I 2003, 647. Bei der Berechnung des Höchstbetrages der **beim OT abziehbaren Spenden** bleibt das ihm zuzurechnende Einkommen der OG außer Ansatz (BFH XI R 95/97 BStBl II 2003, 9; Anm *Wendt* FR 2002, 786).

521 **d) Gewerbesteuerumlagen.** Sie sind zu berücksichtigen, wenn an der **einmal gewählten Berechnungsmethode** festgehalten wird und im Durchschnitt mehrerer Jahre nur der tatsächlich gezahlten Steuerbeträge umgelegt werden (*FM NRW* DB 1964, 314; 1965, 13), nicht jedoch, wenn beim OT wegen eigener Verluste keine GewSt entsteht und sich ein zivilrechtlicher Anspruch desselben auf Ausgleich der ersparten GewSt nicht feststellen lässt (BFH I R 107/03 BStBl II 2005, 490). Als Berechnungsmethoden haben sich in der Praxis die Berechnung nach einem bestimmten Schlüssel (Gewinn, Lohnsumme u.ä.: „Verteilungsmethode") und die „Belastungs-" oder „stand alone"-Methode durchgesetzt; die „Stand alone"-Methode vom BGH II ZR 312/97 DStR 1999, 724 verworfen; zur Kritik *Krebs* BB 2001, 2029; *Oepen* FR 2000, 378; *Simon* DStR 2000, 431, 537; *Kast/Peter* DStZ 2003, 271; für 1985 keine verdeckte Gewinnausschüttung, BFH I R 57/00 BStBl II 2002, 369; zust und zu den Konsequenzen *BMF* DStR 2002, 1716, DB 2002, 2571; krit *Pezzer* FR 2002, 513; *Berg/Schmiek* FR 2003, 11). **Ab EZ 2002** dürfte dies wegen des Erfordernisses eines Gewinnabführungsvertrags (Rn 508 ff) kein Problem mehr sein (*Rödder/Simon* DB 2002, 496).

522 **e) Bilanzierungskonkurrenz.** Zu ihrer Auflösung, wenn die Beteiligung des OT an der OG gleichzeitig die Voraussetzungen von **Sonderbetriebsvermögen II** bei einer Untergesellschaft erfüllt, vgl BFH IV R 12/03 BStBl II 2006, 361.

13. Gewerbeertragsermittlung im Organkreis

523 **a) Erste Stufe.** Die zur Ermittlung des GewErtrags **erforderlichen Hinzurechnungen u Kürzungen** nach §§ 8 u 9 werden für jedes der organschaftlich verbundenen Unternehmen selbstständig durchgeführt (vgl BFH XI R 47/89 BStBl II 1992, 630). Das gilt auch für die **Abführung** von vororganschaftlichen Gewinnen (Rn 519). Aus der Selbstständigkeit der im Organkreis verbundenen Unternehmen ergibt sich ferner, dass auch die gesetzlichen **Vergünstigungen** nicht dem Organkreis schlechthin, sondern nur dem Organunternehmen eingeräumt werden, bei dem sie vorliegen (BFH I 198/65 BStBl II 1968, 807 hinsichtlich § 19 GewStDV; R 8.8 Abs 1 Satz 10 GewStR; s zu § 9 Nr 1 Satz 2 BFH I R 21/67 BStBl II 1969, 629; *Jonas/Müller* DStR 1988, 623/5; *Herlinghaus* EFG 2002, 216; BFH I R 100/01 BStBl II 2004, 244 zu § 3 Nr 20). Auch für den **Verlustabzug** nach § 10 a ist die OG mE gesondert zu beurteilen. Einzelheiten bei § 10 a Rn 36.

Verluste des OT oder der OG bleiben bei der inländischen Besteuerung unberücksichtigt, soweit sie **in einem ausländischen Staat** im Rahmen der Besteuerung des OT, der OG oder einer anderen Person berücksichtigt werden (§ 14 Abs 1 Nr 5 KStG nF).

b) Zweite Stufe. Erst auf der zweiten Stufe werden die **GewErträge zusammengefasst** und beim OT der GewSt unterworfen. Da mit der Zusammenrechnung keine gewstlichen Doppelerfassungen, aber auch keine Steuerausfälle verbunden sein dürfen, werden **Korrekturen** erforderlich, die im Einzelfall schon bei jedem einzelnen zu ermittelnden Gewerbeertrag oder bei der Zusammenrechnung für den OT erfolgen können (BFH I R 56/82 BStBl II 1986, 73, 75; I R 10/93 BStBl II 1994, 768). Rechtsgrundlage der Korrekturen ist § 2 Abs 2 Satz 2 (BFH I R 44/95 BStBl II 1997, 181; X R 4/10 BStBl II 2011, 887). Zur **erweiterten Kürzung** nach § 9 Nr 1 Satz 2 vgl dort Rn 19a. 524

Zusammenzurechnen beim OT sind die Gewerbeerträge **derjenigen Wirtschaftsjahre** des OT und der OG, die in demselben Erhebungszeitraum enden (R 7.1 Abs 5 GewStR). Die Vorschriften des § 10 gelten jeweils gesondert für die im Organkreis verbundenen Unternehmen. Eine Bindungswirkung tritt erst mit dem bestandskräftigen Messbescheid des OT ein.

Besteht **neben dem Organschaftsverhältnis** jedoch eine **Mitunternehmerschaft**, an der die OG beteiligt ist, dann ist der Gewerbeertrag nur bei jener anzusetzen; eine Zusammenrechnung mit dem Ergebnis der an der Mitunternehmerschaft beteiligten Kapitalgesellschaft im Rahmen des Organschaftsverhältnisses unterbleibt (BFH VIII R 54/93 BStBl II 1995, 794; I R 44/95 BStBl II 1997, 181).

c) Weitere Einzelfälle. aa) Dauerschuldentgelte. Die **Hinzurechnung** nach **§ 8 Nr 1 aF** für Dauerschuldentgelte zwischen den im Organkreis verbundenen Unternehmen hatte zu unterbleiben, auch im Verhältnis mehrerer OG desselben OT (BFH I R 182/72 BStBl II 1975, 46). Handelt es sich bei dem OT um eine **Personengesellschaft**, so sind die Korrekturen allerdings nur für die Dauerschulden gegenüber der Personengesellschaft angebracht, nicht gegenüber den Gesellschaftern der OT-Personengesellschaft. Für die **Neufassung des § 8 Nr 1 Buchst a** gilt dieser Grundsatz mE fort. Zu Forderungen eines Gesamthandsvermögens, die nicht der Personengesellschaft, sondern der Beteiligung an der Organgesellschaft dienen, BFH IV R 207/83 BStBl II 1985, 6. 525

bb) Miet- und Pachtzinsen. Die Hinzurechnung sowie Kürzung von Miet- u Pachtzinsen nach **§ 8 Nr 7 aF** u **§ 9 Nr 4 aF** hatte nicht zu unterbleiben, weil eine doppelte Erfassung wegen § 9 Nr 4 aF ausgeschlossen war (BFH XI R 47/89 BStBl II 1992, 630), und zwar auch dann, wenn sich wegen der Kürzung bei der OG ein negativer Gewerbeertrag ergibt und deswegen ein vororganschaftlicher Verlust nicht nach § 10 a abgesetzt werden konnte. Für die **Neufassung** der Hinzurechnung von Miet- u Pachtzinsen nach **§ 8 Nr 1 Buchst d–f GewStG nF** dürfte das nicht mehr gelten, weil eine der Entlastungsvorschrift des § 9 Nr 4 aF entsprechende Vorschrift nicht mehr besteht. 526

§ 2 Steuergegenstand

527 **cc) Gewinnabführungen bzw -ausschüttungen.** An den OT aufgrund eines GAV **abgeführte** bzw **ausgeschüttete Beträge** sind bei der Ermittlung seines Gewerbeertrags wieder zu streichen, weil sie schon beim Gewerbeertrag der OG erfasst wurden (BFH I R 171/68 BStBl II 1972, 358; vgl I R 10/93 BStBl II 1994, 768). Hierbei handelt es sich **nicht** um eine Kürzung nach der Vorschrift des **§ 9 Nr 2 a**, sondern nach § 2 Abs 2 Satz 2 als lex specialis (ebenso *Sarrazin* in *L/S* § 2 Rn 2655 f; *Blümich/Drüen* § 2 GewStG Rn 174; *Blümich/Gosch* § 9 GewStG Rn 187a; *Herzig/Kessler* DStR 1994, 261; *Blumers* BB 1994, 841; *Stimpel* DStR 1994, 164).

528 **dd) Zuzahlungen.** Zuzahlungen iSd **§ 272 Abs 2 Nr 4 HGB**, die innerhalb der vertragl Zeit zugeführt worden sind, können steuerunschädlich an den OT abgeführt werden (*BMF* DB 1990, 2142).

529 **ee) Anteilsveräußerungen.** Auch im Fall der **Veräußerung von Anteilen** an der OG durch den OT können schon gewerbebesteuerte Gewinne entstehen, soweit der Veräußerungsgewinn auf Rücklagen der OG beruht, die während der Organschaft gebildet worden sind (BFH I R 56/82 BStBl II 1986, 73; R 7.1 Abs 5 Satz 5 GewStR). Für EZ vor 2002 unterblieb auch die Doppelerfassung der stillen Reserven in den Anteilen des OT an der OG, soweit sie auf thesaurierten Gewinnen von OG ohne Ergebnisabführungsverträgen beruhen (BFH XI R 47/89 BStBl II 1992, 630). Besteht ein GAV, so kann dies im Falle von vorangegangenen Verlusten des Organs anders sein, weil der OT durch die Verlustübernahme eine zusätzliche Investition erbracht hat (*Fey/Neyer* DB 2001, 2009).

530 **ff) Umwandlungsgewinne.** Zu Umwandlungs-, aber auch Veräußerungsgewinnen der beherrschenden Unternehmen und den dabei gebotenen Korrekturen s BFH I R 171/68 BStBl II 1972, 358 (Umwandlung der OG auf gespeicherten Gewinnen); BFH IV R 17/68 BStBl II 1972, 582 (Umwandlung der OG auf den OT); H 7.1 (5) GewStH.

531 **gg) Verlustbedingte Teilwertabschreibung.** Negative Ergebnisse der OG, die bei deren Gewerbeertrag berücksichtigt worden sind, können gleichzeitig zu einer Teilwertabschreibung auf die vom OT gehaltene Beteiligung führen (zur körperschaftsteuerlichen Problematik *Dötsch/Buyer* DB 1991, 10). Für den Gewerbeertrag des OT sind diese Verluste wieder hinzuzurechnen (BFH IV R 17/68 BStBl II 1972, 582; I R 56/82 BStBl II 1986, 73; XI R 47/89 BStBl II 1992, 630; rechnerischer Abgleich R 7.1 Abs 5 Sätze 6 ff GewStR). Entsprechendes gilt bei einer verlustbedingten Teilwertabschreibung auf eine Darlehensforderung (BFH IV R 57/06 BStBl II 2010, 646; gleichzeitig zur Beachtung des objektiven Nettoprinzips bei bilanziellen Veränderungen in späteren Jahren). Vorstehende Grundsätze gelten nicht, wenn die Teilwertabschreibung nicht auf den Verlust, sondern auf die mit der mangelnden Rentabilität einhergehende Wertminderung reagiert (BFH I R 109/97 BStBl II 1998, 748; differenzierend je nach dem Vorliegen eines Ergebnisabführungsvertrages: *Grammer* BB 1998, 720).

532 **hh) Ausschüttungs-/abführungsbedingte Teilwertabschreibung.** Eine **abführungsbedingte Teilwertabschreibung** auf die Beteiligung an der OG ist rückgängig zu machen. Begründet wird das damit, dass die Gewinnabführung die Gewinnermittlung des Gewerbeertrages des Organkreises beeinflusst und deswegen die auf ihr beruhenden bilanziellen Vermögensminderungen den Gewerbeertrag des Organkreises ebenfalls nicht beeinflussen darf (BFH I R 10/93 BStBl II 1994, 768; I R 88/02 BStBl II 2004, 751; vgl auch III R 19/02 BStBl II 2004, 515; I R 79/98 BFH/NV 2000, 745; I R 111/97 BFH/NV 2000, 896; krit *Blumers* DStR 1994, 15, DB 1994, 1110; *Kramer* FR 1994, 1; *Hofmeister* DStZ 1994, 389; *Ros* DB 1997, 1844; *Kohlhaas* DStR 1998, 5; GmbHR 2000, 508, 511). Nach FG Rh-Pf EFG

1993, 333 (bestätigt) darf auf jeden Fall eine gewinnabführungsbedingte Teilwertabschreibung dann nicht berücksichtigt werden, wenn der Gewinnabführung eine Aufdeckung von stillen Reserven durch den Verkauf von Anlagevermögen innerhalb des Organkreises zugrunde gelegen und dies zu einer Erhöhung des Abschreibungsvolumens geführt hat (**aA** *Blumers/Kramer* BB 1993, 2149; *Bogenschütz/Zimmermann* DStR 1993, 1577).

Nach BFH I R 88/02 BStBl II 2004, 751; I R 111/97 BFH/NV 2000, 896 gelten die Grundsätze von BFH I R 10/93 BStBl II 1994, 768 auch für den Fall der **ausschüttungsbedingten Teilwertabschreibung**; jedoch dann nicht, wenn es sich um die Ausschüttung von Gewinnen aus vororganschaftlicher Zeit handelt. Mangels Doppelerfassung bleiben vororganschaftliche Gewinne nicht nach § 2 Abs 2 Satz 2, sondern nach § 9 Nr 2 a außer Ansatz (BFH I R 73/01 BStBl II 2003, 354). Zur Abwendung einer Doppelbegünstigung (durch Ansatz einer Teilwertabschreibung) kann bei entsprechendem zeitlichen Zusammenhang § 8 Nr 10 eingreifen (hierzu *Kohlhaas* GmbHR 2002, 957).

Zu **Teilwertaufholungen** nach einer ausschüttungsbedingten Teilwertabschreibung vgl § 9 Nr 2a Rn 8.

13. Steuerschuldner (§ 5)

Für die im Organkreis zusammengerechneten und bereinigten Besteuerungsgrundlagen und für die daraus folgende Gewerbesteuer ist **Steuerschuldner der OT** (BFH I R 183/74 BStBl II 1977, 560; I R 44/95 BStBl II 1997, 181). An ihn ist auch der GewStMessbescheid zu richten (vgl BFH I R 183/85 BStBl II 1990, 916). Über das Vorliegen einer Organschaft ist in diesem Bescheid und nicht im Zerlegungsverfahren zu entscheiden (BFH IV R 100/85 BStBl II 1988, 456). **Sachlich steuerpflichtig** bleibt aber die OG. Nur die **persönliche Steuerpflicht** wird für die Dauer der Organschaft dem OT zugerechnet; der GewStMessbetrag wird allein gegen ihn festgesetzt (BFH VIII R 1/00, BStBl II 2001, 114; IV R 72/06 BFH/NV 2009, 791). Ändert sich die Organträgerschaft, dann wechselt lediglich die Person des Steuerschuldners (§ 5), nicht aber der Unternehmer iSd § 2 Abs 5 (Organgesellschaft) (BFH I R 183/74 BStBl II 1977, 560).

14. Beginn und Ende der Organschaft

Sie hängen vom Zustandekommen bzw dem Wegfall ihrer gesetzlichen Voraussetzungen ab.

a) Beginn. Nach § 14 Abs 1 Satz 2 KStG ist die Organschaft **begründet** in dem Kj (EZ), in dem das Wj der OG endet, in dem der GAV wirksam geworden ist (hierzu *BMF* BStBl I 2005, 1038; zur Frage der **Rückwirkung** der Neuregelung durch das StVergAbG vgl FG Hamburg EFG 2005, 225).

In diesem EZ beginnt die Steuerschuldnerschaft des OT als solcher; die davon zu unterscheidende **sachliche Steuerpflicht** der OG bleibt unberührt (R 2.3 Abs 2 GewStR). Aus dem Wesen der Gewerbesteuer als Objektsteuer folgt, dass – bei abw Wj – der Gewerbeertrag der OG zeitanteilig auf sie und den OT entfällt.

b) Ende. Die Organschaft **endet** mit dem Wegfall der sie begründenden Umstände, insb bei Aufhebung (Beendigung) oder auch Nichtdurchführung des GAV oder Unterschreiten der erforderlichen Beteiligungsquote.

Ein **GAV** kann mE infolge **Umwandlung durch Anwachsung** auf einen allein verbliebenen Gesellschafter einer (bisherigen) OT-Personengesellschaft **übergehen**, zumal dies einen Fall der Gesamtrechtsnachfolge iSv § 45 AO u § 738 Abs 1 BGB (hierzu AEAO Nr 1 zu § 45 AO) darstellt (ebenso *Orth* DStR 2005, 1629).

Durch die **Insolvenz der OG** entfällt mit der Änderung der Beherrschungsmöglichkeit mE auch die finanzielle Eingliederung der OG. Mit der Organschaft fehlen

§ 2 Steuergegenstand

dann auch die Voraussetzungen für eine Zusammenrechnung der Gewerbeerträge der im Organkreis verbundenen Unternehmen. Die OG ist **für die Folgezeit** wieder selbst **Steuerschuldner.** Anders liegen die Verhältnisse mE jedoch bei Insolvenz des OT, weil das Insolvenzverfahren nicht ohne Weiteres zu dessen Abwicklung führt. Veräußert der OT seine Alleinbeteiligung an der OG, die gemäß § 2 Abs 1 UmwStG rückwirkend auf den Erwerber verschmolzen wird, endet das Organschaftsverhältnis mit dem steuerlichen Übertragungsstichtag mit der ggf eintretenden Folge, dass bei der OG ein RumpfWj zu bilden ist, dessen GewErtrag dem OT zuzurechnen ist (BFH I R 66/05 BStBl II 2006, 469). Zum Wiederaufleben der Beteiligung an der OG als SonderBV II vgl BFH IV R 12/03 BStBl II 2006, 361.

15. Verfahren

536 Die Berücksichtigung der Organschaft erfolgt **im Rahmen der Steuerfestsetzung** (Festsetzung des GewStMessbetrags). Hat das FA bei der Festsetzung gegenüber der OG das Organschaftsverhältnis bestandskräftig nicht anerkannt, kann der OT sich nicht mehr auf das Bestehen der Organschaft berufen (FG Düsseldorf EFG 2007, 1104, best BFH IV R 21/07 BFH/NV 2011, 151).

Ab EZ 2014 sieht § 14 Abs 5 KStG nF (G v 20.2.2013, BGBl I 2013, 285) die **einheitliche und gesonderte Feststellung** der dem OT zuzurechnenden Einkünfte der OG und der damit zusammenhängenden Besteuerungsgrundlagen sowie der von der OG geleisteten und anzurechnenden Steuern vor. Diese Feststellungen haben **bindende Wirkung** für die Besteuerung des OT und der OG.

16. Haftung

537 Nach **§ 73 AO haftet** die OG für solche Steuern des OT, für welche die Organschaft zwischen ihnen steuerlich von Bedeutung ist (s dazu *Mösbauer* FR 1989, 473). Die Haftung betrifft mE auch die entfernten Glieder einer „Organschaftskette"; dh die Enkelgesellschaft haftet für die Steuern, für die die Konzernmutter als letzte OT Steuerschuldnerin ist (ebenso *Nöcker* Inf 2001, 648). Im Übrigen wird die rechtliche Selbstständigkeit der in Organschaft verbundenen Unternehmen nicht berührt. Der OT haftet nicht für LSt-Schulden der Arbeitnehmer seiner Tochtergesellschaft (BFH VI R 9/80 BStBl II 1986, 768), was mE auch umgekehrt gilt.

538, 539 *(frei)*

V. Wirtschaftlicher Geschäftsbetrieb (§ 2 Abs 3)

1. Persönlicher Anwendungsbereich

540 **a) Vereine, juristische Personen des Privatrechts.** Die **Vorschrift ergänzt** die Bestimmungen zum GewBetrieb kraft Rechtsform in § 2 Abs 2; sie **betrifft** die *nichtrechtsfähigen Vereine* und *sonstigen juristischen Personen des Privatrechts*, also die rechtsfähigen Vereine (§§ 21, 22 BGB) und die rechtsfähigen Stiftungen. *Nicht* betroffen von § 2 Abs 3 sind öffentlich-rechtliche Körperschaften (Rn 380 ff), nichtrechtsfähige Stiftungen und Zweckvermögen (H 2.1 (5) GewStH) sowie andere nichtrechtsfähige Personenmehrheiten. Die nicht als öffentlich-rechtliche Körperschaft anerkannten *Religionsgemeinschaften* sind idR schlichte rechtsfähige oder nichtrechtsfähige Vereine. Letzteres gilt auch für nicht anerkannte *Ordensgemeinschaften*.

541 **b) Berufsverbände.** Auch **Berufsverbände** ohne öffentlich-rechtlichen Charakter sind regelmäßig *in Vereinsform* organisiert, zB *Arbeitgeberverbände* u *Gewerkschaften* (zum Begriff des Berufsverbandes § 3 Rn 388). Kein Berufsverband ist ein Mieterverein, ein Warenzeichenverband oder eine Interessengemeinschaft von Lohnsteuerzahlern (BFH I R 234/71 BStBl II 1974, 60). Die Unterscheidung hat vor allem

für die KSt-Befreiung nach § 5 Abs 1 Nr 5 KStG Bedeutung. Mit ihrem wirtschaftlichen Geschäftsbetrieb unterliegen sie der GewSt u KSt. Zur **GewStBefreiung** von Körperschaften oder Personenvereinigungen, deren Hauptzweck die Verwaltung des Vermögens für einen nichtrechtsfähigen Berufsverband iSd § 5 Abs 1 Nr 5 KStG ist, s § 3 Nr 10 GewStG.

Berufsorganisationen können auch **öffentlich-rechtlichen Charakter** haben, zB Kammer, Innung, Verband. Für sie gilt dann nicht § 2 Abs 3, sondern § 2 Abs 2.

c) LuF-Vereine. Eine Sonderstellung nehmen auch Vereine ein, deren Tätigkeit sich auf den Betrieb der Land- und Forstwirtschaft beschränkt, wenn die weiteren in § 3 Nr 14 GewStG vorgesehenen Merkmale erfüllt sind. Unter den in § 5 Nr 14 KStG aufgezählten Voraussetzungen sind auch besonders benannte landwirtschaftliche Vereine gewstbefreit, wie zB *Winzervereine* (s zur Abgrenzung auch BFH I R 249/74 BStBl II 1977, 670), *Züchtervereine, Maschinenringe* u dgl (§ 3 Nr 8). 542

d) Politische Parteien. Sie sind **Vereine,** die die *besonderen Voraussetzungen* des § 2 des ParteienG erfüllen, dh Vereinigungen, die dauernd oder für längere Zeit bundes- oder landesweit auf die politische Willensbildung Einfluss nehmen oder an der Vertretung des Volkes im Deutschen Bundestag oder in einem Landtag mitwirken wollen. Sie sind nach § 5 Abs 1 Nr 7 KStG von der KSt befreit (ausgenommen der wirtschaftliche Geschäftsbetrieb); der GewSt unterliegen sie mit ihrem wirtschaftlichen Geschäftsbetrieb, zB Zeitungsvertrieb auch an Nichtmitglieder. 543

e) Ausländische Rechtsgebilde. Auch diese (Sitz im Ausland) fallen unter § 2 Abs 3, wenn eine Gesamtwürdigung der maßgebenden ausländischen Bestimmungen ergibt, dass sie rechtlich und wirtschaftlich einer sonstigen juristischen Person oder einem nichtrechtsfähigen Verein entsprechen (vgl zB liechtensteinische Anstalt als sonstige juristische Person des Privatrechts BFH IV R 182/77 BStBl II 1981, 220; vgl auch IX R 182/87 BStBl II 1992, 972). 544

f) Kleinere Vereine. Für diese und kleinere sonstige juristische Personen kann nach § 156 Abs 2 AO die Steuerfestsetzung unterbleiben, wenn der Gewinn im Einzelfall 500 € nicht übersteigt (R 7.1 Abs 7 GewStR). 545

2. Rechtsformabhängigkeit

Rechtsformabhängig ist der Steuergegenstand des § 2 Abs 3 ist **insoweit,** als er die betrieblichen Tätigkeiten (wirtschaftlicher Geschäftsbetrieb) allein durch Anknüpfung an bestimmte Rechtsgebilde ohne Rücksicht auf die Merkmale des § 2 Abs 1 GewStG iVm § 15 Abs 2 EStG als Gewerbebetrieb wertet. 546

Die GewStPfl allein von einem wirtschaftlichen Geschäftsbetrieb abzuleiten, soll eine **wettbewerbsneutrale Besteuerung** gewährleisten. Bei Vereinen und Stiftungen lässt sich die Rechtsstellung der Mitglieder oder Bezugsberechtigten nicht mit denen von Kapitalgesellschaftern vergleichen. Das Vereinsmitglied steht dem Verein nicht einem Gesellschafter vergleichbar gegenüber. Deshalb kann sich der Verein in Konkurrenzlage zu anderen Unternehmen auch durch einen nachhaltigen und entgeltlichen Leistungsaustausch gegenüber seinen Mitgliedern – **Binnenmarkt des Vereins** – betätigen (BFH I R 138/79 BStBl II 1984, 451). Zu Verwaltungsleistungen für Mitglieder BFH V R 46/06 BFH/NV 2009, 560.

3. Begriff

Nach § 14 AO ist ein wirtschaftlicher Geschäftsbetrieb eine selbstständige nachhaltige Tätigkeit, durch die Einnahmen oder andere wirtschaftliche Vorteile erzielt werden und die über den Rahmen einer Vermögensverwaltung hinausgeht. Die Absicht, Gewinn zu erzielen, ist nicht erforderlich. 547

§ 2 Steuergegenstand

Es handelt sich um den **Oberbegriff** zu dem des Gewerbebetriebs iSd § 15 Abs 2 EStG (BFH GrS 2/71 BStBl II 1972, 63). Es handelt sich mE gerade wegen der Abgrenzung zur Vermögensverwaltung um einen offenen Typusbegriff (Rn 51; aA T/K § 14 AO Rn 4).

Mehrere an sich sachlich selbstständige wirtschaftliche **Geschäftsbetriebe** des nichtrechtsfähigen Vereins oder der sonstigen juristischen Person des Privatrechts gelten als ein **einheitlicher Gewerbebetrieb** (§ 8 GewStDV).

548 **a) Weite Auslegung.** Der gesetzlichen Zielsetzung der wettbewerbsneutralen Besteuerung entsprechend ist eine **weite Auslegung** angezeigt. **Ausgenommen** ist davon allerdings die **Land- und Forstwirtschaft** (§ 2 Abs 3, § 3 Nr 6, Nr 14; s zur Abgrenzung Rn 210 ff). Zu Einzelheiten s § 3 Nr 6 Rn 219 ff. Nicht wirtschaftlicher Geschäftsbetrieb ist die **Vermögensverwaltung;** zu Begriff und Abgrenzung s Rn 100 ff u § 3 Nr 6 Rn 241. Anders als bei § 2 Abs 2 können die von Abs 3 betroffenen Gebilde **außerhalb ihres Gewerbesteuergegenstands** auch noch Einkünfte aus Vermögensverwaltung (Vermietung und Verpachtung) haben. Die Vermögensverwaltung muss sich gegenüber dem gleichzeitig unterhaltenen wirtschaftlichen Geschäftsbetrieb wirtschaftlich abgrenzen lassen. Letzterer muss sachliche Selbstständigkeit iS eines **eigenen wirtschaftlichen Organismus** aufweisen (s auch BFH I R 138/79 BStBl II 1984, 451). Dass Vermögensverwaltung und wirtschaftlicher Geschäftsbetrieb gemeinsam einem einheitlichen Satzungszweck dienen, macht sie noch nicht zu einem einheitlichen Gewerbebetrieb (H 2.1 (5) GewStH). Allerdings ist wegen der Fiktion des § 2 Abs 3 GewStG die **Fortführung** eines wirtschaftlichen Geschäftsbetriebs **als Verpachtungsbetrieb** (weiterhin) gewstpflichtig (BFH I R 55/06 BStBl II 2007, 725). **Gemeinnützige Organisationen** sind auch mit ihren **Zweckbetrieben,** die von den wirtschaftlichen Geschäftsbetrieben zu unterscheiden sind (vgl etwa BFH I R 35/93 BStBl II 1995, 767), nach § 3 Nr 6 steuerbefreit (hierzu § 3 Rn 255 ff).

549 **b) Gewinnerzielungsabsicht nicht erforderlich.** Es **genügt** die **Erzielung von Einnahmen** oder anderen wirtschaftlichen Vorteilen durch die Tätigkeit.

Beiträge stellen an sich **keine steuerlichen Einnahmen** des Vereins dar, soweit sie auf Grund von Satzungen von den Mitgliedern lediglich in ihrer Eigenschaft als Mitglieder erhoben werden (§ 8 Abs 5 KStG). Vereinseinnahmen sind jedoch nur dann echte Mitgliederbeträge, soweit sie für die Wahrnehmung allgemeiner ideeller oder wirtschaftlicher Interessen der Mitglieder statt für die Wahrnehmung ihrer besonderen geschäftlichen Interessen gezahlt werden (s zur Interessengemeinschaft von Lohnsteuerzahlern BFH I R 234/71 BStBl II 1974, 60; Reise- und Darlehensvermittlung BFH I R 86/85 BStBl II 1990, 550).

Unterhalten Vereine wegen einer mit gewerblichen Konkurrenzunternehmen vergleichbaren Tätigkeit wirtschaftliche Geschäftsbetriebe, so können die Beiträge bis zu 100% als Einnahmen anzusehen sein (s R 44 Abs 5 KStR u H 44 KStH, hier interessierend für Fremdenverkehrsvereine und Lohnsteuerhilfevereine). S auch zur Tätigkeit eines wirtschaftlichen Vereins, der seinen Mitgliedern (Ärzten) Laborleistungen erbringt, BFH I R 138/79 BStBl II 1984, 451. Sind die Beiträge, die auch Pauschalen sein können, zu 100% als Leistungsentgelte der Vereinsmitglieder anzusehen, so liegt umgekehrt die Annahme eines wirtschaftlichen Geschäftsbetriebs nahe. Kstrechtlich ist meistens lediglich im Zusammenhang mit Steuerbefreiungen darüber zu befinden: organisierte Rabattgewährung BFH I 67/65 BStBl II 1968, 236; Gemeinschaftswerbung für ein von den Vereinsmitgliedern hergestelltes Produkt BFH III 179/64 BStBl II 1966, 638; Warenzeichenverband BFH I 151/63 BStBl III 1966, 632.

Einnahmen eines wirtschaftlichen Geschäftsbetriebs können aber auch **Geld- oder Sachleistungen** sein, die der Verein an seine Mitglieder weitergibt (s zu den Werbeeinnahmen eines Sportverbands BFH I R 215/78 BStBl II 1983, 27). Auch

Wirtschaftlicher Geschäftsbetrieb §2

die Erzielung anderer wirtschaftlicher Vorteile reicht aus, wie etwa die Zurverfügungstellung eines Labors für die Vereinsmitglieder (BFH I R 138/79 BStBl II 1984, 451).

c) **Folgen fehlender Gewinnerzielungsabsicht.** Besonderheiten ergeben sich 550 für den ohne Gewinnerzielungsabsicht unterhaltenen wirtschaftlichen Geschäftsbetrieb. Er führt körperschaftsteuerrechtlich für die Rechtsgebilde des § 2 Abs 3 GewStG zu sonstigen Einkünften nach § 22 EStG (BFH III 179/64 BStBl III 1966, 632). Für die Gewerbebesteuerung ist aber wegen der Fiktion des § 2 Abs 3 von einem Gewinn aus Gewerbebetrieb auszugehen (§ 7). Dies bedeutet ein Umqualifizieren und möglicherweise (§ 4 Abs 3 EStG nur wahlweise) ein Umrechnen der Einkünfte.

4. Wirtschaftlicher Geschäftsbetrieb – Einzelfälle

Vgl hierzu § 3 Rn 227 ff. **Beteiligen** sich Stiftungen oder rechtsfähige Vereine 551 **an gewerblich tätigen oder geprägten Personengesellschaften,** so liegen wirtschaftliche Geschäftsbetriebe vor (vgl § 3 Nr 6 Rn 228). Zu berücksichtigen ist allerdings, dass auch eine gewerblich tätige Personengesellschaft einen eigenen Gewerbesteuergegenstand bildet und deshalb für den wirtschaftlichen Geschäftsbetrieb die Korrekturvorschriften § 9 Nr 2 und § 8 Nr 8 zum Tragen kommen.

Die **Beteiligung an einer Kapitalgesellschaft** stellt dann einen wirtschaftlichen Geschäftsbetrieb dar, wenn der Verein über die Kapitalgesellschaft am allgemeinen wirtschaftlichen Geschäftsverkehr teilnimmt, weil er entscheidenden Einfluss auf die Geschäftsführung des Unternehmens ausübt (BFH I R 57/70 BStBl II 1971, 753; § 3 Nr 6 Rn 229).

Auch die **Betriebsaufspaltungsgrundsätze** (Rn 295 ff) können zu einem wirtschaftlichen Geschäftsbetrieb führen, und zwar für gewstrechtliche Zwecke und für das Gemeinnützigkeitsrecht (BFH I S 2, 3/85 BFH/NV 1986, 433; I R 164/94 BFH/NV 1997, 825; *Nds FM* BB 1982, 296; § 3 Nr 6 Rn 229). Die für Körperschaften des öffentlichen Rechts bestehende Ablehnung der Betriebsaufspaltung beim Betrieb gewerblicher Art (BFH I R 223/80 BStBl II 1984, 496) lässt sich nicht auf die Fälle des § 2 Abs 3 übertragen. Die beherrschende Person ist mE der rechtsfähige Verein, nicht seine Mitglieder. Das gilt wegen der wirtschaftlichen Gleichwertigkeit von rechtsfähigem und nichtrechtsfähigem Verein mE auch bei nichtrechtsfähigen Vereinen.

Auch **Organschaften** sind mE im Verhältnis zu einem bereits bestehenden Betrieb gewerblicher Art möglich (s dazu *Wegenkehl* BB 1985, 796).

Der Grundsatz der **gewerbesteuerfreien Betriebsverpachtung** außerhalb einer Betriebsaufspaltung gilt mE auch für den wirtschaftlichen Geschäftsbetrieb.

Keinen wirtschaftlichen Geschäftsbetrieb soll die Betätigung von Unterstützungskassen bilden, die den Leistungsempfängern keinen Rechtsanspruch gewähren (R 2.1 Abs 5 Sätze 7 ff GewStR).

Wirtschaftliche Geschäftsbetriebe unterhalten auch solche Vereine, bei denen eine **Konkurrenzlage** zu anderen betrieblichen Unternehmen dadurch eintritt, dass sie im Verhältnis zu ihren Mitgliedern Leistungen erbringen, denen als Gegenleistungen die Mitgliederbeiträge gegenüberstehen (sog **Binnenmarkt,** s Rn 549), zB bei preisgünstiger Reise- oder Darlehensvermittlung an Mitglieder (BFH I R 86/85 BStBl II 1990, 550) oder Bezug von Zeitschriften (BFH I R 60/01 BFH/NV 2003, 1025).

5. Gewinnermittlung

a) **Allgemeines.** Ebenso wie andere Gewerbebetriebe hat der wirtschaftliche 552 Geschäftsbetrieb Betriebsausgaben und Betriebseinnahmen. Das für seine Zwecke

§ 2 Steuergegenstand

vom Trägerunternehmen eingesetzte Vermögen stellt **Betriebsvermögen** dar. Auch *gewillkürtes* Betriebsvermögen ist möglich. Die Gewinnermittlung durch Betriebsvermögensvergleich oder durch Überschussrechnung richtet sich nach den allgemeinen Vorschriften der §§ 4, 5 EStG. Ein in das Handelsregister eingetragener Verein, der ein Handelsgewerbe betreibt, kann nach Handelsrecht zur Buchführung verpflichtet sein (§§ 2, 238 HGB), auch vollkaufmännische Handelsgewerbe (§ 1 Abs 2 HGB) sind bei einem Verein denkbar.

553   b) **Betriebseinnahmen.** Sie können auch verdeckt in Form von **Mitgliedsbeiträgen** zufließen (s Rn 549). Hinsichtlich der Vermögensverwaltung, insb Einkünfte aus Kapitalvermögen und Vermietung und Verpachtung, sind die sonstigen juristischen Personen des Privatrechts und nichtrechtsfähigen Vereine den natürlichen Personen weitgehend gleichgestellt. Allerdings hat ein Verein, der ihm gehörende Räume in Erfüllung seines satzungsmäßigen Zweckes zur Abhaltung von Versammlungen gebraucht, den Nutzungswert der Räume nicht nach § 21 Abs 2 EStG zu versteuern (BFH I R 157/81 BStBl II 1985, 407).

554   c) **Betriebsausgaben.** Diese müssen **mit dem wirtschaftlichen Geschäftsbetrieb** und nicht mit dem sonstigen Bereich des Vereins **zusammenhängen**. Das Aufteilungsverbot des § 12 EStG gilt zwar nicht, weil der Verein keine private, wohl aber eine gewinn- bzw einnahmenneutrale Sphäre hat. Ein Abzugsverbot besteht aber, wenn Aufwendungen, die weder mit dem Vereinszweck als solchem noch mit einem wirtschaftlichen Geschäftsbetrieb zu tun haben, im Interesse der Mitglieder vom Verein getragen werden (zu Einzelheiten s § 3 Nr 6 Rn 231).

Da zwischen dem Verein und seinen Mitgliedern ein steuerwirksamer Leistungsaustausch möglich ist, können auch Arbeitslöhne an Mitglieder anfallen, wenn die Arbeiten mit dem wirtschaftlichen Geschäftsbetrieb zusammenhängen (zB Arbeitsleistungen in Vereinsheimen etc). Dazu bedarf es aber eindeutiger Abmachungen. Fiktive Lohnkosten können nicht angesetzt werden (BFH I R 60/80 BStBl II 1986, 88, 91; zu Wertabgaben in Form einer Pkw-Nutzung ohne Erstattungsanspruch s BFH X R 154/88 BStBl II 1990, 570). Unentgeltliche Arbeitsleistungen können nicht als **Sachspenden** behandelt werden.

555   d) **Verdeckte Gewinnausschüttung.** Siehe BFH I R 43/83 BStBl II 1987, 643, verneinend; mE überholt durch BFH I R 4/84 BStBl II 1990, 237.

556   e) **Stille Reserven.** Da der Verein Betriebsvermögen haben kann, sind auch **stille Reserven möglich,** die bei einer Betriebsaufgabe aufzulösen sind. Der Betriebsaufgabegewinn ist allerdings nach allgemeinen Grundsätzen gewerbesteuerfrei. Deshalb spielt es auch keine wesentliche Rolle, ob ein körperschaftsteuerlich sonstige Einkünfte erzielender Verein (Rn 550) für die GewSt seinen Gewinn nach den §§ 4, 5 EStG zu ermitteln hat und keinen Überschuss der Einnahmen über die Werbungskosten hat. ME ist dies zu bejahen.

6. Übertragung

557   Wie andere Steuerpflichtige können die sonstigen juristischen Personen des Privatrechts und nichtrechtsfähige Vereine kstrechtlich nach § 6 Abs 3 EStG (früher: § 7 EStDV) unter Verzicht auf die Auflösung stiller Reserven ihren Betrieb unentgeltlich **auf Dritte übertragen.** Auch die Möglichkeiten des § 24 UmwStG und die daran anknüpfenden Rechtsprechungsgrundsätze können den ihnen die Auflösung von stillen Reserven entbehrlich machen. Die Einkünfte nach § 22 EStG erzielenden Vereine oder Stiftungen besitzen kstrechtlich kein Betriebsvermögen und daher keine stillen Reserven.

7. Beginn und Ende des Steuergegenstands wirtschaftlicher Geschäftsbetrieb

Der wirtschaftliche Geschäftsbetrieb entsteht ähnlich wie bei natürlichen Personen und Personengesellschaften mit der tatsächlichen **Aufnahme einer Tätigkeit,** die als wirtschaftlicher Geschäftsbetrieb zu verstehen ist. Dies bedeutet, dass vorbereitende und abwickelnde Tätigkeiten abzugrenzen sind. Auch beim wirtschaftlichen Geschäftsbetrieb kann es die **Einstellung einer werbenden Tätigkeit** geben. Der wirtschaftliche Geschäftsbetrieb kann aber auch durch das Entfallen seiner anderen Merkmale beendigt werden, zB dadurch, dass er zum nach § 3 Nr 6 steuerfreien Zweckbetrieb wird. **558**

(frei) **559–564**

D. Beginn und Ende der sachlichen Steuerpflicht

I. Allgemeines

1. Einkommensteuer/Gewerbesteuer

Im **Unterschied zum estrechtlichen Betriebsbeginn** (objektiv erkennbare Vorbereitungshandlungen: zB BFH I R 29/79 BStBl II 1983, 451; insgesamt krit *Braun* BB 1993, 1122) ist bei der GewSt als auf den **tätigen Betrieb** bezogener Sachsteuer/Objektsteuer (Stichwort Äquivalenzprinzip) der Zeitpunkt maßgebend, zu dem die Voraussetzungen für die Beteiligung am allgemeinen wirtschaftlichen Verkehr gegeben sind (BFH VIII R 44/92 BStBl II 1995, 900; VIII R 30/90 BFH/NV 1993, 264 jeweils mwN; R 2.5 Abs 1 GewStR). **565**

2. Beginn

Für den rechtsformunabhängigen Gewerbebetrieb nach dem GewStG (Rn 50) kommt es auf den **Beginn der werbenden Tätigkeit** an (BFH IV R 8/97 BStBl II 1998, 478; IV R 23/97 BStBl II 1998, 745). Vorbereitungstätigkeiten lassen den Steuergegenstand noch nicht entstehen (BFH IV R 68/77 BStBl II 1980, 658). Die Unterscheidung entzieht sich einer weitergehenden generellen Definition; sie ist im Einzelfall anhand der Verkehrsauffassung zu treffen (BFH VIII R 44/92 BStBl II 1995, 900; IV R 52/09 BStBl II 2011, 929). Maßnahmen einer Ein-Schiff-Reederei vor Indienststellung des Schiffes sind noch nicht Gewerbebetrieb: BFH IV R 100/84 BStBl II 1986, 527). Auch die Eintragung in das HR allein markiert noch nicht den Beginn der GewStPfl. **Verluste** aus der Zeit **vor dem Entstehen** des Steuergegenstands nehmen auch nicht am Verlustabzug nach § 10 a teil (BFH IV R 107/74 BStBl II 1978, 23). **566**

3. Beendigung

a) Einkommensteuer. Estrechtlich bedeutet die Einstellung der werbenden Tätigkeit nicht in jedem Fall das Ende des Betriebs; das ist zwar anzunehmen bei der Betriebsaufgabe (zB BFH III R 27/98 BStBl II 2002, 537) oder Betriebsveräußerung (zB BFH VIII R 7/90 BStBl II 1993, 228), nicht jedoch bei der allmählichen Abwicklung (BFH IV R 187/74 BStBl II 1979, 89). **567**

b) Gewerbesteuer. Gewstrechtlich hängt das Ende des Steuergegenstands nach dem GewStG dagegen vom **Wegfall einer wesentlichen Voraussetzung** ab, auf der er beruht. Das führt bei den unterschiedlichen Rechtsformen zu unterschiedlichen Zeitpunkten des Erlöschens der GewStPfl. Auch die Veränderung der wirt- **568**

§ 2 Steuergegenstand

schaftlichen Identität des Betriebs ist hierbei von Bedeutung (Rn 16 ff); schließlich ist nach § 2 Abs 5 der Übergang des GewBetriebs im Ganzen auf einen anderen Unternehmer Betriebseinstellung durch den bisherigen Unternehmer.

Die **Einstellung der werbenden Tätigkeit** führt jedoch nicht notwendig zu einer Betriebsaufgabe; es kann auch eine Betriebsunterbrechung (Rn 577) vorliegen (BFH IV R 39/94 BStBl II 1996, 276). Erforderlich ist die als endgültig angelegte tatsächliche Einstellung jeder werbenden Tätigkeit (Einzelunternehmen, Personengesellschaft; R 2.6 GewStR) bzw jeglicher Tätigkeit nach Verteilung des BV (Kapitalgesellschaft; R 2.6 GewStR). Zutreffend stellt R 2.6 Abs 1 Satz 9 GewStR auch auf **innere Umstände** ab; missverständlich sind jedoch die dortigen Erläuterungen; denn weder sind Entlassung der Betriebsangehörigen und Einstellung des Einkaufs hinreichende und auf die Betriebseinstellung hinweisende **äußere Merkmale** (Produktion u Verkauf können weitergehen) noch kann ein sich weiterhin betätigendes Unternehmen bei einer „äußerlichen Betrachtung als eingestellt" erscheinen.

II. Einzelheiten

1. Natürliche Personen und Personengesellschaften mit originärer gewerblicher Tätigkeit

569   a) **Beginn.** Der **Steuergegenstand beginnt** nach o.a. (Rn 566) Grundsätzen, wenn die nach § 2 Abs 1 Satz 2 auch für die Gewerbesteuer relevanten Voraussetzungen des § 15 Abs 2 EStG erfüllt sind *und* der Betrieb seine werbende Tätigkeit bereits aufgenommen hat (BFH VIII R 44/92 BStBl II 1995, 900; IV R 23/97 BStBl II 1998, 745; IV R 5/02 BStBl II 2004, 464; krit *Hidien* StBp 2008, 125). Das gilt für Personengesellschaften unabhängig von der Rechtsform ihrer Gesellschafter, insb bei **Beteiligung einer GmbH** (BFH IV R 54/10 BStBl II 2012, 927; IV B 56/10 BFH/NV 2012, 266: „In-Gang-Setzen des Gewerbebetriebs"). Auch für Personengesellschaften, die dem § 7 Satz 2 unterfallen, sind Betriebsausgaben vor Aufnahme des aktiven Gewerbebetriebs nicht abziehbar; das verfassungsmäßige Gebot der Folgerichtigkeit steht dem nicht entgegen (BFH IV R 54/10 aaO; *Grune* AktStR 2013, 129; *Wendt* FR 2013, 298; aA FG B-Bbg 7 K 1993/06 EFG 2011, 725, aufgeh; *Behrendt/Scheewe/Lache* DB 2013, 249).

Zum Beginn der GewStPfl einer **Vorgründungsgesellschaft** bei ausschließlicher Verwaltung des Stammkapitals vgl BFH I R 98/87 BStBl II 1990, 1073.

Die **Aufnahme der werbenden Tätigkeit** ist vielfach in der Eröffnung des Geschäftslokals zu sehen (BFH IV R 107/74 BStBl II 1978, 23). Bei Gewerbebetrieben, die sich über ein Geschäftslokal am allgemeinen wirtschaftlichen Verkehr beteiligen, entscheidet der Zeitpunkt des anderweitigen Beginns, zB Werbung, Kundenbesuche etc, dh Aufnahme der geschäftsüblichen Leistungen (s auch im Umkehrschluss RFH RStBl 1935, 911). Bloße Vorbereitungshandlungen, die die GewStPfl noch nicht auslösen, sind beispielsweise das Anmieten eines Geschäftslokals, die Errichtung eines Fabrikgebäudes oder der Bau eines Hotels (BFH I 325/56 U BStBl III 1957, 448; IV R 107/74 BStBl II 1978, 23; R 2.5 Abs 1 GewStR), ebenso der Auftrag für einen Schiffsbau (FG Hamburg EFG 1984, 598 rkr, Kommanditistenwerbung kein Beginn).

570   b) **Gewerbesteuerrechtliche Betriebseinstellung.** Sie kann mit dem estrechtlichen **Beginn der Betriebsaufgabe** zeitlich zusammenfallen, muss es aber nach hM nicht (s dazu BFH IV R 36/81 BStBl II 1984, 711; III R 7/91 B BFH/NV 1993, 358). Gewstrechtlich ist die Bestimmung des Beginns und der Beendigung des Steuergegenstands unter dem Blickwinkel des **Äquivalenzprinzips** (Belastung der Gemeinden durch einen aktiven Betrieb) zu sehen (BFH IV R 107/74 BStBl II 1978, 23). Der Betrieb endet, wenn jede werbende Tätigkeit dauerhaft aufgegeben

Beginn und Ende der sachlichen Steuerpflicht §2

wird (BFH IV R 68/77 BStBl II 1980, 658; IV R 60/11 BFH/NV 2013, 410). Der Zeitpunkt der Einstellung ist unter Berücksichtigung der Gesamtumstände des Einzelfalles nach der Verkehrsanschauung zu beurteilen (BFH XI R 63/96 BStBl II 1997, 573; VIII R 47/86 B BFH/NV 1990, 799). Hiervon zu unterscheiden ist die Frage der Vollbeendigung einer Personengesellschaft (hierzu zB BFH IV R 79/05 BStBl II 2009, 15; IV B 19/09 BFH/NV 2010, 1480).

Der **maßgebliche Zeitpunkt** kann für verschiedene Betriebsarten unterschied- **571** lich beurteilt werden (vgl hierzu BFH IV R 100/84 BStBl II 1986, 527; VIII R 47/86 B BFH/NV 1990, 799). Ein in einem **Ladengeschäft** ausgeübter Handelsbetrieb wird nicht bereits dadurch eingestellt, dass kein Warenzukauf mehr erfolgt, sondern uU erst, nachdem das vorhandene Warenlager – wie geplant – nach und nach, also nicht in der Form eines angemeldeten Ausverkaufs, veräußert wird (BFH I 5/61 U BStBl III 1961, 517; s auch FG Hamburg EFG 1981, 31 rkr, GewStPfl für die Abwicklung bereits abgeschlossener Kaufverträge). Das Fehlen jeglicher Verkaufsbemühungen in einem misslungenen Betrieb zur Herstellung u Veräußerung von ETW stellt estrechtlich keine Betriebsaufgabe dar (BFH IV R 36/09 BFH/NV 2011, 2092, gegen FG Köln EFG 2010, 569), kennzeichnet mE aber gewstrechtlich eine Betriebseinstellung.

Entsprechendes gilt bei einer **Strukturveränderung,** wenn der geänderte **572** Betrieb nach der Verkehrsauffassung mit dem bisherigen Betrieb identisch ist (Hotelbetrieb zu Ferienwohnungen, vgl BFH III R 1/03 BFH/NV 2004, 1231). *Anders* ist dies bei einem Wandel zur Vermögensverwaltung (Rn 100 ff) oder Liebhaberei (Rn 73 ff), bzw zum Freiberuf (Rn 235 ff). Auch der **Eintritt eines Steuerbefreiungsgrundes** bedeutet ein Erlöschen des Steuergegenstands, ebenso in bestimmter Hinsicht der Übergang des Gewerbebetriebs im Ganzen auf einen anderen Unternehmer (Ende der sachlichen Steuerpflicht des Unternehmens nach § 2 Abs 5, s dazu Rn 590 ff).

IdR werden aber nach außen erkennbare, auf die **Liquidation des Betriebs 573** abzielende Maßnahmen nach der Verkehrsauffassung die Betriebseinstellung bedeuten, wie etwa die Einstellung der geschäftsüblichen Warenabgabe bzw Leistung (*Glanegger* FR 1990, 469, mwN). Als Indiz gilt auch die Übertragung des Kundenstammes, Aufgabe des Geschäftslokals und Veräußerung der Einrichtung (BFH XI R 63/96 BStBl II 1997, 357), die Entlassung von Verkaufspersonal, Einstellung der Verkaufstätigkeit (FG Hamburg EFG 1985, 459 rkr), Erklärung, den Betrieb aufzugeben, und Abwicklung (BFH I R 62/89 BStBl II 1990, 992).

c) Veräußerung von Anlagevermögen. Nach Veräußerung von Anlagever- **574** mögen eines **Handwerks- oder Fabrikationsunternehmens** besteht bei eingestellter Auftragsabwicklung kein aktiver Betrieb mehr. Der Gewinn aus der Veräußerung oder Aufgabe des Betriebes unterliegt schon nach § 2 Abs 1 nicht der GewSt (BFH III R 23/89 BStBl II 1994, 709; XI R 56/95 BStBl II 1996, 527 zugleich zu den Voraussetzungen der Betriebsveräußerung; BFH VIII R 204/85 BFH/NV 1990, 801; X R 56/95 BFH/NV 1998, 1354).

d) Liquidation. Die **Liquidation**, dh die Einziehung rückständiger Forderun- **575** gen und die Versilberung vorhandener Betriebsgegenstände, ist **keine Fortsetzung** einer schon eingestellten betrieblichen Tätigkeit (so schon RFH RStBl 1938, 910, 911; 1939, 5). Zutreffend geht die jüngere Rspr des BFH davon aus, dass die Liquidation eines Unternehmens bei eingestellter werbender Tätigkeit schon nach § 2 Abs 1 nicht mehr der GewSt unterliegt, und zwar unbeschadet möglicher Aufgabeerträge, die nicht unter § 7 fallen (BFH IV R 68/77 BStBl II 1980, 658).

e) Eröffnung des Insolvenzverfahrens. Diese allein **berührt nicht die 576 GewStPfl** des Unternehmens. Das wird in den §§ 4, 16 Abs 2 GewStDV lediglich klargestellt. Der GewBetrieb besteht mE als Steuergegenstand fort, wenn die Handlungen des Insolvenzverwalters – der Zielsetzung der InsO entsprechend – seiner Erhaltung dienen. Auch wenn das nicht der Fall ist, können die Handlungen des Insolvenzverwalters als Fortsetzung des Betriebs in der Liquidationsphase verstanden werden. Ist der Betrieb danach nicht eingestellt, so ist der Gewerbeertrag auf den Abwicklungszeitraum zu verteilen (§ 16 Abs 2 GewStDV; R 7.1 Abs 8 Sätze 6 ff GewStR). Zur Einstellung durch das **Konkursverfahren:** BFH IV 210/62 S BStBl III 1964, 70; VIII R 43/84 BStBl II 1986, 136.

577 **f) Betriebsunterbrechungen. Vorübergehende** und **in der Art des Betriebs** begründete Betriebsunterbrechungen heben die Steuerpflicht für die Zeit bis zur Wiederaufnahme des Betriebs nicht auf (§ 2 Abs 4; hierzu *Wendt* FR 1998, 264, 278). Bei sonstigen Unterbrechungen geht das G mE vom Fortfall der GewStPfl aus. Mit der Vorschrift sind vor allem **Saisonbetriebe** gemeint, insb Kurort-, Wintersportbetriebe, aber auch Zuckerfabriken, Bauhandwerk und Bauindustrie (R 2.6 Abs 1 GewStR). Entsprechendes gilt auch für die gewerbliche Vermietung von Ferienwohnungen (zur Unterbrechung durch geänderte Vermietungsbedingungen s BFH III R 31/87 BStBl II 1990, 383) und ähnliche Gewerbezweige. Wesentlich ist, dass das Gesetz die **Nachhaltigkeit** einer Tätigkeit (§ 15 Abs 2 EStG) auch bei einer unterbrochenen Tätigkeit nicht in Zweifel zieht. Auch andere erkennbar nur vorübergehend geplante Betriebsstilllegungen bedeuten keine Betriebseinstellung, wenn sich der Unternehmer in der erkennbaren Absicht weiterbetätigt, nachhaltig Erträge zu erzielen (RFH RStBl 1941, 386; RStBl 1943, 605). Die zur ESt ergangene Rspr, die für die Annahme einer unschädlichen vorübergehenden Betriebsunterbrechung auf die Absicht der Betriebsfortführung und aus Nachweisgründen auf das Vorhandensein und -bleiben von wesentlichen Betriebsgrundlagen abstellt (BFH X R 31/95 BStBl II 1997, 561; zur **Betriebsaufspaltung** BFH VIII R 80/03 BStBl II 2006, 591; X R 37/07 BFH/NV 2010, 406), ist mE für die **GewSt** nicht ohne Weiteres von Bedeutung, da jeweilige Unterbrechung nicht in der Art des Betriebs begründet war. Keine Betriebsunterbrechung liegt vor, wenn eine gewerblich qualifizierende **„Abfärbung"** (Rn 424 ff) aus nicht betriebsbedingten Gründen zeitweise entfällt (BFH IV R 56/97 BStBl II 1998, 735). Eine absolute **zeitliche Grenze** für die (beabsichtigte) Wiederaufnahme der werbenden Tätigkeit besteht nicht; es kommt auf die Verhältnisse des Einzelfalles an.

578 **g) Betriebsverlegungen.** Bei einer sog Betriebsverlegung ist für das **Fortbestehen des Betriebs** dessen wirtschaftliche Identität (vgl Rn 18 ff) vor und nach der Verlegung entscheidend; wobei für unterschiedliche Betätigungen je eigene Gewichtungen der maßgebenden Kriterien angezeigt sind (vgl zum Handelsvertreter FG Schl-H 3 K 111/12 EFG 2013, 688). Die Absicht des Unternehmens, die Tätigkeit nach einem längeren Zeitraum *möglicherweise* wieder aufzunehmen, macht die Einstellung der gewerblichen Tätigkeit allerdings nicht zu einer vorübergehenden Unterbrechung (BFH I 110/61 U BStBl III 1962, 394; s dazu auch VIII R 43/84 BStBl II 1986, 136). Eine Betriebsunterbrechung liegt auch nicht vor, wenn eine Personengesellschaft ihren Betrieb einstellt und die Gesellschafter nach Gründung einer *weiteren* Personengesellschaft einen Betrieb mit demselben Unternehmensgegenstand eröffnen (BFH VIII R 30/05 BStBl II 2007, 723 gegen FG Köln DStRE 2005, 831).

579 **h) Betriebsverpachtung.** Auch sie folgt **gewstrechtlich anderen Regeln** als bei der Einkommensteuer (hierzu *Kußmaul/Schwarz* StuB 2012, 584, 745).

aa) Grundsatz. Für die GewSt bedeutet sie **Erlöschen des Steuergegenstands**, weil nicht absehbar ist, wann und ob der Unternehmer seine werbende Tätigkeit wieder aufnimmt und deshalb wieder sachlich steuerpflichtig wird (BFH GrS 1/63 S BStBl III 1964, 124; I R 235/80 BStBl II 1985, 456; IV R 56/97 BStBl II 1998, 735; I R 55/06 BStBl II 2007, 725). Etwas anderes gilt nur, wenn die Verpachtung des Betriebs selbst nicht bloße Vermögensverwaltung ist (s zur Abgren-

Beginn und Ende der sachlichen Steuerpflicht § 2

zung Rn 100 ff; R 16 Abs 5 EStR; BFH IV R 189/66 BStBl III 1967, 674). Einzelheiten zur GewErtragsermittlung und -aufteilung in R 2.2 GewStR.

bb) Betriebsaufspaltung. Gewstpflichtig ist die Verpachtung eines Betriebs 580 jedoch dann, wenn sie **betriebsaufspalterisch** erfolgt (BFH XI R 8/99 BFH/ NV 2000, 1135; Rn 295 ff), es sei denn, es handelt sich um eine fehlgeschlagene Betriebsaufspaltung (BFH VIII R 72/96 BStBl II 2002, 722; hierzu *Fichtelmann* Inf 2000, 4; zum Beginn und Ende der sachl Steuerpflicht s Rn 377), oder gegenüber einer Personengesellschaft, an der der Verpachtende beteiligt ist (Sonderbetriebsvermögen, GewstPfl bei der Gesellschaft; § 7 Rn 115).

cc) Teilbetriebsverpachtung. Auch diese ist gewstfrei, wenn sie nicht im Rah- 581 men eines Hauptbetriebs erfolgt (BFH VIII R 62/72 BStBl II 1977, 42). Für Personengesellschaften gilt dies allerdings nicht (BFH IV R 174/74 BStBl II 1978, 73; s.o. Rn 424 f).

2. Gewerblich geprägte Personengesellschaft

Bei ihr kommt es für die GewSt zwar auf die Aufnahme und Beendigung zB der 582 **vermögensverwaltenden Tätigkeit** an, und zwar unabhängig von einer Teilannahme am allgemeinen Wirtschaftsverkehr (BFH IV R 5/02 BStBl II 2004, 464). Doch bedeuten auch feststellbare Vorbereitungsmaßnahmen keinen Beginn und Abwicklungen des Mietrechtsverhältnisses keine Fortsetzung des „aktiven Gewerbebetriebs", es sei denn, die Gesellschaft setzt die Vermögensverwaltung in anderer Weise fort (BFH IV R 5/02 BStBl II 2004, 464; **aA** wohl *Kohlmeyer* DB 1991, 946). Wegen der Formulierung in § 15 Abs 3 Nr 2 EStG (in vollem Umfang) ist hinsichtlich der Dauer der gewerblichen Tätigkeiten eine Gleichbehandlung mit Kapitalgesellschaften nicht gerechtfertigt (offengelassen in BFH VIII R 260/81 BStBl II 1985, 433). S im Übrigen Rn 451.

Die **GewStPflicht erlischt,** wenn die rechtlichen Voraussetzungen einer gewerblich geprägten Personengesellschaft (s dazu Rn 430 ff) entfallen und die Gesellschaft nur noch vermögensverwaltende Einkünfte erzielt (Nds FG EFG 1982, 577 rkr), zB durch Ausscheiden der (einzigen) prägenden Kapitalgesellschaft (zur Betriebsaufgabe: BFH XI R 15/05 BStBl II 2007, 924; zum Problem *Klare* DB 2012, 1835). Wegen der geänderten Geschäftsführungsbefugnisse gilt dies auch für die Liquidationsgesellschaft (glA *Groh* DB 1987, 1006, 1012).

3. GmbH & Co KG

Bei der GmbH & Co KG, die eine **originäre gewerbliche Tätigkeit** iSd § 2 583 Abs 1 Satz 2 GewStG iVm § 15 Abs 1 Satz 1 Nr 1 EStG ausübt, beantwortet sich auch die Frage nach dem Beginn und Ende des Steuergegenstands nach den allgemeinen Grundsätzen der Rn 420 ff (s zum Beginn BFH VIII R 44/92 BStBl II 1995, 900; IV R 23/97 BStBl II 1998, 745; zur Beendigung BFH IV R 68/77 BStBl II 1980, 658). Die unmittelbar anschließende Vermögensverwaltung führt bei Vorliegen der Voraussetzungen des § 15 Abs 3 Nr 2 EStG zur gewerblich geprägten Gesellschaft und zur Fortdauer der GewStPfl.

4. Kapitalgesellschaften

Bei ihnen **entsteht** der Steuergegenstand mit der Eintragung ins HR, auch wenn 584 sie zum Zwecke der Übernahme eines Betriebs gegründet werden (BFH I R 244/ 74 BStBl II 1977, 561). Zur Beurteilung der Gründungsgesellschaft s Rn 470. Die **Beendigung** findet der GewBetrieb mit der Einstellung jeglicher Tätigkeit (s Rn 474). Bei **Genossenschaften u SCE** entscheidet die Eintragung im Genossenschaftsregister (Rn 461), bei **Versicherungsvereinen** auf Gegenseitigkeit die auf-

§ 2 Steuergegenstand

sichtsbehördliche Erlaubnis (R 2.5 Abs 2 GewStR) über den Beginn. Ende bedeutet auch hier Einstellung jedweder Tätigkeit (R 2.6 Abs 2 GewStR). Wie bei den übrigen Steuergegenständen lässt ein objektbezogener **Steuerbefreiungsgrund** den Steuergegenstand erlöschen.

5. Organschaft

584a Bei der Organschaft ist der OT Steuerschuldner, die sachliche Steuerpflicht der OG bleibt dagegen unberührt. Beginn und Wegfall der Organschaft verändern deshalb nur die Steuerschuldnerschaft, nicht die sachliche Steuerpflicht der OG (s Rn 534 f).

6. Wirtschaftlicher Geschäftsbetrieb

585 Bei den **sonstigen juristischen Personen** des Privatrechts und den nichtrechtsfähigen Vereinen beginnt die Steuerpflicht mit der Aufnahme der tatsächlichen Tätigkeit und erlischt mit ihrer Einstellung. Auch der Eintritt eines objektbezogenen Steuerbefreiungsgrundes führt zum Erlöschen des Steuergegenstands (Rn 559). Das bedeutet jedoch nicht den Fortfall des Geschäftsbetriebs: bleibt das Subjekt als solches bestehen, dann ist bei einem nachfolgenden Neubeginn der GewStPfl die Unternehmens- und Unternehmereinheit gesichert (BFH I R 92/98 BStBl II 1999, 733).

586–589 *(frei)*

E. Unternehmerwechsel (§ 2 Abs 5)

I. Gesetzeszweck

590 Geht ein **Gewerbebetrieb im Ganzen** auf einen anderen Unternehmer über, so gilt der Gewerbebetrieb als durch den bisherigen Unternehmer eingestellt. Der Gewerbebetrieb gilt als durch den anderen Unternehmer neu gegründet, wenn er nicht mit einem bereits bestehenden Gewerbebetrieb vereinigt wird. Die **gesetzliche Fiktion** trägt dem Gedanken der sachlichen Steuerpflicht des Unternehmens Rechnung, die sich nicht in allen Fällen mit der subjektiven Steuerschuldnerschaft des § 5 deckt (§ 5 Rn 1).

Nach dem **GewStG 1936** wurde die Steuerpflicht des Gewerbebetriebs durch einen Unternehmerwechsel nicht berührt; lediglich ein Wechsel in der Steuerschuldnerschaft war damit verbunden. Eine **Änderung der Rechtslage** trat durch die 2. GewStVV v 16.11.1943 (RGBl I 1943, 684) und später durch die Neufassung des § 5 Abs 2 (jetzt § 2 Abs 5) ein (s dazu BFH IV 666/55 U BStBl III 1958, 210).

Die Bestimmung der sachlichen Steuerpflicht des Unternehmers nach § 2 Abs 5 steht in engem Zusammenhang mit der **Festsetzung des GewStMessbetrags** (§§ 10 u 14) und dem **Verlustabzug** des § 10 a, die die sachliche Steuerpflicht reflektieren (vgl BFH IV 666/55 U BStBl III 1958, 210; I R 153/70 BStBl II 1972, 775; GrS 3/92 BStBl II 1993, 616; VIII R 41/95 BStBl II 1997, 179; *Glanegger* FR 1990, 469). Dieser setzt dafür sowohl **Unternehmensidentität** als auch **Unternehmeridentität** voraus (s § 10 a Rn 10 ff, 90 ff). Die Zuordnung des Betriebsergebnisses beim Unternehmer oder Mitunternehmer ist der innere Grund für den Verlustabzug. Sie entfällt anteilig, soweit ein anderer **(Mit-)Unternehmer** den Betrieb fortsetzt und fehlt völlig, wenn das Unternehmen auf einen anderen Unternehmer übergeht (§ 10 a Satz 7; s dort Rn 90). Der Betrieb gilt im letzteren Fall deshalb als durch den Vorgänger eingestellt (§ 2 Abs 5). Der **Wechsel der Gesellschafter** einer **Kapitalgesellschaft** ist kein Unternehmerwechsel (Fälle des § 42 AO ausgenommen). Es stellt sich aber für § 10 a die Frage der Unternehmensgleichheit (s dazu § 10 a Rn 45 ff).

II. Betriebsübergang im Ganzen

Er bedeutet mE nicht nur die **Übertragung der** bisher bestehenden **wirtschaft-** 591
lichen Einheit in Gestalt der funktional wesentlichen Betriebsgrundlagen; erforderlich ist mE auch – zumindest bei Einzelunternehmen u Personengesellschaften – der **Übergang der identischen Tätigkeit** gegenüber dem identischen Kundenkreis. Insofern können mE die Grundsätze zu Rn 16 ff herangezogen werden.

Wird lediglich ein **Teilbetrieb** abgegeben, so kommt dies keiner Betriebseinstellung gleich (vgl BFH IV R 25/88 BStBl II 1990, 373; I R 75/85 BFH/NV 1991, 291). Es ist dem aber für die Anpassung der GewStVorauszahlungen Rechnung zu tragen. Für den Teilbetriebserwerber ergibt sich eine entsprechende Erhöhung (bei Betriebsvereinigung) oder eine erstmalige Festsetzung von Vorauszahlungen (R 2.7 Abs 3 GewStR).

Der Übergang des Betriebs kann iZm einer **Veräußerung** oder mit einem unentgeltlichen Geschäft stehen. In Betracht kommt auch eine **Betriebsverpachtung,** die für den Verpächter Betriebseinstellung nach allgemeinen Grundsätzen (Rn 579) darstellt.

III. Erbfall

Auch die testamentarische oder gesetzliche Nachfolge durch den **Erbfall ist** 592
Unternehmerwechsel (BFH I 120/60 S BStBl III 1961, 357). Dass den oder dem Erben dadurch ein Abzug der vom Erblasser erzielten Verluste nach § 10 a versagt ist, entspricht der Systematik des § 2 Abs 5 (BFH IV 173/64 S BStBl III 1965, 115). Ein Unternehmerwechsel vollzieht sich deshalb auch im Verhältnis zu solchen Miterben, deren Anteilsveräußerung im Rahmen einer Erbauseinandersetzung nach der älteren Rspr nicht der ESt unterlag. Denn auch diese Miterben erzielen laufende gewerbliche Einkünfte (BFH IV R 5/75 BStBl II 1978, 333).

IV. Umwandlung

1. Allgemeines

Das Handelsrecht unterscheidet zwischen **formwechselnder Umwandlung,** 593
bei der die juristische Person in einer anderen Form fortbesteht, und der **übertragenden Umwandlung.** Als Rechtsnachfolge werden auch gewisse Verschmelzungs- und sonstige Vermögensübertragungsfälle nach dem UmwG behandelt (s die Übersicht im Umwandlungssteuererlass des *BMF* BStBl I 2011, 1314). Diese Unterscheidung ist auch für den **Unternehmerwechsel** von Gewicht. Er ist **zu verneinen** bei den **formwechselnden Umwandlungen** nach den §§ 190 ff UmwG 1995 (s zu § 365 AktG aF: BFH I 78/58 U BStBl III 1958, 468 sowie zu § 65 UmwG aF: BFH VI 205/61 S BStBl III 1964, 306), **zu bejahen** beim Vermögensübergang einer **übertragenden Umwandlung,** zB einer Kapitalgesellschaft auf eine Personengesellschaft oder eine natürliche Person (s auch RFH RStBl 1942, 1024), auch in der Form einer Rechtsnachfolge. Dasselbe gilt für die Umwandlung oder Vermögensübertragung einer Kapitalgesellschaft auf eine andere. Dem entsprechen auch die gewstrechtlich bedeutsamen Vorschriften der §§ 18, 19 UmwStG.

Keine (lediglich formwechselnde) Umwandlung nach dem UmwG/UmwStG ist die **Umwandlung eines BgA** gemäß kommunalrechtlicher Vorschriften in eine Anstalt öffentlichen Rechts (BFH I R 112/09 BFH/NV 2011, 1194).

§ 2 Steuergegenstand

Die **Bekanntgabe** des GewStMessbescheids hat bei Gesamtrechtsnachfolge kraft Umwandlung **gegenüber dem Rechtsnachfolger** zu erfolgen (BFH GrS 4/84 BStBl II 1986, 230).

2. Kapitalgesellschaft

594 Entsprechendes gilt für die **Betriebseinbringung in eine Kapitalgesellschaft** (Sacheinlage nach § 20 UmwStG). Sie ist als Unternehmerwechsel aufzufassen. Denn das Unternehmen betreibt dann die Kapitalgesellschaft. Ob es wegen Buchwertfortführung estrechtlich zu einer Gewinnrealisierung kommt, ist für die Belange des § 2 Abs 5 ohne Bedeutung (zweifelhaft deshalb BFH I 37/54 U BStBl III 1954, 243). Entsprechendes gilt für die Wertung der Einbringung als handelsrechtliche Veräußerung oder Gesamtrechtsnachfolge (s Anh § 7 Rn 330 ff).

3. Personengesellschaften

595 a) **Änderungen im Gesellschafterbestand.** Nach herrschender Auffassung führen **Änderungen im Gesellschafterbestand** solange zu keinem Unternehmerwechsel im Ganzen, als mindestens ein bisheriger Unternehmer den Betrieb fortführt (R 2.7 Abs 2 GewStR), mit der Folge eines anteiligen Verlustvortrags für die oder den verbleibenden Gesellschafter (BFH GrS 3/92 BStBl II 1993, 616; IV R 137/91 BStBl II 1994, 477; VIII R 84/90 BStBl II 1994, 764; VIII R 41/95 BStBl II 1997, 179; I B 135/94 BFH/NV 1996, 576). Es kommt nicht darauf an, ob er ihn allein oder zusammen mit anderen Unternehmern weiterbetreibt und auf welche Weise (Übertragung, Gesamtrechtsnachfolge oder Anwachsung) die Eigentumsanteile der Ausscheidenden auf den verbleibenden oder die neu hinzutretenden Unternehmer übergehen (BFH I R 153/70 BStBl II 1972, 775; VIII R 220/79 B BFH/NV 1989, 319, 320; s zur Anwachsung BFH I R 165/80 BStBl II 1985, 403; IV R 117/88 BStBl II 1990, 436; R 2.7 Abs 2 GewStR).

596 b) **Einbringung.** Wird ein Einzelunternehmen **in eine Personengesellschaft eingebracht,** besteht die sachliche Steuerpflicht des Einzelunternehmens fort, auch wenn die persönliche Steuerpflicht endet (BFH III R 36/85 BStBl II 1989, 664; IV B 86/00 BFH/NV 2001, 1447). Entsprechendes gilt für den umgekehrten Vorgang des **Übergangs** des Unternehmens von der **Personengesellschaft auf einen Gesellschafter** (BFH I R 38/04 BStBl II 2006, 568; VIII R 220/79 BFH/NV 1989, 319; VIII R 242/80 BFH/NV 1989, 320; III R 83/89 BFH/NV 1994, 263). Folgt man der herrschenden Auffassung, so ergeben sich für den Unternehmerwechsel auch bei anderen mitunternehmerischen Zusammenschlüssen keine Abweichungen (s für die eheliche Gütergemeinschaft BFH I R 153/70 BStBl II 1972, 775; ferner zur atypischen stillen Gesellschaft BFH VIII R 364/83 BStBl II 1986, 311).

Der Wechsel der Gesellschafter der **Komplementär-GmbH** beeinflusst ihre Gesellschafter- und Mitunternehmerstellung bei der KG nicht (BFH I 135/94 BFH/NV 1996, 576 Ls).

V. Materiell-rechtliche Folgen des Unternehmerwechsels

1. Verlustabzug nach § 10a

597 Nach einem Unternehmerwechsel **entfällt** für die Betriebsergebnisse der Vergangenheit die für den Verlustabzug nach § 10 a notwendige **Unternehmergleichheit.** Für den Gesellschafter einer Personengesellschaft besteht die Unternehmergleichheit trotz Ausscheidens anderer, sogar im Falle der Geschäftsübernahme durch den letzten Gesellschafter (Anwachsung und Gesamtrechtsnachfolge) fort. Ihm steht der Verlust-

Unternehmerwechsel § 2

abzug nach § 10 a anteilig zu; Entsprechendes gilt für die Einbringung eines Einzelunternehmens in eine Personengesellschaft (Einzelheiten § 10a Rn 90 ff). Die Entscheidung in BFH VIII R 32/67 BStBl II 1973, 233 (Einbringung als estrechtliche Betriebsaufgabe), widerspricht dem nicht (aA H 2.7 GewStH).

2. Abgekürzter Erhebungszeitraum

Ferner führt der Unternehmerwechsel zu dem **abgekürzten Erhebungszeitraum** iSd § 14 Satz 3. Die Vorschrift bezieht das Merkmal GewStPflicht auf den GewStGegenstand. Zur Anwendung auf die subjektive Steuerschuld s Rn 597 ff. 598

VI. Steuerschuldnerschaft und Unternehmerwechsel

1. Bescheidadressierung

Die Steuerschuldnerschaft interessiert für die **Bescheidadressierung.** Für die Fälle des § 2 Abs 5 sieht § 5 Abs 2 den Wechsel des Steuerschuldners vor. Es ergehen zwei Bescheide für einen Erhebungszeitraum (zB BFH I R 254/70 BStBl II 1974, 388; IV R 55/04 BStBl II 2006, 404). 599

Bei **Umwandlungen von oder in Personengesellschaften,** die keine Beendigung der sachlichen Steuerpflicht nach § 2 Abs 5 bewirken (Rn 594), muss der Steuerschuldnerwechsel und damit berücksichtigt werden, dass an die Stelle des einbringenden Einzelunternehmers die Personengesellschaft tritt und umgekehrt (vgl BFH III R 36/85 BStBl II 1989, 664; VIII R 424/83 BFH/NV 1991, 804; R 5.1 Abs 1 GewStR).

2. Einzelheiten

a) Zeitpunkt des Wechsels. Bei einem **Wechsel zum Jahresende** ergeben sich für die jeweiligen Steuerschuldner getrennte Erhebungszeiträume (§ 14). Bei einem **Wechsel während des Jahres** 600
ist jedem Steuerschuldner nur der Teil des für den Erhebungszeitraum ermittelten Steuermessbetrags zuzurechnen und getrennt festzusetzen, der auf die Dauer seiner persönlichen Steuerpflicht entfällt (BFH IV R 55/04 BStBl II 2006, 404; zur Verlustverrechnung bei Identität von Gesellschafter u Unternehmen BFH VIII R 84/90 BStBl II 1994, 764).

b) Aufteilung des Gewerbeertrags. Sie ist wie folgt vorzunehmen: 601

aa) Abweichendes Wirtschaftsjahr. Wird mit dem Steuerschuldnerwechsel auf ein **abweichendes Wirtschaftsjahr** umgestellt, so ergibt sich die mit dem Steuerschuldnerwechsel übereinstimmende Gewerbeertragszuordnung aus § 10.

Beispiel:
Der Gewerbebetrieb wird von einem Mitunternehmer ab 1. 3. 01 allein fortgeführt. Er stellt sein Wirtschaftsjahr auf den Zeitraum vom 1. 3. bis 28. 2. eines jeden Jahres um. Für den Erhebungszeitraum des Jahres 01 wird von dem Gewerbeertrag des Rumpfwirtschaftsjahrs ausgegangen, der noch die bis zum 1. 3. 01 bestehende Gesellschaft betrifft (§ 10 Abs 1 u 2).

bb) Andere Fälle. In **anderen Fällen** bestimmt sich der vom jeweiligen Steuerschuldner erzielte Gewerbeertrag (§ 7; R 11.1 Satz 4 GewStR) mE wie folgt: Sowohl bei der Einbringung eines Einzelunternehmens als auch bei der Übernahme des von der Gesellschaft unterhaltenen Unternehmens durch den letzten verbleibenden Gesellschafter ist jeweils estrechtlich und deshalb auch mit Wirkung für den Gewerbeertrag des § 7 GewStG eine Schluss- und Eröffnungsbilanz erforderlich (BFH III R 11/86 BStBl II 1989, 515), nach der sich der den verschiedenen Steuer- 602 schuldnern zuzuordnende Gewerbeertrag bemisst (BFH IV R 55/04 BStBl II 2006, 404; *Glanegger* FR 1990, 469 mwN).

Die **Korrekturen des Gewerbeertrags** nach den §§ 8, 9 sind, soweit dem periodischer Aufwand zugrunde liegt (zB Dauerschuldzinsen, § 8 Nr 1 aF, Hinzurechnungen nach § 8 Nr 1 nF), für den Ermittlungszeitraum vorzunehmen, in dem sie anfallen. Andere Korrekturen, wie etwa die Kürzungen nach § 9 Nr 1 aF/nF sind zeitanteilig zu berücksichtigen. Dies gilt auch für den **Freibetrag** nach § 11 Abs 1 Nr 1 (für jeden angefangenen Monat 2042 €, bis 31.12.2001: 4000 DM; R 11.1 Satz 6 GewStR).

603 c) **Verfahrensrecht.** Beim Steuerschuldnerwechsel ist **für jeden Steuerschuldner** ein Bescheid zu erteilen. Dies gilt aus Gründen der Bestimmtheit mE auch für den als Gesamtrechtsnachfolge behandelten Fall der Übernahme des Geschäfts durch den letzten verbleibenden Gesellschafter.

604 aa) **Abgrenzung.** Lediglich **formwechselnde Umwandlungen** lassen die Steuerschuldneridentität unberührt (Rn 593 f). Dazu rechnet R 5.1 Abs 2 Satz 3 GewStR grundsätzlich auch den Beginn und die Beendigung einer **atypischen stillen Gesellschaft**, weil die Person des Steuerschuldners (Geschäftsinhabers) nicht wechselt. Die Umwandlung einer BGB-Gesellschaft in eine atypische stille Gesellschaft betrachtet die Rspr nicht als Betriebsaufgabe (BFH VIII R 40/84 BStBl II 1990, 561). Gleichwohl wechselt der Steuerschuldner. In diesem Ausnahmefall ist der Gewerbeertrag des Erhebungszeitraums mE dann ebenfalls zeitanteilig aufzuteilen. Außerdem können sich noch folgende andere Gestaltungen ergeben:

605 bb) **Wechsel sämtlicher Gesellschafter einer Personengesellschaft.** Dies ist ein **Unternehmerwechsel iSd § 2 Abs 5,** zusätzlich tritt die Rechtsfolge des § 5 Abs 2 ein. Für das betreffende Jahr ergehen zwei GewStMessbescheide (ähnlich BFH I R 254/70 BStBl II 1974, 388).

Scheidet aus einer Personengesellschaft einer von mehreren aus, so bleibt die Gesellschaft Steuerschuldnerin und Bescheidadressatin, der ausgeschiedene Gesellschafter soll daneben nur noch über die Haftungsnorm des § 191 Abs 4 AO herangezogen werden können (BFH VIII R 364/83 BStBl II 1986, 311).

606 cc) **Liquidation.** Wird eine Personengesellschaft ohne Geschäftsübernahme, dh durch **vollendete Liquidation** aufgelöst, liegt kein Fall des § 5 Abs 2, sondern schlichtes Erlöschen des Steuergegenstands vor (Rn 575). Ein GewStBescheid könnte einer solchen Gesellschaft aber nach der Auffassung bekannt gegeben werden, dass einer vollendeten Liquidation ein schwebender Steuerrechtsstreit der Gesellschaft entgegensteht (vergleichbar zur USt: BFH V R 175/74 BStBl II 1981, 293; offengelassen in IV R 20/78 BStBl II 1982, 700). Andernfalls müssen die Gesellschafter als Gesamtschuldner im Wege der Haftung herangezogen werden. Dies gilt auch für BGB-Gesellschafter (BFH VII R 187/82 BStBl II 1986, 156).

607 dd) **Vereinigung mit bereits bestehendem Gewerbebetrieb.** Ist ein Unternehmerwechsel nach § 2 Abs 5 gegeben und wird der übertragene Betrieb mit einem beim Übernehmer schon **vorhandenen Betrieb vereinigt,** so treten für den Übergeber die materiellen Rechtsfolgen des Unternehmerwechsels ein. Für den Übernehmer beginnt die sachliche Steuerpflicht nicht ab dem Zeitpunkt der Betriebsvereinigung. Vielmehr ist der Gewerbeertrag des übernommenen Betriebs, der auf den Zeitraum nach Betriebsvereinigung entfällt (keine doppelte Erfassung), dem Gewerbeertrag des bereits bestehenden Betriebs zuzuschlagen.

608, 609 *(frei)*

F. Betriebsstätte (§ 2 Abs 1)

I. Bedeutung/Rechtsgrundlagen

1. Bedeutung

Die **Betriebsstätte** ist ein **zentraler Anknüpfungspunkt** für die Gewerbebesteuerung im Inland: Nach § 2 Abs 1 Satz 3 wird ein Gewerbebetrieb im Inland betrieben, soweit für ihn im Inland oder auf einem in einem inländischen Schiffsregister eingetragenen Kauffahrteischiff eine Betriebsstätte unterhalten wird; gleichwohl wird das Erfordernis diskutiert (vgl *Kramer* DB 2011, 1882; aA *Haase/Dorn* DB 2011, 2115). Die Betriebsstätte ist nicht lediglich ein formaler Ansatz für die Bestimmung der Ertragshoheit. Sie ist im Gegensatz zum Teilbetrieb eine unselbstständige Untereinheit des Betriebs, dem auch wirtschaftlich Ertragsteile (auch Verluste, BFH I R 248/71 BStBl II 1974, 752) zugewiesen werden (§ 9 Nr 3; BFH IV R 80/81 BStBl II 1985, 405; VIII R 152/86 BStBl II 1991, 94). Die Betriebsstätte dient ferner der Aufteilung der GewSt unter den betroffenen Gemeinden (§§ 4, 28). Sie hat deshalb vor allem wegen der unterschiedlichen Hebesätze der Gemeinden für die Betriebsgestaltung wirtschaftliches Gewicht; hier gewinnt die Betriebsstättenfunktion der Organgesellschaft nach § 2 Abs 2 ihre Bedeutung. Beim Reisegewerbe entscheidet an ihrer Stelle der Mittelpunkt der gewerblichen Tätigkeit (§ 35 a Abs 3).

610

2. Rechtsgrundlagen

Maßgebend auch für die GewSt ist **§ 12 AO**.

611

§ 12 AO Betriebsstätte

¹Betriebsstätte ist jede feste Geschäftseinrichtung oder Anlage, die der Tätigkeit eines Unternehmens dient. ²Als Betriebsstätten sind insbesondere anzusehen:
1. die Stätte der Geschäftsleitung,
2. Zweigniederlassungen,
3. Geschäftsstellen,
4. Fabrikations- oder Werkstätten,
5. Warenlager,
6. Ein- oder Verkaufsstellen,
7. Bergwerke, Steinbrüche oder andere stehende, örtlich fortschreitende oder schwimmende Stätten der Gewinnung von Bodenschätzen,
8. Bauausführungen oder Montagen, auch örtlich fortschreitende oder schwimmende, wenn
    a) die einzelne Bauausführung oder Montage oder
    b) eine von mehreren zeitlich nebeneinander bestehenden Bauausführungen oder Montagen oder
    c) mehrere ohne Unterbrechung aufeinander folgende Bauausführungen oder Montagen
länger als sechs Monate dauern.

II. Allgemeines

1. Unternehmensbezug

§ 12 Satz 1 AO stellt nicht allein auf den Gewerbebetrieb ab, sondern auf **das Unternehmen**. Damit sollen in Anlehnung an die neuere Abkommenspraxis auch

612

§ 2 Steuergegenstand

land- und forstwirtschaftliche und freiberufliche Betriebe einbezogen werden (s Regierungsbegründung zur AO 1977, *Mittelsteiner/Schaumburg,* Materialien zur AO 1977).

2. Vorbemerkungen

613 (1.) Durch das Merkmal **„feste Geschäftseinrichtung"** anstelle von „feste örtliche Anlage oder Einrichtung" (§ 16 Abs 3 StAnpG) werden ausdrücklich auch bewegliche Geschäftseinrichtungen mit einem vorübergehenden festen Standort erfasst (s AEAO). Die in § 12 Nr 7 und Nr 8 AO erwähnten schwimmenden oder *örtlich* **fortschreitenden Einrichtungen** sind deshalb zu Recht erwähnt. – (2.) Zudem nennt § 12 Nr 8 AO abweichend von § 16 Abs 2 Nr 3 StAnpG erstmals neben **Bauausführungen** auch **Montagen** (s Rn 473). – (3.) Ob der **Katalog** des § 12 AO **nur Beispielsfälle** nennt („insbesondere") oder rechtsbegründend wirkt, ist nicht geklärt. – (4.) Der **Begriff** der Betriebsstätte in § 12 AO ist **nicht identisch** mit dem in verschiedenen Einzelsteuergesetzen verwendeten Begriff (vgl BFH X R 174/96 BStBl II 2001, 734; I R 56/08 BStBl II 2010, 492, jeweils mwN), insb nicht mit dem des § 4 Abs 5 Satz 1 Nr 6, § 41 EStG (vgl BFH XI R 5/95 BFH/NV 1997, 279). – (5.) Ob im Einzelfall eine Betriebsstätte vorliegt, hängt von der konkreten **Ausprägung der** räumlichen und zeitlichen **Komponenten** ab (BFH VII B 244/09 BStBl II 2010, 2020). Zum Begriff der Betriebsstätte nach § 12 Satz 1 AO und nach dem Katalog des § 12 Satz 2 AO vgl auch Betriebsstättenerlass *BMF* BStBl I 1999, 1078 (hierzu *Kumpf/Roth* DB 2000, 741; FR 2000, 500; *Kumpf* FR 2001, 449; *Buciek* DStZ 2003, 139).

III. Die einzelnen Merkmale

1. Feste Geschäftseinrichtung oder Anlage

614 a) **Dauer.** Die Einrichtung oder Anlage kann in einem oder mehreren Gegenständen bestehen. Erforderlich ist eine **feste Beziehung zur Erdoberfläche** (auch wenn die Betriebsstätte unter ihr liegt), **die von einer gewissen Dauer** ist; zudem muss der Unternehmer zumindest eine gewisse nicht nur vorübergehende Verfügungsgewalt darüber haben (BFH I R 80-81/91 BStBl II 1993, 462; II R 12/92 BStBl II 1997, 12; hierzu Rn 619). Bei mobilen Einrichtungen gilt dies auch für die nötige Stellfläche (BFH I R 77/88 BStBl II 1990, 166). Außerdem müssen sie den Zwecken des Unternehmens selbst dienen (zB BFH I R 145/76 BStBl II 1979, 527), also nicht etwa nur den Zwecken des Stellvertreters (Rn 626). Die 6-Monatsfrist für Montagen und Bauausführungen soll auch für die zeitliche Komponente der festen Geschäftseinrichtung oder Anlage einen Anhalt bieten (FG München EFG 1986, 259 rkr; FG Köln EFG 2002, 485; in Rev BFH I R 12/02 BStBl II 2004, 396 insoweit offengelassen – Verkaufsstand auf Weihnachtsmarkt).

615 b) **Körperliche Gegenstände.** Als **Geschäftseinrichtung** wird jeder **körperliche Gegenstand** bzw jede Zusammenfassung körperlicher Gegenstände bezeichnet, der/die geeignet ist/sind, Grundlage einer Unternehmenstätigkeit zu sein (BFH I R 80-81/91 BStBl II 1993, 462). Es kommt auch die **Wohnung** in Frage, wenn der Gewerbetreibende idR nur dort telefonisch erreichbar ist, dort abrechnet und/oder von dort seiner Tätigkeit nachgeht (BFH IV 319/60 U BStBl III 1963, 28 für Taxiunternehmen ohne festen Standplatz; BFH IV 155/60 U BStBl III 1961, 317; R 130/83 BFH/NV 1988, 119 für ambulante Händler u Vertreter; FG Hamburg EFG 1992, 332 für Fotomodell) oder eine Ferienwohnung ggf neben dem Wohnsitz (R 2.9 Abs 1 Satz 6 f GewStR), ggf Räume der Betriebsgesellschaft bei einer Betriebsaufspaltung (BFH I R 5/82 BStBl II 1983, 771). Angestellte **Korrespon-**

Betriebsstätte § 2

denten, die im Inland ansässig sind oder ein Büro zur Verfügung haben, begründen für ausländische Korrespondenten eine Betriebsstätte (*OFD München* DB 2000, 1203). Nur gelegentliche Geschäftskontakte in der Wohnung begründen dort aber noch keine Betriebsstätte (BFH I B 124/64 BStBl III 1966, 548). Auch nur **zur Verfügung gestellte Räume** in einem abgegrenzten Areal (Kaserne) kommen als Betriebsstätte in Betracht (BFH I R 106/03 BFH/NV 2005, 154); ebenso eine **Rohrleitung** (Pipeline) (BFH II R 12/92 BStBl II 1997, 12; die aA I R 226/75 BStBl II 1970, 111 ist überholt).

c) **Feste Verbindung.** Fest ist die Einrichtung oder Anlage durch eine **feste** 616 **Verbindung zum Erdboden** (Fixierung) oder durch eine einfache Belegenheit von gewisser Dauer an derselben Stelle (BFH I R 128/73 BStBl II 1975, 203; I R 80-81/91 BStBl II 1993, 462; II R 12/92 BStBl II 1997, 12; VII B 152/86 BFH/NV 1987, 735).

d) **Definitionsmerkmale.** Die Merkmale des § 12 Satz 1 AO gelten auch für 617 die **Aufzählung des § 12 Satz 2 AO,** sofern dort nicht eine Definitionserweiterung oder -beschränkung enthalten ist (vgl BFH I R 12/02 BStBl II 2004, 396). Umgekehrt bietet die 6-Monatsfrist des § 12 Satz 2 Nr 8 einen Anhaltspunkt für die der Betriebsstättenqualität eigene im Zusammenhang mit Arbeiten, die nicht Bauausführung/Montage sind, errichteten Einrichtung (BFH I B 136/53 U BStBl III 1954, 179). Bei **Reisegewerbetreibenden** tritt an die Stelle der Betriebsstätte der Mittelpunkt der gewerblichen Tätigkeit (§ 35 Abs 3 u 4 GewStG; vgl R 1.3 Abs 1 Satz 2, R 35 a GewStR).

e) **Schiffe. Sonderregelungen** bestehen **für Schiffe:** Im Inland betrieben wird 618 ein Gewerbebetrieb, soweit für ihn auf einem in einem inländischen Schiffsregister eingetragenen Kauffahrteischiff eine Betriebsstätte unterhalten wird (§ 2 Abs 1 Satz 3; BFH IV R 58/95 BStBl II 1998, 86). Das gilt auch für GewBetriebe, die auf solchen Schiffen unterhalten werden (zB Restauration, BFH I R 219/71 BStBl II 1974, 361). Eine Ausnahme gilt für Betriebsstätten auf solchen Kauffahrteischiffen, die im sog regelmäßigen Liniendienst ausschließlich zwischen ausländischen Häfen verkehren (§ 5 GewStDV). Auf Handelsschiffen im internationalen Verkehr wird keine (ausländische) Betriebsstätte unterhalten (FG Hamburg 6 K 102/08 EFG 2009, 1665). Bei Binnen-Küstenschifffahrtsbetrieben, die feste örtliche Anlagen oder Einrichtungen zur Ausübung des Gewerbes nicht unterhalten, gilt eine Betriebsstätte in dem Ort als vorhanden, der als Heimathafen (Heimatort) im Schiffsregister eingetragen ist (§ 6 GewStDV). Hochseefischer werden Küstenschiffern gleichgesetzt (RFH RStBl 26, 333; *Tipke/Kruse* § 12 AO Rn 7b). Die Wohnung des Schiffahrtunternehmers genügt regelmäßig nicht den Anforderungen einer Betriebsstätte (BFH I B 124/64 BStBl III 1966, 548; H 2.9 (1) GewStH), wohl aber ein Schiffsanleger (BFH I R 376/83 BStBl II 1988, 201).

2. Verfügungsmacht

a) **Gesicherte Rechtsposition.** Eine nicht nur vorübergehende Verfügungs- 619 macht setzt **nicht notwendigerweise Miete oder Pacht** der betreffenden Gegenstände oder Räume voraus. Der unentgeltlich Nutzende muss aber eine **Rechtsposition** besitzen, die ihm ohne seine Mitwirkung nicht ohne Weiteres entzogen und die hinsichtlich der Bestimmtheit der überlassenen Räume nicht ohne Weiteres verändert werden kann (BFH I R 189/79 BStBl II 1982, 624; I R 77/88 BStBl II 1990, 166; II R 12/92 BStBl II 1997, 12). Es genügt der von einer GmbH für zahlreiche an ihr beteiligte Fuhrunternehmer angemietete Parkplatz auch ohne Zuweisung einer bestimmten Teilfläche an den einzelnen Unternehmer (BFH III R 2/06 BFH/NV 2009, 1457), ebenso eine allgemein-rechtliche Absicherung, wenn aus tatsächlichen Gründen anzunehmen ist, dass zumindest ein Raum, auch

§ 2 Steuergegenstand

ein Hotelzimmer, zur ständigen Nutzung zur Verfügung steht (BFH I R 80-81/91 BStBl II 1993, 462). Dies kommt in Betracht bei Standplätzen (Wochenmarkthändler, Taxistandorte, Obststände; BFH I R 12/02 BStBl II 2004, 396), die den Betreffenden zustehen (BFH I R 145/76 BStBl II 1979, 527; vgl XI R 34/90 BStBl II 1992, 90) oder deren Benutzung jedenfalls vom Verkehr geduldet wird (vgl R 2.9 Abs 1 Satz 4 GewStR, H 2.9 (1) GewStH). Eine ausdrücklich vereinbarte oder auf einen bestimmten Arbeitsplatz bezogene Rechtsposition ist jedoch nicht erforderlich (BFH I R 106/03 BFH/NV 2005, 154). **Zugewiesene Bezirke,** Straßenzüge, zB bei Milchversorgern oder Kaminkehrern (zum Kehrbezirk BFH X R 174/96 BStBl II 2001, 734) sind keine bestimmten Flächen und deshalb keine Betriebsstätten (RStBl 1942, 469). Nach neuerer Rspr genügt auch eine **faktische Verfügungsmacht,** wie sie sich daraus ergibt, dass eine (auch gewerblich geprägte) Mitunternehmerschaft oder eigene Betriebsstätte von Büroräumen der Mitunternehmer (BFH I R 52/10 BFH/NV 2011, 1354) oder einer eingeschalteten Managementgesellschaft (BFH I R 46/10 BFH/NV 2011, 2165) aus gesteuert wird.

620   **b) Ausländisches Unternehmen.** Ein ausländisches Unternehmen hat eine Betriebsstätte auch in Räumen, die sein **leitender Angestellter** angemietet und ihm zur Verfügung gestellt hat (BFH I R 87/72 BStBl II 1974, 327). Zur Nutzung eines Hotelzimmers s Rn 618 f.

621   **c) Keine geeignete Verfügungsmacht.** Keine geeignete Verfügungsmacht besteht *an Räumen von Kunden* oder Vertragspartnern, in denen betriebliche Tätigkeiten stattfinden bzw die der Unternehmer zu geschäftlichen Verhandlungen aufsucht (BFH IV 155/60 U BStBl III 1961, 317; I R 30/07 BStBl II 2008, 922) oder an denen nur ein *einfaches Mitnutzungsverhältnis* besteht (BFH I B 196/08 BFH/NV 2009, 1588). Entsprechendes gilt für vom Hauseigentümer gewählte *Mülltonnenplätze* (keine Betriebsstätte des Müllabfuhrunternehmens BFH VIII R 270/81 B BFH/NV 1988, 735), *Wohnräume des Arbeitnehmers,* wenn das jederzeitige Verfügungsrecht des Arbeitgebers nicht unbestritten ist (BFH I B 80/97 B BFH/NV 1999, 665), eine *Tankstelle* eines den Tankstellenbetrieb überlassende Mineralölunternehmens (BFH III R 47/03 BStBl II 2006, 78; III R 76/03 BStBl II 2006, 84; I R 84/05 BStBl II 2007, 94). Auch bei einer *Betriebsaufspaltung* hat das Besitzunternehmen keine Verfügungsmacht an den Räumen des Betriebsunternehmens auch dann, wenn dort beschäftigtes Personal auf Anweisung des Besitzunternehmers (Buchführungs-)Arbeiten durchführt (Nds FG 15 K 3035/06 EFG 2010, 386). In der Regel nur vorübergehende Verfügungsmacht hat der Benutzer eines *Hotelzimmers,* auch wenn er dort geschäftliche Handlungen vornimmt (BFH IV 155/60 U BStBl III 61, 317); doch kann sich im Einzelfall aufgrund ausdrücklicher oder konkludenter Vereinbarung eine (auf Dauer) gesicherte Rechtsposition ergeben (BFH I R 80-81/91 BStBl II 1993, 462): der Geschäftslokalcharakter eines Hotelzimmers würde eine Betriebsstätte begründen. Auch die *einmaligen Auftritte* von *Berufssportlern* und *kurze Gastspiele* von *Musikern* führen zu keiner Betriebsstätte (BFH IV 77/53 S BStBl III 1955, 100; Tipke/Kruse § 12 AO Rn 10). Aus den reisekostenrechtlichen Ausführungen in BFH IV R 101/72 BStBl II 1975, 407, kann nicht entnommen werden, dass ein als Berufssportler tätiger Skifahrer oder der freiberufliche Skilehrer am Skihang eine Betriebsstätte hat (ähnl BFH VIII R 104/85 BStBl II 1986, 424).

3. Unmittelbares Dienen

622   **a) Begriff.** Der **Tätigkeit des Unternehmens** muss die Geschäftseinrichtung oder Anlage **unmittelbar dienen** (BFH IV R 24/73 BStBl II 1979, 18). Das ist der Fall, wenn der Unternehmer sie für eine gewisse Dauer zu unternehmerischen Zwecken nutzt, dh mit ihr unternehmensbezogen nachhaltig tätig wird (BFH II R 134/86 BStBl II 1988, 735; I R 77/88 BStBl II 1997, 12) bzw wenn die Einrichtung auf einen solchen dauerhaften Bezug zum Unternehmen hin ausgerichtet ist (BFH V R 20/79 BStBl II 1987, 162; III B 7/11 BFH/NV 2012, 267); es genügt nicht, wenn die Einrichtung dem ständigen Vertreter dient (BFH I R 196/79 BStBl II 1983, 77; zum ständigen Vertreter s Rn 626). Hygienische Einrichtungen und Umkleideräume für Arbeitnehmer stellen keine Betriebsstätte dar (BFH I B 214/58 U BStBl III 1959, 349). Ebenso wenig sind dies den Wohnzwecken oder sozialen Belangen dienende Einrichtungen (Genesungsheime, Sportgelände, BFH I B 222/59 U BStBl III 1961, 52; R 2.9 Abs 3 GewStR).

b) Verpachtung/Grundvermögen. Die **Verpachtung von Räumen** als solche begründet an diesem Ort noch keine Betriebsstätte (BFH I R 1/79 BStBl II 1982, 428). Etwas anderes gilt für eine originär gewerbliche Verpachtung oder Vermietung von Betriebsanlagen (BFH I B 148/59 U BStBl III 1960, 468; IV B 411/62 U BStBl III 1965, 324). Entsprechendes gilt mE bei als gewerblich einzustufenden **Beteiligungen** an mehreren Immobilien- (Personen-)Gesellschaften, weil erst die Anzahl der Beteiligungen zur Gewerblichkeit führt. Der bloße **Besitz von Grundvermögen**, insb das Halten von Vorratsgrundstücken allein kann keine Betriebsstätte abgeben (RFH RStBl 1941, 393; BFH I B 218/56 U BStBl III 1958, 261). Jedoch ist ein Grundstück auch dann Teil einer (mehrgemeindlichen) Betriebsstätte, wenn dieser Teil der Betriebsstätte vorübergehend nicht genutzt wird (BFH I B 34/50 U BStBl III 1951, 124; I B 218/56 U BStBl III 1958, 261). 623

c) Hilfs- oder Nebenhandlungen. Die dem Unternehmen dienende Tätigkeit muss **nicht notwendig vom Unternehmer** selbst ausgeübt werden. Es genügt, wenn sich in der Einrichtungen oder Anlagen Hilfs- oder Nebenhandlungen vollziehen. Der **Einsatz von Personal** in oder an der Geschäftseinrichtung ist *nicht* erforderlich (BFH I R 77/88 BStBl II 1997, 12). Auch mechanische Anlagen werden als Betriebsstätten gewertet (Verkaufsautomaten), und zwar auch dann, wenn die Bedienung durch automatische Steuerungseinrichtungen bzw Fernsteuerungen (auch im Ausland) erfolgt (BFH I R 227/75 BStBl II 1978, 160, 162). Gleisanlagen u.ä. können mE dem nicht gleichgesetzt werden (str, s § 30 Rn 3). Auch Anschlagstellen werden als Betriebsstätten beurteilt (BFH I B 49/58 U BStBl III 1958, 379). Nach diesen Grundsätzen ist wohl auch ein **Verkaufsserver im Internet** als Betriebsstätte anzusehen (zum Betriebsstättenbegriff des OECD-Musterabkommens *Holler/Heersink* BB 1998, 771; *Strunk* BB 1998, 1824; *Pinkernell/Ditz* FR 2001, 1193, 1271). 624

d) Kapitalgesellschaften/gewerblich geprägte Personengesellschaften. Diese unterhalten Betriebsstätten auch in Gemeinden, in denen sie eine **Landwirtschaft** betreiben (BFH I B 222/59 U BStBl III 1961, 52). Für Einkünfte aus Vermögensverwaltung kommen regelmäßig die Orte der Verwaltung als Betriebsstätten in Betracht. 625

4. Ständiger Vertreter

a) Definition. Die Tätigkeit, der die Betriebsstätte dient, kann auch von einem ständigen Vertreter ausgeübt werden. Er ist nach der Definition des **§ 13 AO** eine Person, die nachhaltig Geschäfte des Unternehmens besorgt und dabei dessen Sachweisungen unterliegt, insb für ein Unternehmen nachhaltig **(1.)** Verträge abschließt oder vermittelt oder Aufträge einholt oder **(2.)** einen Bestand von Waren und Gütern unterhält und davon Auslieferungen vornimmt (hierzu BFH I R 35/70 BStBl II 1972, 785). Die hierin angesprochene Weisungsabhängigkeit ist bei einem Arbeitnehmer gegeben, kann aber auch auf einem Auftrags- oder Geschäftsbesorgungsverhältnis (§§ 662, 675 BGB) beruhen. Möglich ist die Vertretung auch im Rahmen eines GewBetriebs, zB bei einem Handelsvertreter nach § 84 HGB (vgl RFH RStBl 1941, 355), auch durch eine Kapitalgesellschaft (RFH RStBl 1940, 626

§ 2   Steuergegenstand

25). Bei einer Betriebsaufspaltung ist das Betriebsunternehmen nicht ständiger Vertreter des Besitzunternehmens (BFH VI B 31/63 BStBl III 1966, 598).

627   **b) Verfügungsmacht.** Die erforderliche Verfügungsmacht des Unternehmens an **Einrichtungen des Vertreters** (s hierzu RFH RStBl 1939, 1227; 1940, 25, 26; 1942, 801) ist nur dann gegeben, wenn diesem die Einrichtungen in der Weise überlassen sind, dass bei Beendigung seiner Tätigkeit für den Unternehmer das Gebrauchsrecht des Vertreters an ihnen erlischt (s dazu R 2.9 Abs 4 GewStR, H 2.9 (4) GewStH; BFH I R 127/68 BStBl II 1971, 776). Das ist nicht der Fall, wenn der ständige Vertreter Eigentümer, Mieter oder Pächter der Einrichtung ist, es sei denn, er stellt die Räume dem Unternehmen zur Verfügung (BFH I R 87/72 BStBl II 1974, 327). Demgemäß ist keine Betriebsstätte des Unternehmens der Geschäftsraum des selbstständigen Handelsvertreters; das Werbelokal, das eine Bausparkasse ihrem Vertreter zur Verfügung stellt (BFH I B 282/62 U BStBl III 1965, 690); das Geschäftslokal des Versicherungsvertreters, auch bei Betretungsrecht des Unternehmens zu Kontrollzwecken (BFH I B 156/58 S BStBl III 1962, 227); die von einem Mineralölunternehmen an den Tankwart verpachteten Einrichtungen (BFH I B 223/61 S BStBl III 1962, 477; vgl III R 76/03 BStBl II 2006, 78; III R 76/03 BStBl II 2006, 84; I R 84/05 BStBl II 2007, 94); die Wohnung des selbstständigen Handlungsgehilfen.

5. Gesetzlich geregelte Einzelfälle

628   **a) Stätte der Geschäftsleitung (§ 12 Satz 2 Nr 1 AO).** Das ist der Ort, an dem sich der **Mittelpunkt der geschäftlichen Oberleitung** befindet (§ 10 AO, s dazu FG Hamburg EFG 1987, 413, rkr), also der Ort, an dem der für die Geschäftsführung maßgebliche Wille gebildet wird (RFH RStBl 1938, 949; BFH I R 4/02 BFH/NV 2004, 83). Das ist bei einer GmbH idR der Ort, an dem sich das Büro, ersatzweise die Wohnung des Geschäftsführers befindet (BFH I R 22/90 BStBl II 1991, 554). Maßgeblich sind die Umstände des Einzelfalles, die eine Gewichtung der (aufgeteilten) Aufgaben erfordern (BFH IV R 58/95 BStBl II 1998, 86); eine **tatsächliche Verständigung** ist zulässig (BFH I B 125/12 BFH/NV 2013, 249).

Bei einer **Kapitalgesellschaft** ist unter geschäftlicher Oberleitung die Geschäftsführung im engeren Sinne, also die laufende Geschäftsführung, zu verstehen. Das sind die tatsächlichen und rechtsgeschäftlichen Handlungen, die der gewöhnliche Betrieb der Gesellschaft mit sich bringt, und solche organisatorischen Maßnahmen, die zur gewöhnlichen Verwaltung der Gesellschaft gehören („Tagesgeschäfte"; BFH I K 1/93 BStBl II 1995, 175; vgl I R 76/95 BFH/NV 1998, 434). Daher kann sich die geschäftliche Oberleitung in der Wohnung des Geschäftsführers oder in einem Baucontainer befinden (BFH I R 138/97 BStBl II 1999, 437; vgl auch I B 134/97 BFH/NV 1999, 372). Gelegentliche Mitwirkungen von Gesellschaftern an einzelnen Entscheidungen genügen nicht (BFH II 29/65 BStBl II 1970, 759). Auch eine **Organgesellschaft** hat grundsätzlich ihren eigenen Ort der Geschäftsleitung, der mit dem des Organträgers zusammenfallen kann, aber nicht muss (BFH I K 1/93 BStBl II 1995, 175). Bei einem Schifffahrtsunternehmen kann sich der Mittelpunkt der geschäftlichen Oberleitung in den Geschäftsräumen eines ausländischen Managers oder Korrespondentenreeders befinden (BFH IV R 58/95 BStBl II 1998, 86; VIII R 76/95 BFH/NV 2000, 300; hierzu *Kreutziger* DStR 1998, 1122).

629   **b) Zweigniederlassung (§ 12 Satz 2 Nr 2 AO).** Ist sie im Handelsregister eingetragen, so besteht die **Vermutung,** dass dort eine Betriebsstätte tatsächlich unterhalten wird (BFH III R 116/79 BStBl II 1981, 560; s.a. I R 5/04 BStBl II 2009, 100).

630   **c) Geschäftsstellen (§ 12 Satz 2 Nr 3 AO).** Dies sind **Filialen,** Zweigstellen, Kontaktbüros und ähnliche Büros (BFH I B 101/98 BFH/NV 1999, 753).

d) Fabrikations- oder Werkstätten (§ 12 Satz 2 Nr 4 AO). Sie können auch 631
der **Herstellung von Produkten** dienen, die zur weiteren Veredelung oder Herstellung bestimmt sind. Hierzu gehören auch Windkraftanlagen (vgl § 29 Abs 1 Nr 2; Schl-H FG 2 K 196/08 EFG 2009, 682).

e) Warenlager (§ 12 Satz 2 Nr 5 AO), Verkaufsstellen (§ 12 Satz 2 Nr 6 632
AO). Wenn bei ihnen Waren nicht nur gelagert und ausgeliefert, sondern im größeren Umfang auch verkauft werden, sind sie mE unter die **Verkaufsstellen** (§ 12 Satz 2 Nr 6 AO) einzureihen. Eine Verkaufsstelle ist nur dann eine Betriebsstätte, wenn sie eine feste Anlage oder Geschäftseinrichtung iSv § 12 Satz 1 AO ist. Ein Verkaufsstand, der nur einmal für 4 Wochen pro Jahr genutzt wird, ist keine Betriebsstätte (Weihnachtsmarkt, BFH I R 12/02 BStBl II 2004, 396). Wird er mehrfach im Jahr an derselben Stelle genutzt, kann dies anders sein (BFH I R 128/73 BStBl II 1975, 203; X R 174/96 BStBl II 2001, 734). Keine Betriebsstätte des Mineralölunternehmens ist die dem Betreiber überlassene Tankstelle (BFH III R 76/03 BStBl II 2006, 84; III R 47/03 BStBl II 2006, 78; I R 84/05 BStBl II 2007, 94).

f) Gewinnung von Bodenschätzen (§ 12 Satz 2 Nr 7 AO). In § 12 Satz 2 633
Nr 7 AO sind neben **Bergwerken, Steinbrüchen** oder anderen stehenden auch örtlich **fortschreitende** oder **schwimmende Stätten der Gewinnung von Bodenschätzen** genannt. Sie weisen – wenn auch nur vorübergehend – einen festen Bezug zu einem bestimmten Punkt der Erdoberfläche auf. Aus Gründen der Gleichbehandlung sollten hierunter nicht nur Bohrinseln, sondern auch für die Kiesgewinnung eingesetzte Baggerschiffe fallen. Dagegen werden nicht erfasst die Schiffe zur Ausbaggerung der Fahrrinne. Denn es fehlt an der Gewinnung von Bodenschätzen. Sie können aber wie Straßenbaumaßnahmen oder Kanalisationsarbeiten als fortschreitende Bauausführungen iSd § 12 Nr 8 AO angesehen werden.

g) Bauausführungen/Montagen (§ 12 Satz 2 Nr 8 AO). aa) Bauausfüh- 634
rungen. Das sind Arbeiten aller Art, die zur **Errichtung von Hoch- und Tiefbauten** im weitesten Sinn (Häuser, Bahn-, Brücken-, Straßen-, Kanalisationsbau) ausgeführt werden (RFH RStBl 1942, 66; zum Einsatz gepachteter Wirtschaftsgüter vgl BFH I R 10/89 BStBl II 1991, 771), also auch vorbereitende Abbrucharbeiten. Auch Montagearbeiten gehören zu den Bauausführungen, wenn sie mit der Herstellung von Hoch- und Tiefbauten im weitesten Sinn zusammenhängen (s zum Einsetzen von Fenstern und Türen BFH I R 21/78 BStBl II 1982, 241; Gerüstbau IV R 51/72 BStBl II 1978, 140). Davon ging bereits die Rspr des RFH aus. Sie behandelte derartige Montagen als Bauausführungen und grenzte sie von der Maschinenmontage in fertigen Gebäuden ab, die mit der Errichtung oder Fertigstellung von Gebäuden nicht zusammenhängen (RStBl 1942, 66).

bb) Montagen. Ihre ausdrückliche Erwähnung im Gesetz soll nach BFH I R 635
113/87 BStBl II 1990, 983 mit Rücksicht auf die OECD erfolgt sein; zudem soll **Montage nicht als Unterfall** der Bauausführung zu verstehen sein. Weitere Kriterien liefert das Urteil nicht, weil Reparaturen keine Montage und keine Bauausführung sind (BFH I B 136/53 U BStBl III 1954, 179; I R 99/97 BStBl II 1999, 694, 696; I R 4/02 BFH/NV 2004, 83). Die Bauausführungen (Baustellen) können fest oder fortschreitend (Straßenbau) oder schwimmend sein. Zu den Montagen gehören auch Arbeiten zur unmittelbaren Vorbereitung der eigentlichen Montagearbeiten; sie beginnen mit dem Eintreffen des ersten Personals (BFH I R 99/97 BStBl II 1999, 694). In Zusammenhang mit der Bauausführung durch Montage begründete Einrichtungen, wie Baubuden u.ä., begründen eine Betriebsstätte nur bei entsprechender Dauer (RFH RStBl 1941, 90; H 2.9 (2) GewStH).

636 cc) **Dauer.** Um als Betriebsstätte behandelt zu werden, müssen die einzelne Bauausführung oder Montage oder eine von mehreren zeitlich nebeneinander bestehenden Bauausführungen oder Montagen oder mehrere ohne Unterbrechung aufeinander folgende Bauausführungen oder Montagen **länger als sechs Monate** dauern. Dasselbe gilt, wenn mehrere Bauausführungen oder Montagen sich zeitlich überschneidend länger als 6 Monate dauern (BFH I R 74/78 BStBl II 1999, 365; I R 4/02 BFH/NV 2004, 83). **Arbeiten an verschiedenen Orten** sind nur dann im Hinblick auf ihre Dauer zusammenzurechnen, wenn zwischen ihnen ein technischer und organisatorischer Zusammenhang besteht (vgl BFH I R 47/00 BStBl II 2002, 846; zT **aA** R 2.9 Abs 2 Satz 6 GewStR; *BMF* BStBl I 1999, 1076; BStBl I 2002, 1385). Sachlich und/oder zeitlich getrennte Montagen, insb in anderen Ländern, bilden keine einheitliche „Welt"-Betriebsstätte (FG Düsseldorf EFG 1991, 290).

Die **6-Monatsfrist muss nicht in einem Erhebungszeitraum** vollendet sein. Witterungs- oder bautechnisch, durch Streik oder Materialmangel bedingte **Unterbrechungen** hemmen die Frist nur, wenn sie über zwei Wochen hinausgehen (BFH VI R 56/76 BStBl II 1979, 479). Wird die Montage aus Gründen des Betriebsablaufs unterbrochen, dann wird der Lauf der Frist nicht berührt; erfolgt die Unterbrechung aus anderen Gründen, tritt eine Fristenhemmung ein, wenn die Unterbrechung nicht kurzfristig ist und das Personal vom Montageort abgezogen wird (BFH I R 99/97 BStBl II 1999, 694). Wird während der Unterbrechungszeit eine weitere Montage begonnen, so sind für Zwecke der Fristenberechnung beide Montagen entsprechend § 12 Satz 2 Nr 8 Buchst c AO zusammenzurechnen (BFH I R 99/97 BStBl II 1999, 694). Dass ein Bauherr mehrere Aufträge für Einbauarbeiten erteilt, steht der Einheitlichkeit der Bauausführung nicht entgegen (BFH I R 21/78 BStBl II 1982, 241). In Abweichung von § 16 Abs 2 Nr 3 StAnpG wird in § 12 Nr 8 Buchst b AO die sachliche Einheit mehrerer Bauausführungen oder Montagen ohnehin berücksichtigt. Der vom Unternehmer überwachte Einsatz von Subunternehmern als Erfüllungsgehilfen unterbricht die Sechsmonatsfrist nicht (BFH I B 224/61 U BStBl III 1963, 71).

637 h) **Stätten der Erkundung oder Versuchsbohrungen.** Diese sind unter den Voraussetzungen des **§ 12 Satz 2 Nr 8 AO** als Betriebsstätten anzusehen (R 2.9 Abs 2 Satz 9 GewStR). Die ursprünglich für die Nr 7 beabsichtigte Erwähnung der Erkundungsstätten wurde als Erweiterung des Betriebsstättenbegriffs angesehen und unterlassen (*Mittelsteiner/Schaumburg,* Materialien zur AO 1977).

6. Mehrgemeindliche Betriebsstätten

638 Sie können durch den **räumlichen Zusammenhang** mehrerer Anlagen entstehen. Dazu ist allerdings erforderlich, dass sie sich wirtschaftlich, technisch und organisatorisch als einheitliches Ganzes darstellen. Zu den Einzelheiten s § 30 Rn 2.

7. Betriebsstätte des Mitunternehmers

639 Rechtlich lässt sie sich insoweit feststellen, als auch **Sonderbetriebsvermögen** des Gesellschafters der Betriebsstätte zuzuordnen ist (BFH I R 5/82 BStBl II 1983, 771; IV R 62/82 BStBl II 1984, 605). Dies gilt vor allem für Auslandsbeziehungen (vgl zur Personengesellschaft als Betriebsstätte *Haas* BB 1985, 541). Auch Sonderbetriebsvermögen II (hierzu BFH VIII R 14/87 BStBl II 1991, 510; *Schulze zur Wiesche* FR 1993, 37; *Schön* DStR 1993, 185), das im Zusammenhang nur mit der Beteiligung des Mitunternehmers steht, ist in die Gewerbesteuerung der Personengesellschaft einzubeziehen (vgl BFH I R 85/91 BStBl II 1992, 937 zu Gewinnanteilen des Kommanditisten aus der Komplementär-GmbH).

Auch die atypische stille Gesellschaft hat mit der Betriebsstätte des Geschäftsinhabers ihre Betriebsstätte, dh das Sonderbetriebsvermögen des Stillen ist dort einzubeziehen.

G. Inlandsbesteuerung

I. Inlandsbegriff

Zum Inland gehört auch **(1.)** der an die Bundesrepublik grenzende deutsche **Festlandsockel,** soweit es dort um die Ausbeutung und Erforschung der Naturschätze des Meeresgrundes und des Meeresuntergrundes oder um Energieerzeugung unter Nutzung erneuerbarer Energien geht **(§ 2 Abs 7 Nr 1), (2.)** der nicht zur Bundesrepublik gehörende Teil eines **grenzüberschreitenden Gewerbegebietes,** das nach den Vorschriften eines DBA als solches bestimmt wird **(§ 2 Abs 7 Nr 2).** Zum DBA Niederlande vgl Drittes Zusatzprotokoll v. 4.6.2004 zum DBA v 16.6.1959 (BGBl II 2004, 1666) sowie 1. VO v 25.7.2007 (BGBl II 2007, 1664) und VO v 7.1.2008 (BGBl II 2008, 30) zur Vereinbarung über grenzüberschreitende GewGebiete. 640

Die Abgrenzung des Festlandsockels in der Nordsee im Verhältnis zu den Niederlanden, England und Dänemark ist gesetzlich geregelt (BGBl II 1972, 881 und 1616).

II. Nicht-DBA-Länder

Inländische Betriebsstätten von Unternehmen, deren Geschäftsleitung sich in einem ausländischen Staat befindet, mit dem kein DBA besteht, unterliegen nicht der Gewerbesteuer, wenn und soweit die Einkünfte aus diesen Betriebsstätten im Rahmen der beschränkten EStPflicht steuerfrei sind und der ausländische Staat Unternehmen mit Geschäftsleitung im Inland eine entsprechende Befreiung von den der Gewerbesteuer ähnlichen oder ihr entsprechenden Steuer gewährt oder in dem Staat keine der Gewerbesteuer ähnlichen oder ihr entsprechenden Steuern bestehen **(§ 2 Abs 6).** Die Vorschrift beschränkt die Steuerpflicht der Betriebsstätte nur bedingt auf die nach § 49 EStG der Betriebsstätte oder dem ständigen Vertreter zuzuordnenden Besteuerungsgrundlagen. Dies zeigt, dass die allgemeine Regelung des § 2 Abs 1 grds nicht nur Betriebsstättenergebnisse erfasst (s Rn 13). Zum Problem der steuerfreien Einnahmen nach § 3 Nr 63 EStG aF vgl BFH VIII R 10/90 BFH/NV 1993, 560. 641

§ 2a Arbeitsgemeinschaften

¹Als Gewerbebetrieb gilt nicht die Tätigkeit der Arbeitsgemeinschaften, deren alleiniger Zweck in der Erfüllung eines einzigen Werkvertrags oder Werklieferungsvertrags besteht. ²Die Betriebsstätten der Arbeitsgemeinschaften gelten insoweit anteilig als Betriebsstätten der Beteiligten.

Gewerbesteuer-Richtlinien 2009: R 2a GewStR/H 2a GewStH

Übersicht

	Rn
1. Rechtsentwicklung	1
2. Begriff der Arbeitsgemeinschaft	2, 3

§ 2a   Arbeitsgemeinschaften

	Rn
a) Arten	2
b) Rechtsform	3
3. Zweck der Arbeitsgemeinschaft	4–6
a) Zivilrecht	5
b) Steuerrecht	6
4. Einzelheiten	7–9
5. Drei-Jahresfrist (Satz 1 aF)	10
6. Rechtsfolgen	11

1. Rechtsentwicklung

1 § 2a wurde durch das StÄndG 1965 (BGBl I 1965, 377) – mWv 1. Januar 1965 – eingefügt. **Zweck der Vorschrift** ist sicherzustellen, dass Arbeitsgemeinschaften bei nur kurzer Dauer nicht als solche der Gewerbesteuer unterliegen. Dies war nach der Rechtsprechung möglich. Denn der Bundesfinanzhof hatte die einschränkende Beurteilung des RFH (RStBl 1942, 1044) nicht übernommen und mitunternehmerische Arbeitsgemeinschaften schlechthin als für sich zu beurteilende Gewerbesteuergegenstände angesehen (BFH IV 313/59 U BStBl III 1961, 194). Durch das StÄndG 1979 (BGBl I 1978, 1849) wurde die Wendung „für die Gewerbesteuer nach dem Gewerbeertrag und dem Gewerbekapital" gestrichen. Sie war wegen der Abschaffung der Lohnsummensteuer bedeutungslos geworden. Infolge des weggefallenen § 2 Abs 2 Nr 1 wurde auf Grund des StBereinG 1986 (BGBl I 1985, 2436) auch § 2 a redaktionell geändert: „Als Gewerbebetrieb gilt nicht die Tätigkeit der Arbeitsgemeinschaften". Durch das StMBG v 21.12.1993 (BGBl I 1993, 2310) ist in Satz 1 die 3-Jahres-Frist gestrichen worden mWv EZ 1995. Entsprechend sind auch § 98 BewG und § 180 Abs 4 AO geändert worden.

2. Begriff der Arbeitsgemeinschaft

2 **a) Arten.** Im Bauwesen werden **verschiedene Arten** von Arbeitsgemeinschaften (ARGE) unterschieden, und zwar
– die **echte ARGE,** die als Außengesellschaft zur gemeinsamen Durchführung eines bestimmten Bauvorhabens mit gemeinschaftlichem Vermögen und gemeinsamer Vertretung auftritt;
– die **Beteiligungsgemeinschaft,** bei der sich die Partner lediglich wechselseitig an den sachlich zusammenhängenden Aufträgen beteiligen;
– die **Los ARGE,** wenn ein von den Beteiligten übernommener einheitlicher Auftrag in sog Teillose zerlegt wird;
– die **Sonder-ARGE,** die eine Untereinheit einer ARGE betrifft. S zu den einzelnen Arten *Knigge* DB-Beilage 4/82 und zur gewerbesteuerlichen Gestaltung *Depping* Inf 1995, 551.

3 **b) Rechtsform.** § 2a setzt eine **Mitunternehmerschaft** nach allgemeinen Grundsätzen voraus (BFH VIII R 61/96 BFH/NV 1999, 463; IV R 26/07 BStBl II 2010, 751), und zwar von selbstständigen **gewerblichen Unternehmen** (FG Hamburg 6 K 162/10). Zivilrechtlich wird es sich bei der Arbeitsgemeinschaft **idR** um eine **BGB-Gesellschaft** handeln, die nur auf Grund der Sonderregelungen (vgl auch § 180 Abs 4 AO, § 98 BewG, aufgeh BGBl I 2001, 3794) von der steuerrechtlichen Behandlung als Personengesellschaft ausgenommen ist (BFH I R 165/90 BStBl II 1993, 577; VIII R 61/96 aaO). Dies gilt vor allem für die in § 2 a erwähnten Arbeitsgemeinschaften von kurzer Dauer. Denn sie stellen einen losen Zusammenschluss dar, dessen Ende die Zweckerreichung bildet (§ 726 BGB). Deswegen ist nur von theoretischer Bedeutung, ob auch eine **Personenhandelsgesellschaft** unter den Voraussetzungen der §§ 2 a GewStG, 180 Abs 4 AO – wie eine BGB-

Gesellschaft – die Eigenschaft als Gewinnermittlungssubjekt verlöre. Dies wäre mE zu bejahen. Lediglich eine **Kapitalgesellschaft** könnte nicht von § 2 a erfasst werden. Dies ergibt auch die frühere Fassung der Vorschrift mit der Bezugnahme auf § 2 Abs 2 Nr 1, der nur Mitunternehmerschaften betroffen hatte. Der Wortlaut der ab EZ 1986 gültigen Gesetzesfassung „Tätigkeit der Arbeitsgemeinschaften" macht dies indessen nicht mehr deutlich. Dass auch Innengesellschaften als Arbeitsgemeinschaften iSd § 2 a in Betracht kommen, ist in der Rechtsprechung geklärt (BFH I R 248/71 BStBl II 1974, 752).

Ob und unter welchen Voraussetzungen die vorstehend erwähnten Beteiligungsgemeinschaften als Beteiligungen am Gewerbebetrieb eines Dritten aufgefasst werden müssen und deshalb auch ohne § 2 a nicht als selbstständige Gewerbegegenstände gelten, hat nur dann praktisches Gewicht, wenn der Tatbestand des § 2 a nicht erfüllt ist. ME sind dann die Grundsätze der stillen Gesellschaft mit der Folge mehrerer Unterbeteiligungen entsprechend anzuwenden (s für die atypische stille Gesellschaft § 2 Rn 418).

3. Zweck der Arbeitsgemeinschaft

Er muss sich auf die **Erfüllung eines einzigen Werkvertrags** oder Werkliefe- 4 rungsvertrags beschränken. Wird die Arbeitsgemeinschaft für mehrere solcher Verträge gegründet, so ist sie ein sachlich selbstständiger Gewerbebetrieb (Mitunternehmerschaft, vgl BFH IV 313/59 U BStBl III 1961, 194; FG Düsseldorf EFG 1997, 207, nv bestätigt). Entsprechendes gilt, wenn der Zweck des Zusammenschlusses nicht nur die Erfüllung eines Werk- oder Werklieferungsvertrags, sondern auch die Vermarktung des Produktes ist (BFH VIII R 81/96 BFH/NV 1999, 355). Hinsichtlich der Merkmale des Werk- oder Werklieferungsvertrags gilt § 631 bzw § 651 BGB. Ob der Zweck der Arbeitsgemeinschaft die Erfüllung eines einzigen solchen Vertrages ist, ist eine Frage der auf tatsächlichem Gebiet liegenden **Vertragsauslegung;** dh der BFH ist, wenn keine begründeten Revisionsrügen erhoben werden, an die Auslegung durch das FG gebunden (BFH I R 165/90 BStBl II 1993, 577).

a) Zivilrecht. Das **Zivilrecht** stellt der gemeinschaftlichen Übernahme 5 (Gesamtschuld) von Vertragspflichten durch Arbeitsgemeinschaften das Zusammenwirken von verschiedenen Unternehmern gegenüber auf der Grundlage von gegenständlich begrenzten Teilschulden (zB *MünchKomm/Busche* § 631 Rn 33, 40). Ein durch solche Teilschulden entstandener Interessenverbund, zB zwischen einem Architekten und einem Bauunternehmer oder dem Bauunternehmer und dem Grundstücksverkäufer, bildet mE auch keine Arbeitsgemeinschaft, auf die § 2 a Anwendung finden könnte, weil es an einem gemeinsamen Zweck fehlt. Dies muss auch dann gelten, wenn der Auftraggeber die beiden Verträge als einheitliches Vertragswerk iSd § 139 BGB auffassen darf (s dazu BFH II R 155/80 BStBl II 1982, 741).

b) Steuerrecht. Es wird daher in solchen Fällen ohne Rücksicht auf Zeitdauer 6 und Auftrag an einem eigenständigen **Steuergegenstand** fehlen. Anders ist dies, wenn die in der Arbeitsgemeinschaft zusammengeschlossenen Unternehmer nach außen als Gesamtschuldner den Auftrag übernommen haben oder bei Innengesellschaften sich so stellen, als seien sie dem Auftraggeber gesamtschuldnerisch verpflichtet. Ist dies gewährleistet, so ist eine weitere Aufteilung in Unter-Arbeitsgemeinschaften (Los) unschädlich. Es gäbe keinen Sinn, die Haupt-Gesellschaft als losen Zusammenschluss unter den übrigen Voraussetzungen des § 2 a von der eigenen sachlichen Steuerpflicht auszunehmen, die unterbeteiligten Los-Arbeitsgemeinschaften dagegen als eigene Gewerbebetriebe zu behandeln. Dass die unterbeteiligten Gesellschaften mit der Hauptgesellschaft mehrere Verträge abschließen, kann dem nicht entgegenstehen.

§ 2a Arbeitsgemeinschaften

4. Einzelheiten

7 Bei einer **atypischen stillen Beteiligung** von zwei GmbHs an einer dritten GmbH zur Realisierung eines 26 Ferienwohnungen umfassenden Bauträgerprojekts samt Vermarktung liegt mangels Beschränkung auf nur einen Werkvertrag keine Arbeitsgemeinschaft iSd Vorschrift vor (FG München EFG 1996, 877).

8 Der gesetzlich geforderten Erfüllung nur eines Werk- oder Werklieferungsvertrages wird auch dann genügt, wenn die Arbeitsgemeinschaft für diesen Zweck **Hilfsgeschäfte** in größerem Umfang tätigen und die dazu nötigen Verträge abschließen muss. Personal- und Sachbeschaffungsverträge etc hindern die Anwendung des § 2 a daher nicht.

9 Tätigt die Arbeitsgemeinschaft dagegen **weitere Geschäfte,** die nicht in Zusammenhang mit dem einen Werk(lieferungs)vertrag stehen, dürfte das darauf hindeuten, dass der Zweck der Arbeitsgemeinschaft über die Erfüllung dieses einen Vertrages hinausgeht. Sie ist dann **insgesamt sachlich selbstständiger Gewerbebetrieb** (FG Hamburg 6 K 162/10; aA *Sarrazin* in *L/S* § 2 a Rn 26: GewStPfl nur mit diesen weiteren Tätigkeiten).

5. Drei-Jahresfrist (Satz 1 aF)

10 Satz 1 aF lautete: *„Als Gewerbebetrieb gilt nicht die Tätigkeit der Arbeitsgemeinschaften, deren alleiniger Zweck sich auf die Erfüllung eines einzigen Werkvertrags oder Werklieferungsvertrags beschränkt, es sei denn, dass bei Abschluss des Vertrags anzunehmen ist, dass er nicht innerhalb von drei Jahren erfüllt wird."*
Die Dauer der Vertragserfüllung ist **ab EZ 1995** nicht mehr von Bedeutung. Nach *BayFM* FR 1995, 245 konnte es mit Ablauf des 31.12.1994 zu einer Zwangsauflösung des ARGE-Gewerbebetriebes kommen. In diesem Fall war ein zum 31.12.1994 festgestellter GewVerlust auf die beteiligten Unternehmen aufzuteilen und dort nach § 10 a zu verrechnen. Zu weiteren Einzelheiten vgl 6. Auflage Rn. 4.

6. Rechtsfolgen

11 Für die befristeten Arbeitsgemeinschaften, die nach § 2 a keinen eigenen Gewerbebetrieb bilden, unterbleibt eine einheitliche und gesonderte Gewinnfeststellung (§ 180 Abs 4 AO). Die gewerbesteuerlichen Folgen setzen **unmittelbar bei den Mitgliedern** der ARGE an (BFH I R 165/90 BStBl II 1993, 577; VIII R 81/76 BFH/NV 1999, 355). Die Gewinnermittlung richtet sich nach den allgemein für Mitunternehmerschaften geltenden Vorschriften (BFH VIII R 61/96 BFH/NV 1999, 463).
Nach § 98 BewG wurde für die Arbeitsgemeinschaft auch **kein (Einheits-)Wert** festgestellt. Die Wirtschaftsgüter der Arbeitsgemeinschaft wurden vielmehr anteilig den Betrieben der Beteiligten zugerechnet (zur handelsrechtlichen Beurteilung vgl *Dill* DB 1987, 752). Ebenso ist ertragsteuerlich zu verfahren. Wegen § 180 Abs 4 AO ist die Arbeitsgemeinschaft, auch wenn sie eine Mitunternehmerschaft darstellt, **nicht Gewinnermittlungssubjekt** (vgl BFH VIII R 61/96 aaO). Die von der nach außen auftretenden Arbeitsgemeinschaft erworbenen Ansprüche und sonstigen Wirtschaftsgüter sind nach § 39 Abs 2 Nr 2 AO den an ihr beteiligten Gewerbetreibenden zuzurechnen. Eine zusätzliche Umrechnung ist nötig, wenn diese ihren Gewinn durch Überschussrechnung ermitteln. Deshalb wird die Arbeitsgemeinschaft auf einen Jahresabschluss kaum verzichten können (s dazu auch *Bichel* StB 1975, 133). Zu den **Hinzurechnungen** nach § 8 Nr 1 vgl *Kolbe* BBK 2012, 698.
Die **Betriebsstätten** der befristeten Arbeitsgemeinschaften werden **anteilig** als Betriebsstätten der Beteiligten angesehen (§ 2 a Satz 2). Haben diese mehrere Betriebsstätten, so wird die Zerlegung nach §§ 28, 29 erforderlich.

§ 3 Befreiungen

Von der Gewerbesteuer sind befreit
1. das Bundeseisenbahnvermögen, die Monopolverwaltungen des Bundes, die staatlichen Lotterieunternehmen, die zugelassenen öffentlichen Spielbanken mit ihren der Spielbankabgabe unterliegenden Tätigkeiten und der Erdölbevorratungsverband nach § 2 Abs. 1 des Erdölbevorratungsgesetzes in der Fassung der Bekanntmachung vom 8. Dezember 1987 (BGBl. I S. 2509);
2. die Deutsche Bundesbank, die Kreditanstalt für Wiederaufbau, die Landwirtschaftliche Rentenbank, die Bayerische Landesanstalt für Aufbaufinanzierung, die Niedersächsische Gesellschaft für öffentliche Finanzierungen mit beschränkter Haftung, die Bremer Aufbau-Bank GmbH, die Landeskreditbank Baden-Württemberg – Förderbank, die Bayerische Landesbodenkreditanstalt, die Investitionsbank Berlin, die Hamburgische Wohnungsbaukreditanstalt, die NRW.Bank, die Investitions- und Förderbank Niedersachsen, die Saarländische Investitionskreditbank Aktiengesellschaft, die Investitionsbank Schleswig-Holstein, die Investitionsbank des Landes Brandenburg, die Sächsische Aufbaubank – Förderbank –, die Thüringer Aufbaubank, die Investitionsbank Sachsen-Anhalt – Anstalt der Norddeutschen Landesbank – Girozentrale –, die Investitions- und Strukturbank Rheinland-Pfalz, das Landesförderinstitut Mecklenburg-Vorpommern – Geschäftsbereich der Norddeutschen Landesbank Girozentrale –, die Wirtschafts- und Infrastrukturbank Hessen – rechtlich unselbstständige Anstalt in der Landesbank Hessen-Thüringen Girozentrale und die Liquiditäts-Konsortialbank Gesellschaft mit beschränkter Haftung;
3. die Bundesanstalt für vereinigungsbedingte Sonderaufgaben;
4. *(weggefallen)*
5. Hauberg-, Wald-, Forst- und Laubgenossenschaften und ähnliche Realgemeinden. ²Unterhalten sie einen Gewerbebetrieb, der über den Rahmen eines Nebenbetriebs hinausgeht, so sind sie insoweit steuerpflichtig;
6. Körperschaften, Personenvereinigungen und Vermögensmassen, die nach der Satzung, dem Stiftungsgeschäft oder der sonstigen Verfassung und nach der tatsächlichen Geschäftsführung ausschließlich und unmittelbar gemeinnützigen, mildtätigen oder kirchlichen Zwecken dienen (§§ 51 bis 68 der Abgabenordnung). ²Wird ein wirtschaftlicher Geschäftsbetrieb – ausgenommen Land- und Forstwirtschaft – unterhalten, ist die Steuerfreiheit insoweit ausgeschlossen;
7. Hochsee- und Küstenfischerei, wenn sie mit weniger als sieben im Jahresdurchschnitt beschäftigten Arbeitnehmern oder mit Schiffen betrieben wird, die eine eigene Triebkraft von weniger als 100 Pferdekräften haben;
8. Erwerbs- und Wirtschaftsgenossenschaften sowie Vereine im Sinne des § 5 Abs. 1 Nr. 14 des Körperschaftsteuergesetzes, soweit sie von der Körperschaftsteuer befreit sind;
9. rechtsfähige Pensions-, Sterbe-, Kranken- und Unterstützungskassen im Sinne des § 5 Abs. 1 Nr. 3 des Körperschaftsteuergesetzes, soweit sie die für eine Befreiung von der Körperschaftsteuer erforderlichen Voraussetzungen erfüllen;
10. Körperschaften oder Personenvereinigungen, deren Hauptzweck die Verwaltung des Vermögens für einen nichtrechtsfähigen Berufsverband im Sinne des § 5 Abs. 1 Nr. 5 des Körperschaftsteuergesetzes ist, wenn ihre Erträge im Wesentlichen aus dieser Vermögensverwaltung herrühren und ausschließlich dem Berufsverband zufließen;

§ 3 Befreiungen

11. öffentlich-rechtliche Versicherungs- und Versorgungseinrichtungen von Berufsgruppen, deren Angehörige auf Grund einer durch Gesetz angeordneten oder auf Gesetz beruhenden Verpflichtung Mitglieder dieser Einrichtungen sind, wenn die Satzung der Einrichtung die Zahlung keiner höheren jährlichen Beiträge zulässt als das Zwölffache der Beiträge, die sich bei einer Beitragsbemessungsgrundlage in Höhe der doppelten monatlichen Beitragsbemessungsgrenze in der allgemeinen Rentenversicherung ergeben würden. [2]Sind nach der Satzung der Einrichtung nur Pflichtmitgliedschaften sowie freiwillige Mitgliedschaften, die unmittelbar an eine Pflichtmitgliedschaft anschließen, möglich, so steht dies der Steuerbefreiung nicht entgegen, wenn die Satzung die Zahlung keiner höheren jährlichen Beiträge zulässt als das Fünfzehnfache der Beiträge, die sich bei einer Beitragsbemessungsgrundlage in Höhe der doppelten monatlichen Beitragsbemessungsgrenze in der allgemeinen Rentenversicherung ergeben würden;
12. Gesellschaften, bei denen die Gesellschafter als Unternehmer (Mitunternehmer) anzusehen sind, sowie Erwerbs- und Wirtschaftsgenossenschaften, soweit die Gesellschaften und die Erwerbs- und Wirtschaftsgenossenschaften eine gemeinschaftliche Tierhaltung im Sinne des § 51 a des Bewertungsgesetzes betreiben;
13. private Schulen und andere allgemeinbildende oder berufsbildende Einrichtungen, soweit ihre Leistungen nach § 4 Nr. 21 des Umsatzsteuergesetzes von der Umsatzsteuer befreit sind;
14. Erwerbs- und Wirtschaftsgenossenschaften sowie Vereine, deren Tätigkeit sich auf den Betrieb der Land- und Forstwirtschaft beschränkt, wenn die Mitglieder der Genossenschaft oder dem Verein Flächen zur Nutzung oder für die Bewirtschaftung der Flächen erforderliche Gebäude überlassen und
    a) bei Genossenschaften das Verhältnis der Summe der Werte der Geschäftsanteile des einzelnen Mitglieds zu der Summe der Werte aller Geschäftsanteile,
    b) bei Vereinen das Verhältnis des Werts des Anteils an dem Vereinsvermögen, der im Fall der Auflösung des Vereins an das einzelne Mitglied fallen würde, zu dem Wert des Vereinsvermögens
    nicht wesentlich von dem Verhältnis abweicht, in dem der Wert der von den einzelnen Mitglied zur Nutzung überlassenen Flächen und Gebäude zu dem Wert der insgesamt zur Nutzung überlassenen Flächen und Gebäude steht;
15. Erwerbs- und Wirtschaftsgenossenschaften sowie Vereine im Sinne des § 5 Abs. 1 Nr. 10 des Körperschaftsteuergesetzes, soweit sie von der Körperschaftsteuer befreit sind;
16. *(weggefallen)*
17. die von den zuständigen Landesbehörden begründeten oder anerkannten gemeinnützigen Siedlungsunternehmen im Sinne des Reichssiedlungsgesetzes in der jeweils aktuellen Fassung oder entsprechender Landesgesetze, soweit diese Landesgesetze nicht wesentlich von den Bestimmungen des Reichssiedlungsgesetzes abweichen, und im Sinne der Bodenreformgesetze der Länder, soweit die Unternehmen im ländlichen Raum Siedlungs-, Agrarstrukturverbesserungs- und Landentwicklungsmaßnahmen mit Ausnahme des Wohnungsbaus durchführen. [2]Die Steuerbefreiung ist ausgeschlossen, wenn die Einnahmen des Unternehmens aus den in Satz 1 nicht bezeichneten Tätigkeiten die Einnahmen aus den in Satz 1 bezeichneten Tätigkeiten übersteigen;
18. *(weggefallen)*

Befreiungen § 3

19. der Pensions-Sicherungs-Verein Versicherungsverein auf Gegenseitigkeit, wenn er die für eine Befreiung von der Körperschaftsteuer erforderlichen Voraussetzungen erfüllt;
20. Krankenhäuser, Altenheime, Altenwohnheime, Pflegeheime, Einrichtungen zur vorübergehenden Aufnahme pflegebedürftiger Personen und Einrichtungen zur ambulanten Pflege kranker und pflegebedürftiger Personen, wenn
    a) diese Einrichtungen von juristischen Personen des öffentlichen Rechts betrieben werden oder
    b) bei Krankenhäusern im Erhebungszeitraum die in § 67 Abs. 1 oder 2 der Abgabenordnung bezeichneten Voraussetzungen erfüllt worden sind oder
    c) bei Altenheimen, Altenwohnheimen und Pflegeheimen im Erhebungszeitraum mindestens 40 Prozent der Leistungen den in § 61 Abs. 1 des Zwölften Buches Sozialgesetzbuch oder den in § 53 Nr. 2 der Abgabenordnung genannten Personen zugute gekommen sind oder
    d) bei Einrichtungen zur vorübergehenden Aufnahme pflegebedürftiger Personen und bei Einrichtungen zur ambulanten Pflege kranker und pflegebedürftiger Personen im Erhebungszeitraum die Pflegekosten in mindestens 40 Prozent der Fälle von den gesetzlichen Trägern der Sozialversicherung oder Sozialhilfe ganz oder zum überwiegenden Teil getragen worden sind;
21. Entschädigungs- und Sicherungseinrichtungen im Sinne des § 5 Abs. 1 Nr. 16 des Körperschaftsteuergesetzes, soweit sie von der Körperschaftsteuer befreit sind;
22. Bürgschaftsbanken (Kreditgarantiegemeinschaften), wenn sie von der Körperschaftsteuer befreit sind;
23. Unternehmensbeteiligungsgesellschaften, die nach dem Gesetz über Unternehmensbeteiligungsgesellschaften anerkannt sind. ²Für Unternehmensbeteiligungsgesellschaften im Sinne des § 25 Abs. 1 des Gesetzes über Unternehmensbeteiligungsgesellschaften haben der Widerruf der Anerkennung und der Verzicht auf die Anerkennung Wirkung für die Vergangenheit, wenn nicht Aktien der Unternehmensbeteiligungsgesellschaft öffentlich angeboten worden sind; Entsprechendes gilt, wenn eine solche Gesellschaft nach § 25 Abs. 3 des Gesetzes über Unternehmensbeteiligungsgesellschaften die Anerkennung als Unternehmensbeteiligungsgesellschaft verliert. ³Für offene Unternehmensbeteiligungsgesellschaften im Sinne des § 1 a Abs. 2 Satz 1 des Gesetzes über Unternehmensbeteiligungsgesellschaften haben der Widerruf der Anerkennung und der Verzicht auf die Anerkennung innerhalb der in § 7 Abs. 1 Satz 1 des Gesetzes über Unternehmensbeteiligungsgesellschaften genannten Frist Wirkung für die Vergangenheit. ⁴Bescheide über die Anerkennung, die Rücknahme oder den Widerruf der Anerkennung und über die Feststellung, ob Aktien der Unternehmensbeteiligungsgesellschaft im Sinne des § 25 Abs. 1 des Gesetzes über Unternehmensbeteiligungsgesellschaften öffentlich angeboten worden sind, sind Grundlagenbescheide im Sinne der Abgabenordnung; die Bekanntmachung der Aberkennung der Eigenschaft als Unternehmensbeteiligungsgesellschaft nach § 25 Abs. 3 des Gesetzes über Unternehmensbeteiligungsgesellschaften steht einem Grundlagenbescheid gleich;
24. die folgenden Kapitalbeteiligungsgesellschaften für die mittelständische Wirtschaft, soweit sich deren Geschäftsbetrieb darauf beschränkt, im öffentlichen Interesse mit Eigenmitteln oder mit staatlicher Hilfe Beteili-

gungen zu erwerben, wenn der von ihnen erzielte Gewinn ausschließlich und unmittelbar für die satzungsmäßigen Zwecke der Beteiligungsfinanzierung verwendet wird: Mittelständische Beteiligungsgesellschaft Baden-Württemberg GmbH, Kapitalbeteiligungsgesellschaft für die mittelständische Wirtschaft Bayerns mbH, MBG Mittelständische Beteiligungsgesellschaft Hessen GmbH, Mittelständische Beteiligungsgesellschaft Niedersachsen (MBG) mbH, Kapitalbeteiligungsgesellschaft für die mittelständische Wirtschaft in Nordrhein-Westfalen mbH, MBG Mittelständische Beteiligungsgesellschaft Rheinland-Pfalz mbH, Wagnisfinanzierungsgesellschaft für Technologieförderung in Rheinland-Pfalz mbH (WFT), Saarländische Kapitalbeteiligungsgesellschaft mbH, Gesellschaft für Wagniskapital Mittelständische Beteiligungsgesellschaft Schleswig-Holstein Gesellschaft mit beschränkter Haftung – MBG, Technologie-Beteiligungs-Gesellschaft mbH der Deutschen Ausgleichsbank, bgb Beteiligungsgesellschaft Berlin mbH für kleine und mittlere Betriebe, Mittelständische Beteiligungsgesellschaft Berlin-Brandenburg mbH, Mittelständische Beteiligungsgesellschaft Mecklenburg-Vorpommern mbH, Mittelständische Beteiligungsgesellschaft Sachsen mbH, Mittelständische Beteiligungsgesellschaft Sachsen-Anhalt mbH, Wagnisbeteiligungsgesellschaft Sachsen-Anhalt mbH, IBG Beteiligungsgesellschaft Sachsen-Anhalt mbH, Mittelständische Beteiligungsgesellschaft Thüringen (MBG) mbH;
25. Wirtschaftsförderungsgesellschaften, wenn sie von der Körperschaftsteuer befreit sind;
26. Gesamthafenbetriebe im Sinne des § 1 des Gesetzes über die Schaffung eines besonderen Arbeitgebers für Hafenarbeiter vom 3. August 1950 (BGBl. S. 352), soweit sie von der Körperschaftsteuer befreit sind;
27. Zusammenschlüsse im Sinne des § 5 Abs. 1 Nr. 20 des Körperschaftsteuergesetzes, soweit sie von der Körperschaftsteuer befreit sind;
28. die Arbeitsgemeinschaften Medizinischer Dienst der Krankenversicherung im Sinne des § 278 des Fünften Buches Sozialgesetzbuch und der Medizinische Dienst der Spitzenverbände der Krankenkassen im Sinne des § 282 des Fünften Buches Sozialgesetzbuch, soweit sie von der Körperschaftsteuer befreit sind;
29. gemeinsame Einrichtungen im Sinne des § 5 Abs. 1 Nr. 22 des Körperschaftsteuergesetzes, soweit sie von der Körperschaftsteuer befreit sind;
30. die Auftragsforschung im Sinne des § 5 Abs. 1 Nr. 23 des Körperschaftsteuergesetzes, soweit sie von der Körperschaftsteuer befreit ist.

Gewerbesteuer-Durchführungsverordnung

§§ 10 bis 12 GewStDV

(weggefallen)

§ 12a GewStDV Kleinere Versicherungsvereine

Kleinere Versicherungsvereine auf Gegenseitigkeit im Sinne des § 53 des Versicherungsaufsichtsgesetzes sind von der Gewerbesteuer befreit, wenn sie nach § 5 Abs. 1 Nr. 4 des Körperschaftsteuergesetzes von der Körperschaftsteuer befreit sind.

§ 13 GewStDV Einnehmer einer staatlichen Lotterie

Die Tätigkeit der Einnehmer einer staatlichen Lotterie unterliegt auch dann nicht der Gewerbesteuer, wenn sie im Rahmen eines Gewerbebetriebs ausgeübt wird.

Gewerbesteuer-Richtlinien 2009: R 3.0–R 3.20 GewStR/H 3.0–H 3.25 GewStH

Übersicht

	Rn
A. Allgemeines	1–5
I. Inhalt der Vorschrift	1
II. Persönlicher Geltungsbereich	2, 3
1. Grundsatz	2
2. Einzelheiten	3
a) Betriebsaufspaltung	3
b) Abfärbung	3
c) Erweiterte Kürzung	3
III. Zeitlicher Geltungsbereich	4
IV. Begünstigungsvoraussetzungen nach anderen Vorschriften	5
B. Die einzelnen Befreiungstatbestände	6–490
I. Befreiung staatlicher Unternehmen mit monopolartigem Charakter (Nr 1)	6–12
1. Allgemeines	6
2. Persönlicher Umfang der Befreiung	7
3. Die begünstigten Unternehmen	8–12
a) Bundeseisenbahnvermögen	8
b) Monopolverwaltungen	9
c) Staatliche Lotterieunternehmen	10
d) Spielbanken	11
e) Erdölbevorratungsverband	12
II. Befreiung bestimmter Banken (Nr 2)	13, 14
1. Allgemeines	13
2. Die begünstigten Unternehmen	14
III. Staatliche Unternehmen im Gebiet der ehemaligen DDR (Nr 3)	15
1. Treuhandanstalt	15
2. Umbenennung	15
IV. Befreiung von Realgemeinden (Nr 5)	16–19
1. Allgemeines	16–18
a) Begriff	16
b) Rechtsformen	17
c) Voraussetzungen	18
2. Umfang der Befreiung	19
V. Befreiung von Unternehmen, die gemeinnützigen, mildtätigen oder kirchlichen Zwecken dienen (Nr 6)	20–319
1. Allgemeines	20–29
a) Persönliche Befreiung	20
b) Kreis der Begünstigten	21–23
c) Körperschaftsteuerpflicht	24–26
d) Zeitfragen	27
e) Auslandssachverhalte (§ 51 Abs 2 AO)	28
f) Verfassungsschutz (§ 51 Abs 3 AO)	29
2. Gemeinnützige Zwecke	30–99
a) Begünstigungsvoraussetzungen	30–35
b) Begriff der Allgemeinheit	36–42
c) Förderung	43–47
d) Förderung auf materiellem Gebiet	48
e) Förderung auf geistigem Gebiet	49
f) Förderung auf sittlichem Gebiet	50

§ 3 Befreiungen

	Rn
g) Der Förderungskatalog des § 52 Abs 2 AO	51–94
h) Freizeitgestaltung	95–98
i) ABC der gemeinnützigen Zwecke	99
3. Mildtätige Zwecke	100–109
a) Begriff	100
b) Unterstützer Personenkreis	101
c) Hilfsbedürftigkeit aus körperlichen, geistigen oder seelischen Gründen	102
d) Wirtschaftliche Unterstützungsbedürftigkeit	103
e) Bezüge der unterstützten Person	104
f) Abgrenzung der Bezüge	105
g) Kürzung um Aufwendungen	106
h) Einsatz von Vermögen	107
i) Besondere Gründe für die Notlage	108
j) Andere Fälle/Ausschließlichkeit	109
4. Kirchliche Zwecke	110–115
a) Begriff	110
b) Förderbare Religionsgemeinschaften	111
c) Begünstigte Zwecke	112
d) Beispielsfälle	113
e) Anerkennung	114, 115
5. Selbstlosigkeit	116–150
a) Grundsatz	117–127
b) Satzungsmäßige Mittelverwendung	128–139
c) Vermögensverwendung	140
d) Zweckfremde Ausgaben/unverhältnismäßig hohe Vergütungen	141–143
e) Vermögensbindung (§ 55 Abs 1 Nr 4 AO)	144–147
f) Zeitnahe Mittelverwendung	148–150
6. Ausschließlichkeit	151–155
a) Grundsatz	151
b) Umfang	152
c) Einzelheiten	153
d) Mehrere Zwecke	154
e) Einzelfälle zum Gebot der Ausschließlichkeit	155
7. Unmittelbarkeit	156–165
a) Grundsatz	156
b) Zurechenbarkeit	157
c) Abgrenzung	158–160
d) Steuerpflicht	161
e) Einzelfälle zum Grundsatz der Unmittelbarkeit	162
f) Dachorganisationen	163–165
8. Ausnahmen vom Grundsatz der Selbstlosigkeit, Ausschließlichkeit und Unmittelbarkeit	166–194
a) Allgemeines	166
b) Satzungserfordernis	167
c) Im Einzelnen gilt	168–194
9. Satzungsmäßigkeit	195–205
a) Sicherung des steuerbegünstigten Zweckes	195–198
b) Anforderungen an die Satzung	199–203
c) Satzungsmäßige Vermögensbindung	204–204d
d) Ausnahmen von der satzungsmäßigen Vermögensbindung	205

Übersicht

	Rn
10. Rücklagen und Vermögensbildung	206–209
a) Grundsatz	206
b) Rücklagen (Abs 1)	207–207d
c) Vermögensbildung (Abs 3)	208–208d
d) Stiftungen im Gründungsstadium (Abs 4)	209
11. Anforderungen an die tatsächliche Geschäftsführung	210–218
a) Grundsatz	210
b) Satzungsgemäße Geschäftsführung	211–215
c) Buchnachweis	216
d) Mittelansammlung	217
e) Zuwendungsbestätigung	218
12. Wirtschaftlicher Geschäftsbetrieb/partielle Steuerpflicht	219–254
a) Grundsatz	219–225
b) Begriff	226
c) Einzelfälle	227
d) Beteiligungen	228, 229
e) Gewinnermittlung	230–240
f) Vermögensverwaltung	241–245
g) Mehrere wirtschaftliche Geschäftsbetriebe	246
h) Besteuerungsgrenze	247–254
13. Keine partielle Steuerpflicht bei Zweckbetrieben	255–260
a) Begriff	255
b) Dienen	256
c) „Nur-erreichen-können"	257
d) Wettbewerbsklausel	258
e) Einzelfälle zum Begriff des Zweckbetriebes	259, 260
14. Gesetzlich normierte Zweckbetriebe	261–307
a) Wohlfahrtspflege	261–265
b) Krankenhäuser	266–274
c) Sportliche Veranstaltungen	275–287
d) Einzelne Zweckbetriebe	288–307
15. Verfahrensfragen	308–319
a) Anerkennung im Steuerbescheid	308
b) Vorläufige Bescheinigung	309–312
c) Gesonderte Feststellung ab EZ 2013	313–317
d) Beeinträchtigung von Rechten Dritter	318, 319
VI. Befreiung der Hochsee- und Küstenfischerei (Nr 7)	320–324
1. Allgemeines	320
2. Begriffe	321
3. Voraussetzungen/Rechtsfolgen	322–324
VII. Befreiung von Erwerbs- und Wirtschaftsgenossenschaften sowie Vereinen iSd § 5 Abs 1 Nr 14 KStG (Nr 8)	325–339
1. Allgemeines	325
2. Begünstigte Tätigkeiten	326–332
a) Nutzungsgenossenschaften und -vereine (§ 5 Abs 1 Nr 14 Buchst a KStG)	326
b) Leistungsgenossenschaften und -vereine (§ 5 Abs 1 Nr 14 Buchst b KStG)	327
c) Bearbeitungs- und Verwertungsgenossenschaften und -vereine (§ 5 Abs 1 Nr 14 Buchst c KStG)	328–331
d) Beratungsgenossenschaften und -vereine (§ 5 Abs 1 Nr 14 Buchst d KStG)	332
3. Zulässige Geschäfte	333–339

	Rn
a) Zweckgeschäfte	333
b) Gegengeschäfte	334
c) Hilfsgeschäfte	335
d) Nebengeschäfte	336–339
VIII. Befreiung von Pensions-, Sterbe-, Kranken- und Unterstützungskassen (Nr 9)	340–385
1. Allgemeines	340–344
a) Pensions-, Sterbe- und Krankenkassen	341
b) Unterstützungskassen	342, 343
c) Pensionsfonds	344
2. Voraussetzungen der Steuerfreiheit	345–359
a) Beschränkung auf bestimmte Leistungsempfänger	345–347
b) Soziale Einrichtung	348–355
c) Einkünfte- und Vermögenssicherung	356–359
3. Verlust der Steuerfreiheit	360
4. Überdotierung	361–370
a) Vermögensgrenzen bei Pensionskassen	361–365
b) Vermögensgrenzen bei Unterstützungskassen	366–370
5. Partielle Steuerpflicht der überdotierten Kassen	371–385
a) Pensions-, Sterbe- und Krankenkassen	371–374
b) Unterstützungskassen	375–385
IX. Befreiung von Vermögensverwaltungsgesellschaften eines Berufsverbandes (Nr 10)	386–394
1. Allgemeines	386
2. Vermögensverwaltung als Hauptzweck	387
3. Berufsverband iSd § 5 Abs 1 Nr 5 KStG	388–392
a) Berufliche Interessenvereinigung	388
b) Verwandte Berufe	389
c) Keine Individualinteressen	390
d) Einzelfälle	391
e) Mehrere Zwecke	392
4. Herkunft der Erträge	393, 394
X. Befreiung von berufsständischen Versicherungs- und Versorgungseinrichtungen (Nr 11)	395–399
1. Allgemeines	395
2. Voraussetzungen der Befreiung	396
3. Umfang der Befreiung	397–399
XI. Befreiung gemeinschaftlicher Tierhaltung (Nr 12)	400–402
1. Allgemeines	400
2. Persönliche Voraussetzungen	401
3. Sachliche Voraussetzungen	402
XII. Befreiung von Schulen und anderen bildenden Einrichtungen (Nr 13)	403–409
1. Allgemeines	403
2. Persönlicher Geltungsbereich	404
3. Sachliche Voraussetzungen	405–409
a) Beschränkungen	405
b) Keine Bindungswirkungen	406
c) Abgrenzungen	407
d) Betriebsaufspaltung	408, 409
XIII. Befreiung von landwirtschaftlichen Nutzungs- und Bewirtschaftungsgenossenschaften und -vereinen (Nr 14)	410–412
1. Allgemeines	410

	Rn
2. Voraussetzungen	411, 412
XIV. Befreiung von Erwerbs- und Wirtschaftsgenossenschaften sowie Vereinen iSv § 5 Abs 1 Nr 10 KStG (Nr 15)	413–419
1. Allgemeines	413
2. Voraussetzungen der Begünstigung	414, 415
a) Herstellung/Nutzungsüberlassung	414
b) Zulässige Tätigkeiten	415
3. Umfang der Befreiung	416–419
a) (Partielle) Steuerpflicht	416
b) Kürzung nach § 9 Nr 1	417–419
XV. Befreiung von gemeinnützigen Siedlungsunternehmen (Nr 17)	420–424
1. Allgemeines	420
2. Persönliche Voraussetzungen	421
3. Sachliche Voraussetzungen	422
4. Umfang der Befreiung/partielle Steuerpflicht	423, 424
XVI. Befreiung von Pensionssicherungsvereinen (Nr 19)	425, 426
1. Allgemeines	425
2. Voraussetzung für die Befreiung	426
XVII. Befreiung von Krankenhäusern, Altenheimen, Altenwohnheimen und Pflegeheimen (Nr 20)	427–439
1. Allgemeines	427–429
a) Zweck/Normzusammenhänge	427
b) Sachliche Befreiung	428
c) Persönlicher Umfang	429
2. Begünstigungstatbestände	430–437
a) Betrieb durch juristische Personen des öffentlichen Rechts (Nr 20 Buchst a)	430
b) Krankenhäuser (Nr 20 Buchst b)	431
c) Altenheime, Altenwohnheime und Pflegeheime (Nr 20 Buchst c)	432
d) Aufnahme- und Pflegeeinrichtungen (Nr 20 Buchst d)	433–436
e) Rehabilitationseinrichtungen	437
3. Umfang der Befreiung	438, 439
XVIII. Befreiung von Sicherungseinrichtungen eines Verbandes der Kreditinstitute (Nr 21)	440–444
1. Allgemeines	440–442
a) Entschädigungseinrichtungen	441
b) Sicherungseinrichtungen	442
2. Voraussetzungen	443
3. Umfang der Befreiung	444
XIX. Befreiung von Bürgschaftsbanken (Kreditgarantiegemeinschaften) (Nr 22)	445–447
1. Allgemeines	445
2. Voraussetzungen der Befreiung	446, 447
XX. Befreiung von Unternehmensbeteiligungsgesellschaften (Nr 23)	448–454
1. Allgemeines	448
2. Rechtsform	449
3. Unternehmensgegenstand	450
4. Grundsatz der Anerkennung	451
5. Bezeichnungsschutz	452
6. Nachversteuerung	453

	Rn
7. Grundlagenbescheid	454
XXI. Befreiung von Kapitalbeteiligungsgesellschaften (Nr 24)	455–459
1. Allgemeines/Kreis der Begünstigten	455
2. Voraussetzungen der Begünstigung	456
a) Gegenstand des Geschäftsbetriebs	456
b) Gewinnverwendung	456
3. Umfang der Begünstigung	457–459
XXII. Befreiung von Wirtschaftsförderungsgesellschaften (Nr 25)	460–464
1. Allgemeines	460
2. Voraussetzungen	461, 462
a) Formelle Vorgaben	461
b) Materielle Vorgaben	462
3. Rechtsfolgen	463, 464
XXIII. Befreiung von Gesamthafenbetrieben (Nr 26)	465–467
1. Allgemeines	465
2. Voraussetzung der Befreiung	466
3. Umfang der Befreiung	467
XXIV. Versorgungszusammenschlüsse (Nr 27)	468–470
1. Allgemeines	468
2. Voraussetzung der Befreiung	469
3. Rechtsfolgen	470
XXV. Arbeitsgemeinschaften Medizinischer Dienst – MDK – sowie Medizinischer Dienst der Spitzenverbände der Krankenkassen – MDS – (Nr 28)	471, 472
1. Allgemeines	471
2. Voraussetzung der GewStBefreiung	472
XXVI. Gemeinsame Einrichtungen der Tarifvertragsparteien (Nr 29)	473–475
1. Allgemeines	473
2. Voraussetzung der Befreiung	474
3. Rechtsfolgen	475
XXVII. Auftragsforschung (Nr 30)	476–479
1. Allgemeines	476
2. Voraussetzung der Befreiung	477–479
XXVIII. Weitere Befreiungen außerhalb des GewStG	480–490
1. Befreiung von Einnehmern einer staatlichen Lotterie (§ 13 GewStDV)	480–482
a) Allgemeines	480
b) Persönliche Beschränkung	481
c) Rechtsfolgen	482
2. Befreiung von Wasserkraftwerken	483
3. Befreiung sog kleinerer Körperschaften	484
4. Befreiung kleinerer Versicherungsvereine auf Gegenseitigkeit	485, 486
a) Allgemeines	485
b) Einzelnes	486
5. Befreiung von Kapitalanlagegesellschaften	487
6. Befreiung der European Transonic Windtunnel GmbH (VO v 1.9.1989 BGBl II 1989, 738)	488
7. Befreiung des Absatzfonds bzw des Holzabsatzfonds	489
8. Befreiung der Unterstützungskassen nach § 15 Abs 2 PostpersonalrechtsG	490

A. Allgemeines

I. Inhalt der Vorschrift

Die Vorschrift enthält **persönliche und sachliche Steuerbefreiungen.** Die 1
Unterscheidung wird nicht systematisch sichtbar. Die Art der Befreiung ist im Einzelnen dem Regelungsgehalt der jeweiligen Vorschrift zu entnehmen. Eine persönliche Befreiung bezieht sich auf das Unternehmen als solches. Das Gesetz verfährt so, dass es entweder das Unternehmen selbst persönlich benennt (zB Bundeseisenbahnvermögen) oder seine Stellung im öffentlichen Wirtschaftssystem kennzeichnet (zB Staatliche Lotterie/Monopolverwaltung) oder die Voraussetzungen eines bestimmten Begünstigungstatbestandes beschreibt (zB gemeinnützige Körperschaften; ebenso BFH I R 84/01 BFH/NV 2003, 277). Man unterscheidet uneingeschränkt persönliche Befreiungen, die sich auf alle Tätigkeiten ohne Ansehung des eigentlichen Aufgabenbereichs erstrecken (zB Bundeseisenbahnvermögen), und eingeschränkt persönliche Befreiungen, bei denen das an sich befreite Unternehmen nur mit bestimmten Teilen des Ertrages (oder bis 31.12.1997: Kapitals) der GewSt unterworfen ist (zB der wirtschaftliche Geschäftsbetrieb der gemeinnützigen Körperschaft iSd §§ 65–68 AO). Die sachliche Befreiung betrifft nur bestimmte Teile des Ertrages (oder Kapitals) des Unternehmens (zB die gemeinschaftliche Tierhaltung der Nr 12).

II. Persönlicher Geltungsbereich

1. Grundsatz

Befreit ist grundsätzlich allein das Unternehmen, das den Begünstigungstatbestand 2
erfüllt. Die Befreiung erstreckt sich **nicht** auch auf **andere Unternehmen,** die von ihm beherrscht oder mit diesen eng verbunden sind, zB bei einer staatl Lotterie in bürgerlich-rechtlicher Rechtsform (BFH I 240/60 S BStBl III 1961, 212; GrS 2/71 BStBl II 1972, 63), bei der Organschaft (BFH I R 100/01 BStBl II 2004, 244; I R 41/09 BStBl II 2011, 181), beim Komplementär einer KGaA (FG Münster EFG 2011, 2000), beim Empfänger von Ausschüttungen durch eine stbefreite Körperschaft (BFH I B 34/11 BFH/NV 2012, 1175) oder bei der Ergebnisbündelung zweier rechtlich selbstständiger, nicht durch Betriebsaufspaltung verflochtener Unternehmen (FG Münster EFG 2011, 722).

2. Einzelheiten

a) Betriebsaufspaltung. Anderes gilt entgegen der älteren Rspr (so noch BFH 3
VIII R 57/99 BStBl II 2002, 662) für die Betriebsaufspaltung angesichts der durch das Rechtsinstitut gebotenen **Merkmalübertragung** (BFH X R 59/00 BStBl II 2006, 661 zu § 3 Nr 20 Buchst c; I R 22/02 BFH/NV 2007, 149 zu § 3 Nr 6: vgl dazu § 2 Rn 374). Die Rspr-Änderung ist mE nicht beschränkt auf bestimmte Befreiungstatbestände des § 3 (zweifelnd *Micker* DStR 2012, 589). Praktische Bedeutung kommt dem vorwiegend für die Befreiungen nach § 3 Nr 6 zu (vgl BFH I R 22/02 aaO; *Jost* DB 2007, 1664).

b) Abfärbung. Unabhängig hiervon erstreckt sich die Gewerbesteuerbefreiung einer an sich gewerblichen Tätigkeit im Falle einer **Abfärbung** (§ 2 Rn 287 aE, 429) auch auf die Tätigkeit, die ohne die Abfärbung freiberuflich wäre, dh die infizierte Tätigkeit ist nicht gewstpfl (BFH VI R 43/00 BStBl II 2002, 152).

§ 3 Nr 1   Befreiungen

c) **Erweiterte Kürzung.** Die Überlassung von Grundbesitz an ein gewstbefreites Unternehmen **hindert nicht** die erweiterte Kürzung nach § 9 Nr 1 Satz 2 u 5 (BFH IV R 9/05 BStBl II 2007, 893).

III. Zeitlicher Geltungsbereich

4   Der **maßgebliche Zeitpunkt** oder **Zeitraum,** in dem die Voraussetzungen für die Begünstigung erfüllt sein müssen, bestimmt sich unterschiedlich nach dem jeweiligen Befreiungstatbestand:
- Die Körperschaften der Nrn 1, 2, 5, 15–18 sind befreit, wenn und solange sie vorhanden sind;
- die Körperschaften der Nrn 6, 7, 8, 10, 11, 13, 14, 19–21 sind befreit, wenn die Voraussetzungen während des ganzen (bei Neugründungen: verbliebenen) EZ vorgelegen haben;
- bei Körperschaften der Nr 9 kommt es je nach den Voraussetzungen auf den gesamten EZ oder den Schluss des versicherungsrechtlich maßgebenden Wirtschaftsjahres an (hierzu unten Rn 340, 371);
- die Gesellschaften und Genossenschaften der Nr 12 sind befreit, wenn und solange die Tierhaltung betrieben wird.

Der **Wegfall** einer Steuerbefreiung bedingt die GewStPfl nur insoweit, als ein Gewerbebetrieb (auch kraft Rechtsform, § 2 Abs 2 Satz 1) unterhalten wird (vgl BFH I R 280/81 BStBl II 1988, 75).

IV. Begünstigungsvoraussetzungen nach anderen Vorschriften

5   Die Befreiungen des GewStG stimmen inhaltlich weitgehend mit denen des KStG und des früheren VStG überein. Eine **rechtliche Abhängigkeit** der GewSt-Befreiung von tatsächlichen Befreiungen nach Tatbeständen in diesen Gesetzen besteht grundsätzlich nicht, wenn auch in der Praxis die Entscheidungen über die Befreiung in den verschiedenen Steuerarten gleich lautend sein werden. Etwas anderes gilt nur, wenn das Gesetz für die GewSt-Befreiung die tatsächliche Befreiung von einer anderen Steuer voraussetzt, wie etwa Nr 13 für Schulen und Bildungseinrichtungen oder Nr 8 für Erwerbs- und Wirtschaftsgenossenschaften u.ä., nicht jedoch, wenn das Gesetz die Befreiung abhängig macht nur vom Vorliegen der Voraussetzungen für die Befreiung nach anderen Gesetzen, etwa Nr 9 und Nr 19 (BFH VIII R 149/76 BStBl II 1981, 746; *Blümich/v. Twickel* § 3 Rn 22; *Sarrazin* in *L/S* § 3 Rn 9). Der Wortlaut der genannten Bestimmungen lässt die Annahme einer Bindungswirkung der in den anderen Besteuerungsverfahren ergehenden Entscheidungen nicht zu. Dem Stpfl ist daher auch in diesen Fällen der Einwand nicht abgeschnitten, entgegen dem (unzutreffenden) KSt-Bescheid lägen die Voraussetzungen für eine Befreiung an sich vor.

B. Die einzelnen Befreiungstatbestände

I. Befreiung staatlicher Unternehmen mit monopolartigem Charakter (Nr 1)

1. Allgemeines

6   Nr 1 betrifft bestimmte **Unternehmen des Bundes und der Länder,** die Monopole sind oder monopolartigen Charakter haben, also das Bundeseisenbahn-

vermögen, die Monopolverwaltungen des Bundes, die staatlichen Lotterieunternehmen und den Erdölbevorratungsverband. Die Vorschrift beinhaltet ihrem Wortlaut nach eine uneingeschränkte persönliche Befreiung. Sie umfasst daher – de lege lata – den gesamten Tätigkeitsbereich des Unternehmens. Die Verpachtung einer eingerichteten Gastwirtschaft durch die Deutsche Bundesbahn fiel daher nach BFH I 182/57 U BStBl III 1958, 429 unter den Befreiungstatbestand der Vorschrift. Aus den Gründen dieser Entscheidung ergibt sich allerdings, dass die Befreiung nur für solche Tätigkeiten gilt, die sich aus den Zweckbestimmungen des Unternehmens ergeben. Bei der Deutschen Bundesbahn war Zweckbestimmung der allgemeine Verkehrsbetrieb und die nach der Verkehrsentwicklung ihr obliegende Betreuung der Reisenden. Zweifelhaft war demnach, ob noch solche typisch gewerblichen Betätigungen befreit waren, mit denen die Deutsche Bundesbahn zu Privatunternehmen in Konkurrenz trat (zB Pauschal-Reisearrangements). Durch die Steuerpflicht der nunmehr als AG firmierenden Deutschen Bahn ist das Problem gelöst.

2. Persönlicher Umfang der Befreiung

Allerdings ist – de lege lata – **nur das genannte Unternehmen** selbst begünstigt. **7**
Nicht befreit sind Unternehmen, die von dem Begünstigten in einer besonderen Rechtsform betrieben werden: Lotterieunternehmen in Form einer Kapitalgesellschaft sind gewstpfl auch dann, wenn sich die gesamten Anteile in der Hand des Staates befinden (BFH I 240/60 S BStBl III 1961, 212; GrS 1/62 S BStBl III 1964, 190; s jedoch Rn 10). Dasselbe galt für die Deutsche Schlafwagengesellschaft der Deutschen Bundesbahn. Umso mehr gilt dies für sonstige Privatunternehmen, die einen GewBetrieb auf dem Gebiet eines begünstigten Unternehmens unterhalten (etwa früher die von der Deutschen Bundesbahn verpachteten Verkaufsstände, Bahnhofswirtschaften usw). Allerdings sind Gewinnausschüttungen der beherrschten Gesellschaft an das begünstigte Unternehmen hier wegen der Begünstigung steuerfrei.

3. Die begünstigten Unternehmen

a) Bundeseisenbahnvermögen. Es ist **keine Rechtsperson**, sondern ein Wirt- **8**
schaftsbetrieb des Bundes. Die Rechtsgrundlagen sind Art 73, 87 e GG und das BundesbahnG v 13.12.1951 (BGBl I 1951, 955) sowie ab EZ 1994 das ENeuOG v 27.12.1993 (BGBl I 1993, 2378 – Ausgliederung der Deutschen Bahn AG).

b) Monopolverwaltungen. Sie dienen der **Erhebung öffentlicher Abgaben** **9**
und sind daher gewstbefreit. Zurzeit besteht nur noch die Branntweinmonopolverwaltung nach dem Gesetz über die Errichtung der Bundesmonopolverwaltung für Branntwein v 8.8.1951 (BGBl I 1951, 491), zuletzt geändert durch G v 8.12.2010 BGBl I 2010, 1864. Das BranntweinmonopolG (BGBl III 612-7) ist durch G v 21.6.2013 (BGBl I 2013, 1650) mWv 1.1.2018 aufgehoben.

c) Staatliche Lotterieunternehmen. aa) Befreite Unternehmen. Unmittel- **10**
bar als sog **Regiebetriebe** von den Ländern betriebene Unternehmen sind befreit (BFH IV R 205/75 BStBl II 1976, 576). Von dem Grundsatz der Unmittelbarkeit (vgl oben Rn 7) besteht allerdings insoweit eine **Ausnahme**, als der Staat die Lotterie über eine Anstalt des öffentlichen Rechts betreibt. Sie wird wegen der durch die Staatsaufsicht bewirkten Eingliederung in den Staat und die Unterordnung unter die Staatsgewalt als staatlich angesehen (BFH I R 158/81 BStBl II 1985, 223; III B 64/12 BFH/NV 2013, 985). Befreit sind auch staatliche Fußballtoto- und Zahlenlotto-Unternehmen (BFH IV 118/53 U BStBl III 1955, 75; GrS 1/62 S BStBl III 1964, 190). Befreit sind allerdings auch die staatlichen Lotterieeinnehmer (§ 13 GewStDV, vgl Rn 480).

bb) Nicht befreite Veranstaltungen. Nichtstaatliche Lotterieveranstaltungen (BFH IV R 39/07 BFH/NV 2011, 842; IV R 18/09 BStBl II 2011, 368), auch lotterieähnliche Veranstaltungen wie das Prämiensparen von Sparkassen sind nicht befreit (*Sarrazin* in *L/S* § 3 Rn 13).

11 **d) Spielbanken.** Die Befreiung von Spielbanken durch das JStErgG 1996 dient der Klarstellung. Sie wurden schon bisher gewstfrei betrieben (VO v 27.7.1938, RStBl 1938, 955). Zur Vereinbarkeit mit Verfassungs- bzw Europarecht BFH III B 80/00 BFH/NV 2001, 1294. Die Befreiung ist **beschränkt auf Tätigkeiten**, die der **Spielbankenabgabe** – als Äquivalent für die Befreiung von der GewSt – unterliegen. Andere Tätigkeiten – wie zB ein Restaurantbetrieb – sind nicht befreit (vgl BFH V D 1/53 S BStBl III 1954, 122). Es handelt sich um eine den Spielbankbetrieb ergänzende, gleichwohl selbstständige Organisationseinheit (FG B-Bbg 6 K 6162/07 EFG 2011, 729, Rev IV R 2/11).

12 **e) Erdölbevorratungsverband.** Er ist **bundesunmittelbare Körperschaft** des öffentlichen Rechts (§ 2 Abs 1 des ErdölbevorratungsG idF v 6.4.1998, BGBl I 1998, 677, 680, nunmehr G v 16.1.2012 BGBl I 2012, 74). Seine Aufgabe besteht in der Erdölbevorratung nach § 3 Abs 1 des genannten Gesetzes. Nach § 9 Abs 1 dieses Gesetzes ist Mitglied des Verbandes, wer gewerbsmäßig oder im Rahmen einer wirtschaftlichen Unternehmung der Bevorratungspflicht unterliegende Erzeugnisse (nunmehr: Ottokraftstoff, Dieselkraftstoff, Heizöl Extra Leicht oder Flugturbinenkraftstoff auf Petroleumbasis) einführt oder für eigene Rechnung im Geltungsbereich des Gesetzes herstellt oder herstellen lässt (nunmehr: über 25 t/Jahr, § 13 des G v 16.1.2012). Bisher unterlagen der Bevorratungspflicht Motorenbenzin, Flugbenzin, Flugturbinenkraftstoff auf Benzinbasis, Dieselkraftstoff, leichtes Heizöl, Leuchtöl, Flugturbinenkraftstoff auf Petroleumbasis und mittelschweres sowie schweres Heizöl. Der Bevorratungsverband hatte von den Erzeugnissen der genannten Art ständig soviel Vorräte zu halten, wie in den letzten drei Kalenderjahren durchschnittlich innerhalb von 90 Tagen pro Jahr eingeführt oder im Geltungsbereich des Gesetzes hergestellt worden sind (spezifiert durch § 6 des G v 16.1.2012). Der Verband erfüllt die Verpflichtung nach § 5 ErdölbevorratungsG durch Erwerb oder Verpflichtung von Mitgliedern des Verbandes oder von Dritten zur Vorratshaltung (nunmehr spezifiziert durch §§ 4 f des G v 16.1.2012). Die Steuerbefreiung beruht somit auf volkswirtschaftlichen und sicherheitspolitischen Gründen.

II. Befreiung bestimmter Banken (Nr 2)

1. Allgemeines

13 Die Vorschrift hat ihre letzte Änderung durch das JahressteuerG 2011 v 8.11.2010 (BGBl I 2010, 1768) erhalten. Sie berücksichtigt **Forderungen der sog Bankenenquete,** wonach im Kreditgewerbe steuerliche Vergünstigungen zu versagen sind, wenn sich infolge der Überschneidungen von Geschäftsbereichen begünstigter Unternehmen mit denen von privatwirtschaftlichen Kreditinstituten Wettbewerbsstörungen ergeben würden. Für den persönlichen Umfang dieser Steuerbefreiungen gelten die Ausführungen in Rn 7 entsprechend.

2. Die begünstigten Unternehmen

14 – Die **Deutsche Bundesbank** (Gesetz v 26.7.1957, BGBl I 1957, 745);
– die **Kreditanstalt für Wiederaufbau** (Gesetz v 5.11.1948 WiGBl 1948, 123, idF v 23.6.1969, BGBl I 1969, 573);

- die **Landwirtschaftliche Rentenbank** (Gesetz v 14.9.1953, BGBl I 1953, 1330). Ab EZ 1961 ist sie unbefristet und unbegrenzt von der Gewerbesteuer befreit;
- die **Bayerische Landesanstalt für Aufbaufinanzierung.** Bis EZ 1972 als Staatsbank nach der durch Gesetz v 17.4.1974 (BGBl I 1974, 949) gestrichenen Nr 3 befreit. Die jetzige Befreiung ist durch bezeichnetes Gesetz in die Nr 2 eingefügt worden, weil nach den Feststellungen der Bankenenquete im Grundsatz die gleichen Voraussetzungen vorliegen wie bei den übrigen in Nr 2 aufgeführten Kreditanstalten;
- die **Niedersächsische Gesellschaft für öffentliche Finanzierungen mbH.** Befreit ab EZ 1976 durch Gesetz v 18.12.1975 (BGBl I 1975, 3091). Auch bei ihr ergeben sich keine Überschneidungen mit den Geschäftsbereichen der privaten Kreditinstitute;
- die **Bremer Aufbau-Bank GmbH** ist ab EZ 2001 wie zuvor die **Hanseatische Gesellschaft für öffentliche Finanzierungen mbH Bremen** (befreit ab EZ 1984 durch G v 14.12.1984, BGBl I 1984, 1493), aus der sie im Wege der Umfirmierung hervorgegangen ist, durch G v 20.12.2001 (BGBl I 2001, 3794) befreit worden;
- die **Landeskreditbank Baden-Württemberg-Förderbank.** Sie hat die Geschäftsbereiche der zuvor ebenfalls von der GewSt befreiten Landeskreditbank Baden-Württemberg-Förderungsanstalt und der Sächsischen Aufbaubank übernommen (vgl BTDrs 14/1520, 4 f). Befreiung durch G v 22.12.1999 (BGBl I 1999, 2601) ab EZ 1998;
- die **Bayerische Landesbodenkreditanstalt,** bisher als Organ der staatlichen Wohnungspolitik nach § 3 Nr 16 befreit. Da diese Befreiung entfallen ist (Art 21 § 1 Nr 1 StRefG v 25.7.1988, BGBl I 1988, 1093), die Anstalt auf Grund von Satzungsbestimmungen aber weiterhin Beschränkungen in ihrer wirtschaftlichen Betätigung unterworfen ist, verblieb es bei der Befreiung, jedoch durch ausdrückliche Benennung, durch o.a. Gesetz;
- die **Investitionsbank Berlin** ist anstelle der Investitionsbank Berlin – Anstalt der Landesbank Berlin-Girozentrale (G v 13.9.1993, BGBl I 1993, 1569) durch G v 13.12.2006 (BGBl I 2006, 2878) in den Befreiungskatalog aufgenommen worden;
- die **Hamburgische Wohnungsbaukreditanstalt,** befreit durch G v 25.7.1988 (BGBl I 1988, 1093);
- die **NRW.Bank** ist Gesamtrechtsnachfolgerin der Westdeutschen Landesbank Girozentrale;
- die **Investitions- und Förderbank Niedersachsen** als GmbH ist durch G v 15.12.2003 (BGBl I 2003, 2645) ab EZ 2003 befreit, ab EZ 2008 in neuer Form (JStG 2009, BGBl I 2008, 2794);
- die **Saarländische Investitionskreditbank AG,** wie vor;
- die **Investitionsbank Schleswig-Holstein** ist Gesamtrechtsnachfolgerin der **Investitionsbank Schleswig-Holstein – Zentralbereich der Landesbank Schleswig-Holstein-Girozentrale.** Letztere war befreit ab EZ 1991. Sie ist von der Landesbank abgespalten und unter der Bezeichnung Investitionsbank Schleswig-Holstein neu errichtet worden. Die ursprüngliche Befreiung gilt für sie fort; die Befreiung des Zentralbereichs endete mit dem EZ 2002;
- die **Investitionsbank des Landes Brandenburg.** Befreit ab EZ 1991 durch G v 25.2.1992 (BGBl I 1992, 297). Sie übernimmt öffentliche Förderaufgaben des Landes Brandenburg und steht ebenfalls in keinem schädlichen Wettbewerbsverhältnis;
- die **Sächsische Aufbaubank – Förderbank –,** entstanden durch formwechselnde Umwandlung aus der **Sächsischen Aufbaubank GmbH** als selbstständige

§ 3 Nr 3 Befreiungen

Anstalt des öffentlichen Rechts. Letztere war befreit ab EZ 1996 durch 3. Finanzmarktförderungs G v 24.3.1998 (BGBl I 1998, 529); diese Befreiung wirkt fort;
- die **Thüringer Aufbaubank,** befreit ab EZ 1991 durch G v 13.9.1993 (BGBl I 1993, 1569);
- die **Investitionsbank Sachsen-Anhalt – Anstalt der Norddeutschen Landesbank – Girozentrale;** Neugründung und Rechtsnachfolge für das **Landesförderinstitut Sachsen-Anhalt – Geschäftsbereich der Norddeutschen Landesbank Girozentrale Mitteldeutsche Landesbank,** befreit ab EZ 1993 durch G v 21.12.1993 (BGBl I 1993, 2310); es handelte sich um einen rechtlich unselbstständigen, in seiner Aufgabenstellung jedoch selbstständigen Teil der Landesbank Sachsen-Anhalt, der bestimmte Maßnahmen der Wirtschaftsförderung wettbewerbsneutral übernahm (BTDrs 12/6078, 129);
- die **Investitions- und Strukturbank Rheinland-Pfalz** ist eine Vereinigung von bisher getrennt geführten Instrumenten der Wirtschaftsförderung; sie handelt wettbewerbsneutral (BTDrs 12/6078, 129) und ist befreit ab EZ 1993 durch G v 21.12.1993 (BGBl I 1993, 2310);
- das **Landesförderinstitut Mecklenburg-Vorpommern – Geschäftsbereich der Norddeutschen Landesbank Girozentrale,** mWv 1.1.1995 durch das Land Mecklenburg-Vorpommern und die Norddeutsche Landesbank Girozentrale errichtet, hat als rechtlich unselbstständiger, nach Aufgabenstellung jedoch selbstständiger, betriebswirtschaftlich, organisatorisch und personell getrennter Geschäftsbereich der Norddeutschen Landesbank Girozentrale hoheitliche Aufgaben wahrzunehmen, insb die wettbewerbsneutrale Wohnungs- und Städtebauförderung des Landes Mecklenburg-Vorpommern; befreit durch G v 18.12.1995 (BGBl I 1995, 1959) ab EZ 1995;
- die **Wirtschafts- u Infrastrukturbank Hessen** – rechtlich unselbstständige Anstalt in der **Landesbank Hessen-Thüringen Girozentrale** – erstmals für EZ 2007 zunächst als Landestreuhandstelle (JStG 2009, BGBl I 2008, 2794);
- die **Liquiditäts-Konsortialbank GmbH.** Befreit ab EZ 1974 durch EGAO 1977 v 14.12.1976 (BGBl I 1976, 3341). Gegenstand des Unternehmens ist ausschließlich die Verminderung von Störungen des Liquiditätsausgleichs im Kreditgewerbe (BTDrs 7/5458). Hierdurch tritt eine Überschneidung mit Geschäftsbereichen der übrigen Kreditinstitute nicht ein.

III. Staatliche Unternehmen im Gebiet der ehemaligen DDR (Nr 3)

Literatur: *Hommelhoff,* Treuhandunternehmen im Umbruch, 1991; *Weimar,* Nachprivatisierungsprobleme, 1992; *Spoerr,* Treuhandanstalt und Treuhandunternehmen zwischen Verfassungs-, Verwaltungs- und Gesellschaftsrecht, 1993.

1. Treuhandanstalt

15 Die Befreiung der Treuhandanstalt beruhte auf ihrer Rechts- u Aufgabenstellung. Sie war **rechtsfähige bundesunmittelbare Anstalt** des öffentlichen Rechts; ihr Auftrag bestand darin, gemäß den Bestimmungen des TreuhandG v 17.6.1990 (GBl Nr 33 S 300) die früheren volkseigenen Betriebe wettbewerblich zu strukturieren und zu privatisieren. Erlöse waren zugunsten von Maßnahmen, auch zur Entschuldung im Rahmen der Strukturanpassung der Landwirtschaft, zu verwenden (vgl Art 25 des Einigungsvertrags v 31.8.1990, BGBl II 1990, 889, 897). Die Treuhandanstalt war somit nicht gewerblich tätig, sondern erfüllte unmittelbar öffentliche Aufgaben. Zu den hieraus erwachsenden Problemen vgl die o.a. Literatur.

2. Umbenennung

Mit Wirkung ab 1.1.1995 wurde die Treuhandanstalt im Rahmen der Neuorganisation in **Bundesanstalt für vereinigungsbedingte Sonderaufgaben** umbenannt (VO v 20.12.1994, BGBl I 1994, 3913). Die Neufassung des § 3 Nr 3 durch das JStG 1997 trägt dem Rechnung.

IV. Befreiung von Realgemeinden (Nr 5)

1. Allgemeines

a) **Begriff.** **Realgemeinden** sind aus dem **Almendebesitz** der Dorfgenossen fortentwickelte Personenzusammenschlüsse des älteren agrarwirtschaftlichen Genossenschaftsrechts, bei dem mit der Mitgliedschaft das Recht auf gemeinsame land- und forstwirtschaftliche Nutzung des Grund und Bodens im Wege der Selbstbewirtschaftung verbunden ist (RFH RStBl 1938, 736; vgl zur Rechtsentwicklung RFH RStBl 1934, 1060). Das Gesetz nennt beispielhaft die Hauberg-, Wald-, Forst- u Laubgenossenschaften. 16

b) **Rechtsformen.** Realgemeinden können **Körperschaften** des öffentlichen oder privaten Rechts sein (RFH RStBl 1939, 1058). Für die Mitgliedschaft ist je nach dem zu Grunde liegenden Gewohnheitsrecht der Besitz von Grund und Boden oder auch nur der Wohnsitz in der jeweiligen Gemeinde Voraussetzung. 17

c) **Voraussetzungen.** Für die Befreiung ist **nicht Voraussetzung,** dass die land- und forstwirtschaftliche Nutzung den Mitgliedern in allen Teilen selbst möglich ist oder ob an deren Stelle teilweise eine Nutzung im Wege der Verpachtung getreten ist. Es schadet nicht, wenn einem gewerblichen Unternehmer Mineralgewinnung auf dem Grund und Boden gestattet wird (RFH RStBl 1939, 1058). 18

Tritt dagegen die land- und forstwirtschaftliche Nutzung zurück, dann liegt keine Realgemeinde vor; so etwa wenn die Gemeinde ihren Mitgliedern vorschreibt, die Geldgrundstücke zu verpachten und den Ertrag der Wiesen auf dem Stock zu versteigern (RFH RStBl 1938, 736), wenn Wirtschaftsgebäude und eine Dampferanlegestelle errichtet werden (RFH RStBl 1934, 1060) oder wenn Grund und Boden als Mietwohngrundstücke genutzt werden und die Mitglieder zum großen Teil keine Landwirte sind (RFH RStBl 1940, 811). Auch eine sog Dornengemeinschaft, die auf Grund von Einzelerlaubnissen der Waldbesitzer Dornen aushackt und veräußert, ist mangels land- u forstwirtschaftlicher Betätigung keine Realgemeinde (FG Nürnberg I 263/86 nv).

2. Umfang der Befreiung

Die persönliche **Befreiung ist eingeschränkt,** wenn und soweit ein Gewerbebetrieb unterhalten wird, der über den Rahmen eines Nebenbetriebes hinausgeht. Ein Nebenbetrieb setzt einen Hauptbetrieb voraus, muss in einem inneren sachlichen Zusammenhang mit diesem stehen und dessen Zwecken zu dienen und dessen Ertrag zu fördern und zu erhöhen bestimmt sein. Nebenbetrieb ist etwa ein Sägewerk einer realgemeindlichen Waldgenossenschaft, wenn in ihm nur realgemeindliches Holz verarbeitet wird. Erheblicher Zukauf von Holz schadet. Ebenso wenn das geschlagene Holz durch eine eigene Zellstoff- oder Papierfabrik verarbeitet wird (*Sarrazin* in *L/S* § 3 Rn 51). Ein Salinenbetrieb ist nicht Nebenbetrieb eines Forstwirts, wenn dort nur geringe Holzmengen Verwendung finden (RFHE 31, 206). Ein Betrieb der Land- und Forstwirtschaft schadet nicht. Vgl im Übrigen zum Begriff des Nebenbetriebes § 2 Rn 222 ff. Zur Behandlung kirchlicher Waldgenossenschaften vgl *OFD Magdeburg* DB 1993, 1010. 19

§ 3 Nr 6

V. Befreiung von Unternehmen, die gemeinnützigen, mildtätigen oder kirchlichen Zwecken dienen (Nr 6)

Literatur: Gutachten *der Unabhängigen Sachverständigenkommission zur Prüfung des Gemeinnützigkeits- und Spendenrechts,* BMF-Schriftenreihe, Heft 40, Bonn 1988; Gutachten des *Wissenschaftlichen Beirats* beim BMF zur abgabenrechtlichen Privilegierung gemeinnütziger Zwecke, Bonn 2006; *Enquête-Kommission* „Zukunft des Bürgerschaftlichen Engagements" . . ., BTDrs 14/8900, 279; *Tipke/Kruse* §§ 51–68 AO; *Scholtz* in *Koch* §§ 51–68 AO; *Klein/Orlopp,* Kommentar zur Abgabenordnung, zu §§ 51–68 AO; HHSp §§ 51–68 AO; *Jachmann/Unger* in B/G, Steuerliches Verfahrensrecht, §§ 51–68 AO; *Wallenhorst/Halaczinsky,* Die Besteuerung gemeinnütziger Vereine, Stiftungen und der juristischen Personen des öffentlichen Rechts, 6. Aufl 2009; *Theißen/ Daub,* Die gemeinnützige GmbH, Inf 1994, 277; *Grabau,* Die gemeinnützige GmbH im Steuerrecht, DStR 1994, 1032; *Götz,* Die gemeinnützige Stiftung, Inf 1997, 141, 652; *Thiel,* Die gemeinnützige GmbH . . ., GmbHR 1997, 10; *Hey,* Die Steuerbegünstigung für gemeinnützige Tätigkeiten der öffentlichen Hand, StuW 2000, 467; *Hüttemann,* Der neue Anwendungserlass zum Gemeinnützigkeitsrecht (§§ 51–68 AO), FR 2002, 1337; *Thieme/Dorenkamp,* Auswirkungen des Gemeinnützigkeitsrechts auf die öffentliche Hand im Hinblick auf das Subjekt der Gemeinnützigkeit und die Zulässigkeit des Ergebnisausgleichs, FR 2003, 693; *Kirchhof,* Gemeinnützigkeit – Erfüllung staatsähnlicher Aufgaben durch selbstlose Einkommensverwendung, DStJG Bd 26 (2003), 1; *Seer,* Gemeinwohlzwecke und steuerliche Entlastung, DStJG Bd 26 (2003), 11; *Isensee,* Gemeinnützigkeit und Europäisches Gemeinschaftsrecht, DStJG Bd 26 (2003), 93; *Becker/Meining,* Auswirkung des Scheiterns einer Körperschaft auf deren gemeinnützigkeitsrechtlichen Status, FR 2006, 686; *Jachmann,* Gemeinnützigkeit in Europa: Steuer- und europarechtliche Rahmenbedingungen, BB 2006, 1823; *Jachmann,* Die Entscheidung des EuGH im Fall Stauffer – Nationale Gemeinnützigkeit in Europa, BB 2006, 2607; *Hüttemann,* Steuervergünstigungen wegen Gemeinnützigkeit und europäisches Beihilfenverbot, DB 2006, 914; *Hüttemann/Helios,* Gemeinnützige Zweckverfolgung im Ausland nach der „Stauffer-"Entscheidung des EuGH, DB 2006, 2481; *Fischer,* Unorthodoxe Überlegungen zur Verfassungsarchitektur am Beispiel des Falls „Stauffer", FR 2007, 361; *v. Proff,* Gemeinnützigkeit nach den „Stauffer"-Urteilen des EuGH und des BFH, IStR 2007, 269; *Drüen/Liedtke,* Die Reform des Gemeinnützigkeitsrechts und seine europarechtliche Flanke, FR 2008, 1; *Tiedtke/Möllmann,* Gemeinnützigkeit und europäische Grundfreiheiten, DStZ 2008, 69; *Fischer,* Überlegungen zur Fortentwicklung des steuerlichen Gemeinnützigkeitsrechts, FR 2008, 752; *Hüttemann,* Die steuerliche Förderung gemeinnütziger Tätigkeiten im Ausland – eine Frage des „Ansehens"?, DB 2008, 1061; *Schröder,* Die steuerpflichtige und steuerbegünstigte GmbH im Steuerrecht, DStR 2008, 1069; *Dehesselles,* Gemeinnützige Körperschaften in der Insolvenz, DStR 2008, 2050; *Hüttemann/Helios,* Zum grenzüberschreitenden Spendenabzug in Europa nach dem EuGH-Urteil v 27.1.2009 „Persche", DB 2009, 701; *Winheller/Klein,* Spendenabzug für Zuwendungen ins EU-Ausland – ein Schritt nach vorn, zwei zurück, DStZ 2009, 193; *Fischer,* Das EuGH-Urteil Persche zu Auslandsspenden – Die Entstaatlichung des Steuerstaats geht weiter, DB 2009, 249; *Jäschke,* Verstöße gegen die Rechtsordnung und Extremismus im Gemeinnützigkeitsrecht, DStR 2009, 1669; *v. Wedelstädt,* Wichtige Änderungen der Abgabenordnung durch das JStG 2009 und das StVergAbbauG, DB 2009, 84; *Eversberg/Baldauf,* Der gemeinnützige Betrieb gewerblicher Art als steuerbegünstigter wirtschaftlicher Geschäftsbetrieb (Zweckbetrieb) . . ., DStZ 2011, 597; *Prühs,* Non-Profit-GmbH, GmbH-Stpr 2010, 69; *Schiffer/Pruns,* Stiftung und „Vorstiftung", NWB 2011, 1258; *Orth,* Zur Gewerbesteuerbefreiung von Kooperationen gemeinnütziger Körperschaften, DStR 2012, 116; *Droege,* Europäisierung des Gemeinnützigkeitsrechts – der offene Steuerstaat im europäischen Gemeinwohlverbund, StuW 2012, 256; *v Lersner,* Schwierigkeiten bei der Feststellung des Vorliegens einer extremistischen Organisation iSd § 51 Abs 3 Satz 2 AO, DStR 2012, 1685.

Gemeinnützige Zwecke § 3 Nr 6

1. Allgemeines

a) Persönliche Befreiung. Es handelt sich um eine **persönliche Befreiung** 20 (BFH I R 84/01 BFH/NV 2003, 277, zugleich zur Abgrenzung von der älteren anders lautenden Rspr). Sie ist nach dem Grundsatz in § 51 AO abhängig von einer Vielzahl von Voraussetzungen nach §§ 52–63 AO und eingeschränkt bei Unterhaltung eines wirtschaftlichen Geschäftsbetriebes, soweit nicht ein Zweckbetrieb gegeben ist (§§ 64–68 AO).

Mehrere Zwecke, die nebeneinander verfolgt werden (und sei es mit denselben sachlichen und persönlichen Mitteln), schließen die Steuerbefreiung nicht aus (vgl BFH I R 35/94 BStBl II 1996, 583).

Das **Fehlen der Voraussetzungen** für die Befreiung hat nicht automatisch die StPfl aller Tätigkeiten der Vereinigung zur Folge, sondern nur dann, wenn sie die Voraussetzungen einer Einkunftsart nach § 2 Abs 1 EStG erfüllen (BFH I R 280/81 BStBl II 1988, 75; Anm *L. Schmidt* FR 1987, 598).

b) Kreis der Begünstigten. aa) Körperschaften des privaten Rechts. In 21 den Genuss der **Begünstigung** können kommen Körperschaften des privaten Rechts (zB GmbH: BFH I R 35/ BStBl II 1996, 583; *Theißen/Daub* Inf 1994, 277; *Grabau* DStR 1994, 1032; *Thiel* GmbHR 1997, 10). Personenvereinigungen, Vermögensmassen, also auch rechtsfähige Vereine und nichtrechtsfähige Vereine sowie rechtsfähige Stiftungen (hierzu *Schauhoff* DB 1996, 1693; *Götz* Inf 1997, 141, 652; zur Spendensammel- und Anhangstiftung *OFD Ffm* DB 2004, 1016). Für die rechtsfähige Stiftung ist die Anerkennung nach §§ 80 ff BGB konstitutiv; eine „Vorstiftung" existiert nicht (FG Ba-Wü 4 K 4080/09, Rev X R 36/11; *Schiffer/Pruns* NWB 2011, 1258).

Nicht begünstigt sind natürliche Personen und Personengesellschaften. Für letztere gilt dies mE auch, soweit sie von mehreren für sich steuerbefreiten Körperschaften **zwecks Kooperation** durch einen gemeinsamen Zweckbetrieb gebildet werden (zweifelnd *Orth* DStR 2012, 116).

bb) Körperschaften des öffentlichen Rechts. Begünstigt sind auch Körper- 22 schaften des öffentlichen Rechts für ihre **Betriebe gewerblicher Art** (vgl BFH I R 21/81 BStBl II 1985, 162; I R 161/94 BFH/NV 1997, 625; I R 106/10 BStBl II 2012, 837; *Eversberg/Baldauf* DStZ 2011, 597; **aA** *Isensee/Knobbe-Keuk*, Sondervotum zum Gutachten der Unabhängigen Sachverständigenkommission S 404; offen gelassen ebenfalls in BFH X R 115/91 BStBl II 1994, 314; zum Satzungserfordernis *OFD Ffm* DB 2004, 1176), Anstalten und Stiftungen des öffentlichen Rechts, die jedoch eine entsprechende Satzung benötigen (BFH I R 21/81 BStBl II 1985, 162), bei mehreren Betrieben: jeder einzeln (AEAO Nr 2 zu § 59 AO). Nicht begünstigt sind die Körperschaften des öffentlichen Rechts selbst (hierzu *Kröger* DStZ 1986, 419). Zwar lässt sich die Auffassung vertreten, nach der gesetzlichen Konzeption (§ 1 Abs 1 Nr 6 KStG) sei Besteuerungssubjekt nicht die juristische Person des öffentlichen Rechts (so etwa *Hey* StuW 2000, 467 unter Hinweis auf BTDrs 7/4292). Doch hat der BFH (seit BFH I R 7/71 BStBl II 1974, 391; vgl auch I R 21/81 aaO; I R 161/94 BFH/NV 1997, 625) entschieden, dass mangels Rechts- und Handlungsfähigkeit des Betriebs gewerblicher Art Steuersubjekt die juristische Person des öffentlichen Rechts ist. *Insofern* ist diese auch Subjekt der Gemeinnützigkeit (vgl BFH V R 76/83 BStBl II 1988, 908; ebenso *Fichtelmann* DStR 1993, 1514; AEAO Nr 1 zu § 51 AO; uneindeutig BFH I R 21/81 aaO; I R 161/94 aaO; *Thieme/Dorenkamp* FR 2003, 693; **aA** *Hey* StuW 2000, 467; *Regierer/Becker* DStZ 2007, 597). Praktische Auswirkungen können sich bei Einzelfragen ergeben, wie etwa bei der Drittmittelforschung nach § 68 Nr 9 AO (Rn 302 ff).

cc) Öffentlich-rechtliche Pflichtaufgaben. Eine Kapitalgesellschaft, die 23 **öffentlich-rechtliche Pflichtaufgaben** ihrer Gesellschafter wahrnimmt, handelt

§ 3 Nr 6

mE **nicht gemeinnützig,** dh selbstlos und unmittelbar (vgl hierzu BFH I R 90/04 BStBl II 2006, 198; **aA** FG B-Bbg EFG 2012, 1088, Rev I R 17/12; *Regierer/Becker* DStZ 2007, 597).

24 **c) Körperschaftsteuerpflicht.** Es muss sich um **an sich kstpfl Körperschaften** handeln (BFH III B 24/74 BStBl II 1975, 595).

aa) Gründungsgesellschaft/Untergliederung. Begünstigungsfähig sind auch **Gründungsgesellschaften** (BFH I R 172/72 BStBl II 1973, 568), nicht jedoch Vorgründungsgesellschaften (vgl § 2 Rn 472), ebenso wenig funktionale Untergliederungen (Abteilungen) von Körperschaften, sie gelten nicht als selbstständige Steuersubjekte (§ 51 Abs 1 Satz 3 AO; hierzu *Jansen* DStR 1990, 61). Eine Befreiung der Letzteren nach anderen Vorschriften des GewStG bleibt hiervon jedoch unberührt.

25 **bb) Regionale Untergliederungen von Großvereinen.** Hierzu s AEAO Nr 2 zu § 51 (vgl *Thiel/Eversberg* DB 1990, 395; *Märkle/Alber* BB-Beil 2/90; *Lang* FR 1990, 353). Hiernach liegt eine **unselbstständige Untergliederung** nicht vor, wenn sie durch rechtswirksamen Gründungsakt verselbstständigt ist und über eine eigene, gemeinnützigkeitsrechtlichen Anforderungen entsprechende Satzung verfügt, die auf sie zugeschnitten ist; die Übernahme der Satzung des Hauptvereins dürfte idR nicht genügen (hierzu *Luger* StWa 1995, 161); nur Zweck, Aufgaben und Organisation der Untergliederungen können sich aus der Satzung des Hauptvereins ergeben. Die gesetzliche Fiktion des § 51 Abs 1 Satz 3 AO bewirkt, dass im Hinblick auf das Recht der gemeinnützigen, mildtätigen und kirchlichen Zwecke sämtliche Rechtsfolgen der von der funktionalen Untergliederung verwirklichten Steuertatbestände die Hauptkörperschaft treffen, insb die Ergebnisse eines wirtschaftlichen Geschäftsbetriebes, Verlust der Gemeinnützigkeit bei Verletzung von Erfordernissen, Steuerschuldnerschaft usw. Eine entsprechende Vorschrift enthält § 64 Abs 4 AO (Rn 251).

26 **cc) Dachverbände.** Sie können ebenfalls in den Genuss der Vergünstigung kommen, wenn sie nur Mitgliedskörperschaften aufnehmen, die selbst als gemeinnützig anerkannt sind und selbst die begünstigten Zwecke unmittelbar verfolgen (§ 57 Abs 2 AO; Rn 163).

27 **d) Zeitfragen.** Handlungen zur **Vorbereitung** der stbegünstigten Zwecke reichen aus (BFH I R 29/02 BStBl II 2003, 930). Allerdings ist die **Vermögensverwaltung,** auch wenn für die Begünstigung unschädlich (Rn 218, 241), selbst kein steuerbegünstigter Zweck (BFH I R 14/06 BStBl II 2007, 808).

Die GewStBefreiung **endet** mit der Einstellung der begünstigten Tätigkeit und Eröffnung des Insolvenzverfahrens (BFH I R 14/06 BStBl II 2007, 808; AEAO Nr 6 zu § 51 AO; hierzu *Becker/Meining* FR 2006, 686; *Dehesselles* DStR 2008, 2050). Zur Frage einer Abwicklungsphase *Becker/Meining* FR 2006, 686. Zum Problem der Wirkung des europäischen Beihilfeverbots auf das Gemeinnützigkeitsrecht vgl EuGH EuZW 2006, 306, Slg I 2006, 325 (hierzu *Hüttemann* DB 2006, 914).

28 **e) Auslandssachverhalte (§ 51 Abs 2 AO).** Bei Verwirklichung der begünstigten Zwecke setzt die Vergünstigung voraus, dass
- **natürliche Personen** mit Wohnsitz oder gewöhnlichem Aufenthalt im Inland gefördert werden (1. Alt) oder
- die Verwirklichung der steuerbegünstigten Zwecke auch zum **Ansehen der Bundesrepublik Deutschland** im Ausland beitragen kann (2. Alt);

angefügt durch G v 19.12.2008 (BGBl I 2008, 2794) mWv 1.1.2009 (Art 97 § 1d Abs 2 EGAO).

Es handelt sich um eine *BMF* BStBl I 2005, 902 nachgebildete Reaktion des Gesetzgebers auf EuGH C-386/04 „Stauffer" DStR 2006, 1736, wonach einer in einem Mitgliedstaat ansässigen Körperschaft die Gemeinnützigkeit nicht nur deswe-

Gemeinnützige Zwecke **§ 3 Nr 6**

gen versagt werden darf, weil sie ihren Sitz nicht im Inland hat (flankierend zu Auslandsspenden EuGH C-318/07 „Persche", DStR 2009, 207; krit *Fischer* FR 2009, 249). Allerdings hat der EuGH dem nationalen Gesetzgeber offen gelassen, eine hinreichend enge Verbindung zwischen anerkannter Körperschaft und derer Fördertätigkeit zu verlangen. ME setzt hier die Neuregelung an. Es geht somit zumindest nach dem Wortlaut der Vorschrift nicht – auch nicht mittelbar – darum, eine ausländische Körperschaft außen vor zu halten. Die diesbezügliche Kritik (zB *Hüttemann/Helios* DB 2006, 2481; *Jachmann* BB 2006, 2607; *Jachmann* in *B/G* § 51 AO Rz 70, 77; *Drüen/Liedtke* FR 2008, 1; *Muth* StuB 2008, 957; *Hüttemann* DB 2008, 1061; *Winheller/Klein* DStZ 2009, 193; *v Proff* IStR 2009, 371; *Genserich* DStR 2009, 1173; *Hütteman/Helios* DB 2009, 701; *Droege* StuW 2012, 256) ist mE unberechtigt. Das gilt trotz des Umstandes, dass der Gesetzgeber bei inländischen Körperschaften von einer Indizwirkung für den **Ansehensbeitrag** (2. Alt) ausgeht, bei einer ausländischen Körperschaft jedoch nicht (BTDrs 16/11108, 56f). Die Unterscheidung rechtfertigt sich kohärent durch den Inlandsbezug der Zweckverwirklichung. Die Gegenmeinung entwertet die auch vom EuGH (EuGH C-386/ 04 aaO) dem nationalen Gesetzgeber offen gelassene Möglichkeit.

Der bei Förderung von natürlichen Personen geforderte **Inlandsbezug** hat keine Auswirkung auf die Auslegung der übrigen Tatbestandsvoraussetzungen für die Anerkennung (AEAO Nr 7 zu § 52 Abs 2 AO).

f) **Verfassungsschutz (§ 51 Abs 3 AO).** Die Körperschaft darf weder nach ihrer 29 Satzung oder tatsächlichen Geschäftsführung **Bestrebungen iSd § 4 BVerfSchG** fördern oder dem Gedanken der Völkerverständigung zuwiderhandeln. Bei Erwähnung in einem VerfSchutzBericht des Bundes oder eines Landes als extremistische Organisation ist widerlegbar davon auszugehen, dass diese Voraussetzungen nicht erfüllt sind. Die Finanzbehörde teilt Verdachtsmomente der VerfSchutzBehörde mit; angefügt durch G v 19.12.2008 (BGBl I 2008, 2794) mWv 1.1.2009 (Art 97 § 1d Abs 2 EGAO; zur Anwendungsproblematik s aber BFH I R 11/11 BStBl II 2013, 146).

Die Norm hat **klarstellenden Charakter** iSd zuvor geltenden Praxis, nach der Verstöße der bezeichneten Art der (gemeinnützigen) Förderung der Allgemeinheit entgegenstehen (BTDrs 16/10189, 79; Rn 76), bezieht sich aber auch auf mildtätigen und kirchlichen Zwecken dienende Körperschaften. Sie ist auch für bereits früher verwirklichte Sachverhalte anzuwenden (ebenso *Jäschke* DStR 2009, 1669). Ein Verstoß gegen **Art 9 Abs 2 GG** iVm § 3 Abs 1 Satz 1 VereinsG liegt mE nicht vor. Denn die Versagung des Status der Gemeinnützigkeit hat – wie in anderen Fällen der Versagung – keinen Verbotscharakter.

Allerdings löst **nicht jede Erwähnung** in einem VerfSchutzBericht, zB als bloßer Verdachtsfall, die Rechtsfolgen des Satzes 2 der Vorschrift aus (BFH I R 11/11 BStBl II 2013, 146, Best v Sächs FG 2 K 1429/10 EFG 2011, 1675). Zu prüfen bleibt der Tatbestand des Satzes 1 (vgl AEAO Nr 11 zu § 51 Abs 3 AO). Insofern ist eine **abgestufte Verteilung der Feststellungslast** angezeigt (ebenso *Jachmann/ Unger* in *B/G* § 51 AO Rn 99). Gerade in dieser Hinsicht sind die o.a. Entscheidungen auch in der Tatsachenwürdigung höchst problematisch. Sie fordern an sich ein Recht zurechenbares Verhalten des Vorsitzenden, jedoch ohne die Hinnahme/ Duldung von Hasspredigten Anderer hier einzuordnen; zudem lassen sie zu, dass sich der Vorstand hinter seiner Nichtautorenschaft versteckt, obwohl die Web-Seite des Vereins mit extremistischen Artikeln verlinkt ist. Mit einer solchen Tatsachen- u Rechtswürdigung wird die Vorschrift allerdings ausgehöhlt (zu Recht krit *v Lersner* DStR 2012, 1685).

2. Gemeinnützige Zwecke

Literatur: (Zur älteren Literatur s 5. Aufl). *Tipke*, Die deklassierte Gemeinnützigkeit, StuW 1989, 165; *Müller-Gatermann*, Gemeinnützigkeit und Sport, FR 1995, 261; *Hammer*, Die

Gemeinnützigkeitsregelungen des Steuerrechts im Spiegel der deutschen Staats- und Verfassungsentwicklung, StuW 2001, 19; *Ball/Dieckmann,* Share-Sponsoring – ein innovatives Finanzierungskonzept für steuerbegünstigte Körperschaften aus steuerlicher Sicht, DStR 2002, 1602; *Jansen,* Verlust der Gemeinnützigkeit bei Verstoß gegen die Rechtsordnung, insbesondere bei Steuerverkürzungen?, FR 2002, 996; *Hüttemann,* Der neue Anwendungserlass zum Gemeinnützigkeitsrecht (§§ 51 bis 68 AO), FR 2002, 1337; *Jansen/Gröning,* Nutzt die steuerliche Förderung gemeinnütziger Stiftungen der Allgemeinheit ohne die Erben zu benachteiligen?, StuW 2003, 140; *A. Söffing/Thoma,* Ausgewählte Beratungsaspekte im Gemeinnützigkeits- und Stiftungsrecht, BB 2003, 1091; *Schiffer,* Aktuelles Beratungs-Know-how Gemeinnützigkeits- und Stiftungsrecht, DStR 2003, 14, 1015; 2004, 1031; *Apitz,* Betriebsprüfungen bei gemeinnützigen Körperschaften, StBp 2004, 89, 125, 153; *Bink,* Steuerrechtsprechung zu Themen der Gemeinnützigkeit StW 2004, 255; *A. Söffing/Thoma,* BB-Forum: Steuerliche Konsequenzen der Einsetzung einer gemeinnützigen Stiftung als Vorerbin, BB 2004, 855; *Thömmes/Nakhai,* Gemeinnützigkeitsrecht – Förderung der Allgemeinheit und Satzungsbestimmungen zur Ausschließlichkeit und Unmittelbarkeit, DB 2005, 2259; *Schult/Meining,* Betätigung deutscher gemeinnütziger Körperschaften im Ausland, FR 2005, 977; *Fischer,* Grundfragen der Bewahrung und einer Reform des Gemeinnützigkeitsrechts, FR 2006, 1001; *Hüttemann,* Gesetz zur weiteren Stärkung des bürgerschaftlichen Engagements und seine Auswirkung auf das Gemeinnützigkeits- und Spendenrecht, DB 2007, 2053; *Tiedtke/Möllmann,* Spenden und Stiften soll attraktiver werden, DStR 2007, 509; *Schauhoff/Kirchhain,* Das Gesetz zur weiteren Stärkung des bürgerschaftlichen Engagements, DStR 2007, 1985; *Ebling,* Stiftung zur Förderung der Kunst – Ein Modell mit Zukunft?, FR 2007, 565; *Winheller,* Aktuelle Entwicklungen im Gemeinnützigkeitsrecht 2007, DStZ 2008, 377; *Buchna/Seeger/Brox,* Gemeinnützigkeit im Steuerrecht, 9. Aufl 2008; *Hüttemann,* Gemeinnützigkeits- u Spendenrecht, 2008; *Schauhoff/Kirchhain,* Gemeinnützigkeit im Umbruch DStR 2008, 1713; *Heintzen,* Steuerliche Anreize für gemeinwohlorientiertes Engagement Privater, FR 2008, 737; *Neumann,* Steuerliche Verbesserungen für das bürgerschaftliche Engagement und die Folgen aus der *Stauffer*-Entscheidung, FR 2008, 745; *Wallenhorst/Halaczinsky,* Die Besteuerung gemeinnütziger Vereine, Stiftungen und der juristischen Personen des öffentlichen Rechts, 6. Aufl 2009; *Musil,* Reformbedarf bei der gemeinnützigen Betätigung gemeinnütziger Körperschaften, DStR 2009, 2453; *Schauhoff* (Hrsg), Handbuch der Gemeinnützigkeit, 3. Aufl. 2010; *Becker,* Der Wegfall des Gemeinnützigkeitsstatus ..., DStR 2010, 953; *Joisten/Vossel,* Karneval im Steuerrecht, FR 2013, 57.

30 a) **Begünstigungsvoraussetzungen. Gemeinnützige Zwecke** verfolgt eine Körperschaft nach **§ 52 Abs 1 AO,** wenn ihre Tätigkeit darauf gerichtet ist, die Allgemeinheit auf materiellem, geistigem oder sittlichem Gebiet selbstlos zu fördern.

aa) **Legaldefinition.** *Diese Vorschrift* und nicht der Katalog des § 52 Abs 2 AO (Rn 51 ff) enthält mE den **gültigen Begriff** der Gemeinnützigkeit (ebenso *Bauer* FR 1989, 61). Das gilt auch nach der Änderung des § 52 Abs 2 AO durch G v 10.10.2007 (BGBl I 2007, 2332). Zwar wird in Abs 1 der Versuch unternommen, einen unbestimmten Rechtsbegriff durch eine Kombination von ihrerseits unbestimmten und interpretationsbedürftigen Rechtsbegriffen zu interpretieren (diff *Leisner-Egensperger* in HHSp § 52 Rn 10). Gleichwohl enthält sie den Maßstab für die beantragte Anerkennung. Das bedeutet, dass die Förderung der Allgemeinheit auf einem der bezeichneten Gebiete feststellbar sein muss (ebenso FG Nürnberg EFG 1986, 621; zust *Arndt/Immel* BB 1987, 1153; *Gmach* FR 1992, 313). Die Praxis verfährt idR umgekehrt nach dem Grundsatz: „Wenn Tätigkeit nach Katalog, dann gemeinnützig" (vgl BFH I R 13/97 BStBl II 1998, 9). Nur in Ausnahmefällen wird der Maßstab des § 52 Abs 1 AO trotz Katalogtätigkeit herangezogen, insbesondere wenn die Beachtung der **verfassungsmäßigen Ordnung** bzw der **Rechtsordnung** in Rede steht (Rn 46). Fehlt es hieran, dann wird die Vereinigung zu Recht nicht als gemeinnützig anerkannt.

Gemeinnützige Zwecke § 3 Nr 6

bb) Gemeinwohl. Der in § 52 Abs 1 AO angesprochene Begriff der Gemeinnüt- 31
zigkeit ist enger als der des **gemeinen Wohls** oder Nutzens (BFH II R 133/68
BStBl II 1972, 911; II R 99/67 BStBl II 1977, 213). Zudem ist die nur privatnützige
Freizeitgestaltung (Rn 95) von der altruistischen Gemeinwohltätigkeit abzugrenzen
(*Lang* StuW 1987, 221, 223). **Ursprünglich** hatte Gemeinnützigkeit die enge
Bedeutung, den Menschen „zu läutern für das Wahre, Schöne und Gute" (*Tipke*
StuW 1989, 165). Der Staat fördert (an sich) gemeinnützige Betätigung, weil und
soweit Privatinitiative ihn von Aufgaben entbindet, die er als eigene (Pflicht)Aufgabe
erkannt hat (vgl *Hey* StuW 2000, 467; *Hammer* StuW 2001, 19; *Kirchhof* DStJG Bd
26 (2003), 1; *Seer* DStJG Bd 26 (2003), 11; *Jachmann* BB 2006, 1823; 2006, 2607;
BMF BStBl I 2005, 902; zweifelnd *Tiedtke/Möllmann* DStZ 2008, 72). Hiervon ist
der Gesetzgeber immer weiter abgerückt, und mit ihm ein Teil des Schrifttums. S
hierzu insb *Fischer* FR 2006, 1001 (gegen den wissenschaftl Beirat beim BMF),
dessen Rekurs auf die vorstaatlich existierende Zivilgesellschaft und das Angewiesen-
sein des Staates auf von ihm nicht geschaffene und verfügbare geistige und sittliche
Grundlagen das Problem des „ob" und „inwieweit" der staatlichen Förderung nicht
löst.

cc) Enge Auslegung. Nicht nur aus steuerpolitischen, sondern auch aus den 32
o.a. steuersystematischen und rechtsmethodischen Gründen ist der Begriff der
Gemeinnützigkeit mE **an sich eng auszulegen** (vgl *Lang* StuW 1987, 221 u
DStZ 1988, 18; ebenso Gutachten der *Unabhängigen Sachverständigenkommission*
aaO; Gutachten des *Beirats beim BMF* aaO). Die Politik des Gesetzgebers verfolgt
u.a. mit der Erweiterung des Katalogs des § 52 Abs 2 AO andere Ziele, wie die
Nobilitierung von Kleintierzucht, Modellflug, Karneval u.ä. aufzeigt: vgl die
Begründung des Gesetzentwurfs (BTDrs 11/4176, 8), wonach wegen der *Unüber-
schaubarkeit* des Gemeinnützigkeitsrechts die „dem Sport . . . vergleichbaren sinnvollen Freizeitbetätigungen in die Gemeinnützigkeit einbezogen werden". Hierbei
gerät sie allerdings in einen offen zutage liegenden Widerspruch mit der dem
§ 52 Abs 1 AO immanenten Schranke, dass eine einfache, wenn auch sinnvolle
Freizeitgestaltung nicht ausreicht (vgl Rn 95). Hieran hat sich durch die Neufassung des § 52 Abs 2 AO (Erweiterung des Katalogs durch G v 10.10.2007 BGBl I
2007, 2332) nichts geändert.

dd) Auslegungspraxis. In der **Praxis orientiert sich** die Subsumtion im Ein- 33
zelfall weitgehend an dem **Katalog in § 52 Abs 2 AO** (zustimmend zur bisherigen
Rechtspraxis *Hüttemann/Helios* DB 2006, 2481; *Hüttemann* DB 2007, 2053). Denn
nach dessen Einleitung „sind" als Förderung die nachfolgend aufgezählten Zwecke
anzuerkennen. Gleichzeitig wird die Auffassung vertreten, es handele sich insoweit
um eine **abschließende Aufzählung** (zB BTDrs 16/5200, 20; *Jachmann* in *B/G*
§ 52 AO Anm 43; *Schauhoff/Kirchhain* DStR 2007, 1985). Das ergibt sich zwar nicht
unmittelbar aus dem Gesetzeswortlaut, mE auch nicht aus der Streichung des Wortes
„insbesondere", lässt sich aber aus der Öffnungsklausel des § 52 Abs 2 Satz 2 AO
ableiten, die ein offenen Katalog nicht erforderlich gewesen wäre, gleichwohl
verfassungsrechtliche Probleme aufwirft (s Rn 52). Es darf mE gerade nicht nach
dem Motto „wenn Tätigkeit nach Katalog, dann Förderung der Allgemeinheit"
kurzgeschlossen werden. Das umso mehr, als es solche Tätigkeiten gibt, die gleichwohl keinen Nutzen oder mehr Schaden als Nutzen entfalten (s Rn 44). Die Prüfung *aller* Voraussetzungen des § 52 Abs 1 AO bleibt mE daher weiterhin angezeigt.
Die Berufung auf den Gesetzgeber zur Lösung solcher „Zielkonflikte", die häufig
genug keine sind, wenn man Wortlaut und Ratio der Vorschrift voranstellt, ist
methodisch verfehlt.

ee) Zeitgeist. Freilich unterliegen auch die Vorstellungen dazu, was gemeinnüt- 34
zig sei, der **Veränderung des „Zeitgeistes"** (hierzu *Hammer* StuW 2001, 19), der

jedoch auch Ungeist sein kann. Es kann sich also ergeben, dass etwa die Förderung von Religion nicht nur dann als gemeinnützig anerkannt wird, wenn deren Vorstellungen dem abendländischen Kulturkreis entsprechen, worin eine Erweiterung und Vertiefung aufgeklärten Verfassungsdenkens zum Ausdruck kommt. Um solche Entwicklungen aber geht es bei der Entwertung des Gemeinnützigkeitsrechts in den letzten Jahren nicht, sondern um blanken und vordergründigen Lobbyismus. Oder will jemand ernsthaft behaupten, die Förderung der Karnickelzucht sei eine obligate Aufgabe des aufgeklärten Verfassungsstaats!? Oder das Minicarfahren Förderung auf geistigem Gebiet?

35 **ff) Verwässerung der Gemeinnützigkeitsidee.** Seit Jahren – durchaus unter tätiger Mithilfe von Finanzverwaltung und -rechtsprechung im Gange – schreitet sie ständig fort. *Tipke* (StuW 1989, 165) nennt das die „deklassierte Gemeinnützigkeit"; *Birk* (StuW 1989, 212, 218) spricht im Hinblick auf die Verweigerung realistischer Kinderfreibeträge gar von „Perversion der Gerechtigkeitsidee"; *L. Schmidt* bezeichnet das Vereinsförderungsgesetz als Gesetz „zur Förderung der Karnickelzucht und anderer staatstragender Zwecke". Hinzu kommt, dass „Gemeinnützigkeit" zu einem Feld – um nicht zu sagen: Vorwand – allgemeinen Wirtschaftens mit dem angenehmen Effekt des Steuersparens geworden ist, wie das anflutende Schrifttum mit „Gestaltungsideen" (insb zu Stiftungen; vgl *Jansen/Gröning* StuW 2003, 140; *A. Söffing/Thoma* BB 2004, 855; *Ebling,* FR 2007, 565; zum „Share-Sponsoring" *Ball/Dieckmann* DStR 2002, 1602; zur Betriebsaufspaltung *Jost* DB 2007, 1664; zu medizinischen Versorgungszentren *Bartmuß* DB 2007, 706; zu Mitarbeiterbeteiligungen *Leuner* BB 1993, 1993; zur Ausgliederung u.a. *Schießl* DStZ 2007, 494; zu Verlustbeteiligungen *Becker/Meining* DStZ 2006, 765; zum Reformbedarf im Interesse einer „modernen Wirtschaftstätigkeit" *Musil* DStR 2009, 2453, u.ä.) aufzeigt. Im Gegenzug gerät die „gemeinnützige" Betätigung verstärkt in das Blickfeld der steuerlichen Betriebsprüfung (hierzu *Apitz* StBp 2004, 89, 125, 153).

36 **b) Begriff der Allgemeinheit.** Er bezeichnet naturgemäß nicht alle Menschen. Es genügt ein **weitgezogener Personenkreis,** der sich zur Gesamtheit verhalten muss wie ein Kreisausschnitt zum Ganzen (BFH III R 40/72 BStBl II 1973, 430; I R 39/76 BStBl II 1979, 482; I R 76/93 BStBl II 1997, 794).

37 **aa) Prinzipielle Offenheit.** Das bedeutet jedoch nicht, dass der **Adressatenkreis** der Förderungsmaßnahme tatsächlich die Allgemeinheit vertritt (BFH III 99/55 U BStBl III 1956, 22). Er darf nicht durch ein enges Band, wie die Zugehörigkeit zu einer Familie oder Belegschaft (RFH RStBl 1941, 275), abgeschlossen (§ 52 Abs 1 Satz 2 AO) oder infolge seiner Abgrenzung nach räumlichen oder beruflichen Merkmalen dauernd nur klein sein (§ 52 Abs 1 Satz 3 AO). Es handelt sich um gesetzlich normierte Beispielsfälle für Sachverhaltsgestaltungen, bei denen der Förderung der Allgemeinheit auf keinen Fall gegeben ist. Hiervon unabhängig fehlt sie mE, wenn bestimmte Kreise/Schichten der Bevölkerung auf Dauer ausgeschlossen sind, wie etwa durchschnittlich bis gering verdienende Menschen durch die Höhe von Beiträgen, Aufnahmegebühren, „Spenden" u.Ä. (hierzu unten). Ein Verein zur **Unterstützung eines Einzelnen** (Dissident) erfüllt den Begriff nicht, wenn er seine Aktivitäten nur zugunsten des einen und nicht auch aller anderen Dissidenten entfaltet (aA *Lang* StuW 1987, 221, 233). Entsprechendes gilt für Vereine mit geschlossenen Mitgliederzahlen, Anstalten, Studentenverbindungen, Altherrenverbände mit bestimmten Religionszugehörigkeiten, wenn der Verein in erster Linie die Interessen der Mitglieder fördern will. Auch Zahlungen für „Spitzensportler" zum Einsatz bei Ligakämpfen (Handgelder, Transferleistungen, „Ausbildungskosten"), die über Unkostenersatz des Sportlers hinausgehen, haben mit Förderung der Allgemeinheit nichts zu tun. „Nationale Interessen" in diesem Zusammenhang – was immer damit bezeichnet sein soll – sind nicht deckungsgleich mit Förderung der Allgemeinheit; elitäre Förderung von Spitzensportlern ist daher nicht gemeinnützig (aA *Lang* StuW 1987, 221, 233).

Ebenfalls nicht allgemein sein will man in einer Loge, die die Mitglieder selektiv auswählt, nur diese in ihre Lehren einweiht und sie verpflichtet, das Erfahrene vertraulich zu behandeln. Sie ist nicht gemeinnützig (BFH I R 36/76 BStBl II 1979, 492; Vb unbegründet, BVerfG HFR 1980 Nr 36 mit fraglicher Begründung).

bb) Ausnahme. Anders ist es, wenn der Kreis der Geförderten **wegen der** 38 **Natur der Sache** oder der Nutzungsmöglichkeiten der Anlage **nur klein** sein kann (BFH I R 39/78 BStBl II 1979, 482; zweifelnd *Thömmes/Nakhai* IStR 2006, 166), so auch bei allgemein zugänglichen Schulen (RFH RStBl 1940, 626). Nicht erforderlich ist mE, dass die (Sport-)Anlage auch Nichtmitgliedern zur Verfügung steht, wenn nur der Zugang zur Körperschaft ohne außerhalb der Natur der Anlagen liegende Hürden möglich ist (BFH I R 19/96 BStBl II 1997, 794; aA *Lang* StuW 1987, 221, DStZ 1988, 18; *Neufang* Inf 1988, 253; *Arndt/Immel* BB 1987, 1153, die bei Vermietung an Fremde gleichwohl keinen Zweckbetrieb annehmen).

cc) Förderung im Ausland. Die **Beschränkung** der Förderungstätigkeit **auf** 39 **ein bestimmtes Ausland** und dort im Wesentlichen auf eine Stadt genügt dem Erfordernis der Förderung der Allgemeinheit mE nicht (zutreffend *BMF* BStBl I 2005, 902), denn es findet eine Negativabgrenzung statt (**aA** BFH I R 94/02 BStBl II 2005, 721, Vorlage zum EuGH, die offenbar völlig unnötig war, vgl die Zurückverweisung BFH I R 94/02 BStBl II 2010, 331; krit *Thömmes/Nakhai* DB 2005, 2259; *Schult/Meining* FR 2005, 977). **Ausnahmen** sind mE nur angezeigt in den Fällen, in denen das Tätigwerden auch staatlichem Interesse bzw staatlicher Verantwortung entspricht, wie zB Kampf gegen den Hunger in der Welt, Entwicklungshilfe, Verbesserung der Ausbildungsmöglichkeiten u.ä. Im Übrigen hat der **EuGH** (C-386/04 „Stauffer", DStR 2006, 1736) dem Gesetzgeber **europarechtlich** unbenommen belassen, die Förderung als gemeinnützig an einen entsprechenden Inlandsbezug zu knüpfen (*Kube* IStR 2005, 474; *Jachmann/Meier-Behringer* BB 2006, 1823; *Jachmann* 2006, 2607; *Hüttemann/Helios* DB 2006, 2481; *Fischer* FR 2007, 361; *v. Proff* IStR 2007, 269; *Drüen/Liedtke* FR 2008, 1; *Tiedtke/Möllmann* DStZ 2008, 69; *Heintzen* FR 2008, 737).

Eine andere Frage ist freilich, ob bei unzweifelhafter Förderung der Allgemeinheit die Anerkennung der Gemeinnützigkeit allein wegen der Ansässigkeit der Körperschaft im EU-Ausland versagt werden darf. Vgl zu allem nunmehr § 51 Abs 2 AO (Rn 28).

dd) Einzelheiten. Im Hinblick auf das Problem des **Ausschlusses bestimmter** 40 **Bevölkerungskreise** aus einem Verein durch die Höhe der Beiträge greift der BFH – ergebnisorientiert – zu einem kleinen semantischen Dreh: nicht schon dieser Ausschluss ist keine Förderung der Allgemeinheit, sondern erst ein „gewisses Maß an Exklusivität". Das sei nicht der Fall bei einem Jahresbeitrag von 1000 DM sowie Refinanzierungskosten für ein Darlehen (6500 DM) von 360 DM jährlich (BFH I R 152/93 BStBl II 1998, 711). Nicht schädlich sein soll nach BFH I R 64/77 BStBl II 1979, 488, wenn ein Verein mit geschlossener Mitgliederzahl insbesondere einkommensschwache Personen durch die Anforderung hoher **„Spenden"** (3500 DM für Alleinstehende und 5000 DM für Ehepaare) praktisch ausgrenzt (zur Qualifizierung einer „Spende" als ggf schädliche Sonderzahlung AEAO Nr 1.3.1.7 zu § 52 AO); vgl auch BFH I R 41/03 BStBl II 2005, 443: unschädlich seien zwischen 2113 DM und 2669 DM beitrittsbedingte Belastungen und laufende Belastungen zwischen 1334 DM und 1543 DM sowie Wahl zwischen „Eintrittspende" oder Kommanditeinlage; Letztere sei als Vermögenswert nicht einzubeziehen (hierzu „mit Ausnahme des Agio" AEAO Nr 1.3.1.6 zu § 52 AO). Wegen fehlender Unmittelbarkeit verliert der Sportverein aber die Gemeinnützigkeit, wenn die

§ 3 Nr 6 Befreiungen

Sportanlagen nur bei Erwerb einer Nutzungsberechtigung von einer neben dem Verein bestehenden Gesellschaft benutzt werden dürfen. Begründet wird dies damit, dass sich angesichts der wirtschaftlichen und sozialen Verhältnisse in der BRD weite Kreise der Bevölkerung hohe Ausgaben für Luxusgegenstände und Hobbys erlauben können.

41 (1.) **Stellungnahme.** Die o.a. Entscheidungen sind aus naheliegenden Gründen der Logik und Methodik nicht haltbar. Sie beschreiben Verhältnisse „weiter Kreise". Diese haben mit dem repräsentativen Ausschnitt, der nach BFH I R 39/78 BStBl II 1979, 482 maßgeblich ist, nichts zu tun. Sie weisen Ausgabenmöglichkeiten und Verhalten der Allgemeinheit nicht auf. Es ist eben *nicht* ein repräsentativer Ausschnitt aus der Gesamtheit der Bevölkerung, der sich die vom BFH angeführten Luxusausgaben leisten kann. Zudem vergleicht der BFH Umstände, die miteinander nichts zu tun haben. Unterschiede in der finanziellen Leistungsfähigkeit bedingen für weiteste Teile der Bevölkerung einen Unterschied, ob die Ausgabe für einen unmittelbaren Gegenwert getätigt wird oder ob sie ein verlorener Zuschuss ist. Den Letzteren erbringt nur und kann nur erbringen, wem der Geldbeutel entsprechend locker sitzt. Das gilt natürlich auch für die „Vermögensumschichtung durch Erwerb eines Kommanditanteils"; der BFH (I R 41/03 BStBl II 2005, 443) und – ihm nachfolgend – das *BMF* (BStBl I 2005, 786) „argumentieren" am Kern des Problems vorbei. Dabei kommt es nicht einmal darauf an, ob die Vereine sich durch hohe Eintrittsgelder, Spenden, Beiträge und Umlagen Exklusivität sichern *wollen;* entscheidend ist (was auch BFH I R 256/78 BStBl II 1982, 336 und I R 152/93 BStBl II 1998, 711 übersieht), dass der Sport, der „nicht billig zu haben" ist (*Wallenhorst* DStR 1997, 479), diese Wirkung hat (ebenso *Lang* StuW 1987, 221, 233), nicht geeignet ist, die Allgemeinheit zu fördern. Daher besteht nach Wortlaut sowie Sinn und Zweck des § 52 Abs 1 Satz 1 AO kein Anlass für eine steuerliche Förderung.

42 (2.) AEAO Nr 1.1 zu § 52 AO hat die **unschädlichen Mitgliedsbeiträge** und -umlagen auf durchschnittlich 1023 € und die Aufnahmegebühren auf 1534 € pro Jahr und Mitglied angesetzt. AEAO Nr 1.2 zu § 52 AO (s auch *Wallenhorst* DStR 1997, 479; *Prugger* DB 1996, 496) hat „Investitionsumlagen" iHv 5113 € innerhalb von 10 Jahren zugelassen (zur Durchschnittsberechnung s Nr 1.3 zu § 52 AO). Der BFH (I R 19/96 BStBl II 1997, 794) hat ein Eintrittsgeld von 1500 DM zuzüglich Spende von 1500 DM sowie Jahresbeitrag von 900 DM pro Person und Jahr für 1987–1990 nicht als gemeinnützigkeitsschädlich angesehen; angeblich habe das FG (FG Schl-H EFG 1996, 604; ebenso *Wallenhorst* DStR 1997, 479) in bindender tatsächlicher Hinsicht festgestellt, dass sich **„jedermann"** bei Hintanstellung anderer Freizeitausgaben die Beiträge **„zumindest ratenweise"** leisten könne (ähnlich BFH I R 41/03 BStBl II 2005, 443 zu FG Münster 9 K 1265/97 K EFG 2001, 613; zust *Schiffer* DStR 2004, 1031). Allerdings enthält schon diese Behauptung einen Verstoß gegen die Denkgesetze (wohl auch einen Verstoß gegen den Akteninhalt; denn das FG hat nicht auf die Verhältnisse von „jedermann", sondern des „Haushaltstyps 2" lt statistischem Jahrbuch abgestellt und die Allgemeinheit mit dem Angehörigen des „Haushaltstyps 2" verwechselt. Der „Durchschnittsbürger" aber repräsentiert nur *eine* Schicht aus dem Kreisausschnitt; es gibt Bürger, die über ein geringeres Einkommen verfügen als der Durchschnitt (und das sind nicht erst Sozialhilfeempfänger – wie das FG wohl suggerieren will). Der zweite Denkfehler besteht in einem offenen Prämissenmangel: FG und BFH haben versäumt, die Ausgabemöglichkeiten des „repräsentativen" Haushalts für Freizeitgüter zu ermitteln und in ein Verhältnis zu Beiträgen, Beitritten, Spenden und Umlagen zu setzen (in dem vom FG zitierten statistischen Jahrbuch 1991 S 539 betrugen die Ausgaben *pro Haushalt* und Monat 1990 637 DM, also 7744 DM im Jahr). Sport, der nur teuer „zu haben" ist (*Wallenhorst* DStR 1997, 479; *Hüttemann* FR 2002, 1337), fördert eben nicht die Allgemeinheit. Welcher Geist in einer solchen Rechtspraxis obwaltet, zeigt ein Seitenblick auf die Anerkennung von **Ergänzungsschulen** als gemeinnüt-

Gemeinnützige Zwecke § 3 Nr 6

zig: „Förderung der Allgemeinheit" darf nach AEAO angenommen werden, wenn (nach der Satzung!) bei **nur 25%** der Schüler eine Sonderung nach den „Besitzverhältnissen" der Eltern nicht erfolgt, also der Zugang der Allgemeinheit bewusst gedrosselt wird.

c) Förderung. aa) Begriff. Förderung heißt **„Hinwirken zum allgemeinen** 43 **Besten"** (so schon RFH StuW 1926, Sp 369, Nr 92), indem die Erreichung des verfolgten Zieles erleichtert oder erst möglich wird (vgl *Tipke/Kruse* § 52 AO Rn 2). Anders ausgedrückt bedeutet Fördern, Nutzen für die Allgemeinheit stiften wollen (*Tipke/Kruse* § 52 AO Rn 6), indem etwas vorangebracht, vervollkommnet oder verbessert wird (BFH I R 11/88 BStBl II 1989, 391; I R 19/91 BStBl II 1992, 62). Hierbei genügt ebensowenig die Auffassung einer mehr oder minder uninformierten Mehrheit der Bevölkerung (so aber noch BFH III R 81/70 BStBl II 1972, 197; ebenso *Scholtz* in *Koch* § 52 AO Rn 7) wie die subjektive Einstellung allein (so inzwischen BFH I R 39/78 BStBl II 1979, 482; I R 203/81 BStBl II 1984, 844). Abzustellen ist auf verfassungswertorientierte Gemeinwohlgründe (*Lang* StuW 1987, 221, 245 ff und DStZ 1988, 18, 26 ff). Die Tätigkeit muss objektiv geeignet sein zu fördern (BFH I R 39/78 aaO; *v. Wallis/Steinhardt,* Steuerbegünstigte Zwecke nach der AO 1977, 5. Aufl, Tz 25). Förderung kann trotz § 57 AO (Rn 156 ff) **mittelbar** geschehen (BFH I R 39/78 aaO). Nur verwirklichen, dh tätig werden, muss die Körperschaft unmittelbar.

bb) Zielkonflikte. Eine Vielzahl von Aktivitäten kann **sowohl fördern als** 44 **auch schaden.** Liegt in diesem Sinne ein Zielkonflikt vor, dann hat mE eine Abwägung stattzufinden. Hierbei ist zu beachten, dass den Förderungszwecken des § 52 Abs 2 AO (Rn 51 ff) eine Rangfolge immanent ist, die sich daraus ergibt, dass dort die Förderung von Rechtsgütern unterschiedlichen Ranges angesprochen ist (ebenso *Gmach* FR 1997, 793; aA BFH I R 13/97 BStBl II 1998, 9; *Bauer* FR 1989, 61, 70; vgl zur verfassungswertorientierten Interpretation *Lang* aaO; *Mack* DStR 1984, 187). Zudem sind die Wertungen der verfassungsmäßigen Ordnung zu beachten (vgl BFH I R 215/81 BStBl II 1985, 106 mwN). Daher kann mE die Abwägung nur dann zur Anerkennung als gemeinnützig führen, wenn sie ergibt, dass der benennbare Nutzen für die Allgemeinheit bei weitem überwiegt und dass wegen des Nutzens der Schaden vernachlässigt werden kann (zB bei sozialen Hilfsdiensten, die sich eines Kfz bedienen; nicht jedoch beim Motor-„Sport", s Rn 74 ff). Nur so wird man mE dem Ausnahmecharakter der Norm und ihrem inneren, insb durch die Elemente „geistig" und „sittlich" gekennzeichneten Zusammenhang gerecht.

cc) Immanente Lösung. Gegen die **immanente Lösung** von Zielkonflikten 45 auch *Hofmeister* DStR 1999, 545, der etwa die Entwicklungshilfe gegen die Förderung der Kultur in Dritte Welt-Ländern ausspielt (als müssten sich diese Ziele widersprechen oder als sei die flächendeckende Armut in diesen Ländern Teil ihrer Kultur); das von ihm ins Feld geführte Fehlen gesetzlicher Vorgaben steht einer Abwägung im Gemeinnützigkeitsrecht ebensowenig entgegen wie bei Rechts- oder Interessenkollisionen in anderen Rechtsgebieten (zB Persönlichkeitsrecht versus Meinungsfreiheit); die Veränderung von Verhältnissen (Zeitgeist?) steht einer immanenten Lösung nicht entgegen, zumal das, was heute überwiegend schädlich bzw gefährlich oder sonst unsinnig ist (zB der Motor„sport"), diese Eigenschaften auch in Zukunft behalten dürfte; die immanente Lösung mit „Ideologisierung" in Verbindung zu bringen stellt aber die Verhältnisse auf den Kopf: Nachdenken über Sinn und Zweck des Gemeinnützigkeitsdenkens stört offenbar die Orientierung am Wunschergebnis und darf nicht sein. Im Übrigen sind immanente Abwägungen in der Gemeinnützigkeitspraxis nicht unüblich (sofern ergebnisorientiertes Denken

§ 3 Nr 6 — Befreiungen

dem nicht entgegensteht), so etwa bei der Nichtanerkennung von Gotcha bzw Paintball (s Rn 99).

46 **dd) Wertordnung/Rechtsordnung.** Der Begriff „Förderung der Allgemeinheit" wird wesentlich geprägt durch die **objektive Wertordnung,** die im Grundrechtskatalog der Art 1–9 GG zum Ausdruck kommt. Eine Tätigkeit, die ihr nicht entspricht, ist nicht gemeinnützig (BFH I R 105/04 BFH/NV 2005, 1741). Auch sonstige Verstöße gegen die **verfassungsmäßige Ordnung** bzw die **Rechtsordnung** sind schädlich (BFH I R 39/78 BStBl II 1979, 482; I R 215/81 BStBl II 1985, 106; I R 5/93 BStBl II 1995, 134; I R 13/97 BStBl II 1998, 9; I B 16/91 BFH/NV 1992, 505; I B 75/98 BFH/NV 2000, 301; I R 105/04 BFH/NV 2005, 1741). Das kann schon eine der Körperschaft zuzurechnende LSt-Verkürzung sein (BFH V R 17/99 BStBl II 2002, 169; **aA** *Jansen* FR 2002, 996). Gewaltfreier Widerstand gegen Planungen des Staates verstößt grundsätzlich nicht gegen die verfassungsmäßige Ordnung (BVerfG NJW 1995, 1141; hierzu AEAO Nr 16 zu § 52 AO); Entsprechendes sollte an sich für gegen die **freiheitlich demokratische Grundordnung** gerichtete Bestrebungen gelten (vgl aber BFH I R 11/11 BStBl II 2013, 146 zur Tatsachenwürdigung).

47 **ee) Zweckgerichtetheit.** Auf die Förderung der Allgemeinheit iSv Hinwirken zum allgemeinen Besten muss die Tätigkeit der Körperschaft **nur gerichtet** sein. Gemeinnützigkeit setzt also nicht voraus, dass das Förderungsziel auch erreicht wird (BFH I R 39/78 BStBl II 1979, 482). Die tätigkeitsbezogenen Voraussetzungen der Steuerbefreiung liegen auch vor, wenn die Verwirklichung der Satzungszwecke nur vorbereitet wird (zB Aufbau der Vereinsorganisation, Sammlung der notwendigen Mittel); unbestimmte Absichten reichen indes nicht (BFH I R 29/02 BStBl II 2003, 930). Bei Errichtung einer Stiftung von Todes wegen wirkt die Erteilung der Stiftungsurkunde auch im Hinblick auf die Existenz als Steuerrechtssubjekt auf den Todestag zurück; das gilt jedoch nicht für die Voraussetzungen für die Steuerbefreiung, die selbstständig zu prüfen sind (BFH I R 85/02 BStBl II 2005, 149; zust *Schäffer* DStR 2004, 1031).

48 **d) Förderung auf materiellem Gebiet.** Die allgemeine Fassung dieser Voraussetzung lässt an sich die Deutung zu, dass jede Förderung materieller Interessen den Tatbestand erfüllt, also auch die Förderung bestimmter Wirtschaftsbereiche, sowie Zuwendungen an Personen, die es „nicht nötig" haben. Dem ist jedoch nicht so (RFH RStBl 1938, 36). Das Bestehen des Begünstigungstatbestandes als solches zeigt auf, dass nur **Zwecke und Maßnahmen** begünstigt sein sollen, die **im Aufgabenbereich des Staates** als Normzwecken angesiedelt sind. Auch der innere Zusammenhang der Norm (Förderung auf geistigem oder sittlichem Gebiet) ergibt, dass nur solche Förderungen materieller Interessen begünstigt sein sollen, die auch einen unmittelbaren sittlichen Stellenwert haben. Daher sind mE nur solche Maßnahmen betroffen, die eine **gesundheitliche** oder **soziale Komponente** haben oder die den Lebensraum und die Lebensmöglichkeiten von Mensch, Tier und Pflanze überhaupt betreffen. Es hat somit nur deklaratorischen Charakter, dient aber auch als Auslegungshilfe für den Begriff des Materiellen, wenn der Gesetzgeber in § 52 Abs 2 AO etwa die Entwicklungshilfe, den Umwelt- und Landschaftsgedanken, Jugend- und Altenhilfe, das öffentliche Gesundheits- und Wohlfahrtswesen, aber auch (hier jedoch nur bedingt, vgl Rn 74) den Sport ausdrücklich erwähnt.

49 **e) Förderung auf geistigem Gebiet.** Das **geistige Leben betrifft** im Weitesten das **Denken der Menschen,** ihr Trachten nach Erkenntnissen aller Art und nach gestaltetem und gestalterischem Ausdruck des Gedachten, Erlebten und Empfundenen sowie die Ausbildung hierzu. Daher gehören auch ohne ausdrückliche Nennung in § 52 Abs 2 AO die Förderung von Wissenschaft und Forschung, Bildung und Erziehung, Kunst und Kultur, Religion und des demokratischen Staatswe-

Gemeinnützige Zwecke § 3 Nr 6

sens hierher. Überschneidungen mit Anliegen der Sittlichkeit sind gegeben. Darüber hinaus bedingt der innere Zusammenhang der Norm (Förderung auf sittlichem Gebiet) auch hier, dass nicht jede Geistestätigkeit um ihrer selbst willen förderungs- und begünstigungsfähig ist. So wird etwa bei der Entwicklung der Genforschung und -technologie von Fall zu Fall zu entscheiden sein, ob ihre Förderung gemeinnützig ist. Eine Grenze setzt mE auf jeden Fall das Gesetz zur Regelung von Fragen der Gentechnik v 16.12.1993 (BGBl I 1993, 2066) idF des G v 9.12.2010 (BGBl I 2010, 1934).

Eine völlig andere Konzeption vom „Geistigen" hat das FG Ba-Wü (EFG 1995, 337). Danach fördere das Minicarfahren die Allgemeinheit auf geistigem Gebiet (zum „Zeitgeist" Rn 34).

f) Förderung auf sittlichem Gebiet. Die **Sittlichkeit betrifft** die besonderen 50
Eigenschaften, die dem menschlichen Handeln und Wollen zukommen, insofern es für sich selbst zu begründen und daher allgemeinverbindlich ist; sie kennzeichnet die Prinzipien zur Begründung des menschlichen Handelns und Wollens, sofern mit der Begründung der **Anspruch allgemeiner Verbindlichkeit** erhoben wird, weist die Ursachen für die Verbindlichkeit bestimmter Handlungsweisen (der „Sitten und Gebräuche") nach und normiert das Ideal begründeten Handelns (vgl *Meyers Enzyklopädisches Lexikon,* Band 21, Stichwort „Sittlichkeit"). Förderung auf sittlichem Gebiet bedeutet daher mE Hinwirken auf eine positive Einstellung (Hinwendung) zu sich selbst begründenden Normen des menschlichen und zwischenmenschlichen Verhaltens, die auf sinnvolles und/oder friedliches Aufbauen, Bewahren, Anerkennen, Erhalten und Fördern einschließlich Beachtung der Menschenwürde im Gegensatz zu allen sinnlosen und/oder unfriedlichen Verhaltensweisen wie Zerstören, Vernichten, Streitigmachen, Töten usw ausgerichtet sind. Hierbei ist es nicht von Bedeutung, ob die Hinwendung ihre Kraft aus religiöser Überzeugung, aufgeklärtem Denken von der Würde des Menschen und seiner Vernunft oder dem spontanen Empfinden, etwa dem Mitleiden, entspringt.

g) Der Förderungskatalog des § 52 Abs 2 AO. Die letztbezeichnete Vor- 51
schrift lautet nunmehr: „Unter den Voraussetzungen des Absatzes 1 sind als Förderung der Allgemeinheit anzuerkennen" **im Einzelnen aufgezählte Zwecke.** Nach allgemeinen Auslegungsprinzipien bedeutet dieser Wortlaut: Die Zuordnung einer bestimmten Tätigkeit zu einem dieser Zwecke ergibt noch keinen Anspruch auf Anerkennung als gemeinnützig. Vielmehr macht er deutlich, dass die Voraussetzungen des Absatzes 1 zuerst zu prüfen sind (FG Nürnberg EFG 1986, 621; zust *Arndt/Immel* BB 1987, 1153; *Bauer* FR 1989, 61; *Gmach* FR 1992, 313; zur **aA** einer idR ergebnisorientierten Praxis s.u.). Fast alle der genannten Tätigkeiten können im Tatsächlichen so betrieben werden, dass sie eine Störung, Beeinträchtigung, ja Schädigung der Allgemeinheit bedeuten. § 52 Abs 2 AO war ursprünglich als Auslegungshilfe für die unbestimmten Rechtsbegriffe des § 52 Abs 1 AO gedacht (vgl BFH I R 153/93 BStBl II 1995, 499; I R 108, 109/98 BFH/NV 2000, 1071). Das bedeutete, dass eine Körperschaft auch dann gemeinnützig sein konnte, wenn ihre Tätigkeit in dem Katalog nicht enthalten war. Diese Funktion kann der Katalog jedoch insbesondere nach der Einfügung der jetzigen Nr 23 kaum oder nicht mehr erfüllen, weil die dort bezeichneten Aktivitäten jedenfalls zT die Voraussetzungen des Abs 1 ganz offensichtlich nicht aufweisen (s auch Rn 84 ff). Unzulänglichkeiten der Gesetzesfassung (aber nicht nur diese) haben letztlich dazu geführt, dass die Frage, ob eine Vereinigung einen gemeinnützigen Zweck verfolgt, in der Regel allein nach dem Katalog des § 52 Abs 2 AO ohne Rückgriff auf Grundgedanken und -voraussetzung des § 52 Abs 1 Satz 1 AO beantwortet wird (vgl BFH I R 153/93 BStBl II 1995, 499; I R 35/93 BStBl II 1995, 767; I R 13/93 BStBl II 1998, 9; I R 10/94 BFH/NV 1995, 1045).

§ 3 Nr 6 Befreiungen

Vor dem Hintergrund der durch die Fassung des § 52 Abs 2 AO idF des G v 10.12.1989, BGBl I 1489, 2212) eingetretenen **Begriffsverwirrung** (vgl nur BFH I R 153/93 BStBl II 1995, 499: einerseits sei der seinerzeitige Katalog nicht abschließend, andererseits müssten *andere Zwecke* mit einem der Zwecke nach Katalog *identisch* sein – ein schlimmer Denkfehler) war die Neufassung des § 52 Abs 2 AO und des Katalogs wohl ein Gebot der Gesetz- und Tatbestandsmäßigkeit der Besteuerung.

Der Katalog des Abs 2 selbst ist zunächst durch o.a. Gesetz ergänzt und durch G v 10.10.2007 (BGBl I 2007, 2332) erheblich erweitert worden, ohne dass die innere Widersprüchlichkeit beseitigt worden wäre (Nr 23; Rn 84 ff).

52 Die **Aufzählung** wird als grundsätzlich **abschließend** aufgefasst. Wäre dem so, dann wäre mE die **Öffnungsklausel** des § 52 Abs 2 Sätze 2 u 3 **verfassungswidrig.** Sie verstieße (auf jeden Fall) dann gegen das Gebot der Gesetz- u Tatbestandsmäßigkeit der Besteuerung, ganz abgesehen davon, dass die ermächtigte Finanzbehörde als (Ersatz-)Gesetzgeber fungierte, ohne dass die Voraussetzungen des Art 80 GG vorliegen (zweifelnd auch *Schauhoff/Kirchhain* DStR 2007, 1985; *Hüttemann* DB 2007, 2053). Im Übrigen kann vor diesem Hintergrund die Öffnungsklausel **keine Ermessensnorm** sein (aA *Jachmann* aaO, Rn 44); es handelt sich mE um eine **Ermächtigungs- und Befugnisnorm**, auch einen anderen als einen Katalogzweck unter den Voraussetzungen des § 52 Abs 1 Satz 1 AO als gemeinnützig anzuerkennen, wobei allerdings die in der BTDrs 16/5200, 20 geforderte *Identität* mit einem Katalogzweck den bereits angesprochenen logischen, methodologischen bzw semantischen Fehler enthält.

Im Einzelnen nennt § 52 Abs 2 AO die Förderung von **folgenden Zwecken:**

53 aa) Wissenschaft und Forschung (Nr 1). Zum **Begriff der Wissenschaft** vgl § 2 Rn 275; **zur Forschung** FG Schl-H EFG 1996, 940; *Felix* JZ 1995, 290. Begünstigt ist die Förderung zB in Universitäten und wissenschaftlichen Gesellschaften, nicht jedoch die Förderung industrieller Vorhaben (zu den Problemen, die sich aus der Zusammenarbeit von an sich gemeinnützigen Gesellschaften mit der Industrie ergeben, s *Wegehenkel* BB 1985, 116, 395, 792 und *Viehbeck* BB 1985, 2038). Auftragsforschung für einzelne Unternehmen dient nicht der Allgemeinheit (BFH V R 29/91 BStBl II 1997, 189; I R 76/05 BStBl II 2007, 631; *Tipke/Kruse* § 52 AO Rn 14), ebensowenig die Tätigkeit für die Gesellschafter (BFH I R 90/04 BStBl II 2007, 628). Den sich ergebenden Problemen hat der Gesetzgeber durch Einfügen eines § 68 Nr 9 AO (im Wesentlichen ab EZ 1997) – Anerkennung als Zweckbetrieb – abgeholfen (vgl Rn 302; hierzu *Thiel* DB 1996, 1944).

54 bb) Religion (Nr 2). Herstellung und Erfahrung der **Einbindung** des eigenen wie des menschlichen Daseins überhaupt **in einen absoluten Seins- und Sinngrund**, der sich als göttliches Wesen, aber auch als kosmisches Prinzip darstellen kann, insofern dieses als das Heilige schlechthin erfahren wird, sowie die sich hieraus entwickelnde Vorstellung von dem Menschen vorgegebenen Normen sittlichen Handelns (vgl BFH XI R 66/98 BStBl II 2000, 533; Anm *Fischer* FR 2000, 566). In Bezug auf Bezeugung, Bekenntnis und Lebensgestaltung besteht keine klare Trennlinie zur **Weltanschauung.** Zum Begriff der „religiösen Zwecke" (zu § 48 EStDV aF) hat der BFH (aaO) entschieden, dass dieser die Weltanschauungen – säkulare wie antireligiöse – mit umfasst (aus Art 4 GG u Art 137 Abs 7 WRV). Allerdings betraf das bereits als gemeinnützig anerkannte Gemeinschaften. Für § 52 AO kann – abw von den Vorauflagen – auch aus verfassungsrechtlichen Gründen anderes gelten (BFH I R 36/76 BStBl II 1979, 492, unter 4 e). Zutreffend ist mE insoweit, dass rein politische Weltanschauungen (Ideologien) den Begriff nicht ohne Weiteres erfüllen. Sie sind nach den allgemeinen Voraussetzungen auf die Gemeinnützigkeit zu überprüfen (Hess FG 4 K 3773/05 EFG 2009, 1356; FG B-Bbg 7 K 2310/06 B EFG 2009, 156).

Nach BFH III 69/51 U BStBl III 1951, 148 müssen die Auffassungen der Religionsgesellschaft den Vorstellungen des **abendländischen Kulturkreises** entsprechen. Dies dürfte im Hinblick auf BVerfGE 12, 1, 4 (Schutz der Religion im Rahmen der Wertordnung des GG) fraglich sein. Es sollte jedoch gefordert werden, dass die geförderte Religion bzw Weltanschauung die menschlichen Grundfreiheiten iSd Grundrechtskatalogs achtet; ähnlich BFH I B 75/08 BFH/NV 2005, 1741, der auf die Wertordnung des GG abstellt). Eine Religion, die von ihr als Feinde ausgemachte Menschen (wozu auch der wirklich oder vermeintlich vom Glauben Abgefallene, der Apostat, zählt) mit dem Tode bedroht, Zwangsscheidungen anordnet, die Gleichwertigkeit von Mann und Frau betont ablehnt u.ä., entspricht dem sicher nicht. Dasselbe gilt, wenn sich Religion und politische Ideologie mischen (Stichwort „Gottesstaat"). Ein Verein, der sich zur art- und wesensmäßigen Ungleichheit von Menschen bekennt und dessen Mitglieder sich im Lebenskampf mit anderen „Arten" sehen, steht im Widerspruch zum Wertesystem des GG und ist nicht gemeinnützig (BFH I B 75/08 aaO), das hätte mE Prüfungsgegenstand des Sächs FG 2 K 1429/10 EFG 2011, 1675 und des BFH I R 11/11 BStBl II 2013, 146 (vgl Rn 29) sein müssen.

Hiervon abgesehen muss sich das tatsächliche Wirken der Religionsgemeinschaft im Rahmen der **verfassungsmäßigen Ordnung** halten (BFH I 75/08 BFH/NV 2000, 301 mwN). Eine besondere Loyalität zum Staate selbst ist jedoch nicht zu fordern (BVerfG NJW 2001, 429). Nach HessFG (EFG 1983, 196, jedoch nv aufgeh) sind „Jugendreligions"-Vereine nicht begünstigt.

cc) Öffentliches Gesundheitswesen u.a. (Nr 3). Das **öffentliche Gesundheitswesen** betrifft **Förderung der Gesundheit** der Bürger, Krankheiten und Seuchenschutz, Bekämpfung des Drogenmissbrauchs, Tierseuchenschutz u.ä. (vgl *Gemeinnützigkeitskommission* aaO S 110). In Betracht kommen Erholungs- und Genesungsheime, Heilanstalten, öffentliche Krankenanstalten und Kliniken; erforderlich ist, dass sie mit der Preisgestaltung und mit ihrem gesamten Geschäftsbetrieb der gesundheitlichen Förderung bedürftiger oder minderbemittelter Personen zu niedrigsten Preisen dienen (BFH III 134/56 U BStBl III 1961, 109), die „einfache" gesundheitsfördernde Erholung genügte nach früherer VerwAuffassung nicht (AEAO Nr 14 aF zu § 52 AO), was dem Gemeinnützigkeitsgedanken mE widerspricht. Der AEAO nF enthält hierzu keine Aussage. Zu Vereinen, die zum Schutz vor Geschlechtskrankheiten und AIDS Kondome und Einwegspritzen verkaufen, vgl (differenzierend) *OFD Ffm* DB 1998, 2300. Die Entwicklung eines durchgängigen, leistungsorientierten und pauschalierenden Vergütungssystems für Krankenhausleistungen ist keine unmittelbare Förderung des öffentlichen Gesundheitswesens (BFH I R 90/04 BStBl II 2007, 628); ebensowenig eine ausgegliederte Labor-GmbH (BFH I R 59/11 BStBl II 2013, 603). Die **öffentliche Gesundheitspflege** deckt sich im Wesentlichen mit dem öffentlichen Gesundheitswesen. Die Formulierung dient der Sicherheit, dass anerkannte Tätigkeiten nicht unbeabsichtigt ihre Anerkennung verlieren.

dd) Jugend- und Altenhilfe (Nr 4). Jugendhilfe (s auch das SGB VIII) ist **Förderung von Jugendlichen** durch Ausbildung, Bildung und Erziehung, aber auch durch mildtätige Maßnahmen. In Betracht kommen Bildungsstätten, Kinderheime, Jugendherbergen, Blindenanstalten; nach BFH I R 35/94 BStBl II 1996, 583 liegt Jugendhilfe auch vor, wenn einer Vielzahl von sozialen Randgruppen günstiger Wohnraum angeboten werden soll, entsprechend Wortlaut, Sinn und System des § 52 Abs 1 AO, wonach die Förderung sozial Schwächer – auch wenn im Katalog des § 52 Abs 2 AO nicht genannt – gemeinnützig ist.

Altenhilfe (s auch § 71 SGB XII) ist Hilfe bei der Verhütung, Überwindung oder Milderung **altersbedingter,** insb gesundheitlicher, aber auch finanzieller und sozialer **Schwierigkeiten.** In Betracht kommen Altenwohn- und Pflegeheime sowie Blindenheime; zur Förderung sozialer Randgruppen s Stichwort „Jugendhilfe". Zu beiden Hilfsformen können auch Nachbarschaftshilfe und Tauschringe gehören, nicht jedoch die Förderung alternativer Wohnformen (OFD Ffm DStR 2007, 2329).

57 ee) **Kunst und Kultur (Nr 5).** Wenn es auch einen allgemeingültigen **Kunstbegriff** nicht gibt (BFH IV R 64/79 BStBl II 1983, 7), so wird er doch umschrieben als die freie, schöpferische Gestaltung, in der Eindrücke, Erfahrungen und Erlebnisse des Künstlers durch das Medium einer bestimmten Formensprache zu unmittelbarer Anschauung gebracht werden (BVerfGE 30, 173, 189; BVerfG NJW 1971, 1645). Eine künstlerische Tätigkeit ist das Vollbringen einer eigenschöpferischen Leistung, in der individuelle Anschauungsweisen und Gestaltungskraft zum Ausdruck kommen und die eine über die hinreichende Beherrschung der Technik hinausgehende Gestaltungshöhe erreicht (BFH VIII R 76/75 BStBl II 1977, 474; VIII R 32/75 BStBl II 1981, 170; vgl auch § 2 Rn 275).

Problematisch ist und bleibt schon wegen Art 5 Abs 3 GG die **Abgrenzung zur Nicht-Kunst;** dies umso mehr, als idR weder Sachverständigen-Gutachten noch Kunstkritik nachvollziehbar das ihnen zugrundeliegende Kunstverständnis zu vermitteln vermögen. Wer von dem Werk oder Wirken nicht „ergriffen" ist, wird – zumal bei der Moderne – eher zu dem Urteil „das ist keine Kunst" neigen. Hier besteht die Situation, dass ein objektiver Begriff nicht besteht und doch die Subjektivität des Einzelnen kaum Entscheidungsgrundlage sein darf. Jedenfalls sind der Kunst keine Grenzen gesetzt. Nicht zu teilen ist die Auffassung von *Bauer* (FR 1989, 61), wonach in § 52 Abs 2 AO ein eigener, engerer Kunstbegriff verwendet wird. Jede Form von Kunst, auch wenn sie nicht „der Gemeinschaft dienlich" ist (wohl weil sie dem Laienverstand nicht schmeckt?), fördert auf geistig-sittlichem Gebiet. Irgendeine Form (Ausnahme: anstößige oder gewaltverherrlichende) auszuschließen, bewirkt Gegenteiliges. Begünstigt wird daher die Förderung von Architektur, Bildhauerei, Film- und Fotokunst (wegen des Erfordernisses der Ausschließlichkeit ist jedoch Vorsicht geboten im Hinblick auf Vermittlung von technischen Kenntnissen bzw die einfache Souvenirfotografie), Literatur, Malerei, Musik, Musikunterricht (BFH IV R 97/81 BStBl II 1984, 491), Tanz usw, sowie die Volks- und Gebrauchskunst (vgl BFH IV R 9/77 BStBl II 1981, 21; I R 183/79 BStBl II 1982, 22).

58 **Kultur** bezeichnet das von Menschen zu bestimmten Zeiten in abgrenzbaren Regionen auf Grund der ihnen vorgegebenen Fähigkeit in Auseinandersetzung mit der Umwelt und ihrer Gestaltung in ihrem Handeln in Theorie und Praxis Hervorgebrachte (Sprache, Religion einschließlich Mythos, Ethik, Institutionen, Staat, Politik, Recht, Handwerk, Technik, Kunst, Philosophie und Wissenschaft; vgl *Meyers Enzyklopädisches Lexikon,* Bd 14, Stichwort „Kultur"). Bei der Frage der Begünstigung werden insbesondere die zwei gängigen Einschränkungen dieses allgemeinen Kulturbegriffs zu beachten sein: Es muss sich um eine **(1.)** am Maßstab der Vernünftigkeit und des ethisch und ästhetisch Vertretbaren gemessene und positiv bewertete Kulturleistung handeln, die sich **(2.)** von nur zivilisatorischen, dh materiell-technischen Lebensgestaltungen unterscheidet; auch diesbezüglich zeigt sich, dass eine Einordnung als (nicht) gemeinnützig nicht ohne Rückgriff auf die Legaldefinition des § 52 Abs 1 Satz 1 AO möglich ist.

59 ff) **Denkmalschutz und Denkmalpflege (Nr 6).** Sie betrifft den **Schutz** *(Erhaltung u Wiederherstellung)* **von Bau- u Kulturdenkmälern** (einschließlich technischer Denkmäler) sowie Boden- u Naturdenkmälern. Dieser Zweck war seit altersher als gemeinnützig anerkannt (RFH RStBl 1938, 613) und auch im Vorgängerkatalog enthalten.

Gemeinnützige Zwecke § 3 Nr 6

gg) Erziehung, Volks- und Berufsbildung mit Studentenhilfe (Nr 7). Die 60
Nennung entspricht der bisherigen Bildung u Erziehung, ohne dass Änderungen
gewollt sind (BTDrs 16/5200, 20). **Bildung** zielt auf geistige Prägung, die einen
Gemeinwohlwert darstellt. **Erziehung** ist Bemühen um geistig sittliche Prägung,
zur Bereitschaft, sich den von der sozialen Umwelt anerkannten Normen entsprechend
zu verhalten (vgl *Gemeinnützigkeitskommission,* aaO S 113). Gefördert werden
können alle Einrichtungen der Allgemein- und Berufsausbildung (BFH IV R 21/
86 BStBl II 1988, 890), also etwa Waisenhäuser, Vereine zur Förderung von Ausstellungen,
Stipendienstiftungen, Musikschulen usw auch bei satzungsmäßiger „Förderung
der Kameradschaft", ebenso die **Volksbildung,** die auch die politische Bildung
umfasst (vgl BFH XI R 63/98 BStBl II 2000, 200), nicht dagegen einseitige parteipolitische
Propaganda (AEAO Nr 8 zu § 52 AO). Zu *Freiwilligenagenturen* s *BMF* BStBl
I 2003, 446. Zu einzelnen Einrichtungen, insb Schulen, s ABC Rn 99.

hh) Natur- und Umweltschutz (Nr 8). Naturschutz ist im Wesentlichen 61
Erhaltung von Natur (§ 1 BNatSchG), also von Flora und Fauna. Ein Teilaspekt ist
die Landschaftspflege. Er betrifft Maßnahmen zur Erhaltung von Naturflächen, ihrer
Bewachsung und ihrer Tierpopulation (vgl BFH I R 39/78 BStBl II 1979, 482)
einschließlich der Gewässer.
Umweltschutz bezeichnet Maßnahmen zur Erhaltung oder Wiederherstellung
der natürlichen Lebensgrundlagen von Pflanze, Tier und Mensch. Er umfasst alle
Formen des Immissionsschutzes (Gewässer-, Natur-, Landschafts-, Lärm- und Strahlenschutz,
Luftreinhaltung), der Abfallvermeidung und -beseitigung wie die Entwicklung
von Umweltbewusstsein (FG Ba-Wü EFG 1978, 189; BFH I R 39/78
BStBl II 1979, 482). Dass die Maßnahmen sich gegen Planungen staatlicher Stellen
richten, tut der Begünstigung keinen Abbruch (BFH I R 39/78 aaO; I R 203/81
BStBl II 1984, 844). Sie müssen sich aber im Rahmen der verfassungsmäßigen
Ordnung halten (BFH I R 215/81 BStBl II 1985, 106; I R 39/78 aaO).

ii) Wohlfahrtswesen u.a. (Nr 9). Dieses betrifft die planmäßige zum Wohl der 62
Allgemeinheit und nicht des Erwerbes wegen ausgeübte **Sorge für notleidende**
oder **gefährdete Mitmenschen** (vgl § 66 Abs 2 AO). Sie kann sich auf das gesundheitliche,
sittliche, erzieherische oder wirtschaftliche Wohl erstrecken und Vorbeugung
oder Abhilfe bezwecken (BFH V R 40/60 BStBl II 1970, 190; V R 1/68
BStBl II 1972, 70). Der Begriff ist weiter als der der (mildtätigen), dort) „Wohlfahrtspflege".
Er umfasst ihn, so dass die Spitzenverbände der freien Wohlfahrtspflege
auch dann begünstigt sind, wenn sie nicht nur mildtätig wirken. Erfasst sind im
Wesentlichen Maßnahmen der Sozialhilfe nach SGB XII. Zur Wohlfahrtspflege
gehört insb die Familienhilfe, die Kranken- und Behindertenhilfe (BFH V R 59/
09 BStBl II 2012, 544), Gefährdeten- und Suchtkrankenhilfe, Asylantenhilfe, nicht
jedoch die Ehevermittlung (BFH I 242/65 BStBl II 1969, 145) oder die allgemeine
Erholung der arbeitenden Bevölkerung (BFH I R 21/71 BStBl II 1973, 251).

jj) Flüchtlingshilfe u.a. (Nr 10). Die Zwecke sind neu im Katalog des § 52 63
Abs 2 AO, waren jedoch schon nach § 48 Abs 2 EStDV Anlage 1 begünstigt. Bei
der Hilfe für die genannten benachteiligten Personengruppen geht es vorrangig
um **immaterielle Hilfe.** Für die Förderung in Betracht kommen Verbände von
Kriegsopfern u Zivilbeschädigten, Vertriebenenverbände, sofern frei von rückwärts
gewandten politischen Zielen, Suchdienste (zB des DRK), die Betreuung von
Flüchtlingen, Asylsuchenden, Opfern von Straftaten (zB Sklavenbefreiung) u.ä.
Zur **Förderung des Andenkens** an Verfolgte, Kriegs- und Katastrophenopfer
gehört auch die Errichtung von Ehrenmälern und Gedenkstätten (BTDrs 16/5200,
20).

kk) Rettung aus Lebensgefahr (Nr 11). Angesprochen sind **Maßnahmen zur** 64
Rettung aus konkreter Gefahr (Bergnot, Ertrinken, Schiffbruch, Feuersbrunst), insb

§ 3 Nr 6 Befreiungen

Notfallrettung (FG B-Bbg EFG 2012, 1088, Rev I R 17/12), sowie vorbereitende Maßnahmen. Für die Förderung in Betracht kommen mE daher Lebensrettungsgesellschaften, Wasserwacht, Bergwacht u.ä., bisher gefördert nach § 48 Abs 2 EStDV Anlage 1.

65 **ll) Katastrophen-, Zivil- und Feuerschutz, Unfallverhütung u.a. (Nr 12).** Neu im Katalog des § 52 Abs 2 AO und aus § 48 Abs 2 EStDV Anlage 1 übernommen. **Zivilschutz** bedeutet nach § 1 Abs 1 ZSKG Schutz der Bevölkerung, ihrer Wohnungen und Arbeitsstätten, lebens- und verteidigungswichtiger Dienststellen, Betriebe, Einrichtungen und Anlagen sowie des Kulturgutes vor Kriegseinwirkungen und Beseitigung sowie Milderung der Folgen mit nichtmilitärischen Mitteln; auch der **Katastrophenschutz** ist Teil des Zivilschutzes, ebenso wie der **Selbstschutz,** die Warnung der Bevölkerung, der Schutzbau u.ä. **Feuerschutz** meint Brandbekämpfung und -verhütung; **Arbeitsschutz** die Gesundheitsvor- und -fürsorge des arbeitenden Menschen. **Unfallverhütung** schließlich erfasst darüberhinausgehend sämtliche Lebensbereiche, so zB auch die **Verkehrserziehung** (AEAO Nr 2 Satz 5 zu § 52 AO). Anders als in Nr 11 (Rn 64) geht es also nicht nur um konkrete Gefahren.

66 **mm) Internationale Gesinnung, Toleranz, Völkerverständigung (Nr 13).** Mit Ausnahme der Völkerverständigung neu im Katalog des § 52 Abs 2 AO; mit Ausnahmen (mit Verfassung unvereinbare sowie touristische Aktivitäten) aber schon nach § 48 Abs 2 EStDV Anlage 1 begünstigt. Die **internationale Gesinnung** hängt eng mit der Völkerverständigung zusammen (Nds FG EFG 2003, 1654 rkr), mE in der Weise, dass sie diese als mentales Element trägt und stützt bzw vorbereitet. Die **Völkerverständigung** bedeutet Förderung von Begegnung und Toleranz im zwischenstaatlichen Bereich außerhalb touristischer Veranstaltungen. Sie dient der Entwicklung und Stärkung freundschaftlicher Beziehungen zwischen den Völkern und damit der Friedenssicherung. Völkerverständigung heißt Förderung der zwischenmenschlichen Begegnung der Angehörigen verschiedener Völker und Staaten sowie des Wissens über andere Völker und des friedlichen Zusammenlebens. Wesentlicher Bestandteil ist die **Förderung des Friedens.** Begünstigt ist mE auch eine Tätigkeit im oder für das Ausland, insbesondere die auswärtige Kulturpolitik (vgl zu allem *Gemeinnützigkeitskommission* aaO S 124 f). Die **Toleranz auf allen Gebieten der Kultur** ist sehr weit gefasst. Gemeint ist mE der bewusst respektvolle Umgang mit allem, was andere Lebensweisen und Kulturkreise hervorgebracht haben: Kunst, Religion, Lebensgewohnheiten, Denken u.ä.

Politische Meinungsäußerungen, die mit dem Gegenstand des Förderungszwecks in unmittelbarem Zusammenhang stehen, schließen die Gemeinnützigkeit nicht aus, anders nur wenn sie deutlich darüber hinaus gehen (BFH I R 11/88 BStBl II 1989, 391; I R 19/10 BFH/NV 2011, 1113).

67 **nn) Tierschutz (Nr 14).** Neu im Katalog des § 52 Abs 2 AO, bisher begünstigt nach § 48 Abs 2 EStDV Anlage 1. Nach **§ 1 TierSchG** ist das Ziel, aus der **Verantwortung des Menschen für das Tier** als Mitgeschöpf dessen Leben und Wohlbefinden zu schützen und zu verhindern, dass dem Tier *„ohne vernünftigen Grund"* Schmerzen, Leiden oder Schäden zugefügt werden. Ob zoologische Gärten dem nachkommen, kann angesichts der Haltung von Tieren, die ihres Freiraums beraubt werden, sehr zweifelhaft sein. Tierzucht, die nicht der Arterhaltung, sondern der Hervorbringung besonderer Erscheinungsbilder dient, ist nicht Tierschutz (BFH/NV 1992, 90).

68 **oo) Entwicklungszusammenarbeit (Nr 15).** Bisher als **„Entwicklungshilfe"** bereits im Katalog des § 52 Abs 2 AO enthalten. Die Umbenennung beinhaltet **keine sachliche Änderung.** Es geht um die Förderung der wirtschaftlichen Entwicklung der Entwicklungsländer einschließlich der Bildung und Ausbildung

Gemeinnützige Zwecke § 3 Nr 6

dort lebender Menschen mit den Mitteln von Geldzuwendungen, zinsgünstigen Krediten, technischer Hilfe, Sachzuwendungen, Beratungs- und Dienstleistungen. Entwicklungsländer sind mE die in der DAC-Liste (veröffentlicht durch das BMZ) aufgeführten Länder.

pp) Verbraucherberatung und Verbraucherschutz (Nr 16). Neu im Katalog des § 52 Abs 2 AO; unverändert aus § 48 Abs 2 EStDV Anlage 1 übernommen. Ihr Gegenstand ist der **Schutz des Verbrauchers** vor wirtschaftlicher Benachteiligung sowie vor unseriöser oder gar krimineller Benachteiligung im Geschäftsleben. Für die Förderung in Betracht kommen insb Verbraucherzentralen und -vereine. Fraglich ist dies jedoch für Abmahnvereine, zumal bei ihnen die Selbstlosigkeit in Frage steht. 69

qq) Fürsorge für Strafgefangene (Nr 17). Aus § 48 Abs 2 EStDV Anlage 1 in den Katalog des § 52 Abs 2 EStDV übernommen, dient der Förderung der **Resozialisierung.** 70

rr) Gleichberechtigung von Frauen und Männern (Nr 18). Aus § 48 Abs 2 EStDV Anlage 1 neu in den Katalog des § 52 Abs 2 AO übernommen. Gegenstand der Förderung sind alle Maßnahmen, die die **Angleichung der Lebensverhältnisse** von Frauen und Männern in Beruf, Familie, Gesellschaft und Politik bezwecken. Das betrifft mE die Aufstiegschancen und Bezahlung im Beruf ebenso wie die Akzeptanz der Arbeit für Haus, Familie und Kindererziehung. 71

ss) Schutz von Ehe und Familie (Nr 19). Aus § 48 Abs 2 EStDV Anlage 1 neu in den Katalog des § 52 Abs 2 AO übernommen dient die Förderung allen Bestrebungen, den **Stellenwert von Ehe und Familie** iSv Art 6 Abs 1 GG als „Keimzelle" der Gesellschaft aufzuzeigen, im Bewusstsein der Menschen zu verankern sowie Hemmnissen durch Gesetzgebung, Verwaltung und durch das Arbeitsleben entgegenzuwirken. 72

tt) Kriminalprävention (Nr 20). Ebenfalls neu aus § 48 Abs 2 EStDV Anlage 1 in den Katalog des § 52 Abs 2 AO übernommen. Es handelt sich als Aspekt der inneren Sicherheit um eine staatliche Pflichtaufgabe. Sie umfasst alle Maßnahmen, die geeignet sind, **Straftaten zu verhindern,** und zwar sowohl als gesamtgesellschaftliches Phänomen (Verbesserung des sozialen Klimas) als auch als individuelles Geschehen (konkrete Vorbeugung oder Abwehr). Voraussetzung ist selbstredend, dass die Maßnahmen sich ihrerseits im Rahmen der gesetzlichen Ordnung halten. 73

uu) Sport (Nr 21). (1.) Der **Begriff ist unklar** (*Arndt/Immel* BB 1987, 1153). Er ist weiter als der der Leibesübungen. Er umfasst die verschiedensten Formen von an spielerischer Selbstentfaltung und am Leistungsstreben orientierter menschlicher Betätigung, die der körperlichen und geistigen Beweglichkeit dient (vgl *Brockhaus,* Enzyklopädie in 25 Bänden, unter „Sport"; Herkunft von lat. disportare = sich zerstreuen, vergnügen; altfrz. desport = Erholung, Zerstreuung; vgl FG Nürnberg EFG 1986, 621). Lt Bericht des Finanzausschusses (BTDrs 7/4292, 20 zu § 52 AO) soll Einigkeit darüber bestehen, dass die **körperliche Ertüchtigung** weiterhin wesentliches Element des Sports sei (vgl BFH I R 64/77 BStBl II 1979, 488; I R 204/85 BFH/NV 1987, 705; AEAO Nr 6 zu § 52 AO). Was hiermit gemeint sein soll, bleibt allerdings offen. Denn auch „*Motorsport in allen seinen Erscheinungsformen"* soll nach Finanzausschuss Sport sein. Dass hierin allerdings die körperliche Ertüchtigung praktisch keine Rolle spielt, dürfte außer Frage stehen, auch wenn BFH I R 13/97 BStBl II 1998, 9 sachwidrig das Gegenteil postuliert. Zudem soll das gemeinwohlförderliche Wesenselement, die körperliche Ertüchtigung, allein nicht für die Anerkennung der jeweiligen Aktivität ausreichen. 74

§ 3 Nr 6 Befreiungen

Der **BFH** definiert Sport als „körperliche", über das ansonsten übliche Maß hinausgehende Aktivität, die durch äußerlich zu beobachtende Anstrengungen oder durch die einem persönlichen Können zurechenbare **Kunstbewegung** gekennzeichnet ist. Zwar ist auch hiernach körperliche Ertüchtigung wesentliches Merkmal des Sportbegriffs; doch muss sie im Einzelfall nicht augenfällig sein (BFH I R 13/97 BStBl II 1998, 9; I R 108, 109/98 BFH/NV 2000, 1071). Die Ausführung eines Spiels in Form von Wettkämpfen unter einer besonderen Organisation ist nach BFH nicht Sport (BFH I R 204/705 BFH/NV 1987, 705); ebensowenig sinnvolle Aktivitäten wie – einfaches – Wandern, Radfahren oder ähnlicher einfacher Breitensport (FG Köln 10 K 3794/06 EFG 2010, 367), dagegen sehr wohl Drehstangen-Tischfußball (Hess FG 4 K 501/09).

Nicht zu übersehen ist, dass die o.a. Definition des BFH das Instrumentarium bietet, jede irgendwie geartete Tätigkeit, die körperliche Geschicklichkeit und/oder ein gutes Auge und Fingerfertigkeit voraussetzt, als Sport anzuerkennen, wie etwa Tischfußball, Flippern, Dart (s Stichwort Rn 99), aber auch Handarbeiten (wenn es schon einen Modellbau„sport" gibt, wie dies BFH I R 153/93 BStBl II 1995, 499; I R 10/94 BFH/NV 1995, 1045 groteskerweise annehmen, warum dann nicht auch Häkel- oder Klöppel„sport"?) oder nicht anzuerkennen (wie – widersprüchlich genug – den Drachenflug, s Stichwort Rn 99).

75 (2.) In Fortführung der methodisch verfehlten Urteile BFH I R 153/93 BStBl II 1995, 499; I R 10/94 BFH/NV 1995, 1045 wird daher auch der **Motor„sport"** als gemeinnützig anerkannt: Motor„sport" sei Sport iSd § 52 Abs 2 AO (Eignung zur körperlichen Ertüchtigung); Förderung des Sports sei nur bei Vorliegen besonderer Umstände nicht gemeinnützig; die Voraussetzungen des § 52 Abs 1 AO (insb die Förderung hin zum Besten auf geistigem, sittlichem und materiellem Gebiet) seien nicht mehr zu prüfen; die **Gemeinschädlichkeit** von Motor„sport"veranstaltungen (gesteigerte Gefährdung von Leib und Leben auch Unbeteiligter; Umweltzerstörung) sei hinzunehmen, weil die Tätigkeit erlaubt sei und Unfälle auch bei anderen Sportarten vorkommen (BFH I R 13/97 BStBl II 1998, 9; zust *Rößler* DStZ 1998, 595). Damit zementiert der BFH eine Entwicklung, die das System des Gemeinnützigkeitsrechts auf den Kopf stellt (Rn 33, 35). Die Subsumtion unter das Erfordernis der körperlichen Ertüchtigung bleibt undifferenziert, weil nicht nach den konkreten Veranstaltungen (zB Orientierungsfahrten, Familiensternfahrten) unterschieden wird.

76 (3.) Ungeprüft bleibt ferner das Gebot der „Ausschließlichkeit" (Rn 151), das auf jeden Fall der Gemeinnützigkeit von Motor„sport" entgegensteht. Denn im Vordergrund dieser Aktivität stehen der Einsatz der Technik und der Beitrag zur Entwicklung immer leistungsfähigerer Maschinen, die auch für den Erfolg im Wettbewerb bestimmend sind (krit auch *Wien* DStZ 1998, 572). Diese je nach Betätigungsart **ergebnisorientierte Handhabung** des Ausschließlichkeitsgebots ist leider seit eh und je Teil des voluntaristisch gehandhabten Gemeinnützigkeits„systems", wie sich am augenfälligsten an den unterschiedlichen Einordnungen von Hundesport (BFH I R 2/77 BStBl II 1979, 495) und Pferdesport (zB BFH I R 40/68 BStBl II 1969, 43; FG Saarl EFG 1987, 374) zeigen lässt: das Training kleiner Tiere verstieß gegen das Ausschließlichkeitsgebot, das größerer Tiere hingegen nicht.

77 (4.) Nur noch bedauerlich zu nennen ist das juristische Achselzucken, mit dem der BFH nicht nur die *Umweltunverträglichkeit*, sondern auch die **Gefährlichkeit** des Motor„sports" abtut. Der Umstand, dass die Betätigung polizeirechtlich erlaubt ist, ändert nichts daran, dass sie in Widerspruch zu höherrangigen Gemeinnützigkeitszielen steht. Der Umstand, dass auch bei anderen Sportarten – im Sinne eines Restrisikos – Unfälle geschehen können, ist eine Leerformel angesichts des Umstands, dass beim Motor„sport" die Gefährlichkeit konstitutives Element ist und nicht nur – wie beim Drachenflug – den Ausübenden, sondern auch Unbeteiligte betrifft. Einen weiteren kennzeichnenden Akzent setzt das FG Ba-Wü (EFG

Gemeinnützige Zwecke § 3 Nr 6

1995, 337), das den Minicar-„sport" als Förderung auf geistigem Gebiet ansieht. Kann man es noch deutlicher machen, auf welchem **Tiefpunkt** das Gemeinnützigkeitsrecht angekommen ist?

(5.) Nicht angesprochen hat der BFH in BFH I R 13/97 BStBl II 1998, 9 die Frage, ob dem Sportbegriff eine **„planvolle"** Betätigung – was immer das sei – immanent ist, wie das BFH I R 2/77 BStBl II 1979, 495 für den Ausschluss des Hundesports postuliert, oder gar der **Wettkampf,** wie dies BFH III R 2/80 BStBl II 1982, 148 für den Ausschluss der Freikörperkultur suggeriert. ME ist das nicht der Fall, da der Sportbegriff die spielerische – unverkrampfte – Selbstentfaltung umfasst. 78

(6.) Ebensowenig gemeinnützig sind Sportvereine, die etwa mit dem Mittel der „Preisgestaltung" die **Allgemeinheit außen vor** halten (vgl Rn 40 ff). Nur die unreflektierte Formel „wenn schon Sport, dann schon" ergibt „gemeinnützig" (so auch *Müller-Gatermann* FR 1995, 261). 79

(7.) Gut ins Bild passt die ehedem langjährige Diskussion um die Gemeinnützigkeit des **Schach,** das jetzt als Sport „gilt". Davon abgesehen, dass so mancher anerkannte Sitz-, „Sport" kaum mehr körperliche Ertüchtigung bietet und auch keine positiven geistig-sittlichen Qualitäten aufweist – wie etwa die „Fahrsport"-Arten –, müsste gerade das Schachspiel auch ohne die Nennung im Katalog des § 52 Abs 2 AO bereits nach der Generalklausel des Absatzes 1 dieser Vorschrift als gemeinnützig anerkannt werden, weil es zweifelsohne eine Förderung auf geistigem Gebiet beinhaltet: Abstraktions- und Kombinationsvermögen, Kreativität, Blick für formallogische Zusammenhänge und nicht zuletzt Gefühl für die Ästhetik eines Denkvorganges sind gefragt und werden gefördert. Insofern erscheint zwar eine Bevorzugung des Schachspiels vor anderen Denkspielen – Kartenspielen u.ä. – sachlich gerechtfertigt (aA *Gothe* DB 1979, 475; *Schad/Eversberg* DB 1980, 1234; *Arndt/Immel* BB 1987, 1153). Gleichwohl machte erst der „Sport" die Anerkennung möglich. 80

(8.) Dem Sport **„nahestehende"** Betätigungen sollten nach der Vorstellung der Bundesregierung ebenfalls uneingeschränkt als gemeinnützig anerkannt werden (BTDrs 11/4176). Genannt wurden insb Skat, Go, Bridge, Modellflug, Hundesport, Tischfußball. Durchgesetzt haben sich jedoch durch besondere Nennung im Förderungskatalog nur der Modellflug und der Hundesport, nunmehr in § 52 Abs 2 Nr 23 AO (Rn 84 ff; hierzu *Thiel/Eversberg* DB 1990, 240). Es bedarf sicher keiner Erörterung, dass die genannten, dem Sport „nahestehenden" Betätigungen dem Sport nicht nahestehen (Ausnahme evtl Hundesport). 81

(9.) **Bezahlter Sport** ist mE dann, wenn er ausschließlicher oder überwiegender Zweck einer Körperschaft ist, mangels Förderung der Allgemeinheit nicht gemeinnützig (vgl Rn 37; AEAO Nr 12 zu § 52 AO). 82

(10.) Zu **Verfassungsfragen** des Sports und der Sportförderung vgl *Steiner* NJW 1991, 2729.

vv) Heimatpflege und Heimatkunde (Nr 22). Tritt an die Stelle des bisher schon im Katalog des § 52 Abs 2 AO enthaltenen **Heimatgedankens**, ohne dass sachliche Änderungen gewollt sind (BTDrs 16/5200, 21). Es geht um die Pflege der Verbundenheit mit der Heimat als durch Tradition und Lebensform geprägtem Raum der sozialen Zugehörigkeit. Förderungswürdig ist die historische Landesforschung, die Pflege der Landes-, Volks- und Heimatkunde, der Mundarten, des Trachtenwesens und des Brauchtums, die Unterstützung von Heimatmuseen usw. Abzugrenzen sind zweckfremde zB politische Aktivitäten, die sich immer wieder im Gewand des Heimatgedankens verstecken, einerseits, aber auch wirtschaftliche Betätigungen (zB Bewirtung), die nicht selten mit Veranstaltungen einhergehen, andererseits (vgl BFH I R 3/82 BStBl II 1986, 92; AEAO Nr 6 Satz 6 zu § 52). 83

ww) An sich nicht gemeinnützige Aktivitäten (Nr 23). An dieser Stelle hat die Politik als Gesetzgeber wie schon in der bisherigen Nr 4 – bunt zusammenge- 84

§ 3 Nr 6 Befreiungen

würfelt – **Freizeitaktivitäten als gemeinnützig** nobilitiert, was mE angesichts des Fehlens einer sachlichen Rechtfertigung und der Willkürlichkeit der Privilegierung gerade dieser Aktivitäten offenkundig gegen Art 3 Abs 1 GG verstößt (ebenso *Jachmann* in *Beermann/Gosch* § 52 Rn 113). Das gilt umso mehr, als Rspr u Verwaltung schon bisher die Nennung der angegebenen Aktivitäten nicht für analogiefähig halten; nicht genannte Aktivitäten müssen mit den genannten „identisch" sein (BFH I R 153/93 BStBl II 1995, 499; I R 10/94 BFH/NV 1995, 1045; AEAO Nr 9 Sätze 1 u 2 zu § 52), was ein semantisches und logisches Unding ist (ebenso *Gmach* FR 1996, 308; 1997, 393).

Im Einzelnen:

85 (1.) **Tierzucht/Pflanzenzucht:** Im Hinblick auf Kleintierzucht und Pflanzenzucht ging es nach einem SPD-Antrag (BRDrs 11/1334, 4) um die Arterhaltung angesichts einer belasteten Umwelt. Motive dieser Art dürften für die Aufnahme im Katalog des § 52 Abs 2 Nr 4 AO aF ausschlaggebend gewesen sein. Ob im Einzelfall tatsächlich solche Zwecke gefördert werden sollen und ob dies insb durch Amateure überhaupt möglich ist, sollten FA und FG konkret prüfen; anerkannt sind Obst- und Gartenbau, Aquarien- u Terrarienkunde sowie Bonsaikunst (AEAO Nr 10 zu § 52 AO).

86 (2.) **Kleingärtnerei:** war bisher schon anerkannt, vgl ABC Rn 99.

87 (3.) **Brauchtum:** Der Begriff bezeichnet herkömmliche, traditionelle und landsmannschaftliche Gebräuche und Verhaltensweisen (Trachten, Lieder, Gedichte, Märchen, Volksfeste, Volkstanz, Riten – vgl I R 108, 109/98 BFH/NV 2000, 1071), nach AEAO Nr 11 zu § 52 AO auch historische Schützenbruderschaften, Freizeitwinzervereine, Junggesellen- und Burschenvereine, wenn traditionelles Brauchtum (zB Aufstellen von Maibäumen) gefördert wird; zur besonderen Prüfung von Selbstlosigkeit und Ausschließlichkeit Nr 12 zu § 52 AO. Sofern tatsächlich Brauchtum gepflegt wird (Trachtenvereine, Volkstanz u.ä.), ist die Benennung nicht konstitutiv, da insofern bereits der Gesichtspunkt der Kultur angesprochen ist. Zum Brauchtum gehört nunmehr auch das sog Schützenbrauchtum (AEAO Nr 6 zu § 52 AO, der dies bei den Sportarten erwähnt; dort jedoch zu Unrecht, denn insofern läge ein eindeutiger Verstoß gegen das Ausschließlichkeitsgebot vor; hierzu Rn 151). Nicht hierher gehören studentische Verbindungen, Landjugendvereine, Country- und Westernvereine sowie Vereine zur Veranstaltung von Volksfesten (AEAO Nr 11 zu § 52 AO).

88 (4.) **Karneval, Fastnacht, Fasching** bezeichnen trotz der Nennung idR keine gemeinnützigen Zwecke, sofern nicht Brauchtum im o.a. Sinn angesprochen ist, wie etwa bei den alemannischen Narrenzünften; im Übrigen handelt es sich um gesellige Betätigungen mit den immer gleichen Mätzchen, die die „Voraussetzungen des Absatzes 1" nicht erfüllen. Die Aufnahme solcher Vereine in den Katalog ist auch angesichts einer gewissen Symbiose von Karnevalistik und Politik bedenklich; vgl etwa die „Ordensverleihungen". Auch ist die tatsächliche Geschäftsführung (Rn 219 ff) kaum überprüfbar (vgl etwa den Bericht der „Süddeutschen Zeitung" Nr 25 v 31.1.1990 „Den Reps auf den Leim gegangen": Wahlkampfwerbung in der Festschrift eines Faschings- und Freizeitclubs). Zur steuerlichen Behandlung von Karnevalsvereinen vgl *Thiel/Eversberg* DB 1990, 344, 350, gesellige Veranstaltungen; *Joisten/Vossel* FR 2013, 57.

89 (5.) **Soldaten- und Reservistenbetreuung** ist nur unter engen Voraussetzungen der Personen(für)sorge gemeinnützig (AEAO Nr 13 zu § 52 AO); im Übrigen fehlt es an der Verfolgung gemeinnütziger Zwecke wie an der Förderung der Allgemeinheit (vgl BFH I 320/61 U BStBl III 1964, 20); zu Kameradschaft als Satzungszweck s ABC Rn 99 „Kameradschaftsvereine".

90 (6.) **Amateurfunken** ist reine nicht-gemeinnützige Freizeitgestaltung ohne Verfolgung der Zwecke des „Absatzes 1", aber wohl als gemeinnützig zu behandeln; Entsprechendes soll wegen angeblicher Identität (Rn 51, 84) mit dem Amateurfun-

ken (die jedoch nicht gegeben ist) auch für das CB-Funken gelten (*BayFM* DB 1996, 2415; *Saarl FM* DStR 1996, 1973; *FM NRW* FR 1997, 241).

(7) **Modellflug:** ebenfalls eine reine, jedoch willkürlich privilegierte Freizeitveranstaltung; zum Bauen und Bedienen von Modellautos und -schiffen BFH IV R 35/89 BStBl II 1995, 449; I R 10/94 BFH/NV 1995, 1045: „Die Förderung des Modellflugs ist idR darauf gerichtet, detailgetreue und möglichst flugfähige Modelle von Fluggeräten herzustellen, die technisch oder historisch von Interesse sind. Der Bau derartiger Modelle setzt technisches Können, Sorgfalt und Ausdauer voraus. Die Förderung des Modellflugs trägt somit dazu bei, Kenntnisse und Fähigkeiten zu erlangen und zu bewahren, die für die technische Entwicklung der Bundesrepublik Deutschland von erheblicher Bedeutung sind . . ." (aaO); eine groteske Äußerung, die (hoffentlich) nur damit zu erklären ist, dass Worte zur „Begründung" eines feststehenden Ergebnisses her mussten. 91

(8.) **Hundesport** kann in Teilbereichen mE gemeinnützige Aspekte haben; im Übrigen handelt es sich wohl um reinen Freizeitvertreib (wie beim Hunderennen). 92

xx) Demokratisches Staatswesen (Nr 24). Angesprochen ist mE das **demokratische Prinzip** iSv **Art 20 Abs 1 GG.** Die Begünstigung setzt daher eine Förderung des demokratischen Staatswesens nach der Werteordnung des GG voraus (vgl AEAO Nr 8 zu § 52 AO; *Tipke/Kruse* § 52 AO Rn 50). Die Demokratie des GG ist eine „offene" Demokratie im Gegensatz zur totalitären Demokratie. Ihre Politik vollzieht sich nach dem Muster von „Versuch und Irrtum". Daher sind ihr die Prinzipien der Gedanken-, Meinungs-, Pressefreiheit, der öffentlichen Kritik und insbesondere der parlamentarischen Opposition begriffsimmanent (*Maunz/Dürig*, Art 20 GG I Rz 40). Die Demokratie des GG ist freiheitliche Demokratie. Ihr zuzuordnen sind Prinzipien der Gewaltenteilung, der Verfassungsbindung aller staatlichen Gewalt und der freien, gleichen und geheimen Wahl (*Maunz/Dürig*, Art 20 GG I Rz 41). Sie ist getragen von der Idee der Menschenwürde (Art 1 GG) und der Gleichheit aller Menschen (*Maunz/Dürig* Art 20 GG I Rz 17 und II Rz 6 ff). Sie ist aber auch „streitbare" Demokratie, die die aktive Verteidigung ihrer Grundordnung zur Pflicht erhebt (*Maunz/Dürig,* Art 20 II Rz 29 ff). Hieraus ergeben sich mE im Wesentlichen die Bestrebungen, die als Förderung des demokratischen Staatswesens begünstigungsfähig sind. Bestrebungen, die den genannten Prinzipien widerstreiten, sind nicht gemeinnützig (vgl auch *Felix/Streck* DStZ 1984, 79). Ebensowenig sind gemeinnützig Bestrebungen, die nur bestimmten Einzelinteressen staatsbürgerlicher Art verfolgen oder die auf den kommunalen Bereich beschränkt sind (§ 52 Abs 2 Nr 24 Hs 2 AO). Damit ist klargestellt, dass Parteien und Vereine zur Förderung bestimmter Parteien nicht gemeinnützig sind (vgl auch § 55 Abs 1 Nr 1 AO, unten Rn 139; zur Abgrenzung *FM Th* DStR 1993, 1296). Aber auch die Förderung der kommunalen Demokratie ist ausgeschlossen, weil dort die Gefahr der Vermengung mit persönlichen Interessen zu groß ist (*Felix* FR 1981, 83; *v. Wallis* DStZ 1983, 135; *Lang* JbFfSt 1983/1984, 217 ff). 93

Zur Frage, ob § 52 Abs 2 Nr 24 AO konstitutiven oder nur deklaratorischen Charakter hat, vgl *Felix/Streck* DStZ 1984, 79 (konstitutiv) und *Tipke/Kruse* § 52 AO Rn 50 und *Lang* JbFfSt 1983/84, 215 f (deklaratorisch; mE zutreffend).

yy) Förderung des bürgerschaftlichen Engagements (Nr 25). Ein eigentümlicher Begünstigungstatbestand, der eine Vereinigung voraussetzt, die ihre Aktivität darin erschöpft, **andere für gemeinnütziges Engagement** zu **gewinnen;** ansonsten ist sie sinn- u funktionslos (*Jachmann* in *Beermann/Gosch* § 52 AO Anm 122). Auch BTDrs 16/5200, 9 soll sie lediglich die Bedeutung des Ehrenamts für die Gesellschaft hervorheben. Nach einer **aA** soll die Nachbarschaftshilfe (Hausputz, Kinderbetreuung u.ä.) unter diese Rubrik fallen (*Hüttemann* DB 2007, 2053; *Schauhoff/Kirchhain* DStR 2007, 1985). Doch kann mE die Nachbarschaftshilfe nach ande- 94 ren Gesichtspunkten (mit) gemeinnützig sein; ist sie dies nicht, dann gelingt auch nicht der Umweg über die Nr 25. S im Übrigen ABC Rn 99.

95 **h) Freizeitgestaltung.** Die einfache **Freizeitgestaltung** ist **nicht gemeinnützig** (vgl RFH RStBl 1932, 105; BFH III R 2/80 BStBl II 1982, 148). Indes erscheint diese Aussage in ihrer allgemeinen Form höchst problematisch. Selbstredend gibt es Formen der Freizeitgestaltung, die die Allgemeinheit auf materiellem, geistigem oder sittlichem Gebiet fördern (zust *Arndt/Immel* BB 1987, 1153, 1156; **aA** BFH I R 81/70 BStBl II 1972, 440; I R 2/77 BStBl II 1979, 495; III R 2/80 BStBl II 1982, 148). Die Prüfung des Einzelfalles hat sich immer an der Grundaussage des § 52 Abs 1 Satz 1 AO auszurichten. Hierbei hat entgegen BFH III R 2/80 aaO außer Betracht zu bleiben, ob auch das gesellige Beisammensein, die Erholung, die Unterhaltung usw eine Rolle spielen (so für die Veranstaltung von Dart wohl *OFD Hannover* DStR 1994, 1578). Eine negative Voraussetzung dieser Art steht nicht im Gesetz und ist auch durch sonstige Auslegungsmethoden nicht aus ihm herauszuholen. Wollte man eine solche Forderung dennoch aufstellen, dann dürfte kein Sportverein, insb kein Schützenverein und kein Karnevalsverein, als gemeinnützig anerkannt werden. Allerdings geht BFH III R 2/80 aaO (keine Gemeinnützigkeit eines Vereins für Freikörperkultur) nicht unmethodisch vor. Nicht der Wortlaut sowie Sinn und Zweck des Gesetzes (Förderung auf geistigem, sittlichem oder materiellen Gebiet), sondern die Frage nach der „Freizeitgestaltung" steht im Vordergrund. Auch die zur Erreichung des Ergebnisses notwendigen Zwischenschritte sind methodisch fragwürdig. Da wird das (nicht gemeinnützige) Baden gegen das (gemeinnützige) planmäßige Wettkampfschwimmen ausgespielt (hierzu *Arndt/Immel* BB 1987, 1153). Und es erscheint die Behauptung, eine schwerpunktmäßig auf die „bloße Erholung" (!) gerichtete Freizeitgestaltung diene nicht dem allgemeinen Besten auf materiellem, geistigem oder sittlichem Gebiet und sei in erster Linie Angelegenheit der arbeitenden Menschen selbst (als wäre das bei einem Großteil gemeinnütziger Aktivitäten, zB beim Sport, anders). Bedenkt man dagegen, dass (um auf den Motor„sport" zurückzukommen) nach der Vorstellung des Finanzausschusses (BTDrs 7/4292, 20 zu § 52 AO) die motorisierte Gefährdung, Verletzung und Tötung von Menschen Sache der Allgemeinheit ist, dann wird unabhängig von den Beispielen des § 52 Abs 2 Nr 23 AO (Rn 84; vgl auch Rn 51) die innere Systemlosigkeit und Widersprüchlichkeit des praktizierten Gemeinnützigkeitsrechts offenbar. Im Übrigen hat der Gesetzgeber die Zielsetzung, einfache Freizeitgestaltung nicht zu fördern, durch Aufnahme der **Nr 23 in § 52 Abs 2 AO** (vgl Rn 51) selbst verwässert. Zwar ist aus grundsätzlichen Erwägungen daran festzuhalten, dass privatnützige Freizeitgestaltung nicht förderungswürdig ist. Es fehlt nur jede methodische Grundlage, privatnützigen und geselligen Zusammenschlüssen wie den Sportvereinen und sogar Motor-„sport"vereinen (BFH I R 60/80 BStBl II 1986, 88) Gemeinwohlcharakter zuzusprechen (vgl *Lang* StuW 1987, 221, 234, 244) und dies bei anderen ebenso nützlichen und geselligen Vereinigungen abzulehnen.

96–98 *(frei)*

99 **i) ABC der gemeinnützigen Zwecke.**
 – **Abmahnvereine** sind mE idR nicht gemeinnützig, da und soweit Mitgliederförderung betrieben wird (vgl FG M-V v 28.9.1999 2 K 363/97 nv) und idR auch eine eigenwirtschaftliche Betätigung nicht in den Hintergrund tritt (differenzierend *OFD Rostock* v 10.5.2001 – S 0171–03/01 St 242/24 a).
 – **Akupunktur** (Forschung u Lehre), bejaht, *OFD Köln* StEK AO § 52 R 10.
 – **Alkoholische Enthaltsamkeit,** als Teil des Gesundheitswesens (Rn 55) mE gemeinnützig; vgl BFH III 69/51 U BStBl III 1951, 148.
 – **Alternative Wohnformen,** nach *OFD Ffm* DStR 2007, 232 a nicht gemeinnützig bzw mildtätig.

ABC Gemeinnützige Zwecke (Rn 99) § 3 Nr 6

- **Andenken** an Verfolgte, Kriegs- u Katastrophenopfer, nach § 52 Abs 2 Nr 10 AO (Rn 63) gemeinnützig.
- **Angeln** zu verneinen, auch wenn mit der Vokabel „Sport" versehen; anerkannt jedoch unter verengender und euphemisierender Sicht der Vereinszwecke (Hege und Pflege; Gewässerreinhaltung) durch *BMF* DB 1991, 2518, DStR 1991, 1456 – Ausnahme Wettfischen.
- **Arbeitnehmerüberlassungsgesellschaften:** Es gilt das zu Beschäftigungsgesellschaften Ausgeführte entsprechend.
- **Arbeitslosenhilfe,** bejaht, Nds FG EFG 1984, 45.
- **Arbeitsschutz** (Unfallverhütung) nach § 52 Abs 2 Nr 12 AO (Rn 65) anzuerkennen, vgl AEAO Nr 2 zu § 52 AO.
- **Astrologische Lehren,** nicht gemeinnützig (FG Schl-H EFG 1996,940).
- **Ballonfahren** ist angeblich Sport iSv „körperlicher Ertüchtigung" und daher als gemeinnützig anerkannt (AEAO Nr 6 zu § 52 AO).
- **Beschäftigungsgesellschaften** sind nur dann (mE jetzt nach § 52 Abs 2 Nr 9 AO; Rn 62) gemeinnützig, wenn der Schwerpunkt ihrer Tätigkeit auf der beruflichen Qualifikation und sozialen Betreuung liegt (zu arbeitstherapeutischen Beschäftigungsgesellschaften BFH I R 35/93 BStBl II 1995, 767); nicht wenn sie vorrangig selbst produzieren und vertreiben bzw Leistungen an Dritte erbringen (*BMF* BStBl I 1993, 214; *OFD Ffm* DB 1997, 2055). Die Durchführung von Lohnaufträgen u.ä. kann bei anerkannten Gesellschaften ein Zweckbetrieb sein (Rn 255 ff); zu den steuerlichen Folgen *Sproß* DStZ 1993, 545).
- **Bierbrauen,** nicht gemeinnützig (*OFD Erfurt* DStR 1997, 116).
- **Billard,** bejaht, *OFD Ffm* u *Düsseldorf* StEK § 52 Nr 17; mE unzutreffend.
- **Biologisch-dynamische Landwirtschaft** bejaht (vgl BFH I R 19/91 BStBl II 1992, 62); mE jetzt nach § 52 Abs 2 Nr 8 AO (Rn 61).
- **Brettspiele** sind nach *OFD Erfurt* DStR 1997, 116 selbst dann nicht gemeinnützig, wenn die Kunst des abstrakten Denkens erheblich gefördert wird (zB GO; AEAO Nr 6 zu § 52 AO).
- **Buchkunst,** Förderung des guten Buches, bejaht, BFH III 242/55 U BStBl III 1956, 171; jetzt § 52 Abs 2 Nr 5 AO (Rn 57 f).
- **Campingverein,** verneint, FG München EFG 1970, 584; vgl auch BFH III R 52/70 BStBl II 1972, 204.
- **Darlehen,** die Vergabe ist kein gemeinnütziger Zweck, kann aber Mittel zur Zweckerreichung sein (*BMF* BStBl I 1995, 40 Tz 5), zur Selbstlosigkeit s Rn 127.
- **Dart** ist Sport iSd Definition (Rn 74), nach *OFD Hannover* (DStR 1994, 1578) jedoch nur, wenn nach den Regeln des Deutschen Dartverbandes betrieben. Diese Einschränkung besagt mE über die Sporteigenschaft nichts.
- **Denkmal- u. Heimatpflege,** bejaht, RFH RStBl 1938, 613; jetzt § 52 Abs 2 Nr 22 AO (Rn 83).
- **Dialyseverein,** bejaht (vgl *OFD Ffm* DB 1993, 1116; *FM Ba-Wü* DStR 1993, 915; *OFD Magdeburg* FR 1994, 618).
- **Drachenflug** ist nicht Modellflug (s dort) und angeblich auch nicht Sport (*OFD Ffm* DB 1995, 1370); fraglich angesichts dessen, dass das sitzende Fliegen in all seinen Erscheinungsformen als Sport anerkannt ist (s Flug,„sport"), Rettung gibt es aber für Drachenflug „mit Modellen" wegen angeblicher Identität (Rn 51 f) mit Modellbau (*Hess FM* DStR 1996, 2015).
- **Drogenmissbrauchsbekämpfung,** mE gemeinnützig.
- **Ehe und Familie** (Schutz von), anzuerkennen; jetzt § 52 Abs 2 Nr 19 AO (Rn 72).
- **Eheanbahnung,** verneint, BFH I 242/65 BStBl II 1969, 145.
- **Erholungsheim, Erholungsverein,** verneint, BFH III 134/56 U BStBl III 1961, 109; I R 21/71 BStBl II 1973, 251, es sei denn, besondere weitere Zwecke (zB Alten-, Jugendhilfe) werden verfolgt oder die Erholung wird in einer beson-

§ 3 Nr 6 Befreiungen

deren Weise (zB Sport) verfolgt (AEAO Nr 14 zu § 52 AO). Die Förderung der Gesundheit allein zählt also nicht!
- **Familienstiftung,** verneint, RFH RStBl 1941, 316.
- **Feuerbestattung, Friedhofskultur,** bejaht, BFH I R 122/76 BStBl II 1979, 491, entgegen RFH RStBl 1935, 1403; für einen Feuerbestattungsverein, zu dessen Satzungszwecken der Betrieb eines Krematoriums gehört, wegen fehlender Selbstlosigkeit (Rn 117 ff) verneint von BFH I B 66-68/04 BFH/NV 2005, 1213; *OFD Ffm* DB 1997, 205.
- **Feuerschutz,** anzuerkennen, jetzt § 52 Abs 2 Nr 12 AO (Rn 65).
- **Film- u Fotoclub,** verneint, *OFD Köln/Münster* StEK AO § 52 Nr 22; mE kommt im Einzelfall Förderung von Kunst in Betracht (ebenso *OFD Erfurt* DStR 1997, 116).
- **Flüchtlingshilfe,** anzuerkennen; jetzt § 52 Abs 2 Nr 10 AO (Rn 63).
- **Flughafenbetrieb, Regionalflughafen,** verneint BFH III 271/51 S BStBl III 1952, 112; I R 81/73 BStBl II 1975, 121.
- **Flug„sport",** mE nicht gemeinnützig (**aA** BFH I R 60/80 BStBl II 1986, 88; vgl FG Düsseldorf 4 K 3334/11 VE).
- **Forschungseinrichtungen,** die aus Zuwendungen der öffentlichen Hand oder Dritter finanziert werden, sind grundsätzlich gemeinnützig; zur Zweckbetriebseigenschaft vgl § 68 Nr 9 AO (Rn 302 ff) und *OFD Düsseldorf* DB 1996, 1377, DStR 1996, 1246
- **Freikörperkultur,** verneint, RFH RStBl 1932, 105; BFH III R 81/70 BStBl II 1972, 197; III R 2/80 BStBl II 1982, 148; vgl aber *FinVerw Länder* FR 1980, 322 und FG Berlin EFG 1986, 419.
- **Freimaurerloge,** verneint, RFH BStBl 1930, 539; BFH III R 40/72 BStBl II 1973, 430.
- **Fremdenverkehrsbetriebe** sind mangels Förderung der Allgemeinheit und mangels Selbstlosigkeit (Rn 117 ff) nicht gemeinnützig (*OFD Erfurt* DStR 1996, 1246; 1997, 116).
- **Friedensförderung,** bejaht, BFH I R 11/88 BStBl II 1989, 391; s auch § 52 Abs 2 Nr 13 AO (Rn 90).
- **Funken (Amateur-)** s § 52 Abs 2 Nr 23 AO (Rn 90).
- **Fürsorgeerziehung,** bejaht, RFH RStBl 1939, 92.
- **Fußballverein,** bejaht trotz Vertragsspieler, BFH I 114/53 U BStBl III 1955, 12; mE abzulehnen.
- **Gartenschauen,** gemeinnützig, auch bei Vermögensübertragung auf eine Kommune (kein Verstoß gegen § 55 Abs 1 Nr 4 AO, *OFD Nürnberg* DB 2002, 2136).
- **Gefolgschaftsvereine,** verneint, RFH RStBl 1941, 275.
- **Geselligkeitsvereine,** verneint, nicht gemeinnützig, da lediglich die einfache Freizeitgestaltung fördernd (*OFD Erfurt* DStR 1997, 116).
- **Gesetz und Recht** (Eintreten für), mE gemeinnützig; s auch § 52 Abs 2 Nr 24 AO (Rn 93).
- **Gesundheitsfürsorge** s Rn 55 „Öffentliches Gesundheitswesen".
- **Getreidebörse,** verneint, wenn wirtschaftliche Vorteile für Mitglieder, BFH I 114/53 U BStBl III 1955, 12.
- **Gleichberechtigung von Männern und Frauen,** anzuerkennen; jetzt § 52 Abs 2 Nr 18 AO (Rn 71).
- **Golf,** bejaht, BFH I R 64/77 BStBl II 1979, 438; s oben Rn 40.
- **Gotcha** s „Paintball".
- **Haus- und Grundbesitzerverein,** mE zu verneinen.
- **Heilpädagogische Dienstleistungen** können iSv § 52 Abs 2 Nr 4 (Jugendhilfe) u Nr 9 AO (Wohlfahrtswesen) begünstigt sein (BFH I R 2/08 BStBl II 2010, 1006).

ABC Gemeinnützige Zwecke (Rn 99) § 3 Nr 6

- **Heimatverein,** bejaht, BFH I R 3/82 BStBl II 1986, 92; s auch § 52 Abs 2 Nr 22 AO (Rn 83).
- **Heime** für Hilflose, Kranke u Minderbemittelte, bejaht RFH 1938, 828; RFH BStBl 1941, 796.
- **Homosexuellenverein,** bejaht, FG Berlin EFG 1985, 146.
- **Hundesport,** verneint, BFH I R 2/77 BStBl II 1979, 495; jetzt aber § 52 Abs 2 Nr 23 (Rn 92; s auch Rn 153).
- **Internetvereine,** nach AEAO Nr 3 zu § 52 AO gemeinnützig, wenn sie ausschließlich die Volksbildung (im Umgang mit den elektronischen Medien durch Schulung usw) verfolgen.
- **Jugendsekten** u.ä. insbesondere mit Totalitätsanspruch sind nicht gemeinnützig (vgl BFH I R 47/89 BFH/NV 1992, 695); zur Problematik der staatlichen Förderung eines Vereins zur Bekämpfung solcher Sekten vgl BVerwG NJW 1992, 2496.
- **Jugendverband** kann Jugendhilfe betreiben, ist aber dennoch nicht (ausschließlich) gemeinnützig, wenn sich aus dem Vereinszweck eine überwiegende politische Zielsetzung ergibt (BFH I B 79/89 BFH/NV 1991, 485 mwN).
- **Jugendweihe,** sofern ohne parteipolitische Beeinflussung als Förderung der Jugendhilfe anerkannt (*OFD Ffm* DB 1999, 460).
- **Junggesellen- und Burschenvereine** s Rn 87 „Brauchtum".
- **Kameradschaftsverein,** verneint, BFH I 320/61 U BStBl III 1964, 20; auch nicht durch § 52 Abs 2 Nr 23 AO begünstigt (Rn 89). Ist Kameradschaft ein eigenständiger Satzungszweck neben anderen begünstigten Zwecken, dann ist nach BFH I R 153/93 BStBl II 1995, 499 und V R 57, 58/96 BStBl II 1999, 331 entgegen FG Köln EFG 1997, 186 (aufgeh) die Gemeinnützigkeit nicht wegen Verstoßes gegen das Ausschließlichkeitsgebot zu verneinen (s auch AEAO Nr 13 zu § 52 AO; unkritisch *Hüttemann* FR 2002, 1337). Das ist mE zu bezweifeln, weil es sich um die Förderung der Geselligkeit handelt.
- **Karnevalsverein** s § 52 Abs 2 Nr 23 AO (Rn 12, 88).
- **Kartenspiele,** nicht gemeinnützig (für Bridge BFH I B 68/87 nv; AEAO Nr 6 zu § 52 AO; allgemein *OFD Erfurt* DStR 1997, 116).
- **Katastrophenschutz,** anzuerkennen; jetzt § 52 Abs 2 Nr 12 AO (Rn 65).
- **Kleingartenverein,** bejaht, FG München EFG 1969, 330; jetzt § 52 Abs 2 Nr 23 AO (Rn 86).
- **Kleintierzucht** s „Tierzucht".
- **Kochen** ist nicht gemeinnützig (*OFD Erfurt* DStR 1997, 116).
- **Kommunale Kinos** vgl *FM M-V* DB 1993, 1060.
- **Kosmetikvereine,** nicht gemeinnützig (*OFD Erfurt* DStR 1997, 116).
- **Krankenhauswäscherei** (Zentralwäscherei), verneint (BFH I R 56/94 BStBl II 1996, 28, insofern unter Bestätigung von FG Düsseldorf EFG 1994, 708; vgl FG Düsseldorf EFG 1992, 99).
- **Kriegsopfer-, -hinterbliebenen-, -beschädigten-, -gefangenenhilfe,** mE anzuerkennen; vgl § 52 Abs 2 Nr 10 AO (Rn 63).
- **Kriminalprävention,** anzuerkennen (§ 52 Abs 2 Nr 20 AO; Rn 73; AEAO Nr 2 zu § 52 AO).
- **Künstlerförderung,** zu bejahen, jedoch verneint für den Fall, dass bemittelte Künstler gefördert werden, RFH RStBl 1938, 36.
- **Küstenschutz,** mE anzuerkennen; vgl § 52 Abs 2 Nr 8 AO (Rn 61).
- **Kurheim,** verneint, BFH III 158/57 U BStBl III 1958, 170.
- **Lebensrettungseinrichtungen,** mE gemeinnützig; vgl § 52 Abs 2 Nr 11 AO (Rn 64).
- **Logen,** verneint bei selektiver Auswahl der Mitglieder (BFH I R 36/76 BStBl II 1979, 492).
- **Luftschutzzeitung,** verneint, RFH RStBl 1942, 748.

§ 3 Nr 6 Befreiungen

- **Lungenheilanstalt** für Minderbemittelte, bejaht, RFH BStBl 1937, 1159.
- **Mensaverein,** dessen einziger Zweck die Grundversorgung von Schülern ist, anerkannt (vgl *OFD Ffm* DB 2000, 2350; die **aA** von *OFD Kiel* DB 2000, 1305 ist mE überholt).
- **Mietverein,** mE mangels Selbstlosigkeit gemeinnützig.
- **Milchversorgungsgesellschaft,** verneint wegen geschäftlicher Förderung der Mitglieder, RFH BStBl 1933, 1117.
- **Modellbau,** wie Modellflug(zeugbau), vgl BFH I R 153/93 BStBl II 1995, 499; I R 10/94 BFH/NV 1995, 1045.
- **Modellflug(zeugbau),** jetzt nach § 52 Abs 2 Nr 23 AO (Rn 91) gemeinnützig (zu den einzelnen Varianten der gemeinnützigen Bastelei vgl BFH I R 153/93 BStBl II 1995, 499; *FinSen Bremen* DStR 1995, 1917 sowie *OFD Erfurt* DStR 1997, 116: auch das Basteln von und Spielen mit elektrischen Eisenbahnen).
- **Motorflug,** bejaht wenn mit der Vokabel „Sport" versehen (BFH I R 60/80 BStBl II 1986, 88; I R 168/66 BStBl II 1970, 67 dürfte überholt sein, da dort auf „körperliche Ertüchtigung" abgestellt wurde).
- **Motor„sport",** in der Praxis bejaht (BFH I R 13/97 BStBl II 1998, 9; AEAO Nr 6 zu § 52 AO) und nur bei Verklammerung mit dem ADAC verneint, *BMF* StEK AO § 52 Nr 8 (vgl *FM M-V* DStR 1992, 181, zugleich mit Angabe einfacher Umgehungsmöglichkeiten, sowie *OFD Münster* DB 1993, 2363); verneint jedoch von FG Nürnberg, EFG 1986, 621; zweifelnd BFH X R 165/88 BStBl II 1992, 1048; s oben Rn 74 ff.
- **Müll- u Abwässerbeseitigungs-GmbH** einer Körperschaft des öffentl Rechts, verneint *FM NRW* u *Schl-H* StEK AO § 52 Nr 36; dagegen grds bejaht von FG Bremen EFG 1991, 26 (zust *Gmach* FR 1992, 313), im konkreten Einzelfall aber wegen fehlender Selbstlosigkeit verneint.
- **Musikinstrumentenbau** (Förderung der Ausbildung hierzu) ist gemeinnützig (BFH I R 94/02 BStBl II 2005, 721).
- **Musikschule,** bejaht, *OFD Köln/Düsseldorf* StEK AO § 52 Nr 3 und *FM Länder* StEK AO § 52 Nr 16.
- **Nachbarschaftshilfe** u.ä. ist nur gemeinnützig, wenn sie sich darauf beschränkt, alte und hilfsbedürftige Menschen in den täglichen Verrichtungen zu unterstützen (Altenhilfe, Rn 56; AEAO Nr 5 zu § 52 AO).
- **Nachhilfe,** ggf als Jugendhilfe (Rn 56) anzuerkennen (AEAO Nr 5 zu § 52 AO).
- **Notfallpraxis,** Verein ist gemeinnützig, *OFD Ffm* KSt-Kartei § 5 KStG Karte H 196.
- **„Oldtimer"-Vereine** sind dann gemeinnützig, wenn sie sich die „Förderung der technischen Kultur" unterlegen können (*OFD Erfurt* DStR 1997, 116).
- **Opfer von Straftaten,** Hilfe für Opfer mE gemeinnützig (vgl § 52 Abs 2 Nr 10; Rn 63).
- **Paintball,** nicht gemeinnützig, da Tötung von Menschen imitierendes Kriegsspiel (AEAO Nr 6 zu § 52 AO).
- **Parteipolitische** Zielsetzungen sind nicht gemeinnützig (BFH I B 79/89 BFH/NV 1991, 485 mwN; zur Abgrenzung von der Förderung des demokratischen Staatswesens *FM Thür* DStR 1993, 1296; zur Unschädlichkeit als Nebenzweck BFH I R 203/81 BStBl II 1984, 844; I R 11/88 BStBl II 1989, 391; AEAO Nr 15 zu § 52 AO).
- **Pferdesport,** bejaht, BFH I R 40/68 BStBl II 1969, 43; mE fragwürdig, vgl Rn 92, 153.
- **Pferdezucht** s Tierzucht.
- **Pflanzenzucht,** mE nicht gemeinnützig, aber anerkannt durch § 52 Abs 2 Nr 23 AO (Rn 85).
- **Präventionsräte** zur Vorbeugung insb der Jugendkriminalität sind gemeinnützig (*OFD Hannover* FR 1998, 81; DB 1997, 2407).

ABC Gemeinnützige Zwecke (Rn 99) § 3 Nr 6

- **Preis- u Lieferkonventionsverein,** verneint, RFH RStBl 1942, 315.
- **Preisverbilligung,** bejaht nur, wenn ausschließlich für Minderbemittelte, RFH RStBl 1933, 1037.
- **Rassetierzucht,** bis 31.12.1989 nicht gemeinnützig (BFH I R 38/86 BFH/NV 1992, 90); ggf jetzt nach § 52 Abs 2 Nr 23 (Rn 85).
- **Rechtsordnung.** Eine Vereinigung, die ihren Förderungszweck nach ihrer Satzung oder ihrer tatsächlichen Geschäftsführung durch einen Gesetzesverstoß oder unter Umgehung eines gesetzlichen Verbots zu erreichen trachtet, ist nicht gemeinnützig (BFH I R 5/93 BStBl II 1995, 134).
- **Reiki,** nach *BayLfSt* DStZ 1996, 817, jetzt AEAO Nr 5 zu § 52 nicht gemeinnützig.
- **Reiten** s Pferdesport.
- **Religionsförderung,** gemeinnützig, wenn die Lehren abendländischen Vorstellungen entsprechen, BFH III 69/51 U BStBl III 1951, 148; vgl auch I R 36/76 BStBl II 1979, 492; „Jugendreligionsvereine" sind nicht gemeinnützig, Hess FG EFG 1983, 196. Entsprechendes gilt für Scientology (FG Münster EFG 1994, 810).
- **Rundfunkvereine** s *OFD Köln* DB 1988, 1296.
- **Sammeltätigkeiten** (Briefmarken, Münzen usw) sind nicht gemeinnützig (*OFD Erfurt* DStR 1997, 116).
- **Sauna,** nicht gemeinnützig, obwohl gesundheitsfördernd (*OFD Erfurt OFD Erfurt* DStR 1997, 116).
- **Schießen, Schützenvereine,** bejaht RFH RStBl 1932, 572; AEAO Nr 6 zu § 52 AO; mE abzulehnen. Zum Schützenbrauchtum s Rn 87.
- **Schulen,** bejaht, wenn allgemein zugänglich, RFH RStBl 1940, 626. **Privatschulen** dürfen nur genehmigt werden, wenn eine Sonderung der Schüler nach den „Besitzverhältnissen" der Eltern nicht erfolgt (Art 7 Abs 4 Satz 3 GG). Bei **Ergänzungsschulen** darf eine Förderung der Allgemeinheit angenommen werden, wenn bei 25% der Schüler keine Sonderung nach den „Besitzverhältnissen" der Eltern erfolgt (AEAO Nr 4 zu § 52 AO), was selbstredend mit Förderung der Allgemeinheit nichts zu tun hat (unkritisch *Hüttemann* FR 2002, 1337).
- **Segelfliegen,** in der Praxis als „Sport" anerkannt; mE abzulehnen.
- **Segelsport,** bejaht, RFH RStBl 1931, 553; BFH I R 256/78 BStBl II 1982, 336.
- **Selbsthilfegruppen** (auch „Netzwerke") alleinstehender Menschen praktizieren – wenn auch mit den Mitteln der Freizeitgestaltung – unmittelbar Nächstenliebe und Dienst am Nächsten gegen die Vereinsamung des Menschen und sind mE daher fraglos gemeinnützig; nicht so jedoch für die *OFD Münster* (DStR 1994, 1233).
- **Skatspiel,** nicht gemeinnützig (BFH I R 108, 109/98 BFH/NV 2000, 1071).
- **Soldatenbetreuung,** s § 52 Abs 2 Nr 23 (Rn 89).
- **Sozial Schwache.** Ihre Förderung zB durch Gewährung günstigen Wohnraums ist mE unabhängig von § 53 AO (Rn 100 ff) gemeinnützig, da Förderung auf materiellem Gebiet. Der BFH muss zur Anerkennung auf „Jugendhilfe", „Altenhilfe" und Mildtätigkeit ausweichen (BFH I R 35/94 BStBl II 1996, 583). Voraussetzung ist aber eine genaue Konkretisierung des Satzungszwecks (vgl Nds FG 1998, 596). Vgl im Übrigen „Arbeitnehmerüberlassungsgesellschaften" und „Beschäftigungsgesellschaften".
- **Sparsinnförderung,** verneint, RFH RStBl 1936, 1206.
- **Sport** s Rn 74 und unter einzelnen Stichworten; idR ist Sport gemeinnützig; wesentliches Element sei die „körperliche Ertüchtigung", die jedoch bei bestimmten „Sport"arten (Motor"sport", Ballonfahren, AEAO Nr 6 zu § 52 AO; Schach s Rn 80) nicht verlangt wird.

§ 3 Nr 6 Befreiungen

- **Sporthilfefördervereine** können gemeinnützig sein, wenn sie ihre Leistungen nach strengen Maßstäben vergeben (vgl *FM Thüringen* DStR 1996, 921; *OFD Saarbrücken* DStR 1997, 1726).
- **Städtebauförderung** (Sanierungsträger), bejaht, FG Berlin EFG 1985, 628.
- **Stiftungen,** bejaht je nach Zweck; verneint jedoch, wenn Zweck in absehbarer Zeit nicht erreichbar, RFH RStBl 1943, 258; ebenso bei Rentenzahlungen an Stiftungsfremde, RFH RStBl 1937, 1104.
- **Strafgefangenenbetreuung,** auch Betreuung ehemaliger Strafgefangener, anzuerkennen nach § 52 Abs 2 Nr 17 AO (Rn 70).
- **Tanzsport,** gemeinnützig; verneint bei Gesellschaftstanz, Hess FG EFG 1969, 39; mE auch insoweit gemeinnützig.
- **Tierparks** können wegen Förderung von Tier- u Naturschutz gemeinnützig sein (*FM Thür* DStR 1994, 1691, zugleich zur Besteuerung).
- **Tierschutz,** gemeinnützig, vgl § 52 Abs 2 Nr 14 AO (Rn 67).
- **Tierzucht,** verneint, RFH RStBl 1941, 35 (Pferdezucht), RFH RStBl 1941, 818 (Rinderzucht), RFH RStBl 1941, 507 (Schweinezucht); anerkannt durch § 52 Abs 2 Nr 23 AO (Rn 85).
- **Tischfußball,** bejaht für Drehstangen-Tischfußball (Hess FG 4 K 501/09 rkr; verneint für Tipp-Kick FG Berlin EFG 1982, 372; EFG 1986, 419; ebenso BFH I R 204/85 BFH/NV 1987, 705).
- **„Transzendentale Meditation",** an sich bejaht, verneint aber wegen fehlender Abgrenzung zu Jugendsekten u.ä. (BFH I R 47/98 BFH/NV 1992, 695; verneint auch von FG Düsseldorf EFG 1990, 2).
- **Umweltschutz,** bejaht BFH I R 39/78 BStBl II 1979, 482; I R 203/81 BStBl II 1984, 844; verneint nur bei Missachtung der verfassungsmäßigen Ordnung BFH I R 215/81 BStBl II 1985, 106 (vgl § 52 Abs 2 Nr 8 AO; Rn 61).
- **Unfallverhütung,** anzuerkennen, vgl § 52 Abs 2 Nr 12 AO (Rn 65).
- **Ungeborenes Leben** (Schutz des), mE nach § 52 Abs 2 Nr 3 AO anzuerkennen (Rn 55; vgl *Gemeinnützigkeitskommission* aaO S 110).
- **Unterbringung** von Aus- u Übersiedlern, Asylbewerbern, Obdachlosen und Bürgerkriegsflüchtlingen, vgl *BMF* BStBl I 1991, 744; 1993, 166; 1997, 112.
- **Verbraucherberatung, -schutz,** anzuerkennen, vgl § 52 Abs 2 Nr 16 AO (Rn 69).
- **Vereinigungsphilosophie,** mangels klar umrissener Ziele nicht gemeinnützig (BFH X R 27/92 BFH/NV 1994, 768).
- **Verfassungsmäßige Ordnung:** Verstöße führen zur Versagung der Gemeinnützigkeit (BFH I R 39/78 BStBl II 1979, 482; I R 215/81 BStBl II 1985, 106).
- **Verfassungsrechte und -ziele** (Eintreten für), mE nach § 52 Abs 2 Nr 24 AO gemeinnützig (Rn 94; vgl *Gemeinnützigkeitskommission* aaO S 120 ff).
- **Verfolgte,** Hilfe für politisch, rassisch oder religiös Verfolgte nach § 52 Abs 2 Nr 10 AO (Rn 63) anzuerkennen.
- **Verkehrssicherheit.** Vereine, die sie fördern, sind mE selbstredend nach § 52 Abs 1 Satz 1 AO sowie § 52 Abs 2 Nr 10 AO gemeinnützig (Rn 65; AEAO Nr 2 zu § 52 AO).
- **Verkehrsverein,** verneint, RFH RStBl 1942, 745.
- **Versorgung Minderbemittelter,** bejaht, RFH RStBl 1937, 1104.
- **Vertriebenenhilfe** s Flüchtlingshilfe.
- **Vertriebenenverbände,** die in Widerspruch zu völkerrechtlich verbindlichen Verträgen die Wiedervereinigung mit bzw Wiedereingliederung von Vertreibungsgebieten verfolgen, sind nicht gemeinnützig (*FM Nds* FR 1996, 76).
- **Wettfischen,** nicht gemeinnützig (*BMF* DStR 1991, 1456).
- **Wirtschaftsberatung** für Landwirtschaftsbetriebe, verneint, RFH RStBl 1937, 1165.

Gemeinnützige Zwecke § 3 Nr 6

- **Wirtschaftsförderung** ist idR nicht gemeinnützig, da idR auf die Förderung von gewerblichen Unternehmen gerichtet (BFH I R 38/96 BFH/NV 1997, 904 mwN; *Oppermann* DB 1994, 1489).
- **Yoga-Meditation,** anerkannt (BFH I R 81/70 BStBl II 1972, 440), nicht dagegen „Yoga-Psychologie" (BFH I R 14/82 BFH/NV 1987, 632).
- **Zauberei,** bejaht (Nds FG EFG 1986, 256); mE abzulehnen, s auch BFH I R 72/87 BFH/NV 1990, 146; Vb nicht angenommen, BVerfG HFR 1990, 518; ebenso *OFD Erfurt* DStR 1997, 116.
- **Zelt- und Wohnwagenwesen,** nicht anerkannt (BFH III R 52/70 BStBl II 1972, 204).
- **Zeugen Jehovas** haben durch OVG Berlin NVwZ 2005, 1450 den Status einer Körperschaft des öffentl Rechts erhalten; NZB ohne Erfolg (BVerwG NJW 2006, 3156).
- **Zivilschutz** sowie THW-Helfervereine, mE anzuerkennen, vgl § 52 Abs 2 Nr 12 AO (Rn 65).

3. Mildtätige Zwecke

a) Begriff. Mildtätige Zwecke verfolgt eine Körperschaft nach **§ 53 AO,** wenn 100 ihre Tätigkeit darauf gerichtet ist, Personen selbstlos zu unterstützen,
(Nr 1) die infolge ihres körperlichen, geistigen oder seelischen Zustands auf die Hilfe anderer angewiesen sind oder
(Nr 2) deren Bezüge nicht höher sind als das Vierfache des Regelsatzes der Sozialhilfe iSd § 28 des SGB XII; beim Alleinstehenden oder Haushaltsvorstand tritt an die Stelle des Vierfachen das Fünffache des Regelsatzes. Dies gilt nicht für Personen, deren Vermögen zur nachhaltigen Verbesserung ihres Unterhalts ausreicht und denen zugemutet werden kann, es dafür zu verwenden. Bei Personen, deren wirtschaftliche Lage aus besonderen Gründen zu einer Notlage geworden ist, dürfen die Bezüge oder das Vermögen die genannten Grenzen übersteigen. Bezüge iSd Vorschrift sind
a) Einkünfte iSd § 2 Abs 1 EStG und
b) andere zur Bestreitung des Unterhalts bestimmte oder geeignete Bezüge, die der Alleinstehende oder der Haushaltsvorstand und die sonstigen Haushaltsangehörigen haben. Zu berücksichtigen sind auch gezahlte und empfangene Unterhaltsleistungen. Die wirtschaftliche Hilfebedürftigkeit im vorstehenden Sinne ist bei Empfängern von Leistungen nach dem SGB II oder XII, des Wohngeldgesetzes, bei Empfängern von Leistungen nach § 27a des BVG oder nach § 6a des BKGG als nachgewiesen anzusehen. Die Körperschaft kann den Nachweis mit Hilfe des jeweiligen Leistungsbescheids, der für den Unterstützungszeitraum maßgeblich ist, oder mit Hilfe der Bestätigung des Sozialleistungsträgers führen. Auf Antrag der Körperschaft kann auf einen Nachweis der wirtschaftlichen Hilfebedürftigkeit verzichtet werden, wenn auf Grund der besonderen Art der gewährten Unterstützungsleistung sichergestellt ist, dass nur wirtschaftlich hilfebedürftige Personen im vorstehenden Sinne unterstützt werden; für den Bescheid über den Nachweisverzicht gilt § 60a Absatz 3 bis 5 AO entsprechend.

Literatur: *Kröger,* Steuerrecht und Nächstenliebe, DStZ 1986, 419; *Kröger,* Vereinsförderungsgesetz und karitative Zwecke, DStZ 1990, 79; *Schiffer,* Aktuelles Beratungs-Know-how Gemeinnützigkeits- und Stiftungsrecht, DStR 2005, 508; *Hüttemann,* Der neue Anwendungserlass zum Abschnitt „Steuerbegünstigte Zwecke", DB 2012, 250; *Roth,* Änderungen im Gemeinnützigkeitsrecht durch den neuen Anwendungserlass zur AO (AEAO), SteuK 2012, 157; *Köster,* Gemeinnützigkeitsrechtliche Neuerungen aufgrund der Änderungen des Anwendungserlasses zur AO (AEAO), DStZ 2012, 195; *Schauhoff/Kirchhain,* Was bringt der neue AO-Anwendungserlass für gemeinnützige Körperschaften?, DStR 2012, 261; *Hüttemann,* Bessere Rahmenbedingungen für den DrittenSektor, DB 2012, 2592.

§ 3 Nr 6 Befreiungen

101 **b) Unterstützer Personenkreis.** Die Verfolgung mildtätiger Zwecke zur Unterstützung hilfsbedürftiger Personen muss **nicht Förderung der Allgemeinheit** iSd § 52 AO sein (aA wohl *Tipke/Kruse* § 53 AO Rz 1). Dies bedeutet indes nicht, dass der durch die Maßnahme **begünstigte Personenkreis** beliebig beschränkt werden kann. Die Grenze wird durch das Erfordernis der **Selbstlosigkeit** (Rn 116 ff) gezogen: Eine Familienstiftung ist mE ebensowenig selbstlos (aA *Sarrazin* in L/S § 3 Rn 82; *Tipke/Kruse* § 53 AO Rn 2; zweifelnd *Hüttemann* FR 2002, 1337), insb wenn Satzungszweck die Unterstützung von hilfsbedürftigen „Verwandten" der Mitglieder, Gesellschafter, Genossen oder Stifter ist (vgl AEAO Nr 3 zu § 53; an sich zu Recht gegen die untechnische Formulierung *Schiffer* DStR 2003, 14; vermutlich ist sie aber der Praxis nachgebildet). Ebensowenig selbstlos ist eine Vereinigung von Belegschaftsmitgliedern für diese Belegschaftsmitglieder. Dagegen handelt eine Stiftung für die Belegschaftsmitglieder, die nicht von ihnen getragen wird, ebenso selbstlos wie eine Stiftung, die – lediglich – auch Angehörige des Stifters unterstützt (AEAO Nr 3 zu § 53 AO). Für die Selbstlosigkeit ist nicht schädlich, wenn für die Unterstützung ein Entgelt zu zahlen ist. Allerdings darf die Unterstützung nicht ausschließlich wegen des Entgelts gewährt werden (vgl § 55 Abs 1 Satz 1 AO, Rn 117; s auch AEAO Nr 2 zu § 53 AO). ME darf der begünstigte Personenkreis auch nicht beliebig **erweitert** werden; **aA** ist jedoch der **BFH**, der es zulässt, dass die Leistungen den in § 53 Nr 1 oder 2 AO genannten Personen nur „in besonderem Maße" zukommen sollen und zwar auch dann, wenn dies tatsächlich nicht der Fall ist (BFH I R 35/94 BStBl II 1996, 583). Zur Abgrenzung der Mildtätigkeit bei Vorliegen weiterer (begünstigter) Zwecke *Kröger* DStZ 1990, 79.

102 **c) Hilfsbedürftigkeit aus körperlichen, geistigen oder seelischen Gründen.** Es kommt **nicht** auf die **Dauer** an, ebensowenig auf die **wirtschaftliche Lage** des Bedürftigen (BFH III 99/55 U BStBl III 1956, 22; AEAO Nr 4 zu § 53 AO). Überschreiten dessen Bezüge oder Vermögen jedoch die Grenze des § 53 Nr 2 AO, dann sind Geldleistungen an ihn nicht mildtätig, es sei denn, die Krankheit ist der besondere Grund, der die wirtschaftliche Lage zur Notlage macht (vgl BFH I R 2/08 BStBl II 2010, 1006, wo auf Bezüge/Vermögen nicht abgestellt wird). Das Gesetz will nur die Leistungen begünstigen, auf die der Empfänger wirklich angewiesen ist (ebenso *Tipke/Kruse* § 53 AO Rn 2 f). Das ist bei Personen über 75 Jahren stets der Fall (AEAO Nr 4 zu § 53 AO). In jedem Fall stehen andere Leistungen, etwa die Gestellung einer Hilfskraft, der Annahme der Mildtätigkeit nicht entgegen.

Die **Telefonseelsorge** bietet Hilfe bei Hilfsbedürftigkeit aus **seelischen Gründen** (AEAO Nr 1 zu § 53 AO).

103 **d) Wirtschaftliche Unterstützungsbedürftigkeit.** Die **Grenzen** hierfür sind durch das Gesetz v 26.11.1979 (BGBl I 1979, 1953) auf das genannte Vielfache der Regelsätze angehoben worden. Grund hierfür war die Kostenentwicklung in der Wohlfahrtspflege, die die zuvor geltenden Grenzen nicht mehr als ausreichend erscheinen ließ (BTDrs 8/2827, 79).

aa) Regelsätze, Grundsatz. Die **Regelsätze** sind nach **§ 28 Abs 1 SGB XII** dazu bestimmt, den gesamten Bedarf des notwendigen Lebensunterhalts mit Ausnahme von Leistungen für Unterkunft und Heizung und für Sonderbedarf nach §§ 30–34 SGB XII zu decken. Die Regelsätze sind nicht einheitlich und werden nach § 28 Abs 2 SGB XII durch RechtsVO der Landesregierungen zum 1. Juli eines jeden Jahres festgesetzt (regionale Abweichungen sind zulässig). Die Regelsatzbemessung berücksichtigt Stand und Entwicklung von Nettoeinkommen, Verbraucherverhalten und Lebenshaltungskosten auf Grund statistischer Erhebungen (§ 28 Abs 3 SGB XII). Sie gewährleistet, dass bei Haushaltsgemeinschaften von Ehepaaren mit 3 Kindern die Regelsätze zusammen mit Durchschnittsbeträgen von Leistungen

Gemeinnützige Zwecke §3 Nr 6

nach den §§ 29–31 SGB XII und unter Berücksichtigung eines durchschnittlich abzusetzenden Betrages nach § 82 Abs 3 SGB XII unter den erzielten monatlichen Nettoarbeitsentgelten unterer Lohn- und Gehaltsgruppen einschließlich anteiliger einmaliger Zahlungen zuzüglich Kindergeld und Wohngeld in einer entsprechenden Haushaltsgemeinschaft mit einer alleinverdienenden vollzeitbeschäftigten Person bleiben (§ 28 Abs 4 SGB XII).

bb) Regelsätze, Maßgeblichkeit. Bei der Prüfung der Bedürftigkeit der geförderten Personen ist nach dem ausdrücklichen Wortlaut der Vorschrift **allein auf die Regelsätze** abzustellen. Sie umfassen idR die laufenden Leistungen für Ernährung, Kochfeuerung, Beschaffung von Wäsche von geringem Anschaffungswert, Instandhaltung von Kleidung, Wäsche und Schuhen in kleinerem Umfang, Körperpflege, Beschaffung von Hausrat, Beleuchtung, Betrieb elektrischer Geräte, Reinigung und persönliche Bedürfnisse des täglichen Lebens. Mehrbedarfszuschläge für Erwerbsunfähige, werdende Mütter und Personen über 65 Jahre bzw Blinde und Behinderte sind nicht zu berücksichtigen (AEAO Nr 5 zu § 53 AO). Auch Leistungen für Unterkunft und Heizung werden nicht gesondert angesetzt. Sie sind bereits durch die Festsetzung des Vervielfältigers (§ 53 AO) berücksichtigt (BTDrs 7/4292 zu § 53 AO).

Der Nachweis der Bedürftigkeit kann durch Erklärung der Einkünfte und des Vermögens auf einem Fragebogen erfolgen (*OFD Chemnitz* DB 2007, 257).

e) Bezüge der unterstützten Person. Das sind: **104**
– Einkünfte iSd § 2 Abs 1 EStG und
– andere zur Bestreitung des Unterhalts bestimmte und geeignete Bezüge (vgl AEAO Nr 5 zu § 53 AO).

Demnach **gehören hierzu** auch nichtsteuerbare und für steuerfrei erklärte Einnahmen (BFH VI R 148/71 BStBl II 1975, 139; AEAO Nr 6 zu § 53 AO). Das sind nach § 3 und § 3 b EStG steuerfreie Einnahmen, der nach § 19 Abs 1 EStG steuerfreie Teil der Versorgungsbezüge, der Sparer-Freibetrag nach § 20 Abs 4 EStG, bei Leibrenten auch der über den Ertragsanteil hinausgehende Teil (AEAO Nr 7 zu § 53 AO), die Arbeitnehmer-Sparzulage nach § 13 des 5. VermBG, Kindergeld nach §§ 62 ff EStG bzw nach BKGG, Wohngeld, einmalige Vermögensmehrungen, Zulagen und Prämien. Auch gezahlte und empfangene **Unterhaltsleistungen** (bis EZ 2012: Unterhaltsansprüche) sind stets zu berücksichtigen (vgl § 53 Nr 2 Satz 5 AO nF; zu minderjährigen Schwangeren oder Müttern s jedoch BMF BStBl I 2004, 1060; zum Nachweis AEAO Nr 10 zu § 53 AO). Die Neufassung umgeht die Frage, die sich ergibt, wenn die Ansprüche nicht verwirklicht werden können (hierzu *Sarrazin* in *L/S* § 3 Rn 85: keine Berücksichtigung; mE jedoch nur so weit, als nicht der Übergang nach § 33 SGB II, § 93 SGB XII auf den Träger der Sozialhilfe bewirkt werden darf).

f) Abgrenzung der Bezüge. Nicht zu den Bezügen gehören nach der **ab** **105**
EZ 1980 geltenden Fassung (Gesetz v 26.11.1979, BGBl I 1979, 1953) des § 53 Satz 5 AO **Leistungen der Sozialhilfe,** Leistungen zur Sicherung des Lebensunterhalts und bis zur Höhe der Leistungen der Sozialhilfe Unterhaltsleistungen an Personen, die ohne die Unterhaltsleistungen sozialhilfeberechtigt wären oder Anspruch auf Leistungen zur Sicherung des Lebensunterhalts nach SGB II hätten. Mit dieser Vorschrift wird bezweckt, Personen, deren Pflegekosten ganz oder zum Teil von der Sozialhilfe getragen werden, stets als hilfsbedürftig zu behandeln. ME verfassungsrechtlich *bedenklich* (*Tipke/Kruse* § 53 AO Rn 5; *Scholtz* in *Koch,* AO § 53 Rn 20/1; aA *Koch* in *Koch,* ebenda; *Sarrazin* in *L/S* § 3 Rn 85).

Ab EZ 2013 ist nach § 53 Nr 2 Sätze 6 ff AO nF die wirtschaftliche Hilfsbedürftigkeit **bei Empfängern von Leistungen** nach SGB II oder XII, WohngeldG, § 27a BVG oder § 6a BKGG als **nachgewiesen** anzusehen, und zwar durch Leis-

§ 3 Nr 6 — Befreiungen

tungsbescheid oder Bestätigung des Sozialleistungsträgers. Auf den Nachweis **kann** auf Antrag der Körperschaft **verzichtet werden**, wenn durch die besondere Art der Unterstützung deren Beschränkung auf wirtschaftlich hilfsbedürftige Personen sichergestellt ist. Die Vorschrift gibt dem FA insofern zwar ein **Ermessen**, das mE jedoch **schrumpft**, wenn die geforderte Sichheit gegeben ist. Der Verweis auf § 60a Abs 3–5 AO nF (Rn 313) bedeutet mE zunächst eine **abschnittsübergreifende Bindung** des FA an den Verzicht, die jedoch entfällt, wenn eine der dort beschriebenen Änderungen eintritt.

106 g) **Kürzung um Aufwendungen.** Die Summe der Bezüge ist um die im wirtschaftlichen Zusammenhang mit ihnen stehenden **Aufwendungen** zu kürzen. Hierfür können nach AEAO Nr 8 zu § 53 AO aus Vereinfachungsgründen 180 € angesetzt werden, wenn nicht höhere Aufwendungen nachgewiesen oder glaubhaft gemacht werden.

107 h) **Einsatz von Vermögen.** Grundsätzlich ist eine Person als hilfsbedürftig anzusehen, deren Bezüge nach allem das bezeichnete Vielfache der Regelsätze nicht übersteigen. Dies gilt nach § 53 Abs 2 AO nicht, wenn das **Vermögen** der Person zur nachhaltigen Verbesserung des Unterhalts ausreicht und es ihr zugemutet werden kann, es dafür einzusetzen. Die Vorschrift ist unbestimmt und wirkt, zumal im Hinblick auf die Frage der Zumutbarkeit, wie eine Ermessensvorschrift. Damit verbunden sind Unsicherheiten besonders auf der Seite der Mildtätigen, der Gefahr läuft, seine Steuerbefreiung bei anderer Beurteilung durch die Finanzbehörde zu verlieren. Die **Zumutbarkeitsgrenze** liegt zur Zeit bei **15 500 €**, bei einem Mehrpersonenhaushalt für jede unterstützte Person (R 33 a.1 Abs 2 EStR bzw AEAO Nr 9 zu § 53 AO); eine betragsmäßige Fixierung wäre besser gewesen. Davon abgesehen erscheint der Betrag höchst knapp bemessen (*Tipke/Kruse* § 53 AO Rn 6); eine „nachhaltige Verbesserung" des Unterhalts mit 15 500 € nicht denkbar. **Außer Ansatz** bleiben hiervon unabhängig ein angemessenes selbst bewohntes Hausgrundstück iSd § 90 Abs 2 Nr 8 SGB XII sowie Gegenstände des Hausrats oder von persönlichem (zB Erinnerungs)Wert bzw solche Gegenstände, deren Veräußerung offensichtlich eine Verschleuderung bedeuten würde (vgl AEAO Nr 9 zu 53 AO).

108 i) **Besondere Gründe für die Notlage.** Haben **besondere Gründe** zu der Notlage geführt, dann dürfen die Bezüge oder das Vermögen die genannten Grenzen (Rn 103, 107) übersteigen. Besondere Gründe iSd Vorschrift sind solche, in denen **rasche Hilfe** ohne Ansehung der Bezüge oder des Vermögens angezeigt ist, insbesondere in Katastrophenfällen. Hier sollen mildtätige Körperschaften ohne Gefährdung der Steuerfreiheit helfen können.

109 j) **Andere Fälle/Ausschließlichkeit.** Die **Hilfe** bei Bedürftigkeit **in anderen Fällen** ist **nicht mildtätig** iSd Vorschrift. Sie kann uU gemeinnützig sein. Das Erfordernis des **ausschließlich** (Rn 151 ff) mildtätigen Handelns bedingt den Verlust der Steuerfreiheit mE an sich, wenn die Körperschaft auch nur in einem einzigen Fall nicht mildtätig handelt (RFH RStBl 1938, 322). Bei Kindern, die ihren Unterhalt von den Eltern beziehen, kommt es auf die Einkommens- und Vermögensverhältnisse der Eltern an (RFH RStBl 1938, 597).

Der **BFH** sieht das Erfordernis der Ausschließlichkeit – ohne sich mit diesem Grundsatz auseinanderzusetzen – für eine kirchliche Einrichtung in Zusammenhang mit zulässigen Aktivitäten: es genüge, wenn nach der Satzung nur „in besonderem Maße" bzw „vorrangig" Personengruppen iSd Vorschrift in den Genuss der Leistungen -hier: kostengünstige Vermietungen- kommen sollen, die Vermietungen an nicht Notleidende sei als Vermögensverwaltung unschädlich (BFH I R 35/94 BStBl II 1996, 583). Die Tätigkeit bleibe gleichwohl auf deren Förderung „gerichtet" (hierzu Rn 43 entsprechend).

4. Kirchliche Zwecke

a) Begriff. Kirchliche Zwecke verfolgt eine Körperschaft nach **§ 54 Abs 1 AO**, wenn ihre Tätigkeit darauf gerichtet ist, eine Religionsgemeinschaft, die Körperschaft des öffentlichen Rechts ist, selbstlos zu fördern. 110

Die Vorschrift ist **nicht deckungsgleich mit** § 52 Abs 2 Nr 1 AO (Förderung der Religion), sondern einerseits weiter, andererseits enger, da sie nicht die Förderung der (ausgeübten) Religion selbst, sondern der **verfassten Körperschaft** begünstigt. Die Förderung von Religionsgemeinschaften des privaten Rechts ist nicht begünstigt, sofern nicht die Förderung der Religion selbst betroffen ist (RFH RStBl 1931, 25; 1933, 702; BFH I 52/50 U BStBl III 1951, 120; III 69/51 U BStBl III 1951, 148). Hieraus ergeben sich verfassungsrechtliche Bedenken im Hinblick auf die Verletzung des Gleichheitssatzes (Art 3 GG). Es besteht mE keine Rechtfertigung für eine Ungleichbehandlung von Körperschaften des öffentlichen und des privaten Rechts, um so mehr als der Staat von Verfassungs wegen zu religiöser und kirchlich-konfessioneller Neutralität verpflichtet ist (*Tipke/Kruse* § 54 AO Rz 1; aA *Scholtz* in *Koch* AO § 54 Rz 5; *Leisner-Egensperger* in *HHSp* § 54 AO Rz 7).

b) Förderbare Religionsgemeinschaften. Zum **Kreis der förderbaren Religionsgemeinschaften** gehören Körperschaften des öffentlichen Rechts iSv Art 140 GG iVm Art 137 Abs 5 WRV (OFH StuW 1947 Nr 7). Es muss sich nicht um eine christliche Religionsgemeinschaft handeln. Ihr Glaube muss sich aber bei den heutigen Kulturvölkern auf dem Boden gewisser übereinstimmender Grundanschauungen im Laufe der Geschichte herausgebildet haben (BFH I 52/50 U BStBl III 1951, 120); mE zweifelhaft. Es kommt allein darauf an, dass sie Religion innerhalb der Werteordnung des GG ausübt (BVerfGE 12, 1, 4). 111

c) Begünstigte Zwecke. Sie müssen **nicht gemeinnützige Zwecke** sein (BFH VI R 35/70 BStBl II 1973, 850). Nach § 54 Abs 2 AO sind dies „insbesondere" die Errichtung, Ausschmückung und Unterhaltung von Gotteshäusern und kirchlichen Gemeindehäusern, die Abhaltung von Gottesdiensten, die Ausbildung von Geistlichen, die Erteilung von Religionsunterricht, die Beerdigung und die Pflege des Andenkens der Toten, ferner die Verwaltung des Kirchenvermögens (hierzu BFH I R 35/94 BStBl II 1996, 583), die Besoldung der Geistlichen, Kirchenbeamten und Kirchendiener, die Alters- und Behindertenversorgung für diese Personen und die Versorgung ihrer Witwen und Waisen. Die Aufzählung ist nicht abschließend, erfasst aber die typischen Fälle. Begünstigt sind auch solche Tätigkeiten, die sich im Ausland auswirken. 112

d) Beispielsfälle: 113
- **Ausbildung** von Geistlichen, anerkannt (RFH RStBl 1941, 892)
- **Besichtigung** des Domschatzes, nicht anerkannt (RFH RStBl 1939, 910)
- **„Heidenmission",** wohl anzuerkennen (entgegen RFH RStBl 1940, 490)
- **Kirchturmbesteigungen,** nicht anerkannt (RFH RStBl 1938, 1189)
- **Messwein:** anzuerkennen der Ankauf durch Pfarrämter, nicht aber der Verkauf durch eine „Messweinstiftung" (OFH StRK KStG § 1 R 4)
- **Religionsunterricht,** anerkannt (BFH III 303/56 S BStBl III 1959, 81)
- **Sklavenbefreiung,** nicht anerkannt (RFH RStBl 1938, 1164; mE aber gemeinnützig, vgl § 52 Abs 2 Nr 10, Rn 63)
- **Versorgung** von Witwen und Waisen der Geistlichen, Kirchenbeamten und -diener durch Stiftungen, anerkannt (RFH RStBl 1941, 317); nicht hingegen, wenn sie höhere Zahlungen leisten, als für Witwen und Waisen von vergleichbaren Staatsbeamten vorgeschrieben (RFH RStBl 1942, 983; RStBl 1943, 267)
- **Verwaltung** von Kirchenvermögen vgl BFH I R 35/94 BStBl II 1996, 583.

114 e) **Anerkennung.** Die Anerkennung als **Körperschaft des öffentlichen Rechts** wird durch die Länder ausgesprochen (BFH III 69/51 U BStBl III 1951, 148). Bisher haben den Status u.a. erworben: die evangelischen Landeskirchen, die katholische Kirche, die altkatholische Kirche, zahlreiche Synagogengemeinden sowie in einigen Ländern die neu-apostolischen Kirchen, die methodistischen Kirchen, der Bund der Baptistengemeinden und neuerdings (Rn 99) die Zeugen Jehovas. Die geförderten öffentlich-rechtlichen Religionsgemeinschaften sind selbst nicht nach § 54 Abs 1 AO gemeinnützig. Sie sind nach § 1 KStG idR kein Steuersubjekt. Körperschaft- und gewerbesteuerrechtliche Konsequenzen ergeben sich nur, soweit sie Betriebe gewerblicher Art unterhalten. Ungenau daher BVerfG StRK AO 1977 § 52 R 6.

115 *(frei)*

5. Selbstlosigkeit

116 Die **Selbstlosigkeit** ist **gemeinsame Grundvoraussetzung** für die Steuerbefreiung wegen Verfolgung gemeinnütziger, mildtätiger oder kirchlicher Zwecke. Nach **§ 55 Abs 1 AO** geschieht eine Förderung oder Unterstützung selbstlos, wenn dadurch nicht in erster Linie eigenwirtschaftliche Zwecke – zB gewerbliche Zwecke oder sonstige Erwerbszwecke – verfolgt werden und wenn die folgenden Voraussetzungen gegeben sind:

(Nr 1) Mittel der Körperschaft dürfen nur für die **satzungsmäßigen Zwecke verwendet** werden. Die Mitglieder oder Gesellschafter (Mitglieder im Sinne dieser Vorschriften) dürfen keine Gewinnanteile und in ihrer Eigenschaft als Mitglieder auch keine sonstigen Zuwendungen aus Mitteln der Körperschaft erhalten. Die Körperschaft darf ihre Mittel weder für die unmittelbare noch für die mittelbare Unterstützung oder Förderung politischer Parteien verwenden.

(Nr 2) Die Mitglieder dürfen bei ihrem **Ausscheiden** oder bei **Auflösung** oder Aufhebung der Körperschaft nicht mehr als ihre eingezahlten Kapitalanteile und den gemeinen Wert ihrer geleisteten Sacheinlage zurückerhalten.

(Nr 3) Die Körperschaft darf **keine Person** durch Ausgaben, die dem Zweck der Körperschaft fremd sind, oder durch unverhältnismäßig hohe Vergütungen **begünstigen.**

(Nr 4) Bei Auflösung oder Aufhebung der Körperschaft oder bei Wegfall ihres bisherigen Zwecks darf das Vermögen der Körperschaft, soweit es die eingezahlten Kapitalanteile der Mitglieder und den gemeinen Wert der von den Mitgliedern geleisteten Sacheinlagen übersteigt, nur für steuerbegünstigte Zwecke verwendet werden (Grundsatz der **Vermögensbindung**). Diese Voraussetzung ist auch erfüllt, wenn das Vermögen einer anderen steuerbegünstigten Körperschaft oder einer Körperschaft des öffentlichen Rechts für steuerbegünstigte Zwecke übertragen werden soll.

(Nr 5) Die Körperschaft muss ihre Mittel vorbehaltlich des § 62 AO grds **zeitnah** für ihre steuerbegünstigten satzungsmäßigen Zwecke **verwenden.** Verwendung in diesem Sinne ist auch die Verwendung der Mittel für die Anschaffung oder Herstellung von Vermögensgegenständen, die satzungsmäßigen Zwecken dienen. Eine zeitnahe Mittelverwendung ist gegeben, wenn die Mittel spätestens in den auf den Zufluss folgenden zwei Kalender- oder Wirtschaftsjahren für die steuerbegünstigten satzungsmäßigen Zwecke verwendet werden.

Nach **§ 55 Abs 2 AO** kommt es bei der **Ermittlung des gemeinen Werts** (Abs 1 Nr 2 und Nr 4) auf die Verhältnisse zu dem Zeitpunkt an, in dem die Sacheinlagen geleistet worden sind.

Nach **§ 55 Abs 3 AO** gelten die Vorschriften, die die Mitglieder der Körperschaft betreffen (Abs 1 Nr 1, 2 und 4), bei **Stiftungen** für die Stifter und ihre Erben, bei **Betrieben gewerblicher Art** von Körperschaften des öffentlichen Rechts für die

Körperschaft sinngemäß, jedoch mit der Maßgabe, dass bei Wirtschaftsgütern, die nach § 6 Abs 1 Nr 4 Satz 4 EStG aus einem Betriebsvermögen zum Buchwert entnommen worden sind, an die Stelle des gemeinen Werts der Buchwert der Entnahme tritt.

Literatur: *Orth,* Gemeinnützigkeit und Wirtschaftstätigkeit, FR 1995, 253; *Stobbe,* Die Ausgliederung von Tätigkeiten aus dem ideellen Bereich steuerbegünstigter Körperschaften, DStZ 1996, 298; *Wien,* Steuerbefreiung und Steuerermäßigung gemeinnütziger Körperschaften und die neuen Buchführungspflichten für Pflegeeinrichtungen, FR 1997, 366; *Tönnes/Wewel,* Ausgliederung wirtschaftlicher Geschäftsbetriebe durch steuerbefreite Einrichtungen, DStR 1998, 274; *Schauhoff,* Verlust der Gemeinnützigkeit durch Verluste?, DStR 1998, 701; *Ley,* Mittelverwendungsrechnung gemeinnütziger Institutionen, KÖSDI 1998, 11 686; *Dißars/Berssenbrügge,* Ausgleich von Verlusten aus einem wirtschaftlichen Geschäftsbetrieb und bei Vermögensanlagen gemeinnütziger Vereine, BB 1999, 1411; *Bopp,* Das Merkmal der Selbstlosigkeit bei Verfolgung gemeinnütziger Zwecke iSd §§ 51 ff AO 1977, DStZ 1999, 123; *Ley,* Rücklagenbildung aus zeitnah zu verwendenden Mitteln gemeinnütziger Körperschaften, BB 1999, 626; *Hüttemann,* Das Gesetz zur weiteren steuerlichen Förderung von Stiftungen, DB 2000, 1584; *Kümpel,* Anforderungen an die tatsächliche Geschäftsführung bei steuerbegünstigten (gemeinnützigen) Körperschaften, DStR 2001, 152; *Geserich,* Angemessenheit der Aufwendungen gemeinnütziger Körperschaften für Verwaltung und Spendenwerbung, DStR 2001, 604; *Schäfer/Walz,* Stiftungssteuerreform, Unternehmensteuerreform und Reformperspektiven im Gemeinnützigkeitsrecht, FR 2002, 499; *Hüttemann,* Der neue Anwendungserlass zum Gemeinnützigkeitsrecht (§§ 51 bis 68 AO), FR 2002, 1337; *Stahlschmidt,* Die Rücklagenbildung einer gemeinnützigen Körperschaft, FR 2002, 1109; *Strahl,* Steuerliche Chancen und Risiken bei Beteiligung einer Körperschaft des öffentlichen Rechts an Tochtergesellschaften, FR 2002, 916; *Schauhoff,* Gemeinnützigkeitsrecht: Zum zulässigen Aufwand beim Spendensammeln, DStR 2002, 1694; *Schiffer,* Aktuelles Beratungs-know-how Gemeinnützigkeits- und Stiftungsrecht, DStR 2002, 1206; *A. Söffing/Thoma,* Ausgewählte Beratungsaspekte im Gemeinnützigkeits- und Stiftungsrecht, BB 2003, 1091; *Apitz,* Betriebsprüfungen bei gemeinnützigen Körperschaften, StBp 2004, 153; *A. Söffing/Thoma,* BB-Forum: Steuerliche Konsequenzen der Einsetzung einer gemeinnützigen Stiftung als Vorerbin, BB 2004, 855; *Wallenhorst,* Dauerverlustbetriebe gemeinnütziger und öffentlich-rechtlicher Körperschaften, DStZ 2004, 711; *Becker/Meining,* Verlustbeteiligungen von gemeinnützigen Körperschaften, DStR 2006, 765; *Leuner/Dumser,* Gemeinnützigkeit: Steueroptimale Gestaltung von Mitarbeiterbeteiligungen, BB 2006, 1993; *Knoop,* Gewinnausschüttungen im gemeinnützigen Konzern, DStR 2006, 1263; *Thiel/Eversberg,* Zur Reichweite des Gebots der zeitnahen Mittelverwendung im Gemeinnützigkeitsrecht, DB 2007, 191; *Rösch/Weitschell,* Erwiderung hierzu, DB 2007, 1434; *Thiel/Eversberg,* Replik hierzu, DB 2007, 1436; *Jost,* Betriebsaufspaltung im steuerfreien Bereich gemeinnütziger Körperschaften . . ., DB 2007, 1164; *Döring/Fischer,* Steuer und gemeinnützigkeitsrechtliche Behandlung von Gewinnausschüttungen . . . gemeinnütziger Körperschaften am Beispiel eines Krankenhauskonzerns, DB 2007, 1831; *Schießl,* Ausgliederung von Abteilungen aus Idealvereinen auf Kapitalgesellschaften . . ., DStZ 2007, 494; *Leisner-Egensperger,* Die Selbstlosigkeit im Gemeinnützigkeitsrecht, DStZ 2008, 292; *Dehesselles,* Gemeinnützige Körperschaften in der Insolvenz, DStR 2008, 2050; *Schiffer/Sommer,* Mittelbeschaffung bei gemeinnützigen Körperschaften: Ein Ruf gegen die Rechtsunsicherheit durch die „Geprägetheorie", BB 2008, 2432; *Schröder,* Die steuerpflichtige und gemeinnützige GmbH im Steuerrecht, DStR 2008, 1069; *Schick,* Die Betriebsaufspaltung unter Beteiligung steuerbegünstigter Körperschaften . . ., DB 2008, 893; *Fischer,* Überlegungen zur Fortentwicklung des steuerlichen Gemeinnützigkeitsrechts, FR 2008, 752; *Wallenhorst,* Gemeinnützigkeit: Ist die Geprägetheorie überholt?, DStR 2009, 717; *Oberbeck/Winheller,* Die gemeinnützige Unternehmergesellschaft – Die Pflichtrücklage nach § 5a Abs 3 GmbHG als Stolperstein, DStR 2009, 516; *Musil,* Reformbedarf bei der gemeinnützigen Betätigung gemeinnütziger Körperschaften, DStR 2009, 2453; *Unger,* Mittelbeschaffung und Mittelverwendung gemeinnütziger Körperschaften, DStZ 2010, 141; *Weber,* Satzungsanforderung bei Zahlungen an den Vorstand gemeinnütziger Körperschaften, NWB 2009, 2226; *Becker,* Der Wegfall des

Gemeinnützigkeitsstatus ..., DStR 2010, 953; *Kirchhain,* Privatnützige Zuwendungen gemeinnütziger Körperschaften, FR 2011, 640; *Weidmann/Kohlhepp,* ggmbH: Aberkennung der Gemeinnützigkeit aufgrund verdeckter Gewinnausschüttungen, DB 2011, 497; *Hüttemann,* Der neue Anwendungserlass zum Abschnitt „Steuerbegünstigte Zwecke", DB 2012, 250; *Roth,* Änderungen im Gemeinnützigkeitsrecht durch den neuen Anwendungserlass zur AO (AEAO), SteuK 2012, 157; *Köster,* Gemeinnützigkeitsrechtliche Neuerungen aufgrund der Änderungen des Anwendungserlasses zur AO (AEAO), DStZ 2012, 195; *Schauhoff/Kirchhain,* Was bringt der neue AO-Anwendungserlass für gemeinnützige Körperschaften?, DStR 2012, 261; *Kirchhain,* Zum Gemeinnützigkeitsrecht für die gemeinnützigkeitsrechtliche Beurteilung einer Mittel(fehl)verwendung, DStR 2012, 2313; *Hüttemann,* Bessere Rahmenbedingungen für den Dritten Sektor, DB 2012, 2592; *Sydow,* Nachweispflicht bei Auslandssachverhalten, NWB 2012, 2842; *Zimmermann,* Die Entwicklung des Stiftungsrechts 2011/2012, NJW 2012, 3277.

117 **a) Grundsatz. Selbstlosigkeit** bezieht sich – wie sich aus § 52, 53 u 55, jeweils Abs 1 Satz 1 AO (Rn 30, 100, 110) und aus § 55 Abs 1 AO eindeutig ergibt – auf das Handeln der Körperschaft selbst. Sie **bezeichnet Opferwilligkeit** zu Gunsten Anderer. Das Erfordernis dient der Wettbewerbsneutralität. Daher darf die Opferwilligkeit nicht in den Hintergrund gedrängt werden, zB wegen Eigennutz und insb eigenwirtschaftlichen Interessen (BFH I R 39/78 BStBl II 1979, 482; I R 209/85 BStBl II 1989, 670; I R 156/94 BStBl II 2002, 162).

Eigenwirtschaftliche Zwecke verfolgt eine Körperschaft, wenn ihre Tätigkeit darauf gerichtet ist, ihr Vermögen und ihre Einkünfte bzw das ihrer Mitglieder zu erhöhen (BFH I R 39/78 BStBl II 1979, 482; I R 209/85 BStBl II 1989, 670; I R 19/91 BStBl II 1992, 62; vgl auch II R 16/95 BStBl II 1998, 711; I R 152/93 BStBl II 1998, 758; I R 55/08 BStBl II 2010, 335; AEAO Nr 1 zu § 55 Nr 1 AO). Daraus folgt das Gebot, alle nicht zulässigerweise durch Rücklagen und wirtschaftliche Betätigungen gebundenen Mittel, nicht nur Mittelzugänge, zeitnah (Rn 148) dem Satzungszweck zuzuführen (zum Problem *Leisner-Egensperger* DStZ 2008, 292; zum Nachweis *Thiel* DB 1992, 1900; *Herbert* BB 1991, 178; zum Begriff der Mittel vgl Rn 129).

Ausnahmen vom Gebot der Selbstlosigkeit im Übrigen enthält § 58 AO (vgl Rn 166 ff). Sie betreffen insb das Ausstattungskapital, gebundene Rücklagen, erforderliche Rücklagen (§ 58 Nr 6 AO, Rn 176 ff; ab EZ 2013 § 62 nF) und freie Rücklagen (§ 58 Nr 7 AO, Rn 182 ff; ab EZ 2013: § 62 nF), für das Vermögen, auch soweit durch Umschichtung entstanden (ab EZ 2013 § 62 nF), für Zuwendungen mit der Zweckbestimmung der Vermögensmehrung (§ 58 Nr 11 Buchst b AO; ab EZ 2013 § 62 nF); sowie für Sachzuwendungen, die ihrer Art nach nicht durch Verwertung, sondern durch Fruchtziehung von Vorteil sind (§ 58 Nr 11 Buchst d), für Zuwendungen von Todes wegen, wenn der Erblasser eine Verwendung nicht vorgeschrieben hat (§ 58 Nr 11 Buchst a AO), für Zuwendungen aufgrund eines Spendenaufrufs, aus dem ersichtlich ist, dass Beträge zur Aufstockung des Vermögens erbeten werden (§ 58 Nr 11 Buchst c AO) sowie für Mittel, die den zulässigen Abschreibungen entsprechen (vgl BFH I R 209/85 BStBl II 1989, 670; *Thiel* DB 1992, 1900).

118 **aa) Verwaltungskosten.** Dagegen kann es einen **Verstoß** gegen den o.a. Grundsatz darstellen, wenn die Körperschaft die hiernach freien Mittel nicht ihrem Satzungszweck zuführt, sondern überwiegend für **Verwaltungskosten** (wozu auch die Ausgaben für einen Geschäftsführer gehören, AEAO Nr 20 zu § 55 Abs 1 Nr 1 AO) sowie **Öffentlichkeitsarbeit** (zB Spendenaufrufe) verwendet. Gleichwohl hält es der BFH für unschädlich, wenn die Ausgaben für den steuerbegünstigten Zweck gerade ¼ der Gesamtausgaben ausmachen (BFH I B 82/98 BStBl II 2000, 320; I R 60/01 BFH/NV 2003, 1025; zust *Schulz* DStR 1999, 354). Auch BFH XI B 128/98 BFH/NV 1999, 1055 fordert eine „wirtschaftlich sinnvolle" Spendenwerbung, die zwar in der Aufbauphase umfangreicher ausfallen kann (hierzu AEAO

Nr 18 zu § 55 Abs 1 Nr 1 AO; *Schulz* DStR 1999, 354; *Hofmeister* DStZ 1999, 545, 547), aber dazu beitragen muss, dass ein „möglichst hoher Anteil der Mittel" unmittelbar und effektiv dem begünstigten Satzungszweck zugute kommt. Schließlich überrascht BFH I B 82/98 aaO mit „Auflagen", die er im Hinblick auf die Verwendung von Mitteln für Spendenwerbung und Verwaltungskosten in den Folgejahren erteilt (Gewaltenteilung!?).

Eine **allgemeine Grenze** für das Verhältnis aller Einnahmen zu Verwaltungs- u Werbekosten besteht nicht (BFH/NV 2003, 1025 mwN); schon weniger als 50% können schädlich sein; 10% für Mitgliederwerbung sind unschädlich (AEAO Nr 22 zu § 55 Abs 1 Nr 1 AO; gegen eine „Diskriminierung" beitragsfinanzierter Einrichtungen *Hüttemann* FR 2002, 1337); in der Aufbauphase (höchstens 4 Jahre) dürfen mehr als 50% verwendet werden (AEAO Nr 19 zu § 55 Abs 1 AO; dazu *Geserich* DStR 2001, 604; *Apitz* StBp 2004, 153). Auch BFH I R 60/01 BFH/NV 2003, 1025 (zust *Schauhoff* DStR 2002, 1694) hält es für grundsätzlich unschädlich, dass sich die einer „Werbeagentur" gezahlten Anteile am Beitragsaufkommen in zwei Jahren von 29% auf 42% zuzüglich der Aufnahmegebühren steigerten – nebenbei ein taugliches Modell für „Spezlwirtschaft"!

bb) Erlöse aus Vermögensumschichtungen. Die *FinVerw* (AEAO Nr 27 zu 119 § 55 Abs 1 Nr 1) sieht das Gebot der Selbstlosigkeit auch insoweit nicht tangiert, als ein den **Buchwert übersteigender Erlös** eintritt. Entscheidend ist mE der Charakter des Erlöses; eine generelle Einschränkung des o.a. Gebotes für solche Erlöse besteht mit Ausnahme des Ausstattungskapitals in Höhe dessen Nennwerts nicht (*Reiffs* DB 1991, 1247; aA *Brandmüller* BB 1978, 542; *Schad/Eversberg* DB 1986, 2149; *Lex* DB 1987 Beil 10; *Thiel* DB 1992, 1900; *Scholtz* in *Koch* § 55 Rn 7). Dagegen lassen sich Ausnahmen bei einem sog „Verwendungsüberhang" denken (*Thiel* DB 1992, 1900). Bei einem „Verwendungsrückstand" gilt § 63 Abs 4 AO (Rn 217); zur Prüfung *Bucha/Koopmann* StBp 1998, 225, 253).

cc) Wirtschaftlicher Geschäftsbetrieb. Das Gebot der Selbstlosigkeit ist 120 jedoch nicht ohne Weiteres tangiert durch Tätigkeiten im Rahmen eines **wirtschaftlichen Geschäftsbetriebes** (§ 64 AO), und zwar selbst dann, wenn die unternehmerischen die gemeinnützigen Aktivitäten deutlich übersteigen (BFH I R 156/94 BStBl II 2002, 162; I R 76/05 BStBl II 2007, 631; Rn 125). Die Vermietung von Wohnungen an unterstützungsbedürftige Personen ist daher auch dann noch selbstlos, wenn die Miete nach den tatsächlichen Aufwendungen einschließlich der regulären AfA höher als die nach den einschlägigen gesetzlichen Vorschriften zu berechnende Kostenmiete ist (BFH IX R 5/93 BStBl II 1996, 588).

dd) Interesse der Mitglieder. Selbstlosigkeit steht auch in Frage, wenn die 121 Körperschaft nicht nur für sich, sondern **zu Gunsten ihrer Mitglieder** eigenwirtschaftlich tätig wird (BFH I R 39/78 BStBl II 1979, 482; I R 86/85 BStBl II 1990, 550); zB durch entgeltliche oder unentgeltliche Gestellung von Sicherheiten (Risikogeschäft!, aA *S. Söffing/Thoma* BB 2003, 1091). Das gilt mE auch, wenn die Körperschaft Aufgaben wahrnimmt, die ihren Mitgliedern als hoheitliche Pflichtaufgaben obliegen (ebenso beiläufig RFH RStBl 1935, 857; 1937, 1105; *BMF* v 27.12.1990, UR 1991, 57; *Franz* S 93 f; *Hüttemann* S 71; offen gelassen: BFH X R 115/91 BStBl II 1994, 314). Zum Problem der Erstellung reiner Verpflegungssystems für Krankenhausleistungen für die Mitglieder der Körperschaft vgl BFH I R 90/04 BStBl II 2007, 628: abgelehnt wegen fehlender Unmittelbarkeit.

Im Übrigen liegt eine eigenwirtschaftliche Zwecksetzung zu Gunsten von Mit- 122 gliedern nicht schon dann vor, wenn diese **als Angestellte** der Körperschaft **Vergütungen** erhalten, die nicht unverhältnismäßig hoch sind (*OFD Köln* StEK AO 1977, § 55 Nr 1). Dagegen ist mE anders zu entscheiden, wenn über reine Aufwandsentschädigungen hinausgehende Vergütungen für Betätigungen, die den eigentlichen

Inhalt der Zwecksetzung ausmachen, im Interesse der Körperschaft gezahlt werden. Zahlt etwa ein Amateur-Sportverein seinen „Amateur"-Sportlern für ihren Einsatz in Ligakämpfen Entgelte, dann handelt er mE unabhängig von der Verletzung des Gebots der satzungsmäßigen Mittelverwendung (§ 55 Abs 1 Nr 1 AO) nicht selbstlos (zu beachten ist jedoch seit 1.1.1990 § 58 Nr 9 AO, Rn 191), ebenso wenn die Tätigkeit der Körperschaft in erster Linie auf Mehrung ihres eigenen Vermögens gerichtet ist (BFH I R 209/85 BStBl II 1989, 670). Sind die Mitglieder der Körperschaft Personenvereinigungen, dann dürfen die wirtschaftlichen Interessen auch von deren Mitgliedern nicht verfolgt werden (BFH III 256/51 U BStBl III 1952, 270).

123   ee) **Eigenwirtschaftliche Zwecke „in erster Linie".** Die **unscharfe Formulierung** meint, dass der nichtprofitable Zweck „vorrangig" und „nicht nur nebenbei" (BFH I R 19/91 BStBl II 1992, 62; I R 76/05 BStBl II 2007, 631) bzw ausschließlich oder in erster Linie verfolgt werden oder beherrschend sein müssen (*Tipke/Kruse* § 55 AO Rn 3) bzw dass der profitable Zweck nicht in den Vordergrund treten (FG B-Bbg EFG 2012, 1088, Rev I R 17/12) und nur Nebenzweck sein darf (*Arndt/Immel* BB 1987, 1153, 1156). ME darf die wirtschaftliche Betätigung nicht, auch *nicht nur zum Teil*, **Selbstzweck** sein, sondern muss unmittelbar im Dienste der gemeinnützigen, mildtätigen oder kirchlichen Tätigkeit stehen (ähnlich *Lang* StuW 1987, 221, 235 ff, und DStZ 1988, 18, 24 unter Hinweis auf BFH I R 21/76 BStBl II 1979, 496). Die Vereinnahmung von Entgelten allein ist mE ebenso unschädlich (aA *Gmach* FR 1992, 313) wie Gewinnabsicht im Rahmen der eigentlichen, begünstigten Tätigkeit (aA *Sarrazin* in *L/S* § 3 Rn 90), zumal dann, wenn die Gewinne dem Ausbau der gemeinnützigen Einrichtungen dienen sollen. Unschädlich ist, wenn die Tätigkeit der Körperschaft neben dem Förderungszweck auch den Mitgliedern zugute kommt (BFH I R 39/78 BStBl II 1979, 482; I R 55/08 BStBl II 2010, 335). Das kann mE anders sein, wenn den eigenwirtschaftlichen Zwecken ein größeres Gewicht zukommt (ebenso *Bopp* DStZ 1999, 123).

124   Dagegen hat der **BFH** (I R 156/94 BStBl II 2002, 162) folgende mit Wortlaut und Zweck der Vorschrift *nicht zu vereinbarende Grundsätze* aufgestellt:
– eine Körperschaft verfolgt nicht deswegen in erster Linie eigenwirtschaftliche Zwecke, weil ihre unternehmerischen Aktivitäten in ihrem wirtschaftlichen Geschäftsbetrieb die gemeinnützigen übersteigen (bei Gewinnen zwischen 4,8 und 8,1 Mio DM, Anwachsen des Vermögens von 9,2 auf 28,7 Mio DM sowie Spenden zwischen 15 000 und 546 000 DM und Rücklagen im ideellen Bereich von jährlich 2 Mio DM);
– dem Gebot der zeitnahen Mittelverwendung unterliegen auch die Gewinne aus dem wirtschaftlichen Geschäftsbetrieb, nicht jedoch die Gewinne, die bei „vernünftiger kaufmännischer Beurteilung" zur Sicherung des wirtschaftlichen Erfolgs des wirtschaftlichen Geschäftsbetriebs benötigt werden (das sind für den BFH auch Gewinnthesaurierungen von mehreren Mio DM/Jahr); die Nachweispflicht – die entsprechend großzügig gehandhabt wird – trifft die Körperschaft;
– dem Gebot stehen notwendige Planungsphasen nicht entgegen (zust *Hofmeister* DStZ 1999, 545, 548; *Bopp* DStZ 1999, 123; *Schulz* DStR 1999, 354; *Stahlschmidt* FR 2002, 1109; *Schiffer* DStR 2002, 1206; teilw **aA** AEAO Nr 3 zu § 55 Abs 1 Nr 1, zugleich zur Einschränkung der Vermögensverwaltung).

125   Nach **AEAO Nr 2 zu § 55 Abs 1 Nr 1** war zwischen der steuerbegünstigten Tätigkeit – wozu auch der Zweckbetrieb (Rn 255 ff) gehört – und der wirtschaftlichen Tätigkeit danach zu gewichten, welche der Körperschaft das **Gepräge** gibt. Diese Position hat der *BMF* mit Streichung der Nr 2 aufgegeben; an seine Stelle ist die These vom **Selbstzweck** getreten (wohl ausgehend von BFH I R 76/05 BStBl II 2007, 631): wirtschaftliche Betätigung ist nur dann unschädlich, wenn sie um der begünstigten Tätigkeit willen geschieht, zB zur Mittelbeschaffung (AEAO Nr 1 zu § 56 AO idF v *BMF* BStBl I 2012, 83). Somit kann auch eine Körperschaft, die

ihre Einnahmen im Wesentlichen aus Wirtschaftstätigkeit bezieht, gemeinnützig sein, was mE auch für reine Fördervereine iSd § 58 Nr 1 AO – Rn 168 – gelten sollte (aA noch *OFD Ffm* DB 2003, 1932). **Betätigungen** im Rahmen eines wirtschaftlichen Geschäftsbetriebs und von Vermögensverwaltung dürfen hiernach unter der Voraussetzung der zutreffenden Mittelverwendung durchaus **mehr als 50%** der ideellen Tätigkeit – bezogen auf den Personaleinsatz und die Einnahmen – ausmachen; die **Finanzierung** darf **zu 100%** über die Wirtschaftstätigkeit erfolgen. Wächst die Wirtschaftstätigkeit über diesen Rahmen hinaus an (was mE nur noch bei einer Mittelfehlverwendung in Betracht kommt), sollte über eine Auslagerung nachgedacht werden (*Wegehenkel* DB 1986, 2514; *Stobbe* DStZ 1996, 298; *Tönnes/Wewel* DStR 1998, 274; *Wien* FR 1997, 366).

ME ist zusammen mit den Gesetzesänderungen durch das G zur Stärkung des Ehrenamtes v 21.3.2013, BGBl I 2013, 556, das **Feld für „gemeinnützige Wirtschaftstätigkeit"** so weit planiert, dass sich die gegen die „Geprägetheorie" gerichteten Bedenken (u.a. *Hüttemann* FR 2002, 1337; *Schäffer/Sommer* BB 2008, 2432; *Wallenhorst* DStR 2009, 717) erledigt haben dürften (hierzu *Hüttemann* DB 2012, 250; *Zimmermann* NJW 2012, 3277; *Roth* SteuK 2012, 157; *Köster* DStZ 2012, 195).

Nach BFH I R 209/85 BStBl II 1989, 670 ist es schädlich, wenn die Körperschaft **126** ausschließlich durch **Darlehen der Mitglieder** finanziert ist und ihre gesamte Tätigkeit auf Verzinsung und Tilgung zur Verbesserung der eigenen Vermögenslage ausrichten muss (ebenso AEAO Nr 1 zu § 55 Abs 1). Entsprechendes gilt, wenn die Tätigkeit der Gesellschaft im o.a. Sinn darauf gerichtet ist, eigenes Vermögen zu mehren (BFH X R 165/88 BStBl II 1992, 1048). Die Vorschriften des § 58 Nr 6 u 7 a AO (Rn 176 ff) setzen die Voraussetzung des selbstlosen Handelns insofern nicht außer Kraft, sondern bestimmen den Rahmen der zulässigen Vermögensbildung (BFH I R 19/85 BStBl II 1990, 28; hierzu *Gmach* FR 1992, 313, 318; *Wien* FR 1997, 366).

ff) Rechtsprechungsbeispiele (eigenwirtschaftliche Zwecke): **127**
- **Altlasten.** Befreit ein Verein Grundstücke von Mitgliedern ohne unmittelbaren und ausschließlichen Vorteil der Allgemeinheit, dann handelt er nicht selbstlos (*BMF* BStBl I 1993, 214)
- **Börsenverein,** vgl BFH I 114/53 U BStBl III 1955, 12
- **Butterauktionen** durch Meiereiverbände (RFH RStBl 1933, 17)
- Vergabe von **Darlehen** u.a. für die Mitglieder des Verbandes (RFH RStBl 31, 185; 33, 697), insb zum Zwecke der Vermögensbildung (FG München EFG 1996, 938); nach AEAO Nr 16 zu § 55 Abs 1 Nr 1 AO unschädlich, wenn Mittel nicht dem Gebot der zeitnahen Mittelverwendung unterliegen, also.a.us vorhandenem Vermögen einschließlich zulässiger Rücklagen stammen (hierzu *Kirchhain* DStR 2012, 2313). Eine Ausnahme kann nur gelten, soweit die Vergabe günstiger Darlehen unmittelbar dem gemeinnützigen Förderungszweck dient oder im Rahmen des § 58 Nr 1 oder 2 AO (Rn 168 f) vorgenommen wird (zB als Stipendium oder als Hilfe zur Finanzierung eines Musikinstruments, AEAO Nr 15 zu § 55 Abs 1 Nr 1 AO). Maßnahmen, für die Rücklagen nach § 58 Nr 6 AO gebildet worden sind, dürfen sich durch die Gewährung von Darlehen nicht verzögern (AEAO Nr 16 zu § 55 Abs 1 Nr 1 AO). Zur formellen Satzungsmäßigkeit AEAO Nr 17 zu § 55 Abs 1 Nr 1 AO
- **Fachbuchhandel** einer bestimmten Branche (RFH RStBl 1938, 999)
- **Feuerbestattung** mit Betrieb eines Krematoriums (BFH I B 66-68/04 BFH/NV 2005, 1213; *OFD Ffm* DB 1997, 205)
- **Fremdenverkehrsverein,** vgl RFH RStBl 1941, 506
- **Müllverbrennungsanlage** wegen Kostenersatz durch den Hauptgesellschafter (Stadt) (FG Bremen EFG 1992, 26; hierzu BFH I R 60/91 BStBl II 1994, 573: kein Zweckbetrieb)

§ 3 Nr 6 Befreiungen

- **Netzwerk** für Frauen in IT-Berufen (FG München 7 K 472/08 2010, 1921)
- **Omnibusgesellschaft** von Kaufleuten (RFH RStBl 1933, 76)
- **Pflegeanstalt** für bemittelte Personen (RFH RStBl 1942, 746)
- **Schiffsklassifizierung** durch und für Reeder (RFH RStBl 1929, 493)
- **Schlachthof** einer Metzgerinnung (RFH RStBl 1931, 502)
- **Verkehrsflughafen** ortsansässiger Unternehmen (BFH III 271/51 S BStBl III 1952, 112)
- **Vermittlung** von preisgünstigen Reisen und zinsgünstigen Darlehen an Mitglieder (BFH I R 86/85 BStBl II 1990, 550)
- **Versicherung** für Mitglieder eines Haus- und Grundbesitzervereins (RFH RStBl 1930, 145)
- **Wareneinkauf** zum Verkauf zu ermäßigten Preisen an Vereinsmitglieder (RFH RStBl 1930, 702)
- **Wasserwerks-GmbH** durch und für Industriebetriebe (RFH RStBl 1932, 391; 1938, 359)
- **Wohnungsvermietungen** an Nichtbedürftige (RFH RStBl 1942, 1100)
- **Wettbewerbsverein**, wenn die Satzung nicht die vornehmliche Wahrung der Mitgliederinteressen ausschließt (BFH I R 55/08 BStBl II 2010, 335)
- **Züchterausstellungen** eines Zuchtverbandes (BFH III 256/51 U BStBl III 1952, 270).

128 b) **Satzungsmäßige Mittelverwendung.** Das in **§ 55 Abs 1 Nr 1 AO** niedergelegte Gebot betrifft auch gemeinnützige, mildtätige oder kirchliche Förderungen, die nicht in der eigenen Satzung vorgesehen sind. Eine **Mittelfehlverwendung** ist schädlich, wenn sie der Körperschaft als Handlung eines Organs, Repräsentanten oder Inhabers einer Vollmacht (auch Anscheins- oder Duldungsvollmacht) **zugerechnet** werden kann (vgl Rn 214).

129 aa) **Grundsätze. Mittel** iSd Vorschrift sind nicht nur Spenden, Beiträge und Erträge des Vermögens der Körperschaft und die den Zweckbetrieben zur Verfügung stehenden Geldbeträge, sondern sämtliche Vermögenswerte der Körperschaft (BFH I R 19/91 BStBl II 1992, 62; I R 156/94 BStBl II 2002, 162), jedoch – im Grundsatz – ohne das Grundstockvermögen einer Stiftung (BFH I R 36/11 BH/NV 2011, 2013; *A. Söffing/Thoma* BB 2003, 1091; 2004, 855) und die zur Schuldentilgung o.ä. benötigten Beträge (*Thiel* DB 1992, 1900).

Auch **Erträge aus** einem **wirtschaftlichen Geschäftsbetrieb** und aus **Vermögensverwaltung** sind für die steuerbegünstigten Zwecke zu verwenden. **Ausnahmen** gestatten die Vorschriften des § 58 AO (Rn 166 ff) sowie des § 62 AO (zur Zulässigkeit der Zuführung zu verschiedenen **Rücklagen; bis EZ 2012:** § 58 Nr 6 u7 AO; BFH I R 19/91 BStBl II 1992, 62; BFH I R 35/94 BStBl II 1996, 583). Die Rücklage ist aus vorhandenen Mitteln (zB aus Vermögensverwaltung) zu dotieren. Zeitnah zu verwendende Mittel dürfen mE auch nicht im „Vorgriff" auf eine spätere Verrechnung verwendet werden (aA *Ley* BB 1999, 626, 632). **Hiervon unabhängig** sind in den Bereichen des wirtschaftlichen Geschäftsbetriebs und der Vermögensverwaltung nach kaufmännischer Beurteilung **begründete Rücklagen** zulässig (AEAO Nr 3 zu § 55 Abs 1 Nr 1 AO), der die erwirtschafteten Gewinne, wenn zum wirtschaftlichen Bestehen erforderlich, (fast) vollständig zugeführt werden dürfen (BFH I R 156/94 BStBl II 2002, 162).

Verwendung bedeutet Einsatz der Geld- u Sachmittel für bestimmte (hier: steuerbegünstigte) Zwecke (BFH I R 63/91 BStBl II 1992, 748). Das Gebot gilt ebenso für Gewinne aus wirtschaftlichen Geschäftsbetrieben, Zweckbetrieben und Vermögensverwaltung (BMF BStBl I 1990, 818, 819). „**Satzungsmäßige Zwecke**" bedeutet mE jedoch, dass die Satzung auch im Hinblick auf die Mittelverwendung mit § 55 Abs 1 AO in Einklang stehen muss; eine Auflage, nach der Einnahmen aus einem wirtschaftlichen Geschäftsbetrieb (Zweckbetrieb) für (Züchter-)Prämien zu

Gemeinnützige Zwecke § 3 Nr 6

verwenden sind, verstößt daher mE gegen das Gebot (so auch *BMF* BStBl I 2005, 608 gegen BFH I R 76/01 BStBl II 2005, 305). Unabhängig hiervon ist die Bildung von gesetzlich gebotenen Rücklagen, zB § 5a Abs 3 GmbHG, zulässig (AEAO Nr 21 zu § 55 Abs Nr 1 AO; hierzu *Oberbeck/Winheller* DStR 2009, 516).

bb) Ausgliederung. Für die **Ausgliederung** von Abteilungen zu wirtschaftli- 130 chen Zwecken **aus einem Idealverein** kommen als Gründungskapital mE nur freie Rücklagen nach § 62 Abs 1 Nr 1 AO (bis EZ 2012: § 58 Nr 7 a AO) in Betracht (ähnlich *Schießl* DStZ 2007, 494); bei einem **Zweckbetrieb** dürfte diese Beschränkung nicht bestehen (*Thiel/Eversberg* DB 2007, 191; *Schick* DB 2008, 893; *Schröder* DStR 2008, 1069; **aA** *OFD Ffm* DStR 2005, 600). Liegt bereits ein **wirtschaftlicher Geschäftsbetrieb** vor, kommen ggf zweckbestimmte Zuwendungen und Rücklagen nach den Grundsätzen von BFH I R 156/94 BStBl II 2002, 162 (Rn 233) in Betracht.

cc) Ausgleich von Verlusten. Der **Ausgleich von Verlusten** aus einem wirt- 131 schaftlichen Geschäftsbetrieb mit Mitteln aus Zweckbetrieben oder aus dem ideellen Bereich ist **grds schädlich** (BFH I R 40/68 BStBl II 1969, 43; *Neufang* Inf 1992, 73; *Tipke/Kruse* § 55 Rn 8; *Leisner-Egensperger* in *HHSp* § 55 Rn 83; *Herbert* aaO S 21; krit *Schauhoff* DStR 1998, 701; *Koch/Scholtz* § 55 Rn 5; *Klein/Gersch* § 55 Rn 6; *Schwarz/Frotscher* § 55 Rn 7; *Hüttemann,* aaO 85 f; zweifelnd *Unger* DStZ 2010, 141). Das gilt auch, wenn der Geschäftsbetrieb die Besteuerungsgrenze des § 64 Abs 3 AO (Rn 247) nicht erreicht hat (BFH I R 55/06 BStBl II 2007, 725; I R 6/08 BFH/NV 2009, 1837).

(1.) Nicht schädlich ist der Ausgleich nach der Rspr jedoch, wenn der Verlust 132 auf einer **Fehlkalkulation** beruht **und** die Körperschaft dem ideellen Bereich der ihm entzogenen Mittel bis zum Ende des auf die Verlustentstehung folgenden Wirtschaftsjahrs **wieder zuführt** (BFH I R 152/93 BStBl II 1998, 711; I R 6/08 BFH/NV 2009, 1837); nach Änderung der Mittelverwendungsfrist (Rn 148) sollte es mE genügen, wenn die Wiederzuführung bis zum Ende des zweiten Jahres nach der Verlustentstehung erfolgt. Allerdings dürfen diese Mittel weder aus einem Zweckbetrieb noch aus der Vermögensverwaltung noch aus Beiträgen und sonstigen Zuwendungen zur Förderung der steuerbegünstigten Zwecke stammen (hierzu AEAO Nr 6 zu § 55 Abs 1 Nr 1 AO). Dem ist zuzustimmen, zumal es unter diesen Bedingungen im Wesentlichen nicht zu Wettbewerbsverzerrungen kommen wird (hierzu *Schauhoff* DStR 1998, 701; *Schulz* DStR 1999, 354, 357; *Dißars/Berssenbrügge* BB 1999, 1411). Nicht zuzustimmen ist AEAO Nr 8 zu § 55 Abs 1 Nr 1 AO, wonach eine Fehlkalkulation in diesem Sinne bei längerfristig bestehenden Betrieben unterstellt werden kann und auch vorhersehbare **Verluste in der Aufbauphase** unschädlich sind (Pflicht zur Rückführung der verwendeten Mittel innerhalb von 3 Jahren); der Ausgleich darf jedoch nicht aus den zeitnah zu verwendenden Mitteln stammen (BFH I R 6/08 BFH/NV 2009, 1837). AEAO Nr 4 zu § 55 Abs 1 Nr 1 AO hält im Übrigen einen Verlustausgleich nicht für gegeben, soweit die dem ideellen Bereich entzogenen Mittel die aus dem wirtschaftlichen Geschäftsbetrieb in den vorhergehenden 6 Jahren zugewendeten Gewinne nicht übersteigen (krit *Schäfer/Walz* FR 2002, 499; zust *Wallenhorst* DStR 1998, 1915; für eine noch großzügigere Lösung *Hüttemann* FR 2003, 1337). Das hat mE mit Beachtung des Gesetzesbefehls kaum zu tun.

(2.) Zu weiteren Voraussetzungen für die **Unschädlichkeit von Verlusten** 133 vgl AEAO Nr 5 zu § 55 Abs 1 Nr 1 AO und zur „entsprechenden Anwendung" seiner o.a. Grundsätze auf den Bereich der Vermögensverwaltung AEAO Nr 9 zu § 55 Abs 1 Nr 1 AO (hiergegen und für die Anwendung von „Liebhaberei"-Grundsätzen bei Dauerverlusten *Hüttemann* FR 2002, 1337; ebenfalls zweifelnd *Wallenhorst* DStR 2004, 711; *Becker/Meining* DStZ 2006, 765). Nach der Darstellung des BRH ist der nicht zulässige Ausgleich bei einigen Fußball-Bundesligavereinen

Güroff 315

immer wieder Praxis, ohne dass die FÄ die Gemeinnützigkeit aberkennen (BTDrs 12/1150, 63; zur nicht überzeugenden „Richtigstellung des Sachverhalts" *Jansen* DStR 1992, 133; hierzu *Orth* FR 1995, 253). Verluste der Kapitalgesellschaft, an der sich die Körperschaft beteiligt hat, führen nach allgemeiner Auffassung nicht unmittelbar zur Mittelfehlverwendung, sondern frühestens bei einer erforderlichen Teilwertabschreibung auf die Beteiligung oder bei einer Realisierung des Beteiligungsverlustes – und dies auch nur, wenn Risiken erkennbar waren (vgl *Hüttemann* FR 2002, 1337; *Schauhoff* DStR 1998, 701). Großzügig in diesem Zusammenhang AEAO Nr 7 zu § 55 Abs 1 Nr 1 AO zur Unschädlichkeit der Finanzierung des Verlustausgleichs durch Darlehen sowie der Belastung von Vermögen des ideellen Bereichs zur Sicherung eines betrieblichen Darlehens. Zur satzungsmäßigen Mittelverwendung gehört nicht mehr die Tilgung von Verbindlichkeiten nach *Einstellung der begünstigten Tätigkeit in der Insolvenz* (BFH I R 14/06 BStBl II 2007, 808; krit *Becker/Meining* DStZ 2006, 765; *Dehesselles* DStR 2008, 2050).

134   **dd) Gewinnausschüttungen.** Das Verbot betrifft **offene** und **verdeckte Gewinnausschüttungen** (BFH I R 59/09 BStBl II 2012, 226; hierzu zB *Weidmann/Kohlhepp* DB 2011, 497; *Kirchhain* FR 2011, 640; *Wallenhorst* DStR 2011, 698). Indes ist die Vorschrift einschränkend dahin auszulegen, dass die Ausschüttung analog § 58 Nr 2 AO (Rn 169) unschädlich ist (AEAO Nr 2 zu § 58 AO: nur „teilweise" Gewinnausschüttung; zum Problem *Knoop* DStR 2006, 1263; *Döring/Fischer* DB 2007, 1831).

135   **ee) Zuwendungen an Mitglieder.** Das Verbot gilt für **alle Bereiche der Körperschaft:** ideeller Bereich, Zweckbetrieb, Vermögensverwaltung und wirtschaftlicher Geschäftsbetrieb (vgl BFH I B 95/04 BFH/NV 2005, 160). Es betrifft wirtschaftliche Vorteile, die die Körperschaft dem Mitglied bewusst unentgeltlich oder für eine zu geringe Gegenleistung zukommen lässt. Aus dem Verbot folgt, dass die Körperschaft auch im wirtschaftlichen Geschäftsbetrieb **angemessene Entgelte** für ihre Leistungen von ihren Mitgliedern wie von Dritten verlangen muss (BFH I R 19/91 BStBl II 1992, 62). Nach der Rspr ist danach zu unterscheiden, ob das Mitglied in seiner **Eigenschaft als Mitglied** begünstigt wird (BFH V R 26/93 BFH/NV 1996, 383). Auch kann auf die Grundsätze zu *verdeckten Gewinnausschüttungen* zurückgegriffen werden (BFH I R 19/91 aaO), zumal wenn die Angemessenheit von Leistung und Gegenleistung in Rede steht. Hiernach ist mE die Übernahme einer *hoheitlichen Pflichtaufgabe* durch eine kommunale Körperschaft nicht selbstlos (vgl Rn 23).
Die Zuwendungen werden aus Mitteln (s oben) der Körperschaft geleistet, wenn deren Vermögenswerte eingesetzt werden, um dem Dritten den Vorteil zukommen zu lassen (BFH I R 19/91 aaO). Zur Entlohnung für ehrenamtliche Tätigkeit BFH I B 40/01 BFH/NV 2001, 1536).

136   **(1.)** Allerdings darf diese Vorschrift bei zweckentsprechender Auslegung nicht überspannt werden. **Unschädlich** sind Aufmerksamkeiten und Annehmlichkeiten (AEAO Nr 10 zu § 55 Abs 1 Nr 1 AO) ebenso wie geringfügige Zuwendungen, durch die die satzungsmäßigen Zwecke gefördert werden (BFH III 242/55 U BStBl III 1956, 171); zB der Ersatz von Auslagen, die durch Einsatz für die Körperschaft und ihre Zwecke entstanden sind. Dasselbe gilt für Vergütungen von Leistungen für die Körperschaft, soweit sie angemessen sind (vgl § 55 Abs 1 Nr 3 AO sowie AEAO Nr 11 zu § 55 Abs 1 Nr 1 AO; zur Zahlung von Aushilfslöhnen durch Vereine *Neufang* StBp 1991, 167).

137   **(2.) Schädlich** ist mE die verbilligte Abgabe von **Eintrittskarten** an seine Mitglieder. Die Verbilligung ist Zuwendung eines Vorteils (aA *Jansen* DStR 1992, 133, Werbewirksamkeit). Der Vorschlag, lohnsteuerliche Richtsätze für die Begrenzung von Aufmerksamkeiten (35 € bzw 60 DM pro Jahr) anzuwenden (*Kümpel* DStR 2001, 152), geht mE zu weit. Der lohnsteuerliche Begriff steht in einem anderen

Gemeinnützige Zwecke § 3 Nr 6

Zusammenhang. Zu Recht hat daher der BRH die Praxis der Finanzverwaltung beanstandet, die Verbilligung hinzunehmen, wenn sie im Kalenderjahr den Mitgliedsbeitrag nicht übersteigt. **Unangemessen niedrige Pachtzinsen** (20 DM statt 300 DM) verletzen ebenfalls das Verbot (vgl BFH I R 19/91 BStBl II 1992, 62; *Hildesheim* StBp 1989, 229), ebenso **Preisgelder** und **Zuschüsse** des Vereins anlässlich von **Vereinsausflügen** (zur Fernreise mit touristischem Einschlag BFH I B 160/11 BFH/NV 2012, 1478; aA *Neufang* Inf 1988, 253). Die Erfüllung von Ansprüchen aus einem belastet zugewendeten Vermögen ist keine schädliche Zuwendung (AEAO Nr 12, 13 zu § 55 Abs 1 Nr 1 AO; zur Problematik bei Stiftungen AEAO Nr 14 zu § 55 Abs 1 Nr 1 AO).

(3.) Problematisch erscheint, ob die Nr 1 bei **stillen Beteiligungen** betroffen 138 ist und insofern auch Mitarbeiterbeteiligungen in Betracht kommen (hierzu *Leuner/Dumser* BB 2006, 1993); mE werden durch solche Beteiligungen die Verbote der Nrn 1 u 3 tangiert. Für gesellschaftsrechtliche Kapitalbeteiligungen und Stockoptions erscheint Letzteres eindeutig; daher wird zu schuldrechtlichen Beteiligungsmodellen geraten (*Leuner/Dumser* BB 2006, 1993).

ff) Zuwendungen an politische Parteien. Das Verbot erstreckt sich auf 139 **unmittelbare und mittelbare Unterstützungen**. Die Gewährung von Parteispenden nimmt der Körperschaft wegen Verstoßes gegen das Gebot der Selbstlosigkeit die Gemeinnützigkeit (BFH I R 156/94 BFH/NV 1999, 145; Anm *Brenner* DStZ 1999, 186). Vgl zum Problem der Umwegfinanzierungen *Danzer* AG 1982, 57; *Frick* BB 1983, 1336.

c) Vermögensverwendung. Die Beschränkung nach **§ 55 Abs 1 Nr 2 AO** 140 gilt nur **für Kapitalgesellschaften** (Sacheinlagen sind solche des Handelsrechts, für die Gesellschaftsrechte eingeräumt werden, AEAO Nr 23 zu § 55 Abs 1 Nr 2 zu 4 AO). Maßgebend ist bei Bareinlagen der Nennwert und bei Sacheinlagen der gemeine Wert im Zeitpunkt der Einlage (§ 55 Abs 2 AO). Unentgeltlich zur Verfügung gestellte Sachspenden, für die keine Gesellschaftsrechte eingeräumt werden, fallen nicht unter die Vorschriften. Eingezahlte Kapitalanteile sind bei einer Kapitalerhöhung mit Gesellschaftsmitteln nicht gegeben (AEAO Nr 22 zu § 55 Abs 1 Nr 2 u 4). Die Mitglieder dürfen also in keiner Weise an den Wertsteigerungen des Vermögens teilhaben. Ein Verstoß hiergegen stellt auch eine Mittelfehlverwendung iSv § 55 Abs 1 Nr 1 Satz 1 AO (Rn 135) dar (BFH I R 59/09 BFH/NV 2011, 329).

Bei **Rückgabe der Sacheinlage** in natura besteht Ausgleichspflicht des Mitglieds (AEAO Nr 20 zu § 55 Abs 2 AO; zur GmbH vgl *Luger* StWa 1993, 231). Dies gilt nicht bei bloß unentgeltlich zur Verfügung gestellten Sachen (vgl AEAO Nr 23 zu § 55 Abs 1 Nr 2 u 4 AO). Die Beschränkung der Vermögensverwendung gilt auch bei Kapitalerhöhungen aus Gesellschaftsmitteln, weil die Vorschrift die Rückzahlung auf den eingezahlten Kapitalanteil beschränkt (hierzu *Gronemann* DB 1981, 1589).

d) Zweckfremde Ausgaben/unverhältnismäßig hohe Vergütungen. Das 141 Verbot nach **§ 55 Abs 1 Nr 3 AO** betrifft ebenfalls **sämtliche Vergütungen**, die aus Mitteln der Körperschaft im Idealbereich, in der Vermögensverwaltung, im Zweckbetrieb und wirtschaftlichen Geschäftsbetrieb zu zahlen sind (BFH I B 95/04 BFH/NV 2005, 160) und ist weiter als das Verbot verdeckter Gewinnausschüttungen (oben Rn 134). **Tätigkeitsvergütungen** an **Vorstandsmitglieder** von Vereinen sind nur zulässig, soweit eine entsprechende Satzungsbestimmung besteht (AEAO Nr 23 zu § 55 Abs 1 Nr 3).

aa) Zweckfremde Ausgaben. Zweckfremde Ausgaben kommen im Übrigen 142 in Betracht bei der (teil)unentgeltlichen Überlassung von Wohnraum. Wird dieser (auch) für satzungsfremde Zwecke genutzt, dann ist § 55 Abs 1 Nr 1 u 3 AO verletzt

(BFH I B 111/94 BFH/NV 1996, 383). Entsprechendes gilt, wenn eine Körperschaft sich (fast) ausschließlich durch Fremdkapital finanziert (BFH I R 209/85 BStBl II 1989, 670); wenn ein Vereinsvorstand dem Verein ohne wirtschaftlichen Grund (für den Verein) ein verzinsliches Darlehen aufdrängt (BFH I B 85/04 BFH/NV 2005, 1233) oder wenn ohne vertragliche Grundlage Aufwendungen für den Erwerb eines Grundstücks im Eigentum einer anderen Körperschaft getragen werden (BFH I B 25/11 BFH/NV 2011, 2009 zu FG München EFG 2011, 1214). Problematisch können aus dieser Sicht **Mitarbeiterbeteiligungen** in Form von verzinslichen Guthaben und Mitarbeiterdarlehen, aber auch von Genussrechten sein (*Leuner/Dumser* BB 2006, 1993).

143 bb) **Unverhältnismäßig hohe Vergütungen.** Ob sie vorliegen (zB Geschäftsführergehalt, AEAO Nr 20 zu § 55 Abs 1 Nr 1 AO), ist mE im Wege eines **Fremdvergleichs** zu ermitteln. Ersatz nachgewiesener angemessener Aufwendungen (zB Fahrtkosten) des Mitglieds im Interesse der Körperschaft berührt die Selbstlosigkeit nicht (BFH I R 67/95 BStBl II 1997, 474). Zahlt ein Sportverein für die Übernahme eines Sportlers (Spielers) Ablösegelder an einen anderen Verein, so sind sie ggf Ausgaben eines wirtschaftlichen Geschäftsbetriebs nach § 67 a Abs 2 Sätze 2 u 3 AO (Rn 275 ff)

144 e) **Vermögensbindung (§ 55 Abs 1 Nr 4 AO).** Zweck der Vorschrift ist, die Verwendung des durch die Begünstigung gebildeten Vermögens für nicht begünstigte Zwecke zu verhindern. Dem Gebot der Vermögensbindung unterliegen **sämtliche Mittel** der Körperschaft (Rn 129) und trotz des o.a. Zwecks der Vorschrift auch das vor der Anerkennung als gemeinnützig gebildete Vermögen (*FM Bbg* FR 1993, 758; zweifelnd BFH V B 142/01 BFH/NV 2002, 309). Denn es ist dem begünstigten Zweck gewidmet und nimmt an der Begünstigung teil (*Gmach* FR 1995, 90; 1997, 793, 799; *Leisner-Egensperger* in *HHSp* § 55 Rn 205; *Koch/Scholtz* § 55 Rn 12).

145 aa) **Satzungserfordernis.** Die **Vermögensbindung** muss grundsätzlich **in der Satzung** zum Ausdruck kommen (§§ 61, 62 AO; vgl unten Rn 204 ff). Es muss der satzungsmäßige Zweck so konkret benannt werden, dass Empfänger des Vermögens nur eine als gemeinnützig anerkannte Körperschaft sein kann, die diesen Zweck verfolgt und die Mittel nur hierfür verwenden darf (BFH I R 91/09 BFH/NV 2011, 1111). Für den Fall der „Aufhebung" des Vereins muss die Satzung keine Bestimmung treffen. Allerdings kann der bezeichnete steuerbegünstigte Zweck ein anderer sein als der von der Körperschaft selbst verfolgte (allg M). Im Fall der satzungsgemäßen **Übertragung** des Vermögens **auf eine andere Körperschaft** darf es sich nur um eine inländische steuerbegünstigte Körperschaft, eine Körperschaft des öffentlichen Rechts oder eine Körperschaft iSd § 5 Abs 2 Nr 2 KStG handeln (vgl AEAO Nr 25 zu § 55 Abs 1 Nr 4 AO). Zudem muss diese selbst das Gebot der satzungsmäßigen Vermögensbindung beachten. Das ist nicht der Fall, wenn bei ihrer Auflösung das Vermögen an die Mitglieder zurückfließen soll (Nds FG EFG 1998, 596). Ebensowenig genügt die Satzungsbestimmung über die Übertragung zur „treuhänderischen Verwaltung" (zB *OFD Chemnitz* DB 2005, 1998). Zum Nachweis bei **Auslandssachverhalten** vgl FG Münster 2 K 2608/09 E EFG 2012, 1539; *Sydow* NWB 2012, 2842.

146 bb) **Vermögensbindung bei Ausgliederung.** Bei der **Ausgliederung** einer Abteilung aus einem Idealverein, insb Zweckbetrieb, kann nach allgemeiner Auffassung die Vermögensbindung durch die Gewährung der Anteile an der Kapitalgesellschaft gewahrt werden (*Strahl* KÖSDI 2000, 12 527; *Schießl* DStZ 2007, 494; *Schröder* DStR 2008, 1069; *Thiel/Eversberg* DB 2007, 191; **aA** *OFD Ffm* DStR 2005, 600).

Gemeinnützige Zwecke § 3 Nr 6

cc) Sonderregelung für Stifter. Die für **Stifter und deren Erben** sowie Körperschaften des öffentlichen Rechts geltende Beschränkung auf den *Buchwert* bei zu Buchwerten entnommenen Wirtschaftsgütern bezweckt, die steuerfreie Realisierung stiller Reserven zu verhindern mit der Folge, dass solche weiterhin dem begünstigten Zweck gewidmet bleiben. Wird ein Wirtschaftsgut in natura zurückgegeben, dann hat der Empfänger die Wertdifferenz auszugleichen (AEAO Nr 31 zu § 55 Abs 2 AO). Im Übrigen darf das eingebrachte Stiftungskapital von der Vermögensbindung durch Satzung angenommen werden (AEAO Nr 31 zu § 55 AO Abs 2 AO; ähnlich *A. Söffing/Thoma* BB 2004, 855; **aA** *Bay FM* ZEV 2004, 65 zur ErbSt). 147

f) Zeitnahe Mittelverwendung. Der **Grundsatz** ist mWv **EZ 2000** in **§ 55 Abs 1 Nr 5 AO** niedergelegt. Er wurde zuvor aus dem Zusammenwirken von § 55 Abs 1 Nr 1 und § 58 Nr 6 u 7 AO abgeleitet (vgl *Kümpel* DStR 2001, 152; krit zum Grundsatz *Fischer* FR 2008, 752). 148

aa) Begriff. Eine zeitnahe Mittelverwendung ist nach **§ 55 Abs 1 Nr 5 Satz 3 AO nF** (BGBl I 2013, 556) gegeben, wenn die Mittel spätestens in den auf den Zufluss folgenden **zwei Kalender- oder Wirtschaftsjahren** für die steuerbegünstigten satzungsmäßigen Zwecke verwendet werden. Das Erfordernis besteht jedoch nur vorbehaltlich des § 62 (Rn 206 ff). Das bedeutet, am Ende des Kalender- oder Wirtschaftsjahrs noch vorhandene Mittel müssen in der Bilanz oder Vermögensaufstellung der Körperschaft zulässigerweise dem Vermögen oder einer zulässigen Rücklage zugeordnet oder als im zurückliegenden Jahr zugeflossene Mittel, die im folgenden Jahr für die steuerbegünstigten Zwecke zu verwenden sind, ausgewiesen sein (AEAO Nr 27 zu § 55 Abs 1 Nr 1 AO). Durch den **Begriff des Zuflusses** ist mE geklärt, dass es bei bilanzierenden Körperschaften nicht auf den Gewinn nach Bilanz, sondern auf die zugeflossenen Mittel (abzüglich der Ausgaben) ankommt (vgl *Hüttemann* DB 2000, 1584). Soweit Mittel nicht schon im Jahr des Zuflusses für die steuerbegünstigten Zwecke verwendet oder zulässigerweise dem Vermögen zugeführt werden, muss ihre zeitnahe Verwendung durch eine Nebenrechnung nachgewiesen werden (Mittelverwendungsrechnung).

bb) Zulässiges Vermögen. Nicht dem Gebot unterliegt nach § 55 Abs 1 Nr 5 AO nF iVm § 62 AO nF (Rn 206 ff) das sog **zulässige Vermögen**. Das ist neben den zulässigen Rücklagen nach § 62 Abs 1 AO nF das nach § 62 Abs 3 AO nF gebildete Vermögen. Auf andere Weise gebildetes Vermögen kann nicht als solches dem Gebot der zeitnahen Mittelverwendung entzogen werden. Für die Verwendung von unzulässigerweise thesaurierten Mitteln kann das Finanzamt nach § 63 Abs 4 Satz 1 AO eine Frist setzen (vgl Rn 217). Zu gesellschaftsrechtlichen Besonderheiten zur Rücklagenbildung (§ 5a Abs 3 Satz 1 GmbHG) bei einer gemeinnützigen Unternehmergesellschaft *Overbeck/Winheller* DStR 2009, 516; hierzu auch *BayLfSt* DStR 2009, 1150. 149

cc) Zulässige Verwendungen. Eine **Verwendung von Mitteln** iSd Vorschrift ist auch gegeben, wenn die Körperschaft sie für die *Anschaffung* oder Herstellung von *Vermögensgegenständen* einsetzt, die ihrerseits den satzungsmäßigen Zwecken dienen (zB Bau eines Altenheims, Beschaffung von Sportgeräten usw); Entsprechendes gilt für die Ausstattung einer anderen Körperschaft (AEAO Nr 25 zu § 55 Abs 1 Nr 5 AO). Zur Ausstattung von Kapitalgesellschaften und Stiftungen *FM Bbg* DStR 2005, 290; zur Ausgliederung *OFD Hannover* DStR 2002, 2036). Zur Überlassung von Räumlichkeiten an eine von der steuerbegünstigten Körperschaft beherrschte GmbH *OFD Ffm* DStR 2005, 600. 150

6. Ausschließlichkeit

151 **a) Grundsatz.** Die **Ausschließlichkeit** ist weitere **gemeinsame Grundvoraussetzung** für die Steuerbefreiung im Dienste des Wettbewerbsschutzes. Sie liegt nach § 56 AO vor, wenn die Körperschaft **nur ihre steuerbegünstigten** satzungsmäßigen Zwecke verfolgt. Das Gebot richtet sich an die Satzung (arg § 51 Abs 1 iVm § 52 Abs 1 AO) sowie an die tatsächliche Geschäftsführung (arg § 63 Abs 1 AO). **Ausnahmen** vom Grundsatz der Ausschließlichkeit sind in § 58 AO geregelt (vgl unten Rn 166 ff).

152 **b) Umfang.** Die **gesamte Tätigkeit** im ideellen Bereich muss sich hierauf beschränken. Ein einziges Abweichen hat den Verlust der Steuerfreiheit zur Folge (BFH I R 21/76 BStBl II 1979, 496; I R 77/87 BStBl II 1992, 41; V R 59/09 BStBl II 2012, 544); Entsprechendes gilt, wenn für einen von mehreren satzungsmäßigen Zwecken die Voraussetzungen der Gemeinnützigkeit fehlen; eine Aufteilung in einen steuerfreien und einen stpfl Teil ist nicht zulässig (BFH I R 21/76 aaO; I R 38/86 BFH/NV 1992, 90). Ein **wirtschaftlicher Geschäftsbetrieb** (§ 64 AO, Rn 218 ff) verstößt ebenso wie eine **vermögensverwaltende Tätigkeit** (zB Verpachtung) nur dann gegen das Gebot der Ausschließlichkeit (BFH I R 19/91 BStBl II 1992, 62; I R 35/94 BStBl II 1996, 583; *Neufang* Inf 1992, 222), wenn die Wirtschaftstätigkeit um ihrer selbst willen ausgeführt wird; es kommt nicht mehr darauf an, ob die Tätigkeit der Körperschaft hierdurch „geprägt" wird (Rn 125).

153 **c) Einzelheiten.** Die Steuerbefreiung wird nicht deswegen ausgeschlossen, weil sich die Körperschaft **außerhalb des Begünstigungszwecks** betätigt, die Betätigung aber für die Zweckerreichung angemessen, wenn nicht erforderlich ist. Eine völlig wertneutrale Tätigkeit ist daher nicht zu verlangen. Im Rahmen der Verfolgung der satzungsmäßigen Zwecke darf die Körperschaft Stellung zu besonders wichtigen Gegenständen der **allgemeinen Politik** beziehen (BFH I R 203/81 BStBl II 1984, 844; I R 11/88 BStBl II 1989, 391); geht sie darüber hinaus, etwa durch politische Internetauftritte, verletzt sie das Gebot der Ausschließlichkeit (BFH I R 19/10 BFH/NV 2011, 1133). Enthält jedoch die Internetseite eines islamistischen Vereins einen Link auf eine nicht von ihm betriebene Internetseite mit Artikeln, die inhaltlich die *freiheitlich demokratische Grundordnung* in Frage stellen, wird die Frage der Ausschließlichkeit nicht einmal geprüft (vgl BFH I R 11/11 BFH/NV 2012, 1352, Best von Sächs FG K 1429/10 EFG 2011, 1675).

Dagegen verliert etwa eine **mildtätige Stiftung** für Minderbemittelte ihre Steuerbefreiung, wenn sie nur einen nicht Bedürftigen beherbergt (RFH RStBl 1938, 322). Schädlich ist auch die Beschäftigung Behinderter im Rahmen eines Integrationsprojekts zur Nutzung des ermäßigten USt-Satzes zugunsten einer nicht gemeinnützigen Körperschaft (BFH V R 59/09 BStBl II 2012, 544). Bei **Hundesportvereinen** galt das Gebot der Ausschließlichkeit als verletzt, weil der Verein auch die körperliche Ertüchtigung von Hund und Hundeführer zu seinen satzungsmäßigen Zwecken zählt (BFH I R 2/77 BStBl II 1979, 495). Die Entscheidung ist nicht haltbar (s oben Rn 76). Sie enthält im Übrigen das Instrumentarium, jeder Form des „Pferdesports" (Reitsport, insbesondere Dressurreiterei und vor allen Dingen der Traberei) auch unter diesem Aspekt die Gemeinnützigkeit abzusprechen, was der BFH freilich nicht getan hat (BFH I R 40/68 BStBl II 1969, 43).

154 **d) Mehrere Zwecke.** Die Körperschaft kann auch mehrere begünstigte **Zwecke verschiedener Richtungen** verfolgen (BFH I R 21/76 BStBl II 1979, 496; AEAO Nr 2 zu § 56 AO). Dies ergibt sich ohne Weiteres aus der Fassung des Gesetzes. Erforderlich ist allein die Niederlegung in der Satzung. Auch kann mE eine einheitliche satzungsgemäße Betätigung unter verschiedenen nach § 52 AO in Betracht kommenden Gesichtspunkten gemeinnützig sein. Dies hätte den BFH in BFH I R 2/77 BStBl II 1979, 495 veranlassen müssen zu prüfen, ob nicht die

Gemeinnützige Zwecke § 3 Nr 6

Abrichtung von Hunden eine Förderung auf materiellem oder geistigem Gebiet darstellt.

e) Einzelfälle zum Gebot der Ausschließlichkeit. 155
- **Altersheime** sind in ihren Betätigungen nicht ohne Weiteres ein wirtschaftlicher Geschäftsbetrieb (RFH RStBl 1937, 1160)
- **Auflagen** außerhalb des Stiftungszwecks sind unschädlich (RFH RStBl 1933, 193)
- **Fußballvereine,** trotz Aufnahme von Vertragsspielern gemeinnützig (BFH I 119/52 U BStBl III 1954, 324); mE höchst fraglich, da keine Förderung der Allgemeinheit (vgl Rn 37)
- Förderung der **Gefolgschaft** eines Unternehmens dient nicht ausschließlich der Allgemeinheit (RFH RStBl 1941, 275)
- **Kameradenhilfe** und Kameradschaftspflege unter ehemaligen Angehörigen eines Wehrmachtstruppenteils nicht ausschließlich gemeinnützig (BFH I 320/61 U BStBl III 1964, 20)
- **Kindergärten** s RFH RStBl 1937, 1160
- **Lungenheilstätten** sind ausschließlich gemeinnützig, wenn sie in besonderem Maße (?) der minderbemittelten Bevölkerung dienen (RFH RStBl 1937, 1159)
- **Messeveranstaltungen** sind nicht ausschließlich gemeinnützig (Nds FG VI 53/88 BB 1992, 1544
- Versorgung **Minderbemittelter** nicht ausschließlich gemeinnützig oder mildtätig, wenn die geförderten Personen sich selbst ausreichend verpflegen können (RFH RStBl 1937, 1104)
- **Pflegeheime** sind nicht ausschließlich mildtätig, wenn sie auch bemittelte Personen aufnehmen (RFH RStBl 1942, 746)
- **Satzungsfremde Vermögensverwendung** widerspricht dem Gebot der Ausschließlichkeit (RFH RStBl 1929, 493)
- **Spendenwaschanlagen** verstoßen gegen das Gebot der Ausschließlichkeit (vgl BFH X R 143/88 BStBl II 1991, 325; X R 203/87 BStBl II 1991, 547)
- **Waisenhäuser,** wie Altersheime (RFH RStBl 1937, 1160).

7. Unmittelbarkeit

a) Grundsatz. Die **Unmittelbarkeit** ist weitere gemeinsame Grundvoraussetzung. Sie ist nach § 57 Abs 1 AO erfüllt, wenn die Körperschaft selbst ihre steuerbegünstigten satzungsmäßigen Zwecke verwirklicht. Das kann auch durch **Hilfspersonen** geschehen, wenn nach den Umständen des Falles, insbesondere nach den rechtlichen und tatsächlichen Beziehungen, die zwischen der Körperschaft und der Hilfsperson bestehen, das Wirken der Hilfsperson wie eigenes Werken der Körperschaft anzusehen ist. Nach § 57 Abs 2 AO wird eine Körperschaft, in der steuerbegünstigte **Körperschaften zusammengefasst** sind, einer Körperschaft, die unmittelbar steuerbegünstigte Zwecke verfolgt, gleichgestellt. 156

Die Vorschrift gilt auch für die Zweckverfolgung nach § 52 Abs 2 Nr 25 AO (Rn 94); *OFD Ffm* DStR 2008, 2267).

Ausnahmen vom Gebot der Unmittelbarkeit enthält § 58 AO (Rn 166 ff).

Literatur: *Hüttemann*, Der neue Anwendungserlass zum Gemeinnützigkeitsrecht (§§ 51–68 AO), FR 2002, 1337; *Scherff*, Gemeinnützigkeitsrechtliche Aspekte in Holding-Strukturen, DStR 2003, 727; *Schiffer*, Aktuelles Beratungs-Know-how Gemeinnützigkeit- und Stiftungsrecht, DStR 2003, 1015; *Hüttemann*, Steuerfragen bei gemeinnützigen nichtrechtsfähigen Stiftungen, DB 2004, 2001; *Hüttemann/Schauhoff*, Die „unmittelbare Gemeinnützigkeit" – eine unmittelbare Gefahr für gemeinnützige Körperschaften, FR 2007, 1133; *Regierer/Becker*, Grundsätzliche Gemeinnützigkeitsfähigkeit bei Auslagerung hoheitlicher Tätigkeiten auf Tochterkapitalgesellschaften, DStZ 2007, 597; *Holland*, Kooperation zwischen gemeinnützigen Organisationen – Neues zur Hilfsperson, DStR 2010, 2057; *Schienke-Ohletz,* Besonderheiten des Gemeinnützigkeitsrechts bei Förderung der Entwicklungszusammenarbeit, FR 2012, 616; *Haaf,* Konsilleistungen wider die Unmittelbarkeit im Gemeinnützigkeitsrecht, DStR 2012, 159.

157 **b) Zurechenbarkeit.** Die Formulierung „**selbst ... verwirklicht**" bedeutet, dass die Körperschaft ihre Zwecke durch **Organe oder Hilfspersonen** verfolgt; Handeln durch Mitglieder genügt (BFH I R 19/91 BStBl II 1992, 62). Zweckerreichung ist nicht erforderlich (vgl Rn 43). Das Handeln der Organe oder der Hilfspersonen muss der Körperschaft wie eigenes Wirken zugerechnet werden können (BFH V R 35/85 BStBl II 1991, 157; FG Düsseldorf EFG 1992, 99; Nds FG BB 1992, 1544; offen jedoch in BFH I R 156/94 BStBl II 2002, 162).

Hilfspersonen können ausschließlich eingesetzt werden (*OFD Nürnberg* BB 2002, 2488). Sie müssen in ihrem Handeln aber gebunden sein (ebenso *Tipke/Kruse* § 57 AO Rz 2), also einen konkreten Auftrag ausführen (AEAO Nr 2 zu § 57 AO u.a. zum Nachweis der Weisungsgebundenheit; **aA** Nds FG 6 K 139/09, rkr: Veranlassung durch Körperschaft genügt; vgl auch *Hüttemann* FR 2002, 1337; *Jachmann/ Unger* in B/G § 57 AO Rn 22 f: Parallele zum Erfüllungsgehilfen nach § 278 BGB). Die Körperschaft muss also jederzeit in der Lage sein, im **Innenverhältnis** die Tätigkeit der Hilfsperson nach Inhalt und Umfang zu bestimmen, zB durch Auflagen einerseits und Rechenschaftsberichte andererseits (*Schiffer* DStR 2003, 1015). Das ist auch dann der Fall, wenn eine arbeitstherapeutische Gesellschaft Hilfe nicht nur des eigenen fachkundigen Personals in Anspruch nimmt; ebenso wenn ein Gesellschafter eigenes Personal an die Gesellschaft ausleiht (BFH I R 35/93 BStBl II 1995, 767); nicht dagegen bei Verpachtung von Grundstücken an Mitglieder zum Zwecke ökologischen Anbaus ohne Einwirkungsmöglichkeiten des Vereins (vgl BFH I R 19/91 BStBl II 1992, 62; *Hildesheim* StBp 1989, 229; *Neufang* Inf 1992, 222) sowie bei einer ausgegliederten Labor-GmbH (BFH I R 59/11 DStR 2013, 1427).

158 **c) Abgrenzung.** Die **Voraussetzungen** der Vorschrift sind **nicht erfüllt** bei einer nur **mittelbaren Verwirklichung** der Zwecke. Wird die Körperschaft auf dem begünstigten Gebiet *unmittelbar tätig*, dann ist es unschädlich, wenn die Förderungswirkung nur *mittelbar eintreten* kann (vgl BFH I R 39/78 BStBl II 1979, 482), etwa weil die Körperschaft ihre Leistungen einer ihrerseits gemeinnützig tätigen Körperschaft überlässt (BFH V R 1/68 BStBl II 1972, 70, 74). Anreize durch Preisverleihungen reichen aus (*OFD Ffm* DB 2001, 1751).

159 **aa) Einzelfälle. Unmittelbares Wirken** ist **nicht** gegeben, wenn die Körperschaft ihre Erträge einem Land, einer Gemeinde oder einer Partnerorganisation zur Zweckerfüllung zuwendet (vgl Nds FG 6 K 139/09, rkr; Ausnahme Rn 168) oder auf einem anderen als dem begünstigten Gebiet tätig wird, um etwa dort die Mittel für die Förderung aufzubringen, ebensowenig wenn die Körperschaft nur die Förderung ihres eng umrissenen Mitgliederkreises bezweckt und von diesem positive Einflüsse auf die Allgemeinheit ausgehen können (BFH I R 36/76 BStBl II 1979, 492) oder einzelne Personen fördert, die ihrerseits gemeinnützig tätig sind (BFH V R 101/01 BStBl II 2004, 798). Das gilt auch für die Entwicklung eines Krankenhausfinanzierungssystems (BFH I R 90/04 BStBl II 2007, 628). Werden eigene satzungsmäßige Zwecke bei einem **arbeitsteiligen Zusammenwirken** mit einer anderen steuerbefreiten Körperschaft verfolgt, liegt Unmittelbarkeit neben einem Zweckbetrieb vor (BFH I R 2/08 BStBl II 2010, 1006; str, s dort; hierzu *Holland* DStR 2010, 2057). Zu den Problemen der Zusammenarbeit im Gesundheitssektor *Haaf* DStR 2012, 159 und in der Entwicklungshilfe *Schienke-Ohletz* FR 2012, 616.

160 **bb) Tätigkeit als Hilfsperson.** Sie allein **begründet keine Steuerbegünstigung** (BFH I R 90/04 BStBl II 2007, 628; I R 59/11 BStBl II 2013, 603; **aA** *Hüttemann* FR 2002, 1337, der jedoch eine Öffnung des Gesetzes hin zur Ermöglichung von Holdinggestaltungen für erforderlich hält; zu den Problemen für Holding-Strukturen *Scherff* DStR 2003, 727; vgl iÜ *Holland* DB 2005, 1487; *Hüttemann/ Schauhoff* FR 2007, 1133). Die Tätigkeit muss also selbst alle Voraussetzungen für die Anerkennung als gemeinnützig erfüllen; dann kann auch die Hilfsperson steuerbefreit sein (AEAO Nr 2 Satz 9 zu § 57). Entgeltliche Hilfeleistung begründet dann ggf einen wirtschaftlichen Geschäftsbetrieb (vgl zur nicht rechtsfähigen Stiftung *Hüttemann* DB 2004, 1001) mit der Notwendigkeit der Prüfung, welche Aktivitäten die Gesamttätigkeit der Körperschaft prägen (*Schiffer* DStR 2003, 1015; im Einzelnen Rn 125); Unentgeltlichkeit dürfte iH der der auftraggebenden Körperschaft ersparten Aufwendungen für eine Mittelzuwendung nach § 58 Nr 2 AO (Rn 169) vorliegen.

d) Steuerpflicht. Die Körperschaft ist **im Ganzen steuerpflichtig,** wenn es an 161 der Unmittelbarkeit der steuerbegünstigten Tätigkeit der Körperschaft fehlt (RFH RStBl 1939, 920). Auf die übrigen Probleme, etwa das Überschreiten einer Vermögensverwaltung (§ 14 AO) oder des Zweckbetriebes (§ 65 AO), kommt es dann nicht mehr an. Die rechtspolitische Berechtigung der Vorschrift ist bestritten worden (u.a. von *Fricke* aaO; *Gruß* DStZ 1966, 284); mE zu Unrecht. Die Kritik verkennt die Auswirkungen der Streichung der Vorschriften auf die Wettbewerbslage (vgl § 65 Nr 3 AO).

e) Einzelfälle zum Grundsatz der Unmittelbarkeit. Die Unmittelbarkeit 162 wurde **verneint** bei
– **Bewirtung** und **Unterbringung** von Tagungsteilnehmern einer gemeinnützigen Forschungsgesellschaft (FG Ba-Wü EFG 1973, 133)
– **Dozentenbeihilfen** (RFH RStBl 1938, 811)
– **Festschriften** eines Vereins, wenn durch Werbeanzeigen finanziert (BFH IV R 189/71 BStBl II 1976, 472)
– **Freimaurerloge,** wenn die Lehrbriefe nur den Mitgliedern zukommen (BFH III R 40/72 BStBl II 1973, 430; I R 36/76 BStBl II 1979, 492)
– Aufbringung der **Förderungsmittel** durch Gewerbebetrieb (RFH RStBl 1938, 1070; RFH RStBl 1935, 1094; RFH RStBl 1935, 855)
– **Klosterbrauereien** (RFH RStBl 1925, 573)
– **Krankenhauswäscherei** (Zentralwäscherei) in der Rechtsform einer GmbH (FG Düsseldorf EFG 1992, 99)
– Zurverfügungstellung von **Lotseneinrichtungen** (RFH RStBl 1939, 921)
– Betrieb eines **Regionalflughafens** durch GmbH (BFH I R 81/73 BStBl II 1975, 121)
– Betrieb einer **Stadthalle,** wenn nicht nur kulturelle Veranstaltungen stattfinden (BFH I R 14/72 BStBl II 1974, 664)
– **Totobetrieb** eines gemeinnützigen (?) Rennvereins (BFH I 33/51 U BStBl III 1953, 109)
– **Überlassung** der Erträge an eine Körperschaft des öffentlichen Rechts (ebenso *Sarrazin* in *L/S* § 3 Rn 96; vgl aber Rn 168 f)
– Tätigkeit durch **Untergruppierungen** vgl Nds FG BB 1992, 1544
– Zusammenschluss von **Zelt- u Wohnwagenwandervereinen** zur Interessenvertretung gegenüber Behörden (BFH III R 52/70 BStBl II 1972, 204)
– kommunaler **Wirtschaftsförderung** (Nds FG EFG 1981, 202; FG Saarl EFG 1982, 214; vom BFH bestätigt, vgl HFR 1982, 339; hierzu *Kirchhartz* DB 1982, 2158).

Die Unmittelbarkeit wurde **bejaht** bei
– **Personalleihe** durch einen Gesellschafter an die Gesellschaft (BFH I R 35/93 BStBl II 1995, 767)

§ 3 Nr 6 Befreiungen

163 **f) Dachorganisationen.** Die Vorschrift des **§ 57 Abs 2 AO** ist zugeschnitten auf **Dachorganisationen,** die in erster Linie durch ihre Unterverbände tätig werden. Voraussetzung für ihre Anwendung ist, dass alle Unterverbände die Voraussetzungen der §§ 52 ff AO erfüllen (AEAO Nr 3 zu § 57 AO). Verfolgt der Dachverband selbst unmittelbar gemeinnützige Zwecke, dann bedarf es der Vorschrift nicht (vgl *OFD Köln* StEK AO 1977 § 57 Nr 1). Fördert er aber eine nicht gemeinnützige Mitgliedskörperschaft, dann verliert er wegen Verstoßes gegen das Gebot der Ausschließlichkeit (Rn 151 ff) die Steuervergünstigung; die bloße Mitgliedschaft ist unschädlich (vgl AEAO Nr 3 zu § 57 AO; *Luger* StWa 1995, 161).

164, 165 *(frei)*

8. Ausnahmen vom Grundsatz der Selbstlosigkeit, Ausschließlichkeit und Unmittelbarkeit

166 **a) Allgemeines.** Die **Ausnahmen** des **§ 58 AO** sind den genannten Grundvoraussetzungen **nicht systematisch zugeordnet** und setzen zum Teil mehrere außer Kraft. Danach wird die Steuervergünstigung nicht dadurch ausgeschlossen, dass

(Nr 1) eine Körperschaft **Mittel** für die Verwirklichung der steuerbegünstigten Zwecke einer anderen Körperschaft oder für die Verwirklichung steuerbegünstigter Zwecke durch eine juristische Person des öffentlichen Rechts **beschafft**; die Beschaffung von Mitteln für eine unbeschränkt steuerpflichtige Körperschaft des privaten Rechts setzt voraus, dass diese selbst steuerbegünstigt ist,

(Nr 2) eine Körperschaft ihre **Mittel** teilweise einer anderen, ebenfalls steuerbegünstigten Körperschaft oder einer juristischen Person des öffentlichen Rechts zur Verwendung zu steuerbegünstigten Zwecken **zuwendet,**

(Nr 3) eine Körperschaft ihre **Überschüsse** der Einnahmen über die Ausgaben aus der Vermögensverwaltung, ihre Gewinne aus den wirtschaftlichen Geschäftsbetrieben ganz oder teilweise und darüber hinaus höchstens 15% ihrer sonstigen nach § 55 Abs 1 Nr 5 AO zeitnah zu verwendenden Mittel einer anderen steuerbegünstigten Körperschaft oder einer juristischen Person des öffentlichen Rechts zur Vermögensausstattung **zuwendet.** Die aus den Vermögenserträgen zu verwirklichenden steuerbegünstigten Zwecke müssen den steuerbegünstigten satzungsmäßigen Zwecken der zuwendenden Körperschaft entsprechen. Die nach Nr 3 zugewandten Mittel und deren Erträge dürfen *nicht für weitere Mittelweitergaben* im o.g. Sinne verwendet werden,

(Nr 4/Nr 3 aF) eine Körperschaft ihre **Arbeitskräfte** anderen Personen, Unternehmen, Einrichtungen oder einer juristischen Person des öffentlichen Rechts für steuerbegünstigte Zwecke **zur Verfügung stellt,**

(Nr 5/Nr 4 aF) eine Körperschaft ihr gehörende **Räume** einer anderen ebenfalls steuerbegünstigten Körperschaft oder einer juristischen Person des öffentlichen Rechts zur Nutzung zu steuerbegünstigten Zwecken **überlässt,**

(Nr 6/Nr 5 aF) eine **Stiftung** einen Teil, jedoch höchstens ein Drittel ihres Einkommens dafür verwendet, um in angemessener Weise den **Stifter** und seine nächsten Angehörigen zu **unterhalten,** ihre Gräber zu pflegen und ihr Andenken zu ehren,

(Nr 6 aF/jetzt § 62 Abs 1 Nr 1 AO) eine Körperschaft ihre Mittel ganz oder teilweise einer **Rücklage** zuführt, soweit dies **erforderlich** ist, ihre steuerbegünstigten satzungsmäßigen Zwecke nachhaltig erfüllen zu können,

(Nr 7 a aF/jetzt § 62 Abs 1 Nr 3 AO) eine Körperschaft höchstens ein Drittel des Überschusses der Einnahmen über die Unkosten aus Vermögensverwaltung und darüber hinaus höchstens 10% ihrer sonstigen nach § 55 Abs 1 Nr 5 AO zeitnah zu verwendenden Mittel einer **freien Rücklage** zuführt,

(Nr 7 b aF/jetzt Nr 10)

Gemeinnützige Zwecke   § 3 Nr 6

(Nr 7/Nr 8 aF) eine Körperschaft **gesellige Zusammenkünfte** veranstaltet, die im Vergleich zu ihrer steuerbegünstigten Tätigkeit von untergeordneter Bedeutung sind,
(Nr 8/Nr 9 aF) ein Sportverein neben dem unbezahlten auch den **bezahlten Sport fördert**,
(Nr 9/Nr 10 aF) eine von einer Gebietskörperschaft errichtete **Stiftung** zur Erfüllung ihrer steuerbegünstigten Zwecke **Zuschüsse** an Wirtschaftsunternehmen vergibt,
(Nr 10) eine Körperschaft Mittel zum **Erwerb von Gesellschaftsrechten** zur Erhaltung der prozentualen Beteiligung an Kapitalgesellschaften im Jahr des Zuflusses verwendet. Dieser Erwerb mindert die Höhe der Rücklage nach § 62 Abs 1 Nr 3 AO,
(**Nr 11 aF/jetzt § 62 Abs 3 AO**) eine Körperschaft folgende Mittel ihrem **Vermögen zuführt**:
a) Zuwendungen *von Todes wegen*, wenn der Erblasser keine Verwendung für den laufenden Aufwand der Körperschaft vorgeschrieben hat,
b) Zuwendungen, bei denen der Zuwendende *ausdrücklich erklärt*, dass sie zur Ausstattung der Körperschaft mit Vermögen oder zur Erhöhung des Vermögens bestimmt sind,
c) Zuwendungen auf Grund eines *Spendenaufrufs* der Körperschaft, wenn aus dem Spendenaufruf ersichtlich ist, dass Beträge zur Aufstockung des Vermögens erbeten werden,
d) Sachzuwendungen, die *ihrer Natur nach* zum Vermögen gehören,
(**Nr 12 aF/jetzt § 62 Abs 4 AO**) eine Stiftung im Jahr ihrer Errichtung und in den zwei folgenden Kalenderjahren, **Überschüsse** aus der Vermögensverwaltung und die Gewinne aus wirtschaftlichen Geschäftsbetrieben (§ 14) ganz oder teilweise **ihrem Vermögen** zuführt.

Literatur: *Herbert*, Die Mittel- und Vermögensbindung gemeinnütziger Körperschaften, BB 1991, 178; *Reiffs*, Die Vermögensbildung der gemeinnützigen Vereine, DB 1991, 1247; *Thiel*, Die zeitnahe Mittelverwendung – Aufgabe und Bürde der gemeinnützigen Körperschaft, DB 1992, 1900; *Schauhoff*, Gemeinnützige Stiftung und Versorgung des Stifters, DB 1996, 1693; *Ley*, Rücklagenbildung aus zeitnah zu verwendenden Mitteln gemeinnütziger Körperschaften, BB 1999, 626; *Hüttemann*, Das Gesetz zur weiteren steuerlichen Förderung von Stiftungen, DB 2000, 1584; *Müller/Schubert*, Die Stifterfamilie und die Sicherstellung ihrer Versorgung im Rahmen einer gemeinnützigen Stiftung, DStR 2000, 1289; *Schindler*, Auswirkungen des Gesetzes zur weiteren steuerlichen Förderung von Stiftungen, BB 2000, 2077; *Westphal*, Die rechtsfähige Stiftung, StWa 2000, 241; *Herfurth/Dehesselles*, Reform des steuerlichen Gemeinnützigkeitsrechts, Inf 2000, 553; *Reis*, Steuerliche Risiken bei Fördervereinen, Inf 2001, 196; *Orth*, Stiftungen und Unternehmenssteuerreform, DStR 2001, 325; *Schmidt/Fritz*, Änderungen des Gemeinnützigkeitsrechts zu Fördervereinen, DB 2001, 2062; *Hüttemann*, Der neue Anwendungserlass zum Gemeinnützigkeitsrecht (§§ 51 bis 68 AO), FR 2002, 1337; *Fleischmann*, Rechtliche und steuerliche Anmerkungen zur Errichtung einer Stiftung, Inf 2002, 419; *Stahlschmidt*, Die Rücklagenbildung einer gemeinnützigen Körperschaft, FR 2002, 1109; *Schiffer*, Aktuelles Beratungs-Know-how Gemeinnützigkeits- und Stiftungsrecht, DStR 2003, 14; *Jansen/Gröning*, Nützt die steuerliche Förderung gemeinnütziger Stiftungen der Allgemeinheit, ohne die Erben zu benachteiligen?, StuW 2003, 140; *Schneider*, Die Rücklagenbildung gemeinnütziger Vereine unter Berücksichtigung der Änderung des Anwendungserlasses zur AO, StW 2003, 46; *Dehesselles*, Stiftung, Unternehmen und Beschäftigungsförderung, DB 2005, 72; *Holland*, Neue Verwaltungsauffassung zur Unmittelbarkeit – Gefahren für die Gemeinnützigkeit?, DB 2005, 1487; *Leisner*, Die mildtätige Familienstiftung, DB 2005, 2434; *Kirchhain*, Ist die ertragsteuerfinanzierte Versorgung der Stifterfamilie durch eine gemeinnützige Stiftung über die Ein-Drittel-Grenze der § 58 Nr 5 AO hinaus schädlich?, ZEW 2006, 534; *Döring/Fischer*, Steuer- und gemeinnützigkeitsrechtliche Behandlung von Gewinnausschüttungen . . . gemeinnütziger Körperschaften am

§ 3 Nr 6 Befreiungen

Beispiel eines Krankenhauskonzerns, DB 2007, 1831; *Schiffer/Sommer,* Mittelbeschaffung bei gemeinnützigen Körperschaften ..., BB 2008, 2432; *Lehmann,* Bilanzielle Behandlung von Zuwendungen (Spenden) an gemeinnützige Einrichtungen, DB 2006, 1281; *Lehmann,* Aktuelle Aspekte der bilanziellen Behandlungen von Zuwendungen (Spenden) an gemeinnützige Organisationen, DB 2007, 641; *Theobald,* Finanzierung öffentlicher Aufgaben durch gemeinnützige Körperschaften ..., DStR 2010, 1464.

167 **b) Satzungserfordernis. Problematisch** ist, ob und inwieweit auch diese **Ausnahmen in der Satzung** festzuschreiben sind (vgl § 59 AO, s unten Rn 195 ff). Großzügig AEAO Nr 23 zu § 58 AO: bei den Nrn 2 bis 9, 11 u 12 keine Satzungsbestimmung erforderlich (krit *Hüttemann* FR 2002, 1337: zumindest bei Rücklagen – Nr 6 u 7 – erforderlich) Die systematische Stellung der Vorschriften zueinander spricht für das Erfordernis einer Festschreibung. Zuzustimmen ist aber *Tipke/Kruse* (§ 58 AO Rn 1), dass eine Differenzierung geboten ist. Die Ausnahmen betreffen zum Teil unvorhergesehene Betätigungen und Nebenbetätigungen, enthalten mE aber auch nur deklaratorische Hinweise (etwa zur Rücklagenzuführung). In diesen Fällen (mE die Nrn 2, 3, 4, 6, 7 a, 7 b, und 8) ist eine satzungsmäßige Verankerung nicht erforderlich (zu Nr 4: BFH I R 35/94 BStBl 1996, 583; enger zu Nr 1 u 2: FG Rh-Pf 6 K 1351/06 DStRE 2010, 549). Anders bei den Nrn 1, 6 nF, und 8 nF; sie betreffen die Beschreibung der Haupttätigkeit oder die vorhersehbare Mittelverwendung und haben mithin grundlegende Bedeutung für die Anerkennung der Steuerbegünstigung. Dem § 59 AO ist zu entnehmen, dass der Gesetzgeber solche Fragen umfassend in der Satzung geregelt wissen will.

Ein **Überschreiten der Ausnahmetatbestände** nach Satzung (Rn 197 ff) oder tatsächlicher Geschäftsführung (Rn 210 ff) ist schädlich (vgl BFH I R 35/94 BStBl II 1996, 583). Die Regelungen des § 58 AO lassen die Folgen der Führung eines wirtschaftlichen **Geschäftsbetriebs unberührt** (BFH V B 22/09 BFH/NV 2009, 1827; FG Rh-Pf 6 K 1351/06 DStRE 2010, 549).

168 **c) Im Einzelnen gilt: aa) Mittelbeschaffung (Nr 1).** Ausnahme vom Grundsatz der Unmittelbarkeit. Die Vorschrift betrifft vor allem **Förder- und Spendensammelvereine** (im Einzelnen *Leibrecht* BB 1978, 399; *Schneider* StWa 1995, 170).

Die Beschaffung der (gesamten oder anteiligen) Mittel für eine andere Körperschaft muss als **Satzungszweck** ausdrücklich bestimmt sein (FG Rh-Pf 6 K 1351/06, DStRE 2010, 549; Nds FG 6 K 139/09); ebenso der gemeinnützige Verwendungszweck, nicht jedoch die geförderte Körperschaft (AEAO Nr 1 zu § 58 Nr 1 AO; **aA** FG Köln EFG 1984, 83). Ist sie jedoch angegeben, dann bedarf die Förderung einer anderen Körperschaft der Satzungsänderung (*OFD Magdeburg* DStR 2005, 1732). Auch die Mittelbeschaffung iSd Vorschrift kann ein begünstigter Satzungszweck sein (*OFD Magdeburg* DStR 2005, 1732).

Die **Steuerbegünstigung der Empfängerkörperschaft** selbst war bis einschließlich EZ 2000 nicht Voraussetzung; sie musste aber steuerbegünstigte Ziele verfolgen (vgl BFH I R 19/85 BStBl II 1990, 28). **Ab EZ 2001** setzt die Förderung einer unbeschränkt stpfl Körperschaft des privaten Rechts voraus, dass diese selbst steuerbegünstigt ist (hierzu AEAO zu § 58 Nr 1 AO). Sie darf *mehrere Satzungszwecke* haben, von denen sie einen oder mehrere über einen gewissen Zeitraum nicht fördert; so lange sie diese nicht endgültig aufgibt, ist keine Satzungsänderung erforderlich (*OFD Magdeburg* DStR 2005, 1732). Allerdings müssen (ein) satzungsmäßiger Förderungszweck der geförderten Körperschaft und der fördernden Körperschaft übereinstimmen (Hess FG 4 K 2239/09, Rev I R 41/12). Auch eine **ausländische Körperschaft** darf Empfängerin sein; erforderlich ist aber der ausreichende Nachweis der Mittelverwendung für steuerbegünstigte Zwecke (AEAO Nr 1 zu § 58 Nr 1 AO; *OFD Ffm* DStR 2008, 406; *Schult/Meining* FR 2005, 977).

Bei **juristischen Personen des öffentlichen Rechts** ist durch G v 21.7.2004 (BGBl I 2004, 1753) ab EZ 2001 (Art 97 § 1 a Abs 1 EGAO) der ursprüngliche

Gemeinnützige Zwecke §3 Nr 6

Rechtszustand wieder hergestellt worden; eine Satzung für deren steuerbegünstigte Betriebe gewerblicher Art ist nicht erforderlich (*OFD Magdeburg* DStR 2005, 1732).

Die **Herkunft der Mittel** aus einem wirtschaftlichen Geschäftsbetrieb ist mE ausreichend (aA FG Rh-Pf 6 K 1351/06 DStRE 2010, 549: nur aus dem ideellen Bereich). Schädlich ist lediglich sein Überwiegen (*OFD Koblenz* DB 2003, 1585). Der zulässigen Mittelbeschaffung dienen auch Darlehen, wenn der Empfänger das Gebot der zeitnahen Mittelverwendung beachtet (*BMF* BStBl I 1995, 40). Im Übrigen ist auch für die Förderkörperschaft § 58 Nr 6 u 7 a AO (Rn 176 ff; ab EZ 2013 § 62 Abs 1) zu beachten (BFH I R 19/85 BStBl II 1990, 28).

Zu den steuerlichen Risiken der Fördervereine durch „Zellteilung" *Reis* Inf 2001, 196.

bb) Mittelzuwendung (Nr 2). Ausnahme vom Grundsatz der Unmittelbarkeit. **169** Eine Satzungsbestimmung ist nicht erforderlich (FG Rh-Pf 6 K 1351/06, DStRE 2010, 549; *OFD Magdeburg* DStR 2005, 1732).

Die Körperschaft darf **nicht ausschließlich** die Mittelzuwendung betreiben (Nds FG 6 K 139/09; Hess FG 4 K 2239/09, Rev I R 41/12); vielmehr muss sie selbst unmittelbar steuerbegünstigte Zwecke verfolgen und nur daneben Mittel an andere begünstigte Körperschaften hingeben (RFH RStBl 1943, 497). Diesen Grundsatz hat BFH I R 156/94 BStBl II 2002, 162 dahin modifiziert, dass es unschädlich ist, wenn die Körperschaft in einzelnen Jahren sich darauf beschränkt, anderen steuerbegünstigten Körperschaften Mittel zuzuwenden, und in anderen Jahren die steuerbegünstigten Zwecke selbst verfolgt. Unklar ist, wie **„teilweise"** zu verstehen ist. ME müssen Mittel zur unmittelbaren Verfolgung gemeinnütziger Zwecke verbleiben, die Vergabe darf nicht „überwiegend" erfolgen (AEAO Nr 2 zu § 58 Nr 2 AO), dh die Zuwendung von mehr als 50% der Mittel ist schädlich (aA *Pahlke/König* § 58 AO Rn 9; *Döring/Fischer* DB 2007, 1831; *Klein/Gersch* § 58 Rn 3 AO: 90%). Dabei ist ggf (s.o.) auf mehrere Jahre abzustellen (BFH I R 152/93 BStBl II 1998, 711, der der Körperschaft einen Beurteilungsspielraum belässt).

Die Mittelhingabe **ohne die Zweckbestimmung** ist schädlich. Das gilt auch, wenn die Körperschaft bei einem Erwerb der Anteile an ihr durch eine weitere gemeinnützige Körperschaft (verdeckt) einen erhöhten Kaufpreis an den bisherigen Gesellschafter zahlt (BFH I R 59/09 BFH/NV 2009, 329); offen blieb, ob die neue Muttergesellschaft den Gemeinnützigkeitsstatus verliert.

Die **empfangende Körperschaft** kann eine inländische steuerbegünstigte Körperschaft, eine Körperschaft iSv § 5 Abs 2 Nr 2 KStG oder eine solche des öffentlichen Rechts sein (AEAO Nr 2 zu § 58 Nr 2; *Schult/Meining* FR 2005, 977; *Söffing/Thoma* ErbStB 2005, 184). Sie muss die Mittel ihrerseits steuerbegünstigt verwenden (hierzu *Theobald* DStR 2010, 1464). Identität der Zwecke ist nicht erforderlich (*OFD Magdeburg* DStR 2005, 1732). Zum **Nachweis** s Rn 170 aE entsprechend.

Die **Zuwendung** ist **nicht beschränkt** auf die im jeweiligen EZ zufließenden Mittel; sämtliche Vermögenswerte sind einzubeziehen (*OFD Magdeburg* aaO). Auch Ausschüttungen und sonstige Zuwendungen sind unschädlich, wenn die Gesellschafter oder Mitglieder als Empfänger selbst gemeinnützige Körperschaften oder juristische Personen des öffentlichen Rechts sind, die die Mittel für begünstigte Zwecke verwenden (AEAO Nr 2 zu § 58 Nr 2 AO). Auch Darlehen sind zulässig, wenn der Empfänger das Gebot der zeitnahen Mittelverwendung beachtet (*BMF* BStBl I 1995, 40).

cc) Zuwendung von Überschüssen u.ä. (Nr 3). Ausnahme vom Gebot der **170 Unmittelbarkeit,** eingefügt durch das G zur Stärkung des Ehrenamts (BGBl I 2013, 556) mit der Begründung, die Vorschrift erleichtere zB die Einrichtung von sog „Stiftungsprofessuren" (FinA BTDrs 17/12123, 22). Allerdings lässt die Vorschrift andere konkrete Verwendungszwecke zu.

§ 3 Nr 6 Befreiungen

Die **betragsmäßige Beschränkung** betrifft zunächst die **Überschüsse/ Gewinne** (diese ganz oder zum Teil) aus der Vermögensverwaltung bzw aus wirtschaftlichen Geschäftsbetrieben; zu Letzteren zählen auch die Zweckbetriebe (vgl § 64 Abs 1 letzter Hs AO; Rn 219, 255; so auch FinA BTDrs aaO). Darüber hinaus dürfen **15%** der **sonstigen zeitnah zu verwendenden** Mittel zugewendet werden. Es sind die der (nunmehr) zweijährigen Verwendungsfrist nach § 55 Abs 1 Nr 5 AO (Rn 148) unterliegenden Mittel. Das G bringt zudem an dieser Stelle zum Ausdruck, dass die Überschüsse/Gewinne dem Gebot des § 55 Abs 1 Nr 5 AO unterliegen.

ME kommt hierdurch auch zum Ausdruck, dass auch für diese ein **Zeitlimit von 2 Jahren** besteht; der Überschuss/Gewinn des EZ (1) kann also bis zum Ende des EZ (3) nach der Nr 3 zugewendet werden.

Zur **Empfängerkörperschaft** gelten mE die Ausführungen in Rn 169 entsprechend. Erforderlich ist mE eine **Identität der Zwecke**, die mit den Zuwendungen zu verwirklichen sind, mit den satzungsmäßigen Zwecken der zuwendenden Körperschaft. Zudem besteht ein **striktes Verwendungsgebot** in dem Sinne, dass die Empfängerkörperschaft die Mittel nicht ihrerseits nach einer der Nrn 1 – 3 weiter zuwenden darf. Das bedeutet, dass die zuwendende Körperschaft ihre Zuwendung nur mit diesen Maßgaben durchführen darf. Zudem liegt mE insb bei Körperschaften nach § 5 Abs 1 Nr 2 KStG an ihr der **Nachweis**, dass die gesetzlichen Gebote von der Empfängerkörperschaft eingehalten werden.

171 dd) **Überlassung von Arbeitskräften (Nr 4)**. **Ausnahme** vom Gebot der **Unmittelbarkeit** im Interesse einer größeren Elastizität und Effektivität. Eingeschlossen ist die Zurverfügungstellung von Arbeitsmitteln (*Tipke/Kruse* § 58 AO Rn 4; AEAO Nr 3 zu § 58 Nr 3 AO). Der Empfänger muss nicht eine ebenfalls steuerbefreite Körperschaft sein. Die Vorschrift stellt allein auf den Verwendungszweck ab. Die Überlassung darf nicht zu einer Förderung von stpfl Unternehmen führen. Die Erwähnung von juristischen Personen des öffentlichen Rechts hat eine klarstellenden Charakter; Änderungen sind hiermit nicht verbunden (s BTDrs 16/ 5200, 21; *Fritz* DB 2007, 694).

172 ee) **Überlassung von Räumen (Nr 5)**. **Ausnahme** vom Gebot der **Unmittelbarkeit**. Sie ist erforderlich, weil sonst selbst die Überlassung an steuerbefreite Körperschaften zu begünstigten Zwecken schädlich wäre. Dies wäre ein sinnwidriges Ergebnis. Daher wohl extensive Auslegung des Begriffes „Räume" für Sportplätze, Freibäder usw geboten (FG Bremen 2 K 28/08 EFG 2010, 527, zur Eislaufhalle; AEAO Nr 4 zu § 58 Nr 4 AO; *Tipke/Kruse* § 58 AO Rn 5). Streitig ist, ob es in extensiver Auslegung der Vorschrift als ausreichend anzusehen ist, wenn eine Körperschaft ausschließlich einer anderen steuerbegünstigten Körperschaft für deren steuerbegünstigte Zwecke (selbstlos) Räume zur Verfügung stellt (bejahend zu den sog Hallenbauvereinen *OFD Münster* DStR 1989, 429; *Jachmann* in *B/G* § 58 Rz 25; verneinend *Klein/Gersch* § 58 Rn 5; *Leisner-Egensperger* in *HHSp* § 58 Rn 54; offen geblieben in BFH V R 6/95 BFH/NV 1996, 583; I R 95/97 BFH/NV 1999, 481). ME ist das zu verneinen, weil die Vorschrift lediglich eine Ausnahme zum Ausschließlichkeitsgebot enthält. Daraus folgt, dass die Körperschaft selbst und unmittelbar steuerbegünstigte Zwecke verfolgen muss (so FG Ba-Wü EFG 1997, 1341). Die Erwähnung der juristischen Person des öffentlichen Rechts führt zu einer sachlichen Erweiterung der Möglichkeiten der überlassenden Vereinigung (s BTDrs 16/5200, 21; *Fritz* BB 2007, 694).

173 ff) **Stiftungen (Nr 6)**. **Ausnahme** vom Gebot der **Ausschließlichkeit** *und* **Selbstlosigkeit** (§ 55 Abs 1 Nr 1 AO). Sie trägt dem Umstand Rechnung, dass es ohne den Stifter die Stiftung nicht gegeben hätte. Bedenklich ist aber, dass in Zusammenhang mit § 62 Abs 1 Nr 3 (bis 31.12.2013: § 58 Nr 7 Buchst a) AO der

Stifter einen überwiegenden Teil des Einkommens den gemeinnützigen Zwecken entziehen kann (*Müller/Schubert* DStR 2000, 1289). Zur Geschichte der Vorschrift *Schauhoff* DB 1996, 1693. Da die Vorschrift keinen eigenständigen Gemeinnützigkeitszweck begründet, ist ein Satzungszweck, der die Unterstützung von hilfsbedürftigen Verwandten des Stifters zum Gegenstand hat, schädlich (AEAO Nr 8 zu § 58 Nr 5 AO). Das gilt jedoch nicht für mE erforderliche Satzungsbestimmungen, nach denen die Unterhaltsgewährung zulässig ist (*Schauhoff* DB 1996, 1693). Nach *BMF* BStBl I 1996, 74 ist die Vorschrift nur anzuwenden, wenn die Stiftung Leistungen erbringt, die gegen § 55 Abs 1 Nr 1 AO verstoßen (also freiwillige Zuwendungen erbringt) oder für die Erfüllung von Ansprüchen aus der Übertragung von Vermögen nicht das belastete Vermögen einsetzt, sondern Erträge. Nach BFH II R 16/95 BStBl II 1998, 758 (zust *Schulz* DStR 1999, 354; *Müller/Schubert* DStR 2000, 1289; *Kirchhain* ZEV 2006, 539) ist für die Anwendung der Vorschrift kein Raum, wenn Renten- und andere Unterhaltszahlungen in Erfüllung des Stiftungsgeschäfts erfolgen, weil der entsprechende Teil des Stiftungsvermögens dem Satzungszweck von vornherein nicht zur Verfügung steht. Hiernach reduziert sich der Anwendungsbereich des § 58 Nr 5 AO auf nach dem Stiftungsgeschäft freiwillig übernommene Verpflichtungen. Dem ist mE nicht zuzustimmen, weil die Vorschrift eine Ausnahme vom Gebot der Selbstlosigkeit enthält und daher eng auszulegen ist (vgl auch NAnwErl *BMF* BStBl I 1998, 1446). Sie lässt nach ihrem klaren Wortlaut den Einsatz von nur ⅓ ihres Gesamteinkommens für Unterhaltszwecke zu. Gestaltungen, die – wie der BFH meint – für die Anwendung der Vorschrift keinen Raum bieten, stellen mE die gemeinnützigen Zwecke der Stiftung in Frage (ähnlich AEAO Nr 8 zu § 58 AO).

(1.) Der Begriff der **nächsten Angehörigen** ist enger als der Begriff der Angehörigen iSv § 15 AO. Nach AEAO Nr 6 zu § 58 Nr 5 AO umfasst er Ehegatten, Eltern, Großeltern, Kinder, Enkel (auch durch Adoption), Geschwister, Pflegeeltern und Pflegekinder. Die Auslegung des Begriffs dürfte zutreffend sein (entgegen *Tipke/Kruse* § 58 AO Rn 6). Die Ausdehnung auf alle Verwandten und Verschwägerten in gerader Linie mag zwar den Vorstellungen des Stifters entgegenkommen, entspricht aber nicht dem Wortlaut der Vorschrift. Zudem sollen nur solche Angehörige noch begünstigt sein, denen durch die Stiftung eine Anwartschaft (im Erbwege) auf existenzsicherndes Vermögen entzogen worden ist (ebenso *Müller/Schubert* DStR 2000, 1289 mwN; für eine Ausdehnung auf entferntere Verwandte, wenn „nächste Angehörige" nicht vorhanden sind, *Schauhoff* DB 1996, 1693; *Müller/Schubert* DStR 2000, 1289; *Jansen/Gröning* StuW 2003, 140). Daher verfolgt mE eine Familienstiftung keine begünstigten Zwecke (*OFD Düsseldorf/Köln*, StEK AO 1977, § 58 Nr 2; *Fleischmann* Inf 2002, 419). **174**

(2.) Problematisch ist auch, nach wessen Verhältnissen die **angemessene Weise** zu beurteilen ist. Nach AEAO Nr 7 zu § 58 Nr 5 AO geht es (zutreffend) um einen „angemessenen Rahmen" und für die Angemessenheit des Unterhalts der Lebensstandard des Zuwendungsempfängers maßgebend (abw *Tipke/Kruse* § 58 AO Rn 6; *Sarrazin* in *L/S* § 3 Rn 101; *Müller/Schubert* DStR 2000, 1289: Lebensstandard des Stifters zum Zeitpunkt der Stiftung). Allerdings bedeutet „in angemessener Weise" nicht „angemessener Unterhalt" (*Schiffer* DStR 2003, 14; aA wohl AEAO zu § 58 Nr 7 AO). **175**

(3.) **Einkommen** iSd Vorschrift ist die Summe der Einkünfte aus den einzelnen Einkunftsarten iSd § 2 Abs 1 EStG von Vermögensverwaltung, Zweckbetrieb und wirtschaftlicher Geschäftsbetrieb (vgl AEAO Nr 5 zu § 58 Nr 5 AO) im jeweiligen EZ (*BMF* BStBl I 1996, 74), nicht jedoch Spenden (vgl FG München EFG 1995, 650, aufgeh durch BFH II R 16/95 BStBl II 1998, 758). Bei der ggf erforderlichen Saldierung sind Verlustverrechnungsbeschränkungen zu beachten. Die Drittelgrenze bezieht sich auf den EZ und umfasst die gesamten Zahlungen, nicht nur die über den Rentenbarwert etwa vorhandener Rentenansprüche hinausgehenden Zahlun- **176** gen (AEAO). Eine Prüfung des Bedarfs durch das FA sieht das Gesetz nicht vor (*Thiel/Eversberg* DB 1990, 395 f). Reicht das Einkommen eines EZ für die Erfüllung von Unterhaltsansprüchen nicht aus, können Ertragsüberschüsse in späteren Jahren nicht zur Nachholung verwendet werden (*Müller/Schubert* DStR 2000, 1289).

Die Ausnahmeregelung besteht **neben** der Möglichkeit **der freien Rücklage** nach § 62 Abs 1 Nr 3 (bis 31.12.2013: § 58 Nr 7 Buchst a AO (Rn 182 ff). Der Unterhalt mindert nach AEAO Nr 12 zu § 58 Nr 7 nicht die Bemessungsgrundlage für die freie Rücklage nach diesen Vorschriften (zust *Müller/Schubert* DStR 2000, 1289). Das ist wohl zutreffend, weil die Vorschriften des § 58 AO nicht die Einkommenserzielung, sondern -verwendung betreffen. Nicht zu dem Einkommen der Stiftung gehören Erträge aus einem Vermögensgegenstand, an dem der Zuwendende sich ein Nutzungsrecht vorbehalten hat (*Schauhoff* DB 1996, 1693; *Götz* Inf 1997, 141). Zu Möglichkeiten und Gefahren einer „unternehmensverbundenen" Stiftung *Götz* Inf 1997, 652; zur ungeschmälerten Erhaltung des Stiftungsvermögens *Carstensen* WPg 1996, 781; zu Möglichkeiten individueller Nachfolgegestaltung *Turner/Doppstädt* DStR 1996, 1448; zu den Möglichkeiten einer auflösenden Bedingung vgl *Müller/Schubert* DStR 2000, 1289; zu Gewinnermittlungsgrundsätzen *Orth* DStR 2001, 325.

177 **gg) Gesellige Zusammenkünfte (Nr 7). Ausnahme** vom Gebot der **Ausschließlichkeit** und **Selbstlosigkeit**. Die Vorschrift ist nicht nur unbestimmt, sondern gemessen am Begünstigungszweck auch falsch formuliert. Von **untergeordneter Bedeutung** ist, was weniger als die Hälfte der Aktivität ausmacht. Das Gesetz meint jedoch sicher, dass die geselligen Zusammenkünfte nicht oder kaum messbar ins Gewicht fallen (AEAO Nr 19 zu § 58 Nr 8 AO wiederholt Gesetzeswortlaut); allgemein wird ein Anteil von **nicht mehr als 10%** des Gesamtaufwands der Körperschaft angenommen (vgl BFH I B 160/11 BFH/NV 2012, 1478). Vereine, bei denen der „Sport" häufig nur noch Mittel zum geselligen Zweck ist (vgl zu Schützenvereinen *OFD Hannover* DStR 1999, 1856), können daher nicht gemeinnützig sein; ebenso Vereine, die gesellige Veranstaltungen als *Vereinszweck* in die Satzung aufnehmen (FG Berlin EFG 1985, 146). **Einnahmen** anlässlich von geselligen Veranstaltungen begründen einen wirtschaftlichen Geschäftsbetrieb (FG Rh-Pf 6 K 1104/09 EFG 2010, 1552 zu Karnevalssitzungen).

178 **hh) Teilweise Förderung des bezahlten Sports (Nr 8). Ausnahme** vom Gebot der **Selbstlosigkeit**. Sportliche Veranstaltungen sind nach § 67 a AO (Rn 274 ff) ab 1.1.1990 als Zweckbetrieb anzusehen, wenn die Einnahmen pro Jahr 35 000 € (bis 31.12.2006 30 678 €) nicht übersteigen. Da hierbei auch Sportler bezahlt werden können, soll mit der Vorschrift verhindert werden, dass wegen des hierin liegenden Verstoßes gegen den Grundsatz der Selbstlosigkeit (Rn 117 ff) die Gemeinnützigkeit verloren geht (BTDrs 11/4176, 10). Dieser Sachzusammenhang bedingt mE aber, dass Zahlungen an Sportler, die die Einnahmen aus Veranstaltungen insgesamt übersteigen, zum Verlust der Steuerbefreiung führen (aA wohl *BMF* BStBl I 1990, 818, 823); ebenso Zahlungen außerhalb von Veranstaltungen.

179 **ii) Zuschüsse von Stiftungen zur Erfüllung steuerbegünstigter Zwecke (Nr 9). Ausnahme** vom Gebot der **Unmittelbarkeit**. Hiermit soll es von **Gebietskörperschaften** gegründeten Stiftungen (zB Deutsche Bundesstiftung Umwelt, BTDrs 12/5630, 97) ermöglicht werden, Zuschüsse an Wirtschaftsunternehmen für Projekte zur Erfüllung der steuerbegünstigten Zwecke der Stiftung zu geben. Ohne diese Gesetzesänderung durch das StMBG v 21.12.1993 (BGBl I 1993, 2310), die ab 1.1.1993 anzuwenden ist, müssten die durch Zuschüsse geförderten Wirtschaftsunternehmen Hilfspersonen gem § 57 Abs 1 Satz 1 AO sein, was diese „sehr einengen und die Zuschüsse dadurch vielfach uninteressant machen" und „auch für die Stiftungen Risiken insb haftungsrechtlicher Art begründen" würde

Gemeinnützige Zwecke § 3 Nr 6

(BTDrs aaO). An den übrigen Gemeinnützigkeitsvoraussetzungen, zB Forschungsergebnisse für die Allgemeinheit zugänglich zu machen, soll sich hierdurch nichts ändern. Die Beschränkung auf von Gebietskörperschaften gegründete Stiftungen wird mit dem Ziel, Missbrauch zu vermeiden, begründet, denn diese würden „regelmäßig besonderen Kontrollen durch die Gründungskörperschaften und den Bundesrechnungshof oder einen Landesrechnungshof" unterliegen (BTDrs 12/5630, 98). Die Vorschrift ist im Hinblick auf Art 3 Abs 1 GG bedenklich (*Koch/Scholtz* § 58 AO Rn 10/2), denn einer erweiternden Auslegung, etwa zu Gunsten von Wirtschaftsförderungsgesellschaften, ist sie nicht zugänglich (BFH I R 38/96 BFH/NV 1997, 904; für eine analoge Anwendung auf privatrechtliche Stiftungen *Dehesselles* DB 2005, 72). Die Verwendung der Mittel muss nachgewiesen werden (AEAO Nr 20 zu § 58 Nr 10 AO).

jj) Erwerb von Gesellschaftsrechten (Nr 10). (1.) Grundsätzliches. Die 180 Mittelverwendung darf **allein der Erhaltung** der prozentualen Beteiligung dienen. Eine Verwendung für erstmalige Anschaffungen und Aufstockungen von Beteiligungen an Kapitalgesellschaften ist ebensowenig zulässig wie für den Erwerb von Beteiligungen an einer Personengesellschaft (*Stahlschmidt* FR 2002, 1109). Sie darf aber aus freien Rücklagen (Rn 207b) erfolgen.

(2.) Aus welchen Mitteln die Körperschaft die Gesellschaftsrechte erwirbt, ist unerheblich (AEAO Nr 16 zu § 58 Nr 7 AO; zust *Ley* BB 1999, 626). Es können Spenden, Beiträge, Erlöse aus wirtschaftlichen Geschäftsbetrieben einschließlich Zweckbetrieben oder aus Vermögensverwaltung verwendet werden. Allerdings besteht die **Verwendungsfrist** bis zum Ende des Zuflussjahres. Auf die **Beteiligungshöhe** kommt es nicht an. Es darf sich aber nicht um eine Beteiligung handeln, die infolge des Einflusses der Körperschaft auf die Geschäftsführung der Gesellschaft einem wirtschaftlichen Geschäftsbetrieb zuzuordnen ist. Auch muss sich auf Dauer ein Überschuss aus der Beteiligung ergeben.

(3.) Die verwendeten Mittel **mindern die nach § 62 Abs 1 Nr 3** zulässige Rücklage (freie Rücklage); übersteigen sie diese, dann sind erneute freie Rücklagen erst dann wieder zulässig, wenn die hierfür verwendbaren Mittel insgesamt die für die Beteiligungsquote verwendeten Mittel übersteigen (AEAO Nr 17 zu § 58 Nr 7 AO). Angesprochen ist der Wortlaut und innerem Zusammenhang der Vorschrift mE der **Gesamtbetrag der Rücklage,** nicht nur der in dem jeweiligen Jahr zusätzlich zuzuführende Betrag (**aA** jedoch AEAO Nr 17 zu § 58 Nr 7 AO; *Ley* BB 1999, 626).

(frei) 181–194

9. Satzungsmäßigkeit

a) Sicherung des steuerbegünstigten Zweckes. Die **Festlegung durch die** 195 **Satzung** ist weitere Grundvoraussetzung. Nach § 59 AO wird die Steuerbegünstigung gewährt, wenn sich aus der Satzung, dem Stiftungsgeschäft oder der sonstigen Verfassung (Satzung im Sinne dieser Vorschrift) ergibt, welchen Zweck die Körperschaft verfolgt, dass dieser Zweck den Anforderungen der §§ 52–55 AO entspricht und dass er ausschließlich und unmittelbar verfolgt wird; die tatsächliche Geschäftsführung muss diesen Satzungsbestimmungen entsprechen. Die Vorschrift enthält also formelle und materielle Anforderungen.

Literatur: *Kümpel,* Anforderungen an die tatsächliche Geschäftsführung bei steuerbegünstigten (gemeinnützigen) Körperschaften, DStR 2001, 152; *Osterkorn,* Zur Fassung des Satzungszwecks steuerbegünstigter Körperschaften, DStR 2002, 16; *Hüttemann,* Der neue Anwendungserlass zum Gemeinnützigkeitsrecht (§§ 51–68 AO), FR 2002, 1337; *Schiffer,* Aktuelles Beratungs-Know-How Gemeinnützigkeits- und Stiftungsrecht, DStR 2003, 1015; *Bäcker,* Müssen gemeinnützige Körperschaften die Mustersatzung gemäß Anlage 1 zu § 60 AO verwenden?, ZSteu

2010, 309; *Köster,* Bindende Mustersatzungen für gemeinnützige Körperschaften, DStZ 2010, 166; *Roth,* Anwendungsprobleme der gesetzlichen Mustersatzung in der Anlage 1 zu § 60 Abs 1 Satz 2 AO, StBW 2011, 413.

196 **aa) Formelle Satzungsmäßigkeit.** Das Gebot betrifft die **Grundordnung** der betreffenden Körperschaften. Es wird präzisiert durch § 60 AO (Rn 199 ff). Es muss von Anfang an (vgl Nds FG EFG 1991, 362) und während des gesamten jeweiligen EZ erfüllt sein (§ 60 Abs 2 AO). Es ist auch dann unverzichtbar, wenn zweifelsfrei erkennbar ist, dass die Tätigkeit allein auf den anerkannten Zweck ausgerichtet ist (RFH RStBl 1938, 879). Änderungen mit rückwirkender Kraft sind nicht zulässig (RFH RStBl 1942, 746). Verstöße führen zum Verlust der Gemeinnützigkeit und zur Steuerpflicht nur der Tätigkeiten, die die Voraussetzungen einer Einkunftsart nach § 2 Abs 1 EStG erfüllen (BFH I R 280/81 BStBl II 1988, 75).

(1.) Bei Kapitalgesellschaften ist der **Gesellschaftsvertrag** maßgebend, bei Vereinen die **Satzung,** bei einem Betrieb gewerblicher Art einer Körperschaft des öffentlichen Rechts die **Sitzungsniederschrift** über seine Einrichtung. Ein Landkreis genügt dem Erfordernis nicht, wenn er lediglich die Haushaltsplansätze für die Krankenhäuser unter dem Einzelposten Gesundheit aufführt (BFH I R 21/81 BStBl II 1985, 162). Führt eine Körperschaft des öffentlichen Rechts mehrere Betriebe gewerblicher Art, dann ist *für jeden* eine eigene Satzung erforderlich (vgl AEAO Nr 2 zu § 59 AO). Gleichwohl ist sie steuerrechtlich Subjekt für jeden dieser Betriebe (BFH I R 7/71 BStBl II 1974, 391).

(2.) **Außerhalb der Satzung** getroffene Vereinbarungen (zB Willensäußerungen bei Mitgliederversammlungen) genügen nicht (BFH I R 3/88 BStBl II 1989, 595; I R 95/97 BFH/NV 1999, 739; I R 2/98 BFH/NV 2000, 297; I B 75/98 BFH/NV 2000, 301); ebensowenig ein Hinweis auf den Inhalt der Satzung einer übergeordneten Organisation (BFH I R 47/89 BFH/NV 1992, 695).

197 **bb) Materielle Satzungsmäßigkeit. Inhaltlich** bedeutet die formelle Sicherung, dass Mittel und Wege, die der Zweckerreichung dienen, in der Satzung so **genau umschrieben** sein müssen, dass eine Prüfung möglich ist, ob die begünstigten Zwecke verfolgt werden und ob die übrigen genannten Voraussetzungen vorliegen (§ 60 Abs 1 AO; Rn 199; BFH I R 39/78 BStBl II 1979, 482; X R 165/88 BStBl II 1992, 1048; I R 14/82 BFH/NV 1987, 632; V S 12/99 BFH/NV 2000, 996; zum Problem *Osterloh* DStR 2002, 16). Es genügt weder eine bloße Bezugnahme auf den Wortlaut des Gesetzes (RFH RStBl 1933, 1033; 1938, 828; FG Rh-Pf EFG 1994, 594 rkr) noch auf andere Regelungen oder Satzungen Dritter (BFH I R 3/88 BStBl II 1989, 595; I R 47/89 BFH/NV 1992, 695), noch die Absicht, sich im Rahmen der Satzungen anderer Organisationen zu betätigen (BFH X R 165/88 BStBl II 1992, 1048).

Auch verlangt der Wortlaut des § 59 AO, dass in der Satzung **die Worte „ausschließlich"** und **„unmittelbar"** verwendet werden. Die Vorschrift stellt auf die Bestimmtheit der Satzung selbst und nicht auf Bestimmbarkeit durch Unterlagen außerhalb der Satzung ab (*Gmach* FR 1992, 313); **aA** ist zu Unrecht BFH I R 94/02 BStBl II 2005, 721; konsequent daher der NAnwErl *BMF* BStBl I 2005, 902. Einzelheiten in Rn 200.

Die **Voraussetzungen für die Mitgliedschaft** und deren Beendigung müssen sich aus der Satzung selbst ergeben (BFH X R 165/88 BStBl II 1992, 1048). Auch die Rechte und Pflichten der Mitglieder und Nichtmitglieder müssen dargestellt sein und dürfen nicht zu einer Privilegierung der Mitglieder führen (OFH StuW 1947, Nr 23). **AA** ist der I. Senat des **BFH,** der Satzungsklauseln über die Voraussetzungen für die Aufnahme nicht für erforderlich hält; unbedenklich ist auch auch, dass Aufnahmegesuche von bestimmten Bewerbern befürwortet, also auch abgelehnt werden können; sie dienten der Gewährleistung eines geordneten Vereinslebens (BFH I R 64/77 BStBl II 1979, 488; I R 19/96 BStBl II 1997, 794; zust *Gast-*

Gemeinnützige Zwecke **§ 3 Nr 6**

deHaan DStR 1996, 405; *Gmach* FR 1997, 793, 801). Es bleibe Aufgabe des FA, im Rahmen der laufenden Überprüfung festzustellen, ob die tatsächliche Handhabung zu einem Ausschluss der Allgemeinheit geführt habe (BFH I R 19/96 aaO). Diese im offenen Widerspruch zum Wortlaut des § 59 AO stehende Auffassung gerät in der Praxis zu einem wohlfeilen Instrument des Vereinsvorstandes, die Aufnahme von Mitgliedern nach satzungsfremden Gesichtspunkten zu steuern, zumal die FÄ im Massenverfahren mit der ihnen vom BFH zugedachten Aufgabe überfordert sein werden.

cc) Unschädliche Betätigungen. Nicht erforderlich, aber unschädlich ist 198 nach hM, dass in der Satzung auch eine für die Steuerbefreiung unschädliche Betätigung, zB wirtschaftliche Geschäftsbetriebe, Vermögensverwaltung, geregelt wird (BFH I R 35/94 BStBl II 1996, 583; I R 15/02 BStBl II 2003, 384; AEAO Nr 1 zu § 58 AO; *Koch/Scholz* § 59 Rn 5/1; aA *Hüttemann* FR 2002, 1337). Das gilt ebenso für bestimmte Tätigkeiten nach § 58 AO (hierzu Rn 166 f), für die Aufnahme der Regelung in § 57 Abs 1 Satz 2 AO in die Satzung (BFH I R 15/02 aaO) sowie für die Vergabe von Darlehen (AEAO Nr 17 zu § 55 Abs 1 AO).

b) Anforderungen an die Satzung. Sie sind in **§ 60 Abs 1 AO** niedergelegt. 199 Danach müssen die Satzungszwecke und die Art ihrer Verwirklichung so genau bestimmt sein, dass auf Grund der Satzung geprüft werden kann, ob die satzungsmäßigen Voraussetzungen für die Steuervergünstigungen gegeben sind. Die Satzung muss die in der Anlage 1 zu § 60 AO bezeichneten Festlegungen enthalten.

Nach **§ 60 Abs 2 AO** muss die Satzung den vorgeschriebenen Erfordernissen bei der KSt und bei der GewSt während des ganzen Veranlagungs- oder Bemessungszeitraums, bei den anderen Steuern im Zeitpunkt der Entstehung der Steuer entsprechen.

aa) Funktion. Die satzungsmäßige Sicherung hat die Funktion eines **Buchnach-** 200 **weises** (BFH VIII B 74/99 BStBl II 1993, 794; I B 124/98 BFH/NV 1999, 739; I R 95/97 BFH/NV 2000, 297; I B 75/98 BFH/NV 2000, 301; *Tipke/Kruse* § 60 AO Rn 3). Der Satzungszweck und dessen Verwirklichung sind jedoch soweit wie möglich zu konkretisieren (BFH I R 21/81 BStBl II 1985, 162). Die Körperschaft darf also nicht „nebeln", dh lediglich mit vagen dem Gesetz oder der Rechtsprechung entnommenen Formulierungen arbeiten (s jedoch Rn 203). Je weniger der verfolgte Zweck hinsichtlich seines gedanklichen Konzepts fassbar ist, desto höher sind die Anforderungen an die Pflicht, Zweck und Mittel der Verwirklichung genau zu bestimmen (BFH I R 47/89 BFH/NV 1992, 695). Daher genügt weder die Verwendung des Wortes „gemeinnützig" (RFH RStBl 1932, 856; FG Hamburg EFG 1985, 525; EFG 1989, 32) noch die Angabe „zu Selbstkosten für jedermann" (BFH I R 244/83 BFH/NV 1989, 479). Entsprechendes gilt für Formulierungen, wie „insbesondere" (FG Münster EFG 1993, 188 rkr), „etwa", „u.a." (*Gmach* FR 1995, 85). Bei einer kirchlichen Gesellschaft hat es BFH I R 35/94 BStBl II 1996, 583 jedoch ausreichen lassen, dass neben anderen Zwecken Wohnungen „vorrangig" an den Personenkreis des § 53 AO vermietet werden sollten.

bb) Art der Verwirklichung. Auch die Mittel und Wege zur **Verwirklichung** 201 **der Satzungszwecke** sind konkret darzustellen (vgl BFH I R 14/82 BFH/NV 1987, 632; I R 47/89 BFH/NV 1992, 695; *Bauer* FR 1989, 61). Andererseits ist eine erschöpfende Einzeldarstellung hierzu nicht erforderlich (vgl BFH I R 19/91 BStBl II 1992, 62 zu Vorträgen u.ä. eines u.a. volkspädagogisch wirkenden Vereins). Formalismen und Wortklaubereien sind insofern nicht angezeigt. Allerdings diagnostiziert der BFH in neuerer Zeit gelegentlich Wortklaubereien, wo das FA zu Recht fehlende Bestimmtheit bemängelt: obwohl in der Satzung der „Stauffer"-Entscheidung (BFH I R 94/02 BStBl II 2010, 331) offen bleibt, wie die Stiftung ihre Zwecke verwirklichen will („mittels Unterstützung" bestimmter Zielsetzun-

§ 3 Nr 6 Befreiungen

gen), also Unmittelbarkeit und Ausschließlichkeit in Rede stehen, hält der BFH diese Satzung insofern für ausreichend.

202 **cc) Negative Abgrenzungen.** Gelegentlich fordert der BFH den **Ausschluss der vorrangigen Förderung** von Mitgliedern durch die Satzung (BFH I R 55/08 BStBl II 2010, 335). Ebenso wird – allerdings nur fallweise – verlangt, dass die Körperschaft sich in der Satzung **negativ abgrenzen** muss von nicht gemeinnützigen Aktivitäten, die – angeblich – in der „Öffentlichkeit" mehr oder weniger unzutreffend mit der an sich gemeinnützigen Tätigkeit in Zusammenhang gebracht werden (BFH I R 47/89 BFH/NV 1992, 695 zur Transzendentalen Meditation wegen Nichtabgrenzung zu „Jugendsekten" mit Totalitätsanspruch) – eine nicht mit den §§ 59 ff AO in Einklang befindliche Auffassung, zumal die Funktion der Satzung nicht darin besteht, sie der Öffentlichkeit zur Anerkennung zu unterbreiten. Im Übrigen lassen sich auch bei grds anerkannten Zwecken abzugrenzende nicht anerkannte, ja schädliche Zwecke denken; gleichwohl hat die Rspr solche Anforderungen bei „eingängigen" Zwecken nicht gestellt. In der Praxis liefert dieses „einerseits – andererseits" ein wohlfeiles Instrumentarium für die Nichtanerkennung von Zwecken, die dem Rechtsanwender innerlich fremd sind und umgekehrt.

203 **dd) Auslegbarkeit.** Es genügt jedoch, wenn die begünstigten Zwecke durch **Auslegung** der Gesamtheit der Satzungsbestimmungen erkennbar sind (BFH I R 39/78 BStBl II 1979, 482; I R 203/81 BStBl II 1984, 844; I R 19/96 BStBl II 1997, 794; V R 57, 58/96 BStBl II 1999, 331; I R 47/89 BFH/NV 1992, 695; I B 134/96 BFH/NV 1998, 146; I R 2/98 BFH/NV 2000, 297). Insbesondere die Verwendung der Katalogbegriffe der § 52 Abs 2 AO (Rn 53 ff) kann genügen (vgl BFH I R 203/81 aaO). Bei der Auslegung ist zu berücksichtigen, dass die Satzung nicht nur der Erlangung der steuerlichen Vorteile, sondern auch der **Organisation des Vereins** sowie der Festlegung der Befugnisse seiner Organe dient (BFH I R 15/02 BStBl II 2003, 384; I R 94/02 BStBl II 2005, 721; *Schiffer* DStR 2003, 1015).

(1.) Auch ob ein Zweck **„jedermann bekannt"** ist oder nicht, kann bei der Auslegung eine Rolle spielen.Bei dem Rechtsanwender eher *unbekannten Zwecken,* wie „Transzendentaler Meditation", „Yoga-Psychologie" und ähnlichen Konzepten (vgl BFH I R 14/82 BFH/NV 1987, 632; I B 75/98 BFH/NV 2000, 301; I R 47/89 BFH/NV 1992, 695; FG Düsseldorf EFG 1990, 2; anders noch bei „Yoga-Meditation" BFH I R 81/70 BStBl II 1972, 440; dem BFH I R 14/82 aaO wohl nicht mehr folgen würde) ist die Rspr kleinlicher als bei Aktivitäten nach dem Katalog des § 52 Abs 2 AO (vgl zu Umweltschutz u.ä. BFH I R 203/81 BStBl II 1984, 844). Verfolge die Körperschaft einen Zweck, dem kein jedermann bekanntes begrifflich fest umrissenes Konzept zu Grunde liegt, so muss es folglich in der Satzung niedergelegt werden (s die o.a. Rspr).

(2.) Weitere Beispiele für eine **nicht anerkannte** Satzung: FG Münster EFG 1994, 810 (Scientology; teilw vom BFH nv bestätigt); FG München EFG 1996, 938 (religiöses Leben der Vervollkommnung im Sinne des Werkes der Hl. Engel in der römisch-katholischen Kirche, rkr); FG Nürnberg EFG 2000, 1351 (Universale Kirche, rkr); hierzu *OFD Magdeburg* DStZ 2002, 194. Nach FG Saarl EFG 1997, 38 rkr umfasst etwa der „Betrieb eines Altenheimes" auch den Betrieb eines „Altenwohnheimes". Der mit „soziale Zwecke" bezeichnete Satzungszweck ist jedoch zu unscharf (vgl Nds FG EFG 1998, 596, nv bestätigt); ebenso der satzungsmäßige Zweck, soziale Einrichtungen zu bauen und zu erweitern (BFH I R 95/97 BFH/NV 1999, 739).

(3.) Hilfreich und **ab EZ 1999** de facto **Pflicht** ist die Heranziehung der **Mustersatzung** (Anlage 1 zu § 60 AO; AEAO Anlage zu Nr 5 zu § 60 AO). Bei ihr handelt es sich zwar nicht um Rechtsnormen, weswegen **Abweichungen** von ihrem Wortlaut zulässig sind (vgl im Einzelnen AEAO Nr 2 zu § 60 AO; *Bäcker* ZSteu 2010, 309; *Köster* DStZ 2010, 166; *Roth* StBW 2011, 413). Allerdings schreibt § 60 Abs 1

Gemeinnützige Zwecke § 3 Nr 6

Satz 2 AO die Übernahme der in ihr bezeichneten **Festlegungen** vor. Die (Nicht-)Ausrichtung der Satzung der gemeinnützigen Vereinigung an ihnen hat – im Gegensatz zur früheren Rspr (vgl BFH I B 21/96 BFH/NV 1997, 732)- dann Einfluss auf die Anerkennung, wenn es insoweit an der Beachtung der entsprechenden Vorschriften der AO (insb §§ 59 ff) fehlt (vgl AEAO Nr 2 zu § 60 AO). Ob bei sprachlichem Nachvollzug einer Mustersatzung die Satzung unklar ist, ist ernsthaft zweifelhaft (BFH V S 12/99 BFH/NV 2000, 996).

c) Satzungsmäßige Vermögensbindung. Sie ist weitere **gemeinsame** 204 **Grundvoraussetzung** (Ausnahme § 62 AO, Rn 209). Nach **§ 61 Abs 1 AO** liegt eine steuerlich ausreichende Vermögensbindung (§ 55 Abs 1 Nr 4 AO) vor, wenn der Zweck, für den das Vermögen bei Auflösung oder Aufhebung der Körperschaft oder bei Wegfall ihres bisherigen Zwecks verwendet werden soll, in der Satzung so genau bestimmt ist, dass auf Grund der Satzung geprüft werden kann, ob der Verwendungszweck steuerbegünstigt ist (Rn 200).

Die Bestimmung über die Vermögensbindung ist **immer erforderlich,** und zwar auch dann, wenn das Vermögen kraft Gesetzes (etwa §§ 87, 88, 46 BGB) an den Staat fällt (RFH RStBl 1937, 273).

Betroffen ist auch für das vor der Anerkennung als gemeinnützig angesammelte Vermögen (*FM Hessen* DStR 1993, 1296; zweifelnd BFH V B 142/01 BFH/NV 2002, 309; s auch Rn 144).

aa) Konkrete Bestimmung. Erforderlich ist eine **genaue Bestimmung**, so 204a dass eine anderweitige Verwendung nach der Satzung ausgeschlossen ist (schon RFH RStBl 1936, 626). Das erfordert entweder den Namen der bedachten Körperschaft, wenn diese einen bestimmten gemeinnützigen Zweck verfolgt, oder die Angabe dieses bestimmten Zwecks. Die **Nennung der Körperschaft** ist nicht in jedem Fall erforderlich; das Gesetz verlangt nur die **Angabe des Zwecks** (vgl die Mustersatzung Anlage 1 zu § 60 AO; Anlage zu AEAO Nr 5 zu § 60 AO). Dem ist nicht genügt wenn nach der Satzung im Fall der Auflösung der Körperschaft oder Wegfall ihres Zwecks das Vermögen ganz allgemein zu gemeinnützigen, mildtätigen oder kirchlichen Zwecken verwendet werden soll; bei Nennung einer Körperschaft u.a. mit weltanschaulichen Zwecken „zur Verwendung für gemeinnützige Zwecke", weil diese Bestimmung erst die Prüfung der Gemeinnützigkeit der Empfängerkörperschaft erfordert (Hess FG 4 K 3773/05 EFG 2009, 1356 rkr). Das gilt auch für die Bezugnahme auf die Satzung des Destinatärs („an X-Verein zur Verwendung für satzungsmäßige Zwecke", BFH I R 2/98 BFH/NV 2000, 297). Auch die Nennung eines (gemeinnützigen) Gesellschafters genügt nicht (BFH I B 134/96 BFH/NV 1998, 146); ebenso die Formulierung „zur treuhänderischen Verwaltung" (*OFD Chemnitz* DB 2005, 1998).

Als **Empfängerkörperschaft** kommen in Betracht inländische steuerbegünstigte Körperschaften, die in § 5 Abs 2 Nr 2 KStG aufgeführten Körperschaften und juristische Personen des öffentlichen Rechts (AEAO Nr 1 zu § 60 AO).

bb) Künftige Bestimmung. Konnte **aus zwingenden Gründen** der künftige 204b Verwendungszweck des Vermögens bei der Aufstellung der Satzung noch nicht genau angegeben werden, so genügte es nach **§ 61 Abs 2 AO aF,** wenn in der Satzung bestimmt wurde, dass das Vermögen bei Auflösung oder Aufhebung der Körperschaft oder bei Wegfall ihres bisherigen Zweckes zu steuerbegünstigten Zwecken zu verwenden ist und dass **der künftige Beschluss** der Körperschaft über die Verwendung erst nach Einwilligung des Finanzamts ausgeführt werden darf. Die *Vorschrift* ist jedoch durch G v 10.10.2007 (BGBl I 2007, 2332) mWv 1.1.2007 (Art 97 § 1 d EGAO) **aufgehoben.**

(1.) Die Körperschaft musste jedoch die **zwingenden Gründe** – soweit sie sich nicht aus der Satzung ergeben – **substantiiert vortragen** und trug für das Bestehen

§ 3 Nr 6 Befreiungen

der Gründe bei Aufstellung der Satzung die Feststellungslast. Ob ein Grund „zwingend" war, hing – naturgemäß – von den Umständen des Einzelfalles ab (BFH I R 52/03 BStBl II 2005, 514).

(2.) Als **zwingender Grund** für die Ausnahme kam mE in Betracht, dass der befreiten Körperschaft daran lag, das Vermögen iS ihres konkreten eigenen Zwecks zu verteilen, eine entsprechende Zweckverfolgung durch andere Personen jedoch noch nicht bekannt war. In einem solchen Fall musste es der Körperschaft offen bleiben, ihr Vermögen durch gesonderten Beschluss mit Einwilligung des FA zu verteilen. Aber auch in einem solchen Fall durfte die Körperschaft nicht nur bestimmen, das Vermögen solle mit Zustimmung des FA verteilt werden (BFH I 62/63 BStBl II 1968, 24). Das FA hatte bei der Einwilligung **kein Ermessen.** Es musste sie erteilen, wenn durch den gesonderten Beschluss nach § 61 Abs 2 AO Verhältnisse geschaffen wurden, die den Voraussetzungen des § 61 Abs 1 AO entsprachen.

(3.) Die **Aufhebung der Vorschrift** erfolgte vor dem Hintergrund zahlreicher Streitigkeiten zwischen Stpfl u FÄ (BTDrs 16/5200, 22) sowie einer engen Handhabung durch den BFH (vgl BFH I R 52/03 BStBl II 2005, 514). Geprüfte Satzungen genießen **Vertrauensschutz** (vgl *BMF* BStBl I 2004, 1059) bis zur nächsten Satzungsänderung (BTDrs aaO).

204c cc) **Nachversteuerung.** Wird die Bestimmung über die **Vermögensbindung nachträglich** so **geändert,** dass sie den Anforderungen des § 55 Abs 1 Nr 4 AO nicht mehr entspricht, so gilt sie nach **§ 61 Abs 3 AO** von Anfang an als steuerlich nicht ausreichend. § 175 Abs 1 Satz 1 Nr 2 AO ist mit der Maßgabe anzuwenden, dass Steuerbescheide erlassen, aufgehoben oder geändert werden können, soweit sie Steuern betreffen, die innerhalb der letzten 10 Kalenderjahre vor der Änderung der Bestimmung über die Vermögensbindung entstanden sind.

Literatur: *Kindler,* Möglichleiten und Grenzen der Umwandlung eines gemeinnützigen Vereins in einen „steuerpflichtigen Gewerbebetrieb", FR 2011, 411; *Wittke,* Rückwirkende Aberkennung der Gemeinnützigkeit bei verdeckter Gewinnausschüttung, BeSt 2011, 14; *Wallenhorst,* Die Nachversteuerung in § 61 Abs 3 AO bei Verstößen gegen die Vermögensbindung durch die tatsächliche Geschäftsführung, DStR 2011, 698; *Weidmann/Kohlhepp,* gGmbH: Aberkennung der Gemeinnützigkeit auf Grund verdeckter Gewinnausschüttungen, DB 2011, 497; *Kirchhain,* Privatnützige Zuwendungen gemeinnütziger Körperschaften, FR 2011, 640.

204d (1.) Die Vorschrift sieht die **Aberkennung der Gemeinnützigkeit** und **Nachversteuerung** für 10 Jahre bei schädlichen Satzungsänderungen vor (hierzu die oa Literatur). Sie ist sehr weitreichend und greift auch dann ein, wenn die Vermögensbindung erst nach dem Verlust der Steuerbegünstigung geändert wird. Darüber hinaus erfasst sie Zeiträume, in denen die Satzung dem § 51 Abs 1 Nr 4 AO entsprochen hat. Das Vorliegen einer Steuerhinterziehung für die 10-Jahres-Frist ist nicht erforderlich. Die Rechtsfolge entspricht der von Verstößen gegen die Vermögensbindung durch die tatsächliche Geschäftsführung (Rn 215). Auch ist **keine Heilungsmöglichkeit,** etwa durch umgehende Berichtigung, vorgesehen. Zu den Problemen bei einer **Umwandlung** *Kindler* FR 2011, 411.

(2.) Insofern liegt mE ein Verstoß gegen das **Übermaßverbot** (ebenso *Tipke/Kruse,* § 61 AO Rz 3) vor. Wird eine geänderte Satzung noch vor der Verteilung zu nicht begünstigten Zwecken iSd § 61 Abs 1 AO erneut geändert und diese Änderung auch beachtet, dann besteht kein Anlass für die Nachversteuerung. Dagegen besteht bei einer schädlichen Satzungsänderung ein solcher Anlass auch im Hinblick auf die Jahre, in denen die Satzung den Bestimmungen des § 55 Abs 1 Nr 4 AO entsprochen hat. Denn in dieser Zeit wurde steuerbegünstigtes Vermögen angesammelt, das nunmehr zu nicht begünstigten Zwecken verteilt wird. Nach BFH V B 142/01 BFH/NV 2002, 309 ist zweifelhaft, ob die Aberkennung der

Gemeinnützigkeit auch für die Jahre erfolgen muss, in denen aus dem betreffenden Vermögen kein steuerlicher Vorteil gezogen wurde.

d) Ausnahmen von der satzungsmäßigen Vermögensbindung. Nach § 62 **205** AO aF brauchte bei **Betrieben gewerblicher Art** von Körperschaften des öffentlichen Rechts, bei bis zum 19.12.2006 gegründeten staatlich beaufsichtigten Stiftungen (vgl Art 97 § 1 f EGAO), bei den von einer Körperschaft des öffentlichen Rechts verwalteten unselbstständigen Stiftungen und bei geistlichen Genossenschaften (Orden, Kongregationen) die Vermögensbindung in der Satzung nach § 62 AO nicht festgelegt zu werden (hierzu BFH I R 85/02 BStBl II 2005, 149). Diese Grundsätze galten auch für eine **ausländische** staatliche Aufsicht, selbst wenn das ausländische Stiftungsrecht den Anforderungen des § 61 Abs 1 AO nicht genügt (BFH I R 94/02 BStBl II 2005, 721; I R 94/02 BStBl II 2010, 331). Unabhängig davon war auch hier die **tatsächliche Verwendung** für begünstigte Zwecke Voraussetzung dafür, dass eine Nachversteuerung nicht durchgeführt wird (AEAO Nr 1 zu § 62 AO aF).

Die **Vorschrift** ist durch G v 19.12.2008 (BGBl I 2008, 2794) mWv 1.1.2009 **aufgehoben** worden.

10. Rücklagen und Vermögensbildung

a) Grundsatz. Nach § 62 Abs 1 AO nF (BGBl 2013, 556, mWv 1.1.2014) **206** können Körperschaften ihre Mittel ganz oder teilweise
(Nr 1) einer Rücklage zuführen, soweit dies erforderlich ist, um ihre steuerbegünstigten satzungsmäßigen Zwecke nachhaltig zu erfüllen;
(Nr 2) einer Rücklage für die beabsichtigte Wiederbeschaffung von WG, die zur Verwirklichung der steuerbegünstigten satzungsmäßigen Zwecke erforderlich sind (Rücklage für Wiederbeschaffung). Die Höhe der Rücklage bemisst sich nach der Höhe der regulären AfA eines zu ersetzenden WG. Die Voraussetzungen für eine höhere Zuführung sind nachzuweisen;
(Nr 3) der freien Rücklage zuführen, jedoch höchstens ein Drittel des Überschusses aus der Vermögensverwaltung und darüber hinaus höchstens 10% der sonstigen nach § 55 Abs 1 Nr 5 AO zeitnah zu verwendenden Mittel. Ist der Höchstbetrag für die Bildung der freien Rücklage in einem Jahr nicht ausgeschöpft, kann diese unterbliebene Zuführung in den folgenden zwei Jahren nachgeholt werden;
(Nr 4) einer Rücklage zum Erwerb von Gesellschaftsrechten zur Erhaltung der prozentualen Beteiligung an Kapitalgesellschaften zuführen, wobei die Höhe dieser Rücklage die Höhe der Rücklage nach Nr 3 mindert;
Nach **§ 62 Abs 2 AO nF** hat die Bildung von Rücklagen nach Abs 1 innerhalb der Frist nach § 55 Abs 1 Nr 5 Satz 3 AO zu erfolgen. Rücklagen nach Abs 1 Nr 1, 2 u 4 sind unverzüglich aufzulösen, sobald der Grund für die Rücklagenbildung entfallen ist. Die freigewordenen Mittel sind innerhalb der Frist des § 55 Abs 1 Nr 5 Satz 3 AO zu verwenden.

Nach **§ 62 Abs 3 AO nF** unterliegen die folgenden Mittel nicht der zeitnahen Mittelverwendung nach § 55 Abs 1 Nr 5 AO:
(Nr 1) Zuwendungen von Todes wegen, wenn der Erblasser keine Verwendung für den laufenden Aufwand der Körperschaft vorgeschieben hat;
(Nr 2) Zuwendungen, bei denen der Zuwendende ausdrücklich erklärt, dass diese zur Ausstattung der Körperschaft mit Vermögen oder zur Erhöhung des Vermögens bestimmt sind;
(Nr 3) Zuwendungen aufgrund eines Spendenaufrufs der Körperschaft, wenn aus dem Spendenaufruf ersichtlich ist, dass die Beträge zur Aufstockung des Vermögens erbeten werden;
(Nr 4) Sachzuwendungen, die ihrer Natur nach zum Vermögen gehören.

§ 3 Nr 6

Nach **§ 62 Abs 4 AO nF** kann eine Stiftung im Jahr ihrer Errichtung und in den folgenden drei Kalenderjahren Überschüsse aus Vermögensverwaltung und Gewinne aus wirtschaftlichen Geschäftsbetrieben nach § 14 AO ganz oder teilweise ihrem Vermögen zuführen.

207 b) **Rücklagen (Abs 1).** Die Vorschrift entspricht § 58 Nrn 6 u 7 AO aF. Sie **betrifft** nur die begünstigten, **zeitnah zu verwendenden** Mittel, nicht auch den wirtschaftlichen Geschäftsbetrieb oder die Vermögensverwaltung (BFH I R 209/85 BFH/NV 1999, 244; *Ley* BB 1999, 626). Zu den dort zulässigen Rücklagen vgl Rn 129. 283). Die Rücklagenbildung ist auch bei **Spendensammel- und Fördervereinen** zulässig (BFH I R 19/85 BStBl II 1990, 28; AEAO Nr 11 zu § 58 Nr 6 AO, krit *Reiffs* DB 1991, 1247; zust *Gmach* FR 1992, 313). **Satzungsbestimmungen** über die Rücklagenbildung sind nicht erforderlich, aber dennoch zu empfehlen (*Schad/Eversberg* DB 1986, 2149). Die Rücklagen sind innerhalb der **Frist** nach § 55 Abs 1 Nr 5 AO (Rn 148) zu bilden (§ 62 Abs 2 Satz AO nF).

Die **Auflösung der Rücklagen** nach Nrn 1, 2 u 4 (Rn 207a, b und d) hat unverzüglich zu erfolgen, nachdem sich herausgestellt hat, dass der Grund für ihre Bildung entfallen ist (§ 62 Abs 2 Satz 2 AO nF). Das gilt mE auch, wenn und soweit die Rücklage höher ist als der Bedarf.

Die **freigewordenen Mittel** unterliegen dem Gebot der zeitnahen Mittelverwendung (§ 62 Abs 2 Satz 3 AO nF; hierzu Rn 148; *Stahlschmidt* FR 2002, 1109). In Betracht kommt mE auch die Verwendung für eine andere zulässige Rücklage; insofern ist § 62 Abs 2 Satz 2 AO nF offen (vgl zu § 58 Nr 7b AO aF *Jost* DB 1986, 1593; *Schad/Eversberg* DB 1986, 2149).

207a aa) **Erforderliche/gebundene Rücklagen (Abs 1 Nr 1). (1.)** Die **Dotierung** kann aus Mitteln des jeweiligen Bereichs erfolgen (im Einzelnen *Ley* aaO), eine Verwendungsquote besteht nicht (*Stahlschmidt* FR 2002, 1109). Bei der Bildung der Rücklage kommt es auf die Herkunft der verwendeten Mittel nicht an (AEAO Nr 9 zu § 58 Nr 6 AO); Mittel aus einem wirtschaftlichen Geschäftsbetrieb können jedoch erst nach der Versteuerung verwendet werden (AEAO Nr 12 zu § 58 Nr 6 AO). Die Dotierung hat mE je nach Herkunft der Mittel auf Grund einer Einnahmen-Überschuss-Rechnung oder einer Bilanz zu erfolgen (vgl hierzu *Thiel* DB 1992, 1900; *Ley* BB 1999, 626; *Schneider* StW 2003, 46; auch zur Umschichtung von freien und gebundenen Rücklagen).

Die **Rücklage** ist grundsätzlich **unabhängig von anderen** zulässigen Rücklagen zu bilden. Die Rücklagen sind jedoch gesondert auszuweisen; ein Verstoß hiergegen hat den Entzug der Steuervergünstigung zur Folge (BFH I R 21/76 BStBl II 1979, 496; AEAO Nr 18 zu § 58 Nr 6 u 7 AO; *Lehmann* DB 2006, 1281, 2007, 641). Eine allgemeine Kapitalansammlung, etwa in der Form von Wertpapiervermögen genügt dem nicht (BFH I R 21/76 BStBl II 1979, 496).

(2.) Erforderlichkeit der Rücklagenbildung bedeutet, es muss ein **nachweisbarer Zusammenhang** zwischen Rücklagenbildung und steuerbegünstigtem Zweck bestehen („gebundene" Rücklage). Ein Beschluss von Hauptversammlung oder Vorstand über die Durchführung der geplanten Maßnahme ist hinreichender Beleg (*Reiffs* aaO). Zudem muss das zu finanzierende Vorhaben bereits bestimmt sein und Zeitvorstellungen im Hinblick auf der Durchführung haben (vgl hierzu BFH I R 29/02 BStBl II 2003, 930; AEAO Nr 10 zu § 58 Nr 6 AO; s auch *BMF* BStBl I 2005, 831; zur Höhe der Rücklage vgl *Herbert* BB 1991, 187; zur Notwendigkeit der Abzinsung *Thiel* DB 1992, 1900). Die Rücklage kann nicht damit begründet werden, dass die Überlegungen zur Verwendung der Mittel noch nicht abgeschlossen seien (AEAO Nr 10 zu § 58 Nr 6 AO). Eine Rücklage für den *Erwerb* eines für die ideellen Zwecke *nicht erforderlichen Hotels* (kein Zweckbetrieb) durch einen Verein zur Förderung der Gesundheitspflege fällt nicht unter die Vorschrift (vgl BFH XI B 130/98 BFH/NV 1999, 1089). Zulässig ist aber die Rücklagenbildung für den

Gemeinnützige Zwecke § 3 Nr 6

Fall, dass wegen Nichtanerkennung der Gemeinnützigkeit **Steuernachzahlungen** fällig werden (BFH I B 116/96 BStBl II 1998, 1462).

(3.) Einzelheiten. In Betracht kommen eine Investitionsrücklage, Förderrücklage, Betriebsmittelrücklage und Instandhaltungsrücklage. Unterbleibt die Investition, ist die Rücklage aufzulösen (nach § 62 Abs 2 Satz 2 AO „unverzüglich"). Entsprechendes gilt bei einer Instandhaltungsrücklage. Zur Wiederbeschaffungsrücklage vgl Rn 207b.

Die *Betriebsmittelrücklage* ist für periodisch wiederkehrende Verpflichtungen (Löhne, Gehälter, ggf Steuern außerhalb des wirtschaftlichen Geschäftsbetriebs u.ä.) für „eine angemessene Zeitperiode" – mE abhängig vom Anfall der Kosten – zulässig (vgl AEAO Nr 10 zu § 58 Nr 6 AO), jedoch nur wenn die Zahlung laufender Betriebskosten nicht durch laufende Einnahmen gesichert ist (*Stahlschmidt* FR 2002, 1109); ihre Auflösung erfolgt bei Zahlung (*Ley* BB 1999, 626).

(4.) Das **Ende der Rücklagenbildung** muss mE absehbar sein (*Tipke/Kruse* § 58 AO Rn 7; **aA** RFH RStBl 1937, 542; 1941, 437; 1943, 258; *Brandmüller* BB 1978, 543). Das Erfordernis von Ziel- und Zeitvorstellungen ergibt sich aus der Formulierung der Vorschrift „soweit dies erforderlich ist". Zutreffend dürfte allerdings sein, dass ein verhältnismäßig naher Zeitpunkt für die Auflösung der Rücklage nicht verlangt werden kann. Das durchschnittliche Ausgabenvolumen wird hier eine Orientierungshilfe bieten. Hat die Körperschaft unberechtigterweise Mittel angesammelt, dann kann das FA ihr eine Frist für die Verwendung setzen (§ 63 Abs 4 AO; Rn 217).

(5.) Die **Vergabe von Darlehen** aus einer zulässigen Rücklage einschließlich der zulässigen Zuführungen unter den marktüblichen Bedingungen ist nach *BMF* BStBl I 1995, 40 zulässig (Zinsvergünstigung nur, wenn das mit dem Satzungszweck vereinbar). ME verstößt diese Auffassung gegen § 55 Abs 1 Nr 1 AO (Rn 128 ff) und § 62 Abs 1 Nr 1 AO nF (Erforderlichkeit!). Darlehensvergabe ist ein Risikogeschäft und verträgt sich – grundsätzlich – nicht mit dem Satzungzweck (Ausnahmen sind mE dann denkbar, wenn die Darlehensvergabe unmittelbar – § 58 Nr 1 u 2 AO – dem Satzungszweck dient).

bb) Wiederbeschaffungsrücklage (Abs 1 Nr 2). Die Wiederbeschaffungsrücklage dient der Wiederbeschaffung von WG, die für die Verwirklichung der steuerbegünstigten Zwecke erforderlich sind, für deren Wiedererwerb die laufenden Einnahmen jedoch nicht ausreichen. Die Wiederbeschaffung muss **beabsichtigt** sein; mE sind konkrete Zeitvorstellungen erforderlich (AEAO Nr 10 Satz 9 zu § 58 Nr 6 AO: „angemessener Zeitraum"). Die **Zuführung** bemisst sich nach der Höhe der regulären AfA des zu ersetzenden WG, ggf unter der entsprechenden Auflösung der gebundenen Rücklage für das vorhandene Wirtschaftsgut (*Ley* BB 1999, 626). Die Bemessung nach einer (Sonder)Afa (so noch AEAO Nr 10 Satz 12 zu § 56 AO) ist nach dem GWortlaut ausgeschlossen. Jedoch kommen höhere Zuführungen als die reguläre AfA in Betracht, wenn die Wiederbeschaffung entsprechend teurer werden kann; die hierauf deutenden Umstände sind nachzuweisen. Eine niedrigere Zuführung (so noch AEAO Nr 10 Satz 12 zu § 56 AO) ist nach dem GWortlaut ebenfalls ausgeschlossen, 207b

cc) Freie Rücklage (Abs 1 Nr 3). (1.) Grundsätzliches. Die Rücklage muss **nicht erforderlich** sein zur nachhaltigen Erfüllung der steuerbegünstigten Zwecke. Die Vorschrift dient der größeren Elastizität und Flexibilität begünstigter Körperschaften, insb im Hinblick auf die Planung und Durchführung größerer Projekte, deren Verwirklichung nicht ohne Weiteres absehbar ist (vgl zu § 58 Nr 7a AO aF BTDrs 10/3295, 1). Sie ist **neben Nrn 1 u 2 selbstständig** anwendbar; dh die Bildung einer freien Rücklage hat keinen Einfluss auf die Bewertung, ob nach Nr 1 zulässige Rücklage (noch) erforderlich ist. Die Bildung der Rücklage ist an **keine formale Voraussetzung** gebunden; insb ist eine Satzungsbestimmung nicht 207c

§ 3 Nr 6

erforderlich (*Ley* BB 1999, 626, 631). Gleichwohl wird eine solche allgemein empfohlen (zB *Schad/Eversberg,* DB 1986, 2149, 2152).

(2.) Die **Dotierung** darf auf der **ersten Bemessungsstufe** aus **Überschüssen aus Vermögensverwaltung,** nicht jedoch aus wirtschaftlichen Geschäftsbetrieben (einschließlich Zweckbetrieben), Mitgliedsbeiträgen, Spenden, Zuschüssen und anderen Mitteln erfolgen. Beträge hieraus können auf der zweiten Bemessungsstufe von Bedeutung sein. **Fehlen** entsprechende **Mittel aus der Vermögensverwaltung,** dann darf mE die freie Rücklage nicht aus einer Rücklage nach Nr 1 dotiert werden; sie ist den zeitnah zu verwendenden Mitteln entzogen, zumal sie als erforderlich ausgewiesen ist (Verstoß gegen das Gebot der zeitnahen Mittelverwendung; **aA** *Thiel* DB 1992, 1900; *Ley* BB 1999, 626).

Der **Begriff** der Vermögensverwaltung ist der des § 14 Abs 3 AO (Rn 241). Zur Vermögensverwaltung gehören auch die Erträge, die durch die Verwaltung des im Zusammenhang mit einer Rücklage gebildeten Vermögens entstehen (*Schad/Eversberg* DB 1986, 2149; *Ley* BB 1999, 626). Die nicht kurzfristige Überlassung von Räumen an eine andere steuerbefreite Körperschaft ist – wenn entgeltlich – Vermögensverwaltung (nicht zum ideellen Bereich gehörend). **Gewinne aus der Veräußerung** von verwalteten Vermögen sind mE abw von der Vorauflage einzubeziehen; da die Körperschaft keine Privatsphäre hat, ist nicht eine Entsprechung zu §§ 20 u 21 EStG, sondern zur Behandlung bei § 9 Nr 1 Satz 2 GewStG angezeigt (aA *Schad/Eversberg,* aaO; *Ley* aaO).

Unkosten sind dem Grunde nach Werbungskosten (AEAO Nr 13 zu § 58 Nr 7 AO). Die Ergebnisse mehrerer Bereiche der Vermögensverwaltung sind jedoch zusammenzurechnen. Verluste aus den Vorjahren sind mE vorzutragen (*Schad/Eversberg* DB 1986, 2149; *Ley* BB 1999, 626). *Verluste aus wirtschaftlichen Geschäftsbetrieben* (auch Zweckbetrieben) mindern die Bemessungsgrundlage für die Rücklagenbildung nicht (*Schad/Eversberg* aaO; *Ley* aaO).

(3.) Für die **zusätzliche Bemessungsstufe** („und darüber hinaus …10% der zeitnah zu verwendenden Mittel") kommt es nicht allein auf die Einnahmen an (trotz der Verwendung des Begriffes „Zufluss" in § 55 Abs 1 Nr 5 Satz 3 AO), sondern auf die **Nettogröße,** weil ansonsten die Verpflichtung zur zeitnahen Mittelverwendung weitgehend obsolet wäre (ebenso *Hüttemann,* DB 2000, 1534). Das gilt mE für **alle Bereiche** der Körperschaft (aA für Zweckbetriebe AEAO Nr 14 Satz 2 zu § 58 Nr 7 AO: Bruttoeinnahmen). Nicht einzubeziehen sind unabhängig von ihrem Einsatz für die Dotierung der Rücklage die **Überschüsse aus Vermögensverwaltung** (AEAO Nr 14 zu § 58 Nr 7 AO; ebenso *Herfurth/Dehesselles* Inf 2000, 553). Das G behandelt die zweite Möglichkeit offensichtlich als **neben** dem ⅓ aus der Vermögensverwaltung bestehende Größe; zudem würde eine Einbeziehung des Überschusses aus Vermögensverwaltung eine zweifache Begünstigung desselben bedeuten (*Stahlschmidt* FR 2002, 1109; *Schneider* StW 2003, 46). **Verluste** aus Zweckbetrieben sind mit Überschüssen zu verrechnen, nicht jedoch Verluste aus Vermögensverwaltung und sonstige Verluste (AEAO Nr 14 zu § 58 Nr 7 AO).

Bei Anwendung des § 64 Abs 5 u 6 AO (Rn 236 f) können nach AEAO Nr 14 zu § 58 Nr 7 AO statt der **geschätzten** bzw **pauschalierten Gewinne** auch die tatsächlichen Gewinne angesetzt werden; dem ist mE nicht zu folgen, denn der Rückgriff auf die zeitnah zu verwendenden Mittel nach § 55 Abs 1 Nr 5 AO (Rn 148) zeigt auf, dass die Gewinnermittlung zum Zwecke der Besteuerung und der Rücklagenbildung einheitlich zu erfolgen hat (aA auch *Hüttemann* FR 2002, 1337).

(4.) Die **Auflösung** der freien Rücklage ist während des Bestehens der Körperschaft **nicht erforderlich** (AEAO Nr 15 zu § 58 Nr 7 AO). Hat die Körperschaft unberechtigterweise Mittel angesammelt, dann kann das FA ihr eine Frist für die Verwendung setzen (§ 63 Abs 4 AO; Rn 217). Auch die in der freien Rücklage gebundenen Mittel dürfen mE nur für den ideellen Bereich der Körperschaft ver-

Gemeinnützige Zwecke §3 Nr 6

wendet werden, da sie ansonsten der zeitnahen Mittelverwendung unterfallen würden (aA *Ley* BB 1999, 626; *Orth* DStR 2001, 325). Zum Zusammenhang mit der Verwendung von Mitteln für Gesellschaftsrechte vgl Rn 207d.

(5.) Die **Nachholung** ausgelassener Rücklagen ist im Gegensatz zur bisherigen Rechtslage (AEAO Nr 15 zu § 58 Nr 7 AO) **innerhalb von 2 Jahren** zulässig (Nr 3 Satz 2).

dd) Rücklage für Gesellschaftsrechte (Abs 1 Nr 4). (1.) Grundsätzliches. 207d
Die Rücklage darf **allein der Erhaltung** der prozentualen Beteiligung dienen. Rücklagen für erstmalige Anschaffungen und Aufstockungen von Beteiligungen an Kapitalgesellschaften sind ebensowenig zulässig wie Rücklagen für den Erwerb von Beteiligungen an einer Personengesellschaft (*Stahlschmidt* FR 2002, 1109). Sie dürfen aber aus freien Rücklagen (Rn 207b) erfolgen. Die Vorschrift ist neben den Nrn 1 u 2 anzuwenden

(2.) Aus welchen Mitteln die Körperschaft die Gesellschaftsrechte erwirbt, ist unerheblich (AEAO Nr 16 zu § 58 Nr 7 AO; zust *Ley* BB 1999, 626). Es können Spenden, Beiträge, Erlöse aus wirtschaftlichen Geschäftsbetrieben einschließlich Zweckbetrieben oder aus Vermögensverwaltung verwendet werden. Auch dürfen die Mittel über mehrere Jahre angesammelt worden sein. Auf die **Beteiligungshöhe** kommt es nicht an. Es darf sich aber nicht um eine Beteiligung handeln, die infolge des Einflusses der Körperschaft auf die Geschäftsführung der Gesellschaft einem wirtschaftlichen Geschäftsbetrieb zuzuordnen ist. Auch muss sich auf Dauer ein Überschuss aus der Beteiligung ergeben. Die **Höhe der Rücklage** selbst hängt vom Bedarf ab, der sich daraus ergibt, dass eine Kapitalerhöhung aus Mitteln der Gesellschafter ansteht; im Übrigen ist sie unbegrenzt (*Stahlschmidt* FR 2002, 1109).

(3.) Die verwendeten Mittel **mindern die nach Nr 3** zulässigen Rücklagen; übersteigen sie diese, dann sind erneute freie Rücklagen erst dann wieder zulässig, wenn die hierfür verwendbaren Mittel insgesamt die für die Beteiligungserwerbe verwendeten Mittel übersteigen (AEAO Nr 17 zu § 58 Nr 7 AO). Angesprochen ist nach Wortlaut und innerem Zusammenhang der Vorschrift mE der jeweilige **Gesamtbetrag der Rücklage**, nicht nur der in dem jeweiligen Jahr zusätzlich zuzuführende Betrag (aA jedoch AEAO Nr 17 zu § 58 Nr 7 AO; *Ley* BB 1999, 626).

c) Vermögensbildung (Abs 3). Die Vorschrift des § 62 Abs 3 AO nF hat – 208
wie schon bisher nach § 58 Nr 11 AO aF – **Ausnahmecharakter.** Sie stellt klar, dass das nach ihren Regeln gebildete Vermögen nicht dem Gebot der zeitnahen Mittelverwendung nach § 55 Abs 1 Nr 5 AO (vgl Rn 149) unterliegt, und zudem, dass das **ausschließlich** für auf diesen Wegen gebildete Vermögen gilt. Insofern ist mE die **Aufzählung abschließend** (ebenso AEAO Nr 21 zu § 58 Nr 11 AO). **AA** dagegen zB *Hüttemann* (DB 2000, 1584; FR 2002, 1337): die Vorschrift sei Ausdruck eines allgemeinen Grundsatzes, wonach der Wille der Zuwendenden (auch konkludent erkennbar) darüber entscheide, wie die Sachzuwendung einzusetzen sei.

Unabhängig hiervon gehören die **Erträge** je nach ihrer Art zu den Einkünften aus Vermögensverwaltung bzw aus einem wirtschaftlichen Geschäftsbetrieb (ebenso *Schindler* BB 2000, 2078). Sie unterliegen – sofern nicht Rücklagen in diesen Bereichen oder nach Rn 207 ff in Betracht kommen – dem Gebot der zeitnahen Mittelverwendung (*Schwarz/Uterhark* § 58 Rn 33).

aa) Zuwendungen von Todes wegen (Abs 3 Nr 1). Voraussetzung ist eine 208a
letztwillige Verfügung iSv §§ 1937 ff, 2064 BGB, mE aber auch durch Erbvertrag (§ 2274 BGB). ME ist nicht erforderlich, dass die Körperschaft zum Erben, ggf Nacherben, eingesetzt worden ist (§§ 2087, 2100 BGB); auch ein Vermächtnis (§§ 1939, 2147 ff) oder eine Auflage (§§ 1940, 2192 BGB) sollten genügen. Erforder-

Güroff 341

§ 3 Nr 6

lich ist lediglich, dass der Erblasser keine Verwendung für den laufenden Aufwand vorgeschrieben hat. ME ist der **Verwendungswunsch** des Erblassers aber nur erheblich, wenn er in der letztwilligen Verfügung selbst zum Ausdruck kommt.

208b bb) **Ausdrückliche Vermögensausstattung (Abs 3 Nr 2).** Voraussetzung ist die **Erklärung „bei der Zuwendung"**. Das bedeutet mE, dass sie spätestens im Zeitpunkt kurz vor im zeitlich-sachlichen Zusammenhang mit der Zuwendung abgegeben wird. Eine nachträgliche Erklärung, also eine erst nach der Vermögensmehrung bei der Körperschaft eingehende Erklärung, reicht mE daher nicht. Es muss sich um eine **ausdrückliche Erklärung** handeln. Das bedeutet mE, dass nach dem **Erklärungsinhalt** der Zweck der Vermögensausstattung/-mehrung eindeutig, dh wortwörtlich angesprochen wird. Eine **mehrdeutige Erklärung,** die also lediglich auch, jedoch nicht zwingend, iSd Vermögensausstattung/-mehrung zu verstehen bzw auszulegen ist, reicht mE ebenfalls nicht aus. Die Wortwahl selbst (zB „zur Grundausstattung") ist unerheblich, wenn der Zweck der Zuwendung iSd Vorschrift damit klar erkennbar wird.

208c cc) **Zuwendung aufgrund Spendenaufrufs (Abs 3 Nr 3).** Voraussetzung ist **(1.)** ein **Spendenaufruf,** in dem Spenden zur „Aufstockung" des Vermögens erbeten werden. Dieses Ziel muss eindeutig erkennbar sein; die Wortwahl ist unerheblich (zB „Die X-Kö benötigt ... eine höhere Kapitalausstattung" u.ä.). Ggf genügt auch diese Bitte **neben** der Bitte um Spenden zum unmittelbaren Einsatz für den begünstigten Zweck. Denn **(2.)** muss die Zuwendung in einem **sachlich kausalen Zusammenhang** mit der Bitte um Spenden für die Vermögensausstattung stehen. ME muss das aus der Zuwendung (zB Überweisung) selbst hervorgehen; es sollte aber – im Unterschied zu Rn 208b – auch eine nachträgliche Klarstellung durch den Spender genügen. Auf jeden Fall gilt dies mE für den Fall, dass der Spendenaufruf mehrere Zwecke verfolgt (s (1.)). Allerdings sollte auch ein markantes Ansteigen des Spendenaufkommens nach dem (eindeutigen) Aufruf als Nachweis des sachlichen Zusammenhangs ausreichen.

208d dd) **Vermögensbezogene Sachzuwendungen (Abs 3 Nr 4).** Sachzuwendungen, die **„ihrer Natur nach"** zum Vermögen gehören, sind wohl solche, die auf Grund ihrer Beschaffenheit selbst nur im Vermögensbereich Verwendung finden können (Grundstück für einen Sportplatz; Sanitätswagen des Rettungsdienstes). Es kann sich aber um Vermögen in allen vier Sphären einer gemeinnützigen Körperschaft handeln (AEAO Nr 21 zu § 58 Nr 11 AO).

209 d) **Stiftungen im Gründungsstadium (Abs 4).** Die **sachliche Bevorzugung** von Stiftungen gegenüber anderen Körperschaften ist mE verfassungsrechtlich nicht zu rechtfertigen, zumal den Stiftungen bereits durch § 58 Nr 6 AO nF (Rn 173 ff) ein Sonderstatus eingeräumt worden ist (ebenso *Schwarz/Uterhark* § 58 Rn 35). Hiervon unabhängig bedarf die Vermögenszuführung *keines Satzungsvorbehalts*; auch ist sie mE für die steuerrechtliche Behandlung vom ausdrücklich oder konkludent geäußerten *Stifterwillen* unabhängig (aA *Hüttemann* DB 2000, 1584, 1586).

Thesaurierungsfähig sind Überschüsse bzw Gewinne aus der Vermögensverwaltung und dem wirtschaftlichen Geschäftsbetrieb; Letzterer umfasst auch einen steuerbegünstigten Zweckbetrieb (§ 14 AO; Rn 219, 226; AEAO Nr 22 zu § 58 Nr 12 AO; *Hüttemann* DB 2000, 1584, 1586). Spenden und sonstige Zuwendungen dürfen nicht verwendet werden, die Erträge aus den Vermögenszuwendungen (vgl Rn 208 ff) dagegen schon.

Für die Begriffe Überschuss bzw Gewinn gelten die allgemeinen Ermittlungsgrundsätze des EStG (§ 2 Abs 2 iVm §§ 4 ff bzw §§ 8 ff). **Positive und negative Ergebnisse** sind nach AEAO (Nr 22 zu § 58 Nr 12 AO) auch über die verschiedenen Bereiche hinweg zu **saldieren;** mE ist der Wortlaut der Vorschrift dahingehend nicht eindeutig.

11. Anforderungen an die tatsächliche Geschäftsführung

a) Grundsatz. Nach § 63 Abs 1 AO muss die tatsächliche Geschäftsführung der Körperschaft auf die ausschließliche und unmittelbare Erfüllung der steuerbegünstigten Zwecke gerichtet sein und den Bestimmungen entsprechen, die die Satzung über die Voraussetzungen für Steuervergünstigungen enthält. 210

Nach **§ 63 Abs 2 AO** gilt für die tatsächliche Geschäftsführung sinngemäß § 60 Abs 2 AO (Rn 199 ff) und für eine Verletzung der Vorschrift über die Vermögensbindung § 61 Abs 3 AO (Rn 207 ff). Die tatsächliche Geschäftsführung ist in jedem EZ selbstständig zu prüfen. Zu beachten sind aber die Vorschriften über steuerlich unschädliche Nebenbetätigungen (§ 58 AO; Anm 166 ff), allerdings differenzierend danach, ob eine Festschreibung der Nebenbetätigung in der Satzung erforderlich ist.

Literatur: *Wittke,* Rückwirkende Aberkennung der Gemeinnützigkeit bei verdeckter Gewinnausschüttung, BeSt 2011, 14; *Wallenhorst,* Die Nachversteuerung in § 61 Abs 3 AO bei Verstößen gegen die Vermögensbindung durch die tatsächliche Geschäftsführung, DStR 2011, 698; *Weidmann/Kohlhepp,* gGmbH: Aberkennung der Gemeinnützigkeit auf Grund verdeckter Gewinnausschüttungen, DB 2011, 497; *Kirchhain,* Privatnützige Zuwendungen gemeinnütziger Körperschaften, FR 2011, 640.

b) Satzungsgemäße Geschäftsführung. Erforderlich ist die **materielle Entsprechung** von Satzungsbestimmung und tatsächlicher Geschäftsführung. Eine **tatsächliche Zweckänderung** erfordert immer auch eine Satzungsänderung. Zur tatsächlichen Geschäftsführung in diesem Sinn gehören alle der Körperschaft **zuzurechnenden Handlungen;** daher auch die Entscheidungen und Tätigkeiten, die die Verwirklichung der Satzungszwecke bloß vorbereiten (BFH I R 29/02 BStBl II 2003, 930). Die Körperschaft darf sich nicht anderweitig, insb nicht iS einer nichtbegünstigten Aktivität betätigen. Politische Meinungsäußerungen sind nur im Rahmen der Verfolgung der satzungsmäßigen Zwecke zulässig (vgl Rn 66, 153). 211

aa) Zeitnahe Verwirklichung des Satzungszwecks. Die tatsächliche Geschäftsführung muss auf die zeitnahe Erfüllung der satzungsmäßigen Zeile gerichtet sein (ebenso *Kümpel* DStR 2001, 152). Eine Ausnahme besteht nach BFH I R 104/73 BStBl II 1975, 458, wenn die Körperschaft an der Ausführung der satzungsgemäßen Tätigkeit durch außergewöhnliche, von ihr nicht zu beeinflussende Umstände gehindert wird. Auch genügen konkrete Vorbereitungshandlungen (Aufbau der Vereinsorganisation, Sammlung von Mitteln); nicht jedoch unbestimmte Absichten (BFH I R 29/02 BStBl II 2003, 930 mwN). 212

bb) Rechtsordnung. Ein gemeinnütziger Verein hat bei seinem Verhalten die **verfassungsmäßige Ordnung** bzw die **Rechtsordnung** zu beachten (BFH I R 39/78 BStBl II 1979, 482; I R 13/97 BStBl II 1998, 9; V R 17/99 BStBl II 2002, 169; I R 11/11 BStBl II 2013, 146 zu gegen die freiheitlich demokratische Grundordnung gerichteten Bestrebungen; AEAO Nr 3 zu § 63 AO). Die Vorschrift dient dem Schutz des Einzelnen ebenso wie der Allgemeinheit (BFH I R 215/81 BStBl II 1985, 106). 213

Ein Verstoß gegen die verfassungsmäßige Ordnung liegt schon vor bei der **Nichtbefolgung polizeilicher Anordnungen** (BFH I R 215/81 BStBl II 1985, 106), nicht jedoch bei gewaltfreiem Widerstand (AEAO Nr 3 zu § 63 AO, Hinw auf BVerfG 1 BvR 718/89 u.a. BVerfGE 92, 1). Die Körperschaft darf nicht unter **Umgehung** eines gesetzlichen Verbots oder durch einen **Gesetzesverstoß** ihren Förderungszweck erreichen wollen (BFHE 175, 484 BStBl II 1995, 134); ebenso wenig durch Spendenbescheinigungen oder in sonstiger Weise ihren Mitgliedern zu einem **unberechtigten Spendenabzug** verhelfen wollen (BFH I R 67/95 BStBl II 1997, 474; AEAO Nr 2 zu § 63 AO); oder zurechenbar **Steuern verkürzen** (BFH V R 17/99 BStBl II 2002, 169; aA *Jansen* FR 2002, 996). Schon die Verletzung der Steuererklärungspflicht kann schädlich sein (FG Berlin EFG 1997, 1006 rkr); mE auch Verstöße gegen die Beschränkung der Erteilung einer **Zuwendungsbestätigung** nach § 63 Abs 5 AO nF (Rn 218), nicht jedoch in einem leichteren Fall ohne steuerliche Auswirkungen (FG Münster EFG 2012, 492).Entsprechendes gilt bei einer **Mittelfehlverwendung** (BFH I R 59/09 BStBl II 2012, 226 mwN); erst recht bei einer rechtskräftigen Verurteilung wegen Untreue auf Grund von satzungswidriger Verwendung von Spendenmitteln (FG Rh-Pf EFG 1996, 937 rkr).

214 cc) **Zurechenbarkeit.** Das **Fehlverhalten** muss der Körperschaft **zugerechnet** werden können (BFH I R 215/81 BStBl II 1985, 106), und zwar als Handlung eines Organs, Repräsentanten oder Inhabers einer Vollmacht (auch Ansscheins- oder Duldungsvollmacht, *Kümpel* DStR 2001, 152). Zwar stellen „Ausreißer" einzelner, nicht kontrollierbarer Teilnehmer an öffentlichen Veranstaltungen mE die Gemeinnützigkeit nicht in Frage. Eine Zurechnung erfolgt aber bei grober Vernachlässigung der den Vertretungsorgan obliegenden Kontrollpflicht (BFH V R 17/99 BStBl II 2002, 169 zu Handlungen eines Spielerobmannes bei der Vermittlung inoffizieller Zahlungen von Sponsoren an Spieler) und mE auch, wenn die Organe keinen Regressanspruch gegen die handelnden Personen geltend machen (ebenso *Kümpel* DStR 2001, 152). ME ist die Zurechnung angezeigt, weil die sich aus der Vertreterstellung ergebenden Pflichten (vgl § 34 AO) nicht mit steuerlicher Wirkung delegiert oder abbedungen werden können.

Enthält jedoch die Internetseite eines **islamistischen (salafistischen) Vereins** einen Link auf eine nicht von ihm betriebene Internetseite mit Artikeln, die inhaltlich die *freiheitlich* **demokratische Grundordnung** in Frage stellen, soll dies für die Annahme einer satzungswidrigen Geschäftsführung nicht ausreichen, wenn der Vorstand sich darauf zurückzieht, für den Inhalt jener Artikel nicht verantwortlich zu sein, und in diesen die Kautele eingebaut ist, es handele sich nicht um einen Aufruf zur Umsetzung der dargestellten Vorstellungen (vgl BFH I R 11/11 BStBl II 2013, 146, Best des Sächs FG K 1429/10 EFG 2011, 1675).

Hat die Körperschaft **mehrere Vorsitzende** (Geschäftsführer), so bestimmt sich die tatsächliche Geschäftsführung nach den Handlungen aller Vorsitzenden (Geschäftsführer) in Gemeinschaft oder eines Vorsitzenden (Geschäftsführers) in Zustimmung der anderen (BFH StRK KStG § 4 Abs 1 Nr 6 R 13). **Eigenmächtiges Handeln** eines Einzelnen kann mE dem Verein zugerechnet werden (aA *Tipke/Kruse* § 63 AO Rn 4: nur bei Verletzung der Überwachungspflicht). Hierfür reicht im Zivilrecht und mE auch im Steuerrecht, dass die handelnde Person durch Funktionszuweisung den Verein repräsentiert (BGH NJW 1968, 391; 1972, 334; 1998, 1854), wenn sie sich nicht von ihrem Aufgabengebiet entfernt (BGH NJW 1980, 115; 1986, 2941); vgl zur Haftung bei mehreren Vorständen eines Vereins BFH VII R 4/98 BStBl II 1998, 761.

215 dd) **Rechtsfolgen.** „**Einfache**" **Verstöße** führen grundsätzlich zur Aberkennung der Gemeinnützigkeit nur für den betroffenen EZ. Dagegen führen **schwerwiegende** tatsächliche **Verstöße gegen** die Vorschriften über die Vermögensbindung zur **rückwirkenden Aberkennung** und Nachversteuerung nach Maßgabe des § 175 Abs 1 Satz 1 Nr 2 AO. Das gilt zB für die überwiegende vGA der aus der Tätigkeit erwirtschafteten Gewinne (BFH I R 59/09 BStBl II 2012, 226; hierzu ist *Fischer* FR 2011, 320; *Gosch* BFH-PR 2011, 108; *Kirchhain*, FR 2011, 640; *Wallenhorst* DStR 2011, 698). Eine de lege ferenda einzuführende Heilungsmöglichkeit könnte in der Rückerstattung der zu nichtsteuerbegünstigten Zwecken verteilten

Gemeinnützige Zwecke § 3 Nr 6

Mittel bestehen. Hierfür hätte das FA eine Frist (mit Ablaufhemmung bei der Festsetzungsverjährung) zu setzen.

c) Buchnachweis. Die Körperschaft hat nach **§ 63 Abs 3 AO** den **Nachweis,** 216 dass ihre tatsächliche Geschäftsführung den Erfordernissen des § 63 Abs 1 AO entspricht, durch ordnungsmäßige Aufzeichnungen über ihre Einnahmen und Ausgaben zu führen. Eine bestimmte Art der Aufzeichnungen ist grundsätzlich nicht vorgeschrieben; in Betracht kommen **Unterlagen jeglicher Art** (Geschäfts- u Tätigkeitsberichte, Protokolle, Schriftverkehr, Notizen u.ä.; BFH I R 29/02 BStBl II 2003, 930; AEAO Nr 1 zu § 63 AO). In jedem Fall sind die Vorschriften der §§ 140 ff AO zu beachten („Buchnachweis", vgl BFH I R 2/98 BFH/NV 2000, 297; I B 75/98 BFH/NV 2000, 301), handelsrechtliche Buchführungsvorschriften jedoch nur, sofern sich dies aus der Rechtsform der Körperschaft ergibt (allgM, AEAO Nr 1 zu § 63 AO; *Tipke/Kruse* § 63 AO Rn 3; *Sarrazin* in *L/S* § 3 Rn 115; *Koch/Scholtz* § 63 Rn 6). Das bedeutet, die Aufzeichnungen müssen einem sachverständigen Dritten in angemessener Zeit einen Überblick über die Geschäftsvorfälle und die Vermögenslage ermöglichen (BFH I 119/52 U BStBl III 1954, 324). Das beinhaltet **mE gesonderte Aufzeichnungen** für den ideellen Tätigkeitsbereich, die Vermögensverwaltung, die Zweckbetriebe und wirtschaftlichen Geschäftsbetriebe (ebenso *Kümpel* DStR 2001, 152; *Karsten* BB 2006, 1830). Die Buchungen müssen vollständig, richtig, zeitgerecht und geordnet sein. Kassenwinnahmen und -ausgaben sollen täglich festgehalten werden. Unzulässig sind insbesondere Aufrechnungen von Einnahmen und Ausgaben, Nichtangabe von Bareinnahmen, Nichtaufzeichnung von Geschenken an Angehörige des Vereins. Die **Nichterfüllung** der Aufzeichnungspflichten führt zum **Verlust der Steuerbefreiung**, ohne dass die Körperschaft sich auf Nachweispflichten des FA berufen könnte (BFH I 119/52 aaO). Anders nur bei geringfügigen Mängeln, für die das FA die nachträgliche Beseitigung zulassen kann (*Sarrazin* in *L/S* § 3 Rn 115; *Tipke/Kruse* § 63 Rn 6).

Zum Problem der Nachweisbeschaffung aus dem **EU-Ausland** EuGH C-386/04 „Stauffer" (DStR 2006, 1736) – Hinweis auf die Amtshilferichtlinie RL 2011/16/EU (77/799/EWG) – und krit hierzu zB *Fischer* FR 2007, 361; *Jachmann* BB 2006, 2607; *Jachmann/Behringer* BB 2006, 1823; *Tiedtke/Möllmann* DStZ 2008, 69, 79: „verfassungsrechtliches Dilemma".

d) Mittelansammlung. Hat die Körperschaft **Mittel angesammelt,** ohne dass 217 die Voraussetzungen des § 58 Nr 6 u 7 (Rn 176 ff) vorliegen, kann das Finanzamt ihr **nach § 63 Abs 4 AO** eine **Frist** für die Verwendung der Mittel setzen, die nach den Umständen des Einzelfalles zu bemessen ist. Bei der Setzung und Bemessung der Frist („ob" und „wie") handelt es sich um eine Ermessensentscheidung. Hat die Körperschaft wider besseres Wissen planmäßig Mittel gesammelt oder ist sie in der Vergangenheit über ihre diesbezüglichen Pflichten informiert worden, dann muss das FA keine Nachfrist mehr setzen (ebenso *Kümpel* DStR 2001, 152). Die **Frist selbst** sollte so bemessen sein, dass die Körperschaft ihr Vermögen nicht verschleudern muss. Gleichwohl sollte sie mE nicht über der Frist für die zeitnahe Mittelverwendung (ca 2 Jahre, Rn 148) liegen, darf nach *OFD Ffm* DStR 1993, 1144 jedoch 2–3 Jahre betragen.

Die tatsächliche Geschäftsführung **gilt als ordnungsgemäß** iSd § 63 Abs 1 AO (Rn 211), wenn die Körperschaft die Mittel innerhalb der Frist für die steuerbegünstigten Zwecke verwendet. Tut sie dies nicht, entfällt die Steuerbefreiung rückwirkend (§ 175 Abs 1 Satz 1 Nr 2 AO) für die EZ von der Zuführung zur Rücklage bis zu deren Auflösung (*Thiel/Eversberg* DB 1991, 118, 126; einschränkend *Reiffs* DB 1991, 1247).

e) Zuwendungsbestätigung. Ab EZ 2013 darf nach **§ 63 Abs 5 AO nF** eine 218 wegen Verfolgung gemeinnütziger Zwecke stbefreite Körperschaft, Personenvereinigung oder Vermögensmasse eine **Zuwendungsbestätigung** (§ 50 Abs 1 EStDV) nur ausstellen, wenn **(1.)** das Datum der Anlage zum Körperschaftsteuerbescheid bzw des Freistellungsbescheids nicht länger als drei Jahre zurückliegt oder **(2.)** die Feststellung nach § 60a AO nF (Rn 313 ff) nicht länger als zwei Jahre zurückliegt und bisher keine Freistellung oder keine Anlage zum Körperschaftsteuerbescheid erteilt worden ist. Die bezeichneten Fristen sind taggenau zu berechnen.

Die Vorschrift ist als Teil der von der Körperschaft **zu wahrenden Rechtsordnung** (Rn 213) unbedingt zu beachten. Die Nichtbeachtung ist mE –.wie die Stellung der Vorschrift im § 63 AO aufzeigt – ein Verstoß gegen das Erfordernis der satzungsgemäßen Geschäftsführung, der zur Aberkennung des Gemeinnützigkeitsstatus führen kann.

12. Wirtschaftlicher Geschäftsbetrieb/partielle Steuerpflicht

Literatur: *Wegehenkel,* Die Auslagerung eines wirtschaftlichen Geschäftsbetriebs einer gemeinnützigen Körperschaft durch Einbringung in eine Kapitalgesellschaft und die steuerlichen Folgen, DB 1986, 2514; *Herbert,* Der wirtschaftliche Geschäftsbetrieb des gemeinnützigen Vereins, Köln 1988; *Gutachten der Unabhängigen Sachverständigenkommission,* vgl vor Anm 12; *Hüttemann,* Wirtschaftliche Betätigung und steuerliche Gemeinnützigkeit, 1991; *Thiel,* Betriebsausgaben im wirtschaftlichen Geschäftsbetrieb gemeinnütziger Körperschaften, DB 1993, 1208; *Lang/ Seer,* Der Betriebsausgabenabzug im Rahmen eines wirtschaftlichen Geschäftsbetriebs gemeinnütziger Körperschaften, FR 1994, 521; *Inst FSt,* Teilhabe gemeinnütziger Körperschaften an unternehmerischer Tätigkeit, Brief 330; *Orth,* Gemeinnützigkeit und Wirtschaftstätigkeit, FR 1995, 253; *Ansorge,* Die steuerliche Behandlung des Sozio-Sponsoring im gemeinnützigen Verein, BB 1995, 2505; *Schauhoff,* Die Bedeutung des § 13 KStG für gemeinnützige Körperschaften, DStR 1996, 366; *Stobbe,* Die Zuordnung von Einnahmen und Ausgaben steuerbegünstigt/ Körperschaften, DStZ 1996, 757; *Lex,* Die Mehrheitsbeteiligung einer steuerbegünstigten Körperschaft an einer Kapitalgesellschaft: Vermögensverwaltung oder wirtschaftlicher Geschäftsbetrieb?, DB 1997, 349; *Tönnes/Wewel,* Ausgliederung wirtschaftlicher Geschäftsbetriebe durch steuerbefreite Einrichtungen, DStR 1998, 274; *Dißars/Bersenbrügge,* Ausgleich von Verlusten aus einem wirtschaftlichen Geschäftsbetrieb und Vermögensanlagen gemeinnütziger Vereine, BB 1999, 1411; *Kümpel,* Die Besteuerung steuerpflichtiger wirtschaftlicher Geschäftsbetriebe, DStR 1999, 1505; *Strahl,* Ausgliederung von wirtschaftlichen Geschäftsbetrieben gemeinnütziger Körperschaften, KÖSDI 2000, 12 527; *Strahl,* Steuerliche Konsequenzen der Verwertung von Forschungs- und Entwicklungsergebnissen durch Hochschulen und gemeinnützige Forschungseinrichtungen, DStR 2000, 2163; *Schröder,* Ausgliederungen aus gemeinnützigen Organisationen auf gemeinnützige und steuerpflichtige Kapitalgesellschaften, DStR 2001, 1415; *Schmidt/Fritz,* Änderungen im Gemeinnützigkeitsrecht zu Fördervereinen, Werbebetrieben, Totalisatoren, Blutspendediensten und Lotterien, DB 2001, 2062; *Ball/Dieckmann,* Share-Sponsoring – ein innovatives Finanzierungskonzept für steuerbegünstigte Körperschaften aus steuerlicher Sicht, DStR 2002, 1602; *Schmidt/Fritz,* Besteuerung stiller Reserven bei wirtschaftlichen Geschäftsbetrieben gemeinnütziger Körperschaften?, DB 2002, 2509; *Wachter,* Steuerpflichtige Veräußerungsgewinne bei gemeinnützigen Stiftungen, DStZ 2003, 63; *Thieme/Dorenkamp,* Auswirkungen des Gemeinnützigkeitsrechts auf die öffentliche Hand im Hinblick auf das Subjekt der Gemeinnützigkeit und die Zulässigkeit eines Ergebnisausgleichs, FR 2003, 693; *Apitz,* Betriebsprüfungen bei gemeinnützigen Körperschaften, StBp 2004, 89, 125; *Arnold,* Gemeinnützigkeit von Vereinen und Beteiligung an Gesellschaften, DStR 2005, 581; *Kasper,* Sponsoring im Steuerrecht, DStZ 2005, 397; *Maier,* Hybride Finanzierungen für gemeinnützige Körperschaften – . . ., DB 2005, 1708; *Milatz/Schäfers,* Ausgliederung im Gemeinnützigkeitssektor am Beispiel von Krankenhäusern – . . ., DB 2005, 1761; *Kratzsch,* Abgrenzungs- und Gestaltungsfragen bei der Besteuerung gemeinnütziger Körperschaften am Beispiel eines Reitvereins, Inf 2006, 546; *Schießl,* Die Ausgliederung von Abteilungen aus Idealvereinen auf Kapitalgesellschaften . . ., DStZ 2007, 494; *Jost,* Betriebsaufspaltung im steuerfreien Bereich gemeinnütziger Körperschaften . . ., DB 2007, 1664; *Schauhoff/Kirchhain,* Gemeinnützigkeit im Umbruch, DStR 2008,

Gemeinnützige Zwecke § 3 Nr 6

1713; *Scholz/Garthoff,* Sponsoring von Sportvereinen jetzt steuerpflichtig?, BB 2008, 1148; *Schick,* Die Betriebsaufspaltung unter Beteiligung steuerbegünstigter Körperschaften ..., DB 2008, 893; *Unger,* Mittelbeschaffung und Mittelverwendung gemeinnütziger Körperschaften, DStZ 2010, 141; *Eversberg/Baldauf,* Der gemeinnützige Betrieb gewerblicher Art als steuerbegünstigter wirtschaftlicher Geschäftsbetrieb (Zweckbetrieb) ..., DStZ 2011, 597; *Thomalla,* Die Beteiligung gemeinnütziger Körperschaften an gewerblich geprägten Personengesellschaften, BB 2012, 490; *Söhl,* Wirtschaftliche Geschäftsbetriebe in gemeinützigen Einrichtungen, NWB 2013, 190; *Suck,* Alaaf und Helau – Zur Besteuerung von Karnevalsvereinen, NWB 2013, 428.

a) Grundsatz. Nach **§ 64 Abs 1 AO** iVm § 3 Nr 6 Satz 2 GewStG verliert eine 219 Körperschaft, **soweit** ein wirtschaftlicher Geschäftsbetrieb (§ 14 AO) unterhalten wird, für die dem Geschäftsbetrieb zuzuordnenden Besteuerungsgrundlagen (Einkünfte, Umsätze, Vermögen) die Steuervergünstigung, **soweit nicht** ein Zweckbetrieb (§§ 65–68 AO; Rn 255 ff) gegeben ist (zu den Ergänzungen und Ausnahmen in § 64 Abs 2–6 AO vgl Rn 235 f, 246 f, 251) – **partielle Steuerpflicht.** Sie tritt zudem nicht ein bei Vermögensverwaltung (§ 14 Abs 1 Satz 1 AO) und bei Land- und Forstwirtschaft (vgl § 3 Nr 6 Satz 2 GewStG). Steht jedoch der wirtschaftliche Geschäftsbetrieb („um seiner selbst willen") **im Vordergrund** der Betätigung, so geht die Steuervergünstigung nach § 55 Abs 1 AO (Rn 116 ff) insgesamt verloren (BFH I R 39/78 BStBl II 1979, 482; I R 209/85 BStBl II 1989, 670). Evtl empfiehlt es sich, den wirtschaftlichen Geschäftsbetrieb durch Einbringung in eine Kapitalgesellschaft **auszulagern** (*Wegehenkel* DB 1986, 2514; *Schröder* DStR 2001, 1405; *Milatz/Schäfers* DB 2005, 1761; zur Gestaltung durch „hybride" Finanzierungen *Maier* DB 2005, 1708).

bb) Partielle Steuerpflicht. Die StPfl wird **nicht ausgeschlossen** dadurch, 220 dass der wirtschaftliche Geschäftsbetrieb den steuerbegünstigten Zwecken dient (vgl BFH I R 215/78 BStBl II 1983, 27; I R 8/88 BStBl II 1992, 101). Im Gegenteil ist Voraussetzung für die Steuerfreiheit der Körperschaft, dass die Erträge des wirtschaftlichen Geschäftsbetriebs für die steuerbegünstigten Zwecke verwendet werden (§ 55 AO; vgl BFH I R 56/05 BStBl II 2007, 631; AEAO Nr 1 zu § 56 AO; ebenso *Tipke/Kruse* § 64 AO Rn 7). Bei einem BgA einer *Körperschaft des öff Rechts* ist diese Steuerrechtssubjekt (Rn 22, hierzu *Eversberg/Baldauf* DStR 2011, 597).

cc) Mehrere wirtschaftliche Geschäftsbetriebe. Eine steuerbefreite Körper- 221 schaft konnte **bis EZ 1989** mehrere wirtschaftliche Geschäftsbetriebe haben, sofern sich die Tätigkeiten voneinander unterschieden (BFH I R 8/88 BStBl II 1992, 101; I R 31/89 BStBl II 1992, 103). Einnahmen und Ausgaben waren entsprechend zuzuordnen (BFH I R 31/89 BStBl II 1992, 103). **Ab EZ 1990** gilt dies jedoch nicht mehr (s Rn 246).

dd) Mehrere Körperschaften. Wird **ein wirtschaftlicher Geschäftsbetrieb** 222 gemeinsam **von mehreren Körperschaften** betrieben, dann ist eine einheitliche und gesonderte Feststellung der Einkünfte (§§ 179 u 180 AO) geboten. Eine Darstellung der Problematik und Gestaltungsmöglichkeiten bei *Orth* FR 1995, 253 u DStR 2012, 116 (vgl Rn 21), für Sportvereine bei *Müller-Gatermann* FR 1995, 261, für Reitvereine bei *Kratzsch* Inf 2006, 546.

ee) Gemeinnützige GmbH. Gewisse **Besonderheiten** bestehen bei der 223 gemeinnützigen GmbH: sie hat nur eine betriebliche Sphäre und ist prinzipiell insgesamt persönlich steuerpflichtig; erst durch die Verfolgung gemeinnütziger Zwecke wird sie partiell sachlich von der Steuerpflicht befreit (ebenso und zu den Folgerungen hieraus *Thiel* GmbHR 1997, 10; *Schröder* DStR 2008, 1069).

ff) Verpachtung. Verpachtet die Körperschaft ihren wirtschaftlichen 225 Geschäftsbetrieb, wird dieser fortgeführt bis zur Erklärung der Betriebsaufgabe (BFH

I R 55/06 BStBl II 2007, 725); zu beachten ist jedoch auch hier die Besteuerungsgrenze des § 64 Abs 3 AO (Rn 247).

226 **b) Begriff.** Nach **§ 14 AO** ist ein **wirtschaftlicher Geschäftsbetrieb** eine nachhaltige Tätigkeit, durch die Einnahmen oder andere wirtschaftliche Vorteile erzielt werden und die über den Rahmen einer Vermögensverwaltung hinausgeht (s hierzu § 2 Rn 100). Als Oberbegriff des Gewerbebetriebs (Irrelevanz der Gewinnerzielungsabsicht) geht er über den ertragsteuerlichen Betriebsbegriff hinaus (aA *Lang* StuW 1987, 221). **In sachlicher Hinsicht** ist erforderlich, dass die Tätigkeit vom sonstigen Wirkungskreis **abgrenzbar** ist (BFH I R 138/79 BStBl II 1984, 451; I R 149/90 BStBl II 1992, 693). Für die Zwecke des § 64 AO bedeutet dies mE, dass die Körperschaft eine von den begünstigten Zwecken losgelöste Tätigkeit zur Erzielung von Einnahmen entfaltet (und durch Erfüllungsgehilfen möglich, FG Ba-Wü EFG 1988, 88) und ggf (mE nicht notwendig) hierfür eine eigenständige sachlich-persönliche Organisation entwickelt. Zum Merkmal der **Nachhaltigkeit** vgl § 2 Rn 60 ff. Eine einmalige Tätigkeit kann nachhaltig sein (vgl BFH V R 92/68 BStBl II 1969, 282; I R 60/80 BStBl II 1986, 88; BFH/NV 1992, 839 mwN; AEAO Nr 2 zu § 64 AO), und zwar auch dann, wenn diese Einzelhandlung eingebettet ist in ein Maßnahmenbündel, das – ohne diese Einzelhandlung – Merkmale eines Zweckbetriebes trägt, wie zB die Anzeigenwerbungen in einer Vereinszeitung (BFH I 34/61 U BStBl III 1962, 73; zu Unrecht krit *Orth* FR 1995, 253).

227 **c) Einzelfälle.** Ein Sportverein, der sich gegen Entgelt verpflichtet, die Sportler nur in Kleidung eines bestimmten Herstellers auftreten zu lassen, unterhält auch dann einen wirtschaftlichen Geschäftsbetrieb, wenn er die Zuwendungen für die satzungsmäßigen Zwecke verwendet (BFH I R 215/78 BStBl II 1983, 27). Ein wirtschaftlicher Geschäftsbetrieb liegt auch vor beim Verkauf von Getränken und Esswaren bei besonderen Gelegenheiten (BFH I R 60/80 BStBl II 1986, 88; I R 3/82 BStBl II 1986, 92), zB bei einem Schützenfest (vgl *OFD Hannover* DStR 1999, 1856) oder einem Festzeltbetrieb (BFH I R 200/85 BFH/NV 1989, 342; I R 55/98 BFH/NV 2000, 85; jetzt auch § 67 a Abs 1 Satz 2 AO; Rn 275 ff), Abhalten von Straßenfesten u Flohmärkten, bei Betrieb einer Abfallbeseitigungsanlage (BFH X R 115/91 BStBl II 1994, 314), eines Müllheizkraftwerks (BFH I R 60/91 BStBl II 1994, 573), einer Müllverbrennungsanlage (vgl BFH I R 144/93 BFH/NV 1995, 1012), einer Krankenhauswäscherei (BFH I R 56/94 BStBl II 1996, 28), bei Gewährung von Versicherungsschutz gegen Bezahlung sowie Abschluss eines Versicherungsvertrages zu Gunsten der Mitglieder gegen Überschussbeteiligung (BFH I R 2/97 BStBl II 1998, 175; krit *Fidorra* DB 1999, 559) u.ä. auf nachhaltige Erzielung von Einnahmen gerichteten Tätigkeiten, zB die Vermietung von Schlittschuhen iZm der Gestattung der entgeltlichen Nutzung einer Eisbahn durch einen Eislaufverein (BFH V R 30/99 BStBl II 2000, 705) oder die Auftragsforschung gegen Entgelt (BFH V R 29/91 BStBl II 1997, 189; FG Ba-Wü 3 K 66/99 EFG 2003, 22 rkr; s jedoch § 68 Nr 9 AO, Rn 302 ff); ebenso – wenn nicht schon nach § 55 Abs 1 Nr 1 AO (Rn 129) schädlich – bei entgeltlicher Gestellung von Sicherheiten (aA *Söffing/Thoma* BB 2003, 1091).

Maßnahmen iZm **Werbung** sind kein wirtschaftlicher Geschäftsbetrieb, wenn die Körperschaft für Zuwendungen („Sponsoring") nur die Nutzung ihres Namens duldet oder ohne Hervorhebung in ihren Publikationen auf den Sponsor hinweist (FG Ba-Wü 9 K 115/06 EFG 2010, 1167; AEAO Nr 9 zu § 64 AO; s auch *OFD Ffm* DStR 2003, 1206; *Kasper* DStZ 2005, 397; zum „Share Sponsoring"-Modell *Ball/Dieckmann* DStR 2002, 1602). Darüber hinausgehende Tätigkeiten mit **Gegenleistungscharakter** stellen einen wirtschaftlichen Geschäftsbetrieb dar: zB bei Sponsoring gegen Werbeanzeigen in Vereinszeitschrift (BFH I R 42/06 BStBl II 2008, 946; hierzu AEAO Nr 10; *Scholz/Garthoff* BB 2008, 1148), bei Herausgabe einer durch Werbeanzeigen finanzierten Festschrift (BFH IV R 189/71 BStBl II

Gemeinnützige Zwecke § 3 Nr 6

1976, 472). Weitere wirtschaftliche Geschäftsbetriebe sind die Übernahme von Werbetätigkeit (BFH V R 21/01 BStBl II 2003, 438, Freiballon mit Firmenaufschrift), die Werbung am Mann durch Sportverein (BFH I R 215/78 BStBl II 1983, 27), die Überlassung von Werbeflächen an mehrere Werbeunternehmen zum Zwecke der Bandenwerbung durch einen Sportverein (BFH I R 8/88 BStBl II 1992, 101), die Weiterleitung von Einnahmen aus der Bandenwerbung durch eine Stadt an einen gemeinnützigen Verein (FG Köln EFG 1991, 698), nach *FM Ba-Wü* DStR 1992, 291 (zu AEAO Nr 9 zu § 67 a AO) auch die Überlassung von Werbeflächen an nur einen Werbeunternehmer (aA FG München EFG 1996, 1180, nv bestätigt; zum Problem *Jansen* DStR 1992, 133; FR 1991, 431).

d) Beteiligungen. aa) Personengesellschaft. Auch die **Beteiligung** einer **228** gemeinnützigen Körperschaft an einer **gewerblich tätigen Personengesellschaft** als Kommanditistin begründet einen stpfl wirtschaftlichen Geschäftsbetrieb (Entsprechendes gilt für eine Stiftung; BFH I R 78/99 BStBl II 2001, 449; I R 31/10 BFH/NV 2012, 786; Anm *Pezzer* FR 2001, 837; vgl auch *Götz* Inf 1997, 652; **aA** *InstFSt* Brief 330; *Arnold* DStR 2005, 581); das gilt für den laufenden Gewinn wie für den Veräußerungsgewinn. Eine bindende Feststellung hierüber erfolgt grundsätzlich im Gewinnfeststellungsverfahren (BFH I R 113/84 BStBl II 1989, 134). **Anders bei** rein **vermögensverwaltender Tätigkeit** der Gesellschaft (vgl BFH GrS 4/82 BStBl II 1984, 751) und angeblich auch bei einer **gewerblich geprägten Personengesellschaft** (BFH I R 60/10 BStBl II 2011, 858; *Kirchhain* FR 2011, 812; zu Recht kritisch *Thomalla* BB 2012, 490). Folgerungen für Beteiligungen an gewerblich tätigen PersGes und insb KapGes (Rn 229) lassen sich mE hieraus nicht ableiten (aA *Theuffel-Wehrhahn* DB 2011, 2058).

Nach *OFD München-Nürnberg* (DStR 1993, 1595) kann eine Stiftung **durch Einbringung** von Mitunternehmeranteilen in eine GmbH gegen Gewährung von Gesellschaftsrechten einen wirtschaftlichen Geschäftsbetrieb vermeiden.

bb) Kapitalgesellschaft. Die **Beteiligung an einer Kapitalgesellschaft** stellt **229** einen wirtschaftlichen Geschäftsbetrieb dann dar, wenn die Körperschaft über eine Zusammenfassung in einer Holding planmäßig Unternehmenspolitik betreibt oder in anderer Weise entscheidenden Einfluss auf die Geschäftsführung der Kapitalgesellschaft nimmt (vgl BFH I R 57/70 BStBl II 1971, 753; I R 97/09 BFH/NV 2011, 312; R 16 Abs 5 Satz 4 KStR), insb bei Vorliegen der Voraussetzungen für eine **Betriebsaufspaltung** (BFH I R 164/94 BFH/NV 1997, 825; *Arnold* DStR 2005, 581; **aA** *Hüttemann* S 159; *Herbert* S 95 ff; *Tipke/Kruse* § 14 AO Rn 9; s Rn 244); jedoch nicht, wenn die Kapitalgesellschaft nur Vermögensverwaltung betreibt oder selbst steuerbegünstigt ist (BFH X R 59/00 BStBl II 2006, 661; I R 97/09 BFH/NV 2011, 312; AEAO Nr 3 zu § 64 Abs 1 AO; zu Vermeidungsstrategien *Schießl* DStZ 2007, 494; zur Umkehrung *Jost* DB 2007, 1664). Im Falle einer **Organschaft** erfolgt Zurechnung des insofern nicht stbefreiten Gewinns bei dem sachlich stbefreiten OT (BFH I R 28/09 BStBl II 2011, 181; *Milatz/Schäfers* DB 2005, 1761).

Gewinnausschüttungen an rechtlich selbstständige Mitgliedsverbände führen bei diesen mangels eines Leistungs-/Gegenleistungsverhältnisses nicht zu einem wirtschaftlichen Geschäftsbetrieb; hiermit zusammenhängende Ausgaben des Mitglieds sind nicht zu berücksichtigen. Ein **Veräußerungsgewinn iSv § 21 UmwStG 1995** ist nach § 21 Abs 3 Nr 2 UmwStG 1995 ein wirtschaftlicher Geschäftsbetrieb; die Beschränkung auf eine persönliche Befreiung ist in den späteren Gesetzesfassungen nicht mehr enthalten (BFH I R 84/01 BFH/NV 2003, 277; BFH I R 88/10 BStBl II 2013, 94; zust *Schiffer* DStR 2003, 1015; zum Problem bei Stiftungen *Wachter* DStZ 2003, 63); vgl nunmehr § 22 Abs 4 Nr 2 UmwStG.

e) Gewinnermittlung. aa) Betriebseinnahmen. S zunächst § 2 Rn 553. **230**

§ 3 Nr 6

Befreiungen

231 bb) **Veranlassung. Ausgaben** sind dem wirtschaftlichen Geschäftsbetrieb zuzurechnen, wenn sie durch ihn **veranlasst** sind (BFH I R 31/89 BStBl II 1992, 103; vgl auch VIII R 194/84 BStBl II 1992, 508; I R 55/98 BFH/NV 2000, 85; AEAO Nr 4 zu § 64 AO). Es muss also ein wirtschaftlicher Zusammenhang mit ihm bestehen. Aufwendungen für den Zweckbetrieb sind beim wirtschaftlichen Geschäftsbetrieb nicht zu berücksichtigen. Hiervon geht an sich auch BFH I R 76/01 BStBl II 2005, 305 aus, lässt jedoch Aufwendungen des ideellen Bereichs (Züchterprämien) bei den Betriebsausgaben des wirtschaftlichen Geschäftsbetriebs (Totalisator) eines Pferderenn- und Zuchtvereins zu (NAnwErl *BMF* BStBl I 2005, 608). Hiervon abgesehen gilt das **Trennungsprinzip** auch bei der Gewinnermittlung **nach Verlust der Gemeinnützigkeit** (Hess FG 4 K 2789/11 EFG 2012, 1776, Rev I R 48/13).

231a cc) **Gemischte Anlässe.** Nach der Rspr des BFH können **mehrere Anlässe** durch steuerrechtlich unterschiedlich zu beurteilende Tätigkeiten gegeben sein (zB durch eine Sportveranstaltung und durch die hierbei durchgeführte Bandenwerbung). Dann ist eine Gewichtung danach vorzunehmen, welche Tätigkeit die Ausgabe **primär veranlasst** hat (BFH I R 31/98 BStBl II 1992, 103; I B 85/94 BFH/ NV 1996, 268; AEAO Nr 5 zu § 64 AO; krit *Lang/Seer* FR 1994, 521; *Thiel* DB 1993, 1208; *Hüttemann* FR 2002, 1337), wobei grundsätzlich davon auszugehen ist, dass primärer Anlass die nicht erwerbswirtschaftliche, steuerbefreite Tätigkeit ist. Nicht entscheidend ist, dass der wirtschaftliche Geschäftsbetrieb durch die steuerfreie Tätigkeit veranlasst ist; auch sind Aufwendungen aus Anlass der steuerbegünstigten Tätigkeit nicht deswegen – ganz oder teilweise – dem wirtschaftlichen Geschäftsbetrieb zuzuordnen, weil sie dessen Einnahmen erhöhen (BFH I R 55/ 98 BFH/NV 2000, 85). Nur wenn die erwerbswirtschaftliche Tätigkeit sich auf die Höhe der Ausgaben ausgewirkt hat, ist nach objektiven Merkmalen zuzuordnen (BFH I B 85/94 BFH/NV 1996, 268). Ein **wirtschaftlicher Betrieb bei Gelegenheit** einer begünstigten Veranstaltung (zB Bandenwerbung bei Sportveranstaltung) ist so wenig Anlass der Aufwendungen wie er Anlass der gesamten Veranstaltung ist; die Ausgaben zur Durchführung der Veranstaltung sind allein durch diese veranlasst (Hess FG EFG 1996, 250 rkr; vgl *BMF* BStBl I 1996, 74; zur Kritik *Autenrieth* DStZ 1992, 178; *Stobbe* DStZ 1996, 757; *Olbertz* DStZ 1996, 757; *Orth* FR 1995, 253). Ein anteiliger Abzug wird indes für die Aufwendungen zugelassen, die abgrenzbar ohne den Geschäftsbetrieb nicht entstanden wären; ebenso, wenn trotz „gemischter Veranlassung" ein „objektiver Maßstab" für eine Aufteilung der Kosten besteht (AEAO Nr 6 zu § 64 AO).

232 dd) **Abziehbare Ausgaben.** Ausgaben sind **nicht abziehbar,** wenn Vereinsmitglieder auf die ihnen zustehenden Löhne verzichten (BFH I R 5/88 BStBl II 1991, 308; zu den Möglichkeiten, die Rechtsfolgen durch Spenden der Mitglieder zu vermeiden, vgl *BMF* DB 1992, 2417), wenn Spenden aus steuerbefreiten Bereichen der Körperschaft stammen (BFH I R 117/88 BStBl II 1991, 645 zu Spenden) oder die Ausgaben durch diesen veranlasst sind (vgl BFH I R 31/89 BStBl II 1992, 103; II R 43/89 BFH/NV 1992, 409; I R 30/89 BFH/NV 1992, 412), **anders jedoch,** wenn eine Glaubensgemeinschaft an die zu ihr in einem familienähnlichen Verhältnis stehenden Mitglieder Unterhaltsbedarf leistet (BFH I R 58/97 BStBl II 1998, 357 unter Aufhebung von FG Rh-Pf EFG 1997, 522). Zur Nichtabziehbarkeit von Ausgaben für den ideellen Zweck nach Aberkennung der Gemeinnützigkeit vgl Hess FG 4 K 2789/11 EFG 2012, 1776, Rev I R 48/13; hierzu *Dehesselles* DStR 2012, 2309).

233 ee) **Rücklagen.** Sie **sind zulässig,** wenn bei vernünftiger kaufmännischer Betrachtung begründbar (BFH I R 156/94 BStBl II 2002, 162; *BMF* BStBl I 2002, 287; *Ley* BB 1999, 626). Sie sind aus versteuerten Mitteln zu dotieren. Eine zu

Gemeinnützige Zwecke § 3 Nr 6

hohe Rücklage ist um den Differenzbetrag aufzulösen und führt insoweit zu einer Erhöhung der zeitnah zu verwendenden Mittel. Eine zu niedrige Rücklage ist aus Mitteln des wirtschaftlichen Geschäftsbetriebs aufzustocken.

ff) Stille Reserven. Sie sind **bei Beginn und Ende** der (auch partiellen) Steuerbefreiung der gemeinnützigen Körperschaft **nicht aufzudecken** bzw steuerfrei (§ 13 Abs 4 u 5 KStG). ME ist gleichwohl der Erlös aus der Veräußerung des Wirtschaftsguts auch dann zu erfassen, wenn er für die steuerbegünstigten Zwecke verwendet wird (**aA** *Inst FSt* Brief 332); bei Beendigung des wirtschaftlichen Geschäftsbetriebes kommt nach *BMF* DB 2002, 350 ebenfalls § 13 Abs 4, 5 KStG und nicht § 16 Abs 3 EStG zur Anwendung (zust *Schauhoff* DStR 1996, 366; *Thiel* GmbHR 1997, 10; *Kümpel* DStR 1999, 1505; *Schmidt/Fritz* DB 2002, 2509). 234

gg) Altmaterial. Überschüsse aus der Verwertung unentgeltlich erworbenen **Altmaterials** außerhalb einer ständig dafür vorgehaltenen Verkaufsstelle, die der KSt und der GewSt unterliegen, können nach **§ 64 Abs 5 AO** in Höhe des branchenüblichen Reingewinns geschätzt werden. Die Vorschrift erfasst nur die Verwertung zur Mittelbeschaffung (Geschäftsbetrieb), nicht dagegen die Sammlung und Vorhaltung (etwa von Altkleidern) zum unmittelbaren Einsatz in Notfällen bei gelegentlichen Veräußerungen (Zweckbetrieb, Rn 259 ff). Das Material darf nur Altmaterialwert haben (BFH I R 149/90 BStBl II 1992, 693). Es darf keine ständige Verkaufsstelle unterhalten werden. Auch darf es sich nicht um Einzelverkauf bei ähnlichen Verkaufsveranstaltungen (Basare, Flohmärkte) handeln (BFH I R 73/09 BStBl II 2009, 516; AEAO Nr 25 zu § 65 Abs 5 AO; **aA** *Märkle/Alber* BB-Beil 2/90; *Lang* FR 1990, 353). Für die Gewinnschätzung muss die Besteuerungsgrenze des § 64 Abs 3 AO (Rn 247) überschritten sein. Die **Schätzung** selbst (nach Erfahrungen der FA mit Altmaterialhändlern) **kann** (auf Antrag; AEAO Nr 26 zu § 64 Abs 5 AO), **muss aber nicht erfolgen** (zB bei hohen Betriebsausgaben) – mit 5% bei Altpapier und 20% bei anderem Altmaterial (AEAO Nr 27 zu § 64 Abs 5 AO). Das bisher übliche Verfahren, eine „Einlage" aus dem ideellen Bereich zu konstruieren, dürfte der Wortlaut der Vorschrift verbieten (*Märkle/Alber* BB-Beil 2/90; aA *Neufang* Inf 1990, 19). 235

Die Vorschrift ist auch anwendbar, wenn die Sammlungen von einer BGB-Gesellschaft durchgeführt werden, an der die gemeinnützige Körperschaft beteiligt ist (und zwar nur für diese), auch dann, wenn an der Gesellschaft nicht nur gemeinnützige Körperschaften beteiligt sind (*FM Ba-Wü* DStR 1993, 915).

hh) Pauschaler Ansatz. Nach **§ 64 Abs 6 AO** kann (ab EZ 2000) bei folgenden wirtschaftlichen Geschäftsbetrieben 236
– **Werbung** für Unternehmen, die iZm der steuerbegünstigten Tätigkeit einschließlich Zweckbetrieben stattfindet,
– **Totalisatorbetriebe,**
– **zweite Fraktionierungsstufe** der Blutspendedienste
bei der Besteuerung ein **Gewinn von 15%** der Einnahmen zugrunde gelegt werden.

(1.) Die Vorschrift ist eingefügt worden durch G v 20.12.2000 (BGBl I 2000, 1850) und ist anwendbar ab EZ 2000. Auf **EZ vor 2000** ist die Vorschrift auch insoweit nicht anzuwenden, als Fälle noch offen sind. Das gilt mE auch für Billigkeitsmaßnahmen. 237

Sie dient der **Vermeidung** einer nach den Grundsätzen des BFH-Urteils I R 31/89 BStBl II 1992, 103 **zutreffenden Besteuerung** von bestimmten wirtschaftlichen Geschäftsbetrieben (zust jedoch *Schmidt/Fritz* DB 2001, 2062). Hat ein Verein Aufwendungen durch eine Veranstaltung im ideellen Bereich und nutzt er die Gelegenheit zur wirtschaftlichen Betätigung, zB Trikotwerbung, AEAO Nr 29 zu § 64 Abs 6 AO), sind nach allgemeinen Besteuerungsgrundsätzen diese Aufwendungen durch den ideellen Bereich veranlasst; sie mindern nicht den Gewinn des Geschäftsbetriebs.

§ 3 Nr 6

Dieses Ergebnis versteht der Gesetzgeber (zust *Koch/Uterhark* § 64 Rn 36 ff) als Überbesteuerung im Vergleich zu gewerblichen Unternehmen. Daher diese weitere systemfremde Förderung von Wirtschaftstätigkeit bei Gelegenheit von steuerbegünstigten Tätigkeiten. Bei anderen Werbemaßnahmen kommt die Vorschrift nicht zur Anwendung (AEAO Nr 30 zu § 64 Abs 6 AO). Die Vorschrift begründet eine **Wahlmöglichkeit** („können") zwischen Pauschalierung (15% der Einnahmen) und der Regelbesteuerung nach den Grundsätzen des o.a. Urteils. Wird davon Gebrauch gemacht, sind Ausgaben abgegolten und dürfen nicht zusätzlich abgezogen werden; Einnahmen und Ausgaben sind aufzuzeichnen (AEAO Nr 33 f zu § 64 Abs 5 u 6 AO). Zu Einzelfragen *Schmidt/Fritz* DB 2001, 2062. Nach Verlust der Gemeinnützigkeit ist die Vorschrift nicht mehr anzuwenden (Hess FG 4 K 2789/11 EFG 2012, 1776, Rev I R 48/13).

238 (2.) Zur **Werbung** iSd Vorschrift gehört auch das „aktive Sponsoring" (vgl AEAO Nr 29 zu § 64 Abs 6 AO). Bei der Werbung wird zT darauf abgestellt, dass diese im *unmittelbaren* Zusammenhang mit der Tätigkeit stehen müsse (*Koch/Uterhark* § 64 Rn 40). Der Wortlaut der Vorschrift gibt mE für diese Auffassung nichts her. Nach allgemeinen Besteuerungsgrundsätzen wird **jeder wirtschaftliche Zusammenhang** genügen. Liegt ein solcher bei einem einheitlichen Vertrag zT nicht vor, ist ein einheitliches Entgelt zum Zwecke der Pauschalierung aufzuteilen.

239 (3.) Die Begünstigung der **Totalisatorbetriebe** als Einzelfallregelung verdeutlicht mE den rein lobbyistischen Charakter der Vorschrift, zumal sich hier ohnehin die Frage stellt, ob nicht die Pferdezucht „im Interesse der Allgemeinheit" nur noch Mittel für den Totalisatorbetrieb ist (vgl *Koch/Uterhark* § 64 Rn 41 sowie den Sachverhalt von BFH I R 76/01 BStBl II 2005, 305). Völlig system- und logikfremd versteht AEAO Nr 31 zu § 64 Abs 6 AO beim Totalisatorbetrieb den Begriff der Einnahmen abzüglich Rennwettsteuer und Auszahlung an Wetter.

240 (4.) Die Begünstigung der **zweiten Fraktionierungsstufe** im Blutspendedienst entzieht sich ebenfalls jeder steuersystematischen Ordnung und stellt sich als willkürliches Steuergeschenk dar.

241 f) **Vermögensverwaltung.** Nach § 14 Satz 3 AO liegt Vermögensverwaltung idR vor, wenn Vermögen genutzt wird, zB Kapital verzinslich angelegt oder unbewegliches Vermögen vermietet oder verpachtet wird (vgl zum Begriff *Lorenz/Steer* DB 1983, 2657; *Dißars/Berssenbrügge* BB 1999, 1411).

242 aa) **Einzelfälle. Vermögensverwaltung liegt zB vor** bei einer Vermögensmehrung durch Spekulation innerhalb der Frist des § 23 Abs 1 EStG (Nds FG EFG 1989, 253); ebenso wenn die Verwaltung (Vermietung) nach denselben Grundsätzen und unter Einsatz derselben Mittel und desselben Personals erfolgt wie ein daneben betriebener wirtschaftlicher Geschäftsbetrieb (BFH I R 35/94 BStBl II 1996, 583). Ebenso ist noch Vermögensverwaltung die Überlassung von Verlagsrechten an der Vereinszeitung an einen Verlag (BFH I 145/64 BStBl III 1967, 373; AEAO Nr 9 zu § 67 a AO), die Verpachtung eines Gewerbebetriebes (Sportgaststätte, Verkaufsstände, Garderoben) sowie von Werbeflächen an den Räumlichkeiten der Körperschaft (*Mack* DStR 1984, 187; Saarl FG EFG 1988, 135, allerdings problematisch, weil dort an verschiedene Unternehmer vermietet wurde; vgl *FM NRW* DB 1983, 2392; aA *Trzaskalik* StuW 1986, 226), die Überlassung des Rechts auf Marketing-Maßnahmen im Rahmen des sog Sozio-Sponsoring (*Ansorge* BB 1995, 2505 mwN), die Überlassung von Lizenzen ohne Zusatzleistungen durch Forschungseinrichtungen (ebenso *Strahl* DStR 2000, 2163) sowie Werbeaufschriften mit einem Kfz der Körperschaft (*OFD Ffm* FR 1998, 586). Auch die Verpachtung eines wirtschaftlichen Geschäftsbetriebs ist Vermögensverwaltung, zumal eine § 4 Abs 4 KStG entsprechende Vorschrift fehlt (BFH I R 42/06 BFH/NV 2008, 638); etwas anderes gilt wegen der Fiktion des § 2 Abs 3 GewStG jedoch, wenn die Körperschaft den

Gemeinnützige Zwecke § 3 Nr 6

Geschäftsbetrieb zuvor selbst geführt und keine Betriebsaufgabeerklärung abgegeben hat (BFH I R 55/06 BStBl II 2007, 725).

bb) Abgrenzung. Der Bereich der **Vermögensverwaltung wird überschritten,** wenn die Ausnutzung substanzieller Vermögenswerte durch Umschichtung gegenüber der Nutzung iSv Fruchtziehung aus den zu erhaltenden Vermögenswerten in den Vordergrund tritt (BFH VIII R 46/84 BStBl II 1988, 65; I R 149/90 BStBl II 1992, 693; I R 76/90 BFH/NV 1992, 839; vgl zur Abgrenzung auch § 2 Rn 100 ff). Die Vermietung von unbeweglichem Vermögen ist nur dann Vermögensverwaltung, wenn sie längerfristig erfolgt (vgl zur Verpachtung eines Gasthauses durch einen Verein für Heimatpflege BFH I R 54/67 BStBl II 1969, 441). Die oft wechselnde Vermietung stellt idR einen wirtschaftlichen Geschäftsbetrieb dar, es sei denn, es besteht für sie keine Organisation nach Art eines Geschäftsbetriebes und sie wirft keine hohen Erträge ab (BFH I 182/55 U BStBl III 1958, 96); vgl auch für die Vermietung von Sportstätten an Nichtmitglieder *BMF* BStBl I 1980, 202 sowie *Lorenz/Steer* DB 1983, 2657 (Teilnahme am wirtschaftlichen Verkehr). Ebenfalls keine Vermögensverwaltung liegt vor, wenn ein Sportverein mehreren Werbeinteressenten Bandenwerbung gegen Entgelt ermöglicht (BFH I R 8/88 BStBl II 1992, 101). Anders dürfte zu entscheiden sein, wenn die Werbeflächen an einen einzigen Vertragspartner auf Dauer überlassen werden (*BMF* BStBl I 1990, 818; *Jansen* DStR 1992, 133). Keine Vermögensverwaltung bei Mitwirkungshandlungen des Vereins iZm Werbung (vgl BFH I R 149/90 aaO); ebensowenig die Werbung durch Sportler (BFH I R 215/78 BStBl II 1983, 27), die Verpachtung eines Campingplatzes (BFH I R 106/66 BStBl II 1969, 443) oder die persönliche und sachliche Verflechtung mit einem Betriebsunternehmen (BFH I 201/64 BStBl II 1970, 17; s Rn 244). Zur Besteuerung von Grundstückshandel, Wertpapier- und Beteiligungshandel sowie der „private equity" *Fischer* FR 2002, 597).

cc) Besonderheiten. Die Grundsätze der **Betriebsaufspaltung** finden Anwendung. Die als Vermögensverwaltung erscheinende Tätigkeit ist steuerpflichtig, wenn die eigentliche wirtschaftliche Betätigung im Wege der Betriebsaufspaltung auf die Kapitalgesellschaft ausgegliedert worden ist. Das gilt jedoch nicht, wenn die Betriebskapitalgesellschaft den **Zweckbetrieb** führt (AEAO Nr 3 Sätze 3 u 7f zu § 64 AO; hierzu *Schick* DB 1999, 1187; *Schröder* DStR 2008, 1069: keine Betriebsaufspaltung).

Bei Auslagerung einer **Hilfstätigkeit** im Wege der Betriebsaufspaltung soll nach *OFD Koblenz* DB 2003, 2413 gemeinnützigkeitsrechtlich zwar Vermögensverwaltung, für die Besteuerung jedoch ein stpfl wirtschaftlicher Geschäftsbetrieb vorliegen (ähnlich, zT aber enger *OFD Ffm* DStR 2005, 600), mE eine gekünstelte und nicht gerechtfertigte Differenzierung (s *Thiel/Eversberg* DB 2007, 191, 1436; *Jost* DB 2007, 1664).

Auch bei der **Aufspaltung** des Bereichs der **Vermögensverwaltung** kann noch Vermögensverwaltung angenommen werden (vgl AEAO Nr 3 Sätze 3 u 7 zu § 64). Auch bei der Betriebsaufspaltung zwischen der begünstigten Körperschaft und einer steuerbegünstigten Tochter-GmbH nimmt die *FinVerw* Vermögensverwaltung an mit der Folge, dass keine zeitnah zu verwendenden Mittel eingesetzt werden dürfen (AEAO Nr 9 zu § 55 AO; aA *Schick* DB 2008, 893; Zweckbetrieb).

dd) Sphärenwechsel. Bei Begründung einer Vermögensverwaltung findet ein **Sphärenwechsel** der vermieteten WG aus dem ideellen in den Bereich der Vermögensverwaltung statt (*Jost* DB 2007, 1664; AEAO aaO; **aA** *Schick* DB 1999, 1187; *Thiel/Eversberg* DB 2007, 191; 1436). Zu den Anforderungen vgl im Einzelnen *OFD Hannover* DStR 1998, 911; *OFD Ffm* DStR 1999, 1111.

g) Mehrere wirtschaftliche Geschäftsbetriebe. Hat eine Körperschaft **mehrere wirtschaftliche Geschäftsbetriebe**, die keine Zweckbetriebe (§§ 65–68 AO;

§ 3 Nr 6

Rn 255 ff) sind, werden diese **ab EZ 1990** als **ein** wirtschaftlicher Geschäftsbetrieb behandelt (**§ 64 Abs 2 AO**). Die Vorschrift ist auf Zeiträume vor 1990 nicht anwendbar (BFH I B 172/93 BFH/NV 1995, 180). Gewinne und Verluste sind miteinander zu verrechnen (AEAO Nr 13 zu § 64 Abs 2 AO), auch wenn die Einkünfte an sich unterschiedlichen Einkunftsarten zuzurechnen wären (*OFD Ffm* DB 1998, 651); nicht aber mit denen aus Zweckbetrieben (BFH IV R 189/71 BStBl II 1976, 472) oder aus der begünstigten Tätigkeit des Vereins (BFH I R 31/89 BStBl II 1992, 103); die häufig komplizierte Zuordnung von Kosten kann unterbleiben. Die Besteuerungsgrenze des § 64 Abs 3 AO (Rn 247 ff) kann insgesamt *nur einmal* in Anspruch genommen werden. Auch durch funktionale Untergliederung lässt sich ein anderes Ergebnis nicht erreichen (§ 51 Abs 3 AO, Rn 25); ebensowenig durch eine sonstige Aufteilung der Körperschaft zum Zwecke mehrfacher Inanspruchnahme der Freigrenze des § 64 Abs 3 AO (vgl § 64 Abs 4 AO, Rn 251). Die Neuregelung bedeutet, dass nicht jeder einzelne Betrieb kostendeckend arbeiten muss, damit die Gemeinnützigkeit nicht gefährdet ist (BTDrs 11/4176, 10, 11 zu Nr 3). Unter der Voraussetzung von Gesamtgewinnen sind auch Dauerverluste einzelner Betriebe hinzunehmen (vgl *BMF* BStBl I 1990, 818, 820). Die Vorschrift gilt **nicht für Betriebe gewerblicher Art** von gemeinnützigen Körperschaften; auch eine planwidrige Lücke im Gesetz oder ein Verstoß gegen Art 3 GG besteht insoweit nicht (BFH I R 161/94 BFH/NV 1997, 625; **aA** *Fichtelmann* DStR 1993, 1514; *Hey* StuW 2000, 467; *Thieme/Dorenkamp* FR 2003, 693).

247 h) Besteuerungsgrenze. Übersteigen die Einnahmen** einschließlich USt aus wirtschaftlichen Geschäftsbetrieben, die keine Zweckbetriebe sind, insgesamt **nicht 35 000 €** (bis 31.12.2006 30 678 €) im Jahr, so unterliegen nach **§ 64 Abs 3 AO** die diesen Geschäftsbetrieben zuzuordnenden Besteuerungsgrundlagen nicht der KSt und GewSt. Diese Vorschrift stellt einen von der *Gemeinnützigkeitskommission* (aaO S 199 ff) vorgeschlagenen Kompromiss zwischen den Interessen der gemeinnützigen Körperschaften an Befreiung von bürokratischen Pflichten einerseits und des Wettbewerbs andererseits dar (kritisch *Bauer* FR 1989, 61, 71 sowie *Kommissionsminderheit* aaO S 495 ff).

248 aa) Freigrenze.** Die Grenze von 35 000 € (bis 31.12.2006 30 678 €) im Kalenderjahr, ggf aber Wj (AEAO Nr 21 zu § 64 Abs 3 AO), ist eine **Freigrenze**; bei ihrem Überschreiten besteht volle StPfl, jedoch unter Beachtung eines Freibetrages von 3900 €, ab EZ 2009 5000 € (§ 11 Abs 1 Satz 3 Nr 2). Das **Nichtüberschreiten** der Besteuerungsgrenze **ändert nicht den Charakter** des Betriebs, etwa hin zum Zweckbetrieb (BFH I R 55/06 BStBl II 2007, 725; I R 6/08 BFH/NV 2009, 1837). Zwischen der Besteuerungsgrenze und der gleich hohen Zweckbetriebsgrenze nach § 67 a AO (Rn 280) besteht bei Sportvereinen eine direkte Wechselwirkung (hierzu *Madl* BB 1997, 1126).

249 bb) Ermittlungsgrundsätze. (1.) Maßgeblich** sind die Verhältnisse **im Jahr,** also im Kj- oder abw Wj (vgl *BMF* BB 1994, 1180; AEAO Nr 14 zu § 64 AO; *FM NRW* DB 1994, 2318). Der Wortlaut lässt es nicht zu, auf den Durchschnitt mehrerer Jahre abzustellen (*Thiel/Eversberg* DB 1990, 344; *Jansen* DStR 1990, 61).

(2.) Die Vorschrift bedeutet, dass zwar die **Einnahmen** auf jeden Fall **aufzuzeichnen** sind (§ 63 Abs 3 AO; Rn 216), nicht jedoch der Gewinn, wenn jene den Betrag von 35 000 € (bis 31.12.2006 30 678 €) nicht überschreiten. Auch eine Zuordnung der Einnahmen auf die an sich steuerfreien und stpfl Bereiche kann entfallen. Für die Ermittlung der Einnahmen sind die angewandten steuerlichen Gewinnermittlungsvorschriften maßgebend (AEAO Nr 14 zu § 64 Abs 3 AO).

(3.) Die Einnahmen verstehen sich als **Bruttoeinnahmen** (BFH I R 78/99 BStBl II 2001, 449) einschließlich USt und sind für sämtliche Geschäftsbetriebe ohne Zweckbetriebe zusammenzurechnen, also ab EZ 1990 einschließlich der geselligen

Gemeinnützige Zwecke §3 Nr 6

Veranstaltungen (zur Behandlung der USt vgl *OFD Hannover* DStR 1991, 1387). Bei einer Beteiligung an einer Mitunternehmerschaft sind die anteiligen Einnahmen aus der Beteiligung, nicht nur der Gewinnanteil maßgeblich (BFH I R 78/99 BStBl II 2001, 449). Nach AEAO Nr 16 a zu § 64 Abs 3 AO gehören zu den Einnahmen iSd Vorschrift nur leistungsbezogene Einnahmen aus dem laufenden Geschäft und daher u.a. nicht Erlöse aus der Veräußerung von Wirtschaftsgütern, erstattete Betriebsausgaben sowie Versicherungsleistungen (*Apitz* StBp 2004, 89); für diese Auffassung fehlt mE die Rechtsgrundlage. Bei **Ausschüttungen** von Dividenden durch eine Kapitalgesellschaft ist Einnahme die die Kapitalertragsteuer enthaltende Dividende zuzüglich der darauf entfallenden anzurechnenden KSt (zum Verfahren vgl *BMF* BStBl I 2005, 1029; 2006, 101; hierzu *Knoop* DStR 2006, 1263). **Stille Reserven** sind in dem Jahr als Einnahme zu erfassen, in dem sie aufgedeckt werden. Zu weiteren Einzelheiten s AEAO Nr 14 ff zu § 64 Abs 3 AO.

cc) **Verluste.** Sie können **nicht nach § 10 a** abgezogen werden (BFH I R 55/ 06 BStBl II 2007, 725; FG Rh-Pf EFG 1997, 306; AEAO Nr 23 zu § 64 AO). Der Vereinfachungszweck der Vorschrift steht dem entgegen; zudem kommt es für die Wirkungen des § 64 Abs 3 AO auf die Verhältnisse im einzelnen Jahr an (*Thiel/Eversberg* DB 1990, 344; *Lang* FR 1990, 353). Im Übrigen steht bei Verlusten ohnehin die Gemeinnützigkeit der Körperschaft auf dem Spiel, wenn sie diese mit gemeinnützigkeitsrechtlich gebundenen Mitteln ausgleicht (BFH I R 6/08 BFH/NV 2009, 1837; Rn 131 ff). Nach *BMF* BStBl 1998, 1423 sind Verluste insoweit unschädlich, als sie durch anteiligen Ansatz der AfA auf gemischt genutzte Wirtschaftsgüter entstehen (Abweichung von BFH I R 31/89 BStBl II 1992, 103). 250

dd) **Aufteilung.** Die **Aufteilung einer Körperschaft** in mehrere selbstständige Körperschaften zum Zwecke der mehrfachen Inanspruchnahme der Steuervergünstigung nach § 64 Abs 3 AO (Rn 247) gilt nach **§ 64 Abs 4 AO** als **Missbrauch** von rechtlichen Gestaltungsmöglichkeiten iSv § 42 AO. Trotz ihres Verweises auf § 42 AO (der rechtstechnisch verfehlt ist, vgl *Thiel/Eversberg* DB 1990, 395) soll die Vorschrift wohl zum Ausdruck bringen, dass die Besteuerungsgrenze des § 64 Abs 3 AO nicht mehrfach durch „Zellteilung" in Anspruch genommen werden darf. Ob sie ihren Zweck erfüllen kann, ist zweifelhaft, weil im Hinblick auf den Zweck der mehrfachen Inanspruchnahme erhebliche Nachweisschwierigkeiten bestehen werden. Auch ist unklar, was unter „Aufteilung" zu verstehen ist. Versteht man darunter die Aufspaltung eines Ganzen in mehrere Teile, wäre die Vorschrift leicht zu umgehen, wenn sich die einer Unterabteilung tätigen Mitglieder einem kurz zuvor aus Nichtmitgliedern gegründeten Verein anschließen (*Jansen* DStR 1990, 61; zum Problem bei Fördervereinen vgl *Reis* Inf 2001, 196). ME kann aber der Gesetzeszweck schon durch § 51 Abs 3 AO (Rn 25) erreicht werden, weil der Austritt von Vereinsmitgliedern nebst Gründung eines neuen Vereins dann unter den Begriff der funktionalen Untergliederung zu subsumieren ist, wenn die für eine solche typischen Innenbeziehungen bestehen. Ob die Missbrauchsannahme dadurch vermieden werden kann, dass die bürgerlich-rechtlichen Vorschriften eingehalten werden und der abgeteilte Verein nach außen auftritt (vgl *Reis* Inf 2001, 196), erscheint zweifelhaft; denn der Missbrauch ist u.a. durch Einhaltung der bürgerlich-rechtlichen Vorschriften gekennzeichnet. Nach AEAO Nr 24 zu § 64 Abs 4 AO gilt die Vorschrift nicht für regionale Untergliederungen steuerbegünstigter Körperschaften. 251

(frei) 252–254

13. Keine partielle Steuerpflicht bei Zweckbetrieben

Literatur: *Rabenschlag*, Zweckbetriebe als Konkurrenten gewerblicher Anbieter, DStZ 1997, 717; *Kümpel*, Die steuerliche Behandlung von Zweckbetrieben, DStR 1999, 93; *Schauhoff/*

§ 3 Nr 6 Befreiungen

Kirchhain, Gemeinnützigkeit im Umbruch durch Rechtsprechung, DStR 2008, 1713; *Eversberg/ Baldauf*, Der gemeinnützige Betrieb gewerblicher Art als steuerbegünstigter wirtschaftlicher Geschäftsbetrieb (Zweckbetrieb) ..., DStZ 2011, 597; vgl auch die Nachweise vor Rn 219.

255 **a) Begriff.** Ein **Zweckbetrieb** ist nach **§ 65 AO** gegeben, wenn

(Nr 1) der wirtschaftliche Geschäftsbetrieb in seiner Gesamtrichtung dazu dient, die steuerbegünstigten satzungsmäßigen Zwecke der Körperschaft zu verwirklichen,

(Nr 2) die Zwecke nur durch einen solchen Geschäftsbetrieb erreicht werden können und

(Nr 3) der wirtschaftliche Geschäftsbetrieb zu nichtbegünstigten Betrieben derselben oder ähnlicher Art nicht in größerem Umfang in Wettbewerb tritt, als es bei Erfüllung der steuerbegünstigten Zwecke unvermeidbar ist.

Die AO anerkennt mit der Vorschrift den Umstand, dass eine Körperschaft häufig ihre gemeinnützigen oder mildtätigen Zwecke nur durch Unterhaltung eines wirtschaftlichen Geschäftsbetriebes erreichen kann. Steht sie mit einem solchen in einer lediglich zweckangemessenen Wettbewerbssituation, dann unterliegt sie mit den hierzu gehörenden Werten (Vermögen, Einkünfte, Umsätze) nicht der partiellen Steuerpflicht nach § 64 AO. Die Vorschrift ist sehr allgemein gefasst, besonders im Hinblick auf die Wettbewerbsklausel.

Spezielle Zweckbetriebe sind in den **§§ 66–68 AO** (Rn 261 ff) ausdrücklich normiert. Dabei ist jedoch zu beachten, dass besonders bei einigen in § 68 AO normierten Fällen die Voraussetzungen des § 65 AO nicht vorliegen müssen. Sie sind jedoch nicht erheblich für die USt-Freiheit nach § 4 Nr 18 UStG (BFH V R 16/11 BFH/NV 2012, 354). Zum Begriff und zur steuerlichen Behandlung im Einzelnen vgl u.a. *Lang* StuW 1987, 221; *Clausnitz* DStR 1987, 416; *Hüttemann* aaO, S 165 ff; *Kümpel* DStR 1999, 93.

Die o.a. **Voraussetzungen** zu (Nr 1)–(Nr 3) müssen **kumulativ** vorliegen (BFH V R 150/78 BStBl II 1987, 659; V R 21/01 BStBl II 2003, 438; V B 46/06 BStBl II 2009, 560; I B 203/09 BFH/NV 2011, 1). Im Einzelnen:

256 **b) Dienen.** Der Begriff „der Zweckverwirklichung dienen" enthält mE in erster Linie ein qualitatives Element; der Betrieb muss sich **seiner Art nach** eignen. Allerdings muss nicht jede einzelne Tätigkeit des Betriebes, sondern dessen Gesamtheit und Ausrichtung dem steuerbegünstigten Zweck dienen (vgl BFH I 173/53 U BStBl III 1955, 177; FG Nürnberg EFG 1974, 287). Eine abgrenzbare Einzelhandlung, die dem Förderungszweck qualitativ nicht dient, soll dann kein wirtschaftlicher Geschäftsbetrieb sein, wenn sie 10% der Gesamtleistung nicht übersteigt (BFH III R 201/90 BStBl II 1992, 684; IV R 35/98 BStBl II 1995, 449; mE fraglich).

Ein **mittelbares Dienen** durch Verwendung der Erträge oder die Zur-Verfügung-Stellung von Personal zu begünstigten Zwecken reicht zur Verwirklichung eigener Zwecke nicht aus (BTDrs 7/4292, S 21; AEAO Nr 2 zu § 65 AO; BFH V R 29/91 BStBl II 1997, 189; I R 2/08 BStBl II 2010, 1006). Überholt ist mE BFH I 33/51 U BStBl III 1953, 109, wonach es ausreiche, wenn der Betrieb den steuerbegünstigten Zwecken nur förderlich ist und die Einnahmen für die begünstigten Zwecke eingesetzt werden (BFH I R 60/80 BStBl II 1986, 88; I R 3/82 BStBl II 1986, 92; I R 149/90 BStBl II 1992, 693; I R 76/90 BFH/NV 1992, 839).

257 **c) „Nur-erreichen-können".** Das Merkmal bedeutet, die Erfüllung des Zwecks darf **nicht ohne den wirtschaftlichen Geschäftsbetrieb denkbar sein** (BFH I 173/53 U BStBl III 1955, 177; III 328/59 U BStBl III 1963, 532; I R 40/68 BStBl II 1969, 43; I R 2/08 BStBl II 2010, 1006; I R 49/08 BStBl II 2011, 398). Der wirtschaftliche Geschäftsbetrieb darf sich von der Zweckverfolgung **nicht trennen lassen** und bildet mit ihr **gleichsam eine Einheit** (BFH II R 246/81

BStBl II 1986, 831; V R 21/01 BStBl II 2003, 438; I R 76/01 BStBl II 2005, 305; I R 85/04 BStBl II 2005, 545). Der steuerbegünstigte Zweck muss sich mit der Unterhaltung des wirtschaftlichen Geschäftsbetriebes decken (BFH I 173/53 U BStBl III 1955, 177). Ist die Erfüllung des steuerbegünstigten Zweckes auch ohne den Geschäftsbetrieb denkbar, dann ist dieser kein Zweckbetrieb; der Betrieb muss ein „unentbehrlicher Hilfsbetrieb" sein (BFH V R 46/06 BStBl II 2009, 560; V R 54/09 BStBl II 2011, 191; I R 15/07 BFH/NV 2009, 1166). Hierbei ist allein auf die begünstigte Tätigkeit abzustellen, nicht (auch) auf das zur Mittelbeschaffung hierfür erhobene Entgelt (BFH V R 54/09, 191 BStBl III 2011, 191; FG Rh-Pf 6 K 1351/06 DStRE 2010, 549).

Die o.a. **Voraussetzungen liegen vor** zB bei der Durchführung von Lohnaufträgen durch eine arbeitstherapeutische Beschäftigungsgesellschaft (BFH I R 35/93 BStBl II 1995, 767). Sie **liegen nicht vor** bei Vermietung von Vereinsanlagen an Vereinsfremde (BFH V R 150/78 BStBl II 1987, 659), mE auch bei Vermietungen an Mitglieder, weil sie dem Idealbereich fremd ist (*Troll* DB 1979, 418) sowie bei einer Beschaffungsstelle (AEAO Nr 3 zu § 65 AO). Auch Vereinsausflüge sind idR kein Zweckbetrieb, wenn es sich nicht gerade um die Wanderung eines Wandervereins handelt (aA *Neufang* Inf 1988, 253).

d) Wettbewerbsklausel. Der vom Zweckbetrieb ausgehende **Wettbewerb** 258 muss auf das **unvermeidbare Maß** begrenzt sein (vgl BFH I R 30/06 BStBl II 2009, 126). Maßstab ist die Erforderlichkeit des Betriebes zur Erfüllung des begünstigten Zweckes (§ 65 Nr 2 AO; BFH I R 122/87 BStBl II 1990, 724; V R 46/06 BStBl II 2009, 560). Der Grundsatz der Wettbewerbsneutralität ist „streng zu handhaben" (BFH I 173/53 U BStBl III 1955, 177). Durch die steuerliche Begünstigung sollen weder Wettbewerber verdrängt noch Marktzutrittschancen eröffnet werden.

aa) Wettbewerbslage. Hierbei kommt es **nicht** auf eine **konkrete Wettbewerbslage** an, sondern darauf, ob abstrakt ein Wettbewerb bestehen kann (BFH III 134/56 BStBl III 1961, 109; vgl I R 3/82 BStBl II 1986, 92; BFH II R 246/81 BStBl II 1986, 831; I R 11/88 BStBl II 1989, 391; BFH X R 115/91 BStBl II 1994, 314; I R 60/91 BStBl II 1994, 573; I R 56/94 BStBl II 1996, 28; V R 46/06 BStBl 2009, 560; I B 203/09 BFH/NV 2011, 1; ebenso AEAO Nr 4 zu § 65 AO; *Rader* BB 1979, 1192; *Hüttemann* S 180; hierzu mE zu Unrecht krit *Brengel* KStZ 1982, 1; *Mack* DStR 1984, 187; *Clausnitzer* DStR 1987, 416 und *Rabenschlag* DStZ 1997, 717).

bb) Unvermeidbarkeit. Wegen dieses Tatbestandsmerkmals ist auch der **potenzielle Wettbewerb,** also die Marktzutrittschance möglicher Wettbewerber, zu schützen; maßgeblich ist der Einzugsbereich der Körperschaft (BFH V R 30/99 BStBl II 200, 705; V R 64/09 HFR 2012, 784, Aufh von FG Bremen EFG 2010, 527; AEAO Nr 4 zu § 65 AO; *Hüttemann* FR 2002, 1337).

Im Übrigen ist für die Annahme von Unvermeidbarkeit **nicht ausreichend,** dass der Verein seine Leistungen **auf** seine **Mitglieder beschränkt** (BFH I R 40/68 BStBl II 1969, 43, Reitunterricht eines Reitvereins); umgekehrt sind nicht nur vereinsinterne Druckerzeugnisse schon schädlich (BFH I R 11/88 BStBl II 1989, 391); die Wettbewerbsklausel wäre andernfalls überflüssig. Der Zweckbetrieb muss sich auch nach seinem **Umfang** auf die Zweckerreichung (Rn 257) beschränken (BFH I R 71/11 BFH/NV 2013, 89). Auf die **Kostendeckung** kommt es für das Merkmal der Unvermeidbarkeit nicht an (vgl BFH III 134/56 U BStBl III 1961, 109; I R 40/68 BStBl II 1969, 43; X R 115/91 BStBl II 1994, 314; I R 60/91 BStBl II 1994, 573; *Lang* DStZ 1988, 18, 25; *Rader* BB 1979, 1192; aA FG Münster EFG 1974, 593).

cc) Abwägung. Problematisch ist, ob die §§ 64 ff AO die Grundsätze der bestehenden **Wirtschaftsverfassung** beachten (*Tipke/Kruse* § 65 AO Rn 4). Sie bedeu-

§ 3 Nr 6 Befreiungen

ten Eingriffe in die vor dem Hintergrund des Art 3 GG gebotene staatliche Wettbewerbsneutralität, die verfassungsrechtlich dann zulässig sind, wenn sie durch übergeordnete Interessen des Gemeinwohls gerechtfertigt erscheinen und die gewählten Mittel zur Erreichung des verfolgten Zwecks geeignet und erforderlich sind (BVerfGE 7, 377; 9, 39; 46, 120, 145; ähnlich BFH II R 246/81 BStBl II 1986, 831; hierzu *Lang* StuW 1987, 221, 241 ff und DStZ 1988, 18, 25). Erforderlich ist eine **Abwägung** zwischen dem Interesse der Allgemeinheit an einem **intakten Wettbewerb** und an der steuerlichen **Förderung gemeinnütziger Tätigkeiten** (BFH I R 2/08 BStBl II 2010, 1006). Erweist sich, dass der steuerbegünstigte Zweck auch ohne die in Frage stehende Wirtschaftstätigkeit zu erreichen ist, dann ist das Interesse an der Wahrung der Wettbewerbsneutralität vorrangig und aus der Sicht der Gemeinnützigkeit vermeidbar (BFH X R 115/91 BStBl II 1994, 314; I R 60/91 BStBl II 1994, 573; I R 35/93 BStBl II 1995, 767). Allerdings besteht bei einer solchen Sachlage schon nach § 65 Nr 2 AO (Rn 257) kein Zweckbetrieb. Nach der Rspr tritt im Weiteren der Wettbewerbsgedanke zurück, wenn der von der Körperschaft angesprochene Personenkreis entsprechende Leistungen stpfl Unternehmen nicht in Anspruch nimmt (was gegen o.a. Grundsätze verstößt und in der Praxis kaum feststellbar sein dürfte); ebenso wenn der ideelle Zweck vom (potenziellen) Wettbewerber nicht verfolgt wird (BFH I R 35/93 BStBl II 1995, 767; I R 2/08 BStBl II 2010, 1006; I R 49/08 BStBl II 2011, 398), was mE ein Widerspruch in sich ist, weil die (potenzielle) Wettbewerbslage gerade dadurch gekennzeichnet ist.

259 **e) Einzelfälle zum Begriff des Zweckbetriebes. aa) Anerkannte Zweckbetriebe.**
– **Altkleidersammlungen** zum Zwecke des unmittelbaren Einsatzes zu Notfällen u.ä. (*FM Nds* StEK AO § 14 Nr 4); im Übrigen bei Kleiderspenden und als Vermögensumschichtung angesehenem Verkauf (FG Düsseldorf EFG 1991, 150, zweifelhaft)
– **Angelkarten** für Mitglieder eines Angelvereins (*BMF* DStR 1991, 576)
– **Bauschuttdeponie** eines Trabrennvereins (FG Saarl EFG 1987, 374)
– Zu **Beschäftigungsgesellschaften** vgl *BMF* BStBl I 1993, 214
– **Dialysevereine** (*OFD Ffm* DB 1993, 1116; *OFD Magdeburg* FR 1994, 618)
– **Druckschriften** eines Vereins zur Förderung des Friedens, der Demokratie usw, die sich an die Allgemeinheit richten (BFH I R 11/88 BStBl II 1989, 391); nach BFH I R 60/01 BFH/NV 2003, 1025 denkbar auch bei einer Vereinszeitschrift
– **Einmalspritzen** im Automatenverkauf an Risikogruppen (*OFD Ffm* DB 1998, 2300)
– **Fitness-Studio** s *BayLfSt* § 5 Abs 1 Nr 9 KStG, Karte 13.1
– **Grundversorgung** von Schülern an Ganztagsschulen (vgl *OFD Ffm* DB 2000, 2350; die aA von *OFD Kiel* DB 2000, 1305 ist wohl überholt)
– **Handwerks- und Landwirtschaftsbetriebe** von Fürsorgeanstalten (RFH RStBl 1939, 92)
– **Kiosk** eines Vereins zur Eingliederung psychisch Kranker, wenn im Kiosk vorwiegend die betreuten Personen beschäftigt werden (Nds FG EFG 1998, 407)
– **Krankentransporte** (für Fahrten mit fachlicher Betreuung u.ä. AEAO Nr 6 zu § 66 AO; *Schauhoff/Kirchhain* DStR 2008, 1713; zT aA in einem obiter dictum BFH I R 30/06 BStBl II 2009, 126)
– Verkauf von Erzeugnissen **Kriegsblinder** durch Kriegsblindenverein (RFH RStBl 1939, 545, jetzt § 68 Nr 3 und 4 AO)
– **Langzeitarbeitslose,** ihr Beschäftigung im Mahlzeitendienst zur Integration und Arbeitsförderung (Thür FG 2 K 29/09 EFG 2012, 8, Rev I R 71/11)
– **Lohnaufträge** bei arbeitstherapeutischen Beschäftigungsstellen, wenn die Leistungen ausschließlich Ergebnis der Arbeitstherapie und somit notwendige Folge

ABC Zweckbetriebe (Rn 259, 260) § 3 Nr 6

der Erfüllung des gemeinnützigen Zwecks sind (BFH I R 35/93 BStBl II 1995, 767)
- **Mahlzeitendienst,** nur bei zweckentsprechender Beschränkung des Umfangs (BFH I R 71/11 BFH/NV 2013, 89)
- Krankenanstalt für **Minderbemittelte** (RFH RStBl 1937, 1103)
- Ledigenheim für **Minderbemittelte** (RFH RStBl 1938, 828)
- Verpflegung **Minderbemittelter** (RFH RStBl 1937, 1104)
- **Notfallpraxis,** angeblich Zweckbetrieb nach § 66 AO (Rn 261 ff; *OFD Ffm* KSt-Kartei § 5 KStG H 196)
- **Pflegeheim** s § 68 Nr 1 Buchst a AO (Rn 290)
- **Pflegeleistungen** im häuslichen Bereich können sich bei entsprechend gemeinnützigen Körperschaften (zB Altenhilfe) als Zweckbetriebe darstellen (*FM Bbg* DStR 1995, 1917; *FM S-Anh* DB 1996, 1703)
- Zu **Pilgerreisen** vgl *FM Saarl* DStR 1993, 360
- **Sanitäts- u Rettungsdienstleistungen** s Krankentransporte
- **Schauauftritte** eines Vereins für Formationstanzsport (FG Düsseldorf EFG 1990, 81; vgl jedoch die Aufhebung durch BFH XI R 109/90 BStBl II 1994, 886)
- **Schülerfirmen,** wenn unter dem Dach einer Schule oder eines Schulfördervereins zu pädagogischen Zwecken aktiv, wenn die Einnahmen einschließlich USt 35 000 € im Jahr nicht übersteigen (*OFD Koblenz* DB 2003, 2572)
- **Schwimmbäder** vgl im Einzelnen *OFD Münster* DB 2004, 2723
- **Solaranlage,** nur wenn zu Lehr- u Demonstrationszwecken betrieben (*OFD Chemnitz* DB 2006, 2605)
- Entgeltliche Überlassung von Vereinseinrichtungen durch einen **Sportverein** (FG Ba-Wü EFG 1984, 627; vgl auch *BMF* BStBl I 1998, 630, 673); fraglich
- Verkauf von Prüfmarken für Sportgeräte durch einen **Sportverein** (FG Münster EFG 1967, 476); fraglich
- Betreiben eines Skilifts durch einen **Sportverein** (FG Münster EFG 1974, 593); fraglich, vgl *Lang* DStZ 1988, 18, 25
- **Tierheime,** soweit nicht Tiere wegen vorübergehender Abwesenheit des Halters gegen Entgelt aufgenommen werden *OFD Magdeburg* DB 2005, 1251
- **Vermietung von Sportgerät** durch einen Sportverein sowie Überlassung an Mitglieder (vgl *OFD Ffm* BB 2000, 1103; sehr weit: BFH V R 30/99 BStBl II 2000, 705); zu Sportanlagen s *BMF* BStBl I 1990, 818, 823
- **Wasserversorgung** eines Kleingartenvereins (*FM Bbg* 1993, 960)
- Verkaufsstellen von **Werkstätten geistig Behinderter:** werden auch zugekaufte Waren unverändert weiter verkauft, dann liegt insoweit ein wirtschaftlicher Geschäftsbetrieb vor (*FM Länder* DStR 1998, 648; FR 1998, 586; DB 1998, 905)
- Verkauf von **Wohlfahrtsbriefmarken** durch Wohlfahrtsverbände (*FM Schl-H* DB 1991, 2059).
- Vgl im Übrigen die Einzelanweisungen der Mittel- und Oberbehörden der Länder in StEK AO 1977, StEK KStG und StEK UStG 1980.

bb) Nicht anerkannt. 260
- **Abfallbeseitigung** s Müllbeseitigung
- **Altkleidersammlungen** zum Zwecke der Veräußerung und Mittelbeschaffung (BFH I R 149/90 BStBl II 1992, 693; I R 76/90 BFH/NV 1992, 839; vgl auch FG Düsseldorf EFG 1982, 203; *BMF* BStBl I 1995, 630; *OFD Ffm* DB 2002, 331; kritisch *Thoma* DStR 1984, 641). Die Rechtsfrage ist insoweit geklärt (BFH I B 14/94 BFH/NV 1995, 568; II R 75/95 BFH/NV 1995, 930). Zur Besonderheit beim Zusammenwirken mit gewerblichen Altmaterialhändlern vgl *OFD Düsseldorf* DStR 1992, 1364 und *OFD Ffm* DB 1995, 2449, gleichzeitig zur Schätzung nach § 64 Abs 5 AO (Rn 235)
- **Angelkarten** für Nichtmitglieder (*BMF* DStR 1991, 576)

§ 3 Nr 6 — Befreiungen

- **Auftragsforschung** durch gemeinnützige Forschungseinrichtung (FG Köln EFG 1991, 574); bestätigt durch BFH V R 29/91 BStBl II 1997, 189; vgl I R 76/05 BStBl II 2007, 631; jetzt jedoch nach § 68 Nr 9 AO (Rn 302) *begünstigt*. Zu Hochschulen vgl aber EuGH Slg I 2002, 5811, DStR 2002, 1172 m Anm *FK*
- **Bandenwerbung** durch Sportverein (BFH I R 8/88 BStBl II 1992, 101)
- **Basar** durch Museumsverein (FG Rh-Pf 6K 1351/06 DStRE 2010, 549)
- **Behindertengerechte Ferienwohnanlage**, die jedermann offen steht (FG B-Bbg 5 K 5060/08 EFG 2011, 1750)
- **Beschaffungsstellen**, die für nachgeordnete Untergliederungen die dort benötigten Gegenstände zentral einkaufen und ihnen diese mit einem Aufschlag, der Gewinn nicht entstehen lässt, verkaufen; es liegen die Voraussetzungen des § 64 AO (Rn 226 ff) vor und fehlen die Voraussetzungen des § 65 Abs 3 AO (Rn 258); BFH II R 94/94 BFH/NV 1998, 150; *OFD Münster* FR 1998, 291
- **Bewirtungen** gegen Entgelt (BFH I R 60/80 BStBl II 1986, 88; I R 3/82 BStBl II 1986, 92; I R 122/87 BStBl II 1990, 724)
- **Bierzeltbetrieb** nicht nur für Vereinsmitglieder (BFH I R 200/85 BFH/NV 1989, 342)
- **Cafeteria** im Rahmen der Jugendhilfe (BFH I R 122/87 BStBl II 1990, 724; *FM Bbg* DStR 1993, 1408) sowie eines Seniorenzentrums (BFH I R 33/86 BStBl II 1990, 470)
- **Eislaufhalle**, bei entgeltlicher Zur-Verfügung-Stellung (BFH V R 64/09 HFR 2012, 784 gegen FG Bremen EFG 2010, 527)
- **Erholungsheime** auf christlicher Grundlage (BFH III 134/56 U BStBl III 1961, 109)
- **Fahrdienst** für den ärztlichen Notfalldienst (*OFD Ffm* FR 1995, 486)
- Herstellung von **Fernsehfilmen** durch kirchliche Institutionen (BFH II R 246/81 BStBl II 1986, 831)
- **Festschrift** mit Anzeigenteil (BFH IV R 189/71 BStBl II 1976, 472)
- **Forschungseinrichtungen**: Ergebnisverwertung ist nach *BMF* BStBl I 1999, 944 weder nach § 68 Nr 9 noch nach § 65 AO Zweckbetrieb (diff *Strahl* DStR 2000, 2163)
- **Gemeindeschwimmbad** (RFH RStBl 1941, 668)
- **Geräteüberlassung** durch ein Krankenhaus (BFH I R 25/04 BStBl II 2005, 545)
- **Gesangbuchverlag** (RFH RStBl 1941, 158)
- **Gesellige Veranstaltungen** sind ab EZ 1990 nach Aufhebung von § 68 Nr 7 AO kein Zweckbetrieb mehr
- **Gruppenversicherungen**, die die Körperschaft vermittelt und wofür sie die den Mitgliedern zustehende Gewinnbeteiligung erhält, ist grundsätzlich wirtschaftlicher Geschäftsbetrieb (BFH I R 2/97 BStBl II 1998, 175; krit *Fidorra* DB 1999, 559). Nach *OFD Ffm* DB 2000, 449 kann die Steuerpflicht angeblich vermieden werden, wenn das Mitglied mit der Körperschaft die eine einen eigenen wirtschaftlichen Geschäftsbetrieb begründende Verwaltung der Überschussbeteiligung für das Mitglied begründet
- Entgeltliche **Fahrten-, Unterkunfts-, und Kartenvermittlung** durch Fremdenverkehrsverband (RFH RStBl 1941, 506; 42, 743)
- Druckwerke (Kalenderjahrbuch, Clubzeitung) mit **Inseratenwerbung** (BFH I 173/53 U BStBl III 1955, 177; I 34/61 U BStBl III 1962, 73)
- **Karnevalsorden**, Verkauf von (FG Köln 13 K 1075/08 EFG 2012, 1693 rkr; s auch *Suck* NWB 2013, 428)
- **Karnevalssitzungen** (FG Rh-Pf 6 K 1104/09 EFG 2010, 1552)
- **Kirmesveranstaltung** eines Schützenvereins (FG Düsseldorf EFG 1974, 43)
- **Krankenhauswäscherei** (BFH I R 56/94 BStBl II 1996, 28; ebenso FG Düsseldorf EFG 1992, 99)

ABC Zweckbetriebe (Rn 260) § 3 Nr 6

- **Krematorium** (BFH I B 66-68/04 BFH/NV 2005, 1213; *OFD Ffm* DB 1997, 2005)
- Verkauf von Bildern durch **Künstlerverein** (RFHE 42, 299); hierzu *Orth* DStR 1987, 319
- **Lehrerhaus** (BFH II R 20/70 BStBl II 1974, 410)
- **Mahlzeitendienst** (BFH I R 71/11 BFH/NV 2013, 89, zurückverwiesen)
- **Müllbeseitigung** auch „im Dienste des öffentlichen Gesundheitswesens und der Förderung des Umweltschutzes". Eine Begünstigung würde zu Wettbewerbsverzerrungen gegenüber auch in diesem Bereich tätigen gewerblichen Anbietern führen (BFH X R 115/91 BStBl II 1994, 314). Entsprechendes gilt für Sonderabfalldeponien (*FM Ba-Wü* DStR 1995, 1271)
- **Müllheizkraftwerk** ebenfalls aus Wettbewerbsgründen (BFH I R 60/91 BStBl II 1994, 573)
- **Müllverbrennung** unter Hinweis auf BFH X R 115/91 BStBl II 1994, 314 u I R 60/91 BStBl II 1994, 573; I R 144/93 BFH/NV 1995, 1012
- **Museumsshop** s „Basar"
- **Pensionspferdehaltung** durch Reit- u Fahrverein (FG Ba-Wü 12 K 4547/08, Rev XI R 34/11; *OFD Düsseldorf/Münster* Kurzinfo USt Nr 8/2005)
- **Projektträgerschaft** durch gemeinnützige Forschungseinrichtung für öffentliche Hand bei Abwicklung von Fördermaßnahmen (FG Köln EFG 1991, 574, best durch BFH V R 29/91 BStBl II 1997, 189; vgl jetzt § 68 Nr 9 AO; Rn 302 ff)
- **Reitunterricht** durch Reitverein (BFH I R 40/68 BStBl II 1969, 43; FG Nürnberg EFG 1974, 287; aA *OFD Köln* StEK AO 1977 § 68 Nr 1, 2)
- Bewirtschaftung eines **Ritterguts** durch Stiftung (BFH III 328/59 U BStBl III 1963, 532)
- **Sonntagsblatt** mit Anzeigengeschäft (RFHE 38, 35; 42, 403)
- **Speisen**- u Getränkeverkauf (FG Saarl EFG 1991, 5)
- **Tagesgaststätten** in Kongress- und Konzerthalle (BFH I R 14/72 BStBl II 1974, 664)
- **Totalisatorbetrieb** und Gastwirtschaft eines steuerbegünstigten (?) Rennvereins (BFH I 33/51 U BStBl III 1953, 109; I R 76/01 BStBl II 2005, 305; I R 15/07 BStBl II 2011, 475)
- **Trabrennen** eines Traberzuchtvereins bildet zusammen mit dem Totalisatorbetrieb einen einheitlichen wirtschaftlichen Geschäftsbetrieb (BFH I R 15/07 BStBl II 2011, 475; Vb BVerfG 1 BvR 2924/09; BMF BStBl I 2011, 539)
- **Trikotwerbung** (BFH I R 215/78 BStBl II 1983, 27)
- **Unterkunft und Verpflegung** durch Heimvolkshochschule (FG Nürnberg EFG 1978, 572)
- **Veräußerung** von (von Todes wegen) zugewendeten Gegenständen, sofern nachhaltig, und zwar auch dann, wenn die Erlöse dem Förderungszweck zugute kommen (vgl BFH V R 24/89 BStBl II 1994, 57)
- **Vermietung von Sportanlagen** an Vereinsfremde (BFH V R 150/78 BStBl II 1987, 659), „greenfee"; hierzu zu Unrecht kritisch *Prugger* Stbg 1990, 85); aA bei Vermietung an Mitglieder *BMF* BStBl I 1990, 818, 823; Vermietung von Sportgerät an Vereinsfremde (*OFD Ffm* DB 2000, 1103)
- **Vermittlung religiöser Inhalte** in geschäftsmäßiger Form (FG Hamburg EFG 1985, 525, nv bestätigt)
- **Verwaltungsdienstleistungen** an verbundene Unternehmen (BFH V R 46/06 BStBl II 2009, 560)
- **Wehrforschungsbetrieb** (FG Köln EFG 1997, 706, aufgeh BFH V R 51/96 BFH/NV 1999, 833)
- **Werbeanzeigen** auch eines Sponsors in Vereinszeitung (BFHE I R 42/06 BStBl II 2008, 946)
- **Werbefahrten** mit Freiballon (BFH V R 21/01 BStBl II 2003, 438)

– **Zeitschriftenverlag,** wenn die Zeitschrift nicht nur durch den gemeinnützigen Zweck bestimmt ist und über bezahlte Anzeigen nicht nur unerheblich am allgemeinen Wettbewerb teilnimmt (RFH RStBl 1938, 35; 1938, 542; 1938, 913; 1938, 1070).

Vgl im Übrigen die einschlägigen Anweisungen der Mittel- und Oberbehörden der Länder in StEK AO 1977, StEK KStG 1977 und StEK UStG 1980.

14. Gesetzlich normierte Zweckbetriebe
a) Wohlfahrtspflege.

Literatur: *Bartmuß,* Wann sind medizinische Versorgungszentren gemeinnützig?, DB 2007, 706; *Heger,* Die Steuerpflicht des Krankentransports und Rettungsdienstes – Möglichkeiten einer Konkurrentenklage, DStR 2008, 867; *Winheller/Klein,* Gleichheit im Unrecht? Über Konkurrentenklagen zur Steuerfreiheit – trotz materieller Steuerpflicht?, DStZ 2008, 377; *Schauhoff/Kirchhain,* Gemeinnützigkeit im Umbruch durch Rechtsprechung, DStR 2008, 1713; *Strahl,* Keine schädliche Hilfspersonentätigkeit bei Verfolgung eigener gemeinnütziger Zwecke, BeSt 2010, 24; *v. Holt,* Steuerrechtliche Streitpunkte der arbeitsteiligen Zusammenarbeit gemeinnütziger Träger der Wohlfahrtspflege, DB 2010, 1791.

261 **aa) Grundsatz.** Nach **§ 66 Abs 1 AO** ist eine **Einrichtung der Wohlfahrtspflege** ein Zweckbetrieb, wenn sie in besonderem Maße den in § 53 AO genannten Personen dient. Nach **§ 66 Abs 2 AO** ist Wohlfahrtspflege die planmäßige, zum Wohle der Allgemeinheit und nicht des Erwerbs wegen ausgeübte Sorge für Notleidende oder gefährdete Mitmenschen. Die Sorge kann sich auf das gesundheitliche, sittliche, erzieherische oder wirtschaftliche Wohl erstrecken und Vorbeugung oder Abhilfe bezwecken. Nach **§ 66 Abs 3 AO** dient eine Einrichtung der Wohlfahrtspflege im besonderen Maße den in § 53 AO genannten Personen, wenn diesen zumindest ⅔ ihrer Leistungen zugutekommen (zur Förderung von Langzeitarbeitslosen vgl FG Ba-Wü EFG 1993, 462).

262 **bb) Allgemeines.** Die **Vorschrift** geht dem § 65 und den §§ 67, 68 AO **vor**; dh die Grundvoraussetzungen für das Vorliegen eines Zweckbetriebes müssen nicht mehr geprüft werden. § 66 Abs 2 AO enthält jedoch **keine Einschränkung** der Voraussetzungen der Selbstlosigkeit nach § 55 AO (AEAO Nr 2 zu § 66 AO). Für die Steuerfreiheit nach § 4 Nr 18 UStG sind die Erwägungen des § 66 nicht heranzuziehen (BFH V R 16/11 BFH/NV 2012, 354).

263 **cc) Leistungserfordernisse. (1.)** Die Leistungen müssen den Empfängern **unmittelbar** erbracht werden; mittelbare Leistungen über eine beauftragte Körperschaft begründen ebensowenig einen Zweckbetrieb iSd § 66 AO (BFH I R 2/08 BStBl II 2010, 1006; I R 49/08 BStBl II 2011, 398; hierzu *Strahl* BeSt 2010, 24; *v. Holt* DB 2010, 1791) wie Vorleistungen für einen durch weitere Leistungsbestandteile zu erzielenden Leistungserfolg (FG Münster EFG 2012, 437, Rev I R 59/11) sowie Leistungen als Erfüllungsgehilfe einer anderen Körperschaft (BFH I R 49/08 BStBl II 2011, 398).

(2.) Es kommt **nicht** darauf an, dass nach ihrer **Anzahl** ⅔ der von der Körperschaft Betreuten dem bezeichneten Personenkreis angehören; vielmehr zählt allein der **Umfang der Leistungen** (BFH I R 35/93 BStBl II 1995, 767; AEAO Nr 3 zu § 66 AO). Werden Leistungen unter gleichen Bedingungen gegenüber sowohl hilfsbedürftigen als auch nicht hilfsbedürftigen Menschen erbracht, wird ein einheitlicher wirtschaftlicher Geschäftsbetrieb angenommen, der bei Erreichen der 2/3-Grenze ein Zweckbetrieb iSd Vorschrift darstellt (AEAO Nr 7 zu § 66 AO).

Anerkannt wurden u.a. häusliche Pflegeleistungen iRd SGB VII oder SGB XI (AEAO Nr 4 zu § 66 AO), die Cafeteria eines dem Deutschen Paritätischen Wohlfahrtsverband angeschlossenen Studentenwerks (BFH V R 76/83 BStBl II 1988, 908 für die USt; vgl für Mensa- u Cafeteria-Betriebe sonstiger Studentenwerke

AEAO Nr 5 zu § 66 AO), der Krankentransport von während der Fahrt zu Betreuenden (AEAO Nr 6 zu § 66 AO; zum Problem BFH I R 30/06 BStBl II 2009, 126), ggf gesellige Veranstaltungen zur Betreuung behinderter Personen (AEAO Nr 7 zu § 66 AO) sowie eine Krankenhausapotheke, wenn der Träger einem anerkannten Spitzenverband der freien Wohlfahrtspflege angeschlossen ist (FG Münster EFG 1990, 139), nicht jedoch eine zentrale Krankenhausapotheke (BFH V R 76/89 BStBl II 1991, 268). Für eine Anwendung auch auf medizinische Versorgungszentren *Bartmuß* DB 2007, 706. Für *Krankenhäuser* gilt § 67 AO.

dd) Merkmale des § 66 Abs 2 AO. (1.) Wohl der Allgemeinheit bedeutet 264 eine planmäßige Sorge für den in Frage kommenden Adressatenkreis (vgl BFH I R 49/08 BStBl II 2011, 398), jedoch nicht, dass – wie im § 52 Abs 1 Satz 2 AO – auf einen unbeschränkten Personenkreis abgestellt wird. § 66 Abs 1 AO lässt erkennen, dass Wohlfahrtspflege ein Unterfall der Mildtätigkeit (§ 53 AO) ist.

(2.) Nicht des Erwerbs wegen bedeutet an sich Ausschluss der Erwerbsabsicht, dh es darf überhaupt kein Erwerb angestrebt werden. Eine auf Gewinnerzielung gerichtete Tätigkeit wird nicht schon deswegen zum Wohle der Allgemeinheit erbracht, weil sie von Wohlfahrtsverbänden durchgeführt wird und diese den Überschuss für steuerbegünstigte Zwecke einsetzen (BFH I R 30/06 BStBl II 2009, 126 zum Rettungsdienst; aA AEAO Nr 6 zu § 66 AO9; *Bartmuß* DB 2007, 706; *Schauhoff/Kirchhain* DStR 2008, 1713; abschwächend FG Münster EFG 2012, 437, Rev I R 59/11: schädlich sind Leistungen zu marktüblichen Bedingungen auch an nicht gemeinnützige Organisationen). Auch genügt nicht, wenn entgeltliche Leistungen gegenüber einer nicht steuerbegünstigten Person erbracht werden, die sie ihrerseits den Personen iSv § 53 AO erbringt (BFH I R 49/08 BStBl II 2011, 398). Daher ist mE auch in diesem Bereich ein Sozio-Sponsoring nicht zulässig (aA *Ansorge* BB 1995, 2505). Für eine mildernde, an § 55 AO orientierte Auslegung iSv „nicht in erster Linie des Erwerbs wegen" jedoch AEAO Nr 2 Satz 2 zu § 66 AO (ebenso *Tipke/Kruse* § 66 AO Rn 2). Ebenfalls großzügig AEAO Nr 6 zu § 66 AO für den Krankentransport von Personen, die während des Transports möglicherweise fachliche Betreuung/Einrichtungen des Transportfahrzeugs benötigen. Man wird aber in bestimmten Fällen, in denen die Wohlfahrtstätigkeit nicht ohne Erwerbshandlungen denkbar ist, zB bei der Heranführung von Langzeitarbeitslosen an ein sinnvolles Arbeitsleben, nicht an dieser mildernden Auslegung vorbeikommen (vgl FG Ba-Wü EFG 1993, 462).

ee) Anerkennung. Die **Feststellungslast** dafür, dass mindestens ⅔ der Leistungen 265 den in § 53 AO genannten Personen zugute kommen, trifft die Körperschaft (BFH V 286/55 U BStBl III 1956, 258; III 134/6 U BStBl III 1961, 109). Die Mitgliedschaft einer Körperschaft (Unterverband) in einem Spitzenverband der freien Wohlfahrtspflege bedeutet nicht schon, dass sie ohne Weiteres mildtätige Zwecke verfolgt (BFH I 242/65 BStBl II 1969, 145; vgl FG Ba-Wü EFG 1993, 462). Auch für das Mitglied müssen die Voraussetzungen der §§ 53 und 66 AO gesondert festgestellt werden.

Nach § 23 UStDV sind bisher amtlich anerkannt:
– Diakonisches Werk der Evangelischen Kirche in Deutschland eV
– Deutscher Caritasverband eV
– Deutscher Paritätischer Wohlfahrtsverband-Gesamtverband eV
– Deutsches Rotes Kreuz eV
– Arbeiterwohlfahrt Bundesverband eV
– Zentralwohlfahrtsstelle der Juden in Deutschland eV
– Deutscher Blinden- und Sehbehindertenverband eV
– Bund der Kriegsblinden Deutschlands eV
– Verband deutscher Wohltätigkeitsstiftungen eV
– Bundesarbeitsgemeinschaft Selbsthilfe von Menschen mit Behinderung und chronischer Erkrankung und ihren Angehörigen eV
– Sozialverband VdK Deutschland eV.

§ 3 Nr 6

b) Krankenhäuser.

Literatur: *Bühring,* Zur Steuerbegünstigung privater Krankenanstalten, DStZ 1964, 49; *Böhme,* Grundlagen und Grenzen der Steuervergünstigungen für Krankenhäuser, DStZ 1987, 522; *Gunter,* Gewerbesteuerpflicht von Kurkrankenhäusern, Rehabilitations- und Vorsorgeeinrichtungen?, BB 1994, 1903; *Boehmer/Petereit,* Umsatzsteuerliche und gemeinnützigkeitsrechtliche Behandlung von Schönheitsoperationen und den damit im Zusammenhang stehenden Leistungen, DStR 2003, 2058; *Klähn,* Gemeinnützigkeitsrechtliche Behandlung der Arzneimittelabgabe von Krankenhausapotheken, StBp 2006, 197.

266 **aa) Grundsatz.** Nach **§ 67 Abs 1 AO** ist ein **Krankenhaus**, das in den Anwendungsbereich des Krankenhausentgeltgesetzes oder der BundespflegesatzVO fällt, ein Zweckbetrieb, wenn mindestens 40% der jährlichen Belegungstage oder Berechnungstage auf Patienten entfallen, bei denen nur Entgelte für allgemeine Krankenhausleistungen (§ 7 des Krankenhausentgeltgesetzes, § 10 der BundespflegesatzVO) berechnet werden. Nach **§ 67 Abs 2 AO** ist ein Krankenhaus, das nicht in den Anwendungsbereich des Krankenhausentgeltgesetzes oder der BundespflegesatzVO fällt, ein Zweckbetrieb, wenn mindestens 40% der jährlichen Belegungstage oder Berechnungstage auf Patienten entfallen, bei denen für die Krankenhausleistungen kein höheres Entgelt als nach § 67 Abs 1 AO berechnet wird.

267 **bb) Allgemeines.** Die Vorschrift ist durch G v 13.12.2006 (BGBl I 2006, 2878) **neu gefasst** worden und ist **ab EZ 2003** anzuwenden (Art 97 § 1 c Abs 3 EGAO). Es handelt sich um notwendige Folgeänderungen aufgrund des FallpauschalenG v 23.4.2002, BGBl I 2002, 1412, wonach voll- u teilstationäre Leistungen (Ausnahme: Einrichtungen der Psychiatrie, Psychosomatik und psychotherapeutischen Medizin) seit 24.4.2002 nach § 7 KHEntgG berechnet werden. Die Rückwirkung ist daher mE verfassungsrechtlich unproblematisch; Entsprechendes gilt für den Vergleich von Privatkliniken mit Krankenhäusern iSd Vorschrift (FG Ba-Wü 3K 526/08, StE 2011, 377).

Der **Zweck** der Vorschrift ist die Begünstigung der Sozialversicherungsträger als Kostenträger für ihre Versicherten und – typisierend – der selbst zahlenden Privatpatienten (BFH V R 35/85 BStBl II 1991, 157; V R 64/89 BStBl II 1994, 212). Sie knüpft daher an das KrankenhausentgeltG bzw die BundespflegesatzVO (BPflV) v 26.9.1994 (BGBl I 1994, 2750, zuletzt geändert durch G v 21.7.2012, BGBl I 2012, 1613) an.

Eine Prüfung der **Zweckbetriebsvoraussetzungen** des § 65 AO ist – wenn die Voraussetzungen des § 67 vorliegen – nicht erforderlich (FG Münster 9 K 4639/10 K, G, EFG 2012, 1385, Rev I R 31/12; *Eversberg/Baldauf* DStZ 2011, 597).

268 **cc) Begriff des Krankenhauses.** Der **Begriff** ist in § 2 Nr 1 des KrankenhausfinanzierungsG idF v 10.4.1991 – KHG – (BGBl I 1991, 886, zuletzt geänd durch G v 15.7.2013 (BGBl I 2013, 2423) sowie in § 107 Abs 1 SGB V geregelt, die erläuternd heranzuziehen sind (BFH I R 65/02 BStBl II 2004, 300; IV R 48/01 BStBl II 2004, 363; I R 85/04 BStBl II 2005, 545; I R 59/10 BFH/NV 2012, 61). Die Vorschriften kollidieren zT miteinander, da sie jeweils in bestimmten Punkten weiter, in anderen Punkten enger gefasst sind als die jeweils andere. Insbesondere grenzt § 107 SGB V Vorsorge- und Rehabilitationseinrichtungen von Krankenhäusern ab (hierzu FG München EFG 1994, 177; *Gunter* BB 1994, 1903). Nach dem insoweit weiteren § 2 Nr 1 KHG sind **Krankenhäuser** „Einrichtungen, in denen durch ärztliche und pflegerische Hilfeleistung Krankheiten, Leiden und Körperschäden festgestellt, geheilt oder gelindert werden sollen oder Geburtshilfe geleistet wird und in denen **die zu versorgenden Personen untergebracht werden** und verpflegt werden **können**". Hierunter fallen allgemeine Krankenhäuser, Spezialkliniken, Belegkrankenhäuser (hierzu Rn 270), Heilstätten, Diagnosekliniken, Diabeteskliniken (BFH V R 35/85 BStBl II 1991, 157), Sanatorien (BFH V 190/59 U BStBl III 1960, 222), Kurheime (Hess FG EFG 1961, 312; aA FG München EFG

Gemeinnützige Zwecke § 3 Nr 6

1994, 177, 179; hiergegen mE zu Recht *Gunter* BB 1994, 1903), Krankenheime und Entbindungsheime (vgl iÜ BFH V R 55/69 BStBl II 1972, 555). Eine Konzession ist nicht erforderlich. Kein Krankenhaus liegt vor, wenn der Patient von einem Arzt außerhalb der Anstalt behandelt werden kann (Hess FG EFG 1961, 312).

Auch **rein ambulante Einrichtungen** (zB Rehabilitationszentrum) sind nicht Krankenhäuser iSd Vorschrift (BFH I R 65/02 BStBl II 2004, 300); erforderlich ist die Vollverpflegung sowie Unterbringung für einige Dauer. Entscheidend ist aber nicht, ob der Kranke tatsächlich in der Anstalt untergebracht ist. Nur ambulante Leistungen genügen jedoch nicht; ein **wesentlicher Teil** der Leistungen muss auf den **stationären Bereich** entfallen (vgl BFH IV R 83/86 BStBl II 1989, 506; V R 35/85 BStBl II 1991, 157; IV B 43/93 BStBl II 1995, 418 – Dialysestation – gleichzeitig zur Abrechnung von teilstationären Leistungen). Im Übrigen kommt es allein auf die Ausstattung an. Daher fallen unter den Begriff auch Einrichtungen zur Erbringung teilstationärer Leistungen, zB Tages-, Nacht- und Wochenendkliniken, sowie ambulante Leistungen (FG Münster EFG 2011, 1470, Rev V R 19/11; 9 K 4639/10 K, G, EFG 2012, 1385, Rev I R 31/12; aA *BayLfSt* v 20.2.2006 und v 9.11.2009). Vgl im Einzelnen R 82 Abs 1–4 EStR 1999 (R 7 f EStR) sowie *Böhme* DStZ 1987, 522.

Nicht erfasst werden mE **Krankenhausapotheken** (hierzu *Klähn* StBp 2006, 197).

dd) Besonderheiten bei Kurkliniken. Erbringt eine Kurklinik auch **andere** 269 **Leistungen** (zB Beherbergung von Urlaubsgästen), kann die Zweckbetriebseigenschaft nur dann und insoweit erhalten bleiben, als die Krankenhausleistungen in einem funktional und räumlich abgegrenzten Gebäudetrakt erbracht werden; eine rein buchmäßige Abgrenzung, die nach § 63 Abs 3 AO (Rn 216) ohnehin erforderlich ist, genügt nicht (*OFD Hannover* FR 1998, 709; *OFD Cottbus* BB 1999, 407). Im Übrigen liegt ein wirtschaftlicher Geschäftsbetrieb vor; ebenso bei entgeltlicher Überlassung von medizinischen Geräten (BFH I R 85/04 BStBl II 2005, 545), Telefonen und Fernsehern sowie bei Gestellung von Personal und Sachmitteln an andere Ärzte und medizinische Einrichtungen, nicht jedoch an den Chefarzt, aber nur soweit er Wahlleistungen an Krankenhauspatienten erbringt (was den Begriffen „wirtschaftlicher Geschäftsbetrieb" und „Zweckbetrieb" widerspricht; s jedoch *FM Länder* DB 2005, 582).

ee) Krankenhäuser außerhalb der BPflV. Nicht unter die BPflV fallen fol- 270 gende Krankenhäuser:
– Krankenhäuser, deren Träger der Bund ist; Krankenhäuser im Straf- und Maßregelungsvollzug, Polizeikrankenhäuser und Krankenhäuser der Träger der gesetzlichen Rentenversicherung der Arbeiter oder der Angestellten oder der gesetzlichen Unfallversicherung und ihrer Vereinigungen (§ 3 Satz 1 Nrn 1–4 KHG) sowie die nicht förderungsfähigen Einrichtungen nach § 5 Abs 1 Nrn 2, 4 oder 7 KHG;
– reine Belegkrankenhäuser (BFH V R 64/89 BStBl II 1994, 212).

(1.) Diese Häuser können aber **Zweckbetriebe nach § 67 Abs 2 AO** sein, 271 wenn ebenfalls die 40%-Grenze nicht unterschritten wird (für reine Belegkrankenhäuser ergibt sich dies entsprechend im Wege der Lückenfüllung, BFH V R 64/89 BStBl II 1994, 212). Dies setzt voraus, dass auch diese Häuser ihre Pflegesätze auf der Grundlage der Selbstkosten ermitteln, wobei – soweit möglich – die Bestimmungen der BPflV zu berücksichtigen sind (BFH IV R 48/01 BStBl II 2004, 363; V R 5/08 BFH/NV 2011, 529). Hierzu gehören nach § 8 BPflV Abschreibungen auf Anlagegüter, Rücklagen zur Anpassung an die diagnostisch-therapeutische Entwicklung und Zinsen für Fremdkapital. Bei der 40%-Grenze sind nur die in den §§ 11, 13 und 26 BPflV genannten Kosten anzusetzen. Für reine Belegkrankenhäuser bedeutet das, dass der Belegarzt höchstens 60% der jährlichen Pflegetage gegenüber

Patienten nach der GOÄ abrechnen darf und mindestens 40% der Pflegetage auf Patienten entfallen müssen, deren ärztliche Behandlung der Belegarzt über Krankenschein oder entsprechend den für Kassenabrechnungen geltenden Vergütungssätzen abrechnet (BFH V R 64/89 BStBl II 1994, 212).

272 (2.) Die **Ermittlung der Sätze** hat in einem zweistufigen Verfahren zu erfolgen: (a) Ermittlung des medizinisch leistungsgerechten Budgets, (b) Gegenüberstellung mit der „Erlösobergrenze" (Kappungsgrenze; § 6 Abs 1 Sätze 3 u 4 BPflV). Ist das Budget niedriger, ist es zwischen den Vertragsparteien zu vereinbaren; ist es höher, so ist die Erlösobergrenze der maßgebende Vereinbarungsbetrag (BFH V R 5/08 BFH/NV 2011, 529; FG Ba-Wü 3 K 526/08 EFG 2011, 1824).

273 (3.) Handelt es sich nicht um ein **reines Belegkrankenhaus,** dann vermindert sich dieses Erfordernis mE in dem Maße, wie das Krankenhaus im Übrigen die Voraussetzungen des § 67 Abs 1 oder 2 AO erfüllt. Nehmen die Patienten ausschließlich auch ärztliche Wahlleistungen (§ 7 BPflV) in Anspruch, dann ist das Krankenhaus nicht nach § 67 AO befreit (BFHE 204, 80 BStBl II 2004, 363). Werden **Schönheitsoperationen** vorgenommen, liegen keine Leistungen nach § 2 Nr 1 KHG, § 107 Abs 1 SGB V vor. Dann liegt, wenn die Voraussetzungen des § 67 AO im Übrigen erfüllt werden, ein wirtschaftlicher Geschäftsbetrieb vor (*Boehmer/Petereit* DStR 2003, 2058). Sind die Pflegesätze eines unter § 67 Abs 2 AO fallenden Krankenhauses mit Sozialleistungsträgern vereinbart worden, dann liegen idR die Voraussetzungen des § 67 Abs 1 vor, weil nach §§ 17 Abs 5, 20 KHG von den Sozialleistungsträgern keine höheren Pflegesätze verlangt werden dürfen.

274 ff) **Umfang der Befreiung.** Die **Befreiung erstreckt sich** nur auf die Einnahmen/Ausgaben iZm der Erbringung der dem Zweckbetrieb gemäßen Leistungen. Die Verabreichung von Zytostatika an Onkologie-Patienten gehört dazu (FG Münster EFG 2011, 1470, Rev V R 19/11; 9 K 4639/10 K, G, Rev I R 31/12). Darüber hinaus gehende Tätigkeiten (zB entgeltliche Überlassung von medizinischem Gerät) sind kein Zweckbetrieb (BFH I R 85/04 BStBl II 2005, 545).

c) Sportliche Veranstaltungen.

Literatur: *Trzaskalik,* Die steuerliche Förderung des Sports, StuW 1986, 219; *Kaiser,* Der neue § 67 a AO – ein Danaergeschenk oder ein Segen für die Sportvereine?, DB 1986, 1298; *Schneider-Vontz,* Zur Besteuerung der Sportbetriebe nach dem neuen § 67 a AO, DB 1986, 1950; *Kaiser,* Erwiderung zu Schneider-Vontz, DB 1986, 1950; *Domann,* Steuerbereinigungsgesetz 1986: Änderungen der Abgabenordnung (Teil I), DB 1986, 611; *J. Schneider,* Die Besteuerung der Vereine ab 1990, StWa 1990, 182; *Neufang,* Steuerliche Behandlung von Sportveranstaltungen, Inf 1992, 73; *Jansen,* Neue Verwaltungsanweisungen zum Gemeinnützigkeitsrecht, DStR 1991, 737; *Buchna,* Gefährden Reitsportvereine ihre Gemeinnützigkeit, wenn sie bei Reitturnieren Preisgelder zahlen? DStZ 1993, 274; *Madl,* Die Sonderstellung der Sportvereine im Steuerrecht, BB 1997, 1126; *Bischoff,* Ist jede sportliche Betätigung auch eine „sportliche Veranstaltung"?, Stbg 1998, 112; *Wien,* Sportliche Veranstaltungen und Gemeinnützigkeit, DStZ 1998, 572; *Apitz,* Betriebsprüfungen bei gemeinnützigen Körperschaften, StBp 2004, 125.

275 aa) **Grundsatz.** Nach **§ 67 a Abs 1 AO** sind **sportliche Veranstaltungen eines Sportvereins** ein Zweckbetrieb, wenn die Einnahmen einschließlich USt insgesamt 45 000 € (bis 31.12.2006 30 678 €; bis 31.12.2012: 35 000 €) im Jahr nicht übersteigen. Der Verkauf von Speisen und Getränken sowie die Werbung gehören nicht zu den sportlichen Veranstaltungen.

Nach **§ 67 a Abs 2 AO** kann der Sportverein dem FA bis zur Unanfechtbarkeit des KSt-Bescheides erklären, dass er auf die Anwendung des Abs 1 Satz 1 verzichtet. Die Erklärung bindet den Sportverein für mindestens fünf VZ

Wird auf die Anwendung des Abs 1 Satz 1 verzichtet, sind nach **§ 67 a Abs 3 AO** sportliche Veranstaltungen eines Sportvereins ein Zweckbetrieb, wenn

Gemeinnützige Zwecke § 3 Nr 6

(**Nr 1**) kein Sportler des Vereins teilnimmt, der für seine sportliche Betätigung oder für die Benutzung seiner Person, seines Namens, seines Bildes oder seiner sportlichen Betätigung zu Werbezwecken von dem Verein oder einem Dritten über eine Aufwandsentschädigung hinaus Vergütungen oder andere Vorteile erhält und
(**Nr 2**) kein anderer Sportler teilnimmt, der für die Teilnahme an der Veranstaltung von dem Verein oder einem Dritten im Zusammenwirken mit dem Verein über eine Aufwandsentschädigung hinaus Vergütungen oder andere Vorteile erhält.
Andere sportliche Veranstaltungen sind ein steuerpflichtiger wirtschaftlicher Geschäftsbetrieb. Dieser schließt die Steuervergünstigung nicht aus, wenn die Vergütungen oder anderen Vorteile ausschließlich aus diesem wirtschaftlichen Geschäftsbetrieb oder von Dritten geleistet werden.

bb) Allgemeines. Sportvereinen (iSv § 52 Abs 2 Nr 2 AO, AEAO Nr 2 zu § 67 a AO) bleibt die **Gemeinnützigkeit erhalten,** wenn sie Einnahmen durch sportliche Veranstaltungen erzielen; zudem bleiben diese Einnahmen unter bestimmten Voraussetzungen bis zu 45 000 € (bis EZ 2012: 35 000 €) steuerfrei. Im Zusammenwirken mit § 58 Nr 9 AO (Rn 191) erlaubt die Vorschrift die teilweise Förderung des bezahlten Sports (§ 67 a Abs 1 Satz 1 AO); sportliche Veranstaltung als Zweckbetrieb, vgl AEAO Nr 17 zu § 67a Abs 1 AO). Im Übrigen gestattet es **§ 67 a Abs 3 AO,** wenn bei sportlichen Veranstaltungen **bezahlte Spieler oder Sportler** teilnehmen und die Vergütungen oder Vorteile ausschließlich aus wirtschaftlichen Geschäftsbetrieben oder von einem Dritten gezahlt werden (wirtschaftlicher Geschäftsbetrieb). Ist dies nicht der Fall, verbleibt es bei einem Zweckbetrieb (*Kaiser* DB 1986, 1298)
Die Vorschrift ist **verfassungsrechtlich bedenklich** (Art 3 GG), weil sie eine sachlich nicht gerechtfertigte Bevorzugung von Sportvereinen vor anderen gemeinnützigen Körperschaften bedeutet. Sie ist im Übrigen in sich unstimmig (hierzu *Arndt/Immel* DB 1987, 1153, 1157; *Trzaskalik* StuW 1986, 224).
Die Zweckbetriebsfolgen der Vorschrift treten **unabhängig davon** ein, ob die Voraussetzungen des **§ 65 AO** vorliegen; § 67 a AO hat insoweit Vorrang (BFH V R 7/95 BStBl II 1997, 154). Zur Bedeutung der Vorschrift bei der Steuergestaltung vgl insb *Wien* DStZ 1998, 572). Zu Einzelheiten der Steuerfreistellung vgl *Apitz* StBp 2004, 125.

cc) Begriff. Eine **sportliche Veranstaltung** ist jede organisatorische Maßnahme eines Sportvereins, die es aktiven Sportlern (Mitgliedern und Nichtmitgliedern) ermöglicht, Sport zu treiben.
(**1.**) Eine bestimmte **Organisationsform** oder die Anwesenheit von **Publikum** ist nicht vorausgesetzt (BFH V R 7/95 BStBl II 1997, 154), in Betracht kommen Wettkämpfe, Kurse, Trainingslager, auch Unterrichte für Nichtmitglieder u.ä. Veranstaltungen, und zwar auch solche, die im Rahmen einer anderen Veranstaltung stattfinden (evtl Schauauftritte eines Tanzsportclubs, vgl BFH IX R 109/90 BStBl II 1994, 886), auch wenn diese von einem anderen Verein organisiert wird und nicht steuerbegünstigt ist (BFH IX R 109/90 BStBl II 1994, 886; AEAO Nr 3 zu § 67 a AO); Entsprechendes gilt für die Maßnahmen, die unmittelbar der Vorbereitung und Durchführung dienen (Reisen, Unterbringung; vgl BFH V R 7/95 BStBl II 1997, 154; nicht Touristikreisen, AEAO Nr 4 zu § 67 a AO); ebenso Sportkurse und -lehrgänge (Konkurrenzlage unbeachtlich, AEAO Nr 5 zu § 67 a AO).
Die **untere Grenze** der sportlichen Veranstaltung ist erst unterschritten, wenn die Maßnahmen nur die Nutzungsüberlassung von Sportgegenständen bzw -anlagen oder bloße Dienstleistungen zum Gegenstand haben (BFH V B 264/07 BFH/NV 2009, 430).
(**2.**) **Keine sportliche Veranstaltung** liegt daher vor bei der Vermietung von Sportstätten u Betriebsvorrichtungen auf kurze Dauer (vgl BFH V R 54/08 BStBl II 2011, 191; AEAO Nr 12 zu § 67 a AO), Sportgerät (Schlittschuhen) iZm der

§ 3 Nr 6 Befreiungen

Gestattung der unentgeltlichen Nutzung von Sportanlagen (Eisbahn) durch einen Sportverein an Vereinsfremde (BFH V R 30/99 BStBl II 2000, 705; AEAO Nr 13 zu § 67 a AO: Hilfsgeschäft), bloße Dienstleistung, wie zB die Beförderung zum Ort der Sportausübung oder das spezielle Training für einzelne Sportler (vgl BFH V R 150/78 BStBl II 1987, 659; III R 89/87 BStBl II 1990, 1012; V R 7/95 BStBl II 1997, 154; hierzu *Bischoff* Stbg 1998, 112); auch nicht der Verkauf von Speisen und Getränken (§ 67 a Abs 1 Satz 2 AO; hierzu FG Saarl EFG 1991, 5; AEAO Nr 6 zu § 67 a AO), Werbeleistungen iZm mit sportlichen Veranstaltungen (Werbeaufschrift auf Freiballon, BFH 21/01 BStBl II 2003, 438), die Unterhaltung von Clubhäusern, Kantinen u.ä. (AEAO Nr 10 zu § 67 a AO), ebensowenig die Einnahme aus dem Verkauf von Spielern.

Vermietung von Sportstätten kann sein: Vermögensverwaltung, wenn auf längere Dauer; Zweckbetrieb, wenn auf kürzere Dauer zu Sportzwecken, wirtschaftlicher Geschäftsbetrieb, wenn auf kürzere Dauer an Nichtmitglieder zu anderen Zwecken (vgl AEAO Nr 12 zu § 67 a AO).

Nach AEAO Nr 17 u 18 zu § 67 a Abs 1 AO ist auch die **Zahlung von Ablösesummen** Teil des Zweckbetriebs nach § 67 a Abs 1 Satz 1 AO; das ist mE unrichtig, weil es sich bei der Ablöse nicht um eine sportliche Veranstaltung handelt. Vielmehr liegt ein *wirtschaftlicher Geschäftsbetrieb* vor. Entsprechendes gilt auf jeden Fall für Ablösesummen in Fällen des § 67a Abs 3 AO (s auch AEAO Nr 38, 39 zu § 67 a Abs 3 AO).

279 dd) **Umfang.** Die Vorschriften heben auf **sämtliche Veranstaltungen** eines Jahres (Kalenderjahr, Wirtschaftsjahr) ab (*Kaiser* DB 1986, 1298; *Domann* DB 1986, 611; *Lang* FR 1990, 353; aA für Mannschaftssportarten *Jansen* DStR 1991, 737; *Neufang* Inf 1992, 73: jede einzelne Veranstaltung). Das gilt auch für die Fälle, in denen auf die Anwendung des Abs 1 verzichtet wird, und die „anderen" sportlichen Veranstaltungen des Abs 3. Der Wortlaut (*ein* Zweckbetrieb, *ein* Geschäftsbetrieb) lässt keine andere Deutung zu. Das bedeutet konsequenterweise, dass bei Verzicht auf die Anwendung des § 67 a Abs 1 AO durch die Teilnahme eines bezahlten vereinsfremden Sportlers an einer einzelnen Veranstaltung sämtliche Veranstaltungen als ein wirtschaftlicher Geschäftsbetrieb (Anm 219 ff) anzusehen sind (§ 67 a Abs 3 Satz 2 AO).

Sportliche Veranstaltungen von Vereinen, die **Fußballveranstaltungen** unter Einsatz ihrer Lizenzspieler nach der „Lizenzordnung Spieler" der Organisation „Die Liga-Fußballverband e.V. – Ligaverband" durchführen, unterliegen ebenfalls der Regelung des § 67 a AO (AEAO Nr 2 zu § 67 a AO; hierzu *Jansen* DStR 1991, 737).

280 ee) **Zweckbetriebsgrenze.** Die Grenze von 45 000 € (bis 31.12.2006 30 678 €; bis 31.12.2012 35 000 €) betrifft **alle Einnahmen** aus sportlichen Veranstaltungen (AEAO Nr 16 zu § 67 a AO), nicht jedoch solche aus der Werbung oder dem Verkauf von Speisen und Getränken.

(1.) Wird sie **nicht überschritten**, dann liegt insgesamt ein **Zweckbetrieb** vor. In diesem Fall dürfen bezahlte Sportler eingesetzt werden (§ 58 Nr 9 AO, Rn 191), jedoch dürfen die Zahlungen die Einnahmen insgesamt nicht übersteigen und schon gar nicht zu Dauerverlusten führen (aA *Thiel/Eversberg* DB 1990, 344, 348). Die Tatsache, dass bei Unterschreiten der o.a. Grenze ein Zweckbetrieb vorliegt, verdrängt nicht die allgemeinen Erfordernisse, insb nicht das der Selbstlosigkeit (§ 55 AO, Rn 117 ff). **Dauerverluste aus bezahltem Sport** – der nicht alleiniger Zweck einer gemeinnützigen Körperschaft sein kann – sind Zweckentfremdungen der für die Förderung der Allgemeinheit bestimmten Mittel. Der zusammen mit der Neuregelung eingeführte § 58 Nr 9 AO unterstreicht diesen Gedanken.

281 **(2.) Übersteigen** die Einnahmen den Betrag von 45 000 € (bis 31.12.2006 30 678 €; bis 31.12.2012 35 000 €) einschließlich empfangener Ablösezahlungen

(AEAO Nr 38 zu § 67a Abs 3 AO), dann sind **alle sportlichen Veranstaltungen** im Jahr (Kalenderjahr/Wirtschaftsjahr) als **ein wirtschaftlicher Geschäftsbetrieb** zu behandeln (AEAO Nr 1 zu § 67 a AO). Wegen § 64 Abs 3 AO (Rn 247) bedeutet dies idR, dass die Erträge der Besteuerung zu unterwerfen sind, wobei Gewinne und Verluste mit den Ergebnissen anderer Betriebe zu verrechnen sind. Verluste aus der Bezahlung von Sportlern bei diesen Veranstaltungen dürfen nicht entstehen; anders nur, wenn sie aus den Ergebnissen anderer wirtschaftlicher Geschäftsbetriebe gedeckt werden können. Übersteigen die Einnahmen den Betrag von 45 000 € (bzw 30 678 € bzw 35 000 €), dann sind nicht alle Ausgaben iZm irgendwelchen sportlichen Veranstaltungen Betriebsausgaben, sondern nur diejenigen für Veranstaltungen mit Einnahmen (§ 14 AO). **Stille Reserven** sind mE nicht schon dann aufzudecken, wenn die Veranstaltungen nicht mehr wie bisher wirtschaftlicher Geschäftsbetrieb, sondern Zweckbetrieb sind. Aus praktischen Erwägungen ist dies erst angezeigt, wenn feststeht, dass die WG *endgültig* aus dem Betrieb ausgeschieden sind (ebenso *Jansen* DStR 1990, 61).

ff) Wahlrecht, Besteuerung nach bisherigem Recht. Die oben skizzierten 282 Grundzüge können **Nachteile** mit sich bringen, wenn
– keine Sportler bezahlt werden,
– die Einnahmen die Zweckbetriebsgrenze überschreiten,
– Verluste aus sportlichen Veranstaltungen erzielt werden und
– die Verluste nicht mit Überschüssen aus anderen wirtschaftlichen Geschäftsbetrieben oder mit betriebsbezogenen Zuschüssen Dritter ausgeglichen werden können.

Daher gestattet **§ 67 a Abs 2 AO** einen **Verzicht** auf die Besteuerung nach Abs 1 (Rn 276), auch wenn die Zweckbetriebsgrenze nicht überschritten ist (AEAO Nr 1 zu § 67 a AO, Nr 20 zu § 67 a Abs 2 AO). Dieser bindet den Verein für mindestens fünf Jahre, was für diesen jedoch zu nicht vorhersehbaren Problemen führen kann (zu Einzelfragen *Schneider* StWa 1990, 182; *Neufang* Inf 1992, 73). Im Verzichtsfalle erfolgt die Besteuerung nach **§ 67 a Abs 3 AO,** der für die Zweckbetriebseigenschaft der Veranstaltungen allein darauf abstellt, ob Sportler bezahlt werden oder nicht.

(1.) Der Verzicht kann **bis zur Unanfechtbarkeit** des KSt-Bescheides des ersten 283 EZ, in dem er wirken soll, erklärt werden (AEAO Nr 21 zu § 67 a Abs 2 AO). Der Verzicht erst bei einer Betriebsprüfung nach Bestandskraft eines KSt- oder auch Freistellungsbescheids geht ins Leere (*Thiel/Eversberg* DB 1990, 344, 349). ME kann der Antrag nicht erst im Revisionsverfahren gestellt werden (vgl BFH VI 48/55 U BStBl III 1957, 227); er sollte aber nicht durch Bestandskraft eines Bescheids unter Nachprüfungsvorbehalt ausgeschlossen sein (*Jansen* DStR 1990, 61).

(2.) Im **Einzelnen** gilt: 284
– es darf *kein Sportler des Vereins* teilnehmen, der für seine sportliche Betätigung *überhaupt* oder für die Benutzung von Person, Namen, Bild oder seiner sportlichen Betätigung zu Werbezwecken von *irgendjemandem* geldwerte Vorteile über eine Aufwandsentschädigung hinaus erhält;
– außerdem darf *kein anderer Sportler* teilnehmen, der für *die Teilnahme* an der Veranstaltung durch *Zutun des Vereins* (eigene Zahlung; Zusammenwirken mit Dritten) geldwerte Vorteile über eine Aufwandsentschädigung hinaus erhält.

In beiden Fallgruppen kommt es auf die *Höhe der Einnahmen* oder Überschüsse nicht an (AEAO Nr 22 zu § 67 a Abs 3 AO). Für die Zahlung kommt es auf den einzelnen Sportler an; es genügt also eine pauschale Aufwandszusammenstellung; das macht in der Praxis jedoch keine Schwierigkeiten für den Verein, so lange sich Zahlungen – selbst wenn es sich um erfolgsabhängige Preisgelder (!) handelt – so darstellen lassen, dass damit höchstens ein nicht belegter, aber „nachvollziehbarer" Aufwand abgegol-

§ 3 Nr 6

ten wird; auch kann dieser geschätzt werden (vgl das instruktive Urteil BFH XI B 122/01 BFH/NV 2002, 1012).

285 **gg) Andere sportliche Veranstaltungen.** Veranstaltungen **mit bezahlten Sportlern** sind ein wirtschaftlicher Geschäftsbetrieb.
(1.) Das bedeutet zunächst zweierlei: der Verein kann seine **Veranstaltungen aufteilen** je nach dem, ob bezahlte Sportler teilnehmen (wirtschaftlicher Geschäftsbetrieb) oder nicht (Zweckbetrieb). Außerdem dürfte in der Praxis die Teilnahme von Dritten bezahlter fremder Sportler an der Einordnung der Veranstaltung beim Zweckbetrieb idR nicht entgegenstehen, weil ein Zusammenwirken mit dem Verein kaum nachweisbar sein wird.

286 (2.) Als **Aufwandsentschädigung** erkennt die Verwaltung für den eigenen Sportler ohne Einzelnachweis monatlich bis 400 € an; höhere eigene Aufwendungen der Sportler sowie Aufwendungen des fremden Sportlers sind nachzuweisen (AEAO Nr 31 zu § 67 a Abs 3 AO). Bezahlung des Sportlers sind auch Preisgelder (AEAO Nr 34 zu § 67 a Abs 3 AO).

287 (3.) Die Teilnahme von bezahlten Sportlern schließt die **Steuervergünstigung**, dh die Anerkennung der Gemeinnützigkeit nicht aus, wenn die Zahlung ausschließlich aus wirtschaftlichen Geschäftsbetrieben, die nicht Zweckbetriebe sind, oder von Dritten erfolgt. Es können also auch Einnahmen aus anderen Geschäftsbetrieben herangezogen werden. Eine Aufteilung einer einheitlichen Vergütung auf einen Zweckbetrieb und einen wirtschaftlichen Geschäftsbetrieb ist nicht zulässig (AEAO Nr 26 zu § 67 a Abs 3 AO; zur Behandlung aus „Vereinfachungsgründen" AEAO Nr 27 zu § 67 a Abs 3 AO).

288 **d) Einzelne Zweckbetriebe.** Nach § 68 AO sind Zweckbetriebe auch:
(Nr 1 Buchst a) Alten-, Altenwohn- und Pflegeheime, Erholungsheime, Mahlzeitendienste, wenn sie in besonderem Maße den in § 53 AO genannten Personen dienen (§§ 66 Abs 3 AO),
(Nr 1 Buchst b) Kindergärten, Kinder-, Jugend- und Studentenheime, Schullandheime und Jugendherbergen,
(Nr 2 Buchst a) landwirtschaftliche Betriebe und Gärtnereien, die der Selbstversorgung von Körperschaften dienen und dadurch die sachgemäße Ernährung und ausreichende Versorgung von Anstaltsangehörigen sichern,
(Nr 2 Buchst b) andere Einrichtungen, die für die Selbstversorgung von Körperschaften erforderlich sind, wie Tischlereien, Schlossereien, wenn die Lieferungen und sonstigen Leistungen dieser Einrichtungen an Außenstehende dem Wert nach 20% der gesamten Lieferungen und sonstigen Leistungen dieses Betriebes – einschließlich der an die Körperschaft selbst bewirkten – nicht übersteigen,
(Nr 3 Buchst a) Werkstätten für behinderte Menschen, die nach den Vorschriften des SGB III förderungsfähig sind und Personen Arbeitsplätze bieten, die wegen ihrer Behinderung nicht auf dem allgemeinen Arbeitsmarkt tätig sein können,
(Nr 3 Buchst b) Einrichtungen für Beschäftigungs- und Arbeitstherapie, in denen behinderte Menschen auf Grund ärztlicher Indikationen außerhalb eines Beschäftigungsverhältnisses zum Träger der Therapieeinrichtung mit dem Ziel behandelt werden, körperliche und psychische Grundfunktionen zum Zwecke der Wiedereingliederung in das Alltagsleben wiederherzustellen oder die besonderen Fähigkeiten und Fertigkeiten auszubilden, zu fördern und zu trainieren, die für eine Teilnahme am Arbeitsleben erforderlich sind, und
(Nr 3 Buchst c) Integrationsprojekte iSd § 132 Abs 1 SGB IX, wenn mindestens 40% der Beschäftigten besonders betroffene schwerbehinderte Menschen iSd § 132 Abs 1 SGB IX sind,
(Nr 4) Einrichtungen, die zur Durchführung der Blindenfürsorge und zur Durchführung der Fürsorge für Körperbehinderte unterhalten werden,

Gemeinnützige Zwecke   § 3 Nr 6

(Nr 5) Einrichtungen der Fürsorgeerziehung und der freiwilligen Erziehungshilfe,
(Nr 6) von den zuständigen Behörden genehmigte Lotterien und Ausspielungen, wenn der Reinertrag unmittelbar und ausschließlich zur Förderung mildtätiger, kirchlicher oder gemeinnütziger Zwecke verwendet wird,
(Nr 7) kulturelle Einrichtungen wie Museen, Theater und kulturelle Veranstaltungen wie Konzerte, Kunstausstellungen; dazu gehört nicht der Verkauf von Speisen und Getränken,
(Nr 8) Volkshochschulen und andere Einrichtungen, soweit sie selbst Vorträge, Kurse und andere Veranstaltungen wissenschaftlicher oder belehrender Art durchführen; dies gilt auch, soweit die Einrichtungen den Teilnehmern dieser Veranstaltungen selbst Beherbergung und Beköstigung gewähren,
(Nr 9) Wissenschafts- und Forschungseinrichtungen, deren Träger sich überwiegend aus Zuwendungen der öffentlichen Hand oder Dritter oder aus der Vermögensverwaltung finanziert. Der Wissenschaft und Forschung dient auch die Auftragsforschung. Nicht zum Zweckbetrieb gehören Tätigkeiten, die sich auf die Anwendung gesicherter wissenschaftlicher Erkenntnisse beschränken, die Übernahme von Projektträgerschaften sowie wirtschaftliche Tätigkeiten ohne Forschungsbezug.

Literatur: Allgemein: *Dehesselles,* Legal definierter Zweckbetrieb oder steuerpflichtiger wirtschaftlicher Geschäftsbetrieb? – Zum Verhältnis von § 68 zu § 65 AO, DStR 2003, 537; *Hüttemann,* Gemeinnützigkeits- und Spendenrecht, 2008; zu Nr 1: *Kühl,* Die Besteuerung von Altersheimen, DB 1977, 1477; *Wiemhoff,* Erholungsheime als steuerbegünstigte Zweckbetriebe, BB 1978, 959; *Staehle,* Gewerbesteuerbefreiung von Altenheimen, Altenwohnheimen und Altenpflegeheimen, BB 1978, 93; zu Nr 2: *Baumann/Penné-Goebel,* Die Tätigkeit steuerbegünstigter Körperschaften im Rahmen von Selbstversorgungseinrichtungen iSv § 68 Nr 2 AO, DB 2005, 695; zu Nr 3 c: *Leisner,* Die Umsatzbesteuerung von gemeinnützigen Integrationsprojekten gem § 68 Nr 3 c AO durch das Jahressteuergesetz 2007, DB 2007, 1047; zu Nr 7: *Troll,* Wann werden sportliche, kulturelle und gesellige Veranstaltungen eines gemeinnützigen Vereins steuerpflichtig?, DB 1979, 418; *Weber/Endlich,* Die neue alte Vereinsbesteuerung, DB 1981, 1330; *Märkle/Kröller,* Die neue Rücklage für Zweckbetriebe iSd § 68 Nr 7 AO nach dem sog Vereinsbesteuerungsgesetz, DB 1981, 1302; *Jost,* Rücklagenbildung nach § 68 Nr 7 Satz 3 AO bei kulturellen, sportlichen und geselligen Veranstaltungen sowie bei kulturellen Einrichtungen steuerbegünstigter Körperschaften, DB 1982, 1843 und DB 1982, 1900; *Thiel/Eversberg,* Das Vereinsförderungsgesetz und seine Auswirkungen auf das Gemeinnützigkeits- und Spendenrecht, Teil II, DB 1990, 350; *Lang,* Die Neuregelung der Vereinsbesteuerung durch das Vereinsförderungsgesetz, FR 1990, 353; zu Nr 9: *Thiel,* Die Besteuerung öffentlich geförderter Forschungseinrichtungen, DB 1996, 1944; *Olbertz,* Die Rettung der Gemeinnützigkeit der Auftragsforschung durch den Entwurf eines Jahressteuergesetzes (JStG) 1997, DStZ 1996, 531; *Strahl,* Steuerliche Konsequenzen der Verwertung von Forschungs- und Entwicklungsergebnissen durch Hochschulen und gemeinnützige Forschungseinrichtungen, DStR 2000, 2143; *Strahl,* Rechtliche Verselbstständigung wirtschaftlicher Aktivitäten von gemeinnützigen Forschungsinstituten, FR 2005, 1241; *Strahl,* Gemeinnützigkeit im Forschungsbereich – Chance und Korsett, FR 2006, 1012; *Kaufmann/Schmitz-Herscheidt,* Steuerbefreiung von Forschungseinrichtungen, BB 2007, 2039; *Becker/Volkmann,* Auftragsforschung als Zweckbetrieb nach § 68 Nr 9 AO unter besonderer Berücksichtigung staatlicher Hochschulen, DStZ 2007, 529; *Strahl,* Steuerliche Begünstigung von Forschungseinrichtungen, DStR 2007, 1468.

aa) **Allgemeines.** Die Vorschrift ist eine **Spezialvorschrift zu § 65 AO.** Die 289 Neufassung der Einleitung der Vorschrift bedeutet, dass die Voraussetzungen des § 65 AO (Rn 255 ff) nicht mehr geprüft werden müssen (s BTDrs 11/4176, 12; BFH XI R 109/90 BStBl II 1994, 866; V R 139-142/92 BStBl II 1995, 446; V R 7/95 BStBl II 1997, 154; *Dehesselles* DStR 2003, 537). Das gilt auch für die Wettbewerbsklausel des § 65 Nr 3 AO (Rn 258; BFH I R 25/02 BStBl II 2004,

§ 3 Nr 6 Befreiungen

660; s aber zu Nr 3 Rn 294). Bis einschließlich EZ 1989 war dies nicht eindeutig („kommen ... insbesondere in Betracht"; hierzu *Lang* FR 1990, 353). Der Charakter der Vorschrift als Spezialvorschrift bedeutet mE jedoch nicht, dass eine ähnliche Einrichtung, die keinen ihrer Tatbestände erfüllt, insgesamt einen steuerpflichtigen wirtschaftlichen Geschäftsbetrieb darstellt (so jedoch *BMF* BStBl I 1999, 944 zu § 68 Nr 9 AO, Tz 2; s Rn 307). § 65 AO wird durch § 68 AO nur dann ausgeschlossen, wenn die Einrichtung konkret in den Regelungsbereich des § 68 AO fällt und es lediglich an bestimmten Tatbestandsvoraussetzungen fehlt (vgl die Prüfungsreihenfolge in BFH V R 46/05 BStBl II 2009, 560; ebenso *Strahl* DStR 2000, 2163, 2167).

Im Einzelnen gilt:

290 **bb) Nr 1 Buchst a. Heime** sind in § 1 des HeimG idF v 5.11.2001 (BGBl I 2001, 2970) als Einrichtungen umschrieben, die **alte, pflegebedürftige** und **behinderte Menschen** auf Dauer aufnehmen und neben der Unterkunft Verpflegung und Betreuung gewähren oder vorhalten. Nach dem Wortlaut der Vorschrift ist es unschädlich, wenn eine nicht von § 53 AO erfasste Person aufgenommen wird. Die Heime müssen nur „in besonderem Maß" den in § 53 AO genannten Personen dienen. Der Hinweis auf § 66 Abs 3 AO spricht dafür, dass hierfür ⅔ der Gesamtleistungen ausreichen (hierzu *FM Ba-Wü* DStR 1995, 1917; *FM S-Anh* DB 1996, 1703). Häusliche Pflege fällt unter § 66 AO (AEAO Nr 2 zu § 68 Nr 1 AO). Die Begünstigung erfasst aber nur solche Tätigkeiten, die für den Betrieb der jeweiligen Einrichtung erforderlich sind (vgl BFH I R 43/10 BStBl II 2011, 892).

291 **cc) Nr 1 Buchst b.** Die Leistungen an **Kindergärten, Schulland-, Studentenheime** sowie **Jugendherbergen** müssen nicht auf die Personen iSv § 53 AO beschränkt sein (AEAO Nr 3 zu § 68 Nr 1 AO). Bei der Beherbergung von alleinreisenden Erwachsenen durch eine Jugendherberge ist wie folgt zu unterscheiden: ist sie nach den tatsächlichen Verhältnissen (Art der Reservierung, Beherbergungsentgelt, Größe und Ausstattung der Zimmer, Verpflegung, Service, Beteiligung des Gastes an der Gemeinschaftsarbeit) unterscheidbar von den übrigen Leistungen, dann liegt ein eigenständiger wirtschaftlicher Geschäftsbetrieb vor; ist das nicht der Fall, dann liegt einheitlich entweder ein wirtschaftlicher Geschäftsbetrieb oder ein Zweckbetrieb vor, Letzteres wenn die Beherbergung alleinreisender Erwachsener nicht mehr als 10% der Gesamtleistungen beträgt (BFH V R 139-142/92 BStBl II 1995, 446; im Anschluss an III R 201/90 BStBl II 1992, 684). Die Entscheidungen sind mE verfehlt. Sie missverstehen das Tatbestandselement des § 65 Nr 1 AO „in seiner Gesamtrichtung ... dient", das ein qualitatives Element enthält, als quantitatives Element. Jugendherbergen sind im Übrigen Zweckbetrieb im Rahmen des gemeinnützigen Zwecks Jugend- u Familienförderung, dem die Beherbergung alleinreisender Erwachsener eben nicht dient.

292 **dd) Nr 2 Buchst a und b. Selbstversorgungseinrichtungen und -betriebe** müssen Teil der steuerbegünstigten Körperschaft sein. Es genügt also nicht, wenn die Einrichtung rechtlich verselbstständigt ist und ihre Leistungen an ihre Gesellschafter als an Außenstehende erbringt (BFH I R 56/94 BStBl II 1996, 28).

(1.) Die Einrichtungen nach Buchst b müssen der **Ernährung** der Anstaltsangehörigen dienen und diese **sichern**.

(2.) Bei den sonstigen Einrichtungen der Selbstversorgung muss es sich um **Handwerksbetriebe** wie Tischlereien oder Schlossereien handeln. Die Begünstigung betrifft ihrem Sinn u Zweck nach nur Einrichtungen, die nicht regelmäßig ausgelastet sind und deswegen gelegentlich Leistungen an Dritte ausführen, nicht aber solche, die über Jahre hinweg Leistungen an Dritte ausführen und hierfür personell ausgestattet sind (zu allem BFH V R 46/06 BStBl II 2009, 560, zu Verwaltungsdienstleistungen). In Betracht kommt daher eine *Krankenhauswäscherei* (BFH V

Gemeinnützige Zwecke § 3 Nr 6

R 35/85 BStBl II 1991, 157). Mit ihren Innenumsätzen sind die Selbstversorgungseinrichtungen Zweckbetriebe; dasselbe gilt für die Außenumsätze, wenn sie dem Wert nach 20% der Gesamtlieferungen/-leistungen nicht übersteigen (AEAO Nr 4 zu § 68 Nr 2 AO).

(3.) Der **Begriff der Lieferungen** und **sonstigen Leistungen** ist dem § 3 Abs 1 293 und 9 UStG entlehnt. Die **Grenze von 20%** ist mE eine der Wettbewerbsklausel (§ 65 Abs 3 AO) vorgehende und diese konkretisierende **Spezialregelung** und wirkt insofern **konstitutiv.** Die Vorschrift schweigt sich allerdings darüber aus, wie das Wertverhältnis zu ermitteln ist. Das ist problematisch deswegen, weil mit Außenstehenden ein Entgelt vereinbart wird, mit der Anstalt idR nicht. Auf keinen Fall dürfte es angehen, Leistungen nach außen entsprechend § 10 Abs 1 UStG nach dem vereinbarten Entgelt, Leistungen an die Anstalt dagegen wie eine unentgeltliche Wertabgabe entsprechend § 10 Abs 4 Nr 3 UStG mit den Selbstkosten zu bemessen, zumal bei Leistungen des Zweckbetriebs an die Anstalt keine unternehmensfremden Zwecke vorliegen. Im Übrigen würde die Anwendung unterschiedlicher Methoden dem Sinn des Gesetzes zuwiderlaufen. Die Ermittlung des Wertverhältnisses hat mE daher einheitlich zu erfolgen: entweder (fiktives) Entgelt auch bei Leistungen an die Anstalt oder (nur) Selbstkosten auch bei Leistungen nach außen (ebenso *Baumann/Penné-Goebel* BB 2005, 695); in Betracht kommen auch Mengenverhältnisse (zB der gewaschenen Wäsche bei einer Anstaltswäscherei) als einheitlicher Maßstab (BFH V R 35/85 BStBl II 1991, 157).

Außenstehende sind andere Personen als die Trägerkörperschaft, deren Angehörige und die begünstigten Benutzer (BFH V R 35/85 BStBl II 1991, 157). Das gilt folglich auch für andere Einrichtungen desselben Trägers und Einrichtungen anderer gemeinnütziger Träger (AEAO Nr 4 zu § 68 Nr 2 AO), nicht jedoch für die Angestellten der Körperschaft (ebenso *Baumann/Penné-Goebel* DB 2005, 695).

ee) Nr 3. Die Neufassung der Vorschrift ist grundsätzlich ab 1.1.2003 anzuwenden; für Projekte nach § 68 Nr 3 Buchst c AO ggf auch für frühere Zeiträume (*OFD Düsseldorf* DB 2004, 1397).

(1.) Nr 3 Buchst a. Der Begriff der **Werkstätten für behinderte Menschen** 294 ergibt sich aus § 136 SGB IX (BGBl I 2001, 1046, 1085); Erforderlich ist die förmliche Anerkennung nach § 142 SGB IX (im Einzelnen AEAO Nr 5 zu § 68 Nr 3 AO). Die Vorschrift ist jedoch auf Behinderte iSd SGB III beschränkt. Die Wettbewerbsklausel ist zumindest ab 1.1.1990 nicht mehr zu beachten (vgl Rn 289). Gleichwohl setzt die Begünstigung voraus, dass die Einrichtung sich in ihrer Gesamtrichtung als Zweckbetrieb darstellt, also erkennbar darauf abzielt, die satzungsmäßigen Zwecke zu verwirklichen, ihnen dient; vermieden werden soll hierdurch ein **Wettbewerbsvorteil** gegenüber nicht begünstigten Wettbewerbern bei Beschäftigung von nur wenigen Betreuten unter Mitwirkung von sonstigen Beschäftigten (BFH I R 25/02 BStBl II 2004, 660, jedoch mit dem bemerkenswerten Hinweis, im Streitfall werde der Satzungszweck „unabhängig" von der Anzahl der übrigen Beschäftigten erfüllt; krit zum Ansatz des BFH *Dehesselles* DStR 2003, 537; *Leisner* DB 2007, 1047). Der Zu- und Verkauf von Waren stellt einen wirtschaftlichen Geschäftsbetrieb dar. Auch die bei den Werkstätten betriebenen *Kantinen* gehören zum Zweckbetrieb (AEAO Nr 5 zu § 68 Nr 3 AO). Zu wohnortnahen Handelsbetrieben vgl AEAO Nr 7 zu § 68 Nr 3 AO.

(2.) Nr 3 Buchst b. Die Vorschrift hat die bereits in AEAO Nr 8 zu § 68 Nr 3 295 AO enthaltene Definition der **arbeitstherapeutischen Einrichtung** übernommen. Zu wohnortnahen Handelsbetrieben vgl AEAO Nr 7 zu § 68 Nr 3 AO.

(3.) Nr 3 Buchst c. Integrationsprojekte iSd § 132 Abs 1 SGB IX können 296 rechtlich und wirtschaftlich selbstständig sein oder unternehmensintern oder von öffentlichen Arbeitgebern (§ 73 Abs 3 SGB IX) geführt werden (Integrationsbetrieb bzw -abteilung). Sie dienen der Beschäftigung schwerbehinderter Menschen, deren

Beschäftigung am allgemeinen Arbeitsmarkt voraussichtlich auf Schwierigkeiten stößt. Eine förmliche Anerkennung ist nicht erforderlich. Begünstigungsvoraussetzungen: Behinderung der Beschäftigten von mindestens 50% oder gleichgestellte behinderte Menschen (zwischen 30% und 50% Grad der Behinderung) oder behinderte Jugendliche und junge Erwachsene (auch unter 30%); zudem arbeitsbegleitende Betreuung; Beschäftigungsquote – anders als in § 132 SGB IX – mindestens 40% (vgl im Einzelnen AEAO Nr 6 zu § 68 Nr 3 AO). Die Beschäftigungsdauer pro Person sollte mindestens 18 Wochenstunden betragen (vgl *OFD Düsseldorf* DB 2004, 1397).

Der gemeinnützige Zweck muss dem Betrieb das **Gepräge** geben (zur USt: A 12.9 UStAE; krit *Leisner* DB 2007, 1047). Abzustellen ist (auch) auf den Zusammenhang der Beschäftigung schwerbehinderter Menschen mit den von der Einrichtung erzielten Umsätzen (FG Ba-Wü 9 K 411/06 EFG 2010, 532). Zu wohnortnahen Handelsbetrieben vgl AEAO Nr 7 zu § 68 Nr 3 AO. Eine „Anlaufphase" zur Vorbereitung der erforderlichen Beschäftigungsquote gesteht die Vorschrift nicht zu; sie führt bei Vorliegen der entsprechenden Voraussetzungen zu einem wirtschaftlichen Geschäftsbetrieb (Nds FG 5 K 117/11 EFG 2012, 2074).

297 **ff) Nr 4.** Zu Einrichtungen der **Blinden- und Behindertenfürsorge** gehört insbesondere der Vertrieb von Erzeugnissen, die von Blinden und sonstigen behinderten Menschen gefertigt sind (vgl RFH RStBl 1939, 545). Die Wettbewerbsklausel des § 65 Abs 3 AO ist zumindest ab 1.1.1990 nicht mehr zu beachten (vgl Rn 289).

298 **gg) Nr 5. Fürsorgeerziehung und freiwillige Erziehungshilfe.** Diese historischen Begriffe des Jugendwohlfahrtgesetzes sind durch die Neukodifizierung der Kinder- und Jugendhilfe im SGB VIII v 3.5.1993 (BGBl I 1993, 637) überholt; vgl nun „Hilfe zur Erziehung" in ihren verschiedenen Formen sowie „intensive sozialpädagogische Einzelbetreuung" nach den §§ 28–35 SGB VIII. Auch hier gilt die Wettbewerbsklausel des § 65 Abs 3 AO nicht mehr (vgl Rn 289).

299 **hh) Nr 6. Lotterien** und Ausspielungen, deren **Reinertrag unmittelbar** *und* **ausschließlich** zur Förderung mildtätiger, kirchlicher oder gemeinnütziger Zwecke verwendet wird. Die frühere Beschränkung von zwei Lotterien pro Jahr ist ab 1.1.2000 entfallen. Auch eine umfangreiche Lotterietätigkeit ist so lange unschädlich, als die durch das G gezogenen Grenzen nicht überschritten werden und die Körperschaft ihr **Gepräge** als begünstigte Einrichtung nicht verliert (AEAO Nr 10 zu § 68 Nr 6 AO). § 65 Abs 1 u 2 AO sind ab 1.1.1990 nicht mehr zu prüfen (aA *Tipke/Kruse* § 68 AO Rn 7).

Sonstige nicht genehmigungspflichtige Veranstaltungen (zB Tombola) begründen wirtschaftliche Geschäftsbetriebe. Zur **Ermittlung des Reinertrages** dürfen nur die mit der Veranstaltung unmittelbar zusammenhängenden Ausgaben abgezogen werden (AEAO Nr 11 zu § 68 Nr 6 AO). Zu Einzelfragen s *Schmidt/Fritz* DB 2001, 2062.

300 **ii) Nr 7 Buchst a.** Der Begriff der **kulturellen Einrichtung** ist nur beispielhaft umschrieben (AEAO Nr 12 zu § 68 Nr 7 AO). Er erfasst solche Einrichtunen, deren Zwecke durch § 52 Abs 2 Nr 5 AO (s Rn 57 f) begünstigt sind. Erforderlich ist nach AEAO Nr 13 zu § 68 Nr 7 AO, dass die Förderung der Kultur **Satzungszweck** ist; das folgt mE aus dem Begriff des Zweckbetriebs.

Zu den kulturellen Einrichtungen zählen auch Kultur- und Naturdenkmäler (ebenso *Tipke/Kruse* § 68 AO Rz 8) und wohl auch Kunstausstellungen mit Verkauf der ausgestellten Werke (*Orth* DStR 1987, 319), ebenso Volksmusik-, Gesangs-, Volkstanz- u. ä. Darbietungen; nicht jedoch der hiermit verbundene Restaurationsbetrieb (BFH I R 3/82 BStBl II 1986, 92). Ein Museums-Förderverein ist nicht selbst Zweckbetrieb iSd Vorschrift (FG Rh-Pf 6 K 1351/06 DStR 2010, 549).

Der Begriff der **kulturellen Veranstaltung** ist nach AEAO Nr 13 zu § 68 Nr 7 AO ähnlich zu handhaben wie der der sportlichen Veranstaltung nach BFH XI R 109/90 BStBl II 1994, 886; dh er umfasst auch Darbietungen im Rahmen einer anderen und/oder von einem anderen Verein durchgeführten Veranstaltung; mE auch die unmittelbar der Vorbereitung dienenden und im Zusammenhang mit der eigentlichen Veranstaltung stehenden Maßnahmen wie Reise und Unterbringung. Der Verkauf von Speisen und Getränken zählt nicht zu den kulturellen Einrichtungen; ein ggf einheitliches Entgelt ist aufzuteilen (AEAO Nr 14 zu § 68 Nr 7 AO).

jj) Nr 8. Die Nennung von **Volkshochschulen** u.a. Einrichtungen hat nur klarstellenden Charakter. Im Hinblick auf Beherbergung und Beköstigung ist die Vorschrift konstitutiv (*Scholtz* in *Koch*, § 68 AO Rn 20). 301

Gewährt die Einrichtung aber nicht nur den Veranstaltungsteilnehmern Beherbergung und Beköstigung, ist mE nur insoweit die Annahme eines Zweckbetriebes ausgeschlossen (vgl BFH I R 122/87 BStBl II 1990, 724).

Auf die Grundversorgung von Schülern an Ganztagsschulen ist die Vorschrift (auch) nicht (entsprechend) anwendbar (*OFD Kiel* DB 2000, 1305).

kk) Nr 9. Die Befreiung von **Wissenschafts- und Forschungseinrichtungen** gilt grundsätzlich ab EZ 1997, jedoch auch für Fälle, die bei Inkrafttreten noch nicht bestandskräftig veranlagt waren (vgl hierzu BMF BStBl I 1999, 944; vgl aber auch EuGH C-287/00 DStR 2002, 1172 m Anm *FK*). 302

Die Vorschrift dient als Korrektur der BFH-Rspr (BFH V R 29/91 BStBl II 1997, 189) der **Sicherstellung der Gemeinnützigkeit** von Forschungseinrichtungen, die neben der von der öffentlichen Hand geförderten Forschung auch Auftragsforschung gegen Entgelt betreiben (**Drittmittelforschung**; vgl Begr BRDrs 390/96).

(1.) Die Befreiung gilt für *alle* **gemeinnützigen Forschungseinrichtungen** in den **Rechtsformen des § 1 KStG** einschließlich gemeinnütziger **Betriebe gewerblicher Art** von juristischen Personen des öffentlichen Rechts (§ 1 Abs 1 Nr 6 iVm § 4 KStG), bei denen die Forschung Satzungszweck ist (vgl FG Ba-Wü 3 K 66/99 EFG 2003, 22 rkr); daher auch für Forschungseinrichtungen von staatlichen Hochschulen, wenn sie eine eigene (Zweckbetriebs-)Satzung haben. Wissenschafts- und Forschungseinrichtungen sind also gleichgestellt. Auf die Art der Forschung (Natur- oder Geisteswissenschaft) kommt es nicht an. Die gemeinnützige Forschung muss also weiter im Vordergrund stehen. Keine Wissenschafts- oder Forschungseinrichtung ist eine Krankenanstalt, die zwar Forschung (im Auftrag) betreibt, bei der dies jedoch kein Satzungszweck ist (FG Ba-Wü 3 K 66/99 aaO). 303

(2.) Träger ist zumindest bei privat-rechtlich organisierter Tätigkeit die Körperschaft, die die Einrichtung betreibt (*BMF* BStBl I 1999, 944); bei öffentlich-rechtlich organisierter Tätigkeit ist dies mE ebenfalls die Körperschaft (zB *Becker/Volkmann* DStZ 2007, 529; str, vgl *Buchna*, aaO S 298: BgA). 304

(3.) Die in der Vorschrift angesprochenen **Zuwendungen** sind nur die Mittel, die **der Körperschaft** zufließen; wie sich die Mitglieder finanzieren, ist nicht von Bedeutung. Die Zuwendungen Dritter dürfen nur unentgeltliche Leistungen sein (Ausnahme: Einnahmen aus dem Zweckbetrieb einer anderen gemeinnützigen Tätigkeit) und dürfen nicht als Gegenleistungen für konkrete Forschungsleistungen darstellen (vgl FG Ba-Wü 3 K 66/99 EFG 2003, 22 rkr; FG Münster 15 K 3110/06 EFG 2011, 442; zu den Problemen *Olbertz* DStZ 1996, 531). Keine Zuwendungen iSd Vorschrift sind Entgelte im Rahmen der Auftrags- oder Ressortforschung, die aufgrund gegenseitigen Vertrags gezahlt werden (BFH I R 76/05 BStBl II 2007, 631). Betragen die Einnahmen hieraus mehr als 50% der gesamten Einnahmen, geht die StBefreiung nur verloren, wenn die Auftragsforschung als eigenständiger Zweck verfolgt wird (BFH I R 76/05 aaO). Das ist nicht nach der Herkunft der Einnahmen, sondern dem Zeit- und Personalaufwand zu entscheiden. 305

Im Übrigen liegt ein wirtschaftlicher Geschäftsbetrieb vor (hierzu *Kaufmann/ Schmitz-Herscheidt* BB 2007, 2039; *Strahl* DStR 2007, 1468). Nach *BMF* BStBl I 1999, 944 ist für die Prüfung des Gewichts der Zuwendungen auf den EZ und die beiden vorangegangenen abzustellen.

306 **(4.) Nicht** in den **Zweckbetrieb** einbezogen werden entgeltliche Tätigkeiten, die den gemeinnützigen Zweck nicht unmittelbar fördern, sondern der Mittelbeschaffung dienen, wie zB Kantinen, Projektträgerschaften (BFH V R 29/91 BStBl II 1997, 189), Materialprüfung, Blutalkoholuntersuchungen für die Strafverfolgungsbehörden (BFH V R 89/85 BStBl II 1990, 95; I R 156/87 BStBl II 1990, 866) oder Verwaltungstätigkeiten für andere Forschungseinrichtungen (vgl auch *Thiel* DB 1996, 1944); ebenso Tätigkeiten, die sich auf die Anwendung von Erkenntnissen beschränken (zB Routineeinsatz von Ergebnissen bzw Fertigung marktfähiger Produkte, *BMF* BStBl I 1999, 944); hierzu und zur Ausgliederung einer Forschungstätigkeit auf eine GmbH *Bay FM* DB 2000, 954.

Ist die **Ergebnisverwertung** untrennbarer Bestandteil der Auftragsforschung, wird dem Auftraggeber also das Verwertungsrecht eingeräumt, kann dies noch zum Zweckbetrieb gehören; anders lediglich bei besonderen und eigenständig entgoltenen Nebenleistungen (*Strahl* DStR 2000, 2165). Zur Ratsamkeit, Teile der Auftragsforschung auszugliedern, *Strahl* FR 2005, 1241; 2006, 1012.

307 **(5.)** Ist die Forschungseinrichtung ein Zweckbetrieb, stellt *BMF* BStBl I 1999, 944 die **unwiderlegliche Vermutung** auf, dass das Schwergewicht der Tätigkeit im begünstigten Bereich liegt. Erfüllt sie die Voraussetzungen der Vorschrift nicht, ist nach AEAO Nr 15 zu § 68 Nr 9 AO nur dann davon auszugehen, dass die Einrichtung in erster Linie eigenwirtschaftliche Zwecke verfolgt, wenn die Auftragsforschung als eigenständiger Zweck neben die Eigenforschung tritt (Hinweis auf BFH I R 76/05 BStBl II 2007, 631; krit zur bisherigen Regelung *Becker/Volkmann* DStZ 2007, 529). Zur Abgrenzung der Forschungseinrichtung von einzelnen nicht begünstigten Tätigkeiten *BMF* aaO sowie *OFD Ffm* DStR 2005, 578.

15. Verfahrensfragen

Literatur: Heger, Die Steuerpflicht von Rettungsdiensten – Möglichkeiten einer Konkurrentenklage, DStR 2008, 807; *Winheller/Klein*, Gleichheit im Unrecht? Über Konkurrentenklagen zur Steuerfreiheit trotz materieller Steuerpflicht?, DStZ 2008, 377.

308 **a) Anerkennung im Steuerbescheid.** Ein **besonderes Verfahren** zur Anerkennung der Gemeinnützigkeit usw **besteht nicht** (BFH V R 57, 58/96 BStBl II 1999, 331). Die Entscheidung ist im Veranlagungsverfahren durch **Steuerbescheid** oder **Freistellungsbescheid** von Amts wegen zu treffen (BFH I B 58/85 BStBl II 1986, 677; I R 3/88 BStBl II 1989, 595; I R 38/86 BFH/NV 1992, 90; FG Köln 10 K 3264/11 EFG 2012, 1813, Rev I R 54/12; AEAO Nr 3 zu § 59 AO). Dies kann für jeden Erhebungszeitraum neu geschehen (BFH I 242/65 BStBl II 1969, 145; I R 81/70 BStBl II 1972, 440; I R 77/76 BStBl II 1979, 481; AEAO Nr 2 zu § 51 AO). Ist die Anerkennung in einem Steuer- oder Freistellungsbescheid erfolgt, so kann sie nicht außerhalb eines solchen Bescheides durch besonderen Verwaltungsakt widerrufen werden (BFH I R 77/76 aaO). Allenfalls kann hierin eine Änderung des Steuerbescheides (Freistellungsbescheides) zu sehen sein. Eine solche ist – u.a. nach § 173 Abs 1 Nr 1 AO – grundsätzlich zulässig (BFH I R 152/ 93 BStBl II 1998, 711). Eine Bindung an die Entscheidung bei der KSt-Veranlagung besteht für USt nicht und umgekehrt (vgl BFH V R 57, 58/96 aaO).

Die **Feststellungslast** für das Vorliegen der Begünstigungsvoraussetzungen trägt die Körperschaft; auch nach Erteilung der vorläufigen Bescheinigung (Rn 309) findet keine Umkehr der Feststellungslast statt (BFH I R 29/02 BStBl II 2003, 930; I B 95/04 BFH/NV 2005, 160). Allerdings hat die Körperschaft eine negative Tatsache (zB: kein Verstoß gegen die verfassungsmäßige Ordnung) nur darzutun, wenn das FA für das Gegenteil sprechende Tatsachen vorträgt (BFH I R 11/11 BStBl II 2013, 146).

b) Vorläufige Bescheinigung. aa) Allgemeines. Nur bis **einschließlich EZ** 309 **2012** (ab EZ 2013 s Rn 313) erteilt das FA – jedoch erst nach Eingang und Prüfung der Satzung – **auf Antrag** eine befristete, widerrufliche und **vorläufige Bescheinigung** darüber, dass die Körperschaft alle nach den §§ 59-61 AO geforderten Voraussetzungen für eine Steuerbefreiung erfüllt (AEAO Nr 4 ff zu § 59 AO).
Begünstigt hiervon ist in erster Linie eine *neu gegründete* Körperschaft. Die vorläufige Bescheinigung kann aber auch in Betracht kommen, wenn die Körperschaft schon *längere Zeit* besteht und die Anerkennung der Gemeinnützigkeit im Veranlagungsverfahren versagt worden ist (BFH I B 82/98 BStBl II 2000, 320; AEAO Nr 6 f zu § 59 AO) selbst dann, wenn die Körperschaft nach Auffassung des FA nicht gemeinnützig ist (AEAO Nr 6.2 ff zu § 59 AO; hierzu *Apitz* StBp 2004, 89).

bb) Rechtsnatur. Nach hM handelt es sich bei der vorläufigen Bescheinigung 310 lediglich um eine **Auskunft** über den gekennzeichneten Teilbereich der für die Steuerbegünstigung erforderlichen Voraussetzungen (BFH I B 82/98 BStBl II 2000, 320; I R 38/86 BFH/NV 1992, 90; I R 138/90 BFH/NV 1993, 150; AEAO Nr 5 zu § 59 AO; *Mack* DStR 1984, 187). ME ist das unzutreffend (ebenso *Reiffs* DB 1992, 243; *Gast-deHaan* FR 1993, 708), weil ihr tatsächlich der Charakter einer – wenn auch vorläufigen – Regelung mit Außenwirkung (darin besteht ihr Sinn) zukommt (vgl § 118 AO). Die Vorläufigkeit und Widerrufbarkeit ändert hieran nichts (vgl §§ 120, 165 AO). Eine Zusage liegt aber nicht in der Aussetzung eines Bescheides, mit dem der Anerkennung versagt wurde (BFH I B 58/85 BStBl II 1986, 677).

cc) Wirkung. Aus der vorläufigen Bescheinigung der Gemeinnützigkeit ergibt 311 sich **kein Anspruch auf Freistellung** im Veranlagungsverfahren, auch dann nicht, wenn das FA das Fehlen der Voraussetzungen für die Anerkennung hätte erkennen können (BFH II R 74/82 BStBl II 1985, 374; I R 3/88 BStBl II 1989, 595; I R 138/90 BFH/NV 1993, 150). Einen schutzwürdigen Vertrauenstatbestand nach den Grundsätzen von Treu und Glauben schafft das FA auch durch längeres Schweigen nach Erteilung der vorläufigen Bescheinigung nicht (BFH I R 77/76 BStBl II 1979, 481; I R 3/88 aaO), doch dürfen aus Mängeln einer vor Erteilung der vorläufigen Bescheinigung geprüften Satzung aus Vertrauensschutzgründen keine nachteiligen Folgerungen für die Vergangenheit gezogen werden; das gilt nicht für die tatsächliche Geschäftsführung (AEAO Nr 8 zu § 59 AO). Der **Widerruf** auf Grund eines Widerrufsvorbehalts ist nur für die Zukunft möglich (vgl zur NV-Bescheinigung BFH I R 38/96 BFH/NV 1997, 904).

dd) Einstweilige Anordnung. Nach BFH I B 82/98 BStBl II 2000, 320 (zust 312 *Schulz* DStR 1999, 354, *Hofmeister* DStZ 1999, 545, 550) kann das FA durch **einstweilige Anordnung** zur vorläufigen Anerkennung verpflichtet werden, wenn die Körperschaft zur Erfüllung ihrer satzungsmäßigen und ihrer Art nach gemeinnützigen Zwecke auf (steuerbegünstigte) Spenden angewiesen ist und ihre wirtschaftliche Existenz ohne die Anordnung bedroht ist. Das ist schon deswegen unzutreffend, weil zwar nicht formell, aber faktisch die Entscheidung der Hauptsache vorweggenommen wird (hierzu BFH I B 58/85 BStBl II 1986, 677). Die Tatsache, dass der Gesetzgeber nur Fehlleistungen von Spenden mit Haftung sanktioniert hat und der gute Glaube des Spenders geschützt ist, spricht nicht gegen, sondern für die Annahme der Vorwegnahme. Zur Darlegungslast BFH I B 30/01 BFH/NV 2001, 1223.

§ 3 Nr 6

313 **c) Gesonderte Feststellung ab EZ 2013. aa) Grundsatz.** Nach § 60a Abs 1 AO wird **ab EZ 2013** die Einhaltung der satzungsmäßigen Voraussetzungen nach den §§ 51, 59, 60 u 61 AO **gesondert festgestellt.** Die Feststellung erstreckt sich also darauf, ob **(1.)** überhaupt ein gemeinnütziger, mildtätiger oder kirchlicher Zweck verfolgt wird (dazu Rn 20 ff, 30 ff, 100 ff, 110 ff), **(2.)** ob dieser Zweck unter Beachtung der Grundsätze der Selbstlosigkeit (Rn 116), Ausschließlichkeit (151 ff) und Unmittelbarkeit (Rn 156 ff), ggf auch der Ausnahmeerfordernisse der §§ 58 Nr 1 AO (Rn 168) u 59 Nr 9 AO nF (Rn 179), hinreichend genau in der Satzung festgelegt ist (Rn 195 ff, 199 ff) und **(3.)** das Erfordernis der satzungsmäßigen Vermögensbindung beachtet ist.

Nach dem Wortlaut der Vorschrift beziehen sich die **Feststellungen ausschließlich** auf diese Erfordernisse der **satzungsmäßigen Festlegung.** Dagegen wird die dem Satzungszweck entsprechende **tatsächliche Geschäftsführung** (entsprechend der vorläufigen Bescheinigung) **nicht festgestellt.** Zumindest missverständlich und dem Wortverständnis nach unzutreffend ist die RegBegr insoweit, als nach ihr (BTDrs 17/11316, 20 unter „Absatz1") künftig festgestellt werde, ob die „satzungsmäßigen Zwecke eingehalten werden"; denn „Zwecke einhalten" konnotiert mit der tatsächlichen Geschäftsführung.

Nach der Vorstellung des Gesetzgebers (Reg Begr BTDrs 17/11316, 20) wird durch das Verfahren der gesonderten Feststellung das der **vorläufigen Bescheinigung abgelöst.**

Eindeutig ist die **Rechtsnatur** des Feststellungsbescheids als Verwaltungsakt, im Besonderen als **Dauerverwaltungsakt.** Er ergeht nicht ausdrücklich für einen bestimmten Besteuerungsabschnitt nach dessen Beendigung und hat **Wirkung für die Zukunft** bis zum Wegfall seiner Bindungswirkung (Rn 315) bzw seiner Aufhebung (Rn 316).

314 **bb) Antrags-/Amtsverfahren.** Nach § 60a Abs 2 AO nF erfolgt die Feststellung **auf Antrag** der Körperschaft oder – wenn bis dahin noch nicht geschehen – **von Amts wegen** bei der Veranlagung zur Körperschaftsteuer. Grundlage der Entscheidung ist allein die Satzung, die die Körperschaft mit ihrem Antrag, spätestens aber auf Anforderung vor bzw im Zusammenhang mit der Veranlagung vorzulegen hat. Versäumt sie dies, ergeht mE ein negativer Feststellungsbescheid.

315 **cc) Bindungswirkung.** Der Feststellungsbescheid entfaltet nach den allgemeinen Grundsätzen zu § 181 Abs 1 Satz 1 AO Bindungswirkung für die **Körperschaftsteuer** sowie für die Besteuerung der **Spender** und **Beitragszahler** (§ 60a Abs 1 Satz 2 AO nF). Das bedeutet, dass die Körperschaft als steuerbegünstigt (steuerbefreit) anzuerkennen ist, wenn die Beachtung der Satzungserfordernisse positiv festgestellt worden ist und dem FA keine Erkenntnisse für eine hiergegen verstoßende tatsächliche Geschäftsführung vorliegen.

Die **Bindungswirkung entfällt** nach § 60a Abs 3 AO nF ab dem Zeitpunkt, in dem die Rechtsvorschriften, auf denen die Feststellung beruht, aufgehoben oder geändert werden. Bei der **Auslegung** dieser Vorschrift sollte mE ein „insoweit" hinzugedacht werden. Denn insbesondere bei der Änderung der Befreiungsvorschrift kommt es mE darauf an, dass die den Feststellungsbescheid tragenden Tatbestandselemente, ggf in ihrem Zusammenwirken, nicht mehr relevant bzw nicht mehr hinreichend sind. Änderungen, die diese Wirkung nicht haben, führen mE nicht zum Fortfall der Bindungswirkung.

Der **Fortfall** der Bindungswirkung erfolgt von Gesetzes wegen **automatisch;** eines Aufhebungs-/Änderungsbescheides bedarf es mE nicht; der Erlass eines solchen ist aber aus Gründen der Rechtsklarheit zu empfehlen.

316 **dd) Änderung der Verhältnisse.** Nach § 60a Abs 4 AO nF ist die Feststellung aufzuheben, wenn bei den für sie erheblichen Verhältnissen eine Änderung eintritt.

Die Vorschrift betrifft den Fall, dass ein – insofern – rechtmäßiger Feststellungsbescheid durch Änderung der Verhältnisse der Körperschaft nachträglich unrichtig wird. Die **Aufhebung** erfolgt daher **mit Wirkung ab** dem Zeitpunkt der **Änderung der Verhältnisse,** dh – bezogen auf die Aufhebung – **auch rückwirkend.** Hierfür hat das FA **kein Ermessen** (vgl zum strukturell vergleichbaren § 70 Abs 2 EStG BFH III R 53/05 BFH/NV 2009, 564). Die übrigen Korrekturvorschriften der AO, insbes der §§ 172 ff, sind mE nicht auf die Feststellungsbescheide des § 60a AO nF zugeschnitten und sind nur in engen Grenzen – zB § 173 AO auf einen negativen Feststellungsbescheid – anwendbar.

Eine **Änderung der Verhältnisse** iSd Vorschrift liegt vor bei einer Änderung der tatsächlichen oder rechtlichen Verhältnisse, die nach Ergehen des Feststellungsbescheides eintreten (vgl BFH III R 13/06 BStBl II 2007, 714). In Betracht kommen insb Änderungen des begünstigten Zwecks nach § 51 AO, maßgebliche Änderungen der Satzung (§ 59 f AO), die etwa das Gebot der Ausschließlichkeit tangieren, oder Änderungen der Vermögensbindung (§ 61 AO),

Keine Änderung der Verhältnisse liegt vor bei einer anderen Beurteilung/ Rechtsauffassung des FA (vgl zu § 70 Abs 2 EStG BFH III R 74/09 BFH/NV 2011, 250) oder bei nachträglichen Erkenntnissen (ggf Änderung nach § 60a Abs 5 AO nF, Rn 317). Ebensowenig liegt mE etwa eine Änderung iSd Vorschrift vor, wenn bei einer Förder-u Spendensammelkörperschaft nach § 58 Nr 1 AO (Rn 168) die Empfängerkörperschaft ihren Gemeinnützigkeitsstatus verliert, weil insofern nicht eine Satzungsfrage, sondern die tatsächliche Geschäftsführung in Rede steht.

ee) Materielle Fehler. Nach **§ 60a Abs 5 AO** können **materielle Fehler** mit 317 Wirkung ab dem Kalenderjahr beseitigt werden, das auf die Bekanntgabe der Aufhebung folgt. Die Änderung erfolgt also mit **Wirkung für die Zukunft.**

Materielle Fehler sind mE Rechtsfehler, aber auch Fehler im tatsächlichen Bereich, zB bei der Tatsachenermittlung und/oder -würdigung. Problematisch kann sein, ob dem FA insofern ein Ermessensspielraum („können…") zusteht (vgl zu § 70 Abs 2 EStG FG SAnh 4 K 691/05 EFG 2010, 13: Ermessen; aA FG München 12 K 466/10: kein Ermessen). ME ist das nicht der Fall, weil das Handeln der Behörde auch insofern unter den Geboten der materiellen Gesetzmäßigkeit und Gleichmäßigkeit der Besteuerung steht; „können …" bezeichnet mE lediglich die rechtliche Möglichkeit und Befugnis der Beseitigung des Fehlers beim Zustandekommen des Dauerverwaltungsakts.

Vertrauensschutz nach § 176 AO ist zu gewähren, nicht jedoch für Kalenderjahre nach Verkündung der maßgeblichen Entscheidung.

d) Beeinträchtigung von Rechten Dritter. aa) Einfluss drittschützender 318 **Normen.** Durch eine steuerrechtlich unzutreffende Behandlung einer als gemeinnützig anerkannten Körperschaft können **Rechte Dritter beeinträchtigt** werden, wenn die jeweiligen Normen nicht nur dem Interesse der Allgemeinheit, sondern auch dem Schutz einzelner am betreffenden Steuerschuldverhältnis nicht beteiligter Dritter dient (sog **„drittschützende Norm").** Der BFH (I R 10/92 BStBl II 1998, 63) hat entschieden, dass die §§ 51–63 AO (Rn 20 ff) keine drittschützenden Normen darstellen, wohl aber die §§ 64–68 AO (Rn 255 ff), jeweils iVm § 5 Abs 1 Nr 9 Satz 2 KStG, § 3 Nr 6 Satz 2 GewStG (s auch BFH I R 30/06 BStBl II 2009, 126; VII R 24/03 BFH/NV 2007, 305; EuGH C-430/04 DStR 2006, 1082). Auch wenn es sich hierbei nicht um Marktverhaltensregelungen handelt (BGH I ZR 152/ 07 DB 2010, 1285), geben sie dem Dritten einen **Anspruch** auf zutreffende und **wettbewerbsneutrale Besteuerung** der Körperschaft, nicht jedoch auf eine dem Konkurrenten (zu Unrecht) gewährte Begünstigung (BFH I R 30/06 BStBl II 2009, 126; FG Ba-Wü 3 K 526/08 EFG 2011, 1824).

§ 3 Nr 7 Befreiungen

319 **bb) Konkurrentenklage.** Verstöße können erforderlichenfalls mit der **Konkurrentenklage** gerügt werden. Deren Zulässigkeit setzt voraus, dass der Dritte substantiiert geltend macht, die rechtswidrige (Nicht)Besteuerung der Körperschaft beeinträchtige sein Recht auf Teilnahme an einem steuerrechtlich nicht zu seinem Nachteil verfälschten Wettbewerb. Diese Auffassung ist im Ansatz mE zutreffend, in der konkreten Anwendung jedoch fragwürdig. Denn in den Gründen (BFH I R 10/92 BStBl II 1998, 63, 68 unter 5.) verlangt der BFH deutlich mehr, nämlich die Darlegung von Nachteilen eines Verdrängungswettbewerbs, bzw eine Unmöglichkeit, nämlich die Darlegung, dass ein von vornherein wettbewerbsrelevanter Zweck (Dialysestation) zu mehr als einem unvermeidbaren Wettbewerb geführt habe. Das Recht auf Teilnahme am unverzerrten Wettbewerb ist mE aber schon dann beeinträchtigt, wenn der steuerbefreite Wettbewerber eine ansonsten mögliche Ausweitung der Geschäftstätigkeit des Dritten beeinträchtigt. S im Einzelnen *Krömker* EStB 2008, 97, 203; *Schauhoff* DStR 2008, 1713; *Heger* DStR 2008, 807.

Zum **Auskunftsanspruch** zur Vorbereitung einer Konkurrentenklage vgl BFH VII R 24/03 BStBl II 2007, 243; VII R 4/11 BStBl II 2012, 541; FG Münster 15 K 3614/07 U EFG 2011, 1383.

VI. Befreiung der Hochsee- und Küstenfischerei (Nr 7)

1. Allgemeines

320 Es handelt sich um eine **sachliche Steuerbefreiung.** Sie ist nicht deswegen zu versagen, weil der Unternehmer neben der Hochsee- und Küstenfischerei noch **Nebentätigkeiten** ausübt (BFH I R 118/76 BStBl II 1979, 49). Der Betrieb muss die Hochsee- und Küstenfischerei allerdings **unmittelbar zum Gegenstand** haben. Verpachtet der Eigentümer das Schiff lediglich an einen Betrieb der Hochsee- und Küstenfischerei, dann sind die Pachtzinseinnahmen, wenn sie in einem GewBetrieb anfallen, gewstpflichtig (*Sarrazin* in *L/S* § 3 Rn 151). Der Pächter ist mE dagegen – bei Vorliegen der übrigen Voraussetzungen – von der GewSt befreit. Verbirgt sich allerdings hinter einem Miet-, Pacht-, Charter- oder Kaufvertrag in Wirklichkeit allein die Überlassung von Fangerlaubnissen, dann ist der „Mieter" bzw „Käufer" nicht befreit (Nds FG EFG 1996, 1045 rkr).

2. Begriffe

321 **Hochseefischerei** findet in Gewässern außerhalb, **Küstenfischerei** in Gewässern innerhalb der 3-Meilen-Zone statt. Zur Küstenfischerei gehört die Fischerei auf dem Unterlauf der Weser und Elbe sowie die Hafffischerei (R 3.7 GewStR; mE zutr). Davon **abzugrenzen** ist die **Binnenfischerei.** Sie ist grundsätzlich Landwirtschaft und daher ohnehin nicht gewstpfl. Wird sie durch eine Kapitalgesellschaft betrieben, dann ist sie kraft Rechtsform gewstpfl.

3. Voraussetzungen/Rechtsfolgen

322 Es **genügt eine der Voraussetzungen;** das Vorliegen der anderen Voraussetzung ist dann ohne Bedeutung (RFH RStBl 1938, 428).

Steuerfreiheit wegen der **Triebkraft** der Schiffe kann nur gewährt werden, wenn sämtliche Schiffe weniger als 100 PS haben. Hat ein Schiff mehr als 100 PS, dann ist die Befreiung insgesamt zu versagen. Eine *teilweise Befreiung* ist nicht zulässig (RFH aaO).

Die Beschäftigung von **weniger als 7 Arbeitnehmern** bezieht sich auf den Jahresdurchschnitt. Eine vorübergehende Erhöhung der Beschäftigten schadet daher nicht. Jahresdurchschnitt bedeutet, dass Zeiten mit mehr als 7 Beschäftigten solche mit weniger als 7 Arbeitnehmern gegenüberstehen müssen. Die Gesamtbeschäftigungszeit der Arbeitnehmer muss also weniger als **84 Arbeitsmonate** pro Jahr betragen. Eine nur zeitanteilige Steuerbefreiung sieht der Gesetzeswortlaut nicht vor.

(frei) 323, 324

VII. Befreiung von Erwerbs- und Wirtschaftsgenossenschaften sowie Vereinen iSd § 5 Abs 1 Nr 14 KStG (Nr 8)

Literatur: *Schmitz,* Besteuerung der Landwirtschaftlichen Produktionsgenossenschaften (LPG) und deren Nachfolgegesellschaften, StBp 1993, 169.

1. Allgemeines

Es handelt sich um eine **persönliche Steuerbefreiung.** Ab EZ 1990 ist die 325 Befreiung von der GewSt abhängig von der Befreiung von der KSt. Der Kreis der Begünstigten ist beschränkt auf Genossenschaften und Vereine; Kapitalgesellschaften sind nicht begünstigt, selbst wenn ihre Tätigkeit mit der von Erwerbs- und Wirtschaftsgenossenschaften übereinstimmt. Ab **EZ 1990** ist die **StBefreiung ausgeschlossen,** wenn die Einnahmen aus nichtbegünstigten Tätigkeiten 10% der gesamten Einnahmen übersteigen (vgl *BMF* DStZ 1993, 319); hierzu gehört mE auch die Beteiligung an einer Personengesellschaft sowie an einer nicht steuerbefreiten Kapitalgesellschaft oder Erwerbs- bzw Wirtschaftsgenossenschaft. Wegen der Einführung der 10%-Grenze ist die bis EZ 1989 bestehende Beschränkung im Hinblick auf Beteiligungen entbehrlich geworden. Bei Beschränkung auf Milchqualitäts- und -leistungsprüfungen sowie Tierbesamungen bleiben Zweckgeschäfte mit Nichtmitgliedern außer Ansatz (§ 5 Abs 1 Nr 14 Satz 3 KStG). Entsprechendes gilt für gesetzlich vorgeschriebene/behördlich angeordnete Geschäfte mit Nichtmitgliedern (H 3.8 GewStH). Gemeinschaftliche Tierhaltung steht der Befreiung indes nicht entgegen. Sie gehört nach § 51 a BewG zur landwirtschaftlichen Nutzung. **Begünstigt sind auch Zentralen** solcher Genossenschaften, wenn sie selbst genossenschaftlich organisiert sind und alle Mitglieder die Voraussetzungen der Vorschriften erfüllen (BFH I D 3/50 S BStBl III 1951, 26).

2. Begünstigte Tätigkeiten

Nach **§ 5 Abs 1 Nr 14 KStG** sind begünstigt Genossenschaften und Vereine, die beschränkt sind auf:

a) **Nutzungsgenossenschaften und -vereine (§ 5 Abs 1 Nr 14 Buchst a** 326 **KStG).** Befreit ist die **gemeinschaftliche Benutzung** von land- und forstwirtschaftlichen Betriebseinrichtungen und Betriebsgrundstücken. Die Begünstigung setzt voraus, dass Betriebseinrichtungen durch die Mitglieder *gemeinschaftlich* genutzt werden. Der Betrieb durch die Genossenschaft oder den Verein selbst genügt nicht (RFH RStBl 1943, 412). Die Nutzungen müssen sich ausschließlich im land- und forstwirtschaftlichen Bereich vollziehen. Zu den nicht begünstigten Tätigkeiten gehören Nutzungsüberlassungen an Nichtlandwirte (RFH RStBl 1942, 780) ebenso wie die Nutzungen außerhalb der Betriebe der Genossenschaft oder des Vereins (BFH I 150/58 U BStBl III 1959, 372).

b) **Leistungsgenossenschaften und -vereine (§ 5 Abs 1 Nr 14 Buchst b** 327 **KStG).** Befreit sind Leistungen im Rahmen von **Dienst- und Werkverträgen** für die Produktion land- und forstwirtschaftlicher Erzeugnisse für die Betriebe der Mitglieder. Hierzu gehört auch die Vermittlung von Leistungen (Mietverträge für

Maschinenringe, H 3.8 GewStH). Die Begünstigung setzt voraus, dass **Leistungen durch die Mitglieder** erbracht werden, die der Produktion von land- und forstwirtschaftlichen Erzeugnissen für Betriebe der Mitglieder dienen. Dazu gehören auch Leistungen zur Erstellung und Unterhaltung von Betriebsvorrichtungen, Wirtschaftswegen und Bodenverbesserungen. Diese müssen sich ausschließlich im land- und forstwirtschaftlichen Bereich vollziehen.

328   **c) Bearbeitungs- und Verwertungsgenossenschaften und -vereine (§ 5 Abs 1 Nr 14 Buchst c KStG).** Befreit sind die **Bearbeitung** oder **Verwertung** der von den Mitgliedern selbst gewonnenen land- und forstwirtschaftlichen Erzeugnisse. „Verwertung" umfasst die Vermarktung und den Absatz (H 3.8 GewStH).

aa) Allgemeines. Die Begünstigung setzt voraus, dass **von den Mitgliedern selbst** gewonnene Erzeugnisse bearbeitet oder verwertet werden. Sie sind demnach Produktionsgenossenschaften (zB Molkereien) und Verkaufs- bzw Absatzgenossenschaften (zB Winzervereine). Auch ihre Tätigkeit muss sich ausschließlich im land- und forstwirtschaftlichen Bereich vollziehen. Ob die letztgenannte Voraussetzung vorliegt, ist nach der Verkehrsauffassung der betroffenen Kreise zu entscheiden (RFH RStBl 1941, 765; 1944, 173). Dies gilt sowohl für die Herstellung als auch für die Bearbeitung und die Verwertung.

329   **bb) Einzelheiten. Schädlich ist** es bereits, wenn nur **ein Teil der Tätigkeit außerhalb** des land- und forstwirtschaftlichen Bereichs liegt (RFH RStBl 1941, 180); daher ist bereits der Wareneinkauf für Mitglieder schädlich. Ebenso wenn die Verwertung der Form nach in typisch gewerblicher Weise erfolgt (zB Weinausschank in Tanzlokal oder Speisewirtschaft (BFH I 150/52 U BStBl III 1954, 191). Dagegen gehört die Branntweinerzeugung wohl (noch) zum Bereich der Land- und Forstwirtschaft, und zwar von Winzergenossenschaften (*BMF* BB 1983, 2339) als auch von anderen Wirtschaftsgenossenschaften (R 24 Nr 2 KStR). Gewerbliche Tätigkeit ist die Weiterverarbeitung von bereits verarbeiteten Erzeugnissen (Käseschmelze aus Käse, RFH RStBl 1941, 220). Nicht schädlich ist dagegen die Fortsetzung lediglich begonnener Verarbeitung (Käse aus Frischkäse, RFH RStBl 1941, 962). Ebenfalls unschädlich ist die Zwischenschaltung von Anschluss- oder Lieferungsgenossenschaften zwischen Mitgliedern und Verwertungsgenossenschaften (*Sarrazin* in L/S § 3 Rn 159). Allerdings dürfen auch sie nur Produkte der Mitglieder an die Verwertungsgenossenschaften weitergeben (vgl R 20 Abs 10 KStR).

330   **cc) Personal- und Kapitaleinsatz. Nicht von Bedeutung** ist auch der Umfang des **personellen** oder **kapitalmäßigen Aufwands** sowie die Art der technischen Ausstattung (BFH I D 2/52 S BStBl III 1954, 38). Nach der letztbezeichneten BFH-Entscheidung konnte ein Missbrauch rechtlicher Gestaltungsmöglichkeiten vorliegen, wenn eine Genossenschaft ihre Überschüsse in erheblichem Umfang zur Erweiterung ihrer betrieblichen Anlagen verwendet, statt sie in Form von Warenrückvergütungen oder Gewinnausschüttungen den Genossen zuzuführen. Dem ist BFH I R 26/97 BStBl II 1998, 576 nicht gefolgt (hierzu *FM Nds* FR 1999, 1260). Ebenfalls unschädlich ist die Vermittlung von Verträgen im Bereich der Land- und Forstwirtschaft, zB von Mietverträgen für Maschinenringe (H 3.8 GewStH; vgl im Einzelnen R 21–24 KStR).

331   **dd) Einnahmenermittlung.** Bei Verwertungsgenossenschaften darf die Ermittlung der Einnahmen aus begünstigten und nicht begünstigten Tätigkeiten durch **unmittelbare Zuordnung** (getrennte Aufzeichnung) oder durch **mittelbare Zuordnung** (Verhältnis der Ausgaben für bezogene Waren von Mitgliedern und Nichtmitgliedern) erfolgen; hierbei eintretende Verschiebungen wegen Verkaufs in einem späteren Wirtschaftsjahr können hingenommen werden (*BMF* DStZ 1993, 319).

d) Beratungsgenossenschaften und -vereine (§ 5 Abs 1 Nr 14 Buchst d 332
KStG). Befreit ist die **Beratung für die Produktion** oder **Verwertung** land- und forstwirtschaftlicher Erzeugnisse der Betriebe der Mitglieder. Die Begünstigung setzt voraus, dass sich die Beratung ausschließlich auf den Bereich der Land- und Forstwirtschaft beschränkt. Daher keine Steuer- und Rechtsberatung durch die Genossenschaft (H 3.8 GewStH).

3. Zulässige Geschäfte

Sie dürfen sich idR nur erstrecken auf:

a) Zweckgeschäfte. Dies sind Geschäfte, die der Erfüllung des satzungsmäßigen 333 Gegenstandes des Unternehmens der Genossenschaft **dienen** und die Förderung des Erwerbs oder der Wirtschaft der Mitglieder bezwecken (vgl BFH II R 238/81 BStBl II 1988, 753). Der Zweck selbst ergibt sich aus der Satzung. So ist der Ankauf von Wein durch Winzergenossenschaften ein Zweckgeschäft. Es kann sich um Mitglieder- und Nichtmitgliedergeschäfte handeln. Hierbei gilt als Mitglied schon der Genosse, dessen Eintragung durch das Registergericht beantragt ist (RFH RStBl 1937, 341). **Mitglied ist** nur, wer der Genossenschaft unmittelbar angehört. Ist dies wiederum eine landwirtschaftliche Verwertungsgenossenschaft, so dürfen Geschäfte nur mit dieser, nicht mit ihren Mitgliedern abgeschlossen werden. Eine Ausnahme besteht nach R 20 Abs 10 KStR bei Anschluss- oder Lieferungsgenossenschaften. Einnahmen (einschließlich USt) aus Zweckgeschäften mit Nichtmitgliedern und aus Nebengeschäften sind den Einnahmen aus nicht begünstigten Tätigkeiten zuzurechnen.

b) Gegengeschäfte. Dies sind Geschäfte, die zur Durchführung der Zweckge- 334 schäfte **erforderlich** sind, zB bei Bezugsgenossenschaften der Einkauf der Waren, bei Nutzungsgenossenschaften der Ankauf einer Dreschmaschine sowie bei einer Verwertungs- bzw Absatzgenossenschaft der Verkauf der von den Mitgliedern angekauften Produkte an Nichtmitglieder.

c) Hilfsgeschäfte. Dies sind sonstige Geschäfte, die mit dem Betrieb **in engem** 335 **Zusammenhang** stehen. Sie dienen der Abwicklung der Zweck- und Gegengeschäfte sowie dem Geschäftsbetrieb der Genossenschaft. Hierzu gehört etwa der Kauf und Verkauf von Büromaterial, Inventar, Verpackungsmaterial, Bedarfsartikeln; aber auch von Anlagevermögen, insb dann, wenn der Erlös zur Finanzierung von neuem Anlagevermögen verwendet wird (BFH I R 67/68 BStBl II 1971, 116) oder wenn der Verkauf im Rahmen einer Rationalisierungsmaßnahme (Verschmelzung, Betriebsumstellung, Einstellung eines Betriebszweigs, Bedarfsanpassung) erfolgt (R 20 Abs 6 KStR). Hilfsgeschäfte dürfen auch mit Nichtmitgliedern abgeschlossen werden.

d) Nebengeschäfte. Das sind **alle sonstigen Geschäfte,** etwa auch die Vermie- 336 tung oder Verpachtung eines Betriebs oder von Betriebsteilen (vgl BFH I R 262/83 BStBl II 1988, 592; R 20 Abs 6 KStR). Erträge hieraus sind – wie die Hilfsgeschäfte mit Nichtmitgliedern (Rn 335) – den nichtbegünstigten Geschäften zuzurechnen (vgl BFH II R 238/81 BStBl II 1988, 753). Zur Abgrenzung der begünstigten von den nicht begünstigten Einnahmen bei Verwertungsgenossenschaften nach dem Verhältnis der Ausgaben für bezogene Waren vgl R 20 Abs 8 Satz 3 ff KStR.

(frei) 337–339

VIII. Befreiung von Pensions-, Sterbe-, Kranken- und Unterstützungskassen (Nr 9)

Literatur: Kommentare und Handbücher: *Ahrend/Förster/Rößler*, Steuerrecht der betrieblichen Altersversorgung, Handbuch, Loseblatt 2011; *Blomeyer/Rolfs/Otto*, Betriebsrentengesetz, Gesetz zur Verbesserung der betrieblichen Altersversorgung, 5. Aufl 2010 StR G; *Höfer/Veith/Verhueven*, Betriebsrentenrecht (BetrAVG), Komm, Bd II. Steuerrecht u.a., 7. Aufl, Loseblatt; *Buttler*, Steuerliche Behandlung von Unterstützungskassen, 5. Aufl 2009; *Langohr-Plato*, Betriebliche Altersversorgung, 4. Aufl. 2007. – Weitere Literatur: *Schanz*, Die kongruent rückgedeckte Unterstützungskasse und alternative Durchführungswege der betrieblichen Altersversorgung im betriebswirtschaftlichen Vergleich, DB 1993, 1149; *Langohr-Plato*, Die rückgedeckte Unterstützungskasse als soziale Einrichtung, Stbg 1994, 321; *Ahrend/Heger*, Neustrukturierung der (betrieblichen) Altersversorgung – aus der Sicht des Unternehmens –, DStZ 1995, 95; *Beye*, Jahressteuergesetz 1996: Zuwendungen an Unterstützungskassen – Neufassung von § 4 d EStG, DB 1995, 2033; *Doetsch*, Zuwendungen an Unterstützungskassen unter Berücksichtigung der Änderungen durch das Jahressteuergesetz 1996, BB 1995, 2553; *Gratz/Bühl*, Beseitigung der partiellen Steuerpflicht einer Unterstützungskasse – ein Irrweg? DB 1996, 1995; *Hoffmeister*, Darlehensgewährung einer rückgedeckten Unterstützungskasse an sein Trägerunternehmen, DStR 1997, 567; *Buttler*, Steuerliche Zweifelsfragen zur rückgedeckten Unterstützungskasse, BB 1997, 1661; *Walter/Hoffmann*, Die Unterstützungskasse – immer noch ein Versorgungsmodell mit Zukunft? Stbg 1997, 391; *Baier/Buttler*, Steuerliche Fallstricke bei der rückgedeckten Unterstützungskasse, BB 2000, 96, 1931, 2070; *Förster/Rühmann/Recktenwald*, Auswirkungen des Altersvermögensgesetzes auf die betriebliche Altersversorgung, BB 2001, 1406; *Harle/Weingarten*, Die Unterstützungskasse, BB 2001, 2502; *Wellisch/Maik*, Betriebliche Altersvorsorge – steuerliche und sozialversicherungsrechtliche Behandlung und Gestaltungsansätze, BB 2002, 1393; *Melchior*, Das Alterseinkünftegesetz im Überblick, DStR 2004, 1061; *Alt/Stadelbauer*, Pauschaldotierte Unterstützungskassen in der Beratungspraxis, StuB 2011, 731.

1. Allgemeines

340 Es handelt sich um eine **persönliche Steuerbefreiung** mit sachlichen Einschränkungen, die sich aus der Verweisung auf das KStG ergeben. Die Kassen sind insoweit (partiell) gewstpfl, als sie „überdotiert" sind, dh am Jahresende über mehr Vermögen verfügen, als sie zur Erbringung ihrer Leistungen benötigen (§ 6 KStG 1977 [1999]). Das Gesetz erwähnt zwar vier verschiedene Arten von Kassen. Diese lassen sich jedoch in zwei Gruppen unterteilen:

341 **a) Pensions-, Sterbe- und Krankenkassen.** Es handelt sich um **rechtsfähige Versorgungseinrichtungen,** die einen **Rechtsanspruch** auf ihre Leistungen gewähren (vgl **§ 1b Abs 3** und **§ 5 Abs 1 Nr 3 KStG;** vgl hierzu jedoch BAG BB 1973, 1308; 1977, 1202 und 1978, 762). Sie werden idR in der Rechtsform des Versicherungsvereins auf Gegenseitigkeit – VVaG – oder einer (Versicherungs-)AG betrieben. Die Rechtsgrundlagen für Leistungen sind in einem Geschäftsplan festzulegen (§ 5 Abs 2 VAG). Pensionskassen iSd Gesetzes sind auch rechtlich unselbstständige Zusatzversorgungseinrichtungen des öffentlichen Dienstes (§ 18 BetrAVG) sowie die Witwen- und Waisenkassen (*Wrede* DStZ 1975, 104).

342 **b) Unterstützungskassen. aa) Kein Rechtsanspruch.** Es handelt sich um **rechtsfähige Versorgungseinrichtungen,** die auf ihre Leistungen **keinen Rechtsanspruch** gewähren (vgl **§ 1b Abs 4 BetrAVG,** § 5 Abs 1 Nr 3 KStG; zur historischen Entwicklung der Unterscheidung von Pensionskassen vgl BVerfGE 74, 129). Sie werden idR in der Rechtsform eines eingetragenen Vereins – eV –, einer Stiftung oder einer GmbH betrieben (zum Verein BFH I R 33/00 BFH/NV 2001, 1300). Die Rechtsgrundlagen für ihre Leistungen sind in einer Satzung, dem zur

Gründung führenden Tarifvertrag u.ä. sicherzustellen (BFH I R 22-23/87 BStBl II 1990, 1088). Das gilt auch dann, wenn Rechtsansprüche auf die Leistungen unter dem Gesichtspunkt der Geschäftsbesorgung für das Trägerunternehmen unmittelbar gegen die Unterstützungskasse bestehen (BFH I R 61/89 BStBl II 1993, 185) oder freiwillige Leistungen auf vom Trägerunternehmen zugesagte Leistungen angerechnet werden (BFH I R T 33/00 BFH/NV 2001, 1300). Solche unmittelbaren Ansprüche bestehen im Falle von Alters-, Invaliditäts- und Hinterbliebenenversorgung (BAG BB 1973, 1308; BB 1977, 1202, BB 1978, 762 und BB 1979, 1605). Die Definition des Begriffs „Unterstützungskasse" in § 1 b Abs 4 Satz 1 BetrAVG schränkt Art und Anlass der von der Kasse zu erbringenden Leistungen nicht ein (BFH I R 61/89 aaO mwN).

bb) Mitwirkung. Den Leistungsempfängern oder den Arbeitnehmervertretungen des Betriebes muss satzungsgemäß und tatsächlich das **Recht** zustehen, an der Verwaltung sämtlicher Beträge, die der Kasse zufließen, **beratend mitzuwirken** (§ 3 Nr 2 KStDV). Die Vorschrift steht selbstständig neben § 87 Abs 1 Nr 8 des Betriebsverfassungsgesetzes (BFH I 62/63 BStBl II 1968, 24). Das Mitwirkungsrecht kann in der Weise eingeräumt werden, dass satzungsmäßig und tatsächlich ein Beirat aus Arbeitnehmern gebildet wird, der die Betriebszugehörigen repräsentiert, also von ihnen gewählt wird (BFH I R 143/78 BStBl II 1981, 749), ggf bei Gruppen-Unterstützungskassen durch einen von den Betriebsräten des Trägerunternehmens bestellten Treuhänder (*Ahrend/Förster/Rößler* aaO Rn 614; *Blomeyer/Rolfs/Otto* aaO Rn 20). Diese Voraussetzung ist nicht erfüllt, wenn die Beiratsmitglieder letztlich von der Geschäftsleitung bzw dem Trägerunternehmen bestimmt werden (vgl BFH I R 253/83 BStBl II 1988, 27). Die Steuerbefreiung wird nicht gewährt, wenn zwar nach der Satzung ein Mitwirkungsrecht vorgesehen ist, jedoch auf Grund schuldhaften Verhaltens der Kassenorgane tatsächlich nicht stattfindet (BFH I B 74/91 BFH/NV 1993, 329). Beim Beirat selbst liegende Gründe für die Untätigkeit dürften unschädlich sein (*Ahrend/Förster/Rößler* aaO Rn 612; *Blomeyer/Rolfs/Otto* aaO Rn 21). 343

c) Pensionsfonds. Nicht genannt ist der sog **Pensionsfonds** (§ 112 VAG). Bei ihm ergibt sich jedoch eine weitgehende „faktische" GewSt-Befreiung, weil Beitragszusagen dem Versorgungskapital des Arbeitnehmers gutgeschrieben werden und – soweit Erträge aus Beiträgen erzielt werden – auf Fondsebene Dividenden (mit Ausnahme solcher aus Streubesitz, § 8 Nr 5) und Gewinne aus der Veräußerung von Aktien nach § 8 b KStG steuerbefreit sind (hierzu *Förster/Rühmann/Recktenwald* BB 2001, 1406; *Wellisch/Maik* BB 2002, 1393). 344

2. Voraussetzungen der Steuerfreiheit

a) Beschränkung auf bestimmte Leistungsempfänger. Nach § 5 Abs 1 Nr 3 Buchst a KStG muss sich die Kasse beschränken auf bestimmte Gruppen von Leistungsempfängern. Begünstigt dürfen auch die jeweiligen **Angehörigen** sein. Hat die Kasse noch andere Zwecke, ist dies schädlich (Rn 356 ff). 345

aa) Zugehörige oder frühere Zugehörige. Der Begriff des Zugehörigen ist weiter als der des Arbeitnehmers. Er bezeichnet Personen, die in **selbstständiger** oder **nichtselbstständiger Stellung** dem Trägerunternehmen Dienstleistungen erbracht haben (FG Düsseldorf 5 K 1581/09 EFG 2012, 1993, Rev X R 30/12); ggf auch auf dessen Weisung an Dritte (R 12 Abs 3 Satz 1 KStR). Daher können auch (Einzel-)Unternehmer oder Gesellschafter einer Personen- oder Kapitalgesellschaft Zugehörige sein; sie dürfen aber nicht die Mehrzahl der Leistungsempfänger darstellen (vgl § 1 Nr 1 KStDV; *Sarrazin* in L/S § 3 Rn 175 ff).

Auf jeden Fall sollten auch Personen in arbeitnehmerähnlicher Stellung begünstigt sein, also Heimarbeiter, Hausgewerbetreibende, Zwischenmeister und selbstständige

§ 3 Nr 9

Handelsvertreter (R 12 Abs 1 Sätze 2–5 KStR), ebenso Freiberufler und Handwerker, die überwiegend für das Unternehmen tätig sind. Hierfür spricht auch § 17 Abs 1 Satz 2 BetrAVG (Versorgungsleistungen „aus Anlass ihrer Tätigkeit für das Unternehmen"; ebenso *Heubeck* BB 1978, 490).

Als **Angehörige** kommen auch nichteheliche Lebenspartner von Zugehörigen in Betracht (*BMF* BStBl I 2003, 93).

Ein **Inlandsbezug** wird nicht vorausgesetzt (*OFD Hannover* DB 2005, 2103). Daher dürfen Leistungsempfänger auch Arbeitnehmer sein, die an ausländische Tochtergesellschaften oder Betriebsstätten des Unternehmens abgeordnet sind. Dasselbe gilt für Arbeitnehmer ausländischer Tochtergesellschaften oder Betriebsstätten eines inländischen Unternehmens, falls für diese Arbeitnehmer Beiträge an die Kasse des inländischen Unternehmens entrichtet worden sind (R 12 Abs 3 KStR). Zu den Zugehörigen rechnen auch deren Angehörige.

346 **bb) Wohlfahrtspflege.** Begünstigt werden dürfen ausschließlich Zugehörige oder frühere Zugehörige der **Spitzenverbände der freien Wohlfahrtspflege** (vgl Rn 265) einschließlich ihrer Untergliederungen, Einrichtungen und sonstigen gemeinnützigen Wohlfahrtsverbänden; zum Begriff des Zugehörigen vgl Rn 345.

347 **cc) Sonstige Körperschaften, Personenvereinigungen oder Vermögensmassen.** Begünstigt werden dürfen **Arbeitnehmer** solcher Körperschaften usw iSd §§ 1 und 2 KStG. Der Begriff des Arbeitnehmers ist der steuerliche; daher kommt auch der Vorstand einer AG in Betracht (ebenso *Ahrend/Förster/Rößler* aaO Rn 552). Ihnen stehen Personen, die sich in einer ähnlichen Stellung befinden gleich, also etwa **Heimarbeiter, Hausgewerbetreibende** und **gleichgestellte Personen.** Durch die Beschränkung auf Arbeitnehmer oder Personen in ähnlicher Stellung sollte bei dieser Gruppe eine nicht gerechtfertigte Ausweitung des Kreises der Leistungsempfänger, etwa auf Angehörige freier Berufe oder Gewerbetreibende verhindert werden (BTDrs 7/1281, 43). Zu den Arbeitnehmern rechnen auch deren Angehörige.

348 **b) Soziale Einrichtung.** Nach **§ 5 Abs 1 Nr 3 Buchst b KStG** muss der Betrieb der Kasse nach dem Geschäftsplan und nach Art und Höhe der Leistungen eine **soziale Einrichtung** sein (hierzu *Langohr-Plato* Stbg 1994, 321). Bei Unterstützungskassen genügt jede Regelung, die nach Zielsetzung, Bindungswirkung und Überprüfbarkeit dem Geschäftsplan eines Versicherungsunternehmens entspricht, zB Satzung oder Leistungsplan (BFH I R 22-23/87 BStBl II 1990, 1088; I R 33/00 BFH/NV 2001, 1300).

349 **aa) Trägerin der Kassenleistungen.** Die Vorschrift bedeutet im **Grundsatz**, dass die Kasse selbst **Trägerin der Kassenleistungen** (soziale Einrichtung!) sein und die Leistungen selbst erbringen muss. Daher keine Befreiung, wenn die Kasse nur den Abschluss von Versicherungsverträgen vermittelt oder der Rückdeckung des selbst Leistungen gewährenden Unternehmens dient (ebenso *Sarrazin* in *L/S* § 3 Rn 184). Schädlich ist auch, wenn die Unterstützungskasse finanziell, wirtschaftlich und organisatorisch derartig in das Trägerunternehmen eingegliedert ist, dass sie als Organgesellschaft iSv § 2 Abs 2 Satz 2 anzusehen ist (BFH I R 5/73 BStBl II 1975, 179).

Bei **Unterstützungskassen** dürfen die Leistungsempfänger zu **laufenden Beiträgen** oder zu sonstigen Zuschüssen nicht verpflichtet sein (§ 3 Nr 1 KStDV). Das sollte mE auch für umgewandelte Entgeltbestandteile gelten (aA zB *Blomeyer/Rolfs/Otto* aaO Rn 12).

Hat eine Kasse noch **andere als soziale** Zwecke, so steht dies der Steuerbefreiung entgegen, nach RFH RStBl 1941, 35 jedoch nur, wenn die anderen Tätigkeiten nicht nur unbeträchtlich sind.

Pensions-, Sterbe-, Kranken- und Unterstützungskassen § 3 Nr 9

bb) Leistungsempfänger. Leistungsempfänger (mE einschließlich der Leistungsanwärter) dürfen **in der Mehrzahl nicht** der **Unternehmer** oder dessen Angehörige oder bei Gesellschaften nicht die Gesellschafter oder deren Angehörige sein (§ 1 Nr 1 KStDV; zur Behandlung von nichtehelichen Lebensgefährt/inn/en *BMF* BStBl I 2003, 93 u 2002, 706). Nach BFH I R 73/68 BStBl II 1970, 473 ist es auch schädlich, wenn Leistungen an diesen Personenkreis gegenüber den Leistungen an Arbeitnehmer des Trägerunternehmens unverhältnismäßig hoch sind. ME ist diese Entscheidung trotz der Neufassung des § 1 Nr 1, § 2 Abs 2 Satz 2 KStDV nicht überholt (ebenso H 12 KStR; *Blomeyer/Rolfs/Otto* aaO Rn 15; aA *Sarrazin* in *L/S* § 3 Rn 180, 192). Dem Begriff der sozialen Einrichtung ist immanent, dass die Einrichtung vorrangig der Versorgung der Arbeitnehmer u.ä. und nicht einer unverhältnismäßig hohen Versorgung des Eigentümers (des Gesellschafters) des Trägerunternehmens dient. § 1 KStDV führt demgegenüber weitere Beschränkungen im Hinblick auf den Begriff der sozialen Einrichtung ein. Das ergibt sich mE aus dem Wortlaut der Ermächtigungsvorschrift des § 33 Abs 1 Nr 1 a KStG: „Vorschriften . . ., nach denen die Steuerbefreiung nur eintritt, wenn . . .". 350

Unschädlich für den Begriff der sozialen Einrichtung ist die Koppelung der Leistungsanwartschaft mit einer bestimmten **Dauer der Betriebszugehörigkeit.** Nach § 1b Abs 1 BetrAVG idF gelten weitere Beschränkungen: bei Auflösung des Arbeitsverhältnisses ist die Anwartschaft nur unverfallbar, wenn der Arbeitnehmer mindestens 25 Jahre alt ist und die Versorgungszusage mindestens 5 Jahre bestanden hat.

Unschädlich soll auch die **Beschränkung** der Versorgungsleistungen **auf bestimmte Gruppen** von Arbeitnehmern sein (*Sarrazin* in *L/S* § 3 Rn 184). ME ist dies fraglich. Dem Begriff der sozialen Einrichtung ist mE immanent, dass innerhalb einer Belegschaft allein nach dem Gesichtspunkt der sozialen Bedürftigkeit entschieden wird. Sonstige Merkmale, mit Ausnahme der Dauer der Betriebszugehörigkeit und des Alters, sind sachfremd. Der Vergleich mit unabhängigen Versicherungsunternehmen und sonstigen Versorgungseinrichtungen geht insoweit fehl.

cc) Vermögensbindung. (1.) Bei **Auflösung der Kasse** darf ihr Vermögen 351 vorbehaltlich der Regelung in § 6 KStG satzungsgemäß nur den Leistungsempfängern oder deren Angehörigen zugutekommen oder für ausschließlich gemeinnützige oder mildtätige Zwecke verwendet werden (Vermögensbindung; § 1 Nr 2 KStDV).

Auch dieser Grundsatz ergibt sich unmittelbar aus dem Begriff der sozialen Einrichtung und findet mE einen weiteren Anhalt in dem in **§ 5 Abs 1 Nr 3 Buchst c KStG** normierten Erfordernis der Einkünfte- und Vermögenssicherung (Rn 356). Die Regelung beruht auf der Ermächtigung des § 33 Abs 1 Nr 1 Buchst a Doppelbuchst cc KStG. Ihr Zweck ist, von unten bezeichneten Ausnahmefällen abgesehen, einen **Rückfluss** des Kassenvermögens **an das Trägerunternehmen** zu verhindern und damit Vermögensverlagerungen zu Lasten der sozialen Kasse einerseits und der Besteuerung andererseits auszuschließen. Erforderlich ist mithin eine Festlegung der Vermögensbindung in der Satzung sowie eine entsprechende tatsächliche Geschäftsführung. Für die satzungsmäßige Bestimmung der ausschließlich gemeinnützigen oder mildtätigen Zwecke gilt mE § 61 AO sinngemäß (ebenso R 13 Abs 1 Satz 1 KStR; vgl Rn 204 ff). Zum ggf **rückwirkenden Fortfall der Steuerbefreiung** s Rn 360.

(2.) Während des Bestehens der Kasse besteht der **Vorbehalt des § 6 KStG.** Er bezieht sich auf die partielle Steuerpflicht des *„überdotierten" Kassenvermögens* und auf die hiermit verbundene Verfügungsfreiheit dieses Vermögens nach § 6 Abs 6 KStG. Das bedeutet, dass im Hinblick auf das „überdotierte" Vermögen keine Vermögensbindung für den Fall der Auflösung besteht, wenn der Kasse alle auf Zusagen durch das Trägerunternehmen beruhenden Verpflichtungen genommen werden (zB bei Ersetzung durch eine andere Versorgungsart); denn dann ist das

§ 3 Nr 9

gesamte Vermögen überdotiert (*Rau* BB Beilage 1/1975; *Blomeyer/Rolfs/Otto* aaO Rn 17; *Ahrend/Förster/Rößler* aaO Rn 603). Die Rechtfertigung hierfür besteht darin, dass das „überdotierte" Vermögen partiell der Steuer unterworfen ist. Hat die Kasse **mehrere Trägerunternehmen,** kann die Überdotierung seitens des einen durch Unterdotierung seitens des anderen ausgeglichen werden; eine auf die Trägerunternehmer bezogene Segmentierung findet nicht statt (zur Unterstützungskasse FG Rh-Pf 6 K 1581/09 EFG 2012, 1993, Rev X R 30/12; str, s dort).

Bei Unterstützungskassen gilt das mE auch im Fall der Übertragung des gesamten unterdotierten Vermögens und Übernahme der Leistungen durch das Trägerunternehmen. Zwar ist § 6 Abs 6 KStG auf solche Fälle nicht unmittelbar anwendbar; doch bleibt sein Zweck beachtet, dass die Übertragung steuerfrei angesammelten Vermögens auf das Trägerunternehmen nur dann steuerschädlich ist, wenn ihr keine Gegenleistung des Trägerunternehmens gegenübersteht (ebenso *Sarrazin* in *L/S* § 3 Rn 193). Im Übrigen dürfen bei sozialen Kassen in der Rechtsform einer GmbH die eingezahlten Stammeinlagen nicht an das Trägerunternehmen zurück gewährt werden (BFH GrS 6/71 BStBl II 1973, 79).

352 dd) **Höchstbeträge.** **(1.)** Die Rechtsansprüche der Leistungsempfänger (bei Pensions- und Sterbekassen, § 2 KStDV) sowie die laufenden Leistungen und das Sterbegeld (bei Unterstützungskassen, § 3 Nr 3 KStDV; ebenso die Anwartschaften, R 14 Abs 2 Satz 7 KStR) dürfen die in § 2 KStDV festgesetzten **Höchstbeträge** nicht übersteigen.

Dies sind ab 1.1.2002

als Pension	25 769 €	jährlich
als Witwengeld	17 179 €	jährlich
als Waisengeld	10 308 €	jährlich für jede Halbwaise
	15 154 €	jährlich für jede Vollwaise
als Sterbegeld	17 669 €	als Gesamtleistung

Gewinnzuschläge, auf die die Berechtigten einen Rechtsanspruch haben, erhöhen die vorgenannten Leistungen (BFH I R 107/67 BStBl II 1970, 227).

An Stelle einer laufenden Rente darf auch eine **Kapitalabfindung** gezahlt werden. Voraussetzung ist, dass durch die Kapitalisierung die vorgenannten Höchstbeträge nicht überschritten werden und der Leistungsempfänger nicht besser gestellt wird als durch die laufende Rente. Die Kapitalisierung ist daher mit einem auf Dauer gesehen durchschnittlichen Zinssatz von 5,5% anzusetzen (R 14 Abs 3 Satz 4 KStR; *Sarrazin* in *L/S* § 3 Rn 184; aA *Heubeck* BB 1978, 490: 3,5%).

Die Gesamtleistungen dürfen bei beiden Kassenarten (Ausnahme Rn 355) unabhängig von einer **wirtschaftlichen Lage** des Leistungsempfängers gewährt werden; das gilt jedoch nicht für einmalige Zwendungen an jeden Betriebsangehörigen (R 14 Abs 2 Sätze 4 f KStR).

353 **(2.)** Solche Rechtsansprüche, mit Ausnahme des Sterbegeldes, dürfen in **nicht mehr als 12%** aller Fälle auf **höhere Beträge** als angegeben gerichtet sein. Es kommt nicht auf die Leistungen, sondern auf die Ansprüche an (BFH I R 107/67 BStBl II 1970, 227). In nicht mehr als 4% gilt die Ausnahme uneingeschränkt. Im Übrigen dürfen die Rechtsansprüche folgende Beträge nicht übersteigen:

ab 1.1.2002

als Pension	38 654 €	jährlich
als Witwengeld	25 769 €	jährlich
als Waisengeld	17 731 €	jährlich für jede Halbwaise
	15 461 €	jährlich für jede Vollwaise

Eine Erhöhung für Ansprüche auf Sterbegeld besteht nicht.

354 **(3.) Zusätzliche Versorgungsleistungen** durch Abschluss von Direktversicherungen oder durch Pensionszusagen seitens des Trägerunternehmens dürften trotz dieser Höchstbeträge grundsätzlich zulässig sein (*Sarrazin* in *L/S* § 3 Rn 183). Aller-

Pensions-, Sterbe-, Kranken- und Unterstützungskassen § 3 Nr 9

dings stellt sich die Frage des Missbrauchs (§ 42 AO; aA *Ahrend/Förster/Rößler* aaO Rn 590; *Blomeyer/Rolfs/Otto* aaO Rn 13).

ee) Unterstützungskassen mit Leistungen von Fall zu Fall. Nach § 5 Abs 1 355 Nr 3 Buchst b Satz 2 KStG müssen nur bei den Kassen, die nach ihrer Satzung Leistungen von Fall zu Fall vorsehen, sich die Leistungen auf Fälle von **Not und Arbeitslosigkeit** beschränken; das gilt nicht für die Gewährung von Sterbegeld. Andere Unterstützungskassen sind von der Beschränkung nicht betroffen (vgl BTDrs 7/1281, 42).

Der Begriff „Not" bezieht sich auf natürliche Personen; daher keine Zuwendungen an gemeinnützige Einrichtungen des Betriebes, mE mit Ausnahme von mildtätigen Einrichtungen, wie etwa Kranken- oder Erholungsheime. Im Fall von Entlassungen dürfen nur dann Leistungen vorgesehen sein, wenn die Entlassung zu Arbeitslosigkeit oder Not geführt hat (*OFD Ffm* FR 1996, 800). Für ein Verständnis von „Not" iSv Sachverhalten, die zu außergewöhnlichen Belastungen führen oder der Zulässigkeit von lstfreien Beihilfen (R 3.11 Abs 2 LStR) zugrunde liegen, *Ahrend/Förster/Rößler* aaO Rn 596 ff; *Blomeyer/Rolfs/Otto* aaO Rn 18.

Den Betriebsangehörigen dürfen nicht ohne **Rücksicht auf ihre soziale Lage** Zuwendungen gemacht werden; Ausnahme das Sterbegeld (*Sarrazin* in *L/S* § 3 Rn 195; aA *Wrede* DStZ/A 1975, 104). Schädlich ist daher die Übernahme von sozialen Leistungen, die dem Betrieb ungeachtet der sozialen Verhältnisse obliegen (RFH RStBl 1944, 443), wie etwa Zuwendungen bei Betriebsveranstaltungen, Jubiläums- oder Gelegenheitszuwendungen.

c) Einkünfte- und Vermögenssicherung. Nach § 5 Abs 1 Nr 3 Buchst c 356 KStG muss die ausschließliche und unmittelbare **Verwendung des Vermögens und der Einkünfte** der Kasse nach Satzung/Leistungsplan und der tatsächlichen Geschäftsführung für die Zwecke der Kasse gesichert sein. Die Rückübertragung von Vermögen auf das Trägerunternehmen scheidet grundsätzlich aus. Das gilt jedoch nicht, soweit das zulässige Vermögen (bei Unterstützungskassen erhöht um 25%) *überdotiert* ist (§ 6 Abs 6 iVm § 5 Abs 1 Nr 3 Buchst d und e KStG). Maßgebend sind die Verhältnisse am Schluss des Wj, bei Unterstützungskassen auch davor. Das überdotierte Vermögen kann auf das Trägerunternehmen ohne nachteilige Folgen zurückübertragen werden (*Baier/Buttler* BB 2000, 2070).

Die aufgrund der **Portabilität** (§ 4 Abs 2 Nr 2 BetrAVG) erfolgende Übertragung des Werts der unverfallbaren Anwartschaft auf den neuen Arbeitgeber verstößt hiervon unabhängig nicht gegen den Grundsatz der Zweckbindung (zur Ablösung bei Ausscheiden eines Arbeitnehmers vgl R 13 Abs 3 KStR).

aa) Wesentliche Vermögensverwaltung. Da sich die Kasse keine anderen als 357 die sozialen Zwecke geben darf, darf auch das wirtschaftliche Handeln **nicht über eine Vermögensverwaltung** nicht hinausgehen. Die Dienstbarmachung des Vermögens und der Einkünfte etwa für gewerbliche Zwecke ist schädlich, so etwa, wenn die Kasse durch regen An- und Verkauf von Wertpapieren, zum Teil mit Kredit, nach außen (gewerblich) in Erscheinung tritt (BFH I 247/65 BStBl II 1969, 269). Ebenso wenn die Kasse Kommanditist (Mitunternehmer) eines Gewerbebetriebes (KG) ist (BFH I R 14/76 BStBl II 1980, 225; zur Abgrenzung Vermögensverwaltung/Gewerbebetrieb s § 2 Rn 100 ff; zur **Beteiligung** an einer Kapitalgesellschaft s Rn 229). Eine Bauherrentätigkeit ist schädlich, wenn dadurch ein eigener Zweck begründet wird (R 11 Abs 3 Satz 2 KStR). Dagegen ist mit FG Ba-Wü (EFG 1984, 189) die Unterbeteiligung am Kommanditanteil einer vermögensverwaltenden GmbH & Co KG unschädlich. Ebenso dürfte die Hingabe eines **partiarischen Darlehens** oder der Erwerb einer **typischen stillen Beteiligung** unter Ausschluss einer Verlustbeteiligung (§ 231 Abs 2 HGB) noch als Vermögensverwaltung anzusehen sein (offen gelassen in BFH I R 14/76 BStBl II 1980, 225). Mit beiden Anlageformen sind unternehmerische Risiken nicht verbunden und Einkünfte aus Kapitalvermögen gegeben (ebenso *Sarrazin* in *L/S* § 3 Rn 173; *Blomeyer/ Rolfs/Otto* aaO Rn 25). Bei Vergabe eines Darlehens (insb an das Trägerunternehmen) muss gewährleistet sein, dass die wirtschaftliche Leistungsfähigkeit des Trägerunternehmens für die Sicherheit der Mittel bürgt (BFH IV R 39/68 BStBl II 1973, 632; hierzu R 13 Abs 2 KStR); mE genügt auch eine fremdübliche Besicherung entsprechend § 54 a VAG (vgl zu nahen Angehörigen BMF BStBl I 2011, 37).

358 **bb) Verzinsung.** Für Darlehen (auch Policendarlehen, hierzu *Hoffmeister* DStR 1997, 567; **aA** *Baier/Buttler* BB 2000, 2070) muss außerdem eine **angemessene Verzinsung** erfolgen. Was eine angemessene Verzinsung ist, ist höchstrichterlich nicht abschließend entschieden (vgl BFH I B 60/76 BStBl II 1977, 442). Genannt wird u.a. ein Satz von 1% über dem Bundesbank-Diskontsatz (*Ahrend/Förster/Rößler* aaO Rn 677), das Mittel zwischen Zinsen für Geldanlagen ohne Kursrisiko und Zinsen für eine Darlehensaufnahme am Markt (*Blomeyer/Rolfs/Otto* aaO Rn 29), der Spareckzins (FG Düsseldorf EFG 1986, 254; mE durch die Entwicklung am Markt überholt) sowie die Übereinstimmung mit irgendeinem gesetzlichen oder marktüblichen Zins (*Hill/Klein* DB 1989, 1942). Auch nach der BFH-Rspr kommt es auf die Umstände der Darlehensgewährung und einen Vergleich mit den jeweiligen Bedingungen am Kapitalmarkt an. Wurde die Darlehensforderung der Kasse zugewendet, kommt es auf die Durchsetzbarkeit eines höheren Zinses an (BFH I R 64/86 BStBl II 1990, 1000).

359 **cc) Weiteres.** Unschädlich ist die **Einräumung eines Pfandrechts** an der Versicherungsleistung zugunsten des Versorgungsberechtigten (*BMF* DStR 1998, 1554). Schädlich ist aber die Verpfändung einer aus dem Kapitalvermögen aufgebauten Rückdeckungsversicherung an das Trägerunternehmen (*FM Thür* v 26.7.1991 DStR 1991, 1986; aA *Blomeyer/Rolfs/Otto* aaO Rn 30). Umso mehr gilt dies mE für die **Abtretung** (ebenso *Blomeyer/Rolfs/Otto* ebenda). Unschädlich ist mE die **Abfindung von Anwartschaften** und laufenden Leistungen durch eine Kasse an einen vorzeitig ausgeschiedenen Arbeitnehmer nach den Vorschriften des § 3 BetrAVG, weil es sich hierbei um die Erfüllung einer Rechtspflicht handelt (vgl § 1b Abs 4, § 2 Abs 4 BetrAVG). Entsprechendes gilt für die **Übertragung von Anwartschaften** und laufenden Leistungen nach § 4 BetrAVG (vgl im Einzelnen R 13 Abs 3 KStR). Jedoch wird eine Unterstützungskasse sich nicht ohne Weiteres gegenüber einem Arbeitnehmer zur Übernahme seiner Anwartschaft gegenüber einem anderen Trägerunternehmen verpflichten dürfen, weil sie einen anderen Zweck (Pensionskasse) gibt (ebenso *Blomeyer/Rolfs/Otto* aaO Rn 23). Auch indirekte Zuwendungen an das Trägerunternehmen sind schädlich, wie zB die Übernahme von Insolvenzsicherungsbeiträgen (hierzu § 10 BetrAVG) durch die Kasse.

3. Verlust der Steuerfreiheit

360 Er tritt **bei Fortfall der Voraussetzungen** für die Steuerbefreiung ein; und zwar an sich sofort, doch ist nach R 11 Abs 2 KStR das **Ende des EZ** maßgeblich. Der Verlust tritt *idR* **nur für das Kalenderjahr,** in dem die Voraussetzung fehlt, etwa bei einem Verstoß gegen die Beschränkung auf Zugehörige oder Arbeitnehmer nach § 5 Nr 3 Buchst a KStG (*Sarrazin* in *L/S* § 3 Rn 202). Ein **rückwirkender Wegfall** der Steuerfreiheit für zurückliegende EZ, soweit nicht verjährt, tritt ein bei Verstößen gegen das Gebot der **Vermögensbindung** (oben Rn 351), etwa bei Auflösung der Kasse (BFH I 62/63 BStBl II 1968, 24; I R 235/75 BStBl II 1977, 490; I R 78/11 DStRE 2013, 472; aA FG B-Bbg 8 K 8184/08, aufgeh). Argument ist hierbei das Gebot der dauernden Sicherung des Kassenvermögens für die Zwecke der Kasse. Hierzu gehört nach BFH I R 235/75 aaO offenbar auch die Vermögens-

Pensions-, Sterbe-, Kranken- und Unterstützungskassen § 3 Nr 9

bindung bei Auflösung der Kasse. Dem ist mE zuzustimmen. Beide Gebote sind zwar in verschiedenen Vorschriften niedergelegt (§ 5 Abs 1 Nr 3 Buchst c KStG; § 1 Nr 2 KStDV). Doch sind sie letztlich Ausprägungen desselben Anliegens. Aus den o.a. Grundsätzen folgt mE auch, dass bei ähnlich schwerwiegenden Verstößen gegen die laufende **Sicherung des Kassenvermögens** die Steuerbefreiung rückwirkend entfällt. „Dauernd" beschreibt ein Zeitelement iSe zusammenhängenden Zeitabschnitts. Das bedeutet, dass die Kasse nur begünstigt ist, *wenn* und nicht nur soweit die „dauernd" erforderlichen Voraussetzungen tatsächlich in jedem Augenblick des Bestehens der Kasse gegeben sind. Da sie aus dieser Sicht in jedem einzelnen EZ auch späterhin gegeben sein müssen, wirkt ein Verstoß auf jeden (noch nicht verjährten) EZ iSd § 175 Abs 2 AO zurück. Das BFH-Urt I 247/65 (BStBl II 1961, 269) gibt weder für die eine noch für die andere Auffassung etwas her (aA jedoch *Sarrazin* in *L/S* § 3 Rn 202). Allerdings gilt das mE nach dem Grundsatz der Verhältnismäßigkeit nicht bei nur geringfügigen Verstößen, die leicht zu „reparieren" sind (*Ahrend/Förster/Rößler* aaO Rn 711). Jedoch ist mE mit Hinweisen auf eine entsprechende Rspr zur Gemeinnützigkeit (zB FG Münster EFG 2005, 1003) angesichts der Unterschiede in den Gesetzeszwecken und der möglichen Folgen von Verstößen gegen die Satzung Vorsicht geboten.

4. Überdotierung

a) Vermögensgrenzen bei Pensionskassen. Nach **§ 5 Abs 1 Nr 3 Buchst d** 361 KStG darf bei Pensions-, Sterbe- und Krankenkassen am Schluss des Wirtschaftsjahres, zu dem der Wert der Deckungsrückstellung versicherungsmathematisch zu berechnen ist, das nach den handelsrechtlichen Grundsätzen ordnungsgemäßer Buchführung unter Berücksichtigung des von der Versicherungsaufsichtsbehörde genehmigten Geschäftsplans auszuweisende Vermögen (Überschuss der Aktiva üder die Passiva; Eigenkapital) nicht höher sein, als bei einem Versicherungsverein auf Gegenseitigkeit die Verlustrücklage und bei einer Kasse anderer Rechtsform der dieser Rücklage entsprechende Teil des Vermögens. Bei der Ermittlung des Vermögens ist eine Rückstellung für Beitragsrückerstattungen nur insoweit abziehbar, als den Leistungsempfängern ein Anspruch auf die Überschussbeteiligung zusteht. Übersteigt das Vermögen der Kasse den bezeichneten Betrag, so ist die Kasse nach der Maßgabe des § 6 Abs 1 bis 4 KStG steuerpflichtig. Es kommt auf das Ende des Wirtschaftsjahres an, in dem maßgeblichen EZ endet (BFH II R 40/00 BFH/NV 2003, 1037).

aa) Verlustrücklage. Das „**überdotierte**" **Vermögen** ist bei einem **Versiche-** 362 **rungsverein auf Gegenseitigkeit** der Betrag, um den das Vermögen der Pensionskasse die Verlustrücklagen übersteigt. Was die **Verlustrücklage** ist, wird im Gesetz (§ 37 VAG) nicht bestimmt. Maßgeblich ist hiernach die Satzung des Vereins. Das Bundesamt für Versicherungswesen verlangt hierfür im Allgemeinen einen Sollbetrag in Höhe von 5% der Versicherungswerte oder der Deckungsrückstellungen. Von diesen ist auch bei der Ermittlung des überdotierten Vermögens auszugehen (R 28 Abs 2 Satz 3 KStR; *Blomeyer/Rolfs/Otto* aaO Rn 44; *Heubeck* BB 1978, 490); mE zutreffend, da bei einem geringeren Istbestand das Vermögen insoweit noch für die satzungsmäßigen Zwecke, insb Aufbau der Verlustrücklage gebraucht wird – insoweit besteht materiell keine Überdotierung (ebenso *Sarrazin* in *L/S* § 3 Rn 187). Ist die Pensionskasse in der Rechtsform eines Versicherungsvereins auf Gegenseitigkeit von der Bildung einer Verlustrücklage befreit, dann führt mE jedes Eigenkapital zur Überdotierung (ebenso *Sarrazin* in *L/S* § 3 Rn 187 letzter Abs).

Bei **Kassen anderer Rechtsform** kommt es auf den „dieser Rücklage entspre- 363 chenden Teil des Vermögens" an. Damit ist der Teil des Vermögens bezeichnet, der zur Deckung eines Verlustes dient. Dies ist bei Aktiengesellschaften (§ 7 VAG) die gesetzliche Rücklage. Bei öffentlich-rechtlichen Versicherungsunternehmen führt an sich jedes Eigenkapital zur Überdotierung, wenn nicht nach der Satzung eine (Verlust-)Rücklage vorgesehen ist (hierzu auch *Sarrazin* in *L/S* § 3 Rn 189). Denn bei ihnen besteht kein gesetzlicher Zwang zur Ansammlung von Vermögen, das der Deckung von Verlusten dient (*Wrede* DStZ/A 1975, 104). Für den Ansatz einer fiktiven Deckungsrücklage *Ahrend/Förster/Rößler* aaO Rn 708; *Blomeyer/Rolfs/ Otto* aaO Rn 45.

364   **bb) Rückstellung für Beitragsrückerstattung.** Die Beschränkung der Rückstellung für Beitragsrückerstattung auf tatsächlich bestehende Ansprüche auf **Überschussbeteiligungen** bedeutet nicht, dass die Rückerstattungen noch in dem Jahr der Bildung der Rückstellung oder alsbald danach zu leisten sind. Es genügt, dass die Satzung eine Rückerstattung verbindlich vorschreibt und dass sie dem Grunde und der Höhe nach noch vor dem Bilanzstichtag verbindlich festgelegt worden ist (§ 21 Abs 2 Satz 2 KStG) und der Personenkreis und Zahlungszeitpunkt bestimmbar sind. Hierfür ist die Beschlussfassung durch das zuständige Organ und Bekanntmachung in der üblichen Weise erforderlich. In welcher Form die Rückerstattung durchzuführen ist, ist ohne Bedeutung.

365   **cc) Zeitfragen.** Diese Voraussetzungen müssen **nicht in jedem Jahr** gegeben sein. Erheblich sind die Verhältnisse des Wirtschaftsjahres, zu dem der **Wert der Deckungsrückstellung** versicherungsmathematisch zu berechnen ist. Das ist nach den Vorschriften der Bundesanstalt für Finanzdienstleistungsaufsicht (früher Bundesamt für Versicherungswesen) *in der Regel* **jedes dritte Jahr**. Die Berechnung erfolgt nach dem sog „Anwartschaftsdeckungsverfahren". Dies gilt auch für Zusatzversorgungseinrichtungen des öffentlichen Dienstes, wenngleich diese die Finanzierung nach einem modifizierten Umlageverfahren mit der Auflage einen 10-jährigen Bedarfsdeckung durchführen. Dabei sind die satzungsgemäßen Leistungen der Kasse des öffentlichen Dienstes, auf die ein Rechtsanspruch besteht, nicht nur für den 10-jährigen Deckungsabschnitt, sondern mit dem Barwert unter Berücksichtigung eines Zinses von 3,5% anzusetzen (vgl *Sarrazin* in *L/S* § 3 Rn 189).

366   **b) Vermögensgrenzen bei Unterstützungskassen.** Bei Unterstützungskassen darf nach **§ 5 Abs 1 Nr 3 Buchst e KStG** das Vermögen ohne Berücksichtigung künftiger Versorgungsleistungen nicht höher sein als das um 25% erhöhte zulässige Kassenvermögen iSd § 4 d EStG. Übersteigt das Vermögen der Kasse den bezeichneten Betrag, ist die Kasse nach der Maßgabe des **§ 6 Abs 5 KStG** stpfl. Für die Ermittlung ist ein versicherungsmathematisches Gutachten nicht erforderlich.
Bei der **Ermittlung des Kassenvermögens** nach § 4 d Abs 1 Satz 3 EStG ist Grundbesitz mit 200% der Einheitswerte anzusetzen, die zu dem Feststellungszeitpunkt maßgebend sind, der auf den Schluss des Wirtschaftsjahres folgt; das übrige Vermögen ist mit dem gemeinen Wert am Schluss des Wirtschaftsjahres zu bewerten (zu Ausnahmen bei Ermittlung des zulässigen Kassenvermögens *BMF* BStBl I 1994, 18). Maßgebend sind also die Verhältnisse am Ende des Wirtschaftsjahres, das im maßgeblichen EZ endet (BFH II R 40/00 BFH/NV 2003, 1037). Die Prüfung der Überdotierung hat mE daher jährlich zu erfolgen. Zur Bewertung des Kassenvermögens vgl *Höfer* BB 1987, 1143. Zu Zweifelsfragen *BMF* BStBl I 1996, 1435.
Sind **mehrere Trägerunternehmen** vorhanden, findet mE keine Segmentierung statt (s Rn 351 zu (2.)).

367   **aa) Zulässiges Kassenvermögen.** Dieses ist nach **§ 4 d Abs 1 Nr 1 Satz 4 EStG** die Summe aus dem Deckungskapital für alle am Schluss des Wirtschaftsjahres laufenden Leistungen nach der dem Gesetz als Anlage 1 beigefügten Tabelle für Leistungsempfänger iSv § 4 d Abs 1 Nr 1 Buchst a EStG (ehemalige Arbeitnehmer des Trägerunternehmens sowie sonstige Empfänger von Leistungszusagen bzw deren Hinterbliebene) und dem achtfachen der für jeden Leistungsanwärter nach § 4 d Abs 1 Nr 1 Buchst b EStG (sog Reservepolster; zum Begriff *BMF* BStBl 1996, 1435

sowie *OFD Erfurt* DStR 1998, 680) abzugsfähigen Zuwendungen (hierzu BFH I R 22-23/87 BStBl II 1990, 1088; *OFD München* FR 1993, 445).

(1.) Zur Berechnung des **Reservepolsters** auch nach der Pauschalwertmethode (§ 4d Abs 1 Nr 1 Buchst b Satz 3 EStG) sind nur solche Leistungsanwärter einzubeziehen, denen schriftliche Versorgungsleistungen zugesagt worden sind; Satz 4 enthält insofern keine eigenständige Definition des Leistungsanwärters (nur Einengung im Hinblick auf das Lebensalter; BFH I R 110/09 BFH/NV 2011, 1085 str, s dort 3c; hierzu *Gosch* BFH/PR 2011, 264).

(2.) Gewährt eine Unterstützungskasse **aus der** von ihr zugesagten **Altersversorgung** iSv § 1 Abs 1 Satz 1 Betr AVG idF bis 31.12.2000 **einmalige Kapitalleistungen** unter 12 000 DM (im Entscheidungsfall 6000 DM), so sind diese bei der Ermittlung des zulässigen Kassenvermögens nach Maßgabe des § 4 d Abs 1 Nr 1 Satz 7 EStG als lebenslänglich laufende Leistung zu behandeln; die abweichende Regelung des R 27 a Abs 2 Satz 4 EStR aF, die diese Rechtsfolge erst bei Beträgen ab 12 000 DM vorsah, hat im G keine Grundlage (BFH II R 77/91 BStBl II 1995, 21). Zur Dotierung bei fallenden Anwartschaften *BMF* DB 1993, 2261.

(3.) Gewährt eine Unterstützungskasse **an Stelle von** lebenslänglich **laufenden Leistungen** eine **einmalige Kapitalleistung,** so gelten 10% der Kapitalleistung als Jahresbetrag einer lebenslänglich laufenden Leistung (§ 4d Abs 1 Satz 2 EStG).

bb) **Rückgedeckte Unterstützungskasse. (1.)** Soweit sich die Kasse die Mittel für ihre Leistungen durch Abschluss einer Versicherung verschafft (sog rückgedeckte Unterstützungskasse; zum Begriff *BMF* DB 1996, 2364), ist **zulässiges Kassenvermögen** der Wert des **geschäftsplanmäßigen Deckungskapitals** aus der Versicherung am Schluss des Wirtschaftsjahrs; in diesem Fall ist das zulässige Kassenvermögen nach vorstehenden Grundsätzen in dem Verhältnis zu mindern, in dem die Leistungen der Kasse durch die Versicherung gedeckt sind (§ 4d Abs 1 Nr 1 Satz 5 EStG; zu Gestaltungsmöglichkeiten *Buttler* DB 1997, 1661; *Beye* DB 1995, 2033; *Alt/Stadelbauer* StuB 2011, 731). Auch für nicht lebenslänglich laufende Leistungen ist ein zulässiges Kassenvermögen zu bilden (*Baier/Buttler* BB 2000, 2070). Da der Wert des Deckungskapitals Guthaben aus der Überschussbeteiligung nicht einschließt, das tatsächliche Vermögen solche also umfasst, kann es leicht zu einer Überdotierung der Kasse kommen. Sie lässt sich durch Investition der Überschüsse in ein Bonussystem oder Verrechnung mit den zu zahlenden Beiträgen vermeiden. Über die Verwendung des Überschusses muss spätestens am Ende des Bezugsjahres entschieden werden (*BMF* BB 1996, 2679). Daher kann dem Trägerunternehmen für den Fall der Überdotierung ein Rechtsanspruch auf Rückübertragung eingeräumt werden. Allerdings kann die partielle Steuerpflicht bei Überdotierung günstiger ausfallen als die Rückübertragung (*Gratz/Bühl* DB 1996, 1995).

368

(2.) Soweit die **Berechnung** des Deckungskapitals **nicht zum Geschäftsplan** gehört, tritt an die Stelle des geschäftsplanmäßigen Deckungskapitals der nach § 176 Abs 3 VVG berechnete Zeitwert ohne Berücksichtigung des Guthabens aus Beitragsrückerstattung (§ 4 d Abs 1 Nr 1 Satz 6 EStG). Die Gesetzeslage hat praktisch den Zwang zur Folge, Gewinnguthaben unmittelbar zu verwenden (*Beye* DB 1995, 2033; *Doetsch* BB 1995, 2553; *Buttler* 1997, 1661; kritisch zur Vorschrift *Walter/Hoffmann* Stbg 1997, 391). Zu Zweifelsfragen *Baier/Buttler* BB 2000, 2070).

369

cc) **Portabilität.** Die **Portabilität von Anwartschaften** führt je nach Gestaltung der Übernahme der Verpflichtung durch den neuen Arbeitgeber **(1.)** Zahlung des übertragenen Vermögenswerts als Einmalbetrag, **(2.)** Übernahme der kongruenten Rückdeckungsversicherung, zu **unterschiedlichen Folgen: (1.)** wie für die nicht rückgedeckte, **(2.)** wie für die rückgedeckte Unterstützungskasse (*OFD Hannover* DB 2006, 644).

370

5. Partielle Steuerpflicht der überdotierten Kassen

371 **a) Pensions-, Sterbe- und Krankenkassen. aa) Grundsatz.** Übersteigt am Schluss des Wirtschaftsjahres, zu dem der Wert der Deckungsrückstellung versicherungsmathematisch zu berechnen ist, das Vermögen der Kassen den in § 5 Abs 1 Nr 3 Buchst d KStG (Rn 361 ff) bezeichneten Betrag, so ist die Kasse nach § 6 Abs 1 KStG **stpfl, soweit** ihr Einkommen **anteilig** auf das übersteigende Vermögen entfällt (Umfang der Steuerpflicht). Die StPfl tritt ein in dem EZ, in dem das Wirtschaftsjahr endet (§ 14 Satz 2), an dessen Ende die Überdotierung vorliegt (BFH II R 40/00 BFH/NV 2003, 1037). Es ist das Verhältnis des übersteigenden Vermögens zum Vermögen der Kasse auf das Einkommen der Kasse anzuwenden.

Beispiel:

Auszuweisendes Kassenvermögen	2 000 000 €
Verlustrücklage nach § 37 VAG	2 500 000 €
übersteigendes Kassenvermögen	1 500 000 €

Dieses beträgt ¾ des auszuweisenden Kassenvermögens. Das Einkommen (der Gewerbeertrag) ist mit einem Anteil von ¾ gewstpfl.

Diese Grundsätze sind auch dann anzuwenden, wenn die Kasse ganz oder teilweise Einkünfte aus Kapitalvermögen erzielt. Es besteht kein Anlass für die Annahme, dass die Kapitalerträge ausschließlich oder überwiegend mit dem zulässigen Kassenvermögen erwirtschaftet worden sind (FG Hamburg EFG 1989, 251; best durch BFH I R 4/89 BStBl II 1992, 98; hierzu *Gosch* FR 1989, 413).

372 **bb) Ermittlung des Einkommens.** Bei der im Übrigen **nach steuerrechtlichen Grundsätzen** erfolgenden Ermittlung des Einkommens besteht keine Bindung an Entscheidungen der Versicherungsaufsicht (*OFD Berlin* DStR 1989, 257). Im Einzelnen sind nach § 6 Abs 4 KStG Beitragsrückerstattungen oder sonstige Vermögensübertragungen an das Trägerunternehmen nicht abziehbar, es sei denn, es handelt sich um einen nach § 6 Abs 2 KStG zulässigen Abbau des überdotierten Kassenvermögens durch Verwendung beim Trägerunternehmen (s Rn 351). Ebenfalls nicht abziehbar sind nach § 6 Abs 4 KStG Zuführungen zu einer Rückstellung für Beitragsrückerstattungen, soweit den Leistungsempfängern ein Anspruch auf die Überschussbeteiligung nicht zusteht. Besteht ein Anspruch, dann sind die für Lebensversicherungsunternehmen geltenden Verwendungsfristen zu beachten (R 28 Abs 3 Satz 6 KStR). Bei der Frage einer Verlustrücklage ist allein auf die Sollrücklage abzustellen (R 28 Abs 2 Satz 3 KStR).

373 **cc) Dauer der Steuerpflicht.** Nach § 6 Abs 3 KStG erstreckt sich die Steuerpflicht im Grundsatz auch **auf die folgenden Kalenderjahre,** für die der Wert der Deckungsrückstellung nicht versicherungsmathematisch zu berücksichtigen ist. IdR bedeutet dies Stpfl für drei Jahre, weil bei Pensionskassen in der Mehrzahl der Wert der Deckungsrückstellung mit Zustimmung der Versicherungsbehörden nur alle 3 Jahre neu berechnet wird. Freiwillig vorzeitige Berechnungen zur Abkürzung der Stpfl sind nach der *FinVerw* erheblich (R 28 Abs 4 Satz 4 KStR; ebenso *Sarrazin* in *L/S* § 3 Rn 205; diff *Blomeyer/Rolfs/Otto* aaO Rn 41: bei Vorlage eines vollständigen Gutachtens). Entscheidend sind nach dem Wortlaut des Gesetzes die Verhältnisse zu dem Zeitpunkt, zu dem der Wert der Deckungsrückstellung zu berechnen ist (ebenso *Rau,* aaO II, § 4 a KStG 1975 Rn 15).

374 **dd) Rückwirkender Fortfall der Steuerpflicht.** Die partielle Stpfl **nach § 6 Abs 1 KStG ist auflösend bedingt.** Die Pensionskasse kann sie durch Abbau des überdotierten Kassenvermögens innerhalb von 18 Monaten beseitigen, und zwar durch Verwendung zur Leistungserhöhung, Auszahlung an das Trägerunternehmen, Verrechnungen mit Zuwendungen des Trägerunternehmens zur gleichmäßigen Herabsetzung künftiger Leistungen des Trägerunternehmens oder zur Verminderung der Beiträge der Leistungsempfänger (§ 6 Abs 2 KStG). Die Mittel müssen verwendet sein, dh es müssen Auszahlungen oder Gutschriften erfolgt sein. Rückstellungen genügen nicht. Dies gilt auch für Beitragsrückerstattungen (aA *Sarrazin* in *L/S* § 3 Rn 206). Das Gesetz unterscheidet im Hinblick auf die Durchführung der Verwendung nicht nach Leistungsempfängern oder Trägerunternehmen.

b) Unterstützungskassen. aa) Grundsatz. Übersteigt am Schluss des Wirtschaftsjahres das Vermögen dieser Kasse den in § 5 Abs 1 Nr 3 Buchst e KStG (Rn 366 ff) bezeichneten Betrag, so ist die Kasse nach § 6 Abs 5 KStG **steuerpflichtig, soweit** ihr Einkommen anteilig auf das übersteigende Vermögen entfällt. Das gilt jedoch nicht, soweit die Überdotierung durch einen Erbfall eintritt und bis Ende des EZ in zulässiger Weise abgebaut worden ist (*FG München* DB 1993, 1011). 375

bb) Ermittlung des Einkommens. Bei der **nach allg Regeln** erfolgenden Ermittlung des Einkommens (Gewerbeertrags) sind Kassenleistungen an die begünstigten Arbeitnehmer des Trägerunternehmens nicht dem Abzugsverbot des § 10 Nr 1 KStG unterliegende Betriebsausgaben, die GewSt jedoch – soweit grds abziehbar – nur anteilig in Bezug auf den stpfl Teil des Einkommens (BFH I R 110/09 BFH/NV 2011, 1085). Vermögensübertragungen an das Trägerunternehmen sind nicht abzugsfähig. 376

cc) Voraussetzung der GewStPflicht. Voraussetzung ist, dass die Unterstützungskasse einen **Gewerbebetrieb** unterhält. Liegt eine Rechtsform des § 2 Abs 2 vor, ist dies nicht fraglich. Problematisch ist dies nur, wenn sie in einer anderen Rechtsform, insb – wie häufig – als eingetragener Verein geführt wird; GewStPflicht besteht nur, soweit ein wirtschaftlicher Geschäftsbetrieb unterhalten wird (§ 2 Abs 3). Nach R 2.1 Abs 5 Satz 8 GewStR geht die Tätigkeit der Unterstützungskassen jedoch im Regelfall nicht über eine reine Vermögensverwaltung hinaus (hierzu *Römer* BB 1976, 921; *Gratz/Bühl* DB 1996, 1995; *Sarrazin* in *L/S* § 3 Rn 208). Zu Ausnahmen s Rn 357. 377

dd) Dauer und Fortfall der Steuerpflicht. Die **partielle GewStpfl** der Unterstützungskassen **beginnt mit dem EZ**, an dessen Ende die Überdotierung festgestellt worden ist (BFH II R 40/00 BFH/NV 2003, 1037). Sie ist **nicht auflösend bedingt;** sie kann durch nachträgliche Verwendungen des überdotierten Teils nicht beseitigt werden (kein Fortfall der partiellen Steuerpflicht). Allerdings ist es zulässig und wohl auch kein Verstoß gegen das Gebot der dauernden Sicherung des Vermögens, wenn die Kasse eine im Laufe des Wirtschaftsjahres entstandene Überdotierung bis zu dessen Ende abbaut, und sei es durch Rückübertragung auf das Trägerunternehmen (vgl Schl-H FG 1 K 106/07 EFG 2010, 169; zu den Vor- u Nachteilen *Gratz/Bühl* DB 1996, 1995). Dafür genügt es, wenn die Kasse dem Trägerunternehmen einen Rechtsanspruch auf das überdotierte Vermögen einräumt und diesen am Bilanzstichtag passiviert (*Heubeck* BB 1978, 490; *Sarrazin* in *L/S* § 3 Rn 208). 378

ee) Sachlicher Umfang der partiellen Steuerpflicht. Der stpfl Gewerbeertrag bestimmt sich danach, inwieweit er rechnerisch („anteilig") dem Anteil des überdotierten Vermögens am Gesamtvermögen entspricht; auf eine wirtschaftliche Zuordnung des Einkommens kommt es nicht an (BFH I R 4/89 BStBl II 1992, 98). 379

(frei) **380–385**

IX. Befreiung von Vermögensverwaltungsgesellschaften eines Berufsverbandes (Nr 10)

Literatur: *Burret*, Steuerbefreiung für Berufsverbände, NWB 2012, 2610.

1. Allgemeines

386 Die Vorschrift enthält eine **persönliche Steuerbefreiung**. Sie beruht auf der Anerkennung des Wirkens des Berufsverbandes im Interesse der Allgemeinheit (BFH I 110/53 U BStBl III 1954, 204). Ihre Voraussetzungen müssen im Einzelnen sämtlich nebeneinander vorliegen. Begünstigte Vereinigungen sind Körperschaften und Personenvereinigungen, also auch Vereine, Stiftungen und Personengesellschaften.

2. Vermögensverwaltung als Hauptzweck

387 **Vermögensverwaltung** besteht nach § 14 AO idR, wenn Vermögen genutzt, zB Kapitalvermögen verzinslich angelegt oder unbewegliches Vermögen vermietet oder verpachtet wird. Die **Abgrenzung zum Gewerbebetrieb** bzw Betrieb gewerblicher Art hat mE nach den Grundsätzen des Einkommensteuerrechts zu erfolgen. Bloß verkaufsfördernde Aktivitäten gehen noch nicht über eine Vermögensverwaltung hinaus (vgl BFH IV R 286/66 BStBl II 1971, 456). Die übliche Vermietung oder Verpachtung, insb Dauervermietung von unbeweglichem Vermögen, ist idR Vermögensverwaltung (BFH I 189/57 U BStBl III 1958, 263; VIII R 149/78 BStBl II 1981, 522), nicht dagegen von einzelnen beweglichen Sachen. Vgl im Einzelnen § 2 Rn 110 ff.

3. Berufsverband iSd § 5 Abs 1 Nr 5 KStG

388 Das ist ein Berufsverband **ohne öffentlich-rechtlichen Charakter**, dessen Zweck nicht auf einen wirtschaftlichen Geschäftsbetrieb gerichtet ist. Eine den §§ 59 ff AO genügende Satzung ist mE nicht erforderlich (vgl § 5 Abs 1 Nr 5 KStG; ebenso *Burret* NWB 2012, 2610).

a) **Berufliche Interessenvereinigung.** § 5 Abs 1 Nr 5 KStG enthält keine **Definition** des Berufsverbands, gibt aber in Satz 3 allgemeine Tätigkeitsmerkmale wieder. Aus ihnen folgt: ein Berufsverband ist eine Vereinigung, die allgemein aus der beruflichen Tätigkeit erwachsene ideelle und wirtschaftliche Interessen des Berufsstandes oder Wirtschaftszweiges wahrnimmt (vgl BFH I 44/52 U BStBl III 1952, 221; III 190/64 BStBl III 1966, 525; III 179/64 BStBl III 1966, 638; I R 234/71 BStBl II 1974, 60; I R 86/85 BStBl II 1990, 550; I R 45/02 BStBl II 2003, 891). Es genügt die Wahrnehmung allgemeiner wirtschaftlicher Interessen (BFH I R 46/11 BFH/NV 2012, 1181).

389 b) **Verwandte Berufe.** Erforderlich ist daher **idR**, dass nur **Angehörige desselben Berufs** sowie nahe verwandter Berufe Mitglieder sind. Es genügt aber, wenn die Mitglieder verschiedenartigen Zweigen der gewerblichen Wirtschaft angehören oder wenn das Tätigkeitsgebiet der Vereinigung räumlich eng begrenzt ist (BFH I 44/52 U BStBl III 1952, 221; I 110/53 U BStBl III 1954, 204; I 114/53 U BStBl III 1955, 12; I 104/53 U BStBl III 1955, 271). Die Möglichkeit der Mitgliedschaft von IT-Herstellern, -Beratungsunternehmen u -Anwendern ist nicht zu weit gefasst (BFH I R 46/11 BFH/NV 2012, 1181, Aufh von FG Ba-Wü 6 K 1465/09).

390 c) **Keine Individualinteressen.** Die Vertretung von **Individualinteressen**, insb die Wahrnehmung von besonderen wirtschaftlichen Interessen Einzelner,

Berufsständische Einrichtungen § 3 Nr 11

genügt nicht (BFH I 67/65 BStBl II 1968, 326; I R 137/73 BStBl II 1975, 722), wohl die Vertretung in einem eng begrenzten Bereich der bei der unternehmerischen Tätigkeit bestehenden gemeinsamen Interessen (BFH I R 45/02 BStBl II 2003, 891; I B 148/00 BFH/NV 2002, 1617). Auch dürfen sich die allgemeinen Interessen als Summe der Einzelinteressen darstellen, wenn die Ergebnisse der Interessenvertretung dem Berufsstand oder Wirtschaftszweig als solchem, also unabhängig von der Mitgliedschaft, zugute kommen (vgl *Sarrazin* in L/S § 3 Rn 211).

d) Einzelfälle. Berufsverbände sind insb Arbeitgeberverbände, Arbeitnehmerverbände (Gewerkschaften), Wirtschaftsverbände wie Bauernverbände oder Hausbesitzervereine, nicht jedoch Lohnsteuerhilfevereine (BFH I R 234/71 BStBl II 1974, 60). Parteien oder Sonderorganisationen von Parteien können nicht Berufsverband sein, wohl aber Nebenorganisationen von Parteien, so auch der „Wirtschaftsrat der CDU e. V." (BFH VIII R 76/85 BStBl II 1989, 97); hierzu krit *Höfling* NJW 1989, 2518. Ein Club (Marketing-Club), dessen Satzung nur unbestimmte Angaben über seine Zielsetzung der Förderung des Marketing enthält, allen möglichen interessierten Personen offen steht und zum erheblichen Teil Vorträge allgemein-interessierenden Inhalts veranstaltet, soll ebenfalls ein Berufsverband sein (BFH VI R 35/86 BFH/NV 1990, 701, fragwürdig). Auch ein Zusammenschluss von Berufsverbänden ist seinerseits Berufsverband. 391

e) Mehrere Zwecke. Die Vereinigung darf noch **andere Zwecke** haben, die jedoch im Verhältnis zur Vermögensverwaltung **von nebensächlicher Bedeutung** sein müssen. Es darf ein wirtschaftlicher Geschäftsbetrieb unterhalten werden (*OFD Ffm* FR 1999, 45) und in der Satzung Erwähnung finden (*OFD Hannover* DStZ 2002, 656; *OFD Ffm* DStZ 2006, 170; vgl zur Gemeinnützigkeit BFH I R 15/02 BStBl II 2003, 384). Zudem darf die Verbandstätigkeit nicht so weit hinter der wirtschaftlichen Tätigkeit zurücktreten, dass der wirtschaftliche Geschäftsbetrieb dem Verband das Gepräge gibt (R 16 Abs 1 Satz 6 KStR). Wann dies angenommen werden kann, deutet die Vorschrift nicht an. ME sollte abgestellt werden auf das Verhältnis des Sach- und Personalaufwandes. Entfällt dieser mit über 50% auf die Vermögensverwaltung, dann stellt diese den Hauptzweck dar. 392

4. Herkunft der Erträge

Die Erträge müssen **im Wesentlichen aus der Vermögensverwaltung** herrühren. Auch insoweit schweigt die Vorschrift sich über das Gemeinte aus. „Im Wesentlichen" bedeutet sprachlich nicht nur – wie bei den Zwecken – hauptsächlich oder überwiegend, sondern „beinahe völlig" oder zumindest „weitaus überwiegend". Daher müssen die Erträge mE mindestens 90% aus der Vermögensverwaltung stammen. Darüber hinaus müssen die Erträge **ausschließlich dem Berufsverband zufließen**. Dies gilt auch für Erträge aus Nebentätigkeiten. Eine Verwendung für sonstige steuerbegünstigte Zwecke genügt nicht. Ebensowenig genügt ein nur „mittelbares Zufließen". Bei Dazwischenschalten eines Geldempfängers lässt sich nicht feststellen, dass die Erträge dem Berufsverband zufließen. Anders selbstverständlich bei Treuhandverhältnissen (§ 39 AO). 393

(frei) 394

X. Befreiung von berufsständischen Versicherungs- und Versorgungseinrichtungen (Nr 11)

1. Allgemeines

Die Begünstigung ist eine umfassende **persönliche StBefreiung** (hierzu Rn 397). Sie hat ihren Grund darin, dass die berufsständischen Versicherungs- und 395

§ 3 Nr 12 Befreiungen

Versorgungseinrichtungen Aufgaben wahrnehmen, die denen der Sozialversicherungsträger (Hoheitsbetriebe) entsprechen (BTDrs IV/3189, 10; BFH I R 47/09 BStBl II 2012, 601). Diese aber sind ebenfalls von der GewStpfl befreit. Von der Begünstigung betroffen sind etwa die auf landesrechtlichen Vorschriften beruhenden Versorgungseinrichtungen der Ärzte und Apotheker.

2. Voraussetzungen der Befreiung

396 Die Angehörigen der Berufsgruppe sind auf Grund gesetzlicher Verpflichtung Mitglieder der Versicherungs- oder Versorgungseinrichtungen. Allerdings ist die Einrichtung nicht auf solche **Pflichtmitgliedschaften** beschränkt (arg: Nr 11 Satz 2).

Die **Satzung der Einrichtung** lässt nur die Zahlung von Beiträgen zu, die das Zwölffache der Beiträge, die sich bei einer Beitragsbemessungsgrundlage in Höhe der doppelten monatlichen Beitragsbemessungsgrenze in der Rentenversicherung der Arbeiter und Angestellten ergeben würden (§§ 152–154 SGB VI), nicht übersteigen. Diese Vorschrift gilt für den Fall, dass die Satzung freiwillige Mitgliedschaften zulässt, die nicht an eine Pflichtmitgliedschaft anschließen. Sind nach der Satzung nur Pflichtmitgliedschaften möglich oder freiwillige Mitgliedschaften, die unmittelbar an eine Pflichtmitgliedschaft anschließen, so darf die Satzung die Zahlung von Beiträgen zulassen, die das 15fache der o.a. Beiträge nicht übersteigen. Die Zulässigkeit oder Annahme höherer Beiträge schließt die Steuerbefreiung aus. Jedoch ist es nach *BMF* BStBl I 2003, 558 unschädlich, wenn aus einer Entlassungsentschädigung wegen Altersteilzeit neben den o.a. Höchstbeträgen zur Reduzierung des versicherungsmathematischen Abschlags beim vorgezogenen Altersruhegeld Leistungen in die Versorgungseinrichtung erbracht werden.

3. Umfang der Befreiung

397 Die **Befreiung** ist angesichts des Zwecks der Vorschrift **umfassend;** sie betrifft alle auch gewerblichen Einkünfte, die aus erlaubten Anlagen des Vermögens herrühren. Das gilt auch für die Verpachtung eines Pflegeheims und eine mitunternehmerische Beteiligung. Lediglich für Erträge aus Tätigkeiten außerhalb der öffentlichen Aufgaben ist die Befreiung ausgeschlossen. Wettbewerbsbeeinträchtigungen nimmt der Gesetzgeber angesichts der durch den Versorgungszweck gegebenen Beschränkung von zulässigen Anlagen in Kauf; ein Verstoß gegen Art 3 Abs GG liegt nicht vor (BFH I R 47/09 BStBl II 2012, 601; FG Düsseldorf 6 K 3127/06 K, G, F EFG 2009, 1593).

398, 399 *(frei)*

XI. Befreiung gemeinschaftlicher Tierhaltung (Nr 12)

Literatur: *Wolter,* Steuerrechtliche Sonderregelung für landwirtschaftliche Tierhaltungskooperationen, DStZ 1971, 326; *Felsmann,* Kooperationsmöglichkeiten bei landwirtschaftlicher Tierzucht, Inf 1972, Gr 1, S 801; *Josten,* Steuererleichterungen für Zusammenschlüsse der Land- und Forstwirtschaft in der Rechtsform einer Genossenschaft oder eines Vereins, Inf 1976, 241.

1. Allgemeines

400 Die Vorschrift enthält eine **sachliche Steuerbefreiung** und bezweckt die Förderung landwirtschaftlicher Tierhaltung gegen den Verdrängungswettbewerb der gewerblichen Tierhaltung. Die **Vergünstigung** ist **beschränkt** auf den Bereich der **gemeinschaftlichen Tierhaltung** („soweit"). Das bedeutet auch, dass die

Gesellschaft oder Genossenschaft nicht ausschließlich Tierhaltung oder sonstige gewstbefreite Tätigkeiten zum Gegenstand haben muss (BFH IV R 13/07 BFH/NV 2010, 652). Der Kreis der Begünstigten besteht aus Personengesellschaften sowie Erwerbs- oder Wirtschaftsgenossenschaften. Vereine mit gemeinschaftlicher Tierhaltung sind bereits nach § 2 Abs 3 GewStG von der GewSt befreit, weil insoweit schon nach § 34 Abs 6a BewG ein land- und forstwirtschaftlicher Betrieb vorliegt. Kapitalgesellschaften sind von der Begünstigung ausgeschlossen; hierin liegt keine ungerechtfertigte Ungleichbehandlung iSv Art 3 Abs 1 GG (BFH IV R 13/07 aaO).

2. Persönliche Voraussetzungen

Nach **§ 51 a Abs 1 Nr 1 BewG** müssen alle Gesellschafter oder Mitglieder   401
(**Nr 1 Buchst a)** Inhaber eines Betriebes der Land- und Forstwirtschaft mit selbstbewirtschafteten regelmäßig landwirtschaftlich genutzten Flächensein,
(**Nr 1 Buchst b)** nach dem Gesamtbild der Verhältnisse hauptberuflich Land- und Forstwirte sein,
(**Nr 1 Buchst c)** Landwirte iSd § 1 Abs 2 des Gesetzes über die Alterssicherung der Landwirte (ALG) sein und dies durch eine Bescheinigung der zuständigen Alterskasse nachweisen und
(**Nr 1 Buchst d)** die sich nach § 51 Abs 1 a BewG für sie ergebende Möglichkeit zur landwirtschaftlichen Tiererzeugung oder Tierhaltung in Vieheinheiten ganz oder teilweise auf die Genossenschaft, die Gesellschaft oder den Verein übertragen haben.

Als **Mitglieder** kommen demnach **nur natürliche Personen** in Betracht, die den land- und forstwirtschaftlichen Betrieb selbst bewirtschaften, also auch Pächter, nicht jedoch Verpächter. Ausgeschlossen sind Personen, die den Betrieb nur nebenher bewirtschaften. Das Gleiche gilt für Inhaber von sog Nebenerwerbsstellen, denn nach § 1 Abs 2 ALG muss der Betrieb unabhängig von dem Unternehmer eine auf der Bodennutzung beruhende Existenzgrundlage bilden. Der Nachweis hierüber ist dem FA durch Bescheinigung der zuständigen Alterskasse zu erbringen. Zulässig ist die Mitgliedschaft in mehreren Tierhaltungskooperationen, vorausgesetzt, dass der Landwirt nur die nicht selbst ausgeschöpften Vieheinheiten überträgt. Das Nichtvorliegen oder der Wegfall der persönlichen Voraussetzungen einzelner Mitglieder schadet der GewStBefreiung der Kooperation insgesamt.

3. Sachliche Voraussetzungen

Nach **§ 51 a Abs 1 Nr 2 BewG** dürfen die von der Tierhaltungskooperation   402
gehaltenen oder erzeugten **Vieheinheiten** nachhaltig nicht größer sein als die Summe der ihr von den Gesellschaftern oder Mitgliedern innerhalb der Grenzen des **§ 51 Abs 1a BewG** übertragenen Vieheinheiten und die Summe der Vieheinheiten, die sich auf der Grundlage der Summe der von den Gesellschaftern oder Mitgliedern regelmäßig landwirtschaftlich genutzten Flächen ergibt. Dies sind für Feststellungszeitpunkte ab 1.1.1999 im Wirtschaftsjahr

für die ersten	20 ha nicht mehr als	10 Vieheinheiten
für die nächsten	10 ha nicht mehr als	7 Vieheinheiten
für die nächsten	20 ha nicht mehr als	6 Vieheinheiten
für die nächsten	20 ha nicht mehr als	3 Vieheinheiten
und für die weitere Fläche nicht mehr als		1,5 Vieheinheiten.

Durch G v 29.6.1998 (BGBl I 1998, 1692) ist in dem neuen Abs 1a für Feststellungszeitpunkte ab 1.1.1999 die Vieheinheitenstaffel für größere Betriebe bis 100 ha angehoben worden, um diesen die steuerlichen Vergünstigungen für landwirtschaftliche Betriebe zu erhalten (und die Umwandlung in eine agrar- und umweltpolitisch unerwünschte „Agrarfabrik" mit Massentierhaltung zu verhindern (!), vgl BTDrs 13/10 315).

Außerdem dürfen nach **§ 51 a Abs 1 Nr 3 BewG** die Betriebe der Mitglieder oder Gesellschafter **nicht mehr als 40 km** von der Produktionsstätte der Tierhaltungskooperation entfernt liegen. Diese Voraussetzungen dienen der Wettbewerbsgleichheit im Interesse der Einzelbetriebe und dem Ausgleich von Wettbewerbsverzerrungen gegenüber der gewerblichen Tierhaltung.

XII. Befreiung von Schulen und anderen bildenden Einrichtungen (Nr 13)

1. Allgemeines

403   Die Vorschrift enthält eine **persönliche Steuerbefreiung** mit sachlichen Einschränkungen („soweit"). Sie ist durch G v 27.8.1971 (BGBl I 1971, 1425) eingeführt worden und erstmals für 1971 anzuwenden. Ihre Neufassung erhielt die Vorschrift durch das StMBG; sie enthält eine Klarstellung iSd Auslegung durch die Entscheidung BFH I R 33/92 BStBl II 1993, 764 (BTDrs 12/5940, 14).

2. Persönlicher Geltungsbereich

404   Die Befreiung betrifft nach **§ 4 Nr 21 Buchst a UStG** private Schulen und andere allgemein- oder berufsbildende Einrichtungen,
– die als Ersatzschulen gem Art 7 Abs 4 GG staatlich genehmigt oder landesrechtlich erlaubt sind oder
– denen die zuständige Landesbehörde bescheinigt, dass sie auf einen Beruf oder eine vor einer juristischen Person des öffentlichen Rechts abzulegende Prüfung ordnungsgemäß vorbereiten;
und nach **§ 4 Nr 21 Buchst b UStG** die unmittelbar dem Schul- und Bildungszweck dienenden Unterrichtsleistungen selbstständiger Lehrer
– an Hochschulen iSd §§ 1 und 70 HRG und öffentlichen allgemeinbildenden oder berufsbildenden Schulen oder
– an privaten Schulen und anderen allgemeinbildenden oder berufsbildenden Einrichtungen, soweit diese die Voraussetzungen des Buchst a erfüllen.
Die Befreiung kann auch ein Schulträger in Anspruch nehmen, der neben der (genehmigten Ersatz-)Schule bzw Bildungseinrichtung noch **andere gewerbliche Zwecke** verfolgt (BFH VIII R 33/95 BStBl II 1997, 449). Die Einrichtung muss organisatorisch und/oder wirtschaftlich vom Trägerunternehmer verselbstständigt sein (BFH I R 182/94 BStBl II 1997, 449; *FM M-V* DStR 1997, 618; FR 1997, 241).

3. Sachliche Voraussetzungen

405   **a) Beschränkungen.** Die **Befreiung** wird gewährt, **soweit** der Gewerbebetrieb unmittelbar dem Schul- oder Bildungszweck dient, also soweit keine weiteren Leistungen zur Erfüllung des begünstigten Zwecks erforderlich sind (BFH VIII R 149/76 BStBl II 1981, 746). Im Übrigen muss die Schule oder Einrichtung nicht mit allen Leistungen im schulischen Bereich von der Umsatzsteuer befreit sein (BFH I R 33/92 BStBl II 1993, 764; bestätigt durch StMBG, Rn 403).

406   **b) Keine Bindungswirkungen.** Trotz des eindeutigen auf eine Bindungswirkung der ust-rechtlichen Behandlung hindeutenden Wortlauts der Vorschrift ist nach der BFH-Rspr eine **selbstständige Prüfung** der Voraussetzungen für die GewStBefreiung vorzunehmen (vgl BFH VIII R 149/76 BStBl II 1981, 746; mE

unzutreffend). Allerdings unterliegt die Genehmigung (Bescheinigung) der zuständigen Landesbehörde nicht der Nachprüfung durch das FA oder FG; über die Eigenschaft als allgemein- oder berufsbildende Einrichtung hat die Landesbehörde nicht zu entscheiden (BFH V R 83/84 BStBl II 1989, 815). Zu prüfen ist aber die Wirksamkeit der Genehmigung insb im Hinblick auf Bedingungen (BFH VIII R 33/95 BStBl II 1997, 449). Liegt die (wirksame) Genehmigung (Bescheinigung) vor, dann ist der GewBetrieb mit allen unmittelbar dem von der Genehmigung abgedeckten Schul- und Bildungszweck dienenden Leistungen steuerbefreit (BFH V R 83/84 BStBl II 1989, 815). Von der Genehmigung nicht abgedeckte Unterrichtstätigkeiten sind nicht von der GewSt befreit (BFH VIII R 33/95 BStBl II 1997, 449; *FM M-V* DStR 1997, 618; FR 1997, 241).

c) **Abgrenzungen.** Im **schulischen Bereich** ist eine Aufteilung in steuerfreie und steuerpflichtige Leistungen **nicht erforderlich** oder möglich. Jedoch darf die Einrichtung über Betriebsteile verfügen, die nicht unmittelbar dem Schul- oder Bildungszweck dienen, sondern etwa der Unterkunft und Verpflegung. Solche Leistungen dienen dem Schulzweck nur mittelbar. Sie unterliegen der GewSt (BFH VIII R 149/76 BStBl II 1981, 746; VIII R 33/95 BStBl II 1997, 449). Die Steuerfreiheit der Leistungen im (unmittelbar) schulischen Bereich geht deswegen jedoch nicht verloren. Gewerbebetriebe, die lediglich daneben Lehrveranstaltungen durchführen, fallen mE nicht unter die Befreiungsvorschrift (*OFD Ffm* DB 1987, 1376, 1663; *Pauka* DB 1987, 603; aA *Sarrazin* in *L/S* § 3 Rn 232). 407

d) **Betriebsaufspaltung.** Die (partielle) Steuerbefreiung kann nach der Rspr-Änderung (BFH X R 59/00 BStBl II 2006, 661; IV R 22/02 BFH/NV 2007, 149) nunmehr **auch das Besitzunternehmen** in Anspruch nehmen (vgl Rn 2; ebenso *Jost* DB 2007, 1664). 408

(frei) 409

XIII. Befreiung von landwirtschaftlichen Nutzungs- und Bewirtschaftungsgenossenschaften und -vereinen (Nr 14)

Literatur: *Josten,* Steuererleichterungen für Zusammenschlüsse der Land- und Forstwirtschaft in der Rechtsform einer Genossenschaft oder eines Vereins, Inf 1976, 241.

1. Allgemeines

Die Vorschrift enthält eine **persönliche Befreiung.** Sie ist durch G v 17.4.1974 (BGBl I 1974, 949) eingefügt worden und gilt erstmals ab EZ 1974. Sie dient der Förderung von Zusammenschlüssen von Land- und Forstwirten zum Zwecke der gemeinsamen Produktion, jedoch unter Ausschluss rein kapitalmäßiger Beteiligungen. Sie wird ergänzt durch Begünstigungen bei der KSt (§ 25 KStG). 410

2. Voraussetzungen

Erforderlich ist auf jeden Fall die **Überlassung von Grundstücken** und **Gebäuden** zur Nutzung oder Bewirtschaftung durch die Mitglieder. Umfang und Form der Überlassung sind nicht vorgeschrieben und können frei vereinbart werden. Es kann auch der gesamte Betrieb eines Mitglieds überlassen werden, weil nicht erforderlich ist, dass auch das einzelne Mitglied noch land- u forstwirtschaftlich tätig ist (*Josten* Inf 1976, 241). Allerdings darf das Verhältnis des Werts der Geschäftsanteile bzw der Anteile am Vereinsvermögen der einzelnen Mitglieder zum Wert der gesamten Geschäftsanteile bzw des gesamten Vereinsvermögens nicht wesentlich vom Verhältnis des Werts der von den Mitgliedern überlassenen Flächen und 411

§ 3 Nr 15

Gebäude zum Wert aller überlassenen Flächen und Gebäude abweichen. Diese Voraussetzung dient dem Ausschluss rein oder wesentlich kapitalmäßiger Beteiligungen. Freilich besteht ein gewisser Spielraum dadurch, dass die Vorschrift unwesentliche Abweichungen als unschädlich hinnimmt. „Nicht wesentlich" sind mE Abweichungen, die 10% nicht übersteigen (ebenso *Blümich/v. Twickel* § 3 Rn 76). Die Hinzupachtung oder der Erwerb von Flächen von Nichtmitgliedern steht der Befreiung nicht entgegen, ebensowenig die Beteiligung an anderen land- und forstwirtschaftlichen Unternehmen (*Josten* Inf 1976, 241).

412 *(frei)*

XIV. Befreiung von Erwerbs- und Wirtschaftsgenossenschaften sowie Vereinen iSv § 5 Abs 1 Nr 10 KStG (Nr 15)

1. Allgemeines

413 Es handelt sich um eine **persönliche,** aber **sachlich beschränkte Steuerbefreiung** (vgl § 5 Abs 1 Nr 10 KStG: „soweit"). Als Grund für die Aufhebung der Begünstigung der Wohnungsgemeinnützigkeit ab EZ 1991 wird angegeben, ihr Ziel der Schaffung preisgünstigen Wohnraums sei erreicht (BTDrs 11/2157, 169, 209). An ihre Stelle sind die Genossenschaften und Vereine **iSv § 5 Abs 1 Nr 10 KStG** getreten. Nicht befreit sind Unternehmen in anderen Rechtsformen als der des Vereins oder der Genossenschaft. Die Steuerbefreiung nach Nr 15 verlieren, stellt sich nunmehr die Frage der erweiterten Kürzung nach § 9 Nr 1 Sätze 2–4 (hierzu *Jonas/Müller* DStR 1988, 623; *OFD Kiel* DStZ 2001, 215).

2. Voraussetzungen der Begünstigung

414 **a) Herstellung/Nutzungsüberlassung. Voraussetzungen** der Befreiung sind, dass die begünstigten Genossenschaften und Vereine (**1.**) Wohnungen herstellen oder erwerben und sie den Mitgliedern auf Grund eines Mietvertrags oder auf Grund eines genossenschaftlichen Nutzungsvertrags zum Gebrauch überlassen; den Wohnungen stehen Räume in Wohnheimen iSd § 15 II. WoBauG gleich; (**2.**) iZm einer Tätigkeit iSv Buchst a Gemeinschaftsanlagen oder Folgeeinrichtungen herstellen oder erwerben und sie betreiben, wenn sie überwiegend für Mitglieder bestimmt sind und der Betrieb durch die Genossenschaft oder den Verein notwendig ist.

Die **Leistungen** müssen also **auf die Mitglieder beschränkt** sein.

415 **b) Zulässige Tätigkeiten.** Zu den von der Befreiung erfassten Tätigkeiten gehören auch solche Geschäfte, die als Ausfluss der begünstigten Tätigkeiten anfallen und die der Geschäftsbetrieb der Vermietungsgenossenschaft mit sich bringt, die also zur **Abwicklung der begünstigten Tätigkeiten erforderlich** sind und im Rahmen der begünstigten Tätigkeiten erfolgen (BFH I R 95/09 BFH/NV 2011, 311, Aufh von Sächs FG 2 K 298/09 EFG 2011, 74). Dazu gehört u.a. die verzinsliche Anlage von Finanzmitteln, die für zeitnahe Instandhaltungs- u Investitionsmaßnahmen erforderlich sind (*BMF* BStBl I 1991, 1014 Rn 39, 41), nicht jedoch die Anlage von das Volumen *mittelfristig* erforderlicher Maßnahmen übersteigendem Kapital. Die Verrechnung von Zinsaufwand mit stpfl Zinserträgen kommt nur bei unmittelbarem Zusammenhang in Betracht (BFH I R 95/09 aaO).

3. Umfang der Befreiung

416 **a) (Partielle) Steuerpflicht.** Die **Steuerbefreiung ist ausgeschlossen,** wenn die Einnahmen des Unternehmens aus den in Rn 415 nicht bezeichneten Tätigkei-

Gemeinnützige Siedlungsunternehmen § 3 Nr 17

ten **10%** der gesamten Einnahmen übersteigen (zB Leistungen an Nichtmitglieder). Diese Vorschriften bedeuten, dass die Genossenschaften/Vereine nur insoweit (partiell oder ganz) befreit sind, als sie die o.a. Tätigkeiten vornehmen. Für andere Tätigkeiten **bis 10%** der Einnahmen besteht **partielle StPfl,** bei höheren Einnahmen sogar **volle StPfl.** Vgl zur Abgrenzung der begünstigten von den nicht begünstigten Einnahmen *BMF* BStBl I 1991, 1014.

b) Kürzung nach § 9 Nr 1. Die Kürzung nach **§ 9 Nr 1 Sätze 2–4** ist bei **417** partieller StPfl neben der Befreiung **anzuwenden** (*Pauka* DB 1988, 2224; *Sarrazin* in *L/S* § 3 Rn 266). Vgl zu den Einzelheiten *BMF* BStBl I 1991, 1014, Rn 60.

(frei) **418, 419**

XV. Befreiung von gemeinnützigen Siedlungsunternehmen (Nr 17)

1. Allgemeines

Die Vorschrift enthält eine **persönliche Steuerbefreiung.** Sie ist durch G v **420** 17.4.1974 (BGBl I 1974, 949) an Stelle von § 12 Nr 3 GewStDV eingefügt worden. Eine Neufassung erfolgte durch StRefG v 25.7.1988 (BGBl I 1988, 1093), die letzte Änderung durch G v 19.12.2008 (BGBl I 2008, 2794). Die **neueste Fassung** ist erstmals **ab EZ 2008** anzuwenden.

2. Persönliche Voraussetzungen

Es muss sich um **Siedlungsunternehmen** iSd ReichssiedlungsG oder entspre- **421** chender, nicht wesentlich von den Bestimmungen des ReichssiedlungsG abweichender LandesG oder der BodenreformG der Länder handeln. Das ReichssiedlungsG v 11.8.1919 (RGBl 1919, 1429), zuletzt geändert durch G v 29.7.2009 (BGBl I 2009, 2355), verpflichtet die Länder, gemeinnützige Siedlungsunternehmen zu begründen, neue Ansiedlungen zu schaffen und bestehende Kleinbetriebe bis zur Größe einer selbstständigen Ackernahrung zu erweitern. Das hierzu erforderliche Land erlangen die Siedlungsunternehmen durch Erwerb von Staatsdomänen, Enteignung von Moor- und Ödland sowie durch Ausübung eines gesetzlichen Vorkaufsrechts an landwirtschaftlichen Grundstücken ab 2 ha. Seit Inkrafttreten des Gesetzes über die Gemeinschaftsaufgabe „Verbesserung der Agrarstruktur und des Küstenschutzes" v 3.9.1969 (BGBl I 1969, 1573) hat das ReichssiedlungsG geringe Bedeutung. Die Bodenreformgesetze der Länder zogen Grundstücke über 100 ha (in der amerikanischen Zone) und 150 ha (in der britischen Zone) zur Landabgabe gegen Entschädigung heran. Die Bodenreform wurde nur in mäßigem Umfang durchgeführt. Die Gesetze sind zT aufgehoben (vgl Ba-Wü, Gesetz v 12.2.1980).

3. Sachliche Voraussetzungen

Die Siedlungsunternehmen müssen sich nach dem 2. Halbsatz der Vorschrift **422** beschränken auf:

Siedlungsmaßnahmen. Erfolgen sie nach dem ReichssiedlungsG, dann müssen sie sich auf die bäuerliche Siedlung und die Kleinsiedlung beziehen (*RMF* Erl v 11.12.1940 RStBl 1941, 102). Zum Begriff der Kleinsiedlung vgl § 10 II. WoBauG (BGBl I 1994, 2137 aF) und VO v 23.12.1931 (RGBl I 1931, 790; s auch *Fickert/ Fieseler* BNutzVO, § 2 Anm 5).

Maßnahmen zur Agrarstrukturverbesserung. Dies sind Maßnahmen zur Förderung der Ansiedlung, Aufstockung, Flurbereinigung, des Wegebaus, der Wasserwirtschaft und der Aufforstung (vgl GrundstückverkehrsG v 28.7.1961 BGBl I 1961, 1091).

Güroff 403

Landentwicklungsmaßnahmen. Dies sind Maßnahmen im öffentlichen Interesse, die wegen des sich vollziehenden Strukturwandels zur Unterstützung und Ergänzung der Siedlungs- und Agrarstrukturverbesserung im ländlichen Raum erforderlich sind, und zwar im Wesentlichen:
- die Planung und Durchführung von Maßnahmen der Ortssanierung, Ortsentwicklung, Bodenordnung und Agrarstrukturverbesserung,
- die Durchführung von Umsiedlungen und Landtauschen aus Anlass der Inanspruchnahme von Land für öffentliche und städtebauliche Zwecke.

Die Durchführung soll alle Tätigkeiten gemeinnütziger Siedlungsunternehmen umfassen, die der Verwirklichung dieser Maßnahmen dienen, insb die erforderliche Landbeschaffung (*FM NRW* v 14.6.1977 FR 1977, 355).

4. Umfang der Befreiung/partielle Steuerpflicht

423   Die **Steuerfreiheit** ist aus Wettbewerbsgründen **beschränkt** auf die GewErträge aus den begünstigten Tätigkeiten (Rn 422). Eine völlige Beschränkung des Unternehmens auf diese Tätigkeiten fordert das G nicht mehr. Durch andere Tätigkeiten, zB Wohnungsbau, Baubetreuung u.a., wird die Körperschaft jedoch **partiell stpfl** („soweit"). Das Unternehmen wird nach Satz 2 **insgesamt stpfl,** wenn die Einnahmen aus den nichtbegünstigten Tätigkeiten überwiegen.

424   *(frei)*

XVI. Befreiung von Pensionssicherungsvereinen (Nr 19)

1. Allgemeines

425   Die Vorschrift enthält eine **persönliche Steuerbefreiung.** Sie ist durch G v 19.12.1974 (BGBl I 1974, 3610) eingefügt worden und gilt erstmals ab EZ 1975.

Der Pensionssicherungsverein ist nach § 14 BetrAVG **Träger der Insolvenzsicherung.** Können Ansprüche von Versorgungsempfängern aus einer unmittelbaren Versorgungszusage des Arbeitgebers wegen Eröffnung des Konkurs-/Insolvenzverfahrens über das Vermögen oder den Nachlass des Arbeitgebers nicht erfüllt werden, dann haben jene nach § 7 BetrAVG gegen den Pensionssicherungsverein einen Anspruch in Höhe der Leistung, die der Arbeitgeber auf Grund der Versorgungszusage zu erbringen hätte. Grundlage ist eine Versicherung, die der Arbeitgeber als Versicherungsnehmer zugunsten der Versorgungsberechtigten mit dem Pensionssicherungsverein abschließt (hierzu BFH I R 102/88 BStBl II 1992, 336). Die Steuerbefreiung ist gerechtfertigt, weil der Pensionssicherungsverein als Träger der Insolvenzsicherung wegen seiner monopolartigen Stellung nicht zu etwa vergleichbaren stpfl Unternehmen in Wettbewerb tritt (vgl BTDrs 7/2843, 17).

2. Voraussetzung für die Befreiung

426   Der Verein muss die für die Befreiung von der KSt erforderlichen **Voraussetzungen** erfüllen. Das ist **nach § 5 Abs 1 Nr 15 KStG** der Fall, wenn
 (a) er mit Erlaubnis der Versicherungsaufsichtsbehörde ausschließlich die Aufgabe des Trägers der Insolvenzsicherung wahrnimmt, die sich aus dem BetrAVG (BGBl I 1974, 3610) ergeben, und
 (b) seine Leistungen nach dem Kreis der Empfänger sowie nach der Art und Höhe den in §§ 7–9, 17 und 30 BetrAVG bezeichneten Rahmen nicht überschreiten.

Rückstellungen für künftige Beiträge an den Pensionssicherungsverein können nicht gebildet werden (BFH I R 102/88 BStBl II 1992, 336).

XVII. Befreiung von Krankenhäusern, Altenheimen, Altenwohnheimen und Pflegeheimen (Nr 20)

Literatur: *Bühring,* Zur Steuerbegünstigung privater Krankenanstalten, DStZ 1964, 49; *Staehle,* Gewerbesteuerbefreiung von Altenheimen, Altenwohnheimen und Altenpflegeheimen, BB 1978, 93; *Böhme,* Grundlagen und Grenzen der Steuervergünstigungen für Krankenhäuser, DStZ 1987, 522; *Wien* Häusliche Pflege, Kurzzeitpflege und Pflegeheime im Steuerrecht ..., DStZ 2001, 351; *Klähn,* Zur Gewerbesteuerpflicht von Krankenhäusern nach § 3 Nr 2 Buchst b GewStG, StBp 2006, 380.

1. Allgemeines

a) Zweck/Normzusammenhänge. Diese Befreiungsvorschrift **dient der** 427 **Verbesserung** der Versorgungsstrukturen bei der Behandlung und Pflege kranker bzw alter und pflegebedürftiger Personen und der Kostenentlastung der Träger entsprechender Einrichtungen (BFH I R 65/02 BStBl II 2004, 300). Begünstigt sind daher nur solche Leistungen, durch die den Sozialversicherungsträgern **unmittelbar Kosten** entstehen können (Schl-H FG 5 K 40111/10 EFG 2013, 641). Die Befreiung enthält eine **Spezialvorschrift** gegenüber § 3 Nr 6 GewStG. Demnach kommt es nicht auf die Einhaltung der Voraussetzungen für die Anerkennung als Zweckbetrieb (Krankenhaus iSv § 67 AO; Rn 266) einer gemeinnützigen oder mildtätigen Körperschaft an.

b) Sachliche Befreiung. Es handelt sich um eine **beschränkte persönliche** 428 **bzw sachliche** Steuerbefreiung (vgl BFH I R 41/09 BStBl II 2011, 181; I R 59/10 BFH/NV 2012, 61). Begünstigt sind nur die aus dem Betrieb einer der genannten Einrichtungen an sich fließenden Erträge (s Rn 437).
Erfüllt eine Einrichtung die Voraussetzungen für die Befreiung, dann entfällt die Begünstigung nicht, wenn sie an einem **Gewerbebetrieb beteiligt** ist, ohne ihr Wesen als Krankenhaus, Altenheim usw zu verändern (RFH RStBl 1943, 43 zu einem Krankenhaus; R 3.20 GewStR).

c) Persönlicher Umfang. Die genannten Einrichtungen sind **nicht gleichzu-** 429 **setzen mit** ihren **Trägern** (FG Münster 9 K 5258/07 G EFG 2011, 70). Im Falle einer **Betriebsaufspaltung** kann sich auf die Befreiung auch das Besitzunternehmen berufen (BFH X R 59/00 BStBl II 2006, 661; IV R 22/02 BFH/NV 2007, 149; vgl Rn 2). Ohne Bestehen einer Betriebsaufspaltung verbundene Unternehmen können sich nicht auf die Befreiung eines von ihnen berufen (FG Münster 3 K 1272/08 G, F EFG 2011, 722); ebensowenig im Falle der **Organschaft** im Verhältnis von Organ zu Organträger (BFH I R 100/01 BStBl II 2004, 244; hierzu auch Rn 2).

2. Begünstigungstatbestände

a) Betrieb durch juristische Personen des öffentlichen Rechts (Nr 20 430 **Buchst a).** Das sind Bund, Länder, Bezirke, Landkreise und Gemeinden sowie Kirchen, Berufsgenossenschaften und Versicherungsträger (Ortskrankenkassen). Erforderlich ist der **unmittelbare Betrieb.** Mittelbares Betreiben, auch durch eine 100%ige Beteiligung der Körperschaft an einer Kapitalgesellschaft, genügt nicht.

b) Krankenhäuser (Nr 20 Buchst b). Der Betrieb eines Krankenhauses durch 431 **natürliche** oder **juristische Personen des privaten Rechts** (2. Alternative) ist begünstigt, wenn die Voraussetzungen des **§ 67 Abs 1 oder 2 AO** erfüllt sind (BFH I R 59/10 BFH/NV 2012, 61 mwN; vgl hierzu Rn 437). Befreit ist auch eine ein Krankenhaus betreibende Kapitalgesellschaft, und zwar bis zum Abschluss der

§ 3 Nr 20 Befreiungen

Liquidation, sofern das Wesen als Krankenhaus nicht verändert wird (FG München EFG 1991, 557).

GewStPflicht besteht für den Verkauf von Speisen und Getränken neben der normalen Verpflegung sowie von Andenken usw (BFH I R 34/66 BStBl III 1967, 90). Betreibt ein freiberuflich tätiger Arzt eine Privatklinik und werden die jeweiligen Leistungen getrennt abgerechnet, sind die Erträge aus der Klinik gewstpfl; erstrebt er keinen besonderen Gewinn aus dem Klinikbetrieb, dann gehört dieser zur freiberuflichen Tätigkeit (RFH RStBl 1939, 853). Auf die Voraussetzungen der Nr 20 kommt es nicht mehr an (vgl § 2 Rn 275 „Krankenhausbetrieb"; H 15.6 EStH „Heil- und Hilfsberufe"). Zur GewStPfl von Krankenhäusern *Klähn* StBp 2006, 380.

Die Vorschrift ist verfassungsrechtlich unbedenklich (FG Ba-Wü 3 K 526/08 StE 2011, 377).

432 **c) Altenheime, Altenwohnheime und Pflegeheime (Nr 20 Buchst c).** Bei Betrieb durch **natürliche oder juristische Personen des privaten Rechts** besteht GewSt-Befreiung, wenn mindestens 40% der Leistungen den im Folgenden genannten Personen zugute kommen:
– Personen, die infolge Krankheit oder Behinderung so hilflos sind, dass sie nicht ohne Hilfe zur Pflege bleiben können (§ 61 Abs 1 SGB XII). Dies sind insbesondere die Heimbewohner, die nach den Pflegesatzrichtlinien der Länder unter die 2. oder eine höhere Pflegesatzgruppe fallen oder die wegen ihrer Pflegebedürftigkeit Zuschläge zum üblichen Tagessatz bezahlen müssen;
– wirtschaftlich hilfsbedürftige Personen (§ 53 Abs 2 AO). Hierzu s oben Rn 101.
Die Vorschrift ist nur auf Heime, **nicht** – auch nicht analog – auf Einrichtungen **zur ambulanten Pflege** anwendbar (BFH IV R 85/93 BStBl II 1995, 67). Letztere fallen unter § 3 Nr 20 Buchst d (Rn 433); dessen Einfügung erst ab EZ 1994 ist verfassungsrechtlich unbedenklich (BFH IV R 85/93 BStBl II 1995, 67). **Teilstationäre** Vorsorge- und Rehabilitationseinrichtungen dagegen werden von der Befreiung erfasst, wenn die Voraussetzungen der §§ 107, 111 SGB V erfüllt sind (R 3.20 GewStR).

433 **d) Aufnahme- und Pflegeeinrichtungen (Nr 20 Buchst d). Sinn und Zweck** der Befreiung ist es, angesichts des veränderten Altersaufbaus der Bevölkerung gerade in den Großstädten die Versorgungsstrukturen bei der Pflege alter pflegebedürftiger Personen zu verbessern. Für die Auslegung ist auf *Begriffsbestimmungen des SGB XI* zurückzugreifen (BFH I R 30/00 BStBl II 2009, 126). Bei den bezeichneten Einrichtungen handelt es sich um folgende:

434 **aa) Stationäre Pflegeheime.** Heime zur **vollstationären** oder **teilstationären** Unterbringung und Verpflegung (Kurzzeitpflegeeinrichtungen; Tages- und Nachteinrichtungen; § 71 Abs 2 SGB XI; § 1 Abs 3 u 4 HeimG); die Honorare für ihre Leistungen können als Pflegekosten von der Sozialversicherung oder der Sozialhilfe übernommen werden können.

435 **bb) Ambulante Pflegeeinrichtungen.** Das sind Pflegedienste, die pflegebedürftige Personen **in deren Wohnung** pflegen und hauswirtschaftlich versorgen (§ 71 Abs 1 u 2 SGB XI). Hierzu gehört nicht die Überlassung von eigens hierfür eingestelltem Pflegepersonal an andere Einrichtungen, wie Altenheime und privaten Kliniken (Schl-H FG 5 K 40111/10 EFG 2013, 641), ebenso wenig der Transport von kranken und verletzten Personen (BFH I R 30/06 BStBl II 2009, 126). Auch die Betreuung von gesunden Kindern und Säuglingen, deren Eltern wegen einer Erkrankung nicht ihrer Sorgepflicht nachkommen können, erfüllt nach *Hess FM* DStR 1999, 1739, *OFD Magdeburg* DStR 2012, 465 nicht die Voraussetzungen der Vorschrift.

cc) **Gemeinsame Voraussetzungen.** Tatsächlich müssen die Pflegekosten in 40% der Fälle übernommen worden sein. Leistungen der Rehabilitation führen nicht zu Pflegekosten. Daher sind Masseure, Krankengymnasten, medizinische Bademeister und Physiotherapeuten ohne Qualifikation als Berufsträger nicht von der GewSt befreit (*OFD Magdeburg* FR 2000, 284). **436**

e) **Rehabilitationseinrichtungen.** Eingefügt werden soll die Befreiung von Einrichtungen zur ambulanten oder stationären **Rehabilitation** unter der **Voraussetzung,** dass die Behandlungskosten in mindestens 40% der Fälle von den gesetzlichen Trägern der Sozialversicherung ganz oder überwiegend getragen worden sind, und **soweit** die Einrichtung Leistungen im Rahmen der verordneten ambulanten oder stationären Rehabilitation im Sinne des Sozialrechts einschließlich der Beihilfevorschriften des Bundes oder der Länder erbringt (KabiNr 17/08270, 5). Der **Umfang der Befreiung** wird demnach dadurch bestimmt, dass den Leistungen eine die Kostenübernahme rechtfertigende Verordnung zugrunde liegt. **437**

3. Umfang der Befreiung

Die Beschränkung des Kreises der Normadressaten beinhaltet eine **Beschränkung des Begünstigungsumfangs** (BFH I R 59/10 BFH/NV 2012, 61). Befreit sind Erträge aus Tätigkeiten, die für den Betrieb der betreffenden Einrichtung erforderlich sind (ggf auch aus Abwicklungsmaßnahmen, FG München 15 K 150/08, EFG 1991, 557). Darüber hinausgehende Tätigkeiten führen zur GewStPfl der daraus resultierenden Erträge (BFH VIII 57/99 BStBl II 2002, 662; X R 59/00 BStBl II 2006, 661). Nicht erfasst werden insb Überschüsse aus Tätigkeiten, die bei stbefreiten Körperschaften einen wirtschaftlichen Geschäftsbetrieb (Verkauf/Zur-Verfügung-Stellen von Getränken, Telefon, Strom, Gas, Wasser; Aufnahme von Gästen; Werbeerträge) darstellen (BFH I R 43/10 BStBl II 2011, 892, best FG Bremen 3 K 51/09 (1) EFG 2010, 1526; BFH I R 59/10 BFH/NV 2012, 61, best Thür FG 4 K 807/08 EFG 2010, 2022; FG B-Bbg 8 K 6250/06 B EFG 2009, 769). **438**

Der **Ersatz für** erfolglos getätigte **Aufwendungen** kommt als begünstigt in Betracht, nicht jedoch eine Schadensersatzleistung wegen Nichtaufnahme der Tätigkeit (BFH I R 78/10 BFH/NV 2012, 44, best FG Münster 9 K 5258/07 G EFG 2011, 70).

(frei) **439**

XVIII. Befreiung von Sicherungseinrichtungen eines Verbandes der Kreditinstitute (Nr 21)

1. Allgemeines

Die persönliche Befreiung dient der Einlagensicherung der Kreditinstitute zur Erhaltung und Förderung des Vertrauens in das Kreditgewerbe (sog **„Feuerwehrfonds"**). **440**

a) **Entschädigungseinrichtungen. Ab EZ 1998** gilt die Fassung nach dem G zur Umsetzung der EG-Einlagensicherungsrichtlinie und der EG-Anlegerentschädigungsrichtlinie v 16.7.1998 (BGBl I 1998, 1842), durch das auch § 5 Abs 1 Nr 16 KStG neu gefasst worden ist. Wichtigster Teil dieser Änderung ist die Einführung der Befreiung von Entschädigungseinrichtungen iSd durch das ÄnderungsG eingeführten Einlagensicherungs- und AnlegerentschädigungsG. Nach § 2 jenes G sind bestimmte Kreditinstitute, Einlagenkreditinstitute und Finanzdienstleistungsinstitute verpflichtet, ihre Einlagen und Verbindlichkeiten aus Wertpapiergeschäften durch **441**

§ 3 Nr 22 Befreiungen

Zugehörigkeit zu einer Entschädigungseinrichtung zu sichern. Diese Entschädigungseinrichtungen werden nach § 6 des G als nicht rechtsfähige Sondervermögen des Bundes bei der Kreditanstalt für Wiederaufbau errichtet, denen die Institute gruppenweise zugeordnet werden. Der Gläubiger des Instituts hat im Entschädigungsfall nach § 3 des G einen Anspruch nach näherer Maßgabe des § 4 des G gegen die Entschädigungseinrichtung, wobei § 3 Abs 2 des G einen Katalog von Nichtberechtigten enthält. Der Entschädigungsanspruch ist der Höhe nach begrenzt auf 90% der Einlagen bzw Verbindlichkeiten aus Wertpapiergeschäften und den Gegenwert von 20 000 €. Die Mittel der Entschädigungseinrichtungen werden nach § 8 des G durch Beiträge der Institute erbracht.

442 **b) Sicherungseinrichtungen.** Weitere Bestandteile der Änderung sind die Befreiung von Sicherungseinrichtungen **auch** im Hinblick auf die Sicherung von **Finanzdienstleistungsinstituten** iSv § 1 Abs 1 a Satz 2 Nr 1–4 KWG sowie die Ersetzung der Befreiung von Einrichtungen zur Sicherung von Spareinlagen bei (ehemals) gemeinnützigen Wohnungsunternehmen durch die Befreiung von Einrichtungen zur Sicherung von Einlagen bei **Wohnungsgenossenschaften** mit Spareinrichtung.

2. Voraussetzungen

443 Die Befreiung nach Nr 21 erfolgt **nach dem Maße der Befreiung** („soweit") **von der KSt** nach § 5 Abs 1 Nr 16 KStG. Das bedeutet für die Sicherungseinrichtungen, dass Vermögen und etwa erzielte Überschüsse nur zur Erreichung des satzungsmäßigen Zweckes zu verwenden sind. Eine Mittelfehlverwendung führt deswegen zur Versagung der StBefreiung; mE gelten die Grundsätze zu § 55 Abs 1 Nr 1 Satz 1 AO (Rn 215) entsprechend. Zudem ist mE in der Satzung sicherzustellen, dass die Einrichtung allen in Frage kommenden Kreditinstituten auf Antrag offensteht. Denn sonst besteht die Gefahr der indirekten Beeinflussung des Marktes, was nicht in Einklang mit dem Begünstigungszweck steht.

3. Umfang der Befreiung

444 Unterhält die Entschädigungseinrichtung einen **wirtschaftlichen Geschäftsbetrieb**, der nicht ausschließlich auf die Erfüllung der begünstigten Aufgaben gerichtet ist, dann ist die Steuerbefreiung insoweit ausgeschlossen (§ 5 Abs 1 Nr 16 Sätze 2 u 4 KStG), **partielle GewStPflicht.**

XIX. Befreiung von Bürgschaftsbanken (Kreditgarantiegemeinschaften) (Nr 22)

1. Allgemeines

445 Ab **EZ 1991** sind nach der neuen Nr 22 **Bürgschaftsbanken** (Kreditgarantiegemeinschaften) befreit, wenn sie von der KSt befreit sind. Sie waren zuvor nach § 3 Nr 6 als gemeinnützig befreit. Hiergegen waren jedoch Bedenken aufgekommen; daher die eigene Befreiungsvorschrift.

Die Bürgschaftsbanken sind **Selbsthilfeeinrichtungen** der Wirtschaft zur Förderung des gewerblichen und freiberuflichen Mittelstandes und handeln in öffentlichem Auftrag. Ihre Tätigkeit zielt ab auf eine ausreichende Kapitalversorgung von Unternehmen, die nicht ausreichend über bankmäßige Sicherheiten verfügen und denen daher der Zugang zum Kapitalmarkt und privaten Finanzierungsquellen erschwert oder unmöglich ist. Das Stammkapital der Bürgschaftsbanken wird von Kammern, Wirtschaftsverbänden, Innungen, Kreditinstituten und Versicherungsun-

2. Voraussetzungen der Befreiung

Die Befreiung wird nur gewährt, wenn sich die Tätigkeit beschränkt auf die **Wahrnehmung von Wirtschaftsförderungsmaßnahmen,** insbesondere in Form der Übernahme und Verwaltung von staatlichen Bürgschaften und Garantien oder von Bürgschaften und Garantien mit staatlichen Rückbürgschaften oder auf der Grundlage staatlich anerkannter Richtlinien gegenüber Kreditinstituten, Versicherungsunternehmen, Leasinggesellschaften und Beteiligungsgesellschaften für Kredite, Leasingforderungen und Beteiligungen am mittelständischen Unternehmen zu ihrer Gründung und zur Erhaltung und Förderung ihrer Leistungsfähigkeit. Weitere Voraussetzung ist, dass das Vermögen und etwa erzielte Überschüsse nur zur Erreichung der genannten Zwecke verwendet werden (§ 5 Nr 17 KStG). 446

(frei) 447

XX. Befreiung von Unternehmensbeteiligungsgesellschaften (Nr 23)

Literatur: *Veith,* Die Unternehmensbeteiligungsgesellschaft – Strukturalternative zur Vermeidung der Gewerbesteuer für Private Equity Fonds?, DB 2003, 1191.

1. Allgemeines

Die Vorschrift enthält eine **persönliche Befreiung.** Sie ist durch das Gesetz über Unternehmensbeteiligungsgesellschaften (UBGG) v 17.12.1986 (BGBl I 1986, 2488) eingefügt worden und galt vom EZ 1987 an. Sie ist durch G v 24.3.1998 (BGBl I 1998, 529, 506) neu gefasst und redaktionell an den mit demselben G neu gefassten § 6 b Abs 1 Satz 2 Nr 5 EStG angepasst worden und ist ab EZ 1998 anzuwenden. Das UBGG (jetzt idF v 9.9.1998 BGBl I 1998, 2765, zuletzt geänd durch G v 28.8.2013 BGBl I 2013, 3395) dient der Förderung der Eigenkapitalausstattung mittelständischer, nicht börsennotierter Unternehmen. Diese wird weithin als unzureichend angesehen. Ein leistungsfähiger Markt für indirekte Beteiligungen an diesen Unternehmen steht nicht zur Verfügung. Dem breiten Anlegerpublikum ist der Weg zur mittelbaren Beteiligung an nicht börsennotierten, mittelständischen Betrieben verschlossen. Das UBGG will daher den ordnungspolitischen Rahmen für die Einschaltung von Unternehmensbeteiligungsgesellschaften in bestimmten Rechtsformen schaffen. Diese sollen das anlagesuchende Kapital – auch vermögenswirksame Leistungen der Arbeitnehmer – bündeln und in der Form von Beteiligungen an mittelständischen, nicht börsennotierten Unternehmen weiterleiten. 448

Eine **Ausdehnung der Befreiung** auf außerhalb einer Betriebsaufspaltung verbundene Unternehmen, auch auf den **Komplementär einer KGaA,** kommt nicht in Betracht (vgl Rn 2).

2. Rechtsform

Eine Unternehmensbeteiligungsgesellschaft darf nach § 2 Abs 1 UBGG nur in der Rechtsform der **Aktiengesellschaft,** der **GmbH,** der **KG** und der **KG aA** betrieben werden. Hiermit soll eine Öffnung der Unternehmensbeteiligungsgesellschaften für das breite Publikum gewährleistet sein (Begr der BReg BTDrs 10/4551, 14). 449

§ 3 Nr 23 Befreiungen

3. Unternehmensgegenstand

450 Satzungsmäßig oder gesellschaftsvertraglich festgelegter Unternehmensgegenstand muss vorbehaltlich abweichender Vorschriften im Zweiten Abschnitt des UBGG ausschließlich der **Erwerb**, das **Halten**, die **Verwaltung** und die **Veräußerung von Wagniskapital** sein. Das Unternehmen muss Sitz und Geschäftsleitung im Inland haben. Bei Kapitalgesellschaften muss das Grund- oder Stammkapital mindestens 2 Mio € betragen; bei einer KG müssen die Einlagen voll geleistet sein. Zulässige Geschäfte sind nach § 3 UBGG außerdem: Darlehensgewährung an Beteiligungsunternehmen, Anlage bei Kreditinstituten und Ankauf von Schuldverschreibungen, Aufnahme von Krediten und Begeben von Genussrechten und Schuldverschreibungen, Grundstückserwerb zur Beschaffung von Geschäftsräumen sowie sonstige Geschäfte, soweit sie mit dem Unternehmensgegenstand zusammenhängen. Nach § 4 UBGG sind bestimmte Anlagegrenzen zu beachten. Von den Privaten Equity Fonds kommen nur bestimmte Gruppen für eine Anerkennung als Unternehmensbeteiligungsgesellschaft in Betracht (zu den Problemen *Veith* DB 2003, 1191).

4. Grundsatz der Anerkennung

451 Nach § 1 UBGG bedarf ein Unternehmen, das unter der Bezeichnung „Unternehmensbeteiligungsgesellschaft" Geschäfte der in Rn 450 beschriebenen Art betreibt, der **Anerkennung** durch die zuständige Behörde (für Nds vgl *OFD Hannover* GmbHR 2002, 700). Es unterliegt den Anforderungen auf der Aufsicht nach dem UBGG. Die Anerkennung ist nach § 15 UBGG schriftlich zu beantragen. Dem Antrag sind beizufügen die Satzung oder der Gesellschaftsvertrag in der neuesten Fassung; die Urkunden über die Bestellung der Organe; ein Handelsregisterauszug nach neuestem Stand oder eine Bestätigung des Registergerichts, dass die Eintragung der Gesellschaft in das Handelsregister nur noch von der Anerkennung als Unternehmensbeteiligungsgesellschaft abhängt. Die Anerkennung erfolgt nach § 16 Abs 1 UBGG, wenn der Antrag in diesem Sinne ordnungsgemäß und vollständig gestellt ist, die Regeln des § 3 UBGG und die Anlagegrenzen des § 4 UBGG beachtet sind, kein Wagniskapital an Mutter- oder Schwesterunternehmen gehalten wird und keine Beteiligungen als (atypischer) stiller Gesellschafter an der Gesellschaft bestehen und wenn die Voraussetzungen des § 2 UBGG im Hinblick auf Rechtsform und Unternehmensgegenstand erfüllt sind. Die Anerkennung verliert ihre Wirkung nach § 16 Abs 3 UBGG durch Rücknahme oder Widerruf nach den Vorschriften über das Verwaltungsverfahren oder durch Verzicht. Darüber hinaus kann die Behörde nach § 17 UBGG die Anerkennung widerrufen, wenn die Gesellschaft bestimmte Grundsätze zum Unternehmensgegenstand, zu den zulässigen Geschäften und Anlagegrenzen nach §§ 2–5 UBGG missachtet, entgegen § 5 Abs 2 UBGG (atypische) stille Beteiligungen gewährt hat oder Wagniskapital an Mutter- oder Schwestergesellschaften hält.

5. Bezeichnungsschutz

452 Die **Bezeichnung** „Unternehmensbeteiligungsgesellschaft" erfährt durch § 20 UBGG einen gewissen Schutz. Sie darf grundsätzlich in der Firma, als Zusatz zur Firma, zur Bezeichnung des Geschäftszwecks oder zu Werbezwecken nur von anerkannten Gesellschaften geführt werden. Die Bezeichnung darf als Firma oder als Zusatz zur Firma in das Handelsregister nur eingetragen werden, wenn dem Registergericht die Anerkennung als Unternehmensbeteiligungsgesellschaft nachgewiesen ist. Lediglich für bestimmte Altfälle, in denen bei Inkrafttreten des UBGG die Bezeichnung Unternehmensbeteiligungsgesellschaft bereits in der Firma enthalten war, sieht § 26 UBGG vor, dass diese Bezeichnung noch bis zum 31.12.1990 weitergeführt werden durfte.

6. Nachversteuerung

Bei Widerruf der Anerkennung oder bei einem Verzicht auf die Anerkennung 453 gewährleistet Satz 2 der Vorschrift die **GewStFestsetzung rückwirkend,** wenn Aktien der Unternehmensbeteiligungsgesellschaft nicht zuvor öffentlich angeboten worden sind (Begr der BReg aaO S 32). Entsprechendes gilt, wenn eine solche Gesellschaft nach § 25 Abs 3 UBGG die Anerkennung verliert. Für offene Unternehmensbeteiligungsgesellschaften iSv § 1 a Abs 1 Satz 1 UBGG haben der Widerruf der oder der Verzicht auf die Anerkennung innerhalb bestimmter Fristen des § 7 Abs 1 Satz 1 UBGG Wirkung für die Vergangenheit (Satz 2).

7. Grundlagenbescheid

Nach Satz 4 sind Bescheide über die Anerkennung, die Rücknahme oder den 454 Widerruf der Anerkennung und über die Feststellung, ob Aktien der Unternehmensbeteiligungsgesellschaft öffentlich angeboten worden sind, **Grundlagenbescheide** iSd AO. Die Bekanntmachung der Aberkennung der Eigenschaft als Unternehmensbeteiligungsgesellschaft nach § 25 Abs 3 UBGG steht einem Grundlagenbescheid gleich.

XXI. Befreiung von Kapitalbeteiligungsgesellschaften (Nr 24)

1. Allgemeines/Kreis der Begünstigten

Die Befreiung erfolgt **ab EZ 1992** durch StÄndG 1992 (BGBl I 1992, 297). 455 Befreit sind ausschließlich die in Nr 24 genannten Kapitalbeteiligungsgesellschaften für die mittelständische Wirtschaft. Träger sind vor allem (Länder-)Einrichtungen der Wirtschaftsförderung, Kammern sowie Wirtschafts- und Bankenverbände. Aufgabe und Ziel ist die Zuführung von Beteiligungskapital im Rahmen öffentlicher Förderprogramme zu günstigen Bedingungen an kleine und mittlere Unternehmen.

2. Voraussetzungen der Begünstigung

a) Gegenstand des Geschäftsbetriebs. Er muss sich beschränken auf den 456 **Erwerb von Beteiligungen** und auf die **Zuführung von Beteiligungskapital** hierdurch zu günstigen Bedingungen. Ein partiarisches Darlehen genügt im Gegensatz zu einer stillen Beteiligung nicht (BFH I R 48/04 BStBl II 2006, 334; Sächs FG 5 K 669/06 DStRE 2011, 297, zugleich zu den Wirkungen im Hinblick auf § 8 Nr 3 GewStG; hierzu FG B-Bbg 12 K 12136/08 EFG 2012, 535). Unter „staatlicher Hilfe" sind Mittel zu verstehen, die aus öffentlichen Quellen zur Verfügung gestellt werden oder für die Zuschüsse geleistet werden.

b) Gewinnverwendung. Der Gewinn muss **ausschließlich** und **unmittelbar** für die satzungsmäßigen Zwecke verwendet werden. Aus dieser Voraussetzung ergeben sich weitere Anforderungen an die formelle und materielle Satzungsmäßigkeit (vgl hierzu die Ausführungen zur Gemeinnützigkeit Rn 195 ff) sowie an die Unmittelbarkeit (Rn 156 ff) und an die Ausschließlichkeit (Rn 151 ff).

3. Umfang der Begünstigung

Liegen die o.a. Voraussetzungen nur zum Teil vor, dann ist wie folgt zu unter- 457 scheiden: ist der Geschäftsbetrieb nicht im o.a. Sinne beschränkt, dann wird („soweit") **partielle Steuerbefreiung** gewährt (*Pauka* DB 1992, 1207); wird der

Gewinn nicht ausschließlich für die Beteiligungsfinanzierung verwendet, dann **entfällt die Befreiung** („wenn") insgesamt.

458, 459 *(frei)*

XXII. Befreiung von Wirtschaftsförderungsgesellschaften (Nr 25)

Literatur: *Oppermann,* Steuerbefreiung für Wirtschaftsförderungsgesellschaften (§ 5 Abs 1 Nr 18 KStG), DB 1994, 1489; *Leippe,* Steuerliche Aspekte der kommunalen Wirtschaftsförderung, DStZ 2011, 369.

1. Allgemeines

460 Die Befreiung ist durch G v 13.9.1993 (BGBl I 1993, 1569) geschaffen worden. Sie ist erstmals ab EZ 1993 anzuwenden Die Neuregelung bezweckt, eine einheitliche Regelung für alle dort bezeichneten Wirtschaftsförderungsgesellschaften zu schaffen. Sie schließt eine Abkehr von bisherigen Anerkennungen als gemeinnützig ein (FG Rh-Pf EFG 1996, 826), zumal Wirtschaftsförderung idR wegen Förderung gewerblicher Unternehmen ohnehin nicht gemeinnützig ist (BFH I R 38/96 BFH/NV 1997, 904). Zur stpfl und stbefreiten Wirtschaftsförderungsgesellschaft vgl *Leippe* DStZ 2011, 369.

2. Voraussetzungen

461 a) **Formelle Vorgaben.** Die Befreiung gilt **nur für Kapitalgesellschaften.** Gesellschafter müssen überwiegend Gebietskörperschaften (Bund, Länder, Kreise, Gemeinden, Landschaftsverbände) sein. Diese müssen zusammen mehr als 50% der Beteiligungen und Stimmrechte halten; Beteiligungen sonstiger Körperschaften des öffentlichen Rechts (zB IHK, Sparkassen) bleiben unberücksichtigt (*BMF* BStBl I 1996, 54). Zudem ist mE angesichts der ausdrücklichen konditionalen Verknüpfung die KStBefreiung erforderlich (vgl BFH I R 49/01 BStBl II 2003, 723; **aA** FG Düsseldorf 6 K 715/09 G EFG 2012, 1594, Rev IV R 23/12).

462 b) **Materielle Vorgaben.** Vgl **§ 5 Abs 1 Nr 18 KStG.** Die Tätigkeit muss auf die Verbesserung der sozialen und wirtschaftlichen Strukturen einer bestimmten Region durch Förderung der Wirtschaft, insb durch Industrieansiedlung, Beschaffung neuer Arbeitsplätze und Sanierung von Altlasten beschränkt sein. Die Tätigkeit muss sich als **unmittelbare** und **ausschließliche Förderung** darstellen; allgemein- bzw gesamtwirtschaftliche Maßnahmen genügen ebensowenig wie eine nur mittelbare Förderung (zB Ansiedlung von Arbeitnehmern und Gewerbetreibenden, BFH I R 49/01 BStBl II 2003, 723; Vermietung an staatliche Verwaltungsstellen, FG Düsseldorf 6 K 715/09 G EFG 2012, 1594, Rev IV R 23/12); sie darf nicht über den zur Zweckverwirklichung gebotenen Umfang hinausgehen. Der Katalog der Beispielsfälle in § 5 Abs 1 Nr 18 KStG ist nicht abschließend („insbesondere"). Damit sind vergleichbare gleich gerichtete Maßnahmen nicht von der Begünstigung ausgeschlossen (BFH I R 49/01 BStBl II 2003, 723).

Zulässig sind lediglich Maßnahmen ohne bzw mit nur geringer **Wettbewerbsrelevanz** (BFH I R 37/04 BStBl II 2006, 141; FG Düsseldorf 6 K 715/09 G EFG 2012, 1594, Rev IV R 23/12). Die darf die Gesellschaft keine Förderung konkreter Unternehmen (*OFD Koblenz* DB 2005, 308) und auch sonst keine Unternehmensberatung leisten (*BMF* BStBl I 1996, 54, zugleich zu einzelnen zulässigen Tätigkeiten sowie zur Beteiligung an anderen Gesellschaften; hierzu *Oppermann* DB 1994, 1489; zur Vermietung v Geschäfts- und Gewerberäumen *OFD München/Nürnberg* DStZ

2003, 670); zB Errichtung und Verleasen von Gebäuden an ansiedlungswillige Unternehmen (BFH I R 37/04 aaO). Weitere Voraussetzung ist die Verwendung des Vermögens und etwa erzielter Überschüsse ausschließlich zur Erreichung des Gesellschaftszwecks.

3. Rechtsfolgen

Nichtbeachtung dieser Beschränkungen bedeutet **Verlust der Befreiung** für die Gesellschaft insgesamt. Auch eine geringfügige zweckwidrige Verwendung des Vermögens schließt die Befreiung insgesamt aus (BFH I R 49/01 BStBl II 2003, 723; FG Düsseldorf 6 K 715/09 G EFG 2012, 1594, Rev IV R 23/12). 463

(frei) 464

XXIII. Befreiung von Gesamthafenbetrieben (Nr 26)

1. Allgemeines

Die Vorschrift betrifft Gesamthafenbetriebe iSd G v 3.8.1950 (BGBl I 1950, 352). Die **persönliche Befreiung** ist **sachlich beschränkt.** Sie ist durch G v 13.9.1993 (BGBl I 1993, 1569) geschaffen worden, nachdem (nach 40 Jahren?) Bedenken gegen die Behandlung der Gesamthafenbetriebe als gemeinnützig aufgekommen waren (BTDrs 12/5016, 91). 465

2. Voraussetzung der Befreiung

Die GewStBefreiung richtet sich **nach dem Maße der KStBefreiung** („soweit"). Erforderlich hierfür ist die Ausübung von Tätigkeiten iSv § 2 Abs 1 u 2 des G v 3.8.1950 (BGBl I 1950, 352), also die Vorhaltung und der gerechte und zweckmäßige Einsatz von qualifizierten Hafenarbeitern im Interesse einerseits der Versorgung von Hafenbetrieben mit Hafenarbeitern sowie andererseits der Arbeitsplatzsicherung. Weitere Voraussetzung ist jedoch eine dem Begünstigungszweck entsprechende **Verwendung von Überschüssen** und **Vermögen.** Hier kann es bei zweckwidriger Verwendung mE nach dem klaren Wortlaut des § 5 Abs 1 Nr 19 KStG nicht zu einer partiellen Befreiung, sondern es muss zur Versagung der Befreiung insgesamt kommen. Das gilt mE trotz des Umstands, dass die Unterhaltung eines – nicht steuerbefreiten – wirtschaftlichen Geschäftsbetriebs zulässig ist; mE ist insofern die Sachlage vergleichbar den Verhältnissen bei der StBefreiung von gemeinnützigen Körperschaften (aA evtl *Sarrazin* in *L/S* § 3 Rn 332). 466

3. Umfang der Befreiung

Die Befreiung wird nur gewährt, insoweit die o.a. Tätigkeiten ausgeführt werden. Insoweit kommt also eine **partielle Befreiung** in Betracht. Ausgenommen ist ein wirtschaftlicher Geschäftsbetrieb. 467

XXIV. Versorgungszusammenschlüsse (Nr 27)

1. Allgemeines

Die betroffenen Zusammenschlüsse von juristischen Personen des öffentlichen Rechts, von steuerbefreiten Körperschaften und steuerbefreiten Personenvereinigungen haben den Zweck, im Umlageverfahren die finanziellen Lasten aus **Versorgungszusagen** auszugleichen, die die Mitglieder ihren Arbeitnehmern erteilt haben. Sie sind im Ergebnis mit Pensionskassen vergleichbar. Bei den Mitgliedskör- 468 perschaften würden diese Aufgaben in den nichtsteuerpflichtigen Bereich (zB bei den öffentlich-rechtlichen Wirtschaftsorganisationen: IHK) oder in den steuerfreien Bereich (zB bei Wirtschaftsverbänden ohne öffentlich-rechtlichen Charakter) fallen. Gegen die im Hinblick hierauf in der Praxis gewährten Steuer-freistellungen waren Bedenken aufgekommen. Da sich die Tätigkeit der Zusammenschlüsse ausschließlich auf begünstigte Zwecke der Mitgliedskörperschaften erstreckt und ihre Heranziehung zur GewSt als unbillig angesehen wurde, sind sie durch G v 21.12.1993 (BGBl I 1993, 2310) u.a. von der GewSt befreit worden. Die **persönliche, sachlich beschränkte Befreiung** erfolgt grundsätzlich **ab EZ 1993** (§ 36 Abs 2 e idF des ÄndG). Für bereits vorher existierende Zusammenschlüsse ist unter der Voraussetzung der Beschränkung auf o.a. Tätigkeiten eine Übergangsregelung im Hinblick auf die Überdotierung und Abschmelzung des überdotierten Vermögens bis einschließlich EZ 1997 vorgesehen (BTDrs 12/6078, 129 f).

2. Voraussetzung der Befreiung

469 Es besteht auch hier eine vollständige **Abhängigkeit von der KStBefreiung** (§ 5 Abs 1 Nr 20 KStG). Erforderlich ist danach die Beschränkung der Tätigkeit auf den Ausgleich der Versorgungslasten. Jede weitergehende Tätigkeit ist schädlich und führt zum gänzlichen Fortfall der Befreiung. Zudem besteht für das zulässige Vermögen am Ende des Wirtschaftsjahres eine Beschränkung auf 60% der im Wirtschaftsjahr erbrachten Leistungen der Mitglieder im Umlaufverfahren.

In der Beschlussempfehlung des Finanzausschusses sollte in der Vorschrift klargestellt werden, dass auch bei Einbeziehung von Versorgungslasten von Arbeitnehmern eines steuerpflichtigen Betriebes gewerblicher Art oder eines steuerpflichtigen wirtschaftlichen Geschäftsbetriebes die Umlaufverfahren die Steuerbefreiung insgesamt („ausgeschlossen..., wenn...") wegfällt. Diese Bestimmung ist zwar nicht G geworden, wird aber im Wege **teleologischer Auslegung** dennoch hinzuzudenken sein.

3. Rechtsfolgen

470 Fehlt es an der Zweck- bzw Tätigkeitsbeschränkung, entfällt die Befreiung insgesamt; es gibt **keine** wenigstens **partielle Befreiung.** Ein höherer Vermögensbestand führt ebenfalls zum vollständigen Fortfall der Befreiung.

XXV. Arbeitsgemeinschaften Medizinischer Dienst – MDK – sowie Medizinischer Dienst der Spitzenverbände der Krankenkassen – MDS – (Nr 28)

1. Allgemeines

471 Die **persönliche** und **sachlich beschränkte Befreiung** wurde eingefügt durch JStErgG 1996 und gilt ab EZ 1991 (§ 36 Abs 2 f idF des ÄndG). Bei den MDK handelt es sich um Zusammenschlüsse der Landesverbände der Orts-, Betriebs- und Innungskrankenkassen, der landwirtschaftlichen Krankenkassen sowie der Verbände der Ersatzkassen in den Rechtsformen der Körperschaft des öffentlichen Rechts. Der MDS betreibt die Förderung der Durchführung von Aufgaben und der Zusammenarbeit des medizinischen Dienstes nach § 282 SGB V in Form einer Arbeitsgemeinschaft. Die von MDS und MDK wahrgenommenen Aufgaben (Gutachten und deren Vereinheitlichung; Beratung zu Fragen der medizinischen Versorgung) wurden ihnen durch Gesetz auferlegt und liegen ausschließlich im öffentlichen Interesse. Die Ausgaben werden ausschließlich im Umlageverfahren gedeckt, so dass nachhaltige Gewinne nicht zu erwarten sind (Ausnahme: Zinsen aus angelegten Vorauszahlungen).

2. Voraussetzung der GewStBefreiung

Sie ist **abhängig** von der Befreiung **von der KSt** (vgl § 5 Abs 1 Nr 21 KStG). 472
Die MDK und MDS sind nur befreit, *soweit* sie ihre Aufgaben wahrnehmen. Andere Tätigkeiten führen zur **partiellen StPfl.**
Zudem sind Vermögen und Überschüsse (insb aus Vorauszahlungen) ausschließlich zur Erreichung der o.a. Zwecke zu verwenden. **Verstöße** hingegen bedeuten mE den **völligen Verlust** der Befreiung.

XXVI. Gemeinsame Einrichtungen der Tarifvertragsparteien (Nr 29)

1. Allgemeines

Begünstigt sind gemeinsame Einrichtungen der Tarifvertragsparteien iSv § 4 Abs 2 473
TVG (BGBl I 1969, 1123), die satzungsmäßige Beiträge nach § 186 a AFG (BGBl I 1969, 582) (ab 1.1.1998: nach §§ 354–356 SGB III) oder auf Grund tarifvertraglicher Vereinbarungen erheben und Leistungen ausschließlich an die tarifgebundenen Arbeitnehmer des Gewerbezweigs sowie deren Hinterbliebene erbringen. Betroffen sind vor allem Lohnausgleichs- und Urlaubskassen. Die **persönliche und sachlich beschränkte** Befreiung ist eingeführt worden durch JStG 1997 (BGBl I 1996, 2049, 2073) und gilt ab EZ 1996 (§ 36 Abs 2 g idF des JStG 1997). Sie dient insbesondere der Beseitigung von Zweifeln an der bisherigen steuerlichen Behandlung (Befreiung unter anderen Titeln).

2. Voraussetzung der Befreiung

Die Befreiung ist **abhängig von** dem Maß der **KStBefreiung** („soweit"). Die 474
Einrichtungen dürfen ausschließlich die o.a. Leistungen erbringen. Zudem ist die **Konkurrenzklausel** des § 5 Abs 1 Nr 22 KStG zu beachten; dh die Einrichtung darf zu nichtsteuerbegünstigten Betrieben derselben oder ähnlichen Art nicht in größerem Umfang in Wettbewerb treten, als es bei Erfüllung der begünstigten Aufgaben unvermeidlich ist. Angesichts des im Wesentlichen identischen Wortlauts sind mE die Grundsätze zu § 65 Nr 3 AO (Rn 258) entsprechend anzuwenden.

3. Rechtsfolgen

Verstöße gegen die o.a. Tätigkeitsbeschränkung führen zum **Verlust der** 475
Befreiung; es sei denn, es liegen die Voraussetzungen für die Annahme eines wirtschaftlichen Geschäftsbetriebs (Rn 218 ff) vor; dann ist die Steuerfreiheit (nur) insoweit ausgeschlossen. Es besteht **partielle StPfl.** Verstöße gegen die Konkurrenzklausel führen mE ebenfalls zum völligen Verlust der Steuerfreiheit.

XXVII. Auftragsforschung (Nr 30)

1. Allgemeines

Nach der Vorschrift ist die Auftragsforschung iSv **§ 5 Abs 1 Nr 23 KStG** von 476
der GewSt **sachlich befreit,** soweit sie von der KSt befreit ist. Sie ist durch Art 4 Nr 1 c StÄndG 2003 (BGBl I 2003, 2645) eingeführt worden und ist nach § 36 Abs 4 a auch in **EZ vor 2003** anzuwenden.

§ 3 Befreiungen

Die Befreiung bezweckt und bewirkt eine **Gleichbehandlung mit** der Auftragsforschung von **gemeinnützigen Forschungseinrichtungen,** die unter bestimmten Voraussetzungen nach § 68 Nr 9 AO als Zweckbetriebe zu behandeln sind (Rn 302 ff).

2. Voraussetzung der Befreiung

477 **Befreit** ist die Auftragsforschung der **öffentlich-rechtlichen** Wissenschafts- und Forschungseinrichtungen, also insb der staatlichen Universitäten und Hochschulen. Die **Befreiung** ist insoweit **ausgeschlossen,** als die Tätigkeit auf die Anwendung gesicherter wissenschaftlicher Erkenntnisse, die Übernahme von Projektträgerschaften sowie wirtschaftliche Tätigkeit ohne Forschungsbezug gerichtet ist. Auch insoweit besteht Überein-stimmung mit § 68 Nr 9 AO; insgesamt aber handelt es sich um eine Bevorzugung der öffentlich-rechtlichen Einrichtungen vor den gemeinnützigen (*Kaufmann/Schmitz-Herscheidt* BB 2007, 2039; *Strahl,* KÖSDI 2007, 15 569; *Becker/Volkmann* DStZ 2007, 529; Gesetzesantrag Bayern BRDrs 198/07).

478, 479 *(frei)*

XXVIII. Weitere Befreiungen außerhalb des GewStG

1. Befreiung von Einnehmern einer staatlichen Lotterie (§ 13 GewStDV)

480 a) **Allgemeines.** Ermächtigungsgrundlage ist nicht § 35 c Nr 2 Buchst c GewStG (so jedoch FG Berlin EFG 1982, 91). Die Vorschrift beruht auf reichsrechtlicher Ermächtigung (§ 12, 13 RAO idF v 1.12.1936, RGBl I 1936, 961). Ihre Rechtsgültigkeit wurde durch die Aufhebung der Ermächtigung (Gesetz v 11.7.1953 BGBl I 1953, 511) nicht berührt. Daher ist die Beachtung des Art 80 Abs 1 GG für sie nicht von Bedeutung (BFH I R 158/81 BStBl II 1985, 223). Zum **Begriff der staatlichen Lotterie** gelten die o.a. Grundsätze (Rn 10) entsprechend.

481 b) **Persönliche Beschränkung.** Nur die **Einnehmer** einer **staatlichen Lotterie,** also auch der Lotto- und Totogesellschaften, sind befreit, nicht jedoch private Veranstalter insb von nicht genehmigten Lotterien (BFH IV R 18/09 BStBl II 2011, 368; IV R 39/07 BFH/NV 2011, 842). Die Vorratshaltung von Lotterielosen gehört ebenfalls zur Tätigkeit des Lotterieeinnehmers (BFH IV R 205/75 BStBl II 1976, 576; IV R 31/72 BStBl II 1976, 576). Nicht befreit sind Bezirksleiter und Bezirksstellenleiter (BFH IV R 77/67 BStBl II 1968, 718; V 4/65 BStBl II 1968, 244). Dasselbe dürfte für Hauptstellenleiter gelten. Dagegen sind die Inhaber der Annahmestellen als Einnehmer von der GewSt befreit, und zwar auch dann, wenn die Annahme- und Einnahmetätigkeit im Rahmen eines GewBetriebs (Tabak- und Zeitschriftenhandel) ausgeübt wird. Inhaber von Sammelstellen sind nicht Einnehmer und deshalb nicht befreit (vgl *Hess FM* DStZ/E 1957, 80).

482 c) **Rechtsfolgen.** Wird die Einnahmetätigkeit im Rahmen eines **einheitlichen GewBetriebs** ausgeübt und ist eine Trennung von GewErtrag und (bis 31.12.1997:) GewKapital anhand der Buchführung nicht möglich, dann sind die steuerfrei bleibenden Teile zu schätzen (BFH I R 158/81 BStBl II 1985, 223). Liegen die Voraussetzungen für die Befreiung als staatliche Lotterie nicht vor und wird die Annahmestelle zusammen mit einem finanziell, wirtschaftlich und organisatorisch eng verflochtenen Tabakhandel o.ä. betrieben (hierzu BFH BStBl II 1986, 719), dann darf der Freibetrag nach § 11 Abs 1 nicht doppelt in Anspruch genommen werden. Zu den Verhältnissen in Hessen vgl *OFD Ffm* BB 1987, 955, zur Steuerpflicht der Einnehmer der Lotto Hamburg GmbH ab 1.1.2008 vgl *FinBeh Hamburg* v 7.1.2009.

Weitere Befreiungen außerhalb des GewStG § 3

2. Befreiung von Wasserkraftwerken

Nach § 6 VO über die steuerliche Begünstigung von Wasserkraftwerken v 483 26.10.1944 (RGBl I 1944, 278, RStBl 1944, 657) idF des G v 16.8.1977 (BGBl I 1977, 1586) werden Wasserkraftwerke ermäßigt besteuert. Für die Bauzeit fällt keine GewSt an. In den folgenden 20 Jahren wird die GewSt, die auf die steuerbegünstigten Anlagen entfällt, auf die Hälfte ermäßigt.

Voraussetzung für die Begünstigung ist, dass mit dem Bau der begünstigten Anlagen zwischen 1938 und 1985 begonnen worden ist (§ 3 WasserkraftwerksVO).

3. Befreiung sog kleinerer Körperschaften

Nach R 7.1 Abs 7 GewStR kann **von der Festsetzung** des (einheitlichen) 484 GewStMessbetrags **abgesehen** werden, wenn im Einzelfall bei kleinen Körperschaften, insb Vereinen, Stiftungen und Genossenschaften, bei juristischen Personen des öffentlichen Rechts der Gewinn offensichtlich 500 € nicht übersteigt. Für diese Regelung wird auf § 156 Abs 2 AO Bezug genommen, wonach die Festsetzung von Steuern und Nebenleistungen unterbleiben kann, wenn feststeht, dass die Einziehung keinen Erfolg haben wird, oder wenn die Kosten der Einziehung einschließlich der Festsetzung außer Verhältnis zu dem Betrag stehen. Doch eignet sich § 156 Abs 2 AO schon deswegen nicht als Rechtsgrundlage, weil die Regelung den Unterschied zwischen Gewinn und GewErtrag nicht beachtet.

4. Befreiung kleinerer Versicherungsvereine auf Gegenseitigkeit

a) Allgemeines. Nach § 12 a GewStDV sind kleinere Versicherungsvereine auf 485 Gegenseitigkeit iSv § 53 VAG von der GewSt befreit, wenn sie nach § 5 Abs 1 Nr 4 KStG von der KSt befreit sind (zum Begriff vgl BFH I R 45/90 BStBl II 1992, 429). Es handelt sich um einen Auffangtatbestand, der den kleinen Versicherungsvereinen auf Gegenseitigkeit die volle StFreiheit garantiert, auch wenn sie iSd § 5 Abs 1 Nr 3 KStG überdotiert wären (*Blomeyer/Rolfs/Otto* aaO Rn 5). Die **sachliche Befreiung** stützt sich wohl auf die Ermächtigung in § 35 c Abs 1 Nr 2 Buchst d GewStG. Indes erscheint die Ermächtigung im Hinblick auf das Bestimmtheitsgebot des Art 80 GG fragwürdig. Insb erscheint es mit dem verfassungsrechtlichen Bestimmtheitsgebot nicht vereinbar, dass dem VO-Geber (Bundesregierung) das „Ob" der Befreiung überlassen bleibt (aA *Sarrazin* in *L/S* § 3 Rn 360; *Blümich/v. Twickel* § 3 Rn 141).

b) Einzelnes. § 5 Abs 1 Nr 4 KStG unterscheidet zwischen sonstigen Versiche- 486 rungsvereinen auf Gegenseitigkeit und Sterbegeldversicherungen:

Bei den erstgenannten ist Voraussetzung für die Befreiung, dass die Beitragseinnahmen im Durchschnitt der letzten 3 Wirtschaftsjahre einschließlich des im VZ endenden Wirtschaftsjahres die durch RechtsVO festzusetzenden Jahresbeträge nicht überstiegen haben (Nr 4 Buchst a). Es handelt sich nach **§ 4 Nr 1 KStDV** um folgende **Höchstgrenzen:**
– bei Lebens- und Krankenversicherung 797 615 €
– bei den übrigen Versicherungsvereinen (Ausnahme Sterbegeldversicherungen) 306 775 €.

Sterbegeldversicherungen sind befreit, wenn sie sich nach dem Geschäftsplan sowie nach Art und Höhe der Leistungen als soziale Einrichtungen darstellen (Nr 4 Buchst b); zu diesem Begriff vgl oben Rn 348 ff. Im Übrigen findet § 2 Abs 1 KStDV Anwendung, wonach die Sterbegelder 7669 € als Gesamtleistung nicht übersteigen dürfen. Zu den Gesamtleistungen dürfen Gewinnzuschläge nach § 2 Abs 2 KStDV nicht hinzukommen. ME ist BFH I R 107/67 BStBl II 1970, 227 insoweit überholt.

Güroff 417

5. Befreiung von Kapitalanlagegesellschaften

487 Nach §§ 37 n, 37 o, 38, 43 a bis 50 d **KAGG** idF der Bek v 9.9.1998 (BGBl I 1998, 2726) sind Sondervermögen, die von Kapitalanlagegesellschaften (Investmentgesellschaften) verwaltet werden, steuerbefreit. Für Geschäftsjahre, die nach dem 31.12.2003 beginnen, sind die **Sondervermögen** und **Investmentaktiengesellschaften** nach § 11 Abs 1 **Investmentsteuergesetz** v 15.12.2003 (BGBl I 2003, 2676/2724) steuerbefreit.

6. Befreiung der European Transonic Windtunnel GmbH (VO v 1.9.1989 BGBl II 1989, 738)

488 Die Befreiung betrifft den gemeinsamen Betrieb des Europäischen Transschall-Windkanals durch die Bundesrepublik Deutschland, Frankreich und das Vereinigte Königreich. Die Befreiung beruht auf der VO v 1.9.1989 (BGBl II 1989, 738) und betrifft die Tätigkeit sowie das der Tätigkeit dienende Vermögen der Gesellschaft. Die VO selbst beruht auf Art 3 des G v 27.6.1954 u.a. betreffend Gewährung von Vorrechten und Befreiungen für (andere) zwischenstaatliche Organisationen (BGBl I 1954, 639). Die Befreiung ist am 1.1.1988 in Kraft getreten.

7. Befreiung des Absatzfonds bzw des Holzabsatzfonds

489 Bei beiden Fonds (aufgelöst durch G v 25.5.2011 BGBl I 2011, 950) handelte es sich um Anstalten des öffentlichen Rechts. Sie hatten die Aufgabe, den Absatz und die Verwertung von Erzeugnissen der deutschen Land- u Ernährungswirtschaft bzw der deutschen Forstwirtschaft durch Erschließung und Pflege von Märkten im In- u Ausland mit modernen Mitteln und Methoden zentral zu fördern sowie (nur beim Absatzfonds:) in diesem Zusammenhang auf die Verbesserung der Qualität und der Marktorientierung von Erzeugnissen hinzuwirken. Beide Fonds bedienten sich zur Durchführung ihrer Aufgaben einer zentralen Einrichtung der Wirtschaft, die kein eigenes Warengeschäft betreiben darf. Hierdurch rechtfertigt sich die in den o.a. Gesetzen normierte Steuerbefreiung beider Fonds. Finanziert wurde der Absatzfonds aus verarbeitungsabhängigen Beiträgen der verschiedenen Bereiche der Land- und Ernährungswirtschaft und der Forstabsatzfonds durch Abgaben auf von inländischen Forstbetrieben aufgenommenes Sägen, Messern oder Schälen bestimmtes Stammholz.

8. Befreiung der Unterstützungskassen nach § 15 Abs 2 PostpersonalrechtsG

490 Die Befreiung basiert auf dem G v 14.9.1994 (BGBl I 1994, 2325, 2353), zuletzt geändert durch G v 28.8.2013 (BGBl I 2013, 3386). Die persönliche Befreiung besteht ab der Gründung der Kassen.

§ 4 Hebeberechtigte Gemeinde

(1) ¹**Die stehenden Gewerbebetriebe unterliegen der Gewerbesteuer in der Gemeinde, in der eine Betriebsstätte zur Ausübung des stehenden Gewerbes unterhalten wird.** ²**Befinden sich Betriebsstätten desselben Gewerbebetriebs in mehreren Gemeinden oder erstreckt sich eine Betriebsstätte über mehrere Gemeinden, so wird die Gewerbesteuer in jeder Gemeinde nach dem Teil des Steuermessbetrags erhoben, der auf sie entfällt.**

(2) **Für Betriebsstätten in gemeindefreien Gebieten bestimmt die Landesregierung durch Rechtsverordnung, wer die nach diesem Gesetz den Gemeinden zustehenden Befugnisse ausübt.**

(3) ¹**Für Betriebsstätten im nicht zur Bundesrepublik Deutschland gehörenden Teil eines grenzüberschreitenden Gewerbegebiets im Sinne des § 2 Abs. 7 Nr. 2 ist die Gemeinde hebeberechtigt, in der der zur Bundesrepublik Deutschland gehörende Teil des grenzüberschreitenden Gewerbegebiets liegt.** ²**Liegt der zur Bundesrepublik Deutschland gehörende Teil in mehreren Gemeinden, gilt Absatz 2 entsprechend.**

Gewerbesteuer-Durchführungsverordnung

§ 15 GewStDV Hebeberechtigte Gemeinde bei Gewerbebetrieben auf Schiffen und bei Binnen- und Küstenschifffahrtsbetrieben

Hebeberechtigte Gemeinde für die Betriebsstätten auf Kauffahrteischiffen, die in einem inländischen Schiffsregister eingetragen sind und nicht im sogenannten regelmäßigen Liniendienst ausschließlich zwischen ausländischen Häfen verkehren, und für die in § 6 bezeichneten Binnen- und Küstenschifffahrtsbetriebe ist die Gemeinde, in der der inländische Heimathafen (Heimatort) des Schiffes liegt.

Gewerbesteuer-Richtlinien 2009: R 4.1 GewStR/H 4.1 GewStH

Übersicht

	Rn
I. Hebeberechtigung	1–5
1. Allgemeines	1
2. Mehrere Betriebsstätten, mehrgemeindliche Betriebsstätten	2
3. Gemeindefreie Gebiete	3
4. Grenzüberschreitende Gewerbegebiete	4
5. Hebeberechtigung bei Gewerbebetrieben auf Schiffen	5
II. Verfahrensfragen	6–12
1. Aufgabenteilung Finanzamt/Gemeinde	6
2. Mitteilung nach § 184 Abs 3 AO	7
3. Zuteilungsbescheid	8
4. Bekanntgabe des Gewerbesteuermessbescheids	9
5. Rechtsmittelbefugnis	10
6. Zinsen/Haftung	11
7. Verträge über Industrieansiedlung	12

I. Hebeberechtigung

1. Allgemeines

Die Vorschrift bestimmt die **Hebeberechtigung von Gemeinden**. Sie legt als 1 hebeberechtigte Gemeinde für den stehenden Gewerbebetrieb diejenige fest, in der der Gewerbebetrieb seine **Betriebsstätte** hat. Für den Reisegewerbebetrieb ist die Gemeinde berechtigt, in der sich der Mittelpunkt der gewerblichen Tätigkeit befindet (§ 35 a Abs 3). Die Hebeberechtigung einer Gemeinde führt zur Steuergläubigerschaft (BFH I R 88/02 BStBl II 2004, 751). Die hebeberechtigte Gemeinde kann damit die Steuer festsetzen, erheben und beitreiben, auch kann sie Nebenleistungen (§ 3 Abs 4 AO) erheben. Die Frage, welcher Gemeinde der Gewerbesteueranspruch zusteht, hat nicht nur für die Gemeinde selbst, sondern wegen der unterschiedlichen Steuersätze auch für den Unternehmer Bedeutung (Standortwahl, s

Behrendt StB 1996, 296). Die Betriebsstätte als örtliche Anknüpfung für die Hebeberechtigung hängt mit dem Äquivalenzprinzip zusammen (s § 1 Rn 11). Maßgebend ist der Betriebsstättenbegriff des § 12 AO; es muss sich nicht um eine Betriebsstätte handeln, die in das Zerlegungsverfahren einzubeziehen ist. Zu den Merkmalen der Betriebsstätte im Einzelnen s § 2 Rn 610 ff. Die Befugnis der Gemeinden zur allgemeinverbindlichen Festsetzung des Hebesatzes regelt § 16.

2. Mehrere Betriebsstätten, mehrgemeindliche Betriebsstätten

2   Abs 1 Satz 2 enthält den Grundsatz, wonach die GewSt mit Bezug zu mehreren Gemeinden aufzuteilen ist. Dies geschieht durch das Zerlegungsverfahren nach § 28. Auf die Anknüpfung an eine Betriebsstätte kann nicht verzichtet werden. Es genügt nicht, dass einer Gemeinde durch eine Betriebsstätte in einer anderen Gemeinde Lasten entstehen (s *Blümich/Gosch* § 4 GewStG Rn 6). Eine sich über mehrere Gemeinden erstreckende („mehrgemeindliche") Betriebsstätte liegt vor, wenn zwischen den Betriebsanlagen, Geschäftseinrichtungen oder Teilen von ihnen ein räumlicher und betrieblicher Zusammenhang besteht; bei bestimmten Unternehmen kann der räumliche Zusammenhang bei einer besonders engen wirtschaftlichen, technischen und organisatorischen Verbindung in den Hintergrund treten (BFH I R 56/08 BStBl II 2010, 492).

3. Gemeindefreie Gebiete

3   Für Betriebsstätten in **gemeindefreien Gebieten**, dh in Gebieten, die nicht im Bezirk einer Gemeinde belegen sind, bestimmt die Landesregierung durch Rechtsverordnung, wer die den Gemeinden zustehenden Befugnisse ausübt, zB sind sie in Bayern den Landkreisen übertragen worden (VO zum Vollzug des GewStG v 21.1.1975 BayRS IV, 659, 611–5-3-I), in Mecklenburg-Vorpommern ist es das Land (GVOBl 2010, 804). Zu weiteren gemeindefreien Gebieten s *Blümich/Gosch* § 4 GewStG Rn 14. Zum gemeindefreien Gebiet gehört auch der Festlandsockel. In Niedersachsen und Mecklenburg-Vorpommern ist durch Rechtsverordnung das jeweilige Land für zuständig erklärt worden, in Schleswig-Holstein ist es die Insel Helgoland (s *Waldhoff/Engler* FR 2012, 254; *Waffenschmidt* FR 2013, 268). Abs 2 erlaubt es dem Verordnungsgeber, das Land und nicht eine kommunale Gebietskörperschaft für zuständig zu erklären (aA *Lenski/Steinberg* § 4 Rn 18). Bedeutung hat dies insb für die Offshore-Energieerzeugung.

4. Grenzüberschreitende Gewerbegebiete

4   Durch das 3. Zusatzprotokoll zum DBA Niederlande wurde das Besteuerungsrecht auf grenzüberschreitende Gewerbegebiete ausgedehnt (BGBl II 2004, 1653, 1655). Ein solches Gewerbegebiet wurde durch VO v 25.5.2007 bestimmt (BGBl II 2007, 778), ein weiteres durch VO v 7.1.2008 (BGBl II 2008, 30). Durch Abs 3 wird geregelt, dass diejenige Gemeinde hebeberechtigt ist, auf deren Gebiet der deutsche Teil des grenzüberschreitenden Gewerbegebiets liegt. Die Gewerbesteuerpflicht eines in Deutschland ansässigen Gewerbebetriebs bezieht sich somit auch auf solche Betriebsstätten, die in den Niederlanden in einem grenzüberschreitenden Gewerbegebiet belegen sind (s *Jumpertz/Oblau* RIW 2005, 917 sowie *Tonner/Duling/Hartmann/Hartmann* IStR 2007, 497). Liegt der zu Deutschland gehörende Teil des Gewerbegebiets in mehreren Gemeinden, so wird die Hebeberechtigung durch Rechtsverordnung bestimmt (Abs 3 Satz 2).

5. Hebeberechtigung bei Gewerbebetrieben auf Schiffen

5   Nach § 5 GewStDV wird ein Gewerbebetrieb gewerbesteuerlich insoweit nicht im Inland betrieben, als für ihn eine Betriebsstätte auf einem Kauffahrteischiff unter-

Verfahrensfragen § 4

halten wird, das im sog regelmäßigen Liniendienst ausschließlich zwischen ausländischen Häfen verkehrt, auch wenn es in einem inländischen Schiffsregister eingetragen ist. Sind die Kauffahrteischiffe nicht in dieser Weise eingesetzt, aber im inländischen Schiffsregister eingetragen, so ist für die Betriebsstätte auf dem Schiff die Gemeinde hebeberechtigt, in der der Heimathafen (Heimatort) des Schiffes liegt. Dies gilt auch für die Binnen- und Küstenschifffahrtsbetriebe des § 6 GewStDV (§ 15 GewStDV, s auch § 2 Rn 618). Die Vorschrift des § 15 GewStDV ist nicht einschlägig, wenn eine Betriebsstätte an Land vorhanden ist (BFH IV B 130/58 HFR 1963, 70).

II. Verfahrensfragen

1. Aufgabenteilung Finanzamt/Gemeinde

Die Abgabenordnung, die auch für die Gewerbesteuererhebung der Gemeinden **6** weitgehend anzuwenden ist (§ 1 Abs 2 AO), sieht eine Aufgabenteilung zwischen Betriebsfinanzamt und Gemeinde vor. Nach § 184 AO regelt der Steuermessbescheid des Finanzamts die Höhe des Messbetrags sowie die sachliche und persönliche Steuerpflicht (s VGH Ba-Wü KStZ 2012, 193). Den Gewerbesteuerbescheid selbst erlässt die Gemeinde (§ 16 Abs 1). Dazu ist ihr vom Finanzamt der Inhalt des Gewerbesteuermessbescheides mitzuteilen (§ 184 Abs 3, § 31 Abs 1 AO). Die Gemeinden als Steuerberechtigte können vom FA Auskunft verlangen über Zerlegungs- bzw Zuteilungsgrundlagen und Einsicht in die entsprechenden Unterlagen nehmen (§§ 187, 190 Satz 2 AO; s *BayLfSt* DStR 2012, 524). Der Steuermessbescheid entfaltet für den Gewerbesteuerbescheid Bindungswirkung nach § 351 Abs 2 AO. Die Länder können die Befugnis zur Festsetzung und Erhebung der Gewerbesteuer anstelle der Gemeinde dem Finanzamt übertragen. In den Stadtstaaten Hamburg, Bremen und Berlin obliegt die Erhebung und Festsetzung den Finanzämtern (s *HHSp* § 184 AO Rn 10).

2. Mitteilung nach § 184 Abs 3 AO

Durch die Mitteilung nach § 184 Abs 3 AO – der Bescheid selbst enthält nicht **7** immer einen ausdrücklichen Hinweis – wird faktisch bestimmt, welche Gemeinde hebeberechtigt ist. Nach BFH I R 151/80 BStBl II 1985, 607 war unbeschadet des § 127 AO der von einem örtlich unzuständigen Finanzamt erlassene Gewerbesteuermessbescheid ersatzlos aufzuheben, dass eine nicht hebeberechtigte Gemeinde den Gewerbesteuermessbetrag zugewiesen erhielt. Das genannte Urteil ist durch BFH I R 88/02 BStBl II 2004, 751 überholt. Der BFH unterscheidet nunmehr klar zwischen Messbetragsverfahren einerseits (§ 184 AO) und Zuteilungsverfahren andererseits (§ 190 AO). Die Bestimmung der hebeberechtigten Gemeinde ist hiernach nicht Bestandteil des Gewerbesteuermessbescheids (ebenso *Blümich/Gosch* § 4 GewStG Rn 12). Dementsprechend besteht auch **keine verfahrensrechtliche Bindung** an die Nennung der hebeberechtigten Gemeinde in einem Gewerbesteuermessbescheid, der gem § 184 Abs 3 AO der Gemeinde mitgeteilt wird. Vielmehr ist die Hebeberechtigung bei Erlass des Gewerbesteuerbescheids selbstständig zu prüfen. Ergeht in Zweifelsfällen ein Zuteilungsbescheid, so besteht Bindungswirkung. Im Zuteilungsverfahren sind die Gemeinden beteiligt, die Anspruch auf den Messbetrag erheben (§§ 190, 186 AO). Das BVerwG hat offengelassen, ob die Mitteilung nach § 184 Abs 3 AO Bindungswirkung entfaltet, sofern der Messbescheid keine Regelung der Hebeberechtigung enthält (KStZ 1999, 34). Es sieht eine solche Regelung in dem im Messbescheid enthaltenen Hinweis, wonach die Gewerbesteuer nur an die im Messbescheid bezeichnete Stelle zu zahlen sei. Auch diese Entscheidung dürfte durch BFH I R 88/02 aaO überholt sein.

3. Zuteilungsbescheid

8   Einen Zuteilungsbescheid können sowohl der Steuerpflichtige als auch die Gemeinde beantragen. Beide können dagegen Einspruch einlegen (§ 190 Satz 2, § 186 AO). Legt der Steuerpflichtige Einspruch ein, so ist er nur dann **beschwert** (§ 350 AO), wenn er die Zuteilung zu einer Gemeinde mit einem niedrigeren Hebesatz begehrt (BFH I R 88/02 BStBl II 2004, 751). Er hat kein schützenswertes rechtliches Interesse daran, dass die von ihm zu zahlende Gewerbesteuer einer bestimmten Gemeinde zugute kommt; für eine Durchsetzung der Rechte der betroffenen Gemeinde fehlt ihm das Rechtsschutzbedürfnis (BFH I B 87/04 BStBl II 2005, 143). Der BFH-Beschluss IV B 130/58 HFR 1963, 70, wonach eine Beschwer darin zu sehen sei, dass ein Antrag des Steuerpflichtigen auf anderweitige Zuteilung abgelehnt worden ist, ist überholt. Ebensowenig ist eine Beschwer darin zu sehen, dass der Steuerpflichtige für eine in einem Zuteilungsbescheid genannte Gemeinde A Sicherheiten für Gewerbesteuerschulden bestellt hat, nicht jedoch für die nach seiner Ansicht hebeberechtigte Gemeinde B.

Ein Zuteilungsbescheid setzt die Existenz eines Messbescheides voraus und ist im Verhältnis zu diesem Folgebescheid (FG Bbg 3 K 722/00 EFG 2002, 655 rkr). Ein Antrag auf Zuteilung des Messbetrages ist von einer übergangenen Gemeinde innerhalb eines Jahres nach Unanfechtbarkeit des Messbescheides zu stellen (§§ 190 Satz 2, 189 Satz 3 AO).

4. Bekanntgabe des Gewerbesteuermessbescheids

9   Sie erfolgt in der Praxis zT in der Weise, dass die Finanzämter den Gemeinden auch die für den Steuerpflichtigen bestimmte Ausfertigung des Gewerbesteuermessbescheids übermittelten und die Gemeinden diese zusammen mit dem jeweiligen Gewerbesteuerbescheid bekannt gaben. Einige Bundesländer haben die Bekanntgabebefugnis den Gemeinden durch Landesgesetz übertragen (s dazu *HHSp* § 184 AO Rn 43). Eine Bekanntgabe von Messbescheiden durch Gemeinden ohne entsprechende landesgesetzliche Ermächtigung ist rechtswidrig (BFH XI B 69/92 BStBl II 1993, 263). S zu Einzelheiten auch § 1 Rn 131, § 14 Rn 6.

5. Rechtsmittelbefugnis

10   Für die Durchsetzung des gemeindlichen Steueranspruchs gegenüber dem Finanzamt gilt: Im Verfahren betreffend den Gewerbesteuermessbescheid ist die Gemeinde nicht **rechtsmittelbefugt**. Sie ist insoweit im Regelfall nicht Betroffene (BFH I 196/60 S BStBl III 1963, 216; FG Ba-Wü EFG 2000, 89 rkr). Ausnahmen sieht § 40 Abs 3 FGO vor, und zwar dann, wenn der Bund oder das Land die Abgabe oder einen Teil der Abgabe selbst schulden würde (Interessenkollision, s § 1 Rn 48; Nachweise bei *Tipke/Kruse* § 40 FGO Rn 95; s auch BFH I B 6/01 BStBl II 2002, 91). Gemäß § 21 Abs 3 FVG ist der Gemeinde gestattet, an Außenprüfungen teilzunehmen (§ 1 Rn 36; s auch *App/Klos* KStZ 1996, 84). Zum Akteneinsichtsrecht von Gemeinden s BFH I R 111/98 BFH/NV 2000, 346.

6. Zinsen/Haftung

11   Die Hinterziehungszinsen des § 235 AO werden durch die Gemeinden unmittelbar festgesetzt (aA *Fuchsen* DStR 1992, 1307), auch für den Erlass eines **Haftungsbescheids** sind die Gemeinden zuständig (s § 5 Rn 38).

7. Verträge über Industrieansiedlung

12   Bei Verträgen über die Industrieansiedlung zwischen Gemeinden und Steuerpflichtigen ist eine Abmachung über den Erlass oder Teilerlass von Gewerbesteuer

nicht zulässig (s *Meier* KStZ 1997, 152). Der dies ermöglichende § 5 des EinfGRealStG 1936 wurde mit den getroffenen Vereinbarungen schon durch die Verordnung über die Erhebung der Gewerbesteuer in vereinfachter Form (GewStVV) v 31.3.1943 (RGBl I 1943, 237) aufgehoben (s dazu auch den Erlass in RStBl 1943, 363, 365). Ein auf sachwidrigen Erwägungen beruhender Verwaltungsakt über den Erlass von Gewerbesteuer ist nicht von vornherein nichtig (BVerwG ZKF 1999, 37, zum Erlass von Aussetzungszinsen als „Gegenleistung" für einen Rechtsmittelverzicht). Umstritten ist, ob in Verpachtungs- oder Veräußerungsverträge Verpflichtungen des Unternehmers über die gewerbesteuerwirksame Unternehmensgestaltung aufgenommen werden können (verneinend BGH DGStZ 1976, 118; s dazu aber *Rathjen* DStR 1977, 472). Ansiedlungswilligen Unternehmen stellen Gemeinden häufig preisgünstig Grundstücke zur Verfügung. Vielfach werden auch besondere Erschließungsleistungen erbracht. In diesen Fällen muss es der Gemeinde gestattet sein, ihre Leistungen von der Belegenheit des Betriebs im Gemeindebereich abhängig zu machen. Dies bedeutet keine unzulässige Vereinbarung über eine Abgabenschuld, sondern die legitime Berücksichtigung fiskalischer Belange im Bereich der gemeindlichen Planungshoheit. Abgabenrechtliche Verträge allerdings werden nach der zutreffenden hM auch nicht durch § 78 Nr 3 AO gestattet. Diese Vorschrift bleibt für das Abgabenwesen weitgehend ohne Gewicht (zu Ausnahmen bei einer tatsächlichen Verständigung s BFH III R 19/88 BStBl II 1991, 45 und zum Verrechnungsvertrag s BFH VII R 167/82 BStBl II 1987, 8).

§ 5 Steuerschuldner

(1) [1]**Steuerschuldner ist der Unternehmer.** [2]**Als Unternehmer gilt der, für dessen Rechnung das Gewerbe betrieben wird.** [3]**Ist die Tätigkeit einer Personengesellschaft Gewerbebetrieb, so ist Steuerschuldner die Gesellschaft.** [4]**Wird das Gewerbe in der Rechtsform einer Europäischen wirtschaftlichen Interessenvereinigung mit Sitz im Geltungsbereich der Verordnung (EWG) Nr. 2137/85 des Rates vom 25. Juli 1985 über die Schaffung einer Europäischen wirtschaftlichen Interessenvereinigung (EWIV) (ABl. L 199 vom 31.7.1985, S. 1) betrieben, sind abweichend von Satz 3 die Mitglieder Gesamtschuldner.**

(2) [1]**Geht ein Gewerbebetrieb im Ganzen auf einen anderen Unternehmer über (§ 2 Abs. 5), so ist der bisherige Unternehmer bis zum Zeitpunkt des Übergangs Steuerschuldner.** [2]**Der andere Unternehmer ist von diesem Zeitpunkt an Steuerschuldner.**

Gewerbesteuer-Richtlinien 2009: R 5.1–5.3 GewStR/H 5.1, 5.3 GewStH

Übersicht

	Rn
I. Unternehmer	1–4
1. Allgemeines	1
2. Persönliche Zurechnung	2
3. Nutzungsrecht am Betriebsvermögen	3
4. Treuhandverhältnisse	4
II. Steuerschuldnerschaft bei Personengesellschaften	5–19
1. Allgemeines	5
2. Gesellschaftsformen	6–14
a) Personengesellschaften	6, 7
b) Treuhandmodell	8

	Rn
c) BGB-Gesellschaften	9
d) Atypische stille Gesellschaften	10
e) Unterbeteiligungen	11
f) Gesellschaftsähnliche Mitunternehmerschaften	12
g) Europäische wirtschaftliche Interessenvereinigung	13
h) Steuerschuldnerschaft in anderen Fällen	14
3. Gesellschafterwechsel	15–19
III. Betriebsübergang	20, 21
IV. Abgabenrechtliche/verfahrensrechtliche Fragen	22–39
1. Entstehen, Erlöschen der Steuerschuld	22–24
2. Verjährungsfragen	25
3. Verwirkung	26
4. Billigkeitsmaßnahmen	27
5. Beteiligteneigenschaft des subjektiv Steuerpflichtigen	28
6. Steuerbescheid bei Mitunternehmerschaften	29–33
7. Haftung	34–39
a) Haftung der Gesellschafter	34
b) Haftung des Betriebsübernehmers	35
c) Weitere Fälle	36
d) Haftungsbescheid	37–39

I. Unternehmer

1. Allgemeines

1 § 5 regelt die **persönliche Steuerpflicht.** Davon getrennt zu sehen ist die **sachliche Steuerpflicht,** die den Besteuerungsgegenstand des § 2 meint. Der Eigenart der Gewerbesteuer als Objektsteuer entsprechend spielen die persönlichen Verhältnisse des Geschäftsinhabers grundsätzlich keine Rolle (§ 2 Rn 1). Besteuert wird die Ertragskraft, bis 31.12.1997 auch das Gewerbekapital des Betriebs. Dies ließe eine gesetzliche Regelung dergestalt zu, dass den jeweiligen Betriebsinhaber als Steuerschuldner auch diejenigen Besteuerungsmerkmale des Steuergegenstands treffen, die zeitlich zurückliegend während der Inhaberschaft des früheren Betriebseigentümers verwirklicht wurden. Diesen Grundsätzen folgte zB noch § 210 a Abs 1 RAO aF. Auch das GewStG 1936 sah für einen vom Rechtsnachfolger im Wesentlichen unverändert fortgeführten Betrieb die Besteuerungsmerkmale aus einem vor dem Inhaberwechsel liegenden Zeitraum als maßgeblich an und berücksichtigte den Inhaberwechsel lediglich für die Steuerschuldnerschaft. Durch die Einführung des § 2 Abs 5 (früher § 5 Abs 2) wurde die sachliche Steuerpflicht mit einer subjektiven Komponente angereichert (s BFH IV 666/55 U BStBl III 1958, 210): Beim **Unternehmerwechsel** ist grundsätzlich **Betriebseinstellung** anzunehmen. Dies macht aber lediglich die Feststellung überflüssig, ob der Unternehmerwechsel den Betrieb und damit seine Ertragskraft verändert hat. § 2 Abs 5 steht deshalb iZm § 10 a, der für den Verlustabzug Unternehmer- und Unternehmenseinheit voraussetzt (BFH GrS 3/92 BStBl II 1993, 616).

Steuerschuldner und Unternehmer müssen **nicht identisch** sein, wie sich aus Abs 1 Satz 3 ergibt. Im Gegensatz zum EStRecht ist im GewStRecht die Personengesellschaft als solche Steuerschuldnerin. Unternehmer sind hingegen auch im GewStRecht die einzelnen Mitunternehmer (aA *Knobbe-Keuk* StuW 1985, 382).

Wenn § 5 Abs 2 für den Unternehmerwechsel, dh für den Zeitpunkt der Betriebseinstellung, den **Wechsel des Steuerschuldners** (anderer Unternehmer) vorsieht, so ist dies die Konsequenz aus dem gesetzlich unterstellten Betriebsende. Dagegen ist der Umkehrschluss aus § 5 Abs 2 nicht zulässig (s dazu Rn 21).

Unternehmer § 5

2. Persönliche Zurechnung

§ 5 Abs 1 Satz 1 bezeichnet als Steuerschuldner grundsätzlich den **Unternehmer**, 2 dh denjenigen, für dessen Rechnung das Gewerbe betrieben wird. Dies muss nicht derjenige sein, der nach außen als Unternehmer auftritt. Es sind die gleichen Zurechnungskriterien angesprochen, die auch für die einkommensteuerrechtlichen Einkünfte aus Gewerbebetrieb zu berücksichtigen sind: Für die Zurechnung der betrieblichen Einkünfte des § 2 Abs 1 Nrn 1–3 EStG sind bei einem bestimmten Steuerpflichtigen ist das **Unternehmerrisiko** und die beim Einzelunternehmer als selbstverständlich vorausgesetzte **Unternehmerinitiative** von Bedeutung (zutreffend für grundsätzlich inhaltliche Gleichbehandlung von Unternehmer- und Mitunternehmerbegriff *Groh* BB 1982, 1229; BFH GrS 3/92 BStBl II 1993, 616; III R 21/02 BStBl II 2005, 168). Dies bedeutet steuerrelevantes Handeln im eigenen Namen und auf eigene Gefahr. Die Frage, wer die Tatbestandsmerkmale der jeweiligen Einkunftsart verwirklicht, hat jene nach dem Innehaben der Einkunftsquelle in dem überkommenen Sinne einer Vorstellung abgelöst, nach der die zivilrechtliche Rechtszuständigkeit für das Erträge abwerfende Vermögen die Zurechnung der betreffenden Einkünfte bestimmte. Die Zuordnung von Einkünften wird nicht als eine Frage der Rechtszuständigkeit für Wirtschaftsgüter angesehen (vgl auch *Ruppe* DStJG 1978, 24; *Schmidt/Wacker* § 15 Rn 135 ff).

3. Nutzungsrecht am Betriebsvermögen

Je nachdem, ob die Nießbrauchseinräumung mit der Verwirklichung eigener 3 Unternehmermerkmale durch den **Nießbrauchsberechtigten** zusammentrifft, kann dieser selbst oder zusammen mit anderen sachlich Berechtigten die betrieblichen Einkünfte erzielen (vgl zur Bedeutung der tatsächlichen Gestaltung für den Unternehmer-/Mitunternehmerbegriff auch BFH I R 29/76 BStBl II 1980, 266). Dabei sind an den Gesichtspunkt des unternehmerischen Erwirtschaftens von Gewinnen je nach der Art der Einkunftserzielung naturgemäß unterschiedliche Anforderungen zu stellen. Bei der Betriebsverpachtung reduziert sich beispielsweise die Unternehmerinitiative des Verpächters auf die Geltendmachung der Rechte aus dem Pachtvertrag und das Unternehmerrisiko der damit verbundenen Lasten und Gefahren. Dieses Risiko kann auch derjenige tragen, dem auf Dauer die Ausübung eines Unternehmensnießbrauchs nach § 1059 Satz 2 BGB gestattet ist (BFH I R 123/76 BStBl II 1980, 432). Sonach bestehen gegen die Anerkennung des zivilrechtlichen Unternehmensnießbrauchs für Besteuerungszwecke keine Bedenken (vgl auch BFH VIII R 55/77 BStBl II 1981, 396). Die Nießbrauchsbestellung führt wie die Betriebsverpachtung zu einem ruhenden Betrieb in der Hand des Nießbrauchsberechtigten (*Korn* DStR 1999, 1461). Der handelsrechtlich zweifelhafte Nießbrauch am Gewinnstammrecht (s *Schön* StbJb 1996/97, 45) begründet nur den Anspruch auf Gewinnbezug (BFH IX R 78/88 BStBl II 1991, 809). Ein unentgeltlich eingeräumter Unternehmensnießbrauch führt nicht zur Entnahme eines Nutzungsrechts (BFH VIII R 55/77 aaO). Dass auch **im Eigentum eines Dritten stehende Betriebsgrundlagen** nicht notwendigerweise einer Unternehmereigenschaft desjenigen entgegenstehen, der diese Wirtschaftsgüter als fremdes Eigentum nutzt, zeigen die sog Betriebsüberlassungsverträge, wie auch häufig im Verhältnis von Eltern zu Kindern bestehen (vgl BFH VIII R 153/77 BStBl II 1980, 181; IV R 31/74 BStBl II 1976, 335; § 7 Rn 104). Der Güterstand der Gütergemeinschaft führt nicht zur Mitunternehmerschaft, wenn im Betrieb die persönliche Arbeitsleistung eines Ehegatten gegenüber dem beiden Ehegatten gehörenden Betriebskapital entscheidend in den Vordergrund tritt (zB Handelsvertreter oder Handwerksbetrieb, s BFH I R 185/75 BStBl II 1977, 836). Bei anderen Erwerbszweigen kann dagegen eine Gütergemeinschaft oder auch eine Bruchteilsge-

Selder

meinschaft Bedeutung für eine Mitunternehmerschaft der Berechtigten haben (vgl BFH IV R 42/79 BStBl II 1981, 63; IV R 206/80 BStBl II 1983, 636; VIII R 18/95 BStBl II 1999, 384). Die **Nutzung des Kindesvermögens** kann eine (Mit-)Unternehmerschaft der Eltern ergeben, wenn diese Nutzungen das Ergebnis einer über die bloße Vermögensverwaltung hinausgehenden unternehmerischen Betätigung sind. Die daran anschließende Verwendung der Nutzungen nach Maßgabe familienrechtlicher Vorschriften stellt sich dann lediglich als Einkommensverwendung dar (BFH II B 10/78 BStBl II 1978, 464; I R 97/75 BStBl II 1979, 40). Die zurückbehaltene Verwaltungs- und Verfügungsbefugnis am geschenkten Vermögen begründet keine Unternehmereigenschaft des Unternehmers, wenn sie auf Rechnung des Dritten ausgeübt wird (BFH VIII R 193/83 BStBl II 1989, 414).

4. Treuhandverhältnisse

4   Im Einzelfall schwierig kann die Unternehmerbestimmung sein bei Treuhandverhältnissen (zum Begriff BFH VIII R 18/93 BStBl II 1995, 714; VIII B 53/80 BStBl II 1981, 696; Vereinbarungstreuhand BFH IV R 179/82 BStBl II 1985, 247), verdeckten und offenen **Stellvertretungen**. Ähnlich wie bei der verdeckten Stellvertretung wird auch bei der Treuhandschaft nicht das zwischen Treugeber und Treuhänder bestehende interne Einverständnis über die Zurechnung von Ergebnissen und die Wirkungen des § 39 Abs 2 Nr 1 AO dazu führen, dass der Treugeber oder verdeckt Vertretene als Unternehmer zu beurteilen ist, weil der Tatbestand der Einkunftserzielung Unternehmerinitiative und damit mehr verlangt als die Beauftragung eines Treuhänders oder verdeckt handelnden Vertreters und die Übernahme des betreffenden Risikos (vgl BFH IV R 173/74 BStBl II 1976, 643 zur Maklertätigkeit; s auch I R 44/70 BStBl II 1971, 339; aA *Blümich/Gosch* § 5 GewStG Rz 31). Ein fremdnütziger Treuhänder ist nach BFH VIII R 67/98 BFH/NV 2000, 427 kein Mitunternehmer. Ein **Strohmann**, der in eigenem Namen und für fremde Rechnung ein Einzelunternehmen führt, ist idR bereits wegen der unbeschränkten Haftung Unternehmer (BFH III R 21/02 BStBl II 2005, 168). Die Unternehmerinitiative ist naturgemäß beim Einzelunternehmer ausgeprägter. Beim Mitunternehmer genügt das handelsrechtliche Statut zB für den Kommanditisten. Zum sog **Treuhandmodell** s Rn 8.

Über ein bestehendes und durchgeführtes Treuhandverhältnis kann dem Treugeber eine **Mitunternehmerposition** vermittelt werden, wenn der Treuhänder als Gesellschafter der Personengesellschaft in einem rechtlichen tatsächlichen Verhältnis zur Personengesellschaft steht, das bei ihm – fehlte die Treuhänderstellung – Mitunternehmerschaft begründen würde (BFH IV R 47/76 BStBl II 1977, 737 zum Fall einer treuhänderisch gehaltenen Kommanditbeteiligung, wohl auch zu prozessualen Fragen; *L. Schmidt* StuW 1988, 248). Gleichwohl ist auch hier zweifelhaft, inwieweit der Treugeber in der Lage sein muss, das Treuhandverhältnis zu steuern und dadurch mittelbar Unternehmerinitiative zu entfalten (zutr bejaht in BFH GrS 4/82 BStBl II 1984, 751/769; ähnl IX R 269/87 BStBl II 1994, 615, DStR 1993, 830; XI R 45/88 BStBl II 1993, 538). Auch eine Mitunternehmereigenschaft sowohl beim Treuhänder als auch beim Treugeber ist vorstellbar (s *L. Schmidt* StuW 1988, 251). Die Gleichbehandlung von atypischer Unterbeteiligung und Treugeberschaft lehnt die Rechtsprechung ab (BFH VIII R 51/84 BStBl II 1992, 512; aA evtl IV R 79/94 BStBl II 1996, 269). Nach § 15 Abs 1 Nr 2 Satz 2 EStG ist der mittelbar an der Untergesellschaft Beteiligte auch deren Mitunternehmer. Die Mitunternehmerinitiative der Treuhänder kann bei Publikumsgesellschaften auch auf der Basis von Mehrheitsbeschlüssen gewährleistet sein (BFH IV R 47/85 BStBl II 1989, 722).

II. Steuerschuldnerschaft bei Personengesellschaften

1. Allgemeines

§ 5 Abs 1 Satz 3 hat in erster Linie **vollstreckungsrechtlichen Hintergrund.** 5
Mit ihm wie mit der Vorgängervorschrift § 5 Abs 1 Satz 3 GewStG 1977 sollte die bestehende Praxis abgesichert werden, Gewerbesteuer- und Gewerbesteuermessbescheide an die Gesellschaft zu richten (BTDrs 7/5458, 11). Daraus zieht der BFH, den Gesetzeswortlaut einschränkend, den Schluss, dass nur solche Personengesellschaften Steuerschuldner sind, die über Gesellschaftsvermögen verfügen (BFH VIII R 364/83 BStBl II 1986, 311; VIII R 35/95 BFH/NV 1999, 445). Für die Steuerschuldnerschaft kommt es jedoch nicht auf die Vermögenslosigkeit im Zeitpunkt der Bescheidbekanntgabe an, vielmehr entscheidet der Umstand, ob ein Rechtsgebilde – wie zB die atypische stille Gesellschaft – von vornherein kein Vollstreckungsobjekt iSd § 267 AO ist (glA *Blümich/Gosch* § 5 GewStG Rn 45). Denn für das gesetzliche Steuerschuldverhältnis muss zum Zeitpunkt seiner Entstehung der Steuerschuldner bestimmbar sein. Wegen des fehlenden eigenen Vermögens konnte letztlich auch die sog Unternehmereinheit weder als Vollstreckungsobjekt noch als Schuldner der Gewerbesteuer beibehalten werden (BFH I R 95/76 BStBl II 1980, 465).

Auch wenn die Personengesellschaft als solche nicht Unternehmerin ist, ist sie doch Steuerschuldnerin. Unternehmerin ist sie dann, wenn sie **selbst Mitunternehmerin** einer Personengesellschaft ist. Eine Gesellschaft mit der Rechtsform einer Europäischen wirtschaftlichen Interessenvereinigung (Abs 1 Satz 4) ist nicht selbst Steuerschuldnerin (s Rn 13).

2. Gesellschaftsformen

a) Personengesellschaften. Ist die Tätigkeit einer Personengesellschaft (OHG, 6
KG, GbR) Gewerbebetrieb, so ist sie Steuerschuldnerin (§ 5 Abs 1 Satz 3; BFH VIII R 52/04 BStBl II 2006, 847). Sie ist auch Steuerschuldnerin für den Ertrag, der auf Sonderbetriebsvermögen beruht (BFH IV R 33/09 BFH/NV 2013, 1122). Die Formulierung „Tätigkeit" der Personengesellschaft (s § 2 Abs 2 Nr 1 GewStG aF) ist in gewisser Weise irreführend, weil eine gewerbliche Personengesellschaft keine einheitliche „Tätigkeit" ausübt, sondern unter den Voraussetzungen des § 15 Abs 3 EStG einen einheitlichen Betrieb bildet. § 15 Abs 3 EStG betrifft den sachlichen Umfang eines von einer Personengesellschaft unterhaltenen Betriebs. Dem geht indessen die Prüfung voraus, ob die Personengesellschaft überhaupt eine Mitunternehmerschaft iSd § 15 Abs 1 Nr 2 EStG darstellt und deshalb Subjekt der Einkunftsermittlung ist für einen Gewerbebetrieb unterhält. Eine GmbH & Co KG, bei der die Komplementär-GmbH weder am Gewinn noch am Vermögen der Gesellschaft beteiligt ist und die auch nicht über Stimmrechte verfügt, ist bereits wegen des Haftungsrisikos Gewerbesteuersubjekt (BFH VIII R 42/10 BStBl II 2013, 79). Eine **Partenreederei** wird (gewerbe-)steuerlich wie eine OHG behandelt (BFH IV R 58/95 BStBl II 1998, 86).

Eine Personengesellschaft ist so lange als existent anzusehen, wie noch Steueransprüche 7
gegen sie geltend gemacht werden, auch noch nach Auskehrung des Aktivvermögens; die zivilrechtliche **Vollbeendigung** ändert daran nichts (BFH VIII R 35/95 BFH/NV 1999, 445). Die Bekanntgabe erfolgt in einem solchen Fall jedoch nicht gegenüber der Gesellschaft, sondern gegenüber den Gesellschaftern (BFH IV B 166/06 BFH/NV 2008, 248; s Rn 32).

b) Treuhandmodell. Mit dem sog Treuhandmodell wird angestrebt, zwischen 8
Mutter- und Tochter-Personengesellschaft eine organschaftsähnliche steuerliche Zusammenfassung zu erreichen. Nach dem Muster des Modells beteiligt sich eine

§ 5

Mutter-GmbH & Co KG als Komplementärin an einer Tochter-GmbH & Co KG. An Letzterer ist außerdem eine GmbH als Kommanditistin beteiligt, welche die Beteiligung treuhänderisch für die Muttergesellschaft hält. Ertragsteuerrechtlich ist die Tochter-GmbH & Co KG – anders als im Zivilrecht – zu negieren, weil die Kommandit-GmbH wegen ihrer Weisungsgebundenheit nicht Mitunternehmerin ist. Im Ertragsteuerrecht gibt es keine aus nur einem Mitunternehmer bestehende Mitunternehmerschaft. Die *FinVerw* erkannte das Treuhandmodell entgegen zahlreicher Stimmen in der Literatur (*Rödder* DStR 2005, 955; *Wild/Reinfeld* DB 2005, 69; *Suchanek* FR 2005, 559) für Neugründungen nach dem 17.9.2004 nicht an (*OFD Münster* DStR 2005, 744; *OFD Hannover* DB 2005, 858). Für die frühere Ansicht der *FinVerw* spricht, dass die Existenz der Tochter-GmbH & Co KG in gewerbesteuerlicher Hinsicht nicht verneint werden kann, da der Wortlaut des § 5 Abs 1 Satz 3 erfüllt ist. Das Gesetz stellt nicht darauf ab, ob eine Mitunternehmerschaft einen Gewerbebetrieb unterhält, sondern auf das Vorhandensein einer Personengesellschaft. An deren zivilrechtlicher Existenz ist jedoch nicht zu zweifeln. Der BFH hat indes die einkommensteuerliche Sichtweise auf § 5 übertragen und das Treuhandmodell gutgeheißen (BFH IV R 26/07 BStBl II 2010, 751; Anm *Bode* DB 2010, 822). Er ist der Ansicht, dass die Ausnahmevorschrift des die Steuerschuldnerschaft von Personengesellschaften regelnden Abs 1 Satz 1 am Erfordernis einer aus mehreren Personen bestehenden Mitunternehmerschaft nichts ändere. Eine aus nur einem Unternehmer bestehende Personengesellschaft ist hiernach nicht Gewerbesteuerschuldnerin (BFH IV R 59/07 BFH/NV 2010, 1492). Bei dieser Betrachtung ist die Tochter-GmbH & Co KG lediglich eine Betriebsstätte der Muttergesellschaft. Das vom BFH befürwortete Ergebnis vermeidet Diskrepanzen zwischen ESt und GewSt (s *Rödder* DStR 2005, 955). Die BFH-Rspr ermöglicht eine gewerbesteuerliche Ergebniskonsolidierung außerhalb der Organschaft (s *Frotscher* § 5 GewStG Rn 21; *Benz/Goß* DStR 10, 839; *Hubertus/Lüdemann* BB 2010, 2474; *Kraft/Sönnichsen* DB 2011, 1936). Ein Gewinnabführungsvertrag braucht hier nicht vorzuliegen.

9 **c) BGB-Gesellschaften.** Auch die Gesellschaft bürgerlichen Rechts kann über Gesamthandsvermögen verfügen. Im Hinblick darauf wird sie zivilrechtlich als Einheit behandelt (§ 2 Rn 28). Dementsprechend sind auch bei ihr Schuld der Gesellschaft und Haftung der Gesellschafter trennbar (BFH VII R 187/82 BStBl II 1986, 156 zur USt). Die Entscheidung BFH IV R 20/78 BStBl II 1982, 700 verneint die Rechtsfähigkeit der BGB-Gesellschaft schlechthin. Sie ist noch zur alten Rechtslage ergangen und ist überholt, auch im Hinblick auf die geänderte BGH-Rspr, die der nach außen auftretenden BGB-Gesellschaft die volle Rechtsfähigkeit zuerkennt (NJW 2001, 1056). Eine Unterscheidung danach, ob die BGB-Gesellschaft nach ihrem Gesellschaftsvertrag über Gesamthandsvermögen verfügt, ist ungeeignet, sie als Steuerschuldnerin zu bestimmen, da auch solche Gesellschaften tatsächlich zu Gesamthandsvermögen kommen können. Die Aussage, § 5 Abs 1 Satz 3 sei nur auf Gesellschaften mit Gesamthandsvermögen anzuwenden, ist deshalb typisierend aufzufassen. Vom sachlichen Geltungsbereich der Vorschrift sind solche Gebilde ausgeschlossen, bei denen ein Gesamthandsvermögen von der Rechtsform her nicht in Betracht kommen kann, zB die atypische stille Gesellschaft und die Unterbeteiligung (s auch *Blümich/Gosch* § 5 GewStG Rn 45; *Frotscher* § 5 GewStG Rn 12).

10 **d) Atypische stille Gesellschaften.** Bei atypischen stillen Gesellschaften ist der Inhaber des Handelsgeschäfts (§ 230 HGB) Schuldner der GewSt (BFH VIII R 22/98 BFH/NV 2000, 420). Bei dieser Gesellschaftsform und auch bei vergleichbaren Unterbeteiligungen wird die Inhaberschaft eines Gewerbebetriebs abgelehnt. Den Gewerbebetrieb unterhält derjenige, der nach außen handelt (BFH VIII R 364/83 BStBl II 1986, 311). Das Ausscheiden des stillen Gesellschafters führt zu einem Unternehmerwechsel, die Steuerpflicht des Inhabers des Handelsgeschäfts bleibt davon unberührt (BFH IV R 90/05 DStR 2009, 683). Auch bei einer (gewerblichen) Innengesellschaft, die ein nach außen handelnder Freiberufler mit einem Berufsfremden unterhält, ist Steuerschuldner der nach außen Handelnde (BFH IV R 235/84 BStBl II 1987, 124; VIII R 22/98 aaO). Selbst wenn ausnahmsweise eine Innengesellschaft als Gewerbesteuergegenstand anzusehen sein sollte, ist Steuerschuldner nicht die Innengesellschaft, sondern ggf die nach außen auftretende Personengesellschaft, die mit Gesamthandsvermögen ausgestattet ist (BFH VIII R 32/90 BStBl II 1998, 480 zur verdeckten Gesellschaft). Zur Bekanntgabe von Bescheiden an eine atypische stille Gesellschaft s Rn 33.

e) Unterbeteiligungen. Keine Steuerschuldnerin ist auch die Innengesellschaft 11 in der Form einer Unterbeteiligung an einem Geschäftsanteil. Sie kann zwar eine eigenständige Mitunternehmerschaft im Verhältnis zum Hauptbeteiligten zur Folge haben (s § 7 Rn 218; § 2 Rn 418). Aber auch der auf einen solchen mitunternehmerischen Unterbeteiligten entfallende Ertrag der (Grund-)Gesellschaft ist bei dieser Grundgesellschaft zu berücksichtigen (zu Sondervergütungen s BFH IV R 75/96 BStBl II 1998, 137). Die Unterbeteiligung kann kein Gesamthandsvermögen bilden. Die Gewinnanteile eines typischen stillen Unterbeteiligten sind dem Ertrag der Grundgesellschaft nach § 8 Nr 1 Buchst c hinzuzurechnen, wenn für die Unterbeteiligung ein betrieblicher Aufwand in der Ergebnisrechnung der Grundgesellschaft angesetzt worden ist. Hält der mitunternehmerisch Beteiligte seine Beteiligung in einem gewerblichen Betriebsvermögen, so wird eine doppelte gewerbesteuerliche Erfassung durch die Kürzungsvorschrift des § 9 Nr 2 verhindert.

f) Gesellschaftsähnliche Mitunternehmerschaften. Erbengemeinschaften 12 können nicht als solche Steuerschuldner sein, dies sind die einzelnen Miterben (s zB BFH VIII R 237/81 BStBl II 1985, 657). Dies gilt auch bei einer angeordneten Testamentsvollstreckung (BFH I R 53/74 BStBl II 1977, 481). Die Gewerbesteuer(mess)bescheide ergehen gegenüber den Erben und nicht an den Testamentsvollstrecker. Der Grundsatz, wonach eine Erbengemeinschaft als solche nicht Steuerschuldner sein kann, ist bei Betriebsfortführung allerdings ohne Bedeutung. Geht ein Gewerbebetrieb oder ein Anteil an einer gewerblichen Personengesellschaft auf mehrere Miterben über, sind diese nach BFH GrS 2/89 BStBl II 1990, 837 als **geborene Mitunternehmer** zu behandeln (s auch *Ruban* DStR 1991, 65; aA *Flume* DB 1990, 2390 für Teilungsanordnung), und zwar auch für die Veräußerung und Aufgabe von Mitunternehmeranteilen (*Schmidt/Wacker* § 16 Rn 606), auch für das Privatvermögen (zum Mischnachlass s *Schmidt/Wacker* § 16 Rn 636). Die *FinVerw* (*BMF* BStBl I 2006, 253 Tz 8) lässt bei einer Vereinbarung über die Erbauseinandersetzung innerhalb von sechs Monaten nach dem Erbfall eine rückwirkende Zurechnung der laufenden Einkünfte an die vereinbarungsgemäß zur Betriebsfortführung berechtigten Erben zu und muss dies wohl auch für die GewSt gelten lassen. Die länger währende Beteiligung eines betriebsfremden Erben an der geerbten Praxis eines Freiberuflers führt aber grundsätzlich zu gewerblichen Einkünften (BFH VIII R 13/93 BStBl II 1994, 922). Zur Einkünftezurechnung bei **vermächtnisweiser Zuwendung** eines Gewerbebetriebs s BFH VIII R 349/83 BStBl II 1992, 330. Der Vermächtnisnehmer kann ausnahmsweise Unternehmer vor Vermächtniserfüllung sein, wenn er wirtschaftlicher Eigentümer der betrieblichen Wirtschaftsgüter ist. **Scheinerben,** vermächtnisbelastete Erben und ausschlagende Erben sollen – wenn sie Betrieb und Gewinn herausgeben müssen – rückwirkend dem eigentlichen Erben (Inhaber) weichen und keinen laufenden Gewinn versteuern, sondern an ihrer Stelle der tatsächliche Erbe (*Schmidt/Wacker* § 16 Rn 591, krit wegen des gleichwohl möglichen Veräußerungsgewinns). ME ist die rückwirkende Beseitigung nur dann zweifelhaft, wenn der Durchgangserbe Unternehmerinitiative entwickelt und auf eigene Rechnung wirtschaftet (noch weitergehend zur qualifizierten **Nachfolgeklausel** BFH VIII R 51/84 BStBl II 1992, 512; *BMF* BStBl I 2006, 62 Rn 72;

krit *Groh* DB 1992, 1312). Auch die mitunternehmerischen Gemeinschafter einer **Gütergemeinschaft**, die keine BGB-Innengesellschaft ist (BGH DStR 1994, 589), oder einer zB betriebsaufspalterisch als Besitzunternehmen oder aus anderen Gründen gewerblich tätigen **Bruchteilsgemeinschaft** (BFH IV R 2/92 BStBl II 1996, 369; IV R 31/92 BFH/NV 1994, 266) sind als solche Steuerschuldner und nicht die jeweiligen Gemeinschaften (BFH IV R 66–67/91 BStBl II 1994, 463; *Kempermann* FR 1994, 231/2). Ein an eine Bruchteilsgemeinschaft gerichteter Bescheid ist als zusammengefaßter Bescheid gegenüber den Miteigentümern auszulegen (BFH IV R 2/92 aaO).

13   g) **Europäische wirtschaftliche Interessenvereinigung.** Mitglieder einer Europäischen wirtschaftlichen Interessenvereinigung (EWIV) mit Sitz im Geltungsbereich der EWG-VO Nr 2137/85 v 25.7.1985 (ABl EG Nr L 199/1) werden durch § 5 Abs 1 Satz 4 erstmals ab EZ 1989 als Gesamtschuldner bestimmt, wenn in der Rechtsform der EWIV ein Gewerbe betrieben wird. Gegen die Gesamtschuldner kann ein nach § 155 Abs 3 AO zusammengefaßter Gewerbesteuermeßbescheid ergehen. Der Gewerbesteuerbescheid ist ebenfalls nur gegen die Mitglieder zu erlassen, s dazu R 5.2 Satz 4 GewStR. Welcher Gesamtschuldner in Anspruch genommen wird, steht im Ermessen der Gemeinde (§ 44 AO; R 5.2 Satz 5 GewStR). Der Gesetzgeber des GewStG hat sich damit der Auffassung angeschlossen, dass Art 40 der genannten EWG-VO, demzufolge das Tätigkeitsergebnis der EWIV nur bei ihren Mitgliedern besteuert werden darf, nicht nur für die Einkommensteuer, sondern auch für die Gewerbesteuer gilt. In der Rechtsform der EWIV wird aber nur im Ausnahmefall ein gewerbliches Unternehmen betrieben (s § 2 Rn 406).

14   h) **Steuerschuldnerschaft in anderen Fällen.** Für die **Organschaft** stimmen Steuerschuldner- und Unternehmerschaft nicht überein. Steuerschuldner ist der Organträger, sachlich steuerpflichtiger Unternehmer bleibt die Organgesellschaft. Besitz- und Betriebsunternehmen einer **Betriebsaufspaltung** sind auch hinsichtlich der Steuerschuldnerschaft getrennt zu sehen (§ 2 Rn 372). Bei einer gewerblichen Tätigkeit der **öffentlichen Hand** ist Steuerschuldner nicht der Betrieb gewerblicher Art, sondern die jeweilige Trägerkörperschaft (§ 2 Rn 390). Unternehmer und Steuerschuldner ist unter den Voraussetzungen des § 2 Abs 3 auch der **nichtrechtsfähige Verein** sowie weitere juristische Personen des Privatrechts, in Fällen des § 2 Abs 2 die **Kapitalgesellschaft**.

3. Gesellschafterwechsel

15   Die Eigenschaft der Gesellschaft als Steuerschuldnerin wird vom Wechsel **einzelner Gesellschafter** nicht beeinträchtigt. Das Steuerschuldverhältnis entspricht der vergleichbaren Zivilrechtslage. Solange Gesellschaftsidentität gegeben ist, wechselt auch der Steuerschuldner nicht. Den ausgeschiedenen Gesellschafter trifft daneben die Haftung nach § 191 Abs 4 AO entsprechend den zivilrechtlichen Regeln. Bei einem Wechsel **aller Gesellschafter** ändert sich die Identität des Steuerschuldners (BFH IV B 50/97 BFH/NV 1998, 1255), ebenso bei der Vollbeendigung einer zweigliedrigen Personengesellschaft durch **Anwachsung** (BFH IV R 55/04 BStBl II 2006, 404). Bei einem Ausscheiden des vorletzten Gesellschafters wird der verbleibende Gesellschafter Gesamtrechtsnachfolger, die Gesellschaft wird vollbeendet. Bei einer Anwachsung im Laufe eines Kalenderjahres müssen **zwei Gewerbesteuermeßbescheide** ergehen, wobei bei einer Firmenfortführung jeweils ein Zusatz erforderlich ist, der die „alte" und die „neue" Gesellschaft bezeichnet. Nach BFH III R 83/89 BFH/NV 1994, 263 soll nur ein Bescheid an den Übernehmer erforderlich sein, da dieser die auf die Zeit vor der Übernahme entfallende Steuer nach § 45 AO als Gesamtrechtsnachfolger schulde, so dass es nicht notwendig sei, die Besteuerungsgrundlagen in dem Bescheid anteilig auszuweisen. Diese Entscheidung

dürfte durch BFH IV R 55/04 aaO überholt sein. Zur Aufteilung s BFH IV R 133/90 BStBl II 1995, 791. Der Freibetrag nach § 11 Abs 1 Nr 1 ist ebenfalls aufzuteilen (R 11.1 Satz 5 GewStR).

Auch für die **Duldung einer Außenprüfung** sind zwei Prüfungsanordnungen **16** zu erlassen, eine für die Zeit vor dem Formwechsel, eine für die Zeit danach (BFH IV R 55/04 BStBl II 2006, 404). Nennt eine Prüfungsanordnung noch die „alte", durch Anwachsung vollbeendete Personengesellschaft, so ist sie nicht zwangsläufig nichtig, wenn für den Rechtsnachfolger der Gesellschaft erkennbar ist, dass die Prüfung auch die Steuern betreffen soll, die durch den Betrieb der Gesellschaft veranlasst waren (BFH IV R 55/04 aaO).

Bei einem Gesellschafterwechsel ist bei einer **weiterbestehenden Gesellschaft** **17** der gegenwärtige Gesellschafterbestand derjenige, an den sich der Gewerbesteuer(mess)bescheid richtet. Er muss nicht mit dem Gesellschafterbestand übereinstimmen, der im Erhebungszeitraum, also beim entstehenden Steuerschuldverhältnis, maßgebend war. Die Vollstreckung in das Gesellschaftsvermögen auch bei einem Wechsel der Gesellschafter ist allerdings nur gerechtfertigt, wenn man den schon am 1.1.1977 in Kraft getretenen und ab dem Erhebungszeitraum 1986 lediglich sprachlich veränderten § 5 Abs 1 Satz 3 nicht nur auf Personenhandelsgesellschaften, sondern auch auf **BGB-Gesellschaften** anwendet. Dies ist gerade wegen des bei einer BGB-Gesellschaft vorhandenen Gesamthandsvermögens zu bejahen. Die Entscheidung in BFH IV R 20/78 BStBl II 1982, 700 verneint die Rechtsfähigkeit der BGB-Gesellschaft schlechthin. Sie ist noch zur alten Rechtslage ergangen und ist überholt, auch im Hinblick auf die geänderte BGH-Rspr, die der nach außen auftretenden BGB-Gesellschaft nunmehr die volle Rechtsfähigkeit zuerkennt (BGH II ZR 331/00 NJW 2001, 1056).

(frei) **18, 19**

III. Betriebsübergang

Geht ein Gewerbebetrieb **im Ganzen** auf einen anderen Unternehmer über (s **20** dazu § 2 Rn 591), so wechselt nach Abs 2 mit dem Übergang auch der Steuerschuldner. Die Vorschrift hat deklaratorische Bedeutung, die Rechtsfolge ergibt sich bereits aus § 2 Abs 5 und § 5 Abs 1 (*Blümich/Gosch* § 5 GewStG Rn 65). Unternehmerwechsel ist nicht nur die entgeltliche Betriebsveräußerung, sondern auch die unentgeltliche, insb der Betriebsübergang durch Erbfall, bei Gesellschaften die übertragende Umwandlung, nicht dagegen die formwechselnde (Einzelheiten s § 2 Rn 593 f).

Nach der hier vertretenen Auffassung ist der Rückschluss unzulässig, dass immer **21** dann, wenn die Voraussetzungen des mit § 10 a zusammenhängenden § 2 Abs 5 nicht erfüllt sind, auch kein Steuerschuldnerwechsel gegeben ist (glA BFH III R 36/85 BStBl II 1989, 664). Damit bliebe unberücksichtigt, dass die Personengesellschaft zwar Steuerschuldner ist, (Mit-)Unternehmer aber die an ihr beteiligten Personen sind (BFH IV R 54/04 BStBl II 2008, 742). Beim **Wechsel** des Gewerbebetriebs von der **natürlichen Person** auf eine **Personengesellschaft,** an der der bisherige Inhaber beteiligt wird, ist der den Verlustabzug nach § 10 a ausschließende § 2 Abs 5 zwar tatbestandlich nicht erfüllt (BFH GrS 3/92 BStBl II 1993, 616), gleichwohl liegt ein **Wechsel des Steuerschuldners** vor. Dies gilt grundsätzlich auch für den umgekehrten Sachverhalt, dh wenn an die Stelle der Personengesellschaft eine natürliche Person tritt (s dazu im Einzelnen § 2 Rn 599 sowie BFH IV R 55/04 BStBl II 2006, 404). Scheiden **alle Gesellschafter** einer Personengesellschaft gleichzeitig aus, liegt ein Wechsel des Steuerschuldners vor, **nicht** aber beim Wechsel **einzelner Gesellschafter.** Die Übernahme durch den letzten Gesellschafter bedeutet keine Beendigung der sachlichen Steuerpflicht.

IV. Abgabenrechtliche/verfahrensrechtliche Fragen

1. Entstehen, Erlöschen der Steuerschuld

22 Nach § 18 **entsteht** die Gewerbesteuer mit Ablauf des Erhebungszeitraums, für den die Festsetzung vorgenommen wird. Erhebungszeitraum ist grundsätzlich das Kalenderjahr. Besteht die Steuerpflicht nicht während des ganzen Jahres, so tritt an die Stelle des Kalenderjahres der Zeitraum der Steuerpflicht (abgekürzter Erhebungszeitraum). Eine Umrechnung, wie noch in § 10 aF vorgesehen, findet nicht mehr statt (s § 10 Abs 1 iVm § 14).

23 Die **Vorauszahlungen** zur Gewerbesteuer entstehen mit Beginn des Kalendervierteljahrs, in dem die Vorauszahlungen zu entrichten sind, oder, wenn die Steuerpflicht erst im Laufe des Kalendervierteljahrs begründet wird, mit der Begründung der Steuerpflicht (§ 21).

24 Ansprüche aus dem Steuerschuldverhältnis **erlöschen** nach § 47 AO durch Zahlung (§§ 224, 224 a, 225 AO), Aufrechnung (§ 226 AO), Erlass (§§ 163, 227 AO), Verjährung (§§ 169 bis 171, §§ 228 bis 232 AO).

2. Verjährungsfragen

25 Diese hat das FA schon beim Erlass des Gewerbesteuermessbescheids zu prüfen (§ 184 Abs 1 iVm § 169 Abs 1 AO). Vielfach tritt eine Ablaufhemmung bei der Festsetzungsfrist dadurch ein, dass vor ihrem Ablauf mit einer Betriebsprüfung begonnen worden ist (§ 171 Abs 4 AO). Für die Gewerbesteuerbescheide der Gemeinden gilt § 1 Abs 2 Nr 4 AO iVm § 171 Abs 10 AO. Danach endet die Festsetzungsfrist nicht vor Ablauf von zwei Jahren nach Bekanntgabe des Gewerbesteuermessbescheids.

3. Verwirkung

26 In Ausnahmefällen kann der Gewerbesteueranspruch verwirkt sein (Erlöschen des Steuerschuldverhältnisses), wenn er für zurückliegende Jahre geltend gemacht wird und der Steuerpflichtige sich auf Grund eines bestimmten Verhaltens des Steuergläubigers (Vertrauenstatbestand) auf die Nichtgeltendmachung des Anspruchs schutzwürdig eingerichtet hat (BFH VIII B 102/10 BFH/NV 2011, 1106). S zu einem Anwendungsfall dieser Grundsätze BFH IV R 180/81 BStBl II 1984, 780; VIII R 80/01 BFH/NV 2003, 505; vgl auch *Pump* StBp 1995, 39.

4. Billigkeitsmaßnahmen

27 Für eine niedrigere Steuerfestsetzung aus Billigkeitsgründen nach § 163 Abs 1 Satz 1 AO ist das FA zuständig, soweit für solche Maßnahmen Richtlinien der Bundesregierung oder einer obersten Landesfinanzbehörde bestehen (§ 184 Abs 2 Satz 1 AO); Satz 2 dieser Vorschrift stellt die Gleichbehandlung von Einkommensteuer und Gewerbesteuer bei Billigkeitsmaßnahmen nach § 163 Abs 1 Satz 2 AO sicher. Der sog Sanierungserlass (*BMF* BStBl I 2003, 240) ist keine allgemeine Verwaltungsvorschrift iSv § 184 Abs 2 AO, da hierfür eine Entschließung der Bundesregierung und die Zustimmung des Bundesrats erforderlich sind (BFH I R 24/11 DStR 2012, 1544). Ohne eine solche Richtlinie sind Billigkeitsmaßnahmen nur mit Zustimmung der betroffenen Gemeinden möglich (BFH VIII R 32/67 BStBl II 1973, 233; H 1.5 GewStH).

5. Beteiligteneigenschaft des subjektiv Steuerpflichtigen

28 Da § 5 Abs 1 Satz 3 die Gesellschaft als Steuerschuldnerin bezeichnet, ist sie und nicht der mitunternehmerische Gesellschafter am finanzgerichtlichen Verfahren

Abgabenrechtliche/verfahrensrechtliche Fragen § 5

beteiligt (BFH XI R 81/94 BFH/NV 1995, 815). Die Mitunternehmer, auch die ausgeschiedenen Gesellschafter, sind nicht notwendig beizuladen (§ 60 Abs 3 FGO; BFH IV B 134/98 BFH/NV 2000, 1104).

Die **erloschene Personengesellschaft** kann nicht Beteiligte eines finanzgerichtlichen Verfahrens sein. Die Grundsätze von BFH IV R 125/82 BStBl II 1984, 15 können, weil sie die Prozessstandschaft nach § 48 Abs 1 Nr 1 FGO betreffen, nicht auf das gewerbesteuerrechtliche Verfahren übertragen werden. Eine **gelöschte GmbH** wird als fortbestehend angesehen, solange sie noch steuerliche Pflichten zu erfüllen hat (BFH VII R 146/81 BStBl II 1986, 589).

6. Steuerbescheid bei Mitunternehmerschaften

Als Steuerschuldnerin ist die **BGB-Gesellschaft** unter Angabe ihrer Mitglieder 29 im Bescheid zu bezeichnen. Führt sie im Rechtsverkehr einen bestimmten Namen (Firma), so kann zur Identitätsangabe stattdessen diese Gesellschaftsbezeichnung gewählt werden (s BFH I R 55/80 BStBl II 1984, 63). Bei der Umwandlung einer Personengesellschaft in eine andere bleibt deren Identität gewahrt, die fehlerhafte Bezeichnung im Gewerbesteuermessbescheid ist unschädlich (BFH IV B 50/97 BFH/NV 1998, 1255).

Ein Gewerbesteuermessbescheid ist unwirksam, wenn ihn das FA an eine Perso- 30 nengesellschaft richtet, jedoch die Gesellschafter ganz oder teilweise **nicht als Mitunternehmer** behandelt und andere Personen als Mitunternehmer ansieht (BFH VIII R 260/84 BStBl II 1987, 768).

Bei einem an eine Personengesellschaft gerichteten Messbescheid ist diese zur 31 **Einlegung des Einspruchs** befugt, es sei denn, er ist rechtsfehlerhaft gegenüber dem Gesellschafter ergangen (BFH IV R 78/06 BStBl II 2009, 803).

An eine **vollbeendete Gesellschaft** können keine Gewerbesteuerbescheide 32 mehr gerichtet werden (BFH IV R 91/05 BFH/NV 2008, 1289 und IV R 67/07 BFH/NV 2010, 1606). Der Grundsatz, wonach eine Personengesellschaft für die Dauer eines Rechtsstreits über den Gewerbesteuermessbescheid nicht vollbeendet ist (BFH VIII R 13/94 BStBl II 1994, 809 und IV R 34/07 BFH/NV 2010, 2246), steht dem nicht entgegen (OVG S-Anh NVwZ-RR 2010, 284). Bei einer vollbeendeten Gesellschaft ist der Bescheid nicht der Gesellschaft, sondern den Gesellschaftern bekannt zu geben (BFH IV B 166/06 BFH/NV 2008, 248).

Bei einer **atypischen stillen Gesellschaft** (s Rn 10) ist der Bescheid dem Inhaber 33 des Handelsgeschäfts bekannt zu geben. Übt der Inhaber mehrere getrennt zu betrachtenden gewerblichen Tätigkeiten aus, so sind mehrere Bescheide notwendig (R 5.1 Abs 2 Satz 4 GewStR). Ein Bescheid, der zu Unrecht an eine atypische stille Gesellschaft als solche gerichtet worden ist, kann nicht dahingehend ausgelegt werden, dass der Inhaber des Handelsgeschäfts in Anspruch genommen werden soll (BFH VIII R 414/83 BFH/NV 1987, 393). Ein Bescheid, der an den Inhaber eines Handelsgeschäfts als „Gesamtschuldner" adressiert ist, obwohl keine Mitunternehmerschaft vorliegt, ist wirksam (BFH VIII R 35/95 BFH/NV 1999, 445).

7. Haftung

a) **Haftung der Gesellschafter.** Aufgrund des bis zum 31.12.1976 geltenden 34 § 5 Abs 1 waren die Mitunternehmer in ihrer gesellschaftsrechtlichen Verbundenheit Steuerschuldner (Vollstreckung in das Gesamthandsvermögen), daneben war die Inanspruchnahme des einzelnen Mitunternehmers möglich (Schuldnerschaft mit dem Privatvermögen, s BFH I R 95/76 BStBl II 1980, 465). Nach jetziger Rechtslage richtet sich die Gesellschafterhaftung bei einer **Personenhandelsgesellschaft** über § 191 Abs 4 AO nach zivilrechtlichen Regeln (BFH VIII R 364/83 BStBl II 1986, 311; V B 17/10 BFH/NV 2011, 1105). Dies bedeutet, dass der Gesellschafter, der in eine bestehende Gesellschaft eingetreten ist, auch für die Gewerbesteuerschuld derjenigen Erhebungszeiträume haftet, in denen er noch nicht Mitunternehmer war (§ 130 HGB). Außerdem kann der Steuerfiskus nach Zivilrecht auch auf den ausgeschiedenen Gesellschafter und seinerzeitigen Mitunternehmer zurückgreifen (s § 160 Abs 1 HGB). Für Gewerbesteuer, die nach dem Ausscheiden eines Gesellschafters entstanden ist, haftet dieser nicht. Abzustellen ist darauf, ob zum Zeitpunkt des Ausscheidens der Rechtsgrund für das Entstehen der GewSt gelegt war (VG Würzburg DStR 2012, 1463 rkr). **Kommanditisten** haften nur im Rahmen der §§ 171, 176 HGB. Der **BGB-Gesellschafter** „haftete" nach früherer Rechtsprechung nach § 427 BGB. Nunmehr ergibt sich die Haftung aus einer analogen Anwendung des § 128 HGB (BGH II ZR 331/00 NJW 2001, 1056), auch für Steuerschulden, die auf die Zeit vor Eintritt des Gesellschafters entfallen (BGH II ZR 56/02 NJW 2003, 1803). Zur Nachhaftung s BayVGH DStR 2013, 1791.

35   **b) Haftung des Betriebsübernehmers.** Die Betriebsübernehmerhaftung für die auf den Betrieb des Unternehmens gegründeten Steuern (zB Gewerbesteuer, Umsatzsteuer, Lohnsteuerabzugsbeträge) setzt nach **§ 75 Abs 1 AO** die Übereignung (wirtschaftliches Eigentum nach § 39 Abs 2 AO genügt) eines gesondert geführten Betriebs (Teilbetriebs) im Ganzen voraus. Dies bedeutet, die wesentlichen Grundlagen eines lebenden Unternehmens müssen in einem engen zeitlichen Zusammenhang (BFH VII B 281/97 BFH/NV 1999, 4) auf den Erwerber übergehen. Wird eine der wesentlichen Grundlagen vom früheren Betriebsinhaber zurückbehalten und erst später übereignet, so kommt eine Haftung nach § 75 AO nicht in Betracht (BFH VII R 189/82 BStBl II 1985, 651). Gesetzliche Voraussetzung ist ferner, dass die entsprechenden Steuern des früheren Betriebsinhabers seit dem Beginn des letzten vor der Übereignung liegenden Kalenderjahres entstanden sind (§ 18 GewStG, § 13 UStG, § 42 d, § 38 Abs 2 und 3 EStG) und bis zum Ablauf von einem Jahr nach Anmeldung des Betriebes durch den Erwerber festgesetzt oder angemeldet werden. Die Haftung beschränkt sich auf den Bestand des übernommenen Vermögens (Erhebungsverfahren). Wegen der möglichen Haftung nach § 75 Abs 1 AO sollte der Käufer vom Veräußerer eine Bescheinigung des FA über bestehende Betriebssteuerschulden verlangen. Auch über die Haftung nach § 25 HGB bei einem unter der bisherigen Firma vom Erwerber fortgeführten Handelsgeschäft wird durch Haftungsbescheid entschieden (BFH VII R 179/83 BStBl II 1986, 383).

36   **c) Weitere Fälle.** Neben der Haftung des Betriebserwerbers spielen auch die steuerrechtliche Haftung der **Organgesellschaft** für Steuern des Organträgers iRd § 73 AO und die **Haftung des gesetzlichen Vertreters und des Verfügungsberechtigten** (§ 69 iVm §§ 34, 35 AO), die Haftung des **Eigentümers von Gegenständen** (§ 74 AO) für die Gewerbesteuer eine Rolle. **Zivilrechtlich** haftet der **Geschäftsnachfolger** (§§ 25, 27 und 28 HGB). Nach BayVGH NJW 2012, 2293 soll die Ehefrau, die ebenso wie ihr gewerbesteuerpflichtiger Ehemann die gemeinsame Einkommensteuererklärung unterschrieben hat, aus diesem Grund für GewSt-Schulden des Ehemanns haften (zweifelhaft).

37   **d) Haftungsbescheid.** Der Haftende kann grds (Ausnahme: § 166 AO, s VGH Ba-Wü KStZ 2002, 31) **Einwände gegen die Steuerschuld** im Rechtsbehelfsverfahren gegen den Haftungsbescheid geltend machen (BFH VII R 30/97 BStBl II 1998, 319; BVerfG 2 BvR 1157/93 BStBl II 1997, 415; *Tipke/Kruse* § 191 AO Rz 139). Die Subsidiarität der Haftung bedeutet nicht, dass der Haftungsbescheid die erfolglose oder aussichtslose Vollstreckung beim Steuerschuldner voraussetzt. Dies fordert § 219 AO lediglich für die getrennt vom eigentlichen Bescheid zu sehende Zahlungsaufforderung gegenüber dem Haftungsschuldner.

38   Die Inanspruchnahme des Haftenden ist eine **Ermessensentscheidung.** Sie ist nur eingeschränkt gerichtlich nachprüfbar (§ 102 FGO). Die Behörde hatte nach

früherer Rechtslage spätestens in der Einspruchsentscheidung ihre Ermessenserwägungen darzulegen (BFH VI R 44/77 BStBl II 1981, 801; Ausnahme zB bei Haftung wegen grob fahrlässiger oder vorsätzlicher Steuerverkürzung: BFH V R 109/75 BStBl II 1978, 508). Nach § 102 FGO idF des StÄndG 2001 kann die Behörde ihre Ermessenserwägungen bis zum Abschluss des finanzgerichtlichen Verfahrens ergänzen. Für den Erlass von Haftungsbescheiden sind die **Gemeinden zuständig,** sofern sie auch den Gewerbesteuermessbescheid erlassen haben (s R 5.3 GewStR). In diesem Fall ist der Rechtsweg zu den Verwaltungsgerichten eröffnet. Die Gemeinden haben im Haftungsverfahren gegenüber dem FA ein Auskunftsrecht nach § 30 Abs 4 Nr 1 AO, § 21 Abs 3 iVm Abs 1 Satz 2 FVG (s *BayLfSt* DStR 2012, 524). Die Haftung für Hinterziehungszinsen setzt nicht den vorherigen Erlass eines „Zinsmessbescheids" voraus (BVerwG ZKF 1998, 84). Nach Eröffnung des Insolvenzverfahrens ist nach § 93 InsO eine Inanspruchnahme des Gesellschafters auf gesellschaftsrechtlicher Grundlage nicht möglich.

Einzelheiten des Haftungsbescheides regelt § 191 AO. Auch für den Haftungsbescheid gilt das Erfordernis der **Bestimmtheit** (§ 119 AO). Dafür genügt jedoch die Angabe, wer wieviel warum (Sachverhaltsangabe) zu zahlen hat. Der Bescheid muss einen individuellen, dh abgrenzbaren Regelungsgehalt aufweisen. Angaben für eine erleichterte Regressnahme beim Steuerschuldner (Gesamtschuldnerverhältnis, vgl zur übernommenen Lohnsteuer BAG DB 1978, 2081) gehören zur Begründung (§§ 121, 126 AO). Die Rechtsprechung hat früher in solchen Fällen Unbestimmtheit und damit Bescheidsunwirksamkeit angenommen (vgl BFH II R 90/75 BStBl II 1980, 316), schließlich die Anforderungen an die Bestimmtheit wieder eingeschränkt (BFH II R 56/81 BStBl II 1984, 140). Hinsichtlich der Haftungshöhe ist bei der GewSt der Grundsatz der anteiligen Tilgung zu beachten (vgl BFH VII R 93/88 BStBl II 1991, 678). **39**

§ 6 Besteuerungsgrundlage

Besteuerungsgrundlage für die Gewerbesteuer ist der Gewerbeertrag.

Übersicht

	Rn
1. Allgemeines	1–3
a) Begriff	2
b) Inländischer Gewerbeertrag	3
2. Gewerbeertrag	4–6
3. Gewerbekapital	7–9
a) Zweite Besteuerungsgrundlage	7
b) Ursprüngliche gesetzgeberische Motive	8
c) Neue Bundesländer	9

1. Allgemeines

Die Bedeutung der Vorschrift liegt in der Festlegung der **Besteuerungsgrundlage** für die GewSt. Als solche fungiert nach Abschaffung des GewKapitals als zweite Besteuerungsgrundlage gemäß den ab EZ 1998 geltenden Fassungen des § 6 (G v. 29.10.1997, BGBl I 1997, 2590) **ausschließlich der GewErtrag**. Die **Sonderregelung** für das **ZDF** (umsatzsteuerliche Entgelte aus Werbesendungen als Besteuerungsgrundlage) besteht ab EZ 2001 nicht mehr (G v 20.12.2001, BGBl I 2000, 3955). An ihre Stelle ist mWv EZ 2001 die Fiktion des § 7 Satz 3 nF getreten, wonach u.a. das nach § 8 Abs 1 Satz 3 KStG ermittelte Einkommen (für **öffentlich-** **1**

§ 6

rechtliche **Rundfunkanstalten** 16 % der Entgelte aus Werbesendungen) als GewErtrag (§ 7 Satz 1) gilt.

Die Möglichkeit der Erhebung einer **LohnsummenSt** ist durch Gesetz v 30.11.1978 (BGBl I 1978, 1849) ab EZ 1980 abgeschafft worden.

2   **a) Begriff.** Besteuerungsgrundlage iSd Vorschrift ist ein anderer Begriff als der des § 35b Abs 2 Satz 2 (BFH I R 77/00 BFH/NV 2001, 1293: wie in § 157 Abs 2 AO). Er besagt, dass die GewErtrag (Bemessungs-)Grundlage (BFH I R 21/06 BStBl II 2010, 629) für die Berechnung des StMessbetrages durch Anwendung einer StMesszahl (Prozentsatz, § 11 Abs 1) ist. Ab EZ 1998 ist die zuvor bestehende zweigleisige Ermittlung der verschiedenen Messbeträge entfallen (auch die §§ 12 und 13 sind durch das o.a. G aufgehoben worden). Der **StMessbetrag** ist seinerseits Grundlage für die Erhebung der GewSt. Diese wird festgesetzt und erhoben durch Anwendung eines Hebesatzes (Prozentsatzes, § 16), den die Gemeinde durch Satzung bestimmt hat.

3   **b) Inländischer Gewerbeertrag.** Angesprochen ist der inländische GewErtrag (vgl § 2 Abs 1 Satz 1 u Abs 6). Gehört die GewSt zum sachlichen Regelungsbereich eines DBA, darf eine Neutralisierung der abkommensrechtlichen Privilegien durch Einbeziehung der entsprechenden Gewinnanteile in den GewErtrag etwa durch Hinzurechnung nicht erfolgen („Treaty Override", BFH I R 71/09 BStBl II 2011, 129; *Gosch* BFH/PR 2010, 437).

2. Gewerbeertrag

4   Nach **§ 7 Satz 1** ist GewErtrag der nach den Vorschriften des EStG und des KStG zu ermittelnde Gewinn, vermehrt um die in § 8 und vermindert um die in § 9 bezeichneten Beträge. Hierbei haben die Zurechnungen und Kürzungen das Ziel, den „objektiven", von den persönlichen Verhältnissen und Beziehungen des Betriebsinhabers zum Betrieb unabhängigen Ertrag zu ermitteln (vgl Erläuterungen zu §§ 8 u 9). Das besagt jedoch nur so viel, dass es für die GewSt keinen Unterschied ausmachen soll, ob der GewBetrieb mit eigenem Vermögen arbeitet oder für die Nutzung von fremdem Vermögen Entgelte (Schuldzinsen, Miet-/Pachtzinsen, Lizenzgebühren usw) gezahlt werden; durch die Hinzurechnungen (§ 8) wird also berücksichtigt, dass der Betrieb solche Belastungen erwirtschaftet hat. Ebenso werden die Ertragsbestandteile (durch Kürzung, § 9) ausgesondert, die nicht im GewBetrieb als Objekt der Steuer erwirtschaftet worden sind.

5   **§ 7 Satz 2** bestimmt ab EZ 2002 (G v 20.12.2001 BGBl I 2000, 3858), dass der **Gewinn aus** der **Veräußerung** bzw Aufgabe von (Teil-)Betrieben von Mitunternehmerschaften, von Mitunternehmeranteilen bzw des Anteils eines persönlich haftenden Gesellschafters einer KGaA, soweit nicht auf eine natürliche Person als unmittelbar beteiligter Mitunternehmer entfallend, zum GewErtrag gehört.

6   Die o.a. **Fiktion des § 7 Satz 3** nF umfasst neben der Besonderheit für öffentlich-rechtliche Rundfunkanstalten auch die Gewinnermittlung bei **Handelsschiffen im internationalen Verkehr** (§ 5 a EStG, sog **Tonnagesteuer,** hierzu *BMF* BStBl I 2002, 614, I 2008, 956).

3. Gewerbekapital

7   **a) Zweite Besteuerungsgrundlage.** Bis EZ 1997 (s Anm 1) galt nach § 12 Abs 1 GewStG als GewKapital der Einheitswert des gewerblichen Betriebes iSd BewG, vermehrt um die in § 12 Abs 2 und vermindert um die in § 12 Abs 3 GewStG bezeichneten Beträge. Hierbei hatten Hinzurechnungen und Kürzungen das Ziel, das gesamte dem Betrieb gewidmete Vermögen bzw die gesamten im Betrieb eingesetzten Mittel zu bestimmen, und zwar unabhängig davon, ob es sich um Eigenkapi-

tal des Unternehmers oder um Fremdkapital handelte. Allerdings wurde auch dieser Gedanke nicht stringent durchgeführt. Die Fassung der Hinzurechnungs- und Kürzungsvorschriften sowie die Rspr insbesondere zu den Dauerschulden (s unten die Erläuterungen zu § 8) wirkten mildernd auf die auf dem GewKapital ruhende Steuerlast. Die Kürzung um die Summe der Einheitswerte, mit denen Betriebsgrundstücke im Einheitswert des gewerblichen Betriebes enthalten sind, diente der Vermeidung einer Doppelbesteuerung durch GrundSt und GewSt.

b) Ursprüngliche gesetzgeberische Motive. Sinn der (von EZ 1980–1997) **zweifachen Besteuerungsgrundlage** war ihre **ausgleichende Wirkung** auf die Finanzkraft der Gemeinden. Der Gesetzgeber stand auf dem Standpunkt, der GewErtrag als alleinige Bezugsgröße bedeute angesichts seiner Konjunktur- und Krisenanfälligkeit eine beträchtliche Unsicherheit für die Gemeindefinanzen; das GewKapital als alleinige Bezugsgröße bedeute, dass zu viele GewTreibende, die über kein oder nur geringes GewKapital verfügten, keine GewSt zu zahlen hätten. Durch die verschiedenen Besteuerungsgrundlagen trete ein gewisser Ausgleich ein (Begr zum GewStG 1936, RStBl 1937, 699). **8**

Den Motiven ist allerdings auch zu entnehmen, dass das Äquivalenzprinzip (s oben § 1 Rn 11) von vornherein auch typischerweise nicht konsequent durchgeführt werden sollte. Wer über kein oder nur geringes GewKapital verfügt, wird idR auch weniger Lasten verursachen. Gleichwohl sollte er, so die Begründung zum GewStG, zur Finanzierung der Gemeindeaufgaben beitragen. Dieser Umstand hätte mE mehr Gewicht bei der Erörterung der Verfassungsmäßigkeit der GewSt, insbesondere im Hinblick auf den Gleichheitssatz des Art 3 GG unter den Stichworten Äquivalenzprinzip und Typizität verdient (vgl oben § 1 Rn 11). Die gesetzgeberische Tendenz, von dem Grundgedanken des Äquivalenzprinzips möglichst weitgehend zu abstrahieren, führte bereits bis zum Jahr 1970 dahin, dass von den Gesamteinnahmen der Gemeinden aus der GewSt 85% auf die Besteuerung des GewErtrags entfielen. Allerdings bringt die Besteuerung nach dem GewErtrag die Steuerkraft der Gemeinden am ehesten zum Ausdruck (L/S § 6 Rn 7); zudem ist insb in krisengeschüttelten Zeiten eine Besteuerung der Substanz (nach dem GewKapital) extrem kontraproduktiv.

c) Neue Bundesländer. In den neuen Bundesländern wurde bis EZ 1997 einschließlich keine GewKapitalSt erhoben. Zur dort geltenden Fassung vgl § 37 Nr 1 aF (s 5. Auflage und früher). Zu den Auswirkungen bei den Hinzurechnungen und Kürzungen sowie bei der Zerlegung vgl die Kommentierungen zu § 12 aF und § 28 in der 4. Auflage. **9**

Abschnitt II. Bemessung der Gewerbesteuer

§ 7 Gewerbeertrag

¹Gewerbeertrag ist der nach den Vorschriften des Einkommensteuergesetzes oder des Körperschaftsteuergesetzes zu ermittelnde Gewinn aus dem Gewerbebetrieb, der bei der Ermittlung des Einkommens für den dem Erhebungszeitraum (§ 14) entsprechenden Veranlagungszeitraum zu berücksichtigen ist, vermehrt und vermindert um die in den §§ 8 und 9 bezeichneten Beträge. ²Zum Gewerbeertrag gehört auch der Gewinn aus der Veräußerung oder Aufgabe
1. des Betriebs oder eines Teilbetriebs einer Mitunternehmerschaft,
2. des Anteils eines Gesellschafters, der als Unternehmer (Mitunternehmer) des Betriebs einer Mitunternehmerschaft anzusehen ist,
3. des Anteils eines persönlich haftenden Gesellschafters einer Kommanditgesellschaft auf Aktien,

soweit er nicht auf eine natürliche Person als unmittelbar beteiligter Mitunternehmer entfällt. ³Der nach § 5 a Einkommensteuergesetzes ermittelte Gewinn und das nach § 8 Abs. 1 Satz 3 des Körperschaftsteuergesetzes ermittelte Einkommen gelten als Gewerbeertrag nach Satz 1. ⁴§ 3 Nr. 40 und § 3c Abs. 2 des Einkommensteuergesetzes sind bei der Ermittlung des Gewerbeertrags einer Mitunternehmerschaft anzuwenden, soweit an der Mitunternehmerschaft natürliche Personen unmittelbar oder mittelbar über eine oder mehrere Personengesellschaften beteiligt sind; im Übrigen ist § 8 b des Körperschaftsteuergesetzes anzuwenden. ⁵Bei der Ermittlung des Gewerbeertrags einer Kapitalgesellschaft, auf die § 8 Abs. 7 Satz 1 Nr. 2 des Körperschaftsteuergesetzes anzuwenden ist, ist § 8 Abs. 9 Satz 1 bis 3 des Körperschaftsteuergesetzes entsprechend anzuwenden; ein sich danach bei der jeweiligen Sparte im Sinne des § 8 Abs. 9 Satz 1 des Körperschaftsteuergesetzes ergebender negativer Gewerbeertrag darf nicht mit einem positiven Gewerbeertrag aus einer anderen Sparte im Sinne des § 8 Abs. 9 Satz 1 des Körperschaftsteuergesetzes ausgeglichen werden. ⁶§ 50d Abs. 10 des Einkommensteuergesetzes ist bei der Ermittlung des Gewerbeertrags entsprechend anzuwenden.

Gewerbesteuer-Durchführungsverordnung

§ 16 GewStDV Gewerbeertrag bei Abwicklung und Insolvenz

(1) Der Gewerbeertrag, der bei einem in der Abwicklung befindlichen Gewerbebetrieb im Sinne des § 2 Abs. 2 des Gesetzes im Zeitraum der Abwicklung entstanden ist, ist auf die Jahre des Abwicklungszeitraums zu verteilen.

(2) Das gilt entsprechend für Gewerbebetriebe, wenn über das Vermögen des Unternehmens ein Insolvenzverfahren eröffnet worden ist.

Gewerbesteuer-Richtlinien 2009: R 7.1 GewStR/H 7.1 GewStH

Übersicht

	Rn
I. Gewerbeertrag	1–64
1. Allgemeines	1–3

Übersicht § 7

	Rn
a) Verfahrensrecht	1
b) Eigenständige Gewinnermittlung	2
c) Durch den Objektsteuercharakter bedingte Abweichungen	3
2. Maßgeblichkeit von EStG und KStG (Satz 1)	4–13
a) Anwendung allgemeiner Gewinnermittlungsgrundsätze	4
b) Steuerfreiheit von Einnahmen	5
c) Ausländische Betriebsstättenverluste	6
d) Wechsel der Gewinnermittlungsart	7
e) Eigenständiger Bilanzenzusammenhang	8
f) Mitunternehmerschaften	9
g) Hinzurechnungen und Kürzungen	10
h) Billigkeitsmaßnahmen	11
i) Spezialgesetzlich bestimmter Gewerbeertrag	12
j) Gewerbesteuerrückstellung	13
3. Sonderformen der Besteuerung (Satz 3)	14, 15
a) Tonnagebesteuerung	14
b) Werbesendungen	15
4. Teileinkünfteverfahren (Satz 4)	16, 17
5. Kommunaler Querverbund (Satz 5)	18, 19
6. Vorwegvergütungen im DBA-Recht (Satz 6)	20–23
7. Gewerbeertrag und Gründungsphase	24, 25
8. Gewerbeertrag und Betriebsbeendigung	26–40
a) Besteuerung des tätigen Betriebs	26
b) Veräußerungs-/Aufgabegewinn bei natürlichen Personen und Personengesellschaften	27–29
c) Veräußerungs-/Aufgabegewinn bei Kapitalgesellschaften u.ä.	30–35
d) Gewerbesteuerrechtliche Betriebseinstellung ohne einkommensteuerrechtliche Betriebsaufgabe	36, 37
e) Unternehmerwechsel	38–40
9. Besonderheiten beim Gewerbeertrag von natürlichen Personen und Personengesellschaften	41–45
a) Entschädigungen	41
b) Ausgleichszahlungen	42, 43
c) Gewerbesteuer und Gewinnverteilung	44, 45
10. Besonderheiten beim Gewerbeertrag von Körperschaften, Personenvereinigungen und Vermögensmassen	46–49
a) Gewerbebetrieb, gewerblicher Gewinn	46, 47
b) Vermögensveränderungen der gesellschaftsrechtlichen Sphäre	48, 49
11. Gewerbeertrag bei Abwicklung und Insolvenz	50–64
a) Abwicklung	50, 51
b) Insolvenz	52–64
II. Gewerbesteuerfreier Aufgabe- und Veräußerungsgewinn der Steuergegenstände des § 2 Abs 1	65–159
1. Voraussetzungen von Betriebsaufgabe und Betriebsveräußerung	65–69
a) Betriebsaufgabe	65
b) Teilbetriebsaufgabe	66
c) Betriebsveräußerung	67
d) Wesentliche Betriebsgrundlagen	68
e) Gewerbesteuer	69

§ 7 Gewerbeertrag

	Rn
2. Beginn und Ende der Betriebsaufgabe/-veräußerung	70–81
a) Abgrenzungen	70
b) Bedeutung	71
c) Zuordnung von Aufwand und Ertrag	72, 73
d) Einzelfälle	74
e) Einstellung der werbenden Tätigkeit, Einzelfälle	75
f) Beginn der Betriebsaufgabe	76
g) Beendigung der Betriebsaufgabe	77
h) Betriebsverlegung, Betriebsunterbrechung, Betriebsverpachtung	78–81
3. Ermittlung des Veräußerungs-/Aufgabegewinns	82–99
a) Veräußerungsgewinn	82
b) Veräußerungspreis (§ 16 Abs 2 EStG)	83, 84
c) Steuerrelevante Ereignisse nach Betriebsveräußerung	85
d) Wiederkehrende Bezüge	86
e) Vermögensübergabe gegen Versorgungsleistungen	87, 88
f) Betriebsaufgabegewinn	89, 90
g) Restbuchwert (§ 16 Abs 2 Satz 1 und Abs 3 Satz 1 EStG)	91
h) Veräußerungs-/Aufgabekosten (§ 16 Abs 2 Satz 1 und Abs 3 Satz 1 EStG)	92
i) Allmähliche Abwicklung	93
j) Nachträgliche Einkünfte	94
k) Unentgeltliche Betriebs- oder Teilbetriebsübertragung	95–99
4. (Teil-)Betriebsverpachtung	100–112
a) Wahlrecht	100
b) Betriebsfortführung	101
c) Nicht verpachtete wesentliche Betriebsgrundlagen	102
d) Umgestaltung wesentlicher Betriebsgrundlagen	103
e) Betriebsüberlassungsverträge	104
f) Gewerbesteuerfreiheit	105
g) Betriebsverpachtung und Betriebsaufgabe	106
h) Besonderheiten bei Gesellschaften	107, 108
i) Betriebsaufgabe durch Steuerentstrickung	109–112
5. Veräußerung, Aufgabe von (Teil-)Betrieben durch Personengesellschaften	113–123
a) Begriff	113
b) Sonderbetriebsvermögen	114, 115
c) Betriebsaufgabe durch Realteilung	116, 117
d) Buchwertfortführung	118
e) Gewinnrealisierung bei Realteilung	119
f) Ausgleichszahlungen	120
g) Erbauseinandersetzung	121–123
6. Veräußerung, Aufgabe von Gesellschaftsanteilen (Satz 2)	124–154
a) Grundsätzliches	124, 125
b) Veräußerung von Mitunternehmeranteilen	126–132
c) Aufgabe eines Mitunternehmeranteils	133
d) Auswirkung auf den Gewerbeertrag	134
e) Handelsrechtlicher Vorgang	135, 136
f) Steuerrechtliche Wertung des handelsrechtlichen Vorgangs	137
g) Anschaffungsgegenstand	138
h) Entgelt übersteigt Kapitalkonto	139–141

Übersicht § 7

	Rn
i) Besonderheiten beim negativen Kapitalkonto	142–152
j) Entgelt unterschreitet positives Kapitalkonto	153, 154
7. Sachwertabfindung	155–159
a) Abfindung mit privaten Sachwerten	155
b) Abfindung mit Sachwerten aus dem Betriebsvermögen in das Privatvermögen	156
c) Sachwertabfindung in das Betriebsvermögen des Ausscheidenden	157–159
III. Die Besteuerung der Mitunternehmerschaft	160–229
1. Mitunternehmerschaft	160–174
a) Rechtsgrundlage	160
b) Mitunternehmereigenschaft	161–163
c) Mitunternehmerinitiative	164, 165
d) Mitunternehmerrisiko	166–169
e) Besonderheiten bei GmbH-Beteiligungen	170–172
f) Stille Gesellschaft	173, 174
2. Gewinnermittlung der Personengesellschaft	175–184
a) Grundlagen	175
b) Gewinnerzielungsabsicht	176–178
c) Konkurrenzen	179, 180
d) Zebragesellschaften	181–184
3. Gewinnermittlung bei Personengesellschaften mit Gesamthandsvermögen	185–194
a) Gewinnanteil	185–189
b) Sonderbetriebsvermögen	190–194
4. Übertragung von Wirtschaftsgütern zwischen Gesellschaft und Gesellschafter	195–204
a) Einbringung gegen Gesellschaftsrechte	195–197
b) Gründungsähnliche Vorgänge	198
c) Bewertungszwang bei Einlagen und Entnahmen (§ 6 Abs 1 Nrn 4, 5, § 4 Abs 1 EStG)	199
d) Lieferungsverkehr unter verkehrsüblichen Bedingungen	200
e) Übertragung von Wirtschaftsgütern im Sonderbetriebsvermögensbereich	201–204
5. Sondervergütungen	205–212
a) Nutzungsüberlassung, Dienstleistung des Gesellschafters gegenüber der Gesellschaft	205
b) § 15 Abs 1 Satz 1 Nr 2 Hs 2 EStG als Zuordnungsnorm	206–209
c) § 15 Abs 1 Satz 1 Nr 2 Hs 2 EStG als Norm zur Bestimmung der Einkunftsart	210–212
6. Gewinnermittlung von Mitunternehmerschaften ohne Gesamthandsvermögen	213–219
a) Grundlagen	213
b) Atypische stille Gesellschaft	214–216
c) Abgrenzungsprobleme	217
d) Unterbeteiligungen	218, 219
7. Vermögensverwaltende Gesellschaften	220–222
a) Handelsrecht	220
b) Überschussrechnung	221
c) Wahlrecht	222
8. Verlustzuweisungsgesellschaften	223–228

	Rn
9. Kommanditgesellschaft auf Aktien	229
IV. Besteuerung der stillen Gesellschaft	230–245
1. Die stille Gesellschaft als Steuer-/Gewinnermittlungssubjekt	230–233
a) Einkommensteuer	230
b) Mitunternehmerschaft	231
c) Umsatzsteuer	232
d) Gewerbesteuer	233
2. Einkommensteuerrechtliche Einzelfragen	234–241
3. GmbH & Still	242–245
V. GmbH & Co KG	246–249
1. Einzelfragen	246
2. Verdeckte Gewinnausschüttung	247–249
a) Allgemeines	247
b) Einzelfälle der vGA (ABC):	248, 249
VI. Familiengesellschaften, Angehörigenverträge	250–268
1. Familiengesellschaften	250–259
a) Fremdvergleich	251–254
b) Einzelfälle	255
c) Zivilrechtliche Fragen	256–259
2. Angehörigen-Arbeitsverhältnisse	260–268
a) Arbeitsverhältnisse mit Ehegatten	260
b) Einzelfragen	261
c) Zukunftssicherungsleistungen	262–264
d) Pensionszusagen	265
e) Arbeitsverhältnisse mit Kindern	266
f) Darlehensgeschäfte zwischen nahestehenden Personen	267
g) Versorgungszusagen an den Betriebsübergeber	268

I. Gewerbeertrag

1. Allgemeines

1 **a) Verfahrensrecht.** Die Verweisung in § 7 Satz 1 auf den Gewinn, wie er sich nach den Vorschriften des EStG und des KStG ergibt, bedeutet keine unmittelbare Bindung an die Ergebnisse der Einkommensteuer- bzw Körperschaftsteuerveranlagung. Der Gewinn aus Gewerbebetrieb ist vielmehr für die Zwecke des § 7 selbstständig zu ermitteln (BFH XI R 83/00 BStBl II 2004, 699; III R 1/05 BStBl II 2007, 375; VIII R 73/05 BStBl II 2008, 681). Dem Steuerpflichtigen bleibt es daher unbenommen, beide Bescheide mit der Begründung anzufechten, der Gewinn aus Gewerbebetrieb sei unzutreffend ermittelt worden. Einkommensteuerbescheid und Gewerbesteuermessbescheid stehen nicht im Verhältnis von Grundlagen-/Folgebescheid zueinander. Geht es aber in beiden Verfahren ausschließlich um dieselben Rechtsfragen, so wird sich in aller Regel empfehlen, auf ein gewerbesteuerrechtliches Anfechtungsverfahren zu verzichten. Wird der Einkommensteuerbescheid im gerichtlichen Verfahren geändert, so zieht dies automatisch eine Änderung des unangefochten gebliebenen Gewerbesteuermessbescheides nach § 35 b nach sich. Bestandskräftige Gewerbesteuermessbescheide sind deshalb von der Vollziehung auszusetzen (§ 69 FGO), wenn die Vollziehung des Einkommensteuer-, Körperschaftsteuer- oder Feststellungsbescheids ausgesetzt wird (BFH I B 1/66 BStBl III 1966, 651). Das bedeutet allerdings nicht, dass ein Antrag auf Aussetzung der Vollziehung des Messbescheids, der mit ernstlichen Zweifeln an der Rechtmäßigkeit des Einkommensteuerbescheids (oder des Gewinnfeststellungsbescheids) begründet wird,

Maßgeblichkeit von EStG und KStG (Satz 1) § 7

unzulässig wäre (BFH VIII B 107/93 BStBl II 1994, 300, unter Aufgabe von VIII R 413/83 BStBl II 1988, 240). Auch die Gewerblichkeit der streitigen Einkünfte kann der Steuerpflichtige gesondert im Verfahren gegen den Messbescheid nachprüfen lassen. Dies kann insb dann angezeigt sein, wenn sich die Einordnung der Einkünfte bei der Einkommensteuer nicht auf die Höhe der festzusetzenden Steuer auswirkt (BFH VIII R 60/70 BStBl II 1976, 152; I R 169/72 BStBl II 1975, 37).

b) Eigenständige Gewinnermittlung. Die Eigenständigkeit der Gewinnermittlung für Zwecke des Gewerbeertrags ist im Objektsteuercharakter der Gewerbesteuer begründet. Der Gewerbeertrag entspricht grundsätzlich dem nach den Vorschriften des EStG oder KStG ermittelten Gewinn, sofern sich keine Abweichungen unmittelbar aus dem GewStG selbst oder aus dem Objektsteuercharakter des GewStG ergeben (BFH I R 107/09 DStR 2010, 1611). Dieser gebietet, gewerbliche Gewinne des EStG aus der Bemessungsgrundlage gewerblicher Gewinne iSd § 7 GewStG auszunehmen, die mit der Ertragskraft eines werbenden Unternehmens nichts zu tun haben (allg s BFH X R 64/89 BStBl II 1991, 358). Dabei ergeben sich vor allem Besonderheiten für die gewerblichen Personenunternehmen. So unterliegen beispielsweise Gewinne/Verluste aus der Gründung, Veräußerung oder Aufgabe eines Gewerbebetriebs bei natürlichen Personen oder Personengesellschaften nicht der Gewerbesteuer (zB BFH VIII R 52/04 BStBl II 2006, 847; s Rn 65 ff). 2

c) Durch den Objektsteuercharakter bedingte Abweichungen. Der Objektsteuercharakter der GewSt bewirkt, dass neben Vorgängen aus Anlass der Gründung und der Veräußerung eines (Teil-)Betriebs auch der Spitzenausgleich bei einer Realteilung steuerfrei ist (BFH VIII R 13/94 BStBl II 1994, 809), ebenso eine Unfallentschädigung für die Erwerbsminderung eines Gewerbetreibenden (BFH I 252/65 BStBl II 1969, 8). Vorab (s Rn 24) und nach Betriebsbeendigung entstandene Betriebsausgaben sind daher bei der GewSt nicht abziehbar, ebenso wenig nachträgliche Betriebseinnahmen (BFH IV R 111/76 BStBl II 1977, 618). Die *FinVerw* lässt den Gewinn aus der Auflösung einer Rücklage nach § 7g EStG, die noch vor der gewerbesteuerlichen Betriebseröffnung gebildet worden ist, aus Billigkeitsgründen außer Betracht (*BMF* BStBl I 2011, 152). 3

2. Maßgeblichkeit von EStG und KStG (Satz 1)

a) Anwendung allgemeiner Gewinnermittlungsgrundsätze. Mit der Verweisung auf die Gewinnermittlungsvorschriften des EStG und KStG finden die **allgemeinen Gewinnermittlungsgrundsätze** Anwendung. Im Einzelnen gilt: Die Begriffe Gewerbebetrieb iSd GewStG und gewerbliches Unternehmen nach § 15 Abs 1 Nr 1 EStG stimmen inhaltlich überein (BFH I R 95/76 BStBl II 1980, 465). Fallen gewerbesteuerbefreite und steuerpflichtige Teile in einem Gesamtbetrieb zusammen, so ist der steuerpflichtige Gewerbeertrag bei getrennten Ergebnisrechnungen nach diesen, andernfalls im Schätzungswege zu ermitteln (BFH I R 182/94 BStBl II 1997, 449). Die Übereinstimmung mit dem EStG gilt auch für den Betrieb als Gewinnermittlungseinheit. Nach der hier vertretenen Auffassung ist dem sog **engen Betriebsbegriff** zu folgen, dem in der Literatur – einkommensteuerlich strittig – der weite Betriebsbegriff gegenübergestellt wird (vgl dazu *Schmidt/Heinicke* § 4 Rn 25). Mit dem Betriebsbegriff korrespondieren die Vorschriften über Einlagen und Entnahmen (§ 4 Abs 1 Sätze 2 und 8 EStG). Ebenso wie bei der ESt sind auch bei der GewSt Betriebseinnahmen und Betriebsausgaben nach objektiven Kriterien festzustellen (siehe zu Betriebsausgaben *Schmidt/Heinicke* § 4 Rn 30; für Betriebseinnahmen vgl BFH IV R 184/82 BStBl II 1985, 427). Der sich nach den Grundsätzen des EStG/KStG ergebende Gewinn ist auch dann anzusetzen, wenn wegen einer Teilwertzuschreibung und einer Hinzurechnung nach § 8 Nr 10 Buchst a eine Doppelbelastung auftritt (BFH I R 19/08 BStBl II 2010, 301). 4

§ 7 Gewerbeertrag

5   **b) Steuerfreiheit von Einnahmen.** Wie für die ESt ist auch für die GewSt die **Steuerfreiheit von Einnahmen** nach § 3 EStG zu beachten (BFH IV R 84/74 BStBl II 1978, 267). Das – bis einschließlich EZ 2008 geltende – Halbeinkünfteverfahren (§ 3 Nr 40 EStG) ist anzuwenden (*Bergemann* DStR 2000, 1410; s Rn 16), ebenso das Teileinkünfteverfahren, dh die ab 2009 geltende Freistellung von 40% der Dividenden sowie der Gewinne aus der Veräußerung von Anteilen an Kapitalgesellschaften, sofern es sich um Vorgänge im Betriebsvermögen natürlicher Personen handelt. Entsprechendes gilt für die Vorschrift des § 3 c EStG (anteiliger Abzug gem § 3 c Abs 2 EStG bei Einnahmen nach § 3 Nr 40 EStG). Die hiernach steuerfreien Einnahmen sind allerdings nach § 8 Nr 5 wieder hinzuzurechnen (s § 8 Nr 5 Rn 1 f). Die Ausgaben, die mit abkommensrechtlich freigestellten Dividenden zusammenhängen, sind auch gewerbesteuerrechtlich nicht abziehbar (BFH I R 30/05 BFH/NV 2006, 1659).

Die Steuerfreiheit der in § 8 b Abs 1 KStG genannten, typischerweise durch KSt vorbelasteten Bezüge kommt auch gewstrechtlich zum Tragen, ebenso die Steuerfreiheit des Gewinns aus der Veräußerung von Beteiligungen nach § 8 b Abs 2 KStG; unberücksichtigt bleiben dementsprechend auch Teilwertabschreibungen auf derartige Beteiligungen (§ 8 b Abs 3 Satz 3 KStG). Gehen betrieblich veranlasste Einnahmen nicht in die Bemessungsgrundlage nach dem EStG ein, so bleiben sie auch gewerbesteuerlich außer Betracht (BFH I R 36/09 BStBl II 2010, 1020, zum fiktiven Gewinnanteil nach § 5 Abs 1 KapErhStG aF).

6   **c) Ausländische Betriebsstättenverluste.** Nach der Rspr des EuGH (*Lidl Belgium* IStR 2008, 400) können aus Gründen des Gemeinschaftsrechts (Niederlassungsfreiheit) die – nach deutschem Recht zu ermittelnden – Verluste aus ausländischen Betriebsstätten trotz des Bestehens eines DBA mit Freistellungsmethode im Inland abziehbar sein, wenn der Verlust im ausländischen Staat endgültig nicht mit dortigen Gewinnen verrechnet werden kann (finale Verluste). Der Abzug eines ausländischen Betriebsstättenverlustes, der aus rechtlichen oder tatsächlichen Gründen nicht mit einem ausländischen Gewinn verrechnet werden kann, findet nach BFH-Rspr im „Finalitätsjahr" statt (BFH I R 107/09 DStR 2010, 1611). In dem zitierten Urteil hat der BFH auch entschieden, dass dieses unionsrechtlich vorgegebene Verlustberücksichtigungsgebot auch auf die GewSt durchschlägt. Der BFH sieht darin keinen Widerspruch zum Inlandsbezug der GewSt. Finale Auslandsverluste sollen auch gewerbesteuerlich nicht im „Niemandsland" verschwinden und sind deshalb auch nicht nach § 9 Nr 3 als (negative) Kürzung zu berücksichtigen (krit *Wangler/Gühne* FR 2010, 1113; zust *Kessler/Philipp* IStR 2010, 865; *Stiller* BB 2011, 607). Handelt es sich nicht um eine ausländische Betriebsstätte, sondern um die Beteiligung an einer ausländischen Personengesellschaft, ist das Ergebnis nach § 8 Nr 8 oder nach § 9 Nr 2 zu korrigieren.

7   **d) Wechsel der Gewinnermittlungsart.** Mit den anwendbaren **Gewinnermittlungsregeln** der §§ 4 Abs 1, 5 Abs 1 EStG (Betriebsvermögensvergleich) und des § 4 Abs 3 EStG (Überschussrechnung) – s dazu im Einzelnen *Schmidt/Heinicke* § 4 Rn 40 ff bzw Rn 370 ff sowie *Schmidt/Weber-Grellet* § 5 Rn 21 ff – gelten für das Gewerbesteuerrecht die einkommensteuerrechtlichen Regeln für den **Übergang zu einer anderen Gewinnermittlungsart** (s R 7.1 Abs 3 Satz 7 GewStR; BFH VIII R 32/67 BStBl II 1973, 233: nur im Billigkeitsweg). Ein zwingender Wechsel des Überschussrechners zum Bestandsvergleich anlässlich einer Betriebsaufgabe oder Betriebsveräußerung ergibt sich auch für die GewSt aus § 16 Abs 2 Satz 2 EStG. Dennoch gibt es keinen allgemeinen gewerbesteuerrechtlichen Entstrickungsgrundsatz, wenn das gewerbliche Unternehmen sich ändert, gleichwohl aber betriebliche Einkünfte iSd EStG anzunehmen sind (vgl dazu Rn 36).

Maßgeblichkeit von EStG und KStG (Satz 1) § 7

e) Eigenständiger Bilanzenzusammenhang. Für die GewSt gilt bei evtl von 8
der ESt abweichender Betriebsdauer ein **eigenständiger Bilanzenzusammenhang** (BFH IV R 9/73 BStBl II 1977, 472). Eine für Zwecke der Gewerbesteuer zu einem bestimmten Stichtag vorzunehmende Bilanzberichtigung hat nicht zwingend zur Voraussetzung, dass für Zwecke der Einkommensteuer eine Bilanzberichtigung zum selben Stichtag vorgenommen worden ist (BFH XI R 18/00 BStBl II 2001, 106), so dass sich auch insoweit unterschiedliche Bilanzansätze ergeben können. Eine eigenständige Gewerbesteuerbilanz existiert jedoch nicht (offengelassen in BFH XI R 18/00 aaO; IV R 48/07 BStBl II 2010, 799; s auch *Lenski/Steinberg* § 7 Rn 67a). Abgesehen von diesen seltenen Fällen werden sich die Bilanzansätze einheitlich entwickeln. Auch wenn die sog umgekehrte Maßgeblichkeit mit der Änderung des § 5 Abs 1 Satz 2 EStG durch das BilMoG v 25.5.2009 (BGBl I 2009, 1102) aufgegeben worden ist, ist eine unterschiedliche Ausübung steuerlicher Wahlrechte für Zwecke der ESt einerseits und der GewSt andererseits mE nach wie vor nicht möglich (aA *Blümich/Drüen* § 7 GewStG Rn 54). Dies ergibt sich aus der Anbindung in Satz 1 an den Gewinn, der für den Erhebungszeitraum entsprechenden Veranlagungszeitraum, dh für einkommensteuerliche Zwecke, zu ermitteln ist. Nach früherer Rechtslage war wegen der Maßgeblichkeit der Handelsbilanz bzw der sie ggf ersetzenden Steuerbilanz oder des vom Überschussrechner gewählten Ansatzes das **Wahlrecht** zB auch für § 6 b oder § 6 c EStG abschließend **in der KSt/ESt-Veranlagung** auszuüben (BFH X R 110/87 BStBl II 1990, 195; I R 124/88 BStBl II 1990, 76; s dazu auch *Glanegger* FR 1990, 469). Eine unterschiedliche Wahlrechtsausübung war nicht erlaubt (BFH XI R 18/00 aaO).

f) Mitunternehmerschaften. Gemeinsamkeiten mit dem Einkommensteuer- 9
recht bestehen bei **Mitunternehmerschaften** auch insoweit, als zum Gewerbeertrag gewinnwirksame **Vorgänge des Sonderbetriebsvermögensbereichs** gehören (BFH IV R 63/83 BStBl II 1986, 58; zur gewerbesteuerfreien Entnahme aus dem Sonderbetriebsvermögen s BFH VIII R 51/98 BStBl II 2000, 316 m Anm *Dötsch* Inf 2000, 508; zu Ergänzungsbilanzen s BFH IV R 83/83 BStBl II 1986, 350). Auch der Gewinn aus der Veräußerung von Sonderbetriebsvermögen II gehört zum Gewerbeertrag (BFH IV R 54/04 BStBl II 2008, 742; noch offen gelassen in IV R 182/77 BStBl II 1981, 220). Wie bei der ESt können sich auch für den gewerblichen Gewinn des § 7 Vergütungen an Mitunternehmer wegen übernommener Tätigkeiten oder zur Nutzung überlassener Wirtschaftsgüter nicht gewerbeertragsmindernd auswirken (§ 15 Abs 1 Nr 2 EStG; BFH IV R 165/82 BStBl II 1985, 212). Zu Konkurrenzen s Rn 179, 200. Auch bei der GewSt bestimmt sich das Betriebsvermögen nicht lediglich nach Handelsrecht. So zählt der Gewinn aus der Veräußerung eines von den Gesellschaftern einer KG von Anfang an privat genutzten Geländes nicht zum Gewerbeertrag, auch wenn es sich dabei um Gesamthandsvermögen handelt (BFH VIII R 184/85 BStBl II 1990, 319). Anzuwenden sind die Abzugsverbote des § 12 EStG für Personenunternehmen und des § 10 KStG für Körperschaften iSd § 1 Abs 1 KStG; § 12 EStG ist bei den letztgenannten nicht einschlägig (BFH I R 54/95 DStR 1997, 492). Für die Gewinnermittlung iRd § 7 ist es unbeachtlich, ob sich eine Gewinnermittlungsmaßnahme innerhalb oder außerhalb der Bilanz auswirkt (H 7.1 Abs 1 GewStH). Dies gilt vor allem für Hinzurechnungen auf Grund verdeckter Gewinnausschüttungen bei Kapitalgesellschaften. Auch der **KSt-Anrechnungsanspruch** nach der (idR) bis 2001 geltenden Rechtslage ist Teil des Gewerbeertrags, wenn sich die Anteilsrechte im Betriebsvermögen befinden (BFH XI R 24/89 BStBl II 1991, 877; zur Abgrenzung s BFH I R 80/87 BStBl II 1990, 920). Auch das Verbot ausschüttungsbedingter Teilwertabschreibungen nach § 50 c EStG aF war gewerbesteuerlich zu beachten (BFH I R 120/04 BStBl II 2007, 321). Zur Gewinnermittlung bei **Körperschaften,** Personenvereinigungen und Vermögensmassen vgl im Einzelnen Rn 46 f. Das Ausgleichsverbot des § 15 Abs 4 Satz 1 EStG (gewerbliche Tierzucht) kommt gewerbesteuerrechtlich nicht zum Tragen

§ 7 Gewerbeertrag

(glA *Blümich/Drüen* § 7 GewStG Rn 158 „Tierzucht"), ebensowenig das Ausgleichsverbot für Verluste aus Termingeschäften nach § 15 Abs 4 Satz 3 EStG und aus Kommanditbeteiligungen nach § 15 a EStG (R 7.1 Abs 3 Satz 1 GewStR). § 15a EStG kann bei der Ermittlung des Gewerbeertrags dann von Bedeutung sein, wenn eine Personengesellschaft an einer anderen beteiligt ist (*v Beckerath* in *KSM* § 15a EStG Rn A 86). Das Ausgleichsverbot für Verluste aus stillen Beteiligungen nach § 15 Abs 4 Sätze 6–8 ist ebenfalls nicht anwendbar (ebenso *Rödder/Schumacher* DStR 2003, 805, 811), ebenso wenig für Verluste aus Steuerstundungsmodellen nach § 15b EStG (R 7.1 Abs 3 GewStR).

10   **g) Hinzurechnungen und Kürzungen.** Die Maßgeblichkeit des einkommensteuerlichen Gewinnbegriffs für den Gewerbeertrag löst notwendigerweise **Kürzungen und Hinzurechnungen** aus **bei verbundenen Unternehmen,** weil wirtschaftlich identische Erträge nach Möglichkeit nur einmal der Gewerbesteuer unterliegen sollen. Ein allgemeines **Verbot** der gewerbesteuerlichen **Doppelbelastung** gibt es indessen nicht (BFH I R 19/08 BStBl II 2010, 301). Eine doppelte Erfassung des wirtschaftlich identischen Betriebsergebnisses soll vor allem im Verhältnis zu Mitunternehmerschaften vermieden werden, wenn die Beteiligung in einem Betriebsvermögen eines Unternehmens gehalten wird, das für sich einen eigenen gewerbesteuerpflichtigen Steuergegenstand darstellt (s die Hinzurechnungen des § 8 Nr 8 und die Kürzungen des § 9 Nr 2). Durch das in § 180 Abs 1 Nr 2 AO vorgesehene Gewinnfeststellungsverfahren haben diese Vorschriften insbesondere Bedeutung, wenn die Beteiligung von einer Kapitalgesellschaft oder Personenhandelsgesellschaft gehalten wird. Bei diesen gehen die durch das Feststellungsverfahren zugewiesenen Ergebnisse aus der Beteiligung an Mitunternehmerschaften – außerhalb der Bilanz – in die Berechnung des gewerblichen Gewinns ein. Die eingetretene Erhöhung oder Verminderung des gewerblichen Gewinns ist wieder rückgängig zu machen, da diese Betriebsergebnisse bei der Mitunternehmerschaft der Gewerbesteuer unterliegen. Im Übrigen sind die genannten Korrekturvorschriften auch dann anzuwenden, wenn aus anderen Gründen – zu Recht oder zu Unrecht – ein einheitlicher Gewerbebetrieb unter Einbeziehung eines Beteiligungsergebnisses angenommen und der gewerbliche Gewinn entsprechend erhöht oder vermindert wurde (vgl BFH IV R 56/80 BStBl II 1984, 150). Die Existenz der genannten Korrekturvorschriften verdeutlicht, dass die mitunternehmerische Personengesellschaft trotz ihrer Steuerschuldnereigenschaft (§ 5) für die sachliche Steuerpflicht einer Kapitalgesellschaft nicht gleichgesetzt werden kann: Den Gewerbeertrag bilden die Betriebsergebnisse der Mitunternehmer in ihrer gesellschaftsrechtlichen Verbundenheit. Keine wirtschaftlich identischen Erträge liegen indessen vor bei Gewinnen aus Anteilen an einer Kapitalgesellschaft. Die Besteuerung wurde vor Einführung des Halbeinkünfteverfahrens nur durch das Schachtelprivileg gemildert (vgl zB § 9 Nr 2 a) bzw nach § 8 b KStG aF für weitergegebene steuerfreie Beteiligungserträge. Als konkurrierender und eigenständiger Steuergegenstand wird die Mitunternehmerschaft selbst dann berücksichtigt, wenn sie noch kein werbendes Unternehmen unterhält. Deshalb ist es folgerichtig, Beteiligungsverluste aus einer noch nicht werbenden Partenreederei (Baureederei) dem Gewerbeertrag einer Beteiligungsgesellschaft nach § 8 Nr 8 wieder hinzuzurechnen (BFH IV R 319/84 BStBl II 1987, 64). Nach R 7.1 Abs 1 GewStR sind Erträge, die auf der **Rückgängigmachung von Vorgängen** beruhen, die in der Vergangenheit zu Hinzurechnungen geführt haben (Auflösung von Rückstellungen, Erstattungen), außer Betracht zu lassen.

11   **h) Billigkeitsmaßnahmen.** Billigkeitsmaßnahmen nach § 163 Abs 1 Satz 2 AO werden auch auf die Gewerbesteuer ausgedehnt (zeitliche Verlagerung der Besteuerung). Sollen dagegen vom Finanzamt andere Billigkeitsmaßnahmen nach § 163 Abs 1 Satz 1 AO für die Gewerbesteuer getroffen werden, so bedarf es einer Abstimmung mit der hebeberechtigten Gemeinde. Dies ist allerdings dann überflüssig, wenn auch die Erhebung der Gewerbesteuer ausnahmsweise dem FA obliegt (s dazu § 4 Rn 6; H 7.1

Sonderformen der Besteuerung (Satz 3) § 7

(1) GewStH). Auf die Abstimmung mit der Gemeinde kann auch dann verzichtet werden, wenn die Maßnahmen auf allgemeine Verwaltungsvorschriften der Bundesregierung oder Richtlinien der obersten Landesfinanzbehörden gestützt werden können (§ 184 Abs 2 AO). Der sog Sanierungserlass (*BMF* BStBl I 2003, 240) ist keine Verwaltungsvorschrift iSv § 184 Abs 2 AO (BFH I R 24/11 DStR 2012, 1544).

i) Spezialgesetzlich bestimmter Gewerbeertrag. Es sehen eine Reihe von 12 Einzelsteuergesetzen Regelungen vor, die auch den Gewerbeertrag beeinflussen:
- Gewinnkorrektur nach § 1 AStG, Hinzurechnungsbesteuerung nach §§ 7 bis 14 AStG (vgl BFH I R 4/05 BStBl II 2006, 555; s auch *Rödder* IStR 2009, 873),
- § 7 Abs 1 EntwLStG idF v 21.5.1979 (BGBl I 1979, 564, BStBl I 1981, 294), zuletzt geändert durch Gesetz v 22.12.1981 (BGBl I 1981, 1523, BStBl I 1982, 235), für Kapitalanlagen, die vor dem 1.1.1982 vorgenommen worden sind,
- § 6 AuslInvG (die Hinzurechnung früher abgezogener Verluste nach § 2 Abs 1 Sätze 3 und 4 AuslInvG war letztmals für den EZ 2008 vorzunehmen, s § 8 Abs 5 Satz 2 AuslInvG),
- § 160 AO für Gewerbesteuerausfälle (BFH I R 46/94 BStBl II 1996, 51).

Auch das **UmwStG** enthält Spezialregeln in §§ 18 und 19 für den Gewerbeertrag. Vgl dazu killing zu § 7 Rn 55 ff. **Kinderbetreuungskosten,** die nach § 9c EStG aF „wie" Betriebsausgaben abgezogen werden können, mindern den Gewerbeertrag. Die *FinVerw* folgt bei mehreren Einkunftsquellen der Zuordnung der Betreuungskosten durch den Steuerpflichtigen (*BMF* BStBl I 2007, 184 Rn 28), obwohl kein entsprechendes Wahlrecht besteht (ebenso *HHR* § 9c EStG Rn 16).

j) Gewerbesteuerrückstellung. GewSt, die für **EZ ab 2008** festgesetzt wird, 13 ist nicht mehr als Betriebsausgabe abziehbar (§ 4 Abs 5 b, § 52 Abs 12 Satz 7 EStG, zur Verfassungsmäßigkeit s FG Hamburg EFG 2012, 933, Rev I R 21/12). Dementsprechend sind auch GewSt-Erstattungen, die auf der EZ ab 2008 entfallen, nicht als Betriebseinnahmen zu erfassen. Als Ausgleich hierfür ist der Faktor bei der GewSt-Anrechnung nach § 35 EStG ab VZ 2008 von 1,8 auf 3,8 erhöht worden. Bei der Gewinnermittlung durch Bestandsvergleich war für GewSt, die bis einschließlich EZ 2007 entstanden ist, eine Rückstellung zu bilden (BFH VIII R 72/87 BStBl II 1992, 958; zum Progressionsvorbehalt s BFH I R 32/90 BStBl II 1992, 94). Auf den vorläufigen Gewinn, der um etwaige GewSt-Vorauszahlungen für den laufenden EZ zu erhöhen war, konnte die sog ⅕-Methode (R 4.9 Abs 2 EStR 2007), die von einem Hebesatz von 400 sowie einer Messzahl von 5 ausging, angewandt werden. Auf die Anwendung dieser Methode bestand ein Rechtsanspruch (BFH VIII R 61/87 BStBl II 1991, 752 zur ⁹⁄₁₀-Methode). Die errechnete Rückstellung war um die geleisteten Vorauszahlungen zu mindern. Stattdessen konnte der Stpfl die Rückstellung auch auf Grund genauerer Formeln errechnen. Formel:

$$\text{GewESt} = \frac{0{,}05 \times H}{100 + 0{,}05 \times H} \times \text{GewE}$$

H = Hebesatz, GewE = Gewerbeertrag vor Abzug der Gewerbeertragsteuer

Wegen weiterer Einzelheiten s 7. Auflage. Nach Ansicht der *FinVerw* (*OFD Rheinland* DB 2009, 1046) ist trotz des Inkrafttretens des § 4 Abs 5 b EStG weiterhin eine GewSt-Rückstellung zu bilden, allerdings sind die Gewinnauswirkungen außerbilanziell zu neutralisieren. Die Rückstellung ist in Höhe des vollen Steuerbetrags anzusetzen, die ⅕-Methode findet keine Anwendung.

3. Sonderformen der Besteuerung (Satz 3)

a) Tonnagebesteuerung. Die von der EU-Kommission genehmigten (BStBl I 14 1999, 828) und am 1.1.1999 in Kraft getretenen Regelungen zur sog **Tonnagebesteuerung** setzen in § 7 Satz 3 iVm § 5 a EStG den nach § 5 a EStG ermittelten Gewinn auch als Gewerbeertrag an (allg s *Dißars* NWB 2009, 3656; *Bartsch* BB 2009, 1049). Dies gilt auch für Einkünfte nach § 16 EStG, wie Aufgabe- und Veräußerungsgewinne (§ 5 a Abs 5 EStG). Betroffen sind Gewerbebetriebe mit Geschäftsleitung im Inland mit ihrem Gewinn, soweit er auf den Betrieb von Handelsschiffen im internationalen Verkehr entfällt, wenn die Bereederung dieser Handelsschiffe im Inland durchgeführt wird und der Steuerpflichtige diese Besteuerung beantragt. Hinzurechnungen oder Kürzungen (zB § 9 Nr 3 Satz 2) werden bei einer Tonnagebesteuerung nach § 5 a EStG nicht vorgenommen, da diese Gewinnkorrekturen, anders als in § 7 Satz 1, in Satz 3 nicht erwähnt sind (BFH VIII R 72/02 BFH/NV 2006, 363; VIII R 72/02 BStBl II 2010, 828). Entgegen dem Wortlaut des § 7 Satz 1 sollte nach *BMF* BStBl I 2002, 614 Tn 38 die Kürzung nach § 9 Nr 3 zulässig sein. Dies ist nunmehr korrigiert (*BMF* BStBl I 2008, 956; aA *Lenski/Steinberg* § 7 Rn 388). Der Auflösungsgewinn nach § 5 a Abs 4 EStG ist laufender Gewinn und deshalb auch dann anzusetzen, wenn er im Rahmen einer Betriebsveräußerung oder -aufgabe angefallen ist (BFH IV R 42/10 BStBl II 2011, 878). Für nicht bilanzierbare Wirtschaftsgüter ist kein Unterschiedsbetrag festzustellen (BFH IV R 47/09 DStRE 2013, 321). Eine Anrechnung der Gewerbesteuer (§ 35 EStG), die auf Gewinne entfällt, bei denen die Tonnagebesteuerung angewandt wird, ist nicht möglich (§ 5 a Abs 5 EStG). Bei der GewSt, die durch die Auflösung von Unterschiedsbeträgen nach § 5a Abs 4 EStG ausgelöst wird, ist eine Anrechnung nach § 35 EStG jedoch gestattet (*OFD Münster* DB 2009, 256).

15 **b) Werbesendungen.** Durch das SFG v 20.12.2001 (BGBl I 2001, 3955) wurde ab EZ 2001 die Besteuerung der **Werbesendungen der öffentlich-rechtlichen Rundfunkanstalten** geändert. Diese unterhalten insoweit einen Betrieb gewerblicher Art (s § 2 Rn 380). Für das ZDF hatte eine Sonderregelung bestanden (§ 11 Abs 4 aF). Die Anstalten der ARD hatten sogar Verluste aus Werbesendungen ausgewiesen. Durch die Neuregelung wird den Beanstandungen des Bundesrechnungshofes Rechnung getragen. In § 8 Abs 1 Satz 2 KStG, auf den § 7 Satz 3 verweist, ist sowohl für ARD als auch für ZDF eine einheitliche pauschale Ermittlung des Einkommens vorgesehen (§ 16% der Entgelte iSv § 10 Abs 1 UStG aus der Veranstaltung von Werbesendungen). Eine exakte Gewinnermittlung ist damit – offenbar wegen der großen Abgrenzungsschwierigkeiten – nicht notwendig.

4. Teileinkünfteverfahren (Satz 4)

16 Das bis einschließlich **EZ 2008** anwendbare Halbeinkünfteverfahren galt auch für die GewSt (BTDrs 14/2683, 124). Ab **EZ 2009** ist das Teileinkünfteverfahren einschlägig, dh Dividenden und Gewinne aus der Veräußerung von Kapitalgesellschaften, die von betrieblich beteiligten natürlichen Personen oder von Mitunternehmerschaften erzielt werden, sind nicht mehr, wie unter Geltung des Halbeinkünfteverfahrens, zu 50%, sondern nur noch zu 40% steuerfrei. Gewinnanteile und gleichgestellte Bezüge nach § 3 Nr 40 EStG und steuerfreie Bezüge nach § 8 b Abs 1 KStG sind gem § 8 Nr 5 dem Gewinn aus Gewerbebetrieb wieder hinzuzurechnen, soweit es sich nicht um Schachtelbeteiligungen iSd § 9 Nr 2 a oder Nr 7 handelt (s § 8 Nr 5 Rn 1). Mit Anfügung des Satzes 4 durch das EURLUmsG v 9.12.2004 (BGBl I 2004, 3310) wurde mWv EZ 2004 ausdrücklich geregelt, dass das Halbeinkünfteverfahren auch bei **Mitunternehmerschaften** auf die GewSt durchschlägt (s BFH I R 95/05 BStBl II 2007, 279). Zuvor war dies zweifelhaft gewesen, weil es in *BMF* BStBl I 2003, 292 Rn 57 noch geheißen hatte, dass § 3 Nr 40 EStG sowie § 8 b KStG auf die Ermittlung des Gewerbeertrages einer Mitunternehmerschaft nicht anwendbar seien. Für diese Ansicht fand sich allerdings im Gesetz keine Stütze (*Engel* DB 2001, 1811; *Grotherr* BB 2001, 597; *Töben* FR 2002, 361); sie war überwiegend kritisiert worden (*Körner* INF 2004, 265; *Seitz* GmbHR 2004, 476; FG Düsseldorf 17 V 5799/03 EFG 2004, 849 rkr). Später schloss sich die *FinVerw* der Ansicht des BFH (BFH I R 95/05 aaO; I R 53/06 BStBl II 2007, 585) an

(*BMF* BStBl I 2007, 302). Wurde gem *BMF* BStBl I 2003, 292 Rn 57 der Verlust aus der Veräußerung der Beteiligung an einer Kapitalgesellschaft geltend gemacht, so wird er für EZ vor 2004 in noch offenen Fällen anerkannt (BStBl I 2007, 302). Auch in **Organschaftsfällen**, in denen eine Personengesellschaft Organträgerin ist und eine Kapitalgesellschaft einen nach § 8 b Abs 1 KStG steuerfreien Veräußerungserlös erzielt, findet § 7 Satz 4 beim Organträger Anwendung. Die Anfügung des § 7 Satz 4 erfolgte nicht aus Gründen der Rechtssicherheit, sondern weil der Gesetzgeber Steuerausfälle durch die Berücksichtigung von Verlusten befürchtete (s *Watermeyer/Büttgen-Pöhland* GmbH-StB 2005, 78). Ursprünglich war sogar beabsichtigt gewesen, die in *BMF* BStBl I 2003, 292 Rn 57 zum Ausdruck kommende Verwaltungsauffassung Gesetz werden zu lassen.

Bei Mitunternehmerschaften, an denen auch **juristische Personen beteiligt** sind, **17** ergeben sich Schwierigkeiten, weil Kapitalerträge und Gewinne aus der Veräußerung von Anteilen an Kapitalgesellschaften bei natürlichen und juristischen Personen unterschiedlich besteuert werden. Bei natürlichen Personen und Personengesellschaften sind Kapitalerträge und Gewinne aus Anteilsveräußerungen bis einschließlich 2008 grundsätzlich zur Hälfte steuerfrei (Halbeinkünfteverfahren); ab 2009 sind solche Erträge und Gewinne bei betrieblichen Beteiligungen zu 40% steuerfrei (Teileinkünfteverfahren). Bei juristischen Personen sind sie iE zu 95% steuerfrei (§ 8 b Abs 1, 2 und 5 KStG). Diese teilweise Steuerfreiheit wird durch die Hinzurechnung nach § 8 Nr 5 kompensiert. Auch wenn Personengesellschaften als solche Steuerschuldner sind (§ 5 Abs 1 Satz 3), folgt daraus nicht, dass der Ertrag auf der Ebene der Gesellschaft unabhängig davon zu ermitteln wäre, dass an ihr auch Gesellschafter beteiligt sind, bei denen die genannten Erträge und Gewinne in unterschiedlichem Umfang steuerfrei sind; vielmehr hat die Beteiligung juristischer Personen auch Auswirkungen auf den Gewerbeertrag auf der Ebene der Mitunternehmerschaft (ebenso *Eilers/Wienands* GmbHR 2000, 957; s auch *Prinz/Hick* GmbHR 2006, 24). Erzielt zB eine Mitunternehmerschaft, an der eine natürliche und eine juristische Person je zur Hälfte beteiligt sind, einen Gewinn aus der Veräußerung eines Anteils an einer Kapitalgesellschaft von 200, so ist der auf die natürliche Person entfallende Gewinn nach dem Halbeinkünfteverfahren zur Hälfte steuerfrei, der auf die juristische Person entfallende Gewinn iE zu 95% (§ 8 b Abs 5 KStG), so dass sich auf der Ebene der Mitunternehmerschaft ein steuerpflichtiger Ertrag von zunächst 55 ergibt. Zur Kürzung nach § 9 Nr 2 a bei fiktiven Betriebsausgaben von 5% gem § 8 b Abs 5 KStG, die über § 7 Satz 1 auch im GewStRecht zu berücksichtigen sind, s BFH I R 53/06 BStBl II 2007, 585; zur Verfassungsmäßigkeit s BVerfG 1 BvL 12/07 DStR 2010, 2393. Nach dem ab 2009 geltenden Teileinkünfteverfahren sind Anteilsveräußerungen im Betriebsvermögen von Personenunternehmen zu 40% steuerfrei, so dass sich in dem genannten Beispiel auf der Ebene der Mitunternehmerschaft ein steuerpflichtiger Gewinn von 65 ergibt. Auch der bei natürlichen und juristischen Personen unterschiedliche Abzug nach § 3 c EStG bzw nach § 8 b Abs 5 KStG beeinflusst den Gewerbeertrag auf der Ebene der Gesellschaft. Die entsprechenden Korrekturen sind außerhalb der Bilanz vorzunehmen. Im Verfahren über die gesonderte und einheitliche Gewinnfeststellung der Mitunternehmerschaft (§ 180 Abs 1 Nr 2 AO) sind die Gewinnanteile unter Berücksichtigung der unterschiedlichen Steuerbefreiung den einzelnen Beteiligten zuzuordnen; die sog Bruttomethode ist möglich (BFH X R 28/10 BStBl II 2013, 444). Im Feststellungsverfahren ist gem § 35 Abs 2 EStG auch über die anteilige Anrechnung der zu zahlenden Gewerbesteuer entsprechend dem allgemeinen Gewinnverteilungsschlüssel zu entscheiden (s *Wendt* FR 2000, 1173).

5. Kommunaler Querverbund (Satz 5)

Durch das JStG 2009 v 19.12.2008 (BGBl I 2008, 2794) wurde mit Wirkung ab **18** EZ 2009 (§ 36 Abs 5 Satz 1) ein Satz 5 angefügt, der eine Verweisung auf einzelne Regelungen des KStG zum sog kommunalen Querverbund enthält. Nach BFH I

R 32/06 BStBl II 2007, 961 ist die Übernahme einer dauerdefizitären Tätigkeit durch eine Kapitalgesellschaft einer juristischen Person des öffentlichen Rechts ohne schuldrechtlichen Verlustausgleich als verdeckte Gewinnausschüttung zugunsten der juristischen Person anzusehen. Die Gesetzesänderung soll die BFH-Rspr konterkarieren (s BTDrs 16/10189, 69). § 7 Satz 5 verweist auf § 8 Abs 7 Satz 1 Nr 2 und Abs 9 Satz 1-3 KStG. Nach § 8 Abs 7 Satz 1 Nr 2 KStG idF des JStG 2009 sind bei einer Kapitalgesellschaft die Rechtsfolgen einer verdeckten Gewinnausschüttung nicht bereits deshalb zu ziehen, weil sie ein Dauerverlustgeschäft ausübt, sofern die Mehrheit der Stimmrechte auf juristische Personen des öffentlichen Rechts entfällt und nachweislich ausschließlich diese Gesellschafter die Verluste aus Dauerverlustgeschäften tragen. Ein Dauerverlustgeschäft liegt vor, soweit aus verkehrs-, umwelt-, sozial-, kultur-, bildungs- oder gesundheitspolitischen Gründen eine wirtschaftliche Betätigung ohne kostendeckendes Entgelt unterhalten wird oder wenn das Geschäft bei einer Kapitalgesellschaft Ausfluss einer Tätigkeit ist, die bei juristischen Personen des öffentlichen Rechts zu einem Hoheitsbetrieb gehört (§ 8 Abs 7 Satz 2 KStG).

19 Bei derartigen Kapitalgesellschaften mit verschiedenen Tätigkeiten sind diese nach § 8 Abs 9 Satz 1 KStG in **verschiedene Sparten** zu unterteilen. Ein negativer Gesamtbetrag der Einkünfte einer Sparte darf nicht mit einem positiven Gewerbeertrag aus einer anderen Sparte ausgeglichen werden (§ 7 Satz 5 Hs 2). Mit der Regelung wird bezweckt, Eigengesellschaften den Betrieben gewerblicher Art gleichzustellen, bei denen ein Verlustausgleich nur bei zusammenfassbaren Tätigkeiten nach § 4 Abs 6 KStG möglich ist. Tätigkeiten, die bei einer juristischen Person des öffentlichen Rechts als Hoheitsbetrieb anzusehen sind, bilden jeweils eine gesonderte Sparte (§ 8 Abs 9 Satz 1 Nr 1 KStG). Tätigkeiten, die nach § 4 Abs 6 Satz 1 KStG zusammenfassbar sind oder (Dauerverlust-)Tätigkeiten, die nicht aus „hoheitlichen" Dauerverlustgeschäften stammen, bilden je zusammenfassbarer Tätigkeit eine Sparte (§ 8 Abs 9 Satz 1 Nr 2 KStG). Innerhalb einer Sparte ist zwischen verschiedenen Tätigkeiten ein Verlustausgleich möglich. Alle übrigen Tätigkeiten sind einer (einzigen) einheitlichen Sparte zuzuordnen (§ 8 Abs 9 Satz 1 Nr 3 KStG). Bei Ermittlung des Gewerbeertrags der Kapitalgesellschaft sind nur Sparten mit positivem Ergebnis heranzuziehen. Zu Einzelheiten s *Weitemeyer* FR 2009; 1; *Bracksiek* FR 2009, 15; *BMF* BStBl I 2009, 1303.

6. Vorwegvergütungen im DBA-Recht (Satz 6)

20 Durch das JStG 2009 wurde als Reaktion auf BFH I R 5/06 BStBl II 2009, 356 ein Satz 6 mit einer Verweisung auf den ebenfalls neu geschaffenen § 50 d Abs 10 EStG angefügt. Der BFH hatte in dem genannten Urteil entschieden, dass auf Darlehenszinsen, die eine inländische Personengesellschaft an ihren in den USA ansässigen Gesellschafter zahlt, der Zinsartikel anzuwenden ist (Art 11 DBA USA) und nicht die Regelung über gewerbliche Gewinne. Auch für andere DBA war die BFH-Entscheidung von weitreichenden Folgen. § 50d Abs 10 EStG betrifft Vorwegvergütungen nach § 15 Abs 1 Satz 1 Nr 2 Satz 1 Hs 2 und Nr 3 Hs 2 EStG im DBA-Recht, nicht aber nur mittelbar beteiligte Mitunternehmer iSv § 15 Abs 1 Satz 1 Nr 2 Satz 2 EStG. Nach § 50d Abs 10 Satz 1 EStG gelten zB die Zinsen, die eine inländische Personengesellschaft an einen im Ausland ansässigen Gesellschafter zahlt, für Zwecke der Anwendung des DBA als inländische Unternehmensgewinne, sofern ein DBA keine ausdrückliche Regelung zur abkommensrechtlichen Behandlung solcher Vorwegvergütungen enthält (so zB Art 7 Abs 7 Satz 2 DBA Österreich). Nach Ansicht des Gesetzgebers handelt es sich bei § 50d Abs 10 EStG nicht um ein sog treaty override (BTDrs 16/11108, 23). Diese Ansicht wird allerdings in der Literatur zT bestritten; § 50d EStG sei verfassungswidrig, soweit er zu einer Doppelbesteuerung führe, die durch ein DBA eigentlich vermieden werden solle (*Frotscher* IStR 2009, 593; aA *Mitschke* DB 2010, 303). § 50d Abs 10 EStG verfehlte zunächst seinen Zweck, weil die durch § 50d Abs 10 EStG bewirkte Umqualifizierung von Einkünften als Unternehmensgewinne noch nichts über die Zuordnung zur inländischen Betriebsstätte aussagte (BFH I R 74/09 DStR 2010, 2450 sowie I R 5/11 IStR 2012, 222; ebenso *Boller/Schmidt* IStR 2009, 852 mwN; aA *Frotscher* IStR 2009, 593; *Hruschka* DStR 2010, 1357). Der Gesetzgeber unternahm im AmtshilfeRLUmsG v 26.6.2013 (BGBl 2013, 1809) einen weiteren Anlauf, um sicherzustellen, dass Sondervergütungen, die in das Ausland geleistet werden, gewerbesteuerlich erfasst werden. Die Neuregelung hat Rückwirkung für alle noch offenen Fälle (§ 52 Abs 59a Satz 10 EStG). § 50d Abs 10 Satz 8 EStG, der auf § 50d Abs 9 Nr 1 EStG verweist, soll verhindern, dass wegen der Fiktion nach Satz 1 die von einer ausländischen Personengesellschaft an einen inländischen Gesellschafter gezahlten Zinsen oder andere Vorwegvergütungen als ausländischer Unternehmensgewinn fingiert werden und Deutschland die Zinsen deshalb steuerfrei stellen müsste.

(frei) **21–23**

7. Gewerbeertrag und Gründungsphase

Steuergegenstände des § 2 Abs 1, dh **Personenunternehmen**, ebenso **Betriebe** **24** **gewerblicher Art** von Körperschaften, deren Steuerpflicht in § 2 Abs 1 geregelt ist, unterliegen der Gewerbesteuer nur dann, wenn sie ihre **werbende Tätigkeit** aufgenommen haben. Die sachliche Gewerbesteuerpflicht beginnt erst, wenn alle tatbestandlichen Voraussetzungen eines Gewerbebetriebs erfüllt sind und der Gewerbebetrieb in Gang gesetzt worden ist (s *Behrens/Braun* BB 2013, 926). Während die ESt als Personensteuer sämtliche betrieblichen Vorgänge von der ersten Vorbereitungshandlung zur Eröffnung eines Betriebs an erfasst, ist Gegenstand der Gewerbesteuer nur der auf den laufenden Betrieb entfallende, durch eigene gewerbliche Leistungen entstandene Gewinn (BFH IV R 52/09 BStBl II 2011, 469; IV B 56/10 BFH/NV 2012, 266 zur GmbH & Co KG). Dadurch können der einkommensteuerrechtliche und der gewerbesteuerrechtliche Betrieb auseinanderfallen (BFH VIII R 30/90 BFH/NV 1993, 264; IV R 8/97 BStBl II 1998, 478 zum Betriebsbeginn bei Betriebsaufspaltung; FG S-Anh 5 K 1712/08 EFG 2011, 258 rkr – mehrjährige Errichtung eines Wasserkraftwerks). Dies gilt auch, wenn es sich um den Betrieb einer Personengesellschaft handelt, auf die Satz 2 Anwendung findet; auch in diesem Fall beginnt die sachliche GewSt-Pflicht erst, wenn der Betrieb in Gang gesetzt worden ist (BFH IV R 54/10 BStBl II 2012, 927, Anm *Wendt* FR 2013, 298; *Behrendt/Scheewe/Lache* DB 2013, 249). S zu Einzelheiten § 2 Rn 565 f; krit zur Nichtabziehbarkeit vorab entstandener Betriebsausgaben *Hidien* StBp 2008, 125. Die möglicherweise voneinander verschiedenen Zeitpunkte der einkommensteuerrechtlichen bzw gewerbesteuerrechtlichen Betriebseröffnung verlangen unterschiedliche Einlagewerte iSd § 6 Abs 1 Nr 6 EStG für die Einkommensteuer einerseits und die Gewerbesteuer andererseits (vgl auch *Schmidt/Wacker* § 15 Rn 130 sowie Rn 232; *Glanegger* FR 1990, 469; BFH IV R 5/02 BStBl II 2004, 464). Aus diesem Grunde sind – allerdings nicht sehr häufig – für die Zwecke der Einkommensteuer und die Gewerbesteuer eigenständige Bilanzenzusammenhänge zu beachten (BFH IV R 9/73 BStBl II 1977, 472); zu unterschiedlichen Zeitpunkten bei Bilanzberichtigung s BFH XI R 18/00 BStBl II 2001, 106. Ist eine Ansparrücklage nach § 7 g EStG bereits vor der gewerbesteuerrechtlichen Betriebseröffnung gebildet worden, ist sie bei Auflösung aus Billigkeitsgründen nicht in den Gewerbeertrag einzubeziehen (*BMF* BStBl I 2011, 152). Auch hinsichtlich der **Betriebsunterbrechung** deckt sich das Einkommensteuerrecht nicht mit dem Gewerbesteuerrecht. Der **zeitanteilige Gewerbeertrag** kann auch unter Verzicht auf eine gewerbesteuerrechtliche Bilanz rechnerisch ermittelt werden (BFH VIII R 271/81 BStBl II 1986, 528). Die zB saisonal bedingte Betriebsunterbrechung hebt die Gewerbesteuerpflicht nicht auf (vgl § 2 Abs 4). Andererseits bedeutet die einkommensteuerrechtlich als Betriebsunterbrechung zu wertende Betriebsverpachtung (Wahlrecht!) gewerbesteuerrechtlich eine Betriebseinstellung, ohne allerdings für die Gewerbesteuer eine Auflösung sämtlicher stiller Reserven zu bewirken. Kommt es durch eine **Verpachtung** zur gewerbesteuerlichen Betriebseinstellung, so können sich ebenfalls die einkommensteuerrechtlichen und gewerbesteuerrechtlichen Bilanzansätze unterschiedlich entwickeln. Sonder-AfA wie die des § 82 f EStDV, die nicht pro rata temporis, sondern für den VZ oder EZ gewährt wird, kann der Steuerpflichtige aber auch dann in vollem Umfange in Anspruch nehmen, wenn während des Jahres ein solches Ruhen des Gewerbebetriebs eintritt. Das Bewertungswahlrecht ist dann ebenso für die Gewerbesteuer erst bei der Erstellung der Bilanz auszuüben (BFH VIII R 271/81 aaO).

25   Bei **Kapitalgesellschaften** treten diese Besonderheiten nicht auf. Der Steuergegenstand der Kapitalgesellschaft entsteht im Allgemeinen mit der Eintragung der Gesellschaft, bei Gründungsgesellschaften mit deren geschäftlichem Hervortreten nach außen (vgl § 2 Rn 470). Vergleichbare Grundsätze gelten auch für Genossenschaften und für Versicherungs- und Pensionsfondsvereine auf Gegenseitigkeit. Eine vorübergehende Einstellung des Steuergegenstandes in der Form einer Betriebsverpachtung kommt danach nicht in Betracht. Zur gewerblich geprägten Personengesellschaft, Organschaft und zum wirtschaftlichen Geschäftsbetrieb der sonstigen juristischen Personen s § 2 Rn 582, 584a, 585.

8. Gewerbeertrag und Betriebsbeendigung

26   **a) Besteuerung des tätigen Betriebs.** Das Gewerbesteuerrecht stellt hinsichtlich der Gewerbesteuergegenstände des § 2 Abs 1 (**Personenunternehmen, Unternehmen der öffentlichen Hand**) auf das vorhandene werbende Unternehmen ab. Danach richtet sich auch der Zeitpunkt, ab dem der Betrieb gewerbesteuerrechtlich nicht mehr existent ist und deshalb nicht mehr besteuert werden kann. Für das Ende der sachlichen Steuerpflicht ist somit auf die werbende Tätigkeit abzuheben (s § 2 Rn 568). Dies gilt sowohl für natürliche Personen (s BFH IV R 60/11 BFH/NV 2013, 410) als auch für Personengesellschaften (vgl zur Fortsetzung trotz vorheriger Veräußerung eines Teils des Betriebsvermögens FG Hamburg EFG 1981, 31 rkr). Eine GmbH & Co KG ist nach Einstellung ihrer werbenden Tätigkeit nicht mehr gewerbesteuerpflichtig. Auch für die **gewerblich geprägte Personengesellschaft** ist dies anzunehmen (FG München EFG 1998, 1480 rkr). Eine Betriebseinstellung liegt u.a. dann vor, wenn die Personengesellschaft nicht mehr nach außen tätig wird (vgl dazu § 2 Rn 582 f). Dagegen unterliegen **Kapitalgesellschaften** stets der Gewerbesteuer, auch in der Abwicklungsphase (vgl § 2 Rn 474). In diesen Fällen ist der Gewerbeertrag nach § 16 Abs 1 GewStDV auf die Jahre des Abwicklungszeitraums zu verteilen (aA BFH I R 67/05 BStBl II 2008, 312, wonach der für die KSt maßgebliche Liquidationszeitraum – § 11 KStG – zu übernehmen sein soll; NAnwErl *BMF* BStBl I 2008, 542). Ob ein Einzelunternehmen oder eine Personengesellschaft in der **Liquidationsphase** ausnahmsweise werbend tätig wird, hängt vom Einzelfall ab (vgl hierzu auch BFH I 5/61 U BStBl III 1961, 517; § 2 Rn 575). Nach anderer Ansicht stellt ein Unternehmen in Liquidation schlechthin keinen werbenden Betrieb mehr dar (*Woltmann* DB 1987, 2008). Die Auflösung einer Personenhandelsgesellschaft bewirkt zwar regelmäßig nicht die handelsrechtliche Vollbeendigung der Gesellschaft, im Allgemeinen aber das Ende der werbenden Tätigkeit der Gesellschaft und den Beginn der Liquidation (BFH VIII R 43/84 BStBl II 1986, 136).

27   **b) Veräußerungs-/Aufgabegewinn bei natürlichen Personen und Personengesellschaften.** Von dem ausschließlich nach den Vorschriften des § 2 Abs 1 zu beurteilenden Bestehen des Steuergegenstands ist die Frage zu unterscheiden, ob der aus der Aufgabe (Veräußerung) eines **Betriebs (Teilbetriebs)** erzielte Gewinn Gewerbeertrag iSd § 7 ist. Diese Differenzierung ist nicht nur theoretischer Natur.

Eine Betriebsaufgabe oder eine Teilbetriebsaufgabe kann sich auch im Rahmen eines noch werbenden Unternehmens vollziehen. In der Vergangenheit wurde vielfach insoweit nicht scharf genug unterschieden und die Gewerbesteuerfreiheit von Veräußerungs- bzw Betriebsaufgabegewinnen damit begründet, dass – anders als bei der Einkommensteuer – gewerbesteuerrechtliche Vorgänge nach Beendigung der werbenden Tätigkeit den Gewerbeertrag nicht beeinflussen können (BFH I R 217/69 BStBl II 1972, 470). Dies trifft indessen nicht den Kern der Frage. Zwar lässt sich bei einer in einem einheitlichen Vorgang vollzogenen Betriebsaufgabe die Wertung vertreten, der Aufgabegewinn sei nicht mehr als letzter Akt des werbenden Betriebs aufzufassen (BFH I 78/61 S BStBl III 1962, 438). Aber schon bei der Aufgabe und Veräußerung von Teilbetrieben iSv § 16 Abs 1 Satz 1 Nr 1, Abs 3 EStG, deren Ertrag ebenfalls nicht der Gewerbesteuer unterliegt (s Rn 66), muss auf eine andere Begründung zurückgegriffen werden. Denn diese Vorgänge vollziehen sich unzweifelhaft im Rahmen des Gesamtbetriebs, dh in einem werbenden Unternehmen. Deshalb ist für die Gewerbesteuerfreiheit von Gewinnen aus der Aufgabe (Veräußerung) eines Betriebs (Teilbetriebs) letztlich nur entscheidend, ob die Voraussetzungen des § 16 EStG erfüllt sind (BFH VIII R 13/94 BStBl II 1994, 809). Sind die Voraussetzungen des § 16 EStG im Einzelfall nicht erfüllt (zB allmähliche Abwicklung) *und* wird das Unternehmen noch weiterhin werbend tätig, so fällt Gewerbesteuer an (vgl BFH VI 336/62 U BStBl III 1964, 248). Danach ist für die ESt und GewSt hinsichtlich der Inhalte des für beide Rechtsgebiete zu beachtenden § 16 EStG von einheitlichen Grundsätzen auszugehen. Nach BFH IV R 49/04 BStBl II 2009, 289 sind allerdings solche Geschäftsvorfälle gewerbesteuerlich auszuscheiden, die zwar einkommensteuerrechtlich keinen Veräußerungs- oder Aufgabegewinn darstellen, die aber in einem unmittelbaren sachlichen Zusammenhang mit der Betriebsveräußerung/-aufgabe stehen und deshalb kein laufender Gewinn sind. Ebensowenig unterliegen Ausgleichszahlungen anlässlich einer Realteilung mit Spitzenausgleich der GewSt, obwohl der Vorgang nicht nach §§ 16, 34 EStG begünstigt ist (*BMF* BStBl I 2006, 228, Nr VI).

Der Grundsatz, dass die Veräußerung/Aufgabe eines Betriebs oder eines Mitunternehmeranteils wegen des Objektsteuercharakters der GewSt steuerfrei ist, gilt allerdings nicht uneingeschränkt. Ebenso wie im Einkommensteuerrecht ist der Gewinn aus der Veräußerung eines Betriebs oder eines Mitunternehmeranteils, soweit er auf **Grundstücke des Umlaufvermögens** entfällt, nach BFH IV R 3/05 BStBl II 2007, 777 auch im Gewerbesteuerrecht nicht steuerfrei (*Günters* FR 2008, 867; krit *Küspert* DStR 2007, 746). Der BFH leitet dies aus der Überlegung ab, dass die Veräußerung von Grundstücken des Umlaufvermögens anlässlich einer Betriebsaufgabe wegen deren Wert zur laufenden unternehmerischen Tätigkeit gehört und deshalb nicht begünstigt ist (BFH VIII R 65/02 BStBl II 2006, 160). Entsprechendes gilt für den Fall der Veräußerung des Anteils an einer Mitunternehmerschaft, die mit Grundstücken handelt. Auch der Gewinn aus der Veräußerung/Aufgabe von Anteilen an einer Personengesellschaft, die Grundstückshandel betreibt, ist laufender Gewinn, soweit er auf Grundstücke des Umlaufvermögens entfällt (BFH IV R 3/05 aaO; IV R 69/04 BStBl II 2010, 973). Entsprechendes gilt für die Einbringung eines Grundstückshandelsbetriebs in eine GmbH (BFH X R 36/06 BStBl II 2010, 171) sowie für den Einbringungsgewinn von Mitunternehmeranteilen an einer gewerblichen Grundstückshandel betreibenden Personengesellschaft in eine GmbH (BFH I R 21/10 BFH/NV 2011, 258). Der Gewinn aus der Veräußerung von Anteilen an einer vermögensverwaltenden, gewerblich geprägten Grundstücksgesellschaft ist grundsätzlich nicht gewerbesteuerbar (BFH IV R 35/05 BFH/NV 2007, 692), wohl aber bei einem gewerblichen Grundstückshändler. Ansonsten gehört die Veräußerung des Umlaufvermögens grds zur begünstigten Betriebsveräußerung (BFH VIII R 316/82 BStBl II 1989, 602). Zur Abgrenzung Anlage- und Umlaufvermögen bei einer Betriebsaufgabe s Rn 72. Aus § 7 Satz 2

§ 7 Gewerbeertrag

Nr 2, der die Gewerbesteuerpflicht von Anteilsveräußerungen regelt, soweit der Gewinn nicht auf eine unmittelbar beteiligte natürliche Person entfällt, lässt sich somit nicht im Umkehrschluss folgern, dass in allen anderen Fällen von Anteilsveräußerungen keine GewSt anfällt.

29 **Gewerbesteuerfreie Veräußerungserträge auch ohne Auflösung aller wesentlichen stillen Reserven.** BFH IV R 93/85 BStBl II 1988, 374 verzichtet für die gewerbesteuerfreie Betriebsveräußerung in einem Einbringungsfall nach § 24 UmwStG 1977 auf die Auflösung der wesentlichen stillen Reserven und sieht in der damit verknüpften Entnahme unwesentlicher Betriebsgrundlagen einen gewerbesteuerfreien Ertrag. Diese funktionale Sicht der Betriebsveräußerung, die das Tatbestandsmerkmal des § 16 EStG von Merkmalen der Steuerbegünstigung nach § 34 EStG befreit (zur Abgrenzung s BFH I R 184/87 BStBl II 1992, 406), gilt auch für die nach § 16 Abs 3 EStG gleichwertige Betriebsaufgabe (BFH VIII R 13/94 BStBl II 1994, 809). Die Merkmale, unter denen das Gesetz fortgeführte stille Reserven beim Steuerpflichtigen oder Nachfolger gestattet (§ 6 Abs 3 EStG), sind nicht negative Merkmale der Betriebsveräußerung oder -aufgabe, sondern durchbrechen den Grundsatz, dass die Betriebsveräußerung oder -aufgabe eine Gewinnzwangsrealisation nach sich zieht (§ 16 Abs 2 Satz 2 u Abs 3 Satz 6 u 7 EStG; ebenso BFH III R 23/89 BStBl II 1994, 709; s dazu auch *Glanegger* FR 1990, 469). Bei einer einseitigen entgeltlichen Kapitalerhöhung, die zu einer Änderung der Beteiligungsverhältnisse in einer Mitunternehmerschaft führt, unterliegt der Gewinn aus der Auflösung einer negativen Ergänzungsbilanz, die anlässlich der Kapitalerhöhung gebildet worden ist, der GewSt (BFH VIII R 52/04 BStBl II 2006, 847). Auch die Veräußerung (Aufgabe) eines **Mitunternehmeranteils** ist – soweit der Veräußerungs-/Aufgabegewinn auf eine natürliche Person entfällt (s Rn 127) – gewerbesteuerfrei, selbst wenn die Beteiligung im Betriebsvermögen gehalten wird (BFH I R 78/61 S BStBl III 1962, 438). Die Vorschrift des § 16 Abs 2 Satz 5 EStG – teilweise Identität von Betriebsveräußerer und -erwerber – gilt auch gewerbesteuerrechtlich (BFH VIII R 7/01 BStBl II 2004, 754).

30 **c) Veräußerungs-/Aufgabegewinn bei Kapitalgesellschaften u.ä.** Bei Kapitalgesellschaften, Genossenschaften sowie bei Versicherungs- und Pensionsfondsvereinen auf Gegenseitigkeit rechnen Gewinne aus der Veräußerung/Aufgabe von Betrieben und Teilbetrieben nach hM zum Gewerbeertrag (BFH I R 27/01 BStBl II 2002, 155; I R 104/00 BFH/NV 2002, 129, 535; H 7.1 (4) GewStH; zur Kritik s § 2 Rn 475). Veräußerten diese Körperschaften einen Anteil an einer Personengesellschaft, so unterlag dieser Gewinn nach der bis einschließlich 2002 geltenden Rechtslage auch bei ihnen nicht der Gewerbesteuer. Dies galt auch für den Übertragungsgewinn aus der Aufdeckung stiller Reserven in einer Beteiligung anlässlich der Umwandlung einer Kapitalgesellschaft in eine Personengesellschaft (BFH I R 92/86 BStBl II 1990, 699). Er zählte zum Betriebsergebnis der Mitunternehmerschaft und war bei dieser gewerbesteuerfrei (BFH I 78/61 S BStBl III 1962, 438), ebenso Gewinne aus der Veräußerung sog einbringungsgeborener Anteile an einer Personengesellschaft, auch wenn Einbringender eine Kapitalgesellschaft war, bei die der Veräußerung des Betriebs oder Mitunternehmeranteils gewerbesteuerpflichtig gewesen wäre (BFH I R 89/95 BStBl II 1997, 224; glA *BMF* BStBl I 1998, 268 Rn 21.13; zu Gewerbesteuerproblemen bei Unternehmensumstrukturierungen allgemein s *Siebert* DStR 2000, 758). Ab **EZ 2002** (§ 36 Abs 1 idF des UntStFG) gehört nach dem durch das UntStFG v 20.12.2001 (BGBl I 2001, 3858) neu eingefügten Satz 2 des § 7 GewStG auch der Gewinn aus der Veräußerung/Aufgabe des Betriebs oder eines Teilbetriebs einer Mitunternehmerschaft sowie eines Mitunternehmeranteils und des Anteils eines persönlich haftenden Gesellschafters einer Kommanditgesellschaft auf Aktien zum Gewerbeertrag, soweit er **nicht** auf eine **unmittelbar** beteiligte **natürliche Person** entfällt. Hierdurch soll verhindert werden, dass Kapitalgesellschaften Betriebe, Teilbetriebe und nach der Neuregelung des § 6

Gewerbeertrag und Betriebsbeendigung § 7

Abs 5 Satz 3 EStG auch Einzelwirtschaftsgüter gewerbesteuerfrei veräußern, indem sie diese zunächst steuerneutral in eine Personengesellschaft einbringen und dann die Mitunternehmeranteile gewerbesteuerfrei veräußern. Veräußert eine Kapitalgesellschaft Anteile, die durch Einbringung von Anteilen an einer Mitunternehmerschaft entstanden sind, so ist dies ab EZ 2002 gewstpfl (s *OFD Koblenz* DStR 2005, 194).

Die **Liquidation** einer Kapitalgesellschaft, deren Anteile zu 100% zu einem 31 Betriebsvermögen des Anteilseigners gehören, ist der Aufgabe eines Teilbetriebs gleichgestellt (BFH IV R 75/87 BStBl II 1991, 624). Der Aufgabegewinn, zu dem unter Geltung des Anrechnungsverfahrens auch die anzurechnende KSt gehört hatte, ist begünstigt (BFH VIII R 2/93 BStBl II 1995, 705; ebenso *BMF* BStBl I 1995, 629). Der **Freibetrag** nach § 16 Abs 4 EStG ist bei der Liquidation auch gewerbesteuerlich zu berücksichtigen (BFH I R 33/90 BStBl II 1992, 437). Die allmähliche **Abwicklung** (Rn 93) unterliegt bei den Steuergegenständen des § 2 Abs 2 in jedem Fall der Gewerbesteuer.

Der Gewinn aus der Veräußerung einer zum Betriebsvermögen zählenden **Betei-** 32 **ligung an einer inländischen Kapitalgesellschaft iSv § 2 Abs 2 GewStG** gehörte vor Einführung des Halb-/Teileinkünfteverfahrens zum Gewerbeertrag (BFH I R 27/01 BStBl II 2002, 155), auch soweit es sich um Beteiligungen im Sonderbetriebsvermögen II handelte (BFH IV R 54/04 BStBl II 2008, 742). Erzielt eine Kapitalgesellschaft Erträge aus der Veräußerung von Anteilen an anderen Kapitalgesellschaften, sind diese nunmehr nach § 8 b Abs 2 KStG steuerfrei. Dies gilt nach § 8b Abs 2 Satz 3 KStG auch für Erträge aus der Auflösung, der Herabsetzung des Nennkapitals oder dem Wertansatz nach § 6 Abs 1 Nr 2 Satz 3 EStG (= Wertaufholungsgewinne aus vorangegangenen Teilwertabschreibungen; zur Ausnahme von der Steuerfreiheit in diesem Fall s § 8 b Abs 2 Satz 4 KStG). Nach § 8 b Abs 6 KStG gilt die Freistellung auch, soweit einer Körperschaft die vorgenannten Erträge im Rahmen eines Gewinnanteils aus einer Mitunternehmerschaft zugerechnet werden.

Vor der Einfügung von § 7 Satz 4 durch das EURLUmsG v 9.12.2004 (BGBl I 33 2004, 3310, anzuwenden ab EZ 2004) war ungeklärt, ob § 8 b Abs 6 KStG auch für Zwecke der GewSt gilt (s *Dieterlen/Schaden* BB 2000, 2492, 2496; bejahend *Bogenschütz/Striegel* DB 2000, 2547; *Crezelius* DB 2000, 221, 225; abl *Bergemann* DStR 2000, 1410; *Köster* FR 2000, 1263, 1269; *Seifried* DStR 2001, 240, 244; s auch *Gosch* KStG § 8 b Rz 539 f). § 7 Satz 4 verweist ausdrücklich auf § 8 b KStG, somit auch auf dessen Abs 6.

Die **gewerblich geprägte Personengesellschaft** kann einer Kapitalgesellschaft 34 nicht gleichgestellt werden (ähnlich BFH IV R 25/79 BStBl II 1982, 707; § 2 Rn 582). Bei Tätigkeitseinstellung kann bei ihr kein Gewerbeertrag mehr anfallen.

Bei einer **Partenreederei** gilt ab 1.1.1994 der Veräußerungsgewinn nach § 16 35 Abs 2 Satz 3 EStG insoweit als laufender Gewinn, als an der Käuferin einer Partenreeder beteiligt ist. Zum steuerpflichtigen Gewerbeertrag gehört der Gewinn aber wohl nur bei Unternehmeridentität zwischen alter und neuer Partenreederei.

d) Gewerbesteuerrechtliche Betriebseinstellung ohne einkommensteuer- 36 **rechtliche Betriebsaufgabe.** Die Differenzierung zwischen einkommensteuerrechtlicher Betriebsaufgabe und gewerbesteuerrechtlicher Betriebseinstellung führt zu einer **eigenständigen gewerbesteuerlichen Gewinnermittlung,** wenn der Steuergegenstand des Gewerbesteuerrechts eine Beendigung findet, **einkommensteuerrechtlich** dagegen von einem fortgesetzten Betrieb auszugehen ist. Damit sind nicht nur die in § 2 Rn 579 f erwähnten Sachverhalte gemeint, bei denen – etwa bei der Betriebsverpachtung – einkommensteuerrechtlich das gewerbliche Unternehmen im Gegensatz zum gewerbesteuerrechtlichen Steuergegenstand fortbesteht, sondern auch jene des Strukturwandels, dh wenn ein Gewerbebetrieb in ein land- und forstwirtschaftliches Unternehmen oder eines iSd § 18 EStG übergeht. All diesen Fällen ist gemein, dass es an einer Betriebsaufgabe iSd § 16 EStG fehlt.

§ 7 Gewerbeertrag

Gewerbesteuerrechtlich kommt es dagegen, zB durch den Wegfall der werbenden Tätigkeit, zu einer Betriebseinstellung. Ein nur auf das GewStG gestützter **Entstrickungstatbestand** kann hierin jedoch nicht gesehen werden. Die nach § 7 maßgeblichen Gewinnermittlungsvorschriften des EStG bzw KStG lassen es nicht zu, gewinnrealisierende Steuertatbestände lediglich für gewerbesteuerrechtliche Zwecke zu sehen (glA *L. Schmidt* FR 1987, 177; *Blümich/Drüen* § 7 GewStG Rn 58; BFH IV R 271/84 BStBl II 1988, 667; VIII R 387/83 BStBl II 1989, 187). Die Beendigung der werbenden Tätigkeit ist selbst kein solcher Tatbestand (BFH VIII R 26/80 BStBl II 1987, 342).

37 Unbeschadet dessen zwingt § 7 auch für die Fälle der **nur gewerbesteuerrechtlichen Betriebseinstellung** zu einer eigenständigen und zutreffenden Ermittlung des Gewinns für gewerbesteuerrechtliche Zwecke. Dazu gehört auch, dass der seinen Gewinn durch Überschussrechnung (§ 4 Abs 3 EStG) ermittelnde Betriebsinhaber für die gewerbesteuerrechtlichen Zwecke zum Zeitpunkt der Betriebseinstellung **zum Bestandsvergleich übergeht,** ohne dass gleichzeitig die Voraussetzungen einer Betriebsaufgabe des § 16 EStG gegeben sein müssen (vgl BFH VIII R 32/67 BStBl II 1973, 233; aA *Blümich/Drüen* § 7 GewStG Rn 58; s R 7.1 Abs 3 Satz 7 GewStR; zur Zwischenbilanz BFH VIII R 271/81 BStBl II 1986, 528; vgl *Glanegger* FR 1988, 29/32; FR 1987, 406). Zur Verpachtung und zur erleichterten Gewerbeertragsermittlung bei Unterbrechung des gewerbesteuerrechtlichen Betriebs s Rn 24.

38 e) **Unternehmerwechsel.** Der den Unternehmerwechsel regelnde § 2 Abs 5 fingiert lediglich für die „technischen" Vorschriften des GewStG die Betriebseinstellung und Neugründung. Gewinnermittlungsfragen sind nach § 7 zu lösen. Die Veräußerung eines Gewerbebetriebs hat auf Grund der in § 7 in Bezug genommenen Vorschriften des EStG und KStG auch getrennte aufeinander folgende Gewinnermittlungszeiträume für den bisherigen und den neuen Unternehmer zur Folge. Dies gilt selbst für die ebenfalls als Unternehmerwechsel aufzufassende **Erbfolge** (Gesamtrechtsnachfolge). Es kommt regelmäßig zu Rumpfwirtschaftsjahren (BFH IV R 95/75 BStBl II 1980, 8). Die mögliche Buchwertfortführung (§ 6 Abs 3 EStG) steht dazu nicht im Widerspruch (BFH I R 100/71 BStBl II 1973, 544). Die **unentgeltliche Übertragung** löst keine nach §§ 16, 34 EStG begünstigte Betriebsaufgabe aus (Rn 95).

39, 40 *(frei)*

9. Besonderheiten beim Gewerbeertrag von natürlichen Personen und Personengesellschaften

41 a) **Entschädigungen.** Entschädigungen iSd § 24 Nr 1 Buchst a und b EStG berühren dann nicht den Gewerbeertrag, wenn sie im Rahmen der **Aufgabe** eines Gewerbebetriebs anfallen und deshalb den begünstigten Aufgabegewinn der §§ 16, 34 EStG erhöhen (BFH I R 29/74 BStBl II 1976, 224; X R 56/95 BFH/NV 1998, 1354). Umgekehrt gehören die in § 24 EStG erwähnten Einkünfte dann zum laufenden Gewerbeertrag, wenn sie noch in einem werbenden Unternehmen anfallen (BFH IV R 72/83 BStBl II 1987, 570 zum Kommissionsagenten). Bestimmte Entschädigungen des § 24 EStG zählt die Rechtsprechung jedoch auch dann nicht zum Gewerbeertrag, wenn der Unternehmer noch ein werbendes Unternehmen unterhält. Dies wird zB angenommen für Unfallentschädigungen, die trotz ihres Bezugs zum Gewerbebetrieb nicht als dessen Erträge, sondern als Folge eines vom Betriebsinhaber erlittenen Körperschadens erachtet werden (BFH VI 154/65 U BStBl III 1966, 94; I 252/65 BStBl II 1969, 8; krit *Blümich/Drüen* § 7 GewStG Rn 141). Zum Surrogatsgedanken s BVerfG in DB 1991, 2573, zu Einzelfällen s auch *App* FR 1992, 101. Da sie nicht innerhalb eines werbenden Unternehmens

Natürliche Personen und Personengesellschaften § 7

anfallen, unterliegen **nachträgliche Einkünfte iSd § 24 Nr 2 EStG** idR nicht der Gewerbesteuer.

b) Ausgleichszahlungen. Für die in **§ 24 Nr 1 Buchst c EStG** erwähnte **Aus-** 42 **gleichszahlung an Handelsvertreter** nach § 89 b HGB hält der BFH daran fest, dass diese auch dann der Gewerbesteuer unterliegt, wenn gleichzeitig der Betrieb aufgegeben wird (BFH XI B 73/95 BFH/NV 1996, 169; VIII B 10/98 BFH/NV 1999, 516; IV R 37/08 BFH/NV 2011, 1120; anders bei Provisionsrente BFH XI R 63/96 BStBl II 1997, 573). Es wird damit begründet, dass der Anspruch sachlich nicht mit der Betriebsaufgabe, sondern mit den laufenden Geschäftsvorfällen zusammenhängt. Wurde die werbende Tätigkeit beendet, so unterliegen nachträgliche Betriebseinnahmen oder -ausgaben nicht der GewSt (BFH III R 110/07 BFH/NV 2010, 1304). Eine sonstige Leistung iSv § 22 Nr 3 EStG, die gewerbesteuerlich nicht zu erfassen ist, liegt vor, wenn ein Entgelt für ein Wettbewerbsverbot zu zahlen ist, dem eigene wirtschaftliche Bedeutung zukommt (BFH X R 61/06 BFH/NV 2008, 1491). Gewerbeertrag nimmt die Rechtsprechung für jene Gewinne des Handelsvertreters an, die ihm daraus erwachsen, dass der Nachfolger in einem sog unselbstständigen Vertrag die Ausgleichsverpflichtung des Geschäftsherrn übernimmt (BFH X R 111/88 BStBl II 1991, 218; X R 86/91 BFH/NV 1993, 412). Die Geschäftsaufgabe sei auch nicht dadurch berührt, dass der Ausgleich für eine Überleitung des Kundenstamms an den Geschäftsherrn geleistet werde. Denn der Kundenstamm wachse von vornherein dem Geschäftsherrn zu (BFH I R 60/79 BStBl II 1983, 243). Dies ist jedoch in mehrfacher Hinsicht kein Grund, die Gewerbesteuerpflicht der bei einer Betriebsaufgabe anfallenden Ausgleichszahlung zu bejahen: Wirtschaftlich wird der Handelsvertreter so gestellt, als habe er erst mit Beendigung des Vertrages den Kundenstamm an den Geschäftsherrn übertragen. Selbst wenn man darin die Versteuerung von stillen Reserven sieht, die zu Lasten des laufenden Gewinns gebildet worden sind, so ist darin kein Grund zu sehen, ihre Realisierung anlässlich einer Betriebsaufgabe als laufenden Ertrag aufzufassen (ähnlich BFH I R 201/73 BStBl II 1975, 848). S zur Kritik an dieser Rspr auch *Felix* BB 1987, 870.

Zum laufenden Gewerbeertrag gehört der mit der Beendigung des Vertragsverhält- 43 nisses entstehende (BFH I R 141/66 BStBl II 1969, 485) Ausgleichsanspruch nach der Rechtsprechung des BFH auch dann, wenn der Vertrag mit dem Geschäftsherrn durch den **Tod des Handelsvertreters** aufgelöst wird. Hat der Erblasser seinen Gewinn durch Bestandsvergleich ermittelt (§ 4 Abs 1, § 5 EStG), so ist danach dieser Geschäftsvorfall noch in der Bilanz des Erblassers zu berücksichtigen (BFH I R 89/76 BStBl II 1978, 497). Da der Erbfall weder Betriebsaufgabe noch Betriebsveräußerung nach § 16 EStG ist (BFH IV B 69/90 BFH/NV 1992, 512), muss dabei (Gewinnermittlung durch Bestandsvergleich) in Höhe des Ausgleichsanspruchs ein laufender einkommensteuerpflichtiger und gewerbesteuerpflichtiger Gewinn beim Erblasser eintreten. Nach BFH VIII R 34/71 BStBl II 1973, 786 (ähnlich I R 94/79 BStBl II 1983, 271) sollen jedoch **andere Grundsätze** gelten bei einem nach **§ 4 Abs 3 EStG** durch Überschussrechnung gewinnermittelnden Handelsvertreter. Wird durch den Erbfall die werbende Tätigkeit eingestellt und entfällt damit der gewerbesteuerpflichtige Betrieb, so soll kein Grund für ein Überwechseln zum Bestandsvergleich bestehen und deshalb die Ausgleichszahlung erst von den Erben – und zwar gewstfrei – realisiert werden. Gegen dieses Ergebnis bestehen erhebliche Bedenken. Zweifelhaft ist, ob nicht bereits zum Erbfallszeitpunkt einkommensteuerrechtlich zum Bestandsvergleich übergegangen werden muss (s zur Gewinnermittlung auf den Zeitpunkt des Erbfalls – Zwischenbilanz – auch BFH I R 100/71 BStBl II 1973, 544). Der Tod des Unternehmers bewirkt zwar keine nach Maßgabe des § 16 EStG gewinnrealisierende Betriebsaufgabe. Andererseits kann eine funktionale Betriebsaufgabe im Wegfall des Unternehmens gesehen werden (ähnlich BFH VIII R 257/80 BStBl II 1986, 53; *Glanegger* FR 1990, 469). Dies führt zwar wegen der für Erbfälle geltenden Besteuerungsgrundsätze zur Buchwertver-

Selder 457

knüpfung nach § 6 Abs 3 EStG und lässt es zu, nicht realisierte stille Reserven auf den Erben zu übertragen. Jedoch ist beim Erblasser noch der zutreffende laufende Gewinn zu ermitteln. § 16 Abs 2 Satz 2 EStG gilt mE auch für derartige Fälle mit der Folge des notwendigen Übergangs zum Bestandsvergleich. **Pensionsanwartschaften** eines Handelsvertreters können allerdings zum begünstigten Aufgabegewinn gehören (*L. Schmidt* DStR 1989, 211 unter Hinweis auf BFH I R 44/83 BStBl II 1989, 323).

44 **c) Gewerbesteuer und Gewinnverteilung.** Die GewSt-Belastung mindert als Kostenfaktor den verteilbaren Gewinn, auch wenn die GewSt seit 2008 nicht mehr als Betriebsausgabe abziehbar ist (§ 4 Abs 5 b EStG). Abweichungen gegenüber der handelsrechtlichen Ergebnisrechnung ergeben sich dadurch, dass auch das dem jeweiligen Gesellschafter gehörende (Sonder-)Betriebsvermögen Gewerbesteuer auslösen kann. Auch soweit keine ausdrücklichen vertraglichen Abreden bestehen, wird der Gesellschafterwille dahin gehen, dass bei der Gewinnverteilung der davon betroffene Gesellschafter „seine" Gewerbesteuer selbst zu tragen hat (s zu einer von einem Mitunternehmer übertragenen Rücklage nach § 6 b EStG BFH IV R 83/83 BStBl II 1986, 350). Vertragliche Absprachen sind aber in diesem Bereich sinnvoll (s dazu *Levedag* GmbHR 2009, 13; *Plambeck* DStR 2010, 1553; *Kutt/Möllmann* DB 2010, 1662). Sie empfehlen sich auch bei Pensionszusagen an tätige Gesellschafter von Personengesellschaften (*Westerfelhaus* DB 1989, 93) und partiellem Unternehmerwechsel hinsichtlich des Verlustabzugs (BFH GrS 3/92 BStBl II 1993, 616). Ein ähnliches Problem stellt sich bei der pauschalen **Anrechnung der Gewerbesteuer** auf die Einkommensteuer, die sich bei Mitunternehmerschaften nach dem allgemeinen Gewinnverteilungsschlüssel richtet (§ 35 Abs 2 Satz 2 EStG). Vorgänge im Sonderbetriebsvermögen berühren daher die Verteilung der GewSt-Anrechnung nicht. Zivilrechtliche Abmachungen sind notwendig, um derartige Vorgänge mit gewerbesteuerlicher Auswirkung zwischen den Gesellschaftern auszugleichen (*Wendt* FR 2000, 1173; *Neu* DStR 2000, 1933; *Korezkij* BB 2001, 389; *Scheifele* DStR 2006, 253). Zur pauschalen GewSt-Anrechnung s § 14 Rn 10 sowie *BMF* BStBl I 2009, 440.

45 *(frei)*

10. Besonderheiten beim Gewerbeertrag von Körperschaften, Personenvereinigungen und Vermögensmassen

46 **a) Gewerbebetrieb, gewerblicher Gewinn.** § 7 verweist hinsichtlich des zu ermittelnden gewerblichen Gewinns auf die Vorschriften des EStG und des KStG. Mit der Verweisung ist auch § 8 Abs 2 KStG angesprochen, demzufolge juristische Personen iSv § 1 Abs 1 Nr 1–3 nur Einkünfte aus Gewerbebetrieb haben können. Die frühere Rspr verlangte trotz der Fiktion des § 8 Abs 2 KStG aF, dass der Tatbestand einer der sieben Einkunftsarten des EStG verwirklicht ist. Konnten die Einkünfte einer Körperschaft keiner Einkunftsart zugeordnet werden, waren die Einkünfte auch nicht als gewerbliche zu qualifizieren (BFH I R 123/68 BStBl II 1970, 470). In neueren Urteilen wird dies sowohl für § 2 Abs 2 GewStG (BFH I R 67/88 BStBl II 1991, 250; krit *Gosch* StuW 1992, 350) und auch für § 8 Abs 2 KStG (BFH I R 54/95 DStR 1997, 492) verneint. IdR wird diese Differenzierung nur dann bedeutsam, wenn Kapitalgesellschaften sog **Liebhabereibetriebe** aufweisen (vgl dazu Rn 49) oder Beteiligungen an vermögensverwaltenden Personengesellschaften halten (vgl Rn 179). Unterhält dagegen eine Kapitalgesellschaft ein **gewerbliches Unternehmen** iSd § 15 Abs 1 Nr 1 EStG, was dem Normalfall entsprechen wird, so ist bei ihr aus denselben Gründen wie bei den Personenhandelsgesellschaften (s § 2 Rn 401) ein einheitlicher gewerblicher Organismus anzunehmen (s § 2 Rn 467). Die körperschaftsteuerlichen Gewinnermittlungsvorschriften nach §§ 9–11, § 12 Abs 3 sowie §§ 20–22 KStG sind anzuwenden (*Blümich/Drüen* § 7 GewStG Rn 79ff).

Abwicklung und Insolvenz § 7

Nicht anwendbare Vorschriften. Folgende Beträge dürfen den Gewerbeertrag 47
nicht mindern:
(1.) der Verlustabzug nach § 10 d EStG, weil er wie Sonderausgaben behandelt wird,
(2.) die nach § 34 c Abs 2 und 3 EStG abgezogenen ausländischen Steuern, weil sie nach dem Abzugsverbot des § 10 Nr 2 KStG bei der Gewinnermittlung ausscheiden; diese Regelung ist deklaratorischer Art (BFH I R 80/87 BStBl II 1990, 920),
(3.) die Freibeträge nach §§ 24, 25 KStG, weil sie die Einkunftsermittlung nicht berühren (R 7.1 Abs 4 Satz 2 GewStR).

b) Vermögensveränderungen der gesellschaftsrechtlichen Sphäre. Den 48
Gewinn und Gewerbeertrag von Kapitalgesellschaften dürfen jene Vorgänge nicht verändern, die ihren Grund im Gesellschaftsverhältnis haben. Sie liegen in der nichtbetrieblichen Sphäre der Kapitalgesellschaft. Hierbei sind die verdeckten Gewinnausschüttungen des § 8 Abs 3 Satz 2 KStG und die Gesellschaftereinlagen angesprochen (s Rn 247). Die verdeckten Gewinnausschüttungen ersetzen bei Kapitalgesellschaften weitgehend die Entnahmevorschriften des EStG (s BFH I R 17/92 BStBl II 1993, 352). Nutzungsvorteile oder Nutzungsrechte können nicht verdeckt eingelegt werden (BFH GrS 2/86 BStBl II 1988, 348).

Liebhabereibetriebe. Umstritten war, ob die von § 8 Abs 2 KStG betroffenen 49
Kapitalgesellschaften darüber hinaus eine nichtbetriebliche Sphäre insb hinsichtlich solcher Tätigkeiten aufweisen, die nicht von einer Einkunftserzielungsabsicht getragen sind. Die Rspr hat dies früher stets bejaht (BFH I 221/62 S BStBl III 1966, 255; I R 123/68 BStBl II 1970, 470). Nunmehr hält der BFH unter Hinweis auf §§ 238 Abs 1, 246 Abs 1 HGB an dieser Rspr nicht mehr fest (BFH I R 54/95 DStR 1997, 492: Nur wenn alle Einkünfte einer Kapitalgesellschaft als solche aus Gewerbebetrieb qualifiziert würden, könne ein Wertungswiderspruch zwischen § 8 Abs 2 KStG und § 2 Abs 2 Satz 1 GewStG vermieden werden). Zu **Einzelfragen** sowie zur Besteuerung kleiner Körperschaften und zu Genossenschaften s § 2 Rn 475 f, wegen der Steuerpflicht von **Veräußerungsgewinnen** s Rn 30.

11. Gewerbeertrag bei Abwicklung und Insolvenz

a) Abwicklung. Bei den Gewerbegegenständen des **§ 2 Abs 1 und 3,** insb bei 50
den **Personenunternehmen,** kommt es regelmäßig für die Gewerbesteuerpflicht auf ein bestehendes werbendes Unternehmen an. Ob ein solches in der Abwicklungsphase noch anzunehmen ist, muss als Tatfrage angesehen werden. Im Allgemeinen wird dies aber nicht der Fall sein (vgl Rn 26, 70 ff; § 2 Rn 575; BFH IV 210/62 S BStBl III 1964, 70; VIII R 43/84 BStBl II 1986, 136).

Bei der **Abwicklung von Unternehmen iSd § 2 Abs 2,** dh bei Kapitalgesell- 51
schaften, Genossenschaften und Versicherungs- und Pensionsfondsvereinen auf Gegenseitigkeit, ist der Gewinn des Abwicklungszeitraums gewerbesteuerlich zu erfassen und auf die Jahre des Abwicklungszeitraums zu verteilen (§ 16 Abs 1 GewStDV; R 7.1 Abs 8 GewStR). Dabei ist Abwicklungszeitraum der Zeitraum vom Beginn bis zum Ende der Abwicklung. Beginnt sie im Laufe eines Wirtschaftsjahres, so ist für die Zeit vom Schluss des vorangegangenen Wirtschaftsjahres bis zum Beginn der Abwicklung ein Rumpfwirtschaftsjahr zu bilden (BFH I R 233/71 BStBl II 1974, 692). Wird von der Bildung eines solchen Rumpfwirtschaftsjahres abgesehen, so beginnt der Abwicklungszeitraum am Schluss des vorangegangenen Wirtschaftsjahres. Die Verteilung des in diesem Zeitraum erzielten Gewerbeertrages auf die einzelnen Jahre erfolgt nach dem Verhältnis des Abwicklungszeitraums zum Zeitraum der bestehenden Steuerpflicht (Kalendermonate, angefangene Monate rechnen voll, vgl R 7.1 Abs 8 Satz 5 GewStR). Entscheidend ist der tatsächliche Beginn der Abwicklung. Die Gewerbesteuerbefreiung in § 3 Nr 20 b GewStG für

§ 7
Gewerbeertrag

Krankenhäuser erstreckt sich idR auch auf den Abwicklungszeitraum (FG München EFG 1991, 557 rkr). Nach BFH I R 44/06 BStBl II 2008, 319 kann vor Abschluss der Liquidation nicht nur ein KSt-Bescheid, sondern auch ein GewSt-Messbescheid ergehen (NAnwErl *BMF* BStBl I 2008, 542).

52 **b) Insolvenz.** Seit 1.1.1999 gelten die **Insolvenzordnung (InsO)** und das hierzu ergangene **EinführungsG (EGInsO).** Bei Insolvenz eines **Unternehmens** iSd § 2 **Abs 2 GewStG** ist der vom Tag der Eröffnung des Insolvenzverfahrens bis zur Beendigung erzielte Gewerbeertrag wie bei der Abwicklung zu verteilen (s Rn 51). Entscheidend ist auch hier der tatsächliche Beginn der Abwicklung. Wird der Betrieb einer von Insolvenz betroffenen Kapitalgesellschaft zunächst weitergeführt und erst später mit der Abwicklung begonnen, so ist das Wirtschaftsjahr, auf dessen Anfang oder in dessen Lauf der Beginn der Insolvenzabwicklung fällt, das erste Jahr des Abwicklungszeitraums, für den die Verteilung des § 16 Abs 2 GewStDV in Betracht kommt (R 7.1 Abs 8 Satz 8 GewStR). Dies setzt voraus, dass zunächst einmal das Ergebnis der Abwicklung im Insolvenzverfahren abgewartet und erst dann die Gewerbesteuerveranlagung der Kapitalgesellschaft durchgeführt wird. Wird über das Vermögen von **anderen Unternehmen** als denen des § 2 Abs 2 GewStG das Insolvenzverfahren eröffnet, so gilt nach § 16 Abs 2 GewStDV diese Verteilung des Gewerbeertrags auf die Jahre des Abwicklungszeitraums ebenfalls. Selbst bei einem trotz Eröffnung des Insolvenzverfahrens gewerbesteuerrechtlich fortbestehenden Steuergegenstand in der Form eines Personenunternehmens kommt § 16 Abs 2 GewStDV jedoch keine tragende Bedeutung zu, weil die Bilanzierungspflicht nicht mit Eröffnung des Insolvenzverfahrens entfällt. Die allgemeinen Grundsätze ordnungsmäßiger Buchführung bleiben bestehen (§ 155 Abs 1 Satz 1 InsO; BFH VIII R 28/90 BStBl II 1992, 881 zur alten Rechtslage). Nach der Eröffnung des Insolvenzverfahrens gehen die Verpflichtungen auf den Insolvenzverwalter über (§ 155 Abs 1 Satz 2 InsO). Der gesamte Insolvenzzeitraum kann nicht als Gewinnermittlungsperiode behandelt werden (BFH IV R 129/66 BStBl II 1972, 784 zur alten Rechtslage).

53 **Verfahrensrecht.** Ansprüche aus dem Steuerschuldverhältnis sind nach Insolvenzeröffnung ausschließlich zum Insolvenzgericht geltend zu machen. Das Insolvenzrecht geht vor Steuerrecht (§ 251 Abs 2 Satz 1 AO). Nach Eröffnung des Insolvenzverfahrens dürfen keine Verwaltungsakte über die Festsetzung von Ansprüchen aus dem Steuerschuldverhältnis mehr ergehen, soweit es sich um Insolvenzforderungen handelt (BFH V R 53/09 BStBl II 2012, 256). Die Verfahrenseröffnung hat keinen Einfluss auf die steuerliche Rechtsstellung des Insolvenzschuldners. Auch nach Eröffnung des Insolvenzverfahrens bleibt das öffentlich-rechtliche Steuerschuldverhältnis ihm gegenüber bestehen. Für die Erfüllung der Mitwirkungspflichten des Steuerschuldners (Buchführung, Gewinnermittlung, Abgabe der Gewerbesteuererklärung etc) hat nunmehr der Insolvenzverwalter einzustehen (§§ 34, 35, 69 AO iVm § 155 Abs 1 Satz 2 InsO). Dies gilt nicht nur für den Zeitraum nach Eröffnung des Insolvenzverfahrens, sondern auch für davor liegende Zeitabschnitte. Mit der Eröffnung des Insolvenzverfahrens werden das Steuerfestsetzungs- und das Rechtsbehelfsverfahren entsprechend § 240 ZPO unterbrochen. Die Unterbrechung dauert so lange, bis das Verfahren aufgenommen wird oder das Insolvenzverfahren beendet wird. Der Insolvenzverwalter nimmt ein unterbrochenes Einspruchsverfahren durch Erklärung gegenüber dem FA auf. Er wird damit Einspruchsführer kraft Amtes. Nimmt das Verfahren nicht auf, kann das FA das Verfahren betreiben mit dem Antrag festzustellen, dass die angemeldete Forderung berechtigt ist (*Tipke/Kruse* § 251 AO Rn 50, 53). Eine Aufnahmebefugnis des Insolvenzschuldners besteht nur bei Aktivprozessen, die dadurch gekennzeichnet sind, dass sich im Fall des Obsiegens die zur Verteilung anstehende Insolvenzmasse vergrößern würde (BFH X B 224/08 BFH/NV 2009, 1149). Zum Zeitpunkt der Insolvenzeröffnung bereits begründete Ansprüche aus dem Steuerschuldverhältnis können nur nach der InsO geltend gemacht werden. Zu diesem Zweck ist der GewSt-Messbetrag auf die Zeiträume vor und nach Insolvenzeröffnung aufzuteilen. Steuerbescheide und Einspruchsentscheidun-

Abwicklung und Insolvenz § 7

gen dürfen nach Eröffnung des Insolvenzverfahrens nicht mehr ergehen. Dennoch erlassene Bescheide sind unwirksam. Vielmehr müssen die Finanzbehörden Steuerschulden zur Tabelle anmelden. Dies gilt nach geänderter Rechtsprechung des BFH auch für **Grundlagenbescheide,** wie zB Feststellungsbescheide nach §§ 179, 180 AO oder **Gewerbesteuermessbescheide** (BFH I R 11/97 BStBl II 1998, 428). Dabei kommt es nicht darauf an, ob sich die festgestellten Besteuerungsgrundlagen auf die zur Tabelle anzumeldenden Steuerforderungen belastend auswirken können (BFH I R 33/01 BStBl II 2003, 630). Keine Unterbrechung nach § 240 ZPO tritt ein bei der Insolvenz eines Gesellschafters einer Personengesellschaft, da diese selbst Schuldnerin der GewSt und damit Partei iSv § 240 ZPO ist (BFH IV R 75/05 DStRE 2008, 341).

Die weiteren verfahrensrechtlichen Folgen hängen davon ab, ob es sich um **Insolvenzforderungen** (Rn 54 ff) oder **Masseverbindlichkeiten** (Rn 60) handelt.

Insolvenzforderungen sind solche Vermögensansprüche, die am Tage der 54 Insolvenzeröffnung **begründet** waren (§ 38 InsO). Dies richtet sich nach dem zugrundeliegenden Schuldverhältnis. Ansprüche aus dem Steuerschuldverhältnis sind dann begründet, wenn bereits vor der Insolvenzeröffnung die Grundlagen des Schuldverhältnisses bestehen, aus dem sich der Anspruch ergibt (BFH VII R 12/92 BStBl II 1994, 207; s auch *Tipke/Kruse* § 251 AO Rn 54; *HHSp* § 251 Rn 249). Entscheidend ist eine insolvenzrechtliche Begründung (BFH VII R 74/04 BFH/NV 2005, 1745). Auf die Entstehung der Forderung iSv § 38 AO kommt es nicht an. Auch bedingte Steueransprüche können Insolvenzforderungen sein (BFH II R 16/76 BStBl II 1979, 198). Die **Gewerbesteuer** ist Insolvenzforderung für Erhebungszeiträume, die **vor Insolvenzeröffnung** geendet haben.

Steueransprüche, die Insolvenzforderungen sind, müssen schriftlich beim Insol- 55 venzverwalter **angemeldet** werden (§ 174 InsO), soweit nicht Aufrechnung möglich ist. Das nach der früheren Rechtslage bestehende **Konkursvorrecht für öffentliche Abgaben (§ 61 Nr 2 KO)** ist weggefallen. Vielmehr sieht die InsO die gleichmäßige Befriedigung aller Gläubiger vor. Daher darf die Finanzbehörde nach Insolvenzeröffnung auch nicht mehr nach den Vorschriften der AO vollstrecken (s auch die gesetzliche **Rückschlagsperre** des § 88 InsO für vorinsolvenzliche Sicherungsmaßnahmen).

Wird gegen die angemeldete Forderung **kein Widerspruch** erhoben, so gilt die 56 Forderung als **festgestellt** (§ 178 Abs 1 Satz 1 InsO). Die Eintragung der Forderung in die Insolvenztabelle wirkt wie eine Steuerfestsetzung; der Erlass eines weiteren Bescheides ist nicht notwendig. Ein späterer Rechtsbehelf hiergegen ist nicht mehr zulässig. Nach Beendigung des Insolvenzverfahrens kann die Finanzbehörde die Steuerforderung wie aus einem rechtskräftigen Urteil vollstrecken (§§ 178 Abs 3, 201 Abs 2 InsO).

Im Fall des **Widerspruchs** durch den Insolvenzverwalter oder einen Insolvenz- 57 gläubiger ist zu unterscheiden:

Richtet sich der Widerspruch gegen einen noch nicht festgesetzten Steueranspruch**,** so muss die Finanzverwaltung die **Feststellung** betreiben (§ 179 Abs 1 InsO). Dies geschieht nach § 251 Abs 3 AO iVm § 185 InsO durch einen von der Finanzbehörde an den Widersprechenden gerichteten (Insolvenzfeststellungs-)Bescheid, in dem das Bestehen des bestrittenen Anspruchs in der geltend gemachten Höhe festgestellt wird (BFH VIII R 202/71 BStBl II 1975, 590). Zu den Formerfordernissen dieses Feststellungsbescheids s BFH I R 139/85 BFH/NV 1991, 497. Haftungsansprüche sind wie Steueransprüche festzustellen. Ein Feststellungsbescheid kann nicht erlassen werden, wenn die Forderung bereits mit einem Haftungsbescheid geltend gemacht worden ist (vgl BFH VII R 11/05 BStBl II 2006, 573). Gegen den Feststellungsbescheid ist der Einspruch gegeben. Die Aussetzung der Vollziehung eines solchen Feststellungsbescheids ist nicht möglich (FG Rh-Pf EFG 1982, 503 rkr). Da die FÄ nach der Eröffnung des Insolvenzverfahrens grds keine Gewerbesteuermessbescheide mehr erlassen dürfen, übermitteln sie der Gemeinde die Besteuerungsgrundlagen formlos, damit diese

Selder 461

die GewSt anmelden kann. Widerspricht der Insolvenzverwalter, so erlässt die Gemeinde einen Feststellungsbescheid nach § 251 Abs 3 AO, was die Kommunalabgabengesetze der Länder ermöglichen. In einem solchen Fall darf das FA ausnahmsweise gegenüber einem widersprechenden Insolvenzverwalter einen Gewerbesteuermessbescheid erteilen, um eine Verschiebung der sachlichen Zuständigkeiten zu vermeiden (BFH I R 11/97 BStBl II 1998, 428). Die Eintragung der Insolvenzforderung in die Insolvenztabelle wirkt für die **festgestellten Forderungen** wie ein rechtskräftiges Urteil (§ 178 Abs 3 InsO). Bei festgestellten Steueransprüchen gilt die fünfjährige Zahlungsverjährung der AO (BFH VII R 97/87 BStBl II 1988, 865).

58 Ist der Steueranspruch bereits in einem **vor Insolvenzeröffnung** ergangenen **Steuerbescheid festgesetzt** worden, so muss der Widersprechende dem Widerspruch im Rechtsbehelfsverfahren gegen den Steuerbescheid (oder den Grundlagenbescheid) verfolgen (§ 179 Abs 2 InsO). Dies setzt jedoch voraus, dass der Steuerbescheid noch nicht bestandskräftig (eine noch laufende Rechtsbehelfsfrist wird durch Eröffnung des Insolvenzverfahrens unterbrochen) bzw ein bereits laufendes Rechtsbehelfsverfahren noch nicht beendet ist. Erklärt das Finanzamt dem Widersprechenden die Aufnahme des Rechtsstreits, beginnt die unterbrochene Rechtsbehelfsfrist mit Bekanntgabe dieser Erklärung zu laufen. Legt der Widersprechende gegen den Steuerbescheid **Einspruch** ein, ist das Einspruchsverfahren entsprechend den Vorschriften der AO durchzuführen. Wird **kein Einspruch** eingelegt, gilt die angemeldete Forderung als festgestellt. Ist über die Steuerforderung (den Grundlagenbescheid, s BFH I R 11/97 BStBl II 1998, 428) bereits ein Rechtsstreit vor Gericht anhängig, der durch Insolvenzeröffnung unterbrochen wurde (§ 240 ZPO iVm § 155 FGO; s BFH I B 156/05 BFH/NV 2007, 1178), so ist die Feststellung durch Aufnahme des Rechtsstreits zu betreiben.

59 War der Steueranspruch bereits vor Eröffnung des Insolvenzverfahrens **bestandskräftig** festgesetzt, übernimmt der Widersprechende das Verfahren in der bei Eröffnung des Insolvenzverfahrens befindlichen Lage. Greifen weder Wiedereinsetzungsgründe noch Korrekturvorschriften der AO, erlässt die Finanzbehörde einen Feststellungsbescheid, in dem lediglich festgestellt wird, dass die angemeldete Forderung bestandskräftig festgesetzt ist (*BMF* BStBl I 1998, 1500 Tz 6.2; **aA** *HHSp* § 251 Rn 427; *Welzel* DStZ 1999, 559: kein Erfordernis einer Feststellung).

60 **Masseverbindlichkeiten.** Hierzu gehören die **Kosten des Insolvenzverfahrens**, dh die Gerichtskosten sowie die Vergütung und Auslagen des Insolvenzverwalters (§ 54 InsO), und die **sonstigen Masseverbindlichkeiten** iSd § 55 Abs 1 InsO, dh die durch die Verwaltung, Verwertung und Verteilung der Insolvenzmasse begründeten Verbindlichkeiten. Masseverbindlichkeiten sind vorweg zu befriedigen (§ 53 InsO). Steueransprüche gehören dann zu den Masseverbindlichkeiten, wenn sie **nach Eröffnung** des Insolvenzverfahrens begründet werden (zB die **Gewerbesteuer** bei Weiterführung des Betriebs durch den Insolvenzverwalter). Sie sind durch **Steuerbescheid** geltend zu machen (BFH V R 53/09 BStBl II 2012, 256). Schuldner der als Masseverbindlichkeiten entstehenden Steueransprüche ist der Insolvenzschuldner, ebenso der Vollstreckungsschuldner (s FG München EFG 1997, 48 rkr zum Nachlasskonkursverwalter). Ihm ist daher der Steuerbescheid bekannt zu geben.

61–64 *(frei)*

II. Gewerbesteuerfreier Aufgabe- und Veräußerungsgewinn der Steuergegenstände des § 2 Abs 1

1. Voraussetzungen von Betriebsaufgabe und Betriebsveräußerung

65 **a) Betriebsaufgabe.** Die Steuerfreiheit des Aufgabe-/Veräußerungsgewinns ergibt sich aus dem Objektsteuercharakter der GewSt (BFH IV R 41/07 BStBl II

2010, 977; krit *Reiß* in *Kirchhof* § 16 Rz 14). Eine Betriebsaufgabe ist grds eine solche iSv § 16 EStG. Aufgegeben wird ein Betrieb dann, wenn auf Grund eines Entschlusses des Steuerpflichtigen, den Betrieb aufzugeben, in einem **einheitlichen Vorgang innerhalb kurzer Zeit** die wesentlichen Grundlagen des Betriebs an verschiedene Abnehmer veräußert oder ganz oder teilweise in das Privatvermögen überführt werden und deshalb der Betrieb als selbstständiger Organismus des Wirtschaftslebens zu bestehen aufhört (vgl BFH IV R 138/78 BStBl II 1982, 381). Ein „kurzer" Zeitraum wurde bejaht bei 14 Monaten (BFH VI 119/65 BStBl III 1967, 70) und verneint bei 36 Monaten (BFH X R 101/90 BStBl II 1993, 710). Welcher Zeitraum angemessen ist, hängt auch von Art und Größe des Betriebs ab (BFH VIII R 10/99 BStBl II 2001, 282). Dabei können fortbestehende Kunden- und Lieferantenbeziehungen eine Rolle spielen. Betriebseinschränkung ohne ausdrückliche Entnahmehandlung ist noch keine Betriebsaufgabe (BFH IV R 41/91 BStBl II 1993, 430), ebensowenig die Bestellung von Erbbaurechten an allen Grundstücken eines gewerblichen Grundstückshandels (BFH XI R 28/97 BStBl II 1998, 665). Zur Abgrenzung zwischen Betriebsaufgabe und -änderung s *Wendt* FR 1998, 264. Weiterhin muss der Steuerpflichtige die bisher in diesem Betrieb entfaltete gewerbliche Tätigkeit **endgültig einstellen**, allerdings nur auf ein bestimmtes Betriebsvermögen und auf ein bestimmtes Steuerrechtssubjekt bezogen, dh nur die mit dem aufgelösten (Teil-)Betrieb verbundene gewerbliche Tätigkeit muss eingestellt werden, und dies nur von demjenigen, der mit Hilfe des diesem (Teil-)Betrieb dienenden Betriebsvermögens gewerbliche Einkünfte erzielt hat (BFH X R 52/90 BStBl II 1994, 838). Ob der Steuerpflichtige jegliche berufliche Tätigkeit einstellt, ist dagegen unmaßgeblich (glA *Kessler* BB 1986, 1441; *Tiedtke* FR 1988, 233; BFH XI R 63/96 BStBl II 1997, 573; X R 40/07 BStBl II 2009, 43). Insolvenzeröffnung bei der Betriebsgesellschaft führt bei der Besitzgesellschaft einer Betriebsaufspaltung idR zur Betriebsaufgabe (BFH XI R 2/96 BStBl II 1997, 460; krit *Höhmann* DStR 1998, 61). Das Ableben eines Freiberuflers führt nicht zwangsläufig zur Betriebsaufgabe (s BFH IV R 29/91 BStBl II 1993, 36), lediglich Umqualifizierung in einen Gewerbebetrieb, wenn die Erben nicht über freiberufliche Qualifikation verfügen (BFH VIII R 13/93 BStBl II 1994, 922).

b) Teilbetriebsaufgabe. Ein Teilbetrieb wird steuerbegünstigt iSv §§ 16, 34 **66** EStG **aufgegeben,** wenn der Unternehmer seine gewerbliche Tätigkeit insoweit einstellt und die dem Teilbetrieb gewidmeten Wirtschaftsgüter – zumindest aber seine wesentlichen Betriebsgrundlagen – innerhalb eines kurzen Zeitraums entweder an verschiedene Erwerber veräußert oder in das Privatvermögen überführt und dadurch die stillen Reserven in einem Zug aufgedeckt werden (vgl BFH I R 99/75 BStBl II 1977, 66; I R 57/79 BStBl II 1983, 312; IV R 61/06 BFH/NV 2010, 404). Ein Teilbetrieb ist ein organisch geschlossener, mit einer gewissen Selbstständigkeit ausgestatteter Teil des Gesamtbetriebs, der für sich allein funktions- bzw lebensfähig ist (BFH X R 49/06 BStBl II 2007, 772; allg s *Goebel/Ungemach* DStZ 2012, 353). Zur Kasuistik der Teilbetriebe s *Schmidt/Wacker* § 16 Rn 160. Auch eine betriebliche Einheit, die sich noch im Aufbau befindet, kann ein Teilbetrieb sein (BFH I R 77/09 BFH/NV 2011, 10). Zur Teilbetriebsaufgabe bei Betriebsaufspaltung s BFH III R 27/98 BStBl II 2002, 537 u FG Münster EFG 1998, 737 rkr.

c) Betriebsveräußerung. Eine **Veräußerung** des (Teil-)Betriebs iSv § 16 EStG **67** setzt voraus, dass der Unternehmer in einem einheitlichen Vorgang **alle wesentlichen Betriebsgrundlagen** an einen Erwerber veräußert (funktionale Beurteilung BFH IV R 93/85 BStBl II 1988, 374) und – soll sie nach § 34 EStG begünstigt sein – alle wesentlichen stillen Reserven des (Teil-)Betriebs auflöst (vgl BFH IV R 119/76 BStBl II 1979, 557). Keine begünstigte Teilbetriebsveräußerung liegt vor, wenn ein Betriebsgrundstück als wesentliche Betriebsgrundlage zurückbehalten wird, auch wenn dieses überwiegend dem Restbetrieb dient (BFH VIII R 39/92

BStBl II 1996, 409). Dies gilt auch dann, wenn der Restbetrieb eine vermögensverwaltende GmbH & Co KG ist (BFH IV R 41/07 BStBl II 2010, 977). Bei einer Teilbetriebsveräußerung muss keine Schlussbilanz aufgestellt werden (BFH X R 38/10 BStBl II 2012, 725). Zur Teilbetriebsveräußerung/-aufgabe im Rahmen einer Betriebsaufspaltung mit mehreren Betriebsgesellschaften s *Frerichs* FR 1997, 465. Pachtet der Veräußerer vom Erwerber die wesentlichen Betriebsgrundlagen zurück und führt er das Unternehmen mit den verpachteten Gegenständen fort, so kann Betriebsveräußerung bei Fortbestehen der wirtschaftlichen Identität des Unternehmens zu verneinen sein, zB wenn Kundenstamm und Geschäftswert unverändert dem Unternehmen verbleiben. BFH XI R 56/95 BStBl II 1996, 527 verlangt ein nach außen erkennbar von dem bisherigen Betrieb gelöstes Tätigkeitsbild.

68 **d) Wesentliche Betriebsgrundlagen.** Zu den wesentlichen Betriebsgrundlagen im vorerwähnten Sinne gehören einerseits Wirtschaftsgüter, wenn sie zur Erreichung des Betriebszwecks von besonderem wirtschaftlichem Gewicht sind (funktionale Beurteilung, BFH I R 57/79 BStBl II 1983, 312; VIII B 21/93 BStBl II 1995, 890), andererseits aber auch solche Wirtschaftsgüter, in denen erhebliche stille Reserven ruhen (vgl BFH IV R 119/76 BStBl II 1979, 557). Diese Bedeutsamkeit einerseits **funktionaler**, aber auch **quantitativer Merkmale** – jeweils für sich gesehen – ergibt sich daraus, dass der Fortbestand eines Betriebs (Teilbetriebs) als wirtschaftlicher Organismus beim Unternehmer in erster Linie von der Zurückbehaltung aller gemessen am Betriebszweck wesentlichen Wirtschaftsgüter abhängen wird (funktionale Beurteilung), andererseits die **Steuervergünstigung des § 34 EStG** iVm § 16 EStG bei einer steuerbegünstigten Aufgabe (Veräußerung) eines Betriebs (Teilbetriebs) vor allem der zusammengeballten Realisierung der stillen Reserven Rechnung trägt und dabei deren Auflösung in einem einheitlichen Vorgang vorausgesetzt (quantitative Beurteilung s auch *Hörger* DB 1987, 349; *Zimmermann* FR 1988, 377; *Patt* DStR 1996, 1585). Zur Frage, ob bei einer GmbH & Co KG die Anteile an der Komplementär-GmbH funktional wesentliche Betriebsgrundlagen sind s BFH I R 72/08 BStBl II 2010, 471; *OFD Rheinland/Münster* DB 2011, 1302. Allgemein zu funktional bedeutsamen wesentlichen Betriebsgrundlagen s § 2 Rn 318 ff.

69 **e) Gewerbesteuer.** Diese Grundsätze gelten in abgewandelter Form auch für die **Gewerbesteuer.** Dabei ist bedeutsam, dass die Tatbestände des § 16 EStG und des § 34 EStG voneinander verschieden gesehen werden. Die Gewerbesteuerfreiheit des Veräußerungs-/Aufgabegewinns setzt nicht die Auflösung der wesentlichen stillen Reserven, sondern nur **funktional** die Betriebsveräußerung oder -aufgabe des § 16 EStG voraus. Dies gilt sowohl für die Betriebsveräußerung (BFH IV R 93/85 BStBl II 1988, 374) als auch für die -aufgabe (BFH VIII R 13/94 BStBl II 1994, 809; vgl Rn 27) und für § 20 bzw § 24 UmwStG. Eine verdeckte Einlage eines Betriebs in eine GmbH führt ebenfalls zu einer – allerdings gewinnrealisierenden – Betriebsaufgabe (BFH VIII R 17/85 BStBl II 1991, 512).

Dem **funktionalen Betriebsbegriff** wird ferner bei der § 34 Abs 1 bis 3 EStG ebenfalls nicht berührenden **Verpachtung** (Rn 100) oder der **unentgeltlichen Übertragung** eines Betriebs oder Teilbetriebs (Rn 95) Rechnung getragen. Aus dem funktionalen Betriebsbegriff ergibt sich auch die Vorstellung von der **Betriebsaufgabe** als einer „**Zerstörung**" des wirtschaftlichen Organismus. Dadurch unterscheidet sich dieser Vorgang von der Betriebsveräußerung, bei der der wirtschaftliche Organismus jedenfalls im Zeitpunkt der Übertragung noch fortbesteht und daher dem Erwerber die Betriebsfortführung möglich ist. Als Betriebsaufgabe und nicht Betriebsveräußerung muss es deshalb angesehen werden, wenn die wesentlichen Betriebsgrundlagen an verschiedene und nicht an einen Erwerber übertragen werden.

Beginn und Ende der Betriebsaufgabe/-veräußerung § 7

2. Beginn und Ende der Betriebsaufgabe/-veräußerung

a) Abgrenzungen. Wegen der funktionalen Sicht (Rn 69) wird sich in aller 70
Regel nur bei der (Teil-)Betriebsaufgabe die nicht immer eindeutig zu beantwortende Frage nach dem **Beginn** und dem **Ende** der **Betriebsaufgabe** stellen. Das Gesetz spricht in § 16 Abs 3 Satz 7 EStG ungenau vom Zeitpunkt der Aufgabe.

b) Bedeutung. Der Beginn der Betriebsaufgabe, aber auch der Zeitpunkt der 71
Betriebsveräußerung sind wesentlich für die Abgrenzung der steuerbegünstigten (§ 34 EStG) Betriebsaufgabe (Veräußerung) iSd § 16 EStG von der sich nicht in einem Zug, sondern allmählich vollziehenden und daher nicht begünstigten und im Grundsatz gewerbesteuerpflichtigen Liquidation.
Der Beginn der Betriebsaufgabe (bzw der Zeitpunkt der Betriebsveräußerung) kann eine Rolle dafür spielen, ob sich nicht auf wesentliche Betriebsgrundlagen beziehende **Geschäftsvorfälle** in den steuerbegünstigten Aufgabe-/Veräußerungsgewinn einzubeziehen sind: Ob ein **zeitlicher Zusammenhang** solcher Geschäftsvorfälle mit der Betriebsaufgabe oder der Betriebsveräußerung ausreicht, ist zweifelhaft (vgl BFH IV R 76/82 BStBl II 1984, 713: **sachlicher Zusammenhang** erforderlich; ferner IV R 56/79 BStBl II 1982, 691; siehe aber auch IV R 25/79 BStBl II 1982, 707; sachl und zeitl IV R 86/87 BStBl II 1989, 456). Ein laufender Gewinn zieht jedenfalls bei einem noch tätigen Betrieb Gewerbesteuer nach sich. Veräußerungsgeschäfte im Zusammenhang mit der Betriebsveräußerung oder Betriebsaufgabe sind nur dann dem begünstigten Veräußerungsgewinn zuzuordnen, wenn die Veräußerungen „im Rahmen" der Betriebsveräußerung oder Betriebsaufgabe stattfinden (vgl BFH X R 76-77/92 BStBl II 1995, 388). Ein Geschäftsvorfall erhöht den begünstigten Aufgabegewinn, wenn seine entscheidenden wirtschaftlichen Ursachen nach dem Beginn der Betriebsaufgabe liegen (vgl auch *Schmidt/ Wacker* § 16 Rn 341; *Sauren* DStZ 1988, 235 unter Hinweis auf BFH IV R 72–73/ 84 BFH/NV 1988, 28).

c) Zuordnung von Aufwand und Ertrag. Für die Zuordnung von Aufwand 72
oder Ertrag des Betriebs zum gewerbesteuerfreien **Veräußerungs-/Aufgabegewinn** der Veräußerungs-/Aufgabebilanz (vgl BFH X R 163-164/87 BStBl II 1991, 802) bei unterstellter Einstellung der werbenden Tätigkeit auf den Zeitpunkt der Schlussbilanz existieren folgende **Fallgruppen:**
(frei) 73

d) Einzelfälle. 74
– **Anlagevermögen;** vorgelagerte Veräußerung von nicht zu den wesentlichen Betriebsgrundlagen gehörendem Anlagevermögen, das erhebliche stille Reserven enthält, gehört zum begünstigten Aufgabegewinn, wenn sie im engen zeitlichen Zusammenhang mit der Einstellung der gewerblichen Tätigkeit erfolgt (BFH VIII R 62/96 BFH/NV 1998, 1211). Laufender Gewinn bei Verkauf von Anlagevermögen, wenn die Veräußerung Bestandteil eines einheitlichen Geschäftskonzepts ist (BFH IV R 49/04 BStBl II 2009, 289).
– **Anteile an Kapitalgesellschaften;** der Gewinn aus der Veräußerung einer 100%igen Beteiligung an einer Kapitalgesellschaft gehört im GewStRecht, anders als im EStRecht (§ 16 Abs 1 Nr 1 Satz 2 EStG), im Regelfall zum laufenden Gewinn (BFH X R 55/97 BStBl II 2001, 809; VIII B 95/01 BFH/NV 2002, 811), es sei denn, die Veräußerung steht in zeitlichem und wirtschaftlichem Zusammenhang mit einer Betriebsaufgabe (BFH I R 217/69 BStBl II 1972, 470; III R 27/98 BStBl II 2002, 537; *Lenski/Steinberg* § 7 Rn 331). Abzustellen ist darauf, ob die Anteilsveräußerung Bestandteil des einheitlichen wirtschaftlichen Vorgangs der Betriebsveräußerung/-aufgabe ist, die zur Einstellung der werbenden Tätigkeit des Unternehmens führt (BFH VIII R 99/03 BFH/NV 2006, 608).

Die Veräußerung einbringungsgeborener Anteile war vor EZ 2002 idR nicht gewerbesteuerpflichtig.
- **Auflösung aller stillen Reserven** s Rn 29.
- **Disagio;** Auflösung zu Lasten des laufenden Gewinns und nicht des Aufgabegewinns (BFH IV R 76/82 BStBl II 1984, 713).
- **Einbringung** s Rn 29, Anhang zu § 7 Rn 2020 f.
- **Entnahmen** im zeitlichen und sachlichen Zusammenhang mit der Betriebsaufgabe erhöhen den Betriebsaufgabegewinn (BFH I 280/61 U BStBl III 1962, 418; IV R 67/86 BStBl II 1990 132 für Personengesellschaften).
- **Entschädigungen** für weggefallene Gewinnaussichten bzw wegen der Stilllegung von Betrieben gehören zum begünstigten und gewerbesteuerfreien Aufgabegewinn (BFH X R 56/95 BFH/NV 1998, 1354).
- **Erlass** von Säumniszuschlägen wird bei sachlicher und zeitlicher Verbindung mit der Betriebsaufgabe dem Aufgabegewinn zugerechnet (BFH IV R 86/87 BStBl II 1989, 456).
- **Gewerblicher Grundstückshandel;** Veräußerung der letzten Grundstücke nicht tarifbegünstigt (BFH IV R 30/92 BStBl II 1994, 105; § 2 Rn 204) und auch noch gewerbesteuerpflichtiger Ertrag (BFH V R 7677/92 BStBl II 1995, 388; III R 27/98 BStBl II 2002, 537), anders bei Entnahme (BFH IV R 2/85 BFH/NV 1989, 580).
- **Handelsvertreter** s Rn 42.
- **Pachtverhältnis;** Entschädigungen bei Beendigung sollen den laufenden Gewinn mindern (BFH IV R 56/79 BStBl II 1982, 691), mE zweifelhaft, weil die auslösenden wirtschaftlichen Ursachen in der Betriebsaufgabe liegen.
- **Personengesellschaften** gelten auch hinsichtlich der Betriebsveräußerungs-/Aufgabetatbestände als Gewinnermittlungssubjekte. Der Anteil des Gesellschafters an einem solchen Gewinn ist tarifbegünstigt, auch wenn ein anderer Gesellschafter § 6 b EStG beansprucht (BFH IV R 81/87 BStBl II 1989, 558). Zur Veräußerung von Anteilen an einer Mitunternehmerschaft s Rn 126.
- **Rentenverpflichtung;** Auflösung einer Rückstellung wurde dem laufenden Ertrag zugeordnet (BFH IV R 49/76 BStBl II 1980, 150), weil sie in keinem Zusammenhang mit der Mitunternehmeranteilsveräußerung stand (krit wegen verneinter Anteilsaufgabe durch Tod *Glanegger* FR 1990, 469).
- **Rücklagen;** die Auflösung von steuerfreien Rücklagen im wirtschaftlichen Zusammenhang mit einer Betriebsveräußerung oder -aufgabe löst einen gewstfreien und tarifbegünstigten Gewinn aus, zB bei **Rücklage** für **Ersatzbeschaffung** (BFH IV R 97/89 BStBl II 1992, 392; zur Abgrenzung bei späterer Auflösung s BFH I R 124/88 BStBl II 1990, 76), für **Preissteigerung** (BFH IV R 133/71 BStBl II 1974, 27; anders wenn wegen Bildung eines Rumpfwirtschaftsjahrs aufgelöst werden muss FG Bremen EFG 1992, 11 rkr) oder bei **Rücklage nach § 6 b EStG** (zB Auflösung anlässlich einer Umwandlung FG Hamburg EFG 1992, 319 rkr). Wählt der Steuerpflichtige statt der Sofortversteuerung zur Minderung eines Veräußerungs-/Aufgabegewinns die nach BFH III R 218/94 BFH/NV 1997, 754 zulässige Bildung einer Rücklage nach § 6 b EStG, so ist der sich später aus der Auflösung ergebende Gewinn ebenfalls nicht tarifbegünstigt (BFH IV R 150/78 BStBl II 1982, 348). Zur Auflösung einer vor der gewerbesteuerlichen Betriebseröffnung gebildeten **Ansparrücklage** s *BMF* BStBl I 2003, 331.
- **Rückstellung;** Gewinn aus der Auflösung ist begünstigt, wenn ein ursächlicher Zusammenhang mit der Aufgabe besteht. Laufender Gewinn, wenn Rückstellung zu Unrecht gebildet wurde (BFH XI R 8/96 BStBl II 1999, 18).
- **Versicherungsleistungen** für die Beschädigung von Anlagevermögen gehören zum Betriebsaufgabegewinn (BFH IV R 25/79 BStBl II 1982, 707; FG Hamburg EFG 2000, 552 rkr).

Beginn und Ende der Betriebsaufgabe/-veräußerung § 7

- **Vorsteuerberichtigung** nach § 15 a UStG aus Anlass einer Betriebsveräußerung mindert den Veräußerungsgewinn (BFH IV R 121/90 BStBl II 1992, 1038).

e) Einstellung der werbenden Tätigkeit, Einzelfälle. 75
- Die **Abwicklungstätigkeit** erfüllt nicht mehr den Tatbestand eines werbenden Betriebs, sie führt jedoch wegen des längeren Abwicklungszeitraums nicht zu einem begünstigten Betriebs- oder Teilbetriebsveräußerungsgewinn (BFH I 294/56 U BStBl III 1957, 414). Die sukzessive Versilberung eines Unternehmens ist auch bei für die Abwicklung beschäftigten Arbeitnehmern keine Fortsetzung der werbenden Tätigkeit (PrOVG v 1.7.1934 VIII C 26/32, DStZ 1934, 708). Dabei ist vor allem an die Versilberung des Anlagevermögens gedacht. Warenverkäufe in geschäftsüblicher Weise setzen den Betrieb noch fort (s auch „Räumungsverkauf"). Zur Personengesellschaft in Liquidation s BFH VIII R 43/84 BStBl II 1986, 136.
- **Entnahme** von Umlaufvermögen ist kein betriebsgewöhnlicher Geschäftsvorfall (BFH IV R 2/85 BFH/NV 1989, 580) und bedeutet auch keine werbende Tätigkeit mehr.
- **Importwarenabschlag;** wird er bei geschäftsüblichen Verkäufen aufgelöst, so rechnet der Ertrag ebenfalls zum laufenden Gewinn (BFH III R 9/87 BStBl II 1989, 874). Auch gewerbesteuerrechtlich dürfte, da es sich um einen fortgesetzten Ladenverkauf handelt, ein werbendes Unternehmen noch fortbestehen.
- **Räumungsverkauf;** Erlöse hieraus sind das Ergebnis einer noch fortgesetzten werbenden Tätigkeit und werden daher als laufender Gewinn beurteilt (BFH VIII R 316/82 BStBl II 1989, 602; IV R 30/92 BStBl II 1994, 105).
- **Rücklieferungen** an Lieferanten gehören nicht zum laufenden Gewinn (BFH IV R 136/79 BStBl II 1981, 798) und bilden für sich keine werbende Tätigkeit mehr.
- **Schwebende Geschäfte;** ihre Abwicklung soll nach BFH IV 350/64 BStBl II 1970, 719 zu laufenden Erträgen führen, sie findet aber idR in keinem werbenden Unternehmen mehr statt. ME sollte auch das letzte werbende Geschäft den Zeitpunkt abgeben, zu dem der Unternehmer nach § 16 Abs 2 Satz 2 EStG den Wert des Betriebsvermögens als Grundlage für den Betriebsveräußerungsgewinn ermittelt. Die Rechtsprechung sieht die Einstellung der werbenden Tätigkeit jedoch als nur eine von mehreren Varianten für den Beginn der Betriebsaufgabe.
- **Übergang zur vermögensverwaltenden Tätigkeit;** beendet eine gewerblich geprägte Personengesellschaft ihre bisherige gewerbliche Tätigkeit und geht sie zur (fiktiven) Vermögensverwaltung über, so ist der Veräußerungsgewinn aus dem Verkauf des Geschäftsbereichs laufender Ertrag, wenn eine bisherige wesentliche Betriebsgrundlage im Betrieb der Personengesellschaft fortgeführt wird (BFH IV R 41/07 BStBl II 2010, 977).
- **Umlaufvermögen;** für die gewerbesteuerrechtliche Beurteilung ist entscheidend, zu welchem Zeitpunkt eines länger währenden Abwicklungszeitraums der gewerbliche Betrieb zum Erliegen gekommen, dh die werbende Tätigkeit eingestellt ist. Dies ist dann der Fall, wenn der Steuerpflichtige seine eigentliche gewerbliche Tätigkeit aufgibt, zB den Ladenverkauf einstellt, oder seine Produkte jedenfalls nicht mehr wie bisher auf den Markt bringt (s § 2 Rn 571). Wegen der hier gleichliegenden Abgrenzungskriterien für den Umfang des Aufgabegewinns nach § 16 EStG werden die dazu ergangenen Entscheidungen idR auch die Frage beantworten, ob die werbende Tätigkeit eingestellt wurde. Zum laufenden und nicht zum Aufgabegewinn rechnen danach beim Umlaufvermögen diejenigen Geschäfte, die betriebsgewöhnlich abgewickelt werden (s BFH VIII R 316/82 BStBl II 1989, 602). Zu Grundstücken des Umlaufvermögens s Rn 28, zur Entnahme s oben.

– **Veräußerung** der verbliebenen Waren **abweichend vom normalen Geschäftsgang** nur noch an Handelsvertreter während der Geschäftsaufgabe bewirkt einen Aufgabegewinn (BFH IV R 140/86 BStBl II 1989, 368) und mE einen Vorgang nach eingestellter werbender Tätigkeit.

76 f) Beginn der Betriebsaufgabe. Ein Beginn der Betriebsaufgabe liegt nicht schon in dem inneren Entschluss, sondern erst in den **tatsächlichen Aufgabevorgängen**. Es müssen nach außen hin erkennbare Maßnahmen zur Beseitigung des Betriebs als wirtschaftlicher Organismus getätigt werden (BFH IV 350/64 BStBl II 1970, 719; IV R 36/81 BStBl II 1984, 711). Umbaumaßnahmen reichen nicht (Nds FG EFG 1996, 819 rkr). Sie können auch in behördlichen Anordnungen (Untersagung) liegen (FG München EFG 1987, 25 rkr). Fortgeführtes Betriebsvermögen bleibt gleichwohl möglich, ebenso die allmähliche Abwicklung (Rn 93). Maßgebender Zeitpunkt der Betriebsaufgabe in der Insolvenz ist nicht die Eröffnung des Insolvenzverfahrens, sondern die Veräußerung der wesentlichen Betriebsgrundlagen durch den Insolvenzverwalter (zum Konkursrecht BFH VIII R 128/84 BStBl II 1993, 594).

77 g) Beendigung der Betriebsaufgabe. Das Ende der Betriebsaufgabe bedeutet Veräußerung oder Überführung des letzten – funktional (BFH X R 101/90 BStBl II 1993, 710) – wesentlichen Wirtschaftsguts in das Privatvermögen. Sie kann der Steuerpflichtige nach der Rechtsprechung nicht dadurch vorzeitig herbeiführen, dass er Wirtschaftsgüter zunächst formell ins Privatvermögen überführt und sie dann privat veräußert (vgl BFH VI 119/65 BStBl III 1967, 70). Etwas anderes gilt beim verpachteten Betrieb (BFH I R 235/80 BStBl II 1985, 456).

Dieses Ergebnis erscheint *bedenklich*. Wird eine Betriebsaufgabe als Totalentnahme gewertet (vgl BFH VIII R 90/81 BStBl II 1984, 474), so liegt die Entnahmehandlung in der Beseitigung des Betriebs. Ob der Gewinn hinsichtlich der einzelnen Wirtschaftsgüter durch Veräußerung oder durch Übernahme ins Privatvermögen realisiert wird, ist im Hinblick auf die Bewertungsvorschrift des § 16 Abs 3 Satz 7 EStG (gemeiner Wert) von keiner großen Bedeutung. Danach müsste es aber zulässig sein, den Aufgabezeitraum durch Übernahme schwer verkäuflicher Wirtschaftsgüter, die für den Betrieb wesentlich waren, ins Privatvermögen abzukürzen, auch wenn eine spätere Veräußerung nicht ausgeschlossen erscheint (aA BFH I R 170/69 BStBl II 1971, 484). Dafür spräche auch die im Falle der Betriebsverpachtung von der Rechtsprechung bejahte Möglichkeit der vorzeitigen Realisierung stiller Reserven durch Ausübung eines Wahlrechts, wenngleich der Betrieb an sich weiterbesteht (BFH I R 235/80 BStBl II 1985, 456). Soll die letzte wesentliche Betriebsgrundlage nicht veräußert werden (und auch nicht für andere betriebliche Zwecke eingesetzt werden), so wird sie Privatvermögen (BFH X R 77-78/90 BFH/NV 1992, 659).

78 h) Betriebsverlegung, Betriebsunterbrechung, Betriebsverpachtung. Die Aufgabe eines Betriebs und seine Neueröffnung an einem anderen Ort kann gewerbesteuerrechtlich Einstellung und Neugründung bedeuten, auch wenn es nur zu einer vorübergehenden Stilllegung kommt (s dazu § 2 Rn 577). Die **Gleichartigkeit** des Betriebs ist dabei ebenfalls bedeutsam, wie das Erfordernis der Unternehmensgleichheit bei § 10 a GewStG zeigt (BFH IV R 165/76 BStBl II 1977, 666; VIII R 84/90 BStBl II 1994, 764; VIII R 16/01 BFH/NV 2003, 81).

79 Ob bei einer **Betriebsverlegung** gleichzeitig der Tatbestand einer Betriebsaufgabe im funktionalen Sinn vorliegt, hängt vom Fortbestand der **wirtschaftlichen Identität** des alten und an einer anderen Stelle weitergeführten Betriebs ab (vgl BFH IV R 200/72 BStBl II 1976, 672; bejaht für den Wechsel vom Speiselokal mit Tanzveranstaltung zur Imbissstube BFH IV R 177/80 BStBl II 1983, 425). Die wirtschaftliche Identität wird im Regelfall durch den Bestand an materiellen und

Ermittlung des Veräußerungs-/Aufgabegewinns § 7

immateriellen Wirtschaftsgütern geprägt (BFH IV R 88/81 BStBl II 1985, 508; VIII R 16/01 BFH/NV 2003, 81; aA möglicherweise I R 116/81 BStBl II 1985, 131; I R 119/81 BStBl II 1985, 245). Zweifelhaft ist allerdings, ob die Identität des Betriebes daran anknüpft, dass in den neuen Betrieb die wesentlichen stillen Reserven überführt werden (vgl BFH IV R 25/79 BStBl II 1982, 707). Dies mag für die Gewährung der Steuervergünstigung des § 34 EStG eine Rolle spielen. Es erscheint zutreffender, die Identität des verlegten Betriebes allein an funktionalen Kriterien zu messen. Ist danach keine Identität gegeben, so liegt eine Betriebsaufgabe im funktionalen Sinne vor. Dies bedeutet allerdings nicht, dass dem Unternehmer ohne Weiteres die Vergünstigung des § 34 EStG für eine steuerbegünstigte Betriebsaufgabe zusteht. Denn diese bestimmt sich danach, ob anlässlich des Untergangs des bisherigen Betriebs alle wesentlichen stillen Reserven in einem Zug aufgelöst wurden. Diese Auffassung ließe Raum, den Fortbestand des wirtschaftlichen Organismus auch sonst funktional zu betrachten, solange die Anwendung des § 34 EStG nicht in Rede steht. Zur Abgrenzung Betriebsveräußerung/-verlegung s BFH XI R 71/95 BStBl II 1997, 236.

Einkommensteuerrechtliche **Betriebsunterbrechung** (BFH III R 31/87 BStBl **80** II 1990, 383) liegt vor, wenn der Steuerpflichtige zwar die werbende Tätigkeit einstellt (BFH VIII R 11/95 BStBl II 1998, 379) oder einschränkt (BFH IV R 39/94 BStBl II 1996, 276), aber die Fortführung des im Wesentlichen identischen Betriebes beabsichtigt (anders, wenn hierfür keine wesentlichen Betriebsgrundlagen mehr vorhanden sind, s BFH X R 31/95 BStBl II 1997, 561). Zur Betriebsunterbrechung bei Betriebsaufspaltung s BFH VIII R 80/03 BStBl II 2006, 591. Auch bei fehlgeschlagener Betriebsaufspaltung ist ein ruhender Gewerbebetrieb bis zur eindeutigen Aufgabeerklärung möglich (BFH VIII R 72/96 BFH/NV 1999, 1422; *Fichtelmann* Inf 2000, 4). S hierzu auch *Wendt* FR 1998, 264 sowie *Cornelius* DStZ 2010, 915. Eine Gewerbeabmeldung ist nicht ausreichend (BFH XI B 44/03 BFH/NV 2004, 1639). Ein Fall der einkommensteuerrechtlichen Betriebsunterbrechung ist die **Betriebsverpachtung.** Für die GewSt ist sie als Einstellung des Betriebes anzusehen. S zu den unterschiedlichen Wertungen bei ESt bzw GewSt Rn 36; § 2 Rn 579. Die später abgegebene Erklärung, den Betrieb nicht fortsetzen zu wollen, wirkt bei Zugang als Betriebsaufgabe (BFH I R 235/80 BStBl II 1985, 456; s nunmehr § 16 Abs 3b EStG).

Durch das SteuervereinfachungsG 2011 v 1.11.2011 (BGBl I 2011, 2131) wurde **81** in einem § 16 Abs 3b EStG ausdrücklich geregelt, dass ein Betrieb in den Fällen der Betriebsunterbrechung und der Betriebsverpachtung im Ganzen nicht als aufgegeben gilt, solange die Aufgabe nicht ausdrücklich erklärt worden ist oder dem FA Tatsachen bekannt geworden sind, aus denen sich ergibt, dass die Voraussetzungen einer Betriebsaufgabe erfüllt sind.

3. Ermittlung des Veräußerungs-/Aufgabegewinns

a) **Veräußerungsgewinn.** Veräußerungsgewinn ist nach § 16 Abs 2 EStG der **82** Betrag, um den der Veräußerungspreis nach Abzug der Veräußerungskosten den Wert des (Teil-)Betriebsvermögens oder den Wert des Anteils am Betriebsvermögen übersteigt. Der Gewinn aus der Veräußerung eines Gewerbebetriebs oder Teilbetriebs ist verwirklicht, wenn zumindest das wirtschaftliche Eigentum an den wesentlichen Betriebsgrundlagen auf den Erwerber übergeht. Der Zufluss des Kaufpreises ist nicht entscheidend (BFH IV R 137/82 BStBl II 1984, 829). Zur Veräußerung auf den Zeitpunkt des Jahreswechsels s BFH VIII R 7/90 BStBl II 1993, 228; IV R 107/92 BStBl II 1993, 666. Ab 1.1.1994 gilt der Veräußerungsgewinn insoweit als **laufender Gewinn,** als auf der Seite des Veräußerers und auf der Seite des Erwerbers dieselben Personen (Mit-)Unternehmer sind (§ 16 Abs 2 Satz 3 EStG), dh tarifbegünstigt ist nur die Veräußerung an fremde Dritte (zu Gestaltungsmöglichkeiten s *Schiffers* BB 1994, 1469; *Pfalzgraf/Meyer* DStR 1994, 1330). Dies gilt auch für die GewSt (s Rn 29).

83 **b) Veräußerungspreis (§ 16 Abs 2 EStG).** Für den Ansatz des Veräußerungspreises, dh der vom Veräußerer für das Geschäft erlangten Gegenleistung, ist nicht die Bewertungsvorschrift des § 6 EStG (nur laufender Gewinn), sondern § 9 BewG anzuwenden (BFH IV R 153/86 BStBl II 1989, 557). Unter Veräußerungspreis ist der tatsächlich erzielte Erlös zu verstehen (BFH IV R 17/08 BStBl II 2011, 716). Zum Veräußerungspreis gehören auch Leistungen, die nicht vom Erwerber stammen (Entschädigungen, Prämien), wenn sie im unmittelbaren wirtschaftlichen Zusammenhang mit der Veräußerung stehen (BFH IV R 14/90 BStBl II 1992, 457). Zahlungen für ein Wettbewerbsverbot werden nicht zum Veräußerungspreis gezählt (*OFD Düsseldorf* DB 1992, 1063 mwN). Zur Übernahme von Betriebsschulden durch den Erwerber s *Schmidt/Wacker* § 16 Rn 267 mwN. Zum Veräußerungspreis in Höhe des negativen Kapitalkontos s BFH VIII R 370/83 BStBl II 1989, 563 und XI R 34/92 BStBl II 1993, 436 bei teilentgeltlicher Übertragung.

84 **Gemeiner Wert.** Zum Veräußerungspreis des § 16 Abs 2 EStG zählt entsprechend § 16 Abs 3 Satz 7 EStG auch der gemeine Wert (idR Verkehrswert s BFH III R 173/86 BStBl II 1990, 497; II R 122/86 BStBl II 1990, 467) von ins Privatvermögen übernommenen Wirtschaftsgütern (s auch *Schmidt/Wacker* § 16 Rn 294). Zur Aufteilung des Verkehrswertes eines gemischt genutzten Grundstücks s BFH III R 20/99 BFH/NV 2001, 849.

85 **c) Steuerrelevante Ereignisse nach Betriebsveräußerung.** Sie können zu einer rückwirkenden Änderung des Veräußerungsgewinns oder -verlustes führen. Dies gilt zB bei Ausfall/Wertminderung der Kaufpreisforderung oder nachträglicher Inanspruchnahme des Veräußerers für vom Erwerber übernommene Betriebsschulden (BFH GrS 2/92 BStBl II 1993, 894 u GrS 1/92 BStBl II 1993, 897; IV R 47/95 BStBl II 1997, 509; VIII R 66/03 BStBl II 2006, 307); ebenso früher schon bei (außer-)gerichtlichen Vergleichen und Urteilen aus Streit über Höhe des Kaufpreises (BFH IV R 84/86 BStBl II 1989, 41; s auch BFH IV R 20/08 BStBl II 2010, 528). Die rückwirkende Aufstockung einer Rücklage nach § 6 b EStG für den Gewinn aus der Veräußerung eines Grundstücks bei nachträglicher Erhöhung des Veräußerungsgewinns ist ebenfalls möglich (BFH X R 148/97 BFH/NV 2001, 233). Die Veranlagung des Veräußerungsjahres ist in diesen Fällen nach § 175 Abs 1 Satz 1 Nr 2 AO zu ändern. Gleiches gilt bei Veräußerung eines Anteils an einer Personengesellschaft. Zu einer weitgehenden Berücksichtigung nachträglicher Erkenntnisse für die Aufgabebilanz vor Eintritt der Bestandskraft s BFH X R 163-164/87 BStBl II 1991, 802.

86 **d) Wiederkehrende Bezüge.** Wird ein Betrieb gegen wiederkehrende Bezüge veräußert, so kann der Veräußerer unter bestimmten Voraussetzungen zwischen der tarifbegünstigten **Sofortversteuerung** in Höhe des Kapitalwerts der Bezüge und der **allmählichen Versteuerung** der Rentenbezüge nach § 15 iVm § 24 Nr 2 EStG (Zuflussversteuerung) wählen. Im letztgenannten Fall entsteht in Höhe der Rentenzahlung ein Gewinn, sobald die gesamten Rentenzahlungen den Buchwert des steuerlichen Kapitalkontos des Veräußerers zuzüglich der angefallenen Kosten übersteigen (*Schmidt/Wacker* § 16 Rn 221, 245). Bei Veräußerungen nach dem 31.12.2003 ist bei der Zuflussversteuerung in den wiederkehrenden Leistungen enthaltene Zinsanteil von Anfang an als nachträgliche Betriebseinnahme zu erfassen (R 16 Abs 11 Sätze 7 und 8 EStR). Das Wahlrecht besteht nicht bei einem umsatz- oder gewinnabhängigen Entgelt (BFH VIII R 8/01 BStBl II 2002, 532). Der Regelfall ist die Sofortversteuerung. Nach R 16 Abs 11 Satz 1 EStR besteht ein Wahlrecht nur noch bei Betriebsveräußerung gegen „Leibrente". In H 16 (11) EStH wird jedoch auch auf das Wahlrecht verwiesen bei Kaufpreisraten über 10 Jahren mit

Versorgungscharakter und bei Zeitrenten mit unüberschaubarer Laufzeit, die auch der Versorgung des Veräußerers dienen. Dies entspricht der bisherigen Verwaltungspraxis. Auch im Hinblick auf den Beschluss des GrS zur rückwirkenden Änderung des Veräußerungsgewinns bei Ausfall einer gestundeten Kaufpreisforderung (BFH GrS 2/92 BStBl II 1993, 897) ist dem Wahlrecht nicht die Rechtsgrundlage entzogen (ebenso BFH IX R 110/90 BStBl II 1995, 47; IV R 67/98 BFH/NV 2000, 355, wonach vorzeitiges Ableben des Veräußerers weder eine Korrektur der Anschaffungskosten beim Erwerber noch eine rückwirkende Erhöhung des Veräußerungsgewinns erfordert). Der Wegfall der Rentenverbindlichkeit ist beim Erwerber auch bei Überschussrechnung gewinnerhöhend (und damit auch beim Gewerbeertrag) zu erfassen (BFH IV R 48/90 BStBl II 1991, 796). Zur Anwendung des Halbeinkünfteverfahrens bei Veräußerung von Anteilen an einer Kapitalgesellschaft gegen wiederkehrende Bezüge s BMF BStBl I 2004, 1187 sowie *OFD Hannover* DB 2008, 1944.

e) Vermögensübergabe gegen Versorgungsleistungen. Dieses Rechtsinstitut ist seit dem JStG 2008 in § 10 Abs 1 Nr 1a EStG gesetzlich verankert. Die Neuregelung gilt für alle nach dem 31.12.2007 vereinbarten Vermögensübertragungen (§ 52 Abs 23f EStG). Einzelheiten sind dargestellt im sog Rentenerlass IV (*BMF* BStBl I 2010, 227). Hintergrund des Rechtsinstituts der Vermögensübergabe gegen Versorgungsleistungen ist der Gedanke der vorbehaltenen Vermögenserträge. Die Leistungen bemessen sich nach dem Versorgungsbedürfnis des Berechtigten und der Leistungsfähigkeit des Verpflichteten (BFH X R 44/93 BStBl II 1996, 676). Der Übergeber behält sich Vermögenserträge vor, die vom Übernehmer erwirtschaftet werden sollen und dem Übergeber als Versorgungsleistungen zufließen sollen. Nach § 10 Abs 1 Nr 1a EStG begünstigt sind auf besonderen Verpflichtungsgründen beruhende, lebenslange und wiederkehrende Versorgungsleistungen im Zusammenhang mit der Übertragung eines Anteils an einer Mitunternehmerschaft (nicht an einer vermögensverwaltenden GmbH & Co KG), eines (Teil-)Betriebs oder eines mindestens 50%igen Anteils an einer GmbH, sofern der Übergeber als Geschäftsführer tätig gewesen war und der Übernehmer diese Tätigkeit übernimmt. Die Übergabe von anderem existenzsichernden Vermögen fällt nicht unter die Neuregelung. Das übertragene Vermögen muss einen ausreichenden Ertrag bringen. Dies wird bei der Übertragung von (Teil-)Betrieben widerleglich vermutet (*BMF* BStBl I 2010, 227 Rn 29). Bei der Übertragung eines gewerblichen Unternehmens im Rahmen einer vorweggenommenen Erbfolge besteht eine – nur in Ausnahmefällen widerlegliche – Vermutung dafür, dass der übertragene Betrieb ausreichende Erträge abwerfen wird (BFH GrS 1/00 BStBl II 2004, 95). Ein Unternehmerlohn ist bei Anstellen der Ertragsprognose nicht anzusetzen (BFH GrS 2/00 BStBl II 2004, 100). Von einer nach steuerrechtlichen Gesichtspunkten unentgeltlichen Vermögensübertragung gegen Versorgungsleistungen, die sich am Versorgungsbedürfnis des Übergebers orientieren und die typischerweise die vorweggenommene Erbfolge betrifft, sind entgeltliche Vermögensübertragungen gegen wiederkehrende Leistungen zu unterscheiden, die nicht zu einem Abzug beim Übergeber nach § 10 Abs 1 Nr 1a EStG führen. Sind Leistung und Gegenleistung in solchen Fällen ausgeglichen, so entspricht der Barwert der wiederkehrenden Leistungen den Anschaffungskosten auf Seiten des Übernehmers. Ist der Barwert höher als der Wert des übertragenen Vermögens, so ist der übersteigende Betrag eine Zuwendung. Ist der Barwert mehr als doppelt so hoch wie der Wert des übertragenen Vermögens, so liegt nach *BMF* BStBl I 2010, 227 Rn 66 insgesamt eine Zuwendung vor. Nach BFH GrS 2/00 aaO ist offen, ob es sich in solchen Fällen insgesamt um Unterhaltsleistungen handelt oder ob eine Aufteilung in Versorgungsleistungen einerseits und Unterhaltsleistungen andererseits vorzunehmen ist.

87

§ 7 Gewerbeertrag

88 **Gewerbesteuer.** Betriebsveräußerungsrenten rechnen unabhängig von der Wahl der Versteuerungsart zum gewstfreien Veräußerungsgewinn; die Voraussetzungen des § 34 EStG sind hierfür entbehrlich.

89 **f) Betriebsaufgabegewinn.** Bei seiner Ermittlung ist der Veräußerungspreis der einzelnen Wirtschaftsgüter bzw der gemeine Wert (§ 9 BewG) der ins Privatvermögen überführten Wirtschaftsgüter anzusetzen (BFH III R 20/99 BStBl II 2003, 635). Der aus der Veräußerung einzelner Wirtschaftsgüter anlässlich der Betriebsaufgabe erzielte Gewinn gilt insoweit als **laufender Gewinn,** als auf der Seite des Veräußerers und auf der Seite des Erwerbers dieselben Personen Unternehmer sind (§ 16 Abs 3 Satz 5 EStG), dh begünstigt ist nur die Veräußerung an fremde Dritte. Dies gilt auch für die GewSt (Rn 29). Im Zeitpunkt der Betriebsaufgabe **bestrittene Schadensersatzforderungen** bleiben Betriebsvermögen und wirken bei nachträglicher Erfüllung auf den Zeitpunkt der Betriebsaufgabe zurück (BFH IV R 37/92 BStBl II 1994, 564; III B 134/94 BFH/NV 1995, 1060; Rn 85).

90 Hinsichtlich des originär selbstgeschaffenen und daher (§ 5 Abs 2 EStG) nicht zu aktivierenden **Geschäftswerts** bestehen aus tatsächlichen Gründen Bewertungsunsicherheiten. Gleichwohl ist der Geschäftswert, der im Wege einer verdeckten Einlage übergeht, auch für die Ermittlung des Veräußerungsgewinns anzusetzen (BFH I R 202/83 BStBl II 1987, 705). Dagegen ist der Geschäftswert bei erklärter Aufgabe einer Betriebsverpachtung nicht zu berücksichtigen (erst bei Veräußerung, BFH X R 49/87 BStBl II 1989, 606; X R 56/99 BFH/NV 2002, 847). Da die (Teil-)Betriebsaufgabe sich in mehreren Handlungen vollziehen kann (vorausgesetzt ist nur ein einheitlicher wirtschaftlicher Vorgang), bereitet die Frage Schwierigkeiten, wann der **Aufgabegewinn realisiert** ist und wie ein Freibetrag nach § 16 Abs 4 EStG zu verteilen ist, wenn sich der Aufgabevorgang über **zwei Veranlagungszeiträume** erstreckt (vgl *Schmidt/Wacker* § 16 Rn 584: der Freibetrag wird vom im ersten VZ verwirklichten Gewinn und ein verbleibender Rest vom Gewinn des folgenden VZ abgezogen; aA *Kanzler* FR 1995, 851: Wahlrecht). Kein begünstigter Aufgabegewinn, wenn Abwicklung sich über mehr als zwei Veranlagungszeiträume erstreckt (BFH X R 101/90 BStBl II 1993, 710; Rn 93). Die gegenüber der (Teil-)Betriebsveräußerung bestehende Komplexität des Aufgabevorgangs macht die Feststellung schwierig, unter welchen Voraussetzungen ein bestimmter Geschäftsvorfall noch zum laufenden nicht begünstigten Ertrag gehört und bei einem noch tätigen Betrieb der Gewerbesteuer unterliegt. Zur Gewährung des Freibetrages nach § 16 Abs 4 EStG bei teilentgeltlicher Veräußerung s *FinSen Bremen* FR 2003, 424.

91 **g) Restbuchwert (§ 16 Abs 2 Satz 1 und Abs 3 Satz 1 EStG).** Zur Gewinnermittlung sind vom Veräußerungspreis oder dem bei der Aufgabe des Betriebs anzusetzenden gemeinen Wert (Aufgabepreis) die Buchwerte (Aktiva ./. Passiva, BFH XI R 34/92 BStBl II 1993, 436) und die Veräußerungskosten abzusetzen. Für die **Ermittlung des Buchwerts** zum maßgeblichen Zeitpunkt der Veräußerung oder Aufgabe (bzw Überführung ins Privatvermögen) sind die §§ 4, 5 EStG maßgebend (§ 16 Abs 2 Satz 2 EStG; BFH I R 119/78 BStBl II 1981, 460; X B 162/08 BFH/NV 2009, 156). Der Überschuldungsbetrag eines buchmäßig überschuldeten Betriebs mindert nicht den Aufgabegewinn (BFH IV R 52/93 BStBl II 1996, 415). Wurde vom Steuerpflichtigen der Gewinn bisher nach § 4 Abs 3 EStG durch Überschussrechnung ermittelt, so hat er zum Bestandsvergleich überzugehen. Der **Übergangsgewinn** ist ein laufender und beim tätigen Betrieb gewerbesteuerpflichtiger Gewinn.

92 **h) Veräußerungs-/Aufgabekosten (§ 16 Abs 2 Satz 1 und Abs 3 Satz 1 EStG).** Zu den Kosten der Betriebsveräußerung (Betriebsaufgabe) sind die durch diese Vorgänge veranlassten Kosten zu rechnen (BFH IV R 22/08 BStBl II 2010, 736). Sie sind auch dann im Jahr der Ermittlung des Veräußerungs-/Aufgabegewinns abzuziehen, wenn sie bereits im vorhergehenden Veranlagungszeitraum entstanden sind (BFH I R 97/92 BStBl II 1994, 287; s auch VIII R 204/85 BFH/NV 1990, 801). Dabei erfasst der Begriff nicht nur die technisch durch den Veräußerungsvorgang bedingten Aufwendungen (wie zB für Notar- oder Rechtsanwaltsleistungen, Gerichtskosten bei Streitigkeiten über den Veräußerungsvorgang, im Veräußerungspreis enthaltene Umsatzsteuer, BFH IV R 60/74 BStBl II 1978, 100), sondern auch andere Vermögenseinbußen, die unmittelbar darauf zurückgehen (zB Vorfälligkeitsentschädigung bei vorzeitiger Rückzahlung eines betrieblichen Kredits anlässlich der Betriebsaufgabe, jedenfalls wenn der Veräußerungserlös zur Tilgung der Schulden ausreicht, BFH VIII R 55/97 BStBl II 2000, 458; abgelehnt für Abschreibung eines Disagios, BFH IV R 76/82 BStBl II 1984, 713). Veräußerungskosten, die mit den dem § 3 Nr 40 EStG zugrunde liegenden Vorgängen in wirtschaftlichem Zusammenhang stehen, dürfen nur anteilig abgezogen werden (§ 3 c Abs 2 Satz 1 EStG; krit *Crezelius* DB 2001, 221, 226). Bei späterer Änderung der Veräußerungskosten ändert sich rückwirkend der Veräußerungsgewinn (BFH IV R 37/92 BStBl II 1994, 564; XI R 20/97 BFH/NV 1998, 701; Rn 85).

i) Allmähliche Abwicklung. Der Unternehmer kann anstelle der Veräußerung oder Aufgabe des Betriebs in einem einheitlichen Vorgang auch die **allmähliche Abwicklung** wählen. Die Steuervergünstigung des § 34 EStG wird hierfür nicht gewährt, denn die in § 16 EStG erwähnten Betriebsveräußerungs- oder Aufgabegewinne fordern die Auflösung der wesentlichen stillen Reserven innerhalb eines kurzen Zeitraums. **Gewerbesteuer** fällt an, wenn sich die allmähliche Abwicklung in der geschäftsüblichen Form des Betriebs vollzieht. Die sukzessive Veräußerung eines **Teilbetriebs** im Rahmen eines lebenden Unternehmens iSd § 2 Abs 1 GewStG ist gewstpfl (BFH VI 336/62 U BStBl III 1964, 248). Die Wahl der sukzessiven Versteuerung der stillen Reserven im Wege der Abwicklung setzt allerdings voraus, dass der Steuerpflichtige beabsichtigt, das bisherige Betriebsvermögen – zumindest aber seine wesentlichen Grundlagen – alsbald zu veräußern oder ins Privatvermögen überzuführen. Fehlt diese Absicht und sollen die zurückbehaltenen Wirtschaftsgüter auch nicht in ein anderes Betriebsvermögen übertragen werden, so werden nach der Rspr die wesentlichen Betriebsgrundlagen mit Einstellung des Betriebs Privatvermögen (begünstigte Gewinnrealisierung ohne Betriebsaufgabeerklärung s BFH I R 84/79 BStBl II 1983, 412; X R 128/94 BFH/NV 1996, 877). Bei Unklarheit kann sich der Steuerpflichtige nicht darauf berufen, die Wirtschaftsgüter schon zu einem früheren Zeitpunkt ins Privatvermögen entnommen zu haben (BFH VIII R 18/99 BFH/NV 2001, 31).

j) Nachträgliche Einkünfte. Auch nach der „Betriebsaufgabe" können Wirtschaftsgüter **Betriebsvermögen** bleiben (BFH VIII R 158/73 BStBl II 1979, 99). Dies gilt insbesondere, solange aktive Wirtschaftsgüter vorhanden sind, deren Verwertung oder Übernahme in ein Betriebsvermögen eines anderen werbenden Unternehmens beabsichtigt ist. Danach hängt die Abziehbarkeit von Schuldzinsen davon ab, ob der Steuerpflichtige zum Zeitpunkt der handelsrechtlichen Vollbeendigung des Betriebs den Schuldposten mit vorhandenen Aktivwerten begleichen konnte. Hat er dies unterlassen, sind die später angefallenen Schuldzinsen nicht als nachträgliche Betriebsausgaben (§ 24 Nr 2 EStG) anzusehen (vgl BFH I R 119/78 BStBl II 1981, 460; bei Veräußerungs VIII R 150/79 BStBl II 1982, 321). Streitig ist, ob nachträgliche Einkünfte aus Gewerbebetrieb ausschließlich nach § 4 Abs 3 EStG zu ermitteln sind oder zumindest ein Wahlrecht für die Gewinnermittlung nach § 4 Abs 1 EStG besteht (offen gelassen in BFH IV R 47/95 BStBl II 1997, 509). Die Auflösung einer § 6 b-Rücklage in einem nicht mehr werbenden Unternehmen führt zu gewstfreien nachträglichen Einkünften aus Gewerbebetrieb iSd § 24 Nr 2 EStG (BFH IV R 150/78 BStBl II 1982, 348). Dem Grunde oder der Höhe nach ungewisse Verbindlichkeiten bleiben bis zum Wegfall der Ungewissheit Betriebsvermögen (BFH I R

§ 7 Gewerbeertrag

205/85 BStBl II 1990, 537; aA *Glanegger* FR 1990, 460). Über die steuerliche Erfassung nachträglicher Entgelte als Betriebseinnahmen ist nicht im Rahmen der gesonderten und einheitlichen Feststellung der Mitunternehmerschaft zu entscheiden (BFH VIII R 8/01 BStBl II 2002, 532).

95 **k) Unentgeltliche Betriebs- oder Teilbetriebsübertragung.** Weder eine begünstigte Aufgabe noch eine Veräußerung eines (Teil-)Betriebs iSv § 16 Abs 2 u 3 EStG liegt vor, wenn ein (Teil-)Betrieb in einem einheitlichen Vorgang (BFH I R 105/85 BStBl II 1989, 653; X R 4/84 BStBl II 1989, 652), ggf in mehreren Teilakten (BFH X R 74-75/90 BStBl II 1994, 15), unentgeltlich auf eine andere Person übertragen wird. Denn in diesem Fall ist die Erfassung der stillen Reserven beim neuen Inhaber gewährleistet und ihr Übergang ist ohne auch nach § 6 Abs 3 EStG gewollt (zur Rspr betr vorweggenommene Erbfolge und Erbauseinandersetzung s *Schmidt/Wacker* § 16 Rn 45 u 605; BMF BStBl I 2007, 269). § 6 Abs 3 Satz 1 EStG erweitert die gesetzliche Regelung auf die Fälle der unentgeltlichen Aufnahme einer natürlichen Person in ein bestehendes Einzelunternehmen sowie die unentgeltliche Übertragung eines **Teils eines Mitunternehmeranteils** auf eine nürliche Person. Zu weiteren Einzelheiten hierzu s *Wendt* FR 2002, 127. Wird die fünfjährige Behaltefrist des § 6 Abs 3 Satz 2 EStG nicht eingehalten, entsteht nachträglich ein der GewSt unterliegender laufender Gewinn. Die Schlussbilanz des Betriebsübergebers entscheidet über den Bestand der übernommenen Wirtschaftsgüter (BFH IV R 171/85 BStBl II 1988, 490). Rücklagen nach §§ 6 b, 6 c EStG gehen auf den Rechtsnachfolger über (BFH IV R 61/93 BStBl II 1995, 367). Bei der Übertragung von Wirtschaftseinheiten zugesagte Versorgungsleistungen sind keine Teilentgelte (zB BFH X R 165/90 BStBl II 1992, 1020; X R 14/89 BStBl II 1993, 23; Rn 87). Zur **teilentgeltlichen** Übertragung s BFH IV R 12/81 BStBl II 1986, 811; X R 165/90 BStBl II 1992, 1020; *Schmidt/Wacker* § 16 Rn 57; auch sie unterliegt nicht der **Gewerbesteuer.**

96–99 *(frei)*

4. (Teil-)Betriebsverpachtung

100 **a) Wahlrecht.** Dem Verpächter eines gewerblichen (Teil-)Betriebs wird ein Wahlrecht für die Erklärung zugestanden, ob er mit der Verpachtung seinen Betrieb **aufgeben** oder auch während der Verpachtung **fortsetzen** will (BFH GrS 1/63 S BStBl III 1964, 124; zu den Einzelheiten der Wahlrechtsausübung s auch R 16 Abs 5 EStR; BMF BStBl I 1994, 771; *Schoor* DStR 1997, 1). Das Wahlrecht kann auch während der Verpachtung ausgeübt werden (BFH I R 235/80 BStBl II 1985, 456). Beim Teilbetrieb entfällt es, wenn die Verpachtung im Rahmen des gesamten Betriebs erfolgt (BFH VIII R 62/72 BStBl II 1977, 42). Dieses Wahlrecht findet seine Berechtigung darin, dass die Verpachtung des Betriebs seinen Bestand als wirtschaftlichen Organismus unverändert lässt und deshalb nicht schlechthin als Betriebsaufgabe gewertet werden kann, andererseits aber ohne eine entsprechende Erklärung des Steuerpflichtigen unklar bleibt, ob der Unternehmer nicht doch mit seiner Verpachtung die unternehmerische Tätigkeit endgültig einstellen will und die Wiederaufnahme nicht beabsichtigt. Es geht auf die Erben des Verpächters über (BFH IV R 97/89 BStBl II 1992, 392). Zu § 16 Abs 3 b EStG idF des StVereinfG 2011 v 1.11.2011 (BGBl I 2011, 2131) s Rn 81.

101 **b) Betriebsfortführung.** Begrifflich setzt eine Betriebsverpachtung die Verpachtung der **wesentlichen Betriebsgrundlagen** voraus. Ein **Betriebsgrundstück** stellt regelmäßig nicht die alleinige wesentliche Betriebsgrundlage dar (BFH IV R 122/71 BStBl II 1975, 885; III R 7/91 BFH/NV 1993, 358; Ausnahme: III R 5/92 BFH/NV 1993, 233). Da bei der Betriebsverpachtung zunächst auf die Versteuerung der stillen Reserven verzichtet wird, kommt der funktionale Betriebs-

(Teil-)Betriebsverpachtung § 7

begriff zum Tragen. Das heißt, verpachtet sein müssen alle Wirtschaftsgüter, die **funktional** für den Betrieb von Bedeutung sind (BFH VIII R 153/77 BStBl II 1980, 181: die dem Betrieb das Gepräge gebenden WG). Demgegenüber ist bei der Betriebsveräußerung/Betriebsaufgabe nach § 16 EStG die funktional-quantitative Betrachtungsweise maßgebend (s BFH X R 39/04 BStBl II 2008, 220; Rn 68). Zu den wesentlichen Grundlagen bei Betriebsfortführung zählen – da bei Fortführung des Betriebs in der Form der Verpachtung die Tarifbegünstigung des § 34 EStG nicht anwendbar und die Realisierung sämtlicher stillen Reserven nicht erforderlich ist – Wirtschaftsgüter nicht allein wegen ihrer stillen Reserven. Ein Betriebsgrundstück ist nur dann keine wesentliche Betriebsgrundlage, wenn es für den Betrieb keine oder nur geringe Bedeutung hat. Eine wirtschaftliche Bedeutung ist bereits dann anzunehmen, wenn der Betrieb auf das Betriebsgrundstück angewiesen ist, weil er ohne ein Grundstück dieser Art nicht fortgeführt werden könnte (BFH IV R 7/05 BStBl II 2006, 176). Trotz Zurückbehaltung eines fremdvermieteten Betriebsgrundstücks, das für den Betrieb entbehrlich ist, kann beim Inhaber von einer Betriebsverpachtung ausgegangen werden. Das Grundstück bleibt aber dann beim Verpächter zunächst weiterhin Betriebsvermögen. Dem Verpächter muss die Möglichkeit verbleiben, den Betrieb identitätswahrend wieder aufzunehmen (BFH IV R 52/94 BFH/NV 1996, 110; IV R 65/01 BStBl II 2009, 699). Die Verpachtung des Betriebsgrundstücks an ein branchenfremdes Unternehmen ist unschädlich (BFH IV R 20/02 BStBl II 2004, 10, unter Aufgabe von IV R 122/71 BStBl II 1975, 885). Wesentliche Betriebsgrundlagen dürfen aber nicht Pächter und Verpächter gemeinsam gehören (BFH VIII R 120/86 BStBl II 1990, 780).

c) Nicht verpachtete wesentliche Betriebsgrundlagen. Werden nicht alle – 102 funktional – wesentlichen Betriebsgrundlagen verpachtet, weil ein Teil davon veräußert oder verschenkt wird, so wird der (Teil-)Betrieb anlässlich seiner Verpachtung als **wirtschaftlicher Organismus zerstört**. Auch die verpachteten Wirtschaftsgüter müssen dann grundsätzlich ins Privatvermögen überführt werden, weil eine Betriebsaufgabe vorliegt (vgl BFH VIII R 153/77 BStBl II 1980, 181). Ob es sich dabei um eine steuerbegünstigte Betriebsaufgabe iSd §§ 16, 34 EStG handelt, hängt von der Realisierung der wesentlichen stillen Reserven insgesamt ab. Für den **Pächter** bedeutet es regelmäßig keine Aufdeckung der stillen Reserven durch Betriebsaufgabe, wenn er lediglich den Pachtbetrieb wechselt und ihm gehörendes Inventar im neuen Betrieb einsetzt (BFH IV R 258/82 BStBl II 1986, 431).

d) Umgestaltung wesentlicher Betriebsgrundlagen. Mit Rücksicht auf den 103 funktional zu verstehenden Betriebsbegriff wird keine Verpachtung eines identischen wirtschaftlichen Organismus mehr angenommen, wenn bei dieser Gelegenheit die **wesentlichen Betriebsgrundlagen,** zB durch Baumaßnahmen, so **umgestaltet** werden, dass sie nicht mehr in der bisherigen Form genutzt werden können (BFH I R 84/79 BStBl II 1983, 412).

e) Betriebsüberlassungsverträge. Hinsichtlich der Wahlrechtsausübung wer- 104 den die sog Betriebsüberlassungsverträge (*Kanzler* FR 1992, 239; BFH IV R 106/92 BStBl II 1993, 546) den Pachtverträgen gleichgestellt. Bei diesen Überlassungsverträgen werden die wesentlichen Betriebsgrundlagen unentgeltlich zur Nutzung überlassen (vgl dazu *Wätzig* Inf 1982, 437).

f) Gewerbesteuerfreiheit. Der in der Form der Verpachtung (dh ohne Aufgabe- 105 erklärung) **fortgeführte** Gewerbebetrieb unterliegt **nicht** der GewSt (aA *Flies* FR 1994, 535), wenn der Verpächter keine zusätzlichen, eine gewerbliche Tätigkeit begründenden Aktivitäten entfaltet (vgl hierzu auch H 2.2 GewStH). Dies gilt auch für die Verpachtung eines Teilbetriebs (BFH VIII R 87/72 BStBl II 1977, 45). Die Verpachtung im Rahmen einer Betriebsaufspaltung ist gewstpfl (BFH XI R 8/99 BFH/NV 2000, 1135).

106 **g) Betriebsverpachtung und Betriebsaufgabe.** Wird anlässlich einer Betriebsverpachtung die Betriebsaufgabe erklärt, so sind die stillen Reserven aufzudecken. Die Aufgabeerklärung wirkt für den Zeitpunkt, zu dem sie abgegeben wird (BFH IV R 61/01 BStBl II 2003, 755). Sie muss gegenüber dem FA eindeutig und klar sein (BFH X R 176/96 BFH/NV 1999, 454), es sei denn, die endgültige Betriebsaufgabe ergibt sich eindeutig aus den tatsächlichen Umständen (BFH IX R 2/95 BStBl II 1998, 373). Es reicht nicht aus, wenn der Verpächter in seiner Steuererklärung Einkünfte aus Vermietung und Verpachtung angibt (BFH III R 104/85 BFH/NV 1989, 18). Die Erklärung ist selbst Besteuerungsmerkmal. Aus ihr ergibt sich die Beendigung des Betriebs. Dies ist im Sinne einer **Totalentnahme** zu verstehen, dh Übernahme sämtlicher Wirtschaftsgüter mit dem gemeinen Wert (§ 16 Abs 3 Satz 7 EStG) ins Privatvermögen. Der derivative oder originäre **Geschäftswert** bleibt bis zur Veräußerung Betriebsvermögen (nicht privatisierbar BFH X R 49/87 BStBl II 1989, 606; X R 56/99 BStBl II 2002, 387; krit *Führer* DStR 1995, 785). Er geht durch die Betriebsaufgabe unter (vgl BFH X R 32/05 BStBl II 2009, 634 aE). Als Betriebsaufgabe wirkt auch die während der Betriebsverpachtung abgegebene Erklärung, den Betrieb später nicht mehr fortsetzen zu wollen (BFH I R 235/80 BStBl II 1985, 456; *L. Schmidt* FR 1985, 476). Nach § 16 Abs 3 b Satz 1 Nr 1 EStG idF des StVereinfG 2011 v 1.11.2011 (BGBl I 2011, 2131) muss die Betriebsaufgabe in Neufällen ausdrücklich gegenüber dem FA erklärt werden.

107 **h) Besonderheiten bei Gesellschaften.** Bei Gesellschaften muss das Wahlrecht von allen Gesellschaftern einheitlich ausgeübt werden (BFH VIII R 2/95 BStBl II 1998, 388). Die Fortführung des Betriebs im Wege der Verpachtung ist auch dann möglich, wenn ein Gesellschafter bei der Beendigung einer gewerblich tätigen Personengesellschaft **wesentliche Betriebsgegenstände** behält und ohne Veränderung ihres Wesens- und Nutzungszusammenhangs an einen früheren Mitgesellschafter verpachtet (BFH IV R 106/75 BStBl II 1979, 300; zur Abgrenzung s VIII R 120/86 BStBl II 1990, 780).

108 Verpachtet eine **Personengesellschaft** einen **Teilbetrieb,** so unterliegen ihre Erträge, anders als beim Einzelgewerbetreibenden, stets in vollem Umfang (§ 2 Abs 1 GewStG, § 15 Abs 3 Nr 1 EStG) der GewSt (s § 2 Rn 581). Dies gilt als Schlechterstellung der Personengesellschaft (vgl BFH IV R 174/74 BStBl II 1978, 73). Andererseits kann die Personengesellschaft bei Einstellung der gesamten gewerblichen Tätigkeit Betriebsaufgabe und Versteuerung der stillen Reserven durch Umwandlung in eine GmbH & Co KG vermeiden, soweit sie weiterhin mit Einkünfteerzielungsabsicht tätig wird (§ 15 Abs 3 Nr 2 EStG). Auch **Kapitalgesellschaften** erzielen stets und damit auch mit einem fortgeführten gewerblichen Betrieb gewerbliche Einkünfte (§ 2 Abs 2 GewStG). Zu Betrieben gewerblicher Art s § 2 Rn 387, zu wirtschaftlichen Geschäftsbetrieben § 2 Rn 551. Andere Grundsätze gelten, wenn die Verpachtung von Wirtschaftsgütern zu einer **Betriebsaufspaltung** (kein Wahlrecht) führt oder Wirtschaftsgüter von Gesellschaftern an die Personengesellschaft verpachtet oder vermietet werden (s dazu Mitunternehmergrundsätze, Rn 205 f). Zu einer Betriebsaufgabe führt auch der Wegfall der tatbestandlichen Voraussetzungen einer Betriebsaufspaltung (BFH XI R 6/93 BStBl II 1994, 23), es sei denn, die Voraussetzungen einer Betriebsverpachtung sind erfüllt (BFH VIII R 13/95 BStBl II 1998, 325; ebenso *BMF* BStBl I 1994, 771: während Dauer der Betriebsaufspaltung nicht bestehendes Verpächterwahlrecht lebt wieder auf). Dies gilt auch, wenn Verpächter den Betrieb zuvor nicht selbst bewirtschaftet hat, weil dieser erst nachträglich durch Begründung der Betriebsaufspaltung entstanden war.

109 **i) Betriebsaufgabe durch Steuerentstrickung.** Als eine einkommensteuerrechtliche Betriebsaufgabe war nach früherer Rechtsansicht zu werten, wenn ein Steuerpflichtiger seinen Betrieb ins Ausland verlegte und deshalb die stillen Reserven von der inländischen Besteuerung nicht mehr erfasst werden konnten (vgl zB BFH

I R 261/70 BStBl II 1977, 76; VIII R 387/83 BStBl II 1989, 187). Auch die Überführung von Einzelwirtschaftsgütern in eine ausländische Betriebsstätte wurde als (finale) Entnahme angesehen (BFH VIII R 111/69 BStBl II 1972, 760). Diese Rspr hat der BFH nunmehr aufgegeben (BFH I R 77/06 BStBl II 2009, 464; s hierzu *BMF* BStBl I 2009, 671; BStBl I 2011, 1278). Mit (Rück-)Wirkung v 1.1.2006 wurde in § 4 Abs 1 Satz 3 EStG eine **Entnahmefiktion** geschaffen, der zufolge der Wegfall des Besteuerungsrechts der Bundesrepublik Deutschland einer Entnahme gleichsteht (Ausnahme: Sitzverlegung einer Europäischen Gesellschaft/Genossenschaft, § 4 Abs 1 Satz 4 EStG). Dies ist insb bei der Überführung eines Wirtschaftsguts in eine ausländische Betriebsstätte anzunehmen (§ 4 Abs 1 Satz 5 EStG idF des JStG 2010). Bei Vorgängen innerhalb der **EU** kann gem § 4 g EStG ein bilanzieller **Ausgleichsposten** gebildet werden, dessen ratierliche Auflösung die Aufdeckung der stillen Reserven abmildert (s hierzu *Schmidt/Heinicke* § 4 g Rn 1 ff). Ebenfalls durch das JStG 2010 wurde in § 16 Abs 3a EStG eine Regelung eingefügt, der zufolge der Wegfall des Besteuerungsrechts hinsichtlich des Gewinns aus Veräußerung sämtlicher Wirtschaftsgüter eines Betriebs oder Teilbetriebs einer Betriebsaufgabe gleichsteht.

Weder Entnahme noch Betriebsaufgabe liegt vor, wenn sich eine Gärtnerei durch 110
einen **Strukturwandel** (s dazu § 2 Rn 230) von einem Gewerbebetrieb zum landwirtschaftlichen Betrieb entwickelt (BFH GrS 1/73 BStBl II 1975, 168) oder eine Landwirtschaft zur steuerrechtlich als **Liebhaberei** zu beurteilenden Tätigkeit wird (BFH IV R 138/78 BStBl II 1982, 381). Dies führt dazu, dass der Liebhabereibetrieb mit einem Bestand an festgeschriebenem Betriebsvermögen fortbesteht (s § 8 der VO zu § 180 Abs 2 AO) und die stillen Reserven erst bei der Veräußerung der jeweiligen Wirtschaftsgüter als nachträgliche Einkünfte aus Land- und Forstwirtschaft versteuert werden. Gewerbesteuerrechtlich kommt es in all diesen Fällen allein darauf an, ob der Steuergegenstand unverändert fortbesteht (§ 2 Rn 565 f).

(frei) 111, 112

5. Veräußerung, Aufgabe von (Teil-)Betrieben durch Personengesellschaften

a) Begriff. Auch eine **Personengesellschaft** kann nach den für den Einzelunter- 113
nehmer geltenden Grundsätzen einen Betrieb aufgeben oder veräußern. Ebenso ist eine Teilbetriebsveräußerung möglich (BFH IV R 189/81 BStBl II 1984, 486). Es liegt dann keine Veräußerung oder Aufgabe von Mitunternehmeranteilen iSd § 16 Abs 1 Nr 2, Abs 3 Satz 1 EStG durch die einzelnen Gesellschafter vor. Dafür spricht vor allem die Wertung der Personengesellschaft als Gewinnermittlungssubjekt, die auch für die Betriebsaufgabe und die Betriebsveräußerung gilt (vgl BFH GrS 1/79 BStBl II 1981, 164). Von den tatsächlichen Verhältnissen des Einzelfalls hängt es ab, ob die eine einkommensteuerrechtliche Betriebsaufgabe/-veräußerung bewirkende Personengesellschaft noch als **werbendes Unternehmen** iS des § 2 Abs 1 anzusehen ist (s dazu Rn 26, 70 f; § 2 Rn 568). Erst wenn dies zu bejahen ist, stellt sich die Frage nach dem zutreffend ermittelten Aufgabe-/Veräußerungsgewinn und seiner Abgrenzung vom gewerbesteuerpflichtigen laufenden Ertrag.

b) Sonderbetriebsvermögen. Einkommensteuerrechtliche Besonderheiten er- 114
geben sich aus der Existenz von Sonderbetriebsvermögen (s dazu Rn 190). Für die Ermittlung des Veräußerungs- oder Aufgabegewinns der Gesellschaft ist das im Eigentum des Gesellschafters befindliche Sonderbetriebsvermögen mit dem gemeinen Wert (§ 16 Abs 3 EStG) anzusetzen. Dies gilt nicht, wenn das Wirtschaftsgut in ein anderes Betriebsvermögen des Gesellschafters überführt wird oder zurückfällt und die steuerliche Erfassung der stillen Reserven in diesem Betrieb sichergestellt ist (§ 6 Abs 5 Satz 2 EStG). Enthält das Wirtschaftsgut des Sonderbetriebsvermögens

§ 7 Gewerbeertrag

erhebliche stille Reserven, entfällt die Begünstigung des § 34 EStG für den Veräußerungs- oder Aufgabegewinn der Gesellschaft, wenn nicht alle wesentlichen stillen Reserven aufgedeckt werden (BFH I R 161/68 BStBl II 1972, 118; IV R 84/96 BStBl II 1998, 104 soweit Sonderbetriebsvermögen zu den wesentlichen Betriebsgrundlagen gehört). **Gewerbesteuer** fällt aber insoweit nicht an, weil es keine eigenständige gewerbesteuerrechtliche Entstrickung gibt (Rn 36).

115 Besonderheiten ergeben sich für Personengesellschaften auch hinsichtlich der **Teilbetriebsaufgabe,** soweit die Tätigkeit einer Personengesellschaft stets und in vollem Umfang als Gewerbebetrieb gilt (§ 15 Abs 3 Nr 1 EStG; s auch *Schmidt/Wacker* § 16 Rn 206). Daraus folgt, dass die Personengesellschaft, anders als der Einzelunternehmer, bei einer Verpachtung eines Teilbetriebs nicht in Ausübung eines Wahlrechts die Teilbetriebsaufgabe erklären kann (vgl BFH IV R 174/74 BStBl II 1978, 73). Der Veräußerungsgewinn, den eine gewerblich geprägte Personengesellschaft durch die Veräußerung ihrer Beteiligung an einer vermögensverwaltenden Personengesellschaft erzielt, ist weder als Mitunternehmeranteil iSd § 16 Abs 1 Nr 2 EStG noch als Veräußerung eines Teilbetriebs tarifbegünstigt (BFH IV R 103/94 BStBl II 1997, 39).

116 c) **Betriebsaufgabe durch Realteilung.** Zu einer Betriebsaufgabe der Personengesellschaft kann es dadurch kommen, dass bei Auflösung der Gesellschaft das Gesellschaftsvermögen natural unter den Gesellschaftern aufgeteilt wird (Realteilung, s *BMF* BStBl I 2006, 253).

117 Ab **1999** konnte die Realteilung nach § 16 Abs 3 Satz 2 Hs 2 EStG aF nur noch dann zu Buchwerten und damit ohne Aufdeckung von stillen Reserven vollzogen werden, soweit sie durch Übertragung von **Teilbetrieben** oder **Mitunternehmeranteilen** erfolgte. Wurden **einzelne Wirtschaftsgüter** auf die Gesellschafter übertragen, so galt die Realteilung nach § 16 Abs 3 Satz 2 Hs 1 EStG aF als Aufgabe eines Anteils nach § 16 Abs 1 Nr 2 EStG aF mit der Folge, dass die stillen Reserven aufzudecken waren. Die Regelung stand im Zusammenhang mit § 6 Abs 5 Satz 3 EStG idF des StEntlG 1999/2000/2002, durch den das von Rechtsprechung und Verwaltung (s früherer „Mitunternehmererlass" in BStBl I 1978, 8) eingeräumte Wahlrecht zur Buchwertfortführung bei Überführung einzelner Wirtschaftsgüter in ein (Sonder-)Betriebsvermögen des Gesellschafters stark eingeschränkt wurde (s BFH IV B 124/02 BFH/NV 2004, 1395).

Ab **2001** wurde § 6 Abs 5 Satz 3 EStG dahingehend geändert, dass auch eine Übertragung von Einzelwirtschaftsgütern zwischen den einzelnen (Sonder-)Betriebsvermögen unter Buchwertfortführung möglich ist. § 16 Abs 3 Satz 2 EStG wurde an diese geänderte Rechtslage durch das **UntStFG** ebenfalls mit Wirkung ab 2001 angepasst. Außerdem wurde durch § 6 Abs 5 Satz 3 iVm § 6 Abs 5 Satz 4 EStG idF des UntStFG klargestellt, dass § 6 Abs 5 EStG als Spezialvorschrift gegenüber den Tauschgrundsätzen des § 6 Abs 6 EStG diesen vorgeht (so bereits *BMF* BStBl I 2001, 367 Rn 1; allg zu § 6 Abs 5 EStG s *BMF* BStBl I 2011, 1279). Die Regelungen des § 6 Abs 5 Sätze 3 bis 5 wurden durch das UntStFG ab 2001 gleichfalls überarbeitet und erweitert, so dass sich die Rechtslage wie folgt darstellt:

118 d) **Buchwertfortführung.** Soweit bei der Realteilung Teilbetriebe, Mitunternehmeranteile oder einzelne Wirtschaftsgüter in das jeweilige Betriebsvermögen des Mitunternehmers übertragen werden, ist die **Buchwertübertragung** nach § 16 Abs 3 Satz 2 EStG **zwingend.** Voraussetzung der steuerneutralen Übertragung eines **Teilbetriebs** ist, dass dieser bereits vor der Realteilung bestanden hat und alle funktional wesentlichen Wirtschaftsgüter des Teilbetriebs übertragen werden. Hierzu gehört auch das Sonderbetriebsvermögen, soweit es eine wesentliche Betriebsgrundlage des Teilbetriebs darstellt (*Hörger/Mentel/Schulz* DStR 1999, 565). Funktional nicht wesentliche Wirtschaftsgüter können hingegen abgespalten werden, auch wenn ihnen erhebliche stille Reserven innewohnen. Die Teilbetriebe müssen wiederum in ein (Sonder-)Betriebsvermögen des übernehmenden Gesellschafters überführt werden. Die **Übertragung eines Mitunternehmeranteils** kann in der Weise geschehen, dass die Personengesellschaft als Obergesellschaft einen Anteil an einer anderen Personengesellschaft (Untergesellschaft) hält und diesen im Rahmen der Realteilung einem Gesellschafter zuweist. Zu Gestaltungsmöglichkeiten bei der Berücksichtigung des Sonderbetriebsvermögens in diesem Zusammenhang s *Breidenbach/van Lishaut* DB 1999, 1234. Bei der **Übertragung von Einzelwirtschaftsgütern** in ein Betriebsvermögen des Mitunternehmers ist die Buchwertfortführung nach § 16 Abs 3 Satz 2 EStG idF des UntStFG nunmehr ebenfalls zwingend (zu den Einschränkungen in § 16 Abs 3 Sätze 3 und 4 EStG s Rn 119). Soweit die Buchwerte des übernommenen Vermögens fortgeführt werden, ist im aufnehmenden Betrieb eine Kapitalkontenanpassung vorzunehmen (BFH I R 148/90 BStBl II 1992, 383; VIII R 69/86 BStBl II 1992, 385). Die Grundsätze der Realteilung haben Vorrang vor § 6 Abs 5 EStG (*BMF* BStBl I 2011, 1279). Bei einer Gewinnermittlung nach § 4 Abs 3 EStG ist im Fall einer Realteilung ohne Spitzenausgleich kein Übergang zum Bestandsvergleich und dementsprechend keine Übergangsbesteuerung durchzuführen.

e) Gewinnrealisierung bei Realteilung. Werden den Gesellschaftern bei der 119 Realteilung lediglich einzelne Wirtschaftsgüter zugewiesen, gelten die folgenden Einschränkungen:

Nach § 6 Abs 5 Satz 4 EStG ist rückwirkend auf den Zeitpunkt der Übertragung der Teilwert anzusetzen, wenn das Wirtschaftsgut innerhalb einer Sperrfrist (3 Jahre nach Abgabe der Steuererklärung des Übertragenden für den VZ, in dem die Übertragung stattgefunden hat) veräußert oder entnommen wird. In § 16 Abs 3 Satz 2 EStG wurde konsequenterweise die Sicherungsklausel des § 6 Abs 5 EStG bei Übertragung von einzelnen Wirtschaftsgütern im Zuge einer Realteilung ebenfalls eingeführt. Danach ist rückwirkend (§ 175 Abs 1 Satz 1 Nr 2 AO) der **gemeine Wert** eines übertragenen Einzelwirtschaftsguts anzusetzen bei Veräußerung/Entnahme innerhalb einer Sperrfrist (3 Jahre nach Abgabe der Steuererklärung der Mitunternehmerschaft für den VZ, in dem die Realteilung stattgefunden hat). Schädlich ist die Veräußerung/Entnahme aber nur bei Grund und Boden, Gebäuden oder anderen wesentlichen Betriebsgrundlagen (§ 16 Abs 3 Satz 3 EStG).

Nach § 16 Abs 3 Satz 4 EStG ist bei Übertragung von Einzelwirtschaftsgütern auf eine **Kapitalgesellschaft** im Zuge einer Realteilung kein Buchwertansatz möglich, sondern der **gemeine Wert** anzusetzen. Dies entspricht den Sicherungsklauseln in § 6 Abs 5 Sätze 5 und 6 EStG.

f) Ausgleichszahlungen. Ein **Wertausgleich** (in bar oder durch Sachwerte; kei- 120 nen Wertausgleich stellt die Übernahme bestehender Gesellschaftsschulden dar, BFH VIII R 69/86 BStBl II 1992, 385) steht der steuerneutralen Buchwertfortführung nicht entgegen. Dies gilt unabhängig davon, ob der Wertausgleich auf divergierenden Verkehrswerten der übernommenen Wirtschaftsgüter oder auf der unterschiedlichen Steuerlast der in den Wirtschaftsgütern liegenden stillen Reserven beruht (s *Schmidt/Wacker* § 16 Rn 548). Es ist jedoch ein Gewinn zu versteuern, der entweder nach dem Verhältnis der Ausgleichszahlung zum Wert der übernommenen Wirtschaftsgüter (so *BMF* BStBl I 2006, 228 Nr VI) oder nach der Höhe des Ausgleichsbetrages (so BFH VIII R 57/90 BStBl II 1994, 607) ermittelt wird. Der Gewinn ist zwar nicht nach § 34 Abs 1 oder 3 EStG begünstigt (BFH VIII R 12/93 BFH/NV 1995, 98), er unterliegt jedoch **nicht der GewSt** (ebenso *BMF* BStBl I 2006, 228 aaO). Bei Beteiligung einer Körperschaft an einer Mitunternehmerschaft gilt jedoch § 7 Satz 2 Nr 2 mit der Folge einer anteiligen gewerbesteuerlichen Erfassung. Zu Gestaltungen zur Vermeidung eines Wertausgleichs s *Schmidt/Wacker* § 16 Rn 550.

g) Erbauseinandersetzung. Diese folgt Realteilungsregeln (BFH GrS 2/89 121 BStBl II 1990, 837; *BMF* BStBl I 2006, 253 Rn 10 ff). Zu unterscheiden ist, ob der Nachlass nur aus Betriebsvermögen oder Privatvermögen oder sowohl aus Betriebs- und Privatvermögen (sog Mischnachlass) besteht. Grundsätzlich erwirbt ein Miterbe in allen Fällen bei der Auseinandersetzung nur insoweit entgeltlich, als der Wert der erhaltenen Gegenstände den Wert seines Erbanteils übersteigt und er dafür Ausgleichzahlungen leistet (BFH GrS 2/89 aaO; zur Berechnung des entgeltlichen Anteils s *Schmidt/Wacker* § 16 Rn 626). Die Ausgleichszahlung unterliegt nicht der GewSt (ebenso *BMF* 2006, 253 Rn 14). Soweit die Erbauseinandersetzung über Mischnachlass erfolgt, gelten die vorstehenden Grundsätze nur für den Teil des Nachlasses, der aus Betriebsvermögen besteht.

122, 123 *(frei)*

6. Veräußerung, Aufgabe von Gesellschaftsanteilen (Satz 2)

124 **a) Grundsätzliches.** Die Veräußerung oder Aufgabe von Gesellschaftsanteilen (§ 16 Abs 1 Nr 2 EStG) wird ähnlich behandelt wie die Betriebsveräußerung oder Betriebsaufgabe eines Einzelunternehmens (vgl BFH I R 5/82 BStBl II 1983, 771; I R 175/76 BStBl II 1980, 43, dort auch zur Zulässigkeit einer § 6 b-Rücklage beim Entstehen eines Veräußerungsgewinns). Dies ist nicht Ausdruck der überholten Bilanzbündeltheorie. Denn der Gedanke von der Personengesellschaft als Gewinnermittlungssubjekt tritt notwendigerweise bei der Veräußerung des Mitunternehmeranteils in den Hintergrund (kritisch zur Anteilsaufgabe *Schön* BB 1988, 1866).

125 **Mitunternehmeranteil** iSv § 16 Abs 1 EStG ist bei einer Personengesellschaft die Beteiligung des Gesellschafters, die seine Mitgliedschaft mit den auf ihr beruhenden Rechten und Pflichten (vgl BFH IV R 98/79 BStBl II 1981, 568). Verzichtet ein Gesellschafter in einem Einzelfall gegen Entgelt auf die Ausübung gesellschaftsrechtlicher Befugnisse, so liegt hierin keine Veräußerung eines Teils seines Mitunternehmeranteils (BFH XI R 41/88 BStBl II 1992, 335).

126 **b) Veräußerung von Mitunternehmeranteilen.** Bis VZ 2001 bestand die Möglichkeit, **Bruchteile** eines Mitunternehmeranteils (einkommen-)**steuerbegünstigt** zu veräußern, obwohl dabei nicht alle stillen Reserven aufgelöst wurden (BFH IV R 82/92 BStBl II 1995, 599; IV R 11/03 BStBl II 2004, 1068; VIII R 79/05 BStBl II 2008, 863). Hierdurch war der Mitunternehmer besser gestellt als der Einzelunternehmer. Der GrS des BFH hatte jedoch die Steuerbegünstigung für die entgeltliche Aufnahme eines Sozius in eine Einzelpraxis versagt (BFH GrS 2/98 BStBl II 2000, 123) und bereits unter C. V. 2 c des genannten Beschlusses die Steuerermäßigung bei Veräußerung von Bruchteilen bereits bestehender Mitunternehmeranteile als steuersystematisch nicht begründbar beurteilt. Abweichend hiervon war für Zwecke der GewSt nach BFH IV R 3/05 BStBl II 2007, 777 auch schon vor der Einfügung des § 16 Abs 1 Satz 2 EStG (mWv 2002) die Veräußerung eines Teilanteils nicht begünstigt (s auch BFH IV R 51/98 BStBl II 2005, 173; zur ESt s BFH IV R 7/05 BStBl II 2006, 176 sowie BFH/NV 2008, 109). Der Gesetzgeber hat der Kritik des BFH in BFH GrS 2/98 BStBl II 2000, 123 Rechnung getragen (s auch BFH IV R 51/98 aaO) und nach § 16 Abs 1 Satz 1 Nrn 2 u 3 EStG idF des **UntStFG** ab **2002** die Veräußerung einer Beteiligung an einer Personengesellschaft einkommensteuerrechtlich nur noch dann begünstigt, wenn der **gesamte** Anteil veräußert wird. Wird nur ein **Bruchteil** eines Anteils veräußert, so sind die hierbei entstehenden Gewinne als laufende Gewinne zu behandeln (§ 16 Abs 1 Satz 2 EStG; R 7.1 Abs 3 Satz 6 GewStR). In § 7 Satz 2 ist – im Gegensatz zu § 16 Abs 1 Satz 1 EStG – zwar nicht vom „gesamten" Anteil eines Mitunternehmers die Rede. Daraus kann jedoch nicht im Umkehrschluss gefolgert werden, dass die Veräußerung eines Teilanteils an einer Mitunternehmerschaft, an der natürliche Personen beteiligt sind, gewerbesteuerfrei ist (zweifelnd *Behrens/Schmitt* BB 2002, 860). Die Steuerfreiheit der Veräußerung eines Teilanteils kann nicht aus dem Objektsteuercharakter der GewSt (§ 1 Rn 14) abgeleitet werden, da es in diesem Fall nicht zu einer Beendi-

Veräußerung, Aufgabe von Gesellschaftsanteilen (Satz 2) **§ 7**

gung der Mitunternehmerstellung kommt. Leistet ein Neugesellschafter beim Eintritt in eine bestehende Personengesellschaft eine Zuzahlung an die Altgesellschafter, so handelt es sich um eine grds gewstpflichtige Teilanteilsveräußerung (s *Schmidt/Wacker* § 16 Rn 563). Bei unentgeltlicher Übertragung können die nachteiligen Folgen vermieden werden (§ 6 Abs 3 Satz 1 Hs 2 2. Alt EStG), so dass die steuerneutrale Unternehmensnachfolge innerhalb der Familie weiter möglich ist. Zur Übertragung von Mitunternehmeranteilen mit Sonderbetriebsvermögen s BFH IV R 52/08 BStBl II 2011, 261.

In **§ 7 Satz 2,** der durch das **UntStFG** v 20.12.2001 (BGBl I 2001, 3858) mWv **127** EZ 2002 eingefügt wurde, ist die GewStPfl von Veräußerungs- und Aufgabevorgängen bei Mitunternehmerschaften geregelt, soweit der Gewinn nicht auf eine natürliche Person als unmittelbar beteiligter Mitunternehmer entfällt. Die Vorschrift ist **verfassungskonform** sowohl in gleichheitsrechtlicher Hinsicht als auch im Hinblick auf die Rückwirkungsproblematik (BFH IV R 29/07 BStBl II 2011, 511 Vb 1 BvR 1236/11). Problematisch sind allenfalls Veräußerungen vor dem 1.1.2002 bei Gesellschaften mit abweichendem Wirtschaftsjahr (*Oelmaier* HFR 2011, 47). Aus der Vorschrift lässt sich herleiten, dass die nicht von Satz 2 erfassten Veräußerungs- und Aufgabevorgänge iSv § 16 EStG grds gewerbesteuerfrei sein sollen. Die GewStFreiheit derartiger Vorgänge beruht somit nicht mehr auf dem übergeordneten Gesichtspunkt „Objektsteuercharakter" (s hierzu § 1 Rn 14), sondern auch auf positivem Recht. Die Regelung des § 7 Satz 2 soll nach den Vorstellungen des Gesetzgebers verhindern, dass eine Kapitalgesellschaft Wirtschaftsgüter auf eine Mitunternehmerschaft, an der sie beteiligt ist, ohne Aufdeckung stiller Reserven nach § 6 Abs 5 Satz 3 EStG überträgt (BTDrs 14/6882, 41; s BFH IV R 54/10 BStBl II 2012, 927). Die unterschiedliche Behandlung von Personengesellschaften und Kapitalgesellschaften verstößt nicht gegen den Gleichheitssatz des GG, ebensowenig die Unterscheidung nach einer unmittelbaren oder nur mittelbaren Beteiligung natürlicher Personen (BFH IV R 29/07 aaO).

Nach § 7 Satz 2 ist gewstpfl der Gewinn aus der Veräußerung oder Aufgabe **128** (Nr 1) des Betriebs oder eines Teilbetriebs einer Mitunternehmerschaft, (Nr 2) des Anteils eines Gesellschafters, der als Unternehmer (Mitunternehmer) des Betriebs einer Mitunternehmerschaft anzusehen ist und (Nr 3) des Anteils eines persönlich haftenden Gesellschafters einer KGaA, soweit (Nrn 1–3) der Gewinn nicht auf eine natürliche Person als unmittelbar beteiligter Mitunternehmer entfällt. Der Geltungsbereich der Regelung erfasst somit zum einen Mitunternehmerschaften, an denen (auch) juristische Personen beteiligt sind. Zum anderen betrifft sie nur mittelbare Beteiligung natürlicher Personen. Der auf solche Beteiligte entfallende Veräußerungs-/Aufgabegewinn ist gewstpfl; bis EZ 2001 war er gewstfrei gewesen, weil der Betrieb der – gewerbesteuerlich verselbstständigten – Personengesellschaft die „Quelle" des Veräußerungsgewinns ist (BFH I R 89/95 BStBl II 1997, 224). Der Gewinn entsteht somit auf der **Ebene der Mitunternehmerschaft,** deren Anteile veräußert werden (glA *Bonertz* DStR 2002, 795; *Kleymann/Hindermann* BB 2006, 2104 zu mehrstöckigen Personenhandelsgesellschaften; aA *Günkel/Levedag* FR 2004, 261; s auch *Schmidt/Hageböke* DB 2003, 790 sowie FG Münster 13 K 3102/05 G EFG 2008, 59, aufgeh v BFH X R 39/07 BFH/NV 2012, 16), auch bei Anwendung des § 18 Abs 4 UmwStG (*OFD Koblenz* DStR 2005, 194). Dies gilt auch für den Fall der Veräußerung von **Anteilen an einer Obergesellschaft,** die Anteile an einer Untergesellschaft hält (*Schmidt/Hageböke* aaO; *Suchanek* GmbH 2007, 248). Es handelt sich um einen einheitlichen Veräußerungsvorgang, nämlich um die Veräußerung von Anteilen an der Obergesellschaft, nicht auch zugleich um einen auf die Untergesellschaft bezogenen Veräußerungsvorgang; eine anteilige Zuordnung des Veräußerungsgewinns zur Untergesellschaft ist gewstpfl, als er auf stille Reserven bei der Untergesellschaft entfällt, scheidet daher aus (vgl BFH I R 79/06 BFH/NV 2008, 729; R 7.1 Abs 3 Satz 5 GewStR; aA *Schmidt/Wacker* § 16 Rn 407 sowie

Lenski/Steinberg § 7 Rn 324a). Die Veräußerung von **Anteilen an einer Untergesellschaft** ist nicht nach § 7 Satz 2 Nr 2 steuerfrei, weil es sich nicht um eine unmittelbare Beteiligung handelt (FG Bremen 2 K 94/09 DStRE 2011, 749, Rev IV R 39/10). Die Vorschrift des § 15 Abs 1 Nr 2 Satz 2 EStG, wonach der mittelbar über eine oder mehrere Personengesellschaften beteiligte Mitunternehmer dem unmittelbar beteiligten gleichsteht, ist insoweit nicht anwendbar (vgl BTDrs 14/7344). Nach Ansicht des Gesetzgebers war eine Entlastung mittelbar beteiligter natürlicher Personen wegen der Möglichkeit der GewSt-Anrechnung des § 35 EStG nicht notwendig (BTDrs 14/7344, 12). Eine nur mittelbare Beteiligung liegt auch dann vor, wenn die Beteiligung durch eine vermögensverwaltende Personengesellschaft vermittelt wird (FG Bremen 2 K 94/09 aaO). Hält die Personengesellschaft, deren Anteile veräußert werden, Anteile an einer Kapitalgesellschaft, so kommt § 3 Nr 40 Buchst b EStG zur Anwendung (BFH IV R 29/07 BStBl II 2011, 511). Sofern die Mitunternehmerschaft wegen der Beteiligung einer Kapitalgesellschaft GewSt aus der Veräußerung eines Mitunternehmeranteils entrichten muss, kommt ein interner Ausgleich gegenüber den Gesellschaftern (natürliche Personen) in Betracht, die die GewSt nicht ausgelöst haben (s *Stollenwerk/Scherff* GmbH-StB 2005, 45; *Scheifele* DStR 2006, 253; *Bormann* in FS Spiegelberger 2009, 22; *Kutt/Möllmann* DB 2010, 1662). Zu den Auswirkungen der Nichtabziehbarkeit der GewSt nach § 4 Abs 5 b EStG bei der Veräußerung von Miteigentumsanteilen s *Behrendt/Arjes/Jeziorski* BB 2008, 1993. War eine Veräußerung vor Einfügung des § 7 Satz 2 auf der Ebene der Untergesellschaft steuerfrei, so konnte sich gleichwohl auf der Ebene der Obergesellschaft ein steuerpflichtiger Gewinn ergeben, der auf die Veräußerung von mehreren am Grundstücksmarkt tätigen Personengesellschaften zurückzuführen war (BFH IV R 81/06 BStBl II 2010, 974). Von § 7 Satz 2 werden auch **Verluste** erfasst, wie sich aus der Bezugnahme in § 7 Satz 1 auf die Vorschriften über die Gewinnermittlung ergibt (ebenso *Blümich/Drüen* § 7 GewStG Rn 129; *Behrens* BB 2002, 860).

129 Die Erwähnung des Anteils des persönlich haftenden Gesellschafters einer **Kommanditgesellschaft auf Aktien** in § 7 Satz 2 Nr 3 ist von Bedeutung, wenn eine Kapitalgesellschaft persönlich haftende Gesellschafterin ist (s BGH NJW 1997, 1923) und ihren Anteil verkauft oder aufgibt. Die KGaA und ihr persönlich haftender Gesellschafter stehen sich gewerbesteuerlich als selbstständige Steuersubjekte gegenüber (BFH X R 6/05 BStBl II 2008, 363).

130–132 *(frei)*

133 c) **Aufgabe eines Mitunternehmeranteils.** Entsprechend § 16 Abs 3 EStG ist sie zB dann gegeben, wenn ein Gesellschafter seinen Anteil veräußert und damit sein vorhandenes bisheriges Sonderbetriebsvermögen mit den darin ruhenden stillen Reserven den betrieblichen Bezug verliert. Die Rechtsprechung wertet diesen Vorgang nicht als Kombination einer Anteilsveräußerung und einer Entnahme, sondern als Aufgabe (krit *Gebel* DStR 1996, 1880). Sie wird damit der Vorstellung gerecht, dass im Falle der Veräußerung eines Betriebs oder einer mitunternehmerischen Erwerbsgrundlage der Übergang aller wesentlichen Grundlagen auf einen Erwerber vorausgesetzt wird. Daran fehlt es aber bei der Zurückbehaltung von wesentlichen Sonderbetriebsvermögen bei einer Anteilsveräußerung/-übertragung (§ 34 EStG ist anwendbar, BFH VIII B 21/93 BStBl II 1995, 890). GewStPfl scheidet in jedem Fall aus, sofern der Aufgabegewinn auf eine unmittelbar beteiligte natürliche Person entfällt (§ 7 Satz 2).

134 d) **Auswirkung auf den Gewerbeertrag.** Der gewstpfl laufende Gewinn der fortbestehenden Personengesellschaft wird von der Anteilsveräußerung oder -aufgabe zunächst dadurch berührt, dass das Kapitalkonto des betreffenden Gesellschafters auf den Tag seines Ausscheidens fortzuentwickeln ist (§ 16 Abs 2 Satz 2 EStG). Wächst der Anteil den übrigen Beteiligten an, so ist über mögliche Anschaffungskos-

Veräußerung, Aufgabe von Gesellschaftsanteilen (Satz 2) § 7

ten oder einen den Gewerbeertrag vermindernden Verlust aus der Abfindung lästiger Gesellschafter bzw durch die unentgeltliche Übernahme eines negativen Kapitalkontos zu befinden. Gewerbesteuerfrei ist der bei einer Sonderrechtsnachfolge in den Mitunternehmeranteil beim Erblasser entstehende Gewinn aus der Entnahme des Sonderbetriebsvermögens (BFH VIII R 51/98 BStBl II 2000, 316). Dieses Ergebnis entspricht dem vom BFH entwickelten Grundsatz, dass die unentgeltliche Übertragung eines Gesellschaftsanteils zwar nur zu einem partiellen Unternehmerwechsel führt, dieser aber wie ein vollständiger Unternehmerwechsel zu behandeln ist (BFH GrS 3/92 BStBl II 1993, 616). Betriebliche Veräußerungsrenten (Rn 86) sind auch bei der Anteilsveräußerung möglich. Sie werden nach § 8 Nr 1 Buchst b dem Gewerbeertrag hinzugerechnet. Betriebliche Versorgungsrenten zählen ebenfalls zum Gewerbeertrag der Gesellschaft (§ 15 Abs 1 Satz 2 EStG; *Schmidt/Wacker* § 15 Rn 572; BFH VIII B 111/93 BStBl II 1994, 455). Gewstfrei ist der Gewinn aus der Anteilsveräußerung ab **EZ 2002** nur noch dann, wenn er auf eine **unmittelbar** beteiligte natürliche Person entfällt (§ 7 Satz 2). Daher ist die Veräußerung des Anteils an einer Untergesellschaft durch eine Obergesellschaft, an der ausschließlich natürliche Personen beteiligt sind, gewstpfl. Eine Entlastung der **mittelbar** beteiligten natürlichen Person erfolgt lediglich über § 35 EStG (Anrechnung der GewSt).

e) Handelsrechtlicher Vorgang. Das Ausscheiden eines Gesellschafters kann 135 sich in unterschiedlicher Weise vollziehen, und zwar in der Form des Gesellschafterwechsels, der Übertragung des Anteils auf einen der bisherigen Gesellschafter, im Ausscheiden eines Gesellschafters mit der Folge des Anwachsens seiner Beteiligung bei den übrigen, im Ausscheiden eines Gesellschafters aus einer zweigliedrigen Gesellschaft mit Übernahme des Geschäfts durch den verbleibenden Gesellschafter und in der unentgeltlichen Übertragung von Gesellschaftsanteilen im Wege der Erbfolge oder der vorweggenommenen Erbfolge (vgl zu den Modalitäten des Gesellschafterwechsels auch BFH II R 146/81 BStBl II 1984, 594). Zur Veräußerung auf den 1. 1. s BFH IV R 107/92 BStBl II 1993, 666.

Beim entgeltlichen Ausscheiden erhält der Ausscheidende für die Aufgabe oder Veräußerung seiner Beteiligung einen Gegenwert, der bei der entgeltlichen Übertragung des Gesellschaftsanteils auf einen Dritten im Veräußerungspreis oder im Abfindungsfall in dem Auseinandersetzungsguthaben besteht.

Eine Personengesellschaft ist nach den Grundsätzen ordnungsmäßiger Buchfüh- 136 rung nicht verpflichtet, auf den Stichtag des Gesellschafterwechsels (nicht: Übernahme durch den Verbleibenden bei zweigliedriger Personengesellschaft) eine **Zwischenbilanz** zu erstellen. Eine solche Verpflichtung besteht für steuerliche Zwecke insb nicht ohne Weiteres zur Ermittlung des Abfindungsguthabens (Abschichtungsbilanz) oder zur Bestimmung des nach § 16 Abs 2 Satz 2 EStG für den Veräußerungsgewinn anzusetzenden Anteils des Ausscheidenden am Betriebsvermögen. Herrscht zwischen den Beteiligten Unklarheit, mag es zwar zur Aufstellung einer solchen Abschichtungsbilanz kommen. Für die Besteuerung genügt aber die schätzungsweise erfolgte Ermittlung des Werts der veräußerten Beteiligung und des bis zum Stichtag anfallenden Gewinns des Ausscheidenden (BFH IV R 209/80 BStBl II 1984, 53; VIII R 128/84 BStBl II 1993, 594).

f) Steuerrechtliche Wertung des handelsrechtlichen Vorgangs. Unabhän- 137 gig von der Art des Gesellschafterwechsels (Anwachsung bei den verbleibenden Gesellschaftern gem § 738 BGB oder gestattete – § 719 BGB – Veräußerung eines Anteils an einen Dritten) gilt der Vorgang beim **Ausscheidenden** als Veräußerung oder Aufgabe eines Mitunternehmeranteils, die nach § 34 EStG steuerbegünstigt ist, wenn alle stillen Reserven – auch die des Sonderbetriebsvermögens – aufgelöst werden. Eine Gesellschafter für den Fall seines Ausscheidens zugesagte Rente wird bei todesbedingtem Ausscheiden auch dann dem Veräußerungsgewinn des Gesellschafters zugerechnet, wenn die Rente als Vermächtnis einem Nichterben

Selder 483

§ 7 Gewerbeertrag

zukommt (BFH IV R 66/92 BStBl II 1994, 227). Für die **Übernehmer** des Gesellschaftsanteils bedeuten diese Vorgänge entgeltliche Anschaffungsgeschäfte, unabhängig davon, ob sie als Käufer einen Kaufpreis oder als verbleibende Gesellschafter eine Abfindung leisten und ihnen die Beteiligung kraft Gesetzes anwächst (vgl zur Beurteilung als Anschaffungsgeschäft BFH IV R 107/89 BStBl II 1992, 510).

138 g) **Anschaffungsgegenstand.** Dies sind idR die Anteile des Ausgeschiedenen an den einzelnen Wirtschaftsgütern des Gesellschaftsvermögens (§ 39 Abs 2 Nr 2 AO). Dies gilt auch dann, wenn zB bei der Abfindungsleistung durch die Gesellschaft diese als Anspruchsgegner in den Zahlungsvorgang eingeschaltet ist. Dieses Ergebnis folgt aus dem Grundsatz, dass Aufwendungen für die Beteiligung an einer Personengesellschaft als solche einkommensteuerrechtlich nicht in Erscheinung treten (vgl auch BFH I R 171/75 BStBl II 1977, 259; bestätigt durch GrS 4/82 BStBl II 1984, 751 unter C III 3 b bb 3). Für den wirtschaftlich damit vergleichbaren Anteilserwerb durch **Dritte** kann nichts anderes gelten. Der Dritte hat ebenfalls – steuerrechtlich in einer Ergänzungsbilanz anzusetzende – Anschaffungskosten für die dem Veräußerer bisher zustehenden Anteile an den einzelnen Wirtschaftsgütern.

139 h) **Entgelt übersteigt Kapitalkonto.** Wendet der Erwerber (im Abfindungsfall die verbleibenden Gesellschafter) Beträge auf, die das Kapitalkonto des Ausgeschiedenen übersteigen, so liegen idR aktivierungspflichtige **Anschaffungskosten** vor. Es besteht die widerlegbare **Vermutung** dafür, dass die bilanzierten materiellen und immateriellen Wirtschaftsgüter des Gesellschaftsvermögens stille Reserven enthalten (BFH IV R 40/92 BStBl II 1994, 224) oder bisher nicht bilanzierte immaterielle Einzelwirtschaftsgüter oder ein originärer Geschäftswert vorhanden sind und der den Buchwert übersteigende Teil Entgelt auch für die genannten nicht bilanzierten Werte ist (vgl BFH I R 204/81 BStBl II 1985, 15; IV R 79/82 BStBl II 1984, 584). Der Anteilserwerber hat die entsprechenden Aufwendungen in einer Ergänzungsbilanz, angeschafftes Sonderbetriebsvermögen in einer Sonderbilanz zu aktivieren (vgl Rn 187, 188). Wächst der Anteil sämtlichen verbleibenden Gesellschaftern an, so sind die Anschaffungskosten in der Steuerbilanz der Gesellschaft zu aktivieren.

Ehe eine derartige Zuordnung des Abfindungsbetrages oder Kaufpreises zu den Betriebsvermögensanteilen erfolgen kann, sind die dem Ausscheidenden zustehenden Gewinnanteile und sonstige nicht von der Abschichtungsbilanz erfassten Vorgänge (auch der Gewinn aus schwebenden Geschäften, § 740 BGB) aus dem Abfindungsbetrag auszuscheiden. Zur Abgrenzung des laufenden gewerbesteuerpflichtigen Gewinns vom Veräußerungsgewinn ist zunächst das Kapitalkonto des Ausgeschiedenen mit Rücksicht auf seine bis dahin bestehende Gewinnbeteiligung auf den Zeitpunkt seines Ausscheidens fortzuentwickeln.

140 Ausnahmsweise können in den das Kapitalkonto des Ausgeschiedenen übersteigenden Abfindungsbeträgen sofort abziehbare Betriebsausgaben liegen, wenn es sich um sog Zahlungen an einen **„lästigen" Gesellschafter** handelt. Zur Abgrenzung s BFH IV R 107/88 BFH/NV 1990, 496. Die Abfindung des „Lästigen" bedeutet eine Minderung des Gewerbeertrags bei der verbleibenden Mitunternehmerschaft.

141 **Veräußerungsgewinn.** Korrespondierend mit den vorstehend erläuterten Anschaffungsvorgängen bei den verbleibenden Gesellschaftern oder dem Erwerber realisiert der **Ausscheidende** seinen Gewinn nach § 16 Abs 1 Satz 1 Nr 2 EStG (zum Zeitpunkt der Anteilsübertragung bzw des Ausscheidens aus der Gesellschaft s BFH VIII R 7/90 BStBl II 1993, 228). Mit der Übertragung des Gesellschaftsanteils entfällt idR auch die Möglichkeit, Sonderbetriebsvermögen zu halten. Deshalb muss auch insoweit eine Gewinnrealisierung eintreten (Aufgabe des Mitunternehmeranteils).

142 i) **Besonderheiten beim negativen Kapitalkonto.** Ist das Konto deshalb negativ geworden, weil über das Beteiligungskonto auch **Entnahmen** gebucht worden

Veräußerung, Aufgabe von Gesellschaftsanteilen (Satz 2) § 7

sind, so besteht idR Rückzahlungspflicht. Wird darauf verzichtet, so ist dies sowohl beim persönlich als auch beim beschränkt haftenden Gesellschafter zusätzliches Entgelt für den Gesellschaftsanteil (Aufdeckung anteiliger stiller Reserven). Bei der Veräußerung des Mitunternehmeranteils durch einen Kommanditisten ist auch der Teil des nicht durch Einlagen oder Gewinne ausgeglichenen negativen Kapitalkontos zu versteuern, der auf nicht abziehbare Betriebsausgaben zurückzuführen ist (BFH IV R 17/07 BStBl II 2010, 631). Zu Einzelheiten s *Schmidt/Wacker* § 16 Rn 469 f.

Persönlich haftender Gesellschafter. Leistet ein persönlich haftender Gesell- 143 schafter bei seinem Ausscheiden für sein infolge Verlustzuweisung negatives Kapitalkonto **keine (vollständige) Ausgleichzahlung,** so beläuft sich idR (Ausnahme Rechtsnachfolge) auf diesen Betrag sein Anteil an den stillen Reserven. Die verbleibenden Gesellschafter haben seine Nachschusspflicht insoweit verrechnet. Der Betrag des negativen Kapitalkontos erhöht den Veräußerungsgewinn.

Auf der Seite des **Erwerbers** oder bei **den verbleibenden Gesellschaftern** 144 entstehen auch in Höhe des negativen Kapitalkontos Anschaffungskosten, die bei den Wirtschaftsgütern und stillen Reserven oder dem Geschäftswert zu aktivieren sind (Erwerber: Ergänzungsbilanz).

Wird das **negative Kapitalkonto dagegen vom Ausscheidenden ausgegli-** 145 **chen**, so ist dieser Vorgang für alle Beteiligten (Ausscheidender/Personengesellschaft) als bloße Zahlung gewinnneutral, weil sich die dem negativen Betrag zugrunde liegenden Geschäftsvorfälle bereits steuerlich ausgewirkt und zu betrieblichen Schulden geführt haben.

Scheidet ein Gesellschafter mit negativem Kapitalkonto aus einer OHG aus und 146 wird er von den übrigen Gesellschaftern **ohne Gegenleistung** im Innenverhältnis von den Verbindlichkeiten der Gesellschaft **freigestellt,** so erzielt er zunächst im Zeitpunkt seines Ausscheidens einen Gewinn in Höhe des Minusbetrages, es sei denn, er muss wegen der schlechten wirtschaftlichen Lage mit einer Inanspruchnahme durch Gläubiger rechnen (BFH IV B 22/97 BFH/NV 1998, 1484; IV B 94/09 BFH/NV 2010, 1272). Ist dies nicht der Fall und fällt deshalb zunächst Gewinn an, wird aber der Gesellschafter nachträglich doch in Anspruch genommen, ist die Gewinnfeststellung für das Jahr des Ausscheidens zu ändern, soweit keine Ausgleichsforderung gegen die Gesellschaft oder andere Gesellschafter besteht oder diese uneinbringlich ist (BFH GrS 1/92 BStBl II 1993, 894). Die Gewerbesteuerschuld der Gesellschaft wird hiervon nicht berührt.

Im Rahmen der **Liquidation** wird ein ggf vorhandener Liquidationsgewinn aus 147 dem Vergleich der letzten Jahresbilanz mit der Liquidationsschlussbilanz (Auflösung der stillen Reserven) ermittelt und entsprechend dem Gewinnschlüssel auch zur Deckung des negativen Kapitalkontos bei Kommanditisten verrechnet. Verbleibt ein negatives Kapitalkonto (maßgeblich ist die Steuerbilanz der KG, BFH IV R 63/83 BStBl II 1986, 58), so entsteht durch seinen Wegfall (§ 167 Abs 3 HGB) ein steuerbegünstigter Gewinn iSv § 16 EStG, der die Folge der steuerlichen Anerkennung des negativen Kapitalkontos eines Kommanditisten ist. Daneben kann sich bei Uneinbringlichkeit von Darlehens- oder Arbeitslohnforderungen gegenüber der Gesellschaft ein Verlust im Sonderbetriebsvermögen des Kommanditisten ergeben (BFH IV R 63/83 aaO). Diese **Aufgabegewinne** unterliegen **nicht** der Gewerbesteuer.

Der Vorgang ist für die **übrigen Gesellschafter** keine nachträgliche Anschaf- 148 fung. Diese übernehmen den Betrag nicht, sondern tragen den sich aus der Liquidationsschlussbilanz insoweit ergebenden Verlust wegen § 167 Abs 3 HGB.

Für den **beschränkt haftenden Gesellschafter** entsteht – unabhängig von vor- 149 handenen stillen Reserven – durch den Wegfall seines negativen Kapitalkontos im **Ausscheiden** ein Gewinn iSv § 16 EStG (§ 52 Abs 33 Satz 3 EStG). Bestehen stille Reserven oder ein Geschäftswert, so wächst den **verbleibenden Gesellschaftern** der Anteil des ausgeschiedenen Gesellschafters an diesen stillen Reserven oder dem

Selder

Geschäftswert an. Die Übernahme des negativen Kapitalkontos muss bei diesen als Anschaffungsvorgang gewertet werden (BFH IV R 47/78 BStBl II 1981, 795), was zu entsprechenden Anschaffungskosten führt.

150 Soweit feststeht, dass auf den Ausscheidenden kein Anteil an den stillen Reserven und kein anteiliger Geschäftswert entfällt, erleiden die **übernehmenden Gesellschafter** keinen sofortigen Verlust. Vielmehr ist der erforderliche Ausgleich bei diesen durch Aktivierung eines Korrekturpostens in einer Ergänzungsbilanz herzustellen, der mit auf den übernommenen KG-Anteil entfallenden künftigen Gewinnanteilen zu verrechnen ist (BFH IV R 70/92 BStBl II 1994, 745). Scheidet ein Kommanditist ohne Abfindung aus und geht sein negatives Kapitalkonto durch Anwachsung auf die verbleibenden Gesellschafter über, sind die dem Ausgeschiedenen bisher zugerechneten **Verlustanteile** (soweit sie ausgleichbar waren, aber mit Gewinnen noch nicht ausgeglichen wurden) den verbleibenden Gesellschaftern zuzurechnen (BFH IV R 70/92 aaO; *Schmidt/Wacker* § 16 Rn 501). Die Verlustanteile mindern den **Gewerbeertrag** der Gesellschaft.

151 Wenn ein **Kommanditist** seinen Kommanditanteil während eines Wirtschaftsjahres oder zum Ende eines Wirtschaftsjahres **entgeltlich veräußert**, so ist ihm sein vertraglicher Anteil an dem Verlust – gewerbeertragswirksam – zuzurechnen, den die KG vom Beginn des Wirtschaftsjahres **bis zum Zeitpunkt der Veräußerung** erwirtschaftet hat, mit der Folge der Erhöhung des negativen Kapitalkontos. Voraussetzung ist, dass der Erwerber dieses negative Kapitalkonto übernimmt. Durch die Veräußerung erzielt der Kommanditist einen **Veräußerungsgewinn** iSv § 16 Abs 1 Satz 1 Nr 2 und Abs 2 EStG nach dem Kapitalkontostand im Zeitpunkt der Veräußerung zuzüglich eines evtl weiteren Barentgelts und abzüglich der Veräußerungskosten.

152 Beim **Erwerber** führen die Übernahme des negativen Kapitalkontos und eine etwaige weitere Barzahlung zu Anschaffungskosten für die Anteile des Ausgeschiedenen an den entsprechenden Wirtschaftsgütern des Gesellschaftsvermögens (BFH IV R 40/92 BStBl II 1994, 224). Die Mehranschaffungskosten sind entsprechend der prozentualen Beteiligung des Erwerbers am Gesellschaftsvermögen in einer Ergänzungsbilanz auf die einzelnen Wirtschaftsgüter, soweit diese stille Reserven enthalten, und einen Geschäftswert zu verteilen. Soweit stille Reserven oder ein Firmenwert nicht vorhanden sind, ist in der Ergänzungsbilanz ein aktiver Korrekturposten zu führen, der gewinnmindernd gegen spätere Gewinnanteile aufzulösen ist (BFH IV R 70/92 BStBl II 1994, 745) oder ein „Merkposten" außerhalb der Bilanz zu bilden, um sicherzustellen, dass künftige Gewinnanteile, die der Ausscheidende bereits nachversteuert hat, nicht nochmals versteuert werden (BFH VIII R 37/93 BStBl II 1995, 246; *Gschwendtner* DStR 1995, 914).

153 **j) Entgelt unterschreitet positives Kapitalkonto.** Wenn die Abfindung oder der Kaufpreis das positive Kapitalkonto des ausgeschiedenen Gesellschafters unterschreitet, gilt Folgendes: Wird der **Ausscheidende** mit einem Betrag abgefunden, der unter dem Buchwert seines Kapitalkontos liegt, und scheidet eine Schenkung aus, so entsteht bei ihm ein gewerbesteuerlich wirkungsloser Verlust (BFH VIII R 36/93 BStBl II 1995, 770). Zum Verlustentstehungszeitpunkt s BFH VIII R 128/84 BStBl II 1993, 594. Für die oder den **Erwerber** gilt der Bewertungszwang nach § 6 EStG (Anschaffungskosten). Dies bedeutet, die Buchwerte der im Gesellschaftsvermögen enthaltenen Wirtschaftsgüter sind abzustocken, und zwar im Abfindungsfall in der Steuerbilanz der Gesellschaft und im Veräußerungsfall in der Ergänzungsbilanz des anteilserwerbenden Neugesellschafters. Ebenso, wenn das Kapitalkonto des ausgeschiedenen Gesellschafters erst durch Mehrgewinne nach Bp positiv wird und dieser keinen Ausgleich erlangt (BFH IV R 90/94 BStBl II 1997, 241). Keine Abstockung bei nach dem Nominalwert zu bewertenden Wirtschaftsgütern wie Bar- und Buchgeld (BFH IV R 77/93 BStBl II 1998, 180). Da ein Gesamtkauf-

preis für die gesamten Anteile des Ausgeschiedenen an den Wirtschaftsgütern des Betriebsvermögens vorliegt, muss dieser nach den wahren Wertrelationen der Wirtschaftsgüter aufgeteilt und als Anschaffungskosten angesetzt werden.
(frei) 154

7. Sachwertabfindung

a) Abfindung mit privaten Sachwerten. Erhält der Ausscheidende von dem 155 Erwerber oder den verbleibenden Gesellschaftern statt Geld **private Sachwerte,** so sind die stillen Reserven (einschließlich der des Sonderbetriebsvermögens) zu realisieren. Der Gewinn nach § 16 Abs 1 Satz 1 Nr 2 und Abs 2 EStG entsteht zu dem Zeitpunkt, zu dem die Beteiligung auf den Erwerber übergegangen ist bzw den verbleibenden Gesellschaftern die Anteile des Ausgeschiedenen angewachsen sind (BFH IV R 47/73 BStBl II 1974, 707).

b) Abfindung mit Sachwerten aus dem Betriebsvermögen in das Privat- 156 **vermögen.** Ebenso verhält es sich, wenn der Ausscheidende mit Wirtschaftsgütern aus dem Betriebsvermögen (auch Forderungen gegen Dritte, BFH IV R 75/94 BStBl II 1996, 194) der Gesellschaft abgefunden wird, diese aber bei ihm in das **Privatvermögen** gelangen. Auch dann besteht beim Ausscheidenden keine Möglichkeit zur Vermeidung eines Gewinns aus der Veräußerung seines Mitunternehmeranteils. Bei den verbleibenden Gesellschaftern liegt ein Veräußerungs- und ein Anschaffungsgeschäft vor. In Höhe ihres Anteils an den stillen Reserven des Abfindungsguts erzielen die verbleibenden Gesellschafter einen laufenden Gewinn (BFH VIII R 40/84 BStBl II 1990, 561; IV B 95/05 BFH/NV 2006, 2246), der gewstpfl ist. Gleichzeitig liegt eine Anschaffung von Anteilen des Ausgeschiedenen an den Wirtschaftsgütern des Betriebsvermögens mit der Folge der Buchwertaufstockung vor. Der Ausscheidende erzielt einen steuerbegünstigten Veräußerungsgewinn nach § 16 Abs 2 EStG, der sich aus der Gegenüberstellung des Abfindungsguthabens (empfangener Sachwert) mit dem Kapitalkonto ergibt; vgl Beispiel bei *Schmidt/Wacker* § 16 Rn 521.

c) Sachwertabfindung in das Betriebsvermögen des Ausscheidenden. 157 Erhält ein ausscheidender Gesellschafter **nach dem 31.12.2000** (§ 52 Abs 16 a EStG idF des UntStFG) **einzelne Wirtschaftsgüter,** ist die Buchwertfortführung nach § 6 Abs 5 Satz 3 EStG idF des UntStFG **zwingend** im Falle der Übertragung aus dem Gesamthandsvermögen der Mitunternehmerschaft in ein Betriebsvermögen des ausscheidenden Mitunternehmers (§ 6 Abs 5 Satz 3 Nr 1 EStG) oder aus dem Gesamthandsvermögen der Mitunternehmerschaft in das Sonderbetriebsvermögen des Mitunternehmers in einer anderen Mitunternehmerschaft, an der er beteiligt ist (§ 6 Abs 5 Satz 3 Nr 2 EStG). Ein Wahlrecht zwischen Gewinnrealisierung oder dem Ansatz von Zwischen- oder Buchwerten wie nach früherer Rechtslage ist nicht mehr möglich. Nach § 6 Abs 5 Satz 4 EStG ist rückwirkend (§ 175 Abs 1 Satz 1 Nr 2 AO) auf den Zeitpunkt der Übertragung der Teilwert anzusetzen, wenn das Wirtschaftsgut innerhalb einer Sperrfrist (3 Jahre nach Abgabe der Steuererklärung des/der Übertragenden für den VZ, in dem die Übertragung stattgefunden hat) veräußert oder entnommen wird. Die Versteuerung der stillen Reserven entfällt, wenn diese durch Erstellung einer Ergänzungsbilanz dem/den übertragenden Gesellschafter(n) zugeordnet worden sind. Zu Einzelheiten s *Rödder/Schumacher* DStR 2001, 1634; *Wendt* FR 2002, 53; *Dietel* DStR 2009, 1352; *FinSen Berlin* DB 2010, 927 zum Mandantenstamm, sowie *FinSen Berlin* DB 2012, 545. Bei einer **teilentgeltlichen** Übertragung (zB Übernahme von Verbindlichkeiten) sind stille Reserven nur dann aufzudecken, wenn und soweit die Gegenleistung den Buchwert übersteigt (BFH IV R 1/08 DStR 2012, 1500, Aufgabe der sog Trennungstheorie).
(frei) **158, 159**

III. Die Besteuerung der Mitunternehmerschaft

1. Mitunternehmerschaft

160 **a) Rechtsgrundlage.** Die zentrale Vorschrift für das steuerrechtliche Merkmal der Mitunternehmerschaft ist **§ 15 Abs 1 Satz 1 Nr 2 EStG**. Der Gesetzgeber regelt an dieser Stelle zwar nur die gewerblichen mitunternehmerischen Einkünfte. Dessen ungeachtet lässt die Verweisung auf § 15 Abs 1 Satz 1 Nr 2 EStG bei den Einkünften aus selbstständiger Arbeit (§ 18 Abs 4 EStG) und den land- und forstwirtschaftlichen Einkünften (§ 13 Abs 7 EStG) erkennen, dass auch dort die Mitunternehmerschaft eine vom Gesetz in Betracht gezogene Form der Einkünfteerzielung darstellt. Bei den übrigen Einkunftsarten des § 2 Nr 4–7 EStG (nichtselbstständige Arbeit, Kapitalvermögen, Vermietung und Verpachtung sowie sonstige Einkünfte) taucht diese Vorstellung nicht auf. Denn bei diesen Einkünften lässt sich zumeist schon aus bürgerlich-rechtlichen Vorgängen mit ihrem wirtschaftlichen Gehalt, wie zB dem Abschluss von Mietverträgen oder der Begründung von Arbeitsverhältnissen, hinreichend auf die Art und Zurechnung der Einkünfte schließen.

161 **b) Mitunternehmereigenschaft.** Sie leitet sich von den im Einzelfall gegebenen tatsächlichen wirtschaftlichen Verhältnissen ab. Nach der zur ESt entwickelten, aber auch auf die GewSt anzuwendenden (BFH VIII R 51/92 BFH/NV 1994, 551) Rechtsprechung kann Mitunternehmer nur sein, wer zusammen mit anderen an einer Personengesellschaft (Außen- oder Innengesellschaft) oder an einem ihr wirtschaftlich vergleichbaren Gemeinschaftsverhältnis beteiligt ist. Deshalb können auch Bruchteilsgemeinschaften und Gesamthandsgemeinschaften wie Erbengemeinschaft und Gütergemeinschaft zu einer mitunternehmerischen Tätigkeit führen (BFH GrS 4/82 BStBl II 1984, 751 unter C V 3 b bb; IV R 42/79 BStBl II 1981, 63; IV R 130/90 BStBl II 1993, 574). Auch ausländische Gesellschaften kommen in Betracht, wenn ihre Struktur der Organisationsform einer deutschen Personengesellschaft ähnlich ist (BFH I R 134/84 BStBl II 1988, 588). Aus § 20 Abs 1 Nr 4 EStG ergibt sich, dass auch Darlehensgeber im Einzelfall als Mitunternehmer gewertet werden können. In einem derartigen Fall muss jedoch eine gemeinsame wirtschaftliche Betätigung vorliegen, die zB der einer atypischen stillen Gesellschaft entspricht. Nach BFH GrS 4/82 aaO (unter C V 3 b) wird bei Vorliegen der für die Mitunternehmerschaft kennzeichnenden Merkmale idR zumindest auch eine Innengesellschaft anzunehmen sein, die nicht als Gesellschaft nach außen auftritt. Folgt man dem, so ist die „faktische" Mitunternehmerschaft dadurch gekennzeichnet, dass die betreffenden Gebilde einer BGB-Gesellschaft wirtschaftlich vergleichbar sind. Die **verdeckte Innengesellschaft** setzt den konkludenten Abschluss eines Gesellschaftsvertrages voraus (erkennbarer Rechtsfolgewille BFH VIII R 259/84 BStBl II 1987, 766; VIII R 12/94 BStBl II 1997, 272; s auch *Fischer* FR 1998, 813). Die funktionierende gemeinsame wirtschaftliche Betätigung erlaubt noch nicht den Rückschluss auf das Vorhandensein eines Gesellschaftsvertrages (BFH VIII R 2/03 BFH/NV 2003, 1564), kann allerdings ein Indiz sein. Die Grundsätze über die Anerkennung von Verträgen zwischen nahen Angehörigen sind auf verdeckte Gesellschaftsverhältnisse nur eingeschränkt anwendbar, weil sie für Verträge gelten, die nahe Angehörige nach außen hin abschließen (BFH IV R 94/96 BFH/NV 1999, 295). Die Rechtsgrundsätze über fehlerhafte Gesellschaften sind anzuwenden (BFH VIII B 62/9 BFH/NV 1998, 1339; IV R 100/06 BFH/NV 2010, 2056). Zur etwaigen Mitunternehmerschaft bei Arbeitsgemeinschaften s *Barth* StBP 1994, 153; *BMF* BStBl I 1998, 251.

162 Ob unter Berücksichtigung dieser Grundsätze – wie noch in der Entscheidung in BFH IV R 97/74 BStBl II 1976, 332 bejaht – auch **Geschäftsführer** oder **Darlehensgläubiger** der Gesellschaft im Einzelfall eine Mitunternehmerstellung

Mitunternehmerschaft § 7

innehaben können, ist zweifelhaft. BFH VIII R 362/83 BStBl II 1989, 705 und VIII R 12/94 BStBl II 1997, 272 verneinen dies und stellen offensichtlich darauf ab, ob der Rechtsfolgewille der Beteiligten auf ein Austauschverhältnis oder – offen oder verdeckt – auf den Abschluss eines Gesellschaftsvertrages gerichtet war, dh auf die Verfolgung eines gemeinsamen Zwecks. BFH IV R 65/94 BStBl II 1996, 66 bejaht diese Frage aus dem tatsächlichen Gesamtbild, u.a. wegen unangemessen hoher Gewinnbeteiligung. Letztlich ist entscheidend, ob der präsumtive Mitunternehmer bei einer Gesamtbetrachtung einen Gewinnanteil oder ein Entgelt erhalten soll (s auch BFH II R 26/07 BStBl II 2009, 602). Die Mitunternehmerschaft der Gesellschafter-Geschäftsführer einer Komplementär-GmbH für die KG wird idR verneint (BFH XI R 61, 62/89 BFH/NV 1993, 14; VIII R 12/94 BStBl II 1997, 272; s aber VIII R 32/90 BStBl II 1998, 480). Beim **Nießbrauch** an einem MU-Anteil wird der Nießbraucher dann MU, wenn er dem Typus des MU entspricht (*Schmidt/Wacker* § 15 Rn 306; s auch BFH VIII R 35/92 BStBl II 1995, 241). Auch ein **Arbeitsverhältnis** kann zur Mitunternehmerschaft **umgestaltet** sein (BFH IV R 82/85 BStBl II 1987, 111). Zur Abgrenzung beim partiarischen Austauschvertrag (Verpachtung) s BFH IV R 17/84 BStBl II 1988, 62 sowie VIII R 68/98 BStBl II 2001, 359; einschränkend zu Austauschverhältnissen BFH III R 58/89 BStBl II 1994, 293; VIII R 50/92 BStBl II 1994, 282. Insgesamt ist die Rechtsprechung bei der Annahme ungewollter Mitunternehmerschaften aber zurückhaltender als früher (zu Einzelheiten s *Schmidt/Wacker* § 15 Rn 284 ff.). Die Frage nach der Mitunternehmerschaft ist insbesondere im GewStRecht von großer Bedeutung, da Vergütungen nach § 15 Abs 1 Satz 1 Nr 2 EStG in den Gewerbeertrag einbezogen werden. Sonderbetriebsvermögen mit der Folge der Steuerbefangenheit von stillen Reserven ist bei dem MU möglich.

Die beiden **Hauptmerkmale**, von denen die Mitunternehmerschaft gekennzeichnet ist, sind **Mitunternehmerinitiative** und **Mitunternehmerrisiko.** Sie müssen beide vorliegen. Allerdings können sie im Einzelfall mehr oder weniger ausgeprägt sein. Dabei dient vor allem das Merkmal des Mitunternehmerrisikos dazu, den auf der Gesellschaftsebene verwirklichten Besteuerungstatbestand einschließlich der Gewinnerzielungsabsicht (s hierzu Rn 176) auf die Mitunternehmer durch Zurechnung umzusetzen. 163

c) **Mitunternehmerinitiative.** Sie erfordert die Teilnahme an den unternehmerischen Entscheidungen. Dies kann in vielfältigen Formen geschehen, beispielsweise in der Eigenschaft als Geschäftsführer, Prokurist oder leitender Angestellter. Gleichwohl führt die Unternehmerinitiative nur dann zu einer Mitunternehmerschaft, wenn sie **für eigene Rechnung** erfolgt, weil dem Betreffenden ein Anteil am Gewinn zusteht. Auch die tatsächliche Einwirkung kann Unternehmerinitiative bedeuten. Dies führt zur Frage, wie Geschäfte zuzurechnen sind, die im Rahmen einer Mitunternehmerschaft ohne bzw gegen den Willen des Mitgesellschafters und/oder auf eigene Rechnung des tätigen Mitunternehmers abgewickelt werden. Man wird jedenfalls bei Gesellschaftsverhältnissen zwischen fremden Dritten die Beurteilung davon abhängig machen müssen, ob bei dem vertragswidrig tätig gewordenen Mitunternehmer Vermögensfolgen unmittelbar oder mittelbar über seine Beteiligung eintreten (vgl dazu *Wüllenkemper* FR 1993, 389). Diese Folgen – mögen sie positiver oder negativer Art sein – sind dann betrieblicher Art und begründen eine Zurechnung. Bei Veruntreuungen eines Gesellschafters zu Lasten der Gesellschaft liegen Sonderbetriebseinnahmen vor, wenn der ungetreue Gesellschafter Gelder, die der Gesellschaft zustehen, in sein Privatvermögen umleitet (BFH IV R 56/04 BStBl II 2006, 838); bei unberechtigten „Entnahmen" zu Lasten der Mitgesellschafter findet eine Gewinnzurechnung nicht statt (BFH IV R 16/00 BStBl II 2001, 238). Werden Gelder veruntreut, die sich bereits auf einem betrieblichen Konto befunden haben, liegen keine Sonderbetriebseinnahmen vor (BFH IV R 39/99 BStBl II 2000, 670). 164

Selder 489

165 **Bestimmte Beteiligungsformen,** wie zB die eines Kommanditisten oder atypischen stillen Gesellschafters zeigen, dass an das Vorliegen von Mitunternehmerinitiative im Einzelfall keine allzu hohen Anforderungen gestellt werden können. Die Möglichkeit zur Teilnahme an den Grundlagengeschäften der Gesellschaft reicht aus (BFH II R 44/08 BFH/NV 2010, 690). Es genügt vielfach, dass der **Kommanditist** tatsächlich in der Lage ist, die ihm gesetzlich zustehenden Mitwirkungs- und Kontrollrechte wahrzunehmen. Ob er davon Gebrauch macht, ist nach der Rspr nicht von Bedeutung (BFH GrS 4/82 BStBl II 1984, 751 unter C V 3 c; auch VIII R 65/84 BStBl II 1985, 85; II R 55/80 BStBl II 1985, 85). Eine Klausel, wonach Beschlüsse mit Stimmenmehrheit gefasst werden müssen, hindert die Eigenschaft als Mitunternehmer bei Minderheitsbeteiligten nicht, weil eine solche Bestimmung nur laufende Geschäfte betrifft (BFH VIII R 16/97 BStBl II 2001, 186). Bei Vereinbarungen, nach denen der Kommanditist mit **Buchwertabfindungen** hinausgekündigt werden kann, kann sich das Fehlen einer solchen minimalen Mitwirkung ergeben (BFH IV R 131/78 BStBl II 1981, 663). **Abbedungenes Widerspruchsrecht** und vereinbarte Entnahmebeschränkungen sollen nach BFH VIII R 166/84 BStBl II 1989, 758 der Mitunternehmereigenschaft des Kommanditisten nicht entgegenstehen (aA *BMF* BStBl I 1989, 378 bei mögl späterer Hinauskündigung; s dazu auch *L. Schmidt* FR 1988, 251; einschränkend auch BFH VIII R 328/83 BStBl II 1989, 762). Schädlich ist es jedoch, wenn zum abbedungenen Widerspruchsrecht Stimmrechtsbeschränkungen hinzutreten (BFH VIII R 41/84 BFH/NV 1990, 92). Das einseitig dem Schenker eingeräumte Rückübertragungsrecht an den geschenkten Mitunternehmeranteilen steht der Mitunternehmerschaft des Beschenkten entgegen (BFH VIII R 196/84 BStBl II 1989, 877). Bei der unentgeltlichen Übertragung eines KG-Anteils hat der Beschenkte trotz des Zurückbehaltens von Stimmrechten beim Schenker Mitunternehmerinitiative, wenn der Schenker nicht ohne Mitwirkung des Beschenkten handeln kann (BFH II R 44/08 BFH/NV 2010, 690). Auch handelsrechtlich ist die Grenze zwischen dem typischen stillen Gesellschafter und dem Kommanditisten, der als Mitunternehmer gilt, nicht eindeutig zu ziehen. Ein Kommanditist ist aber dann nicht Mitunternehmer, wenn seine Stellung nach dem Gesellschaftsverhältnis und der tatsächlichen Handhabung wesentlich hinter dem zurückbleibt, was handelsrechtlich das Bild eines Kommanditisten bestimmt (BFH I R 174/73 BStBl II 1975, 818). Die im HGB vorgesehenen Mitwirkungsrechte oder das in § 716 Abs 1 BGB vorgesehene Kontrollrecht müssen nach BFH GrS 4/82 BStBl II 1984, 751, für die Mitunternehmerinitiative mindestens vorhanden sein. Die Beurteilung wird sich idR auch nach dem tatsächlichen Verhalten der Beteiligten ausrichten. Zur Unterbeteiligung s BFH IV R 75/96 BStBl II 1998, 137; *Schmidt/Wacker* § 15 Rn 369. Auch eine GbR, die als **Innengesellschaft** ausgestattet ist, kann eine Mitunternehmerschaft sein (BFH I R 25/79 BStBl II 1982, 186; VIII R 300/82 BStBl II 1986, 891; VIII R 81/96 BFH/NV 1999, 355). § 15 Abs 1 Satz 1 Nr 2 EStG behandelt auch **mittelbar** über eine oder mehrere Personengesellschaften **Beteiligte als Mitunternehmer** mit der auch gewerbesteuerlich bedeutsamen Folge, dass Tätigkeitsvergütungen dieser Beteiligten dem Gewinn der Mitunternehmerschaft wieder hinzugerechnet werden (vgl zu Einzelheiten Rn 207; *Schmidt/Wacker* § 15 Rn 255 f).

166 **d) Mitunternehmerrisiko.** Die Rechtsprechung definiert Mitunternehmerrisiko als gesellschaftsrechtliche oder eine ihr wirtschaftlich vergleichbare Teilnahme am Erfolg oder Misserfolg des Unternehmens (BFH VIII R 66-70/97 BStBl II 2000, 183). Regelmäßig wird dies die Beteiligung an Gewinn und Verlust sowie an den stillen Reserven des Anlagevermögens einschließlich des Geschäftswerts erfordern, zwingend ist dies beim Komplementär einer KG bei starker Ausprägung der Mitunternehmerinitiative jedoch nicht (BFH VIII R 74/03 BStBl II 2006, 595). Es gibt aber auch eine mitunternehmerische Innengesellschaft (vgl dazu Rn 214),

Mitunternehmerschaft § 7

die zumeist über kein eigenes Vermögen und daher auch weder über stille Reserven noch über einen Geschäftswert verfügt.

Für den am Gesamthandsvermögen beteiligten Kommanditisten wird ein Mitunternehmerrisiko dadurch begründet, dass er am laufenden Gewinn, bei der Beendigung seines Engagements auch an den stillen Reserven und nach Maßgabe des § 167 Abs 3 HGB auch am Verlust beteiligt ist (vgl BFH GrS 4/82 BStBl II 1984, 751 unter C V 3 c).

Für das Bestehen eines Mitunternehmerrisikos muss aber objektiv auch absehbar **167** sein, dass der Gesellschafter am beabsichtigten positiven Unternehmenserfolg der Gesellschaft (Totalgewinn) teilhat. Sein **Anteil am Totalgewinn** kann sich aus dem laufenden Gewinn ergeben oder bei negativen Kapitalkonten jedenfalls daraus, dass der Gesellschafter mit einem positiven Abfindungsguthaben ausscheidet. Die vertragliche Beschränkung des Abfindungsguthabens im Ausscheidungsfall auf den Buchwert hindert bei Beachtung dieser Grundsätze die Annahme einer Mitunternehmerschaft nicht, wenn sie alle Gesellschafter treffen kann (vgl *Groh* BB 1982, 1229, 1231; BFH IV R 27/76 BStBl II 1979, 670; VIII R 166/84 BStBl II 1989, 758). Bei einseitigen Vereinbarungen kann aber die Mitunternehmerinitiative entfallen (BFH IV R 103/83 BStBl II 1987, 54) oder das wirtschaftliche Eigentum am Gesellschaftsanteil einer anderen beherrschenden Person zustehen (BFH VIII R 70/84 BFH/NV 1991, 223).

Die **fehlende Beteiligung am Verlust** oder an den stillen Reserven kann durch **168** ein erhebliches Maß an Unternehmerinitiative kompensiert werden (BFH VIII R 42/90 BStBl II 1994, 702; VIII R 81/96 BFH/NV 1999, 355; IV B 88/00 BFH/NV 2001, 1550). Trotz fehlender Verlustbeteiligung kann Mitunternehmerrisiko vorliegen, wenn der Beteiligte als Komplementär im Außenverhältnis haftet, auch bei Freistellung im Innenverhältnis (BFH VIII R 43/98 BFH/NV 1999, 1196). Der gesellschaftsvertragliche Ausschluss vom Verlust bedeutet keine Haftungsfreistellung (BFH IV R 56/80 BStBl II 1984, 150; IV R 222/84 BStBl II 1987, 553). Umgekehrt muss zur Gewinnbeteiligung eine Verlustbeteiligung hinzutreten, wenn die gesellschaftsrechtliche Stellung wesentlich durch die vermögensmäßige Beteiligung und durch bloße Kontrollrechte geprägt ist (vgl auch *Groh* BB 1982, 1229, 1230).

Die BFH-Rspr bejaht eine Mitunternehmerschaft eines persönlich haftenden **169** Gesellschafters allein wegen dessen **Außenhaftung,** auch wenn er im Innenverhältnis angestellter Komplementär ist (BFH VIII R 252/80 BStBl II 1987, 33; offen gelassen in IV R 131/84 BStBl II 1987, 60; VIII R 43/98 BFH/NV 1999, 1196). Von einer Kapitaleinlage hängt die Mitunternehmerschaft nicht ab. Schon wegen des steuerrechtlich bedeutsamen Zwecks gemeinsamer Gewinnerzielung (s BFH GrS 4/82 BStBl II 1984, 751) ist eine **Gewinnbeteiligung** für die Mitunternehmerschaft erforderlich (vgl BFH VIII R 362/83 BStBl II 1989, 705; III ER-S-4/97 BFH/NV 1990, 160; XI R 58/89 BFH/NV 1992, 803; VIII R 6670/97 BStBl II 2000, 183). Dies gilt auch für Innengesellschaften, auch in der Form verdeckter Mitunternehmerschaften (BFH III R 58/89 BStBl II 1994, 293; VIII R 50/92 BStBl II 1994, 282; s dazu *Janssen* BB 1994, 1757). Nach BFH IV R 82/85 BStBl II 1987, 111 kann ausnahmsweise eine ungewöhnliche hohe Beteiligung am Unternehmenserfolg bei einem Arbeitsverhältnis Mitunternehmerrisiko bedeuten. Dies wurde bei einer zusätzlich zur Tätigkeitsvergütung gezahlten Gewinntantieme von 10% bejaht (BFH IV R 131/84 BStBl II 1987, 60).

e) Besonderheiten bei GmbH-Beteiligungen. Die Mitunternehmerschaft der **170** Komplementär-GmbH in einer KG kann nicht dadurch in Frage gestellt werden, dass der Geschäftsführer der GmbH zugleich Kommanditist oder seinerseits Geschäftsführer des Kommanditisten ist. Denn das Handeln des GmbH-Geschäftsführers trifft die GmbH und begründet deren Unternehmerinitiative (BFH IV R

56/80 BStBl II 1984, 150). Zur Abgrenzung s BFH IV R 65/94 BStBl II 1996, 66.

171 Auch der geschäftsführende **Alleingesellschafter** einer GmbH wird **nicht** wegen seiner Geschäftsführertätigkeit zum **Mitunternehmer** des von der GmbH unterhaltenen Gewerbebetriebs (BFH IV R 22/85 BFH/NV 1988, 291). Seine Tätigkeit dient der GmbH. Ein Durchgriff ist nicht gestattet, weil das unternehmerische Engagement des Gesellschafters in der Form der GmbH-Beteiligung mit seinem wirtschaftlichen Gewicht vom Arbeitsverhältnis, evtl auch Darlehensverhältnis und der Fruchtziehung aus einer Kapitalbeteiligung durch den Gesellschafter zu trennen ist.

172 Die **Abfärbetheorie,** wonach eine Tätigkeit in vollem Umfang als Gewerbebetrieb gilt, wenn eine vermögensverwaltende, freiberufliche oder land- und forstwirtschaftliche Personengesellschaft auch gewerblich tätig ist, war nach früherer Rspr nicht einschlägig, wenn eine nichtgewerbliche Obergesellschaft Anteile an einer gewerblichen Untergesellschaft hielt (BFH IX R 53/01 BStBl II 2005, 383 unter Abweichung von IV R 7/92 BStBl II 1996, 264). Dies wurde durch eine Änderung des § 15 Abs 3 Nr 1 EStG aufgrund des JStG 2007 korrigiert. Zur Verfassungsmäßigkeit der Abfärbe-Rspr s BVerfG 2 BvR 246/98 DStRE 2005, 877 sowie 1 BvL 2/04, DStRE 2008, 1003. Die Abfärbewirkung tritt nicht ein bei gewerblichen Einkünften im Sonderbereich des Gesellschafters einer freiberuflich tätigen Personengesellschaft (BFH XI R 31/05 BStBl II 2007, 378), wenn die gewerbliche Tätigkeit von der GewSt befreit ist (BFH IV R 43/00 BStBl II 2002, 152) oder bei einem äußerst geringfügigen gewerblichen Anteil (BFH XI R 12/98 BStBl II 2000, 229). Die Abfärbetheorie gilt auch für den atypisch still beteiligten Freiberufler (BFH I R 133/93 BStBl II 1995, 171). Umsatzsteuerrechtlich ist sie nicht anwendbar (BFH XI R 90/92 BStBl II 1995, 84).

173 f) **Stille Gesellschaft.** Bei einer stillen Gesellschaft zwischen GmbH und ihrem Gesellschafter-Geschäftsführer ist die Rechtslage nicht eindeutig, insb bei kapitalersetzenden Darlehen (§ 32 a GmbHG aF, § 39 Abs 1 Nr 5 InsO). Ob allerdings wegen der Begründung einer kapitalersetzenden stillen Beteiligung Mitunternehmerschaft angenommen werden kann (vgl *Biber* DStR 1984, 424), ist zweifelhaft. Mit dieser Betätigung geht der Stille zwar wirtschaftlich ein Unternehmerrisiko ein. Dies liegt indessen auch hier im Rahmen der GmbH (Gesichtspunkte der verdeckten Einlage, vgl dazu BFH VIII R 36/83 BStBl II 1985, 320 sowie VIII R 25/96 BStBl II 1997, 724). Auch der beherrschende Gesellschafter-Geschäftsführer mit seiner stillen Beteiligung an der GmbH ist nicht ohne Weiteres Mitunternehmer mit der Folge einer atypischen stillen Gesellschaft (BFH VIII R 237/80 BStBl II 1983, 563). Dies gilt jedenfalls dann, wenn er ansonsten die Stellung eines typischen Stillen hat und dieses wirtschaftliche Engagement nicht übergewichtig zu seinem unternehmerischen in der Form der GmbH ist. S dazu auch Rn 242.

174 *(frei)*

2. Gewinnermittlung der Personengesellschaft

175 a) **Grundlagen.** Seit längerem hat sich in der Rspr ein Wandel dahin vollzogen, dass nicht mehr, wie unter der Geltung der sog Bilanzbündeltheorie, die Vorstellung herrscht, jeder Gesellschafter führe seinen eigenen Gewerbebetrieb. Vielmehr wird die Selbstständigkeit der Gesellschaft als **Subjekt der Gewinnermittlung** betont, und zwar insoweit, als sie in der Einheit der Gesellschafter Merkmale eines Besteuerungstatbestands verwirklicht, welche den Gesellschaftern für deren Besteuerung zuzurechnen sind. Der Einheitsgedanke muss allerdings zurücktreten, wenn andernfalls eine sachlich zutreffende Besteuerung des Gesellschafters nicht möglich wäre (BFH GrS 1/93 BStBl II 1995, 617). Grundentscheidung ist jedoch nach wie vor, dass Subjekt der ESt der einzelne Gesellschafter ist (*Schmidt/Wacker* § 15 Rn 163).

Bei vermögensverwaltenden Personengesellschaften hat demgegenüber die Bruchteilsbetrachtung Vorrang gegenüber der Einheitsbetrachtung (BFH VIII R 41/99 BStBl II 2000, 686). Wesentliche Bedeutung hat die These von der Gesellschaft als Gewinnermittlungssubjekt vor allem bei den Gesellschaften, die über Gesamthandsvermögen verfügen. Mitunternehmerische Bruchteilsgemeinschaften sind ihnen gleichzusetzen. Bei der Personenhandelsgesellschaft ist die Subjekteigenschaft naturgemäß ausgeprägt. Sie kann als nahestehende Person bei verdeckten Gewinnausschüttungen angesehen werden (BFH I R 54/83 BStBl II 1987, 459). Andererseits kann die Eigenschaft der Personengesellschaft als Steuerrechtssubjekt bei der Bestimmung der Einkunftsart vernachlässigt werden, wenn die entscheidenden Merkmale dafür auf der Ebene des Gesellschafters verwirklicht werden (GrS in BFH GrS 1/93 aaO; *Fischer* in FS Beisse S 189).

b) Gewinnerzielungsabsicht. Für alle Gesellschaften gilt, dass die Gewinnerzielungsabsicht ein von der Gesellschaft, dh von den Gesellschaftern in ihrer gesellschaftlichen Verbundenheit zu verwirklichendes Merkmal ist (BFH GrS 4/82 BStBl II 1984, 751 unter C IV 3). Diese Absicht ist im EStRecht sowohl auf der Ebene der Gesellschaft als auch auf der der Gesellschafter zu prüfen. Fehlt sie bei einzelnen Gesellschaftern, so wird ihnen das wirtschaftliche Ergebnis der Mitunternehmerschaft einkommensteuerlich nicht zugerechnet. Im **GewStRecht** ist die Gewinnerzielungsabsicht demgegenüber wegen des Objektsteuercharakters (s hierzu § 1 Rn 14) nur auf der Ebene der Gesellschaft zu prüfen, da hier eine steuerliche Zurechnung an einzelne Gesellschafter ausscheidet (offen gelassen in BFH IV B 149/98 BFH/NV 1999, 1336). **Gewinn** definiert die Rspr bei den Betriebseinkünften als **Betriebsvermögensmehrung iS eines Totalgewinns,** in die auch Veräußerungsgewinne und gewinnrealisierende Vorgänge aus dem Bereich des Sonderbetriebsvermögens einzubeziehen sind. Träfe Letzteres nicht zu, wäre bei Innengesellschaften ohne Gesamthandsvermögen auf Gesellschaftsebene eine Gewinnerzielungsabsicht nicht darstellbar. Sonstige Vorteile wie die planmäßige Minderung der ESt der Gesellschafter finden im Gegensatz zur früheren sog Baupatenrechtsprechung (BFH GrS 10/70 BStBl II 1972, 700) keine Berücksichtigung mehr. Gewinnerzielungsabsicht muss auch bei gewerblicher Prägung iSv § 15 Abs 3 Nr 2 EStG vorliegen (BFH IV R 80/05 BStBl II 2009, 266). Nicht steuerbare oder steuerfreie Vermögensmehrungen wie die Investitionszulage sind in die Gewinnprognose einzubeziehen (BFH I R 69/95 BFH/NV 1997, 408; aA *Stein* DStZ 2000, 780).

Ist nur wegen der **Einbeziehung des Sonderbetriebsvermögens** einiger Gesellschafter mit einem Totalgewinn, ansonsten mit einem Totalverlust zu rechnen, so sind nur diese Gesellschafter Mitunternehmer, die anderen dagegen nicht, weil sie am Gewinn nicht partizipieren können. Bei einer zweigliedrigen Gesellschaft kann daher insoweit die Mitunternehmerschaft entfallen (vgl auch *Groh* DB 1984, 2424, 2428). Dies bedeutet eine unmittelbare Zurechnung der Anteile an den Wirtschaftsgütern der Gesellschaft beim unternehmerisch tätigen Steuerpflichtigen (dann Einzelunternehmer) und die grundsätzliche Anerkennung der gesellschaftsvertraglichen Vereinbarungen als betrieblich veranlasst. Hält der einzige Kommanditist seinen Anteil treuhänderisch für den Komplementär, so liegt keine Mitunternehmerschaft vor (BFH IV R 26/07 BStBl II 2010, 751). Erzielt eine Personengesellschaft auch Einkünfte, die erst auf Grund der sog Abfärbetheorie (§ 15 Abs 3 Nr 1 EStG) als gewerbliche umzuqualifizieren sind, so setzt die Prüfung der Gewinnerzielungsabsicht erst nach dieser Umqualifizierung ein. Danach kann sich eine **Segmentierung** dahin ergeben, dass eigenständige Bereiche ausscheiden, weil sie nicht von Gewinnerzielungsabsicht getragen sind (BFH VIII R 28/94 BStBl II 1997, 202).

Bei **Kostengemeinschaften,** wie zB ärztlichen Laborgemeinschaften, kann die Gewinnerzielungsabsicht auf Gesellschaftsebene von vornherein fehlen. Sie sind für die an ihr Beteiligten weder Gewinnermittlungssubjekt noch Mitunternehmerschaft.

Auch wenn sie die Form einer Gesellschaft mit Gesamthandsvermögen aufweisen, findet – anders als bei der Mitunternehmerschaft – § 39 Abs 2 Nr 2 AO mit der Zurechnung des anteiligen Gesellschaftsvermögens beim Beteiligten Anwendung (ähnlich BFH IV R 133/85 BStBl II 1986, 666). Einheitliche Feststellungen über die rechnerische Ermittlung der gemeinsamen Kosten sind möglich (§ 180 Abs 2 AO). Dabei wirken sich die gesellschaftsvertraglich vereinbarten Ergebniszurechnungen (Aufwandsverteilung) bei den Mitgliedern der Kostengemeinschaft aus. S dazu auch § 2 Rn 290. Wird die **Gewinnerzielungsabsicht** nach objektiven Beweisanzeichen zu einem bestimmten Zeitpunkt **aufgegeben,** so führt dies – soweit der Steuerpflichtige Gegenteiliges nicht erklärt – nach den Grundsätzen des Urteils in BFH IV R 138/78 BStBl II 1982, 381 noch nicht zu einer Betriebsaufgabe. Eine Gewinnrealisierung tritt erst bei späterer Veräußerung des mit den damaligen Buchwerten „eingefrorenen Betriebsvermögens" ein (Rn 110).

179 c) **Konkurrenzen.** Betont man die Eigenständigkeit der Gesellschaft als Gewinnermittlungssubjekt, so muss dieser Grundsatz auch für personenidentische Gesellschaften gelten. Dadurch ergibt sich eine weitgehende Organisationsfreiheit des Unternehmers, die insb bei BGB-Gesellschaften ihre Grenzen allerdings im steuerrechtlichen Betriebsbegriff hat (vgl dazu § 2 Rn 2 sowie *Schmidt/Wacker* § 15 Rn 194). Die einkommensteuerrechtliche Eigenständigkeit als Gewinnermittlungssubjekt ist aber solchen Gesellschaften versagt, die, wie Laborgemeinschaften, keine Gewinne erzielen sollen. Dasselbe Ergebnis tritt ein, wenn für die Beteiligungsgesellschaft zwar die Gewinnerzielungsabsicht besteht, diese aber nur **vermögensverwaltend** (zB durch Vermietung und Verpachtung) tätig ist. Auch dann kommt der Beteiligungsgemeinschaft, weil sie nur Überschusseinkünfte erzielt, betriebsvermögensmäßig keine Eigenständigkeit zu (vgl dazu auch Rn 221). Überlässt sie an eine teilweise oder ganz personenidentische Hauptgesellschaft Wirtschaftsgüter entgeltlich zur Nutzung, werden diese Wirtschaftsgüter dem Betriebsvermögen (Sonderbetriebsvermögen) dieser Hauptgesellschaft zugeordnet (§ 39 AO).

180 Für den Bereich des § 15 Abs 1 Satz 1 Nr 2 EStG wird die **Subsidiaritätsthese** abgelehnt, dh kein Vorrang des Gesellschafterbetriebs, sondern des § 15 Abs 1 Satz 1 Nr 2 EStG, wenn die Leistung des Gesellschafters an die Personengesellschaft aus seinem eigenen gewerblichen Unternehmen stammt (*Schmidt/Wacker* 15 Rn 534). Wirtschaftsgüter des Gesellschafters, die eigentlich zum Betriebsvermögen seines Einzelunternehmens gehören, werden der Mitunternehmerschaft als Sonderbetriebsvermögen zugeordnet. Die Subsidiaritätsthese gilt aber bei mittelbarer Leistung (und unmittelbarer Beteiligung sowohl an der leistenden als auch an der leistungsempfangenden Personengesellschaft, dh) über **Schwestergesellschaften** nach neuerer Rspr; dies nicht nur bei originär gewerblich tätigen Personengesellschaften, sondern auch dann, wenn die leistende Gesellschaft zB durch Grundstücksvermietung eine betriebsaufspalterische Besitzgesellschaft oder eine gewerblich geprägte Personengesellschaft ist; auf die Rechtsform der Schwesterpersonengesellschaft kommt es nicht an (BFH VIII R 13/95 BStBl II 1998, 325; VIII R 61/97 BStBl II 1999, 483; I R 114/97 BStBl II 2000, 399; IV R 50/99 BStBl II 2001, 299). Dies bedeutet, dass auch diesen Personengesellschaften wie den originär gewerblich tätigen Personengesellschaften das Vermögen und die Nutzungserträge zuzuordnen sind, das der Schwestergesellschaft zur Nutzung überlassen wird. Das Leistungsentgelt bei der leistenden Schwestergesellschaft zu erfassen, bedeutet **gewerbesteuerrechtlich** jeweils einen Freibetrag nach § 11 Abs 1 für beide Schwestergesellschaften, keinen Verlustausgleich zwischen beiden, wohl aber mögliche Hinzurechnungen nach § 8 Nr 1 sowie die üblichen Betriebsaufspaltungsfolgen, wenn eine wesentliche Betriebsgrundlage an die Schwestergesellschaft verpachtet wird (§ 2 Rn 372 ff; *Neu* DStR 1998, 1250). Zur Frage, ob bei der Übertragung von Wirtschaftsgütern zwischen Schwesterpersonengesellschaften die stillen Reserven aufzudecken sind, besteht innerhalb des BFH keine einheitliche Rechtsprechung (s BFH I R 72/08 BStBl II 2010, 471 einerseits und IV B 105/09 BStBl II 2010, 971 andererseits; s hierzu *Ley* DStR 2011, 1208). Die *FinVerw* hat sich der Rechtsmeinung des I. Senats angeschlossen (*BMF* BStBl I 2010, 1206).

d) Zebragesellschaften. Bei Zebragesellschaften, dh vermögensverwaltenden **181** oder „freiberuflichen" Gesellschaften, an denen eine GmbH beteiligt ist und die deshalb kraft Gesetzes gewerbliche Einkünfte erzielen, ist nach der Rspr des Großen Senats des BFH (GrS 2/02 BStBl II 2005, 679) die Entscheidung über die Zuordnung der Einkünfte eines betrieblich beteiligten Gesellschafters sowohl der Art als auch der Höhe nach vom Wohnsitz-FA zu treffen (ebenso BFH IX R 80/98 BFH/NV 2006, 1247). Zuvor war dies unter einzelnen BFH-Senaten streitig gewesen (Nachweise bei *Schmidt/Wacker* § 15 Rn 203; s auch *Lüdicke* DB 2005, 1813). Der BFH hat sich damit der Ansicht der *FinVerw* ausgeschlossen (*BMF* BStBl I 1996, 1521; BStBl I 1999, 592). Der Feststellungsbescheid hat für Sachverhalte, die außerhalb der Gesellschaft verwirklicht werden, keine Bindungswirkung (BFH III R 14/96 BStBl II 1999, 401).

(frei) **182–184**

3. Gewinnermittlung bei Personengesellschaften mit Gesamthandsvermögen

a) Gewinnanteil. Gewinnanteil iSv § 15 Abs 1 Nr 2 EStG bedeutet den Anteil der **185** Gesellschaft am Gesellschaftsgewinn. Gewinn und Verlust werden durch einen Vermögensvergleich auf der Grundlage der Steuerbilanz der Gesellschaft ermittelt, nicht durch einen Vermögensvergleich bei den einzelnen Gesellschaftern (vgl BFH IV R 123/80 BStBl II 1983, 598; GrS 1/79 BStBl II 1981, 164). Diese Erkenntnis hat insb zu einer Neuorientierung der Beurteilung von Geschäften zwischen Gesellschafter und Gesellschaft geführt, die auf Übertragung von Wirtschaftsgütern gerichtet sind. In diesem Rahmen können die Gesellschafter der Gesellschaft auch einkommensteuerrechtlich wie fremde Dritte gegenüberstehen. Ferner wird hinsichtlich der einzelnen Stufen der Gewinnermittlung die Unterscheidung von Gesellschaftsvermögen (idR notwendiges Betriebsvermögen) und Sonderbetriebsvermögen bedeutsam. Einkommensteuerrechtlich ist der Gewinnanteil eines **beschränkt steuerpflichtigen** Mitunternehmers durch § 49 Abs 1 Nr 2 Buchst a EStG eingeschränkt (Betriebsstätte, ständiger Vertreter, BFH VIII R 289/84 BStBl II 1988, 880; I R 95/84 BStBl II 1988, 663). Für die GewSt gelten § 2 Abs 1 Satz 3, § 9 Nr 3. **Mitunternehmerische Bruchteilsgemeinschaften** sind wie gesamthänderische zu behandeln.

Die Gesellschaft ermittelt **zunächst** ihren **Handelsbilanzgewinn**. Ferner übt **186** sie auch Bewertungswahlrechte aus. Seit der Änderung des § 5 Abs 1 EStG durch das BilMoG v 25.5.2009 (BGBl I 2009, 1102) mW ab Kj 2009 bzw Wj 2008/2009 besteht keine Bindung der steuerrechtlichen Ausübung von Bilanzierungs- und Bewertungswahlrechten an die Handelsbilanz mehr. Die Steuerbilanz wurde damit von der Handelsbilanz zT entkoppelt. Der Grundsatz der **einheitlichen Ausübung steuerlicher Wahlrechte** sowohl für einkommensteuerliche als auch für gewerbesteuerliche Zwecke wurde mit der Bindung der Steuerbilanz an die Handelsbilanz begründet (BFH X R 110/87 BStBl II 1990, 195). Zwar existiert keine Vorschrift, die die einheitliche Ausübung steuerlicher Wahlrechte im ESt/GewSt-Recht ausdrücklich verbietet, allerdings könnte man aus dem Wortlaut des § 5 Abs 1 Satz 2 EStG, in dem von „der steuerlichen Gewinnermittlung" die Rede ist, ableiten, dass es nur *eine* derartige Gewinnermittlung gibt, die für Zwecke der ESt und der GewSt nicht unterschiedlich sein kann.

In der als **zweite Stufe** aufzufassenden **Steuerbilanz** der Gesellschaft sind nach **187** § 15 Abs 1 Satz 1 Nr 2 EStG mit Gewinnanteil hinzuzurechnende Tätigkeitsvergü-

§ 7 Gewerbeertrag

tungen des einzelnen Gesellschafters noch als steuerliche Betriebsausgaben berücksichtigt. Die Korrektur erfolgt in der **dritten Stufe:** Zur Ermittlung des Gesamtgewinns werden die Sondervergütungen als Sonderbetriebseinnahmen wie sonstige Einnahmen und Aufwendungen (Sonderbetriebsausgaben) den **Sonderbilanzen** entnommen und gewinnerhöhend oder -mindernd berücksichtigt (BFH IV R 63/83 BStBl II 1986, 58; VIII R 78/97 BStBl II 1999, 163). Diese Grundsätze gelten auch für § 7 (BFH IV R 117/88 BStBl II 1990, 436), allerdings ohne unmittelbare Bindung an den Gewinnfeststellungsbescheid (zB BFH XI R 83/00 BStBl II 2004, 699; s Rn 1).

188 Über die **Gesamtbilanz** bestehen unterschiedliche Auffassungen (vgl dazu *Schmidt/Wacker* § 15 Rn 403 f). In der Gesamtbilanz sind auch evtl Ergänzungsbilanzen mit zu berücksichtigen, die dem Ausgleich unterschiedlicher Wertansätze in der Gesellschaftsbilanz und in den Sonderbilanzen dienen (vgl dazu *Uelner* DStJG 14, 139; *Gschwendtner* DStR 1993, 117; BFH VIII R 63/91 BStBl II 1993, 706).

189 *(frei)*

190 **b) Sonderbetriebsvermögen.** Sonderbetriebsvermögen (notwendiges oder gewillkürtes) können dem Gesellschafter gehörende Wirtschaftsgüter (selbst ein Betrieb, s BFH IV R 271/84 BStBl II 1988, 667 zum SonderBV II) sein, wenn sie entweder dem Betrieb der Personengesellschaft (SonderBV I) oder der Beteiligung des Gesellschafters zu dienen bestimmt sind (SonderBV II, vgl zur Unterscheidung BFH I R 149/74 BStBl II 1977, 69; VIII R 27/00 BStBl II 2002, 733; *Schön* DStR 1993, 185; *Schulze zur Wiesche* FR 1993, 37). Auch der Gewinn aus der Veräußerung von SonderBV II gehört zum Gewerbeertrag (BFH IV R 54/04 BStBl II 2008, 742). Die Buchführungspflicht für das (auch gewillkürte) Sonderbetriebsvermögen obliegt der Personengesellschaft (BFH IV R 142/85 BStBl II 1991, 401; IV R 2/90 BStBl II 1991, 786). § 5 EStG ist anzuwenden (BFH XI R 38/85 BStBl II 1992, 797). Ausgaben, die in der Gesellschafterstellung bei einer Gesellschaft A gründen, sind bei dieser **Sonderbetriebsausgaben,** auch wenn sie die Gesellschafterstellung bei einer anderen Gesellschaft B stärken (BFH VIII R 137/84 BStBl II 1988, 679). Sonderbetriebsausgaben sind nur im Feststellungsverfahren für die Gesellschaft zu berücksichtigen (BFH XI R 35/90 BStBl II 1992, 4).

191 **Notwendiges Sonderbetriebsvermögen** sind bei den Gesellschaftern vor allem die der Gesellschaft zur Nutzung entgeltlich oder unentgeltlich überlassenen Wirtschaftsgüter. Allerdings muss die Nutzung von einer gewissen Dauer sein. Ebenso wie für eine Entnahmehandlung eine nachhaltige Nutzungsänderung vorausgesetzt wird (BFH IV R 125/76 BStBl II 1980, 40), erfordert eine Einlage in das Betriebsvermögen, dass die betriebliche Nutzung von einer gewissen Dauer ist. Ansonsten stellt nicht die Substanz des Wirtschaftsguts, sondern die vorübergehende Nutzungsmöglichkeit die Verstärkung des Betriebs dar. Von der Personengesellschaft entgeltlich genutzte Grundstücke können auch bei einem eingeschalteten Zwischenmieter zum Sonderbetriebsvermögen rechnen (BFH IV R 11/92 BStBl II 1994, 796).

192 Auch **Schulden** können notwendiges Sonderbetriebsvermögen sein, zB dann, wenn sie mit der Begründung der Beteiligung an der Gesellschaft zusammenhängen. Schulden zur Finanzierung einer Einlage sind Sonderbetriebsvermögen (BFH VIII R 42/98 BStBl II 2000, 390).

193 **Pensionszusagen** einer Personengesellschaft an einen Gesellschafter sind auf Ebene der Gesellschaft zu passivieren und in der Sonderbilanz des Gesellschafters zu aktivieren (BFH VIII R 15/96 BStBl II 2008, 174). Die *FinVerw* lässt es aus Billigkeitsgründen zu, dass die erstmalige Aktivierung beim Gesellschafter durch Bildung einer über 15 Jahre abzubauenden Rücklage abgefedert wird; die Übergangsregelung gilt allerdings nicht für Zwecke der GewSt (*BMF* BStBl I 2008, 317 Rn 5), da die Aktivierung/Passivierung von Pensionsansprüchen/-verbindlichkeiten den für die GewSt maßgeblichen Gewinn der Mitunternehmerschaft nicht berührt.

Die **Bürgschaftsübernahme** zugunsten eines Dritten kann bei betrieblichem Interesse der Mitunternehmerschaft zu negativem Sonderbetriebsvermögen führen (BFH VIII R 31/04 BStBl II 2006, 874). Eine Kontokorrentverbindlichkeit kann anteiliges Sonderbetriebsvermögen sein (BFH IV R 127/86 BStBl II 1991, 505). Nach § 4 Abs 4 a EStG idF des StBereinG 1999 ist die Abziehbarkeit von Schuldzinsen eingeschränkt. Zinsen, die auf **Überentnahmen** entfallen, sind nicht abziehbar (s *BMF* BStBl I 2000, 588; BStBl 2008, 957 sowie BFH X R 46/04 BStBl II 2006, 125). Bei Ermittlung der Überentnahmen sind Vorgänge im Bereich des Sonderbetriebsvermögens zu berücksichtigen. Die Schuldzinshinzurechnung ist gesellschafterbezogen zu ermitteln (BFH IV R 72/02 BStBl II 2008, 420). Sonderbetriebsvermögen wird auch bei einer Einlage „quoad sortem" vorliegen (*Reinhardt* DStR 1991, 588; FG Berlin 8 K 8393/99 EFG 2004, 1326 rkr), bei der die Gesellschaft nicht zivilrechtliche Eigentümerin wird (BGH II ZR 242/08 DStR 2009, 2015). Notwendiges Sonderbetriebsvermögen einer GmbH & Co KG sind auch die von ihm gehaltenen **Anteile an einer Komplementär-GmbH**, weil sie der Mitunternehmerstellung des Kommanditisten dienen (nach BFH I R 16/73 BStBl II 1976, 188), im Einzelfall auch dann, wenn die Beteiligung keinen beherrschenden Einfluss vermittelt (BFH VIII RR 66/96 BStBl II 1998, 383) Eine GmbH gehört dann zum SonderBV II, wenn die GmbH keine eigene Geschäftstätigkeit entfaltet und sie in erheblichem Umfang an der KG beteiligt ist (BFH VIII R 12/99 BStBl II 2001, 825). Auch Anteile an einer GmbH, die nicht an der Mitunternehmerschaft beteiligt ist, können ausnahmsweise zum SonderBV II gehören (BFH IV R 86/06 BFH/NV 2010, 1096). Bei einer **Betriebsaufspaltung** gehören die Anteile an der Betriebskapitalgesellschaft grds zum notwendigen Sonderbetriebsvermögen des Gesellschafters einer Besitzgesellschaft, da sie der Durchsetzung des einheitlichen geschäftlichen Betätigungswillens dienen (BFH IV R 103/78 BStBl II 1982, 60). § 271 Abs 1 HGB setzt für die handelsrechtliche Bilanzierung lediglich voraus, dass die Beteiligung der Herstellung einer dauernden Verbindung zu jenem Unternehmen dient. Übersteigt der Anteil 20% des Gesellschaftskapitals, so kann Dauerhaftigkeit vermutet werden.

Betreibt ein an einer Personengesellschaft Beteiligter ein Einzelunternehmen, so **194** kommt – anders als in der Handelsbilanz (vgl dazu *Knipping/Klein* DB 1988, 1964) – in der Steuerbilanz des Einzelunternehmens der **Beteiligung an der Personengesellschaft keine eigene Bedeutung** zu (zB BFH I R 114/97 BStBl II 2000, 399). Sie ist in der Steuerbilanz zwar als Merkposten auszuweisen, jedoch nicht zu bewerten (BFH I R 102/01 BStBl II 2004, 804). Eine Teilwertabschreibung ist nicht statthaft (BFH IV R 100/06, BFH/NV 2010, 2056). Die von der Gesellschaft erzielten Gewinne/Verluste treffen den Gesellschafter als Mitunternehmer (§ 15 Abs 1 Satz 1 Nr 2 EStG) der Beteiligungsgesellschaft und wirken sich im Rahmen der einheitlichen Gewinnfeststellung für den Gesellschafter unmittelbar aus (BFH IV R 36/83 BStBl II 1985, 654; s auch *Schmidt/Wacker* § 15 Rn 690). Ist eine **Personenhandelsgesellschaft** an einer anderen Personengesellschaft **beteiligt**, so gilt nichts anderes. Die Beteiligungsergebnisse werden der Personenhandelsgesellschaft als Gewinnermittlungssubjekt unmittelbar auf Grund des Gewinnfeststellungsverfahrens zugewiesen.

4. Übertragung von Wirtschaftsgütern zwischen Gesellschaft und Gesellschafter

a) Einbringung gegen Gesellschaftsrechte. Der Gründungsvorgang bei einer **195** Personenhandelsgesellschaft vollzieht sich vielfach dadurch, dass die Gesellschafter aus ihrem Vermögen einen Betrieb, Teilbetrieb oder auch nur einzelne Wirtschaftsgüter gegen Gewährung von Gesellschaftsrechten einbringen (s auch *BMF* BStBl I 2000, 462; BStBl I 2004, 1190; BStBl I 2011, 713; BStBl I 2011, 1279). Die

Einbringung von WG des Privatvermögens gegen Gewährung von Gesellschaftsrechten ist keine Einlage, sondern ein Veräußerungsvorgang (BFH IV R 37/06 BStBl II 2011, 617). Die Buchung auf dem Kapitalkonto I führt zur Gewährung von Gesellschaftsrechten und damit zur Veräußerung; bei einer Buchung auf einem anderen Gesellschafterkonto sind die gesellschaftsvertraglichen Abmachungen entscheidend (s *BMF* BStBl I 2011, 713). Das Handelsrecht unterscheidet zwischen **Beiträgen,** die zum Eigentumsübergang auf die Gesellschaft führen und solchen, bei denen die Gesellschafter die Gegenstände nur zur Nutzung überlassen. Darüber hinaus gibt es auch handelsrechtlich Beiträge im weiteren Sinne (Förderung des Gesellschaftszwecks durch sonstige Leistungen), die für die Gründung ebenfalls ausreichen (BFH VIII R 65/84 BStBl II 1985, 85; II R 55/80 BStBl II 1985, 85). Steuerrechtlich ist für die steuerneutrale Einbringung eines Betriebs oder Teilbetriebs der Übergang der wesentlichen Betriebsgrundlagen auf das der Mitunternehmerschaft zuzuordnende Betriebsvermögen erforderlich. Dies kann einmal dadurch geschehen, dass die betreffenden Wirtschaftsgüter in vollem Umfang in das Gesamthandseigentum der Gesellschaft übergehen. Von einer steuerrechtlichen Einbringung kann aber auch dann gesprochen werden, wenn der betreffende Gesellschafter die wesentlichen Grundlagen zT im **Sonderbetriebsvermögen** zurückbehält und der Gesellschaft nur zur Nutzung überlässt. Hinsichtlich des zurückbehaltenen Wirtschaftsguts tritt dann kein Tausch Wirtschaftsgüter gegen Beteiligung ein (BFH VIII R 32/77 BStBl II 1981, 419).

196 Die Vorschrift des § 24 UmwStG lässt es zu, dass anlässlich der Gesellschaftsgründung die vorhandenen stillen Reserven (einschließlich eines Geschäftswerts) aufgedeckt und mit dem ermäßigten Steuersatz (§ 34 Abs 2, 3 EStG) versteuert werden.

197 Behandeln die Beteiligten in Ausübung des Wahlrechts nach § 24 UmwStG den Vorgang der Einbringung als Veräußerung, so muss es gleichwohl nicht zu einem steuerpflichtigen Veräußerungsgewinn im Betrieb des Einbringenden kommen, wenn eine **Rücklage nach § 6 b EStG** für begünstigte Wirtschaftsgüter in Betracht kommt (vgl dazu *Döllerer* DStZ 1983, 179, 181).

198 b) Gründungsähnliche Vorgänge. Wurden aus einem **Betriebsvermögen** des Gesellschafters stammende Wirtschaftsgüter in das Gesamthandsvermögen einer Personengesellschaft gegen Gewährung oder Erweiterung von Gesellschaftsrechten eingelegt, so konnten die Beteiligten nach früherer Rechtslage in analoger Anwendung des § 24 UmwStG den Vorgang wie eine Veräußerung behandeln (Teilwertansatz im Gesellschaftsvermögen). Sie konnten aber auch den Buchwert oder einen Zwischenwert ansetzen („Mitunternehmererlass", BStBl I 1978, 8). MWv 1.1.1999 wurde die steuerneutrale Übertragung von Wirtschaftsgütern zwischen Gesellschafter und Mitunternehmerschaft zunächst stark eingeschränkt. Buchwertfortführung war nach § 6 Abs 5 idF des StEntlG 1999 ff v 24.3.1999 (BGBl I 1999, 402) nicht mehr möglich bei Übertragung eines Wirtschaftsguts vom Betriebsvermögen eines Gesellschafters in das Gesamthandsvermögen und umgekehrt, bei der Übertragung vom Gesamthandsvermögen in das Sonderbetriebsvermögen und umgekehrt sowie bei der Übertragung zwischen Sonderbetriebsvermögen von Gesellschaftern derselben Mitunternehmerschaft. Die Kritik, die sich an dieser Einschränkung entzündete, veranlasste den Gesetzgeber, mWv 1.1.2001 (StSenkG v 23.10.2000, BGBl I 2000, 1433) den zur Zeit des Mitunternehmererlasses geltenden Rechtszustand weitgehend wiederherzustellen. Nunmehr sind derartige Übertragungen wieder steuerneutral möglich. Allerdings besteht im Gegensatz zum Mitunternehmererlass nicht das Wahlrecht, auf die Buchwertfortführung zu verzichten und den Teilwert oder einen Zwischenwert anzusetzen. Die **Buchwertfortführung** ist nunmehr **zwingend** vorgeschrieben. Keine Buchwertfortführung ist vorgesehen in Sonderfällen, in denen Übertragungen dazu führen, dass der Anteil „kapitalistischer" Mitunter-

Sondervergütungen § 7

nehmer (Körperschaften, Personenvereinigungen und Vermögensmassen) an einem Wirtschaftsgut begründet wird oder sich erhöht (§ 6 Abs 5 Satz 5, 6 EStG).

c) Bewertungszwang bei Einlagen und Entnahmen (§ 6 Abs 1 Nrn 4, 5, 199
§ 4 Abs 1 EStG). Um einkommensteuerrechtliche Einlagen (1) und Entnahmen (2) handelt es sich, wenn aus dem Privatvermögen des Gesellschafters Wirtschaftsgüter unentgeltlich in das Gesamthandsvermögen übertragen (1) werden oder umgekehrt (2). Zur Übertragung gegen Gewährung von Gesellschaftsrechten s Rn 195. Werden Wirtschaftsgüter zu unangemessen niedrigen Preisen ins Privatvermögen übertragen, so sind diese mit dem Teilwert zu entnehmen (vgl zB BFH IV R 151/79 BStBl II 1982, 751). Ein steuerlich nicht anzuerkennendes Gesellschaftsdarlehen an Gesellschafter zu unüblichen Bedingungen bedeutet Entnahme durch alle Gesellschafter (BFH IV R 64/93 BStBl II 1996, 642). Der Forderungsverzicht eines Personengesellschafters gegenüber seiner Gesellschaft aus gesellschaftlichen Gründen führt zu einer Einlage in Höhe des werthaltigen Teils der Forderung (BFH VIII R 57/94 BStBl II 1998, 652).

d) Lieferungsverkehr unter verkehrsüblichen Bedingungen. Die allgemei- 200
nen Grundsätze der Gewinnrealisierung gelten auch dann, wenn der Gesellschafter zwar in das Gesamthandsvermögen überträgt, aber zu Bedingungen wie zwischen fremden Dritten. Es liegen dann normale entgeltliche Veräußerungen vor, die bei der Gesellschaft zu Anschaffungskosten und beim Gesellschafter zu Erlösen führen. Dabei spielt für diese Rechtsfolge die Zugehörigkeit der Wirtschaftsgüter zum Betriebsvermögen oder zum Privatvermögen des veräußernden Gesellschafters keine Rolle. Bei einer Lieferung der Gesellschaft an den Gesellschafter zu üblichen Bedingungen gilt nichts anderes.

e) Übertragung von Wirtschaftsgütern im Sonderbetriebsvermögensbe- 201
reich. Überträgt ein Gesellschafter A ein ihm gehörendes Wirtschaftsgut (Sonderbetriebsvermögen) unentgeltlich auf einen anderen Mitgesellschafter B und dient das Wirtschaftsgut weiterhin der Gesellschaft (Sonderbetriebsvermögen bei B), so lag nach der bis einschließlich 1998 geltenden Rechtslage keine gewinnrealisierende Entnahme vor (BFH I R 1/77 BStBl II 1980, 381; I R 180/80 BStBl II 1982, 695). In den Jahren 1999 und 2000 (StEntlG 1999 ff) war auf Grund ausdrücklicher gesetzlicher Regelung eine Buchwertfortführung ausgeschlossen, ab 1.1.2001 (StSenkG) ist sie wieder zugelassen (§ 6 Abs 5 Satz 3 Nr 3 EStG idF des UntStFG). Allgemein zu § 6 Abs 5 EStG s *BMF* BStBl I 2011, 1279. Ein Wahlrecht zum Ansatz des Teilwerts oder eines Zwischenwerts besteht allerdings nicht mehr (Rn 198; s auch *Groh* DB 2002, 1904).
(frei) 202–204

5. Sondervergütungen

a) Nutzungsüberlassung, Dienstleistung des Gesellschafters gegenüber 205
der Gesellschaft. Geht es bei der Übertragung von Wirtschaftsgütern in erster Linie um die Frage der Realisierung stiller Reserven, so kommt für die vom Gesellschafter der Gesellschaft überlassene Nutzung an einem Wirtschaftsgut oder für die Dienstleistung vor allem die Vorschrift des § 15 Abs 1 Satz 1 Nr 2 Hs 2 EStG zum Tragen. Entgelte, die der Gesellschafter von der Gesellschaft für die Nutzungsüberlassung (zB Grundstücksvermietung, auch Erbbaurechtsverhältnis, BFH IV R 79/06 BFH/NV 2009, 730) erhält, zählen deshalb grds bei der Gewinnermittlung für die Mitunternehmerschaft zu den Vergütungen iSd § 15 Abs 1 Satz 1 Nr 2 EStG, und zwar auch für die GewSt. Sondervergütung ist auch das Gehalt, das ein Kommanditist in seiner Eigenschaft als Geschäftsführer der Komplementär-GmbH erhält (BFH VIII R 46/94 BStBl II 1999, 720). Pensionsrückstellungen werden ebenfalls als Sondervergütungen behandelt (BFH VIII R 15/96 BStBl II 2008, 174; IV R

82/06 BFH/NV 2009, 581). Sie sind zunächst auf der Ebene der Gesellschaft zu berücksichtigen und in einer zweiten Stufe durch Aktivposten in der Sonderbilanz des Gesellschafters zu neutralisieren (*BMF* BStBl I 2008, 317). Ebenfalls Sondervergütungen sind Witwenpensionen (BFH II R 16/08 BStBl II 2010, 923).

206 **b) § 15 Abs 1 Satz 1 Nr 2 Hs 2 EStG als Zuordnungsnorm.** Als Zuordnungsnorm aufgefasst, führt die Vorschrift dazu, dass die im Eigentum des Gesellschafters stehenden Wirtschaftsgüter, die an die Gesellschaft für längere Zeit vermietet werden, auch dann zum Sonderbetriebsvermögen des Gesellschaftereigentümers rechnen, wenn sie zu einem gewerblichen Betrieb dieses Gesellschafters gehören (Einzelunternehmen) und deshalb auch dort in der Handelsbilanz geführt werden (Ablehnung der sog Subsidiaritätsthese, nach der in solchen Fällen auch steuerrechtlich das Wirtschaftsgut beim Einzelunternehmen zu erfassen war: BFH I R 199/75 BStBl II 1979, 750). Damit sind **Darlehensforderungen** des Gesellschafters gegen die Gesellschaft steuerlich wie Kapitaleinlagen zu behandeln. Die Beurteilung eines Darlehens als Eigenkapital hält jedoch nur so lange an, als ein Gesellschafter Inhaber des Anspruchs auf Rückzahlung des Darlehens bleibt, also nicht mehr bei einer Übertragung auf Dritte. Ausgaben, die durch die Gesellschafterstellung bei der Gesellschaft veranlasst sind, sind bei dieser Sonderbetriebsausgaben, auch wenn sie die Gesellschafterstellung bei einer anderen Gesellschaft stärken (SonderBV II, BFH VIII R 137/84 BStBl II 1988, 679). Auch bei Einschaltung eines Dritten als Geschäftsführer (zB GmbH, an der ein Mitunternehmer beteiligt ist), kommen Sondervergütungen in Betracht (BFH VIII R 40/03 BStBl II 2008, 182).

207 Geklärt sind die Folgerungen aus § 15 Abs 1 Satz 1 Nr 2 EStG für den Fall der **unmittelbaren Leistung bei mittelbarer Beteiligung.** Durch den erstmals für nach dem 31.12.1991 endende Wirtschaftsjahre anwendbaren § 15 Abs 1 Satz 1 Nr 2 Satz 2 EStG wird der an der Untergesellschaft mittelbar Beteiligte bei dieser als Mitunternehmer behandelt, wenn die Obergesellschaft(en) ihrerseits als Mitunternehmer anzusehen ist (sind). Damit wird einerseits die Mitunternehmerfähigkeit von Personengesellschaften bestätigt, gleichzeitig aber verhindert, dass Steuerpflichtige für Tätigkeitsvergütungen etc § 15 Abs 1 Satz 1 Nr 2 EStG und damit GewSt vermeiden können. Die Rechtsprechung zum Leistungsaustausch zwischen Schwestergesellschaften ist auf Leistungsbeziehungen zwischen Ober- und Untergesellschaft nicht anzuwenden (BFH I R 114/97 BStBl II 2000, 399).

208 Von doppelstöckigen Gesellschaften zu unterscheiden ist die Anwendbarkeit des § 15 Abs 1 Satz 1 Nr 2 Hs 2 EStG bei **mittelbarer Leistung,** dh wenn zB Ingenieurleistungen oder Nutzungsüberlassungen nicht von der unmittelbar an der leistungsempfangenden Gesellschaft beteiligten Personen erbracht werden, sondern von einer ganz oder teilweise beteiligungsidentischen anderen Personengesellschaft.

209 Beim **Leistungsaustausch** zwischen ganz oder teilweise **beteiligungsidentischen Gesellschaften** gilt: Erzielen beide Gesellschaften von vornherein gewerbliche Einkünfte, verzichtet die Rechtsprechung auf die Anwendung des § 15 Abs 1 Satz 1 Nr 2 Hs 2 EStG in Bezug auf das von der nutzenden bzw leistungsempfangenden Gesellschaft entrichtete Entgelt (BFH IV R 141/77 BStBl II 1981, 433; VIII R 42/94 BStBl II 1998, 328; *BMF* BStBl I 1998, 583), offensichtlich weil dieses handelsrechtlich notwendig in die Gewinnrechnung der überlassenden bzw leistenden Gesellschaft einzubeziehen ist und als Gewinnanteil iSv § 15 Abs 1 Satz 1 Nr 2 EStG erscheint (vgl BFH IV R 5/77 BStBl II 1981, 307). Dies gilt auch für die konkurrierenden jeweiligen Sonderbetriebsvermögen (BFH VIII R 42/94 BStBl II 1996, 82; krit *Patt/Rasche* DStR 1995, 401). Insoweit kommt auch die weitere Funktion des § 15 Abs 1 Satz 1 Nr 2 EStG als **Norm zur Qualifizierung der Einkunftsart** (s dazu unten) nicht zum Tragen, weil ohnehin schon gewerbliche Einkünfte vorliegen (s auch Rn 180). Der damit bestehenden Gestaltungsfreiheit kann über § 7 Bedeutung für die *Gewerbesteuerbelastung* zukommen, wenn die

Sondervergütungen § 7

Betriebe der Gesellschaften unterschiedlichen Hebesätzen unterliegen. Erbringen Gesellschafter gegenüber ihrer Gesellschaft **freiberufliche Leistungen,** so kann die Gewerblichkeit dieser Einkünfte nach § 15 Abs 1 Satz 1 Nr 2 Hs 2 EStG und damit die Gewerbesteuerbelastung auch nicht dadurch vermieden werden, dass sich die Gesellschafter zu einer zweiten Personengesellschaft **(GbR)** zusammenschließen und in diesem Rahmen die freiberufliche Tätigkeit gegenüber der ersten Gesellschaft ausüben (BFH I R 56/77 BStBl II 1979, 763; IV R 141/77 aaO). Diese Subsidiarität gilt auch für eine **nicht personenidentische GbR** (BFH VIII R 145/85 BFH/ NV 1990, 428). Dagegen findet § 15 Abs 1 Satz 1 Nr 2 EStG regelmäßig keine Anwendung, wenn zwischen zwei beteiligungsidentischen Personengesellschaften mit **gewerblichen Einkünften** entgeltliche Leistungen (wie zB Baubetreuung) ausgetauscht werden (BFH IV R 123/80 BStBl II 1983, 598). Dies gilt auch bei Personengesellschaften, wie die GmbH & Co und die gewerblich geprägte GbR, die wegen ihrer Rechtsform nach § 15 Abs 3 Nr 2 EStG gewerbliche Einkünfte erzielen (BFH VIII R 63/93 BStBl II 1996, 93; IV R 5/02 BStBl II 2004, 464; aA *Rasche/Patt* FR 1994, 635). Letztlich verdrängt der bei der gewerblichen Gesellschaft **(Personenhandelsgesellschaft)** angewendete § 15 Abs 1 Satz 1 Nr 2 EStG die eigenständige Einkunftermittlung bei der Freiberufler-Gemeinschaft.

c) § 15 Abs 1 Satz 1 Nr 2 Hs 2 EStG als Norm zur Bestimmung der Ein- 210 **kunftsart.** § 15 Abs 1 Satz 1 Nr 2 Hs 2 EStG entscheidet auch über die Qualifikation von **Dienstleistungen der Gesellschafter** (Mitunternehmer) gegenüber ihrer Gesellschaft (Mitunternehmerschaft), die ohne das Gesellschaftsverhältnis als Einkünfte aus selbstständiger Arbeit (Rechtsanwalts-, Architekten-, Ingenieurleistungen) oder nichtselbstständiger Arbeit (zivilrechtliches Arbeitsverhältnis) zu werten wären. Denn § 15 Abs 1 Satz 1 Nr 2 EStG erwähnt ausdrücklich derartige Tätigkeitsvergütungen als zu den gewerblichen mitunternehmerischen Einkünften gehörend. Sie erhöhen im Sonderbetriebsvermögensbereich den Gewerbeertrag. Dadurch ergibt sich eine gewisse Diskrepanz zur Beurteilung der Gesellschaft als Subjekt der Gewinnermittlung. Denn auch die den Gesellschaftern gezahlten Vergütungen für Tätigkeiten oder Nutzungsüberlassungen vermindern zunächst den von der Rechtsprechung nach § 15 Abs 1 Satz 1 Nr 2 EStG als maßgeblich herausgestellten Gewinnanteil.

§ 15 Abs 1 Satz 1 Nr 2 Hs 2 EStG ist auf Honorare und Vergütungen der Gesell- 211 schafter anzuwenden, wenn die von diesen erbrachten Dienstleistungen **durch das Gesellschaftsverhältnis veranlasst** sind (Beitragstheorie, vgl BFH I R 163/77 BStBl II 1979, 757; VIII R 46/94 BStBl II 1999, 720). Andererseits wird zum Ausdruck gebracht, dass dies nicht nur gesellschaftsrechtlich, sondern im weitesten Sinn zu verstehen ist (vgl BFH I R 56/77 BStBl II 1979, 763; I R 85/77 BStBl II 1979, 767). Durch das Gesellschaftsverhältnis veranlasst können damit auch Leistungen sein, die zivilrechtlich auf Arbeitsverträge oder Honorarverträge zurückgehen. Nach der Entscheidung in BFH I R 112/79 BStBl II 1982, 192 soll es für die Anwendung des § 15 Abs 1 Satz 1 Nr 2 Hs 2 EStG ausreichen, wenn sich die Gesellschafterleistung bei wirtschaftlicher Betrachtung, dh nicht nach dem Gesellschaftsrechtsverhältnis, als **Beitrag zur Erreichung** oder Verwirklichung **des Gesellschaftszwecks** darstellt. Ausnahmen werden in Fällen angenommen, in denen das **Zusammentreffen** von Mitunternehmerschaft und Arbeitsverhältnis **rein zufällig** ist (vgl BFH IV R 156157/78 BStBl II 1980, 271; IV R 159/78 BStBl II 1980, 275 zum Fall der Kapitalüberlassung). § 15 Abs 1 Satz 1 Nr 2 Hs 2 EStG gilt nur für Vergütungen der Gesellschaft, nicht aber umgekehrt für Zahlungen des Gesellschafters aus verkehrsüblichen Geschäften.

Kommt § 15 Abs 1 Satz 1 Nr 2 Hs 2 EStG zur Anwendung und werden davon 212 Vergütungen betroffen, die – wie zB Architektenhonorare – iZm der Herstellung eines Wirtschaftsguts bei der Gesellschaft anfallen, so sind diese **Aufwendungen** bei der Gesellschaft **zu aktivieren,** aber auch nach § 15 Abs 1 Satz 1 Nr 2 Hs 2 EStG dem Gewinn hinzuzurechnen (BFH I R 56/77 aaO; IV R 222/84 BStBl II 1987, 553). Die Steuerbefreiung nach § 3 Nr 62 EStG kann auf in Gewinnanteile umqualifizierte Arbeitgeberanteile nicht angewendet werden (BFH XI R 37/88 BStBl II 1992, 812), ebensowenig die des § 3 Nr 9 EStG aF (BFH VIII R 53/94 BStBl II 1996, 515).

6. Gewinnermittlung von Mitunternehmerschaften ohne Gesamthandsvermögen

213 **a) Grundlagen.** Auch andere rechtliche Gebilde als Personenhandelsgesellschaften und BGB-Gesellschaften können Mitunternehmerschaften sein, wenn sie diesen wirtschaftlich ähnlich sind. Es kommen daher auch Erscheinungsformen in Betracht (idR Innengesellschaften), bei denen kein Gesamthandsvermögen vorliegt. **Mitunternehmerische Bruchteilsgemeinschaften** wird man wie die Gesamthand behandeln müssen, wie man umgekehrt vermögensverwaltende Gesamthand- den Bruchteilsgemeinschaften gleichsetzt (vgl BFH IX R 167/83 BStBl II 1987, 322). Im übrigen Bereich ist aber zweifelhaft, in welchem Umfang bei Gesellschaften ohne Gesamthandsvermögen die Gesellschaft als Gewinnermittlungssubjekt zu gelten hat. Dies wäre ohne Weiteres zu verneinen, wenn die Rechtszuständigkeit einer Personenhandelsgesellschaft (§ 124 HGB) für ihr eigenes Betriebsvermögen der alleinige Grund der sog Teilrechtsfähigkeit bei der Einkommensbesteuerung wäre (so offensichtlich *Döllerer* DStR 1985, 295, der einer atypischen stillen Gesellschaft die Personenhandelsgesellschaft gegenüberstellt). Ein Rechtsgrundsatz solchen Inhalts kann jedoch nicht festgestellt werden. Auch BGB-Gesellschaften sind nach BFH GrS 4/82 BStBl II 1984, 751 Gewinnermittlungssubjekt (zur Rechtsfähigkeit vgl BGH II ZR 331/10, NJW 2001, 1056). Dies trifft indessen auf Innengesellschaften, die über kein Gesamthandsbetriebsvermögen verfügen oder verfügen können, nur in Teilbereichen zu, weil der Eigentümer des Vermögens zur Bilanzierung zuständig ist (aA *Gschwendtner* DStZ 1998, 335). Gleichwohl werden im Übrigen auch Innengesellschaften und vermögenslose Mitunternehmerschaften anderen Mitunternehmerschaften gleichgestellt. Nach BFH VIII R 42/94 BStBl II 1998, 328 kann die atypische stille Gesellschaft eine gewerblich geprägte Gesellschaft iSd § 15 Abs 3 Nr 2 EStG sein.

214 **b) Atypische stille Gesellschaft.** Die atypische stille Gesellschaft (allgemein s *OFD Erfurt* FR 2003, 1299; Rn 230 ff) ist eine Mitunternehmerschaft in der Form einer **Innengesellschaft** ohne Gesamthandsvermögen, bei der nur der atypische stille Gesellschafter Sonderbetriebsvermögen haben kann, nicht dagegen der Inhaber des Handelsgeschäftes. Danach kann zB die Veräußerung eines Grundstücks durch den Inhaber des Handelsgeschäfts an den Stillen zu einem Veräußerungsgewinn führen, an dem auch der atypische stille Gesellschafter teilhat (BFH VIII R 276/81 BStBl II 1984, 820; letztlich offengelassen mangels näherer Feststellungen zur Gewinnverteilungsabrede). Bilanzierungssubjekt ist der Inhaber des Handelsgeschäfts (vgl auch *Döllerer* DStR 1985, 295; BFH VIII R 364/83 BStBl II 1986, 311). Nach BFH VIII R 40/84 DStR II 1990, 561 ist die atypische stille Gesellschaft zwar nicht partiell steuerrechtsfähig und auch nicht Gewinnermittlungssubjekt (aA *Gschwendtner* DStZ 1998, 335; *Schulze zur Wiesche* DStZ 1998, 285). Sie ist aber – außerhalb der Folgen ihrer vermögensmäßigen Unselbstständigkeit und fehlenden Bilanzierungszuständigkeit – anderen Mitunternehmerschaften gleichzustellen (BFH VIII R 42/94 BStBl II 1998, 328). Insbesondere erzielt sie nach § 15 Abs 3 Nr 1 EStG als „andere Personengesellschaft" stets und in vollem Umfang gewerbl Einkünfte. Gehört die stille Beteiligung zu einem Betriebsvermögen, sind sowohl Gewinn- als auch Verlustanteile phasengleich auszuweisen (BFH I R 62/08 DStR 2012, 1024).

Zum Abzug von Verlusten aus der Zeit vor Begründung einer atypischen stillen Gesellschaft an einer Kapitalgesellschaft s *OFD Magdeburg* DStR 2012, 1088. Bei mehreren atypisch still Beteiligten liegen mehrere sachlich selbstständige Betriebe vor, wenn die die atypischen stillen Gesellschaften betreffenden Tätigkeiten voneinander verschieden sind (BFH I R 109/94 BStBl II 1998, 685; IV R 73/06 BStBl II 2010, 40; R 2.4 Abs 5 Satz 2 GewStR; *Lindwurm* DStR 2000, 53). Danach können mehrere Freibeträge nach § 11 Abs 1 in Betracht kommen. Es muss aber auch das Vermögen des Geschäftsinhabers nach dem jeweiligen Geschäftsbereich segmentiert und mit dem Quasi-Sonderbetriebsvermögen des jeweiligen atypischen Stillen für die Gewinnermittlung zusammengefasst werden. Bei einer Beteiligung mehrerer am gesamten Betrieb liegt demgegenüber nur eine Mitunternehmerschaft vor (BFH IV R 18/98 BStBl II 1999, 286). Zur Beteiligung an einzelnen Unternehmenssegmenten s *Pyska* DStR 2003, 857 sowie *Lieber/Stifter* FR 2003, 831. Die Ergebnisse des Sonderbetriebsvermögens des atypischen Stillen sind in einer Art Sonderbilanz zu berücksichtigen (BFH III R 23/89 BStBl 1994, 709; VIII R 122/86 BFHE 163, 346, DStR 1991, 457). Für den Gewerbeertrag ist dies ohne Auswirkung, weil der Sonderbetriebsvermögensbereich ohnehin einzubeziehen ist (s auch *Pauka* DB 1987, 603, 605). Wesentlich ist aber, dass sich die Betriebsausgaben des Geschäftsinhabers, zB einer GmbH, nicht als Sonderbetriebsausgaben bei der atypischen stillen Gesellschaft darstellen können, soweit sie nicht seiner Beteiligung an der atypischen stillen Gesellschaft dienen (BFH I R 109/94 aaO). Zur Organschaft s BFH VIII R 54/93 BStBl II 1995, 794; *Ruban* DStZ 1996, 637/44; § 2 Rn 485 ff zum Unternehmer-, **Steuerschuldnerwechsel** sowie zur **formwechselnden Umwandlung,** die nicht als Betriebsaufgabe gewertet wird, s § 2 Rn 593.

Der atypische Stille erzielt seine gewerblichen Einkünfte kraft unmittelbarer **215 Zurechnung** nach § 15 Abs 1 Satz 1Nr 2 EStG und nicht durch die ihm zugeflossenen Gewinne. Dies setzt den Tatbestand eines Gewerbebetriebs auf der Ebene der stillen Gesellschaft voraus, was sich mit der Eigenschaft als Innengesellschaft verträgt (aA *Winkeljohann/Halfar* DB 1994, 2471). Dazu gehört Gewinnerzielungsabsicht mit dem Erfordernis, dass auf Gesellschaftsebene für die Dauer ihres Bestehens mit einer Betriebsvermögensmehrung (Totalgewinn) zu rechnen ist. Auf Gesellschaftsebene können sich die Verhältnisse im Einzelfall anders darstellen als beim Inhaber des Handelsgeschäfts, zB wenn sich der atypische Stille nur während einer Verlustphase am Unternehmen beteiligt. Genügt für diese Folgen die schuldrechtliche Behandlung des Inhaberbetriebsvermögens als gesamthänderisch gebundenes, so muss daraus trotz handelsrechtlicher Bilanzierungsverpflichtung nur des Handelsgeschäftsinhabers eine weitgehende einkommensteuerrechtliche Gleichstellung mit anderen Personengesellschaften gefolgert werden (aA *Döllerer* DStR 1985, 295). Dies bedeutet u.a. die Anwendbarkeit des **§ 24 UmwStG** nicht nur beim atypisch still Beteiligten, sondern auch beim Handelsgeschäftsinhaber (*Schmidt/Wacker* § 15 Rn 350; ähnl *Groh* in FS L. Schmidt, 1993, S 439; aA *Schulze zur Wiesche* DB 1986, 1744). Für die Übertragung von Wirtschaftsgütern aus einem anderen Betrieb des Geschäftsinhabers in das Handelsgewerbe, an dem die stille Beteiligung besteht, gilt § 6 Abs 5 Satz 1 EStG (Buchwertfortführung), ebenso, wenn der Stille ein bislang anderweitig betrieblich genutztes Wirtschaftsgut zum Sonderbetriebsvermögen in der atypischen stillen Beteiligung macht. Auch bei einer unentgeltlichen Übertragung auf den Geschäftsinhaber ist Buchwertfortführung entsprechend § 6 Abs 5 Satz 3 EStG zwingend (ebenso *Schmidt/Kulosa* § 6 Rn 691; allg zu § 6 Abs 5 EStG s *BMF* BStBl I 2011, 1279).

Wo allerdings die zivilrechtliche Sicht bestimmend für die steuerrechtliche Beurteilung ist, müssen aus dem Fehlen von Gesamthandsvermögen die Konsequenzen gezogen werden. So können zB atypische stille Gesellschaften im Verhältnis zu ihren Mitgliedern beim entgeltlichen **Lieferungs- und Leistungsverkehr** nicht den Personenhandelsgesellschaften gleichgestellt werden. Dies bedeutet, der Inhaber des **216**

§ 7 Gewerbeertrag

Handelsgeschäfts kann nicht an sich selbst zu verkehrsüblichen Bedingungen steuerwirksam liefern (vgl ansonsten BFH IV R 136/77 BStBl II 1981, 84). Es liegen vielmehr Einlagen von Wirtschaftsgütern und Entnahmen von Geld vor. Zur Betriebsaufgabe der atypischen stillen Gesellschaft s Rn 235. Die Umqualifizierung von Tätigkeits- und Nutzungsentgelten des atypischen stillen Gesellschafters in gewerbliche Einkünfte nach § 15 Abs 1 Satz 1 Nr 2 EStG findet allerdings auch bei einer Mitunternehmerschaft in der Form einer atypischen stillen Gesellschaft nach allgemeinen Grundsätzen statt (BFH VIII B 194/01 BFH/NV 2003, 1308). Soweit dem Inhaber derartige Vergütungen vereinbarungsgemäß zustehen, sind ebenfalls Vorabgewinne anzunehmen (s BFH VIII R 62/97 BFH/NV 1999, 773 zur Tätigkeitsvergütung des GmbH-Geschäftsführers). Die vorstehenden Erwägungen haben auch Gültigkeit für andere mitunternehmerische Innengesellschaften ohne Gesamthandsvermögen (vgl dazu auch BFH I R 25/79 BStBl II 1982, 186).

217 **c) Abgrenzungsprobleme.** Nach ihrem tatsächlichen Erscheinungsbild beurteilt, werfen die Innengesellschaften Abgrenzungsprobleme auf:

Eine Innengesellschaft als Mitunternehmerschaft ist ebenso wie die stille Gesellschaft an einem bestimmten selbstständigen Geschäftszweig oder Zweigbetrieb eines Unternehmens möglich, nicht aber an einzelnen Geschäften. Bei sog **Meta-Gesellschaften,** die zwar Innengesellschaften begründen (vgl auch *Groh* BB 1982, 1292, 1231), werden vielfach keine Mitunternehmerschaften anzunehmen sein, weil es sich insoweit nur um schuldrechtliche Gewinnabsprachen bezüglich einzelner Geschäfte ansonsten selbstständiger und im eigenen Namen am wirtschaftlichen Verkehr teilnehmender Unternehmen handelt, deren unternehmerisches Schicksal nicht entscheidend von der Abwicklung verschiedener Geschäfte auf gemeinsame Rechnung beeinflusst wird (s auch RStBl 1930, 716; StuW 1931, 434; evtl aA BFH I R 25/79 BStBl II 1982, 186; s dazu auch *Strobl* JbFfSt 1988/89, 247; BGH WM 1982, 1402). Etwas anderes wird jedoch gelten müssen, wenn ein intensiverer Interessenverbund hergestellt wird und deshalb ein gemeinsames Unternehmen iS eines zwar aufgabeverteilten, aber nach seinem Erfolg gemeinsamen Unternehmerrisikos vorliegt und die Gesellschafter in ihrer gesellschaftlichen Verbundenheit deshalb steuerbegründende Tatbestände verwirklichen (vgl für ähnlich gelagerte Fälle auch die Urteile in BFH VI R 149/67 BStBl II 1971, 620 – **Konsortium** –; IV 313/59 U BStBl III 1961, 194; I R 92/01 DStRE 2003, 808 sowie *Schmidt/Wacker* § 15 Rn 328). Darin zeigt sich, dass der sachliche Umfang des Betriebs einer BGB- und insbesondere Innengesellschaft sich nach dem wirtschaftlichen Organismus (Teilorganismus) richtet, auf den sich auch der Gesellschaftszweck bezieht. Dagegen wird bei Personenhandelsgesellschaften der Betriebsumfang im Wesentlichen davon bestimmt, auf welchen Bereichen sich die Gesellschaft mit einem einheitlichen Hervortreten nach außen betätigt (§ 2 Rn 400 f).

218 **d) Unterbeteiligungen.** Unterbeteiligungen (s auch § 2 Rn 22) an Gesellschaftsanteilen entsprechen steuerrechtlich in ihren wesentlichen Merkmalen als Innengesellschaften den atypischen stillen Gesellschaften, obwohl handelsrechtlich keine stille Gesellschaft vorliegt (Beteiligung ist kein Handelsgewerbe iSd § 230 HGB). Die Mitunternehmermerkmale des Unterbeteiligten sind im Verhältnis zum Hauptbeteiligten zu prüfen (BFH IV R 179/82 BStBl II 1985, 247). Auf der Ebene ihres gesellschaftlichen Zusammenwirkens ist wie bei den atypischen stillen Gesellschaften der Gewerbebetriebsbegriff und damit die Gewinnerzielungsabsicht zu untersuchen. Der Unterbeteiligte ist nach Einfügung des § 15 Abs 1 Satz 1 Nr 2 Satz 2 EStG Mitunternehmer der Hauptgesellschaft; Tätigkeitsvergütungen der Hauptgesellschaft an den Unterbeteiligten sind dem Gesamtgewinn hinzuzurechnen (BFH IV R 75/96 BStBl II 1998, 137). In aller Regel wird auch für die Unterbeteiligungsmitunternehmerschaft ein eigenes Gewinnfeststellungsverfahren durchgeführt (BFH GrS 3/

72 BStBl II 1974, 414). § 179 Abs 2 Satz 3 AO stellt es in das Ermessen des FA, ob für eine Unterbeteiligung eine eigene Gewinnfeststellung erfolgt (BFH IV R 179/82 aaO). Für nichtbetriebliche Einkünfte nach § 2 Abs 1 Nr 4–7 EStG können Unterbeteiligten die Einkünfte aus der Vermögensverwaltung nur dann (anteilig) zugerechnet werden, wenn sie selbst den Einkunftstatbestand mitverwirklichen (zB Vermieter sind).

(frei) 219

7. Vermögensverwaltende Gesellschaften

a) Handelsrecht. Handelsrechtlich kann private Vermögensverwaltung auch in 220 der Form einer Personenhandelsgesellschaft betrieben werden (§ 105 Abs 2 HGB). Zur Abgrenzung von Gewerbebetrieben kraft Gesetzes bei Kapitalgesellschaften als persönlich haftende Gesellschafter gewerblich geprägter Personengesellschaften s § 2 Rn 430 f.

b) Überschussrechnung. Die Schwierigkeiten bei der Besteuerung von Gesell- 221 schaften mit Überschusseinkünften entstehen dadurch, dass im Bereich dieser Einkünfte (wie zB Vermietung und Verpachtung) die Einkünfte aus dem Überschuss der Einnahmen über die Ausgaben ermittelt werden. Die Gesellschaft hat einkommensteuerlich kein Betriebsvermögen (BFH IV R 167/80 BStBl II 1981, 527). Andererseits gilt sie auch für diesen Bereich als Gewinnermittlungssubjekt (BFH GrS 4/82 BStBl II 1984, 751). **Geschäftsvorfälle** werden dem einzelnen Gesellschafter **nicht zugerechnet** (BFH VIII B 26/80 BStBl II 1981, 574). Die Maßgeblichkeit der handelsrechtlichen Gewinnverteilung mit der Bedeutung der Gesellschafterkapitalkonten ergibt sich auch aus der Anwendbarkeit des § 15 a EStG auf solche Gesellschaften (§ 21 Abs 1 Satz 2 EStG; s *Schmidt/Kulosa* § 21 Rn 111).

Für die Besteuerung der Überschusseinkünfte, zB aus Vermietung und Verpachtung, ist die Gesellschaft Überschussermittlungssubjekt; das Ergebnis der Überschussrechnung ist bei den nicht betrieblich beteiligten Gesellschaftern nach ihrer Beteiligungsquote oder ihren ggf steuerlich anzuerkennenden Verteilungsabreden (*Schmidt/Kulosa* § 21 Rn 34) entsprechend zu berücksichtigen. Zu Zebragesellschaften s Rn 181, zur Anrechnung der GewSt bei Zebragesellschaften s *Kollruss* Inf 2001, 715, zur Frage der Überschusszurechnung beim Gesellschafterwechsel s BFH IX S 5/83 BStBl II 1987, 212; *Giloy* BB 1987, 652.

c) Wahlrecht. Unterschiedliche Wahlrechtsausübung konnten die Gesell- 222 schafter von vermögensverwaltenden Gesellschaften bei der Inanspruchnahme von Abschreibungen bereits vor Entkoppelung der Steuerbilanz von der Handelsbilanz (§ 5 Abs 1 Satz 2 EStG; s Rn 8) beantragen, weil die Handelsbilanz dafür nicht maßgeblich ist (s aber § 7 a Abs 7 EStG; BFH IX R 102/85 BStBl II 1990, 593). Die Gesellschaft bleibt auch maßgeblich für die Gewinnverteilung, dh das durch die Überschussrechnung ermittelte Gesamtergebnis ist nach dem **Gewinnverteilungsschlüssel** zu verteilen (vgl BFH VIII R 194/78 BStBl II 1981, 510 für die im Wesentlichen austauschbaren Formen der vermögensverwaltenden BGB-Gesellschaft und Bruchteilsgemeinschaft; s auch *Groh* JbFfSt 1981/82, 181; ebenso BFH IX R 335/87 BStBl II 1993, 281). Durch die Übernahme mehrerer Komplementärfunktionen an mehreren vermögensverwaltenden KG wird eine natürliche Person noch nicht zum Gewerbetreibenden (BFH I R 301/83 BStBl II 1987, 816).

8. Verlustzuweisungsgesellschaften

Solche Gesellschaften treten in aller Regel in der Rechtsform der **GmbH & Co** 223 **KG** in Erscheinung. Zur Kapitalausstattung nehmen sie eine Vielzahl (daher auch die Bezeichnung Publikumspersonengesellschaften) von Kommanditisten auf. Die an diese ergehenden Verlustzuweisungen konnten vor 1980 („Altbetriebe": vor 1985) – auch soweit sie zu einem negativen Kapitalkonto führten – unmittelbar Steuerersparnisse bewirken (BFH GrS 1/79 BStBl II 1981, 164). Der sich durch den Wegfall des negativen Kapitalkontos beim Ausscheiden oder der Liquidation ergebende Gewinn war nach § 34 Abs 2 EStG steuerbegünstigt, wenn dies iZm der Betriebsaufgabe oder der Anteilsveräußerung stand. Durch Einfügung des § 15 a EStG hat sich diese Rechtslage geändert.

224 Nach § 15 a EStG sind Verlustzuweisungen an Kommanditisten – oder an nach § 15 a Abs 5 EStG gleichgestellte Mitunternehmer, wie zB **atypische stille Gesellschafter** oder BGB-Gesellschafter ohne konkretes Haftungsrisiko –, die ein negatives Kapitalkonto entstehen lassen oder erhöhen, nicht mit anderen Einkünften des Kommanditisten ausgleichsfähig, und zwar auch nicht über § 10 d EStG. Sie sind vielmehr mit künftigen Gewinnanteilen aus der Beteiligung zu verrechnen (§ 15 a Abs 1 Satz 1 und Abs 2 EStG). Besteht eine unmittelbare Außenhaftung des Kommanditisten nach § 171 Abs 1, § 172 Abs 4 HGB, weil die im Handelsregister eingetragene Haftsumme die geleistete Einlage übersteigt, so ist dagegen bis zur Höhe des Differenzbetrages weiterer Verlustausgleich möglich, obgleich dadurch ein negatives Kapitalkonto entsteht. Die Vermögensminderung auf Grund dieser Haftung darf indessen nicht durch Vertrag ausgeschlossen (BFH IX R 61/93 BStBl II 1996, 128), die Inanspruchnahme nicht nach Art und Weise des Geschäftsbetriebs unwahrscheinlich sein (BFH VIII R 111/86 BStBl II 1992, 164) und derjenige, dem der Anteil zuzuordnen ist (Kommanditist oder atypischer Stiller), muss im Handelsregister eingetragen sein (§ 15 a Abs 1 Satz 2 und 3 EStG), was beim Treugeber regelmäßig fehlt (*Schmidt/Wacker* § 15 a Rn 131; R 15 a Abs 3 Satz 4 EStR). Eine interne Verpflichtung eines Innengesellschafters zum Verlustausgleich hindert die Anwendung des § 15 a nicht (BFH VIII R 45/98 BStBl II 2002, 339), ebenso wenig Verpflichtungen gegenüber den Gläubigern des Geschäftsinhabers (BFH VIII R 31/01 BStBl II 2002, 464). Bei einer atypischen stillen Unterbeteiligung an einem Kommanditanteil mindert sich der erweiterte Verlustausgleich des Kommanditisten (BFH IV R 70/04 BStBl II 2007, 868). Kommanditist iSv § 15 a EStG kann auch eine Obergesellschaft bei einer mehrstöckigen Personengesellschaft sein (*Schmidt/Wacker* § 15 a Rn 61; BFH IV R 23/93 BStBl II 1995, 467). Nur für diesen Fall einer Obergesellschaft hat **§ 15 a EStG gewerbesteuerliche Bedeutung** (BFH VIII R 39/97 BFH/NV 1997, 857). Ansonsten ist die Vorschrift im Gewerbesteuerrecht nicht anwendbar, weil es sich nicht um eine die Gesellschaft betreffende Gewinnermittlungsvorschrift handelt, sondern um eine Vorschrift, die die Verlustzurechnung auf die einzelnen Gesellschafter regelt.

225 Für die Frage, ob ein **negatives Kapitalkonto** des Kommanditisten entsteht, ist von der tatsächlich geleisteten Einlage auszugehen (BFH VIII B 104/85 BStBl II 1988, 5; *BMF* BStBl I 1997, 627), die unter Berücksichtigung von evtl Ergänzungsbilanzen fortzuentwickeln ist. Nicht aufgedeckte, dh stille Reserven sind dabei nicht zu berücksichtigen (BFH IV R 75/93 BStBl II 1996, 474). Das Ausgleichsvolumen erhöht sich nicht um Darlehen (BFH VIII R 63/91 BStBl II 1993, 706) oder anderes Sonderbetriebsvermögen (BFH VIII R 31/88 BStBl II 1992, 167; *BMF* BStBl I 1997, 627; krit. *L. Schmidt* DStZ 1992, 702; *van Lishaut* FR 1994, 273; *Bordewin* DStR 1994, 673), auch nicht durch eigenkapitalersetzende Darlehen (BFH VIII R 28/98 BStBl II 2000, 347). Finanzplandarlehen, die bei Gründung der Gesellschaft vertraglich von den Gesellschaftern geschuldet werden, haben Eigenkapitalcharakter, wenn sie nicht einseitig gekündigt werden können und beim Ausscheiden mit einem etwaigen negativen Kapitalkonto zu verrechnen sind (BFH IV R 24/03 BStBl II 2005, 598). Zum Vier-Konten-Modell s BFH IV R 98/06 BStBl II 2009, 272. Nachträgliche Einlagen führten schon vor Einfügung des § 15a Abs 1a EStG nicht zur rückwirkenden Umpolung in Haftungskapital (BFH IV R 106/94 BStBl II 1996, 226). Bei vorgezogenen Einlagen (Einlage in 01, Verlust in 02) war der

Einlagebetrag, soweit er nicht in 01 verbraucht war, als Korrekturposten festzuhalten. Verlustanteile waren in den folgenden Jahren bis zur Höhe des Korrekturpostens als ausgleichsfähig anzuerkennen (BFH VIII R 32/01 BStBl II 2004, 359 sowie IV R 28/06 BStBl II 2007, 934). Das *BMF* schloss sich dieser Ansicht an (BStBl I 2007, 823). Nach Einfügung eines Abs 1 a in § 15 a EStG durch das JStG 2009 v 19.12.2008 (BGBl I 2008, 2794) ist diese BFH-Rspr gegenstandslos geworden. Es ist möglich, Einlagen derart zu leisten, dass sie nicht auf die noch ausstehende Pflichteinlage angerechnet werden mit der Folge, dass die Ausgleichsfähigkeit von Verlusten erhalten bleibt (BFH IV R 10/07 BStBl II 2008, 118).

Da die Entstehung oder die Erhöhung eines negativen Kapitalkontos am Bilanz- 226 stichtag eintritt (s BFH VIII R 11/98 BStBl II 2001, 166), also durch kurzfristige Einlage umgangen werden könnte, behandelt § 15 a Abs 3 EStG **Entnahmen** gewinnerhöhend, als wäre das entnommene Kapital nur vorübergehend eingelegt worden. Damit ist allerdings keine Rückwirkung auf einen schon berücksichtigten Verlustausgleich verbunden (BFH VIII R 39/94 BFH/NV 1998, 1078), sondern im Ergebnis die Umwandlung dieses steuermindernd berücksichtigten Verlustes in einen nur mit künftigen Gewinnen verrechenbaren. Keine Gewinnerhöhung tritt ein, wenn die Entnahme zu einem Wiederaufleben der persönlichen Außenhaftung des Kommanditisten nach § 172 Abs 4 HGB führt (vgl dazu im Einzelnen *Schmidt/Wacker* § 15a Rn 156).

(frei) **227, 228**

9. Kommanditgesellschaft auf Aktien

Bei der KGaA erzielt der persönlich haftende Gesellschafter kraft § 15 Abs 1 Satz 1 229 Nr 3 EStG gewerbliche Einkünfte aus **fiktiver Mitunternehmerschaft** mit der Folge einzubeziehender Tantiemen, möglichen Sonderbetriebsvermögens (nicht KG-Anteile), Erfassung der Einkünfte durch Zurechnung (allgemein s *Schaumburg* DStZ 1998, 525 sowie *Drüen/Heek* DStR 2012, 541; zu Pensionsrückstellungen s *Frankenheim* DStR 1999, 481). Dies bedeutet, dass Betriebsvermögensvergleich und nicht Zufluss entscheidet (BFH X R 14/88 BStBl II 1989, 881), auch eine Gewinnfeststellung ist erforderlich (glA *Fischer* DStR 1997, 1519). Gewerbesteuerlich stehen sich KGaA und deren persönlich haftender Gesellschafter als eigenständige Steuersubjekte gegenüber (BFH X R 6/05 BStBl II 2008, 363). Damit korrespondiert der Abzug von Geschäftsführergewinnen nach § 9 Abs 1 Nr 1 KStG, der die Hinzurechnung nach § 8 Nr 4 GewStG für die Gewerbesteuer wieder rückgängig macht. Der persönlich haftende Gesellschafter kann die Kürzung nach § 9 Nr 2 b in Anspruch nehmen. Sonderbetriebsausgaben des Geschäftsführers sind nach BFH I R 32/86 BStBl II 1991, 253 nicht bei den Hinzurechnungen, sondern bei den ggf gewerblichen Einkünften des Geschäftsführers abzuziehen. Eine gewinnneutrale Umwandlung einer KGaA in eine atypische stille Gesellschaft ist denkbar (BFH IV B 94/09 BFH/NV 2010, 1272).

IV. Besteuerung der stillen Gesellschaft

1. Die stille Gesellschaft als Steuer-/Gewinnermittlungssubjekt

a) Einkommensteuer. Einkommensteuersubjekt ist die natürliche Person, dh 230 weder die typische noch die atypische stille Gesellschaft. Dennoch ist diese Unterscheidung von Bedeutung. Denn auch vermögenslose Innengesellschaften können für die Zwecke der Einkommensteuer Gewinnermittlungssubjekte sein. Dies trifft zwar nicht für die typische stille Gesellschaft zu, weil jeder der beiden Vertragspartner seine zu unterschiedlichen Einkunftsarten gehörenden Einkünfte für sich ermittelt, wohl aber für die atypische stille Gesellschaft, wenn sie steuerrechtlich als

Mitunternehmerschaft zu werten ist. Zur Beschränkung des Verlustausgleichs bei „kapitalistischer" Beteiligung s § 15 Abs 4 Satz 6 EStG sowie BFH I R 62/08 BStBl II 2011, 272.

231 **b) Mitunternehmerschaft.** Sie setzt Mitunternehmerinitiative und Mitunternehmerrisiko voraus (s Rn 160 f; *OFD Erfurt* FR 2003, 1299). Da ein stiller Gesellschafter idR an der Geschäftsführung nicht beteiligt ist, kommt dem Mitunternehmerrisiko neben der üblichen Kontrollrechten erhebliche Bedeutung zu. Dazu fordert die Rechtsprechung zwar nicht notwendig eine Beteiligung am Verlust (BFH I R 22/75 BStBl II 1978, 644); aber am Geschäftswert und an den stillen Reserven des Anlagevermögens muss der mitunternehmerische Stille neben dem laufenden Gewinn regelmäßig beteiligt sein (BFH IV R 132/91 BFH/NV 1993, 647 zum Geschäftswert; IV R 1/92 BStBl II 1994, 700; IV R 6/01 BFH/NV 2003, 36; VIII R 20/01 BFH/NV 2003, 601; evtl aA VIII R 42/90 BStBl II 1994, 702). Eine Globalabfindung oder eine nur grob pauschale Abfindung für diese Teilhabe genügt nicht (BFH IV B 124/08 BFH/NV 2009, 1981), Buchwertklauseln für den Fall des vorzeitigen Ausscheidens sind unschädlich (BFH IV R 61/78 BStBl II 1982, 59). Die vertraglichen Abmachungen über eine Beteiligung an den stillen Reserven muss mehr als theoretische Bedeutung haben (BFH IV R 100/06 BFH/NV 2010, 2056). Die fehlende Beteiligung an den stillen Reserven kann durch eine besonders stark ausgeprägte Mitunternehmerinitiative kompensiert werden (BFH VIII B 281/02 BFH/NV 2004, 188). Dies ist der Fall, wenn dem Stillen Aufgaben der Geschäftsführung zur selbstständigen Ausübung übertragen worden sind (BFH IV B 128/08 BFH/NV 2009, 1981). Zu gewinnabhängigen Bezügen ohne Beteiligung an stillen Reserven s BFH IV R 197/79 BStBl II 1982, 389 (Ausnahmefall). Der Inhaber des Betriebs ist schon wegen seiner Außenhaftung (Mit-)Unternehmer (BFH IV R 2/05 BStBl II 2007, 927).

232 **c) Umsatzsteuer.** Als reine Innengesellschaft kann weder die typische noch die atypische stille Gesellschaft Unternehmerin oder umsatzsteuerrechtliche Leistungsempfängerin sein (s auch *Sölch/Ringleb* § 2 Rn 29). Deshalb stellt sich die Frage des Leistungsaustausches zwischen Gesellschafter und Gesellschaft (und die Abgrenzung zum Gesellschafterbeitrag) insoweit nicht. Erbrachte der Stille als Unternehmer bei der Gründung der Gesellschaft Sacheinlagen, so war dieser Vorgang nach § 4 Nr 8 Buchst j UStG bis 2004 steuerfrei.

233 **d) Gewerbesteuer.** Bedeutung hat die **typische** stille Gesellschaft für die GewSt des Geschäftsinhabers wegen der **Hinzurechnung** nach § 8 Nr 1 Buchst c. Danach wird der Gewinnanteil des Stillen in Höhe eines Viertels wieder hinzugerechnet. Der Begriff der stillen Gesellschaft richtet sich im Wesentlichen nach Handelsrecht, wobei die Beteiligung an einem Gewerbe schlechthin genügt (BFH I R 144/79 BStBl II 1984, 373, dort auch zur Abgrenzung vom partiarischen Arbeitsverhältnis). Zur Steuerschuldnerschaft des Geschäftsinhabers s § 5 Rn 10.

2. Einkommensteuerrechtliche Einzelfragen

234 Bei der **Gründung** der atypischen stillen Gesellschaft ist die Fortführung der Buchwerte eines schon bestehenden Gewerbebetriebs möglich. Demgegenüber müssen zur Feststellung des Werts der Gesellschafterbeiträge (Gewinnverteilung!) das Handelsgeschäft und die Einlage des Stillen nach den Grundsätzen der Unternehmensbewertung – vergleichbar der Abschichtungsbilanz – bewertet werden. Bei Beendigung ist der Wert des Unternehmens ebenso festzustellen.

235 Aus der Möglichkeit des **negativen Einlagekontos** können sich sowohl für die atypische als auch für die typische stille Gesellschaft Besonderheiten ergeben:
Bei der **atypischen** stillen Gesellschaft müssen für den Stillen, der nur beschränkt haftender Mitunternehmer ist, grundsätzlich die gleichen Besonderheiten gelten wie für den Kommanditisten. Zweifelhaft ist allerdings die Möglichkeit einer **Betriebsauf-**

Besteuerung der stillen Gesellschaft § 7

gabe durch die atypische stille Gesellschaft als Gewinnermittlungssubjekt, wie dies bei anderen mitunternehmerischen Gesellschaften (s BFH GrS 1/79 BStBl II 1981, 164) angenommen wird. Damit würde dem atypischen Stillen nicht nur das Ergebnis seiner Auseinandersetzung steuerbegünstigt (§§ 16, 34 EStG, Veräußerung oder Aufgabe eines Mitunternehmeranteils) zuzuordnen sein, sondern auch, was nach allgemeinen Grundsätzen für die Gesellschaft (nach außen handelnd durch den Inhaber) steuerbegünstigter Aufgabegewinn sein kann. Wird das Handelsgeschäft des Inhabers in einem einheitlichen wirtschaftlichen Vorgang aufgegeben, dann lägen jedenfalls hinsichtlich der stillen Reserven des Anlagevermögens die Voraussetzungen für eine steuerbegünstigte Aufgabe des Gewerbebetriebs vor; der atypische Stille würde daran teilhaben. Dies ist zu bejahen. Die Mitunternehmerschaft, auch wenn sie gesellschaftsrechtlich ohne gesamthänderisches Vermögen besteht, rechtfertigt die Zurechnung der Betriebsaufgabe beim atypischen Stillen (s dazu *Schmidt/Wacker* § 16 Rn 420 ff). Dass die atypische stille Gesellschaft handelsrechtlich keine Liquidation kennt (BGH II ZR 94/80 NJW 1982, 99), steht dieser Beurteilung nicht entgegen.

Davon zu unterscheiden ist der Fall der Beendigung der Gesellschaft ohne gleichzeitige Betriebsaufgabe durch den Geschäftsinhaber, der der Aufgabe oder Veräußerung eines Mitunternehmeranteils entspricht (Rn 124 f). Die **formwechselnde Umwandlung** einer GbR in eine atypische stille Gesellschaft ist keine gewinnrealisierende Betriebsaufgabe (BFH VIII R 40/84 BStBl II 1990, 561). Allgemein bewirkt der Wechsel der Rechtsform einer Mitunternehmerschaft nicht die Aufdeckung der stillen Reserven (BFH VIII R 53/84 BStBl II 1988, 186 sowie IV B 94/09 BFH/NV 2010, 1272). Zum **Steuerschuldnerwechsel** s § 2 Rn 599. 236

Bei dem **typischen** stillen Gesellschafter, der Einkünfte aus Kapitalvermögen (§ 20 Abs 1 Nr 4 EStG) erzielt, stellt sich die Frage, ob Verlustzuschreibungen auf dem Beteiligungskonto und auch das negative Konto **Werbungskosten** entstehen lassen. Werbungskosten hat der Stille jedenfalls bei Verlustverrechnung bis zur Höhe seiner Einlage (s auch *Sterner* DStZ 1986, 66; BFH VIII R 53/84 BStBl II 1988, 186). Der Verlust kann trotz § 20 Abs 9 Satz 1 Hs 2 EStG geltend gemacht werden (s *BMF* BStBl I 2010, 94 Rn 4; *Schmidt/Weber-Grellet* § 20 Rn 82: negative Einnahmen). Verluste, die über die Einlage hinausgehen, sind dem (typischen) Stillen in Höhe des negativen Einlagekontos zuzurechnen und als verrechenbare Verluste festzustellen. Dies wird durch die Verweisung in § 20 Abs 1 Nr 4 Satz 2 EStG auf § 15 a EStG klargestellt. Für typische und atypische stille Beteiligungen an Kapitalgesellschaften ist seit VZ 2004 geregelt, dass Verluste, die nicht auf natürliche Personen entfallen, nicht ausgleichsfähig sind, sondern nur mit einem Gewinn des vorausgegangenen Wirtschaftsjahres oder künftiger Wirtschaftsjahre verrechnet werden können (§ 20 Abs 1 Nr 4 Satz 2 iVm § 15 Abs 4 Sätze 6–8 EStG). Wegen verfassungsrechtlicher Bedenken s BFH I R 62/08 BStBl II 2011, 272. Zum steuerlich relevanten Zeitpunkt, zu dem Werbungskosten (negative Einnahmen) abfließen, werden unterschiedliche Auffassungen vertreten. Frühester Zeitpunkt wäre der der Bilanzaufstellung (BFH VIII R 36/01 BStBl II 2002, 858; *Schmidt/Weber-Grellet* § 20 Rn 82). Hinzukommen muss die Fortführung des Beteiligungskontos (Abbuchung oder vergleichbare Dokumentation), sofern durch die Abbuchung nicht ein negatives Kapitalkonto entsteht (BFH VIII R 36/01 aaO). Kein Abfluss ist anzunehmen, ehe der Jahresabschluss festgestellt oder geschätzt ist und von der Kapitaleinlage abgebucht ist (BFH VIII R 36/01 aaO; VIII R 21/06 BStBl II 2008, 126). Anders ist den beiden Zuflüssen von Gewinnanteilen. Hier kann Gutschrift wirtschaftliches Verfügen iSd zu § 11 EStG entwickelten Grundsätze bedeuten, sie muss es aber nicht. Kein Zufluss ist beispielsweise anzunehmen, wenn der Geschäftsinhaber zur Auszahlung nicht in der Lage ist. § 44 Abs 3 EStG betrifft nur den Abzug von Kapitalertragsteuer (*Schmidt/Heinicke* § 11 Rn 30 „Stille Gesellschaft"; s zum Auseinanderfallen BFH VI 284/61 S BStBl III 1963, 96; I R 111/88 BStBl II 1991, 313). Zur Abgrenzung zwischen stiller Gesellschaft und Genussrechtsverhältnis s BFH VIII R 3/05 BStBl II 2008, 852. 237

238 Bei **fehlendem Interessengegensatz** zwischen dem Inhaber des Handelsgeschäfts und dem Stillen kann nur ein angemessener Gewinnanteil berücksichtigt werden. Dieser ist in Anlehnung an die zu Familiengesellschaften entwickelten Grundsätze (vgl Rn 250) zu ermitteln (BFH IV R 50/99 BStBl II 2001, 299).

239 Wird eine typische **stille Beteiligung im Betriebsvermögen** gehalten, so ist nach den allgemeinen Bilanzierungs- bzw Gewinnermittlungsgrundsätzen zu verfahren. Dies bedeutet bei Bestandsvergleich Buchung ohne Rücksicht auf Zu- oder Abfluss. Bei Gesellschafteridentität war nach früherer Rechtsprechung der betriebliche Gewinnanspruch aus einer stillen Beteiligung einer GbR an einer GmbH bei dem Stillen (GbR) schon vor Bilanzfeststellung, dh im Erwirtschaftungsjahr der GmbH, zu bilanzieren (BFH VIII R 106/87 BStBl II 1991, 569). Inzwischen hat der Große Senat des BFH entschieden, dass Dividendenansprüche vor einer beschlossenen Gewinnverwendung grds nicht aktiviert werden dürfen (BFH GrS 2/99 BStBl II 2000, 632). Die Grundsätze dieser Entscheidung dürften auf stille Gesellschaften zu übertragen sein (offen gelassen in BFH I R 62/08 BStBl II 2011, 272). Verbindlichkeiten, die mit künftigen Gewinnen zu tilgen sind, können steuerrechtlich (Ausnahme Anschaffungskosten) nicht passiviert werden (BFH IV B 30/85 BStBl II 1986, 68). Dies trifft auch zu für eine Einlagerückforderung des Stillen, die – einem Vereinbarungsdarlehen ähnlich (*Groh* BB 1987, 1505) – von Gewinnen des Geschäftsherrn abhängt. Ungeklärt ist, ob eine im Betriebsvermögen gehaltene typische stille Beteiligung als Forderung oder als Beteiligung zu bilanzieren ist (BFH I R 62/08 aaO).

240 Der **Wertverlust** der Einlage bewirkt beim typischen Stillen grundsätzlich keine Werbungskosten, weil dies die Gewinnermittlung durch Überschussrechnung nicht zulässt (vgl *Glanegger* DStZ 1984, 583).

241 Die **Abfindung,** die der typische Stille bei Beendigung der Gesellschaft erhält, zählt – soweit sie die Einlage übersteigt – zu den Einkünften aus Kapitalvermögen, möglicherweise als Entschädigung iSd § 24 Nr 1 Buchst b EStG (BFH VIII R 126/82 BStBl II 1984, 580). Dagegen ist die Veräußerung einer im Privatvermögen gehaltenen stillen Beteiligung und der dabei erzielte Mehrbetrag nicht nach § 20 EStG zu versteuern (BFH I R 98/76 BStBl II 1981, 465).

3. GmbH & Still

242 Die GmbH mit stiller (typischer oder atypischer) Beteiligung des GmbH-Gesellschafters wird steuerrechtlich anerkannt (BFH I R 50/76 BStBl II 1980, 477; I R 82/76 BStBl II 1979, 768). Bei einer erheblichen Vermögenseinlage eines beherrschenden Gesellschafter-Geschäftsführers und stillen Gesellschafters ist eine Mitunternehmerschaft zwischen GmbH und Stillem möglich (BFH VIII R 64/03 BFH/NV 2004, 631; krit *Weber* DB 1992, 546). Die Geschäftsführergehälter des atypischen stillen Gesellschafters sind wie bei der GmbH & Co KG auch bei einem eigengewerblichen Tätigwerden der GmbH nach § 15 Abs 1 Satz 1 Nr 2 EStG dem Gewinn der Mitunternehmerschaft wieder hinzuzurechnen (BFH VIII R 62/97 BFH/NV 1999, 773), ebenso bei der AG & Still (BFH VIII B 54/05 BFH/NV 2006, 277). Die Geschäftsanteile des atypischen stillen Gesellschafters an der GmbH gehören zum SonderBV II (BFH IV R 100/06 BFH/NV 2010, 2056). Die Gründung einer stillen Gesellschaft erfordert die Zustimmung aller GmbH-Gesellschafter, sofern sich nicht aus dem Gesellschaftsvertrag etwas anderes ergibt (FG B-Bbg 6 K 6124/07 EFG 2011, 1335 rkr). Auch bei der GmbH & Still ist eine Beteiligung an nur einzelnen Geschäftszweigen möglich (s Rn 214).

243 Ist die GmbH **vermögensverwaltend** tätig, so erzielt sie zwar kraft Rechtsform Einkünfte aus Gewerbebetrieb, nicht aber die gleichzeitig bestehende atypische GmbH & Still. Grund: Der atypische Stille muss Mitunternehmer sein. Dazu ist der Tatbestand originärer gewerblicher Einkünfte erforderlich (*Schmidt/Wacker* § 15 Rn 359; *Gschwendtner* DStZ 1998, 335; BFH VIII B 112/97 BFH/NV 1999, 169).

GmbH & Co KG § 7

Eine Ausnahme regelt § 15 Abs 3 Nr 2 EStG. Eine typische stille Gesellschaft kann aber mit einer vermögensverwaltenden GmbH handelsrechtlich und steuerrechtlich eingegangen werden (BFH VIII R 237/80 BStBl II 1983, 563).
(frei) 244, 245

V. GmbH & Co KG

1. Einzelfragen

Betriebsaufgabe. Keine Gewerbesteuerpflicht besteht für eine GmbH & Co 246 KG nach Aufgabe ihrer werbenden Tätigkeit (Gleichbehandlung mit anderen Personengesellschaften, s Rn 26). Ihr Aufgabe- oder Veräußerungsgewinn unterliegt nicht der Gewerbesteuer (BFH IV R 25/79 BStBl II 1982, 707). Mit der Veräußerung der Kommanditbeteiligung ist grundsätzlich auch Sonderbetriebsvermögen aufzulösen (BFH I R 5/82 BStBl II 1983, 771). Zur Sonderbetriebsvermögenseigenschaft des Anteils an der Komplementär-GmbH s Rn 193. Zur Betriebsaufgabe der GmbH & Co KG ohne originäre gewerbliche Tätigkeit (**gewerblich geprägte Personengesellschaft**) s § 2 Rn 448.
Einlage. Die Bürgschaftsübernahme zugunsten der GmbH durch ihren Gesellschafter und ggf Kommanditisten führt zu Anschaffungskosten in der Form einer verdeckten Einlage (BFH VIII R 36/83 BStBl II 1985, 320).
Familien-GmbH & Co KG. Die Grundsätze über Familiengesellschaften (Rn 250) finden auch dann Anwendung, wenn nicht die Eltern oder Eheleute, sondern eine von diesen beherrschte GmbH die Kommanditbeteiligung dem Familienangehörigen schenkt oder für diesen Zweck Darlehen zu unüblichen Bedingungen zur Verfügung stellt (BFH IV R 27/76 BStBl II 1979, 670; IV R 53/82 BStBl II 1986, 798).
Geschäftsführergehälter des gleichzeitig als Kommanditist (oder sonstiger Gesellschafter) an der KG Beteiligten sind dem Gewinn der KG auch für gewerbesteuerliche Zwecke wieder hinzuzurechnen, auch wenn dieser bei der Komplementär-GmbH angestellt ist (BFH IV R 98/74 BStBl II 1979, 284; VIII R 46/94 BStBl II 1999, 720). Zur Zurechnung der Vorteile aus der Geschäftsführertätigkeit bei der GmbH s BFH I R 177/83 BStBl II 1987, 461; zur missbräuchlich zwischengeschalteten GmbH s BFH X R 27/86 BStBl II 1988, 629.
Mitunternehmerschaft des Kommanditisten s Rn 166, Mitunternehmerschaft der Komplementär-GmbH s Rn 170. Ein Organträger tritt nicht an die Stelle einer Komplementär-GmbH als Mitunternehmer einer GmbH & Co KG (BFH IV R 56/80 BStBl II 1984, 150).

2. Verdeckte Gewinnausschüttung

a) Allgemeines. Den Gewinn von Kapitalgesellschaften dürfen Vermögensver- 247 änderungen in der gesellschaftsrechtlichen Sphäre nicht verändern. Dies gilt auch für verdeckte Gewinnausschüttungen. Sie ersetzen weitgehend die Entnahmevorschriften des EStG. Eine verdeckte Gewinnausschüttung iSd § 8 Abs 3 Satz 2 KStG ist eine Vermögensminderung (verhinderte Vermögensmehrung), die durch das Gesellschaftsverhältnis veranlasst ist, sich auf den Unterschiedsbetrag iSv § 4 Abs 1 EStG auswirkt und in keinem Zusammenhang mit einer offenen Ausschüttung steht (zB BFH I R 37/01 BStBl II 2003, 418). Sie setzt eine Einkommensminderung bei der Kapitalgesellschaft außerhalb von Ausschüttungen voraus (BFH I R 73/89 BStBl II 1991, 593), unabhängig davon, ob dem Gesellschafter ein nach § 20 Abs 1 Nr 1 EStG steuerbarer Wert zugeflossen ist. Sie kann auch in einer tatsächlichen Handlung eines Gesellschafters oder einer ihm nahestehenden Person bestehen (BFH I R 17/92 BStBl II 1993, 352). Die Herstellung der Ausschüttungsbelastung unter der

§ 7 Gewerbeertrag

Geltung des Anrechnungsverfahrens erforderte zusätzlich den Vermögensabfluss (BFH I R 87/83 BStBl II 1987, 75; BFH FR 1988, 82). Die Gewinnkorrektur wird außerhalb der Steuerbilanz vorgenommen (BFH I R 137/93 BStBl II 2002, 366; s auch *BMF* BStBl I 2002, 603). Zur Abgrenzung von Bilanzberichtigungen s ABC „Konkurrenzen", „Verzicht". Zur verdeckten Gewinnausschüttung als evtl strafbare Untreue s BFH I R 41/86 BStBl II 1989, 1029; *Meilicke* BB 1988, 1261. Auch nach der Abschaffung des körperschaftsteuerlichen Anrechnungsverfahrens ist die verdeckte Gewinnausschüttung von Bedeutung (s *Hey* GmbHR 2001, 1).

b) Einzelfälle der vGA (ABC):

248
- **Bilanzierungsfehler** führen zu einer verdeckten Gewinnausschüttung, wenn ein ordentlicher und gewissenhafter Geschäftsleiter den Fehler bei sorgsamer Durchsicht der Bilanz hätte bemerken müssen (BFH I R 58/05 BStBl II 2006, 928).
- **Buchungsfehler** sind idR keine verdeckte Gewinnausschüttung (BFH III R 43/00 BStBl II 2003, 149).
- **Ehegatten.** Für die Gesellschaftsbeherrschung können Kapitalanteile von Ehegatten nur bei konkreten Anhaltspunkten für gleichgerichtete Interessen zusammengerechnet werden (BFH I R 73/85 BStBl II 1989, 522).
- **Forderungsverzicht** des Gesellschafters bewirkt eine Einlage, auch wenn er bedingt erfolgt; Zinsen können gleichwohl als Betriebsausgaben abgezogen werden (BFH I R 41/87 BStBl II 1991, 588). Zur Bewertung und dem Zeitpunkt der Einlage s BFH GrS 1/94 BStBl II 1998, 307. Forderungsverzicht der Gesellschaft ohne betriebliche Veranlassung ist verdeckte Gewinnausschüttung (BFH I R 183/75 BStBl II 1977, 571). Zum Verzicht unter Besserungsvorbehalt s BFH I R 27/02 BFH/NV 2003, 824.
- **Fremdkapital.** Vergütungen für Fremdkapital, das von einem Anteilseigner zur Verfügung gestellt worden war, galten nach § 8 a KStG in der vor 2008 geltenden Fassung als verdeckte Gewinnausschüttung. Bis einschließlich EZ 2003 waren die bei der Gewinnermittlung angesetzten Beträge gem § 9 Nr 10 aF zu kürzen. Mit Wirkung ab EZ 2004 wurde § 9 Nr 10 aufgehoben, so dass sich danach die nach § 8 a KStG als verdeckte Gewinnausschüttung zu behandelnden Fremdkapitalzinsen gewerbeertraghöhend auswirkten. Darlehensgewährungen der Gesellschaft an den Gesellschafter mit einer unangemessenen Verzinsung führen zur verdeckten Gewinnausschüttung (H 36 Abs 5 KStH, Einzelfälle).
- **Fremdvergleich** (s auch BFH I R 24/97 BStBl II 1998, 573; *Weber-Grellet* DStZ 1998, 357). Der Fremdvergleich ist als Prüfungsmaßstab auch bei den verdeckten Gewinnausschüttungen heranzuziehen, und zwar mittels der Rechtsfigur des ordentlichen und gewissenhaften Geschäftsleiters (BFH I R 88/94 BStBl II 1996, 383; zur Aufteilung in einen angemessenen und einen unangemessenen Teil s BFH I R 27/95 BStBl II 2002, 367; s auch *Gosch* DStZ 1997, 1). Die Bewertung nach den Grundsätzen des Fremdvergleichs führt idR – unter Beachtung einer Bandbreite – zum Ansatz des gemeinen Werts (BFH I R 47/10 BFH/NV 2011, 1019).
- **Gemischt veranlasste Aufwendungen.** Zur Behandlung von Aufwendungen, die sowohl durch die private Lebensführung des Gesellschafter-Geschäftsführers als auch durch das Gesellschaftsverhältnis veranlasst sind, s *FinMin Schl-H* DStR 2011, 314, unter Hinweis auf BFH I R 1/06 BStBl II 2010, 672.
- **Geschäftschancenlehre.** Nutzt ein Gesellschafter Informationen oder Geschäftschancen der Gesellschaft, so kann, unabhängig vom Bestehen eines zivilrechtlichen Schadensersatzanspruchs der Gesellschaft, darin eine verdeckte Gewinnausschüttung zu sehen sein (BFH I R 26/95 DStR 1997, 575).
- **Geschäftsführergehälter** sind dann angemessen, wenn sich dies aus dem externen Betriebsvergleich, hilfsweise daraus ergibt, welche Bezüge der Geschäftsführer für eine ähnliche Tätigkeit vorher erzielt hat (BFH I R 152/90 BStBl II 1992, 690). Angemessen ist nicht ein bestimmter Betrag, sondern eine Bandbreite von Beträgen

ABC Verdeckte Gewinnausschüttungen (Rn 248) § 7

(BFH I R 79/08 BFH/NV 2010, 1307). Als verdeckte Gewinnausschüttung sind Geschäftsführergehälter nur insoweit anzusehen, als sie den oberen Rand der Bandbreite angemessener Gehälter übersteigen (BFH I R 24/02 BStBl II 2004, 136). Gewinn-Tantiemen als alleiniger Lohn sind unüblich und lösen eine verdeckte Gewinnausschüttung aus (BFH I R 54/91 BStBl II 1993, 311). Zur Angemessenheit von Tantiemen s „Tantiemenzahlungen"; zur Angemessenheit von Geschäftsführerbezügen s *OFD Karlsruhe* DStR 2001, 792. Die Gesellschafterversammlung ist vorbehaltlich anderslautender Satzungs- oder Mitbestimmungsregelung für Änderungen von Geschäftsführerdienstverträgen zuständig (BGH II ZR 169/90 NJW 1991, 1680; *BMF* DB 1996, 1779). Zu Überstundenvergütungen nach § 3 b EStG s *Prühs* DB 1997, 2094; BFH I R 40/00 BStBl II 2001, 655; I R 111/03 BFH/NV 2004, 1605; zu Verlustvorträgen BFH I R 22/03 BStBl II 2004, 524.

– **Gewinnanteil** der Komplementär-GmbH. Die nachträglich vereinbarte Verminderung des Gewinnanteils der Komplementär-GmbH zugunsten der Kommanditisten, die auf deren Gesellschafterstellung bei der GmbH zurückgeht, erfüllt den Tatbestand einer verdeckten Gewinnausschüttung. Ihr Gegenstand ist idR ein Bruchteil am Gesellschaftsanteil, da die Absprache meistens auch für die Liquidation Bedeutung hat (BFH IV R 38/73 BStBl II 1977, 477; IV R 209/80 BStBl II 1984, 53). S dazu auch *Schmidt/Wacker* § 15 Rn 729. Über das Vorliegen einer verdeckten Gewinnausschüttung bei einer Komplementär-GmbH ist im Gewinnfeststellungsverfahren für die KG zu entscheiden (BFH I R 79/97 BStBl II 1998, 578).
– **Gründungsphase.** Zu den Besonderheiten bei verdeckten Gewinnausschüttungen anlässlich von Gründungsgeschäften s BFH I R 294/81 BStBl II 1984, 673; I R 22/79 BStBl II 1985, 69; I R 70/77 BStBl II 1984, 384; I R 216/82 BStBl II 1984, 348. In den von der GmbH übernommenen Gründungskosten wird eine verdeckte Gewinnausschüttung gesehen, wenn diese von den Gesellschaftern zu tragen sind (BFH I R 42/96 BFH/NV 1997, 711).
– **Kompetenzüberschreitung** beherrschender Gesellschafter kann zur verdeckten Gewinnausschüttung führen (BFH I R 32/88 BStBl II 1991, 484).
– **Konkurrenzen.** Zum Verhältnis Entnahme/verdeckte Gewinnausschüttung bei der GmbH & Co KG s BFH VIII R 280/81 BStBl II 1986, 17. Zivilrechtsansprüche der Kapitalgesellschaft gegen ihren Gesellschafter, die keine Einlageforderungen sind, müssen erfolgswirksam aktiviert werden, und lösen nicht zusätzlich eine verdeckte Gewinnausschüttung aus (s zur Abgrenzung „Verzicht").
– **Mittelbare verdeckte Gewinnausschüttung** liegt vor, wenn an eine dem Gesellschafter **nahestehende Person** seitens der Gesellschaft geleistet wird. Es wird dabei nicht mehr vorausgesetzt, dass die Zuwendung einen Vorteil des Gesellschafters bewirkt (BFH I R 139/94 BStBl II 1997, 301). Mittelbar kann die verdeckte Gewinnausschüttung auch in der Weise erfolgen, dass nicht die GmbH, sondern die KG den GmbH-Gesellschaftern einen Vorteil zuwendet (BFH I R 186/76 BStBl II 1980, 531). Als nahestehende Person kann auch eine Personenhandelsgesellschaft in Betracht kommen (BFH I R 54/83 BStBl II 1987, 459).
– **Organschaft.** Die Gewinnabführung auf der Grundlage einer verunglückten Organschaft ist eine verdeckte Gewinnausschüttung; die Rückforderung ist Einlage (BFH I R 209/85 BStBl II 1989, 670; I R 110/88 BStBl II 1990, 24).
– **Pensionierungsalter** des beherrschenden Gesellschafter-Geschäftsführers wird für Rückstellung mit 65 Jahren angenommen (BFH I R 113/88 BStBl II 1991, 379). Beim **nicht beherrschenden** Gesellschafter ist die Pension erdient, wenn der Beginn der Betriebszugehörigkeit mindestens **12 Jahre** zurückliegt und die Zusage mindestens 3 Jahre bestanden hat (BFH I R 40/99 BStBl II 2000, 504). Beim **beherrschenden** Gesellschafter muss zwischen Zusage und Ruhestandseintritt ein Zeitraum von mindestens **10 Jahren** liegen (BFH I R 52/97 BStBl II 1999, 318; *BMF*-Übergangserlass BStBl I 1997, 673; s *BMF* BStBl I 1999, 512, auch zur Finanzierbarkeit). Sowohl beim beherrschenden als auch beim nicht beherrschenden

Gesellschafter scheidet eine anzuerkennende Pensionszusage idR aus, wenn der Gesellschafter-Geschäftsführer zum Zusagezeitpunkt das **60. Lebensjahr** vollendet hat (BFH I R 80/02 BStBl II 2003, 926; I R 94/04 BFH/NV 2006, 616). Zur Probezeit s BFH I R 42/97 BStBl II 1999, 316 sowie I R 99/02 BFH/NV 2004, 373. Eine unmittelbar nach der Anstellung erteilte unverfallbare Pensionszusage an die Ehefrau des beherrschenden Gesellschafters löst idR eine verdeckte Gewinnausschüttung aus (BFH I R 2/92 BStBl II 1993, 455; krit *Cramer* BB 1996, 2239; s auch *BMF* BStBl I 2002, 1393). Zu Nur-Pensionen s BFH I R 89/04 BStBl II 2008, 523 und *BMF* BStBl I 2008, 681; dagegen BFH I R 78/08 BStBl II 2013, 41. Die Nichtbeachtung des § 6a EStG führt nicht zwangsläufig zur vGA (BFH I R 29/06 BFH/NV 2007, 1350).
– **Pensionsanpassung** an gestiegene Lebenshaltungskosten für die Witwe des Gesellschafter-Geschäftsführers führt dann nicht zu einer verdeckten Gewinnausschüttung, wenn auch entsprechend für die übrigen Beschäftigten so verfahren wird (BFH I R 68/84 BStBl II 1989, 57).
– **Privatsphäre.** Körperschaften haben keine Privatsphäre, vielmehr sind nicht betrieblich veranlasste Wertabflüsse mit Hilfe des Rechtsinstituts der verdeckten Gewinnausschüttung zu erfassen (BFH I R 54/95 DStR 1997, 492; I R 32/06 BStBl II 2007, 961).
– **Rückabwicklung** einer verdeckten Gewinnausschüttung auf Grund einer Satzungsklausel bedeutet Einlage (BFH I R 176/83 BStBl II 1987, 733; VIII R 59/97 BStBl II 2001, 226; zivilrechtlich s BGH BB 1987, 433 und für geänderte Gewinnverteilungsbeschlüsse BFH I R 105/88 BStBl II 1989, 741).
– **Schwestergesellschaften.** Bei Unterpreisgeschäften fließt die verdeckte Gewinnausschüttung regelmäßig der Mutter (oder den beherrschenden natürlichen Personen) zu (BFH I R 107/82 BStBl II 1987, 293). S dazu und zur verdeckten Nutzungseinlage BFH GrS 2/86 BStBl II 1988, 348; I R 335/83 BStBl II 1989, 510; I R 22/04 BStBl II 2007, 658. Zur verdeckten Gewinnausschüttung bei der Verlagerung von Geschäftschancen auf Schwestergesellschaften s BFH I R 64/01 BFH/NV 2003, 205.
– **Selbstkontrahieren** und verdeckte Gewinnausschüttung s BFH I R 64/94 BStBl II 1996, 246; I R 71/95 BStBl II 1999, 35. Die nachträgliche Genehmigung eines In-sich-Geschäfts kann steuerlich wirksam sein (BFH I R 19/97 BFH/NV 1998, 746). Die Befreiung nach § 181 BGB bleibt auch dann wirksam, wenn sich eine GmbH in eine Einmann-GmbH verwandelt (BFH I R 1/90 BStBl II 1991, 597; ähnlich I R 89-98/91 BStBl II 1993, 141).
– **Tantiemenzahlungen,** umsatzabhängige, an den Gesellschafter-Geschäftsführer sind idR als verdeckte Gewinnausschüttung anzusehen (BFH I R 89/85 BStBl II 1989, 854; I R 230/75 BStBl II 1978, 234; zu Ausnahmen s I R 105-107/97 BStBl II 1999, 321; I B 1/004 BFH/NV 2004, 1424). Auch Umsatzprovisionen, die weder zeitlich noch betragsmäßig beschränkt sind, stellen idR eine verdeckte Gewinnausschüttung dar (BFH I R 108/5 BFH/NV 2007, 107). Zur Rohgewinntantieme s BFH I R 9/95 BStBl II 1997, 703; *BMF* BStBl I 1997, 900. Ein Forderungsverzicht muss einer steuerlich anzuerkennenden Tantiemenvereinbarung nicht entgegenstehen (BFH I R 11/94 BStBl II 1994, 952). Eine Gewinntantieme ist idR dann unangemessen, wenn sie 50% des Jahresüberschusses – vor Abzug der Tantieme und der Steuern – übersteigt (BFH I R 74/99 BStBl II 2000, 547; I R 24/02 BStBl II 2004, 136; I B 112/05 BFH/NV 2006, 1158). Die Rechtsprechung, wonach der Festgehaltanteil an den Gesamtjahresbezügen wenigstens 75%, die variable Tantieme höchstens 25% betragen soll (BFH I R 50/94 BStBl II 1995, 549), ist durch I R 24/02 aaO weitgehend überholt. In die Bemessungsgrundlage für die Gewinntantieme sind Verlustvorträge einzubeziehen, die auf Zeiten entfallen, für die der Geschäftsführer bereits verantwortlich war (BFH I R 73/06 BStBl II 2008, 314).

Familiengesellschaften, Angehörigenverträge § 7

- **Tatsächliche Durchführung.** Mangelhafte Vertragsdurchführung lässt vielfach darauf schließen, dass die Unentgeltlichkeit der Leistung verdeckt werden soll und erzeugt eine verdeckte Gewinnausschüttung (BFH I R 110/83 BStBl II 1988, 301; zu nahestehenden Personen s BFH I R 103/86 BStBl II 1988, 786). Zu wegen schlechter Wirtschaftslage zurückgehaltenen Gehaltszahlungen s BFH I R 99/87 BStBl II 1990, 454; *Meier* DStR 1988, 374. Eine nach außen tretende jahrelange Übung kann an die Stelle der nicht durchgeführten Vereinbarung treten (BFH I R 63/90 BStBl II 1992, 362).
- **Vereinbarungen** mit beherrschenden Gesellschaftern sind zur Vermeidung verdeckter Gewinnausschüttungen im Voraus und ferner klar und eindeutig zu treffen (BFH I R 20/98 BStBl II 2001, 612), schon deshalb, weil eine unentgeltliche Dienstleistung nicht ausgeschlossen ist (BFH I R 8/85 BStBl II 1989, 633). Nachträgliche Festlegungen sind nur im Ausnahmefall unschädlich (BFH I R 56/78 BStBl II 1982, 761; zur Abgrenzung s auch BFH I R 110/83 BStBl II 1988, 301). Im Einzelfall können auch **mündliche Absprachen** anerkannt werden (BFH I R 157/86 BStBl II 1990, 645); zur Abgrenzung s I R 18/91 BStBl II 1993, 139; krit *Depping/Voß* DStR 1992, 341. Für nahestehende Personen gelten dieselben Grundsätze (BFH I R 9/85 BStBl II 1989, 631).
- **Verrechnungskonto.** Zahlungen einer Kapitalgesellschaft für private Zwecke ihrer Gesellschafter, die auf einem Verrechnungskonto festgehalten werden, sind nicht in jedem Fall als verdeckte Gewinnausschüttung zu behandeln und können Kredite sein (BFH VIII R 284/83 BStBl II 1986, 481).
- **Verzicht** der Kapitalgesellschaft und als Folge davon eine verdeckte Gewinnausschüttung sind noch nicht anzunehmen, wenn die Kapitalgesellschaft lediglich die Forderung an ihren Gesellschafter nicht in ihrer Bilanz ausweist (BFH I R 6/94 BStBl II 1997, 89, Vorrang der Bilanzberichtigung; s auch BFH I R 26/95 DStR 1997, 575). Zur Abgrenzung s auch *BMF* BStBl I 1997, 112 (zu Risikogeschäften). Bei einem Verzicht des Gesellschafter-Geschäftsführers auf seine Ansprüche auf laufendes Gehalt führt eine stehengelassene Tantieme idR zur verdeckten Gewinnausschüttung (BFH I R 27/99 BStBl II 2002, 111).
- **Vorteilsausgleich,** zB zwischen wechselseitigen unterpreislichen Mietverhältnissen, kompensiert eine verdeckte Gewinnausschüttung nur bei eindeutigen, im Voraus getroffenen Vereinbarungen (BFH I R 25/82 BStBl II 1989, 248). S auch BFH I R 73/89 BStBl II 1991, 593; I R 51/92 BStBl II 1993, 635.
- **Wettbewerbsverbot.** § 8 Abs 3 Satz 2 KStG hat nur Gewinnkorrekturfunktion und ist keine Einkünftezurechnungsnorm. Auch der im Wettbewerb zu seiner Kapitalgesellschaft stehende Gesellschafter kann danach eigenständig und in Abgrenzung zur Kapitalgesellschaft zB nach § 15 EStG gewerbliche Einkünfte begründen (BFH I R 26/95 DStR 1997, 575). Ein unentgeltlicher Dispens vom Wettbewerbsverbot stellt für sich gesehen noch keine vGA dar, BFH I R 26/95 aaO; s auch „Geschäftschancenlehre".
- **Zuschläge** für Sonntags-, Feiertags-, Mehr- und Nachtarbeit führen regelmäßig zur verdeckten Gewinnausschüttung, die nicht nach § 3 b EStG steuerfrei ist. Eine verdeckte Gewinnausschüttung liegt allerdings nicht vor, wenn eine entsprechende Vereinbarung auch mit einer vergleichbaren gesellschaftsfremden Person abgeschlossen worden ist (BFH I R 7/05 BFH/NV 2006, 131).

(frei) 249

VI. Familiengesellschaften, Angehörigenverträge

1. Familiengesellschaften

Das Bedürfnis, die Erzielung von Einkommen unter Ehegatten und Kindern 250 (auch Enkeln) aufzuteilen, hat vielfach zum Entstehen sog Familiengesellschaften geführt (s auch R 15.9 EStR; H 15.9 EStH; *Bordewin* DB 1996, 1359; *R. Schmid* DStR 1995, 1977; *Ritzrow* StBp 2003, 140, 173; *Zipfel/Pfeffer* BB 2010, 343). Für ihre Anerkennung hat die Rechtsprechung wegen des zwischen Familienmitgliedern oftmals fehlenden Interessengegensatzes **zahlreiche Erfordernisse** entwickelt:

251 a) **Fremdvergleich.** Wesentlich für die steuerrechtliche Anerkennung von Familiengesellschaften, aber auch für Arbeitsverhältnisse und sonstige Rechtsverhältnisse zwischen Angehörigen (nicht: nichteheliche Lebensgemeinschaft, BFH IV R 225/85 BStBl II 1988, 670, wohl aber Partnerschaften nach dem LPartG v 16.2.2001, BGBl I 2001, 266), die sich denkbar auch auf familiärer Basis vollziehen können, ist der sog **Fremdvergleich**, dh die Beurteilung nach dem im Geschäftsleben Üblichen (vgl dazu *Eppler* DStR 1987, 607; *P. Fischer* DStZ 1997, 357). Er gilt auch für die Familien-GmbH & Co KG, in der die GmbH durch ein Familienmitglied beherrscht wird (BFH IV R 53/82 BStBl II 1986, 798). Dies hat die Rechtsprechung zu der Forderung bewogen, dass dem Minderjährigen zur Begründung einer Mitunternehmerstellung annähernd die Rechte eingeräumt werden müssen, die das HGB für den Normalfall einer Kommanditbeteiligung vorsieht (vgl BFH VIII R 16/97 BStBl II 2001, 186). Die Grundsätze über Angehörigenverträge sind auch auf Verträge zwischen Personengesellschaften anzuwenden, die von nahen Angehörigen beherrscht werden (BFH VI R 53/00 BFH/NV 2001, 1547). Angehöriger ist auch der geschiedene Ehepartner (BFH X B 6/02 BFH/NV 2003, 318).

252 Der Fremdvergleich lässt sich aber **nicht in allen Bereichen** aufrechterhalten, insb muss er dann versagen, wenn – was zwischen fremden Dritten unüblich ist – Beteiligungen **schenkweise** oder in Erfüllung privater Verpflichtungen (zB zur Erfüllung eines eherechtlichen Zugewinnausgleichsanspruchs) eingeräumt werden. Trotz fehlender betrieblicher Gründe für das Entstehen des Beteiligungsverhältnisses (s BFH I R 131/70 BStBl II 1973, 395) wird dieses steuerrechtlich anerkannt. Schädlich sind allerdings die freie Widerruflichkeit der Schenkung (BFH VIII R 196/84 BStBl II 1989, 877; R 15.9 Abs 2 EStR) sowie die Möglichkeit zur Hinauskündigung ohne angemessene Beteiligung am Geschäftswert und an den stillen Reserven (BFH IV R 79/94 BStBl II 1996, 269). Unschädlich ist eine Rückfallklausel für den Fall des Vorversterbens (BFH IV R 114/91 BStBl II 1994, 635), die fehlende Beteiligung an Geschäftswert und stillen Reserven im Fall der eigenen Kündigung sowie die Zulässigkeit von Mehrheitsbeschlüssen für Maßnahmen der gewöhnlichen Geschäftsführung (BFH VIII R 16/97 BStBl II 2001, 186). Bei Schenkung einer stillen Einlage erstreckt sich die Formbedürftigkeit des Schenkungsversprechens auch auf den Gesellschaftsvertrag; die buchmäßige Gutschrift der Einlage führt nicht zur Heilung des Formmangels (BFH X R 14/99 BFH/NV 2003, 1547).

253 Hinsichtlich der Gewinnverteilung geht die Rechtsprechung typisierend von bestimmten Angemessenheitsgrenzen aus (s Rn 255 „Gewinnverteilung"). Auch das Bestreben, Kinder an das Unternehmen heranzuführen, um einen Fortbestand zu sichern, wird von der Rechtsprechung als Grund für eine gewisse Begrenzung insb der Mitunternehmerinitiative (Beschränkung des Entnahmerechts, kein Widerspruchsrecht nach § 164 HGB) mit steuerlicher Berücksichtigung hingenommen (BFH I R 116/77 BStBl II 1979, 620; IV R 27/76 BStBl II 1979, 670, einschränkend hinsichtlich des Alters der Kinder). Das Vorliegen von Mitunternehmerinitiative und -risiko ist bei Familienpersonengesellschaften nach den gleichen Kriterien zu prüfen wie bei Personengesellschaften unter Fremden (BFH IV B 143/05 BFH/NV 2007, 1848). Entspricht die Rechtsstellung des minderjährigen Kindes im Wesentlichen dem **HGB-Regelstatut**, so steht die fehlende Absicherung einer in Raten zu tilgenden Auseinandersetzungsforderung der steuerlichen Anerkennung eines typischen stillen Gesellschaftsverhältnisses nicht entgegen (BFH III R 91/87 BStBl II 1990, 10). Die Rechtsprechung zur Anerkennung von Familiengesellschaf-

Familiengesellschaften, Angehörigenverträge § 7

ten ist verfassungskonform, da sie dem innerhalb des Familienverbandes typischerweise fehlenden Interessengegensatz und der Missbrauchsgefahr Rechnung trägt (BVerfG 2 BvR 802/90 BStBl II 1996, 34).

Wie für sonstige Vertragsverhältnisse zwischen Familienangehörigen gilt auch 254 hier der verfassungsrechtlich unbedenkliche Grundsatz, dass die steuerrechtliche Anerkennung zur eindeutigen Trennung der verschiedenen Vermögenssphären **klare vertragliche Regelungen** und ihre **Durchführung** voraussetzt. Zu Ausnahmen (konkludenter Vertragsschluss) s Rn 161. Ein Vertrag über eine **stille Beteiligung** ist unter Familienangehörigen nur dann **durchgeführt,** wenn die Gewinnanteile entweder ausgezahlt werden oder im Falle einer Gutschrift eindeutig bis zur Auszahlung jederzeit abrufbar gutgeschrieben werden (BFH I R 203/84 BStBl II 1990, 68). Werden Angehörigenverträge, wie zB Darlehen, steuerlich nicht anerkannt, so ist beim Zahlenden der Abzug zu versagen und die Einnahmen sind beim Empfänger nicht der ESt/GewSt zu unterwerfen (BFH VIII R 65/93 BStBl II 1995, 264).

b) Einzelfälle. Arbeitskraft als Einlage. Arbeiten die als typische Stille in den 255 Betrieb aufgenommenen Kinder im Unternehmen mit, so kann für die Angemessenheitsprüfung des Gewinnanteils nur dann von einer als Einlage erbrachten Arbeitskraft ausgegangen werden, wenn dies ausdrücklich vereinbart war (BFH VIII R 11/75 BStBl II 1978, 427; V R 21/72 BStBl II 1973, 844).

Ausschluss von der Verwaltung des Kommanditanteils bis zur Vollendung des 28. Lebensjahres bewirkt, dass das als Gesellschafter aufgenommene Kind nicht als Mitunternehmer angesehen werden kann (BFH IV R 135/78 BStBl II 1981, 779).

Befristung. Ist das Gesellschaftsverhältnis für eine Zeitspanne vereinbart, in der die beteiligten Kinder noch unterhaltsbedürftig sind, so kann dies einer Anerkennung der Gesellschafterstellung entgegenstehen (BFH IV R 73/73 BStBl II 1976, 324). Die Befristung der schenkweisen Übertragung eines Mitunternehmeranteils kann einer Mitunternehmerstellung des Beschenkten entgegenstehen, wenn dieser dadurch zu Wohlverhalten gegenüber dem Schenker gezwungen ist (BFH VI B 168/04 BFH/NV 2006, 1828).

Buchwertabfindung. Ein Großteil der von der Rechtsprechung entwickelten Kriterien zur Feststellung der Mitunternehmerschaft rührt von der Entscheidung über die steuerliche Anerkennung von Mitunternehmerschaften zwischen Familienangehörigen her. Dies gilt insb für die Frage der Buchwertabfindung im Kündigungsfall. So kann mangels Mitunternehmerinitiative Mitunternehmerschaft zu verneinen sein, wenn dem bisherigen Inhaber einseitig das Recht zusteht, den am Unternehmen beteiligten Angehörigen jederzeit zum Buchwert der Beteiligung hinauszukündigen (BFH IV R 131/78 BStBl II 1981, 663; s Rn 165), nicht aber, wenn die Buchwertbeschränkung nur bei eigener Kündigung greifen soll (BFH VIII R 166/84 BStBl II 1989, 758; VIII R 16/97 BStBl II 2001, 186). Diese Grundsätze gelten auch für atypische stille Unterbeteiligungen (BFH IV R 79/94 BStBl II 1996, 269).

Gewinnverteilung bei Kapitalbeteiligungen von Familienangehörigen (vgl auch *Schmidt/Wacker* § 15 Rn 776):

Bei der Beteiligung von **nicht mitarbeitenden Kindern** verlangt die Rechtsprechung, dass zum Zeitpunkt der Begründung des Beteiligungsverhältnisses im Schenkungswege nicht mehr als eine durchschnittliche Verzinsung von **15% des geschenkten Beteiligungswerts** zu erwarten ist (zur Berechnung s *Kleine-Rosenstein* StuB 1999, 1027). Dies gilt gleichermaßen für die mitunternehmerische atypische und typische stille Gesellschaft als auch für die Kommanditbeteiligung und die Unterbeteiligung (BFH IV R 103/83 BStBl II 1987, 54). Dabei ist vom tatsächlichen Wert der Beteiligung, nur bei der rein kapitalistischen typischen stillen Gesellschaft (auch beim partiarischen Darlehen), vom Beteiligungsnennwert auszugehen (vgl zu

Selder

§ 7 Gewerbeertrag

diesen Grundsätzen: BFH GrS 4/71 BStBl II 1973, 5; IV R 56/70 BStBl II 1973, 650).

In Einzelfällen sind **andere Höchstsätze** einschlägig: 25%, wenn die Einlage des typischen Stillen nicht aus Mitteln des Geschäftsinhabers stammt und keine Beteiligung am Verlust vorgesehen ist (BFH I R 131/70 BStBl II 1973, 395); 35%, wenn außerdem eine Beteiligung auch am Verlust vereinbart ist (BFH I R 167/78 BStBl II 1982, 387; IV R 50/99 BStBl II 2001, 293). Die 15%-Grenze kann im Einzelfall durch die unentgeltliche mitunternehmerische Unterbeteiligung von Kindern an einem Kommanditanteil überschritten werden (BFH VIII R 77/98 BStBl II 2002, 460). Eine zunächst angemessene Gewinnbeteiligung muss nach einem nicht erwarteten Gewinnsprung angepasst werden (BFH IV R 83/06 BStBl II 2009, 798).

Werden die vorstehend genannten Sätze bei Abschluss des Gesellschaftsvertrages überschritten, so ist in sinngemäßer Anwendung der Grundsätze über **verdeckte Gewinnausschüttungen** die Besteuerung so vorzunehmen, als hätten die Beteiligten den Gewinnanteil entsprechend beschränkt. Eine bei der Vereinbarung angemessene Gewinnverteilung ist so lange steuerlich zu beachten, wie nicht eine wesentliche Veränderung der Verhältnisse eintritt, die auch fremde Vertragspartner zu einer geänderten Gewinnverteilung bestimmen würde (BFH GrS 4/71 BStBl II 1973, 5).

Wenn der **Unternehmer** seinem Ehegatten **die Mittel** für eine Kommanditbeteiligung zur Verfügung stellt oder die Beteiligung selbst zuwendet, gilt Vergleichbares (BFH IV R 26/68 BStBl II 1973, 866). Werden die Kommanditbeteiligungen allerdings entgeltlich erworben und deshalb dem Unternehmen Mittel von dritter Seite zugeführt, so ist der Angemessenheitsmaßstab die unter Fremden übliche Gestaltung. Ergibt sich aber auf Grund besonderer Umstände, dass das Zustandekommen des Beteiligungsverhältnisses allein auf private Erwägungen zurückgeht und deshalb einen Fremdvergleich ausschließt, so muss wieder auf den typisierenden Satz von zB 15% zurückgegriffen werden (vgl zu einer von der Ehefrau des Mitgesellschafters an die Kinder schenkweise übertragenen Kommanditbeteiligung: BFH IV R 59/76 BStBl II 1980, 437).

Darlehensweise zur Verfügung gestellte Mittel werden Schenkungen gleichgestellt, wenn die Darlehen von den Eltern zu unüblichen Bedingungen gewährt werden. Dies gilt auch dann, wenn die Darlehen von einer durch die Eltern beherrschten GmbH gewährt werden (zur Anerkennung einer Familien-GmbH: BFH IV R 27/76 BStBl II 1979, 670). Zinsen für Darlehen, die von Familienmitgliedern aus zuvor vom Unternehmer geschenkten Mitteln gewährt werden, sind nicht als Betriebsausgaben abziehbar (BFH IV R 60/98 BStBl II 1999, 524; s auch *Groh* DStR 2000, 753). Allgemein zur Anerkennung von Darlehensverträgen zwischen Angehörigen s *BMF* BStBl I 2011, 37.

Kündigung auf den Zeitpunkt der Volljährigkeit der Kinder ist als eine für die Annahme einer Mitunternehmerschaft unschädliche Vertragsklausel anzusehen (BFH I R 178/74 BStBl II 1976, 678).

Beabsichtigtes **Stehenlassen von Gewinnen** zur Bildung eines Kapitalanteils führt im Jahr der Aufnahme des Kindes noch nicht zu einer Mitunternehmerstellung (BFH IV R 9/68 BStBl II 1973, 221) und lässt bei fehlender Darlehensvereinbarung die Mitunternehmerschaft schlechthin verneinen (BFH VIII R 47/85 BStBl II 1989, 720).

Verfügungsbeschränkungen über den Gesellschaftsanteil stehen einer Anerkennung entgegen (BFH I R 209/69 BStBl II 1972, 10). Bei vereinbartem Rückfall des Kommanditanteils bei Scheidung bleibt das wirtschaftliche Eigentum am Gesellschaftsanteil beim berechtigten Ehegatten (BFH VIII R 81/85 BStBl II 1994, 645; XI R 35/97 BStBl II 1998, 542).

Verwaltung der Kindesbeteiligung in Ausübung familienrechtlicher Befugnisse setzt offene Stellvertretung und eine klare Trennung von eigenem und Kindesver-

Familiengesellschaften, Angehörigenverträge § 7

mögen voraus (BFH VIII R 75/79 BStBl II 1981, 297, zu Nießbrauch und Vermietungseinkünften).

c) Zivilrechtliche Fragen. Die Bestellung eines Dauerpflegers für die Zeit der 256
Beteiligung eines Minderjährigen ist nicht erforderlich (BFH IV R 102/73 BStBl II 1976, 328). Dagegen ist zum Abschluss des Gesellschaftsvertrages mit den Eltern die Einschaltung eines **Ergänzungspflegers** (§ 1909, § 1629 Abs 1 Satz 1 iVm § 1795 Abs 1 Nr 1 BGB) und jedenfalls bei mitunternehmerischen Beteiligungsformen (auch bei einer vereinbarten Verlustbeteiligung des typischen Stillen) auch die **familiengerichtliche Genehmigung** notwendig (s auch BFH I R 101/72 BStBl II 1974, 289; allgemein s *Fortun* NJW 1999, 754). Die nachträgliche Genehmigung durch den Ergänzungspfleger wirkt zivilrechtlich zurück, wenn dessen Bestellung unverzüglich nach Vertragsschluss beantragt worden ist (BFH VIII R 83/05 BFH/NV 2009, 1118). Die Entscheidung des Familiengerichts ist am Interesse des Kindes auszurichten; dabei ist eine Prognose der wirtschaftlichen Risiken erforderlich (BayObLG DB 1997, 924). Die zivilrechtliche Anerkennung eines Vertrages war nach früherer Auffassung (zB BFH IV R 102/73 aaO) unabdingbare Voraussetzung für die Anerkennung einer Familiengesellschaft. Die Tendenz in der neueren Rechtsprechung geht dahin, in Ausnahmefällen (fehlendes Verschulden, sofortige Nachholung der zivilrechtlichen Erfordernisse) Verträge zwischen nahen Angehörigen trotz zunächst bestehender Formunwirksamkeit anzuerkennen und der zivilrechtlichen Unwirksamkeit lediglich Indizwirkung beizumessen (BFH IX R 4/04 BStBl II 2007, 294 mit NAnwErl *BMF* BStBl I 2007, 441; BFH VIII R 29/97 BFH/NV 2000, 176; IX R 45/06 BFH/NV 2007, 1400; s *Carlé/Halm* KÖSDI 2000, 12 383; *Hamdan/Hamdan* DStZ 2008, 113).

Ein Vertrag über eine **stille Beteiligung** oder eine Unterbeteiligung kommt 257
wirksam zustande, wenn ein Betrag dem Beteiligten zuvor vom Hauptbeteiligten oder Inhaber des Handelsgeschäftes mit der Auflage geschenkt wird, ihn einzulegen (BFH IV R 35/89 BStBl II 1995, 449). Andererseits ist die schenkweise Einräumung einer stillen Beteiligung an minderjährige Kinder (Auflagenschenkung) einkommensteuerlich nicht anzuerkennen, wenn sie einer Forderungsschenkung gleichkommt (BFH X R 121/88 BStBl II 1992, 468), zB bei ausgeschlossener Verlustbeteiligung (BFH X R 99/88 BStBl II 1993, 289; zur Abgrenzung s R 127/78 BStBl II 1982, 546; IV R 114/91 BStBl II 1994, 635; IV R 79/94 BStBl II 1996, 269; *Ritzrow* StBp 1996, 239). Die schenkweise Einräumung einer typischen stillen Beteiligung erfordert die Einhaltung der **notariellen Form** (BFH IV R 95/73 BStBl II 1975, 141; X B 135/02 BFH/NV 2003, 1547; nicht bei Geldschenkung und Einlage, s *Groh* BB 1987, 1505; aA *Tiedtke* BB 1988, 946/8; nicht bei Begründung einer OHG oder Kommanditbeteiligung wegen § 518 Abs 2 BGB; *Schmidt/Wacker* § 15 Rn 747; *K. Schmidt* BB 1990, 1992 mwN; s aber auch FG Ba-Wü EFG 1979, 228). Ein **Ergänzungspfleger** ist allerdings erforderlich bei Schenkung des Einlagekapitals mit der Auflage, es als stiller Gesellschafter einzulegen (BFH IV R 95/85 BStBl II 1988, 245). Ein zeitlicher Zusammenhang zwischen Schenkung und Kapitalbeteiligung ist unschädlich (BFH III R 91/87 BStBl II 1990, 10).

Die Genehmigung durch das inzwischen volljährig gewordene Kind hat ausnahms- 258
weise steuerrechtliche **Rückwirkung**, wenn die schwebende Unwirksamkeit nur eine kurze Zeitspanne gedauert hat (BFH IV R 150/76 BStBl II 1981, 435). Fehlt es an einer wirksamen Begründung von Rechten, die das Wesen der mitunternehmerischen Beteiligung ausmachen, so besteht idR keine klare Abgrenzung zwischen familiären und betrieblichen Beziehungen. § 41 AO mit der Folge einer sog faktischen Mitunternehmerschaft kann aus diesem Grund zwischen Eltern und ihren minderjährigen Kindern sowie zwischen Ehegatten nicht angewendet werden (ebenso *Schmidt/Wacker* § 15 Rn 748). Dies hindert allerdings nicht die Umdeutung in ein anderes Rechtsverhältnis, dessen rechtliche und tatsächliche Voraussetzungen gegeben und von den Beteiligten

Selder 519

auch gewollt sind (s zur typischen stillen Beteiligung: BFH IV R 131/78 BStBl II 1981, 663; zur Abgrenzung betreffend partiarisches Darlehen s BFH IV R 79/94 BStBl II 1996, 269 sowie I R 48/04 BStBl II 2006, 334).

259 *(frei)*

2. Angehörigen-Arbeitsverhältnisse

260 **a) Arbeitsverhältnisse mit Ehegatten.** Auch für die steuerrechtliche Anerkennung von Arbeitsverhältnissen mit dem Unternehmer- oder Gesellschafter-Ehegatten fordert die Rechtsprechung klare und eindeutige Verträge und deren Durchführung, wie sie auch zwischen Fremden üblich ist (vgl zB BVerfG 2 BvR 802/90 BStBl II 1996, 34; BFH IX R 23/94 BStBl II 1997, 655; s R 4.8 Abs 1 EStR; H 4.8 EStH). Ein wichtiger Grund für den Abschluss derartiger Verträge, die Gewerbesteuerminderung, hat allerdings nach Einführung der pauschalen Gewerbesteueranrechnung (§ 35 EStG) an Bedeutung verloren. Das Stellen gewisser Anforderungen an die „Anerkennung" von Arbeitsverträgen zwischen nahen Angehörigen ist gerechtfertigt. Insbesondere die Angemessenheit des gezahlten Entgelts ist anhand des im Geschäftsleben Üblichen zu messen und darf dieses nicht übersteigen, zumal es Ehegatten freisteht, unentgeltlich oder teilweise unentgeltlich im Betrieb mitzuarbeiten. Die frühere Rechtsprechung war restriktiv und ließ es für die Nichtanerkennung bereits genügen, wenn nur ein einzelner Umstand in der tatsächlichen Durchführung dem Fremdvergleich nicht standhielt (s BFH GrS 1/88 BStBl II 1990, 160 zum sog Oderkonto). Die letztgenannte Entscheidung des Großen Senats des BFH ist durch einen Dreierbeschluss des BVerfG überholt (BVerfG 2 BvR 802/90 aaO, m Anm *Gorski* DStZ 1996, 137). Nunmehr ist nicht die (Nicht-)Erfüllung eines Einzelkriteriums ausschlaggebend, vielmehr ist die Frage, ob einem Angehörigen-Arbeitsvertrag der Besteuerung zugrunde zu legen ist, auf Grund des Gesamtbildes zu beurteilen (BFH III R 24/91 BFH/NV 1996, 320). Entscheidend ist, ob sowohl der Inhalt des Vertrages als auch dessen Durchführung dem unter Fremden Üblichen entsprechen. Das gilt auch für Arbeitsverträge mit Ehegatten von Gesellschaftern einer Personengesellschaft (BFH VIII R 81/94 BFH/NV 1999, 1457). Auch bei der Frage des Vorliegens klarer und eindeutiger Vereinbarungen zwischen nahen Angehörigen ist die Rechtsprechung großzügiger (BFH IV R 44/99 BFH/NV 2000, 699). Ihr ist zuzustimmen. Hält der Leistungsaustausch dem Fremdvergleich stand, wird insbesondere eine entsprechende Arbeitsleistung erbracht, so sollte die bloße Einhaltung nebensächlicher Formalien nicht über die Anerkennung solcher Verträge entscheiden. Die Rechtsprechung, die zT noch vor der BVerfG-Entscheidung in BverfG 2 BvR 802/90 aaO ergangen ist, ist von einer umfangreichen Kasuistik gekennzeichnet.

261 **b) Einzelfragen. Auszahlung des Arbeitslohnes.** Der BFH (bestätigt durch BFH GrS 1/88 BStBl II 1990, 160) setzt für ein durchgeführtes Ehegattenarbeitsverhältnis Abfluss des Arbeitslohns beim Arbeitgeber- und Zufluss beim Arbeitnehmerehegatten voraus. Aufgrund des Beschlusses des BVerfG zum sog **Oder-Konto** (2 BvR 802/90 BStBl II 1996, 34) darf einem Arbeitsverhältnis zwischen Ehegatten nicht allein deswegen die steuerrechtliche Anerkennung versagt werden, weil das Entgelt auf ein Konto geflossen ist, über das jeder Ehegatte allein verfügen darf. Als zwischen Fremden unüblich und deshalb für eine Anerkennung des Ehegatten-Arbeitsverhältnisses schädlich wird es erachtet, wenn der Arbeitslohn nicht in monatlichen Teilbeträgen, sondern in einer Jahressumme ausgezahlt wird (BFH I R 34/80 BStBl II 1982, 119; ebenso bei längerer Nichtauszahlung XI R 3031/89 BStBl II 1991, 842; III R 24/91 BFH/NV 1996, 320). Verspätete Lohnzahlungen müssen nicht immer gegen ein anzuerkennendes Arbeitsverhältnis sprechen (BFH X R 155/94 BFH/NV 1997, 182).

Das schlichte **Stehenlassen von Arbeitslohn** im Betrieb durch Umbuchung in ein Darlehen führte nach früherer Rechtsprechung zwingend zur Versagung der Anerkennung (BFH I R 208/72 BStBl II 1975, 579) ist nunmehr als ein (allerdings gewichtiges) Indiz gegen die Ernsthaftigkeit eines Arbeitsverhältnisses zu werten. Die Umwandlung in ein Darlehen nach vorherigem Angebot der Auszahlung hindert demgegenüber nicht die Anerkennung, auch nicht bei fehlender Sicherheit und Verzinsung (BFH VIII R 69/84 BStBl II 1986, 48).

Bei Verzicht auf Lohnzahlung zugunsten einer **Versorgungszusage** kann das Arbeitsverhältnis steuerrechtlich nicht anerkannt werden (BFH IV R 148/81 BStBl II 1984, 551). Zweifelhaft, ob als schädlich anzusehen ist, wenn die Ehegatten neben unangemessen niedrigen laufenden Arbeitsbezügen als Ausgleich höhere Pensionszahlungen vereinbaren (BFH VIII R 50/80 BStBl II 1983, 209).

Dass wesentliche Teile des Arbeitslohnes in der Form von **umsatzabhängigen Tantiemen** gezahlt werden, muss nach BFH I R 209/81 BStBl II 1983, 664 der Anerkennung des Arbeitsverhältnisses nicht entgegenstehen, wenn der Ehegatte auf Grund der herausgehobenen Stellung im Betrieb Einfluss auf das Geschäftsergebnis nehmen kann. Letztlich kommt es darauf an, ob ein Betriebsfremder ebenfalls eine derartige Tantieme erhalten hätte (BFH XI B 60/06 BFH/NV 2007, 707). Die Anerkennung einer Tantieme scheitert nicht daran, dass ein betriebsin- oder -externer Vergleich mit anderen Arbeitnehmern nicht möglich ist (BFH VIII R 69/98 BStBl II 2002, 353). In Anlehnung an die körperschaftsteuerliche Beurteilung von Umsatztantiemen, die ebenfalls am Maßstab des Fremdvergleichs vorzunehmen ist, sollten derartige Tantiemen nur bei Vorliegen besonderer Umstände (zB Aufbauphase des Betriebs) und bei zeitlicher sowie höhenmäßiger Beschränkung anzuerkennen sein (BFH I R 105-107/97 BStBl II 1999, 321). **Weihnachtsgratifikationen** werden anerkannt, wenn sie auch anderen Arbeitnehmern des Betriebs gewährt werden (BFH III R 103/85 BStBl II 1988, 606).

Schriftform ist für die Anerkennung des Arbeitsverhältnisses nicht zwingend erforderlich, aber zu Beweiszwecken ist eine Fixierung des Arbeitsvertrages zu empfehlen (s auch BFH IV R 240/80 BStBl II 1983, 663). Nicht ausdrücklich vereinbarte Nebenleistungen (zB Kfz-Überlassung) sind nicht betrieblich veranlasst (BFH IX R 1/98 BFH/NV 1999, 760).

Wechselseitige Arbeitsverhältnisse von Ehegatten sind ein Indiz für die Unüblichkeit (BFH X R 2/86 BStBl II 1989, 354; III R 51/85 BFH/NV 1989, 19); bei selbständig tätigen Unternehmern sind sie anhand allgemeiner Kriterien zu beurteilen (BFH III R 18/97 BFH/NV 1998, 448; s *Kottke* DStR 1998, 1706, auch zu Unterarbeitsverhältnissen).

Nicht abgeführte Sozialversicherungsbeiträge können ein Beweisanzeichen für die fehlende Ernsthaftigkeit des Arbeitsverhältnisses sein (FG München EFG 1978, 502). Abgeführte Beiträge stellen keine Betriebsausgaben dar, wenn das Arbeitsverhältnis aus anderen Gründen nicht anerkannt wird (BFH VIII R 27/80 BStBl II 1983, 496).

c) Zukunftssicherungsleistungen. Bei der Direktversicherung (BFH VI R **262** 164/86 BStBl II 1991, 189; *BMF* FR 1993, 209; *Ritzrow* StWa 1999, 243) von Arbeitnehmern sind die laufenden Versicherungsbeiträge Betriebsausgaben des Arbeitgebers (§§ 4 b, 4 c, 4 d EStG), weil gegenüber dem Versicherer der Arbeitnehmer unmittelbar berechtigt ist. Für den Arbeitnehmer sind die Beiträge Arbeitslohn, der aber unter den in § 40 b EStG aF näher geregelten Voraussetzungen pauschal mit nur 20% lohnversteuert wurde. Wegen dieser Vergünstigungen werden Direktversicherungsbeiträge vielfach auch im Rahmen von Ehegatten-Arbeitsverhältnissen geleistet. Die Lohnsteuerpauschalierung nach § 40 b EStG aF wurde abgeschafft, um auch bei der Direktversicherung zur nachgelagerten Besteuerung von Alterseinkünften zu kommen (AltEinkG v 5.7.2004, BGBl I 2004, 1427; zu Wahlmöglichkeiten s *Wellisch/Näth* BB 2004, 2661). Nach § 40 b Abs 1 EStG nF (Rechtslage ab 2005) können Zuwendungen zum Aufbau einer nicht kapitalgedeckten betrieblichen Altersversorgung pauschal mit 20% versteuert werden. Die Rechtsprechung zur Abziehbarkeit von Beiträgen für eine Direktversicherung als Betriebsausgaben lässt sich auf Zuwendungen des Arbeitgebers zum Aufbau einer Altersversorgung sinngemäß übertragen. Es gilt im Wesentlichen:

263 Der **Fremdvergleich** zum Nachweis der betrieblichen Veranlassung solcher Zahlungen ihrem Grund und ihrer Höhe nach ist nicht unbedingt betriebsextern durchzuführen. Es reicht, wenn innerhalb des betreffenden Betriebs auch für familienfremde Arbeitnehmer mit vergleichbaren Tätigkeitsmerkmalen solche Beiträge entrichtet werden. Der Arbeitgeber kann die Versorgungszahlungen auf bestimmte Gruppen beschränken oder zwischen ihnen differenzieren. Dabei wird es als unschädlich angesehen, wenn der Arbeitnehmer-Ehegatte als einziger Beschäftigter eine Zusage erhält, weil er geschäftsleitend tätig ist (BFH VIII R 106/81 BStBl II 1985, 124).

264 Bei einem Vergleich (Gruppenzuordnung) mit anderen Arbeitnehmern ist die **Höhe der Lohnbezüge** des Arbeitnehmer-Ehegatten auch bei Teilentgeltlichkeit zu berücksichtigen (BFH IV R 103/82 BStBl II 1984, 60; I R 220/82 BStBl II 1987, 205; IV R 198/84 BStBl II 1987, 557). Dadurch kann sich ergeben, dass zwar das Arbeitsverhältnis, nicht aber die Direktversicherung steuerlich anzuerkennen ist. Es darf nicht zu einer **Überversorgung** kommen; ist dies der Fall, sind entsprechende Zahlungen des Arbeitgebers kein Arbeitslohn (FG Rh-Pf EFG 1999, 230 rkr). Im Allgemeinen ist sie dazu bestimmt, eine nach der gesetzlichen Rentenversicherung verbleibende Versorgungslücke von etwa 20 bis 30% der letzten Aktivbezüge zu schließen und damit insgesamt eine Versorgung von 75% zu sichern.

265 **d) Pensionszusagen.** Bei Pensionszusagen (s *Benzel* NWB 2010, 2147; H 6 a (9) EStH) bestehen unmittelbare Rechtsbeziehungen des Arbeitnehmers nicht gegenüber einem Versicherungsunternehmen, sondern auf Grund der Zusage nur im Verhältnis zum Arbeitgeber. Dieser ist ggf Nehmer einer echten Rückdeckungsversicherung. Die Ruhegelder führen beim Arbeitnehmer später zu nachträglichen Einkünften aus nichtselbstständiger Arbeit (BFH VI 202/59 U BStBl III 1960, 105).

Die Versorgungszusage muss eindeutig vereinbart, ernstlich gewollt, zivilrechtlich wirksam sein und dem Fremdvergleich standhalten (BFH X B 6/02 BFH/NV 2003, 318). 75% der letzten Aktivbezüge sind als Obergrenze erachtet worden. Dabei ist dem Umstand Rechnung zu tragen, dass bei Arbeitnehmer-Ehegatten vielfach die betriebliche Altersversorgung an die Stelle der gesetzlichen Rentenversicherung tritt. Jedenfalls hält die Pensionszusage insoweit einem **Fremdvergleich** stand, als der Arbeitgeber bei den 75% nicht die vom Arbeitnehmer ersparten Beiträge kürzt. Es können dann nur die fiktiven Arbeitgeberbeiträge für die Zeit zwischen Pensionszusage (nicht Beginn des Arbeitsverhältnisses) und Pensionsfall angesetzt werden (BFH III R 97/86 BStBl II 1989, 969; III R 60/87 BFH/NV 1990, 418). Eine Berücksichtigung fiktiver Arbeitnehmerbeiträge ist nicht möglich (BFH X R 63-65/87 BFH/NV 1991, 80).

Bei **Einmalprämien** kommt nur derjenige Teil für die Angemessenheitsprüfung in Betracht, der bei einer Verteilung des Aufwands (Schätzung) auf das maßgebliche Jahr entfällt. Allgemein ist bei Unangemessenheit der Höhe nach nur der unangemessene Teil unberücksichtigt zu lassen (BFH I R 209/81 BStBl II 1983, 664; krit *Cramer* BB 1995, 919).

Keine steuerrechtlich zu beachtende Pensionszusage liegt vor, wenn außer der Pension **kein Arbeitslohn** zu zahlen ist (BFH VIII R 38/93 BStBl II 1996, 153; offengelassen bei niedrigen Aktivbezügen VIII R 50/80 BStBl II 1983, 209; s aber auch IV R 103/82 BStBl II 1984, 60).

Familiengesellschaften, Angehörigenverträge **§ 7**

Entsprechende Grundsätze gelten auch für **Personengesellschaften,** die mit einem Gesellschafter-Ehegatten ein Arbeitsverhältnis begründen (vgl *BMF* BStBl I 1984, 495; auch für die Einmann-GmbH & Co KG *OFD Münster* BB 1987, 744). Zur Bildung von Rückstellungen für Pensionszusagen an Mitunternehmer s Rn 193.

e) Arbeitsverhältnisse mit Kindern. Die Rechtsprechung legt auch bei **266** Arbeitsverhältnissen mit volljährigen Kindern den Maßstab der eindeutig und klar durchgeführten Verträge und des Drittvergleichs an (BFH X R 129/94 BStBl II 1998, 149). Bei Minderjährigen hängt es außerdem von den Umständen des Einzelfalls ab, ob die Tätigkeit tatsächlich eine arbeitsvertragliche oder eine familienrechtliche Grundlage hat. Über gelegentliche, üblicherweise nicht auf arbeitsvertraglicher Grundlage erbrachte Hilfeleistungen kann mit Familienangehörigen kein steuerlich anzuerkennendes Arbeitsverhältnis begründet werden (BFH IV R 188/85 BStBl II 1988, 632; zur Abgrenzung X R 168/87 BStBl II 1989, 453). Die Mitwirkung eines Ergänzungspflegers ist wegen § 113 BGB idR entbehrlich; s R 4.8 Abs 3 EStR zum Jugendarbeitsschutz. Zu Berufsausbildungsverträgen s BFH IV R 322/84 BStBl II 1987, 121 sowie X R 129/94 aaO; vgl auch H 4.8 EStH. Schriftform für Aushilfsarbeitsverhältnisse mit eigenen Kindern wird nicht für erforderlich gehalten (FG Rh-Pf EFG 1987, 234 rkr; ähnl BFH IX R 220/84 BStBl II 1989, 137).

f) Darlehensgeschäfte zwischen nahestehenden Personen. Sie müssen klar **267** und eindeutig vereinbart sein und dem Fremdvergleich entsprechen (allg s *BMF* BStBl I 2011, 37). Zu Darlehen zwischen Angehörigen, die mit Schenkungen zusammenhängen, s BFH VIII R 290/82 BStBl II 1991, 391; VIII R 138/85 BStBl II 1991, 581; VIII R 1/88 BStBl II 1991, 911; IX R 51/92 BStBl II 1996, 443. Hiernach liegt keine Schenkung mit anschließendem Darlehensvertrag vor, sondern ein befristetes Schenkungsversprechen, wenn ein Betriebsinhaber seinen Kindern Geldbeträge zuwendet, die diese vereinbarungsgemäß sogleich wieder als „Darlehen" zur Verfügung stellen. Stammen die von den Kindern darlehensweise hingegebenen Beträge ursprünglich vom anderen Elternteil, kann der Darlehensvertrag anzuerkennen sein (BFH IV R 60/98 BStBl II 1999, 524). Auch bei einem engen zeitlichen Zusammenhang zwischen Schenkung und Darlehensgewährung kann bei einer Gesamtwürdigung aller Umstände ein anzuerkennendes Darlehensverhältnis vorliegen; eine unwiderlegliche Vermutung der Abhängigkeit beider Verträge besteht nicht (BFH IV R 58/99 BStBl II 2001, 393). Eine kurze Zeitspanne zwischen Schenkung und Darlehensgewährung ist allerdings ein gewichtiges Indiz, das für das Vorliegen eines schädlichen „Gesamtplanes" spricht (BFH VIII R 46/00 BStBl II 2002, 685). Darlehen, die einer Personengesellschaft von Personen gegeben werden, die den Gesellschaftern nahestehen, setzen, um steuerrechtlich anerkannt zu werden, übliche Bedingungen, insb ausreichende Sicherheiten, voraus (BFH X R 126/87 BStBl II 1991, 291; VIII R 290/82 BStBl II 1991, 391). Die fehlende Besicherung ist allein nicht ausschlaggebend, sondern nur ein Einzelkriterium bei der Gesamtwürdigung (BFH IX R 23/07 BFH/NV 2009, 12), ebenso das Fehlen zivilrechtlicher Erfordernisse (BFH IX R 46/08 BStBl II 2011, 24). Schriftform ist zwar aus Beweissicherungsgründen empfehlenswert, aber keine zwingende Voraussetzung für die steuerrechtliche Anerkennung der Verträge, die allerdings nicht rückwirkend geschlossen werden können. Dagegen ist bei Minderjährigen die **Verwendung** der Zinserträge **für den Kindesunterhalt** (§ 1649 BGB) **steuerschädlich** (BFH IX R 220/84 BStBl II 1989, 137). Zu den Erfordernissen der steuerrechtlichen Anerkennung von partiarischen Darlehens- oder stillen Gesellschaftsverhältnissen zwischen Eltern und Kindern siehe BFH I R 31/80 BStBl II 1984, 623 sowie VIII R 50/97 BStBl II 2000, 393 (zweifelsfreie Abgrenzung zur verschleierten Schenkung notwendig), zur Schenkung einer Darlehensforderung gegen eine GmbH durch den beherrschenden Gesellschafter-Geschäftsführer an Kinder s BFH VIII R 13/05 BStBl II 2008, 568.

268 **g) Versorgungszusagen an den Betriebsübergeber.** Auch Übergabeverträge müssen, um steuerlich anerkannt zu werden, klar und eindeutig vereinbart sein (BFH X R 199/87 BFH/NV 1992, 233; X R 94/98 BFH/NV 2000, 418). Zu Versorgungsleistungen s Rn 87, zur Hinzurechnung der Renten zum gewerblichen Gewinn s § 8 Nr 1 Buchst b.

Keine Versorgungsrente, sondern eine steuerrechtlich zu berücksichtigende Pachtzahlung ist anzunehmen, wenn sich der Betriebsinhaber an einem Grundstück den Nießbrauch vorbehält und in Ausübung dieses Rechts zu angemessenen Entgelten an den übernehmenden Abkömmling auf Lebenszeit verpachtet (BFH VIII R 114/78 BStBl II 1981, 101; zum missbräuchlichen Nießbrauch s BFH IV R 36/90 BStBl II 1991, 205).

Anhang zu § 7

Erläuterungen der Vorgänge nach dem UmwG und dem UmwStG

Übersicht

	Rn
I. Gesetzesaufbau des UmwStG	1
II. Anwendungsbereich des UmwStG	2–69
1. Zeitlicher Anwendungsbereich	2–14
2. Räumlicher Anwendungsbereich	15–24
3. Sachlicher Anwendungsbereich	25–54
a) Inländische Umwandlungen	26–39
b) Vergleichbare ausländische Vorgänge	40–54
4. Persönlicher Anwendungsbereich	55–69
III. Handelsrechtliche Vorgaben nach dem UmwG	70–109
1. Umwandlungen nach dem UmwG	70–72
2. Begriffe	73–89
a) Umwandlung/Vermögensübergang	73–75
b) Verschmelzung	76
c) Vermögensübertragung	77
d) Spaltungsformen	78
e) Abspaltung	79
f) Ausgliederung	80
g) Formwechsel	81–89
3. Abwicklungslose Auflösung des alten Rechtsträgers	90
4. Altanteile/Neuanteile	91
5. Gläubiger-, Arbeitnehmerschutzbestimmungen	92
6. Umwandlungsverfahren	93
7. Verschmelzungsfähige Rechtsträger	94, 95
8. Spaltungsfähige Rechtsträger	96, 97
9. Formwechselfähige Rechtsträger	98–109
IV. Korrespondierendes Umwandlungssteuerrecht	110–124
1. Verhältnis zur steuerlichen Sacheinbringung	110
2. Rechtsträgerbezogene Abgrenzungen	111–114
a) Körperschaften	111, 112
b) Personenunternehmen	113, 114
3. Vorgangsbezogene Abgrenzung	115
4. Übersicht Verschmelzung und Formwechsel	116–124

Übersicht **Anh § 7**

	Rn
V. Allgemeine steuerrechtliche Folgen handelsrechtlicher Umwandlungen	125–359
1. Allgemeine steuerrechtliche Folgen der Gesamtrechtsnachfolge	125
2. Buchführungspflicht	126
3. Besitzzeitanrechnung	127–129
4. Grunderwerbsteuer	130–144
5. Gewerbesteuer (§§ 18, 19 UmwStG)	145–244
a) Übertragungs-/Übernahmegewinn	146–154
b) Einbringungsgewinn	155–159
c) Gewerbesteuerrechtliche Entstrickung	160–164
d) Gewerbeertrag im Erhebungszeitraum der Umwandlung	165–174
e) § 18 Abs 3 UmwStG als Missbrauchvermeidungsvorschrift	175–194
f) Verlustabzug nach § 10 a GewStG	195–237
g) Steuerschuldner	238, 239
h) Grenzüberschreitende Organschaft	240–244
6. Umsatzsteuer	245–249
7. Verlustabzug nach § 10 d EStG, § 4 Abs 2 Satz 2, § 12 Abs 3 UmwStG	250–279
a) Verbleibender Verlustvortrag (altes Recht)	251–257
b) Keine Rechtsnachfolge in den verbleibenden Verlustvortrag (§ 10d, § 2a, § 15 Abs 4 EStG, § 4 Abs 2 Satz 2, § 12 Abs 3 UmwStG)	258
c) Rechtsnachfolge in den verbleibenden Verlustabzug (§ 10 d Abs 4 EStG)	259–269
d) Ausländische Betriebsstättenverluste	270–275
e) Organschaften	276–279
8. Erbschaftsteuer/Schenkungsteuer	280–289
9. Investitionszulage	290
10. § 15a EStG	291–294
11. Organschaft	295–344
a) Organträger als übertragender bzw umzuwandelnder Rechtsträger	295–319
b) Organgesellschaft als übertragender bzw umzuwandelnder Rechtsträger	320–334
c) Organgesellschaft als übernehmender Rechtsträger	335–344
12. Anwendung des § 8 a KStG aF/nF	345
13. Vordienstzeiten	346
14. Zinsvortrag (§ 4 h Abs 1 Satz 5 EStG)	347
15. Zuständigkeit in Verschmelzungs- und Einbringungsfällen	348–359
VI. Rückwirkung	360–409
1. Steuerliche Rückwirkung	360–397
a) Steuerrechtlicher Übertragungsstichtag	363, 364
b) Rückwirkungsfiktion	365–368
c) Rückwirkungszeitraum	369–373
d) Ausländische Umwandlungen	374
e) Gewerbesteuerliche Ermittlung der Bemessungsgrundlagen (§ 2 Abs 1 Satz 2 UmwStG)	375, 376
f) Personengesellschaft als Übernehmerin (§ 2 Abs 2 UmwStG)	377, 378
g) Ausscheidender Anteilseigner	379, 380

	Rn
h) Körperschaft als übernehmender Rechtsträger	381, 382
i) Gewinnausschüttungen	383–391
j) Sondervergütungen	392
k) Aufsichtsratvergütungen	393, 394
l) Vermeidung einer Nichtbesteuerung (§ 2 Abs 3 UmwStG)	395
m) Beschränkung des Verlustabzugs (§ 2 Abs 4 UmwStG)	396, 397
2. Verlust der körperschaftsspezifischen Besteuerungsmodalitäten	398
3. Andere Steuern	399
4. Gesellschafter	400–409
VII. Umwandlungen nach dem UmwStG – Überblick	410–429
VIII. Verschmelzung (Gesamtrechtsnachfolge) einer Körperschaft auf eine Personengesellschaft oder natürliche Person und Formwechsel einer Kapitalgesellschaft in eine Personengesellschaft (§§ 3ff UmwStG)	430–819
1. Rechtsquellen	430
2. Anwendungsbereich	431–444
a) Übertragender Rechtsträger	432–434
b) Übernehmender Rechtsträger	435, 436
c) Umwandlungsarten	437–444
3. Bilanzierung des Übertragenden	445–629
a) Steuerliche Schlussbilanz	445–449
b) Verhältnis zur Handelsbilanz	450–454
c) Ansatz des übergehenden Vermögens	455–464
d) Zurückbehaltung von Vermögen	465–469
e) Bewertung des übergehenden Vermögens (§ 3 Abs 1 u 2 UmwStG)	470–500
f) Voraussetzungen des Bewertungswahlrechts (§ 3 Abs 2 UmwStG)	501–524
g) Ausübung des Bewertungswahlrechts (§ 3 Abs 2 UmwStG)	525–534
h) Ausschluss oder Beschränkung des inländischen Besteuerungsrechts	535–549
i) Inlandsverschmelzung mit Auslandsbezug	550–559
j) Hinausverschmelzung	560–569
k) Hereinverschmelzung	570–579
l) Auslandsverschmelzung mit Inlandsbezug	580–589
m) Entstrickung	590–599
n) Übertragungsgewinn (§ 3 UmwStG)	600–609
o) Fiktive Steueranrechnung (§ 3 Abs 3 UmwStG)	610–619
p) Körperschaftsteuererhöhung (§ 10 UmwStG aF)	620–629
4. Bilanzierung des Übernehmenden (§ 4 UmwStG)	630–724
a) Handelsbilanz	630–634
b) Steuerliche Eröffnungsbilanz	635–639
c) Steuerliche Rechtsnachfolge (§ 4 Abs 2 UmwStG)	640–649
d) Übernahmeergebnis (§ 4 Abs 4, 5 UmwStG)	650–659
e) Ausschüttungsfiktion (§ 7 UmwStG)	660–674
f) Übernahmegewinn (§ 4 Abs 4 UmwStG)	675–688
g) Berücksichtigung eines Sperrbetrags iSd § 50c EStG (§ 4 Abs 5 UmwStG)	689–699
h) Ermittlung des Übernahmeergebnisses	700–705

Übersicht **Anh § 7**

	Rn
i) Besteuerung des Übernahmegewinns (§ 4 Abs 7 UmwStG)	706–709
j) Übernahmeverlust (§ 4 Abs 6 UmwStG)	710–719
k) Unternehmenskauf bei Aufstockung des AfA-Volumens	720
l) Anteilserwerb vor Umwandlung	721–724
5. Übernahmegewinn in Sonderfällen (§ 5 UmwStG)	725–769
a) Einlagefiktion für Sonderfälle	725–729
b) Erworbene Anteile (§ 5 Abs 1 UmwStG)	730–739
c) Beteiligungen im Privatvermögen des Personengesellschafters (§ 5 Abs 2 UmwStG)	740–759
d) Anteile im Betriebsvermögen des Anteilseigners (§ 5 Abs 3 UmwStG)	760–766
e) Einbringungsgeborene Anteile (§ 5 Abs 4 UmwStG aF)	767–769
6. Gewinnkorrekturen (§ 6 UmwStG)	770–789
a) Rechtsgrundlage	770
b) Übernahmefolgegewinn	771–789
7. Übernahmegewinn bei Beteiligungen im Privatvermögen ohne oder mit eingeschränkter Steuerverstrickung nach § 17 EStG	790–796
a) Rechtsgrundlagen (§ 7 UmwStG aF)	790
b) Versteuerung des Übernahmegewinns in der Form der offenen Reserven der Anteile (§ 7 UmwStG aF)	791, 792
c) Einbringungsgeborene Anteile	793
d) Beschränkt und eingeschränkt steuerpflichtige Anteilseigner	794
e) Steuerlicher Aufwand aus unversteuerten Reserven	795
f) Übernahmeverlust	796
8. Ausschüttungsfiktion (§ 7 UmwStG nF)	797–799
9. Übernahmegewinn bei Vermögensübergang auf Personengesellschaften ohne steuerliches Betriebsvermögen	800–814
a) Rechtsgrundlage	800
b) Voraussetzungen des § 8 Abs 1 UmwStG	801
c) Vorausgegangene Betriebsaufgabe der Körperschaft	802–804
d) Rechtsfolgen bei der Personengesellschaft	805
e) Versteuerung des Übernahmegewinns	806–814
10. Verschmelzung auf eine natürliche Person (§ 9 UmwStG aF/§§ 3 ff UmwStG nF)	815–819
IX. Formwechsel einer Kapitalgesellschaft in eine Personengesellschaft und einer Personengesellschaft in eine Kapitalgesellschaft oder Genossenschaft (§§ 9, 25 UmwStG)	820–844
1. Übertragungs- und Eröffnungsbilanz	820–824
2. Aufdeckung der stillen Reserven in der Übertragungsbilanz	825–829
3. Gewerbesteuer, Minderheitsgesellschafter	830–832
4. Formwechsel einer eingetragenen Genossenschaft	833
5. Formwechsel einer Personengesellschaft in eine Kapitalgesellschaft oder Genossenschaft	834
6. Formwechselnde Umwandlung zwischen Körperschaften	835–844
X. Verschmelzung oder Vollvermögensübertragung von einer Körperschaft auf eine andere (§§ 11ff UmwStG)	845–1099
1. Rechtsgrundlage	845

Anh § 7   Umwandlungsvorgänge

	Rn
2. Sachlicher Anwendungsbereich	846–849
3. Persönlicher Anwendungsbereich	850–854
4. Bilanzierung des Übertragenden	855–964
a) Handelsrechtliche Schlussbilanz	855, 856
b) Steuerliche Schlussbilanz	857–864
c) Ansatz des übergehenden Vermögens	865–869
d) Zurückbehaltung von Vermögen	870–874
e) Bewertung des übergehenden Vermögens (§ 11 Abs 1 u 2 UmwStG)	875–904
f) Bewertungswahlrecht (§ 11 Abs 2 UmwStG)	905–934
g) Verschmelzung im Konzern	935–964
5. Steuerpflicht des Übertragungsgewinns	965–969
6. Bilanzierung des Übernehmenden (§ 12 UmwStG)	970–979
a) Bindung an die Schlussbilanz	970–974
b) Einlage aus steuerfreiem Vermögen (§ 12 Abs 1 Satz 2 UmwStG aF)	975
c) Bewertung der Anteile an der übertragenden Körperschaft (up-stream merger; § 12 Abs 1 Satz 2 UmwStG nF)	976–979
7. Rechtsstellung der übernehmenden Körperschaft (§ 12 Abs 3 UmwStG)	980–989
8. Übernahmeergebnis bei der Übernehmerin (§ 12 Abs 2 UmwStG)	990–999
9. Anteilsbuchwert unterschreitet Anschaffungskosten (§ 12 Abs 2 Satz 2 u 4 UmwStG aF)	1000–1002
10. Verschmelzung einer Unterstützungskasse (§ 12 Abs 3 UmwStG)	1003, 1004
11. Übernahmefolgegewinn (§ 12 Abs 4 UmwStG)	1005–1009
12. Übergang einer Versicherungs-Aktiengesellschaft auf einen Versicherungsverein auf Gegenseitigkeit (VVaG) oder ein öffentlich-rechtliches Versicherungsunternehmen (§ 12 Abs 5 UmwStG)	1010–1014
13. Besteuerung der Anteilseigner der übertragenden Körperschaft (§ 13 UmwStG aF)	1015–1024
a) Anteile im Betriebsvermögen (§ 13 Abs 1–4 UmwStG aF)	1015–1018
b) Fehlende Beteiligung der Übernehmerin	1019
c) Anteile im Privatvermögen	1020, 1021
d) Besteuerungstatbestände bei den Anteilseignern	1022
e) Zusammenrechnung der Kapitalien	1023, 1024
14. Besteuerung der Anteilseigner der übertragenden Körperschaft (§ 13 UmwStG)	1025–1059
a) Anwendungsbereich	1025–1034
b) Ansatz des gemeinen Werts (§ 13 Abs 1 UmwStG)	1035, 1036
c) Ermittlung des Veräußerungsgewinns	1037–1044
d) Buchwertansatz (§ 13 Abs 2 Satz 1 UmwStG)	1045, 1046
e) Folgen der Buchwertfortführung	1047
f) Ansatz eines Zwischenwerts	1048
g) Ansatz der Anschaffungskosten (§ 13 Abs 2 Satz 3 UmwStG)	1049
h) Verzicht auf neue Anteile	1050–1054
i) Gewährung von Mitgliedschaftsrechten	1055–1059
15. Beschränkung des Besteuerungsrechts	1060–1091
a) Grenzüberschreitende Vorgänge	1060

	Rn
b) Inlandsverschmelzung mit Auslandsbezug	1061–1069
c) Auslandsverschmelzung mit Inlandsbezug	1070–1079
d) Hinausverschmelzung	1080–1089
e) Hereinverschmelzung	1090, 1091
16. Gesellschafter der übernehmenden Kapitalgesellschaft	1092
17. Drittstaaten-Verschmelzungen	1093–1099
XI. Barabfindung an Minderheitsgesellschafter	1100–1104
XII. Aufspaltung, Abspaltung und Teilvermögensübertragung auf andere Körperschaften oder auf eine Personengesellschaft (§§ 15, 16 UmwStG)	1105–1249
1. Rechtslage nach dem UmwStG 1977	1105
2. Sachlicher Anwendungsbereich des UmwStG	1106–1110
3. Persönlicher Anwendungsbereich	1111–1114
4. Teilübertragung	1115–1119
5. Spaltungsgegenstände	1120–1149
a) Teilbetrieb	1120–1124
b) Begriff Teilbetrieb	1125–1134
c) Übergehendes Betriebsvermögen	1135–1139
d) Zurückbehaltung von Wirtschaftsgütern	1140–1144
e) Fiktive Teilbetriebe	1145–1149
6. Verbleibendes Vermögen (§ 15 Abs 1 Satz 2 UmwStG)	1150–1159
7. Missbrauchsklausel (§ 15 Abs 2 Satz 1 UmwStG)	1160–1169
8. Veräußerungssperrklausel (§ 15 Abs 2 Satz 2–5 UmwStG)	1170–1194
a) Zweck	1170–1179
b) Beweisregel des § 15 Abs 2 Satz 4 UmwStG	1180–1189
c) Trennung von Gesellschafterstämmen (§ 15 Abs 2 Satz 5 UmwStG)	1190–1194
9. Verlustabzug (§ 15 Abs 3 UmwStG)	1195
10. Gliederung des verwendbaren Eigenkapitals	1196–1199
11. Übertragungsbilanz	1200–1214
a) Entsprechende Anwendung der Verschmelzungsvorschriften	1200
b) Handelsbilanz	1201
c) Steuerliche Schlussbilanz (Übertragungsbilanz)	1202
d) Bewertung des übergehenden Vermögens	1203, 1204
e) Zuzahlungen (§ 126 Abs 1 Nr 3 UmwG)	1205–1209
f) Wertverschiebungen zwischen Anteilseignern (§ 128 UmwG)	1210–1214
12. Bilanzierung der übernehmenden Gesellschaft	1215–1224
a) Handelsbilanz	1215
b) Steuerbilanz	1216–1224
13. Besteuerung der Gesellschafter der übertragenden Gesellschaft (§ 15 Abs 1 iVm § 13 UmwStG)	1225–1234
14. Aufspaltung und Abspaltung auf eine Personengesellschaft (§ 16 UmwStG)	1235–1249
a) Entsprechende Anwendung des 2. Teils des UmwStG	1235–1239
b) Entsprechende Anwendung des § 15 UmwStG	1240
c) Verwendbares Eigenkapital und Besteuerung der Anteilseigner	1241
d) Übernahmegewinn	1242
e) Kombination von Spaltungsarten	1243–1249
XIII. Einbringung von Unternehmensteilen in eine Kapitalgesellschaft oder Genossenschaft (Sacheinlage) und Anteilstausch	

Anh § 7 Umwandlungsvorgänge

	Rn
gegen Gewährung von Gesellschaftsanteilen (§§ 20 ff UmwStG)	1250–1999
1. Zivilrechtliche Einzelrechtsnachfolge	1250–1254
2. Verschmelzung, Aufspaltung, Abspaltung, Ausgliederung, Formwechsel	1255–1259
3. Persönlicher Anwendungsbereich des § 20 UmwStG	1260–1274
a) Einbringender	1261–1269
b) Übernehmende Gesellschaft	1270–1274
4. Sacheinlage (§ 20 Abs 1 UmwStG)	1275–1329
a) Einbringung eines Betriebs	1280–1289
b) Einbringung eines Teilbetriebs	1290–1294
c) Einbringung eines Mitunternehmeranteils	1295–1304
d) Zurückbehaltung von Wirtschaftsgütern	1305–1314
e) Gewährung neuer Anteile	1315–1329
5. Ansatzwahlrecht (§ 20 Abs 2 UmwStG)	1330–1379
a) Ansatz des gemeinen Werts	1330–1339
b) Ansatz des Buchwerts	1340–1344
c) Ansatz eines Zwischenwerts	1345–1349
d) Voraussetzungen des Bewertungswahlrechts	1350–1369
e) Ausübung des Bewertungswahlrechts	1370–1379
6. Andere Wirtschaftsgüter als Gegenleistung (§ 20 Abs 2 Satz 4 UmwStG)	1380–1389
7. Zwingender Teilwertansatz (§ 20 Abs 3 UmwStG aF)	1390–1394
8. Maßgeblichkeit der Schlussbilanz des Einbringenden	1395–1399
9. Veräußerungspreis und Anschaffungskosten der Anteile (§ 20 Abs 3 UmwStG)	1400–1424
10. Einzelfragen der Sacheinlage	1425–1464
a) Einbringung der wesentlichen Betriebsgrundlagen	1425–1434
b) GmbH & Co KG	1435–1444
c) Kapitalerhöhung (§§ 20 Abs 1, 21 Abs 1, 22 Abs 7 UmwStG)	1445–1454
d) Pensionszusagen zu Gunsten von Mitunternehmern	1455–1464
11. Steuervergünstigungen (§ 20 Abs 5 UmwStG aF/Abs 4 nF)	1465–1479
a) Ermäßigter Steuersatz, Freibetrag, Rücklagenbildung	1465–1474
b) Stundung (§ 20 Abs 6 UmwStG aF)	1475–1479
12. Maßgeblichkeit des steuerlichen Übertragungsstichtags (§ 20 Abs 5 u 6 UmwStG)	1480–1484
13. Rückwirkung (§ 20 Abs 6 UmwStG)	1485–1499
a) Voraussetzung	1485–1489
b) Rechtsfolgen	1490–1499
14. Sonderfall der Hinauseinbringung (§ 20 Abs 7 UmwStG)	1500–1504
15. Einbringung von transparenten Gesellschaften in andere Mitgliedstaaten (§ 20 Abs 8 UmwStG)	1505–1509
16. Zinsvortrag (§ 20 Abs 9 UmwStG)	1510–1519
17. Nachversteuerung gemäß § 34 a Abs 6 Satz 1 Nr 2 EStG	1520–1529
18. Anteilstausch (§ 21 UmwStG)	1530–1659
a) Begriff	1530–1534
b) Einbringender	1535–1539
c) Übernehmende Gesellschaft	1540–1544
d) Abgrenzung Sacheinlage und Anteilstausch	1545–1549
e) Einbringung von Anteilen	1550–1554
f) Anteilstausch iSd § 21 Abs 1 Satz 1 UmwStG	1555–1559

Übersicht

	Rn
g) Qualifizierter Anteilstausch (§ 21 Abs 1 Satz 2 UmwStG)	1560–1574
h) Gewährung sonstiger Gegenleistungen (§ 21 Abs 1 Satz 3 UmwStG)	1575–1579
i) Anteilstausch (§ 20 Abs 1 Satz 2 UmwStG aF)	1580–1589
j) Bewertung der Anteile (§ 21 Abs 2 UmwStG)	1590–1634
k) Zeitpunkt des Anteilstausches	1635–1639
l) Steuervergünstigungen (§ 21 Abs 3 UmwStG)	1640–1644
m) Anschaffungskosten der erhaltenen Anteile (§ 21 Abs 2 Satz 5 UmwStG)	1645–1649
n) Besteuerung von Anteilen im Privatvermögen	1650–1659
19. Besteuerung des Anteilseigners (§ 22 UmwStG)	1660–1869
a) Rückwirkende Besteuerung	1660–1669
b) Einbringungsgewinn I	1670–1684
c) Nachträgliche Anschaffungskosten (§ 22 Abs 1 Satz 4 UmwStG)	1685–1689
d) Ersatzrealisationstatbestände des § 22 Abs 1 Satz 6 UmwStG	1690–1744
e) Ermittlung des Veräußerungsgewinns	1745–1759
f) Einbringungsgewinn II (§ 22 Abs 2 UmwStG)	1760–1769
g) Ermittlung des Einbringungsgewinns II (§ 22 Abs 2 Satz 3 UmwStG)	1770–1784
h) Veräußerungstatbestände (§ 22 Abs 2 Satz 6 UmwStG)	1785–1799
i) Nachweispflicht (§ 22 Abs 3 UmwStG)	1800–1819
j) Juristische Personen des öffentlichen Rechts und steuerbefreite Körperschaften (§ 22 Abs 4 UmwStG)	1820–1829
k) Bescheinigungsverfahren (§ 22 Abs 5 UmwStG)	1830–1839
l) Unentgeltliche Rechtsnachfolge (§ 22 Abs 6 UmwStG)	1840–1849
m) Mitverstrickung von Anteilen (§ 22 Abs 7 UmwStG)	1850–1859
n) Nachversteuerung von Gewinnen (§ 34a EStG)	1860–1869
20. Ertragsteuerliche Gesamtrechtsnachfolge (§ 23 UmwStG)	1870–1934
a) Rechtsnachfolge bei Buch- bzw Zwischenwertansatz (§ 23 Abs 1 UmwStG)	1875–1879
b) Zwischenwertansatz (§ 23 Abs 3 UmwStG)	1880–1889
c) Ansatz des gemeinen Werts (§ 23 Abs 4 UmwStG)	1890–1909
d) Erhöhungsbetrag (§ 23 Abs 2 Satz 1 UmwStG)	1910–1919
e) Buchwertaufstockung (§ 23 Abs 2 Satz 2 UmwStG)	1920–1924
f) Erhöhungsbetrag (§ 23 Abs 2 Satz 3 UmwStG)	1925–1929
g) Entrichtung der Steuer	1930–1934
21. Vereinigung von Forderungen und Verbindlichkeiten (§ 23 Abs 6 UmwStG)	1935–1939
22. Gewerbesteuer	1940–1964
a) Einbringender	1940–1944
b) Sacheinlage und Anteilstausch	1945–1949
c) Einbringungsgewinn I	1950–1954
d) Einbringungsgewinn II	1955–1959
e) Übernehmende Kapitalgesellschaft	1960–1964
23. Steuerbefangenheit der einbringungsgeborenen Anteile (§ 21 UmwStG aF)	1965–1976
24. Einlage einbringungsgeborener Anteile (§ 21 Abs 4 UmwStG aF)	1977–1979
25. Verschleierte Sachgründung	1980–1984
26. Anwachsungsmodell	1985–1999

	Rn
XIV. Einbringung in der Europäischen Union (§ 23 UmwStG aF)	2000–2019
1. Rechtsgrundlage	2000
2. Einbringung durch unbeschränkt steuerpflichtige Kapitalgesellschaft in eine inländische Betriebsstätte einer beschränkt steuerpflichtigen Kapitalgesellschaft	2001
3. Gegenstände der Sacheinlage	2002
4. Betriebsstätte	2003
5. Einbringung einer inländischen Betriebsstätte durch beschränkt steuerpflichtige EU-Kapitalgesellschaft in eine beschränkt oder unbeschränkt steuerpflichtige EU-Kapitalgesellschaft	2004
6. Einbringung einer in einem anderen Mitgliedstaat der EU belegenen Betriebsstätte durch eine unbeschränkt steuerpflichtige Kapitalgesellschaft in eine beschränkt steuerpflichtige EU-Kapitalgesellschaft	2005–2009
7. Anteilstausch in der EU (§ 23 Abs 4 UmwStG aF)	2010–2015
a) Persönlicher Anwendungsbereich	2011
b) Voraussetzungen	2012
c) Rechtsfolgen	2013
d) Entstrickung	2014, 2015
8. Mitbestimmung	2016
9. Missbrauchsvermeidung	2017–2019
XV. Einbringung eines Betriebs, Teilbetriebs oder eines Mitunternehmeranteils in eine Personengesellschaft (§ 24 UmwStG)	2020–2369
1. Allgemeines	2020, 2021
2. Persönlicher Anwendungsbereich	2022–2034
a) Einbringender	2022–2029
b) Aufnehmende Personengesellschaft	2030–2034
3. Sachlicher Anwendungsbereich	2035–2099
a) Einbringung durch Einzelrechtsnachfolge	2040–2069
b) Einbringung einzelner Wirtschaftsgüter	2070–2084
c) Einbringung durch Gesamtrechtsnachfolge	2085–2089
d) Gewerbesteuer	2090–2099
4. Einbringungsgegenstand (§ 24 Abs 1 UmwStG)	2100–2149
a) Einbringung eines Betriebs	2101–2114
b) Einbringung eines Teilbetriebs	2115–2124
c) Einbringung eines Mitunternehmeranteils	2125–2134
d) Zurückbehaltung von Wirtschaftsgütern	2135–2149
5. Gewährung von Gesellschaftsrechten	2150–2169
6. Ansatz des eingebrachten Vermögens (§ 24 Abs 2 Satz 1 UmwStG)	2170–2179
a) Steuerliche Eröffnungsbilanz	2170–2174
b) Eigenständige Ansatz- und Bewertungsvorschrift	2175
c) Verhältnis zur Handelsbilanz	2176
d) Ansatz des eingebrachten Vermögens	2177–2179
7. Bewertungswahlrecht (§ 24 Abs 2 UmwStG)	2180–2219
a) Ansatz des gemeinen Werts (§ 24 Abs 2 Satz 1 UmwStG)	2180–2189
b) Buchwertansatz (§ 24 Abs 2 Satz 2 UmwStG)	2190–2199
c) Zwischenwertansatz (§ 24 Abs 2 Satz 2 UmwStG)	2200–2204
d) Voraussetzungen des Bewertungswahlrechts (§ 24 Abs 2 Satz 2 UmwStG)	2205–2209
e) Ausübung des Bewertungswahlrechts	2210–2219

Übersicht **Anh § 7**

	Rn
8. Ergänzungsbilanzen	2220–2229
9. Besteuerung des Einbringungsgewinns (§ 24 Abs 3 UmwStG)	2230–2264
a) Einbringungsbilanz	2230–2239
b) Einbringungsgewinn	2240–2249
c) Ermäßigte Besteuerung (§ 24 Abs 3 Satz 2 UmwStG)	2250–2259
d) Veräußerung „an sich selbst" (§ 24 Abs 3 Satz 3 UmwStG)	2260–2264
10. Ertragsteuerliche Folgen bei der übernehmenden Personengesellschaft (§ 24 Abs 4 1. Hs UmwStG)	2265–2279
11. Rückbeziehung (§ 24 Abs 4 2. Hs UmwStG)	2280–2289
12. Nachträgliche Besteuerung eines Einbringungsgewinns (§ 24 Abs 5 UmwStG)	2290–2319
a) Anteile an Kapitalgesellschaften, Personenvereinigungen oder Vermögensmassen	2291
b) Veräußerung oder Weitereinbringung	2292, 2293
c) Einbringung durch eine nicht nach § 8b KStG begünstigte Person	2294
d) Umfang des zurückwirkenden Einbringungsgewinns	2295, 2296
e) Ermittlung des Einbringungsgewinns	2297
f) Besteuerung des Einbringungsgewinns	2298–2303
g) Nachweispflichten	2304, 2305
h) Unentgeltliche Rechtsnachfolge	2306
i) Mitverstrickung von Anteilen	2307
j) Auswirkung auf übernehmende Gesellschaft	2308–2319
13. Gewerbesteuerfreiheit	2320–2329
14. Ausgleichszahlungen	2330–2359
a) Aufdeckung der stillen Reserven	2330–2339
b) Einbringung mit Zuzahlung zu Buchwerten	2340–2349
c) Einbringung mit Zuzahlung zum gemeinen Wert	2350–2359
15. Zinsvortrag und EBITDA-Vortrag (§ 24 Abs 6 UmwStG)	2360
16. Betrieblicher Schuldzinsenabzug (§ 4 Abs 4a EStG)	2361
17. Nachversteuerung gemäß § 34 a Abs 7 Satz 2 EStG	2362–2369
XVI. Formwechsel einer Personengesellschaft in eine Kapitalgesellschaft oder Genossenschaft (§ 25 UmwStG)	2370–2383

Literatur: Kommentarliteratur, Monographien: *Buyer/Klein/Müller,* Änderung der Unternehmensform, 8. Aufl; *Haritz/Benkert,* Umwandlungssteuergesetz, 3. Aufl; *Rödder/Herlinghaus/van Lishaut,* UmwStG; *Sagasser/Bula/Brünger,* Umwandlungen, 4. Aufl; *Schmitt/Hörtnagel/Stratz,* Umwandlungsgesetz, Umwandlungssteuergesetz; *Widmann/Mayer,* Umwandlungsrecht.

Rechtsgrundlagen:

- Umwandlungsgesetz (UmwG) v 28.10.1994, BGBl I 1994, 3210, ber 1995, 428, zuletzt geänd durch G v 22.12.2011, BGBl I 2011, 3044
- Umwandlungssteuergesetz nF (UmwStG bzw nF) v 7.12.2006, BGBl I 2006, 2782/2791, zuletzt geänd durch G v 26.6.2013, BGBl I 2013, 1809
- Umwandlungssteuergesetz aF (UmwStG aF) idF der Bek v 15.10.2002, BGBl I 2002, 4133, ber 2003, 783, geänd durch G v 16.5.2003, BGBl I 2003, 660
- Umwandlungssteuergesetz 1995 (UmwStG 1995) v 28.10.1994, BGBl I 1994, 3267, zuletzt geänd durch G v 20.12.2001, BGBl I 2001, 3858

Anh § 7 Umwandlungsvorgänge

– Umwandlungssteuergesetz 1977 (UmwStG 1977) v 6.9.1976, BGBl I 1976, 2641, zuletzt geänd durch G v 21.12.1993, BGBl I 1993, 2310

Verwaltungsanweisungen: Umwandlungssteuererlass – UmwStE aF – (*BMF* BStBl I 1998, 268); UmwStE nF (*BMF* BStBl I 2011, 1314); s auch *BMF* BStBl I 2001, 543; 2003, 786; 2007, 698; 2008, 280; 2009, 671 aufgeh d UmwStE nF Rn S.08; 2012, 42.

I. Gesetzesaufbau des UmwStG

1   Das Gesetz sieht Regelungen vor für
– Vermögensübergänge bei Verschmelzung von einer Körperschaft auf eine PersGes oder auf eine natürliche Person und Formwechsel einer KapGes in eine PersGes (2. Teil, §§ 3–10),
– Verschmelzung oder Vermögensübertragung (Vollübertragung) auf eine andere Körperschaft (3. Teil, §§ 11–13),
– Aufspaltung, Abspaltung und Vermögensübertragung (Teilübertragung) von Körperschaften auf andere Körperschaften oder PersGes (4. Teil, §§ 15, 16),
– Einbringung von Unternehmensteilen (Betrieb, Teilbetrieb oder Mitunternehmeranteil) in eine KapGes oder Genossenschaft – Sacheinlage, Anteilstausch – (6. Teil, §§ 20–23),
– Einbringung eines Betriebs, Teilbetriebs oder Mitunternehmeranteils in eine PersGes (7. Teil, § 24),
– Formwechsel einer PersHandelsGes in eine KapGes oder Genossenschaft (8. Teil, § 25).

II. Anwendungsbereich des UmwStG

1. Zeitlicher Anwendungsbereich

2   Nach Art 20 UmwBerG v 28.10.1994 (BGBl I 1994, 3210, ber 1995, 428) gilt das Umwandlungsrecht 1995 ab dem 1.1.1995. Ausnahmen bestehen für eingeleitete Umwandlungen (§ 318 UmwG). Nach § 27 Abs 1 UmwStG aF ist das Umwandlungssteuerrecht 1995 für Vermögensübergänge anzuwenden, die nach dem 31.12.1994 wirksam werden. Schädlich für die Anwendung des neuen Rechts ist, wenn die notarielle Beurkundung vor dem 31.12.1994 erfolgte (Einzelheiten *UmwStE aF* Tz S. 01). Auf die Eintragung im HR nach dem Stichtag kommt es nicht an. S dazu auch *BMF* BStBl I 1995, 42; *Wochinger/Dötsch* DB-Beilage 14/1994, 3; *D. Mayer* DB 1995, 861; BFH I R 7/98 BStBl II 1998, 642.

3   Die Neuregelungen des Gesetzes zur Fortsetzung der Unternehmenssteuerreform v 29.10.1997 (BGBl I 1997, 2590) sind nach § 27 Abs 3 aF erstmals auf Umwandlungsvorgänge anzuwenden, deren Eintragung im HR nach dem 5.8.1997 beantragt worden ist. Die Änderung des § 12 Abs 2 UmwStG 1995 verstößt zwar wegen der Beschlussempfehlung des Vermittlungsausschusses gegen die Verfassung, bleibt aber mangels nötiger Evidenz des Verfahrensverstoßes gültig (BFH I R 103/01 BStBl II 2008, 723), s auch BVerfG DStR 2008, 556. Ernsthaft gestellte Anträge sind auch dann zu berücksichtigen, wenn sie unvollständig sind (FG Köln EFG 01, 1088; *Pflüger* FR 1998, 345). Zwischen „Antrag" und „Anmeldung" besteht kein sachlicher Unterschied (BFH I R 103/01 BStBl II 2008, 723). Die **Übergangsregelung** ist auch insoweit mit dem Grundgesetz vereinbar, als sich die Streichung des § 12 Abs 2 Satz 4 UmwStG 1995 erstmals auf Umwandlungen auswirkt, deren Eintragung im Handelsregister nach dem 5.8.1997 beantragt worden ist. Bei zustimmungspflichtigen Gesetzesänderungen ist die Schutzwürdigkeit des Vertrauens des Steuerpflichtigen in den Fortbestand der Rechtslage nicht

Anwendungsbereich des UmwStG **Anh § 7**

erst ab dem Zeitpunkt gemindert, in dem der Bundesrat der Gesetzesänderung zugestimmt hat (BFH I B 189/11 BFH/NV 2012, 92). Zur Änderung des § 50 c Abs 11 EStG aF s Rn 158. Zur zeitlichen Geltung des § 34 EStG bei steuerlich zulässiger Rückwirkung nach dem UmwStG s § 34 Abs 1 Satz 3 EStG, *UmwStE aF* Rn S.04.

Nach § 27 Abs 1 a ist das UmwStG idF des **StSenkG** grundsätzlich anzuwenden, 4 wenn der steuerliche Übertragungsstichtag in dem ersten Wirtschaftsjahr der übertragenden Körperschaft liegt (fiktives Wirtschaftsjahr), für das das ebenfalls durch das StSenkG geänderte KStG anzuwenden ist. Als frühester steuerlicher Übertragungszeitpunkt kommt der Beginn des Wirtschaftsjahres der erstmaligen Anwendung des KStG nF in Betracht. Dadurch geht ein Anrechnungspotential an KSt nicht verloren (BFH I B 179/09 BFH/NV 2010, 1877). Nach § 27 Abs 1 a Satz 2 idF des UntStFG v 20.12.2001 (BGBl I 2001, 3858) kann der Rechtsakt auch in ein späteres Kalenderjahr fallen. Fällt in dieses Wirtschaftsjahr oder später ein Rechtsakt mit steuerlicher Rückwirkung nach dem UmwStG, so gilt vorbehaltlich der Inanspruchnahme der Billigkeitsregelung (*OFD Koblenz* DB 2001, 70; *BMF* BStBl I 2000, 1521) bisheriges Recht. Die Regelung soll die missbräuchl Kombination von altem und bisherigem Recht verhindern, nachdem diese Vorschriften des UmwStG mit dem Halbeinkünfteverfahren korrespondieren. Fällt zB der Übertragungsstichtag auf den 31.12.2000 auf Grund einer Anmeldung und Eintragung in 2001 noch in das Wirtschaftsjahr 1.1.2000–31.12.2000, so gelten nach § 27 Abs 1 a Satz 2 UmwStG 1995 die Rechtsfolgen frühestens zu Beginn des fiktiven Wirtschaftsjahrs, also frühestens am 1.1.2001, bewirkt mit der Folge eines sog Ein-Sekunden-Wirtschaftsjahrs nach neuem Recht. § 27 Abs 1 a soll lediglich für Umwandlungen nach §§ 3 bis 10, 14 und § 16 Bedeutung haben, nicht hingegen für solche nach den §§ 11 bis 13, 15, 20 ff UmwStG. Vgl zu Einzelheiten *Dötsch/Pung* DB 2004, 208/25; *BMF* BStBl I 2003, 786 Rn 43 ff.

Das UmwStG idF des **SEStEG** v 7.12.2006 (BGBl I 2006, 2791) findet gemäß 5 **§ 27 Abs 1 Satz 1** erstmals auf Umwandlungen und Einbringungen Anwendung, bei denen die Anmeldung zur Eintragung in das öffentliche Register (vgl zB § 16 UmwG) nach dem 12.12.2006 erfolgt ist. Die Anmeldung ist bei dem für die Wirksamkeit des jeweiligen Vorgangs zuständigen öffentlichen Register vorzunehmen. Bei Verschmelzungen ist daher zB auf die Anmeldung zum Register des Sitzes des übernehmenden Rechtsträgers abzustellen (§ 20 UmwG). Bei Einbringungsvorgängen im Wege der Einzelrechtsnachfolge, für deren Wirksamkeit keine Eintragung in ein öffentliches Register erforderlich ist, ist der Zeitpunkt des Übergangs des wirtschaftlichen Eigentums auf den übernehmenden Rechtsträger maßgebend. Das bisherige UmwStG 1995 in der zuletzt geltenden Fassung ist gemäß **§ 27 Abs 2 UmwStG** letztmals auf Vermögensübergänge, die bis zum 12.12.2006 zur Eintragung in das öffentliche Register angemeldet wurden, bzw bis dahin erfolgte Übertragungen des wirtschaftlichen Eigentums an den eingebrachten Wirtschaftsgütern anzuwenden. Es trat jedoch nicht außer Kraft (*UmwStE nF* Rn 00.01).

Entsprechend gilt nach **§ 27 Abs 3 Nr 1 UmwStG** bei **einbringungsgeborenen** 6 **Anteilen** an KapGes iSd § 21 Abs 1 UmwStG 1995 die Einlagefiktion des § 5 Abs 4 UmwStG weiter. Wird ein Vermögensvorgang bereits nach dem neuen Recht vollzogen, gelten infizierte Anteile (zB § 20 Abs 3 Satz 4 nF, § 21 Abs 2 Satz 6 UmwStG) als zum steuerlichen Übertragungsstichtag in das Betriebsvermögen des übernehmenden Rechtsträgers überführt.

Ebenso erklärt **§ 27 Abs 3 Nr 2 UmwStG** die bisherige **Stundungsregelung** 7 des § 20 Abs 6 UmwStG 1995 für beschränkt steuerpflichtige Gesellschafter der einbringenden PersGes weiterhin für anwendbar, wenn die Einbringung nach dem UmwStG 1995 erfolgte. Der fünfjährige Stundungszeitraum des § 21 Abs 2 Satz 3– 6 UmwStG 1995 ist weiterhin zu beachten.

8 Über **§ 27 Abs 3 Nr 3 Satz 1 UmwStG** iVm §§ 52 Abs 4d Satz 2 EStG, 34 Abs 7 a KStG bestehen die siebenjährigen Sperrfristen nach § 8b Abs 4 KStG aF und § 3 Nr 40 Satz 3 und 4 EStG aF für einbringungsgeborene Anteile iSd § 21 Abs 1 UmwStG 1995, die auf Einbringungsvorgängen beruhen, nach dem Inkrafttreten des neuen UmwStG fort. Danach ist die Veräußerung von **einbringungsgeborenen Anteilen** innerhalb von sieben Jahren nach der Einbringung bei einer natürlichen Person nach § 3 Nr 40 Satz 3 u 4 EStG aF iVm § 52 Abs 4d Satz 2 EStG bzw bei einer Körperschaft nach § 8b Abs 4 KStG aF iVm § 34 Abs 7a KStG grds in voller Höhe steuerpflichtig. Dies gilt jedoch nur, wenn auf den Einbringungsvorgang § 21 Abs 2 UmwStG aF anwendbar war. Nach Ablauf der Sperrfrist unterliegt der Veräußerungsgewinn gemäß § 3 Nr 40 Satz 1 Buchst b EStG iVm § 3 Nr 40 Satz 3 u 4 EStG dem Teileinkünfteverfahren bzw nach Maßgabe des § 8b Abs 2 u 3 KStG der Steuerbefreiung. Zu den Einzelheiten s *UmwStE nF* Rn 27.01ff, S.01.

9 Gibt der Anteilseigner nach der Einbringung seinen inländischen Wohnsitz oder gewöhnlichen Aufenthalt auf und wird dadurch das Besteuerungsrecht der BRD gemäß § 21 Abs 2 Satz 1 Nr 2 UmwStG aF in der zuletzt geltenden Fassung ausgeschlossen, sind nach **§ 27 Abs 3 Nr 3 Satz 2 UmwStG** die Stundungsregelungen des § 6 Abs 5 AStG auf Altfälle, bei denen die ESt noch nicht bestandskräftig festgesetzt ist, anzuwenden (*UmwStE nF* Rn 27.13).

10 § 27 **Abs 4 UmwStG** dient der Vermeidung einer Doppelbesteuerung. Veräußert im Falle einer Sacheinlage unter dem gemeinen Wert der Einbringende die erhaltenen Aneile (§ 22 Abs 1 UmwStG) und im Falle eines Anteilstausches unter dem gemeinen Wert die übernehmende Gesellschaft die eingebrachten Anteile (§ 22 Abs 2 UmwStG) innerhalb der Sperrfrist von sieben Jahren (schädliche Anteilsveräußerung), wird der Einbringungsgewinn I bzw II rückwirkend besteuert. Dies gilt entsprechend für einen einer Anteilsveräußerung gleichgestellten Vorgang (§ 22 Abs 2 Satz 6 UmwStG). Handelt es sich hierbei um **einbringungsgeborene Anteile** iSd § 21 UmwStG 1995 und liegt eine schädliche Anteilsveräußerung iSd § 3 Nr 40 Satz 3 EStG aF bzw § 8b Abs 4 KStG aF vor, ist der Veräußerungsgewinn wegen der Weitergeltung dieser Vorschriften in vollem Umfang steuerpflichtig. Um jedoch eine Doppelbesteuerung zu vermeiden, schließt § 27 Abs 4 UmwStG eine **rückwirkende Besteuerung des Einbringungsgewinns** insoweit aus, als nach § 3 Nr 40 Satz 3 und 4 EStG aF bzw § 8 Abs 4 KStG aF keine Steuerfreistellung vorgesehen ist (s *UmwStE nF* Rn 27.03, 27.07).

11 Gemäß **§ 27 Abs 11 UmwStG** idF des AmtshilfeRLUmsG ist die Beschränkung der Gewinnnutzung nach § 2 Abs 4 Satz 3 bis 5 UmwStG idF des AmtshilfeRLUmsG bei der übernehmenden Verlustgesellschaft erstmals auf Umwandlungen anzuwenden, deren Eintragung in das zuständige Register nach dem 13.12.2012 beantragt wurde, bzw wenn das wirtschaftliche Eigentum an den eingebrachten Wirtschaftsgütern nach dem 13.12.2012 übergegangen ist.

12 **Der UmwStE nF** ist grds auf Umwandlungsvorgänge nach dem 31.12.2011 anzuwenden (s *UmwStE nF* Rn S.01 ff).

13, 14 *(frei)*

2. Räumlicher Anwendungsbereich

15 Das **UmwG 1995** richtet sich handelsrechtlich in seinem § 1 nur an inländische Rechtsträger (vgl dazu *Dötsch* BB 1998, 1029). Entsprechend ist nach § 1 Abs 4 UmwStG 1995 der 2. bis 7. Teil des UmwStG nur auf unbeschränkt steuerpflichtige Körperschaften iSd § 1 KStG anwendbar.

16 Dagegen stellt das **UmwStG nF** nicht mehr auf die unbeschränkte Steuerpflicht ab. Der in § 1 UmwStG geregelte Anwendungsbereich wird durch die in den jeweiligen Einzelsteuergesetzen geregelte Steuerpflicht der am Umwandlungsvorgang beteiligten Gesellschaften und Gesellschafter begrenzt (§ 1 EStG, §§ 1 bis 4 KStG

Anwendungsbereich des UmwStG **Anh § 7**

sowie GewStG (*UmwStE nF* Rn 01.02). Es erfasst inländische und grenzüberschreitende Umwandlungsvorgänge innerhalb der EU und des EWR. Die Erweiterung des räumlichen Anwendungsbereichs durch das SEStEG beruht u.a. auf Entscheidungen des EuGH, der Änderung des UmwG, der Umsetzung der geänderten EU-Fusionsrichtlinie, der gesellschaftsrechtlichen Verschmelzungsrichtlinie und den erlassenen steuerlichen Begleitvorschriften zum SEEG. Zur Vorgeschichte vgl auch *Wiesner* DB 2005, 91; *Maul/Teichmann/Wenz* BB 2003, 2633; *Engert* DStR 2004, 664; *Wenglorz* BB 2004, 1061 zur einschlägigen EuGH-Rspr; allg zu den Grundfreiheiten bei grenzüberschreitenden Aktivitäten *Rödder* DStR 2004, 1629; *Cordewener* DStR 2004, 1634; EuGH C-446/03 *Marks & Spencer* DStR 2005, 2168; C-411/03 *SEVIC Systems betr Registereintragung* DStR 2006, 49.

Eine **inländische Verschmelzung** ist gegeben, wenn der übertragende und der 17 übernehmende Rechtsträger ihren statutarischen Sitz im Inland haben und deshalb das UmwG anzuwenden ist. Bei PersGes muss sich der Sitz der Hauptverwaltung der übernehmenden Gesellschaft im Inland befinden (*UmwStE nF* Rn 01.03). Eine **grenzüberschreitende Verschmelzung** liegt u.a. dann vor, wenn ein an der Umwandlung beteiligter Rechtsträger im Inland ansässig ist oder die übertragenen Vermögenswerte im Ausland belegen sind. Zu den praktischen Problemen einer grenzüberschreitenden Verschmelzung von KapGes nach § 122a ff UmwG s *Freundorfer/Festner* GmbHR 2010, 195; *Pfeiffer/Heilmeier* GmbHR 2009, 1317. Bei einer Inlandsverschmelzung mit Auslandsbezug sind die beteiligten Gesellschaften im Inland ansässig und Gesellschafter oder übertragene Vermögenswerte befinden sich im Ausland. Eine **Auslandsverschmelzung** mit Inlandsbezug dagegen ist gegeben, wenn die beteiligten Rechtsträger im Ausland und Gesellschafter oder übertragene Vermögenswerte im Inland sind. Die Hinausverschmelzung ist dadurch gekennzeichnet, dass der übertragende Rechtsträger im Inland und der übernehmende Rechtsträger im Ausland ihren Sitz haben. Bei einer Hereinverschmelzung ist der aufnehmende Rechtsträger im Inland und der übertragende im Ausland ansässig. In beiden Fällen können die beteiligten Gesellschafter und das betroffene Vermögen im Inland oder Ausland sein.

Auf Verschmelzungen und Spaltungen von KapGes in **Drittstaaten** ist das 18 UmwStG nF nicht anwendbar. Zu Umwandlungen in der Schweiz s *Ronge/Peroulaz* IStR 2007, 422. Eine steuerneutrale Umwandlung ist nur bei Ansässigkeit des übertragenden und übernehmenden Rechtsträgers in einem EU-/EWR-Staat möglich. Abweichend von diesem Grundsatz ist gemäß § 1 Abs 4 Satz 2 UmwStG die Einbringung von Betrieben, Teilbetrieben und Mitunternehmeranteilen in eine in einem Drittstaat ansässige PersGes nach § 24 UmwStG begünstigt. Ebenso kann beim Anteilstausch iSd § 21 UmwStG der Einbringende in einem Drittstaat ansässig sein. § 1 Abs 4 Nr 1 iVm § 1 Abs 3 Nr 5 UmwStG stellt lediglich auf die Ansässigkeit des übernehmenden Rechtsträgers ab. Eine Einbringung nach § 20 UmwStG ist auch dann möglich, wenn der Einbringende in einem Drittstaat ansässig ist, mit dem kein DBA besteht oder das DBA das Besteuerungsrecht bezüglich des Gewinns aus der Veräußerung der erhaltenen Anteile der BRD zuweist (§ 1 Abs 4 Satz 1 Nr 2 Buchst b UmwStG). Schließlich richten sich gemäß § 12 Abs 2 Satz 2 KStG die Folgen einer in einem Drittstaat vollzogenen Verschmelzung (**sog Drittstaatsverschmelzung**) für den inländischen Anteilseigner der übertragenden Körperschaft nach § 13 UmwStG. Die in der inländischen Betriebsstätte ruhenden stillen Reserven brauchen nicht aufgedeckt zu werden. Bei sog Drittstaatsspaltungen ist § 12 Abs 2 KStG zu beachten.

(frei) **19–24**

3. Sachlicher Anwendungsbereich

Das UmwStG nF orientiert sich an den gesellschaftsrechtlichen Vorgängen des 25 UmwG. Es gilt der Grundsatz der Maßgeblichkeit des Gesellschaftsrechts. Nach diesem muss die Umwandlung bzw Einbringung die Voraussetzungen der jeweiligen

Umwandlungsart bzw Einbringung erfüllen und zudem zivilrechtlich zulässig und wirksam sein (*UmwStE nF* Rn 01.02). Der **Umwandlungsteil** (2. bis 5. Teil) ist auf inländische Vorgänge der Verschmelzung, Aufspaltung und Abspaltung iSd §§ 2, 123 Abs 1 und 2 UmwG von Körperschaften oder vergleichbare ausländische Vorgänge anwendbar (§ 1 Abs 1 Satz 1 Nr 1 UmwStG). Übertragender Rechtsträger muss in diesen Fällen eine Körperschaft bzw KapGes sein.

26 **a) Inländische Umwandlungen.** Auf inländische Umwandlungsvorgänge iSd § 1 Abs 1 UmwStG nF ist ausschließlich das UmwG anzuwenden. Ein solcher Vorgang liegt dann vor, wenn der übertragende und der übernehmende Rechtsträger seinen statutarischen Sitz bzw die übernehmende PersGes oder natürliche Person ihren Sitz der Hauptverwaltung bzw Wohnsitz (§ 7 BGB) im Inland haben (*UmwStE nF* Rn 01.03f).

27 **Ausländische Vorgänge** iSd § 1 Abs 1 Satz 1 Nr 1 u 2 UmwStG nF sind dann gegeben, wenn nach allgemeinen Grundsätzen auf einen an der Umwandlung beteiligten Rechtsträger kollisionsrechtlich das UmwG nicht anwendbar ist. Als solche Vorgänge gelten auch **grenzüberschreitende Umwandlungsvorgänge**, bei denen ein beteiligter Rechtsträger dem deutschen Gesellschaftsstatut unterliegt oder sämtliche beteiligte Rechtsträger im Inland unbeschränkt steuerpflichtig sind (*UmwStE nF* Rn 01.20ff). Der Personalstatus einer an der Umwandlung beteiligten Gesellschaft ist nach dem Recht des Staates zu bestimmen, in dem sie in ein öffentliches Register eingetragen ist und damit ihren tatsächlichen Verwaltungssitz hat (**sog Sitztheorie**). Dies gilt auch für eine KapGes mit inländischer Rechtsform, die zwar ihren statutarischen Sitz im Inland, ihren tatsächlichen Verwaltungssitz in einem EU- oder EWR-Staat oder in einem Drittstaat hat, in dem die Gründungstheorie Anwendung findet. Die sog **Gründungstheorie,** die nach dem Referentenentwurf zum Internationalen Privatrecht (Art 10 Abs 1 EGBGB) vorgesehen ist, ist insoweit mangels Umsetzung nicht anzuwenden. Sie ist jedoch für die Bestimmung des Personalstatuts ausländischer KapGes aufgrund bestehender bilateraler bzw multilateraler Vereinbarungen innerhalb der EU und EWR sowie mit den USA maßgebend. Der „Sitz im Inland" iSd § 1 Abs 1 UmwG bezieht sich auf den statutarischen Sitz (s *Benecke* GmbHR 2012, 114f).

28 Außerdem müssen **ausländische Umwandlungsvorgänge** dem Wesen nach einer der Umwandlungsarten des deutschen Umwandlungsrechts entsprechen. Danach sind die ausländischen Vorgänge sowohl hinsichtlich ihrer Rechtsfolgen iSd § 2 bzw § 123 Abs 1 und 2 UmwG (zB Vermögensübertragung, Gesamtrechtsnachfolge, Gewährung von Anteilen unter Auslösung des übertragenden Rechtsträgers ohne Abwicklung) als auch hinsichtlich der beteiligten Rechtsträger **(Typenvergleich)** mit den entsprechenden inländischen Umwandlungsarten zu vergleichen (vgl BTDrs 16/2710, 35; s auch *Schaumburg* GmbHR 2010, 1314).

29 Auf den **Formwechsel** einer KapGes in eine PersGes iSd § 190 Abs 1 UmwG findet der Umwandlungsteil ebenfalls Anwendung (§ 1 Abs 1 Satz 1 Nr 2 UmwStG). Als formwechselnder Rechtsträger kommt eine GmbH, AG oder eine KGaA (§ 3 Abs 1 Nr 2 UmwG) und als neuer Rechtsträger eine GbR, OHG, KG (§ 191 Abs 2 UmwG) und vergleichbare ausländische Vorgänge ohne Vermögensübergang in Betracht.

30 Umwandlungen, die gemäß § 1 Abs 2 UmwG **außerhalb des UmwG** in anderen Bundes- bzw Landesgesetzen geregelt sind, fallen ebenso unter den Umwandlungsteil (§ 1 Abs 1 Satz 1 Nr 3 UmwStG). Die durch diese Regelungen zulässigen Umwandlungen müssen mit einer in § 1 Abs 1 UmwG abschließend aufgezählten Umwandlungsart (Verschmelzung, Spaltung, Vermögensübertragung, Formwechsel) vergleichbar sein. Abzustellen ist dabei auf die für ausländische Vorgänge geltenden Grundsätze der Vergleichbarkeit (zB formwechselnde Umwandlung einer LPG in eine PersGes, § 38a LwAnpG; *UmwStE nF* Rn 01.07).

31 Die Umwandlung eines **Betriebs gewerblicher Art** (Eigenbetrieb, Regiebetrieb oder Eigengesellschaft) im Wege der Gesamtrechtsnachfolge in eine rechtsfähige

Anstalt öffentlichen Rechts gemäß § 113a Abs 1 Satz 1 Nds Gemeindeordnung (NGO) stellt mangels eines verschmelzungsfähigen Rechtsträgers iSd § 3 UmwG und einer Vermögensübertragung als Ganzes gegen Gewährung von Mitgliedschaftsrechten iSd § 2 UmwG keine Verschmelzung nach § 1 Abs 1 Satz 1 Nr 1 UmwG dar. Außerdem bezieht sich § 113a Abs 1 Satz 1 NGO im Gegensatz zu den Umwandlungen nach § 113a Abs 3 Sätze 4–6 NGO nicht auf § 1 Abs 2 UmwG. Ein Verlustabzug nach § 12 Abs 3 Satz 2 UmwStG aF scheidet daher aus (Nds FG EFG 2010, 577; BFH I R 112/09 BFH/NV 2011, 1194). Nach Auffassung der Verwaltung ist auf der Grundlage des § 113a Abs 1 NGO eine steuerneutrale Umwandlung von Betrieben gewerblicher Art in Anstalten des öffentlichen Rechts in analoger Anwendung des UmwStG möglich, sofern die Versteuerung der stillen Reserven gesichert ist *(OFD Hann* DStR 2010, 226).

Schließlich gilt gemäß § 1 Abs 1 Satz 1 Nr 4 UmwStG der Umwandlungsteil auch **32** für **Vermögensübertragungen** iSd § 174 UmwG. Die Gegenleistung besteht in diesem Fall nicht in Anteilen oder Mitgliedschaftsrechten (§ 175 Abs 1 UmwG). Nach § 11 Abs 2 Satz 1 Nr 3 UmwStG nF sind deshalb die übergehenden Wirtschaftsgüter grds mit dem Wert der Gegenleistung anzusetzen.

Die **Ausgliederung** iSd § 123 Abs 3 UmwG fällt gemäß § 1 Abs 1 Satz 2 **33** UmwStG nicht unter den Umwandlungsteil, sondern unter den Einbringungsteil (§ 1 Abs 3 Nr 2 UmwStG). Dies beruht u.a. darauf, dass die Gegenleistung iF von Anteilen an dem übernehmenden bzw neuen Rechtsträger der übertragende Rechtsträger und nicht dessen Anteilseigner erhält (BFH I R 28/11 DStR 2013, 575). Bei einer Ausgliederung auf eine KapGes sind §§ 20 ff UmwStG bzw § 24 UmwStG bei einer Ausgliederung auf eine PersGes einschlägig. Die Ausgliederung einer Beteiligung iSd § 21 Abs 1 Satz 1 UmwStG wird von § 1 Abs 3 Nr 5 UmwStG erfasst (lex specialis) mit der Folge, dass der persönliche Anwendungsbereich nicht nach § 1 Abs 4 Nr 2 UmwStG beschränkt ist.

Unter den **Einbringungsteil** (6. bis 8. Teil) fallen die Verschmelzung, Aufspal- **34** tung und Abspaltung iSd §§ 2 und 123 Abs 1 und 2 UmwG von PersGes und PartnerschaftsGes oder vergleichbare ausländische Vorgänge (§ 1 Abs 3 Nr 1 UmwStG). Übertragende Rechtsträger können nur PersHandelsGes oder PartnerschaftsGes sein. Bei einer Umwandlung auf eine KapGes sind die §§ 20 ff UmwStG und bei einer Umwandlung auf eine PersGes ist § 24 UmwStG anzuwenden.

Der **Formwechsel** einer PersGes in eine KapGes oder Genossenschaft iSd § 190 **35** Abs 1 UmwG oder vergleichbare ausländische Vorgänge werden über § 25 UmwStG als Einbringung nach §§ 20 ff UmwStG (Rechtsträgerwechsel) behandelt (§ 1 Abs 3 Nr 3 UmwStG).

Den sachlichen Anwendungsbereich der Einbringung von Betriebsvermögen durch Einzelrechtsnachfolge in eine KapGes oder Genossenschaft (§§ 20 ff UmwStG) oder PersGes (§ 24 UmwStG) regelt § 1 Abs 3 Nr 4 UmwStG nF. Die Unterscheidung in **Gesamt-** (§ 1 Abs 3 Nr 1 u 2 UmwStG) und **Einzelrechtsnachfolge** (§ 1 Abs 3 Nr 4 UmwStG) bezieht sich lediglich auf die Form der Rechtsnachfolge. Sie ist insofern von Bedeutung, als bei einer Gesamtrechtsnachfolge die Regelungen des UmwG zu beachten sind und gemäß § 24 Abs 4 UmwStG nF bei einer Einbringung im Wege der Gesamtrechtsnachfolge die Rückwirkung nach § 20 Abs 5 u 6 UmwStG nF gilt. Sind ausländische Vorgänge nicht mit einer Umwandlung iSd § 1 Abs 3 Nr 1 bis 3 UmwStG vergleichbar, kommt bei entsprechender Vergleichbarkeit eine Einbringung iSd § 20 bzw § 24 UmwStG in Betracht (*UmwStE nF* Rn 01.45, 01.48; *Benecke* GmbHR 2012, 113; *Flick/Gocke/Schaumburg* UmwStE 2011 Rn 01.45). Die Übertragung von **wirtschaftlichem Eigentum**, die wie eine Einzelrechtsnachfolge iSd § 1 Abs 3 Nr 4 UmwStG behandelt wird, reicht für die Anwendung des 6. bis 8. Teils aus (*UmwStG nF* Rn 01.43).

Ebenso gilt der Einbringungsteil für den **Anteilstausch** (§ 1 Abs 3 Nr 5 iVm § 21 **36** UmwStG nF). Dieser kann nach dem UmwG (Gesamtrechtsnachfolge zB durch

Anh § 7

Ausgliederung von Vermögensteilen) oder im Wege der Einzelrechtsnachfoge (zB durch Sacheinlage iSd § 5 Abs 4 GmbHG, § 27 AktG, Sachkapitalerhöhung aus Gesellschaftermitteln § 56 GmbHG, §§ 183, 194, 205 AktG) erfolgen (*UmwStE nF* Rn 01.46). Einbringender kann jeder Rechtsträger und Übernehmender nur eine KapGes oder Genossenschaft sein. § 1 Abs 4 Satz 1 Nr 2 UmwStG verweist nicht auf den Anteilstausch.

37–39 *(frei)*

40 **b) Vergleichbare ausländische Vorgänge.** Das UmwStG (2. bis 5. Teil) ist auf ausländische Umwandlungen (Verschmelzung, Auf- und Abspaltung, Formwechsel) anwendbar, wenn diese zivilrechtlich wirksam und mit inländischen Umwandlungsvorgängen iSd § 1 Abs 1 Satz 1 Nr 1 u 2 UmwStG vergleichbar sind. Auch hier gilt der Grundsatz der Maßgeblichkeit des Gesellschaftsrechts. Der ausländische Vorgang muss nach dem jeweiligen Gesellschaftsstatut der an der Umwandlung beteiligten Rechtsträger, dh nach den Bestimmungen des jeweiligen ausländischen Rechts zulässig und wirksam sein. Dies gilt entsprechend für grenzüberschreitende Umwandlungsvorgänge mit verschiedenen Personalstatuten mehrerer Staaten, wobei auf EU-Ebene neben nationalem Recht auch primäres und sekundäres Gemeinschaftsrecht zu beachten sind. Abzustellen ist grundsätzlich auf die Entscheidung der ausländischen Registerbehörden (*UmwStE nF* Rn 01.23).

41 Der jeweilige ausländische Umwandlungsvorgang ist nach seiner konkreten rechtlichen Ausgestaltung hinsichtlich der Umwandlungsfähigkeit der beteiligten Rechtsträger, der Rechtsnatur bzw Rechtsfolgen des Umwandlungsvorgangs (**Strukturmerkmale**) und **sonstiger Vergleichsmerkmale** zu beurteilen. Der konkrete, nach ausländischem Umwandlungsrecht abgewickelte Vorgang muss seinem Wesen nach den Anforderungen des UmwG entsprechen. Auf das Sitzerfordernis des § 1 Abs 1 UmwG kommt es nicht an. So ist zB die Vereinbarung einer Zuzahlung von mehr als 10 % des Gesamtnennbetrags der gewährten Anteile gemäß § 54 Abs 4 UmwG schädlich (*UmwStE nF* Rn 01.24ff; krit *Flick/Gocke/Schaumburg* UmwStE 2011 Rn 01.25).

42 Aufgrund des Grundsatzes der Maßgeblichkeit des Gesellschaftsrechts ist die aktive und passive **Umwandlungsfähigkeit** aller beteiligten Rechtsträger bezogen auf die jeweilige Umwandlungsart (Verschmelzung, Auf-, Abspaltung, Formwechsel) und auf das jeweilige Gesellschaftsstatut (Rechtsordnung des am Registerort geltenden Rechts, sog Gründungstheorie) der an der Umwandlung beteiligten Rechtsträger zu prüfen und mit der Umwandlungsfähigkeit nach dem UmwG zu vergleichen. Ist ein Rechtsträger nach ausländischem Recht nicht umwandlungsfähig, schließt nach Auffassung der *FinVerw* der zivilrechtlich unwirksame ausländische Umwandlungsvorgang grds die Anwendung des § 1 Abs 1 Nr 1 u 2 UmwStG nF aus. Wegen der Bindungswirkung der (ausländischen) registerrechtlichen Entscheidung und der konstitutiven Wirkung der ausländischen Registereintragungen kommt dies jedoch nur bei einem sehr gravierenden Mangel in Betracht (*UmwStE nF* Rn 01.26, 01.06; *Benecke* GmbHR 2012, 113, 117f).

43 Die Umwandlungsfähigkeit ausländischer Rechtsträger ist durch einen **Rechtstypenvergleich** mit einem umwandlungsfähigen Rechtsträger inländischen Rechts (§§ 3, 124, 194 UmwG) festzustellen. Die steuerliche Behandlung des jeweiligen Rechtsträgers als KapGes oder PersGes reicht für die Beurteilung der Umwandlungsfähigkeit nicht aus. Nach Auffassung der *FinVerw* ist der Rechtstypenvergleich grundsätzlich anhand des gesetzlichen Leitbildes der ausländischen Gesellschaft durchzuführen (s Zusammenstellung, BStBl I 1999, 1076, Tabelle 1 u 2). Soweit dies aufgrund umfassender Dispositionsmaxime des ausländischen Rechts nicht möglich ist, ist der Rechtstypenvergleich anhand der rechtlichen Gegebenheiten des Einzelfalls vorzunehmen (vgl *BMF* BStBl I 2004, 411; *UmwStE nF* Rn 01.27; BFH I R 34/08 BStBl II 2009, 263, der in einer Einzelfallprüfung auf den Typ und die tatsächlich Handhabung abstellt).

An ausländischen Umwandlungsvorgängen können sich entsprechend § 3 Abs 3, **44**
§ 124 Abs 2 UmwG auch **aufgelöste Rechtsträger** als übertragende Rechtsträger
beteiligen, wenn dessen Fortsetzung beschlossen werden kann (*UmwStE nF* Rn
01.28).

Als weitere Voraussetzung müssen ausländische Vorgänge zwingend die **Struk-** **45**
turmerkmale einer Verschmelzung iSd § 2 UmwG, Aufspaltung iSd § 123 I
UmwG oder einer Abspaltung iSd § 123 Abs 2 UmwG aufweisen. Diese bestehen
grds aus **(1.)** der Übertragung des gesamten bzw bei Abspaltung eines Teils des
Betriebsvermögens, **(2.)** aufgrund eines Rechtsgeschäfts (zB Verschmelzungsvertrag
bzw – plans), **(3.)** kraft Gesetzes (Übergang des gesamten Vermögens, Auflösung
des übertragenden Rechtsträgers, Beteiligung des Anteilsinhabers des übertragenden
am übernehmenden Rechtsträger), **(4.)** gegen Gewährung von Anteilen am übernehmenden Rechtsträger und **(5.)** unter Auflösung ohne Abwicklung des übertragenden Rechtsträgers bzw ohne Auflösung des übertragenden Rechtsträgers bei
einer Abspaltung (*UmwStE nF* Rn 01.29 bis 01.38; zB RL 78/855/EWG, ABl EG
Nr L 295, 36).

Unter Vermögensübergang **kraft Gesetzes** ist die Vermögensübertragung durch **46**
einen einheitlichen Übertragungsakt oder Rechtstransfer uno actu (uno-actu-Über-
tragung) im Wege der **Gesamtrechtsnachfoge** (Verschmelzung) bzw **Sonder-**
rechtsnachfolge (sog partielle Gesamtrechtsnachfolge zB bei Abspaltung) zu verstehen. Davon ist die Gesamtrechtsnachfolge iSd § 45 AO zu unterscheiden, die den
Übergang von Forderungen und Schulden aus dem Steuerschuldverhältnis regelt
und das Erlöschen des übertragenden Rechtsträgers voraussetzt. Dies trifft bei einer
partiellen Gesamtrechtsnachfolge nicht zu (BFH IV R 29/08 BFH/NV 2010, 356;
Benecke GmbHR 2012, 113, 119).

Die **Anteile** an dem übernehmenden Rechtsträger sind auch bei einem vergleich- **47**
baren ausländischen Vorgang den Anteilsinhabern des übertragenden Rechtsträgers
grds unmittelbar zu gewähren.

Die **Auflösung** des übertragenden Rechtsträgers ist nach ausländischem Recht **48**
zu beurteilen (BFH I R 11/85 BStBl II 1989, 794). Sieht dieses eine Auflösung mit
Abwicklung voraus und hat deshalb eine Liquidation des übertragenden Rechtsträgers zu erfolgen, ist der ausländische Vorgang mit einer Ausgliederung vergleichbar
(*Benecke* GmbHR 2012, 113, 120; aA *Widmann/Mayer* UmwStG, § 1 Rn 18, der
eine Verschmelzung oder (Auf-)Spaltung annimmt). Die Abspaltung ist derzeit
gesellschaftsrechtlich nicht durch sekundäres Unionsrecht geregelt. Eine ausländische Abspaltung muss daher den Regelungen des UmwG entsprechen (*UmwStE nF*
Rn 01.38).

Für die **Abgrenzung** zwischen Verschmelzung und **Formwechsel,** für den kein **49**
sekundäres Unionsrecht besteht, ist das ausländische Umwandlungsrecht maßgebend. Geht dieses anstelle einer rechtlichen Kontinuität von einer Auflösung ohne
Abwicklung aus, ist in dem ausländischen Vorgang grds eine Verschmelzung iSd
§ 2 UmwG zu sehen. Das Erfordernis zweier übertragender Rechtsträger für eine
Verschmelzung durch Neugründung ist insoweit kein zwingendes Strukturelement
(*UmwStE nF* Rn 01.39). Wegen der erforderlichen Rechtsträgeridentität ist grds
dann ein vergleichbarer ausländischer Vorgang gegeben, wenn nach ausländischem
Recht der Rechtsformwechsel ohne Vermögensübergang möglich ist.

Wesentliche sonstige Vergleichskriterien sind vor allem vertraglich verein- **50**
barte Zuzahlungen. Überschreiten diese 10 % des Gesamtnennbetrags der gewährten
Geschäftsanteile an dem übertragenden Rechtsträger (§ 54 Abs 4 UmwG), spricht
dies gegen einen vergleichbaren Vorgang. Der gesellschaftsrechtliche Rückwirkungszeitraum ist kein entscheidendes Vergleichskriterium. Verfahrensrechtliche
Grundsätze (zB Publikations- und Formerfordernisse) treten grds hinter die Bestimmungen des ausländischen Personalstatus zurück (*UmwStE nF* Rn 01.40f).

(frei) **51–54**

4. Persönlicher Anwendungsbereich

55 Das UmwStG wendet sich in § 1 Abs 2 und 4 an übertragende und übernehmende Gesellschaften, die nach dem Recht eines EU-/EWR-Staats gegründet worden sind und ihren Sitz sowie den Ort ihrer Geschäftsleitung in einem EU-/EWR-Staat haben. Eine SE und SCE gelten als nach den Vorschriften des Staates gegründet, in dem sie ihren Sitz haben (§ 1 Abs 2 Satz 2 UmwStG). Natürliche Personen kommen bei Umwandlungen als übernehmende (§ 1 Abs 2 Satz 1 Nr 2 UmwStG) und bei Einbringungen als übertragende Rechtsträger in Betracht (§ 1 Abs 4 Satz 1 Nr 2 Buchst a bb UmwStG), wenn sie ihren Wohnsitz oder gewöhnlichen Aufenthalt in einem EU-/EWR-Staat haben und nicht aufgrund eines DBA mit einem dritten Staat als außerhalb dieses Staates ansässig angesehen werden.

56 Bei **Einbringungen** isd § 20 UmwStG begünstigt § 1 Abs 4 Satz 1 Nr 2 Buchst a aa UmwStG PersGes als übertragende Rechtsträger, wenn an ihnen Körperschaften, Personenvereinigungen, Vermögensmassen oder natürliche Personen unmittelbar oder mittelbar über eine oder mehrere PersGes beteiligt sind, die gemäß § 1 Abs 2 Satz 1 Nr 1 und 2 UmwStG die genannten Voraussetzungen erfüllen. Diese Einschränkung besteht für den Umwandlungsteil nicht (§ 1 Abs 1 Satz 1 UmwStG). Danach können an Umwandlungen iSd §§ 3, 9, 16 UmwStG auch PersGes mit in Drittstaaten ansässigen Gesellschaftern beteiligt sein. Auch **sog transparente Gesellschaften**, die in einem Mitgliedstaat als Körperschaft und im anderen als PersGes angesehen werden, lässt das UmwStG bei grenzüberschreitenden Umwandlungen zu. Beim Tausch von Anteilen iSd § 22 UmwStG muss die übernehmende KapGes die allgemeinen Anforderungen erfüllen (§ 1 Abs 3 Nr 5 iVm Abs 4 Nr 1 UmwStG). Sacheinlagen durch in Drittstaaten ansässige Personen iSd § 20 Abs 1 UmwStG sind gemäß § 1 Abs 4 Satz 1 Nr 2 Buchst b UmwStG weiterhin möglich, wenn mit dem Drittstaat kein DBA besteht oder nach dem DBA die BRD hinsichtlich des Gewinns aus der Veräußerung der erhaltenen Anteile das Besteuerungsrecht hat (s hierzu *Mutscher* IStR 2007, 799). Einbringungen in eine PersGes iSd § 24 UmwStG sind in subjektiver Hinsicht nicht eingeschränkt (§ 1 Abs 4 Satz 4 UmwStG). Die Vorschrift ist auch auf in **Drittstaaten** ansässige Einbringende bzw aufnehmende PersGes anwendbar.

57 Die persönlichen Anwendungsvoraussetzungen (§ 1 Abs 2 u 4 UmwStG) müssen spätestens am **steuerlichen Übertragungsstichtag** (§ 2 Abs 1 UmwStG) vorliegen. Bei einer rückwirkenden Neugründung eines beteiligten Rechtsträgers ist der Zeitpunkt der zivilrechtlichen Wirksamkeit der Gründung des Rechtsträgers maßgebend. Im Fall einer Umwandlung zur Neugründung ist auf die Wirksamkeit der Umwandlung abzustellen (*UmwStE nF* Rn 01.52; 01.55). Die Steuerpflicht beginnt jeweils mit Ablauf des steuerlichen Übertragungsstichtags (*UmwStE nF* Rn 02.11).

58 Zur (identitätswahrenden) **Sitzverlegung** enthält das UmwStG keine besonderen Regelungen. Soweit sie zum Verlust des deutschen Besteuerungsrechts hinsichtlich des Gewinns aus der Veräußerung von Wirtschaftsgütern führt, sind die allgemeinen Entstrickungstatbestände des § 4 Abs 1 Satz 3 EStG und § 12 KStG zu beachten. Geht das deutsche Besteuerungsrecht hinsichtlich des Gewinns aus der Veräußerung von Anteilen an KapGes verloren, greifen die Entstrickungstatbestände der §§ 17 Abs 5, 4 Abs 1 Satz 3 bis 5 EStG und § 12 KStG (s Rn 157). Eine Sitzverlegung in das **EU-Ausland** führt auch dann (noch) nicht zu einem Wegfall des inländischen Besteuerungsrechts und damit zur Auflösung der stillen Reserven, wenn die unbeschränkte Steuerpflicht endet und auch keine inländische Betriebsstätte mehr besteht. Das inländische Besteuerungsrecht wird gemäß § 1 Abs 4 iVm § 49 Abs 1 Nr 2 Buchst a bzw 3 EStG durch die beschränkte Steuerpflicht ausreichend gesichert (BFH I R 99/08 BFH/NV 2010, 346; I R 28/08 BFH/NV 2010, 432; I R 77/06 BStBl II 2009, 464).

Handelsrechtliche Vorgaben nach dem UmwG **Anh § 7**

Zur kstrechtlichen Auswirkung s auch § 40 Abs 5 KStG aF. Zu bilanziellen Auswirkungen der Sitzverlegung einer Europäischen AG s *Knittel/Eble* BB 2008, 2283. 59
Nach **§§ 5 AktG, 4a GmbHG** idF des MoMiG v 23.10.2008 (BGBl I 2008, 2026) muss sich der (Satzungs-)Sitz der Gesellschaft im Inland befinden. Dagegen kann der Verwaltungssitz (Ort der Geschäftsführung, s BGH VIII ZB 105/07 DStR 2009, 1967) einer nach deutschem Recht gegründeten AG bzw GmbH grds ins Ausland verlegt werden, ohne dass die Gesellschaft kraft Gesetzes aufgelöst wird (vgl RegEntw v 23.5.2007, BTDrs 16/6140, 29, 52; *Elser/Dürrschmidt* IStR 2010, 79). 60

Nationale Regelungen, die bei einer **Verlegung des Verwaltungssitzes** in einen anderen Mitgliedstaat die Auflösung und Liquidation vorsehen, verstoßen nach dem geltenden Unionsrecht wegen des Fehlens einer einheitlichen gesellschaftlichen Definition der Gesellschaften nicht gegen die Niederlassungsfreiheit iSv Art 43, 48 EGV bzw Art 49, 54 AEUV. Die Regelung über die Gründung von PersGes und die Beibehaltung des Status ist dem jeweiligen Mitgliedstaat vorbehalten. Dagegen erfasst nach Auffassung des EuGH der Schutzbereich der Niederlassungsfreiheit die Verlegung des Satzungssitzes in einen anderen Mitgliedstaat unter gleichzeitiger Umwandlung der PersGes in eine Gesellschaftsform dieses Staates. In diesem Fall kann der Gründungsstaat die Gesellschaft nicht an der Umwandlung in eine Gesellschaftsform des Zuzugsstaats hindern (EuGH C-210/06 *Cartesio* DStR 2009, 59; s *Richter/Heyd* StuW 2010, 367). 61

Da **Deutschland** im Wesentlichen der **sog Sitztheorie** folgt, die das Gesellschaftsstatut vom Verwaltungssitz ableitet und damit grds eine Verlegung des Verwaltungssitzes ausschließt (vgl *Schmidt/Lutter* AktG, Internationales Gesellschaftsrecht Rn 12; *UmwStE nF* Rn 01.03), führt eine identitätswahrende Verlegung des Verwaltungssitzes und des statutarischen Sitzes bei einer PersGes gesellschaftsrechtlich grds zu deren Auflösung. Steuerrechtlich sind entsprechend § 16 Abs 3a EStG die stillen Reserven aufzudecken. Nach § 12 Abs 3 KStG gilt die Gesellschaft bei einer Verlegung der Gesellschaftsleitung oder ihres Sitzes in ein Drittland als liquidiert. Außerdem kommt in den Fällen der §§ 20, 21 UmwStG u.a. durch eine Sitzverlegung eine rückwirkende Einbringungsgewinnbesteuerung nach § 22 Abs 1 Satz 6 Nr 6 UmwStG in Betracht (*UmwStE nF* Rn 22.27). 62

Verlegt eine Gesellschaft (KapGes, PersGes), die in einem anderen Mitgliedstaat der EU gegründet wurde, ihren Verwaltungssitz **nach Deutschland**, wird sie wegen der bestehenden Niederlassungsfreiheit (Art 49, 54 AEUV) gesellschaftsrechtlich in der Rechtsform anerkannt, in der sie gegründet wurde. Insoweit gelten entsprechend der EuGH-Rspr die Grundsätze der Gründungstheorie. Noch nicht abschließend geklärt sind die Folgen des vom EuGH ins Spiel gebrachten Wechsels des statutarischen Sitzes, der grds eine Auflösung mit einer fingierten Liquidation und Neugründung beinhaltet. Steuerrechtlich kommt in diesen Fällen nach § 24 Abs 2 Satz 2 UmwStG eine Einbringung in eine PersGes zu Buchwerten in Betracht (s *Schnittker/Benecke* FR 2010, 565). Im Gegensatz zu den nationalen Gesellschaftsformen das **Wegzugsrecht der gemeinschaftlichen SE** die Verlegung des Verwaltungssitzes und des statutarischen Sitzes (Art 8 SE-VO: s auch FG Rh-Pf IStR 2011, 308; *Mitschke* IStR 2011, 294; *Körner* IStR 2011, 527). 63

(frei) 64–69

III. Handelsrechtliche Vorgaben nach dem UmwG

1. Umwandlungen nach dem UmwG

§ 1 **UmwStG** setzt für die Anwendung des **2. bis 5. Teils** des UmwStG Umwandlungen von Rechtsträgern durch Verschmelzung, Spaltung, Vermögensübertragung und Formwechsel voraus. Der **6. bis 8. Teil** ist u.a. bei Verschmelzungen und Spaltun- 70 gen von PersHandels-, Partnerschaftsgesellschaften und vergleichbaren ausländischen Vorgängen bzw PersGes sowie bei einem Formwechsel einer PersGes in eine KapGes oder Genossenschaft und vergleichbaren ausländischen Vorgängen an zuwenden (§ 1 Abs 3 Nr 1 u 3 UmwStG). Für die Spaltung in der Form der Ausgliederung sind die Teile 2–5 des UmwStG nach § 1 Abs 1 Satz 2 UmwStG nicht anwendbar, sondern die §§ 20 bis 24 UmwStG (§ 1 Abs 3 Nr 2 UmwStG). Das die Verschmelzung, Vermögensübertragung und Umwandlung regelnde Vierte Buch des AktG mit seinen §§ 339, 359, 362 AktG wurde durch Art 6 Nr 12 UmwBerG aufgehoben.

71 Zur Umwandlung von ehem volkseigenen Betrieben und Kombinaten nach der ehem DDR-UmVO s *Plath* DB 1993, 125; *FM Sachsen* FR 1993, 145, ferner die gesetzl Regelungen im LwAnpG (BGBl I 1991, 14), zur Spaltung von Treuhandunternehmen s SpTrUG; BGBl I 1991, 854; *BMF* DStR 1992, 1763; zur Umwandlung von Produktionsgenossenschaften s *Beuthien* DStR 1997, 2001; *Wagner* DB 1995, 501; *OFD Chemnitz* FR 1998, 858; *OFD Magdeburg* BB 2001, 2102; zur Umwandlung ehemaliger volkseigener Güter in KapGes im Aufbau BGHZ 126, 351, DStR 1994, 1390. Zur Umwandlung einer Produktionsgesellschaft des Handwerks in eine eingetragene Genossenschaft s BFH/NV 2000, 1489.

72 **Handelsrechtlich** besteht die Möglichkeit, PersHandelsGes untereinander sowie nach der Aufhebung des § 93 a GenG Genossenschaften auch mit anderen Rechtsträgern zu verschmelzen. Nachdem § 2 Abs 2 UmwG aF nicht beibehalten wurde, kann auch auf eine PersGes umgewandelt werden, an der eine KapGes beteiligt ist. Zum Analogieverbot in § 1 Abs 2 UmwG s *Schnorbus* DB 2001, 1654. Zur Umwandlung bei drohender Insolvenz s *Heckschen* DB 2005, 2283.

2. Begriffe

Siehe BTDrs 12/6885, 14; Rn 73–81.

73 **a) Umwandlung/Vermögensübergang.** § 1 Abs 1 UmwG unterscheidet zwischen verschiedenen **Umwandlungsarten:** Verschmelzung, Spaltung, Vermögensübertragung und Formwechsel. Dabei geht bei der Verschmelzung, Spaltung und Vermögensübertragung handelsrechtlich das Vermögen auf den anderen Rechtsträger (übernehmender Rechtsträger) über (§§ 20, 131, 178, 189 UmwG). Danach wird für Umwandlungen ein Vermögensübergang auf den Übernehmer vorausgesetzt. Dagegen muss der Übernehmer nicht notwendig Anteile an dem übertragenden Rechtsträger halten, ausgenommen die Verschmelzung einer KapGes auf eine natürliche Person als Alleingesellschafter.

74 Beim **Formwechsel** ändert der Rechtsträger unter Wahrung seiner rechtlichen Identität und ohne Vermögensübertragung nur seine Rechtsform (§ 202 UmwG; s handelsrechtlich *Streck/Mack/Schwedhelm* GmbHR 1995, 161; *UmwStE* nF Rn 01.11). Die Umwandlung einer PersHandelsGes auf eine GmbH führt zur Vollbeendigung der PersGes (BFH I R 52/10 BFH/NV 2011, 1354). Das Steuerrecht behandelt allerdings den Formwechsel aus einer Körperschaft in ein Personenunternehmen als Verschmelzung (§ 14 UmwStG 1995/§ 9 nF) und den Formwechsel einer PersHandelsGes in eine KapGes oder Genossenschaft iSd § 190 UmwG als Sacheinlage (§ 25 UmwStG).

75 Zivil- und handelsrechtliche Gesamtrechtsnachfolge tritt nicht in allen Fällen handelsrechtlicher Umwandlungen ein. § 105 Abs 2 HGB sieht einen erleichterten Übergang von BGB-Gesellschaften in PersHandelsGes vor und eröffnet damit die Möglichkeiten des Umwandlungsrechts (s dazu *Priester* DStR 2005, 788).

76 **b) Verschmelzung.** Die im 2. Buch des UmwG geregelte **Verschmelzung** ist Gesamtrechtsnachfolge von einem oder mehreren bestehenden Rechtsträgern auf einen bestehenden oder neugegründeten Rechtsträger. Die Verschmelzung ist ebenso wie die **Vollvermögensübertragung** einer KapGes auf bestimmte Körper-

schaften des öffentlichen Rechts nach §§ 175 Nr 1, 176 Abs 1 UmwG handelsrechtlich als **Gesamtrechtsnachfolge** aufzufassen (zB § 20 UmwG). Zu den Verschmelzungsmöglichkeiten s *UmwStE nF* Rn 01.10.

c) Vermögensübertragung. Sie wird als Voll- und Teilübertragung zugelassen. 77
Sie entspricht der Verschmelzung bzw als Teilübertragung der Spaltung. Zu den zulässigen Vermögensübertragungen s *UmwStE nF* Rn 01.19.

d) Spaltungsformen. Die Spaltungsformen (§§ 123 ff UmwG) und Teilvermö- 78
gensübertragung (§ 177 UmwG) stellen sich handelsrechtlich als **teilweise Gesamtrechtsnachfolge** dar. Bei der **Aufspaltung** teilt der Rechtsträger sein Vermögen und überträgt die Teile jeweils als Gesamtheit im Wege der Sonderrechtsnachfolge auf mindestens zwei andere bestehende oder neugegründete Rechtsträger. Zur handelsrechtlichen Vorbereitung und Durchführung einer Spaltung nach dem UmwG s *Geck* DStR 1995, 416; *Nagel* DB 1996, 1221. Zu den Spaltungsmöglichkeiten s *UmwStE nF* Rn 01.17.

e) Abspaltung. Hierbei gehen in Sonderrechtsnachfolge ein oder mehrere Ver- 79
mögensteile des Abspaltenden auf einen neugegründeten oder bestehenden Rechtsträger über.

f) Ausgliederung. Sie entspricht der Abspaltung mit der Besonderheit, dass die 80
Anteile an dem übernehmenden oder neugegründeten Rechtsträger nicht den Anteilseignern, sondern dem ausgliedernden und fortbestehenden Rechtsträger selbst zufallen.

g) Formwechsel. Dieser folgt handelsrechtlich der wirtschaftlichen Identität und 81
nicht der rechtlichen Form und ist auch von einer KapGes in eine PersGes möglich, steuerrechtlich wird insoweit wegen der Unterschiede zwischen diesen Rechtsträgern kein Formwechsel angenommen. Danach wird der Formwechsel ertragsteuerrechtlich als Verschmelzung auf eine PersGes (übertragende Umwandlung) behandelt, bei der das bisherige eigenständige Steuersubjekt der KapGes entfällt und die Gesellschafter der steuerlich transparenten PersGes an deren Stelle treten (BFH I R 77/07 BStBl II 2009, 831). Zum handelsrechtlichen Anwendungsbereich des Formwechsels s *UmwStE nF* Rn 01.12.

(frei) 82–89

3. Abwicklungslose Auflösung des alten Rechtsträgers

Die Verschmelzung (§ 2 UmwG), Vollvermögensübertragung (§ 176 Abs 1 90
UmwG) und die Spaltung in der Form der Aufspaltung (§ 123 Abs 1 UmwG) führen zur abwicklungslosen Auflösung des übertragenden Rechtsträgers. Bei der Aufspaltung teilt ein Rechtsträger sein Vermögen auf mindestens zwei schon bestehende oder neugegründete Rechtsträger. Dagegen bleibt der Rechtsträger bei den anderen Spaltungsformen (Abspaltung und Ausgliederung) bestehen (BFH I R 99/00 BStBl II 2003, 835). Verschmelzungen und Spaltungen sind auch auf neugegründete Rechtsträger möglich.

4. Altanteile/Neuanteile

Bei der Spaltung in der Form der Ausgliederung erwirbt der übertragende Rechtsträ- 91
ger die Anteile an dem neuen Rechtsträger (Mutter-, Tochtergesellschaften, § 123 Abs 3 UmwG), ansonsten (Verschmelzung, Aufspaltung) erwerben die Anteilseigner (§ 2 UmwG). Bei der Abspaltung erhalten die Anteilseigner zusätzlich zu den Altanteilen neue Anteile am aufnehmenden Unternehmen. Dagegen verleiht der Formwechsel dem bestehenden oder aufgelösten, aber fortsetzbaren Rechtsträger nur eine andere Form (§§ 190, 191 UmwG). Die Vermögensübertragung als Voll- oder Teilübertragung unterscheidet sich von der Verschmelzung und Auf- oder Abspaltung dadurch, dass die

Anh § 7 Umwandlungsvorgänge

Gegenleistung nicht in Anteilen am übernehmenden oder neuen Rechtsträger besteht, sondern anderweitig, insb in einer Barleistung erfolgt. Mit dem 2. UmwG-ÄndG (BGBl I 2007, 542), das am 20.4.2007 in Kraft trat, rückt der Gesetzgeber in Einzelfällen von der bei Verschmelzungen und Spaltungen bestehenden Anteilsgewährungspflicht ab. Gemäß §§ 54 Abs 1 Satz 2, 68 Abs 1 Satz 2, 125 UmwG nF wird eine Kapitalerhöhung bei der übernehmenden GmbH oder AG in das Ermessen aller Anteilsinhaber des übertragenden Rechtsträgers gestellt (s *Mayer/Weiler* DB 2007, 1235, 1238).

5. Gläubiger-, Arbeitnehmerschutzbestimmungen

92 Das UmwG enthält Gläubiger- (zB § 22 UmwG) und Arbeitnehmerschutzbestimmungen. So gilt zB für das Betriebsverfassungsgesetz der betriebsaufspalterische Betrieb als gemeinsamer Betrieb der daran beteiligten Unternehmen. Zu § 613 a BGB s § 324 UmwG. S zum Arbeitnehmerschutz *Kreßel* BB 1995, 925; *Baumann* DStR 1995, 888; *Bungert* DB 1997, 2209. Mitbestimmungsfragen sind auch im MitbestimmungsbeibehaltungsG v 23.8.1994 (BGBl I 1994, 2228) geregelt.

6. Umwandlungsverfahren

93 **Kernstücke** des Umwandlungsverfahrens sind der Verschmelzungsvertrag, -bericht, -beschluss und dessen Registereintragung (§§ 4, 8, 13, 20 UmwG) bzw die entsprechenden Rechtsgeschäfte über die Spaltung (§§ 126, 127, 130, 136 – Spaltungsplan –, 163 UmwG) oder den Formwechsel (§§ 192, 193, 198, 214 ff, 226 ff, 251 ff, 272 ff, 301 ff UmwG) sowie der Rechtsschutz (§§ 14, 16 Abs 3 UmwG). Das Spruchverfahren zur Überprüfung der Gegenleistung für den Anteilseigner (bisher §§ 305 ff UmwG) wurde im Spruchverfahrensgesetz v 12.6.2003 einheitlich geregelt. Für ausscheidende Beteiligte sind im Verschmelzungs- und Formwechselverfahren Abfindungen und Anteilserwerb durch den Rechtsträger vorgesehen (§§ 29, 90, 207 UmwG). Zur Antragsberechtigung Ausscheidender nach § 34 UmwG s OLG Düsseldorf v 6.12.2000 DB 2001, 189. Weiterführende Literatur zum handelsrechtlichen Umwandlungsverfahren: *Ossadnik/Maus* DB 1995, 105 zum Prüfungsbericht; *Neye* DB 1994, 2071; *D. Mayer* DB 1991, 1609; *Streck/Mack/Schwedhelm* GmbHR 1995, 161; *Schwarz* DStR 1994, 1694; *D. Mayer* DB 1995, 861. Vereinfachtes Verschmelzungsverfahren (Überblick) von der Limited zur GmbH s *Herrler/Schneider* DStR 2009, 2433.

7. Verschmelzungsfähige Rechtsträger

94 Verschmelzungsfähige (übertragende oder übernehmende) Rechtsträger sind nach § 3 Abs 1 UmwG PersHandelsGes (§§ 39 ff UmwG), PartnerschaftsGes, KapGes (GmbH §§ 46 ff UmwG; AG §§ 60 ff UmwG; KGaA § 78 UmwG), eingetragene Genossenschaften (§§ 79 ff UmwG), eingetragene Vereine des § 21 BGB (§§ 99 ff UmwG), genossenschaftliche Prüfungsverbände (§ 105 ff UmwG), Versicherungsvereine auf Gegenseitigkeit (§§ 109 ff UmwG). Wirtschaftliche Vereine (§ 22 BGB) sind nur als übertragende Rechtsträger verschmelzungsfähig (§ 3 Abs 2 Nr 1 UmwG). Auf natürliche Personen als Alleingesellschafter einer KapGes kann deren Vermögen übertragen werden (§ 3 Abs 2 Nr 2 UmwG). Dagegen hält das OLG Hamm eine Verschmelzung einer Komplementär-GmbH auf eine KG mit nur einem Kommanditisten für unzulässig, weil die Verschmelzung im Ergebnis zu einer Anwachsung führt, bei der die KG als übernehmender Rechtsträger durch Vereinigung aller Geschäftsteile erlischt (OLG Hamm 15 Wx 360/09, BB 2010, 2465). Die Verschmelzung aufgelöster übertragender Rechtsträger regeln § 3 Abs 3, § 39 UmwG. Die Verschmelzung kann grundsätzlich auch unter Beteiligung von Rechtsträgern unterschiedlicher Rechtsform erfolgen (§ 3 Abs 4 UmwG). Eine Vor-GmbH kann nicht verschmolzen werden (*Streck/Mack/Schwedhelm* GmbHR 1995,

161/162). Nicht verschmelzungsfähig ist eine GbR. Nach § 3 Abs 4 UmwG können bei der Verschmelzung unterschiedliche Rechtsträger beteiligt sein. Zur Mehrfachverschmelzung unter Beteiligung vermögensloser Rechtsträger s *Tillmann* BB 2004, 673. S Übersicht im *UmwStE nF* Rn 01.10.

Eine **grenzüberschreitende Verschmelzung** ist nur unter KapGes möglich (s 95 § 122b Abs 1 UmwG). Das Verschmelzungsverfahren wurde mit der Umsetzung der Verschmelzungsrichtlinie in den §§ 122a ff UmwG geregelt (s *Herrler/Schneider* DStR 2009, 2433).

8. Spaltungsfähige Rechtsträger

Dies sind nach § 124 UmwG die nach § 3 Abs 1 UmwG uneingeschränkt ver- 96 schmelzungsfähigen Rechtsträger sowie als übertragende Rechtsträger wirtschaftliche Vereine. An einer **Ausgliederung** können als übertragende, übernehmende oder neue Rechtsträger ebenfalls die Rechtsträger des § 3 Abs 1 UmwG teilnehmen sowie als übertragende Rechtsträger wirtschaftliche Vereine, Einzelkaufleute, Stiftungen, Gebietskörperschaften sowie Zusammenschlüsse von Gebietskörperschaften, die nicht selbst Gebietskörperschaften sind. § 3 Abs 3 und 4 gelten entsprechend. Die GbR ist mE weder nach dem UmwG noch nach dem UmwStG spaltungsfähig (aA *Dehmer* DStR 1994, 1757). Zur Ausgliederung von Zweckbetrieben s *Schröder* DStR 2001, 1415. S Übersicht im *UmwStE nF* Rn 01.17.

Vermögensübertragungen sind nach § 175 UmwG grundsätzlich nur auf 97 öffentlich-rechtliche Übernehmer möglich (Ausnahme für Versicherungsunternehmen nach § 175 Nr 2 Buchst c UmwG).

9. Formwechselfähige Rechtsträger

In den Formwechsel können einbezogen werden PersHandelsGes, Partnerschafts- 98 Ges, KapGes, eingetragene Genossenschaften, rechtsfähige Vereine, Versicherungsvereine auf Gegenseitigkeit, Körperschaften und Anstalten des öffentlichen Rechts, und zwar diese als Rechtsträger alter Rechtsform (§ 191 Abs 1 UmwG). Rechtsträger der neuen Rechtsform können sein GbR, PersHandelsGes, PartnerschaftsGes, KapGes und eingetragene Genossenschaften. Der Rechtsformwechsel innerhalb der KapGes nach §§ 191, 226, 238–250 UmwG ist im UmwStG nicht direkt geregelt. Er ergibt sich aus den allgemeinen Grundsätzen (s *Prinz* GmbHR 2008, 626). Ebenso ist der Formwechsel zwischen Personenunternehmen und KapGes zulässig. PersHandelsGes können aber nach § 214 UmwG nur die Rechtsform einer KapGes oder eingetragenen Genossenschaft erlangen. Eine GbR kann nach den Vorschriften des UmwG als übertragender Rechtsträger nicht in eine andere Gesellschaft umgewandelt werden. Eine rechtsformwechselnde Umwandlung einer GbR in eine OHG oder KG außerhalb der Regelungen des UmwG ist jedoch durch eine entsprechende Änderung des Gesellschaftsvertrags und Eintragung in das HR (§§ 105 Abs 2, 161 Abs 2 HGB) möglich.

Dies gilt entsprechend für den Formwechsel einer **GbR** in eine atypische stille 99 Gesellschaft. In beiden Fällen führt der Rechtsformwechsel der GbR in eine atypische stille Gesellschaft bei einer durchgängig bestehenden Mitunternehmerschaft trotz fehlender zivilrechtlicher Identität estrechtlich weder zu einer Betriebsveräußerung noch zu einer Betriebsgründung (**sog einkommensteuerrechtlicher Formwechsel;** s BFH IV R 10/07 BStBl II 2008, 118; FG München 1 K 264/07 EFG 2010, 1022, Rev BFH IV R 11/10). War die GbR bisher vermögensverwaltend tätig, führt deren formwechselnde Umwandlung zu einer Betriebseröffnung iSd § 6 Abs 1 Nr 6 iVm Nr 5 EStG und damit zu einer Einlage des GHV (PV) in das Betriebsvermögen der neuen Gesellschaft (FG München aaO). Der Rechtsformwechsel einer GmbH in eine GbR (§ 191 Abs 1 Nr 2 iVm §§ 192 Abs 2 Satz 1, 193, 194, 226 UmwG) wird mit der Eintragung im Register vollzogen (konstituierende

Wirkung). Ab diesem Zeitpunkt besteht der formwechselnde Rechtsträger in der im Umwandlungsbeschluss bestimmten Rechtsform weiter. Jeder der im Eintragungszeitpunkt beteiligten Gesellschafter des formwechselnden Rechtsträgers muss in der Zielrechtsform eine Beteiligung erhalten (§ 202 Abs 1 Nr 2 UmwG). Eine zwischen Umwandlungsbeschluss und Eintragung des Formwechsels geschlossene Anteilsvereinbarung aus einer – rechtlich noch nicht entstandenen – GbR ist daher dahin zu verstehen, dass zunächst die GbR entstehen und der Gesellschafter – aufschiebend bedingt – nach diesem Zeitpunkt ausscheiden soll. Da die GbR mindestens aus zwei Gesellschaftern bestehen muss, ist die Umwandlung einer Ein-Mann-GmbH in eine GbR ausgeschlossen (BFH V B 49/08 BFH/NV 2010, 1878).

100 Ein **Formwechsel** nach dem **HGB** kann sich durch Wegfall des kaufmännischen Gewerbes oder durch Vereinbarung ergeben. Der gesetzlich geregelte Formwechsel geht von der wirtschaftlichen Identität des Betriebs und der grundsätzlichen Beteiligungsidentität aus, nicht – wie früher – von vergleichbaren Organisationsstrukturen. S Übersicht im *UmwStE nF* Rn 01.12.

101–109 *(frei)*

IV. Korrespondierendes Umwandlungssteuerrecht

1. Verhältnis zur steuerlichen Sacheinbringung

110 In Konkurrenz zu den vorgenannten Arten der (auch teilweisen) Gesamtrechtsnachfolge, die mit den Teilen 2 bis 5 des UmwStG korrespondiert, steht die im UmwG nicht geregelte **Einzelrechtsübertragung** (Einbringung) gegen Gesellschaftsrechte. Mit diesen Vorgängen korrespondieren der 6. und 7. Teil des UmwStG, dh vor allem die **Sacheinlagen des § 20 und § 24 UmwStG.** Unbeschadet dieser Eigenständigkeit des 6. und 7. Teils können Überschneidungen mit Verschmelzungs- und Spaltungsvorgängen eintreten (vgl § 20 Abs 6 UmwStG). So ist die **Ausgliederung** eines Einzelunternehmens auf eine bestehende PersHandelsGes oder bestehende oder neu gegründete KapGes sowohl (partielle) Gesamtrechtsnachfolge nach § 152 UmwG, andererseits aber auch Sacheinlage nach § 24 bzw § 20 UmwStG. Ebenso können **Sacheinlagen** des § 20 UmwStG in KapGes auch Verschmelzungen (vgl auch § 20 Abs 6 UmwStG) von PersHandelsGes oder deren Spaltung zugrunde liegen. § 25 UmwStG wendet für den **Formwechsel** aus einer PersHandelsGes in eine KapGes den 6. Teil des UmwStG an (Rn 81, 35). Es kann nach rechtsträgerbezogenen Abgrenzungen und nach sachverhaltsbezogenen unterschieden werden.

2. Rechtsträgerbezogene Abgrenzungen

111 a) **Körperschaften.** Sacheinlagen sind steuerlich nach **§§ 20, 24 UmwStG (6. und 7. Teil des UmwStG)** zu behandeln bei Umwandlungen iSd § 1 Abs 3 Nr 1 UmwStG nF in der Form der Verschmelzung, Abspaltung und Aufspaltung (§§ 2, 123 Abs 1 und 2 UmwG), soweit aus **anderen Rechtsträgern** übertragen wird und deshalb die Vorschriften des 2. bis 5. Teils des Umw StG ausscheiden. Bei der Aufspaltung, Abspaltung und Teilübertragung gilt der 4. Teil des UmwStG nur, soweit das Vermögen von einer Körperschaft auf eine Körperschaft (§ 15 UmwStG) oder auf eine PersGes übergeht (§ 16 UmwStG; wohl richtig: PersHandelsGes vgl § 124 UmwG). Dann scheiden die §§ 20 und 24 UmwStG aus.

112 Die Vorschriften des 2. bis 5. Teils über handelsrechtliche Umwandlungen können aber nach § 1 UmwStG nF auch deswegen ausscheiden, weil das UmwG die Beteiligung **bestimmter Rechtsträger** verlangt (Rn 94–100). Die Verschmelzung auf eine natürliche Person iSd § 1 Abs 2 Satz 1 Nr 2 UmwStG ist nach § 3 Abs 2 Nr 2 UmwG zB nur für den Alleingesellschafter einer KapGes vorgesehen. Eine natürliche Person scheidet bei der Auf- und Abspaltung (als übertragender und übernehmender Rechtsträger) aus (§ 124 Abs 1 UmwG). Für die Voll- oder Teilrechtsübertragung kommen die Sacheinlagevorschriften §§ 20, 24 UmwStG nicht in Betracht, weil nach § 175 UmwG allein Rechtsträger beteiligt sind. Die Rechtsträgereigenschaft iSd § 1 Abs 2 u 4 UmwStG richtet sich grds nach dem Zivilrecht bzw den Rechtsvorschriften eines Mitgliedstaates der EU bzw des EWR. Eine **GmbH & atypisch Still** wird deshalb als Körperschaft behandelt (*UmwStE aF* Rn 01.04).

b) **Personenunternehmen.** Die mögliche Verschmelzung einer PersHandels- 113
Ges auf andere Rechtsträger (§ 39 UmwG) folgt ertragsteuerrechtlich den Grundsätzen der Sacheinlage (§§ 20, 24 UmwStG; Rn 1255, 2088). Wenn eine PersHandelsGes in eine andere auf- oder abspaltet oder auf eine andere verschmolzen wird, ist § 24 UmwStG für die Einbringung von Betrieben, Teilbetrieben oder Mitunternehmeranteilen anzuwenden (§ 24 Abs 4 iVm § 20 Abs 5 UmwStG). Ist der Übernehmende eine KapGes, so ist unter den genannten Voraussetzungen § 20 UmwStG heranzuziehen.

Nach der ausdrücklichen Regelung in § 25 UmwStG gelten die Vorschriften des 114
6. Teils des UmwStG (§§ 20–23 UmwStG) auch für die **formwechselnde Umwandlung** einer PersHandelsGes auf eine KapGes. Damit soll Vermögensübertragung und Formwechsel zwischen diesen Rechtsträgern gleichbehandelt werden. Dagegen bleibt es nach § 1 Abs 1 Nr 2 UmwStG nF für den Formwechsel einer KapGes in eine PersGes iSd § 190 Abs 1 UmwG bei den §§ 9 und 18 UmwStG. Die Anwendung des § 24 UmwStG scheidet bei einem Formwechsel einer PersHandelsGes in eine PersGes wegen des Fehlens eines Übertragungsvorgangs aus (s *UmwStE nF* Rn 01.47; Rn 2087).

3. Vorgangsbezogene Abgrenzung

Für die Spaltung in der Form der **Ausgliederung** sind die Teile 2–5 des UmwStG 115
nach § 1 Abs 1 Satz 2 UmwStG nicht anwendbar, sondern die **§§ 20 bis 24 UmwStG**. Nach § 123 Abs 3 UmwG setzt die Ausgliederung keine Teilbetriebe, sondern nur einen Teil des Vermögens voraus. Die Einbringungsvorschriften der §§ 20, 24 UmwStG verlangen aber bestimmte Einbringungsgegenstände, wie etwa den Teilbetrieb. Fehlt es an ihren Voraussetzungen, so kann die Ausgliederung nicht gewinnneutral durchgeführt werden.

4. Übersicht Verschmelzung und Formwechsel

Siehe die nachfolgenden Übersichten. 116

Anh § 7 — Umwandlungsvorgänge

Verschmelzung	Kapitalgesellschaft	Personenhandelsgesellschaft[1]	Personengesellschaft	Natürliche Person
Kapitalgesellschaft	UmwG: ja (§ 3 I) UmwStG: ja (§ 1 I 1 Nr 1, §§ 11 ff)	UmwG: ja (§ 3 I) UmwStG: ja (§ 1 I 1 Nr 1, §§ 3 ff)	UmwG: nein (§ 3 I) nur Formwechsel (§ 191 I, II) UmwStG: nur Formwechsel (§ 1 I 1 Nr 2, § 9)	UmwG: ja (§ 3 II) auf Alleingesellschafter UmwStG: ja (§ 1 I 1 Nr 1, §§ 3, 9)
Personenhandelsgesellschaft[1]	UmwG: ja (§ 3 I) UmwStG: § 1 III Nr 1, § 20) Sacheinlage	UmwG: ja (§ 3 I) UmwStG: § 1 III Nr 1, § 24 Einbringung	UmwG: nein (§ 3 I) nur Formwechsel (§ 191 I, II) UmwStG: § 1 III Nr 4, § 24 Einbringung	UmwG: nein (§ 3 II) UmwStG: nein
Personengesellschaft	UmwG: nein (§ 3 I) UmwStG: § 1 III Nr 4, § 20 Einzelrechtsnachfolge	UmwG: nein (§ 3 I) UmwStG: § 1 III Nr 4, § 24 Einbringung Einzelrechtsnachfolge	UmwG: nein (§ 3 I) UmwStG: § 1 III Nr 4, § 24 Einbringung Einzelrechtsnachfolge	UmwG: nein (§ 3 I, II) UmwStG: nein

[1] oder Partnerschaftsgesellschaft

Korrespondierendes Umwandlungssteuerrecht Anh § 7

Formwechsel von/auf	Kapitalgesellschaft	Personenhandelsgesellschaft[1]	Personengesellschaft
Kapitalgesellschaft	UmwG: ja (§ 191 I, II) UmwStG kein Regelungsbedarf, Steuersubjekt unverändert	UmwG: ja (§ 191 I, II) UmwStG: ja (§ 1 I 1 Nr 2, § 9) wie Verschmelzung	UmwG: ja (§ 191 I, II) UmwStG: ja (§ 1 I 1 Nr 2, § 9) wie Verschmelzung
Personenhandelsgesellschaft[1]	UmwG: ja (§ 191 I, II) UmwStG: (§ 1 III Nr 3, § 25, §§ 20 ff) Sacheinlage; Rn 114	UmwG: nein (§ 214) HGB: ja gewillkürter Formwechsel; Rn 100 UmwStG: wahlweise § 1 III Nr 4, § 24; Rn 2089	UmwG: nein (§ 214) HGB: ja Wegfall des Handelsgewerbes gewillkürter Formwechsel; Rn 100 UmwStG: wahlweise § 1 III Nr 4, § 24; Rn 2087, 2089
Personengesellschaft	UmwG: nein (§ 191 I) UmwStG: nein nur Einzelrechtsübertragung § 1 III Nr 4, § 20	UmwG: nein (§ 191 I) UmwStG: nein nur Einzelrechtsübertragung nach § 1 III Nr 4, § 24	UmwG: nein (§ 191 I) UmwStG: nein nur Einzelrechtsübertragung nach § 1 III Nr 4, § 24

[1] oder Partnerschaftsgesellschaft
Zu den nach dem UmwG zulässigen Möglichkeiten der Verschmelzung, Spaltung, des Formwechsels und der Vermögensübertragung s *UmwStE nF* Rn 01.10 ff.

117–124 *(frei)*

V. Allgemeine steuerrechtliche Folgen handelsrechtlicher Umwandlungen

1. Allgemeine steuerrechtliche Folgen der Gesamtrechtsnachfolge

125 Die Gesamtrechtsnachfolge wird jedenfalls teilweise auch im Steuerrecht als allgemeines Prinzip anerkannt, und deswegen knüpfen sich an sie wie früher an § 1 UmwG bestimmte steuerliche Folgen: Die Gesamtrechtsnachfolge muss zB beim Adressaten des Steuerbescheids deutlich werden. Es genügt nicht, wenn der Rechtsnachfolger einen auf den Rechtsvorgänger lautenden Bescheid erhält (BFH GrS 4/84 BStBl II 1986, 230). In der Ausgliederung ist keine Gesamtrechtsnachfolge für ein bestehendes Steuerprozessverhältnis zu sehen (BFH I R 99/00 BFH/NV 2003, 267). Örtlich zuständig ist das Finanzamt, welches für die übernehmende Gesellschaft zuständig ist (*OFD Chemnitz* DB 2001, 1223). Zum Schicksal von Unterbeteiligungen bei Umwandlungen s *Schindhelm/Pickhardt-Poremba/Hilling* DStR 2003, 1469.

2. Buchführungspflicht

126 Sie geht nach § 141 Abs 3 AO auf denjenigen über, der den Betrieb im Ganzen zur Bewirtschaftung übernimmt. Dies ist bei Verschmelzungen, Vollvermögensübertragung und erst recht beim Formwechsel anzunehmen. Spaltungs- oder Ausgliederungen genügen nicht, ebensowenig die Einbringung eines Teilbetriebs (BFH IV R 4/93 BStBl II 1994, 677; IV R 34/92 BStBl II 1994, 891). Bei einer Verschmelzung können Berichtigungen nach § 36 Abs 6 DMBilG vom aufnehmenden Unternehmen vorgenommen werden, ohne dass dieses eine eigene DM-EB aufzustellen hätte (*OFD Cottbus* BB 1995, 723).

3. Besitzzeitanrechnung

127 Besitzzeitanrechnung, etwa für die Vorschrift des **§ 6 b EStG** und Rechtsnachfolge u.a. für § 6 Abs 1, § 6 Abs 2 EStG, Rücklagen und Bewertungsabschläge sind nach dem UmwStG vorgesehen, **(1.)** nach § 4 Abs 2 Satz 3 UmwStG für die Verschmelzung von einer Körperschaft auf eine PersHandelsGes (§ 3 Abs 1 UmwG) oder natürliche Person (§ 3 Abs 2 Nr 2 UmwG), und zwar auch bei aufgedeckten stillen Reserven in der Schlussbilanz des Übertragenden (s *UmwStE nF* Rn 04.15), **(2.)** nach § 12 Abs 3 UmwStG für die Verschmelzung oder Vollvermögensübertragung von einer solchen Körperschaft auf eine andere, **(3.)** nach § 9 UmwStG für den Formwechsel einer KapGes in eine PersGes, **(4.)** nach §§ 15, 16 UmwStG bei Aufspaltung, Abspaltung, Teilvermögensübertragung auf andere solche Körperschaften oder PersHandelsGes, **(5.)** nach § 23 Abs 1 UmwStG hinsichtlich der Besitzzeitanrechnung für die Sacheinlage (auch Ausgliederung, § 1 Abs 3 Nr 2 UmwStG) in eine KapGes, **(6.)** nach § 25 iVm § 23 Abs 1 UmwStG für den übertragenden Formwechsel einer PersHandelsGes in eine KapGes, **(7.)** wie bisher bei Formwechsel von BGB-Gesellschaft in PersHandelsGes und zwischen diesen, **(8.)** nach § 24 UmwStG nF. Auf die Bewertung der übergegangenen Wirtschaftsgüter kommt es nicht mehr an (s § 4 Abs 2 Satz 3 UmwStG nF; *UmwStE nF* Rn 04.15; 23.06; 24.03).

128 Für die Ansparrücklage nach **§ 7 g EStG** ist der Fortbestand des Betriebes nach Einbringung entscheidend (FG Münster 14 K 7166/01 EFG 2003, 1368 rkr). Nach der betriebsbezogenen Betrachtung ist Voraussetzung, dass die Rücklagenbildung im früheren Unternehmen zu Recht erfolgt ist. Daran fehlt es, wenn im Zeitpunkt

Allgemeine steuerrechtliche Folgen Anh § 7

der Rücklagenbildung im bisherigen Unternehmen mit Einreichung der Steuererklärung beim Finanzamt das Investitionsvorhaben nicht mehr realisiert werden kann oder die Umwandlung zu diesem Zeitpunkt bereits im Gang ist (BFH I R 70/09 BFH/NV 2010, 2072; X R 21/09 DStR 2012, 1271 – GrS 2/12). Im Falle der Einbringung zum gemeinen Wert ist sie tarifbegünstigt aufzulösen (BFH XI R 69/03 BStBl II 2005, 596).
(frei) 129

4. Grunderwerbsteuer

Bei Umwandlungen (Verschmelzung, Spaltungen, Vermögensübertragungen) 130
wird Grunderwerbsteuer nach § 1 Abs 1 Nr 3 GrEStG ausgelöst (BFH II R 59/73 BStBl II 1979, 683), wenn Grundstücke übertragen werden. Dies gilt auch bei Verschmelzungsvorgängen im Konzern, soweit nicht die Voraussetzungen einer Umstrukturierung iSd § 6a GrEStG erfüllt stind.

Gemäß **§ 6a GrEStG** sind Umwandlungsvorgänge im **Konzern** nach § 1 Abs 1 131
Nrn 1 bis 3 UmwStG (Verschmelzung, Spaltung, Vermögensübertragung) und entsprechende Umwandlungen nach dem Recht eines EU/EWR-Staats (§ 6a Satz 2 GrEStG) begünstigt, wenn daran ausschließlich das über den gesamten Verbund herrschende Unternehmen (natürliche oder juristische Person, PersGes) iSd UStG und eine oder mehrere von diesem abhängige Gesellschaft(en) oder mehrere von dem herrschenden Unternehmen abhängige Gesellschaften (KapGes oder PersGes) beteiligt sind (§ 6a Satz 3 GrEStG). Unbeachtlich ist, ob sich der Sitz der beteiligten Gesellschaften im Inland oder Ausland befindert. **Unternehmer** ist danach, wer eine gewerbliche oder berufliche Tätigkeit ausübt und nachhaltig zur Erzielung von Einnahmen tätig wird. **Abhängig** ist eine Gesellschaft, wenn während eines Zeitraums von jeweils fünf Jahren vor (Vorbehaltensfrist) und nach (Nachbehaltensfrist) dem Rechtsvorgang eine Mindesthöhe von 95 % der unmittelbaren oder teils unmittelbaren, teils mittelbaren Beteiligung des herrschenden Unternehmens an deren Kapital (KapGes) oder Gesellschaftsvermögen (PersGes) ununterbrochen besteht.

Die Vorschrift **begünstigt** steuerbare Erwerbsvorgänge nach § 1 Abs 1 Nr 3 (Eigen- 132
tumsübergang ohne vorausgehendes Verpflichtungsgeschäft), § 1 Abs 2 GrEStG (Übertragung der Verwertungsbefugnis), § 1 Abs 2a Satz 1 GrEStG (95 %iger Gesellschafterwechsel bei einer grundbesitzenden PersGes, BFH II R 57/09 BStBl II 2012, 917) sowie nach § 1 Abs 3 GrEStG (Anteilsvereinigung und Anteilsübertragung).

Nicht begünstigt nach § 6a GrEStG sind die formwechselnde Umwandlung (§ 1 133
Abs 1 Nr 4 UmwG) sowie Vorgänge, durch die (zB Ausgliederung oder Abspaltung) der Verbund gegründet oder beendet wird. Dies gilt auch, wenn die letzte am Umwandlungsvorgang beteiligte abhängige Gesellschaft auf das herrschende Unternehmen verschmolzen wird (s Erlass BStBl I 2012, 662).

Der strukturwahrende **Formwechsel** zwischen Körperschaftsformen und Pers- 134
Ges-Formen beseitigt die Identität des Rechtsträgers nicht und löst daher keine Grunderwerbsteuer aus (BFH B II 5/07 BFH/NV 2007, 2351; II R 32/06 BFH/NV 2008, 1526). Beim Überkreuzformwechsel von einer KapGes in eine PersGes war dies strittig. Der BFH geht davon aus, dass entsprechend den umwandlungsgesetzlichen Vorgaben kein Rechtsträgerwechsel vorliegt und deshalb keine GrESt anfällt (BFH II B 116/96 BStBl II 1997, 661; II B 5/07 aaO; *Behrens/Schmitt* UVR 2008, 16, 53; mE zweifelhaft). Die *FinVerw* hat sich dem BFH angeschlossen (*FM Ba-Wü* DStR 1997, 1576). Ebenso wird bei der formwechselnden Umwandlung eines Vereins in eine AG kein nach § 7 Abs 1 Nr 9 ErbStG der Schenkungsteuer unterliegender Vorgang gesehen (BFH II R 66/05 BFH/NV 2007, 1587; aA *FM Sachs* FR 2001, 609). Zum Formwechsel einer grundbesitzenden Zweipersonen-GmbH & Co KG s *Meining* GmbHR 2011, 916.

Anh § 7 Umwandlungsvorgänge

135 Zur Wirkungsweise des **§ 5 Abs 3 GrEStG** s BFH II R 20/02 BStBl II 2004, 193; II R 13/01 BStBl II 2003, 358; *Gottwald* DStR 2004, 341; *Viskorf* DStR 2001, 1101. Die Steuer wird gemäß **§ 6 Abs 3 Satz 1 iVm Abs 1 Satz 1 GrEStG** bei einem Übergang eines Grundstücks von einer Gesamthand auf eine andere nicht erhoben, soweit die Anteile der Gesellschafter am Vermögen der erwerbenden Gesamthand den jeweiligen Anteilen dieser Gesellschafter am Vermögen der übertragenden Gesamthand entsprechen (BFH-Urteil II R 57/09 BStBl II 2012, 917). **§ 6 Abs 4 GrEStG** ist beim Übergang von einer Gesamthand anwendbar, auch beim **Formwechsel** (BFH II R 57/98 BStBl II 2001, 587). Der Erwerbsvorgang wird grds erst mit Eintragung der Umwandlung ins Handelsregister bei der Übernehmerin verwirklicht (BFH II R 23/04 BStBl II 2006, 137).

136 Bei der übertragenden Umwandlung einer KapGes auf ihren Alleingesellschafter liegt die grunderwerbsteuerpflichtige Gegenleistung in der Schuldübernahme und in dem aufgegebenen Gesellschaftsanteil (BFH II R 28/86 BStBl II 1989, 466; R 116/90 BStBl II 1994, 121). Wegen der im Gesetz geregelten Unterbewertung der Einheitswerte des Betriebsvermögens (Buchwerte!) scheitert die sog *Boruttau'sche Formel* für die anzusetzende Gegenleistung bei grunderwerbsteuerpflichtigen Vorgängen anlässlich Umwandlungs-, Verschmelzungs- und Einbringungsfällen (*FM Ba-Wü* DB 1994, 2524), s im Einzelnen *FM Bayern* DB 1995, 1685. § 8 Abs 2 GrEStG idF StEntlG 1999/2000/2002 sieht bei einer Umwandlung, Einbringung oder anderen Erwerbsvorgängen auf gesellschaftsvertraglicher Grundlage einheitlich die Bemessungsgrundlage nach § 138 Abs 2 oder 3 BewG vor (BFH II R 23/04 BStBl II 2006, 137), s dazu *FM Ba-Wü* DB 2000, 303.

137 Die Grunderwerbsteuerpflicht (§ 1 Abs 3 Nr 1 GrEStG) in der Hand einer AG durch Einbringung von Anteilen an einer mittelbar oder unmittelbar grundbesitzenden Gesellschaft im Wege der Kapitalerhöhung gegen Gewährung neuer Aktien ist mit dem Unionsrecht vereinbar (BFH II R 65/06 BStBl II 2008, 489). Zur Vermeidung von Grunderwerbsteuer durch Übertragung von weniger als 95 % der Anteile an einer Gesellschaft s *Altrichter-Herzberg* GmbHR 2010, 244. Zu Umstrukturierungsvorgängen iZm grunderwerbsteuerlichen Gestaltungsmöglichkeiten durch wechselseitige Beteiligungen s *Wischott/Schönweiß/Fröhlich* DStR 2007, 833.

138 Die Grunderwerbsteuer bildet beim übernehmenden Rechtsträger aktivierungspflichtige **Anschaffungsnebenkosten**, wenn der Vorgang insgesamt entgeltlich erfolgt (s dazu *Schmidt/Kulosa* § 6 Rn Rn 54; *Behrens* DStR 2008, 338). Dies gilt auch für die Vermögensübertragung im Wege der Gesamtrechtsnachfolge, weil diese tatbestandlich das Vorliegen eines Anschaffungs- und Veräußerungsgeschäfts nicht ausschließt (*BMF* BStBl I 2010, 70). Dagegen ist die Grunderwerbsteuer aufgrund einer **Anteilsvereinigung nach § 1 Abs 3 Nr 1 GrEStG** eine sofort abziehbare Betriebsausgabe, weil diese nicht durch den Anteilserwerb als solchen, sondern durch die dadurch begründete Vereinigung von mindestens 95 % der Anteile in einer Hand ausgelöst wird (BFH I R 2/10 BStBl II 2011, 761).

139 In der Übertragungsbilanz kann auch bei Vereinbarung einer (teilweisen) Übernahme der Grunderwerbsteuer **keine Rückstellung** gebildet werden. Wird die Grunderwerbsteuer im Rahmen einer Abspaltung vom übertragenden Rechtsträger übernommen, kommt eine verdeckte Gewinnausschüttung (§ 8 Abs 3 Satz 2 KStG) bzw eine Entnahme (§ 4 Abs 1 Satz 2 EStG) in Betracht (*BMF* BStBl I 2010, 70).

140–144 *(frei)*

5. Gewerbesteuer (§§ 18, 19 UmwStG)

145 Die §§ 18 und 19 UmwStG regeln die Auswirkungen von Umwandlungen auf die GewSt. Nach § 18 Abs 1 Satz 1 UmwStG gelten neben den allgemeinen Vorschriften des GewStG (zB § 7 GewStG) beim Vermögensübergang von einer Körperschaft auf eine PersGes oder natürliche Person und beim Formwechsel in eine

Allgemeine steuerrechtliche Folgen **Anh § 7**

PersGes die §§ 3 bis 9 und 16 UmwStG auch für die Ermittlung des Gewerbeertrags des übertragenden und übernehmenden Rechtsträgers. Entsprechendes gilt nach **§ 19 Abs 1 UmwStG** beim Vermögensübergang auf eine andere Körperschaft für die §§ 11 bis 15 UmwStG. Die nach diesen Vorschriften des UmwStG ermittelten Ergebnisse gehen nach Maßgabe der §§ 18 und 19 UmwStG in den Gewerbeertrag iSd § 7 GewStG des jeweiligen Rechtsträgers ein.

a) Übertragungs-/Übernahmegewinn. Grds sind die übergehenden Wirt- 146
schaftsgüter mit dem gemeinen Wert anzusetzen (§ 3 Abs 1 UmwStG). Der durch die Aufdeckung der stillen Reserven entstehende **Übertragungsgewinn** unterliegt bei der übertragenden KapGes, die gemäß § 2 Abs 2 Satz 1 GewStG stets und in vollem Umfang als Gewerbebetrieb gilt, der GewSt. Die fakultative Steuerneutralität der Verschmelzung, der Aufspaltung und Abspaltung (§ 1 Abs 1 Satz 1 Nr 1 UmwStG nF) aus einer Körperschaft auf eine PersGes oder natürliche Person, die das UmwStG idF des SEStEG bei Inlandsumwandlungen grds beibehält, gilt nach § 18 Abs 1 UmwStG nach Maßgabe der dort zitierten Vorschriften auch für die GewSt. Das Wahlrecht auf Ansatz des Buch- oder Zwischenwerts (§ 3 Abs 2 Satz 1 Nr 1 bzw § 11 Abs 2 Satz 1 Nr 1 UmwStG) setzt lediglich voraus, dass bei der übernehmenden PersGes die Besteuerung des Betriebsvermögens mit ESt oder KSt gesichert ist. Auf die gewstliche Verstrickung der stillen Reserven beim übernehmenden Rechtsträger kommt es nicht an. Nach § 18 Abs 1 UmwStG gelten die §§ 3 und 11 UmwStG ohne Einschränkung auch für die GewSt. Dadurch kann es, soweit beim übertragenden Rechtsträger die stillen Reserven nicht aufgedeckt werden, zum Verlust der Besteuerung der stillen Reserven mit GewSt und damit zu einer gewerbesteuerneutralen Umwandlung kommen.

Nach § 18 Abs 1 Satz 1 iVm § 4 Abs 2 Satz 3 UmwStG sind beim übernehmenden 147
Rechtsträger **Besitzzeiten** des übertragenden Rechtsträgers anzurechnen. Dies kann bei Hinzurechnungen nach § 8 Nr 5 GewStG und Kürzungen nach § 9 Nr 2a u Nr 7 GewStG von Bedeutung sein.

Ein **Übernahmegewinn** oder **-verlust** ist beim übernehmenden Rechtsträger 148
gewstrechtlich nicht zu erfassen (§ 18 Abs 2 Satz 1 UmwStG). Ein nach allgemeinen Vorschriften ermittelter Gewerbeertrag ist damit um den nach § 7 Satz 4 GewStG gesellschafterbezogen berücksichtigten Übernahmegewinn zu berichten.

§ 18 Abs 2 Satz 1 UmwStG erfasst nicht **Beteiligungskorrektur-** und **Übernah-** 149
mefolgegewinne oder **-verluste** iSd § 6 UmwStG. Sie unterliegen der GewSt (*UmwStE nF* Rn 18.03, 06.03).

Soweit die Anteile im Betriebsvermögen gehalten werden, sind die **Bezüge iSd** 150
§ 7 UmwStG als Kapitaleinkünfte nach § 20 Abs 8 EStG den hieraus erzielten gewerblichen Einkünften zuzurechnen. Sie unterliegen vorbehaltlich der §§ 7 Satz 4, 9 Nr 2a, Nr 7 GewStG bei der übernehmenden PersGes grds der GewSt. Für die Anwendung des § 9 Nr 2a oder 9 GewStG sind auch dann die Verhältnisse zu Beginn des Erhebungszeitraums beim übernehmenden Rechtsträger maßgebend, wenn die Voraussetzungen beim Anteilseigner des übertragenden Rechtsträger erfüllt worden sind (*UmwStE nF* Rn 18.04). Bei Anteilen iSd § 17 EStG, die zwangsläufig im Privatvermögen gehalten werden und nach § 5 Abs 2 UmwStG als eingelegt gelten, sind die Bezüge iSd § 7 UmwStG nicht gewstpfl (§ 18 Abs 2 Satz 2 UmwStG).

Für das **alte Recht** hat BFH VIII R 5/99 BStBl II 2001, 35 den Übernahmever- 151
lust gewstlich für ansetzbar gehalten (mE unzutr, glA *UmwStE aF* Rn 18.02). Danach soll auch gestattet sein, den Step-up alten Rechts über den 1.1.1999 hinaus fortzuführen (*OFD München* DStR 2001, 665; *Orth* DB 2001, 1108/11). Nach aktuellem Recht (§ 4 Abs 6 UmwStG) ist ein Übernahmeverlust bei der Umwandlung auf PersGes allgemein nicht mehr anzusetzen (Rn 713). Auch für die Verschmelzung oder Vollvermögensübertragung sowie die Aufspaltung von einer Körperschaft in

eine andere erstreckt sich die gewählte Gewinnneutralität nach Maßgabe der §§ 11 und 15 UmwStG auch auf die GewSt (§ 19 UmwStG). Der Übernahmegewinn ist nicht nach § 9 Nr 2 a GewStG zu beseitigen (BFH XI R 48/99 BStBl II 2002, 875).

152 Der Übernahmegewinn nach §§ 4 ff UmwStG aF war nicht nach § 32c EStG 1996 tarifbegünstigt, weil er sachlich von der GewSt befreit und bei der Ermittlung des Gewerbeertrags nicht zu berücksichtigen ist (BFH IV B 27/08 BStBl II 2011, 393).

153, 154 *(frei)*

155 b) Einbringungsgewinn. Die Einbringung von Unternehmensteilen gegen Gewährung von neuen Anteilen an der übernehmenden KapGes iSd § 20 Abs 1 UmwStG nF (Sacheinlage) stellt beim Einbringenden (natürliche Person/PersGes) ein Veräußerungsgeschäft iSd § 16 Abs 1 EStG dar (§ 20 Abs 3 UmwStG), das grds nicht der GewStPfl unterliegt (s § 7 Rn 27). Der Gewerbeertrag einer einbringenden PersGes ist daher insoweit zu berichtigen, als die Kosten für den Vermögensübergang als Veräußerungskosten den laufenden Gewinn gemindert haben.

156–159 *(frei)*

160 c) Gewerbesteuerrechtliche Entstrickung. Für die Ausübung des Ansatzwahlrechts nach § 3 Abs 2 Satz 1 Nr 1 bzw § 11 Abs 2 Satz 1 Nr 1 UmwStG nF ist es unerheblich, ob die gewstliche Erfassung der stillen Reserven beim übernehmenden Rechtsträger gesichert ist. Auf eine gewstliche Verstrickung der stillen Reserven beim übernehmenden Rechtsträger kommt es daher bei einer Umwandlung nicht an (*UmwStE nF* Rn 18.01). Eine Einschränkung der Besteuerung dergestalt, dass auf die sofortige Versteuerung der stillen Reserven verzichtet wird, weil und soweit zB aus einer KapGes steuerneutral in eine freiberuflich tätige PersGes umgewandelt wird, ist mE nicht gerechtfertigt (evtl aA BTDrs 12/6885, 16 r Sp; s auch *Wochinger/Dötsch* DB-Beilage 14/1994, 31). Denn es gibt keinen eigenständigen gewstrechtlichen Entstrickungsgrundsatz (§ 7 Rn 36).

161 § 18 UmwStG nF enthält insoweit keine entsprechende Regelung. Gewstrechtliche Gestaltungsmöglichkeiten werden lediglich durch § 7 Satz 2 GewStG und eine zeitlich begrenzte GewStPfl iF der typisierenden Missbrauchsvorschrift des § 18 Abs 3 UmwStG eingeschränkt (s Rn 175ff; *Flick/Gocke/Schaumburg* UmwStE 2011 Rn 18.01). Allerdings werden Zweifel wegen der Eintragung in Handelsregister geäußert; s dazu *Felix* DStR 1996, 658.

162 Zur GewStPfl bei Einbringungen nach § 24 UmwStG s Rn 2320 ff.

163, 164 *(frei)*

165 d) Gewerbeertrag im Erhebungszeitraum der Umwandlung. Nach § 14 GewStG ist der Erhebungszeitraum für die GewSt das Kalenderjahr. Besteht die GewStPfl nicht während des ganzen Jahres, so tritt an die Stelle des Kalenderjahres der Zeitraum der Steuerpflicht. Zur Wirkungsweise des **§ 35 EStG** bei Umwandlungen s *Schmidt/Wacker* § 35 Rn Rn 51. Maßgebender Gewerbeertrag ist nach § 10 GewStG der im Kalenderjahr bezogene (Wirtschaftsjahr = Kalenderjahr), bei abweichendem Wirtschaftsjahr der Gewerbeertrag aus dem Wirtschaftsjahr, das im Erhebungszeitraum endet.

166 Ob die GewStPfl iSd § 14 GewStG endet, richtet sich nicht nach dem Wechsel des Steuerschuldners, sondern nach **§ 2 Abs 5 Gew StG.** Danach gilt bei völligem (Mitunternehmerschaft!) **Unternehmerwechsel** der Gewerbebetrieb durch den bisherigen Unternehmer als eingestellt. Er gilt in diesem Fall als neugegründet, wenn er nicht mit einem bereits bestehenden Betrieb vereinigt wird.

167 Unternehmerwechsel liegt vor bei Gesamtrechtsnachfolge. Sie bedeutet zusätzlich Steuerschuldnerwechsel. Wenn § 19 Abs 2 UmwStG 1995 für den Vermögensübergang von einer Körperschaft auf eine andere gestattet, dass der Gewerbeertrag der

Allgemeine steuerrechtliche Folgen **Anh § 7**

übernehmenden Körperschaft um Fehlbeträge des § 10 a GewStG der übertragenden Körperschaft gekürzt wird, so bedeutet dies nicht im Umkehrschluss, dass in all diesen Fällen für § 2 Abs 5, § 7, § 14 GewStG kein Unternehmerwechsel vorliegt. Vielmehr stellt die Gesamtrechtsnachfolge (Verschmelzung) stets einen Unternehmerwechsel dar, ebenso die Formwechsel einer Körperschaft in eine PersGes (§ 14 UmwStG aF/§ 9 UmwStG nF) oder einer PersHandelsGes in eine Körperschaft oder Genossenschaft (§ 25 UmwStG). Allerdings wurde eine rechtsanaloge Anwendung des § 19 Abs 2 UmwStG aF bei der Verschmelzung einer mitunternehmerisch beteiligten Körperschaft auf eine andere Körperschaft für möglich gehalten (A 68 Abs 3 Satz 7 Nr 6 GewStR 1998). Zu § 19 Abs 2 UmwStG s Rn 215 ff.

Ein **völliger Unternehmerwechsel** scheidet nur aus beim Übergang aus oder **168** in Personenunternehmen mit teilweise oder völlig identischem (Mit)Unternehmerbestand und ferner bei anderen formwechselnden Umwandlungen, die regelmäßig auch keine Steuerschuldnerwechsel verursachen. Zur Verschmelzung von PersGes und Einbringung in Schwestergesellschaften vgl Rn 2079; R 10a.3 Abs 3 GewStR. Nur wenn es an einem gewstrechtlichen Unternehmerwechsel fehlt, ist auch der Gewerbeertrag für den Erhebungszeitraum einheitlich zu ermitteln, in den der Übertragungsstichtag des § 2 UmwStG fällt (§ 2 Abs 1 Satz 2 UmwStG). Kommt es dabei gleichwohl zum Steuerschuldnerwechsel des § 5 GewStG, so ist auf die Steuerschuldner aufzuteilen (§ 2 Rn 440ff; BFH IV R 133/90 BStBl II 1995, 791; IV R 133/90 BStBl II 1995, 791: zeitanteilig; aA *BMF* BStBl I 1995, 708: nach dem Verhältnis der Gewerbeerträge). Zum Verlustausgleich im Erhebungszeitraum des Umwandlungsstichtages s Rn 220.

Eine **Teilbetriebsveräußerung** unterliegt nur dann nicht der GewSt, wenn **169** der Steuerpflichtige die bisher in diesem Teilbetrieb entfaltete Tätigkeit endgültig einstellt und sämtliche zum Teilbetrieb gehörenden wesentlichen Betriebsgrundlagen in einem einheitlichen Vorgang veräußert oder/und entnimmt (BFH X B 192/07 BFH/NV 2009, 43; IV R 54/10 BStBl II 2012, 927).

(frei) **170–174**

e) § 18 Abs 3 UmwStG als Missbrauchvermeidungsvorschrift. Die Rege- **175** lung will verhindern, dass die GewStPfl der KapGes dadurch unterlaufen wird, dass der Betrieb erst nach vollzogener Umwandlung von der PersGes veräußert oder aufgegeben und der dabei erzielte Gewinn nach den allgemeinen Grundsätzen der GewSt entzogen wird. § 18 Abs 3 UmwStG beruht als spezialgesetzlicher und gegenüber §§ 2 und 7 GewStG subsidiärer Ausnahmetatbestand – dh innerhalb seiner tatbestandlichen Grenzen (u.a. Fünf-Jahres-Frist) – auf der Regelungsidee einer fortlaufenden gewstrechtlichen Verstrickung des Vermögens der umgewandelten KapGes. Er lässt den Grundsatz unberührt, nach dem Betriebsveräußerungsgewinne zwar bei der KapGes (§ 2 Abs 2 Satz 1 GewStG), dagegen nach Maßgabe des § 7 Satz 2 GewStG nicht bei der PersGes der GewSt unterliegen (BFH IV R 24/90 BStBl II 2012, 703).

Wird ein Betrieb der PersGes oder natürlichen Person innerhalb von fünf Jahren **176** nach dem Vermögensübergang (Umwandlung) aufgegeben oder veräußert, so unterliegt der Auflösungs- oder Veräußerungsgewinn auch insoweit der GewSt, als er auf das Betriebsvermögen entfällt, das durch die Umwandlung von der KapGes auf die PersGes übertragen wurde (BFH X R 6/04 BStBl II 2008, 62; VIII R 47/05 BStBl II 2008, 69; BFH IV R 58/06 BStBl II 2008, 73; *OFD Münster* GmbHR 2008, 448) und das bereits vor der Umwandlung im Betrieb der übernehmenden PersGes oder natürlichen Person vorhanden war **(§ 18 Abs 3 Satz 1 UmwStG idF JStG 2008).** Diese Regelung ist auf alle Umwandlungen anzuwenden, deren Eintragung in das Handelsregister nach dem 31.12.2007 angemeldet wurde (§ 27 Abs 6 idF JStG 2008).

177 Der Begriff Umwandlung iSd § 18 Abs 3 UmwStG nF umfasst auch den **Formwechsel** (BFH VIII R 23/01 BStBl II 2004, 474; IV R 58/06 BStBl II 2008, 73; BVerfG 1 BvR 2360/07 BFH/NV 2009, 350: Vb nicht angenommen; BFH IV B 51/08 BFH/NV 2008, 2057). Dabei ist es unbeachtlich, ob die Anteile an der umgewandelten KapGes zum Privatvermögen oder zum Betriebsvermögen des Anteilseigners gehört haben (BFH VIII R 23/01 aaO; FG Köln 12 K 4489/05 EFG 2012, 665 rkr).

178 Bei einer Umwandlung auf eine **PersGes ohne Betriebsvermögen (sog Zebragesellschaft)** ist § 18 Abs 3 UmwStG nF nicht anzuwendbar, weil in diesem Fall gemäß § 8 Abs 1 iVm § 3 Abs 1 UmwStG nF die Wirtschaftsgüter in der steuerlichen Schlussbilanz der übertragenden Körperschaft mit dem gemeinen Wert anzusetzen sind. Der Übertragungsgewinn unterliegt der KSt und GewSt (s § 8 UmwStG; *UmwStE nF* Rn 18.05, 08.01, 03.16). Auf die GewStPfl der übernehmenden PersGes oder übernehmenden natürlichen Person kommt es für die Anwendung des § 18 Abs 3 UmwStG als Sondertatbestand nicht an (*UmwStE nF* Rn 18.11). Da die KapGes in vollem Umfang, die PersGes bzw die natürliche Person nur mit dem werbenden Betrieb (laufenden Gewinn) der GewSt unterliegt, bietet sich grds eine Umwandlung zu Buchwerten als Gestaltungsmittel für eine spätere gewerbesteuerneutrale Veräußerung beim übernehmenden Rechtsträger an. Dies will § 18 Abs 3 UmwStG verhindern. Bei **doppelstöckigen PersGes** ist für Zwecke des § 18 Abs 3 UmwStG nF jede Gesellschaft für sich zu betrachten (keine Abfärbung, *OFD Koblenz* DB 2005, 78).

179 Nach **§ 18 Abs 3 Satz 2 UmwStG** wird auch die Aufgabe oder Veräußerung eines **Teilbetriebs** oder **Anteils an der PersGes** als schädlich angesehen. Danach kommt die Veräußerung einer Mitunternehmeranteile einer Veräußerung des ganzen Betriebs gleich (Nds FG EFG 2009, 1691). Diese Regelung gilt auch bei der Veräußerung eines Anteils an einer PersGes (BFH VIII R 45/05 BFH/NV 2007, 793; IV R 58/06 BStBl II 2008, 73; IV R 22/06 BFH/NV 2008, 109; *UmwStE nF* Rn 18.05). Davon ausgenommen ist die Veräußerung von Mitunternehmeranteilen, die aus einer nicht der GewSt unterliegenden Einbringung nach § 24 UmwStG hervorgegangen sind (vgl *OFD Ffm* FR 2001, 557/9; s aber auch Rn 182), was durch § 7 Satz 2 GewStG nF eingeschränkt wird (*Füger/Rieger* DStR 2002, 1021; s Rn 2320ff). Ein in der Frist des § 18 Abs 3 UmwStG zuletzt verbleibender **Teilbetrieb** ist ebenfalls ein Betrieb iSd Vorschrift (ähnl BFH VIII R 27/98 BFH/NV 2001, 263).

180 Die Begriffe **Aufgabe** oder **Veräußerung** sind nach den allgemeinen Grundsätzen zu bestimmen. Danach wird ein Betrieb oder Teilbetrieb dann veräußert oder aufgegeben, wenn alle wesentlichen Betriebsgrundlagen (funktional-qualitative Betrachtung) übertragen bzw überführt werden. Die Veräußerung setzt eine entgeltliche Übertragung des rechtlichen oder wirtschaftlichen Eigentums voraus. Als Veräußerung des übergegangenen Betriebs, Teilbetriebs oder Mitunternehmeranteils iSd § 18 Abs 3 UmwStG gilt auch dessen **Einbringung** in eine KapGes (§ 20 UmwStG) oder PersGes (§ 24 UmwStG) gegen Gewährung von Gesellschaftsrechten iR eines tauschähnlichen Vorgangs. Erfolgt die Einbringung zum Buch- oder Zwischenwert, tritt der übernehmende Rechtsträger in die steuerliche Rechtsstellung des übertragenden Rechtsträgers und damit in die Sperrfrist iSd § 18 Abs 3 UmwStG von insgesamt 5 Jahren ein. Ein **Übertragungsgewinn**, der durch einen Zwischenwertansatz entsteht, ist nach § 18 Abs 3 UmwStG gewerbesteuerpflichtig. Dies gilt ebenso für den Übertragungsgewinn, der durch Einbringungen nach §§ 20, 24 UmwStG zum gemeinen Wert entsteht.

181 Der Veräußerung wird die **Entnahme** gleichgesetzt (*OFD Ffm* DB 2000, 2350). Dadurch soll u.a. verhindert werden, dass ein bei einer Körperschaft gewstpfl Veräußerungsgewinn durch eine vorgeschaltete Umwandlung in eine PersGes gewerbesteuerfrei gestellt wird (*Krebs* BB 1994, 2115; krit *Schaumburg* FR 1995, 211/217).

Allgemeine steuerrechtliche Folgen **Anh § 7**

Auf Aufgabe- oder Veräußerungsverluste ist die Vorschrift nicht anzuwenden *(UmwStE nF Rn 18.10)*.

Keine Veräußerung iSd Vorschrift stellt eine **unentgeltliche Übertragung** im 182 Wege einer Umwandlung dar. Eine solche kann jedoch zur Anwendung des § 18 Abs 3 UmwStG führen, wenn die Voraussetzungen des § 6 Abs 3 EStG nicht erfüllt sind. Dies ist zB bei einer verdeckten Einlage in eine KapGes der Fall, die eine Betriebsaufgabe iSd § 18 Abs 3 UmwStG darstellt *(UmwStE nF Rn 18.08)*. Eine **teilentgeltliche Übertragung** löst in Höhe des Übertragungsgewinns eine GewStPfl aus, weil die teilweise Realisierung der stillen Reserven ine Veräußerung iSd § 18 Abs 3 UmwStG darstellt. Dies gilt entsprechend für eine volle Aufdeckung der stillen Reserven. Eine solche ist nach der Einheitstheorie gegeben, wenn das Entgelt das Kapitalkonto übersteigt (*Schmidt/Wacker* § 16 Rn 58; *Flick/Gocke/ Schaumburg* UmwStE 2011 Rn 18.08). Auch in diesem Fall gilt die Fünfjahresfrist für den Übernehmer weiter. Keine Veräußerung ist auch die **Realteilung** einer PersGes ohne Gewinnrealisierung (§ 16 Abs 3 Satz 2 EStG iFd JStG 1999; s.a. *UmwStE aF Rn 18.10)*.

In Fällen, in denen die Anteile an der umgewandelten KapGes schon gewstpfl 183 durch den früheren Anteilseigner veräußert worden sind, wird eine **unbillige Doppelerfassung** gesehen, der bei Vorgängen nach § 18 Abs 4 UmwStG aF/Abs 3 nF durch eine Einschränkung Rechnung zu tragen ist (*Orth* DB 2001, 1108). ME ist die Doppelerfassung auf der Ebene des Eigners und der Gesellschaft systemgerecht. Rechtspolitisch wäre es sinnvoll, Gewinne aus der Aufgabe und Veräußerung von Gewerbebetrieben für Personenunternehmen und KapGes gleich zu behandeln (*Thiel* FR 2000, 493/7). S auch Rn 2320.

Die **Fünfjahresfrist beginnt** mit Ablauf des steuerlichen Übertragungsstichtags. 184 Bei einer Veräußerung ist der Übergang des wirtschaftlichen Eigentums, in Einbringungsfällen der maßgebliche Einbringungszeitpunkt und im Fall der Betriebsaufgabe der Zeitpunkt der ersten Handlung nach dem Aufgabeentschluss entscheidend *(UmwStE Rn 18.05; 06.10)*.

Die **Missbrauchsfrist bleibt** nach zutreffender Auffassung der FinVerw auch bei 185 Einbringungen zum gemeinen Wert im Wege der Gesamtrechtsnachfolge (§ 23 Abs 4 2. Hs UmwStG), nicht jedoch bei Einzelrechtsnachfolge (§ 23 Abs 4 1. Hs UmwStG) für den übernehmenden Rechtsträger **bestehen.** Danach werden über die Fünfjahresfrist alle stillen Reserven, die sich auch innerhalb dieser Frist in den Wirtschaftsgütern ansammeln, gewstlich abgeschöpft. Der GewSt unterliegen sämtliche, im Zeitpunkt der Veräußerung oder Aufgabe vorhandenen stillen Reserven *(UmwStE nF Rn 18.07)*.

Gewstlich ist der Veräußerungsgewinn sofort zu versteuern. Dies gilt entspre- 186 chend bei einer Veräußerung gegen **Leibrente** (wiederkehrende Bezüge), weil die einkommensteuerrechtlichen Wahlrechte zwischen Sofort- und Zuflussbesteuerung nicht auf die GewSt übertragbar sind (s *UmwStE nF* Rn 18.06; FG Köln EFG 2011, 1754, Rev BFH X R 40/10).

Erfolgen **Umwandlung und Veräußerung zeitgleich** zu einem einheitlichen 187 Zeitpunkt**,** unterliegt der Veräußerungsgewinn nach § 18 Abs 4 UmwStG aF/Abs 3 nF der GewSt, weil stille Reserven aufgedeckt werden, die auch den Wirtschaftsgütern der ehemaligen KapGes zuzuordnen sind (s BFH IV R 24/09 BStBl II 2012, 703 zu § 18 Abs 4 UmwStG aF). „Nach der Umwandlung" iSd § 18 Abs 3 UmwStG ist nicht in einem zeitlichen, sondern in einem logischen Sinn zu verstehen, weil der Veräußerung der Beteiligung an der PersGes zwangsläufig ein Vermögensübergang vorausgegangen sein muss (s *Wendt* Anm zu BFH IV R 24/09 BFH/PR 2012, 329).

§ 18 Abs 3 Satz 3 UmwStG schließt **§ 35 EStG** in der Absicht aus, Veräuße- 188 rungen durch KapGes auch bei einer zwischengeschalteten Umwandlung auf ein Personenunternehmen nicht von der GewSt zu entlasten. Hierbei handelt es sich um eine klarstellende Regelung (BFH IV R 5/08 BStBl II 2010, 912). § 18 Abs 4 Satz 3 UmwStG idF des UntStFG ist nicht wegen Missachtung des Initiativrechts des Art 76 Abs 1 GG verfassungswidrig zustande gekommen (Hess FG DStRE 2009, 23). Ob und in welcher Höhe Teile des festgesetzten GewStMessbetrags nach § 18 Abs 3 Satz 3 UmwStG von der Einkommensteuerermäßigung ausgeschlossen sind, ist im **Feststellungsverfahren** nach § 35 Abs 2 EStG zu entscheiden (BFH IV R 5/08 BStBl II 2010, 912).

189 Die GewSt, die gemäß § 18 Abs 3 Satz 1 UmwStG durch die Veräußerung oder Aufgabe des Betriebs durch die PersGes entsteht, ist als **Veräußerungskosten** iSd § 16 Abs 2 EStG zu behandeln und mindert als solche den tarifbegünstigten Veräußerungsgewinn der PersGes (BFH IV R 22/08 BStBl II 2010, 736; FG Köln 8 K 3437/07 DStRE 2010, 936). Gemäß § 4 Abs 5b EStG ist die GewSt seit dem VZ 2008 nicht mehr als Betriebsausgabe abziehbar. Eine Berücksichtigung als Veräußerungskosten iSd § 16 Abs 2 EStG scheidet deshalb seitdem aus.

190 In Anlehnung an § 18 Abs 3 Satz 3 UmwStG wird die Auffassung vertreten, dass die Verwirklichung des Missbrauchstatbestandes iSd § 18 Abs 3 UmwStG eine gewstliche Entlastung iSd **§ 35 EStG** und damit die **Gewährung eines Veräußerungsfreibetrags** nach § 16 Abs 4 EStG ausschließt (s.a. *Schmidt/Wacker* § 35 Rn 5). Dieser Auffassung hat sich das FG Münster nicht angeschlossen (FG Münster EFG 2012, 993, Rev BFH IV R 2/12).

191–194 *(frei)*

195 **f) Verlustabzug nach § 10 a GewStG.** Ein Verlustabzug nach § 10a GewStG setzt bei Einzelunternehmen und PersGes voraus, dass Unternehmensidentität und Unternehmeridentität ununterbrochen bestehen (BFH IV R 3/09 BStBl II 2013, 176). Unternehmensidentität ist dann gegeben, wenn der Gewerbeverlust bei demselben Gewerbebetrieb entstanden ist, dessen Gewerbeertrag in dem maßgeblichen Erhebungszeitraum gekürzt werden soll. Unter Gewerbebetrieb ist die tatsächlich ausgeübte gewerbliche Betätigung zu verstehen. Zwischen den Betätigungen muss ein wirtschaftlicher, organisatorischer und finanzieller Zusammenhang bestehen. Unternehmeridentität bedeutet, dass der Stpfl, der den Verlustabzug in Anspruch nimmt, den Gewerbeverlust zuvor in eigener Person erlitten haben muss (BFH IV R 38/09 DStR 2013, 400). Der Stpfl muss danach sowohl zur Zeit der Verluststehung als auch im Jahr der Entstehung des positiven Gewerbeertrags Unternehmensinhaber gewesen sein. Unternehmer iS dieser Vorschrift sind bei einer Pers(Handels)Ges deren Gesellschafter (Mitunternehmer), die in eigener Person gewerbliche Einkünfte erzielen und damit auch gewstrechtlich Träger des Verlustabzugs und sachlich gewstpfl sind (BFH IV R 3/09 BStBl II 2013, 176). Bei Körperschaften und PersGes, an denen Körperschaften beteiligt sind, gelten unter den Voraussetzungen des § 10a Satz 10 GewStG die Regelungen des § 8c KStG (Verlustabzug bei Körperschaften) für die GewSt entsprechend.

196 **aa) Vermögensübergang auf ein Personenunternehmen.** Mit dem **Ausscheiden eines Mitunternehmers** aus einer PersGes geht der Verlustabzug nach § 10a GewStG mangels Unternehmergleichheit insoweit verloren, als der Fehlbetrag anteilig auf den ausgeschiedenen Mitunternehmer entfällt. Dabei ist unbeachtlich, ob der Anteil – entgeltlich oder unentgeltlich – an die PersGes oder einen neuen Gesellschafter übertragen wird. Wird im an die PersGes gerichteten bestandskräftigen Verlustfeststellungsbescheid der Fehlbetrag nicht um den Anteil gekürzt, der auf den ausgeschiedenen Mitunternehmer entfällt, kann dieser anteilige Fehlbetrag von den zum Feststellungszeitpunkt tatsächlich beteiligten Mitunternehmern entsprechend ihrer Beteiligungsquote mit den auf sie entfallenden Gewerbeerträgen verrechnet werden (BFH IV R 11/08 BStBl II 2011, 903).

197 Ein Verlustabzug nach § 10a GewStG entfällt auch dann (anteilig), wenn der aus der PersGes ausscheidende Gesellschafter über eine Beteiligung an der Gesellschaft

Allgemeine steuerrechtliche Folgen   Anh § 7

(**OberPersGes**) weiterhin an der Untergesellschaft beteiligt bleibt (BFH IV R 03/09 BStBl II 2013, 176). Wird diese an einer GmbH & **atypisch still beteiligte GmbH** auf die still beteiligte PersGes **verschmolzen,** gelten hinsichtlich der untergehenden GmbH die beim Ausscheiden eines Mitunternehmers aus einer PerGes anzuwendenden Grundsätze entsprechend. Durch das verschmelzungsbedingte Erlöschen der GmbH geht der auf sie entfallende Verlust der atypischen stillen Gesellschaft mangels Unternehmeridentität iSd § 10a GewStG unter. Die übernehmende PersGes kann nach § 10a GewStG und § 18 Abs 1 Satz 2 UmwStG nur ihren Anteil am Verlust abziehen (BFH IV R 38/09 DStR 2013, 400).

Ein **vor** dem **Eintritt eines neuen Gesellschafters** in eine bestehende PersGes **198** entstandener Fehlbetrag iSd § 10a GewStG kann weiterhin insgesamt, aber nur von den bisher beteiligten Gesellschaftern von dem Gewerbeertrag, der ihnen nach dem Gewinnverteilungsschlüssel zugerechnet wird, abgezogen werden (R 10a Abs 3 Satz 9 Nr 2 GewStR). Dies gilt auch für den Mitunternehmer, der seinen Betrieb in eine PersGes eingebracht hat. Insoweit bleiben die Unternehmer- und Unternehmensidentität bestehen. Ein Verlustabzug in Höhe des dem Gesellschafter nach dem Gewinnverteilungsschlüssel zugerechneten Gewerbeertrags kommt nach § 10a Satz 5 GewStG auch bei einer **Änderung der Beteiligungsquote** in Betracht.

Der **Wechsel** von der **unmittelbaren in** eine **mittelbare Mitunternehmer- 199 stellung** führt grds zum (anteiligen) Wegfall eines bestehenden Verlustvortrags. Danach geht bei der Einbringung eines Kommanditanteils in eine GmbH & Co KG und den damit verbundenen Wechsel von einer unmittelbaren in eine mittelbare Mitunternehmerstellung die Unternehmeridentität verloren (BFH IV R 69/99 BStBl II 2001, 731; FG Hamburg GmbHR 2010, 1052). Dies gilt ebenso, wenn ein stiller Gesellschafter in eine mittelbare Beteiligung an einer **atypischen stillen Gesellschaft** wechselt. Das Ausscheiden aus der atypischen stillen Gesellschaft stellt einen partiellen Unternehmerwechsel dar. Dies beruht auf der Behandlung der GmbH & atypisch Still als PersGes. Dass es sich hierbei um eine reine Innengesellschaft handelt und nur die GmbH der GewStPfl unterliegt, ist insoweit unbeachtlich (BFH IV R 90/05 BFH/NV 2009, 843). Zu einem partiellen Unternehmerwechsel kommt es auch, wenn sich ein Kommanditist einer GmbH & Co KG neben einer Kommanditbeteiligung als atypischer stiller Gesellschafter am Unternehmen der KG beteiligt. In diesem Fall kann der für die KG festgestellte vortragsfähige Gewerbeverlust nur insoweit vom Gewerbeertrag der **KG & atypisch Still** abgezogen werden, als der von dieser erzielte Gewerbeertrag auf die KG entfällt (FG Köln EFG 2011, 1083, Rev BFH IV R 34/10). Zur gewstlichen Verlustverrechnung iSd § 10 a GewStG bei atypischer stiller Gesellschaft s *Oenings* DStR 2008, 279.

Bei einer **Anwachsung** des Betriebs einer PersGes auf den verbleibenden Gesell- **200** schafter können die GewSt-Verlustvorträge der aufgelösten PersGes vom verbliebenen Gesellschafter fortgeführt werden. Dabei ist es unbeachtlich, ob der verbliebene Gesellschafter eine natürliche Person oder KapGes ist. Die Fortführung der Fehlbeträge kommt daher auch bei einer Anwachsung einer Tochter-PersGes auf eine Mutter-PersGes in Betracht (*OFD Münster* DStR 2008, 873).

Ab dem Erhebungszeitraum 2009 kann abweichend von der bisherigen Auf- **201** fassung der *FinVerw* ein **vortragsfähiger Verlust** auch insoweit nicht mehr vom Gewerbeertrag der übernehmenden PersGes abgezogen werden, als er auf den sich aus dem Gesellschaftsvertrag ergebenen Gewinnverteilungsschlüssel auf die übertragende **KapGes** entfällt. Bei einer Betriebseinbringung durch eine KapGes kann diese den Gewerbeverlust weiterhin vortragen und mit positiven Gewerbeerträgen verrechnen. Denn die Tätigkeit einer KapGes gilt nach § 2 Abs 2 Satz 1 GewStG unabhängig davon, ob die von ihr ausgeübte Tätigkeit gewerblich ist, stets und in vollem Umfang als Gewerbebetrieb. Dies gilt auch dann, wenn sich ihre zukünftige Tätigkeit auf das Halten eines Mitunternehmeranteils beschränkt. Da die

Anh § 7 Umwandlungsvorgänge

sachliche GewStPfl allein auf ihrer Rechtsform beruht, kommt es bei KapGes auf das Merkmal der Unternehmensidentität nicht an (*FM NRW* GmbHR 2012, 363).

202 Der **Formwechsel zwischen Personenunternehmen und Kapitalgesellschaft** ist immer ein für § 10 a GewStG schädlicher Unternehmerwechsel. Deshalb bestimmt **§ 18 Abs 1 Satz 2** UmwStG (klarstellend) für die Verschmelzung, Aufspaltung, Abspaltung bzw den Formwechsel von einer Körperschaft auf ein Personenunternehmen, dass der Gewerbeertrag der übernehmenden PersGes oder natürlichen Person nicht um Fehlbeträge des laufenden Erhebungszeitraums und die vortragsfähigen Fehlbeträge der übertragenden Körperschaft iSd § 10 a GewStG gekürzt werden kann.

203 Bei einer **rückwirkenden Übertragung** wird gemäß § 2 Abs 1 UmwStG der laufende Verlust der übertragenden Körperschaft nach dem steuerlichen Übertragungsstichtag dem übernehmenden Rechtsträger zugerechnet. Diese Verlustnutzung wird nach § 2 Abs 4 UmwStG grds eingeschränkt. Der Grundsatz der Unternehmer- und Unternehmensidentität ist auch hier bei der übernehmenden PersGes zu beachten, wenn neue Gesellschafter hinzukommen.

204 Ein **Verlustrücktrag** ist nach § 10 a GewStG anders als bei § 10 d Abs 1 EStG nicht vorgesehen. Werden mehr als 25% der Anteile an einer KapGes übertragen, gehen gemäß **§ 8 c KStG** nicht ausgeglichene oder abgezogene Verluste quotal bzw vollständig unter (*BMF* BStBl I 2008, 736; *van Lishaut* FR 2008, 789; *Sistermann/Brinkmann* BB 2008, 1928). Dies gilt nach § 10 a Satz 10 GewStG idF JStG 2009 für den Gewerbeverlust entsprechend. Zum Erhalt gewerbsteuerlicher Verlustvorträge iZm § 8 c KStG s *Behrendt/Arjes/Nogens* BB 2008, 367; *Kußmaul/Richter/Tcherveniachki* GmbHR 2008, 1009. Vorlagebeschluss hinsichtlich der Rückwirkung des § 10 a GewStG gemäß § 36 Abs 9 GewStG idR JStG 2007 wegen Klaglosstellung der Kläger zurückgenommen (s BFH IV R 4/06 BStBl II 2008, 140; BVerfG 1 BvL 5/07).

205 Gemäß § 18 Abs 1 Satz 1 iVm § 4 Abs 2 Satz 2 UmwStG gehen auch **Zins- und EBITDA-Vorträge** nach § 4 h Abs 1 Satz 5 EStG nicht über.

206–209 *(frei)*

210 bb) **Vermögensübergang auf eine Körperschaft.** Bei der Verschmelzung, der Spaltung, dem Formwechsel **aus einer PersGes in eine Körperschaft** iR einer Einbringung gilt § 20 UmwStG, der eine Nachfolge in den Verlustabzug nach § 10 a GewStG ausschließt. § 22 Abs 4 idF des JStErgG 1996 bzw **§ 23 Abs 5 UmwStG nF** stellen dies klar. Danach gehen Verluste, die durch den eingebrachten Betrieb oder Teilbetrieb verursacht wurden, bei einer PersGes oder natürlichen Person als Einbringende(r) nach den Grundsätzen des § 10 a GewStG mangels Unternehmensidentität verloren. Dabei ist die Unternehmensidentität teilbetriebsbezogen zu prüfen. Dagegen kann eine KapGes als Einbringende den vortragsfähigen Verlust grds nutzen, weil bei dieser die gesamte Betätigung immer als einheitlicher Gewerbebetrieb gilt (s BFH IV R 86/05 BStBl II 2012, 145; *OFD Münster* DB 2012, 1596; *FM NRW* DStR 2012, 908).

211 Gemäß **§ 20 Abs 9 UmwStG** geht auch ein Zinsvortrag nach § 4 h Abs 1 Satz 5 EStG und ein EBITDA-Vortrag nach § 4 h Abs 1 Satz 3 EStG des eingebrachten Betriebs nicht auf die übernehmende Gesellschaft über.

212 Durch eine **Kapitalerhöhung** nach Neugründung geht mangels neuer Prägung des Geschäftsbetriebs die wirtschaftliche Identität iSd § 8 Abs 4 Satz 1 KStG 1999 nicht verloren, wenn der Geschäftsbetrieb nicht verändert wird (FG S-Anh 3 K 251/07 EFG 2011, 565).

213 Bei einer **Anteilsvereinigung** (Übertragung der Anteile an der PersGes auf den übernehmenden Rechtsträger als einziger Gesellschafter) bewirkt die Fiktion des § 2 Abs 1 Satz 1 UmwStG das rückwirkende Erlöschen der (Ober-)Gesellschaft und damit ab dem steuerrechtlichen Übertragungsstichtag den Wegfall des Verlustabzugs

Allgemeine steuerrechtliche Folgen **Anh § 7**

nach § 10a GewStG hinsichtlich der ihr von der Untergesellschaft zuzurechnenden gewstlichen Fehlbeträge (BFH IV R 59/07 BFH/NV 2010, 1492; Anm *Wacker* HFR 2010, 849).

Die Begrenzung der Verrechnung von Verlusten nach § 10a GewStG **(sog Min-** 214 **destbesteuerung),** wonach in Jahren mit Gewinnen über 1 Mio € der darüber hinausgehende Gewinn nur bis zu 60 % um verbleibende Verlustvorträge gekürzt werden kann, ist **verfassungsgemäß,** weil bei der GewSt ohnehin systembedingt kein umfassender Verlustausgleich möglich ist (BFH IV R 36/10 DStR 2012, 2481). Die Vereinbarkeit mit dem Grundgesetz wird u.a. damit begründet, dass in besonderen Härtefällen Billigkeitsmaßnahmen möglich sind. Eine Billigkeitsmaßnahme ist nach Auffassung des BFH dann nicht geboten, wenn die Besteuerung und der endgültige Wegfall der gestreckten Verlustvorträge vom Unternehmer selbst veranlasst sind (BFH I R 9/11 DStR 2012, 2435).

cc) Umwandlungen einer Körperschaft auf eine andere (§ 19 Abs 2 215 **UmwStG). § 19 Abs 2 UmwStG 1995** bestimmte für Umwandlungen von Körperschaften auf andere Körperschaften, dass der Gewerbeertrag der übernehmenden Körperschaft um die vortragsfähigen Fehlbeträge iSd § 10 a GewStG der übertragenden Körperschaft gekürzt wird, wenn die übertragende Körperschaft ihren Geschäftsbetrieb noch nicht eingestellt hatte (Begriff BFH I R 38/01 BStBl II 2003, 822, 1176). Eine Anpassung an § 12 Abs 3 Satz 2 UmwStG idF des UntStRefG v 29.10.1997 (BGBl I 1997, 2590) sieht § 19 Abs 2 idF des StEntlG 1999/2000/2002 vor. Die Vorschrift ist nach § 27 Abs 4 b UmwStG erstmals für den VZ/EZ 1999 anzuwenden. Fehlbeträge iSd § 10 a GewStG der übertragenden Körperschaft sind nur darstellbar für abgeschlossene Erhebungszeiträume, deren Gewerbeertrag noch der übertragenden Körperschaft zuzurechnen ist. Nach § 19 Abs 2 iVm § 12 Abs 3 Satz 2 UmwStG aF kann aufgrund der (Gesamt-)Rechtsnachfolge bei der Verschmelzung von Körperschaften neben dem Verlustabzug ein im Übertragungsjahr bei der übertragenden Körperschaft eingetretener laufender Verlust mit Gewinnen der übernehmenden Körperschaft des Übertragungsjahrs verrechnet werden, sofern die Voraussetzungen des § 12 Abs 3 Satz 2 UmwStG 1995 erfüllt sind (BFH I R 68/03 BStBl II 2006, 380; aA *BMF* FR 2006, 524).

Den verbleibenden Verlustvortrag der übertragenden Körperschaft kann die über- 216 nehmende Körperschaft nur mit dem Gewinn des Veranlagungszeitraums verrechnen, in dem der steuerliche Übertragungsstichtag liegt (BFH I R 16/05 BFH/NV 2007, 1062). Ein Verlustrücktrag ist ausgeschlossen (BFH I R 41/06 BFH/NV 2007, 1442). Die Begrenzung des Beteiligungskorrekturgewinns bei der übernehmenden Körperschaft gemäß § 12 Abs 2 Satz 4 in Kombination mit der Verlustübertragung nach § 12 Abs 3 Satz 2 UmwStG 1995 eröffnete eine Gestaltungsmöglichkeit zur doppelten Verlustnutzung durch denselben Steuerpflichtigen. Die Aufhebung jener Vorschrift ist unabhängig von der Kompetenzüberschreitung durch den Vermittlungsausschluss gültig (BVerfG 2 BvL 12/01 DStR 2008, 556; BFH I R 103/01 BStBl II 2008, 723).

Das **UmwStG idF SEStEG** lässt bei einer Verschmelzung weder einen Verlust- 217 abzug noch einen Verlustausgleich zu. Nach § 19 Abs 2 iVm §§ 12 Abs 2 Hs 2, 4 Abs 2 Satz 2 UmwStG nF gehen auch gewstrechtlich u.a. verrechenbare Verluste und verbleibende Verlustvorträge nicht auf die übernehmende Körperschaft über. Diese Verluste können lediglich iRv Buchwertaufstockungen mit dem Übertragungsgewinn verrechnet werden. Dadurch soll der Import von Verlusten iRv grenzüberschreitenden Umwandlungen unterbunden werden.

(frei) **218, 219**

dd) Verlustausgleich. Wenn ein gewstlicher Unternehmerwechsel zu vernei- 220 nen ist (s Rn 168) und deshalb der Gewerbeertrag für den Erhebungszeitraum des Umwandlungsstichtags einheitlich zu ermitteln ist, stehen grds auch laufende Ver-

Wagner 563

luste der übertragenden Körperschaft gewstlich zum **Verlustausgleich** zur Verfügung mit der evtl Folge neuer Fehlbeträge des § 10 a GewStG.

221 **ee) Betriebsvereinigung.** Zum Ausgleich mit laufenden Verlusten kommt es im Übrigen bei einem gewstlichen Unternehmerwechsel, wenn der Gewerbebetrieb des übertragenden Unternehmens (nicht notwendig Körperschaft) mit dem bestehenden Betrieb des Übernehmers vereinigt wird (§ 2 Abs 5 Satz 2 GewStG; § 2 Rn 607).

222 **ff) Vororganschaftliche Verluste. Vororganschaftliche Verluste** der Organgesellschaft können sich gewstlich nur über deren dem Organträger zuzurechnenden Verlust auswirken oder wirkungslos bleiben, wenn sich bei der Organgesellschaft ohnehin ein negativer Ertrag ergibt (BFH XI R 47/89 BStBl II 1992, 630). Ab dem EZ 2004 schließt § 10 a Satz 3 GewStG den Abzug von nicht ausgeglichenen (vororganschaftlichen) Fehlbeträgen der Organgesellschaft aus (*BMF* BStBl I 2005, 1038). Vororganschaftliche Gewerbeverluste der Organgesellschaft sind ab 1990 gesondert festzustellen (*FM Bbg* FR 1992, 384).

223, 224 *(frei)*

225 **gg) Umwandlungen zwischen Personengesellschaften. Bei der Verschmelzung zwischen PersGes** sind gewstrechtlich Verlustausgleich und Verlustabzug möglich, wenn alle Gesellschafter der umgewandelten auch an der aufnehmenden Gesellschaft beteiligt sind und die Unternehmensidentität gewahrt bleibt (BFH VIII R 84/90 BStBl II 1994, 764; *Gschwendtner* DStR 1994, 1109). Dies gilt mE auch in Übertragungsfällen des § 24 UmwStG, bei denen auch ein partieller Verlustabzug möglich ist (Rn 2268; glA R 10a.3 Abs 2 u 3 Satz 9 Nr 5 GewStR).

226 Ist die PersGes (Obergesellschaft) an einer anderen PersGes (Untergesellschaft) beteiligt, ist die Obergesellschaft als solche Gesellschafterin der Untergesellschaft und nicht deren Gesellschafter. Ein Gesellschafterwechsel bei der Obergesellschaft hat folglich keine Auswirkung auf einen vortragsfähigen Gewerbeverlust bei der Untergesellschaft. Diese Abschirmwirkung der Obergesellschaft kann gemäß § 10a Satz 10 GewStG durch die Grundsätze des Mantelkaufs ausgeschlossen sein (§ 10a Abs 10 GewStG iVm § 8c KStG). Nach der **Anwachsung** kann vom Gewerbeertrag der Mutter-PersGes iR einer doppelstöckigen PersGes ein verbleibender Fehlbetrag der Tochter-PersGes insoweit abgezogen werden, als dieser Betrag gemäß § 10a Satz 4 u 5 GewStG entsprechend dem sich aus dem maßgeblichen Gesellschaftsvertrag ergebenden Gewinnverteilungsschlüssel der Verlustentstehungsjahre auf die Mutter-PersGes entfällt (s *OFD Münster* DB 2008, 1242; R 10a.3 Abs 3 Nr 8 GewStR).

227 Geht das Vermögen einer Ober-PersGes im Wege einer Gesamtrechtsnachfolge auf ihren Gesellschafter über, ist aufgrund eines Unternehmerwechsels bei der **Unter-PersGes** der Verlustabzug nach § 10a GewStG anteilig zu kürzen. Dabei ist es unerheblich, ob das Vermögen der PersGes im Wege einer (verschmelzungsbedingten) **Anwachsung** oder eines (verschmelzungsbedingten) Anteilserwerbs (Gesamtrechtsnachfolge kraft **Anteilsvereinigung**) auf den verbleibenden Gesellschafter übergegangen ist (BFH IV R 59/07 BFH/NV 2010, 1492). Bei einer Anteilsvereinigung (Übergang der Anteile an der PersGes auf den übernehmenden Rechtsträger) erlischt die PersGes nach der Fiktion des § 2 Abs 1 Satz 1 UmwStG rückwirkend, so dass die (beschränkte) ertragsteuerliche Rechtsfähigkeit der Mitunternehmerschaft rückwirkend entfällt und das Gesamthandsvermögen dem eigenen Vermögenskreis des Alleinunternehmers zugewiesen wird (BFH IV R 59/07 BFH/NV 2010, 1492).

228 Der **Formwechsel der Obergesellschaft** lässt bei einer doppelstöckigen PersGes die vortragsfähigen Fehlbeträge bei der Untergesellschaft unberührt (*OFD Düsseldorf* DB 2000, 2247).

Allgemeine steuerrechtliche Folgen **Anh § 7**

Die **Verschmelzung der Komplementär-GmbH** einer GmbH & Co KG 229
auf die zu 100 % am Vermögen beteiligte Kommanditistin (GmbH) stellt keinen
schädlichen Unternehmerwechsel dar. Ebenso ist wegen der verschmelzungsbedingten rückwirkenden Anwachsung (§ 2 Abs 1 Satz 1, Abs 2 UmwStG) grundsätzlich
auch die Unternehmensidentität gegeben (FG Düsseldorf 11 K 3637/09 F EFG
2011, 477).
(frei) 230–234

hh) Spaltung oder Abspaltung auf eine Körperschaft. § 19 Abs 2 235
UmwStG idF des StEntlG 1999/2000/2002 nimmt auf § 15 Abs 4 und § 16 Satz 3
UmwStG Bezug. Danach ist die übertragende Körperschaft iSd § 19 Abs 2 UmwStG
aF auch diejenige, die Teile ihres Vermögens abspaltet. Die vortragsfähigen Fehlbeträge gehen damit anteilig iSd Verhältnisrechnung des § 15 Abs 4 UmwStG aF auf
die übernehmende Gesellschaft über (*Herzig/Förster* DB 1995, 338/348 zur alten
Rechtslage). Nach **neuem Recht** gehen bei Aufspaltungen die Verluste des übertragenden Rechtsträgers vollständig und bei Abspaltungen anteilig iSd Verhältnisrechnung des § 15 Abs 3 UmwStG unter.

ii) Spaltung und Abspaltung auf eine Personengesellschaft. Bei Spaltung 236
oder Abspaltung auf eine PersGes ist ein Verlustabzug nach § 10 a GewStG
ausgeschlossen, wenn aus einer Körperschaft umgewandelt wird **(§ 18 Abs 1 Satz 2**
UmwStG). Zu Umwandlungen aus Personenunternehmen s Rn 2266.

jj) Ausländische Betriebsstättenverluste. Ausländische Betriebsstättenver- 237
luste, die aufgrund tatsächlicher Umstände wie durch die Umwandlung der Auslandsbetriebsstätte in eine KapGes, die entgeltliche oder unentgeltliche Übertragung
oder ihre endgültige Aufgabe definitiv und damit endgültig („final") nicht mehr
berücksichtigt werden können, sind im VZ, in dem sie tatsächlich „final" geworden
sind, im Ansässigkeitsstaat zu erfassen (BFH I R 100/09 BStBl II 2010, 1065; I R
107/09 DStR 2010, 1611; s Rn 265). Diese Grundsätze gelten auch für die GewSt.
„Finale" Auslandsverluste sind einmal zum Abzug zuzulassen und deshalb unabhängig von der territorialen Verursachung im Ansässigkeitsstaat wie Inlandsverluste zu
behandeln. Der strukturelle Inlandsbezug der GewSt iF des Territorialitätsprinzips
rechtfertigt aus europäischer Sicht keine abweichende Behandlung zur ESt oder KSt
(BFH I R 107/09 DStR 2010, 1611; I R 16/10 DStR 2011, 169).

g) Steuerschuldner. Schuldner der GewSt hinsichtlich des Gewinns aus der 238
Veräußerung von Mitunternehmeranteilen nach § 18 Abs 4 Satz 2 UmwStG aF/
Abs 3 Satz 2 nF ist die umgewandelte PersGes (BFH IV R 33/09 DStR 2013,
1324). Bei einer **Ausgliederung** eines Geschäftsbetriebs durch Neugründung nach
§ 123 Abs 3 Nr 2 UmwG wird der übernehmende Rechtsträger nicht Gesamtrechtsnachfolger des übertragenden Rechtsträgers iSd § 45 AO (als speziellere Regelung
der allgemeinen Bestimmungen der §§ 126 Abs 1 Nr 9, 131 Abs 1 Nr 1 UmwG)
und tritt daher nicht in dessen gewstliche Schuldnerstellung ein. Die Gewerbesteuerschuld geht daher mangels Übergangs des gesamten Vermögens nicht auf den übernehmenden Rechtsträger über (BFH I R 99/00 BStBl II 2003, 835). Dies gilt auch
für die Abspaltung einzelner Geschäftsbereiche (§ 123 Abs 2 Nr 2 UmwG). In beiden Fällen handelt es sich um den Übergang von Vermögensteilen, der materiellrechtlich nicht als Gesamtrechtsnachfolge, sondern als **Sonderrechtsnachfolge**
(uno-actu-Übergang) zu behandeln ist (BFH IV R 29/08 BFH/NV 2010, 356).

Dagegen geht bei einer **Aufspaltung** iSd § 123 Abs 1 UmwG das gesamte Ver- 239
mögen des übertragenden Rechtsträgers unter Auflösung auf den übernehmenden
Rechtsträger über. Als Gesamtrechtsnachfolger wird dieser Steuerschuldner der
GewSt (s Anm *Wacker* HFR 2010, 235).

240 **h) Grenzüberschreitende Organschaft.** Eine KapGes mit Geschäftsleitung und Sitz im Inland kann iR einer **gewerbesteuerlichen Organschaft** Organgesellschaft eines in Großbritannien ansässigen gewerblichen Unternehmens (Organträger) sein (BFH I R 54/10, 55/10 BStBl II 2012, 106; NAnwErl *BMF* BStBl I 2012, 119).

241–244 *(frei)*

6. Umsatzsteuer

245 Der Formwechsel ändert nur die Bezeichnung des Rechtsträgers und kann deshalb keine steuerbaren Umsätze erzeugen. Auch die Verschmelzung einer Körperschaft auf eine PersGes, natürliche Person oder andere Körperschaft unterliegt nicht der USt, weil die Geschäftsveräußerung nicht mehr der USt unterliegt (§ 1 Abs 1 a UStG). Spaltungsvorgänge, Sacheinlagen nach §§ 20, 24 UmwStG müssen dazu ebenfalls die Voraussetzung der nichtsteuerbaren Geschäftsveräußerung erfüllen, dass ein in der Gliederung eines Unternehmens gesondert geführter Betrieb im Ganzen entgeltlich oder unentgeltlich übertragen wird. Andernfalls können auch die Befreiungsvorschriften zB nach § 4 Nr 8 (zB für Beteiligungen) und Nr 9 UStG eingreifen. § 2 Abs 2 Nr 2 UStG ist bei Organschaften zu beachten. Ob § 24 UmwStG überhaupt einen Leistungsaustausch abbildet, ist zudem zweifelhaft. Dazu bejahend BFH XI R 63/94 BStBl II 1996, 114; verneinend EuGH C-442/01 Slg I 2003, 6851, DStRE 2003, 936 und dem folgend BFH V R 32/00 BStBl II 2004, 1022; s auch *Ulrich/Teiche* DStR 2005, 92. Zu einem Fall der Einbringung von Einzelwirtschaftsgütern gegen Schuldübernahme s BFH V R 67/94 BStBl II 1997, 705.

246 Die Übertragung von Gesellschaftsanteilen stellt unabhängig von der Höhe der Beteiligung noch keine Geschäftsveräußerung iSd § 1 Abs 1a UStG dar. Erst wenn die Gesellschaftsanteile als Ganzes dem Veräußerer die Ausübung einer unternehmerischen Tätigkeit ermöglichen und der Erwerber diese Tätigkeit fortsetzt, ist von einer Geschäftsveräußerung auszugehen. Dies ist iR einer Organschaft zB dann der Fall, wenn dadurch die wirtschaftliche Eingliederung in ein Organschaftsverhältnis fortgesetzt wird (BFH V R 38/09 BStBl II 2012, 68; *BMF* BStBl I 2012, 60).

247–249 *(frei)*

7. Verlustabzug nach § 10 d EStG, § 4 Abs 2 Satz 2, § 12 Abs 3 UmwStG

250 Ein Verlust kann nach den Grundsätzen des Einkommen- und Körperschaftsteuerrechts grds nur bei dem Steuerpflichtigen abgezogen werden, der den Verlust erlitten hat. Ein nicht ausgenutzter Verlust geht daher nur dann auf den Rechtsnachfolger über, wenn dies eine Norm ausdrücklich anordnet (BFH I R 112/09 BFH/NV 2011, 1194).

251 **a) Verbleibender Verlustvortrag (altes Recht).** Verbleibender Verlustvortrag ist nicht der übergehende Verlust der verschmolzenen Körperschaft, sondern der nach Verlustrücktrag (§ 10 d Abs 1 EStG) und ggf Verlustvortrag (§ 10 d Abs 2 Satz 1 EStG) verbleibende Verlust (§ 10 d Abs 4 Satz 2 EStG; *Wochinger/Dötsch* DB-Beilage 14/1994 S 16). Der Verlust des Verschmelzungsjahres steht dem Übernehmer in der Gesamtrechtsnachfolge im Verschmelzungsjahr und nicht nur nach § 10 d Abs 1 EStG zum Vortrag zur Verfügung (BFH I R 68/03 BStBl II 2006, 380; VIII B 159/06 BFH/NV 2007, 531; I R 41/06 BFH/NV 2007, 1442; s auch *Orth* FR 2005, 963; *Hegeböke/Heinz* DStR 2005, 2054; aA *BMF* FR 2006, 524). Ein **Rücktrag** ist nur aus eigenen Verlusten des Übernehmers möglich (BFH III R 65/05 BFH/NV 2007, 945). Einen Ausgleich im Verschmelzungsjahr herzustellen, würde der isoliert bei der Übertragenden erforderlichen Feststellung des verbleibenden Verlustabzugs widersprechen. Insoweit schränkt die Regelung der Nachfolge in den verbleibenden

Allgemeine steuerrechtliche Folgen **Anh § 7**

Verlustabzug, der erst nach Überprüfung eines möglichen Rücktrags erfolgt, das Prinzip der Gesamtrechtsnachfolge ein (*Orth* StuW 1996, 306; ähnl *UmwStE aF* Rn 12.16; aA: Ausgleich im Umwandlungsjahr *Haritz/Menner* 1. Aufl § 12 Rn 52; s dazu auch die Übersicht bei *Rödder* DStR 1997, 483). Bei Spaltungen sind die Bewertungsvorschriften, dh die Ansatzwahlrechte des § 11 UmwStG aF gemäß § 15 UmwStG aF zwar nur für das ab- oder aufzuspaltende Vermögen in der steuerlichen Schlussbilanz des § 11 Abs 1 UmwStG aF vorzunehmen, während das übrige Vermögen in der ebenfalls erforderlichen steuerlichen Übertragungsbilanz (§ 15 Abs 2 UmwStG aF; *Haritz/Menner* 1. Aufl § 15 Rn 67, 68) nach allgemeinen Regeln zu bewerten ist. Gleichwohl ist der verbleibende Verlust abzug für die Übertragende insgesamt zu ermitteln, dh auch durch die bei der Aufspaltung aufgedeckten stillen Reserven zu vermindern (*Haritz/Menner* 1. Aufl § 15 Rn 171f).

Das **UmwStG idF des SEStEG** sieht grds keinen Verlustübergang vor. So ist **252** bei einer **Umwandlung** auf eine PersGes (§ 4 Abs 2 Satz 2 UmwStG) sowie auf eine Körperschaft (§ 12 Abs 3 iVm § 4 Abs 2 UmwStG) ein Übergang eines körperschaft- und gewstlichen Verlustvortrags ausgeschlossen. Im Fall einer **Abspaltung** bleibt der Verlustvortrag gemäß § 15 Abs 3 Satz 1 UmwStG im Verhältnis der übergehenden Vermögensteile zu dem bei der übertragenden Körperschaft vor der Spaltung bestehenden Vermögen bestehen. Im Übrigen gehen die Verluste unter (§ 12 Abs 3 UmwStG). Nicht verbrauchte Verlustabzüge können mit dem Übertragungsgewinn verrechnet werden. Die Behandlung der verbleibenden Verlustvorträge entspricht dem Grundsatz der Individualbesteuerung und dem Prinzip der Besteuerung nach der individuellen Leistungsfähigkeit. Wegen verschiedener Rechtssubjekte stehen diese Grundsätze auch einem Übergang vorhandener Verlustvorträge vom Erblasser auf seinen Erben im Wege der Gesamtrechtsnachfolge entgegen (BFH GrS 2/04 BStBl II 2008, 608). Zu Gestaltungen der Verlustnutzung s *Wälzholz* DStR 2008, 1769. Zur Sicherung der Verlustverwertung durch gezielte Einbindung von PersGes im Unternehmensverbund s *Heinz/Wike* GmbHR 2010, 360.

Bei Einbringungsvorgängen tritt der übernehmende Rechtsträger grds in die steu- **253** erliche Rechtsstellung des Einbringenden ein (§§ 23 Abs 1 u 2, 24 Abs 4, 4 Abs 1 Satz 3, 12 Abs 3 1. Hs UmwStG). Diese grds auf die Wirtschaftsgüter bezogene Rechtsnachfolge erfasst nicht den verbleibenden Verlustabzug iSd § 10 Abs 4 Satz 2 EStG (zB verrechenbare Verluste iSd §§ 15a, 15b Abs 4 EStG, verbleibende Verluste nach §§ 2a, 10d, 15 Abs 4, 15a EStG, 10 Abs 3 Satz 5 AStG iVm § 10d EStG, laufende, vor dem steuerlichen Umwandlungsstichtag erwirtschaftete Verluste). Dieser bezieht sich auf den Einbringenden persönlich und geht damit nicht auf die übernehmende Gesellschaft über. Nach dem steuerlichen Übertragungsstichtag erzielte laufende Verluste des übertragenden Rechtsträgers sind dem übernehmenden Rechtsträger zuzurechnen, soweit sie durch den eingebrachten Betrieb oder Teilbetrieb entstanden sind (s *Schmitt/Schloßmacher* UmwStE 2011 Rn 23.02). Soweit hinsichtlich des Übergangs von verbleibenden Verlustvorträgen konkrete Regelungen fehlen bzw nicht anzuwenden sind, gelten die allgemeinen Grundsätze.

Auf Seiten der **übernehmenden Kapitalgesellschaft** kann es hinsichtlich nicht **254** genutzter Verluste und des Zinsvortrags dadurch zu einem schädlichen Beteiligungserwerb iSd § 8c KStG kommen, dass durch die Einbringung eines Betriebs, Teilbetriebs, Mitunternehmeranteils oder im Wege eines Anteilstausches die Beteiligungsverhältnisse verschoben werden und damit ein vergleichbarer Sachverhalt gegeben ist (s *BMF* BStBl I 2008, 718, 736; *UmwStE nF* Rn 23.03).

Hinsichtlich der **sog Mindestbesteuerung iSd § 10d Abs 2 EStG**, wonach ein **255** festgestellter Verlustvortrag iHv 1 Mio Euro unbegrenzt und über diesen Betrag hinaus nur iHv 60% abziehbar ist, bestehen keine **verfassungsrechtliche Bedenken**, wenn eine Verlustverrechnung in späteren Veranlagungszeiträumen zB durch § 8c KStG endgültig ausgeschlossen ist. Denn die in ihrer Grundkonzeption angelegte zeitliche Streckung des Verlustvortrags beeinträchtigt nicht den vom Gesetzgeber zu gewährleistenden Kernbereich eines Verlustausgleichs. Der BFH brauchte nicht darüber zu entscheiden, ob dies auch dann der Fall ist, wenn es u.a. gemäß § 12 Abs 3 iVm § 4 Abs 2 Satz 2 UmwStG aufgrund eines rechtlichen Grundes bei einer Umwandlung mit einem Verlustuntergang beim übertragenden Rechtsträger zu einem endgültigen Ausschluss einer Verlustnutzungsmöglichkeit (Definitivsituation) kommt (BFH I R 9/11 DStR 2012, 2435).

256 In Übereinstimmung mit der Verschmelzung auf PersGes schließt **§ 12 Abs 3 iVm § 4 Abs 2 UmwStG** die Nutzung von verbleibenden Verlusten der übertragenden Körperschaft durch die übernehmende Körperschaft aus. Es besteht lediglich die Möglichkeit, vorhandene Verluste durch den Ansatz des übergehenden Betriebsvermögens mit einem Zwischenwert oder dem gemeinen Wert zu reduzieren. Bei einer Abspaltung kann der abspaltende Rechtsträger den bei ihm verbleibenden anteiligen Verlustvortrag weiterhin nutzen.

257 Ebenso ist ein **Zinsvortrag** nach § 4 h Abs 1 Satz 2 EStG und ein **EBITDA-Vortrag** nach § 4h Abs 1 Satz 3 EStG ausgeschlossen (§ 12 Abs 3 Hs 2 iVm § 4 Abs 2 Satz 2 UmwStG nF).

258 **b) Keine Rechtsnachfolge in den verbleibenden Verlustvortrag (§ 10d, § 2a, § 15 Abs 4 EStG, § 4 Abs 2 Satz 2, § 12 Abs 3 UmwStG).** In folgenden Fällen besteht keine Rechtsnachfolge in den verbleibenden Verlustvortrag:
– Verschmelzung des Vermögens einer Körperschaft in das einer PersGes oder natürlichen Person (§ 4 Abs 2 UmwStG). Dies entspricht der bereits vorher bestehenden Rechtslage (FG Düsseldorf EFG 1989, 413 rkr);
– Verschmelzung oder Vermögensübertragung (Vollübertragung) auf eine andere Körperschaft (§ 12 Abs 3 Hs 2 iVm § 4 Abs 2 UmwStG);
– Formwechsel einer KapGes oder Genossenschaft in eine PersGes (§ 14 UmwStG aF/§ 9 nF);
– Aufspaltung, Abspaltung und Vermögensübertragung auf andere KapGes (§§ 15 Abs 1 iVm 12 Abs 3 iVm § 4 Abs 2 Satz 2 UmwStG)
– Einbringungsvorgänge nach § 20 UmwStG und § 24 UmwStG;
– Verschmelzung einer Versicherungs-AG auf einen Versicherungsverein auf Gegenseitigkeit oder ein öffentlich rechtliches Versicherungsunternehmen (§ 12 Abs 5 Satz 3 UmwStG aF);
– Aufspaltung oder Abspaltung von einer Körperschaft auf eine PersGes (§ 16 UmwStG);
– Umwandlung eines VEB nach § 11 Abs 1 Treuhandgesetz in eine KapGes (BFH I R 85/95 BStBl II 1997, 194);
– Umwandlung eines Betriebs gewerblicher Art in eine Anstalt öffentlichen Rechts (BFH I R 112/09 BFH/NV 2011, 1194).

259 **c) Rechtsnachfolge in den verbleibenden Verlustabzug (§ 10 d Abs 4 EStG).** Nach altem Recht war in folgenden Fällen eine Rechtsnachfolge in den verbleibenden Verlustabzug gegeben:
– Verschmelzung oder Vollrechtsübertragung von einer Körperschaft auf eine andere (§ 12 Abs 3 Satz 2 UmwStG aF). § 8 Abs 4 KStG aF (Mantelkauf) bzw § 8 c KStG ist vorab zu prüfen (*UmwStE aF* Rn 12.21; aA *Hörger/Neumayer* DStR 1996, 41; *Hans* FR 2005, 907); während das alte Recht (Stichtag Eintragung im HR 5.8.1997, s Rn 2) darauf abstellte, ob die Körperschaft ihren Geschäftsbetrieb im HR noch nicht eingestellt hatte (Einzelheiten *UmwStE aF* Rn 12.17 ff), ist erforderlich, dass der Betrieb oder Betriebsteil, der den Verlust verursacht hat, über den Verschmelzungsstichtag hinaus in einem nach dem Gesamtbild der wirtschaftlichen Verhältnisse vergleichbaren Umfang in den folgenden fünf Jahren fortgeführt wird (§ 12 Abs 3 Satz 2 UmwStG aF); s dazu Rn 260; Verschmelzung von Sparkassen (*OFD Ffm* DB 2003, 637);

Allgemeine steuerrechtliche Folgen **Anh § 7**

– anteilig für die Aufspaltung, Abspaltung und Teilvermögensübertragung von einer 260
Körperschaft auf eine andere (§ 15 Abs 4 UmwStG aF). § 15 Abs 4 UmwStG aF
setzt tatbestandlich die tatsächlichen Voraussetzungen nach § 15 Abs 1 UmwStG
aF voraus; der Missbrauchstatbestand des § 15 Abs 3 aF ist unschädlich (*UmwStE
aF* Rn 15.49). Nach § 15 Abs 4 UmwStG aF ist der verbleibende Verlustabzug
iSd § 10 d Abs 4 (s Rn 251) aufzuteilen, und zwar nach dem Verhältnis (gemeine
Werte) der übergehenden Vermögensteile zu dem bei der übertragenden Körperschaften vor der Spaltung bestehenden Vermögen. Diese Relation gibt idR das
Umtauschverhältnis der Anteile wieder. Sollte dies nicht zutreffen, so ist das
Verhältnis der gemeinen Werte der Vermögensmasse vor Spaltung zu der abgespalteten Vermögensmasse ausschlaggebend (*UmwStE aF* Rn 15.43). Ein Verlustrücktrag ist nicht möglich, wenn bei der übertragenden Gesellschaft der verbleibende Verlust nach verbrauchtem Rücktrag vorgetragen worden ist, weil die
Rechtsnachfolge dann in diesen vortragsfähigen Verlust erfolgt (*Herzig/Förster* DB
1995, 338/348; krit *Diers* BB 1997, 1869). Zum Verlustabzug nach § 15 Abs 3
UmwStG nF s Rn 252ff (s *UmwStE nF* Rn 15.41).

Nach **§ 12 Abs 3 Satz 2 UmwStG aF** durfte der **abgespaltete Teilbetrieb** 261
zum Zeitpunkt der Eintragung des Vermögensübergangs im Handelsregister noch
nicht eingestellt sein. § 12 Abs 3 Satz 2 UmwStG idF des UntStRefFG v 29.10.1997
(BGBl I 1997, 2590) setzt voraus, dass der Betrieb oder Betriebsteil, der den Verlust
verursacht hat, über den Verschmelzungsstichtag hinaus in einem nach dem Gesamtbild der wirtschaftlichen Verhältnisse vergleichbaren Umfang in den folgenden fünf
Jahren fortgeführt wird. Danach gingen verbleibende und nicht ausgeglichene laufende Verluste auf die übernehmende Gesellschaft insoweit über, als die übertragende Körperschaft ihren Geschäftsbetrieb im Zeitpunkt des Vermögensübergangs im Handelsregister noch nicht eingestellt hat (BFH I R 68/03 BStBl
II 2006, 380; FG Münster 9 K 1918/04 K F EFG 2008, 496 rkr; aA *BMF* BStBl I
2006, 344). Davon abweichend sind nach der **neuen BFH-Rspr** für die Vergleichsbetrachtung die Verhältnisse des Verlustbetriebs am Verschmelzungsstichtag entscheidend (BFH I R 95/08 BStBl II 2010, 940; *OFD Rheinland* DStR 2012, 362).
Der verlustverursachende Betriebsteil muss zu diesem Zeitpunkt beim übertragenden Rechtsträger tatsächlich vorhanden gewesen sein, da nur ein vorhandener
Betrieb nach **§ 12 Abs 3 Satz 2 UmwStG 2002** fortgeführt werden kann (BFH I
R 4/09 BStBl II 2011, 315; I R 13/11 DStR 2012, 962). Der Geschäftsbetrieb
einer KapGes ist eingestellt, wenn die werbende Tätigkeit entweder aufgegeben
wird oder die werbende Tätigkeit im Verhältnis zur bisherigen nur noch unwesentlich ist. Nicht erforderlich ist, dass der Geschäftsbetrieb mit dem Betrieb, der die
Verluste verursacht hat, identisch ist und einen vergleichbaren Umfang aufweist
(BFH I R 16/05 DStR 2007, 531; I R 26/09 BFH/NV 2010, 1667). Der bloße
Fortbestand einzelner Wirtschaftsgüter des Anlagevermögens ist nicht ausreichend (BFH I R 60/09 BFH/NV 2011, 71). Für den Übergang des Verlustabzugs
nach § 12 Abs 3 Satz 2 UmwStG aF ist es zudem unschädlich, wenn jenes Unternehmen den Betrieb in der Folge veräußert und der Erwerber ihn bis zum Ende des
maßgeblichen Zeitraums von fünf Jahren fortführt (s auch *BMF* BStBl I 2010, 837).
Das Erfordernis der Betriebsfortführung iSd § 15 Abs 1 Satz 1 iVm § 12 Abs 3 Satz 2
UmwStG 2002 kann bei der Abspaltung eines Teilbetriebs jedes an der Spaltung
beteiligten Unternehmen sowie auch ein Dritter erfüllen (BFH I R 13/11 DStR
2012, 962).

Dagegen geht der Verlustabzug nicht auf das übernehmende Unternehmen über, 262
wenn der Verlustbetrieb wie bei einer **Abwärtsverschmelzung** einer Holdinggesellschaft unmittelbar von einem anderen Rechtsträger (Tochtergesellschaft) übernommen
wird. In diesem Fall erwirbt der bisherige Gesellschafter der Muttergesellschaft die
Anteile an der Tochtergesellschaft unmittelbar und ohne Durchgangserwerb seitens der
Tochtergesellschaft, so dass es mangels eines Betriebsübergangs an der Fortführung

eines Verlustbetriebs fehlt (BFH I R 94/08 BStBl II 2010, 937; I R 4/09 BStBl II 2011, 315).

263 Wird eine Tochtergesellschaft iZm einem Anteilstausch von mehr als 50% auf ihre Muttergesellschaft verschmolzen (**Aufwärtsverschmelzung**), fehlt grds der erforderliche sachliche Zusammenhang zwischen dem Anteilstausch und der Zuführung neuen Betriebsvermögens. Ein solcher wird auch nicht durch den zeitlichen Zusammenhang hergestellt, dass die aufnehmende Muttergesellschaft bereits vor dem Anteilsübergang die Anteile der Tochtergesellschaft gehalten hat. Der Verlustabzug geht danach durch die Aufwärtsverschmelzung nicht nach § 8 Abs 4 KStG aF verloren (BFH I R 64/09 BFH/NV 2011, 525).

264 Die Regelung des **§ 12 Abs 3 Satz 2 UmwStG aF** korrespondierte mit **§ 8 Abs 4 KStG aF,** unterschied sich aber von dieser dadurch, dass der den Verlust verursachende Betriebsteil fortgeführt werden musste, während § 8 Abs 4 KStG aF auf die überwiegende Verwendung des alten Betriebsvermögens abhob (*Neumann* FR 1999, 682). Zu Einzelheiten s *BMF* BStBl I 1999, 455; *Orth* DB 2001, 1326; *Düll/Fuhrmann* DStR 2000, 1166; *Djanani/Brähler/Zölch* BB 2000, 1497 betr Umstrukturierung im Konzern; FG Köln DStRE 2001, 704 rkr; BFH I R 61/01 BStBl II 2004, 616 zum Verlustmantelkauf bei einer Komplementär-GmbH; zum zeitlichen Anwendungsbereich des § 8 Abs 4 KStG s FG Köln 13 K 6016/00 DStRE 2001, 980, Rev I R 53/01; BFH I R 58/01 BStBl II 2002, 395. Einer Anteilsübertragung iSd Regelbeispiels des § 8 Abs 4 Satz 2 KStG 1996 entsprach auch der bei einer **Abwärtsverschmelzung** stattfindende Wechsel der Inhaberschaft an den Anteilen der Tochtergesellschaft von der bisherigen Muttergesellschaft auf deren Gesellschafter. In diesem Fall fehlt es an einer wirtschaftlichen Identität der aufnehmenden Gesellschaft, wenn vom gezeichneten Kapital mehr als 50 % der Geschäftsanteile übertragen werden und wenn der Geschäftsbetrieb mit überwiegend neuem Betriebsvermögen fortgeführt wird (BFH I B 108/10 BFH/NV 2011, 1111). Die Mantelkaufregelung des § 8 Abs 4 KStG aF wurde mit UntStRefG 2008 durch die Verlustabzugsbeschränkung des **§ 8c KStG** ersetzt (s § 10a Rn 46 ff).

265 Nach **§ 8c Abs 1 KStG** ist der Abzug nicht genutzter Verluste grds beschränkt bzw ausgeschlossen, wenn innerhalb von fünf Jahren mittelbar oder unmittelbar mehr als 25 % bzw 50 % der Anteile, Mitgliedschaftsrechte oder Stimmrechte übertragen werden (**schädlicher Beteiligungserwerb**). Diese Grundsätze gelten auch für (erfolgsneutrale) **Umwandlungen** wie Verschmelzungen, Spaltungen und Einbringungen, nicht jedoch für den identitätswahrenden Formwechsel einer KapGes, da es an einem Wechsel der Anteilseigner fehlt. Bei einem Formwechsel einer KapGes in eine PersGes ist der Verlustabzug bereits nach §§ 9 Satz 1, 4 Abs 2 Satz 2 UmwStG ausgeschlossen. Gemäß § 8c Abs 1 Satz 5 KStG liegt kein schädlicher Beteiligungserwerb vor, wenn an dem übertragenden und übernehmenden Rechtsträger dieselbe Person zu jeweils 100 % mittelbar oder unmittelbar beteiligt ist (**Konzernklausel**). Danach fallen Umstrukturierungen innerhalb des Konzerns grds nicht unter die Regelung des § 8c KStG. Da sich die wirtschaftliche Identität der Gesellschaft iSd § 8c Abs 1 KStG erst nach der Anteilsveräußerung ändert, kann bei einem **unterjährigen** schädlichen Beteiligungserwerb der bis zu dessen Stichtag erzielte Gewinn mit noch nicht genutzten Verlusten verrechnet werden (Hess FG v 7.10.2010 4 V 1489/10; FG Münster v 30.11.2010 9 K 1842/10 K).

266–269 *(frei)*

270 **d) Ausländische Betriebsstättenverluste.** Ausländische Betriebsstättenverluste sind im Inland (Ansässigkeitsstaat) grds nicht zu berücksichtigen. Anschließend an die EuGH-Rspr (zB EuGH C-414/06 *Lidl Belgium* BStBl II 2009, 692) gilt dies auch dann, wenn der Verlust im Quellenstaat aufgrund der zeitlich begrenzten Verlustrück- und Verlustvortragsmöglichkeit nicht voll ausgeschöpft werden kann und deshalb aus rechtlichen Gründen endgültig („final") wird (BFH I R 100/09

Allgemeine steuerrechtliche Folgen **Anh § 7**

BStBl II 2010, 1065). Dagegen unterstellt das Gesetz in Anlehnung an § 2a Abs 4 EStG aF den Abzug ausländischer Betriebsstättenverluste im Ansässigkeitsstaat als ultima ratio, wenn diese aus tatsächlichen Umständen zB bei Umwandlung der ausländischen Betriebsstätte in eine KapGes, ihrer entgeltlichen oder unentgeltlichen Übertragung oder ihrer entgeltlichen Aufgabe definitiv nicht mehr berücksichtigt werden können. Dies gilt nicht, wenn eine rechtlich mögliche Verlustverwertung nicht ausgeschöpft wird. Der Verlustabzug ist in jenem VZ vorzunehmen, in welchem die Verluste tatsächlich „final" geworden sind (phasenverschobene Verlustberücksichtigung). Kann der Verlust in einer später neugegründeten Betriebsstätte genutzt werden, entfällt die „Finalität" des Verlustes nachträglich, so dass ein rückwirkendes Ereignis iSd § 175 Abs 1 Satz 1 Nr 2 AO gegeben ist. Diese Grundsätze gelten auch für die Ermittlung des Gewerbeertrags (s Rn 237; BFH I R 100/09 BStBl II 2010, 1065; I R 107/09 DStR 2010, 1611; s auch *Heurung/Engel* GmbHR 2010, 1065; *Wangler/Gühne* FR 2010, 1113; aA *BayLfSt* DStR 2010, 444). Verluste einer in der EU ansässigen Tochter-KapGes können danach erst im Jahr der „Verlustfinalität" nach Beendigung ihrer Geschäftstätigkeit oder ggf einer Liquidation bei der inländischen Mutter-KapGes berücksichtigt werden (BFH I R 16/10 DStR 2011, 213). Eine gesonderte Feststellung verbleibender Auslandsverluste ist nicht zwingend (BFH I R 107/09 DStR 2010, 1611; aA IX R 57/09 DStR 2010, 693).

Nach der Rspr des **EuGH** führt ein **rechtlicher Untergang** iR einer Umwandlung oder die **tatsächliche Schließung** einer Betriebsstätte im Quellenstaat noch nicht zur Finalität von Verlusten. Bei einer grenzüberschreitenden Verschmelzung spricht der EuGH iRd Erforderlichkeitsprüfung der MutterGes im Ansässigkeitsstaat die Möglichkeit zum Nachweis der Finalität der ausländischen Verluste zu (EuGH C-123/11 *A Oy* DStR 2013, 392). Eine grenzüberschreitende Berücksichtigung von EU-ausländischen Betriebsstättenverlusten ist danach nur möglich, wenn dieser tatsächlich endgültig und damit final ist. Dies ist nach der bisherigen Rspr des EuGH dann nicht der Fall, wenn es sich um laufende Verluste von bestehenden Betriebsstätten oder TochterGes handelt, die Betriebsstätte geschlossen wird oder die TochterGes zB durch Verschmelzung rechtlich untergeht. Ausländische Verluste sind vorrangig im Quellenstaat zu verwerten. Sie werden somit nicht durch rechtliche, sondern durch tatsächliche Umstände final (s *Hruschka* DStR 2013, 396). Laufende, nicht finale Verluste sind im Quellenstaat zu erfassen. Ausländische Verluste sind nach den Vorschriften des Staates zu **ermitteln,** der sie zu berücksichtigen hat (EuGH C-123/11 aaO). **271**

Eine **Nachversteuerung** von in vorangegangenen Veranlagungen berücksichtigten ausländischen Betriebsstättenverlusten nach § 2 Abs 1 Satz 3 AuslInvG/§ 2a Abs 4 EStG aF kommt nur dann nicht in Betracht, wenn der Stpfl nachweist, dass im Betriebsstättenstaat ein Verlustabzug in anderen Jahren als dem Verlustjahr allgemein nicht beansprucht werden kann. Ein zeitlich begrenzter Verlustvortrag im Betriebsstättenstaat reicht nicht aus (BFH I R 23/09 BStBl II 2010, 599; Vb BVerfG 2 BvR 1177/10 nicht angenommen). **272**

Wurden danach für eine ausländische Betriebsstätte im Inland gemäß § 2a Abs 3 EStG aF bzw § 2 Abs 1 AuslInvG Verluste geltend gemacht und wird diese Betriebsstätte **entgeltlich oder unentgeltlich (mit)übertragen,** kommt es bei der übertragenden Körperschaft zu einer **Nachversteuerung** der zuvor abgezogenen Verluste (§ 2a Abs 4 EStG aF iVm § 52 Abs 3 EStG bzw § 2 Abs 2 AuslInvG). Dies gilt ebenso bei der **Umwandlung** einer ausländischen Betriebsstätte in eine KapGes (*UmwStE nF* Rn 04.12, 12.04). **273**

Vor der Änderung des § 12 Abs 3 Satz 1 UmwStG durch das StBereinG 1999 ging aufgrund deren abschließender Regelung die Nachversteuerungspflicht des § 2a Abs 3 Satz 3 EStG aF iRd **Verschmelzung** nicht auf die übernehmende Körperschaft über (BFH I R 16/11 BFH/NV 2012, 1340; aA *UmwStE aF* Rn 04.08). **274**

275 Die Übertragung einer in einem ausländischen Staat belegene Betriebsstätte führt auch in den Fällen des **§ 23 UmwStG** zur **Nachversteuerung** von zuvor nach § 2a Abs 3 EStG aF bzw § 2 Abs 1 AuslInvG abgezogenen Verlusten. Unabhängig davon, ob die Einkünfte aus der ausländischen Betriebsstätte der deutschen Besteuerung unterliegen, erfolgt die Nachversteuerung beim Einbringenden des Auslandsvermögens (s *UmwStE nF* Rn 23.22, 04.12; *Schmitt/Schloßmacher* UmwStE 2011 Rn 23.22).

276 e) **Organschaften.** Bei Organschaften ist § 15 Satz 1 Nr 1 KStG hinsichtlich der organschaftlichen und vororganschaftlichen Verluste zu beachten (*OFD Hannover* DB 1995, 1488; *Blumers* DStR 1996, 691/693; krit *Knepper* DStR 1994, 1796). Zur Besteuerung steuerlicher Organschaften durch das StVergAbG s *BMF* BStBl I 2005, 1038.

277–279 *(frei)*

8. Erbschaftsteuer/Schenkungsteuer

280 Nach § 7 Abs 1 Nr 9 Satz 3 ErbStG idF des ErbStRG 2009 (BGBl I 2008, 3018) löst der **Formwechsel** eines eingetragenen Vereins mit Vermögensbindungszweck im Interesse einer (oder bestimmter) Familie(n) wie eine Auflösung Schenkungsteuer aus. Hiermit wird gegen BFH II R 66/05 BStBl II 2007, 621 die Auffassung der *FinVerw* bestätigt. Die Veräußerung von Anteilen an einer KapGes, die der Veräußerer durch eine Sacheinlage (§ 20 Abs 1 UmwStG) aus dem Betriebsvermögen iSd § 13a Abs 4 ErbStG aF erworben hat oder eines Anteils an einer Gesellschaft iSd § 15 Abs 1 Satz 1 Nr 2 und Abs 3 EStG oder eines Anteils daran, den der Veräußerer durch eine Einbringung von Betriebsvermögen iSd § 13a Abs 4 ErbStG aF in eine PersGes (§ 24 Abs 1 UmwStG) erworben hat, führt gemäß § 13a Abs 5 Nr 1 Satz 2 ErbStG nicht zum rückwirkenden Wegfall der Steuervergünstigung. Diese Maßnahmen, die ertragsteuerlich tauschähnliche Vorgänge und damit Veräußerungen darstellen, lassen die Bindung des erworbenen Vermögens in einem Unternehmen unberührt. Umstrukturierungen nach dem UmwStG sind danach auch nach dem ErbStRG 2009 grds erb- und schenkungsteuerrechtlich unschädlich (BFH II R 60/09 BStBl II 2011, 454). Zu den schenkungsteuerlichen Folgen der **Umwandlung** einer PersGes in eine KapGes s R E 11 ErbStR.

281 Übersteigt bei einer **Verschmelzung einer Kapitalgesellschaft auf eine andere** der Wert der den Gesellschaftern der übertragenden Gesellschaft gewährten Beteiligung den Wert der übertragenden Gesellschaft, ist eine steuerbare Zuwendung der Gesellschafter der übernehmenden Gesellschaft an die Gesellschafter der übertragenden Gesellschaft in Höhe des übersteigenden Werts gegeben (*FM Länder* BStBl I 2012, 331 Tz 2.2.1).

282 **Leistungen des Gesellschafters an KapGes.** Bringt ein Gesellschafter Vermögen in die KapGes ein, ohne dafür eine entsprechende Gegenleistung zu erhalten (**disquotale Einlage**), stellt die dadurch eintretende Werterhöhung der GmbH-Beteiligung bei den anderen Gesellschaftern keine freigebige Zuwendung des einbringenden Gesellschafters iSd **§ 7 Abs 1 Nr 1 ErbStG** dar. Nach der Rspr des BFH ist der Bedachte einer Zuwendung nach der zivilrechtlichen Rechtslage zu bestimmen. Wegen der rechtlichen Eigenständigkeit des Gesellschaftsvermögens der GmbH kommt es daher bei überproportionalen Einlagen eines Gesellschafters, die bei den anderen Gesellschaftern wirtschaftlich eine Werterhöhung der Beteiligungsrechte bewirken, zivilrechtlich zu keiner Vermögensverschiebung iF einer freigebigen Zuwendung iSd § 7 Abs 1 Nr 1 ErbStG an die anderen Gesellschafter (s.a. BRDrs 253/11, 37). Dies gilt entsprechend, wenn iR einer **Kapitalerhöhung** der Wert der Einlage den der erhaltenen Anteile übersteigt (BFH II R 28/08 BStBl II 2010, 566; s *FM Länder* BStBl I 2012, 331 Rn 1.1, 2.1). Diese Besteuerungslücke schließt § 7 Abs 8 ErbStG nF.

Allgemeine steuerrechtliche Folgen **Anh § 7**

Als lex specialis zu § 7 Abs 1 Nr 1 ErbStG stellt **§ 7 Abs 8 Satz 1 ErbStG nF** 283
eine **Werterhöhung von Anteilen an einer KapGes** im Wege einer überquotalen
Einlage einer direkten Zuwendung gleich. Danach gilt die Werterhöhung von
Anteilen an einer KapGes als Schenkung, wenn durch die Leistung (zB Sacheinlagen
und Nutzungseinlagen) an die Gesellschaft die Anteile einer unmittelbar oder mittelbar beteiligten natürlichen Person oder Stiftung (Bedachte) eine Wertsteigerung
erfahren. Dabei kommt es weder auf die Unmittelbarkeit der Zuwendung einer
Sachsubstanz noch auf den Willen zur Unentgeltlichkeit der Zuwendung noch auf
eine Beteiligung des Bedachten oder Zuwendenden an. Zuwendender kann auch
ein geschäftsfremder Dritter sein. Ist die Leistung unmittelbar **an die KapGes**
gerichtet, liegt darin eine steuerbare Zuwendung iSd § 7 Abs 1 Nr 1 ErbStG an
diese (*FM Länder* BStBl I 2012, 331 Rn 3.1f).

Die Leistungen iSd § 7 Abs 8 Satz 1 ErbStG nF sind in einer zeitlichen und 284
sachlichen **Gesamtbetrachtung** von (evtl ausgleichenden) Leistungen der anderen
Gesellschafter an die Gesellschaft und der Gesellschafter untereinander zu würdigen.
Eine **Werterhöhung** iSd § 7 Abs 8 Satz 1 ErbStG von Anteilen eines Mitgesellschafters liegt **nicht** vor, soweit die Gegenleistung in zusätzlichen Rechten in der Gesellschaft (zB Verbesserung seines Gewinnanteils iSd § 29 Abs 3 Satz 2 GmbH, zusätzliche Anteile an der Gesellschaft oder eine von den Geschäftsanteilen abweichende
Verteilung des Vermögens bei späterer Liquidation) besteht. Bei einem **Forderungsverzicht** der Gesellschafter zB zu **Sanierungszwecken** lässt die *FinVerw* bei
von der Beteiligungsquote abweichenden Forderungen zunächst den Verkauf eines
Teils der Forderung zum Verkehrswert an die (Mit-)Gesellschafter und einen
anschließenden beteiligungsproportionalen Forderungsverzicht zu (*FM Länder* BStBl
I 2012, 331 Rn 3.3.6f). Die durch die Leistung eingetretene Bereicherung bemisst
sich nach der Erhöhung des gemeinen Werts der Anteile an der Kapitalgesellschaft
gemäß den Regelungen für die Bewertung nicht notierter Anteile nach § 11 Abs 2
ggf iVm §§ 199 ff BewG zum Zeitpunkt der Bewirkung der Leistung. In den Fällen
des § 7 Abs 8 ErbStG greift die **Steuerbefreiung** nach § 13a ErbStG nicht (s *FM
Länder* BStBl I 2012, 331 Rn 3.4f).

Wird ein nach § 13a ErbStG verschontes Vermögen durch **Sacheinlage** nach 285
§ 20 Abs 1 UmwStG in eine KapGes eingebracht, liegt darin grds keine **schädliche
Verwendung** iSd § 13a Abs 5 Satz 1 Nr 1 Satz 2 ErbStG. Soweit jedoch neben
Gesellschaftsanteilen **andere Gegenleistungen** iSd § 20 Abs 2 Satz 4 UmwStG
gewährt werden, handelt es sich um eine schädliche Veräußerung iSd § 13a Abs 5
Satz 1 Nr 1 Satz 1 ErbStG (*BayFM* DStR 2012, 1033).

Die **unentgeltliche Übertragung** von **treuhänderisch gehaltenem Vermö-** 286
gen iF eines Mitunternehmeranteils iSd § 15 Abs 1 Nr 2 EStG durch den Treuhänder ist nach § 13a Abs 4 ErbStG aF bzw **§ 13b Abs 1 Nr 2 ErbStG nF** begünstigt
(FG Nds 3 K 215/09 EFG 2010,1805; *BayLfSt* DB 2010, 2420).

(frei) 287–289

9. Investitionszulage

Die Verschmelzung und Vollvermögensübertragung (§ 4 Abs 2 u 3, § 12 Abs 3 u 290
4 UmwStG), sowie die Aufspaltung, Abspaltung und Teilvermögensübertragung
(§ 15 Abs 1, § 16 UmwStG) bedeuten auch bei aufgelösten stillen Reserven in der
Schlussbilanz des Übertragenden für den Übernehmer keine Anschaffung, sondern
Gesamtrechtsnachfolge. Für die Investitionszulage gilt in Fällen der §§ 20, 24
UmwStG die sog betriebsbezogene Betrachtungsweise (BFH III R 160/85 BStBl
II 1989, 239). Personenbezogene Erlaubnisse, wie die Eintragung in die Handwerksrolle, wirken nach einem Formwechsel fort (BFH III R 6/02 BStBl II 2004, 85).
Auch das Fördergebietsgesetz folgt in der Frage der Anschaffung bzw des Verbleibens
im Betrieb dem UmwStG (*BMF* DB 1995, 1439).

10. § 15a EStG

291 Nach Auffassung der *FinVerw* (*UmwStE aF* Rn 04.38) geht ein nicht ausgenutzter Verlustvortrag iSd § 15 a EStG nicht nach § 4 Abs 2 UmwStG aF/nF auf den übernehmenden Rechtsträger über (subjektsbezogene Vorschrift; ausdrücklich § 4 Abs 2 idF des StBereinG 1999 v 22.12.1999 BGBl I 1999, 2601). Dies gilt ebenso für die Fälle des § 12 Abs 3 UmwStG nF. Beim Formwechsel, bei der Verschmelzung von PersGes und entsprechend § 12 Abs 3 Satz 2 UmwStG aF findet dagegen eine Rechtsnachfolge auch in den Verlustvortrag nach § 15 a EStG statt (vgl dazu *Schmidt/ Wacker* § 15 a Rn 106, 236, 238; *Breuninger/Prinz* DStR 1996, 1761 mwN; *Hierstetter/Schwarz* DB 2002, 1963: § 12 Abs 3 Satz 1 UmwStG).

292 Die Grundsätze der steuerrechtlichen Rückwirkung des Formwechsels einer GmbH in eine KG nach § 2 Abs 1 iVm § 14 Satz 3 UmwStG aF/§ 9 Satz 3 nF sind auch bei § 15a EStG zu berücksichtigen. Danach ist die Haftungsverfassung der PersGes, die zivilrechtlich gleichfalls erst im Zeitpunkt der Handelsregistereintragung des Formwechsels wirksam wird, auf den steuerlichen Übertragungsstichtag zurückzubeziehen. Dabei sind die im Rückwirkungszeitraum angefallenen Verlustanteile der Kommanditisten nach Maßgabe der Tatbestandsvoraussetzungen des § 15a EStG als ausgleichs- und abzugsfähig anzuerkennen. Das Reinvermögen der GmbH ist steuerrechtlich bereits zum Übertragungsstichtag als fingierte Einlage der Kommanditisten iSd § 15a Abs 1 Satz 1 EStG zu behandeln. Dies gilt entsprechend für den erweiterten Verlustausgleich iSd § 15a Abs 1 Sätze 2 und 3 EStG, weil die Kommanditisten ab dem steuerlichen Übertragungszeitpunkt rechtlich und wirtschaftlich einem OHG-Gesellschafter gleichzustellen sind (sog obiter dictum; BFH IV R 61/07 BStBl II 2010, 942; Anm *Kempermann* FR 2010, 890).

293, 294 *(frei)*

11. Organschaft

295 **a) Organträger als übertragender bzw umzuwandelnder Rechtsträger.** Bei der **Verschmelzung des Organträgers** geht dessen Vermögen einschließlich der Beteiligung an der Organgesellschaft auf das andere gewerbliche Unternehmen iSd § 1 Abs 1 Satz 1 Nr 2 KStG über. Der übernehmende Rechtsträger tritt damit grds in den bestehenden **Gewinnabführungsvertrag** ein (s *UmwStE nF* Rn Org 01). Dabei wird ein bestehendes Organschaftsverhältnis mit dem übernehmenden Rechtsträger fortgesetzt. Eine Umwandlung auf den Organträger als übernehmender Rechtsträger hat ebenso auf den Fortbestand und das Organschaftsverhältnis keinen Einfluss (s *UmwStE nF* Rn Org 20). Die körperschaftsteuerliche Organschaft wird danach während eines Wirtschaftsjahres nicht durch die Verschmelzung des Organträgers von einer KG zu einer beteiligungsidentischen GmbH nach § 20 UmwG unterbrochen. Maßgebend ist, dass die Organgesellschaft ununterbrochen in das Unternehmen des übertragenden und übernehmenden Rechtsträgers eingegliedert ist. § 20 Abs 7 UmwStG aF/Abs 6 nF, der nur die steuerlichen Verhältnisse der jeweiligen Rechtsträger regelt, ist nicht einschlägig (FG B-Bbg DStRE 2008, 1204).

296 Bestand bei der übertragenden Körperschaft eine **finanzielle Eingliederung,** setzt sich diese zB nach der Einbringung einer Mehrheitsbeteiligung oder einer vorangegangenen Ausgliederung eines Teilbetriebs zur Neugründung und einer anschließenden Anteilseinbringung beim übernehmenden Körperschaft (Organträger) fort, weil die übernehmende KapGes gemäß § 22 Abs 1 UmwStG aF/§ 23 Abs 1 nF iVm § 12 Abs 3 Satz 1 UmwStG in eine umfassende Rechtsnachfolge (sog Fußstapfentheorie) eintritt. Einer rückwirkenden Begründung des Organschaftsverhältnisses bedarf es in diesem Fall nicht (BFH I R 89/09 BStBl II 2011, 528; I R 111/09 BFH/NV 2011, 67; FG Köln 13 K 416/10 EFG 2010, 2029). Die *FinVerw*

Allgemeine steuerrechtliche Folgen   Anh § 7

verlangt darüber hinaus in Anlehnung an § 14 Abs 1 Satz 1 Nr 1 Satz 1 KStG für die Anerkennung einer Organschaft mit dem übernehmenden Rechtsträger, dass diesem auch die Beteiligung an der Organgesellschaft steuerlich rückwirkend zum Beginn des Wirtschaftsjahres der Organgesellschaft zuzurechnen ist (s *UmwStE nF* Rn Org 02f). Bei einer zum steuerlichen Übertragungsstichtag bestehenden Organschaft ist mE dieses Erfordernis wegen des Eintritts des übernehmenden Rechtsträgers in die steuerliche Rechtsstellung des übertragenden Rechtsträgers (Organträger) gemäß § 12 Abs 3 Satz 1 UmwStG grds entbehrlich, wenn die finanzielle Eingliederung der eingebrachten Gesellschaft seit Beginn des laufenden Jahres bestanden hat (s.a. *Schmitt/Schloßmacher* UmwStE 2011 Rn Org 02; *Flick/Gocke/Schaumburg* UmwStE 2011 Rn Org 02).

Eine **erstmalige Begründung** einer Organschaft durch den übernehmenden 297 Rechtsträger (Organträger) setzt voraus, dass ihm auch die Anteile an der künftigen Organgesellschaft steuerlich rückwirkend (zB nach §§ 2, 20 Abs 5 u 6, 24 Abs 4 UmwStG) zu Beginn des Wirtschaftsjahres der Organgesellschaft zuzurechnen sind (vgl § 14 Abs 1 Satz 1 Nr 1 KStG). Nach § 21 UmwStG nF ist beim Anteilstausch die **Rückwirkungsfiktion** des § 2 Abs 1 iVm § 20 Abs 7 u 8 UmwStG aF ausgeschlossen (s BFH I R 89/09 BStBl II 2011, 528; I R 111/09 BFH/NV 2011, 67). Eine Rückwirkung scheidet daher bei der Einbringung von Anteilen aus. IRd **steuerlichen Rechtsnachfolge** nach § 23 Abs 1 iVm § 12 Abs 3 UmwStG tritt der übernehmende Gesellschaft nur in eine bestehende Organschaft ein. Dies erfordert, dass deren Voraussetzungen bereits bei der übertragenden Gesellschaft als Rechtsvorgängerin vorgelegen haben. Wird daher die Mehrheit der Stimmrechte (finanzielle Eingliederung) der Organgesellschaft erst infolge der Umwandlung erreicht, weil zB die Beteiligung des übertragenden und übernehmenden Rechtsträgers vor der Umwandlung jeweils weniger als 50 % betrug, scheidet eine rückwirkende erstmalige Begründung einer Organschaft mangels Rechtsnachfolge hinsichtlich einer beim übertragenden Rechtsträger bestehenden finanziellen Eingliederung aus (*UmwStE nF* Rn Org 03). Nach Auffassung der FinVerw ist eine Rückbeziehung auch wegen des Tatbestandsmerkmals der finanziellen Eingliederung unzulässig (*BMF* BStBl I 2003, 437 Rn 57; offen gelassen in BFH I R 89/09 BStBl II 2011, 528; I R 111/09 BFH/NV 2011, 67).

Bei einer Verschmelzung des Organträgers auf die Organgesellschaft (**Abwärts-** 298 **verschmelzung**) endet die Organschaft mit Wirkung zum steuerlichen Übertragungsstichtag. Darin ist ein wichtiger Grund iSd § 14 Abs 1 Satz 1 Nr 3 Satz 2 KStG für eine vorzeitige Beendigung des Gewinnabführungsvertrags vor Ablauf von fünf Jahren zu sehen (*UmwStE nF* Rn Org 04).

Mit der Verschmelzung des Organträgers auf einen anderen Rechtsträger gilt die 299 Beteiligung an der Organgesellschaft iSd § 14 Abs 4 KStG als veräußert. Aufgrund Minder- oder Mehrabführungen bestehende **organschaftliche Ausgleichsposten** sind deshalb grds gemäß § 14 Abs 4 Satz 2 KStG erfolgswirksam aufzulösen. Davon ist abzusehen, wenn die Organschaft vom übernehmenden Rechtsträger fortgeführt wird und die Verschmelzung zum Buchwert (Wertverknüpfung) erfolgt. In diesem Fall hat der übernehmende Rechtsträger die organschaftlichen Ausgleichsposten weiterzuführen. Bei einer Verschmelzung zum gemeinen Wert sind die Ausgleichsposten in voller Höhe und bei einem Zwischenwertansatz anteilig aufzulösen (krit *Schmitt/Schloßmacher* UmwStE 2011 Rn Org 06). Wegen der Beendigung des Organschaftsverhältnisses sind die organschaftlichen Ausgleichsposten auch bei einer **Abwärtsverschmelzung** in voller Höhe aufzulösen (s *UmwStE nF* Rn Org 05).

Mit der **Bildung** eines **organschaftlichen Ausgleichspostens** beim **Organträ-** 300 **ger** soll die doppelte Besteuerung desselben wirtschaftlichen Gewinns oder Verlustes sowie die Nichterfassung des Gewinns der Organgesellschaft innerhalb des Organkreises vermieden werden. Die Organgesellschaft ist gemäß § 291 Abs 1 AktG lediglich zur Abführung des handsrechtlichen Gewinns an den Organträger verpflichtet.

Entsprechend hat der Organträger nur den handelsrechtlichen Verlust der Organgesesellschaft auszugleichen (§ 302 Abs 1 AktG). Dies kann im Hinblick auf das steuerrechtlich zugerechnete Einkommen (§ 8 Abs 1 KStG iVm § 5 Abs 1 EStG) zu sog Mehr- oder Minderabführungen führen, die in der Steuerbilanz des Organträgers durch die Bildung von aktiven oder passiven Ausgleichsposten zu erfassen sind (§ 14 Abs 4 KStG). Mehr- oder Minderabführungen liegen gemäß § 14 Abs 4 Satz 6 KStG insbesondere vor, wenn der an Organträger abgeführte (handelsrechtliche) Gewinn von dem Steuerbilanzgewinn der Organgesellschaft abweicht und diese Abweichung in organschaftlicher Zeit verursacht ist. Bei handelsrechtlichen Mehrabführungen ist ein passiver steuerlicher Ausgleichsposten und bei handelsrechtlichen Minderabführungen ein aktiver steuerlicher Ausgleichsposten zu bilden.

301 Soweit bei der Organgesellschaft **Verluste nach § 15a EStG** nur verrechenbar sind und dadurch steuerliche Abweichungen zur handelsrechtlichen Gewinnabführung entstehen, ist insoweit in der Steuerbilanz des **Organträgers** die Bildung eines Ausgleichspostens entbehrlich, als die Abweichung außerhalb der Bilanz hinzugerechnet wird (BFH I R 65/11 DStRE 2013, 73). Nach st Rspr sind diese Ausgleichsposten nicht in der Steuerbilanz auszuweisen, sondern außerhalb der Steuerbilanz des Organträgers erfolgsneutral als (technische) Korrekturposten zu berücksichtigen, die den organschaftlichen Besonderheiten Rechnung tragen und eine ansonsten eintretende Doppel- oder Keinmalbesteuerung verhindern sollen. Entsprechend § 14 Abs 4 KStG sind die Einmalbesteuerung der organschaftlichen Erträge beim Organträger sicherzustellen und die für handelsrechtliche Mehrabführungen gebildeten Ausgleichsposten im Falle der Veräußerung der Organbeteiligung einkommenserhöhend aufzulösen. Dies ist jedoch nicht erforderlich, wenn aufgrund der außerbilanziellen Verlusthinzurechnung gemäß § 15a EStG die steuerliche Einkommenszurechnung nicht von der handelsrechtlichen Gewinnabführung abweicht. Das Eigenkapital des Organträgers erhöht sich nicht durch die Bildung eines aktiven Ausgleichspostens für Minderabführungen nach § 14 Abs 4 KStG in dessen Steuerbilanz (steuerrechtlicher Merkposten/Bilanzierungshilfe; BFH I R 65/11 DStRE 2013, 73).

302 Bei einer **Aufspaltung des Vermögens** des Organträgers auf ein anderes gewerbliches Unternehmen iSd § 14 Abs 1 Satz 1 Nr 2 KStG tritt der übernehmende Rechtsträger nach Maßgabe des Spaltungsvertrags oder -plans (§ 131 Abs 1 Nr 1 UmwG) in den bestehenden Gewinnabführungsvertrag ein. Diesem ist die mit Übernahme der Beteiligung an der Organgesellschaft die gegenüber dem übertragenden Rechtsträger **zum steuerlichen Übertragungsstichtag** bestehende finanzielle Eingliederung zuzurechnen. Die Voraussetzungen für eine Organschaft sind damit vom Beginn des Wirtschaftsjahres der Organgesellschaft an erfüllt, wenn dem übernehmenden Rechtsträger auch die Beteiligung an der Organgesellschaft steuerlich rückwirkend zum Beginn deren Wirtschaftsjahres zuzurechnen ist (s *UmwStE nF* Rn Org 06, Org 02).

303 Bestehende **organschaftliche Ausgleichsposten** sind in diesem Fall gemäß § 14 Abs 4 Satz 2 KStG ganz bzw teilweise aufzulösen, wenn das übergehende Vermögen mit dem gemeinen Wert bzw einem Zwischenwert angesetzt wird. Bei einer Buchwertfortführung bzw bei einem Zwischenwertansatz hat der übernehmende Rechtsträger die organschaftlichen Ausgleichsposten ganz bzw teilweise fortzuführen.

304 Dies gilt auch, wenn die Beteiligung an der Organgesellschaft durch **Abspaltung** auf ein anderes gewerbliches Unternehmen iSd § 14 Abs 1 Satz 1 Nr 2 KStG übertragen wird. Diesem ist **zum steuerlichen Übertragungsstichtag** die bestehende finanzielle Eingliederung zuzurechnen. Die Annahme einer Organschaft vom Beginn des Wirtschaftsjahres der Organgesellschaft an setzt grds eine Beteiligung des Organträgers steuerlich rückwirkend zum Beginn des Wirtschaftsjahres der Organgesellschaft voraus. Da der übernehmende Rechtsträger gemäß § 12 Abs 3

Allgemeine steuerrechtliche Folgen **Anh § 7**

UmwStG in die steuerliche Rechtsstellung des abspaltenden Organträgers eintritt, ist diese Voraussetzung grds gegeben.

Hinsichtlich der Behandlung bestehender organschaftlicher **Ausgleichsposten** 305 siehe Rn 304.

Bei einer im Wege der **Ausgliederung** auf ein anderes gewerbliches Unterneh- 306 men iSd § 14 Abs 1 Satz 1 Nr 2 KStG übertragenen Beteiligung an der Organgesellschaft wird dem übernehmenden Rechtsträger eine bestehende finanzielle Eingliederung mit Wirkung **ab dem steuerlichen Übertragungsstichtag** (Übergang des wirtschaftlichen Eigentums an den Anteilen der Organgesellschaft) zugerechnet. Nach Auffassung der *FinVerw* kommt in den Fällen des Anteilstausches iSd § 21 UmwStG von Anteilen an der Organgesellschaft eine Fortsetzung der Organschaft nur in Betracht, wenn das betreffende Wirtschaftsjahr der Organgesellschaft nach dem steuerlichen Übertragungsstichtag beginnt (s *UmwStE nF* Rn Org 08). Diese Ansicht lässt unberücksichtigt, dass der übernehmende Rechtsträger aufgrund der umfassenden Rechtsnachfolge des § 12 Abs 3 1. Hs iVm § 23 Abs 1 UmwStG in die steuerliche Rechtsstellung des übertragenden Organträgers eintritt und mit dem Beteiligungsverhältnis an der Organgesellschaft auch die finanzielle Eingliederung fortsetzt. Mangels erstmaliger Begründung eines solchen Verhältnisses ist mE auch in diesem Fall von einer ununterbrochenen Beteiligung des übernehmenden Rechtsträgers an der Organgesellschaft iSd § 14 Abs 1 Satz 1 Nr 1 KStG auszugehen.

Abhängig vom jeweiligen Wertansatz der Anteile an der Organgesellschaft in der 307 steuerlichen Schlussbilanz des übernehmenden Rechtsträgers sind die das Organschaftsverhältnis betreffenden **Ausgleichsposten** iSd § 14 Abs 4 Satz 2 KStG bei Ansatz des gemeinen Werts voll, bei Zwischenwertansatz anteilig aufzulösen und bei Buchwertansatz fortzuführen (s *UmwStE nF* Rn Org 08).

Ein **Formwechsel** des Organträgers hat unter den Voraussetzungen des § 14 308 Abs 1 Satz 1 Nr 2 KStG keinen Einfluss auf den Gewinnabführungsvertrag (*UmwStE nF* Rn 0rg 10).

Bei Eintritt des übernehmenden Rechtsträgers in den bestehenden Gewinnabfüh- 309 rungsvertrag wird aufgrund der Umwandlung die bisherige **Laufzeit** des Gewinnabführungsvertrags auf dessen Mindestlaufzeit iSd § 14 Abs 1 Nr 3 KStG **angerechnet** (*UmwStE nF* Rn Org 11).

Im Gegensatz zum Rechtsformwechsel stellt die **Umwandlung** des Unterneh- 310 mens des **Organträgers** einen wichtigen Grund für eine Kündigung des Gewinnabführungsvertrags innerhalb der Mindestlaufzeit dar (*UmwStE nF* Rn Org 12).

Nach einer **Einbringung** iSd § 20 UmwStG kommt zwischen dem übertragen- 311 den und dem übernehmenden Rechtsträger steuerlich bereits mit Ablauf des steuerlichen Übertragungsstichtags ein Organschaftsverhältnis zustande, wenn das eingebrachte Vermögen vor der Einbringung dem übernehmenden Rechtsträger steuerlich zuzurechnen war und der Gewinnabführungsvertrag bis zum Ende des betreffenden Wirtschaftsjahres der Organgesellschaft wirksam wird (s *UmwStE nF* Rn Org 13; *Schmitt/Schloßmacher* UmwStE 2011 Rn Org 13).

Scheidet der vorletzte Gesellschafter einer Organträger-PersGes aus und wächst 312 dem letzten Gesellschafter dessen Vermögen an, ist eine finanzielle Eingliederung gegeben, wenn die Organgesellschaft beim verbleibenden Gesellschafter nicht bereits finanziell eingegliedert war und die **Anwachsung** die Folge einer übertragenden Umwandlung mit steuerlicher Rückwirkung darstellt. Ist dagegen keine steuerliche Rückwirkung gegeben, ist dem verbleibenden Gesellschafter die Beteiligung an der Organgesellschaft erst mit Übergang des wirtschaftlichen Eigentums zuzurechnen. Der verbleibende Gesellschafter hat den organschaftlichen Ausgleichsposten unverändert fortzuführen (*UmwStE nF* Rn Org 18).

Ein nach § 3 Nr 20c GewStG **steuerbefreiter Organträger** hat den ihm zuzu- 313 rechnenden Gewerbeertrag einer gewstpfl Organgesellschaft zu versteuern. Steuerbefreiungen, die nur einen bestimmten Teil der Tätigkeit oder des Ertrags von der Steuerpflicht ausnehmen (sog beschränkte Steuerbefreiung), schließen hinsichtlich des Organträgers nach § 14 Abs 1 Satz 1 Nr 2 Satz 1 KStG eine gewstliche Organschaft nicht aus. Denn über die Organschaft (sog gebrochene oder eingeschränkte Einheitstheorie) wird die persönliche GewStPfl der Organgesellschaft für die Dauer der Organschaft dem Organträger zugerechnet. Entsprechend ist der einheitliche Gewerbesteuermessbetrag allein gegenüber dem Organträger festzusetzen (BFH I R 41/09 BStBl II 2001, 181).

314–319 *(frei)*

320 **b) Organgesellschaft als übertragender bzw umzuwandelnder Rechtsträger.** Mit der Verschmelzung der Organgesellschaft auf eine **Schwestergesellschaft** oder einen **anderen Rechtsträger** endet aufgrund des Untergangs der Organgesellschaft der bestehende Gewinnabführungsvertrag. Dies führt beim Organträger im Zeitpunkt der Wirksamkeit der Verschmelzung bzw bei der Aufwärtsverschmelzung mit Ablauf des steuerlichen Übertragungsstichtags zu einer Veräußerung der Beteiligung an der Organgesellschaft. Eine finanzielle Eingliederung der **übernehmenden Organgesellschaft** ist frühestens ab dem Zeitpunkt der Wirksamkeit der Verschmelzung, die in der Veräußerung der Beteiligung an der Organgesellschaft besteht, möglich. Danach kommt eine rückwirkende Begründung einer Organgesellschaft mit einem am steuerlichen Übertragungsstichtag noch nicht bestehenden Organgesellschaft grds nicht in Betracht, weil die Rückwirkungsfiktion (§ 2 Abs 1 UmwStG) nicht für die Anteilseigner (Organträger) der an der Umwandlung beteiligten Rechtsträger gilt (*UmwStE nF* Rn Org 21, 00.03f; *Flick/Gocke/Schaumburg* UmwStE 2011 Rn 02.11).

321 Die das Organschaftsverhätlnis betreffenden **organschaftlichen Ausgleichsposten** sind nach § 14 Abs 2 Satz 2 KStG stets in voller Höhe aufzulösen. Dies gilt auch bei einer Verschmelzung auf einen bereits bestehenden und finanziell eingegliederten Rechtsträger (*UmwStE nF* Rn Org 21; *Schmitt/Schloßmacher* UmwStE 2011 Rn Org 21).

322 Die **Abspaltung** und **Ausgliederung** haben auf den rechtlichen Bestand der Organgesellschaft und damit auf die Organschaft keinen Einfluss. Der Gewinnabführungsvertrag besteht unverändert fort. Er kann jedoch nach § 14 Abs 1 Satz 1 Nr 3 Satz 2 KStG aus wichtigem Grund gekündigt werden. Beim **Organträger** führt die Abspaltung zu einer anteiligen Veräußerung der Beteiligung an der Organgesellschft (§ 15 iVm § 13 UmwStG) im Zeitpunkt der Wirksamkeit der Abspaltung. **Organschaftliche Ausgleichsposten** sind insoweit nach dem Wertverhältnis iSd § 15 Abs 3 UmwStG aufzuteilen und mit den Buchwerten beim Organträger fortzuführen. Die **Ausgliederung** hat keine Auswirkung auf die organschaftlichen Ausgleichsposten.

323 Bei einer **Aufspaltung** der Organgesellschaft hat der zivilrechtliche Untergang dieser Gesellschaft die Beendigung des Gewinnabführungsvertrags zur Folge. Die organschaftlichen Ausgleichsposten sind aufzulösen (*UmwStE nF* Rn Org 23).

324 Ein **Formwechsel** einer Organgesellschaft hat keinen Einfluss auf die rechtliche Identität der formwechselnden Gesellschaft. Die Organschaft ist daher zB bei einem Rechtsformwechsel in eine KapGes davon nicht betroffen. Der Formwechsel in eine PersGes wird steuerrechtlich wie ein Rechtsträgerwechsel behandelt. Dies führt zu der Beendigung der Organschaft und stets zur Auflösung von organschaftlichen Ausgleichsposten nach § 14 Abs 4 Satz 5 KStG in vollem Umfang (*UmwStE nF* Rn Org 24). Auch bei einer formwechselnden Umwandlung einer GmbH & Co KG in eine GmbH kann nach § 25 UmwStG zwischen Schwestergesellschaften rückwirkend keine Organschaft begründet werden (*OFD Ffm* DStR 2006, 41; aA *Schumacher* DStR 2006, 124).

Allgemeine steuerrechtliche Folgen **Anh § 7**

Bei einer **rückwirkenden formwechselnden Umwandlung** einer **Tochter-** 325
PersGes in eine **Tochter-KapGes**, die gemäß § 25 iVm §§ 20 bis 23 UmwStG
steuerlich wie eine Einbringung eines Betriebs bzw Teilbetriebs behandelt wird,
sind dem Einbringenden die erhaltenen Anteile an der Tochter-KapGes steuerlich
mit Ablauf des Übertragungsstichtags zuzurechnen, soweit das eingebrachte Vermögen dem übertragenden Rechtsträger zum Einbringungszeitpunkt steuerlich zuzurechnen war und damit die Voraussetzungen für die Eingliederung der PersGes
bereits zum Beginn des Wirtschaftsjahres vorlagen. Auf die Rückwirkung der finanziellen Eingliederung kommt es wegen der steuerrechtlichen Gesamtrechtsnachfolge
iSd § 25 iVm §§ 23 Abs 1, 12 Abs 3 1. Hs UmwStG nicht an (*UmwStE nF* Rn
Org 25, 13). Eine rückwirkende Verschmelzung der Organgesellschaft auf den
Erwerber der Beteiligung an der Organgesellschaft führt zur Beendigung des (gewstlichen) Organschaftsverhältnisses zum steuerlichen Übertragungsstichtag (BFH I R
66/05 BStBl II 2006, 469).

Die **Umwandlung** der Organgesellschaft ist ein wichtiger Grund iSd § 14 Abs 1 326
Satz 1 Nr 3 Satz 2 KStG für eine **vorzeitige Beendigung des Gewinnabführungsvertrags**. Dies gilt nicht für den **Formwechsel** einer KapGes in eine KapGes
anderer Rechtsform (R 60 Abs 6 Satz 2 KStR 2004).

Ein **steuerlicher Übertragungsgewinn oder –verlust**, der iR einer Verschmel- 327
zung oder Aufspaltung entsteht, ist grds vom Gewinnabführungsvertrag nicht erfasst
und deshalb von der Organgesellschaft selbst zu versteuern (*UmwStE nF* Rn Org 27;
aA *Schmitt/Schloßmacher* UmwStE 2011 Rn Org 27). Da bei einer **Abspaltung**
oder **Ausgliederung** von Vermögen der Organgesellschaft diese weiterhin bestehen
bleibt, ist ein steuerlicher Übertragungsgewinn bei diesen Umwandlungen dem
Organträger zuzurechnen (*UmwStE nF* Rn Org 27).

Wird bei Sach- und Anteilseinbringungen durch die Organgesellschaft in eine 328
andere KapGes (§§ 20 Abs 1, 21 Abs 1 UmwStG) das eingebrachte Vermögen steuerlich mit dem Buchwert und handelsrechtlich mit dem Verkehrswert angesetzt, sind
steuerlich hinsichtlich der sich hieraus ergebenden **handelsrechtlichen Mehr-
oder Minderabführungen** organschaftliche Ausgleichsposten zu bilden (§ 14 Abs 4
KStG; *UmwStE nF* Rn Org 28).

(frei) 329–334

c) Organgesellschaft als übernehmender Rechtsträger. Eine Umwandlung 335
einer anderen Gesellschaft **auf die Organgesellschaft** als übernehmender Rechtsträger hat keinen Einfluss auf ein bestehendes Organschaftsverhältnis, wenn die
finanzielle Eingliederung weiterhin besteht. Eine erfolgsneutrale Verschmelzung
setzt voraus, dass das dem Organträger zuzurechnende Einkommen der Organgesellschft bei diesem der Besteuerung mit Körperschaftsteuer unterliegt (*UmwStE nF*
Rn Org 29, 11.08).

Wird auf die Organgesellschaft (Muttergesellschaft) eine ihr nachgeordnete 336
Gesellschaft (Tochter-KapGes) verschmolzen **(Aufwärtsverschmelzung),** entsteht
bei der Organgesellschaft ein Übernahmegewinn. Da es sich hierbei nach Auffassung
der *FinVerw* um einen laufenden Gewinn der Organgesellschaft handelt, ist dieser
handelsrechtliche Übernahmegewinn entsprechend der handelsrechtlichen
Gewinnabführungsverpflichtung von der Organgesellschaft an den Organträger abzuführen. Gemäß § 12 Abs 2 Satz 1 UmwStG bleiben bei der Organgesellschaft ein Übernahmegewinn oder –verlust iRd Einkommensermittlung **steuerlich** unberücksichtigt und sind insoweit außerhalb der Bilanz zu korrigieren.

Hinsichtlich des handelsrechtlichen Übernahmegewinns aus der Verschmelzung 337
einer Schwestergesellschaft auf die Organgesellschaft **(Seitwärtsverschmelzung)**
besteht insoweit keine Gewinnabführungsverpflichtung, als er wegen der Ausgabe
von neuen Anteilen zur Aufstockung des Nennkapitals verwendet oder er in die
Kapitalrücklage nach § 272 Abs 2 Nr 1 HGB eingestellt wird. Bei einer späteren

Auflösung dieser Rücklage kommt es zu einer Ausschüttung (BFH I R 25/00 BStBl II 2003, 923). Ein handelsrechtlicher **Übernahmeverlust** ist gemäß § 301 AktG mit dem Gewinnabführungsbetrag zu verrechnen bzw vom Organträger nach § 302 AktG auszugleichen. Soweit die übernehmende Organgesellschaft gemäß § 272 HGB aF als Gegenleistung bilanzierte eigene Anteile gewährt, unterliegt der dadurch entstehende handelsrechtliche Übernahmegewinn der Gewinnabführungspflicht iSd § 301 AktG (*UmwStE nF* Rn Org 30ff; *Schmitt/Schloßmacher* UmwStE 2011 Rn Org 30f).

338 Wird das iRd Verschmelzung oder Einbringung auf die Organgesellschft übergehende Vermögen von dieser in der Steuerbilanz mit den **Buchwerten** und handelsrechtlich mit den Verkehrswerten angesetzt, führen diese durch die Umwandlung verursachten unterschiedlichen handels- und steuerrechtlichen Bewertungen zu **Mehr- oder Minderabführungen**. Diese sieht die *FinVerw* in der vororganschaftlichen Zeit begründet und behandelt sie gemäß § 14 Abs 3 Satz 1 u 2 KStG als Gewinnausschüttungen bzw Einlagen (*UmwStE nF* Rn Org 33; krit *Schmitt/Schloßmacher* UmwStE 2011 Rn Org 30, 33).

339 Dies gilt entsprechend für Bewertungsunterschiede zwischen der Handels- und Steuerbilanz, die bereits bei dem **übertragenden Rechtsträger** bestanden haben. Der Unterschiedsbetrag zwischen dem handelsrechtlichen und dem steuerrechtlichen Übernahmegewinn sowie die spätere Auflösung der Bewertungsunterschiede bei der Organgesellschaft stellen **vororganschaftliche Mehr- bzw Minderabführungen** dar und sind gemäß § 14 Abs 3 Satz 1 u 2 KStG als Gewinnausschüttung bzw Einlage zu erfassen (*UmwStE nF* Rn Org 34; krit *Schmitt/Schloßmacher* UmwStE 2011 Rn Org 34).

340–344 *(frei)*

12. Anwendung des § 8 a KStG aF/nF

345 Zur Rechtsnachfolge in Fremdkapital iSd § 8 a KStG aF s *UmwStE aF* Teil 1 KapE Tz 8 a.01 ff. Die Regelung des § 4 h Abs 1 Satz 1 EStG zum Betriebsausgabenabzug für Zinsaufwendungen gilt gemäß § 8 a KStG nF bei Körperschaften entsprechend (s hierzu Rn 347).

13. Vordienstzeiten

346 Vordienstzeiten des § 6 a Abs 3 EStG des erloschenen Rechtsträgers werden auch bei der übertragenden Umwandlung angerechnet (BFH I R 124/95 BStBl II 1997, 799).

14. Zinsvortrag (§ 4 h Abs 1 Satz 5 EStG)

347 Zinsaufwendungen, die nicht abgezogen werden dürfen (Zinsschranke) und deshalb gemäß § 4 h Abs 1 Satz 5 EStG in die folgenden Wirtschaftsjahre vorzutragen sind (Zinsvortrag), sowie ein EBITDA-Vortrag nach § 4h Abs 1 Satz 3 EStG gehen nicht (§§ 4 Abs 2 Satz 2, 12 Abs 3, 20 Abs 9 UmwStG) bzw bei einer Abspaltung nur teilweise (§ 15 Abs 3 Satz 1 UmwStG) über (s *BMF* BStBl I 2008, 718).

15. Zuständigkeit in Verschmelzungs- und Einbringungsfällen

348 Bei der **Verschmelzung** von PersGes bzw KapGes miteinander ist aufgrund der *umwandlungssteuerrechtlichen* Gesamtrechtsnachfolge für die Besteuerung der untergehenden Gesellschaft grds das Finanzamt zuständig, das für die Besteuerung der aufnehmenden Gesellschaft zuständig ist. Der Zuständigkeitswechsel tritt gemäß § 26 AO zu dem Zeitpunkt ein, in dem eines der Finanzämter von der Verschmelzung erfährt (*FM NRW* DB 2008, 1888).

Rückwirkung Anh § 7

Im Falle einer **formwechselnden Umwandlung,** die wegen der Wahrung der 349
rechtlichen Identität zu keiner Gesamtrechtsnachfolge führt, kommt es nach den
allgemeinen Grundsätzen nur dann zu einem Zuständigkeitswechsel, wenn damit
ein Wechsel des Ortes der Geschäftsleitung verbunden ist.

Eine **Anwachsung (§ 738 BGB)** durch Ausscheiden eines Gesellschafters oder 350
aller Gesellschafter bis auf einen aus der PersGes führt hinsichtlich der **Feststellung
der Besteuerungsgrundlagen** für die beendete PersGes mangels Gesamtrechtsnachfolge zu keinem Zuständigkeitswechsel. Dagegen kann es bezüglich der
Umsatz- und Gewerbesteuer zu einem Zuständigkeitswechsel kommen, wenn
die beendete PersGes und das fortgeführte Einzelunternehmen in verschiedenen
Zuständigkeitsbereichen betrieben werden bzw werden.

Bei einer **Aufspaltung,** die grds im Wege einer steuerrechtlichen Gesamtrecht- 351
nachfolge erfolgt, sind davon abweichend für die gesonderte und einheitliche Feststellung der Besteuerungsgrundlagen grds verschiedene örtliche Zuständigkeiten
gegeben, wenn die einzelnen Betriebe in verschiedenen Zuständigkeitsbereichen
betrieben werden (s *FM NRW* FR 2012, 739).

Zur **Überwachung der rückwirkenden Besteuerung** des Einbringungsge- 352
winns iSd § 22 Abs 1 u 2 UmwStG hat der Einbringende von Unternehmensteilen
(Sacheinlagen) iSd § 20 Abs 1 UmwStG und von Anteilen an KapGes (Anteilstausch)
iSd § 21 Abs 1 UmwStG unter dem gemeinen Wert (§ 22 Abs 1 u 2 UmwStG) bzw
die übernehmende Gesellschaft für die Dauer der Sperrfrist von 7 Jahren jährlich
dem für ihn zuständigen Finanzamt eine Erklärung über den wirtschaftlichen Eigentümer der erhaltenen bzw eingebrachten Anteile bzw/oder zur Gesellschafterstellung abzugeben (§ 22 Abs 3 UmwStG). Dies gilt bei einer unentgeltlichen Rechtsnachfolge für den **Rechtsnachfolger** iSd § 22 Abs 6 UmwStG entsprechend. Für
einen im Inland beschränkt Steuerpflichtigen bleibt das für diesen im Veranlagungszeitraum der Einbringung zuständige Finanzamt hinsichtlich der zu erbringenden
Nachweise nach § 22 Abs 3 UmwStG weiterhin zuständig.

(frei) 353–359

VI. Rückwirkung

1. Steuerliche Rückwirkung

Die steuerliche Rückwirkung des **§ 2 UmwStG aF** war aufgrund des Regelungs- 360
bereichs des 1. Teils auf den 2. bis 7. Teil (Verschmelzung, Vollübertragung, Auf-,
Abspaltung, Teilübertragung) begrenzt. § 2 Abs 1 UmwStG aF galt auch für Abspaltungen, in denen nur einzelne Wirtschaftsgüter übertragen wurden (BFH I R 96/
08 BStBl II 2011, 467), nicht jedoch für Ausgliederungen auf eine bestehende oder
neugegründete KapGes. Die Ausgliederung wird steuerrechtlich als Einbringung
behandelt, deren steuerliche Rückbeziehung in § 20 Abs 7 u 8 UmwStG aF, § 25 S 5
u 6 nF geregelt ist (BFH I R 28/11 DStR 2013, 575). Der 1. Teil des **UmwStG
nF** enthält allgemeine Vorschriften. Die Regelung des § 2 UmwStG nF erstreckt
sich daher grds auch auf den 6. bis 8. Teil (offen gelassen in BFH I R 28/11 aaO;
s Rn 1636). S hierzu *Stengel* DB 2008, 2329.

Die Rückwirkungsfiktion des § 2 UmwStG ist eine Ausnahme vom allgemeinen 361
steuerlichen Rückwirkungsverbot (*UmwStE nF* Rn 02.09). Gemäß **§ 2 Abs 1
Satz 1 UmwStG** sind das **Einkommen** (nicht die Ausschüttung) und das **Vermögen** der übertragenden Körperschaft sowie der Übernehmerin so zu ermitteln, als
ob das Vermögen der Körperschaft mit Ablauf des Bilanzstichtages, der dem Vermögensübergang zugrunde liegt **(steuerlicher Übertragungsstichtag),** auf die Übernehmerin übergegangen wäre. Daraus ergibt sich, dass der (fiktive) Vermögensübergang am Ende des maßgeblichen Stichtags erfolgen soll, auf den die Schlussbilanz

des übertragenden Rechtsträgers aufgestellt ist. Nicht maßgeblich ist der Zeitpunkt des zivilrechtlichen Vermögensübergangs auf den übernehmenden Rechtsträger (Zeitpunkt der Eintragung in das Handelsregister; BFH IV R 24/09 BStBl II 2012, 703).

362 Nicht vom Anwendungsbereich des § 2 Abs 1 UmwStG erfasst werden **tatsächliche Vorgänge** wie die Einstellung des Geschäftsbetriebs iSd § 12 Abs 3 Satz 2 UmwStG aF. Sie lassen sich mittels der gesetzlichen Rückwirkungsfiktion nicht zurückbeziehen (BFH I R 26/09 BFH/NV 2010, 1667).

363 a) Steuerrechtlicher Übertragungsstichtag. Steuerrechtlicher Übertragungsstichtag ist grds der Tag vor der Verschmelzung bzw Spaltung, auf den der übertragende Rechtsträger nach § 17 Abs 2 UmwG eine handelsrechtliche Schlussbilanz zu erstellen hat. Bei einer handelsrechtlichen Verschmelzung mit Wirkung zum 1.1. ist gemäß § 17 Abs 2 UmwG zum 31.12. eine handelsrechtliche Schlussbilanz zu erstellen. Der Stichtag dieser handelsrechtlichen Schlussbilanz ist zugleich der steuerliche Übertragungsstichtag. Ab dem nachfolgenden handelsrechtlichen Umwandlungsstichtag werden die Handlungen des übertragenden Rechtsträgers gemäß § 5 Abs 1 Nr 6, 126 Abs 1 Nr 6 UmwG dem übernehmenden Rechtsträger zugerechnet *(UmwStE nF Rn 02.02)*. Dem schließt sich die steuerliche Rückwirkungsfiktion des § 2 Abs 1 UmwStG an. So ist das eingebrachte Betriebsvermögen bei der übernehmenden Gesellschaft erstmals mit Ablauf des steuerlichen Übertragungsstichtags in deren steuerlicher Schlussbilanz anzusetzen (zB *UmwStE nF* Rn 20.21, 20.14, 02.03). Dies gilt *nicht* für die Rechtsbeziehungen des übertragenden Rechtsträgers zu Dritten und dessen Anteilseignern, die nicht am übernehmenden Rechtsträger beteiligt sind (BFH I R 96/08, BStBl II 2011, 467; *UmwStE nF* Rn 02.03).

364 Mit der **Bilanz** iSd § 2 Abs 1 Satz 1 UmwStG ist die Schlussbilanz des übertragenden Rechtsträgers iSd § 17 Abs 2 UmwG gemeint (BFH IV R 69/05 BFH/NV 2008, 1550). Die nicht mit der Anmeldung zum Handelsregister eingereichte Bilanz ist dann für die Bestimmung des steuerlichen Übertragungsstichtags gemäß § 2 UmwStG maßgebend, wenn später keine Schlussbilanz des übertragenden Rechtsträgers auf einen anderen Zeitpunkt vorgelegt wird und handelsrechtlich auch nicht vorgelegt werden muss, und wenn zwischen den Stichtagen der betreffenden Schlussbilanzen keine Geschäftsvorfälle stattgefunden haben. Für Rückzahlungen kann sich eine Rückwirkung nach § 175 Abs 1 Satz 1 Nr 2 AO ergeben (*Berg* DStR 1997, 1390). Da der steuerliche Übertragungsstichtag dem handelsrechtlichen stets vorangeht, wäre ein sog Mitternachtserlass vonnöten (*Bien* DStR-Beilage 17/1998, 5). S dazu auch BFH II R 33/97 BStBl II 2000, 2; IV R 69/05 BFH/NV 2008, 1550.

365 b) Rückwirkungsfiktion. Zivilrechtlich besteht der übertragende Rechtsträger bis zur Eintragung der Umwandlung in das Handelsregister bzw in das jeweils im Ausland zuständige öffentliche Register fort. Er hat während des Rückwirkungszeitraums unverändert seine zivil- und steuerrechtlichen Pflichten zu erfüllen. Werden (sämtliche) Anteile an der übertragenden (formwechselnden) GmbH zwischen dem vereinbarten Rückwirkungsstichtag (§ 2 UmwStG) und der Eintragung der Umwandlung veräußert, werden GmbH-Anteile und nicht ein Anteil an der übernehmenden PersGes veräußert. Nach dem steuerlichen Übertragungsstichtag vorgenommene Handlungen des übertragenden Rechtsträgers gelten als für Rechnung des übernehmenden Rechtsträgers ausgeführt. Diesem wird das hieraus im Rückwirkungszeitraum erzielte Einkommen und Vermögen steuerrechtlich zugerechnet (*UmwStE nF* Rn 02.10, 02.13). Bei einer Verschmelzung bleiben im Rückwirkungszeitraum zwischen dem übertragenden und übernehmenden Rechtsträger unterhaltene Liefer- und Geschäftsbeziehungen unberücksichtigt. Aufwendungen und Erträge sind bei Auf-, Abspaltungen und Ausgliederungen den jeweiligen Rechtsträgern nach wirtschaftlichen Zusammenhängen zuzurechnen.

Rückwirkung **Anh § 7**

Eine **steuerliche Rückwirkung** ist auch dann möglich, wenn der aufnehmende 366
Rechtsträger am steuerlichen Übertragungsstichtag noch nicht bestanden hat. Auch
im Fall der Umwandlung durch Aufnahme (§§ 4 ff, 39 ff UmwG) gilt für die neu
gegründete übernehmende Gesellschaft, deren Steuerpflicht mit Ablauf des steuerlichen Übertragungsstichtags beginnt, die Rückwirkungsfiktion des § 2 UmwStG.
Dies setzt voraus, dass die übernehmende Gesellschaft auch ab diesem Zeitpunkt
steuerpflichtig ist. Hinsichtlich des Ausschlusses oder der Beschränkung des deutschen Besteuerungsrechts sind die tatsächlichen Verhältnisse zum Zeitpunkt des
steuerlichen Übertragungsstichtags maßgebend *(UmwStE nF Rn 02.11, 02.14)*.

Mit Ablauf des steuerlichen Übertragungsstichtags **entstehen** der **Übertra-** 367
gungsgewinn bzw -**verlust** sowie das **Übernahmeergebnis** iSd § 4 Abs 4-6
UmwStG (§ 2 Abs 1 iVm §§ 4 Abs 1, 5 Abs 1–3 UmwStG) und die **Bezüge iSd
§ 7 UmwStG** iVm § 20 Abs 1 Nr 1 EStG. Deren **Besteuerung** ist in dem Veranlagungszeitraum vorzunehmen, in dem das Wirtschaftsjahr endet, in das der steuerliche
Übertragungsstichtag fällt (s *UmwStE nF Rn 02.04*).

Veräußert der **Organträger** seine Alleinbeteiligung an der Organgesellschaft, 368
die anschließend gemäß § 2 Abs 1 UmwStG 1995 rückwirkend auf den Erwerber
verschmolzen wird, endet das (gewstliche) Organschaftsverhältnis mit dem steuerlichen Übertragungsstichtag (BFH I R 66/05 BStBl II 2006, 469). Hat die **finanzielle
Eingliederung** schon vor der Umstrukturierung bestanden, gilt dies aufgrund der
umwandlungssteuerrechtlichen Gesamtrechtsnachfolge gemäß § 12 Abs 3 Satz 1
UmwStG unabhängig von § 2 Abs 1 UmwStG auch für die übernehmende Gesellschaft (BFH I R 89/09 BStBl II 2011, 528).

c) Rückwirkungszeitraum. Für alle Umwandlungen nach dem UmwG kann 369
der **steuerliche Übertragungsstichtag** höchstens acht Monate vor der Anmeldung
der Umwandlung zur Eintragung in das maßgebliche Register liegen (*BMF BStBl
I 1995, 42*). Dies ergibt sich aus § 17 Abs 2 UmwG für Verschmelzungen, aus § 125
iVm § 17 Abs 2 UmwG für Spaltungen und aus §§ 176, 177 iVm § 125, § 17 Abs 2
UmwG für Vermögensübertragungen.

Für den **Formwechsel,** bei dem es handelsrechtlich zu keiner Übertragung 370
kommt, enthält § 9 UmwStG eine eigenständige Rückwirkungsregelung. Gemäß
§ 9 Satz 3 UmwStG darf der Stichtag für die steuerliche Schlussbilanz bzw Eröffnungsbilanz höchstens acht Monate vor der Anmeldung des Formwechsels zur Eintragung in ein öffentliches Register liegen (Übertragungsstichtag; *UmwStE nF Rn
02.05f*).

Bei einer rückwirkenden formwechselnden Umwandlung iSd § 9 UmwStG gilt 371
das Vermögen der KapGes mit Ablauf des steuerlichen Übertragungsstichtags –
steuerrechtlich – als auf die PersGes übertragen (Bindungswirkung sog vorgreiflicher Umstände; vgl BFH VIII R 11/02 BStBl II 2006, 253). Für die (fingierte)
PersGes ist das steuerliche Ergebnis aus dem Rumpfwirtschaftsjahr zu ermitteln und
den Gesellschaftern der (zum Ablauf des Rumpfwirtschaftsjahres noch bestehenden)
GmbH als originäre mitunternehmerische Einkünfte iSd § 15 Abs 1 Satz 1 EStG
zuzurechnen (BFH IV R 61/07 BStBl II 2010, 942).

§ 20 Abs 6 UmwStG verweist ebenfalls auf § 17 Abs 2 UmwG und sieht in 372
Aufspaltungs-, Abspaltungs- und Ausgliederungsfällen des § 123 UmwG vor, dass
der Schlussbilanzstichtag des § 17 Abs 2 UmwG höchstens acht Monate vor der
Anmeldung der Verschmelzung, Auf- oder Abspaltung oder Ausgliederung im Handelsregister liegt.

In **anderen Fällen** darf die Sacheinlage auf einen Tag zurückbezogen werden, 373
der höchstens acht Monate vor dem Tag des Abschlusses des Einbringungsvertrages
liegt und höchstens acht Monate vor dem Zeitpunkt liegt, an dem das eingebrachte
Betriebsvermögen auf die KapGes übergeht. Ist der Zeitraum von acht Monaten
überschritten, so ist steuerrechtlicher Übertragungsstichtag der Tag der Eintragung

des Umwandlungs-(Verschmelzungs-)Beschlusses im Handelsregister. Zur Rückwirkung bei der Vereinigung von Sparkassen s *OFD Hannover* DB 2007, 604.

374 **d) Ausländische Umwandlungen.** Bei ausländischen Umwandlungsvorgängen kann der Rückwirkungszeitraum iSd § 2 UmwStG über die acht Monate hinausgehen. Maßgebend ist das ausländische Umwandlungsrecht. Dagegen ist beim Formwechsel einer ausländischen KapGes in eine ausländische PersGes gemäß § 9 Satz 3 UmwStG die Rückwirkung auf acht Monate begrenzt (*UmwStE nF* Rn 02.07f; *Flick/Gocke/Schaumburg* UmwStE 2011 Rn 02.07).

375 **e) Gewerbesteuerliche Ermittlung der Bemessungsgrundlagen (§ 2 Abs 1 Satz 2 UmwStG).** Für die Ermittlung der Besteuerungsgrundlagen der GewSt (§ 6 GewStG) gelten die gleichen Grundsätze (§ 2 Abs 1 Satz 2 UmwStG). Danach endet mit Ablauf des steuerlichen Übertragungsstichtags der Erhebungszeitraum (§ 14 Satz 2 GewStG) sowie die GewStPfl der übertragenden Körperschaft. Die aufgrund eines Übertragungsgewinns entstehende GewSt ist in der steuerlichen Übertragungsbilanz zu passivieren. Die nicht abziebare GewSt (§ 4 Abs 4b EStG, § 8 Abs 1 Satz 1 KStG) ist außerhalb der Bilanz wieder hinzuzurechnen (*Schmidt/Weber-Grellet* § 5 Rn 550 „Gewerbesteuer").

376 § 20 Abs 5 UmwStG bewirkt auch gewrechtlich auf Grund der Rückwirkungsfunktion einen rückwirkenden Unternehmerwechsel iSd § 2 Abs 5 GewStG *(Harder* DStR 1997, 8; *Berg* DStR 1997, 1390). Ähnlich verhält es sich mit der rückwirkenden Begründung einer Organgesellschaft (BFH I R 55/02 BStBl II 2004, 534; vgl *Niehaves/Thiemer* DStR 2002, 1793). Die Rückwirkungsfiktion führt in Fällen der Anteilsvereinigung zum rückwirkenden Erlöschen der (Ober-)PersGes und damit zum rückwirkenden Verlust der ertragsteuerrechtlichen Rechtsfähigkeit der Mitunternehmerschaft. Dies gilt gemäß § 2 Abs 1 Satz 2 UmwStG auch für die Besteuerungsgrundlagen der Gewerbesteuer. Ab dem steuerrechtlichen Übertragungsstichtag entfällt damit der Verlustabzug nach § 10a GewStG hinsichtlich der ihr von der Untergesellschaft zugerechneten gewstlichen Fehlbeträge (BFH IV R 59/07 BFH/NV 2010, 1492; Anm *Wacker* HFR 2010, 849).

377 **f) Personengesellschaft als Übernehmerin (§ 2 Abs 2 UmwStG).** Ist eine PersGes Übernehmerin, so ist gemäß **§ 2 Abs 2 UmwStG** der steuerliche Übertragungsstichtag für das Einkommen und Vermögen der Gesellschafter bzw der Gesellschafter einer beteiligten PersGes (*UmwStE nF* Rn 02.03, 02.12) maßgebend, weil die PersGes als solche nicht estpflichtig ist. Der Stichtag gilt aber auch für den diesen Besteuerungsgrundlagen vorgeschalteten Gewinn dieser PersGes.

378 Die Anwendung der Rückwirkungsfiktion ist hinsichtlich der **Anteilseigner** der übertragenden Körperschaft vom Umfang deren Beteiligung zum Zeitpunkt der Wirksamkeit der Umwandlung abhängig. Die Rückwirkungsfiktion greift nicht, wenn ein Anteilseigner nicht Gesellschafter der übernehmenden PersGes wird (§ 2 Abs 2 UmwStG) oder im Rückwirkungszeitraum ganz oder teilweise aus der übertragenden Körperschaft **ausscheidet.** In diesem Fall besteht steuerlich (insoweit) dessen Gesellschafterstellung bis zum Ausscheidungszeitpunkt unverändert fort. Entsprechend der Regelung des § 5 Abs 1 2. Alt UmwStG gilt die Rückwirkungsfiktion auch für den **abgefundenen Anteilseigner** nicht, wenn er iRd Umwandlung nach §§ 29, 125, 207 UmwG gegen eine Barabfindung aus der übernehmenden PersGes ausscheidet. Zivilrechtlich vollzieht sich das Ausscheiden dieses Gesellschafters erst nach dem Wirksamwerden der Umwandlung. Steuerlich wird dieser Gesellschafter so behandelt, als ob er aus der übertragenden Gesellschaft ausgeschieden wäre (*UmwStE nF* Rn 02.18f).

379 **g) Ausscheidender Anteilseigner.** Der im Rückwirkungszeitraum (teilweise) ausgeschiedene Anteilseigner hat den Gewinn aus der Veräußerung seines Anteils an der übertragenden Körperschaft nach den allgemeinen Grundsätzen (zB § 17

Abs 1 oder § 20 Abs 2 Satz 1 Nr 1 EStG) zu versteuern. Eine Zurechnung von Bezügen iSd § 7 UmwStG nF scheidet aus, weil insoweit auf die Verhältnisse zum Zeitpunkt der Eintragung der Umwandlung in das Handelsregister (Wirksamwerden der Umwandlung) abzustellen ist. Auf den **Erwerber** der Anteile, der mit Eintragung der Umwandlung in das Handelsregister Gesellschafter der übernehmenden PersGes wird, ist die Rückwirkungsfiktion iSd § 2 Abs 2 UmwStG anzuwenden. Danach sind ihm (insoweit) ein Übernahmeergebnis iSd § 4 Abs 4 bis 6 iVm § 5 Abs 2 u 3 UmwStG sowie Bezüge iSd § 7 UmwStG zuzurechnen (*UmwStE nF Rn 02.20f*).

Soweit die übernehmende PersGes oder natürliche Person selbst Anteile erwirbt, 380 ist das Übernahmeergebnis nach § 4 Abs 4 bis 6 UmwStG zum steuerlichen Übertragungsstichtag zu ermitteln (§ 5 Abs 1 UmwStG), um die im Rückwirkungszeitraum angefallenen Anschaffungskosten für die Anteile bei der Ermittlung des Übernahmeergebnisses berücksichtigen zu können. In diesem Fall gelten die Anteile als innerhalb von 5 Jahren vor dem steuerlichen Übertragungsstichtag iSd § 4 Abs 6 Satz 6 UmwStG erworben (*UmwStE nF Rn 02.22*).

h) Körperschaft als übernehmender Rechtsträger. Ist der übernehmende 381 Rechtsträger eine Körperschaft und veräußert ein Anteilseigner, für den die Rückwirkungsfiktion des § 2 Abs 1 UmwStG nicht gilt, im Rückwirkungszeitraum Anteile an der übertragenden Körperschaft, ist der Gewinn aus der Veräußerung der Anteile nach den allgemeinen Grundsätzen (zB § 17 Abs 1 oder § 20 Abs 2 Satz 1 Nr 1 EStG) zum Zeitpunkt des Übergangs des wirtschaftlichen Eigentums (§ 39 AO) zu versteuern. Die Besteuerung des Erwerbers richtet sich nach § 13 UmwStG.

Der Erwerb von Anteilen an der übertragenden Körperschaft im Rückwirkungs- 382 zeitraum durch die übernehmende Körperschaft wird gemäß § 12 Abs 2 Satz 3 iVm § 5 Abs 1 UmwStG auf den steuerlichen Übertragungsstichtag zurückbezogen, um auch hier die Anschaffungskosten für die erworbenen Anteile bei der Ermittlung des Übernahmeergebnisses, das nach § 12 Abs 2 u 3 UmwStG zu ermitteln ist, berücksichtigen zu können. Die Besteuerung des Gewinns aus der Anteilsveräußerung erfolgt zum Zeitpunkt des Übergangs des wirtschaftlichen Eigentums (§ 39 AO), weil für den Veräußerer § 12 Abs 2 Satz 3 iVm § 5 Abs 1 UmwStG nicht greift (*UmwStE nF Rn 02.23f*).

i) Gewinnausschüttungen. Für vor dem steuerlichen Übertragungsstichtag 383 **beschlossene Ausschüttungen** (zB noch nicht vollzogene offene Gewinnausschüttungen, noch nicht abgeflossene verdeckte Gewinnausschüttungen, Vorabausschüttungen), die im Rückwirkungszeitraum oder später abfließen, ist – entsprechend den Bilanzierungsgrundsätzen – in der steuerlichen Übertragungsbilanz der **übertragenden Körperschaft** ein Schuldposten (zB Ausschüttungsverbindlichkeit) einzustellen. Dadurch werden diese Ausschüttungen unabhängig vom Zeitpunkt des tatsächlichen Abflusses steuerlich weiterhin der übertragenden Körperschaft zugerechnet. Sie fallen nicht unter die Rückwirkungsfiktion iSd § 2 Abs 2 UmwStG der übernehmenden PersGes. Zum Zeitpunkt der Auszahlung zB durch die übernehmende PersGes, die erfolgsneutral erfolgt, ist daher keine Umqualifizierung in Entnahmen vorzunehmen. Diese Ausschüttungen gelten für die Anwendung des § 27 KStG als am steuerlichen Übertragungsstichtag als abgeflossen. Im Ergebnis wird die erst durch die tatsächliche Ausschüttung eintretende Vermögensminderung über die Minderung des steuerlichen Einlagekontos zu Lasten der übertragenden Körperschaft auf den steuerlichen Übertragungszeitpunkt vorverlagert und über die Besteuerung der offenen Rücklagen nach § 7 UmwStG erfasst. Diese Behandlung der noch nicht abgeflossenen verdeckten Gewinnausschüttungen iSd § 8 Abs 3 Satz 2 KStG ist auch deshalb gerechtfertigt, weil die Besteuerung von PersGes verdeckte Gewinnausschüttungen fremd sind (*s UmwStE nF Rn 02.27, 07.03f*).

384 Beim **Anteilseigner** der übertragenden Körperschaft ist der Zuflusszeitpunkt der vor dem steuerlichen Übertragungssichtag begründeten Ausschüttungen von der Anwendung der Rückwirkungsfiktion abhängig. Danach fließen diesem diese Ausschüttungen aufgrund der Ausschüttungsfiktion des § 2 Abs 2 UmwStG bzw des § 2 Abs 1 UmwStG bei einer natürlichen Person als übernehmender Rechtsträger bereits am steuerlichen Übertragungsstichtag zu. Gehören die Anteile zum Betriebsvermögen iSd § 5 UmwStG, handelt es sich bei den Leistungen der übertragenden Körperschaft um gewerbliche Einkünfte nach § 15 Abs 1 Satz 1 Nr 2 iVm § 20 Abs 1 Nr 1, Abs 8, § 3 Nr 40 iVm § 3 c Abs 2 EStG oder § 8b KStG. Nehmen die Anteile gemäß § 4 Abs 4 Satz 3 UmwStG nicht an der Ermittlung des Übernahmeergebnisses teil, weil es an einer Beteiligung iSd § 17 EStG fehlt, erfolgt die Besteuerung der Vermögenszuflüsse nach allgemeinen Grundsätzen als Einkünfte iSd § 20 Abs 1 Nr 1 iVm § 3 Nr 40 EStG aF bzw §§ 32 d, 43 Abs 5 EStG (Abgeltungsteuer) oder § 8b KStG. Greift die Rückwirkungsfiktion des § 2 Abs 2 UmwStG nicht, weil der Anteilseigner nicht Gesellschafter der übernehmenden PersGes wird, sind die Ausschüttungen zum Zeitpunkt des Zuflusses nach allgemeinen Grundsätzen zu versteuern (§§ 20 Abs 1 Nr 1, 11 Abs 1 EStG; iÜ s.o.). Diese Grundsätze gelten entsprechend, wenn der Anteilseigner einen **Teil** der Anteile veräußert und insoweit aus der übertragenden Körperschaft ausscheidet. Mit dem verbliebenen Teil wird er Gesellschafter an der übernehmenden PersGes. Nur auf diesen Teil ist die Rückwirkungsfiktion des § 2 Abs 2 UmwStG anzuwenden (s *UmwStE nF* Rn 02.28f).

385 Die **übernehmende PersGes** hat als steuerliche Rechtsnachfolgerin der übertragenden Körperschaft (§ 4 Abs 2 Satz 1 UmwStG) hinsichtlich dieser Ausschüttungen der übertragenden Gesellschaft die **Kapitalertragsteuer** einzubehalten und abzuführen. Die übernehmende PersGes hat im Zeitpunkt des Abflusses der vor dem steuerlichen Übertragungsstichtag begründeten Ausschüttungen im Rückwirkungszeitraum durch die übertragende Körperschaft oder später durch die übernehmende PersGes den gebildeten Passivposten erfolgsneutral auszubuchen. Fließt die Ausschüttung dem Anteilseigner vor der Eintragung der Umwandlung im Handelsregister zu, ist die übertragende Körperschaft als Schuldnerin der Kapitalerträge verpflichtet, die Kapitalertragsteuer einzubehalten und abzuführen (§ 44 Abs 1 Satz 3 EStG). Bei einem späteren Abfluss wird dieser, soweit die Rückwirkungsfiktion (§ 2 Abs 2 UmwStG) reicht, aufgrund der vollzogenen Umwandlung auf den steuerlichen Übertragungsstichtag vorverlegt. Da für die Einbehaltung und Abführung der Kapitalertragsteuer iSd § 44 Abs 1 Satz 2 EStG durch die übernehmende PersGes (natürliche Person) als Rechtsnachfolgerin der übertragenden Körperschaft (§ 4 Abs 2 Satz 1 UmwStG) die Wirksamkeit der Umwandlung erforderlich ist, gelten diese Ausschüttungen der übertragenden Körperschaft spätestens mit Eintritt dieses Ereignisses als zugeflossen. Soweit beim Anteilseigner die Rückwirkungsfiktion nicht greift, hat die übernehmende PersGes für die in der steuerlichen Schlussbilanz ausgewiesenen Ausschüttungsverbindlichkeiten zum Zeitpunkt des Zuflusses (§ 11 Abs 1 Satz 1 EStG) der Kapitalerträge iSd § 20 Abs 1 Nr 1 EStG Kapitalertragsteuer einzubehalten und abzuführen, soweit dies von der übertragenden Körperschaft noch nicht vorgenommen wurde (s *UmwStE nF* Rn 02.30).

386 Für **offene und verdeckte Gewinnausschüttungen**, die die übertragende Körperschaft im Rückwirkungszeitraum beschließt bzw vollzieht, ist für Zwecke der Ermittlung der **offenen Rücklagen iSd § 7 UmwStG** in der Übertragungsbilanz erfolgsneutral ein passiver Korrekturposten zu bilden, der wie eine Ausschüttungsverbindlichkeit wirkt. Eine dadurch eintretende Gewinnminderung ist außerbilanziell zu berichtigen. Das verbleibende Eigenkapital bildet die Grundlage für die Besteuerung der offenen Rücklagen. Tritt im Rückwirkungszeitraum ein neuer Gesellschafter ein und nimmt dieser an den Ausschüttungen nicht teil, sind diese (rückbezogenen) Ausschüttungen den verbleibenden Gesellschaftern, für die die

Rückwirkung **Anh § 7**

Rückwirkungsfiktion iSd § 2 Abs 2 UmwStG gilt, iRd Ermittlungen der Bezüge iSd § 7 UmwStG vorweg zuzurechnen. Die verbleibenden Bezüge sind nach der Beteiligung am Nennkapital zu verteilen (s *UmwStE nF* Rn 02.31, 02.33).

Dagegen ist für Zwecke der **Besteuerung von Ausschüttungen** an Anteilseig- 387 ner, für die die Rückwirkungsfiktion gilt, kein Korrekturposten zu bilden. Diese Ausschüttungen werden insoweit steuerlich nicht mehr der übertragenden Körperschaft zugerechnet. Anteilseigner der übertragenden Körperschaft, die Gesellschafter der übernehmenden PersGes werden, bzw der Anteilseigner iSd § 20 Abs 5 EStG, auf den verschmolzen wird, werden wegen der Rückwirkungsfiktion nach § 2 Abs 2 bzw § 2 Abs 1 UmwStG (steuerlich) in der Zeit nach dem steuerlichen Übertragungsstichtag wie Gesellschafter (Mitunternehmer) der übernehmenden PersGes (§ 15 Abs 1 Nr 2 EStG) bzw als Gewerbetreibender (§ 15 Abs 1 Nr 1 EStG) behandelt. Insoweit stellen die Ausschüttungen Entnahmen iSd § 4 Abs 1 Satz 2 EStG dar.

Die Rückwirkung tritt gegenüber dem **ausscheidenden Gesellschafter** nicht 388 mehr ein. Dieser veräußert seinen GmbH-Anteil und nicht den Anteil an der übernehmenden PersGes. Veräußert ein Gesellschafter während der Interimsphase nur **einen Teil seiner GmbH-Anteile,** wird er nach einer Meinung in der Literatur nur hinsichtlich des verbleibenden Teils Mitunternehmer der PersGes (s BFH IV B 151/07 BFH/NV 2008, 1452; IV B 51/08 BFH/NV 2008, 2057). Ausschüttungen an Anteilseigner, die danach im Rückwirkungszeitraum bzw gegen Barabfindung ausscheiden und für die deshalb die Rückwirkungsfiktion (§ 2 Abs 2 UmwStG) nicht greift, stellen Einnahmen nach § 20 Abs 1 Nr 1 EStG dar, die den allgemeinen Besteuerungsgrundsätzen (zB § 3 Nr 40 EStG aF bzw §§ 32 d, 43 Abs 5 EStG oder § 8b KStG) unterliegen. Wird nur ein **Teil der Anteile veräußert,** sind im Rückwirkungszeitraum ausgeschüttete Gewinne im Verhältnis der Nennwerte der veräußerten und der nicht veräußerten Anteile aufzuteilen (BFH IV B 51/08 BFH/NV 2008, 2057; s *UmwStE nF* Rn 02.29).

Bei einer **Umwandlung auf eine Körperschaft** führen **Ausschüttungen** der 389 übertragenden Körperschaft an die Anteilseigner zu Einnahmen nach § 20 Abs 1 Nr 1 EStG, die nach den allgemeinen Grundsätzen (zB § 3 Nr 40 EStG aF bzw §§ 32 d, 43 Abs 5 EStG oder § 8b KStG) besteuert werden. Die Rückwirkungsfiktion des § 2 Abs 1 UmwStG gilt nur für den übertragenden Rechtsträger.

Wie bei einer Umwandlung auf eine PersGes sind auch hier in der steuerlichen 390 Schlussbilanz der **übertragenden Körperschaft** ein **Schuldposten** für vor dem steuerlichen Übertragungsstichtag begründete, aber noch nicht abgeflossene offene oder verdeckte Gewinnausschüttungen sowie ein passiver Korrekturposten für im Rückwirkungszeitraum beschlossene bzw vollzogene offene und verdeckte Gewinnausschüttungen einzustellen (s Rn 376). Aus Vereinfachungsgründen können im Rückwirkungszeitraum erfolgte Gewinnausschüttungen der übernehmenden Körperschaft zugerechnet werden, wenn dadurch die Erhebung der KapESt nach §§ 43ff EStG nicht beeinträchtigt wird (s *UmwStE nF* Rn 02.27).

Bei einer Verschmelzung der Tochter- auf die Muttergesellschaft **(Aufwärtsver-** 391 **schmelzung**) ist die Rückwirkungsfiktion (§ 2 Abs 1 UmwStG) ebenfalls anzuwenden. In diesem Fall sind in den im Rückwirkungszeitraum beschlossenen Gewinnausschüttungen steuerlich unbeachtliche Vermögensübertragungen an die Muttergesellschaft zu sehen (s *UmwStE nF* Rn 02.35).

j) Sondervergütungen. Sondervergütungen, die bei Umwandlungen in eine 392 PersGes ein **verbleibender Gesellschafter** der übertragenden Körperschaft im Rückwirkungszeitraum für die Tätigkeit, die Hingabe von Darlehen oder die Überlassung von Wirtschaftsgütern bezieht (§ 15 Abs 1 Satz 1 Nr 2 2. Hs EStG), sind dem jeweiligen Mitunternehmer der übernehmenden PersGes vorweg als Gewinnanteil zuzurechnen. Diese Gesellschafter der übertragenden Körperschaft werden bereits während des Rückwirkungszeitraums (§ 2 Abs 2 UmwStG) als Mitunternehmer der übernehmenden PersGes behandelt. Die Veräußerung eines Teils der Anteile ist insoweit unschädlich. Vergütungen für Tätigkeiten der Gesellschaft sind danach in vollem Umfang in die Rückwirkung einzubeziehen, da sie von der erbrachten Leistung abhängen (BFH IV B 51/08 BFH/NV 2008, 2057). Diese Regelung findet auf **ausscheidende Anteilseigner** der übertragenden Körperschaft keine Anwendung. Die von diesem bezogenen Sondervergütungen unterliegen den allgemeinen Besteuerungsgrundsätzen (s *UmwStE nF* Rn 02.36).

393 **k) Aufsichtsratvergütungen.** Aufsichtsratvergütungen für den Rückwirkungszeitraum entstehen steuerlich bei der übertragenden Körperschaft und gehen grds als deren Betriebsausgaben nach § 2 Abs 1 UmwStG rückwirkend auf die übernehmenden Rechtsträger über. Für eine übernehmende PersGes ist die Abzugsbeschränkung des § 10 Nr 4 KStG nicht anwendbar. Zum Steuerabzug nach § 50a EStG ist grds der übernehmende Rechtsträger als Rechtsnachfolger iSd § 4 Abs 2 Satz 1 UmwStG verpflichtet.

394 Auf der **Empfängerseite** stellen die erhaltenen Vergütungen Einkünfte nach § 18 Abs 1 Nr 3 EStG dar. Ist dagegen der Empfänger ein verbleibender Gesellschafter, der Gesellschafter der übernehmenden PersGes wird, sind Sondervergütungen iSd § 15 Abs 1 Satz 1 Nr 2 2. Hs EStG gegeben, die dem Gesellschafter vorweg zuzurechnen sind. Denn nach der Rückwirkungsfiktion des § 2 Abs 2 iVm Abs 1 UmwStG werden die verbleibenden Gesellschafter für die Zeit nach dem steuerlichen Übertragungsstichtag als Mitunternehmer der übernehmenden PersGes behandelt (s *UmwStE nF* Rn 02.37).

395 **l) Vermeidung einer Nichtbesteuerung (§ 2 Abs 3 UmwStG).** Bei **grenzüberschreitenden Umwandlungsvorgängen** schränkt § 2 Abs 3 UmwStG die steuerliche Rückwirkung insoweit ein, als in anderen Staaten Einkünfte unbesteuert bleiben und sog weiße Einkünfte entstehen. Vor allem im Fall der Hinausverschmelzung einer Körperschaft ist für die deutsche Besteuerung der spätere Übertragungsstichtag des ausländischen Gesellschaftsrechts maßgebend (s *UmwStE nF* Rn 02.28; *Dötsch/Pung* DB 2006, 2704, 2706). Dies gilt nach **§ 20 Abs 6 Satz 4 UmwStG** auch bei Einbringungen. Zur steuerrechtlichen Rückwirkung bei grenzüberschreitenden Umwandlungsvorgängen s *Goebel/Ungemach/Glaser* DStZ 2009, 854.

396 **m) Beschränkung des Verlustabzugs (§ 2 Abs 4 UmwStG).** § 2 Abs 4 UmwStG idF des JStG 2009 unterbindet die Nutzung von Verlusten sowie den Erhalt des **Zinsvortrags** nach § 4 h Abs 1 Satz 5 EStG sowie einen **EBITDA-Vortrag** nach § 4h Abs 1 Satz 3 EStG aufgrund der steuerlichen Rückwirkungsfiktion des § 2 Abs 1 und 2 UmwStG. Der Ausgleich oder die Verrechnung eines Übertragungsgewinns mit Verlusten und einem Zinsvortrag des übertragenden Rechtsträgers setzen danach voraus, dass dies auch ohne Umwandlung zulässig gewesen wäre. Unbeachtlich ist, ob zB ein schädlicher Beteiligungserwerb iSd § 8 c KStG vor dem Umwandlungsbeschluss oder im Zeitraum danach bis zur Eintragung der Umwandlung gegeben ist (*UmwStE nF* Rn 02.39). Dies gilt bei negativen Einkünften des übertragenden Rechtsträgers im Rückwirkungszeitraum entsprechend. Die Regelung ist grds auf solche Umwandlungen anwendbar, bei denen im Wirtschaftsjahr der Umwandlung ein schädlicher Beteiligungserwerb iSd § 8c KStG vorliegt (*Rödder/Schönfeld* DStR 2009, 560; *Sistermann/Brinkmann* DStR 2008, 2455). Zum Anwendungsbereich des § 2 Abs 4 UmwStG s *Schnittger* DB 2011, 1718.

397 **§ 2 Abs 4 Satz 3 bis 5 UmwStG idF AmtshilfeRLUmsG** schränkt eine **Gewinnnutzung** beim übernehmenden Rechtsträger (Verlustgesellschaft) ein, indem er im Rückwirkungszeitraum eine Verrechnung von Verlusten mit positiven Einkünften des übertragenden Rechtsträgers (Gewinngesellschaft) ausschließt.

Rückwirkung Anh § 7

Danach ist gemäß § 2 Abs 4 Satz 3 UmwStG im Rückwirkungszeitraum der Ausgleich oder die Verrechnung von **positiven Einkünften** des übertragenden Rechtsträgers mit verrechenbaren Verlusten, verbleibenden Verlustvorträgen, nicht ausgeglichenen negativen Einkünften und einem **Zinsvortrag** nach § 4 Abs 1 Satz 5 EStG des übernehmenden Rechtsträgers unzulässig. Dies gilt für eine OrganGes (Satz 4) und eine PersGes als übernehmende Rechtsträger sowie für einen Ausgleich oder eine Verrechnung bei deren Gesellschaftern (Satz 5) entsprechend. Eine **Ausnahme** besteht, wenn der übertragende und übernehmende Rechtsträger vor Ablauf des steuerlichen Übertragungsstichtag verbundene Unternehmen iSd § 271 Abs 2 HGB sind (Satz 6).

2. Verlust der körperschaftsspezifischen Besteuerungsmodalitäten

Dieser vollzieht sich teilweise mit und teilweise ohne Rückwirkung. Die Rückwirkung ist bei der Umwandlung von Körperschaften in PersGes für die Abziehbarkeit von Geschäftsführergehältern und Pensionsrückstellungen zu beachten, die bei einem Personenunternehmen nicht abziehbar sind. Der Altbestand an Pensionsrückstellungen bleibt wie beim Wechsel vom Arbeitnehmer zum Gesellschafter bestehen (BFH I R 142/72 BStBl II 1975, 437; *UmwStE nF* Rn 06.04ff; einschränkend *Paus* FR 1995, 533). Die Rückstellungen dürfen aber nicht erhöht werden. Wird in ein Einzelunternehmen umgewandelt, so ist die Pensionsrückstellung nicht nur einzufrieren, sondern sie ist aufzulösen. Der sich daraus ergebende Gewinn kann im Wege der Rücklage in Höhe der Beteiligungsquote nach § 6 UmwStG auf drei Jahre verteilt werden (*UmwStE nF* Rn 06.07). S dazu auch FG Nürnberg DStRE 2002, 1292 rkr. Eine Abfindung vor den Begünstigten vor Umwandlung ist günstiger, weil dadurch der Betriebsausgabenabzug erhalten bleibt (*Märkle* DStR 1995, 1001). Die Abfindung unterliegt jedoch beim Empfänger keinem begünstigten Steuersatz (BFH XI R 5/91 BStBl II 1993, 27). Das Privileg nach § 9 Nr 7 GewStG entfällt.

398

3. Andere Steuern

Für andere Steuern findet keine Rückwirkung statt (ablehnend für Schenkungsteuer: BFH II R 73/81 BStBl II 1984, 772; aA *Knopf/A. Söffing* BB 1995, 850; vgl für Umsatzsteuer, Grunderwerbsteuer: *Widmann/Mayer* § 2 Rn 225; vgl auch *OFD Bremen* DStR 1986, 124).

399

4. Gesellschafter

Für die Gesellschafter, insb deren Anteilsveräußerung, gilt die Rückwirkung des steuerlichen Übertragungsstichtages nicht (*Dehmer* § 2 Rn 83; *OFD Koblenz* DB 2001, 69). Bei Vermögensübergang auf eine PersGes gelten die Anteile analog § 5 Abs 1 UmwStG am steuerlichen Übertragungsstichtag erworben und nach § 5 Abs 2 oder 3 Umw StG als in das Betriebsvermögen eingelegt. Für die Anteilsveräußerung und den Anteilserwerb im Rückwirkungszeitraum bei Vermögensübergang auf eine Körperschaft gelten die allgemeinen Grundsätze (Rn 1035ff). Der Anteilseigner der übertragenden KapGes wird steuerrechtlich so behandelt, als würden nicht Mitunternehmeranteile, sondern seine (vormaligen) Anteile an der KapGes veräußert; s dazu auch *UmwStE nF* Rn 02.18, 02.20, 05.03, ebenso zur Behandlung von Ausschüttungen Tz 02.25, 02.27 ff; *Krebs* BB 1998, 1609; *Berg* DStR 1999, 1219.

400

(frei) **401–409**

VII. Umwandlungen nach dem UmwStG – Überblick

410 Das UmwStG soll rechtsformneutral Umwandlungen ohne Aufdeckung der stillen Reserven ermöglichen. Dieser Grundsatz wird durch das **UmwStG idF des SEStEG (UmwStG)** im Wesentlichen aufgegeben. Wegen der Ausweitung seines Anwendungsbereichs auf grenzüberschreitende Umwandlungsvorgänge der EU und des EWR verfolgt das UmwStG das vorrangige Ziel, das **Besteuerungsrecht der BRD** hinsichtlich der **vorhandenen stillen Reserven** zu sichern. Teile 2–5 sind auf die Umwandlungsfälle des UmwG ausgerichtet, anhand derer die Vergleichbarkeit ausländischer Vorgänge zu bestimmen ist. Die handelsrechtliche Gesamtrechtsnachfolge oder partielle Gesamtrechtsnachfolge, in der sich das unternehmerische Engagement in anderer Form fortsetzt, ist grds Voraussetzung für die steuerliche Begünstigung des Umwandlungsvorgangs. Die übergehenden Wirtschaftsgüter sind danach grds mit dem gemeinen Wert iSd § 9 Abs 2 BewG anzusetzen. Am Grundsatz der Maßgeblichkeit der Handelsbilanz für die Steuerbilanz hält das UmwStG nicht fest. Es behandelt den Umwandlungsvorgang im Grunde wie eine Liquidation der übertragenden Körperschaft. Der Buchwert bzw ein Zwischenwert kann auf Antrag grds nur dann angesetzt werden, wenn die stillen Reserven betrieblich verstrickt bleiben und das Besteuerungsrecht der BRD gewährleistet ist. Je nachdem, ob danach stille Reserven aufgedeckt werden und deshalb Anschaffungsvorgänge vorliegen, rechnen auch die **Umwandlungskosten** zu den Anschaffungskosten oder zu sofort abziehbaren Betriebsausgaben (*Dieterlen/Schaden* BB 1997, 2297; ähnl *UmwStE nF* Rn 04.34; vgl auch *Schulz* DStR-Beilage 17/1998, 13; BFH I R 83/96 BStBl II 1998, 698).

411 Die **Besteuerung der stillen Reserven** des auf die übernehmende Gesellschaft übertragenen Betriebsvermögens wird grds auf der Ebene des Vermögens des übertragenden Rechtsträgers und dessen Anteilseigner gewährleistet. Bei der **Verschmelzung einer KapGes auf eine PersGes** oder eine natürliche Person sind nach dem 2. Teil des UmwStG die übergehenden Wirtschaftsgüter in der steuerlichen Übertragungsbilanz grds mit dem gemeinen Wert anzusetzen. Zudem haben die Anteilseigner die offenen Rücklagen als Einnahmen aus Kapitalvermögen iSd § 20 Abs 1 Nr 1 EStG zu versteuern (§ 7 UmwStG). Das Übernahmeergebnis ist u.a. gemäß § 4 Abs 5 Satz 2 UmwStG um diese als Kapitalertrag erfassten Gewinnrücklagen zu kürzen. Beim übernehmenden Rechtsträger ergibt sich daher nur in seltenen Fällen ein Übernahmegewinn.

412 In **Inlandsfällen** ist auch der Ansatz der Wirtschaftsgüter mit dem Buchwert oder einem Zwischenwert möglich. Vorbehaltlich der Ausschüttungsfiktion des § 7 UmwStG kann damit wie bisher durch Buchwertfortführung eine Umwandlung ohne Gewinnrealisierung erfolgen. Werden die stillen Reserven aufgedeckt, so erhöht sich grds auch der **Übernahmegewinn.** Dieser ist, soweit er auf eine Körperschaft als Mitunternehmerin der PersGes entfällt, gemäß § 8b Abs 2 KStG steuerfrei, wobei gemäß § 8b Abs 3 KStG 5% des anteiligen Übernahmegewinns als nicht abziehbare Betriebsausgaben gelten (§ 4 Abs 7 Satz 1 UmwStG); diese Pauschalierung ist verfassungsgemäß (BVerfG 1 BvL 12/07 DStR 2011, 598). Zur Unionswidrigkeit der Übergangsregelung zu § 8b Abs 3 KStG s BFH I R 57/06 BStBl II 2011, 66. Im Übrigen ist der Übernahmegewinn gemäß § 4 Abs 7 Satz 2 UmwStG nur zur Hälfte (ab 2009: Teileinkünfteverfahren) anzusetzen (vgl *Schmidt/Heinicke* § 3 „Halbeinkünfteverfahren").

413 Der **Übernahmeverlust** und die diesen ausgleichende Aufstockung (Step-up) bleibt nach § 4 Abs 6 UmwStG unberücksichtigt, soweit er auf eine Körperschaft als Mitunternehmerin der PersGes entfällt. In den Fällen des § 8b Abs 7, 8 KStG ist der Übernahmeverlust bis zur Höhe der Bezüge iSd § 7 UmwStG zu berücksichtigen. Soweit er auf eine natürliche Person als Mitunternehmer entfällt, ist er

Umwandlungen nach dem UmwStG – Überblick **Anh § 7**

zur Hälfte, höchstens in Höhe der Hälfte der Bezüge iSd § 7 UmwStG abziehbar (§ 4 Abs 6 Satz 4 UmwStG). Darüber hinaus ist der Übernahmeverlust nicht abziehbar. Diese Grundsätze gelten gewstrechtlich auch für die übernehmende PersGes (ähnl *Bogenschütz/Striegel* DB 2000, 2547). § 8 Nr 5 GewStG idF des UntStFG beseitigt lediglich die Folgen des Halbeinkünfteverfahrens in § 3 Nr 40 EStG und § 8b Abs 1 KStG für die Zwecke der GewSt. Es wird davon ausgegangen, dass infolge der beibehaltenen § 9 Nr 2 a, 7 und 8 GewStG für die GewStG kein allgemeines Schachtelprivileg wie in § 8b KStG gilt und deshalb ein solches auch nicht über den Umweg des § 8b Abs 6 KStG erzeugt werden soll, wenn eine Körperschaft an einer PersGes beteiligt ist (vgl BRDrs 638/01, 10 und Vermittlungsausschuss in BTDrs 14/7780, 6). An § 4 Abs 7 UmwStG wurde dabei systemwidrig nicht gedacht.

Diese **fakultative Gewinnneutralität** für den Übertragungsgewinn (§ 3 **414** UmwStG; s Rn 146ff) bei Verschmelzung einer Körperschaft auf eine PersGes oder natürliche Person (2. Teil des UmwStG) stellt aufgrund des mit dem UmwStG idF des SEStEG vollzogenen Systemwechsels die **Ausnahmeregelung** vom Grundsatz der Aufdeckung der stillen Reserven durch Ansatz des gemeinen Werts dar. Nach der bisherigen Rechtslage war anstelle des gemeinen Werts grds der Teilwert iSd § 6 Abs 1 Nr 1 Satz 3 EStG anzusetzen (§ 3 Satz 4 UmwStG aF). Zum Betriebsausgabenabzug der GewSt s *Fischer* DStR 2002, 610; *Kessler/Kahl* DB 2002, 1017.

Für die **Verschmelzung oder Vollvermögensübertragung von einer Kör- 415 perschaft auf eine andere** (3. Teil des UmwStG) gelten im Wesentlichen dieselben Grundsätze. Eine gewinnneutrale Vermögensübertragung ist bei Inlandsumwandlungen weiterhin möglich. Die bisher bestehende Rechtsnachfolge in den Verlustabzug nach § 10 d EStG ist gemäß § 12 Abs 3 iVm § 4 Abs 2 UmwStG ausgeschlossen. Zur Anwendung der §§ 11, 12 UmwStG aF auf die Verschmelzung von Sparkassen s *OFD Ffm* DB 2003, 637. Löst die übertragende Körperschaft die stillen Reserven freiwillig oder zwangsweise auf, so wird entgegen der bisherigen Regelung nicht nur der Übertragungsgewinn versteuert. Der Übernahmegewinn, dh die stillen Reserven der Anteile der Übernehmerin bleiben zwar nach Maßgabe des § 8b KStG bei der Umwandlung unversteuert (§ 12 Abs 2 UmwStG). Der Anteilstausch bei den Anteilseignern erfolgt aber grds nicht mehr steuerneutral. Die Anteile an der übertragenden Körperschaft gelten als mit dem gemeinen Wert veräußert (§ 13 Abs 1 UmwStG). Der Übernahmeverlust bleibt zur Vermeidung doppelter Verlustansätze grds wirkungslos (§ 12 Abs 2 Satz 1 UmwStG).

Nicht als **Formwechsel** wie das UmwG, sondern als übertragenden Vorgang **416** behandelt das UmwStG den Formwechsel einer KapGes in eine PersGes (§ 9 UmwStG: übertragende Verschmelzung) bzw aus einer PersHandelsGes in eine KapGes des § 190 UmwG (§ 25 UmwStG: Sacheinlagevorschriften des 8. Teils).

Die **Teile 6 und 7 des UmwStG** lassen auf Antrag eine Gewinnneutralität bei **417** solchen Vermögensübertragungen zu, die sich auch außerhalb der handelsrechtlichen Gesamtrechtsnachfolge oder partiellen Gesamtrechtsnachfolge kennzeichnen als Fortsetzung des unternehmerischen Engagements in anderer Form (Sacheinlage in KapGes, § 20 UmwStG) oder geprägt sind durch die ertragsteuerliche Sicht der Rechtsbeziehungen zwischen einer PersGes und ihren Gesellschaftern (§ 24 UmwStG).

Der **6. Teil** erfasst neben der Verschmelzung auch andere Umwandlungsformen **418** einer PersHandelsGes auf eine KapGes (§ 20 Abs 6 UmwStG) sowie den Formwechsel (§ 25 UmwStG).

Bei der **Sacheinlage** (6. Teil) und dem **Anteilstausch** (§ 21 UmwStG) wird die **419** Buchwertfortführung (oder Zwischenwert, Begriff BFH III R 39/91 BStBl II 1994, 458; II R 13/90 BStBl II 1994, 759) durch die aufnehmende KapGes gestattet. Dafür unterliegen die im Austausch erworbenen Anteile bei einer Veräußerung innerhalb von 7 Jahren einer rückwirkenden Besteuerung (Einbringungsgewinn I/

II). Die Besteuerung als einbringungsgeborene Anteile (§ 21 Abs 1 Satz 1 UmwStG aF) wurde aufgegeben.

420 Im Falle der **Einbringung in eine PersGes** (7. Teil) ist die Buchwertfortführung (oder Zwischenwert, Begriff BFH III R 39/91 BStBl II 1994, 458; II R 13/90 BStBl II 1994, 759) möglich, weil der Einbringende an der PersGes beteiligt wird oder bleibt. Dies gilt nur, soweit das Besteuerungsrecht der BRD am eingebrachten Betriebsvermögen nicht ausgeschlossen oder beschränkt wird.

421–429 *(frei)*

VIII. Verschmelzung (Gesamtrechtsnachfolge) einer Körperschaft auf eine Personengesellschaft oder natürliche Person und Formwechsel einer Kapitalgesellschaft in eine Personengesellschaft (§§ 3ff UmwStG)

1. Rechtsquellen

430 Handelsrecht: § 3 Abs 1 Nr 1 und 2, Abs 2 Nr 2, §§ 46, 56, 120 UmwG. Steuerrecht: 2. Teil: §§ 3–10 UmwStG aF/nF; Verwaltungsanweisungen: *UmwStE aF* BStBl I 1998, 268; *UmwStE nF* BStBl I 2011, 1314.

2. Anwendungsbereich

431 Die Überschrift des 2. Teils des UmwStG spricht vom Vermögensübergang auf eine PersGes oder auf eine natürliche Person und vom Formwechsel in eine PersGes. Die am Vermögensübergang beteiligten Personen werden gemäß § 1 Abs 2 UmwStG durch das UmwG sowie die Rechtsvorschriften eines anderen Mitgliedstaates der EU oder eines EWR-Staates bestimmt.

432 **a) Übertragender Rechtsträger.** § 3 UmwStG regelt die Verschmelzung von einer Körperschaft auf eine PersGes oder auf eine natürliche Person. Übertragende Rechtsträger iS dieser Vorschrift können inländische und vergleichbare ausländische Gesellschaften iSd Art 54 AEUV bzw Art 34 EWR-Abkommen sein, die nach dem Recht eines EU-Mitgliedstaates oder eines EWR-Staates gegründet sind und ihren Sitz (§ 11 AO) sowie ihren Ort der Geschäftsleitung (§ 10 AO) in einem dieser Staaten haben (**doppelte Ansässigkeit**, § 1 Abs 2 Satz 1 Nr 1 UmwStG). Dabei müssen der Gründungs- und der Sitzstaat der übertragenden Gesellschaft nicht identisch sein. Gesellschaften nach Art 54 Abs 2 AEUV sind Gesellschaften des bürgerlichen Rechts und des Handelsrechts einschließlich der Genossenschaften und die sonstigen juristischen Personen des öffentlichen und des privaten Rechts mit Ausnahme derjenigen, die keinen Erwerbszweck verfolgen. Hierbei handelt es sich um einen Begriff des Unionsrechts, sodass iRd Typenvergleichs, der bei ausländischen Gesellschaften vorzunehmen ist, nicht auf das nationale Recht abzustellen ist (s *UmwStE nF* Rn 01.49f). Als übertragende Gesellschaften kommen somit KapGes (zB GmbH, AG, KGaG), eingetragene Genossenschaften, eingetragene Vereine (§ 21 BGB) sowie juristische Personen des öffentlichen Rechts hinsichtlich der Betriebe gewerblicher Art in Betracht.

433 Die Europäische (Aktien-)Gesellschaft (**SE**) und die Europäische Genossenschaft (**SCE**) kommen ebenfalls als übertragende Rechtsträger in Betracht. Sie gelten als nach den Rechtsvorschriften des Staates gegründet, in dessen Hoheitsgebiet sich ihr Sitz befindet (§ 1 Abs 2 Satz 2 UmwStG).

434 Diese Voraussetzungen müssen spätestens am **steuerlichen Übertragungsstichtag** gegeben sein. Bei einer Neugründung im steuerlichen Rückwirkungszeitraum ist der Zeitpunkt der zivilrechtlichen Wirksamkeit der Gründung der Gesellschaft

Verschmelzung (Gesamtrechtsnachfolge) **Anh § 7**

entscheidend. Im Fall einer Umwandlung zur Neugründung ist auf deren zivilrechtliche Wirksamkeit abzustellen (s *UmwStE nF* Rn 01.52). Die Steuerpflicht beginnt in diesen Fällen mit Ablauf des steuerlichen Übertragungsstichtags (s *UmwStE nF* Rn 02.11).

b) Übernehmender Rechtsträger. Die übernehmende **PersGes** muss ebenso 435 eine nach den Rechtsvorschriften eines EU-Mitgliedstaates oder eines EWR-Staates gegründete Gesellschaft iSd Art 54 AEUV bzw Art 34 EWR-Abkommen sein und ihren Sitz (§ 11 AO) sowie ihren Ort der Geschäftsleitung (§ 10 AO) in einem dieser Staaten haben (doppelte Ansässigkeit, § 1 Abs 2 Satz 1 Nr 1 UmwStG). Dies sind grds eine inländische PersHandelsGes (OHG, KG, GmbH & Co KG) sowie PartnerschaftsGes (§ 3 Abs 1 Nr 1 UmwG). Eine Verschmelzung auf eine Kommanditgesellschaft auf Aktien (KGaA, KapGes) ist insoweit nach den §§ 3ff UmwStG möglich, als ein Vermögensübergang in die Vermögenseinlage des Komplementärs gegeben ist (s *Haritz/Menner* UmwStG § 3 Rn 38). Ebenso kommt die Gesellschaft bürgerlichen Rechts iR eines Formwechsels (§ 191 Abs 2 Nr 1 UmwG) als übernehmende Gesellschaft in Betracht.

Auf eine **natürliche Person** kann gemäß § 3 Nr 2 UmwG nur verschmolzen 436 werden, wenn sie als Alleingesellschafter einer KapGes deren Vermögen übernimmt. Weiter ist Voraussetzung, dass sie ihren Wohnsitz (§ 8 AO) oder gewöhnlichen Aufenthalt (§ 9 AO) innerhalb des Hoheitsgebiets eines EU-Mitgliedstaates oder EWR-Staates und nicht aufgrund eines DBA mit einem Drittstaat als außerhalb des Hoheitsgebiets der EU oder eines EWR-Staates ansässig gilt (§ 1 Abs 2 Nr 2 UmwStG; *UmwStE nF* Rn 01.51f).

c) Umwandlungsarten. Für den Umwandlungsteil (2. bis 5. Teil) gilt auch nach 437 dem SEStEG der Grundsatz, dass sich dessen Anwendung nach den **gesellschaftsrechtlichen Umwandlungsvorgängen** richtet. Umwandlungen sind grds nur in den vom UmwG ausdrücklich vorgesehenen Fällen möglich. Eine Anwendung außerhalb dieser Grenzen bedarf einer ausdrücklichen Regelung durch ein anderes Bundes- oder Landesgesetz (zB § 38a LwAnpG, § 6b VermG, einzelne Sparkassengesetze der Länder; s *UmwStE nF* Rn 01.04; 01.07).

Gemäß § 1 Abs 1 Nr 1 u 2 UmwStG ist § 3 UmwStG auf eine Verschmelzung, 438 über § 16 UmwStG auf Auf- und Abspaltungen und über § 9 UmwStG bei einem Formwechsel jeweils einer KapGes anwendbar. Für die Ausgliederung (§ 123 Abs 3 UmwG) gelten die Grundsätze der Einbringung (§ 1 Abs 3 Nr 2 UmwStG). Bei **inländischen** Umwandlungen ist hierfür deren zivilrechtliche Wirksamkeit erforderlich, von der bei registerrechtlichen Entscheidungen grds auszugehen ist s *UmwStE nF* Rn 01.06). Auf **ausländische** Vorgänge zB iFv grenzüberschreitenden Umwandlungsvorgängen ist das UmwG nach den allgemeinen Grundsätzen kollisionsrechtlich nicht anwendbar. Es ist daher deren Vergleichbarkeit mit einer inländischen Umwandlung iSd § 1 Abs 1 Satz 1 Nr 1 u 2 UmwStG hinsichtlich der beteiligten Rechtsträger, der Rechtsnatur bzw Rechtsfolgen des Umwandlungsvorgangs (Strukturmerkmale) und sonstiger Vergleichskriterien zu prüfen (s *UmwStE nF* Rn 01.20ff).

(frei) 439–444

3. Bilanzierung des Übertragenden

a) Steuerliche Schlussbilanz. Die übertragende Körperschaft hat auf den steu- 445 erlichen Übertragungsstichtag, der mit dem Stichtag der handelsrechtlichen Schlussbilanz übereinstimmt (s *UmwStE nF* Rn 02.02), eine steuerliche Schlussbilanz (Übertragungsbilanz) zu erstellen (§ 2 Abs 1 Satz 1, § 9 Satz 2 UmwStG; *UmwStE nF* Rn 03.01). Hierbei handelt es sich um eine eigenständige Bilanz, die neben der Steuerbilanz iSd § 4 Abs 1, § 5 Abs 1 EStG abzugeben ist **(sog Zweibilanzentheo-**

rie). Die Rechtsgrundlagen für die Zweibilanzentheorie finden sich in § 3 Abs 1, § 9 Satz 2 UmwStG bzgl der steuerlichen Schlussbilanz und in den §§ 140, 141 AO mit den jeweiligen Einzelvorschriften bzgl der Steuerbilanz iSd § 4 Abs 1, § 5 Abs 1 EStG (aA *Stimpel* GmbHR 2012, 123). Davon kann abgesehen werden, wenn die Steuerbilanz iSd § 4 Abs 1, § 5 Abs 1 EStG ausdrücklich und unwiderruflich als steuerliche Schlussbilanz erklärt wird und sich beide Bilanzen entsprechen. Diese Erklärung beinhaltet gleichzeitig den Antrag auf Buchwertansatz. Zudem ist eine steuerliche Schlussbilanz entbehrlich, wenn sie für die inländische Besteuerung keine Bedeutung hat, weil keiner der an der Umwandlung beteiligten Rechtsträger der inländischen Besteuerung unterliegt. Stimmt der steuerliche Übertragungsstichtag nicht mit dem Ende des laufenden Wirtschaftsjahres überein, entsteht insoweit beim übernehmenden Rechtsträger ein Rumpfwirtschaftsjahr (§ 8b Satz 2 Nr 1 EStDV; *UmwStE nF* Rn 03.01f).

446 Bei **Auslandsumwandlungen** ist die Übertragungsbilanz für Zwecke der deutschen Besteuerung grds nach den inländischen Vorschriften zu erstellen (s EuGH C-123/11 *A Oy* DStR 2013, 392; *UmwStE nF* Rn 11.02; *Stimpel* GmbHR 2012, 123, 124; *Flick/Gocke/Schaumburg* UmwStE 2011 Rn 03.02). Eine nach ausländischem Steuerrecht erstellte Übertragungsbilanz ist entsprechend § 1 Abs 5 Nr 4 UmwStG ggf durch Zu- und Abrechnungen den **inländischen Vorschriften** anzupassen.

447 Die steuerliche Schlussbilanz ist grds **elektronisch** zu übermitteln (§ 5b Abs 1 EStG; *UmwStE nF* Rn 03.04).

448, 449 *(frei)*

450 b) Verhältnis zur Handelsbilanz. Bei einer Verschmelzung nach dem UmwG hat der **übertragende Rechtsträger** gemäß § 17 Abs 2 UmwG auf den Schluss des Tages, der den handelsrechtlichen Umwandlungsstichtag (§ 5 Abs 1 Nr 6 UmwG) vorangeht, eine handelsrechtliche Schlussbilanz zu erstellen. Dieser Stichtag darf höchstens acht Monate vor der Anmeldung beim Registergericht liegen (§ 17 Abs 2 Satz 4 UmwG; *UmwStE nF* Rn 02.02f). Es gelten die Vorschriften über die Jahresbilanz und deren Prüfung nach den §§ 242ff HGB entsprechend (§ 17 Abs 2 Satz 2 UmwG). Danach kommt es beim übertragenden Rechtsträger nicht zu einer Aufdeckung der stillen Reserven.

451 Gemäß § 24 UmwG hat der **übernehmende Rechtsträger** das übergegangene Vermögen grds mit den Anschaffungskosten iSd § 253 Abs 1 HGB anzusetzen. Er kann jedoch auch die vom übertragenden Rechtsträger in der Schlussbilanz angesetzten Werte fortführen. Der übernehmende Rechtsträger hat somit ein handelsrechtliches Bewertungswahlrecht.

452 Nach dem UmwStG aF ging die *FinVerw* von der **Maßgeblichkeit** der Handelsbilanz iSd § 17 Abs 2 UmwG für die steuerliche Schlussbilanz aus (§ 5 Abs 1 Satz 2 EStG aF; *UmwStE aF* Rn 03.01). Danach wurde das Wahlrecht auf Aufdeckung von stillen Resverven durch die Grundsätze der Wertaufholung nach § 280 Abs 1 HGB eingeschränkt. Dieser Rechtsauffassung ist der BFH in Entscheidungen zum Fall der Formwechsels einer PersGes in eine KapGes (§ 25 Satz 1 iVm § 20 Abs 2 Satz 1 UmwStG 1995; BFH I R 38/04 BStBl II 2006, 568; I R 98/06 BFH/NV 2008, 1756) und einer Verschmelzung auf eine andere KapGes (§ 11 Abs 1 Satz 2 UmwStG 1995; I R 97/06 BFH/NV 2007, 2220) nicht gefolgt. Danach stellt das der übertragenden Körperschaft gemäß § 11 Abs 1 Satz 2 UmwStG 1995 eingeräumte Bewertungswahlrecht eine spezielle Regelung dar, die übereinstimmend mit der formwechselnden Umwandlung nach § 25 Satz 1 iVm § 20 Abs 2 Satz 1 UmwStG 1995 dem Maßgeblichkeitsgrundsatz iSd § 5 Abs 1 Satz 2 EStG aF vorgeht. Die Verwaltung hat sich dem angeschlossen (s *BMF* FR 2006, 842; *OFD Rheinland* GmbHR 2008, 391).

Verschmelzung (Gesamtrechtsnachfolge) **Anh § 7**

Der Maßgeblichkeitsgrundsatz wurde mit dem **SEStEG** aufgegeben (s *UmwStE* 453 *nF* Rn 03.10, 03.25). Die Wirtschaftsgüter in der steuerlichen Schlussbilanz sind danach unabhängig von den Wertansätzen in der Handelsbilanz zu bewerten. Aufgrund der Eigenständigkeit der steuerlichen Ansatz- und die Bewertungsregelug des § 3 UmwStG sind Abweichungen von der Handelsbilanz nicht gemäß § 5 Abs 1 Satz 2 EStG in einem besonderen Verzeichnis zu führen.

Ist die übertragende Körperschaft **an einer PersGes beteiligt,** ist das Wahlrecht 454 nach § 3 Abs 2 Satz 2 UmwStG in der Übertragungsbilanz der Körperschaft und nicht bei der PersGes auszuüben (s *UmwStE nF* Rn 03.28). Zur Schlussbilanz im Konzernabschluss s *Scheunemann* DB 2006, 797.

c) Ansatz des übergehenden Vermögens. Gemäß **§ 3 Abs 1 Satz 1** 455 **UmwStG** sind bei einer Verschmelzung auf eine PersGes oder natürliche Person die übergehenden Wirtschaftsgüter in der steuerlichen Schlussbilanz der übertragenden Körperschaft mit dem gemeinen Wert anzusetzen. Zu den übergehenden Wirtschaftsgütern gehören **sämtliche** aktiven und passiven **Wirtschaftsgüter** der übertragenden Körperschaft.

§ 3 UmwStG ist eine **eigenständige** steuerliche **Ansatz- und Bewertungs-** 456 **vorschrift,** die nicht durch die **Ansatzverbote** des § 5 EStG und Bewertungsgrundsätze des § 6 EStG eingeschränkt wird (s *UmwStE* nF Rn 03.06). Entgegen § 5 Abs 2 EStG sind daher gemäß § 3 Abs 1 Satz 1 UmwStG auch die nicht entgeltlich erworbenen und selbst geschaffenen immateriellen Wirtschaftsgüter wie Geschäftsoder Firmenwert, Patente und Lizenzen anzusetzen. Dies gilt u.a. auch für Drohverlustrückstellungen iSd § 5 Abs 4a EStG. Die steuerlichen Ansatzverbote des § 5 EStG gelten nicht für die steuerliche Schlussbilanz. Dagegen sind die Ansatzverbote des § 5 EStG **bei einer Buchwertfortführung** wegen des erfolgsneutralen Vermögensübergangs nicht ausgesetzt. Dem liegt der Grundsatz der Aufdeckung der stillen Reserven zugrunde (§ 3 Abs 1 UmwStG).

Nach Auffassung der *FinVerw* sind in der **ersten Steuerbilanz** iSd §§ 4 Abs 1, 5 457 Abs 1 EStG nach der Umwandlung die Wertansätze entsprechend § 5 EStG **erfolgswirksam aufzulösen** (*BMF* BStBl I 2011, 627; aA BFH I R 102/08, BStBl II 2011, 566; FG Düsseldorf EFG 2011, 34; *Schmitt/Schloßmacher* UmwStE 2011 Rn 03.06). Durch den Ansatz des übergehenden Vermögens mit dem gemeinen Wert (§ 3 Abs 1 UmwStG) wird bei der übertragenden Körperschaft eine Veräußerung fingiert, die beim übernehmenden Rechtsträger über die Wertverknüpfung (§ 4 Abs 1 UmwStG) wie eine Anschaffung behandelt wird. Beide Vorgänge sind untrennbar miteinander verbunden. Die Aussetzung der Ansatzwahlrechte iSd § 5 EStG für den Veräußerungsvorgang schlägt daher auf die Anschaffung durch. Unabhängig davon, ob der Anschaffungsvorgang zu einer Änderung des Rechtsgrundes hinsichtlich eines Bilanzansatzes (zB angeschaffte Verbindlichkeiten iF einer Drohverlustrückstellung) geführt hat, fehlt für eine spätere Korrektur nach § 5 EStG eines nach § 4 Abs 1 UmwStG zwangsweise ausgewiesenen Bilanzansatzes die überzeugende rechtliche Grundlage. Nach dieser Meinung sind die entgegen § 5 EStG angesetzten Wirtschaftsgüter in der Folgezeit nach den allgemeinen Grundsätzen des § 6 EStG fortzuführen (ähnlich zB *Flick/Gocke/ Schaumburg* UmwStE 2011 Rn 04.16; *Schmitt/Schloßmacher* UmwStE 2011 Rn 03.06; *Stimpel* GmbHR 2012, 123, 127; aA *UmwStE nF* Rn 03.06, 04.16; *BMF* BStBl I 2011, 627). Entsprechend ist im Fall einer Schuldfreistellung (Erwerber verpflichtete sich gegenüber Veräußerer zur Übernahme von zukünftigen Leistungen) die Freistellungsverbindlichkeit in den Folgejahren in Höhe der erbrachten Leistungen erfolgsneutral aufzulösen (BFH I R 102/08 BStBl II 2011, 566; *UmwStE nF* Rn 03.06, 04,16; *BMF* BStBl I 2011, 627; ähnlich *Schmitt/Schloßmacher* UmwStE 2011, Rn 03.06; krit *Flick/ Gocke/Schaumburg* UmwStE 2011 Rn 03.06).

Weiter sind entsprechend § 4 Abs 2 Satz 1 UmwStG steuerfreie **Rücklagen** (§ 6b 458 EStG oder § 7g EStG aF), Rücklagen für **Ersatzbeschaffung** sowie steuerliche

Ausgleichsposten nach § 4g EStG in der steuerlichen Schlussbilanz auszuweisen, wenn die Buchwerte oder Zwischen werte angesetzt werden (s *UmwStE nF* Rn 03.04). Eingeforderte sowie nicht eingeforderte **ausstehende Einlagen** sind nach Auffassung der *FinVerw* in der steuerlichen Schlussbilanz der übertragenden Körperschaft grds nicht zu erfassen. Das gezeichnete Kapital ist insoweit zu kürzen, als es nicht vom gezeichneten Kapital entsprechend § 272 Abs 1 Satz 3 HGB abgesetzt wurde. **Eigene Anteile** der übertragenden Körperschaft, die mit der Wirksamkeit der Umwandlung untergehen, sind nicht in der steuerlichen Schlussbilanz auszuweisen. Ebenso sind gegenüber der übernehmenden Gesellschaft bestehende **Forderungen und Verbindlichkeiten** zu berücksichtigen. Dabei ist unerheblich, dass sie durch die Verschmelzung erlöschen. Soweit Wertberichtigungen durchgeführt wurden, ist zum steuerlichen Übertragungsstichtag eine **Wertaufholung** nach § 6 Abs 1 Nr 2 Satz 3 iVm Nr 1 Satz 4 EStG zu prüfen (s *Schmitt/Schloßmacher* UmwStE 2011 Rn 03.05). Auf einen Übernahmefolgegewinn nach § 6 UmwStG wird verwiesen. Da die **Grunderwerbsteuer** erst mit der Eintragung der Verschmelzung in das Handelsregister entsteht, kann die übertragende Körperschaft für den von ihr zu tragenden Anteil **keine Rückstellung** bilden (BFH I R 22/96 BStBl II 1998, 168; *BMF* BStBl I 2010, 70; s *UmwStE nF* Rn 03.05).

459–464 *(frei)*

465 d) **Zurückbehaltung von Vermögen.** Geht zB bei einer Auf- oder Abspaltung nicht das gesamte Vermögen der übertragenden Körperschaft nach den Verhältnissen zum steuerlichen Übertragungsstichtag auf ein in- oder ausländisches **Betriebsvermögen** über, ist es einschließlich des Geschäfts- und Firmenwerts mit dem gemeinen Wert und die Pensionsrückstellungen mit dem Teilwert iSd § 6a EStG anzusetzen. Der Vermögensübergang wird wie eine Veräußerung behandelt (s.a. *Haritz/Menner* UmwStG § 3 Rn 61).

466–469 *(frei)*

470 e) **Bewertung des übergehenden Vermögens (§ 3 Abs 1 u 2 UmwStG). aa) Ansatz des gemeinen Werts (§ 3 Abs 1 UmwStG).** In der steuerlichen Schlussbilanz der übertragenden Körperschaft, aus der heraus verschmolzen wird (Rn 76), sind die übergehenden Wirtschaftsgüter (Sachgesamtheit) gemäß **§ 3 Abs 1 Satz 1 UmwStG** grds mit dem **gemeinen Wert** (§ 9 Abs 2 BewG) anzusetzen. Durch die grundsätzliche Aufdeckung der stillen Reserven bei der übertragenden Körperschaft wird im Hinblick auf den erweiterten Anwendungsbereich des UmwStG auch auf vergleichbare ausländische Umwandlungsvorgänge das inländische Besteuerungsrecht gewährleistet.

471 Der gemeine Wert wird für die Gesamtheit der übergehenden Wirtschaftsgüter ermittelt und analog § 6 Abs 1 Nr 7 EStG nach dem Verhältnis der Teilwerte auf die einzelnen Wirtschaftsgüter verteilt (*UmwStE nF* Rn 03.07, 03.09). Abzustellen ist dabei auf die Sachgesamtheit und nicht auf das einzelne Wirtschaftgut. Die Ermittlung des gemeinen Werts zum steuerlichen Übertragungszeitpunkt erfolgt nach den Grundsätzen des § 11 Abs 2 BewG (s *UmwStE nF* Rn 03.07, 03.09, 03.12; *Flick/Gocke/Schaumburg* UmwStE 2011 Rn 03.07).

472 Ist der gemeine Wert der Sachgesamtheit niedriger als deren Buchwerte, ist der gemeine Wert anzusetzen (s *UmwStE nF* Rn 03.12). Dies kann zB aufgrund der ausgesetzten Ansatzverbote iSd § 5 EStG bei Ansatz eines Zwischenwerts oder des gemeinen Werts der Fall sein.

473 Die **Pensionsrückstellungen** sind gemäß **§ 3 Abs 1 Satz 2 UmwStG** mit dem Teilwert nach § 6a EStG zu bewerten.

474 Die übergehenden Wirtschaftsgüter können jedoch iR eines Bewertungswahlrechts mit dem Buchwert oder einem höheren Wert mit dem gemeinen Wert als Obergrenze angesetzt werden (§ 3 Abs 2 UmwStG).

475–479 *(frei)*

Verschmelzung (Gesamtrechtsnachfolge) **Anh § 7**

bb) Ansatz des Buchwerts (§ 3 Abs 2 UmwStG). Unter den Voraussetzungen des § 3 Abs 2 UmwStG kann die übertragende Körperschaft auf Antrag das übergehende Vermögen als Sachgesamtheit mit dem Buchwert ansetzen. Buchwert ist der Wert, der sich nach den steuerrechtlichen Vorschriften über die Gewinnermittlung in einer für den steuerlichen Übertragungsstichtag aufzustellenden Steuerbilanz ergibt oder ergäbe (§ 1 Abs 5 Nr 4 UmwStG). Der Wertansatz in der Handelsbilanz ist unbeachtlich. Die Buchwertfortführung ermöglicht ertragsteuerneutrale Umwandlungen von im UmwG (abschließend) geregelten und vergleichbaren ausländischen Umwandlungsvorgängen. **480**

Die Buchwerte sind **einheitlich** für alle übergehenden Wirtschaftsgüter fortzuführen. Ein selektiver Ansatz der Buchwerte ist unzulässig. Unbeachtlich ist, wenn einzelne Gesellschafter der übernehmenden PersGes die Voraussetzungen des § 3 Abs 2 Satz 1 UmwStG nicht erfüllen und deshalb das übergehende Vermögen insoweit mit dem gemeinen Wert anzusetzen ist (s *UmwStE nF* Rn 03.13). In diesen Fällen hat die übertragende Körperschaft die übergehenden Wirtschaftsgüter gesellschafterbezogen einheitlich mit den Buch- oder Zwischenwerten oder dem gemeinen Wert auszuweisen. **481**

Wird ein **Mitunternehmeranteil** an der übernehmenden oder einer anderen Personengesellschft mit übertragen, wird dessen Buchwertansatz durch das auf die übertragende Körperschaft entfallende anteilige Kapitalkonto unter Berücksichtigung etwaiger Ergänzungs- und Sonderbilanzen abgebildet (s *UmwStE nF* Rn 03.10). Denn ein Mitunternehmeranteil ist kein (eigenständiges) immaterielles Wirtschaftgut, sondern verkörpert nach § 39 Abs 2 Nr 2 AO die quotale Berechtigung des Gesellschafters an den zum Gesamthandsvermögen gehörenden Wirtschaftsgütern (st Rspr, BFH IV R 52/08 BStBl II 2011, 261; IV R 3/09 BStBl II 2013, 176). **482**

Ein Buchwertansatz kommt dann nicht in Betracht, wenn der **gemeine Wert** der Sachgesamtheit die **Summe der Buchwerte unterschreitet**. In diesem Fall ist der niedrigere gemeine Wert anzusetzen (*UmwStE nF* Rn 03.12). Dies führt zur Realisierung von (nutzbaren) Verlusten. **483**

(frei) **484–489**

cc) Ansatz eines Zwischenwerts (§ 3 Abs 2 UmwStG). Nach Maßgabe des § 3 Abs 2 Satz 1 UmwStG kann die übertragende Körperschaft durch Ansatz eines Zwischenwerts die stillen Reserven anteilig auflösen. Der Zwischenwert wird der Höhe nach durch den Buchwert und den gemeinen Wert bzw bei Pensionsrückstellungen durch den Teilwert iSd § 6a EStG begrenzt. Innerhalb dieser Wertansätze können sämtliche aktiven und passiven Wirtschaftsgüter mit Ausnahme der Pensionsrückstellung (§ 3 Abs 1 Satz 2 UmwStG) unabhängig von den handelsrechtlichen Ansätzen gleichmäßig und verhältnismäßig um einen einheitlichen Prozentsatz aufgestockt werden. Dies gilt für die nicht entgeltlich erworbenen und selbst geschaffenen immateriellen Wirtschaftsgüter entsprechend. Die Erfassung nicht entgeltlich erworbener und selbst geschaffener immaterieller Wirtschaftsgüter bei Ansatz des gemeinen Werts ist nunmehr in § 3 Abs 1 UmwStG ausdrücklich geregelt (s *UmwStE nF* Rn 03.04, 03.25). **490**

Strittig war nach der **alten Rechtslage**, ob in der Schlussbilanz die stillen Reserven aus den **selbst geschaffenen immateriellen Wirtschaftsgütern** anzusetzen waren (bejahend *Knopf/A. Söffing* BB 1995, 850/4). ME war dies nach dem UmwStG aF zu verneinen, weil § 3 UmwStG aF trotz des geänderten Wortlauts von einem möglichen Buchwert ausging, der in diesen Fällen aber fehlte (glA *Thiel* DB 1995, 1196; *UmwStE aF* Rn 03.07; BFH I R 34/04 BFH/NV 2006, 1099). Die Aufdeckung eines teilweise angeschafften Geschäftswerts in vollem Umfang wurde abgelehnt (BFH III R 45/98 BStBl II 2003, 10; *OFD Rheinland* GmbHR 2008, 391). **491**

Weichen die angesetzten Zwischenwerte von den beantragten ab, ist dies im Gegensatz zum Buchwertansatz bzw Ansatz des gemeinen Werts unschädlich, wenn **492** diese Werte oberhalb der Buchwerte und unterhalb des gemeinen Werts liegen (*UmwStE nF* Rn 03.30).

493, 494 *(frei)*

495 **dd) Aufstockung.** Die Aufstockung der Buchwerte durch Ansatz eines Zwischenwerts ist in der steuerlichen Schlussbilanz gleichmäßig, dh nicht selektiv vorzunehmen (BFH I R 166/78 BStBl II 1984, 747). Sie ist zu empfehlen, um einen nach § 4 Abs 2 Satz 2 UmwStG untergehenden verbleibenden Verlustabzug iSd § 10a GewStG, § 10d EStG zu verbrauchen (Verlustnutzung; BTDrs 12/6885, 16; s Rn 195 ff, 250ff).

496 Ist nach § 4 Abs 6 idF des StSenkG ein Übernahmeverlust nicht mehr ansetzbar, lässt dies § 4 Abs 6 Satz 4 UmwStG nF wiederum bis zur Hälfte der Einnahmen aus Kapitalvermögen iSd § 7 UmwStG nF zu.

497 Anders als der Übernahmegewinn/-verlust unterliegt der Übertragungsgewinn der **GewSt** (§ 18 Abs 2 UmwStG; Rn 146).

498–500 *(frei)*

501 **f) Voraussetzungen des Bewertungswahlrechts (§ 3 Abs 2 UmwStG). aa) Übergang in das Betriebsvermögen (§ 3 Abs 2 Satz 1 Nr 1 UmwStG).** Ein Buch- oder Zwischenwertansatz setzt gemäß § 3 Abs 2 Satz 1 Nr 1 UmwStG voraus, dass das Vermögen des übertragenden Rechtsträgers in das Betriebsvermögen des übernehmenden Rechtsträgers gelangt und eine **spätere Besteuerung** mit einer in- oder ausländischen Einkommen- oder Körperschaftsteuer **gesichert** ist.

502 Daran fehlt es, wenn die übernehmende PersGes **vermögensverwaltend** und nicht gewerblich geprägt ist oder einer ihrer Gesellschafter steuerbefreit ist. Eine subjektive Steuerbefreiung der natürlichen Person als Gesellschafters der PersGes steht insoweit der Buchwertfortführung entgegen (BTDrs 16/2710, 37).

503 Eine übernehmende **gewerblich geprägte PersGes** iSd § 15 Abs 3 Nr 2 EStG verfügt grds über Betriebsvermögen, außer die Wirtschaftsgüter werden privat genutzt. Werden die Anteile der übernehmenden vermögensverwaltenden PersGes (teilweise) in einem in- oder ausländischen Betriebsvermögen gehalten (**sog Zebragesellschaft**), sind die stillen Reserven aufzudecken. Ein Wahlrecht iSd § 3 Abs 2 UmwStG besteht nicht, weil die Wirtschaftsgüter nicht unmittelbar Betriebsvermögen der übernehmenden PersGes werden.

504 Zudem muss die **Besteuerung der Wertsteigerungen** des übertragenden Vermögens bei den **Gesellschaftern** der übernehmenden PersGes mit inländischer oder vergleichbarer ausländischer Einkommen- oder Körperschaftsteuer gewährleistet sein. Dies ist hinsichtlich einer **steuerbefreiten Körperschaft** (zB § 16 Abs 1 Satz 1 REITG) oder eines **steuerbefreiten Zweckvermögens** (zB § 11 Abs 1 Satz 2 InvStG) als Gesellschafter der übernehmenden PersGes nicht gegeben (*UmwStE nF* Rn 03.14ff).

505–509 *(frei)*

510 **bb) Keine Beschränkung des Besteuerungsrechts (§ 3 Abs 2 Satz 1 Nr 2 UmwStG).** Das Bewertungswahlrecht setzt weiter voraus, dass bei den Gesellschaftern der Übernehmerin zum steuerlichen Übertragungszeitpunkt das **deutsche Besteuerungsrecht** an den übertragenen Wirtschaftsgütern **nicht ausgeschlossen oder beschränkt** wird.

511 Das Recht der BRD auf Besteuerung des Gewinns aus der Veräußerung der übertragenen Wirtschaftsgüter bei den einzelnen Gesellschaftern der übernehmenden PersGes bzw bei der übernehmenden natürlichen Person ist subjekt- und objektbezogen zu prüfen (s Rn 535ff).

512–514 *(frei)*

515 **cc) Keine Gegenleistung außer Gesellschaftsrechten (§ 3 Abs 2 Satz 1 Nr 3 UmwStG).** Außerdem scheidet die Ausübung des Bewertungswahlrechts

Verschmelzung (Gesamtrechtsnachfolge) **Anh § 7**

insoweit aus, als dem verbleibenden Anteilseigner der übertragenden Körperschaft oder diesem nahestehenden Personen für den Vermögensübergang neben der Gewährung von Gesellschaftsanteilen eine **Gegenleistung** erbracht wird.

Insoweit ist der gemeine Wert anzusetzen. Als Gegenleistungen kommen **bare** 516 **Zuzahlungen** (zB Spitzenausgleich nach § 54 Abs 3 oder § 68 Abs 3 UmwStG) oder die Gewährung **anderer Vermögenswerte** (zB Darlehensforderungen) durch den übernehmenden Rechtsträger oder diesem nahestehende Personen in Betracht. Diese Leistungen können unabhängig von umwandlungsrechtlichen Regelungen (zB §§ 15, 126 Abs 1 Nr 3 UmwG) erfolgen. Keine Gegenleistungen idS sind der Untergang der Beteiligung an der übertragenden Körperschaft (zB Aufwärtsverschmelzung) oder die Übernahme der KapESt (Entnahme) auf Einnahmen iSd § 7 UmwStG durch die übernehmende PersGes, die in der Schlussbilanz der übertragenden Körperschaft als passiver Korrekturposten auszuweisen ist.

Der **verbleibende Anteilseigner** erzielt in Höhe dieser Gegenleistungen einen 517 Veräußerungserlös, dem die (anteiligen) Anschaffungskosten der Anteile an der übertragenden Körperschaft dagegenzurechnen sind.

Barabfindungen iSd §§ 29, 125 oder 207 UmwG an ausscheidende Anteilseig- 518 ner, die der Umwandlung widersprechen, sind keine Gegenleistungen iSd § 3 Abs 2 Nr 3 UmwStG. Da der **widersprechende Gesellschafter** zivilrechtlich erst nach Wirksamkeit der Umwandlung ausscheidet, fingiert § 5 Abs 1 UmwStG den Erwerb der Anteile an der übertragenden Körperschaft durch die übernehmende Gesellschaft zum steuerlichen Übertragungsstichtag. Die von der übernehmenden PersGes für den Anteilserwerb gezahlten Abfindungen dienen der Durchführung der Umwandlung (s *Schmitt/Schloßmacher* UmwStE 2011 Rn 03.22).

Da **Gegenleistungen**, die **nicht in Gesellschaftsrechten** bestehen, gemäß § 3 519 Abs 2 Satz 2 Nr 3 UmwStG einen Buchwertansatz ausschließen, sind die übergehenden Wirtschaftsgüter in der steuerlichen Schlussbilanz der übertragenden Körperschaft insoweit mindestens mit dem (Gesamt-)Wert der Gegenleistung anzusetzen (§ 3 Abs 1 UmwStG). Durch die anteilige Aufdeckung von stillen Reserven entsteht ein **Übertragungsgewinn,** der sich aus der Differenz zwischen dem Wert der Gegenleistung und den auf die Gegenleistung entfallenden (anteiligen) Buchwerten der übergehenden Wirtschaftsgüter errechnet. Der anteilige Buchwert ergibt sich aus dem Verhältnis des Gesamtwertes der Gegenleistung zum Wert der Sachgesamtheit iSd § 3 Abs 1 UmwStG (s *UmwStE nF* Rn 03.23).

In der steuerlichen Schlussbilanz der übertragenden Körperschaft sind damit die 520 Buchwerte der übergehenden Wirtschaftsgüter um den Übertragungsgewinn **aufzustocken**. Der jeweilige Aufstockungsbetrag ergibt sich aus dem Verhältnis des Übertragungsgewinns zu den gesamten stillen Reserven und stillen Lasten ohne die stillen Lasten der Pensionsrückstellungen, die lediglich mit dem Teilwert zu bewerten sind (s *UmwStE nF* Rn 03.23f mit Bsp).

(frei) 521–524

g) Ausübung des Bewertungswahlrechts (§ 3 Abs 2 UmwStG). Die Aus- 525 übung des Bewertungswahlrechts setzt einen **Antrag** voraus. Dem formlosen und bedingungsfeindlichen Antrag iSd § 3 Abs 2 Satz 2 UmwStG muss entnommen werden können, ob der Buchwert fortgeführt oder der gemeine Wert angesetzt wird. Bei Ansatz eines Zwischenwerts muss der Antrag Angaben zu dessen Höhe oder den Prozentsatz der aufzudeckenden stillen Reserven enthalten. Der für einen Buchoder Zwischenwertansatz erforderliche Antrag gilt regelmäßig mit Abgabe der Schlussbilanz beim Finanzamt der übertragenden Körperschaft als gestellt (§ 3 Abs 2 Satz 2 UmwStG). Wird danach die Steuerbilanz iSd §§ 4 Abs 1, 5 Abs 1 EStG zur steuerlichen Schlussbilanz erklärt, ist darin der konkludente Antrag auf Buchwertfortführung zu sehen, soweit nicht ausdrücklich ein anderer Antrag gestellt wird.

526 Das **Wahlrecht ist** von der übertragenden Körperschaft bzw übernehmenden PersGes als deren Gesamtrechtsnachfolgerin (§ 4 Abs 2 Satz 1 UmwStG) **spätestens** mit Abgabe der steuerlichen Schlussbilanz **einheitlich** für alle übergehenden Wirtschaftgüter auszuüben (s *UmwStE nF* Rn 03.28). Ein erst **nach der Bestandskraft** einer Veranlagung ausgeübtes Wahlrecht stellt eine rückwirkende Sachverhaltsgestaltung und damit ein rückwirkendes Ereignis iSd § 175 Abs 1 Satz 1 Nr 2 AO dar (FG München 6 K 4073/09 EFG 2013, 473).

527 Die Voraussetzungen des § 3 Abs 2 UmwStG müssen **bei jedem Gesellschafter** der übernehmenden PersGes vorliegen. Danach kann es entsprechend der bisherigen Regelung des § 11 Abs 1 Nr 1 UmwStG 1995 bei den einzelnen Gesellschaftern zu einer anteiligen Realisierung der stillen Reserven und damit zu unterschiedlichen Wertansätzen kommen. Dem steht nicht entgegen, dass die übergehenden Wirtschaftsgüter **einheitlich** mit dem Buch- oder Zwischenwert anzusetzen sind (*UmwStE nF* Rn 03.13).

528 Die Körperschaft trägt die **Feststellungslast** dafür, dass die Voraussetzungen für die von ihr beantragten Wertansätze iSd § 3 Abs 2 UmwStG als Ausnahme vom Grundsatz der Aufdeckung der stillen Reserven vorliegen. Stellt sich später heraus, dass der von der übertragenden Körperschaft angesetzte gemeine Wert oder Buchwert unzutreffend ist, ist der Wertansatz in der steuerlichen Schlussbilanz (nachträglich) entsprechend zu **ändern** (§ 175 Abs 1 Nr 2 AO; *UmwStE nF* Rn 03.30). Ist der gemeine Wert der übertragenen Sachgesamtheit geringer als die Buchwerte, ist der gemeine Wert (nachträglich) anzusetzen (*UmwStE nF* Rn 03.12). Ein unzutreffender Zwischenwert kann unverändert beibehalten werden, wenn der Wertansatz über dem Buchwert bzw unterhalb des gemeinen Werts liegt (*UmwStE nF* Rn 03.28ff).

529 Das Wahlrecht nach § 3 Abs 2 Satz 2 UmwStG ist gegenüber dem für die übertragende Körperschaft nach §§ 20, 26 AO **zuständigen Finanzamt** zu erklären. Besteht bei einer **ausländischen Umwandlung** keine entsprechende Zuständigkeit, geht diese (hilfsweise), vorbehaltlich einer abweichenden Zuständigkeitsvereinbarung nach § 27 AO, auf das für die gesonderte und einheitliche Feststellung der Einkünfte der übernehmenden PersGes zuständige Finanzamt über. Ist nur ein Gesellschafter im Inland ansässig oder wird auf eine natürliche Person verschmolzen, verbleibt es bei der Zuständigkeit für diese Personen (§§ 19, 20 AO; *UmwStE nF* Rn 03.27).

530–534 *(frei)*

535 **h) Ausschluss oder Beschränkung des inländischen Besteuerungsrechts.** Das inländische Besteuerungsrecht wird **ausgeschlossen,** wenn die (durch Veräußerung aufgedeckten) stillen Reserven eines übertragenen Wirtschaftsguts in Deutschland nicht mehr besteuert oder nur noch über den Progressionsvorbehalt (§ 32b EStG) berücksichtigt werden können oder entsprechend den Entstrickungstatbeständen in § 4 Abs 1 Satz 3f EStG und § 12 Abs 1 KStG ein Wirtschaftsgut einer inländischen Betriebsstätte in eine ausländische überführt wird (s *BMF* BStBl I 1999, 1076).

536 Eine **Beschränkung** des inländischen Besteuerungsrechts kann nach der Umwandlung durch dessen Begrenzung der Höhe oder dem Umfang nach eintreten. Ein bestehendes Besteuerungsrecht wird zB durch die Anwendung eines DBA mit Anrechnung oder Freistellung ausländischer Einkünfte beeinträchtigt. Dagegen ist weder ein Ausschluss noch eine Beschränkung des Besteuerungsrechts gegeben, wenn die Voraussetzungen für die Anwendung des Progressionsvorbehalts (BTDrs 16/2719, 38) oder die Festsetzung von GewSt entfallen (*UmwStE nF* Rn 03.18f).

537 Abzustellen ist subjekt- und objektbezogen auf die einkommen- und körperschaftsteuerrechtliche Besteuerung des Veräußerungsgewinns aus den übergehenden Wirtschaftsgütern nach den Verhältnissen zum steuerlichen Übertragungsstichtag

Verschmelzung (Gesamtrechtsnachfolge) **Anh § 7**

bei den Gesellschaftern der übernehmenden PersGes bzw der übernehmenden natürlichen Person. Danach ist nach § 3 Abs 2 Nr 2 UmwStG als lex specialis das Besteuerungsrecht zum steuerlichen Übertragungsstichtag maßgebend, während die allgemeinen Entstrickungstatbestände des § 4 Abs 3 Satz 3f EStG bzw § 12 Abs 1 KStG Vorgänge erfassen, die nach diesem Zeitpunkt das Besteuerungsrecht beschränken (s.a. *Schmitt/Schloßmacher* UmwStE 2011 Rn 03.11).

Grenzüberschreitende Umwandlungen haben grds keine abkommensrechtlichen Auswirkungen, weil sich dadurch die Zuordnung der Wirtschaftsgüter zu einer in- oder ausländischen Betriebsstätte noch nicht ändert. Ob eine Änderung der Zuordnung gegeben ist, ist nach den Grundsätzen des *BMF* BStBl I 1999, 1076 bzw BStBl I 2009, 888 zu prüfen. Einschränkungen des Besteuerungsrechts infolge einer Umwandlung sind grds beim Wechsel der Steuerpflicht gegeben (*UmwStE nF* Rn 03.20). 538

Soweit die übertragenen Wirtschaftsgüter auch nach der Verschmelzung **inländisches Betriebsvermögen** sind, bleibt das inländische Besteuerungsrecht grds unberührt. Hinsichtlich ausländischen Betriebsvermögens kann es durch die Verschmelzung zu einem Ausschluss des Besteuerungsrechts kommen, soweit die Gesellschafter der PersGes nicht im Inland ansässig sind (s *Viebrock/Hagemann* FR 2009, 737). 539

(frei) 540–549

i) Inlandsverschmelzung mit Auslandsbezug. Bei einer Verschmelzung einer inländischen Körperschaft mit einer ausländischen Betriebsstätte (Auslandsbezug) auf eine inländische PersGes ist zu unterscheiden: Stellt das DBA die Gewinne aus der Veräußerung von ausländischem Betriebsvermögen von der inländischen Besteuerung frei (Freistellungsmethode), tritt hinsichtlich des inländischen Besteuerungsrechts durch die Verschmelzung keine Änderung ein, wenn bereits bisher abkommensrechtlich die Besteuerung der stillen Reserven durch den Quellenstaat erfolgte (BTDrs 16/2710, 38). 550

Für das ausländische Betriebsvermögen besteht danach gemäß § 3 Abs 2 UmwStG ein Ansatzwahlrecht. Bei der Ermittlung des Übernahmeergebnisses ist jedoch § 4 Abs 4 Satz 2 UmwStG zu beachten. Sieht das DBA die Anrechnungsmethode vor, entfällt bezüglich der beschränkt steuerpflichtigen Gesellschafter der übernehmenden PersGes das bisherige Besteuerungsrecht der BRD hinsichtlich der übertragenden KapGes unter Anrechnung der ausländischen Steuer. In diesem Fall sind die ausländischen Wirtschaftsgüter, soweit beschränkt Steuerpflichtige beteiligt sind, nach § 3 Abs 1 iVm Abs 2 Satz 1 Nr 2 UmwStG mit dem gemeinen Wert anzusetzen. Dies gilt entsprechend, wenn kein DBA mit dem jeweiligen Quellenstaat besteht (s auch *Viebrock/Hagemann* FR 2009, 737). 551

(frei) 552–559

j) Hinausverschmelzung. Eine Hinausverschmelzung einer inländischen Körperschaft auf eine ausländische (transparente) PersGes lässt das deutsche Besteuerungsrecht für die inländische Betriebsstätte unberührt. Hinsichtlich der ausländischen Betriebsstätte der übertragenden Körperschaft ist auf das jeweilige DBA abzustellen. Stellt es den Übertragungsgewinn von der deutschen Besteuerung frei **(Freistellungsmethode),** wird das Besteuerungsrecht der BRD nicht eingeschränkt, da bisher für die ausländische Betriebsstätte kein inländisches Besteuerungsrecht bestand (BTDrs 16/2710, 38). Das ausländische Betriebsvermögen kann daher gemäß § 3 Abs 2 Satz 1 UmwStG mit dem Buchwert oder einem Zwischenwert angesetzt werden. 560

Ist die **Anrechnungsmethode** anzuwenden, geht das deutsche Besteuerungsrecht hinsichtlich des ausländischen Betriebsstättenvermögens insoweit verloren, als dieses auf beschränkt steuerpflichtige Gesellschafter der übernehmenden (transparenten) PersGes entfällt. Das ausländische Betriebsvermögen der übertragenden KapGes ist deshalb gemäß § 3 Abs 1 iVm Abs 2 Satz 1 Nr 2 UmwStG insoweit mit dem 561 gemeinen Wert anzusetzen. Dies gilt entsprechend, wenn kein DBA mit dem Betriebsstättenstaat besteht. S Rn 610.

562–569 *(frei)*

570 k) Hereinverschmelzung. Die Verschmelzung einer ausländischen KapGes auf eine inländische (transparente) PersGes hat grds keine Auswirkung auf die Besteuerung des inländischen Betriebsstättenvermögens der übertragenden KapGes. In der Schlussbilanz der übertragenden KapGes kann es daher auf Antrag ohne Aufdeckung der stillen Reserven mit dem Buchwert angesetzt werden (§ 3 Abs 2 Satz 1 UmwStG).

571 Die **Freistellung** von Gewinnen aus der Übertragung von ausländischem Betriebsvermögen führt auch in diesem Fall zu keinem Ausschluss bzw keiner Beeinträchtigung des deutschen Besteuerungsrechts, weil das Besteuerungsrecht wie bisher beim Quellenstaat verbleibt. Die übertragende ausländische KapGes hat danach ein Ansatzwahlrecht nach § 3 Abs 2 Satz 1 UmwStG.

572 Bei einem DBA mit **Anrechnungsmethode** begründet die Verschmelzung einer ausländischen KapGes auf eine inländise PersGes, soweit an dieser unbeschränkt steuerpflichtige Gesellschafter beteiligt sind, bezüglich des ausländischen Betriebsvermögens ein inländisches Besteuerungsrecht. Das ausländische Betriebsvermögen kann in der Schlussbilanz der übertragenden KapGes wahlweise mit den Buchwerten angesetzt werden. Da das Ansatzwahlrecht sowohl für den unbeschränkt als auch für den beschränkt steuerpflichtigen Gesellschafter besteht, ist es einheitlich für das gesamte ausländische Betriebsvermögen auszuüben (BTDrs 16/2710, 37). Dies gilt entsprechend, wenn kein DBA besteht.

573–579 *(frei)*

580 l) Auslandsverschmelzung mit Inlandsbezug. Wird eine ausländische KapGes auf eine ausländische (transparente) PersGes verschmolzen, ist für die übertragende Gesellschaft eine Schlussbilanz iSd § 3 UmwStG zu erstellen, wenn sie aufgrund eines Inlandsbezugs zB nach §§ 4, 7 UmwStG für die inländische Besteuerung von Bedeutung ist. Dies ist u.a. dann der Fall, wenn ein Mitunternehmer der übernehmenden PersGes beschränkt oder unbeschränkt steuerpflichtig ist (BTDrs 16/2710, 37). Beim unbeschränkt steuerpflichtigen Gesellschafter der übernehmenden PersGes kann es zu einer fiktiven Ausschüttung nach § 7 UmwStG unter Anrechnung der ausländischen Quellensteuer kommen (Art 10 OECD-MA), wenn die Vorschriften des Ansässigkeitsstaats der übertragenden KapGes denen des UmwStG entsprechen (*Hagemann/Jakob/Rohl/Viebrock* NWB Sonderheft 1/2007, 23).

581–589 *(frei)*

590 m) Entstrickung. Mit dem **SEStEG** wurde ein allgemeiner Tatbestand der Entstrickung **eines (einzelnen) Wirtschaftsguts** des Betriebsvermögens in § 4 Abs 1 Satz 3 EStG nF aufgenommen. Danach wird eine Entnahme fingiert, wenn das Besteuerungsrecht der BRD hinsichtlich des Gewinns aus der Veräußerung oder der Nutzung eines Wirtschaftsguts ausgeschlossen oder beschränkt wird (*Prinz* GmbHR 2007, 966; *Goebel/Boller/Ungemach* IStR 2008, 643). Eine entsprechende Regelung enthält § 12 Abs 1 KStG. Eine Verstrickung iF einer Einlage liegt vor, wenn das Besteuerungsrecht der BRD hinsichtlich des Gewinns aus der Veräußerung eines Wirtschaftsguts begründet wird (§ 4 Abs 1 Satz 7 EStG). Dagegen erfasst das **UmwStG** gesellschaftsrechtliche Umwandlungsvorgänge auf der Grundlage des UmwG, die in § 1 Abs 1, 3 UmwStG abschließend aufgezählt sind. Außerdem lässt das UmwStG, soweit das Besteuerungsrecht der BRD ausgeschlossen oder beschränkt war, den Ansatz des übergehenden Betriebsvermögens unter Aufdeckung der stillen Reserven mit dem gemeinen Wert zu (§ 4 Abs 4 Satz 2 UmwStG). Die

Verschmelzung (Gesamtrechtsnachfolge) **Anh § 7**

Vorschriften des UmwStG sind daher als **lex specialis** zu den allgemeinen Entstrickungs- und Verstrickungstatbeständen zu sehen.

Die Überführung von **Einzelwirtschaftsgütern** aus einem inländischen Stammhaus in eine ausländische Betriebsstätte führte entgegen der bisherigen Rspr vor Inkrafttreten des § 6 Abs 5 EStG nicht mehr zu einer gewinnrealisierenden Entnahme iSd § 4 Abs 1 Satz 2 EStG. Denn abkommensrechtlich geht das inländische Besteuerungsrecht von Gewinnen aus der Veräußerung beweglichen Betriebsvermögens der ausländischen Betriebsstätte (Art 13 Abs 2 OECD-MA) nur in jenem Umfang verloren, in dem das Vermögen tatsächlich zuzuordnen ist und in dem die realisierten Gewinne durch die ausländische Betriebsstätte erwirtschaftet wurden (Änderung der Rspr; BFH I R 77/06 BStBl II 2009, 464). Dies galt auch für die Sacheinlage durch eine PersGes in eine Tochter-PersGes oder die Verlegung eines Betriebs in das Ausland, wenn die künftigen Gewinne aus der ausländischen Betriebsstätte im Inland nicht steuerbar oder von der inländischen Besteuerung freigestellt waren (Änderung der Rspr: **Aufgabe der sog finalen Betriebsaufgabe,** BFH I R 99/08 BStBl II 2011, 1019; I R 28/08 BFH/NV 2010, 432; *BMF* BStBl I 2011, 1278). Die fehlende Rechtsgrundlage für die bisherige „Theorie der finalen Entnahme", die der BFH mit dieser Rspr aufgegeben hat (s BFH I R 77/06 aaO), wurde mit der Einfügung des § 4 Abs 1 Satz 3 EStG und des § 12 Abs 1 KStG ab dem VZ 2006 geschaffen. 591

Da diese Rspr der Verwaltungsauffassung, den OECD-Grundsätzen sowie der internationalen Verwaltungspraxis widersprach und wegen der schweren Umsetzbarkeit mit verfassungsrechtlich bedenklichen Vollzugsdefiziten verbunden war, reagierte der Gesetzgeber mit der klarstellenden Regelung des **§ 4 Abs 1 Satz 4 EStG idF des JStG 2010** und stellte die Überführung eines Wirtschaftsguts aus einer inländischen Betriebsstätte in eine ausländische einem Entnahmevorgang gleich. Dies gilt nach § 12 Abs 1 Sätze 1 und 2 KStG für KapGes entsprechend. Ebenso führt die vollständige Verlegung eines Betriebs oder Teilbetriebs ins Ausland nach § 16 Abs 3a EStG idF des JStG 2010 zur sofortigen Aufdeckung der stillen Reserven. Die darauf entfallende Steuer kann in fünf gleichen Jahresbeträgen entrichtet werden (§ 36 Abs 5 EStG idF des JStG 2010). 592

Die Regelung des § 4 Abs 1 Satz 4 EStG wurde vom **EuGH** (v 29.11.2011 C-371/10 *National Grid Indus* DStR 2011, 2334) insoweit bestätigt, als dass bei der **Verlegung des Verwaltungssitzes** einer Gesellschaft der Wegzugsstaat nach Art 49 AEUV eine Steuer auf stille Reserven in den übertragenen Wirtschaftgütern, die auf seinem Hoheitsgebiet entstanden sind, festsetzen kann. Der festgesetzte Steuerbetrag soll jedoch bis zur Realisierung der stillen Reserven im Zuzugsstaat gegen Erhebung von Stundungszinsen bzw Leistung von Sicherheiten gestundet werden können (s *Mitschke* DStR 2012, 629). 593

(frei) 594–599

n) Übertragungsgewinn (§ 3 UmwStG). Bei einer **Inlandsverschmelzung** ist der Gewinn der übertragenden Körperschaft, der sich durch den Ansatz des gemeinen Werts oder bei einer entsprechenden Wahlrechtsausübung ergibt, nach den allgemeinen Grundsätzen kstpfl. Dabei sind gemäß § 8b Abs 2, 3 KStG Werterhöhungen von Anteilen an KapGes unter gleichzeitiger Ausgabenkürzung von 5% steuerfrei gestellt. 600

Ob ein Übertragungsgewinn aus aufgestocktem **ausländischen Betriebsvermögen** steuerpflichtig ist, richtet sich nach dem betreffenden DBA. Zur Wirkungsweise des § 8b KStG s *Schulz* DStR-Beilage 17/1998, 14. Auf einen Übertragungsgewinn aus einer Beteiligung an einer ausländischen KapGes war das Privileg des § 8b Abs 2 KStG aF nicht anzuwenden (*UmwStE aF* Rn 03.05, 03.11). § 8b Abs 2 KStG nF gilt zwar auch für ausländische Beteiligungen (*Töben* FR 2000, 905). Die dort geregelte Steuerfreiheit betrifft aber mE nicht nur gewinnrealisierende Vorgänge 601 der §§ 11, 15 UmwStG (so aber *BMF* BStBl I 2003, 292), sondern auch solche nach § 3 UmwStG (*Füger/Rieger* FR 2003, 543; *Schmitt/Hörtnagl/Stratz* § 3 Rn 81; aA 5. Aufl).

602 Anders als der Übernahmegewinn unterliegt der Übertragungsgewinn der **GewSt** (§ 18 Abs 1 u 2 UmwStG). Die GewStPfl von Gewinnanteilen des Übertragungsgewinns wird durch § 3 UmwStG nicht erweitert. Der Gewinn aus der Aufgabe oder Veräußerung eines Mitunternehmeranteils ist gewstrechtlich der Mitunternehmerschaft zuzuordnen (§ 9 Nr 2 GewStG) und bei dieser kein stpfl Gewerbeertrag. Dies gilt auch insoweit, als ein Übertragungsgewinn einer KapGes auf der Aufdeckung der stillen Reserven beruht, die eine Beteiligung an einer PersGes aufweist, welche durch den Verschmelzungsvorgang entfällt (BFH I R 92/86 BStBl II 1990, 699). S auch *UmwStE aF* Rn 03.10/*nF* Rn 03.12.

603–609 *(frei)*

610 **o) Fiktive Steueranrechnung (§ 3 Abs 3 UmwStG).** Bei einer Umwandlung mit Auslandsbezug **(Hinausverschmelzung)** ist gemäß § 26 KStG eine fiktive ausländische Steuer auf die KSt aus dem Übertragungsgewinn anzurechnen, soweit eine ausländische Betriebsstätte mit übergeht, die BRD die Doppelbesteuerung bei der übertragenden Körperschaft nicht durch die Anwendung der Freistellungsmethode vermeidet und das Besteuerungsrecht Deutschlands hinsichtlich des Gewinns aus der Veräußerung der übertragenen Wirtschaftsgüter bei den Gesellschaftern der übernehmenden Gesellschaft ausgeschlossen oder beschränkt wird (§ 3 Abs 2 Nr 2 UmwStG; *UmwStE nF* Rn 03.32). In diesem Fall ist das Betriebsvermögen der ausländischen Betriebsstätte mit dem gemeinen Wert anzusetzen und die fiktiv anzurechnende Steuer nach den Vorschriften des anderen Mitgliedstaates bei einer gedachten Veräußerung zum Übertragungszeitpunkt zu ermitteln (§ 3 Abs 3 UmwStG iVm Art 10 Abs 2 FusionsRL idF der RL 2009/133/EG). Über die ausländische Körperschaftsteuer, die nach den Grundsätzen des § 26 KStG anzurechnen ist, ist grds beim ausländischen Betriebsstättenstaat Auskunft (§ 117 AO) einzuholen (*UmwStE nF* Rn 03.32).

611 **Gewstrechtlich** ist in diesem Fall der Gewerbeertrag analog § 9 Nr 3 GewStG um den auf die ausländische Betriebsstätte entfallenden Übertragungsgewinn zu kürzen.

612–619 *(frei)*

620 **p) Körperschaftsteuererhöhung (§ 10 UmwStG aF).** Das zum 31.12.2006 festgestellte KSt-Guthaben wird in den Jahren 2008 bis 2017 in gleichen Jahresbeträgen ausgezahlt. Der grds zu diesem Zeitpunkt entstehende Auszahlungsanspruch (§ 37 Abs 5 Satz 3 KStG) ist in der Handels- und Steuerbilanz der übertragenden Körperschaft mit dem Barwert gewinner höhend zu aktivieren und bei der Einkommensermittlung außerhalb der Bilanz zu neutralisieren (§ 37 Abs 7 KStG; BFH I B 16/08 BStBl II 2008, 886). Entsprechend ist beim jährlich zu erfassenden Zinsanteil zu verfahren. Diese Regelung gilt nur für die übernehmende Körperschaft als Gesamtrechtsnachfolgerin, nicht jedoch bei einer Verschmelzung auf eine PersGes oder natürliche Person (§ 37 Abs 7 KStG). In diesen Fällen führt die erfolgswirksame Aktivierung des Auszahlungsanspruchs in der Übertragungsbilanz iHd Barwerts zu einer höheren offenen Rücklage und damit bei den Gesellschaftern der übertragenden Körperschaft zu Kapitaleinkünften nach § 7 UmwStG iVm § 20 Abs 1 Satz 1 Nr 1 EStG. Die übernehmende PersGes bzw natürliche Person hat den Anzahlungsanspruch mit den Anschaffungskosten zu aktivieren. Dieser mindert sich um den Tilgungsanteil der jährlichen Ratenzahlung. Der Zinsanteil ist gewinnerhöhend zu erfassen. Seine Neutralisierung ist unzulässig (§ 37 Abs 7 KStG; s *BMF* BStBl I 2008, 280; *Hohenheim* DStR 2008, 381). Zur Abwärtsverschmelzung zur Auskehrung von Liquidität und gleichzeitiger Vermeidung der Nachversteuerung des EK 02 s *OFD Koblenz* FR 2006, 439. § 10 UmwStG wurde **mit dem JStG 2008 aufgehoben,**

Verschmelzung (Gesamtrechtsnachfolge) **Anh § 7**

zur Weiteranwendung s § 27 Abs 5 UmwStG idF des JStG 2008 (*UmwStE nF* Rn 10.01).

Nach § 54 Abs 9 Satz 1 KStG 1999 idF des StBereinG 1999 waren Teile des **621** Übernahmegewinns aus der Umwandlung von KapGes in PersGes im VZ 1999 mit einem Steuersatz von 45% – anstatt mit 40% – zu versteuern. Wegen Missachtung des verfassungsrechtlichen Parlamentsvorbehalts hat der BFH beschlossen, die Entscheidung des BVerfG einzuholen (BFH I R 33/05 BStBl II 2010, 63; Verfahren BVerfG 2 BvL 1/09).

(frei) **622–629**

4. Bilanzierung des Übernehmenden (§ 4 UmwStG)

a) Handelsbilanz. Handelsrechtlich kann der übernehmende Rechtsträger die **630** Schlussbilanzwerte als Anschaffungskosten des § 253 Abs 1 HGB ansetzen (§ 24 UmwG). § 24 UmwG („kann") kann als ein handelsrechtliches Wahlrecht verstanden werden (BTDrs 12/6699). Dem steuerrechtlichen Zwang zur Wertverknüpfung widerspricht dies nicht. Da das Wahlrecht in einer späteren steuerlichen Schlussbilanz und in einer damit korrespondierenden steuerlichen Eröffnungsbilanz nicht auch handelsrechtlich gewährleistet sein muss (BFH VIII R 69/86 BStBl II 1992, 385; str, aA *Biener* StbJb 1995/96, 52; *UmwStE aF* Rn 03.02), ist mE auch im umgekehrten Fall ein handelsrechtliches Wahlrecht (nach § 24 UmwG) auch ohne steuerrechtliches möglich, wenn es sich um eine korrespondierende Eröffnungsbilanz handelt (glA *Patt/Rasche* DStR 1994, 841; ähnl *Knop/Willich-Neersen/Küting* BB 1995, 1023; *Herzig* FR 1997, 123; *Haritz/Paetzold* FR 1998, 352; *Mentel* DStR-Beilage 17/1998, 9; aA *Fischer* DB 1995, 485).

Bei einem **Verschmelzungsverlust** wird handelsrechtlich die zwangsweise Auf- **631** stockung für möglich gehalten (*Fischer* DB 1995, 485). Aus dem höheren handelsrechtlichen Kapital können Ausschüttungen erfolgen, die dann aber als steuerrechtliche Entnahmen aus einem erst aufzustockenden Kapital erscheinen und deshalb eine Aufdeckung steuerlicher stiller Reserven erfordern. Strittig ist, ob die offenen stillen Reserven, dh die Differenz zwischen dem Buchwert der untergehenden Anteile und den Buchwerten des übernommenen Vermögens, handelsrechtlich beim übernehmenden Rechtsträge als Ertrag ausgewiesen werden muss (vgl *Schmitt/Hülsmann* BB 2000, 1563) oder in eine Kapitalrücklage einzustellen sind.

(frei) **632–634**

b) Steuerliche Eröffnungsbilanz. Bei Vorgängen des § 3 UmwStG hat die **635** übernehmende PersGes oder natürliche Person in ihrer steuerlichen Anfangsbilanz die auf sie übergehenden Wirtschaftsgüter mit den Werten aus der steuerlichen Schlussbilanz der übertragenden Körperschaft zu übernehmen (**Wertverknüpfung;** § 4 Abs 1 UmwStG). Diese Schlussbilanz entscheidet über die fakultative Aufdeckung der stillen Reserven. Ob auch selbst geschaffene nicht aktivierte immaterielle Wirtschaftsgüter wie etwa der Firmenwert anzusetzen sind, war bislang str (verneinend *Blumers/Marquardt* DStR 1994, 1869/1872; *OFD Rheinland* GmbHR 2008, 391). ME lieferte auch § 4 Abs 6 UmwStG aF keinen Beleg hierfür (glA *Wochinger/Dötsch* DB-Beilage 14/1994, 6 FN 9). Zwar war in § 4 Abs 6 UmwStG aF von übergegangenen Wirtschaftsgütern und selbst geschaffene immaterielle Wirtschaftsgüter die Rede, was auch auf nicht aktivierte, weil selbst geschaffene immaterielle Wirtschaftsgüter, zutrifft. Unberührt bleibt aber § 4 Abs 1 UmwStG aF, der die Schlussbilanz der übertragenden Körperschaft anspricht. In dieser sind solche selbst geschaffenen immateriellen Güter nicht anzusetzen.

In der steuerlichen **Schlussbilanz** der übertragenden Körperschaft sind nunmehr **636** **gemäß § 3 Abs 1 Satz 1 UmwStG nF** die übergehenden Wirtschaftsgüter einschließlich nicht entgeltlich erworbener und selbst geschaffener Wirtschaftsgüter zu erfassen. Ist die übertragende Körperschaft an der übernehmenden PersGes (Tochtergesellschaft) beteiligt, gehen auch die der übertragenden Körperschaft anteilig zuzurechnenden Wirtschaftsgüter an der übernehmenden PersGes über (down-stream merger; *UmwStE nF* Rn 04.02). Dies gilt auch für die zum steuerlichen Übertragungsstichtag bestehenden **Wahlrechte** (zB Rücklage nach § 6b EStG). Diese können von der übernehmenden PersGes unabhängig von der handelsrechtlichen Behandlung an den nachfolgenden Bilanzstichtagen ausgeübt werden (*UmwStE nF* Rn 04.04).

637 Die **Pensionsrückstellungen** sind mit dem Teilwert iSd § 6a Abs 3 Satz 2 Nr 1 EStG anzusetzen, wobei für den Gesellschafter-Geschäftsführer wegen § 15 Abs 1 Satz 1 Nr 2 EStG für die Zeit nach dem Umwandlungsstichtag in der Sonderbilanz eine Korrektur vorzunehmen ist (*BayLfSt* BB 2009, 2404). Dadurch entstehen grds latente Lasten, weil der Ansatz nach § 6 a EStG regelmäßig zu einer Unterbewertung der Pensionsrückstellungen führt. Wegen der zu beachtenden Wertverknüpfung sind die Wertansätze dieser Wirtschaftsgüter in der Schlussbilanz der übertragenden Körperschaft gemäß § 4 Abs 1 UmwStG in die Übernahmebilanz zu übernehmen. Ein Rückdeckungs anspruch gegen eine Rückdeckungsversicherung ist auch nach der Umwandlung einer GmbH in eine PersGes in vollem Umfang zu aktivieren, soweit er auf die vor der Umwandlung erdienten Pensionsanwartschaften entfällt. Die damit korrespondierenden Versicherungsprämien sind gewinnmindernd und die Auszahlung des Versicherungsanspruchs gewinnerhöhend zu erfassen (FG Köln 8 K 1874/06 EFG 2008, 871 rkr).

638, 639 *(frei)*

640 **c) Steuerliche Rechtsnachfolge (§ 4 Abs 2 UmwStG).** Der übernehmende Rechtsträger tritt in die steuerliche Rechtsstellung der übertragenden Körperschaft ein. Dies gilt auch für die **AfA**. Sie folgen dem Prinzip der steuerrechtlichen Gesamtrechtsnachfolge (§ 4 Abs 2 Satz 1 UmwStG), wobei eine Anschaffung auch dann nicht angenommen wird, wenn in der Schlussbilanz der übertragenden Körperschaft höhere als die Buchwerte angesetzt worden sind (§ 4 Abs 3 Satz 1 UmwStG). Bei beweglichen und immateriellen Wirtschaftsgütern sind die aufgestockten Werte nach den für nachträgliche Anschaffungskosten geltenden Grundsätzen auf die Restnutzungsdauer, die nach den Verhältnissen am steuerlichen Übertragungsstichtag neu zu schätzen ist (*UmwStE nF* Rn 04.02), abzuschreiben (BFH IV R 73/02 BStBl II 2008, 407). Der Geschäfts- oder Firmenwert ist grds gemäß § 7 Abs 1 Satz 3 EStG nach der bisherigen Bemessungsgrundlage ggf vermehrt um einen Aufstockungsbetrag einheitlich auf 15 Jahre zu verteilen.

641 Bei **Gebäuden** ist die **AfA** nach § 4 Abs 2 UmwStG von der bisherigen Bemessungsgrundlage mit den gesetzlichen AfA-Sätzen vorzunehmen, wobei diese Werte jeweils um die in der Schlussbilanz der Übertragenden aufgedeckten stillen Reserven aufzustocken sind. Überschreitet der Abschreibungszeitraum die gesetzliche Nutzungsdauer bis zum Verbrauch des AfA-Volumens, kann die AfA nach der Restnutzungsdauer des Gebäudes bemessen werden (*UmwStE nF* Rn 04.10).

642 Die **Bewertungsobergrenzen** iSd § 6 Abs 1 EStG bestimmen sich zu den folgenden Bilanzstichtagen nach den fortgeführten ursprünglichen Anschaffungs- oder Herstellungskosten erhöht um Zuschreibungen zum steuerlichen Übertragungsstichtag (*UmwStE nF* Rn 04.11).

643 Die Vermögensübernahme ist keine begünstigte Anschaffung iSd **§ 6b EStG** und **§ 7g EStG**. Dies ist Ausfluss der steuerlichen Rechtsnachfolge des übernehmenden Rechtsträgers iSd § 4 Abs 2 Satz 1 UmwSt hinsichtlich des übernommenen Vermögens. Der beim übernehmenden Rechtsträger angenommene Anschaffungsvorgang beruht auf der Aufdeckung von stillen Reserven beim übertragenden Rechtsträger. Daran fehlt es, wenn wie im Regelfall, das Vermögen erfolgsneutral zu Buchwerten übergeht. Außerdem soll in diesem Fall nicht die Möglichkeit zur Verwirklichung von steuerlichen Vorteilen eröffnet werden (*UmwStE nF* Rn 04.14).

Verschmelzung (Gesamtrechtsnachfolge) **Anh § 7**

Aufgrund der steuerlichen Rechtsnachfolge iSd § 4 Abs 2 Satz 1 UmwStG werden **644** gem § 4 Abs 2 Satz 3 UmwStG **Vorbesitzzeiten** (zB § 6b EStG, § 9 Nr 2 a und 7 GewStG) und **Behaltefristen** (zB § 7g EStG oder InvZulG) unverändert vom übernehmenden Rechtsträger fortgeführt (sog Fußstapfentheorie). Dies gilt auch für ein bestehendes **Organschaftsverhältnis,** wenn der übernehmende Rechtsträger die Voraussetzungen eines Organträgers nach § 14 Abs 1 Satz 1 Nr 2 KStG erfüllt (*UmwStE nF* Rn 04.15, Org 01, 10).

Die **Bilanzansätze,** die in der steuerlichen Schlussbilanz der übertragenden Kör- **645** perschaft **entgegen § 5 EStG** ausgewiesen werden, sind nach Auffassung der *FinVerw* in der Folgezeit in der Steuerbilanz des übernehmenden Rechtsträgers gemäß § 5 EStG **erfolgswirksam aufzulösen** (*UmwStE nF* Rn 04.16). Dies ist mE **nicht systemgerecht.** Bei Umwandlungen geht das Vermögen durch (fiktive) Anschaffungsvorgänge auf den übernehmenden Rechtsträger über (zB BFH I 97/02 BStBl II 04, 686; *UmwStE nF* Rn 00.02). Dabei bestimmt das UmwStG für die einbezogenen Umwandlungsvorgänge einen eigenständigen und sondergesetzlichen Rechtskreis, der den allgemeinen Gewinnermittlungsvorschriften vorgeht (BFH I 24/12 DStR 2013, 582). Nach dem Prinzip der bilanziellen Neutralität von Anschaffungsvorgängen ist der Anschaffungsvorgang iRd Umwandlung erfolgsneutral zu bewerten. Dies gilt unabhängig davon, ob der Bilanzansatz in der Steuer- bzw Übernahmebilanz nach § 5 EStG einem Ausweisverbot unterliegt, auch für einen übernommenen Passivposten (zB BFH I R 69/11 DStR 2013, 570 für Pensionsrückstellungen; I R 102/08 BStBl II 2011, 566 für sog Drohverlustrückstellungen). Die nach dem Grundsatz der Wertverknüpfung zu übernehmenden Wertansätze (Anschaffungskosten) sind aufgrund des abschließenden Charakters des UmwStG für die allgemeinen Gewinnermittlungsvorschriften hinsichtlich der Übernahmebilanz und der daran anschließenden Folgebilanzen bindend. Nach dieser Ansicht sind die Wertansätze in der steuerlichen Übernahmebilanz in den Folgebilanzen entsprechend den allgemeinen Grundsätzen der §§ 5, 6 EStG fortzuentwickeln. Das geltende Anschaffungskostenprinzip schließt mE insoweit eine (erfolgswirksame) Korrektur von Bilanzansätzen in der folgenden Steuerbilanz aus. Schließlich kann durch den Vermögensübergang eine Änderung hinsichtlich des Schuldners oder des Rechtsgrundes der jeweiligen vertraglichen Verpflichtung eintreten, die eine andere steuerliche Behandlung erfordert. Zur Übername von schuldrechtlichen Verpflichtungen s *BMF* BStBl I 2011, 627. Ein in der steuerlichen Schlussbilanz nach § 3 Abs 1 Satz 1 UmwStG anzusetzender originärer Geschäfts- und Firmenwert gilt aufgrund der Umwandlung als angeschafft und ist grds nach § 7 Abs 1 Satz 3 EStG auf die Nutzungsdauer von 15 Jahren zu verteilen (*UmwStE nF* Rn 03.06).

Die Aufdeckung von stillen Reserven nach § 3 Abs 1 UmwStG durch die übertra- **646** gende Körperschaft führt, soweit diese an der übernehmenden PersGes beteiligt ist, zur **Aktivierung des Aufstockungsbetrags,** die in deren Ergänzungsbilanz bei der übernehmenden PersGes vorzunehmen ist (*UmwStE nF* Rn 04.17).

Zur **Verlustnutzung** s Rn 250ff und zum **Zinsvortrag** (§ 4h Abs 1 Satz 5 EStG) **647** sowie **EBITDA-Vortrag** (§ 4h Abs 1 Satz 3 EStG) s Rn 347.

(frei) **648, 649**

d) Übernahmeergebnis (§ 4 Abs 4, 5 UmwStG). Ein Übernahmeergebnis ist **650** **nur** für die **Anteile** an der übertragenden Gesellschaft zu ermitteln, die zum steuerlichen Übertragungsstichtag zum **Betriebsvermögen** (einschließlich Sonderbetriebsvermögen) des übernehmenden Rechtsträgers gehören oder dessen Betriebsvermögen nach § 5 UmwStG oder § 27 Abs 3 Nr 1 UmwStG zugerechnet werden (s *UmwStE nF* Rn 04.18).

Im **Privatvermögen** gehaltene Anteile, die die Voraussetzungen des **§ 17 EStG** **651** nicht erfüllen, bleiben insoweit unberücksichtigt. Der auf diese Anteile entfallende Wert der übergehenden Wirtschaftsgüter bleibt gemäß § 4 Abs 4 Satz 3 UmwStG bei der Ermittlung des Übernahmeergebnisses außer Ansatz. Sie unterliegen jedoch der grds Besteuerung der anteiligen offenen Rücklagen nach § 7 UmwStG (*UmwStE nF* Rn 04.25).

652 Die Anteile an der übertragenden Körperschaft von **beschränkt steuerpflichtigen Gesellschaftern** iSd § 17 EStG gelten als in das Betriebsvermögen der übernehmenden PersGes eingelegt. Das Besteuerungsrecht des dadurch entstehenden Übernahmegewinns richtet sich nach dem jeweiligen DBA (s *Schmitt/Schloßmacher* UmwStE 2011 Rn 04.25).

653 Ist der übernehmende Rechtsträger an der übertragenden Körperschaft beteiligt (**zB Aufwärtsverschmelzung**), ist gemäß § 4 Abs 1 Satz 2 UmwStG der Buchwert dieser am steuerlichen Übertragungsstichtag im Betriebsvermögen gehaltenen Anteile um vorgenommene Teilwertabschreibungen sowie um Abzüge nach § 6 b EStG und ähnliche Abzüge, höchstens bis zum gemeinen Wert, zu erhöhen. Dieser Wert bildet die Grundlage für die Ermittlung des Übernahmeergebnisses nach § 4 Abs 4 UmwStG. Eine **Wertaufholung entfällt**, soweit bis zum Ablauf des steuerlichen Übertragungsstichtags eine solche nach § 6 Abs 1 Nr 2 Satz 3 iVm § 6 Abs 1 Satz 4 EStG vorgenommen oder die Rücklage nach § 6b Abs 3 EStG gewinnerhöhend aufgelöst wurde (*UmwStE nF* Rn 04.07). Durch die Wertaufholung werden auf die Anteile der KapGes übertragene stille Reserven nach § 6 b EStG und vorgenommene Teilwertabschreibungen, deren Grund durch die Gesamtrechtsnachfolge entfällt, rückgängig gemacht. Gleichzeitig wird eine Umgehung des allgemeinen Wertaufholungsgebots nach § 6 Abs 1 Nr 1 Satz 4, Nr 2 Satz 3 EStG durch eine steuerlich rückwirkende Umwandlung unterbunden.

654 Der hieraus erzielte **Beteiligungskorrekturgewinn**, der vor der Vermögensübertragung bzw Einlagefiktion des § 5 UmwStG entsteht, unterliegt als **laufender Gewinn** des übernehmenden Rechtsträgers der vollen Besteuerung (§ 4 Abs 1 Satz 3 iVm § 8b Abs 2 Satz 4 u 5 KStG, § 3 Nr 40 Satz 1 Buchst a, Satz 2 u 3 EStG). Diese Regelung folgt dem von der Verwaltung vertretenen Grundsatz, dass bei Anwendung des § 8b Abs 2 Satz 4 KStG eine Wertaufholung solange in voller Höhe stpfl ist, bis die steuerlich anerkannte Teilwertabschreibung vollständig rückgängig gemacht worden ist (*Dötsch/Pung* DB 2006, 2704, 2710; *UmwStE nF* Rn 04.07; aA BFH I R 2/09 BStBl II 2010, 760, wonach hinsichtlich § 8b Abs 2 Satz 4 KStG 2002 Wertaufholungen zunächst mit nicht steuerwirksamen und erst dann mit steuerwirksamen Teilwertabschreibungen zu verrechnen sind; *Schmitt/Schloßmacher* UmwStE 2011 Rn 04.07).

655 Der Beteiligungskorrekturgewinn aufgrund einer Wertaufholung nach § 4 Abs 1 Satz 2 UmwStG gehört gemäß § 18 Abs 1 Satz 1 UmwStG zum **Gewerbeertrag** der übernehmenden PersGes.

656 Die Umwandlung führt bei der übernehmenden PersGes bzw deren Gesellschaftern zu einer **fiktiven Ausschüttung** der offenen Rücklagen der übertragenden Körperschaft (Dividendenanteil iSd § 20 Abs 1 Nr 1 EStG, § 7 UmwStG) **und** zu einem Übernahmegewinn/-verlust (**Veräußerungsteil**). Dabei mindern gemäß § 4 Abs 5 Satz 2 UmwStG die Bezüge iSd § 7 UmwStG das Übernahmeergebnis (s *UmwStE nF* Rn 04.38).

657–659 *(frei)*

660 **e) Ausschüttungsfiktion (§ 7 UmwStG).** Gemäß § 7 UmwStG werden jedem Anteilseigner der übertragenden Körperschaft, der Gesellschafter der übernehmenden PersGes wird, die in der Schlussbilanz der übertragenden Körperschaft ausgewiesenen offenen Rücklagen entsprechend seiner Beteiligungsquote als **Einnahmen aus Kapitalvermögen** iSd § 20 Abs 1 Nr 1 EStG (Dividenden) mit Ablauf des steuerlichen Übertragungsstichtags zugerechnet (s bisher § 7 UmwStG aF). Die Besteuerung der offenen Rücklagen erfolgt bei **allen verbleibenden Anteilseignern** unabhängig davon, ob sie im Inland der unbeschränkten oder beschränkten

Verschmelzung (Gesamtrechtsnachfolge) **Anh § 7**

Steuerpflicht unterliegen oder die Anteile im Betriebs- oder Privatvermögen gehalten werden (§ 7 Satz 2 UmwStG; *UmwStE nF* Rn 07.02). Die Regelung gilt für **inländische Umwandlungen** oder **vergleichbare ausländische Vorgänge** iSd § 1 Abs 1 UmwStG.

Die **Bezüge nach § 7 UmwStG** sind anhand des in der Steuerbilanz der übertra- 661 genden KapGes zum steuerlichen Übertragungsstichtag ausgewiesenen Eigenkapitals abzüglich bestehender Ausschüttungsverbindlichkeiten und passiver Korrekturposten (s *UmwStE nF* Rn 02.25ff) zu **ermitteln.** Das steuerliche Eigenkapital erhöht sich grds durch die Aufdeckung von stillen Reserven in der steuerlichen Schlussbilanz der übertragenden KapGes in Höhe des dadurch entstehenden Übertragungsgewinns. Ausstehende Einlagen auf das Nenn- und Fremdkapital (Rückstellungen und Verbindlichkeiten) bleiben unberücksichtigt. Das korrigierte Eigenkapital ist um den Bestand des steuerlichen Einlagenkontos nach einer fiktiven Nennkapitalherabsetzung iSd § 29 Abs 1 u 6 KStG zu mindern (*UmwStE nF* Rn 07.03f).

Das **verbleibende Eigenkapital** ist den **Anteilseignern** im Verhältnis ihrer 662 Anteile zu dem um die eigenen Anteile gekürzten Nennkapital der übertragenden Körperschaft zuzurechnen. Entscheidend ist die Höhe der jeweiligen Beteiligung zum Zeitpunkt der Eintragung der Verschmelzung in das Handelsregister. Bis dahin **ausgeschiedene Gesellschafter** bleiben bei der Ermittlung der Bezüge nach § 7 UmwStG unberücksichtigt (*UmwStE nF* Rn 07.02, 02.20).

Gewinnausschüttungen, die diesen nach dem steuerlichen Umwandlungsstich- 663 tag zufließen, sind als Einkünfte aus Kapitalvermögen iSd § 20 Abs 1 Nr 1 EStG zu behandeln (*UmwStE nF* Rn 02.33). Ausschüttungen während des Rückwirkungszeitraums an bisherige ausscheidende Anteilseigner, sind vor der Rückwirkungsfiktion stets, diesen iRd Gewinnverteilung vorweg zuzurechnen (*UmwStE nF* Rn 07.06).

Die **Einnahmen iSd § 7 UmwStG** gelten den verbleibenden Gesellschaftern 664 des übertragenden Rechtsträgers mit Ablauf des steuerlichen Übertragungsstichtags als **zugeflossen.** Die Besteuerung erfolgt damit in dem Veranlagungszeitraum, in dem das Wirtschaftsjahr endet, in das der steuerliche Übertragungsstichtag fällt (*UmwStE nF* Rn 02.04). Bei den Gesellschaftern der übernehmenden PersGes, deren Anteile nach § 5 Abs 2 oder 3 UmwStG als in das Betriebsvermögen eingelegt oder überführt gelten, gehören diese Bezüge iSd § 7 UmwStG und das anteilige Übernahmeergebnis zu den **gewerblichen Einkünften** iSd § 15 Abs 1 Nr 2 EStG und sind als solche bei der übernehmenden PersGes gesondert und einheitlich festzustellen.

Die fiktive Ausschüttung iSd § 7 UmwStG ist bei einer **Körperschaft** als Anteils- 665 eignerin der übertragenden Körperschaft grds steuerfrei gestellt (§ 8b Abs 1 KStG), wobei 5% des Dividendenertrags als nicht abziehbare Betriebsausgaben gelten (§ 8b Abs 5 KStG). Bei **natürlichen Personen** unterliegen diese Einnahmen ab 2009 grds der Abgeltungssteuer (§§ 32 d, 43 Abs 5 EStG), soweit sich die Anteile an der übertragenden Körperschaft im Privatvermögen befinden bzw dem Teileinkünfteverfahren (§§ 3 Nr 40 Buchst d, 3 Nr 40 Satz 2, 20 Abs 8 EStG), soweit sie im Betriebsvermögen gehalten werden oder nach § 5 Abs 2 oder § 27 Abs 3 Nr 1 UmwStG als in das Betriebsvermögen eingelegt gelten (*UmwStE nF* Rn 07.07). Die Bezüge iSd § 7 UmwStG unterliegen der **Kapitalertragsteuer** (§ 43 Abs 1 Nr 1 u 6 EStG), die mit Wirksamkeit der Umwandlung (Eintragung des übernehmenden Rechtsträgers in das Register) entsteht und vom übernehmenden Rechtsträger als steuerlicher Rechtsnachfolger (§ 4 Abs 2 Satz 1 UmwStG) anzumelden und abzuführen ist (*UmwStE nF* Rn 07.08).

Soweit hinsichtlich der Bezüge iSd § 7 UmwStG eines **ausländischens Anteils-** 666 **eigners** das betreffende **DBA** abweichend von Art 10 Abs 1 OECD-MA der BRD nicht das Quellensteuerrecht zuweist (Regelfall), können Dividendenerträge iSd Art 10 OECD-MA nach Abs 2 der Vorschrift auch im Quellenstaat besteuert werden (s *UmwStE nF* Rn 04.23; *Hagemann u.a.* NWB Sonderheft 1/2007, 20). Der

Quellensteuersatz ist in diesem Fall grds auf 15% begrenzt (Art 10 Abs 2 OECD-MA). Ein beschränkt stpfl Anteilseigner erzielt danach iHd Dividendenerträge inländische Einkünfte nach § 49 Abs 1 Nr 2 a EStG, wenn sich dessen Anteile in Betriebsvermögen der inländischen Betriebsstätte befinden. Ist das nicht der Fall, sind die inländischen Dividenden iSd § 7 UmwStG nF gemäß § 49 Abs 1 Nr 5 a EStG grds beschränkt steuerpflichtig. Sieht das jeweilige DBA eine Freistellung der Dividendenerträge im Quellenstaat vor, ist der Kapitalertragsteuerabzug auch insoweit vorzunehmen, als (fiktive) inländische Ausschüttungen auf ausländische Gesellschafter entfallen (§ 43 Abs 1 Satz 1 Nr 1 EStG). Er hat gemäß § 43 b Abs 1 Satz 4 EStG auch bei einer Umwandlung einer deutschen Tochtergesellschaft zu erfolgen. Mit dem Kapitalertragsteuerabzug gilt bei beschränkt Steuerpflichtigen die Einkommensteuer für die Dividendenerträge grds als abgegolten (§ 50 Abs 5 EStG). Auf Antrag ist die einbehaltene KapESt nach § 50 d EStG grds zu erstatten, wenn das Besteuerungsrecht der BRD durch das jeweilige DBA ausgeschlossen ist.

667 Diese Besteuerung entspricht der **FusionsRL.** Art 7 FusionsRL idF RL 2009/133/EG schließt zwar eine Besteuerung von Wertsteigerungen, die durch die Beteiligung an der übertragenden Gesellschaft bei der übernehmenden Gesellschaft entstehen, aus. Die Gesellschafter einer transparenten ausländischen Gesellschaft, auf die umgewandelt wird, können jedoch nach inländischem Recht besteuert werden. Denn die übernehmende ausländische Gesellschaft kann für Zwecke der Besteuerung ihrer Gesellschafter wie im Inland ansässig behandelt werden (Art 10 a Abs 4 FusionsRL bzw Art 11 Abs 4 RL 2009/133/EG; *Benecke/Schnitger* IStR 2007, 22, 26).

668 Über die fiktive Ausschüttung nach § 7 UmwStG wird die **inländische Besteuerung** der offenen Rücklagen der übertragenden Körperschaft **sichergestellt.** Abkommensrechtlich steht der BRD nach Art 13 Abs 5 OECD-MA für Gewinne aus der Veräußerung von im Privatvermögen gehaltenen Anteilen an inländischen Körperschaften, soweit sie auf ausländische Anteilseigner entfallen, kein Besteuerungsrecht zu. Durch die Ausdehnung der Ausschüttungsfiktion (§ 7 UmwStG aF) auf alle Anteilseigner der übertragenden Körperschaft werden die offenen Rücklagen aus dem Übernahmeergebnis herausgelöst und der Dividendenbesteuerung zugeordnet (*Benecke* StWa 2007, 139, 148; *UmwStE nF* Rn 04.23). Zur Vermeidung einer doppelten Erfassung ist bei den Anteilseignern, bei denen ein Übernahmeergebnis zu ermitteln ist, dieses um die Dividendenerträge zu mindern (§ 4 Abs 5 Satz 2 UmwStG).

669 Die Dividendenerträge nach § 7 UmwStG unterliegen bei der übernehmenden PersGes gemäß § 20 Abs 1 Nr 1, Abs 8 EStG iVm § 7 GewStG der **Gewerbesteuer.** Voraussetzung ist, dass sich die Anteile im Betriebsvermögen der Anteilseigner befinden (§ 18 Abs 2 Satz 2 iVm § 5 Abs 2 UmwStG). Das Teileinkünfteverfahren (bis 2008: Halbeinkünfteverfahren) ist auch bei der GewSt zu beachten (§ 7 Satz 4 GewStG), wobei eine Hinzurechnung nach § 8 Nr 5 GewStG in Betracht kommt, soweit zu Beginn des Erhebungszeitraums beim übernehmenden Rechtsträger die Voraussetzungen des § 9 Nr 2a oder 7 GewStG nicht erfüllt sind (*UmwStE nF* Rn 18.04). Die auf eine KapGes als Anteilseignerin der übertragenden Körperschaft entfallenden Dividendenerträge iSd § 7 UmwStG sind nach Maßgabe des § 8b Abs 1 und 5 KStG steuerfrei. Gewstrechtlich sind sie jedoch, wenn die Voraussetzungen des § 9 Nr 2 a bzw Nr 7 GewStG nicht erfüllt sind, nach **§ 8 Nr 5 GewStG** dem Gewerbeertrag hinzuzurechnen.

670–674 *(frei)*

675 **f) Übernahmegewinn (§ 4 Abs 4 UmwStG).** Das Übernahmeergebnis ist wegen der unterschiedlichen Anschaffungskosten bzw Buchwerte der Anteile an der übertragenden Körperschaft **gesellschafterbezogen** zu ermitteln. Die Anteile eines Anteilseigners sind grds als einzige Beteiligung zu behandeln, sodass für ihn

Verschmelzung (Gesamtrechtsnachfolge) **Anh § 7**

nur ein Übernahmeergebnis zu ermitteln ist. Unterliegen die Anteile steuerlich unterschiedlichen Regelungen (zB einbringungsgeborene Anteile oder Anteile iSd § 4 Abs 6 Satz 6 UmwStG), kann ausnahmsweise eine anteilsbezogene Betrachtung erforderlich sein (*UmwStE nF* Rn 04.19, 04.21).

Das Übernahmeergebnis aus Anteilen, die bereits vor dem steuerlichen Übertra- **676** gungsstichtag zum Gesamthandsvermögen der **übernehmenden PersGes** gehörten oder die diesem gemäß § 5 Abs 1 UmwStG zugewiesen werden, ist iRd gesonderten und einheitlichen Feststellung deren bisherigen Gesellschaftern (Mitunternehmern) entsprechend ihrer Gewinnbeteiligung und unter Berücksichtigung von Mehr- oder Minderwerten in bestehenden Ergänzungsbilanzen zuzurechnen. Hinsichtlich der **übrigen Anteilseigner** der übertragenden Körperschaft, deren Anteile bereits vor dem steuerlichen Übertragungsstichtag im Sonderbetriebsvermögen der übernehmenden PersGes gehalten wurden oder nach § 5 Abs 2 und 3 UmwStG als Betriebsvermögen der PersGes behandelt werden, ist das Übernahmeergebnis für jeden Anteilseigner getrennt zu ermitteln (*UmwStE nF* Rn 04.20ff).

Das **Übernahmeergebnis** bildet die Differenz aus dem Wert, mit dem die über- **677** gegangenen Wirtschaftsgüter bei der PersGes oder natürlichen Person zu übernehmen sind (§ 4 Abs 4 UmwStG), und dem Buchwert der untergehenden Anteile an der übertragenden Körperschaft, berichtigt um Teilwertabschreibungen und Abzüge nach § 6 b EStG (§ 4 Abs 1 Satz 2 UmwStG). Dies bedeutet, auch bei der gewinnneutralen Verschmelzung soll sich jedenfalls der (berichtigte) Buchwert der Anteile im Buchwert des übernommenen Vermögens fortsetzen und die offenen Reserven versteuert werden (s Rn 702).

Die zunächst als laufender Aufwand behandelten **Kosten des Vermögensüber-** **678** **gangs** sind grds bei der Ermittlung des Übernahmeergebnisses gewinnmindernd zu berücksichtigen. Beim übernehmenden Rechtsträger sind – unabhängig vom Zeitpunkt der Entstehung – die auf ihn entfallenden Umwandlungskosten und die Aufwendungen, die den übertragenden Rechtsträger betreffen und nach dem steuerlichen Übertragungsstichtag (§ 2 Abs 1 UmwStG; *UmwStE nF* Rn 02.02) entstanden sind, zu erfassen (s *UmwStE nF* Rn 04.34). Die Umwandlungskosten der **übertragenden Kapitalgesellschaft,** die den Zeitraum bis zum steuerlichen Übertragungsstichtag betreffen, wirken sich in voller Höhe auf ihr Einkommen aus. Dagegen sind die der **übernehmenden Gesellschaft** zuzurechnenden (nicht objektbezogenen) Umwandlungskosten wegen § 4 Abs 6 u 7 UmwStG nicht oder nur teilweise abziehbar. Deren Umwandlungskosten sind gemäß § 4 Abs 4 Satz 1 UmwStG nur bei der Ermittlung des Übernahmeergebnisses zu berücksichtigen. Eine anteilige Zuordnung zu den Bezügen iSd § 7 UmwStG scheidet aus (*UmwStE nF* Rn 04.35; aA *Schmitt/Schloßmacher* UmwStE 2011 Rn 04.35). Damit wirken sich die Umwandlungskosten bei den Gesellschaftern, für die kein Übernahmeergebnis zu ermitteln ist, nicht aus.

Zu den Umwandlungskosten gehören nicht die Schuldzinsen, die ein Gesellschaf- **679** ter der übertragenden KapGes für die **Finanzierung** des Gesellschaftsanteils zu entrichten hat. Wird der Gesellschafter Mitunternehmer der übernehmenden PersGes (§ 20 Abs 1 Nr 3 UmwG), wird das Darlehen zu dessen (negativen) Sonderbetriebsvermögen bei der übernehmenden PersGes. Da Schuldner des Darlehens nicht die übertragende KapGes, sondern deren Gesellschafter ist, hat die Fremdfinanzierung von Anteilen keine Auswirkung auf die Umwandlung. Die Schuldzinsen sind beim Mitunternehmer der übernehmenden PersGes grds als Sonderbetriebsausgaben zu erfassen (*UmwStE nF* Rn 04.36; *Stimpel* GmbHR 2012, 123, 131, 199).

Soweit es sich hierbei um **objektbezogene Kosten** (zB GrESt) handelt, sind **680** diese bei den jeweiligen Wirtschaftsgut als Anschaffungsnebenkosten zu erfassen (*UmwStE nF* Rn 04.34, 23.01; BMF BStBl I 2010, 70). Der laufende Aufwand des übernehmenden Rechtsträgers ist um die berücksichtigten Umwandlungskosten außerhalb der Bilanz zu berichtigen.

681 Ansatz des neutralen Auslandsvermögens (§ 4 Abs 4 Satz 2 UmwStG). Zudem sind die stillen Reserven von Wirtschaftsgütern im Betriebsvermögen der übertragenden Körperschaft auf der Ebene der Gesellschafter durch Ansatz des gemeinen Werts aufzudecken, für die zB kein deutsches Besteuerungsrecht besteht und daher gemäß § 3 Abs 2 UmwStG die Fortführung der Buchwerte möglich ist **(sog neutrales Vermögen).** Betroffen hiervon sind ausländische Betriebsstätten in einem DBA-Staat mit Freistellungsmethode oder wenn die übertragende Körperschaft im Deutschland nur beschränkt oder gar nicht steuerpflichtig ist. Die stillen Reserven im Vermögen der ausländischen Betriebsstätte hätten bei einer Veräußerung der Anteile der übertragenden Körperschaft den Veräußerungsgewinn erhöht. Da der Verschmelzungsvorgang hinsichtlich des Auslandsvermögens bei den Gesellschaftern der übernehmenden Gesellschaft nach Art 13 Abs 2 OECD-MA bzw hinsichtlich des im Ausland gelegenen Grundbesitzes nach Art 13 Abs 1 OECD-MA nicht dem Besteuerungsrecht der BRD unterliegt, sind diese Wirtschaftsgüter **ausschließlich für Zwecke der Ermittlung des Übernahmeergebnisses** mit dem gemeinen Wert nach § 3 Abs 1 UmwStG anzusetzen (**§ 4 Abs 4 Satz 2 UmwStG;** BTDrs 16/2710, 39; *UmwStE nF* Rn 04.29). Der Zuschlag für das neutrale Vermögen errechnet sich aus der Differenz zwischen dem gemeinen Wert des Auslandsvermögens und dessen Wert in der steuerlichen Schlussbilanz des übertragenden Rechtsträgers (s *UmwStE nF* Rn 04.29; *Schmitt/Schloßmacher* UmwStE 2011 Rn 04.29). Die Korrektur erfolgt grds außerhalb der Bilanz der PersGes (*Dötsch/Pung* DB 2006, 2704).

682 Anteile an der übertragenden Körperschaft (§ 4 Abs 4 Satz 3 UmwStG). Gehören am steuerlichen Übertragungsstichtag auch nach § 5 UmwStG **nicht alle Anteile** an der übertragenden Körperschaft zum **Betriebsvermögen** der übernehmenden PersGes, so bleibt der auf diese Anteile entfallende Wert der übergegangenen Wirtschaftsgüter bei der Ermittlung des Übernahmeergebnisses nach § 4 Abs 4 Satz 3 UmwStG außer Ansatz. Darunter fallen vor allem Anteile nach § 20 Abs 2 Satz 1 Nr 1 EStG, die den Grenzbetrag iSd § 17 EStG von 1% des Kapitals der übertragenden Körperschaft unterschreiten und nicht im Betriebsvermögen gehalten werden. Für diese Anteile ist kein Übernahmeergebnis zu ermitteln. Unabhängig davon geht das auf diese Anteile entfallende anteilige Betriebsvermögen auf die übernehmende PersGes über (*UmwStE nF* Rn 04.25, 04.30).

683 Ausstehende Einlagen sind unabhängig davon, ob sie eingefordert oder nicht eingefordert werden, nicht in der Bilanz der übertragenden Körperschaft zu berücksichtigen (s *UmwStE nF* Rn 03.05). Da sie jedoch die Anschaffungskosten der Beteiligung erhöht haben, sind diese für die Ermittlung des Übernahmeergebnisses um diesen Betrag zu kürzen (s *UmwStE nF* Rn 04.31)

684 Eigene Anteile an der übertragenden Körperschaft gingen vor dem Inkrafttreten des Bilanzierungsmodernisierungsgesetzes (BilMoG) v 25.5.2009 mit der Wirksamkeit der Umwandlung unter und sind daher in der steuerlichen Schlussbilanz nicht zu übernehmen. Sie sind deshalb erfolgsneutral auszubuchen oder dadurch entstehende Buchverluste außerhalb der Bilanz zu neutralisieren. Das Übernahmeergebnis errechnet sich danach aus dem Unterschiedsbetrag zwischen dem Wert, mit dem die übergehenden Wirtschaftsgüter nach § 4 Abs 1 Satz 1 UmwStG von der übertragenden Körperschaft zu übernehmen sind, und dem Buchwert der restlichen Anteile an der übertragenden Körperschaft, soweit sie am steuerlichen Übertragungsstichtag zum Betriebsvermögen des übernehmenden Rechtsträgers gehören (§ 4 Abs 4 Satz 3 UmwStG; *UmwStE nF* Rn 04.32f). Gemäß **§ 272 Abs 1a HGB idF des BilMoG** (BGBl I 2009, 1102) sind die eigenen Anteile vom „Gezeichneten Kapital" abzusetzen. Der Untergang der eigenen Anteile an der übertragenden Körperschaft erfolgt damit (ohne Buchverluste) erfolgsneutral. Nach dieser Auffassung führt die neue Rechtslage zu keinem anderen Übernahmeergebnis (s.a. *Stimpel* GmbHR 2012, 123, 131).

Verschmelzung (Gesamtrechtsnachfolge) **Anh § 7**

Das Übernahmeergebnis nach § 4 Abs 4 UmwStG stellt bei **beschränkt steuer- 685 pflichtigen Gesellschaftern** grds inländische Einkünfte nach § 49 Abs 1 Nr 2 Buchst a EStG dar. Dies gilt auch dann, wenn bei einer **Inlandsverschmelzung** ausländisches Betriebsvermögen übergeht und kein DBA besteht. Gemäß Art 13 Abs 2 OECD-MA hat grds der Quellenstaat für Gewinne der übernehmenden Pers-Ges aus der Veräußerung der Anteile an der übertragenden Körperschaft das Besteuerungsrecht.

Das **abkommensrechtliche Besteuerungsrecht** für das Übernahmeergebnis 686 eines **ausländischen Anteilseigners** aus nach § 5 Abs 2 UmwStG (fiktiv) eingelegten Anteilen an der übertragenden Körperschaft bestimmt sich grds nach Art 13 Abs 5 OECD-MA zum steuerlichen Übertragungsstichtag. Danach steht bei einer entsprechenden Regelung im betreffenden DBA insoweit grds dem Ansässigkeitsstaat des ausländischen Anteilseigners die Besteuerung des Übernahmegewinns zu.

Verfügt die übertragende Körperschaft über **ausländisches Betriebsvermögen,** 687 geht mit der Verschmelzung zB mangels DBA mit dem ausländischen Staat das Besteuerungsrecht der BRD insoweit an dem ausländischen Betriebsvermögen verloren, als ein beschränkt steuerpflichtiger Gesellschafter an der übertragenden Kap-Ges oder übernehmenden PersGes beteiligt ist. In diesem Fall ist das ausländische Betriebsvermögen, soweit es auf den ausländischen Gesellschafter entfällt, gemäß § 3 Abs 2 Satz 1 Nr 2, Abs 1 UmwStG gesellschafterbezogen in der steuerlichen Schlussbilanz der übertragenden Körperschaft mit dem gemeinen Wert anzusetzen.

Die **übernehmende PersGes** hat iRd sog Wertverknüpfung nach § 4 Abs 1 688 UmwStG das **ausländische Betriebsvermögen** mit dem von der übertragenden Körperschaft angesetzten Wert zu übernehmen. Zudem hat sie in einer negativen Ergänzungsbilanz für jeden inländischen Gesellschafter einen anteiligen Aufstockungsbetrag, der sich nach der jeweiligen Beteiligung an der übernehmenden Pers-Ges bestimmt, und korrespondierend für den betreffenden ausländischen Gesellschafter in einer positiven **Ergänzungsbilanz** einen Betrag in Höhe des auf den inländischen Gesellschafter entfallenden Aufstockungsbetrags auszuweisen. Diese buchtechnische Behandlung der (anteiligen) Aufstockungsbeträge im Wege einer negativen Ergänzungsbilanz führt bei den inländischen Gesellschaftern im Fall des Ausscheidens des ausländischen Vermögens aus dem Gesamthandsvermögen zu einer Besteuerung der auf den ausländischen Gesellschafter entfallenden stillen Reserven des ausländischen Betriebsvermögens (*UmwStE nF* Rn 04.24; mE bedenklich; ähnlich *Schmitt/Schloßmacher* UmwStE 2011 Rn 04.24).

g) Berücksichtigung eines Sperrbetrags iSd § 50c EStG (§ 4 Abs 5 689 **UmwStG).** **Der Übernahmegewinn erhöht sich** bzw der Übernahmeverlust vermindert sich nach **§ 4 Abs 5 UmwStG** außerhalb der Bilanz (*UmwStE nF* Rn 04.37) um einen **Sperrbetrag iSd § 50 c EStG**, soweit die Anteile am steuerlichen Übertragungsstichtag zum Betriebsvermögen der übernehmenden PersGes gehören (s dazu Rn 725 ff). Wirtschaftlich entspricht der Sperrbetrag den vom Erwerber als Teil des Kaufpreises bezahlten offenen Rücklagen bzw stillen Reserven der KapGes. Mit der Erfassung eines sog Sperrbetrags soll eine Einmalbesteuerung von inländischen Erträgen der KapGes, die in der Besitzzeit des Anteilsveräußerers angefallen sind, sicherstellen bzw nach § 50c Abs 11 EStG 1990 verhindern, dass steuerpflichtige Dividendenerträge zB durch Ausnutzung einer Steuerfreiheit von Veräußerungsgewinnen und einer Steuerwirksamkeit von Anschaffungskosten beim Erwerber in steuerfreie Veräußerungsgewinne „umgewandelt" werden.

Aus der Sicht des **§ 50c Abs 7 EStG 1997** ist die Verschmelzung einer Tochter- 690 gesellschaft auf die Muttergesellschaft (**Aufwärtsverschmelzung**) einer Auflösung der Tochtergesellschaft gleichzustellen. Entsprechend führt die Verschmelzung einer TochterKapGes, die sperrbetragsbehaftete Anteile an einer anderen KapGes hält, auf die Muttergesellschaft bei der Ermittlung des Verschmelzungsgewinns der Pers-

Ges zu der Berücksichtigung eines sog Sperrbetrags nach § 50 c Abs 7 EStG aF. Dieser geht mit der Verschmelzung nicht unter, sondern setzt sich als mittelbarer Sperrbetrag an den Anteilen fort. Die Weiterleitung der Eigenkapitalanteile im Zuge der Verschmelzung ist als „Weiterleitung von Gewinnausschüttungen" zu sehen, die Bestandteil des auf die Muttergesellschaft übertragenen Vermögens sind (BFH I R 41/05 BStBl II 2008, 604; Anm *Lüdeke* DStR 2008, 1265).

691 Die gleichen Erwägungen gelten auch bei einem **Formwechsel** (§ 9 Satz 1 iVm § 4 Abs 3 und 4 UmwStG). Die PersGes ist nach dem Formwechsel Inhaberin des gesamten Vermögens der KapGes einschließlich des im Anrechnungsverfahren erwirtschafteten Eigenkapitals. Wurden mit einem Sperrbetrag belastete Anteile an einer KapGes in eine andere KapGes im Wege einer **Kapitalerhöhung** eingebracht und anschließend bei der KapGes jeweils formwechselnd in eine PersGes umgewandelt **(sog Doppelumwandlung),** ist bei der Ermittlung des Umwandlungsergebnisses jeweils ein Sperrbetrag (unmittelbar gemäß § 50c Abs 11 EStG 1997 bzw mittelbar gemäß § 50c Abs 7 EStG 1990) zu berücksichtigen. Die **zweifache Erfassung** eines Sperrbetrags führt nicht zu einer mehrfachen Besteuerung, sondern zur Nachholung der bei der ursprünglichen Veräußerung der Anteile unterbliebenen Besteuerung iSd § 50c EStG 1997 (BFH I R 77/07 BStBl II 2009, 831; I R 21/06 BStBl II 2010, 692). Das personenbezogen ermittelte Übernahmeergebnis (1. Stufe) ist um die als Kapitaleinkünfte erfassten offenen Rücklagen nach §§ 7, 4 Abs 5 Satz 2 UmwStG des jeweiligen Anteilseigners zu mindern (2. Stufe; *UmwStE nF* Rn 04.27, 04.38). Dadurch wird eine doppelte Besteuerung vermieden.

692 Der Ansatz der Sperrbeträge in der vom deutschen Recht vorgegebenen Höhe ist hinsichtlich der **Kapitalverkehrsfreiheit** (Art 63 AEUV) gemeinschaftsrechtlich nicht bedenklich, wenn der Anteilserwerber im Wege einer geltungserhaltenden Reduktion des Wortlautes des **§ 50c Abs 4 Satz 1 EStG 1990** die Möglichkeit hat, nachzuweisen, dass der konkret gezahlte Kaufpreis keine besondere Vergütung für eine bereits bestehende Körperschaftsteuervergütung enthält, sondern dieser auch einem anrechnungsberechtigten Anteilsverkäufer gezahlt worden wäre (BFH I R 21/06 BStBl II 2010, 692, Anschluss an EuGH-Urteil C-182/08 *Glaxo Wellcome* IStR 2009, 691).

693–699 *(frei)*

700 h) Ermittlung des Übernahmeergebnisses. Rechtslage nach § 4 Abs 6 UmwStG idF des StSenkG: Die Hinzurechnung anzurechnender KSt entfällt nach § 4 Abs 5 iVm § 27 Abs 1a UmwStG idF des StSenkG abgestimmt mit dem Wegfall des Anrechnungsverfahrens durch das eingeführte Halbeinkünfteverfahren (vgl *Schmidt/Heinicke* § 3 „Halbeinkünfteverfahren").

	Wert, mit dem die übergegangenen Wirtschaftsgüter nach § 4 Abs 1 UmwStG zu übernehmen sind (einschließlich negativer Werte)
./.	Buchwert der Anteile an der übertragenden Körperschaft
=	Übernahmegewinn/-verlust nach § 4 Abs 4 Satz 1 UmwStG aF
+	Sperrbetrag nach § 50 c EStG
=	Übernahmegewinn/-verlust iSd § 4 Abs 4, 5 UmwStG aF (vgl *UmwStE aF* Rn 04.10).

701 Der Übernahme**verlust** bleibt nach **§ 4 Abs 6 UmwStG aF** außer Ansatz, womit diese Umwandlungen der Verschmelzung von KapGes gleichgestellt werden (s dazu *Thiel* FR 2000, 493). Der Übernahme**gewinn** bleibt nach § 4 Abs 7 Satz 1 UmwStG außer Ansatz, soweit er auf eine Körperschaft, Personenvereinigung oder Vermögensmasse als Mitunternehmerin einer PersGes entfällt (s dazu *Schumacher* DStR 2004, 589: auch mittelbar), weil Ausschüttungen in der Körperschaftskette auch nach § 8b Abs 1 KStG außer Ansatz bleiben. Soweit der Übernahmegewinn auf

Verschmelzung (Gesamtrechtsnachfolge) **Anh § 7**

andere Empfänger entfällt, wird er nur zur Hälfte angesetzt. Beides ist eine Folge der Umstellung auf das Halbeinkünfteverfahren. Auf die Umwandlungskosten ist je nach dem, ob völlige oder hälftige Freistellung nach § 4 Abs 7 UmwStG aF eintritt, § 3c Abs 1 oder Abs 2 EStG anzuwenden (aA *Dötsch/Pung* DB 2004, 208: § 3c Abs 1 einheitlich). Diese Regeln gelten auch für einbringungsgeborene Anteile (*BMF* BStBl I 2003, 786, Rn 3). § 37 Abs 3 Satz 2 KStG aF/Satz 3 nF regelt die Erhöhung der KSt und des KSt-Guthabens für den Fall des § 4 Abs 7 Satz 1 UmwStG aF, wenn die übertragende Körperschaft ihre KSt nach § 10 UmwStG aF (Ausschüttungsfiktion) mindert (*Eisgruber* DStR 2000, 1493). Dadurch sollen für den außer Ansatz bleibenden Anteil am Übernahmegewinn wie im Falle des § 8b Abs 1 KStG Gestaltungen bei verbundenen Unternehmen verhindert werden (s auch *Förster/van Lishaut* FR 2000, 1189). Das KSt-Guthaben und die KSt-Schuld iSd §§ 37 und 38 KStG (Übergangsphase) erhöht bzw vermindert das Vermögen aus der Schlussbilanz der schwindenden KapGes und beeinflusst so den Übernahmegewinn/-verlust, soweit einer Körperschaft ein Anteil am Übernahmegewinn zuzurechnen ist. Mit dem Hinweis auf § 38 KStG soll gewährleistet werden, dass Alt-EK 02 auf der Gesellschaftsebene nachversteuert wird (*van Lishaut* FR 2000, 1192; s auch *Müller/Maiterth* DStR 2001, 1229). Zu Einzelheiten des § 10 UmwStG aF s *BMF* BStBl I 2003, 786, Rn 11 ff; *Dötsch/Pung* DB 2004, 208/9. § 15 Satz 1 Nr 2 KStG verhindert die Steuerfreistellung des Übernahmegewinns nach § 4 Abs 7 Satz 1 UmwStG aF bei Überleitung auf natürliche Personen oder PersGes als Organträger. Zur Realisierung des KSt-Guthabens durch Umwandlung in eine PersGes s *Lemaitre* DStR 03, 1476.

Übernahmeergebnis nach § 4 Abs 4, 5 UmwStG nF: 702

  (Anteiliger) Wert, mit dem die übergegangenen Wirtschaftsgüter iSd § 4 Abs 1 UmwStG zu übernehmen sind
+ Zuschlag für neutrales Vermögen (§ 4 Abs 4 Satz 2 UmwStG)
./. (korrigierter) Buchwert der Anteile an der übertragenden Körperschaft (§ 4 Abs 4 Satz 1 iVm Abs 1, 2, § 5 Abs 2, 3 UmwStG)
./. Kosten des Vermögensübergangs
= Übernahmeergebnis 1. Stufe (§ 4 Abs 4 Satz 1 u 2 UmwStG)
+ Sperrbetrag nach § 50 c EStG aF (§ 4 Abs 5 Satz 1 UmwStG)
./. Kapitalerträge nach § 7 UmwStG (§ 4 Abs 5 Satz 2 UmwStG)
= Übernahmeergebnis 2. Stufe (§ 4 Abs 4, 5 UmwStG; *UmwStE nF* Rn 04.27)

Bei dem Übernahmeergebnis handelt es sich um einen **laufenden Gewinn oder** 703 **Verlust,** der mit Ablauf des steuerlichen Übertragungsstichtags **entsteht** (s *UmwStE nF* Rn 04.03, 04.26).

Das Übernahmeergebnis (2. Stufe) ist **gesondert und einheitlich festzustellen** 704 (s *UmwStE nF* Rn 04.27).

Überschuldete Gesellschaft. Für die Ermittlung des Übernahmeergebnisses 705 wird kein positives Vermögen vorausgesetzt. Der Buchwert des Betriebsvermögens der übertragenden Körperschaft kann auch negativ sein. Wird danach das Betriebsvermögen der übertragenden Körperschaft mit einem **negativen Wert** übernommen, erhöht sich dadurch der Übernahmeverlust entsprechend (s *UmwStE nF* Rn 04.39).

i) Besteuerung des Übernahmegewinns (§ 4 Abs 7 UmwStG). Der Über- 706 nahmegewinn bleibt, soweit er auf eine **mitunternehmerisch beteiligte Körperschaft, Personenvereinigung** oder **Vermögensmasse** entfällt, außer Ansatz (§ 4 Abs 7 Satz 1 UmwStG). Gemäß § 8b Abs 2 iVm Abs 3 Satz 1 KStG besteht jedoch ein Betriebsausgabenabzugsverbot von 5% des anteiligen Übernahmegewinns. Die

Pauschalierung eines Betriebsausgabenabzugsverbots durch die Hinzurechnung von 5% des Veräußerungsgewinns und der Bezüge aus Unternehmensbeteiligungen zu den Einkünften einer Körperschaft nach § 8b Abs 3 Satz 1 und Abs 5 KStG ist mit Art 3 Abs 1 GG vereinbar (BVerfG 1 BvL 12/07, DStR 2010, 2393). Bei **Finanz- bzw Lebens- und Krankenversicherungsunternehmen iSd § 8 Abs 7, 8 KStG** sowie bei „alten" **einbringungsgeborenen Anteilen** iSd § 8b Abs 4 KStG aF, der für diese Anteile weiterhin gilt, unterliegt der Übernahmegewinn der vollen Besteuerung. Im Übrigen ist das Teileinkünfteverfahren (§ 4 Abs 7 Satz 2 UmwStG) anzuwenden (s *UmwStE nF* Rn 04.44).

707 Bei den an der PersGes beteiligten **natürlichen Personen** unterliegt der anteilige Übernahmegewinn als betriebliche Einkünfte dem Teileinkünfteverfahren nach § 3 Nr 40 EStG (§ 4 Abs 7 Satz 2 UmwStG; bis 2008: Halbeinkünfteverfahren). Nach Auffassung der *FinVerw* sind die Übernahmekosten gemäß § 3c EStG anteilig zu kürzen (*BMF* BStBl I 2003, 786; *Lemaitre/Schönherr* GmbHR 2007, 173, 1779).

708 Die **Rechtsfolgen** des § 50c Abs 1 bis 8 EStG, der nach § 52 Abs 59 EStG für sperrbetragsbehaftete Anteile weiter anzuwenden ist, erstreckt **§ 50c Abs 11 EStG** idF des UntStRefFG v 29.10.1997 (BGBl I 1997, 2590) auch auf bestimmte Anteilserwerbe von Anrechnungsberechtigten des alten Systems der KSt-Anrechnung. Der **Sperrbetrag** des § 50 c Abs 11 EStG ist wegen möglicherweise abweichender Anschaffungskosten bei den Gesellschaftern der PersGes personenbezogen zu ermitteln. Der Sperrbetrag kann bereits bei der Abfindung an einen der Verschmelzung widersprechenden Anteilseigner anzusetzen sein (*Pflüger* FR 1998, 345/346). Hatte die übertragende Körperschaft einen Sperrbetrag nach § 50 c Abs 7 EStG zu führen, so wird dieser von der übernehmenden als Rechtsnachfolgerin ohnehin fortgeführt (*UmwStE nF* Rn 04.37). Nach **§ 4 Abs 6 UmwStG aF** bleibt ein Übernahmeverlust völlig außer Ansatz. Insoweit entfällt das Anwendungsproblem des § 15 a EStG für die Verlustzuordnung (s dazu 4. Aufl).

709 **Einzelheiten bei der Ermittlung des Übernahmegewinns.** Investitionszulagen, die der übertragenden KapGes gewährt wurden, nehmen innerhalb deren Vermögen keine Sonderstellung ein. Da es an einem Wirtschaftsgut fehlt, können sie nicht nach § 4 Abs 4 Satz 1 Umw StG abgezogen werden (BFH IV R 69/05 BFH/NV 2008, 1550). Zur Behandlung eines negativen EK-Teiles alten Rechts s *Thiel* DB 1995, 1196. Der Liquidationsgewinn aus einer im Betriebsvermögen gehaltenen 100%igen Beteiligung an einer KapGes ist nach §§ 16, 34 EStG steuerbegünstigt, der Übernahmegewinn nach § 5 Abs 4 UmwStG aF dagegen nicht (*OFD Düsseldorf* FR 1992, 30). Zu Gestaltungsmöglichkeiten s *Thiel* DB 1995, 1196; Rn 311. Der Übernahmegewinn ist **gewstlich** nicht zu erfassen (§ 18 Abs 2 UmwStG). Er war deshalb nicht nach § 32 c EStG begünstigt (*Schmidt/Glanegger* 20. Aufl, § 32 c Rn 11; aA *Felix* BB 1995, 749 mwN). Gleiches gilt für § 35 EStG (*Schmidt/Wacker* § 35 Rn 7). Das Problem einer gewstrechtlichen Entstrickung bei Herkunft der Anteile aus einem nicht gewerblichen, zB freiberuflichen Betriebsvermögen, stellt sich wegen § 18 Abs 2 UmwStG nicht mehr. Zur Gestaltung des steuerlichen Übernahmeergebnisses s *Jacobsen* DStZ 2010, 205.

710 **j) Übernahmeverlust (§ 4 Abs 6 UmwStG). Altes Recht:** Verblieb nach Anwendung des § 4 Abs 5 UmwStG aF noch ein Übernahmeverlust, so waren die Buchwerte der übernommenen Wirtschaftsgüter bis zu den Teilwerten aufzustocken, und zwar im Verhältnis ihrer Teilwerte. Ein darüber hinausgehender Betrag (Buchmehrwert der Anteile) bildete (mE bis zur Teilwertgrenze) Anschaffungskosten für bisher nicht aktivierte immaterielle Wirtschaftsgüter (Geschäftswert und andere selbst geschaffene immaterielle Wirtschaftsgüter). Die Aufstockung erfolgte deshalb auch hier nach der Stufenlösung und nicht von vornherein gleichmäßig auf alle aktivierte und nicht aktivierte Wirtschaftsgüter (aA *Blumers/Marquardt* DStR 1994, 1869/1872: Stufentheorie nur für Firmenwert; *Haritz/Slabon* FR 1997, 168:

Verschmelzung (Gesamtrechtsnachfolge) **Anh § 7**

selektiv). Der ursprünglich vorhandene und früher entgeltlich erworbene Geschäftswert war mit seinem Buchwert anzusetzen (*UmwStE aF* Tz 04.06). Der letztlich verbleibende Betrag verminderte nach ursprünglichem Recht den laufenden Gewinn der übernehmenden PersGes oder natürlichen Person (§ 4 Abs 6, § 9 Abs 1 UmwStG). Im Anschluss an eine Wertaufstockung ist die Restnutzungsdauer der nach § 7 Abs 1 EStG abzuschreibenden Wirtschaftgüter nach § 4 Abs 6 Satz 3, Abs 3 UmwStG 1995 neu zu schätzen (BFH IV R 73/02 BStBl II 2008, 407).

Gemäß § 4 Abs 5 Satz 1 UmwStG idF des UntStRefFG v 29.10.1997 (BGBl I **711** 1997, 2590) blieb dann ein **Übernahmeverlust außer Ansatz,** soweit er auf einem negativen Wert des übergegangenen Vermögens beruhte. Diese Neuregelung war nach § 27 Abs 3 UmwStG idF des G v 19.12.1997 (BGBl I 1997, 3121) auf Umwandlungsvorgänge anzuwenden, deren Eintragung im HR nach dem 5.8.1997 beantragt worden war. Nach dem inzwischen ebenfalls aufgehobenen § 4 Abs 6 Satz 2 UmwStG idF des UntStRefFG war der letztlich verbleibende Betrag nicht mehr als Verlust abziehbar, sondern zu aktivieren und wie ein Geschäftswert auf fünfzehn Jahre gleichmäßig abzuschreiben. Nach Auffassung der *FinVerw* (*UmwStE aF* Rn 04.36) handelte es sich dabei um kein einer Teilwertabschreibung zugängliches Wirtschaftsgut. Vielmehr wird der Bilanzposten mit seinem Restwert bei Liquidation des aufnehmenden Betriebsvermögens (ggf Ergänzungsbilanz) aufwandswirksam. Entsprechend umfasst eine **Anwachsung** wegen der nach § 738 Abs 1 Satz 1 BGB eintretenden Gesamtrechtsnachfolge auch sonstige Bilanzposten wie den nach § 4 Abs 6 Satz 2 UmwStG aF aktivierten Übernahmeverlust (BFH IV B 96/10 BFH/NV 2012, 285). Zur aktuellen Rechtslage s nachstehend. Zur **GewSt** s Rn 148.

Nach § 4 Abs 6 UmwStG idF des StSenkG (Anwendungszeitraum s § 27 Abs 1 a **712** UmwStG) bleibt ein Übergangsverlust allgemein außer Ansatz (mE durch Korrektur außerhalb der Bilanz). Damit wird die Umwandlung auf Personenunternehmen der Verschmelzung von KapGes gleichgestellt (s dazu *Thiel* FR 2000, 493). Dies gilt auch für die GewSt (§ 18 Abs 2 UmwStG nF). Eine Aufstockung der Buchwerte (Step up) entfällt damit sowohl für die ESt als auch für die GewSt. Dadurch wird erreicht, dass die stillen Reserven in der KapGes (Anteilswert übersteigt Buchwert) nicht – wie bisher – durch die Aufstockung und anschließende Abschreibung neutralisiert werden. Denn nach dem Teileinkünfteverfahren soll der wie eine Ausschüttung einer KapGes zu behandelnde Übernahmegewinn nach § 4 Abs 7 Satz 2 UmwStG zum Teil versteuert werden. In der Nichtberücksichtigung des Übernahmeverlustes ist kein Verstoß gegen das objektive Nettoprinzip zu erkennen (FG Düsseldorf EFG 2010, 1556, Rev BFH VIII R 35/10).

Nach dem **SEStEG** ist ein **Übernahmeverlust nicht anzusetzen,** soweit er **713** auf eine (kstpfl) Körperschaft als Mitunternehmerin der PersGes entfällt (**§ 4 Abs 6 Satz 1 UmwStG**). Eine Ausnahme gilt u.a. für Kreditinstitute (§ 8b Abs 7 KStG) und Lebens- und Krankenversicherungsunternehmen (§ 8b Abs 8 KStG). Der auf natürliche Personen als Mitunternehmer entfallende Übernahmeverlust ist entsprechend den Grundsätzen des Teileinkünfteverfahrens nur mit 60%, höchstens in Höhe von 60% der Bezüge iSd § 7 UmwStG nF abziehbar (**§ 4 Abs 6 Satz 4 UmwStG** idF des JStG 2009). Das Übernahmeergebnis ist in einen Kapitalertrag und einen entsprechend gekürzten Übernahmegewinn oder –verlust aufzuteilen. Ein danach verbleibender Übernahmeverlust bleibt außer Ansatz. Ein Übernahmeverlust wird somit nur in Höhe der nicht nach § 3 Nr 40 EStG steuerfreien Bezüge nach § 7 UmwStG nF berücksichtigt (§ 4 Abs 5 Satz 2 UmwStG; vgl BFH IV B 96/10 BFH/NV 2012, 285). Waren die Anteile dem Handelsbuch zuzurechnen bzw dienten sie dem kurzfristigen Eigenhandelserfolg (§ 3 Nr 40 Sätze 3 und 4 EStG), ist der Übernahmeverlust iHd steuerpflichtigen Bezüge iSd § 7 UmwStG zu erfassen (**§ 4 Abs 6 Satz 5 UmwStG** idF des JStG 2009).

714 Zur Vermeidung von Missbrauchsfällen wird ein Übernahmeverlust auch dann nicht erfasst, soweit bei der Veräußerung von Anteilen an der übertragenden Körperschaft ein Veräußerungsverlust nach **§ 17 Abs 2 Satz 6 EStG** nicht zu berücksichtigen wäre oder soweit die Anteile innerhalb der letzten fünf Jahre vor dem steuerlichen Übertragungsstichtag entgeltlich erworben wurden (**§ 4 Abs 6 Satz 6 UmwStG** idF des JStG 2009). Unter Hinweis auf diese Vorschrift lässt die *FinVerw* auch dann den Abzug des Übernahmeverlusts nicht zu, wenn Anteile an der übertragenden Körperschaft nach dem steuerlichen Übertragungsstichtag entgeltlich erworben wurden (*UmwStE nF* Rn 04.43).

715 **Ergänzungsbilanzen** waren **auch** nach § 4 Abs 6 UmwStG aF zulässig. Dies ist wesentlich für die Verschmelzung auf bestehende PersGes. Bei diesen hatte sich die **Aufstockung** idR in Ergänzungsbilanzen vollzogen, weil den Gesellschaftern aus unterschiedlichem Anteilsbesitz unterschiedliche Übernahmeverlustquoten zuzuordnen sind und auch unterschiedliche Anschaffungskosten der Anteile vorliegen können (*UmwStE aF* Rn 04.13). Damit war der Übernahmeverlust für jeden Gesellschafter getrennt zu ermitteln. Zum Ausschluss des § 17 Abs 2 Satz 4 EStG s *Haritz* BB 1996, 1409. Nach **bisherigem Recht** ist der Übernahmeverlust nicht mehr anzusetzen (§ 4 Abs 6 UmwStG; Rn 710ff). Ergänzungsbilanzen können aber gleichwohl erforderlich werden (*Mayer* FR 2004, 698). Danach sind Aufstockungen in einer Ergänzungsbilanz für den übernehmenden Rechtsträger zu erfassen, wenn zB die übertragende Körperschaft an einer Mitunternehmerschaft beteiligt ist und deren Wert über dem Buchwert angesetzt wird (*UmwStE nF* Rn 04.17) oder Betriebsvermögen einer ausländischen Betriebsstätte mit übertragen wird (*UmwStE nF* Rn 04.24, 04.29).

716–719 *(frei)*

720 **k) Unternehmenskauf bei Aufstockung des AfA-Volumens.** Der Unternehmenskauf bei Aufstockung des AfA-Volumens (Step-up) wurde in der Vergangenheit über den nach **§ 4 Abs 6 UmwStG aF** ansetzbaren Übernahmeverlust ermöglicht. Nach **neuem Recht** ist ein Übernahmeverlust nicht mehr anzusetzen (Rn 713). Zu Gestaltungen nach alter Rechtslage s 4. Auflage; zur neuen Rechtslage s *Weigl* BB 2001, 2188. Streitig, aber mE zu bejahen ist, ob die Verschmelzungsvorschriften, insb § 4 Abs 6 UmwStG, nur auf sog up-stream merger anwendbar sind, bei denen die aufnehmende PersGes die Anteile an der verschmelzenden KapGes hält, oder auch dann, wenn die verschmelzende (Tochter-)KapGes Anteile an der übernehmenden PersGes hält (down-stream merger, vgl *Pluskat* DB 2001, 2216; *Bruski* FR 2002, 181).

721 **l) Anteilserwerb vor Umwandlung.** Schon durch **§ 5 Abs 2 Satz 2 UmwStG** idF des UntStRefFG v 29.10.1997 (BGBl I 1997, 2590) wurde das Step-up-Modell mit **Anteilserwerb vor Umwandlung** in seiner Bedeutung gemindert, weil danach diese auch von der Verlustabwehr nach § 17 Abs 2 Satz 4 EStG betroffenen Anteile nicht mehr als Beteiligung iSd § 17 EStG gelten (Rn 740ff; *Kußmaul/Junker* BB 1999, 2002). Für die gesetzlich geänderte Wesentlichkeitsgrenze ist auf das zivilrechtl Wirksamwerden der Umwandlung und nicht auf den steuerrechtlichen Übertragungsstichtag abzustellen (*OFD Magdeburg* FR 2001, 163; s auch Rn 2). Die Einschränkung in *UmwStE aF* Rn 05.06, § 5 Abs 2 UmwStG sei nur auf Verlustfälle anzuwenden, ergibt sich nicht aus dem Gesetzeswortlaut (*Schultz* DB 1998, 1052). Für nicht wesentlich Beteiligte verhinderte § 50 c Abs 11 EStG idF des UntStRefFG idR einen Übernahmeverlust für solche vorgeschalteten Erwerbe (*Füger/Rieger* DStR 1997, 1427; *van Lishaut* DB 1997, 2190; *Weber-Grellet* BB 1999, 289; krit *Altvater* BB 1997, 2510). Das konkurrierende sog Kombinationsmodell, bei dem auf die Erwerbergesellschaft ausgeschüttet wird, scheiterte ebenfalls an der nach § 50 c Abs 11 EStG aF nicht anerkannten Teilwertabschreibung. Die ausschüttungsbedingte Teilwert-AfA wird nun bei KapGes nach § 8b Abs 3 KStG und bei Personen-

Verschmelzung (Gesamtrechtsnachfolge) **Anh § 7**

unternehmen nach § 3 c Abs 2 EStG (Halbeinkünfteverfahren) eingeschränkt (*Seibt* DStR 2000, 2061/73). § 5 Abs 2 Satz 2 UmwStG aF wurde wegen der **Neuregelung des § 4 Abs 6 Satz 5 UmwStG aufgehoben.**
(frei) 722–724

5. Übernahmegewinn in Sonderfällen (§ 5 UmwStG)

a) Einlagefiktion für Sonderfälle. Das Übernahmeergebnis hinsichtlich der 725 Anteile an der übertragenden Körperschaft, die zum Gesamthands- oder Sonderbetriebsvermögen der bzw bei der übernehmenden PersGes gehören, ist nach den Grundsätzen des § 4 Abs 4 UmwStG zu ermitteln. Hierzu enthält **§ 5 UmwStG ergänzende Regelungen** zu Zu- und Abgängen von Anteilen der übernehmenden PersGes an der übertragenden Körperschaft nach dem steuerlichen Übertragungsstichtag und zur Behandlung der Anteile der Gesellschafter der übernehmenden PersGes. Er rechnet in den enumerativ beschriebenen Sonderfällen die Anteile an der übertragenden Körperschaft bezogen auf den Übertragungsstichtag zum Betriebsvermögen der übernehmenden PersGes, soweit sie nicht (Sonderfall) ohnehin dazu gehören. Diese Vorschriften gelten **nur für die Ermittlung des Übernahmeergebnisses.**

Bei **Zuzahlungen** (§§ 15, 5 Abs 1 Nr 3 UmwG) ergibt sich ein höherer Anteils- 726 buchwert (*Widmann* StbJb 1985/86, 123). Auf der Grundlage der in § 5 UmwStG beschriebenen „Einlagewerte" und Anschaffungskosten ist dann für diese Anteile bei der PersGes der Übernahmegewinn bzw der nicht ansetzbare Übernahmeverlust (§ 4 Abs 4–7 UmwStG) zu ermitteln (s Rn 675ff, 710ff).
(frei) 727–729

b) Erworbene Anteile (§ 5 Abs 1 UmwStG). Hat die PersGes (oder die natürli- 730 che Person) Anteile an der übertragenden Körperschaft nach dem steuerlichen Übertragungsstichtag, aber vor der Eintragung der Umwandlung in das Handelsregister angeschafft oder Anteilseigner nach § 29 UmwG abgefunden (kein Erwerb eigener Anteile möglich, *UmwStE nF* Rn 04.32, 03.05), so gelten die Anteile als am steuerlichen Übertragungsstichtag angeschafft (§ 5 Abs 1 UmwStG). Die *FinVerw* dehnt diese Regelung auch auf den **unentgeltlichen Erwerb** aus. Dabei ist es unbeachtlich, ob die Anteile von der übernehmenden PersGes zur Gesamthand oder von deren Gesellschaftern als **Sonderbetriebsvermögen** erworben werden (*UmwStE* Rn 05.01).

Ein Anteilserwerb iSd § 5 Abs 1 UmwStG ist auch bei einem **Gesellschafterwechsel** 731 auf der Ebene der übernehmenden PersGes gegeben, soweit im Rückwirkungszeitraum Anteile an der übertragenden Körperschaft übertragen werden. Voraussetzung für die Anwendung des § 5 Abs 1 UmwStG ist, dass insoweit die Anteile an der übertragenden Körperschaft Betriebs- oder Sonderbetriebsvermögen der bzw bei der übernehmenden PersGes werden (*UmwStE nF* Rn 05.02f). Dies gilt auch, wenn die übernehmende Gesellschaft einen Anteilseigner der übertragenden Körperschaft abfindet (§ 29 UmwG). Der **abgefundene Gesellschafter** scheidet zivilrechtlich erst nach der Eintragung der Umwandlung in das Handelsregister aus der übernehmenden PersGes aus. Steuerlich wird zur Ermittlung des Übernahmeergebnisses dessen Ausscheiden aus der übertragenden Körperschaft gemäß § 5 Abs 1 UmwStG auf den steuerlichen Übertragungsstichtag vorverlegt. Der ausgeschiedene Gesellschafter, für den kein Übernahmeergebnis zu ermitteln ist, hat den Gewinn aus der Veräußerung der Anteile an der übertragenden Körperschaft nach allgemeinen Grundsätzen (§ 8b KStG oder Teileinkünfteverfahren) zu versteuern. Der Übergang des **wirtschaftlichen Eigentums** im Rückwirkungszeitraum ist ausreichend (BFH IV B 151/07 BFH/NV 2008, 1452).

Werden im Rückwirkungszeitraum Anteile an der übertragenden Körperschaft 732 an einen **Dritten veräußert**, erwirbt dieser (neue Gesellschafter der PersGes) zivilrechtlich Anteile an der übertragenden Körperschaft, weil diese bis zum Zeitpunkt der Eintragung der Umwandlung in das Handelsregister noch besteht (s BFH IV B

Wagner

Anh § 7 Umwandlungsvorgänge

151/07 BFH/NV 2008, 1452). Steuerlich gelten die Anteile als am steuerlichen Übertragungsstichtag angeschafft.

733 Für die **Anteilseigner** der übertragenden Körperschaft, die durch die Umwandlung **Mitunternehmer** der übernehmenden PersGes **werden oder bereits sind**, sind § 5 Abs 2 u 3 UmwStG anzuwenden. Danach gelten deren Anteile im Privatvermögen oder in einem anderen Betriebsvermögen zur Ermittlung des Übernahmeergebnisses als in das Betriebsvermögen der PersGes eingelegt bzw gemäß § 5 Abs 3 UmwStG in deren Betriebsvermögen überführt, soweit die hierfür erforderlichen Voraussetzungen gegeben sind. Die von der übernehmenden PersGes erworbenen Anteile unterliegen § 5 Abs 1 UmwStG (*UmwStE nF* Rn 05.04; *Schmitt/Schloßmacher* UmwStE 2011 Rn 05.04).

734 Die **Anteile** der übertragenden Körperschaft **an der übernehmenden PersGes** gehen mit der Umwandlung unter und bleiben bei der Ermittlung des Übernahmeergebnisses unberücksichtigt.

735–739 *(frei)*

740 c) **Beteiligungen im Privatvermögen des Personengesellschafters (§ 5 Abs 2 UmwStG).** § 5 Abs 2 UmwStG fingiert nur für **Beteiligungen des § 17 EStG** einschließlich der Anteile nach § 17 Abs 2 Satz 6 u Abs 6 EStG (also des Privatvermögens) eine Einlage mit den Anschaffungskosten (ggf § 20 Abs 4 UmwStG), nicht dagegen für andere im Privatvermögen gehaltene Anteile. Für diese iSv § 20 Abs 2 Satz 1 Nr 1 EStG beteiligten Anteilseigner ist kein Übergangsgewinn zu ermitteln, soweit die Anteile nicht zu einem Betriebsvermögen iSd § 5 Abs 3 UmwStG gehören (§ 4 Abs 4 Satz 3 UmwStG; *UmwStE nF* Rn 05.05). Sie unterliegen lediglich der Besteuerung der offenen Rücklagen nach § 7 UmwStG.

741 Ist der Umwandlung eine **Umwandlung** (Verschmelzung, Auf- oder Abspaltung) **vorausgegangen** und bestand vor dieser eine Beteiligung iSd § 17 EStG, bleiben diese Anteile weiterhin steuerverhaftet **(§ 13 Abs 2 Satz 2 UmwStG).** Eine Unterschreitung der Beteiligungsgrenze des § 17 Abs 1 EStG von 1 % ist dann für die Anwendung des § 5 Abs 2 UmwStG unbeachtlich, wenn die vorangegangene Umwandlung zu Buchwerten erfolgte (*UmwStE nF* Rn 05.05, 13.11).

742 Zu erfassen sind auch die **nach dem steuerlichen Übertragungsstichtag** entgeltlich oder unentgeltlich **erworbenen Anteile iSd § 17 EStG**. Eine Einlage nach dem steuerlichen Übertragungsstichtag in das Betriebsvermögen ist unbeachtlich, weil die Verhältnisse zum steuerlichen Übertragungsstichtag maßgebend sind (§ 5 Abs 2 UmwStG; *UmwStE nF* Rn 05.05).

743 Ebenso gelten **einbringungsgeborene Anteile** iSd § 21 Abs 1 UmwStG aF gemäß § 5 Abs 4 UmwStG aF als zum steuerlichen Übertragungsstichtag mit den Anschaffungskosten in das Betriebsvermögen der übernehmenden PersGes eingelegt (§ 27 Abs 3 Nr 1 UmwStG; *UmwStE nF* Rn 05.12).

744 Ist § 5 Abs 2 UmwStG zB wegen einer **Verschmelzung in das Privatvermögen** (vermögensverwaltende PersGes) nicht einschlägig, führt die Umwandlung hinsichtlich der im Privatvermögen gehaltenen Anteile iSd § 17 EStG wegen der Auflösung der KapGes zu Einkünften nach **§ 17 Abs 4 EStG**. Dies gilt auch, wenn die Anwendung des § 5 Abs 2 UmwStG abkommensrechtlich ausgeschlossen ist (*UmwStE nF* Rn 00.04, 05.07; *Schmitt/Schloßmacher* UmwStE 2011 Rn 00.04).

745 Bei der **Berechnung der Beteiligungsquote** bleiben die eigenen Anteile der Körperschaft unberücksichtigt. Maßgebend ist das um die eigenen Anteile der Körperschaft gekürzte Nennkapital (*UmwStE nF* Rn 05.06).

746 Nach der **bisherigen Regelung** entstehen nach Maßgabe des **§ 7 UmwStG aF** Bezüge aus Kapitalvermögen, soweit nicht Eigenkapital ausgeschüttet wird (s Rn 791). Sie unterliegen nach § 43 Abs 1 EStG der KapESt. Für die wesentlich Beteiligten, deren Anteile mit den Anschaffungskosten zum Betriebsvermögen der

Verschmelzung (Gesamtrechtsnachfolge) **Anh § 7**

PersGes gezogen werden, ergibt sich nach § 17 EStG keine Besteuerung, weil die Wertentwicklung der Anteile steuerwirksam auf die PersGes übergeleitet wird.

§ 5 Abs 2 Satz 2 UmwStG idF des UntStRefFG v 29.10.1997 (BGBl I 1997, 747 2590) behandelt für Umwandlungen, die auf nach dem 31.12.1996 wirksam werdenden Rechtsakten beruhen, Beteiligungen des § 17 EStG, die dem Verlustabzugsverbot des § 17 Abs 2 Satz 4 EStG aF unterliegen können, nicht als Anteile iSd § 17 EStG. Damit soll u.a. vermieden werden, dass die bei § 17 EStG unerwünschte Rechtsfolge durch Aufstockung verlustträchtiger Beteiligungen zu einer solchen iSv § 17 EStG durch Umwandlungen in PersGes hergestellt werden kann. Die danach nicht als Beteiligung des § 17 EStG geltenden Anteile unterfallen der Rechtsfolge des § 7 UmwStG (Rn 793). Vertrauensschutz wurde gegen die Rückwirkung geltend gemacht (*Förster* DB 1997, 1786; *Beinert* BB 1997, 1880; *Rödder* DStR 1997, 1425; *Knopf/Söffing* DStR 1997, 1526; *Goutier/Müller* BB 1997, 2242). Dem hat sich der Gesetzgeber nicht verschlossen: Die Neuregelung wird erst auf Umwandlungen angewendet, deren Eintragung im HR nach dem 5.8.1997 beantragt worden ist (§ 27 Abs 3 UmwStG idF des G v 19.12.1997, BGBl I 1997, 3121). Auf den Zeitpunkt der Eintragung der Umwandlung in das HR ist auch abzustellen für die Frage, ob eine wesentliche Beteiligung iSd § 17 EStG vorliegt und welche Gesetzesfassung des § 17 EStG anzuwenden ist (*BMF* BStBl I 2003, 786 Rn 5).

Die **bisherige Regelung des § 5 Abs 2 Satz 2 UmwStG aF** bezüglich Antei- 748 len, bei deren Veräußerung nach § 17 Abs 2 Satz 4 EStG aF kein Veräußerungsverlust zu berücksichtigen ist, ist aufgrund der entsprechenden Regelung in **§ 4 Abs 6 Satz 5 UmwStG nF** entfallen. Eine **Beteiligung iSd § 17 EStG** führt danach stets zu einer Einlagefiktion.

Der durch die fiktive Einlage von Anteilen an der übertragenden Körperschaft 749 entstehende Gewinn nach **§ 7 UmwStG nF** unterliegt nicht der **GewSt** (§ 18 Abs 2 Satz 2 UmwStG).

§ 5 Abs 2 UmwStG bei beschränkt Steuerpflichtigen. Nach Aufhebung des 750 § 10 Abs 2 UmwStG und Einführung des Halbeinkünfteverfahrens, das auch für beschränkt Steuerpflichtige gilt (*Schmidt/Heinicke* § 3 „Halbeinkünfteverfahren" Rn 3), ist **§ 5 Abs 2 UmwStG aF** auch auf Beteiligungen nach § 17 EStG von beschränkt Steuerpflichtigen (§ 49 Abs 1 Nr 2 Buchst e EStG) anzuwenden (s 6. Aufl).

Durch die Streichung des Merkmals „unbeschränkt steuerpflichtiger" Gesellschaf- 751 ter erfasst **§ 5 Abs 2 UmwStG** auch **ausländische Gesellschafter** der übertragenden Körperschaft. Aufgrund der Ausweitung der Einlagefiktion ist auch für den **beschränkt steuerpflichtigen Gesellschafter** ein Übernahmeergebnis unabhängig davon zu ermitteln, ob nach dem jeweiligen DBA für die Beteiligung iSd § 17 EStG ein inländisches Besteuerungsrecht bestanden hat (*Dötsch/Pung* DB 2006, 2704, 2711).

Die Zuordnung zum Privat- oder Betriebsvermögen ist nach **deutschem Recht** 752 vorzunehmen. Ob und in welchem Umfang ein beschränkt Steuerpflichtiger mit dem Übernahmegewinn bzw –verlust oder den Bezügen nach § 7 UmwStG dem deutschen Besteuerungsrecht unterliegt, ist iRd Ermittlung der Besteuerungsgrundlagen nach §§ 4 und 7 UmwStG zu entscheiden (*UmwStE nF* Rn 05.07; s.a. EuGH C-123/11 *A Oy* DStR 2013, 392).

Abkommensrechtlich hat die BRD für das Übernahmeergebnis, soweit es auf 753 einen beschränkt steuerpflichtigen Anteilseigner entfällt, kein Besteuerungsrecht. Art 13 Abs 5 OECD-MA weist das Besteuerungsrecht für den Gewinn aus der Aufgabe der Beteiligung (veräußerungsähnlicher Vorgang) dem Ansässigkeitsstaat des Anteilseigners zu (*Wassermeyer* MA Art 13 Rn 136). Ein deutsches Besteuerungsrecht nach Art 13 Abs 2 OECD-MA kommt in Betracht, wenn die Beteiligung vor der Umwandlung tatsächlich zu einer inländischen Betriebsstätte gehört hat. Die fingierte Einlage der Beteiligung nach § 5 Abs 2 UmwStG nF in die aufnehmende

PersGes als Betriebsstätte im abkommensrechtlichen Sinne entspricht mE nicht diesem Erfordernis (s *Benecke* StWa 2007, 139, 148; *UmwStE nF* Rn 04.23).

754 Besteht **kein DBA** oder weist dieses das Besteuerungsrecht für Gewinne aus der Veräußerung der Anteile nicht dem Ansässigkeitsstaat des Anteilseigners zu, erzielt der beschränkt steuerpflichtige Gesellschafter hieraus steuerpflichtige Einkünfte nach § 49 Abs 1 Nr 2 Buchst a EStG. Denn das Übernahmeergebnis **entsteht** nach inländischem Recht mit Ablauf des steuerlichen Übertragungsstichtags bei der übernehmenden PersGes, in deren Betriebsvermögen die Anteile an der übertragenden Körperschaft iSd § 17 EStG gemäß § 5 Abs 2 UmwStG für die Ermittlung des Übernahmeergebnisses als eingelegt gelten (s *UmwStE nF* Rn 04.23ff).

755–759 *(frei)*

760 d) Anteile im Betriebsvermögen des Anteilseigners (§ 5 Abs 3 UmwStG).
§ 5 Abs 3 UmwStG zieht für die Ermittlung des Übernahmeergebnisses Anteile an der übertragenden Körperschaft, die sich am steuerlichen Übertragungsstichtag in einem anderen Betriebsvermögen des Personengesellschafters befinden, mit dem Buchwert zum Betriebsvermögen der aufnehmenden PersGes. Als überführt gelten auch Anteile, die zu einem Betriebsvermögen eines land- und forstwirtschaftlichen Betriebs oder einer selbstständigen Tätigkeit gehören. Es reicht aus, wenn der Anteilseigner erst nach dem steuerlichen Übertragungsstichtag Gesellschafter der übernehmenden PersGes wird. Dabei ist es unerheblich, ob bei einer beschränkten Steuerpflicht eines Anteilseigners die BRD hinsichtlich der Veräußerung der Anteile abkommensrechtlich ein Besteuerungsrecht hat. Hierüber ist iRd Ermittlungen der Besteuerungsgrundlagen nach §§ 4 und 7 UmwStG zu entscheiden (*UmwStE nF* Rn 05.08f; s.a. EuGH C-123/11 *A Oy* DStR 2013, 392).

761 Vorgenommene Teilwertabschreibungen und sonstige Abzüge wie zB nach § 6 b EStG sind bis zur Höhe des gemeinen Werts der Anteile rückgängig zu machen. Durch die **Wertaufholung** entsteht noch am steuerlichen Übertragungsstichtag im Betriebsvermögen des Gesellschafters, dem zu diesem Zeitpunkt die Anteile an der übertragenden Körperschaft gehören, ein laufender **(Beteiligungskorrektur-)Gewinn (§ 5 Abs 3 Satz 2 iVm § 4 Abs 1 Satz 3 UmwStG;** *UmwStE nF* Rn 05.11). Dem steht der Buchwertabgang aufgrund der Ausbuchung der Anteile gegenüber, weil (steuerrechtlich) durch die Verschmelzung die Anteile an der übertragenden Körperschaft ab dem steuerlichen Übertragungsstichtag nicht mehr bestehen (*Schmitt/Schloßmacher* UmwStE 2011 Rn 05.08).

762 Bei den Anteilen an der übertragenden Körperschaft kann es sich um **inländisches oder ausländisches Betriebsvermögen** handeln. Die Beschränkung auf inländisches Betriebsvermögen wurde durch das SEStEG aufgegeben. Die Vorschrift geht davon aus, dass die Anteile an der verschmelzenden KapGes dem Gesellschafter der PersGes gehören, was für Verschmelzungen von KapGes auf ihre **Schwester-PersGes** zutrifft. § 5 Abs 3 UmwStG muss aber auch für die Verschmelzung auf die **Tochter-PersGes** angewendet werden (down-stream merger). S dazu *Hannemann* DB 2000, 2497; *Pluskat* DB 2001, 2216. § 5 Abs 3 UmwStG gilt für den betrieblich Beteiligten einer **Zebragesellschaft** (s Rn 803). Anteile im Sonderbetriebsvermögen des Gesellschafters werden von § 5 Abs 1 UmwStG erfasst.

763 Die Wertaufholung nach § 5 Abs 3 Satz 2 UmwStG erhöht den **Gewerbeertrag** des Anteilseigners.

764 Missbrauchsklausel (§ 5 Abs 3 Satz 3 UmwStG aF). Die Anschaffungskosten der Anteile sind dagegen anzusetzen, wenn die Anteile innerhalb der letzten fünf Jahre vor dem steuerlichen Übertragungsstichtag in ein Betriebsvermögen eingelegt worden sind. Die Fassung des JStErgG 1996 (BGBl I 1996, 1959) hat den missverständlichen Wortlaut der Vorgängervorschrift bereinigt. Durch die Regelung sollen Missbräuche verhindert werden. Die offenen und stillen Reserven könnten der Besteuerung entzogen werden, wenn die Anteile vorher mit dem gegenüber den

Verschmelzung (Gesamtrechtsnachfolge) Anh § 7

Anschaffungskosten höheren Teilwert in ein inländisches Betriebsvermögen des Gesellschafters der übernehmenden PersGes eingelegt werden, was bei anderen als den Beteiligungen des § 17 EStG möglich ist (§ 6 Abs 1 Nr 5 EStG). Dasselbe gilt, wenn die Anteile innerhalb von fünf Jahren in das Betriebsvermögen der übernehmenden PersGes selbst eingelegt wurden. Die Regelung war bei Einlage nicht wesentlicher Beteiligungen in das Vermögen einer KapGes entsprechend anzuwenden. Die Frage, ob GmbH-Anteile entgeltlich übertragen oder iSv § 5 Abs 3 Satz 2 UmwStG 1996 verdeckt in eine andere KapGes eingelegt wurden, ist beim Vorliegen einer Verknüpfung nicht allein nach der zivilrechtlichen Qualifikation des Rechtsgeschäfts (Vorgangs), sondern nach dem von den Beteiligten wirtschaftlich gewollten Ergebnis zu beurteilen (BFH IV R 74/07 BStBl II 2010, 1104).

Die Regelung wurde durch das **SEStEG aufgehoben,** weil ihr wegen der 765 Absenkung der Wesentlichkeitsgrenze iSd § 17 EStG und der Bewertung von Einlagen nicht wesentlicher Beteiligungen nach § 6 Abs 1 Nr 5 Buchst a und b EStG innerhalb von 3 Jahren nach der Anschaffung mit den Anschaffungskosten eine geringe Bedeutung zukam.

Auswirkungen im Herkunftsbetriebsvermögen. Im Falle des **§ 5 Abs 3** 766 **Satz 1 UmwStG aF/nF** ist der Gewinn der übernehmenden PersGes so zu ermitteln, als seien die Anteile überführt worden. Das Gesetz vermeidet hier die Wendung zB des § 5 Abs 2 und 3 Satz 2 UmwStG aF/nF „gelten als eingelegt". Dies lässt auf die Erwartung des Gesetzgebers schließen, dass das andere Betriebsvermögen nicht berührt wird und dort nicht die Anschaffungskosten des § 5 Abs 3 Satz 2 UmwStG aF/nF anstelle des Teilwerts bzw gemeinen Werts treten. Dies ist allerdings zweifelhaft. Denn es muss mE dann wohl das Betriebsvermögen, zu dem die KapGes-Anteile gehören, spiegelbildlich behandelt werden mit der Folge, dass dort diese Anteile mit den Anschaffungskosten ausgebucht werden (aA und deshalb krit *Wochinger/Dötsch* DB-Beilage 14/1994, 9; *Thiel* DB 1995, 1196).

e) Einbringungsgeborene Anteile (§ 5 Abs 4 UmwStG aF). Einbringungs- 767 geborene Anteile gelten ebenfalls als am Stichtag mit den Anschaffungskosten eingelegt. Auch hier wird die Versteuerung vom Anteilseigner auf die PersGes übergeleitet. Lückenhaft ist die Vorschrift insofern, als auch bei einbringungsgeborenen Beteiligungen die Anschaffungskosten im zeitlichen Zusammenhang mit der Umwandlung dadurch hochgeschleust werden können, dass der steuerbegünstigte Antrag nach § 21 Abs 2 UmwStG aF gestellt wird. Die *FinVerw* sieht hierin einen Missbrauch (§ 42 AO; *UmwStE aF* Rn 05.22).

Diese Regelung wurde u.a. wegen der Erweiterung des Anwendungsbereichs des § 17 EStG durch das **SEStEG aufgehoben.** Sie ist jedoch weiterhin auf Altfälle und Fälle des § 20 Abs 3 Satz 4 und § 21 Abs 2 Satz 6 UmwStG nF anzuwenden (§ 27 Abs 3 Nr 1 UmwStG nF). Danach gelten einbringungsgeborene Anteile iSd § 21 Abs 1 UmwStG 1995 zum Wert iSd § 5 Abs 2 oder 3 UmwStG als zum steuerlichen Übertragungsstichtag in das Betriebsvermögen der übernehmenden PersGes überführt (*UmwStE nF* Rn 05.12).

(frei) 768, 769

6. Gewinnkorrekturen (§ 6 UmwStG)

a) Rechtsgrundlage. Rechtsgrundlage ist § 6 UmwStG. 770

b) Übernahmefolgegewinn. § 6 UmwStG enthält eine Korrekturregelung für 771 die übernehmende PersGes (§ 6 Abs 1 UmwStG) und deren Gesellschafter, die im Zeitpunkt der Eintragung des Umwandlungsbeschlusses in das Handelsregister an dem übernehmenden Rechtsträger beteiligt sind (§ 6 Abs 2 UmwStG).

aa) Voraussetzungen. Ein Übernahmefolgegewinn oder -verlust kann dadurch 772 entstehen, dass zwischen den an der Verschmelzung beteiligten Rechtsträgern Forderungen und Verbindlichkeiten bestehen oder aufgrund ungewisser Verbindlichkeiten Rückstellungen gebildet wurden (§ 6 Abs 1 Satz 1 1. u 2. Alt UmwStG). Die Vorschrift gestattet eine Rücklagenbildung für den Gewinn, der sich aus dem Erlöschen von Forderungen und (ungewissen) Verbindlichkeiten zwischen der PersGes oder natürlichen Person und der übertragenden Körperschaft mit Ablauf des steuerlichen Übertragungsstichtags ergibt. Die gegenseitigen Ansprüche erlöschen zivilrechtlich mit Eintragung der Verschmelzung durch Konfusion. Bei abweichenden Bewertungen der gegenseitigen Ansprüche führt deren erfolgswirksame Ausbuchung beim übernehmenden Rechtsträger zu einem **Übernahmefolgegewinn** oder **-verlust**. Dies ist dann nicht der Fall, wenn hinsichtlich der (wertberichtigten) Forderungen zum Verschmelzungsstichtag gemäß § 6 Abs 1 Nr 2 Satz 3 iVm Abs 1 Satz 4 EStG eine Wertaufholung geboten ist oder wenn die Wertminderung auf einer verdeckten Gewinnausschüttung beruhte und deshalb nach § 8 Abs 3 Satz 3 KStG eine Zurechnung vorzunehmen war. Denn der Übernahmefolgegewinn ist nach allgemeinen Gewinnermittlungsvorschriften zu ermitteln.

773 Die Anwendung des § 6 UmwStG setzt beim übernehmenden Rechtsträger **Betriebsvermögen** voraus, weil im umgekehrten Fall bei der übertragenden Körperschaft gemäß § 3 UmwStG der gemeine Wert anzusetzen ist (*UmwStE nF* Rn 06.01, 08.01).

774 Kritisch wird in der Literatur die Annahme einer Konfusion bei einem **Gesellschafter** der übernehmenden PersGes gesehen, weil wegen der Verschiedenheit der Rechtssubjekte bestehende Forderungen bzw Verbindlichkeiten durch den Vermögensübergang nicht (erfolgswirksam) wegfallen, sondern infolge der Umwandlung in das Gesamthandsvermögen übergehen. Eine **private Forderung** eines Gesellschafters der übernehmenden Gesellschaft gegen die übertragende Körperschaft wird Sonderbetriebsvermögen bei der übernehmenden PersGes und ist mit dem Teilwert einzulegen (s *Schmitt/Schloßmacher* UmwStE 2011 Rn 06.01; *Flick/Gocke/Schaumburg* UmwStE 2011 Rn 06.01).

775 Eine **Pensionsrückstellung**, die zugunsten eines **Gesellschafters** der übertragenden KapGes gebildet wurde, hat bei Gesamtrechtsnachfolge die übernehmende PersGes im Gesamthandsvermögen fortzuführen und bei fortbestehenden Dienstverhältnis mit dem Teilwert nach § 6 Abs 3 Satz 2 Nr 1 EStG zu bewerten. Zuführungen nach dem steuerlichen Übertragungsstichtag sind Sondervergütungen nach § 15 Abs 1 Satz 1 Nr 2 EStG. Die gewinnmindernde Pensionsrückstellung ist daher durch Aktivierung eines Ausgleichspostens in der Sonderbilanz des Gesellschafters zu neutralisieren. Da die Pensionszahlungen im Versorgungsfall zu nachträglichen Einkünften nach § 19 bzw § 15 iVm § 24 Nr 2 EStG führen, ist der Anteil des Pensionsanspruchs für die Zeit vor und nach der Umwandlung zu ermitteln (*UmwStE nF* Rn 06.01).

776 Bei einer Verschmelzung einer KapGes auf das Vermögen einer **natürlichen Person (Alleingesellschafter)** hat diese eine zu ihren Gunsten bestehende Pensionsrückstellung, die durch Konfusion erlischt, unter Anwendung des § 6 Abs 1 UmwStG erfolgswirksam aufzulösen. Bei Fortführung der Rückdeckungsversicherung geht der Vergütungsanspruch auf die natürliche Person über und wird dadurch Privatvermögen. Die Entnahme ist nach allgemeinen Grundsätzen mit dem Teilwert anzusetzen. Im Falle der Kündigung der Rückdeckungsversicherung durch die übertragende Körperschaft ist der Rückkaufswert mit dem Rückdeckungsanspruch zu verrechnen. Ein verbleibender Betrag ist erfolgswirksam aufzulösen (BFH I R 54/02 BStBl II 2004, 654; *UmwStE nF* Rn 06.07f).

777 Die Bildung und Auflösung der Rücklage für den Übernahmefolgegewinn (steuerliches Wahlrecht) ist nach dem Wegfall der umgekehrten Maßgeblichkeit iSd § 5 Abs 1 Satz 2 EStG aF durch das BilMoG v 25.5.2009, BGBl I 2009, 1102, **unabhängig** von der **handelsrechtlichen Behandlung** vorzunehmen.

778, 779 *(frei)*

bb) Besteuerung. Ein sich hieraus ergebender laufender Gewinn des übernehmenden Rechtsträgers unterliegt in voller Höhe der **GewSt.** Dies gilt unabhängig davon, ob am steuerlichen Übertragungsstichtag alle Anteile an der übertragenden Körperschaft zum Betriebsvermögen des übernehmenden Rechtsträgers gehören oder sich die Forderungsabschreibung ganz oder teilweise (zB § 3 c Abs 2 EStG, § 8b Abs 3 Satz 4ff KStG) nicht ausgewirkt hat (krit *Schmitt/Schloßmacher* UmwStE 2011 Rn 06.02; *Flick/Gocke/Schaumburg* UmwStE 2011 Rn 06.02, die einen Verzicht auf eine Wertberichtigung oder eine nach § 8b Abs 3 Satz 8 KStG steuerfreie Wertaufholung empfehlen). Eine Steuerermäßigung nach **§ 35 EStG** kommt in Betracht. 780

cc) Missbrauchsregelung (§ 6 Abs 3 UmwStG). Die Vorschrift gestattet lediglich die **Bildung einer Rücklage,** die in den folgenden drei Wirtschaftsjahren mit mindestens ⅓ aufzulösen ist. Diese Vergünstigung entfällt gemäß **§ 6 Abs 3 UmwStG** rückwirkend bei der Betriebseinbringung oder Betriebsveräußerung (-aufgabe) ohne triftigen Grund innerhalb von 5 Jahren nach dem Übertragungsstichtag durch die Übernehmerin (zum Begriff s BFH I R 118/87 BStBl II 1990, 474). 781

Der **Betrieb** iSd Vorschrift umfasst alle funktional und quantitativ wesentlichen Betriebsgrundlagen des am steuerlichen Übertragungsstichtag übergegangenen Betriebs. Darunter fallen die Veräußerung, Verschmelzung, Einbringung oder Aufgabe sämtlicher Anteile des übernehmenden Rechtsträgers, nicht jedoch die entgeltliche Übertragung eines Teilbetriebs des übergegangenen Betriebs oder einzelner Anteile des übernehmenden Rechtsträgers. Entsprechend ist ein zuletzt verbleibender Teilbetrieb ein Betrieb iS dieser Vorschrift (vgl auch § 15 Abs 1 Satz 3 UmwStG; Rn 1120ff). Ein Mitunternehmeranteil ist einem Betrieb nicht gleichzusetzen (BFH I R 118/87 BStBl II 1990, 474). Die Veräußerung aller Mitunternehmeranteile ist schädlich (*UmwStE nF* Rn 06.09). Die Entnahme des im Wege der Umwandlung übergegangenen Vermögens wird einer Aufgabe des Betriebs gleichgesetzt (*OFD Ffm* DB 2000, 2350). Die Einbringung (Verschmelzung, Ausgliederung, formwechselnde Umwandlung) des Betriebs in eine KapGes (§ 20 UmwStG) führt stets zum Wegfall der Privilegierung des Übernahmefolgewinns, unabhängig mit welchem Wert die Einbringung erfolgt. Dagegen wird eine Einbringung in eine andere KapGes (zB Genossenschaft) oder Mitunternehmerschaft (§ 24 UmwStG) als schädliche Veräußerung iSd § 6 Abs 3 UmwStG behandelt. Daran fehlt es, wenn dafür triftige Gründe gegeben sind oder die Einbringung nach § 24 UmwStG zu Buchwerten erfolgt. Die vom Steuerpflichtigen nachzuweisenden vernünftigen wirtschaftlichen Gründe können zB in der Umstrukturierung oder Rationalisierung der beteiligten Gesellschaften bestehen. 782

Gemäß **§ 6 Abs 3 Satz 2 UmwStG** sind die entsprechenden **Steuerbescheide** auch dann zu **ändern,** wenn die Festsetzungs- oder Feststellungsverjährung bereits eingetreten ist (§ 175 Abs 1 Satz 2 AO). Es handelt sich hierbei um eine eigenständige Änderungsvorschrift. 783

dd) Verschmelzung einer Unterstützungskasse. Bei der Verschmelzung einer Unterstützungskasse auf ihr Trägerunternehmen ist gemäß § 4 Abs 2 Satz 4 UmwStG der laufende Gewinn des übernehmenden Rechtsträgers um die Zuwendungen nach § 4 d EStG, die der übernehmende Rechtsträger, seine Gesellschafter oder seine Rechtsvorgänger an die Unterstützungskasse geleistet haben, zu erhöhen. Entsprechend erhöhen diese Zuwendungen den Buchwert der Anteile an der Unterstützungskasse und mindern insoweit das Übernahmeergebnis (§ 4 Abs 2 Satz 5 UmwStG). Dadurch wird eine Doppelbesteuerung vermieden (*Benecke/Schnitger* IStR 2007, 22, 26). 784

(frei) 785–789

7. Übernahmegewinn bei Beteiligungen im Privatvermögen ohne oder mit eingeschränkter Steuerverstrickung nach § 17 EStG

790 **a) Rechtsgrundlagen (§ 7 UmwStG aF).** Korrespondierend mit § 7 UmwStG aF bleibt nach § 4 Abs 4 Satz 3 UmwStG aF/nF bei der Ermittlung des Übernahmegewinns oder -verlustes der Wert der übernommenen Wirtschaftsgüter außer Ansatz, soweit (Verhältnis) er auf Anteile an der übertragenden Körperschaft entfällt, die am steuerlichen Übertragungsstichtag nicht zum Betriebsvermögen der übernehmenden PersGes oder übernehmenden natürlichen Person gehören. Das UmwStG 1977 hatte alle Anteile zum Betriebsvermögen gezogen.

791 **b) Versteuerung des Übernahmegewinns in der Form der offenen Reserven der Anteile (§ 7 UmwStG aF).** Bei nicht iSd § 17 EStG beteiligten Anteilseignern, die mit ihren Kapitaleinkünften im Inland steuerpflichtig sind, ist nach **§ 7 UmwStG aF** das in der Steuerbilanz ausgewiesene Eigenkapital als Kapitaleinkunft zu behandeln (Zufluss, § 2 Abs 1 UmwStG). Die Umwandlung wird wie eine Ausschüttung behandelt. Nach § 7 UmwStG idF des StSenkG werden von der Kapitaleinkunft das gezeichnete Eigenkapital und das steuerliche Einlagekonto nach § 27 KStG (Ausgangswert EK 04; *Eisgruber* DStR 2000, 1493), das sich nach Anwendung des § 29 Abs 1 KStG ergibt, ausgenommen. Nach wie vor gilt die Einlagenrückgewähr nicht als Einkunft. Durch die Abschaffung des Anrechnungsverfahrens wurde die bisherige Eigenkapitalgliederung aufgegeben (s *BMF* DB 2003, 1352). Damit werden die **offenen Reserven** des Anteils versteuert, ebenso die beim Übertragungsgewinn freiwillig aufgedeckten stillen Reserven. Besitzt die übertragende KapGes eigene Anteile, so ist dabei die Höhe der Beteiligung eines Anteilseigners nach dem Verhältnis seiner Anteile zur Summe der restlichen fremden Anteile zu bemessen. KSt ist nach neuem Recht (StSenkG) nicht mehr anzurechnen. Zur alten Rechtslage s BFH I R 185/94 BStBl II 1996, 390; *UmwStE aF* Rn 10.01 ff. Auf die Herstellung einer Ausschüttungsbelastung (§ 27 KStG) wird aus Vereinfachungsgründen verzichtet (BTDrs 12/6885, 20).

792 Die geschilderten Rechtsfolgen treffen nach § 7 Satz 2 UmwStG idF des UntStRefFG v 29.10.1997 (BGBl I 1997, 2590) auch Beteiligungen des § 17 EStG, bei deren Veräußerung ein Veräußerungsverlust nach § 17 Abs 2 Satz 4 EStG nicht zu berücksichtigen wäre (vorgeschalteter Zwischenerwerb). Die **stillen Reserven** werden planmäßig erst versteuert, wenn der Anteil an der PersGes durch Vorgänge des § 16 EStG gewinnrealisierend wegfällt. Dabei wird sich der Buchwert der eingetauschten Beteiligung an der PersGes (Kapitalkonto) als Aufwand auswirken. Auch bei Anteilen, die nach § 5 Abs 2 UmwStG aF nicht als Beteiligungen des § 17 EStG gelten und von § 7 Satz 2 UmwStG aF erfasst werden, erscheint dieses Kapitalkonto und nicht die Anschaffungskosten der Beteiligung (*Förster* DB 1997, 1786; krit *Schultz* DB 1997, 1790).

793 **c) Einbringungsgeborene Anteile.** § 7 UmwStG aF gilt nicht für einbringungsgeborene Anteile des § 21 UmwStG aF, auch wenn sie keine wesentliche Beteiligung iSd § 17 EStG bilden sollten. Sie gelten nach § 5 Abs 4 UmwStG aF als in das Betriebsvermögen der übernehmenden PersGes eingelegt.

794 **d) Beschränkt und eingeschränkt steuerpflichtige Anteilseigner.** Die offenen Reserven der Anteile werden nach § 4 Abs 4 Satz 3, § 5 UmwStG aF weder bei der PersGes noch nach **§ 7 UmwStG aF** beim bisherigen Anteilseigner erfasst,
– wenn nicht iSv § 17 EStG Beteiligte nur beschränkt steuerpflichtig sind und ihre Anteile nicht in einem inländischen Betriebsvermögen halten (§ 5 Abs 3 UmwStG), soweit sie nicht mit ihren Kapitaleinkünften nach § 49 EStG beschränkt steuerpflichtig sind (vgl dazu *Schmidt/Heinicke* § 3 „Halbeinkünfteverfahren" Rn 3 mwN);

Verschmelzung (Gesamtrechtsnachfolge) Anh § 7

– wenn der iSv § 17 EStG Beteiligte beschränkt steuerpflichtig ist und nach einem DBA die Besteuerung dem ausländischen Staat zugewiesen ist, weil die Beteiligung zu einem ausländischen Betriebsvermögen zählt; rechnet die Beteiligung als solche des § 17 EStG zum Privatvermögen, so erfüllt der beschränkt Steuerpflichtige §§ 17, 49 Abs 1 Nr 2 Buchst e EStG;
– wenn nicht iSv § 17 EStG Beteiligte juristische Personen des öffentlichen Rechts sind und die Beteiligung nicht in einem Betrieb gewerblicher Art halten (§ 1 Abs 1 Nr 6 KStG) oder steuerbefreite Körperschaften sind und die Beteiligung außerhalb eines wirtschaftlichen Geschäftsbetriebs halten, mit dem sie allein steuerpflichtig sind (§ 5 Abs 1 Nr 9 KStG; vgl auch die Übersicht bei *Wochinger/Dötsch* DB-Beilage 14/1994, 12).

e) Steuerlicher Aufwand aus unversteuerten Reserven. Die stillen Reserven 795 der Anteile wandern auch bei den vorstehend unter Rn 794 erwähnten Fällen in den eingetauschten PersGesanteil. Sie sollen nach dem UmwStG auch bei Verschmelzung auf eine PersGes nicht erfasst werden, sondern erst bei einer Betriebsaufgabe der PersGes oder einer Anteilsveräußerung bzw -aufgabe. Auf die Versteuerung bei der übertragenden Körperschaft, wie sie § 13 Abs 2 UmwStG 1977 vorgesehen hatte, konnte daher im UmwStG verzichtet werden. Die in die PersGes-Anteile übergeleiteten offenen Reserven erscheinen bei einer Anteilsveräußerung, -aufgabe oder Betriebsaufgabe der PersGes als Aufwand, der in der Person der Anteilseigner anders als in den Fällen des § 7 UmwStG aus unversteuertem Vermögenszuwachs entsteht. Allerdings bleibt es bei der eingetretenen Belastung des verwendbaren Eigenkapitals mit KSt (zur Aufstockung s *Krebs* BB 1998, 1771).

f) Übernahmeverlust. Ein Übernahmeverlust kann bei § 7 UmwStG aF nicht 796 dargestellt werden, weil das Eigenkapital eine positive Größe ist. S dazu auch *Eisgruber* DStR 2000, 1493.

8. Ausschüttungsfiktion (§ 7 UmwStG nF)

Die Besteuerung der offenen Rücklagen der übertragenden Körperschaft als 797 Einkünfte aus Kapitalvermögen (§ 20 Abs 1 Nr 1 EStG), die bisher nur bei nicht wesentlichen Anteilen iSd § 17 EStG vorzunehmen war, wird durch das **SEStEG** auf **alle Anteilseigner** der übertragenden Körperschaft ausgedehnt. Sie gilt sowohl für inländische und ausländische Anteilseigner. Unbeachtlich ist weiter, ob sich die Anteile im Betriebs- oder Privatvermögen der Anteilseigner befinden. Das Übernahmeergebnis wird dadurch in einen Dividendenteil und einen Veräußerungsvorgang aufgeteilt. Für die Einkünfte nach § 20 Abs 1 Nr 1 EStG weist Art 10 Abs 2 OECD-MA dem Quellenstaat das Besteuerungsrecht zu (*UmwStE nF* Rn 07.02; 04.23). Folgt man der Auffassung von *Wassermeyer* (MA Art 13 Rn 136), der das gesamte Übernahmeergebnis einschließlich der im Betriebsvermögen gehaltenen Anteile dem Art 13 Abs 5 OECD-MA zuordnet, steht bei grenzüberschreitenden Umwandlungsvorgängen das Besteuerungsrecht hinsichtlich des personenbezogen zu ermittelnden Übernahmeergebnisses dem Ansässigkeitsstaat zu. Ein dadurch möglicher Verlust des inländischen Besteuerungsrechts hinsichtlich der stil len Reserven des übertragenden Rechtsträgers wird durch die vorgeschaltete Besteuerung der offenen Rücklagen im Wesentlichen vermieden (s Rn 660ff)

Die Einnahmen iSd § 7 UmwStG sind bei der übernehmenden PersGes **geson-** 798 **dert und einheitlich festzustellen** (§§ 180 Abs 1 Nr 2 a, 179 Abs 2 Satz 2 AO iVm § 15 Abs 1 Nr 2 EStG; Rn 664; aA wohl *Förster/Felchner* DB 2008, 2245).

(frei) 799

9. Übernahmegewinn bei Vermögensübergang auf Personengesellschaften ohne steuerliches Betriebsvermögen

800 **a) Rechtsgrundlage.** Rechtsgrundlage ist § 8 UmwStG.

801 **b) Voraussetzungen des § 8 Abs 1 UmwStG.** Hat die übernehmende PersGes kein steuerrechtliches Betriebsvermögen – zB weil sie ebenso wie die übertragende KapGes private Vermögensverwaltung betreibt, ohne eine gewerblich geprägte PersGes iSd § 15 Abs 3 Nr 2 EStG zu sein – und geht deshalb das Vermögen der übertragenden Körperschaft in ein Privatvermögen der übernehmenden PersGes über, so sind die infolge des Vermögensübergangs entstehenden Einkünfte (insb bei Realisierung der stillen Reserven) unmittelbar bei den Gesellschaftern (§ 8 Abs 1 UmwStG aF) bzw beim übernehmenden Rechtsträger oder dessen Gesellschaftern (§ 8 Abs 1 UmwStG nF) zu ermitteln.

802 **c) Vorausgegangene Betriebsaufgabe der Körperschaft.** Der Anwendung des § 8 UmwStG geht voraus, dass die übertragende KapGes nach § 3 Abs 1 UmwStG in der Schlussbilanz die gemeinen Werte anzusetzen hat, weil die Erfassung der stillen Reserven nicht sichergestellt ist (BTDrs 12/6885, 16). Diese Rechtsfolge tritt aber nicht schon deswegen ein, weil in eine freiberuflich oder land- und forstwirtschaftlich tätige PersGes umgewandelt wird (evtl str; vgl Rn 160). Maßgebend sind die Verhältnisse am steuerlichen Übertragungsstichtag. Die bloße Absicht der übernehmenden PersGes, gewerblich tätig zu werden, reicht nicht aus (*UmwStE nF* Rn 08.02). Weil die übernehmende PersGes über kein Betriebsvermögen verfügt, ist ein **Investitionsabzugsbetrag** nach § 7g Abs 1 u 4 EStG rückgängig zu machen (*UmwStE nF* Rn 08.04).

803 Da in diesen Fällen eine Bilanzierung bei der **vermögensverwaltenden PersGes** nicht in Betracht kommt (vgl BFH VIII B 26/80 BStBl II 1981, 574), bedarf es nach der bisherigen Rechtslage keiner Anwendung von Vorschriften, die hierauf abstellen. § 3 Abs 2 Satz 1 Nr 1 UmwStG nF schließt einen Buchwertansatz aus, weil die übergehenden Wirtschaftsgüter nicht Betriebsvermögen werden. Bei sog **Zebragesellschaften,** deren Anteile teilweise im Betriebsvermögen (zB KapGes) und teilweise im Privatvermögen gehalten werden, sind allerdings die Einkünfte des gewerbl Beteiligten auf der Ebene des Beteiligten in gewerbliche umzuqualifizieren (BFH GrS 2/02 BStBl II 2005, 679). Nur dieser verfügt über Betriebsvermögen (*Schmidt/Wacker* 28. Aufl, § 15 Rn 685). Da die Zebragesellschaft, die weder gewerblich tätig noch geprägt ist, selbst über kein Betriebsvermögen verfügt, sind die Grundsätze des § 8 UmwStG anzuwenden, wobei gemäß § 3 Abs 2 Satz 1 Nr 1 UmwStG die übergehenden Wirtschaftgüter in der steuerlichen Schlussbilanz der übertragenden Körperschaft mit den gemeinen Wert anzusetzen sind (s *UmwStE nF* Rn 08.03; aA *Flick/Gocke/Schaumburg* UmwStE 2011 Rn 08.03).

804 Der **Veräußerungsgewinn** nach § 17 EStG und die Bezüge iSd § 7 UmwStG iVm § 20 Abs 1 Satz 1 Nr 1 EStG sind ohne Bindungswirkung für die beteiligten Gesellschafter gesondert und einheitlich **festzustellen** (BFH GrS 2/02 BStBl II 2002, 679; s *UmwStE nF* Rn 08.03).

805 **d) Rechtsfolgen bei der Personengesellschaft.** Ansonsten verbleibt es bei den Folgen der Verschmelzung (§ 4 UmwStG): Nach § 8 Abs 1 UmwStG findet die Rechtsnachfolge hinsichtlich der AfA statt (§ 4 Abs 2 UmwStG). Der Bezug in § 8 Abs 1 UmwStG aF auf § 4 Abs 2 UmwStG aF und die weitergeltenden Rücklagen und Bewertungsabschläge ist mE irreführend, weil diese anlässlich der Betriebsaufgabe aufgelöst werden. Ferner gilt die Regelung über die Aufstockung der Bemessungsgrundlage der AfA durch die aufgedeckten stillen Reserven (§ 4 Abs 3 UmwStG; *Weber-Grellet* BB 1999, 28). Auch für das Privatvermögen der übernehmenden PersGes ist die Abfindung von Anteilseignern ein Anschaffungsgeschäft.

Verschmelzung (Gesamtrechtsnachfolge) **Anh § 7**

Der steuerliche Übertragungsstichtag ist sowohl für die PersGes als auch für ihre Gesellschafter (Rn 360 ff) maßgebend.

e) Versteuerung des Übernahmegewinns. Der Übernahmegewinn besteht 806 aus allen stillen Reserven der Anteile im Betriebsvermögen oder Privatvermögen des Gesellschafters und Anteilseigners. Durch die Verweisung auf § 7 UmwStG aF tritt die dort geregelte Versteuerung der zwangsweise aufgedeckten Reserven der Anteile auch im Falle des **§ 8 UmwStG aF** und unter den Voraussetzungen des § 7 UmwStG aF ein. Dies bedeutet, es muss sich um einen nicht iSd § 17 EStG Beteiligten oder gleichgestellten Fall des § 17 Abs 2 Satz 4 EStG handeln, der mit diesen Kapitaleinkünften im Inland steuerpflichtig ist (Rn 794). Dies kann mE auch die mit Privatvermögen ausgestattete PersHandelsGes vermögensverwaltender Art selbst sein. Dann gilt für sie § 7 UmwStG aF unmittelbar.

Nach dem **UmwStG idF des SEStEG** besteht das Übernahmeergebnis aus einer 807 fiktiven Ausschüttung der offenen Rücklagen der übertragenden KapGes (Dividendenteil, **§ 7 UmwStG nF**) und einem Übernahmegewinn/-verlust (Veräußerungsteil). Das Übernahmeergebnis ist grds im Rahmen einer einheitlichen und gesonderten Feststellung für jeden einzelnen Anteilseigner der übertragenden KapGes zu ermitteln (s Rn 650 ff).

Ist die vermögensverwaltende **PersHandelsGes iSv § 17 EStG beteiligt,** so erzie- 808 len ihre Gesellschafter einheitlich festzustellende Einkünfte nach § 17 EStG. § 7 UmwStG aF bzw § 17 EStG sind aber auch anzuwenden, wenn die Personengesellschafter im Privatvermögen an der übertragenden Körperschaft beteiligt waren. Der Geschäftswert ist Teil des Veräußerungserlöses iSv § 17 Abs 4 EStG (BFH I R 11/85 BStBl II 1989, 794). Dies gilt auch hier. Denn als Erlös iSd § 17 Abs 4 EStG ist der gemeine Wert der erhaltenen Anteile an der aufnehmenden Gesellschaft anzusetzen.

Zu einer Versteuerung des **Übernahmegewinns im Rahmen gewerblicher** 809 **Einkünfte** kommt es, wenn zwar die PersGes als vermögensverwaltende kein Betriebsvermögen hat, wohl aber die an ihr beteiligte KapGes (zB der Komplementär-GmbH einer KG, § 8 Abs 2 KStG), s Rn 803. Ferner kommt es zu gewerblichen Einkünften nach § 21 UmwStG aF iVm § 16 EStG, wenn es sich um einbringungsgeborene Anteile an der übertragenden Körperschaft handelt. Die Regelung bezüglich der einbringungsgeborenen Anteile iSd § 21 Abs 1 Satz 1 UmwStG aF ist auch nach ihrer Aufhebung durch das SEStEG weiterhin anzuwenden (§ 27 Abs 3 Nr 3 UmwStG nF). Bei zu einem Betriebsvermögen des Gesellschafters zählenden Anteilen ist als Veräußerungserlös für die Altanteile deren gemeiner Wert anzusetzen (*Schmidt/Kulosa* § 6 Rn 731).

§ 8 Abs 2 UmwStG stellt sicher, dass auch in all diesen Fällen der Übernahmege- 810 winn zum normalen Steuersatz (Ausschluss von § 34 EStG) versteuert wird (klargestellt durch § 8 Abs 2 idF des UntStFG) und im Falle des § 17 EStG ohne den **Freibetrag des § 17 Abs 3 EStG.** Der Veräußerungsgewinn iSd § 17 Abs 4 EStG erhöht sich um die nach § 10 Abs 1 UmwStG anzurechnende KSt. Durch die Einführung des Halbeinkünfteverfahrens (§ 3 Nr 40 EStG) anstelle des Anrechnungsverfahrens (StSenkG) ist dies entfallen. § 22 Nr 2 EStG (Spekulationsgeschäft) ist für die Umwandlung nicht anzuwenden. Der Anteilseigner des übertragenden Rechtsträgers erzielt in diesem Fall nur Einkünfte nach § 7 UmwStG, soweit seine Anteile nicht steuerverstrickt sind (s *Schmitt* in Schmitt/Hörtnagl/Stratz § 8 UmwStG Rn 24).

(frei) 811–814

10. Verschmelzung auf eine natürliche Person (§ 9 UmwStG aF/ §§ 3 ff UmwStG nF)

Für die Verschmelzung des Vermögens der übertragenden Körperschaft auf ein 815 **Betriebsvermögen** einer natürlichen Person gelten (bisher über § 9 Abs 1

UmwStG aF) die geschilderten Grundsätze der **§§ 4 bis 6 Abs 2 UmwStG nF entsprechend**, ebenso der Übertragungsstichtag des § 2 UmwStG. Wird das Vermögen der übertragenden Körperschaft **Privatvermögen** der natürlichen Person, ist das übergehende Betriebsvermögen mit dem gemeinen Wert anzusetzen. Ein Ansatzwahlrecht besteht gemäß § 3 Abs 2 Satz 1 Nr 1 UmwStG nicht, weil mit dem Übergang in das Privatvermögen eine spätere Besteuerung entfällt. Auch hier besteht keine Nachfolge für § 10d EStG (Rn 258). Zu **§ 10a GewStG** s Rn 196, zur Besitzzeitanrechnung nach § 4 Abs 2 Satz 3 UmwStG s Rn 644. Die Grundsätze nach § 5 Abs 1 UmwStG gelten sinngemäß.

816–819 *(frei)*

IX. Formwechsel einer Kapitalgesellschaft in eine Personengesellschaft und einer Personengesellschaft in eine Kapitalgesellschaft oder Genossenschaft (§§ 9, 25 UmwStG)

1. Übertragungs- und Eröffnungsbilanz

820 Nach § 9 UmwStG sind auf den Formwechsel einer KapGes in eine PersGes die Vorschriften der Verschmelzung (§§ 3–8, 10 UmwStG) entsprechend anzuwenden. Da handelsrechtlich der formwechselnde Rechtsträger weiter besteht (§ 202 Abs 1 Nr 1 UmwG) und damit nur von einer geänderten Bezeichnung desselben Rechtsträgers ausgegangen wird, muss handelsrechtlich keine Übertragungs- und Eröffnungsbilanz aufgestellt werden (glA *Fischer* BB 1995, 2173; aA *Priester* zu § 220 UmwG, DB 1995, 911). Dagegen ist dies für steuerliche Zwecke vorgeschrieben. Denn das Steuerrecht muss die KapGes und die PersGes als **verschiedene Steuersubjekte** behandeln (s BFH I R 77/07 BStBl II 2009, 831).

821 Nach dem Subjektsteuerprinzip sind bei der Übertragung eines Wirtschaftsguts die stillen Reserven dieses Wirtschaftsguts vom übertragenden Steuersubjekt zu versteuern. Entsprechend wird beim Formwechsel wegen des Steuersubjektwechsels auf der Grundlage der **Übertragungs- und Eröffnungsbilanzen** nur für Zwecke der Einkommensbesteuerung ein Vermögensübergang fingiert (s BFH IV R 61/07 BStBl II 2010, 942). Als Bilanzstichtag kann der Tag gewählt werden, an dem der Formwechsel wirksam wird (§ 9 Satz 2 UmwStG). Dies ist der Tag der Eintragung im HR (*UmwStE nF* Rn 09.01).

822 Es kann aber auch ein **rückwirkender Übertragungsstichtag** gewählt werden, der höchstens acht Monate vor der Anmeldung des Formwechsels zur Eintragung im HR liegt. Nach ausländischem Recht bestehende abweichende Regelungen stehen dem nicht entgegen (*UmwStE nF* Rn 09.02). Dies gilt **nicht**, soweit dadurch in einem anderen Staat unbesteuerte Einkünfte (sog weiße Einkünfte) entstehen (§ 9 Satz 3 letzter Hs iVm § 2 Abs 3 UmwStG). Hierbei handelt es sich um eine eigenständige **steuerliche Rückwirkungsregelung** (*UmwStE nF* Rn 09.01, 02.05).

823 Die Rückwirkung gestattet steuerlich, dass die Gesellschaft, auf die formwechselnd umgewandelt werden soll, erst nach dem Übertragungsstichtag **gegründet** wird (*UmwStEnF* Rn 09.01, 02.11). Die steuerliche Rückwirkung nach § 9 Satz 3 UmwStG ist auch für die Bestimmung des ausgleichsfähigen Verlustes eines Kommanditisten iR eines **rückwirkenden Formwechsels** nach den Tatbestandsmerkmalen des **§ 15a EStG** zu beachten (BFH IV R 61/07 BStBl II 2010, 942; s Rn 291). Ein Formwechsel ist auch in eine **GbR** möglich (s *UmwStE nF* Rn 01.12; Rn 98). Zum Formwechsel in eine KGaA s Rn 435. Zur Grunderwerbsteuer s Rn 130.

824 *(frei)*

Formwechsel Anh § 7

2. Aufdeckung der stillen Reserven in der Übertragungsbilanz

Bereits zum UmwStG aF wurde von der Rspr und Teilen der Literatur die 825
Aufdeckung der stillen Reserven in der Übertragungsbilanz auch ohne entsprechende handelsrechtliche Bilanzierung für zulässig gehalten (BFH I R 38/04 BStBl II 2006, 568; I R 97/06 BFH/NV 2007, 2220; *OFD Rheinland* GmbHR 2008, 391). Durch das **SEStEG** wurde der bisher von der Verwaltung hierzu vertretene Maßgeblichkeitsgrundsatz (§ 5 Abs 1 Satz 2 EStG aF) aufgegeben (s *UmwStE nF* Rn 03.10).

Abweichend von der Auffassung der *FinVerw* bestand nach Ansicht des FG Müns- 826
ter bei einer formwechselnden Umwandlung iSd § 14 Satz 1 iVm § 3 UmwStG aF in der Übertragungsbilanz hinsichtlich **selbstgeschaffener immaterieller Wirtschaftsgüter** ein **Ansatzwahlrecht** (FG Münster EFG EFG 2012, 990, Rev BFH I R 5/12).

Der sich nach § 9 UmwStG iVm § 4 Abs 4 und 5 UmwStG bei einem Formwech- 827
sel von einer KapGes in eine PersGes zum steuerlichen Umwandlungsstichtag ergebende **Übernahmegewinn** ist auf der Ebene der Gesellschafter der übernehmenden PersGes zu versteuern. Die sich hierbei ergebenden körperschaftsteuerlichen Rechtsfolgen iSd § 10 UmwStG aF sind bei der ESt oder KSt der Gesellschafter der übernehmenden PersGes zu ziehen (s Rn 620).

Das Übernahmeergebnis ist nach §§ 179, 180 AO **gesondert und einheitlich** 828
festzustellen (BFH I R 33/05 BStBl II 2010, 63).

(frei) 829

3. Gewerbesteuer, Minderheitsgesellschafter

Auch beim Formwechsel aus einer KapGes in eine PersGes gilt § 18 UmwStG 830
hinsichtlich der **GewSt** (Rn 145ff). § 17 UmwStG wurde gestrichen.

Nach einer formwechselnden Umwandlung einer GmbH in eine PersGes sind 831
die ursprünglichen **Anschaffungskosten eines nicht iSd § 17 EStG beteiligten Gesellschafters** für den Erwerb der Gesellschaftsanteile der GmbH bei der Ermittlung des Gewinns aus der Veräußerung des Mitunternehmeranteils (§ 16 Abs 1 Satz 1 Nr 2, Abs 2 EStG) **nicht** zu berücksichtigen. Dies gilt ebenso für die Anschaffungskosten bei der Aufstellung einer **positiven Ergänzungsbilanz.** Dies beruht im Ergebnis auf dem von den Gesellschaftern der formwechselnden KapGes gewählten Buchwertansatz des übergehenden Betriebsvermögens in deren steuerliche Schlussbilanz.

Ein nicht iSd § 17 EStG beteiligter Gesellschafter, für den kein Übernahmeergeb- 832
nis zu ermitteln ist, wird iRd formwechselnden Umwandlung **Gesellschafter der PersGes**. Sein Anteil an der PersGes, der sich nach dem Kapitalkonto des Mitunternehmeranteils zum steuerlichen Übertragungsstichtag bestimmt, richtet sich bei einer Buchwertfortführung nach dem anteiligen Buchwert der Beteiligung. Die ursprünglichen Anschaffungskosten der Beteiligung an der KapGes werden dadurch nicht erfasst, sodass in diesem Fall grds auch die vor dem steuerlichen Übertragungsstichtag entstandenen stillen Reserven zu versteuern sind. Eine Korrektur des Wertansatzes durch die Bildung einer (positiven) Ergänzungsbilanz scheidet u.a. deshalb aus, weil nach dem Willen des Gesetzgebers der nicht iSd § 17 EStG beteiligte Anteilseigner als Mitunternehmer die stillen Reserven erst bei deren Auflösung durch die übernehmende PersGes zu versteuern hat (BTDrs 12/6685, 19; BFH IV R 39/09 BStBl II 2012, 728).

4. Formwechsel einer eingetragenen Genossenschaft

Für einen Formwechsel einer eingetragenen Genossenschaft in eine PersGes iSd 833
§ 38 a LwAnpG gelten vorstehende Regelungen entsprechend (§ 14 Satz 4 UmwStG

aF). Wegen der abschließenden Regelung des § 1 Abs 1 UmwStG nF wurde dieser Hinweis durch das **SEStEG gestrichen**.

5. Formwechsel einer Personengesellschaft in eine Kapitalgesellschaft oder Genossenschaft

834 Der Formwechsel einer PersGes in eine KapGes oder Genossenschaft vollzieht sich nach den §§ 20 ff UmwStG (Sacheinlage, vgl **§ 25 UmwStG**; s Rn 2370).

6. Formwechselnde Umwandlung zwischen Körperschaften

835 Der Formwechsel zwischen KapGes ist gesetzlich nicht geregelt, weil der Gesetzgeber darin keinen Wechsel des Steuersubjekts gesehen hat. Wegen der Identität des Rechtsträgers vor und nach der Umwandlung führt er weder zum Erlöschen noch zum Entstehen einer Steuerpflicht.

836 Bei einer formwechselnden Umwandlung einer **Anstalt öffentlichen Rechts** in eine GmbH ist daher keine unterjährige Veranlagung durchzuführen. Dagegen ist **gewstlich** eine Neugründung eines Gewerbebetriebs gegeben, weil die Anstalt öffentlichen Rechts nicht mit Gewinnerzielungsabsicht geführt wurde (BFH I R 3/06 BStBl II 2010, 186).

837–844 *(frei)*

X. Verschmelzung oder Vollvermögensübertragung von einer Körperschaft auf eine andere (§§ 11ff UmwStG)

1. Rechtsgrundlage

845 Rechtsgrundlage sind §§ 11–13 UmwStG.

2. Sachlicher Anwendungsbereich

846 Verschmelzungen auf andere Körperschaften vollziehen sich zivilrechtlich nach den Grundsätzen des UmwG. Sie müssen zivilrechtlich zulässig und wirksam sein (sog Maßgeblichkeit des Gesellschaftsrechts, s *UmwStE nF* Rn 01.02f).

847 Steuerrechtlich sind die §§ 11 bis 13 UmwStG auf **Verschmelzungen** auf eine andere Körperschaft sowie auf Aufwärts-, Seitwärts- und Abwärtsverschmelzungen von KapGes anzuwenden (*UmwStE nF* Rn 11.01; 01.03). Sie gelten auch, wenn iRd Umwandlung zB nach § 54 Abs 1 Satz 3 UmwG auf die Gewährung neuer Anteile verzichtet wird, weil der Anteilseigner bereits an der übernehmenden Körperschaft beteiligt ist (*UmwStE nF* Rn 13.09), oder wenn keine Beteiligung an der übertragenden Körperschaft besteht (*UmwStE nF* Rn 12.06).

848 Der sachliche Anwendungsbereich umfasst **inländische Umwandlungsvorgänge** und **ausländische**, die mit inländischen vergleichbar sind (§ 1 Abs 1 Nr 1 UmwStG; *UmwStE nF* Rn 01.03; 01.20ff). Dazu zählen zB die grenzüberschreitende Verschmelzung nach § 122 a UmwG und die Gründung einer Europäischen Aktiengesellschaft nach Art 17 SE-Verordnung sowie einer Europäischen Genossenschaft iSd Art 19 SCE-Verordnung (*UmwStE nF* Rn 01.42). Außerdem kommt bei einer Verschmelzung einer beschränkt steuerpflichtigen Körperschaft nach Maßgabe des § 12 Abs 2 Satz 2 KStG in einem Drittland die Besteuerung deren Anteilseigner entsprechend § 13 UmwStG in Betracht (s *Heinemann* GmbHR 2012, 133).

849 Schließlich ist auch eine **Vermögensübertragung** iSd § 174 UmwG von einer auf eine andere Körperschaft nach § 11 UmwStG begünstigt (§ 1 Abs 1 Satz 1 Nr 4 UmwStG; *UmwStE nF* Rn 01.18).

3. Persönlicher Anwendungsbereich

Persönlich anwendbar sind die §§ 11ff UmwStG auf übertragende und überneh- 850
mende Körperschaften. Dies sind u.a. KapGes (AG, GmbH, KGaA), eingetragene
Genossenschaften, eingetragenen Vereine, wirtschaftliche Vereine, genossenschaftliche Prüfungsverbände (s *UmwStE nF* Rn 01.10) und vergleichbare ausländische
Rechtsträger (s *UmwStE nF* Rn 01.26). Die einzelnen Rechtsträger müssen nach
dem Recht eines EU- oder EWR-Mitgliedstaates gegründet sein und ihren Sitz
(§ 11 AO) und Ort der Geschäftsleitung (§ 10 AO) in einem dieser Staaten haben (§ 1
Abs 2 Satz 1 UmwStG). Der Sitz der Körperschaft und der Ort der Geschäftsleitung
können sich in verschiedenen Mitgliedstaaten befinden (*UmwStE nF* Rn 01.49).
Bei einer SE und SCE werden diese Voraussetzungen fingiert (§ 1 Abs 2 Satz 2
UmwStG).

(frei) 851–854

4. Bilanzierung des Übertragenden

a) Handelsrechtliche Schlussbilanz. Der **übertragende Rechtsträger** hat 855
bei einer Verschmelzung nach dem UmwG gemäß § 17 Abs 2 UmwG eine handelsrechtliche Schlussbilanz zu erstellen. Der Stichtag darf höchstens auf einen acht
Monate vor der Anmeldung liegenden Tag liegen (§ 17 Abs 2 Satz 4 UmwG;
UmwStE nF Rn 02.02f). Es gelten die Vorschriften über die Jahresbilanz und deren
Prüfung nach den §§ 242ff HGB entsprechend (§ 17 Abs 2 Satz 2 UmwG). Danach
sind die stillen Reserven nicht aufzudecken (s Rn 450).

Gemäß § 24 UmwG kann der übernehmende Rechtsträger iR eines handelsrecht- 856
lichen Bewertungsrechts das übergegangene Vermögen grds mit den Anschaffungskosten iSd § 253 Abs 1 HGB anzusetzen oder die vom übertragenden Rechtsträger
in der Schlussbilanz angesetzten Werte fortführen (s Rn 451).

b) Steuerliche Schlussbilanz. Bei einer Verschmelzung nach dem UmwG hat 857
die übertragende Körperschaft auf den steuerlichen Übertragungsstichtag eine steuerliche Schlussbilanz zu erstellen und abzugeben (s *UmwStE nF* Rn 11.02), für die
die Vorschriften der §§ 4 Abs 1, 5 Abs 1 EStG nicht gelten. § 11 UmwStG ist eine
eigenständige Ansatz- und Bewertungsvorschrift, die die Ansatzverbote des § 5 EStG
aussetzt.

Auf die Wertansätze in der **Handelsbilanz** kommt es für den Ansatz des Buch- 858
werts nicht an. Die Maßgeblichkeit der Handelsbilanz schränkte bei Verschmelzungen das Bewertungswahlrecht des § 11 Abs 1 Satz 2 UmwStG 1995 als spezielle
Regelung nicht ein (BFH I R 97/06 BStBl II 2008, 650; *OFD Rheinland* GmbHR
2008, 391; *Teiche* DStR 2008, 1757). Die von der Verwaltung hierzu vertretene
gegenteilige Ansicht wurde durch das UmwStG idF des **SEStEG** aufgegeben
(*UmwStE nF* Rn 11.05). Bei einer von den handelsrechtlichen Wertansätzen abweichenden Buchwertfortführung sind die übergehenden Wirtschaftsgüter nicht in
einem besonderen Verzeichnis nach § 5 Abs 1 Satz 2 EStG aufzunehmen (*BMF*
BStBl I 2010, 239 Rn 19); s.a. Rn 452.

Eine solche Verpflichtung besteht unabhängig von einer inländischen Steuer- 859
oder Buchführungspflicht auch für eine **ausländische Körperschaft,** wenn eine
steuerliche Schlussbilanz zB bei einer grenzüberschreitenden Hereinverschmelzung
für die inländische Besteuerung der übertragenden oder übernehmenden Körperschaft (§ 12 UmwStG) von Bedeutung ist (vgl (BTDrs 16/2710, 40). Maßgebend
ist das deutsche Steuerrecht (*UmwStE nF* 11.02; s.a. EuGH C-123/11 *A Oy* DStR
2013, 392).

(frei) 860–864

c) Ansatz des übergehenden Vermögens. Bei einer Verschmelzung auf eine 865
andere Körperschaft sind die übergehenden Wirtschaftsgüter in der steuerlichen

Schlussbilanz der übertragenden Körperschaft mit dem gemeinen Wert anzusetzen. Zu den übergehenden Wirtschaftsgütern gehören **sämtliche** aktiven und passiven **Wirtschaftsgüter**, einschließlich nicht entgeltlich erworbener und selbst geschaffener immaterieller Wirtschaftsgüter wie Geschäfts- oder Firmenwert, Patente und Lizenzen, der übertragenden Körperschaft.

866 § 11 UmwStG ist eine **eigenständige** steuerliche **Ansatz- und Bewertungsvorschrift**. Die steuerlichen Ansatzverbote des § 5 EStG und die Bewertungsgrundsätze des § 6 EStG gelten grds nicht für die steuerliche Schlussbilanz (*UmwStE nF* Rn 11.03, 03.06), außer es werden die Buchwerte fortgeführt. S hierzu Rn 456.

867 Nach Auffassung der *FinVerw* sind die Wertansätze in der **ersten Steuerbilanz** iSd §§ 4 Abs 1, 5 Abs 1 EStG nach der Umwandlung entsprechend § 5 EStG **erfolgswirksam aufzulösen** (s *BMF* BStBl I 2011, 627; s Rn 457).

868, 869 *(frei)*

870 **d) Zurückbehaltung von Vermögen.** Die Zurückbehaltung von Wirtschaftsgütern der übertragenden Körperschaft bei einer Auf- oder Abspaltung führt zu einer Aufdeckung der stillen Reserven. Der Vermögensübergang wird in diesem Fall wie eine Veräußerung behandelt. S hierzu Rn 465.

871–874 *(frei)*

875 **e) Bewertung des übergehenden Vermögens (§ 11 Abs 1 u 2 UmwStG). aa) Ansatz des gemeinen Werts (§ 11 Abs 1 UmwStG).** Nach § 11 Abs 1 Satz 1 UmwStG sind bei einer Verschmelzung oder Vermögensübertragung auf eine andere Körperschaft die übergehenden Wirtschaftsgüter (Sachgesamtheit) in der steuerlichen Schlussbilanz der übertragenden Körperschaft grds mit dem gemeinen Wert anzusetzen. Danach sind alle übergehenden Wirtschaftgüter, einschließlich nicht entgeltlich erworbener oder selbst geschaffener Wirtschaftsgüter, zu erfassen, indem der gemeine Wert für die Gesamtheit der übergehenden Wirtschaftsgüter ermittelt und analog § 6 Abs 1 Nr 7 EStG nach dem Verhältnis der Teilwerte auf die einzelnen Wirtschaftsgüter verteilt wird (*UmwStE nF* Rn 11.04, 03.07). Für den Ansatz des Geschäfts- und Firmenwerts ist es unbeachtlich, ob der übergehende Betrieb fortgeführt wird (*UmwStE nF* Rn 11.03). Diesen hat die übernehmende Körperschaft grds nach § 7 Abs 1 Satz 3 EStG abzuschreiben.

876 Die **Pensionsrückstellungen** sind gemäß § 6 a EStG mit dem Teilwert anzusetzen (§ 11 Abs 1 Satz 2 UmwStG, *UmwStE nF* Rn 11.10, 03.23f). Insoweit werden die stillen Reserven nicht aufgedeckt. Diese Regelung gilt mE nur bei der Aufdeckung der stillen Reserven, nicht dagegen beim Ansatz des Buchwerts bzw eines Zwischenwerts iSd § 11 Abs 2 Satz 1 UmwStG.

877 In der steuerlichen Schlussbilanz ist das gezeichnete Kapital um **ausstehende Einlagen** zu mindern, soweit dies entsprechend § 272 Abs 1 Satz 3 HGB noch nicht geschehen ist. Die eigenen Anteile der übertragenden Körperschaft gehen mit der Umwandlung unter und sind daher in der steuerlichen Schlussbilanz (erfolgsneutral) nicht anzusetzen. Ebenso sind Forderungen und Verbindlichkeiten gegenüber der übernehmenden Körperschaft auszuweisen. Sie führen gemäß § 12 Abs 4 UmwStG zu einem möglichen Übernahmefolgegewinn (*UmwStE nF* Rn 03.05).

878 Da § 11 UmwStG eine eigenständige steuerliche Ansatz- und Bewertungsvorschrift darstellt, gelten die steuerlichen **Ansatzverbote** des § 5 EStG nicht. In der steuerlichen Schlussbilanz können daher, wenn der Vermögensübergang nicht zu Buchwerten erfolgt, auch Drohverlustrückstellungen (§ 5 Abs 4a EStG) gebildet werden, die nach Auffassung der *FinVerw* die Übernehmerin nach den allgemeinen Grundsätzen in ihrer ersten Steuerbilanz ertragswirksam aufzulösen hat (*UmwStE nF* Rn 11.04 iVm 03.08; s Rn 457).

879 Ist der gemeine Wert der Sachgesamtheit niedriger als der Buchwert (vgl *UmwStE nF* Rn 01.57), bildet der gemeine Wert die **Bewertungsobergrenze.** In diesem Fall entsteht ein Übertragungsverlust (*UmwStE nF* Rn 11.06, 03.12, 01.57).

Verschmelzung oder Vollvermögensübertragung   **Anh § 7**

Geht das Vermögen nicht auf die Übernehmerin über, so handelt es sich um eine 880
Betriebsaufgabe und keine Verschmelzung, weil es an einem übernehmenden
Rechtsträger fehlt (§ 11 Abs 1 UmwG).
(frei)   881–884

bb) Buchwertfortführung (§ 11 Abs 2 UmwStG). Nach Maßgabe des § 11 885
Abs 2 Satz 1 UmwStG kann die übertragende Körperschaft auf ihren Antrag hin
die **Buchwerte** des übergehenden Betriebsvermögens fortführen. Der Buchwert ist
der Wert, der sich nach den steuerlichen Vorschriften über die Gewinnermittlung
in einer für den steuerlichen Übertragungsstichtag aufzustellenden Steuerbilanz
ergibt oder ergäbe (§ 1 Abs 5 Nr 4 UmwStG). Die Wertansätze in der **Handelsbilanz** sind nicht maßgebend.

Die übergehenden Wirtschaftsgüter können nur **einheitlich** in der steuerlichen 886
Schlussbilanz mit dem Buchwert angesetzt werden. Dieser Grundsatz gilt insoweit
nicht, als Wirtschaftsgüter mit dem gemeinen Wert anzusetzen sind, weil nach den Verhältnissen zum steuerlichen Übertragungsstichtag die Voraussetzungen des § 11 Abs 2
Satz 1 Nr 1 u 2 UmwStG für die Ausübung des Ansatzwahlrechts nicht erfüllt sind.

Zudem ist ein Buchwertansatz insoweit ausgeschlossen, als eine **Gegenleistung** 887
iSd § 11 Abs 2 Satz 1 Nr 3 UmwStG gewährt wird. Außerdem sind nicht die Buchwerte, sondern der gemeine Wert anzusetzen, wenn dieser niedriger ist (*UmwStE nF* Rn 11.05f, 03.12f).

Ist die übertragende Körperschaft **Mitunternehmerin** einer PersGes iSd § 15 888
Abs 1 Nr 2 EStG, entspricht das auf sie entfallende anteilige Kapitalkonto (zuzüglich
Ergänzungs- und Sonderbilanzen) dem Buchwert des Mitunternehmeranteils
(*UmwStE nF* Rn 11.05).
(frei)   889–894

cc) Zwischenwertansatz (§ 11 Abs 2 UmwStG). Unter den Voraussetzungen 895
des § 11 Abs 2 Satz 1 UmwStG kann auch ein **Zwischenwert** (Begriff BFH III R
39/91 BStBl II 1994, 458; II R 13/90 BStBl II 1994, 759), höchstens der gemeine
Wert gewählt werden.

Das Wahlrecht ist in der steuerlichen Schlussbilanz **einheitlich** für alle überge- 896
henden Wirtschaftsgüter auszuüben. Aufgrund der einheitlichen Bewertung nach
§ 11 Abs 2 UmwStG ist das übergehende aktive und passive Betriebsvermögen,
einschließlich nicht entgeltlich erworbener und selbst geschaffener immaterieller
Wirtschaftsgüter, mit einem über dem Buchwert und unter dem gemeinen Wert
liegenden Wert anzusetzen. Die stillen Reserven der einzelnen Wirtschaftgüter sind
in der steuerlichen Schlussbilanz der übertragenden Körperschaft um einen einheitlichen Prozentsatzes aufzudecken.

In Höhe der aufgedeckten stillen Reserven entsteht bei der übertragenden Kör- 897
perschaft nach Abzug der Umwandlungskosten ein **Übertragungsgewinn**.

Die **handelsrechtlichen Wertansätze** sind für den Zwischenwertansatz unbe- 898
achtlich (s *UmwStE nF* Rn 11.11, 11.05).
(frei)   899–904

f) Bewertungswahlrecht (§ 11 Abs 2 UmwStG). Ein Wahlrecht auf Ansatz 905
des Buch- oder eines Zwischenwerts besteht gemäß § 11 Abs 2 Satz 1 UmwStG
nur, soweit
– die in dem übergegangenen Vermögen enthaltenen stillen Reserven später bei
  der Übernehmerin der Körperschaftsteuer unterliegen **(Nr 1),**
– das deutsche Besteuerungsrecht an den übergehenden Wirtschaftsgütern bei der
  übernehmenden Körperschaft nicht ausgeschlossen oder beschränkt wird **(Nr 2)**
  und
– eine Gegenleistung nicht gewährt wird oder nur in Gesellschaftsrechten besteht
  (Nr 3).

Dadurch wird das deutsche Besteuerungsrecht hinsichtlich der im übergehenden Vermögen ruhenden stillen Reserven sichergestellt. Maßgebend sind die Verhältnisse zum steuerlichen Übertragungsstichtag (*UmwStE nF* Rn 11.05).

906 **aa) Sicherstellung der späteren Besteuerung (Nr 1).** Eine Besteuerung mit KSt ist insoweit nach § 11 Abs 2 Satz 1 Nr 1 UmwStG gesichert, als das übergehende Vermögen bei der übernehmenden Körperschaft zu einem steuerpflichtigen wirtschaftlichen Geschäftsbetrieb wird oder zu einem solchen gehört. Die Besteuerung mit einer **ausländischen** Körperschaftsteuer reicht aus (*UmwStE nF* Rn 11.07, 03.17). In diesem Fall ist jedoch ein Ausschluss oder eine Beschränkung des inländischen Besteuerungsrechts nach § 11 Abs 2 Satz 1 Nr 2 UmwStG zu prüfen.

907 **Kein Wahlrecht** besteht dagegen, soweit die spätere Erfassung der stillen Reserven nicht sichergestellt ist, zB weil das Vermögen in kein Betriebsvermögen übertragen wird, wie dies bei einem Übergang auf eine öffentlich-rechtliche oder steuerbefreite (§ 5 KStG) Körperschaft zutrifft. Insoweit sind die Wirtschaftsgüter mit dem gemeinen Wert (§ 11 Abs 1 UmwStG) oder – wenn eine Gegenleistung erbracht wird – mit dem Wert der für die Übertragung gewährten Gegenleistung anzusetzen (§ 11 Abs 2 Satz 1 Nr 3 UmwStG).

908–914 *(frei)*

915 **bb) Uneingeschränktes Besteuerungsrecht (Nr 2).** Die Ausübung des Bewertungswahlrechts setzt weiter voraus, dass bei grenzüberschreitenden Verschmelzungen das deutsche **Besteuerungsrecht nicht ausgeschlossen oder beschränkt** wird (§ 11 Abs 2 Satz 1 Nr 2 UmwStG). Ein **Ausschluss** ist gegeben, wenn das bestehende deutsche Besteuerungsrecht hinsichtlich des Gewinns aus der Veräußerung der übertragenen Wirtschaftgüter vollständig entfällt. Das Besteuerungsrecht wird **beschränkt**, wenn die Umwandlung zu einer Begrenzung der Höhe oder des Umfangs nach führt. Abzustellen ist hierbei auf das deutsche Besteuerungsrecht bei einer gedachten Veräußerung des übergehenden Vermögens nach dem Umwandlungsstichtag nach Maßgabe des zu diesem Zeitpunkt bestehenden nationalen und zwischenstaatlichen Rechts (*UmwStE nF* Rn 11.09, 03.18ff).

916 Die **Hinausverschmelzung** einer inländischen KapGes auf eine im EU-/EWR-Raum ansässige KapGes darf damit hinsichtlich der übergehenden Wirtschaftsgüter zu keiner Steuerentstrickung führen. Eine steuerneutrale Hinausverschmelzung ist grds nur dann denkbar, wenn im Inland eine Betriebsstätte verbleibt und ihr weiterhin die bisherigen Wirtschaftsgüter nach funktionalen Gesichtspunkten zugeordnet werden (BFH I R 85/99 BStBl II 2002, 720; s *Kußmaul/Richter/Heyd* IStR 2010, 73, die auf die tatsächlichen Verhältnisse abstellen). Soweit dies nicht der Fall ist, sind durch den Ansatz des gemeinen Werts des übergehenden Betriebsvermögens die stillen Reserven aufzulösen.

917–919 *(frei)*

920 **cc) Keine Gegenleistung außer Gesellschaftanteilen (Nr 3).** Kein Wahlrecht besteht ferner, soweit eine **Gegenleistung** erbracht wird (§ 11 Abs 2 Satz 1 Nr 3 UmwStG). Eine solche stellt eine bare **Zuzahlung** (zB Spitzenausgleich nach § 54 Abs 4 oder § 68 Abs 3 UmwG) durch die übernehmende KapGes dar, die zusätzlich zu den neuen Gesellschaftsanteilen geleistet wird. In diesem Fall sind die übergehenden Wirtschaftsgüter um den Wert der Gegenleistung aufzustocken. Es wird von einer anteiligen Veräußerung (Aufdeckung der stillen Reserven) ausgegangen und von einer anteiligen Fortsetzung des unternehmerischen Engagements in anderer Rechtsform, soweit Gesellschaftsrechte gewährt werden (s *UmwStE nF* Rn 11.10, 03.23 f).

921 Ebenso besteht kein Wahlrecht zB bei einer **Vollvermögensübertragung nach § 174 UmwG,** bei der die Gegenleistung an die Anteilsinhaber des übertragenden Rechtsträgers nicht in Gesellschaftsanteilen besteht (Vollübertragung). In diesen Fällen

Verschmelzung oder Vollvermögensübertragung **Anh § 7**

ist das übergegangene Vermögen mit dem gemeinen Wert anzusetzen (§ 11 Abs 1 UmwStG). Ein Vermögensübergang zu Buchwerten kommt nur dann in Betracht, wenn das Vermögen auf den alleinigen Anteilseigner übergeht (zB KapGes auf Gemeinde), denn der Untergang der Beteiligung an der übertragenden KapGes ist keine Gegenleistung iSd § 11 Abs 2 Satz 1 Nr 3 UmwStG (*UmwStE nF* Rn 11.14 f).

Eine Gegenleistung ist auch die **Gewährung anderer Vermögenswerte** (zB 922 Darlehensforderungen) durch den übernehmenden Rechtsträger oder diesem nahestehende Personen. Gewährt danach die Übernehmerin oder eine ihr nahestehende Person an die verbleibenden Anteilseigner der übertragenden Körperschaft oder diesen nahestehenden Personen eine nicht in Gesellschaftsrechten bestehende Leistung, scheidet insoweit eine Buchwertfortführung aus (§ 11 Abs 2 Satz 1 Nr 3 UmwStG; *UmwStE nF* Rn 11.10, 03.21 bis 03.24).

Nicht als Gegenleistungen zu werten sind die Barabfindung des **widerspre-** 923 **chenden Gesellschafters** durch die Übernehmerin (Erwerb eigener Anteile, §§ 29, 125 oder 207 UmwG) oder Barabfindung **durch die übertragende KapGes** (verdeckte Gewinnausschüttung oder Erwerb eigener Anteile, vgl *UmwStE nF* Rn 11.10, 03.22). Zu keiner Gegenleistung führt auch der **Wegfall der Beteiligung**, wenn eine KapGes auf ihren alleinigen Gesellschafter in der Rechtsform einer KapGes verschmolzen wird (zB Abwärtsverschmelzung; *UmwStE nF* Rn 11.10, 03.21). Die Einziehung eigener Anteile ist steuerneutral. Der Übergang von **Betriebsschulden** stellt keine Gegenleistung dar (*BMF* BStBl I 1992, 47).

Beim verbleibenden oder ausscheidenden Anteilseigner der übertragenden Kör- 924 perschaft führt eine nicht in Gesellschaftsrechten bestehende Gegenleistung zu einem **Veräußerungserlös** für die (anteilig veräußerten) Anteile. Bei der Ermittlung des Veräußerungsgewinns sind nur die anteiligen Anschaffungskosten zu berücksichtigen. Hinsichtlich der übrigen Anteile ist § 13 UmwStG anzuwenden.

(frei) **925–929**

dd) Ausübung des Bewertungswahlrechts. Das **Bewertungswahlrecht** 930 nach § 11 Abs 2 Satz 1 UmwStG ist grds durch formlosen **Antrag** der übertragenden Körperschaft bzw des übernehmenden Rechtsträgers als steuerlicher Rechtsnachfolger (§ 4 Abs 2 Satz 1 UmwStG) bis zur erstmaligen Abgabe der steuerlichen Schlussbilanz beim für die übertragende Körperschaft zuständigen Finanzamt (§§ 20, 26 AO) auszuüben (§ 11 Abs 2 iVm § 3 Abs 2 Satz 2 UmwStG). Er muss erkennen lassen, ob das übergehende Vermögen mit dem Buchwert oder einem Zwischenwert angesetzt wird. Beim Zwischenwertansatz ist die Höhe oder der Prozentsatz der aufgedeckten stillen Reserven anzugeben.

Im Fall der **Buchwertfortführung** wird der Antrag durch die ausdrückliche 931 Erklärung, die Steuerbilanz iSd §§ 4 Abs 1, 5 Abs 1 EStG solle gleichzeitig die steuerliche Schlussbilanz sein, ersetzt. Der Antrag ist unwiderruflich und bedingungsfeindlich. Der erforderliche Antrag gilt durch das Einreichen der steuerlichen Schlussbilanz als gestellt (§ 11 Abs 3 iVm § 3 Abs 2 Satz 2 UmwStG; BTDrs 16/2710, 37).

Eine **Bilanzberichtigung** kommt grds nicht in Betracht, wenn die Wertansätze 932 bei Ansatz von Zwischenwerten oberhalb des Buchwerts und unterhalb des gemeinen Werts liegen (*UmwStE nF* Rn 11.12, 03.29 f).

(frei) **933, 934**

g) Verschmelzung im Konzern. aa) Abwärtsverschmelzung. Auf die **Ver-** 935 **schmelzung der Muttergesellschaft auf die Tochter-KapGes (down-stream merger)** wendete die *FinVerw* (*UmwStE aF* Rn 11.24) zutreffend die **§§ 11–13 UmwStG 1995** entsprechend an (krit *Mentel* DStR-Beilage 17/1998, 27). S dazu auch *BMF* BStBl I 2003, 786 Rn 15. Die für diesen Fall vor der vorgeschaltete Verschmelzung auf eine Tochtergesellschaft (*UmwStE aF* Rn 12.07/8) von der *FinVerw* vorgenommene Hinzurechnung nach § 12 Abs 2 Satz 2 UmwStG aF wurde bei vorausgegangenen Korrekturen nach § 50 c EStG oder § 8b Abs 3 KStG entbehrlich (vgl § 12 Abs 2 Satz 3 UmwStG aF; Rn 1000). Die Billigkeitsregelung (*UmwStE aF* Rn 11.24) hinsichtlich der steuerlichen Behandlung der Abwärtsverschmelzung zur Auskehrung von Liquidität und gleichzeitiger Vermeidung der Nachversteuerung des EK 02 durch Übergang einer Verbindlichkeit der Muttergesellschaft gegenüber ihrem Anteilseigner auf die Tochtergesellschaft durfte nicht zu ungerechtfertigten Steuervorteilen führen (s *OFD Koblenz* FR 2006, 439; *Rödder/Wochinger* DStR 2006, 684).

936 § 11 Abs 2 Satz 2 UmwStG nF lässt eine **Abwärtsverschmelzung** auf die Tochtergesellschaft ausdrücklich zu (*UmwStE nF* Rn 11.01, 11.17 ff). Dies kann gemäß §§ 54 Abs 1 Satz 2 Nr 2, 68 Abs 1 Satz 2 Nr 2 UmwG mit oder ohne Kapitalerhöhung erfolgen (sa *Schmitt/Schloßmacher* DStR 2010, 673). Danach hat die Muttergesellschaft ihre Anteile an der aufnehmenden Tochtergesellschaft mindestens mit dem Buchwert erhöht um Abschreibungen sowie um Abzüge nach § 6 b EStG und ähnliche, in den letzten 5 Jahren vorgenommene Abzüge, höchstens mit dem gemeinen Wert, anzusetzen. Nach Auffassung der **Finanzverwaltung** sind nur die in § 11 Abs 2 Satz 2 UmwStG aufgeführten Wertminderungen wieder hinzuzurechnen (*UmwStE nF* Rn 11.17, 04.07). Dabei sind steuerwirksame vor nicht voll steuerwirksamen Teilwertabschreibungen zu korrigieren. Dies gilt nicht, soweit bis zum Ablauf des steuerlichen Übertragungsstichtags eine steuerwirksame Wertaufholung (§ 6 Abs 1 Nr 2 Satz 3 iVm § 6 Abs 1 Nr 1 Satz 4 EStG) vorgenommen oder eine Rücklage nach § 6b Abs 3 EStG gewinnerhöhend aufgelöst wurde. Die Ausnahmeregelung des § 12 Abs 2 Satz 2 UmwStG kommt grds nur dann zum Tragen, wenn zum Ablauf des steuerlichen Übertragungsstichtags die allgemeine steuerrechtliche und die umwandlungsrechtliche Wertaufholung durchzuführen sind. Die Regelungskonkurrenz ist mit der *FinVerw* im Wege der Spezialregelung des § 11 Abs 2 Satz 2 UmwStG zu lösen, die insoweit zur Anwendung kommt, als bis zum Ablauf des steuerlichen Übertragungsstichtags die allgemeinen Wertaufholungen noch nicht vorgenommen wurden. Im Gegensatz zur Verwaltungsauffassung sind jedoch die zuletzt vorgenommenen Teilwertabschreibungen vorrangig rückgängig zu machen (s BFH I R 2/09 BStBl II 2010, 760).

937 Der durch die Wertaufholungen entstehende **Beteiligungskorrekturgewinn** stellt einen laufenden Gewinn der Muttergesellschaft dar (§ 11 Abs 2 Satz 3 UmwStG iVm § 8b Abs 2 Satz 4 und 5 KStG). Er **entsteht** mit Ablauf des steuerlichen Übertragungsstichtags (*Heinemann* GmbHR 2012, 136). Dadurch wird eine Umgehung des allgemeinen Wertaufholungsgebots iSd § 6 Abs 1 Nr 2 Satz 3, Nr 1 Satz 4 EStG durch eine rückwirkende Umwandlung ausgeschlossen (s *Schwetlik* GmbHR 2007, 576).

938 Erhalten die Anteilseigner der übertragenden Körperschaft (Muttergesellschaft) für ihre iRd **Abwärtsverschmelzung** untergehenden Anteile die Anteile der Muttergesellschaft an der übernehmenden Körperschaft (Tochtergesellschaft), gehen diese unmittelbar auf die Anteilseigner über **(Direkterwerb).** Die Verschmelzung führt auf der Ebene der Tochtergesellschaft zu keinem Durchgangserwerb eigener Anteile (BFH I R 4/09 BStBl II 2011, 315; davon abw BFH I R 50/11 BFH/NV 2013, 40; s Rn 939f, 1029; *UmwStE nF* Rn 11.18). Bei der Muttergesellschaft werden die Anteile an der Tochtergesellschaft wie „übergehende Wirtschaftsgüter" iSd § 11 Abs 2 UmwStG behandelt und können daher unter den Voraussetzungen des § 11 Abs 2 Satz 1 Nr 2 und 3 UmwStG in deren steuerlicher Schlussbilanz nur mit dem Buchwert oder einem Zwischenwert angesetzt werden. Bei der Prüfung dieser Voraussetzungen ist abweichend von § 12 Abs 2 Satz 1 UmwStG nicht auf die übernehmende Gesesellschaft, sondern auf den Anteilseigner der übertragenden Körperschaft abzustellen, der die Anteile an der Tochtergesellschaft übernimmt (s *UmwStE nF* Rn 11.19; *Heinemann* GmbHR 2012, 133, 139). Sind diese Voraussetzungen nicht erfüllt, sind nach Auffassung der *FinVerw* hinsichtlich der Anteile an

Verschmelzung oder Vollvermögensübertragung **Anh § 7**

der Tochtergesellschaft gemäß § 11 Abs 1 Satz 1 UmwStG durch Ansatz des gemeinen Werts in der steuerlichen Schlussbilanz der Muttergesellschaft die stillen Reserven aufzulösen, um hinsichtlich der untergehenden Anteile an der Muttergesellschaft das inländische Besteuerungsrecht als letzten Akt der Umwandlung zu realisieren (s *UmwStE nF* Rn 11.19; krit *Schmitt/Schloßmacher* UmwStE 2011 Rn 11.19; *Flick/Gocke/Schaumburg* UmwStE 2011 Rn 11.19). § 11 Abs 2 Satz 1 Nr 1 UmwStG ist nicht zu prüfen. In Inlandsfällen ist daher bei der Muttergesellschaft deren Verschmelzung auf eine Tochtergesellschaft erfolgsneutral möglich, soweit die Anteile an der übernehmenden Körperschaft unmittelbar auf den Anteilseigner der Muttergesellschaft (natürliche Person) übergehen (s *Heinemann* GmbHR 2012, 133, 139).

Beim **Anteilseigner** erfolgt die Besteuerung dessen Anteile an der Muttergesellschaft nach **§ 13 UmwStG**. Eine Verknüpfung mit dem von der übernehmenden Tochtergesellschaft in ihrer steuerlichen Schlussbilanz nach § 12 Abs 1 UmwStG angesetzten Wert besteht nicht (s *UmwStE nF* Rn 11.19 Abs 2). Bei Ausübung des Wahlrechts nach § 13 Abs 2 Satz 1 UmwStG erfolgt die Verschmelzung auch beim Anteilseigner steuerneutral (s *Heinemann* GmbHR 2012, 133, 139). **939**

Nach der vom **BFH** neuerdings vertretenen Auffassung handelt es sich bei der Verschmelzung einer Muttergesellschaft auf ihre Tochtergesellschaft nach dem klaren Gesetzeswortlaut um eine Verschmelzung iSd § 2 Nr 1 UmwG. Eine Einschränkung dahingehend, dass in diesem Fall auf der Ebene der Tochtergesellschaft kein steuerpflichtiger **Durchgangserwerb** der Anteile stattfinde, sei dem Gesetz nicht zu entnehmen (BFH I R 50/11 BFH/NV 2013, 40). Danach erwerben auch bei einer Abwärtsverschmelzung die Anteilseigner der übertragenden Körperschaft deren Anteile an der Tochtergesellschaft von dieser und nicht unmittelbar von der Muttergesellschaft. Danach bestehen mE insoweit hinsichtlich der Anwendbarkeit der §§ 11 bis 13 UmwStG auf die Abwärtsverschmelzung keine Besonderheiten. **940**

(frei) **941–944**

bb) **Aufwärtsverschmelzung.** Die Aufwärtsverschmelzung ist in § 12 Abs 1 Satz 2 iVm § 4 Abs 1 Satz 2 u 3 UmwStG geregelt (s *UmwStE nF* Rn 11.17, 12.03; Rn 976). **945**

cc) **Verschmelzung von Schwestergesellschaften.** Die Verschmelzung von Schwestergesellschaften **(side-step merger)** unterfällt unabhängig davon, ob dem Anteilseigner der übertragenden Körperschaft Anteile an der übernehmenden gewährt werden, den §§ 11 bis 13 UmwStG (*UmwStE nF* Rn 11.01). Gemäß §§ 54 Abs 1 Satz 3, 68 Abs 1 Satz 3 UmwG idF des G v 24.4.2007 BGBl I 2007, 542 können die Gesellschafter der übertragenden Gesellschaft in Verschmelzungs- und Spaltungsfällen (§ 125 UmwG) auf die Gewährung von Gesellschaftsanteilen verzichten (s *Mayer/Weiler* DB 2007, 1235, 1238). Danach sind gesellschaftsrechtlich u.a. (sanierende) Verschmelzungen von Schwester-KapGes innerhalb des Konzerns ohne Kapitalerhöhung zulässig (s.a. *Keller/Klett* DB 2010, 1220; anders noch *UmwStE aF* Rn 11.14). In diesem Fall ist nach § 11 Abs 2 Satz 1 Nr 3 UmwStG auch ohne Gewährung von Gesellschaftsrechten eine Buchwertfortführung möglich. Entsprechend ist § 13 UmwStG anwendbar, wenn keine Gegenleistung iF von Gesellschaftsrechten gewährt wird (*UmwStE nF* Rn 13.02). Zudem kommt § 13 UmwStG insoweit in Betracht, als sich durch die Verschmelzung bei einem Anteilseigner der übertragenden Körperschaft die Beteiligung an der überübernehmenden Körperschaft wertmäßig erhöht. **946**

Als **Anschaffungskosten** der Anteile an der übernehmenden Schwestergesellschaft nach der Verschmelzung gilt die Summe der Anschaffungskosten der Anteile an der übertragenden und übernehmenden Schwestergesellschaft vor der Verschmelzung (*UmwStE nF* Rn 13.09). Zum side-step merger ohne Anteilsgewährung s *Pupeter/Schnittker* FR 2008, 160; *Krumm* GmbHR 2010, 24. **947**

Anh § 7 Umwandlungsvorgänge

948 Soweit es iRd Verschmelzung zu **Wertverschiebungen** zwischen den Anteilen der an der übernehmenden Körperschaft beteiligten Anteilseigner kommt, sind diese von § 13 UmwStG nicht gedeckt. Nach den allgemeinen Grundsätzen sind Vorteilsgewährungen an eine Gesellschafter der übertragenden Körperschaften oder an dessen nahestehende Personen grds als verdeckte Gewinnausschüttungen mit einer nachfolgenden verdeckten Einlage in die KapGes zu behandeln (BFH IX R 24/09 BStBl II 2011, 799). Bei nicht verhältniswahrenden Umwandlungen kommen auch Zuwendungen iSd § 7 Abs 8 Satz 1 ErbStG in Betracht (s *UmwStE nF* Rn 13.03; hier Rn 283).

949–954 *(frei)*

955 dd) **Verschmelzung auf Organgesellschaft.** Bei einer Verschmelzung auf eine Organgesellschaft iSd §§ 14, 17 KStG sind die Voraussetzungen des § 11 Abs 2 Satz 1 Nr 1 UmwStG nur erfüllt, soweit das zugerechnete Einkommen beim Organträger der Besteuerung mit KSt unterliegt. Ist dagegen Organträger eine natürliche Person oder eine PersGes, ist nach Auffassung der *FinVerw* eine Besteuerung nach § 11 Abs 2 Satz 1 Nr 1 UmwStG nicht gesichert, weil die natürliche Person bzw die Mitunternehmer einer PersGes nicht der KSt, sondern der ESt unterliegen. In diesem Fall ist aus **Billigkeitsgründen** eine Buchwertfortführung möglich, wenn sich alle an der Verschmelzung Beteiligten übereinstimmend damit einverstanden erklären, dass auf die aus der Verschmelzung resultierenden Mehrabführungen § 14 Abs 3 Satz 1 KStG anzuwenden ist. Mehrabführungen beruhen grds auf Bewertungsunterschieden des übergehenden Vermögens bei der übernehmenden Organgesellschaft mit Buchwerten in der Steuerbilanz und den höheren handelsrechtlichen Verkehrswerten (§ 24 UmwG) und auf dem Ausgleich von Bewertungsunterschieden zwischen Handels- und Steuerbilanz, die bereits beim übertragenden Rechtsträger bestanden haben (*UmwStE nF* Rn 11.08, Org 33f; krit zB *Schmitt/Schloßmacher* UmwStE 2011 Rn 11.08). Auf die **gewstliche Behandlung** kommt es nicht an (*UmwStE nF* Rn 11.07, 03.17).

956 Zur Umwandlung **überschuldeter Unternehmen** auf haftungsbeschränkte Gesellschaften s *Schwetlik* GmbHR 2011, 130.

957–964 *(frei)*

5. Steuerpflicht des Übertragungsgewinns

965 Der **Übertragungsgewinn** der übertragenden Körperschaft aus zwangsweise oder freiwillig in der Schlussbilanz aufgelösten stillen Reserven unterliegt der normalen Versteuerung und ist deshalb **kst- und gewstpfl** (§ 19 Abs 1 UmwStG). Er **entsteht** mit Ablauf des Übertragungsstichtags (§ 2 Abs 1 UmwStG). Der übertragenden Gesellschaft sind die bis zum Ablauf des steuerlichen Übertragungsstichtags verwirklichten Besteuerungsgrundlagen zuzurechnen. Die Steuerfestsetzung erfolgt gegenüber der übernehmenden Gesellschaft als Rechtsnachfolgerin. Eine Verrechnung mit einem von der übernehmenden Gesellschaft im Verschmelzungsjahr erwirtschafteten **Verlust** ist nicht möglich. Dies gilt auch für die GewSt (BFH I R 11/07 BFH/NV 2008, 1538). Die Steuerbefreiung des § 8b Abs 2 KStG iVm fiktiv nicht abziehbaren Betriebsausgaben von 5% des Gewinns iSd § 8b Abs 3 KStG gilt allerdings auch für Übertragungsgewinne iSd §§ 11, 15 UmwStG, soweit diese auf die Beteiligungen iSd § 8b Abs 2 KStG entfallen (*BMF* BStBl I 2003, 292 Rn 23; *Haritz/Wisniewski* FR 2003, 549). Zur Behandlung der **Veräußerungskosten,** die vor und nach dem Jahr der Anteilsveräußerung entstanden sind, s *BMF* BStBl I 2008, 506; Rn 679, 992.

966 Die **KSt** auf den Übertragungsgewinn ist gemäß 26 KStG um eine fiktive ausländische Steuer zu **ermäßigen,** wenn im Fall der **Hinausverschmelzung** die BRD nicht auf ihr Besteuerungsrecht an einer in einem anderen EU-Staat belegenen

Verschmelzung oder Vollvermögensübertragung **Anh § 7**

Betriebsstätte verzichtet und das jeweilige DBA keine Freistellung enthält (§ 11 Abs 3 iVm § 3 Abs 3 UmwStG; *UmwStE nF* Rn 11.13, 03.31f; s Rn 610).
(frei) 967–969

6. Bilanzierung des Übernehmenden (§ 12 UmwStG)

a) Bindung an die Schlussbilanz. Die übernehmende Körperschaft hat die 970 Schlussbilanzwerte der übertragenden in ihre Eröffnungsbilanz zu übernehmen (Wertverknüpfung, § 12 Abs 1, § 4 Abs 1 UmwStG). Die Eröffnungsbilanz ist zum steuerlichen Übertragungsstichtag zu erstellen (§ 2 Abs 1 Satz 1 UmwStG). Handelsrechtlich gelten die Grundsätze der Verschmelzung (Rn 630).

§ 12 Abs 1 Satz 1 UmwStG geht im Fall einer **grenzüberschreitenden Herein-** 971 **verschmelzung** den allgemeinen Verstrickungsregeln der §§ 4 Abs 1 Satz 8, 6 Abs 1 Nr 5 a EStG vor. Denn die inländische Übernehmerin ist an die Werte gebunden, die die ausländische Körperschaft als übertragende Rechtsträgerin in ihrer steuerlichen Schlussbilanz nach deutschem Steuerrecht angesetzt hat (s *UmwStE nF* Rn 11.02; *Heinemann* GmbHR 2012, 133, 136; s.a. EuGH C-123/11 *A Oy* DStR 2013, 392).
(frei) 972–974

b) Einlage aus steuerfreiem Vermögen (§ 12 Abs 1 Satz 2 UmwStG aF). 975 Geht das Vermögen von einer steuerbefreiten auf eine steuerpflichtige Körperschaft über, so setzt die Übernehmende die Wirtschaftsgüter mit dem Teilwert an. Dies entspricht § 13 KStG. Zu Einzelheiten s *UmwStE aF* Rn 12.02. Diese Regelung wurde durch das **SEStEG entbehrlich**, weil die übertragenen Wirtschaftsgüter grds mit dem gemeinen Wert anzusetzen sind. Maßgebend sind die Wertansätze, mit denen die übertragende (steuerbefreite oder ausländische) Körperschaft die übergehenden Wirtschaftsgüter in der steuerlichen Schlussbilanz angesetzt hat (s *UmwStE nF* Rn 12.02, 04.01).

c) Bewertung der Anteile an der übertragenden Körperschaft (up-stream 976 **merger; § 12 Abs 1 Satz 2 UmwStG nF).** Bei einer **Aufwärtsverschmelzung** hat die übernehmende Muttergesellschaft die Anteile an der übertragenden Tochtergesellschaft mindestens mit dem Buchwert anzusetzen, wobei steuerwirksam vorgenommene Teilwertabschreibungen, Abzüge nach § 6 b EStG und ähnliche Abzüge bis zur Höhe des gemeinen Werts rückgängig zu machen sind (§ 12 Abs 1 Satz 2 iVm § 4 Abs 1 Satz 2, 3 UmwStG; s *UmwStE nF* Rn 12.03). Hierbei handelt es sich mE um eine spezielle Regelung zu dem allgemeinen Wertaufholungsgebot des § 6 Abs 1 Nr 2 Satz 3 iVm Nr 1 Satz 4 EStG (s Rn 1030). Sie ist insoweit anzuwenden, als nach den allgemeinen Regeln bis zum Ablauf des steuerlichen Übertragungsstichtags keine Wertaufholung vorgenommen oder die Rücklage nach § 6b Abs 3 EStG nicht gewinnerhöhend aufgelöst wurde.

Durch die Aufdeckung der stillen Reserven entsteht ein **Beteiligungskorrektur-** 977 **gewinn**, der als laufender Gewinn nach den allgemeinen Grundsätzen zu besteuern ist (§ 12 Abs 1 Satz 2 iVm § 4 Abs 1 Satz 3 UmwStG; *UmwStE nF* Rn 12.03). Der Beteiligungskorrekturgewinn geht nicht in das Übernahmeergebnis ein. Insoweit bleibt es bei Umwandlungen mit Auslandsbezug und grenzüberschreitenden Umwandlungsvorgängen beim bisherigen Besteuerungsrecht.
(frei) 978, 979

7. Rechtsstellung der übernehmenden Körperschaft (§ 12 Abs 3 UmwStG)

Die Verschmelzung auf eine andere Körperschaft führt bei dieser zu einer 980 Anschaffung des übergegangenen Vermögens (*UmwStE nF* Rn 00.02). Dennoch folgt § 12 Abs 3 UmwStG, der auf § 4 Abs 2 u 3 UmwStG verweist, dem **Prinzip der steuerrechtlichen Gesamtrechtsnachfolge**. Danach tritt die übernehmende Körperschaft vor allem hinsichtlich der Bewertung der übernommenen Wirtschaftsgüter, der AfA und der den steuerlichen Gewinn mindernden Rücklagen in die (generelle) steuerliche Rechtsstellung der übertragenden Körperschaft ein (**sog Fußstapfentheorie**; BFH I R 89/09 BStBl II 2011, 528; I R 111/09 BFH/NV 2011, 67; I R 16/11 BFH/NV 2012, 1340). Die übernehmende Körperschaft führt grds die AfA der übertragenden KapGes fort (§ 4 Abs 2 Satz 1 UmwStG).

981 Wurden die übergegangenen Wirtschaftsgüter in der steuerlichen Schlussbilanz mit einem **Zwischenwert** oder dem **gemeinen Wert** angesetzt, ist bei **Gebäuden** die **AfA** nach § 7 Abs 4 oder 5 EStG nach der bisherigen Bemessungsgrundlage fortzuführen (§ 4 Abs 3 1. Alt UmwStG) und in den **übrigen Fällen** die AfA-Bemessungsgrundlage entsprechend aufzustocken und auf die Rechtsnutzungsdauer zu verteilen (§ 4 Abs 3 2. Alt UmwStG). Die AfA für einen Geschäfts- oder Firmenwert bemisst sich grds nach § 7 Abs 1 Satz 3 EStG.

982 Dagegen gehen **verrechenbare Verluste**, verbleibende Verlustvorträge, nicht ausgeglichene negative Einkünfte, ein Zinsvortrag nach § 4h Abs 1 Satz 5 EStG und ein EBITDA-Vortrag nach § 4h Abs 1 Satz 3 EStG nicht auf die übernehmende Körperschaft über (§ 4 Abs 2 Satz 2 UmwStG). Sie erlöschen mit dem übertragenden Rechtsträger (§ 20 Abs 1 Nr 2 UmwG; *UmwStE nF* Rn 12.04, 04.09 bis 04.17).

983 Die übernehmende Körperschaft tritt in **Vorbesitzzeiten** (zB § 6b EStG) und **Behaltefristen** (zB § 7g EStG) ein (§ 4 Abs 2 Satz 3 UmwStG). Die Vermögensübernahme iRd Verschmelzung ist keine begünstigte Anschaffung iSd **§ 6b EStG** und **§ 7g EStG** (*UmwStE nF* Rn 12.04, 04.07 bis 04.17). Die **AfA-Bemessungsgrundlage** ist aufzustocken (§ 12 Abs 3 iVm § 4 Abs 3 UmwStG), wenn die Übertragende freiwillig oder unfreiwillig stille Reserven aufdeckt. Die **Gewinnkorrekturen** aus der Vereinigung von Forderung und Verbindlichkeit gelten auch hier (§ 12 Abs 4 iVm § 6 UmwStG; Rn 1005).

984 Mit der Abspaltung eines Teilbetriebs geht eine **§ 6b-Rücklage** insoweit auf die übernehmende KapGes über, als bei der übertragenden KapGes die Rücklage für ein veräußertes Wirtschaftsgut gebildet wurde, das dem übertragenen Teilbetrieb zuzurechnen war (BFH I R 77/09 BFH/NV 2011, 10).

985–989 *(frei)*

8. Übernahmeergebnis bei der Übernehmerin (§ 12 Abs 2 UmwStG)

990 Ein **Übernahmeergebnis** iSd **§ 12 Abs 2 Satz 1 UmwStG** ist in allen Verschmelzungsfällen (Auf-, Ab- und Seitwärtsverschmelzung) zu ermitteln. Dies gilt unabhängig davon, ob die übernehmende Körperschaft an der übertragenden beteiligt ist (*UmwStE nF* Rn 12.05). Bei einer Verschmelzung auf die Muttergesellschaft (up-stream merger) werden ihre Anteile an der Tochtergesellschaft durch das übergehende Vermögen ersetzt. Der dabei entstehende Übernahmegewinn/-verlust ist der Unterschiedsbetrag zwischen dem Buchwert (§ 1 Abs 5 Nr 4 UmwStG) der Anteile an der übertragenden Körperschaft und dem Wert, mit dem die übergegangenen Wirtschaftsgüter nach der Wertverknüpfung mit der Schlussbilanz der übertragenden Körperschaft von der Übernehmerin anzusetzen sind. Die Übernahmekosten mindern das Übernahmeergebnis. Das Übernahmeergebnis, das mit Ablauf des steuerlichen Übertragungsstichtags entsteht, bleibt bei der übernehmenden Körperschaft **außer Ansatz** (§ 12 Abs 2 Satz 1 UmwStG), dh das Ergebnis wird außerhalb der Bilanz neutralisiert (s *UmwStE nF* Rn 12.05). Dem folgt gemäß § 19 Abs 2 UmwStG auch die **GewSt**.

Ist die **Übernehmerin** an der übertragenden Körperschaft **nicht beteiligt**, ist 991 der Buchwert der Anteile mit Null anzusetzen. Nach dem von § 12 Abs 2 Satz 1 UmwStG vorgegebenen (reinen) Berechnungsschema bleiben auch in diesem Fall die Kosten für den Vermögensübergang steuerlich unberücksichtigt (s BFH I R 24/12 DStR 2013, 582; *UmwStE nF* Rn 12.05; *Stimpel* GmbHR 2012, 199, 202; *Heinemann* GmbHR 2012, 133, 136). Abweichend hierzu wird in der Literatur bei einer nicht bestehenden Beteiligung am übertragenden Rechtsträger, zB bei Verschmelzung von Schwestergesellschaften oder Abwärtsverschmelzungen, die Ermittlung eines Übernahmeergebnisses verneint, sodass die laufenden Umwandlungskosten voll abziehbar sind (u.a. *Schmitt/Schloßmacher* UmwStE 2011 Rn 12.05; *Flick/Gocke/Schaumburg* UmwStE 2011 Rn 12.05). Soweit dies mit dem Willen des Gesetzgebers begründet wird, wonach die in den untergehenden Anteilen des übernehmenden Rechtsträgers am übertragenden Rechtsträger ruhenden stillen Reserven nicht besteuert werden sollen (s *Schmitt* in *Schmitt/Hörtnagl/Stratz* § 12 UmwStG Rz 28), gilt dies mE für die steuerliche Berücksichtigung der durch den Vermögensübergang veranlassten Kosten entsprechend. Danach sind bei einer **sog Aufwärts-, Abwärts- und Seitwärtsabspaltung** die **Kosten des Vermögensübergangs nicht als laufende Betriebsausgaben** abziehbar. Dies gilt gemäß § 19 Abs 1 UmwStG auch für die Ermittlung des **Gewerbeertrags** (BFH I R 24/12 aaO).

Kosten des Vermögensübergangs sind die nicht objektbezogenen Kosten des 992 übernehmenden Rechtsträgers sowie die des übertragenden Rechtsträgers, die nach dem steuerlichen Übertragungsstichtag entstanden sind (*UmwStE nF* Rn 04.34). **Objektbezogene** Umwandlungskosten (zB GrEStG) sind grds Anschaffungsnebenkosten des jeweiligen Wirtschaftsguts und erhöhen dessen AfA-Bemessungsgrundlage. Die **Grunderwerbsteuern** aufgrund eines **Gesellschafterwechsels** bei einer PersGes nach **§ 1 Abs 2a GrEStG** sind unmittelbare Folgekosten des Beteiligungswechsels und grds als Anschaffungsnebenkosten der Beteiligung zu behandeln (BFH I R 2/10 BStBl II 2011, 761). Sofort abziehbare Betriebsausgaben sind dagegen bei einem **mittelbaren Gesellschafterwechsel** gegeben, wenn die unmittelbare Mitunternehmerkette durch eine KapGes unterbrochen ist. Dagegen sind die Grunderwerbsteuern aufgrund einer **Anteilsvereinigung iSd § 1 Abs 3 GrEStG** sofort abziehbare Betriebsausgaben, weil es im Gegensatz zu dem im GrEStG fingierten Erwerb der zum Gesellschaftsvermögen gehörenden Grundstücke ertragsteuerrechtlich an einem Anschaffungsvorgang fehlt (BFH I R 2/10 aaO; *OFD Rheinland* GmbHR 2012, 364).

Die Regelung des § 12 Abs 2 Satz 1 UmwStG trägt dem Rechnung, dass die 993 stillen Reserven, soweit sie aufgedeckt werden, beim Übertragungsgewinn versteuert werden. Der Übergangsverlust wird auch dann neutralisiert, wenn in der Schlussbilanz der Buchwertansatz gewählt wird (BFH I R 158/85 BStBl II 1990, 92).

Eine Neutralisierung erfolgt insoweit nicht, als die Übernehmerin an der übertra- 994 genden Gesellschaft beteiligt ist **(§ 12 Abs 2 Satz 2 UmwStG).** Abweichend von § 12 Abs 2 Satz 1 UmwStG beschränkt diese Regelung bei einer **Aufwärtsverschmelzung** die Anwendung des § 8b KStG auf den **Übernahmegewinn.** Dies gilt, soweit der Gewinn iSd § 12 Abs 2 Satz 1 UmwStG abzüglich der (anteiligen) Kosten für den Vermögensübergang den (unmittelbaren) Anteil der übernehmenden an der übertragenden Körperschaft entspricht.

Nach § 8b Abs 2 Satz 1 KStG ist der (anteilige) Übernahmegewinn steuerfrei, 995 wobei jedoch gemäß § 8b Abs 3 Satz 1 KStG 5 % des (anteiligen) Gewinns als nichtabziehbare Betriebsausgaben gelten. Soweit die Voraussetzungen des § 8b Abs 7 u 8 KStG erfüllt sind, ist der (anteilige) Übernahmegewinn voll steuerpflichtig. Hinsichtlich eines Übernahmeverlustes verbleibt es bei der Regelung des § 12 Abs 2 Satz 1 UmwStG.

Anh § 7 Umwandlungsvorgänge

996 Bei einer **Aufwärtsverschmelzung** auf eine **Organgesellschaft** kommt über § 15 Abs 1 Nr 2 Satz 2 KStG die Regelung des § 8b KStG grds beim Organträger zur Anwendung. Ist Organträger eine PersGes, an der natürliche Personen beteiligt sind, ist hinsichtlich des auf die natürlichen Personen entfallenden Übernahmegewinns iSd § 12 Abs 2 Satz 2 UmwStG das Teileinkünfteverfahren (§§ 3 Nr 40, 3c Abs 2 EStG) anzuwenden (*UmwStE nF* Rn 12.07).

997 Nach dem steuerlichen Übertragungsstichtag erworbene Anteile an der übertragenden KapGes gelten als an diesem Tag angeschafft **(§ 12 Abs 2 Satz 3 iVm § 5 Abs 1 UmwStG).**

998, 999 *(frei)*

9. Anteilsbuchwert unterschreitet Anschaffungskosten (§ 12 Abs 2 Satz 2 u 4 UmwStG aF)

1000 Der Vermeidung einer Doppelberücksichtigung von Verlusten im Zusammenhang mit dem Übergang des Verlustabzuges der wegfallenden Körperschaft auf die Übernehmerin dient auch **§ 12 Abs 2 Satz 2 u 3 UmwStG aF**. Vorangegangene Teilwertabschreibungen, die infolge der Gesamtrechtsnachfolge ihre Berechtigung verloren haben, werden dadurch rückgängig gemacht (BFH I R 158/85 BStBl II 1990, 92; FG Hamburg 6 K 119/19 EFG 2012, 1506, Rev BFH I R 28/12), dass der Unterschiedsbetrag zwischen den Anschaffungskosten und dem Buchwert dem Gewinn der übernehmenden Körperschaft hinzugerechnet wird **(Beteiligungskorrekturgewinn)**, und zwar auch bei der Verschmelzung zwischen **Schwestergesellschaften** (*UmwStE aF* Rn 12.07; s Rn 946; aA FG Münster 10 K 2079/12 F EFG 2012, 2334, Rev BFH I R 77/12). Damit sollen in dem beschriebenen Umfang die stillen Reserven in den untergehenden Anteilen aufgedeckt werden. Ist die Teilwertabschreibung nach § 50 c EStG aF oder nach § 8b Abs 3 KStG nF nicht anerkannt worden, so unterbleibt die Hinzurechnung (§ 12 Abs 2 Satz 3 UmwStG aF). Damit ein Verlust durch Verlustvorträge nicht doppelt berücksichtigt wird (*Dötsch* DB 1997, 2090/2093), sind Teilwertabschreibungen auf die Beteiligung uneingeschränkt und nicht nur bezogen auf den tatsächlichen Teilwert rückgängig zu machen (*Füger/Rieger* DStR 1997, 1427/1440; krit *Haritz* GmbHR 1997, 783/784; *Prinz* FR 1997, 881). Als Ausweichmöglichkeit wird die Veräußerung der Beteiligung zum Buchwert in der Unternehmensgruppe erörtert (*Plewka/Höppner* NWB Fach 2, S 6909; mE evtl verdeckte Gewinnausschüttung).

1001 **Altes Recht und Übergangsregelung:** Die Hinzurechnung durfte nach altem Recht den Differenzbetrag zwischen dem Wert des übernommenen Vermögens nach § 11 Abs 2 UmwStG (Wert der Gegenleistung oder Teilwert) und dem Buchwert der Anteile nicht überschreiten. Diese **Begrenzung** war durch das UntStRefG v 29.10.1997 (BGBl I 1997, 2590) für Umwandlungen entfallen, die auf Rechtsakten beruhen, die nach dem 31.12.1996 wirksam wurden (§ 27 Abs 3 UmwStG aF; Rn 152). § 12 Abs 2 Satz 4 UmwStG aF bezog sich auf diese Begrenzung und ist mit dem StBereinG 1999 v 22.12.1999 (BGBl I 1999, 2601) als bedeutungslos gestrichen worden. Wegen der Kompetenzüberschreitung des Vermittlungsausschusses ist die ersatzlose Streichung des § 12 Abs 2 Satz 4 UmwStG 1995 zwar mit dem Grundgesetz unvereinbar, sie bleibt aber gültig, weil es an der nötigen Evidenz des Verfahrensmangels fehlt (BVerfG 2 BvL 12/01 DStR 2008, 556). Für den **Wegfall** der Begrenzung ist auf die Eintragung im HR nach dem 5.8.1997 abzustellen (Gesetz v 19.12.1997 BGBl I 1997, 3121; Rückwirkung zweifelhaft nach FG Düsseldorf EFG 1999, 673 rkr).

1002 Als **Anschaffungskosten der Anteile** werden nach **§ 12 Abs 2 Satz 2 UmwStG aF** auch die Zuwendungen des Trägerunternehmens an **Unterstützungskassen** behandelt. Ansonsten würde identischer Aufwand zweimal berücksichtigt, weil das Trägerunternehmen die Zuwendung in der Vergangenheit als

Verschmelzung oder Vollvermögensübertragung **Anh § 7**

Betriebsausgaben geltend gemacht hat (§ 4 d EStG; BFH I R 68/89 BStBl II 1992, 744) und ein Aufwand auch in der Form von Rückstellungen nach § 6 a EStG im übernommenen Vermögen erscheint (*Wochinger/Dötsch* DB-Beilage 14/ 1994, 16).

10. Verschmelzung einer Unterstützungskasse (§ 12 Abs 3 UmwStG)

Die Regelung zur Vermeidung einer Mehrfachbegünstigung im Falle der Verschmelzung einer **Unterstützungskasse** auf ihr Trägerunternehmen enthält **§ 4 Abs 2 Satz 4 UmwStG,** der über § 12 Abs 3 UmwStG auch bei einer Umwandlung auf eine andere Körperschaft entsprechend gilt. 1003
(frei) 1004

11. Übernahmefolgegewinn (§ 12 Abs 4 UmwStG)

Bei einer Verschmelzung auf eine andere Körperschaft ist gemäß § 12 Abs 4 UmwStG in entsprechender Anwendung des § 6 Abs 1 UmwStG insoweit ein **Übernahmefolgegewinn** zu ermitteln, als die übernehmende Körperschaft am Grund- oder Stammkapital der übertragenden Körperschaft beteiligt ist. Der Übernahmefolgegewinn, der mit Ablauf des steuerlichen Übertragungsstichtags entsteht, ist ein **laufender Gewinn oder Verlust**. Gemäß § 6 Abs 1 UmwStG kann eine gewinnmindernde **Rücklage** gebildet werden (s Rn 770). 1005

Auf die Steuerpflicht des Übernahmefolgegewinns hat der Umstand, dass sich eine Forderungsabtretung nicht oder nicht ganz ausgewirkt hat (§§ 3c Abs 2 EStG, 8b Abs 3 Satz 4 KStG), keinen Einfluss (*UmwStE nF* Rn 06.02). Eine analoge Anwendung des § 8b Abs 4 Satz 8 KStG scheidet aus, weil die Vorschrift eine ausschließlich auf § 6 Abs 1 Nr 2 Satz 3 EStG bezogene Ausnahmeregelung darstellt (s *Heinemannn* GmbHR 2012, 133, 138). 1006
(frei) 1007–1009

12. Übergang einer Versicherungs-Aktiengesellschaft auf einen Versicherungsverein auf Gegenseitigkeit (VVaG) oder ein öffentlich-rechtliches Versicherungsunternehmen (§ 12 Abs 5 UmwStG)

Nach § 12 Abs 5 UmwStG wird bei einem Vermögensübergang in den nicht steuerpflichtigen oder steuerbefreiten Bereich einer Körperschaft eine Totalausschüttung unterstellt mit der Folge, dass die übernehmende Körperschaft Einkünfte aus Kapitalvermögen iSd § 20 Abs 1 Nr 1 EStG hat. Davon ausgenommen ist aber das auf die Anteile entfallende steuerliche Eigenkapital. Damit wird sichergestellt, dass KapESt einbehalten wird. Denn es kommt zu einem Vermögensübergang auf einen Letztempfänger (BTDrs 14/6882, 40). Eine Rechtsnachfolge in den verbleibenden Verlustabzug des § 10 d Abs 4 EStG wird wie bei der Verschmelzung auf Personenunternehmen nicht zugelassen (§ 12 Abs 5 Satz 3 UmwStG aF; § 12 Abs 3 iVm § 4 Abs 2 Satz 2 UmwStG nF). Zur KapESt-Pflicht bei grenzüberschreitender Verschmelzung einer deutschen KapGes auf eine EU-/EWR-KapGes s *Schell* IStR 2008, 397. 1010

Die Aufdeckung der stillen Reserven durch den Verkauf des gesamten Anlagevermögens einer **VVaG** kurz vor der Vermögensübertragung auf eine VersicherungsAG ist nicht rechtsmissbräuchlich iSd § 42 AO. Für den dadurch entstandenen Veräußerungsgewinn, der nicht in den Übertragungsgewinn iSd § 181 Abs 1 UmwG eingeht, sondern bei der VVaG verbleibt, kann eine Rückstellung für erfolgsabhän- 1011 gige Beitragsrückerstattungen gebildet werden (FG Düsseldorf 6 K 3060/08 K F EFG 2011, 1298).

1012–1014 *(frei)*

13. Besteuerung der Anteilseigner der übertragenden Körperschaft (§ 13 UmwStG aF)

1015 **a) Anteile im Betriebsvermögen (§ 13 Abs 1–4 UmwStG aF).** Nach dem **UmwStG 1995** vollzieht sich der Anteilstausch steuerneutral. Die Anteile, die zu einem inländischen oder den inländischen Besteuerung unterworfenen ausländischen Betriebsvermögen gehören, gelten als zum Buchwert veräußert und die eingetauschten Anteile als mit diesem Wert angeschafft. Dies gilt für KapGes und die übrigen Körperschaften des § 1 Abs 1 KStG, deren Leistungen bei den Empfängern zu Einnahmen iSd § 20 Abs 1 Nr 1 oder 2 des EStG gehören und die deswegen am Anrechnungsverfahren alten Rechts beteiligt waren (§ 43 KStG aF).

1016 Diese Grundsätze gelten auch bei **einbringungsgeborenen Anteilen** (§ 13 Abs 3 UmwStG aF). Die Einschränkung der Teilwertabschreibung nach § 50 c EStG aF haftet auch den Neuanteilen an (§ 13 Abs 4 UmwStG idF des StEntlG 1999/2000/2002). Damit soll klargestellt werden, dass der Sperrbetrag auch nicht im Falle eines sog up-stream mergers untergeht (BTDrs 14/23, 282). § 50 c EStG bleibt nach Maßgabe des § 52 Abs 59 EStG für mit einem Sperrbetrag belegte Anteile weiterhin anwendbar. § 13 Abs 3 UmwStG aF gilt auch für im Betriebsvermögen gehaltene einbringungsgeborene Anteile an der übertragenden Gesellschaft (*BMF* BStBl I 2003, 786 Rn 17; *Schumacher* DStR 2004, 589/92). Die Regelung des § 13 Abs 3 UmwStG aF zu den sog einbringungsgeborenen Anteilen ist durch die **sog Infizierungstheorie des § 13 Abs 2 Satz 2 UmwStG nF** überflüssig geworden.

1017 Werden an den Anteilseigner im Falle des § 13 Abs 1 UmwStG aF zusätzlich zu den im Austausch erhaltenen Anteilen an der Übernehmerin **Zuzahlungen** geleistet, so tritt teilweise eine Gewinnrealisierung ein. Dies geschieht dadurch, dass von der Barzahlung der auf sie anteilig entfallende Buchwert des bisherigen Anteils abgezogen wird. Dieser Teil des Buchwerts wird ermittelt durch Gegenüberstellung von Barzahlung und Gesamtverkehrswert (vgl *Widmann/Mayer* aaO Rn 6318). Dies läuft auf die sog Trennungstheorie hinaus (*Schmidt/Weber-Grellet* § 17 Rn 105).

1018 Stimmen alle Anteilsinhaber aller beteiligten Rechtsträger zu, ist zivilrechtlich abweichend von § 5 Abs 1 Nr 3 UmwG auch eine **nicht verhältniswahrende Verschmelzung** auf der Ebene der Anteilseigner zulässig. Dabei kann es beim maßgeblich beteiligten Anteilseigner iRd Verschmelzung, zu deren Durchführung das Kapital der aufnehmenden KapGes um den Nominalwert der Anteile der übertragenden KapGes erhöht wird (§ 55 UmwG), zu einer Abspaltung des „Geschäftsanteils" an der übernehmenden KapGes iSd § 17 Abs 1 Satz 3 EStG und zu einer direkten Wertverschiebung (einschließlich der Anteilsrechte) iF des dadurch entstandenen Wirtschaftsguts auf den neuen Geschäftsanteil des bislang an der übertragenden KapGes und nach der Verschmelzung an der übernehmenden KapGes beteiligten Anteilseigners kommen. Soweit dadurch Vermögenswerte ohne Gegenleistung in Gestalt von neuen Gesellschaftsanteilen auf einen Anteilseigner der übernehmenden KapGes übertragen werden, handelt es sich um eine steuerbare verdeckte Einlage des Wirtschaftsguts „Geschäftsanteil" nach § 17 Abs 1 Satz 2 EStG zugunsten neuer, im Zuge der Verschmelzung gewährter Geschäftsanteile. Dies gilt nicht, soweit die Übertragung der Wertrelation entspricht. Insoweit greift § 13 Abs 1 UmwStG aF (BFH IX R 24/09 BStBl II 2011, 799).

1019 **b) Fehlende Beteiligung der Übernehmerin.** Die Anteile können in Verschmelzungsfällen zu einem Betriebsvermögen oder zu einem Privatvermögen

Verschmelzung oder Vollvermögensübertragung **Anh § 7**

gehören. Dementsprechend gelten die Vorschriften des **§ 13 Abs 2 UmwStG aF** insbesondere auch dann, wenn die übernehmende Körperschaft an der übertragenden überhaupt nicht beteiligt ist (vgl *Widmann/Mayer* Rn 6314).

c) Anteile im Privatvermögen. Bei einer im Privatvermögen gehaltenen 1020 Beteiligung iSd § 17 EStG oder bei einer anderen Beteiligung, die aber wegen des Anteilstausches dann nicht der Besteuerung nach § 17 EStG, sondern der nach **§ 23 EStG aF** (Spekulationsgeschäft) unterliegen würde, gelten die Altanteile zu den Anschaffungskosten veräußert und die Neuanteile zu diesen Anschaffungskosten erworben (ergebnisneutral). Mit dem Erwerb neuer Anteile im Zuge der Verschmelzung beginnt für den Anteilseigner die nach § 23 Abs 1 Satz 1 Nr 2 EStG aF maßgebliche Veräußerungsfrist von einem Jahr (BFH IX R 71/07 BStBl II 2009, 13). Zu Einzelheiten s *BMF* BStBl I 2004, 1034; *Steinlein* DStR 2005, 456. Anteile nach § 17 EStG können auch bei **beschränkt Steuerpflichtigen** nach § 49 Abs 1 Nr 2 Buchst e EStG oder § 49 Abs 1 Nr 8 EStG der Besteuerung unterliegen und deshalb unter § 13 Abs 2 UmwStG aF fallen.

Die im Zuge der Verschmelzung im **Tausch gegen Beteiligungen** iSd § 17 1021 EStG erhaltenen Anteile gelten als Beteiligungen des § 17 EStG, auch wenn sie keine mehr sind **(§ 13 Abs 2 Satz 2 UmwStG aF)**. Werden aus Anteilen, die keine Beteiligungen iSd § 17 EStG waren, durch den Anteilstausch solche des § 17 EStG – zB im Zuge einer Spaltung –, so gilt für diese neuen Anteile der gemeine Wert (§ 9 BewG) am Übertragungsstichtag als Anschaffungskosten **(§ 13 Abs 2 Satz 3 UmwStG aF)**. Dadurch soll verhindert werden, dass stille Reserven, die aus der Zeit vor der Steuerverstrickung der Anteile stammen, der Besteuerung unterworfen werden. Zur rückwirkenden Anwendung der geänderten Wesentlichkeitsgrenzen s *Schmidt/Weber-Grellet* § 17 Rn 35; BFH VIII R 92/03 BStBl II 2005, 398.

d) Besteuerungstatbestände bei den Anteilseignern. Eine spätere Versteue- 1022 rung kommt dann in Betracht, wenn die Anteilseigner nach der Umwandlung eigenständige Veräußerungsgewinne nach **§§ 17, 20 Abs 2 Satz 1 Nr 1 EStG, § 23 EStG aF oder § 21 UmwStG aF** auslösen oder bei der Umwandlung Zusatzzahlungen geleistet werden (Rn 1017). **Barabfindungen** für ausscheidende Anteilseigner können wie Zuzahlungen durch die KapGes als verdeckte Gewinnausschüttung sonstige Bezüge iSd § 20 Abs 1 Nr 1 EStG sein oder bei einem Erwerb eigener Anteile durch die KapGes Veräußerungserlöse (*UmwStE aF* Rn 13.04/*nF* Rn 13.09). Bei der Veräußerungsgewinne ist von den Ausgangswerten des § 13 UmwStG aF auszugehen (anders § 13 Abs 1 UmwStG nF; s Rn 1025).

e) Zusammenrechnung der Kapitalien. Die Zusammenrechnung der Kapita- 1023 lien der übernehmenden und der übertragenden Körperschaft unter Berücksichtigung der Tarifbelastung regelte für das alte Recht **§ 38 KStG aF**. §§ 29 Abs 3, 47 Abs 1 Nr 2 KStG aF enthielten ergänzende Regelungen für die Auflösung von Rücklagen und die dadurch bedingte Veränderung des verwendbaren Eigenkapitals (vgl dazu *Wochinger/Dötsch* DB-Beilage 14/1994, 17; *Dehmer* DStR 1994, 1713/ 1721; *UmwStE aF* Rn Gl.01). Zum neuen Recht, dh nach Einführung des Halbeinkünfteverfahrens, s §§ 29, 40 KStG; *BMF* BStBl I 2003, 786 Rn 27 ff; *Müller/Maiterth* DStR 2002, 746.

(frei) 1024

14. Besteuerung der Anteilseigner der übertragenden Körperschaft (§ 13 UmwStG)

a) Anwendungsbereich. § 13 UmwStG nF ist nur auf Anteile im Betriebsver- 1025 mögen, Anteile iSd § 17 EStG und einbringungsgeborene Anteile iSd § 21 UmwStG

1995 **anzuwenden.** In den übrigen Fällen führt die Verschmelzung einer KapGes zu einem Anteilstausch iSd § 20 Abs 4a EStG, der auf der Ebene der Anteilseigner steuerneutral ist. Für die Anwendung des § 13 UmwStG ist es unbeachtlich, mit welchen Werten das Vermögen auf der Ebene des übertragenden Rechtsträgers übertragen wird und ob die übertragende Körperschaft der inländischen Besteuerung unterliegt (*UmwStE nF* Rn 13.01, 13.08).

1026 Die Anteilseigner der übertragenden Körperschaft werden auch bei **vergleichbaren ausländischen Verschmelzungen,** Hinaus- oder Hereinverschmelzungen nach § 13 UmwStG besteuert, wenn sie unbeschränkt oder beschränkt steuerpflichtig sind (s *Schmitt/Schloßmacher* UmwStE 2011 Rn 13.08).

1027 Darüber hinaus ist § 13 UmwStG nur insoweit anzuwenden, als der Anteilseigner der übertragenden Körperschaft **keine Gegenleistungen** (zB bei Verzicht auf Gewährung von neuen Anteilen nach § 54 Abs 1 Satz 3 UmwG) **oder** in **Gesellschaftsrechten** bestehende Gegenleistungen erhält. Gegenleistungen, die nicht in Gesellschaftsrechten bestehen (zB bare Zuzahlungen iRd Spitzenausgleichs durch die übernehmende Körperschaft, Darlehensforderungen), sind beim Anteilseigner als Veräußerungserlös für seine Anteile zu behandeln, der nach allgemeinen Grundsätzen zu versteuern ist. Erhält daher der Anteilseigner des übertragenden Rechtsträgers für seine Anteile neben Gesellschaftsrechten (§ 13 UmwStG) auch eine andere Gegenleistung, können iRd Ermittlung des Gewinns aus der anteiligen Veräußerung von Anteilen nur die anteiligen Anschaffungskosten als Veräußerungskosten berücksichtigt werden. Als Veräußerungserlös sind auch Barabfindungen an den ausscheidenden Anteilseigner iSd § 29 UmwG zu behandeln (*UmwStE nF* Rn 13.02).

1028 Bei der Verschmelzung der Tochtergesellschaft auf die Mutter-KapGes **(Aufwärtsverschmelzung)** ist § 13 UmwStG insoweit nicht anzuwenden, als die übernehmende Körperschaft (Muttergesellschaft) an der übertragenden Tochtergesellschaft beteiligt ist. Denn der Anteilseigner an der Muttergesellschaft gibt insoweit keine Anteile an der übertragenden Tochtergesellschaft ab (s *UmwStE nF* Rn 13.01).

1029 Wird die Muttergesellschaft auf die übernehmende Tochtergesellschaft **(Abwärtsverschmelzung;** sog down-stream merger) verschmolzen und erhält der Anteilseigner der übertragenden Muttergesellschaft als Gegenleistung für die untergehenden Anteile an der übertragenden Körperschaft Anteile an der übernehmenden Tochtergesellschaft, gehen diese nach Auffassung der **Finanzverwaltung** unmittelbar auf den Gesellschafter über (s BFH I R 4/09 BStBl II 2011, 315; *UmwStE nF* Rn 11.18). In diesem Fall ist auf den Gesellschafter der Muttergesellschaft **§ 13 UmwStG anzuwenden.** Dabei ist nach Auffassung der *FinVerw* nicht auf den Wert in der steuerlichen Schlussbilanz nach § 12 Abs 1 UmwStG abzustellen (*UmwStE nF* Rn 13.01, 11.19). Die Anwendbarkeit des § 13 UmwStG (2002) begründet der **BFH** (BFH I R 50/11 BFH/NV 2013, 40) damit, dass es sich nach dem klaren Gesetzeswortlaut bei einer Verschmelzung einer Muttergesellschaft auf ihre Tochtergesellschaft um eine Verschmelzung iSd § 2 Nr 1 UmwG handele, auf die gemäß § 1 Abs 2 UmwStG aF auch § 13 UmwStG (2002) anzuwenden sei. Die einschränkende Annahme, dass in diesem Fall auf der Ebene der Tochtergesellschaft kein steuerpflichtiger Durchgangserwerb der Anteile gegeben und deshalb § 13 UmwStG nicht anzuwenden sei, finde im Gesetz keine Grundlage (aA *UmwStE nF* Rn 11.18; s.a. Rn 938 ff).

1030 Wurde zB vor der **Abwärtsverschmelzung** auf die Anteile an der übernehmenden Tochtergesellschaft eine **ausschüttungsbedingte Teilwertabschreibung** vorgenommen und werden iRd anschließenden Verschmelzung der Muttergesellschaft auf die übernehmende Tochtergesellschaft gemäß § 13 Abs 2 Satz 2 oder 3 UmwStG die Anteile an der übernehmenden Tochtergesellschaft mit dem Buchwert oder deren Anschaffungskosten angesetzt, geht nach Auffassung der *FinVerw* die **Wertaufholungsverpflichtung** nach § 6 Abs 1 Nr 2 Sätze 1 und 3 iVm Nr 1 Satz 4

EStG auf die vom Anteilseigner im Betriebsvermögen gehaltenen Anteile an der übernehmenden Tochtergesellschaft über. Dies beruht auf dem Umstand, dass gemäß § 13 Abs 2 Satz 2 UmwStG die Anteile an der übernehmenden Körperschaft steuerlich an die Stelle der Anteile der übertragenden (untergehenden) Gesellschaft treten (s *UmwStE nF* Rn 13.11). Dagegen geht nach Auffassung des **BFH** im Zuge der Verschmelzung keine Wertaufholungsverpflichtung nach § 13 Abs 1 UmwStG auf die „neu" angeschafften Anteile über. Die Fiktion von Anschaffungskosten iSd § 13 UmwStG gelte auch für die Zuschreibung nach § 6 Abs 1 Nr 2 Sätze 1 und 3 iVm § 7 Satz 4 EStG. Die bei einer Verschmelzung anzusetzenden **(fiktiven) Anschaffungskosten** bildeten eine „neue" **Bewertungsobergrenze** für die Wertaufholungsverpflichtung. Ein Rückgriff auf die „historischen" Anschaffungskosten der untergehenden Beteiligung sei gesetzlich ausgeschlossen (BFH I R 50/11 BFH/NV 2013, 40; I R 47/11 BFH/NV 2013, 18; ähnlich FG Hamburg DStRE 2012, 1136; FG Ba-Wü 10 K 1483/09 EFG 2012, 222; s Rn 1048).

Wertverschiebungen, die iRd Verschmelzung zwischen den Anteilen der beteiligten Anteilseigner eintreten, fallen nicht unter § 13 UmwStG. Sie stellen grds eine Vorteilszuwendung zwischen den Anteilseignern dar, die nach allgemeinen Grundsätzen als verdeckte Gewinnausschüttung, verdeckte Einlage in die KapGes (BFH IX R 24/09, BStBl II 2011, 799) oder freigebige Zuwendung (zB § 7 Abs 8 ErbStG nF) zu behandeln sind (vgl *UmwStE nF* Rn 13.03). 1031

Bei Vermögensübertragungen zB durch eine **beschränkt steuerpflichtige Körperschaft** im Wege eines Verschmelzungsvorgangs iSd § 12 Abs 2 Satz 1 KStG nach ausländischem Recht, ist die Besteuerung der Anteilseigner der übertragenden Körperschaft entsprechend § 13 UmwStG vorzunehmen (§ 12 Abs 2 Satz 2 KStG). 1032

(frei) 1033, 1034

b) Ansatz des gemeinen Werts (§ 13 Abs 1 UmwStG). Nach § 13 Abs 1 UmwStG führt die Verschmelzung auf der **Ebene der Gesellschafter** grds zur Aufdeckung der stillen Reserven. Die untergehenden Anteile an der übertragenden KapGes gelten grds als mit dem **gemeinen Wert veräußert** und die dafür erhaltenen Anteile an der übernehmenden KapGes als mit diesem Wert angeschafft. Dies gilt unabhängig vom Wertansatz auf der Ebene der übertragenden Körperschaft und der Ausgabe von neuen Anteilen an der übernehmenden Körperschaft (s *UmwStE nF* Rn 13.05; Rn 1049). 1035

Der gemeine Wert von Anteilen an **Genossenschaften** bestimmt sich nach dem Entgelt aus der Übertragung des Geschäftsguthabens (s *UmwStE nF* Rn 13.05). 1036

c) Ermittlung des Veräußerungsgewinns. Die Ermittlung des Gewinns aus der (fiktiven) Veräußerung der Anteile erfolgt nach den **allgemeinen Grundsätzen**. Befindet sich die Beteiligung an der KapGes im **Betriebsvermögen,** sind die stillen Reserven iRd Veräußerung im Betriebsvermögen aufzudecken (§§ 13, 15, 16, 18 iVm § 3 Nr 40a EStG, 8b Abs 2 u 5 KStG). 1037

Der Gewinn aus der Veräußerung einer **Beteiligung** an KapGes **iSd § 17 EStG,** die **nach dem VZ 2008** angeschafft wurde (§ 52a Abs 10 EStG), wird nach §§ 17 Abs 1 und 2 EStG besteuert (Vorrang nach § 20 Abs 8 EStG), soweit die dafür erforderlichen Voraussetzungen erfüllt sind. Der Veräußerungsgewinn unterliegt gemäß § 3 Nr 40 Buchst c EStG dem Teileinkünfteverfahren. 1038

Bei **Beteiligungen iSd § 20 Abs 2 Satz 1 Nr 1 EStG** wird die Besteuerung des Veräußerungsvorgangs iSd § 13 Abs 1 UmwStG gemäß § 20 Abs 4a Satz 1 EStG aufgeschoben, weil die Veräußerung nach § 13 Abs 1 UmwStG nicht zu einer Geldzahlung führt, sondern als Gegenleistung die Anteile an der übernehmenden Körperschaft auf den Anteilseigner übergehen. **Voraussetzung ist,** dass das inländische Besteuerungsrecht des Gewinns aus der Veräußerung der erhaltenen in- oder ausländischen Anteile nicht ausgeschlossen oder beschränkt oder Art 8 FusionsRL bzw RL 90/434/EWG idF der RL 2009/133/EG anzuwenden ist. Wie im Fall des Art 8 1039

Anh § 7 Umwandlungsvorgänge

FusionsRL bzw RL 90/434/EWG idF der RL 2009/133/EG wird erst der Gewinn aus der späteren Veräußerung der erhaltenen Anteile versteuert. Diese Grundsätze gelten grds auch für die **Aufspaltung** (§ 15 UmwStG), den **Anteilstausch** (§§ 21, 22 UmwStG) und die **Abspaltung** von Vermögen auf eine andere Körperschaft (§ 20 Abs 4a Satz 7 UmwStG idF des AmtshilfeRLUmsG). Mangels Besteuerung des Veräußerungsvorgangs entfällt auch die Erhebung einer **Abgeltungsteuer**. Soweit zu den Anteilen zusätzlich Gegenleistungen erbracht werden, sind diese als sonstige Erträge nach § 20 Abs 1 Nr 1 EStG zu erfassen (§ 20 Abs 4a Satz 2 EStG). § 20 Abs 4a EStG gilt auch für innerdeutsche Aufspaltungen (s *BMF* BStBl I 2010, 94 Rn 100; *Haritz* FR 2010, 589).

1040 Bei **ausländischen Abspaltungen** sind gemäß § 20 Abs 4a Satz 5 EStG der Ertrag und die Anschaffungskosten der erhaltenen Anteile jeweils mit 0 € anzusetzen, wenn u.a. die Höhe des Kapitalertrags nicht ermittelt werden kann (s *Benecke/Beinert* FR 2010, 1120). Abweichend von dieser Vorschrift und § 15 UmwStG treten gemäß **§ 20 Abs 4a Satz 7 EStG idF des AmtshilfeRLUmsG** entsprechend Satz 1 der Vorschrift bei der **Abspaltung** von Vermögen auf eine andere Körperschaft die übernommenen Anteile an die Stelle der Anteile der übertragenden Körperschaft, indem sie deren steuerlichen Status übernehmen. Die bisherigen Anschaffungskosten der Anteile an der übertragenden Gesellschaft werden damit anteilig entsprechend dem Umtauschverhältnis laut Spaltungsvertrag oder -plan fortgeführt (s BTDrs 17/13033). Dies gilt für Anmeldungen zur Eintragungen in das Register nach dem 31.12.2012 (§ 52a Abs 10 Satz 12 EStG idF des AmtshilfeRLUmsG).

1041 Ist der Anteilseigner an der übertragenden und übernehmenden KapGes maßgebend iSd § 17 EStG beteiligt, kann eine **nicht verhältniswahrende Verschmelzung** zu steuerbaren verdeckten Einlagen iSd § 17 Abs 1 Satz 2 EStG zugunsten der neuen Geschäftsanteile führen. Durch die Kapitalerhöhung wird von dem alten Geschäftsanteil an der übernehmenden KapGes ein neuer iSd § 17 Abs 1 Satz 3 EStG abgespalten, von dem im Wege der nicht verhältniswahrenden Verschmelzung ein Teil der Anteilssubstanz auf den nunmehr an der übernehmenden KapGes beteiligten Anteilseigner übergeht. **Voraussetzung ist** eine Beteiligung iSd § 17 EStG an der übernehmenden und übertragenden KapGes (BFH IX R 24/09 BStBl II 2011, 799; s auch Rn 1018; krit *Mentel* Steuk 2011, 193, der darin die Übertragung des personengesellschaftlichen Verständnisses der Beteiligung als für sich genommenes unselbstständiges Bündel von wirtschaftlichen und ideellen Beteiligungsrechten auf die KapGes sieht).

1042 Das **Veräußerungsergebnis entsteht** mit zivilrechtlicher Wirksamkeit der Verschmelzung, dh mit deren Eintragung in das Handelsregister. Die Rückwirkungsfiktion des § 2 Abs 1 UmwStG gilt grds nicht für die Anteilseigner der übertragenden Körperschaft (s *UmwStE nF* Rn 13.06).

1043, 1044 *(frei)*

1045 **d) Buchwertansatz (§ 13 Abs 2 Satz 1 UmwStG).** Auf Antrag kann gemäß § 13 Abs 2 Satz 1 UmwStG der **Buchwert** der Anteile an der übertragenden Körperschaft fortgeführt werden, wenn **(Nr 1)** das Besteuerungsrecht der BRD hinsichtlich des Gewinns aus der Veräußerung der erhaltenen Anteile nicht ausgeschlossen oder beschränkt wird (s Rn 1060ff) oder **(Nr 2)** die an der späteren Veräußerung beteiligten Mitgliedstaaten Art 8 RL 90/434/EWG idF der RL 2009/133/EG anzuwenden haben. Dabei ist es unbeachtlich, ob die übertragende Körperschaft im Inland steuerpflichtig war und mit welchem Wert nach § 11 UmwStG die übergehenden Wirtschaftsgüter in ihrer steuerlichen Schlussbilanz angesetzt wurden (s *UmwStE nF* Rn 13.08).

1046 Sind die Voraussetzungen des § 13 Abs 2 UmwStG erfüllt, kann der Anteilseigner auf **Antrag** die Anteile an der übernehmenden KapGes mit dem Buchwert der untergehenden Anteile an der übertragenden Körperschaft ansetzen. Der Antrag,

Verschmelzung oder Vollvermögensübertragung **Anh § 7**

der keiner besonderen Form bedarf, ist bedingungsfeindlich und unwiderruflich. Der Anteilseigner kann diesen nicht fristgebunden Antrag bis zur Bestandskraft der jeweiligen Veranlagung stellen.

e) Folgen der Buchwertfortführung. Bei einer Buchwertfortführung bzw **1047** beim **Ansatz der Anschaffungskosten** (Privatvermögen) vollzieht sich die Verschmelzung **erfolgsneutral.** Die neuen Anteile an der übernehmenden Körperschaft treten steuerrechtlich vollständig in die Rechtsstellung der untergehenden Anteile ein (**§ 13 Abs 2 Satz 2 u 3 UmwStG**). Dadurch entstehen mangels einer (fiktiven) Veräußerung der untergehenden Anteile an der übertragenden Gesellschaft keine steuerpflichtigen Einnahmen. Dies hat u.a. zur Folge:
– Die Wertaufholungsverpflichtung nach § 6 Abs 1 Nr 2 Satz 3 EStG geht bei im Betriebsvermögen gehaltenen Anteilen in der übernehmenden Gesellschaft über, dh vorgenommene Teilwertabschreibungen sind erfolgswirksam aufzuholen.
– Die Einschränkungen nach § 8b Abs 2 Satz 4 u 5 KStG bzw § 3 Nr 40 Satz 1 Buchst a Satz 2 und 3 sowie Buchst b Satz 3 EStG gehen auf die Anteile an der übernehmenden Gesellschaft über.
– Waren die Anteile an der übertragenden Körperschaft solche iSd § 17 EStG, gilt dies auch für die Anteile an der übernehmenden Körperschaft, auch wenn die Beteiligungsgrenze nicht erreicht wird. Danach ist für die Anwendung der 1%-Grenze auf die Beteiligungsquote vor der Verschmelzung abzustellen.
– Ein Sperrbetrag nach § 50c EStG aF geht auf die Anteile an der übernehmenden Körperschaft über.
– Die Eigenschaft „verschmelzungsgeborene Anteile" iSd § 13 Abs 2 Satz 2 UmwStG 1995 verlagert sich auf die Anteile an der übernehmenden Körperschaft.
– Besitzzeiten an den Anteilen an der übertragenden Körperschaft sind bei den Anteilen an der übernehmenden Körperschaft anzurechnen (zB bei der Prüfung der zeitlichen Kürzung nach § 9 Nr 2a und 7 GewStG und hinsichtlich der Rücklage nach § 6b Abs 10 EStG).
– Eine spätere Veräußerung der Anteile führt gemäß § 17 Abs 4 EStG zu steuerpflichtigen Einkünften (s *UmwStE nF* Rn 13.11).

f) Ansatz eines Zwischenwerts. § 13 Abs 2 Satz 1 UmwStG sieht den Ansatz **1048** eines Zwischenwerts nicht vor. Das Bewertungswahlrecht ist auf die Buchwertfortführung beschränkt.

g) Ansatz der Anschaffungskosten (§ 13 Abs 2 Satz 3 UmwStG). An die **1049** Stelle des Buchwerts treten die Anschaffungskosten der Anteile an der übertragenden Körperschaft, wenn diese im Privatvermögen gehalten werden (§ 13 Abs 2 Satz 3 UmwStG).

h) Verzicht auf neue Anteile. Gibt zB bei einer **Verschmelzung von** **1050** **Schwestergesellschaften** die übernehmende KapGes keine Anteile aus, weil die Anteilseigner der übertragenden KapGes wegen der bereits bestehenden Beteiligung gemäß § 54 Abs 1 Satz 3 bzw § 68 Abs 1 Satz 3 UmwG darauf verzichten, ist iRd § 13 Abs 2 Satz 1 UmwStG der **Buchwert** bzw die **Anschaffungskosten** der Anteile an der übernehmenden KapGes um die Buchwerte bzw Anschaffungskosten der Anteile der übertragenden KapGes zu **erhöhen**. **Wertverschiebungen,** die durch die Verschmelzung zwischen den Anteilen der beteiligten Anteilseigner eintreten, werden von § 13 UmwStG nicht erfasst. Sie unterliegen den allgemeinen Besteuerungsgrundsätzen (s *UmwStE nF* Rn 13.09).
(frei) **1051–1054**

i) Gewährung von Mitgliedschaftsrechten. § 13 UmwStG ist grds auf **andere** **1055** **Körperschaften** als KapGes entsprechend anzuwenden. Dies ist zB bei einer Vermögensübertragung von einer **Versicherungs-AG** auf einen **Versicherungsver-**

Anh § 7   Umwandlungsvorgänge

ein auf Gegenseitigkeit (VVaG) der Fall. Hier treten iRd Umwandlung Mitgliedschaftsrechte an der übernehmenden Körperschaft an die Stelle der Anteile an der übertragenden Körperschaft. Treten umgekehrt Anteile an die Stelle von Mitgliedschaftsrechten, sind die Anschaffungskosten der Anteile mit 0 € anzusetzen (s *UmwStE nF* Rn 13.12).

1056–1059 *(frei)*

15. Beschränkung des Besteuerungsrechts

1060   **a) Grenzüberschreitende Vorgänge.** Das Besteuerungsrecht der BRD kann durch grenzüberschreitende Vorgänge wie bei Inlandsverschmelzungen mit Auslandsbezug und Auslandsverschmelzungen mit Inlandsbezug isd §§ 11 Abs 2 Nr 2, 13 Abs 2 Nr 1 UmwStG ausgeschlossen oder beschränkt bzw durch Hinaus- und Hereinverschmelzung berührt werden (s *Hagemann/Jakob/Ropohl/Viebrock* NWB Sonderheft 1/2007, 24).

1061   **b) Inlandsverschmelzung mit Auslandsbezug.** Ein Auslandsbezug kann durch einen im Ausland ansässigen Anteilseigner bzw durch Auslandsvermögen (Betriebsstätte) der übertragenden Körperschaft bestehen. Eine Inlandsverschmelzung isd § 11 UmwStG führt hinsichtlich des ausländischen Betriebsvermögens nach dem anzuwendenden DBA grds zu keinem Ausschluss oder einer Beschränkung des bisherigen Besteuerungsrechts. Das Bewertungswahlrecht iSd § 11 Abs 2 UmwStG wird dadurch bei der übertragenden Körperschaft nicht ausgeschlossen. Auf der Ebene der Anteilseigner kommt es grds darauf an, ob sich durch die Umwandlung das Besteuerungsrecht hinsichtlich des Gewinns aus der Veräußerung der untergehenden Anteile ändert. Gemäß Art 13 Abs 5 OECD-MA hat grds der Ansässigkeitsstaat des Anteilseigners das Besteuerungsrecht an den Gewinnen aus der Veräußerung von im Privatvermögen gehaltenen Anteilen. Dagegen spricht Art 13 Abs 2 OECD-MA das Besteuerungsrecht für Veräußerungsgewinne von im Betriebsvermögen gehaltenen Anteilen dem Quellenstaat zu.

1062   Bei einer Verschmelzung einer deutschen Muttergesellschaft mit ausländischen Anteilseignern auf eine inländische Tochtergesellschaft (**downstream-merger**) wird auf der Ebene der übertragenden Gesellschaft das inländische Besteuerungsrecht grds nicht eingeschränkt, weil hinsichtlich des ausländischen Anteilseigners die (fiktive) Übertragung der im Privatvermögen gehaltenen Anteilen iSd § 13 Abs 1 UmwStG nach Art 13 Abs 5 OECD-MA nicht der deutschen Besteuerung unterliegt. Für den ausländischen Anteilseigner ist deshalb § 13 UmwStG nicht einschlägig. Beruht der Wert der übertragenden Anteile zu mehr als 50% unmittelbar oder mittelbar auf unbeweglichem Vermögen (**Grundstücksgesellschaft**), steht nach Art 13 Abs 4 OECD-MA dem Belegenheitsstaat das Besteuerungsrecht zu. In diesem Fall ist eine Einschränkung des inländischen Besteuerungsrechts nach § 13 Abs 2 Nr 1 UmwStG möglich. Soweit iRd Verschmelzung Anteile an der Tochtergesellschaft auf einen ausländischen Anteilseigner übergehen, geht das inländische Besteuerungsrecht an diesen Anteilen verloren. Da diese Anteile unmittelbar auf den Anteilseigner der übertragenden (Mutter-)Gesellschaft übergehen, scheidet eine Aufdeckung der stillen Reserven bei der Muttergesellschaft nach § 11 Abs 2 Satz 1 Nr 2 UmwStG aus. Eine Besteuerung dieses Vorgangs nach § 13 UmwStG kommt ebenfalls nicht in Betracht, weil diese Vorschrift die Besteuerung der Anteile der übertragenden (Mutter-)Gesellschaft sicherstellt (s *Schmitt/Schloßmacher* DStR 2010, 673).

1063–1069 *(frei)*

1070   **c) Auslandsverschmelzung mit Inlandsbezug.** Eine Verschmelzung von im EU- oder EWR-Ausland ansässigen Körperschaften kann gemäß § 1 Abs 1 Nr 1 iVm §§ 11–13 UmwStG zu steuerlichen Auswirkungen führen, wenn eine inländische

Betriebsstätte besteht (§ 11 UmwStG) oder ein Anteilseigner der übertragenden Körperschaft im Inland ansässig ist. Abkommensrechtlich steht das Recht zur Besteuerung von gewerblichen Einkünften grds dem Quellenstaat zu (Art 7 OECD-MA). Die beschränkte Steuerpflicht der übertragenden Körperschaft hinsichtlich des inländischen Betriebsvermögens wird deshalb durch den Vermögensübergang auf die übernehmende Körperschaft nicht ausgeschlossen oder beschränkt. Es entsteht grds kein Übertragungsgewinn. Die Besteuerung eines Übernahmeergebnisses iSd § 12 Abs 2 UmwStG obliegt grds dem Ansässigkeitsstaat der übernehmenden Körperschaft.

Auf der Ebene der **Anteilseigner** kommt es dann zu einer inländischen Besteuerung eines Veräußerungsgewinns iSd § 13 UmwStG, wenn Anteilseigner der übertragenden Körperschaft unbeschränkt oder beschränkt steuerpflichtig sind und die Beteiligung im Betriebsvermögen gehalten wird oder eine wesentliche Beteiligung iSd § 17 EStG besteht. Das Besteuerungsrecht der BRD ist zB dann iSd § 13 Abs 2 Nr 1 UmwStG berührt, wenn abkommensrechtlich durch eine Hineinverschmelzung in ein anderes EU-Ausland bzgl der übernehmenden Körperschaft andere Regelungen greifen. So lässt das tschechische DBA abweichend vom OECD-MA neben der Besteuerung der Anteilseigner durch die BRD eine Besteuerung des Veräußerungsgewinns aus Anteilen durch den (tschechischen) Quellenstaat zu. Dies führt aus der Sicht der BRD zu einer Besteuerung unter Anrechnung der tschechischen Quellensteuer. Trotz dieser Beschränkung des inländischen Besteuerungsrechts iSd § 13 Abs 2 Nr 1 UmwStG kommt es gemäß § 13 Abs 2 Nr 2 UmwStG nicht zur Aufdeckung der stillen Reserven, wenn Art 8 RL 90/434/EWG idF der RL 2009/133/EG anzuwenden ist. Dieser erlaubt es den Mitgliedstaaten der EU, die Veräußerung der Anteile an der übernehmenden Körperschaft unabhängig von den Bestimmungen des DBA in gleicher Art und Weise wie die Veräußerung der Anteile an der übertragenden Körperschaft zu besteuern. In diesem Fall kann es für den Anteilseigner zu einer Doppelbesteuerung kommen. **1071**

(frei) **1072–1079**

d) Hinausverschmelzung. Wird eine inländische Körperschaft auf eine andere Körperschaft mit Sitz in einem anderen EU-Mitgliedstaat verschmolzen, gelten für die übertragende Körperschaft die allgemeinen Grundsätze des § 11 UmwStG. Verbleibt das Vermögen der übertragenden Körperschaft im Inland, tritt wegen der beschränkten Körperschaftsteuerpflicht der übernehmenden Körperschaft hinsichtlich der Tatbestände des § 11 Abs 2 Nr 1 und 2 UmwStG keine Änderung ein. Wird Betriebsvermögen in das Ausland überführt, kommt es gemäß § 11 Abs 1 UmwStG zu einer Realisierung der stillen Reserven. Die im Ausland ansässige übernehmende Körperschaft unterliegt nicht der deutschen Besteuerung. § 12 UmwStG ist nicht anwendbar. **1080**

Der Anteilstausch iSd § 13 Abs 1 UmwStG kann bei einem unbeschränkt steuerpflichtigen **Anteilseigner** zum Buchwert erfolgen, wenn die Steuerpflicht des Anteilseigners hinsichtlich seiner Anteile an der übernehmenden Körperschaft auch nach der Verschmelzung bestehen bleibt und abkommensrechtlich das Besteuerungsrecht der BRD nicht durch die Anwendung des Anrechnungsverfahrens eingeschränkt wird (§ 13 Abs 2 Nr 1 UmwStG). Beim ausländischen Anteilseigner, der hinsichtlich seiner Beteiligung an der übertragenden Körperschaft bisher beschränkt steuerpflichtig war, wird wegen des grds Wegfalls des Besteuerungsrechts der BRD eine Anteilsveräußerung zum gemeinen Wert fingiert (§ 13 Abs 1 UmwStG). Dies gilt nur dann nicht, wenn vor der Verschmelzung die BRD insoweit kein Besteuerungsrecht hatte. **1081**

(frei) **1082–1089**

e) Hereinverschmelzung. Wird eine im EU-Ausland ansässige Körperschaft auf eine inländische Körperschaft verschmolzen, gilt für die **übertragende Körper-** **1090**

schaft grds das ausländische Steuerrecht. Verfügt sie über inländisches Vermögen (Betriebsstätte), wird das insoweit der BRD als Quellenstaat zustehende Besteuerungsrecht idR weder isd § 11 Abs 2 Nr 2 UmwStG beschränkt noch ausgeschlossen. Eine Aufdeckung der stillen Reserven ist insoweit wegen des bestehenden Bewertungswahlrechts der übertragenden Körperschaft nicht veranlasst.

1091 Die **übernehmende inländische Körperschaft** hat die übergehenden Wirtschaftsgüter mit dem Wertansatz in der Schlussbilanz der übertragenden Körperschaft zu übernehmen (§ 12 Abs 1 Satz 1 UmwStG). Nach der Gesetzesbegründung zu § 3 UmwStG ist die ausländische Körperschaft zur Erstellung einer steuerlichen Schlussbilanz isd § 11 Abs 1 UmwStG verpflichtet, weil sie für die Ermittlung des Übernahmeergebnisses benötigt wird. Da insoweit das deutsche Besteuerungsrecht nicht ausgeschlossen oder beschränkt wird, kann das übergehende Vermögen auch mit dem Buchwert angesetzt werden (§ 11 Abs 1 UmwStG). Wegen der speziellen Regelung des § 12 Abs 1 UmwStG sind mE die allgemeinen Verstrickungsgrundsätze des § 4 Abs 1 Satz 8 2. Hs EStG nicht anwendbar (aA *Hagemann/Jakob/Ropohl/Viebrock* NWB Sonderheft 1/2007, 32). Maßgebend sind die in der Übertragungsbilanz angesetzten Werte (§ 11 Abs 1 UmwStG). Für ein im Ausland belegenes Betriebsvermögen wird bei einem DBA mit Freistellungsmethode durch die Verschmelzung kein deutsches Besteuerungsrecht begründet. Das Besteuerungsrecht für gewerbliche Einkünfte steht grds dem Quellenstaat zu. Hinsichtlich des übergehenden inländischen Betriebsvermögens bleibt das bisher bestehende Besteuerungsrecht am Veräußerungsgewinn der Wirtschaftsgüter unverändert bestehen. Auf der Stufe der Anteilseigner der übertragenden Körperschaft gelten die allgemeinen Regelungen des § 13 UmwStG. Zur erstmaligen Feststellung eines steuerlichen Einlagekontos von ausländischen Körperschaften im Fall der Hereinverschmelzung (§ 29 Abs 6 KStG) s *Schießl* DStZ 2008, 852.

16. Gesellschafter der übernehmenden Kapitalgesellschaft

1092 Nur an der übernehmenden KapGes beteiligte Gesellschafter werden von § 13 UmwStG nicht betroffen. Die Steuerverstrickung dieser Anteile richtet sich nach allgemeinen Grundsätzen zB des § 17 EStG und des § 21 UmwStG . Zu den Folgen einer – verschmelzungsbedingten – Kapitalerhöhung s *Schmidt/Weber-Grellet* § 17 Rn 78; BFH I R 160/90 BStBl II 1992, 763 zu einbringungsgeborenen Anteilen.

17. Drittstaaten-Verschmelzungen

1093 Bei Verschmelzungen von KapGes nach ausländischem Umwandlungsrecht innerhalb desselben ausländischen Staates kommt über § 12 Abs 2 Satz 2 KStG die Regelung des § 13 UmwStG zur Anwendung. Dies gilt nicht für Spaltungen (s *Dötsch/Pung* DB 2006, 2648).

1094–1099 *(frei)*

XI. Barabfindung an Minderheitsgesellschafter

1100 § 17 UmwStG wurde mWv ab dem 1.1.2000 durch das StBereinG 1999 aufgehoben. Begünstigt sind nach § 27 Abs 4 UmwStG nF letztmals Abfindungen, die auf Rechtsakten beruhen, bei denen der steuerliche Übertragungsstichtag vor dem 1.1.1999 liegt. Dadurch wurde dem Rechnung getragen, dass KapGes-Anteile nicht mehr zu den nach § 6 b EStG begünstigten Objekten gehören. Hinsichtlich der alten Rechtslage wird auf die 4. Auflage verwiesen.

1101–1104 *(frei)*

XII. Aufspaltung, Abspaltung und Teilvermögensübertragung auf andere Körperschaften oder auf eine Personengesellschaft (§§ 15, 16 UmwStG)

1. Rechtslage nach dem UmwStG 1977

Siehe 4. Auflage. **1105**

2. Sachlicher Anwendungsbereich des UmwStG

Das **UmwG** sieht die Spaltungsformen der Aufspaltung, Abspaltung und Ausglie- **1106** derung vor. Zu den Begriffen s Rn 73 ff. Spaltungen können auch zur Begründung einer Betriebsaufspaltung nutzbar gemacht werden (*Patt* DStR 1994, 1383). Alle Spaltungsformen sind partielle Gesamtrechtsnachfolgen.

Das **UmwStG** sieht in seinem § 1 korrespondierende Spaltungsvorschriften vor. **1107** Geht der Spaltungsvorgang von einer Körperschaft aus, gilt der 2. bis 5. Teil (§ 1 Abs 1 Nr 1 UmwStG); geht er von einer PersGes aus, gilt der 6. bis 8. Teil, dh die §§ 20 oder 24 UmwStG (§ 1 Abs 3 Nr 1 UmwStG). § 15 UmwStG verweist auf die §§ 11 bis 13 UmwStG, die die umwandlungssteuerrechtliche Gesamtrechtsnachfolge einer Körperschaft auf eine andere regeln, und § 16 UmwStG auf die §§ 3–8, 10 u 15 UmwStG für die Gesamtrechtsnachfolge aus einer Körperschaft auf eine PersGes. Eine Aufspaltung *auf* eine natürliche Person ist nach dem UmwG nicht möglich. Die Aufspaltung entspricht aus der Sicht der abgebenden Gesellschaft dem Spiegelbild der Verschmelzung unter Vermögensteilung, die Abspaltung einer Teilsonderrechtsnachfolge. Diese **Sonderrechtsnachfolge** bei einem Vermögensübergang von Vermögensteilen im Wege der Ausgliederung (§ 123 Abs 3 UmwG) oder Abspaltung durch Neugründung (§ 123 Abs 2 Nr 2 UmwG) unterscheidet sich dadurch von der **Gesamtrechtsnachfolge iSd § 45 AO,** dass nicht das gesamte Vermögen des übertragenden Rechtsträgers übergeht. Mangels Gesamtrechtsnachfolge bleibt daher in diesen Fällen der übertragende Rechtsträger **Steuerschuldner** (s BFH IV R 29/08 BFH/NV 2010, 356). Zu Schluss- und Übertragungsbilanzen s Rn 445 ff.

Eine verunglückte Spaltung ist nach den bisherigen Grundsätzen als Liquida- **1108** tion, eine verunglückte Abspaltung als Sachausschüttung zu behandeln (*UmwStE aF* Rn 15.11/*nF* Rn 15.12). Sind die Voraussetzungen des **§ 15 Abs 1 Satz 2 UmwStG nF** nicht erfüllt, weil u.a. kein Teilbetrieb übertragen wird bzw bei einer Abspaltung bei der übertragenden Körperschaft kein Teilbetrieb verbleibt oder ein zurückbleibendes Wirtschaftsgut nicht einem Teilbetrieb zugeordnet werden kann **(sog doppeltes Teilbetriebserfordernis),** sind gemäß § 15 Abs 1 Satz 1 iVm § 11 Abs 1 UmwStG zum steuerlichen Übertragungsstichtag die stillen Reserven des übergehenden Vermögens aufzulösen. Die **Rückwirkungsfiktion** des § 2 Abs 1 UmwStG, die lediglich einen Vermögensübergang voraussetzt, ist unabhängig vom Vorliegen der Teilbetriebsvoraussetzungen anzuwenden (zB BFH I R 96/08 BStBl II 2011, 467).

Auf der Ebene der **Anteilseigner** kommt es gemäß § 13 UmwStG zu einer **1109** (anteiligen) Veräußerung der Anteile an der übertragenden Körperschaft und zu einer Anschaffung der erhaltenen Anteile an der übernehmenden Körperschaft jeweils zum gemeinen Wert. Beim iSd § 17 EStG beteiligten Gesellschafter gilt gemäß § 13 Abs 1 UmwStG im Fall der Aufspaltung der gesamte Anteil an der übertragenden Körperschaft und im Fall der Abspaltung im Verhältnis des übertragenen zum verbliebenen Vermögen als veräußert. Für Gesellschafter mit Anteilen iSd § 20 Abs 2 Satz 1 Nr 1 EStG ergeben sich hieraus gemäß § 20 Abs 4a Satz 1 EStG (bei Aufspaltung steuerneutraler Tausch) bzw § 20 Abs 4a Satz 5 EStG (Abspaltung) keine unmittelbaren steuerlichen Folgen (*UmwStE nF* Rn 15.12).

Anh § 7 Umwandlungsvorgänge

1110 Für die **Ausgliederung,** bei der die Neuanteile nicht den Altgesellschaftern, sondern dem ausgliedernden Rechtsträger selbst zufallen (Rn 80), gelten nicht die Teile 2–5 des UmwStG (§ 1 Abs 1 Satz 2 u Abs 3 Nr 2 UmwStG), sondern die Vorschriften §§ 20, 24 UmwStG. Zur handelsrechtlichen Vorbereitung und Durchführung einer Spaltung nach dem UmwG s *Geck* DStR 1995, 416.

3. Persönlicher Anwendungsbereich

1111 Die Spaltungsvorgänge müssen nach der **bisherigen Rechtslage** aus einer unbeschränkt steuerpflichtigen Körperschaft heraus und im Falle des § 15 UmwStG auf eine solche Körperschaft erfolgen (*Dehmer* DStR 1994, 1753/1755). Nach dem **UmwStG nF** können Spaltungsvorgänge auch aus einer KapGes mit Sitz und Ort der Geschäftsleitung innerhalb der EU bzw des EWR heraus erfolgen (s oben Rn 27). Zu Abspaltungen aus Genossenschaften s *von Waldow/Pols* DB 2001, 1334. Außerdem setzt § 1 Abs 1 Satz 1 Nr 1 UmwStG nF eine Aufspaltung oder eine Abspaltung iSd § 123 Abs 1 und 2 UmwG voraus. Für diese ist ein Eintrag nach § 130 UmwG im Register des Sitzes jedes beteiligten Rechtsträgers erforderlich. An den Registereintrag sind die Finanzämter gebunden. Das UmwStG idF des **SEStEG** lässt auch eine **grenzüberschreitende Spaltung** zu.

1112–1114 *(frei)*

4. Teilübertragung

1115 **Besonderheiten** gelten bei der Teilübertragung nach § 174 Abs 2 Nr 1, 2 UmwG unter Beteiligung von öffentlich-rechtlichen Körperschaften und Versicherungsvereinen. Während bei § 1 Abs 4 UmwStG aF für diese Vorgänge wegen der Rechtsform der beteiligten Rechtsträger nicht vollumfänglich die Teile 5–7 des UmwStG aF, sondern die §§ 15 und 19 UmwStG aF gelten, enthält **§ 1 Abs 1 Nr 4 UmwStG** keine entsprechende Beschränkung. § 38b KStG aF regelte die Gliederung des verwendbaren Eigenkapitals für Fälle, in denen von einer nicht gliederungspflichtigen in eine gliederungspflichtige Körperschaft abgespalten wird. Der Teilbetrag ist in das EK 04 einzustellen. § 30 Abs 3 und § 40 Abs 2 KStG aF regelten dies für Vermögensübertragungen auf neu gegründete Rechtsträger.

1116–1119 *(frei)*

5. Spaltungsgegenstände

1120 **a) Teilbetrieb.** Handelsrechtlich können nach § 123 UmwG schlicht Vermögensteile durch Auf- oder Abspaltung übergehen. Das **Steuerrecht** kennt mit der früheren Ausnahme der Rechtsanalogie zu § 24 UmwStG bei der Übertragung von Einzelwirtschaftsgütern (§ 6 Abs 5 Satz 3 EStG) in oder aus dem Vermögen einer Mitunternehmerschaft gegen Gewährung oder Aufgabe von Gesellschaftsrechten (Realteilung) den Übergang stiller Reserven in völliger oder teilweiser Gesamtrechtsnachfolge nur für bestimmte (betriebliche) Einheiten (vgl auch § 6 Abs 3 EStG). So fordern auch die Spaltungsvorschriften des UmwStG eine Einschränkung des Handelsrechts: § 15 Abs 1, § 16 setzen den Übergang eines **Teilbetriebs** voraus. Die Herstellung spaltungsfähiger Teilbetriebe dadurch, dass im Rahmen einer kapitalistischen Betriebsaufspaltung zu Buchwerten Einzelwirtschaftsgüter übertragen werden, sieht die *FinVerw* als Missbrauch an (*UmwStE aF* Rn 15.41; OFD *Ffm* DB 1996, 1753; mE unzutr). Andererseits ließ sie es zu, dass spätestens zum Übertragungsstichtag spaltbare Teilbetriebe hergestellt und spätestens zum Spaltungsbeschluss neutrale Wirtschaftsgüter zugeordnet werden (*UmwStE aF* Rn 15.10).

1121 Davon abweichend müssen nunmehr die Voraussetzungen eines **Teilbetriebs,** bei der Abspaltung oder Teilübertragung auch bei der übertragenden Körperschaft, bereits **zum steuerlichen Übertragungsstichtag** vorliegen (*UmwStE nF* Rn

15.01, 15.03). Dies wird u.a. damit begründet, dass steuerlich nur solche Sachgesamtheiten rückwirkend auf den steuerlichen Übertragungsstichtag übertragen werden können, die zu diesem Stichtag als funktionsfähige Einheit vorhanden und als solche dem übertragenden Rechtsträger auch tatsächlich zuzurechnen waren (s *Neumann* GmbHR 2012, 141, 143). Im Übrigen dient dieser (allgemeine) Grundsatz der Wahrung des deutschen Besteuerungsrechts, falls die Voraussetzungen für eine steuerfreie Abspaltung nach § 15 Abs 2 Satz 2 UmwStG zum steuerlichen Übertragungsstichtag nicht erfüllt sind (aA zB *Stangl/Grundke* DB 2010, 1851; *Kessler/Pilipp* DStR 2011, 1065).

(frei) **1122–1124**

b) Begriff Teilbetrieb. Unter dem Begriff Teilbetrieb iSd § 15 UmwStG ist die **1125** Gesamtheit der in einem Unternehmensteil einer Gesellschaft vorhandenen aktiven und passiven Wirtschaftsgüter zu verstehen, die in organisatorischer Hinsicht einen selbstständigen Betrieb, dh eine aus eigenen Mitteln funktionsfähige Einheit darstellen (Art 2 Buchst j RL 2009/133/EG). Ein Teilbetrieb umfasst alle funktional wesentlichen Betriebsgrundlagen und die ihm nach wirtschaftlichen Zusammenhängen zuordenbaren Wirtschaftsgüter. Maßgebend ist die funktionale Betrachtung durch die übertragenden Rechtsträger (*UmwStE nF* Rn 15.02). Der BFH hält diesen europäischen Teilwertbegriff mit dem nationalen iSd § 16 Abs 1 Satz 1 Nr 1 EStG, der auf die funktional und quantitativ wesentlichen Wirtschaftsgüter abstellt, grds für inhaltlich weitgehend deckungsgleich (BFH I R 96/08, BStBl II 2011, 467; *Schmidt/Wacker* § 16 Rn 141) Durch die Anwendung des europäischen Teilbetriebsbegriffs, auf Spaltungen nach dem 31.12.2011 anzuwenden ist (*UmwStE nF* Rn S 05), wird u.a. hinsichtlich der wirtschaftlichen Zuordenbarkeit von (einzelnen) Wirtschaftsgütern ein weiteres Merkmal eingeführt, das auch für inländische Umwandlungen von wesentlicher Bedeutung sein kann.

Ein **sog Teilbetrieb im Aufbau** erfüllt als Ansammlung einzelner Wirtschaftsgü- **1126** ter nicht die Voraussetzungen eines Teilbetriebs iSd § 15 UmwStG. Ein solcher liegt vor, wenn die wesentlichen Betriebsgrundlagen bereits vorhanden sind und bei zielgerichteter Weiterverfolgung des Aufbauplans ein selbstständig lebensfähiger Organismus zu erwarten ist. Nach der bisherigen Rechtslage konnte ein Teilbetrieb im Aufbau zu Buchwerten übertragen werden (BFH I R 77/09 BFH/NV 2011, 10; aA *UmwStE nF* Rn 15.03 unter Hinweis auf Art 2 Buchst j RL 2009/133/EG).

Als Teilbetrieb gelten auch ein **Mitunternehmeranteil (§ 15 Abs 1 Satz 3 1127 UmwStG)** und ein Teil eines Mitunternehmeranteils. Der **Anteil** an einem Mitunternehmeranteil als solcher bildet kein eigenständiges Wirtschaftsgut (BFH IV R 49/08 BStBl II 2010, 726) und kann daher grds nicht einer anderen Sachgesamtheit (Teilbetrieb) wirtschaftlich zugeordnet werden. Jeder Mitunternehmeranteil bildet einen eigenständig begünstigten fiktiven Teilbetrieb iSd § 15 Abs 1 Satz 3 UmwStG, der zurückgehalten oder abgespalten werden kann (vgl *UmwStE nF* Rn 20.12; *Schmitt/ Schloßmacher* UmwStE 2011 15.02). Da danach auch der **verbleibende Mitunternehmeranteil** einen fiktiven Teilbetrieb darstellt, kann ein Teil eines Mitunternehmeranteils erfolgsneutral abgespalten werden. Voraussetzung ist, dass ein etwaiges **Sonderbetriebsvermögen** als funktional wesentliche Betriebsgrundlage mit übergeht und der Mitunternehmeranteil bereits zum steuerlichen Übertragungsstichtag bestanden hat.

Ebenso gilt eine 100%ige **Beteiligung an einer Kapitalgesellschaft** als Teilbe- **1128** trieb (§ 15 Abs 1 Satz 3 UmwStG). Diese muss bereits am steuerlichen Übertragungsstichtag vorgelegen haben. Bildet diese Beteiligung eine funktional wesentliche Betriebsgrundlage eines Teilbetriebs oder ist sie diesem nach wirtschaftlichen Zusammenhängen als Wirtschaftgut zuzuordnen, erfüllt sie nicht die Voraussetzungen eines eigenständigen Teilbetriebs iSd § 15 Abs 1 Satz 3 UmwStG. Eine erfolgsneutrale Abspaltung dieser Beteiligung scheidet daher aus. Ob das zurückbleibende

Vermögen noch einen eigenständigen Teilbetrieb darstellt, ist vom jeweiligen Einzelfall abhängig (s *UmwStE nF* Rn 15.05 f).

1129 Die **Überlassung** eines Teilbetriebs setzt voraus, dass die Tätigkeit endgültig eingestellt wird und sämtliche zum Teilbetrieb gehörenden wesentlichen Betriebsgrundlagen auf den Erwerber übergehen. Maßgebend ist die Sicht des Übertragenden zum Zeitpunkt der Übertragung (BFH I R 77/09 BFH/NV 2011, 10).

1130–1134 *(frei)*

1135 c) **Übergehendes Betriebsvermögen.** IRd Auf- und Abspaltung sind **sämtliche** funktional **wesentlichen Betriebsgrundlagen** und die nach wirtschaftlichen Zusammenhängen **zuordenbaren Betriebsgrundlagen** zu übertragen. Der Begriff der wesentlichen Betriebsgrundlage der betrieblichen Einheit ist nicht quantitativ, sondern funktional auszulegen (BFH I R 96/08 BStBl II 2011, 467; *BMF* BStBl I 2000, 1253; *Reiche* DStR 2006, 1205; krit *Patt/Rasch* FR 2000, 1328). **Pensionsrückstellungen** sind dem Teilbetrieb zuzuordnen, zu dem sie wirtschaftlich gehören, weil er in das am Spaltungsstichtag bestehende Arbeitsverhältnis bzw hilfsweise in die Verpflichtungen aus der Pensionszusage eintritt (s *UmwStE nF* Rn 15.10).

1136 Die Erlangung des **wirtschaftlichen Eigentums** am überlassenen Wirtschaftsgut durch das aufnehmende Unternehmen reicht für die Übertragung eines Teilbetriebs aus (s *UmwStE nF* Rn 15.07). Zu Spaltung und wirtschaftlichem Eigentum s *Schmidt-Naschke/Hempelmann* DStR 2010, 301; *Sistermann/Beutel* DStR 2011, 1162.

1137 Die Überlassung von zurückbehaltenen wesentlichen Betriebsgrundlagen iF eines **obligatorischen Nutzungsrechts** schließt eine steuerneutrale Übertragung eines Teilbetriebs aus, weil der übertragende Rechtsträger dadurch seine gewerbliche Tätigkeit nicht beendet und der übernehmende nur einen Teil der Betriebsgrundlagen erhält (s *UmwStE nF* Rn 15.07).

1138, 1139 *(frei)*

1140 d) **Zurückbehaltung von Wirtschaftsgütern.** Die Zurückbehaltung wesentlicher Betriebsgrundlagen ist schädlich. In diesem Fall kommt es zu einer Sachausschüttung der KapGes an ihre Gesellschafter und eine (verdeckte) Einlage in die aufnehmende KapGes (BFH I R 96/08 BStBl II 2011, 467). Unschädlich ist es dagegen, wenn eine wesentliche Betriebsgrundlage **vor der Spaltung veräußert** und anschließend an den Teilbetrieb überlassen wird.

1141 Die Nutzung von funktional wesentlichen Betriebsgrundlagen durch **mehrere Teilbetriebe** eines Unternehmens schließt eine steuerneutrale Spaltung aus (sog Spaltungshindernis), weil keine eigenständigen Teilbetriebe bzw vollständigen Betriebe bestehen. Es ist daher eine Teilung und Zuordnung der jeweiligen Wirtschaftsgüter zu den Teilbetrieben vorzunehmen. Grundstücke sind zivilrechtlich real bis zum Zeitpunkt des Spaltungsbeschlusses aufzuteilen, wobei im Einzelfall aus Billigkeitsgründen auch eine ideelle Teilung (Bruchteilseigentum) im Verhältnis der tatsächlichen Nutzung unmittelbar nach der Spaltung ausreichen kann (*UmwStE nF* Rn 15.08).

1142 **Nicht funktional wesentliche Betriebsgrundlagen** der übertragenden Körperschaft, die auch nicht nach wirtschaftlichen Zusammenhängen zugeordnet werden können **(neutrale Wirtschaftsgüter),** gehören funktional zu keinem Teilbetrieb und können deshalb bis zum Zeitpunkt des Spaltungsbeschlusses jedem Teilbetrieb zugerechnet werden. Die gleichzeitige Nutzung dieser Wirtschaftgüter durch mehrere Teilbetriebe ist unschädlich (s *UmwStE nF* Rn 15.08f; *Heinemann* GmbHR 2012, 141,145). Zurückbleibende neutrale Wirtschaftsgüter wie gewillkürte Betriebsgrundstücke, die auch neben einem Teilbetrieb noch einer Mitunternehmeranteil noch einer 100%-Beteiligung an einer KapGes zugerechnet werden können, können nicht als ein verbleibender Teilbetrieb iSd § 15 Abs 1 Satz 2 UmwStG gewertet werden (s *UmwStE nF* Rn 15.02; aA BFH IV R 60/99 BStBl

Auf-/Abspaltung, Teilvermögensübertragung **Anh § 7**

II 2001, 101, der im verbleibenden Teilbetrieb notwendigerweise einen Betrieb sieht).
(frei) **1143, 1144**

e) Fiktive Teilbetriebe. Den fiktiven Teilbetrieben iSd § 15 Abs 1 Satz 3 **1145** UmwStG (Mitunternehmeranteil, 100 %ige Beteiligung an KapGes) können nur die Wirtschaftsgüter einschließlich Schulden zugerechnet werden, die mit der Beteiligung und dem Mitunternehmeranteil in einem unmittelbaren wirtschaftlichen Zusammenhang stehen. Bei einer 100 %-Beteiligung an einer **KapGes** betrifft dies die für ihre Verwaltung erforderlichen Wirtschaftsgüter (zB Erträgniskonten, Einrichtung). Die Zuordnung von Wirtschaftsgütern zum fiktiven Teilbetrieb eines **Mitunternehmeranteils** erfolgt nach allgemeinen Grundsätzen durch deren Qualifizierung als **Sonderbetriebsvermögen. Funktional nicht wesentliche Wirtschaftsgüter** des **Sonderbetriebsvermögens** (zB Forderungen, Verbindlichkeiten) sind grds dem fiktiven Teilbetrieb eines Mitunternehmeranteils zuzurechnen, zu dem sie nach wirtschaftlichen Gesichtspunkten gehören (s *UmwStE nF* Rn 15.11; *Heinemann* GmbHR 2012, 141, 146).

Die Beteiligung an einer **Komplementär-GmbH** einer GmbH & Co KG ist **1146** grds als Sonderbetriebsvermögen zu behandeln und gehört nach der Definition eines Teilbetriebs zu den Wirtschaftsgütern des fiktiven Teilbetriebs eines Mitunternehmeranteils, wenn sie eine **funktional wesentliche Betriebsgrundlage** bildet (s BFH-Urteil I R 72/08 BStBl II 2010, 471). Dies gilt auch für eine Beteiligung unter 100 %, wobei diese keinen fiktiven Teilbetrieb darstellt, sondern als Einzelwirtschaftsgut zu behandeln ist. Soweit die Beteiligung **keine funktional wesentliche Betriebsgrundlage** darstellt, weil zB die Beteiligung dem Mitunternehmer keinen entscheidenden Einfluss auf die Geschäftsführung der KG vermittelt (s BFH I R 72/08 aaO), ist deren Zuordnung nach wirtschaftlichen Gesichtspunkten vorzunehmen. Dies erfolgt grds bereits durch Qualifizierung als Sonderbetriebsvermögen eines Mitunternehmeranteils (s *Heinemann* GmbHR 2012, 141, 146).
(frei) **1147–1149**

6. Verbleibendes Vermögen (§ 15 Abs 1 Satz 2 UmwStG)

Bleibt der bisherige Rechtsträger wie bei einer Abspaltung oder Teilvermögens- **1150** übertragung bestehen, so muss auch das der übertragenden Körperschaft verbleibende Vermögen zu einem Teilbetrieb gehören. Nach der Neufassung der Vorschrift durch das **SEStEG** kommt eine Buchwertfortführung nach § 11 Abs 2 und § 13 Abs 2 UmwStG nF nur in Betracht, wenn im Fall einer Abspaltung oder Teilübertragung bei der übertragenden Körperschaft ein Teilbetrieb verbleibt. Ausgehend vom Sinn und Zweck der Vorschrift ist durch den geänderten Gesetzeswortlaut keine wesentliche inhaltliche Änderung eingetreten. § 15 Abs 1 Satz 2 UmwStG fordert bei einer Abspaltung oder Teilübertragung ausdrücklich das Verbleiben eines Teilbetriebs bei der übertragenden Körperschaft (**sog doppeltes Teilbetriebserfordernis**). Die Buchwertfortführung setzt mE weiterhin die sog doppelte Ausschließlichkeit des § 15 Abs 1 UmwStG voraus. Danach scheidet eine steuerneutrale Abspaltung aus, wenn **einzelne Wirtschaftsgüter**, die keinem Teilbetrieb zugeordnet werden können, oder Sachgesamtheiten, die (noch) keine Teilbetriebe sind, **zurückzubehalten** werden (s *Heinemann* GmbHR 2012, 141 f). Außerdem muss in den Fällen der Aufspaltung, Abspaltung und Teilübertragung auf die Übernehmerinnen je ein Teilbetrieb übertragen werden (s *Ley/Bodden* FR 2007, 265; aA *Schumann/Neumann* DStR 2008, 325).

Das **Wahlrecht** nach § 11 Abs 2 UmwStG gilt nicht für das verbleibende Vermö- **1151** gen. Für dieses ist der Buchwert fortzuführen (*Thiel* DStR 1995, 237; *Hörger* aaO).
(frei) **1152–1159**

7. Missbrauchsklausel (§ 15 Abs 2 Satz 1 UmwStG)

1160 Die fehlende Teilbetriebseigenschaft der Spaltungsmasse könnte dadurch umgangen werden, dass ein als Spaltungsmasse tauglicher **Mitunternehmeranteil** oder eine **100 %ige Beteiligung** an einer KapGes durch eine Übertragung von Wirtschaftsgütern, die keinen Teilbetrieb bilden, erworben oder aufgestockt (Einlage durch den Beteiligten) worden ist und deshalb als abzuspaltender oder verbleibender Spaltungsgegenstand zur Verfügung stünde. Deshalb bestimmt § 15 Abs 2 Satz 1 **UmwStG**, dass solche Vorgänge die Anwendung des § 11 Abs 2 UmwStG nF für diese Beteiligungen ausschließen, wenn sie sich innerhalb eines Zeitraums von 3 Jahren vor dem steuerlichen Übertragungsstichtag ereignet haben. Diese Regelung gilt **nur** für **fiktive Teilbetriebe** iF eines Mitunternehmeranteils und einer 100 %igen Beteiligung.

1161 Unter **Erwerb** ist die erstmalige Anschaffung und unter Aufstockung der Erwerb von weiteren Anteilen an einer Mitunternehmerschaft bzw KapGes zu verstehen. Dies muss durch eine (erfolgsneutrale) Übertragung von einzelnen Wirtschaftsgütern auf eine KapGes (zB § 21 Abs 1 Satz 2 UmwStG) oder Mitunternehmerschaft (zB § 6 Abs 5 EStG) erfolgen. Eine Aufstockung des Betriebsvermögens setzt daher voraus, dass die übergegangenen einzelnen Wirtschaftgüter stille Reserven enthalten und diese bei der Übertragung nicht oder nicht in vollem Umfang aufgedeckt wurden. Ein schädlicher Erwerb oder ein Aufstockungsvorgang ist daher nicht gegeben, wenn die einzelnen Wirtschaftsgüter an die Mitunternehmerschaft oder KapGes veräußert oder verdeckt auf die KapGes übertragen wurden (s *UmwStE nF* Rn 15.16; *Schmitt/Schloßmacher* UmwStE 2011 Rn 15.16).

1162 Diese Grundsätze gelten bei einer **Abspaltung** sowohl für das abgespaltene Vermögen (fiktiven Teilbetrieb) als auch für den bei der übertragenden KapGes zurückbleibenden Teil des Vermögens (fiktiven Teilbetrieb) (s *UmwStE nF* Rn 15.17). § 11 Abs 2 UmwStG mit seinem Wahlrecht kommt aber nur für die abzuspaltende Einheit in Betracht.

1163 Bei **Mitunternehmeranteilen** führt jede Einlage oder Überführung von Wirtschaftsgütern mit stillen Reserven in das Gesamthands- oder Sonderbetriebsvermögen innerhalb von drei Jahren vor dem steuerlichen Übertragungsstichtag zu einem schädlichen Vorgang, weil damit eine Ausstockung der Beteiligung verbunden ist. Dies setzt voraus, dass die Aufstockung der Beteiligung **durch die übertragende Körperschaft** vorgenommen wird. Die Zuführung von Wirtschaftsgütern durch Dritte (zB Anteilseigner der GmbH) oder eine verdeckte Einlage von Wirtschaftsgütern in eine KapGes sind unschädlich. Die Aufstockung durch unentgeltlichen Erwerb (zB Erbfall) oder gewinnrealisierenden entgeltlichen Erwerb bzw Hinzuerwerb von Anteilen bzw Wirtschaftsgütern wird bei **Mitunternehmeranteilen** und **100 %igen Beteiligungen** als unschädlich behandelt (s *UmwStE nF* Rn 15.18ff).

1164 Bei einem **Verstoß** gegen die Missbrauchsregelung des § 15 Abs 2 Satz 1 UmwStG ist die Ausübung des Wahlrechts nach § 11 Abs 2 UmwStG auf Buchwertansatz und damit eine steuerfreie Spaltung ausgeschlossen. Danach hat die übertragende Körperschaft nur hinsichtlich des abgespaltenen Mitunternehmeranteils und der 100 %igen Beteiligung entsprechend § 11 Abs 1 UmwStG die **stillen Reserven aufzudecken**. Hinsichtlich des verbleibenden Vermögens können die **Buchwerte fortgeführt** werden. Bei den Anteilseignern der übertragenen Körperschaft ist (unberührt davon) gemäß § 13 Abs 2 UmwStG ein Buchwertansatz hinsichtlich des verbleibenden Vermögens und eine steuerneutrale Spaltung möglich (s *UmwStE nF* Rn 15.21).

1165 Ist ein Anteil an einer Spaltgesellschaft dadurch veräußert worden, dass die Spaltgesellschaft ihrerseits gespalten, verschmolzen oder eingebracht wird, so ist § 11 Abs 2 UmwStG nicht anwendbar (*OFD Nürnberg* DB 2000, 697).

1166–1169 *(frei)*

8. Veräußerungssperrklausel (§ 15 Abs 2 Satz 2–5 UmwStG)

a) Zweck. § 11 Abs 2 UmwStG ist danach nicht anzuwenden, wenn durch die 1170
Spaltung die Veräußerung von Anteilen an außenstehende Personen vollzogen wird
(Satz 2) oder die Voraussetzungen für eine Veräußerung geschaffen werden
(Satz 3). Außenstehende Personen sind nicht solche, auf die im Konzern abgespalten werden könnte.

Eine **Veräußerung** ist nicht begünstigt, weil sie keine Fortsetzung des unterneh- 1171
merischen Engagements in anderer Form darstellt, sondern einen Realisierungstatbestand (*UmwStE nF* Rn 15.22). Als schädliche Veräußerung gilt jede Übertragung
gegen Entgelt. Das UmwStG nF behandelt u.a. **Umwandlungen** und **Einbringungen** (zB Verschmelzungen, Auf- und Abspaltungen, Formwechsel) beim übertragenden Rechtsträger als Veräußerung und beim übernehmenden als Anschaffung
(*UmwStE nF* Rn 00.02, 15.24). Diese Vorgänge erfüllen den Tatbestand einer schädlichen Veräußerung. Schädlich ist weiter eine **Kapitalerhöhung** innerhalb von
fünf Jahren nach der Spaltung, die wirtschaftlich einer Veräußerung von Anteilen
gleichkommt. Davon zu unterscheiden ist die **Aufnahme eines neuen Gesellschafters** gegen ein angemessenes Aufgeld, wenn die zugeführten Mittel nicht
innerhalb von fünf Jahren ausgekehrt werden (*UmwStE nF* Rn 15.25).

Umstrukturierungen und damit verbundene Veräußerungen **innerhalb ver-** 1172
bundener Unternehmen iSd § 271 Abs 2 HGB sowie Anteilsveräußerungen
innerhalb des bisherigen Gesellschafterkreises sind grds keine schädlichen Veräußerungen iSd § 15 Abs 2 Sätze 3 u 4 UmwStG. Dies gilt auch für juristische Personen
des öffentlichen Rechts einschließlich ihrer Betriebe gewerblicher Art. Umstrukturierungsmaßnahmen führen jedoch dann zu schädlichen Veräußerungen, wenn im
Anschluss an diese Maßnahmen innerhalb von fünf Jahren unmittelbare oder mittelbare Veräußerungen an eine außenstehende Person erfolgen.

Eine **Anteilsveräußerung an außenstehende Personen** ist nach dem Gesell- 1173
schafterbestand zum steuerlichen Übertragungsstichtag zu beurteilen. Veränderungen des Gesellschafterbestandes im Rückwirkungszeitraum sind unbeachtlich. Die
Rückwirkungsfiktion des § 2 UmwStG ist nicht auf Anteilseigner der übertragenden
Körperschaft anzuwenden (s *UmwStE nF* Rn 15.26).

Eine unentgeltliche Anteilsübertragung im Wege der **Erbfolge** und die Erbausei- 1174
nandersetzung (ohne Ausgleichszahlungen) sind keine schädlichen Veräußerungen
iSd des § 15 Abs 2 Satz 2 bis 4 UmwStG. **Ausgleichszahlungen** iR einer Erbauseinandersetzung führen insoweit zu einer Veräußerung (*UmwStE nF* Rn 15.23). In
der Anteilsübertragung im Wege einer **Realteilung** sieht die *FinVerw* keinen (voll)
unentgeltlichen Vorgang (s *BMF* BStBl I 2006, 228). Der Verzicht auf ein **Bezugsrecht** bei einer Kapitalerhöhung kann Veräußerung sein (BFH VIII R 3/89 BStBl
II 1993, 477; FG München EFG 1998, 461 rkr; ähnl *UmwStE nF* Rn 15.29). Zum
Verzicht auf Aufgabeaufgeld s *OFD Ffm* DB 2002, 1026. Werden die Beteiligungsverhältnisse nach Abspaltung beim übertragenden Rechtsträger geändert, so ist strittig, ob dies eine schädliche Veräußerung darstellt (*Haritz/Wagner* DStR 1997, 181).
Vgl zu Abgrenzungsfragen *Schumacher* DStR 2002, 2066. Die **Steuerbefreiung** des
§ 8b Abs 2 KStG nF gilt allerdings auch für Übertragungsgewinne iSd § 15 UmwStG
aF/nF, soweit diese auf Beteiligungen iSd § 8b Abs 2 KStG entfallen (*BMF* BStBl
I 2003, 292 Rn 23; *Haritz/Wisniewski* FR 2003, 549).

Durch die Spaltung wird eine **Veräußerung vollzogen,** wenn zB der Erwerber 1175
als Gesellschafter aufgenommen und dann unter Trennung der Gesellschafter aufgespalten wird.

Eine **Veräußerung wird vorbereitet (§ 15 Abs 2 Satz 3 UmwStG),** wenn 1176
zB der Gesellschafter auf Vorrat abspaltet und die Anteile an der Abspaltungsempfängerin veräußert und womöglich die Anteilsveräußerung wegen der beschränkten
Steuerpflicht des veräußernden Anteilseigners noch dazu nicht im Inland besteuert

wird (vgl dazu BTDrs 12/6885, 23; *Thiel* DStR 1995, 237, 42; *Dehmer* DStR 1994, 1753/1756).

1177–1179 *(frei)*

1180 **b) Beweisregel des § 15 Abs 2 Satz 4 UmwStG.** Die Regelung des § 15 Abs 2 Satz 4 UmwStG umschreibt den Vorbereitungstatbestand des Satzes 3 nicht abschließend, sondern **beispielhaft.** Was die Rückschlüsse aus einer nachfolgenden Veräußerung angeht, so stellt sie insoweit keine abschließende **Beweislastregel,** sondern eine unwiderlegbare Vermutung dar, die in allen Fällen gilt, in denen innerhalb von fünf Jahren nach dem steuerlichen Übertragungsstichtag Anteile veräußert werden, die mehr als 20% der vor Wirksamwerden der Spaltung an der Körperschaft bestehenden Anteile ausmachen. Bei einer Abspaltung erfasst die Vorschrift die Veräußerung der Anteile an der übertragenden und übernehmenden Körperschaft (BFH I R 62/04 BStBl II 2006, 391). Abzustellen ist auf die Veräußerung von Anteilen durch die Gesellschafter und nicht auf die Veräußerung von Betriebsvermögen durch eine an der Spaltung beteiligte Köperschaft (*UmwStE nF* Rn 15.28). Die **Sperrfrist** von fünf Jahren ist mE auch dann zu beachten, wenn tatsächlich durch die Spaltung die Voraussetzungen für eine Veräußerung geschaffen werden sollen. Denn die vom Gesetzgeber vermutete Handlung ist auf der Rechtsfolgenseite der von der spaltenden Körperschaft tatsächlich vollzogenen Handlung gleich zu stellen. Bei der Fünf-Jahresfrist handelt es sich daher um eine insoweit allgemein geltende Behaltefrist (aA *Neumann* GmbHR 2012, 141, 148).

1181 Mangels Missbrauchsgefahr durch Verschiebung stiller Reserven ist die Behaltefrist nicht zu beachten, wenn nach einer Abspaltung von einer Tochtergesellschaft auf eine 100%ige Muttergesellschaft (upstream-Abspaltung) Anteile an dieser Muttergesellschaft veräußert werden (*OFD Münster* DB 2010, 1374). Zu grenzüberschreitenden Spaltungen s *Schumacher/Neumann* DStR 2008, 325.

1182 Die **20%-Grenze** richtet sich nach dem gemeinen Wert der Anteile an der übertragenden Körperschaft vor der Spaltung zum steuerlichen Übertragungsstichtag. Maßgebend ist das Wertverhältnis der übergehenden Vermögensteile zu dem bei der übertragenden Körperschaft vor der Spaltung vorhandenen Vermögen. Die *FinVerw* orientiert sich hierbei am Umtauschverhältnis der Anteile im Spaltungs- und Übernahmevertrag oder im Spaltungsplan (§ 126 Abs 1 Nr 3, § 136 UmwG). Dieses Umtauschverhältnis wird in der Literatur als untauglicher Maßstab bezeichnet, weil es auf das Wertverhältnis des übergehenden Vermögens zu dem bei der übertragenden Körperschaft vorhandenen Vermögen abstellt und damit von verschiedenen Bezugsgrößen ausgeht (zB *Flick/Gocke/Schaumburg* UmwStE 2011 Rn 12.29; *Schmitt/Schloßmacher* UmwStE 2011 Rn 12.29). Auf den Nennwert der Anteile der alten und neuen Gesellschaft sowie die Weiterentwicklung der Beteiligung kommt es nicht an (s *UmwStE nF* Rn 15.29).

1183 Danach ist der **tatsächliche Wert** des zu spaltenden Vermögens festzustellen (*Geck* DStR 1994, 416/9). Hieraus sind die Wertrelationen festzuhalten. Es ist deshalb für die Bagatellgrenze nicht vom Nennkapital auszugehen (*Wochinger/Dötsch* DB-Beilage 14/1994, 23; *Herzig/Förster* DB 1995, 338/345; *UmwStE nF* Rn 15.29). Der Wert des übertragenen Vermögens entscheidet über das Umtauschverhältnis und damit über die Umrechnung der 20% auf das Vermögen der übernehmenden Gesellschaft. Die Anteilsveräußerungen durch denselben oder mehrerer Anteilseigner sind innerhalb des Fünfjahreszeitraums zusammenzurechnen. Wird die Bagatellgrenze von 20% überschritten, ist die Veräußerung weiterer Anteile durch andere Anteilseigner an außenstehende Personen steuerschädlich (s *UmwStE nF* Rn 15.30 f mit Berechnungsbeispiel).

Beispiel:

Die AB-GmbH mit den Gesellschaftern A und B (Beteiligungsverhältnis je 50%) spaltet 50% der tatsächlichen Vermögenswerte auf die Y-GmbH ab. Der 20%-Grenze der AB(alt)-GmbH entspricht eine Grenze von 20 x (100 : 50)% = 40% bezogen auf die Y-GmbH oder die AB(neu)-GmbH. Veräußert A 41% der Anteile an der Y-GmbH, so ist dies schädlich. Das Wertansatzwahlrecht des § 11 Abs 2 UmwStG entfällt rückwirkend (§ 175 Abs 1 Satz 1 Nr 2 AO). Die stillen Reserven sind daher in der Schlussbilanz aufzudecken mit der Wertverknüpfung nach §§ 15, 12, 4 Abs 1 UmwStG für die Übernehmerin.

Mit Überschreitung der Bagatellgrenze führt die Veräußerung von Anteilen an einer an der Spaltung beteiligten Körperschaft durch die Gesellschafter bei der übertragenden Körperschaft rückwirkend zum Wegfall des Antragswahlrechts nach § 11 Abs 2 UmwStG und zur Aufdeckung der stillen Reserven (§ 15 Abs 1 iVm § 11 Abs 1 UmwStG). Sämtliche übergehenden Wirtschaftsgüter sind daher in der steuerlichen Schlussbilanz der übertragenden Körperschaft im Jahr der Spaltung iR einer Änderung nach § 175 Abs 1 Satz 1 Nr 2 AO mit dem gemeinen Wert anzusetzen. Da im Übrigen die §§ 2, 12, 13 UmwStG unverändert anzuwenden sind, hat das von einem Anteilseigner nach § 13 Abs 2 UmwStG ausgeübte Wahlrecht weiterhin Bestand (*UmwStE nF* Rn 15.33 f). Diese Folgen machen **Vereinbarungen zwischen den Gesellschaftern** über Vertragsstrafen bei Verkäufen über der Schädlichkeitsgrenze erforderlich. 1184

Nach Ablauf der fünfjährigen Sperrfrist ist die Veräußerung von Anteilen an den an der Spaltung beteiligten Körperschaften unschädlich (s *UmwStE nF* Rn 15.32). 1185

(frei) 1186–1189

c) Trennung von Gesellschafterstämmen (§ 15 Abs 2 Satz 5 UmwStG). Bei der Trennung von Gesellschafterstämmen setzt die Anwendung des § 11 Abs 2 UmwStG voraus, dass die Beteiligung an der übertragenden Körperschaft mindestens fünf Jahre vor dem steuerlichen Übertragungsstichtag bestanden hat. Dadurch sollen Missbräuche abgewehrt werden, die in dem Eingehen von Beteiligungen zum Zwecke des Vermögenserwerbs durch Spaltung gesehen werden. Eine Trennung von Gesellschafterstämmen ist gegeben, wenn im Fall der Aufspaltung an der übernehmenden Körperschaft und im Fall der Abspaltung an der übernehmenden und übertragenden Körperschaft nicht mehr alle Anteilsinhaber der übertragenden Körperschaft beteiligt sind (s *UmwStE nF* Rn 15.36f). Hinter einem Gesellschafterstamm idS steht grds ein einzelner Anteilsinhaber, wobei dieser nach dieser Auffassung auch aus einem rechtsfähigen Personenzusammenschluss bestehen kann. Gesellschafterstamm bedeutet danach, dass nicht nur die Trennung des Gesellschafterbestands in der spaltenden Gesellschaft beobachtet wird, sondern bei mittelbarer Beteiligung auch jene in den Obergesellschaften (aA *Ehlermann/Löhr* DStR 2003, 1509). Eine Änderung der Beteiligungsquote ist grds unbeachtlich (s *UmwStE nF* Rn 15.36). Sie ist jedoch als Trennung zu verstehen, wenn ein Gesellschafter keinerlei Mitwirkungs- oder Widerspruchsrecht mehr hat (*Herzig/Förster* DB 1995, 338). 1190

Die übertragende Körperschaft hat bei einer Trennung von Gesellschafterstämmen im Wege einer Spaltung kein Antragswahlrecht nach § 11 Abs 2 UmwStG, wenn sie nicht fünf Jahre bestanden hat (**Vorbesitzzeit**). Eine Anrechnung von Vorbesitzzeiten iSd § 15 Abs 2 Satz 5 UmwStG ist nicht möglich. Dies gilt auch innerhalb verbundener Unternehmen iSd § 271 Abs 2 HGB und für juristische Personen öffentlichen Rechts einschließlich ihrer Betriebe gewerblicher Art. Dagegen ist die Anrechnung einer Vorbesitzzeit zulässig, wenn die übertragende KapGes durch einen Formwechsel entstanden ist und an der PersGes die gleichen Gesellschafterstämme beteiligt waren (s *UmwStE nF* Rn 15.38ff). 1191

(frei) 1192–1194

9. Verlustabzug (§ 15 Abs 3 UmwStG)

Bei der übertragenden Körperschaft mindern sich durch die Abspaltung die verrechenbaren Verluste, ein verbleibender Verlustvortrag, nicht ausgeglichene Ein- 1195 künfte, ein Zinsvortrag und ein EBITDA-Vortrag im Verhältnis der gemeinen Werte des übertragenen zum verbliebenen Vermögen. Dies gilt auch für einen auf die Zeit bis zum steuerlichen Übertragungsstichtag entfallenden laufenden Verlust (s *UmwStE nF* Rn 15.41). Im Übrigen gehen die Verluste unter. S Rn 252 für § 10 d EStG, Rn 257, 347 für Zinsvortrag (§ 4h Abs 1 Satz 5 EStG) sowie EBITDA-Vortrag (§ 4h Abs 1 Satz 3 EStG) und Rn 235 für § 10 a GewStG.

10. Gliederung des verwendbaren Eigenkapitals

1196 Nach § 38 a KStG aF waren die nach §§ 30 bis 37 KStG ermittelten Eigenkapitalanteile der übertragenden Körperschaft aufzuteilen wie der Verlustabzug nach § 15 Abs 4 UmwStG aF/Abs 3 nF (s Rn 1195). Zu Einzelheiten s *Thiel* DStR 1995, 276; *Wochinger/Dötsch* DB-Beilage 14/1994, 25; *UmwStE aF Rn* Gl.14; *Mayer* DB 2008, 888. Nach Abschaffung des Anrechnungsverfahrens und Einführung des Halbeinkünfteverfahrens sieht § 40 Abs 2 KStG aF den Übergang des KSt-Guthabens vor (s Rn 620).
1197–1199 *(frei)*

11. Übertragungsbilanz

1200 **a) Entsprechende Anwendung der Verschmelzungsvorschriften.** Die Regelungen nach **§ 15 und § 16 UmwStG** betreffen ausschließlich das Vermögen einer Körperschaft, das durch Auf- oder Abspaltung bzw durch Teilübertragung auf eine andere Körperschaft oder PersGes übergeht. Das bei der Körperschaft verbleibende Vermögen wird von den Regelungen nicht berührt. Für dieses Betriebsvermögen sind weder nach § 11 Abs 1 UmwStG die stillen Reserven aufzudecken noch besteht ein Wahlrecht nach § 11 Abs 2 UmwStG. Insoweit sind die Buchwerte unverändert fortzuführen. Die Rechtsfolgen nach den Vorschriften der §§ 15, 16 iVm §§ 11 bis 13 UmwStG beziehen sich auf das (gesamte) übertragene Vermögen (Aufspaltung) und im Fall einer Abspaltung auf den abgespaltenen Teil des Vermögens.

1201 **b) Handelsbilanz.** Nach §§ 125, 177 UmwG ist auch § 17 Abs 2 UmwG auf Spaltungsvorgänge anzuwenden. Danach hat die übertragende Körperschaft auf den Zeitpunkt des Spaltungsstichtags eine handelsrechtliche Schlussbilanz zu erstellen. S Rn 855 f.

1202 **c) Steuerliche Schlussbilanz (Übertragungsbilanz).** Gemäß § 15 Abs 1 Satz 1 iVm § 11 Abs 1 UmwStG ist die übertragende Körperschaft zur Erstellung und Abgabe einer steuerlichen Schlussbilanz verpflichtet. Diese bezieht sich auf das übergehende Vermögen. Danach ist bei einer Abspaltung auf den steuerlichen Übertragungsstichtag eine steuerliche Schlussbilanz nur für den abgespaltenen Teilbetrieb und bei einer Aufspaltung für das gesamte Vermögen mit den in § 11 UmwStG vorgesehenen Wertansätzen zu erstellen (s *UmwStE nF* Rn 15.14). Eine Maßgeblichkeit der Handelsbilanz besteht für die steuerliche Schlussbilanz nicht (s *UmwStE nF* Rn 11.05). S hierzu Rn 857 ff.

1203 **d) Bewertung des übergehenden Vermögens.** Die Aufdeckung der stillen Reserven durch Ansatz des gemeinen Werts (§ 11 Abs 1 UmwStG) und die Ausübung des Wahlrechts auf Buchwertfortführung bzw Ansatz eines Zwischenwerts in der steuerlichen Schlussbilanz (Übertragungsbilanz) beschränken sich auf jede Einheit, die als Spaltungsgegenstand in Betracht kommt und als solcher behandelt wurde (s *UmwStE nF* Rn 15.21, 15.33). S hierzu Rn 875 ff.
1204 *(frei)*

1205 **e) Zuzahlungen (§ 126 Abs 1 Nr 3 UmwG).** Bare Zuzahlungen (zB Spitzenausgleich nach § 54 Abs 4 oder § 68 Abs 3 UmwG) oder die Gewährung von anderen Vermögenswerten (zB Darlehenforderungen) durch den übernehmenden Rechtsträger oder eine diesem nahestehende Person werden von §§ 3 Abs 2 Satz 1 Nr 3, 11 Abs 2 Satz 1 Nr 3 UmwStG **nicht erfasst**. Sie sind für die Ausübung der Bewertungswahlrechte unschädlich, beim Empfänger aber bei Beteiligungen im Betriebsvermögen sowie in den Fällen der §§ 17, 20 Abs 2 Nr 1 EStG steuerpflichtig. Denn Gegenleistungen, die nicht in Gesellschaftsrechten bestehen, sind beim **Anteilseigner** nach den allgemeinen Grundsätzen als **Veräußerungserlös** für seine Anteile zu versteuern (s *UmwStE nF* Rn 03.21). Dies gilt gemäß § 15 Abs 1 iVm § 13 UmwStG auch für den Anteilseigner der abspaltenden Körperschaft.

§ 13 UmwStG findet nur insoweit Anwendung, als dem Anteilseigner der übertragenden Körperschaft **keine Gegenleistungen** oder eine in Gesellschaftsrechten bestehende Gegenleistung gewährt wird. Da die bare Zuwendung grds nur einen Teil des übertragenden Vermögens betrifft, können zur Ermittlung des Veräußerungsgewinns vom Veräußerungserlös nur die anteiligen Anschaffungskosten der Anteile an der übertragenden Körperschaft abgezogen werden. Die übrigen Anteile an der übertragenden Körperschaft unterliegen dem § 13 UmwStG (s *UmwStE nF* Rn 13.02). Leistet danach die übernehmende Gesellschaft eine Ausgleichszahlung, so ist der **Umwandlungsvorgang** nach §§ 15, 11 Abs 2 UmwStG in ein entgeltliches und bei Buchwertfortführung in ein unentgeltliches Geschäft **aufzuteilen**. Ausgleichszahlungen können grds durch die Aufteilung von Schulden der zu spaltenden Gesellschaft vermieden werden. 1206

Soweit auf eine **PersGes** aufgespalten wird **(§ 16 UmwStG)**, handelt es sich um Abfindungszahlungen iSd § 5 Abs 1 UmwStG. 1207

(frei) 1208, 1209

f) Wertverschiebungen zwischen Anteilseignern (§ 128 UmwG). Wertverschiebungen, die u.a. dadurch eintreten, dass bei einer Auf- oder Abspaltung den Anteilseignern des übertragenden Rechtsträgers oder diesen nahestehenden Personen Anteile an dem übernehmenden Rechtsträger nicht in dem Verhältnis und/oder nicht mit dem ihrer Beteiligung an dem übertragenden Rechtsträger entsprechenden Wert zugeteilt werden (s § 128 UmwG), führen grds zu einer **Vorteilszuwendung zwischen den Anteilseignern**. Auf der Ebene der übertragenden Körperschaft handelt es sich hierbei weder um eine Gegenleistung iSd § 11 Abs 2 Nr 3 UmwStG noch um einen Vorgang iSd § 15 Abs 2 Sätze 2 bis 4 UmwStG, wenn sich dadurch die Beteiligungsquoten nicht zugunsten außenstehender Personen verschieben (§ 15 Abs 2 Satz 2 UmwStG). Quotenverschiebungen ohne Wertverschiebungen sind unbeachtlich (aA wohl *UmwStE aF* Rn 15.44). Wertverschiebungen haben daher bei den an der Spaltung **beteiligten Körperschaften** keinen Einfluss auf eine mögliche erfolgsneutrale Spaltung iSd § 11 Abs 2 UmwStG. 1210

Für die **Vorteilszuwendungen** zwischen den Anteilseignern aufgrund von Wertverschiebungen anlässlich einer Auf- oder Abspaltung gelten die allgemeinen Grundsätze. Sie werden von § 13 UmwStG nicht erfasst. Danach können Wertverschiebungen zugunsten eines Anteilseigners (oder dessen nahen Angehörigen), die als solche dem allgemeinen Subjektsteuerprinzip widersprechen (BFH IV B 105/09 BStBl II 2010, 971), eine **verdeckte Gewinnausschüttung** der übertragenden Körperschaft bzw im umgekehrten Fall eine **verdeckte Einlage** in die KapGes darstellen (vgl BFH IX R 24/09 BStBl II 2011, 799; *UmwStE nF* Rn 15.44, 13.03). Die bei solchen nichtverhältniswahrenden Umwandlungen iSd § 128 UmwG auftretenden Wertverschiebungen zwischen den Anteilseignern können zu freigebigen Zuwendungen führen (vgl *FM Länder* BStBl I 2012, 331 Rn 3.1 f; hier Rn 283). 1211

Verschiebungen in den **Beteiligungsverhältnissen** werden grds bei der Festlegung der Kapitalmaßnahmen nach der Verkehrswertrelation wertmäßig durch eine Beteiligung an einer anderen Gesellschaft ausgeglichen (s *Flick/Gocke/Schaumburg* UmwStE 2011 Rn 15.44). 1212

1213, 1214 *(frei)*

12. Bilanzierung der übernehmenden Gesellschaft

1215 **a) Handelsbilanz.** Zum Wahlrecht nach § 24 iVm §§ 125, 177 UmwG s Rn 451.

1216 **b) Steuerbilanz.** Es gelten hier im Falle des § 15 UmwStG die Regelungen der Verschmelzung auf KapGes (Rn 970ff). Die übertragende Körperschaft hat hinsichtlich des übergehenden Vermögens zum steuerlichen Übertragungsstichtag eine eigenständige steuerliche Schlussbilanz zu erstellen, die sich bei einer Abspaltung eines Teilbetriebs nur auf diesen bezieht (s *UmwStE nF* Rn 15.14). Die übernehmende Körperschaft hat die übergegangenen Wirtschaftsgüter mit den in der steuerlichen Schlussbilanz der übertragenden Körperschaft enthaltenen Werten in ihre Steuerbilanz zu übernehmen (Wertverknüpfung). Sie tritt insoweit in die steuerliche Rechtsstellung der übertragenden Körperschaft ein (§ 12 Abs 1 u 3 UmwStG). Der bei der übertragenden Körperschaft verbleibende Beteiligungsbuchwert ist bei Abspaltungen für Zwecke des § 12 Abs 2 u 3 UmwStG nach dem Verhältnis der gemeinen Werte des übertragenen zum zurückbehaltenen Vermögen entsprechend § 15 Abs 3 UmwStG zu ermitteln (s *UmwStE nF* Rn 15.29).

1217 Bei der Abspaltung eines Teilbetriebs geht eine **§ 6b-Rücklage** insoweit auf die übernehmende Körperschaft über, als bei der übertragenden Gesellschaft eine Rücklage nach § 6b EStG für ein veräußertes Wirtschaftsgut gebildet wurde, das dem übertragenen Teilbetrieb zuzurechnen war. Wurde kein Teilbetrieb abgespalten, ist in der Übertragung von Wirtschaftsgütern eine **Sachausschüttung** zu sehen, die bei der übertragenden KapGes nicht zur Auflösung der § 6b-Rücklage führt (BFH I R 77/09 BFH/NV 2011, 10).

1218 Die **Kosten für den Vermögensübergang** mindern das Übernahmeergebnis (§ 15 Abs 1 Satz 1 iVm § 12 Abs 2 Satz 1 UmwStG, s Rn 679ff). Trägt im Fall einer Abspaltung die übernehmende Körperschaft auch die Umwandlungskosten der übertragenden Körperschaft, kann darin eine **verdeckte Gewinnausschüttung** (§ 8 Abs 3 Satz 2 KStG) mit einer anschließenden **verdeckten Einlage** in das Vermögen der übernehmenden Körperschaft liegen (s *BMF* BStBl I 2010, 70)

1219 Zur **AfA** s Rn 980 ff. Zur **Besitzzeitanrechnung** s Rn 983.

1220–1224 *(frei)*

13. Besteuerung der Gesellschafter der übertragenden Gesellschaft (§ 15 Abs 1 iVm § 13 UmwStG)

1225 Die Anteilseigner der übertragenden Körperschaft erhalten bei einer Aufspaltung auf mehrere aufnehmende Körperschaften und bei einer Abspaltung zu den Anteilen an der übertragenden Körperschaft Anteile an der übernehmenden Körperschaft. Bei einer **nicht verhältniswahrenden Spaltung** (§ 128 UmwG) können die Anteile an der übernehmenden Körperschaft den einzelnen Anteilsinhabern abweichend von den bisherigen Beteiligungsverhältnissen zugeteilt werden. Es gelten hier die Erläuterungen in Rn 870–1055 sowie in Rn 1205ff betreffend **Zuzahlungen.** Wird infolge der Missbrauchsregeln und Veräußerungsklauseln des § 15 Abs 2 UmwStG § 11 Abs 2 UmwStG für die übertragende Körperschaft ausgeschlossen, so betrifft dies nur die Gesellschaftsebene, nicht auch die Verhältnisse der Anteilseigner.

1226 Soweit der **Anteilseigner** der übertragenden Körperschaft iRd Spaltung **Anteile** an der übernehmenden Körperschaft **erhält**, gelten nach § 15 Abs 1 Satz 1 iVm § 13 Abs 1 UmwStG seine (anteiligen) Anteile an der übertragenden Körperschaft als mit dem gemeinen Wert veräußert und die dafür erhaltenen Anteile an der übernehmenden Körperschaft mit diesem Wert als angeschafft. Bei Ausübung des **Wahlrechts** nach Maßgabe des § 13 Abs 2 UmwStG können die neuen Anteile mit dem Buch-

Auf-/Abspaltung, Teilvermögensübertragung **Anh § 7**

wert der (anteiligen) bisherigen Anteile fortgeführt werden. Danach treten steuerlich die neuen Anteile an der übernehmenden Körperschaft an die Stelle der (anteiligen) bisherigen Anteile an der übertragenden Körperschaft (§ 13 Abs 2 Satz 2 UmwStG; *UmwStE nF* Rn 15.42, 13.11).

Auch für Zwecke des § 13 UmwStG sind die Buchwerte bzw Anschaffungskosten **1227** (im Privatvermögen) der Anteile der übertragenden Körperschaft bei Abspaltung ähnlich § 15 Abs 3 UmwStG nach dem **Verhältnis der gemeinen Werte** des übertragenen zu dem vor der Spaltung vorhandenen Vermögen zu ermitteln (*UmwStE nF* Rn 15.43). Die Orientierung der *FinVerw* am Umtauschverhältnis nach § 126 Abs 1 Nr 3 UmwG ergibt nach Stimmen in der Literatur ein unzutreffendes Ergebnis (zB *Schmitt/Schloßmacher* UmwStE 2011 Rn 15.43; s Rn 1195).

Nach diesen Grundsätzen ist auch bei einer **Abspaltung eines Teilbetriebs** auf **1228** eine **Muttergesellschaft** der bisherige Buchwert der Beteiligung an der Tochtergesellschaft aufzuteilen. Bei der Aufteilung der Buchwerte bzw der Anschaffungkosten der Anteile ist auch die Verschiebung der Beteiligungsquote bei einer nichtverhältniswahrenden Abspaltung zu berücksichtigen (s *UmwStE nF* Rn 15.43; *Flick/ Gocke/Schaumburg* UmwStE 2011 Rn 15.43).

Abspaltungen von **ausländischen Gesellschaften** mit Sitz und Ort der **1229** Geschäftsleitung im EU- bzw im EWR-Raum führen beim inländischen Anteilseigner grds zu einer Besteuerung eines fiktiven Veräußerungsgewinns (§§ 15 Abs 1 Satz 1, 13 Abs 1 UmwStG) im Betriebsvermögen (Teileinkünfteverfahren). Die Anteile an der übernehmenden KapGes können grds nach § 13 Abs 2 UmwStG nur dann steuerneutral mit dem Buchwert angesetzt werden, wenn ein vergleichbarer ausländischer Vorgang iSd § 1 Abs 1 Nr 1 UmwStG und das doppelte Teilbetriebserfordernis (§ 15 Abs 1 Satz 2 UmwStG) gegeben sind. Eine Änderung bzw Beschränkung des inländischen Besteuerungsrechts iSd § 13 Abs 2 Satz 1 Nr 1 UmwStG tritt grds hinsichtlich der Anteile an der übernehmenden Gesellschaft im Fall der Abspaltung innerhalb desselben Landes wegen veränderten Besteuerungsgsrechts nach dem jeweiligen DBA nicht ein (s *Becker/Loose* DStR 2010, 383).

(frei) **1230–1234**

14. Aufspaltung und Abspaltung auf eine Personengesellschaft (§ 16 UmwStG)

a) Entsprechende Anwendung des 2. Teils des UmwStG. Es gelten die **1235** Regeln über die Verschmelzung einer Körperschaft auf eine PersGes entsprechend §§ 3–8, 10 UmwStG (Rn 430 ff). Danach kann eine Körperschaft ihr Vermögen bzw Teile ihres Vermögens im Wege einer Auf- oder Abspaltung unter den Voraussetzungen des § 3 Abs 2 UmwStG auf eine PersGes übertragen. Aufgrund des Verweises auf § 15 UmwStG ist darüber hinaus erforderlich, dass (jeweils) ein Teilbetrieb übergeht und im Fall einer Abspaltung bei der übertragenden Körperschaft ein Teilbetrieb verbleibt (§ 15 Abs 1 Satz 2 UmwStG). Die Missbrauchsregelung des § 15 Abs 2 UmwStG ist entsprechend anzuwenden. Die Veräußerungssperre nach § 15 Abs 2 Sätze 2 bis 4 UmwStG gilt auch für die nach der Auf- bzw Abspaltung entstandenen Anteile an einer PersGes. Auf die Erläuterungen in Rn 600 für den Übertragungsgewinn, auf Rn 650, 675 zum Übernahmegewinn wird verwiesen. Zu Ausgleichszahlungen s Rn 1205, zur AfA Rn 640, zur Besitzzeitanrechnung Rn 643. Der Verlustabzug nach § 10d EStG geht nicht auf die PersGes über (§ 4 Abs 2 Satz 2 UmwStG), sondern wird bei der übertragenden Körperschaft nach § 15 Abs 3 UmwStG nach dem Verhältnis von übergegangenem und zurückbehaltenem Vermögen vermindert (s Rn 252); bei einer Aufspaltung gehen die Verluste ersatzlos unter (s *UmwStE nF* Rn 16.03). Der GewErtrag der übernehmenden PersGes kann nicht (auch nicht anteilig) um die Fehlbeträge der übertragenden Körperschaft gekürzt werden (§ 18 Abs 1 UmwStG; Rn 195). Zur GewStpfl des Übertragungsgewinns und zur GewStFreiheit des Übernahmegewinns s Rn 148; zum GewErtrag des Erhebungszeitraums der Umwandlung s Rn 165 ff.

1236–1239 *(frei)*

1240 **b) Entsprechende Anwendung des § 15 UmwStG.** § 16 UmwStG verweist auch auf § 15 UmwStG. Danach kommen auch hier die Vorschriften des § 15 UmwStG über taugliche Spaltungsgegenstände und das zurückbehaltene Vermögen zur Anwendung. Auch die Missbrauchs- und Veräußerungsklauseln des § 15 Abs 2 UmwStG sind für § 16 UmwStG bedeutsam, weil auch hier nur die Fortsetzung des unternehmerischen Engagements in anderer Form begünstigt wird und nicht begünstigte Veräußerungen davon abzugrenzen sind. Allerdings geht es hier nicht um den Ausschluss des § 11 Abs 2 UmwStG, sondern des § 3 UmwStG mit der Folge der Aufdeckung der stillen Reserven sowohl auf der Ebene der übertragenden Körperschaft als auch beim Übernahmegewinn (aA *Thieme* BB 2005, 2042). Hinsichtlich der Berücksichtigung von **Verlusten** bei Abspaltungen gelten die Regelungen des § 15 Abs 3 UmwStG (s Rn 1195). Danach mindern sich die Verluste bei der übertragenden Körperschaft entsprechend. Die anteiligen Verluste gehen jedoch nicht auf die PersGes über (§ 4 Abs 2 Satz 2 UmwStG). Dagegen gehen diese bei Aufspaltungen unter (*UmwStE nF* Rn 16.03). Der **Investitionsabzugsbetrag nach § 7g EStG** ist wegen der steuerlichen Rechtsnachfolge iSd § 4 Abs 2 Satz 1 UmwStG grds beim übergehenden Teilbetrieb, für den er gebildet wurde, fortzuführen, jedoch im Fall des § 7g Abs 3 EStG beim übertragenden Rechtsträger rückgängig zu machen (*UmwStE nF* Rn 16.04).

1241 **c) Verwendbares Eigenkapital und Besteuerung der Anteilseigner.** Das verwendbare Eigenkapital der abspaltenden Körperschaft verringert sich entsprechend dem Verhältnis zwischen abgespaltener und zurückbehaltener Vermögensmasse. Für diesen sich abspaltenden Teil des verwendbaren Eigenkapitals galt früher § 10 UmwStG aF (KSt-Anrechnung). Nach § 16 Satz 2 UmwStG aF/nF regelt § 10 UmwStG aF den Übergang der KSt-Guthaben bzw -Schulden (§§ 37, 38 KStG) nach Maßgabe des § 40 Abs 2 Satz 3 KStG aF (s Rn 620). Der Übernahmegewinn (Rn 675 ff, 695 ff) ist nach den §§ 4–8 UmwStG aF/nF auch nur anteilig für das übernommene Vermögen abzüglich des steuerlichen Kapitals (§ 7 UmwStG aF/nF) zu versteuern. Zur Besteuerung der Anteilseigner s auch Rn 740 ff, 790 ff, 797 ff, 806 ff.

1242 **d) Übernahmegewinn.** Zum Übernahmegewinn s Rn 790, 650ff, 653, 660ff, 797 ff.

1243 **e) Kombination von Spaltungsarten.** Aus dem „soweit" in § 16 Satz 1 UmwStG und dem „vorbehaltlich des § 16" in § 15 Abs 1 Satz 1 UmwStG wird ersichtlich, dass Kombinationen von Spaltungsarten zB in der Weise möglich sind, dass nebeneinander auf eine Körperschaft und eine PersGes abgespalten wird. S zu den handelsrechtlichen Voraussetzungen nach dem UmwG *Kallmeyer* DB 1995, 81.

1244–1249 *(frei)*

XIII. Einbringung von Unternehmensteilen in eine Kapitalgesellschaft oder Genossenschaft (Sacheinlage) und Anteilstausch gegen Gewährung von Gesellschaftsanteilen (§§ 20 ff UmwStG)

1. Zivilrechtliche Einzelrechtsnachfolge

1250 Bei einer Sacheinlage liegt zivilrechtlich vielfach keine Gesamtrechtsnachfolge (Rn 1255), sondern Einzelrechtsnachfolge vor. Allerdings kann in diesem Bereich bei Buchwertfortführung oder Zwischenwertansatz von ertragsteuerrechtlicher (par-

Einbringung, Anteilstausch gegen Gesellschaftsanteile **Anh § 7**

tieller) Gesamtrechtsnachfolge gesprochen werden (vgl § 23 Abs 1, 3 u 4 UmwStG; *UmwStE nF* Rn 18.07).

Die Regelungen über die Sacheinlage gehen zurück auf die Rechtsprechungs- **1251** grundsätze der Fortsetzung des bisherigen betrieblichen Engagements in anderer Rechtsform (vgl BFH I R 43/69 BStBl II 1972, 537). Die Realisierung der stillen Reserven konnte danach vermieden werden, soweit der Unternehmer seinen Gewerbebetrieb oder Teilbetrieb (jedenfalls die wirtschaftlich und organisatorisch selbstständige Einheit seines bisherigen unternehmerischen Engagements) zu Buchwerten in eine unbeschränkt körperschaftsteuerpflichtige KapGes einbrachte, die mit der Buchwertfortführung die stillen Reserven übernahm, und sich die stillen Reserven wegen der Einschaltung einer juristischen Person gleichzeitig an den im Austausch gewährten KapGes-Anteilen steuerbefangen fortsetzten (Prinzip der Verdoppelung der stillen Reserven, krit für Minderheitsgesellschafter *Costede* GmbHR 1980, 13 Abschn II; *Luckey* DB 1981, 389).

Zur **USt** s Rn 245. Handelsrechtlich löst die Einbringung eines Handelsgeschäftes **1252** in eine KapGes durch Sachgründung die **Haftung** nach § 25 HGB aus (*Renaud/Markert* BB 1988, 1060).

(frei) **1253, 1254**

2. Verschmelzung, Aufspaltung, Abspaltung, Ausgliederung, Formwechsel

Unter **Einbringung** iSd UmwStG ist die Übertragung von Wirtschaftsgütern auf **1255** einen anderen Rechtsträger gegen Gewährung neuer Anteile am übernehmenden Rechtsträger iR eines ertragsteuerlichen Veräußerungsvorgangs zu verstehen. Die Übertragung von Betriebsvermögen kann nach dem UmwG im Wege der Gesamtrechtsnachfolge (Verschmelzung, Auf- und Abspaltung, Ausgliederung), im Wege eines Formwechsels und im Übrigen im Wege der Einzelrechtsnachfolge erfolgen (§ 1 Abs 3 Nr 1–4 UmwStG; *UmwStE nF* Rn 01.44). Die Verwendung des Begriffs Einzelrechtsnachfolge dient im Grunde lediglich der Abgrenzung von Übertragungsvorgängen nach dem UmwG im Wege der Gesamtrechtsnachfolge (s *Kai* GmbHR 2012, 165, 166).

Eine **Einzelrechtsnachfolge** ist zB bei einer Sacheinlage iSd § 5 Abs 4 GmbHG **1256** bzw § 27 AktG bei Gründung einer KapGes sowie bei einer Sachkapitalerhöhung aus Gesellschaftsmitteln (§ 56 GmbHG, §§ 183, 194, 205 AktG) bei einer bestehenden KapGes gegeben. Die Übertragung des **wirtschaftlichen Eigentums** wird wie eine Einzelrechtsnachfolge iSd § 1 Abs 3 Nr 4 UmwStG behandelt (s *UmwStE nF* Rn 01.43). Ebenso kann die **Anwachsung** (§ 738 BGB) als Folge der Einbringung eines Mitunternehmeranteils im Wege der Einzelrechtsnachfolge erfolgen (s *UmwStE nF* Rn 01.44). Der sachliche Anwendungsbereich des § 1 Abs 3 Nr 3 UmwStG ist danach außerhalb des UmwG grds für die (erweiterte) Anwachsung eröffnet (s Rn 1318, 1985).

Spaltet zB eine PersHandelsGes auf eine KapGes ab oder wird eine PersHandels- **1257** Ges auf eine KapGes verschmolzen, so gilt § 20 UmwStG für diese handelsrechtliche **Gesamtrechtsnachfolge,** die im Falle der Spaltung nur partiell erfolgt. S zu Einzelheiten *Middendorf/Stegemann* DStR 2005, 1082. Zu Holding- und Organschaftsfragen s *Raupach* JbFfSt 1995/96, 343. In diesen Fällen stehen den handelsrechtlichen Schluss- und Anfangsbilanzen (§§ 17 Abs 2, 24 UmwG) die steuerrechtlichen Einbringungs- und Anfangsbilanzen gegenüber, von denen § 20 Abs 2 u 3 UmwStG ausgehen (vgl zu § 24 UmwStG auch BFH IV R 88/80 BStBl II 1984, 518). Eine **Maßgeblichkeit der Handelsbilanz** besteht nicht (s *UmwStE nF* Rn 20.20; Rn 452).

Nicht die Teile 2–5, sondern die Teile 6 bzw 7 gelten, wenn es sich um eine **1258** **Ausgliederung** handelt (§ 1 Abs 1 Satz 2, Abs 3 Nr 2 UmwStG; Rn 70). Vgl zur

Wagner 669

Anh § 7

Ausgliederung von PersGes-Anteilen *Carlé/Bauschatz* FR 2003, 289. Nach der ausdrücklichen Regelung in § 25 UmwStG gelten die Vorschriften des 8. bzw 6. Teils des UmwStG (§§ 20–23 UmwStG) auch für die **formwechselnde Umwandlung** einer PersHandelsGes auf eine KapGes (§ 190 UmwG; § 1 Abs 3 Nr 3 UmwStG). Der Formwechsel wird ertragssteuerrechtlich wie ein Rechtsträgerwechsel behandelt (s *UmwStE nF* Rn 01.44).

1259 *(frei)*

3. Persönlicher Anwendungsbereich des § 20 UmwStG

1260 War der Anwendungsbereich des 2.–7. Teils des UmwStG 1995 in persönlicher Hinsicht auf Vorgänge einer unbeschränkt steuerpflichtigen Körperschaft begrenzt (§ 1 Abs 5 UmwStG aF; Rn 4), wurde dieses Erfordernis wegen des erweiterten Anwendungsbereichs des UmwStG durch das **SEStEG** auf grenzüberschreitende Umwandlungsvorgänge aufgegeben (§ 1 Abs 1 u 2 UmwStG).

1261 **a) Einbringender.** Einbringender iSd § 20 Abs 1 UmwStG ist grds der, dem die neuen Anteile an der übernehmenden Gesellschaft als Gegenleistung für das eingebrachte Betriebsvermögen zivilrechtlich zustehen. Danach ist nach Auffassung der *FinVerw* darauf abzustellen, ob die einbringende PersGes nach der Einbringung der begünstigten Sachgesamtheit als solche fortbesteht. Einbringender kann somit eine natürliche Person, eine PersGes bzw deren Gesellschafter (hM, BFH I R 183/94 BStBl II 1996, 342; *UmwStE nF* Rn 20.03) oder eine Körperschaft sein (*UmwStE nF* Rn 01.53).

1262 **Natürliche Personen** kommen als Einbringende in Betracht, wenn sie in der EU oder in einem EWR-Staat ansässig sind (§ 1 Abs 4 Satz 1 Nr 2 Buchst a Doppelbuchst bb iVm § 1 Abs 2 Satz 1 Nr 2 UmwStG). **PersGes** sowie **Körperschaften** sind grds nur dann begünstigt, soweit sie nach den Vorschriften eines Mitgliedstaates der EU oder des EWR gegründet sind und sich ihr Sitz und ihre Geschäftsleitung in einem dieser Staaten befinden.

1263 Bei **transparenten** PersGes ist auf ihre Gesellschafter abzustellen, wenn die PersGes infolge der Einbringung (zB bei Verschmelzung oder Formwechsel) aufgelöst wird. Besteht die übertragende PersGes nach der Einbringung fort und erhält sie die Anteile am übernehmenden Rechtsträger, ist sie als Einbringende zu behandeln. Dies ist zB bei einer Ausgliederung iSd § 123 Abs 3 UmwG oder Sacheinlage (Gesamthandsvermögen) durch eine gewerblich tätige PersGes im Wege der Einzelrechtsnachfolge der Fall. Stehen dagegen die neuen Anteile an der übernehmenden Gesellschaft zivilrechtlich wie zB bei einer Abspaltung eines Teilbetriebs oder Aufspaltung den Gesellschaftern zu, sind die Mitunternehmer die Einbringenden. Dies gilt auch dann, wenn bei einer Abspaltung **Wertverschiebungen** eintreten. Wird die Untergesellschaft einer **doppelstöckigen** PersGes infolge der Einbringung aufgelöst, sind deren unmittelbaren und nicht die mittelbaren Gesellschafter Einbringende iSd § 20 UmwStG (s *UmwStE nF* Rn 20.02f; *Schmitt/Schloßmacher* UmwStE 2011 Rn 20.03; *Flick/Gocke/Schaumburg* UmwStE 2011 20.03; krit *Rasche* GmbHR 2012, 149, 151).

1264 Unabhängig davon kann **jede andere natürliche Person oder Gesellschaft** einbringender, übertragender oder (bei Gesellschaften) umwandelnder Rechtsträger sein, wenn das Besteuerungsrecht der BRD hinsichtlich der erhaltenen Anteile nicht ausgeschlossen oder beschränkt ist (§ 1 Abs 4 Satz 1 Nr 2 Buchst b UmwStG; *UmwStE nF* Rn 01.53f) oder bei Einbringungen nach § 24 UmwStG (§ 1 Abs 4 Satz 2 UmwStG). In diesen Fällen ist auch eine **Drittstaatsansässigkeit** einer natürlichen Person möglich. Körperschaften mit Sitz in einem Drittland fallen nicht darunter.

1265 Auf die **beschränkte oder unbeschränkte Steuerpflicht** des Einbringenden kommt es insoweit nicht mehr an (altes Recht: *Patt/Rasche* FR 1995, 432/440).

Einbringung, Anteilstausch gegen Gesellschaftsanteile **Anh § 7**

Nach dem Betriebsstättenvorbehalt der meisten DBA werden aber für den ausländischen Staat mit der Einbringung über die Grenze die stillen Reserven zu realisieren sein (zum umgekehrten Verhältnis s *Schmidt/Glanegger* 25. Aufl, § 6 Rn 425 „Entstrickung"), so dass eine Buchwertfortführung eine Doppelerfassung bedeuten würde.

Einbringende eines **Betriebs gewerblicher Art** ist die juristische Person des **1266** öffentlichen Rechts (*UmwStE nF* Rn 01.53).

(frei) **1267–1269**

b) Übernehmende Gesellschaft. Die **übernehmende Körperschaft** musste **1270** nach bisherigem Recht eine unbeschränkt steuerpflichtige KapGes sein (**§ 20 Abs 1 UmwStG aF**). § 23 UmwStG aF traf allerdings eine Sonderregelung für die Einbringung innerhalb der EU (Rn 2000 ff), so dass § 20 Abs 1 Satz 2 UmwStG aF im EU-Bereich praktische Bedeutung nur bei Einbringungsfällen hat, an denen nur im Inland ansässige KapGes beteiligt sind.

Unabhängig von der unbeschränkten Steuerpflicht kommt nach dem **SEStEG 1271 jede KapGes** oder **Genossenschaft** iSd § 1 Abs 1 Nr 1 und 2 KStG als übernehmender Rechtsträger in Betracht. Voraussetzung ist, dass die Gesellschaft in einem Mitgliedstaat der EU bzw in einem EWR-Staat (Art 54 AEUV) gegründet wurde und sich deren Sitz und der Ort der Geschäftsleitung in einem dieser Staaten befindet (§ 1 Abs 4 Satz 1 Nr 1 und Abs 2 Satz 1 Nr 1 UmwStG; *UmwStE nF* Rn 01.54). Diese Anforderungen gelten nicht für eine Einbringung nach § 24 UmwStG (§ 1 Abs 4 Satz 2 UmwStG).

Die persönlichen Anwendungsvoraussetzungen müssen grds **am steuerlichen 1272 Übertragungsstichtag** (Stichtag der handelsrechtlichen Übertragungsbilanz, s *UmwStE nF* Rn 02.02), bei einer Neugründung eines an der Umwandlung beteiligten Rechtsträgers im steuerlichen Rückwirkungszeitraum zum Zeitpunkt der zivilrechtlichen Wirksamkeit der Gründung bzw bei einer Umwandlung zur Neugründung zum Zeitpunkt der zivilrechtlichen Wirksamkeit der Umwandlung vorliegen (s *UmwStE nF* Rn 01.55, 01.52). Entsprechend sind bei einer **Rückbeziehung nach § 20 Abs 5, 6 UmwStG** iRd Prüfung des Ausschlusses oder Beschränkung des inländischen Besteuerungsrechts die erhaltenen Anteile dem Einbringenden bereits zu diesem Stichtag zuzurechnen (s *UmwStE nF* Rn 20.14).

(frei) **1273, 1274**

4. Sacheinlage (§ 20 Abs 1 UmwStG)

Bei dem **umwandlungssteuerrechtlichen Begriff** der Sacheinlage handelt es **1275** sich um eine eigenständige Legaldefinition, die nicht mit dem gesellschaftsrechtlichen Sacheinlagenbegriff übereinstimmt. Im Umwandlungssteuerrecht ist es ausreichend, dass der Einbringende als Gegenleistung für die Einbringung des Betriebsvermögens neue Gesellschaftsanteile erhält. Die Einbringung im Wege einer Sacheinlage führt ertragsteuerrechtlich als tauschähnliches Geschäft beim Einbringenden zu einer (fiktiven) Veräußerung und beim übernehmenden Rechtsträger zu einer (fiktiven) Anschaffung (s zB BFH I R 88/10 BStBl II 2013, 94; *UmwStE nF* Rn 20.01, 00.02).

Gegenstand einer Sacheinlage kann ein Betrieb, Teilbetrieb oder Mitunterneh- **1276** meranteil sein. Er ist nach dem zugrunde liegenden Rechtsgeschäft zu bestimmen. So ist zB bei einer Verschmelzung einer PersGes auf eine KapGes der Betrieb Einbringungsgegenstand. Entsprechend wird bei einer Abspaltung eines Teilbetriebs nicht ein Teil eines Mitunternehmeranteils, sondern nach dem Spaltungsvertrag der Teilbetrieb übertragen (s *UmwStE nF* Rn 20.05).

Bei einer **Bargründung** oder **Barkapitalerhöhung** ist dann eine Sacheinlage **1277** iSd § 20 Abs 1 UmwStG gegeben, wenn der Gesellschafter zusätzlich zu der Bareinlage einen Betrieb oder eine andere Sachgesamtheit iSd § 20 Abs 1 UmwStG in die KapGes einbringt. Der Einbringungsgegenstand muss als **Aufgeld (Agio)** Bestand-

Wagner 671

teil des Entgelts sein, das der Einbringende nach der Einlagevereinbarung für die neuen Gesellschaftsanteile zu leisten hat. Die Einbringung setzt ein Gegenseitigkeitsverhältnis zu der Gewährung von Gesellschaftsanteilen voraus. Die Abgrenzung zu einer (unentgeltlichen) verdeckten Einlage ist nach den jeweiligen Umständen des Einzelfalls vorzunehmen (BFH I R 55/09 BStBl II 2010, 1094; I B 127/11 BFH/NV 2012, 1015).

1278, 1279 *(frei)*

1280 **a) Einbringung eines Betriebs.** Die Einbringung eines **Betriebs** iSd § 20 Abs 1 UmwStG setzt die Übertragung aller funktional wesentlichen Betriebsgrundlagen einschließlich des Sonderbetriebsvermögens eines Gesellschafters auf die übernehmende Gesellschaft voraus (s *UmwStE nF* Rn 20.06; Rn 1425). Der Begriff der wesentlichen Betriebsgrundlage einer betrieblichen Einheit ist nicht quantitativ, sondern funktional auszulegen (*BMF* BStBl I 2000, 1253). Funktional wesentlich iSd § 20 UmwStG sind alle Wirtschaftsgüter, die für den Betriebsablauf ein erhebliches Gewicht haben und mithin für die Fortführung des Betriebs notwendig sind oder dem Betrieb das Gepräge geben. Dabei ist auf die Beurteilung durch den Einbringenden zum Zeitpunkt der Einbringung abzustellen (BFH I R 97/08 BStBl II 2010, 808).

1281 Nach der **funktionalen Betrachtungsweise** soll die Fortführung des bisherigen unternehmerischen Engagements in veränderter Form ohne steuerliche Auswirkungen möglich sein, weil durch den Umwandlungsvorgang kein Markteinkommen entsteht. Da die einem Gesellschafter einer PersGes gehörenden Wirtschaftsgüter des **Sonderbetriebsvermögens** grds nicht an einer Verschmelzung, Spaltung oder einem Formwechsel nach dem UmwG teilnehmen, muss iR eines einheitlichen Übertragungsakts durch eine gesonderte Vereinbarung das (wirtschaftliche) Eigentum an dem Sonderbetriebsvermögen der übernehmenden KapGes übertragen werden (s *Schmitt/Schloßmacher* UmwStE 2011 20.06).

1282 Für eine Einbringung von Unternehmensteilen reicht die Übertragung des **wirtschaftlichen Eigentums** aus. Diese erfolgt durch Einzelrechtsnachfolge iSd § 1 Abs 3 Nr 4 UmwStG (vgl BFH X R 17/05 BStBl II 2008, 579; *BayLfSt* FR 2006, 391). Zum Übergang des wirtschaftlichen Eigentums am Anteil an einer KapGes s zB BFH IX R 7/09 BStBl II 2011, 540; Rn 1537; *Mayer* DStR 2009, 674. Eine **bloße Nutzungsüberlassung** von Wirtschaftsgütern genügt nicht (*UmwStE nF* Rn 20.06).

1283 **Funktional wesentliche Wirtschaftsgüter** eines Betriebs oder Teilbetriebs können auch Anteile an einer KapGes bzw Genossenschaft sein. Dies gilt auch für eine **100%ige Beteiligung an einer KapGes,** wenn sie die hierfür erforderlichen Voraussetzungen erfüllt. Als funktional wesentliches Wirtschaftsgut ist sie mit der Sachgesamtheit des Betriebs bzw Teilbetriebs mit einzubringen (s *UmwStE nF* Rn 20.06). Dagegen bilden **Anteile an einer PersGes** steuerlich kein selbstständig bewertbares Wirtschaftsgut (vgl BFH IV R 49/08 BStBl II 2010, 726) und deshalb keine wesentliche Betriebsgrundlage eines Betriebs oder Teilbetriebs. Sie sind auch einem Teilbetrieb als Wirtschaftsgut nicht wirtschaftlich zuordenbar.

1284 Die Einbringung einer betrieblichen Einheit kann eine Versteuerung nach **§ 23 Abs 1 Satz 5 Nr 1 EStG** zur Folge haben, wenn zB ein Grundstück zuvor in die betriebliche Einheit eingelegt und innerhalb der 10-Jahresfrist aus dem Ziel-Betriebsvermögen veräußert wurde (*Seitz* DStR 2001, 277).

1285–1289 *(frei)*

1290 **b) Einbringung eines Teilbetriebs.** Ein **Teilbetrieb** iSd § 20 Abs 1 UmwStG besteht aus der Gesamtheit der in einem Unternehmensteil vorhandenen aktiven und passiven Wirtschaftsgüter, die in organisatorischer Hinsicht einen selbständigen Betrieb und damit eine aus eigenen Mitteln funktionsfähige Einheit darstellen. Für Zwecke des § 20 Abs 1 UmwStG erfüllt eine **100%ige Beteiligung an einer**

KapGes diese Voraussetzungen nicht (BTDrs 16/2710, 42; Begriff *OFD Münster* DB 1989, 21). Deren (isolierte) Einbringung ist als Anteilstausch nach § 21 Abs 1 UmwStG zu behandeln. Dies gilt nicht, wenn die Anteile an der KapGes als Bestandteil einer Betriebseinbringung iSd § 20 Abs 1 UmwStG mit eingebracht werden (vgl § 22 Abs 1 Satz 5 UmwStG, *UmwStE nF* Rn 20.06; *Dötsch/Pung* DB 2006, 2763, 2768; *Hagemann/Jakob/Rohl/Viebrock* NWB Sonderheft 1/2007, 34).

Zu einem **Teilbetrieb** gehören in Anlehnung an Art 2 Buchst j RL 2009/133/EG neben allen funktional wesentlichen Betriebsgrundlagen auch die den Teilbetrieb nach wirtschaftlichen Zusammenhängen **zuordenbaren Wirtschaftsgüter** (*UmwStE nF* Rn 20.06, 15.02). Die Zurückbehaltung von funktional unwesentlichen, aber zuordenbaren Wirtschaftsgütern wie zB Verbindlichkeiten und Rückstellungen ist schädlich (s Rn 1305 ff). 1291

(frei) 1292–1294

c) Einbringung eines Mitunternehmeranteils. Gemäß § 20 Abs 1 UmwStG 1295 kann auch ein **Mitunternehmeranteil** als eigenständiger Unternehmensteil eingebracht werden. Dabei reicht es aus, wenn nicht der gesamte, sondern nur ein Teil des Mitunternehmeranteils an der PersGes übertragen wird (vgl § 20 Abs 4 Satz 1 UmwStG; *UmwStE nF* Rn 20.10f; BTDrs 16/2710, 42; BFH I R 21/10 BFH/NV 2011, 258; I R 88/10 BStBl II 2013, 94). Die Grundsätze des **§ 6 Abs 3 EStG** über die Behaltefrist und die erforderliche quotale Übertragung von Sonderbetriebsvermögen bei einer bruchteilsweisen Übertragung von Mitunternehmeranteilen gelten allerdings nicht für § 20 UmwStG (*Schmidt/Glanegger* 24. Aufl, § 6 Rn 484 f; *Schmitt/Hörtnagel/Stratz* § 20 UmwStG Rn 121).

Einzubringen sind **alle funktional wesentlichen Betriebsgrundlagen** ein- 1296 schließlich des (anteiligen) funktional wesentlichen **Sonderbetriebsvermögens.** Maßgebend ist danach, ob ein Wirtschaftsgut nach seiner Funktion für den Betrieb wesentlich ist (s BFH VIII B 21/93 BStBl II 1995, 890; I R 88/10 BStBl II 2013, 94; Rn 1280).

Entspricht der eingebrachte Bruchteil des **Mitunternehmeranteils nicht** dem 1297 des eingebrachten **Sonderbetriebsvermögens**, wird nach wohl hM der übersteigende Teil des Sonderbetriebsvermögens mit dem gemeinen Wert eingebracht. Im Übrigen ist nur insoweit eine Einbringung gegeben, als sich die Bruchteile des Mitunternehmeranteils und des Sonderbetriebsvermögens decken. Nur insoweit kommt eine Buchwertfortführung in Betracht (s *Schmitt/Schloßmacher* UmwStE 2011 Rn 20.11; aA *Flick/Gocke/Schaumburg* UmwStE 2011 Rn 20.11).

Ein **Anteilstausch nach der FusionsRL**, bei dem die erworbene Gesellschaft 1298 nach deutschem Steuerrecht als transparent anzusehen ist, stellt eine Einbringung eines Mitunternehmeranteils nach § 20 UmwStG dar (BTDrs 16/2710, 42).

Jeder Mitunternehmeranteil bildet grds ein eigenes **Einbringungsobjekt.** Die 1299 Einbringung von anderen Anteilen an derselben Mitunternehmerschaft oder verschiedenen Mitunternehmerschaften wird jeweils als gesonderter Einbringungsvorgang behandelt. Entsprechend ist die Einbringung des Betriebs, zu dessen Betriebsvermögen ein Mitunternehmeranteil gehört, in die Einbringung des Betriebs und die des Mitunternehmeranteils als **eigenständige Einbringungsvorgänge** aufzuteilen.

Die Einbringung des Mitunternehmeranteils an der Obergesellschaft, zu deren 1300 Betriebsvermögen die Beteiligung an einer anderen Mitunternehmerschaft gehört **(mehrstöckige PersGes),** führt zu einem einheitlichen Einbringungsvorgang. An einem solchen fehlt es hinsichtlich der mittelbaren Übertragung des Anteils an der Untergesellschaft (*UmwStE nF* Rn 20.12). Bei doppelstöckigen PersGes kann das Sonderbetriebsvermögen aus Wirtschaftsgütern, die der Gesellschafter der Obergesellschaft unmittelbar der Untergesellschaft überlässt, einen Sondermitunternehmeranteil bilden (s.a. *Schmidt/Wacker* § 16 Rn 407), den dieser Gesellschafter nach § 20 UmwStG einbringen kann (*Behrens/Quatmann* DStR 2002, 481).

Anh § 7 Umwandlungsvorgänge

1301 Die Voraussetzungen eines Betriebs- oder Teilbetriebs sowie eines Mitunternehmeranteils müssen bereits am **steuerlichen Übertragungsstichtag** vorliegen (s *UmwStE nF* Rn 20.13f), wobei diese Voraussetzungen auch von einem Dritten erfüllt werden können (s *Schmitt/Schloßmacher* UmwStE 2011 Rn 20.14).

1302–1304 *(frei)*

1305 **d) Zurückbehaltung von Wirtschaftsgütern.** Die Anwendung des § 20 Abs 1 UmwStG setzt die Einbringung **sämtlicher funktional wesentlichen Betriebsgrundlagen** der jeweiligen Sachgesamtheit in einem einheitlichen Vorgang iSd § 16 Abs 1 EStG voraus (s *UmwStE nF* Rn 20.06). Danach ist nicht ein Tatbestand des § 20 Abs 1 UmwStG, sondern die Einbringung einzelner Wirtschaftsgüter (BFH I R 183/81 BStBl II 1984, 422; VII E 9/83 BStBl II 1984, 422) gegeben, wenn wesentliche betriebliche Grundlagen (bei PersGes auch des Sonderbetriebsvermögens) nicht eingebracht werden (Abgrenzung Rn 1283). Werden funktional wesentliche Betriebsgrundlagen einschließlich der dem Teilbetrieb wirtschaftlich zuordenbaren Wirtschaftsgüter **zurückbehalten,** ist das eingebrachte Betriebsvermögen mit dem gemeinen Wert anzusetzen, soweit nicht die Voraussetzungen des § 21 UmwStG oder eines Teilbetriebs vorliegen. Zudem sind bei den zurückbehaltenen Wirtschaftsgütern **(Entnahme)** die stillen Reserven aufzudecken, soweit diese nicht im (Sonder-)Betriebsvermögen verbleiben, sondern in das Privatvermögen übergehen (*UmwStE nF* Rn 20.06f). Nach der **sog. Gesamtplanrechtsprechung** (vgl BFH VIII R 23/01 BStBl II 2004, 474; IV R 49/08 BStBl II 2010, 726; I R 72/08 BStBl II 2010, 471) ist es jedoch unschädlich, wenn wesentliche Betriebsgrundlagen oder einem Teilbetrieb wirtschaftlich zuordenbare Wirtschaftsgüter im zeitlichen und wirtschaftlichen Zusammenhang mit der Einbringung in ein anderes Betriebsvermögen auf Dauer überführt oder übertragen werden (s Rn 2075f).

1306 Die **Zurückbehaltung** von **nicht wesentlichen Betriebsgrundlagen** ist unschädlich. Die zurückbehaltenen Wirtschaftsgüter des Betriebs- und Sonderbetriebsvermögens gelten grds am steuerlichen Übertragungsstichtag als **entnommen** (s *UmwStE nF* Rn 20.08). Zurückbehaltene betriebliche **Forderungen** bleiben als nicht funktional wesentliche Betriebsgrundlagen Restbetriebsvermögen, wenn sie nicht ausdrücklich in das Privatvermögen übernommen und sie schrittweise eingezogen werden (BFH VIII R 41/09 DStR 2013, 356 zu § 24 UmwStG). Übertragungen nach der Einbringung sind unbeachtlich (s *Flick/Gocke/Schaumburg* UmwStE 2011 Rn 20.07). Zu zurückbehaltenen Verbindlichkeiten und der Abziehbarkeit von Schuldzinsen s BFH VIII R 5/96 BStBl II 1999, 209.

1307 Dies gilt grds für Wirtschaftsgüter, die **nicht zuordenbar** sind, entsprechend. Der europäische Teilbetriebsbegriff erfasst auch die zum Teilbetrieb wirtschaftlich gehörenden **Forderungen** und **Verbindlichkeiten.** Bei der Einbringung eines Teilbetriebs ist daher auf die zutreffende wirtschaftliche Zuordnung dieser Wirtschaftgüter zu achten (s *Flick/Gocke/Schaumburg* UmwStE 2011 Rn 20.06).

1308 Werden iRd Einbringung eines Betriebs oder Mitunternehmeranteils iSd 20 Abs 1 UmwStG **betriebliche Verbindlichkeiten** zurückbehalten, tritt an die Stelle des ursprünglich betrieblich veranlassten Vorgangs die Anschaffung der erhaltenen Anteile. Die auf die zurückbehaltenen Schulden entfallenden Schuldzinsen stellen daher grds Werbungskosten bei den Einkünften aus Kapitalvermögen nach § 20 Abs 1 Nr 1 EStG, die nach § 20 Abs 9 EStG nicht bzw über § 32d Abs 2 Nr 3 EStG als Werbungskosten bzw über § 20 Abs 8 iVm §§ 3 Nr 40 Buchst d, 3c Abs 2 EStG iRd Teileinkünfteverfahrens berücksichtigen werden können (s *Schmitt/Hörtnagl/Stratz* § 20 UmwStG Rn 77; *Schmidt/Weber-Grellet* § 20 Rn 214).

1309 § 20 UmwStG ist **nicht** anwendbar, wenn zwar alle **Mitunternehmeranteile** im Wege einer Sacheinlage in eine KapGes eingebracht werden, aber wesentliche Betriebsgrundlagen, die zum Sonderbetriebsvermögen des einbringenden Mitunternehmers gehören, nicht auf die übernehmende Gesellschaft übergehen. Das Sonderbetriebsvermögen des Mitunternehmers gehört zu seiner gewerblichen Tätigkeit und damit zum Betriebsvermögen der Mitunternehmerschaft (BFH IV B 81/06 BFH/NV 2007, 1939; s auch BFH I R 72/08 BStBl II 2010, 471; *UmwStE nF* Rn 20.06).

Anteile an der übernehmenden Gesellschaft, die zum (Sonder-)Betriebsvermögen des eingebrachten Betriebs oder Teilbetriebs gehören und bei der Einbringung in die KapGes zu **sog eigenen Anteilen** werden, brauchen auf unwiderruflichem Antrag des Einbringenden und mit dessen Einverständnis, dass die zurückbehaltenen Anteile an der übernehmenden Gesellschaft künftig in vollem Umfang als (steuerverstrickte) erhaltene Anteile iSd § 22 Abs 1 UmwStG behandelt werden, aus Vereinfachungsgründen **nicht eingebracht** werden (s *UmwStE nF* Rn 20.09). 1310

Diese **Billigkeitsregelung** ist zB bei der Einbringung eines Einzelunternehmens, des Besitzunternehmens iRd Beendigung einer Betriebsaufspaltung, einer GmbH & Co KG, Rückumwandlung einer GmbH & atypisch still in eine (Betriebs-/Komplementär-)GmbH anwendbar (s *Schulze zur Wiesche* DStZ 2012, 232). 1311

(frei) 1312–1314

e) **Gewährung neuer Anteile.** Eine begünstigte Einbringung iSd §§ 20, 21, 25 UmwStG setzt eine Gegenleistung für das eingebrachte Vermögen voraus, die zumindest zum Teil in der Gewährung von neuen Gesellschaftsanteilen an der übernehmenden Gesellschaft bestehen muss, wobei die Einbringung eines Betriebs, Teilbetriebs oder (Teil-)Mitunternehmeranteils auch mit einem **Aufgeld** ausgestaltet sein kann (BFH I R 55/09 BStBl II 2010, 1094; *UmwStE nF* Rn 20.09, 01.44). Der Mindestumfang der neuen Gesellschaftsanteile ist nicht gesetzlich festgelegt. Danach ist eine Einbringung iSd § 20 Abs 1 UmwStG mit Baraufzahlung gegen Gewährung von neuen Anteilen auch dann begünstigt, wenn der Nennbetrag der Anteile erst durch die Baraufzahlung gedeckt wird (vgl *Schmitt/Schloßmacher* UmwStE 2011 Rn E 20.09). Die Entstehung neuer Anteile ist aus der Sicht des übernehmenden Rechtsträgers zu beurteilen. Gemäß §§ 54 Abs 1, 68 Abs 1 UmwG kann zivilrechtlich auf eine Anteilsgewährung verzichtet werden (s *Mayer/Weiler* DB 2007, 1235, 1238; Rn 946). 1315

Eine **Überpari-Emission,** bei der Gesellschaftsanteile gegen ein über dem Nennwert des Gesellschaftsanteils hinausgehendes (Sach-)Aufgeld (zB Einbringung von Kommanditanteilen) ausgegeben werden und das Aufgeld in einer Kapitalrücklage nach § 272 Abs 2 Nr 1 HGB auszuweisen ist, ist ertragsteuerlich in vollem Umfang als Veräußerung zu behandeln (Einheitstheorie). Eine Aufteilung des Einbringungsvorgangs in eine Bareinlage (entgeltlicher Teil) und eine verdeckte Einlage (unentgeltlicher Teil) kommt dann in Betracht, wenn diese auf getrennten Vorgängen beruhen (BFH I R 55/09 BStBl II 2010, 1094; s.a. *Wachter* DB 2010, 2137). 1316

Da neue Anteile nur durch Gesellschaftsgründung oder Kapitalerhöhung entstehen, ist § 20 UmwStG nicht bei einer **verdeckten Einlage** (BFH X R 56/06 BFH/NV 2009, 1411), **verschleierten Sacheinlage** (Bargründung mit ausschließlicher Einlage, die nicht in das Stammkapital geleistet wird) oder **verschleierten Sachkapitalerhöhung, Ausscheiden der Kommanditisten** aus einer GmbH & Co KG unter Anwachsung ihrer Anteile nach § 738 BGB, § 140 Abs 1 Satz 2 HGB ohne Ausgleich iF von neuen Gesellschaftsanteilen an der KapGes und bei **Einbringungen ohne Kapitalerhöhung** nach §§ 54 Abs 1, 68 Abs 1 und 2 UmwG anwendbar (*UmwStE nF* Rn E 20.10 f). 1317

Die **Aufstockung des Nennbetrags** eines bereits bestehenden Geschäftsanteils wird als Gewährung von neuen Anteilen behandelt, weil darin eine Erhöhung des Nennkapitals gesehen wird und zudem insoweit zwischen einbringendem und 1318 übernehmendem Rechtsträger eine neue rechtliche Beziehung entsteht (vgl *Schmitt/ Schloßmacher* UmwStE 2011 Rn E 20.10).

1319 Nach dieser Auffassung ist das **sog erweiterte Anwachsungsmodell**, bei dem die Kommanditisten ihren Mitunternehmeranteil gegen Gewährung neuer Anteile in die Komplementär-GmbH einbringen, nach § 20 UmwStG begünstigt (s *Ort* DStR 2009, 192). Eine **einfache Anwachsung** durch ein entschädigungsloses Ausscheiden der Kommanditisten einer GmbH & CoKG und der damit verbundene Übergang des Gesellschaftsvermögens auf die verbleibende Komplementär GmbH erfüllt mangels Gegenleistung iF von neuen Anteilen diese Voraussetzungen nicht.

1320 Bei einer Einbringung eines Betriebs **ohne Gegenleistung** ist eine nicht begünstigte verdeckte Einlage und damit eine Aufgabe des Gewerbebetriebs iSd § 16 Abs 3 Satz 1 EStG gegeben, weil die Wertsteigerung der Anteile an der KapGes keine Gegenleistung darstellt (BFH VIII R 17/85 BStBl II 1991, 512; s *Schmidt/Wacker* § 16 Rn 513). Die Gewährung **bereits bestehender eigener Anteile** an der übernehmenden KapGes reicht nicht aus, da insoweit mangels Gesellschaftsgründung oder Kapitalerhöhung keine neuen Anteilen entstehen.

1321 Eine Sacheinlage in eine **KGaA** gegen Erhöhung des Grundkapitals der Kommandit-Aktionäre erfüllt nach wohl hM die Voraussetzungen des **§ 20 UmwStG**. Bei Einräumung einer Stellung als persönlich haftender Gesellschafter oder Erhöhung dessen Rechte wird eine Einbringung in eine PersGes nach **§ 24 UmwStG** angenommen. Wird iRd Einbringung die Stellung eines persönlich haftenden Gesellschafters und Kommanditaktienkapital gewährt, ist die Anwendung der §§ 20 bzw 24 UmwStG streitig, weil der einheitliche Einbringungsgegenstand nicht beiden Arten von Gesellschaftsrechten zugeordnet werden kann (s *Flick/Gocke/Schaumburg* UmwStE 2011 Rn E 20.10, wonach aufgrund eines einheitlichen Einbringungsvorgangs eine Begünstigung nach §§ 20 oder 24 UmwStG gegeben ist). Der Umtausch eines Komplementäranteils bei einer KGaA in Aktienkapital vollzieht sich nach den Regeln des § 20 UmwStG (*Kusterer* FR 2003, 502/5).

1322 Soweit die **Fusionsrichtlinie** (RL 2009/133/EG) einschlägig ist, wird die Auffassung vertreten, dass die Vorschriften der UmwStG und deren Umsetzung durch die FinVerw insoweit gegen diese Richtlinie verstießen, als für eine erfolgsneutrale Einbringung die Gewährung von neuen Anteilen gefordert werde (s *Schmitt/Schloßmacher* UmwStE 2011 Rn E 20.09).

1323–1329 *(frei)*

5. Ansatzwahlrecht (§ 20 Abs 2 UmwStG)

1330 a) **Ansatz des gemeinen Werts.** Nach **§ 20 Abs 2 Satz 1 UmwStG** hat die übernehmende KapGes oder Genossenschaft das eingebrachte Betriebsvermögen als Sachgesamtheit zum steuerlichen Einbringungszeitpunkt grds mit dem **gemeinen Wert** (§ 9 Abs 2 BewG) anzusetzen. Dabei sind Pensionsrückstellungen mit dem niedrigeren Wert nach § 6 a EStG zu erfassen, sodass insoweit die stillen Reserven nicht aufgedeckt werden. Bei der Aufdeckung der stillen Reserven ist der für die eingebrachte Sachgesamtheit einschließlich des selbstgeschaffenen Geschäfts- und Firmenwerts ermittelte gemeine Wert entsprechend den Teilwerten nach § 6 Abs 1 Nr 7 EStG auf die einzelnen Wirtschaftsgüter zu verteilen.

1331 Ein **Mitunternehmeranteil** stellt kein (eigenständiges) immaterielles Wirtschaftgut dar, das im ertragsteuerlichen Sinne selbst Gegenstand einer Veräußerung oder unentgeltlichen Übertragung sein könnte. Die gesellschaftsrechtliche Beteiligung verkörpert nach § 39 Abs 2 Nr 2 AO vielmehr die quotale Berechtigung des Gesellschafters an den zum Gesamthandsvermögen gehörenden Wirtschaftsgütern. Mit dem Übergang des Gesellschaftsanteils werden daher Anteile an den gesamthänderisch gehaltenen Wirtschaftgütern übertragen (st Rspr, BFH IV R 52/08 BStBl II 2011, 261). Ein Mitunternehmeranteil ist deshalb vom übernehmenden Rechtsträger mit dem **Wert des anteiligen Kapitalkontos** (einschließlich Ergänzungs- und Sonderbilanz) als Buchwert bei der Mitunternehmerschaft zu übernehmen (s *UmwStE nF* Rn 03.10, 20.18). Der Differenzbetrag zwischen diesem und dem gemeinen Wert ist in der Ergänzungsbilanz als **Korrekturposten** auszuweisen.

Auch bei § 20 UmwStG handelt es sich um eine eigenständige steuerliche Ansatz- **1332** und Bewertungsvorschrift. Die steuerlichen **Ansatzverbote iSd § 5 EStG** gelten daher bei der Einbringung iSd § 20 UmwStG zu einem Zwischenwert oder zum gemeinen Wert nicht. Vom übernehmenden Rechtsträger anlässlich der Einbringung gebildeten Rückstellungen (zB Drohverlustrückstellung iSd § 5 Abs 4a EStG) sind nach Auffassung der *FinVerw* in der nachfolgenden Steuerbilanz, für die die allgemeinen Grundsätze der §§ 4 ff EStG gelten, erfolgswirksam aufzulösen (s *UmwStE nF* Rn 20.20, 03.04, 03.06, 04.16; Rn 457).

Das übernommene Betriebsvermögen ist auch insoweit mit dem gemeinen Wert **1333** anzusetzen, als iR einer Einbringung für einzelne Wirtschaftsgüter das deutsche **Besteuerungsrecht** hinsichtlich des Gewinns aus der Veräußerung des eingebrachten Betriebsvermögens **erstmals begründet** wird. Die Begründung des deutschen Besteuerungsrechts führt gemäß § 4 Abs 1 Satz 8 2. Hs EStG zu einer Einlage in das Betriebsvermögen, die gemäß § 6 Abs 1 Nr 5a EStG mit dem gemeinen Wert zu bewerten ist (s *Schmitt/Hörtnagl/Stratz* § 24 UmwStG Rn 167). Der Einheitlichkeitsgrundsatz steht dem nicht entgegen (BTDrs 16/2710, 43).

Neben einem Veräußerungsgewinn nach § 20 Abs 3 UmwStG können im Rah- **1334** men der Einbringung auch nach **§ 6 Abs 5 Satz 3 EStG** dadurch erfolgswirksame Vorgänge gegeben sein, dass **einzelne Wirtschaftsgüter** zu Buchwerten von einem Betriebs- oder Sonderbetriebsvermögen eines Mitunternehmers in das Gesamthandsvermögen der Mitunternehmerschaft übertragen werden (s *BMF* BStBl II 2001, 367; *Schmitt/Schloßmacher* UmwStE 2011 Rn 20.18).

Nicht abschließend geklärt ist die Verfahrensweise, wenn der gemeine Wert der **1335** Sachgesamtheit unter dem Buchwert liegt, für die **Wertabstockung** aber außer Bankguthaben **keine geeigneten Aktiva** zur Verfügung stehen. Dies ist grds dann der Fall, wenn die Gesellschaft mit Kapital ausgestattet wurde, um sie verkaufen zu können. Die Bildung eines Ausgleichspostens iF eines „negativen Firmenwert" ist mE bedenklich (aA *Flick/Gocke/Schaumburg* UmwStE 2011 Rn 20.18 unter Hinweis auf BStBl II 2006, 656).

(frei) **1336–1339**

b) Ansatz des Buchwerts. Gemäß § 20 Abs 2 Satz 2 UmwStG kann das über- **1340** nommene Betriebsvermögen auch mit dem **Buchwert** angesetzt werden. **Buchwert** ist der Wert, der sich nach den steuerrechtlichen Vorschriften über die Gewinnermittlung in einer für den steuerlichen Übertragungsstichtag aufzustellenden Steuerbilanz ergibt oder ergäbe (§ 1 Abs 5 Nr 4 UmwStG). Der Buchwertansatz erfordert einen entsprechenden Antrag. Wird der Buchwert fortgeführt, gelten die Ansatzverbote des § 5 EStG unverändert, weil insoweit kein Bewertungswahlrecht besteht (s *UmwStE nF* Rn 24.03, 20.20, 03.06).

Wurde die übernommene Sachgesamtheit mit einem höheren Wert als dem **1341** beantragten Buchwert angesetzt (Buchwertüberschreitung), ist dieser (Zwischenwert-)Ansatz unrichtig und deshalb zu berichtigen. Die Bewertung einzelner Wirtschaftsgüter mit einem unter dem Buchwert liegenden Wert (Buchwertunterschreitung) ist nur dann möglich, wenn der gemeine Wert der Sachgesamtheit unter der Summe der Buchwerte liegt (s *UmwStE nF* Rn 20.18).

Der Ansatz mit dem Buchwert ist auch zulässig, wenn das eingebrachte Betriebs- **1342** vermögen in der **Handelsbilanz** mit einem höheren Wert anzusetzen ist (s BFH I R 98/06 BStBl II 2008, 916). Unterschreitet der Buchwert des eingebrachten Betriebsvermögens das in der Steuerbilanz ausgewiesene gezeichnete Kapital, ist in der Steuerbilanz in Höhe des Differenzbetrags zu dem in der Handelsbilanz ausgewiesenen Eigenkapital ein (erfolgsneutraler) **Ausgleichsposten** zu bilden. Dieser Ausgleichsposten, der kein Betriebsvermögen bildet, ist insoweit erfolgsneutral auszubuchen, als sich die Differenz zwischen der Aktiv- und Passivseite zB durch Aufdeckung von stillen Reserven mindert (*UmwStE nF* Rn 20.20).

1343, 1344 *(frei)*

1345   **c) Ansatz eines Zwischenwerts.** Das Bewertungswahlrecht des § 20 Abs 2 Satz 2 UmwStG lässt auch den Ansatz eines **Zwischenwerts** zu. Die Obergrenze bildet der gemeine Wert der Sachgesamtheit. Wie die stillen Reserven aufzustocken sind, wenn die KapGes die Sacheinlage mit Zwischenwerten (Begriff BFH III R 39/91 BStBl II 1994, 458; II R 13/90 BStBl II 1994, 759) ansetzt, war streitig. Der BFH hat zur Vorschrift des § 17 UmwStG 1969 entschieden, dass die stillen Reserven gleichmäßig und nicht nach Belieben (selektiv) auf die betreffenden Wirtschaftsgüter aufzustocken sind (BFH I R 166/78 BStBl II 1984, 747). Dem folgt die *FinVerw* und deckt die stillen Reserven in den einzelnen Wirtschaftsgütern durch Anwendung eines einheitlichen Prozentsatzes nach dem Verhältnis der stillen Reserven auf (s *UmwStE nF* Rn 20.18f, 03.25). Dies gilt auch für einen vorhandenen **Geschäfts-** oder **Firmenwert**, soweit die übernehmende Körperschaft nicht die Buchwerte fortführt (s *UmwStE nF* Rn 20.18, 03.25).

1346   Ein Zwischenwert ist **zwingend** anzusetzen, soweit das eingebrachte Betriebsvermögen negativ ist (§ 20 Abs 2 Satz 2 Nr 2 UmwStG), der gemeine Wert der neben den Gesellschaftsanteilen erhaltenen Wirtschaftgüter den Buchwert des eingebrachten Betriebsvermögens übersteigt (§ 20 Abs 2 Satz 4 UmwStG) oder das eingebrachte Betriebsvermögen im Rückwirkungszeitraum durch Entnahmen iSd § 20 Abs 5 Satz 2 UmwStG in Höhe des unangemessenen Teils der Leistungsvergütung an Mitunternehmer negativ wird (s *UmwStE nF* Rn 20.19; Rn 1490 ff).

1347   Der Wert, mit dem das eingebrachte Betriebsvermögen in der steuerlichen Schlussbilanz angesetzt wird, bildet den **Veräußerungspreis** des Einbringenden und dessen **Anschaffungskosten** der neuen Geschäftsanteile iSd § 20 Abs 3 Satz 1 UmwStG sowie die Anschaffungskosten des eingebrachten Betriebsvermögens der übernehmenden Gesellschaft (s *UmwStE nF* Rn 20.20).

1348, 1349 *(frei)*

1350   **d) Voraussetzungen des Bewertungswahlrechts.** Das **Bewertungswahlrecht** kann nur von der übernehmenden KapGes **ausgeübt** werden. Der Einbringende hat grds kein Mitwirkungsrecht. Auf deren **Antrag** darf diese das übernommene Betriebsvermögen als Sachgesamtheit einschließlich des Sonderbetriebsvermögens bezogen auf den jeweiligen Einbringungsvorgang einheitlich mit seinem Buchwert oder mit einem höheren Wert ansetzen (§ 20 Abs 2 Satz 2 UmwStG). Dies ist nur zulässig, soweit **(1.)** die spätere Besteuerung des übernommenen Betriebsvermögens mit KSt gesichert ist, **(2.)** das eingebrachte Betriebsvermögen kein negatives Kapital ausweist und **(3.)** das inländische Besteuerungsrecht hinsichtlich des Gewinns aus der Veräußerung der eingebrachten Wirtschaftsgüter nicht ausgeschlossen oder beschränkt wird.

1351   **aa) Gesicherte Besteuerung (Nr 1).** Durch die gesicherte **Besteuerung mit KSt** iSd § 20 Abs 2 Satz 2 Nr 1 UmwStG soll ein erfolgsneutraler Übergang des eingebrachten Betriebsvermögens auf eine steuerbefreite Köperschaft und damit der endgültige Verlust der Besteuerungsmöglichkeit der stillen Reserven verhindert werden. Hierbei handelt es sich um ein abstraktes Tatbestandsmerkmal, sodass es unerheblich ist, ob es im Endergebnis wegen eventueller Verlustverrechnungen oder des § 8b Abs 2 KStG zu keiner Besteuerung nach dem KStG kommt. Nicht abschließend geklärt ist, ob die KSt-Pflicht der übernehmenden Körperschaft im Zeitpunkt der Einbringung oder auch darüber hinaus (später) bestehen muss. Abzustellen ist grds auf den steuerlichen Zeitpunkt der Einbringung, weil bei einem späteren Wegfall der KSt-Pflicht die allgemeinen steuerlichen Grundsätze (zB § 13 Abs 1 KStG) zur Anwendung kommen (s *Flick/Gocke/Schaumburg* UmwStE 2011 Rn 20.12).

Die Besteuerung mit KSt ist bei der übernehmenden KapGes (**Organgesell-** **1352** **schaft** iSd §§ 14, 17 KStG) insoweit nicht gesichert, als deren Einkommen einem einkommensteuerpflichtigen Organträger zuzurechnen ist. In diesem Fall lässt die *FinVerw* im Wege der Billigkeit eine Buchwertfortführung bzw den Ansatz von Zwischenwerten zu, wenn sich die an der Einbringung Beteiligten einvernehmlich mit der durch die Einbringung veranlassten Mehrabführung iSd § 14 Abs 3 Satz 1 KStG einverstanden erklären (*UmwStE nF* Rn 20.19).

Bei der Einbringung von Unternehmensteilen in eine **steuerfreie KapGes** nach **1353** § 5 KStG ist das übernommene Betriebsvermögen mit dem gemeinen Wert anzusetzen. Eine Einbringung zu Buch- oder Zwischenwerten schließt § 20 Abs 2 Satz 2 Nr 1 UmwStG insoweit aus.

Der Besteuerung iSd § 20 Abs 2 Satz 1 Nr 1 UmwStG entspricht auch eine mit **1354** der inländischen KSt **vergleichbare ausländische Steuer** (s *UmwStE nF* Rn 20.19, 03.17).

(frei) **1355–1359**

bb) Positives Betriebsvermögen (Nr 2). Der Wert des eingebrachten **1360** Betriebsvermögens darf nicht negativ sein (§ 20 Abs 2 Satz 2 Nr 2 UmwStG). Die Einbringung von Unternehmensteilen in eine KapGes setzt steuerrechtlich die Gewährung von neuen Anteilen an der übernehmenden Gesellschaft und damit eine Kapitalerhöhung voraus (§ 20 Abs 1 UmwStG). Diese muss von den Vermögenswerten des eingebrachten Betriebsvermögens gedeckt sein. Soweit die Passivposten des eingebrachten Betriebsvermögens die Aktivposten übersteigen, hat die KapGes das eingebrachte Betriebsvermögen mindestens so anzusetzen, dass sich die Aktivposten und die Passivposten ausgleichen; dabei ist das Eigenkapital nicht zu berücksichtigen. Der gemeine Wert darf dabei nicht überschritten werden. Ein dies missachtender Wertansatz ist für den Veräußerungsgewinn des Einbringenden nicht heranzuziehen (§ 2 Abs 2 Satz 2 Nr 2 UmwStG; BFH IV R 335/84 BStBl II 1986, 623). Maßgebend sind die Verhältnisse zum steuerlichen Einbringungsstichtag und nicht zum Zeitpunkt des Eigentumsübergangs. Ein negatives Betriebsvermögen kann daher nicht im Rückbeziehungszeitraum durch Einlagen ausgeglichen werden (§ 20 Abs 6, 5 Satz 2 UmwStG, *UmwStE nF* Rn 20.19).

Bei der Einbringung von **Mitunternehmeranteilen** ist von dem auf den jeweili- **1361** gen Einbringenden entfallenden Kapitalkonto einschließlich bestehender Ergänzungs- und Sonderbilanzen als Buchwertansatz auszugehen, soweit die jeweiligen Wirtschaftsgüter mit eingebracht werden (s *UmwStE nF* Rn 20.19; *Flick/Gocke/Schaumburg* UmwStE 2011 Rn 20.19).

(frei) **1362–1364**

cc) Uneingeschränktes Besteuerungsrecht (Nr 3). Das deutsche Besteue- **1365** rungsrecht wird bei grenzüberschreitenden Sacheinbringungen grds dann iSd § 20 Abs 2 Satz 2 Nr 3 UmwStG ausgeschlossen bzw beschränkt, wenn nach der Einbringung nur noch eine Anrechnungspflicht besteht oder die bisherige Anrechnungspflicht untergeht. Dies ist zB der Fall, wenn ein unbeschränkt Steuerpflichtiger inländische Wirtschaftsgüter in eine ausländische KapGes einbringt und diese der ausländischen Betriebsstätte zuzurechnen sind (s *UmwStE nF* Rn 20.19; *Förster/Wendland* BB 2007, 631).

Soweit eine der Voraussetzungen des § 20 Abs 2 Nr 1 oder 3 UmwStG nicht **1366** erfüllt ist, ist das eingebrachte Betriebsvermögen mit dem gemeinen Wert anzusetzen. Das steuerliche Bewertungswahlrecht iSd § 20 Abs 2 UmwStG ist ein **eigenständiges**, von den handelsrechtlichen Grundsätzen unabhängiges **Wahlrecht.** Der höchst zulässige Wert ist der gemeine Wert der Sachgesamtheit. Außerdem gelten beim Ansatz eines Zwischenwerts oder des gemeinen Werts für das übergehende Betriebsvermögen zum Einbringungszeitpunkt die steuerlichen **Ansatzverbote des § 5 EStG** nicht. Nach Auffassung der *FinVerw* sind jedoch zum folgenden Bilanzstichtag die Grundsätze des § 5 EStG zu beachten. Dies bedeutet, dass in der Steuerbilanz die Wertansätze entsprechend erfolgswirksam zu korrigieren sind (s *UmwStE nF* Rn 20.20; Rn 457; *Schmitt/Schloßmacher* UmwStE 2011 Rn 20.20).

1367–1369 *(frei)*

1370 **e) Ausübung des Bewertungswahlrechts.** Nach § 20 Abs 2 Satz 3 UmwStG wird das **Wahlrecht ausgeübt,** wenn die Steuererklärung mit der dazugehörenden Bilanz beim Finanzamt eingereicht und vorbehaltlos erklärt wird, das Wahlrecht in bestimmter Weise ausüben zu wollen. Den formlosen Antrag kann die übernehmende Gesellschaft spätestens mit Abgabe ihrer steuerlichen Schlussbilanz bei dem für sie örtlich zuständigen Finanzamt stellen. Das Bewertungswahlrecht kann nur **einheitlich** für das übernommene Betriebsvermögen als Sachgesamtheit ausgeübt werden. Ein unklarer Antrag gilt als nicht gestellt. Bei einem Zwischenwertansatz muss der Antrag den Betrag oder den Prozentsatz der aufzudeckenden stillen Reserven enthalten (s.a. *UmwStE nF* Rn 20.21ff).

1371 Eine **nachträglich anderweitige Ausübung** des Wahlrechts im Wege einer Bilanzberichtigung oder Bilanzänderung ist nicht möglich (BFH I R 98/06 BStBl II 2008, 916; BFH IX R 26/09 BFH/NV 2010, 2067; *Schmidt/Schloßmacher* DB 2010, 522). Dagegen sind die Grundsätze der Bilanzberichtigung nach § 4 Abs 2 Satz 1 EStG anzuwenden, wenn das eingebrachte Betriebsvermögen mit dem gemeinen Wert angesetzt wurde und sich später herausstellt, dass die Bilanzansätze fehlerhaft sind (FG Köln 15 K 4963/01 EFG 2009, 448 m Anm *Herlinghaus*; *UmwStE nF* Rn 20.24).

1372 Der **Einbringende** ist an die Wertansätze der übernehmenden KapGes gebunden. Eine **spätere** Änderung des Wertansatzes bei der übernehmenden KapGes hat daher eine entsprechende Berichtigung beim Einbringenden zur Folge (BFH I R 97/10 BStBl II 2011, 815), denn der Einbringende kann die Wertermittlung der übernehmenden Gesellschaft nicht überprüfen (BFH I R 79/10 BStBl II 2012, 421). Gegen den Ansatz eines höheren Wertes (Zwischenwert oder gemeiner Wert) durch die *FinVerw* kann nicht die übernehmende Gesellschaft, sondern der Einbringende durch Anfechtung von deren Steuerfestsetzung vorgehen (**sog Drittanfechtung;** BFH I R 79/10, aaO). Ohne Bekanntgabe eines Verwaltungsaktes endet die Einspruchsfrist für den Einbringenden mit Ablauf der Festsetzungsfrist beim Übernehmenden. Das Ergebnis des Drittanfechtungsverfahrens stellt für die Steuerfestsetzung des Einbringenden ein rückwirkendes Ereignis iSd § 175 Abs 1 Satz 1 Nr 2 AO dar (BFH I R 2/11 BFH/NV 2012, 1649).

1373 Auch bei der Einbringung von **Mitunternehmeranteilen** übt die übernehmende KapGes das Bewertungswahlrecht aus und stellt den entsprechenden Antrag iSd § 20 Abs 2 Satz 2 UmwStG bei dem für sie zuständigen Finanzamt. Der von ihr **angesetzte Wert** iSd § 20 Abs 2 UmwStG ist für ihre Besteuerung und die des Einbringenden grds **bindend.** Soweit bei der übernehmenden KapGes zB wegen der Überschreitung des zulässigen Wertansatzes **Korrekturen** veranlasst sind, sind diese gemäß § 175 Abs 1 Satz 1 Nr 2 AO auch beim Einbringenden durchzuführen. Wertkorrekturen, die durch den Ansatz des gemeinen Werts oder eines Zwischenwerts erforderlich werden, hat jedoch die Mitunternehmerschaft, deren Anteile eingebracht wurden, über eine entsprechende Ergänzungs- oder ggf Sonderbilanz für die übernehmende KapGes vorzunehmen (s *UmwStE nF* Rn 20.22ff).

1374 Bei Einbringung der übergehenden Wirtschaftsgüter zu einem **Zwischenwert** unterbleibt eine Korrektur, wenn die Wertansätze unter dem gemeinen Wert und über dem Buchwert liegen (s *UmwStE nF* Rn 20.22ff). In der Praxis bietet sich in diesen Fällen die Einholung einer verbindlichen Auskunft oder die Anregung einer

Zuständigkeitsvereinbarung (§ 27 AO) iR eines einheitlichen Antrags der Beteiligten an, um nähere Kenntnisse über die veranlassten Korrekturen der Wertansätze zu erlangen (s *Flick/Gocke/Schaumburg* UmwStE 2011 Rn 20.22).
(frei) 1375–1379

6. Andere Wirtschaftsgüter als Gegenleistung (§ 20 Abs 2 Satz 4 UmwStG)

Gemäß **§ 20 Abs 2 Satz 4, Abs 3 Satz 3, § 21 Abs 1 Satz 3, Abs 2 Satz 6 UmwStG** können dem Einbringenden neben Gesellschaftsanteilen in begrenztem Umfang auch **andere Wirtschaftsgüter** gewährt werden. Die Gegenleistung für die Sacheinlage muss nicht notwendig in vollem Umfang in Gesellschaftsanteilen bestehen. Erhält der Einbringende zusätzlich zu den Gesellschaftsanteilen ein anderes Wirtschaftsgut, ist dieser Vorgang als (anteilige) Veräußerung zu behandeln. Nach st Rspr führt zB die Übernahme von Verbindlichkeiten für den Erwerb eines oder mehrerer Wirtschaftsgüter ertragsteuerrechtlich zu Anschaffungskosten und damit für den Übertragenden zu einem Veräußerungserlös (BFH IV R 52/08 BStBl II 2011, 261). 1380

Als **andere Wirtschaftsgüter** iF von sonstigen Leistungen kommen u.a. Barzahlungen, Sachwerte, eigene Anteile des übernehmenden Rechtsträgers, die Übernahme von bestehenden Verbindlichkeiten des Einbringenden, Einräumung einer typischen stillen Beteiligung oder die Gewährung eines Gesellschafterdarlehens, nicht jedoch die Übernahme von betrieblichen Verbindlichkeiten der eingebrachten Sachgesamtheit oder rein schuldrechtliche, nicht bilanzierungsfähige Leistungen wie die Gewährung von Sonderstimmrechten bzw Sondergewinnbezugsrechten in Betracht. Davon zu unterscheiden sind Zuführungen zu den offenen Rücklagen nach § 272 Abs 2 Nr 4 HGB, § 27 Abs 1 KStG, die im Rahmen der Eigenkapitalgliederung hinsichtlich des eingebrachten Vermögens statt der Ausgabe von neuen Anteilen teilweise vorgenommen werden können (*UmwStE nF* Rn E 20.11). Diese Zuführungen des Gesellschafters stellen keine sonstige Gegenleistung der übernehmenden Gesellschaft dar. 1381

Nach **§ 20 Abs 2 Satz 4 UmwStG** ist der Wert des eingebrachten Betriebsvermögens mindestens mit dem gemeinen Wert der Zusatzleistung anzusetzen, wenn dieser den Buchwert der Sacheinlage überschreitet. Danach werden die stillen Reserven erst dann realisiert, wenn der gemeine Wert der sonstigen Gegenleistungen den Buchwert des eingebrachten Betriebsvermögens übersteigt (BTDrs 16/3369, 11). In diesem Fall ist der Buchwert des eingebrachten Betriebsvermögens vom übernehmenden Rechtsträger mindestens auf den gemeinen Wert der anderen Wirtschaftsgüter **aufzustocken** (§§ 20 Abs 2 Satz 4, 21 Abs 1 Satz 3 UmwStG). Dabei muss der Nennwert der ausgegebenen Anteile nicht dem Buch-, Zwischenwert oder dem gemeinen Wert entsprechen. Der Differenzbetrag zwischen dem niedrigeren Nennwert der neuen Anteile und dem Buchwert der Sacheinlage kann durch eine Zuführung zu den offenen Rücklagen iSd § 27 KStG ausgeglichen werden. Dies gilt **nicht** für einen **beschränkt steuerpflichtigen** übernehmenden Rechtsträger, da §§ 27ff KStG insoweit nicht greifen. Die Anwendung der §§ 20, 21 UmwStG ist jedoch in diesem Fall dann nicht ausgeschlossen, wenn der Differenztrag nach § 27 Abs 8 KStG im steuerlichen Eigenkapital zu erfassen ist (s *Schmitt/Schloßmacher* UmwStE 2011 Rn 20.11). Zur Vermeidung einer verdeckten Gewinnausschüttung sind **Ausgleichszahlungen** wegen des Mehrwerts der Sacheinlage im Gesellschaftsvertrag zu regeln (*Widmann* StbJb 1985/86, 124). 1382

Der gemeine Wert der anderen Wirtschaftsgüter ist gemäß **§ 20 Abs 3 Satz 3 UmwStG** von den Anschaffungskosten der Gesellschaftsanteile abzuziehen. 1383

(frei) 1384–1389

7. Zwingender Teilwertansatz (§ 20 Abs 3 UmwStG aF)

1390 Nach § 20 Abs 3 UmwStG idF des StandOG (BGBl I 1993, 1569) ist das eingebrachte Betriebsvermögen mit seinem Teilwert anzusetzen, wenn das Besteuerungsrecht der BRD hinsichtlich des Gewinns aus einer Veräußerung der dem Einbringenden gewährten Gesellschaftsanteile im Zeitpunkt der Sacheinlage ausgeschlossen ist. Vorausgesetzt ist dabei, dass ein inländisches Besteuerungsrecht an einem Veräußerungsgewinn hinsichtlich der eingebrachten Wirtschaftsgüter bestanden hat. Der Ausschluss kann sich ergeben zB nach DBA und/oder den Regeln der beschränkten Steuerpflicht (§ 49 EStG, §§ 2, 4, 5 Nr 9 KStG). S dazu BTDrs 12/4487, 44; *Hundt* DB 1993, 2098, 2103; *UmwStE aF* Rn 20.24; Bericht zur UntSt-Fortentwicklung B III 2 b (FR-Beilage 11/01). § 17 EStG ist zwar subsidiär zu § 21 UmwStG aF. Fehlt es aber an einer Verstrickung nach § 21 UmwStG aF, so entfällt auch die Gesetzeskonkurrenz. Dann genügt es, um den Teilwertansatz nach § 20 Abs 3 UmwStG aF zu vermeiden, dass das Besteuerungsrecht nach § 49 Abs 1 Nr 2 Buchst e EStG besteht (aA *Statzkowski* DB 1996, 399).

1391 Wird das Vermögen einer PersHandelsGes eingebracht und ist einer der Gesellschafter beschränkt steuerpflichtig, so müssen die auf ihn nach dem Gewinnverteilungsschlüssel entfallenden stillen Reserven einschließlich eines originären Geschäftswerts aufgedeckt werden und erhöhen seinen Veräußerungsgewinnanteil im Gewinnfeststellungsverfahren der PersHandelsGes. Dies gilt auch dann, wenn die aufnehmende KapGes die Wirtschaftsgüter des übernommenen Betriebsvermögens – unzulässigerweise – nicht mit Buchwerten statt mit Teilwerten ansetzt. Die Wertverknüpfung des § 20 Abs 4 Satz 1 UmwStG aF kann in einem solchen Falle nicht zum Tragen kommen (BFH IV R 138/80 BStBl II 1984, 233).

1392 Gegen § 20 Abs 3 UmwStG aF werden **europarechtliche Einwendungen** erhoben (*Schnitger* BB 2004, 804 im Anschluss an EuGH C-9/02 DStR 2004, 551; *Haritz* DStR 2004, 889), die aber verkennen, dass die nationale Steuerverstrickung der erworbenen Anteile wesentlich für die Steuerfreiheit der Entnahme aus dem Herkunftsbetriebsvermögen ist. Das FG Hbg hat dem EuGH die Frage zur Klärung vorgelegt, ob der zwingende Ansatz des eingebrachten Betriebsvermögens mit dem Teilwert mit dem Unionsrecht vereinbar ist, sofern das Besteuerungsrecht der BRD hinsichtlich des Gewinns aus der Veräußerung der dem Einbringenden für die Einbringung gewährten neuen Gesellschaftsanteile im Zeitpunkt der Sacheinlage ausgeschlossen ist (Vorlagebeschluss 2 K 224/10, EuGH C-164/12, EFG 2012, 1206).

1393 Die Vorschrift ist in **§ 20 Abs 2 Nr 3 UmwStG nF** aufgegangen.

1394 *(frei)*

8. Maßgeblichkeit der Schlussbilanz des Einbringenden

1395 Bei Einbringung zu **Buchwerten** darf die aufnehmende KapGes in ihrer Eröffnungsbilanz keine Ansätze einstellen, die in der Schlussbilanz des Einbringenden nicht angesetzt waren (BFH I R 70/77 BStBl II 1984, 384).

1396–1399 *(frei)*

9. Veräußerungspreis und Anschaffungskosten der Anteile (§ 20 Abs 3 UmwStG)

1400 Die Sacheinlage iSd § 20 Abs 1 UmwStG unterstellt beim Einbringenden eine Veräußerung und führt damit zu einem **Veräußerungsgewinn,** soweit bei der übernehmenden Gesellschaft die Buchwerte des eingebrachten Betriebsvermögens nicht fortgeführt werden. Der Wert, mit dem die KapGes das eingebrachte Betriebsvermögen in der steuerlichen Schlussbilanz ansetzt, stellt für den Einbringenden den Veräußerungspreis und gleichzeitig die **Anschaffungskosten** für die neuen Anteile an der KapGes iSd § 20 Abs 3 Satz 1 UmwStG dar, selbst wenn der Wert des

Betriebsvermögens zu niedrig ausgewiesen wurde (BFH I R 111/00 BFH/NV 2002, 628; I R 97/10, BStBl II 2011, 815). Die Begrenzung des Bewertungswahlrechts auf den Teilwert (§ 20 Abs 2 Satz 6 UmwStG aF) bzw gemeinen Wert (§ 20 Abs 2 Satz 1f UmwStG nF) gilt nur für die übernehmende Gesellschaft (BFH I R 111/05 BStBl II 2008, 536).

1401 Beim **Einbringenden** ist die zutreffende Wertermittlung aufgrund der Fiktion des § 20 Abs 3 Satz 1 UmwStG nicht zu prüfen. Der Wertansatz des übernehmenden Unternehmens ist für ihn bindend, wenn die Voraussetzungen einer Sacheinlage iSd § 20 Abs 1 Satz 1 UmwStG tatsächlich vorliegen. Ist das nicht der Fall und hat für die KapGes kein Bewertungswahlrecht bestanden, führt der unzutreffende Buchwertansatz durch die KapGes bei einer späteren Veräußerung der Anteile (beim Einbringenden) nicht zu einer Gewinnrealisierung iSd § 21 UmwStG aF/22 nF iVm § 16 EStG (BFH I R 97/08 BStBl II 2010, 808; IX R 26/09 BFH/NV 2010, 2067).

1402 Für die Bestimmung des **Veräußerungspreises** des Einbringenden iSd **§ 20 Abs 3 Satz 1 UmwStG** ist es nicht erforderlich, dass dieser die neuen Anteile bereits erhalten hat. Geht das Eigentum an den neuen Anteilen jedoch später nicht über, stellt dies ein **rückwirkendes Ereignis** iSd § 175 Abs 1 Satz 1 Nr 2 AO dar (BFH IX R 26/09 BFH/NV 2010, 2067).

1403 Eine **Änderung des** von der aufnehmenden KapGes **angesetzten Werts** iR von deren Besteuerung hat wegen der Anbindung der Besteuerung des Einbringenden an die von der aufnehmenden Gesellschaft angesetzten Werte zugleich eine Korrektur des beim Einbringenden zu berücksichtigenden Veräußerungspreises zur Folge. Dies ist nicht nur der Fall, wenn die aufnehmende Gesellschaft in der Folge ihre Handels- oder Steuerbilanz ändert, sondern auch dann, wenn dieser Gesellschaft gegenüber ein Steuerbescheid mit anderen als den ursprünglich von ihr angesetzten Werten ergeht. Bereits der Erlass eines bestandskräftigen Steuer- oder Feststellungsbescheids führt zur Verbindlichkeit der ihm zu Grunde liegenden Werte für die Besteuerung des Einbringenden (BFH I R 97/10 BStBl II 2011, 815). Den Ansatz eines höheren Werts durch die *FinVerw* kann nur der Einbringende anfechten (**sog Drittanfechtung**, BFH I R 79/10 BStBl II 2012, 421; s Rn 1372).

1404 Die **erhaltenen Anteile** sind mit dem **gemeinen Wert** des eingebrachten Betriebsvermögens zum Zeitpunkt der Einbringung anzusetzen, soweit das eingebrachte Betriebsvermögen wegen des Ausschlusses des deutschen Besteuerungsrechtes bisher nicht steuerverstrickt war und durch die Einbringung auch nicht steuerverstrickt wird **(§ 20 Abs 3 Satz 2 UmwStG).** Dies gilt für das eingebrachte Betriebsvermögen einer ausländischen Betriebsstätte, das der Freistellungsmethode unterliegt. Um eine mögliche Verstrickung der im ausländischen Betriebsstättenvermögen enthaltenen stillen Reserven zu vermeiden, wird insoweit die Verknüpfung der Anschaffungskosten der erhaltenen Anteile mit dem Übernahmewert aufgegeben (*Hörtnagl* Stbg 2007, 257).

1405 Die Anschaffungskosten für die Gesellschaftsanteile sind um den gemeinen Wert der anderen Wirtschaftsgüter, die neben den Gesellschaftsanteilen als Gegenleistung gewährt werden, zu mindern **(§ 20 Abs 3 Satz 3 UmwStG).**

1406 Ein **Einbringungs- bzw Veräußerungsgewinn entsteht** grds beim Ansatz des übernommenen Betriebsvermögens mit einem Zwischenwert oder dem gemeinen Wert. Ein **steuerlicher Ausgleichsposten** sowie **objektbezogene Kosten** des übernehmenden Rechtsträgers (zB Grunderwerbsteuer) haben keine Auswirkung auf den Einbringungsgewinn idR des Veräußerungsgewinns. Dagegen sind die **Einbringungskosten des Einbringenden** gewinnmindernd zu berücksichtigen, soweit sie nicht objektbezogen sind. Die Übernahme von Einbringungskosten des Einbringenden durch die übernehmende KapGes kann zu **verdeckten Gewinnausschüttungen** führen.

1407 Vom Einbringungsgewinn ist der **Konfusionsgewinn** iSd § 6 UmwStG zu unterscheiden. Ein solcher entsteht, wenn sich die durch die Einbringung untergehenden Forderungen und Verbindlichkeiten des Einbringenden und des übernehmenden Rechtsträgers nicht betragsmäßig entsprechen. Dies gilt ebenso für den **Übergangsgewinn** iR eines Wechsels der Gewinnermittlung zum steuerlichen Übertragungsstichtag. Von der Einbringung können auch **Sperr- und Behaltefristen** berührt werden (s *Schmitt/Schloßmacher* UmwStE 2011 Rn 2025).

1408 Der **Veräußerungsgewinn** ist nach den **allgemeinen Grundsätzen** zu versteuern. Dabei reicht der Vorrang der Regelungen in § 20 UmwStG gegenüber dem allgemeinen Gewinnrealisierungstatbestand der §§ 2 Abs 2 Nr 1, 15 EStG und der Begünstigung nach § 16 EStG nur soweit, als es um spezifische Rechtsfolgen der Sacheinlage wie zB die Bestimmung des Veräußerungspreises iSd § 16 Abs 2 EStG durch § 20 Abs 3 UmwStG oder des Übertragungsstichtags durch § 20 Abs 6 UmwStG geht (BFH I R 21/10 BFH/NV 2011, 258).

1409 Bei einer **Körperschaft** unterliegt der (anteilige) Einbringungsgewinn dem § 8b KStG sowie der GewSt und bei **natürlichen Personen** im gewerblichen Bereich dem Teileinkünfteverfahren iSd § 3 Nr 40 EStG. Ein nach § 17 EStG erzielter Veräußerungsverlust ist iRd Teileinkünfteverfahrens gemäß § 3c Abs 2 Satz 1 EStG nur zu 60 % abziehbar (vgl BFH I R 97/10 BStBl II 2011, 815). Der Einbringungsgewinn einer natürlichen Personen ist gemäß § 7 Satz 2 GewStG **gewerbesteuerfrei**, wenn sie ihre gewerbliche Tätigkeit endgültig einstellt (s *UmwStE nF* Rn 20.25).

1410 Eine Sacheinlage iSd § 20 Abs 1 UmwStG führt nicht mehr zu **sog einbringungsgeborenen Anteilen** iSd § 21 Abs 1 UmwStG aF. Diese Regelung wurde durch das **SEStEG** aufgegeben. Soweit jedoch das eingebrachte Betriebsvermögen solche Anteile enthält, gelten diese weiterhin als einbringungsgeboren iSd bisherigen Regelung, die insoweit weiterhin anzuwenden ist (§ 27 Abs 3 Nr 3 UmwStG nF; s Rn 1965ff; *Haritz* GmbHR 2007, 169). Auf einbringungsgeborene Anteile an einer KapGes iSd § 21 Abs 1 UmwStG aF, die der Veräußerer oder bei unentgeltlichem Erwerb der Anteile der Rechtsvorgänger durch eine Sacheinlage (§ 20 Abs 1 und § 23 Abs 1 UmwStG aF) unter dem Teilwert erworben hat, sind bei der Ermittlung des Einbringungsgewinns und darüber hinaus nach Ablauf der Siebenjahresfrist (zeitlich unbegrenzt) **§ 8b Abs 4 KStG aF oder § 3 Nr 40 Satz 3 u 4 EStG aF** anzuwenden (s *UmwStE nF* Rn 20.38).

1411 Bei **miteingebrachten einbringungsgeborenen Anteilen** iSd **§ 21 Abs 1 UmwStG aF** setzt sich diese Eigenschaft insoweit an den **erhaltenen** Anteilen fort (§ 20 Abs 3 Satz 4 UmwStG). Damit bestehen die in § 8b Abs 4 KStG aF bzw § 3 Nr 40 Satz 3 u 4 EStG geregelten Sperrfristen iR der Rechtsnachfoge an diesen (infizierten) Anteilen fort. Eine steuerfreie Veräußerung dieser Anteile innerhalb von 7 Jahren nach der Einbringung iSd § 21 Abs 1 UmwStG aF scheidet damit aus. Die Einbringung einbringungsgeborener Anteile löst keine weitere Sperrfrist iSd Vorschriften aus. Die Verstrickungsquote der erhaltenen infizierten Anteile errechnet sich aus dem Verhältnis der stillen Reserven in den einbringungsgeborenen Anteilen und der stillen Reserven aller eingebrachten Anteile (s *UmwStE nF* Rn 20.39; *Schmitt/ Schloßmacher* UmwStE 2011 Rn 20.39).

1412 Die **Grundsätze der einbringungsgeborenen Anteile gehen** bei einer Veräußerung der Anteile innerhalb der Sperrfrist von 7 Jahren der rückwirkenden Einbringungsbesteuerung nach §§ 22, 23, 24 Abs 5 UmwStG nF **vor**, soweit der Gewinn aus der Veräußerung nach § 8b Abs 4 KStG aF oder § 3 Nr 40 Satz 3 u 4 EStG aF der vollen Besteuerung unterliegt (**§ 27 Abs 4 UmwStG nF**). Bei einer Veräußerung von erhaltenen infizierten Anteilen nach Ablauf der Sperrfrist nach altem Recht, aber innerhalb der Sperrfrist von 7 Jahren iSd § 22 Abs 1 UmwStG kommt es in vollem Umfang zu einer rückwirkenden Einbringungsgewinnbesteuerung nach dieser Vorschrift. Der Gewinn aus der Veräußerung der erhaltenen Anteile ist danach insoweit nach § 21 UmwStG 1995 und teilweise nach § 16 EStG und teilweise nach § 17 EStG zu ermitteln ist (s *UmwStE nF* Rn 20.40f, 27.03ff). Die Übergangsrege-

Einbringung, Anteilstausch gegen Gesellschaftsanteile **Anh § 7**

lung des § 27 Abs 4 UmwStG gilt nicht nur für einbringungsgeborene Anteile, sondern für alle von § 8b Abs 4 KStG aF erfassten Anteile (s *Schmitt/Schloßmacher* UmwStE 2011 Rn 20.40).

Zur Sicherung der Besteuerung bei einer späteren Veräußerung gelten gemäß **1413** **§ 17 Abs 6 EStG** auch Beteiligungen von weniger als 1% an der aufnehmenden Gesellschaft als Anteile iSd § 17 Abs 1 EStG. Voraussetzung ist, dass die Sacheinlage nicht zum gemeinen Wert iSd § 20 Abs 1 Satz 1 UmwStG erfolgt (s auch *Schmitt/ Schloßmacher* DStR 2008, 2242).

(frei) **1414–1424**

10. Einzelfragen der Sacheinlage

a) Einbringung der wesentlichen Betriebsgrundlagen. Die Übertragung **1425** von **einzelnen** Wirtschaftsgütern einer PersGes auf eine beteiligungsidentische **Schwestergesellschaft** ist mangels einschlägiger Regelung nur unter Realisierung der stillen Reserven möglich (BFH I R 72/08 BStBl II 2010, 471; aA IV B 105/09 BStBl II 2010, 971; IV R 41/07 BStBl II 2010, 977, der im Wege einer verfassungskonformen Auslegung den § 6 Abs 5 Satz 1 EStG analog anwendet; N*AnwErl* BStBl II 2010, 2106).

Besteht zur aufnehmenden GmbH eine **Betriebsaufspaltung** durch die Vermie- **1426** tung der zurückbehaltenen wesentlichen Betriebsgrundlage (Grundstück), so sind für dieses Grundstück die Buchwerte fortzuführen (BFH I R 183/94 BStBl II 1996, 342; *Wacker* BB 1996, 2224), was für die Anwendung des § 34 EStG schädlich ist (BFH VIII R 76/87 BStBl II 1991, 635). *UmwStE aF* Rn 20 will – mE zu Unrecht – insoweit § 42 AO anwenden. Bei einer Betriebsaufspaltung handelt es sich nicht um eine Betriebseinbringung iSd § 20 UmwStG (BFH XI R 58-59/92 DStR 1993, 1174). Werden Wirtschaftsgüter des Einzelunternehmens (Besitzunternehmen) in die Betriebsgesellschaft eingelegt (verdeckte Einlage), führt dies gemäß §§ 4 Abs 1 Satz 2, 6 Abs 4 Satz 1 EStG iHd Beteiligungsquote bei den Angehörigen (Nur-Betriebsgesellschafter) zu einer Entnahme. Bei einer teilentgeltlichen Übertragung der Wirtschaftsgüter vor Inkrafttreten des § 6 Abs 6 Satz 2 EStG ist die Übertragung der einzelnen Wirtschaftsgüter in einen entgeltlichen und unentgeltlichen Teil aufzuteilen (BFH X R 37/03, nv). Die Übertragung von einzelnen Wirtschaftsgütern auf die Betriebs-KapGes, die nach ständiger Praxis zu Buchwerten möglich war, erfolgt ab 1.1.1999 gemäß § 6 Abs 6 Satz 2 EStG im Wege der verdeckten Einlage mit dem Teilwert (BFH X R 37/03 nv). **Verbindlichkeiten** des einzubringenden Betriebs rechnen idR nicht zu seinen wesentlichen Betriebsgrundlagen. Werden sie zurückbehalten, kann eine Buchwerteinbringung der Aktiva erfolgen, und die Schuldzinsen können als Werbungskosten abgezogen werden, wenn die Verbindlichkeit zB mit einem eingebrachten Grundstück zusammenhängt (Surrogatsgedanke BFH XI R 15/90 BStBl II 1992, 404; VIII R 5/96 BStBl II 1999, 209).

Bringen die Gesellschafter der Besitzgesellschaft iRd **Beendigung der Betriebs-** **1427** **aufspaltung** ihre Anteile an der Besitzgesellschaft in die Betriebs-GmbH gegen Gewährung neuer Anteile an der aufnehmenden Betriebs-GmbH unter gleichzeitiger Kapitalerhöhung ein, kommt grds eine Einbringung des Besitzunternehmens nach § 20 Abs 1 UmwStG in Betracht. Denn die Anteile an der Betriebs-GmbH, die Sonderbetriebsvermögen der Gesellschafter des Besitzunternehmens bilden, werden mit deren Einbringung zu **sog eigenen Anteilen** der übernehmenden KapGes. In diesem Fall kommt auf Antrag die **Billigkeitsregelung** zur Anwendung, wonach die einbringenden Gesellschafter des Besitzunternehmens die zurückbehaltenen Anteile für **erhaltene** (steuerverstrickte) **Anteile** iSd § 22 Abs 1 UmwStG erklären (s *UmwStE nF* Rn 20.09; *Schulze zur Wiesche* DStZ 2012, 232, 239).

Ein Besitzunternehmen wird aufgegeben, wenn die Betriebs-GmbH auf eine **1428** andere KapGes verschmolzen wird und die wesentlichen Betriebsgrundlagen in die

Nachfolge-KapGes eingebracht werden und damit nur noch die einbringungsgeborenen Anteile in der Hand des Besitzunternehmers verbleiben (BFH VIII R 25/98 BStBl II 2001, 321; *Haritz* BB 2001, 861).

1429–1434 *(frei)*

1435 **b) GmbH & Co KG.** Eingebrachte Mitunternehmeranteile können nach BFH I R 124/91 BStBl II 1993, 889 der Übertragung von Sonderbetriebsvermögen auf die GmbH zu Buchwerten dienen (!). Wird das Vermögen einer GmbH & Co KG auf die Komplementär-GmbH übertragen, so gehörten nach der bisher überwiegenden Auffassung auch die Anteile an der aufnehmenden GmbH zu dem einzubringenden Betriebsvermögen. Werden mit dem eingebrachten Betrieb oder Teilbetrieb Anteile an der übernehmenden KapGes mit eingebracht, werden diese Anteile zu sog. eigenen Anteilen. Der Erwerb eigener Anteile ist für die KapGes handelsrechtlich nur beschränkt möglich. Die **FinVerw** verzichtete deshalb im Wege einer **Billigkeitsregelung** für die Anwendung des § 20 UmwStG auf die Einbringung dieser Anteile, wenn die einbringenden Gesellschafter die **zurückbehaltenen Anteile** an der Komplementär-GmbH auf unwiderruflichen Antrag als durch eine Sacheinlage **erhaltene** (steuerverstrickte) **Anteile** iSd § 22 Abs 1 UmwStG erklären (*UmwStE nF* Rn 20.09).

1436 Dem folgt der **BFH** im Wesentlichen. Er hält in diesem Fall eine Einbringung des Mitunternehmeranteils ohne die gleichzeitige Einbringung der Komplementär-Anteile, auch wenn diese eine wesentliche Betriebsgrundlage des Mitunternehmeranteils darstellen, für unschädlich, da der Erwerb eigener Anteile durch eine GmbH gesellschaftsrechtlich nur eingeschränkt möglich ist (zB § 33 GmbHG) und der Einbringende dafür als Gegenleistung neue Anteile an der KapGes erhalten würde. Die zurückbehaltenen Anteile an der GmbH werden jedoch in dem Umfang, in dem die stillen Reserven des eingebrachten Kommanditanteils auf sie übergehen, (derivativ) steuerverstrickt (zB BFH I R 88/10 BStBl II 2013, 94).

1437 Unabhängig davon ist nach neuerer BFH-Rspr die Einbringung von Kommanditanteilen in die KapGes iSd § 20 UmwStG zu Buchwerten auch ohne die Übertragung der **GmbH-Anteile** (SonderBV II) möglich, wenn die Anteile keine wesentliche Betriebsgrundlage darstellen. Dies ist dann der Fall, wenn sie dem Mitunternehmer keinen entscheidenden Einfluss auf die Geschäftsführung der KG vermittelt (BFH I R 72/08 BStBl II 2010, 471; I R 97/08 BStBl II 2010, 808) oder die bisherige Komplementärstellung infolge der Einbringung des Betriebs der KG in eine Gesellschaft anderer Rechtsform aus rechtlichen Gründen zwangsläufig gegenstandslos wird, weil die vermögenslose KG aufgrund des Umwandlungsaktes von Rechts wegen erlischt (BFH I R 97/08 BStBl II 2010, 808).

1438 Die **FinVerw** stellt hinsichtlich der **funktionellen Bedeutung der GmbH-Anteile** auf die Umstände des Einzelfalls ab. Ist zB die Komplementär-GmbH nicht am Vermögen, Gewinn und Verlust der KG beteiligt und beträgt der Kommanditanteil weniger als 51 %, kommt den GmbH-Anteilen eine funktional wesentliche Bedeutung zu, wenn der Kommanditist über seine mehrheitlichen Stimmrechte an der Komplementär-GmbH auf die Geschäftsführung Einfluss nehmen kann. Dies gilt ensprechend für den beherrschenden Gesellschafter der GmbH. Ein Kommanditanteil von über 50 % vermittelt dem Kommanditisten die Stimmenmehrheit, so dass die GmbH-Anteile keine wesentliche Bedeutung haben. Bei einem Kommanditanteil von 100 % wird die GmbH für die Gründung und Erhaltung der Zwei-PersGes benötigt und ist daher für die Mitunternehmerstellung des Kommanditisten von wesentlicher Bedeutung. Mit dem Formwechsel einer GmbH & Co KG erlischt die KG und damit die Bedeutung der Komplementär-GmbH für den übertragenen Mitunternehmeranteil (BFH I R 97/08 BStBl II 2010, 808). Mit einer Beteiligung der Komplementär-GmbH am Vermögen, Gewinn und Verlust der KG ist wegen der mittelbaren Gesellschafterstellung über die GmbH eine wesentliche Bedeutung

der GmbH-Anteile verbunden (offen gelassen BFH I R 88/10 BStBl II 2013, 94). Daran fehlt es, wenn die GmbH einen eigenen Geschäftsbetrieb von nicht untergeordneter Bedeutung unterhält, da beide Tätigkeitsbereiche grds gleichrangig nebeneinander stehen (*OFD Münster* DB 2011, 1302).
(frei) **1439–1444**

c) Kapitalerhöhung (§§ 20 Abs 1, 21 Abs 1, 22 Abs 7 UmwStG). Eine **1445** Kapitalerhöhung kann durch eine Bar- oder Sacheinlage oder aus Gesellschaftsmitteln (durch Umwandlung von Kapital- und Gewinnrücklagen in Nennkapital, § 1 KapErhStG, §§ 207ff AktG, 57c ff GmbHG) erfolgen. Unter Sacheinlage in diesem Sinn ist grds die Einbringung von Sachen und sonstigen Vermögensgegenständen bzw Wirtschaftsgütern zu verstehen. Davon abweichend erfordert der umwandlungssteuerrechtliche Begriff der Sacheinlage iSd § 20 Abs 1 UmwStG als Gegenleistung für die Einbringung von Sachgesamtheiten die Gewährung neuer Anteile (s Rn 1275). Da Sacheinlagen auch dann, wenn diese Voraussetzungen nicht erfüllt sind, zur Aufdeckung der stillen Reserven des eingebrachten Betriebsvermögens führen können (zB verdeckte Einlagen), sind Einbringungsvorgänge dahingehend zu überprüfen. Zum gewinnneutralen Übergang stiller Reserven auf nicht durch eine Sacheinlage erworbene Anteile bei Kapitalerhöhungen s *BMF* BStBl I 1986, 505; ferner, wenn die stillen Reserven beim anderen Gesellschafter, zB einem betriebsaufspalterischen Besitzunternehmen, steuerverhaftet bleiben, *Felix* DStZ 1988, 621; *BMF* BStBl I 1985, 97; evtl aA BFH XI R 58-59/92 DStR 1993, 1174.

Die stillen Reserven aus einer Sacheinlage eines Gesellschafters werden noch **1446** nicht realisiert, wenn derselbe Gesellschafter im Zusammenhang mit einer Kapitalerhöhung Anteile erwirbt, sondern erst bei der Veräußerung der Anteile oder von solchen Anteilen, die auf **Bezugsrechte** zurückgehen, welche mit sperrfristbehafteten Anteilen entstanden sind (s BFH I R 162/90 BStBl II 1992, 764; *Patt* DStR 1993, 600). Die entgeltliche Veräußerung von Bezugsrechten von sperrfristbehafteten Anteilen kann zu einer rückwirkenden Besteuerung eines Einbringungsgewinns I/II nach § 22 Abs 1 Satz 1 und Abs 2 Satz 1 UmwStG führen (*UmwStE nF* Rn 22.45). Zu den Anschaffungskosten der auf Bezugsrechte zurückgehenden Neuanteile siehe *Schmidt/Kulosa* § 6 Rn 140 „Optionen".

Gehen die stillen Reserven aus einer Sacheinlage (§ 20 Abs 1 UmwStG) oder **1447** einem Anteilstausch (§ 21 Abs 1 UmwStG) iR einer Gesellschaftsgründung oder Kapitalerhöhung aus Gesellschaftermitteln auf **junge Anteile desselben Gesellschafters,** einer ihm nahestehenden Person oder unentgeltlich auf Anteile Dritter über, so kommt es insoweit weder zu einer Einbringungsgewinnbesteuerung noch zu einer Gewinnrealisierung; die jungen Anteile bleiben aber über § 22 Abs 7 UmwStG nach § 22 Abs 1 oder 2 UmwStG **steuerverhaftet** (BFH I R 160/90 BStBl II 1992, 763; I R 34/07 BStBl II 2008, 533). Werden dadurch stille Reserven von einbringungsgeborenen Altanteilen auf die neuen Anteile verlagert, sind die neuen Anteile zu gleicher Quote steuerverhaftet (BFH I R 34/07 aaO; *UmwStE nF* Rn 22.43; *BMF* BStBl I 2003, 292 Rn 52). Zum Umfang der Steuerverhaftung vgl FG München DStRE 1998, 48 rkr; *Herzig/Rieck* DStR 1998, 97. Bei einer Kapitalerhöhung aus Gesellschaftsmitteln entstehen junge sperrfristbehaftete Anteile, soweit sie auf sperrfristbehaftete Altanteile entfallen (*UmwStE nF* Rn 22.46).

Aufwendungen, die iRd Kapitalerhöhung für den Erwerb neuer Anteile zu **1448** erbringen sind, sind **Anschaffungskosten** für den Erwerb dieser neuen Anteile und nicht teilweise den Altanteilen als nachträgliche Anschaffungskosten zuzurechnen. Dies gilt entsprechend für das **Aufgeld** (Agio), das ein Erwerber neuer Geschäftsanteile aufgrund der getroffenen Einlagevereinbarungen über den Nennbetrag der Einlage hinaus an die KapGes zu zahlen hat und welches gemäß § 272 Abs 2 Nr 1 HGB in der Bilanz als Kapitalrücklage auszuweisen ist.

1449 Weiterer Bestandteil der Gegenleistung ist insoweit auch der den Verkehrswert übersteigende Teilbetrag, als die Summe aus dem Nennbetrag des übernommenen Geschäftsanteils und dem Aufgeld den Verkehrswert des übernommenen Geschäftsanteils übersteigt (**„Überpreis"**). Durch die Vereinbarung eines Überpreises bei Kapitalerhöhungen wird die Steuerverhaftungsquote der einbringungsgeborenen Altanteile nicht berührt, weil die geleisteten Zahlungen den tatsächlichen Wert der Geschäftsanteile vor der Kapitalerhöhung nicht unterschreiten und dadurch die mit der Kapitalerhöhung verbundene Abspaltung von stillen Reserven der Sacheinlage vollständig entgolten wird. Ebenso führt der Überpreis nicht zu einer Minderung der Verhaftungsquote der einbringungsgeborenen Anteile, weil die vermittelte Beteiligungshöhe durch die Höhe des für die neuen Anteile gezahlten Überpreises nicht beeinflusst wird. Eine verdeckte Einlage scheidet in diesen Fällen aus, weil das Aufgeld Bestandteil der Gegenleistung für den Erwerb der neuen Anteile ist und es deshalb an einer Unentgeltlichkeit fehlt (BFH I R 53/08 DStR 2009, 2661).

1450–1454 *(frei)*

1455 **d) Pensionszusagen zu Gunsten von Mitunternehmern.** Die Behandlung von Pensionszusagen an einen Gesellschafter einer Mitunternehmerschaft ist davon abhängig, ob die PersGes iRd Einbringung weiterbesteht oder, wovon im folgenden ausgegangen wird, aufgelöst wird (s *UmwStE nF* Rn 20.03).

1456 Nach den Grundsätzen der korrespondierenden Bilanzierung ist der **Pensionsanspruch** eines Mitunternehmers mit dem in der Gesamthandbilanz der Mitunternehmerschaft als Pensionsrückstellung nach § 6a EStG ausgewiesenen Wert in der Steuerbilanz des Gesellschafters als Forderung zu aktivieren (*BMF* BStBl I 2008, 317). Dieser Anspruch des Gesellschafters gegen die Mitunternehmerschaft stellt nach der funktionalen Betrachtungsweise keine wesentliche Betriebsgrundlage dar, weil sie für die Fortführung des Betriebs nicht erforderlich ist. Mit der Einbringung geht der in der Sonderbilanz ausgewiesene Anspruch in das Privatvermögen des Gesellschafters über. Die mit dem Teilwert (Wiederbeschaffungskosten, § 6 Abs 1 Nr 4 EStG) anzusetzende Entnahme führt grds in der Sonderbilanz des Mitunternehmers zu einem Ertrag (s *UmwStE nF* Rn 20.28f; *Rasche* GmbHR 2012, 149, 157).

1457 Die **Pensionsrückstellung** nach § 6a EStG bildet eine unselbstständige Bilanzposition des eingebrachten Betriebs und geht mit dessen Einbringung als eine dem Betrieb der übertragenden PersGes zuzurechnende Verbindlichkeit auf die **übernehmende Kapitalgesellschaft** über (sog Einheitstheorie). Die Übernahme der Pensionsverpflichtung ist keine zusätzliche Gegenleistung iSd § 20 Abs 2 Satz 4 UmwStG. Die übernehmende KapGes hat die Pensionsrückstellung nach den Grundsätzen des § 6a EStG zu bewerten (§ 20 Abs 2 Satz 1 2. Hs UmwStG). Eine Buchwertfortführung ist insoweit nicht zwingend. Für Zwecke der Bewertung nach § 6a Abs 3 Satz 2 Nr 1 EStG ist zum Zeitpunkt des Formwechsels oder der Verschmelzung sowie zu den nachfolgenden Bilanzstichtagen von der Fortführung des Dienstverhältnisses auszugehen (s *UmwStE nF* Rn 20.29f).

1458 Beim **einbringenden Mitunternehmer** wird die in der Sonderbilanz aktivierte Forderung auf Antrag **nicht** im Rahmen der Einbringung in das **Privatvermögen** überführt, sondern bleibt dessen Restbetriebsvermögen iSd § 15 EStG (BFH IV R 37/92 BStBl II 1994, 564; *UmwStE nF* Rn 20.28). In diesem Fall sind nach Eintritt des Versorgungsfalls für steuerliche Zwecke die laufenden Pensionsleistungen des begünstigten Gesellschafters in vor (Einkünfte iSd § 15 Abs 1 Satz 2 iVm Satz 1 Nr 2, § 24 Nr 2 EStG) und nach der Umwandlung (Einnahmen iSd §§ 19, 24 EStG) erdiente Ansprüche aufzuteilen. Geht die in der Sonderbilanz aktivierte Forderung mangels Antrags in das **Privatvermögen** über, sind die laufenden Pensionszahlungen, soweit sie auf die Zeit vor der Einbringung entfallen, Einkünfte iSd § 22 Satz 1 Nr 1 EStG (s *UmwStE nF* Rn 20.32f).

1459–1464 *(frei)*

11. Steuervergünstigungen (§ 20 Abs 5 UmwStG aF/Abs 4 nF)

a) Ermäßigter Steuersatz, Freibetrag, Rücklagenbildung. Ist der Einbrin- 1465
gende der Sacheinlage iSv § 20 Abs 1 Satz 1 UmwStG eine natürliche Person oder
eine PersGes oder bringen deren Gesellschafter ihre Anteile am Betriebsvermögen
ein, so ist der **ermäßigte Steuersatz** nach § 34 Abs 1 iVm § 16 EStG auf den
Veräußerungsgewinn anzuwenden, auch bei Ansatz des Buch- oder Zwischenwerts
(Begriff BFH III R 39/91 BStBl II 1994, 458; II R 13/90 BStBl II 1994, 759).
Nicht eingebrachtes und auch nicht anderweitig betrieblich gehaltenes **Sonderbetriebsvermögen** einer Mitunternehmerschaft ist nach § 16 Abs 3 Satz 7 EStG mit
dem gemeinen Wert anzusetzen (BFH IV R 52/87 BStBl II 1988, 829). § 34 EStG
ist für die stillen Reserven des nicht eingebrachten Sonderbetriebsvermögens (keine
wesentlichen Betriebsgrundlagen) nach dem Wortlaut des § 20 Abs 5 UmwStG aF
auch bei Buchwert- oder Zwischenwertansätzen (Begriff BFH III R 39/91 aaO; II
R 13/90 aaO) der Sacheinlage anzuwenden (BFH I R 184/87 BStBl II 1992, 406).
Der **Veräußerungsfreibetrag** nach § 16 Abs 4 EStG wird nur bei Aufdeckung
aller stillen Reserven einschließlich eines Geschäftswertes gewährt. S dazu BFH VIII
B 21/93 BStBl II 1996, 890 (teilweise aA betr § 34 EStG *Patt* DStR 1998, 190).

Bei der Einbringung eines **Grundstückhandelsbetriebs** in eine GmbH ist der 1466
Einbringungsgewinn als **laufender Gewinn** zu behandeln, soweit er auf die eingebrachten Grundstücke des Umlaufvermögens entfällt. Mit der Einbringung zum
Zwischen- oder Teilwert/gemeinen Wert beendet der Stpfl sein unternehmerisches
Engagement im Grundstückshandel. Der durch die Sacheinlage entstehende Gewinn
stellt daher keinen Veräußerungs-/Einbringungsgewinn iSd § 20 Abs 5 UmwStG
aF/Abs 3 nF dar (BFH X R 36/06 BStBl II 2010, 171). Dies gilt auch für die
Einbringung von **Mitunternehmeranteilen** an einer einen gewerblichen Grundstückshandel betreibenden PersGes in eine GmbH nach Veräußerung des Umlaufvermögens (BFH I R 21/10 BFH/NV 2011, 258). Der **Übergangsgewinn** wegen
Wechsels der Gewinnermittlungsart ist auch bei Buchwerteinbringung als laufender
Gewinn zu versteuern (BFH X R 36/03 BFH/NV 2005, 682).

Nach **§ 20 Abs 4 Satz 1 UmwStG nF** ist der **Veräußerungsfreibetrag** nach 1467
§ 16 Abs 4 EStG nur dann zu gewähren, wenn der Einbringende eine natürliche
Person ist, nicht nur ein Teil der Mitunternehmeranteils eingebracht wird und die
übernehmende KapGes das eingebrachte Betriebsvermögen mit dem gemeinen
Wert ansetzt. Dies gilt entsprechend für die Anwendung des **§ 34 EStG.** Die Tarifermäßigung nach § 34 Abs 1 und Abs 3 EStG ist danach ausgeschlossen, soweit der
Veräußerungsgewinn bereits durch das Teileinkünfteverfahren (bis 2008: Halbeinkünfteverfahren) nach § 3 Nr 40 Satz 1 iVm § 3 c Abs 2 EStG teilweise steuerbefreit
ist (s *Schmidt/Wacker* § 34 Rn 28). Ebenso ist § 34 EStG grds nicht auf den Gewinn
aus der Einbringung oder Entnahme von zB funktional unwesentlichen Wirtschaftsgütern anwendbar, wenn es an einer einheitlichen Einbringung zum gemeinen Wert
fehlt (s *UmwStE nF* Rn 20.27). Die Auflösung von steuerfreien Rücklagen im
Rahmen der Betriebsveräußerung ist für die Anwendung des § 34 EStG unschädlich
(BFH IV R 97/89 BStBl II 1992, 392).

Die Bildung einer **Rücklage nach § 6b EStG** ist insoweit möglich, als der 1468
Einbringungsgewinn auf begünstigte Wirtschaftsgüter iSd § 6b EStG entfällt. Dabei
ist es unerheblich, ob ein Zwischenwert oder der gemeine Wert angesetzt wird.
§ 34 EStG scheidet dann aus (§ 34 Abs 1 Satz 4 EStG; *UmwStE nF* Rn 20.26).

Die Auflösung der **Rücklage nach § 7g Abs 3 EStG** ist wegen der Einbringung 1469
zum Teilwert bzw gemeinen Wert als tarifbegünstigter Einbringungsgewinn zu
versteuern (BFH VIII R 79/03 BStBl II 2007, 562).

§ 20 Abs 5 UmwStG aF berücksichtigt die Steuerfreiheit nach dem sog **Halb-** 1470
einkünfteverfahren. Damit scheidet § 34 EStG aus, wenn (*nicht soweit!*) Gegenstand
der Einbringung ein **Anteil an einer KapGes** (§ 20 Abs 1 Satz 2 UmwStG aF) ist

und deshalb das Halbeinkünfteverfahren – auch für Vorgänge des Betriebsvermögens – anzuwenden ist. Außerhalb dieser Einschränkung sieht § 20 Abs 5 UmwStG aF die Steuerermäßigung des § 34 EStG auch dann vor, wenn nicht der Teilwertansatz, sondern ein Zwischenwert gewählt wurde. Auf § 34 Abs 3 EStG (ermäßigter Steuersatz) wurde allerdings zunächst nicht mehr verwiesen. Für die Einbringung von Betrieben, Mitunternehmeranteilen und Teilbetrieben zu Teilwerten ist § 34 Abs 3 EStG aber bereits nach allgemeinen Grundsätzen anwendbar. Ausgeschlossen von § 34 Abs 3 EStG ist lediglich die Einbringung von Anteilen an KapGes (s *Patt/Rasche* 2001, 175). § 20 Abs 5 UmwStG idF des UntStFG bereinigte dieses redaktionelle Versehen und erwähnt auch § 34 Abs 3 EStG, allerdings in Übereinstimmung mit § 34 Abs 3 EStG nicht für § 17 EStG (insoweit nur § 34 Abs 1 EStG). § 20 Abs 5 Satz 3 UmwStG idF des UntStFG stellt in Übereinstimmung mit der Regelung in § 16 EStG sicher, dass für die Einbringung eines Bruchteils eines Mitunternehmeranteils (selbst beim Teilwertansatz) der ermäßigte Steuersatz ab 2002 nicht mehr gewährt wird.

1471 Für die im **Privatvermögen** gehaltenen Beteiligungen (§ 17 EStG) ist für § 17 Abs 3 EStG nicht die Einbringung einer 100%igen Beteiligung erforderlich (*Patt/Rasche* FR 1995, 432). Anders regelt dies **§ 20 Abs 5 Satz 4 UmwStG aF** für das Betriebsvermögen. Die Regelung entspricht § 20 Abs 6 Satz 6 UmwStG 1977 idF des StandOG und korrespondiert mit § 16 Abs 1 Nr 1 EStG und verlangt für die Steuerermäßigung nach § 20 Abs 5 UmwStG, dass alle im Betriebsvermögen gehaltenen Anteile eingebracht werden. Die Umwandlung einer GmbH auf eine bestehende KG durch Erwerb aller GmbH-Anteile und steuerbegünstigte Veräußerung der 100%igen Beteiligung ist kein Missbrauch (BFH VIII R 2/93 BStBl II 1995, 705). **§ 20 Abs 5 Satz 1 UmwStG idF des UntStFG** gewährt die Freibeträge des § 16 Abs 4 und des § 17 Abs 3 EStG außerdem nur noch, wenn der Einbringende eine natürliche Person ist und der Teilwertansatz gewählt wurde. Für den Zwischenwertansatz bei Einbringungen durch natürliche Personen im **VZ 2001** siehe allerdings die Übergangsregelung in § 27 Abs 4 c UmwStG. In diesen Fällen sind auch § 34 Abs 1 und 3 EStG für die Einbringung von Betriebsvermögen und § 34 Abs 1 EStG für die Einbringung einer Beteiligung des § 17 EStG nur anzuwenden, soweit der Veräußerungsgewinn nicht nach dem Halbeinkünfteverfahren teilweise steuerbefreit ist (Kumulationsverbot).

1472–1474 *(frei)*

1475 **b) Stundung (§ 20 Abs 6 UmwStG aF).** § 20 Abs 6 UmwStG aF ersetzt die Stundungsregelung des § 20 Abs 5 Satz 3 UmwStG 1977 und regelt sie iSd § 21 Abs 2 Satz 3–6 UmwStG aF: Entrichtung in jährlichen Teilbeträgen von mindestens einem Fünftel der anfallenden ESt oder KSt bei Entstrickungsfällen des § 20 Abs 3 UmwStG. Damit soll berücksichtigt werden, dass sich trotz der Tarifbegünstigung des § 34 EStG durch den Einbringungsvorgang ein erheblicher Steuerbetrag ergeben kann (vgl *Glade/Steinfeld* aaO Rn 1116). Die Zinslosigkeit der Stundung gilt nach BFH I R 70/96 BStBl II 1998, 38 auch für das alte Recht. Nach BFH I B 24/98 BStBl II 2000, 430 war eine Stundung auch dann zu gewähren, wenn bei einer Umwandlung auf eine PersGes oder natürliche Person § 10 UmwStG aF anzuwenden war und damit dem Anteilseigner mit dem Körperschaftsteuerguthaben Liquidität zufloss. Auf § 233 a AO ist der Zinsverzicht nach § 21 Abs 2 Satz 4 UmwStG aF nicht rechtsanalog anzuwenden (FG Hbg II 13/01 EFG 2002, 1009 rkr). Die Abgabenordnung enthält keinen allgemeinen Grundsatz dahin, dass Ansprüche aus dem Steuerschuldverhältnis zB wegen zu Unrecht vorenthaltenen Betrags auch ohne einzelgesetzliche Grundlage stets zu verzinsen sind (BFH I R 48/09 BFH/NV 2010, 827). Da der Liquiditätsmangel den Grund der Stundung darstellt, wurde der Liquiditätszuwachs durch eine Ergänzung des § 21 Abs 2 Satz 6 UmwStG aF (Umwandlungen iSd 2. und 4. Teils) mit der Folge eines Wegfalls der Stundung berücksichtigt (vgl BTDrs 14/2070, 25). Das FG Hamburg hat dem EuGH die Frage der Vereinbarkeit der Stundungsregelung mit **Unionsrecht** zur Klärung vorgelegt (Vorlagebeschluss 2 K 224/10 EFG 2012, 1206, EuGH C-164/12).

Mit dem Wegfall des § 20 Abs 3 UmwStG aF wurde § 20 Abs 6 UmwStG aF **1476** bedeutungslos. Für nach altem Recht gewährte Stundungen ist die Vorschrift weiterhin anzuwenden (§ 27 Abs 3 Nr 2 UmwStG nF).

(frei) **1477–1479**

12. Maßgeblichkeit des steuerlichen Übertragungsstichtags (§ 20 Abs 5 u 6 UmwStG)

Der steuerliche Übertragungsstichtag (Einbringungszeitpunkt) ist für die Bilanzie- **1480** rung des Einbringenden und der übernehmenden KapGes maßgebend sowie für das Einkommen und den Gewerbeertrag (s dazu Rn 360ff). Steuerrechtlich ist grds auf den Übergang des wirtschaftlichen Eigentums am eingebrachten Vermögen abzustellen. Bei Einbringungen im Wege der steuerrechtlichen **Einzelrechtsnachfolge** geht das wirtschaftliche Eigentum an dem einzubringenden Vermögen zu dem im Einbringungsvertrag vereinbarten Zeitpunkt des Übergangs von Nutzen und Lasten über. In den Fällen der steuerrechtlichen **Gesamtrechtsnachfolge** kommt es spätestens mit der Eintragung der Einbringung in das Handelsregister zum Übergang des wirtschaftlichen Eigentums (s *UmwStE nF* Rn 20.13). Davon abweichend lässt **§ 20 Abs 5 Satz 1 UmwStG** nach Maßgabe des § 20 Abs 6 UmwStG als eigenständige Regelung **auf Antrag** eine rückwirkende Einbringung der Sachgesamtheit iSd § 20 Abs 1 UmwStG zu einem steuerlichen Übertragungsstichtag zu. Zu diesem Zeitpunkt muss die aufnehmende Gesellschaft noch nicht zivilrechtlich bestehen (s *UmwStE nF* Rn 02.11, 20.15). Dagegen müssen nach Auffassung der *FinVerw* bereits zu diesem Zeitpunkt die Voraussetzungen eines Betriebs, Teilbetriebs oder Mitunternehmeranteils vorliegen (s *UmwStE nF* Rn 20.14, str).

§ 20 Abs 5 Satz 2 u 3 UmwStG enthalten miteinander korrespondierende Kor- **1481** rekturvorschriften hinsichtlich **Entnahmen** und **Einlagen,** die nach dem steuerlichen Übertragungsstichtag und vor dem zivilrechtlichen Eigentumsübergang erfolgen, aber – zur Vermeidung verdeckter Gewinnausschüttungen bzw verdeckter Einlagen – nicht zurückwirken und deshalb um den Wert der Einlage bereinigte Anschaffungskosten des Gesellschaftsanteils erfordern. Steuerlich sind Einlagen in das eingebrachte Unternehmen, das gesellschaftsrechtlich bis zur Eintragung der Verschmelzung in das Handelsregister besteht, bis zu diesem Zeitpunkt möglich. Die Einlage ist buchmäßig bei der übernehmenden KapGes über einen aktiven Korrekturposten zu erfassen. Zum Zeitpunkt der tatsächlichen Einlage ist dieser erfolgsneutral auszubuchen.

Entsteht ein **Überhang an Entnahmen,** so sind von der übernehmenden Kap- **1482** Ges zwingend soviel an stillen Reserven in den eingebrachten Wirtschaftsgütern, Schulden und steuerfreien Rücklagen um einen einheitlichen Prozentsatz erfolgswirksam aufzudecken, dass der Entnahmeüberhang und damit das negative Kapitalkonto abgedeckt wird (*Patt/Rasche* DStR 1995, 1529), weil nach § 20 Abs 2 Satz 2 Nr 2 UmwStG das eingebrachte Betriebsvermögen nicht negativ werden darf. Insoweit ist das Bewertungswahlrecht der übernehmenden KapGes eingeschränkt. Die **Wertaufstockung** nach § 20 Abs 5 iVm Abs 2 Satz 2 Nr 2 UmwStG durch Auflösung von stillen Reserven führt zu einem Veräußerungsgewinn nach § 16 EStG (*UmwStE nF* Rn 20.19). Der zwingende Ansatz eines Zwischenwerts kann durch Einlagen vor dem steuerlichen Übertragungsstichtag vermieden werden. In diesem Zusammenhang ist **streitig,** ob § 20 Abs 5 Satz 2 UmwStG eine Vorverlagerung der Entnahmehandlung auf den steuerlichen Übertragungszeitpunkt iSd § 20 Abs 2 Satz 2 Nr 2 UmwStG zulässt (s FG Köln 10 K 2285/09 EFG 2012, 1509 mit Anm).

1483 **Einzelne Wirtschaftsgüter** (zB Pensionsverpflichtungen) können im Wege einer **Ausgliederung** zur Neugründung weder nach § 2 Abs 1 Satz 1 UmwStG noch nach § 20 Abs 7 und 8 UmwStG 2002 bzw § 20 Abs 5 und 6 UmwStG nF rückwirkend in eine KapGes eingebracht werden. Die Vergünstigungen des § 20 UmwStG gelten nur für eine Sacheinlage durch Einbringung eines Betriebs, Teilbetriebs oder Mitunternehmeranteils, nicht dagegen für die Übertragung von einzelnen Wirtschaftsgütern. § 20 Abs 5 und 6 UmwStG ist gegenüber § 2 UmwStG die speziellere Bestimmung, sodass dadurch eine subsidiäre Anwendung der Rückbezugsregelung des § 2 UmwStG ausscheidet. Die ausgegliederten Wirtschaftsgüter sind danach ab dem Zeitpunkt des Übergangs des wirtschaftlichen Eigentums mit den **Anschaffungskosten** zu bilanzieren. Dies gilt entsprechend für im Wege einer Ausgliederung übernommene **Pensionsverpflichtungen** (vgl hierzu BFH I R 28/11 DStR 2013, 575).

1484 *(frei)*

13. Rückwirkung (§ 20 Abs 6 UmwStG)

1485 a) **Voraussetzung.** § 20 Abs 6 UmwStG schafft die Möglichkeit einer wahlweisen Rückwirkung. Danach kann als steuerlicher Übertragungsstichtag bei der Sacheinlage durch Verschmelzung, Spaltung, Abspaltung oder Ausgliederung der Stichtag angesehen werden, für den die Schlussbilanz jedes der übertragenden Unternehmen iSd § 17 Abs 2 UmwG aufgestellt ist. Dieser Stichtag darf höchstens acht Monate vor der Anmeldung der Verschmelzung usw zum Handelsregister liegen. Erfolgt die Sacheinlage nicht durch die genannten Umwandlungen, sondern durch Einzelrechtsnachfolge (Rn 1255f), so darf gem § 20 Abs 6 Satz 3 UmwStG der Stichtag höchstens acht Monate vor dem Tag des Abschlusses des Einbringungsvertrages und höchstens acht Monate vor dem Zeitpunkt liegen, an dem das eingebrachte Betriebsvermögen auf die KapGes übergeht (s *UmwStE nF* Rn 20.14).

1486 In den Fällen des **§ 20 Abs 6 Satz 3 UmwStG** kommt es nicht auf den Stichtag an, zu dem die steuerliche Schlussbilanz des Einbringenden bzw die Eröffnungs- oder Übernahmebilanz des übernehmenden Rechtsträgers erstellt wird. Innerhalb des vorgegebenen Zeitraums ist jeder Stichtag zulässig. Die Rückbeziehung des Umwandlungsstichtags bedarf eines (formlosen) **Antrags** der übernehmenden KapGes. Der gewählte Einbringungszeitpunkt muss sich eindeutig aus der Bilanz oder der Steuererklärung ergeben. Ohne einen entsprechenden Antrag erfolgt die Einbringung zum Zeitpunkt des Übergangs des wirtschaftlichen Eigentums.

1487–1489 *(frei)*

1490 b) **Rechtsfolgen.** Das Einkommen und das Vermögen des Einbringenden sind in diesem Fall so zu ermitteln, als ob der Betrieb **mit Ablauf des Umwandlungsstichtages** in die KapGes **eingebracht** worden wäre (§ 20 Abs 5 UmwStG). Die Besteuerung des eingebrachten Betriebs, Teilbetriebs oder Mitunternehmeranteils geht zum steuerlichen Übertragungsstichtag auf die übernehmende Gesellschaft über. Das Ergebnis, das der Einbringende im Rückwirkungszeitraum erwirtschaftet, ist steuerlich der übernehmenden Gesellschaft zuzurechnen und von dieser zu versteuern. Die übernehmende Gesellschaft muss zum steuerlichen Übertragungsstichtag zivilrechtlich noch nicht bestanden haben (s *UmwStE nF* Rn 20.15, 02.11). Mit Ablauf des steuerlichen Übertragungsstichtags werden dem Einbringenden auch die neu gewährten Anteile an der übernehmenden Gesellschaft steuerlich zugerechnet, die dieser als Gegenleistung für das eingebrachte Vermögen erhält (s *UmwStE nF* Rn 20.14f).

1491 **Verträge** (zB Dienst-, Miet-, Darlehensverträge), die im Rückwirkungszeitraum zwischen der übernehmenden Gesellschaft und einem Gesellschafter geschlossen werden, werden zivilrechtlich und auch steuerlich erst mit Vertragsabschluss wirksam. Eine steuerliche Zurückbeziehung erfolgt nicht. **Vertragliche Leistungsbe-**

ziehungen zwischen der einbringenden PersGes und ihren Gesellschaftern **iSd § 15 Abs 1 Nr 2** 2. Hs EStG gehen steuerlich ab dem steuerlichen Übertragungsstichtag auf die übernehmende Gesellschaft über. § 15 Abs 1 Nr 2 2. Hs EStG ist im Rückwirkungszeitraum nicht anzuwenden. Der unangemessene Teil der Leistungsvergütung an den Gesellschafter stellt gemäß § 20 Abs 5 Satz 2 UmwStG keine verdeckte Gewinnausschüttung, sondern eine Entnahme bei der übertragenden, steuerlich insoweit noch existierenden PersGes dar. Die Entnahmen mindern gemäß § 20 Abs 5 Satz 3 UmwStG die Anschaffungskosten der neuen Anteile (s *UmwStE nF* Rn 20.16; *Flick/Gocke/Schaumburg* UmwStE 2011 Rn 20.16).

Ein **Gesellschafter,** der im Rückwirkungszeitraum aus der PersGes **ausscheidet,** ist mangels Gegenleistung iSd § 20 Abs 1 UmwStG von der Einbringung und der steuerlichen Rückwirkung nicht betroffen. § 15 Abs 1 Nr 2 2. Hs EStG ist insoweit weiter anzuwenden. Der ausscheidende Gesellschafter erzielt grds einen Veräußerungsgewinn nach § 16 EStG. Dagegen bildet ein nach §§ 29 ff UmwG **gegen Barabfindung ausscheidender Gesellschafter** mangels einer entsprechenden Regelung iSd § 5 Abs 1 2. Alt UmwStG zivil- und steuerrechtlich aus der KapGes aus (s *Schmitt/Schloßmacher* UmwStE 2011 Rn 20.16). **1492**

Für den **Erwerber** eines Mitunternehmeranteils besteht nach § 20 Abs 6 Satz 3 UmwStG ebenfalls die Möglichkeit zur rückwirkenden Einbringung des Mitunternehmeranteils. Der Buchwert iSd § 20 Abs 2 Satz 2 UmwStG entspricht den Anschaffungskosten bzw bei unentgeltlicher Rechtsnachfolge dem Wert nach § 6 Abs 3 EStG. **1493**

§ 2 UmwStG eröffnet über seinen Wortlaut hinaus **keine allgemeine Rückbeziehung** von Geschäftsvorfällen (Rz 360ff), zB auch nicht hinsichtlich einer im Laufe des Jahres begründeten stillen Beteiligung (BFH I R 70/77 BStBl II 1984, 384; zur Organschaft s allerdings BFH I R 55/02 BStBl II 2004, 534). Zum Schachtelprivileg s § 9 Nr 2 a Rn 5; *Streck/Olbing* BB 1994, 1830. Diese Regelung gilt bei **grenzüberschreitenden Umwandlungen** nicht, wenn die Rückwirkung im anderen Staat zu einer Nichtbesteuerung führt (§ 20 Abs 6 iVm § 2 Abs 3 UmwStG). Eine Gleichstellung aufgrund einer planwidrigen Gesetzeslücke des **§ 20 Abs 7 u 8 UmwStG aF** bzw § 20 Abs 5 und 6 UmwStG nF einer Ausgliederung von **einzelnen Wirtschaftsgütern** mit der steuerlichen Rückwirkung der Ausgliederung von betrieblichen Einheiten iSd § 20 Abs 1 Satz 1 UmwStG 2002 im Wege der **Analogie** scheidet aus (BFH I R 28/11 DStR 2013, 575). **1494**

Die Berücksichtigung von **Verlusten** und eines **Zinsvortrags** nach **§ 4h Abs 1 Satz 2 EStG** beim Einbringenden setzt eine nach allgemeinen Grundsätzen zulässige Nutzung der Verluste voraus (**§ 20 Abs 6 Satz 4** iVm § 2 Abs 4 UmwStG idF des JStG 2009). Erforderlich ist danach, dass der Verlustabzug auch ohne die steuerliche Rückwirkung nach § 2 Abs 1 oder 2 UmwStG möglich gewesen wäre (s *UmwStE nF* Rn 02.39). **1495**

(frei) **1496–1499**

14. Sonderfall der Hinauseinbringung (§ 20 Abs 7 UmwStG)

Befindet sich unter den eingebrachten Wirtschaftsgütern eine in einem anderen Mitgliedstaat der EU gelegene Betriebsstätte iSd Abkommensrechts und wird das deutsche Besteuerungsrecht durch die Einbringung eingeschränkt, ist insoweit das eingebrachte Betriebsvermögen mit dem gemeinen Wert anzusetzen (§ 20 Abs 2 Satz 2 Nr 3 UmwStG). Nach Art 10 Abs 1 RL 2009/133/EG verzichtet der Mitgliedstaat der einbringenden Gesellschaft endgültig auf sein Besteuerungsrecht an der eingebrachten Betriebsstätte. Verzichtet die BRD nach dem Prinzip der Welteinkommensbesteuerung nicht auf ihr Besteuerungsrecht und sieht das jeweilige DBA keine Freistellung der Einkünfte vor, ist gemäß Art 10 Abs 2 RL 2009/133/ **1500**

EG die auf den Einbringungsgewinn entfallende fiktive ausländische Steuer anzurechnen (§ 20 Abs 7 iVm § 3 Abs 3 UmwStG).

1501 Ein **Ausschluss des Besteuerungsrechts** der BRD nach dem Anrechnungsverfahren ist dann gegeben, wenn das Betriebsvermögen einer in einem anderen EU-Mitgliedstaat belegenen Betriebsstätte in eine andere Gesellschaft eingebracht wird, die in einem anderen EU-Mitgliedstaat ansässig ist. Auch in diesem Fall ist das dieser Bestriebsstätte zuzurechnende Betriebsvermögen mit dem gemeinen Wert anzusetzen (§ 20 Abs 2 Satz 2 Nr 3 UmwStG). Im Rahmen der Besteuerung des Einbringungsgewinns ist insoweit die im Betriebsstätten-Staat bei einer Veräußerung anfallende Steuer fiktiv auf die hierauf anfallende inländische Steuer entsprechend §§ 26 Abs 4 KStG, 34c EStG anzurechnen (§ 20 Abs 7 iVm § 3 Abs 3 UmwStG; s *UmwStE nF* Rn 20.36; *Schmitt/Schloßmacher* UmwStE 2011 Rn 20.36).

1502–1504 *(frei)*

15. Einbringung von transparenten Gesellschaften in andere Mitgliedstaaten (§ 20 Abs 8 UmwStG)

1505 Wird eine in einem anderen Mitgliedstaat ansässige und von der FusionsRL geschützte Gesellschaft, die nach nationalem Recht als transparent anzusehen ist, auf eine andere Gesellschaft (KapGes oder Genossenschaft) verschmolzen, verliert die BRD ihr Besteuerungsrecht hinsichtlich der Einkünfte des Gesellschafters aus der im anderen Mitgliedstaat gelegenen Betriebsstätte. Nach Art 11 Abs 1 RL 2009/133/EG (zuvor Art 10 a Abs 1 FusionsRL) kann die BRD, soweit sie die Doppelbesteuerung nicht durch Freistellung vermeidet, bei den inländischen Gesellschaftern der einbringenden Gesellschaft den Einbringungsgewinn besteuern, der gemäß § 20 Abs 2 Satz 2 Nr 3 UmwStG durch Ansatz des gemeinen Werts entsteht. Im Gegenzug ist die fiktive ausländische Steuer auf den Gewinn aus einer Veräußerung des der ausländischen Betriebsstätte zuzurechnenden Betriebsvermögens auf die inländische ESt anzurechnen (Art 11 Abs 2 RL 2009/133/EG, zuvor Art 10 a Abs 2 RL 90/434/EG; s *UmwStE nF* Rn 20.37).

1506 Die Einbringung des Betriebsvermögens einer in einem anderen EU-Mitgliedstaat belegenen **Betriebsstätte,** deren Einkünfte in der BRD dem Anrechnungsverfahren unterliegen, in eine andere, in einem anderen EU-Mitgliedstaat ansässige Gesellschaft (KapGes) führt insoweit zu einem Ausschluss des Besteuerungsrechts der BRD hinsichtlich der im Inland ansässigen Gesellschafter der **transparenten Gesellschaft.** Gemäß § 20 Abs 2 Satz 2 Nr 3 UmwStG ist das der ausländischen Betriebsstätte zuzurechnende Betriebsvermögen mit dem gemeinen Wert anzusetzen. Eine im Betriebsstätten-Staat bei einer Veräußerung anfallende Steuer ist **fiktiv** auf die durch den Einbringungsgewinn entstehende Steuer **anzurechnen** (§ 20 Abs 8 UmwStG; s *UmwStE nF* Rn 20.37). Die Regelung des § 20 Abs 8 UmwStG gilt auch für die Einbringung einer **Beteiligung** an einer (nach deutschem Recht) transparenten Gesellschaft (Mitunternehmerschaft) durch den inländischen Gesellschafter (vgl *Schmitt/Schloßmacher* UmwStE nF Rn 20.37).

1507 Eine **tatsächlich erhobene ausländische Steuer**, die dadurch entsteht, dass die Gesellschaft ein im anderen Mitgliedstaat hinsichtlich der Einbringung bestehendes Wahlrecht zur vollen oder teilweisen Aufdeckung der stillen Reserven ausübt, ist insoweit nach den allgemeinen Vorschriften der §§ 26 KStG, 34c und 50 Abs 6 EStG **anzurechnen** (BTDrs 16/2710, 45).

1508, 1509 *(frei)*

16. Zinsvortrag (§ 20 Abs 9 UmwStG)

1510 Nach § 20 Abs 9 UmwStG idF UntStRefG 2008 gehen ein **Zinsvortrag** nach § 4 h Abs 1 Satz 5 EStG sowie ein **EBITDA-Vortrag** (§ 4h Abs 1 Satz 3 EStG) des

eingebrachten Betriebs nicht auf die übernehmende Gesellschaft über. Wegen der betriebsbezogenen Regelung zur Zinsschranke hat eine Unternehmenseinbringung den Untergang des Zinsvortrags zur Folge (s Rn 347).
(frei) **1511–1519**

17. Nachversteuerung gemäß § 34 a Abs 6 Satz 1 Nr 2 EStG

Wurden nicht entnommene Gewinne von Einzel- und Mitunternehmern iSd **1520** § 34 a Abs 2 EStG begünstigt besteuert (§ 34 a Abs 1 EStG), führt die Entnahme dieser Gewinne in einem nachfolgenden Veranlagungszeitraum zu einer Nachversteuerung (§ 34 a Abs 4 Satz 1 EStG). Ebenso ist im Fall der **Einbringung** des Betriebs oder gesamten Mitunternehmeranteils in eine KapGes (§ 20 UmwStG) eine Nachversteuerung durchzuführen (§ 34 a Abs 6 Satz 1 Nr 2 EStG). Der Einbringende beendet damit seine unternehmerische Betätigung iSd § 34 a Abs 1 EStG, die Voraussetzung für die Gewährung der steuerlichen Vergünstigung ist. Eine Nachversteuerung ist auch bei einem **Formwechsel** in eine KapGes oder Genossenschaft (§ 25 UmwStG) vorzunehmen (*BMF* BStBl I 2008, 838 Rn 43).
(frei) **1521–1529**

18. Anteilstausch (§ 21 UmwStG)

a) Begriff. Der Anteilstausch iSd § 21 Abs 1 UmwStG betrifft die **alleinige Ein-** **1530** **bringung** von Anteilen an einer KapGes oder Genossenschaft. Die Veräußerung von **Bezugsrechten** ist wie die Veräußerung der Aktien selbst zu behandeln (BFH I R 128/88 BStBl II 1992, 761; IV R 27/97 BStBl II 1999, 638; I B 159/07 BFH/NV 2008, 1203). Die Höhe der Anteile ist unbeachtlich. Danach setzt ein Anteilstausch iSd § 21 UmwStG die Übertragung von Anteilen an einer in- oder ausländischen KapGes (Genossenschaft) auf eine in- oder ausländische KapGes oder Genossenschaft (übernehmende Gesellschaft) gegen Gewährung von Anteilen an der übernehmenden in- oder ausländischen Gesellschaft iF eines tauschähnlichen Vorgangs voraus. Dies ist auch dann der Fall, wenn sich der Gesellschafter bei einer Bargründung oder Barkapitalerhöhung als **Aufgeld** zur Einbringung von Anteilen an einer KapGes bzw Genossenschaft verpflichtet (BFH I R 55/09 BStBl II 2010, 1094; I R 35/05 BStBl II 2008, 253; s *UmwSt nF* Rn 21.01; 01.44, 01.46; *Flick/ Gocke/Schaumburg* UmwStE 2011 Rn 21.01). Die Übertragung iR eines Anteiltausches kann im Wege der steuerrechtlichen Gesamt- oder Einzelrechtsnachfolge erfolgen (s *UmwStE nF* Rn 01.46, 1255f).
(frei) **1531–1534**

b) Einbringender. Einbringender kann jede natürliche oder juristische Person **1535** sowie die Gesellschafter einer PersGes, wenn ihnen die neuen Anteile an der übernehmenden Gesellschaft (zB Abspaltung aus PersGes, Formwechsel, nicht bei Ausgliederung von Anteilen aus PersGes) zustehen, unabhängig von der Ansässigkeit sein (aA *Schmitt/Schloßmacher* UmwStE 2011 Rn 21.03). Die einschränkende Regelung des § 1 Abs 4 Nr 2 UmwStG verweist nicht auf den Anteilstausch iSd § 1 Abs 3 Nr 5 UmwStG. Danach können auch Anteile von in Drittstaaten ansässigen KapGes und Genossenschaften eingebracht werden.

Dem Einbringenden müssen die **Anteile** vor Durchführung des Anteilstausches **1536** **steuerlich zuzurechnen** sein. Dabei reicht das **wirtschaftliche Eigentum** (§ 39 Abs 2 Nr 1 AO) aus (s *UmwStE nF* Rn 21.06).

Das nach dem Gesamtbild der tatsächlichen Verhältnisse des jeweiligen Einzelfalls **1537** zu bestimmende **wirtschaftliche Eigentum** an einem **KapGes-Anteil** geht nach § 39 Abs 2 Nr 1 AO grds auf den Erwerber über, wenn dieser **(1.)** aufgrund eines (bürgerlich-rechtlichen) Rechtsgeschäfts bereits eine rechtlich geschützte, auf den Erwerb des Rechts gerichtete Position erworben hat, die ihm gegen seinen Willen nicht mehr entzogen werden kann, und (**2.**) die mit dem Anteil verbundenen wesentlichen (Verwaltungs- und Vermögens-)Rechte (insb Gewinnbezugs- und Stimmrecht) sowie (**3.**) Risiko und Chancen von Wertveränderungen auf ihn übergegangen sind (BFH IX R 2/10 BStBl II 2012, 20). Bei einer **Übertragung** eines Geschäftsanteils unter einer **aufschiebenden Bedingung,** zB dass das Bundeskartellamt dem Vorgang zustimmt, wird die Abtretung zivilrechtlich erst mit dieser Zustimmung wirksam. Vor diesem Zeitpunkt geht das wirtschaftliche Eigentum nicht auf die übernehmende Gesellschaft über, weil dieser ihre auf den Anteilserwerb gerichtete Anwartschaft auch gegen ihren Willen wieder entzogen werden kann. Die Anteilsübertragung ist in diesem Fall von der Billigung durch das Bundeskartellamt abhängig (BFH IV R 03/07 BB 2010, 356).

1538 Hat die Beteiligung eines Gesellschafters lediglich die Funktion, iR einer **inkongruenten Kapitalerhöhung** zur Reduzierung der eigenen Beteiligungsquote beizutragen, wird dadurch kein wirtschaftliches Eigentum iSd § 39 Abs 2 Nr 1 AO am Gesellschaftsanteil begründet (BFH IX R 23/10 BStBl II 2012, 3).

1539 *(frei)*

1540 **c) Übernehmende Gesellschaft.** Die **übernehmende KapGes** muss wie bei der Einbringung nach § 20 Abs 1 UmwStG nach den Rechtsvorschriften eines EU-Mitgliedstaates iSd Art 54 AEUV oder des Art 34 des EWR-Abkommens gegründet sein und ihren Sitz und den Ort der Geschäftsleitung in der EU bzw einem EWR-Staat haben (§ 1 Abs 4 Nr 1 iVm Abs 2 Satz 1 Nr 1 UmwStG; *UmwStE nF* Rn 01.54).

1541 Bei der **erworbenen Gesellschaft** handelt es sich um eine KapGes oder Genossenschaft, deren Anteile iRd Anteilstausches iSd § 21 Abs 1 Satz 1 UmwStG in den übernehmenden Rechtsträger eingebracht werden (s.a. Art 2 Buchst h RL 2009/133/EG). Eine solche Gesellschaft kann jede in- oder ausländische KapGes oder Genossenschaft sein, soweit sie den steuerlichen Anforderungen einer KapGes bzw Genossenschaft iSd § 1 Abs 1 Nr 1 bzw 2 KStG entspricht (Typenvergleich).

1542–1544 *(frei)*

1545 **d) Abgrenzung Sacheinlage und Anteilstausch.** Befinden sich im eingebrachten Betrieb bzw Teilbetrieb auch Anteile an KapGes und Genossenschaften, ist insgesamt eine Sacheinlage iSd § 20 Abs 1 UmwStG gegeben. Für eine Aufteilung des Einbringungsvorgangs in eine Sacheinlage und einen Anteilstausch (§ 21 UmwStG) besteht keine gesetzliche Grundlage. Aus § 22 Abs 1 Satz 5 UmwStG erschließt sich, dass die eingebrachte Betriebsgrundlage auch Anteile an KapGes oder Genossenschaften umfassen kann (s *UmwStE nF* Rn 21.01). Ebenso ergibt sich aus § 22 Abs 2 Satz 1 UmwStG, auf den § 22 Abs 1 Satz 5 UmwStG verweist, sowie aus § 23 Abs 2 Satz 3 UmwStG, dass Anteile an einer KapGes sowohl iR einer Sacheinlage als auch iR eines Anteilstausches eingebracht werden können (s auch *Dötsch/Pung* DB 2006, 2763, 2769; *Hagemann/Jakob/Rohl/Viebrock* NWB Sonderheft 1/2007, 34).

1546 Dies gilt auch für eine **100%ige Beteiligung an einer KapGes,** weil sie die Eigenschaften eines Teilbetriebs iSd § 20 Abs 1 UmwStG nicht erfüllt. Deren Behandlung als gewillkürtes Betriebsvermögen reicht bereits für die Zuordnung zur eingebrachten Sachgesamtheit aus, so dass es auf ihre funktional wesentliche Bedeutung für den Betrieb nicht ankommt (s *Schmitt/Schloßmacher* UmwStE 2011 Rn 21.01).

1547 Für diese iR der Sacheinlage **miteingebrachten Anteile** an einer KapGes gelten die **Rechtsfolgen** des Anteilstausches, die sich aus § 22 Abs 2 UmwStG ergeben (s *UmwStE nF* Rn E 20.02). Nach dieser Vorschrift können Anteile an KapGes, die iR einer Sacheinlage eingebracht werden und eine funktional wesentliche Betriebsgrundlage des übertragenen Vermögens darstellen, auch mit dem Buch- oder Zwischenwert angesetzt werden. Die Verpflichtung zum Ansatz des gemeinen Werts

Einbringung, Anteilstausch gegen Gesellschaftsanteile **Anh § 7**

besteht im Gegensatz zum („einfachen") Anteilstausch iSd § 21 Abs 1 Satz 1 UmwStG nicht. Für diese Anteile gilt auch die Rückwirkungsfiktion des § 20 Abs 5 u 6 UmwStG (s *Flick/Gocke/Schaumburg* UmwStE 2011 Rn 21.01).

Im Gegensatz zur Sacheinlage sieht der Anteilstausch die Möglichkeit einer **rück-** **1548** **wirkenden Einbringung** iSd § 20 Abs 6 UmwStG **nicht** vor. Nach Stimmen in der Literatur kommt gemäß § 2 Abs 1 UmwStG eine steuerliche Rückwirkung, die nunmehr auch für den 6. Teil gilt, in Betracht (str; offen gelassen in BFH I R 28/11 DStR 2013, 575 mwN; s Rn 1636).

(frei) **1549**

e) Einbringung von Anteilen. Anteile iSd § 21 UmwStG sind solche des **1550** Betriebsvermögens, des Privatvermögens iSd § 17 EStG und einbringungsgeborene Anteile iSd § 21 Abs 1 UmwStG aF. Die **übrigen Anteile** iSd § 20 Abs 2 Satz 1 Nr 1 EStG unterliegen dem § 20 Abs 4a Satz 1 u 2 EStG. Die Anteilseigner mit Anteilen im Kapitalvermögen haben nach § 20 Abs 4a Satz 1 EStG grds den Buchwert fortzuführen, während die übernehmende KapGes diese Anteile gemäß § 21 Abs 1 Satz 1 UmwStG mit dem gemeinen Wert anzusetzen hat. Abweichend von § 21 Abs 2 Satz 1 UmwStG werden die stillen Reserven der eingebrachten Anteile gemäß § 20 Abs 4a Satz 1 EStG erst bei einer Veräußerung oder Einbringung der übernommenen Anteile aufgedeckt. § 20 Abs 4a Satz 1 EStG, der grds einen steuerneutralen Anteilstausch vorsieht, ist lex specialis zu § 21 Abs 2 Satz 1 UmwStG (s Rn 1650).

Anteile idS sind zB Aktien an in- und ausländischen Aktiengesellschaften und **1551** KGaA, GmbH–Anteile, Anteile an einer Vorgesellschaft, wenn die KapGes später durch Eintragung in das Handelsregister entsteht, Recht aus einer geleisteten Kapitalerhöhung nach Zeichnung der Anteile. **Keine Anteile sind** eine stille Beteiligung an einer KapGes, die Beteiligung des persönlich haftenden Gesellschafters an der KGaA und schuldrechtliche Genussrechte (vgl *Schmitt/Schloßmacher* UmwStE 2011 Rn 21.05).

(frei) **1552–1554**

f) Anteilstausch iSd § 21 Abs 1 Satz 1 UmwStG. Die Einbringung von **1555** Anteilen an einer KapGes iF eines Anteilstausches iSd **§ 21 Abs 1 Satz 1 UmwStG** führt beim Einbringenden zu einer **Veräußerung iR eines tauschähnlichen Vorgangs** und beim übernehmenden Rechtsträger zu einer **Anschaffung**. Gemäß § 21 Abs 1 Satz 1 UmwStG hat die übernehmende Gesellschaft, sofern es sich nicht um einen sog qualifizierten Anteilstausch iSd § 21 Abs 1 Satz 2 UmwStG handelt, die eingebrachten Anteile **zwingend** mit dem **gemeinen Wert** anzusetzen. Dieser ist nach den Grundsätzen des § 11 BewG zum Einbringungszeitpunkt zu ermitteln (s *UmwStE nF* Rn 21.07f; *BMF* BStBl I 2011, 859).

Auf die **handelsrechtliche Behandlung** der eingebrachten Anteile kommt es **1556** nicht an. Der Maßgeblichkeitsgrundsatz ist nicht mehr anzuwenden. Übersteigt der steuerliche Wertansatz der eingebrachten Anteile in der erworbenen Gesellschaft den handelsrechtlichen, stellt der Unterschiedsbetrag ein wirtschaftliches Aufgeld dar, das im steuerlichen Einlagekonto der Handelsbilanz zu erfassen ist (s *UmwStE nF* Rn 21.07; *Schmitt/Schloßmacher* UmwStE 2011 Rn 21.07).

(frei) **1557–1559**

g) Qualifizierter Anteilstausch (§ 21 Abs 1 Satz 2 UmwStG). Ein qualifi- **1560** zierter Anteilstausch liegt vor, wenn die übernehmende Gesellschaft nach der Einbringung aufgrund ihrer Beteiligung einschließlich der eingebrachten Anteile nachweisbar die unmittelbare Mehrheit der Stimmrechte an der erworbenen Gesellschaft hat (**mehrheitsvermittelnde Beteiligung**). Als Anteilstausch gilt auch die Verstärkung einer bereits bestehenden Mehrheitsbeteiligung (BTDrs 16/2710, 45). Eine solche kann im Wege der Einbringung oder Aufstockung auch dadurch entstehen, dass mehrere Personen ihre Anteile in einem einheitlichen Vorgang einbringen. Verfügt die übernehmende Gesellschaft bereits über die Mehrheit der Stimmrechte, ist die Einbringung von Anteilen auch beim Fehlen eines einheitlichen Vorgangs nach § 20 Abs 1 Satz 2 UmwStG begünstigt.

1561 Die Übernehmerin muss nach dem Übergang des rechtlichen bzw wirtschaftlichen Eigentums an den eingebrachten Anteilen die **Stimmrechtsmehrheit** besitzen. Auf die kapitalmäßige Mehrheit ist nicht abzustellen. Die Mehrheit der Stimmen muss auf der Beteiligung beruhen. Schuldrechtliche Vereinbarungen (zB Stimmbindungs-, Pool-, Stimmrechtsausschlussvereinbarungen, Vetorechte oder Zustimmungsvorbehalte) sind unbeachtlich. Eine spätere Aufgabe der unmittelbaren Stimmrechtsmehrheit ist unbeachtlich, weil u.a. keine Behaltefristen bestehen. Diese Grundsätze gelten auch bei Einbringungen in eine **KGaA** gegen Kommanditaktien (s.a. *Flick/Gocke/Schaumburg* UmwStE 2011 Rn 21.09).

1562 Dafür, dass die begünstigenden Voraussetzungen des § 21 Abs 1 Satz 2 UmwStG zum Zeitpunkt des Anteilstausches vorlagen, hat der Einbringende die **Darlegungs- und Feststellungslast.**

1563 Die eingebrachten Anteile können auf Antrag mit dem **Buchwert** oder einem **Zwischenwert,** höchstens mit dem gemeinen Wert, angesetzt werden. Bei den eingebrachten Anteilen des Privatvermögens treten an die Stelle des Buchwerts die Anschaffungskosten (§ 21 Abs 2 Satz 5 UmwStG). Unterschreitet der gemeine Wert den Buchwert der eingebrachten Anteile, ist der gemeine Wert anzusetzen. Zudem ist insoweit der gemeine Wert anzusetzen, als die Anteile durch die Einbringung erstmals vom deutschen Besteuerungsrecht erfasst werden.

1564 Die Ausübung des Antragswahlrechts ist als eigenständiges, steuerliches Wahlrecht unabhängig von der **handelsrechtlichen Behandlung.** Soweit der Buchwert der eingebrachten Anteile das in der Handelsbilanz ausgewiesene gezeichnete Kapital unterschreitet, ist in der Steuerbilanz ein entsprechender Ausgleichsposten auszuweisen (s *UmwStE nF* Rn 21.11, 20.20; s Rn 1342)

1565 Das Ansatzwahlrecht ist spätestens mit Abgabe der Steuererklärung einschließlich der steuerlichen Schlussbilanz **auszuüben** (§ 21 Abs 1 Satz 1 Hs 2 iVm § 20 Abs 2 Satz 3 UmwStG). Zur Ausübung des Bewertungswahlrechts bei Einbringung mehrerer mehrheitsvermittelnder Beteiligungen an verschiedenen KapGes s *Ruf* GmbHR 2008, 243.

1566–1574 *(frei)*

1575 **h) Gewährung sonstiger Gegenleistungen (§ 21 Abs 1 Satz 3 UmwStG).** Bekommt der Einbringende neben den neuen Gesellschaftsanteilen auch sonstige Gegenleistungen iF von anderen Wirtschaftsgütern (zB bare Zuwendung, Einräumung einer Darlehensforderung, Gewährung einer typischen oder atypischen Beteiligung, Gewährung von Genussscheinen), hat die übernehmende Gesellschaft die eingebrachten Anteile mindestens mit dem gemeinen Wert der sonstigen Gegenleistungen anzusetzen, wenn der gemeine Wert dieser Wirtschaftsgüter den Buchwert der eingebrachten Anteile übersteigt. Insoweit kommt es zur Aufdeckung der stillen Reserven. Entsprechend sind bare Zuzahlungen bis zur Höhe des Buchwerts der eingebrachten Anteile ohne Gewinnrealisierung möglich (s *Forst/Radmer* EStB 2007, 112).

1576 **Bare Zuzahlungen** sind gemäß Art 2 Buchst e RL 2009/133/EG auf 10 % des Nennbetrags der ausgegebenen Anteile **begrenzt.** Eine Beschränkung der baren Zuzahlungen auf 10 % des Gesamtnennbetrags der gewährten Geschäftsanteile der übernehmenden Gesellschaft sieht auch § 54 Abs 4 UmwG vor.

1577 Die Anschaffungskosten der neuen Anteile sind um den gemeinen Wert der anderen Wirtschaftsgüter zu mindern, wenn solche neben den neuen Anteilen als Gegenleistung für die eingebrachten Anteile gewährt wurden.

1578, 1579 *(frei)*

Einbringung, Anteilstausch gegen Gesellschaftsanteile   **Anh § 7**

i) Anteilstausch (§ 20 Abs 1 Satz 2 UmwStG aF). In Anlehnung an die Fusi- 1580 onsRL, die durch das StÄndG 1992 (§ 23 UmwStG aF) umgesetzt wurde, gestattet **§ 20 Abs 1 Satz 2 UmwStG aF** eine steuerneutrale Einbringung von Anteilen an einer KapGes, wenn nicht das gesamte Nennkapital bewegt wird, wohl aber die übernehmende Gesellschaft nach der Einbringung die Mehrheit der Stimmen an der Gesellschaft hat, deren Beteiligung eingebracht wird, was durch die Einbringung insgesamt oder durch Aufstockung erfolgen kann. Diese Erleichterung gilt nach § 20 Abs 1 Satz 2 UmwStG aF auch für den Anteilstausch im Inland (vgl dazu BTDrs 12/1108, 80; *OFD Berlin* FR 1999, 862 betr DaimlerChrysler AG). Die Veräußerung von **Bezugsrechten** ist wie die Veräußerung der Aktien selbst zu behandeln (BFH IV R 27/97 BStBl II 1999, 638; I B 159/07 BFH/NV 2008, 1203). Die Regelung gilt auch für Beteiligungen des § 17 EStG (vgl § 20 Abs 5 Satz 2 UmwStG aF). § 20 Abs 4 UmwStG aF gilt auch für § 23 EStG aF. Die durch **Anteilstausch** (§ 20 Abs 1 Satz 2 UmwStG aF) von einer KapGes erworbenen Anteile an einer anderen KapGes können später an eine andere KapGes auch als einbringungsgeborene Anteile nach **§ 8b Abs 2, 4 KStG (aF) steuerfrei** veräußert werden (vgl dazu *BMF* BStBl I 2003, 292; *Dötsch/Pung* DB 2003, 1016).

Eine **Ausnahme** gilt jedoch nach **§ 8b Abs 4 Satz 2 Nr 2 KStG aF** dann, wenn 1581 die hingetauschten Anteile unmittelbar oder mittelbar auf die Einbringung von Betrieben oder Teilbetrieben oder Mitunternehmeranteilen nach § 20 Abs 1 Satz 1 UmwStG aF oder Einbringungen nach § 23 Abs 1 bis 3 UmwStG aF seitens der KapGes zurückzuführen sind, die innerhalb einer Frist von sieben Jahren liegen. Denn für Anteile, die durch andere Einbringungen als den Anteilstausch als einbringungsgeboren entstehen, ist die Steuerfreiheit infolge der Rückausnahme in § 8b Abs 4 Satz 2 Nr 2 KStG aF nicht gedacht (§ 8b Abs 4 Nr 1 KStG aF). Dies gilt auch für den **Formwechsel** (*van Lishaut* DB 2001, 1519/23). § 8b Abs 4 Satz 2 Nr 2 KStG idF UntStFG stellt die Steuerfreiheit auch für den Fall sicher, dass die Anteile von der KapGes als zu einem Betrieb gehörend nach § 20 Abs 1 Satz 1 UmwStG eingebracht werden (vgl *Behrens/Tauser* BB 2001, 1879; *Eilers/Teske* DStR 2003, 119; *Patt* FR 2004, 561). Hierzu wird auch vertreten, dass eine Sperrfrist nach § 8 Abs 4 KStG für den begünstigten Anteilstausch von vornherein ausscheiden müsse (*Schumacher* DStR 2004, 589).

Der Anteilstausch nach § 20 Abs 1 Satz 2 UmwStG aF durch eine natürliche 1582 Person führt nach der Gesetzesfassung des UntStFG nicht zu einbringungsgeborenen Anteilen, die in die steuerfreie Veräußerung einbezogen sind (keine Rückausnahme), es sei denn die 7-Jahresfrist ist schon verstrichen (§ 8b Abs 4 Satz 2 Nr 2 letzter Hs KStG aF). Dadurch sollen Gestaltungen wie die Einbringung von Beteiligungen vor deren Veräußerung verhindert werden. Die 7-Jahresfrist beginnt mit dem steuerlichen Übertragungsstichtag (glA *Schwedhelm* BB 2003, 605/8). Wird der Gewinn aus gemäß § 20 Abs 1 Satz 2 oder § 23 Abs 4 UmwStG aF einbringungsgeborenen Anteilen (Anteilstausch) durch der natürlichen Person realisiert, so ist er nicht voll, sondern nach dem Halb- bzw Teileinkünfteverfahren zu versteuern (§ 3 Nr 40 Buchst b EStG; *Nacke/Intemann* DB 2002, 756), es sei denn, die Anteile des § 20 Abs 1 Satz 2 UmwStG aF gehen auf Einbringungen des § 20 Abs 1 Satz 1 UmwStG innerhalb der Behaltefrist von 7 Jahren zurück. Bei Vollversteuerung der einbringungsgeborenen Anteile nach § 3 Nr 40 Satz 3 u 4 EStG ist **§ 34 EStG** anzuwenden (*BMF* BStBl I 2003, 786 Rn 21).

Nach **§ 8b Abs 6 KStG** gelten § 8b Abs 1 bis 5 KStG auch für die **an einer** 1583 **Mitunternehmerschaft beteiligte KapGes.** Damit wurde auch der **Gewerbeertrag** dieser Mitunternehmerschaft modifiziert (BFH I R 95/05 BStBl II 2007, 279; *Bogenschütz/Striegel* DB 2000, 2547; aA *Strunk* BB 2001, 857). Der Bericht zur UntStFortEntw Tz C IV 2 (FR-Beilage 11/01) sah hierin ein unerwünschtes Ergebnis. Der Bundesrat (BRDrs 683/01, 9) mahnte zutreffend eine Gleichbehandlung von Gewerbebetrieben natürlicher und juristischer Personen an und forderte, dass die Steuerfreiheit der Dividenden des § 8b Abs 1 KStG und die Halbversteuerung des § 3 Nr 40 EStG durch Hinzurechnung für die GewSt wieder beseitigt werden soll. Dem hat sich der Vermittlungsausschuss mit § 8 Nr 5 GewStG in der neuen Fassung des UntStFG angeschlossen (BTDrs 14/7780, 6). Daraus wird mE zu Unrecht gefolgert, dass auch § 8b Abs 2–4 KStG nicht für die GewSt gelten (*BMF* BStBl I 2003, 292 Rn 57). Nach **§ 7 GewStG nF** sind vielmehr für den Gewerbeertrag von Mitunternehmerschaften § 3 Nr 40 EStG, § 3 c Abs 2 EStG hinsichtlich der beteiligten natürl Person und § 8b KStG hinsichtlich der beteiligten KapGes anzuwenden. Damit soll auch Konstruktionen entgegengewirkt werden, bei denen Gewinne nach § 8b KStG zunächst von der Körperschaft steuerfrei vereinnahmt werden und anschließend die damit zusammenhängenden Verluste in eine Mitunternehmerschaft verlagert und dort im vollen Umfang berücksichtigt werden. Dies würde zu Verwerfungen bei der GewSt führen, weil der Gewinn aus der Veräußerung von Beteiligungen nicht unter die Hinzurechnungsvorschrift des § 8 Nr 5 GewStG falle (so FinA Begr BTDrs 15/4050, 72). Damit ist klar gestellt, dass die Steuerbefreiungen des § 8b Abs 2–4 KStG nicht über § 8 Nr 5 GewStG rückgängig gemacht werden. Für die natürliche Person als beteiligter Mitunternehmer gilt nach der Neuregelung das Halb- bzw Teileinkünfteverfahren des § 3 Nr 40 EStG, § 3 c Abs 2 EStG. Die Regelung gilt bereits ab 2004, weil in § 36 GewStG nF keine gesonderte Übergangsregelung vorgesehen war.

1584 Eine Freistellung des Veräußerungsgewinns gemäß § 8b Abs 2 KStG 2002 kommt bei durch Kapitalerhöhung entstandenen **Bezugsrechten** mangels entsprechender Einnahmen gemäß § 20 EStG hieraus nicht in Betracht (BFH I R 101/06 BStBl II 2008, 719).

1585 Die Regelungen über die **sog einbringungsgeborenen Anteile** iSd § 21 Abs 1 UmwStG aF wurden durch das **SEStEG** aufgehoben. Sie sind jedoch auf entstandene einbringungsgeborene Anteile weiter anzuwenden (§ 27 Abs 3 Nr 3 UmwStG nF). Das **SEStEG** regelt den Anteilstausch in § 21 UmwStG nF.

1586–1589 *(frei)*

1590 **j) Bewertung der Anteile (§ 21 Abs 2 UmwStG). aa) Wertverknüpfung (§ 21 Abs 2 Satz 1 UmwStG).** Der Wert, mit dem die übernehmende Gesellschaft die eingebrachten Anteile ansetzt, gilt für den Einbringenden als Veräußerungspreis der eingebrachten Anteile und als Anschaffungskosten der erhaltenen Anteile (**sog Wertverknüpfung**; s *UmwStE nF* Rn 21.13, 20.23). **§ 21 Abs 2 Satz 1 UmwStG** fingiert iRd Anteilstausches eine Veräußerung, bei der sich der Veräußerungspreis des Einbringenden nach dem Wertansatz der aufnehmenden Gesellschaft richtet. Die Besteuerung des Gewinns aus der Veräußerung der Anteile erfolgt nach den allgemeinen Vorschriften. Steuerrechtlich behalten die Aktien auch bei einer **Sammelverwahrung** nach § 5 Abs 1 DepotG ihre rechtliche Selbstständigkeit. Bei der Einbringung von Anteilen kann der Stpfl entscheiden, welche übertragen werden sollen. Die Identität von GmbH-Anteilen kann zB durch Bezugnahme auf den notariellen Erwerbsvorgang nachgewiesen werden. Bei Aktien kann dies zB durch Zuordnung von Stücknummern bzw durch Verwahrung in einem gesonderten Depot geschehen. Den eingebrachten Anteilen sind bei der Ermittlung des Veräußerungsergebnisses nur deren **speziellen Anschaffungskosten** zuzuordnen (FG Rh-Pf EFG 2013, 475, Rev BFH IX R 45/12).

1591 Der **Einbringende** ist grds an den Wertansatz der übernehmenden Gesellschaft gebunden. Er hat hinsichtlich der zutreffenden Wertermittlung grds **kein eigenes Prüfungsrecht.** Eine Wertverknüpfung besteht jedoch dann nicht, wenn mangels Anteilstausches kein Bewertungswahlrecht für die übernehmende Gesellschaft bestand (BFH I R 97/18, BStBl II 2010, 808). Dem steht ein gegenüber der KapGes ergangener, bestandskräftiger Steuerbescheid, der dem Einbringenden gegenüber keinen Grundlagenbescheid darstellt, nicht entgegen. Entsprechend kann der Ein-

Einbringung, Anteilstausch gegen Gesellschaftsanteile **Anh § 7**

bringende iR einer **sog Drittanfechtung** einen überhöhten Wertansatz angreifen (BFH I R 79/10 BStBl II 2012, 421; s Rn 1372). Ebenso führen Änderungen des Wertansatzes zB iR einer Betriebsprüfung bei der übernehmenden Gesellschaft in Anlehnung an § 21 Abs 2 Satz 1 UmwStG zu einer **Folgeänderung** beim Einbringenden nach § 175 Abs 1 Satz 1 Nr 2 AO (s BFH I R 2/11 BFH/NV 2012, 1649; Rn 1403).
(frei) **1592–1594**

bb) Ansatz des gemeinen Werts (§ 21 Abs 2 Satz 2 UmwStG). Nach § 21 **1595** Abs 2 Satz 2 UmwStG hat der Einbringende den **gemeinen Wert** der eingebrachten Anteile als Veräußerungspreis und als Anschaffungskosten der erhaltenen Anteile anzusetzen, wenn nach der Einbringung das Besteuerungsrecht der BRD hinsichtlich des Gewinns aus der Veräußerung der eingebrachten oder der erhaltenen Anteile ausgeschlossen oder beschränkt ist (*UmwStE nF* Rn 21.14). Dies ist dann der Fall, wenn die BRD abkommensrechtlich nach der Einbringung der Anteile anstelle des vollen Besteuerungsrechts zur Anrechnung der ausländischen Steuer verpflichtet ist oder kein Besteuerungsrecht mehr hat. Es besteht insoweit **keine doppelte Wertverknüpfung.** Maßgebend sind die Verhältnisse zum Einbringungszeitpunkt. Im Falle einer Beschränkung des inländischen Besteuerungsrechts nach diesem Zeitpunkt gelten die allgemeinen Entstrickungsgrundsätze (zB § 12 KStG).

Bei einem **grenzüberschreitenden Anteilstausch** hat der Wertansatz der über- **1596** nehmenden Gesellschaft keinen Einfluss auf den Veräußerungspreis der Einbringenden. Zur Sofortversteuerung nach § 21 Abs 2 Satz 2 UmwStG bei grenzüberschreitendem Anteilstausch s *Becker-Pennrich* IStR 2007, 684.
(frei) **1597–1604**

cc) Ansatzwahlrecht (§ 21 Abs 2 Satz 3 UmwStG). Im Falle eines **qualifi- 1605 zierten Anteilstausches** ohne Gewährung sonstiger Gegenleistungen (§ 21 Abs 1 Satz 2 UmwStG) kann der Einbringende unter den Voraussetzungen des Abs 2 Satz 2 gemäß **§ 21 Abs 2 Satz 3 UmwStG** auf Antrag den **Buchwert** oder einen **Zwischenwert** als Veräußerungspreis der eingebrachten Anteile und als Anschaffungskosten der erhaltenen Anteile ansetzen, wenn **(1.)** das Besteuerungsrecht der BRD an den erhaltenen Anteilen nicht ausgeschlossen oder beschränkt ist oder **(2.)** der Gewinn aus dem Anteilstausch aufgrund Art 8 RL 2009/133/EG (FusionsRL) nicht besteuert werden darf (**Rückausnahme** zu § 21 Abs 2 Satz 2 UmwStG), weil neben der übernehmenden Gesellschaft auch die eingebrachte Gesellschaft in einem Mitgliedstaat der EU/EWR ansässig ist und die Zuzahlung 10 % des Nennwerts der ausgegebenen Anteile nicht überschreitet (s *UmwStE nF* Rn 21.15). Die (Fusions-)RL sieht innerhalb der EU grds einen steuerneutralen Anteilstausch vor.

In beiden Fällen unterliegt der Gewinn aus der Veräußerung der erhaltenen **1606** Anteile der vollen Besteuerung durch die BRD. Gemäß Art 8 Abs 6 RL 2009/133/ EG (FusionsRL) ist dann der Gewinn aus der späteren Veräußerung der erhaltenen Anteile so zu besteuern, wie die Veräußerung der eingebrachten Anteile zu besteuern gewesen wäre. Entgegenstehende Bestimmungen eines DBA sind unbeachtlich (treaty-override; BTDrs 16/2710, 46). Dies gilt gemäß § 22 Abs 2 Satz 3 Nr 2 letzter Hs UmwStG iVm § 15 Abs 1a Satz 2 EStG zB auch dann, wenn später die erhaltenen Anteile verdeckt in eine KapGes eingelegt werden, die Europäische Gesellschaft aufgelöst wird oder ihr Kapital herabgesetzt und zurückgezahlt wird (BTDrs 16/ 3369, 12).
(frei) **1607–1614**

dd) Ausübung des Bewertungswahlrechts (§ 21 Abs 2 Satz 4 UmwStG). 1615 Der Einbringende muss das Bewertungswahlrecht spätestens mit Abgabe der Steuer-

Wagner

erklärung je Einbringungsvorgang einheitlich ausüben und (formlos) beantragen (§ 21 Abs 2 Satz 4 UmwStG).

1616–1619 *(frei)*

1620 **ee) Einbringungsgewinn.** Der Ansatz der eingebrachten Anteile mit einem Zwischenwert oder dem gemeinen Wert führt **beim Einbringenden** zur Aufdeckung von stillen Reserven und damit zu einem **Veräußerungsgewinn,** der den allgemeinen Besteuerungsgrundsätzen (zB §§ 13, 15, 16, 18 iVm § 3 Nr 40; §§ 20 Abs 2 Nr 1, Abs 4 a, 32 d Abs 1; § 8b KStG) unterliegt (s *UmwStE nF* Rn 21.16).

1621 Bei einer späteren Veräußerung einer Beteiligung von weniger als 1% kommt eine Besteuerung nach § 17 Abs 6 EStG in Betracht.

1622–1629 *(frei)*

1630 **ff) Einbringungsgeborene Anteile (§ 21 Abs 1 Satz 1 UmwStG aF).** Einbringungsgeborene Anteile iSd § 21 Abs 1 Satz 1 UmwStG aF behalten bei Einbringung unter dem gemeinen Wert ihre Eigenschaft über die Einbringung hinaus bei. Soweit in den eingebrachten Anteilen einbringungsgeborene Anteile enthalten sind, gelten sie weiterhin als solche (**§ 21 Abs 2 Satz 6** iVm § 20 Abs 3 Satz 4 UmwStG nF). Die Veräußerung dieser Anteile ist gemäß § 8b Abs 4 KStG aF iVm § 34 Abs 7 a KStG bzw § 3 Nr 40 Satz 3 EStG aF iVm § 52 Abs 4 b Satz 2 EStG in vollem Umfang steuerpflichtig.

1631–1634 *(frei)*

1635 **k) Zeitpunkt des Anteilstausches.** Der **Zeitpunkt des Anteilstausches** wird durch die Übertragung des wirtschaftlichen Eigentums der eingebrachten Anteile auf die übernehmende Gesellschaft bestimmt. Dies hat bei einer Gründung einer KapGes oder Kapitalerhöhung grds vor der Anmeldung in das Handelsregister zu erfolgen (s § 57 Abs 1 iVm § 36a Abs 2, 183 Abs 2 iVm § 36a Abs 2 AktG, § 7 Abs 3, 56a GmbHG; s *UmwStE nF* Rn 21.17; *Schmitt/Schloßmacher* UmwStE 2011 Rn 21.17).

1636 Bei einem Anteilstausch iSd § 21 UmwStG ist eine **Rückbeziehung** ausgeschlossen (BFH I R 89/09 BStBl II 2011, 528; I R 111/09 BFH/NV 2011, 67). Im Gegensatz zur Rückwirkungsfiktion des § 2 Abs 1 iVm § 20 Abs 7 u 8 UmwStG 1995 enthält das UmwStG idF des SEStEG keine entsprechende Regelung. § 2 und § 20 Abs 5 u 6 UmwStG sind nicht anzuwenden (s *UmwStE nF* Rn 21.17). Aus dem erweiterten Anwendungsbereich des § 2 UmwStG nF auf die Einbringungsvorschriften des 6. bis 8. Teils durch seine Regelung unter den allgemeinen Vorschriften des Gesetzes kann mE nicht auf eine steuerliche Rückwirkung des Anteilstausches iSd § 20 Abs 6 UmwStG geschlossen werden (s.a. *Haritz/Menner* UmwStG § 21 Rn 135; offen gelassen in BFH I R 28/11 DStR 2013, 575).

1637–1639 *(frei)*

1640 **l) Steuervergünstigungen (§ 21 Abs 3 UmwStG).** Für im Privatvermögen gehaltene Beteiligungen gewährt § 21 Abs 3 Satz 1 UmwStG den **Freibetrag nach § 17 Abs 3 EStG** nur, wenn der Einbringende eine natürliche Person ist und die eingebrachten Anteile mit dem gemeinen Wert angesetzt werden. Die Einbringung einer 100%igen Beteiligung ist nicht erforderlich.

1641 Dagegen ist bei im Betriebsvermögen gehaltenen Anteilen für die Gewährung des **Freibetrags nach § 16 Abs 4 EStG** zusätzlich erforderlich, dass eine 100%ige Beteiligung an einer KapGes eingebracht wird. In beiden Fällen kommt der ermäßigte Steuersatz nach § 34 Abs 1 EStG nicht in Betracht.

1642–1644 *(frei)*

1645 **m) Anschaffungskosten der erhaltenen Anteile (§ 21 Abs 2 Satz 5 UmwStG).** Beim Einbringenden gilt der Wert, mit dem die übernehmende Gesellschaft die eingebrachten Anteile ansetzt, als Anschaffungskosten für die erhaltenen

Anteile (§ 21 Abs 2 Satz 1 UmwStG; s Rn 1590). Danach bestimmt der von der übernehmenden KapGes angesetzte Wert die Anschaffungskosten der erhaltenen Anteile. Befanden sich die eingebrachten Anteile beim Einbringenden **nicht** im **Betriebsvermögen**, sind die erhaltenen Anteile anstelle des Buchwerts mit den Anschaffungskosten der eingebrachten Anteile anzusetzen (§ 21 Abs 2 Satz 5 UmwStG).

Die Anschaffungskosten der erhaltenen Anteile sind um den gemeinen Wert der **1646** Wirtschaftgüter zu mindern, die der Einbringende neben den Anteilen als Gegenleistung erhalten hat (§ 21 Abs 2 Satz 6 iVm § 20 Abs 3 Satz 3 UmwStG). Bare Zuzahlungen an den Einbringenden mindern den Wert der iRd tauschähnlichen Vorgangs erhaltenen Anteile an der übernehmenden Gesellschaft.

(frei) **1647–1649**

n) Besteuerung von Anteilen im Privatvermögen. Die fiktive Veräußerung **1650** der eingebrachten Anteile führt bei einer **Beteiligung iSd § 17 EStG** im Privatvermögen zu einer Versteuerung der Anteile nach dieser Vorschrift, ansonsten zu **Kapitaleinkünften** nach § 20 Abs 2 Satz 1 Nr 1, Abs 8 EStG. Da iRd Anteilstausches iSd § 21 UmwStG keine Mittel fließen, wird gemäß § 20 Abs 4a Satz 1 EStG bei den Einkünften aus Kapitalvermögen von einer Versteuerung abgesehen, wenn das inländische Besteuerungsrecht nicht ausgeschlossen oder beschränkt wird oder Art 8 RL 90/434/EWG idF der RL 2009/133/EG anzuwenden ist. Die übernommen Anteile treten an die Stelle der bisherigen. Dadurch fällt auch keine Abgeltungssteuer an. § 20 Abs 4a Satz 1 EStG, der insoweit einen steuerneutralen Anteilstausch vorsieht, ist lex specialis zu § 21 Abs 2 Satz 1 UmwStG.

Für die Ermittlung des **Veräußerungspreises** nach § 23 Abs 1 Satz 1 Nr 2 **1651** **iVm Abs 3 EStG aF** von gemäß § 20 Abs 6 UmwStG 1977 in eine andere KapGes eingebrachten Anteilen ist es unerheblich, ob der Einbringende für die veräußerten Anteile höhere Anschaffungskosten als für die Altanteile aufgewandt hat. Der von der übernehmen KapGes einheitlich angesetzte Wert bildet den Veräußerungspreis des Einbringenden, der durch die Anzahl der eingebrachten Anteile dividiert den Veräußerungspreis pro Anteil ergibt (BFH IX R 41/10 BFH/NV 2011, 1850). Diese Grundsätze gelten allgemein für die Besteuerung des Gewinns aus der Veräußerung von Anteilen iRd Umwandlung.

(frei) **1652–1659**

19. Besteuerung des Anteilseigners (§ 22 UmwStG)

a) Rückwirkende Besteuerung. Bei einer Sacheinlage (§ 20 Abs 1 UmwStG) **1660** und einem Anteilstausch (§ 21 Abs 1 UmwStG) einschließlich der bei einer Sacheinlage miteingebrachten Anteile (§ 22 Abs 1 Satz 5 UmwStG) unter dem gemeinen Wert sieht § 22 UmwStG eine rückwirkende Besteuerung des Einbringungsvorgangs vor, wenn die erhaltenen bzw eingebrachten Anteile **(sog sperrfristbehaftete Anteile)** innerhalb einer Sperrfrist von sieben Jahren nach der Einbringung veräußert werden. Sie soll verhindern, dass die (steuerneutrale) Einbringung dazu genutzt wird, um die erhaltenen Anteile unter Inanspruchnahme des Teileinkünfteverfahrens (§ 3 Nr 40 EStG) bzw der Steuerbefreiung nach § 8b Abs 2 KStG zu veräußern (s *UmwStE nF* Rn 22.01f).

Sperrfristbehaftete Anteile iSd § 22 Abs 1 UmwStG sind die iRd Gründung **1661** oder Sachkapitalerhöhung erhaltenen Anteile sowie die sog mitverstrickten Anteile iSd § 22 Abs 7 UmwStG. Diese sind bereits bestehende Anteile, auf die iRd Sachgründung oder Sachkapitalerhöhung stille Reserven übergehen, oder nach der Sachgründung oder Sachkapitalerhöhung neu ausgegebene Anteile, auf die sich stille Reserven von sperrfristbehafteten Anteilen verlagern (s *UmwStE nF* Rn 22.43; *Pung* GmbHR 2012, 158).

Anh § 7 Umwandlungsvorgänge

1662 Eine **Sperrfristbehaftung** von Anteilen tritt **nicht** ein bei Einbringungsvorgängen zum gemeinen Wert (zB einfacher Anteilstausch nach § 21 Abs 1 Satz 1 UmwStG). Eine solche setzt grds voraus, dass die Voraussetzungen für eine Einbringung nach §§ 20 oder 21 UmwStG tatsächlich vorliegen. Ist das nicht der Fall und hat deshalb nach objektiver Rechtslage kein Bewertungswahlrecht für die übernehmende KapGes bestanden, löst eine **unzutreffende Buchwertfortführung** bei der übernehmenden Gesellschaft nicht die Rechtsfolgen des § 22 UmwStG aus (vgl BFH I R 97/08 BStBl II 2010, 808 zu § 21 UmwStG aF).

1663 § 22 Abs 1 UmwStG stellt auf die **Veräußerung** der erhaltenen Anteile **durch** den **Einbringenden** ab. Veräußert eine **PersGes** als Einbringende die erhaltenen Anteile, kommt es zu einer Veräußerung nach dieser Vorschrift. Dies gilt nach Auffassung der *FinVerw* wegen des Transparenzprinzips auch für den Mitunternehmer, wenn dieser einen **Mitunternehmeranteil** veräußert, zu dessen Betriebsvermögen sperrfristbehaftete Anteile gehören, oder für die mittelbare Veräußerung eines Mitunternehmeranteils bei doppel- oder mehrstöckigen PersGes (s *UmwStE nF* Rn 22.02; aA zB *Schmitt/Schloßmacher* UmwStE 2011 Rn 22.02).

1664 Unter **Veräußerung iSd § 22 Abs 1 u 2 UmwStG** ist jede Übertragung gegen Entgelt zu verstehen. Darunter fallen u.a. Umwandlungen und Einbringungen (zB Verschmelzung, Auf- und Abspaltung, Firmenwechsel). Dies bedeutet, dass grds jede innerhalb der Sperrfrist durchgeführte Umwandlung sowie umwandlungsbedingte Übertragung zu einer rückwirkenden Einbringungsgewinnbesteuerung iSd § 22 UmwStG führen kann (s *Schmitt/Schloßmacher* UmwStE 2011 Rn 22.07).

1665 Bei einer **unentgeltlichen Übertragung** wird gemäß § 22 Abs 6 UmwStG der Rechtsnachfolger Einbringender iSd § 22 UmwStG. Eine Besteuerung dieses Einbringungsvorgangs nach § 22 Abs 1 UmwStG ist insoweit nicht veranlasst.

1666–1669 *(frei)*

1670 b) Einbringungsgewinn I. Veräußert der Einbringende iR einer Sacheinlage zu **Buch- bzw Zwischenwerten** (§ 20 Abs 2 Satz 2 UmwStG) erhaltene Anteile oder nur einen Teil hieraus innerhalb von 7 Jahren nach dem Einbringungszeitpunkt, entsteht (insoweit) bei ihm rückwirkend auf das Jahr der Einbringung ein Einbringungsgewinn I (§ 22 Abs 1 Satz 1 UmwStG). Dies gilt auch bei einer Veräußerung durch den unentgeltlichen Rechtsnachfolger iSd § 22 Abs 6 UmwStG (s Rn 1840) und in den Fällen der Mitverstrickung von Anteilen (§ 22 Abs 7 UmwStG, s Rn 1850; *UmwStE nF* Rn 22.03). Einbringungszeitpunkt ist der Übertragungszeitpunkt (§ 20 Abs 6 UmwStG nF). Der Einbringungsgewinn I ist gemäß § 22 Abs 1 Satz 3 UmwStG wie folgt zu ermitteln:

Gemeiner Wert des eingebrachten Betriebsvermögens zum Einbringungszeitpunkt (ohne miteingebrachte Anteile an der KapGes iSd § 22 Abs 1 Satz 5 UmwStG)

./. Kosten für den Vermögensübergang
./. Wert, mit dem die übernehmende KapGes das eingebrachte Betriebsvermögen angesetzt hat

= Einbringungsgewinn I zum Zeitpunkt der Einbringung
./. Kürzung um 1/7 für jedes bis zur Veräußerung abgelaufene Zeitjahr

= zu versteuernder Einbringungsgewinn I (s *UmwStE nF* Rn 22.08)

Soweit nur ein **Teil** der sperrfristbehafteten Anteile veräußert wird oder ein Ersatztatbestand iSd § 22 Abs 1 Satz 6 UmwStG nur einen Teil der sperrfristbehafteten Anteile betrifft, ist die rückwirkende Einbringungsbesteuerung nur anteilig vorzunehmen (s *UmwStE nF* Rn 22.04 mit Bsp).

1671 Der Einbringungsgewinn I stellt einen **Veräußerungsgewinn** iSd § 16 EStG dar. Er unterliegt als laufender Gewinn den allgemeinen Besteuerungsgrundsätzen.

Der Einbringungsgewinn mindert sich für jedes Zeitjahr um 1/7 (§ 22 Abs 1 Satz 3 UmwStG). Die Vergünstigungen des § 16 Abs 4 und § 34 EStG sind wegen der Kürzung um ein Siebtel je abgelaufenen Zeitjahres nicht anwendbar. Ebenso kommen weder das Teileinkünfteverfahren noch eine Steuerbefreiung nach § 8b KStG in Betracht (s *UmwStE nF* Rn 22.07).

Die **Ermittlung des Einbringungsgewinns I** bezieht sich nur auf das einge- **1672** brachte Betriebsvermögen, nicht dagegen auf die Anteile an KapGes oder Genossenschaften, die als Teil des Betriebs mit eingebracht wurden (§ 22 Abs 1 Satz 5 UmwStG). Die Veräußerung von miteingebrachten Anteilen an KapGes, die auf einer Sacheinlage (§ 20 Abs 1 UmwStG) beruhen, löst eine nachträgliche Besteuerung des Einbringungsvorgangs (Einbringungsgewinn II) nach § 22 Abs 2 UmwStG aus.

Dies gilt nicht, wenn iR einer Sacheinlage durch einen **beschränkt Steuer-** **1673** **pflichtigen** Anteile mit übertragen werden und dies zum Ausschluss oder zur Beschränkung der inländischen Besteuerung hinsichtlich des Gewinns aus der Veräußerung der erhaltenen Anteile führt. In diesem Fall ist eine spätere Veräußerung von erhaltenen Anteilen rückwirkend im Wirtschaftsjahr der Einbringung als Gewinn des Einbringenden (Einbringungsgewinn I) nach § 22 Abs 1 UmwStG unter Anwendung des § 3 Nr 40 EStG zu versteuern (§ 22 Abs 1 Satz 5 2. Hs UmwStG; s *UmwStE nF* Rn 22.11). Dadurch wird die Besteuerung von Gewinnen aus der Veräußerung von erhaltenen Anteilen unmittelbar nach der Einbringung sichergestellt (BTDrs 16/3369, 12). Die Veräußerung von Anteilen an der übernehmenden KapGes, die neben den erhaltenen Anteilen gehalten werden, bleiben unberücksichtigt (*Dötsch/Pung* DB 2007, 2704, 2766).

Maßgebend ist der **gemeine Wert des Betriebsvermögens** zum Zeitpunkt der **1674** Einbringung. Wertveränderungen der Anteile, die nach der Einbringung eingetreten sind, haben auf den Einbringungsgewinn I keine Auswirkung. Der Einbringungsgewinn I erfasst nur die zum Einbringungszeitpunkt in den eingebrachten Wirtschaftsgütern enthaltenen stillen Reserven. Der insgesamt entstandene Veräußerungsgewinn setzt sich daher aus dem Einbringungsgewinn I und dem Gewinn aus dem Anteilsverkauf, der die nach der Einbringung eingetretenen Wertveränderungen erfasst, zusammen. Diese nach der Einbringung eingetretenen **Wertveränderungen** werden als **Veräußerungsgewinn** besteuert (s Rn 1745). Wegen der erforderlichen rückwirkenden Ermittlung des gemeinen Werts des eingebrachten Betriebsvermögens (vgl § 20 Abs 3 Satz 1 UmwStG) ist eine entsprechende Beweisvorsorge iRd Einbringung ratsam.

Die **Kosten für den Vermögensübergang**, die iRd Sacheinlage (fiktive Veräu- **1675** ßerung; § 20 Abs 3 UmwStG) anfallen, sind zunächst beim Einbringenden grds als sofort abziehbare Veräußerungskosten und nicht als Anschaffungsnebenkosten für die erhaltenen Anteile an der übernehmenden KapGes zu behandeln (s *Haritz/ Menner* § 22 UmwStG Rn 86). Kommt es zu einer **schädlichen Veräußerung** der erhaltenen Anteile iSd § 22 Abs 1 Satz 1 UmwStG, ist der laufende Gewinn im Jahr der Einbringung (rückwirkend) um die berücksichtigten Kosten des Vermögensübergangs zu **berichtigen** und der Einbringungsgewinn I entsprechend zu mindern (§ 22 Abs 1 Satz 3 UmwStG; *UmwStE nF* Rn 22.09). Werden die Kosten nicht hinreichend konkretisiert, sind sie nach Auffassung der *FinVerw* gemäß § 162 AO zu **schätzen** (s *UmwStE nF* Rn 22.32).

Übernimmt die übernehmende KapGes die durch die Einbringung entstandenen **1676** Kosten des Einbringenden, kann darin eine **verdeckte Gewinnausschüttung** liegen (s *Schmitt/Schloßmacher* UmwStE 2011 Rn 22.09). Dies gilt entsprechend zB bei einer **Seitwärtsverschmelzung,** wenn eine andere Gesellschaft des Konzerns die Kosten des Vermögensübergangs der übernehmenden KapGes übernimmt (s *Stimpel* GmbHR 2012, 199, 204).

Anh § 7 Umwandlungsvorgänge

1677 Während hinsichtlich des Einbringungsgewinns nach § 20 UmwStG grds eine **Rücklage nach § 6b EStG** gebildet werden kann, ist dies hinsichtlich des Einbringungsgewinns I nicht möglich (s *UmwStE nF* Rn 22.07).

1678 Die **gewerbesteuerliche Behandlung** des Einbringungsgewinns richtet sich nach den allgemeinen Grundsätzen (s § 7 Satz 2 GewStG; BFH IV R 29/07 BStBl II 2011, 511 zu dessen Verfassungsmäßigkeit). Danach unterliegt der Gewinn aus der Veräußerung eines Betriebs, Teilbetriebs oder eines Mitunternehmeranteils nicht der GewSt, soweit er auf eine natürliche Person oder PersGes entfällt (vgl BFH IV R 3/05 BStBl II 2007, 777; s § 2 Rn 3). Dies gilt grds für den Einbringungsgewinn aufgrund einer Sacheinlage iSd § 20 Abs 1 UmwStG sowie für den Einbringungsgewinn I anlässlich eines schädlichen Ereignisses (§ 22 Abs 1 UmwStG) entsprechend.

1679 Dies gilt **nicht**, wenn nur ein **ideeller Anteil** an einem Mitunternehmeranteil eingebracht wird, weil der Einbringende in diesem Fall seine mitunternehmerische Tätigkeit in der Gesellschaft fortführt (zB BFH IV R 51/98 BFH/NV 2000, 1554; IV R 3/05 BStBl II 2007, 777; IV R 22/06 BFH/NV 2008, 109). Der Einbringungsgewinn ist damit als laufender Gewinn zu behandeln. Weiter fehlt es nach Auffassung der *FinVerw* an einem erforderlichen einheitlichen Vorgang, wenn **nicht sämtliche erhaltenen Anteile** veräußert werden. Der durch deren sukzessive Veräußerung jeweils entstehende Einbringungsgewinn I ist danach als laufender Gewinn dem Gewerbeertrag zuzurechnen (s *UmwStE nF* Rn 22.07). Der Einbringungsgewinn II iSd § 22 Abs 2 UmwStG stellt bei im Betriebsvermögen gehaltenen Anteilen Gewerbeertrag dar, weil die Übertragung von Anteilen an KapGes nach § 16 Abs 1 EStG nicht begünstigt ist (s *UmwStE nF* Rn 22.13).

1680 Die Veräußerung der erhaltenen Anteile gilt als **rückwirkendes Ereignis iSd § 175 Abs 1 Satz 1 Nr 2 AO** (s *UmwStE nF* Rn 22.03). Es ist ein entsprechender Änderungsbescheid zu erlassen. Eine Steuernachzahlung wird gemäß § 233a Abs 2a AO nicht rückwirkend auf den Einbringungsstichtag **verzinst,** weil der Zinslauf erst 15 Monate nach Ablauf des Kalenderjahres beginnt, in dem das rückwirkende Ereignis eingetreten ist.

1681–1684 *(frei)*

1685 **c) Nachträgliche Anschaffungskosten (§ 22 Abs 1 Satz 4 UmwStG).** Der steuerpflichtige Einbringungsgewinn I ist beim Einbringenden als nachträgliche Anschaffungskosten der erhaltenen Anteile zu erfassen. Dadurch wirkt sich der Einbringungsgewinn I erfolgsmindernd auf den Gewinn aus der Veräußerung der erhaltenen Anteile zum Einbringungszeitpunkt aus. Diese Grundsätze gelten auch für die **Ersatztatbestände des § 22 Abs 1 Satz 6 UmwStG.** Gemäß **§ 22 Abs 1 Satz 7 UmwStG** sind die Anschaffungskosten der Anteile, die auf einer weiteren Einbringung der erhaltenen Anteile iSd § 22 Abs 1 Satz 6 Nr 4 u 5 UmwStG zum Buchwert beruhen, entsprechend zu erhöhen. Die *FinVerw* wendet diese Regelung offenbar auf alle Vorgänge des § 22 Abs 1 Satz 6 UmwStG an (s *UmwStE nF* Rn 22.10).

1686 Wird nur ein **Teil** der erhaltenen Anteile veräußert, kommt es nur insoweit zu einer **rückwirkenden Besteuerung** eines Einbringungsgewinns (I). Entsprechend gilt der Einbringungsgewinn nur hinsichtlich der veräußerten Anteile als nachträgliche Anschaffungskosten (s *Schmitt/Schloßmacher* UmwStE 2011 Rn 22.04).

1687–1689 *(frei)*

1690 **d) Ersatzrealisationstatbestände des § 22 Abs 1 Satz 6 UmwStG.** Die Ersatzrealisationstatbestände des § 22 Abs 1 Satz 6 UmwSt sollen eine Umgehung des Grundtatbestandes ausschließen (s *Schumacher/Neumann* DStR 2008, 325, 332). Danach stehen folgende Tatbestände einer Veräußerung gleich:

1691 **(Nr 1)** Der Einbringende oder sein Rechtsnachfolger iSd § 22 Abs 6 UmwStG überträgt die erhaltenen Anteile unmittelbar oder mittelbar **unentgeltlich** (zB verdeckte Einlage, verdeckte Gewinnausschüttung, Realteilung, unentgeltliche Übertragung nach § 6 Abs 3 u 5 EStG) auf eine KapGes oder Genossenschaft.

Der Vermögensübergang im Wege einer Anwachsung erfolgt nur insoweit unentgeltlich, als der Übernehmer bereits am Vermögen der PersGes beteiligt war (vgl OFD Berlin DStR 2002, 1811). Eine teilentgeltliche Übertragung der Anteile löst hinsichtlich des unentgeltlichen Teils eine rückwirkende Besteuerung als Einbringungsgewinn I/II aus. Der entgeltliche Teil ist nach § 22 Abs 1 Satz 1 bzw Abs 2 Satz 1 UmwStG zu versteuern. Die unentgeltliche Übertragung von sperrfristbehafteten Anteilen auf einen anderen Rechtsträger als die KapGes oder Genossenschaft ist unschädlich (s Schmitt/Schloßmacher UmwStE 2011 Rn 22.10). **1692**

(**Nr 2**) Der Einbringende überträgt die erhaltenen Anteile **entgeltlich** weiter, soweit die Übertragung nicht zu Buchwerten erfolgt. **1693**

Eine **Veräußerung** ist jede entgeltliche Übertragung (s *UmwStE nF* Rn 22.07) des rechtlichen oder wirtschaftlichen Eigentums (BFH VIII R 29/93, BStBl II 1995, 693; *Pung* GmbHR 2012, 158, 161). Als Veräußerung werden auch Umwandlungen und Einbringungen gegen Gewährung von Gesellschaftsrechten behandelt. **1694**

Ein **schädlicher Veräußerungsvorgang** iSd § 22 Abs 1 Satz 6 Nr 2 UmwStG ist jedoch **nicht** gegeben, wenn die Weiterleitung iR einer Sacheinlage (§ 20 Abs 1 UmwStG) oder eines Anteilstausches (§ 21 UmwStG) oder eines vergleichbaren ausländischen Vorgangs ohne Aufdeckung der stillen Reserven (beim Einbringenden) zum **Buchwert** erfolgt und dies der Einbringende oder dessen unentgeltlicher Rechtsnachfolger (§ 22 Abs 6 UmwStG) nachweist. Eine Übertragung zu Buchwerten iSd § 22 Abs 1 Satz 6 Nr 2 UmwStG liegt dann vor, wenn iR der Weitereinbringung bzw nachfolgenden Einbringung beim Einbringenden keine stillen Reserven aufzudecken sind (s *UmwStE nF* Rn 22.22). **1695**

Werden neben der Gewährung von Gesellschaftsrechten auch **andere Wirtschaftsgüter** zB iF von Zuzahlungen geleistet, die gemäß § 20 Abs 2 Satz 4 bzw § 21 Abs 1 Satz 3 UmwStG zum Ansatz eines höheren Werts als den Buchwert führen, löst die nachfolgende Einbringung die volle Besteuerung des Einbringungsgewinns iSd § 22 Abs 1 Satz 6 Nr 2 UmwStG aus. Eine teilweise Besteuerung iHd schädlichen Zuzahlung scheidet aus. **1696**

Nach den Grundsätzen den UmwStG idF des **SESTEG** kommt es grds bei allen Umwandlungen (zB Verschmelzungen, Spaltung, Formwechsel, nicht Abspaltung) auf der Ebene des übertragenden sowie des übernehmenden Rechtsträgers hinsichtlich des übertragenen Vermögens zu einem **Veräußerungs- und Anschaffungsvorgang**. Damit führt grds **jede nachfolgende** Umwandlung oder Einbringung durch den Einbringenden oder der übernehmende KapGes (**zB Weitereinbringung**) sowie eine **umwandlungsbedingte Übertragung** der sperrfristbehafteten Anteile zu einer **Veräußerung** iSd § 22 Abs 1 Satz 1 bzw Abs 2 Satz 1 UmwStG und dadurch zu einer rückwirkenden Einbringungsbesteuerung nach § 22 Abs 1 oder 2 UmwStG aus (s *UmwStE nF* Rn 22.23, 00.02). **1697**

Billigkeitsregelung. Entsprechend stellt aus der **Sicht des Einbringenden** auch die Einbringung von Wirtschaftsgütern iF der erhaltenen (§ 20 UmwStG) und eingebrachten (§ 21 UmwStG) Anteile und die **nachfolgende Einbringung** von Wirtschaftsgütern einen Veräußerungsvorgang dar. Danach wird grds durch jede Einbringung nach § 20 Abs 1 UmwStG bzw § 21 Abs 1 UmwStG oder aufgrund vergleichbarer ausländischer Vorgänge ein Ersatztatbestand des § 22 Abs 1 Satz 6 Nr 2, 4, oder 5 UmwStG realisiert, außer der Einbringende erfolgt zu Buchwerten. **1698**

Da das UmwStG für **andere Umwandlungen** iSd § 22 Abs 1 Satz 6 UmwStG iF einer Buchwerteinbringung keine Rückausnahme vorsieht, kann in Anlehnung an diesen Rechtsgedanken im Einzelfall auf **Antrag** iR einer **Billigkeitsregelung** (§ 163 AO) auch bei den anderen Umwandlungen zu **Buchwerten** von einer rückwirkenden Einbringungsgewinnbesteuerung abgesehen werden, wenn
– die der Einbringung folgende Umwandlung zu Buchwerten erfolgt, **1699**

– die nachfolgende Umwandlung mit einem in § 22 Abs 1 Satz 6 Nr 2, 4, 5 UmwStG genannten Vorgang in jeder Hinsicht vergleichbar ist. Daran fehlt es, wenn die Umwandlungen ohne Gewährung von Anteilen oder Mitgliedschaftsrechten an Kapitalgesellschaften oder Genossenschaften erfolgen (zB bei § 54 Abs 1 Satz 3 UmwG; Untergang von sperrfristbehafteten Anteile iR einer Aufwärtsverschmelzung),
– die Umwandlung nicht zu einer Statusverbesserung führt, dh die nachfolgende Umwandlung nicht die Besteuerung eines Einbringungsgewinn I/II verhindert,
– sich iR der Umwandlung keine stillen Reserven von den sperrfristbehaftetetn Anteilen auf Anteile von Dritten verlagern,
– das deutsche Besteuerungsrecht nicht ausgeschlossen oder eingeschränkt wird und
– die Antragsteller sich damit einverstanden erklären, dass auf alle un- und mittelbaren Anteile an einer an der Umwandlung beteiligten Gesellschaft § 22 Abs 1 u 2 UmwStG entsprechend anzuwenden ist, wobei Anteile am Einbringenden regelmäßig nicht einzubeziehen sind (s *UmwStE nF* Rn 22.23; *BMF* BStBl I 2003, 786).

1700 Eine Billigkeitsregelung ist **ausgeschlossen,** wenn die Umwandlung in der Gesamtschau auf eine Veräußerung des eingebrachten Vermögens abzielt. Dies ist anzunehmen, wenn der Einbringende mit der (nachfolgenden) Umwandlung seine un- oder mittelbare Beteiligung am ursprünglich eingebrachten Betriebsvermögen aufgibt (zB bei einer nach § 15 steuerneutralen Trennung von Gesellschafterstämmen; s *UmwStE nF* Rn 22.23 mit Bsp zur Seitwärtsverschmelzung).

1701 Da sich § 22 Abs 1 Satz 6 Nr 3 UmwStG nur auf Vorgänge iSd § 20 u § 21 UmwStG bezieht, ist die Billigkeitsregelung bei **Weiterumwandlungen auf PersGes** (§§ 3ff, 9, 16, 24 UmwStG) nicht anwendbar. Innerhalb der siebenjährigen Umwandlungssperre kommt daher nur eine (unschädliche) unentgeltliche Übertragung auf eine PersGes in Betracht, wobei eine verdeckte Einlage dem Gutschrift insgesamt auf einem gesamthänderisch gebundenen Rücklagenkonto voraussetzt (s *BMF* BStBl I 2011, 713; *Pung* GmbHR 2012, 158, 163).

1702 Danach sind nur Weiterumwandlungen (zu Buchwerten) auf **Kapitalgesellschaften** (§§ 11ff, 15 UmwStG) gegen Gewährung von neuen Anteilen gemäß den Rückausnahmetatbeständen des § 22 Abs 1 Satz 6 Nr 2, 4, 5 UmwStG begünstigt. Umwandlungen ohne Gewährung von neuen Anteilen **(zB Aufwärtsverschmelzung)** lösen daher stets eine rückwirkende Einbringungsgewinnbesteuerung aus (s *UmwStE nF* Rn 22.23; *Pung* GmbHR 2012, 158, 163).

1703–1709 *(frei)*

1710 **(Nr 3)** Die KapGes, an der die Anteile bestehen, wird **aufgelöst oder abgewickelt.**

1711 Auch die Auflösung und Abwicklung einer KapGes, an der erhaltene Anteile iSd § 22 Abs 1 UmwStG bestehen, werden einer Veräußerung gleichgestellt. Die Liquidation der KapGes führt zum Zeitpunkt der Schlussverteilung des Vermögens in vollem Umfang zu einer rückwirkenden Besteuerung eines Einbringungsgewinns. An einer Abwicklung fehlt es bei der Eröffnung eines Insolvenzverfahrens (§ 11 Abs 7 KStG) und in den Fällen des § 12 Abs 3 KStG (s *UmwStE nF* Rn 22.24; *Pung* GmbHR 2012, 158, 163).

1712 Bei einer **Kapitalherabsetzung** sowie bei **Leistungen aus dem steuerlichen Einlagekonto iSd § 27 KStG** kommt es erst dann zu einer Einbringungsgewinnbesteuerung, wenn der ausgekehrte Betrag den Buchwert bzw die Anschaffungskosten der sperrfristbehafteten Anteile im Rückzahlungszeitpunkt übersteigt. Die rückwirkende Besteuerung des übersteigenden Rückzahlungsbetrags wird durch den tatsächlichen Einbringungsgewinn (§ 22 Abs 1 Satz 3 UmwStG) der Höhe nach begrenzt, da nur insoweit von einer Veräußerung iSd § 22 Abs 1 UmwStG ausgegangen werden kann. Nach dem Wortlaut der Vorschrift ist es für die Entstehung des Einbringungsgewinns unbeachtlich, ob das zurückgezahlte steuerliche Eigenkapital durch die Einbringung entstanden ist (s *Pung* GmbHR 2012, 158, 163; str *Schmitt/ Schloßmacher* UmwStE 2011 Rn 22.24). Bei sperrfristbehafteten und nicht sperrfristbehafteten Anteilen ist der Rückzahlungsbetrag nach dem Verhältnis der Nennwerte aufzuteilen, weil grds danach auch der Gewinnanspruch bestimmt wird (s *Pung* GmbHR 2012, 158, 163).

Handelt es sich bei den sperrfristbehafteten Anteilen um solche an einer **Organgesellschaft**, sind diese Grundsätze insoweit anzuwenden, als organschaftliche Mehrabführungen iSd § 14 Abs 3 u 4 KStG über Einlagerückzahlungen iSd § 27 KStG erfolgen. In diesen Fällen ist der Buchwert der sperrfristbehafteten Anteile im Zeitpunkt der Mehrabführung um aktive und passive Ausgleichsposten iSd § 14 Abs 4 KStG zu berichtigen (s *UmwStE nF* Rn 22.24). Danach ist der zurückgezahlte Einlagebetrag erst dann (rückwirkend) zu besteuern, wenn die Rückzahlung die Summe aus dem Buchwert der Organbeteiligung und der organschaftlichen Ausgleichsposten übersteigt (s *Pung* GmbHR 2012, 158, 163). Bei **Ketteneinbringungen** gelten diese Grundsätze entsprechend. 1713

(frei) 1714

(Nr 4) Der Einbringende bringt die erhaltenen Anteile zu **Buchwerten** iR einer Sacheinlage oder eines Anteilstausches in eine KapGes oder Genossenschaft ein **und die neu übernehmende Gesellschaft überträgt** die erhaltenen Anteile unmittelbar oder mittelbar **entgeltlich oder unentgeltlich** iSd Nr 1 oder 2 weiter, außer die Weitereinbringung erfolgt zu Buchwerten (Ketteneinbringung). 1715

Dieser Ersatztatbestand betrifft die unmittelbare und mittelbare Veräußerung von sperrfristbehafteten Anteilen durch die übernehmende Gesellschaft, die der Einbringende zunächst iR einer Sacheinlage (§ 20 Abs 1 UmwStG) oder eines Anteilstausches (§ 21 Abs 1 UmwStG) **erhalten** und zum Buchwert durch einen Vorgang nach § 20 Abs 1 UmwStG oder § 21 Abs 1 UmwStG oder einen vergleichbaren ausländischen Vorgang erfolgsneutral in eine KapGes einbringt hat (Folgeeinbringung iSd § 22 Abs 1 Satz 6 Nr 2 UmwStG; s *UmwStE nF* Rn 22.25 mit Bsp). 1716

Die Gewährung von **anderen Gegenleistungen** als die von neuen Anteilen am übernehmenden Rechtsträger schließt eine Einbringung zu Buchwerten nicht aus, wenn die Grenzen der §§ 20 Abs 2 Satz 4, 21 Abs 1 Satz 3, Abs 2 Satz 3 Nr 2 UmwStG iVm Art 2e RL 2009/133/EG nicht überschritten werden (s *Schmitt/ Schloßmacher* UmwStE 2011 Rn 22.25). 1717

Der nachträglich versteuerte Einbringungsgewinn I/II führt zu **nachträglichen Anschaffungskosten** bei den Folgeeinbringungen (§ 22 Abs 1 Satz 7 iVm Satz 4 UmwStG), die schließlich den Veräußerungsgewinn mindern. 1718

(frei) 1719

(Nr 5) Der Einbringende bringt die erhaltenen Anteile zum **Buchwert** im Wege einer Sacheinlage oder eines Anteilstausches in eine KapGes oder Genossenschaft ein **und überträgt** die dafür **erhaltenen Anteile** unmittelbar oder mittelbar entgeltlich oder unentgeltlich iSd Nr 1 oder 2, außer die Weitereinbringung erfolgt zu Buchwerten. 1720

Während der Ersatztatbestand des § 22 Abs 1 Satz 6 Nr 4 UmwStG die schädliche Veräußerung von iR einer steuerunschädlichen Weitereinbringung nach § 22 Abs 1 Satz 6 Nr 2 UmwStG **eingebrachten** (sperrfristbehafteten) Anteilen regelt, erfasst § 22 Abs 1 Satz 6 Nr 5 UmwStG die Veräußerung von iR einer steuerunschädlichen Folgeeinbringung nach § 22 Abs 1 Satz 6 Nr 2 UmwStG **erhaltenen** Anteilen. Erforderlich ist, dass zunächst sperrfristbehaftete Anteile im Wege einer Sacheinlage oder eines Anteilstausches nach § 22 Abs 1 Satz 6 Nr 2 UmwStG gegen Gewährung von Anteilen zum Buchwert (steuerneutral) weiter übertragen und die erhaltenen sperrfristbehafteten Anteile anschließend unmittelbar oder mittelbar veräußert oder unmittelbar oder mittelbar unentgeltlich auf eine KapGes (Nr 1) oder entgeltlich (Nr 2) übertragen werden. Eine Übertragung zu Buchwerten, die der Einbringende nachzuweisen hat, ist unschädlich. 1721

Anh § 7 Umwandlungsvorgänge

1722 **Zuzahlungen**, die nach § 20 Abs 2 Satz 4 bzw § 21 Abs 1 Satz 3 UmwStG zum Ansatz eines höheren Werts als den Buchwert (Zwischenwert) führen, sind schädlich und führen beim Einbringenden zu einer rückwirkenden Besteuerung des vollen Einbringungsgewinns (s *Pung* GmbHR 2012, 158, 162).

1723 In Höhe des Einbringungsgewinns I entstehen **nachträgliche Anschaffungskosten** der erhaltenen bzw eingebrachten Anteile (§§ 22 Abs 1 Satz 4 bzw § 22 Abs 1 Satz 7 iVm Satz 4 UmwStG), die den Gewinn aus der Veräußerung der Anteile entsprechend mindern. Zudem kann die übernehmende Gesellschaft nach § 23 Abs 2 Satz 1 UmwStG auf Antrag einen entsprechenden Erhöhungsbetrag ansetzen (s *UmwStE nF* Rn 22.26).

(frei)

1725 **(Nr 6)** Für den Einbringenden, die übernehmende Gesellschaft isd Nr 4 oder deren unentgeltlichen Rechtsnachfolger sind die persönlichen Voraussetzungen iSd § 1 Abs 4 UmwStG zB durch Verlegung des Wohnsitzes oder des Sitzes der übernehmenden Gesellschaft im Fall der Ketteneinbringung nicht mehr erfüllt (s *UmwStE nF* Rn 22.18ff; *Förster/Wendland* BB 2007, 631).

1726 Nach dieser Regelung löst der Wegzug, eine Sitzverlegung oder eine Änderung eines DBA eine rückwirkende Einbringungsgewinnbesteuerung aus, wenn dadurch in den Fällen der Sacheinlage der Einbringende und bei Weitereinbringungen iSd Nr 4 die übernehmende Gesellschaft oder deren jeweilige unentgeltliche Rechtsnachfolger (§ 22 Abs 6 UmwStG) bzw in Fällen des Anteilstausches die übernehmende Gesellschaft (§ 22 Abs 2 Satz 6 2. Hs UmwStG) die Ansässigkeitsvoraussetzungen des § 1 Abs 4 UmwStG innerhalb der siebenjährigen Sperrfrist nicht mehr erfüllt.

1727 Dies ist zB dann gegeben, wenn der Einbringende seinen Wohnsitz oder die übernehmende Gesellschaft ihren Sitz oder den Ort der Geschäftsleitung in einen Drittstaat verlegt und der Inhaber von sog mitverstrickten Anteilen iSd § 22 Abs 7 UmwStG oder im Erbfall der Erbe in einem Drittstaat ansässig ist (s *Pung* GmbHR 2012, 158, 164).

1728 Ist eine Mitunternehmerschaft Einbringende iSd §§ 20, 21 UmwStG, ist aufgrund des § 1 Abs 4 Satz 1 Nr 2 Buchst a) aa) UmwStG bei der Prüfung der Voraussetzung auf die Gesellschafter als Mitunternehmer der PersGes abzustellen. Aufgrund dieser personenbezogenen Betrachtung kann eine anteilige Einbringungsgewinnbesteuerung beim betroffenen Gesellschafter veranlasst sein (s *Schmitt/Schloßmacher* UmwStE 2011 Rn 22.27).

1729 Erfüllt der unentgeltliche Rechtsnachfolger iSd § 22 Abs 6 UmwStG nicht die Voraussetzungen des § 1 Abs 4 UmwStG, führt die unentgeltliche Übertragung nach § 22 Abs 2 Satz 6 Nr 6 UmwStG zu einer rückwirkenden Einbringungsgewinnbesteuerung beim Einbringenden (s UmwStE nF Rn 22.42).

1730–1734 *(frei)*

1735 Die Ersatztatbestände des § 22 Abs 1 Satz 6 Nr 1 bis 5 UmwStG gelten für den **Einbringungsgewinn II** entsprechend (§ 22 Abs 2 Satz 6 UmwStG).

1736 Der Einbringungsgewinn I/II gilt beim **Einbringenden** als **nachträgliche Anschaffungskosten** der erhaltenen Anteile (§§ 22 Abs 1 Satz 4 u Abs 2 Satz 4 UmwStG). Diese entstehen nach Auffassung der *FinVerw* mit dem Einbringungsgewinn rückwirkend auf den Einbringungszeitpunkt. Sie entfallen, soweit nur ein Teil der sperrfristbehafteten Anteile schädlich veräußert wird, nur der veräußerte Teil (s *UmwStE nF* Rn 22.04, 22.10).

1737 Die **übernehmende Gesellschaft** kann auf Antrag bei einer Sacheinlage den Buchwert des eingebrachten Vermögens um den Einbringungsgewinn I (§ 22 Abs 1 Satz 1 UmwStG) und bei einem Anteilstausch die Anschaffungskosten der eingebrachten Anteile um den Einbringungsgewinn II (§ 22 Abs 2 Satz 1 UmwStG) erhöhen (§ 23 Abs 2 Satz 1 u 3 UmwStG).

Einbringung, Anteilstausch gegen Gesellschaftsanteile **Anh § 7**

Die Ersatztatbestände des § 22 Abs 1 Satz 6 UmwStG gelten auch bei einem **1738**
Formwechsel nach § 25 UmwStG.
In den Sperrfristregelungen des § 22 Abs 1 und 2 UmwStG wird in Teilen der **1739**
Literatur eine Verletzung des Art 11 Abs Buchst a FusionsRL (*Graw* FR 2009, 837)
gesehen.
(frei) **1740–1744**

e) Ermittlung des Veräußerungsgewinns. Eine schädliche Veräußerung von **1745**
sperrfristbehafteten Anteilen hat neben der rückwirkenden Besteuerung des Einbringungsgewinns (§ 22 Abs 1 u 2 UmwStG), der sich auf die stillen Reserven zum Einbringungszeitpunkt erstreckt, auch die **Besteuerung des Gewinns aus der Veräußerung** der sperrfristbehafteten Anteile zum Zeitpunkt der Veräußerung zur Folge. Der Gewinn aus dem Anteilsverkauf setzt sich aus den nach der Einbringung entstandenen stillen Reserven und dem jährlichen Kürzungsbetrag von 1/7 der zum Einbringungszeitpunkt bestehenden stillen Reserven iSd § 22 Abs 1 Satz 3 UmwStG zusammen. Dieser Veräußerungsgewinn des Einbringenden errechnet sich aus der Differenz zwischen dem gesamten Veräußerungspreis und den Anschaffungskosten der erhaltenen Anteile, erhöht um die nachträglichen Anschaffungskosten iHd Einbringungsgewinns I (§ 22 Abs 1 Satz 4 UmwStG).

Der Veräußerungsgewinn ist wie folgt in **zwei Stufen** ermittelt (s *UmwStE nF* **1746**
Rn 22.04):
Ermittlung des **Einbringungsgewinns I** rückwirkend zum steuerlichen Übertragungsstichtag **(1. Stufe):**

    Gemeiner Wert des eingebrachten Betriebsvermögens zum Einbringungszeitpunkt
./. Kosten für den Vermögensübergang
./. Wert, mit dem die übernehmende KapGes das eingebrachte Betriebsvermögen angesetzt hat
= Einbringungsgewinn I zum Zeitpunkt der Einbringung
./. Kürzung um ⅐ für jedes bis zur Veräußerung abgelaufene Zeitjahr (§ 22 Abs 1 Satz 3 UmwStG)
= zu versteuernder Einbringungsgewinn I

Ermittlung des **Veräußerungsgewinns** zum Zeitpunkt der Veräußerung **(2.** **1747**
Stufe):

    Veräußerungspreis
./. ursprüngliche Anschaffungskosten
./. nachträgliche Anschaffungskosten aus Einbringungsgewinn I (§ 22 Abs 1 Satz 4 UmwStG)
= Veräußerungsgewinn nach § 17 EStG, steuerpflichtig (Teileinkünfteverfahren) zu 60%

Der Einbringungsgewinn I wirkt sich über seine Berücksichtigung als **nachträgli-** **1748**
che Anschaffungskosten gewinnmindernd aus **(§ 22 Abs 1 Satz 4 UmwStG).**
Dadurch wird eine doppelte Besteuerung vermieden. Werden bei der Sacheinlage die stillen Reserven des eingebrachten Betriebsvermögens durch Buchwert- bzw Zwischenwertansatz nicht aufgedeckt und innerhalb von 7 Jahren nach der Sacheinlage die erhaltenen Anteile veräußert, unterstellt das Gesetz eine Umgehung der allgemeinen Besteuerung des Einbringungsvorgangs nach Maßgabe des § 20 Abs 4 UmwStG zugunsten des bei einem Anteilsverkauf anzuwendenden Teileinkünfteverfahrens nach § 3 Nr 40 EStG bzw der Steuerbefreiung nach § 8b KStG. Durch die Besteuerung eines nachträglich entstehenden steuerpflichtigen Einbringungsgewinns werden die stillen Reserven zum Einbringungszeitpunkt aufgedeckt, wobei die jähr-

lichen Abbaubeträge dem Umstand Rechnung tragen, dass die Vermutung eines Missbrauchs iSd Art 11 Abs 1 Buchst a FusionsRL idF des Art 15 Abs 1 Buchst a RL 2009/133/EG mit zunehmendem Abstand zum Einbringungszeitpunkt abnimmt (BTDrs 16/2710, 46). Die übernehmende Gesellschaft kann nach Maßgabe des § 23 Abs 2 Satz 1 UmwStG die Buchwerte des eingebrachten Betriebsvermögens um den Einbringungsgewinn I aufstocken.

1749 Befanden sich die veräußerten Anteile im **Betriebsvermögen,** erfolgt die **Besteuerung des Veräußerungsgewinns** aus §§ 13, 15, 16, 18 EStG unter Berücksichtigung des Teileinkünfteverfahrens (§ 3 Nr 40 EStG) bzw des § 8b Abs 2 u 3 KStG. Für im **Privatvermögen** gehaltene Anteile gelten nach den allgemeinen Grundsätzen über die Veräußerung von Kapitalanteilen § 17 Abs 1 iVm § 3 Nr 40 Buchst c EStG sowie subsidiär § 20 Abs 2 Satz 1 Nr 1, Abs 8 EStG iVm § 32d EStG.

1750 Zudem führt unabhängig von einer schädlichen Veräußerung iSd § 22 UmwStG die Veräußerung von im **Privatvermögen** gehaltenen Anteilen, die im Rahmen eines Einbringungsvorgangs unter dem gemeinen Wert erworben wurden, nach **§ 17 Abs 6 EStG** zu gewerblichen Einkünften iSd § 17 Abs 1 EStG, wenn in Fällen des Anteilstauschs zum Einbringungsstichtag beim Einbringenden die Voraussetzungen des § 17 Abs 1 EStG vorlagen oder die erhaltenen Anteile auf einer Sacheinlage (§ 20 Abs 1 UmwStG) beruhen. Auf eine konkrete Beteiligungshöhe kommt es in diesen Fällen nicht an. Die Steuerbehaftung nach § 17 Abs 6 EStG besteht über die Sperrfristen des § 22 UmwStG hinaus (s *UmwStE nF* Rn 22.05f).

1751 Die **Kosten für die Veräußerung** der Anteile wirken sich ausschließlich bei der Ermittlung des Einbringungsgewinns I aus (§ 22 Abs 1 Satz 3 UmwStG). Da der Einbringungsgewinn I und damit die nachträglichen Anschaffungskosten der erhaltenen Anteile bereits um die Kosten für den Vermögensübergang gekürzt sind, ist bei der Ermittlung des Veräußerungsgewinns insoweit **keine** weitere Kürzung vorzunehmen.

1752 Zudem ist im Jahr der Einbringung der **laufende Gewinn** des Einbringenden um die Kosten des Vermögensübergangs zu **erhöhen,** soweit sich diese bisher gewinnmindernd ausgewirkt haben. Diese Kosten bilden, wenn die Sacheinlage zum Buchwert erfolgt, grds sofort abziehbare Betriebsausgaben. Bei Ansatz des gemeinen Werts oder eines Zwischenwerts sind sie ausschließlich bei der Ermittlung des Einbringungsgewinns gewinnmindernd zu berücksichtigen. Dies gilt auch für die Ermittlung des Einbringungsgewinns I (§ 22 Abs 1 Satz 3 UmwStG). Entsprechend ist der laufende Gewinn des Einbringungsjahres um die bisher als Betriebsausgaben erfassten Kosten der Sacheinlage gewinnerhöhend zu berichtigen (s *UmwStE nF* Rn 22.09).

1753 **Vereinbarungen** zwischen dem Einbringenden und der übernehmenden KapGes u.a. hinsichtlich einer anteiligen Kostenübernahme sind steuerlich nicht anzuerkennen. Darin kann uU eine verdeckte Gewinnausschüttung der übernehmenden KapGes an den Einbringenden bestehen (s *Schmitt/Schloßmacher* UmwStE 2011 Rn 22.09).

1754–1759 *(frei)*

1760 **f) Einbringungsgewinn II (§ 22 Abs 2 UmwStG).** Ein Einbringungsgewinn II entsteht bei der Veräußerung von iR eines **qualifizierten Anteilstauschs eingebrachten** (§ 21 Abs 1 Satz 2, Abs 2 Satz 3 UmwStG) bzw iR einer Sacheinlage iSd § 20 Abs 1 UmwStG **miteingebrachten Anteilen** (iSd § 22 Abs 1 Satz 5 UmwStG) an einer KapGes, bei denen iRd Einbringung durch Buchwert- oder Zwischenwertansatz die stillen Reserven nicht aufgedeckt wurden. Die miteingebrachten Anteile müssen nicht die Voraussetzungen einer mehrheitsvermittelnden Beteiligung erfüllen.

Einbringung, Anteilstausch gegen Gesellschaftsanteile **Anh § 7**

Veräußert die **übernehmende** Gesellschaft oder deren Rechtsnachfolger inner- **1761** halb von sieben Jahren nach dem Einbringungsvorgang unmittelbar oder mittelbar die unter dem gemeinen Wert eingebrachten Anteile oder ist einer der Ersatztatbestände iSd § 22 Abs 2 Satz 6 iVm Abs 1 Satz 6 UmwStG gegeben, wird der hieraus erzielte Veräußerungsgewinn rückwirkend zum Einbringungszeitpunkt besteuert (**Einbringungsgewinn II, § 22 Abs 2 Satz 1 UmwStG**). Die gilt nur, soweit ein Gewinn aus der Veräußerung der eingebrachten Anteile beim Einbringenden zum Einbringungszeitpunkt nach § 8b Abs 2 KStG nicht steuerfrei gewesen wäre (§ 22 Abs 2 UmwStG idF des JStG 2009; s *UmwStE nF* Rn 22.43). Aufgrund der Steuerfreiheit des gesamten Veräußerungsgewinns bei der übernehmenden Gesellschaft gemäß § 8b Abs 2 u 3 KStG erlangt der Einbringende (zB natürliche Person) bezogen auf den vorangegangenen Einbringungsvorgang unter dem gemeinen Wert einen nicht gerechtfertigten steuerlichen Vorteil. Die nachträgliche Besteuerung eines Einbringungsgewinns II stellt deshalb beim Einbringenden die Besteuerung der eingebrachten Anteile nach dem Teileinkünfteverfahren sicher. Dabei wird die von der übernehmenden Gesellschaft vorgenommene Veräußerung der eingebrachten Anteile dem Einbringenden zugerechnet.

Einbringender iSd § 22 Abs 2 Satz 1 UmwStG sind **natürliche Personen**, bei **1762** denen das Teileinkünfteverfahren nach § 3 Nr 40 EStG Anwendung findet, und darüber hinaus Kreditinstitute sowie Lebens- und Krankenversicherungsunternehmen (Körperschaften) als Einbringende, die hinsichtlich der eingebrachten Anteile gemäß § 8b Abs 7 oder 8 KStG sowie nach § 8b Abs 4 KStG aF steuerpflichtig sind (s *UmwStE nF* Rn 22.12). Bei einer **PersGes** ist auf die an ihr unmittelbar oder mittelbar beteiligten natürlichen Personen (Gesellschafter) abzustellen. § 22 Abs 2 Satz 1 UmwStG idF des JStG 2009 stellt klar, dass eine mittelbare Veräußerung ausreicht. Der nachträglichen Besteuerung unterliegt damit auch der Veräußerungsgewinn aus Veräußerungen von Anteilen an KapGes und Genossenschaften, die zu einem eingebrachten **Mitunternehmeranteil** gehören. In diesem Fall löst sowohl die Veräußerung des Mitunternehmeranteils durch die aufnehmende Gesellschaft als auch die Veräußerung der eingebrachten Anteile an einer KapGes durch die Mitunternehmerschaft, die der aufnehmenden Gesellschaft zuzurechnen ist, eine rückwirkende Besteuerung eines Einbringungsgewinns aus (s *Pung* GmbHR 2012, 158, 159).

Der Sperrfrist des § 22 Abs 2 UmwStG unterliegen die iR der Einbringung einge- **1763** brachten Anteile und die nach der Einbringung neu ausgegebenen Anteile, auf die sich die stillen Reserven von den eingebrachten Anteilen verlagern (**sog mitverstrickte Anteile, § 22 Abs 7 UmwStG;** s *UmwStE nF* Rn 22.43).

Bringt eine **Organgesellschaft** Anteile an einer KapGes in eine andere KapGes **1764** ein, ist die Besteuerung eines Einbringungsgewinns nach § 22 Abs 2 UmwStG davon abhängig, ob der Organträger nach § 8 Abs 2 KStG, der wegen § 15 Satz 1 Nr 2 Satz 1 KStG nicht auf Organgesellschaften anwendbar ist, begünstigt ist. Dies kommt bei einer Körperschaft, nicht jedoch bei einer natürlichen Person als Organträger in Betracht (s *Pung* GmbHR 2012, 158, 159).

(frei) **1765–1769**

g) Ermittlung des Einbringungsgewinns II (§ 22 Abs 2 Satz 3 UmwStG). **1770** Der Einbringungsgewinn II errechnet sich gemäß § 22 Abs 2 Satz 3 UmwStG (*UmwStE nF* Rn 22.14) wie folgt:

```
      Gemeiner Wert der eingebrachten Anteile im Einbringungszeitpunkt
  ./. Kosten für den Vermögensübergang
  ./. Wert der erhaltenen Anteile beim Einbringenden
   =  Einbringungsgewinn II vor Siebtelregelung
  ./. Verringerung um ⅐ pro abgelaufenes Zeitjahr seit Einbringung
   =  zu versteuernder Einbringungsgewinn II
```

1771 Der Einbringende hat den Einbringungsgewinn II rückwirkend auf den Einbringungsvorgang als Gewinn aus der Veräußerung der eingebrachten Anteile durch die aufnehmende Gesellschaft zu versteuern. Für die Ermittlung des Einbringungsgewinns II ist der gemeine Wert der eingebrachten Anteile zum Einbringungszeitpunkt zu bestimmen. Als **Einbringungszeitpunkt** gilt das Datum des Vertragsabschlusses, weil in den Fällen des Anteilstausches keine Rückwirkungsfiktion besteht (BTDrs 16/2710, 47). Soweit **sonstige Gegenleistungen** der übernehmenden Gesellschaft die Anschaffungskosten der Anteile gemindert haben, ist der Wert der erhaltenen Anteile um den gemeinen Wert dieser Gegenleistung zu erhöhen (**§ 20 Abs 3 Satz 3 iVm § 21 Abs 2 Satz 6 UmwStG;** s *UmwStE nF* Rn 22.15).

1772 Der Einbringungsgewinn II aus der Veräußerung der erhaltenen Anteile unterliegt beim **Einbringenden** grds nach §§ 13, 15, 16, 17, 18 iVm § 3 Nr 40, §§ 20, 32d Abs 1 EStG sowie § 8b KStG der Besteuerung, soweit für ihn keine Steuerfreiheit nach § 8b Abs 2 u 3 KStG besteht. Diese Vorschrift ist **nicht** auf natürliche Personen, Kreditinstitute, Lebens- oder Krankenversicherungen in der Rechtsform einer Körperschaft (§ 8b Abs 7 u 8 KStG) und Anteile nach § 8b Abs 4 KStG aF anwendbar (§ 22 Abs 2 Satz 1; s *UmwStE nF* Rn 22.12).

1773 Danach ist der Einbringungsgewinn II von einer **natürlichen Person** rückwirkend auf den Einbringungszeitpunkt durch Ansatz des (damaligen) gemeinen Werts der Anteile als Gewinn aus der Veräußerung von Anteilen bei den Einkünften aus Gewerbebetrieb (§ 15 EStG) bzw nach § 17 EStG entsprechend den allgemeinen Grundsätzen zu versteuern. Der Freibetrag nach § 16 Abs 4 EStG ist auch bei einer im Betriebsvermögen gehaltenen 100%igen Beteiligung an einer KapGes iSd § 16 Abs 1 Satz 1 Nr 2 Satz 2 EStG nicht zu gewähren (s *UmwStE nF* Rn 22.12f). Soweit der Einbringungsgewinn II durch die Veräußerung von Anteilen iSd § 17 EStG entsteht, ist der Freibetrag nach § 17 Abs 3 EStG mangels einschlägiger gesetzlicher Regelung nicht ausgeschlossen (*Pung* GmbHR 2012, 158, 160). Ebenso sind die Ermäßigung des Steuersatzes gemäß § 34 EStG (§ 22 Abs 2 Satz 1 UmwStG idF des JStG 2009) und die Bildung einer § 6b-Rücklage (s *UmwStE nF* Rn 22.13) ausgeschlossen. In beiden Fällen kommt das Teileinkünfteverfahren nach § 3 Nr 40 EStG zur Anwendung. Der Einbringungsgewinn mindert sich für jedes Zeitjahr um 1/7 (§ 22 Abs 2 Satz 3 UmwStG).

1774 Die spätere Veräußerung der eingebrachten Anteile stellt ein **rückwirkendes Ereignis** iSd § 175 Abs 1 Satz 1 Nr 2 AO dar (§ 22 Abs 2 Satz 2 iVm Abs 1 Satz 2 UmwStG). Die Sacheinbringung und der Anteilstausch sind insoweit gleichgestellt.

1775 Der Einbringungsgewinn II ist insoweit zu **bereinigen,** als er auf miteingebrachte Anteile an KapGes iSd § 22 Abs 1 Satz 5 UmwStG mit einer Beteiligungsquote von mindestens 10% und höchstens 25% entfällt, die vor dem 1.4.1999 angeschafft und nach dem 31.12.1998 nach § 6 Abs 1 Nr 5 Satz 1b EStG mit den Anschaffungskosten in das Betriebsvermögen eingelegt wurden. Nach der Rechtsprechung des BVerfG (v 7.7.2010 2 BvR 748/05 u.a., BStBl II 2011, 86) bestehen verfassungsrechtliche Bedenken, soweit Wertsteigerungen steuerlich erfasst werden, die bis zur Verkündung des StEntlG am 31.03.1999 entstanden sind, da diese konkrete Vermögensposition durch die rückwirkende Absenkung der Beteiligungsgrenze nachträglich entwertet würden (s *BMF* BStBl I 2012, 42).

1776 **Gewerbesteuerlich** ist der Einbringungsgewinn II bei im Betriebsvermögen gehaltenen Anteilen grds als laufender Gewinn (Gewerbeertrag) zu erfassen (s *UmwStE nF* Rn 22.13).

1777 In Höhe des versteuerten Einbringungsgewinns II entstehen gemäß § 22 Abs 2 Satz 4 UmwStG zum Einbringungszeitpunkt **nachträgliche Anschaffungskosten** der erhaltenen Anteile (s *UmwStE nF* Rn 22.10, 22.17). Dadurch vermindert sich der Gewinn aus der Veräußerung der Anteile.

1778 Eine **Nachversteuerung** des Gewinns aus der nachträglichen Veräußerung der eingebrachten Anteile ist **ausgeschlossen,** wenn und soweit der Einbringende die

Einbringung, Anteilstausch gegen Gesellschaftsanteile **Anh § 7**

erhaltenen Anteile bereits **veräußert** hat (**§ 22 Abs 2 Satz 5 UmwStG**). Denn der Veräußerungsgewinn hieraus wurde bereits nach dem Teilbeinkünfteverfahren versteuert. Soweit es sich um einbringungsgeborene Anteile handelt, ist der hieraus erzielte Veräußerungsgewinn voll steuerpflichtig (§ 21 Abs 1 UmwStG aF iVm § 3 Nr 40 Satz 3 u 4 EStG aF bzw § 8b Abs 4 KStG aF). Eine bereits erfolgte Wegzugsbesteuerung nach § 6 AStG führt ebenso nicht zu einer rückwirkenden Besteuerung iF des Einbringungsgewinns II, wenn und soweit die Steuer nicht gestundet ist (§ 22 Abs 2 Satz 5 2. Hs UmwStG). Eine Besteuerung aufgrund der Ergänzungstatbestände des § 22 Abs 1 Satz 6 UmwStG kommt in diesem Fall nicht in Betracht (**§ 22 Abs 2 Satz 6 UmwStG**).

Eine **andere steuerliche Entstrickung** (zB Entnahme) erfüllt die Tatbestandsvoraussetzungen einer Veräußerung, eines Wegzugs oder Ersatztatbestands iSd § 22 Abs 2 Satz 6 iVm Abs 1 Satz 6 UmwStG nicht und schließt daher die Entstehung eines rückwirkenden Einbringungsgewinns II bei einer späteren Veräußerung der eingebrachten Anteile nicht aus (s *Schmitt/Schloßmacher* UmwStE 2011 Rn 22.17). **1779**

(frei) **1780–1784**

h) Veräußerungstatbestände (§ 22 Abs 2 Satz 6 UmwStG). Die einer Veräußerung gleichgestellten Tatbestände des § 22 Abs 1 Satz 6 Nr 1 bis 5 UmwStG gelten gemäß § 22 Abs 2 Satz 6 UmwStG entsprechend bei einer Übertragung der eingebrachten Anteile durch die übernehmende Gesellschaft. Danach hat der Einbringende (zB natürliche Person) rückwirkend einen Einbringungsgewinn II zu versteuern, wenn **1785**

(1.) die übernehmende Gesellschaft die eingebrachten Anteile unentgeltlich auf eine KapGes oder Genossenschaft überträgt,
(2.) die übernehmende Gesellschaft die eingebrachten Anteile entgeltlich weiter überträgt, soweit dieser Vorgang nicht zu Buchwerten erfolgt,
(3.) die übernehmende Gesellschaft aufgelöst und abgewickelt wird,
(4.) die übernehmende Gesellschaft die eingebrachten Anteile zunächst zu Buchwerten in eine KapGes einbringt und die neu übernehmende Gesellschaft die erhaltenen Anteile entgeltlich oder unentgeltlich überträgt; eine Weitereinbringung zu Buchwerten ist unschädlich,
(5.) die übernehmende Gesellschaft die eingebrachten Anteile zum Buchwert in eine KapGes einbringt und die dafür erhaltenen Anteile entgeltlich oder unentgeltlich überträgt; eine Weitereinbringung zu Buchwerten ist unschädlich (s Rn 1690ff), oder
(6.) gemäß § 22 Abs 2 Satz 6 letzter Hs UmwStG die übernehmende Gesellschaft wegen einer Sitzverlegung die Ansässigkeitvoraussetzungen des § 1 Abs 4 UmwStG nicht mehr erfüllt.

Diese Regelungen gelten gemäß § 22 Abs 6 UmwStG für den unentgeltlichen **Rechtsnachfolger** der übernehmenden Gesellschaft entsprechend. **1786**

Die Veräußerung von unter dem gemeinen Wert eingebrachten Anteilen durch die übernehmende Gesellschaft zB bei einer Weitereinbringung der erhaltenen Anteile zum Buchwert nach § 22 Abs 1 Satz 6 Nr 2 iVm Abs 2 Satz 6 UmwStG führt beim Einbringenden zu einem **Einbringungsgewinn II,** der die stillen Reserven der Anteile zum Einbringungszeitpunkt erfasst, und bei der übernehmenden Gesellschaft zu einem Gewinn aus der Veräußerung der Anteile, der die nach der Einbringung eingetretenen stillen Reserven umfasst. Der Einbringungsgewinn II erhöht iF von nachträglichen Anschaffungskosten sowohl beim Einbringenden den Wertansatz der erhaltenen Anteile (§ 22 Abs 2 Satz 4 UmwStG) als auch bei der aufnehmenden Gesellschaft die Anschaffungskosten der eingebrachten Anteile (§ 23 Abs 2 Satz 3 UmwStG). Er wirkt sich damit gewinnmindernd auf den nach § 8b Abs 2 u 3 KStG begünstigten Gewinn der übernehmenden Gesellschaft aus der **1787**

Anh § 7 Umwandlungsvorgänge

Veräußerung der eingebrachten Anteile aus. Dies gilt entsprechend bei einer späteren Veräußerung der erhaltenen Anteile durch den Einbringenden.

1788 Hinsichtlich der iR von **Ketteneinbringungen** nach § 21 Abs 1 Satz 6 Nr 4 u 5 UmwStG ausgegebenen neuen Anteile entstehen iHd Einbringungsgewinns II **nachträgliche Anschaffungskosten,** wenn die Einbringung zu Buchwerten erfolgt (§ 22 Abs 2 Satz 7 iVm Abs 1 Satz 7 UmwStG). Werden die erhaltenen Anteile an der KapGes, die auf einer Sacheinlage zu Buchwerten beruhen, iR einer Ketteneinbringung (§ 22 Abs 1 Satz 6 Nr 4 UmwStG) zu Buchwerten in eine KapGes eingebracht und innerhalb von 7 Jahren nach der Sacheinlage veräußert, kommt es zu einer nachträglichen Besteuerung der Einbringungsvorgänge iF der Einbringungsgewinne I und II (s *Dötsch/Pung* DB 2763, 2771).

1789–1799 *(frei)*

1800 i) **Nachweispflicht (§ 22 Abs 3 UmwStG).** Der Einbringende ist verpflichtet, jährlich bis zum 31. 5. nachzuweisen, wem die Anteile an den den Einbringungszeitpunkt entsprechenden Tagen (wirtschaftlich) zuzurechnen sind. Die Nachweispflicht bezieht sich auf die erhaltenen Anteile, die iR der Einbringung erworben wurden einschließlich der mitverstrickten Anteile iSd § 22 Abs 7 UmwStG, und auf die iR einer Weitereinbringung erhaltenen Anteile **(sog beruhende Anteile).** Danach ist bei Folgeeinbringungen die Zurechnung der erworbenen Anteile iSd § 22 Abs 1 Satz 1 UmwStG bzw der eingebrachten Anteile iSd § 22 Abs 2 UmwStG und die auf diesen Anteilen beruhenden Anteile zu belegen (s *UmwStE nF* Rn 22.28).

1801 Diese **Verpflichtung besteht** bei Sacheinbringungen nach § 20 Abs 1 UmwStG zu Buch- oder Zwischenwerten (§ 22 Abs 3 Satz 1 Nr 1 UmwStG), bei einem qualifizierten Anteilstausch nach § 21 Abs 1 Satz 2 UmwStG zu Buch- oder Zwischenwerten, soweit Einbringender eine natürliche Person ist (§ 22 Abs 3 Abs 1 Satz 2 UmwStG), und bei Miteinbringungen von Anteilen an einer Körperschaft, Vermögensmasse oder Personenvereinigung iR einer Einbringung nach § 24 UmwStG zu Buch- oder Zwischenwerten durch eine natürliche Person, wenn Mitunternehmer der aufnehmenden PersGes eine von § 8b Abs 2 KStG begünstigte Körperschaft ist (§ 24 Abs 5 iVm § 22 Abs 3 Satz 1 Nr 2 UmwStG; s *OFD Koblenz* DStR 2008, 408).

1802 Wurden iR der Sacheinlage auch Anteile an einer KapGes zum Buchwert oder Zwischenwert eingebracht (s § 22 Abs 1 Satz 5 UmwStG), besteht die Nachweispflicht gemäß § 22 Abs 3 UmwStG hinsichtlich der erhaltenen (Nr 1) und der eingebrachten (Nr 2) Anteile (s *Schmitt/Schloßmacher* UmwStE 2011 Rn 22.28; *UmwStE nF* Rn 22.28).

1803 Der Nachweis ist **erstmals** in dem dem Einbringungszeitpunkt folgenden Jahr bis spätestens 31.5. bei dem für den Einbringenden zuständigen Finanzamt zu erbringen (*OFD Ffm* DStR 2008, 408). Die FinVerw fordert darüber hinaus eine Bestätigung der übernehmenden Gesellschaft über die Gesellschafterstellung des **wirtschaftlichen Eigentümers** der erhaltenen Anteile.

1804 Bei einer unentgeltlichen **Rechtsnachfolge** (§ 22 Abs 6 UmwStG) ist der Rechtsnachfolger und im Falle einer Mitverstrickung von Anteilen (§ 22 Abs 7 UmwStG) sind der Einbringende und der Anteilseigner der mitverstrickten Anteile nachweispflichtig.

1805 Den **Nachweis** hat der Einbringende und dessen Rechtsnachfolger (§ 22 Abs 6 UmwStG) bei dem für sie jeweils zuständigen Finanzamt zu bringen. Für einen **beschränkt steuerpflichtigen** Einbringenden bleibt die **Zuständigkeit** des Finanzamts, das im Jahr der Einbringung für ihn zuständig war (s *UmwStE nF* Rn 22.29).

1806 **Inhaltlich** hat der Einbringende im Fall der **Sacheinlage** schriftlich zu erklären, wer bei der Einbringung wirtschaftlich Eigentümer der erhaltenen Anteile ist.

Einbringung, Anteilstausch gegen Gesellschaftsanteile **Anh § 7**

Zudem hat die übernehmende Gesellschaft die Gesellschafterstellung des Einbringenden zu bestätigen. Wurden Anteile übertragen, hat der Einbringende hierzu anzugeben, an wen und auf welche Weise diese übertragen wurden. Im Fall eines **Anteilstausches** hat die übernehmende Gesellschaft den wirtschaftlichen Eigentümer der eingebrachten Anteile und dessen Gesellschafterstellung zu bestätigen. Hierzu sind die Steuerbilanz der übernehmenden Gesellschaft, ein Auszug aus dem Aktienregister (§ 67 AktG), eine Gesellschafterliste (§ 40 GmbHG) oder eine Mitgliederliste (§ 30 GenG) zum jeweiligen Stichtag vorzulegen (s *UmwStE nF* Rn 22.30).

Der Nachweis ist **jährlich** bis zum 31. 5. zu erbringen. Es gilt die Sonn- und **1807** Feiertagsregelung nach § 108 Abs 1 AO iVm § 193 BGB. Zu diesem Zeitpunkt ist erstmals ein entsprechender Nachweis vorzulegen, wenn seit dem Einbringungszeitpunkt bereits ein Zeitjahr (Überwachungszeitraum) abgelaufen ist. Endet das Zeitjahr nach diesem Stichtag, besteht diese Verpflichtung erstmals zum Stichtag des Folgejahres (s *UmwStE nF* Rn 22.31).

Wird der **Nachweis nicht** (rechtzeitig) **geführt,** gelten die sperrfristbehafteten **1808** Anteile als an dem dem Einbringungszeitpunkt folgenden Tag bzw in den Folgejahren zum Beginn des jährlichen Überwachungszeitraums **veräußert** (§ 22 Abs 3 Satz 2 UmwStG; s *UmwStE nF* Rn 22.32). Dies hat zur Folge, dass der Einbringende rückwirkend zum Einbringungszeitpunkt einen Einbringungsgewinn iSd § 22 Abs 1 oder 2 UmwStG sowie zum Beginn des jeweiligen Überwachungszeitraums einen Gewinn aus der (fiktiven) Veräußerung von Anteilen iSd § 11 Abs 1 oder 2 UmwStG zu versteuern hat (krit zB *Schmitt/Schloßmacher* UmwStE 2011 Rn 22.32; *Flick/Gocke/Schaumburg* UmwStE 2011 Rn 22.32). Der Einbringungsgewinn mindert sich je Überwachungszeitraum um 1/7.

Nach Auffassung der *FinVerw* ist die von § 22 Abs 3 Satz 1 UmwStG vorgegebene **1809** Nachweisfrist **nicht verlängerbar.** Dennoch kann der Nachweis bis zur Bestandskraft bzw Rechtskraft der betroffenen Steuerbescheide erbracht werden (s *BMF* BStBl I 2007, 698; *Söffing/Lange* DStR 2007, 1607). Dies beruht darauf, dass es sich nach dem Willen des Gesetzgebers (BRDrs 542/06, 79) bei der Nachweisfrist um keine Ausschlussfrist handelt (s *UmwStE nF* Rn 22.33; *Schmitt/Schloßmacher* UmwStE 2011 Rn 22.33; aA *Pung* GmbHR 2012, 158, 165).

(frei) **1810–1819**

j) Juristische Personen des öffentlichen Rechts und steuerbefreite Kör- **1820** **perschaften (§ 22 Abs 4 UmwStG).** Gemäß § 1 Abs 1 Nr 6 KStG unterliegen juristische Personen des öffentlichen Rechts nur mit ihrem **Betrieb gewerblicher Art** der KSt. Zur wirtschaftlichen Tätigkeit eines Betriebs gewerblicher Art gehört grds nicht die reine Vermögensverwaltung. Darunter fallen u.a. der bloße Besitz und die Verwaltung von Anteilen an einer KapGes sowie deren Veräußerung.

Bringt eine juristische Person des öffentlichen Rechts Unternehmensteile iR einer **1821** Sacheinlage zu Buch- oder Zwischenwerten in eine KapGes ein, löst die Veräußerung der erhaltenen Anteile oder einer der Ersatztatbestände des § 22 Abs 1 Satz 6 UmwStG gemäß § 22 Abs 1 UmwStG innerhalb der Sperrfrist von sieben Jahren eine rückwirkende Besteuerung des **Einbringungsgewinns I** aus. Betroffen davon ist nicht die Einbringung von Anteilen an einer KapGes iRd Sacheinlage (§ 20 Abs 1 UmwStG) sowie iR eines Anteilstausches (§ 21 UmwStG). **§ 22 Abs 4 Nr 1 UmwStG** bezieht sich ausschließlich auf Vorgänge des § 22 Abs 1 UmwStG. Der Einbringungsgewinn I entsteht im einbringenden Betrieb der gewerblichen Art als Gewinn iSd § 16 EStG.

Außerdem gilt auch ein **Gewinn aus der Veräußerung** von erhaltenen Anteilen **1822** innerhalb der Sperrfrist gemäß § 22 Abs 4 Nr 1 UmwStG als beim einbringenden Betrieb gewerblicher Art entstanden. Dieser ist nach §§ 8b Abs 2 u 3 KStG grds

Anh § 7 Umwandlungsvorgänge

steuerfrei. Er unterliegt jedoch unter den Voraussetzungen des § 20 Abs 1 Nr 10b, Abs 8 EStG dem Kapitalertragsteuerabzug (s *UmwStE nF* Rn 22.34f).

1823 Gemäß **§ 22 Abs 4 Nr 2 UmwStG** gelten die Grundsätze für eine von der **KSt befreite Körperschaft** entsprechend. Danach entsteht auch bei einer steuerfreien Körperschaft als Einbringende iSd § 22 Abs 1 UmwStG ein Einbringungsgewinn I, wenn diese die iR einer Sacheinlage erhaltenen Anteile während der Sperrfrist veräußert (§ 22 Abs 1 UmwStG) oder einen Ersatztatbestand iSd § 22 Abs 1 Satz 6 UmwStG verwirklicht und der Vorgang dem wirtschaftlichen Geschäftsbetrieb der Körperschaft zuzuordnen ist. Eine rückwirkende Besteuerung hat bei der steuerbefreiten Körperschaft zu erfolgen.

1824 Zudem ist gemäß § 22 Abs 4 Nr 2 UmwStG bei der von der KSt befreiten Köperschaft der Gewinn aus der **Veräußerung** der erhaltenen Anteile innerhalb der Sperrfrist iSd § 22 Abs 1 UmwStG zu berücksichtigen, der nach Maßgabe des § 8b Abs 2 u 3 KStG steuerfrei ist. Unter den Voraussetzungen des § 20 Abs 1 Nr 10b Satz 4, Abs 8 EStG ist ein Kapitalertragsteuerabzug vorzunehmen. Nach Ablauf der Sperrfrist ist der Veräußerungsgewinn nicht für jedes abgelaufene Zeitjahr um 1/7 zu kürzen (s *UmwStE nF* Rn 22.36f).

1825–1829 *(frei)*

1830 **k) Bescheinigungsverfahren (§ 22 Abs 5 UmwStG).** Auf Antrag der übernehmenden Gesellschaft bzw des Einbringenden bescheinigt das Finanzamt, das für den Einbringenden zuständig ist, die Höhe des zu versteuernden Einbringungsgewinns I/II (§ 23 Abs 2 Satz 1 bzw 3 UmwStG), die darauf festgesetzte Steuer und den darauf entrichteten Steuerbetrag. Nach einer unentgeltlichen Übertragung wird gemäß § 22 Abs 6 iVm Abs 5 UmwStG das Finanzamt des Rechtsnachfolgers für die Ausstellung der Bescheinigung zuständig (str, s *Schmitt/Schloßmacher* UmwStE 2011 Rn 22.39). Ist eine PersGes Einbringende, ist hierfür das Finanzamt des jeweiligen Mitunternehmers zuständig. Zu der auf den Einbringungsgewinn I/II festgesetzten Steuer gehören die Est bzw KSt, nicht dagegen die entstandene GewSt (str, s *UmwStE nF* Rn 22.38f; aA *Schmitt/Schloßmacher* UmwStE 2011 Rn 22.39).

1831 Die Vorlage dieser Bescheinigung ist gemäß § 23 Abs 2 UmwStG Voraussetzung für eine **Buchwertaufstockung** bei der übernehmenden Gesellschaft. Mindern sich diese Beträge nachträglich, hat dies das Finanzamt von Amts wegen dem für die übernehmende Gesellschaft bzw den Einbringenden zuständigen Finanzamt mitzuteilen (s *UmwStE nF* Rn 22.40).

1832–1839 *(frei)*

1840 **l) Unentgeltliche Rechtsnachfolge (§ 22 Abs 6 UmwStG).** Eine **unentgeltliche Rechtsnachfolge** iSd § 22 Abs 6 UmwStG tritt ein zB durch Schenkung, Erbfall, unentgeltlich vorweggenommene Erbfolge, verdeckte Gewinnausschüttung, unentgeltliche Übertragung oder Überführung nach § 6 Abs 3 oder 5 EStG bzw auf eine Stiftung oder Realteilung. Die Übertragung von sperrfristbehafteten Anteilen kann unmittelbar oder mittelbar erfolgen. Auch die Verlagerung von stillen Reserven iSd § 22 Abs 7 UmwStG stellt nach Auffassung der *FinVerw* einen unentgeltlichen Vorgang dar (s *UmwStE nF* Rn 22.43). Bei einem teilentgeltlichen Vorgang ist eine unentgeltliche Rechtsnachfolge nur hinsichtlich des unentgeltlichen Teils des Geschäfts gegeben, der nach dem Verhältnis der Werte der übertragenen Anteile zu ermitteln ist.

1841 **Keine unentgeltliche Rechtsnachfolge** iSd § 22 Abs 6 UmwStG ist gegeben, wenn der Ersatztatbestand des § 22 Abs 1 Satz 6 Nr 1 UmwStG erfüllt ist und eine Einbringungsgewinnbesteuerung durchzuführen ist.

1842 Der (unentgeltliche) Rechtsnachfolger tritt in die **Rechtsposition** des Einbringenden hinsichtlich der Anwendung des § 22 Abs 1 bis 5 UmwStG und der übernehmenden Gesellschaft iSd § 22 Abs 2 UmwStG ein und hat u.a. in der siebenjährigen Sperrfrist die Nachweispflichten des § 22 Abs 3 UmwStG zu erfüllen. Danach

Einbringung, Anteilstausch gegen Gesellschaftsanteile **Anh § 7**

kommt es auch dann zur Nachbesteuerung, wenn der Rechtsnachfolger die erhaltenen bzw eingebrachten Anteile veräußert.

Obwohl der Rechtsnachfolger gemäß § 22 Abs 6 UmwStG als Einbringender **1843** gilt, werden jedoch die **Rechtsfolgen** aus einer schädlichen Veräußerung von Anteilen iSd § 22 Abs 1 UmwStG nicht bei ihm, sondern beim **Rechtsvorgänger** vollzogen. Danach hat der Einbringende bei einem schädlichen Vorgang rückwirkend einen Einbringungsgewinn zu versteuern. (s *UmwStE nF* Rn 22.41 ff mit Bsp). Diese auf den Rechtsvorgänger zurückgehende Besteuerung durchbricht die Systematik der (Teil-)Rechtsnachfolge (s.a. *Flick/Gocke/Schaumburg* UmwStE 2011 Rn 22.41f; *Schmitt/Schloßmacher* UmwStE 2011 Rn 22.41f).

Erfüllt der unentgeltliche Rechtsnachfolger **nicht** die **Voraussetzungen des § 1** **1844** **Abs 4 UmwStG,** führt die unentgeltliche Übertragung nach § 22 Abs 2 Satz 6 Nr 6 UmwStG zu einer rückwirkenden Einbringungsgewinnbesteuerung beim Einbringenden (s *UmwStE nF* Rn 22.42).

(frei) **1845–1849**

m) **Mitverstrickung von Anteilen (§ 22 Abs 7 UmwStG).** Gehen nach einer **1850** Sacheinlage oder einem Anteilstausch stille Reserven aufgrund einer Gesellschaftsgründung oder einer Kapitalerhöhung aus Gesellschaftermitteln von den erhaltenen oder eingebrachten Anteilen auf andere Anteile über, tritt insoweit eine quotale Steuerverstrickung nach § 22 Abs 1 oder 2 UmwStG ein, als es sich um die Anteile desselben Gesellschafters handelt oder stille Reserven unentgeltlich auf einen anderen Gesellschafter übergehen. Die auf der BFH-Rspr beruhende Verwaltungsauffassung (vgl BFH I R 128/88 BStBl II 1992, 761; VIII R 40/89 BStBl II 1994, 222; I R 34/07 BStBl II 2008, 533; *UmwStE aF* Rn 21.12, BMF BStBl I 2003, 292 Rn 51) wurde durch das **SEStEG** gesetzlich geregelt.

Der **Übergang von stillen Reserven** löst **keine Gewinnrealisierung** bezüglich **1851** der in den sperrfristbehafteten (mitverstrickten) Anteilen ruhenden stillen Reserven und keine nachträgliche Einbringungsgewinnversteuerung aus, da es in beiden Fällen an einer Aufdeckung von stillen Reserven fehlt. Erst die Veräußerung von mitverstrickten Anteilen bzw ein Ersatzrealisationstatbestand des § 22 Abs 1 Satz 6 UmwStG innerhalb der siebenjährigen Sperrfrist führt beim Einbringenden zu einer rückwirkenden Besteuerung eines Einbringungsgewinns I bzw II iSd § 22 Abs 1 oder 2 UmwStG. Die Anwendung dieser Grundsätze setzt voraus, dass die Sacheinlage bzw der Anteilstausch zu Buch- oder Zwischenwerten erfolgt ist.

Der Regelung des § 22 Abs 7 UmwStG liegt der Gedanke einer Bezugsrechtsab- **1852** spaltung zugrunde, sodass mit dem Übergang von stillen Reserven auf die mitverstrickten Anteile auch die **anteiligen Anschaffungskosten** der entreicherten Anschaffungskosten übergehen. Eine **Verlagerung** von stillen Reserven iSd § 22 Abs 7 UmwStG ist dann **nicht gegeben**, wenn die durch die Kapitalherabsetzung eintretende Entreicherung durch eine **Ausgleichszahlung** angemessen vergütet wird. Für den **unentgeltlichen Rechtsnachfolger** gelten nach § 22 Abs 6 UmwStG die Regelungen des § 22 Abs 1 bis 5 UmwStG entsprechend, wobei die rückwirkende Einbringungsgewinnbesteuerung beim Einbringenden iSd § 22 Abs 1 UmwStG vorzunehmen ist (s *UmwStE nF* Rn 22.43 f; *Schmitt/Schloßmacher* UmwStE 2011 Rn 22.43). Beim Inhaber von mitverstrickten Anteilen (zB Drittstaatengesellschaft) löst der unentgeltliche Übergang von stillen Reserven iSd § 22 Abs 7 UmwStG den Ersatztatbestand des § 22 Abs 1 Satz 6 Nr 6 UmwStG aus, wenn er nicht die Voraussetzungen des § 1 Abs 4 UmwStG erfüllt (s *UmwStE nF* Rn 22.44, 22.42).

Die entgeltliche Veräußerung von (durch eine Kapitalerhöhung entstandenen) **1853** **Bezugsrechten** an sperrfristbehafteten erhaltenen bzw mitverstrickten Anteilen durch den Einbringenden, den unentgeltlichen Rechtsnachfolger (§ 22 Abs 6 UmwStG) oder den Inhaber von mitverstrickten Anteilen (§ 22 Abs 7 UmwStG) stellt eine schädliche Anteilsveräußerung iSd § 22 Abs 2 Satz 1 u Abs 2 Satz 1 UmwStG dar (BFH VIII R 3/93 BStBl II 1993, 477; I R 101/06 BStBl II 2008, 719). Dies gilt auch dann, wenn der Anteilseigner gegen Entgelt auf die Ausübung des Bezugsrechts verzichtet (BFH I R 101/06 aaO; *Flick/Gocke/Schaumburg* UmwStE 2011 Rn 22.45). Bezugsrechte ermöglichen den Erwerb von neuen Anteilen zu einem wesentlich unter dem Kurswert der alten Aktien liegenden Wert.

1854 Bei einer **Kapitalerhöhung** aus Gesellschaftsmitteln (Kapital- und Gewinnrücklagen) kann die Sperrfristverhaftung iSd § 22 Abs 7 UmwStG der Altanteile auf die aufgestockten Anteile übergehen, soweit diese auf die sperrfristbehafteten Anteile entfallen. Auch in diesem Fall kommt es weder zu einer Gewinnrealisierung (s § 1 KapErhStG) noch zu einer Einbringungsgewinnbesteuerung. Gemäß § 3 KapErhStG gehen die Anschaffungskosten der Altanteile anteilig auf die Neuanteile über (s *UmwStE nF* Rn 22.46).

1855 Eine anteilige rückwirkende Besteuerung eines Einbringungsgewinns ist vorzunehmen, soweit ein **Teil der mitverstrickten Anteile** iSd § 22 Abs 7 UmwStG veräußert wird bzw ein Ersatzrealisationstatbestand des § 22 Abs 1 Satz 6 bzw Abs 2 Satz 6 UmwStG nur hinsichtlich eines Teils der Anteile erfüllt ist. Abzustellen ist dabei auf das Verhältnis der auf die veräußerten Anteile übergesprungenen stillen Reserven zu den im Einbringungszeitpunkt insgesamt in der Sacheinlage vorhandenen stillen Reserven (vgl *Schmitt/Schloßmacher* UmwStE 2011 Rn 22.04).

1856–1859 *(frei)*

1860 **n) Nachversteuerung von Gewinnen (§ 34a EStG).** Sind im zu versteuernden Einkommen nicht entnommene Gewinne aus Land- und Forstwirtschaft, Gewerbebetrieb oder selbständiger Arbeit enthalten, werden diese gemäß § 34a Abs 1 EStG tarifbegünstigt besteuert. Unabhängig davon, ob Gewinne entnommen wurden, kommt es bei einem Wechsel des Besteuerungssubjekts zu einer Nachversteuerung. Wird danach ein Betrieb oder Mitunternehmeranteil in eine KapGes eingebracht (§ 20 Abs 1 UmwStG), kommt es gemäß § 34a Abs 6 Satz 1 Nr 2 iVm Abs 4 EStG wegen des Wegfalls der personellen Voraussetzungen des § 34a EStG zu einer Nachversteuerung. Dabei ist unbeachtlich, ob die Einbringung zum Buch-, Zwischenwert oder zum gemeinen Wert erfolgt. Die Einbringung von Teilbetrieben oder Teilen von Mitunternehmeranteilen ist davon nicht betroffen (s *Schmidt/Wacker* § 34a Rn 77).

1861–1869 *(frei)*

20. Ertragsteuerliche Gesamtrechtsnachfolge (§ 23 UmwStG)

1870 Die übernehmende Gesellschaft tritt bei einer **Sacheinlage** und einem **Anteilstausch** unter dem gemeinen Wert (Buchwert- oder Zwischenwertansatz, § 20 Abs 2 Satz 2, § 21 Abs 1 Satz 2 UmwStG) hinsichtlich des eingebrachten Betriebsvermögens in die steuerliche Rechtsstellung des übertragenden Rechtsträgers ein (§ 23 Abs 1 iVm §§ 4 Abs 2 Satz 3, 12 Abs 3 1. Hs UmwStG). § 23 Abs 1 UmwStG idF des JStG 2009 stellt dies auch hinsichtlich des Anteilstausches klar. Nach § 23 Abs 4 2. Hs UmwStG ist dies auch bei einer Einbringung zum **gemeinen Wert** iRd **Gesamtrechtsnachfolge** nach dem UmwG der Fall (s *UmwStG nF* Rn 23.06).

1871–1874 *(frei)*

1875 **a) Rechtsnachfolge bei Buch- bzw Zwischenwertansatz (§ 23 Abs 1 UmwStG). Besitzzeiten** des Einbringenden zB für Zwecke des § 6b EStG oder § 9 Nr 2a u 7 GewStG werden bei Buchwertfortführung und Zwischenwertansatz (s Rn 1880ff) der KapGes angerechnet, und zwar sowohl bei Sacheinlage durch Umwandlungen nach dem UmwG als auch bei der steuerlichen Einzelrechtsnachfolge (§ 23 Abs 1 iVm § 4 Abs 2 Satz 3 UmwStG; Rn 127, 644). Ebenso tritt die übernehmende KapGes beim Buchwertansatz auch hinsichtlich der **AfA** (AfA-

Einbringung, Anteilstausch gegen Gesellschaftsanteile **Anh § 7**

Bemessungsgrundlage, AfA-Methode, Nutzungsdauer), vorhandener Rücklagen, der Teilwert-AfA oder Wertaufholung an die Stelle des Einbringenden (§ 23 Abs 1 iVm § 12 Abs 3 UmwStG; *UmwStE nF* Rn 23.06). Dies gilt auch für **Behaltefristen** zB nach § 7 g EStG.

Aufgrund der Rechtsnachfolge kann eine vor der Umwandlung gebildete **Rück-** **1876** **lage gemäß § 7g EStG** nach der Umwandlung fortgeführt werden, sofern sie rechtmäßig gebildet wurde. Dies ist nicht der Fall, wenn zum Zeitpunkt der Rücklagenbildung im Einzelunternehmen mit Einreichung der Steuererklärung beim Finanzamt das Investitionsvorhaben im Einzelunternehmen nicht mehr realisiert werden konnte, weil die Umwandlung bereits in Gang gesetzt war (BFH I R 70/09 BFH/NV 2010, 2072; s.a. XI R 69/03 BStBl II 2005, 596). Nach dieser Auffassung ist sie beim Einbringenden aufzulösen und erhöht den tarifbegünstigten Einbringungsgewinn. Davon abweichend sieht der X. Senat des BFH den für die Inanspruchnahme erforderlichen Finanzierungszusammenhang zwischen der Ansparabschreibung und der Investition nicht durch eine in Gang gesetzte Einbringung des Betriebs zu Buchwerten gemäß § 20 Abs 1 UmwStG ausgeschlossen (s Vorlagebeschluss BFH X R 21/09 DStR 2012, 2171, GrS 2/12).

Zum Verlustabzug nach § 10 d Abs 4 EStG s Rn 258. Zum Schachtelprivileg s aller- **1877** dings FG München EFG 1992, 201 rkr. Die nachträgliche Erhöhung der Wertansätze eines zu Buchwerten in eine KapGes eingebrachten Betriebsvermögens und damit die Änderung des Einbringungsvorganges in eine gewinnrealisierende Betriebsveräußerung ist keine Bilanzänderung, sondern eine rückwirkende Sachverhaltsgestaltung, die steuerrechtlich nicht anzuerkennen ist (BFH I R 191/77 BStBl II 1981, 620).

(frei) **1878, 1879**

b) Zwischenwertansatz (§ 23 Abs 3 UmwStG). Setzt die übernehmende **1880** Gesellschaft das eingebrachte Betriebsvermögen mit einem Zwischenwert an, tritt sie grds in die wirtschaftsgutbezogene Rechtstellung des Einbringenden ein (§ 23 Abs 3 Satz 1 iVm § 12 Abs 3 1. Hs UmwStG). Hierbei sind die stillen Reserven der einzelnen aktiven und passiven Wirtschaftsgüter einschließlich Schulden, steuerfreien Rücklagen und nicht entgeltlich erworbenen und selbst geschaffenen immateriellen Wirtschaftgüter um einen einheitlichen Prozentsatz aufzulösen (*UmwStE nF* Rn 23.14 iVm 03.25f).

Bei der Einbringung zu Zwischenwerten ist aufgrund der **modifizierten** **1881** **Rechtsnachfolge** (§ 23 Abs 3 Satz 1 iVm § 12 Abs 3 1. Hs UmwStG) die vom Einbringenden angewandte AfA-Methode grds beizubehalten. Die **AfA** richtet sich gemäß § 23 Abs 3 Satz 1 Nr 1 UmwStG bei Zwischenwerten vom Zeitpunkt der Einbringung an nach den um den Aufstockungsbetrag erhöhten Anschaffungskosten oder Herstellungskosten des Rechtsvorgängers (AfA-Volumen). Der AfA-Satz nach § 7 Abs 1, 4 u 5 EStG bleibt grds unverändert. Die AfA ist auf das AfA-Volumen begrenzt. Ist dieses bereits vor Ablauf der Nutzungsdauer aufgebraucht, scheidet eine weitere AfA aus. Die AfA nach § 7 Abs 4 EStG für Gebäude kann nach dessen Restnutzungsdauer ermittelt werden, wenn innerhalb der tatsächlichen Nutzungsdauer nicht die volle Abschreibung erreicht werden kann (BFH VIII R 105/73 BStBl II 1977, 606). Für die degressive AfA nach § 7 Abs 2 EStG aF bildet gemäß § 23 Abs 3 Satz 1 Nr 2 UmwStG der Zwischenwert die neue AfA-Bemessungsgrundlage. Der AfA-Satz ist nach der neu zu schätzenden Restnutzungsdauer im Zeitpunkt der Einbringung zu bestimmen (*UmwStE nF* Rn 23.14f). Ein von der übernehmenden Gesellschaft angesetzter originärer Geschäftswert ist grds nach § 7 Abs 1 Satz 3 EStG abzuschreiben.

Die **handelsrechtlichen Ansätze** sind für den Ansatz von Zwischenwerten nicht **1882** maßgeblich (s *UmwStE nF* Rn 23.14, 03.25).

Die im Zusammenhang mit der Einbringung (Anschaffung) bei der übernehmen- **1883** den Gesellschaft entstandenen **objektbezogenen Kosten** (zB Grunderwerbsteuer) stellen Anschaffungsnebenkosten des jeweiligen Wirtschaftsguts dar und führen als solche noch nicht zu einem Zwischenwertansatz iSd § 23 Abs 3 UmwStG (s *Schmitt/ Schloßmacher* UmwStE 2011 Rn 23.14).

1884 Die Buchwertaufstockung aufgrund einer **rückwirkenden Einbringungsgewinnbesteuerung** (§ 23 Abs 2 UmwStG) ist zu Beginn des Wirtschaftsjahres vorzunehmen, in welches das die Besteuerung des Einbringungsgewinns auslösende Ereignis fällt (§ 23 Abs 3 Satz 2 UmwStG). Im Übrigen gilt § 23 Abs 3 Satz 1 UmwStG entsprechend.

1885–1889 *(frei)*

1890 c) **Ansatz des gemeinen Werts (§ 23 Abs 4 UmwStG).** Der gemeine Wert des Betriebsvermögens ist der Saldo der gemeinen Werte der aktiven und passiven Wirtschaftsgüter (Sachgesamtheit; s *UmwStE nF* Rn 23.17ff). Wird der Ansatz des **gemeinen Werts** und damit die Aufdeckung aller stillen Reserven der aktiven und passiven Wirtschaftsgüter, auch hinsichtlich steuerfreier Rücklagen und selbst geschaffener immaterieller Wirtschaftsgüter (Firmen- oder Geschäftswert) gewählt, so ist eine steuerliche **Gesamtrechtsnachfolge** mit den genannten Rechtsfolgen des § 23 Abs 3 UmwStG nach § 23 Abs 4 UmwStG nur dann anzunehmen, wenn der Sacheinlage eine Umwandlung nach dem UmwG zugrunde liegt (Rn 70). Hierunter fällt auch eine Kombination Umwandlung/Einzelrechtsnachfolge (Sonderbetriebsvermögen, *UmwStE nF* Rn 23.20). Andernfalls **(Einzelrechtsnachfolge)** ist ein Anschaffungsvorgang anzunehmen (§ 23 Abs 4 UmwStG; *UmwStE nF* Rn 23.21; s Rn 1896).

1891 Maßgebend ist der gemeine Wert des Betriebsvermögens iSd § 20 Abs 2 Satz 1 UmwStG zum **Zeitpunkt der Sacheinlage**. § 20 Abs 2 UmwStG ist eine eigenständige Bewertungsvorschrift, auf die die steuerlichen Ansatzverbote des § 5 EStG nicht anwendbar sind. Danach umfasst der gemeine Wert u.a. auch Drohverlustrückstellungen iSd § 5 Abs 4a EStG. Pensionsrückstellungen sind mit den Werten nach § 6a Abs 3 Satz 2 Nr 1 oder 2 EStG anzusetzen (s *UmwStE nF* Rn 23.17f).

1892 Entsteht durch die Einbringung hinsichtlich des Gewinns aus der Veräußerung des eingebrachten Betriebsvermögens **erstmals** ein **inländisches Besteuerungsrecht**, ist das eingebrachte Vermögen mit dem gemeinen Wert anzusetzen (BTDrs 16/2710, 43). In diesem Fall ist nicht § 23 Abs 1 UmwStG, sondern § 23 Abs 4 UmwStG anzuwenden (s *Schmitt/Schloßmacher* UmwStE 2011 Rn 23.21; aA *Pung* in *Dötsch/Patt u.a.* UmwStG, § 23 Rn 21).

1893 Die **Rechtsfolgen** des Ansatzes des gemeinen Werts sind auf der Ebene der übernehmenden Gesellschaft davon abhängig, ob die Einbringung im Wege der steuerlichen Einzelrechtsnachfolge (§ 23 Abs 4 1. Alt UmwStG) oder der steuerlichen Gesamtrechtsnachfolge (§ 23 Abs 4 2. Alt UmwStG) erfolgt. Eine **Gesamtrechtsnachfolge** ist bei einer Einbringung (Sacheinlage oder Anteilstausch) nach den Regeln des UmwG (Verschmelzung, Auf-, Abspaltung, Ausgliederung) gegeben. Bei einem **Formwechsel** einer PersGes in eine KapGes fehlt es an einem Vermögensübergang. § 25 UmwStG fingiert jedoch einen solchen, so dass steuerlich auch in diesem Fall eine Einbringung im Wege einer Gesamtrechtnachfolge iSd § 23 UmwStG vorliegt. Gemäß § 1 Abs 3 Nr 1 u 2 UmwStG werden **ausländische Vorgänge**, die mit den Umwandlungen nach dem UmwG vergleichbar sind, wie Einbringungen im Wege der Gesamtrechtsnachfolge iSd § 23 Abs 4 UmwStG behandelt.

1894 Die übernehmende Gesellschaft tritt im Fall der Gesamtrechtsnachfolge gemäß **§ 24 Abs 4 2. Alt iVm Abs 3** und **§ 12 Abs 3 UmwStG** in die **steuerliche Rechtsstellung** des Einbringenden ein. Dies gilt auch bei Ansatz des gemeinen Werts. Sie ist an die bisherige AfA-Bemessungsgrundlage der eingebrachten Wirtschaftsgüter, die AfA-Methode und die von dem Einbringenden angenommene Nutzungsdauer gebunden (s *UmwStE nF* Rn 23.06).

Die modifizierte Gesamtrechtsnachfolge iSd § 12 Abs 3 1. Hs UmwStG bezieht sich **nicht** auf die Anrechnung von **Besitz- und Verbleibenszeiten** (s *Schmitt/ Schloßmacher* UmwStE 2011 Rn 23.12).

Eine **gemischte Einbringung,** die auf Vorgängen der Gesamt- und Einzel- 1895 rechtsnachfolge beruht (zB Verschmelzung einer KG auf eine GmbH und gleichzeitiger Übergang des Sonderbetriebsvermögens durch Einzelrechtsnachfolge), ist für Zwecke des § 23 Abs 4 UmwStG einheitlich als Gesamtrechtsnachfolge zu behandeln (*UmwStE nF* Rn 23.20).

Eine steuerliche **Einzelrechtsnachfolge** (§ 1 Abs 3 Nr 4 UmwStG) ist dann 1896 gegeben, wenn die Wirtschaftsgüter einzeln nach den zivilrechtlichen Grundsätzen übertragen werden (zB Sacheinlage iSd § 5 Abs 4 GmbHG bzw § 27 AktG bei Gründung einer KapGes, Sachkapitalerhöhung aus Gesellschaftermitteln gemäß § 56 GmbHG, §§ 183, 194, 205 AktG).

Auch bei einer **Anwachsung** kann das Vermögen (zB Einbringung eines Mitun- 1897 ternehmeranteils § 738 BGB, § 142 HGB) durch Einzelrechtsnachfolge übergehen (s *UmwStE nF* Rn 01.44, 01.46). In diesem Zusammenhang dient die Verwendung des Begriffs der Einzelrechtsnachfolge lediglich der Abgrenzung von Fällen der umwandlungssteuerrechtlichen Gesamtrechtsnachfolge nach § 1 Abs 3 Nr 1 bis 3 UmwStG (s *Kai* GmbHR 2012, 165f).

Die Einbringung von Wirtschaftsgütern **durch Einzelrechtsnachfolge** stellt bei 1898 der übernehmenden Gesellschaft einen **Anschaffungsvorgang** zum gemeinen Wert dar, auf den die allgemeinen Grundsätze (zB Wahl der AfA-Methode, Bestimmung der (Rest-)Nutzungsdauer) anzuwenden sind. Die **AfA** für die eingebrachten Wirtschaftsgüter bestimmt sich in diesem Fall nach den Verhältnissen der übernehmenden Gesellschaft. Dies gilt auch für die Gewährung von Schachtelvergünstigungen (s *UmwStE nF* Rn 23.21; *Schmitt/Schloßmacher* UmwStE 2011 Rn 23.21).

Zu den **Kosten der Umwandlung** s Rn 679 ff. Die von der übernehmenden 1899 Gesellschaft geschuldeten Grunderwerbsteuern sind grds Anschaffungsnebenkosten der eingebrachten Beteiligung (*UmwStE nF* Rn 23.01). Die **Grunderwerbsteuern** aufgrund eines Gesellschafterwechsels bei einer PersGes nach § 1 Abs 2a GrEStG sind unmittelbar Folgekosten des Beteiligungswechsel und grds als Anschaffungsnebenkosten der Beteiligung zu behandeln. Dies gilt grds nicht bei einem mittelbaren Gesellschafterwechsel, wenn die unmittelbare Mitunternehmerkette durch eine KapGes unterbrochen ist (*OFD Rheinland* GmbHR 2012, 364).

Im Falle des **Anteilstausches** sind die speziellen Regeln des § 21 UmwStG zu 1900 beachten. An die Stelle der übertragenen Anteile treten die eingebrachten Anteile. Sie sind grds mit dem gemeinen Wert anzusetzen (§ 21 Abs 1 Satz 1 UmwStG).

Bei der Einbringung von **einbringungsgeborenen Anteilen** iSd § 21 Abs 1 1901 UmwStG aF behalten diese ihre Eigenschaft bei. Der Gewinn aus dem Verkauf dieser Anteile durch die übernehmende Gesellschaft innerhalb der Sperrfrist von 7 Jahren ist gemäß § 27 Abs 4 UmwStG iVm §§ 8b Abs 4, 34 Abs 7 a KStG (aF) voll steuerpflichtig.

Befanden sich die eingebrachten Anteile nicht im Betriebsvermögen des Einbrin- 1902 genden, sind anstelle des Buchwerts die **Anschaffungskosten** anzusetzen (**§ 21 Abs 2 Satz 5 UmwStG;** *UmwStE nF* Rn 23.05). Dies gilt ebenso für Anteile, die iR einer Sacheinlage übertragen werden (**§ 22 Abs 2 Satz 5 UmwStG**).

(frei) 1903–1909

d) Erhöhungsbetrag (§ 23 Abs 2 Satz 1 UmwStG). Die übernehmende 1910 Gesellschaft kann auf Antrag die Buchwerte des eingebrachten Betriebsvermögens wirtschaftsgutbezogen **um den versteuerten Einbringungsgewinn I aufstocken,** soweit der Einbringende die auf den Einbringungsgewinn entfallende Steuer entrichtet hat und dies durch eine Bescheinigung des zuständigen Finanzamts nachweist. Diese Regelung gilt nur für ein schädliches Ereignis iSd § 22 Abs 1 UmwStG nach einer vorangegangenen Sacheinlage (§ 20 Abs 1 UmwStG). Miteingebrachte Anteile iSd § 22 Abs 1 Satz 5 UmwStG fallen unter § 23 Abs 2 Satz 3 UmwStG. Die Werterhöhung knüpft systemgerecht an die vorherige tatsächliche Besteuerung des Einbringungsgewinns an. Der Erhöhungsbetrag ist mit Beginn des Wirtschaftsjahres der schädlichen Anteilsveräußerung iSd § 22 Abs 1 Satz 1 u 6 UmwStG zu berücksichtigen. Dies kann jedoch erst dann erfolgen, wenn die Bescheinigung u.a. über die entrichtete Steuer iSd § 22 Abs 5 UmwStG vorliegt. Darüber hinaus ist erforderlich, dass sich die eingebrachten Wirtschaftsgüter noch im Betriebsvermögen der übernehmenden Gesellschaft befinden (**§ 23 Abs 2 Satz 2 UmwStG**).

1911 Der hierfür erforderliche form- und fristlose **Antrag** muss eindeutige Angaben über die Höhe und Zuordnung des Aufstockungsbetrags enthalten. Eine Änderung oder Rücknahme des Antrags ist nicht möglich (s *UmwStE nF* Rn 23.07; *Schmitt/Schloßmacher* UmwStE 2011 Rn 23.07).

1912–1919 *(frei)*

1920 e) **Buchwertaufstockung (§ 23 Abs 2 Satz 2 UmwStG).** Bei der Buchwertaufstockung ist auf den **Zeitpunkt des schädlichen Ereignisses** (Anteilsveräußerung) abzustellen. Sind zwischenzeitlich einzelne Wirtschaftsgüter **zum gemeinen Wert** aus dem eingebrachten Betriebsvermögen **ausgeschieden**, ist der auf diese Wirtschaftsgüter entfallende Aufstockungsbetrag im Zeitpunkt des schädlichen Ereignisses als sofort abziehbare Betriebsausgabe zu behandeln. Buchtechnisch ist der auf das ausgeschiedene Wirtschaftsgut entfallende Aufstockungsbetrag grds über das steuerliche Einlagekonto der übernehmenden Gesellschaft zu erfassen und anschließend gewinnmindernd abzuschreiben. Eine Buchwertaufstockung kann auch hinsichtlich **untergegangener Wirtschaftsgüter** vorgenommen werden (s *UmwStE nF* Rn 23.09).

1921 Eine (zwischenzeitliche) Übertragung von eingebrachten Wirtschaftsgütern **unter dem gemeinen Wert** schließt eine Buchwertaufstockung aus (§ 23 Abs 2 Satz 2 2. Hs UmwStG), weil diese Wirtschaftgüter ohne Aufdeckung aller stillen Reserven aus dem Betriebsvermögen ausgeschieden sind. Der Erhöhungsbetrag geht insoweit unter. Dies gilt nach Auffassung der *FinVerw* auch bei einer Weitereinbringung von Wirtschaftsgütern unter dem gemeinen Wert (s *UmwStE nF* Rn 23.09). Eine unentgeltliche oder teilentgeltliche Übertragung von eingebrachten Wirtschaftsgütern auf Gesellschafter der übernehmenden Gesellschaft ist dann als Übertragung zum gemeinen Wert zu behandeln, wenn darin ein verdeckte Gewinnausschüttung zu sehen ist (s *Schmitt/Schloßmacher* UmwStE 2011 Rn 23.09).

1922 Die **Buchwertaufstockung** iHd versteuerten Einbringungsgewinns (**Erhöhungsbetrag**) ist einheitlich und erfolgsneutral bei dem eingebrachten und noch vorhandenen Betriebsvermögen der übernehmenden Gesellschaft vorzunehmen. Maßgebend sind die stillen Reserven und stillen Lasten, die zum Einbringungszeitpunkt in den einzelnen Wirtschaftgütern vorhanden sind. Dabei sind originäre immaterielle Wirtschaftsgüter einschließlich des Geschäftswerts mit zu erfassen. Die Aufstockung der Buchwerte erfolgt unter Anwendung eines einheitlichen Prozentsatzes, der sich aus dem Verhältnis sämtlicher stiller Reserven und stiller Lasten einschließlich steuerfreier Rücklagen und dem Aufstockungsbetrag ergibt. Im Rahmen der Auf- bzw Abstockung sind zB die steuerfreien Rücklagen, die zum Einbringungszeitpunkt stille Reserven ausweisen, prozentual zu kürzen (s *Schmitt/Schloßmacher* UmwStE 2011 Rn 23.08).

1923 Die Buchwertaufstockung ist **erfolgsneutral** über das steuerliche Einlagekonto der aufnehmenden Gesellschaft zu erfassen (§ 23 Abs 2 Satz 1 letzter Hs UmwStG). Buchtechnisch sind die Buchwertaufstockungen zunächst mit einem Ausgleichsposten, der in Höhe der Abweichungen zu den handelsrechtlichen Wertansätzen in der Steuerbilanz gebildet wird, zu verrechnen. Nur der übersteigende Betrag erhöht den Steuerbilanzgewinn, der durch eine Kürzung außerhalb der Bilanz zu neutrali-

sieren ist. Zudem erhöht sich das steuerliche Einlagekonto iSd § 27 Abs 1 KStG der übernehmenden Gesellschaft, soweit der Zugang das Nennkapital der erhaltenen Anteile übersteigt (s *UmwStE nF* Rn 23.07ff; *Schmitt/Schloßmacher* UmwStE 2011 Rn 23.07f).
(frei) **1924**

f) Erhöhungsbetrag (§ 23 Abs 2 Satz 3 UmwStG). Der versteuerte Einbringungsgewinn II iSd § 22 Abs 2 UmwStG erhöht auf Antrag bei der übernehmenden Gesellschaft die Anschaffungskosten der **(mit-)eingebrachten Anteile** (§ 23 Abs 2 Satz 3 UmwStG). Voraussetzung ist, dass die veräußerten Anteile als Teil der Betriebseinbringung (§ 20 Abs 1 iVm § 22 Abs 1 Satz 3 UmwStG) oder aufgrund eines Anteilstauschs unter dem gemeinen Wert erworben wurden und der Einbringende die Steuer auf den Einbringungsgewinn II entrichtet hat. Die Anschaffungskosten können danach nur insoweit zum Zeitpunkt des schädlichen Ereignisses erhöht werden, als die Steuer nachweislich gezahlt wurde. Dadurch mindert sich der Gewinn der veräußernden Gesellschaft aus der Veräußerung der eingebrachten Anteile iSd § 8b Abs 2 KStG um die nachträglichen Anschaffungskosten iHd Einbringungsgewinns II. Auf diese Weise werden die Wertveränderungen nach der Einbringung so wie die jährlichen Kürzungsbeträge steuerlich erfasst und gemäß § 8b Abs 2 u 3 KStG steuerfrei gestellt. In dieser Zeit eintretende Wertverluste sind nicht zu berücksichtigen (§ 8b Abs 3 Satz 3 KStG). **1925**

Wird keine **Bescheinigung** iSd § 22 Abs 5 UmwStG vorgelegt, scheidet eine Erhöhung der Anschaffungskosten der eingebrachten Anteile aus. Wird die Steuer erst später entrichtet, kommt eine Änderung des Steuerbescheids einschließlich der Bilanzansätze nach § 175 Abs 1 Satz 1 Nr 2 AO in Betracht. Eine mögliche Buchwertaufstockung ist erfolgsneutral vorzunehmen (§ 23 Abs 2 Satz 3 letzter Hs iVm Satz 1 UmwStG). Die steuerfreie Vermögensmehrung wirkt sich insoweit auf das steuerliche Eigenkapitalkonto aus, als sie das Nennkapital der erhaltenen Anteile übersteigt. Der Antrag auf Berücksichtigung des Erhöhungsbetrags kann bis zur Bestandskraft des betroffenen Steuerbescheids gestellt werden (s.a. *Schmitt/Schloßmacher* UmwStE 2011 Rn 23.11). **1926**

Diese Grundsätze gelten für Anteile, die auf **Weitereinbringungen** zu Buchwerten iSd § 22 Abs 1 Satz 6 Nr 4 u 5 iVm Abs 1 Satz 7 UmwStG beruhen, entsprechend (§ 23 Abs 2 Satz 3 letzter Hs UmwStG). **1927**
(frei) **1928, 1929**

g) Entrichtung der Steuer. Die Buchwertaufstockung setzt die **Entrichtung** der auf den Einbringungsgewinn entfallenden Steuer (ESt, KSt, nicht GewSt, str, und steuerliche Nebenleistungen; s *UmwStE nF* Rn 22.38f) durch den Einbringenden bzw dessen unentgeltlichen Rechtnachfolger iSd § 23 Abs 6 UmwStG voraus. Wurde die Steuer nur teilweise getilgt, entfällt die Tilgung anteilig auf den Einbringungsgewinn. In diesem Fall ist die Buchwertaufstockung nur nach dem Verhältnis der entrichteten Steuer zur geschuldeten Steuer auf den Einbringungsgewinn zulässig. **1930**

Erzielt der Einbringende im Wirtschaftsjahr der Einbringung einschließlich des Einbringungsgewinns einen **Verlust**, gilt die Steuer grds mit der Bekanntgabe des (geänderten) Verlustfeststellungsbescheids als entrichtet. Dies gilt schon, wenn aufgrund eines Verlustvor- oder -rücktrags keine Steuer festgesetzt wird. Auf die Tilgung der Steuer im Verlustrück- oder -vortragsjahr als Folge der nachträglichen Einbringungsgewinnbesteuerung kommt es nicht an (s *UmwStE nF* Rn 23.12). **1931**

Bei einer **Organgesellschaft** als Einbringende ist auf die Entrichtung der Steuer durch den Organträger bzw auf die Bekanntgabe des Verlustfeststellungsbescheids des Organträgers abzustellen (s *UmwStE nF* Rn 23.12). **1932**
(frei) **1933, 1934**

21. Vereinigung von Forderungen und Verbindlichkeiten (§ 23 Abs 6 UmwStG)

1935 Soweit bei der übernehmenden Gesellschaft iR des Vermögensübergangs durch Erlöschen von gegenseitigen Forderungen und Verbindlichkeiten der an der Einbringung beteiligten Rechtsträger Gewinne oder durch Auflösung von Rückstellungen **sog Einbringungsfolgegewinne** entstehen, kann die übernehmende KapGes eine gewinnmindernde Rücklage ausweisen (§ 23 Abs 6 iVm § 6 Abs 1 u 2 UmwStG). Die Rücklage ist in den folgenden drei Wirtschaftsjahren mit mindestens je 1/3 gewinnerhöhend aufzulösen. Sie ist rückwirkend aufzulösen, wenn der eingebrachte Betrieb innerhalb von fünf Jahren nach dem steuerlichen Übertragungsstichtag in eine KapGes eingebracht oder ohne triftigen Grund veräußert oder aufgegeben wird (§ 23 Abs 6 iVm § 6 Abs 3 UmwStG).

1936–1939 *(frei)*

22. Gewerbesteuer

1940 **a) Einbringender.** Gemäß § 2 GewStG ist der gewstrechtliche Begriff des werbenden Gewerbebetriebs iSd § 15 Abs 2 EStG als Steuergegenstand **rechtsformabhängig** gestaltet. Die gewstliche Behandlung des Einbringungsgewinns (Veräußerungsgewinns) ist daher von der **Person des Einbringenden** abhängig.

1941 Die Einbringung eines Betriebs oder Teilbetriebs (Sacheinlage einer Sachgesamtheit, § 20 Abs 1 UmwStG) durch eine **natürliche Person** als Einbringender führt nach den allgemeinen Grundsätzen der GewSt zur Veräußerung des Gewerbebetriebs (§ 2 Abs 1 Satz 2 GewStG). Soweit es dabei zur Aufdeckung von stillen Reserven kommt, unterliegt der hieraus erzielte Einbringungsgewinn (Veräußerungsgewinn) nicht der GewSt. Gegenstand der GewSt ist nur der auf den laufenden Betrieb entfallende, durch eigene gewerbliche Leistungen entstandene Gewinn (s BFH IV R 54/10 BStBl II 2012, 927; § 2 Rn 4).

1942 Die wirtschaftliche Tätigkeit einer **Kapitalgesellschaft** gilt gemäß § 2 Abs 2 GewStG stets und in vollem Umfang als Gewerbebetrieb. Die Einbringung einer Sachgesamtheit iSd § 20 Abs 1 UmwStG durch eine KapGes führt daher kraft gesetzlicher Fiktion bei dieser zu einem gewstpfl Einbringungsergebnis (s.a. BFH IV R 54/10 BStBl II 2012, 927).

1943 Bei einer Sacheinlage durch eine gewerblich tätige **PersGes,** die grds einen Gewerbebetrieb iSd § 2 Abs 1 GewStG darstellt, gehört das Einbringungsergebnis zum laufenden Gewinn, soweit es auf eine KapGes als Mitunternehmerin entfällt. Soweit er einer natürlichen Person als unmittelbar beteiligter Mitunternehmer zuzurechnen ist, ist er nicht als Gewerbeertrag zu erfassen (§ 7 Satz 2 Nr 1 GewStG). Dies gilt entsprechend für die Einbringung eines **Mitunternehmeranteils,** außer es wird nur ein **Teil** eines Mitunternehmeranteils eingebracht. In diesem Fall ist der Einbringungsgewinn gemäß § 16 Abs 1 Satz 2 EStG als laufender, gewstpfl Gewinn zu behandeln (s R 7.1 Abs 3 Satz 6 GewStR).

1944 *(frei)*

1945 **b) Sacheinlage und Anteilstausch.** Eine **Sacheinlage** nach § 20 UmwStG in der Form der Einbringung eines Betriebs oder Teilbetriebs unterliegt aufgrund der fiktiven Veräußerung bei einer **natürlichen Person** als Einbringender nicht der GewSt. Dabei ist es wegen der gewstfreien Betriebsveräußerung unerheblich, ob die Sachgesamtheit zum Buch-, Zwischenwert oder zum gemeinen Wert eingebracht wird (zB Nds FG EFG 1983, 511). Entsprechend fällt ein Gewerbeertrag auch hinsichtlich der Entnahme von zurückbehaltenen Gegenständen nicht an (BFH IV R 93/85 BStBl II 1988, 374 zu § 24 UmwStG; FG Köln EFG 2000, 1271). Dagegen führt die Einbringung von Umlaufvermögen in eine GmbH gegen Gewährung von Gesellschaftsrechten insoweit zu einem laufenden Gewerbeertrag. Dies gilt entsprechend, wenn nach der Veräußerung des Umlaufvermögens ein Teil der Mitunternehmeranteile eingebracht wird (§ 20 Abs 1 UmwStG; BFH I R 21/10 BFH/NV 2011, 258). Zur Sacheinlage des § 20 UmwStG und zurückbehaltenem Sonderbetriebsvermögen s Rn 1280f, 1305; BFH IV R 52/87 BStBl II 1988, 829; I R 183/94 BStBl II 1996, 342. Wird eine zu einem Betriebsvermögen gehörende 100%ige Beteiligung an einer KapGes eingebracht, so fällt allgemein GewSt an (BFH IV R 182/77 BStBl II 1981, 220).

Die Ergebnisse, die eine **Kapitalgesellschaft** iR einer Sacheinlage aus der Betriebs-, Mitunternehmeranteils- oder Teilbetriebsveräußerung erzielt, unterliegen bei dieser kraft gesetzlicher Fiktion als laufender Gewinn der GewSt (§ 2 Abs 2, § 7 Satz 2 GewStG). **1946**

GewSt fällt auch an, wenn der **Anteilstausch** nach § 21 Abs 1 UmwStG gewinnwirksam gestaltet wird, weil insoweit kein Vorgang nach § 16 EStG, sondern eine Einbringung von KapGes-Anteilen vorliegt. Dabei kommt es auf die Person des Einbringenden nicht an. **1947**

Ferner bejaht BFH IV R 51/98 BFH/NV 2000, 1554 die GewStPfl für die verunglückte Veräußerung eines Anteilsbruchteils (**unproportionales Sonderbetriebsvermögen**). Dagegen soll die verunglückte unentgeltliche Übertragung eines Anteils ein Vorgang nach § 6 Abs 3 EStG sein. **1948**

(frei) **1949**

c) Einbringungsgewinn I. Beim Einbringungsgewinn I handelt es sich um eine rückwirkende Besteuerung eines Einbringungsvorgangs aufgrund einer schädlichen Veräußerung der erhaltenen Anteile (§ 22 Abs 1 UmwStG). Es gelten auch hier die allgemeinen Grundsätze der Betriebsveräußerung. Gewinne, die ein Einzelgewerbetreibender oder eine PersGes aus der Veräußerung eines ganzen Gewerbebetriebs, eines Teilbetriebs oder eines Mitunternehmeranteils erzielt, bleiben bei der Ermittlung des Gewerbeertrags iSd § 7 GewStG außer Ansatz. Die Steuerfreiheit ist abhängig von der Qualifikation der Beendigung des Gewerbebetriebs als Veräußerungs- oder Aufgabegewinn iSd § 16 Abs 1 u 3 EStG (BFH VIII R 52/04 BStBl II 2006, 847). **1950**

Danach unterliegt in den Fällen einer Sacheinlage nach § 20 Abs 1 UmwStG der Einbringungsgewinn I als Gewinn des Einbringenden iSd § 16 EStG bei natürlichen Personen und PersGes nicht der GewSt. Dagegen stellt der Einbringungsgewinn I bei Körperschaften iSd § 2 GewStG auch bei der vorangegangenen Einbringung von Mitunternehmeranteilen (§ 7 Satz 2 GewStG) Gewerbeertrag dar. **1951**

Es handelt sich auch gewstlich um ein **rückwirkendes Ereignis** iSd § 175 Abs 1 Satz 1 Nr 2 AO. **1952**

(frei) **1953, 1954**

d) Einbringungsgewinn II. Aufgrund der rückwirkenden Besteuerung des Verkaufs von eingebrachten Anteilen gelten gewstrechtlich für den Einbringungsgewinn II dieselbe Grundsätze wie für die Sacheinlage bzw dem Anteilstausch. Der **Einbringungsgewinn II**, der nur bei natürlichen Personen entsteht, führt wie die Einbringung von im Betriebsvermögen gehaltenen Anteilen an KapGes iF eines Anteilstausches unter Aufdeckung der stillen Reserven gemäß § 22 Abs 2 UmwStG zu einem gewstpfl **laufenden Gewerbeertrag** (BFH I R 5/92 BStBl II 1993, 131). **1955**

Dies gilt nach den Grundsätzen der Betriebsveräußerung **nicht**, wenn die Einbringung der Anteile im Rahmen einer **Sacheinlage** erfolgt (s § 22 Abs 1 Satz 5 UmwStG). Das Teileinkünfteverfahren nach § 3 Nr 40 EStG gilt auch für die GewSt (§ 7 Satz 4 GewStG). Es ist grds eine Zurechnung nach § 8 Nr 5 GewStG vorzunehmen. **1956**

Die dem Einbringungsgewinn II zugrunde liegende Anteilsveräußerung stellt ein **rückwirkendes Ereignis** iSd § 175 Abs 1 Satz 1 Nr 2 AO dar. **1957**

(frei) **1958, 1959**

1960 e) **Übernehmende Kapitalgesellschaft.** Gewinne aus der Veräußerung oder Entnahme von miteingebrachten Anteilen (§ 22 Abs 1 Satz 5 UmwStG), eingebrachten Anteilen (§ 21 Abs 1 UmwStG) und von einbringungsgeborenen und in einem Betriebsvermögen gehaltenen Anteilen iSd § 21 Abs 1 UmwStG aF unterliegen der GewSt, weil und soweit sie das Surrogat für einen bei KapGes nun nach § 7 GewStG steuerpflichtigen Gewinn aus der Veräußerung des Betriebs, Teilbetriebs oder Mitunternehmeranteils sind (s Rn 1945ff; anders nach altem Recht: BFH IV R 51/79 BStBl II 1982, 738; I B 31/82 BStBl II 1982, 738; *Patt* DStZ 1998, 156/159).
1961–1964 *(frei)*

23. Steuerbefangenheit der einbringungsgeborenen Anteile (§ 21 UmwStG aF)

1965 Als Folge der nach § 20 Abs 1 und § 23 Abs 1 bis 4 UmwStG aF auch für die Einbringung in der EU ermöglichten Übertragung stiller Reserven auf die aufnehmende KapGes bei fortgeführten Buchwerten oder dem Ansatz von Zwischenwerten sind die einbringungsgeborenen Anteile an der KapGes nach § 21 UmwStG aF steuerbefangen. Gehen infolge einer Kapitalerhöhung stille Reserven von einbringungsgeborenen Altanteilen auf die neuen Anteile über, sind die neuen Anteile zu gleicher Quote steuerverhaftet. Der Inhaber der neuen Anteile hat kein Wahlrecht, die Steuerverhaftung in anderer Weise auf diese zu verteilen (BFH I R 34/07 BStBl II 2008, 533; Bestätigung *UmwStE nF* Rn 22.43; *BMF* BStBl I 2003, 292 Tz 52).

1966 Bei **Veräußerung** der Anteile oder bei den nach § 21 Abs 2 UmwStG aF im Wesentlichen gleich gestellten Vorgängen (BFH I R 163/90 BStBl II 1993, 362) entsteht ein steuerpflichtiger Veräußerungsgewinn iSd § 16 EStG in Höhe des um die Veräußerungskosten verminderten Unterschiedsbetrags zwischen Veräußerungspreis (bzw. gemeiner Wert) und den Anschaffungskosten iSv § 20 Abs 4 UmwStG aF. Zum Übergang des **wirtschaftlichen Eigentums** s *Haun/Winkler* DStR 2001, 1195; s Rn 1537. Buchwertübertragungen nach § 6 Abs 5 EStG sind nicht als Veräußerungen iSd § 21 UmwStG zu werten. Der Ansatz eines gemeinen Werts nach § 21 Abs 2 UmwStG aF auf der Grundlage des Stuttgarter Verfahrens war wegen der für den Einheitswert nach altem Recht maßgeblichen Buchwerte (§ 11 Abs 2 a, § 109 Abs 1 BewG) verfassungswidrig (ähnl *Hübner* DStR 1995, 1; betr ErbSt *Becker/Horn* DB 2005, 1081; aA *Kusterer* DStR 1998, 319). S zur Konkurrenz mit § 20 EStG *BMF* DStR 1992, 1286. § 17 EStG ist gegenüber § 21 UmwStG aF subsidiär, einbringungsgeborene Anteile werden aber in die 1%-Grenze des § 17 EStG einbezogen (BFH VIII R 40/89 BStBl II 1994, 222). Ursprünglich einbringungsgeborene Anteile an einer GmbH verlieren durch den Antrag nach § 21 Abs 2 Satz 1 Nr 1 UmwStG aF diesen Status. Eine spätere Anteilsveräußerung führt bei einer wesentlichen Beteiligung am Kapital der Gesellschaft innerhalb der letzten fünf Jahre zu einer Besteuerung nach § 17 Abs 1 EStG. Der Veräußerungsgewinn nach § 17 Abs 2 EStG errechnet sich aus der Differenz des Veräußerungspreises und des gemeinen Werts der Anteile iSd § 21 Abs 2 Satz 2 UmwStG aF (BFH IX R 58/05 BStBl II 2008, 872). § 17 Abs 2 Satz 4 EStG ist iRd § 21 Abs 2 UmwStG aF nicht anzuwenden (FG Düsseldorf DStRE 2001, 187). Hinsichtlich der nachträglichen Anschaffungskosten besteht bei Anteilen des § 17 EStG und solchen des § 21 UmwStG aF weitgehende Übereinstimmung (BFH I R 22/99 BStBl II 2000, 508). Wegen der Steuerbefangenheit der einbringungsgeborenen Anteile ist nach den Grundsätzen der finalen Entnahmetheorie eine gewinnwirksame Entnahme solcher Anteile abzulehnen (*Patt* DStZ 1998, 156/158; *Günkel* DStR-Beilage 17/1998, 46; aA *UmwStE aF* Rn 21.12; *Wacker* BB-Beilage 8/1998, 9), wobei der Buchwert als Anschaffungskosten gilt.

Entsprechend führt die **Entnahme** einbringungsgeborener Anteile aus dem 1967
Betriebsvermögen zu keiner Gewinnrealisierung, weil die Steuerverstrickung nach
§ 21 UmwStG fortdauert (BFH I R 33/10 BStBl II 2012, 445).

Veräußern Kapitalgesellschaften die nach § 20 Abs 1 Satz 1 UmwStG aF ein- 1968
bringungsgeborenen Anteile, so gilt die Steuerfreiheit des § 8b Abs 2 KStG nur bei
Einhaltung der 7-Jahresfrist des § 8b Abs 4 Satz 2 Nr 1 KStG (krit *Köster* FR 2001,
1263/6), weil ansonsten die Einbringung von Einheiten des § 20 Abs 1 UmwStG
nur zur Vermeidung von Veräußerungsgewinnen als zwischen geschaltet gilt. S auch
korrespondierend § 3 Nr 40 Satz 4 Buchst a EStG für die Sachverhalte des § 20 Abs 1
Satz 1 UmwStG aF und Veräußerung durch eine natürliche Person. Danach tritt
die hälftige Steuerbefreiung erst nach Ablauf der 7-Jahresfrist ein, wenn durch Entnahme, Veräußerung und dgl der Gewinn realisiert wird (vorher Vollversteuerung
beim Anteilseigner). § 8b Abs 2 KStG idF des UntStFG stellt klar, dass auch die
Realisierungstatbestände des § 21 Abs 2 UmwStG aF wie die Veräußerungen behandelt werden. Damit korrespondiert § 3 Nr 40 Satz 4 Buchst a EStG idF des UntStFG.
Zum **Anteilstausch** s Rn 1580, 1973. § 3 c Abs 2 Satz 3 EStG aF besagt, dass
der volle Betriebausgabenabzug sichergestellt ist, wenn die Anteilsveräußerung voll
steuerpflichtig ist bzw der hälftige verbleibt, weil wegen der verstrichenen 7-Jahresfrist nach § 3 Nr 40 Satz 4 EStG aF das Halbeinkünfteverfahren gilt. Die einbringungsgeborenen Anteile einer steuerbefreiten gemeinnützigen Körperschaft sind
ebenfalls steuerbefangen (BFH I R 84/01 BFH/NV 2003, 277).

Die siebenjährige Sperrfrist des § 8b Abs 4 Satz 2 Nr 1 KStG 2002 im Hinblick 1969
auf die aus einer (ersten) Einbringung resultierende Steuerverstrickung von KapGes-Anteilen beginnt nicht erneut zu laufen, wenn der Gesellschafter innerhalb der Frist
eine weitere Sacheinlage zu einem Wert unterhalb des Teilwerts erbracht hat oder
wenn die Anteile zusammengelegt bzw geteilt worden sind. Bei einer Anteilsveräußerung nach Ablauf der (ersten) Sperrfrist ist die aus dem ersten Einbringungsvorgang resultierende Steuerverstrickung bei der Bemessung des zu versteuernden Veräußerungsgewinns „**herauszurechnen**" (BFH I R 88/10 BStBl II 2013, 94).

Einigen sich die Vertragsparteien nach der Veräußerung von einbringungsgeboren- 1970
nen Anteilen auf eine **Minderung des Kaufpreises,** liegt darin ein steuerlich rückwirkendes Ereignis iSd § 175 Abs 1 Satz 1 Nr 2 AO (BFH I R 3/09 BStBl II 2010,
249).

Die Besteuerung von sog einbringungsgeborenen Anteilen wurde durch das 1971
SEStEG aufgegeben und durch eine nachträgliche Besteuerung des Einbringungsvorgangs in der Form des Einbringungsgewinns II (§ 22 Abs 2 UmwStG) ersetzt.
Die bisherige Regelung gilt jedoch für bestehende einbringungsgeborene Anteile
weiter (§ 27 Abs 4 UmwStG).

Steuerbefangenheit „einbringungsgeborener" Anteile nach § 8b Abs 4 1972
Satz 1 Nr 2 KStG aF. Nach bisherigem Recht ist die Veräußerung von KapGes-Anteilen durch KapGes an andere nach § 8b Abs 2 KStG steuerfrei. Diese Regelung
könnte dadurch missbraucht werden, dass natürliche Personen außerhalb der Tatbestände der §§ 20, 21 UmwStG unter Preis an (ihre) KapGes verkaufen und diese
steuerfrei an eine weitere fremde KapGes weiter verkaufen. § 8b Abs 4 Satz 1 Nr 2
KStG aF schließt daher die Steuerfreiheit unter diesen Voraussetzungen aus, es sei
denn, die 7-Jahresfrist des § 8b Abs 4 Satz 2 Nr 1 KStG aF wird eingehalten. Vgl
hierzu auch *Rödder/Wochinger* FR 2001, 1253.

Der Tausch einbringungsgeborener Anteile gegen gleichwertige Anteile 1973
führte nach altem Recht dagegen zu keiner Steuerpflicht; steuerbefangen blieben
die durch Tausch erworbenen Anteile (§ 21 Abs 1 Satz 4 UmwStG aF). § 21 Abs 1
Satz 4 UmwStG aF war nach § 27 Abs 5a UmwStG letztmals auf den Erwerb von
Anteilen durch Tausch anzuwenden, die auf Grund eines vor dem 1.1.1999 abgeschlossenen obligatorischen Vertrags oder gleichstehenden Rechtsakts erfolgten. Zur
Steuerpflicht bei Kapitalerhöhungen s Rn 1445 ff. § 21 Abs 1 UmwStG idF des

StEntlG 1999/2000/2002 begründet wie § 6 Abs 6 EStG die Steuerpflicht des Tausches auch wirtschaftlich gleichwertiger Anteile (*Schmitt/Hörtnagl/Stratz* § 20 Rn 17, 32; evtl aA *OFD Ffm* BB 2001, 1725). Handelt es sich beim Tauschenden um eine KapGes, so kann sich für den Tausch eine Steuerfreiheit nach § 8b Abs 2 KStG ergeben, wenn die fristgebundenen Rückausnahmetatbestände des § 8b Abs 4 Satz 2 KStG greifen. S auch korrespondierend § 3 Nr 40 Satz 4 EStG aF.

1974 Freibetrag (§ 16 Abs 4 EStG). Bei der späteren Veräußerung der einbringungsgeborenen Anteile, welche aus der Sacheinlage durch **Anteilstausch** herrühren (§ 20 Abs 1 Satz 2, § 23 Abs 4 UmwStG aF), wird nach § 21 Abs 1 letzter Satz UmwStG aF die Steuerermäßigung des § 16 Abs 4 EStG nur gewährt, wenn alle im Betriebsvermögen gehaltenen Anteile eingebracht wurden. Dies setzt den entsprechenden Gesetzesbefehl in § 20 Abs 5 Satz 3 UmwStG aF fort und bedeutet Gleichstellung mit der ursprünglichen Einbringungssituation (*BMF* FR 1993, 450; BTDrs 12/4487, 44). War der Veräußerungs-(Aufgabe-)gewinn bei einer natürlichen Person oder einer PersGes entstanden, so war nach altem Recht auch hier die Ermäßigung des § 34 Abs 1 EStG anzuwenden (§ 21 Abs 1 Satz 2 UmwStG aF). Dies ist nach Einführung des Halbeinkünfteverfahrens entfallen (zu Ausnahmen s *Meichelbeck/Vollath* DStR 2001, 2189). Stattdessen wird nur noch der Freibetrag des § 16 Abs 4 EStG gewährt. Zur Überleitung auf das bisherige Recht s *Patt/Rasche* FR 2001, 175/9.

1975 Nach § 22 Abs 2 Satz 1 letzter Hs UmwStG idF des **SEStEG** ist bei der Veräußerung von erhaltenen Anteilen weder der Freibetrag nach § 16 Abs 4 EStG noch der ermäßigte Steuersatz nach § 34 EStG zu gewähren.

1976 Zum **Antrag** nach § 21 Abs 2 Nr 1 UmwStG aF s BFH I R 203/82 BStBl II 1986, 625; *UmwStE aF* Rn 21.06 ff; *Wacker* BB-Beilage 8/1998, 10; unwiderruflich nach *OFD Koblenz* DB 2003, 180; BFH I R 28/04 BStBl II 2005, 643. Zur Stundung nach Antragsbesteuerung s BFH I B 24/98 BStBl II 2000, 430. Nach § 21 Abs 2 Nr 3 idF des JStG 1997 wird die Kapitalherabsetzung und -rückzahlung oder EK 04-Ausschüttung als Veräußerung behandelt (*Ott* DStZ 1997, 546). Bezüge des § 20 Abs 1 Nr 1 oder 2 EStG werden zur Vermeidung einer Doppelbegünstigung ausgeschlossen. Zur alten Rechtslage s BFH I R 75/99 DStRE 2000, 1194. Nach der erwähnten Entscheidung in BFH I B 24/98 aaO war eine Stundung auch dann zu gewähren, wenn bei einer Umwandlung auf eine PersGes oder natürliche Person § 10 UmwStG aF anzuwenden war und damit dem Anteilseigner Liquidität zufloss. Da der Liquiditätsmangel den Grund der Stundung darstellt, wurde dieses Ergebnis durch eine Ergänzung des § 21 Abs 2 Satz 6 UmwStG aF (Umwandlungen iSd 2. und 4. Teils) beseitigt (vgl BTDrs 14/2070, 25). Danach endet die Stundung bei Liquiditätszuwachs u.a. infolge Auflösung, Abwicklung der KapGes, Kapitalherabsetzung. Der Antrag nach § 21 Abs 2 Nr 1 gilt für Zwecke des § 23 EStG als Anschaffung (§ 23 Abs 1 Satz 2 EStG).

24. Einlage einbringungsgeborener Anteile (§ 21 Abs 4 UmwStG aF)

1977 Einbringungsgeborene Anteile können auch in ein Betriebsvermögen eingelegt werden. Der Einlagewert bestimmt sich nach den Anschaffungskosten oder nach dem niedrigeren Teilwert. Der Unterschiedsbetrag ist außerhalb der Bilanz vom Gewinn abzusetzen (§ 21 Abs 4 UmwStG aF; § 22 UmwStG 1977).

1978, 1979 *(frei)*

25. Verschleierte Sachgründung

1980 Auf verschleierte Sachgründungen ist § 20 UmwStG nicht anzuwenden (BFH I R 5/92 BStBl II 1993, 131; III B 197/05 BFH/NV 2007, 28; *D. Mayer* NJW 1990,

2593; *UmwStE nF* Rn E 20.10; aA *Büchele* DB 1997, 2337). Eine solche liegt vor, wenn eine GmbH formell im Wege der Bargründung errichtet wird und entgegen den gesellschaftsvertraglichen Vereinbarungen Vermögenswerte eingebracht werden sollen, die die GmbH mit den Barmitteln im Zusammenhang mit ihrer Errichtung erwirbt (vgl zum Begriff auch BFH II R 10/67 BStBl II 1972, 578; BGH II ZR 60/93 NJW 1994, 1477). Zu den Zivilrechtsfolgen s *Langenbucher* DStR 2003, 1838.

Auch soweit nach der Änderung des **§ 19 Abs 4 GmbHG** und **§ 27 Abs 3 AktG** geleistete Sachwerte auf eine Geldeinlageverpflichtung **rückwirkend angerechnet** werden können, ist dadurch keine Einbringung iSd § 20 Abs 1 UmwStG gegeben, denn es fehlt zum Zeitpunkt der Anteilsgewährung an der dafür erforderlichen Einbringung einer Sachgesamtheit. Eine bestehende Geldeinlageverpflichtung erfüllt nicht diese Voraussetzung (s.a. *Schmidt/Wacker* § 16 Rn 202; aA u.a. *Wachter* DB 2010, 2137). **1981**

Eine **verdeckte Einlage** eines Betriebs folgt nicht den Regeln des § 20 UmwStG, sondern ist eine gewinnrealisierende Betriebsaufgabe (BFH VIII R 17/85 BStBl II 1991, 512). Es fehlt an einer Einbringung gegen Gewährung von (neuen) Gesellschaftsrechten im Wege einer Kapitalerhöhung (s *UmwStE nF* Rn E 20.10). Ebenso scheidet wegen des abschließenden Charakters eine analoge Anwendung des § 20 UmwStG aF/nF aus (BFH X R 22/02 BStBl II 2006, 457). **1982**

Wird die **verdeckte Sacheinlage** allerdings rückwirkend in eine offene umgewandelt (BGH II ZB 8/95 NJW 1996, 1473; *Schiessl/Rosengarten* GmbHR 1997, 772), so gilt dies auch für Zwecke des § 20 UmwStG aF/nF (glA *Tillmann* DB 2004, 1853). S auch handelsrechtlich und zum Schütt-aus-hol-zurück-Verfahren *Finke* DStR 1992, 359; BGH II ZR 69/69, GmbHR 1997, 789; BFH I R 77/96 BStBl II 2001, 43; teilweise aA *BMF* BStBl I 2001, 47. **1983**

(frei) **1984**

26. Anwachsungsmodell

Streit besteht auch darüber, ob auf Grund der Sacheinlagenvorschrift der §§ 20–23 UmwStG gewinnneutral eine GmbH & Co KG auf die Komplementär-GmbH dadurch umgewandelt werden kann, dass die Kommanditisten, die zugleich auch Gesellschafter der GmbH sind, unentgeltlich aus der KG ausscheiden und die Komplementär-GmbH die Anteile der Ausgeschiedenen durch Anwachsung nach § 738 Abs 1 BGB als letzte Gesellschafterin übernimmt (sog **Anwachsungsmodell**, Gewinnneutralität *Hennerkes/Binz* FS H. Meilicke, 1985; *Seithel* GmbHR 1978, 65; *Kowallik/Merklein/Scheipers* DStR 2008, 173; *Schmid/Dietel* DStR 2008, 584; mE abzulehnen, weil die Kommanditisten mangels Kapitalerhöhung keine neuen Anteile erhalten; *Behrens* BB 2008, 2064; *Schmidt/Wacker* § 16 Rn 513; *OFD Düsseldorf* DB 1988, 1524; *Orth* DStR 1999, 1053 Tz 5.2; *UmwStE nF* Rn E 20.10). **1985**

Werden dagegen Mitunternehmeranteile im Wege einer Kapitalerhöhung und damit gegen Gewährung von Gesellschaftsanteilen in die Komplementär-GmbH eingebracht **(sog erweiterte Anwachsung),** ist ein Einbringungsvorgang iSd §§ 1 Abs 3 Nr 4, 20 UmwStG wegen der abschließenden Aufzählung des § 1 Abs 3 Nr 4 UmwStG strittig (s *Haritz/Menner*, UmwStG, § 20 Rn 80f; aA zB *Schmitt/Schloßmacher* UmwStE 2011 Rn 01.44). Da die Einbringung von Mitunternehmeranteilen gegen Gewährung von neuen Anteilen nach § 20 Abs 1 UmwStG begünstigt ist, gilt dies mE auch für die sog erweiterte Anwachsung (s *UmwStE nF* Rn E 20.10). **1986**

Erfolgt die Gesamtrechtsnachfolge dergestalt, dass die beiden verbliebenen Gesellschafter (GmbH 1 und GmbH 2) aufeinander verschmolzen werden, so wird handelsrechtlich der Ansatz der Buchwerte der untergehenden PersGes entsprechend § 24 UmwG diskutiert (*Förster/Ernst* DB 1997, 241). Zur Anwachsung als rechtliches und steuerliches Gestaltungsinstrument s *Ropol/Freck* GmbHR 2009, 1076. **1987**

(frei) **1988–1999**

XIV. Einbringung in der Europäischen Union (§ 23 UmwStG aF)

1. Rechtsgrundlage

2000 § 23 UmwStG aF enthält die früher in § 20 Abs 6 und 8 UmwStG 1977 enthaltenen Vorschriften, die sprachlich und im Aufbau neu gefasst wurden. § 23 UmwStG aF, der durch das **SEStEG aufgehoben** wurde, regelt Betriebs-/Teilbetriebseinbringung in Betriebsstätten (Abs 1) bzw die Einbringung von Betriebsstätten im Rahmen einer Betriebs-/Teilbetriebseinbringung in EU-KapGes (Abs 2 u 3) sowie den Anteilstausch (Abs 4; Rn 2010ff).

2. Einbringung durch unbeschränkt steuerpflichtige Kapitalgesellschaft in eine inländische Betriebsstätte einer beschränkt steuerpflichtigen Kapitalgesellschaft

2001 **§ 23 Abs 1 UmwStG aF** gestattet der FusionsRL folgend unbeschränkt kstpfl KapGes eine neutrale Einbringung von Betrieben/Teilbetrieben in inländische Betriebsstätten von beschränkt kstpfl KapGes, soweit die aufnehmende KapGes ihrer Rechtsform nach in der Anlage des Gesetzes erwähnt wird **(EU-Kapitalgesellschaft)**. Es gelten auch hier § 20 Abs 2 Satz 1–4 und 6 UmwStG aF. Die Verweisung auf § 20 Abs 2 Satz 5 UmwStG aF ist unterblieben. Der Ansatz anderweitig erhaltener Gegenleistungen scheidet damit aus. Die FusionsRL sieht Steuerneutralität mE nur bei Einbringung gegen Gesellschaftsrechte vor (BTDrs 12/1108, 81). Höchster ansetzbarer Wert ist der Teilwert (§ 23 Abs 1 iVm § 20 Abs 2 Satz 6 UmwStG aF). Für die Anteile gilt auch hier die Wertverknüpfung des § 20 Abs 4 Satz 1 UmwStG aF. Die redaktionell unrichtige Verweisung auf die Freibetragsregelung in § 20 Abs 5 Satz 2 UmwStG aF läuft leer, weil sie nur natürliche Personen betreffen kann. Die Vorschriften über den steuerlichen Übertragungsstichtag sind ebenfalls anzuwenden (§ 20 Abs 7 und 8 UmwStG aF). § 23 Abs 1 Satz 2 UmwStG aF stellt wie bisher § 20 Abs 8 Satz 2 UmwStG 1977 sicher, dass auch wirtschaftliche Geschäftsbetriebe die Regelungen beanspruchen können, insbesondere wenn sie nach Einbringung ihres **wirtschaftlichen Geschäftsbetriebs** nur noch vermögensverwaltend tätig sind. Außerdem genügt es nach dieser Vorschrift, wenn die inländische Betriebsstätte erst durch die Einbringung entsteht. Zur Steuerbefangenheit nach § 21 UmwStG s Rn 1972ff und zu ihren Ausnahmen nach § 8b KStG s Rn 1580 ff.

3. Gegenstände der Sacheinlage

2002 Dies sind hier **Betrieb oder Teilbetrieb.** Zur richtlinienkonformen Auslegung des Teilbetriebsbegriffes nach dieser Vorschrift s Rn 1120ff; *Blumers* DB 1993, 852; 2001, 722; *Herzig* DB 1993, 1.

4. Betriebsstätte

2003 Der **Begriff** der Betriebsstätte richtet sich nach DBA-Grundsätzen (BTDrs 12/1108, 81). Die Betriebsstätte kann auch erst durch die Einbringung entstehen (§ 23 Abs 1 Satz 2 UmwStG aF).

5. Einbringung einer inländischen Betriebsstätte durch beschränkt steuerpflichtige EU-Kapitalgesellschaft in eine beschränkt oder unbeschränkt steuerpflichtige EU-Kapitalgesellschaft

2004 **§ 23 Abs 2 UmwStG aF** lässt eine neutrale Einbringung auch dann zu, wenn die einbringende KapGes beschränkt steuerpflichtig ist. Voraussetzung ist, dass deren

Einbringung in der Europäischen Union **Anh § 7**

inländische Betriebsstätte im Rahmen einer Betriebs- oder Teilbetriebseinbringung in eine unbeschränkt oder beschränkt kstpfl KapGes eingebracht wird und die aufnehmende und einbringende KapGes hinsichtlich ihrer Gesellschaftsform in der Anlage des Gesetzes erwähnt sind. Es gelten die unter Rn 2000–2003 erläuterten Regeln. Zur Steuerbefangenheit nach § 21 UmwStG aF s Rn 1972ff und zu ihren Ausnahmen nach § 8b KStG s Rn 1580 ff.

6. Einbringung einer in einem anderen Mitgliedstaat der EU belegenen Betriebsstätte durch eine unbeschränkt steuerpflichtige Kapitalgesellschaft in eine beschränkt steuerpflichtige EU-Kapitalgesellschaft

Auch hier **(§ 23 Abs 3 UmwStG aF)** muss die Betriebsstätte im Rahmen einer **2005** Betriebs- oder Teilbetriebseinbringung eingebracht werden. Die aufnehmende KapGes muss hinsichtlich ihrer Gesellschaftsform in der Anlage des Gesetzes erwähnt sein. Es gelten die Wertverknüpfung nach § 20 Abs 4 Satz 1 UmwStG aF und die Vorschriften über den steuerlichen Übertragungsstichtag (§ 20 Abs 7, 8 UmwStG aF). Zur Steuerbefangenheit nach § 21 UmwStG aF s Rn 1972ff und zu ihren Ausnahmen nach § 8b KStG s Rn 1580 ff.

(frei) **2006–2009**

7. Anteilstausch in der EU (§ 23 Abs 4 UmwStG aF)

Die Vorschrift entspricht § 20 Abs 6 Satz 2–6 UmwStG 1977. **2010**

a) Persönlicher Anwendungsbereich. Den Tausch von Anteilen durch Ein- **2011** bringung in eine unbeschränkt kstpfl KapGes regelt § 20 Abs 1 Satz 2 UmwStG aF (Rn 1580ff), der im Wesentlichen den Anteilstausch unter Beteiligung inländischer KapGes betrifft. Den Anteilstausch unter Beteiligung von ausländischen EU-KapGes regelt § 23 Abs 4 UmwStG aF. Nach *BMF* DStR 1992, 1322 genügte es abweichend von der FusionsRL (mindestens zwei EU-Mitgliedstaaten beteiligt) für § 20 Abs 6 Satz 2 UmwStG 1977, dass beide Gesellschaften aus demselben EU-Mitgliedstaat stammen. Dies und die Regelung des § 20 Abs 1 Satz 2 UmwStG aF ergeben sich aus dem Gleichbehandlungsgrundsatz des Art 3 GG (s auch *UmwStE aF* Rn 23.11 f). In Auslegungsfragen der FusionsRL ist wegen deren mittelbarer Wirkung auch bei ausschließlicher Beteiligung von Inländern dem EuGH vorzulegen (EuGH C-28/95 DB 1997, 1851). Anders als in den Fällen des § 23 Abs 1–3 UmwStG aF steht die Vorschrift auch natürlichen Personen als Einbringenden offen.

b) Voraussetzungen. Wie bei § 20 Abs 1 Satz 2 UmwStG aF ist nach § 23 Abs 4 **2012** Satz 1 UmwStG aF auch hier erforderlich, dass die übernehmende Gesellschaft nach der Einbringung die Mehrheit der Stimmrechte an der Gesellschaft hat, deren Anteile eingebracht werden. Früher war eine steuerneutrale Einbringung von Anteilen an einer KapGes nur dann möglich, wenn die Beteiligung das gesamte Nennkapital umfasste. Die nach dem 31.12.1991 geltenden Änderungen durch das StÄndG 1992 setzten in § 20 Abs 6 Satz 2 UmwStG 1977 die FusionsRL um, derzufolge auch Einbringungen steuerneutral zu gestatten sind, wenn nicht das gesamte Nennkapital bewegt wird, wohl aber die übernehmende Gesellschaft nach der Einbringung die Mehrheit der Stimmen an der Gesellschaft hat, deren Beteiligung eingebracht wird. Voraussetzung ist aber auch hier, dass die aufnehmende und die KapGes, deren Anteile eingebracht werden, in der Anlage des UmwStG entsprechend den Richtlinienregelungen hinsichtlich ihrer Gesellschaftsform erwähnt werden (EU-KapGes).

c) Rechtsfolgen. Nach der auf Vorlagebeschluss BFH I R 25/05 BStBl II 2007, **2013** 679 ergangenen Entscheidung des EuGH C-285/07 DStR 2009, 101, ist das Erfordernis der sog doppelten Buchwertverknüpfung gemäß § 20 Abs 2 Satz 1 u 2, Abs 4 Satz 1 iVm § 23 Abs 4 UmwStG 1995, wonach bei einer grenzüberschreitenden Einbringung der Anteile an einer EU-KapGes in eine andere EU-KapGes dem Einbringenden nur dann die Fortführung der Buchwerte der eingebrachten Anteile ermöglicht wird, wenn die übernehmende KapGes die eingebrachten Anteile mit dem Buchwert ansetzt, mit dem Unionsrecht nicht vereinbar. Es verstoße gegen die in Art 8 Abs 1 u 2 der FusionsRL 90/434/EWG vorgesehene steuerliche Neutralität des Austausches von Anteilen an Gesellschaften verschiedener Mitgliedstaaten, die die Besteuerung von etwaigen Wertzuwächsen von Anteilen vor ihrer tatsächlichen Realisierung verbiete. Eine Regelung eines Mitgliedstaates, die bei einem Anteilstausch die Gewährung von steuerlichen Vorteilen allein aus dem Grund ausschließe, dass die erwerbende Gesellschaft in ihrer Steuerbilanz nicht den historischen Buchwert der eingebrachten Anteile angesetzt hat, sei mit Art 11 Abs 1 Buchst a der FusionsRL 90/434/EWG unvereinbar. Im Übrigen sei mit der Aufhebung des § 23 UmwStG 1995 durch das UmwStG nF ein wirtschaftliches Interesse am Erfordernis der doppelten Buchwertfortführung der eingebrachten Anteile bei grenzüberschreitenden Einbringungen entfallen.

2014 **d) Entstrickung.** § 23 Abs 4 Satz 2 UmwStG aF sieht wie § 20 Abs 6 Satz 3 UmwStG 1977 (klarstellend BTDrs 12/4487, 44) vergleichbar § 20 Abs 3 UmwStG (Rn 1390) eine gewinnrealisierende Veräußerungsfiktion für den Fall vor, dass durch die Einbringung das Besteuerungsrecht der BRD am KapGes-Anteil zB des beschränkt Steuerpflichtigen nach § 17 iVm § 49 Abs 1 Nr 2 Buchst e EStG entfallen würde. Zur Entstehungsgeschichte s 3. Aufl; *Wassermeyer* DStR 1992, 57/61; krit *Grotherr* DB 1993, 807 mit Hinweis auf die FusionsRL.

2015 Das **SEStEG** sowie das JStG 2010 regeln die Entstrickung von Wirtschaftgütern des Betriebsvermögens in den §§ 4 Abs 1 Satz 3ff EStG, 12 Abs 1 KStG neu. Eine Entstrickung liegt danach vor, wenn durch einen Vorgang die stillen Reserven eines Wirtschaftsgutes der deutschen Besteuerung beim Steuerpflichtigen entzogen werden. Sie führt gemäß § 4 Abs 1 Satz 3 EStG zu einer Entnahme bzw gemäß § 12 Abs 1 KStG zu einer Veräußerung bzw Überlassung des Wirtschaftsguts zum gemeinen Wert (s *Förster* DB 2007, 72). Die Verstrickung regeln die §§ 4 Abs 1 Satz 8 2. Hs, 6 Abs 1 Nr 5a EStG.

8. Mitbestimmung

2016 Durch das Mitbestimmungs-BeibehaltungsG v 23.8.1994 (BGBl I 1994, 2228) wurden für den Bereich des **§ 23 UmwStG aF** Regelungen getroffen. Danach gelten die steuererleichterten Vorgänge des § 23 UmwStG aF im Grundsatz mitbestimmungsrechtlich als nicht geschehen, wenn die steuerlichen Erleichterungen in Anspruch genommen werden sollen (*Wochinger/Dötsch* DB-Beilage 14/1994, 33). Zur Gesetzeslücke nach dem alten Rechtszustand s *Förster* DStR 1992, 101.

9. Missbrauchsvermeidung

2017 § 26 Abs 2 UmwStG aF soll für die Vergünstigungen des § 23 Abs 4 UmwStG aF Umgehungen einschränken (*Saß* DB 1993, 1892; 1994, 1589). Danach ist die – auch teilweise (*Krebs* BB 1997, 2078/2085) – Veräußerung der erhaltenen Anteile innerhalb eines Zeitraumes von sieben Jahren schädlich (ausgenommen weitere Sacheinlage). Dies wird (mE zu Unrecht) als Verstoß gegen die FusionsRL gewertet (*Eilers* DB 1993, 1156). Verfahrensrechtlich s *UmwStE aF* Tz 23.14. Zur Missbrauchsabwehr bei späteren Anteilsveräußerungen s § 8b Abs 4 Satz 2 Nr 2 KStG aF. § 26 Abs 2 Satz 1 UmwStG idF des UntStFG sieht auch die mittelbare Verfügung während der 7-Jahresfrist als schädlich an. Wegen der Änderung in § 8b Abs 4 KStG aF wurde es notwendig, Ketteneinbringungen zu verhindern und auch die Fälle

zwischengeschalteter Gesellschaften zu erfassen (BTDrs 14/6882, 41). Für entsperrte Anteile (vorheriger Ablauf der Frist) ist § 8b Abs 4 KStG aF vorrangig (*Eilers/Teske* DStR 2003, 1195). Keine mittelbare Veräußerung soll vorliegen, wenn die Kette oberhalb der einbringenden Gesellschaft verändert wird, zB durch Zwischenschaltung einer weiteren (*Ehlermann/Löhr* DStR 2003, 1509; *BMF* BStBl I 2003, 786 Rn 22; mE unzutr).
(frei) 2018, 2019

XV. Einbringung eines Betriebs, Teilbetriebs oder eines Mitunternehmeranteils in eine Personengesellschaft (§ 24 UmwStG)

1. Allgemeines

Die Einbringung von Betriebsvermögen in eine PersGes nach § 24 UmwStG 2020 setzt voraus, dass der Einbringende Mitunternehmer der Gesellschaft wird. Die Vorschrift geht damit von der **Fortsetzung des unternehmerischen Engagements** in anderer Rechtsform aus. Die grundsätzliche Aufdeckung der stillen Reserven durch Ansatz des gemeinen Werts des eingebrachten Betriebsvermögens dient aufgrund des erweiterten Anwendungsbereichs des UmwStG auf vergleichbare ausländische Einbringungsvorgänge der Sicherung des inländischen Besteuerungsrechts. Danach wird die Einbringung von Betriebsvermögen in eine PersGes gegen Gewährung von Gesellschaftsrechten als tauschähnlicher Vorgang behandelt und dadurch beim Einbringenden ein Veräußerungsgeschäft sowie bei der aufnehmenden PersGes ein Anschaffungsvorgang fingiert. Soweit die spätere Besteuerung der im eingebrachten Betriebsvermögen ruhenden stillen Reserven gesichert ist, kommt eine Buchwertfortführung oder ein Zwischenwertansatz in Betracht. Durch die Möglichkeit des Buchwertansatzes sollen Unternehmensumstrukturierungen erleichtert und begünstigt werden.
(frei) 2021

2. Persönlicher Anwendungsbereich

a) Einbringender. Einbringender iSd § 24 UmwStG kann neben einer natürli- 2022 chen oder juristischen Person auch eine PersGes (und nicht deren Gesellschafter) sein, wenn diese infolge der Einbringung fortbesteht und ihr daher zivilrechtlich die Gegenleistung zusteht (*UmwStE nF* Rn 24.03, 20.02f).

In den Fällen der **Ausgliederung** von einer PersHandels- bzw Partnergesellschaft 2023 iSd § 123 Abs 3 UmwG sind diese Einbringende, weil sie die Anteile am übernehmenden Rechtsträger erhalten. Danach stellt die Ausgliederung für alle Mitunternehmer der ausgliedernden PersGes einen einheitlichen Einbringungsvorgang mit einem einheitlichen Wertansatz (§ 24 Abs 2 UmwStG) dar.

Bei der **Verschmelzung, Auf- oder Abspaltung** von PersGes oder PartnerGes 2024 erhalten die Mitunternehmer der bisherigen Gesellschaft Anteile an der übernehmenden Gesellschaft, deren bisherige Gesellschafter folglich als Einbringende zu behandeln sind (*UmwStE nF* Rn 24.03, 20.05).

Nach diesen Grundsätzen ist auch bei Einbringungen einer betrieblichen Sachge- 2025 samtheit durch eine PersGes im Wege der **Einzelrechtsnachfolge** (außerhalb des UmwG) grds diese Einbringende, wenn sie nach wirtschaftlicher Betrachtung nach der Einbringung fortbesteht. Beim **Eintritt** eines **weiteren Gesellschafters** in eine bestehende PersGes gegen Einlage von Geld oder anderen Wirtschaftsgütern bringt jeder einzelne Gesellschafter seinen Mitunternehmeranteil aus steuerlicher Sicht iR einer (fiktiven) Auflösung und Neugründung in die neue PersGes ein (BFH IV R 210/83 BStBl II 1985, 695; *UmwStE nF* Rn 01.47).

2026 Entsprechend verhält es sich bei einer **Aufstockung** eines bestehenden Mitunternehmeranteils (*UmwStE nF* Rn 01.47). In diesem Fall bringen die nicht an der Kapitalerhöhung teilnehmenden Gesellschafter ihren Mitunternehmeranteil in die neue PersGes ein (BFH VIII R 52/04 BStBl II 2006, 847; *UmwStE nF* Rn 01.47).

2027 Einbringender eines **Betriebs gewerblicher Art** ist die juristische Person des öffentlichen Rechts (*UmwStE nF* Rn 01.53).

2028 Ob der Einbringende oder die übernehmende PersGes **Wohnsitz** bzw **Sitz** in der EU oder im EWR hat, ist unmaßgeblich (§ 1 Abs 4 Satz 2 UmwStG). Sie können auch in einem Drittstaat ansässig sein (s *UmwStE nF* Rn 01.54).

2029 *(frei)*

2030 **b) Aufnehmende Personengesellschaft.** Die aufnehmende PersGes iSd § 24 UmwStG kann **jede PersGes** sein, die die Voraussetzungen einer Mitunternehmerschaft iSd § 15 Abs 1 Satz 1 Nr 2 EStG erfüllt. Denn der Einbringende muss gemäß § 24 Abs 1 UmwStG als Gegenleistung für die Einbringung Mitunternehmer der aufnehmenden Gesellschaft werden. Hierfür ist ertragsteuerlich die Ausübung einer land- und fortwirtschaftlichen, gewerblichen oder freiberuflichen Tätigkeit erforderlich. Danach kann u.a. eine PersHandelsGes (OHG, KG), PartnerGes, Gesellschaft bürgerlichen Rechts (atypische stille Gesellschaft), die Europäische Wirtschaftliche Interessenvereinigung (EWIV) aufnehmende PersGes sein, wenn sie aufgrund ihrer Tätigkeit über Betriebsvermögen verfügt.

2031 Diese Grundsätze gelten grds auch für **ausländische PersGes**, die iR eines Typenvergleichs einer inländischen Mitunternehmerschaft iSd § 15 Abs 1 Satz 1 Nr 2 EStG entsprechen müssen (s *UmwStE nF* Rn 01.27). Auch bei betrieblichen Einbringungsvorgängen nach der FusionsRL idF der RL 2009/133/EG muss die übernehmende Gesellschaft transparent iSd § 24 Abs 1 Satz 1 UmwStG sein (§ 1 Abs 4 Satz 2 UmwStG).

2032 Die ausschließliche Einbringung in das **Sonderbetriebsvermögen** der PersGes reicht nicht aus, weil damit kein Vermögen in das Gesamthandsvermögen der Gesellschaft eingebracht wird (s *UmwStE nF* Rn 24.05). Eine **KGaA**, die eine KapGes darstellt, scheidet als aufnehmende PersGes aus.

2033 Die persönlichen Anwendungsvoraussetzungen müssen **spätestens** am steuerlichen Übertragungsstichtag erfüllt sein (*UmwStE nF* Rn 01.55).

2034 *(frei)*

3. Sachlicher Anwendungsbereich

2035 Der sachliche Anwendungsbereich des § 24 UmwStG ist in § 1 Abs 3 UmwStG **abschließend** geregelt. § 24 Abs 1 UmwStG setzt voraus, dass ein Betrieb, Teilbetrieb oder Mitunternehmeranteil in eine PersGes eingebracht wird und der Einbringende Mitunternehmer wird oder seinen bestehenden Mitunternehmeranteil aufstockt. Dabei handelt es sich dem Grunde nach um ein Veräußerungsgeschäft (§ 24 Abs 4 Satz 1 UmwStG). Dieses folgt zivilrechtlich und wegen der Gewährung der Tarifbegünstigung nach § 24 Abs 3 Satz 2 UmwStG auch nach steuerrechtlicher Interessenlage der Beteiligten grds der Einbringung nach (BFH IV R 54/99 BStBl II 2001, 178).

2036 Die Einbringung kann im Wege der umwandlungsrechtlichen **Gesamtrechtsnachfolge** (Verschmelzung, Aufspaltung, Abspaltung und Ausgliederung; § 1 Abs 3 Nr 1 u 2 UmwStG nF) oder hinsichtlich der übrigen Einbringungsvorgänge im Wege der steuerrechtlichen **Einzelrechtsnachfolge**, die nicht unter das UmwG fallen, erfolgen (§ 1 Abs 3 Nr 4 UmwStG; *UmwStE nF* Rn 01.47). Die Verwendung des Begriffs Einzelrechtsnachfolge hat lediglich die Funktion, Einbringungsvorgänge von denen der umwandlungssteuerlichen Gesamtrechtnachfolge abzugrenzen (s *Kai* GmbHR 2012, 165, 166).

2037–2039 *(frei)*

Einbringung in Personengesellschaft **Anh § 7**

a) **Einbringung durch Einzelrechtsnachfolge.** Die Einbringung von 2040
Betriebsvermögen durch **Einzelrechtsnachfolge** erfasst folgende Fälle, in denen
der Einbringende als Gegenleistung einen Mitunternehmeranteil erhält oder dieser
erhöht wird:
(1.) **Aufnahme eines Gesellschafters** in ein **Einzelunternehmen** gegen Geld- 2041
einlage oder Einlage anderer Wirtschaftsgüter zur Gründung einer PersGes (s
BFH VIII R 52/04 BStBl II 2006, 847), und zwar auch für eine atypische
stille Gesellschaft (*Pyszka* DStR 2003, 857). Diesem Vorgang entspricht auch
die Aufnahme eines Einzelunternehmens in eine neugegründete PersGes (zB
BFH VIII R 13/07 BStBl II 2009, 993).
Die Aufnahme eines Gesellschafters (nahen Angehörigen) in ein Einzelunter- 2042
nehmen im Wege der Schenkung (**unentgeltliche Aufnahme**) richtet sich
dagegen nach § 6 Abs 3 Satz 1 2. Hs EStG (lex specialis; s *UmwStE nF* Rn
01.47). Mit der Einbringung des Betriebsvermögens in das Gesamthandsvermögen der Gesellschaft spaltet der Einbringende, soweit die Einbringung für
Rechnung des nahen Angehörigen erfolgt, von seinem Betriebsvermögen
einen ideellen Anteil ab, den dieser als Mitunternehmeranteil gemäß § 6 Abs 3
Satz 1 2. Hs EStG fortführt. Hinsichtlich des beim Einbringenden verbleibenden Betriebsvermögens gilt § 24 UmwStG (BFH X R 35/04 BFH/NV 2006,
521; s *OFD Düsseldorf* DStR 1999, 1946; *Brandenberg* FR 2000, 745; aA *Rund*
DStR 2000, 265/267; *Geissler* FR 2001, 1029). § 6 Abs 3 EStG kann allerdings
nicht für § 24 UmwStG analog herangezogen werden (*Schmidt/Glanegger*, 24.
Aufl, § 6 Rn 478; s auch *Rogall* DB 2005, 410).
Dagegen ist § 24 Abs 1 UmwStG anwendbar, wenn das Einzelunternehmen 2043
in eine bestehende PersGes zugunsten des bisherigen Einzelunternehmers eingebracht wird und dieser anschließend einen Teil seines Mitunternehmeranteils
gemäß § 6 Abs 3 Satz 1 2. Hs EStG unentgeltlich auf den anderen Mitunternehmer überträgt (s *Kai* GmbHR 2012, 165, 166).
(frei) 2044
(2.) **Einbringung eines Einzelunternehmens** (oder Teilbetriebs, Mitunterneh- 2045
meranteils) in eine **bestehende PersGes.**
Als **Teilbetrieb** iSd § 24 Abs 1 Satz 1 UmwStG gilt auch eine im (Son- 2046
der-)Betriebsvermögen gehaltene 100%ige Beteiligung an einer KapGes (s
BTDrs 16/2710, 50; *UmwStE nF* Rn 24.03; aA BFH I R 77/06 BStBl II 2009,
464, da es an einer betrieblichen Organisationseinheit fehlt; *NAnwErl* BStBl I
2009, 671). Bildet die Beteiligung jedoch eine funktional wesentliche Betriebsgrundlage einer betrieblichen Sachgesamtheit, ist sie nicht als Teilbetrieb iSd
§ 24 Abs 1 UmwStG zu behandeln (*UmwStE nF* Rn 15.06). Sie kann nur mit
der Sachgesamtheit eingebracht werden. Die 100%ige Beteiligung muss bereits
am steuerlichen Übertragungsstichtag vorgelegen haben (*UmwStE nF* Rn
24.02, 15.02; s Rn 2115).
Nach § 24 UmwStG begünstigt ist auch der Anteilstausch durch Einbringung 2047
eines **Mitunternehmeranteils** (*UmwStE nF* Rn 24.01; Rn 2125).
(frei) **2048, 2049**
(3.) **Zusammenschluss von mehreren Einzelunternehmen** zu einer PersGes 2050
(s *UmwStE nF* Rn 01.47).
(4.) **Eintritt eines weiteren Gesellschafters** in eine bestehende **PersGes** gegen
Geldeinlage oder Einlage anderer Wirtschaftsgüter (BFH IV R 136/77 BStBl
II 1981, 84; II R 127/77 BStBl II 1981, 84; IV R 210/83 BStBl II 1985, 695;
VIII R 52/04 BStBl II 2006, 847; IV R 70/05 BFH/NV 2008, 296; *UmwStE
nF* Rn 01.47). In diesem Fall bringen die bisherigen Gesellschafter ihre Mitunternehmeranteile an der bisherigen PersGes in eine neue – durch die neu eingetretenen Gesellschafter vergrößerte – PersGes ein (*UmwStE nF* Rn 01.47). Die
Begründung allein einer Mitunternehmerstellung ohne Vermögensbeteiligung

(zB GmbH als Komplementärin einer KG) genügt nicht, weil es an einem Übertragungsvorgang fehlt (BFH IV R 70/05 BStBl II 2008, 265; *UmwStE nF* Rn 01.47).

2052 Die Betriebsübertragung nur in ein **Sonderbetriebsvermögen** erfolgt nach § 6 Abs 3 EStG zu Buchwerten und nicht nach § 24 UmwStG (FG München 10 V 1218/03 EFG 2003, 1180 rkr).

2053 Eine Änderung der Beteiligungsverhältnisse durch eine **entgeltliche Kapitalerhöhung** genügt, da § 24 UmwStG nicht die Gründung einer neuen Gesellschaft erfordert, sondern die Veräußerung von (Teil-)Betrieben oder Mitunternehmeranteilen begünstigen soll, die in das Vermögen der PersGes zum Zwecke eines nunmehr gemeinsamen Wirtschaftens überführt werden. Dabei ist es ausreichend, wenn nur ein Mitunternehmer seinen Anteil durch Bar- oder Sachgründung aufstockt. Denn die an der Kapitalerhöhung nicht teilnehmenden anderen Gesellschafter veräußern Teile ihrer Mitunternehmeranteile, die sie gegen Gewährung von Anteilen in die „neu" gestaltete PersGes einbringen (BFH VIII R 52/04 BStBl II 2006, 847; IV R 70/05 BFH/NV 2008, 296; *UmwStE nF* Rn 01.47).

2054 Tritt ein **weiterer Gesellschafter** in eine bestehende PersGes gegen **Zuzahlung** in das Vermögen der Altgesellschafter ein, ist § 24 Abs 1 UmwStG gegeben, soweit die bisherigen Gesellschafter am Vermögen beteiligt bleiben und dadurch der Einbringende die Rechtsstellung eines Mitunternehmers einer erweiterten PersGes erlangt (BFH IV R 82/92, BStBl II 1995, 599). Danach stellt die Zuzahlung keinen laufenden Gewinn iSd § 16 Abs 1 Satz 2 EStG dar, wenn die Einbringung auf Rechnung der Altgesellschafter zum gemeinen Wert erfolgt (s *Kai* GmbHR 2012, 165, 167).

2055–2059 *(frei)*

2060 (5.) Einbringung von **Gesellschaftsanteilen** (Mitunternehmeranteilen), ohne dass der Einbringende selbst Wirtschaftsgüter einlegt (zB Einbringung von Mitunternehmeranteilen an einer PersGes in die übernehmende PersGes unter Anwachsung des Gesellschaftsvermögens auf die übernehmende Gesellschaft, § 738 BGB; *UmwStE nF* Rn 01.47).

2061 (6.) Aufstockung eines bereits bestehenden Mitunternehmeranteils **(Kapitalerhöhung)** durch Geldeinlage oder Einlage anderer Wirtschaftgüter. Die Gesellschafter, die nicht an der Kapitalerhöhung teilnehmen, bringen ihren Mitunternehmeranteil an der bisherigen PersGes in die neue, durch die Kapitalerhöhung in den Beteiligungsverhältnissen veränderte PersGes ein (BFH VIII R 52/04 BStBl II 2006, 847; *UmwStE nF* Rn 01.47).

2062–2069 *(frei)*

2070 b) Einbringung einzelner Wirtschaftsgüter. Die (erfolgsneutrale) Übertragung bzw Überführung von **einzelnen** Wirtschaftsgütern eines Betriebsvermögens in das Betriebsvermögen einer Mitunternehmenschaft vollzieht sich grds nach § 6 Abs 5 Sätze 3 ff EStG. Gegenüber dieser Vorschrift ist § 24 UmwStG vorrangig, der die Einbringung von Sachgesamtheiten regelt. Diese Vorschrift wird jedoch auch bei der Einbringung von einzelnen Wirtschaftsgütern angewandt (s *Schmidt/Kulosa* § 6 Rn 710).

2071 Die Einbringung eines einzelnen Wirtschaftsguts in das Betriebsvermögen einer PersGes gegen Gewährung von Gesellschaftsrechten (Sacheinlage) stellt ein **tauschähnliches Geschäft** und damit eine **Veräußerung** dar, da der Gesellschafter den Sachwert auf die Gesellschaft überträgt und dafür den Geschäftsanteil erhält (zB Nds FG 15 K 156/06 EFG 2010, 559). Dies gilt auch dann, wenn durch die Sacheinlage die Kommanditbeteiligung erhöht wird. Eine Veräußerung und keine verdeckte Einlage ist auch dann gegeben, wenn der Einbringungswert nicht als Kommanditeinlage behandelt wird, sondern einem zu bildenden Rücklagekonto bei der KG

Einbringung in Personengesellschaft **Anh § 7**

zuzuweisen ist. Denn für den insgesamt entgeltlichen Charakter der Einbringung ist es unbeachtlich, ob der den Nominalwert der Kommanditeinlage übersteigende Einbringungswert der Sacheinlage bei der empfangenden Gesellschaft auf einem gesamthänderisch gebundenen Rücklagenkonto oder auf einem Kapitalkonto der einbringenden Kommanditisten verbucht wird (BFH I R 77/06 BStBl II 2009, 464; *BMF* BStBl I 2009, 671; *UmwStE nF* Rn 24.07).

Zum eingebrachten Vermögen gehört auch das **Sonderbetriebsvermögen I** des 2072 Gesellschafters. Es ist daher unschädlich, wenn dieser seinen zum Betriebsvermögen gehörenden Pkw nicht in das Gesellschaftsvermögen einbringt, sondern als Sonderbetriebsvermögen behandelt. Denn § 24 UmwStG setzt nicht voraus, dass die Gegenleistung für die Sacheinlage ausschließlich in der Gewährung von Gesellschaftsrechten besteht. Die Einräumung eines Mitunternehmeranteils ist ausreichend. Eine **Zuzahlung** eines Gesellschafters in das Privatvermögen des ehemaligen Einzelunternehmers als Gegenleistung für den Erwerb eines Mitunternehmeranteils ist insoweit unbeachtlich (BFH VIII R 13/07 BStBl II 2009, 993). Die ausschließliche Überführung des Betriebsvermögens in das Sonderbetriebsvermögen der PersGes genügt nicht (*UmwStE nF* Rn 24.05).

Wie bei einer **Überpari-Emission,** bei der der Einbringungswert der Sachein- 2073 lage in eine GmbH den Nominalbetrag der hierfür übernommenen Stammeinlage übersteigt und in Höhe der (als Aufgeld anzusehenden) Differenz in eine Kapitalrücklage nach § 272 Abs 1 Nr 1 HGB einzustellen ist, ist der Gesellschafter einer PersGes zur Einbringung des **ungeteilten** Sachwerts verpflichtet. Danach ist der vollständige Einbringungswert Gegenstand des tauschähnlichen Einbringungsgeschäfts, sodass in vollem Umfang eine Veräußerung und nicht eine teilweise verdeckte Einlage gegeben ist. Hierin unterscheidet sich das **Aufgeld** bei einer Sacheinbringung wesentlich von einer freiwilligen Zuzahlung in das Eigenkapital, bei der es sich um eine unentgeltliche Leistung und damit um eine Einlage handelt (BFH I R 77/06 BStBl II 2009, 464).

Eine Einbringung nach § 24 Abs 1 UmwStG kommt grds auch bei Beendigung 2074 eines **sog Treuhandmodells** in Betracht. Bei dieser Gestaltung ist eine AG, GmbH oder GmbH & Co KG als Komplementär (Muttergesellschaft) mit einem hohen Kapitalanteil an einer GmbH & Co KG beteiligt. Die Muttergesellschaft ist weiter alleinige Gesellschafterin der einzigen Kommanditistin, einer GmbH, die ihre Beteiligung an der Tochtergesellschaft treuhänderisch für die Muttergesellschaft hält. Aufgrund des Treuhandverhältnisses wird ertragsteuerlich der Kommanditanteil der Muttergesellschaft zugerechnet (§ 39 Abs 2 Nr 1 Satz 2 AO) und das Unternehmen der Tochtergesellschaft als Betriebsstätte der Muttergesellschaft behandelt (BFH IV R 26/07 BStBl II 2010, 751). Erfüllt das Unternehmen der Tochtergesellschaft die Voraussetzungen eines Teilbetriebs, können nach Aufhebung des Treuhandvertrags die Wirtschaftsgüter der Muttergesellschaft grds in der Form eines Teilbetriebs, zB durch Verschaffung des wirtschaftlichen Eigentums (§ 39 Abs 2 Nr 1 Satz 1 AO), in das Gesamthandsvermögen der KG eingebracht werden (s *Benz/Goß* DStR 2010, 839). Zur steuerlichen Begründung und Beendigung des Treuhandmodells s *Kraft/Sönnichsen* DB 2011, 1936.

Die Frage, ob die Übertragung eines einzelnen Wirtschaftsguts Teil der Einbrin- 2075 gung einer betrieblichen Sachgesamtheit iSd § 24 UmwStG ist, ist u.a. iR einer zeitübergreifenden **Gesamtplanbetrachtung** zu klären. Dies kann insbesondere der Fall sein, wenn zB funktional wesentliche Betriebsgrundlagen im zeitlichen und wirtschaftlichen Zusammenhang mit der Einbringung **vorab** in ein anderes Betriebsvermögen **überführt** oder übertragen wurden (s Gesamtplanrechtsprechung, zB BFH VIII R 23/01 BStBl II 2004, 474; IV R 49/08 BStBl II 2010, 726; *UmwStE nF* Rn 24.03, 20.07).

Ein **Gesamtplan** iSd Rspr des BFH ist grds dadurch gekennzeichnet, dass ein 2076 einheitlicher wirtschaftlicher Sachverhalt aufgrund eines vorherigen, zielgerichteten

Plans „künstlich" zergliedert wird und den einzelnen Teilakten dabei nur insoweit Bedeutung zukommt, als sie die Erreichung des Endziels fördern. Danach ist ein Gesamtplan zu verneinen, wenn wirtschaftliche Gründe für die einzelnen Teilschritte vorliegen und es dem Steuerpflichtigen gerade auf die Konsequenzen dieser Teilschritte ankommt; die Teilschritte haben insoweit eine eigenständige Funktion.

2077 Die Rechtsfigur des Gesamtplans kommt daher **nicht** in Betracht, wenn unmittelbar vor der Einbringung eines Einzelunternehmens in eine PersGes iSd § 24 UmwStG eine wesentliche Betriebsgrundlage (zB Grundstück) unter Aufdeckung sämtlicher stillen Reserven und damit mit sämtlichen Rechtsfolgen an einen Dritten (Familienangehörigen) veräußert wird. Die vorherige Veräußerung einer wesentlichen Betriebsgrundlage als gewollter selbstständiger Vorgang steht damit der Anwendung des § 24 Abs 1 UmwStG nicht entgegen (BFH X R 60/09 BStBl II 2012, 638). Der Ausgliederung von funktional wesentlichen Betriebsgrundlagen (Grundstücke) in eine Schwestergesellschaft zwei Monate vor der Einbringung von Mitunternehmeranteilen in eine KapGes gemäß § 20 UmwStG liegt nur dann ein schädlicher Gesamtplan zugrunde, wenn die Auslagerung der Wirtschaftgüter nicht auf Dauer erfolgt, sondern alsbald wieder rückgängig gemacht wird (BFH I R 72/08, BStBl II 2010, 471; s *Brandenberg* DB 2013, 17, nach dessen Auffassung sich der BFH von der Gesamtplanrechtsprechung verabschiedet).

2078 In der Gestaltungspraxis dient die Ausgliederung von wesentlichen Betriebsgrundlagen aus dem Betriebsvermögen (**Ausgliederungsmodell**) u.a. dazu, unentgeltliche Übertragungen im Wege der vorweggenommenen Erbfolge, Umstrukturierungen nach dem UmwSt-Recht oder Veräußerungen vorzubereiten sowie eine Abfärbung iSd § 15 Abs 3 Nr 1 EStG zu vermeiden. Werden nach der Ausgliederung beim verbliebenen Vermögen zB iR einer Umwandlung durch Buchwertfortführung steuerliche Vergünstigungen in Anspruch genommen, kann ein bestehender **Gesamtplan** der Inanspruchnahme der Vergünstigung entgegenstehen, weil nicht der gesamte Betrieb, Teilbetrieb oder Mitunternehmeranteil übertragen wird (s *Brandenberg* DB 2013, 17).

2079 Auf den **Gesellschafterwechsel** ist dagegen **§ 24 UmwStG nicht anwendbar** (*UmwStE nF* Rn 24.01, 01.47), ebensowenig auf die unentgeltliche Übertragung von Mitunternehmeranteilen sowie die Erhöhung der Beteiligungsquote ohne Einlageleistung (BFH/NV 2008, 296). Das **Ausscheiden** eines Gesellschafters aus einer fortbestehenden PersGes gegen Sachwertabfindung iF einer betrieblichen Sachgesamtheit und gegen Minderung von Gesellschaftsrechten fällt mangels besonderer Regelung grds unter § 6 Abs 5 Satz 3 Nr 1 oder 2 EStG (s *Kai* GmbHR 2012, 165, 167). Zudem kommt § 24 UmwStG bei einer **formwechselnden Umwandlung** einer PersHandelsGes in eine PersGes sowie bei **Eintritt** einer GmbH in eine bestehende PersGes **ohne Vermögensbeteiligung** nicht in Betracht. Mangels eines Übertragungsvorgangs entsteht in diesen Fällen weder ein Veräuerungsgewinn iSd § 16 EStG noch ist eine Wertaufstockung veranlasst (BFH IV R 70/05 BStBl II 2008, 265; *UmwStE nF* Rn 01.47).

2080 Zur zulässigen Einbringung in eine **Schwestergesellschaft** s BFH IV R 93/85 BStBl II 1988, 374. Ob Mitunternehmeranteile oder das Gesamthandsvermögen der abgebenden PersGes eingelegt wurden, bestimmt sich danach, ob die Gesellschafter ihre Anteile an der aufnehmenden Gesellschaft erhöhen oder die abgebende Gesellschaft selbst Anteile erwirbt. Ebenso zulässig ist die Einbringung in mehrere Auffang-PersGes mit unterschiedlichen Beteiligungsverhältnissen der bisherigen Personengesellschafter (*Felix/Strahl* BB 1996, 2221). Die Abspaltung von anderen Einzelwirtschaftsgütern gegen Aufgabe von Beteiligungen an der abspaltenden PersHandelsGes und Einbringung in ein Betriebsvermögen einer anderen PersHandelsGes (**nichtverhältniswahrende Abspaltung**) ist grds nach Realteilungsgrundsätzen iSd § 16 Abs 3 Satz 2ff EStG gewinnneutral möglich (s.a. Rn 1120 f).

Einbringung in Personengesellschaft **Anh § 7**

Der Wechsel des **Komplementärs** in die Stellung eines **atypischen stillen** 2081
Gesellschafters an der KGaA ist steuerneutral möglich, da der Komplementär einer KGaA von einer mitunternehmerähnlichen Stellung in eine echte Mitunternehmerstellung wechselt und dies wie die Umwandlung einer Mitunternehmerstellung in eine andere iSd § 24 UmwStG zu behandeln ist (BFH IV B 94/09 BFH/NV 2010, 1272; s auch *Hageböke* DB 2010, 1610). Zur Einbringung einer Beteiligung als persönlich haftender Gesellschafter einer KGaA s *Schulte* DStR 2005, 951.

Die Übertragung von Unternehmensteilen und einzelnen Wirtschaftsgütern iR 2082
einer **Realteilung** ist in §16 Abs 3 Satz 2ff EStG gesetzlich geregelt. Eine reziproke Anwendung des Rechtsgedankens des § 24 UmwStG ist daher in den Fällen der Vermögensteilung nicht mehr geboten (s *Schmidt/Wacker* § 16 Rn 532).

Wird ein Grundstück in eine **vermögensverwaltende PersGes**, die Einkünfte 2083
aus Vermietung und Verpachtung erzielt, gegen Gewährung von Gesellschaftsrechten eingebracht, liegt insoweit ein Anschaffungsvorgang vor, als sich die nach § 39 Abs 2 Nr 2 AO zuzurechnenden Anteile der Gesellschafter an dem Grundstück gegenüber den bisherigen Beteiligungsquoten erhöht haben. Auch die Übernahme eines ursprünglich privat veranlassten Darlehens, das die PersGes als Gegenleistung von dem einbringenden Gesellschafter übernimmt, führt auch dann insoweit zu Anschaffungskosten, als die Verbindlichkeit ursprünglich zur Finanzierung eines privat genutzten Gebäudes aufgenommen wurde (BFH IX R 15/11 BStBl II 2012, 205). Die Anwendung des UmwStG scheidet mangels Betriebsvermögens der vermögensverwaltenden PersGes aus.

(frei) 2084

c) Einbringung durch Gesamtrechtsnachfolge. Nach § 24 Abs 1 UmwStG 2085
sind auch Einbringungen im Wege der umwandlungssteuerrechtlichen **Gesamtrechtsnachfolge**
– durch Verschmelzung einer PersHandels- oder PartnerschaftsGes nach §§ 2, 39ff GmbHG auf PersHandels- oder PartnerschaftsGes
– durch Auf- oder Abspaltung von PersHandels- oder PartnerschaftsGes nach § 123 Abs 1 u 2 UmwG auf PersHandels- oder PartnerschaftsGes
– durch Ausgliederung aus Körperschaften, PersHandels-, PartnerschaftsGes oder Einzelunternehmen nach § 123 Abs 3 UmwG auf PersHandels- oder PartnerschaftsGes möglich (s *UmwStE nF* Rn 01.47).

Vergleichbare ausländische Einbringungsvorgänge fallen ebenso unter § 24 2086
UmwStG (s *UmwStE nF* Rn 01.48, 01.20ff).

Auf eine **formwechselnde Umwandlung** einer PersHandelsGes in eine PersGes 2087
ist § 24 nicht anwendbar. Denn die PersHandelsGes besteht in diesem Fall unter Wahrung ihrer Identität als Rechtssubjekt fort. Mangels eines Übertragungsvorgangs fehlt es daher an einer Überführung einer Sachgesamtheit iSd § 24 Abs 1 UmwStG in das Vermögen einer PersGes in der Form eines tauschähnlichen Vorgangs als Voraussetzung für die Anwendung des § 24 UmwStG (s BFH VIII R 5/92 BStBl II 1994, 856; IV R 26/98 BStBl II 1999, 604; IV R 70/05 BStBl II 2008, 265; *UmwStE nF* Rn 01.47; Rn 114).

Nach dem **UmwG** können somit **PersHandelsGes verschmolzen** werden 2088
(Rn 94), auf andere auf- oder abspalten (Rn 96) und auch auf andere ausgliedern. Der Einzelkaufmann und die Körperschaft können aus diesen handelsrechtlichen Umwandlungen, die auch nur für einen Teil der Sacheinlage möglich sind, nur die Ausgliederung wählen (Rn 96; § 124 Abs 1 UmwG; *UmwStE nF* Rn 01.47). Für diese Umwandlungen, die durch § 1 Abs 3 Nr 1 u 2 UmwStG um PartnerschaftsGes und vergleichbare ausländische Vorgänge erweitert wurden, steht § 24 UmwStG (auch) zur Verfügung (Rn 113, 56). Der Grundsatz der **Maßgeblichkeit der Handelsbilanz** gilt nicht (s Rn 2175, 452).

2089 Die Einbringenden, dh die Gesellschafter der PersHandelsGes (BFH I R 183/94 BStBl II 1996, 342; str, s *Knop/Willich-Neersen/Küting* BB 1995, 1023/6), erhalten aber nur bei der Verschmelzung und Abspaltung Anteile (idR Sonderbetriebsvermögen), nicht bei der Ausgliederung (Gesamthandsvermögen, Rn 80). Die am Vermögen einer umwandelnden GmbH & Co KG nicht beteiligte GmbH kann nicht Einbringende sein (vgl *Schulze zur Wiesche* DB 1996, 1539/42; Rn 2079). Die Gesellschafter einer bestehenden PersGes können ferner zwischen einer identitätswahrenden und einer iRd § 24 UmwStG identitätsaufhebenden Umwandlung auf eine andere PersGes wählen (BFH VIII R 5/92 BStBl II 1994, 856; *Grassmann* BB 2004, 2066). Nachdem eine beschränkt haftende GbR nach der Rspr des BGH nicht durch gesellschaftsvertragliche Absprachen erzeugt werden kann, wird die identitätswahrende Umwandlung in eine GmbH & Co KG empfohlen, um die Vorteile des § 15 Abs 3 Nr 2 EStG weiterhin nutzen zu können (*Limmer* DStR 2000, 1230).

2090 **d) Gewerbesteuer.** Gewstrechtlich ist wesentlich, dass Gewinne aus der Einbringung von Betrieben, Teilbetrieben oder Mitunternehmeranteilen nach hM zwar bei KapGes, nicht aber bei natürlichen Personen und PersGes der GewSt unterliegen. Zur Vermeidung von missbräuchlichen Objektgesellschaften, bei denen Wirtschaftsgüter von KapGes in PersGes eingebracht werden, um sie später gewstfrei als Mitunternehmeranteil zu veräußern, ist die Anteilsveräußerung durch KapGes gewstpfl (§ 7 Satz 2 GewStG idF des UntStFG). S auch Rn 1948 zum Anteilsbruchteil und zu einbringungsgeborenen Anteilen.

2091–2099 *(frei)*

4. Einbringungsgegenstand (§ 24 Abs 1 UmwStG)

2100 Nach § 24 Abs 1 UmwStG ist die Einbringung eines Betriebs, Teilbetriebs und eines Mitunternehmeranteils als Einbringungsgegenstand begünstigt. Bei der Einbringung dieser Sachgesamtheiten ist von dem zugrunde liegenden Rechtsgeschäft auszugehen, durch das u.a. der Umfang der einzubringenden Wirtschaftsgüter beschrieben wird (*UmwStE nF* Rn 24.03, 20.05).

2101 **a) Einbringung eines Betriebs.** Die Einbringung eines Betriebs als Sachgesamtheit setzt voraus, dass **sämtliche funktional wesentlichen Betriebsgrundlagen** in das steuerliche Betriebsvermögen der PersGes überführt werden. Maßgeblicher Zeitpunkt für die Beurteilung, ob ein Wirtschaftsgut eine wesentliche Betriebsgrundlage darstellt, ist der Zeitpunkt der tatsächlichen Einbringung iSd Übertragung des (wirtschaftlichen) Eigentums bzw des Abschlusses des dinglichen Einbringungsvertrags (BFH X R 60/09 BStBl II 2012, 638). Einen Betrieb iSd § 24 UmwStG stellt auch ein **verpachteter** oder **ruhender** Betrieb dar (BFH I V B 84/09 BFH/NV 2010, 1450).

2102 Zu den funktional **wesentlichen Betriebsgrundlagen** gehört bei PersGes auch das Sonderbetriebsvermögen eines unmittelbar oder mittelbar beteiligten Gesellschafters iSd § 15 Abs 1 Satz 1 Nr 2 EStG. Auch Anteile an KapGes können für den Betrieb funktional wesentlich sein. Eine **100%ige Beteiligung** an einer KapGes bildet dann einen eigenständigen Teilbetrieb iSd § 24 Abs 1 UmwStG, wenn sie zu einem (Sonder-)Betriebsvermögen gehört (*UmwStE nF* Rn 24.02).

2103 **Keine funktional wesentliche Betriebsgrundlage** ist grds ein 100%iger Anteil eines Kommanditisten an der Komplementär-GmbH, die ausschließlich mit der Geschäftsführung der KG befasst ist. Unterhält die GmbH einen eigenen Geschäftsbetrieb, der mit der GmbH & Co KG nicht unwesentliche Geschäftsbeziehungen unterhält, können die GmbH-Anteile notwendiges Betriebsvermögen bilden (s *OFD Rheinland und Münster* GmbHR 2011, 616; *Kai* GmbHR 2012, 165, 169).

Einbringung in Personengesellschaft **Anh § 7**

Die **Veräußerung** einer wesentlichen Betriebsgrundlage unmittelbar vor der 2104
Einbringung unter Aufdeckung der stillen Reserven ist unschädlich, wenn die Veräußerung auf Dauer angelegt ist und keine Steuerminderung angestrebt wird (BFH X R 60/09 BStBl II 2012, 638).

Einen Betrieb iSd § 24 UmwStG stellt auch ein **verpachteter Gewerbebetrieb** 2105
dar (BFH VIII R 100/86 BFH/NV 1990, 102). Dies gilt auch für einen **ruhenden** Gewerbebetrieb (BFH IV B 84/09 BFH/NV 2010, 1450).

Ein **Mitunternehmeranteil** bildet eine eigenständige Sachgesamtheit. Wird er 2106
mit dem Betrieb mit eingebracht, zu dem er gehört, sind jeweils gesonderte Einbringungsvorgänge gegeben (s *UmwStE nF* Rn 24.03, 20.12; *Schmitt/Schloßmacher* UmwStE 2011 Rn 20.12). In diesem Fall kann das Antragswahlrecht iSd § 24 Abs 2 Satz 2 UmwStG unterschiedlich ausgeübt werden.

Die **teilweise Einbringung** des Betriebsvermögens in das **Sonderbetriebsver-** 2107
mögen des Einbringenden bei der übernehmenden Personengesellschaft und in das Gesamthandsvermögen ist unschädlich (*UmwStE nF* Rn 24.05). Nicht nach § 24 Abs 1 UmwStG begünstigt ist die ausschließliche Einbringung in das Sonderbetriebsvermögen.

Die Verschaffung **wirtschaftlichen Eigentums** an den funktional wesentlichen 2108
Betriebsgrundlagen genügt (*UmwStE nF* Rn 01.43; 24.03 iVm 20.06, 15.07; *BayLfSt* FR 2006, 391).

Dienstleistungen und **Nutzungsrechte** sind keine einlegbaren Wirtschaftsgüter 2109
(BFH IV R 26/98 BStBl II 1999, 604). Deswegen reicht es nicht aus, wenn die aufnehmende Gesellschaft nur ein **Nutzungsrecht** an einer wesentlichen Betriebsgrundlage erwirbt (s *UmwStE nF* Rn 24.03, 20.06; aA *Behrens/Schmitt* FR 2002, 549). Die Einbringung für fremde Rechnung ist nach § 24 UmwStG möglich (BFH VIII R 138/80 BStBl II 1982, 622).

(frei) 2110–2114

b) Einbringung eines Teilbetriebs. Unter einem **Teilbetrieb** ist ein organisch 2115
geschlossener, mit einer gewissen Selbstständigkeit ausgestatteter Teil eines Gesamtbetriebs zu verstehen, der für sich allein lebensfähig ist. Es muss eine Untereinheit des Gesamtbetriebs, dh ein selbstständiger Zweigbetrieb iR eines Gesamtunternehmens vorliegen (zB BFH I R 77/06 BStBl II 2009, 464). Nach dem EU-Teilbetriebsbegriff (Art 2 Buchst j RL 2009/133/EG) besteht ein Teilbetrieb aus der Gesamtheit der in einem Unternehmensteil vorhandenen aktiven und passiven Wirtschaftsgüter, die in organisatorischer Hinsicht einen selbstständigen Betrieb darstellen. Danach gehören zu einem Teilbetrieb alle funktional wesentlichen Betriebsgrundlagen sowie die dem Teilbetrieb nach wirtschaftlichen Zusammenhängen zuordenbaren Wirtschaftsgüter (s *UmwStE nF* Rn 24.06 iVm Rn 20.06, 15.02). Dieser Teilbetriebsbegriff ist für Einbringungsvorgänge nach dem 31.12.2011 anzuwenden (s *UmwStE nF* Rn S.05). Die Voraussetzungen eines Teilbetriebs müssen zum steuerlichen Übertragungsstichtag vorliegen (s *UmwStE nF* Rn 24.03, 20.06, 15.03).

Einzubringen sind **alle funktional wesentlichen** und dem Teilbetrieb wirt- 2116
schaftlich **zuzuordnenden Wirtschaftsgüter**. Eine bloße **Nutzungsüberlassung** reicht nicht aus (s *UmwStE nF* Rn 24.03, 20.06).

Die Übertragung von wesentlichen oder zuordenbaren Wirtschaftsgütern auf ein 2117
anderes Betriebsvermögen kann bei einem zeitlichen und wirtschaftlichen Zusammenhang mit der Einbringung eines Teilbetriebs nach der **Gesamtplanbetrachtung** einen einheitlichen Vorgang darstellen (zB BFH X R 60/09 BStBl II 2012, 638; *UmwStE nF* Rn 24.03, 20.07; s Rn 2075f).

Für Zwecke des § 24 UmwStG gilt eine betriebliche **100%ige Beteiligung** an 2118
einer KapGes als (eigenständiger) **Teilbetrieb** (s *UmwStE nF* Rn 24.02; aA BFH I R 77/06 BStBl II 2009, 464, mangels einer betrieblichen Organisationseinheit; *Schmidt/Wacker* § 16 Rn 161). Dies ist dann nicht der Fall, wenn sie eine funktional

wesentliche Betriebsgrundlage eines Betriebs bzw Teilbetriebs darstellt. Als wesentliche Betriebsgrundlage kann sie nur mit der Sachgesamtheit eingebracht werden (*UmwStE nF* Rn 15.06). Wird sie dennoch als eigenständiger Teilbetrieb iSd § 24 Abs 1 UmwStG behandelt, ist grds eine Übertragung nach § 6 Abs 5 Satz 3ff EStG gegeben. Die **Übernahme von Verbindlichkeiten** iZm der Einbringung einer 100%igen Beteiligung stellt in Abweichung zur Behandlung nach § 15 EStG (*UmwStE nF* Rn 15.11) einen teilentgeltlichen Vorgang dar (s *Kai* GmbHR 2012, 165, 167).

2119 Mit der **isolierten Übertragung** der 100%igen Beteiligung geht hinsichtlich des zurückgebliebenen Vermögens die Eigenständigkeit eines Teilbetriebs verloren (*UmwStE nF* Rn 24.02, 15.06).

2120 Eine 100%ige Beteiligung eines **Kommanditisten** einer ausschließlich geschäftsführend tätigen Komplementär-GmbH ist auch bei einer Auf-, Abspaltung oder Ausgliederung eines Teilbetriebs keine funktional wesentliche Betriebsgrundlage (*Kai* GmbHR 2012, 165, 169).

2121 Bei der Einbringung eines Teilbetriebs einer PersGes gilt dies auch für das **Sonderbetriebsvermögen** eines unmittelbar oder mittelbar beteiligten Gesellschafters. Es reicht aus, wenn das eingebrachte Betriebsvermögen teilweise Sonderbetriebsvermögen bei der übernehmenden PersGes wird (s *UmwStE nF* Rn 24.04).

2122 **Grundstücke des Gesamthandsvermögens**, die von mehreren Teilbetrieben genutzt werden, sind iRd Auf- oder Abspaltung zivilrechtlich real oder ideell im Verhältnis der tatsächlichen Nutzung zu teilen (*UmwStE nF* Rn 24.03 iVm Rn 20.06, 15.08). Dies ist nicht erforderlich, wenn das Grundstück auch bei der übernehmenden PersGes Sonderbetriebsvermögen des jeweiligen Gesellschafters wird. Ebenso ist bei einer **Ausgliederung** eine Teilung von Grundstücken des Gesamthand- und Sonderbetriebsvermögens entbehrlich (*Kai* GmbHR 2012, 165, 169).

2123 Bei einer **rückwirkenden Spaltung** nach §§ 24 Abs 4, 20 Abs 5 u 6 UmwStG im Wege der Gesamtrechtsnachfolge nach dem UmwG müssen die Teilbetriebsvoraussetzungen bereits zum steuerlichen Übertragungsstichtag vorgelegen haben (*UmwStE nF* Rn 24.06, 20.14, 15.03). Eine rückwirkende Einbringung ist bei einer Einzelrechtsnachfolge ausgeschlossen (*UmwStE nF* Rn 24.06).

2124 Die Übertragung des gesamten Nennkapitals einer KapGes auf eine **ausländische PersGes** ist nicht nach § 24 UmwStG 1995 begünstigt (s BFH I R 77/06 BStBl II 2009, 464).

2125 **c) Einbringung eines Mitunternehmeranteils.** Ein Mitunternehmeranteil bildet als Sachgesamtheit einen **eigenständigen** Einbringungsgegenstand iSd § 24 Abs 1 UmwStG. Bereits die Einbringung eines Teils des Anteils reicht hierfür aus (*UmwStE nF* Rn 24.03, 20.11). In die übernehmende PersGes sind alle funktional wesentlichen Betriebsgrundlagen einschließlich des Sonderbetriebsvermögens einzubringen (zB BFH I R 97/08 BStBl II 2010, 808). Die Zurückbehaltung von nicht funktional wesentlichen Wirtschaftsgütern ist unschädlich.

2126 Eine **100%ige Beteiligung** an einer Komplementär-GmbH ohne eigenen Geschäftsbetrieb bildet nach Aufassung der *FinVerw* eine funktional wesentliche Betriebsgrundlage des Mitunternehmeranteils und ist deshalb mit einzubringen (*Kai* GmbHR 2012, 165, 170).

2127 **Mehrere Mitunternehmeranteile** eines Betriebsvermögens werden als gesonderte Einbringungsvorgänge behandelt. Dies gilt esprechend für die Einbringung eines Betriebs und den zu seinem Betriebsvermögen gehörenden Mitunternehmeranteil. Dagegen ist von einem einheitlichen Einbringungsvorgang auszugehen, wenn zum Betriebsvermögen des Mitunternehmeranteils eine Beteiligung an einer oder mehreren PersGes gehören (mehrstöckige PersGes). In diesem Fall sind im Wertansatz des § 24 Abs 2 UmwStG die Werte aller unmittelbaren und mittelbaren Mitunternehmeranteile zu erfassen (s *UmwStE nF* Rn 24.03, 20.12).

Einbringung in Personengesellschaft **Anh § 7**

Zu der von der PersGes einzubringenden Sachgesamtheit (Betrieb, Teilbetrieb, Mitunternehmeranteil) gehören auch die Wirtschaftsgüter des **Sonderbetriebsvermögens** der einzelnen Mitunternehmer, die funktional wesentliche Betriebsgrundlagen der Sachgesamtheit sind oder die bei der Ausgliederung eines Teibetriebs diesen nach wirtschaftlichen Gesichtspunkten zuzuordnen sind. 2128

Ein Mitunternehmeranteil muss bei einer **rückwirkenden Einbringung** einer PersGes zum steuerlichen Einbringungszeitpunkt bereits bestanden haben (§§ 24 Abs 4, 20 Abs 5 u 6 UmwStG; *UmwStE nF* Rn 24.06, 20.14, 15.03). 2129

(frei) 2130–2134

d) Zurückbehaltung von Wirtschaftsgütern. Eine Einbringung nach § 24 Abs 1 UmwStG ist dann gegeben, wenn alle **funktional wesentlichen Betriebsgrundlagen** der jeweiligen Sachgesamtheit in einem einheitlichen Vorgang übertragen werden (s *UmwStE nF* Rn 24.03, 20.06). Die Zurückbehaltung einer funktional wesentlichen Betriebsgrundlage schließt die Anwendung des § 24 Abs 1 UmwStG aus. Es kommt grds zu einer gewinnrealisierenden Einbringung von Einzelwirtschaftsgütern, soweit nicht ausnahmsweise die eingebrachten Wirtschaftsgüter noch die Merkmale eines Betriebs oder Teilbetriebs aufweisen (s BFH X R 60/09 BStBl II 2012, 638) oder die Voraussetzungen des § 6 Abs 5 Satz 3 EStG gegeben sind. 2135

Nach dem **europäischen Teilbetriebsbegriff** (s *UmwStE nF* Rn 15.02) gehört zur Sachgesamtheit eines Teilbetriebs neben den funktional wesentlichen Betriebsgrundlagen auch die ihm **wirtschaftlich zuordenbaren** Wirtschaftsgüter (zB Forderungen und Verbindlichkeiten). Die Zurückbehaltung von zuordenbaren Wirtschaftsgütern ist schädlich. 2136

Danach schließt auch die Zurückbehaltung einer lediglich wirtschaftlich **zuordenbaren 100%igen Beteiligung** an einer KapGes eine nach § 24 Abs 1 UmwStG begünstigte Einbringung aus. Es kommt eine erfolgsneutrale Übertragung der einzelnen Wirtschaftsgüter nach § 6 Abs 5 Satz 3 EStG in Betracht. 2137

Für die Anwendung des § 24 Abs 1 UmwStG ist nur die Zurückbehaltung von nicht funktional wesentlichen und nicht zuordenbaren Wirtschaftsgütern **unschädlichen**. 2138

Die zurückbehaltenen Wirtschaftsgüter (zB wesentliche, nicht wesentliche, zuordenbare Betriebsgrundlagen, Sonderbetriebsvermögen) werden grds zum steuerlichen Übertragungsstichtag **entnommen**, soweit die Wirtschaftsgüter nicht weiterhin Betriebsvermögen bilden (s BFH IV R 52/87 BStBl II 1988, 829; *UmwStE nF* Rn 24.03, 20.08; aA *Schmitt/Hörtnagl/Stratz* UmwStG § 24 Rn 96, der als Zeitpunkt der Entnahme den Übergang des wirtschaftlichen Eigentums annimmt). 2139

Nach Auffassung des BFH gehen **Forderungen**, die iR einer Praxiseinbringung zurückgehalten werden, bei der Gewinnermittlung nach § 4 Abs 3 EStG nicht zwangsläufig in das Privatvermögen des Einbringenden über. Erklärt dieser nicht ausdrücklich eine Entnahme der zurückbehaltenen, betrieblich begründeten Forderungen ins Privatvermögen, kann er diese auch ohne Betrieb **als Restbetriebsvermögen** behandeln und innerhalb absehbarer Zeit schrittweise verwerten. Die zurückbehaltenen Forderungen sind unabhängig von ihrer Höhe nicht funktional wesentlich und stehen damit den Rechtsfolgen des § 24 Abs 3 UmwStG nicht entgegen. Sie sind im Zuflusszeitpunkt nach § 24 Nr 2 EStG als nachträgliche Einnahmen aus freiberuflicher Tätigkeit zu erfassen, wenn der Einbringende vor der Einbringung seiner Praxis den Gewinn nach § 4 Abs 3 EStG ermittelte (BFH XI R 32/06 BFH/NV 2008, 385; VIII R 41/09 DStR 2013, 356). Der *UmwStE* sieht nur dann von einer Entnahme ab, wenn die Wirtschaftsgüter weiterhin Betriebsvermögen bleiben (*UmwStE nF* Rn 24.03, 20.08). 2140

Die Zurückbehaltung eines **Mitunternehmeranteils** ist unschädlich, denn der zurückbehaltene Anteil bildet eine eigenständige Sachgesamtheit (s *UmwStE nF* 2141

Rn 24.03, 20.12). In diesem Fall kann das Antragswahlrecht iSd § 24 Abs 2 Satz 2 UmwStG unterschiedlich ausgeübt werden.

2142–2149 *(frei)*

5. Gewährung von Gesellschaftsrechten

2150 Eine Einbringung ist dann nach § 24 UmwStG begünstigt, wenn die Gegenleistung in der **Gewährung von Gesellschaftsrechten** besteht, indem der Einbringende in die Rechtsstellung eines Mitunternehmers eintritt oder seine Mitunternehmerstellung erweitert (BFH III R 38/00 BStBl II 2005, 554; VIII R 52/04 BStBl II 2006, 847). Dies geschieht durch die Erhöhung des (handelsrechtlichen) Kapitalkontos (zB § 120 Abs 2 HGB) des Einbringenden entsprechend seiner Beteiligung oder durch Gewährung weiterer Gesellschaftsrechte. Bei einem Mitunternehmer, der bereits zu 100% an einer PersGes beteiligt ist (Ein-Personen-GmbH & Co KG), kommt lediglich die Erhöhung seines Kapitalkontos in Betracht.

2151 Die Gewährung von Gesellschaftsrechten ist bei wirtschaftlicher Betrachtung grds nach den von der übernehmenden PersGes **vorgenommenen Buchungen** zu beurteilen (s *UmwStE nF* Rn 24.07). Sind nach den gesellschaftsvertraglichen Vereinbarungen mehrere (Unter-)Konten zu führen, ist grds auf die Gegenbuchung des Einbringungsvorgangs auf dem Kapitalkonto I der Handelsbilanz abzustellen. Durch die Aufgliederung des Kapitalkontos in mehrere Unterkonten wird die Einheitlichkeit des Kapitalkontos nicht gelöst (s *BMF* BStBl I 2011, 713). Für ein Kapitalkonto sprechen gesellschaftsrechtliche Zu- und Abbuchungen (zB Entnahmen, Einlagen, Verluste) und dessen Bedeutung für die Gewinn- und Stimmrechtsverteilung. Danach ist die ausschließliche Buchung der Vermögensmehrung auf dem festen Kapitalkonto (I) oder variablen Kapitalkonto (II), teilweise auf beiden Konten oder teilweise auf einem dieser und einem gesamthänderisch gebundenen Konto des Einbringenden möglich (s.a. BFH I R 77/06 BStBl II 2009, 464). Die ausschließliche Erfassung auf einem gesamthänderischen Kapitalrücklagenkonto des Einbringenden hat eine schädliche unentgeltliche Übertragung iS § 6 Abs 3 EStG auf die Mitunternehmerschaft zur Folge (s.a. *BMF* BStBl I 2011, 713).

2152 Die Buchung auf einem Fremdkapitalkonto iSd § 15a EStG (**Erhöhung des Darlehenskontos**) erfüllt mangels Gewährung von Gesellschaftsrechten diese Voraussetzung nicht, sondern führt zu einer erfolgswirksamen Veräußerung (BFH VIII R 52/04 BStBl II 2006, 847; s.a. *BMF* BStBl I 2011, 713). Eine Gutschrift auf dem Gesellschafterkonto des Einbringenden ist nicht dem Einbringungsvorgang zuzurechnen, weil es sich insoweit nicht um Eigenkapital der Gesellschaft handelt und so nicht die Gesellschaft selbst bzw die Gesellschafterposition des Gesellschafters gestärkt wird (FG Münster 3 K 4089/10 F EFG 2013, 383 rkr).

2153 Besteht die Gegenleistung aus einem **Mischentgelt** in der Form, dass teilweise Anteile an der übernehmenden Gesellschaft gewährt und teilweise sonstige Ausgleichszahlungen aus dem Gesamthandsvermögen der übernehmenden Gesellschaft (zB Zuzahlung in das Vermögen des Einbringenden auf ein Fremdkapitalkonto) geleistet werden, kann nach Auffassung der *FinVerw* gemäß § 24 Abs 2 Satz 2 UmwStG auf Antrag der übernehmenden Gesellschaft der gesamte Einbringungsvorgang nach § 24 Abs 1 UmwStG entsprechend den jeweiligen Teilleistungen teilweise zu Buchwerten und teilweise zum gemeinen Wert (Aufdeckung der stillen Reserven) vollzogen werden. Zu diesem Zweck ist die Gegenleistung entsprechend dem Verhältnis des Werts der erlangten Gesellschaftsrechte und des Werts der sonstigen Leistungen in einen erfolgsneutral gestaltbaren und einen bei dem einbringenden Gesellschafter zwingend erfolgswirksamen Teil **aufzuteilen** (s *UmwStE nF* Rn 24.07 unter Hinweis auf BFH VIII R 58/98 BStBl II 2002, 420; s.a. FG Düsseldorf EFG 2011, 491, Rev X R 42/10). Diese Behandlung lässt sich mE damit begründen,

Einbringung in Personengesellschaft **Anh § 7**

dass § 24 Abs 1 UmwStG hinsichtlich des Umfangs der Gewährung von Gesellschaftsrechten keine Regelung enthält.

Wird der Wert der stillen Reserven des eingebrachten Betriebsvermögens nicht **2154** aufgedeckt, ist insoweit hinsichtlich der anderen Gesellschafter ein **unentgeltlicher Vorgang** gegeben. Nach Maßgabe des § 6 Abs 3 EStG kommt insoweit eine Buchwertfortführung in Betracht. Zudem kann die **Verlagerung von stillen Reserven** auf Mitgesellschafter zu verdeckten Einlagen oder verdeckten Gewinnausschüttungen führen (s *Schmitt/Schloßmacher* UmwStE 2011 Rn 24.07).

Eine nach § 24 Abs 1 UmwStG begünstigte Einbringung ist nicht gegeben, wenn **2155** es sich bei dem Einbringungsvorgang nach wirtschaftlicher Betrachtung um eine **verdeckte Veräußerung** handelt, weil die Gegenleistung nicht in Gesellschaftsrechten gewährt wird. Dies ist zB dann der Fall, wenn ein Einzelunternehmen in eine PersGes zu Buchwerten eingebracht wird und es im zeitlichen Zusammenhang mit der Einbringung zu einer Realteilung kommt (s *UmwStE nF* Rn 24.07).

Ist die Einbringende eine KapGes und erfolgt die Einbringung unentgeltlich, so **2156** geht § 8 Abs 3 Satz 2 KStG (vGA) § 24 UmwStG vor (BFH I R 7/02 BStBl II 2005, 867).

(frei) **2157–2169**

6. Ansatz des eingebrachten Vermögens (§ 24 Abs 2 Satz 1 UmwStG)

a) Steuerliche Eröffnungsbilanz. Gemäß § 24 Abs 2 Satz 1 UmwStG hat die **2170** übernehmende PersGes grds zum Einbringungszeitpunkt eine steuerliche **(Eröffnungs-)Bilanz** zu erstellen (zB BFH XI R 32/06 BFH/NV 2008, 385; VIII R 12/08 BStBl II 2012, 381). Dies gilt nach Auffassung der **Finanzverwaltung** auch dann, wenn die übernehmende PersGes ihren Gewinn nach § 4 Abs 3 EStG ermittelt und sie ihn nach der Einbringung weiter nach § 4 Abs 3 EStG ermitteln will (s *UmwStE nF* Rn 24.03). Dabei ist unbeachtlich, ob die eingebrachten Wirtschaftsgüter mit dem Buchwert, einem Zwischenwert oder dem gemeinen Wert der Sachgesamtheit angesetzt werden (s R 4.5 Abs 6 EStR; *OFD Ffm* DStR 2003, 2074).

Diese Grundsätze sind auch bei **Eintritt eines weiteren Gesellschafters** in eine **2171** bestehende PersGes anzuwenden, weil auch dieser Vorgang nach § 24 UmwStG begünstigt ist. In Abweichung zur zivilrechtlichen Betrachtung, wonach die PersGes bestehen bleibt, endet ertragsteuerlich die bisherige Mitunternehmerschaft. Gleichzeitig wird eine neue begründet, indem die bisherigen Gesellschafter ihre Mitunternehmeranteile in die neue Mitunternehmerschaft einbringen (s *OFD Ffm* DStR 2003, 2074).

Der Übergang zur Gewinnermittlung führt grds zu einem **Übergangsgewinn,** **2172** der einen laufenden Gewinn darstellt (s *OFD Ffm* DStR 2003, 2074).

Bei vergleichbaren **ausländischen** Einbringungsvorgängen hat die Bilanzierung **2173** nach inländischen Grundsätzen zu erfolgen (s *UmwStE nF* Rn 11.02; EuGH C-123/11 *A Oy* DStR 2013, 392).

(frei) **2174**

b) Eigenständige Ansatz- und Bewertungsvorschrift. Bei § 24 Abs 2 **2175** UmwStG handelt es sich um eine **eigenständige umwandlungssteuerrechtliche Ansatz- und Bewertungsvorschrift.** Die Ansatzverbote des § 5 EStG gelten für die eingebrachten Wirtschaftsgüter zum Einbringungszeitpunkt **nicht**, außer die übernehmende PersGes führt nach Maßgabe des § 24 Abs 2 Satz 2 UmwStG die Buchwerte fort. Zum nachfolgenden Bilanzstichtag hat die übernehmende PersGes jedoch die entsprechenden Wertansätze in der steuerlichen Schlussbilanz unter Anwendung des § 5 EStG erfolgswirksam zu korrigieren (s *UmwStE nF* Rn 24.03, 20.20; s Rn 456f, 1332).

2176 **c) Verhältnis zur Handelsbilanz.** Bei der Bewertung des eingebrachten Betriebsvermögens besteht keine Bindung an die Wertansätze in der Handelsbilanz. Der Maßgeblichkeitsgrundsatz der Handelsbilanz für die Steuerbilanz wurde mit dem UmwStG nach dem **SEStEG** aufgegeben (s *UmwStE nF* Rn 24.03, 20.18, 03.25; Rn 452 f).

2177 **d) Ansatz des eingebrachten Vermögens.** Gemäß § 24 Abs 2 UmwStG hat die übernehmende PersGes das eingebrachte Betriebsvermögen in ihrer (Eröffnungs-)Bilanz einschließlich der Ergänzungsbilanzen mit dem gemeinen Wert anzusetzen. Zum eingebrachten Vermögen gehören sämtliche aktiven und passiven Wirtschaftsgüter des Gesamthandsvermögens einschließlich des Sonderbetriebsvermögens. Zu erfassen sind unter Aufdeckung der stillen Reserven auch die entgeltlich erworbenen und selbstgeschaffenen **immateriellen Wirtschaftsgüter** des übertragenden Rechtsträgers wie den Geschäfts- oder Firmenwert. Dies gilt auch für die steuerfreien **Rücklagen** nach § 6b EStG und Rücklagen nach § 7g EStG (s *UmwStE nF* Rn 24.03, 20.20, 03.04).

2178, 2179 *(frei)*

7. Bewertungswahlrecht (§ 24 Abs 2 UmwStG)

2180 **a) Ansatz des gemeinen Werts (§ 24 Abs 2 Satz 1 UmwStG).** Nach § 24 Abs 2 Satz 1 UmwStG hat die übernehmende PersGes das eingebrachte Betriebsvermögen in ihrer Bilanz einschließlich der Ergänzungsbilanzen mit dem gemeinen Wert (§ 9 Abs 2 BewG) zum Zeitpunkt der Einbringung anzusetzen. Maßgebend ist der gemeine Wert aller übergehenden Wirtschaftsgüter als Sachgesamtheit. Danach sind auch die selbst geschaffenen immateriellen Wirtschaftsgüter wie der Geschäfts- oder Firmenwert mit dem gemeinen Wert auszuweisen (s *UmwStE nF* Rn 24.15, 23.17).Bezüglich der Pensionsrückstellungen verbleibt es beim Ansatz des Teilwerts gemäß § 6 a Abs 3 Satz 1 EStG. Insoweit werden die stillen Reserven nicht realisiert.

2181 Durch die grds Aufdeckung der stillen Reserven durch den Ansatz des gemeinen Werts der eingebrachten Sachgesamtheit wird das inländische Besteuerungsrecht hinsichtlich des eingebrachten Betriebsvermögens gesichert. Denn gemäß § 24 Abs 3 Satz 1 UmwStG gilt der von der übernehmenden PersGes angesetzte Wert für den Einbringenden als Veräußerungspreis.

2182 Ein miteingebrachter **Mitunternehmeranteil,** der kein (eigenständiges) immaterielles Wirtschaftgut darstellt, ist von der übernehmenden PersGes mit dem Wert des anteiligen Kapitalkontos zu übernehmen. In Höhe des Differenzbetrags zwischen diesem und dem gemeinen Wert ist in einer Ergänzungsbilanz ein Korrekturposten zu bilden (s *UmwStE nF* Rn 24.03, 20.13, 03.10; Rn 1331).

2183 Der gemeine Wert der Sachgesamtheit ist zwingend anzusetzen, wenn dieser die Summe der Buchwerte des übergehenden Betriebsvermögens unterschreitet (s *UmwStE nF* Rn 24.03, 20.17, 03.12).

2184 In entsprechender Anwendung des § 20 Abs 3 Satz 2 UmwStG ist das eingebrachte Betriebsvermögen insoweit mit dem gemeinen Wert zu erfassen, als durch die Einbringung erstmals das **deutsche Besteuerungsrecht** begründet wird. Dieser Vorgang ist ertragsteuerlich wie eine Einlage iSd § 4 Abs 1 Satz 8 2. Hs iVm § 6 Abs 1 Nr 5a EStG zu behandeln und mit dem gemeinen Wert zu bewerten (s *Schmitt/Hörtnagl/Stratz* UmwStG § 24 Rn 167; Rn 1333).

2185–2189 *(frei)*

2190 **b) Buchwertansatz (§ 24 Abs 2 Satz 2 UmwStG).** Abweichend vom allgemeinen Grundsatz des Ansatzes des gemeinen Werts kann die übernehmende PersGes gemäß § 24 Abs 2 Satz 2 UmwStG auf deren Antrag das eingebrachte Betriebsvermögen mit dem **Buchwert** ansetzen, indem sie die nach den steuerrechtlichen

Einbringung in Personengesellschaft **Anh § 7**

Vorschriften ermittelten Wertansätze fortführt (§ 1 Abs 5 Nr 4 UmwStG). Die Ansatzverbote des § 5 EStG gelten in diesem Fall unverändert fort.

Nach Maßgabe des § 24 Abs 2 Satz 2 UmwStG sind die eingebrachten Wirtschaftsgüter in der Gesamthands-, Ergänzungs- und Sonderbilanz **einheitlich** mit dem Buchwert auszuweisen (s *UmwStE nF* Rn 24.03, 20.18, 03.10). 2191

Eine Buchwertfortführung ist anders als bei der Einbringung in eine KapGes (§ 20 Abs 2 Satz 2 Nr 2 UmwStG) auch dann möglich, wenn das eingebrachte Betriebsvermögen **negativ** ist. § 24 UmwStG enthält keine entsprechende Regelung (s *UmwStE nF* Rn 24.04). 2192

Eine Buchwertfortführung scheidet aus, wenn der gemeine Wert der Sachgesamtheit geringer ist als die Summe der Buchwerte der eingebrachten Wirtschaftsgüter (s *UmwStE nF* Rn 24.03, 20.18, 03.12; Rn 2183). 2193

(frei) 2194–2199

c) Zwischenwertansatz (§ 24 Abs 2 Satz 2 UmwStG). § 24 Abs 2 Satz 2 UmwStG lässt iRd Bewertungswahlrechts auch den Ansatz eines Zwischenwerts der eingebrachten Sachgesamtheit zu. Dieser wird der Höhe nach durch den Buchwert und den gemeinen Wert begrenzt. 2200

Das Wahlrecht kann für die eingebrachten Wirtschaftsgüter nur **einheitlich** ausgeübt werden (BFH VIII R 52/04 BStBl II 2006, 847; *UmwStE nF* Rn 24.03, 20.18). Dabei sind die stillen Reserven **gleichmäßig** bei allen Wirtschaftsgütern einschließlich der immateriellen Wirtschaftsgüter (zB Geschäfts- und Firmenwert) um einen einheitlichen Prozentsatz aufzudecken (s *UmwStE nF* Rn 24.04, 20.18, 03.25). Dies gilt auch für die in **Ergänzungs- und Sonderbilanzen** ausgewiesenen Wirtschaftsgüter. Der von der PersGes angesetzte Wert gilt für den Einbringenden als Veräußerungspreis (§ 24 Abs 3 Satz 1 UmwStG). 2201

Die Wertansätze in der **Handelsbilanz** sind bei der Wahl eines Zwischenwerts nicht maßgebend (s *UmwStE nF* Rn 24.04, 20.18, 03.25). 2202

Hinsichtlich eines miteingebrachten **Mitunternehmeranteils,** der mit dem Wert des anteiligen Kapitalkontos als Buchwert in der Eröffungsbilanz anzusetzen ist, ist in Höhe des Aufstockungsbetrags in einer Ergänzungsbilanz ein Korrekturposten auszuweisen (s *UmwStE nF* Rn 24.03, 20.13, 03.10; Rn 1331). 2203

(frei) 2204

d) Voraussetzungen des Bewertungswahlrechts (§ 24 Abs 2 Satz 2 UmwStG). Das Bewertungswahlrecht, das eingebrachte Betriebsvermögen mit dem Buchwert oder einem Zwischenwert, höchstens mit dem gemeinen Wert anzusetzen, besteht für die übernehmende PersGes nur insoweit, als bei grenzüberschreitenden Vorgängen das inländische Besteuerungsrecht hinsichtlich des eingebrachten Betriebsvermögens nicht ausgeschossen oder beschränkt wird (§ 24 Abs 2 Satz 2 UmwStG). Dabei ist darauf abzustellen, dass der Gewinn aus der Veräußerung von Wirtschaftsgütern des eingebrachten Betriebsvermögens bei den Gesellschaftern der PersGes als Steuerpflichtige iSd § 15 Abs 1 Satz 1 Nr 2 EStG der inländischen Besteuerung unterliegen. 2205

Das inländische Besteuerungsrecht wird **nicht ausgeschlossen,** soweit der Gesellschafter der PersGes (Mitunternehmer) der unbeschränkten oder beschränkten ESt bzw KSt unterliegt oder das jeweilige DBA das Besteuerungrecht hinsichtlich der Gewinne aus der Veräußerung von Wirtschaftsgütern des eingebrachten Vermögens der BRD zuweist. Es ist eine subjekt- und objektbezogene Prüfung vorzunehmen (s *UmwStE nF* Rn 03.18ff). 2206

Eine **Beschränkung** des inländischen Besteuerungsrechts ist zB dann gegeben, wenn durch die Einbringung der Veräußerungsgewinn abkommensrechtlich im anderen Staat der Besteuerung unterliegt und im Inland legliche eine Steueranrechnung (§ 34c EStG) in Betracht kommt. Die gewstliche Behandlung ist unbeachtlich (s *UmwStE nF* Rn 03.18). 2207

Wagner 749

Anh § 7 Umwandlungsvorgänge

2208, 2209 *(frei)*

2210 **e) Ausübung des Bewertungswahlrechts.** Die Ausübung des Bewertungswahlrechts setzt einen (formlosen) **Antrag** der übernehmenden PersGes voraus. Dieser bedingungsfeindliche und unwiderrufliche Antrag auf Ansatz eines niedrigeren Werts muss erkennen lassen, ob das übergehende Vermögen mit dem Buch- oder einem Zwischenwert angesetzt werden soll. Die Auslegungsgrundsätze gelten entsprechend. Der Ansatz eines Zwischenwerts ist der Höhe nach oder durch Angabe eines Prozentsatzes der aufzudeckenden stillen Reserven zu bestimmen. Dies ergibt sich bei der Einbringung in eine PersGes (§ 24 Abs 1 UmwStG) grds aus den in einer Ergänzungsbilanz ihrer Gesellschafter ausgewiesenen Aufstockungsbeträgen (s *UmwStE nF* Rn 24.14; *Kai* GmbHR 2012, 165, 172).

2211 Die übernehmende PersGes, nicht der einbringende Gesellschafter hat das Bewertungswahlrecht **spätestens mit Abgabe der Steuererklärung** einschließlich der steuerlichen Schlussbilanz, in der das eingebrachte Betriebsvermögen erstmals zum steuerlichen Übertragungsstichtag anzusetzen ist, bei dem für sie örtlich zuständigen Finanzamt auszuüben (**§ 24 Abs 2 Satz 3** iVm § 20 Abs 2 Satz 3 UmwStG; BFH VIII B 151/09 BFH/NV 2011, 437).

2212 Dies gilt für die übernehmende PersGes auch bei der Einbringung von **Mitunternehmeranteilen,** durch die eine doppelte oder mehrstöckige PersGes entsteht. Die Mitunternehmerschaft, deren Anteile eingebracht werden, hat den von der übernehmenden Gesellschaft angesetzten gemeinen Wert oder Zwischenwert über eine Ergänzungsbilanz bei der übernehmenden Gesellschaft entsprechend zu berücksichtigen (s *UmwStE nF* Rn 24.03, 20.22; *Kai* GmbHR 2012, 165, 171f).

2213 Ermittelt die übernehmende PersGes ihren Gewinn nach **§ 4 Abs 3 EStG**, ist sie grds zur Erstellung der Eröffnungsbilanz zum Zeitpunkt der Einbringung verpflichtet. In diesem Fall ist der Antrag iSd § 24 Abs 2 Satz 2 UmwStG spätestens bei der Abgabe dieser Bilanz zu stellen (**§ 24 Abs 2 Satz 3** iVm § 20 Abs 2 Satz 3 UmwStG; *UmwStE nF* Rn 24.03).

2214 Eine **Änderung** der getroffenen Wahl wird von der Rspr abgelehnt. Das Wahlrecht kann nicht im Wege einer Bilanzänderung (§ 4 Abs 2 Satz 2 EStG) nachträglich anderweitig ausgeübt werden. Eine Bilanzberichtigung kommt nur in Betracht, soweit die ursprünglich eingereichte Steuerbilanz unzulässige Ansätze enthält (BFH IV B 123/08 BFH/NV 2010, 625; VIII B 151/09 BFH/NV 2011, 437).

2215–2219 *(frei)*

8. Ergänzungsbilanzen

2220 Gemäß § 24 Abs 2 Satz 2 UmwStG kann die übernehmende PersGes das eingebrachte Betriebsvermögen in ihrer Bilanz einschließlich **Ergänzungsbilanzen** für ihre Gesellschafter abweichend vom Ansatz des gemeinen Werts auch mit seinem Buch- oder Zwischenwert ansetzen. Ergänzungsbilanzen werden u.a. deshalb gebildet, um durch Anpassung der Wertansätze in der Steuerbilanz (Gesamthandsbilanz) der Personengesellschaft die Beteiligungsquote der Gesellschafter, die sich grds an den Verkehrswerten des jeweils eingebrachten Vermögens zum Zeitpunkt der Einbringung orientiert, abweichend von deren gesamthänderischen Kapitalkonten buchmäßig darzustellen und um ein Überspringen von stillen Reserven auf andere Gesellschafter zu verhindern. Bezugsgröße sind einerseits das anteilige Eigenkapital an der Mitunternehmerschaft und andererseits die Anschaffungskosten bzw die Tauschwerte der in die Mitunternehmerschaft eingebrachten Wirtschaftsgüter. Die vom Gesetzgeber zugelassene Bildung von positiven und negativen Ergänzungsbilanzen dient damit der Bestimmung und Fortführung von personengebundenen Mehr- oder Minderwerten des gesamthänderisch gehaltenen Betriebsvermögens, die durch die Einbringung entstehen können (s.a. BFH IV R 39/09 BStBl II 2012, 728; *Prinz* FR 2012, 726).

Einbringung in Personengesellschaft   **Anh § 7**

Dies kann durch Aufstockung der Buchwerte der eingebrachten Sachgesamtheit 2221
in der Gesamthandsbilanz der PersGes (**Bruttomethode**) oder durch Leistung eines
höheren Gesellschafterbeitrags unter Beibehaltung der Buchwerte (**Nettomethode**) erreicht werden. Um jedoch bei den einzelnen Gesellschaftern eine Aufdeckung von stillen Reserven zu vermeiden, sind bei diesen positive bzw negative Ergänzungsbilanzen zu bilden und bei der Gewinnermittlung korrespondierend weiterzuentwickeln. Die Ergänzungsbilanz des Einbringenden muss mit denen der aufnehmenden Gesellschafter korrespondieren (vgl auch BFH VIII R 17/95 BFH/NV 2000, 34; VIII R 52/04 BStBl II 2006, 847; X R 35/04 BFH/NV 2006, 521). Die Aufstockungsbeträge sind entsprechend dem Verbrauch, der Abnutzung oder der Veräußerung der WG aufzulösen (BFH VIII R 17/95 aaO). Dabei führt zB die Auflösung einer negativen Ergänzungsbilanz, die korrespondierend zur positiven Ergänzungsbilanz des einbringenden Mitunternehmers (Nettomethode) fortlaufend jährlich vorzunehmen ist, zu einem laufenden Gewinn (BFH VIII R 52/04 aaO).

Die **Korrektur von Beteiligungsverhältnissen** mittels Ergänzungsbilanzen bie- 2222
tet sich dann an, soweit gemäß § 24 Abs 2 Satz 2 UmwStG die Buchwerte fortgeführt und dadurch eine sofortige Versteuerung eines Veräußerungsgewinns (Einbringungsgewinns) für den Einbringenden vermieden werden soll (s *UmwStE nF* Rn 24.14ff; *Schmitt/Schloßmacher* UmwStE 2011 Rn 24.14).

Wird ein Mitunternehmeranteil **unentgeltlich übertragen,** hat der Rechtsnach- 2223
folger gemäß § 6 Abs 3 EStG die Ergänzungsbilanz fortzuführen. Dies gilt entsprechend bei der Einbringung in eine andere PersGes oder KapGes.

Ein **Wertausgleich** hinsichtlich des eingebrachten Betriebsvermögens kommt 2224
auch durch die **Zuordnung einer Verbindlichkeit** (Bankverbindlichkeit) zum Betriebsvermögen des eingebrachten Betriebs iSd § 24 Abs 1 UmwStG in Betracht, wenn dadurch keine stillen Reserven der Besteuerung entzogen werden und das außersteuerliche Motiv in der Anpassung der unterschiedlichen Werte des jeweils eingebrachten Betriebsvermögens zu sehen ist (FG Köln EFG 2012, 1798).

Der erwerbende Gesellschafter hat auch dann eine Ergänzungsbilanz aufzustellen, 2225
wenn der bisherige Einzelunternehmer seinen freiberuflichen Betrieb in eine neugegründete GbR einbringt und der andere Gesellschafter für seinen Gesellschaftsanteil eine **Zuzahlung** in das Privatvermögen des Einbringenden leistet (BFH VIII R 13/07 BStBl II 2010, 993). Die Grundsätze für die Aufstellung von Ergänzungsbilanzen sind entsprechend anzuwenden, wenn die PersGes ihren Gewinn nach § 4 Abs 3 EStG durch **Einnahmen-Überschussrechnung** ermittelt (BFH VIII R 13/07 aaO).

(frei)   2226–2229

9. Besteuerung des Einbringungsgewinns (§ 24 Abs 3 UmwStG)

a) Einbringungsbilanz. Beim Einbringenden führt die Einbringung gemäß § 24 2230
Abs 3 Satz 1 UmwStG zu einer fiktiven Veräußerung des eingebrachten Betriebsvermögens iSd des § 16 Abs 1 EStG. Nach § 16 Abs 2 Satz 2 EStG ist der Wert des Betriebsvermögens oder des Anteils für den Zeitpunkt der Veräußerung nach § 4 Abs 1 oder nach § 5 EStG zu ermitteln. Entsprechend hat nach Auffassung der **Finanzverwaltung** der Einbringende auf den Einbringungszeitpunkt eine **Einbringungsbilanz** zu erstellen. Dies bedeutet, dass der Einbringende, der seinen Gewinn nach **§ 4 Abs 3 EStG** ermittelt, gemäß § 16 Abs 2 Satz 2 EStG vor der Einbringung auf die Gewinnermittlung nach § 4 Abs 1 EStG überzugehen hat, auch wenn er nach der Einbringung wieder zur Gewinnermittlung nach § 4 Abs 3 EStG übergeht (s *UmwStE nF* Rn 24.03). Dabei ist unbeachtlich, ob die eingebrachten Wirtschaftsgüter mit dem Buchwert, einem Zwischenwert oder dem gemeinen Wert der Sachgesamtheit angesetzt werden (s R 4.5 Abs 6 EStR; *OFD Ffm* DStR 2003, 2074; aA BFH IV R 13/01 BStBl II 2002, 287).

2231 Davon kann nach Auffassung des **BFH** abgesehen werden, wenn nicht eingebrachte betriebliche Forderungen des Einbringenden, die innerhalb absehbarer Zeit verwertet werden, weiterhin **sog Restbetriebsvermögen** bleiben. In der Einbringungsbilanz ist nur das eingebrachte Betriebsvermögen iSd § 24 Abs 1 UmwStG zu erfassen, sodass hinsichtlich der zurückbehaltenen Forderung kein Wechsel der Gewinnermittlungsart eintritt (BFH XI R 32/06 BFH/NV 2008, 385; VIII R 41/09 DStR 2013, 356). Geht die Sozietät nach der Einbringung einer Einzelpraxis wieder zur Gewinnermittlung nach § 4 Abs 3 EStG über, lässt der BFH unter (stillschweigendem) Verzicht auf die Aufstellung einer Einbringungs- und Anfangsbilanz die Anwendung der Grundsätze zur Aufstellung einer Ergänzungsbilanz ausreichen (BFH VIII R 13/07 BStBl II 2009, 993). Für die Bilanz nach § 24 Abs 2 UmwStG gelten dieselben Grundsätze, sodass sich bei der Rückkehr zur Gewinnermittlung nach § 4 Abs 3 EStG dieselben Gewinnauswirkungen ergeben (s.a. *Kai* GmbHR 2012, 165, 171).

2232 Diese Grundsätze sind auch bei **Eintritt eines weiteren Gesellschafters** in eine bestehende PersGes anzuwenden. In Abweichung zur zivilrechtlichen Betrachtung, wonach die PersGes bestehen bleibt, kommt es in diesem Fall ertragsteuerlich zu einer Beendigung der bisherigen Mitunternehmerschaft und der gleichzeitigen Begründung einer neuen, indem die bisherigen Gesellschafter ihre Mitunternehmeranteile in die neue Mitunternehmerschaft einbringen (s *OFD Ffm* DStR 2003, 2074).

2233 Bei dem durch den Übergang zur Gewinnermittlung nach § 4 Abs 1 oder § 5 EStG entstehenden **Übergangsgewinn** handelt es sich auch gewstlich um einen laufenden Gewinn (s *OFD Ffm* DStR 2003, 2074; *Schmitt/Schloßmacher* UmwStE 2011 Rn 24.15).

2234 Die **Verteilung** des Gewinns, der bei dem Übergang von der Einnahmen-Überschussrechnung zu der Gewinnermittlung durch Vermögensvergleich wegen Überschreitens der Gewinngrenze des § 141 Abs 1 AO entsteht, auf drei Jahre ist nicht aufzuheben, wenn der Einzelunternehmer seinen Betrieb in eine neu gegründete GbR zu Buchwerten einbringt (FG Münster EFG 2008, 763 rkr).

2235–2239 *(frei)*

2240 **b) Einbringungsgewinn.** Der Einbringende erzielt dann einen Einbringungsgewinn (**Veräußerungsgewinn**), wenn die übernehmende PersGes das eingebrachte Betriebsvermögen mit einem höheren Wert als den Buchwert ansetzt (§ 24 Abs 2 UmwStG). Die Einbringung einer Sachgesamtheit iSd § 24 Abs 1 UmwStG gegen Einräumung einer Beteiligung iR eines tauschähnlichen Vorgangs ist eine (fiktive) **Veräußerung iSd § 16 EStG**. Der Wert, mit dem das eingebrachte Betriebsvermögen in der Bilanz der PersGes einschließlich der Ergänzungsbilanzen angesetzt wird, gilt gemäß § 24 Abs 3 Satz 1 UmwStG als **Veräußerungspreis** des Einbringenden.

2241 Wegen der zwingenden Bindung an den Wertansatz der PersGes ist bei der **Ermittlung des Veräußerungspreises** auf die Wertansätze in der Gesamthandsbilanz der PersGes und den Ergänzungsbilanzen der einzelnen Gesellschafter abzustellen (§ 24 Abs 3 Satz 1 UmwStG). Gegen das ausschließlich von der aufnehmenden PersGes auszuübende Wahlrecht iSd § 23 Abs 2 UmwStG besteht **weder ein Veto- noch ein Mitspracherecht** des Einbringenden. Einvernehmliche Festlegungen von Bilanzansätzen durch die Beteiligten sind steuerrechtlich ohne Bedeutung (BFH VIII R 12/08 BStBl II 2012, 381; *UmwStE nF* Rn 24.03, 20.23). Ändert die *FinVerw* den von der übernehmenden PersGes angesetzten Wert zu deren Ungunsten ab, ist nur der Einbringende einspruchsbefugt (**sog Drittanfechtung**, BFH I R 79/10 BStBl II 2012, 421; s Rn 1372).

2242 Die Erstellung und Einreichung der Eröffnungsbilanz durch die aufnehmende PersGes in einem späteren Veranlagungszeitraum stellt daher grds ein **rückwirken-**

des Ereignis iSd § 175 Abs 1 Satz 1 Nr 2 AO für die Bemessung des Einbringungsgewinns dar (BFH VIII R 12/08 BStBl II 2012, 381; *UmwStE nF* Rn 24.03, 20.23).

Bei **Buchwertfortführung** durch die übernehmende PersGes entsteht beim Einbringenden mangels Aufdeckung von stillen Reserven kein Einbringungsgewinn, denn nach § 24 Abs 3 Satz 1 UmwStG gilt dieser Wertansatz auch für die Ermittlung des Veräußerungspreises. 2243

Der Einbringungsgewinn **entsteht** zum Zeitpunkt der Einbringung bzw zum zurückbezogenen steuerlichen Einbringungsstichtag. 2244

(frei) 2245–2249

c) **Ermäßigte Besteuerung (§ 24 Abs 3 Satz 2 UmwStG).** Der **ermäßigte Steuersatz** für eine Betriebs-(Teilbetriebs-)veräußerung bzw Einbringung eines Mitunternehmeranteils gilt nur dann, wenn das eingebrachte Betriebsvermögen einschließlich der Ergänzungs- und Sonderbilanzen mit **gemeinen Wert** angesetzt wird und deshalb alle im eingebrachten Betrieb entstandenen stillen Reserven einschließlich eines vorhandenen Geschäftswerts aufgelöst werden. Der Ansatz eines **Zwischenwerts** reicht mangels Aufdeckung aller stillen Reserven nicht aus. Zum tarifbegünstigten Einbringungsgewinn gehört auch das Ergebnis aus der **Auflösung von steuerfreien Rücklagen**. 2250

Dies gilt **nicht** für den Gewinn aus der Auflösung der **Ansparrücklage nach § 7g EStG** (*BMF* BStBl I 2005, 859). Weiter scheidet eine Tarifermäßigung nach § 34 EStG bei der Einbringung eines **Teils eines Mitunternehmeranteils** (§ 24 Abs 3 Satz 2 UmwStG) und hinsichtlich der im eingebrachten Betriebsvermögen gewinnmindernd gebildeten **Rücklagen nach § 6b oder § 6c EStG** aus, weil insoweit nicht alle stillen Reserven aufgedeckt werden (s.a. *UmwStE nF* 24.15ff; *Schmitt/Schloßmacher* UmwStE 2011 Rn 24.15). Ferner wird der Ermäßigung nur gewährt, soweit es nicht zu einer teilweisen Steuerbefreiung nach dem **Teileinkünfteverfahren** (§ 3 Nr 40 EStG) kommt (Kumulationsverbot). 2251

Die stillen Reserven einer im **Sonderbetriebsvermögen** des Einbringenden zurückbehaltenen (BFH IV R 27/89 BStBl II 1991, 216) wesentlichen Betriebsgrundlage müssen zur Inanspruchnahme der Steuervergünstigung des § 34 EStG zum gemeinen Wert aufgelöst werden, weil in der Einbringung eines Teils der Wirtschaftsgüter zum Teilwert (gemeinen Wert) und des Sonderbetriebsvermögens zum Buchwert das Ergebnis einer Zwischenwerteinbringung zu sehen ist, die § 34 EStG ausschließt (BFH III R 39/91 BStBl II 1994, 458). Werden nicht zu den wesentlichen Betriebsgrundlagen zählende Wirtschaftsgüter des Sonderbetriebsvermögens bei Buch- oder Zwischenwerteinbringung nicht eingebracht, müssen sie idR (Ausnahme Fortführung als Betriebsvermögen eines anderen Betriebs) mit dem gemeinen Wert angesetzt werden (Entnahme BFH IV R 52/87 BStBl II 1988, 829). § 34 EStG findet auch insoweit keine Anwendung, weil dafür auch die Realisierung aller stillen Reserven erforderlich ist (BFH B 194/01 BFH/NV 2003, 1420; *Schmidt/Wacker* § 34 Rn 13). 2252

Der Gewinn aus der Veräußerung (oder Aufgabe) ist auch dann privilegiert, wenn eine PersGes einen Teilbetrieb veräußert und den **anderen Teilbetrieb** oder als sog OberPersGes eine **mitunternehmnerische Beteiligung** an der Untergesellschaft **zurückbehält** und damit die stillen Reserven der zurückbehaltenen Teileinheit nicht aufdeckt. 2253

Dies gilt entsprechend, wenn die PersGes zugleich ihren anderen Teilbetrieb ganz oder teilweise zu Buchwerten in das Vermögen ihrer Gesellschafter überträgt oder wenn der Verkauf der betrieblichen Sachgesamtheit einer PersGes und die **Buchwertausgliederung von Mitunternehmeranteilen** an der Unter-PersGes zusammentreffen. 2254

Nicht anders verhält es sich, wenn die Gesellschafter ihre Anteile an der Obergesellschaft veräußern und in sachlichem Zusammenhang hiermit eine oder mehrere 2255

Beteiligungen der Obergesellschaft an der Unter-PersGes, die in ihrem Sonderbetriebsvermögen oder Gesamthandsvermögen der Ober-PersGes gehalten werden, zu Buchwerten in das Vermögen einer **Schwester-PersGes ausgliedern.** In diesem Fall realisiert der einzelne Mitunternehmer die stillen Reserven an dem eigenen Betrieb der Ober-PersGes als betriebliche Einheit. Zudem ist die Beteiligung an der Ober-PersGes (steuerrechtlich) kein Wirtschaftsgut und deshalb ist ihre Veräußerung als Verfügung über die Anteile des Gesellschafters an den zum Gesamthandsvermögen gehörenden Wirtschaftsgütern zu werten. **Voraussetzung** ist jedoch, dass sämtliche stille Reserven hinsichtlich der der eigenen Geschäftstätigkeit der Ober-PersGes dienenden wesentlichen Wirtschaftsgüter aufgelöst werden (BFH IV R 49/08 BStBl II 2010, 726).

2256 **Nicht bilanzierte ungewisse betriebliche Verbindlichkeiten** werden auch bei Einbringungen kein Privatvermögen (BFH IV R 131/91 BStBl II 1993, 509). Ermäßigt besteuert werden die stillen Reserven des „eingebrachten Betriebsvermögens". Dies bedeutet, anders als bei der Betriebsaufgabe oder Betriebsveräußerung nehmen dabei auch stille Reserven des Umlaufvermögens, zB halbfertige Arbeiten, an der Steuervergünstigung teil (BFH IV R 210/83 BStBl II 1985, 695; I R 79/01 BStBl II 2002, 784).

2257–2259 *(frei)*

2260 **d) Veräußerung „an sich selbst" (§ 24 Abs 3 Satz 3 UmwStG).** Nach § 24 Abs 3 Satz 3 UmwStG ist in Übereinstimmung mit § 16 Abs 2 Satz 3 EStG der Einbringungsgewinn insoweit nicht nach §§ 16, 34 EStG begünstigt, als der Einbringende wirtschaftlich gesehen **„an sich selbst" veräußert.** Wird ein neuer Gesellschafter in eine bestehende Gesellschaft aufgenommen, so veräußern die Altgesellschafter in ihrer gesamthänderischen Verbundenheit insoweit (Quote) an sich selbst, als nicht dem Neugesellschafter eine Beteiligung eingeräumt wird. Das Beteiligungsverhältnis des Einbringenden (Veräußerer) bestimmt sich in diesem Fall nach seinem Anteil bzw dem Anteil des veräußernden Gesellschafters am Aufwand, der aufgrund des zusätzlich geschaffenen Abschreibungsvolumens künftig auf ihn entfällt (BFH VIII B 213/06 BFH/NV 2008, 373). Auch für die **Einbringung in das SonderBV** gilt der Einbringungsgewinn nach § 24 Abs 3 Satz 3 UmwStG als nicht begünstigter laufender Gewinn (BFH IV R 54/99 BStBl II 2001, 178; krit zur Begründung *Paus* FR 2001, 342). Für die Beurteilung der Frage, ob eine Veräußerung „an sich" gegeben ist, ist auf die einbringenden Gesellschafter in ihrer gesamthänderischen Verbundenheit abzustellen (s *UmwStE nF* Rn 24.15f).

2261 Bei einem **Eintritt eines weiteren Gesellschafters** in eine bestehende PersGes gegen Bareinlage in das Betriebsvermögen ist zwar hinsichtlich der bisherigen Gesellschafter der PersGes § 24 Abs 1 UmwStG anwendbar, weil diese Mitunternehmer der erweiterten Gesellschaft werden (BFH IV R 82/92, BStBl II 1995, 599). Der durch Ansatz der gemeinen Werts entstehende Einbringungsgewinn ist gemäß § 24 Abs 3 Satz 3 UmwStG iVm § 16 Abs 2 Satz 3 EStG in Höhe der Beteiligungsquote der bisherigen Gesellschafter als laufender Gewinn nicht nach §§ 16, 34 EStG begünstigt. Dadurch soll ein durch Wertaufstockung geschaffenes AfA-Volumen nicht steuerlich begünstigt werden (s *UmwStE nF* Rn 24.16).

2162–2264 *(frei)*

10. Ertragsteuerliche Folgen bei der übernehmenden Personengesellschaft (§ 24 Abs 4 1. Hs UmwStG)

2265 Die Einbringung von Betriebsvermögen führt bei der übernehmenden PersGes zu einem Anschaffungsvorgang. Bei Ansatz der eingebrachten Wirtschaftsgüter mit dem Buchwert (§ 24 Abs 4 1. Hs iVm §§ 23 Abs 1, 4 Abs 2 Satz 3, 12 Abs 3 1. Hs UmwStG) oder Zwischenwert (§ 24 Abs 4 1. Hs iVm §§ 23 Abs 3, 12 Abs 3 1. Hs

Einbringung in Personengesellschaft **Anh § 7**

UmwStG) gelten die Grundsätze der umwandlungssteuerrechtlichen **Rechtsnachfolge**. Wird das Betriebsvermögen mit dem gemeinen Wert angesetzt, ist zwischen Einzel- und Gesamtrechtsnachfolge zu unterscheiden (§ 24 Abs 4 iVm § 23 Abs 4 UmwStG).

Teilweise Rechtsnachfolge. Durch die Bezugnahme auf § 23 Abs 3 u 4 **2266** UmwStG in § 24 Abs 4 1. Hs UmwStG wird die aufnehmende PersGes, soweit keine stillen Reserven aufgedeckt werden, steuerrechtlich als Gesamtrechtsnachfolgerin des Einbringenden behandelt und führt die **Buchwerte** und die AfA fort (*OFD Ffm* BB 1994, 900 betr Sonder-AfA), auch wenn sie unzutreffend sind. Es gilt der Grundsatz des Bilanzenzusammenhangs (BFH VIII R 296/82 BStBl II 1988, 886). Bei Bilanzierung von **Zwischenwerten** sind gemäß § 23 Abs 3 Satz 1 Nr 1 u 2 UmwStG auch iRd § 24 UmwStG die Buchwerte gleichmäßig aufzustocken. Die AfA errechnet sich grds aus der erhöhten AfA-Bemessungsgrundlage. Der Ansatz des **gemeinen Werts** führt bei der übernehmenden PersGes iR der steuerlichen **Einzelrechtsnachfolge** zu einem Anschaffungsvorgang und den sich hieraus ergebenden allgemeinen Rechtsfolgen (§§ 24 Abs 4 iVm 23 Abs 4 UmwStG). Bei einer Einbringung im Wege der **Gesamtrechtsnachfolge** tritt die übernehmende Personengesellschaft partiell in die steuerrechtliche Rechtsstellung des Einbringenden ein und führt die AfA-Methode unter entsprechender Aufstockung der Buchwerte fort (§§ 24 Abs 4 iVm 23 Abs 4 u 3 UmwStG).

Eine **Besitzzeitanrechnung** für **§ 6 b EStG** folgt aus §§ 24 Abs 4 iVm 23 Abs 1, **2267** 4 Abs 2 Satz 3 UmwStG, allerdings nur bei Buch- und Zwischenwertansatz. S dazu *Schmidt/Loschelder* § 6 b Rn 77. Eine im Einzelunternehmen gebildete **Ansparabschreibung nach § 7g EStG** kann von der übernehmenden PersGes fortgeführt werden, wenn die Einbringung zum Buch- oder Zwischenwert bzw iRd Gesamtrechtsnachfolge erfolgt (s Nds FG 2 K 273/06 EFG 2009, 1478). Nach § 24 Abs 4 iVm § 23 Abs 5 UmwStG werden die übernommenen **dauernden Lasten und Renten** nicht wegen des Übergangs als Erwerbs- oder Gründungslasten des § 8 Nr 2 GewStG aF (bis EZ 2007) angesehen.

Im Gegensatz zu den anderen Tatbeständen des UmwStG gilt die Einbringung **2268** nach § 24 UmwStG lediglich als **partieller Unternehmerwechsel für § 10 a GewStG** und nicht als völliger Unternehmerwechsel für § 2 Abs 5 GewStG (Rn 196); s aber BFH VIII R 4/88 BStBl II 1992 563; II R 100/87 BStBl II 1992, 563 zur Steuerschuldnerschaft. Die strittige Frage, welche Gewinnanteile des fortsetzenden Unternehmers für den Verlustabzug des § 10 a GewStG und seine Quote heranstehen, und ob dies eine unternehmerbezogene oder gesellschaftsbezogene Betrachtung für die Verrechnung erfordert (vgl BFH XI R 50/88 BStBl II 1994, 364; VIII R 41/95 BStBl II 1997, 179; IV B 171/06 BFH/NV 2008, 489; A 68 GewStR 1998; *Mahlow* DStR 1995, 1986; *Bordewin* DStR 1995, 1988; *Pyska* DStR 1997, 1073), wurde durch § 10 a Satz 4 GewStG idF des **SEStEG** iSd bisherigen Verwaltungsauffassung geregelt (R 10a.3 GewStR/H 10a.3 GewStH). Danach ist bei einer Mitunternehmerschaft der Verlustvortrag entsprechend dem sich aus dem Gesellschaftsvertrag ergebenden allgemeinen Gewinnverteilungsschlüssel ohne Berücksichtigung von Vorabgewinnanteilen oder Sonderbetriebseinnahmen zu verteilen. Der Verlust eines Mitunternehmers ist gesellschaftsbezogen zu ermitteln.

Außerdem lässt auch § 24 Abs 4 UmwStG eine (anteilige) Kürzung des Gewerbe- **2269** ertrags um vortragsfähige Fehlbeträge iSd § 10 a GewStG zu, weil eine entsprechende Verweisung auf § 23 Abs 5 UmwStG fehlt (s H 10a.3 Abs 2 u 3 Satz 9 Nr 5 GewStH; Rn 225).

Bei seinem **Ausscheiden** aus der Gesellschaft geht sein Anteil am Verlustvortrag **2270** mangels Unternehmeridentität nicht auf den Neugesellschafter über. Diese Regelung gilt nach § 10 a Satz 5 GewStG für die Verrechnung von Verlusten mit Gewinnen entsprechend. Gemäß § 36 Abs 9 GewStG sind diese Vorschriften auch für Erhebungszeiträume vor 2007 anzuwenden (*Dötsch/Pung* DB 2007, 11, 16; BFH

IV R 4/06 BStBl II 2008, 140, Vorlage an BVerfG 1 BvL 5/07 wegen der rückwirkenden Anwendung des § 10 a Satz 4 u 5 GewStG zurückgenommen wegen Klaglosstellung der Kläger). Auch für **§ 15 a**, § 52 Abs 19 Satz 2 Nr 1 EStG aF bedeutet die Einbringung nach § 24 UmwStG keine Betriebseröffnung (*BMF* DB 1987, 1277).

2271 Die Regelungen des **Einbringungsfolgegewinns** (§ 6 Abs 1 und 3 UmwStG) sind zu beachten (§§ 24 Abs 4, 23 Abs 6 UmwStG).

2272–2279 *(frei)*

11. Rückbeziehung (§ 24 Abs 4 2. Hs UmwStG)

2280 § 24 Abs 4 UmwStG gestattet eine Rückbeziehung entsprechend § 20 Abs 5 u 6 UmwStG (Rn 1485). Die Rückbeziehung ist aber anders als in § 20 Abs 6 UmwStG auf die Fälle der umwandlungssteuerrechtlichen **Gesamtrechtsnachfolge** beschränkt (s dazu Rn 2088, 113; *UmwStE nF* Rn 24.06: auch bei Kombination).

2281 Der **steuerliche Übertragungsstichtag** (bzw Einbringungszeitpunkt) ist grds der Zeitpunkt, zu dem das wirtschaftliche Eigentum an dem eingebrachten Betriebsvermögen auf die übernehmende Gesellschaft übergeht. Dies ist bei der steuerrechtlichen Einzelrechtsnachfolge grds zu dem im Einbringungsvertrag vorgesehenen Zeitpunkt des Übergangs von Nutzen und Lasten und bei einer umwandlungssteuerlichen Gesamtrechtsnachfolge nach dem UmwG (nicht bei Anwachsung) und vergleichbaren ausländischen Vorgängen spätestens im Zeitpunkt der Eintragung in das Handelsregister der Fall. Beschränkt auf eine umwandlungssteuerliche Gesamtrechtsnachfolge nach dem UmwG (nicht bei Anwachsung) und vergleichbare ausländische Vorgänge kann im höchstens acht Monate davor liegender Stichtag gewählt werden (§ 24 Abs 4 iVm § 20 Abs 4 Satz 1 u 2 UmwStG; s *UmwStE nF* Rn 24.06, 24.02, 20.13). Bei einer rückwirkenden Spaltung müssen die Voraussetzungen bereits zum steuerlichen Übertragungsstichtag vorgelegen haben, wenn der Spaltungsbeschluss nach dem 31.11.2011 erfolgt ist (s *UmwStE nF* Rn S.04; *Kai* GmbHR 2012, 165, 169).

2282–2289 *(frei)*

12. Nachträgliche Besteuerung eines Einbringungsgewinns (§ 24 Abs 5 UmwStG)

2290 Die Regelung des § 24 Abs 5 UmwStG will verhindern, dass stille Reserven von Anteilen an KapGes auf begünstigte Personen iSd § 8b Abs 2 KStG übertragen und dadurch der Besteuerung nach dem Teileinkünfteverfahren gemäß § 3 Nr 40 EStG entzogen werden. Danach kommt es gemäß § 24 Abs 5 UmwStG zu einer nachträglichen Besteuerung des Einbringungsgewinns, wenn Anteile an Körperschaften, Personenvereinigungen oder Vermögensmassen von einem Einbringenden, der nicht durch § 8b Abs 2 KStG begünstigt ist, gemäß § 24 Abs 1 UmwStG **unter dem gemeinen Wert** in eine PersGes mit eingebracht und diese innerhalb eines Zeitraums von sieben Jahren nach dem Einbringungszeitpunkt von der übernehmenden PersGes veräußert oder durch einen Vorgang iSd § 22 Abs 1 Satz 6 Nr 1 bis 5 UmwStG weiterübertragen werden. Der Veräußerung steht die Aufgabe des Betriebs der PersGes gleich (§ 16 Abs 3 Satz 1 EStG; s *UmwStE nF* Rn 24.18ff, 24.25). Mit der Einbringung solcher (miteingebrachter) Anteile gelten diese insoweit als **sperrfristbehaftet**.

2291 **a) Anteile an Kapitalgesellschaften, Personenvereinigungen oder Vermögensmassen.** § 24 Abs 5 UmwStG **betrifft** Anteile an Körperschaften, Personenvereinigungen oder Vermögensmassen, deren Leistungen beim Empfänger Einnahmen iSd § 20 Abs 1 Nr 1, 2, 9 oder 10a EStG darstellen. Dies gilt auch für Anteile an einer Vorgesellschaft, wenn die KapGes später tatsächlich entsteht. Auf

Einbringung in Personengesellschaft **Anh § 7**

einbringungsgeborene Anteile iSd § 21 Abs 1 UmwStG 1995 ist die Vorschrift anwendbar, wenn im Zeitpunkt der Veräußerung oder eines gleichgestellten Ereignisses die Steuerbefreiung nach § 3 Nr 40 Buchst a o b EStG bzw § 8b Abs 2 KStG unterliegt (§ 27 Abs 4 UmwStG iVm § 52 Abs 4b Satz 2 EStG bzw § 34 Abs 7a KStG; s *UmwStE nF* Rn 24.23).

b) Veräußerung oder Weitereinbringung. Eine schädliche Veräußerung oder 2292 Weiterübertragung iSd § 22 Abs 1 Satz 6 UmwStG von sperrfristbehafteten Anteilen kann **durch** die **übernehmende Pesonengesellschaft,** durch deren Rechtsnachfolger oder wegen des Transparenzprinips durch deren (unmittelbare oder mittelbare) Mitunternehmer, zu dessen Mitunternehmeranteil die sperrfristbehafteten Anteile gehören, im Wege der Veräußerung eines Mitunternehmeranteils erfolgen. Nach Auffassung der *FinVerw* kommt es bei diesen Personen darauf an, dass sich die Zurechnung der stillen Reserven mittelbar auf deren Gewinn auswirkt (s *UmwStE nF* Rn 24.25).

Werden entsprechend dem Grundtatbestand des § 24 Abs 5 UmwStG iR einer 2293 Einbringung iSd § 24 Abs 1 UmwStG Anteile an KapGes mit eingebracht und in einem weiteren Schritt die **erhaltenen Mitunternehmeranteile,** zu dessen Betriebsvermögen die sperrfristbehafteten Anteile gehören, unter dem gemeinen Wert in eine **andere PersGes (Untergesellschaft) eingebracht,** an der die einbringende PersGes (Obergesellschaft) Mitunternehmerin wird, ist darin eine Einbringung iSd § 24 Abs 5 UmwStG zu sehen. Dadurch wird hinsichtlich der Anteile an der Untergesellschaft an den sperrfristbehafteten Anteilen eine neue siebenjährige Sperrfrist begründet. Eine (mittelbare) Veräußerung oder Weiterübertragung der (mit-)eingebrachten sperrfristbehafteten Anteile durch die Untergesellschaft innerhalb der Sperrfrist führt zu einer rückwirkenden Einbringungsgewinnbesteuerung II (s *UmwStE nF* Rn 24.27).

c) Einbringung durch eine nicht nach § 8b KStG begünstigte Person. 2294 **Wesentliche Voraussetzungen** für eine rückwirkende Einbringungsgewinnbesteuerung sind, dass es sich beim Einbringenden um eine nicht nach § 8b KStG begünstigte Person handelt und die bis zum Einbringungszeitpunkt entstandenen stillen Reserven bei einer Veräußerung der Anteile oder deren Weiterleitung durch einen Vorgang des § 22 Abs 1 Satz 6 UmwStG nach § 8b Abs 2 KStG steuerfrei sind. Eine solche **Statusverbesserung** iSd § 8b KStG kommt grds nur insoweit in Betracht, als eine KapGes iSd § 8b KStG als Mitunternehmerin an der übernehmenden PersGes beteiligt und dieser unter Berücksichtigung der Ergänzungsbilanzen ein entsprechender Anteil am Veräußerungsgewinn steuerlich zuzurechnen ist. Ein rückwirkender Einbringungsgewinn ist daher nur insoweit zu ermitteln, als der Gewinn aus der Veräußerung der sperrfristbehafteten Anteile im Einbringungszeitpunkt nicht nach § 8b Abs 2 KStG steuerfrei gewesen wäre (s *UmwStE nF* Rn 24.21).

d) Umfang des zurückwirkenden Einbringungsgewinns. Der Anwen- 2295 dungsbereich des § 24 Abs 5 UmwStG beschränkt sich auf den **Gewinn aus der Veräußerung von sperrfristbehafteten Anteilen** iSd Vorschrift, soweit dieser auf einen nach § 8b Abs 2 KStG begünstigten Mitunternehmer (KapGes) entfällt. Die Rechtsfolgen nach § 22 Abs 2, 3, 5 bis 7 UmwStG betreffen die rückwirkende Einbringungsgewinnbesteuerung beim nicht nach § 8b KStG begünstigten Einbringenden und die Besteuerung eines (fiktiven) Veräußerungsgewinns beim nach § 8b Abs 2 KStG begünstigten Mitunternehmer (KapGes). Die Vorschrift zielt im Wesentlichen auf die Weiterübertragung von sperrfristbehafteten Anteilen durch **Realteilung** auf eine nach § 8b Abs 2 KStG begünstigte Person (KapGes), bei der es nach der Kapitalkontenanpassungsmethode zum Überspringen von stillen Reserven kommen kann (s *Kai* GmbHR 2012, 165, 173f m Bsp; *UmwStE nF* Rn 24.24 mit

Bsp; *Schmitt/Schloßmacher* UmwStE 2011 Rn 24.21). Nach dem Transparenzprinzip ist auf der Ebene der PersGes für die Anwendung des § 8b KStG und die Zurechnung der stillen Reserven auf die Gesellschafter der einbringenden bzw aufnehmenden PersGes abzustellen (s *UmwStE nF* Rn 24.21, 24.24).

2296 Danach kommt es bei einer Veräußerung von sperrfristbehafteten Anteilen oder deren Weitereinbringung durch einen Vorgang nach § 22 Abs 1 Satz 6 Nr 1 bis 5 UmwStG beim **Einbringenden** zu einer **rückwirkenden Besteuerung eines Einbringungsgewinns** entsprechend § 22 Abs 2, 3 und 5 bis 7 UmwStG. Gemäß § 24 Abs 5 UmwStG ist der nachträgliche Einbringungsgewinn insoweit der Höhe nach **begrenzt,** als der Gewinn aus der Veräußerung der eingebrachten Anteile (einschließlich der Ergänzungsbilanzen) auf den nach § 8b KStG begünstigten Mitunternehmer (KapGes) entfällt (s *UmwStE nF* Rn 24.21). Der Gewinnanteil der begünstigten KapGes ergibt sich aus dem gemeinen Wert der eingebrachten Anteile abzüglich deren Buchwerte zum Zeitpunkt der Einbringung. Wird nur ein Teil der sperrfristbehafteten Anteile veräußert, hat nur eine anteilige Besteuerung zu erfolgen.

2297 **e) Ermittlung des Einbringungsgewinns.** Beim Einbringenden ermittelt sich der Einbringungsgewinn abweichend von § 24 Abs 2 Satz 2 UmwStG rückwirkend zum Einbringungsstichtag gemäß § 24 Abs 5 in entsprechender Anwendung des § 22 Abs 2 Satz 3 UmwStG wie folgt:

  Anteiliger gemeiner Wert der Anteile
./. anteilige Kosten für den Vermögensübergang
./. anteiliger Einbringungswert (§ 24 Abs 2 Satz 2 UmwStG)
= Einbringungsgewinn vor Siebtelregelung
./. je ⅐ für seit dem Einbringungszeitpunkt abgelaufene Zeitjahre
= Einbringungsgewinn (s *UmwStE nF* Rn 24.28)

2298 **f) Besteuerung des Einbringungsgewinns.** Bei der **PersGes** ist der Gewinn aus der Veräußerung oder Weiterübertragung der sperrfristbehafteten Anteile **(Einbringungsgewinn)** nach den allgemeinen Grundsätzen zu versteuern (zB §§ 13, 15, 16, 18 iVm § 3 Nr 40 Satz 1 Buchst b EStG oder § 8b Abs 2 u 3 KStG). Er unterliegt, soweit er auf eine **natürliche Person** entfällt, als laufender Gewinn dem Teileinkünfteverfahren nach § 3 Nr 40 Satz 1 Buchst b EStG. §§ 16 Abs 4 und 34 EStG sind nicht abwendbar (§ 22 Abs 2 Satz 1 2. Hs UmwStG), weil hinsichtlich der Anwendung des ermäßigten Steuersatzes nicht alle stillen Reserven aufgedeckt werden.

2299 Außerdem **erhöht** der Einbringungsgewinn nach Maßgabe des § 23 Abs 2 Satz 3 UmwStG die **Anschaffungskosten** der sperrfristbehafteten (eingebrachten) Anteile, soweit diese der nach § 8b KStG **begünstigten Person** (KapGes) zuzurechnen sind. Insoweit wird iR der Ermittlung des (anteiligen) **Gewinns aus der Veräußerung** der eingebrachten Anteile eine doppelte Berücksichtigung der iRd Einbringungsgewinnbesteuerung aufgedeckten stillen Reserven vermieden. Der Veräußerungsgewinn mindert sich entsprechend (s *UmwStE nF* Rn 24.28, 22.10; *Kai* GmbHR 2012, 165, 173ff). Dies setzt vor, dass der Einbringende die auf den Einbringungsgewinn entfallende Steuer entrichtet hat (s *UmwStE nF* Rn 24.28, 24.33, 23.12f).

2300 Weiter ist das **Kapitalkonto** (Einlage) des Einbringenden iSd § 16 EStG um den Einbringungsgewinn zu erhöhen (§ 22 Abs 2 Satz 4 UmwStG). Dadurch wird beim Einbringenden eine doppelte Besteuerung vermieden (s *UmwStE nF* Rn 24.28, 22.10; *Kai* GmbHR 2012, 165, 173ff; krit *Flick/Gocke/Schaumburg* UmwStE 2011 Rn 24.28).

2301 Nach den allgemeinen gewstrechtlichen Grundsätzen (§ 7 Satz 2 GewStG) unterliegt der Einbringungsgewinn der **GewSt,** soweit er auf eine natürliche Person als

Einbringung in Personengesellschaft **Anh § 7**

Einzelunternehmer oder als unmittelbar beteiligten Mitunternehmer entfällt (§ 24 Abs 3 Satz 3 UmwStG; *UmwStE nF* Rn 24.28).

Haben die **Kosten des Vermögensübergangs** im Jahr der Einbringung den 2302 laufenden Gewinn gemindert, ist dieser um die bei der Ermittlung des rückwirkend zu versteuernden Einbringungsgewinns abgezogenen Kosten des Vermögensübergangs zu erhöhen, um eine doppelte Berücksichtigung zu vermeiden (s *UmwStE nF* Rn 24.08, 22.09).

Bei der **Veräußerung** von mit eingebrachten Anteilen iSd § 24 Abs 5 UmwStG 2303 sowie bei den einer Veräußerung gleichgestellten Vorgängen iSd § 22 Abs 2 Satz 6 UmwStG handelt es sich um **rückwirkende Ereignisse** iSd des **§ 175 Abs 1 Satz 1 Nr 2 AO**, die beim Einbringenden rückwirkend auf den Einbringungszeitpunkt eine entsprechende Korrektur der Steuerfestsetzung ermöglichen. Eine Verzinsung der Steuernachzahlung erfolgt gemäß § 233a Abs 2a AO grds nicht (s *UmwStE nF* Rn 24.19).

g) Nachweispflichten. Den **Einbringenden** treffen gemäß § 24 Abs 5 iVm 22 2304 Abs 3 Satz 1 Nr 2 UmwStG **besondere Nachweispflichten**. Dieser hat in den dem Einbringungszeitpunkt folgenden sieben Jahren spätestens zum 31.5. nachzuweisen, wem die einbringungsgeborenen sperrfristbehafteten Anteile an der KapGes zuzurechnen sind. Diese Nachweispflicht dient der Überprüfung der Eigentumsverhältnisse zu einem bestimmten Stichtag, um die rückwirkende Einbringungsgewinnbesteuerung innerhalb der Sperrfrist zu gewährleisten (s *UmwStE nF* Rn 24.29; krit *Schmitt/Schloßmacher* UmwStE 2011 Rn 24.29).

Für das **Bescheinigungsverfahren** (§ 24 Abs 5 iVm § 22 Abs 5 UmwStG) ist 2305 das für den Einbringenden zuständige Finanzamt zuständig. Dieses hat auf Antrag der **übernehmenden** PersGes den zu versteuernden Einbringungsgewinn II, die darauf entfallende festgesetzte Steuer und den darauf entrichteten Steuerbetrag zu bescheinigen (*UmwStE nF* Rn 24.23, 22.39). Die Entrichtung der Steuer auf den Einbringungsgewinn ist erforderlich für die Aufstockung der Buchwerte der miteingebrachten Anteilen an der KapGes iHd anteilig versteuerten stillen Reserven.

h) Unentgeltliche Rechtsnachfolge. Eine unentgeltliche Rechtsnachfolge hat 2306 nach § 24 Abs 5 iVm § 22 Abs 6 UmwStG keinen Einfluss auf die siebenjährige Sperrfrist. Diese besteht beim Rechtsnachfolger fort. Bei einem Übergang auf eine KapGes gelten grds die Grundsätze des § 24 Abs 5 UmwStG. Eine unentgeltliche Rechtsnachfolge, die in einer unentgeltlichen Übertragung der sperrfristbehafteten Anteile durch die PersGes besteht, ist u.a. bei einer Schenkung, einem Erbfall, einer Überführung nach § 6 Abs 3 u 5 EStG und einer Realteilung gegeben. Dies gilt entsprechend für die unentgeltliche Übertragung eines Mitunternehmeranteils, zu dessen Betriebsvermögen sperrfristbehaftete Anteile gehören, durch einen Mitunternehmer u.a. bei einer doppelstöckigen PersGes (s *UmwStE nF* Rn 24.31, 22.41).

i) Mitverstrickung von Anteilen. Sperrfristbehaftete Anteile iSd § 24 Abs 5 2307 UmwStG können auch dadurch **entstehen,** dass iR einer Kapitalerhöhung aus Gesellschaftermitteln bei der KapGes, deren Anteile eingebracht worden sind, stille Reserven auf andere (neue) Anteile der übernehmenden PersGes übergehen (**Mitverstrickung von Anteilen gemäß § 24 Abs 5 iVm § 22 Abs 7 UmwStG**). In diesem Fall gelten auch die neuen Anteile als steuerverhaftet (§ 22 Abs 7 UmwStG; *UmwStE nF* Rn 24.32).

j) Auswirkung auf übernehmende Gesellschaft. Die übernehmende PersGes 2308 kann im Fall einer rückwirkenden Einbringungsgewinnbesteuerung (§ 24 Abs 5 UmwStG) nach den Grundsätzen des § 23 Abs 2 UmwStG erst dann eine Buchwertaufstockung vornehmen, soweit die Entrichtung der hierauf entfallenden Steuer **nachgewiesen** ist (s *UmwStE nF* Rn 24.33, 23.12).

(frei) 2309–2319

13. Gewerbesteuerfreiheit

2320 Die GewStFreiheit von Einbringungsergebnissen richtet sich bei den einbringenden natürlichen Personen und PersGes hinsichtlich der sachlichen GewStPflicht iSd § 2 GewStG zunächst danach, ob der Betrieb (Teilbetrieb, Mitunternehmeranteil) noch von einem werbenden Unternehmen eingebracht wird. ME ist dies regelmäßig dann zu bejahen, wenn ein lebender Betrieb übergeht. Ein verpachteter oder ruhender Gewerbebetrieb (s Rn 2101) ist grds kein Gewerbebetrieb iSd § 2 Abs 1 GewStG (s R 2.2 GewStR). Gemäß § 7 Satz 1 GewStG bzw gemäß § 7 Satz 2 GewStG bei PersGes gehört grds der Gewinn aus der Veräußerung oder Aufgabe eines Betriebs, Teilbetriebs oder Mitunternehmeranteils iSd § 16 Abs 1 Satz 1 EStG nicht zum Gewerbeertrag (st Rspr, s BFH IV R 3/05 BStBl II 2007, 777; IV R 54/10 BStBl II 2012, 927). Dies gilt kraft Fiktion des § 2 Abs 2 GewStG nicht für die gewerbliche Tätigkeit einer KapGes bzw soweit auf sie als Mitunternehmerin einer PersGes ein Gewinn aus der Veräußerung oder Aufgabe eines Betriebs, Teilbetriebs oder eines Mitunternehmeranteils entfällt (§ 7 Abs 2 GewStG; vgl BFH IV R 54/10 BStBl II 2012, 927). Auch mit der Veräußerung eines Mitunternehmeranteils beendet der Veräußerer seine mitunternehmerische Tätigkeit (partielle Betriebsbeendigung). Die gewerbesteuerrechtliche Behandlung von Gewinnen, die in sachlichem Zusammenhang mit der Beendigung des Gewerbebetriebs anfallen, ist von deren Qualifizierung als Veräußerungs- oder Aufgabegewinn iSd § 16 Abs 1 u 3 GewStG abhängig (s zB BFH VIII R 7/01 BStBl II 2004, 754; R. 7.1 Abs 3 Satz 1ff GewStR; § 7 Rn 27). Diese Grundsätze sind auch auf den Gewinn aus der Einbringung iSd § 24 Abs 1 UmwStG in der Form einer Veräußerung iSd § 16 Abs 1 Satz 1 EStG anzuwenden. Dabei ist unbeachtlich, ob die Einbringung zum gemeinen Wert oder Zwischenwert erfolgt.

2321 Die Einbringung eines **ideellen Anteils** an einem **Mitunternehmeranteil** erfüllt **nicht** den Tatbestand der Veräußerung eines gesamten Mitunternehmeranteils iSd § 16 Abs 1 Satz 1 Nr 2 EStG. In diesem Fall führt der Veräußerer seine mitunternehmerische Tätigkeit in der Gesellschaft fort. Der hieraus erzielte Gewinn ist daher nach § 7 Satz 1 GewStG ein laufender Gewinn und damit gewerbesteuerpflichtig (s BFH IV R 51/98 BFH/NV 2000, 1554; IV R 3/05 BStBl II 2007, 777; IV R 22/06, BFH/NV 2008, 109; R. 7.1 Abs 3 Satz 6 GewStR). Bei einer isolierten Einbringung (Veräußerung) iSd § 24 Abs 1 UmwStG wird eine **100%ige Beteiligung an einer KapGes** (s Rn 2118) gewerbesteuerrechtlich nicht einem Teilbetrieb iSd § 16 Abs 1 Satz 1 Nr 1 Satz 2 EStG gleichgestellt. Ein hieraus erzielter Einbringungsgewinn unterliegt grds der GewSt (s BFH VIII B 95/01 BFH/NV 2002, 811; H 7.1 (3) GewStH; § 7 Rn 74; *Schmidt/Wacker* § 16 Rn 161).

2322 Ebenso sind Gewinne aus der Veräußerung des zum **Umlaufvermögen** eines gewerblichen Grundstückshändlers gehörenden Grundbesitzes selbst dann der laufenden – und damit nicht der nach §§ 16, 34 EStG begünstigten – unternehmerischen Tätigkeit zuzurechnen, wenn es sich um eine Veräußerung des letzten zum Betriebsvermögen gehörenden Grundstücks an nur einen Abnehmer handelt (BFH IV R 3/05 BStBl II 2007, 777; X R 36/06 BStBl II 2010, 171; I R 21/10 BFH/NV 2011, 258).

2323 Die **Zurückbehaltung** von Wirtschaftsgütern ist gewerbesteuerrechtlich unschädlich, weil eine gewerbesteuerfreie Betriebsaufgabe auch dann gegeben ist, wenn nicht alle stillen Reserven des (Sonder-)Betriebsvermögens aufgelöst werden (BFH IV R 93/85 BStBl II 1988, 374; II R 134/86 BStBl II 1988, 735; IV R 271/84 BStBl II 1988, 667; FG Köln EFG 2000, 1271 rkr). Werden bei der Einbringung eines Betriebs zu Buch- oder Zwischenwerten nicht wesentliche Betriebsgrundlagen in das Privatvermögen überführt, ist der dadurch erzielte **Entnahmegewinn** nicht gewstpfl (s BFH IV R 93/85 BStBl II 1988, 374; H 7.1 (3) GewStH „Entnahmevorgänge"; § 7 Rn 29).

Nach den von BFH VIII R 7/01 BStBl II 2004, 754 zu § 16 Abs 2 Satz 3 EStG **2324** entwickelten Regeln ist gemäß **§ 24 Abs 3 Satz 3 UmwStG** der Gewinnanteil des Einbringenden auch mit Wirkung für die GewSt als laufender Ertrag und nicht als Teil des gewstfreien Veräußerungsgewinns zu behandeln. Danach stellt der anteilige Einbringungsgewinn (Veräußerungsgewinn), der bei Ansatz des gemeinen Werts oder eines Zwischenwerts nach § 24 Abs 3 Satz 3 UmwStG iVm § 16 Abs 2 Satz 3 EStG durch die Veräußerung des anteiligen Betriebsvermögens des Altgesellschafters (**"Veräußerung an sich selbst"**) entsteht, kraft gesetzlicher Fiktion auch gewstlich einen laufenden Gewinn dar (s H 7.1 (2) GewStH „Veräußerungs- u Aufgabegewinne"; *UmwStE nF* Rn 24.17).
(frei) **2325–2329**

14. Ausgleichszahlungen

a) Aufdeckung der stillen Reserven. Werden nur teilweise Gesellschaftsrechte **2330** gewährt, so ist zu beachten, dass dann mit der Folge des § 24 UmwStG die Einlage zum Teil für Rechnung des Einbringenden und zum Teil für Rechnung des Mitgesellschafters erbracht wird und deshalb Ausgleichszahlungen geleistet werden, die nicht im Betriebsvermögen bleiben. Es ist nicht erforderlich, dass die Gegenleistung für den Einbringenden ausschließlich in der Einräumung einer Mitunternehmerstellung besteht. Erfolgt danach die Einbringung eines einzelnen (betrieblichen) Wirtschaftsguts in eine PersGes gegen ein (drittübliches) **Mischentgelt** (Gewährung von Gesellschaftsrechten und sonstige Entgelte/Ausgleichszahlungen), kann auf Antrag (§ 24 Abs 2 Satz 2 UmwStG) nach dem Rechtsgedanken des § 24 UmwStG der **Buchwert** des eingebrachten Wirtschaftsguts nur insoweit fortgeführt werden, als Gesellschaftsrechte gewährt werden. Soweit die von der PersGes erbrachten sonstigen Entgelte den anteiligen Buchwert des Wirtschaftsguts übersteigen, entsteht dem einbringenden Gesellschafter ein nicht begünstigter Veräußerungsgewinn. Hierbei handelt es sich um ein vollentgeltliches Geschäft. Der Einbringungsvorgang ist daher entsprechend dem Verhältnis der jeweiligen Teilleistungen (Wert der erlangten Gesellschaftsrechte und Wert der sonstigen Entgelte) zum gemeinen Wert des eingebrachten Wirtschaftsguts in einen erfolgsneutralen und einen zwingend erfolgswirksamen Teil aufzuteilen (BFH VIII R 58/98 BStBl II 2002, 420; *UmwStE nF* Rn 24.07 Abs 2; s.a. FG Düsseldorf EFG 2011, 491, Rev X R 42/10). Danach erwachsen demjenigen, der die Ausgleichszahlung leistet, **Anschaffungskosten**. Derjenige, der die Ausgleichszahlung erhält, erzielt hieraus einen laufenden **Veräußerungsgewinn**. Es ist davon auszugehen, dass er Eigentumsanteile an den Zuzahlenden veräußert und dann die verbleibenden zu Buchwerten einbringt und die veräußerten für Rechnung des Zuzahlers.

Diese Grundsätze gelten entsprechend für die Einbringung eines Betriebs in eine **2331** PersGes gegen ein **Mischentgelt**, das insgesamt die **Buchwerte** des eingebrachten Betriebs nicht übersteigt. Eine Buchwertfortführung der eingebrachten Wirtschaftsgüter ist hier gemäß § 24 UmwStG nur insoweit möglich, als die Übertragung gegen Gewährung von Gesellschaftsrechten erfolgt. Soweit die sonstigen Ausgleichszahlungen die entsprechende Quote an dem vom Gesellschafter eingebrachen Kapitalkonto übersteigen, erzielt dieser einen laufenden Veräußerungsgewinn. Ob sich das Mischentgelt auf den gemeinen Wert oder Buchwert des eingebrachten Vermögens bezieht, ist unbeachtlich, weil § 24 UmwStG insoweit nicht unterscheidet (FG Düsseldorf EFG 2011, 491, Rev X R 42/10). Eine Einbringung nach § 24 UmwStG scheidet dagegen aus, wenn bei **wirtschaftlicher Betrachtung** eine Veräußerung gegen ein nicht in Gesellschaftsrechten bestehendes Entgelt gegeben ist (*UmwStE nF* Rn 24.07).

Zur Unschädlichkeit von Ausgleichszahlungen, wenn die stillen Reserven des **2332** eingebrachten Betriebs nicht oder nicht in voller Höhe aufgelöst werden sollen, hat der BFH im reziproken Fall der **Realteilung** entschieden (BFH VIII R 57/90 BStBl II 1994, 607) und auch auf die Vergleichbarkeit mit § 24 UmwStG hingewiesen (BFH VIII R 69/86 BStBl II 1992, 385 Rn 3).

2333 Durch die zwischenzeitliche **gesetzliche Regelung der Realteilung** in § 16 Abs 3 Satz 2 ff EStG ist eine reziproke Anwendung des Rechtsgedankens des § 24 UmwStG in den Fällen der Vermögensteilung nicht mehr erforderlich (s *Schmidt/ Wacker* § 16 Rn 532). Eine Realteilung iS dieser Vorschrift ist gegeben, wenn die bisherige Mitunternehmerschaft beendet wird und zumindest ein Mitunternehmer den ihm zugeteilten Teilbetrieb, Mitunternehmeranteil oder die ihm zugeteilten Einzelwirtschaftsgüter als Betriebsvermögens fortführt. Dies ist nicht der Fall, wenn ein Mitunternehmer aus einer bestehenden Mitunternehmerschaft ausscheidet (*BMF* BStBl I 2011, 1279 Rn 37).

2334 Danach führt mE auch ein **zugesagter Gewinnvorab**, der idR mit der Ausgleichszahlung des anderen Gesellschafters zusammenhängen wird, zu einer anteiligen Gewinnrealisierung, die wie diese keine Vergünstigung nach § 34 EStG genießt (BFH IV R 88/80 BStBl II 1984, 518; FG Hamburg EFG 1997, 542 rkr). Zur möglichen Sofortversteuerung gewinnabhängiger Entgelte s *Schmidt/Wacker* § 16 Rn 229.

2335–2339 *(frei)*

2340 **b) Einbringung mit Zuzahlung zu Buchwerten.** Eine Einbringung zu Buchwerten gegen Gewährung von Gesellschaftsrechten und einer **Zuzahlung,** das an den Einbringenden als (Teil-)Entgelt in dessen **Privatvermögen** oder **Sonderbetriebsvermögen** (zB Gewährung von Darlehen) gezahlt wird, besteht aus einer anteiligen Veräußerung von Betriebsvermögen und einer nach § 24 Abs 1 UmwStG begünstigten Einbringung des verbleibenden Vermögens. Dabei ist davon auszugehen, dass der Einbringende die ihm verbleibenden Eigentumsanteile an den Wirtschaftsgütern des Betriebs für eigene Rechnung sowie die veräußerten Eigentumsanteile für Rechnung des zuzahlenden Gesellschafters in das Betriebsvermögen der PersGes einlegt (BFH GrS 2/98 BStBl II 2000, 123).

2341 Verbleibt dagegen die Zuzahlung im **Betriebsvermögen der PersGes** (zB Buchung auf ein steuerliches Einlagekonto), ist die Einbringung in vollem Umfang nach § 24 Abs 1 UmwStG begünstigt. Hierzu ist erforderlich, dass das Gesamthandsvermögen der PersGes durch die Zuzahlung auf ein Kapitalkonto erhöht wird. Eine Gewinnrealisierung tritt dann ein, wenn die Zuzahlung nicht zur betrieblichen Verwendung iRd PersGes, sondern für Zwecke außerhalb des erlangten Mitunternehmeranteils bestimmt ist (BFH IV R 82/92 BStBl II 1995, 599). Eine Verbuchung eines Teils der stillen Reserven auf den **Gesellschafterdarlehenskonten** ist grds nicht als Gutschrift auf Eigenkapitalkonten der Gesellschaft zu behandeln, soweit die gesellschaftsvertraglichen Regelungen keine Verrechnung mit anfallenden Verlusten vorsehen (FG Münster 3 K 4089/10 F, Rev IV R 47/12). Nach Auffassung des FG Köln reicht es aus, wenn die vom eintretenden Gesellschafter zu erbringende Gegenleistung an die Altgesellschafter in ein **anderes Betriebsvermögen** als das der aufnehmenden Gesellschaft gelangt (FG Köln EFG 2012, 90, Rev IV R 33/ 11). Eine **Mindestbeteiligung** sieht § 24 Abs 1 UmwStG nicht vor (s *UmwStE nF* Rn 24.08; *Schmitt/Schloßmacher* UmwStE 2011, 24.11).

2342 Bei **Leistung** von Sacheinlagen und Bareinlagen (Ausgleichszahlungen) der künftigen Gesellschafter **in das Gesellschaftsvermögen** ist die Buchwertfortführung mit Ergänzungsbilanzen unproblematisch. Die Differenz zwischen dem Kapitalkonto in der buchwertfortführenden Gesellschaftsbilanz und den gegenüber den anderen Gesellschaftern verrechneten gemeinen Werten wird in einer positiven Ergänzungsbilanz dargestellt, und der Einbringungsgewinn (Kapitalkontovergleich vor und nach Einbringung) kann durch eine negative Ergänzungsbilanz vermieden werden und zwar für jeden Einbringenden.

Die Besteuerung des Veräußerungsgewinns aufgrund einer **Zuzahlung** in das 2343 **Privatvermögen** kann **nicht** durch die Erstellung einer **negativen Ergänzungsbilanz** vermieden werden. Eine Zuzahlung in das Privatvermögen des Einbringenden liegt auch vor, wenn mit der Zuzahlung zugunsten des Einbringenden eine **private Verbindlichkeit** getilgt wird oder durch die Einbringung private Verbindlichkeiten (zB Pflichtteilsansprüche) abgegolten werden (BFH III R 38/00 BStBl II 2005, 554; s *UmwStE nF* Rn 24.09). Dies ist auch dann der Fall, wenn die Zuzahlung auf einem bei der PersGes für den Kommanditisten geführten Verrechnungskonto, das Fremdkapitalcharakter hat, verbucht wird (s FG Köln EFG 2011, 1782; BFH IV R 46/05 BStBl II 2008, 812 zum Kapitalkonto iSd § 15a EStG). Die zur Abgrenzung eines Kapitalkontos von einem Darlehenskonto iRd § 15a EStG entwickelten Grundsätze gelten auch für den Anwendungsbereich des § 24 UmwStG (BFH X B 113/10 BFH/NV 2011, 2102).

Eine anteilige Veräußerung von Wirtschaftsgütern in Höhe der Zuzahlung in das 2344 Privatvermögen (anteiliger Miteigentumsverkauf) wird als **Geschäftsvorfall des einbringenden Betriebs** behandelt, der sich vor der Einbringung vollzieht. Danach wird der erzielte Veräußerungserlös als laufender Gewinn vor der Einbringung entnommen und nur das um das anteilige Vermögen geminderte Betriebsvermögen iSd § 24 Abs 1 UmwStG eingebracht. Der Veräußerungsgewinn, der sich aus der Zuzahlung abzüglich der anteiligen Buchwerte ergibt, ist nicht nach § 16 Abs 1 Satz 1 Nr 1 und § 34 EStG begünstigt, weil nur Miteigentumsanteile an den Wirtschaftsgütern des Betriebs veräußert werden. Eine Veräußerung eines Mitunternehmeranteils iSd § 16 Abs 1 Satz 1 Nr 2 EStG ist nicht gegeben, weil dieser erst durch die Einbringung begründet wird (BFH GrS 2/98 BStBl II 2000, 123; IV R 54/99 BStBl II 2001, 178; III R 38/00 BStBl II 2005, 554; s *UmwStE nF* Rn 24.10).

Diese Aufteilung des Einbringungsvorgangs gilt auch für die **GewSt,** der der 2345 Veräußerungsgewinn unterliegt.

Diese Grundsätze gelten nach Auffassung der *FinVerw* auch dann, wenn nach 2346 wirtschaftlicher Betrachtung des Einzelfalls die **Zuzahlung** in das Betriebsvermögen der PersGes im zeitlichen Zusammenhang mit der Einbringung **entnommen** wird. Für eine unmittelbare Zuzahlung in das Privatvermögen spricht somit, wenn der Einbringende nach der Einbringung größere Entnahmen vornehmen darf und die Bemessung der Gewinnanteile auf das verbleibende Kapital abstellt (s BFH IV R 82/92 BStBl II 1995, 599; FG Köln EFG 2012, 1798; *UmwStE nF* Rn 24.11).

(frei) 2347–2349

c) Einbringung mit Zuzahlung zum gemeinen Wert. Eine Einbringung 2350 zum gemeinen Wert führt beim Einbringenden zur Aufdeckung der stillen Reserven und damit zu einem Einbringungsgewinn. Dieser ist nach § 24 Abs 3 Sätze 2 u 3 UmwStG iVm §§ 16 Abs 4, 34 EStG begünstigt, soweit das eingebrachte Betriebsvermögen bei der aufnehmenden Personengesellshaft nicht auf den Einbringenden entfällt (§ 24 Abs 3 Satz 2 UmwStG iVm § 16 Abs 2 Satz 3 EStG). Auf die **Zuzahlung** in das Privatvermögen des Einbringenden kommt es daher bei einer **Aufnahme eines Gesellschafters** in ein **bestehendes Einzelunternehmen** zum gemeinen Wert nicht an. Bei einer Einbringung zu Buchwerten dagegen hat die Zuzahlung in das Privatvermögen eine andere Bedeutung, weil hier kein Einbringungsgewinn entsteht (BFH IV R 54/99 BStBl II 2001, 178).

Dies gilt auch für die **Aufnahme eines weiteren Gesellschafters** in das Vermö- 2351 gen der Altgesellschafter, soweit diese am Vermögen beteiligt bleiben. Die Altgesellschafter werden als Einbringende Gesellschafter und Mitunternehmer einer erweiterten PersGes iSd § 24 Abs 1 UmwStG (s BFH IV R 82/92 BStBl II 1995, 599). Soweit sie auch nach der Einbringung Gesellschafter der erweiterten PersGes sind, ist eine **Veräußerung „an sich selbst" iSd § 16 Abs 2 Satz 3 EStG** gegeben. Der durch den Ansatz des gemeinen Werts entstehende Gewinn ist beim jeweiligen

Altgesellschaft in Höhe dieses Anteils nach § 24 Abs 3 Satz 3 UmwStG iVm § 16 Abs 2 Satz 3 EStG ein nicht begünstigter laufender Gewinn.

2352 Der Einbringungsgewinn, der kraft gesetzlicher Fiktion des § 16 Abs 2 Satz 3 EStG einen laufenden Gewinn darstellt, ist gewstpfl (s *UmwStE nF* Rn 24.16f).

2353–2359 *(frei)*

15. Zinsvortrag und EBITDA-Vortrag (§ 24 Abs 6 UmwStG)

2360 Ein **Zinsvortrag** nach § 4h Abs 3 Satz 5 EStG und ein **EBITDA-Vortrag** nach § 4h Abs 1 Satz 3 EStG des eingebrachten Betriebs gehen nicht auf die übernehmende Gesellschaft über (§ 20 Abs 9 UmwStG). Der EBIDTA- und der Zinsvortrag werden in Umwandlungsfällen wie ein Verlustvortrag behandelt und gehen daher wie dieser entsprechend §§ 4 Abs 2 Satz 2, 15 Abs 3, 20 Abs 9 UmwStG grds unter (s *Schmidt/Weber-Grellet* § 4h Rn 32).

16. Betrieblicher Schuldzinsenabzug (§ 4 Abs 4a EStG)

2361 Über- oder Unterentnahmen sowie ein ggf vorhandenes Verlustpotential sind bei Einbringung eines Betriebs oder bei Aufnahme eines weiteren Gesellschafters in eine bestehende Mitunternehmerschaft unabhängig vom gewählten Wertansatz in der Zielgesellschaft fortzuführen (*BMF* FR 2005, 1261, 1265; s auch *Rüping* DStR 2010, 1560).

17. Nachversteuerung gemäß § 34 a Abs 7 Satz 2 EStG

2362 Nicht entnommene Gewinne von Einzel- und Mitunternehmern iSd § 34 a Abs 2 EStG unterliegen auf Antrag einem Sondertarif (§ 34 a Abs 1 EStG). Werden diese Gewinne in einem nachfolgenden Veranlagungszeitraum entnommen, ist eine Nachversteuerung durchzuführen (§ 34 a Abs 4 Satz 1 EStG). Unabhängig davon löst u.a. die Beendigung der betrieblichen Tätigkeit durch die Veräußerung des Betriebs iSd § 16 Abs 1 EStG eine Nachversteuerung aus (§ 34 a Abs 6 Satz 1 Nr 1 EStG). Dies gilt entsprechend, wenn ein Betrieb bzw die gesamten Mitunternehmeranteile zum gemeinen Wert oder zu Zwischenwerten eingebracht werden. Die Einbringung stellt beim Einbringenden eine fiktive Veräußerung dar (§ 24 Abs 3 Satz 1 UmwStG), die die Voraussetzungen des § 16 Abs 1 EStG erfüllt. Erfolgt dagegen die Einbringung zu Buchwerten (§ 24 Abs 2 Satz 2 UmwStG), geht der festgestellte nachversteuerungspflichtige Betrag auf den neuen Mitunternehmeranteil über (§ 34 a Abs 7 Satz 2 EStG). In diesem Fall führt der Gesellschafter seine unternehmerische Tätigkeit als Mitunternehmer einer anderen PersGes fort (s *Bindl* DB 2008, 949).

2363–2369 *(frei)*

XVI. Formwechsel einer Personengesellschaft in eine Kapitalgesellschaft oder Genossenschaft (§ 25 UmwStG)

2370 Nach §§ 190 ff UmwG kann ein Rechtsträger durch einen Formwechsel seine Rechtsform ändern. Dabei bleibt seine rechtliche Identität und auch die seiner Anteilsinhaber gewahrt. Es erfolgt lediglich eine Änderung der rechtlichen Organisation des Rechtsträgers.

2371 **Steuerrechtlich** wird in der formwechselnden Umwandlung einer PersGes in eine KapGes oder Genossenschaft ein Rechtsträgerwechsel gesehen und eine Sachgründung der Gesellschaft in neuer Rechtsform angenommen (zB BFH I B 15/11 BFH/NV 2011, 1748). Danach sind gemäß § 25 UmwStG in den Fällen des

Formwechsel Personengesellschaft in Kapitalgesellschaft **Anh § 7**

Formwechsels in eine KapGes oder Genossenschaft iSd § 190 UmwG oder vergleichbarer ausländischer Vorgänge die §§ 20 bis 23 UmwStG entsprechend anzuwenden. Hierbei handelt es sich um eine Rechtsgrundverweisung, die sich auf einen gesamten Gesetzesabschnitt und nicht nur auf einzelne Rechtsfolgen der darin enthaltenen Regelungen bezieht (BFH I B 15/11 aaO).

Ein mit einem Formwechsel iSd § 190 UmwG **vergleichbarer ausländischer** 2372 **Vorgang** ist dann gegeben, wenn die Rechtsform des Rechtsträgers nach ausländischem Umwandlungsrecht ohne Vermögensübertragung wechselt und iRd Typenvergleichs der umwandelnde Rechtsträger der Rechtform einer PersGes und der umgewandelte der einer KapGes entspricht (*UmwStE nF* Rn 01.24ff).

Eine **GbR** kann nicht in eine KapGes formwechseln (s *UmwStE nF* Rn 01.12 2373 Übersicht).

Gemäß § 20 Abs 1 UmwStG müssen iRd Formwechsels sämtliche funktional 2374 wesentlichen Betriebsgrundlagen der PersGes auf die KapGes übertragen werden. Dies betrifft auch das **Sonderbetriebsvermögen** der Gesellschafter, sofern es zu den wesentlichen Betriebsgrundlagen der PersGes zählt. Geht dieses in zeitlichem und sachlichem Zusammenhang mit dem Umwandlungsbeschluss auf die KapGes über, fällt die Einbringung iF einer formwechselnden Umwandlung und der Übertragung von Sonderbetriebsvermögen im Wege der Einzelrechtsnachfolge insgesamt unter § 25 UmwStG. Ansonsten ist hinsichtlich der Übertragung des Sonderbetriebsvermögens die Anwendung des § 6 Abs 5 Satz 3 iF EStG zu prüfen. Werden wesentliche Betriebsgrundlagen des Sonderbetriebsvermögens in das Privatvermögen des Gesellschafter überführt, scheidet eine Einbringung iF einer formwechselnden Umwandlung nach § 25 iVm § 20 Abs 1 UmwStG aus (vgl BFH I B 15/11 BFH/NV 2011, 1748; *UmwStE nF* Rn 20.06).

Der Umstand, dass das **Handelsrecht kein Sonderbetriebsvermögen** kennt 2375 und diese Wirtschaftsgüter daher nicht vom Formwechsel nach §§ 190 ff HGB erfasst werden, ist steuerrechtlich unbeachtlich, da es sich bei den §§ 25 Satz 1 und 20 Abs 1 UmwStG um eigenständige steuerliche Vorschriften handelt, die vom Handelsrecht unabhängige Voraussetzungen haben (BFH I B 15/11 BFH/NV 2011, 1748).

Entgegen der von der *FinVerw* bisher vertretenen Maßgeblichkeit der Handelsbi- 2376 lanz (§ 5 Abs 1 Satz 2 EStG aF; *UmwStE aF* Rn 20.30/nF Rn 06.03) kann die KapGes das übergegangene Betriebsvermögen mit seinem Buchwert oder mit einem höheren Wert ansetzen (BFH I R 38/04 BStBl II 2006, 568; I R 97/06 BFH/NV 2007, 2220; *BMF* BStBl I 2006, 445; *OFD Rheinland* GmbHR 2008, 391). Danach ist auch hier abweichend vom Handelsrecht bei der übertragenden Gesellschaft eine Steuerbilanz auf den steuerlichen Übertragungsstichtag (§ 2 UmwStG) aufzustellen. Dazu enthält § 20 Abs 6 UmwStG die Acht-Monatsregelung. Mit dem UmwStG idF des **SEStEG** wurde der Maßgeblichkeitsgrundsatz aufgegeben.

Es treten beim Formwechsel vergleichbare Probleme hinsichtlich der **Handelsbi-** 2377 **lanz** auf wie bei der Verschmelzung, weil das Steuerrecht in § 20 Abs 3 UmwStG einen Veräußerungsgewinn annimmt, handelsrechtlich aber keine Liquidation erfolgt (Rn 630).

Auch beim Formwechsel nach § 25 UmwStG geht der Verlustvortrag der PersGes 2378 iSd § 10d Abs 4 Satz 2 EStG nicht auf die KapGes über, sondern verbleibt bei der umwandelnden Gesellschaft (s *UmwStE nF* Rn 25.01, 23.02; BFH I B 91/97 BFH/NV 2008, 618 zum UmwStG aF). Dies gilt gemäß § 25 iVm § 23 Abs 5 UmwStG auch für einen vortragsfähigen Gewerbverlust iSd § 10a GewStG (s *UmwStE nF* Rn 25.01, 23.02).

Bei einem **Formwechsel einer GmbH & Co KG in eine Kapitalgesellschaft** 2379 ist die Zurückbehaltung der Anteile an der Komplementär-GmbH grds unschädlich. Denn durch die Umwandlung erlischt die vermögenslos werdende KG. Damit entfällt die Komplementärstellung der GmbH, wenn sich ihr Aufgabenbereich auf die Geschäftsführung beschränkt. Die Anteile an der Komplementär-GmbH verlieren dadurch ihre wirtschaftliche Bedeutung (s BFH I R 97/08 BStBl II 2010, 808; *OFD Rheinland u Münster* GmbHR 2011, 616).

2380 Eine formwechselnde Umwandlung einer ausschließlich vermögensverwaltenden PersGes, deren Anteile von den Gesellschaftern teilweise im Betriebsvermögen gehalten werden **(Zebragesellschaft),** in eine **Kapitalgesellschaft** ist nicht nach § 25 UmwStG begünstigt, weil die PersGes selbst nicht über ein Betriebsvermögen als Voraussetzung für die Anwendung der Vorschrift verfügt.

2381 Bei einem Formwechsel iSd § 25 UmwStG kann es gemäß **§ 6 Abs 5 Satz 6 EStG** zu einer **rückwirkenden Besteuerung** eines nach §6 Abs 5 Satz 3 EStG unter Buchwertansatz übertragenen Wirtschaftguts kommen. Eine solche wird dann ausgelöst, soweit innerhalb von sieben Jahren nach der Übertragung des Wirtschaftsguts in das Gesamthandsvermögen der PersGes bzw Sonderbetriebsvermögen eines Gesellschafters der Anteil einer KapGes an dem übertragenen Wirtschaftgut aus einem anderen Grund unmittelbar oder mittelbar begründet wird oder dieser sich erhöht. Dies ist grds bei einem Formwechsel einer PersGes in eine KapGes innerhalb der siebenjährigen Sperrfrist gegeben, sodass die PersGes das übertragene Wirtschaftsgut rückwirkend zum Übertragungszeitpunkt mit dem Teilwert zu aktivieren hat (*BMF* BStBl I 2012, 1279 Rn 33f).

2382 Steuerrechtlich hat die übertragende PersGes – abweichend vom Handelsrecht – gemäß **§ 25 Satz 2 iVm § 9 Satz 2 u 3 UmwStG** auf den steuerlichen Übertragungsstichtag eine **Übertragungsbilanz** aufzustellen (s BFH I B 15/11 BFH/NV 2011, 1748).

2383 **Nachversteuerung gemäß § 34 a Abs 6 Satz 1 Nr 2 EStG.** Nach dieser Vorschrift ist bei den Mitunternehmern eine Nachversteuerung hinsichtlich nicht entnommener Gewinne iSd § 34 a Abs 2 EStG, die bisher gemäß § 34 a Abs 1 EStG begünstigt besteuert wurden, durchzuführen, wenn die PersGes in eine KapGes oder Genossenschaft formwechselnd umgewandelt wird **(§ 25 UmwStG).**

§ 8 Hinzurechnungen

Dem Gewinn aus Gewerbebetrieb (§ 7) werden folgende Beträge wieder hinzugerechnet, soweit sie bei der Ermittlung des Gewinns abgesetzt worden sind:
1. Ein Viertel der Summe aus
   a) Entgelten für Schulden. ²Als Entgelt gelten auch der Aufwand aus nicht dem gewöhnlichen Geschäftsverkehr entsprechenden gewährten Skonti oder wirtschaftlich vergleichbaren Vorteilen im Zusammenhang mit der Erfüllung von Forderungen aus Lieferungen und Leistungen vor Fälligkeit sowie die Diskontbeträge bei der Veräußerung von Wechsel- und anderen Geldforderungen. ³Soweit Gegenstand der Veräußerung eine Forderung aus einem schwebenden Vertragsverhältnis ist, gilt die Differenz zwischen dem Wert der Forderung aus dem schwebenden Vertragsverhältnis, wie ihn die Vertragsparteien im Zeitpunkt des Vertragsschlusses der Veräußerung zugrunde gelegt haben, und dem vereinbarten Veräußerungserlös als bei der Ermittlung des Gewinns abgesetzt,
   b) Renten und dauernden Lasten. ²Pensionszahlungen auf Grund einer unmittelbar vom Arbeitgeber erteilten Versorgungszusage gelten nicht als dauernde Last im Sinne des Satzes 1,
   c) Gewinnanteilen des stillen Gesellschafters,
   d) einem Fünftel der Miet- und Pachtzinsen (einschließlich Leasingraten) für die Benutzung von beweglichen Wirtschaftsgütern des Anlagevermögens, die im Eigentum eines anderen stehen,

e) der Hälfte der Miet- und Pachtzinsen (einschließlich Leasingraten) für die Benutzung der unbeweglichen Wirtschaftsgüter des Anlagevermögens, die im Eigentum eines anderen stehen, und
f) einem Viertel der Aufwendungen für die zeitlich befristete Überlassung von Rechten (insbesondere Konzessionen und Lizenzen, mit Ausnahme von Lizenzen, die ausschließlich dazu berechtigen, daraus abgeleitete Rechte Dritten zu überlassen). ²Eine Hinzurechnung nach Satz 1 ist nicht vorzunehmen auf Aufwendungen, die nach § 25 des Künstlersozialversicherungsgesetzes Bemessungsgrundlage für die Künstlersozialabgabe sind,

soweit die Summe den Betrag von 100 000 Euro übersteigt;
2., 3. *(aufgehoben)*
4. die Gewinnanteile, die an persönlich haftende Gesellschafter einer Kommanditgesellschaft auf Aktien auf ihre nicht auf das Grundkapital gemachten Einlagen oder als Vergütung (Tantieme) für die Geschäftsführung verteilt worden sind;
5. die nach § 3 Nr. 40 des Einkommensteuergesetzes oder § 8b Abs. 1 des Körperschaftsteuergesetzes außer Ansatz bleibenden Gewinnanteile (Dividenden) und die diesen gleichgestellten Bezüge und erhaltenen Leistungen aus Anteilen an einer Körperschaft, Personenvereinigung oder Vermögensmasse im Sinne des Körperschaftsteuergesetzes, soweit sie nicht die Voraussetzungen des § 9 Nr. 2a oder 7 erfüllen, nach Abzug der mit diesen Einnahmen, Bezügen und erhaltenen Leistungen in wirtschaftlichem Zusammenhang stehenden Betriebsausgaben, soweit sie nach § 3c Abs. 2 des Einkommensteuergesetzes und § 8b Abs. 5 und 10 des Körperschaftsteuergesetzes unberücksichtigt bleiben. ²Dies gilt nicht für Gewinnausschüttungen, die unter § 3 Nr. 41 Buchstabe a des Einkommensteuergesetzes fallen;
6. (weggefallen)
7. *(aufgehoben)*
8. die Anteile am Verlust einer in- oder ausländischen offenen Handelsgesellschaft, einer Kommanditgesellschaft oder einer anderen Gesellschaft, bei der die Gesellschafter als Unternehmer (Mitunternehmer) des Gewerbebetriebs anzusehen sind;
9. die Ausgaben im Sinne des § 9 Abs. 1 Nr. 2 des Körperschaftsteuergesetzes;
10. Gewinnminderungen, die
    a) durch Ansatz des niedrigeren Teilwerts des Anteils an einer Körperschaft oder
    b) durch Veräußerung oder Entnahme des Anteils an einer Körperschaft oder bei Auflösung oder Herabsetzung des Kapitals der Körperschaft

    entstanden sind, soweit der Ansatz des niedrigeren Teilwerts oder die sonstige Gewinnminderung auf Gewinnausschüttungen der Körperschaft, um die der Gewerbeertrag nach § 9 Nr. 2 a, 7 oder 8 zu kürzen ist, oder organschaftliche Gewinnabführungen der Körperschaft zurückzuführen ist;
11. (weggefallen)
12. ausländische Steuern, die nach § 34c des Einkommensteuergesetzes oder nach einer Bestimmung, die § 34c des Einkommensteuergesetzes für entsprechend anwendbar erklärt, bei der Ermittlung der Einkünfte abgezogen werden, soweit sie auf Gewinne oder Gewinnanteile entfallen, die bei der Ermittlung des Gewerbeertrags außer Ansatz gelassen oder nach § 9 gekürzt werden.

§ 8
Hinzurechnungen

Bis einschließlich EZ 2007 galten folgende Nrn:
1. *die Hälfte der Entgelte für Schulden, die wirtschaftlich mit der Gründung oder dem Erwerb des Betriebs (Teilbetriebs) oder eines Anteils am Betrieb oder mit einer Erweiterung oder Verbesserung des Betriebs zusammenhängen oder der nicht nur vorübergehenden Verstärkung des Betriebskapitals dienen;*
2. *Renten und dauernde Lasten, die wirtschaftlich mit der Gründung oder dem Erwerb des Betriebs (Teilbetriebs) oder eines Anteils am Betrieb zusammenhängen. ²Das gilt nicht, wenn diese Beträge beim Empfänger zur Steuer nach dem Gewerbeertrag heranzuziehen sind;*
3. *die Gewinnanteile des stillen Gesellschafters, wenn sie beim Empfänger nicht zur Steuer nach dem Gewerbeertrag heranzuziehen sind;*

. . .

7. *die Hälfte der Miet- und Pachtzinsen für die Benutzung der nicht in Grundbesitz bestehenden Wirtschaftsgüter des Anlagevermögens, die im Eigentum eines anderen stehen. ²Das gilt nicht, soweit die Miet- oder Pachtzinsen beim Vermieter oder Verpächter zur Gewerbesteuer heranzuziehen sind, es sei denn, dass ein Betrieb oder ein Teilbetrieb vermietet oder verpachtet wird und der Betrag der Miet- oder Pachtzinsen 125 000 Euro übersteigt. ³Maßgebend ist jeweils der Betrag, den der Mieter oder Pächter für die Benutzung der zu den Betriebsstätten eines Gemeindebezirks gehörigen fremden Wirtschaftsgüter an einen Vermieter oder Verpächter zu zahlen hat;*

Überblick

§ 8 Nr. 1 Buchstabe a	Hinzurechnung von Entgelten für Schulden, Skonti u.ä.
§ 8 Nr. 1 Buchstabe b	Hinzurechnung von Renten und dauernden Lasten
§ 8 Nr. 1 Buchstabe c	Hinzurechnung von stillen Gewinnanteilen
§ 8 Nr. 1 Buchstabe d	Hinzurechnung von Miet- und Pachtzinsen sowie Leasingraten für bewegliche WG
§ 8 Nr. 1 Buchstabe e	Hinzurechnung von Miet- und Pachtzinsen sowie Leasingraten für unbewegliche WG
§ 8 Nr. 1 Buchstabe f	Hinzurechnung von Aufwendungen für die Überlassung von Rechten
§ 8 Nr. 1	Freibetrag
§ 8 Nr. 2 u 3	*(aufgehoben)*
§ 8 Nr. 4	Hinzurechnung von KGaA-Gewinnanteilen
§ 8 Nr. 5	Hinzurechnung von nach dem EStG bzw KStG begünstigten Gewinnanteilen (Dividenden)
§ 8 Nr. 6	*(weggefallen)*
§ 8 Nr. 7	*(aufgehoben)*
§ 8 Nr. 8	Hinzurechnung von mitunternehmerischen Verlustanteilen
§ 8 Nr. 9	Hinzurechnung von Spenden und Mitgliedsbeiträgen
§ 8 Nr. 10	Hinzurechnung von ausschüttungs-, abführungsbedingten Gewinnminderungen
§ 8 Nr. 11	*(weggefallen)*
§ 8 Nr. 12	Hinzurechnung ausländischer Steuern

Literatur: *Zitzelsberger,* Grundlagen der Gewerbesteuer, 1990 (Habilitation Regensburg 1989); *Kempf/Straubinger,* Nochmals: Die EU-Zins-/Lizenzrichtlinie und § 8 Nr 1 GewStG, IStR 2005, 773; *Stangl/Hageböke* in *Schaumburg/Rödder* (Hrsg), Unternehmensteuerreform 2008, München 2007, S 514; *Richter,* UntStRefG 2008: Gewerbesteuerliche innerorganschaftliche Leistungsbeziehungen, FR 2007, 1042; *Bergemann/Markl/Althof,* Die Gewerbesteuer im Lichte des Regierungsentwurfs zur Unternehmensteuerreform, DStR 2007, 693; *Kußmaul/Zabel,* Ist

Neufassung **§ 8**

Deutschland auf dem Weg . . . zu einer verstärkten Substanzbesteuerung, BB 2007, 967; *Hey,* Verletzung fundamentaler Besteuerungsprinzipien durch Gegenfinanzierungsmaßnahmen des UntStRefG, BB 2007, 1303; *Richter,* Unternehmensteuerreformgesetz 2008: Gewerbesteuerliche innerorganschaftliche Leistungsbeziehungen . . ., FR 2007, 1042; *Kessler/Ortmann-Babel/ Zipfel,* Unternehmensteuerreform 2008: Die geplanten Änderungen im Überblick, BB 2007, 523; *Wiese/Klass/Möhrle,* Der Regierungsentwurf zur Unternehmensteuerreform 2008, GmbHR 2007, 405; *Neu/Schiffers/Watermeier,* Stellungnahme vom 26.3.2007 zum Gesetzentwurf der Bundesregierung eines UntStRefG 2008 vom 14.3.2007, GmbHR 2007, 421; *Watrin/ Wittkowski/Strohm,* Auswirkungen der Unternehmensteuerreform 2008 auf die Besteuerung von Kapitalgesellschaften, GmbHR 2007, 785; *Herzig,* Die Gewerbesteuer als dominierende Unternehmensteuer, DB 2007, 1541; *Eickhorst,* Auswirkungen der Unternehmensteuerreform 2008 auf Krisenunternehmen und ihre Sanierung, BB 2007, 1707; *Rödder,* UntStRefG 2008, DStR 2007, Beih zu Nr 40; *Dötsch/Pung,* JStG 2008: Die Änderungen des KStG, des UmwStG und des GewStG, DB 2007, 2669; *Christoffel,* Unternehmensteuerreform 2008, LSW-Lexikon Sonderlfg 2007; *Ortmann-Babel/Zipfel,* Unternehmensteuerreform 2008, Teil I: Gewerbesteuerliche Änderungen und Besteuerung von Kapitalgesellschaften und deren Anteilseignern, BB 2007, 1869; *Baumert/Schmidt-Leithoff,* Die ertragsteuerliche Belastung der Betriebsaufspaltung nach der Unternehmenssteuerreform 2008, DStR 2008, 888; *Fehling,* Die Gewerbesteuer nach der Unternehmensteuerreform 2008, NWB 2007 Nr 27, F 1, 1617; *Strahl,* Eilige Selbstberichtigungen und andere Änderungen des UntStRefG 2008 durch das JStG 2008, DStR 2008, 9; *Watermeier,* Die Unternehmensteuerreform 2008, GmbHR 2008, 207; *Gerland/Helm,* Übergang zum Übertragungsmodell bei Energieversorgungsunternehmen – Wege aus dem Pachtmodell?, BB 2008, 192; *Derlien/Wittkowski,* Neuerungen bei der Gewerbesteuer – Auswirkungen in der Praxis, DB 2008, 835; *Kossow,* Unterschiede gewerbesteuerlicher Hinzurechnungen bei Personenunternehmung und Kapitalgesellschaft, DB 2008, 1227; *Dorenkamp,* Die Mär von der Gewerbesteuerversteigung durch Hinzurechnungen …, FS J. Lang 2010, 781.

1. Zweck der Vorschrift

Die Vorschrift dient der Ermittlung eines **objektiven,** von den Beziehungen des 1 Unternehmers zum Betrieb losgelösten **GewErtrages** (BVerfGE 26, 1, BStBl II 1969, 424; vgl hierzu *Knobbe-Keuk* S 567; *Zitzelsberger* S 241 ff). Ziel ist die (typisierte) Gleichstellung von Erträgen aus eigen- und fremdfinanziertem Kapital (vgl Begr RStBl 1937, 693, 695). Zu Grunde liegt die auf dem Objektsteuercharakter der GewSt fußende Vorstellung, dass die Ertragskraft des Gewerbebetriebs besteuert wird (zur Kritik vgl *Montag* in *Tipke/Lang,* § 12 Rn 19 f). Von diesem Konzept hat sich die Vorschrift nach und nach entfernt: auf der einen Seite wuchsen sich unterschiedliche Belastungen verschiedener „Finanzierungs"-Formen zur Diskriminierung der stärker belasteten aus (zB § 8 Nr 2 aF im Vergleich zu § 8 Nr 1 aF); auf der anderen Seite zielte und zielt die Vorschrift mit der Nr 5 auf die Benachteiligung bestimmter Erträge (aus Streubesitz) im Vergleich zu Erträgen aus Schachtelbeteiligung.

Nicht Zweck der Hinzurechnungsvorschriften ist es, von Ausnahmen abgesehen, eine **doppelte Erfassung** von Ertragsbestandteilen zu vermeiden. So ist es etwa für die Hinzurechnung von Dauerschuldentgelten unerheblich, ob und dass diese beim Empfänger der GewStPfl unterliegen.

2. Neufassung

Die Vorschrift, insb **§ 8 Nr 1 GewStG,** hat durch G v 14.8.2007, BGBl I 2007, 2 1912 (mit Änderungen durch das G v 20.12.2007, BGBl I 2007, 3150) eine weitgehend **neue Gestaltung** erfahren. Sie läuft jedenfalls nach der gesetzgeberischen Intention darauf hinaus, die bisher gegebenen Ungleichbehandlungen verschiedener Finanzierungsformen zu vermeiden, und, zwar bei einer Vermehrung der Hinzu-

§ 8 Hinzurechnungen

rechnungstatbestände, der Höhe nach jedoch deutlich geringere Anteile der Finanzierungskosten der Hinzurechnung zu unterwerfen. *Fiskalisch motiviert* ist sie jedoch durch die Notwendigkeit von Gegenfinanzierungsmaßnahmen im Rahmen der UnternehmenStReform. Auch wenn die Entgelte für das dem Unternehmen dienende Fremdkapital nur im begrenzten Umfang als Teil des GewErtrags angesehen werden (BTDrs 16/4841, 79), wird die GewSt angesichts der Ausweitung des Hinzurechnungssystems zur „dominierenden Unternehmensteuer" (*Herzig* DB 2007, 1541).

3. Rechtliche Bedeutung und Wirkung

3   Die Vorschrift beinhaltet ein **Abzugsverbot** des jeweiligen Postens, das nur gesetzestechnisch als Hinzurechnung ausgestaltet ist (BFH XI R 65/03 BStBl II 2005, 102). Das bedeutet, dass die Hinzurechnung nur in dem Umfang erfolgen darf, als der Posten bei der Gewinnermittlung tatsächlich abgesetzt worden ist (BFH I R 12/75 BStBl II 1976, 792). Nicht erheblich ist nach der Neufassung der Vorschrift, ob beim **Empfänger** der hinzugerechneten Beträge diese der GewSt unterliegen. Empfohlen wird in der Literatur die unentgeltliche Nutzungsüberlassung zB anstelle der klassischen mitunternehmerischen Betriebsaufspaltung (*Stegemann* GStG 2011, 93).

Selbstredend sind nur die gesetzlich vorgesehenen Hinzurechnungen (und Kürzungen) vorzunehmen; daher keine Kürzung um den Gewinn aus der Veräußerung von SonderBV (BFH IV R 182/77 BStBl II 1981, 220) und keine Hinzurechnung des Gewinns aus der Veräußerung von notwendigem PV des Mitunternehmers (BFH VIII R 184/85 BStBl II 1990, 319). Bei einer **Organschaft** nach § 2 Abs 2 Satz 2 u 3 gelten die Hinzurechnungsvorschriften nur in eingeschränktem Umfang. Wegen des Grundsatzes, dass Erträge und Aufwendungen im Organkreis nur einmal gewstrechtlich erfasst werden dürfen (vgl BFH I R 183/72 BStBl II 1975, 46; I R 56/82 BStBl II 1986, 73), unterbleibt die Hinzurechnung, wenn der entsprechende Betrag bereits im GewErtrag einer Gesellschaft des Organkreises enthalten ist (vgl etwa § 8 Nr 1 Buchst a Rn 97).

Die rechtliche Wirkung der Hinzurechnung besteht in der Erhöhung des GewErtrags und der GewErtragSt. Ebenso aber wie es bei § 9 zu Kürzungen von negativen Beträgen kommen kann, ist bei § 8 eine Hinzurechnung um negative Beträge möglich, was im Ergebnis zu einer Minderung von GewErtrag und GewErtragSt führt.

4. Wirtschaftliche Bedeutung

4   Die Vorschrift bedeutet für den **einzelnen Betrieb** eine **Erhöhung der GewStBelastung**, die ggf die Beendigung von Finanzierungs-/Pachtmodellen angezeigt erscheinen lässt (vgl *Gerland/Helm* BB 2008, 192, zu Energieversorgungsunternehmen). Die zusätzliche Belastung kann sich insbesondere dann zu einer Besteuerung der Substanz auswachsen, wenn ein Betrieb mit hohem Fremdkapitaleinsatz oder in erheblichem Umfang mit gemieteten/gepachteten WG arbeitet. Schon bis dato galt, dass ein gewinnschwaches Unternehmen mit einer hohen GewSt belastet werden konnte (so schon BFH X R 171/96 BStBl II 1999, 450, 451, wo jedoch missverständlich von „ertragsschwach" gesprochen wird). Die **Belastungseffekte** für die Unternehmen haben sich durch die *Unternehmensteuerreform 2008* **weiter verschärft,** insb durch die Ausweitung der Hinzurechnungen unter Aufgabe des Korrespondenzprinzips und der Einschränkung der Schachtelvergünstigungen. Angesichts der sich tendenziell verschärfenden Substanzbesteuerung nach der Neugestaltung (*Kußmaul/Zabel* BB 2007, 967) wird mE nicht zu Unrecht die Verletzung fundamentaler Besteuerungsprinzipien, insb der Besteuerung nach der Leistungsfähigkeit, gerügt (zB *Hey* BB 2007, 1303). In einem solchen Fall kann

Hinzurechnungen (Schuldentgelte) § 8 Nr 1a

letztlich nur mit einer Billigkeitsmaßnahme geholfen werden, weil auch das Ergebnis der Substanzbesteuerung nicht ohne Weiteres verfassungsrechtlich zu beanstanden ist (vgl BVerfGE BStBl II 1969, 424; hierzu § 8 Nr 1 Rn 3).
Verlierer der Reform ist wohl die „klassische Betriebsaufspaltung" (*Derlien/Wittkowski* DB 2008, 835). Allerdings kann durch die Hinzurechnungen nach § 35 EStG wirkendes Entlastungspotential entstehen mit der Folge der Besserstellung der Personenunternehmung gegenüber der Kapitalgesellschaft (*Kossow* DB 2008, 1227).
Für die **Gemeinden** wirken sich die Hinzurechnungsvorschriften **stabilisierend** auf das GewStAufkommen aus, weil in der Praxis häufig ein reziprokes Verhältnis von Gewinn und Dauerschuldentgelten – wenn auch in gewissem Umfang zeitlich versetzt – bestehen wird (*Blümich/Hofmeister* § 8 GewStG Rn 22; *Baumert/Schmidt-Leithoff* DStR 2008, 888; krit *Dorenkamp* FS Lang 2011, 787: statt dessen konjunkturabhängige Hebesätze).

5. Ausländische Betriebsstätten

Als Konsequenz aus § 2 Abs 1 dürfen die auf **ausländische Betriebsstätten** 5 entfallenden Gewinne und Verluste einschließlich der hiermit zusammenhängenden Hinzurechnungen und Kürzungen den GewErtrag grundsätzlich nicht beeinflussen (vgl § 9 Nr 3; BFH I R 200/67 BStBl II 1971, 743; I R 248/71 BStBl II 1974, 752; IV R 80/82 BStBl II 1985, 406; s aber BFH I R 107/09 BFH/NV 2010, 1744 zu „finalen" Betriebsstättenverlusten).

§ 8 Nr. 1 Buchst a Hinzurechnungen (Schuldentgelte)

Dem Gewinn aus Gewerbebetrieb (§ 7) werden folgende Beträge wieder hinzugerechnet, soweit sie bei der Ermittlung des Gewinns abgesetzt worden sind:
1. Ein Viertel der Summe aus
    a) Entgelten für Schulden. ²Als Entgelt gelten auch der Aufwand aus nicht dem gewöhnlichen Geschäftsverkehr entsprechenden gewährten Skonti oder wirtschaftlich vergleichbaren Vorteilen im Zusammenhang mit der Erfüllung von Forderungen aus Lieferungen und Leistungen vor Fälligkeit sowie die Diskontbeträge bei der Veräußerung von Wechsel- und anderen Geldforderungen. ³Soweit Gegenstand der Veräußerung eine Forderung aus einem schwebenden Vertragsverhältnis ist, gilt die Differenz zwischen dem Wert der Forderung aus dem schwebenden Vertragsverhältnis, wie ihn die Vertragsparteien im Zeitpunkt des Vertragsschlusses der Veräußerung zugrunde gelegt haben, und dem vereinbarten Veräußerungserlös als bei der Ermittlung des Gewinns abgesetzt,
    . . .

Gewerbesteuer-Durchführungsverordnung

§ 19 GewStDV Schulden bestimmter Unternehmen

(1) ¹Bei Kreditinstituten im Sinne des § 1 Absatz 1 des Kreditwesengesetzes sind nur Entgelte für Schulden und den Entgelten gleichgestellte Beträge anzusetzen, die dem Betrag der Schulden entsprechen, um den der Ansatz der zum Anlagevermögen gehörenden Grundstücke, Gebäude, Betriebs- und Geschäftsausstattung, Schiffe, Anteile an Kreditinstituten und sonstigen Unternehmen sowie der Forderungen aus Vermögenseinlagen als stiller Gesellschafter und aus Genussrechten das Eigenkapital überschreitet; hierunter fallen nicht Gegenstände, über

§ 8 Nr 1a

Hinzurechnungen

die Leasingverträge abgeschlossen worden sind. ²Dem Anlagevermögen nach Satz 1 sind Forderungen gegen ein Unternehmen hinzuzurechnen, mit dem eine organschaftliche Verbindung nach § 2 Abs. 2 Satz 2 des Gesetzes besteht und das nicht zu den Kreditinstituten oder Unternehmen gehört, auf die Satz 1 und die Absätze 2 bis 4 anzuwenden sind.

(2) ¹Voraussetzung für die Anwendung des Absatzes 1 ist, dass im Durchschnitt aller Monatsausweise des Wirtschaftsjahrs des Kreditinstituts nach § 25 des Kreditwesengesetzes oder entsprechender Statistiken die Aktivposten aus Bankgeschäften und dem Erwerb von Geldforderungen die Aktivposten aus anderen Geschäften überwiegen. ²In den Vergleich sind Aktivposten aus Anlagen nach Absatz 1 nicht einzubeziehen.

(3) Die vorstehenden Bestimmungen gelten entsprechend
1. *für Pfandleiher im Sinne der Pfandleiherverordnung in der Fassung der Bekanntmachung vom 1. Juni 1976 (BGBl. I S. 1334) in der jeweils geltenden Fassung;*
2. *für Gewerbebetriebe, die nachweislich ausschließlich unmittelbar oder mittelbar Kredite oder Kreditrisiken aus Bankgeschäften im Sinne des § 1 Abs. 1 Satz 2 Nr. 2, 3 und 8 des Kreditwesengesetzes in der Fassung des Artikels 27 des Gesetzes vom 19. Dezember 2008 (BGBl. I S. 2794) von Kreditinstituten im Sinne des § 1 des Kreditwesengesetzes oder von in § 3 Nr. 2 des Gesetzes genannten Gewerbebetrieben erwerben und Schuldtitel zur Refinanzierung des Kaufpreises für den Erwerb solcher Kredite oder zur Refinanzierung von für die Risikoübernahmen zu stellenden Sicherheiten ausgeben; die Refinanzierung durch Aufnahme von Darlehen von Gewerbebetrieben im Sinne der Nummer 3 an der Stelle der Ausgabe von Schuldtiteln ist unschädlich, und*
3. *für Gewerbebetriebe, die nachweislich ausschließlich Schuldtitel bezogen auf die in Nummer 2 bezeichneten Kredite oder Kreditrisiken ausgeben und an Gewerbebetriebe im Sinne der Nummer 2 Darlehen gewähren.*
4. *(aufgehoben)*

(4) ¹Bei Finanzdienstleistungsinstituten im Sinne des § 1 Absatz 1a des Kreditwesengesetzes, die mit Ausnahme der Unternehmen im Sinne des § 2 Absatz 6 Nummer 17 des Kreditwesengesetzes nicht der Ausnahmeregelung des § 2 Absatz 6 des Kreditwesengesetzes unterliegen, sowie bei Zahlungsinstituten im Sinne des § 1 Absatz 1 Nummer 5 des Zahlungsdiensteaufsichtsgesetzes unterbleibt eine Hinzurechnung von Entgelten für Schulden und ihnen gleichgestellten Beträgen nach § 8 Nummer 1 Buchstabe a des Gesetzes, soweit die Entgelte und ihnen gleichgestellten Beträge unmittelbar auf Finanzdienstleistungen im Sinne des § 1 Absatz 1a Satz 2 des Kreditwesengesetzes oder Zahlungsdienste im Sinne des § 1 Absatz 2 Nummer 2 Buchstabe c und Nummer 6 des Zahlungsdiensteaufsichtsgesetzes entfallen. ²Satz 1 ist nur anzuwenden, wenn die Umsätze des Finanzdienstleistungsinstituts zu mindestens 50 Prozent auf Finanzdienstleistungen und die Umsätze des Zahlungsinstituts zu mindestens 50 Prozent auf Zahlungsdienste entfallen.

Gewerbesteuer-Richtlinien 2009: R 8.1 Abs 1 GewStR

Gewerbesteuer-Richtlinien 1998: A 45–48 GewStR

FM Länder BStBl I 2012, 654

Literatur: *Zitzelsberger*, Die Hinzurechnung von Dauerschuldzinsen und Dauerschulden bei der Gewerbesteuer, DB 1983, 2709; *Vögele*, Zins-Swapverträge und die Vermeidung von gewerbesteuerlichen Dauerschulden, DB 1987, 1060; *Franken*, Dauerschulden durch Swaps, BB 1989, 2301; *Gosch*, Zum Beginn und Ende von Dauerschulden, FR 1989, 267; *Milatz*, Der durchlaufende Kredit im Gewerbesteuerrecht, DStR 1990, 263; *Meier*, Dauerschulden iSd § 8 Nr 1 GewStG bzw § 12 Abs 2 Nr 1 GewStG im Bereich der betrieblichen Steuern, StBp 1990, 141; *ths*, Gewerbesteuer/Dauerschulden: Verbindlichkeiten gegenüber verschiedenen Kreditgebern, Stbg 1992, 426; *Gosch*, Rechtsprechung zur Gewerbesteuer, StuW 1992, 350; *Gosch*, Rechtsprechung im besonderen Blickpunkt der Außenprüfung, StBp 1992, 96; *Seer*, Rechtsformabhängige

Hinzurechnungen (Schuldentgelte) § 8 Nr 1a

Unternehmensbesteuerung, StuW 1993, 114; *Krämer,* Gewerbesteuerliche Dauerschulden und Verbindlichkeiten des laufenden Gewerbebetriebs bei Versicherungsunternehmen, BB 1994, 1323; *Müller,* Dauerschulden und Factoring – Zur gewerbesteuerlichen Behandlung von Refinanzierungskrediten, DStR 1994, 1029; *Müller,* Forfaitierung von Andienungsrechten bei Teilamortisations-Mobilien-Leasingverträgen, DB 1996, 841; *Bock,* Hinzurechnung von als Herstellungskosten aktivierten Dauerschuldzinsen gem § 8 Nr 1 GewStG, DB 1997, 751; *Meilicke,* Die Hinzurechnung von Dauerschuldzinsen nach § 8 Nr 1 GewStG, IStR 2006, 130; *Thiel,* Die steuerliche Behandlung von Fremdfinanzierungen im Unternehmen, FR 2007, 729; *Forster/ Schreidobler,* Gewerbesteuerliche Behandlung von Avalprovisionen für Bürgschaftskredite, DB 2007, 2680; *Köster,* Gewerbesteuerliche Hinzurechnung von Finanzierungsanteilen: Die gleichlautenden Ländererlasse zu § 8 Nr 1 GewStG . . ., DStZ 2008, 703; *Fehling,* Der koordinierte Ländererlass zu § 8 Nr 1 GewStG, NWB F 5, 1669; *Franke/Gageur,* Zweifelsfragen und Anmerkungen zu den . . . Ländererlassen zu § 8 Nr 1 GewStG, BB 2008, 1704; *Ritzer,* Anwendungsfragen zur Hinzurechnung von Finanzierungsfragen nach § 8 Nr 1 GewStG, DStR 2008, 1613; *Wenzel,* Auswirkungen des § 4 Abs 4a EStG auf die Gewerbesteuer, Stbg 2009, 252; *Prinz,* Finanzierungsfreiheit im Steuerrecht – Plädoyer für einen wichtigen Systemgrundsatz, FR 2009, 543; *Köhler,* Einzelprobleme der Hinzurechnung von Finanzierungskosten gem § 8 Nr 1 GewStG, StBp 2011, 343; *Stegemann,* Unentgeltliche Nutzungsüberlassung als Gestaltungsinstrument nutzen, GStB 2011, 93; *Glaser,* Die Hinzurechnung der gewerbesteuerlichen Hinzurechnung von Zinszahlungen im unionsrechtlichen Spannungsfeld von Grundfreiheiten und GKKB, FR 2011, 981; *Glaser,* Auf dem Weg zu einer sachgerechten Konzernbesteuerung – die GKKB als Leitbild, DStR 2011, 2317; *Kolbe,* Gewerbesteuerliche Hinzurechnung von Finanzierungsanteilen nach § 8 Nr 1 GewStG, BBK 2012, 698; *Klaas/Stoecker,* Gewerbesteuerliche Probleme von organschaftlich organisierten Immobilienkonzernen aufgrund der Zinsschrankenregelungen, Ubg 2012, 535; *Hamsch/Karrenbrock,* Gewerbesteuerliche Hinzurechnungen von Finanzierungsaufwendungen (erneut) im verfassungsrechtlichen Prüfstand, Ubg 2012, 624; *Petrak/Karrenbrock,* Gewerbesteuerliche Hinzurechnung von Finanzierungsanteilen: Verfassungsrechtliche Zweifel durch das FG Köln im AdV-Verfahren, DStR 2012, 2046; *Schönborn,* Gewerbesteuerliche Hinzurechnung von Zinsen, Mieten und Pachten, NWB 2012, 2250; *Endert/Sepetauz,* Bilanzierung eines Disagios in der Handels- und Steuerbilanz, BBK 2013, 60; s auch die Hinweise zu § 8.

Übersicht

	Rn
A. Die Neufassung	1–29
I. Allgemeines	1–3a
1. Zweck	1
2. Entstehungsgeschichte	2
3. Höherrangiges Recht	3, 3a
a) Verfassungsrecht	3
b) EU-Recht	3a
II. Entgelte für Schulden (Satz 1)	4–7
1. Begriff der Schulden	4–4b
a) Anwendung des HGB	4
b) Personenverschiedenheit	4a
c) Betriebsschuld	4b
2. Art/Inhalt der Verpflichtung	5–5b
a) Rechtliche Zusammenhänge	5
b) Wirtschaftliche Zusammenhänge	5a
c) Isolierte Betrachtung	5b
3. Begriff Entgelte	6–7
a) Allgemeines	6
b) Beispiele für Entgelte	6a

§ 8 Nr 1a Hinzurechnungen

	Rn
c) Sachliche Abgrenzung	6b
d) Persönliche Abgrenzung	7
III. Als Finanzierungsentgelt fingierter Aufwand (Satz 2)	8–19
1. Allgemeines	8
2. Skonto vor Fälligkeit	9–13
a) Begriff	9
b) Geschäftsunüblicher Skonto	10
c) Erfassung	11
d) Erfüllung vor Fälligkeit	12
e) Zusammenhang mit der Erfüllung	13
3. Wirtschaftlich vergleichbare Vorteile	14
4. Diskontbeträge	15–19
a) Begriff	15
b) Abgrenzung	16–19
IV. Umfang der Hinzurechnung	20–29
1. Absetzung bei der Gewinnermittlung	20, 20a
a) Grundsatz	20
b) Anzusetzende Beträge	20a
2. Absetzungsfiktion	21–21b
a) Factoring/Forfaitierung	21a
b) Zeitfragen	21b
3. Saldierungsverbot	22
4. Nachträgliche Minderung	23–29
B. Früheres Recht zum Begriff der Dauerschulden (§ 8 Nr 1 GewStG aF)	30–59
I. Allgemeines/Alternativen	30–32
1. Auslegung nach der hM	30
2. Bedeutung des Zeitmoments	31
3. „Eigentliches" Betriebskapital	32
II. Gründung oder Erwerb eines Betriebs (Teilbetriebs) oder eines Anteils am Betrieb	33–39
1. Begriff des Betriebs	33
2. Gründung des Betriebs	34
3. Anteil am Betrieb	35
4. Erwerb eines Betriebs, Teilbetriebs, Anteils usw	36
5. Begriff des Teilbetriebs	37, 37a
a) Grundsatz	37
b) Alternativen	37a
6. Wirtschaftlicher Zusammenhang	38
7. Saldierungsverbot	39
III. Erweiterung oder Verbesserung des Betriebs	40–42
1. Begriff	40
2. Bemessung der Gleichwertigkeit	40a
3. Wirtschaftlicher Zusammenhang	41
4. Saldierungsverbot	42
IV. Nicht nur vorübergehende Verstärkung des Betriebskapitals	43–59
1. Begriff des Betriebskapitals	43
2. Verstärkung des Betriebskapitals	44, 44a
a) Mittelzuführung	44
b) Notwendigkeit/Zweckmäßigkeit	44a
3. Der Zweck der Kreditaufnahme/tatsächliche Mittelverwendung	45
4. Schulden mit wechselndem Bestand	46

Hinzurechnungen (Schuldentgelte) § 8 Nr 1a

	Rn
5. Isolierte Betrachtungsweise	47–49
a) Grundsatz	47
b) Ausnahme	48–48b
c) Aufteilung eines einheitlichen Kredits	49
6. Nicht nur vorübergehende Verstärkung des Betriebskapitals	50–50c
a) Laufende Geschäftsvorfälle/sonstige Geschäftsvorfälle	50a
b) Unterscheidungsmerkmale	50b
c) Insbesondere Vorauszahlungen	50c
7. Laufende Geschäftsvorfälle	51–51d
a) Grundsatz	51
b) Üblichkeit der Abwicklung	51a
c) Abwicklungszeitraum	51b–51d
8. Sonstige Geschäftsvorfälle	52, 53
a) Allgemeines	52
b) Insbesondere Anlagevermögen	53
9. Länge der Laufzeit	54
10. Ende der Dauerschuld	55
11. Hinzurechnung der Entgelte	56–59
C. ABC der Schuldentgelte bzw Dauerschulden (D)	60–121

A. Die Neufassung

I. Allgemeines

1. Zweck

Die Vorschrift dient, wie die Hinzurechnungsvorschriften des § 8 GewStG insgesamt, der Ermittlung des objektiven, von den Beziehungen des Inhabers zum Betrieb losgelösten GewErtrages (BVerfG BStBl II 1969, 424). Ihr Zweck liegt in einer **weitgehenden gewstrechtlichen Gleichstellung** von Erträgen aus **eigen- und fremdfinanziertem Kapital** (vgl zu den Dauerschuldzinsen Begr RStBl 1937, 693, 695; BFH VIII R 51/04 BStBl II 2008, 137; zur Neufassung BTDrs 16/4841, 79; *Köhler* StBp 2011, 343). Demnach unterliegen der Hinzurechnung Entgelte für Schulden, die den Charakter von Betriebskapital haben oder ihm ähnlich sind. Unerheblich ist, ob hierfür Bedarf vorhanden war (vgl BFH I R 297/82 BStBl II 1986, 415; Rn 47), ob die Schulden mit Willen des Schuldners oder des Gläubigers entstanden sind oder ob durch das BV erhöht oder nur dessen Verringerung vermieden worden ist (BFH IV 140/56 U BStBl III 1957, 287). Die Vorschrift enthält einen in sich **geschlossenen Tatbestand** (BFH VI R 7/66 BStBl II 1968, 589), der nicht durch Heranziehung von anderen Vorschriften des § 8 GewStG auszulegen ist (BFH I 373/62 U BStBl II 1965, 424). Sie ist auch dann anzuwenden, wenn das Unternehmen nur Verluste erwirtschaftet (BFH IV R 215/71 BStBl II 1973, 739; IV B 96/03 BFH/NV 2005, 1564).

Für **Kreditinstitute, Pfandleiher** u Betreiber von **Asset-Backed-Security**-Geschäften enthält § 19 GewStDV die eigenständige und abschließende Bestimmung des Begriffs und der Bemessungsgrundlage der (Dauer)Schuldentgelte.

Für **Finanzdienstleistungs- und Zahlungsinstitute** enthält die durch G v 8.4.2010 (BGBl I 2010, 386) eingefügte Sondervorschrift des § 19 Abs 4 GewStDV eine versteckte partielle GewSt-Befreiung für Entgelte iSv § 8 Nr 1 Buchst a nF (hierzu Rn 79).

1

2. Entstehungsgeschichte

2   Die Vorschrift war als § 8 Nr 1 („**Dauerschuldzinsen**") seit Inkrafttreten des GewStG 1936 Bestandteil desselben. Durch G v 20.12.1982 (BGBl I 1982, 1857) wurde die Hinzurechnung im EZ 1983 auf 60% und ab EZ 1984 auf 50% der Zinsen beschränkt. Die Vorschrift diskriminierte mithin die Fremdkapitalbildung durch andere Finanzierungsformen (zB Renten/dauernde Lasten, § 8 Nr 2 aF; typische stille Gesellschaft, § 8 Nr 3 aF) sowie die Eigenkapitalbildung insbesondere mittelständischer Unternehmen (*Seer* StuW 1993, 114, 122). Die vorletzte Änderung erfolgte durch StRefG 1990 v 25.7.1988 (BGBl I 1988, 1093). Ersetzt wurde das Tatbestandsmerkmal „Zinsen" durch den umfassenderen Begriff „Entgelte", und zwar als Reaktion auf eine Auslegung des Zinsbegriffs durch den BFH. Die geänderte Fassung galt ab EZ 1990.

Mit G v 14.8.2007 (BGBl I 2007, 1912) wurde die aktuelle Fassung mW ab **EZ 2008** eingeführt: Die **Neufassung** des Nr 1 Buchst a **erfasst** nicht mehr – wie bisher – „Dauerschuldentgelte", sondern **ganz allgemein Schuldentgelte** sowie vergleichbaren Aufwand und ist integraler Bestandteil einer Sammel-Hinzurechnung (Buchst a–f) von Entgelten, die der Gesetzgeber als Finanzierungsentgelte versteht. Bei der Auslegung dieser Vorschriften kann mE, sofern nicht Besonderheiten des alten Rechts (zB „Dauerschulden") entgegenstehen, auf die bisher zu § 8 Nr 1– 3 u 7 GewStG aF ergangene Rspr zurückgegriffen werden (ebenso *FM Länder* BStBl I 2012, 654).

3. Höherrangiges Recht

3   **a) Verfassungsrecht.** Die Vorschrift des § 8 Nr 1 ist stets als **verfassungsgemäß** angesehen worden (BVerfG BStBl 1966, 201; BStBl II 1969, 424; BStBl II 1971, 433; vgl auch BFH I 373/62 U BStBl III 1965, 424 und IV R 215/71 BStBl II 1973, 739 mwN). Ein Verstoß gegen Art 3 GG liegt nicht vor, weil alle GewBetriebe gleichmäßig betroffen sind (vgl BFH I 373/62 U aaO). Ein Verstoß gegen die Grundrechte aus *Art 11* und *12 GG* sowie *Art 2 GG* iVm dem Sozialstaatsprinzip ist wegen des Objektsteuercharakters der GewSt zu verneinen (BVerfG BStBl II 1969, 424). Auch *Art 14 GG* ist nicht verletzt. Geldleistungspflichten verstoßen gegen die Eigentumsgarantie nur, wenn sie nach Struktur und gesetzessystematischem Zusammenhang den Pflichtigen übermäßig belasten und sein Vermögen grundlegend beeinträchtigen (BVerfG BStBl I 1961, 55; BStBl II 1968, 123; BFH VI R 7/66 BStBl II 1968, 589; IV R 215/71 BStBl II 1973, 739). Auch ein durch die Hinzurechnung eintretender Anrechnungsüberhang nach § 35 Abs 1 Satz 1 EStG ändert hieran nichts (BFH X R 32/06 BFH/NV 2008, 1581; X R 55/06 BFH/ NV 2009, 379; BVerfG 2 BvR 2523/08, nicht angenommen).

Auch die **Neufassung** der Buchst a, d, e und f hält BFH I B 128/12 BStBl II 2013, 30; I B 125/12 BFH/NV 2013, 249 für verfassungsgemäß (*Gosch* BFH/PR 2013, 56; aA FG Hamburg, Vorlagebeschluss EFG 2012, 960; Az des BVerfG 1 BvL 8/12; *Keß* FR 2013, 188; *Möbius/Krüger* BB 2013, 168). Nach BFH IV R 55/ 11 BFH/NV 2012, 1826 ist wegen der Vorlage ein gerichtliches Verfahren nach § 74 FGO auszusetzen; nach BFH I B 125/12 aaO u I B 128/12 aaO ist keine AdV zu gewähren (verfassungsgemäß, BVerfG 1 BvR 821/13 NVwZ 2013, 935; krit *Hamsch/Karrenbrock* Ubg 2012, 624; *Petrak/Karrenbrock* DStR 2012, 2046; *Malzkorn/ Rossa* DB 2012, 1169). Die Festsetzung des GewStMesbetrages erfolgt insofern vorläufig (*FinVerw* BStBl I 2013, 460).

Härten im Einzelfall sind ggf durch **Billigkeitsmaßnahmen** nach §§ 163 und 227 AO auszugleichen (BFH IV R 215/71 BStBl II 1973, 739; IV R 161–162/75 BStBl II 1977, 512; aA *Zitzelsberger* DB 1983, 2709). Sie sind indes nicht ohne Weiteres angezeigt, wenn die mit Kredit angeschafften WG nicht mehr vorhanden

Hinzurechnungen (Schuldentgelte) § 8 Nr 1a

sind (BayVGH DGStZ 1976, 71) oder die GewSt allein auf den Hinzurechnungen beruht und der Betrieb keine oder nur geringe Gewinne erzielt (BVerwG DGStZ 1978, 53); ggf ist jedoch bei andauernden Verlusten anders zu entscheiden (BFH IV B 96/03 BFH/NV 2005, 1564).

Diese Grundsätze dürften auch für die neue Nr 1 Buchst a – auch in ihrer Zusammenfassung mit den Buchst b-f – gelten.

b) EU-Recht. Die sog **Zins-/Lizenzrichtlinie** (2003/49/EG) steht der 3a Anwendung des § 8 Nr 1 nicht entgegen (EuGH C-397/09 DStR 2011, 1419; BFH I R 30/08 BStBl II 2012, 507; ebenso *Kempf/Straubinger* IStR 2005, 773; *Schulz-Trieglaff* IStR 2010, 317; *Glaser* FR 2011, 981; **aA** *Kessler/Eicker/Schindler* IStR 2004, 678; *Hidien* DStZ 2008, 131). Auch im Hinblick auf die Verhältnisse von *Organschaften* gilt mE nichts anderes, zumal ab EZ 2002 ein EAV vorgeschrieben ist und eine Benachteiligung der Organschaft ggf hierauf und nicht auf einem Auslandsbezug beruht (**aA** *Meilicke* IStR 2006, 130).

II. Entgelte für Schulden (Satz 1)

1. Begriff der Schulden

a) Anwendung des HGB. Der **Begriff der Schuld** bezeichnet eine Belastung 4 des Vermögens, die als (betrieblich veranlasste) Verpflichtung einem Dritten gegenüber rechtlich oder wirtschaftlich entstanden ist (BFH IV R 55/05 BStBl II 2007, 655). Er dürfte *im Wesentlichen* dem der §§ 240 Abs 1 u 247 Abs 1 HGB entsprechen, der nach der Systematik des HGB Verbindlichkeiten und Rückstellungen umfasst (vgl §§ 249 Abs 1, 266 Abs 3 HGB; vgl BFH I R 16/97 BStBl II 1998, 249).

Dies sind mE auch **Rückstellungen für ungewisse Verbindlichkeiten**, sofern hierfür entgeltähnlicher Aufwand entsteht, was freilich idR nicht der Fall ist (*Köster* in *L/S* § 8 Nr 1 Buchst a Rn 51; *Deloitte/Bunzeck* § 8 Nr 1 Buchst a Rn 9).

Nicht hierher gehören mE Rückstellungen für **drohende Verluste**, weil es insoweit an einer Verbindlichkeit gegenüber einem Dritten fehlt (aA *Blümich/Hofmeister* § 8 GewStG Rn 36). Bei ihnen steht nicht ein Gegenwert dem Unternehmen als Betriebskapital zur Verfügung. Insofern begrenzt mE der *Zweck der Vorschrift* den Begriff der Schulden. Keine Schuld soll vorliegen bei Eingehung einer **Freistellungsverpflichtung** (in Bezug auf Pensionslasten) iZm der Übernahme des Gewerbebetriebs (zu § 8 Nr 1 aF FG Düsseldorf 11 K 3626/10 G EFG 2013, 467, Rev I R 85/12; mE unzutreffend, weil den sachlichen Zusammenhang nicht beachtend).

b) Personenverschiedenheit. Auch liegt eine Schuld nur vor, wenn Schuldner 4a und Gläubiger **personenverschieden** sind. Auch „Zinsen" für Darlehen, die „verdecktes Stammkapital" darstellen, sind nicht hinzuzurechnen (BFH III 387/60 U BStBl III 1962, 279). **Abzugrenzen** ist insb der Forderungskauf gegen die Vorfinanzierung einer abgetretenen Forderung (vgl hierzu Rn 77, 80, „Factoring" bzw „Forfaitierung"). Eine **rechtliche Verpflichtung** iS einer Schuldaufnahme war jedoch schon nach § 8 Nr 1 aF nicht erforderlich (BFH IV 140/56 U BStBl III 1957, 287; I 230/56 U BStBl III 1958, 39; I R 93/08 BFH/NV 2009, 2002). Durch die Neufassung hat sich mE hieran nichts geändert.

c) Betriebsschuld. Selbstverständlich muss es sich bei der Schuld um eine 4b **Betriebsschuld** handeln. Die Entscheidung hierüber hat nach estrechtlichen Grundsätzen zu erfolgen (BFH I 196/65 BStBl II 1968, 717), dh die Schuld muss zumindest wirtschaftlich verursacht sein, gegenüber einem Dritten bestehen und betrieblich veranlasst sein (zB BFH I R 64/97 BStBl II 1999, 656; IV R 55/05

§ 8 Nr 1a Hinzurechnungen

BStBl II 2007, 655). Hierbei ist es für den Begriff der Betriebsschuld unerheblich, ob etwa angeschaffte WG zum notwendigen oder gewillkürten BV gehören.

Ist eine Schuld nicht oder nur zum Teil betrieblich veranlasst, dann kann sie unabhängig von den in Rn 5b dargestellten Zusammenhängen insoweit keine Dauerschuld sein (vgl BFH IV R 92/96 BFH/NV 1998, 1222). Das bedeutet, dass Entgelte für sie **nur insoweit** absetzbar und nach § 8 Nr 1 hinzuzurechnen sind, als sie auf den betrieblich veranlassten Teil der Schuld entfallen (BFH VIII R 422/83 BStBl II 1991, 765).

2. Art/Inhalt der Verpflichtung

5   a) **Rechtliche Zusammenhänge.** Unerheblich ist der **Inhalt der Verpflichtung** (daher etwa auch Schadensersatz- oder Steuerschulden), ihre Höhe (BFH I R 78/68 BStBl II 1971, 815) und Fälligkeit (BFH I 197/57 S BStBl III 1959, 428) sowie das Verhältnis von Eigen- zu Fremdkapital (BFH I R 78/68 aaO; ebenso wenig, in welcher Form bzw im Rahmen welcher rechtlichen Gestaltung die Schuld aufgenommen worden ist (zB Bankkredit, Schuldverschreibung, Anleihe, Hypothekenschuld, partiarisches Darlehen, Lombardkredit usw) oder wie sie beim StPfl ausgewiesen wird (daher auch Rückstellungen). Entscheidend ist der Geldwert ihrer Erfüllung und mE die Eignung, Gegenstand eines (Nutzungs-)Entgelts zu sein.

5a b) **Wirtschaftliche Zusammenhänge.** Abweichend von der Rechtslage bis EZ 2007 ist ein **wirtschaftlicher Zusammenhang** der Schuld mit der Gründung/Erweiterung des Betriebs/Teilbetriebs/Anteils am Betrieb oder mit einer Erweiterung/Verbesserung des Betriebs oder der nicht nur vorübergehenden Verstärkung des „eigentlichen" Betriebskapitals **nicht erforderlich**. Daher werden **auch kurzfristige Verbindlichkeiten** erfasst (*Wiese/Klass/Möhrle* GmbHR 2007, 405; *Fehling* NWB 2006 Nr 29, F 5, 1617). Jedoch ist mE weiterhin bedeutsam die Rspr, wonach der Charakter der Schuld als **durchlaufender Kredit** nicht zur Hinzurechnung führt (Einzelheiten in Rn 73). Denn da sie zu einem betriebsfremden Zweck aufgenommen wird, würde die Hinzurechnung der auf sie entfallenden Entgelte dem Zweck des G auch nach der Änderung widersprechen (ebenso *Fehling* NWB F 5, 1669; *Ritzer* DStR 2008, 1615; *Köster* DStZ 2008, 703; **aA** jedoch *FM Länder* BStBl I 2008, 730 Rn 11).

5b c) **Isolierte Betrachtung.** Wie schon zu § 8 Nr 1 aF gilt mE auch bei der Nr 1 Buchst a nF der Grundsatz der **isolierten Betrachtung.** Das bedeutet, Schuldverhältnisse sind je für sich zu werten. Schulden sind also auch dann relevant für die Anwendung der Vorschrift, wenn der GewBetrieb über hinreichend liquide *Mittel zu ihrer Tilgung* verfügt (vgl BFH I R 297/82 BStBl II 1986, 415). Eine **Saldierung** mit daneben oder später (etwa auf demselben Konto) bestehenden Forderungen, Guthaben (auch eine Bauspareinlage, BFH VIII R 168/83 BStBl II 1989, 299; VIII R 422/83 BStBl II 1991, 765) usw **findet nicht statt** (zB BFH I 255/61 U BStBl III 1962, 540; I R 133/75 BStBl II 1977, 165). Eine **Ausnahme** ist nur dann denkbar, wenn das eine Verhältnis ohne das andere nicht begründet werden konnte *und* wenn eine regelmäßige Verrechnung des Guthabens mit dem Schuldenstand stattfindet (BFH I R 257/70 BStBl II 1973, 670; I R 85/85 BStBl II 1989, 900). Forderungen und Verbindlichkeiten müssen so miteinander verknüpft sein, dass es den Beteiligten nicht auf die Mehrheit der Posten ankommt und der getrennte Ausweis als formaler Gesichtspunkt hinter dem wirtschaftlichen zurücktritt; der wiederum dadurch gekennzeichnet ist, dass die tatsächlichen Schulden (die Verstärkung der Betriebsmittel) im Saldo bestehen (vgl BFH VIII R 422/83 BStBl II 1991, 765; IV R 2/97 BStBl II 1997, 742). Diese Grundsätze gelten nicht nur für den Bankenbereich (BFH I R 85/85 BStBl II 1989, 900; IV R 86/89 BStBl II 1991, 474), sondern allgemein und – bei entsprechender Verknüpfung durch Zusammenwirken – auch

Hinzurechnungen (Schuldentgelte) § 8 Nr 1a

bei Verhältnissen zu **mehreren Personen** (Schuldner, Gläubiger; vgl BFH I R 254/70 BStBl II 1974, 388; VIII R 168/83 BStBl II 1989, 299). Insofern ist die Rspr zu § 8 Nr 1 aF (vgl Rn 47 ff) auch für die Nr 1 Buchst a nF noch aussagekräftig.

3. Begriff Entgelte

a) Allgemeines. Der Begriff ist erheblich **weiter als** der bürgerlich-rechtliche **Zinsbegriff.** Die schon in § 8 Nr 1 aF enthaltene, auf G v 27.7.1988 (BGBl I 1988, 1093) beruhende Fassung hat insofern konstitutive Bedeutung (BFH VIII R 6/92 BFH/NV 1995, 1010). Es muss sich um Leistungen handeln, die *im weitesten Sinne* **Gegenleistungen** für die Zurverfügungstellung der den Schulden korrespondierenden Betriebsmittel darstellen (BFH IV R 55/05 BStBl II 2007, 655, abgelehnt für eine *Avalprovision*; zT aA R 8.1 Abs 1 GewStR: Gegenleistung für die „eigentliche" Nutzung von Fremdkapital; *Blümich/Hofmeister* § 8 GewStG Rn 41: Gegenleistung für die Nutzung = Nutzungsmöglichkeit; *Köster* in *L/S* § 8 Nr 1 Buchst a Rn 75: wirtschaftlich Zinsen). Nach dem Wortlaut der Vorschrift („Entgelte für *Schulden*") kommt es mE auf die tatsächliche Inanspruchnahme bzw Nutzung des Kredits nicht an (offen gelassen in BFH I R 12/96 BStBl II 1997, 253; IV R 55/97 BStBl II 1999, 473). **Verfehlt,** weil zu weit und mit dem Wortlaut („für") nicht vereinbar, ist andererseits **der kausale Ansatz,** wonach alle Kosten erfasst werden, die ohne die Inanspruchnahme der den Schulden korrespondierenden Mittel nicht entstanden wären (so aber *Pauka* DB 1988, 2224, 2226; offen gelassen in BFH I R 19/02 BStBl II 2004, 192). Jedenfalls werden nicht nur in einem bestimmten Bruchteil des zur Verfügung gestellten Kapitals bezifferte Vergütungen betroffen, sondern auch anders geartete und bezifferte Gegenleistungen (vgl BTDrs 11/2157, 175). Wie nach bisherigem Recht kann sich auch in einer „unverzinslichen" Verbindlichkeit ein Entgelt verbergen (vgl Rn 112; zur Abzinsung und Aufzinsung vgl Rn 60).

b) Beispiele für Entgelte. Erfasst werden insbesondere Vergütungen für partiarische Darlehen, Genussrechte und Gewinnobligationen sowie das Damnum (vgl BTDrs 11/2157, 175), zumal der BGH seine Rechtsprechung zum Charakter des Damnums hin zum Zinsbestandteil geändert hat (BGH DB 1990, 1610; 1994, 726; s auch *Meier* StBp 1990, 281; *Endert/Sepetauz* BBK 2013, 60), ebenso die an den Gläubiger zu leistenden Kreditprovisionen und Umsatzprovisionen, Geldbeschaffungskosten sowie iZm dem Kapitalbetrag und der Laufzeit stehende Verwaltungskosten (BFH I R 92/99 BStBl II 2001, 609; Anm *Wendt* FR 2001, 93). Auch Leasingraten für WG, die dem Leasingnehmer zuzurechnen sind, sind Entgelte für Schulden (trotz Nr 1 Buchst d und e). Auf die Benennung bzw die Aufgliederung der Entgeltbestandteile und die zeitliche Abfolge von Kreditnutzung und Entstehung der Entgeltbestandteile kann es nicht ankommen. Daher gelten auch **Vorfälligkeitsentschädigungen** als Dauerschuldentgelte (BFH IV R 55/97 BStBl II 1999, 473). **ME** bietet jedoch die Änderung des G Anlass für eine Überprüfung der Rspr insofern, als die Vorfälligkeitsentschädigung **nicht Entgelt** für Schulden ist. Die vorzeitige Kreditabwicklung beruht auf einer *Aufhebung* (nicht einer einfachen Änderung) des Kreditvertrages mit Vorverlegung des Erfüllungszeitpunkts. Die Vorfälligkeitsentschädigung gleicht den hierdurch ausgelösten finanziellen Nachteil des Kreditgebers aus; sie ist nicht Entgelt für die Zur-Verfügung-Stellung des der Schuld entsprechenden Kapitals.

c) Sachliche Abgrenzung. Nicht Entgelt sind aus einem **anderen Rechtsgrund** erbrachte Leistungen, sofern dieser nicht selbst zu einer (eigenständigen) Schuld führt. Das gilt mE auch für Kredit- u Umsatzprovisionen, die nicht wegen der Kapitalnutzung in Rechnung gestellt werden (RFH RStBl 1939, 762, 1117; R 8.1 Abs 1 Satz 8 GewStR), Kreditvermittlungsprovisionen u Maklergebühren, es sei denn, es handelt sich erkennbar um eine (weitergeleitete) Gegenleistung für die

6

6a

6b

§ 8 Nr 1a   Hinzurechnungen

Kapitalnutzung (BFH I 351/60 U BStBl III 1963, 386), Zinsanteile in Renten- u Pensionsleistungen (BFH I R 36/66 BStBl II 1968, 478; I R 8/92 BStBl II 1994, 44; s § 8 Nr 1 Buchst b Rn 4), Währungsverluste, Mahngebühren und -Porti (RFH RStBl 1940, 811). Auch Avalgebühren für eine Ausfallbürgschaft (BFH IV R 55/05 BStBl II 2007, 655; hierzu *Förster/Schreidobler* DB 2007, 2680) und sonstige Vergütungen für Bürgschaftsakzepte sind mE nicht Entgelte für Schulden. Sie werden nicht für diese selbst erbracht. Entsprechendes gilt für Vergütungen für die Bestellung sonstiger Sicherheiten sowie für Aufwendungen für die Kurssicherung und die Zinssicherung (zB Zins-Swapverträge) sowie Bereitstellungszinsen und -provisionen (BFH I R 12/96 BStBl II 1997, 253), zumal sie unabhängig von der Inanspruchnahme anfallen (vgl R 8.1 Abs 1 Satz 6 GewStR), und Zusageprovisionen (R 8.1 Abs 1 Satz 7 GewStR). Abzinsungsbeträge nach § 6 Abs 1 Nr 3 EStG führen bei ihrer Verminderung nicht zur Hinzurechnung; es handelt sich um die Umkehrung der Gewinnerhöhung und stehen in Ansatz der Verbindlichkeit (H 8.1 (1) GewStH „Aufzinsungsbeträge"; *BMF* BStBl I 2005, 699; *FM Länder* BStBl I 2012, 654 Rn 12). Zu versicherungstechnischen Rückstellungen vgl Rn 113; H 8.1 (1) GewStH „Versicherungsunternehmen"; *Fehling* NWB 2007 Nr 29, F 3, 1617. Ebenfalls nicht in einem Gegenseitigkeitsverhältnis stehen Konventionalstrafen, Säumniszuschläge u.Ä. Auch kein Schuldentgelt soll vorliegen bei Zahlungen auf eine **Freistellungsverpflichtung** (in Bezug auf Pensionslasten) iZm der Übernahme des Gewerbebetriebs (zu § 8 Nr 1 aF FG Düsseldorf 11 K 3626/10 G EFG 2013, 467, Rev I R 85/12; mE unzutreffend, weil den sachlichen Zusammenhang nicht beachtend).

7   **d) Persönliche Abgrenzung.** Betroffen ist nur der **GewBetrieb,** der die **Schuld aufgenommen** hat. Dies gilt auch für verbundene Unternehmen, wenn und weil sie selbstständige GewStObjekte sind. Nach BFH I R 106/73 BStBl II 1975, 516 (zu § 8 Nr 1 aF) muss ein gewerbliches Unternehmen jedoch auch Schuldentgelte eines nichtgewerblichen Unternehmens, an dem es beteiligt ist, anteilig hinzurechnen (ebenso FG Münster EFG 1997, 365; FG B-Bbg 12 K 8540/05, B, DStRE 2010, 741; *Köster* in *L/S* § 8 Nr 1 Rn 63; *Blümich/Hofmeister* § 8 GewStG Rn 422; *Henerichs* FR 1991, 76; *Schlagheck* StBp 2000, 115). Dem ist zuzustimmen, weil die WG der vermögensverwaltenden Gesellschaft anteilig dem BV des Gesellschafters zuzurechnen sind (BFH GrS 4/82 BStBl II 1984, 751, 763). Für § 8 Nr 1 Buchst a nF gelten diese Grundsätze mE weiterhin (ebenso H 8.1 (1) GewStH „Beteiligung…").

III. Als Finanzierungsentgelt fingierter Aufwand (Satz 2)

1. Allgemeines

8   Es handelt sich um **Fiktionen** (BTDrs 16/4841, 79), mit dem bestimmte Arten von Aufwand als Finanzierungsaufwand erfasst werden. **Hintergrund** ist die Überlegung, dass er (betriebswirtschaftlich) Entgelt für die Erhöhung der Liquidität in dem Zeitraum zwischen der Erfüllung der Forderung und der späteren Fälligkeit ist: Die einsetzbaren liquiden Mittel erhöhen sich in diesem Zeitraum um den (skontierten) Forderungsbetrag.

Die **Regelung** ist *betriebswirtschaftlich* **problematisch.** Sie verschärft den Hinzurechnungstatbestand gegenüber § 8 Nr 1 aF erheblich, was zu weiteren nachteiligen Folgen für den betreffenden GewBetrieb führen kann. Zudem wird sie zu weiteren Streitfällen führen, da angesichts ihrer explizit unscharfen Fassung („nicht dem gewöhnlichen Geschäftsverkehr entsprechend "; „Wert der Forderung . . . wie ihn die Vertragsparteien . . . zugrunde gelegt haben") erheblicher Klärungsbedarf besteht (zur Kritik iÜ *Fehling* NWB 2007 F3 Nr 29, 1617; *Neu/Schiffers/Watermayer*

Hinzurechnungen (Schuldentgelte) § 8 Nr 1a

GmbHR 2007, 421; *Bergemann/Markl/Althof* DStR 2007, 693). Zudem lassen sich leicht Umgehungen durch entsprechende Vereinbarungen (zB der Fälligkeit) finden. Die **Hinzurechnungstatbestände** *sind* **abschließend** normiert. Für eine extensive Auslegung besteht angesichts der Erfassung „wirtschaftlich vergleichbarer Vorteile" ohnehin kaum Bedarf.

2. Skonto vor Fälligkeit

a) **Begriff.** Der **Skonto** ist ein prozentualer Nachlass von einem Rechnungs- 9 bzw Forderungsbetrag, idR von einem Kaufpreis, der gem den Zahlungsbedingungen bzw gesonderter Vereinbarung auf den Forderungs(Rechnungs-)betrag bei Zahlung innerhalb einer bestimmten Frist gewährt wird, ggf auch gestaffelt nach der Dauer der einzuhaltenden Zahlungsfrist. Es handelt sich um ein freiwilliges Angebot idR zur Pflege der Geschäftsbeziehungen und zur Förderung der Bereitschaft des Schuldners zur umgehenden Zahlung, das dem Schuldner die Wahl überlässt, erst bei Fälligkeit oder vorfällig gegen entsprechenden Abzug zu zahlen. Er enthält einen Anreiz für den Schuldner und ist der Preis, den der Gläubiger für die alsbaldige Kapitalnutzung zahlt.
Kein Skonto ist der Nachlass, der nicht im Zusammenhang mit der Erfüllung der Forderung innerhalb bestimmter Frist zusammenhängt, sondern aus anderen Gründen gewährt wird, zB als Treuerabatt (vgl BTDrs 16/4841, 79) oder aus Gründen der Werbung, wegen mangelhafter Lieferung oder beim Räumungsverkauf.

b) **Geschäftsunüblicher Skonto.** Nicht dem **gewöhnlichen Geschäftsver-** 10 **kehr** entspricht der Skonto mE, wenn er höher ist als der nach den Gepflogenheiten der Branche gewährte. Auf die Usancen des Steuerpflichtigen selbst kommt es wohl nicht an, mE jedoch auf die in dem Ort bzw der Region, in der der Steuerpflichtige seine Leistungen anbietet.
Die Geschäftsunüblichkeit bezieht sich mE idR auf die **Höhe** des Skontos, nicht auf die **Dauer** der Skontofrist (unklar *FM Länder* BStBl I 2012, 654 Rn 16). Letzteres ist nur denkbar, wenn diese länger ist als die geschäftsübliche Skontofrist, aber immer noch kürzer als die gesetzliche oder vereinbarte Fälligkeit (s das Bsp 2 bei *Blümich/Hofmeister* § 8 GewStG Rn 48: Skonto bei Zahlung nach 3 Monaten statt wie geschäftsüblich bei Zahlung nach 1 Monat; Lösung aaO: ⅔ des Skontos als Entgelt!). Grundlage der Rechtsfolge ist die „Erfüllung . . . *vor Fälligkeit*", nicht allein die Geschäftsunüblichkeit des Skontos. Das wird von *FM Länder* BStBl I 2012, 654 Rn 16 verkannt: bei Vereinbarung eines unüblich langen Zahlungsziels (= Fälligkeit, Rn 12) und Zahlung zu diesem Zeitpunkt wird der Skonto nicht für Zahlung *vor* Fälligkeit gewährt.
Der **Vergleich mit der Branche** ist mE auch dann maßgebend, wenn der Steuerpflichtige Waren über das **Internet** anbietet und im Gegensatz zu stationären Händlern in derselben Region, jedoch wie andere Internethändler einen Skonto gewährt.

c) **Erfassung.** Erfasst wird mE **nur der Anteil** der Vorteilsgewährung, der den 11 geschäftsüblichen Skonto **übersteigt.**

Beispiele:
1. Bei einem Skonto von 3% anstelle von branchenüblichen 2% ist nur ⅓ als Aufwand zu erfassen.
2. Bei Fälligkeit von sechs Monaten und Skontogewährung bei Zahlung innerhalb von vier Monaten statt branchenüblichen zwei Monaten sind ¾ des Gesamtaufwands zu erfassen.

(Vgl *Blümich/Hofmeister* § 8 GewStG Rn 48).

d) **Erfüllung vor Fälligkeit.** Die **Fälligkeit einer Leistung** ist entweder ver- 12 traglich bestimmt oder lässt sich aus anderen Umständen entnehmen; im Übrigen

§ 8 Nr 1a
Hinzurechnungen

kann der Gläubiger die Leistung sofort verlangen (§ 271 Abs 1 BGB). Letzteres ist insbesondere bei Geschäften des täglichen Lebens mit Leistungen Zug um Zug der Fall. Wird in einem solchen Zusammenhang ein Skonto gewährt, führt er nicht zu Aufwendungen iSd Vorschrift, weil die Zeitpunkte der Fälligkeit und der Erfüllung zusammenfallen. Entsprechendes gilt, wenn die Vertragsparteien einen von der üblichen Zahlungsfrist abweichenden früheren Fälligkeitszeitpunkt bestimmten und der Gläubiger dem Schuldner als Ausgleich hierfür einen Skonto gewährt (ebenso *Blümich/Hofmeister* § 8 GewStG Rn 47). Auch in anderen Fällen der Zahlung **bei Fälligkeit** oder **nach Fälligkeit** liegen die Voraussetzungen der Vorschrift nicht vor und zwar auch dann nicht, wenn der Kunde sich trotzdem ein unberechtigtes Skonto nimmt. Zahlt der Kunde zwar vor Fälligkeit, aber nach Ablauf der für die Gewährung des Skontos maßgeblichen Frist, ist der in Anspruch genommene unübliche Skonto mE nur anteilig hinzunehmen, und zwar bezogen auf den überhöhten Anteil des Skontobetrages sowie den Zeitanteil der vorfälligen Zahlung in dem Zeitintervall zwischen Frist und Fälligkeit (ebenso *Blümich/Hofmeister* § 8 GewStG Rn 50).

13 e) **Zusammenhang mit der Erfüllung.** Es muss ein **kausaler** *(rechtlicher oder wirtschaftlicher)* **Zusammenhang** mit der Erfüllung vor Fälligkeit bestehen. Ein aus anderen Gründen gewährter Nachlass genügt mE selbst dann nicht, wenn ein nur zeitlicher Zusammenhang besteht. Insb genügt daher nicht ein Preisnachlass in besonderen Fällen, zB zur Gewinnung neuer Kunden (etwa für die erste Bestellung) oder Kundenbindung (zB Treue-, Mengenrabatt, vgl *FM Länder* BStBl I 2012, 654 Rn 16; BTDrs 16/4841, 79). Allerdings wird mE nach dem weit gefassten Wortlaut auch der **„kombinierte Rabatt"** erfasst, wenn also neben zahlungsunabhängigen auch zahlungsabhängige Gründe vorliegen. In einem solchen Fall hilft mE der gesonderte Ausweis nicht, weil trotz Hinzutreten anderer Gründe der Zusammenhang des Skontos mit der Zahlung vor Fälligkeit besteht (**aA** *Neu/Schiffers/Watermeier* GmbHR 2007, 421; *Blümich/Hofmeister* § 8 GewStG Rn 52); eine Gewichtung der unterschiedlichen Gründe und entsprechende Aufteilung der Skonti in solchen Fällen lässt der Wortlaut der Vorschrift mE nicht zu.

3. Wirtschaftlich vergleichbare Vorteile

14 Es handelt sich um solche **Vorteile** für den Kunden, die in ihren Wirkungen dem **Skonto wirtschaftlich entsprechen**, als da sind mengenunabhängige Zugaben oder Rabatte, auch Naturalrabatte, ggf bei der nachfolgenden Lieferung u.Ä., sofern geschäftsunüblich. Auch bei diesen Vorteilen muss mE der ein **Zusammenhang mit der Erfüllung** von Forderungen aus Lieferungen und Leistungen **vor Fälligkeit** feststellbar sein. Der Satzteil „…nicht dem gewöhnlichen Geschäftsverkehr entsprechenden …" bezieht sich mE eindeutig auf „Skonti" wie auch auf „wirtschaftlich vergleichbaren Vorteilen"; **aA** jedoch *FM Länder* BStBl I 2012, 654 Rn 16 Satz 1.

4. Diskontbeträge

15 a) **Begriff.** Der **Diskont ist ein Abzug (Zinsabzug) vom Nennbetrag** einer noch nicht fälligen Forderung bei deren Ankauf, insb beim Ankauf von Wechseln, berechnet nach der Zeit vom Verkaufstag bis zum Fälligkeitstag. Der Verkäufer erhält die Schuldsumme vermindert um den Diskont. Dieser ist daher wirtschaftlich vergleichbar mit Schuldentgelten insofern, als durch seine Inkaufnahme die Finanzausstattung vor Fälligkeit der Forderung in Höhe des diskontierten Betrages verstärkt wird, zB bei *Factoring* oder *Forfaitierung*. Die Hinzurechnung erfolgt mE auch dann, wenn der Diskont nur für die Übernahme des Bonitätsrisikos anfällt. Denn auf den Zusammenhang zwischen Diskont und Vorfälligkeit stellt das Gesetz anders als bei

Hinzurechnungen (Schuldentgelte) § 8 Nr 1a

den Skonti u.Ä. nicht ab. Der Hinzurechnung unterliegen insb Abschläge beim Verkauf von aktivierten Forderungen (*FM Länder* BStBl I 2012, 654 Rn 17).

b) Abgrenzung. Nicht Diskontbetrag ist jedoch schon dem Begriffe nach der 16 Forderungsabschlag, der nicht mit der Veräußerung in Zusammenhang steht, zB eine Teilwertabschreibung aus Gründen der Wertminderung der Forderung wegen mangelnder Bonität des Schuldners (ebenso *Blümich/Hofmeister* § 8 GewStG Rn 71). Das ergibt sich auch aus dem Zweck des Buchst a, Schuldentgelte und vergleichbaren Aufwand für die Finanzausstattung zu erfassen; ein solcher Zusammenhang besteht bei der Teilwertabschreibung begrifflich nicht, und zwar auch dann, wenn die Forderung zu dem abgeschriebenen Wert verkauft wird (*FM Länder* BStBl I 2012, 654 Rn 18). Entsprechendes gilt für **Nebenkosten** einer Veräußerung (ebenso *Blümich/Hofmeister* aaO).

(frei) 17–19

IV. Umfang der Hinzurechnung

1. Absetzung bei der Gewinnermittlung

a) Grundsatz. Die Hinzurechnung der Entgelte für Schulden und des Aufwands 20 nach Satz 2 erfolgt nach dem Einleitungssatz des § 8 Nr 1 in der Höhe, in der er **bei der Ermittlung des Gewinns** aus Gewerbebetrieb **tatsächlich abgesetzt** worden ist (so schon § 8 Nr 1 aF), also entweder bei der Gewinnermittlung nach § 4 Abs 3 EStG durch Zahlungen, bei Gewinnermittlung nach § 4 Abs 1/§ 5 Abs 1 EStG durch Passivierung oder – bei der Zinsschranke des § 4 h EStG – durch Zinsvortrag nach § 4 h Abs 1 Satz 2 EStG (hierzu *Kessler/Ortmann-Babel/Zipfel* BB 2007, 523; *Zerhusen* StC 9.08, 25) ergeben haben (zur Wechselwirkung mit § 4 Abs 4a EStG *Wenzel* Stbg 2009, 252).

b) Anzusetzende Beträge. Maßgebend ist der **Gewinn** des Steuergegenstandes 20a **insgesamt.** Deswegen sind Sondervergütungen des Mitunternehmers nach § 15 Abs 1 Nr 2 EStG nicht hinzuzurechnen (*FM Länder* BStBl I 2012, 654, Rn 2).

Bei Skonti ist anzusetzen der **Nettobetrag** ohne USt, die per Saldo keine Gewinnauswirkung hat. Auch **Zahlungen durch Dritte** sind hinzuzurechnen, wenn das Entgelt Eingang in die Gewinnermittlung gefunden hat (vgl FG Nürnberg EFG 1975, 219).

Bei **abweichendem Wirtschaftsjahr** ist allein die Gewinnermittlung für das Wirtschaftsjahr maßgebend, das im EZ endet (§ 10 Abs 2). Darüber hinaus in diesem EZ gezahlte Schuldentgelte sind nicht zu berücksichtigen (FG Hamburg EFG 1989, 429; *FM Länder* BStBl I 2012, 654 Rn 46; *Blümich/Hofmeister* § 10 GewStG Rn 7).

2. Absetzungsfiktion

Für den Aufwand in Zusammenhang mit einem **schwebenden Vertragsver-** 21 **hältnis** enthält **Nr 1 Buchst a Satz 3** eine weitere Fiktion. Hiernach gilt die Differenz zwischen dem Wert der Forderung, wie ihn die Vertragsparteien im Zeitpunkt des Vertragsabschlusses der Veräußerung zugrunde gelegt haben, und dem vereinbarten (geringeren) Veräußerungserlös als bei der Gewinnermittlung abgesetzt.

a) Factoring/Forfaitierung. Der hinzuzurechnende Aufwand ergibt sich beim 21a **echten Factoring** aus der Differenz zwischen der Summe der vom Schuldner zu erwartenden Ratenzahlungen (Nominalwert!) und dem Kaufpreis; nicht jedoch sonstige Kosten (zB für Wertermittlung, Risikoprämie; *FM Länder* BStBl I 2012, 654 Rn 19 ff). Beim **unechten Factoring** erfolgt eine Hinzurechnung des Betrages der jährlichen Auflösung des aktiven RAP (*FM Länder* BStBl I 2012, 654 Rn 23).

§ 8 Nr 1a *(1 aF)* Hinzurechnungen

Betroffen ist demnach die Minderung des Erlöses gegenüber dem angenommenen Wert der Forderung im o.a. Zeitpunkt. Auch insofern lassen sich unerwünschte Effekte sicher ohne Schwierigkeiten durch entsprechende Vereinbarungen vermeiden.

21b **b) Zeitfragen.** Die Hinzurechnung findet nicht auf den Zeitpunkt der Vereinnahmung des Erlöses, sondern **verteilt auf** die **Restlaufzeit** des schwebenden Vertrages statt (*FM Länder* BStBl I 2012, 654 Rn 21).

Altfälle, also Factoring/Forfaitierung vor 1.1.2008, führen nicht zur Hinzurechnung nach § 8 Nr 1 Buchst a Satz 3 nF (*FM Länder* BStBl I 2012, 654 Rn 22).

3. Saldierungsverbot

22 Eine **Saldierung** von Aufwendungen mit Erträgen ganz oder zum Teil ist ebenso wenig zulässig wie die Saldierung von Schulden und Forderungen (Rn 5b; kritisch hierzu *Rödder* DStR 2007, Beih zu Heft 40). Das gilt auch bei einem wirtschaftlichen Zusammenhang zwischen Aufwendungen und Erträgen (vgl BFH I R 203/73 BStBl II 1976, 551), zB im Rahmen einer Betriebsaufspaltung (BFH XI R 65/03 BStBl II 2005, 102). Lediglich bei einem sehr engen Zusammenhang insb bei regelmäßiger Verrechnung durch die Vertragsparteien ist anderes denkbar: Zinsen für **wechselseitig begebene Darlehen** können nur dann saldiert werden, wenn die Darlehen demselben Zweck dienen und regelmäßig miteinander verrechnet werden (BFH I R 133/75 BStBl II 1977, 165; I R 119/04 BFH/NV 2006, 606). Entsprechendes gilt bei **Zinsverbilligungszuschüssen** *oder* **Zinserstattungen** (vgl BFH I 134/63 U BStBl III 1965, 417). Das bedeutet, es muss nicht nur wirtschaftlich, sondern auch ursächlich eine Beziehung zwischen Zinsen und dem Zuschuss bzw der Kostenerstattung bestehen (vgl BFH I R 203/73 BStBl II 1976, 551; I R 147/78 BStBl II 1984, 217). Ob eine solche Beziehung dann besteht, wenn bei einem variabel zu verzinsenden Kredit ein Dritter aufgrund einer **Zinsbegrenzungsvereinbarung** eine Zahlung in Höhe des Kappungsbetrages leistet (so *Häuselmann* BB 1990, 2149; *Blümich/Hofmeister* § 8 GewStG Rn 81), hängt mE davon ab, dass der Dritte ein wirtschaftliches Interesse an der Aufnahme gerade dieses Kredits durch den Steuerpflichtigen hat (vgl FG Nürnberg EFG 1975, 219, wo die Zinserstattung im wirtschaftlichen Zusammenhang mit einem Bierbezug stand; aA *Knobbe-Keuk* StuW 1975, 351). Im Übrigen gilt – wie schon zu § 8 Nr 1 aF – auch für **Erstattungen** durch Dritte ein prinzipielles Saldierungsverbot (RFH RStBl 1939, 711; 1939, 869).

4. Nachträgliche Minderung

23 Bei **Rückzahlung** *oder* **nachträglicher Minderung** des Entgelts ist zur Vermeidung einer Doppelerfassung bei der Ermittlung des GewErtrags des Jahres der Rückzahlung/Minderung der GewErtrag insoweit zu kürzen, als der Rückzahlungs-/Minderungsbetrag in einem früheren EZ den GewErtrag durch Hinzurechnung nach § 8 Nr 1 bzw § 8 Nr 1 Buchst a erhöht hat (vgl BFH I 278/60 U BStBl III 1961, 280; I R 18/66 BStBl III 1967, 187; R 7.1 Abs 1 Satz 1 GewStR; H 7.1 (1) GewStH).

24–29 *(frei)*

B. Früheres Recht zum Begriff der Dauerschulden (§ 8 Nr 1 GewStG aF)

§ 8 Nr. 1 aF lautete:

1. **die Hälfte der Entgelte für Schulden, die wirtschaftlich mit der Gründung oder dem Erwerb des Betriebs (Teilbetriebs) oder eines Anteils am Betrieb oder** *mit einer Erweiterung oder Verbesserung des Betriebs zusammenhängen oder der nicht nur vorübergehenden Verstärkung des Betriebskapitals dienen;*

I. Allgemeines/Alternativen

Die Kennzeichnung des Begriffs erfolgt in der Vorschrift durch Beschreibung von **drei Alternativen** ihrer Entstehung bzw ihres Wirkungszusammenhangs:
1. Gründung oder Erwerb des Betriebs (Teilbetriebs) oder eines Anteils am Betrieb,
2. Erweiterung oder Verbesserung des Betriebs und
3. nicht nur vorübergehende Verstärkung des Betriebskapitals.

1. Auslegung nach der hM

Die **hM unterscheidet** jedoch nur **zwei Alternativen:** sie stellt die Erweiterung 30 oder Verbesserung wirtschaftlich der Gründung oder dem Erwerb des Betriebes (Teilbetriebes) gleich. Im Übrigen darf der unscharfe Begriff der Dauerschulden auf der amtlichen Begründung zu § 8 Nr 1 GewStG 1936 (RStBl 1937, 693, 695), wonach „Schulden, die der nicht nur vorübergehenden Verstärkung des Betriebskapitals dienen" (3. Alternative) „als allgemeiner Tatbestand die anderen Tatbestände des § 8 Nr 1 GewStG mit umfasst". Der BFH hat indes seit BFH I R 55/68 BStBl II 1971, 750 für die 1. und 2. Tatbestandsalternative (Gründung/Erwerb oder Erweiterung/Verbesserung) ein Zeitmoment („nicht nur vorübergehende Verstärkung") nicht mehr gefordert (BFH I R 91/74 BStBl II 1976, 789; IV R 192/75 BStBl II 1979, 151; IV R 172/80 BStBl II 1982, 73; VIII R 179/83 BStBl II 1984, 213; I R 297/82 BStBl II 1986, 415).

2. Bedeutung des Zeitmoments

Es hat Bedeutung für die **sonstigen** und die sog **laufenden Geschäftsvorfälle.** 31 Verbindlichkeiten hieraus sind Dauerschulden idR nur, wenn sie eine Laufzeit von mindestens 12 Monaten haben (vgl Rn 51 ff). Für die Fälle Gründung/Erwerb und Erweiterung/Verbesserung des Betriebs kommt es auf die Laufzeit der Schuld nicht mehr an, auch wenn die Finanzierung durch einen Zwischenkredit erfolgt (BFH IV R 172/80 BStBl II 1982, 73; vgl Rn 120) und sogar dann, wenn der Zwischenkredit der Begründung einer Bausparkasseneinlage (= grds Umlaufvermögen) dient (BFH VIII R 168/83 BStBl II 1989, 299). In diesen Fällen sind auch Entgelte für kurzfristige Verbindlichkeiten hinzuzurechnen (vgl BFH VIII R 179/83 BStBl II 1984, 213; I R 297/82 BStBl II 1986, 415). Demnach kommt es für die Frage, ob eine Schuld/ein Kredit eine Dauerschuld darstellt, auf den **Anlass der Schuld/der Kreditaufnahme** im Zeitpunkt der Begründung/Aufnahme, dh auf ihren **Charakter** an (vgl BFH I R 56/80 BStBl II 1984, 598, 601; I R 88/89 BStBl II 1992, 257 mwN).

3. „Eigentliches" Betriebskapital

Für alle Alternativen der Dauerschulden gilt der in der Rechtsprechung immer 32 wieder bemühte Satz, dass eine Schuld nur dann Dauerschuldcharakter hat, wenn die Valuta der Schaffung des **„eigentlichen" Dauerkapitals** dient (vgl etwa BFH IV R 6/90 BStBl II 1991, 584; X R 80/94 BFH/NV 1999, 359 mwN). Das hat Bedeutung insb für die Einordnung von sog „laufenden Geschäftsvorfällen" und im Rahmen dessen zur Bewertung der Finanzierung von Umlaufvermögen größerer Werthaltigkeit (zB Grundstücke), die in Anbetracht der Höhe der in diesem Zusammenhang aufgenommenen Schulden und deren Laufzeit zu beträchtlichen Schieflagen führt.

§ 8 Nr 1a *(1 aF)*   Hinzurechnungen

II. Gründung oder Erwerb eines Betriebs (Teilbetriebs) oder eines Anteils am Betrieb

1. Begriff des Betriebs

33 Die Vorschrift betraf nicht (nur) den **Gewerbebetrieb** nach § 15 Abs 2 Satz 1 EStG als selbstständige nachhaltige Betätigung, die mit der Absicht, Gewinn zu erzielen, unternommen wird und sich als Beteiligung am allgemeinen wirtschaftlichen Verkehr darstellt (Ausnahme LuF und selbstständige Arbeit), sondern auch die Organisation ihres **sachlich-persönlichen Substrats** (vgl BFH I R 153/83 BFH/NV 1988, 326).

2. Gründung des Betriebs

34 Die **Gründungsphase** beginnt mit der Anschaffung oder Herstellung des sachlichen Substrats des Betriebes sowie den dazugehörigen Rechtshandlungen wie Abschluss von Gesellschaftsverträgen, Kaufverträgen, Anmeldungen zur Registereintragung usw. Insofern ist die Gründung des Betriebes iSd Vorschrift nicht identisch mit dem Beginn der GewStPflicht iSv § 2 Abs 1 u 2 (BFH I R 126/83 BStBl II 1988, 70). Die in dieser Phase aufgenommenen Kredite sind, sofern sie nicht das UV betreffen, solche iSd 1. Alternative (BFH IV R 26/81 BStBl II 1984, 376). Allerdings können sich Gründungsphase und gewstpfl Tätigkeit überschneiden (BFH I R 126/83 BStBl II 1988, 70), so dass auch noch nach Beginn der GewStPfl Verträge geschlossen werden können, die zur Gründung/zum Erwerb des Betriebes gehören.

3. Anteil am Betrieb

35 Betroffen ist das ganze oder geteilte **Beteiligungsrecht am Betrieb** (BFH IV 293/64 BStBl III 1967, 185). Als Anteil am Betrieb kommen insb Anteile an Personengesellschaften in Betracht (BFH IV R 178/80 BStBl II 1981, 621; I R 51/90 BStBl II 1992, 919; IV R 10/92 BStBl II 1993, 843; VIII R 52/98 BFH/NV 2000, 80), nicht jedoch an einer Kapitalgesellschaft (FG Düsseldorf EFG 1970, 89). Der „Anteil an einer Kapitalgesellschaft" (vgl § 17 EStG) oder „Gewinnanteil" (vgl § 20 EStG) verschafft keinen Anteil am BV.

4. Erwerb eines Betriebs, Teilbetriebs, Anteils usw

36 Betroffen ist der idR **entgeltliche Übergang** von einem bestehenden Betrieb usw iS eines selbstständigen Organismus auf einen anderen Rechtsträger (BFH I R 153/83 BFH/NV 1988, 326; I R 124/70 BStBl II 1973, 403). Der Übergang einzelner WG genügt nicht (BFH I 197/615 BStBl III 1962, 190; IV 76/63 BStBl III 1966, 168; FG Münster EFG 1991, 142). Es muss sich um eine funktionstüchtige Gesamtheit handeln (zum Teilbetrieb s jedoch Rn 37). In den Fällen des § 2 Abs 5 gilt der Übergang von einem Rechtsträger auf den anderen als Neugründung. Ein Anteilserwerb liegt auch vor, wenn der Veräußerer (an der Mitunternehmerschaft) beteiligt bleibt (BFH IV 293/64 BStBl III 1967, 185) oder wenn mehrere Unternehmen einen Betrieb erwerben, um ihn unmittelbar danach unter sich aufzuteilen (FG München EFG 1970, 407).

5. Begriff des Teilbetriebs

37 **a) Grundsatz.** Es besteht **Identität mit** dem Begriff in **§ 16 Abs 1 Nr 1 EStG** (BFH I R 146/76 BStBl II 1980, 51; VIII R 62/72 BStBl II 1977, 42; IV R 189/81 BStBl II 1984, 486; s § 2 Rn 17). Danach ist ein Teilbetrieb ein mit einer gewissen

Selbstständigkeit ausgestatteter, organisch abgeschlossener Teil des Gesamtbetriebs, der für sich allein lebensfähig ist (BFH I R 56/80 BStBl II 1984, 598). Es genügt, dass dessen wesentliche Grundlagen übergehen (BFH I R 124/70 BStBl II 1973, 403). Ob ein Betriebsteil die für die Annahme eines Teilbetriebs erforderliche gewisse Selbstständigkeit besitzt, ist nach dem Gesamtbild der Verhältnisse zu entscheiden. Teilbetrieb ist aber auch eine (erworbene) Beteiligung an einer Kapitalgesellschaft, wenn die Beteiligung das gesamte Nennkapital der Gesellschaft umfasst (BFH I R 88/89 BStBl II 1992, 257). Teile des Stammkapitals genügen nicht (BFH I B 99/92 BFH/NV 1993, 620). Auch ein stillgelegter, aber im Erwerbszeitpunkt funktionsfähiger Betriebsteil kann den Begriff des Teilbetriebs erfüllen (BFH I R 124/70 BStBl II 1973, 403).

b) Alternativen. Bei der **Gründung** des Teilbetriebs muss die erforderliche **37a** Selbstständigkeit in diesem Sinne spätestens nach Beendigung der Aufbau- und Einrichtungsphase bestehen (BFH I R 146/76 BStBl II 1980, 51). Beim **Erwerb** des Teilbetriebs ist ein Teilbetrieb nur dann anzunehmen, wenn er die vorstehenden Merkmale **bereits in der Hand des Veräußerers** aufgewiesen hat (BFH VIII R 62/72 BStBl II 1977, 42; I R 153/83 BFH/NV 1988, 326). Auch der Erwerb eines **Anteils am Teilbetrieb** fällt unter die 1. Alternative (BFH I R 124/70 BStBl II 1973, 403). Die organisatorische Abtrennung, etwa durch Einrichtung einer gesonderten Buchführung usw, als dritter Tatbestand der Entstehung eines Teilbetriebs konnte mE nur iZm einer Erweiterung/Verbesserung (Rn 40 ff) zu Dauerschulden führen.

6. Wirtschaftlicher Zusammenhang

Der Gegenwert der Schuld **dient der Gründung/dem Erwerb** des Betriebs **38** oder eines Anteils hieran, wenn er für den Erwerb der erforderlichen WG oder sonstige hiermit zusammenhängende Aufwendungen verwendet wird; auch über einen Zwischenkredit zur Begründung einer Bauspareinlage (vgl BFH VIII R 168/83 BStBl II 1989, 299). Auf das Gewicht der einzelnen Verbindlichkeiten im Verhältnis zur gesamten Maßnahme kommt es nicht an. Dieser Zusammenhang soll nicht gegeben sein bei Eingehen einer **Freistellungsverpflichtung** (in Bezug auf Pensionslasten) iZm dem Erwerb des Gewerbebetriebs (FG Düsseldorf 11 K 3626/10 G EFG 2013, 467, Rev I R 85/12; mE unzutreffend, weil den Sachzusammenhang künstlich zerlegend).

Wirtschaftlicher Zusammenhang mit der Gründung oder dem Erwerb ist auch möglich, wenn bei Entstehen der Entgelte schon die gewstpfl werbende Tätigkeit aufgenommen worden ist (vgl BFH I R 126/83 BStBl II 1988, 70). Auf das **Zeitmoment** kommt es hierbei nicht an (BFH I R 55/68 BStBl II 1971, 750; I R 91/74 BStBl II 1976, 789).

Die **Finanzierung** der Anschaffung oder Herstellung **von UV** allein reicht auch dann nicht, wenn sie in zeitlichem Zusammenhang mit der Gründung oder dem Erwerb des Betriebs steht (BFH I R 55/68 aaO; I R 297/82 BStBl II 1986, 415). Auch beim Erwerb übernommene laufende Verbindlichkeiten werden nicht zu Dauerschulden (BFH I R 178/85 BStBl II 1991, 469).

Es sind nur die Entgelte hinzuzurechnen, die mit Gründung/Erwerb des Betriebs oder Anteils an dem Betrieb zusammenhängen, dessen Gewerbeertrag zu ermitteln ist; daher **keine Hinzurechnung,** wenn der die Kosten verursachende **Betrieb/Anteil** usw inzwischen **veräußert** worden ist (BFH I R 51/90 BStBl II 1992, 919; zu prüfen bleibt allerdings dann die 3. Alternative der Vorschrift).

7. Saldierungsverbot

Eine **Verrechnung** mit Guthaben oder flüssigen Mitteln erfolgt grundsätzlich **39** nicht (BFH VIII R 168/83 BStBl II 1989, 299). Es gelten auch hier die Grundsätze zur isolierten Betrachtungsweise (Rn 47 ff).

§ 8 Nr 1a *(1 aF)*

III. Erweiterung oder Verbesserung des Betriebs

1. Begriff

40 Nach st Rspr (bereits angedeutet in BFH IV R 192/75 BStBl II 1976, 789; grundlegend IV R 192/75 BStBl II 1979, 151; VIII R 168/83 BStBl II 1989, 299; VIII R 59/88 BFH/NV 1991, 115) fallen unter die Alternative Verbesserung oder Erweiterung nur solche weitreichenden Maßnahmen oder schwerwiegenden Investitionen, die als **mit einer Gründung** oder **einem Erwerb** des Betriebs **gleichwertig** eingestuft werden müssen (vgl auch BFH IV R 172/80 BStBl II 1982, 73; VIII R 422/83 BStBl II 1991, 765; zur Erbbaurechtsbestellung BFH I R 9/08 BStBl II 2010, 560). Eine Hinzurechnung nach dieser Alternative scheidet aus, wenn die beschafften Wirtschaftsgüter nicht zum Anlagevermögen des Betriebs gehören (BFH VIII R 40/92 BStBl II 1996, 664; X R 80/94 BFH/NV 1999, 359). Die sich aus dem Willen des Kaufmanns ergebende Zweckbestimmung (BFH VIII R 61–62/73 BStBl II 1975, 352) „dauerndes Dienen" betrifft lediglich die beabsichtigte Funktion, dh die Art des Einsatzes im Betrieb; unerheblich ist die tatsächliche Dauer der Verwendung im Betrieb (BFH VIII R 86/78 BStBl II 1982, 344). Auch ein für ein „sale and lease back"-Verfahren beschafftes Wirtschaftsgut erfüllt die Bestimmung (BFH X R 80/94 aaO).
Zur **Kritik** vgl 6. Auflage § 8 Nr 1 Rn 14.

2. Bemessung der Gleichwertigkeit

40a Wie diese vorzunehmen ist, lässt die Rechtsprechung weitgehend offen. Ist nach BFH IV R 192/75 BStBl II 1979, 151 die Beschaffung eines Lkw durch ein Güterfernverkehrsunternehmen noch keine mit der Gründung oder dem Erwerb des Betriebs vergleichbare Maßnahme, genügt dagegen nach BFH VIII R 179/83 BStBl II 1984, 213 die Anschaffung von Omnibussen durch ein Omnibusunternehmen. **Maßgebend ist die Funktion** und **die wirtschaftliche Bedeutung,** die dem erworbenen oder hergestellten WG in Anbetracht des Umfangs des vorhandenen AV innerhalb des Betriebsorganismus zufällt (BFH I R 297/82 BStBl II 1986, 415; VIII R 168/83 BStBl II 1989, 299; IV R 172/89 BStBl II 1982, 73: Erhöhung des Werts der Sachanlagen von 277 000 DM auf 521 000 DM). Unzweifelhaft ist die erstmalige Herstellung eines Betriebsgebäudes eine Maßnahme iS dieser Alternative (BFH VIII R 422/83 BStBl II 1991, 765), ebenso der Erwerb einer Schachtelbeteiligung (BFH I R 44/95 BStBl II 1997, 181; I R 50/02 BStBl II 2003, 768). Nach BFH I R 91/74 BStBl II 1976, 789 und I R 91/74 BStBl II 1982, 73 ist eine Umsatzsteigerung nur eines der wesentlichen Merkmale für die Beurteilung der Erweiterung oder Verbesserung. Der Erwerb von bisher gepachteten (gemieteten) AV von dem o.a. Gewicht ist Erweiterung oder Verbesserung (BFH VIII R 168/83 aaO). Gewöhnliche Ersatz- oder Erhaltungsmaßnahmen genügen nicht (BFH VIII R 179/83 BStBl II 1984, 213).

3. Wirtschaftlicher Zusammenhang

41 Der Kredit dient der Erweiterung oder Verbesserung des Betriebs, wenn die durch die Verbindlichkeit erlangten Mittel **für die Beschaffung** des für die Erweiterung oder Verbesserung erforderlichen Anlagevermögens **verwendet** werden (BFH I R 91/74 BStBl II 1976, 789). Auf die *Laufzeit* der Verbindlichkeit oder Tilgungsmöglichkeiten kommt es nicht an (BFH VIII R 422/83 BStBl II 1991, 765; VIII R 59/88 BFH/NV 1991, 115). Der Zusammenhang ist auch dann gegeben, wenn die Maßnahme über einen Zwischenkredit zur Begründung einer Bausparéinlage finanziert wird (BFH VIII R 168/83 BStBl II 1989, 299; ähnlich VIII R 422/83 BStBl II 1991, 765).

4. Saldierungsverbot

Eine **Verrechnung** mit Guthaben oder flüssigen Mitteln erfolgt grundsätzlich 42
nicht (BFH VIII R 168/83 aaO; VIII R 422/83 aaO). Es gelten auch hier die
Grundsätze zur isolierten Betrachtungsweise (Rn 47 ff).

IV. Nicht nur vorübergehende Verstärkung des Betriebskapitals

1. Begriff des Betriebskapitals

Der **Begriff** ist nicht gleichzusetzen mit dem Begriff des Kapitals im bilanztechni- 43
schen Sinne. Der **BFH** versteht ihn in st Rspr einschränkend iSd „eigentlichen"
Betriebskapitals, was für die Dauerschuld bedeutet, dass die Schaffung bzw Verstärkung des „eigentlichen" Dauerkapitals gefordert wird (BFH IV R 6/90 BStBl II
1991, 584).
ME stellt die Vorschrift auf die objektive Wirtschaftskraft ab, wie sie durch den
erzielten Ertrag auf der Grundlage der Mittel, die zur Erzielung des Ertrags eingesetzt
werden, repräsentiert wird (vgl BVerfGE 26, 21 BStBl II 1969, 424; I R 257/70
BStBl II 1973, 670). Daher bezeichnet Betriebskapital mE die Gesamtheit der im
Betrieb enthaltenen (arbeitenden) Mittel und umfasst AV und UV (vgl BFH I 252/
61 HFR 1963, 213; I 244/59 HFR 1964, 84), gleich ob laufende oder sonstige
Geschäftsvorfälle finanziert werden.

2. Verstärkung des Betriebskapitals

a) **Mittelzuführung. Verstärkung** bedeutet, dem Betrieb werden Mittel zuge- 44
führt, die er nach ihrer Eigenart und besonderen Anlage **von einiger Dauer zur
Verfügung** hat (BFH IV R 192/75 BStBl II 1979, 151; IV R 105/84 BStBl II
1987, 448), über die er bisher nicht verfügen konnte und die er ohne die zu
beurteilende Maßnahme aus eigenen Beständen hätte erbringen müssen (BFH I
196/65 BStBl II 1968, 717; I R 132/77 BStBl II 1981, 219). Das ist – unabhängig
von der Motivation des Gläubigers, das Betriebskapital zu verstärken (BFH I R
104/10 BFH/NV 2011, 2107) – der Fall beim Zufluss zusätzlicher Mittel, aber auch
dann, wenn lediglich eine Verringerung des Betriebskapitals verhindert wird (BFH
IV 140/56 U aaO; I 230/56 U BStBl III 1958, 39), wenn ursprünglich vorhandenes
Betriebskapital ergänzt oder wiederhergestellt wird (RFH RStBl 1939, 287), wenn
nur Verluste vermieden werden sollen (RFH RStBl 1939, 1057) oder laufend fällige
Zahlungen in eine einheitliche Schuld umgewandelt werden (RFH RStBl 1939,
702). Entsprechendes gilt, wenn aufgelaufene Zinsen der Schuld hinzugeschlagen
werden (RFH RStBl 1939, 702; BFH IV R 140/56 U aaO), fällige Zahlungen nicht
zeitgerecht entrichtet werden (vgl BFH I 159/60 S BStBl III 1962, 222; I 51/65
BStBl II 1969, 266) oder Rückstellungen für Schadensersatzverpflichtungen (etwa
aus unerlaubter Handlung, Patentrechtsverletzungen usw) gebildet werden (BFH I
R 81/81 BStBl II 1985, 431). In Fällen der letztbezeichneten Art liegt aber noch
keine Verstärkung des Betriebskapitals, solange die Schuld dem Grunde nach noch
unbestimmt ist (BFH I R 81/81 aaO).
Die **Bereitstellung von Kreditmitteln** für die spätere Verwendung allein
genügt mE dem Begriff der Verstärkung nicht (vgl zu Bereitstellungszinsen BFH I
R 12/96 BStBl II 1997, 253; anders noch I 197/57 S BStBl III 1959, 428; offen
gelassen in I R 133/75 BStBl II 1977, 165).
Die **Sicherung** der Verbindlichkeit ist für die Frage der Verstärkung **nicht von
Bedeutung** (BFH IV R 185/83 BStBl II 1987, 443; I R 104/10 BFH/NV 2011,
2107).

§ 8 Nr 1a *(1 aF)* Hinzurechnungen

44a b) **Notwendigkeit/Zweckmäßigkeit**. Nicht erforderlich ist, dass die Mittelzuführung **notwendig oder zweckmäßig** war (BFH I 244/61 HFR 1963, 145); unerheblich ist daher auch, dass dem Kredit nur eine Gefälligkeit gegenüber einem Dritten zu Grunde lag (Ausnahme: durchlaufender Kredit, Rn 73). Daher sind solche Definitionen des Begriffs Verstärkung des Betriebskapitals, in denen der BFH darauf abstellt, dass das Unternehmen die Mittel zur Verfügung haben muss (BFH I 137/58 U BStBl III 1959, 430; I R 297/82 BStBl II 1986, 415; VIII R 423/83 BStBl II 1991, 23), nicht praktikabel, zumindest aber missverständlich.

3. Der Zweck der Kreditaufnahme/tatsächliche Mittelverwendung

45 Mit **Ausnahme der laufenden Geschäftsvorfälle** (Rn 51 ff) sind der **Zweck** bzw die tatsächliche Mittelverwertung **ohne Bedeutung**. Dauerschulden können daher auch gegeben sein, wenn sie der Finanzierung einer öffentlich-rechtlich vorgeschriebenen Vorratshaltung dienen (BFH I R 203/73 BStBl II 1976, 551). Das Gleiche gilt bei Hinzutreten des erforderlichen Zeitmoments (vgl Rn 52) bei Krediten für den Erwerb von AV (BFH I R 91/74 BStBl II 1976, 789; I 137/58 U BStBl III 1959, 430). Hierbei ist es unerheblich, ob es sich um übliche oder für den Betrieb aus dem Rahmen fallende Vorfälle handelt (BFH I V R 140, 141/74 BStBl II 1978, 505, Erwerb eines Krans zur Vermietung durch Handelsvertreter). Auch bei Verwendung für laufende Geschäftsvorfälle, etwa zur Begleichung von Lieferantenschulden kann Verstärkung des Betriebskapitals gegeben sein (BFH I 244/59 HFR 1964, 84). Das Gleiche gilt bei Schuldaufnahme, um dem Geschäftsführer zur Sicherung einer eigenen Forderung oder der Forderung des Geschäftsführers einen Kredit zu gewähren, um Ersatz für eine nicht einziehbare Forderung zu erlangen (RFH RStBl 1939, 1098) oder um eine Forderung gegen eine Bausparkasse zu begründen (Nds FG EFG 1983, 625); ebenso bei Einbehaltung einer Stornoreserve (FG Hamburg EFG 1986, 352).

4. Schulden mit wechselndem Bestand

46 Sie können bei **Hinzutreten des Zeitmoments** (Rn 52) Verstärkung des Betriebskapitals darstellen (BFH I 63/60 S BStBl III 1961, 537; I 7/65 U BStBl III 1965, 620). Sie können nicht generell nur in Höhe des Mindestbestandes als Dauerschuld angesehen werden (BFH I R 73/03 BStBl II 2006, 134). Der **Mindestbestand** ist von Bedeutung, wenn bei Finanzierung laufender Geschäftsvorfälle in dieser Höhe dauerhaft Kredit gewährt wird (BFH I R 15/80 BStBl II 1984, 379). Maßgeblich ist im Übrigen, ob und dass das einheitliche Schuldverhältnis insgesamt der (nicht nur vorübergehenden) Verstärkung des Betriebskapitals dient (BFH I 63/60 S BStBl III 1961, 537). Dasselbe gilt für Kontokorrentschulden, wenn trotz der äußeren Form des Kontokorrentverkehrs ein bestimmter Mindestkredit dem Unternehmen dauernd gewidmet sein soll (BFH IV R 81/77 BStBl II 1981, 223), vgl hierzu Rn 92.

5. Isolierte Betrachtungsweise

47 a) **Grundsatz**. Der Wortlaut des § 8 Nr 1 GewStG aF gebietet eine **isolierte Betrachtung** (BFH I 255/61 U BStBl III 1962, 540; I R 132/77 BStBl II 1981, 219). Für die Frage der Verstärkung des Betriebskapitals ist daher grds jede Schuld für sich zu betrachten (BFH I R 297/82 BStBl II 1968, 715; I R 254/70 BStBl II 1974, 388); Verstärkung daher auch, wenn der Betrieb über genügend liquide Mittel zur Tilgung der Schuld verfügt (BFH I R 297/82 BStBl II 1986, 415). Es besteht grds ein **Saldierungsverbot**, und zwar auch dann, wenn ein Teil des Kreditbetrags auf einem Festgeldkonto oder sonst langfristig zwecks späterer Verwendung angelegt

Hinzurechnungen (Schuldentgelte) **§ 8 Nr 1a *(1 aF)***

wird (BFH I 255/61 U aaO; I R 133/75 BStBl 1977, 165) bzw der Erbringung einer Bauspareinlage dient (BFH VIII R 168/83 BStBl II 1989, 299; VIII R 422/83 BStBl II 1991, 765), wenn der Kredit zur Sicherung einer Dauerschuld abgetreten wird (FG Bremen EFG 1984, 361) oder kurzfristige Forderungen längerfristigen Verbindlichkeiten gegenüberstehen (BFH I R 85/85 BStBl II 1989, 900). Es handelt sich grds um verschiedene WG, auch bei wechselseitigen Kontokorrentverhältnissen (BFH I 351/60 U BStBl III 1963, 386).

b) Ausnahme. Anderes gilt (nur dann), wenn es dem Schuldner (Stpfl) **nicht** 48 **auf die Vielheit der Posten** ankommt (RFHE 45, 190, RStBl 1939, 288; RFHE 54, 545, RStBl 1943, 750; vgl auch BFH I 230/56 U BStBl III 1958, 39), sondern wenn **mehrere Schuldverhältnisse** in einem wirtschaftlichen Zusammenhang stehen und so **miteinander verknüpft** sind, dass dadurch die (dauerhafte) Verstärkung des Betriebskapitals eintritt (BFH XI R 65/03 BStBl II 2005, 102), die die privatrechtliche Begründung mehrerer Schuldverhältnisse als formalen Gesichtspunkt in den Hintergrund treten lässt (BFH I R 257/70 BStBl II 1973, 670; VIII R 422/83 BStBl II 1991, 765; I R 73/03 BStBl II 2006, 134). Weder nach Wortlaut noch nach Sinn und Zweck des § 8 Nr 1 ist es geboten, den Dauerschuldcharakter mehrerer selbstständiger, mit demselben Kreditgeber abgeschlossenen Kreditgeschäfte allein nach handelsrechtlichen Gesichtspunkten zu bestimmen (BFH IV R 2/97 BStBl II 1997, 742). Ist der zweite Kredit **missbräuchlich** aufgenommen und eingesetzt worden, dann ist von den Besteuerungsgrundlagen auszugehen, die sich ohne den Einsatz des zweiten Kredits ergeben hätten (BFH IV R 81/77 BStBl II 1981, 223; I R 101/88 BStBl II 1991, 851).

aa) Identität des Gläubigers. Die **Zusammenfassung** ist **idR** nur bei mehre- 48a ren Schuldverhältnissen mit **demselben Gläubiger** und beim **Zusammenwirken** des StPfl mit **mehreren Gläubigern** angezeigt (BFH I R 254/70 BStBl II 1974, 388). Eine Zusammenrechnung erfolgt daher nicht schon deswegen, weil die Führung der Konten nur miteinander möglich geworden ist (BFH I 255/61 U BStBl III 1962, 540). Die Rspr hat neben der Gleichartigkeit, Regelmäßigkeit oder gleichbleibenden Zweckbestimmung (RFH RStBl 1938, 117; BFH I 54/60 U BStBl III 1961, 422, Saisonkredite bei einer Großbank in zwei verschiedenen Städten) die regelmäßige Verrechnung der Kredite und Verwendung des einen Kontos zur Abdeckung des anderen als maßgeblich angesehen (BFH I 255/61 U BStBl III 1962, 540; I R 257/70 BStBl II 1973, 670; zu Wechsel- u Kontokorrentkredit FG Köln 13 K 2796/06 EFG 2009, 1775).

bb) Verschiedenheit der Gläubiger. Für Kredite *und* Guthaben **bei verschie-** 48b **denen Banken** und **anderen Gläubigern** gilt dies nur, wenn die Kreditbedingungen durch deren **Zusammenwirken** zustande gekommen sind (BFH I R 254/79 BStBl II 1974, 388; VIII R 168/83 BStBl II 1989, 299). Das gilt auch für Darlehen(szinsen) mit der einen Seite und Versicherungs- bzw Bausparguthaben und -zinsen auf der anderen Seite (BFH VIII R 422/83 BStBl II 1991, 765). **Nacheinander** aufgenommene Kredite sind dann als einheitliche Schuld zu behandeln, wenn sie wirtschaftlich eng zusammenhängen und durch Vereinbarungen zwischen den Kreditgebern und zwischen ihnen und dem Kreditnehmer derart verknüpft sind, dass gerade die Verknüpfung dem Kreditnehmer die einheitliche Nutzung der Kreditmittel sichert (BFH I R 127/86 BStBl II 1990, 915; I R 101/88 BStBl II 1991, 851; I R 160/94 BStBl II 1996, 328; VIII R 49/95 BStBl II 1998, 272; IV R 2/08 BFH/NV 2011, 44). Die äußere Selbstständigkeit der einzelnen Kredite tritt dann als mehr formaler Gesichtspunkt hinter den maßgebenden wirtschaftlichen Verhältnissen zurück (BFH IV R 2/97 BStBl II 1997, 742). Unter diesen Voraussetzungen kommt es nicht darauf an, dass die Konten bei den betreffenden Gläubigern (Banken) für sich betrachtet an mindestens acht Tagen im Jahr einen positiven Saldo

§ 8 Nr 1a *(1 aF)* Hinzurechnungen

ausgewiesen haben (BFH I R 51/10 BFH/NV 2012, 446, zu FG Hamburg 2 K 68/08 EFG 2010, 1717, Vb 1 BvR 194/12).

Diese Grundsätze gelten auch **außerhalb des Bankenbereichs** (BFH IV R 86/89 BStBl II 1991, 474) und im Einzelnen auch bei Zins-Swap-Geschäften (BFH I R 89/02 BStBl II 2004, 517; s Rn 118); auch ein Avalkredit kann nicht mit dem abgesicherten Darlehensverhältnis zusammengefasst werden (BFH IV R 55/05 BStBl II 2007, 655).

49 c) **Aufteilung eines einheitlichen Kredits.** Umgekehrt ist eine **Auflösung** eines einheitlich gewährten Kredits in einzelne, steuerlich für sich zu beurteilende Kreditgeschäfte (nur) zulässig, wenn ein enger wirtschaftlicher Zusammenhang zwischen den (Teil)Kreditgewährungen und einzelnen Vorhaben (insb Warengeschäften) sowie deren Abwicklung festgestellt werden kann (BFH VIII R 6/90 BStBl II 1991, 246; VIII R 40/92 BStBl II 1994, 664; VIII R 49/95 BStBl II 1998, 272).

6. Nicht nur vorübergehende Verstärkung des Betriebskapitals

50 Es handelt sich um einen **unbestimmten Rechtsbegriff,** der nicht wegen Unbestimmtheit zur Nichtigkeit der Vorschrift führt (BFH I 244/59 HFR 1964, 84). Er bedeutet, dass der Schuld ein gewisses Dauerelement innewohnt (BFH I 197/57 S BStBl III 1959, 428; I 137/58 U BStBl III 1959, 430). Die Frage, wie dieses beschaffen sein muss, ist je nach Art des finanzierten Geschäftsvorfalls unterschiedlich zu beurteilen. Abzustellen ist darauf, ob es sich um einen **laufenden,** im gewöhnlichen Geschäftsgang stets anfallenden **Geschäftsvorfall** (Rn 50a) oder um einen sonstigen Geschäftsvorfall (Rn 52) handelt (BFH IV R 86/89 BStBl II 1991, 474; I R 73/03 BStBl II 2006, 134).

50a a) **Laufende Geschäftsvorfälle/sonstige Geschäftsvorfälle.** Für **sonstige Geschäftsvorfälle** hat die Rspr typisierend einen **Zeitraum von 12 Monaten** angesetzt (BFH I 63/60 S BStBl 1961, 537). Gleiches gilt für allgemeine Geschäftskredite (BFH I R 15/80 BStBl II 1984, 379; I R 15/80 BStBl II 1987, 443; IV R 44/07 BStBl II 2010, 779; IV R 49/07 BFH/NV 2010, 945), wenn die Schuldaufnahme der Beschaffung des „eigentlichen" Dauerbetriebskapitals dient (BFH I R 293/82 BStBl II 1987, 446; VIII R 51/04 BStBl II 2008, 137; X R 80/94 BFH/NV 1999, 359). Dagegen ist dieses typisierte Dauerelement von 12 Monaten nicht ohne Weiteres erheblich bei **laufenden Geschäftsvorfällen,** sondern nur wenn die lange Laufzeit nach Art des Geschäftsvorfalls unüblich ist (zB BFH VI R 289/67 BStBl II 1970, 436; VIII R 30/89 BStBl II 1990, 1081; IV R 86/89 BStBl II 1991, 474; VIII R 40/92 BStBl II 1994, 664; I R 160/94 BStBl II 1996, 328; VIII R 185/83 BStBl II 1998, 272).

50b b) **Unterscheidungsmerkmale.** Demnach ist die fällige **Unterscheidung** von Dauerschulden und sonstigen Schulden nach wirtschaftlichen Gesichtspunkten, also **nach dem Charakter der Schuld** zu treffen (zB BFH IV R 24/78 BStBl II 1981, 481; IV R 185/83 BStBl II 1987, 443; VIII R 51/04 BStBl II 2008, 137). Ist unklar, ob ein Geschäftsvorfall als laufender einzuordnen ist, so kann die lange Laufzeit des Kredits Anzeichen für die nicht nur vorübergehende Verstärkung des Betriebskapitals sein (BFH IV R 24/78 BStBl II 1981, 481; IV R 293/92, BStBl II 1987, 443; I R 293/82 BStBl II 1987, 446; I R 82/10 BFH/NV 2012, 605). **Entscheidend** ist zunächst der **Finanzierungsanlass,** nicht die Abwicklung der Verbindlichkeit (BFH I 137/58 U BStBl III 1959, 430; I R 88/89 BStBl II 1992, 257). Es ist also ohne Bedeutung, dass die Abwicklung selbst zum laufenden Geschäftsbetrieb gehört (BFH I R 15/80 BStBl II 1984, 379; IV R 105/84 BStBl II 1987, 448). Auch die Art der Sicherstellung des Gläubigers ist unerheblich (BFH IV R 185/83 BStBl II 1987, 443; I R 104/10 BFH/NV 2011, 2107). Enthält ein durch Kredit refinanzierter Vertrag mehrere trennbare Geschäftsvorfälle, dann ist jeder Vorgang gesondert

Hinzurechnungen (Schuldentgelte) § 8 Nr 1a *(1 aF)*

zu prüfen (BFH I R 166/74 BStBl II 1976, 717). Diese Grundsätze gelten auch im Leasing-Geschäft (s Rn 84). Die Entscheidung darüber, ob eine nicht nur vorübergehende Verstärkung vorliegt, ist nicht (nur) Tatsachenwürdigung, sondern (auch) Rechtsanwendung und unterliegt daher revisionsrichterlicher Nachprüfung (vgl BFH IV R 185/83 aaO und I R 104/10 aaO einerseits; BFH I 131/64 HFR 1966, 174 andererseits).

c) Insbesondere Vorauszahlungen. Finanzierungsanlass und **Abwicklung** 50c **der Schuld** dürfen nicht verwechselt werden. Bei **Vorauszahlungen** auf eine erwartete Leistung bestimmt sich der Finanzierungsanlass nach dem Grund für das „Voraus" (im Streitfall Finanzierung eines Kraftwerks), nicht jedoch nach der Art des erwarteten Leistungsaustauschs (Stromlieferung) und der mit ihm verbundenen Abwicklung des Kredits. Anders jedoch BFH I R 77/86 BStBl II 1991, 471, der nur die Abwicklung des Leistungsaustauschs würdigt. Ähnlich problematisch verhält es sich mit den Entscheidungen BFH I R 55/96 BStBl II 1997, 824 und I R 84/96 BFH/NV 1998, 495, wo der BFH verzinsliche Vorauszahlungen von Versicherungsprämien auf sog Beitragsdepots nicht als Dauerschulden erkannt hat. Auch hier wäre es aber geboten gewesen, den Anlass des „Voraus" von dem Endzweck der Zahlung zu unterscheiden.

7. Laufende Geschäftsvorfälle

a) Grundsatz. Es sind solche Geschäftsvorfälle, die **nach ihrem abstrakten** 51 **Charakter** für einen gleichartigen Betrieb **typisch** sind; es kommt nicht darauf an, ob der betreffende Betrieb solche Vorfälle schon zuvor getätigt hatte (BFH IV R 6/90 BStBl II 1991, 584; I R 11/92 BFH/NV 1993, 121). Zu ihnen zählen insbesondere die Anschaffung/Herstellung und Veräußerung von Umlaufvermögen (zB BFH VIII R 40/92 BStBl II 1994, 664; VIII R 49/95 BStBl II 1998, 272; IV R 48/07 BStBl II 2010, 779; IV R 49/07 BFH/NV 2010, 945), also zum Verbrauch oder sofortigen Verkauf im Rahmen des laufenden Gewerbebetriebs bestimmter Wirtschaftsgüter (zB BFH I R 123/93 BStBl II 1994, 810; VIII R 51/04 BStBl II 2008, 137). Ihnen gleichgestellt werden Wirtschaftsgüter, die einen Grenzfall zwischen Anlage- und Umlaufvermögen darstellen und deren Anschaffung/Herstellung zu den immer wiederkehrenden Geschäftsvorfällen gehört (BFH IV R 24/78 BStBl II 1981, 481; VIII R 51/04 aaO; IV R 77/05 BStBl II 2008, 767; s aber Rn 51b). Weiterhin sind laufender Geschäftsvorfall Finanzierung von Betriebskosten oder der Lohnzahlung; ebenso die Anschaffung und Veräußerung von Mietrechten (BFH I R 11/92 aaO) oder die Stromlieferung sowie die Heimfallverpflichtung bei Energieversorgungsunternehmen (BFH I R 77/96 BStBl II 1991, 471). Ist eine Schuld rechtlich und/oder wirtschaftlich eng mit der Anschaffung/Herstellung von Anlagevermögen verbunden, dann liegt kein laufender Geschäftsvorfall vor (BFH I R 55/94 BStBl II 1996, 73; X R 80/94 BFH/NV 1999, 359). Bei Unternehmen, die einem nicht unbedeutenden Risiko der Entstehung von Haftpflicht- oder Gewährleistungsansprüchen ausgesetzt sind, können darunter auch Rückstellungen fallen, die anlässlich konkreter Schadensfälle für solche Verbindlichkeiten gebildet werden (BFH IV 385/62 S BStBl II 1964, 344). Hiermit in Zusammenhang stehende Verbindlichkeiten sind keine Dauerschulden, wenn sie in der nach Art des Geschäftsvorfalls branchenüblichen Zeit abgewickelt werden (zB BFH IV R 24/78 aaO; I R 77/86 BStBl II 1985, 431). Sie bestimmt sich danach, ab wann mit einem endgültigen Verlust zu rechnen ist, weil ab diesem Zeitpunkt der Kredit aus anderen Betriebsmitteln zu tilgen ist (BFH IV R 6/90 BStBl II 1991, 584). Das soll sogar dann gelten, wenn das Wirtschaftsgut in der Zwischenzeit vermietet wird (BFH VIII R 423/83 BStBl II 1991, 23). Das ist ebenso fragwürdig wie die Auffassung von BFH I R 77/86 BStBl II 1991, 471, die Üblichkeit der Laufzeit könne mit

§ 8 Nr 1a *(1 aF)*   Hinzurechnungen

Umständen begründet werden, die die Schuld als Instrument der Finanzierung von Anlagevermögen kennzeichnen.

Schulden sind/**bleiben** bei Vorliegen des o.a. Zeitmoments **Dauerschulden,** wenn ihr Zusammenhang mit einem laufenden Geschäftsvorfall nicht nachweisbar ist (zB BFH IV R 2/97 BStBl II 1994, 742; X R 68/00 BFH/NV 2003, 891).

51a   **b) Üblichkeit der Abwicklung.** Voraussetzung für die Einordnung als laufende Geschäftsschuld ist jedoch, dass der **enge wirtschaftliche Zusammenhang der Verbindlichkeit** mit dem laufenden Geschäftsvorfall sichtbar gemacht wird (vgl RFH RStBl 1936, 411; BFH I 351/60 U BStBl III 1963, 386; I R 15/80 BStBl II 1984, 379; IV R 6/99 BStBl II 1991, 584; VIII R 40/92 BStBl II 1994, 664). Insb bei Warengeschäften muss er **bei der Abwicklung** der Geschäfte **tatsächlich nachprüfbar** sein (BFH IV R 48/07 BStBl II 2010, 799; IV R 49/07 BFH/NV 2010, 945; IV R 2/08 BFH/NV 2011, 44; vgl auch X R 127/87 BFH/NV 1990, 391; I B 99/92 BFH/NV 1993, 620).

Mindesterfordernis **war** zunächst die **Vereinbarung** dass mit dem Erlös des finanzierten Geschäfts der Kredit abzudecken ist (zB BFH IV R 34/72 BStBl II 1975, 784), sowie deren tatsächliche Durchführung (zB BFH I R 107/87 BStBl II 1991, 251; I R 11/92 BFH/NV 1993, 121; I B 86/96 BFH/NV 1997, 612; VIII R 49/95 BStBl II 1998, 272;). Eine Abtretung zur Einziehung war nicht erforderlich (BFH I 171/58 U BStBl III 1960, 49). Die Zahlung des Kunden darf nur formal beim StPfl durchlaufen (BFH I 252/61 HFR 1963, 213; I 206/62 HFR 1965, 318). Überpreise, die der Kunde zur Begründung von Guthaben beim Lieferanten zahlt, erfüllen diese Voraussetzungen nicht (BFH IV R 86/89 BStBl II 1991, 474). Diese Grundsätze gelten auch für Wechselverbindlichkeiten, Lombardkredite und Zollkredite (BFH I 137/58 U BStBl III 1959, 430; I 172/58 U BStBl III 1960, 51; I 202/64 U BStBl III 1965, 484; VIII R 40/87 BStBl II 1990, 1077). Bei Wechselverbindlichkeiten genügt es, wenn nur der Geschäftspartner in die wechselmäßige Haftung einbezogen ist (BFH I 202/64 U aaO).

BFH XI R 9/97 BStBl II 1999, 33 (ähnlich I R 37/11 BFH/NV 2012, 993) verlangte schließlich **keine Vereinbarung** mehr, sondern nur noch die tatsächliche Verknüpfung von Kredit und Erlösen durch deren Verwendung zur Tilgung. Hiernach ist auch die Tilgung des Kredits aus anderweitigen Mitteln unschädlich, wenn die Erlöse aus dem finanzierten Geschäft hierzu nicht ausreichen (aA *Blümich/Hofmeister* § 8 GewStG Rn 429; wie zuvor jedoch BFH IV R 2/08 BFH/NV 2011, 44). Fehlt bei der Finanzierung von Umlaufvermögen (zB Waren) auch dieser Zusammenhang, dann ist nur der Teil des Kredits Dauerschuld, der dem Unternehmen ständig zur Verfügung steht (**Sockelbetrag,** BFH VIII R 30/89 BStBl II 1990, 1081; vgl FG Köln 13 K 2796/06 EFG 2009, 1775).

51b   **c) Abwicklungszeitraum. aa) Grundsatz.** Unter Beachtung der vorstehenden Voraussetzungen sind Verbindlichkeiten aus laufenden Geschäftsvorfällen immer dann keine Dauerschulden, wenn und soweit der Zusammenhang mit einem bestimmten gewöhnlichen Geschäftsvorfall bestehen bleibt, also **auch dann,** wenn die **Abwicklungszeit 12 Monate** erheblich **übersteigt** (zB BFH XI R 9/97 BStBl II 1999, 33; VIII R 51/04 BStBl II 2008, 137). Sie werden dies auch nicht aus sonstigen besonderen Gründen, etwa weil Kredite mehrfach bis zum Abschluss des Geschäftes verlängert werden, (BFH IV R 6/90 BStBl II 1991, 584), weil der Abwicklungszeitraum mit der Lebensdauer des Gewerbebetriebes übereinstimmt (BFH IV R 6/90 aaO), weil bei mehreren sich überschneidenden Krediten dem StPfl ständig ein erheblicher Betrag an Fremdmitteln zur Verfügung steht (BFH IV R 34/72 BStBl II 1975, 784; zum *Kontokorrent* vgl Rn 92) oder weil es sich um ein größeres langfristig zu finanzierendes Objekt handelt und sich die Abwicklung des Kredits infolge konjunktureller Verhältnisse verzögert (BFH VIII R 423/83 BStBl II 1991, 23). Daher können auch Bauunternehmer-Hypotheken von mehreren Jahren Laufzeit laufende Schulden sein, wenn das bebaute Grundstück erst nach mehreren Jahren veräußert wird (BFH VI 269/64 BStBl III 1966, 316; IV R 135/68 136/68 BStBl II 1969, 468; I R 135/66 BStBl II 1969, 666).

bb) Fehlender Zusammenhang. Fehlt der dargestellte Zusammenhang von Schuld und laufendem Geschäftsvorfall, dann liegt ein allgemeiner Geschäftskredit (Globalkredit, s Rn 86) vor, auch bei Abtretung von Warenforderungen zur Sicherheit (BFH VIII R 30/89 BStBl II 1990, 1081). Auch bei Unklarheiten über die Einordnung des Geschäftsvorfalls kann die lange Finanzierungsdauer einen „Umschlag" des Finanzierungstyps (sonstiger Geschäftsvorfall) bewirken (BFH I R 293/82 BStBl II 1987, 446) Entsprechendes gilt, wenn der Kredit bei langer Dauer (10 Jahre) letztlich auf das Unternehmen ausgerichtet ist (BFH VIII R 51/04 BStBl II 2008, 137); wenn der Zusammenhang eines Kredits mit einem laufenden Geschäftsvorfall bei einer längeren Laufzeit verlorengeht (BFH I R 81/81 BStBl II 1985, 431), zB bei einem Kredit mit 10-jähriger Laufzeit, Verkauf des finanzierten Objekts und anschließender Tilgung mit langfristig gestreckten Ratenzahlungen (BFH I R 82/10 BFH/NV 2012, 605); wenn Dauerschuldverhältnisse von mehr als einem Jahr durch die Kreditaufnahme und -gewährung erst ermöglicht werden sollen (BFH IV R 192/75 BStBl II 1979, 151; IV R 185/83 BStBl II 1987, 443); oder wenn mehrere Einzelwechsel über bestimmte Geschäftsvorfälle durch einen Gesamtwechsel ersetzt werden (FG Köln EFG 1990, 72).

51c

cc) Lauf der Jahresfrist. Der Lauf der Jahresfrist beginnt mE in dem Zeitpunkt, in dem der bezeichnete Zusammenhang verloren geht (ebenso *Gosch* FR 1989, 267, 270). Das gilt auch für die **Stundung** einer Schuld aus einem laufenden Geschäftsvorfall (zB BFH I R 82/10 BFH/NV 2012, 605). Auch eine Kaufpreisschuld kann bei einer Stundung von mehr als 12 Monaten Dauer eine Dauerschuld sein, es sei denn, diese Form der Schuldentilgung ist nach Art des Geschäftsvorfalls üblich (vgl die allg Ausführungen von BFH VI R 289/67 BStBl II 1970, 436). Ist dies nicht der Fall, dann wird die aus dem laufenden Geschäftsvorfall erwachsene Schuld bereits mit dem Zeitpunkt der Vereinbarung (*Blümich/Hofmeister* § 8 GewStG Rn 432; *Gosch* FR 1989, 267, 270), spätestens dann und ab dem Zeitpunkt, in dem die Frist für die übliche Abwicklung, ggf von 12 Monaten, überschritten ist, zur Dauerschuld.

51d

8. Sonstige Geschäftsvorfälle

a) Allgemeines. Bei ihnen spricht das **Dauerelement von 12 Monaten** für eine **Dauerschuld** (vgl BFH I R 29/89 BStBl II 1991, 529; I R 73/03 BStBl II 2006, 134; I R 93/08 BFH/NV 2009, 2002; IV R 48/07 BStBl II 2010, 799; IV R 49/07 BFH/NV 2010, 945; I R 82/10 BFH/NV 2012, 605). Angesprochen sind neben allgemeinen Geschäftskrediten (BFH VIII R 40/87 BStBl II 1990, 1077) bzw Globalkrediten (BFH VIII R 6/90 BStBl II 1991, 246) insbesondere die Anschaffung oder Herstellung von AV, sofern dies nicht bereits zur ersten oder zweiten Alternative der Vorschrift gehört (BFH I 63/60 S BStBl III 1961, 537, Ersetzung von Kfz; I 366/62 U BStBl III 1965, 416, Omnibusse; I 7/65 U BStBl III 1965, 620, LKW; I R 91/74 BStBl II 1976, 789, Erwerb von Ausbeuterechten; IV R 140–141/74 BStBl II 1978, Kran eines Handelsvertreters; IV R 93/77 BStBl II 1980, 660, Zwischenkredit für Bauvorhaben; IV R 24/78 BStBl II 1981, 481; I R 293/82 BStBl II 1987, 446, langfristige Beteiligungen; IV R 19/86 BFH/NV 1989, 387, Leasing u Refinanzierung; I R 8/92 BStBl II 1994, 44, Wartegelder und Förderzinsen für Mineralgewinnungsrechte; I R 55/95 BStBl II 1996, 73, passivierte Baukostenzuschüsse und Anschlussbeiträge; I R 44/95 BStBl II 1997, 181, Erwerb einer Schachtelbeteiligung an einer Organgesellschaft; VIII R 51/04 BStBl II 2008, 137, Leasing u Refinanzierung). Eine langfristige Schuld dieser Art wird auch nicht

52

deswegen eine laufende Schuld, weil sie durch Abtretung der Erlöse aus Warengeschäften besichert ist (BFH I 131/64 HFR 1966, 174).

53 **b) Insbesondere Anlagevermögen.** Für die **Einordnung als AV** (dem Betrieb dauernd zu dienen bestimmt, § 247 Abs 2 HGB; BFH IV R 105/84 BStBl II 1987, 448; VIII R 51/04 BStBl II 2008, 137) kommt es auf die Dauer der tatsächlichen Verwendung nicht an (BFH VIII R 86/78 BStBl II 1982, 344). Das gilt auch dann, wenn sich die WG verhältnismäßig rasch verbrauchen (BFH I 7/65 U BStBl III 1965, 620) oder wenn beabsichtigt ist, ein zu nutzendes WG schon nach Gebrauch von weniger als 1 Jahr zu veräußern (BFH VIII R 179/83 BStBl II 1984, 213). Zum AV gehört auch ein für ein „sale and lease back"-Verfahren beschafftes Wirtschaftsgut (BFH X R 80/94 aaO). Auf die Bilanzierbarkeit des Wirtschaftsguts kommt es nicht an (zu einem Mietrecht BFH I R 11/92 BFH/NV 1993, 121), sondern auf die **Funktion des Wirtschaftsguts** im Betrieb (BFH VIII R 168/83 BStBl II 1989, 299; VIII R 422/83 BStBl II 1991, 765; X R 80/94 BFH/NV 1999, 359). Kein laufender Geschäftsvorfall, wenn UV zu AV umgewidmet wird (BFH I R 293/82 BStBl II 1987, 446, Hersteller-Leasing) oder wenn das eigentliche Dauerbetriebskapital erst beschafft werden soll (BFH I R 293/82 aaO). Kein laufender Geschäftsvorfall auch dann, wenn der Kunde an den Lieferanten vereinbarungsgemäß Überpreise zahlt, die zu einem Guthaben führen; beim Lieferanten entsteht bei Überschreiten der Zeitgrenze eine Dauerschuld (BFH IV R 86/89 BStBl II 1991, 474). Ebenso wenn ein zum Erwerb einer Beteiligung aufgenommener Kredit nach Veräußerung der Beteiligung nicht zurückgeführt wird (BFH I R 88/89 BStBl II 1992, 257); bei einem Darlehen zur Finanzierung einer Einlage ohne Verknüpfung mit einem Warengeschäft (BFH IV R 10/92 BStBl II 1993, 843) sowie bei der Finanzierung eines Kredits an eine Schwestergesellschaft, zu der Geschäftsverbindungen bestehen (BFH IV R 92/96 BFH/NV 1998, 1222).

9. Länge der Laufzeit

54 Von Bedeutung ist die **tatsächliche Dauer,** nicht die vereinbarte Laufzeit (BFH I R 29/89 BStBl II 1991, 529; I R 106/98 BStBl II 2000, 237; I R 73/03 BStBl II 2006, 134). Die Aufteilung einer vereinbarungsgemäß mehr als 12monatigen Schuld in eine laufende und eine Dauerschuld ist auch dann nicht möglich, wenn ein Teil der Schuld vorzeitig in unregelmäßigen Teilbeträgen abgetragen wird (BFH I R 106/98 aaO). Allerdings soll die Länge der Laufzeit beeinflusst werden durch Vereinbarung und Leistung gleicher Tilgungsraten (BFH I 63/60 S BStBl III 1961, 537; I 7/65 U BStBl III 1965, 620). Hiernach sei eine durchschnittliche Laufzeit der Schuld durch das arithmetische Mittel aus der Summe der Tilgungsraten zu bilden. Liegt es über 12 Monaten, dann Dauerschuld (RFH RStBl 1939, 287; BFH I 63/60 S aaO); liegt es unter 12 Monaten, dann keine Dauerschuld (BFH I 7/65 U aaO).

10. Ende der Dauerschuld

55 Die Dauerschuld endet mit der **Tilgung** bzw mit **Erlass** der Verbindlichkeit; daran ändert nichts der Umstand, dass der Erlass mit der (aufschiebenden) Bedingung erteilt wird, den erlassenen Betrag bei Besserung wieder einfordern zu können; tritt die Bedingung ein, so ist die neu entstandene Schuld auf die Voraussetzungen einer Dauerschuld hin zu überprüfen (BFH I R 50/02 BStBl II 2003, 768). Bei einer **Aufrechnung** erlischt die Schuld in dem Zeitpunkt, in dem sich Forderung und Verbindlichkeit aufrechenbar gegenüberstehen, evtl daher mit Rückwirkung von einigen Jahren. Dies soll nach RFH RStBl 1943, 581 auch Einfluss auf das Zeitelement der Schuld haben; mE verfehlt, weil die Schuld über den fraglichen Zeitraum hinweg tatsächlich (wirtschaftlich) das Betriebskapital verstärkt hat.

ABC Schuldentgelte/Dauerschulden § 8 Nr 1a

Im Übrigen gilt der Grundsatz: **Dauerschuld bleibt Dauerschuld** (BFH I R 88/89 BStBl II 1992, 257; X R 80/94 BFH/NV 1999, 359). Danach bleibt eine Schuld, die einmal den Charakter einer Dauerschuld angenommen hat, bis zu ihrem Erlöschen Dauerschuld (BFH I R 88/89 aaO). Eine Umwandlung in eine kurzfristige Schuld ist nicht möglich, und zwar weder durch Zeitablauf im Jahr der Fälligkeit bzw kurz vor der Tilgung (BFH I R 56/80 BStBl II 1984, 598; I R 297/82 BStBl II 1986, 415) noch durch Übertragung auf einen neuen Gläubiger, demgegenüber alsbald Tilgung erfolgt (RFH RStBl 1938, 940); ebensowenig wenn der durch Kredit finanzierte Gegenstand veräußert wird (BFH I R 88/89 BStBl II 1992, 257). Dauerschuld daher auch, wenn dem Gläubiger die Absicht des Schuldners bekannt war, sein Vermögen innerhalb von 12 Monaten zu übertragen, dies aber nach 12 Monaten noch nicht geschehen ist (BFH I R 33/68 BStBl II 1970, 521).

11. Hinzurechnung der Entgelte

Entsprechend anwendbar sind die Ausführungen in Rn 6 ff (Begriff der Entgelte) **56** und Rn 20, 20a (Umfang der Hinzurechnung).

Insbesondere gilt: **Erfasst werden** allein die **Zinsen** bzw **Entgelte,** die während des EZ tatsächlich abgezogen worden sind (BFH I R 12/75 BStBl II 1976, 792). Bei abweichendem Wirtschaftsjahr wird nur der Betrag hinzugerechnet, der bis zum Abschlusszeitpunkt aufgelaufen ist (FG Hamburg EFG 1989, 420; ebenso *Blümich/ Hofmeister* § 10 GewStG Rn 7). Hinzuzurechnen sind auch Zinsen bzw Entgelte, die ein Dritter gezahlt hat, wenn sie Eingang in die Gewinnermittlung gefunden haben (FG Nürnberg EFG 1975, 219). Bei Verbindlichkeiten mit wechselndem Bestand keine Berechnung der Zinsen nur aus dem Mindestkredit (s Rn 46 und BFH I R 15/80 BStBl II 1984, 379); anders jedoch beim Kontokorrentkredit (Rn 92 u BFH I R 15/80 aaO).

Die **Berechnung** der Zinshöhe hat nach der von der Bank angewandten Methode zu erfolgen. Bei der Zinsstaffelmethode kommt es auf die sog Wertstellung an (BFH I R 12/75 BStBl II 1976, 792).

Zu **Erstattungen** Dritter sowie zur Verrechnung mit Guthaben- oder Wertpapierzinsen vgl Rn 22; zu **Rückzahlungen** in späteren Jahren vgl Rn 23.

(frei) 57–59

C. ABC der Schuldentgelte bzw Dauerschulden (D)

Abzinsung. Verbindlichkeiten mit mindestens 12 Monaten Laufzeit sind nach **60** § 6 Abs 1 Nr 3 EStG mit einem Zinssatz von 5,5% abzuzinsen. Die mit der Verringerung der Abzinsung verbundene Gewinnminderung unterliegt nicht der Hinzurechnung (*BMF* BStBl I 2005, 699; *FM Länder* BStBl I 2012, 654 Rn 12); mE zweifelhaft, weil der die Abzinsung ausweisende Gewinn der zutreffende ist und die Gewinnminderung den tatsächlichen Zinsaufwand wiedergibt (zust jedoch *Blümich/ Hofmeister* § 8 GewStG Rn 130; *Fehling* NWB 2007 Nr 27, F 1, 1617).

AfA. Keine Herausrechnung von Zinsanteilen, wenn Zinsen mit den Anschaf- **61** fungs- oder Herstellungskosten aktiviert sind. Eine Hinzurechnung kommt – mE überhaupt – erst ab dem EZ in Betracht, in denen gewinnmindernde AfA vorgenommen worden sind (BFH I 59/92 BFH/NV 1993, 561; *Herlinghaus* EFG 2002, 1470; krit *Blümich/Hofmeister* § 8 GewStG Rn 90). Doch auch diese Lösung hat BFH I R 19/02 BStBl II 2004, 192 (mE zu Recht) mit dem Hinweis abgelehnt, dass aktivierte *Bauzinsen* ihren Charakter als **Entgelt** für Dauerschulden verloren haben (hierzu *Köhler* StBp 2003, 84, 218; 2004, 10; 2013, 51). Das gilt mE **ebenso** für die **Neufassung in § 8 Nr 1 Buchst a GewStG;** auch für *Erbbauzinsen* (*FM Länder* BStBl I 2012, 654 Rn 13).

§ 8 Nr 1a
Hinzurechnungen

62 **Allgemeine Geschäftskredite (D).** Sie dienen iSd Rspr der Beschaffung des „eigentlichen" Dauerbetriebskapitals (vgl BFH IV R 185/83 BStBl II 1987, 443). Bei Hinzutreten des Zeitmoments sind sie daher idR *Dauerschulden* (BFH VI R 289/67 BStBl II 1970, 436), und zwar auch wenn sie durch Abtretung von Warenforderungen gesichert sind (BFH I 131/64 HFR 1966, 174) oder wenn der Kaufmann die Kredite zur Gewährung von Darlehen einsetzt, die die Abwicklung der Warengeschäfte erst fördern sollen (BFH VI 173/63 U BStBl III 1965, 195).

63 **Amortisationsdarlehen (D)** sind nach RFH RStBl 1939, 287 *Dauerschulden* und zwar auch bei hypothekarischer Sicherung. Nach BFH I 63/60 S BStBl III 1961, 537 und I 7/65 U BStBl III 1965, 620 wird bei Vereinbarung und Leistung gleicher Tilgungsraten die Dauer der Verstärkung des Betriebskapitals beeinflusst.

64 **Anzahlungen (D).** Es sind 2 Gruppen zu unterscheiden:
1. **Empfangene Anzahlungen** sind nach allgemeinen Grundsätzen keine Dauerschulden, wenn sie mit einem bestimmten Auftrag laufender Art (Liefervertrag) zusammenhängen (*Köster* in *L/S* § 8 Nr 1 Rn 340; *Blümich/Hofmeister* § 8 GewStG Rn 450). Sie können aber *Dauerschulden* werden, wenn wegen der tatsächlichen Gestaltung der Geschäftsverhältnisse die Verknüpfung zwischen Warengeschäft und Kredit (Anzahlung) unterbrochen wird (im Fall RFH RStBl 1944, 693 durch Kriegsereignisse). Anzahlungen auf Werklieferungen sind *Dauerschulden,* wenn dem Unternehmen Fremdkapital für mehr als 12 Monate zur Verfügung steht; dies um so mehr, wenn dem Empfänger gestattet ist, die Anzahlung verzinslich anzulegen (FG Berlin EFG 1973, 36). S aber BFH I R 77/86 BStBl II 1991, 471 für **Vorauszahlungen,** die erst nach mehreren Jahren mit Lieferungen verrechnet werden.
2. **Kredite zur Leistung von Anzahlungen** auf WG des AV sind Dauerschulden (Dietz DB 1976, 596). Hängen Anzahlungen mit laufenden Geschäftsvorfällen zusammen, so sind sie nach den o.a. Grundsätzen (Rn 50 f) keine Dauerschulden.

65 **Asset-Backed-Security-Geschäfte (D)** vgl Rn 93a („Kreditinstitute") unter b) bb).

66 **Ausbeuterechte (D).** Langfristige Schulden, die dem Erwerb von Ausbeuterechten dienen, sind bei Überschreiten der 12-Monatsfrist *Dauerschulden* (BFH I R 91/74 BStBl II 1976, 789; I R 8/92 BStBl II 1994, 44: Wartegelder und Förderzinsen), bei kürzerem Bestand wohl nur, wenn eine Betriebserweiterung oder -verbesserung vorliegt (vgl Rn 40 ff).

67 **Ausgleichsverbindlichkeiten (D)** nach den §§ 24 u 25 DMBilG sind nach *OFD Magdeburg* FR 1999, 47 keine *Dauerschulden;* ihre Verzinsung führe nicht zu *Dauerschuldentgelten*. Diese Auffassung ist nicht zweifelsfrei.

68 **Bardepotpflicht (D)** bei Auslandsverbindlichkeiten iSv § 6a AWG. Die Frage der Dauerschuld ist nach allgemeinen Grundsätzen zu beurteilen (Rn 43 ff). Ist eine *Dauerschuld* anzunehmen, dann sind die Zinsen nach *FM NRW* (BB 1977, 783; DB 1977, 1295; FR 1977, 355; zust *Blümich/Hofmeister* § 8 GewStG Rn 130 Stichwort „Depotpflichtige Auslandsverbindlichkeiten"; *Köster* in *L/S* § 8 Nr 1 Rn 345) nach § 8 Nr 1 aF hinzuzurechnen, weil das Unternehmen die Zinsen insgesamt habe aufwenden müssen, um die ihm tatsächlich zur Verfügung stehenden Mittel nutzen zu können (hierzu *Stegmaier* FR 1973, 521). Entsprechendes gilt mE für § 8 Nr 1 Buchst a nF.

Jedoch sind mE nur Zinsen auf den Teil der Schulden hinzuzurechnen, die der Verstärkung des Betriebskapitals tatsächlich dienen. Ein Teil der Zinsen wird für die zu hinterlegenden Mittel gezahlt und kann nach dem Wortlaut und dem Zweck der Vorschrift nicht hinzugerechnet werden.

69 **Baukostenzuschüsse an Versorgungsunternehmen (D).** Die Unternehmen haben die Zuschüsse nach § 9 der Allgemeinen Versorgungsbedingungen für die Energie- und Wasserwirtschaft kalkulatorisch wie Kundenvorauszahlungen zu behandeln. Sie sind dort echte Verpflichtungen, die zu passivieren und innerhalb

ABC Schuldentgelte/Dauerschulden § 8 Nr 1a

von 20 Jahren in gleichen Teilbeträgen aufzulösen sind. Nach BFH I R 55/94 BStBl II 1996, 73 (zust *Köster* in L/S § 8 Nr 1 Rn 346) handelt es sich allein wegen der Dauer der Abwicklung um *Dauerschulden* (**aA** *Merkert/Koths* BB 1981, 1311), sie führen aber mangels Entgeltzahlungen idR nicht zur Hinzurechnung nach § 8 Nr 1 Buchst a.

Besserungsabrede. Zuschüsse, die unter der aufschiebenden Bedingung künftiger Jahresüberschüsse gewährt werden, sind Schulden; die auf sie zu entrichtenden Zinsen sind Schuldentgelte (Nds FG EFG 1999, 1147 rkr). Ein Forderungserlass, der mit dem aufschiebend bedingten Recht des Gläubigers ausgesprochen wird, bei Besserung den erlassenen Betrag wieder fordern zu können, führt bis zum Bedingungseintritt nicht zu einer Belastung des Unternehmers und somit zum zwischenzeitlichen Fortfall einer Schuld. Nach Bedingungseintritt entsteht eine neue Forderung, die ihrerseits die Voraussetzungen einer Schuld erfüllen kann (BFH I R 50/02 BStBl II 2003, 768). 70

Betriebsaufspaltung. Die Frage des Bestehens von Schulden zwischen beiden Gesellschaften ist nach allgemeinen Grundsätzen zu entscheiden. Das bedeutet: eine Verrechnung der Zinsen für wechselseitig begebene Darlehen kann nur dann erfolgen, wenn die Darlehen demselben Zweck dienen und regelmäßig miteinander verrechnet werden (vgl Rn 47). Hiervon unabhängig kann die Betriebsaufspaltung allein nicht Rechtsgrundlage für eine Verrechnung sein, weil beide Unternehmen nicht als einheitliches behandelt werden (BFH XI R 65/03 BStBl II 2005, 102; I R 119/04 BFH/NV 2006, 606; *FM Länder* BStBl I 2012, 654 Rn 5). 71

DDR-Altkredite (D) sind nach den allgemeinen Grundsätzen zu behandeln. Die Besonderheiten der planwirtschaftlichen Kreditvergabe und der hierdurch geprägte Entstehungsgrund der Schulden sind ohne Bedeutung (BFH I R 28/96 BFH/NV 1998, 212; *Sächs FM* DStR 1995, 1152). Für ehemalige VEB wurden sie erst mit Einführung der sozialen Marktwirtschaft (30.6.1990) Schulden iSv § 8 Nr 1 aF (BFH I R 93/08 BFH/NV 2009, 2202). 72

Durchlaufende Kredite. Sie sind **keine (Dauer)Schulden**, wenn sie **allein im fremden Interesse** und nur zu dem Zweck aufgenommen werden, die Kreditmittel umgehend als Kredit weiterzugeben, und wenn dies tatsächlich geschieht (BFH I R 88/89 BStBl II 1992, 257; IV R 92/96 BFH/NV 1998, 1222); dh die Kreditaufnahme darf weder in Gewinnerzielungsabsicht noch im sonstigen eigenbetrieblichen Interesse des Weitergebenden, sondern muss uneigennützig erfolgen (RFH RStBl 1939, 1057; BFH I 83/62 HFR 1963, 258; I 66/63 BStBl III 1967, 27; I R 293/82 BStBl II 1987, 446), also keinen über die Verwaltungskosten hinausgehenden Nutzen haben (BFH XI R 65/03 BStBl II 2005, 102). Dem soll genügt sein, wenn der durchlaufende Gewerbebetrieb zur Erleichterung von Geschäftsabwicklungen für verbundene Unternehmen gegründet worden ist und eine Haftungsvergütung erhält (die BFH I R 82/07 BFH/NV 2009, 1143 in großzügigem Umgang mit § 118 FGO zu einer Art Verwaltungskosten uminterpretiert). 73

Kein durchlaufender Kredit liegt vor, wenn der weiterzuleitende Kreditbetrag mit einer Restforderung verrechnet wird (BFH I R 11/92 BFH/NV 1993, 121), wenn dem Kreditnehmer eine Zinsmarge verbleibt (FG Rh-Pf EFG 1992, 482), wenn ein Organträger oder eine Organgesellschaft den Kredit an eine (andere) Organgesellschaft weiterleitet (BFH I R 160/94 BStBl II 1996, 328) sowie wenn im Rahmen einer Betriebsaufspaltung die Darlehensmittel von der Besitzgesellschaft aufgenommen und an die Betriebsgesellschaft zur Modernisierung des von der Besitz- an die Betriebsgesellschaft verpachteten Betriebsgebäudes eingesetzt werden; auch eine Verrechnung der gezahlten und empfangenen Zinsen kommt nicht in Betracht, so dass es bei einer „Doppelbelastung" bleibt (BFH XI R 65/03 BStBl II 2005, 102; FG Hamburg EFG 2004, 217 rkr; krit *Wendt* FR 2005, 214).

Auch ein **mittelbarer Nutzen** über die durch die Darlehensgewährung geförderte Geschäftsbeziehung reicht aus, eine Verstärkung des Betriebskapitals anzunehmen (BFH IV R 77/05 BStBl II 2008, 767; IV R 92/96 BFH/NV 1998, 1222).

Ausnahmsweise kann ein durchlaufender Kredit auch dann und ab dem Zeitpunkt vorliegen, wenn ein zum Erwerb von AV (Beteiligung) aufgenommener Kredit (= Verstärkung des Betriebskapitals) unter Weiterveräußerung des Erworbenen WG an einen Dritten weitergereicht wird und sich der Vorteil des StPfl insofern auf die Einnahme einer Verwaltungskostenpauschale beschränkt (FG Hamburg EFG 1990, 120; vgl *Gosch* FR 1997, 267).

Das **Wissen des Darlehensgebers** von der Weitergabe des Darlehensbetrages oder seine Weisungen sind mE unerheblich (FG Hamburg EFG 1979, 461; *Milatz* DStR 1990, 263; **aA** BFH I R 82/07 BFH/NV 2009, 1143: indizielle Bedeutung). Dagegen stellt BFH I R 293/82 BStBl II 1987, 446 im Rahmen eines Vergleichs mit dem Begriff des durchlaufenden Postens (§ 4 Abs 3 Satz 2 EStG) darauf ab, dass der Kredit im fremden Namen und für fremde Rechnung aufgenommen wird. Dem ist nicht zuzustimmen. Auszugehen ist von den Voraussetzungen des § 8 Nr 1 Buchst a, der wie § 8 Nr 1 aF letztlich auf die Verstärkung des Betriebskapitals abstellt, nicht von einem untechnischen Hilfsbegriff („durchlaufender Kredit"), der für einen Sonderfall der fehlenden Verstärkung des Betriebskapitals gebildet worden ist (ebenso FG Hamburg EFG 1990, 120).

74 **Erbbauzinsen.** Der Zins für ein bebautes Grundstück ist aufzuteilen in ein Entgelt für die Übertragung des Eigentums an den Bauwerken und ein Entgelt für die Nutzung des Grund und Bodens. Soweit der Gesamtbetrag der auf die Gebäude entfallenden Zahlungen die jährlichen Barwertminderungen der passivierten Zahlungspflicht übersteigt, liegen Zinsen vor, die als *(Dauer-)*Schuldentgelte nach § 8 Nr 1 aF bzw Nr 1 Buchst a nF hinzuzurechnen sind (BFH I R 9/08 BStBl II 2010, 560 zur aF).

75 **Eurokredite (D).** Sie werden idR durch ausländische Tochtergesellschaften deutscher Banken für 30 bzw 90 Tage, aber auch bis zu 6 Monate mit der Möglichkeit der wiederholten Verlängerung vergeben. Dienen sie der Verringerung der Zinsbelastung durch einen laufenden Kredit, dann sind sie Teil einer einheitlichen *(Dauer-)*Schuld (vgl Rn 47 ff; hierzu *Köster* in *L/S* § 8 Nr 1 Rn 352), jedenfalls bei Zusammenwirken der Banken (BFH I R 127/86 BStBl II 1990, 915) bzw bei Verlängerung auf über 12 Monate Dauer (vgl BFH I R 101/88 BStBl II 1991, 851 und die in Rn 101 angegebene Rspr). Das gilt auch bei Zuführung in einen „cash pool" einer Finanzierung von Organgesellschaften (BFH I B 43, 44/01 BFH/NV 2002, 536).

76 **Exportkredite (D).** Kredite zur Refinanzierung langfristiger Exportkredite bei laufend wiederkehrenden Geschäftsvorfällen sind nach *FM NRW* (BB 1960, 165, DB 1960, 159, DStR 1960, 46) dann **keine Dauerschulden,** wenn sie sich mit der Abwicklung des einzelnen Exportgeschäftes erledigen, und zwar auch dann, wenn die Laufzeit 5 Jahre wesentlich übersteigt.

Langfristige Exportkredite in Form von Globalkrediten für einen bestimmten, in regelmäßigen kurzen Abständen nachzuweisenden Auftragsbestand sind **Dauerschulden**, auch wenn die einzelnen Aufträge an sich zu den laufenden Geschäftsvorfällen gehören. Denn es fehlt an dem nach der Rspr (BFH IV 344/65 BStBl III 1967, 322; IV R 34/72 BStBl II 1975, 784; IV R 2/08 BFH/NV 2011, 44) erforderlichen Finanzierungszusammenhang mit dem einzelnen Geschäft.

77 **Factoring. „Unechtes" Factoring** ist ein reines Kreditgeschäft (BGHZ 82, 50, 61), das auf Seiten des Abtretenden zu einem Diskont (s oben Rn 15) entsprechenden Aufwand führt. Es kann aber auch zu *Dauerschulden* iSv § 8 Nr 1 aF führen, wenn der Factor auf die „angekauften" Forderungen Vorschüsse leistet und dem GewTreibenden durch laufende Bevorschussung ständig Geldmittel zur Verfügung stehen (BFH IV R 185/83 BStBl II 1987, 443; I R 104/10 BFH/NV 2011, 2107). Hiervon unabhängig sind Zinsen und ratierliche Aufstockungsbeträge *(Dauer-)*Schuldentgelte (BFH XI R 6/98 BStBl II 1999, 735; FG Hamburg EFG

2005, 1790). Ist der Factoringnehmer frei in der Verwendung der Vorfinanzierungsmittel, liegt kein laufendes Geschäft vor BFH I R 104/10 BFH/NV 2011, 2107.

Aber auch ein **„echtes" Factoring** kann als Kreditgewährung ausgestaltet sein, insb wenn darin (auch) eine Vorfinanzierung der Kaufpreisforderung liegt (BFH I R 17/09 BFH/NV 2011, 143 zur Forfaitierung im ABS- Modell; hierzu *Schmid* DStR 2011, 794; *Eicke/Philipp* NWB 2011, 1611; vgl Nds FG 11 K 358/07 EFG 2010, 1911, Rev IV R 28/10), und zwar auch bei doppelstöckigen Leasingmodellen (*Papperitz* DStR 1993, 1841). Der Unterschied zwischen den beiden Formen besteht darin, dass beim echten Factoring der Vertrag mit der Forderungsabtretung und Zahlung des Erlöses erfüllt ist. Es handelt sich rechtlich um einen Kauf. Somit entstanden keine Dauerschulden iSv § 8 Nr 1 aF, aber dem *Diskont* (Rn 15) entsprechende Aufwendungen iSv § 8 Nr 1 Buchst a nF.

Beim unechten Factoring verbleibt jedoch das **Bonitätsrisiko (die Delkrederehaftung)** beim Abtretenden (zur Forfaitierung: BGHZ 126, 261, 263). Letzteres ist u.a. der Fall, wenn die Möglichkeit der Regressnahme durch Verwertung von Sicherheiten gegeben ist. Sie besteht schon dann, wenn der Abtretende vertragsgemäß nur für den rechtlichen Bestand und das künftige Entstehen der Forderung haftet, diese aber durch Grundschulden gesichert ist, ohne dass die Sicherung entsprechend der Haftungsbeschränkung beschränkt ist (vgl zur Forfaitierung: BFH XI R 6/98 BStBl II 1999, 735).

Ab **EZ 2008** ist das an bestimmte Voraussetzungen geknüpfte GewStPrivileg des § 19 Abs 4 GewStDV zu beachten (s „Finanzdienstleistungsinstitute").

Filmkredite (D). Es ist zu unterscheiden: 78
1. Gehört ein Film **zum AV,** weil er beim Hersteller zur lizenzmäßigen zeitlich und örtlich begrenzten Überlassung an Filmverleiher bestimmt ist, dann sind mit seiner Herstellung zusammenhängende Schulden bei Hinzutreten des Zeitmoments *Dauerschulden* (BFH III 187/51 U BStBl III 1955, 96).
2. Gehört der Film beim Hersteller **zum UV,** weil eine zeitlich und örtlich begrenzte Überlassung an den Filmverleiher nicht besteht, dann sind nach BFH I 137/58 U BStBl III 1959, 430 Kredite zu seiner Herstellung nur dann Dauerschulden, wenn sie erst nach Ablauf von 2 Jahren zurückgezahlt werden.

Finanzdienstleistungsinstitute. 79

Literatur: *Franke/Gageur*, Zweifelsfragen und Anmerkungen zu den ... Ländererlassen zu § 8 Nr 1 GewStG, BB 2008, 1704; *Findeisen/Sabel*, Definition des Finanzierungsleasings iSd KWG nach dem Merkblatt des BAFin, DB 2009, 801; *Kaminski*, Das „G zur Umsetzung steuerrechtlicher EU-Vorgaben sowie zur Änderung steuerlicher Vorschriften", Stbg 2010, 193; *Beckert/Füllbier*, Das erweiterte Gewerbesteuerprivileg, NWB 2010, 3358; *Wildner/Krause*, Anwendung des § 19 GewStDV bei Finanzierungs- und Factoringunternehmen, BB 2011, 1373.

Finanzdienstleistungsinstitute iSv § 1 Abs 1a Kreditwesengesetz unterliegen **ab EZ 2008** mit den Entgelten und gleichgestellten Beträgen, die **unmittelbar auf Finanzdienstleistungen** entfallen, nicht der Hinzurechnung nach § 8 Nr 1a nF. Die mit Wirkung **ab EZ 2009** neu gefasste Vorschrift ist nicht so lesen, dass auch **unmittelbar auf Zahlungsdienste** entfallende Entgelte begünstigt sind. Das ergibt sich mE aus der ebenfalls neu gefassten Ermächtigungsnorm des § 35c Abs 1 Nr 2 Buchst f, in der im Hinblick auf die Beschränkung der Hinzurechnung eine *branchenspezifische Zuordnung* stattfindet. Dh bei Finanzdienstleistungsinstituten sind nur auf Finanzdienstleistungen, bei Zahlungsinstituten (Rn 118) nur auf die Zahlungsdienste entfallende Engelte begünstigt.

Fehlt es bis zur Abgabe der GewSt-Erklärung 2009 am **Nachweis,** dass die Anzeige nach § 64 j Abs 2 KWG bei der BAFin vorliegt, erfolgt die Anwendung (noch) nicht für den EZ 2008, sondern wenn der Nachweis später geführt wird, frühestens ab EZ 2009, wenn die Anzeige in diesem EZ bereits vorlag. Fehlt es hieran, ist mE die Vorschrift überhaupt nicht auf das Unternehmen anzuwenden. Die gleichzeitige Herausnahme der Finanzdienstleister aus dem Kreis der den Kreditinstituten nach § 19 Abs 3 GewStDV gleichgestellten Gewerbe beinhaltet insofern eine systemwidrige **partielle GewStBefreiung.**

Voraussetzung für die Befreiung ist, dass mindestens 50% der Umsätze auf Finanzdienstleistungen entfallen (§ 19 Abs 4 Satz 2 und § 36 Abs 3 Satz 2 3. Satzteil GewStDV idF des G v 8.4.2010, BGBl I 2010, 386). Entfallen ist mE damit die Voraussetzung des (aufgehobenen) § 19 Abs 3 Nr 4 GewStDV, dass Finanzdienstleistungen ausschließlich getätigt werden; mE gilt das auch für die „Übergangsregelung" im *Ländererlass* BStBl I 2009, 1595, V. Allerdings stehen zwingend notwendige **Hilfsgeschäfte** der Begünstigung nicht entgegen (*BMF* BStBl I 2009, 1595, III; *Wildner/Krause,* BB 2011, 1373).

Begünstigt sind die Anlagevermittlung (Nr 1), Anlageberatung (Nr 1 Buchst a), Betrieb eines multilateralen Handelssystems (Nr 1 Buchst c), Platzierungsgeschäfte (Nr 1 Buchst c), Abschlussvermittlung (Nr 2), Finanzportfolioverwaltung (Nr 3), Eigenhandel mit Finanzinstrumenten (Nr 4), Drittstaateneinlagenvermittlung (Nr 5), Sortengeschäfte (Nr 7), Factoring (Nr 9), Finanzierungsleasing (Nr 10) und Anlageverwaltung (Nr 11).

Die Vorgängervorschrift des § 19 Abs 3 Nr 4 GewStDV war wie folgt **begründet** worden: Leasing- u Factoringunternehmen stünden in ihrer wirtschaftlichen Finanzierungsfunktion im Wettbewerb mit Kreditinstituten, die einer umfassenden (!) Kreditaufsicht unterlägen; die genannten Unternehmen unterlägen – auch als Leasing-Objektgesellschaft (§ 2 Abs 6 Nr 17 KWG) über ihr Mutterunternehmen – einer eingeschränkten Kreditaufsicht, weswegen ihre Begünstigung gerechtfertigt sei (BTDrs 16/11108, 40). Die erneute Änderung durch o.a. G ist mit der Bedeutung des Finanzierungsleasings und Factorings für die mittelständische Wirtschaft begründet worden (vgl BTDrs 17/939, 14), was die Begünstigung auch anderer Finanzdienstleister(!) und Zahlungsdienstleister (Rn 118) offensichtlich rechtfertigt.

Zu weiteren Einzelheiten u.a. *Findeisen/Sabel* DB 2009, 801; *Kaminski* Stbg 2010, 193; *Beckert/Füllbier* NWB 2010, 3358.

80 **Forfaitierung.** Vom Factoring unterscheidet sich die Forfaitierung im Wesentlichen dadurch, dass sie ein Einzelgeschäft ist (vgl zunächst „Factoring"). Die dort geltenden Unterscheidungen und Grundsätze gelten auch hier.

Eine **unechte Forfaitierung** liegt auch vor, wenn der Forfaitierer dem Unternehmer den Verwertungserlös aus einem noch nicht ausgeübten Andienungsrecht (beim Leasing, sog Restwertforfaitierung) forfaitiert (BFH I R 37/99 BStBl II 2001, 722). S auch unter „Leasing". Gegen BFH XI R 6/98 BStBl II 1999, 735; *Peters* DB 2002, 864 und *Reuter* BB 2003, 18, der darauf hinweist, dass das Urteil nicht auf sog „Doppelstock-Modelle" anwendbar sei (Aufspaltung des Leasinggebers in eine Besitz- und Mietgesellschaft), und im Übrigen als Ausweichgestaltung statt der Einräumung einer Sicherheit am Leasinggegenstand die Verpflichtung des Leasinggebers zur Verwertung des Leasinggegenstandes und direkte Beteiligung des Forfaiteurs am Verwertungserlös empfiehlt. Zu Einzelheiten s *FM Länder* BStBl I 2012, 654 Rn 19 ff.

81 **Frühere Tätigkeiten (D).** Nach RFH RStBl 1942, 110 sind Verbindlichkeiten aus früheren Tätigkeiten dann keine *Dauerschulden,* wenn sie nach der Einstellung der Tätigkeit, bei denen sie entstanden sind, nicht mehr benötigt werden. ME abzulehnen. Es ist allein darauf abzustellen, ob noch eine Betriebsschuld besteht und – wenn ja – welchen Charakter und ggf welche Laufzeit sie hatte (ebenso *Gosch* FR 1989, 267).

82 **Garantieentgelte (D)** im Rahmen des Eigenkapitalhilfeprogramms der Deutschen Ausgleichsbank sind Ausgleich für fehlende oder geringwertige Sicherheiten. Ohne sie würde der Existenzgründer das Darlehen nicht erhalten. Sie sind bei

entsprechender Laufzeit des Darlehens *Dauerschuldentgelte* (vgl *OFD Magdeburg* DB 2002, 178; *OFD Chemnitz* DStR 2002, 999).

Genossenschaften. Geschäftsguthaben der noch nicht ausgeschiedenen Genossen sind Eigenkapital und nicht *(Dauer-)*Schulden (RFH RStBl 1938, 737). *(Dauer-)*Schulden können aber vorliegen, wenn Geschäftsguthaben von ausgeschiedenen Genossen über längere Zeit hinweg nicht zurückgezahlt werden (*Birkholz* DB Beilage 21/74; *Neuhäuser* BB Beilage 11/75). 83

Genussrechte sind bei entsprechender Laufzeit *(Dauer-)*Schulden auch dann, wenn die Vereinbarung unkündbar ist und keine Gläubigerrechte gewährt werden und wenn das Genussrechtskapital zinslos und tilgungsfrei hingegeben wird. Durch synallagmatische Verknüpfung mit dem empfangenen Genussrechtskapital dienen sie der (nicht nur vorübergehenden) Verstärkung des Betriebskapitals. Zahlungen auf das Genussrecht sind daher *(Dauer-)*Schuldentgelte iSv § 8 Nr 1 aF bzw Nr 1 Buchst a nF (vgl FG Rh-Pf EFG 2001, 1159 rkr). 84

Gesellschaftsanteile (D). Schudzinsen für Verbindlichkeiten zum Erwerb von Anteilen an Personengesellschaften (hierzu BFH IV R 178/80 BStBl II 1981, 621) und wesentlichen Beteiligungen an Kapitalgesellschaften sind nach A 45 Abs 13 GewStR 1998 ohne Rücksicht auf ihre Laufzeit stets *Dauerschulden,* wenn wegen der Beteiligung eine Kürzung nach § 9 Nrn 2, 2 a, 7 oder 8 in Betracht kommt. Hinzuzurechnen sind mE ohne diese Einschränkung Schuldzinsen iZm der Beteiligung an einer ausländischen Gesellschaft, weil insofern eine Doppelbelastung nicht eintritt. 85

Globalkredite (D). Globalkredite sind Kredite zur Finanzierung mehrerer im Einzelnen nicht spezifizierter Einzelgeschäfte, insb Exportgeschäfte. Sie sind *Dauerschulden* (BFH VIII R 416/83 BFH/NV 1991, 186; VIII R 6/90 BStBl II 1991, 246; vgl A 45 Abs 4 Satz 8 GewStR 1998). 86

Heimfalllasten. Heimfallverpflichtungen sind echte Schulden. Sie kennzeichnen die Verpflichtung des Unternehmens, einen bestimmten Betrieb bzw Betriebsteil nach einer bestimmten Anzahl von Jahren entgeltlich an eine öffentliche Körperschaft abtreten zu müssen. Nach BFH I R 77/86 BStBl II 1991, 471 ist die wasserbautechnische Anlagen betreffende Heimfallverpflichtung eines Energieversorgungsunternehmens *keine Dauerschuld,* weil sie mit laufenden Geschäftsvorfällen in engem wirtschaftlichen Zusammenhang stehe (**aA** *Güroff* StRK GewStG 1978 § 12 Abs 2 Nr 1 R 15). 87

Schuldzinsen nach § 8 Abs 1 Nr 1 aF bzw Nr 1 Buchst a nF werden idR nicht gezahlt. Auch jährliche Zuführungen zum Heimfallfonds sind keine Schuldzinsen.

Hypotheken (D). Sie sind nach den allgemeinen Grundsätzen *Dauerschulden,* insb wenn sie mit der Gründung oder der Erweiterung des Betriebes zusammenhängen, also etwa zum Ankauf oder Ausbau des Betriebsgrundstücks aufgenommen werden (BFH I R 55/68 BStBl II 1971, 750). Nach der Rspr liegen laufende Geschäftsvorfälle vor, wenn ein Bauunternehmer und Grundstückshändler Hypothekenverbindlichkeiten eingeht, um Grundstücke zu erwerben, zu parzellieren und als Bauland zu verkaufen oder selbst zu bebauen und parzelliert bebaut zu verkaufen, und zwar auch dann, wenn die Abwicklung mehrere Jahre in Anspruch nimmt (zB BFH VI 269/74 BStBl III 1966, 316; IV R 135/68, 136/68 BStBl II 1969, 468; I R 135/66 BStBl II 1969, 666; VIII R 423/83 BStBl II 1991, 23; IV R 6/90 BStBl II 1991, 584; krit *Gosch* StuW 1992, 350, 354). 88

Importkredite. Es gelten die allgemeinen Grundsätze der Einzelabwicklung und Verfolgbarkeit des einzelnen Warenkredits (vgl Rn 47 ff; *Neuhäuser* BB Beilage 11/76). 89

Investitionszulage. Wird die Zulage zurückgefordert, dann liegt nach *FM* DB 1982, 2061; BB 1982, 1779 grundsätzlich eine laufende Verbindlichkeit vor, es sei denn, die Zulage wird nicht innerhalb von 12 Monaten nach ihrer Festsetzung zurückgezahlt. Dem ist mE nur insoweit zuzustimmen, als die zugrunde liegende 90

Investition nicht mit der Gründung, Erweiterung bzw wesentlichen Verbesserung des Betriebs in Zusammenhang steht.

91 **Kautionen (D).** Sie sind *Dauerschulden,* wenn die bereitgestellten Mittel längere Zeit im Betrieb mitarbeiten (RFH RStBl 1939, 868; BFH IV R 185/83 BStBl II 1987, 443).

92 **Kontokorrentkredite (D).** Sie sind **Dauerschulden,** wenn aus dem Geschäftsverhältnis geschlossen werden muss, dass trotz der äußeren Form des Kontokorrentverkehrs dem Unternehmen ein **bestimmter Mindestkredit** dauernd, dh mindestens **für 1 Jahr** (BFH I R 91/74 BStBl II 1976, 789), gewidmet sein soll (zB BFH I R 81/75 BStBl II 1978, 651; I R 127/86 BStBl II 1990, 915; X R 68/00 BFH/NV 2003, 891; I R 37/11 BFH/NV 2012, 993). Das kann idR von dem Mindestbetrag der Schuld angenommen werden, der während des ganzen Wirtschaftsjahres bestanden hat (BFH I R 15/80 BStBl II 1984, 379; A 45 Abs 7 GewStR 1998). **Abzugrenzen** ist jedoch der Fall, dass bei mehreren Teilzahlungsgeschäften die mit dem einzelnen Geschäftsvorfall zusammenhängende Verbindlichkeit der Höhe nach schwankt (BFH I 171/58 U BStBl III 1960, 49).

Eine Dauerschuld ist nicht deswegen zu verneinen, weil das **Konto an wenigen Tagen** im Jahr **ausgeglichen** ist oder sogar ein Guthaben ausweist (BFH IV R 14/85 BFH/NV 1987, 324; IV R 2/97 BStBl II 1997, 742). In diesem Fall kommt es nicht darauf an, dass die kurzfristige Rückführung des Kontokorrentkredits auf einer anderweitigen (kurzfristigen) Kreditaufnahme beruht; hierauf konnte es nur ankommen, wenn das Guthaben länger als nur wenige Tage im Jahr bestanden hat (BFH R 14/85 aaO; IV R 2/97 aaO). ME ist hierfür ein Kreditausgleich an mehr als 14 zusammenhängenden Tagen erforderlich (vgl FG München EFG 1980, 192).

Der Ausgleich des Kontos darf allerdings nicht **missbräuchlich** erfolgen (BFH IV R 57/74 BStBl II 1977, 843; I R 132/77 BStBl II 1981, 219). Das ist der Fall, wenn Fremdmittel, aber auch Eigenmittel zur kurzfristigen Abdeckung (auch 2 bis 3 Wochen) allein zur Vermeidung der GewStBelastung herangezogen werden (BFH I R 132/77 aaO; IV R 81/77 BStBl II 1981, 223). Die Herkunft der zur kurzfristigen Abdeckung eingesetzten Mittel ist irrelevant (vgl BFH I R 115/82 BStBl II 1985, 680; I B 122/03 BFH/NV 2004, 810).

Anzusetzen als *Dauerschuld* ist nach obigen Ausführungen der Mindestbetrag des Kredits im Laufe des Wirtschaftsjahres. Hat der Mindestbetrag jedoch nur kurze Zeit im Wirtschaftsjahr bestanden, dann hat er bei der Ermittlung des Betrags der *Dauerschuld* außer Betracht zu bleiben (RFH RStBl 1939, 160; 1939, 216; 1943, 695). Nach A 45 Abs 7 Sätze 9 ff GewStR 1998 ist der niedrigste Kontostand an insgesamt 7 *Tagen im Jahr,* die nicht zusammenzuhängen brauchen, unbeachtlich.

Zur Möglichkeit der **Zusammenfassung mehrerer Kontokorrentkonten** (bzw eines Kontokorrent- und eines Wechselkontos) bei demselben Kreditgeber bzw bei verschiedenen Kreditgebern vgl Rn 47 ff sowie BFH I R 257/70 BStBl II 1973, 670 einerseits und I R 254/70 BStBl II 1974, 388 andererseits.

Kontokorrenkredite sind **laufende Schulden,** wenn sie eine feste Beziehung zu laufenden Geschäftsvorfällen haben; nur unter dieser Voraussetzung ist ein einheitliches Kontokorrentverhältnis in mehrere gesondert zu würdigende Kreditgeschäfte aufzulösen. Erforderlich ist aber, dass der Zusammenhang zwischen bestimmten einzelnen laufenden Geschäftsvorfällen über den gesamten Zeitraum der Abwicklung hinweg eindeutig nachgewiesen wird (BFH VIII R 6/90 BStBl II 1991, 246; VIII R 40/92 BStBl II 1994, 664; I B 86/96 BFH/NV 1997, 612; I R 37/11 BFH/NV 2012, 993; vgl hierzu Rn 51 ff). Das gilt insbesondere bei Stundung von Lieferantenverbindlichkeiten (BFH IV R 34/72 BStBl II 1975, 784). Lässt sich der Zusammenhang nicht eindeutig und leicht nachprüfbar nachweisen (BFH IV 344/65 BStBl III 1967, 322), dann ist es unerheblich, zu welchem Zweck der Kontokorrentkredit aufgenommen worden ist; er ist *Dauerschuld* (BFH X R 68/00 BFH/NV 2003, 891). Der eindeutige Zusammenhang besteht schon dann nicht, wenn bei

ABC Schuldentgelte/Dauerschulden § 8 Nr 1a

Wechselschulden der Lieferant nicht in die wechselmäßige Haftung einbezogen ist (BFH I 33/65 BStBl III 1966, 280; vgl auch I R 81/75 BStBl II 1978, 651).

Kreditinstitute und verwandte Unternehmen. 93

Literatur: für die Rechtslage ab EZ 1990: *Altehoefer/Krebs,* Neuregelungen bei der Gewerbesteuer, KStZ 1988, 123; *Pauka,* Änderungen des Gewerbesteuerrechts durch das StRefG 1990 (Teil II), DB 1988, 2275; *Rädler,* Das „Überwiegen" des Bankgeschäfts iSv § 19 GewStDV bei der Absatzfinanzierung von Kraftfahrzeugen im Gewerbesteuerrecht, DB 1991, 2309; *Gondert/Schimmelschmidt,* Bankenaufsichtsrechtliche und steuerliche Gestaltungen beim Erwerb von Beteiligungen an Kreditinstituten vor dem Hintergrund der 6. KWG-Novelle, DB 1998 Beil 10; *Pyszka/Brauer,* Begünstigung des § 19 GewStDV auch für Dauerschuldentgelte von Konzernfinanzierungsgesellschaften?, DB 2002, 2456; *Schmid/Dammer,* Neue Regeln zur Gewerbesteuer bei Asset-Backed-Securities Transaktionen und durch den Kleinunternehmerförderungsgesetz, BB 2003, 819; *Schmid/Stoll,* Zweifelsfragen bei der Auslegung von § 19 Abs 3 GewStDV, BB 2005, 582; *Klein/Kloster,* Hinzurechnungsausnahme nach § 19 Abs 3 Nr 2 GewStDV bei mittelbarem Erwerb von Krediten von einem Kreditinstitut, DStR 2006, 2115; *Schmeisser/Leonhardt,* Asset-Backed-Securities – Forderungsverbriefung für den gehobenen Mittelstand als Finanzierungsalternative, DStR 2007, 169; *Franke/Gageur,* Zweifelsfragen und Anmerkungen zu den ... Ländererlassen zu § 8 Nr 1 GewStG, BB 2008, 1704; *Altvater,* Steuerliche Sonderregelungen für Bad Banks, DB 2009, 1779; *Franke/Gageur,* Zweifelsfragen und Anmerkungen zu den ... Ländererlassen zu § 8 Nr 1 GewStG, BB 2008, 1704; *Findeisen/Sabel,* Definition des Finanzierungsleasings i.S. des KWG nach dem Merkblatt des BaFin, DB 2009, 801; *Kaminski,* Das „G zur Umsetzung steuerrechtlicher EU-Vorgaben sowie zur Änderung steuerlicher Vorschriften", Stbg 2010, 193; *Beckert/Füllbier,* Das erweiterte Gewerbesteuerprivileg, NWB 2010, 3358; Wildner/Krause, Anwendung des § 19 GewStDV bei Finanzierungs- und Factoringunternehmen, BB 2011, 1383.

1. Zweck/Auslegung der Vorschrift. Für die bezeichneten Unternehmen besteht die **Sonderregelung des § 19 GewStDV** (abgedruckt zu Beginn von § 8 Nr 1). Die Vorschrift beruht auf der Ermächtigung des § 35c Abs 1 Nr 2 Buchst e. Ihr liegt der Gedanke zugrunde, dass Kreditinstitute nur Durchlaufstellen des Geld- und Kreditverkehrs seien und dass das Passiv- und Aktivgeschäft artmäßig übereinstimmten (RFH RStBl 1938, 787; BFH I 231/59 S BStBl II 1960, 390; I R 23/02 BFH/NV 2003, 653). Der VO-Geber wollte der wirtschafts-, kredit- und währungspolitischen Funktion des Bankgewerbes Rechnung tragen und den Umstand berücksichtigen, dass bei Kreditinstituten der Fremdmitteleinsatz typischerweise besonders groß ist (BVerfGE 42, 374, 385; BFH I R 62/96 BFH/NV 1998, 210). Sie sollen in die Lage versetzt sein, für geschäftliche Zwecke Fremdkapital aufzunehmen, ohne befürchten zu müssen, dass dieses als Schuld behandelt wird (BFH I R 80/66 BStBl II 1969, 667; IV R 133/86 BStBl II 1989, 737).

Die Vorschrift enthält für betroffene Unternehmen eine **erschöpfende Bestimmung** des Begriffs und der Bemessungsgrundlage **der Entgelte** für Dauerschulden bzw (ab EZ 2008) der Entgelte für Schulden (vgl zu den *Dauerschulden* der aF: BFH I R 98/96 BStBl II 2002, 207) und ist daher auch zu Ungunsten des Unternehmens anzuwenden (Hess FG EFG 1986, 304), wenn die nach allgemeinen Regeln ermittelten Schulden geringer sind. Zwar ermächtigt § 35c Abs 1 Nr 2 Buchst e nur zur „Beschränkung" der Hinzurechnung (*Pauka* DB 1988, 2275). Doch lässt sich diese Formulierung auch so verstehen, dass ein eingeschränktes Ermittlungsverfahren geregelt werden darf. Ab EZ 1990 hat im Übrigen der Gesetzgeber selbst den § 19 GewStDV verabschiedet (G v 25.7.1988, BGBl I 1988, 1093, 1117); ebenso die Neufassung des Abs 3 durch G v 31.7.2003 (BGBl I 2003, 1550) bzw des § 19 GewStDV insgesamt durch Art 5 des JStG 2009 (BGBl I 2008, 2794).

Für **Begriff und Umfang** der hinzuzurechnenden Entgelte kommt es nach § 19 GewStDV nicht auf die Art der Schuld (Finanzierungsanlass, Laufzeit) an, sondern

§ 8 Nr 1a Hinzurechnungen

allein auf das Verhältnis des Ansatzes bestimmter zum AV gehörender WG (Rn 93c ff) zum Eigenkapital. Eine Begünstigung nach der Vorschrift ist aber nur gerechtfertigt, soweit sich Verbindlichkeiten auf das Kreditgeschäft beziehen (BFH IV R 133/86 BStBl II 1989, 737).

93a **2. Personenkreis.** Die Aufzählung der begünstigten Unternehmen in Abs 1, 3 u 4 ist abschließend; auf andere GewBetriebe ist § 19 GewStDV auch dann nicht anzuwenden, wenn sie Kreditgeschäfte betreiben (BFH I R 293/82 BStBl II 1987, 446; IV R 77/05 BStBl II 2008, 767; krit für „Cash-Pool-Manager" *Franke/Gageur* BB 2008, 1704).

a) Kreditinstitute nach § 19 Abs 1 GewStDV. Dies sind isd § 19 Abs 1 GewStDV die **Kreditinstitute isd § 1 KWG,** also Unternehmen, die Bankgeschäfte betreiben, wenn ihr Umfang einen in kaufmännischer Weise eingerichteten Geschäftsbetrieb erfordert; einer aufsichtsrechtlichen Erlaubnis bedarf es nicht (BFH I R 23/02 BFH/NV 2003, 653; *Pyszka/Brauer* DB 2002, 2456). Bankgeschäfte sind Geschäfte nach dem Katalog des § 1 Abs 1 Satz 2 KWG (hierzu gehören trotz § 19 KWG nicht die Leasing-Geschäfte; *FM Hessen* StEK GewStG § 8 Nr 1 Nr 46). Kreditinstitute sind demnach Banken, Sparkassen, Kreditgenossenschaften, Spar- und Darlehenskassen, private Hypothekenbanken, öffentlich-rechtliche Pfandbriefanstalten, Kommunalkreditinstitute, Teilzahlungsbanken sowie Bausparkassen. Betreibt ein Kreditinstitut auch das Leasinggeschäft, dann muss – bis EZ 1989 – das Bankgeschäft überwiegen (BFH I R 62/96 BFH/NV 1998, 210). **Nicht Kreditinstitute** sind andere Unternehmen, die Spareinlagen ihrer Kundschaft oder Gefolgschaft annehmen (RFH RStBl 1942, 1110) oder die Finanzierung über den Erwerb von Beteiligungen betreiben (BFH I R 293/82 BStBl II 1987, 446). Konzernfinanzierungsgesellschaften kommen regelmäßig nicht in den Genuss der Vorschrift; zwar fallen sie dem Wortlaut nach unter § 1 KWG, doch dürfte § 19 GewStDV dahin auszulegen sein, nur solche Unternehmen zu begünstigen, auf die das KWG tatsächlich anzuwenden ist, was bei konzernintern arbeitenden Unternehmen nicht der Fall ist (§ 2 Abs 1 Nr 7 KWG; hierzu *Pyszka/Brauer* DB 2002, 2456; **aA** *Schmid/Stoll* BB 2005, 582). Bei Organschaften ist auf die Verhältnisse bei der jeweiligen Gesellschaft abzustellen (vgl zur Bedeutung des Organs: BFH I 198/65 BStBl II 1968, 807).

b) Die weiteren Begünstigungen nach § 19 Abs 3 GewStDV. aa) Nach § 19 Abs 3 Nr 1 GewStDV gehören (seit EZ 1974) auch **Pfandleiher** iSd PfandleiherVO zu den begünstigten Unternehmen.

bb) Nach **§ 19 Abs 3 Nr 2 GewStDV** sind (ab EZ 2003) begünstigt Gewerbebetriebe, die (sog **„Asset-Backed-Securities"** (ABS)-Geschäfte bzw **„Credit-Linked-Notes"** (CLN)-Geschäfte betreiben, also bestimmte Kredite oder Kreditrisiken erwerben und Schuldtitel zur Refinanzierung des erforderliche Kaufpreises oder der zu stellenden Sicherheiten ausgeben. ABS sind kapitalmarktfähige Schuldtitel (Securities), die von einer Zweckgesellschaft (dem begünstigten Forderungs- bzw Risikokäufer) begeben und unter Einschaltung einer Bank bei Investoren platziert werden (vgl *Schmeisser/Leonhardt* DStR 2007, 169); mit dem hierbei aufgebrachten Kapital erwirbt die Zweckgesellschaft nicht verbriefte Forderungen (Assets) von einem Unternehmen (Originator), idR selbst eine Bank, durch die die Schuldtitel gedeckt (backed) werden (zu weiteren Einzelheiten *Schmid/Dammer* BB 2003, 819). Es geht also um die Umwandlung nicht kapitalmarktfähiger Schuldtitel bzw Forderungen (Assets) in kapitalmarktfähige Titel (Securities). Bei den CLN ist die Rückzahlung des verbrieften Schuldtitels an die Entwicklung solcher Kreditforderungen geknüpft. Die Banknähe bestimmter Geschäfte dieser Art ist Grundlage für die Begünstigung, auch wenn die begünstigten Unternehmen selbst nicht Kreditinstitute iSv § 1 KWG sind.

(1.) Begünstigte Geschäfte sind jedoch nur **Bankgeschäfte** nach § 1 Abs 1 Satz 2 Nr 2 KWG (also das Kreditgeschäft), nach § 1 Abs 1 Satz 2 Nr 3 KWG (also

ABC Schuldentgelte/Dauerschulden § 8 Nr 1a

das Diskontgeschäft) und nach § 1 Abs 1 Satz 2 Nr 8 KWG (also das Garantiegeschäft, insb Bürgschaften). Nicht begünstigt sind das Kreditkartengeschäft, das nicht unter § 1 Abs 1 Satz 2 Nr 2 KWG fällt, das Leasinggeschäft nach § 1 Abs 3 Nr 3 KWG und das Factoring bzw die Forfaitierung nach § 1 Abs 3 Nr 2 KWG. Factoring und Leasing sind jedoch ab EZ 2008 unter bestimmten Voraussetzungen noch weitergehend begünstigt (s Stichwort „Finanzdienstleistungsinstitute"). Der **Erwerb der Assets** muss mE nach dem Wortlaut der Vorschrift trotz BTDrs 15/537, 10 nicht (mittelbar oder unmittelbar) *von* einem Kreditinstitut erfolgen (ebenso *Schmid/ Stoll* BB 2005, 582; *Klein/Kloster* DStR 2006, 2115; **aA** *Schmid/Dammer* BB 2003, 819). Sie müssen nur *aus* Bankgeschäften stammen.

(**2.**) **Begünstigte Zweckunternehmen** sind solche, die ausschließlich unmittelbar oder mittelbar Kredite oder Kreditrisiken aus o.a. Bankgeschäften erwerben sowie die o.a. Schuldtitel zur Refinanzierung des Kaufpreises bzw der für die Risikoübernahme zu stellenden Sicherheiten ausgeben bzw zur Refinanzierung Darlehen von Unternehmen nach Nr 3 aufnehmen; eine bestimmte Rechtform ist nicht vorgesehen. Die Kredite bzw Kreditrisiken dürfen nur von Kreditinstituten nach § 1 KWG (s oben) oder von den nach § 3 Nr 2 befreiten Instituten erworben worden sein. Zu Unklarheiten der Vorschrift *Schmid/Stoll* BB 2005, 582.

(**3.**) Die Einhaltung der o.a. Voraussetzungen hat das Unternehmen **nachzuweisen;** das betrifft insb die Tatsache, dass es sich um eine banknahe Geschäftstätigkeit handelt und dass es diese Geschäfte **ausschließlich** betreibt; mit den ABS- bzw CLN-Geschäften zusammenhängende Hilfsgeschäfte sind jedoch unschädlich (BTDrs 15/537, 11; *Schmid/Dammer* BB 2003, 819), wie etwa Kursinformationen und Analysen, Rückerwerb von ABS vor Fälligkeit oder Verkauf von Geschäftsausstattung (*Blümich/Hofmeister* § 8 GewStG Rn 71 i). Fraglich erscheint aber, ob ein Nachweis nach § 19 Abs 2 erforderlich ist (so *Köster* in *L/S* § 8 Nr 1 Rn 244 f; *Schmid/Dammer* BB 2003, 819). Diese Vorschrift betrifft das Überwiegen der Bankgeschäfte gegenüber anderen Geschäften und ist mE angesichts des Ausschließlichkeitsgebots des Abs 3 Nr 2 u 3 GewStDV gegenstandslos.

cc) Nach **§ 19 Abs 3 Nr 3 GewStDV** sind begünstigt **Emittenten** der in Nr 2 erwähnten Schuldtitel und der in Nr 2 aE erwähnten Darlehen. Sie müssen, was für die Begünstigung nach Nr 2 bedeutsam ist, ebenfalls Gewerbebetrieb sein (hierzu krit *Schmid/Dammer* aaO; zu diesbezüglichen Zweifeln *Schmid/Stoll* BB 2005, 582). Im Übrigen gelten die zu Nr 2 aufgezeigten Bezüge.

c) Begünstigung nach § 19 Abs 4 GewStDV. Nach § 19 Abs 4 GewStDV sind **Finanzdienstleistungsunternehmen** und **Zahlungsinstitute** über den bisherigen Rahmen hinaus unter bestimmten Voraussetzungen begünstigt. Vgl hierzu die Stichwörter.

3. Überwiegen von Bankgeschäften. Voraussetzung für die Vergünstigung ist, **93b** dass im Durchschnitt aller Monatsausweise des Wirtschaftsjahres (§ 25 KWG oder entsprechende Statistiken) die **Aktivposten aus Bankgeschäften** und dem **Erwerb von Geldforderungen** (Factoring) die Aktivposten aus anderen Geschäften **überwiegen.** Der Aktivpostenvergleich wird vom Gesetzgeber als sachgerecht erachtet (BTDrs 11/2157, 176). Auf die Durchschnittswerte wird zur Vermeidung von Zufallsergebnissen und Manipulationen abgestellt (*Pauka* DB 1988, 2275, 2279). In den Vergleich sind Aktivposten nach § 19 Abs 1 GewStDV (Rn 93c) nicht einzubeziehen. Jedoch sind Geschäftsbeziehungen mit ausländischen Niederlassungen des Kreditinstituts zu berücksichtigen (R 8.8 Abs 2 Satz 5 GewStR).

Gestrichen ist der Hinweis auf Aktivposten aus Geschäften, die von der Anzeigepflicht nach § 24 Abs 1 Nr 9 KWG ausgenommen sind (§ 9 BefrVO; inzwischen § 11 AnzVO v 19.12.2006, BGBl I 2006, 3245). Die BefrVO ist inzwischen aufgehoben worden. Bei den dort angesprochenen Geschäften handelte es sich nicht um Bankgeschäfte ieS, zB Erwerb und Veräußerung von Wertpapieren, Einziehung von Wechseln u Schecks, Verkauf von Reiseschecks, An- u Verkauf von Münzen, Devisengeschäfte,

§ 8 Nr 1a

Vermietung von Schließ- u Schrankfächern, Ausgabe von Schuldverschreibungen mit staatlicher Genehmigung sowie Vermittlung von Bausparverträgen, Versicherungsverträgen, Verträgen über Wertpapiere u.ä.

93c 4. Schulden. Als Schulden, denen die hinzuzurechnenden Entgelte entsprechen, wird der Betrag angesetzt, um den der Ansatz der **zum Anlagevermögen gehörenden**
- Grundstücke und Gebäude
- Betriebs- und Geschäftsausstattung
- Gegenstände, über die Leasingverträge abgeschlossen worden sind (die Werte sind nicht um passivierte abgegrenzte „Mietsonderzahlungen" zu mindern, HessFG EFG 2004, 284; mE zutreffend, wie der Wortlaut der Vorschrift ergibt); **ab EZ 2008** fallen diese Gegenstände nach der Neufassung durch das JStG 2009 nicht mehr hierunter, denn nunmehr sind auch Leasingunternehmen begünstigt (Rn 94 aE)
- Schiffe
- Anteile an Kreditinstituten und sonstigen Unternehmen (einschließlich der atypischen stillen Beteiligungen)

sowie der
- Forderungen aus Vermögenseinlagen als (typischer) stiller Gesellschafter
- Forderungen aus Genussrechten

das **Eigenkapital** (Rn 93e) **überschreitet.**

Bei den **Anteilen** muss es sich nicht mehr um „dauernde Beteiligungen" (wie früher) handeln. Allein die Zugehörigkeit zum AV entscheidet. Auf die Form der Beteiligung kommt es dann nicht an. Dauernder Aktienbesitz genügt jedoch (BFH IV R 133/86 BStBl II 1989, 737). Möglich ist die Übernahme von Anteilspapieren, der Gesellschafterstellung, der Mitgliedschaft in einer Genossenschaft oder öffentlich-rechtlichen Körperschaft, auch wenn diese unfreiwillig erfolgt (*Köster* in L/S § 8 Nr 1 Rn 218; *Deloitte/Kaul* § 19 GewStDV Rn 24). Anteile an Investment- und Spezialfonds – als rechtlich unselbstständige Sondervermögen – gehören nicht zu den Anteilen an Kreditinstituten und sonstigen Unternehmen (*OFD Hannover* DB 2001, 232). Der inländischen Betriebsstätte eines ausländischen Kreditinstituts kann höchstens das „Dotationskapital" zugerechnet werden, das dem Gesamtunternehmen als Eigenkapital zur Verfügung steht (BFH I R 98/96 BStBl II 2002, 207).

Die Forderungen aus Vermögenseinlagen als **stiller Gesellschafter** und aus **Genussrechten** müssen mE nicht zum Anlagevermögen gehören; hierfür sprechen der Wortlaut („sowie der ...") und die Absicht des Gesetzgebers bei Einführung des § 19 GewStDV, den Begriff des Anlagevermögens an das KWG anzupassen (FG Ba-Wü StE 2012, 618, Rev I R 61/12). Die Neufassung des Satzes 2 steht dem nicht entgegen, da diese Vorschrift allein die dort bezeichnete Hinzurechnung zu den Vermögenswerten des Satzes 1 und nicht deren nähere Konkretisierung zum Gegenstand hat.

Zu den Besonderheiten bei **Spar- u Darlehenskassen** mit überwiegendem Warengeschäft vgl R 8.9 GewStR.

93d 5. Besonderheiten bei Organschaft. Die Einbeziehung von Forderungen an **organschaftlich verbundene Unternehmen** bezweckt zu verhindern, dass Unternehmen, die keine Kreditinstitute sind, durch Ausgliederung von bankfremden Geschäftsarten mit dem dazu gehörigen AV im wirtschaftlichen Ergebnis in den Genuss des § 19 GewStDV kommen (BTDrs 11/2157, 176).

Es entfällt der sonst bestehende Vorteil einer Kreditierung des Organs durch den Organträger, wenn dieser die Mittel seinerseits fremdfinanziert hat (nämlich beim Organträger Inanspruchnahme des § 19 Abs 1 GewStDV ohne Ansatz der Forderung; beim Organ keine Hinzurechnung der Dauerschulden und Dauerschuldentgelte, vgl Rn 97). Für die Hinzurechnung ist jede einzelne Forderung zu prüfen. Unerheblich sind Rechtsgrund und Entgeltlichkeit der Forderung sowie deren

ABC Schuldentgelte/Dauerschulden § 8 Nr 1a

Zuordnung zum AV oder UV. Es kommt auch nicht darauf an, ob der OT am Schuldverhältnis beteiligt ist; es muss sich aber um den nämlichen Organkreis handeln (zu allem ebenso *Blümich/Hofmeister* § 8 GewStG Rn 112).

Bis EZ 2007 einschließlich galt: Der Hinzurechnungsbetrag ist begrenzt auf den Betrag, der am Ende des EZ **mehr als 12 Monate** bestanden hat, mithin in der **Schlussbilanz des Wirtschaftsjahres** anzusetzen war (ebenso *Blümich/Hofmeister* § 8 GewStG Rn 112). Es kann sich um ein abweichendes Wirtschaftsjahr handeln. Nicht erforderlich ist, dass die Forderung am Ende des EZ noch bestanden hat. Ein Gläubigerwechsel innerhalb des Organkreises steht der Hinzurechnung nicht entgegen. Entsprechendes gilt für rechtsmissbräuchliche Tilgungen (Minderungen) und kurzfristig darauf erfolgende Wiederbegründungen (Erhöhungen) der Forderung oder einen rechtsmissbräuchlichen Schuldnerwechsel innerhalb des Organkreises.

6. Eigenkapital. Das Eigenkapital ergibt sich bei Einzelunternehmen und Personengesellschaften aus den Kapitalkonten (aktives und passives Sonderbetriebsvermögen ist also zu berücksichtigen; BFH I R 98/96 BStBl II 2002, 207 zu Verbindlichkeiten zum Erwerb von Anteilen an Kreditinstituten), bei den Kapitalgesellschaften aus dem Grund- und Stammkapital zuzüglich der gesetzlichen und sonstigen offenen Reserven. Dazu gehört auch der Gewinn, aber nur sofern er nach Gesetz, Satzung oder Beschluss der zuständigen Organe im Vermögen (Rücklage) verbleiben soll (RFH RStBl 1940, 749). Gewinnzuführungen an die Mitglieder oder die beherrschende Körperschaft sowie zu echten Rückstellungen gehören nicht zum Eigenkapital (RFH RStBl 1940, 749; R 8.8 Abs 1 Satz 2 GewStR); dasselbe gilt für Pensionsrückstellungen (*-nb-* FR 1959, 456). Dagegen gehört die Vermögenseinlage des typischen stillen Gesellschafters zum Eigenkapital (HessFG EFG 1978, 33). Bei Genossenschaften gehört das Geschäftsguthaben der zum Jahresende ausscheidenden Genossen nicht zum Eigenkapital, das auf das Ende dieses Geschäftsjahres festzustellen ist (RFH RStBl 1938, 787). Zu den Sonderposten mit Rücklagenanteil, auch iSv § 281 HGB, vgl R 8.8 Abs 1 Sätze 3 f GewStR; zu einem zur Rettung einer Forderung in der Zwangsversteigerung erworbenen Betriebsgrundstück vgl R 8.8 Abs 1 Sätze 5 ff GewStR. In allen Fällen kommt als Eigenkapital nur ein positiver Betrag in Betracht (BFH I R 80/66 BStBl II 1969, 667).

7. Maßgeblicher Zeitpunkt. Bei der Ermittlung des **GewErtrages** ist grundsätzlich von den Bilanzansätzen auf den **Schluss des Wirtschaftsjahres**, dessen GewErtrag zu ermitteln ist, auszugehen (RFH RStBl 1939, 787; 1940, 749; Hess FG EFG 2004, 284; *Blümich/Hofmeister* § 8 GewStG Rn 107; **aA** *Köster* in *L/S* § 8 Nr 1 Rn 226). Das ist nach der Rspr jedoch anders, wenn sich die maßgebenden Wertansätze **im Laufe des Wirtschaftsjahres verändert** haben: die Höhe der Entgelte soll dann nach der Entwicklung der Wertverhältnisse im Laufe des Wirtschaftsjahres zu schätzen sein (BFH I 225/64 BStBl II 1967, 732; ähnlich R 8.8 Abs 1 Satz 9 GewStR und H 8.8 GewStH); mE unzutreffend, denn § 19 GewStDV geht von einem „Ansatz" der Werte aus. Das ist, wie RFH RStBl 1938, 787 erkennen lässt, der Bilanzansatz. Außerdem enthält die Regelung des § 19 GewStDV eine bewusste Pauschalierung, die zugunsten und zuungunsten des Kreditinstituts ausgehen kann (HessFG EFG 1986, 304). Sonderbetrachtungen für den Fall, dass sie zuungunsten ausgeht, sind nicht angezeigt.

8. Schuldentgelte. Für die **Berechnung der Schuldentgelte** ist das bezeichnete Verhältnis auf die Zinsen für hereingenommene Gelder, Darlehen und Anleihen anzuwenden. Dabei ist der Betrag der Schuldentgelte nach R 8.8 Satz 8 f GewStR mit dem gewogenen Durchschnitt zu ermitteln. Dieser Betrag wird mit 25% hinzugerechnet.

Leasing-Verträge. Zur Begünstigung von Leasingunternehmen **ab EZ 2008** s Stichwort „Finanzdienstleistungsunternehmen". Im Übrigen ist wie folgt zu unterscheiden (BFH I R 54/86 BFH/NV 1991, 406):

Güroff 809

§ 8 Nr 1a Hinzurechnungen

(1.) Die Leasing-Gegenstände sind **dem Leasing-Nehmer zuzurechnen.** Beim Leasing-Geber gehören die zur Finanzierung aufgenommenen Darlehen nach A 45 Abs 6 Satz 3 Nr 1 Satz 13ff GewStR 1998 zum laufenden Geschäftsverkehr, sofern der Nachweis des Zusammenhangs mit dem einzelnen Leasinggeschäft geführt wird, und zwar auch wenn die Laufzeit mehr als 12 Monate beträgt. Voraussetzung ist, dass die planmäßige und üblicherweise zur Abwicklung benötigte Frist nicht über 6 Jahren liegt. Ein Zusammentreffen von langer Finanzierungsdauer (10 Jahre) und Ausrichtung des Darlehens auf das Unternehmen und seine Dauer bedingen die Qualifikation als *Dauerschuld* (BFH VIII R 51/04 BStBl II 2008, 137). Beim Leasing-Nehmer ist die Leasing-Schuld *(Dauer-)Schuld,* wenn sie länger als 12 Monate läuft. Die in den Leasing-Raten enthaltenen Zinsanteile sind *(Dauer-)*Schuldentgelte (R 44 Abs 6 Satz 3 Nr 1 Satz 11 GewStR 1998).

(2.) Die Leasing-Gegenstände sind **dem Leasing-Geber zuzurechnen.** Beim Leasing-Geber sind die Leasing-Gegenstände AV. Finanzierungen über 12 Monate haben Dauerschuldcharakter, und zwar sowohl beim Finanzierungs-Leasing (BFH IV R 24/78 BStBl II 1981, 481; IV R 19/86 BFH/NV 1989, 387; I R 54/86 BFH/NV 1991, 406; *Veigel/Lentschig* StBp 1994, 106), als auch beim Hersteller-Leasing (BFH IV R 105/84 BStBl II 1987, 448). Zum Immobilienleasing vgl BFH I B 118/97 BFH/NV 1998, 881. Bei Verkauf der Leasing-Forderung durch den Leasing-Geber ist für die bei diesem bestehenbleibende Verpflichtung zur Nutzungsüberlassung ein passiver Rechnungsabgrenzungsposten zu bilden, dieser ist Schuld iSd Nr 1 Buchst a, jedoch keine Dauerschuld (*BMF* BStBl I 1996, 9). Bei Verkauf des zukünftigen Anspruchs auf den Erlös aus der Verwertung des Leasinggegenstandes (Restwert-Forfaitierung) hat der Forfaitierungserlös – solange der Leasing-Geber das Andienungsrecht noch nicht ausgeübt hat – den Charakter eines Darlehens. Dieses ist bei Hinzutreten des Zeitmoments Dauerschuld. Zinsen und ratierliche Aufstockungsbeträge sind Dauerschuldentgelte (BFH I R 37/99 BStBl II 2001, 722). Entsprechendes gilt, wenn der Leasinggeber dem Käufer gegenüber die Haftung für die Zahlungsfähigkeit des Leasingnehmers übernimmt, weil auch in diesem Fall die Forfaitierungserlöse insofern als Darlehen anzusehen sind (*BMF* aaO).

95 **Lizenzgebühren** konnten auch *Dauerschulden* sein (BFH 140/56 U BStBl III 1957, 287). Ab EZ 2008 dürfte § 8 Nr 1 Buchst f nF eine abschließende Regelung darstellen.

96 **Lombardkredite (D).** Sie stehen idR mit einem bestimmten Geschäftsvorfall in wirtschaftlichem Zusammenhang. Es gelten daher die allgemeinen Grundsätze; dh keine *Dauerschuld,* wenn ein sog laufender Geschäftsvorfall finanziert wird (RFH RStBl 1939, 890; vgl BFH I R 11/92 BFH/NV 1993, 121).

97 **Organschaft.** Nach den Grundsätzen in § 2 Rn 518, 524 haben Hinzurechnungen auch bei Schulden zwischen den an einem Organverhältnis beteiligten Gesellschaften zu unterbleiben, also auch bei Schulden zwischen 2 Organgesellschaften (Schwestergesellschaften) desselben Organträgers (BFH I R 182/72 BStBl II 1975, 46; I R 10/93 BStBl II 1994, 768; I R 160/94 BStBl II 1996, 328 ebenso *Neuhäuser* BB Beil 11/75). Das gilt jedoch dann nicht, wenn die empfangende Gesellschaft von der GewSt befreit ist (zB als Unterstützungskasse), weil es dann nicht zu einer doppelten gewstlichen Erfassung der Zinsen kommt (BFH I R 5/73 BStBl II 1975, 179). Entsprechendes gilt mE bei Konzerndarlehen durch einen OT im (auch EU-) Ausland (aA *Meilicke* IStR 2006, 130 unter Hinweis auf EuGH C-446/03 „Marks& Spencer", DStR 2005, 2168). Zur Dauerschuldzins-Hinzurechnung in bestimmten DBA-Fällen, in denen ein Diskriminierungsverbot besteht, vgl BFH I R 54, 55/10 BFH/NV 2011, 92; hierzu *Kotyrba* BB 2011, 1382; *Gosch* BFH/PR 2011, 266;

ABC Schuldentgelte/Dauerschulden § 8 Nr 1a

Kessler DB 2011, H 20, M 1. Zu Organschaften über die Grenze in das EU-Ausland *BMF* BStBl I 2011, 300.

Zu den Problemen aufgrund von Zinsschrankenregelungen bei Immobilienkrediten von organschaftlich organisierten Immobilienkonzernen *Klaas/Stoecker* Ubg 2012, 535.

Auf Kredite zwischen Schwestergesellschaften außerhalb des Organkreises lassen sich die o.a. Grundsätze nicht übertragen, da jede Gesellschaft ihren Gewerbeertrag selbst versteuert und die o.a. Zusammenrechnung nicht stattfindet (BFH I B 96/03 BFH/NV 2005, 72).

Partiarisches Darlehen. Gewinnabhängige Vergütungen sind Zinsen für *Dauer-* **98** *schulden* iSd früheren Fassung des § 8 Nr 1 GewStG aF, wenn sich hinter der Vereinbarung der gewinnabhängigen Vergütung eine Vereinbarung über einen festen Zins verbirgt (BFH I R 31/80 BStBl II 1984, 623).

Nach der späteren Fassung des § 8 Nr 1 aF („Entgelte") dürfte mE kein Zweifel daran bestehen, dass auch gewinnabhängige Vergütungen zu den *Dauerschuld*entgelten gehören (ebenso *Dautel* DStR 2001, 925). Entsprechendes gilt für die *Neufassung* des § 8 Nr 1 Buchst a GewStG.

Patentrechtsverletzungen (D). Verpflichtungen hieraus sind *Dauerschulden,* **99** wenn sie nicht innerhalb von 12 Monaten nach Beseitigung der Ungewissheit über ihr Bestehen getilgt werden (BFH I R 81/81 BStBl II 1985, 431).

Pensionsgeschäfte. Werden echte Pensionsgeschäfte ausschließlich zur Sicher- **100** stellung einer Verbindlichkeit geschlossen (etwa Hypothekenforderungen abgetreten), dann sind der Gegenstand der Abtretung und die aus ihm fließenden Erträge nach § 39 Abs 2 Nr 1 AO dem Sicherungsgeber zuzurechnen. Werden die Erträge an den Pensionsnehmer weitergeleitet, dann liegen hierin ggf Schuldzinsen (BFH I R 147/78 BStBl II 1984, 217); anders bei sonstigen echten Pensionsgeschäften, bei denen das Pensionsgut und die Erträge dem Pensionsnehmer zuzurechnen sind (BFH GrS 1/81 BStBl II 1983, 272).

Pfandleiher. S „Kreditinstitute" (Rn 93 ff). **101**
Refinanzierungskredite (D). Dienen sie der Refinanzierung von Krediten zur **102** Finanzierung von Warengeschäften im laufenden Geschäftsverkehr, dann haben sie nach den allgemeinen Grundsätzen (vgl Rn 51 ff) nicht den Charakter von *Dauerschulden*. Finanziert indes ein inländisches Handelsunternehmen fremde Warengeschäfte mit dem Ziel, durch diese Finanzierungsgeschäfte neue Geschäftsbeziehungen im eigentlichen Handelsgeschäft anknüpfen zu können, und wird auf Grund dessen eine mehrjährige Refinanzierung erforderlich, dann handelt es sich idR um *Dauerschulden* (vgl *BMF* FR 1977, 389); ebenso wenn der refinanzierte Kredit an eine Schwestergesellschaft, mit der Geschäftsbeziehungen bestehen, zur Finanzierung einer Betriebsanlage begeben wird (BFH IV R 92/96 BFH/NV 1998, 1222). Etwas anderes kann nur gelten, wenn – was wegen des Finanzierungszwecks wohl zu verneinen ist – von einem durchlaufenden Kredit ausgegangen werden kann. Gewährt ein Unternehmen einem Geschäftspartner Kredite, um ihn zum Abschluss oder zur Aufrechterhaltung von *Dauerschuld*verhältnissen mit einer Laufzeit von mehr als 12 Monaten zu veranlassen, dann führt die langfristige Refinanzierung zu *Dauerschulden,* auch wenn die Tilgung des Kredits über die Verrechnung mit einzelnen Geschäftsvorfällen erfolgt. Lediglich der Abschluss und die Abwicklung der einzelnen Geschäftsvorfälle sowie deren (Re-)Finanzierung gehört zu den laufenden Geschäftsvorfällen (BFH IV 185/83 BStBl II 1987, 443); hierzu Rn 51 ff.

Auch die Stützung einer Bausparkasse durch ein Wohnungsbauunternehmen durch Übernahme von Bausparforderungen gehört nicht zum laufenden Geschäftsverkehr. Die zur Refinanzierung aufgenommenen Kredite sind *Dauerschulden* (FG Bremen EFG 1978, 501).

Rückgabeverpflichtungen (D). Wird bei einer Unternehmenspacht verein- **103** bart, dass der Pächter nach Beendigung des Pachtverhältnisses die ihm überlassenen

§ 8 Nr 1a Hinzurechnungen

Rohstoffe sowie Halb- und Fertigfabrikate zurückzugewähren hat, dann stellt die passivierte Rückgabeverpflichtung eine *Dauerschuld* dar (BFH I 70/60 S BStBl III 1966, 51).

104 Rückstellungen als Dauerschulden. Sie sind nach Abschaffung der GewKapSt nur von Bedeutung, wenn wegen der Verpflichtung Entgelte angefallen sind.

Rückstellungen können ebenfalls *Dauerschulden* sein. Bei der Entscheidung sind die allgemeinen Grundsätze anzuwenden, insb dürfen sie nicht im laufenden Geschäftsverkehr angefallen sein (BFH IV 140/56 U BStBl III 1957, 287; IV 385/62 S BStBl III 1964, 344; I R 186/74 BStBl II 1977, 9). Ist dies nicht der Fall, dann kommt es nicht innerhalb von den Entstehungsgrund der Schuld an noch darauf, ob dem Betrieb unmittelbar oder mittelbar Mittel zugeführt worden sind. Denn auch wenn die Verringerung von Betriebsmitteln nur verhindert wird, liegt eine Verstärkung des Betriebskapitals vor (BFH I 230/56 U BStBl III 1958, 39).

Dagegen sind Rückstellungen für ungewisse Verbindlichkeiten *Dauerschulden*, wenn sie nicht innerhalb von 12 Monaten nach Beseitigung der Ungewissheit getilgt sind, und zwar beginnend ab diesem Zeitpunkt. Die Ungewissheit wird idR beseitigt durch Urteil oder durch Vereinbarung, aber auch – bei ungebührlicher Verzögerung – schon vorher (BFH I 230/56 U BStBl III 1964, 344; I 278/63 BStBl II 1968, 715; I 51/65 BStBl II 1969, 266). Befinden sich die Verbindlichkeiten dagegen in der Abwicklung und wird die endgültige Regulierung im Interesse einer vollständigen und dauerhaften Lösung hinausgeschoben, dann liegen keine *Dauerschulden* vor (BFH I 51/65 aaO zu Bergschäden). Diese Grundsätze gelten insb für Schadensersatz- und Haftpflicht- oder Gewährleistungsverbindlichkeiten (BFH I 230/56 U BStBl III 1964, 344) sowie für Verpflichtungen aus Patentrechtsverletzungen (BFH I R 81/81 BStBl II 1985, 431).

Zu den laufenden Geschäftsvorfällen gehören nach hM Verpflichtungen zur Instandhaltung (BFH I 38/62 U BStBl III 1966, 53; StRK GewStG § 12 Nr 1 R 20) sowie Rekultivierungsverpflichtungen (BFH I R 186/74 BStBl II 1977, 9). Sie werden *Dauerschulden* nur dann, wenn sie nicht innerhalb der üblichen Frist nach Ablauf des Vertrages erfüllt werden (BFH I 230/56 U BStBl III 1958, 39; I 196/65 BStBl II 1968, 717).

105 Rückzahlungsverbindlichkeiten (D). Bei Rückzahlung des Kaufpreises nach Rückgabe der mangelfreien und bereits bezahlten Ware innerhalb von 2 Jahren soll nach HessFG EFG 1976, 23 keine *Dauerschuld*, sondern ein laufender Geschäftsvorfall vorliegen, wenn die Rückzahlungsverpflichtung bis zum Verkauf der zurückgenommenen Ware an andere Kunden getilgt ist; mE fraglich.

106 Saisonkredite (D). Für sie gelten die allgemeinen Grundsätze. Bei nachweisbarem festen Zusammenhang mit bestimmten Warengeschäften liegen keine *Dauerschulden* vor (BFH IV R 196/66 BStBl II 1972, 189). Werden sie nur für eine Saison aufgenommen, dann sind sie nach hM Schulden des laufenden Geschäftsverkehrs. Sie sollen dann *Dauerschulden* werden, wenn sie zum Saisonende nicht abgedeckt werden und daher das Betriebskapital über längere Zeit hinweg verstärken (RFH RStBl 1938, 1117; 1939, 1057; BFH I 54/60 U BStBl III 1961, 422). Dies gilt auch dann, wenn der Stpfl laufend Saisonkredite aufnimmt und die Kredite zwar innerhalb eines Zeitraums von weniger als 12 Monaten zurückzahlt, wenn aber wegen der Überschneidung durch Aufnahme neuer Saisonkredite ein Mindestkredit länger als 12 Monate bestehen bleibt (BFH VI 173/64 U BStBl III 1965, 195; IV 344/65 BStBl III 1967, 322; IV R 196/66 aaO). Zur Nichtrückzahlung des Saisonkredites wegen behördlich angeordneter Vorratshaltung vgl RFH RStBl 1944, 420; BFH I R 203/73 BStBl II 1976, 551.

107 Schadensersatzverbindlichkeiten. Sie werden nach der Rspr grundsätzlich den laufenden Geschäftsvorfällen zugeordnet, wenn sie iZm solchen – wie regelmäßig – entstanden sind (BFH I 51/65 BStBl II 1969, 266). Das gilt auf jeden Fall, solange die Ansprüche noch in der Abwicklung befindlich und Verhandlungen

ABC Schuldentgelte/Dauerschulden § 8 Nr 1a

zwischen den Beteiligten im Gange sind. Schadensersatzverbindlichkeiten werden aber zu *Dauerschulden,* wenn sie nicht innerhalb von 12 Monaten nach Beseitigung der Ungewissheit getilgt werden. Die Ungewissheit wird idR beseitigt durch Vereinbarung oder durch Urteil und – bei ungebührlicher Verzögerung der Abwicklung – unter Umständen auch schon vorher (BFH I R 81/81 BStBl II 1985, 431). **Zinsen auf Schadensersatzverbindlichkeiten** sind mE Schuldentgelte iSv § 8 Nr 1 Buchst a nF.

Steuerschulden. Sie gehören im Allgemeinen zum laufenden Geschäftsverkehr. **108** Daher sind sie erst *Dauerschulden,* und zwar von Anfang an, wenn sie nicht innerhalb eines Jahres getilgt werden. Für die Berechnung der Frist kommt es auf den Zeitpunkt des Zugangs des Steuerbescheides bzw Rückforderungsbescheides an (BFH I 197/57 S BStBl III 1959, 428; I 159/60 S BStBl III 1962, 222; I 309/61 U BStBl III 1963, 69). ME sollte auf den Zeitpunkt der Fälligkeit abgestellt werden. Auch langfristige (mindestens 12 Monate ab Zugang des Bescheides) gestundete Steuerschulden und Rückzahlungsverpflichtungen sind *Dauerschulden*. Wird die Steuerschuld in Teilbeträgen entrichtet, dann ist nur der Teil Dauerschuld, der nach Ablauf des maßgebenden 12-Monats-Zeitraums gezahlt wird (BFH IV 313/58 S BStBl III 1963, 405; aA FG Berlin EFG 1982, 527 zu Steuerschulden iZm laufenden Geschäftsvorfällen, hier: Branntweinsteuer).

Für **Rückstellungen** für Steuerschulden gelten nach BFH I R 56/80 BStBl II 1984, 598 entsprechende Grundsätze; dh der Fristenlauf beginnt nicht schon ab dem Stichtag der Rückstellungsbildung, sondern erst ab Zugang des Steuerbescheides.

Bei **Aussetzung der Vollziehung** wegen eines schwebenden Rechtsbehelfsverfahrens sind nach BFH I R 31/72 BStBl II 1974, 387 die Steuerschulden keine *Dauerschulden* und werden dazu erst, wenn sie innerhalb von 12 Monaten nach Ablauf der Aussetzung nicht getilgt werden.

Aussetzungszinsen waren nach **§ 8 Nr 1 aF** nicht hinzuzurechnen, da die ausgesetzten Beträge keine *Dauerschulden* sind (s oben); nach der Neufassung des **§ 8 Nr 1 Buchst a nF** sind sie mE hinzuzurechnen, weil es sich um Entgelt für eine (Steuer-)Schuld handelt, zumal die Verzinsung nur bei Erfolglosigkeit des Rechtsbehelfs anfällt (§ 237 AO). **Stundungszinsen** sind hinzuzurechnen, und zwar als *Dauerschuld*entgelt (§ 8 Nr 1 aF), soweit sie auf die Beträge entfallen, die länger als 12 Monate gestundet sind, und als Schuldentgelt (§ 8 Nr 1 Buchst a nF) mE von Anfang an. **Säumniszuschläge** sind nicht hinzuzurechnen, weil sie mangels Gegenseitigkeitsverhältnisses keinen Entgeltcharakter haben (aA *FinSen Hamburg* DStZE 1982, 268).

Stillhalteschulden. Es handelt sich um Schulden, deren Rückzahlung wegen **109** gesetzlicher, behördlicher oder ähnlicher Maßnahmen blockiert ist. Bei Eintritt des erforderlichen Zeitelements sind sie an sich *Dauerschulden,* sie werden jedoch im Billigkeitswege wie laufende Schulden behandelt (BFH I R 297/82 BStBl II 1986, 415). Das gilt jedoch nicht, wenn die Erfüllung einer sich aus der Währungsumstellung ergebenden Abführungsverpflichtung eines Versicherungsunternehmens hinausgeschoben wurde, um dem Versicherungsunternehmen dringend benötigte Liquidität zu erhalten (BFH I R 147/78 BStBl II 1984, 217). Werden die Stillhalteschulden verzinst, dann sind die Entgelte nach der Neufassung des **§ 8 Nr 1 Buchst a nF** mE hinzuzurechnen.

„**Stornorückbehalt Mitarbeiter**" **(D)** ist *Dauerschuld* (FG München 6 K 2423/ **110** 08 EFG 2011, 825; bestätigt von BFH I R 104/10 BFH/NV 2011, 2107).

Unterstützungskassen (D). Stellt eine Unterstützungskasse iSd § 3 Nr 9 dem **111** Trägerunternehmen die von diesem erhaltenen Mittel darlehensweise zur Verfügung oder schreibt das Trägerunternehmen Zuwendungen auf einem für die Unterstützungskasse geführten Konto lediglich gut, dann sind bei Hinzutreten des Zeitmoments *Dauerschulden* gegeben; Ausnahme bei treuhänderischer Verwaltung. Bei wechselndem Bestand sind die hinzuzurechnenden Schuldzinsen nicht auf der Basis

§ 8 Nr 1a Hinzurechnungen

eines Mindestbetrages zu ermitteln, weil der gesamte Schuldsaldo der dauernden Verstärkung des Betriebskapitals gewidmet ist (BFH I R 15/80 BStBl II 1984, 379). Dem ist nicht mit dem Hinweis auf eine organschaftliche Verflechtung von Unterstützungskasse und Trägerunternehmen zu entgehen (BFH I R 59/67 BStBl II 1970, 224; I R 5/73 BStBl II 1975, 179).

112 „**Unverzinsliche" Verbindlichkeiten.** Langfristige Ratenzahlungen auf eine in der Vereinbarung als unverzinslich bezeichnete Kaufpreisschuld enthalten idR einen angemessenen, der Hinzurechnung unterliegenden Zinsanteil (BFH VIII R 19/70 BStBl II 1975, 647). Entsprechendes gilt für ein „unverzinsliches" Darlehen von einem Pächter an den Verpächter, wenn vereinbart wird, dass der Pachtzins in dem Maße steigt, in dem das Darlehen zurückbezahlt wird (BFH IV R 13/66 BStBl II 1973, 26). Zu § 6 Abs 1 Nr 3 EStG s „Abzinsung". Zur **Freistellungsverpflichtung** (in Bezug auf Pensionslasten) vgl Rn 4, 6b, 38.

113 **Versicherungsunternehmen.** Der **Deckungsstock** der Lebensversicherungsunternehmen enthält die Beträge, in deren Höhe die Deckungsrückstellung gebildet wird. Er ist der Verfügung des Unternehmens entzogen und hat eine grundsätzlich andere Funktion als das BV bei anderen Gewerbetreibenden (BFH I 293/61 BStBl III 1967, 631). Versicherungstechnische Rückstellungen sowie aus Versicherungsverhältnissen entstandene Verbindlichkeiten gegenüber Versicherungsnehmern unterliegen auch nach **§ 8 Nr 1 Buchst a nF** nicht der Hinzurechnung, soweit sie durch Vermögenswerte iSv § 54 Abs 1 Satz 1 VAG gedeckt sind (*FM Länder* BStBl I 2012, 654 Rn 24).

Nach § 8 Nr 1 aF galt:

- *Deckungsrückstellungen* (Deckungsrücklagen, Prämienreserven) sind daher wegen ihres engen Zusammenhangs mit dem Deckungsstock keine *Dauerschulden* (RFH RStBl 1944, 171; BFH I 293/61 BStBl III 1967, 631); anders jedoch bei Hypotheken, die auf zum Deckungsstock gehörenden Grundstücken lasten (BFH I 177/58 U BStBl III 1966, 630).

- *Rückstellungen für Beitragsrückerstattungen* können *Dauerschulden* sein (BFH I 177/58 U BStBl III 1960, 311; zust *Krämer* BB 1994, 1323). Sie sind dann keine *Dauerschulden,* wenn sie mit Gegenwerten bedeckt sind, die geschäftsplanmäßig ähnlichen Beschränkungen unterliegen wie der Deckungsstock (BFH I 3/62 U BStBl III 1963, 264; I R 85/69 BFHE 102, 512) oder wenn sie – geschäftsplanmäßig zulässig – mit Überdeckungen des Deckungsstocks bedeckt sind (BFH I R 56/80 BStBl II 1984, 598). Die Höhe der Bedeckung ist nach versicherungsmathematischen Grundsätzen zu beurteilen (BFH I R 56/80 BStBl III 1966, 630). Maßgebender Zeitpunkt für die Berechnung ist der jeweilige Bilanzstichtag, zu dem die Rückstellung für die überhobenen Beitragsteile gebildet worden ist (BFH I R 56/80 aaO).

- Verzinsliche *Vorauszahlungen auf Beitragsdepots* gehören nach BFH I R 55/96 BStBl II 1997, 824 und I R 84/96 BFH/NV 1998, 495 nicht zu den *Dauerschulden,* zumal wenn sie in das Deckungsstock-Soll einbezogen werden.

- *Schadensrückstellungen* gehören zum laufenden Geschäftsverkehr und sind auch für die Abwicklung von Schadensfällen zurückliegender Zeiträume keine *Dauerschulden* (BFH I 278/63 BStBl II 1968, 715).

- *Schwankungsrückstellungen* für künftige Verpflichtungen für mit einer gewissen Wahrscheinlichkeit zu erwartende und durch die künftigen Prämien voraussichtlich nicht gedeckten Verpflichtungen aus laufenden Versicherungsverträgen sind *Dauerschulden.* Sie gehören nicht zum laufenden Geschäftsverkehr (BFH I 278/63 BStBl II 1968, 715; I 115/65 BStBl II 1972, 390).

- *Gut geschriebene verzinsliche Gewinnanteile* der Versicherten sind *Dauerschulden,* wenn sie nicht ähnlichen geschäftsplanmäßigen Verfügungsbeschränkungen unterliegen wie der Deckungsstock (RFH RStBl 1940, 826).

ABC Schuldentgelte/Dauerschulden **§ 8 Nr 1a**

- *Verzinsliche und unverzinsliche Darlehen* der Mitglieder eines Versicherungsvereins zur Bildung eines Garantiefonds für außerordentliche Schadensfälle sind *Dauerschulden* (BFH I 196/65 BStBl II 1968, 717).
- *Rentenreservedepots für Deckungsrückstellungen* für Rentenverpflichtungen in der Unfall- und Haftpflichtversicherung – auch für den Rückversicherungsanteil – sind keine *Dauerschulden,* weil sie nicht nach den Grundsätzen für die Bildung des Deckungsstocks angelegt werden (BFH I 293/61 BStBl III 1967, 631).
- *Bardepots* werden iZm der Bildung des Deckungsstocks bei Lebensversicherungsunternehmen gestellt. Sie sind keine *Dauerschulden,* weil sie den Gegenwert für die auf die Rückversicherungssumme entfallenden anteiligen Deckungsrückstellungen umfassen (BFH I 293/61 BStBl III 1967, 631). Bei Sachversicherungen gilt das nicht, weil hier keine vergleichbaren Deckungsrückstellungen gebildet werden (BFH I R 145/69 BStBl II 1972, 908).
- *Schadensreservedepots* (Vorauszahlungen auf bis zum Stichtag eingetretene und noch nicht regulierte Schäden) und Prämienreservedepots (Vorauszahlungen auf unmittelbar nach dem Stichtag und bis zum Ablauf der laufenden Versicherungsperiode eintretende Schäden) sind keine *Dauerschulden,* wenn das Depot nach jeder Abrechnung freigegeben wird. Sie gehören daher zu den Schadensrückstellungen (BFH I 278/63 BStBl II 1968, 715) und damit zum laufenden Geschäftsverkehr. Sie sind *Dauerschulden,* wenn das Depot mit variablem Bestand für die Dauer des Rückversicherungsvertrages bestehen bleibt und dem Erstversicherer als dauernde Sicherheit zur Verfügung steht (BFH I R 145/69 BStBl II 1972, 908).
- Auf der Seite des *Versicherungsnehmers* sind sog *Policedarlehen* (Vorauszahlungen des Versicherungsunternehmens aus dem Deckungskapital) bei Hinzutreten des Zeitmoments *Dauerschulden*. Es handelt sich wirtschaftlich um Darlehen. Die hierfür aufgewendeten Zusatzbeiträge beinhalten eine Verzinsung dieser Darlehen und sind ggf als *Dauerschuld*zinsen hinzuzurechnen (BFH VI 252/64 BStBl III 1966, 421).

Vorratshaltung (D). Kredite zur Finanzierung von Vorratshaltungen sind *Dauerschulden,* auch dann, wenn die Vorratshaltung öffentlich-rechtlich angeordnet ist (BFH I R 203/73 BStBl II 1976, 551; I R 81/81 BStBl II 1985, 431). 114

Warenverbindlichkeiten (D). Verbindlichkeiten im Zusammenhang mit Warengeschäften sind idR Verbindlichkeiten des laufenden Geschäftsverkehrs. Das gilt auch bei Zahlungszielen von mehr als 12 Monaten, wenn sie in der nach dem Geschäftsvorfall üblichen Zeit abgewickelt werden (BFH VI R 289/67 BStBl II 1970, 436; VIII R 40/92 BStBl II 1994, 664). Voraussetzung ist die **buchmäßig nachweisbare Verknüpfung** der einzelnen Warenschuld mit einer bestimmten Lieferung von ihrer Aufnahme bis zu ihrer Tilgung (BFH I R 107/87 BStBl II 1991, 251; IV R 86/89 BStBl II 1991, 474). Unter dieser Voraussetzung ist auch ein einheitlicher Warenkredit, der über mehrere Jahre einen Mindestsaldo aufweist, keine Dauerschuld (BFH IV R 2/08 BFH/NV 2011, 44). Das gilt auch dann, wenn der Lieferant einen Kredit zur *Refinanzierung* der Warenlieferung aufgenommen hat (BFH IV R 34/72 BStBl II 1975, 784). BFH XI R 9/97 BStBl II 1999, 33 verlangt keine Vereinbarung über den Zusammenhang von Erlös und Tilgung, sondern lässt die tatsächliche Verknüpfung genügen (vgl Rn 51a). 115

Dagegen ist **Dauerschuld** anzunehmen, wenn es dem Schuldner freisteht, aus welchen Erlösen er den Kredit bezahlen will, und auch bei der Abwicklung ein Zusammenhang nicht erkennbar wird (BFH VIII R 40/87 BStBl II 1990, 1077; I R 73/03 BStBl II 2006, 134; I R 51/10 BFH/NV 2012, 446, Vb 1 BvR 194/12). Zahlen die Kunden vereinbarungsgemäß Überpreise, die zu (verzinslichen) Guthaben führen, so stellen diese beim Schuldner (Lieferanten) *Dauerschulden* dar (BFH IV R 86/89 BStBl II 1991, 474).

§ 8 Nr 1a Hinzurechnungen

Bei **kontokorrentmäßiger Abwicklung** der Warenlieferungen und ihrer Finanzierung liegen idR Dauerschulden nur in Höhe des Sockelbetrages vor, der dem Betrieb dauernd zur Verfügung steht (BFH IV R 196/66 BStBl II 1972, 189; I R 257/70 BStBl II 1973, 670; VIII R 30/89 BStBl II 1990, 1081; vgl Rn 92). Wird die Warenschuld nicht in der geschäftsüblichen Zeit getilgt, dann entfällt der *Dauerschuld*charakter auch nicht wegen Bestehens einer öffentlich-rechtlichen Verpflichtung zur Vorratshaltung (BFH I R 203/73 BStBl II 1976, 551).

116 **Wartegelder und Förderzinsen** für die Übertragung des (wirtschaftlichen) Eigentums an Abbaurechten sind *Dauerschulden* (BFH I R 9/92 BStBl II 1994, 44).

117 **Wechselkredite (D).** Wechselkredite sind *Dauerschulden,* wenn sie wirtschaftlich mit der **Gründung** oder **Erweiterung** oder **Verbesserung des Betriebs** zusammenhängen (BFH I R 147/78 BStBl II 1984, 217; IV R 26/81 BStBl II 1984, 376); bei der Anschaffung oder Herstellung von AV, die noch keine Erweiterung oder Verbesserung des Betriebes darstellt, sind sie *Dauerschulden,* wenn ihre Laufzeit mehr als 12 Monate beträgt. Das gilt jedoch auch bei einer zunächst kurzen Laufzeit, wenn Anspruch auf Prolongation über 12 Monate hinaus besteht und der Wechsel in Prolongationsabsicht begeben wird (zB BFH I R 107/87 BStBl II 1991, 251, auch zur Abwicklung wie ein Kontokorrentverhältnis), ebenso wenn im Rahmen des einen Kreditverhältnisses einander ablösende Wechsel begeben werden (BFH I R 33/65 BStBl III 1966, 280). Auch ohne ein solches Einheitsmoment werden Wechselschulden *Dauerschulden,* wenn sie nach jeweils wenigen Monaten revolviert werden und sich dadurch die Laufzeit des Kredits über 12 Monate hinaus verlängert (BFH VI R 276/66 BStBl II 1969, 712; I R 81/75 BStBl II 1978, 651). Entsprechendes gilt, wenn ein Wechselkontingent mit einer Laufzeit von mehr als einem Jahr in Wechsel mit einer Laufzeit von nur drei Monaten aufgeteilt wird (BFH VIII R 49/95 BStBl II 1998, 272).

Wechselschulden iZm **laufenden Geschäftsvorfällen** sind bei gleich laufender Abwicklung keine *Dauerschulden* (BFH I 33/65 BStBl III 1966, 280, zur Einschaltung eines Dritten), zB bei Ausstellung von Wechseln durch den Lieferanten (BFH I 202/64 U BStBl III 1965, 484; IV 344/65 BStBl III 1967, 322). Fehlt es an einer festen Verknüpfung der Tilgung der Wechselverbindlichkeit mit der Abwicklung des finanzierten Geschäfts, liegt bei Hinzutreten des Zeitmoments eine *Dauerschuld* vor (BFH VIII R 40/87 BStBl II 1990, 1077; VIII R 49/95 BStBl II 1998, 272). Dasselbe gilt für nach Abwicklung der Warenverbindlichkeiten diskontierte Wechsel, die zu einem ständig verfügbaren Wechselkreditrahmen führen (HessFG EFG 1991, 558).

Auch **mehrere Wechselgeschäfte** dürfen nebeneinander laufen und sich überschneiden; die Motive hierfür sind unbeachtlich (BFH VI R 276/66 BStBl II 1969, 712; IV R 34/72 BStBl II 1975, 784). Die finanzierende Bank muss in das Wechselverfahren eingeschaltet sein (BFH I R 81/75 BStBl II 1978, 651). Unter dieser Voraussetzung bleiben Wechselschulden auch dann laufende Schulden, wenn der Steuerpflichtige hintereinander an verschiedene Gläubiger einzeln in der Laufzeit folgende Wechsel begibt (RFH RStBl 1939, 890). Dies soll auch gelten, wenn die Umschlagshäufigkeit des Warenlagers deutlich unter der Wechsellaufzeit liegt und dem GewTreibenden ständig ein erheblicher Betrag an Fremdmitteln zur Verfügung steht (vgl BFH VI R 276/66 aaO; IV R 34/72 aaO).

118 **Zahlungsinstitute** iSd § 1 Abs 1 Nr 5 ZahlungsdiensteaufsichtsG. Bei ihnen unterbleibt nach § 19 Abs 4 GewStDV idF des AmtshilfeRLUmsG v 26.6.2013 (BGBl I 2013, 1809) erstmals **ab EZ 2009** eine Hinzurechnung nach § 8 Nr 1 Buchst a, soweit die Entgelte und ihnen gleichgestellte Beträge **unmittelbar auf Zahlungsdienste** iSd § 1 Abs 2 Nr 2 Buchst c und 6 ZahlungsdiensteaufsichtG entfallen. Die Vorschrift ist mE nicht so lesen, dass der Gesetzgeber bei beiden Branchen Finanzdienstleistungen **und** Zahlungsdienste begünstigen wollte. Das ergibt sich mE aus der durch o.a. G neu gefassten Ermächtigungsnorm des § 35c

ABC Schuldentgelte/Dauerschulden § 8 Nr 1a

Abs 1 Nr 2 Buchst f, in der im Hinblick auf die Beschränkung der Hinzurechnung eine *branchenspezifische Zuordnung* stattfindet. **Voraussetzung** der Begünstigung ist allerdings, dass mindestens 50% der Umsätze auf Zahlungsdienste entfallen.

Zins-Swap-Verträge. Der Zins-Swap-Vertrag ist ein Finanzierungsinstrument 119 zur Senkung von Finanzierungskosten, bei dem die beteiligten Partner ihre jeweiligen Zinsverpflichtungen auf identische und währungsgleiche Kapitalbeträge austauschen. Er wird aber immer häufiger zur Absicherung von Zinsänderungsrisiken und auch zu Spekulationszwecken eingesetzt. Die hauptsächlichen Gestaltungsformen sind Swap-Verträge
- auf der Basis fiktiver Kapitalsummen
- durch Abschluss korrespondierender Darlehensverträge mit und ohne Austausch der zugrunde liegenden Kapitalsummen.

In der Regel verpflichtet sich der GewTreibende gegenüber seinem Partner (im Allgemeinen ein Kreditinstitut) zur langfristigen Zahlung eines Festzinses; er selbst erhält einen variablen Zinssatz von seinem Partner.

Auch wenn der Swap-Vertrag der langfristigen Zinssicherung für mehrere nur kurzfristige Darlehensverträge und Zinsperioden nacheinander dient, ist er nicht geeignet, eine Verklammerung der betroffenen Verhältnisse herbeizuführen. Er lässt die *formale Unabhängigkeit* der mehreren Darlehensverträge *unberührt* und steht als Zinsinstrument nur indirekt mit ihnen in Zusammenhang (so auch BFH I R 89/ 02 BStBl II 2004, 517: unternehmensinterne Maßnahme; FG Köln EFG 2003, 254 rkr). Das wirtschaftliche Risiko, insb das Eindeckungsrisiko, bleibt dem GewTreibenden erhalten (ebenso *Vögele* DB 1987, 1060 unter Hinweis auf BFH I R 254/ 70 BStBl II 1974, 388; *Franken* BB 1989, 2301; *Erne* DB 1994, 1809; *Herbst* DStZ 2003, 148; *Haisch* DStZ 2004, 511). Aufwendungen für einen Zins-Swap-Vertrag unterliegen auch nach **§ 8 Nr 1 Buchst a nF** nicht der Hinzurechnung (*FM Länder* BStBl I 2012, 654 Rn 14). Auch eine (denkbare) **Saldierung** von Aufwand und Erträgen kommt daher nicht in Betracht. Nach altem Recht stellte sich die Frage der *Dauerschuld* aus dem Gesichtspunkt der Verklammerung der mehreren, zumeist bei verschiedenen Banken abzuschließenden und abgeschlossenen Darlehensverträge (so nach *Vögele* DB 1987, 1060 die Referatsleiter der obersten Finanzbehörden der Länder), wenn man auch nacheinander abgeschlossene, formal voneinander unabhängige Kredite zur nämlichen Kapitalverstärkung als eine einheitliche Schuld auffasst (von BFH I R 89/02 aaO jedoch abgelehnt). Zur steuerlichen Behandlung insgesamt *Kreft/Schmitt-Homann* BB 2009, 2404.

Zollkredite (D). Sie sind wegen ihres Zusammenhanges mit der einzelnen 120 Warenlieferung idR keine *Dauerschulden,* auch wenn die Zahlung nach § 223 AO längerfristig, dh bis zum Eingang des Warenerlöses, hinausgeschoben wird (RFH RStBl 1938, 1134).

Zwischenkredite zur Finanzierung von Maßnahmen iVm der Gründung, 121 Erweiterung oder Verbesserung des Betriebs sind *Dauerschulden* (BFH VIII R 422/ 83 BStBl II 1991, 765); ebenso Zwischenfinanzierungen von WG des AV mit einer Laufzeit von über 12 Monaten, und zwar auch dann, wenn der Kredit der Begründung einer Bauspareinlage (= grundsätzlich AV) dient (BFH VIII R 168/ 83 BStBl II 1989, 299). Zwischenfinanzierungen, die nicht im laufenden Geschäftsverkehr entstanden sind und auch nicht der Gründung, Erweiterung usw des Betriebs dienen, gehören nach A 45 Abs 4 Sätze 4 ff GewStR 1998 auch bei einer Laufzeit von weniger als 12 Monaten zu den Dauerschulden, wenn sie durch langfristige Kredite desselben Gläubigers ersetzt werden sollen (vgl BFH IV R 93/ 77 BStBl II 1980, 660). ME hat dies auch zu gelten bei einer beabsichtigten Endfinanzierung durch einen anderen Gläubiger. Der Grundsatz der isolierten Betrachtung des einzelnen Kredits (Rn 48 ff) hat wegen der Einheitlichkeit der auf dauerhafte Verstärkung des Betriebskapitals gerichteten Maßnahmen zurückzutreten (ebenso *Blümich/Hofmeister* § 8 GewStG Rn 450 „Zwischenkredite"), weil es dem Schuldner nur auf die Gesamtbelastung ankommt (vgl BFH I R 127/86 BStBl II 1990, 915).

§ 8 Nr. 1 Buchst b Hinzurechnungen (Renten und dauernde Lasten)

Dem Gewinn aus Gewerbebetrieb (§ 7) werden folgende Beträge wieder hinzugerechnet, soweit sie bei der Ermittlung des Gewinns abgesetzt worden sind:
1. Ein Viertel der Summe aus
   ...
   b) Renten und dauernden Lasten. ²Pensionszahlungen auf Grund einer unmittelbar vom Arbeitgeber erteilten Versorgungszusage gelten nicht als dauernde Last im Sinne des Satzes 1,
   ...

Gewerbesteuer-Richtlinien 2009: R 8.1 Abs 2 GewStR/H 8.1 (2) GewStH

Literatur: *Henerichs*, Gewerbesteuerliche Probleme bei einer betrieblichen Beteiligung an einer vermögensverwaltenden Kommanditgesellschaft, FR 1991, 76; *Richter/Richter*, Von Renten und Raten, DB 1995, 1099; *Schlagheck*, Zebragesellschaften und Gewerbesteuer, StBp 2000, 115; *Schwer*, Betriebliche Veräußerungsrente, StBp 2000, 103; *Naujok/Bujotzek*, Erbbauzinsen vor 2008 keine hinzuzurechnenden dauernden Lasten, FR 2007, 882; s auch die übrigen Nachweise zu § 8 Nr 1.

Übersicht

	Rn
A. Die Neufassung	1–14
I. Allgemeines	1–4
1. Zweck	1
2. Höherrangiges Recht	2, 3
a) Verfassungsrecht	2
b) Europarecht	3
3. Abschließende Regelung	4
II. Die Regelung im Einzelnen	5–8
1. Begriff der Renten	5, 6
a) Allgemeines	5
b) Rententypen	6
2. Dauernde Lasten	7–7b
a) Begriff	7
b) Einzelfälle	7a, 7b
3. Sonderregelung für Versorgungszusagen	7c
4. Persönliche Abgrenzung	8
III. Umfang der Hinzurechnung	9–14
1. Anteil	9
2. Bemessungsgrundlagen	10–10d
a) Veräußerungsleibrenten	10
b) Wertsicherungsklausel/Vorversterben	10a
c) Veräußerungszeitrenten	10b
d) Betriebliche Versorgungsrenten (Leib- u Zeitrenten)	10c
e) Abfindungsrenten	10d
3. Rückzahlung	11–14
B. Früheres Recht zu Renten und dauernden Lasten (§ 8 Nr 2 GewStG aF)	15–19

Hinzurechnungen (Renten und dauernde Lasten) **§ 8 Nr 1b**

	Rn
I. Wirtschaftlicher Zusammenhang mit der Gründung oder dem Erwerb	15
II. Entgeltlichkeit	16
III. Umwandlung und Verschmelzung	17
IV. Ereignisse nach der Gründung oder dem Erwerb	18
V. Heranziehung beim Empfänger (Satz 2)	19

A. Die Neufassung

I. Allgemeines

1. Zweck

Die Vorschrift **bezweckt** die Ermittlung des objektiven, von den Beziehungen 1 des Inhabers zum Betrieb losgelösten GewErtrags (vgl § 8 Nr 1 Buchst a Rn 1). Wie bei Nr 1 Buchst a soll der GewErtrag wegen der Art der Finanzierung nicht gemindert werden dürfen. Renten und dauernde Lasten können ebenso wie Zinsen Entgelt für das Betriebskapital darstellen (BFH I R 250/70 BStBl II 1973, 787; IV R 31/72 BStBl II 1976, 576; IV R 194/74 BStBl II 1979, 266; I R 51/90 BStBl II 1992, 919; IV R 61/00 BStBl II 2001, 687). Der **Grund für die Hinzurechnung** nach § 8 Nr 2 aF war – jedenfalls bei Veräußerungsrenten – die Tatsache, dass die einzelnen Rentenzahlungen Zinsanteile enthalten, die Entgelt für die Überlassung des im Gewerbebetrieb arbeitenden Kapitals darstellen (BFH X R 64/89 BStBl II 1991, 358). Denkbar ist dies nicht nur für solche Renten und dauernde Lasten, die Voraussetzungen des § 8 Nr 2 aF erfüllen, sondern auch für solche, die auf andere Weise mit dem Betriebskapital und seiner Verstärkung zusammenhängen. Doch hatte der Gesetzgeber mit der aF in typisierender Weise nur diejenigen, die wirtschaftlich mit der Gründung/dem Erwerb des (Teil)Betriebes oder eines Anteils daran zusammenhängen, mit den Entgelten für Dauerschulden (dh 50% hiervon) gleichgestellt.

2. Höherrangiges Recht

a) Verfassungsrecht. Hierin lag eine **Ungleichbehandlung** von Renten und 2 dauernden Lasten untereinander, je nach ihrem wirtschaftlichen Gehalt (vgl BFH I R 126/83 BStBl II 1988, 70; *Wendt* FR 2001, 412). Darüber hinaus diskriminierte die aF Renten und dauernde Lasten gegenüber den Dauerschuldentgelten. Gleichwohl war sie **nach der Rspr verfassungskonform** (BFH I R 126/83 aaO). Mit der **Neufassung mWv EZ 2008** (§ 36 Abs 5a) ist – allerdings unter Vermehrung und Verschärfung der Hinzurechnungstatbestände – diese Problematik beseitigt.

b) Europarecht. Die aF war **europarechtlich** problematisch (Verstoß gegen 3 Art 43 u 56 EGV), weswegen bis EZ 2007 von einer Hinzurechnung abgesehen wird, wenn der gewerbliche Empfänger in einem EU/EWR-Staat ansässig war (auch für DBA-Staat; *OFD Münster* FR 2008, 290). Auch diese Problematik ist mE mit der Neufassung (Rn 2) beseitigt.

3. Abschließende Regelung

Die Vorschrift enthält eine **abschließende Regelung** für die Behandlung von 4 Renten und dauernden Lasten (BFH I 71/60 S BStBl III 1963, 93; I R 124/70 BStBl II 1973, 403). Die nach § 8 Nr 2 aF bestehende Problematik, ob die Hinzurechnung von in Rentenzahlungen enthaltenen Zinsanteilen nach § 8 Nr 1

§ 8 Nr 1b Hinzurechnungen

aF zulässig ist, wenn die Voraussetzungen für die Hinzurechnung nach jener Vorschrift nicht vorlagen (FG Köln EFG 1984, 362; aA FG Münster EFG 2008, 399; *Meyer* BB 1985, 52; *Blümich/Hofmeister* § 8 GewStG Rn 482; *Wüllenkemper* EFG 2008, 402; offen gelassen durch BFH I R 9/08 BStBl II 2010, 560) kann mE nach neuem Recht nicht mehr von Bedeutung sein (ebenso *Kratzsch* in *L/S* § 8 Nr 1 Buchst b Rn 8). Im Unterschied zum § 8 Nr 2 aF ist die gewstrechtliche **Behandlung beim Empfänger** nicht mehr von Bedeutung.

II. Die Regelung im Einzelnen

1. Begriff der Renten

5   **a) Allgemeines.** Die Vorschrift erfasst **Renten aller Arten** (BFH I R 124/70 BStBl II 1973, 403; I R 9/08 BStBl II 2010, 560). Renten sind regelmäßig wiederkehrende Bezüge, die gleichbleibend in Geld oder vertretbaren Sachen auf Grund eines sog Stammrechts für eine gewisse Zeitdauer gewährt werden (BFH VI R 153/77 BStBl II 1980, 575; X R 54/92 BStBl II 1994, 633; X R 106/91 BStBl II 1996, 669; X R 106/91 BStBl II 1996, 687). Entscheidend ist somit die **Begründung des Stammrechts**, als dessen Früchte die wiederkehrenden Zahlungen geleistet werden (vgl insb BFH X R 67/92 BStBl II 1992, 78 sowie die dort unter Darstellung der Rechtsentwicklung angegebene Rechtsprechung). Von Bedeutung hierbei ist, ob die Zahlungen der *Versorgung des Berechtigten* dienen sollen (BFH X R 44/93 BStBl II 1996, 676). Hinzu kommt ein gewisses Wagnis, durch das die Rente gekennzeichnet ist. Hierdurch unterscheiden sich Renten insb von *Kaufpreisraten* (BFH IV 80/62 BStBl III 1966, 597; I R 8/92 BStBl II 1994, 44; I R 9/08 aaO), auch wenn diese nicht von vornherein auf einen bestimmten Betrag fixiert sind (es genügt Bestimmbarkeit: BFH III R 90/66 BStBl II 1970, 240), *Pachtzahlungen* (vgl BFH III R 319/84 BFH/NV 1988, 522) und *Kapitalrückzahlungen,* ebenso von *Nachinkassoprovisionen* eines Versicherungsvertreters (FG Münster EFG 1966, 426).

Die **Unterscheidung im Einzelfall** hat also danach zu ergehen, ob die Zahlungen **Erträge** und **Rechtsfrüchte** eines Rentenstammrechts oder Teil des Leistungsaustauschs eines gegenseitigen Vertrages sind. Wegen Fehlens der Gleichmäßigkeit liegt keine Rente, sondern allenfalls eine dauernde Last vor bei Verknüpfung der Leistungen mit den wirtschaftlichen Verhältnissen des Verpflichteten, etwa Gewinn oder Umsatz (BFH VI R 48/73 BStBl II 1975, 881; VIII R 197/78 BStBl II 1981, 263 mwN; vgl BFH VI 59/62 U BStBl III 1963, 594). Ebenfalls nicht Renten iSd Vorschrift sind Betriebspensionen (so noch RFH RStBl 1940, 621; BFH I 71/60 S BStBl III 1963, 93; hierzu *Rau* InstFSt Brief 167, 21); sie sind dauernde Lasten (BFH IV R 194/74 BStBl II 1979, 266). Unter die Vorschrift fallen Renten aller Art; eine Unterscheidung zwischen Zeit- und Leibrenten trifft die Vorschrift nicht (BFH I R 124/70 BStBl II 1973, 403).

Erbbauzinsen sind idR keine Renten, weil sie nicht der Versorgung des Berechtigten dienen; sie sind bei bereits bebauten Grundstücken aufzuteilen in einen Kaufpreisanteil für die Übertragung des Eigentums an den aufstehenden Gebäuden und ein Entgelt für die Nutzung des Grund und Bodens; im Hinblick auf den ratenweise zu zahlenden Kaufpreis erfolgt die Hinzurechnung des darin enthaltenen Zinsanteils nach § 8 Nr 1 aF bzw Nr 1 Buchst a nF (BFH I R 9/08 BStBl II 2010, 560; *Naujok/Bujotzek* FR 2007, 882; aA FG Münster EFG 1966, 426, aufgeh; *Wüllenkemper* EFG 2008, 402). Das Nutzungsentgelt ist zwar nicht nach § 8 Nr 7 aF (Grund und Boden! BFH I R 60/06 BStBl II 2007, 654), wohl aber nach § 8 Nr 1 Buchst e nF hinzuzurechnen (*FM Länder* BStBl I 2012, 654 Rn 26).

b) Rententypen. Der typische Fall des § 8 Nr 1 Buchst b nF ist der der betrieblichen **Veräußerungsrente** (Zeitrente, abgekürzte, übliche oder verlängerte Leibrente). Das sind Renten, die ganz oder teilweise als Entgelt für die Überlassung des Betriebes gezahlt werden (vgl BFH IV R 62/77 BStBl II 1978, 301; zum Begriff vgl auch *Schwer* StBp 2000, 103). Hinzuzurechnen sind auch betriebliche **Versorgungsrenten** (RFH RStBl 1940, 461), bei denen der Gedanke der Entlohnung der früher im Betrieb geleisteten Dienste im Vordergrund steht (BFH I R 75/77 BStBl II 1978, 269; IV 80/52 BStBl II 1978, 301), und zwar auch dann, wenn die Versorgungsrente mit einem Gesellschafter bei seinem Ausscheiden aus der Gesellschaft vereinbart wird, unabhängig davon, ob sein Anteil im Übrigen entgeltlich oder unentgeltlich auf einen anderen Gesellschafter übergeht (BFH I R 75/77 aaO).

Versorgungsrenten von Kindern an Eltern wegen unentgeltlicher Übertragung des Betriebs sind private Renten und scheiden bei der Gewinnermittlung aus (vgl § 12 Nr 2 EStG; hierzu BFH IV 80/62 BStBl III 1966, 597), auch dann, wenn Kinder lediglich in das Unternehmen aufgenommen werden (*Sauer* StBp 1977, 236). Keine (Vermutung für eine) außerbetriebliche Versorgungsrente besteht, wenn Leistung und Gegenleistung einander gleichwertig sind, auch dann, wenn die Leistungen dem Versorgungsbedürfnis der Eltern angepasst sind (BFH VIII R 172/75 BStBl II 1979, 135; X R 21/01 BStBl II 2004, 211). Übernimmt eine Gesellschaft die **Versorgung der Witwe** eines Gesellschafters, dann liegt ebenfalls eine private Versorgungsrente vor, wenn sie damit die testamentarisch begründete Verpflichtung des Sohns einlöst (BFH IV 80/62 aaO). Dagegen liegt eine betriebliche Versorgungsrente vor, wenn Versorgungsleistungen bereits im Gesellschaftsvertrag festgelegt sind und damit zu Lasten von Personen gehen, die mit dem Berechtigten nicht verwandt oder verschwägert sind (BFH IV R 14/83 BStBl II 1984, 431; VI R 199/80 BStBl II 1985, 212). Ebenfalls der Hinzurechnung unterliegen Renten, die als **Abfindung an lästige Gesellschafter** gezahlt werden, und Renten anlässlich des **Rückerwerbs eines Betriebes** (BFH VI 342/61 U BStBl III 1963, 459). Keine Rentenzahlung ist die **Ablösung einer Rente;** sie unterliegt nicht der Hinzurechnung (BFH I R 135/73 BStBl II 1976, 297).

2. Dauernde Lasten

a) Begriff. Dauernde Lasten sind **auf besonderen Verpflichtungsgründen** beruhende Leistungen von Geld, vertretbaren Sachen oder persönlichen Diensten. Sie ruhen dauernd auf einem Grundstück oder haften einer Person oder Sache an. Sie sind nicht Früchte eines Stammrechts (hierzu grundsätzlich BFH X R 16/85 BStBl II 1989, 551; *Fischer* StuW 1988, 335). Nicht erforderlich ist, dass die Leistungen gleich bleibend und/oder in regelmäßigen Zeitabständen zu erbringen sind (BFH VI 330/63 U BStBl III 1965, 359); die Möglichkeit der Abänderung muss aber vertraglich vorbehalten sein, und zwar entweder ausdrücklich durch Bezugnahme auf § 323 ZPO oder in anderer Weise (vgl BFH GrS 1/90 BStBl II 1992, 78; zur Kritik *Wörner* BB 1992, 1121; *Anders* Inf 1993, 23). Die Last muss idR eine Laufzeit von mindestens 10 Jahren haben (BFH VI 284/58 U BStBl III 1959, 463; IX R 10/80 BStBl II 1985, 709). Sie muss mit einem Vermögensopfer verbunden sein, das als solches bei der Gewinnermittlung angesetzt werden kann (BFH IV 99/62 U BStBl III 1965, 166; VI 284/58 U BStBl III 1965, 359; VI 285/64 U BStBl III 1965, 444).

b) Einzelfälle. aa) Dauernde Last bejaht. Bejaht werden dauernde Lasten nach BFH IV R 194/74 BStBl II 1979, 266 bei Betriebspensionen (Änderung der Rspr seit zB RFH RStBl 1940, 621 bis BFH I R 236/73 BStBl II 1975, 860; aA *Rau* InstFSt Brief 167, 28; vgl *Lohse* DStR 1980, 310). Sie sind Teil des Arbeitsentgelts und nicht Rechtsfrüchte eines Stammrechts. Ihr Ansatz als dauernde Last rechtfertigt sich jedoch daraus, dass der gegenseitige Leistungsaustausch nicht mehr

§ 8 Nr 1b

besteht. Weitere dauernde Lasten sind Altenteilslasten, Auszüge, Leibgedinge, Patronats-, Kirchen- und Schullasten, Deich- und Siellasten sowie *Reallasten* (BFH I R 238/74 BStBl II 1977, 217), ebenso laufende Gewinnbeteiligungen und Sachleistungen in Zusammenhang mit dem Empfang von Baukostenzuschüssen in der Versorgungswirtschaft (BFH I 33/53 S BStBl III 1954, 129). Auch eine für die unkündbare Geschäftsüberlassung zu zahlende lebenslängliche „Umsatzpacht" kann dauernde Last sein (FG Ba-Wü EFG 1977, 601); mE zutreffend.

7b **bb) Dauernde Last verneint.** Verneint werden dauernde Lasten zB bei Heimfalllasten (vgl hierzu oben § 8 Nr 1 Buchst a Rn 87; sowie RFH RStBl 1944, 523); es fehlt schon am wiederkehrenden Charakter der Belastung. Ebenfalls nicht dauernde Last sind Sondernutzungsentgelte (BFH I R 11/67 BStBl II 1969, 417, Wassernutzung), da Teil eines auf Leistungsaustausch im weitesten Sinne gerichteten Rechtsverhältnisses und nicht unabhängig von einem solchen einer Person oder Sache anhaftend; ebenso wenig Konzessionsabgaben (BFH I R 11/67 BStBl II 1969, 417, Straßen- und Wegenutzung), Wartegelder (BFH I R 8/92 BStBl II 1994, 44) und Förderzinsen (BFH I R 73/71 BStBl II 1973, 266; I R 194/30 BStBl II 1973, 264; vgl § 8 Nr 1 Buchst a Rn 116); auch sie sind Gegenleistung für die Gewährung eines Rechts (BFH III 110/58 S BStBl III 1961, 250). Für § 8 Nr 2 GewStG aF kam hinzu, dass sie idR nicht mit der Gründung/dem Erwerb des Betriebs, sondern mit dem laufenen Geschäft zusammenhängen (vgl BFH I R 11/67 aaO). Keine dauernde Last ist die **Ablösung** einer solchen; sie unterliegt nicht der Hinzurechnung (BFH I R 125/73 BStBl II 1976, 297).

Auch **Erbbauzinsen** gehören nach neuerer Rspr nicht zu den dauernden Lasten iSd Vorschrift, da sie Entgelt für die Grundstücksnutzung sind (BFH I R 60/06 BStBl II 2007, 654; s Rn 5 aE).

3. Sonderregelung für Versorgungszusagen

7c **Ausgenommen** von der Hinzurechnung sind **Pensionszahlungen** auf Grund einer unmittelbar vom Arbeitgeber erteilten **Versorgungszusage**. Diese Bereichsausnahme beruht auf sozialpolitischen Gründen; sie dient der Förderung der betrieblichen Altersversorgung, die nicht mit GewSt belastet werden soll (vgl BTDrs 16/4841, 80). Die Förderung anderer ebenfalls förderungswürdiger Formen der betrieblichen Altersversorgung (hierzu *Fehling* NWB 2007 Nr 29, F 5, 1621) sieht der Wortlaut der Vorschrift nicht vor. Gleichwohl soll sie nach FinVerw (BStBl I 2012, 654 Rn 27) auch auf Aufwendungen des Arbeitgebers oder eines nach § 17 Abs 1 Satz 2 BetrAVG Verpflichteten für Zusagen über eine Direktversicherung, eine Pensionskasse, einen Pensionsfonds oder eine Unterstützungskasse Anwendung finden.

Demnach ist Voraussetzung die **Zusage und Zahlung** durch den GewBetrieb **als Arbeitgeber**. Angesprochen ist mE der Begriff des Arbeitgebers iSd ESt- u LStRechts, weswegen auch leitende Angestellte und gesetzliche Vertreter von Kapitalgesellschaften (Geschäftsführer, Vorstandsmitglieder) Empfänger der Zahlungen sein können (ebenso *Blümich/Hofmeister* § 8 GewStG Rn 155).

4. Persönliche Abgrenzung

8 Ist der GewBetrieb an einer **Zebragesellschaft** beteiligt, sind mE die von dieser entrichteten Zahlungen (abw von der Auffassung in den Vorauflagen) als anteilige Renten/dauernde Lasten hinzuzurechnen. ME gelten hierzu die Ausführungen in § 8 Nr 1 Buchst a Rn 7 entsprechend.

Hinzurechnungen (Renten und dauernde Lasten) § 8 Nr 1b

III. Umfang der Hinzurechnung

1. Anteil

Die Hinzurechnung erfolgt **mit 25%** in dem Maße, in dem die Renten oder 9
dauernden Lasten bei der Gewinnermittlung abgesetzt worden sind. Ist dies zu
Unrecht geschehen, dann ist die Gewinnermittlung zu berichtigen (*Blümich/Hofmeister* § 8 GewStG Rn 159).

2. Bemessungsgrundlagen

a) Veräußerungsleibrenten. Den Gewinn **mindert die Differenz** zwischen der 10
laufenden Rentenzahlung und der Verminderung des nach versicherungsmathematischen Grundsätzen ermittelten passivierten Werts der Renten (BFH IV R 128/81 BStBl II 1984, 516; VIII R 286/81 BStBl II 1986, 55; X R 62/89 BStBl II 1991, 358). Umgekehrt entfällt eine Absetzung bei der Ermittlung des GewErtrags und damit eine Hinzurechnung, wenn bei Ablauf der bei der Rentenbewertung unterstellten Lebenserwartung die Minderung des Passivpostens höher ist als die laufende Rentenzahlung.

b) Wertsicherungsklausel/Vorversterben. Erhöhen sich nachträglich auf 10a
Grund einer **Wertsicherungsklausel** die Rentenzahlungen, dann sind sie auch insoweit hinzuzurechnen, wenn sie den Gewinn gemindert haben (H 8.1 (2) GewStH).
Auch wirkt sich die durch Neuberechnung eintretende Erhöhung der Rentenverpflichtung zwar gewinnmindernd aus, ist aber nicht hinzuzurechnen (BFH I R 135/73 BStBl II 1976, 297; X R 64/89 BStBl II 1991, 358). Bei **Vorversterben des Rentenberechtigten** entsteht durch Auflösung des Passivpostens ein außerordentlicher Ertrag (BFH IV R 49/76 BStBl II 1980, 150), für den das GewStG eine Abzugsmöglichkeit nicht vorsieht (BFH I R 135/73 BStBl II 1976, 297; FG Köln EFG 1982, 577). Entgegen FG Nürnberg (EFG 1989, 590, aufgeh) ist eine Einbeziehung des außerordentlichen Ertrages in den Gewinn (§ 7) auch insoweit erforderlich, als die Passivierung den GewErtrag vordem nicht gemindert hat (BFH X R 64/89 BStBl II 1991, 358; vgl R 8.1 Abs 2 Satz 3 GewStR); mE zutreffend, weil dies der Anweisung in § 7 entspricht und der Objektsteuercharakter der GewSt der Erfassung außerordentlicher Erträge nicht entgegensteht; § 8 Nr 1 Buchst b selbst hat keine über den EZ hinausgreifende Ausgleichsfunktion. Schließlich ist bei Begründung der Rente der passivierte Betrag nicht hinzuzurechnen (BFH I R 135/73 BStBl II 1976, 297). Auch eine Saldierung mit den als Renten oder dauernden Lasten erbrachten Leistungen ist nicht zulässig (FG Köln EFG 1982, 577; A 49 Abs 3 Satz 2 GewStR 1998; *Kratzsch* in *L/S* § 8 Nr 1b Rn 43; aA *Blümich/Hofmeister* § 8 GewStG Rn 161).

c) Veräußerungszeitrenten. Hinzurechnung der **Differenz** zwischen der lau- 10b
fenden Rentenzahlung und der Verminderung des Kapitalwerts der Rentenbelastung.

d) Betriebliche Versorgungsrenten (Leib- u Zeitrenten). Sie sind **nicht zu** 10c
passivieren (BFH I R 72/76 BStBl II 1980, 741; aA *Köhle* DB 1984, 644). Bei ihnen mindern daher die einzelnen Rentenzahlungen den Gewinn (BFH IV 80/62 BStBl III 1966, 597). Sie sind hinzuzurechnen.

e) Abfindungsrenten. Sie sind zu aktivieren, soweit sie für vom Gesellschafter 10d
übernommene Vermögenswerte gezahlt werden. Im Übrigen sind die gezahlten Rentenbeträge als Betriebsausgaben abziehbar und hinzuzurechnen.

3. Rückzahlung

Bei Rückzahlung einer Rente/dauernden Last ist die damit verbundene **Gewinn-** 11
erhöhung bei der Ermittlung des GewErtrags um den Betrag **rückgängig zu**

§ 8 Nr 1b *(2 aF)*   Hinzurechnungen

machen, der in den Vorjahren den GewErtrag (durch Hinzurechnung) erhöht hat; andernfalls käme es zu einer doppelten Erfassung dieses Betrags in einem GewErtrag (BFH I 278/60 U BStBl III 1961, 280; I R 18/66 BStBl III 1967, 187; R 7.1 Abs 1 Satz 1 GewStR; H 7.1 (1) GewStH).

12–14 *(frei)*

B. Früheres Recht zu Renten und dauernden Lasten (§ 8 Nr 2 GewStG aF)

§ 8 Nr. 2 aF lautete:

2. Renten und dauernde Lasten, die wirtschaftlich mit der Gründung oder dem Erwerb des Betriebs (Teilbetriebs) oder eines Anteils am Betrieb zusammenhängen. ²Das gilt nicht, wenn diese Beträge beim Empfänger zur Steuer nach dem Gewerbeertrag heranzuziehen sind;

I. Wirtschaftlicher Zusammenhang mit der Gründung oder dem Erwerb

15 Erforderlich war der **wirtschaftliche Zusammenhang** mit der **Gründung/ dem Erwerb des Betriebs** usw. Das bedeutet, dass die Renten und dauernden Lasten den Betrieb/Anteil betreffen müssen, dessen Gewerbeertrag zu ermitteln ist (BFH I R 51/90 BStBl II 1992, 919). Daher keine Hinzurechnung, wenn der Betrieb/Anteil, der die Renten/dauernden Lasten verursacht hatte, ohne Weitergabe der Verpflichtung veräußert worden ist. Der Zusammenhang ist gegeben, wenn Anlass für die Begründung der Rente oder dauernden Last die Gründung oder der Erwerb im Sinne einer kausalen Verknüpfung war (BFH IV R 194/74 BStBl II 1979, 266; I R 126/83 BStBl II 1988, 70; IV R 61/00 BStBl II 2001, 687; VIII R 58/85 BFH/NV 1991, 477; X R 21/91 BFH/NV 1993, 489). Es muss sich um die (teilweise) Ersetzung des Kaufpreises handeln (BFH IV R 194/ 74 BStBl II 1979, 266). Ein Zusammenhang mit der **Erweiterung oder Verbesserung** genügt nicht (BFH I R 124/70 BStBl II 1973, 403), ebenso wenig der Erwerb von beweglichem und unbeweglichem Betriebsvermögen durch den Pächter (FG Münster EFG 1991, 142) oder der sachliche Zusammenhang mit der **Tätigkeit des Gesellschafters** für die Mitunternehmerschaft (vgl BFH IV R 14/ 83 BStBl II 1984, 431; IV R 165/82 BStBl II 1985, 212; VIII R 58/85 BFH/ NV 1991, 477 für die Versorgungsrente an die Witwe eines Gesellschafters). Die Verpflichtung muss in der Gründungsphase eingegangen worden sein und eine wesentliche Betriebsgrundlage betreffen (BFH I R 126/83 BStBl II 1988, 70), dann sind Renten und dauernde Lasten auch insoweit hinzuzurechnen, als sie auf immaterielle WG entfallen, und zwar ohne Rücksicht auf die Abgrenzbarkeit dieses Teils des Erwerbspreises von dem übrigen Erwerbspreis (BFH III R 319/ 84 BFH/NV 1988, 522).

Die **Übernahme von Verpflichtungen**, die beim Veräußerer solche iSd Nr 2 aF waren, führt trotz BFH IV R 194/74 BStBl II 1979, 266 zur Hinzurechnung. Denn der folgende Erwerbsvorgang ändert nichts am Kausalzusammenhang zwischen Rente und Betriebs- bzw Anteilserwerb, also daran, dass der Betrieb durch die Verpflichtung finanziert ist (BFH IV R 61/00 BStBl II 2001, 687; *Blümich/ Hofmeister* § 8 GewStG Rn 490). Umgekehrt sind übernommene Renten und dauernde Lasten, die vor dem Erwerb nicht der Hinzurechnung unterlegen haben, nicht allein wegen des Erwerbsvorgangs hinzuzurechnen (BFH IV R 61/00 aaO).

Hinzurechnungen (Renten und dauernde Lasten) § 8 Nr 1b *(2 aF)*

II. Entgeltlichkeit

Nach BFH I R 250/70 BStBl II 1973, 787; IV R 31/72 BStBl II 1976, 576 ist **16** **Entgeltlichkeit** des Erwerbsvorgangs **erforderlich.** Daher keine Hinzurechnung bei durch Erbfall begründeten Verpflichtungen (BFH IV R 31/72 aaO) sowie bei Schenkungen (A 49 Abs 1 Satz 9 GewStR 1998), dagegen wohl, wenn es sich um Renten iZm einem Rückerwerb des Unternehmens handelt (BFH VI 342/61 U BStBl III 1963, 459). Entgeltlichkeit wird zu bejahen sein, wenn der Erwerber anlässlich des Erwerbs im Interesse des Veräußerers liegende Pensionsverpflichtungen zugunsten Dritter, etwa der Arbeitnehmer eingeht. Hierauf beruhende Renten sind, soweit abgezogen, hinzuzurechnen (vgl *Röder* StBp 1977, 102). Haben solche Verpflichtungen im Erwerbszeitpunkt bereits bestanden, dann keine Hinzurechnung (BFH I R 250/70 BStBl II 1973, 787; hierzu *Schwendy* DStZA 1974, 188; *Herden* DStR 1975, 185).

III. Umwandlung und Verschmelzung

Diese Vorgänge galten **grundsätzlich nicht als Erwerb** iSd § 8 Nr 2 GewStG. **17** Aber auch in diesen Fällen sind bisher bereits nach dieser Vorschrift bei der übertragenden Körperschaft bzw beim eingebrachten Betrieb usw hinzuzurechnende Verpflichtungen nach § 18 Abs 3 Satz 2 UmwStG aF weiterhin hinzuzurechnen. Auch wenn bei Umwandlung einer OHG nach §§ 2 ff UmwG aF eine private Versorgungsrente auf eine GmbH übergeht und die Rentenzahlungen (bei Deckung der Verbindlichkeit durch das übernommene Aktivvermögen) Betriebsausgaben sind, dann sind diese hinzuzurechnen (BFH I R 28/92 BStBl II 1993, 247). Lagen beim eingebrachten Betrieb die Voraussetzungen für die Hinzurechnung nur deswegen nicht vor, weil es sich um eine freiberufliche Praxis gehandelt hat, dann findet nach der letztgenannten Vorschrift eine Hinzurechnung nicht statt (BFH I R 101/84 BStBl II 1988, 974).

IV. Ereignisse nach der Gründung oder dem Erwerb

Sie haben idR **keinen Einfluss** auf die Frage des wirtschaftlichen Zusammen- **18** hangs (vgl BFH I R 126/83 BStBl II 1988, 70; X R 21/91 BFH/NV 1993, 489). Daher keine Hinzurechnung von Renten und dauernden Lasten, die anlässlich einer Erweiterung oder Verbesserung (BFH I R 124/70 BStBl II 1973, 403) oder im laufenden Geschäftsverkehr (BFH I 71/60 S BStBl II 1963, 93) entstehen. Nach BFH HFR 1961, 173 gilt dies auch bei einer grundlegenden Umstrukturierung des Betriebs. Nicht in wirtschaftlichem Zusammenhang mit der Gründung oder dem Erwerb des Betriebs (Teilbetriebs) stehen nach BFH IV R 14/83 BStBl II 1984, 431 und IV R 165/82 BStBl II 1985, 212 Rentenzahlungen an die Witwe des verstorbenen Gesellschafters, die bereits im Gesellschaftsvertrag niedergelegt sind. Hinzurechnung jedoch, wenn die Renten mit dem Erwerb eines funktionstüchtigen, aber nach Erwerb stillgelegten Betriebs stehen (BFH I R 124/70 aaO; A 49 Abs 1 Satz 7 GewStR 1998); mE verfehlt, weil es am Objekt, dessen objektiver Ertrag gewstrechtlich nicht gemindert sein soll, fehlt.

V. Heranziehung beim Empfänger (Satz 2)

Die Vorschrift dient der **Vermeidung einer Doppelbelastung** durch GewSt. **19** Nicht erforderlich ist, dass tatsächlich GewSt auf den empfangenen Betrag gezahlt wird. Ist Empfängerin eine gewerblich geprägte Personengesellschaft iSd § 15 Abs 3 Nr 2 EStG, dann kommt es für die Anwendbarkeit von Satz 2 nicht darauf an, ob sie nach § 36 Abs 2 GewStG aF für EZe vor 1986 nicht der GewSt unterliegt (*FinSen Berlin* FR 1987, 336); dh die Hinzurechnung bleibt möglich, weil es nicht auf die gewerbliche Prägung, sondern die GewStPfl des Empfängers ankommt.

§ 8 Nr. 1 Buchst c Hinzurechnungen (Stille Gewinnanteile)

Dem Gewinn aus Gewerbebetrieb (§ 7) werden folgende Beträge wieder hinzugerechnet, soweit sie bei der Ermittlung des Gewinns abgesetzt worden sind:
1. Ein Viertel der Summe aus
...
c) Gewinnanteilen des stillen Gesellschafters,
...
Bis einschließlich EZ 2007 galt:
...
3. *die Gewinnanteile des stillen Gesellschafters, wenn sie beim Empfänger nicht zur Steuer nach dem Gewerbeertrag heranzuziehen sind;*
...

Gewerbesteuer-Richtlinien 2009: R 8.1 Abs 3 GewStR/H 8.1 (3) GewStH

Literatur: *Lienau/Lotz,* Die Abgrenzung zwischen stiller Gesellschaft und partiarischem Darlehen und die steuerlichen Konsequenzen, DStR 1991, 618; *Jestädt,* Partiarisches Darlehen oder Stille Gesellschaft?, DStR 1993, 387; *Haas,* Abgrenzung von stiller Gesellschaft und partiarischem Darlehen, DStR 2000, 649; *Dautel,* Steuergestaltung mit partiarischem Darlehen, DStZ 2001, 925; *Milatz,* Die typisch stille Beteiligung an einem Nicht-Handelsgewerbe, DStZ 2006, 141; *Neu,* Die stille Gesellschaft nach der Unternehmenssteuerreform, FS S. Spiegelberger, 2009, 854; *Blaurock,* Handbuch stille Gesellschaft, 7. Aufl 2010; *Korn,* Der stille Gesellschafter im Handels- und Steuerrecht, SteuK 2011, 428; s auch die weiteren Hinweise zu § 8 u § 8 Nr 1 Buchst a.

Übersicht

	Rn
I. Allgemeines	1, 2
1. Zweck	1
2. Neufassung	2
II. Die stille Gesellschaft	3–17
1. Begriff	3–6
a) Handelsrecht	3
b) Steuerrecht/Beschränkung auf die typische stille Gesellschaft	4
c) Abgrenzung atypische stille Gesellschaft	5
d) Familiengesellschaft	6
2. Rechtsformen	7, 8
3. Beteiligung	9
4. Vermögenseinlage	10
5. Partnerschaftliches Zusammenwirken	11
6. Beteiligung am Gewinn	12
7. Abgrenzungen	13–16
a) Allgemeines	13
b) Partiarisches Arbeitsverhältnis	14–14b
c) Partiarisches Darlehen	15, 15a

	Rn
d) Partiarisches Pachtverhältnis	16
8. Doppelfunktionen	17
III. Umfang der Hinzurechnung	18–21
1. Grundsatz	18–19a
a) Gewinnminderung	19
b) Sonstige Bezüge	19a
2. Heranziehung der Beträge beim Empfänger (Satz 2; bis EZ 2007)	20
3. Rückzahlung	21

I. Allgemeines

1. Zweck

Die Vorschrift verfolgt – wie die Hinzurechnungen nach § 8 GewStG insgesamt – **1** das Ziel der Ermittlung des **objektiven,** von den Beziehungen des Inhabers zum GewBetrieb losgelösten **GewErtrags.** Hierher gehören auch die Gewinnanteile des stillen Gesellschafters. Die Vorschrift ist lex specialis zu § 8 Nr 1 Buchst a; daher keine Behandlungen von Gewinnanteilen als Zinsen. Durch die volle Hinzurechnung ergab sich **nach der aF** (§ 8 Nr 3) eine **Diskriminierung** dieser Finanzierungsform gegenüber der Finanzierung durch Darlehen, bei denen Zinsen ab EZ 1983 (G v 20.12.1982 BGBl I 1982, 1857) nur noch mit 50% hinzuzurechnen waren (vgl *Döllerer* DStR 1985, 295).

2. Neufassung

Mit der Neufassung als **§ 8 Nr 1 Buchst c** ist diese Problematik behoben, zumal **2** die Gewinnanteile wie die Schuldentgelte **in derselben Höhe** als Finanzierungskosten des GewBetriebs behandelt werden. Entsprechendes gilt für **gemeinschaftsrechtliche** Bedenken, die gegen § 8 Nr 3 Hs 2 GewStG aF bestanden, wonach die Zurechnung nur erfolgte, wenn die **Gewinnanteile beim Empfänger** nicht zur Steuer nach dem GewErtrag heranzuziehen waren (FG Münster EFG 2007, 1976; hierzu *OFD Münster* FR 2008, 290: keine Hinzurechnung bis EZ 2007). Auf diese Verknüpfung stellt Nr 1 Buchst c nicht mehr ab.

II. Die stille Gesellschaft

1. Begriff

a) Handelsrecht. Maßgebend ist im Wesentlichen der **handelsrechtliche 3 Begriff** der stillen Gesellschaft (BFH IV 108/63 U BStBl III 1965, 51; IV 82/62 U BStBl III 1966, 95; I 233/64 BStBl II 1968, 356; I R 78/68 BStBl II 1971, 815; I R 215/69 BStBl II 1972, 187; I R 11/72 BStBl II 1975, 611; VIII R 237/80 BStBl II 1983, 563; I R 48/04 BStBl II 2006, 334). Nach § 230 Abs 1 HGB liegt eine stille Gesellschaft vor, wenn jemand an dem Handelsgewerbe eines anderen durch eine Vermögenseinlage beteiligt ist, die in das Vermögen des anderen übergeht. Hiervon weicht der Gebrauch des Begriffs in der Vorschrift jedoch insoweit ab, als die Beteiligung am „Handelsgewerbe" eines anderen nicht erforderlich ist. Daher ist etwa die Beteiligung an einer BGB-Gesellschaft mit Gewerbebetrieb möglich (RFH RStBl 1938, 556; BFH IV 213/60 S BStBl III 1965, 49; I R 144/79 BStBl II 1984, 373). Eine lediglich gesellschafterähnliche Stellung genügt jedoch nicht (BFH IV 30/63 U BStBl III 1965, 558; IV R 139/73 BStBl II 1978, 570).

§ 8 Nr 1c

Ihr Fehlen schließt aber die Annahme einer stillen Gesellschaft aus (BFH VI 355/62 U BStBl III 1964, 511).

4   **b) Steuerrecht/Beschränkung auf die typische stille Gesellschaft.** Der handelsrechtl Begriff des stillen Gesellschafters hat jedoch im Steuerrecht eine Differenzierung erfahren. Ist der stille Gesellschafter nur am Geschäftserfolg des anderen beteiligt, so hat er estrechtlich Einkünfte aus Kapitalvermögen. Man spricht von einer **typischen stillen Gesellschaft** (BFH IV 333/55 U BStBl III 1959, 249; I 202/59 U BStBl II 1960, 229; IV R 196/69 BStBl II 1971, 59; VIII R 3/05 BStBl II 2008, 852). **Nur diese** wird von der Vorschrift erfasst.

5   **c) Abgrenzung atypische stille Gesellschaft.** Nicht erfasst wird die sog **atypische stille Gesellschaft,** bei der der stille Gesellschafter als Mitunternehmer nicht nur am Gewinn, sondern auch am Vermögen, einschließlich der Anlagewerte und der stillen Reserven beteiligt ist (vgl BFH VIII R 364/83 BStBl II 1986, 311; IV R 272/84 BStBl II 1986, 802; IV R 17/84 BStBl II 1988, 62; IV R 132/91 BFH/NV 1993, 647 mwN). Er ist Mitunternehmer, wenn seine durch den Gesellschaftsvertrag begründete **Rechtsstellung** von den §§ 230 ff HGB in der Weise abweicht, dass sie nach dem Gesamtbild dem **Typ des Mitunternehmers** entspricht (vgl § 2 Rn 408 ff mwN). Seine Gewinnanteile sind nach § 15 Abs 1 Satz 1 Nr 2 EStG Teil des Gewinns aus GewBetrieb und mindern daher iSd Vorschrift den nach § 7 GewStG zu ermittelnden Gewinn nicht (BFH IV R 196/69 BStBl II 1971, 59; VIII R 364/83 aaO). Das gilt auch, wenn ein Kommanditist und stiller Gesellschafter der GmbH & Co KG seine Beteiligung in eine stille Gesellschaft ohne Beteiligung am Verlust bei hohem Kapitalkonto sowie rechtl und tatsächl Einfluss auf die KG umwandelt (BFH I R 22/75 BStBl II 1978, 644). Mitwirkungsrechte des Stillen schließen die Annahme einer typischen, nicht jedoch einer atypischen stillen Gesellschaft aus (BGH DStR 1992, 1370).

6   **d) Familiengesellschaft.** Räumen **Eltern ihren Kindern** eine Gewinnbeteiligung ein, dann liegt keine typische stille Gesellschaft vor, wenn die Kinder keine den §§ 230 ff HGB gleichkommende Rechtsstellung innehaben (BFH IV R 101/73 BStBl II 1975, 34; IV R 62/74 BStBl II 1975, 569; zur atypischen stillen Gesellschaft IV R 79/94 BStBl II 1996, 269; IV R 16/97 BStBl II 2001, 186). Zur Anerkennung solcher Verträge vgl BFH I R 101/72 BStBl II 1974, 289; I R 140/75 BStBl II 1977, 78; I R 176/77 BStBl II 1980, 242; *Neufang* Inf 1987, 563. **Unschädlich** ist nach BFH III R 91/87 BStBl II 1990, 10 eine zeitliche und faktische **Beschränkung des ordentlichen Kündigungsrechts** (Ausschluss für 5 Jahre), wenn sich dies nicht eindeutig zu Lasten der Kinder auswirkt, dh alle Gesellschafter hieran gebunden sind; ebensowenig die Vereinbarung, dass das Auseinandersetzungsguthaben nur ratenweise auszuzahlen ist.

2. Rechtsformen

7   Stiller Gesellschafter kann eine **natürliche** oder **juristische Person** sein. Eine Beteiligung als stiller Gesellschafter ist am (Handels-)Gewerbe eines Einzelunternehmens, einer Handelspersonengesellschaft (OHG, KG), einer Gesellschaft bürgerlichen Rechts oder einer Kapitalgesellschaft (AG, GmbH) möglich; uU genügt ein minderkaufmännisches Handelsgewerbe (*Lienau/Lotz* DStR 1991, 618). Allerdings kann der Gesellschafter einer Personengesellschaft nicht gleichzeitig ihr stiller Gesellschafter sein. Seine von ihr bezogenen Vergütungen oder Gewinnanteile sind nach § 15 Abs 1 Satz 1 Nr 2 EStG Teil der Einkünfte der Mitunternehmerschaft aus GewBetrieb (RFH RStBl 1935, 1452). Dagegen kann aber ein zwischen einer KG und einem Einzelunternehmer bestehendes stilles Gesellschaftsverhältnis bei Einbringung des Einzelunternehmens in die KG fortgesetzt werden, wenn die KG und der stille Gesellschafter dies vereinbaren (BFH VI R 248/69 BStBl II 1971,

Hinzurechnungen (Stille Gewinnanteile) § 8 Nr 1c

426). Auch kann der Gesellschafter einer GmbH zugleich stiller Gesellschafter der GmbH sein. Als juristische Person (§ 13 GmbHG) ist die GmbH für ihre Gesellschafter „ein anderer" iSv § 230 HGB (vgl BFH I R 188/67 BStBl II 1969, 690; IV R 47/72 BStBl II 1977, 155; III R 115/76 BStBl II 1978, 256). Das gilt auch für die Beteiligung des Gesellschafter-Geschäftsführers (BFH I R 50/76 BStBl II 1980, 477). Zur Vermeidung von verdeckten Gewinnausschüttungen sind jedoch im Voraus getroffene klare und ernsthafte Vereinbarungen sowie deren Durchführung wie unter fremden Dritten üblich Voraussetzung (vgl BFH I 117/54 U BStBl III 1956, 11; I R 188/67 aaO). Allein die Erbringung von zusätzlichen, über die gesellschaftsvertragliche Kapitaleinlage hinausgehenden Leistungen macht den GmbH-Gesellschafter noch nicht zum stillen Gesellschafter (BFH IV R 47/72 aaO), ebensowenig die beherrschende Stellung (BFH VIII R 237/80 BStBl II 1983, 563). Abgrenzungen sind insbesondere geboten im Verhältnis zur verdeckten Einlage (BFH I 130/53 U BStBl III 1964, 336; I 198/62 U BStBl III 1965, 119; IV 218/65 BStBl III 1966, 197).

(frei) 8

3. Beteiligung

Die Beteiligung muss **nicht am gesamten Handelsgewerbe** bestehen; es 9 genügt Beteiligung an einem Teilbetrieb oder selbstständig abgrenzbaren Geschäftszweig (RFHE 4, 15; BFH I R 11/72 BStBl II 1975, 611; I R 109/94 BStBl II 1998, 685; *Baumbach/Hopt,* HGB, 35. Aufl, § 230 Rn 1); nicht dagegen an einzelnen Geschäften (es handelt sich hierbei um Gelegenheitsgesellschaften iSd § 705 BGB; BFH VIII R 81/96 BFH/NV 1999, 355, 357). Auch eine Unterbeteiligung am Mitunternehmeranteil eines Personengesellschafters ist möglich; Hinzurechnung, wenn die Beteiligung auf die Gewinnanteile beschränkt ist (BFH IV R 196/69 BStBl II 1971, 59; gegen I 39/61 U BStBl III 1962, 337). Anders, wenn der Unterbeteiligte etwa wegen Beteiligung am Vermögen einschließlich der stillen Reserven oder durch sonstige Umstände als Mitunternehmer anzusehen ist (BFH VI 319/63 U BStBl III 1965, 260). Der Gewinn, an dem der stille Gesellschafter beteiligt ist, ist Gewinn des Inhabers des Handelsgewerbes, nicht der einer davon verschiedenen Gesellschaft (BFH I R 11/72 BStBl II 1975, 611). Die stille Beteiligung am Unternehmen eines Treuhänders kann nach Maßgabe des § 39 Abs 2 Nr 1 Satz 2 AO dem Treugeber zuzurechnen sein, so dass die Gewinnanteile des Treugebers der stillen Gesellschaft hinzuzurechnen sind (BFH I B 60/00 BFH/NV 2001, 482).

4. Vermögenseinlage

Der **Begriff der Vermögenseinlage** kennzeichnet die Zurverfügungstellung 10 eines Vermögenswerts (BGH II ZR 136/51 NJW 1952, 1412), und zwar ohne Begründung von Gesellschaftsvermögen (BFH VIII R 364/83 BStBl II 1986, 311; *Döllerer* DStR 1985, 295). Die Einlage geht in das Vermögen des Geschäftsinhabers über. Das bedeutet idR Eigentumsübergang. Allerdings wird auch die rechtliche Verfügungsmacht des Geschäftsinhabers ohne Eigentumsübergang für ausreichend gehalten (vgl *Baumbach/Hopt,* HGB, 35. Aufl, § 230 Rn 20 f). Die Höhe der Einlage ist unbeachtlich. Der Begriff ist **weit zu fassen**. Er umfasst die Zurverfügungstellung von Geld und sonstigen Vermögensgegenständen (Sachen und Rechten) zur Nutzung (BFH I R 28/76 BStBl II 1979, 51). Es genügt ein Know-how (BFH I R 11/72 BStBl II 1975, 611) mit und ohne dienstvertraglichen Einschlag (BFH I R 44/67 BStBl II 1971, 235), ebenso wie die Leistung von Diensten einschließlich der Arbeitskraft (RFH RStBl 1940, 915; BFH IV 365/52 U BStBl III 1953, 58; I 236/59 U BStBl III 1963, 370; VI 355/62 U BStBl III 1964, 511; I R 144/79 BStBl II 1984, 373; IV R 303/84 BFH/NV 1988, 700 mwN). Aber auch bei der

Arbeitsleistung muss es sich um einen **Vermögenswert** handeln (BFH IV 30/63 U BStBl III 1965, 558; VI 138/65 U BStBl III 1965, 560; I 233/74 BStBl II 1968, 356). Diese Voraussetzung ist mE als erfüllt anzusehen, wenn zumindest ein Teil der verdienten Bezüge gutgeschrieben wird, bis die vereinbarte Vermögenseinlage erbracht ist. Insgesamt ist die Bezeichnung als Vermögenseinlage oder stille Gesellschaft unerheblich. Maßgebend ist, dass ein **Gesellschaftsverhältnis gewollt** ist (BFH I R 50/76 BStBl II 1980, 477). Unter dieser Voraussetzung sind auch verschleierte stille Gesellschaften steuerlich zu erfassen. Trotz § 230 HGB ist mE nicht erforderlich, dass die Einlage erbracht ist; die Zeichnung genügt, wie eben bei der Einlage von Diensten. Im Gesellschaftsvertrag kann dies frei vereinbart werden (§ 305 BGB). Zur Bewertung vgl *Christoffel* DB 1988, 255.

5. Partnerschaftliches Zusammenwirken

11   **Zusammenwirken** zur **gemeinschaftlichen Zweckerreichung** (§ 705 BGB) ist auch bei der stillen Gesellschaft unverzichtbar (BFH I R 144/79 BStBl II 1984, 373). Kennzeichnend hierfür sind das Fehlen eines Über- und Unterordnungsverhältnisses, Mitsprache- und Kontrollrechte (§ 233 HGB; BFH I R 48/04 BStBl II 2006, 334) sowie die Teilnahme am Unternehmensrisiko (BFH VIII R 237/80 BStBl II 1983, 563). Zweifelhaft ist, ob für das Vorliegen einer gesellschafterähnlichen Stellung die Befugnis gehört, den Gewerbetreibenden (Hauptbeteiligten) von der **Aufgabe des GewBetriebs** (der Beteiligung) abzuhalten. Nach BFH I R 73/67 BStBl II 1971, 589 (vgl auch I R 215/69 BStBl II 1972, 187; I R 11/72 BStBl II 1975, 611) durfte im Anschluss an BGH BB 1963, 1277 die Verpflichtung zur Fortführung des Gewerbes für die Annahme einer stillen Gesellschaft nicht ausgeschlossen sein (s hierzu BFH I R 48/04 BStBl II 2006, 334). Diese Rspr hat BFH I R 28/76 BStBl II 1979, 51 dahin modifiziert, dass der Ausschluss dieser Verpflichtung im Zweifelsfalle nur ein Indiz für die Abgrenzung insb zu sog partiarischen Arbeitsverhältnissen darstellt. Die damit verbundene Abhängigkeit des anderen Geschäftspartners lässt auf ein Über- und Unterordnungsverhältnis wie bei Arbeitsverhältnissen schließen (BFH I R 144/79 BStBl II 1984, 373; *Baumbach/Hopt*, HGB, 35. Aufl, § 230 Rn 4).

6. Beteiligung am Gewinn

12   Die Vermögenseinlage muss zur **Beteiligung am Gewinn** führen (BFH I R 188/67 BStBl II 1969, 690; IV 82/62 U BStBl III 1966, 95; IV R 178/68 BStBl II 1970, 416). Dies ist unverzichtbares Merkmal der stillen Gesellschaft (BFH VIII R 53/03 BFH/NV 2005, 2183). Gewinn in diesem Sinn ist in der Bilanz das Mehr der Aktiven über die Passiven im Vergleich zum Schluss des vorangegangenen Wirtschaftsjahres und in der GuV-Rechnung der Überschuss der Erträge über die Aufwendungen (§ 266 Abs 2 u 3, § 275 HGB; BFH IV R 192/71 BStBl II 1976, 220). **Beteiligung am Verlust** ist **nicht erforderlich** (§ 231 Abs 2 HGB; BFH IV 82/62 U BStBl III 1966, 95); liegt sie vor, spricht dies für eine stille Gesellschaft (BFH I R 48/04 BStBl II 2006, 334). Dagegen genügt schon im Hinblick auf den Wortlaut der einschlägigen Vorschriften eine **Umsatzbeteiligung** nicht (BFH IV 82/62 U aaO; I R 98/68 BStBl II 1970, 425; I R 11/72 BStBl II 1975, 611), ebensowenig eine feste **vom Betriebsergebnis unabhängige Zahlung** oder eine **leistungsabhängige Vergütung** (BFH VIII R 57/91 BFH/NV 1993, 518); allerdings ist die Garantie einer Mindestverzinsung unschädlich (BFH IV R 101/73 BStBl II 1975, 34). Insofern genügen auch gewinnunabhängige Vergütungen bzw Vergütungsbestandteile (BFH I R 48/04 BStBl II 2006, 334; Sächs FG 5 K 669/08 DStRE 2011, 297 rkr; FG B-Bbg 12 K 12136/08 EFG 2012, 535).

Die Beteiligten dürfen **Einzelheiten über die Ermittlung** des Gewinns vereinbaren, insb ob nach Steuer- oder Handelsbilanz und ob sie vor oder nach Abzug

Hinzurechnungen (Stille Gewinnanteile) § 8 Nr 1c

der KSt zugrunde zu legen ist (BFH I R 35/74 BStBl II 1974, 774). Ebenso darf der Ansatz bestimmter Aufwendungen ausgeschlossen oder dürfen sonstige Korrekturen angebracht, etwa Wertveränderung infolge Kaufkraftschwundes berücksichtigt werden (BFH VI 208/60 U BStBl III 1961, 468; IV R 139/73 BStBl II 1978, 570). Allerdings darf durch solche Korrekturen der Begriff des Gewinns nicht im Kern getroffen werden und die Gewinnbeteiligung sich nicht als Beteiligung an bestimmten Umsätzen darstellen (BFH I R 11/72 aaO) oder nur auf eine feste Abfindung bei Auflösung reduzieren (BFH IV R 139/73 BStBl II 1978, 570).

7. Abgrenzungen

a) Allgemeines. Für **Abgrenzungen,** insb zum *partiarischen Darlehen* (Rn 15), **13** zum *partiarischen Arbeitsverhältnis* (Rn 14) und zum *partiarischen Pachtverhältnis* (Rn 16), ist auf die grundsätzlichen **Unterschiede der Vertragstypen** abzustellen, wenn sonstige aussagekräftige Indizien fehlen (BGH BB 1967, 439; BFH I R 31/80 BStBl II 1984, 623; X R 99/88 BStBl II 1993, 289). Auf die Bezeichnung allein kommt es nicht an (BFH I R 144/79 BStBl II 1984, 373; I R 48/04 BStBl II 2006, 334). Die Abgrenzung erfolgt aufgrund **Auslegung** der einschlägigen Abreden und der **Gesamtwürdigung** der tatsächlichen Verhältnisse durch den Tatrichter mit grds Bindung für die Revisionsinstanz (BFH I R 48/04 BStBl II 2006, 334). Zu erschließen ist, ob sich die Parteien ihre schuldrechtlichen Beziehungen zur Erreichung eines gemeinsamen Zwecks durch partnerschaftliches Zusammenwirken eingerichtet haben oder ob jede Partei bloß ihre eigenen Interessen verfolgt (BFH I R 73/67 BStBl II 1971, 589; I R 41/91 BStBl II 1992, 889). Hierbei sind auch Umstände außerhalb des schriftlichen Vertrages heranzuziehen (BFH IV 30/63 U BStBl III 1965, 558). Vertragszweck, die wirtschaftlichen Ziele der Parteien, ihre bisherigen persönlichen Beziehungen, die geplante Dauer des Vertragsverhältnisses (Kündbarkeit), die Bereitschaft zur Übernahme von Unternehmerrisiko (Verlustbeteiligung), das Interesse des Geschäftsinhabers an der Person des als Stiller in Betracht kommenden sowie Kontrollrechte nach § 233 HGB sind zu berücksichtigen (BFH VIII R 237/80 BStBl II 1983, 563; I R 31/80 BStBl II 1984, 623). Bei der Gesamtwürdigung kann den einzelnen Umständen unterschiedliches Gewicht zukommen (BFH III R 115/76 BStBl II 1978, 256). Fehlt wegen der Beteiligung am Verlust (oben Rn 12) ein gewisses Unternehmerrisiko oder wegen des Ausschlusses des Rechts zur Klage auf Fortführung des GewBetriebs ein gewisses partnerschaftliches Element (oben Rn 11), so ist die Annahme einer stillen Gesellschaft noch nicht ausgeschlossen.

b) Partiarisches Arbeitsverhältnis. Zur **Abgrenzung** liegt eine gefestigte **14** Rspr vor (BFH I B 43, 43/01 BFH/NV 2002, 536).

aa) Bedeutung der Einlage/Beteiligung. Gesamthänderische Berechtigungen des Mitarbeitenden begründen stets eine atypische stille Beteiligung (RFH RStBl 1933, 895). Maßgebendes Abgrenzungskriterium ist die Vermögenseinlage. Bei reiner Geldeinlage scheidet die Annahme eines partiarischen Arbeitsverhältnisses von vornherein aus, und zwar auch dann, wenn der Inhaber den stillen Gesellschafter auch als Arbeitnehmer an sich binden will (BFH I R 28/76 BStBl II 1979, 51). Wird die Leistung von Arbeitskraft erbracht, dann liegt eine Vermögenseinlage insbesondere vor, wenn Ansprüche auf Arbeitsentgelt wie Gewinnbeteiligungen gutgeschrieben werden und stehen bleiben. Ein Anstellungsvertrag mit Kapitaleinlage und Gewinnbeteiligung kennzeichnet eine stille Gesellschaft, wenn der neben einem geringen Gehalt vereinbarte Gewinnanteil verzinslich gutgeschrieben wird (BFH I 138/63 HFR 1965, 370; I R 78/68 BStBl II 1971, 815) oder als Darlehen ohne Kündigungsmöglichkeit stehen bleibt; ebenso wenn der Dienstleistende das feste Gehalt weitaus übersteigende Gewinnanteile oder nur Gewinnanteile ohne festes Gehalt bezieht. Je geringer das feste **Gehalt neben der Tantieme,** desto größer das Risiko des Dienstleistenden. Hinweise auf partnerschaftliches Zusammenwirken mit Kontroll- und Mitspracherechten im Gegensatz zur Über- und Unterordnung müssen jedoch auch hier vorliegen (BFH IV 108/63 U BStBl III 1965, 51; I R 144/79 BStBl II 1984, 373). Für ein stilles Gesellschaftsverhältnis sprechen Tantiemen, die an die wirtschaftliche Lage des Empfängers angeglichen werden (BFH I R 78/68 BStBl II 1971, 815). Dagegen reichen auch relativ hohe (Umsatz- und) Gewinnbeteiligungen dann nicht schon für die Annahme einer stillen Gesellschaft aus, wenn daneben ein zur Bestreitung des Lebensunterhalts ausreichendes Gehalt gezahlt wird, selbst dann nicht, wenn der Dienstleistende daneben kapitalmäßig (darlehensweise) dem Unternehmen verbunden ist (BFH IV 108/63 U aaO; IV 82/62 U BStBl III 1966, 95; I 233/64 BStBl II 1968, 356; I R 144/79 aaO).

14a bb) **Bedeutung des Zusammenwirkens.** Die **Art des Zusammenwirkens** ist weiteres Abgrenzungskriterium. Liegt ein Über- und Unterordnungsverhältnis, also Weisungsgebundenheit, insb bei Dienstzeitbestimmungen, Überstundenvergütung, Urlaub vor, dann eher partiarisches Arbeitsverhältnis; insb wenn der Unternehmer nicht zur Fortführung des GewBetriebs verpflichtet ist (BFH I R 11/72 BStBl II 1975, 611; I R 28/76 BStBl II 1979, 51; I R 144/79 BStBl II 1984, 373). Von einem partnerschaftlichen Zusammenwirken, das für eine stille Gesellschaft spricht, kann ausgegangen werden insb bei Bestehen von Überwachungs- und Mitspracherechten sowie bei Einfluss auf die Geschäftsführung und bei der Bestimmung der Höhe der Entnahmen (BFH I 236/59 U BStBl III 1963, 370; IV 30/63 U BStBl III 1965, 558; I 233/64 BStBl II 1968, 356). Es genügt aber nicht, wenn sich die Kontrollrechte allein aus der Stellung als Geschäftsführer in einer Angestelltenposition ergeben (BFH I 233/64 aaO; I R 215/69 BStBl II 1972, 187) und/oder die letzte Entscheidung trotz gewisser Beratungs- und Mitsprachefunktionen stets beim Betriebsinhaber verbleibt (BFH I R 144/79 aaO). Hier müssen weitere Umstände, insb eine kapitalmäßige Bindung hinzutreten (vgl § 235 HGB; BFH I 138/63 HFR 1965, 370). So können überdurchschnittlicher Arbeitseinsatz, die Absicht der Unternehmensübertragung auf den Dienstleistenden und der (teilweise) Rückzug des Unternehmers für eine stille Gesellschaft sprechen (BFH I R 215/69 BStBl II 1972, 187; I R 144/79 aaO).

14b cc) **Persönliche Beziehungen.** Bestehen **persönliche Beziehungen** derart, dass bereits finanzielle Beteiligungen vorhanden waren, oder handelt es sich um nahe Angehörige, dann liegt ebenfalls die Annahme einer stillen Gesellschaft näher (BFH IV 30/63 U BStBl III 1965, 558; I 233/64 BStBl II 1968, 356), ebenso wenn das Vertragsverhältnis bei Erbfolge, Umwandlung der Unternehmensform oder Änderung des Unternehmensgegenstandes bestehen bleiben soll (BFH I 138/63 HFR 1965, 370; IV 138/65 U BStBl III 1965, 560). Bei im Betrieb **mitarbeitenden Kindern** genügt allein die Absicht, ihnen später den Betrieb zu übergeben, nicht für die Annahme einer stillen Beteiligung (BFH I R 215/69 BStBl II 1972, 197). Es spricht aber nicht gegen eine stille Beteiligung, wenn die Mitarbeit als Einarbeitung und Vorbereitung für die Begründung einer Mitunternehmerschaft gedacht ist (BFH I R 78/68 BStBl II 1971, 815).

15 c) **Partiarisches Darlehen. aa) Allgemeines.** Zwischen beiden Beteiligungsformen besteht eine enge **zivilrechtliche Typenverwandtschaft** (zur Abgrenzung *Haas* DStR 2000, 649; zur zivilrechtlichen Unterscheidung *Lienau/Lotz* DStR 1991, 618). Im Einzelfall hat die Unterscheidung unter umfassender Würdigung aller Umstände zu erfolgen (BFH I R 41/91 BStBl II 1992, 889). Maßgebendes Abgrenzungskriterium ist hier einerseits das Bestehen einer Interessengemeinschaft iS eines **partnerschaftlichen Zusammenwirkens** und andererseits die voneinander unabhängige Verfolgung eigener Interessen, insb die Vereinbarung fester Zinsen hinter

Hinzurechnungen (Stille Gewinnanteile) § 8 Nr 1c

den gewinnabhängigen Vergütungen (vgl FG Rh-Pf EFG 1997, 1384). Insb kann das je nach Gewinn-/Verlustsituation bestehende Recht auf „Stundung" des gewinnabhängigen Entgelts für eine stille Gesellschaft sprechen; ebenso der wirtschaftliche Hintergrund des Vertragsverhältnisses (Zuführung von EK) oder der steuerrechtliche Hintergrund (GewStBefreiung nach § 3 Nr 24); die Art der Refinanzierung ist nicht von Bedeutung (Sächs FG 5 K 669/08 DStRE 2011, 297 rkr).

Das Recht auf Bucheinsicht allein ist kein hinreichendes Kriterium (BFH I R 31/80 BStBl II 1984, 623). Ein Darlehensgläubiger kann als Stiller angesehen werden, wenn er vertraglich oder auf Grund seiner persönlichen Beziehung zum Betriebsinhaber **Einfluss auf die Geschäftsführung** nehmen kann (RFH RStBl 1944, 405). Im Übrigen gelten die unter Rn 8 dargestellten Abgrenzungskriterien (vgl BFH VIII R 237/80 BStBl II 1983, 563; I R 31/80 BStBl II 1984, 623). Teilnahme am Verlust schließt auf alle Fälle die Annahme eines partiarischen Darlehens aus (BFH III R 115/76 BStBl II 1978, 256; I R 28/76 BStBl II 1979, 51; Jestädt DStR 1993, 390), ebenso die Vereinbarung von Mitwirkungsrechten am Unternehmen (BGH DStR 1992, 1370). Umgekehrt stellt die Übertragung eines reinen Forderungsrechts nicht die Begründung einer stillen Gesellschaft, sondern – wenn überhaupt – eines partiarischen Darlehens dar (Jestädt DStR 1993, 387).

bb) Abgrenzungskriterien. Eine **Gegenüberstellung** (nach Jestädt DStR **15a** 1993, 387) ergibt folgende Unterschiede und Gemeinsamkeiten:

Stille Beteiligung
a) Gesellschaftsvertrag zur Verfolgung eines gemeinsamen Zwecks
b) Gesellschaftsrechtliches (partnerschaftliches) Zusammenwirken
c) Stiller Gesellschafter tritt nach außen nicht in Erscheinung
d) Teilhabe am unternehmerischen Erfolg
e) Einlage geht in das Vermögen des Kaufmanns über; es entsteht kein Gesellschaftsvermögen
f) Ende der stillen Gesellschaft mit Insolvenz des Inhabers des Handelsgeschäfts; stiller Gesellschafter kann seinen Anspruch auf Auszahlung anmelden; bei Verlustbeteiligung nur seinen, den Verlustanteil übersteigenden Betrag (§ 236 Abs 1 HGB); gegebenenfalls muss er die rückständige Einlage zur Insolvenzmasse einzahlen (§ 236 Abs 2 HGB)
g) Stiller Gesellschafter kann verlangen, dass der hingegebene Geldbetrag für den vorgesehenen Zweck verwendet wird
h) Kündigung zum Ende eines Geschäftsjahres und nur mit einer Frist von 6 Monaten (§§ 234 Abs 1 Satz 2, 132 HGB)

Partiarisches Darlehen
a) Darlehensvertrag, bei dem das Geldgeberinteresse im Vordergrund steht
b) Kein genaues Ziel, im Zweifel jeder auf seine eigenen Interessen bedacht
c) Darlehensgeber tritt nach außen nicht in Erscheinung
d) Teilhabe am unternehmerischen Erfolg
e) Darlehensnehmer hat das Empfangene in Sachen von gleicher Art, Güte und Menge zurückzuerstatten
f) Bei Insolvenz des Schuldners kann der partiarische Darlehensgeber den vollen Betrag anmelden

g) Grundsätzlich keine Bestimmung hinsichtlich des Verwendungszwecks

h) Kündigung jederzeit – regelmäßig mit einer Frist von 3 Monaten (§ 609 Abs 9 BGB)

§ 8 Nr 1c — Hinzurechnungen

i) Gewinnbeteiligung als Ausfluss der Einlage zur Erreichung des gemeinsamen Zwecks	i) Gewinnbeteiligung als Vergütung für die Nutzungsüberlassung des Kapitals
j) Überwachungs- und Kontrollrechte als Ausfluss des Gesellschaftsvertrages	j) Grundsätzlich nur Anspruch auf Überprüfung der Gewinnhöhe
k) Gegebenenfalls Teilhabe am Verlust	k) Keine Verlustbeteiligung
l) Kontrollrechte ähnlich einem Kommanditisten (§ 233 HGB)	l) Keine besonderen Kontrollrechte
m) Keine Auflösung der Gesellschaft durch den Tod des stillen Gesellschafters (§ 234 Abs 2 HGB)	m) Keine Beendigung des Darlehensvertrages bei Tod des Darlehensgebers
n) Übertragung der stillen Gesellschaft nur mit Zustimmung des Kaufmanns	n) Abtretung grundsätzlich jederzeit möglich

Da *Doppelfunktionen möglich* sind, kommt es auf die **Vereinbarungen in Zusammenhang mit der Geldhingabe** an. Die **Beherrschung** einer Gesellschaft durch einen Gesellschafter reicht aus, die Fremdkapitalzuführung durch diesen Gesellschafter als stille Gesellschaft zu qualifizieren (vgl *BMF* BStBl I 1987, 740).

16   **d) Partiarisches Pachtverhältnis.** Auch ein Pachtverhältnis kann in Wahrheit eine stille Gesellschaft darstellen. Erforderlich ist das Bestehen einer Interessengemeinschaft und **Einfluss des Verpächters auf die Geschäftsführung** oder die Teilnahme am Verlust des Betriebes. Dagegen lassen eine im Verhältnis zu der Gewinnbeteiligung nicht unbedeutende feste Pacht sowie fehlender Einfluss auf die Betriebsführung auf einen reinen Pachtvertrag schließen (BFH IV 213/60 S BStBl III 1965, 49 gegen BFH IV 593/56 U BStBl III 1958, 278, wonach eine der stillen Gesellschaft wirtschaftlich ähnliche Stellung des Verpächters für die Annahme einer stillen Gesellschaft ausreichte), ebenso die Bemessung des Pachtzinses nach Umsatz oder die Verpflichtung des Verpächters zur Erhaltung des Pachtgegenstandes (BFH I 339/62 HFR 1965, 546).

8. Doppelfunktionen

17   **Doppelfunktionen des Stillen** bleiben trotz der Qualifizierung als stille Gesellschaft möglich, insb die Tätigkeit als Angestellter, die Hingabe von Darlehen und sonstige Dienstleistungen (vgl *BMF* BStBl I 1987, 740). Hierfür bezogene Vergütungen sind abzugrenzen und nicht nach Nr 3 hinzuzurechnen. Der Aufteilung durch die Beteiligten ist bei der Hinzurechnung grundsätzlich zu folgen (BFH I 233/64 BStBl II 1968, 356).

III. Umfang der Hinzurechnung

1. Grundsatz

18   Hinzuzurechnen sind **mit 25%** (s Beginn der Nr 1) die **Gewinnanteile** des stillen Gesellschafters, soweit bei der Gewinnermittlung tatsächlich abgesetzt. **Maßgebend** für Art und Umfang der hinzuzurechnenden Beträge sind die **vertraglichen Bestimmungen** (BFH I 233/64 BStBl II 1968, 356). Ist keine Vereinbarung getroffen, dann gilt ein den Umständen angemessener Anteil als ausbedungen (§ 231 HGB). Hierbei ist von betriebswirtschaftlichen Abschreibungen auszugehen. Der Stille nimmt idR nur am laufenden Gewinn, nicht am Gewinn aus Anlageabgängen und Veräußerungen von AV teil (*Schulze zur Wiesche* StBp 1978, 73). Der Gewinn-

Hinzurechnungen (Stille Gewinnanteile) § 8 Nr 1c

anteil umfasst im Wesentlichen alle gewinnabhängigen Bezüge des Stillen, die nach der Vorstellung der Beteiligten **Gegenleistungen** für die Leistungen des Stillen im Rahmen des Gesellschaftsverhältnisses sind (BFH I 233/64 BStBl II 1968, 386), idR der Anteil am Gewinn nach Steuerbilanz (BFH IV R 40/68 BStBl II 1972, 586), bei anderweitiger Vereinbarung nach Handelsbilanz. Hinzuzurechnen sind auch Vergütungen nach **Beendigung** des stillen Gesellschaftsverhältnisses (BFH IV R 40/68 aaO), ebenso den Nennwert der Einlage übersteigende Abfindungen oder ähnliche Zahlungen bei Auflösung der Gesellschaft (BFH IV R 139/73 BStBl II 1978, 570). Der den Nennwert übersteigende Teil gilt idR nicht den höheren „Wert" der Einlage ab, sondern ist zusätzliches Entgelt für deren Überlassung. Gewinnanteil ist auch der Ausgleich für Geldwertverluste (*Kormann* BB 1974, 89). Wertsicherungsklauseln sind zu berücksichtigen (BFH IV R 139/73 aaO).

Der Hinzurechnung unterliegen auch **Gewinnanteile des Unterbeteiligten** (BFH IV R 196/69 BStBl II 1971, 59). Bei Beteiligungen *am abgrenzbaren Geschäftszweig* ist dessen Gewinn *gesondert zu ermitteln*. Dabei sind alle Aufwendungen und Erträge anzusetzen, die durch diesen Geschäftszweig verursacht sind. Dazu gehört auch ein angemessener Anteil der allgemeinen Betriebs- und Verwaltungskosten des Handelsgewerbes, an dessen Geschäftszweig die stille Gesellschaft besteht (BFH IV R 32/69 BStBl II 1970, 379; I R 11/72 BStBl II 1975, 611).

a) Gewinnminderung. Hinzuzurechnen sind jedoch die Beträge, die den Gewinn **tatsächlich gemindert** haben. Das gilt auch dann, wenn der Stille eine (nach § 3 Nr 24) befreite Kapitalgesellschaft ist (BFH I R 48/04 BStBl II 2006, 334) bzw der Stille an einer solchen beteiligt ist (Sächs FG 5 K 669/06 DStRE 2011, 297 rkr). Hinzuzurechnen sind auch Rückstellungen (BFH IV R 139/73 BStBl II 1978, 570) sowie die Beträge, die nach Beendigung des Gesellschaftsverhältnisses mit Rücksicht auf dieses gezahlt werden (BFH IV R 40/68 BStBl II 1972, 586). Hinzuzurechnen ist nach R 8.1 Abs 3 GewStR auch der Verlustanteil des stillen Gesellschafters, soweit er den Verlust aus dem GewBetrieb verringert hat (mE zutreffend (ebenso *Sarrazin* in *L/S* § 8 Nr 1 Buchst c Rn 35; *Blümich/Hofmeister* § 8 GewStG Rn 191, 192). 19

b) Sonstige Bezüge. Nicht hinzuzurechnen sind sonstige Bezüge des Stillen, die Entgelt für sonstige Leistungen im Rahmen einer Doppelfunktion für den Betrieb darstellen, insb Arbeitsentgelte oder Darlehenszinsen (BFH VI 138/65 U BStBl III 1965, 560; I 233/64 BStBl II 1968, 356; I R 17/69 BStBl II 1971, 308; I R 78/68 BStBl II 1971, 815). Letztere sind – anders als die dem atypischen stillen Gesellschafter gezahlten Zinsen (s § 8 Nr 1 Buchst a Rn 20) – nach § 8 Nr 1 Buchst a hinzuzurechnen. Bei der GmbH und Still sind überhöhte Gewinnanteile verdeckte Gewinnausschüttungen (BFH I R 188/67 BStBl II 1969, 690; VIII R 237/80 BStBl II 1983, 563). Die Angemessenheit der Gewinnanteile des Stillen hängt von der erbrachten Kapitaleinlage und deren Verzinsung, dem eingegangenen Risiko, dem Arbeitseinsatz, den Ertragsansprüchen sowie der Dringlichkeit und wirtschaftlichen Bedeutung der Kapitalzuführung ab, jeweils bezogen auf den Zeitpunkt der Vereinbarung (BFH I R 50/76 BStBl II 1980, 477). Auch bei im Betrieb mitarbeitenden Kindern sind Zahlungen nicht abziehbar, soweit sie unangemessen sind (BFH VIII R 11/75 BStBl II 1978, 427; hierzu *-el-* BB 1976, 124). 19a

2. Heranziehung der Beträge beim Empfänger (Satz 2; bis EZ 2007)

Steuerrechtlich stehen Einkünfte aus einer stillen Beteiligung demjenigen zu, dem sie zivilrechtlich gebühren. Bei einem Wechsel der Gesellschafter kommt es auf den Inhalt der Vereinbarung an, welchem Gesellschafter das Bezugsrecht für vergangene Zeiträume zustehen soll; § 101 Nr 2 BGB ist anzuwenden (BFH I B 2/04 BFH/ 20

§ 8 Nr 1d Hinzurechnungen

NV 2005, 239). Unterliegt der Empfänger nicht der GewSt (auch bei einer GewStBefreiung), dann sind seine Gewinnanteile hinzuzurechnen (BFH I 274/64 BStBl II 1968, 218; I R 48/04 BStBl II 2006, 334). Die Vorschrift verfehlte ihre Wirkung und führt zu Doppelbelastungen, wenn die typische stille Unterbeteiligung geheim gehalten wird (*FM NRW* DB 1976, 654, BB 1976, 455). Der Gewinnanteil ist bei der Gewinnermittlung des Beteiligungsunternehmens nicht abzuziehen. Andererseits ist der Gewinnanteil beim Empfänger bei der Ermittlung des GewErtrags heranzuziehen. Etwas anderes soll nach *Blümich/Hofmeister* § 8 GewStG Rn 505 gelten, wenn beide Unternehmen derselben/denselben Gemeinde(n) angehören. Für diese Lösung fehlt jedoch eine gesetzl Grundlage. Gehört die Beteiligung beim Empfänger zu einem gewerblichen Unternehmen, dann ist die Gewinnbeteiligung bei diesem zu erfassen. Hier wird sie zur GewSt auch dann „herangezogen", wenn ihn die Ausschüttung veranlasst, die stille Beteiligung auf den niedrigeren Teilwert abzuschreiben (BFH I B 2/04 aaO). Ist Empfängerin eine gewerblich geprägte Personengesellschaft iSd § 15 Abs 3 Nr 2 EStG, dann kommt es für die Anwendbarkeit von Satz 2 nicht darauf an, ob sie nach § 36 Abs 2 GewStG aF für EZ vor 1986 nicht der GewSt unterliegt (*FinSen Berlin* FR 1987, 336).

3. Rückzahlung

21 Im Falle der Rückzahlung der Gewinnanteile sind mE die Grundsätze zu § 8 Nr 1 Buchst a Rn 23 zur Vermeidung einer Doppelerfassung dieser Beträge entsprechend anzuwenden (ebenso *Blümich/Hofmeister* § 8 GewStG Rn 192).

§ 8 Nr. 1 Buchst d Hinzurechnungen (Miet- und Pachtzinsen)

Dem Gewinn aus Gewerbebetrieb (§ 7) werden folgende Beträge wieder hinzugerechnet, soweit sie bei der Ermittlung des Gewinns abgesetzt worden sind:
1. Ein Viertel der Summe aus
...
  d) einem Fünftel der Miet- und Pachtzinsen (einschließlich Leasingraten) für die Benutzung von beweglichen Wirtschaftsgütern des Anlagevermögens, die im Eigentum eines anderen stehen,
...

Gewerbesteuer-Richtlinien 2009: R 8.1 Abs 4 GewStR/H 8.1 (4) GewStH

Literatur: *Fick,* Gewerbesteuerliche Hinzurechnungen bei Verpachtung und bei Aufgabe von Betrieben oder Teilbetrieben, BB 1993, 980; *Woring,* Hinzurechnungen nach § 8 Nr 7 GewStG bei kurzfristigen Mietverhältnissen, DStZ 1993, 591; *Meilicke,* Finanzierungsfreiheit und Europarecht, FR 1995, 297; *Meilicke* Unvereinbarkeit des § 10 Abs 1 Nr 9 EStG mit Europarecht, DStZ 1996, 97; *Saß/Tillmann,* Gewerbesteuerliche Hinzurechnung nach § 8 Nr 7 und § 12 Abs 2 Nr 2 GewStG EU-verträglich? Schadensersatz?, DB 1996, 1744; *Köhler,* Gewerbesteuerliche Auswirkungen der als Herstellungsaufwendungen aktivierten Miet- und Pachtzinsen – Hinzurechnungen gem § 8 Nr 7 GewStG, StBp 1997, 313; *Gosch,* Einige aktuelle und zugleich grundsätzliche Bemerkungen zur Gewerbesteuer, DStZ 1998, 327; *Kessler/Teufel,* Die klassische Betriebsaufspaltung nach der Unternehmenssteuerreform, BB 2001, 17; *Scheffler,* Hinzurechnung von Leasingraten nach der Unternehmensteuerreform 2008, . . ., BB 2007, 874; *Kohlhaas,* Erhöhen alle Miet- und Pachtzinsen den Gewerbeertrag?, FR 2009, 381: *Boller/Franke,* Praxisprobleme bei der gewerbesteuerlichen Hinzurechnung von Miet- und Pachtzinsen, BB 2012, 2929; s auch die weiteren Hinweise zu § 8 Nr 1 nF; *Schraut/Sillich,* Entgelte für Taxioder Bus-Flächen zu Werbeflächen im Rahmen der GewSt hinzurechnen?, BB 2013, 217; *Gerritzen/Matheis,* Zur gewerbesteuerlichen Behandlung von Messekosten, DStR 2013, 236.

Hinzurechnungen (Miet- und Pachtzinsen) **§ 8 Nr 1d**

Übersicht

	Rn
I. Allgemeines	1–4
1. Zweck	1
2. Höherrangiges Recht	2, 3
a) Verfassungsrecht	2
b) Gemeinschaftsrecht	3
3. Entstehung	4
II. Miet- und Pachtverträge	5–10a
1. Grundsatz	5
2. Begriff	6–7b
a) Maßgeblichkeit des BGB	6
b) Überlassung zur Benutzung	7–7b
3. Miet- und pachtfremde Elemente	8–8c
a) Wesensverschiedenheit	8
b) Untergeordnete Nebenabreden	8a
c) Typenverschmelzung/Typenkombination	8b
d) Öffentlich-rechtliche Verträge	8c
4. Sachlicher Anwendungsbereich	9
5. Besonderheiten bei Gesellschaften und nahen Angehörigen	10, 10a
a) Gesellschaften	10
b) Nahe Angehörige	10a
III. Abgrenzung zu Liefer- und Kaufverträgen	11–13
1. Wirtschaftliches Eigentum	11
2. Ausbeuteverträge	12, 12a
a) Kaufvertrag	12
b) Pachtvertrag	12a
3. Leasingverträge	13
IV. Benutzung von beweglichen WG	14–18
1. Begriff des beweglichen Wirtschaftsguts	14
2. Immaterielle WG	15
3. WG des Anlagevermögens	16
4. Eigentum eines anderen	17
5. Benutzung im Betrieb	18
V. Miet- und Pachtzinsen	19–25
1. Begriff	19–22
a) Wirtschaftliches Verständnis	19
b) Gesetzliches Lastenverteilungssystem	20
c) Andere Gründe	21
d) Verschleierte Pachtentgelte	22
2. Bezug zu Miet- oder Pachtgegenstand	23
3. Aufteilung eines einheitlichen Entgelts	24, 25
a) Verpachtung von Sachgesamtheiten	24
b) Abgrenzbare miet- oder pachtfremde Teile eines einheitlichen Vertrags	25
VI. Umfang der Hinzurechnung	26–29
1. Grundsatz	26
2. Rückstellungen	27
3. Rückzahlungen	28, 29
VII. ABC der Miet- und Pachtzinsen	30

§ 8 Nr 1d Hinzurechnungen

I. Allgemeines

1. Zweck

1 Auch die Neuregelung der **Vorschrift dient,** wie die Vorschriften des § 8 GewStG insgesamt, der Ermittlung des objektiven von den Verhältnissen des Inhabers zum GewBetrieb losgelösten GewErtrags. Durch die Hinzurechnung soll derjenige, der fremde Vermögensgegenstände in seinem Betrieb nutzt, dem selbstnutzenden Eigentümer entsprechender Wirtschaftsgüter gleichgestellt werden (Begr zum GewStG RStBl 1937, 693, 699). Anders als die Vorgängervorschrift (Nr 7 aF) stellt die Nr 1 Buchst d nicht mehr darauf ab, ob die Zinsen **beim Empfänger** zur GewSt heranzuziehen sind; dadurch kann es zu Doppelbelastungen durch auf den Entgelten lastende GewSt kommen. Für die Hinzurechnung nur von ⅕ der Miet- und Pachtzinsen bestehen sachgerechte Gründe. Erfasst werden soll nur der Finanzierungsanteil, der den objektivierten GewErtrag nicht schmälern darf (BTDrs 16/4841, 80; zu Buchst e: FG Köln 9 K 1022/10 EFG 2011, 561, Rev IV R 55/10). Diesen hat der Gesetzgeber notwendig typisierend mit 20% angesetzt.

2. Höherrangiges Recht

2 **a) Verfassungsrecht.** Schon die Vorgängervorschrift § 8 Nr 7 aF war **verfassungsrechtlich nicht zu beanstanden;** sie verstieß insb nicht gegen Art 3 GG (BFH I R 175/68 BStBl II 1972, 22; I R 178/70 BStBl II 1973, 148; I R 74/73 BStBl II 1976, 721; I R 123/93 BStBl II 1994, 810; BVerfG 1 BvR 67/73 HFR 1974, 498). Für die Neuregelungen des § 8 Nr 1 Buchst d und e gilt nichts anderes, da der Hinzurechnungsanteil deutlich abgesenkt ist (BFH I B 128/12 BStBl II 2013, 30; aA *Grünwald/Friz* DStR 2012, 2106). Daran ändern nunmehr mögliche Doppelbelastungen nichts, zumal für die Frage der Verfassungsmäßigkeit mE nur auf die Verhältnisse des von der Hinzurechnung betroffenen Stpfl abzustellen ist (aA FG Hamburg EFG 2012, 960, Vorlagebeschluss 1 BvL 8/12).

Härten sind nach FG B-Bbg 12 K 12197/10 (EFG 2013, 1062, Rev I R 21/13) bei gewerblichen **Zwischenvermietern** mit **Billigkeitsmaßnahmen** (insb § 163 AO) auszugleichen.

3 **b) Gemeinschaftsrecht. Probleme,** die im Hinblick auf die Ausnahme von der Hinzurechnung nach § 8 Nr 7 Satz 2 Hs 1 aF gemeinschaftsrechtlich bestanden (vgl § 8 Nr 7 aF Rn 3) sind bei § 8 Nr 1 Buchst d nF **nicht ersichtlich.**

3. Entstehung

4 Die Vorschrift ist eingeführt worden durch G v 14.8.2007 (BGBl I 2007, 1917), mit dem gleichzeitig die Vorschrift des § 8 Nr 7 aF aufgehoben worden ist. Sie ist – wie die Vorschriften des § 8 Nr 1 nF insgesamt – erstmals ab EZ 2008 anzuwenden (§ 36 Abs 5a, 5b).

II. Miet- und Pachtverträge

1. Grundsatz

5 Nur Leistungen **auf Grund eines Miet- oder Pachtvertrages** sind Miet- oder Pachtzinsen. Zahlungen auf der Grundlage eines anders gearteten Rechtsverhältnisses sind nicht nach dieser Vorschrift hinzurechnen (vgl BFH I R 85/71 BStBl II 1973, 412, Lizenzgebühren; I R 188/79 BStBl II 1984, 149, öffentlich-rechtliche Gebühren).

2. Begriff

a) Maßgeblichkeit des BGB. Die Vorschrift betrifft Nutzungen von WG auf Grund eines Rechts- und Nutzungsverhältnisses, das seinem **wesentlichen rechtlichen Gehalt** nach dem **Typus eines Miet- oder Pachtvertrages** iSd bürgerlichen Rechts entspricht (so schon BFH I 50/55 U BStBl III 1957, 306; vgl BFH I 174/60 S BStBl III 1965, 230; VI 356/62 U BStBl III 1965, 483; I R 85/71 BStBl II 1973, 412; I R 31/76 BStBl II 1980, 160; I R 188/79 BStBl II 1984, 149; XI R 40/88 BStBl II 1992, 741; I R 132/94 BStBl II 1997, 226; I B 34/98 BFH/NV 1999, 515). Maßstab sind daher die Vorschriften der §§ 535 ff BGB und 581 ff BGB. Dem wesentlichen Gehalt der hier niedergelegten Vertragstypen muss das Nutzungsverhältnis nicht nur wirtschaftlich (so jedoch *Sarrazin* in *L/S* § 8 Nr 7 Rn 40), sondern rechtlich gleichstehen (*Bestgen* StuW 1981, 23 ff; *Blümich/Hofmeister* § 8 GewStG Rn 201). Entscheidend ist **nicht die Bezeichnung** als Mietvertrag oder Pachtvertrag **sondern die Gleichartigkeit** mit den bezeichneten Vertragstypen (BFH IV R 192/71 BStBl II 1976, 220). Daher kein Ausweichen durch Vereinbarung ausländischen Rechts; Hinzurechnung, wenn bei Anwendung deutschen Rechts das Verhältnis im Wesentlichen als Miet- oder Pachtverhältnis anzusehen wäre (BFH IV R 192/71 aaO für Charterverträge ohne Stellung von Bedienungspersonal). Mindesterfordernis ist daher die laufende Zahlung eines Entgelts für die Überlassung eines WG, bei der Miete zum Gebrauch des WG (§ 535 BGB) und bei der Pacht zusätzlich zum Genuss der Früchte, soweit sie nach den Regeln einer ordnungsmäßigen Wirtschaft als Ertrag anzusehen sind (§ 581 BGB), sowie die Verpflichtung zur Rückgabe des Vertragsgegenstandes (§ 546 BGB). 6

b) Überlassung zur Benutzung. aa) „Benutzung". Aus den **unterschiedlichen Begriffen** „Benutzung" in § 8 Nr 1 Buchst d (so schon § 8 Nr 7 aF) GewStG und „Gebrauch" in § 535 und § 581 BGB lassen sich keine Rechtsfolgen herleiten. Der Zusammenhang des Begriffs „Benutzung" mit Miet- und Pachtzinsen gibt ihm die Bedeutung von „Nutzungen" iSd § 100 BGB, also auch iSv Frucht einer Sache oder eines Rechts (BFH I R 178/70 BStBl II 1973, 148). Auch die Überlassung an einen Dritten durch Weitervermietung/-verpachtung genügt (Nds FG 10 K 78/10 EFG 2011, 2100 rkr, Rev R 38/11 unzulässig; FG Münster 10 K 4664/10 G EFG 2012, 2231, Rev I R 70/12). 7

bb) „Gebrauch". Erforderlich ist nicht die **Überlassung zum** freien, uneingeschränkten Gebrauch; vertragsgemäßer eingeschränkter **Gebrauch** genügt (BFH XI R 40/88 BStBl II 1992, 741), ebenso ein kurzfristiges Mietverhältnis (BFH I R 123/93 BStBl II 1994, 810; FG Köln EFG 1993, 732; *Woring* DStZ 1993, 591). Die Einräumung eines einfachen Nutzungsvorrangs bzw Duldung der Nutzung genügt dem Begriff des Miet- oder Pachtvertrages nicht (BFH I R 188/79 BStBl II 1984, 149), ebenso wenig die Begründung einer monopolartigen Stellung (RFH RStBl 1940, 928; 1943, 508; BFH I 283/61 U BStBl III 1962, 476). 7a

cc) Untermiete/-pacht. Auch ein **Untermiet-/pachtvertrag** ist Miet-/Pachtvertrag iSd Vorschrift und nicht etwa Rechtsüberlassung iSv § 8 Nr 1 Buchst f nF (*FM Länder* BStBl I 2012, 654 Rn 32). 7b

3. Miet- und pachtfremde Elemente

a) Wesensverschiedenheit. Das Erfordernis der Gleichartigkeit mit den bürgerlich-rechtlichen Vertragstypen bedeutet, dass wesentliche **miet- und pachtfremde Elemente** der Annahme eines Miet- oder Pachtvertrages **entgegenstehen** (BFH VIII R 261/81 BStBl II 1986, 304; *Sigloch* DStR 1965, 258). Daher keine Miete oder Pacht bei Zeitcharterverträgen mit ihrer wesentlichen Verpflichtung zur Gestellung der (Schiffs-) Mannschaft (BFH I 50/55 U BStBl III 1957, 306) im 8

§ 8 Nr 1d   Hinzurechnungen

Gegensatz zu sog Bare-Boat-Charter-Verträgen (BFH IV R 192/71 BStBl II 1976, 220); ebenso wenig, wenn es den Parteien letztlich auf den Abschluss eines Kaufvertrages ankommt (BFH I 221/56 U BStBl III 1957, 445), wenn der Berechtigte zunächst wirtschaftlicher und später rechtlicher Eigentümer des Vertragsgegenstandes werden soll (BFH I 228/59 U BStBl III 1961, 328; VI 112/65 BStBl III 1966, 599) und wenn der Gegenstand wegen Verbrauchs nach Ablauf des Nutzungsverhältnisses wirtschaftlich nicht zurückgegeben werden kann (BFH IV 429/62 U BStBl III 1964, 44).

8a **b) Untergeordnete Nebenabreden.** Abreden mit miet- und pachtfremden Elementen von **geringem Gewicht** schaden nicht, wenn das Verhältnis trotzdem einem Miet- oder Pachtvertrag gleichgeartet bleibt (BFH I R 74/73 BStBl II 1976, 721); ebenso wenig die Vereinbarung, dass sich die Gegenleistung nach dem Maße der Fruchtziehung bestimmt (BFH IV 138/63 BStBl II 1968, 11). Nur **wesentliche Abweichungen** schaden (BFH I 174/60 S BStBl III 1965, 230 und I R 85/71 BStBl II 1973, 412 für Lizenzverträge; I R 131/76 BStBl II 1979, 47 für Gebrauch des Frachtstempels der DB; I R 113/79 BStBl II 1984, 17 für know-how-Verträge; I R 188/79 BStBl II 1984, 149 für Nutzungsvorrang). Daher ist auch ohne Besitz des Nutzenden ein Miet- und Pachtvertrag möglich, zB die Miete einer Kaianlage (BFH VIII R 261/81 BStBl II 1986, 304), aber auch Werbeflächen auf Fahrzeugen (Bus, Taxi, *FM Länder* BStBl I 2012, 654 Rn 29; aA *Schraut/Sillich* BB 2013, 217). Erforderlich ist auch nicht, dass der Inhalt des Pachtverhältnisses zu den „eigentlichen Aufgaben" des Verpächters gehört (BFH I 367/61 U BStBl III 1965, 655 zur Überlassung einer Gaststätte durch die DB als Pacht.

Eine Verpachtung im Rahmen einer **Betriebsaufspaltung** bedeutet keine wesentliche Abweichung in dem vorbezeichneten Sinn. Sie bedingt nur eine Umqualifizierung der Einkünfte beim Verpächter, nicht aber eine Umqualifizierung des Rechtsverhältnisses. Daher ist die Vorschrift im Falle einer Betriebsaufspaltung anzuwenden (FG Münster EFG 1991, 271; ebenso BFH I R 10/89 BStBl II 1991, 771), und zwar auch dann, wenn beide Betriebe im selben Ort liegen (FG Ba-Wü EFG 1997, 1034 rkr). Entsprechendes gilt für die umgekehrte Betriebsaufspaltung (*Fick* BB 1993, 980).

8b **c) Typenverschmelzung/Typenkombination.** Das Vorliegen wesentlicher, den Vertrag prägender miet- oder pachtfremder Elemente **(Typenverschmelzung)** bedeutet, dass der Vertrag auch nicht in einzelnen Teilen oder Beziehungen als Miet- oder Pachtvertrag behandelt werden darf, weil und insoweit ein Vertrag eigener Art vorliegt (BFH I 50/55 U BStBl III 1957, 306; I R 188/79 BStBl II 1984, 149), zB Zeit-Chartervertrag, Vertrag über Anmietung u Austausch von Fußmatten. Anders nur, wenn die Miet-/Pachtelemente dem Vertrag das **Gepräge** gaben; dann Anwendung des § 8 Nr 1 Buchst d, e (oder f) nF (*FM Länder* BStBl I 2012, 654 Rn 7, 32).

Wenn und soweit in einem einheitlichen Vertrag unterschiedliche und **rechtlich trennbare Hauptleistungspflichten** geregelt werden, kann und muss eine **Trennung** und unterschiedliche Sachbehandlung erfolgen; insb wenn beide Vertragsteile nach dem Willen der Parteien voneinander unabhängig sein sollen, auch wenn sich nur in ihrer Verbindung der Vertragszweck erreichen lässt (**Typenkombination;** BFH V 118/65 BStBl II 1984, 17 für Überlassung von Know-how und gleichzeitige Vermietung entsprechender Spezialmaschinen). Der Kritik von *Blümich/Hofmeister* (§ 8 GewStG Rn 202) ist nicht zu folgen. Die Trennungstheorie ist eine konsequente Folge der Zugrundelegung rechtlicher Gesichtspunkte bei der Einordnung des zu prüfenden Vertrages. Von diesen Fragen zu unterscheiden ist das Problem der Trennung von hinzurechnungsfähigen Entgeltteilen innerhalb eines einheitlichen als Miete oder Pacht zu beurteilenden Rechtsverhältnisses (BFH I 70/60 S BStBl III

Hinzurechnungen (Miet- und Pachtzinsen) § 8 Nr 1d

1966, 51 und I R 166/74 BStBl II 1976, 717 zur Verpflichtung zur Erneuerung von Inventar und Waren); vgl im Einzelnen Rn 19 ff, 24 ff.

Die Entscheidung ergeht zwar auf Grund der gesamten **tatsächlichen Umstände des Einzelfalles**. Gleichwohl ist sie Rechtsanwendung und unterliegt revisionsrichterlicher Nachprüfung (BFH V 118/65 BStBl II 1968, 348; I R 72/72 BStBl II 1974, 342).

d) Öffentlich-rechtliche Verträge. Sie können **Miet- und Pachtverträge** 8c iSd Vorschrift sein (BFH I R 159/66 BStBl II 1969, 439 für Kühlhausverträge; Schl-H FG EFG 1988, 83 für ein Seenutzungsrecht durch ein Schifffahrtsunternehmen, s ABC Rn 30). Dagegen ist die Gewährung von öffentlichen Rechten innerhalb eines öffentlich-rechtlichen Rechtsverhältnisses gegen Zahlung von Gebühren auch dann nicht Miete oder Pacht, wenn sie in dieser Form hätte geregelt werden können (BFH I R I R 11/67 BStBl II 1969, 417; FG Münster EFG 1989, 474 für Wassernutzungsentgelte; BFH I R 188/79 BStBl II 1984, 149; Nds FG EFG 1996, 187). Rechtsüberlassungen solcher Art sind nunmehr geregelt in § 8 Nr 1 Buchst f nF (s dort).

4. Sachlicher Anwendungsbereich

Gegenstand von Miet- und Pachtverträgen können materielle und immateri- 9 elle WG, Sachen und – an sich – Rechte sein, insb Substanzausbeuterechte (BFH I R 74/73 BStBl II 1976, 721), Konzessionen und Gerechtigkeiten (BFH IV 349/62 U BStBl III 1965, 293; Schl-H FG EFG 1988, 83), ein Geschäfts- bzw Praxiswert oder Kunden- bzw Mandantenstamm (BFH I R 52/93 BStBl II 1994, 903; I R 134/94 BFH/NV 1997, 438; I R 128/95 BStBl II 1997, 546) ebenso Gesamtheiten von Sachen u Rechten, wie etwa ein Unternehmen bzw ein (Teil-)Betrieb (vgl § 8 Nr 7 Satz 2 aF) oder eine Praxis (BFH I R 29/91 BStBl II 1993, 36, 40; I R 52/93 BStBl II 1994, 903; I R 134/94 aaO).

Ab EZ 2008 erfolgt jedoch durch die **Neuregelung** des § 8 Nr 1 **Buchst f GewStG** eine gesonderte Hinzurechnung von (¼ der) Aufwendungen für die – befristete – Überlassung von Rechten. Diese Neuregelung erfordert mE *zwingend* eine **Abgrenzung** dahin, dass ab EZ 2008 Gegenstand von Miet- und Pachtverträgen iSd § 8 Nr 1 Buchst d GewStG nF nicht die **befristete Überlassung von Rechten** ist, auch wenn sie in dieser Rechtsform erfolgt.

5. Besonderheiten bei Gesellschaften und nahen Angehörigen

a) Gesellschaften. Entgelte aus Verträgen zwischen **Kapitalgesellschaft** und 10 **Gesellschaftern** unterliegen der Hinzurechnung, auch bei Ein-Mann- und Familiengesellschaften und bei der KGaA. Dies gilt indes nicht, soweit die Entgelte verdeckte Gewinnausschüttungen darstellen. Insofern ist die Gewinnermittlung zu berichtigen. Entgelte aus Verträgen zwischen **Personengesellschaften** und **Gesellschaftern** gehören nach § 15 Abs 1 Nr 2 EStG zu den gewerblichen Einkünften und sind nicht hinzuzurechnen. Doch unterliegen (die) Entgelte der Hinzurechnung, wenn der Gesellschafter das WG von einem Dritten zur Überlassung an die Personengesellschaft mietet und diese den Mietzins vereinbarungsgemäß unmittelbar an den Dritten zahlt (BFH VIII R 261/81 BStBl II 1986, 304; zust *Söffing* FR 1986, 109). Ist der Gewerbetreibende an einer vermögensverwaltenden Personengesellschaft beteiligt, von der das WG gemietet worden ist, so findet mE **keine** *(teilweise)* **Saldierung** der Entgelte mit den Einnahmen, an denen er beteiligt ist, statt.

b) Nahe Angehörige. Auch Entgelte aus Miet- und Pachtverträgen zwischen 10a **nahen Angehörigen,** insb Ehegatten, unterliegen der Hinzurechnung, sofern die einkommensteuerrechtlichen Erfordernisse für die Anerkennung des Vertragsverhältnisses beachtet sind. Es muss also ernsthaft vereinbart, insbesondere wie unter fremden Dritten üblich gestaltet, und tatsächlich durchgeführt worden sein (vgl BFH IV R 4/04 BStBl II 2007, 294). Anders sind die Entgelte schon nicht als Betriebsausgaben abziehbar. Das gilt auch, soweit das Entgelt überhöht ist. Nur der angemessene Teil ist abziehbar und unterliegt der Hinzurechnung. Indes ist die Rspr zunehmend großzügig mit der Tendenz, (beinahe) jede unter fremden Dritten unübliche Gestaltung anzuerkennen (vgl hierzu *Schmidt/Heinicke* § 4 Rn 520 „Angehörige").

III. Abgrenzung zu Liefer- und Kaufverträgen

1. Wirtschaftliches Eigentum

11   Eine Nutzungsüberlassung iSd Vorschrift liegt vor, wenn (auch) das **wirtschaftliche Eigentum beim Überlassenden** verbleibt (BFH VI 112/65 BStBl III 1966, 599; I R 36/66 BStBl II 1968, 478). Hierfür genügen Verpachtung in Teilverträgen (BFH I R 220/69 BStBl II 1972, 433), Kündigungsrechte des Überlassenden und/ oder die Vereinbarung von Mindestentschädigungen oder Preisklauseln (BFH I R 194/70 BStBl II 1973, 264; I R 73/71 BStBl II 1973, 266); ebenso der Einfluss auf den Förderbetrieb (zB in Folge der Verpflichtung des Abnehmers zu einer Mindestausbeute, BFH X B 52/08 ZSteu 2009 R 389).

Das wirtschaftliche Eigentum ist **nicht beim Überlassenden** verblieben, wenn der Vertragsgegenstand nach der Nutzung nicht an ihn zurückzugeben ist (BFH VI 375/65 BStBl III 1967, 226) oder sich durch die Nutzung verbraucht. In solchen Fällen liegt ein Ratenkauf vor (BFH IV 429/62 U BStBl III 1964, 44). Der in der Bilanzierung enthaltene Zinsanteil ist nach § 8 Nr 1 Buchst a hinzuzurechnen (ebenso *Köster* DStZ 2008, 703); vgl dort Rn 112. Vgl zu *Ausbeuteverträgen* Rn 12.

2. Ausbeuteverträge

12   a) **Kaufvertrag.** Ein Kaufvertrag liegt vor, wenn es sich um eine **einmalige Lieferung einer fest begrenzten Menge** handelt (BFH IV 186/56 U BStBl III 1957, 246; I 199/57 U BStBl III 1959, 5; IV 159/58 U BStBl III 1959, 294; IV 208/63 HFR 1965, 209; IX R 64/98 BFH/NV 2003, 1175). Gegen den Begriff der Lieferung spricht nicht allein der Umstand, dass der Ausbeuteberechtigte selbst tätig werden muss (BFH StRK GewStG § 8 Nr 2–9, R 20). Eine einmalige Lieferung liegt aber nicht vor, wenn jeweils festbegrenzte Mengen auf Grund einer sich wiederholenden Erlaubnis des Grundeigentümers auszubeuten sind (BFH I 142/61 HFR 1963, 26; I R 74/73 BStBl II 1976, 721).

12a   b) **Pachtvertrag. Regelmäßig** handelt es sich bei der zeitlich begrenzten Überlassung eines Grundstücks zur Ausbeute des darin lagernden Bodenschatzes zivil- u steuerrechtlich um einen **Pachtvertrag** (BFH IV R 54/09 BStBl II 2012, 692). Das gilt insb, wenn nach der Vertragsgestaltung nicht eine bestimmte Menge der Substanz zu liefern ist, sondern der Berechtigte auf eigene Gefahr Fruchtziehung treiben soll (BFH VI 169/59 S BStBl III 1961, 45; VI R 197/67 BStBl II 1970, 210). Kennzeichnend hierfür sind laufende Entgeltszahlungen für eine zunächst unbestimmte Menge der Substanz, Ausschluss von Gewährleistungen, der Übergang des Besitzes am Grundstück auf den Berechtigten sowie insb die Verpflichtung des Berechtigten, den Mutterboden abzutragen und später wieder aufzutragen (Rekultivierungsverpflichtung, BFH I R 74/73 BStBl II 1976, 721). Liegen die letztbezeichneten Voraussetzungen vor, dann ist Pacht sogar dann gegeben, wenn die Entnahme einer bestimmten Kiesmenge zu einem festen Preis innerhalb einer bestimmten Zeit gewährt wird (FG Nürnberg EFG 1973, 210). Der Annahme eines Pachtverhältnis-

Hinzurechnungen (Miet- und Pachtzinsen) § 8 Nr 1d

ses steht nicht entgegen, dass die Abbauzeit kurz und das Entgelt nach abgebauter Menge bemessen ist (BFH VI 161/65 BStBl III 1966, 364; VI 331/64 BStBl II 1968, 30), ebenso wenig dass das Entgelt in einem einmaligen Betrag zu zahlen ist (BFH IV 208/63 HFR 1965, 209), nach netto verkauften Erzeugnissen bemessen wird (*Schmidtmann* StWa 1962, 89) und als „Kaufpreis" bezeichnet wird (RFH StuW 1924, 64). Ebenso unerheblich ist, ob die abgebaute Menge bereits von vornherein bestimmt ist – wie idR bei Sand – oder erst nach dem Abbau – wie idR bei Kies (BFH I R 74/73 BStBl II 1976, 721).

3. Leasingverträge

Sie **können** nach allgemeinen Grundsätzen **Mietverträge darstellen** (vgl BFH IV R 24/78 BStBl II 1981, 481; VI R 105/84 BStBl II 1987, 448). In der *Neufassung* der Vorschrift ist dies durch den Klammerzusatz „(einschließlich Leasingraten)" klargestellt. Erforderlich ist aber weiterhin die Vergleichbarkeit des Leasingvertrages mit einem Miet-/Pachtvertrag, wie sich aus dem Textzusammenhang ergibt. Das setzt voraus, dass der Leasinggegenstand im **(wirtschaftlichen) Eigentum des Leasinggebers** bleibt und ihm nach der vereinbarten Zeit zurückgeben ist (vgl hierzu *Veigel/Lentschig* StBp 1994, 106; *Tonner* FR 2007, 946). Das ist mE auch dann möglich, wenn – wie üblich – dem Leasingnehmer eine Kaufoption eingeräumt ist (aA *Thiel* Inf 1964, 121; *Bock* DB 1964, 229). Es handelt sich nicht um ein in der Schwebe befindliches Geschäft (anders ggf beim Mietkauf, vgl BFH III R 233/90 BStBl II 1992, 182), weil von der Kaufoption durch eigenständige Rechtshandlung Gebrauch gemacht wird und die Gestaltung des zuvor bestehenden Nutzungsverhältnisses hiervon unberührt bleibt. **Anders** nur, wenn nach der gesamten Sachlage angenommen werden muss, dass es den Parteien nur auf den Abschluss des Kaufvertrages ankommt (BFH I 221/56 U BStBl III 1957, 445), was sich aus der Höhe, Fälligkeit und Dauer der „Mietzins"-Zahlungen ergeben kann, oder wenn die „Miet"dauer so bemessen ist, dass nach ihrem Ablauf der Leasinggegenstand wirtschaftlich nicht zurückzugeben ist (BFH IV 429/62 U BStBl III 1964, 44; IV 144/66 BStBl II 1970, 264; III R 74/97 BStBl II 2001, 311; III R 130/95 BFH/NV 2001, 1041).

13

IV. Benutzung von beweglichen WG

1. Begriff des beweglichen Wirtschaftsguts

Durch die *Änderung* des G mit Einführung des **§ 8 Nr 1 Buchst d** ab **EZ 2008** ist auch **insofern eine Änderung** eingetreten: die Vorschrift spricht nicht – wie § 8 Nr 7 aF – von „nicht in Grundbesitz „bestehenden" WG, sondern von **„beweglichen"** WG. Für die Abgrenzung ist mE schon wegen der unterschiedlichen Wortlaute und Begrifflichkeiten **nicht mehr** auf § 68 BewG, sondern auf § 21 Abs 1 Nr 1 EStG zurückzugreifen (aA R 7.1 Abs 2 EStR; wohl auch *FM Länder* BStBl I 2012, 654 Rn 31 zu Schiffen; *Zerhusen* StC 9.08, 25; *Sarrazin* in L/S § 8 Nr 1 Buchst d Rn 11). Das bedeutet, dass durch sie **nur körperliche, also materielle WG,** erfasst werden; hierzu darf es sich nicht um Grundstücke, Gebäude und deren Bestandteile handeln. Betroffen sind aber Scheinbestandteile (Einbau nur zu vorübergehendem Zweck, § 95 BGB; hierzu BFH VI R 143/69 BStBl II 1971, 157; VI R 157/68 BStBl II 1971, 165), Zubehör, Flugzeuge (BFH I B 61/96 BStBl II 1997, 466), nicht eingetragene Schiffe (s aber § 8 Nr 1 Buchst e Rn 3) und Betriebsvorrichtungen (vgl BFH VIII R 261/81 BStBl II 1986, 304). Daher keine Zurechnung etwa bei Konzessionsabgaben für die Nutzung von Straßen, Wegen, Plätzen, Häfen und Kanälen usw; Hinzurechnung jedoch, wenn der Zins nur für die Nutzung von dort befindlichen Anlagen (Leitungen, Rohre,

14

§ 8 Nr 1d

Schienen) gezahlt wird (vgl FG Düsseldorf EFG 1959, 92). Bei einem gemischten Mietvertrag (nicht bei Typenverschmelzung, Rn 8b) ist Aufteilung erforderlich (vgl Rn 24). Nicht bewegliches WG ist der *Bodenschatz* (vgl hierzu Rn 30 „Ausbeuteverträge").

2. Immaterielle WG

15 **Immaterielle WG** (zB Geschäftswert, Kundenstamm, Konzessionen u sonstige Rechte) gehören nicht zu den beweglichen WG (vgl BFH III R 7/86 BStBl II 1987, 728; IV R 38/88 BStBl II 1989, 1016; X R 26/09 BStBl II 2011, 865; R 7.1 Abs 1 u 2 EStR) und sind von der Vorschrift nicht betroffen. Entgelte für sie unterliegen nur, sofern für Rechte (insb Konzessionen, Nutzungsrechte, Lizenzen) gezahlt, der Hinzurechnung nach **§ 8 Nr 1 Buchst f nF.** Im Übrigen unterfallen sie mE keiner Hinzurechnung nach den Buchst d-f der Nr 1 nF. Sie sind aber **bedeutsam** für die *Abgrenzung* von Miet- und Pachtzinsen **bei Pachtung von Sachgesamtheiten** (vgl Rn 24 ff). *Insofern* gilt für sie:

Sie sind **Gegenstand eines Miet- oder Pachtvertrages** nur, wenn sie durch die vertragliche Ausgestaltung hinreichend konkretisiert sind (vgl grundsätzlich BFH II R 30/89 BStBl II 1990, 569; I R 160/85 BStBl II 1990, 913). Hierfür ist Mindesterfordernis, dass für das immaterielle WG ein von der Raumpacht klar abgegrenztes Nutzungsentgelt gezahlt wird (BFH IV 406/62 U BStBl III 1965, 414; I R 94/70 BStBl II 1971, 28; VIII R 19/68 BStBl II 1972, 62; R 179/70 BStBl II 1972, 632; I R 113/79 BStBl II 1984, 17). Bei der Verpachtung stehender GewBetriebe setzt sich der Zins idR aus mehreren Elementen zusammen, nämlich **(1.)** die reine Raummiete, **(2.)** die darüber hinaus gezahlte Raumpacht, **(3.)** Entgelt für die Benutzung der Betriebseinrichtung, **(4.)** Entgelt für die Überlassung des Geschäftswerts (BFH I R 246/72 BStBl II 1975, 178).

Der **Ansatz eines Geschäftswerts** kommt daher nur in Betracht, wenn entweder die Vertragsparteien eine Aufteilung des Pachtzinses vorgenommen haben oder andere Umstände eine klare und eindeutige Aufteilung ermöglichen (BFH IV R 20/67 BStBl II 1970, 726; I R 94/70 BStBl II 1971, 28; III R 9/74 BStBl II 1971, 677; I R 166/74 BStBl II 1976, 717). Diese Voraussetzungen kann nach BFH I B 57/94 BFH/NV 1995, 822 ein Aktenvermerk erfüllen, in dem der steuerliche Berater des Pächters auf die Benutzung des bilanzierten Geschäftswerts entfallende Teil des Pachtzinses beziffert hat. Eine Aufteilung durch die Vertragsparteien liegt noch nicht vor bei einer außerhalb des Vertrages vorgenommenen Schätzung des auf das immaterielle WG entfallenden Pachtanteils, finde sie vor (BFH VIII R 254/72 BStBl II 1977, 667) oder nach Vertragsschluss statt (BFH VIII R 169/72 BStBl II 1976, 463). Es liegt im Wesen der Verpachtung gewerblicher Räume, dass deren Überlassung bereits als unmittelbare Quelle von Erträgnissen eingeschätzt und bezahlt wird (BFH I R 94/70 aaO). Daher stellt die einfache Differenz zwischen einem (umsatzabhängigen) Pachtzins insgesamt auf der einen Seite und einem (geschätzten) Pachtzins für Einrichtung sowie Raummiete auf der anderen Seite noch keine hinreichende Konkretisierung eines Geschäftswerts dar (BFH VIII R 169/72 BStBl II 1976, 463); ebenso wenig, wenn in einem Pachtvertrag allein die Raumpacht hinreichend bestimmt ist (BFH I R 246/72 BStBl II 1975, 178) oder bei Pacht von Inventar und Geschäftswert nur ein einheitlicher Pachtzins ohne erkennbare Merkmale für eine Abgrenzung vereinbart ist (BFH VIII R 254/72 BStBl II 1977, 667), auch dann nicht, wenn ein einheitlich vereinbarter Pachtzins im Verhältnis zum Wert der überlassenen materiellen WG zu hoch erscheint (BFH VIII R 169/72 BStBl II 1976, 463). Ist allerdings nach den Vereinbarungen eindeutig ein Zins auf das immaterielle WG zu zahlen, dann Konkretisierung auch, wenn er noch nicht klar festgelegt und nur im Wege der Schätzung, zB aus den Werten

Hinzurechnungen (Miet- und Pachtzinsen) § 8 Nr 1d

der materiellen WG, ableitbar ist (BFH I R 160/85 BStBl II 1990, 913); auch dann, wenn es sich inzwischen verflüchtigt hat (BFH IV 145/83 HFR 1965, 171).

3. WG des Anlagevermögens

Das Tatbestandselement ist unscharf gefasst und nur **im übertragenen Sinne** 16 **zu verstehen**. Gepachtete/gemietete WG stehen im Eigentum eines anderen und sind daher nicht Vermögen, auch nicht AV, des Pächters. Richtig gefasst meint die Vorschrift: Stünden die WG im Eigentum des Pächters, dann müssten sie zu seinem AV gehören (BFH IV R 20/67 BStBl II 1970, 726; I R 160/85 BStBl II 1990, 913; I R 123/93 BStBl II 1994, 810; VIII R 78/02 BStBl II 2006, 58; zur nF *Ritzer* DStR 2008, 1613; *Köster* DStZ 2008, 703). Für den Begriff des AV und die Abgrenzung zum UV sind die Grundsätze des EStG maßgebend; dh die WG müssen dem Betrieb **für längere Zeit zu dienen bestimmt** sein (BFH I R 178/70 BStBl II 1973, 148). AV iSd Vorschrift sind demnach zB Maschinen, Geschäftseinrichtung, Werkzeuge und Gerätschaften; zu den immateriellen WG s Rn 15. Der Zuordnung zum AV steht nicht entgegen, dass der Stpfl WG fortlaufend **kurzfristig** (in den entschiedenen Fällen: für einen Tag oder mehrere Tage) mietet (BFH I R 178/70 BStBl II 1994, 810; FG Köln EFG 1993, 731; Nds FG EFG 2011, 2101, Rev IV R 24/11; *Woring* DStZ 1993, 591); mE daher auch bei einem *Messestand* (aA *Gerritzen/ Matheis* DStR 2013, 236). Das gilt auch dann, wenn die WG **weitervermietet** werden und nach Beendigung der Untervermietung kurzfristig wieder an den Eigentümer zurückgelangen (BFH I R 178/70 aaO). Allerdings unterbleibt bei bestimmten kurzfristigen Nutzungsüberlassungen (zB Hotelnutzung, Kfz-Mietvertrag) nach *FM Länder* BStBl I 2012, 654 Rn 29b „aus Vereinfachungsgründen" die Hinzurechnung (krit *Rödder* DStR 2007, Beih zu Nr 40; *Blümich/Hofmeister* § 8 GewStG Rn 215). **Kein AV sondern UV** sind Bargeld, Bankguthaben, Waren- und Rohstoffe. Ebenfalls kein AV ist bei der Ausbeutung von Mineralvorkommen nach § 100 BewG aF das jeweils überlassene Grundstück (BFH I 199/57 U BStBl II 1959, 5; IV 122/58 U BStBl III 1960, 466).

Zur Hinzurechnung von Entgelten eines **Netzbetreibers** bzw **-nutzers** im Bereich der Telekommunikation, Eisenbahn u Energie vgl *FM Länder* BStBl I 2012, 654 Rn 29c-29e.

4. Eigentum eines anderen

Die Formulierung ist ebenfalls unscharf. Der **Begriff des Eigentums** ist **weit** 17 **auszulegen** (BFH IV 349/62 U BStBl III 1965, 293; VI 112/65 BStBl III 1966, 599; I R 36/66 BStBl II 1968, 478). Gemeint ist nicht nur das Eigentum an einer Sache (vgl § 903 BGB), sondern auch die Inhaberschaft an Rechten (vgl § 398 BGB; s aber Rn 15 und § 8 Nr 1 Buchst f) ebenso wie der **Eigenbesitz** oder das **wirtschaftliche Eigentum** (§ 39 Abs 2 Nr 1 AO). Das WG muss also einem anderen zustehen (BFH I 367/61 U BStBl III 1965, 655; 349/62 U BStBl III 1965, 293). Förderzinsen für ein Ausbeuterecht im wirtschaftlichen Eigentum des Ausbeuteberechtigten unterlagen daher auch nicht der Hinzurechnung (hierzu unten); ebenso wenig Entgelte für Wasserentnahme auf Grund von subjektiv-öffentlichen Wassernutzungsrechten, die dem Berechtigten verliehen worden sind (FG Münster EFG 1989, 474). Auch bei „Sachdarlehen" kommt es darauf an, wem das bürgerrechtl oder wirtschaftliche Eigentum zusteht; bleibt der Geber Eigentümer, dann Pacht, im Übrigen Darlehen (*Loos* StuW 1963, Sp 489 und DStR 1962/63, 599).

Bei der **Substanzausbeute** liegt *Wirtschaftliches Eigentum* des Abbauberechtigten vor, wenn ihm durch langfristigen und bedingungsfreien Vertrag unter Ausschaltung der Verfügungen des Grundstückseigentümers die Befugnis zur vollen Ausbeute der vorhandenen abbaufähigen Mineralien übertragen ist (BFH III 242/50 S BStBl III

Güroff

§ 8 Nr 1d

1960, 420; III 301/59 S BStBl III 1961, 122; VI 375/65 BStBl III 1967, 226; III R 150/72 BStBl II 1974, 504; I R 46/86 BStBl II 1990, 388). Das ist nicht der Fall, wenn der Berechtigte das Recht ohne die Zustimmung des Verpflichteten nicht übertragen kann, wenn bei einer Vertragsverlängerung die Bedingungen gesondert ausgehandelt werden müssen oder die wirtschaftliche Bewegungsfreiheit des Berechtigten durch Kündigungsmöglichkeiten des Verpflichteten eingeschränkt wird. Dann wird – wie im Regelfall – das Mineralgewinnungsrecht dem Grundeigentümer zugerechnet (BFH II R 121/86 BStBl II 1989, 963 mwN). Zum **Bergwerkseigentum** vgl BFH I R 101/10 BStBl II 2013, 165.

5. Benutzung im Betrieb

18 Dies bedeutet **nicht „tatsächlich gebrauchen"**. Der Begriff Benutzung ist weiter; er bezeichnet wie sich mE aus dem Begriff des AV ergibt, die Bestimmung, dem Betrieb zu dienen. Ein konkreter (aktiver) Gebrauch ist jedoch nicht gefordert. Daher genügt auch das Bereithalten als Ersatz oder die Verhinderung der Nutzung durch die Konkurrenz (ähnlich *Sarrazin* in *L/S* § 8 Nr 1 Buchst d Rn 20; § 8 Nr 7 aF Rn 35) oder die Nutzungsüberlassung durch Weitervermietung (BFH I R 178/70 BStBl II 1973, 148; FG Köln 9 K 1022/10 EFG 2011, 561, Rev IV R 55/10). Eine Benutzung liegt jedoch nicht (mehr) vor, wenn das WG nicht (mehr) geeignet ist, dem Betrieb zu dienen, was sich insbesondere durch Stilllegung (bei Anlagen) oder Nichtausübung (bei Rechten) dokumentiert (*Blümich/Hofmeister* § 8 GewStG Rn 217). Eine andere Frage ist aber, ob in einem solchen Fall gleichwohl gezahlte Pachtzinsen nicht (mehr) hinzuzurechnen sind. Der Zweck der Vorschrift (Rn 1) gebietet wohl eine weitere Auslegung in dem Sinne, dass Pachtzinsen hinzuzurechnen sind, wenn das WG genutzt wird, genutzt worden ist oder genutzt werden soll (vgl zum inzwischen verflüchtigten immateriellen WG BFH IV 145/63 HFR 1965, 171).

V. Miet- und Pachtzinsen

1. Begriff

19 a) **Wirtschaftliches Verständnis.** Der **Begriff** der Miet- und Pachtzinsen ist **wirtschaftlich** und daher **weit zu verstehen**. Hierin liegt keine Inkonsequenz gegenüber der begrifflichen Fassung des Miet- oder Pachtvertrages iSd Vorschrift, die nur an die rechtliche, nicht allein an die wirtschaftliche Vergleichbarkeit mit den Vertragstypen des BGB anknüpft. Durch die formale Vertragsgestaltung soll es nicht zu einer Ungleichbehandlung von Aufwendungen bei wirtschaftlich vergleichbaren Sachverhalten kommen (BFH IV R 192/71 BStBl II 1976, 220; *Schwendy* DStZA 1976, 191; *Bestgen* StuW 1981, 261, 270). Daher umfasst der Begriff **alle Leistungen,** die der Mieter oder Pächter **auf Grund Vertrags** gegenüber dem Vermieter oder Verpächter zu erbringen hat, die wirtschaftlich als Gegenleistung für die Nutzung des WG anzusehen sind und die ohne die vertragliche Verpflichtung nicht vom Mieter oder Pächter zu tragen wären (BFH IV R 192/71 aaO). Dies sind sowohl laufende als auch nicht laufende Leistungen (BFH I R 123/93 BStBl II 1994, 810), „einmalige Entschädigungen" (BFH IV 122/58 U BStBl III 1960, 466), sowohl Barleistungen wie sonstige Vermögenswerte, die auf Grund des Nutzungsverhältnisses entschädigungslos auf den Verpächter übergehen (vgl BFH VIII R 30/82 BStBl II 1983, 755: auf fremdem Grund errichtetes Gebäude), insb Mietereinbauten, Betriebsvorrichtungen, Maschinen, Zubehör; ferner neben den als Zinsen ausgewiesenen Zahlungen alle übernommenen Leistungen des Mieters oder Pächters, auch öffentlich-rechtlicher Art.

Hinzurechnungen (Miet- und Pachtzinsen) § 8 Nr 1d

b) Gesetzliches Lastenverteilungssystem. Zahlungen des Mieters/Pächters 20
sind nur insoweit Miet-/Pachtzinsen, als sie nach dem **gesetzlichen Lastenverteilungssystem** des BGB nicht ohnehin vom Mieter/Pächter zu tragen sind (BFH I 38/62 U BStBl III 1966, 53; IV R 192/71 BStBl II 1976, 220; IV R 54/09 BStBl II 2012, 692). Miet- oder Pachtzinsen sind daher Nebenleistungen des Mieters oder Pächters für die Instandhaltung des WG (s jedoch Rn 21), für die Erneuerung (so schon RFH RStBl 1941, 292; RStBl 1943, 508; BFH I 38/62 U BStBl III 1966, 53), den Ersatz wegen des Verschleißes (*Loos* StuW 1963, Sp 481 u DStR 1962/ 63, 599) und Versicherungen, sofern solche Nebenleistungen dem Mieter/ Pächter allein auf Grund des Vertrages überbürdet sind (BFH I R 166/74 BStBl II 1976, 717; I B 136/07 BFH/NV 2008, 1197; s auch *FM Länder* BStBl I 2012, 654 Rn 29).

Der o.a. Grundsatz (Rn 19) berücksichtigt, dass idR die Übernahme zusätzlicher Verpflichtungen durch den Mieter/Pächter bei der Bemessung eines niedrigeren Miet-/Pachtzinses berücksichtigt wird. Doch ist diese Betrachtung einer **Umkehrung nicht** zugänglich: gehen die vertraglichen Vereinbarungen über die Barmiete zu Lasten des Mieters über die gesetzliche Lastenverteilung hinaus, dann ist die hinzuzurechnende Barmiete nicht um den Differenzbetrag zu kürzen (BFH I B 34/98 BFH/NV 1999, 515). Dagegen unterliegt mE ein geringerer Betrag der Hinzurechnung, wenn der Vermieter oder Verpächter die gesetzlich dem Mieter oder Pächter obliegenden Erhaltungs- und Erneuerungsaufwendungen trägt.

c) Andere Gründe. Nicht Entgelt iSd Vorschrift sind solche Aufwendungen, 21
insb Erhaltungs- oder Erneuerungsaufwendungen, zu denen der Mieter oder Pächter vertraglich *nicht verpflichtet* ist (Nds FG EFG 1973, 281) und die er allein im **eigenen betrieblichen Interesse** tätigt (BFH IV R 192/71 BStBl II 1976, 220). Das gilt auch dann, wenn – wie im Fall der *Rekultivierung* – die Verpflichtung den Pächter wie einen selbst ausbeutenden Eigentümer auf Grund öffentlichen Rechts trifft (keine Hinzurechnung der Zuführung zur diesbezüglichen Rücklage (BFH IV R 54/09 BStBl II 2010, 692; FG Düsseldorf IV/II 23/71 G EFG 1978, 561; FG München 1 K 2836/ 06 EFG 2010, 585; aA FG Hamburg II 98/66 EFG 1970, 246).

d) Verschleierte Pachtentgelte. Auch solche **Leistungen, die** vertraglich 22
nicht als Miet-/Pachtentgelt erscheinen, können wirtschaftlich betrachtet ein solches darstellen und sind hinzuzurechnen. Das gilt insbesondere, wenn für die Nutzung des WG kein Entgelt, wohl aber ein niedrigerer Preis für Lieferungen an den Vermieter oder Verpächter vereinbart wird (vgl RFH RStBl 1940, 851, jedoch mit abw Ergebnis in einem Sonderfall). Entsprechendes gilt für die zusätzliche Übernahme von Darlehenszinsen des Verpächters durch den Pächter (FG B-Bbg 12 K 12192/07 EFG 2009, 212; hierzu *Lemaire* EFG 2009, 213) und mE, wenn der Mieter/ Pächter dem Vermieter/Verpächter ein „unverzinsliches Darlehen" mit der weiteren Vereinbarung gewährt, dass sich der Miet-/Pachtzins nach dem Maße der Rückzahlung des Darlehens erhöht: in der Höhe der verschleierten Schuldentgelte beim Vermieter/Verpächter (BFH IV R 13/66 BStBl II 1973, 26) sind beim Mieter/Pächter Miet-/Pachtzinsen gegeben. Allerdings findet eine *Angemessenheitsprüfung* für die vereinbarten Entgelte durch das FA nicht statt (BFH IV 145/63 HFR 1965, 171).

Für **Leasingverträge** gilt mE nichts anderes; aus der Formulierung „einschließlich Leasingraten" ergibt sich demgegenüber keine Einschränkung (**aA** wohl *Sarrazin* in *L/S* § 8 Nr 1 Buchst d Rn 30), etwa soweit Versicherungszahlungen allein aufgrund des Vertrages dem Leasingnehmer überbürdet werden.

2. Bezug zu Miet- oder Pachtgegenstand

Die Entgelte müssen sich auf einen **Miet-/Pachtgegenstand** *iSd Vorschrift* 23
beziehen, also nicht auf unbewegliche WG (jetzt § 8 Nr 1 Buchst e) oder Rechte (jetzt § 8 Nr 1 Buchst f) und mE auch nicht auf sonstige immaterielle WG (vgl

§ 8 Nr 1d

Rn 15). Bei einem **einheitlichen Pachtvertrag** über Grundstücke, Gebäude und Betriebsvorrichtungen ist daher zum Zwecke der Hinzurechnung die **Aufteilung des Entgelts** geboten (vgl Rn 24 ff). Das galt schon für § 8 Nr 7 aF, gilt aber wegen der unterschiedlichen Höhe der typisierten Finanzierungsanteile auch für die **ab EZ 2008** geltenden Vorschriften des **§ 8 Nr 1 Buchst d–f**. Bei zu einem einheitlichen Schätzpreis zu erfüllenden Erneuerungsverpflichtungen sind hinsichtlich des Inventars die Rechtsgrundsätze für Pachtverhältnisse und hinsichtlich des Warenlagers die Rechtsgrundsätze für sog Warendarlehen (Dauerschulden) maßgebend (BFH I R 166/74 BStBl II 1976, 717).

3. Aufteilung eines einheitlichen Entgelts

24   a) **Verpachtung von Sachgesamtheiten.** Werden **andere als nur bewegliche WG** mitverpachtet, also unbewegliche WG nach § 8 Nr 1 Buchst e nF, immaterielle WG und Rechte nach § 8 Nr 1 Buchst f nF, ist eine **Aufteilung des einheitlichen Entgelts** zum Zwecke der Hinzurechnung durchzuführen (zu § 8 Nr 7 aF: BFH I 50/55 U BStBl III 1957, 306; IV 122/58 U BStBl III 1960, 466; VI 76/63 U BStBl III 1964, 557; VI 375/65 BStBl III 1967, 226; I R 179/70 BStBl II 1972, 632; VIII R 254/72 BStBl II 1977, 667). Das gilt insbesondere für die Verpachtung von Betrieben oder bei Ausbeuteverträgen einschließlich Verpachtung von Grund und Boden. Bei Sandausbeute auf einem Ufergrundstück, durch die das Grundstück zerstört und Teil der Wasserfläche wird, entfällt jedoch der gesamte Pachtzins auf die Ausbeute (BFH VI 76/63 U aaO). Der Aufteilung unterliegen sämtliche Entgeltsbestandteile einschließlich der vom Pächter übernommenen Nebenverpflichtungen (vgl Rn 19 f). Sind sie **unmittelbar zuzuordnen,** wie Erneuerungsverpflichtungen, dann sind sie Pachtentgelt für die Nutzung des betreffenden WG. Fehlen Anhaltspunkte für eine unmittelbare Zuordnung, dann sind die Pachtanteile zu **schätzen** (BFH I R 246/72 BStBl II 1975, 178; VIII R 169/72 BStBl II 1976, 463; VIII R 56/86 BFH/NV 1989, 126; I R 160/85 BStBl II 1990, 913; A 53 Abs 1 Sätze 14 f GewStR 1998; *FM Länder* BStBl I 2012, 654 Rn 6). Als Schätzungsmaßstab kommen idR die Teilwerte der WG in Betracht (ebenso *Blümich/Hofmeister* § 8 GewStG Rn 220). Weicht in Einzelfällen der Nutzungswert für den Pächter von dem Teilwert ab, dann soll (nach *Sarrazin* in L/S § 8 Nr 1 Buchst d Rn 29, § 8 Nr 7 aF Rn 95) auch das Verhältnis der Nutzungswerte für die Aufteilung in Betracht kommen; mE bedenklich, denn zum einen bestehen für eine solche Schätzung kaum brauchbare Anhaltspunkte, zum andern erfolgt die Lösung des Interessengegensatzes zwischen Pächter und Verpächter idR nach objektiven (intersubjektiven) Wertverhältnissen (wie *Sarrazin* aaO wohl BFH I R 160/85 aaO, der auf die subjektiven Wertvorstellungen des Pächters hinweist).

25   b) **Abgrenzbare miet- oder pachtfremde Teile eines einheitlichen Vertrags.** Eine Aufteilung erfolgt auch, wenn Entgelte insofern **nicht Miet- oder Pachtzins iSd Vorschrift** sind. Solche Verhältnisse liegen etwa vor bei dem einheitlichen Vertrag über die Überlassung eines Know-how und der Verpachtung von Maschinen (BFH I R 133/79 BStBl II 1984, 17) oder bei der Verpflichtung zur Rückübertragung eines überlassenen Waren- bzw Rohstofflagers. Im letztbezeichneten Fall wird der Pächter wirtschaftlicher Eigentümer der Lagerbestände. Die Rückgabeverpflichtung ist daher kein Pachtentgelt sondern (Dauer-)Schuld nach § 8 Nr 1 aF bzw Nr 1 Buchst a nF GewStG (BFH I R 166/74 BStBl II 1976, 717). Für deren Ansatz ist nicht ein Schätzpreis, sondern der Buchwert maßgebend (BFH I 44/57 U BStBl III 1959, 197). Anders dagegen ist es bei einer das Inventar betreffenden Erneuerungsverpflichtung. Hier wird der Pächter nicht wirtschaftlicher Eigentümer. Auch besteht die Erneuerungsverpflichtung nicht schon kraft Gesetzes (§ 588 Abs 2 BGB betrifft nur die Instandhaltung). Damit sind die Erneuerungsaufwendungen Pachtentgelt (BFH I 38/62 U BStBl III 1966, 53; IV R 192/71 BStBl II

ABC Miet- und Pachtzinsen (Rn 30) § 8 Nr 1d

1976, 220; I R 166/74 aaO). Auch bei Betriebsverpachtungen mit Vereinbarung eines einheitlichen Schätzpreises für die zurückzugebenden Wirtschaftsgüter einschließlich Waren- und Rohstoffen ist daher eine Aufteilung erforderlich.

VI. Umfang der Hinzurechnung

1. Grundsatz

Wie bei allen Hinzurechnungstatbeständen werden auch bei § 8 Nr 1 Buchst d GewStG nF die Miet- u Pachtzinsen nur insoweit hinzugerechnet, als sie **bei der Ermittlung des Gewinns abgesetzt** worden sind (s Einleitungssatz des § 8 GewStG). Die Mit- u Pachtzinsen werden **mit ⅕ (= 20%) hinzugerechnet.** Das soll nach BTDrs 16/4841, 80 der Finanzierungsanteil sein, der dem Nettoertrag (Zahlbetrag abzgl Wertverzehr der verpachteten WG) entspräche, jedoch der Höhe nach offenbar zu Unrecht anhand von Leasingmodellen berechnet worden ist (so *Scheffer* DB 2007, 874), im Ganzen aber nur steuerpolitisch erklärbar ist (ebenso *Bergemann/Markl/Althof* DStR 2007, 693 Fn 26, 28). 26

2. Rückstellungen

ME unterliegen **auch Rückstellungen** (zB für Erneuerungen u.ä.) unter den o.a. Voraussetzungen der Hinzurechnung (vgl RFH RStBl 1941, 292; 1943, 508 für Verpflichtung zur Bildung der Rückstellung von einem „Erneuerungsfond"). Bei der Bildung der Rückstellung handelt es sich um Aufwand für die in der Zukunft zu erbringenden Leistungen. Gestatten die Gewinnermittlungsvorschriften eine Berücksichtigung späteren Aufwands bereits in einem früheren Jahr, dann hat nach Sinn u Zweck der Vorschrift (Rn 1) der gewstrechtliche Ausgleich bereits in diesem Jahr zu erfolgen (*Bestgen* StuW 1981, 261, 273; *Blümich/Hofmeister* § 8 GewStG Rn 213; **aA** Nds FG EFG 1973, 281 rkr). 27

3. Rückzahlungen

Auch bei diesem Hinzurechnungstatbestand ist mE: bei **Rückzahlung** des Miet-/ Pachtzinses in einem späteren EZ der Gewinn aus GewBetrieb in diesem EZ um den Betrag zu kürzen, der in dem EZ der Hinzurechnung den GewErtrag erhöht hat (BFH I R 78/60 U BStBl III 1961, 280; I R 18/66 BStBl III 1967, 187; R 7.1 Abs 1 GewStR; H 7.1 (1) GewStH). 28

(frei) 29

VII. ABC der Miet- und Pachtzinsen

- **Anschlagtafeln.** Das Recht zur Anbringung von Anschlagtafeln führt nicht zur Hinzurechnung der Entgelte. Sie werden gezahlt für die über den Gemeingebrauch hinausgehende Nutzung öffentlichen Grundes. Ebenso keine Hinzurechnung, wenn Gegenstand der Vereinbarung das Recht zur ausschließlichen Nutzung ist. Die Gemeinde ist im Wesentlichen nur zur Unterlassung der Einräumung von gleichartigen Rechten an andere verpflichtet (BFH I 283/61 U BStBl III 1962, 476). 30
- **Apothekenpacht.** Verpachtet werden kann der Betrieb. Berechnung und Aufteilung der Zinsen nach allgemeinen Grundsätzen (hierzu BFH I R 160/85 BStBl II 1990, 913).
- **Auffüllrecht,** kein eigenständiges von Grund und Boden gesondertes immaterielles WG (BFH I R 99/01 BStBl II 2004, 519); zur Baugenehmigung zur Errich-

§ 8 Nr 1d   Hinzurechnungen

tung eines Zwischenlagers für Klärschlamm vgl BFH IV R 27/01 BStBl II 2003, 878.
- **Ausbeuteverträge.** Sie betreffen das Recht zur Ausnutzung von Bodenschätzen. Wirtschaftsgut ist idR das Ausbeuterecht, nicht das Grundstück (BFH I R 46/86 BStBl II 1990, 388). Sie sind idR Pachtverträge (vgl BFH IV R 54/09 BStBl II 2012, 692); Hinzurechnung **ab EZ 2008** nach § 8 Nr 1 Buchst f (s dort). In Ausnahmefällen kann Kaufvertrag in Betracht kommen (oben Rn 12); dann sind mE auch die Voraussetzungen des § 8 Nr 1 Buchst f nicht erfüllt. Betrifft der Pachtvertrag sowohl den Grund und Boden als auch das Vorkommen (das Ausbeuterecht), dann sind die Pachtzinsen zum Zweck der unterschiedlichen Hinzurechnung nach § 8 Nr 1 Buchst e und f GewStG notfalls im Wege der Schätzung aufzuteilen (BFH I R 74/73 BStBl II 1976, 721 und die unter Rn 24 angegebene Rspr). Steht das Ausbeuterecht (unabhängig von der Bodenpacht) im wirtschaftlichen Eigentum des Abbauberechtigten, dann auch nach neuem Recht keine Hinzurechnung der Förderzinsen (vgl Rn 17).
- **Automatenaufstellvertrag** ist idR kein Miet-/Pachtvertrag (FG Bremen DStZ 1971, 294).
- **Bare-Boat-Charter-Verträge** sind idR Miet- bzw Pachtverträge, weil sie keine miet-/pachtfremden Elemente enthalten (s Rn 8).
- **Bergwerkseigentum.** Kann Gegenstand eines Pachtvertrages über nicht in Grundbesitz bestehende WG sein. Zum wirtschaftlichen Eigentum des Abbauberechtigten vgl BFH I R 101/10 BStBl II 2013, 165. Die §§ 903 ff BGB gelten, soweit sie sich auf das Oberflächeneigentum beziehen, nicht für Bergwerke (*Palandt*, Überblick 3 vor § 873 BGB).
- **Betriebsvorrichtungen.** Sie sind estrechtlich bewegliche WG auch dann, wenn sie mit dem Grundstück fest verbunden sind. Werden sie vermietet, dann unterliegen die Zinsen der Hinzurechnung nach § 8 Nr 1 Buchst d GewStG (s Rn 14).
- **Bundeseisenbahnvermögen.** Überlassung von Gaststätten auf dem Bahngelände ist idR Pacht (BFH I 367/61 U BStBl III 1965, 655; I 358/62 HFR 1965, 275). Die Rechtsnatur einer Bahnhofsgaststätte steht der Hinzurechnung nicht entgegen (BFH I 367/61 U BStBl III 1965, 655). Die wegen der günstigen Lage höheren Entgelte führen ohne nähere Festlegung nicht zur hinreichenden Konkretisierung eines immateriellen WG (etwa Kundenstamm); ein hierauf entfallender Anteil der Pachtzinsen ist, wenn konkretisiert, nicht hinzuzurechnen (BFH IV R 20/67 BStBl II 1970, 726).
- **Bundeswehrkantinen.** Siehe „Bundeseisenbahnvermögen".
- **Charterverträge.** Sie führen je nach der Gestaltung zur Hinzurechnung der Entgelte. Übernimmt der Verpflichtete auch die Gestellung der (Schiffs-, Flugzeug-)Besatzung im Rahmen von sog „Zeitcharterverträgen", dann wegen dieses wesentlichen pachtfremden Elements keine Hinzurechnung (BFH I 50/55 U BStBl III 1957, 306) nach § 8 Nr 1 Buchst d. Übernimmt der Verpächter die Gestellung der Mannschaft nicht („Bare-Boat-Verträge"), dann wird Miete angenommen; daher Hinzurechnung (BFH IV R 192/71 BStBl II 1976, 220).
- **Erbbauzinsen** sind bei unbebauten Grundstücken Entgelt für die Nutzung von Grund und Boden; bei bereits bebauten Grundstücken sind sie aufzuteilen in einen Kaufpreisanteil für die Übertragung des Eigentums an den aufstehenden Gebäuden (Hinzurechnung eines in den Kaufpreisraten enthaltenen Zinsanteils nach § 8 Nr 1 Buchst a!) und ein Entgelt für die Nutzung des Grund und Bodens (BFH I R 9/08 BStBl II 2010, 560; *Naujok/Bujotzek* FR 2007, 882). Das Nutzungsentgelt ist zwar nicht nach § 8 Nr 7 aF (Grund und Boden! BFH I R 60/06 BStBl II 2007, 654), wohl aber nach § 8 Nr 1 Buchst e nF hinzuzurechnen (*FM Länder* BStBl I 2012, 654 Rn 26, 32).
- **Erneuerungsverpflichtungen.** Rückstellungen des Pächters hierfür gehören zum Pachtzins (RFH RStBl 1941, 292). Denn eine gesetzliche Erneuerungsver-

pflichtung des Pächters besteht nicht (BFH IV R 192/71 BStBl II 1976, 220; I R 166/74 BStBl II 1976, 717).
- **Fährgerechtigkeiten.** Sie unterliegen nicht der GrundSt. Auf Ausübung der Gerechtigkeit gerichtete Verträge sind Pachtverträge (RG JW 1937, 2106); die Hinzurechnung der Entgelte (zum alten Recht: BFH IV 349/62 U BStBl III 1965, 293) erfolgt mE **ab EZ 2008** nach § 8 Nr 1 Buchst f GewStG.
- **Filmleihverträge.** Verträge zwischen Verleihunternehmen und Kinoinhaber führen nicht zur Hinzurechnung, weil die Filme nicht AV des Kinoinhabers werden.
Verträge zwischen Hersteller und Verleiher sind jedoch je nach Vertragsinhalt Miete oder Pacht; in Betracht kommt daher Hinzurechnung nach § 8 Nr 1 Buchst d oder Nr 1 Buchst f GewStG. Nach *Kapp* (FR 1957, 109) handelt es sich um Kaufverträge.
- **Flughäfen.** Zur Konkretisierung eines immateriellen Wirtschaftsguts vgl „Bundeseisenbahnvermögen".
- **Frachtgeschäft** (auch Samtfrachtgeschäft) mit Überlassung von Güterwagen kann im letztgenannten Punkt Mietvertrag darstellen (BFH XI R 40/88 BStBl II 1992, 741).
- **Franchising.** Der auf Überlassung von Schutzrechten (Namen, Marke, Patente, Gebrauchsmuster usw) gerichtete Vertrag enthält häufig Elemente, die nicht auf Rechtsüberlassung gerichtet sind (zB Know-How, Erfahrungen, Geheimnisse usw). Das Entgelt ist in einem solchen Fall – ggf im Schätzungswege – aufzuteilen (*FM Länder* BStBl I 2012, 654 Rn 6).
- **Gaststätten.** Der Pächter einer Bahnhofs- oder Flughafengaststätte erfüllt nicht die Aufgabe der Bahn oder der Flughafengesellschaft. Die von ihm gezahlten Entgelte unterliegen der Hinzurechnung (BFH I 367/61 U BStBl III 1965, 655).
- **Gebühren.** Sie sind je nach Art der ihnen zugrundeliegenden öffentlich-rechtlichen Verhältnisse Pachtzinsen; dies insbesondere, wenn durch Vertrag die Nutzung öffentlicher Einrichtungen (zB Kühlhaus) überlassen wird (BFH I R 159/66 BStBl II 1969, 439) oder eine über den Gemeingebrauch hinausgehende Nutzung öffentlich-rechtlicher Flächen zugelassen wird (BFH I R 11/67 BStBl II 1969, 417). Wird die Nutzung durch öffentlich-rechtlichen Verwaltungsakt genehmigt, dann liegt jedoch keine Pacht vor (BFH I R 11/67 aaO). In Betracht kommt je nach Gestaltung jedoch eine Rechtsüberlassung iSv § 8 Nr 1 Buchst f GewStG.
- **Geschäftswert.** Hinzurechnung von auf ihn entfallenden Pachtzinsen **bis EZ 2007** nur bei einer hinreichenden Konkretisierung durch klar abgrenzbare Pachtzahlungen (BFH I R 94/70 BStBl II 1971, 28; I R 179/70 BStBl II 1972, 632). Sie liegt noch nicht vor, wenn in einem Pachtvertrag nur der auf die Raummiete entfallende Teil des Entgelts beziffert ist (BFH I R 246/72 BStBl II 1975, 178). Auch bei einer Umsatzpacht mit festem Raumpachtzins und nachträglicher Schätzung des Inventarpachtzinses ist noch keine Konkretisierung eingetreten (BFH VIII R 169/72 BStBl II 1976, 463; VIII R 254/72 BStBl II 1977, 667). **Ab EZ 2008** ist mE der auf den konkretisierten Geschäftswert entfallende Pachtanteil **weder nach § 8 Nr 1 Buchst d/e noch nach § 8 Nr 1 Buchst f** hinzuzurechnen. Vgl zu allem Rn 15.
- **Gesteigerter Gemeingebrauch.** Siehe „Nutzungsvorrang".
- **Gewerbeberechtigungen.** Sie können Gegenstand von Pachtverträgen sein; also auch Mineralgewinnungsrechte, Schankkonzessionen und -gerechtigkeiten, Fährgerechtigkeiten (vgl „Fährgerechtigkeit"). **Ab EZ 2008** erfolgt die Hinzurechnung von Entgelten nach § 8 Nr 1 Buchst f GewStG.
- **Hafenbenutzung.** Die Überlassung einer bestimmten (Kai-)Anlage zur ausschließlichen und beständigen Nutzung ist Miete bzw Pacht; also Hinzurechnung (BFH VIII R 345/82 BStBl II 1986, 304). Ein Vertrag über die einfache Gewäh-

§ 8 Nr 1d   Hinzurechnungen

rung von Vorrang bei der Nutzung einer bestimmten Anlage allein ist kein Miet- oder Pachtvertrag; daher keine Hinzurechnung (BFH I R 188/79 BStBl II 1984, 149). Auch nach neuem Recht **ab EZ 2008** erfolgt mE insofern keine Hinzurechnung, weil ein einfacher Nutzungsvorrang nicht Rechtsüberlassung iSv § 8 Nr 1 Buchst f GewStG ist.

- **Instandhaltungen.** Sie können unterschiedlich danach, ob ein Miet- oder Pachtvertrag vorliegt, als Nebenleistung zu den Pachtzinsen gehören. Nach § 588 BGB ist der Pächter zur laufenden Instandhaltung des Pachtgegenstandes verpflichtet. Die Übernahme durch den Pächter stellt keinen zusätzlichen Pachtzins dar. Dagegen hat die Übernahme durch den Mieter Entgeltcharakter, weil die Erhaltungspflicht nach § 535 BGB den Vermieter trifft. Allerdings kann in Betracht kommen, dass der Mieter die Instandhaltung im eigenbetrieblichen Interesse durchführt, obwohl er hierzu vertraglich nicht verpflichtet ist. Insoweit keine Hinzurechnung; ggf Aufteilung (BFH IV R 192/71 BStBl II 1976, 220).

- **Know-How.** Das Know-How kann zwar ein selbstständig bewertbares WG sein (BFH III 121/62 U BStBl III 1965, 219; III R 43/68 BStBl II 1970, 373; II R 209/82 BStBl II 1989, 82). Der Vertrag über die Lieferung von Know-How gegen Entgelt ist aber kein Pachtvertrag; daher keine Hinzurechnung nach § 8 Nr 1 Buchst d GewStG (BFH I R 113/79 BStBl II 1984, 17). Mangels Überlassung eines Rechts mE auch **keine Hinzurechnung** nach § 8 Nr 1 Buchst f GewStG.

- **Konzessionen.** Siehe „Gewerbeberechtigungen". Konzessionsabgaben konnten nach altem Recht Pachtzinsen nach § 8 Nr 7 GewStG aF sein; **ab EZ 2008** Hinzurechnung nach § 8 Nr 1 Buchst f GewStG.

- **Kühlhauszellen.** Die entgeltliche Überlassung ist auch dann Miete/Pacht, wenn die Verpflichtung auch die Lieferung von Kälte umfasst (BFH I R 159/66 BStBl II 1969, 439).

- **Kundenstamm.** Er kann ebenso wie der Geschäftswert Gegenstand eines selbstständigen Übertragungsgeschäfts und auch eines Pachtvertrages sein (BFH IV R 218/72 BStBl II 1977, 595; I R 128/95 BStBl II 1997, 546; III R 40/07 BStBl II 2010, 609); er bedarf als immaterielles WG der Konkretisierung (vgl „Geschäftswert").

- **Leasingverträge** können Mietverträge iSd Vorschrift sein, vgl Rn 13.

- **Lizenzverträge.** Sie enthalten im Wesentlichen pachtfremde Elemente und sind gewstrechtlich keine Pachtverträge. Daher nach altem Recht keine Hinzurechnung der Lizenzgebühren nach § 8 Nr 7 GewStG aF (BFH I 96/59 S BStBl III 1960, 387; I 174/60 S BStBl III 1965, 230; I R 85/71 BStBl III 1973, 412). Mietvertrag liegt jedoch vor, wenn der Lizenznehmer Gegenstände herstellt, diese durch sog **antizipiertes Besitzkonstitut** in das Eigentum des Lizenzgebers übergehen und der Lizenznehmer sie nutzt (BFH I 122/63 U BStBl III 1966, 70; H 8.1 (4) GewStH). **Ab EZ 2008** Hinzurechnung der Lizenzgebühren nach § 8 Nr 1 Buchst f GewStG; in dem o.a. Sonderfall des antizipierten Besitzkonstituts müsste jedoch Abgrenzung nach den Grundsätzen in Rn 24 f erfolgen.

- **Mandantenstamm** kann ebenso wie der Praxiswert Gegenstand eines selbstständigen Übertragungsgeschäfts und auch eines Pachtvertrages sein (BFH I R 128/95 BStBl II 1997, 546). Vgl zum Verhältnis zum Praxiswert BFH I R 52/93 BStBl II 1994, 903, zur Konkretisierung und zum Recht **ab EZ 2008** s „Geschäftswert".

- **Mineralgewinnungsrecht.** Siehe „Ausbeuteverträge".

- **Monopolverträge.** Sie sind keine Pachtverträge. Das Monopol gibt kein Recht auf Nutzung eines bestimmten Gegenstandes, sondern erschöpft sich in der Verpflichtung, keinem anderen Unternehmen Konkurrenzbetriebe zu gestatten (RFH RStBl 1940, 928; 1943, 508, Elektrizitätsmonopol; vgl auch BFH I 283/

ABC Miet- und Pachtzinsen (Rn 30) § 8 Nr 1d

61 U BStBl III 1962, 476). ME handelt es sich auch **nicht um Rechtsüberlassung** iSv **§ 8 Nr 1 Buchst f GewStG nF.**
- **Mühlengerechtigkeiten.** Sie können wie alle Gewerbeberechtigungen Gegenstand von Pachtverträgen sein. **Ab EZ 2008** mE jedoch Hinzurechnung der Entgelte nach § 8 Nr 1 Buchst f GewStG nF.
- **Nutzungsvorrang.** Verträge hierüber sind nicht Miet- oder Pachtverträge (BFH I R 188/79 BStBl II 1984, 149) nach § 8 Nr 7 GewStG aF und mE auch **nicht Rechtsüberlassung** iSv **§ 8 Nr 1 Buchst f GewStG nF.**
- **Öffentliches Recht.** Berechtigungen, die durch hoheitlichen Verwaltungsakt gegen Entgelt gewährt werden, führen nicht zu Miet- oder Pachtzinsen (BFH I R 11/67 BStBl II 1969, 417; I R 188/79 BStBl II 1984, 149). **Ggf** handelt es sich um die Überlassung von Rechten nach **§ 8 Nr 1 Buchst f GewStG nF.** Anders kann es wiederum sein, wenn Rechte und Pflichten in die Form eines Vertrags gekleidet sind (vgl „Gebühren").
- **Patentüberlassung.** Siehe „Lizenzverträge".
- **Praxiswert** kann ähnlich wie ein Geschäftswert Gegenstand eines Pachtvertrages sein (BFH IV R 29/91 BStBl II 1993, 36, 40, auch zum Verhältnis zum Mandantenstamm; I R 52/93 BStBl II 1994, 903; I R 134/94 BFH/NV 1997, 438); zur Konkretisierung und Rechtsfolge s „Geschäftswert".
- **Rekultivierungsverpflichtungen.** Sie waren **bis EZ 2007** einschließlich Rückstellungen dann nicht als Nebenleistungen Teil der Pachtzinsen nach § 8 Nr 7 GewStG aF, wenn (auch) der Pächter aufgrund öffentlichen Rechts zur Rekultivierung verpflichtet war (s Rn 21). ME sind die Kosten daher auch **nach neuem Recht nicht Entgelte** für das Mineralgewinnungsrecht nach § 8 Nr 1 Buchst f GewStG nF.
- **Seenutzungsrecht.** Entgelte, die ein Schifffahrtsunternehmen an den Eigentümer eines Binnensees für die Erlaubnis leistet, den See mit Motorbooten zur Personenbeförderung gewerbs- u linienmäßig zu befahren, waren **bis EZ 2007** als Pachtzinsen für die Benutzung eines immateriellen WG hinzuzurechnen (Schl-H FG EFG 1988, 83). **Ab EZ 2008** mE Hinzurechnung nach § 8 Nr 1 Buchst f GewStG nF.
- **Software** kann ein immaterielles WG (BFH III R 7/86 BStBl II 1987, 728; III R 147/86 BStBl II 1987, 787; X R 26/09 BStBl II 2011, 865 mwN; vgl *BMF* BStBl I 2005, 1025; *Schmittmann* StuB 2011, 718) oder – wenn sie nur allgemein zugängliche Daten enthält – materielles WG sein (BFH III R 49/83 BStBl II 1988, 737; anders jedoch, wenn vielfältige Einsatzmöglichkeiten gegeben sind, BFH III R 38/84 BStBl II 1989, 160; zur Unterscheidung auch *BMF* BB 1992, 531) und ist mE fähig, Gegenstand eines Mietvertrages zu sein. Zu Trivialprogrammen R 5.5 Abs 1 Sätze 2 f EStR (hierzu auch *Schöneborn* NWB 2012, 2952).
- **Steuerberaterpraxis.** Die entgeltliche Überlassung ist Miete/Pacht (BFH I R 134/94 BFH/NV 1997, 438).
- **Substanzausbeuteverträge.** Siehe „Ausbeuteverträge".
- **Torfvorkommen.** Hinzurechnung von Pachtzinsen nach § 8 Nr 1 Buchst e nF, wenn das Vorkommen bei der Bewertung des Grund und Bodens erfasst worden ist. Nicht entscheidend ist, ob die Bewertung zutreffend war und ob tatsächlich GrundSt auf das Vorkommen gezahlt wird (Nds FG EFG 1980, 229). Im Übrigen gelten die Grundsätze zu den Ausbeuteverträgen.
- **Urheberrechtsverträge** führten ebenso wie **Verlagsverträge** idR nicht zur Hinzurechnung von Entgelten nach § 8 Nr 7 aF (BFH I B 3/78 BStBl II 1979, 47). **Ab EZ 2008** erfolgt die Hinzurechnung nach § 8 Nr 1 Buchst f nF. Doch auch insofern ist zu beachten, dass Autorenverträge wie Kaufverträge wirken können, weil dem Verleger das zeitlich unbeschränkte Nutzungsrecht am Werk übertragen wird (ebenso *Sarrazin* in *L/S* § 8 Nr 7 Rn 15). § 8 Nr 1 Buchst f

GewStG nF setzt aber die „zeitlich befristete" Überlassung voraus (s auch „Lizenzverträge").
- **Wassernutzungsrechte** auf Grund einer öffentl-rechtl Verleihung beruhen nicht auf einem Miet- oder Pachtvertrag (BFH I R 11/67 BStBl II 1969, 417). Eine Hinzurechnung der Entgelte nach § 8 Nr 7 aF erfolgte nicht, hat jedoch mE **ab EZ 2008** nach § 8 Nr 1 Buchst f nF zu erfolgen.

§ 8 Nr. 1 Buchst e Hinzurechnungen (Miet- und Pachtzinsen)

Dem Gewinn aus Gewerbebetrieb (§ 7) werden folgende Beträge wieder hinzugerechnet, soweit sie bei der Ermittlung des Gewinns abgesetzt worden sind:
1. **Ein Viertel der Summe aus**
   ...
   e) **der Hälfte der Miet- und Pachtzinsen (einschließlich Leasingraten) für die Benutzung der unbeweglichen Wirtschaftsgüter des Anlagevermögens, die im Eigentum eines anderen stehen, und**
   ...

Gewerbesteuer-Richtlinien 2009: R 8.1 Abs 4 GewStR/H 8.1 (4) GewStH

Literatur: *Kohlhaas*, Erhöhen alle Miet- und Pachtzinsen den Gewerbeertrag?, FR 2009, 381; *Grünwald/Friz*, Verfassungsrechtliche Zweifelsfragen bei der Hinzurechnung von Miet- und Pachtzinsen nach § 8 Nr 1 Buchst e GewStG bei gewerblichen Zwischenvermietern, DStR 2012, 2106; s die Nachweise zu den übrigen Vorschriften des § 8 Nr 1 nF.

I. Allgemeines

1   Die Vorschrift wurde durch G v 14.8.2007 (BGBl I 2007, 1912) neu eingeführt. Ihr **Zweck** entspricht dem des § 8 Nr 7 aF. Auch bei ihr geht es um die Erfassung des „Finanzierungsanteils" der Miet- u Pachtzinsen, der den objektivierten GewErtrag nicht schmälern soll (vgl BTDrs 16/4841, 80). Für die Hinzurechnung nur von $^1/_2$ der Miet- und Pachtzinsen bestehen daher sachgerechte Gründe (FG Köln 9 K 1022/10 EFG 2011, 561, Rev IV R 55/10).

Die Vorschrift ist abgesehen von den hier betroffenen **unbeweglichen Wirtschaftsgütern** und dem **höheren Finanzierungsanteil** inhaltlich kongruent mit § 8 Nr 1 Buchst d nF. Daher wird von diesen Besonderheiten abgesehen auf die **Erläuterungen zu § 8 Nr 1 Buchst d** verwiesen. Das betrifft insbesondere die Erläuterungen zur *Verfassungsmäßigkeit* und zum *Europarecht,* zu Miet- und Pachtverträgen sowie den Abgrenzungen, immateriellen Wirtschaftsgütern, Miet- und Pachtzinsen sowie den Abgrenzungen hierzu.

Die Vorschrift ist **nicht einfach** eine **Umkehrung** des § 8 Nr 7 aF. War dort zur Erfassung der „nicht in Grundbesitz bestehenden WG" angesichts der Intention des § 8 Nr 7 aF, Doppelbelastungen mit GewSt und GrundSt zu vermeiden, auf § 68 BewG abzustellen, ist dies mE angesichts des Wortlauts des § 8 Nr 1 Buchst e nF nicht ohne Weiteres möglich.

II. Unbewegliche Wirtschaftsgüter

1. Allgemeines

2   Der **Begriff** ist mE deckungsgleich mit dem des EStG (vgl § 21 Abs 1 Nr 1 EStG) sowie des BGB (§§ 94 ff). Die Notwendigkeit der Anknüpfung hieran ergibt sich

Hinzurechnungen (Miet- und Pachtzinsen) § 8 Nr 1e

aus der systematischen Stellung des § 8 GewStG, der eine Korrektur zu der nach estrechtlichen Grundsätzen erfolgten Gewinnermittlung (§ 7) enthält. § 68 BewG enthält gewisse Abweichungen. S auch § 8 Nr 1 Buchst d Rn 14.

2. Einzelfälle

Unbewegliche WG sind demnach Grundstücke, dh abgegrenzte im Bestands- 3 verzeichnis eines Grundbuchblatts eingetragene Teile der Erdoberfläche, sowie deren Bestandteile, also insbesondere Gebäude, Gebäudeteile, die sonstigen Bestandteile und das Zubehör; gleichermaßen rechtlich gleichgestellte Rechte, wie das ErbbauR, das Wohneigentum, Teileigentum, WohnungserbbauR und TeilerbbauR; Entsprechendes gilt für Wohnungen iSv §§ 7 c, 7 k EStG. Sonstige unbewegliche WG (R 7.1 Abs 6 EStR) sind zB ein Bürocontainer auf festem Fundament (BFH III R 47/93 BStBl II 1996, 613), Tankstellenüberdachung (BFH III R 26/99 BStBl II 2001, 137), Bodenschätze sofern mit ihrer Aufschließung begonnen worden ist (BFH GrS 1/05 BStBl II 2007, 508), Ladeneinbauten (R 4.2 Abs 3 Nr 3 EStR), Dachausbauten (*BMF* BStBl I 1996, 689, Tz 9), sofern diese keine Betriebsvorrichtungen/Scheinbestandteile und damit bewegliche WG sind (BFH IV R 170/70 BStBl II 1975, 531; § 8 Nr 1 Buchst d, Rn 8). Nach § 21 Abs 1 Nr 1 EStG zählen zu den unbeweglichen WG schließlich ein im Schiffsregister **eingetragene Schiffe** sowie in die Luftfahrtrolle **eingetragene Flugzeuge** (hierzu BFH IX R 71/96 BStBl II 2000, 467). **Dagegen** sind nach *FM Länder* BStBl I 2012, 654 Rn 31 Schiffe und Flugzeuge unterschiedslos bewegliche WG.

3. Substanzausbeute

Bodenschätze sind estrechtlich zwar unbewegliche WG (zur Konkretisierung 4 BFH IV R 45/05 BStBl II 2009, 449). Sie sind jedoch zu unterscheiden von den notwendigen Berechtigungen zu ihrer Gewinnung/Nutzung (BFH GrS 1/05 BStBl II 2007, 508). Nach der Rspr zu § 8 Nr 7 aF ist bei Ausbeuteverträgen nicht das Grundstück, sondern das Ausbeuterecht WG und Gegenstand eines Pachtvertrages (BFH I R 46/86 BStBl II 1990, 388; IV R 54/09 BStBl II 2012, 692). Daher sind Entgelte für die Überlassung von Mineralgewinnungs- und sonstigen Substanzausbeuterechten mE nicht nach § 8 Nr 1 Buchst e, sondern nach § 8 Nr 1 Buchst f nF hinzuzurechnen.

Das gilt aber auch für solche Ausbeuteverträge, bei denen das Recht sich allein aus dem unbeschränkten Verfügungsrecht des Eigentümers ergibt (BFH I R 220/69 BStBl II 1972, 433; I R 74/73 BStBl II 1976, 721). Auch bei der Kies- u Sandausbeute an Flussufern entfällt der gesamte Pachtzins idR allein auf die Ausbeute (BFH VI 76/73 U BStBl III 1964, 557). S auch H 8.1 (5) GewStH.

III. Umfang der Hinzurechnung

Auch bei diesem Hinzurechnungstatbestand werden Miet-/Pachtzinsen nur inso- 5 weit erfasst, als sie **tatsächlich** bei der Ermittlung des Gewinns **abgesetzt** worden sind. Sie werden bis **einschließlich EZ 2009** mit $^{13}/_{20}$, also 65%, erfasst. Da nach dem Eingangssatz der Nr 1 nur ¼ – vor Anwendung des Freibetrages – angesetzt wird, stehen für die Hinzurechnung nur 16,25% zur Verfügung. Ab **EZ 2010** (G v 22.12.2009, BGBl I 2009, 3950) werden 50% der Miet- u Pachtzinsen (und hiervon 25%) für die Hinzurechnung erfasst.

Auch bei der Bemessung des jeweils gültigen „Finanzierungsanteils" sind offenbar nur *steuerpolitische Erwägungen* maßgebend gewesen, zumal sich die Höhe des Finanzierungsanteils kaum durch Erfahrungen, ggf gebündelt durch Statistiken, als Durch-

Güroff 855

schnittsgröße belegen lässt (vgl zur Korrektur des ursprünglichen Ansatzes *Strahl* DStR 2008, 9).

§ 8 Nr. 1 Buchst f Hinzurechnungen (Befristete Nutzungsrechte)

Dem Gewinn aus Gewerbebetrieb (§ 7) werden folgende Beträge wieder hinzugerechnet, soweit sie bei der Ermittlung des Gewinns abgesetzt worden sind:
1. Ein Viertel der Summe aus
...
f) einem Viertel der Aufwendungen für die zeitlich befristete Überlassung von Rechten (insbesondere Konzessionen und Lizenzen, mit Ausnahme von Lizenzen, die ausschließlich dazu berechtigen, daraus abgeleitete Rechte Dritten zu überlassen). ²Eine Hinzurechnung nach Satz 1 ist nicht vorzunehmen auf Aufwendungen, die nach § 25 des Künstlersozialversicherungsgesetzes Bemessungsgrundlage für die Künstlersozialabgabe sind,
...

Gewerbesteuer-Richtlinien 2009: R 8.1 Abs 5 GewStR/H 8.1 (5) GewStH

Literatur: *Redeker/Scholze/Wielenberg*, Handels- und steuerrechtliche Bilanzierung von Emissionsrechten, StuW 2007, 251; *Dörr/Fehling*, Europarechtliche Aspekte der Unternehmensteuerreform 2008, NWB 2007, F 2, 9375; *Hidien*, § 8 Nr 1 GewStG nF verstößt gegen die europäische Zins-/Lizenzgebühren-Richtlinie!, DStZ 2008, 131; *Hidien*, Gewerbesteuerliche Hinzurechnung von Know-How-Entgelten nach der Unternehmensteuerreform 2008?, DB 2008, 257; *Clemens/Laurent*, Die gewerbesteuerliche Hinzurechnung von Lizenzzahlungen DStR 2008, 440; *Schöneborn*, Gewerbesteuerliche Hinzurechnung für die befristete Überlassung von Rechten, NWB 2012, 2952; s auch die übrigen Nachweise zu § 8 Nr 1 nF.

Übersicht

	Rn
I. Allgemeines	1–3
1. Entstehung/Zweck	1
2. Höherrangiges Recht	2, 3
a) Verfassungsrecht	2
b) Europarecht	3
II. Überlassung von Rechten	4–11
1. Begriff der Rechte	4, 5
a) Auslegung	4
b) Eigenständiger Begriff	5
2. Einzelfälle	6, 7
a) Rechte	6
b) Keine Rechte	7
3. Überlassung	8, 9
a) Allgemeines	8
b) Befristung	9
4. Vertriebslizenzen/Durchleitungsrechte	10, 11
a) Grundsatz	10
b) Ausschließlichkeit	11
III. Aufwendungen für die Überlassung	12, 13
1. Aufwendungen	12
2. Tatsächliche Nutzung	13

Hinzurechnungen (Befristete Nutzungsrechte) § 8 Nr 1f

	Rn
IV. Umfang der Hinzurechnung	14–16
1. Tatsächlicher Abzug	14
2. Umfang	15
3. Saldierungsverbot	16
V. Ausnahme für Aufwendungen nach § 25 KSVG	17, 18
1. Künstlersozialabgabe	17
2. Entgelt iSd § 25 KSVG	18

I. Allgemeines

1. Entstehung/Zweck

Es handelt sich um einen vollständig **neuen Hinzurechnungstatbestand,** mit 1 dem der Gesetzgeber offenbar eine „Lücke" schließen wollte (*Köster* DStZ 2008, 703). Er betrifft Aufwendungen für die zeitlich befristete Überlassung von Rechten, insb Konzessionen und Lizenzen, jedoch mit Ausnahme von Lizenzen, die ausschließlich dazu berechtigen, daraus abgeleitete Rechte an Dritte zu überlassen (sog Vertriebslizenzen) sowie Aufwendungen, die nach § 25 des Künstlersozialversicherungsgesetzes Bemessungsgrundlage für die Künstlersozialabgabe sind. Die **Vorschrift dient** u.a. der **Vermeidung von Gewinnverlagerungen** im Konzern qua Lizenzzahlung (BTDrs 16/4831, 31). Zudem gilt auch für diesen Hinzurechnungstatbestand, dass die Aufwendungen für die befristete Überlassung von Rechten mit ihrem Finanzierungsanteil den „objektivierten" GewErtrag mindern (vgl BTDrs 16/4841, 80). Wie in den anderen Hinzurechnungstatbeständen der Nr 1 ist auch hier die Behandlung unabhängig davon, ob die Zahlungen beim Empfänger der GewSt unterliegen, so dass es zu **Mehrfachbelastungen** mit GewSt kommen kann.

2. Höherrangiges Recht

a) Verfassungsrecht. Die Vorschrift wird überwiegend als **verfassungsgemäß** 2 eingestuft (BFH I B 128/12 BStBl II 2013, 30 mwN), auch wenn sie wegen Verstoßes gegen das Prinzip der Besteuerung nach der Leistungsfähigkeit (objektives Nettoprinzip) im Schrifttum als **verfassungsrechtlich problematisch** angesehen wird (zB *Thiel* FR 2007, 729; *Hey* BB 2007, 1303; *Derlien/Wittkowski* DB 2008, 835). Die Zweifel bestehen mE zu Recht. Zwar ist es nach st Rspr des BVerfG dem Gesetzgeber unbenommen, neue Steuerquellen zu finden, sofern die Besteuerung selbst nicht sachlich völlig ungerechtfertigt ist und das Willkürverbot des Art 3 GG beachtet wird. Davon kann hier nicht ohne Weiteres ausgegangen werden. Die Entgelte für die Überlassung von Rechten enthalten idR keinen Finanzierungsanteil; das gilt für Konzessionen gleichermaßen wie für Lizenzen; der Eigentumserwerb (Rechtskauf) ist hier keine Alternative wie bei Miete/Pacht (*Keß* in *L/S* § 8 Nr 1 Buchst f Rn 5, 24). Der Gedanke der Vorfinanzierung des Berechtigten durch den Überlassenden (so *Clemens/Laurent* DStR 2008, 440) ändert nichts daran, dass idR tatsächlich ein kalkulatorischer Zins für die Ersparnisaufwendungen nicht gezahlt wird (aA auch BFH I R 105/10 BFH/NV 2012, 996; *Blümich/Hofmeister* § 8 GewStG Rn 270, 306).

b) Europarecht. Zudem werden **europarechtliche Bedenken** wegen Versto- 3 ßes gegen die Zins-/Lizenz-Richtlinie (RL 2003/49/EG v 3.6.2003, ABl EG 2003 Nr L 157, 49) geltend gemacht (zB *Hidien* DStZ 2008, 131; *Dörr/Fehling* NWB 30/2007, F 5, 9375; *Kessler/Eicker/Schindler* IStR 2004, 678). Doch dürften auch sie entsprechend EuGH C-397/09 DStR 2011, 1419 unbegründet sein, weil es sich bei § 8 Nr 1 Buchst f nF nicht um eine quellensteuerähnliche Abgabe handelt (ebenso *Kempf/Straubinger* IStR 2005, 773; *Keß* in *L/S* § 8 Nr 1 Buchst f Rn 6).

II. Überlassung von Rechten

1. Begriff der Rechte

4 **a) Auslegung.** Hierfür ist mE ein **Rückgriff auf das EStG ungeeignet**, zumal dieses in § 21 Abs 1 Nr 3 und § 49 Abs 1 Nrn 6, 9 dem Begriff „Rechte" eine je unterschiedliche Tragweite zumisst. Die Auslegung hat mE aus dem inneren Zusammenhang der Vorschrift selbst zu erfolgen: nämlich danach, ob die jeweilige Position einer *befristeten Überlassung* zugänglich ist (ebenso *Keß* in *L/S* § 8 Nr 1 Buchst f Rn 13; *Hidien* DB 2008, 257).

5 **b) Eigenständiger Begriff.** Hiernach sind Rechte iSd Vorschrift **Immaterialgüterrechte**, also subjektive Rechte an unkörperlichen Gütern mit selbstständigem Vermögenswert, und hierbei im Wesentlichen *Beherrschungsrechte*, die eine Nutzungsbefugnis und entsprechende Abwehrrechte enthalten (BFH I R 105/10 BFH/NV 2012, 996; Nds FG 6 K 240/09 EFG 2011, 655). Das G enthält hierzu den Klammerzusatz „Konzessionen und Lizenzen"; bei jenen handelt es sich um öffentlich-rechtliche Genehmigungen idR zur Ausübung von (gewerblichen) Tätigkeiten, bei diesen um Befugnisse zur Nutzung geschützter Rechte eines anderen.

2. Einzelfälle

6 **a) Rechte.** Es kann sich um **öffentlich-rechtliche** oder **privat-rechtliche** Befugnisse handeln, insb also das Urheberrecht (vgl §§ 29, 31 UrhG), Patentrechte (vgl § 15 PatG), Gebrauchsmusterrechte (vgl § 22 GebrMG), Markenrechte (vgl § 30 MarkenG), Warenzeichenrechte (vgl § 20 WarenZG, bis Ende 1994); hinzu kommen insbesondere öffentlich-rechtliche Konzessionen, zB Wassernutzungsrecht, Güterverkehrsrecht, Emissionsrechte (vgl *BMF* BStBl I 2005, 1047; *Redeker/Scholze/Wielenberg* StuW 2007, 251) und Erlaubnisse (BFH I R 105/10 BFH/NV 2012, 996; Nds FG 6 K 240/09 EFG 2011, 655 zum Glücksspiel).

7 **b) Keine Rechte.** Nicht Rechte iSd Vorschrift sind **bloße tatsächliche Gegebenheiten**, Möglichkeiten, insbesondere Kenntnisse, zB Know-How (ebenso *Hidien* DB 2008, 257), ungeschützte Erfindungen, Geschäftschancen u.Ä. (ebenso *Franke/Gageur* BB 2008, 1708; *Köster* DStZ 2008, 703). Das gilt auch dann, wenn sie nach estrechtlichen Gesichtspunkten den Begriff des immateriellen WG erfüllen, wie zB der Geschäfts- bzw Praxiswert oder der Mandantenstamm. Entscheidend ist mE die mit einem entsprechenden Abwehrrecht verbundene Nutzungs- und Verwertungsbefugnis (ebenso *FM Länder* BStBl I 2012, 654 Rn 33). Ebenfalls nicht Recht iSd Vorschrift ist die Befugnis zur Nutzung des grünen Punktes oder vergleichbarer Systeme nach der VerpackungsVO, die Bundesfernstraßenmaut und die Rundfunkgebühr (*FM Länder* BStBl I 2012, 654 Rn 34).

3. Überlassung

8 **a) Allgemeines.** Überlassung bezeichnet die durch einen Rechtsakte erfolgende Einräumung oder Übertragung der Nutzungs- und/oder Verwertungsbefugnis auf eine andere Person. Durch Überlassung nur einzelner Rechte für kurze Zeit kann die Hinzurechnung nicht vermieden werden (*FM Länder* BStBl I 2012, 654 Rn 33). Auch die Überlassung selbst kann **öffentlich-rechtlicher** Natur sein, zB Glücksspiellizenzen an Spielbanken (BFH I R 105/10 BFH/NV 2012, 996; Nds FG 6 K 240/09 EFG 2011, 655), Konzessionen für die Nutzung öffentlicher Verkehrsflächen an Energieversorger; eine Aufteilung des Entgelts auf die Überlassung von beweglichen und unbeweglichen WG kommt nicht mehr in Betracht (*FM Länder* BStBl I 2012, 654 Rn 35 f). Betroffen sind mE auch Zwangslizenzen (§ 20 GebrMG; § 24 PatG).

b) Befristung. aa) Keine Engültigkeit. Nur eine **befristete** Überlassung des 9
Rechts führt zur Hinzurechnung nach der Vorschrift. Erforderlich ist also eine
zeitliche Begrenzung („zeitlich befristet" ist, worauf *Blümich/Hofmeister* § 8 GewStG
Rn 278 hinweist, eine Tautologie); eine endgültige Überlassung des Rechts führt
nicht zur Hinzurechnung (BFH I R 105/10 BFH/NV 2012, 996; Nds FG 6 K
240/09 EFG 2011, 655). Das gilt insbesondere für eine Veräußerung (vgl RegBegr
BTDrs 16/4841, 80), aber auch für den **Übergang des wirtschaftlichen Eigentums,** wenn etwa das überlassene Recht nach Ablauf der Frist wertlos, „verbraucht"
ist, zB weil von vornherein feststeht, dass es für die Verwertung nur befristet interessant ist (vgl BFH I R 64/99 BStBl II 2003, 641 zu § 50a Abs 4 Nr 3 EStG; *FM
Länder* BStBl I 2012, 654 Rn 37 ff, auch zu Verlags- u Lizenzverträgen).

bb) Dauer. Liegen diese Voraussetzungen vor, ist die **Dauer** der Befristung **unerheblich.** Unschädlich ist, wenn bei Vertragsabschluss noch nicht feststeht, *wann* die
Überlassung endet (BFH I R 54/75 BStBl II 1978, 355). Entsprechendes gilt für das
„Ob" der Befristung, sofern eine Kündigungsmöglichkeit oder eine auflösende Bedingung vereinbart ist (BFH I R 163/77 BStBl II 1979, 757; I B 11/82 BStBl II 1983, 367;
IX R 57/99 BFH/NV 2003, 1311; *FM Länder* BStBl I 2012, 654 Rn 37). Es genügt die
Bestimmbarkeit der Befristung sowohl dem Grunde als auch der Dauer nach (ebenso
Blümich/Hofmeister § 8 GewStG Rn 274), etwa wenn die Verwertungsrechte nur für
eine bestimmte Anzahl von Verwertungshandlungen bestehen.

4. Vertriebslizenzen/Durchleitungsrechte

a) Grundsatz. Nicht erfasst werden nach dem ausdrücklichen Wortlaut der 10
Vorschrift Lizenzen, die ausschließlich dazu berechtigen, daraus abgeleitete Rechte
Dritten zu überlassen, also sog **Vertriebslizenzen** (vgl *Fehling* NWB 29/2007, F
5, 1617). Nach der Gesetzesbegründung sind die Entgelte für solche Lizenzen von
der Hinzurechnung auszunehmen, weil der Lizenznehmer sie selbst nicht für seinen
GewBetrieb nutzt und lediglich eine wirtschaftlich mit dem Handelsvertreter vergleichbare Stellung hat (BTDrs 16/4841, 80). Das gilt selbstredend nicht für das
letzte Glied der „Überlassungskette"; hierzu gehört nach *FM Länder* BStBl I 2012,
654 Rn 40, nicht das Vortragen, Aufführen oder Vorführen iSv § 19 UrhG.
Die Ausnahmeregelung ist auch auf **andere Rechte** anwendbar (*FM Länder* aaO
Rn 41), was mE schon aus Gründen einer konsequenten Durchführung einer Belastungsentscheidung des StGesetzgebers und aus Vereinfachungsgründen zur Vermeidung von Abgrenzungsschwierigkeiten sinnvoll ist.

b) Ausschließlichkeit. Erforderlich ist die **ausschließliche Berechtigung** zur 11
Rechtsübertragung, dass die Lizenz zu keinem anderen Umgang mit dem Gegenstand des Rechts berechtigt, also *nur* zum *Vertrieb.* Der Gegenstand des Rechts (zB
ein literarisches Werk) darf nicht bearbeitet, verändert oder sonst verwertet werden.
Nicht schädlich sind mE Aktivitäten, die unmittelbar mit dem Vertrieb zusammenhängen, zB Übermittlung der Druckversion eines Manuskripts (*FM Länder* BStBl I
2012, 654 Rn 40; *Clemens/Laurent* DStR 2008, 440) oder die Installation von
Software auf Hardware (*Ortmann-Babel/Zipfel* BB 2007, 1869).
Werden in einem **gemischten Vertrag** in Bezug auf **denselben Gegenstand**
der Vertrieb *und* weitere Nutzungsrechte übertragen und wird ein **einheitliches
Entgelt** vereinbart, ist dieses **in vollem Umfange hinzuzurechnen**. In einer
solchen Interessenlage empfehlen sich also getrennte Überlassungen durch eigenständige Verträge.
Beinhaltet ein gemischter Vertrag die Übertragung zum Zwecke des Vertriebs
und weitere Rechtsübertragungen in Bezug auf **verschiedene Gegenstände,** ist
einheitliches Entgelt mE entsprechend der Grundsätze nach § 8 Nr 1 Buchst d
Rn 24 f **aufzuteilen.**

III. Aufwendungen für die Überlassung

1. Aufwendungen

12 Betroffen sind Aufwendungen **für eine befristete Überlassung**. ME gelten wegen des gleichen Wortlauts die schon zu Nr 1 Buchst a (dort Rn 6) abgehandelten Grundsätze. Gemeint sind Kosten, die im **weitesten Sinne Gegenleistung** dafür sind, dass das Recht befristet überlassen wird (vgl zur entsprechenden Problematik zu § 19 Abs 1 EStG BFH VI R 80/10 BStBl II 2011, 948). Ein unmittelbares Gegenleistungsverhältnis („synallagmatisch") im eigentlichen Sinn ist nicht erforderlich; sowohl finale („um zu nutzen") als auch kausale („weil genutzt wird") Aufwendungen werden erfasst (BFH I R 105/10 BFH/NV 2012, 996; Nds FG 6 K 240/09 EFG 2011, 655; aA *Deloitte/Clemens* § 8 Nr 1 Buchst f Rn 39, 63: nur „Entgelt"). Das sind in erster Linie Lizenzzahlungen in einmaliger oder wiederkehrender Form, „Schutzgebühren" u.ä. an denjenigen, der das Recht *berechtigterweise* überlassen hat. Hierzu gehört – unabhängig von ihrer möglichen Qualifikation als Steuer iSv § 3 AO – auch eine Glücksspielabgabe, insofern sie faktisch untrennbar mit der Erteilung und dem Fortbestehen der Erlaubnis verbunden ist (BFH I R 105/10 aaO; Nds FG aaO; aA *Deloitte/Clemens* aaO).

Anderes gilt mE für weitere Kosten, die nur in einem **äußeren Zusammenhang** mit der Überlassung des Rechts stehen, etwa Beratungskosten und Vermittlungsprovisionen (**aA** *Blümich/Hofmeister* § 8 GewStG Rn 295). Es handelt sich hier nicht um Gegenleistungen „für" die Überlassung.

Entsprechendes gilt mE für eine – wenn auch unbewusste – **Rechtsverletzung** durch „Überlassung" des Rechts, weil und soweit es am Tatbestand der Übertragung fehlt.

2. Tatsächliche Nutzung

13 Problematisch kann sein, ob die Hinzurechnung die **tatsächliche Nutzung des Rechts** im GewBetrieb voraussetzt. ME ist dies jedoch nicht der Fall (ebenso *Blümich/Hofmeister* § 8 GewStG Rn 296). Zwar könnte der Sinn und Zweck der Vorschrift für eine dahingehende Auslegung sprechen, zumal Grundlage der Vorschrift die Vorstellung ist, dass der hinzugerechnete Finanzierungsanteil Aufwand für die Verstärkung des im Betrieb arbeitenden Kapitals ist. Insbesondere angesichts dessen könnte die Hinzurechnung dem Sinn und Zweck der Vorschrift etwa dann widersprechen, wenn sich das Recht inzwischen als nicht sinnvoll nutzbar oder sonst wertlos erwiesen hat. Andererseits stellt der Wortlaut der Vorschrift allein auf die Überlassung und nicht auf die Nutzung des Rechts ab. Auch bei den sonstigen vergleichbaren Hinzurechnungstatbeständen hängt, ähnlich wie schon zu § 8 Nr 7 GewStG aF (s § 8 Nr 1 Buchst d Rn 7), die Hinzurechnung nicht von der tatsächlichen Nutzung ab.

IV. Umfang der Hinzurechnung

1. Tatsächlicher Abzug

14 Wie alle hinzuzurechnenden Aufwendungen muss der Aufwand **tatsächlich** bei der Ermittlung des Gewinns **abgesetzt** worden sein. Der Hinzurechnung unterliegt jeder als Gegenleistung (auch im weiteren Sinne) für die Überlassung des Rechts anzusehende Aufwand. Das gilt mE auch für solche Leistungen, die nach der Ausgangslage an sich dem Überlassenden oblägen, die aber der Berechtigte mit Rücksicht auf die Überlassung übernimmt (vgl § 8 Nr 1 Buchst d Rn 20; *Blümich/Hofmeister* § 8 GewStG Rn 295; *Keß* in *L/S* § 8 Nr 1 Buchst f Rn 18).

2. Umfang

Erfasst werden ¼ **der Aufwendungen,** hinzugerechnet also nur ¹⁄₁₆ = 6,25%. Auch in diesem Zusammenhang gilt, dass der Ansatz des Finanzierungsanteils mit 25% vom Gesetzgeber ohne Realitätsbezug nach rein fiskalischen Interessen griffweise erfolgt ist (siehe hierzu BTDrs 16/4841, 80; zur Kritik *Bergemann/Markl/Althof* DStR 2007, 693).

3. Saldierungsverbot

Es besteht mE ein absolutes **Saldierungsverbot.** Nach dem Wortlaut der Vorschrift sind die *Aufwendungen* und nicht der *Saldo der Aufwendungen* hinzuzurechnen (ähnlich *Neu/Schiffers/Watermeyer* GmbHR 2007, 421). Das G lässt mE auch keine Ausnahmen zu, wie bei der Hinzurechnung von Dauerschuldzinsen nach § 8 Nr 1 aF bzw Schuldentgelten nach § 8 Nr 1 Buchst a nF (s dort Rn 5b, 48 ff). In jenem Zusammenhang ist denkbar, dass Kreditverhältnisse so miteinander verflochten sind, dass tatsächlich nur der Saldo von Forderung und Schuld das Betriebskapital verstärkt. Entsprechendes gilt für die Belastung des Ertrags durch den Saldo der Entgelte. Eine entsprechende Verflechtung ist mE bei der Übernahme einerseits und Überlassung von Lizenzen andererseits nicht denkbar (zT **aA** *Blümich/Hofmeister* § 8 GewStG Rn 307).

V. Ausnahme für Aufwendungen nach § 25 KSVG

1. Künstlersozialabgabe

Nicht hinzuzurechnen sind Aufwendungen, die nach § 25 KSVG Bemessungsgrundlage für die Künstlersozialabgabe sind. Der **Zweck dieser Ausnahmeregelung** besteht in der Freistellung bestimmter an Künstler und Publizisten geleisteter Entgelte von der GewSt. Grund für diese Ausnahmeregelung ist, dass nach Auffassung des Gesetzgebers die Stellung der Künstler und Publizisten im unmittelbaren Verhältnis zu ihren Auftraggebern sozialversicherungsrechtlich mit dem Verhältnis zwischen Arbeitgeber und Arbeitnehmer vergleichbar sei und die vom Arbeitgeber an seine Arbeitnehmer gezahlten Entgelte nicht mehr der GewSt unterlägen (vgl BTDrs 16/5491 zu Art 3 Nr 1 ÄndG).

2. Entgelt iSd § 25 KSVG

Entgelt nach § 25 Abs 2 Satz 1 KSVG ist alles, was der zur Abgabe Verpflichtete aufwendet, um das Werk oder die Leistung zu erhalten oder zu nutzen, abzüglich der in einer Rechnung oder Gutschrift ausgesondert ausgewiesenen Umsatzsteuer. Ebenfalls Entgelt ist nach § 25 Abs 3 KSVG der Preis, den der Künstler oder Publizisten aus der Veräußerung seines Werkes im Wege eines Kommissionsgeschäftes für seine eigene Leistung zusteht. **Nicht Entgelt** sind nach § 25 Abs 2 Satz 2 KSVG die Entgelte, die für urheberrechtliche Nutzungsrechte, sonstige Rechte des Urhebers oder Leistungsschutzrechte an Verwertungsgesellschaften (zB VG Wort, GEMA) sowie steuerfreie Aufwandsentschädigungen und Einnahmen aus nebenberuflichen Tätigkeiten als Übungsleiter, Ausbilder u.ä. (§ 3 Nr 26 EStG) erbracht werden. Nicht Entgelt ist auch die Künstlersozialabgabe selbst (*Keß* in *L/S* § 8 Nr 1 Buchst f Rn 22). Auch ist anzunehmen, dass sie zu den Aufwendungen „für" die zeitlich befristete Überlassung von Rechten gehört. Indes ist mE *Blümich/Hofmeister* (§ 8 GewStG Rn 303) dahin zu folgen, dass der Sinn und Zweck der Ausnahmeregelung auch die Ausnahme der Künstlersozialabgabe von der Hinzurechnung erfordert.

§ 8 Nr 1 Hinzurechnungen

Die **Bemessungsgrundlage** kann aufgrund eines zur Abwicklung der Vorgaben des KSVG eingesetzten und von der Sozialkasse nicht beanstandeten Verfahrens ermittelt werden (*FM Länder* BStBl I 2012, 654 Rn 43).

Freibetrag

§ 8 Nr. 1 Hinzurechnungen

Dem Gewinn aus Gewerbebetrieb (§ 7) werden folgende Beträge wieder hinzugerechnet, ...
1. Ein Viertel der Summe aus . . . *(Buchst a–f)*, soweit die Summe den Betrag von 100 000 Euro übersteigt;
...

I. Allgemeines

1   Nach dem Anfangsteil und dem Schlussteil des § 8 Nr 1 GewStG ist hinzuzurechnen **„Ein Viertel** der Summe aus" verschiedenen Arten von Finanzierungsentgelten, **„soweit die Summe** den Betrag von **100 000 € übersteigt"**. Das bedeutet: Von der Summe der Finanzierungsentgelte wird zunächst der Freibetrag von 100 000 € abgezogen und von dem übersteigenden Betrag ¼ hinzugerechnet (ebenso *FM Länder* BStBl I 2012, 654 Rn 44; *Ortmann-Babel/Zipfel* BB 2007, 1869; *Blümich/Hofmeister* § 8 GewStG Rn 311). Der Wortlaut der Vorschrift lässt also nicht die Deutung zu, der Freibetrag sei von ¼ der Summe aus den verschiedenen Finanzierungsentgelten abzuziehen (zur Fragestellung *Schaumburg/Rödder* aaO, S 514 f u Fn 344). Der Unterschied der beiden angesprochenen Möglichkeiten ist erheblich: Bei der hier vertretenen Auffassung neutralisiert der Freibetrag Finanzierungsentgelte von 100 000 € und vermeidet eine Hinzurechnung von 25 000 €; bei der von *Schaumburg/Rödder* vorgetragenen Alternative neutralisiert der Freibetrag Finanzierungsentgelte von 400 000 € und vermeidet eine Hinzurechnung von 100 000 €. Die Kritik richtet sich daher diesbezüglich auch dagegen, dass der Zweck des Freibetrages, kleinere und mittlere Unternehmen zu entlasten (BTDrs 16/4841, 80), bei Mittelbetrieben nicht hinreichend verwirklicht wird (*Schaumburg/Rödder* aaO; *Wendt* FR 2007, 609; *Neu/Schiffers/Watermeyer* GmbHR 2007, 421).

II. Sachlicher und zeitlicher Anwendungsbereich

2   Der Freibetrag wird für **jeden GewBetrieb** gewährt, und zwar je **einmal pro Wirtschaftsjahr**, dh auch dann, wenn in einem EZ mehrere Wj enden (ebenso *FM Länder* BStBl I 2012, 654 Rn 46 f; *Blümich/Hofmeister* § 8 GewStG Rn 312). Bei einer **Organschaft** wird der Freibetrag jedem Unternehmen bei der Ermittlung seines GewErtrages gewährt (*FM Länder* aaO Rn 45). Im Falle der **Abwicklung/Insolvenz** ist für den nach § 16 GewStDV zu ermittelnden *einen* GewErtrag auch nur *ein* Freibetrag anzusetzen (*FM Länder* aaO Rn 48).

III. Kein Vor- oder Rücktrag

3   Wird der Freibetrag in einem EZ nicht vollständig ausgeschöpft, kann der „verbleibende" Restbetrag in anderen EZ nicht genutzt werden; insofern ist in der Vorschrift **kein Vor- oder Rücktrag** des Freibetrages vorgesehen.

Hinzurechnungen (KGaA-Anteile) § 8 Nrn 2, 3 aF, 4

§ 8 Nr. 2, 3 aF Hinzurechnungen *(aufgehoben)*

Dem Gewinn aus Gewerbebetrieb (§ 7) werden folgende Beträge wieder hinzugerechnet, soweit sie bei der Ermittlung des Gewinns abgesetzt worden sind:
...
2. *Renten und dauernde Lasten, die wirtschaftlich mit der Gründung oder dem Erwerb des Betriebs (Teilbetriebs) oder eines Anteils am Betrieb zusammenhängen. ²Das gilt nicht, wenn diese Beträge beim Empfänger zur Steuer nach dem Gewerbeertrag heranzuziehen sind;*

Vgl hierzu die Erläuterungen zu § 8 Nr. 1 Buchst b nF.

3. *die Gewinnanteile des stillen Gesellschafters, wenn sie beim Empfänger nicht zur Steuer nach dem Gewerbeertrag heranzuziehen sind;*

Vgl hierzu die Erläuterungen zu § 8 Nr. 1 Buchst c nF.

§ 8 Nr. 4 Hinzurechnungen (KGaA-Anteile)

Dem Gewinn aus Gewerbebetrieb (§ 7) werden folgende Beträge wieder hinzugerechnet, soweit sie bei der Ermittlung des Gewinns abgesetzt worden sind:
...
4. **die Gewinnanteile, die an persönlich haftende Gesellschafter einer Kommanditgesellschaft auf Aktien auf ihre nicht auf das Grundkapital gemachten Einlagen oder als Vergütung (Tantieme) für die Geschäftsführung verteilt worden sind;**
...

Gewerbesteuer-Richtlinien 2009: R 8.2 GewStR/H 8.2 GewStH

Literatur: *Theisen,* Die Besteuerung der KGaA, DB 1989, 2191; *Graf,* Die Gewerbeertragsbesteuerung der Kapitalgesellschaft & Co KG auf Aktien, DStR 1991, 1374; *Gosch,* Die Kommanditgesellschaft auf Aktien und die Gewerbesteuer, FR 1991, 345; *Kallmeyer,* Die Kommanditgesellschaft auf Aktien – eine interessante Rechtsformalternative für den Mittelstand? DStR 1994, 977; *Ludwig/Motte,* Die Kommanditgesellschaft auf Aktien – eine Alternative für börsenwillige mittelständische Unternehmen?, DStR 1996, 800, 842; *Fischer,* Die Besteuerung der KGaA und ihrer Gesellschafter, DStR 1997, 1519; *Schmincke/Heuel,* § 8 Nr 4 GewStG; Gewerbesteuerfalle bei der Kapitalgesellschaft & Co KGaA, FR 2004, 861; *Frotscher,* Die KGaA als Organgesellschaft, Der Konzern 2005, 139; *Kollruss,* KGaA und Zinsschranke unter besonderer Berücksichtigung der Akquisitionsfinanzierung, BB 2007, 1988; *Rohrer/Orth,* Anwendung des Halbeinkünfteverfahrens auf der Ebene einer KGaA, BB 2007, 1594; *Busch/Thieme,* Behandlung von Pensionszusagen an persönlich haftenden Gesellschafter einer KGaA, FR 2008, 1137; *Kühnel,* Die Besteuerung der KGaA, StStud 2009, 508; *Wassermeyer,* Die Besteuerung des Gewinnanteils des persönlich haftenden Gesellschafters einer Kommanditgesellschaft auf Aktien, FS M. Streck 2011, 259.

Übersicht

	Rn
I. Allgemeines	1, 2
1. Zweck	1
2. Verfassungsrecht	2
II. Persönlich haftende Gesellschafter einer KGaA	3, 4
1. Handelsrecht	3
2. Keine Mitunternehmerstellung	4
III. Doppelbelastungen	5, 6

§ 8 Nr 4 Hinzurechnungen

	Rn
1. Rechtsentwicklung	5
2. Wirkungen	6
IV. Umfang der Hinzurechnung	7–10
1. Grundsatz	7
2. Keine Gewinnabhängigkeit	8
3. Anderer Zahlungsgrund	9
4. Aufwendungen	10

I. Allgemeines

1. Zweck

1 Die Vorschrift **bezweckt**, wie sämtliche Vorschriften des § 8 GewStG, die Ermittlung des objektiven, von den Verhältnissen des Inhabers zum Betrieb losgelösten GewErtrags. Die KGaA weist Elemente einer Kapitalgesellschaft und einer Personengesellschaft auf (BFH I 186/64 U BStBl III 1965, 418; zu den Vor- u Nachteilen *Kallmeyer* DStR 1994, 977). Sie ist daher einerseits der KSt unterworfen und darf andererseits die Gewinnanteile wie Vergütungen des persönlich haftenden Gesellschafters nach § 9 Abs 1 Nr 1 KStG bei der Ermittlung des Einkommens abziehen. Die Vorschrift stellt als „Spiegelbild" (BFH I 186/64 U aaO) sicher, dass diese Gewinnanteile mindestens einmal der GewSt unterliegen. Auf die StPfl des persönlich haftenden Gesellschafters im Inland kommt es nicht an (*Roser* in *L/S* § 8 Nr 4 Rn 17; *Blümich/Hofmeister* § 8 GewStG Rn 530).

2. Verfassungsrecht

2 Verfassungsrechtliche Bedenken **ergeben sich nicht**, auch wenn bestimmte Verhältnisse im Einzelfall nicht der gesetzlichen Typisierung entsprechen. Das gilt auch, wenn sich Doppelbelastungen ergeben, zumal auf der Ebene des persönlich haftenden Gesellschafters durch Einfügung des § 9 Nr 2b ein Ausgleich geschaffen worden ist (BFH I R 102/06 BFH/NV 2010, 462). Im Übrigen ist es den Beteiligten überlassen, ihr Handeln nach der gesetzlichen Typisierung auszurichten (vgl BFH I 186/64 U BStBl III 1965, 418).

II. Persönlich haftende Gesellschafter einer KGaA

1. Handelsrecht

3 **Betroffen sind** nach § 278 Abs 1 AktG die Gesellschafter der KGaA, die den Gesellschaftsgläubigern unbeschränkt haften. In diesem Sinne verwendet die Vorschrift (ebenso § 9 Abs 1 Nr 1 KStG) den Begriff (BFH I R 11/80 BStBl II 1984, 381). Er muss nicht notwendig eine natürliche Person sein; **auch eine Kapitalgesellschaft**, insb eine GmbH, kann persönlich haftender Gesellschafter sein (BGHZ 134, 392; BFH I R 32/86 BStBl II 1991, 253; I R 102/06 BFH/NV 2010, 462; *Graf* DStR 1991, 1374; *Fischer* DStR 1997, 1519). Dies eröffnet die Möglichkeit, eine GmbH oder GmbH & Co KG als Komplementärin an der KGaA zu beteiligen (*Fischer* DStR 1997, 1519). Damit dürfte der wesentlichste Nachteil der KGaA (*Kallmeyer* DStR 1994, 977) behoben sein.

2. Keine Mitunternehmerstellung

4 Der persönl haftende Gesellschafter ist idR nicht Mitunternehmer iSv § 15 Abs 1 Nr 2 EStG. Er wird lediglich **wie** ein **Mitunternehmer** behandelt (BFH I R 11/

Hinzurechnungen (KGaA-Anteile) § 8 Nr 4

80 BStBl II 1984, 381; X R 14/88 BStBl II 1989, 881; I R 102/06 BFH/NV 2010, 462; *Rohrer/Orth* BB 2007, 1594). Auch wenn er nur die Stellung eines Vorstandsmitglieds hat, erfolgt die Zurechnung (aA *Raupach* DStZ 1965, 25).

III. Doppelbelastungen

1. Rechtsentwicklung

Die Vorschrift ist unabhängig davon anzuwenden, ob der persönlich haftende 5
Gesellschafter mit seinen Einkünften aus der KGaA selbst der GewSt unterliegt (BFH I R 102/06 BFH/NV 2010, 462; FG Köln 6 K 6170/03 EFG 2006, 1923; *Gosch* FR 1991, 345; *Herlinghaus* EFG 2006, 1927). Sie ließ *bis EZ 1990* **Doppelbelastungen** zu. Sie enthielt keinen Ausschluss der Hinzurechnungen – wie die Nrn 2 und 3 – für den Fall, dass die Beträge beim Empfänger der GewSt unterliegen. Darin lag keine verdeckte Lücke, die im Wege der Analogie, insb zu § 9 Nr 2, zu schließen wäre (vgl BFH I R 11/80 BStBl II 1984, 381; I R 235/81 BStBl II 1986, 72; **aA** *Schnädter* FR 1985, 699; *Bacher* DB 1985, 2117; *Döllerer* ZGR 1987, 443; *Hennerkes* StbJb 1988/89, 303, 320; *Hennerkes/May* DB 1988, 483; 2393, 2400; *Hesselmann* BB 1989, 2344, GmbHR 1988, 472; *Graf* DStR 1991, 1374). Ein **Ausschluss der Doppelbesteuerung** war daher nur durch Gesetzesänderung möglich. Sie ist durch Einfügung des § 9 Nr 2b erfolgt. Mit ihr sollte der GewErtrag der KGaA – in jeder Beteiligungsform – dem der Mitunternehmerschaft gleichgestellt werden (*Graf* DStR 1991, 1374), jedoch allein auf der Ebene des persönlich haftenden Gesellschafters, nicht der KGaA selbst (BFH I R 102/06 aaO).

2. Wirkungen

Auch wenn sich die Kürzung nach § 9 Nr 2b (zunächst) **nicht auswirkt,** weil 6
der persönlich haftende Gesellschafter tatsächlich nicht mit GewSt belastet ist, die Kürzung also nur zu Verlustvorträgen führt, ist mE die Hinzurechnung durchzuführen; es ist **keine teleologische Reduktion** der Vorschrift angezeigt (FG Köln 6 K 6170/03 EFG 2006, 1823; *Roser* in *L/S* § 8 Nr 4 Rn 4; *Blümich/Hofmeister* § 8 GewStG Rn 530; **aA** *Schmincke/Heuel* FR 2004, 861).

Gleichwohl können systembedingte **Nachteile** im Vergleich zur (doppelstöckigen) Mitunternehmerschaft bestehen, zB wenn die KGaA nach § 8 Nr 4 nicht, jedoch nach § 8 Nr 1 Buchst a hinzuzurechnende Darlehenszinsen an den persönlich haftenden Gesellschafter zahlt. Dieser kann sich im Gegensatz zum Mitunternehmer nicht nach § 9 Nr 2, aber auch nicht nach § 9 Nr 2b entlasten.

IV. Umfang der Hinzurechnung

1. Grundsatz

Hinzuzurechnen sind **Gewinnanteile** auf Vermögenseinlagen, die nicht auf 7
das Grundkapital getätigt worden sind. Hinzuzurechnen ist auch ein **Verlustanteil,** wenn der Ansatz den Verlust aus Gewerbebetrieb gemindert oder den Gewinn erhöht hat (*Blümich/Hofmeister* § 8 GewStG Rn 538; *Roser* in *L/S* § 8 Nr 4 Rn 14).

Zu den **Vergütungen** (Tantiemen) für die Geschäftsführung zählen alle Bezüge, die der persönlich haftende Gesellschafter für die gegenwärtige oder frühere Tätigkeit in der Gesellschaft erhält (BFH I R 32/86 BStBl II 1991, 253) bzw alle mit der Beschäftigung im Betrieb zusammenhängenden Vergütungen (RFH RStBl 1940, 683), unabhängig davon, ob sie in der Satzung festgelegt sind (FG Berlin EFG 1973, 280). Das setzt voraus, dass der persönlich haftende Gesellschafter seine

Güroff

Leistung in Zusammenhang mit seiner Eingliederung in den Organismus des Betriebs erbracht hat (RFH RStBl 1940, 556), also als Vorstandsmitglied, Geschäftsführer usw. Unter dieser Voraussetzung erfolgt die Hinzurechnung aller Aufwandspositionen, die nach § 9 Abs 1 Nr 1 KStG abziehbar sind (BFH X R 14/88 BStBl II 1989, 881; *Theisen* BB 1989, 2191) und bei der Ermittlung des Gewinns tatsächlich abgesetzt worden sind. Das ist auch der Aufwendungsersatz, den eine KGaA an die geschäftsführende Komplementär-GmbH für die Beschäftigung eines Geschäftsführers zahlt (FG Rh-Pf EFG 1986, 486; s aber Rn 9).

Es kommt nicht auf das Zufließen beim persönlich haftenden Gesellschafter, sondern auf den **Abgang bei der KGaA** an (*Birkholz* DStZ 1955, 23). Auch Zuführungen zu einer **Pensionsrückstellung** werden erfasst (FG B-Bbg 8 K 6131/05 B; R 8.2 Satz 3 GewStR; aA *Busch/Thieme* FR 2008, 1137).

Auch in das **Ausland** gezahlte Vergütungen sind hinzuzurechnen (*Roser* in *L/S* § 8 Nr 4 Rn 19).

2. Keine Gewinnabhängigkeit

8   Es ist unerheblich, ob der persönlich haftende Gesellschafter **gewinnabhängige** Vergütung (Tantiemen) oder Gehalt wie ein Angestellter bezieht (RFH RStBl 1938, 334; BFH I 186/64 U BStBl III 1965, 418; I R 11/80 BStBl II 1984, 381). Auch **gewinnunabhängige**, insb **feste Vergütungen** sind Teil des durch den Betrieb der KGaA insgesamt erzielten Gewinns (BFH I R 102/06 BFH/NV 2010, 462; FG Köln 6 K 6170/03 EFG 2006, 1923; ebenso *Schnädter* FR 1985, 699; aA *Menzel* StuW 1971, 204; *Theisen* DB 1989, 2191; *Fischer* DStR 1997, 1519: nur der als vGA zu behandelnde unangemessene Teil der Vergütung). Dagegen gehören zu den Vergütungen Haftungsvergütungen (*Blümich/Hofmeister* § 8 GewStG Rn 537; *Fischer* DStR 1997, 1519), Abfindungen für die vorzeitige Auflösung eines Angestelltenverhältnisses, das Ruhegehalt (RFH RStBl 1938, 334), Zuführungen zu den Rückstellungen für Pensionsanwartschaften (RFH RStBl 1940, 683; 1941, 687).

3. Anderer Zahlungsgrund

9   Dagegen **keine Hinzurechnung** von Vergütungen für Leistungen als selbstständiger Gewerbetreibender oder Freiberufler (RFH RStBl 1941, 756), ebenso wenig für die Hingabe von Darlehen oder die Überlassung von WG (BFH X R 14/88 BStBl II 1989, 881; R 8.2 Satz 4 GewStR; *Roser* in *L/S* § 8 Nr 4 Rn 27; *Hundertmark* BB 1968, 1285; *Fischer* DStR 1997, 1519); die Hinzurechnung nach anderen Vorschriften, insb § 8 Nr 1, bleibt jedoch unberührt (hierzu *Jünger* DB 1988, 1969). Dividenden auf Aktien sind nach § 9 Abs 1 Nr 1 KStG nicht abzusetzen. Sie unterliegen daher nicht der Hinzurechnung. Auflösungen von Pensionsrückstellungen erhöhen nicht den gewstpfl Ertrag, soweit die Zuführungen bereits der Hinzurechnung unterlegen haben (RFH RStBl 1944, 148; BFH I 278/60 U BStBl III 1961, 280). Nicht Vergütung ist Auslagenersatz für Aufwendungen im Interesse der Gesellschaft, wenn dessen lohnsteuerrechtliche Voraussetzungen vorliegen (BFH I 137/58 U BStBl III 1959, 430; I R 32/86 BStBl II 1991, 253).

Auch Vergütungen an **andere Personen,** insb nahe Angehörige des persönlich haftenden Gesellschafters oder von Aktionären, für Tätigkeiten im Dienste der KGaA sind nicht hinzuzurechnen; anders nur, wenn eine den **verdeckten Gewinnausschüttungen** vergleichbare Sachlage besteht.

4. Aufwendungen

10   **Werbungskosten/Betriebsausgaben** des persönlich haftenden Gesellschafters sind unbeachtlich. Sie sind iRd § 9 Nr 2b zu berücksichtigen (BFH I R 102/06 BFH/NV 2010, 462; FG Köln 6 K 6170/03 EFG 2006, 1923). Daher mindern

Hinzurechnungen (Begünstigte Gewinnanteile nach EStG/KStG) § 8 Nr 5

auch Aufwendungen im Zusammenhang mit der Übertragung der Geschäftsführung auf einen Fremdgeschäftsführer, insb bei einer Kapitalgesellschaft, die Hinzurechnungsbeträge nicht (BFH I R 32/86 BStBl II 1991, 253; zust *Gosch* FR 1991, 345; aA *Menzel* StuW 1971, 204; *Theisen* DB 1989, 2191).

§ 8 Nr. 5 Hinzurechnungen (Begünstigte Gewinnanteile nach EStG/KStG)

Dem Gewinn aus Gewerbebetrieb (§ 7) werden folgende Beträge wieder hinzugerechnet, soweit sie bei der Ermittlung des Gewinns abgesetzt worden sind:
...
5. **die nach § 3 Nr. 40 des Einkommensteuergesetzes oder § 8b Abs. 1 des Körperschaftsteuergesetzes außer Ansatz bleibenden Gewinnanteile (Dividenden) und die diesen gleichgestellten Bezüge und erhaltenen Leistungen aus Anteilen an einer Körperschaft, Personenvereinigung oder Vermögensmasse im Sinne des Körperschaftsteuergesetzes, soweit sie nicht die Voraussetzungen des § 9 Nr. 2a oder 7 erfüllen, nach Abzug der mit diesen Einnahmen, Bezügen und erhaltenen Leistungen in wirtschaftlichem Zusammenhang stehenden Betriebsausgaben, soweit sie nach § 3c Abs. 2 des Einkommensteuergesetzes und § 8b Abs. 5 und 10 des Körperschaftsteuergesetzes unberücksichtigt bleiben. ²Dies gilt nicht für Gewinnausschüttungen, die unter § 3 Nr. 41 Buchstabe a des Einkommensteuergesetzes fallen;**
...

Literatur: *Rödder/Schumacher,* Unternehmenssteuerfortentwicklungsgesetz: Wesentliche Änderungen . . ., DStR 2002, 105; *Ritzer/Stangl,* Gesetzliche Neuerungen im Bereich der Gewerbesteuer, Inf 2002, 131; *Prinz/Simon,* Kuriositäten und Ungereimtheiten des UntStFG: Ungewollte Abschaffung des gewerbesteuerlichen Schachtelprivilegs für Kapitalgesellschaften?, DStR 2002, 149; *Kessler/Kahl,* Gewerbesteuer auf Nicht-Schachteldividenden – Ausgabe iSd § 3c EStG nF?, DB 2002, 1017; *Fischer,* Wechselwirkungen zwischen der Einkommen- und Körperschaftsteuer und der Gewerbesteuer bei Anteilen im Streubesitz nach dem UntStFG, DStR 2002, 610; *Gröning/Siegmund,* Aushöhlung des Objektsteuerprinzips der Gewerbesteuer: Dauerschuldzinsaufwendungen für Streubesitzbeteiligungen, DStR 2003, 617; *Stuhrmann,* Überblick über Steuerrechtsänderungen des Jahres 2001, NJW 2002, 638; *Linklaters Oppenhoff & Rädler,* Steueränderungen zum 1.1.2002 im Unternehmensbereich, DB-Beilage Nr 1/2002; *Fischer,* Wechselwirkungen zwischen Einkommen- und Körperschaftsteuer und der Gewerbesteuer bei Anteilen im Streubesitz . . ., DStR 2002, 610; *Haas,* Die Gewerbesteuerpflicht von Dividenden aus Streubesitz nach § 8 Nr 5 GewStG . . ., DB 2002, 549; *Pyszka,* Gewerbesteuerfreistellung von Dividenden und Einkünften aus der Veräußerung von Anteilen an Kapitalgesellschaften bei Bestehen einer atypisch stillen Beteiligung, DB 2003, 686; *Lindemann,* Gewerbesteuerliche Fragen bei inländischen Investmentfonds einschließlich Hedgefonds, DStZ 2003, 559; *Körner,* Gewerbeertragsbesteuerung von Mitunternehmerschaften, Inf 2004, 265; *Starke,* Gewerbesteuerliche Behandlung von Dividenden, FR 2005, 681; *Kratzsch,* Gewerbesteuerliche Hinzurechnungen/Kürzungen bei Sachverhalten, die unter das Halbeinkünfteverfahren fallen, StB 2005, 13; *Wagner,* Die formellen und materiellen Neuerungen bei der Investmentbesteuerung, Stbg 2005, 298; *Kessler/Ortmann-Babel/Zipfel,* Unternehmensteuerreform 2008: Die geplanten Änderungen im Überblick, BB 2007, 523; *Dallwitz/Mattern/Schnitger,* Beeinträchtigung grenzüberschreitender Finanzierungen durch das JStG 2007, DStR 2007, 1697; *Hahne,* Unternehmensteuerreform 2008: Neuregelung für betriebliche Aktiengeschäfte, FR 2007, 819; *Kessler/Knörzer,* Die Verschärfung der gewerbesteuerlichen Schachtelstrafe – erneute Diskriminierung inländischer Holdinggesellschaften?, IStR 2008, 121; *Hils,* Fragen zu § 8b KStG bei betrieblichen

§ 8 Nr 5 Hinzurechnungen

Fondsanlagen, DB 2009, 1151; *Steinmüller,* Die gewerbesteuerliche Hinzurechnung von Streubesitzdividenden aus einem Investmentvermögen, DStR 2009, 1564; *Stangl/Hageböke,* Neues zur Anwendung des DBA-Schachtelprivilegs, Ubg 2010, 651; *Bödecker,* Hinzurechnung steuerfreier Dividenden, NWB 2010, 2777; *Schönfeld,* Neues zum DBA-Schachtelprivileg oder: was bleibt von § 8 Nr 5 GewStG und § 8b Abs 5 KStG …, IStR 2010, 658; *Heunung/Engel/Seidel,* Das DBA-Schachtelprivileg in Körperschaft- und Gewerbesteuer, DB 2010, 1551; *Heuerung/ Seidel/Pippart,* Auslandseinkünfte aus Betriebsstätten und Kapitalgesellschaftsanteilen in der Gewerbesteuer, FS Krawitz 2010, 103; *Beckmann/Schanz,* Gewerbesteuerliche Hinzurechnungen und Kürzungen im Zusammenhang mit Beteiligungserträgen, DB 2011, 954; *Kessler/Dietrich,* Wann ist eine Beteiligung eine Schachtelbeteiligung?, DStR 2012, 2101; *Scharfenberg,* Grenzen der „unechten" Rückwirkung von Steuergesetzen nach der neueren Rspr des BVerfG, DB 2013, 85; *Desens,* Echter Vertrauensschutz bei „unechten" Rückwirkungen im Steuerrecht, FR 2013, 148.

Übersicht

	Rn
I. Allgemeines	1
II. Bedeutung	2
III. Voraussetzungen	3–9
1. „Gewinnanteile (Dividenden)"	3
2. Beteiligung	4
3. Zeitfragen	5
4. DBA-Befreiung	6
5. Andere Voraussetzungen der Kürzung	7
6. Personengesellschaften/BgA	8, 9
IV. Umfang der Hinzurechnung	10–13
1. Grundsatz	10
2. Investmentfonds	11
3. Nettobetrag	12
4. Gewinnausschüttungen nach § 3 Nr 41a EStG	13
V. Zeitlicher Anwendungsbereich	14

I. Allgemeines

1 Nach der Konzeption des SteuerSenkG sollten das Freistellungsverfahren (§ 8b KStG) und das Halbeinkünfteverfahren (§ 3 Nr 40 EStG) auch für die Ermittlung des GewErtrages gelten. Das hätte jedoch den Rahmen des in § 9 Nr 2a und 7 Geregelten überschritten. Auf Initiative des BRats wurde durch Einfügung des § 8 Nr 5 die gewerbsteuerliche Begünstigung von Bezügen auf Schachtelerträge beschränkt (zu Einzelheiten *Ritzer/Stangl* Inf 2002, 131). Die **Vorschrift betrifft** daher die Erträge aus dem sog **„Streubesitz"** (*Rödder/Schumacher* DStR 2002, 105; *Linklaters Oppenhoff & Rädler* DB-Beil 1/2002; *Stuhrmann* NJW 2002, 638; s aber Rn 4 aE). Sie wird aber als unstimmig angesehen, weil die Bezugnahme auf das Nichtvorliegen der Voraussetzungen des § 9 Nr 2a u 7 die Begrenzung der Hinzurechnung auf den Streubesitz leer laufen lässt (Schl-H FG 1 K 82/11 EFG 2013, 538, Rev I R 12/13; Haas DB 2002, 549; *Prinz/Simon* aaO; *Sarrazin* in *L/S* § 8 Nr 5 Rn 24; *Blümich/Hofmeister* § 8 GewStG Rn 575). Sie ist daher **so zu lesen,** dass es bei der Bezugnahme auf § 9 Nr 2a u 7 nur auf die Beteiligungsart und -höhe ankommt; das Ansatzerfordernis des § 9 Nr 2a Satz 1 letzter Satzteil ist verzichtbar (BFH I B 62/11 BFH/NV 2012, 449; *Blümich/Gosch* § 9 GewStG Rn 294). Alternativ lässt sich das Problem dadurch lösen, dass § 9 Nr 2a bzw Nr 7 gedanklich um die Worte (nach „bei der Ermittlung des Gewinns") „oder bei den Hinzurechnungen (§ 8)" erweitert wird (*Sarrazin* in *L/S* § 8 Nr 5 Rn 22).

Hinzurechnungen (Begünstigte Gewinnanteile nach EStG/KStG) § 8 Nr 5

II. Bedeutung

Es handelt sich um **Gewinnanteile (Dividenden)**, die nach § 3 Nr 40 EStG 2 bzw § 8b KStG aus Gründen der Vermeidung einer Doppelbesteuerung steuerbefreit sind; diese **Befreiung** sollte sich **gewstlich nicht auswirken** (Satz 1): die gewstliche Doppelbelastung (bei der ausschüttenden Körperschaft und beim empfangenden GewBetrieb) sollte nur bei Schachtelbeteiligungen iSv § 9 Nr 2a u 7 (Stichtagsprinzip, BFH I B 62/11 BFH/NV 2012, 449; FG Ba-Wü 3 K 1386/07 EFG 2010, 1714) vermieden werden (BFH I R 109/08 BFH/NV 2010, 1364) sowie – Satz 2 – bei Gewinnanteilen, die der Hinzurechnungsbesteuerung nach dem AStG unterlegen haben (krit *Kesseler/Knörzer* IStR 2008, 121).

III. Voraussetzungen

1. „Gewinnanteile (Dividenden)"

Betroffen sind daher nicht die Bezüge nach § 3 Nr 40 Buchst a–c, sondern nur 3 die Bezüge nach **§ 3 Nr 40 Buchst d–i EStG** (*Prinz/Simon* DStR 2002, 149).

2. Beteiligung

Die Hinzurechnung erfolgt, wenn die **Beteiligung** seit Beginn des EZ nicht 4 mindestens 15% (bis EZ 2007: 10%) des Grund- oder Stammkapitals betragen hat. Nicht hinzuzurechnen sind Gewinne aus Anteilen an einer inländischen nicht steuerbefreiten Kapitalgesellschaft iSd § 2 Abs 2, Kreditanstalt des öffentlichen Rechts, Erwerbs- und Wirtschaftsgenossenschaft oder einer Unternehmensbeteiligungsgesellschaft iSd § 3 Nr 23, wenn die Beteiligung zum Beginn des EZ mindestens 15% (bis EZ 2007: 10%) des Grund- oder Stammkapitals beträgt; Entsprechendes gilt für die Beteiligung an einer Kapitalgesellschaft mit Sitz und Geschäftsleitung im Ausland, wenn das Unternehmen am Nennkapital entsprechend beteiligt ist (ebenso *Sarrazin* in *L/S* § 8 Nr 5 Rn 7).

Die Beteiligung an einer unbeschränkt persönlich oder einer beschränkt persönlich (sachlich) **befreiten Kapitalgesellschaft** führt unabhängig von der Beteiligungshöhe zur Hinzurechnung von Gewinnausschüttungen (vgl BFH I B 34/11 BFH/NV 2012, 1175).

3. Zeitfragen

Es kommt also auf den Stand der Beteiligung zu **Beginn des EZ** an. Unterjähriger 5 Erwerb führt im Jahr des Erwerbs zur Hinzurechnung (s aber die Erläuterungen zu § 9 Nr 2a und Nr 7). Wird eine GmbH erst im Laufe des Kalenderjahres gegründet (Eintragung ins HR) und besteht die Beteiligung (Erfüllung der Einlageverpflichtung) nicht schon zu diesem Zeitpunkt, sind die Voraussetzungen des § 9 Nr 2a nicht erfüllt mit der Folge der Hinzurechnung nach § 8 Nr 5; eine planwidrige Gesetzeslücke besteht nicht (FG Ba-Wü 3 K 1386/07 EFG 2010, 1714).

4. DBA-Befreiung

Nicht erwähnt und **nicht hinzuzurechnen** sind die Gewinnanteile in den Fällen 6 einer **DBA-Befreiung** unter der Voraussetzung einer Mindestbeteiligung. Sie bleiben zwar zunächst „nach § 3 Nr 40 EStG oder § 8b Abs 1 KStG außer Ansatz" (Auflösung der Tatbestands- u Rechtsfolgekonkurrenz zu Lasten des DBA-Schachtelprivilegs); doch bedeutet die Hinzurechnung, dass – wenn das DBA die GewSt umfasst – die abkommensrechtliche Freistellung wieder auflebt. Durch den Hinzurechnungsausschluss iVm § 9 Nr 2a und 7 sowie Aussparung des abkommensrechtlichen Privilegs des § 9 Nr 8 wird ebenfalls deutlich, dass die Hinzurechnung abkommensrechtliche Freistellungen unberührt lässt (BFH I R 71/09 BStBl II 2011, 129; ebenso *Prinz/Simon* DStR 2002, 149; *Linklaters & Oppenhoff & Rädler* DB-Beil 2002, Nr 1; *Haas* DB 2002, 549; *Dallwitz/Mattern/Schnitger* DStR 2007, 1697; zweifelnd *Rödder/Schumacher* DStR 2002, 105; *Sarrazin* in *L/S* § 8 Nr 5 Rn 26: § 8 Abs 1 KStG gehe den DBA vor, also verbleibe es bei der Beschränkung der Hinzurechnung nach § 8 Nr 5 iVm § 9 Nr 7; zu den Konsequenzen der Rspr *Schönefeld* IStR 2010, 658; *Schön*, Besteuerung von Streubesitzdividenden, JbFfSt 2008/2010, 66).

5. Andere Voraussetzungen der Kürzung

7   Hinzuzurechnen ist nach dem Wortlaut der Vorschrift an sich auch, wenn eine **andere Voraussetzung der** jeweils einschlägigen **Kürzungsvorschrift (§ 9 Nr 2a** oder Nr 7) **nicht vorliegt.** So etwa, wenn – bei § 9 Nr 7 – die Erträge der außerhalb der EU ansässigen Kapitalgesellschaft nicht direkt oder indirekt aus aktiven Tätigkeiten iSd § 8 Abs 1–6 AStG oder aus Beteiligungen iSd § 9 Nr 7 Satz 1 stammen. Allerdings würde dieses Ergebnis mit dem Zweck der Vorschrift kollidieren, nur den Streubesitz zu belasten. Liest man sie so, dass es nur auf die Höhe der Beteiligung ankommt (s Rn 1), ist bei Fehlen anderer Kürzungsvoraussetzungen kein Raum für die Hinzurechnung. S aber zur Beteiligung an einer **stbefreiten Kapitalgesellschaft** Rn 4 aE.

6. Personengesellschaften/BgA

8   Die Hinzurechnung findet auch auf gewerbliche **Personengesellschaften** Anwendung. Für sie sind die §§ 3 Nr 40 EStG und 8b KStG bei der Ermittlung des Gewinns anzuwenden (§ 7 Satz 4; BFH I R 95/05 BStBl II 2007, 279; FG Köln 7 K 1000/04 EFG 2005, 1964, best). Die *FinVerw* folgt dem auch für EZ vor 2004 (vgl *BMF* BStBl I 2007, 302; zust *Sarrazin* in *L/S* § 8 Nr 5 Rn 9).
Entsprechendes gilt mE für einen **BgA** unter den Voraussetzungen in § 8b Abs 6 KStG.

9   *(frei)*

IV. Umfang der Hinzurechnung

1. Grundsatz

10   Betroffen sind nur **Dividenden** *und* **diesen gleichgestellte Bezüge,** die bei der Gewinnermittlung (§ 7) nach § 3 Nr 40 EStG und § 8b Abs 1 KStG als steuerfrei behandelt wurden (40% bzw bis EZ 2007 50%), nicht jedoch organschaftliche oder vororganschaftliche Gewinnabführungen. Im Übrigen kommt es nicht darauf an, ob die Körperschaft usw beschränkt oder unbeschränkt stpfl ist. Beruht die Befreiung auf § 3 Nr 41 EStG, unterbleibt die Hinzurechnung (*Linklaters Oppenhoff & Rädler* DB-Beil 1/02). Entsprechendes gilt für Veräußerungsgewinne, die nach § 8b Abs 2 KStG steuerfrei geblieben sind oder nach § 3 Nr 40 EStG nur zur Hälfte steuerpflichtig sind (ebenso *Sarrazin* in *L/S* § 8 Nr 5 Rn 8, 10; *Stuhrmann* NJW 2002, 638, 643).

2. Investmentfonds

11   Auch **Dividendenbezüge von Investmentfonds** sind nach der Rspr hinzuzurechnen. Das ergebe sich aus einer „eingeschränkten Rechtsgrundverweisung" auf § 8b Abs 1 KStG; **§ 40 Abs 2 KAGG,** der einem eingeschränkten Transparenzprin-

Hinzurechnungen (Begünstigte Gewinnanteile nach EStG/KStG) **§ 8 Nr 5**

zip folge, bestimme lediglich die Reichweite der StBefreiung. Der Verweis auf die Rechtsfolgen des § 8b Abs 1 KStG führe zur StBefreiung der Erträge des Anteilsinhabers, die durch die Hinzurechnung – dem Zweck des § 8 Nr 5 entsprechend – wieder rückgängig gemacht werde (BFH I R 109/08 BFH/NV 2010, 1364; str, s die dortigen Nachweise). Durch die Regelung des **§ 2 Abs 2 InvStG** hat sich die Rechtslage nicht verändert (BFH I R 92/10 BStBl II 2013, 486).

3. Nettobetrag

Hinzugerechnet wird nur der **Nettobetrag;** dh die mit den Dividenden und gleichgestellten Bezügen in Zusammenhang stehenden Betriebsausgaben sind entgegen § 3c (ab EZ 2004: § 3c Abs 2 EStG) bzw § 8b Abs 5 u (ab EZ 2007 für die Wertpapierleihe:) Abs 10 KStG abziehbar (zum Problem *Starke* FR 2005, 681). Übersteigen sie die Einnahmen, ist ein Negativbetrag anzusetzen. Das ergibt sich zwar nicht aus dem Wortlaut der Vorschrift („hinzugerechnet . . . Gewinnanteile . . . *nach Abzug* . . .), mE aber aus ihrem Sinn und Zweck unter Einbeziehung des objektiven Nettoprinzips (iE ebenso *Sarrazin* in *L/S* § 8 Nr 5 Rn 13; **aA** *Gröning/ Siegmund* DStR 2003, 617; *Blümich/Hofmeister* § 8 GewStG Rn 586).**Teilwertabschreibungen,** die nach § 8b Abs 3 KStG unberücksichtigt bleiben, gehören nicht zu den abziehbaren Ausgaben (BFH I R 76/06 BFH/NV 2008, 247). Problematisch ist, ob allein wegen der diesbezüglichen Berücksichtigung Zinsaufwendungen iZm dem Streubesitz – bei Vorliegen der entsprechenden Voraussetzungen – als (Dauer-)Schuldentgelte nach § 8 Nr 1 Buchst a hinzuzurechnen sind (hierzu *Gröning/Siegmund* DStR 2003, 617). ME steht dem die Ratio der Nr 5 (Beschränkung der Hinzurechnung auf einen Nettobetrag) entgegen (*Sarrazin* in *L/S* § 8 Nr 5 Rn 18; *Kessler/Kahl* DB 2002, 1017; **aA** *Fischer* DStR 2002, 610). **12**

4. Gewinnausschüttungen nach § 3 Nr 41a EStG

Sie **unterliegen** nach der ausdrücklichen Bestimmung des Satzes 2 **nicht der Hinzurechnung** (Vermeidung der Doppelbelastung durch das AStG und das GewStG). Eine entsprechende Vorschrift fehlt im KStG angesichts der umfassenden Wirkung des § 8b Abs 1 KStG, was zu einer Hinzurechnung auch mit ASt belasteter Gewinnausschüttungen für juristische Personen führt. Nach dem auch auf einen Gleichlauf der Hinzurechnung bei natürlichen und juristischen Personen abzielenden Zweck der Vorschrift und der angesichts des Verweises in Satz 1 auf § 3 Nr 40 EStG ansonsten unnötigen Regelung des Satzes 2 ist dies mE so zu verstehen, dass die nach § 8b Abs 2 KStG befreiten Gewinnanteile nicht hinzuzurechnen sind, soweit in ihnen Gewinnausschüttungen iSv § 3 Nr 41 Buchst a EStG enthalten sind (ebenso *Haas* DB 2002, 549; *Sarrazin* in *L/S* § 8 Nr 5 Rn 28; aA *Hidien/Pohl/Schnitter,* Tz 6.14. 4. 2: ausdrückliche gesetzliche Regelung erforderlich). **13**

V. Zeitlicher Anwendungsbereich

Die Vorschrift war erstmals **ab EZ 2001** anzuwenden (§ 36 Abs 6 GewStG 2001). Soweit hiervon auch Vorabausschüttungen betroffen waren, die **vor dem 11.12.2001** (Vorschlag des Vermittlungsausschusses) beschlossen und zugeflossen sind, ist die hierin liegende (echte) Rückwirkung **verfassungsrechtlich unzulässig** und **nichtig**. Für nach dem o.a. Stichtag ergehende (Vorab-)Ausschüttungen besteht lediglich eine unechte Rückwirkung, die zulässig ist (BVerfG 1 BvL 6/07 BStBl II 2012, 932; hierzu *Scharfenberg* DB 2013, 85; *Desens* FR 2013, 148). Die Anordnung der rückwirkenden Anwendung bei Auslandsbeteiligungen im EZ 2001 (§ 36 Abs 4 aF) verstößt gegen Unionsrecht (BFH I R 14/07 DStR 2013, 1430). **14**

§ 8 Nrn 6, 7 aF   Hinzurechnungen

Die ab EZ 2001 geltende Fassung der Vorschrift bezog sich auf das Abzugsverbot des § 3c EStG insgesamt; die Beschränkung der Vorschrift auf § 3c Abs 2 EStG konnte von § 36 Abs 6 Satz 1 umfasst werden, wonach § 8 Nr 5 erstmals ab EZ 2001 anzuwenden ist. Indes regelt diese Vorschrift nur die *erstmalige* Anwendung, während sich der zeitliche Anwendungsbereich der *Neufassung* aus § 36 Abs 6 Satz 2 ergab, nämlich – in Übereinstimmung mit der Neufassung des § 8b Abs 5 KStG – ab EZ 2004; eine Regelungslücke liegt hierin nicht (**aA** *Sarrazin* in *L/S* § 8 Nr 5 Rn 22). Die Einbeziehung des § 8b Abs 10 KStG bei den nichtberücksichtigten Betriebsausgaben ist ab EZ 2007 anzuwenden (§ 36 Abs 6 GewStG nF).

§ 8 Nr. 6 *(weggefallen)*

§ 8 Nr. 7 aF Hinzurechnungen (Miet- und Pachtzinsen – *aufgehoben*)

Dem Gewinn aus Gewerbebetrieb (§ 7) werden folgende Beträge wieder hinzugerechnet, soweit sie bei der Ermittlung des Gewinns abgesetzt worden sind:
...
7. *die Hälfte der Miet- und Pachtzinsen für die Benutzung der nicht in Grundbesitz bestehenden Wirtschaftsgüter des Anlagevermögens, die im Eigentum eines anderen stehen. [2]Das gilt nicht, soweit die Miet- oder Pachtzinsen beim Vermieter oder Verpächter zur Gewerbesteuer heranzuziehen sind, es sei denn, dass ein Betrieb oder ein Teilbetrieb vermietet oder verpachtet wird und der Betrag der Miet- oder Pachtzinsen 125 000 Euro übersteigt. [3]Maßgebend ist jeweils der Betrag, den der Mieter oder Pächter für die Benutzung der zu den Betriebsstätten eines Gemeindebezirks gehörigen fremden Wirtschaftsgüter an einen Vermieter oder Verpächter zu zahlen hat;*
...

Gewerbesteuer-Richtlinien 2009: R 8.1 Abs 5 GewStR/H 8.1 (5) GewStH

Literatur: *Meilicke,* Unzulässige Diskriminierung ausländischer Leasinggeber durch § 8 Nr 7 GewStG, RiW 1985, 801; *Veigel,* Betriebs- und Teilbetriebsverpachtungen im Gewerbesteuerrecht, DB 1987, 2222; *Fick,* Gewerbesteuerliche Hinzurechnungen bei Verpachtung und bei Aufgabe von Betrieben oder Teilbetrieben, BB 1993, 980; *Woring,* Hinzurechnungen nach § 8 Nr 7 GewStG bei kurzfristigen Mietverhältnissen, DStZ 1993, 591; *Meilicke,* Finanzierungsfreiheit und Europarecht, FR 1995, 297; *Meilicke* Unvereinbarkeit des § 10 Abs 1 Nr 9 EStG mit Europarecht, DStZ 1996, 97; *Saß/Tillmann,* Gewerbesteuerliche Hinzurechnung nach § 8 Nr 7 und § 12 Abs 2 Nr 2 GewStG EU-verträglich? Schadensersatz?, DB 1996, 1744; *Köhler,* Gewerbesteuerliche Auswirkungen der als Herstellungsaufwendungen aktivierten Miet- und Pachtzinsen – Hinzurechnungen gem § 8 Nr 7 GewStG, StBp 1997, 313; *Gosch,* Einige aktuelle und zugleich grundsätzliche Bemerkungen zur Gewerbesteuer, DStZ 1998, 327; *Kessler/Teufel,* Die klassische Betriebsaufspaltung nach der Unternehmenssteuerreform, BB 2001, 17.

Übersicht

	Rn
I. Allgemeines	1–3
1. Zweck	1
2. Höherrangiges Recht	2, 3
a) Verfassungsrecht	2
b) Europarecht	3
II. Durchführung	4–10
1. Begriff	4

	Rn
2. Abgrenzungen	5
3. Nicht in Grundbesitz bestehende WG	6–10
a) Allgemeines	6
b) Nicht in Grundbesitz bestehend	7
c) Anlagevermögen	8
d) Begriff der Miet- und Pachtzinsen	9
e) Aufteilung eines einheitlichen Entgelts	10
III. Ausnahmen von der Hinzurechnung	11–17
1. Grundsatz	11
2. Rückausnahme	12
3. Übersteigen der 125 000 €-Grenze/Kriterien	13–15
a) Miet- und Pachtzinsen	13
b) Weitere Einschränkungen	14
c) Räumliche und persönliche Abgrenzung	15
4. Maßgebender Betrag	16
5. Organschaften	17

I. Allgemeines

1. Zweck

Die Vorschrift (aufgeh durch G v 14.8.2007, BGBl I 2007, 1912 mWv EZ 2008) **1 diente der Ermittlung des objektiven GewErtrags.** Durch die Hinzurechnung soll derjenige, der fremde Vermögensgegenstände in seinem Betrieb nutzt, dem selbstnutzenden Eigentümer entsprechender Wirtschaftsgüter gleichgestellt werden (Begr zum GewStG RStBl 1937, 693, 699). Den Reinertrag hat der Gesetzgeber typisierend mit 50% angesetzt.

2. Höherrangiges Recht

a) Verfassungsrecht. Verfassungsrechtlich war die gesetzliche Regelung **nicht 2 zu beanstanden**; sie war nicht willkürlich und verstieß insb nicht gegen Art 3 GG (BFH I R 123/93 BStBl II 1994, 810; BVerfG HFR 1974, 498).

b) Europarecht. Gemeinschaftsrechtlich ist durch EuGH BStBl II 1999, 851 **3** geklärt, dass die Ausnahme von der Hinzurechnung nach Satz 2 Hs 1 gegen das **Diskriminierungsverbot** des Art 49 EGV verstieß (ebenso BFH I B 61/96 BStBl II 1997, 466). Das galt jedoch nicht für reine Inlandssachverhalte (BFH I R 21/04 BStBl II 2005, 716; FG Köln EFG 2004, 138 rkr; *Herlinghaus* EFG 2004, 370; **aA** *Bullinger* IStR 2005, 370). Die Rückausnahme des Satzes 2 Hs 2 unterlag keinen gemeinschaftsrechtlichen Bedenken (BFH I B 43/97 BFH/NV 1998, 352; *FM Länder* DStR 2000, 972).

II. Durchführung

1. Begriff

Zum Begriff des Miet- und Pachtvertrages s § 8 Nr 1 Buchst d nF Rn 5 ff. **4**

2. Abgrenzungen

Zur Abgrenzung zu Liefer- und Kaufverträgen vgl § 8 Nr 1 Buchst d nF Rn 12 f. **5**

§ 8 Nr 7 aF   Hinzurechnungen

3. Nicht in Grundbesitz bestehende WG

6   **a) Allgemeines.** Der **Begriff des WG** ist der des EStG. Er ist weit zu verstehen und bezeichnet Gegenstände, sofern sie als realisierbarer Vermögenswert angesehen werden können, sowie bloße vermögenswerte Vorteile einschließlich tatsächlicher Zustände und konkreter Möglichkeiten, sofern sich der Kaufmann ihre Erlangung etwas kosten lässt, sie nach der Verkehrsauffassung einer selbstständigen Bewertung zugänglich sind und einen Nutzen für mehrere Wj erbringen (BFH GrS 2/68 BStBl II 1969, 291; III R 119/67 BStBl II 1970, 842; I R 266/81 BStBl II 1984, 723; vgl *Schmidt/Weber-Grellet* § 5 Rn 94). So bestimmt war der Begriff beachtlich für die Anwendung des § 8 Nr 7 aF bis EZ 2007 (BFH VIII R 169/72 BStBl II 1976, 463). Auch unkörperliche Gegenstände konnten daher den Begriff des WG erfüllen, vorausgesetzt dass ihre eigenständige wirtschaftliche Ausnutzung und Bewertung möglich ist (6. Aufl § 8 Nr 7 Rn 9).

7   **b) Nicht in Grundbesitz bestehend.** Der **Zweck des Ausschlusses** von Grundbesitz liegt in der **Vermeidung einer Doppelbelastung** mit GewSt und GrundSt. Der Begriff Grundbesitz bezeichnet daher den Steuergegenstand von § 2 GrundStG (vgl §§ 68, 70 BewG; BFH I 199/57 U BStBl III 1959, 5). Daher sind Grundstücksbestandteile dann nicht Grundbesitz, wenn sie Betriebsvorrichtungen iSd § 68 Abs 2 Nr 2 BewG darstellen (BFH I R 188/79 BStBl II 1984, 149; VIII R 261/81 BStBl II 1986, 304), also in einer so engen Beziehung zu dem auf dem Grundstück ausgeübten GewBetrieb stehen, dass dieser unmittelbar mit ihnen betrieben wird (BFH III 382/57 U BStBl III 1958, 400; I R 160/85 BStBl II 1990, 913).

Auch ist für die Frage, ob Grundbesitz iSd Vorschrift vorliegt, **von Bedeutung, ob** ein Recht überhaupt **der GrundSt unterworfen** ist. Ist dies nicht der Fall, dann liegt Grundpacht auch dann nicht vor, wenn es sich um ein grundstücksgleiches Recht handelt, wie etwa das Bergwerkseigentum (vgl BFH III 378/61 U BStBl III 1964, 521) oder die Fährgerechtigkeit (BFH IV 349/62 U BStBl III 1965, 293).

Grundbesitz iSd Vorschrift sind insb Grundstücke, Gebäude und Gebäudeteile, und zwar auch dann, wenn diese auf fremdem Grund und Boden errichtet sind und wesentliche Bestandteile geworden sind; ebenso das Erbbaurecht. Daher keine Zurechnung etwa bei Konzessionsabgaben für die Nutzung von Straßen, Wegen, Plätzen, Häfen und Kanälen usw; Hinzurechnung jedoch, wenn der Zins nur für die Nutzung von dort befindlichen Anlagen (Leitungen, Rohre, Schienen) gezahlt wird (vgl FG Düsseldorf EFG 1959, 92). Nach Nds FG (EFG 1980, 229) keine Hinzurechnung bei der sog „Torfheuer", wenn der Wert des Torfvorkommens bei der Bewertung des Grundbesitzes erfasst worden ist (s jedoch Nds FG VI 377/89). Ebenso wenig kann eine Hinzurechnung von Entgelten für ein „Auffüllrecht" erfolgen, weil ein solches nicht losgelöst von Grund und Boden existiert (BFH I R 99/01 BStBl II 2004, 519).

Anders allerdings bei **Substanzausbeuteverträgen,** die zT den Grund und Boden betreffen, im Übrigen aber die Ausbeute als selbstständiges Recht zum Gegenstand haben (§ 8 Nr 1 Buchst d Rn 12 f); der Pachtzins auf diesen Teil ist hinzuzurechnen (RFH RStBl 1940, 914; BFH I 199/57 U BStBl III 1959, 5; I R 74/73 BStBl II 1976, 721). Der Begriff Grundbesitz versteht sich somit ohne das Mineralgewinnungsrecht. Es unterliegt nicht der GrundSt, sondern der GewSt im Rahmen des gewerblichen Betriebs (vgl BFH IV 122/58 U BStBl III 1960, 466; VI 375/65 BStBl III 1967, 226; I R 175/68 BStBl II 1972, 22). Nicht in Grundbesitz bestehende WG sind Schiffe (BFH I 367/61 U BStBl III 1965, 655) und Fährgerechtigkeiten (BFH IV 349/62 U BStBl III 1965, 293).

Bei einem **gemischten Mietvertrag** ist Aufteilung erforderlich, vgl § 8 Nr 1 Buchst d nF Rn 24.

Hinzurechnungen (Miet- und Pachtzinsen) **§ 8 Nr 7 aF**

c) Anlagevermögen. Zu den übrigen Fragen der Benutzung von bestimmten 8
WG des Anlagevermögens s § 8 Nr 1 Buchst d nF Rn 16.

d) Begriff der Miet- und Pachtzinsen. Hierzu sowie zu notwendigen Abgren- 9
zungen s § 8 Nr 1 Buchst d nF Rn 19 ff.

e) Aufteilung eines einheitlichen Entgelts. Vgl § 8 Nr 1 Buchst d nF Rn 24 f. 10

III. Ausnahmen von der Hinzurechnung

1. Grundsatz

Keine Hinzurechnung, wenn die Entgelte **beim Empfänger zur GewSt** 11
heranzuziehen sind. Die Regelung dient der Vermeidung der doppelten Erfassung
der Zinsen in GewErträgen (BFH I 83/61 S BStBl III 1962, 514). Sie betrifft nur
die GewSt in der BRD (RFH RStBl 1940, 1063; BFH I 83/61 S aaO; I R 113/
79 BStBl II 1984, 17); ebenso bei Befreiung des Empfängers von der GewSt (BFH
I 367/61 U BStBl III 1965, 655). Das Gleiche gilt, wenn der Empfänger Vermögensverwaltung durch Verpachtung des GewBetriebes betreibt (vgl BFH GrS 1/63 S
BStBl III 1964, 124; I R 160/85 BStBl II 1990, 913) oder ein Betrieb gewerblicher
Art iSd KSt-Rechts verpachtet wird (RFH RStBl 1940, 347). Unterbleibt beim
Vermieter/Verpächter die Kürzung nach § 9 Nr 4, obwohl sie materiell-rechtlich
geboten ist, kann der Mieter/Pächter keine Korrektur der bei ihm durchgeführten
Hinzurechnung verlangen (BFH X R 10/89 BStBl II 2005, 145). Bei **Betriebsauf-
spaltung** unterliegen die Miet- u Pachtzinsen beim Empfänger der GewErtragSt
(BFH I R 10/89 BStBl II 1991, 771). Die Vorschrift greift auch dann ein, wenn
die beiden Betriebe im selben Ort liegen (BFH III B 90/97 BFH/NV 2000, 483;
FG Ba-Wü EFG 1997, 1034 rkr).

2. Rückausnahme

Hinzurechnung jedoch dann, wenn ein **Betrieb oder Teilbetrieb im Gan-** 12
zen vermietet oder verpachtet wird und der Miet- oder Pachtzins 125 000 € übersteigt. Diese Sonderregelung soll in Fällen der Verpachtung eines (Teil-)Betriebs
unangemessene Minderungen des GewStAufkommens der Gemeinde vermeiden,
in deren Bereich der (Teil-)Betrieb liegt. Der **Begriff des Betriebs bzw Teilbetriebs** ist derselbe wie in § 16 EStG (BFH I R 146/76 BStBl II 1980, 51). Die
Einrichtung des (Teil-)Betriebs muss nicht vollständig sein; es muss jedoch der
wesentliche Teil der Betriebseinrichtung vorhanden sein. Demnach genügt die Verpachtung einzelner Maschinen oder ganzer Maschineneinrichtungen nicht. Erforderlich ist die Überlassung der notwendigen Räumlichkeiten und der wesentlichen
Teile der Betriebseinrichtung, dh der wesentlichen Betriebsgrundlagen (BFH VIII
R 87/72 BStBl II 1977, 45; I R 10/89 BStBl II 1991, 771; I B 184/94 BFH/NV
1996, 257; I R 132/94 BStBl II 1997, 226; I R 74/98 BStBl II 1999, 365). Hierzu
gehören bei einem gewerblichen Verpächter auch die Pachtverträge für die einzelnen Wirtschaftsgüter (BFH I B 143/94 BFH/NV 1996, 787). Denkbar ist jedoch
die Überlassung eines einzigen Wirtschaftsguts, wenn dessen Unternehmenszweck
auf dessen Vermietung beschränkt ist (*Fick* BB 1993, 980). Der **Teilbetrieb** muss
bereits beim Verpächter einen solchen dargestellt haben. Nach *FM Ba-Wü* (StEK
GewStG § 8 Nr 7 Nr 12) liegt beim Verpächter kein Teilbetrieb vor, wenn ein
Leasing-Unternehmen Kraftwerke an Versorgungsunternehmen verpachtet und die
Betriebsenergie und das Personal vom Versorgungsunternehmen gestellt wird.

Bei der Frage, ob ein Vermieter/Verpächter einen (Teil-)Betrieb vermietet/ver-
pachtet hat, sind **nur die zivilrechtlich von ihm überlassenen** Wirtschaftsgüter
einzubeziehen. Wirtschaftsgüter, die Sonderbetriebsvermögen des Gesellschafters

einer Besitzpersonengesellschaft sind und von ihm an die Betriebsgesellschaft vermietet werden, bleiben bei der Frage nach dem Vorliegen einer Betriebsverpachtung durch die Personengesellschaft außer Betracht (BFH I R 132/94 aaO).

Die Vorschrift ist auch anzuwenden im Falle einer **Betriebsaufspaltung.** Der Verpächter hat nicht das Wahlrecht der Betriebsaufgabe, sondern betätigt sich notwendig gewerblich (s § 2 Rn 296 ff). Für die Hinzurechnung ist mE nicht von Bedeutung, dass die Betriebsstätten von Pächter u Verpächter in derselben Gemeinde liegen.

3. Übersteigen der 125 000 €-Grenze/Kriterien

13 a) **Miet- und Pachtzinsen.** Es kommt auf **die der Hinzurechnungsregelung** nach Satz 1 **unterliegenden Miet- und Pachtzinsen** an, nicht auf die Entgelte insgesamt (zur Abgrenzung s § 8 Nr 1 Buchst d nF Rn 24 ff). Das folgt aus der Bezugnahme in Satz 2 auf Satz 1 der Vorschrift. Es sind also bei Verpachtung eines Betriebes oder Teilbetriebes im Ganzen die auf die in Grundbesitz bestehenden WG entfallenden Pachtzinsen abzugrenzen (FG Ba-Wü EFG 1993, 95, bestätigt durch BFH I R 178/70 BStBl II 1994, 188).

14 b) **Weitere Einschränkungen.** Sie ergeben sich aus Satz 3. Danach ist maßgebend der Betrag, der für die Benutzung der zu den *Betriebsstätten* eines Gemeindebezirks gehörenden fremden WG an **einen** Vermieter oder Verpächter gezahlt wird. Maßgebend ist der Betriebsstättenbegriff des § 12 AO (BFH I R 178/70 BStBl II 1973, 148; I R 10/89 BStBl II 1991, 771; vgl auch § 2 Rn 610 ff). Betriebsstätten sind auch mehrere Bauausführungen, die sich zeitlich überschneidend insgesamt über einen Zeitraum von 6 Monaten hinziehen (BFH I R 74/98 BStBl II 1999, 365).

15 c) **Räumliche und persönliche Abgrenzung.** Es ist **abzugrenzen in räumlicher** und **persönlicher** Hinsicht, nicht jedoch in sachlicher Hinsicht (A 53 Abs 6 Satz 5 GewStR 1998). Hierbei ist ein WG, das mehreren Betriebsstätten dient, derjenigen Betriebsstätte, der es den meisten Nutzen einbringt, oder – wenn eine solche Abgrenzung nicht möglich ist – dem Ort der Geschäftsleitung zuzurechnen (BFH HFR 1965, 64). Setzt ein Straßenbauunternehmen WG auf mehreren Betriebsstätten in verschiedenen Gemeinden ein, dann sind sie dennoch dem Ort der Geschäftsleitung (Hauptbetriebsstätte) zuzurechnen (FG Köln EFG 1989, 132), es sei denn es liegen die Voraussetzungen des § 12 Nr 8 AO vor (BFH I R 10/89 BStBl II 1991, 771).

Im Übrigen lassen sich folgende **Fallgruppen** unterscheiden:

(1.) Werden **ein Betrieb sowie weitere bewegliche WG** für Betriebsstätten **eines Gemeindebezirks** vom demselben Verpächter gepachtet, dann sind nur die Mietzinsen hinzuzurechnen, die auf den Betrieb entfallen und 125 000 € im Jahr übersteigen. Eine Hinzurechnung der auf die übrigen WG entfallenden Pachtzinsen findet, wenn die Zinsen beim Empfänger zur GewSt heranzuziehen sind, nicht statt. Satz 3 ist lediglich eine Ergänzung zu Satz 2 und bezeichnet daher nur die WG des (Teil-)Betriebs.

(2.) Werden **mehrere (Teil-)Betriebe** oder ein (Teil-)Betrieb und sonstige bewegliche WG in **verschiedenen Gemeinden** von einem Verpächter gepachtet, dann Hinzurechnung nur, wenn die Pachtzinsen für den jeweiligen Teilbetrieb 125 000 € übersteigen. Eine Zusammenrechnung findet nicht statt.

(3.) Wird **ein Betrieb mit mehreren Betriebsstätten** (ohne Teilbetriebscharakter) **in verschiedenen Gemeindebezirken** von einem Verpächter übernommen, dann Hinzurechnung nur, wenn den jeweiligen für das Inventar der Betriebsstätte eines Gemeindebezirks gezahlte Pachtzins 125 000 € übersteigt.

Hinzurechnungen (Mitunternehmer-Verlustanteile) **§ 8 Nr 8**

Die übrigen Pachtzinsen unterliegen nicht der Hinzurechnung (*Wohlschlegel/ Schaaf* FR 1973, 513).

(4.) Werden **mehrere (Teil-)Betriebe** oder ein (Teil-)Betrieb und sonstige bewegliche WG in einem Gemeindebezirk **von verschiedenen Verpächtern** gepachtet, dann ebenfalls Hinzurechnung nur, wenn den jeweiligen die Zinsen für den jeweiligen (Teil-)Betrieb 125 000 € übersteigen. Auch hier findet eine Zusammenrechnung nicht statt. Das G verwendet den Ausdruck an „einen Vermieter oder Verpächter" nicht anders als den Ausdruck „eines Gemeindebezirks".

4. Maßgebender Betrag

Hinzuzurechnen ist der Betrag, den der Mieter oder Pächter „zu zahlen hat"; dh es kommt auf die **Verpflichtung zur Zahlung**, nicht auf die tatsächliche Zahlung an; daher unterliegen auch Rückstellungen der Hinzurechnung, soweit sie das Betriebsergebnis gemindert haben. In zeitlicher Hinsicht maßgebend sind die Beträge eines EZ, auch wenn das Nutzungsverhältnis nicht während des gesamten EZ bestanden hat. Nur soweit in diesem tatsächlich Verpflichtungen oder Zahlungen den Gewinn gemindert haben, unterliegen sie der Hinzurechnung. Eine Umrechnung auf einen Jahresbetrag findet nicht statt. **16**

Gehen Miet- oder Pachtzinsen zulässigerweise nach R 6.3 Abs 2 EStR in die **aktivierten Herstellungskosten** eines Wirtschaftsguts ein, sind sie entsprechend den Grundsätzen von BFH I R 59/92 BFH/NV 1993, 561 (zu den Dauerschuldzinsen) erst hinzuzurechnen, wenn sie sich im Rahmen einer AfA oder Teilwertabschreibung gewinnmindernd ausgewirkt haben (ebenso und zum Problem in tatsächlicher Hinsicht *Köhler* StBp 1997, 313).

5. Organschaften

In **Organschaftsfällen** hat eine Hinzurechnung von Miet- u Pachtzinsen, die im Organkreis gezahlt werden, nicht zu unterbleiben. Wegen der Korrespondenzvorschrift des § 9 Nr 4 kann keine Doppelbelastung eintreten. Die Hinzurechnung hat auch dann zu erfolgen, wenn sich hierdurch für die Organgesellschaft ein negativer Gewerbeertrag ergibt und infolgedessen ein vororganschaftlicher Verlust der Organgesellschaft nicht nach § 10a abgesetzt werden kann (BFH XI R 47/89 BStBl II 1992, 630). **17**

§ 8 Nr. 8 Hinzurechnungen (Mitunternehmer-Verlustanteile)

Dem Gewinn aus Gewerbebetrieb (§ 7) werden folgende Beträge wieder hinzugerechnet, soweit sie bei der Ermittlung des Gewinns abgesetzt worden sind:

...

8. die Anteile am Verlust einer in- oder ausländischen offenen Handelsgesellschaft, einer Kommanditgesellschaft oder einer anderen Gesellschaft, bei der die Gesellschafter als Unternehmer (Mitunternehmer) des Gewerbebetriebs anzusehen sind;

...

Gewerbesteuer-Richtlinien 2009: R 8.4 GewStR/H 8.4 GewStH

Literatur: *Döllerer,* Die Beteiligung einer Kapitalgesellschaft an einer Personenhandelsgesellschaft nach Handelsrecht und Steuerrecht, DStZ 1977, 139; *Hönle,* Die Einheit des Unternehmers und des Unternehmens im Gegensatz zur Unternehmer- und Unternehmenseinheit, DB

§ 8 Nr 8 Hinzurechnungen

1981, 1007; *Autenrieth/Haug,* Gewerbesteuerliches Schachtelprivileg und Verlustvortrag für Erhebungszeiträume bis 1985, DStZ 1987, 279; *Pauka,* Veränderungen bei der Gewerbesteuer von 1984 bis 1986, DB 1987, 655; *Kromer,* Ertragsteuerlich irrelevante Ausgliederungen von Unternehmensteilen bei Kapitalgesellschaften, DStR 2000, 2157; *Berg/Trompeter,* Ausgliederung im Treuhandmodell, FR 2003, 903; *Stegemann,* Treuhandmodell: Ertragsteuerliche Irrelevanz der zivilrechtlichen Existenz – Personengesellschaft als steuerliches Gestaltungsinstrument, Inf 2003, 629; *Wild/Reinfeld,* Das Treuhandmodell – Ein Modell ohne Zukunft?, DB 2005, 69; *Rödder,* Gewerbesteuerliche Behandlung einer Personengesellschaft im Rahmen des sog Treuhandmodells, DStR 2005, 955.

I. Allgemeines

1 Zweck der Vorschrift ist die **Vermeidung der doppelten Erfassung** der Verluste von Mitunternehmerschaften, wenn die Anteile zu einem Betriebsvermögen gehören. Nach § 15 Abs 3 EStG gilt die Tätigkeit von Mitunternehmerschaften stets und in vollem Umfang als GewBetrieb. Daher werden nur diese herangezogen. Die Gewinnanteile der Gesellschafter haben gewstrechtlich keine Relevanz, und zwar auch, wenn die Anteile zu einem BV gehören. Die Vorschrift dient also der Trennung der Verhältnisse von Gesellschaft und Gesellschafter durch Hinzurechnung der Verlustanteile unter der allgemeinen Voraussetzung des § 8, dass sie bei der Ermittlung des Gewinns abgesetzt worden sind. Ihr korrespondiert die Kürzungsvorschrift des § 9 Nr 2.

II. Anwendungsbereich

2 Hinzugerechnet werden auch die Verlustanteile an einer **ausländischen Mitunternehmerschaft**. Diese Fassung hat die Vorschrift durch G v 16.8.1977 (BGBl I 1977, 1586) erhalten, nachdem der BFH ihren ursprünglichen Anwendungsbereich auf Anteile an inländischen Mitunternehmerschaften beschränkt hatte (BFH VIII 16/65 BStBl II 1972, 388; I R 248/71 BStBl II 1974, 752). Nach § 36 Abs 2 idF des vorgenannten Gesetzes sollte die Fassung ab EZ 1972 gelten. Zu den verfassungsrechtlichen Bedenken, die sich hiergegen aus der steuererhöhenden Rückwirkung ergeben, vgl *Orth* aaO, 139, 146. Die *FinVerw* ist den Bedenken durch die Anweisung gefolgt, von einer Hinzurechnung von Verlustanteilen an ausländischen Mitunternehmerschaften bis EZ 1976 abzusehen (vgl *FM Nds* DB 1978, 1378). Für Beteiligungen an einer Personengesellschaft in der ehemaligen DDR oder Berlin (Ost) vgl BFH I R 165/74 BStBl II 1976, 676.

III. Anteil am Verlust einer Mitunternehmerschaft

1. Allgemeines

3 Betroffen ist nur der Anteil am Verlust einer **Gesellschaft iSd § 15 Abs 3 EStG,** also nicht bei ausschließlicher Land- und Forstwirtschaft und mE grundsätzlich auch nicht bei einer Partnerschaftsgesellschaft, es sei denn diese ist gewerblich „infiziert" (hierzu § 2 Rn 287, 424). GewStPfl der Beteiligungsgesellschaft ist nicht erforderlich (BFH IV R 319/84 BStBl II 1987, 64); daher auch Hinzurechnung von Verlusten an gewerblich geprägten Personengesellschaften iSd § 15 Abs 3 Nr 2 EStG, die nach § 36 Abs 2 GewStG aF ab EZ 1986 nicht gewstpfl sind (*FinSen Berlin* FR 1987, 336; hierzu *Autenrieth/Haug* DStZ 1987, 279; *Pauka* DB 1987, 655), sowie an einer atypischen stillen Gesellschaft (BFH I R 20/93 BStBl II 1994, 327, 331; I R 133/93 BStBl II 1995, 171; I R 76/93 BStBl II 1995, 794; I R 76/93 BFH/NV

Hinzurechnungen (Spenden) § 8 Nr 9

1996, 504 jeweils mwN). Zu den Besonderheiten bei Treuhandverhältnissen vgl BFH IV R 179/82 BStBl II 1985, 247 und VIII R 83/84 DB 1988, 996.

2. GmbH & Co KG

Die Vorschrift ist auch anzuwenden bei der Beteiligung einer KG als einzige **4** Kommanditistin an einer **GmbH & Co KG** (BFH IV R 56/80 BStBl II 1984, 150). Die Hinzurechnung ist unter dem vom BFH inzwischen aufgegebenen Gesichtspunkt der gewstrechtlichen Unternehmenseinheit (BFH I R 95/76 BStBl II 1980, 465) nicht zu vermeiden. Auch eine Organschaft kommt nicht in Betracht, weil die GmbH & Co KG gewstrechtlich einer KapGes nicht gleichzustellen ist (BFH IV R 68/77 BStBl II 1980, 658; IV R 25/79 BStBl II 1982, 707). Beteiligungen der vorbezeichneten Art können nur dann zu einer Zusammenfassung der Betriebe führen, wenn der Stpfl Alleinunternehmer der GmbH & Co KG ist, weil die Komplementär-GmbH nicht Mitunternehmer ist (BFH IV R 56/80 BStBl II 1984, 150); vgl zum sog „Treuhandmodell" § 2 Rn 412. Das ist aber nicht schon dann der Fall, wenn die GmbH Organgesellschaft der Beteiligungs-KG ist (BFH I R 143/75 BStBl II 1978, 74; IV R 56/80 BStBl II 1984, 150), denn die Organgesellschaft ist eigenständiges Subjekt der Gewinnermittlung (§ 2 Rn 518; BFH IV R 186/72 BStBl II 1977, 301). Die Mitunternehmereigenschaft fehlt aber auch nicht deswegen, weil die GmbH am Verlust der Grund-KG nicht beteiligt ist, solange ihre handelsrechtliche Haftung besteht (BFH IV R 115/76 BStBl II 1980, 336).

IV. Umfang der Hinzurechnung

Hinzugerechnet wird der nach den o.a. Grundsätzen ermittelte Verlustanteil, **5** der bei der Ermittlung des Gewinns **tatsächlich abgesetzt** worden ist. Nach BFH I 78/61 S BStBl III 1962, 438 (zust *Döllerer* DStZ/A 1977, 139) gilt dies auch für Verluste aus der Veräußerung der Beteiligung. Eine Teilwertabschreibung auf die Beteiligung ist steuerrechtlich unzulässig (BFH I R 165/73 BStBl III 1976, 73; I R 242/81 BStBl II 1986, 333; *Blümich/Hofmeister* § 8 GewStG Rn 652). Sie ist – ohne Bindung an einen ESt-/KSt-Bescheid – bei der Ermittlung des Gewinns/Einkommens (§ 7) zu korrigieren und kommt daher auch für eine Hinzurechnung nicht in Betracht (BFH IV R 100/06 BFH/NV 2010, 2056). Verlustanteile aus einer Partenreederei sind auch dann hinzuzurechnen, wenn diese noch keinen Gewerbebetrieb iSd GewStG ausübt (BFH IV R 319/84 BStBl II 1987, 64; H 8.4 GewStH).

§ 8 Nr. 9 Hinzurechnungen (Spenden)

Dem Gewinn aus Gewerbebetrieb (§ 7) werden folgende Beträge wieder hinzugerechnet, soweit sie bei der Ermittlung des Gewinns abgesetzt worden sind:

...

9. **die Ausgaben im Sinne des § 9 Abs. 1 Nr. 2 des Körperschaftsteuergesetzes;**

...

Gewerbesteuer-Richtlinien 2009: R 8.5 GewStR

Literatur: *Thiel/Eversberg,* Gesetz zur steuerlichen Förderung von Kunst, Kultur und Stiftung ..., DB 1991, 118; *Pauka,* StÄndG 1992: Die Änderungen im Gewerbesteuerrecht, DB 1992,

§ 8 Nr 10 Hinzurechnungen

1207; *Schönwald*, Berücksichtigung von Spenden bei der Gewerbesteuer, StStud 1998, 503; *Schoor*, Ermittlung des Gewerbeertrags ab 2004, BBK Fach 13, 4675; *Eckmann*, Spenden, LSW-Gruppe 4/298, 1-12; *Wassermeyer*, Liebhaberei und Spendenabzug bei der Einkommensermittlung im Körperschaftsteuerrecht, DB 2011, 1828.

I. Allgemeines

1   Die Vorschrift dient der **Gleichstellung** von estpfl und kstpfl GewTreibenden. Die nach § 9 Abs 1 Nr 2 KStG abziehbaren Ausgaben (Spenden und Mitgliedsbeiträge) zur Förderung steuerbegünstigter Zwecke iSd §§ 52 bis 54 AO mindern bei EStpfl als Sonderausgaben nach § 10b EStG den Gewinn nicht. Kstpfl GewTreibende wären also gewstrechtlich ohne diesen Ausgleich besser gestellt als Estpfl (zur Problematik des BA-Abzugs *Wassermeyer* DB 2011, 1828). Diesen Ausgleich stellt die Vorschrift her. Sie hat mit Wirkung durch das StÄndG 1992 (BGBl I 1992, 297) eine Änderung erfahren. Das *ab EZ 1991* geltende **Gesamtkonzept** zum Abzug von Spenden und Mitgliedsbeiträgen bedingt, dass die als Betriebsausgaben abgezogenen Spenden zunächst hinzuzurechnen sind und sodann nach § 9 Nr 5 mit bestimmten Höchstbeträgen von der Summe des Gewinns und der Hinzurechnungen gekürzt werden (R 8.5 Satz 2 GewStR; zum Verfahren *Eckmann* LSW Gruppe 4/298, 1-12; *Schoor* BK Fach 13, 4675).

II. Rechtslage ab EZ 1991/2007

2   Betroffen sind alle **Aufwendungen iSv § 9 Abs 1 Nr 2 KStG** ohne die vorher zu beachtenden Einschränkungen. Die Vorschrift betrifft alle Körperschaftsteuerpflichtigen. Sie hat aber **auch** Bedeutung **für Personengesellschaften,** an denen eine Kapitalgesellschaft beteiligt ist, und zwar dann, wenn die Spenden aus dem Gesamthandsvermögen der Personengesellschaft geleistet worden sind und anteilig auf den Gewinnanteil der Kapitalgesellschaft entfallen (*Pauka* DB 1992, 1207; aA *Kratzsch* in L/S § 8 Nr 9 Rn 11).
Durch **G v 10.10.2007** ist § 9 Abs 1 Nr 2 KStG in Übereinstimmung mit § 10b Abs 1 EStG iRd Neuordnung des Gemeinnützigkeits- und Spendenrechts (§ 52 Abs 2 AO; hierzu § 3 Nr 6 Rn 14) neu gefasst worden. Neu geregelt sind die begünstigten Zwecke und die Höhe der abziehbaren/hinzuzurechnenden Aufwendungen, nicht jedoch das System der Ermittlung des GewErtrags (Rn 1).

III. Umfang der Hinzurechnungen

3   Erfasst werden nach dem Einleitungssatz des § 8 die bei der Gewinnermittlung **tatsächlich abgesetzten** Beträge. Wurden einzelne Beträge zu Unrecht abgesetzt, ist die Gewinnermittlung (§ 7) zu korrigieren. Bei **Rückzahlung** von Zuwendungen in einem späteren EZ ist der Gewinn dieses EZ um den Betrag zu kürzen, der unter Einbeziehung der Kürzung nach § 9 Nr 5 den GewErtrag erhöht hat (ebenso *Blümich/Hofmeister* § 8 GewStG Rn 673).

§ 8 Nr. 10 Hinzurechnungen (Ausschüttungsbedingte Gewinnminderungen)

Dem Gewinn aus Gewerbebetrieb (§ 7) werden folgende Beträge wieder hinzugerechnet, soweit sie bei der Ermittlung des Gewinns abgesetzt worden sind:

Hinzurechnungen (Ausschüttungsbedingte Gewinnminderungen) **§ 8 Nr 10**

...
10. Gewinnminderungen, die
    a) **durch Ansatz des niedrigeren Teilwerts des Anteils an einer Körperschaft oder**
    b) **durch Veräußerung oder Entnahme des Anteils an einer Körperschaft oder bei Auflösung oder Herabsetzung des Kapitals der Körperschaft**

    entstanden sind, soweit der Ansatz des niedrigeren Teilwerts oder die sonstige Gewinnminderung auf Gewinnausschüttungen der Körperschaft, um die der Gewerbeertrag nach § 9 Nr. 2 a, 7 oder 8 zu kürzen ist, oder organschaftliche Gewinnabführungen der Körperschaft zurückzuführen ist;
...

Gewerbesteuer-Richtlinien 2009: R 8.6 GewStR/H 8.6 GewStH

Literatur: *Herzig/Hötzel*, Ausschüttungsbedingte Teilwertabschreibungen – zugleich kritische Auseinandersetzung mit § 26 Abs 8 KStG und § 8 Nr 10 GewStG, DB 1988, 2265; *Goutier*, § 8 Nr 10 GewStG nF und die gewerbesteuerliche Organschaft, DB 1989, 244; *Pöllath/Wenzel*, Gewerbesteuerliche Teilwertabschreibungen bei Organschaften? DB 1989, 797; *Kausemann*, Gewerbesteuerliche Wirksamkeit abführungsbedingter Teilwertabschreibungen in Verbindung mit besonderen Ausgleichsposten nach Abschn 59 KStR, DB 1989, 2450; *Schnädter* § 8 Nr 10 GewStG „sachgerecht"?, FR 1989, 576; *Dötsch/Buyer*, Teilwertabschreibung auf Organbeteiligungen, DB 1991, 10; *Breidenbach*, Ausschüttungsbedingte Teilwertabschreibungen im Falle der gewerbesteuerlichen Organschaft, DB 1991, 2157; *Hönle*, Systemwidrigkeiten beim mitgekauften Gewinn und der ausschüttungsbedingten Teilwertabschreibung, BB 1993, 252; *Holzapfel*, Vermeidung der gewerbesteuerlichen Mehrfachentlastung bei verlustbedingter Wertminderung im Falle der Organschaft, StWa 1995, 106, 146; *Rödder/Momen*, Gewerbesteuerliche Behandlung des Übernahmeverlustes bei Umwandlung einer Kapital- in eine Personengesellschaft, DStR 1996, 1799; *Kohlhaas*, Gewerbesteuerliche Behandlung der abführungsbedingten Teilwertabschreibung im Organkreis erneut auf dem Prüfstand, DStR 1998, 5; *Kohlhaas*, Teilwertabschreibungen im gewerbesteuerlichen Organkreis ..., GmbHR 1999, 106, 704; *Kohlhaas*, Die (unendliche) Geschichte der abführungsbedingten Teilwertabschreibung im gewerbesteuerlichen Organkreis, GmbHR 1999, 747; *Rogall*, Ungereimtheiten bei der Gewerbesteuer im Zusammenhang mit Beteiligungen an Kapitalgesellschaften, DB 2004, 2176; *Roser*, Teilwertabschreibungen und andere Wertminderungen – das BMF als kreativer Ersatzgesetzgeber, GmbHR 2011, 841.

Übersicht

	Rn
I. Allgemeines	1, 1a
1. Gesetzeszweck	1
2. Organschaften	1a
II. Inhalt	2
III. Betroffene Schachtelbeteiligungen	3
IV. Gewinnausschüttungen	4
V. Gewinnminderungen	5, 5a
1. Gründe	5
2. Ursächlichkeit	5a
VI. Anwendung des § 9 Nrn 2a, 7 oder 8	6
VII. Organschaft	7, 7a
1. Regelung vor EZ 1999	7
2. Regelung ab EZ 1999	7a
VIII. Nachfolgende Teilwertzuschreibungen	8

§ 8 Nr 10

I. Allgemeines

1. Gesetzeszweck

1 Nach der Vorstellung des Gesetzgebers (BTDrs 11/2157, 175) soll die Vorschrift ein **Gegenstück zum sog gewstrechtlichen „Schachtelprivileg"** darstellen. Nach § 9 Nr 2a, 7 und 8 wird bei der Ermittlung des GewErtrags der Gewinn um Gewinnausschüttungen aus „Schachtelbeteiligungen" (Beteiligungen von jetzt mindestens 15%) an bestimmten Körperschaften gekürzt. Auf der Ausschüttung beruhende Teilwertabschreibungen oder – im Falle der Veräußerung der Anteile, der Auflösung der Körperschaft oder der Kapitalherabsetzung – Buchwertverluste des Anteilsinhabers sollen sich nach dem Willen des Gesetzgebers gewstrechtlich ebenso wenig auswirken wie die Gewinnausschüttungen selbst (Vermeidung einer Doppelentlastung, BFH IV R 35/01 BStBl II 2004, 460). Dagegen insb *Schnädter* FR 1989, 576, der darauf hinweist, dass im Falle der Veräußerung einer Beteiligung bei vorhandenen ausschüttbaren Gewinnen durch § 9 Nr 2a usw nicht nur eine Benachteiligung des Veräußerers, sondern – unter Einschluss von § 8 Nr 10 – auch des Erwerbers eintritt. Wird die Beteiligung im Betriebsvermögen gehalten, so unterliegen die ausgeschütteten Reserven zweimal (beim Veräußerer und bei der Gesellschaft) der GewSt (*Hönle* BB 1993, 252; *Herzig/Hötzel* DB 1988, 2265; *Breidenbach* DB 1991, 2157). Bedenken gegen die Verfassungsmäßigkeit der Vorschrift dürften trotz allem nicht bestehen (**aA** *Schnädter* FR 1989, 576; *Herzig/Hötzel* DB 1988, 2265; *Hönle* BB 1993, 252). Für die Abschaffung der Vorschrift aus steuersystematischen Gründen *Rogall* DB 2004, 2176.

2. Organschaften

1a **Ab EZ 1999** werden von der Hinzurechnung auch auf **organschaftlichen Gewinnabführungen** beruhende Gewinnminderungen erfasst. Zweck ist die Sicherstellung der **Ertragsneutralität** der Gewinnabführungen **im Organkreis.** Organschaftliche Gewinnabführungen (ebenso Ausschüttungen) beeinflussen den Gewerbeertrag des Organkreises nicht (BFH I R 10/93 BStBl II 1994, 768). Deshalb sollen auch Gewinnminderungen als Folgewirkungen organschaftlicher Gewinnabführungen den Gewerbeertrag des Organkreises nicht beeinflussen.

II. Inhalt

2 Hinzuzurechnen sind bei der Gewinnermittlung eingetretene Gewinnminderungen in drei Fällen:
- **Teilwertabschreibung** auf einen Anteil an einer Körperschaft,
- **Veräußerung** oder **Entnahme** des Anteils,
- **Auflösung** oder **Herabsetzung** des Kapitals der Körperschaft,

soweit die Gewinnminderung auf Gewinnausschüttungen der Körperschaft zurückzuführen ist und auf die Gewinnausschüttung § 9 Nr 2 a, 7 oder 8 angewendet wird. Weitere Voraussetzung ist, dass die Gewinnausschüttung nach dem 23.6.1988 erfolgt (§ 36 Abs 4 aF).

III. Betroffene Schachtelbeteiligungen

3 Betroffen sind Beteiligungen an **nicht steuerbefreiten inländischen** Kapitalgesellschaften iSv § 2 Abs 2, Kreditanstalten des öffentlichen Rechts, Erwerbs- und Wirtschaftsgenossenschaften oder einer Unternehmensbeteiligungsgesellschaft iSd § 3 Nr 23 (vgl § 9 Nr 2 a), an einer **ausländischen Kapitalgesellschaft** (vgl § 9

Hinzurechnungen (Ausschüttungsbedingte Gewinnminderungen) **§ 8 Nr 10**

Nr 7) und an einer ausländischen Gesellschaft, bei denen die Gewinne nach einem DBA steuerbefreit sind (§ 9 Nr 8). Bei Letzteren handelt es sich in Anbetracht der unterschiedlichen Begriffe in § 8 Nr 10 (Körperschaft) und § 9 Nr 8 (Gesellschaft) wohl ebenfalls um ausländische Kapitalgesellschaften.

IV. Gewinnausschüttungen

Es können **offene** wie **verdeckte Gewinnausschüttungen** sein. Sie erfolgen nach dem 23.6.1988 (§ 36 Abs 4 aF), wenn bei der offenen Gewinnausschüttung der Gewinnverwendungsbeschluss nach diesem Zeitpunkt wirksam geworden ist (vgl BTDrs 11/2529, 36), im Übrigen, wenn die Gewinnausschüttung zu aktivieren ist bzw der Vermögensabfluss bei der Körperschaft erfolgt (vgl § 27 Abs 3 KStG aF). Die Vorschrift greift auch beim sog Kombinationsmodell im Zusammenhang mit der Umwandlung einer Kapital- in eine Personengesellschaft (*Rödder/Momen* DStR 1996, 1799).

Andere einer Teilwertabschreibung zugrundeliegende Umstände, etwa eine **Gewinnabführung,** fielen **zunächst nicht** unter die Vorschrift (FG Rh-Pf EFG 1993, 333). Sie führt nicht zu einer Doppelentlastung, sondern lediglich zu einer Neutralisierung des Gewinns aus der Aufdeckung der stillen Reserven bei der abführenden Gesellschaft. Zur Regelung für *Organschaften* s Rn 7.

4

V. Gewinnminderungen

1. Gründe

Die Gewinnminderungen müssen eingetreten sein durch
- **Teilwertabschreibungen** auf Anteile an den genannten Körperschaften (hierzu *Schmidt/Kulosa* § 6 Rn 286; *Herzig/Hötzel* DB 1988, 2265), also in Höhe des Betrages, um den infolge der Ausschüttung der Teilwert der Anteile unter den Buchwert fällt (vgl BFH IV R 35/01 BStBl II 2004, 460);
- **Veräußerung des Anteils** vor der Teilwertabschreibung, wenn ein unter den Anschaffungskosten und damit unter dem Buchansatz liegender Verkaufserlös erzielt wird;
- **Entnahme des Anteils** vor der Teilwertabschreibung zu einem durch die Ausschüttung ermittelten Teilwert;
- **Auflösung** der Körperschaft; hierbei ist der Gewinn gemindert in der Höhe, in der die Auskehrung der Liquidationsrate, die eine Kürzung nach § 9 Nr 2a zur Folge hat, zur Ausbuchung der Anteile an der Untergesellschaft beim Anteilseigner geführt hat, zu erfassen und nicht nur dann und soweit der auf den Anteil entfallende Liquidationserlös geringer ist als der (abzuschreibende bzw auszubuchende) Buchwert des Anteils (BFH IV R 35/01 aaO);
- **Kapitalherabsetzung,** wenn die Kapitalrückzahlung an den Anteilseigner geringer ist als die wegen ihr eintretende Minderung des Buchwerts des Anteils.

Andere Gründe (zB Verluste bei der Körperschaft) führen nicht zur Hinzurechnung (R 8.6 Satz 3 GewStR).

5

2. Ursächlichkeit

Zurückzuführen auf die Gewinnausschüttung ist die Gewinnminderung, wenn und soweit sie unmittelbar auf ihr beruht. Erfolgt etwa im Jahre 01 eine Ausschüttung, ohne dass eine Teilwert-abschreibung durchgeführt wird, und wird im Jahr 02 etwa ein Verlust erzielt mit der Folge einer Teilwertabschreibung zum 31.12.2002, dann ist diese Teilwertabschreibung bis zur Höhe des Verlusts

5a

Güroff

§ 8 Nr 10

nicht auf die Gewinnausschüttung zurückzuführen (*Blümich/Hofmeister* § 8 GewStG Rn 702; *Roser* in *L/S* § 8 Nr 10 Rn 12). Kommen **mehrere Umstände,** darunter eine Gewinnausschüttung, als ursächlich für die Teilwertabschreibung in Betracht (zB Gewinnausschüttung aus 01 in 02 sowie Verlust in 02), dann ist nach R 8.6 Satz 4 GewStR davon auszugehen, dass die Gewinnminderung vorrangig auf diese anderen Gründe zurückzuführen ist. ME entspricht es dem Gesetzeszweck eher, durch Schätzung zu ermitteln, wie sich der Wert des Anteils ohne die Gewinnausschüttung entwickelt hätte (ebenso *Blümich/Hofmeister* § 8 GewStG Rn 703).

VI. Anwendung des § 9 Nrn 2a, 7 oder 8

6 Dieses Merkmal bedeutet **tatsächliche Kürzung** des Gewinns um die Gewinnausschüttung. Das Vorliegen der Voraussetzung für die Kürzung allein genügt nicht, wie sich aus dem Zweck der Hinzurechnung (Rn 1) ergibt (*Blümich/Hofmeister* § 8 GewStG Rn 704; *Roser* in *L/S* § 8 Nr 10 Rn 14).

Die **unzutreffende Kürzung** (ohne Vorliegen der Voraussetzungen des § 9 Nrn 2a, 7 oder 8) soll nach *Blümich/Hofmeister* (aaO) der Hinzurechnung der Gewinnminderung nicht entgegenstehen. ME ist dem – abw von der Vorauflage – nicht zu folgen. Der Wortlaut der Vorschrift stellt eindeutig ab auf das Vorliegen der entsprechenden Voraussetzungen („... zu kürzen ist ..."; iE ebenso *Roser* in *L/S* § 8 Nr 10 Rn 12 f).

VII. Organschaft

1. Regelung vor EZ 1999

7 Die Vorschrift war in Organschaftsfällen **zunächst nicht anzuwenden** (*Pauka* DB 1988, 2224; *Goutier* DB 1989, 244; *Kausemann* DB 1989, 2450; *Dötsch/Buyer* DB 1991, 10, 14; *Blümich/Hofmeister* § 8 GewStG Rn 224; *Roser* in *L/S* § 8 Nr 10 Rn 7). Wegen der Betriebsstättenfunktion des § 2 Abs 2 Satz 2 ist der vom Organ erzielte Gewinn nur einmal zu erfassen. Nach dieser Vorschrift und nicht nach § 9 ist der Gewinn des Organträgers um die Gewinnausschüttung bzw Gewinnabführung zu kürzen (so schon RFH RStBl 1942, 858), weswegen es an einer wesentlichen Voraussetzung des § 8 Nr 10 fehlte (vgl BFH I R 10/93 BStBl II 1994, 768; I R 79/98 BFH/NV 2000, 745).

Hiervon unabhängig ist die Frage, ob überhaupt gewstrechtlich eine abführungs- oder ausschüttungsbedingte Teilwertabschreibung auf die Beteiligung im Organkreis zugelassen werden darf (zust *Goutier* DB 1989, 244; *Pöllat/Wenzel* DB 1989, 797; *Kausemann* DB 1989, 2450; *Hönle* BB 1993, 252 und – nur für die Auflösung und Ausschüttung stiller Reserven – *Breidenbach* DB 1991, 2157; **aA** A 41 Abs 1 Satz 1 GewStR 1998; *Pauka* DB 1988, 2224, 2227). ME ist den GewStR zu folgen (vgl hierzu § 2 Rn 532). Auf jeden Fall kommt eine Teilwertabschreibung und unter der Voraussetzung der Anwendung des § 9 Nr 2a, 7 oder 8 damit auch die Hinzurechnung der Gewinnminderung in Betracht, wenn Gewinne aus der Zeit vor der Begründung der Organschaft ausgeschüttet werden (*FM NRW* DB 1989, 656, DStR 1989, 293, FR 1989, 347; *Pauka* DB 1988, 2224, 2227; aA *Schnädter* FR 1989, 576, der für den Fall des Beteiligungserwerbs vor Ausschüttung mE zu Unrecht wegen der nach § 2 Abs 2 Satz 2 erfolgenden Kürzung des Veräußerungsgewinns die Kürzung nach § 9 beim Erwerber für verbraucht hält).

2. Regelung ab EZ 1999

Es sind **auch** auf **organschaftlichen Gewinnabführungen** beruhende Gewinnminderungen hinzuzurechnen (vgl Rn 1 aE). Das bedeutet, dass die Hinzurechnung schon bei der Ermittlung des Gewerbeertrags des Gewerbebetriebs durchzuführen ist, dessen Gewinn durch die Teilwertabschreibung auf die Beteiligung an der Organgesellschaft usw gemindert worden ist. Die Ertragsneutralität wird also nicht erst durch Korrektur des Ergebnisses des Organkreises erreicht. Für **organschaftliche Gewinnausschüttungen** ist § 8 Nr 10 mE nur bis EZ 2001 **entsprechend anwendbar**, da bei einer nur gewstlichen Organschaft wirtschaftlich zwischen Gewinnabführung und Gewinnausschüttung im Organkreis kein Unterschied besteht (vgl BFH I R 10/93 BStBl II 1994, 768; ebenso *Blümich/Hofmeister* § 8 GewStG Rn 692; *Roser* in *L/S* § 8 Nr 10 Rn 21). ME gilt das jedoch nicht für spätere EZ, da **ab 2002** auch die gewstliche Organschaft einen GAV voraussetzt. Insofern sind wieder die Grundsätze von BFH I R 10/93 BStBl II 1994, 768 anwendbar.

7a

VIII. Nachfolgende Teilwertzuschreibungen

Die Hinzurechnung nach § 8 Nr 10 hindert es nicht, eine **nachfolgende Teilwertzuschreibung** als den GewErtrag erhöhend zu erfassen; eine Kürzungsmöglichkeit besteht nicht. Auch eine Gesetzeslücke liegt nicht vor (BFH I R 19/08 BStBl II 2010, 301; R 8.6 Satz 7 GewStG). ME zutreffend, denn zwar liegt eine Doppelbelastung vor, jedoch fehlt es an einer Vorschrift, deren Zweck es ist, eine solche bei der gegebenen Sachlage zu verhindern (hierzu *Gosch* BFH/PR 2009, 99; *Ott* StuB 2009, 232; krit *Wendt* FR 2009, 543).

8

§ 8 Nr. 11 *(weggefallen)*

§ 8 Nr. 12 Hinzurechnungen (Ausländische Steuern)

Dem Gewinn aus Gewerbebetrieb (§ 7) werden folgende Beträge wieder hinzugerechnet, soweit sie bei der Ermittlung des Gewinns abgesetzt worden sind:

...

12. ausländische Steuern, die nach § 34c des Einkommensteuergesetzes oder nach einer Bestimmung, die § 34c des Einkommensteuergesetzes für entsprechend anwendbar erklärt, bei der Ermittlung der Einkünfte abgezogen werden, soweit sie auf Gewinne oder Gewinnanteile entfallen, die bei der Ermittlung des Gewerbeertrags außer Ansatz gelassen oder nach § 9 gekürzt werden.

I. Inhalt der Vorschrift

Die Vorschrift sieht die **Hinzurechnung der ausländischen Steuern** in den Fällen vor, in denen die ausländischen Einkünfte, auf die die Steuer entfällt, entweder nicht im Gewinn enthalten sind oder bei der Gewerbeertragsermittlung vom Gewinn gekürzt werden.

1

II. Zweck der Vorschrift

2 Nach der Änderung des § 34c EStG können die auf ausländische Einkünfte erhobenen Steuern bei der Einkünfteermittlung abgezogen werden (§ 34c EStG). Sie sind Betriebsausgaben und mindern auch den Gewerbeertrag (§ 7). In Fällen, in denen die ausländischen Einkünfte nicht der GewSt unterliegen, zB weil es sich um Dividenden aus wesentlichen Beteiligungen handelt, die die Voraussetzungen für eine Kürzung bei der Gewerbeertragsermittlung nach § 9 Nr 7 oder 8 erfüllen, würde als Folge der Änderung des EStG eine **zweifache Minderung** des Gewerbeertrags eintreten, nämlich einmal durch den Betriebsausgabenabzug der ausländischen Steuer und ein weiteres Mal durch die Kürzung der Dividende mit dem Bruttobetrag vom Gewinn. Aus diesem Grund sieht § 8 Nr 12 in den o.a. Fällen die Hinzurechnung vor.

§ 8a Hinzurechnung des Gewerbeertrags bei niedriger Gewerbesteuerbelastung *(aufgehoben)*

(1) Ist der Unternehmer am Nennkapital einer Kapitalgesellschaft mit Geschäftsleitung und Sitz innerhalb des Geltungsbereichs dieses Gesetzes seit Beginn des Erhebungszeitraums ununterbrochen mindestens zu einem Zehntel beteiligt (Tochtergesellschaft), ist der Gewerbeertrag der Tochtergesellschaft dem Gewerbeertrag entsprechend der Beteiligung am Nennkapital hinzurechnen, wenn der Gewerbeertrag der Tochtergesellschaft nur einer niedrigen Gewerbesteuerbelastung unterliegt.

(2) Der Gewerbeertrag der Tochtergesellschaft unterliegt einer nur niedrigen Gewerbesteuerbelastung, wenn der von der hebeberechtigten Gemeinde bestimmte Hebesatz 200 vom Hundert unterschreitet.

(3) Ist die Tochtergesellschaft an einer anderen Kapitalgesellschaft beteiligt und wird ihr ein Gewerbeertrag nach Absatz 1 hinzugerechnet, erhöht sich der Hinzurechnungsbetrag nach Absatz 1 entsprechend.

(4) ¹Der Hinzurechnungsbetrag ist gegenüber der Tochtergesellschaft und allen Unternehmen im Sinne von Absatz 1 gesondert und einheitlich festzustellen. ²Zuständig für die gesonderte Feststellung ist das für die Festsetzung des Gewerbesteuer-Messbetrags der Tochtergesellschaft zuständige Finanzamt. ³Erklärungspflichtig ist die Tochtergesellschaft; sie ist Empfangsbevollmächtigte für alle Beteiligten und Einspruchsberechtigte.

Literatur: *Förster*, Die Änderungen durch das StVergAbG bei der Einkommensteuer und der Körperschaftsteuer, DB 2003, 899; *Walz/Süß*, Verfassungswidrigkeit der gewerbesteuerlichen Änderungen durch das Steuervergünstigungsabbaugesetz?, DStR 2003, 1637; *Mattern/Schnitger*, Die neue Hinzurechnungsbesteuerung des Gewerbesteuergesetzes, DStR 2003, 1321, 1377; *Rödel*, Änderungen im Bereich der Gewerbesteuer durch das Steuervergünstigungsabbaugesetz, INF 2003, 740; *Rödder/Schumacher*, Das Steuervergünstigungsabbaugesetz, DStR 2003, 805.

Übersicht

	Rn
I. Allgemeines	1, 1a
1. Entstehung/Zweck	1
2. Kritik	1a
II. Voraussetzungen bei einfacher Beteiligung (Abs 1)	2–4
1. Beteiligung an einer Tochterkapitalgesellschaft	2
2. Niedrige GewStBelastung	3

Voraussetzungen bei einfacher Beteiligung § 8a

	Rn
3. Umfang der Hinzurechnung	4
III. Voraussetzungen bei Beteiligungsketten (Abs 3)	5–7
1. Beteiligungen	5
2. Umfang der Hinzurechnung	6
3. Verfahren	7

I. Allgemeines

1. Entstehung/Zweck

Die merkwürdig anmutende Vorschrift wurde durch G v 16.5.2003 (BGBl I **1** 2003, 660) mWv 1.1.2003 **eingefügt** und durch G v 23.12.2003 (BGBl I 2003, 2922) mWv EZ 2004 wieder **aufgehoben.** Sie galt also **nur im EZ 2003** und darf als ein Musterfall für die gegenwärtige Auffassung von der (Nicht-)Stetigkeit der Steuergesetzgebung gelten.

Zweck der Vorschrift war die Verringerung des Standortvorteils von Gemeinden, die entweder ganz auf die Erhebung der GewSt verzichtet hatten oder einen sehr niedrigen Hebesatz, unter 200%, festgesetzt hatten (hierzu § 1 Rn 16). **Flankiert** wurde die Vorschrift durch Beschränkung der Kürzung vom GewErtrag nach **§ 9 Nr 2** sowie durch beschränkende Eingriffe in das Zerlegungsverfahren nach **§§ 28 Abs 2 Satz 1 Nr 4** und die GewStAnrechnung nach **§ 35 Abs 1 Sätze 2 und 3 EStG.** Unmittelbarer Adressat dieser GewErtragsermittlungsnorm war nicht die Gemeinde, sondern der GewStPfl.

2. Kritik

Bereits hieran wird deutlich, dass der Gesetzgeber einen **unsystematischen** *und* **1a komplizierten Weg** zur „Disziplinierung" der Gemeinden gewählt hatte. Was die notwendige Frage aufwirft, warum er nicht gleich den Weg beschritten hatte, den Gemeinden die Erhebung der GewSt und einen Mindesthebesatz vorzuschreiben – wie ab EZ 2004 geschehen (hierzu § 1 Rn 16). Verfassungsfragen können es kaum gewesen sein; denn der zunächst beschrittene Weg war verfassungsrechtlich mindestens ebenso bedenklich wie der nun beschrittene, zumal die Hinzurechnung zu willkürlichen Mehrfachbelastungen und willkürlichen Ungleichbehandlungen führen konnte (hierzu *Förster* DB 2003, 899; *Walz/Süß* DStR 2003, 1637; **aA** *Mattern/ Schnitger* DStR 2003, 1637).

II. Voraussetzungen bei einfacher Beteiligung (Abs 1)

1. Beteiligung an einer Tochterkapitalgesellschaft

Erforderlich war eine **Beteiligung an einer Kapitalgesellschaft,** die nicht **2** Organgesellschaft des gewstpfl Unternehmens ist. Das sind AG, GmbH und KGaA (§ 2 Abs 2 Satz 1), nicht jedoch die Erwerbs- und Wirtschaftsgenossenschaften und Versicherungsvereine auf Gegenseitigkeit sowie gar juristische Personen des privaten Rechts. Geschäftsleitung und Sitz müssen sich im **Inland** befinden. Die **Beteiligung** musste mindestens ¹/₁₀ **des Nennkapitals** betragen, und zwar seit Beginn des EZ ununterbrochen während des gesamten EZ. Der Anteil am Stimmrecht war bei dieser Vorschrift ebenso unerheblich wie bei den Vorschriften zum Schachtelprivileg (vgl § 9 Nr 2a Rn 4), denen sie offenkundig zT nachgebildet ist. Sonderbetriebsvermögen darstellende Beteiligungen von Gesellschaftern einer Personengesellschaft werden (mit der eigenen Beteiligung der Gesellschaft) zusammengerechnet (*Mattern/*

Schnitger DStR 2003, 1321). **Mittelbare Beteiligungen genügten nicht,** wie sich aus dem Klammerzusatz „Tochtergesellschaft" ergibt (*Rödder/Schumacher* DStR 2003, 805).

2. Niedrige GewStBelastung

3   Der **Hebesatz** im EZ 2003 musste **unter 200%** liegen; eine geringe Höhe der tatsächlichen GewStBelastung (zB durch Verlustabzüge oder Erlass) war unerheblich (*Mattern/Schnitger* DStR 2003, 1321).

Im Falle von **mehrgemeindlichen Betriebsstätten** der Tochtergesellschaft genügte es nicht, wenn nicht alle Gemeinden niedrig besteuerten. Denn die Gemeinden mit einem Hebesatz von unter 200% waren nach § 28 Abs 2 Satz 1 Nr 4 nicht an der Zerlegung beteiligt, so dass ihr Hebesatz sich nicht auswirkte (allgM: *Sarrazin* in *L/S* § 8a Rn 9 ff; *Mattern/Schnitger* DStR 2003, 1321). Die Ausnahmevorschrift des § 28 Abs 2 Satz 2 wiederum wirkte in diesem Fall dahin, dass – wenn Gemeinden mit einem höheren Hebesatz nach § 28 Abs 2 Satz 1 nicht vorhanden waren – sich ausschließlich niedrige Hebesätze auswirken. Das bedeutet aber auch, dass es – anders als im Falle nur einer Betriebsstätte (hierzu unten) – nicht zu einer Mehrfachbelastung desselben GewErtrags mit GewSt kommen konnte – was den o.a. Willkürvorwurf verstärkt.

3. Umfang der Hinzurechnung

4   Die **Hinzurechnung** erfolgte **mit dem GewErtrag der Tochter** zum GewErtrag des in Abs 1 bezeichneten beteiligten Unternehmens, entsprechend der Höhe der Beteiligung. Änderte sich diese im Laufe des EZ, war dies zeitanteilig zu berücksichtigen (GewErtrag Tx Anteil × $^y/_{12}$+ Gew-Ertrag Tx Anteil × $^z/_{12}$). Die Hinzurechnung wirkte so, als habe die beteiligte Unternehmen den anteilig hinzugerechneten GewErtrag selbst erzielt. Das konnte zwar auch zur Saldierung von negativen und positiven GewErträgen oder Addierung von negativen GewErträgen führen (*Mattern/Schnitger* DStR 2003, 1321; aA *Sarrazin* in *L/S* § 8a Rn 8: nur positive GewErträge). Jedoch war die Mehrfachbelastung die Regel, die dem Gesetzgeber wohl vorgeschwebt hatte. Dieses Missverhältnis von Mittel und Zweck rechtfertigt den Vorwurf des Verstoßes gegen das Übermaßverbot und der Regelungswillkür.

III. Voraussetzungen bei Beteiligungsketten (Abs 3)

1. Beteiligungen

5   **Erforderlich** war die Beteiligung vom StPfl (Mutterunternehmen) an Tochtergesellschaft und deren Beteiligung an einer weiteren Kapitalgesellschaft (= Enkelgesellschaft). Jedoch sind auch längere und verzweigtere **Beteiligungsketten** erfasst. Die Mindestbeteiligungshöhe musste – wie sich aus dem Bezug auf Abs 1 ergibt – 10% sein. Die relevante Beteiligungskette umfasste alle niedrig besteuerten Tochter- und Enkelgesellschaften bis zur letzten niedrig besteuerten Enkelgesellschaft. Organverhältnisse unterbrachen die Kette ebenso wie eine nicht niedrig besteuerte zwischengeschaltete Gesellschaft. War eine **Personengesellschaft zwischengeschaltet,** führte dies zu einem Durchgriff nach § 39 Abs 2 Nr 2 AO, wenn sie nur vermögensverwaltend tätig war. Handelte es sich jedoch um eine ihrerseits gewstpfl Mitunternehmerschaft, dann erfolgte kein Durchgriff; die Hinzurechnung endete bei ihr; auch § 9 Nr 2 Satz 2 (2003) war mE nicht anwendbar.

2. Umfang der Hinzurechnung

Die **Hinzurechnung** war **auf jeder Stufe** der Beteiligung an einer niedrig 6
besteuerten Gesellschaft zunächst nach Abs 1 vorzunehmen. Dieser Hinzurechnungsbetrag war nach Abs 3, vermindert durch die zwischengeschalteten Anteile bis zum Beginn der niedrig besteuerten Kette (StPfl) fortzuführen. Diese Hinzurechnung nach Abs 3 setzte mE – wie erwähnt – auf jeder Beteiligungsstufe voraus, dass auch auf dieser eine niedrige GewSt-Belastung – also ein Fall des Abs 1 – bestand, was der Verweis auf die „Tochtergesellschaft" des Abs 1 ebenso unterstreicht wie die Rechtsfolge der Erhöhung der Zurechnung nach Abs 1 (ebenso *Rödder/Schumacher* DStR 2003, 805; **aA** *Mattern/Schnitger* DStR 2003, 1377).

3. Verfahren

Abs 3 regelte das Erfordernis einer **gesonderten** und **einheitlichen Feststellung** 7
gegenüber der jeweiligen Tochtergesellschaft und allen Unternehmen iSv Abs 1; das sind die Unternehmen, die an der jeweiligen Tochtergesellschaft beteiligt waren. Für den Fall, dass auf einer Beteiligungsstufe keine niedrige Besteuerung vorlag, sah das Gesetz entsprechend der unter Rn 5 u 6 dargestellten Unterbrechung der Kette keine (weitere) Feststellung vor. Festzustellen waren der EZ, der Hinzurechnungsbetrag/die Hinzurechnungsbeträge und der/die GewStPfl, der/die der Hinzurechnung ausgesetzt war. Zuständig war das für die Festsetzung des GewStMessbetrages der Tochtergesellschaft zuständige FA.

§ 9 Kürzungen

Die Summe des Gewinns und der Hinzurechnungen wird gekürzt um
1. 1,2 Prozent des Einheitswerts des zum Betriebsvermögen des Unternehmers gehörenden und nicht von der Grundsteuer befreiten Grundbesitzes; maßgebend ist der Einheitswert, der auf den letzten Feststellungszeitpunkt (Hauptfeststellungs-, Fortschreibungs- oder Nachfeststellungszeitpunkt) vor dem Ende des Erhebungszeitraums (§ 14) lautet. ²An Stelle der Kürzung nach Satz 1 tritt auf Antrag bei Unternehmen, die ausschließlich eigenen Grundbesitz oder neben eigenem Grundbesitz eigenes Kapitalvermögen verwalten und nutzen oder daneben Wohnungsbauten betreuen oder Einfamilienhäuser, Zweifamilienhäuser oder Eigentumswohnungen im Sinne des Ersten Teils des Wohnungseigentumsgesetzes in der im Bundesgesetzblatt Teil III, GliederungsNummer 403–1, veröffentlichten bereinigten Fassung, zuletzt geändert durch Artikel 28 des Gesetzes vom 14. Dezember 1984 (BGBl. I S. 1493), errichten und veräußern, die Kürzung um den Teil des Gewerbeertrags, der auf die Verwaltung und Nutzung des eigenen Grundbesitzes entfällt. ³Satz 2 gilt entsprechend, wenn in Verbindung mit der Errichtung und Veräußerung von Eigentumswohnungen Teileigentum im Sinne des Wohnungseigentumsgesetzes errichtet und veräußert wird und das Gebäude zu mehr als 66⅔ Prozent Wohnzwecken dient. ⁴Betreut ein Unternehmen auch Wohnungsbauten oder veräußert es auch Einfamilienhäuser, Zweifamilienhäuser oder Eigentumswohnungen, so ist Voraussetzung für die Anwendung des Satzes 2, dass der Gewinn aus der Verwaltung und Nutzung des eigenen Grundbesitzes gesondert ermittelt wird. ⁵Die Sätze 2 und 3 gelten nicht,
   1. wenn der Grundbesitz ganz oder zum Teil dem Gewerbebetrieb eines Gesellschafters oder Genossen dient,
   1a. soweit der Gewerbeertrag Vergütungen im Sinne des § 15 Abs. 1 Satz 1 Nr. 2 Satz 1 des Einkommensteuergesetzes enthält, die der

§ 9 Kürzungen

Gesellschafter von der Gesellschaft für seine Tätigkeit im Dienst der Gesellschaft oder für die Hingabe von Darlehen oder für die Überlassung von Wirtschaftsgütern, mit Ausnahme der Überlassung von Grundbesitz, bezogen hat oder

2. soweit der Gewerbeertrag Gewinne aus der Aufdeckung stiller Reserven aus dem Grundbesitz enthält, der innerhalb von drei Jahren vor der Aufdeckung der stillen Reserven zu einem unter dem Teilwert liegenden Wert in das Betriebsvermögen des aufdeckenden Gewerbebetriebs überführt oder übertragen worden ist, und soweit diese Gewinne auf bis zur Überführung oder Übertragung entstandenen stillen Reserven entfallen.

[6]Eine Kürzung nach den Sätzen 2 und 3 ist ausgeschlossen für den Teil des Gewerbeertrags, der auf Veräußerungs- oder Aufgabegewinne im Sinne des § 7 Satz 2 Nr. 2 und 3 entfällt;

2. die Anteile am Gewinn einer in- oder ausländischen offenen Handelsgesellschaft, einer Kommanditgesellschaft oder einer anderen Gesellschaft, bei der die Gesellschafter als Unternehmer (Mitunternehmer) des Gewerbebetriebs anzusehen sind, wenn die Gewinnanteile bei der Ermittlung des Gewinns angesetzt worden sind. [2]Satz 1 ist bei Lebens- und Krankenversicherungsunternehmen nicht anzuwenden; für Pensionsfonds gilt Entsprechendes;

2a. die Gewinne aus Anteilen an einer nicht steuerbefreiten inländischen Kapitalgesellschaft im Sinne des § 2 Abs. 2, einer Kredit- oder Versicherungsanstalt des öffentlichen Rechts, einer Erwerbs- und Wirtschaftsgenossenschaft oder einer Unternehmensbeteiligungsgesellschaft im Sinne des § 3 Nr. 23, wenn die Beteiligung zu Beginn des Erhebungszeitraums mindestens 15 Prozent des Grund- oder Stammkapitals beträgt und die Gewinnanteile bei Ermittlung des Gewinns (§ 7) angesetzt worden sind. [2]Ist ein Grund- oder Stammkapital nicht vorhanden, so ist die Beteiligung an dem Vermögen, bei Erwerbs- und Wirtschaftsgenossenschaften die Beteiligung an der Summe der Geschäftsguthaben, maßgebend. [3]Im unmittelbaren Zusammenhang mit Gewinnanteilen stehende Aufwendungen mindern den Kürzungsbetrag, soweit entsprechende Beteiligungserträge zu berücksichtigen sind; insoweit findet § 8 Nr. 1 keine Anwendung. [4]Nach § 8b Abs. 5 des Körperschaftsteuergesetzes nicht abziehbare Betriebsausgaben sind keine Gewinne aus Anteilen im Sinne des Satzes 1. [5]Satz 1 ist bei Lebens- und Krankenversicherungsunternehmen auf Gewinne aus Anteilen, die den Kapitalanlagen zuzurechnen sind, nicht anzuwenden; für Pensionsfonds gilt Entsprechendes;

2b. die nach § 8 Nr. 4 dem Gewerbeertrag einer Kommanditgesellschaft auf Aktien hinzugerechneten Gewinnanteile, wenn sie bei der Ermittlung des Gewinns (§ 7) angesetzt worden sind;

3. den Teil des Gewerbeertrags eines inländischen Unternehmens, der auf eine nicht im Inland belegene Betriebsstätte entfällt. [2]Bei Unternehmen, die ausschließlich den Betrieb von eigenen oder gecharterten Handelsschiffen im internationalen Verkehr zum Gegenstand haben, gelten 80 Prozent des Gewerbeertrags als auf eine nicht im Inland belegene Betriebsstätte entfallend. [3]Ist Gegenstand eines Betriebs nicht ausschließlich der Betrieb von Handelsschiffen im internationalen Verkehr, so gelten 80 Prozent des Teils des Gewerbeertrags, der auf den Betrieb von Handelsschiffen im internationalen Verkehr entfällt, als auf eine nicht im Inland belegene Betriebsstätte entfallend; in diesem Fall ist Voraussetzung, dass dieser Teil gesondert ermittelt wird. [4]Han-

delsschiffe werden im internationalen Verkehr betrieben, wenn eigene oder gecharterte Handelsschiffe im Wirtschaftsjahr überwiegend zur Beförderung von Personen und Gütern im Verkehr mit oder zwischen ausländischen Häfen, innerhalb eines ausländischen Hafens oder zwischen einem ausländischen Hafen und der freien See eingesetzt werden. ⁵Für die Anwendung der Sätze 2 bis 4 gilt § 5a Abs. 2 Satz 2 des Einkommensteuergesetzes entsprechend;

4. *die bei der Ermittlung des Gewinns aus Gewerbebetrieb des Vermieters oder Verpächters berücksichtigten Miet- oder Pachtzinsen für die Überlassung von nicht in Grundbesitz bestehenden Wirtschaftsgütern des Anlagevermögens, soweit sie nach § 8 Nr. 7 dem Gewinn aus Gewerbebetrieb des Mieters oder Pächters hinzugerechnet worden sind;*

5. die aus den Mitteln des Gewerbebetriebs geleisteten Zuwendungen (Spenden und Mitgliedsbeiträge) zur Förderung steuerbegünstigter Zwecke im Sinne der §§ 52 bis 54 der Abgabenordnung bis zur Höhe von insgesamt 20 Prozent des um die Hinzurechnungen nach § 8 Nummer 9 erhöhten Gewinns aus Gewerbebetrieb (§ 7) oder 4 Promille der Summe der gesamten Umsätze und der im Wirtschaftsjahr aufgewendeten Löhne und Gehälter. ²Voraussetzung für die Kürzung ist, dass diese Zuwendungen

   a) an eine juristische Person des öffentlichen Rechts oder an eine öffentliche Dienststelle, die in einem Mitgliedstaat der Europäischen Union oder in einem Staat belegen ist, auf den das Abkommen über den Europäischen Wirtschaftsraum (EWR-Abkommen) Anwendung findet, oder

   b) an eine nach § 5 Absatz 1 Nummer 9 des Körperschaftsteuergesetzes steuerbefreite Körperschaft, Personenvereinigung oder Vermögensmasse oder

   c) an eine Körperschaft, Personenvereinigung oder Vermögensmasse, die in einem Mitgliedstaat der Europäischen Union oder in einem Staat belegen ist, auf den das Abkommen über den Europäischen Wirtschaftsraum (EWR-Abkommen) Anwendung findet, und die nach § 5 Absatz 1 Nummer 9 des Körperschaftsteuergesetzes in Verbindung mit § 5 Absatz 2 Nummer 2 zweiter Halbsatz des Körperschaftsteuergesetzes steuerbefreit wäre, wenn sie inländische Einkünfte erzielen würde,

   geleistet werden (Zuwendungsempfänger). ³Für nicht im Inland ansässige Zuwendungsempfänger nach Satz 2 ist weitere Voraussetzung, dass durch diese Staaten Amtshilfe und Unterstützung bei der Beitreibung geleistet werden. ⁴Amtshilfe ist der Auskunftsaustausch im Sinne oder entsprechend der Amtshilferichtlinie gemäß § 2 Absatz 2 des EU-Amtshilfegesetzes. ⁵Beitreibung ist die gegenseitige Unterstützung bei der Beitreibung von Forderungen im Sinne oder entsprechend der Beitreibungsrichtlinie einschließlich der in diesem Zusammenhang anzuwendenden Durchführungsbestimmungen in den für den jeweiligen Veranlagungszeitraum geltenden Fassungen eines entsprechenden Nachfolgerechtsaktes. ⁶Werden die steuerbegünstigten Zwecke des Zuwendungsempfängers im Sinne von Satz 2 Buchstabe a nur im Ausland verwirklicht, ist für eine Kürzung nach Satz 1 Voraussetzung, dass natürliche Personen, die ihren Wohnsitz oder ihren gewöhnlichen Aufenthalt im Geltungsbereich dieses Gesetzes haben, gefördert werden oder dass die Tätigkeit dieses Zuwendungsempfängers neben der Verwirklichung der steuerbegünstigten Zwecke auch zum Ansehen der Bundesrepublik Deutschland beitragen kann. ⁷In die Kürzung nach

§ 9

Satz 1 sind auch Mitgliedsbeiträge an Körperschaften einzubeziehen, die Kunst und Kultur gemäß § 52 Absatz 2 Nummer 5 der Abgabenordnung fördern, soweit es sich nicht um Mitgliedsbeiträge nach Satz 11 Nummer 2 handelt, auch wenn den Mitgliedern Vergünstigungen gewährt werden. [8]Überschreiten die geleisteten Zuwendungen die Höchstsätze nach Satz 1, kann die Kürzung im Rahmen der Höchstsätze nach Satz 1 in den folgenden Erhebungszeiträumen vorgenommen werden. [9]Einzelunternehmen und Personengesellschaften können auf Antrag neben der Kürzung nach Satz 1 eine Kürzung um die im Erhebungszeitraum in das zu erhaltende Vermögen (Vermögensstock) einer Stiftung, die die Voraussetzungen der Sätze 2 bis 6 erfüllt, geleisteten Spenden in diesem und in den folgenden neun Erhebungszeiträumen bis zu einem Betrag von 1 Million Euro vornehmen. [10]Nicht abzugsfähig nach Satz 9 sind Spenden in das verbrauchbare Vermögen einer Stiftung. [11]Der besondere Kürzungsbetrag nach Satz 9 kann der Höhe nach innerhalb des Zehnjahreszeitraums nur einmal in Anspruch genommen werden. [12]Eine Kürzung nach den Sätzen 1 bis 10 ist ausgeschlossen, soweit auf die geleisteten Zuwendungen § 8 Abs. 3 des Körperschaftsteuergesetzes anzuwenden ist oder soweit Mitgliedsbeiträge an Körperschaften geleistet werden, die

1. den Sport (§ 52 Abs. 2 Nr. 21 der Abgabenordnung),
2. kulturelle Betätigungen, die in erster Linie der Freizeitgestaltung dienen,
3. die Heimatpflege und Heimatkunde (§ 52 Abs. 2 Nr. 22 der Abgabenordnung) oder
4. Zwecke im Sinne des § 52 Abs. 2 Nr. 23 der Abgabenordnung

fördern. [13]10b Absatz 3 und 4 Satz 1 sowie § 10d Absatz 4 des Einkommensteuergesetzes und § 9 Absatz 2 Satz 2 bis 5 und Absatz 3 Satz 1 des Körperschaftsteuergesetzes, sowie die einkommensteuerrechtlichen Vorschriften zur Abziehbarkeit von Zuwendungen gelten entsprechend. [14]Wer vorsätzlich oder grob fahrlässig eine unrichtige Bestätigung über Spenden und Mitgliedsbeiträge ausstellt oder veranlasst, dass entsprechende Zuwendungen nicht zu den in der Bestätigung angegebenen steuerbegünstigten Zwecken verwendet werden (Veranlasserhaftung), haftet für die entgangene Gewerbesteuer. [15]In den Fällen der Veranlasserhaftung ist vorrangig der Zuwendungsempfänger in Anspruch zu nehmen; die natürlichen Personen, die in diesen Fällen für den Zuwendungsempfänger handeln, sind nur in Anspruch zu nehmen, wenn die entgangene Steuer nicht nach § 47 der Abgabenordnung erloschen ist und Vollstreckungsmaßnahmen gegen den Zuwendungsempfänger nicht erfolgreich sind; § 10b Absatz 4 Satz 5 des Einkommensteuergesetzes gilt entsprechend. [16]Der Haftungsbetrag ist mit 15 Prozent der Zuwendungen anzusetzen und fließt der für den Spendenempfänger zuständigen Gemeinde zu, die durch sinngemäße Anwendung des § 20 der Abgabenordnung bestimmt wird. [17]Der Haftungsbetrag wird durch Haftungsbescheid des Finanzamts festgesetzt; die Befugnis der Gemeinde zur Erhebung der entgangenen Gewerbesteuer bleibt unberührt. [18]§ 184 Abs. 3 der Abgabenordnung gilt sinngemäß.

6. *(weggefallen)*
7. die Gewinne aus Anteilen an einer Kapitalgesellschaft mit Geschäftsleitung und Sitz außerhalb des Geltungsbereichs dieses Gesetzes, an deren Nennkapital das Unternehmen seit Beginn des Erhebungszeitraums ununterbrochen mindestens zu 15 Prozent beteiligt ist (Tochtergesell-

Kürzungen § 9

schaft) und die ihre Bruttoerträge ausschließlich oder fast ausschließlich aus unter § 8 Abs. 1 Nr. 1 bis 6 des Außensteuergesetzes fallenden Tätigkeiten und aus Beteiligungen an Gesellschaften bezieht, an deren Nennkapital sie mindestens zu einem Viertel unmittelbar beteiligt ist, wenn die Beteiligungen ununterbrochen seit mindestens zwölf Monaten vor dem für die Ermittlung des Gewinns maßgebenden Abschlussstichtag bestehen und das Unternehmen nachweist, dass
1. diese Gesellschaften Geschäftsleitung und Sitz in demselben Staat wie die Tochtergesellschaft haben und ihre Bruttoerträge ausschließlich oder fast ausschließlich aus den unter § 8 Abs. 1 Nr. 1 bis 6 des Außensteuergesetzes fallenden Tätigkeiten beziehen oder
2. die Tochtergesellschaft die Beteiligungen in wirtschaftlichem Zusammenhang mit eigenen unter Absatz 1 Nr. 1 bis 6 fallenden Tätigkeiten hält und die Gesellschaft, an der die Beteiligung besteht, ihre Bruttoerträge ausschließlich oder fast ausschließlich aus solchen Tätigkeiten bezieht,

wenn die Gewinnanteile bei der Ermittlung des Gewinns (§ 7) angesetzt worden sind; das gilt auch für Gewinne aus Anteilen an einer Gesellschaft, die in der Anlage 2 zum Einkommensteuergesetz genannten Voraussetzungen des Artikels 2 der Richtlinie 2011/96/EU des Rates vom 30. November 2011 über das gemeinsame Steuersystem der Mutter- und Tochtergesellschaften verschiedener Mitgliedstaaten (ABl. L 345 vom 29.12.2011, S. 8) erfüllt, weder Geschäftsleitung noch Sitz im Inland hat und an deren Nennkapital das Unternehmen zu Beginn des Erhebungszeitraums mindestens zu einem Zehntel beteiligt ist. ²§ 9 Nr. 2a Satz 3 gilt entsprechend. ³§ 9 Nr. 2a Satz 4 gilt entsprechend. ⁴Bezieht ein Unternehmen, das über eine Tochtergesellschaft mindestens zu 15 Prozent an einer Kapitalgesellschaft mit Geschäftsleitung und Sitz außerhalb des Geltungsbereichs dieses Gesetzes (Enkelgesellschaft) mittelbar beteiligt ist, in einem Wirtschaftsjahr Gewinne aus Anteilen an der Tochtergesellschaft und schüttet die Enkelgesellschaft zu einem Zeitpunkt, der in dieses Wirtschaftsjahr fällt, Gewinne an die Tochtergesellschaft aus, so gilt auf Antrag des Unternehmens das Gleiche für den Teil der von ihm bezogenen Gewinne, der seiner mittelbaren Beteiligung auf das Unternehmen entfallenden Gewinnausschüttung der Enkelgesellschaft entspricht. ⁵Hat die Tochtergesellschaft in dem betreffenden Wirtschaftsjahr neben den Gewinnanteilen einer Enkelgesellschaft noch andere Erträge bezogen, so findet Satz 4 nur Anwendung für den Teil der Ausschüttung der Tochtergesellschaft, der dem Verhältnis dieser Gewinnanteile zu der Summe dieser Gewinnanteile und der übrigen Erträge entspricht, höchstens aber in Höhe des Betrags dieser Gewinnanteile. ⁶Die Anwendung des Satzes 4 setzt voraus, dass
1. die Enkelgesellschaft in dem Wirtschaftsjahr, für das sie die Ausschüttung vorgenommen hat, ihre Bruttoerträge ausschließlich oder fast ausschließlich aus § 8 Abs. 1 Nr. 1 bis 6 des Außensteuergesetzes fallenden Tätigkeiten oder aus unter Satz 1 Nr. 1 fallenden Beteiligungen bezieht und
2. die Tochtergesellschaft unter den Voraussetzungen des Satzes 1 am Nennkapital der Enkelgesellschaft beteiligt ist.

⁷Die Anwendung der vorstehenden Vorschriften setzt voraus, dass das Unternehmen alle Nachweise erbringt, insbesondere
1. durch Vorlage sachdienlicher Unterlagen nachweist, dass die Tochtergesellschaft ihre Bruttoerträge ausschließlich oder fast ausschließ-

§ 9 Kürzungen

lich aus unter § 8 Abs. 1 Nr. 1 bis 6 des Außensteuergesetzes fallenden Tätigkeiten oder aus unter Satz 1 Nr. 1 und 2 fallenden Beteiligungen bezieht,

2. durch Vorlage sachdienlicher Unterlagen nachweist, dass die Enkelgesellschaft ihre Bruttoerträge ausschließlich oder fast ausschließlich aus unter § 8 Abs. 1 Nr. 1 bis 6 des Außensteuergesetzes fallenden Tätigkeiten oder aus unter Satz 1 Nr. 1 fallenden Beteiligungen bezieht,
3. den ausschüttbaren Gewinn der Tochtergesellschaft oder Enkelgesellschaft durch Vorlage von Bilanzen und Erfolgsrechnungen nachweist; auf Verlangen sind diese Unterlagen mit dem im Staat der Geschäftsleitung oder des Sitzes vorgeschriebenen oder üblichen Prüfungsvermerk einer behördlich anerkannten Wirtschaftsprüfungsstelle oder einer vergleichbaren Stelle vorzulegen.

[8]Die Sätze 1 bis 7 sind bei Lebens- und Krankenversicherungsunternehmen auf Gewinne aus Anteilen, die den Kapitalanlagen zuzurechnen sind, nicht anzuwenden; für Pensionsfonds gilt Entsprechendes;

8. die Gewinne aus Anteilen an einer ausländischen Gesellschaft, die nach einem Abkommen zur Vermeidung der Doppelbesteuerung unter der Voraussetzung einer Mindestbeteiligung von der Gewerbesteuer befreit sind, wenn die Beteiligung mindestens 15 Prozent beträgt und die Gewinnanteile bei der Ermittlung des Gewinns (§ 7) angesetzt worden sind; ist in einem Abkommen zur Vermeidung der Doppelbesteuerung eine niedrigere Mindestbeteiligungsgrenze vereinbart, ist diese maßgebend. [2]§ 9 Nr. 2a Satz 3 gilt entsprechend. [3]§ 9 Nr. 2a Satz 4 gilt entsprechend. [4]Satz 1 ist bei Lebens- und Krankenversicherungsunternehmen auf Gewinne aus Anteilen, die den Kapitalanlagen zuzurechnen sind, nicht anzuwenden; für Pensionsfonds gilt Entsprechendes.
9. *(weggefallen)*
10. *die nach § 8a des Körperschaftsteuergesetzes bei der Ermittlung des Gewinns (§ 7) angesetzten Vergütungen für Fremdkapital.* [2]*§ 8 Nr. 1 und 3 ist auf diese Vergütungen anzuwenden.*

1. Zwecke

1 Die Kürzungsvorschriften des § 9 dienen nach der gesetzgeberischen Intention der **Ermittlung des objektiven,** von den Beziehungen des Unternehmers zum Betrieb losgelösten **GewErtrags,** daneben jedoch auch sehr **eigenständigen Zwecken.** Einige Vorschriften sollen eine Doppelbelastung bestimmter Teile des GewErtrags mit GewErtragSt (Nrn 2, 2a, 4 aF) oder mit GrundSt (Nr 1, s aber dort Rn 2b, 17), andere die Belastung ausländischer GewErträge mit GewErtragSt vermeiden (Nrn 3, 7, 8); die übrigen Vorschriften (Nrn 5, 9) dienen je eigenen Zwecken.

Es besteht **jedoch kein Grundsatz** des Inhalts, eine Kürzung sei durchzuführen, weil es ohne sie zu einer **Doppelbelastung** kommt (BFH I R 19/08 BStBl II 2010, 301). Es genügt auch unter verfassungsrechtlichen Aspekten, wenn es prinzipiell gelingt, gewstliche Belastungen durch auf einander abgestimmte Hinzurechnungen und Kürzungen zu vermeiden, was nicht in jedem Einzelfall gelingen muss (BFH I R 102/06 BFH/NV 2010, 462).

2. Numerus clausus

2 Die Aufzählung ist **abschließender Natur.** Daher finden nur die gesetzlich vorgesehenen Kürzungen statt (BFH IV R 182/77 BStBl II 1981, 220, Veräußerung

Kürzungen (Grundbesitz) **§ 9 Nr 1**

von SonderBV; I R 19/08 BStBl II 2010, 301, Teilwertzuschreibung). Das System des GewStRechts erfordert auch keine Kürzung etwa um einen Unternehmerlohn (BVerfGE 40, 109, 117; 46, 224, 237; *Steuerreformkommission,* Schriftenreihe des *BMF* Heft 17, Rn 219), ebenso wenig wie es eine Doppelbelastung in nicht von den Vorschriften erfassten Fällen ausschließt (BFH I R 235/81 BStBl II 1986, 72).

3. Rechtliche Wirkung

Die rechtliche Wirkung der Kürzung besteht in der **Minderung des GewEr-** 3 **trags** und der GewErtragSt. Ebenso aber wie es bei § 8 zu Hinzurechnungen von negativen Beträgen kommen kann, ist bei § 9 eine Kürzung um negative Beträge möglich, was im Ergebnis zu einer Erhöhung von GewErtrag und GewErtragSt führt.

4. Wirtschaftliche Bedeutung

Die **gesamte wirtschaftliche Bedeutung** der Vorschrift ist **gering.** Im EZ 4 1966 betrug sie durchschnittlich nur 0,97% des Gewinns nach § 7 (*Schuhmacher* StuW 1987, 111, 119; hierzu vor § 8 Nr 1). Für den einzelnen Betrieb können sich jedoch – insb bei § 9 Nr 1 – erhebliche Auswirkungen ergeben mit der Folge, dass ein gewinnstarkes Unternehmen keine oder eine nur geringfügige GewSt zahlt (vgl BFH X R 171/96 BStBl II 1999, 450, 459, wo jedoch missverständlich von „ertragsstark" gesprochen wird). Eine Bestandsaufnahme auch insoweit und unter Berücksichtigung der Rechtsform findet sich bei *Seer* StuW 1993, 114.

§ 9 Nr. 1 Kürzungen (Grundbesitz)

Die Summe des Gewinns und der Hinzurechnungen wird gekürzt um
1. **1,2 Prozent des Einheitswerts des zum Betriebsvermögen des Unternehmers gehörenden und nicht von der Grundsteuer befreiten Grundbesitzes; maßgebend ist der Einheitswert, der auf den letzten Feststellungszeitpunkt (Hauptfeststellungs-, Fortschreibungs- oder Nachfeststellungszeitpunkt) vor dem Ende des Erhebungszeitraums (§ 14) lautet. ²An Stelle der Kürzung nach Satz 1 tritt auf Antrag bei Unternehmen, die ausschließlich eigenen Grundbesitz oder neben eigenem Grundbesitz eigenes Kapitalvermögen verwalten und nutzen oder daneben Wohnungsbauten betreuen oder Einfamilienhäuser, Zweifamilienhäuser oder Eigentumswohnungen im Sinne des Ersten Teils des Wohnungseigentumsgesetzes in der im Bundesgesetzblatt Teil III, GliederungsNummer 403–1, veröffentlichten bereinigten Fassung, zuletzt geändert durch Artikel 28 des Gesetzes vom 14. Dezember 1984 (BGBl. I S. 1493), errichten und veräußern, die Kürzung um den Teil des Gewerbeertrags, der auf die Verwaltung und Nutzung des eigenen Grundbesitzes entfällt. ³Satz 2 gilt entsprechend, wenn in Verbindung mit der Errichtung und Veräußerung von Eigentumswohnungen Teileigentum im Sinne des Wohnungseigentumsgesetzes errichtet und veräußert wird und das Gebäude zu mehr als 66⅔ Prozent Wohnzwecken dient. ⁴Betreut ein Unternehmen auch Wohnungsbauten oder veräußert es auch Einfamilienhäuser, Zweifamilienhäuser oder Eigentumswohnungen, so ist Voraussetzung für die Anwendung des Satzes 2, dass der Gewinn aus der Verwaltung und Nutzung des eigenen Grundbesitzes gesondert ermittelt wird. ⁵Die Sätze 2 und 3 gelten nicht,**
   1. **wenn der Grundbesitz ganz oder zum Teil dem Gewerbebetrieb eines Gesellschafters oder Genossen dient,**
   1a. **soweit der Gewerbeertrag Vergütungen im Sinne des § 15 Abs. 1 Satz 1 Nr. 2 Satz 1 des Einkommensteuergesetzes enthält, die der**

§ 9 Nr 1 — Kürzungen

Gesellschafter von der Gesellschaft für seine Tätigkeit im Dienst der Gesellschaft oder für die Hingabe von Darlehen oder für die Überlassung von Wirtschaftsgütern, mit Ausnahme der Überlassung von Grundbesitz, bezogen hat oder

2. soweit der Gewerbeertrag Gewinne aus der Aufdeckung stiller Reserven aus dem Grundbesitz enthält, der innerhalb von drei Jahren vor der Aufdeckung der stillen Reserven zu einem unter dem Teilwert liegenden Wert in das Betriebsvermögen des aufdeckenden Gewerbebetriebs überführt oder übertragen worden ist, und soweit diese Gewinne auf bis zur Überführung oder Übertragung entstandenen stillen Reserven entfallen.

⁶Eine Kürzung nach den Sätzen 2 und 3 ist ausgeschlossen für den Teil des Gewerbeertrags, der auf Veräußerungs- oder Aufgabegewinne im Sinne des § 7 Satz 2 Nr. 2 und 3 entfällt;

...

Gewerbesteuer-Durchführungsverordnung

§ 16 GewStDV

[abgedruckt zu § 7 GewStG]

§ 20 GewStDV Grundbesitz

(1) ¹Die Frage, ob und inwieweit im Sinne des § 9 Nr. 1 des Gesetzes Grundbesitz zum Betriebsvermögen des Unternehmers gehört, ist nach den Vorschriften des Einkommensteuergesetzes oder des Körperschaftsteuergesetzes zu entscheiden. ²Maßgebend ist dabei der Stand zu Beginn des Kalenderjahrs.

(2) Gehört der Grundbesitz nur zum Teil zum Betriebsvermögen im Sinne des Absatzes 1, so ist der Kürzung nach § 9 Nr. 1 des Gesetzes nur der entsprechende Teil des Einheitswerts zugrunde zu legen.

§ 21 GewStDV

(weggefallen)

Gewerbesteuer-Richtlinien 2009: R 9.1 GewStR/H 9.1 GewStH

Literatur: *Fuchs,* Erweiterte Kürzung des Gewerbeertrags bei gewinnlosen Geschäften, DB 1990, 2236; *Henerichs,* Gewerbesteuerliche Probleme bei einer betrieblichen Beteiligung an einer vermögensverwaltenden Kommanditgesellschaft, FR 1991, 76; *Neyer,* Gewerbesteuerliche Behandlung der grundstücksverwaltenden GmbH: Laufende Besteuerung der Sonderfälle, DStR 1991, 537; *Weßling,* Nutzbarmachung der erweiterten Kürzung des Gewerbeertrages gem § 9 Nr 1 Satz 2 GewStG für gewerbliche Unternehmen mit eigenem Grundbesitz, DStR 1993, 266; *Veigel/Lentschig,* Leasing im Steuerrecht, StBp 1994, 106; *E. Schmidt,* Betriebsvorrichtungen als juristische Spielwiese, BB 1995, 26; *Salzmann,* Gewerbesteuerliche Optimierung mit Hilfe der Abschirmwirkung von Kapitalgesellschaften, DStR 2000, 1324; *Schlagheck,* Zebragesellschaften und Gewerbesteuer, StBp 2000, 115; *Jebens/Jebens,* Gewerbesteuer bei Immobilieninvestitionen, BB 2002, 73; *Voßkuhl/Zuschlag,* Zum Umfang des Kürzungsbetrages nach § 9 Nr 1 Satz 2, 3 GewStG bei Kapitalerträgen, die im Rahmen der Verwaltung und Nutzung eigenen Grundbesitzes erzielt worden sind, FR 2002, 616; *Haase,* Anwendungsvoraussetzungen für die Kürzung nach § 9 Nr 1 Satz 2 GewStG, Inf 2003, 943; *Jesse,* Erweiterte Gewerbesteuerkürzung für Grundstücksverwaltungsunternehmen gem § 9 Nr 1 Satz 2 GewStG, FR 2004, 1085; *Günters/Bienek,* Ertragsteueroptimierter Erwerb von Immobilienbeständen, FR 2005, 479; *Klass,* Zur Frage der Sicherheitenstellung im Zusammenhang mit der sog erweiterten Gewerbesteuerkürzung, GmbHR 2006, 555; *Dieterlen/Käshammer,* Erweiterte Gewerbesteuerkürzung nach § 9

Kürzungen (Grundbesitz) **§ 9 Nr 1**

Nr 1 Satz 2 GewStG bei Beteiligung an einer gewerblichen Personengesellschaft ..., BB 2006, 1935; *Witt/Tiede,* Erweiterte Gewerbesteuerkürzung: Gefahr durch Gewährung von Sicherheiten, BB 2006, 873; *Mies/Behrends/Schumacher,* Inanspruchnahme der erweiterten Kürzung gemäß § 9 Nr 1 Satz 2 ff GewStG im Falle der Mitvermietung von Betriebsvorrichtungen, BB 2007, 810; *Bahns/Graw,* Erweiterte gewerbesteuerliche Kürzung nach § 9 Nr 1 Satz 2 GewStG und Mitvermietung von Betriebsvorrichtungen, FR 2008, 257; *Mensching/Tyarks,* Der Ausschluss der erweiterten Kürzung nach § 9 Nr 1 Satz 5 Nr 1a GewStG, DStR 2009, 2037; *Schöneborn,* Die erweiterte gewerbesteuerliche Kürzung, NWB 2010, 112; *Lichtinghagen,* Die GmbH als Immobilienträgergesellschaft, GmbH-Stpr 2011, 129; *Schmid/Mertgen,* Erweiterte Kürzung trotz Beteiligung an vermögensverwaltender Personengesellschaft, FR 2011, 468; *Lüking,* Erweiterte Kürzung des Gewerbeertrags: Betriebsvorrichtungen und Nebenleistungen, BB 2011, 795; *Wolf,* Gewerbesteuerliche Gestaltungsmöglichkeiten bei Immobilienvermietung zwischen verbundenen Unternehmen, StBp 2012, 149; *Klaas/Stoecker,* Gewerbesteuerliche Probleme von organschaftlich organisierten Immobilienkonzernen aufgrund der Zinsschrankenregelungen, Ubg 2012, 535; *Glutsch/Meining,* Erweiterte Kürzung des Gewerbeertrags bei Veräußerung eines Teil-Mitunternehmeranteils, GmbHR 2012, 62; *Sanna,* Erweiterte Kürzung bei mittelbarem Grundbesitz, DStR 2012, 1365; *Sanna,* Die erweiterte Kürzung – Eine Standortbestimmung, DStR 2012, 1989; *Borggräfe/Schüppen,* Das Zebraurteil zur erweiterten gewerbesteuerlichen Kürzung (§ 9 Nr 1 GewStG), DB 2012, 1644; *Klare,* Die Beendigung des gewerblichen Grundstückshandels ohne Betriebsaufgabe einer grundstücksverwaltenden GmbH & Co KG, DB 2012, 1835; *Schlegel,* Erweiterte Kürzung bei unterjährigem Verkauf des letzten Grundstücks, NWB 2012, 4223; *Dornbusch,* Die Liquidation der grundstücksverwaltenden GmbH – gewerbesteuerliche Aspekte, SAM 2013, 11; *Pyszka,* Die erweiterte gewerbesteuerliche Kürzung bei Grundstücksgesellschaften im Konzern, GmbHR 2013, 132; *Fröhlich,* Erweiterte Kürzung bei Beteiligung an Zebra-Gesellschaften ..., DStR 2013, 377; *Kaligin,* Steueroptimierung durch die vermögensverwaltende thesaurierende Immobilien-GmbH, BB 2013, 414.

Übersicht

	Rn
I. Allgemeines	1, 2
1. Wahlmöglichkeiten	1
2. Gestaltung	2
II. Die Kürzung nach Satz 1	2a–16
1. Zwecke	2a, 2b
a) Vermeidung der Doppelbelastung	2a
b) Angleichung	2b
2. Betroffener Grundbesitz	3, 3a
a) Begriff	3
b) Betriebsvermögen	3a
3. Einzelgewerbetreibende	4–8
a) Notwendiges BV	4
b) Anteilige Nutzung	5
c) Miteigentum	6
d) Gewillkürtes BV	7
e) Entnahmen	8
4. Personengesellschaften	9
5. Körperschaften	10
6. Zeitfragen	11
7. Maßgeblichkeit des Einheitswerts	12
8. Bemessungsgrundlage	13
9. Umfang der Kürzung nach Satz 1	14
10. Befreiung von der Grundsteuer	15, 16
III. Die erweiterte Kürzung nach den Sätzen 2–4	17–32

§ 9 Nr 1   Kürzungen

		Rn
1.	Zweck der Vorschrift	17
2.	Aufbau	17a
3.	Begünstigte Unternehmen	18, 18a
	a) Formen	18
	b) Tätigkeiten	18a
4.	Besonderheiten bei Organschaften	19, 19a
	a) Grundsatz	19
	b) Konzerninterne Vermietung	19a
5.	Begriff des Grundbesitzes	20
6.	Eigener Grundbesitz	21, 21a
	a) Sachliche Zugehörigkeit	21
	b) Zeitfragen	21a
7.	Verwaltung und Nutzung von eigenem Grundbesitz	22–22f
	a) Begriff	22
	b) Risikoeinsatz	22a
	c) Insbesondere Vermietung und Verpachtung	22b, 22c
	d) Veräußerung von Grundbesitz	22d
	e) Immobilien-Leasing	22e
	f) Zeitfragen	22f
8.	Ausschließlichkeit	23–23d
	a) Bedeutung	23
	b) Keine Geringfügigkeitsgrenze	23a
	c) Gewinnerzielungsabsicht	23b
	d) Zeitfragen	23c
	e) Veräußerung des letzten Grundstücks	23d
9.	Ausnahme: zwingend notwendige Nebengeschäfte	24–24b
	a) Grundsatz	24
	b) Einzelfälle	24a
	c) Insbesondere Betriebsvorrichtungen	24b
10.	Schädliche Tätigkeiten	25, 26
	a) Weitere Einzelheiten	25
	b) Insbesondere Betriebsaufspaltung	26
11.	Neben der Grundverwaltung zugelassene Tätigkeiten	27, 27a
	a) Allgemeines	27
	b) Die Begriffe „neben" und „daneben"	27a
12.	Verwaltung und Nutzung von eigenem Kapitalvermögen	28, 28a
	a) Begriff	28
	b) Einzelfälle	28a
13.	Betreuung von Wohnungsbauten	29, 29a
	a) Objektbezogene Erfordernisse	29
	b) Der Begriff der Betreuung	29a
14.	Errichtung und Veräußerung von EFH, ZFH oder ETW	30
15.	Weitere Voraussetzungen für die Kürzung nach Satz 2	31, 32
	a) Gesonderte Gewinnermittlung	31
	b) Antrag	32
IV.	Die Einschränkungen durch Satz 5	33–37b
1.	Dem GewBetrieb des Gesellschafters/Genossen nicht dienen	33–33f
	a) Grundsatz	33
	b) Mittelbare Beteiligung	33a
	c) Mittelbare Überlassung bei Vermietung an Mitunternehmerschaft	33b
	d) Keine mittelbare Überlassung bei Vermietung an Kapitalgesellschaft	33c

Kürzungen (Grundbesitz) **§ 9 Nr 1**

	Rn
e) Der Begriff „dienen"	33d
f) Einzelfälle zum „Dienen"	33e
g) Keine Geringfügigkeitsgrenze	33f
2. Ausschluss für Vergütungen iSv § 15 Abs 1 Nr 2 Satz 1 EStG	34
3. Aufdeckung stiller Reserven aus dem Grundbesitz	35
4. Veräußerungs- und Aufgabegewinne	36
5. Umfang der Kürzung	37–37b
a) Grundsatz	37
b) Einzelheiten	37a
c) Zuordnung	37b

I. Allgemeines

1. Wahlmöglichkeiten

Die Vorschrift enthält **zwei unterschiedliche Kürzungsmöglichkeiten** mit je 1 unterschiedlichen Zwecksetzungen und – damit einher gehend – unterschiedlichen Voraussetzungen. Es besteht ein Wahlrecht des Stpfl, das er durch den entsprechenden Antrag auf die sog *„erweiterte Kürzung"* nach Satz 2 ausübt. Bei der Rechtsanwendung lässt sich die Teleologie der einen Vorschrift nicht auf die andere Vorschrift übertragen (zB BFH VIII R 5/03 BStBl II 2005, 708; IV R 19/05 BStBl II 2010, 985).

Die beiden Alternativen (Satz 1 und Satz 2) der Vorschrift gelten auch für **Vermietungsgenossenschaften** usw iSv § 3 Nr 15, soweit sie nach der ab EZ 1990 geltenden Fassung des Gesetzes partiell stpfl sind (*Jonas/Müller* DStR 1988, 623; *Bücker* BB 1989, 1027).

2. Gestaltung

Die **pauschale Kürzung** nach Satz 1 empfiehlt sich, wenn 2
- bei hohem EW und (relativ) geringem GewErtrag die pauschale Kürzung zu einem negativen und damit nach § 10a ausgleichsfähigen GewErtrag führt oder
- die pauschale Kürzung betragsmäßig größer ist als der nach Satz 2 begünstigte GewErtrag.

Die erweiterte Kürzung nach Satz 2 empfiehlt sich
- bei einem positiven GewErtrag aus der Verwaltung und Nutzung eigenen Grundbesitzes,
- wenn dieser GewErtrag den pauschalen Kürzungsbetrag nach Satz 1 übersteigt (zu allem *Jonas/Müller* DStR 1988, 623).

II. Die Kürzung nach Satz 1

1. Zwecke

a) Vermeidung der Doppelbelastung. Ein Zweck der Vorschrift ist die **Ver-** 2a **meidung der Doppelbelastung** von Grundbesitz mit GrundSt und GewSt (Begr GewStG 1936 Nr II 1 und 6 RStBl 1937, 696; BFH VI 269/64 BStBl III 1966, 316). Für den Anspruch auf Kürzung ist jedoch nicht entscheidend, ob im Einzelfall auf den Grundbesitz tatsächlich GrundSt gezahlt wird (vgl BFH I 115/65 BStBl II 1972, 390). Der Billigkeitserlass der GrundSt (BFH I 61/50 BStBl III 1951, 49) oder ihre Übernahme durch den Grundeigentümer beim Erbbaurecht (RFH RStBl 1943, 283) stehen der Kürzung nicht entgegen. Anders ist es jedoch, wenn nach der Gestaltung des Einzelfalles bereits vom Grundsatz her keine Belastung mit GrundSt in Frage kommt (BFH I 258/64 BStBl II 1968, 65), wie bei *ausländischen* Grundstücken (ggf Kürzung nach § 9 Nr 3). Unbeachtlich ist auch, ob aus dem Grundstück ein (Gew-)Ertrag erwirtschaftet wird.

Ab **EZ 2008** (vgl § 36 Abs 6a GewStG) ist die Anwendbarkeit des § 9 Nr 1 Satz 1 ausdrücklich auf den **nicht von der Grundsteuer befreiten** Grundbesitz beschränkt.

2b b) **Angleichung.** Ein **zweiter Gesetzeszweck** besteht in einer gewissen **Angleichung** der GewStBelastung von Betrieben auf eigenem Grundbesitz mit Betrieben auf gemieteten/gepachteten Grundstücksteilen (BFH I R 63/01 BFH/NV 2003, 82). Im Hinblick auf diesen zweiten Gesetzeszweck ist die Minderung des Kürzungssatzes von zunächst 3% auf schließlich 1,2% des EW unbefriedigend (*Rieger* DStR 1974, 532; *Roser* in *L/S* § 9 Nr 1 Rn 16).

2. Betroffener Grundbesitz

3 a) **Begriff. Maßgebend** ist der **bewertungsrechtliche Begriff** des Grundvermögens (§ 68 BewG). Daher gehören Bodenschätze (§ 68 Abs 2 Nr 1 BewG) und Betriebsvorrichtungen (§ 68 Abs 2 Nr 2 BewG) nicht zum Grundbesitz (vgl BFH I R 50/75 BStBl II 1977, 778 mwN), wohl aber das ErbbauR (RFH RStBl 1943, 283; BFH I 5/65 BStBl II 1968, 353; vgl IV R 11/98 BStBl II 1999, 532). Um welche Art von Grundbesitz (zB Wohngebäude, Bürogebäude, luf Grundstücke) es sich handelt, ist ohne Bedeutung (*Winter* StBp 1967, 248; *Hofbauer* DStR 1983, 598, 608). Andere Wirtschaftsgüter sind nicht zu berücksichtigen (BFH VIII R 182/75 BStBl II 1979, 399; III R 98/83 BStBl II 1984, 805; III R 65/91 BFH/NV 1993, 431).

3a b) **Betriebsvermögen.** Die **Zugehörigkeit zum Betriebsvermögen** ist nach § 20 Abs 1 GewStDV nach den Vorschriften des EStG und KStG, nicht jedoch nach § 99 BewG, zu entscheiden (vgl hierzu R 4.2 Abs 7 ff EStR).

3. Einzelgewerbetreibende

4 a) **Notwendiges BV. aa) Allgemeines.** Ein Grundstück gehört zum **notwendigen BV**, wenn es **ausschließlich und unmittelbar** für **eigenbetriebliche Zwecke** genutzt wird (BFH I R 111/73 BStBl II 1975, 583). Die bilanzielle Behandlung allein ist kein hinreichendes Kriterium (vgl BFH VIII 29/75 BStBl II 1978, 330; R 4.2 Abs 1 Satz 2 EStR). Erforderlich ist Inanspruchnahme in einer Weise, die wirtschaftlich jede anders geartete Verwendung, insb für private Zwecke (privates Wohnen), ausschließt (vgl BFH X R 57/88 BStBl II 1991, 829; XI R 32/01 BStBl II 2005, 431; *Littmann* DB 1961, 110); ebenso wenig genügt, dass das Grundstück mit betrieblichen Mitteln erworben worden ist oder als Sicherheit für betriebliche Mittel dient (BFH IV 304/63 S BStBl III 1964, 502). Dagegen BV, wenn es sich um ein Mietwohngrundstück für Arbeitnehmer handelt und betriebliche Gründe für die Vermietung vorliegen (BFH I R 73/74 BStBl II 1977, 315) oder bei Verwendung als Belegschaftsheim bei einer nicht ins Gewicht fallenden privaten Nutzung, wenn die betriebliche Nutzung aus von Unternehmen nicht zu beeinflussenden Gründen scheitert (BFH I R 6/73 BStBl II 1976, 179). BV wird auch angenommen bei Erwerb und Veräußerung durch Immobilienmakler (BFH DB 1962, 1065), oder wenn ein Bauunternehmer das Grundstück für eine mehrjährige Vermietung erwirbt und bebaut, unter der Voraussetzung, dass seine Tätigkeit ausschließlich oder weitaus überwiegend im Bau von Wohnhäusern zum Zwecke eigener Vermietung besteht (BFH I 116/55 U BStBl III 1957, 17; I 69/58 U BStBl III 1959, 421). Insofern ist jedoch eine sorgfältige Prüfung angezeigt; die

Vermietung allein ist kein Beweisanzeichen für oder gegen BV (BFH IV 106/57 U BStBl III 1960, 156). Die Erstellung des Gebäudes iRd Betriebes des Bauunternehmers macht dieses jedoch zum BV (BFH I 353/61 U BStBl III 1964, 552), ebenso der Erwerb und die rasche Veräußerung nach der Bebauung (BFH I R 225/73 BStBl II 1975, 850).

bb) Gebäude auf fremdem Grund und Boden. Für ein Gebäude auf fremdem Grund und Boden ist die Kürzung nur zulässig, wenn das Gebäude dem Betriebsinhaber **wirtschaftlich zuzurechnen** ist (§ 39 Abs 2 Nr 1 AO; R 9.1 Abs 1 Satz 6 GewStR; aA wohl *Hidien/Pohl/Schnitter* Tz 7. 2. 2.3). Ist das nicht der Fall, dann ist die Zurechnung des Gebäudes zum BV auch auf Grund handels- und steuerrechtlicher Bilanzierungsvorschriften, wie sie für Bauten auf fremdem Grund und Boden aufgrund Nutzungsrechts gelten (Bilanzierung eines immateriellen Wirtschaftsguts, zB BFH IV R 30/88 BStBl II 1990, 623), nicht möglich (BFH III R 65/91 BFH/NV 1993, 431).

b) Anteilige Nutzung. Bei nur **anteiliger betrieblicher Nutzung** gehört nur 5 der auf das betrieblich genutzte Gebäude entfallende Anteil am Grund und Boden zum notwendigen BV (BFH I R 48/75 BStBl II 1977, 388). Entsprechendes gilt, wenn nur ein Teil des auf dem Grundstück befindlichen Gebäudes betrieblich genutzt wird (BFH GrS 5/71 BStBl II 1974, 132). Nur dieser Teil ist der Kürzung zugrunde zu legen (§ 20 Abs 2 GewStDV). Für die Berechnung ist von dem anteiligen Einheitswert, ggf von dem Verhältnis der Nutzflächen bzw Rauminhalte, auszugehen (R 9.1 Abs 1 Sätze 7–9 GewStR).

Liegen die Voraussetzungen für die Behandlung als notwendiges BV zu **mehr als 50%** vor, dann kann auch der übrige Teil des Grundstücks als (gewillkürtes) BV behandelt werden (BFH GrS 5/71 aaO; IV R 188/74 BStBl II 1976, 663; I R 73/74 BStBl II 1977, 315; R 4.2 Abs 1 EStR). ME unterliegt in diesem Fall das gesamte Grundstück der Kürzung.

Ist der der betrieblichen Nutzung unterliegende Anteil am Grundstück dagegen nur von **untergeordneter Bedeutung,** dann braucht das Grundstück insgesamt nicht als BV behandelt zu werden. Von untergeordneter Bedeutung ist der betrieblich genutzte Grundstücksteil, wenn sein Wert nicht mehr als $\frac{1}{5}$ des Werts des ganzen Grundstücks und nicht mehr als 20 500 € beträgt (§ 8 EStDV; R 4.2 Abs 8 EStR; hierzu BFH IV R 55/74 BStBl II 1980, 5). Maßstab für das relative Wertverhältnis ist idR das Verhältnis der Nutzflächen. Ein Grundstücksteil ist mehr als 20 500 € wert, wenn der Teil des gemeinen Werts des ganzen Grundstücks, der nach dem Verhältnis der Nutzflächen auf den Grundstücksteil entfällt, 20 500 € übersteigt (R 4.2 Abs 8 Sätze 3 u 4 EStR). Nach R 9.1 Abs 1 Satz 4 GewStR unterliegt dieser Anteil gleichwohl der Kürzung (ebenso *Roser* in *L/S* § 9 Nr 1 Rn 7, 9). ME ist diese Auffassung unzutreffend. Der Wortlaut der Vorschrift steht ihr entgegen (ebenso *Blümich/Gosch* § 9 GewStG Rn 23). Der Zweck der Vorschrift hat demgegenüber nur Vorrang, wenn anders ein sinnwidriges und dem Gesamtplan des Gesetzgebers widersprechendes Ergebnis einträte (vgl BFH IV R 175/79 BStBl II 1984, 221). Das ist vorliegend nicht der Fall, weil der GewTreibende die Wahlfreiheit hat, den Grundstücksteil als BV zu behandeln.

c) Miteigentum. Besteht nur **Miteigentum des GewTreibenden** an dem 6 (ganz oder teilweise) betrieblich genutzten Grundstück, dann ist dieses (der betrieblich genutzte Teil) nur mit dem entsprechenden Miteigentumsanteil BV (BFH VI R 183/66 BStBl II 1969, 233; IV R 60/89 BStBl II 1994, 559; IV R 50/94 BStBl II 1996, 193), es sei denn, er hat insofern wirtschaftliches Eigentum (§ 39 Abs 2 Nr 1 AO) oder er erweitert das Betriebsgebäude mit Zustimmung der übrigen Miteigentümer auf eigenen Namen und eigene Rechnung und nutzt es ausschließlich betrieblich. In diesem Fall ist nicht nur der ideelle Anteil sondern sind die

Herstellungskosten des neu errichteten Grundstücksteils insgesamt als BV zu aktivieren (BFH I R 217/75 BStBl II 1978, 6; vgl hierzu VIII R 74/77 BStBl II 1980, 244; IV R 117/79 BStBl II 1981, 68). **Bei Ehegatten** gelten dieselben Grundsätze (BFH I R 18/70 BStBl II 1971, 643; IV R 160/73 BStBl II 1978, 299; zust *Jüsgen* FR 1972, 64), und zwar auch dann, wenn der Stpfl den betrieblich genutzten Grundstücksteil bilanziell in vollem Umfang als BV behandelt hat (BFH VIII R 182/75 BStBl II 1979, 399). Weder dieser Umstand noch die Stellung als Unternehmer und Ehegatte erlauben einen Rückschluss auf wirtschaftliches Eigentum (BFH III R 188/81 BStBl II 1988, 493; III R 65/91 BFH/NV 1993, 431). Zu den Problemen bei der betrieblichen Beteiligung an einer vermögensverwaltenden Kommanditgesellschaft *Henerichs* FR 1991, 76; *Schlagheck* StBp 2000, 115, 118.

7   d) **Gewillkürtes BV.** Ein Grundstück darf als **gewillkürtes BV** behandelt werden, wenn es in einem gewissen objektiven Zusammenhang mit dem Betrieb steht und ihm **zu dienen und ihn zu fördern geeignet** und bestimmt ist (BFH VIII R 4/94 BStBl II 1998, 461). Es darf einerseits nicht zum notwendigen BV gehören und andererseits das Gesamtbild der gewerblichen Betätigung nicht so verändern, dass es den Charakter von Vermögensverwaltung bekommt (BFH IV 167/64 U BStBl III 1965, 377). Voraussetzung ist weiter, dass das Grundstück in der Buchführung und **Bilanz** eindeutig als BV ausgewiesen ist. Die unter Rn 5 dargelegten Grundsätze zu Grundstücksteilen sind anzuwenden (BFH I R 48/75 BStBl II 1977, 388). Der Wille des Stpfl, das Grundstück zum BV zu ziehen, muss klar erkennbar sein (BFH IV 102/59 U BStBl III 1961, 53). Bei einer Mitunternehmerschaft reicht das Interesse an einer Vereinfachung der Besteuerung an einer einheitlichen Behandlung des Grundstücks (BFH VIII B 57/80 BStBl II 1982, 526). Nimmt der Stpfl das Grundstück in die Bilanz auf, behandelt er es aber im Übrigen nicht als BV (etwa durch reine Vermietung und Verpachtung), dann zählt Letzteres (BFH IV 102/59 U BStBl II 1961, 53). Jedoch kann die Einstellung der ordnungsgemäßen Buchführung nach Ausweis als BV dem Grundstück nicht den Charakter von BV; erforderlich ist vielmehr eine eindeutige Entnahmehandlung (Rn 8).

Die vorstehenden Grundsätze gelten auch für Gewerbetreibende, die ihren Gewinn nach **§ 4 Abs 3 EStG ermitteln** oder entgegen ihrer Verpflichtung keine Bücher führen und keine regelmäßigen Abschlüsse machen (BFH IV R 13/03 BStBl II 2004, 985).

8   e) **Entnahmen.** Eine **Entnahme** ist eine **von dem Willen** des Stpfl, das Grundstück nicht mehr betrieblich zu nutzen, **getragene eindeutige Handlung,** mit der dieser Wille in die Tat umgesetzt wird. Sie erfolgt durch Erklärung gegenüber dem Finanzamt oder durch schlüssige Handlung (zB vollständige Änderung der Nutzung zu privaten Zwecken, BFH IV R 39/93 BFH/NV 1995, 873), etwa durch Bebauung zu privaten Wohnzwecken (BFH I R 48/75 BStBl II 1977, 388; R 4.3 Abs 3 EStR). Entsprechendes gilt für Gebäude- und Grundstücksteile (vgl BFH I R 51/82 BStBl II 1983, 365). Daher (noch) keine Entnahme, wenn die Umstände des Falles als zweifelhaft erscheinen lassen, ob der Grundstücksteil auf Dauer privaten Zwecken dienen soll (BFH IV R 192/67 BStBl II 1970, 754; IV R 93/70 BStBl II 1974, 240).

4. Personengesellschaften

9   Grund und Boden sind nach vorstehenden Grundsätzen **ganz oder teilweise** (BFH I 147/57 U BStBl III 1958, 262) **als BV auszuweisen,** wenn sie **Gesamthandsvermögen** sind (BFH VI 185/64 U BStBl III 1965, 708) und nicht (nahezu) ausschließlich der privaten Lebensführung eines oder mehrerer Mitunternehmer dienen (BFH I R 194/71 BStBl II 1973, 705; IV R 193/71 BStBl II 1975, 804; IV R 125/76 BStBl II 1980, 40; IV R 36/79 BStBl II 1983, 459; R 4.2 Abs 11 EStR). Das gilt auch für ein Grundstück im Sonderbetriebsvermögen eines Gesellschafters

Kürzungen (Grundbesitz) **§ 9 Nr 1**

(BFH IV R 72/79 BStBl II 1983, 215; IV R 79/06 BFH/NV 2009, 730). Entsprechendes gilt mE, wenn ein Grundstücksteil dem Betrieb einer Personengesellschaft dient, aber im Eigentum einer nicht personenidentischen Gesamthandsgemeinschaft oder Bruchteilsgemeinschaft steht, wenn das Grundstück der Personengesellschaft nach § 39 Abs 2 Nr 2 AO zuzuordnen ist. Zum notwendigen BV rechnen die den Gesellschaftern zustehenden Anteile an dem Grundstück (BFH I 147/57 U BStBl III 1958, 262; I 29/61 HFR 1961, 270). Wird ein solches Grundstück nur anteilig betrieblich genutzt, dann gehören die Anteile der Gesellschafter mit dem betrieblich genutzten Teil zum BV (BFH I 147/57 U BStBl III 1958, 262). Der restliche Grundstücksteil kann nach obigen Grundsätzen (Rn 7) gewillkürtes BV sein (BFH IV 419/62 U BStBl III 1965, 92; I R 210/73 BStBl II 1976, 180; IV R 71/73 BStBl II 1977, 150). Ein zulässigerweise als BV behandeltes Grundstück eines Einzelunternehmers (R 4.2 Abs 9 EStR) verliert die Eigenschaft als BV dann nicht, wenn das Einzelunternehmen ohne das Grundstück in eine Personengesellschaft eingebracht wird, wenn die Gesellschafter hier wohnen und von hier aus die Geschäfte führen (BFH I R 97/78 BStBl II 1983, 288).

5. Körperschaften

Bei **Kapitalgesellschaften** ist Grundvermögen **stets und in vollem Umfang** 10 als **BV** auszuweisen, weil die Tätigkeit der Kapitalgesellschaft nach § 2 Abs 2 GewStG stets und in vollem Umfang gewerbliche Tätigkeit ist (BFH I 115/65 BStBl II 1972, 390). Eine Privatsphäre der Kapitalgesellschaft besteht nicht (vgl BFH I R 32/06 BStBl II 2007, 961). Auch Grundstücke, die zum Deckungsstock eines Versicherungsunternehmens in der Rechtsform einer Kapitalgesellschaft gehören, sind daher notwendiges BV (BFH I 115/65 aaO). Bei **sonstigen Körperschaften** iSd § 1 Abs 1 Nr 4 und 5 KStG (Vereine, Stiftungen usw) gehört Grund und Boden zum BV, sofern diese Körperschaften einen **Betrieb gewerblicher Art** unterhalten und der Grund und Boden diesem unmittelbar dient.

6. Zeitfragen

Ob und inwieweit Grundbesitz zum BV gehört, ist nach § **20 Abs 1 Satz 2** 11 **GewStDV** nach den Verhältnissen **am 1. 1. eines jeden EZ** zu entscheiden. Es besteht **strenges Stichtagsprinzip** auch dann, wenn kurz nach dem 1. 1. Grundbesitz veräußert wird (insoweit Kürzung) oder erworben wird (insoweit keine Kürzung; BFH IV R 51/00 BStBl II 2002, 873). Die frühere Regelung des § 20 Abs 1 Satz 3 GewStDV, wonach bei Begründung der GewStpfl im Laufe des EZ die Verhältnisse zu diesem Zeitpunkt maßgebend waren (vgl hierzu BFH I 61/50 U BStBl II 1951, 49), besteht ab EZ 1986 nicht mehr. Dasselbe gilt für den früheren § 20 Abs 1 Satz 4 GewStDV, wonach beim Übergang eines GewBetriebes und Vereinigung mit einem bestehenden GewBetrieb die Kürzung nach Zwölfteln entsprechend der zeitlichen Zugehörigkeit zu diesem Betrieb durchzuführen war. Die bisher vorgesehene Zwölftelung unterbleibt. Entsprechendes gilt, wenn der für die Ermittlung des GewErtrages maßgebende Zeitraum mehr oder weniger als 12 Monate beträgt (*Roser* in *L/S* § 9 Nr 1 Rn 76 ff).

Die **Regelung** des § 20 Abs 1 Satz 2 GewStDV **ist bedenklich**. Ihr fehlt die Rechtsgrundlage, die sich auch nicht aus der Anknüpfung an den maßgeblichen EW ergibt (ebenso *Blümich/Gosch* § 9 GewStG Rn 39; *Roser* in *L/S* § 9 Nr 1 Rn 74).

7. Maßgeblichkeit des Einheitswerts

Maßgebend für die Kürzung von 1,2% **ist der EW,** der **auf den letzten Fest-** 12 **stellungszeitpunkt** (Hauptfeststellungs-, Fortschreibungsfeststellungs-, Nachfeststellungs-Zeitpunkt) vor dem Ende des EZ (§ 14) lautet. Dieser Wert bleibt maßgebend, solange nicht durch Hauptfeststellung oder Fortschreibung ein neuer EW festgestellt wird. Ein höherer Wert, mit dem das Grundstück etwa im Anschluss an die DM-Eröffnungsbilanz eingestellt war, ist insofern unbeachtlich (BFH I 3/53 U BStBl III 1953, 202; I 120/53 U BStBl III 1954, 370). Der EW-Bescheid ist **Grundlagenbescheid** iSv § 175 Abs 1 Satz 1 Nr 1 AO. Wird er geändert, so hat auch ein geänderter GewStMessbescheid infolge des geänderten Kürzungsbetrages zu ergehen.

Ist ein EW nach § 132 Abs 2 Satz 1 BewG **noch nicht festgestellt,** kann im Vorgriff hierauf die Bemessungsgrundlage für die Kürzung **geschätzt** werden (*FM Bbg* DB 1994, 1494). Zur Bindung des Ersuchens des für die GewSt-Festsetzung zuständigen FA nach § 132 Abs 2 Satz 2 BewG für das Lagefinanzamt BFH II R 51/05 BFH/NV 2007, 652.

8. Bemessungsgrundlage

13 Bei Grundstücken (§ 70 BewG) sowie bei **Betriebsgrundstücken** (§ 99 Abs 1 Nr 1 BewG), die wie Grundvermögen bewertet werden, sind **140%** des auf den Wertverhältnissen vom 1.1.1964 beruhenden EW anzusetzen (§ 121a BewG). Bei Grundstücken im **Zustand der Bebauung** ist nur der EW nach § 91 BewG, also der Wert für Grund und Boden und bereits bezugsfertige Gebäude, maßgebend (BFH VI 62/64 BStBl III 1967, 353; I 258/64 BStBl II 1968, 65). Besteht für den Unternehmer ein **Erbbaurecht,** dann ist der Kürzung nicht der Wert des Erbbaugrundstücks, sondern nur der Teil des EW zugrunde zu legen, der nach § 92 BewG auf ihn als Erbbauberechtigten entfällt (RFH RStBl 1941, 884; 1943, 283; BFH I 5/65 BStBl II 1968, 353; H 9.1 GewStH). Entsprechendes gilt bei **Teileigentum** nach dem WEG. Bei Betriebsgrundstücken, die losgelöst von ihrer Zugehörigkeit zu einem GewBetrieb wie **land- und forstwirtschaftliches Vermögen** bewertet werden würden (§ 99 Abs 1 Nr 2 BewG), sind dagegen nur 100% des EW zu Grunde zu legen. Gehört zum BV ein **verpachtetes landwirtschaftliches** Grundstück, dann ist die Kürzung nicht nur vom Verpächteranteil sondern vom vollen EW vorzunehmen (BFH I 136/65 BStBl II 1968, 479; H 9.1 GewStH). Bei Grundbesitz mit Bedeutung für **Kunstgeschichte und Wissenschaft** (§ 115 BewG aF) waren jedoch 140% des EW anzusetzen (*FM Ba-Wü* StEK § 9 Nr 18, DStR 1985, 735, fraglich).

Für das **Beitrittsgebiet** sind bei **Betriebsgrundstücken** die EW 1935 mit den in § 133 BewG genannten Prozentsätzen anzusetzen (R 9.1 Abs 2 Satz 3 GewStR). Für **land- und forstwirtschaftliche Vermögen** im Beitrittsgebiet wird ein sog Ersatzwirtschaftswert ermittelt (§§ 125 Abs 2 u 126 Abs 2 BewG). Für Zwecke der einfachen Kürzung ist dieser anzusetzen, jedoch nach dem Wortlaut der Nr 1 Satz 1 nur insoweit, als er sich auf Grundbesitz bezieht, der zum Betriebsvermögen gehört, dh ohne den auf gepachtete Flächen entfallenden Anteil (BFH I R 63/01 BFH/NV 2003, 82; R 9.1 Abs 2 GewStR). Erforderlichenfalls ist er entsprechend aufzuteilen (FG Bbg EFG 2000, 184, 886). Für **Mietwohngrundstücke** im Beitrittsgebiet, für die zum 1.1.1991 kein Einheitswert festzustellen war (*FM Länder* BStBl I 1990, 827) und für die eine Kürzung nach Satz 1 in Betracht kommt, ist die Bemessungsgrundlage mit dem 50-fachen der bei einem Hebesatz von 300% nach der Ersatzbemessungsgrundlage ermittelten Grundsteuer (§ 42 Abs 2 GrStG) zu schätzen (*FM Ba-Wü* DStR 1994, 1195; *FM Bbg* DB 1994, 1494).

9. Umfang der Kürzung nach Satz 1

14 **Gekürzt** wird um **1,2% des EW** auf den letzten Feststellungszeitpunkt. Das gilt bei **Versicherungsunternehmen** auch für den **zum Deckungsstock** gehörenden Grundbesitz (BFH I 115/65 BStBl II 1972, 390; H 9.1 GewStH).

Kürzungen (Grundbesitz) **§ 9 Nr 1**

Gehört ein Grundstück **nur anteilig** zum BV, dann ist der GewErtrag nur mit diesem Anteil des EW zu kürzen (§ 20 Abs 2 GewStDV). Für die Ermittlung des Anteils kommt nach R 9.1 Abs 1 Satz 8 GewStR das Verhältnis der Jahresrohmiete in Betracht; mE fraglich, weil dies ein Maßstab des Bewertungsrechts und nicht des Einkommensteuerrechts ist (*Schlosser* StWa 1980, 29). Nach R 9.1 Abs 1 Satz 9 GewStR kommt aber auch das Verhältnis der Nutzflächen oder des Rauminhalts in Betracht, wenn das Ergebnis den Verhältnissen des Einzelfalles besser entspricht. Diese Aufteilung ist allein sachgerecht (ebenso *Blümich/Gosch* § 9 GewStG Rn 30; *Roser* in *L/S* § 9 Nr 1 Rn 62). Bei Grundstücken, die infolge ihrer nur *untergeordneten betrieblichen Nutzung* nicht BV sind, kann mE keine Kürzung erfolgen (oben Rn 5 aE). Bei einer **Aufteilung des EW** für das ErbbauR (ErbbauR weniger als 50 Jahre) Kürzung nur nach dem Teil des EW, der dem Berechtigten zugerechnet worden ist (RFH RStBl 1941, 884). Bei partiell stpfl **Vermietungsgenossenschaften** iSv § 3 Nr 15 ist der EW des an Nichtmitglieder vermieteten Grundbesitzes zugrunde zu liegen (*Bücker* BB 1989, 1027; *Jonas/Müller* DStR 1988, 623).

10. Befreiung von der Grundsteuer

Die Beschränkung der Kürzung nach Satz 1 **ab EZ 2008** (§ 36 Abs 6a) auf den **15** **nicht von der GrundSt befreiten Grundbesitz** bezieht sich mE auf **gesetzliche Befreiungen** (§§ 3, 4 GrStG). Wird die GrundSt aus anderen Gründen nicht erhoben (zB Erlass, Verjährung), hindert dies mE die Kürzung nicht (ebenso *Roser* in *L/S* § 9 Nr 1 Rn 54).

(frei) **16**

III. Die erweiterte Kürzung nach den Sätzen 2–4

1. Zweck der Vorschrift

Ursprünglich bezweckte die erweiterte Kürzung, Grundstücksunternehmen in **17** der Rechtsform einer Kapitalgesellschaft, die nur wegen ihrer Rechtsform gewstpfl waren, den vermögensverwaltenden Personenunternehmen gleichzustellen (BFH VI 294/65 BStBl III 1967, 559 zur Entstehungsgeschichte; I R 67/09 BStBl II 2011, 367; X R 4/10 BStBl II 2011, 887). Gleichwohl ist nicht die Begünstigung jeglicher Vermögensverwaltung vorgesehen (BFH VIII R 39/05 BStBl II 2006, 659). Stattdessen wurde die Vorschrift in **sachlicher Hinsicht erweitert** um die Zulässigkeit unschädlicher Nebentätigkeiten sowie in **persönlicher Hinsicht** auf Einzelunternehmen und Personengesellschaften. Die Berechtigung zur erweiterten Kürzung hängt also nicht von der Unternehmensform ab.

Der **ursprüngliche Zweck** der Norm ist jedoch **nicht aufgegeben** (vgl BFH VIII R 68/98 BStBl II 2001, 359; VIII R 5/03 BStBl II 2005, 778; IV R 19/05 BStBl II 2010, 985). Sie ist daher nicht anzuwenden auf Unternehmen, deren Tätigkeiten als solche gewstpfl sind (BFH I R 174/72 BStBl II 1973, 686; I R 13/88 BStBl II 1990, 1075) bzw wenn die Grundstücksverwaltung/-nutzung die Grenze zur Gewerblichkeit überschreitet (BFH VIII R 68/98 aaO). **Grundlegend zur Anwendung** der Vorschrift BFH I R 24/01 BStBl II 2003, 355; VIII R 3/03 aaO (hierzu auch *Schöneborn* NWB 2010, 112; *Sanna* DStR 2012, 1989).

Die Vorschrift hat daher den Charakter einer **verfassungsrechtlich fragwürdigen** Steuerbefreiungsvorschrift (hierzu *Roser* in *L/S* § 9 Nr 1 Rn 93 ff). Nach BVerfG 1 BvR 538/67 HFR 1969, 348; 1 BvR 2130/09 NJW 2010, 2116 und BFH I R 87/71 BStBl II 1973, 410; I R 67/09 BStBl II 2011, 367 ist die Norm jedoch verfassungsgemäß.

2. Aufbau

17a Der innere **Aufbau der Sätze 2–5** kennzeichnet **drei Tätigkeitsgruppen** und die an sie geknüpften Rechtsfolgen:
- **Verwaltung und Nutzung von eigenem Grundbesitz** (Rn 22 ff) führt zur erweiterten Kürzung des hieraus bezogenen Ertrags;
- **privilegierte Nebentätigkeiten** (Rn 27 ff: Verwaltung und Nutzung von eigenem Kapitalvermögen, Betreuung von Wohnungsbauten, Errichtung und Veräußerung von EFH, ZFH oder ETW), die zwar nicht schädlich sind, deren Erträge aber nicht in die erweiterte Kürzung einbezogen werden (vgl BFH I R 13/88 BStBl II 1990, 1075);
- **sonstige Tätigkeiten,** die (wegen der Tatbestandselemente „ausschließlich", „neben" und „daneben") zu einem völligen Ausschluss der erweiterten Kürzung führen (vgl BFH I R 13/88 aaO; vgl Rn 22c, 23; zu den erforderlichen Überlegungen *Jebens/Jebens* BB 2002, 73).

3. Begünstigte Unternehmen

18 a) **Formen.** Begünstigt sind **alle Unternehmensformen** (R 9.2 Abs 2 Satz 1 GewStR; *-el-* DB 1977, 981). Die Vorschrift gilt nicht nur für reine Grundstücksverwaltungsunternehmen, sondern auch für ruhende GewBetriebe (BFH I R 77/74 BStBl II 1976, 431; *-en-* DB 1976, 2140), sofern die nachfolgenden Voraussetzungen erfüllt sind. Hierbei kommt es nicht auf die Satzung, sondern auf die tatsächliche Tätigkeit an (BFH I 76/61 U BStBl III 1961, 469).

18a b) **Tätigkeiten.** Der Stpfl muss die **Tätigkeitserfordernisse selbst** erfüllen; die Beteiligung an Gesellschaften, die die Voraussetzungen ihrerseits erfüllen, genügt nicht (FG B-Bbg 12 K 8540/05 B DStRE 2010, 741). Übt der Stpfl (GmbH iL) nach Veräußerung des letzten Grundstücks keine grundstücksverwaltende Tätigkeit mehr aus, steht ihm auch die erweiterte Kürzung nicht mehr zu (BFH I R 1/10 BFH/NV 2011, 841).

4. Besonderheiten bei Organschaften

19 a) **Grundsatz.** Bei **Organschaften** sind im Hinblick auf Voraussetzungen und Umfang der Kürzung die Verhältnisse **jeder Gesellschaft für sich** zu beurteilen; dh jede Gesellschaft kann unabhängig von der anderen für sich bestimmen, ob sie die Kürzung nach Satz 1 oder Satz 2 wählt. Erst nach der Kürzung (und anderen Kürzungen) erfolgt die Zusammenrechnung beim Organträger (BFH I R 21/67 BStBl II 1969, 629). Liegen die Voraussetzungen beim Organträger vor, ist die erweiterte Kürzung nicht deswegen zu versagen, weil das Organ eine schädliche Tätigkeit ausübt (BFH I R 21/67 aaO; vgl *Neyer* DStR 1991, 537).

19a b) **Konzerninterne Vermietung.** Bei einer Vermietung **ausschließlich** zwischen zwei Organgesellschaften desselben Organkreises ist die der Vermieterin gewährte Kürzung bei der Zusammenrechnung der Gewerbeerträge auf der Ebene des Organträgers nach allgemeinen Grundsätzen (§ 2 Rn 523 f) zu korrigieren (BFH X R 4/10 BStBl II 2011, 887; FG B-Bbg 6 K 6038/06 B EFG 2011, 1178; FG Nürnberg 7 K 1039/2009; *Herbst* GmbHR 2011, 1003; krit *Wendt* FR 2011, 968; *Hoffmann* StuB 2011, 929; *Pyszka* GmbHR 2013, 132). Auf dieser Ebene haben sich Mietaufwand und -ertrag neutralisiert; die Tatsache, dass der Kürzungsbetrag hiermit nicht identisch ist, ist unerheblich (insoweit aA *Borberg/Lüking* BB 2011, 2344). Das sog „Durchgriffsverbot" ist nicht einschlägig. Aus diesen Gründen ist auch bei einer nur mittelbaren Beteiligung (über eine Kapitalgesellschaft) der Organträgerin an der an sie vermietenden Organgesellschaft die dieser gewährte erweiterte

Kürzungen (Grundbesitz) § 9 Nr 1

Kürzung bei der Ermittlung des GewErtrags der Organträgerin wieder zu korrigieren (FG München EFG 2006, 578 rkr).

Ob und – wenn ja – wie weit diese Grundsätze auch gelten, wenn **nicht der gesamte** Grundbesitz der Gesellschaft im Organkreis vermietet wird, ist offen geblieben (*Duttine* DStR 2011, 2033); mE ist auf der Ebene des Organträgers im Verhältnis der Mieterträge nur eine anteilige Korrektur der erweiterten Kürzung durchzuführen.

5. Begriff des Grundbesitzes

Der innere Zusammenhang der Sätze 1 und 2 der Vorschrift bedingt, dass **Grund-** 20
besitz auch hier **im bewertungsrechtlichen Sinn** (§ 68 BewG) zu verstehen ist (BFH I R 53/90 BStBl II 1992, 738; IV R 19/05 BStBl II 2010, 985; IV B 8/09 BFH/NV 2010, 464 jeweils mwN; vgl Rn 3). Um welche Art von Grundbesitz es sich handelt (zB Wohngebäude, Bürogebäude, LuF-Grundstücke), ist nicht von Bedeutung (*Winter* StBp 1967, 248; *Hofbauer* DStR 1983, 598, 608). Der Begriff umfasst weder Bodenschätze nach § 68 Abs 2 Nr 1 BewG (zB Mineralwasserquelle, BFH I R 53/90 aaO) noch Betriebsvorrichtungen nach § 68 Abs 2 Nr 2 BewG (BFH I R 50/75 BStBl II 1977, 778; I R 66/88 BStBl II 1991, 249; IV R 18/91 BFH/NV 1994, 388; VIII R 68/98 BStBl II 2001, 359; I R 24/01 BStBl II 2003, 355; krit *E. Schmidt* BB 1995, 1330; s aber Rn 24b) noch obligatorische Nutzungsrechte an fremdem Grund u Boden (BFH IV B 8/09 aaO) noch Mineralgewinnungsrechte (BFH I R 53/90 aaO).

6. Eigener Grundbesitz

a) Sachliche Zugehörigkeit. Die Formulierung ist gleichbedeutend mit „**zum** 21
BV des Unternehmers gehörender Grundbesitz" in Satz 1 (BFH I R 61/90 BStBl II 1992, 628). Die Frage der Zugehörigkeit zum BV des Unternehmens ist nach den Vorschriften des EStG oder KStG zu entscheiden (§ 20 Abs 1 GewStDV; BFH I R 201/78 BStBl II 1982, 477; zu gewerblich tätigen Personengesellschaften vgl BFH VIII R 353/82 BStBl II 1988, 418, 420; IV R 222/84 BStBl II 1987, 553). Der Begriff schließt Gebäude auf einem Erbbaurechtsgrundstück ein (RFH RStBl 1941, 884; BFH I 5/65 BStBl II 1968, 353; vgl VIII R 102/78 BStBl II 1982, 533; A 62 Abs 3 GewStR 1998). Dasselbe gilt für Gebäude **auf fremdem Grund und Boden**, die nach dem Gesamtbild der Verhältnisse **im wirtschaftlichen Eigentum** des Unternehmers stehen (BFH IV B 8/09 BFH/NV 2010, 464). Sie sind auch nach § 70 Abs 3 BewG Grundbesitz iSd Bewertungsrechts und haben nach § 94 BewG einen eigenen EW. Auch in diesen Fällen ist wegen des eindeutigen Gesetzeswortlauts und obwohl die Gefahr der Doppelbelastung mit GrundSt und GewSt nicht besteht, die erweiterte Kürzung vorzunehmen (vgl BFH I R 18/70 BStBl II 1971, 643; VIII R 182/75 BStBl II 1979, 399; FG Berlin EFG 1978, 399; ebenso *Barske* DB 1977, 417).

Nicht zum **eigenen BV** des Beteiligten gehört der Grundbesitz einer gewerblich tätigen (BFH I R 54/04 BFH/NV 2006, 1148) bzw geprägten Personengesellschaft (BFH I R 61/90 BStBl II 1992, 628). Dies gilt nach der Rspr auch für die an der GmbH, die als *Komplementärin* an einer „rein" vermögensverwaltenden (Zebra-)Gesellschaft beteiligt ist, weil iRd Qualifikation der Einkünfte als gewerblich auf der Ebene der beteiligten Gesellschaft für diese der im Gesamthandsvermögen stehende verwaltete Grundbesitz trotz § 39 Abs 2 Nr 2 AO „teilweise fremd" sei (BFH I R 67/09 BStBl II 2011, 367; *Roser* in *L/S* § 9 Rn 117; *Schlagheck* StBp 2000, 115, 119; *Wendt* FR 2003, 159; *Gosch* BFH-PR 2011, 183; aA *Demleitner* BB 2010, 1257; 2011, 1190; *Schmidt/Mertgen* FR 2011, 468; *Sanna* DStR 2012, 1365; *Borggräfe/Schüppen* DB 2012, 1644; zweifelnd FG B-Bbg 6 V 6142/12 EFG 2012, 1871). Es steht zu

§ 9 Nr 1 Kürzungen

befürchten, dass diese mE nicht gebotene Auslegung des § 39 Abs 2 Nr 2 AO auch bei einer *Kommanditbeteiligung* zum Zuge kommt (*Schmid/Mertgen* FR 2011, 468; *Zillmer* DStR 2011, 851). Davon unabhängig führt auch die Beteiligung an einer (ungeteilten) Erbengemeinschaft, auch wenn der Nachlass nur aus nur verwaltendem Grundvermögen besteht, nicht zu eigenem Grundbesitz (HessFG 8 K 2580/11, Rev IV R 24/12). Das gilt auch für den von der Gesellschaft *treuhänderisch verwalteten* Grundbesitz, da er dem Treugeber zuzurechnen ist (§ 39 Abs 2 Nr 1 Satz 2 AO).

21a   **b) Zeitfragen.** Es kommt **nicht** auf die Zugehörigkeit zum BV **zu einem bestimmten Stichtag** an (RFH RStBl 1942, 38; R 9.2 Abs 1 Satz 4 GewStR; ebenso *Roser* in *L/S* § 9 Nr 1 Rn 121; **aA** *Blümich/Gosch* § 9 GewStG Rn 67: offen gelassen von BFH I R 1/10 BFH/NV 2011, 841). § 20 Abs 1 Satz 2 GewStDV, der Geltung für Satz 1 und Satz 2 des § 9 Nr 1 beansprucht, steht insofern weder mit Wortlaut noch mit Sinn und Zweck der Vorschrift in Einklang. Kann sich § 20 Abs 1 Satz 2 GewStDV im Hinblick auf § 9 Nr 1 Satz 1 – wenn auch nicht zwingend – noch auf den Stichtag bei der EW-Feststellung stützen, so ist dies bei § 9 Nr 1 Satz 2 nicht der Fall. Hier geht es nur um die Kürzung um bestimmte Grundstückserträge, für die es keiner Anknüpfung an die EW-Feststellung oder an einen bestimmten Stichtag bedarf; es muss genügen, dass die zu kürzenden Erträge auf der Nutzung des bestimmten Grundstücks beruhen.

Nach BFH I R 124/88 BStBl II 1990, 76 muss der Grundbesitz **in dem EZ** zum BV gehören, **in dem die Kürzung erfolgt** (Stichwort: *Rücklage aus Veräußerungsgewinn*; Rn 37a). Diese Auffassung ist mE zu eng. Die Bezugnahme auf Satz 1 besagt sowohl grammatikalisch als auch teleologisch nur, dass der in Rede stehende Ertragsteil aus der Verwaltung und Nutzung von zum eigenen BV gehörenden Grundbesitz stammen muss. Diese Voraussetzung ist auch bei der Auflösung der Rücklage in einem späteren EZ (Wirtschaftsjahr) erfüllt. Eine zeitliche Belastungskorrespondenz gibt das G nicht vor (BFH I R 17/99 BStBl II 2001, 251).

Ein **anderer Aspekt** ergibt sich lediglich bei **Verkauf/Entnahme des letzten Betriebsgrundstücks** während des betreffenden EZ, allerdings aus Gründen des Ausschließlichkeitsgebots (Rn 23 ff, 23d).

7. Verwaltung und Nutzung von eigenem Grundbesitz

22   **a) Begriff. Angesprochen** ist die **Vermögensverwaltung,** also der Einsatz von Grundbesitz zum Zwecke der **Fruchtziehung** aus zu erhaltender Substanz, insb durch Vermietungs- und Verpachtungstätigkeit (BFH VIII R 60/02 BStBl II 2006, 434). Entscheidend ist nicht die Satzung oder eine sonstige Fixierung des Unternehmenszwecks, sondern die **tatsächliche Geschäftsführung** (BFH I 76/61 U BStBl III 1961, 469). Vermögensverwaltung in diesem Sinne bedeutet im Wesentlichen Verwendung für den eigenen Bedarf bzw Vermietung und Verpachtung (RFH RStBl 1942, 988). Hierzu gehört auch die Errichtung von Neubauten im eigenen Namen und für eigene Rechnung zum Zwecke der Vermietung (BFH I R 21/67 BStBl II 1969, 629); ebenso die Ausgabe von Erbbaurechten (BFH I 5/65 BStBl II 1968, 353). Begriffsbestimmungen im *REIT-Gesetz* (BGBl I 2007, 914) sind mE angesichts des eigenen Regelungszwecks und der unterschiedlichen Zielsetzung für die Auslegung des § 9 Nr 1 Satz 2 nicht geeignet.

Die Tätigkeit darf **nicht über** den **Rahmen einer Vermögensverwaltung** hinausgehen („ausschließlich"), insb auch nicht zT gewerblichen Charakter annehmen (BFH I R 191/72 BStBl II 1973, 260; I R 199/72 BStBl II 1973, 563; I R 174/72 BStBl II 1973, 686; IV R 97/72 BStBl II 1973, 688; I R 50/75 BStBl II 1977, 778; I R 61/96 BStBl II 1998, 270; VIII R 68/98 BStBl II 2001, 359; I R 61/96 BFH/NV 2008, 1359).

b) Risikoeinsatz. Nach BFH I R 61/96 BStBl II 1998, 270 (Bestätigung von FG Hamburg II 143/93 EFG 1997, 114) ist der **dingliche Einsatz des eigenen Grundbesitzes** für die Absicherung einer fremden Schuld (Bestellung einer Grundschuld) gegen Entgelt noch Vermögensverwaltung, obwohl es sich bei dieser speziellen Form der Grundstücksnutzung in Wirklichkeit um ein Risikogeschäft handelt, das dem Typus der auf Fruchtziehung gerichteten Tätigkeit fremd ist. Nach BFH VIII R 60/02 BStBl II 2006, 434 (Aufhebung von FG Nürnberg V 13/2000 EFG 2003, 791; zust *Klass* GmbHR 2006, 555; *Wendt* FR 2006, 556) gilt dies erst recht bei einem unentgeltlichen Einsatz, der an der Risikobehaftung nichts ändert und auch nicht auf Fruchtziehung gerichtet ist.

c) Insbesondere Vermietung und Verpachtung. aa) Abgrenzungen. Grundsätzlich ist bei **Vermietung und Verpachtung** Vermögensverwaltung anzunehmen, und zwar auch dann, wenn sie **in großem Umfang** erfolgt und nach kaufmännischen Gesichtspunkten durchgeführt wird (BFH I 53/60 S BStBl III 1961, 233), selbst dann, wenn die aufstehenden Gebäude unter erheblichem Fremdkapitaleinsatz errichtet worden sind. Auch die Vermietung einer Vielzahl von Objekten ist grundsätzlich Vermögensverwaltung (BFH IV 136/61 S BStBl III 1964, 364), ebenso wenn in einem Gebäude eine Vielzahl kleinerer Flächen (Läden, Stände) vermietet wird (BFH IV 141/60 U BStBl III 1964, 367). Doch können auch bei der Vermietung **besondere Umstände eine gewerbliche Tätigkeit begründen**, insb wenn diese eine Organisation nach Art eines Gewerbebetriebes erfordern (BFH IV R 150/82 BStBl II 1985, 211). Das betrifft etwa eine sich aus der Natur des Gegenstandes (Fremdenheim, Ferienwohnung, Parkhaus u.ä.) ergebende kurzfristige Vermietung an häufig wechselnde Mieter (BFH VIII R 262/80 BStBl II 1989, 291 Tennisplätze). Hierbei kann auch ein einziges Objekt genügen, etwa wenn eine Ferienwohnung im Verband mit einer Vielzahl gleichartig genutzter Wohnungen einer einheitlichen Wohnanlage über eine Feriendienstorganisation genutzt wird (BFH III R 167/73 BStBl II 1976, 728; III R 31/87 BStBl II 1990, 383; vgl im Übrigen § 2 Rn 100 ff). Auch die Übernahme von unüblichen Sonderleistungen kann für die Gewerblichkeit sprechen, wobei nicht jede geringfügige Sonderleistung schädlich ist, sondern erst diejenige, die eine gewisse unternehmerische Organisation erfordert (BFH VIII 27/72 BStBl II 1977, 244; aA wohl BFH IV 141/60 U aaO).

bb) Einzelheiten. Nicht schädlich sind geringfügige Zusatzleistungen bei der Vermietung einer Ferienwohnung (BFH III R 37/86 BFH/NV 1990, 36), die Zurverfügungstellung von Hauswänden zu Reklamezwecken (FG Ba-Wü EFG 1955, 304), die Mitvermietung von Garagen (FG Berlin EFG 1978, 399) oder die einem Miteigentumsanteil entsprechende Verwaltung gemeinschaftlichen Grundbesitzes (BFH I 173/63 BStBl III 1966, 253). S im Übrigen § 2 Rn 106, 121.

Schädlich ist die Übernahme der Reinigung oder von Vermittlungsleistungen (RFH RStBl 1943, 283; BFH I 53/60 S BStBl III 1961, 233), die Bewachung (BFH IV 136/61 S BStBl III 1964, 364) sowie sonstige mit einem typischen Unternehmerrisiko verbundene Tätigkeiten (BFH IV 141/60 U BStBl III 1964, 367), wie die planmäßige Lieferung von elektrischem Strom (RFH RStBl 1939, 578), die Vermietung und Einrichtung eines Arbeiterwohnheims (BFH IV R 196/71 BStBl II 1973, 561), mE auch eines Altenheims, die Verwaltung fremden Grund und Bodens (BFH I 173/63 aaO; I R 67/09 BStBl II 2011, 367; Ausnahmen bei Nebentätigkeiten, s Rn 24), die **Verpachtung eines gewerblichen Betriebes** mit Einrichtung (RFH RStBl 1939, 790; BFH VIII R 3/03 BStBl II 2005, 778). Diese Tätigkeiten sind nicht nur Verwaltung und Nutzung eigenen Grundbesitzes. Dabei ist unerheblich, ob der Stpfl besondere Erfahrungen hat, sein Vermögen geschickt iS eines Gewerbebetriebes einzusetzen (BFH I 53/60 S aaO).

§ 9 Nr 1

22d **d) Veräußerung von Grundbesitz.** Für ihre rechtliche Qualifikation ist **maßgebend, ob** die Veräußerung noch (letzter) Teil der auf **Fruchtziehung** aus zu erhaltender Substanz gerichteten Tätigkeit ist (dann noch Vermögensverwaltung, BFH I R 120/80 BStBl II 1984, 137; I R 10/86 BStBl II 1987, 603; FG B-Bbg 6 V 6140/10 EFG 2011, 453) **oder** ob die **Substanzverwertung** durch Umschichtung in den Vordergrund tritt (dann wegen gewerblichen Grundstückshandels – vgl § 2 Rn 140 ff – keine Vermögensverwaltung mehr, BFH I R 179/68 BStBl II 1972, 279; I R 191/72 BStBl II 1973, 260; I R 153/71 BStBl II 1973, 661; VIII R 46/84 BStBl II 1988, 65; vgl auch III B 47/99 BFH/NV 2000, 1451, 1454). Zu fragen ist demnach, ob Verwaltung und Nutzung als Haupttätigkeit vorliegt, auf die sich das Grundstücksgeschäft wie ein Nebengeschäft günstig auswirkt (BFH XI R 47/98 BStBl II 1971, 338; IV R 286/66 BStBl II 1971, 465; XI R 47/98 BStBl II 2000, 28; III R 10/07 BFH/NV 2008, 538), etwa als Finanzierungsinstrument oder zur Abwendung einer drohenden Enteignung (*Birkholz* FR 1971, 344). Zum Verkauf des gesamten (noch vorhandenen) Grundbesitzes s Rn 23d.

22e **e) Immobilien-Leasing.** Beim Immobilien-Leasing können die vorstehenden Voraussetzungen erfüllt sein, wenn nach den allgemeinen Grundsätzen noch Verwaltung und Nutzung von eigenem Grundbesitz vorliegt. Hierbei ist es unschädlich, wenn Sonderleistungen von konzernmäßig verbundenen Unternehmen – Ausnahme: Betriebsaufspaltung (s Rn 26) – erbracht werden (vgl *FM NRW* StEK GewStG § 9 Nr 14; *FM Ba-Wü* ESt-Kartei BW 1978 § 9 Nr 1 GewStG; *Hofbauer* BB 1978, 803; *Vogel/Lentschig* StBp 1994, 106). Grundbedingung ist, dass die Gesellschaft **wirtschaftlicher Eigentümer** bleibt. Im Übrigen ist die Vorschrift nur anzuwenden, wenn die Rechtsbeziehung zwischen Leasinggeber und Leasingnehmer steuerrechtlich Vermietung und Verpachtung ist und insb keine weiteren Sonderleistungen (vgl Rn 22c) erbracht werden (*Schneider* DB 1978, 1809; *Leffson* DB 1976, 537; 685; *Runge* DB-Beil 21/78; *Inst FSt* DB 1979, 1194; *Haug* JbFStR 1985/86, 419, 433). Sonderleistungen sind aber noch nicht unbedingt gegeben, wenn ein Gebäude nach den Wünschen des Interessenten und unter Einbeziehung besonderer Kenntnisse und Erfahrungen (Know-How) errichtet wird. Dies entspricht der Rspr zu Organschaften (vgl Rn 19 f).

22f **f) Zeitfragen. Für die Unterscheidung/Qualifikation,** ob Sonderleistungen einen unschädlichen geringfügigen Umfang hatten, ist – im Unterschied zur Bestimmung des Maßes bei der Betreuung von Wohnbauten (Rn 29 f; hierzu BFH I R 185/70 BStBl II 1972, 887) – nicht auf die Verhältnisse im einzelnen EZ, sondern im Wesentlichen auf die **Verhältnisse innerhalb eines Mehrjahreszeitraums** abzustellen (BFH I R 191/72 BStBl II 1973, 260; I R 23/73 BStBl II 1975, 44). Das gilt mE auch für **Liquidationsfälle** (hierzu *Dornbusch* SAM 2013, 11; aA -*ng-* FR 1972, 469; *Henninger* GmbHR 1974, 95), weil insofern die Haupttätigkeit des Unternehmens in Rede steht.

8. Ausschließlichkeit

23 **a) Bedeutung.** Dieses Tatbestandsmerkmal ist umfassend, also **qualitativ, quantitativ** und in **zeitlicher Hinsicht** zu verstehen (BFH I B 104/99 BFH/NV 2000, 1497). Dies besagt, dass das Unternehmen in dem jeweiligen EZ in der Hauptsache eigenen Grundbesitz verwalten muss und neben den weiteren gesetzlich zugelassenen und den sonstigen (Neben-)Tätigkeiten (zwingend notwendige Tätigkeiten, Rn 24; Verwaltung von eigenem Kapitalvermögen, Rn 28; Betreuung von Wohnungsbauten, Rn 29; Errichtung und Veräußerung von Wohneigentum, Rn 30) **keine andere Tätigkeit** als die Grundstücksverwaltung ausüben darf (s auch Rn 22 ff).

Kürzungen (Grundbesitz) § 9 Nr 1

b) Keine Geringfügigkeitsgrenze. Eine Geringfügigkeitsgrenze für nicht in 23a Rn 23 bezeichnete Tätigkeiten **besteht nicht.** Insofern lässt die Vorschrift keinen Auslegungsspielraum (BFH I R 13/88 BStBl II 1990, 1075; IV B 14/07 BFH/NV 2008, 821; I R 56/07 BFH/NV 2008, 1359; IV B 157/09 BFH/NV 2011, 1392). *Vorübergehende Zweifel hieran* (BFH IV R 18/91 BFH/NV 1994, 338; VIII R 68/98 BStBl II 2001, 359; IV S 7–10/01 BFH/NV 2002, 1052) hat der BFH bereits mit I R 24/01 BStBl II 2003, 355 aufgegeben (vgl hierzu BFH VIII R 39/05 BStBl II 2006, 659; *Wendt* FR 2000, 1038; *Gosch* StBp 2000, 57 u 341; *Jesse* FR 2004, 1085: der die Ausgliederung von schädlichen Tätigkeiten empfiehlt). Diese Auslegung ist **verfassungsrechtlich unbedenklich** (BFH I R 24/01 aaO; I 54/04 BFH/NV 2006, 1148; I R 56/07 BFH/NV 2008, 1359).

c) Gewinnerzielungsabsicht. Ob die Ausschließlichkeit auch dann zu vernei- 23b nen ist, wenn an sich schädliche Nebentätigkeiten oder Sonderleistungen **nicht mit Gewinnerzielungsabsicht** vorgenommen werden (anders für die zulässigen Nebentätigkeiten – Rn 27 ff – BFH I R 30/77 BStBl II 1980, 662), hat BFH VIII R 60/02 (BStBl II 2006, 434) **offen gelassen**. ME ist das der Fall. Die Vorschrift unterscheidet nicht danach, ob durch die jeweilige Betätigung der Begriff des Gewerbebetriebs (§ 15 Abs 2 EStG) erfüllt ist (BFH I R 61/90 BStBl II 1992, 628; I R 53/90 BStBl II 1992, 738; *Blümich/Gosch* § 9 GewStG Rn 73); im Gegenteil ist der abschließenden Aufzählung der unschädlichen Nebentätigkeiten zu entnehmen, dass jede weitere Betätigung zur Versagung der erweiterten Kürzung führt. Wie hier FG B-Bbg EFG 2007, 1717, best durch BFH I R 56/07 BFH/NV 2008, 1359, der jedoch auf das Problem nicht eingegangen ist (diff für ehemals nach § 3 Nr 15 aF befreite Wohnungsbauunternehmen *Roser* in *L/S* § 9 Nr 1 Rn 126; vgl auch *Fuchs* DB 1990, 2236; FR 1991, 76). Immerhin gelten die Grundsätze dieser Entscheidung nicht, wenn sich hinter der fehlenden Gewinnerzielung in Wirklichkeit eine **verdeckte Gewinnausschüttung** verbirgt (BFH I R 30/77 aaO; FG Hamburg EFG 1990, 439).

d) Zeitfragen. Das Merkmal der Ausschließlichkeit muss **während des gesam-** 23c **ten EZ** erfüllt sein (BFH I R 174/69 BStBl II 1971, 338; I R 199/72 BStBl II 1973, 563; I R 68/75 BStBl II 1978, 505), bei abweichendem Gewinnermittlungszeitraum in diesem (Saarl FG EFG 1968, 141; *Blümich/Gosch* § 9 GewStG Rn 68). Dabei macht es keinen Unterschied, ob die steuerschädliche Tätigkeit die Grundstücksnutzung selbst oder sonstige Zusatzleistungen betrifft (BFH I R 199/72 aaO). Eine zeitanteilige erweiterte Kürzung ist nicht zulässig (FG Bremen EFG 1972, 454). Wegen Satz 5 der Vorschrift ist es aber auch schädlich, wenn das Grundstück nur für kurze Zeit im EZ dem GewBetrieb eines Gesellschafters dient (BFH I R 68/75 aaO). Auch reicht der Übergang von der gewerblichen zur grundstücksverwaltenden Tätigkeit während des EZ nicht aus (BFH I R 199/72 aaO); ebenso wenig der umgekehrte Vorgang (vgl Rn 23d), wohl aber die Begründung des grundstücksverwaltenden Unternehmens oder der Erwerb des Grundstücks während des EZ (vgl R 9.2 Abs 1 Satz 3 GewStR). Für das Merkmal der Ausschließlichkeit kommt es also **nicht** auf die Verhältnisse während eines **Mehrjahreszeitraums** an (BFH I R 185/70 BStBl II 1972, 887). Diese sind nur von Bedeutung für die Frage, ob wegen der Nachhaltigkeit von Grundstücksgeschäften die Tätigkeit in der Hauptsache als gewerbliche anzusehen ist (BFH I R 23/73 BStBl II 1975, 44; I R 99/78 BStBl II 1980, 470).

e) Veräußerung des letzten Grundstücks. An der ausschließlichen Verwal- 23d tung von eigenem Grundbesitz fehlt es, wenn das **letzte Grundstück** im vorhergehenden EZ **verkauft** worden ist bzw im betreffenden EZ verkauft wird und das Unternehmen nur noch **anderweitige Tätigkeiten** ausübt (vgl BFH I R 201/78 BStBl II 1982, 477; I B 5/99 BFH/NV 2000, 79; I R 1/10 BFH/NV 2011, 841;

krit *Schlegel* NWB 2012, 4223). Das gilt auch für die Beschränkung auf die Verwaltung des aus dem Erlös gebildeten Kapitalvermögens (BFH I R 201/78 BStBl II 1982, 477; I B 5/99 BFH/NV 2000, 79; VIII R 4/99 BFH/NV 2000, 1498). Anders kann zu entscheiden sein, wenn eine grundstücksverwaltende GmbH liquidiert wird und im Rahmen dessen den gesamten Grundbesitz unter Auskehrung des Erlöses veräußert (ebenso *Neyer* DStR 1991, 537). **Unschädlich** ist auch der **Verkauf** des einzigen (letzten) Grundstücks **am 31. 12.** des nämlichen EZ um 23.59 Uhr (BFH I R 89/03 BStBl II 2004, 1080; aA FG Köln EFG 2003, 950, aufgeh).

9. Ausnahme: zwingend notwendige Nebengeschäfte

24 a) **Grundsatz. Unschädlich** sind nicht gesetzlich zugelassene Geschäfte, die aber im Einzelfall **zwingend notwendig** für eine **wirtschaftlich sinnvoll** gestaltete Grundstücksverwaltung und -nutzung sind (BFH I R 174/69 BStBl II 1971, 338; VIII R 3/03 BStBl II 2005, 778). Auch hierfür gilt ein restriktives Verständnis (vgl BFH I R 24/01 BStBl II 2003, 355). Es genügt nicht, dass es sich um eine lediglich zweckmäßige, in der Praxis häufig vorkommende Tätigkeit wie die entgeltliche Vermietung zB eines Schwimmbades an Dritte (Nichtmieter) handelt (BFH I R 56/07 BFH/NV 2008, 1359). Es darf sich auch nicht um eine eigenständige Tätigkeit von Gewicht handeln (BFH I R 53/90 BStBl II 1992, 738; aA *Fuchs* DB 1990, 2236), insb eine solche, die für sich gesehen gewerblicher Art ist (BFH IV R 18/91 BFH/NV 1994, 338). Ob das Geschäft erforderlich war, ist nach BFH I R 134/66 BStBl II 1969, 664 nach objektiven Gesichtspunkten des (Kapital- und Vermietungs-)Marktes, nicht nach den subjektiven Beziehungen des Unternehmers zu dem Geschäftspartner zu beurteilen.

24a b) **Einzelfälle. In Betracht kommen** etwa die Grundstücksbevorratung und deren Finanzierung, die Beschaffung und Erschließung von Bauland für Vermietungszwecke, die Finanzierung der auf Vermietung gerichteten Bautätigkeit, die gelegentliche Grundstücksveräußerung (s Rn 22d), die Baulandumlegung u.ä. (*Hofbauer* DStR 1983, 518), die Verwaltung von Mietkautionen ohne Gewinnerzielungsabsicht, die Hausmeisterei und Regiebetriebe für die eigene Grundstücksverwaltung. Nach BFH I R 134/66 BStBl II 1969, 664 liegt ein Nebengeschäft vor, wenn ein Grundstücksunternehmen für eine Bank öffentliche Gelder beschafft und Wertpapiere verkauft, um benötigte Kredite zu erlangen, mE unzutreffend, weil es sich um ein nicht zwingend erforderliches Geschäft eigener Qualität handelt (mE zutreffend FG München 7 K 1341/07 EFG 2009, 1044, Schädlichkeit der entgeltlichen Weitergabe von Krediten an verbundene Unternehmen). Fragwürdig mE auch FG Berlin (EFG 1978, 399), wonach die Untervermietung von Garagen unschädlich ist, wenn dies für die Vermietung von eigenem Grundbesitz (allein zwischen den Parteien) Voraussetzung war. Unschädliche Nebengeschäfte liegen im Übrigen vor, wenn ein Grundstücksverwaltungsunternehmen die Versorgung der Bewohner mit Kabelfernsehen sicherstellt (FG B-Bbg EFG 2008, 320) oder wegen der Verbilligung auch für andere Unternehmen Brennstoffe einkauft (vgl BFH I R 21/70 BStBl II 1970, 871; ohne gewerblich tätig zu sein (vgl BFH I R 214/75 BStBl II 1977, 776; hierzu *Littmann* DStR 1978, 79).

24b c) **Insbesondere Betriebsvorrichtungen. aa) Allgemeines.** Auch die Mitvermietung von **Betriebsvorrichtungen** ist **unschädlich, wenn** sie im o.a. Sinn zwingend erforderlich sind (BFH VIII R 3/03 BStBl II 2005, 778; I B 150/04 BFH/NV 2006, 609; hierzu *Lüking* BB 2011, 795). Der Grundsatz duldet *keine Umkehrung* dahin, dass die Vermietung von Betriebsvorrichtungen sinnvoll nur mit dem Gebäude erfolgen könne und deswegen unschädlich sei (BFH IV B 157/09 BFH/NV 2011, 1392). *Unschädlich* ist insb auch die Mitvermietung (-verpachtung) von Licht-, Kraft-, Brenn- und Wasseranlagen sowie von Aufzügen, wenn sie not-

Kürzungen (Grundbesitz) **§ 9 Nr 1**

wendigerweise erfolgt, weil das Gebäude ohne sie nicht vermietet (verpachtet) werden kann (ebenso *Blümich/Gosch* § 9 GewStG Rn 61 ff). Entsprechendes gilt mE für Waschanlagen (ebenso *Sauer* StBp 1973, 43). Auch die Mitvermietung von WG, die nur wegen ihrer besonderen Nutzung durch den Mieter Betriebsvorrichtung sind (hier: Bewegungsschwimmbad), ist eine unschädliche Nebentätigkeit (BFH I R 50/75 BStBl II 1977, 778; hierzu *E. Schmidt* BB 1995, 1330; zu den Risiken *Bahns/Graw* FR 2008, 257). Das ist jedoch nicht mehr der Fall, wenn der Stpfl mit seiner Leistung den Bereich der Verwaltung verlässt (BFH I R 56/07 BFH/NV 2008, 1359: Schwimmbad auch für Außenstehende) bzw wenn die Gebäude und Vorrichtungen von vornherein auf die Zwecke des Nutzenden zugeschnitten sind (BFH I R 66/88 BStBl II 1991, 249).

bb) Keine Geringfügigkeitsgrenze. Eine für die Mitvermietung von Betriebsvorrichtungen zu beachtende **spezielle Geringfügigkeitsgrenze** besteht nach BFH VIII R 39/05 BStBl II 2006, 659 auch insofern nicht. Sie wird zwar weiterhin diskutiert: der BFH (VIII R 68/98 BStBl II 2001, 359) hatte die *Grenze* bei einem auf die Betriebsvorrichtung entfallenden *Anteil am Erlös* aus der Vermietung des Grundbesitzes bzw an den Herstellungskosten des vermieteten Grundbesitzes *von 10%* gezogen (vgl BFH IV R 18/91 BFH/NV 1994, 338; IV S 7-10/01 BFH/NV 2002, 1052), jedoch nicht auf Geringfügigkeit erkannt, wenn die Gesamtherstellungskosten der Betriebsvorrichtungen (ggf zuzüglich weiterer mitvermieteter WG) den absoluten Betrag von 1 Mio € übersteigen (BFH I B 150/04 BFH/NV 2006, 609; IV B 157/09 BFH/NV 2011, 1392; hierzu *Bahners/Graw* FR 2008, 257). Daher auf jeden Fall keine Unschädlichkeit wegen Geringfügigkeit, wenn die Betriebsvorrichtungen relativ (44% der Anschaffungskosten) und in absoluten Zahlen (11,4 Mio DM) ins Gewicht fallen (BFH I R 66/88 BStBl II 1991, 249); ebenso wenig bei einem Herstellungs-/Anschaffungskostenanteil von 22%, insb wenn die Überlassung der Betriebsvorrichtung selbst Gegenstand der Vereinbarung zwischen den Vertragsparteien ist (BFH IV R 18/91 aaO).

10. Schädliche Tätigkeiten

a) Weitere Einzelheiten. Übt das Unternehmen (auch) **unzulässige Tätigkei-** 25
ten aus, dann ist die **Kürzung** nach Satz 2 insgesamt **zu versagen,** darf also auch nicht anteilig für die der Vorschrift entsprechenden Tätigkeiten gewährt werden (BFH IV 183/65 BStBl II 1968, 16; I R 53/90 BStBl II 1992, 738; VIII R 39/05 BStBl II 2006, 659; hierzu *Lichtinghagen* GmbH-Stpr 2011, 129; *Lüking* BB 2011, 795). Maßgeblich ist das tatsächliche Verhalten im EZ; *Vorbereitungen* für eine gewerbliche Tätigkeit im folgenden EZ sind nach BFH I 76/61 U BStBl III 1961, 469 unschädlich, was mE mit späteren Aussagen kollidiert, wonach Schädlichkeit nicht Gewerblichkeit voraussetzt (s Rn 23b).

Schädlich sind insbesondere die Übernahme von **Sonderleistungen** und Tätigkeiten gewerblichen Charakters (Rn 22c). Das gilt ebenfalls für die Verwaltung von **fremdem Grundbesitz** (Saarl FG 1 K 1284/10 EFG 2013, 385), und zwar auch dann, wenn das Unternehmen nur Miteigentümer ist und sich mehr als es dem Miteigentumsanteil entspricht, an der Grundstücksverwaltung beteiligt (BFH I 173/63 BStBl III 1966, 253), für die **Beteiligung an einer gewerblichen Mitunternehmerschaft** als Komplementär oder Kommanditist oder stiller Gesellschafter (BFH VIII R 68/98 BStBl II 2001, 359; VIII B 56/00 BFH/NV 2001, 817; IV B 14/07 BFH/NV 2008, 821; FG Köln 13 K 2516/07 u.a. EFG 2011, 1492), ebenso wenn eine eigenen Grundbesitz verwaltende GmbH als persönlich haftende Gesellschafterin an einer **gewerblich geprägten**, eigenes Grundvermögen verwaltenden GmbH & Co KG beteiligt ist (BFH I R 61/90 BStBl II 1992, 628; I R 24/01 BStBl II 2003, 355). Entsprechendes gilt aber auch für eine entsprechende Beteiligung einer GmbH an einer **nicht gewerblich geprägten** „Zebra"-Gesellschaft

Güroff 913

§ 9 Nr 1

(BFH I R 67/09 BStBl II 2011, 367; hierzu *Schlagheck* StBp 2000, 115; *Sanna* DStR 2012, 1365; *Fröhlich* DStR 2013, 377; *Blümich/Gosch* § 9 GewStG Rn 92; aA *Gosch* StuW 1992, 350; *Borggräfe/Schüppen* DB 2012, 1644). Nicht begünstigt ist daher der Gewinn aus der **Veräußerung von Mitunternehmeranteilen** an einer grundstücksverwaltenden Personengesellschaft (FG Münster 9 K 4197/08 G EFG 2012, 1687, Rev IV R 22/12; *Blümich/Gosch* § 9 GewStG Rn 113; *Jesse* FR 2004, 1085; *Körner* Inf 2005, 139; aA *Roser* in L/S § 9 Rn 234; *Frotscher/Schnitter* § 9 GewStG Rn 99; *Glutsch/Meining* GmbHR 2012, 627). Entsprechendes gilt mE für die **Personalausleihe** etwa an verbundene Unternehmen, die zwecks Ausgliederung der schädlichen Geschäfte gegründet worden sind, oder für die Übernahme von **Sanierungs- u Erschließungsträgerschaften.** Schädlich ist auch die Produktion von **Solarstrom** und dessen Einspeisung in das allgemeine Stromnetz (FG B-Bbg 6 K 6181/08 EFG 2012, 959).

26 **b) Insbesondere Betriebsaufspaltung.** Bei der Betriebsaufspaltung ist **zu unterscheiden:**

Ist die **Besitzgesellschaft** eine **Personengesellschaft,** dann ist eine in sachlicher Hinsicht gewerbliche Tätigkeit des Betriebsunternehmens auch für die Besitzgesellschaft schädlich. Sie betreibt nicht nur Vermögensverwaltung, sondern nimmt über die Zurverfügungstellung der Betriebseinrichtung an die beherrschte Gesellschaft am allgemeinen Wirtschaftsverkehr teil (BFH I R 174/72 BStBl II 1973, 686; IV R 97/72 BStBl II 1973, 688; IV R 97/72 BStBl II 1976, 750; I R 260/72 BStBl II 1975, 266; IV R 8/90 BStBl II 1992, 347; IV R 48/91 BFH/NV 1994, 265; VIII R 68/98 BStBl II 2001, 359; VIII R 53/02 BFH/NV 2005, 1624; IV R 80/06 BFH/NV 2009, 1279; FG Münster 3 K 1272/08 G, F EFG 2011, 722; zust *Weissenborn/Schaaf* GmbHR 1968, 148; **aA** FG Düsseldorf EFG 1972, 553; *Laube* DStZ 1969, 60; *Felix/Korn* DStR 1971, 139; *Henninger* DB 1971, 844; *Lange* StWa 1972, 129; *-en-* DB 1973, 1725; *Rabe* StBp 1973, 109). Das sollte mE jedoch im Falle einer Betriebs-GmbH im Gründungsstadium, die (zunächst) nur das Stammkapital verwaltet, erst ab Eintragung in das Handelsregister gelten (vgl BFH I R 98/87 BStBl II 1990, 1073). Scheitert die Annahme einer Betriebsaufspaltung etwa wegen fehlender personeller Verflechtung, dann ist die erweiterte Kürzung möglich (FG Saarl EFG 1991, 340).

Ist **Besitzgesellschaft** eine **Kapitalgesellschaft,** dann ist der GewBetrieb der Betriebsgesellschaft unschädlich. Ein Durchgriff auf die Gesellschafter der Kapitalgesellschaft ist nicht zulässig (sog **Durchgriffsverbot;** BVerfGE 13, 331 BStBl II 1962, 500; BFH I R 199/75 BStBl II 1979, 750; I R 111/78 BStBl II 1980, 77; I R 180/82 BStBl II 1987, 117; IV R 13/91 BStBl II 1993, 134; FG Rh-Pf EFG 1999, 389 rkr; *Hennerkes/Binz/Sorg* BB 1984, 1995; *Barth* DB 1968, 2161; 1985, 510; *Lothmann* DStR 1985, 135; *Garny* DStZ 1985, 515). Ist Besitzgesellschaft zwar eine Personengesellschaft, kann der beherrschende Gesellschafter der Betriebsgesellschaft aber auf die Besitzgesellschaft nur über eine Kapitalgesellschaft Einfluss nehmen, dann gilt ebenfalls das Durchgriffsverbot (BFH II R 59/73 BStBl II 1979, 683; IV R 13/91 aaO). **Anders** jedoch im Falle der **kapitalistischen Betriebsaufspaltung,** weil angesichts der Beherrschung der Betriebsgesellschaft kraft eigenen Anteilsbesitzes der Besitz-Kapitalgesellschaft das Durchgriffsverbot nicht gilt (BFH I B 136/11 BFH/NV 2012, 1176; hierzu *Herbst/Bohn* GmbHR 2012, 699).

11. Neben der Grundverwaltung zugelassene Tätigkeiten

27 **a) Allgemeines.** Die berechtigten Unternehmen dürfen eigenes **Kapitalvermögen „neben"** eigenem Grundbesitz verwalten oder **„daneben" Wohnungsbauten** betreuen oder Einfamilienhäuser, Zweifamilienhäuser und Eigentumswohnungen errichten und veräußern. Die **Aufzählung ist abschließend** (BFH I R 13/88 BStBl II 1990, 1075; VIII R 3/03 BStBl II 2005, 778). Es handelt sich um

Kürzungen (Grundbesitz) § 9 Nr 1

Tätigkeiten, die bei einer (sonstigen) natürlichen Person zur GewStPfl führen (BFH VI 294/65 BStBl III 1967, 559).

b) Die Begriffe „neben" und „daneben". Sie bedeuteten mE zunächst, dass 27a die Verwaltung und Nutzung von eigenem Grundbesitz die **Haupttätigkeit** sein muss. Die Entwicklung des (zunächst) unterschiedlichen Verständnisses der beiden Begriffe hat mE aber dahin geführt, dass das nicht mehr gefordert wird (so nach der älteren Rechtslage für die Verwaltung von Kapitalvermögen BFH IV R 235/67 BStBl II 1972, 799). Auch in A 60 Abs 1 Nr 5 GewStR 1998 ist eine dahin gehende Einschränkung nicht enthalten.

aa) Unterschiedliche Auslegung. Im Übrigen haben beide Begriffe in der BFH-Rspr eine unterschiedliche Auslegung erfahren.

Bei der **Betreuung von Wohnbauten** usw (Rn 29 f) bezeichnete „daneben" eine Nebentätigkeit von **untergeordneter Bedeutung** (BFH VI 294/65 BStBl III 1967, 559; I R 146/67 BStBl III 1970, 387; I R 185/70 BStBl II 1972, 887; I R 87/71 BStBl II 1973, 410; I R 77/74 BStBl II 1976, 431; I R 99/78 BStBl II 1980, 470; I R 30/77 BStBl II 1980, 662; I R 201/78 BStBl II 1982, 477). Bei der **Bestimmung ihres Maßes** kam es – im Unterschied zu schädlichen Nebentätigkeiten bei der Verwaltung von Grundbesitz (hierzu BFH I R 23/73 BStBl II 1975, 44; Rn 22b) – allein auf die Verhältnisse im einzelnen EZ, nicht in einem mehrjährigen Zeitraum an (BFH I R 185/70 aaO).

Für die **Verwaltung von eigenem Kapitalvermögen** „neben" eigenem Grundbesitz galt das Erfordernis der untergeordneten Bedeutung nicht; die Grenze bildete eine Tätigkeit, die nach Art und Umfang gewerblichen Charakter hatte (BFH IV R 235/67 BStBl II 1972, 799).

Diese Rspr gründete auf dem Versuch einer (mE unzutreffenden) unterschiedlichen grammatikalischen Interpretation der Worte „neben" und „daneben" sowie auf dem Bestreben, Wettbewerbsverzerrungen zu vermeiden (nach der bis EZ 1981 geltenden Fassung der Vorschrift unterlag auch der auf die Betreuung von Wohnungsbauten usw entfallende Teil des GewErtrages der Kürzung). **Ab dem EZ 1982** (G v 22.12.1981, BGBl I 1981, 1523) jedoch **unterliegt der Kürzung** nur der Teil des GewErtrags, der auf die Verwaltung und Nutzung des eigenen Grundbesitzes entfällt. Danach hat die bezeichnete **Rspr keine Bedeutung** mehr (vgl *FM Länder* BStBl I 1982, 812).

Zur Frage, ob der **Maßstab** für die **„untergeordnete Bedeutung"** absolut durch Festbetrag oder relativ im Verhältnis zur Haupttätigkeit zu bestimmen war, vgl BFH I R 87/71 BStBl II 1973, 410; I R 77/74 BStBl II 1976, 431 (mehr als 25% der Gesamterträge) sowie VIII R 241/81 BFHE 145, 71 (mehr als 10% der Gesamterträge); hiernach genügte ein relativer Maßstab. Nach BFH I R 99/78 BStBl II 1980, 470 (erhebliche Tätigkeit wie ein Bauunternehmer) kam eine absolute Größenordnung in Betracht; ähnlich IV R 103/84 BFH/NV 1988, 732, wo auf 10% der Gesamterträge, aber aus Gründen der Gleichbehandlung auf eine absolute Größenordnung abgestellt wird.

bb) Gleichzeitigkeit. Unabhängig hiervon bezeichnen die Begriffe „neben" und „daneben" das Verhältnis der **Gleichzeitigkeit.** Es genügt nicht der Übergang von/zu der Verwaltung und Nutzung während des EZ bzw Wj (aA *Jesse* FR 2004, 1085, 1093). Auch die Verwaltung von eigenem Kapitalvermögen nach der Verwaltung von eigenem Grundbesitz berechtigt nicht zur erweiterten Kürzung (BFH I R 201/78 BStBl II 1982, 477; *Roser* in L/S § 9 Nr 1 Rn 106; aA zu Unrecht *Hofbauer* DStR 1965, 67). Eine **zeitanteilige Inanspruchnahme** der erweiterten Kürzung ist **nicht zulässig** (vgl BFH I R 199/72 BStBl II 1973, 563). Eine (schädliche) Änderung der Verhältnisse sollte daher stets zum Jahresende erfolgen (*Neyer* DStR 1991, 537), wobei eine Bestimmung des Eintritts der Wirkungen eines ggf erforderlichen Vertrags (zB Grundstücksverkauf) auf 1 Minute vor Jahresende unschädlich sein dürfte (vgl BFH I R 89/03 BStBl II 2004, 1080). Bedenklich erscheint der Ratschlag, ggf das Wj umzustellen (*Blümich/Gosch* § 9 GewStG Rn 76; *KK* KÖSDI 2004, 14 431); denn dafür ist das – nicht gesicherte – Einverständnis des FA erforderlich (§ 4a Abs 1 Nr 2 Satz 2 EStG).

12. Verwaltung und Nutzung von eigenem Kapitalvermögen

28 a) **Begriff.** Der **Begriff des Kapitalvermögens** ergibt sich (nur) im Wesentlichen **aus § 20 EStG**. Im Unterschied hierzu muss sich nach § 9 Nr 1 Satz 2 die Verwaltung und Nutzung auf **eigenes Vermögen** beschränken. Fruchtziehung aus fremden Kapitalvermögensstücken (zB Wertpapiere) erfüllt nicht die Voraussetzungen der Vorschrift. Unschädlich ist dagegen, wenn die zur Einkünfteerzielung eingesetzten Mittel von dritter Seite beschafft sind (BFH IV R 235/67 BStBl II 1972, 799). Die Verwaltung und Nutzung des eigenen Kapitalvermögens darf für sich betrachtet **nicht** eine ihrer Natur nach **gewerbliche Tätigkeit** darstellen (BFH IV R 235/67 aaO; hierzu BFH I R 173/83 BStBl II 1991, 66 u § 2 Rn 133 ff). Die Nutzung und Nutzung von eigenem Kapitalvermögen braucht ihrem Umfang nach nicht hinter der Nutzung von Grundbesitz zurücktreten (BFH IV R 235/67 BStBl II 1972, 799). Jedoch ist es schädlich, wenn das gesamte Grundvermögen veräußert und in nunmehr ausschließlich verwaltetem Kapitalvermögen angelegt wird (BFH I R 201/78 BStBl II 1982, 477). Vgl zur thesaurierenden Immobilien-GmbH *Kaligin* BB 2013, 414.

28a b) **Einzelfälle. aa) Vermögensverwaltung.** Die verzinsliche Anlage von (ggf einem Rückforderungsvorbehalt unterliegenden) Mieterträgen gehört dazu (BFH IV R 19/05 BFH/NV 2008, 492). Beteiligungen an Kapitalgesellschaften auch im Rahmen von Organschaften sind grundsätzlich auch dann unschädlich, wenn die Tochtergesellschaft schädliche Tätigkeiten ausführt (s aber Rn 19). Nicht schädlich ist die gelegentliche Zwischenfinanzierung im Rahmen der Baubetreuung (*-en-* DB 1967, 1155) oder die Hingabe von Kassenmitteln einer überdotierten Unterstützungskasse als Darlehen an das Trägerunternehmen (*-el-* DB 1977, 981).

bb) Keine Vermögensverwaltung. Nicht dazu gehören die entgeltliche **dingliche Belastung eigenen Grundbesitzes** sowie die entgeltliche Bürgschaftsübernahme zu Gunsten Dritter (FG Hamburg EFG 1990, 439; **aA** FG Hamburg EFG 1997, 114, bestätigt mit anderer Begründung von BFH I R 61/96 BStBl II 1998, 270). Angesichts des geringen Zinsertrages (2% der Grundschuld) und des demgegenüber hohen und sich auf den Gesamtbetrag der Grundschuld belaufenden Ausfallrisikos – nämlich mit dem beliehenen Grundvermögen – liegt trotz der möglichen Qualifikation der Einkünfte als solche aus Kapitalvermögen der im G angesprochene Typus der Verwaltung und Nutzung von Kapitalvermögen nicht vor. BFH I R 61/96 aaO und VIII R 60/02 BStBl II 2006, 434 (zust *Klass* GmbHR 2006, 555; *Wendt* FR 2006, 556) nehmen jedoch **Verwaltung und Nutzung von Grundbesitz** an (hierzu Rn 22a). Gewinnlosigkeit nimmt dem Vorgang nicht seine Schädlichkeit, wenn sie auf einer vGA beruht (FG Nürnberg EFG 2003, 791, aufgeh durch BFH VIII R 60/02 aaO).
Schädlich sind **Beteiligungen** an gewerblich tätigen Personengesellschaften (BFH I R 54/04 BFH/NV 2006, 1148); auch an einer grundstücksverwaltenden gewerblich geprägten Personengesellschaft (BFH I R 61/90 BStBl II 1992, 628; **aA** *Jesse* FR 2004, 1085; *Dieterlen/Käshammer* BB 2006, 1935), Spekulationsgeschäfte, bankähnliche Geschäfte, auch iZm der Ausgabe von Restkaufgeldern durch ein Wohnungsbauunternehmen; ebenso die Werbung iZm Darlehensgewährung sowie die Verwaltung fremden Kapitalvermögens (*-en-* DB 1972, 2234; *oV* DB 1978, 469; *Hofbauer* DStR 1983, 598, 606); die Häufigkeit von Geschäftsvorfällen und die

Kürzungen (Grundbesitz) § 9 Nr 1

Kürze der Zeiträume beim Halten von Wertpapieren (BFH IV 139/63 BStBl II 1968, 775). Auch die Aufnahme von Darlehen und die Weitergabe der Darlehensmittel an verbundene Unternehmen mit Zinsaufschlag ist nicht Kapitalvermögensverwaltung (FG München 7 K 1341/07 EFG 2009, 1044).

13. Betreuung von Wohnungsbauten

a) Objektbezogene Erfordernisse. Die Betreuung von Wohnbauten betrifft 29 dem Wortlaut nach an sich Gebäude, die ausschließlich **Wohnzwecken** dienen, also auch EFH, ZFH und ETW. Betreuung von gewerblichen Grundstücken, insb Bürohäuser, Fabrikations- und Lagerhäuser, ist schädlich. Bei **gemischt genutzten** Grundstücken genügte nach den GewStR vor 2010, dass die Gebäude zu mehr als 66 ⅔ den Wohnzwecken dienten (vgl A 60 Abs 1 Nr 4 GewStR 1998); mE zutreffend. Eine unterschiedliche Behandlung der Betreuung von Wohnbauten und der Errichtung/Veräußerung von Teileigentum iVm ETW (Satz 3), bei der 66 ⅔ Wohnzwecke ausreichen, erscheint nicht gerechtfertigt (ebenso *Hofbauer* DStR 1964, 10; aA aus einem Umkehrschluss aus Satz 3 *Blümich/Gosch* § 9 GewStG Rn 95; zweifelnd *Roser* in *L/S* § 9 Nr 1 Rn 173).

b) Der Begriff der Betreuung. Der Begriff umfasst zunächst die **Hilfe bei der** 29a **Planung** und **Durchführung** eines Bauvorhabens in technischer, finanzieller und wirtschaftlicher Hinsicht. Unschädlich ist aber auch die sich an die Fertigstellung anschließende Bewirtschaftungsbetreuung, auch wenn es sich nicht um dasselbe Betreuungsunternehmen handelt; BFH I R 21/67 BStBl II 1969, 629 ist mE insofern überholt (vgl BFH I R 8/02 BStBl II 2004, 243; VIII R 3/03 BStBl II 2005, 778; H 9.2 (2) GewStH; *Roser* in *L/S* § 9 Nr 1 Rn 174; *Blümich/Gosch* § 9 GewStG Rn 97; *Hofbauer* DStR 1983, 598; **aA** *Jonas/Müller* DStR 1988, 623). Ebenfalls unschädlich ist ohne weiteres, auch wenn der Zweck des Gesetzes mitumfasst ist, dass die Betreuung gewerblichen Charakter hat (vgl BFH I R 13/88 BStBl II 1990, 1075; *Roser* in L/S § 9 Nr 1 Rn 175). Insb ergibt dies der nicht einschränkende Wortlaut der Vorschrift sowie ihr Sinnzusammenhang: Ermöglichen der Betreuung auch fremder Wohnungsbauten und lediglich sicherstellen, dass deren Erträge nicht trotz gewerblichen Charakters begünstigt werden.

Die **Durchführung** des Vorhabens selbst **ist nicht Betreuung**. Dagegen ist der Abschluss von Generalunternehmerverträgen (Bauherrenmodelle) wohl schädlich (*Hofbauer* DStR 1983, 598, 602; *Blümich/Gosch* § 9 GewStG Rn 97).

14. Errichtung und Veräußerung von EFH, ZFH oder ETW

Die **Begriffsbestimmungen** sind in Anlehnung an diejenigen **des BewG** zu 30 treffen, ohne dass allerdings die Artfeststellung im EW-Bescheid für die Anwendung des § 9 Nr 1 Satz 2 bindend wäre (*Roser* in *L/S* § 9 Nr 1 Rn 181; *Blümich/Gosch* § 9 GewStG Rn 100). Ein EFH ist ein Wohngrundstück, das nur eine Wohnung enthält (§ 75 Abs 5 BewG). Ein ZFH ist ein Wohngrundstück, das zwei Wohnungen enthält (§ 75 Abs 6 BewG). Die Wohnung für das Hauspersonal ist jeweils nicht mitzurechnen. Dagegen bedeutet das Vorhandensein einer sonstigen weiteren Wohnung, dass der jeweilige Charakter als EFH oder ZFH verlorengeht. Eine ETW ist gekennzeichnet durch das Sondereigentum an der Wohnung iVm dem Miteigentumsanteil an dem gemeinschaftlichen Eigentum (§ 1 Abs 2 WEG). Teileigentum ist das Sondereigentum an den nicht Wohnzwecken dienenden Räumen des Gebäudes.

Die **Begriffe „errichten"** und **„veräußern"** bedeuten anders als in Rn 29, dass das Unternehmen die Baumaßnahme selbst durchführen darf, und zwar zum Zwecke der Veräußerung. Bei Nichtveräußerung ist der Tatbestand der Verwaltung eigenen Grundbesitzes erfüllt (*Jonas/Müller* DStR 1988, 624). Auf die Reihenfolge der Errichtung und Veräußerung kommt es nicht an. Die Umwandlung von Wohngebäuden in ETW dürfte unschädlich sein, wenn die Wohngebäude selbst errichtet worden sind; anders jedoch, wenn sie erworben worden sind (*Hofbauer* DStR 1983, 598, 601). Im Übrigen ist es auch hier unschädlich, dass die Errichtung und Veräußerung an sich eine gewerbliche Aktivität darstellt (BFH I R 13/88 BStBl II 1990, 1075; *Blümich/Gosch* § 9 GewStG Rn 103). Daher dürfte auch die Tätigkeit als Bauträger unschädlich sein.

15. Weitere Voraussetzungen für die Kürzung nach Satz 2

31 **a) Gesonderte Gewinnermittlung.** Bei Betreuung von Wohnungsbauten sowie Veräußerung und Errichtung von EFH, ZFH und ETW ist der Gewinn aus der Verwaltung/Nutzung von eigenem Grundbesitz **gesondert zu ermitteln** (Satz 4). Das bedeutet mE eine eindeutige buchmäßige Zuordnung von Einnahmen und Ausgaben auf die verschiedenen Tätigkeiten. Fehlt es hieran, dann ist mE eine „Ermittlung" des hierauf entfallenden Gewinns durch **Schätzung** nicht zulässig. Anders darf nach dem Sinn der Vorschrift, eine klare Abgrenzung der begünstigten und nicht begünstigten Ertragsteile zu ermöglichen, mE (durch schätzende Zuordnung) nur dann verfahren werden, wenn ein Buchungsvorgang begünstigte und nicht begünstigte Aktivitäten betrifft (*Roser* in *L/S* § 9 Nr 1 Rn 241). Ein Verstoß hiergegen führt mE zur Versagung der erweiterten Kürzung (ebenso *Blümich/Gosch* § 9 GewStG Rn 119).

32 **b) Antrag.** Nur auf Antrag erfolgt die Kürzung nach Satz 2. Er kann für jeden EZ, muss also nicht für mehrere Jahre gestellt werden. Er kann bis zur Bestandskraft des GewStMessbescheides gestellt und zurückgenommen werden (-*rh*- FR 1972, 372; FG Berlin EFG 1975, 436 zur Außenprüfung; *Hofbauer* DStR 1983, 598, 617). Die Gesellschaften eines Organkreises sind auch insofern unabhängig voneinander (-*en*- DB 1969, 152). Wird der Antrag gestellt, dann kann die Kürzung nach Satz 1 nicht mehr durchgeführt werden; auch nicht für den Teil des Grundbesitzes, für den die erweiterte Kürzung nicht gewährt wird. Zur Frage von Treu und Glauben vgl FG München EFG 1973, 338.

IV. Die Einschränkungen durch Satz 5

1. Dem GewBetrieb des Gesellschafters/Genossen nicht dienen

33 **a) Grundsatz.** Der Grundbesitz **darf nicht** dem GewBetrieb des Gesellschafters/Genossen **dienen** (Satz 5 Nr 1). Die Vorschrift enthält eine systemgerechte Ausnahme von Satz 2 (BFH I R 10/73 BStBl II 1975, 268). Sie dient der Gleichstellung von Gewerbebetrieben kraft Rechtsform mit natürlichen Personen bzw Personengesellschaften (BFH IV R 35/94 BStBl II 1996, 76; IV R 11/98 BStBl II 1999, 532, jeweils mwN), nicht jedoch einer Bevorzugung jener Gesellschaftsformen (BFH VIII R 77/93 BStBl II 1999, 168). Erträge einer Kapitalgesellschaft sollen dann nicht begünstigt sein, wenn sie aus Grundbesitz erzielt werden, der ohne die Zwischenschaltung der Gesellschaft notwendiges BV des Gesellschafters darstellen würde (BFH I R 10/73 aaO; VIII R 60/02 BStBl II 2006, 434). Der **Umfang der Beteiligung** ist unerheblich (BFH IV R 34/03 BStBl II 2005, 576). Auch eine Bagatellbeteiligung (1 %) eines (im Urteilsfall am Vermögen sowie Gewinn/Verlust nicht beteiligten) persönlich haftenden Gesellschafters genügt (BFH IV R 36/07 BStBl II 2010, 988; *Hoffmann* GmbH-StB 2009, 207).

Allerdings ist die Vorschrift im Wege der **teleologischen Reduktion** dahin auszulegen, dass die erweiterte Kürzung auch dann gewährt wird, wenn der nutzende GewBetrieb **nicht der GewSt** unterliegt bzw mit seinen *gesamten* Erträgen

Kürzungen (Grundbesitz) § 9 Nr 1

von der GewSt **befreit** ist (BFH IV R 9/05 BStBl II 2007, 893). Das ist nicht der Fall bei einem Spielcasino, dessen Erträge aus der Verpachtung einer Restauration nicht von der Befreiung umfasst werden (FG B-Bbg 6 K 6162/07 EFG 2011, 729, Rev IV R 2/11).

b) Mittelbare Beteiligung. Gesellschafter ist auch, wer nur **mittelbar über** 33a eine **Personengesellschaft** an dem Grundstücksunternehmen beteiligt ist (BFH VIII R 77/93 BStBl II 1999, 168; IV R 9/05 BStBl II 2007, 893). Für die mittelbare Beteiligung **über** eine **Kapitalgesellschaft** gilt das nicht (vgl H 9.2 (4) GewStH; Rn 33c). Auch die Einbindung eines Gesellschafters und der nutzenden Gesellschaft in einen *Organkreis* ist einem „nutzenden Gesellschafter" iSd Satzes 5 nicht ohne Weiteres gleichzustellen; Beachtung des „Durchgriffsverbots" (Rn 19a; FG München EFG 2006, 578; vgl FG Düsseldorf EFG 1998, 379).

c) Mittelbare Überlassung bei Vermietung an Mitunternehmerschaft. Die 33b Vorschrift greift auch ein bei Überlassung des Grundbesitzes an eine Mitunternehmerschaft, an der der Gesellschafter beteiligt ist (BFH I 206/64 BStBl II 1969, 738; I R 10/73 BStBl II 1975, 268; VIII R 77/93 BStBl II 1999, 168). Es genügt also **mittelbares Dienen** (Nds FG EFG 1973, 605; FG Nürnberg EFG 1976, 520; 2003, 791; *Wihtol* FR 1975, 169; *Weßling* DStR 1993, 266); ebenso wenn der Gesellschafter das Grundstück von einem „dazwischengeschalteten" Dritten mietet (FG Hamburg EFG 1987, 259). Satz 5 ist daher anzuwenden, wenn die Mitunternehmerschaft auf dem Grundbesitz einen GewBetrieb unterhält (BFH I 206/64 aaO). Das gilt auch dann, wenn der Gesellschafter der vermietenden nur mit 5% an der mietenden Gesellschaft beteiligt ist (BFH IV R 34/03 BStBl II 2005, 576); ebenso wenn der Gesellschafter zwar persönlich haftender Gesellschafter, jedoch nicht am Vermögen sowie Gewinn/Verlust beteiligt ist (BFH IV R 80/06 BFH/NV 2009, 1279; **aA** Nds FG EFG 2006, 1691 aufgeh). Auch eine **geringfügige Beteiligung** kann eine große wirtschaftliche Bedeutung haben (vgl BFH IV R 9/05 BStBl II 2007, 893; *Heuermann* StBp 2005, 210).

ME greifen diese Grundsätze nicht ein, wenn im Rahmen einer **doppelstöckigen Personengesellschaft** ein Grundstück von der Obergesellschaft an einen an ihr nicht beteiligten Gesellschafter der Untergesellschaft überlassen wird (aA *Weßling* DStR 1993, 266).

d) Keine mittelbare Überlassung bei Vermietung an Kapitalgesellschaft. 33c Besteht eine Beteiligung eines Gesellschafters am Gewerbebetrieb nur über eine **Kapitalgesellschaft,** dann ist die erweiterte Kürzung nicht ausgeschlossen **(Durchgriffsverbot).** Daher gelten die vorstehenden Grundsätze nicht im Falle der Vermietung durch eine aus 2 GmbH bestehenden GmbH & Co KG an die Muttergesellschaft der Gesellschafterin (GmbH) der beiden GmbH (BFH IV R 11/98 BStBl II 1999, 532 unter Bestätigung von FG Bln EFG 1997, 682; vgl H 9.2 (4) GewStH; *Salzmann* DStR 2000, 1329). Entsprechendes gilt für eine GmbH, die an eine Schwester-GmbH vermietet ist, sowie für die Betriebsaufspaltung, wenn das Betriebsunternehmen eine Kapitalgesellschaft ist und sich die Besitzgesellschaft auf die bloße Vermietungstätigkeit beschränkt, ohne dass gewst-relevante Beziehungen zum Betrieb des Gesellschafters bestehen (BFH I R 111/78 BStBl II 1980, 77; FG Rh-Pf EFG 1999, Nr 335 rkr; zu den sich hieraus ergebenden Gestaltungsmöglichkeiten vgl *Weßling* DStR 1993, 266). Wegen der sich hieraus ergebenden Unstimmigkeiten wird in der Literatur nach dem Sinn der Einschränkung durch Satz 5 gefragt (*Roser* in *L/S* § 9 Nr 1 Rn 211; *Barth* DB 1968, 2101; *Knobbe-Keuk* StuW 1975, 351, 356).

e) Der Begriff „dienen". Er ist der Begriffsbestimmung des notwendigen BV 33d entlehnt. In ähnlicher Weise muss der Grundbesitz dem Gesellschafter dienen, ihm **von Nutzen sein,** ohne dass er in seinem Eigentum stehen oder von ihm gemietet/

gepachtet sein muss (durch BFH I R 35/92, I R 36/92 BStBl II 1994, 46; IV R 51/00 BStBl II 2002, 873). In welcher Weise das Nutzungsverhältnis begründet wird (Miete, Pacht u.ä.), ist unerheblich. Der Grundbesitz „dient" dem Gewerbebetrieb des Gesellschafters, wenn er von diesem genutzt wird (BFH I R 35/92, I R 36/92 aaO; VIII R 77/93 BStBl II 1999, 168) **als wäre er BV** (BFH VIII R 77/93 aaO; IV R 51/00 aaO; zust *Witt/Tiede* BB 2006, 873).

33e f) **Einzelfälle zum „Dienen".** Dienen iSd Vorschrift **liegt vor,** wenn die GmbH auf dem Grundbesitz befindliche Wohnungen *an Arbeitnehmer vermietet* (BFH I R 10/73 BStBl II 1975, 268; s jedoch nächster Absatz); ebenso wenn das Wohnungsunternehmen wirtschaftlich und organisatorisch in das Unternehmen der Mehrheitsgesellschafterin *eingegliedert* ist (Organschaft) und ¾ des Wohnungsbestandes an Betriebsangehörige der Mehrheitsgesellschafterin vermietet (FG Düsseldorf EFG 1988, 379; zweifelnd BFH IV S 7-10/01 BFH/NV 2002, 1052) oder wenn die Mietverträge an die Arbeitsverträge der Mieter mit dem Gesellschafter *gekoppelt* sind (FG Rh-Pf EFG 1992, 550 bestätigt durch BFH I R 36/92 BStBl II 1994, 46). Das „Dienen" liegt auch vor, wenn das Grundvermögen (auch über die Beteiligung) einer Personengesellschaft zum *Deckungsstock* einer das Versicherungsgeschäft betreibenden Kapitalgesellschaft gehört, die an der Personengesellschaft beteiligt ist (BFH IV R 35/94 BStBl II 1996, 76; *OFD Ffm* DB 1991, 2262). Das gilt auch, wenn der Grundbesitz zu Gunsten des Deckungsstock-Treuhänders *im Grundbuch gesperrt* ist und die Anteile an der Personengesellschaft in das Deckungsstockverzeichnis aufgenommen worden sind (BFH IV R 51/00 BStBl II 2002, 873; FG Hamburg EFG 1999, 1148 rkr), und in Entsprechung hierzu, wenn die Beteiligung am Grundstücksunternehmen zu einem *Sondervermögen* gehört, das ein beteiligtes Versicherungsunternehmen zur Bedeckung der Rückstellung für Beitragsrückerstattung gebildet hat und das ähnlichen Beschränkungen unterliegt (FG Hamburg 1 K 243/09 EFG 2012, 346, Rev IV R 50/11).

Dienen liegt nicht vor, wenn lediglich *Sicherheiten* zugunsten des Gesellschafters am Grundbesitz bestellt werden (BFH VIII R 60/02 BStBl II 2006, 434; Aufhebung von FG Nürnberg EFG 2003, 791). Entsprechendes gilt, wenn dem Gesellschafter für seinen GewBetrieb ein *Erbbaurecht* eingeräumt wird (BFH I 5/65 BStBl II 1968, 353; hierzu *Fröhlich* DStR 1974, 755). Ob das auch für andere dingliche Nutzungsrechte gilt, erscheint zumindest zweifelhaft (so jedoch *Weßling* DStR 1993, 26). Überlässt das Unternehmen dem Gesellschafter ein dem Unternehmen zustehendes Erbbaurecht, dann greift Satz 5 auf jeden Fall ein (BFH IV R 11/98 BStBl II 1999, 532). Dienen liegt ebenfalls nicht vor, wenn das Grundstücksunternehmen ohne Koppelung an Arbeitsverträge wie unter fremden Dritten Wohnungen *an Arbeitnehmer* des Gesellschafters *vermietet* (FG Düsseldorf EFG 1963, 20).

33f g) **Keine Geringfügigkeitsgrenze.** Bei Überlassung des Grundstücks an den Gesellschafter wird die Kürzung auch versagt, wenn es **nur kurze Zeit** im EZ dem GewBetrieb des Gesellschafters dient (BFH I R 68/75 BStBl II 1978, 505; FG Hamburg EFG 1971, 598; hierzu -*en*- DB 1978, 2151; 1977, 565; *Mienert* GmbHR 1973, 201 mit verfassungsrechtlichen Bedenken), und zwar auch dann, wenn es an einer Interessengleichheit zwischen Unternehmen und Gesellschafter fehlt (FG Bln EFG 1977, 81).

Entsprechendes gilt, wenn dem Gesellschafter nur ein **ganz unwesentlicher Teil** des Grundbesitzes überlassen wird (BFH IV R 9/05 BStBl II 2007, 893; H 9.2 (4) GewStH). Das entspricht dem Zweck der Gesetzesformulierung, Abgrenzungsschwierigkeiten zu vermeiden (*Herlinghaus* EFG 2005, 1149). Auch ist unklar, bei welcher Größenordnung ein ganz unwesentlicher Teil angenommen werden könnte; der RFH (RStBl 1940, 38) hat bei 2% des Grundbesitzes (200 m^2 aus 10 000 m^2 und etwa 3,5% der Miete (3000 RM aus 84 800 RM) keinen ganz unwesentlichen Teil angenommen. Nach BFH IV R 9/05 BStBl II 1978, 505 (Best von FG Hbg EFG 1975, 272) liegt keine unwesentliche Nutzung bei 6% der Fläche und 10% der Miete vor. Nach FG Düsseldorf EFG 2005, 1148 ist eine vermietete Fläche von 481 m², auch wenn relativ zur Gesamtfläche nur 1,68%, und eine Miete von 126 636 DM im Jahr, auch wenn relativ zur Gesamtmiete nur 2,6%, nicht ganz geringfügig.

2. Ausschluss für Vergütungen iSv § 15 Abs 1 Nr 2 Satz 1 EStG

Die Vorschriften über die erweiterte Kürzung „**gelten nicht, soweit Sonder-** **34 vergütungen**" (§ 15 Abs 1 Nr 2 Satz 1 EStG) im GewErtrag enthalten sind (Satz 5 Nr 1 a, eingefügt durch JStG 2009, BGBl I 2008, 2794).

Zweck der Vorschrift ist die Vermeidung von gesellschaftsrechtlichen Gestaltungen, die bewirken, dass bei einer (ggf geringfügigen) Beteiligung eines gewerblich tätigen Vergütungsempfängers (zB Darlehensgebers) an einer grundstücksverwaltenden Personengesellschaft die Sondervergütungen in den Kürzungsbetrag einbezogen werden und gleichzeitig beim Vergütungsempfänger der Kürzung nach § 9 Nr 2 unterliegen (wie im Falle des FG Düsseldorf 17 K 923/05 F EFG 2007, 1696; vgl FinA BTDrs 16/11108, 31). Die erweiterte Kürzung soll nur Sondervergütungen iZm der „Kerntätigkeit" der Gesellschaft erfassen (RegEntw BTDrs 16/10189, 73). Daher nimmt die Vorschrift Vergütungen für die **Überlassung von Grundbesitz** von der Beschränkung aus. Vergütungen für *weitere Leistungen* des Gesellschafters beschränken die erweiterte Kürzung auch dann, wenn sie iZm der Verwaltung und Nutzung des eigenen Grundbesitzes der Gesellschaft stehen.

Allerdings ist mE die Vorschrift insofern *unglücklich formuliert,* als sie nach ihrem Wortlaut die in Betracht kommenden **Sondervergütungen ausnahmslos** erfasst, auch wenn sie dem der Kürzung unterliegenden Teil des GewErtrags nicht zuzuordnen (Rn 37b) sind. Nach Sinn und Zweck der Vorschrift sollten aber nur die Sondervergütungen, die dem der Kürzung unterliegenden Teil des GewErtrags zuzuordnen sind, den Kürzungsbetrag mindern (zu den Problemen der Vorschrift *Mensching/Tyarks* DStR 2009, 2037).

Insofern ist mE eine **einschränkende Auslegung** der Vorschrift dahin angezeigt, dass nur die in dem nach Satz 2 maßgeblichen Teil des GewErtrags enthaltenen Sondervergütungen (Ausnahme: Überlassung von Grundbesitz) die Kürzung beschränken.

Darüber hinaus kommt jedoch auch hier – wie in Rn 33 – eine **teleologische Reduktion** der Vorschrift dahin in Betracht, dass sie nicht anzuwenden ist, wenn der Gesellschafter mit den empfangenen Vergütungen nicht der GewSt unterliegt und die Kürzung nach § 9 Nr 2 nicht in Anspruch nehmen kann (ebenso *Roser* in *L/S* § 9 Nr 1 Rn 213).

Anwendbar ist die Vorschrift auf Vergütungen, die erstmals **nach dem 18.6.2008 vereinbart** worden sind; die wesentliche Änderung einer bestehenden Vereinbarung genügt (§ 36 Abs 6 a Satz 2). Hierbei ist mE eine **wesentliche Änderung** anzunehmen, wenn sie wirtschaftlich einer neuen Vereinbarung gleichkommt, insb die Vergütungshöhe oder die Verlängerung der Laufzeit einer bestehenden Vereinbarung betrifft. ME gehört auch die Vereinbarung über die Beteiligung des bis dahin nicht beteiligten Vergütungsempfängers an der Personengesellschaft hierzu, weil die Vergütung hierdurch erstmals den Charakter der Sondervergütung bekommt; dh auf sie ist nunmehr die Nr 1a anzuwenden (aA *Roser* in *L/S* § 9 Nr 1 Rn 213).

3. Aufdeckung stiller Reserven aus dem Grundbesitz

Die Vorschriften über die erweiterte Kürzung „**gelten nicht, soweit der** **35 GewErtrag Gewinne aus der Aufdeckung stiller Reserven aus dem Grund-**

besitz enthält", wenn der Grundbesitz **innerhalb von drei Jahren** vor der Aufdeckung zu einem unter dem Teilwert liegenden Wert in das Betriebsvermögen des aufdeckenden GewBetriebs überführt oder übertragen worden ist (Satz 5 Nr 2, eingefügt durch EURLUmsG v 9.12.2004, BGBl I 2004, 3310, ber 3843).

Zweck der Vorschrift ist zu verhindern, dass in Grundstücken enthaltene stille Reserven durch Überführung in oder Übertragung auf eine grundstücksverwaltende Gesellschaft zu einem unter dem Teilwert liegenden Wert (zB § 6 Abs 5 Sätze 2 ff EStG; § 24 UmwStG) und nachfolgende Veräußerung (hierzu Rn 37a „Veräußerungsgewinne") dem gewerbesteuerlichen Zugriff entzogen werden (*Körner* Inf 2005, 139).

Voraussetzungen der Vorschrift sind: **(1.) Überführung** (Wechsel der BV-Zuordnung) oder Übertragung (Übergang des (wirtschaftlichen) Eigentums) von Grundbesitz zu einem unter dem Teilwert liegenden Wert. Die Vorschrift enthält keine Beschränkung im Hinblick auf die **Rechtsform** der übernehmenden Gesellschaft, so dass mE auch eine Kapitalgesellschaft in Betracht kommt (*Dötsch/Pung* DB 2005, 10; zweifelnd *Roser* in *L/S* § 9 Nr 1 Rn 219). **(2.) Aufdeckung der stillen Reserven** innerhalb von 3 Jahren nach Überführung/Übertragung (zu § 6 Abs 5 Satz 4 Hs 2 *Körner* Inf 2005, 139); im Hinblick auf die Regelung des **§ 6 Abs 5 Satz 4 EStG** (Sperrfrist 3 Jahre nach Abgabe der Steuererklärung) besteht mE nur eine **scheinbare Fristenkollision** (iE ebenso *Blümich/Gosch* § 9 GewStG Rn 111; aA *Roser* in *L/S* § 9 Nr 1 Rn 222). Zwar kann der Fall eintreten, dass estrechtlich erst nach Ablauf der gewstrechtlichen Sperrfrist der rückwirkende TW-Ansatz zu erfolgen hat. Doch lässt der Wortlaut des Satzes 5 Nr 2 in diesem Fall **keine Beschränkung der erweiterten Kürzung** zu (iE ebenso *Blümich/Gosch* aaO; *Roser* aaO), auch wenn die an der Gesetzgebung beteiligten Personen diese Sachlage nicht bedacht haben sollten. **(3.) Entstehung** (eines Teils) **der stillen Reserven** bis zur Überführung/Übertragung. Lässt sich also nicht feststellen oder zutreffend schätzen (was in der Praxis häufig der Fall sein wird), dass die stillen Reserven ganz oder zum Teil bis zu diesem Zeitpunkt entstanden sind, darf die Kürzung für den Gewinn aus ihrer Aufdeckung nicht unterbleiben. Die **Feststellungslast** dürfte bei der FinVerw liegen, zumal Gegenstand der Vorschrift die Belastung im Gefüge einer systemkonformen Begünstigung ist (ebenso *Roser* in *L/S* § 9 Nr 1 Rn 220, auch zur Ratsamkeit einer Beweisvorsorge).

Die Vorschrift ist **anzuwenden ab EZ 2004.**

4. Veräußerungs- und Aufgabegewinne

36 Für den Teil des GewErtrags, der auf Gewinne aus der **Veräußerung oder Aufgabe** von **Mitunternehmeranteilen** (§ 7 Satz 2 Nr 2) oder des **Anteils eines persönlich haftenden Gesellschafters einer KGaA** (§ 7 Satz 2 Nr 3) entfällt, ist die erweiterte Kürzung ebenfalls ausgeschlossen, soweit der Gewinn nicht auf eine natürliche Person als unmittelbar beteiligter Mitunternehmer entfällt. Es handelt sich also um die Veräußerung von Anteilen beteiligter Kapitalgesellschaften oder Personengesellschaften. Auch diese Vorschrift ist durch G v 9.12.2004 (BGBl I 2004, 3310) eingefügt worden und ist **ab EZ 2004** anzuwenden (verfassungsgemäß nach FG Hamburg 2 K 207/11 EFG 2013, 1065, Rev IV R 14/13).

Der Zweck des Satzes 6 ist ein ähnlicher wie der des Satzes 5 Nr 2 (Rn 35), nur dass es hier um eine spezielle Variante geht: Es soll verhindert werden, dass Kapital- oder Personengesellschaften Grundstücke zum Buchwert in eine grundstücksverwaltende Personengesellschaft einbringen und im Folgenden die dafür eingeräumten Gesellschaftsanteile mit Gewinn veräußern, der wegen der erweiterten Kürzung nicht der GewSt unterfallen würde (Begr RegEntw BTDrs 15/3677, 38). ME hat die Vorschrift angesichts dieses Zwecks **nicht nur klarstellende Bedeutung** (*Roser* in *L/S* § 9 Rn 234; *Frotscher/Schnitter* § 9 GewStG Rn 99; aA FG

Kürzungen (Grundbesitz) § 9 Nr 1

Münster 9 K 4197/08 G EFG 2012, 1687; *Jesse* FR 2004, 1085; *Körner* Inf 2005, 139).
Betroffen sind mE systemkonform mit § 7 Satz 2 auch Grundstücksverwaltungsgesellschaften unter Beteiligung von Kapitalgesellschaften (*Blümich/Gosch* § 9 GewStG Rn 113; zur Kritik *Roser* in *L/S* § 9 Nr 1 Rn 226; *Jestädt* FR 2004, 1085). Demgegenüber ist der Einzelunternehmer privilegiert, da es ihm möglich bleibt, Mitunternehmeranteile nach der Einbringung von Grundstücken zu Buchwerten (§ 6 Abs 5 Sätze 3 u 4 EStG) gewstfrei zu veräußern (§ 7 Satz 2 Nr 2). **Voraussetzung** für die Beschränkung der Kürzung ist der Ansatz eines Veräußerungs- oder Aufgabegewinns nach **§ 7 Satz 2 Nr 2 oder 3**. Die GewStFolge auf Grund einer **anderen Vorschrift**, insb § 18 Abs 3 UmwStG, führt nicht zur Anwendung des Satzes 6 (ebenso *Roser* in *L/S* § 9 Nr 1 Rn 228; *Blümich/Gosch* § 9 GewStG Rn 112). Auch durch *Umwandlung* der Personengesellschaft in eine Kapitalgesellschaft (§ 25 iVm § 20 UmwStG) ist die Rechtsfolge des Satzes 6 mE vermeidbar; allerdings sind die für Satz 5 Nr 2 erheblichen Sperrfristen zu beachten (*Schimmelschmidt/Otto* Stbg 2004, 457).

5. Umfang der Kürzung

a) Grundsatz. Die **Begünstigung besteht ab EZ 1982** in der Kürzung **nur** 37 **um den Teil des GewErtrags**, der auf die Verwaltung und Nutzung des eigenen Grundbesitzes entfällt. Sie erfordert der Ermittlung des auf die Verwaltung/Nutzung entfallenden Teils des GewErtrags einschließlich der anteiligen Hinzurechnungen u Kürzungen (BFH I R 37/05 BFH/NV 2006, 810). Übt das Unternehmen – außer den zulässigen Nebentätigkeiten – noch **andere Tätigkeiten** aus, dann ist die Kürzung nach Satz 2 insgesamt zu versagen, darf also auch nicht anteilig für die der Vorschrift entsprechenden Tätigkeiten gewährt werden (BFH IV 183/65 BStBl II 1968, 16; I R 53/90 BStBl II 1992, 738; VIII R 39/05 BStBl II 2006, 659).

b) Einzelheiten. Zum GewErtrag aus der Verwaltung von eigenem Grundbesitz 37a gehören typischerweise die **Einkünfte aus Vermietung und Verpachtung** (BFH I R 61/96 BStBl II 1998, 270), mE auch soweit hierin verdeckte Gewinnausschüttungen enthalten sind.

aa) Veräußerungsgewinne. Einzubeziehen in die Kürzung ist auch der Teil des GewErtrages, der auf die **zulässige Veräußerung** von Grundbesitz (Rn 22d) entfällt (BFH I R 10/86 BStBl II 1987, 603; I R 124/88 BStBl II 1990, 76; Abkehr von BFH I R 21/70 BStBl II 1970, 871; I R 174/70 BStBl II 1971, 338). Das folgt aus der Zugehörigkeit der (gelegentlichen) Veräußerung zur Verwaltung und Nutzung von eigenem Grundbesitz. Entsprechendes gilt mE für den **Übertragungsgewinn** aus der Umwandlung einer grundstücksverwaltenden GmbH auf eine natürliche Person bzw eine Personengesellschaft, der sich aus der Aufdeckung der stillen Reserven in einer KG-Beteiligung ergibt; denn § 18 Abs 1 UmwStG erweitert nicht die Steuerpflicht von Gewerbeerträgen (vgl BFH I R 92/86 BStBl II 1990, 699; ebenso *Neyer* DStR 1991, 537; *Jesse* FR 2004, 1085, 1097; *Blümich/Gosch* § 9 GewStG Rn 117). Auch ein Veräußerungs- oder Aufgabegewinn nach § 18 Abs 3 UmwStG kommt mE für eine Kürzung in Betracht (ebenso *Roser* in *L/S* § 9 Nr 1 Rn 236; *Blümich/Gosch* aaO; *Neyer* DStR 1991, 537; aA *BMF* BStBl I 1998, 268 Rn 18.08; *Widmann/Mayer* § 18 UmwStG Rn 229 aE).

bb) § 6b-Rücklage. Nach geänderter Auffassung des BFH (I R 17/99 BStBl II 2001, 251 gegen I R 124/88 BStBl II 1990, 76) unterliegt auch der Teil des Veräußerungsgewinns der Kürzung, der in eine **Rücklage nach § 6b EStG** eingestellt und in einem späteren EZ (Gewinnermittlungszeitraum) gewinnwirksam aufgelöst wird. Die Auffassung ist mE zutreffend (ebenso *Roser* in *L/S* § 9 Nr 1 Rn 235; *Blümich/Gosch* § 9 Rn 117; *Gosch* StuW 1992, 350). Sie entspricht dem Wortlaut

§ 9 Nr 2

der Vorschrift, der eine zeitliche Beschränkung nicht enthält (§ 20 Abs 1 Satz 2 GewStDV ist nicht einschlägig). Zudem entspricht sie dem Sinn und Zweck der Vorschrift des § 9 Nr 1 insgesamt, realsteuerliche Doppelbelastungen des jeweiligen Gewinns zu vermeiden. Die Vergünstigung gilt aber nicht für den Gewinnzuschlag nach § 6b Abs 7 EStG. Denn dieser ist wirtschaftlich Verzinsung des „gestundeten" Veräußerungsgewinns und von diesem zu unterscheiden (BFH I R 17/99 aaO).

cc) Zwingende Nebengeschäfte. Zu kürzen ist mE auch der Ertragsanteil, der auf **zwingend notwendige Nebengeschäfte** (Rn 24 f) entfällt. Denn wenn diese schon erforderlich sind für die Grundbesitzverwaltung und -nutzung, dann sind sie Teil derselben, dann entfällt auch der aus ihnen bezogene Ertrag auf diese (R 9.2 Abs 2 iVm R 9.2 Abs 2 Satz 3 GewStR; unklar BFH I R 214/75 BStBl II 1977, 776; ebenso aber *Hofbauer* DStR 1983, 598, 600 und wohl *Bücker* BB 1989, 1027; aA *Blümich/Gosch* § 9 GewStG Rn 117).

dd) „Daneben" zugelassene Tätigkeiten. Nicht einbezogen werden **Erträge aus Kapitalvermögen,** auch wenn sie im Rahmen einer wirtschaftlich sinnvollen Verwaltung des eigenen Grundbesitzes anfallen (BFH IV S 7-10/01 BFH/NV 2002, 1052; FG Hamburg EFG 1978, 454), zB aus der verzinslichen Anlage vereinnahmter Mieten (BFH I R 69/99 BStBl II 2000, 355; IV R 19/05 BStBl II 2010, 985; *Köhler* BB 2008, 543). Das Gleiche gilt für Erträge aus den **übrigen Nebentätigkeiten** (vgl R 9.2 Abs 3 GewStR). Das ergibt sich ohne Weiteres aus dem Wortlaut der Vorschrift. Nicht der Kürzung unterliegt der Teil des GewErtrags, der auf die Vermietung von Betriebsvorrichtungen entfällt, die diese Eigenschaft nur wegen der besonderen Grundstücksnutzung durch den Mieter aufweisen (BFH I R 50/75 BStBl II 1977, 778).

37b **c) Zuordnung.** Für die Zuordnung von **Einnahmen und Ausgaben** zu den verschiedenen (zulässigen) Tätigkeiten ist eine gesonderte Gewinnermittlung nicht erforderlich. Es genügt eine Parallelwertung zu den estrechtlichen Grundsätzen zum einkünftebezogenen Veranlassungszusammenhang (BFH I R 37/05 BFH/NV 2006, 810; zum Rückgriff auf § 20 EStG BFH I R 69/99 BStBl II 2000, 355; ebenso *Voßkuhl/Zuschlag* FR 2002, 616). (Dauer-)Schuldentgelte etc sowie Aufwendungen sind – soweit möglich – direkt zuzuordnen (vgl Rn 31). Bei *Vermietungsgenossenschaften* iSv § 3 Nr 15 wird der hiernach ermittelte Gewinn aus der (partiell) stpfl Tätigkeit gekürzt (vgl *Jonas/Müller* DStR 1988, 623; *Bücker* BB 1989, 1027 und die dortigen Rechenbeispiele). Abzuziehen sind auch Erbbauzinsen (BFH I 5/65 BStBl II 1968, 353; vgl hierzu *Boorberg* DStR 1978, 31).

§ 9 Nr. 2 Kürzungen (Mitunternehmer-Gewinnanteile)

Die Summe des Gewinns und der Hinzurechnungen wird gekürzt um

...

2. die Anteile am Gewinn einer in- oder ausländischen offenen Handelsgesellschaft, einer Kommanditgesellschaft oder einer anderen Gesellschaft, bei der die Gesellschafter als Unternehmer (Mitunternehmer) des Gewerbebetriebs anzusehen sind, wenn die Gewinnanteile bei der Ermittlung des Gewinns angesetzt worden sind. ²Satz 1 ist bei Lebens- und Krankenversicherungsunternehmen nicht anzuwenden; für Pensionsfonds gilt Entsprechendes;

...

Literatur: *Unvericht,* Gewerbeertrag und Gewerbekapital der atypisch stillen Gesellschaften, DStR 1987, 413; *Binger,* Einkommen- und Gewerbesteuer bei der atypisch stillen Gesellschaft, DB 1988, 414; *Schnädter,* Die Belastungen durch die Gewerbesteuer und die Möglichkeiten,

Kürzungen (Mitunternehmer-Gewinnanteile) § 9 Nr 2

sie zu vermeiden, BB 1988, 313; *Theisen,* Die Besteuerung der KGaA, DB 1989, 2191; *Henerichs,* Gewerbesteuerliche Probleme bei einer betrieblichen Beteiligung an einer vermögensverwaltenden Kommanditgesellschaft, FR 1991, 76; *Braun,* Die Personenhandelsgesellschaft im Gewerbesteuerrecht, BB 1993, 1055; *Pyszka,* Aktuelle Fragen zur atypischen stillen Gesellschaften im internationalen Steuerrecht, IStR 1999, 577; *Lindwurm,* Gewinnverteilung und Gewinnfeststellung bei der Kumulation von stillen Gesellschaften, DStR 2000, 53; *Berg/Trompeter,* Ausgliederung im Treuhandmodell, FR 2003, 903; *Rödder,* Das Steuervergünstigungsabbaugesetz, DStR 2003, 805; *Korn/Strahl,* Steuervergünstigungsabbaugesetz: Übersicht und erste Beratungserkenntnisse, KÖSDI 2003, 13 714, 13 724; *Stegemann,* Treuhandmodell: Ertragsteuerliche Irrelevanz der zivilrechtlichen Existenz . . ., Inf 2003, 577; *Körner,* Doppelte Gewerbesteuer auf Gewinne aus der Veräußerung von Anteilen an Mitunternehmerschaften durch Kapitalgesellschaften?; *Neyer,* Gewerbesteuer bei der Teilveräußerung eines Mitunternehmeranteils, BB 2005, 577; *Rödder,* Gewerbesteuerliche Behandlung einer Personengesellschaft im Rahmen des sog Treuhandmodells . . ., DStR 2005, 955; *Wild/Reinfeld,* Das Treuhandmodell – ein Modell ohne Zukunft?, DB 2005, 69; *Schiller,* Erfassung von Schachteldividenden im Gewerbeertrag von Mitunternehmerschaften, DB 2006, 1127; *Ludwig,* Ermittlung des Gewerbeertrags aus der Veräußerung von Anteilen an mehrstöckigen Personengesellschaften, BB 2007, 2152; *Suchanek,* Anwendung von § 7 S 2 Nr 2 GewStG bei der Veräußerung von doppelstöckigen Mitunternehmerschaften, GmbHR 2007, 248.

Übersicht

	Rn
I. Allgemeines	1, 1a
1. Zwecke	1
2. Einschränkung für EZ 2003	1a
II. Mitunternehmerschaft iSd Vorschrift	2, 2a
1. Betroffene Unternehmen	2
2. Nicht betroffene Unternehmen	2a
III. Rechtsform	3
IV. Gewerbesteuerpflicht der Mitunternehmerschaft	4
V. Beteiligung	5
VI. Umfang der Kürzung	6–6c
1. Grundsatz	6
2. Bestimmte Veräußerungsgewinne	6a
3. Umwandlungssteuerrechtliche Vorgänge	6b
4. Aufwendungen	6c

I. Allgemeines

1. Zwecke

Die Vorschrift ist ein **Gegenstück** zu § 8 Nr 8 GewStG. Ihr **ursprünglicher** 1 **Zweck** ist, die doppelte gewstliche Erfassung der Gewinne einer Personengesellschaft zu vermeiden. Die Anwendung der Vorschrift hängt jedoch nicht davon ab, dass der Gewinnanteil bei der Personengesellschaft tatsächlich der GewSt unterliegt (BFH I 261/55 U BStBl III 1956, 6; IV R 319/84 BStBl II 1987, 64).

Erweitert wurde die genannte Zielsetzung durch die auf wirtschaftspolitischen Gründen beruhende Einbeziehung von Anteilen an **ausländischen** Personengesellschaften **ab EZ 1972** (§ 36 Abs 2 GewStG idF des G v 16.8.1977, BGBl I 1977, 1586). Nach BFH VIII 16/65 BStBl II 1972, 388 u I R 248/71 BStBl II 1974, 752 waren diese nach der bis EZ 1971 geltenden Fassung der Vorschrift weder in die Hinzurechnung nach § 8 Nr 8 noch in die Kürzung nach § 9 Nr 2 GewStG einbezogen. Durch die Einbeziehung der Anteile an ausländischen Personengesellschaften sollte eine Gleichstellung mit wesentlichen Beteiligungen an ausländischen Kapitalgesellschaften erreicht werden (BTDrs VIII/292).

2. Einschränkung für EZ 2003

1a Als **allgemeine Voraussetzung für die Kürzung** bestimmte Satz 2 (2003) **nur für den EZ 2003,** dass „ihr" GewErtrag – dh der GewErtrag der Mitunternehmerschaft – **nicht** einer nur **niedrigen GewStBelastung** iSv § 8a (2003), also einem Hebesatz von unter 200%, unterliegt. Die Vorschrift sollte Umgehungen der Wirkung des § 8a (2003) durch Zwischenschaltung einer Mitunternehmerschaft verhindern. Die Vorschrift des § 8a (2003) war sinngemäß anzuwenden; zu den *verfassungsrechtlichen Bedenken,* die auch § 9 Nr 2 Satz 2 (2003) betreffen, vgl die Erläuterungen zu § 8a (2003); jedoch mit der Einschränkung, dass dort der GewErtrag, hier jedoch der Gewinnanteil betroffen war. Eine Ergänzung erfuhr die Vorschrift durch § 35 Abs 1 Sätze 2 u 3 EStG (2003), wonach die GewStAnrechnung bei gewstlicher Niedrigbesteuerung ausgeschlossen war.

Sinngemäße Anwendung des § 8a Abs 1 (2003), der eine mindestens **10%ige Beteiligung** am Nennkapital einer Kapitalgesellschaft vorsah, bedeutete für Nr 2 Satz 2 (2003) wohl ein Abstellen auf das Kapitalkonto I (*Blümich/Gosch* § 9 GewStG Rn 157; **aA** *Keß* in *L/S* § 9 Nr 2 Rn 49: keine Mindestbeteiligung). Bei Beteiligungsketten (§ 8a Abs 3 (2003) analog) erhöhte sich der von der Kürzung ausgeschlossene Betrag um die Gewinnanteile, die auf die niedrig besteuerte Unter- bzw Tochtergesellschaft entfielen (vgl § 8a (2003) Rn 4). Auch der Kürzungsausschluss bedeutete eine gewstliche Doppelbelastung ein- und desselben GewErtrags. Für Gewinnanteile einer **ausländischen** Mitunternehmerschaft gilt dies – anders als der Zusammenhang von Satz 1 und Satz 2 (2003) bedeuten könnte – jedoch nicht (vgl § 8a Abs 1 (2003)).

Auch im Rahmen des Kürzungsausschlusses dürfte die Vorschrift des § 8a Abs 4 (2003) sinngemäß anzuwenden gewesen sein, nach der die in Rede stehenden Beträge – hier: die von der Kürzung ausgeschlossenen – **gesondert und einheitlich festzustellen** waren, und zwar gegenüber der jeweils nachgeschalteten niedrig besteuerten Gesellschaft sowie den beteiligten Gesellschaftern. Zuständig hierfür war das für die Festsetzung des GewStMessbetrages der gering besteuerten Mitunternehmerschaft zuständige FA.

II. Mitunternehmerschaft iSd Vorschrift

1. Betroffene Unternehmen

2 **Begünstigt** sind Gewinnanteile aus Unternehmen, die einen Gewinn aus Gewerbebetrieb iSv § 15 Abs 1 Satz 1 Nr 2 EStG erzielen (vgl BFH I R 301/83 BStBl II 1987, 817; *Blümich/Gosch* § 9 GewStG Rn 133; *Keß* in *L/S* § 9 Nr 2 Rn 11 ff; *Groh* DB 1984, 3733, 2377; *Henerichs* FR 1991, 76), also OHG, KG, atypische stille Gesellschaft (vgl BFH I R 20/93 BStBl II 1994, 327, 331; VIII R 54/93 BStBl II 1995, 794; I R 76/93 BFH/NV 1996, 504 jeweils mwN; FG B-Bbg 6 K 6124/07 EFG 2011, 1335, zugleich zur Anerkennung) sowie atypische stille Unterbeteiligungen (vgl im Einzelnen *Unvericht* DStZ 1987, 413; *Binger* DB 1988, 414; *Märkle* DStZ 1985, 508, 514; *BMF* FR 1988, 47). Hierzu gehört auch die Beteiligung an einer Partenreederei (BFH I 32/61 U BStBl III 1961, 500; IV R 319/84 BStBl II 1987, 64 mwN).

Bei **ausländischen** Personengesellschaften ist die Kürzung möglich, wenn sie ihrer Struktur nach mit einer Personengesellschaft nach deutschem Recht **vergleichbar** sind (vgl BFH I 121/64 BStBl II 1968, 695; I R 22/67 BStBl II 1971, 74). Danach mögliche Konflikte bei der Einordnung als Kapital- oder Personenge-

Kürzungen (Mitunternehmer-Gewinnanteile) § 9 Nr 2

sellschaft werden idR durch DBA entschärft; im Übrigen gilt deutsches Rechtsverständnis (*Blümich/Gosch* § 9 GewStG Rn 138; *Keß* in *L/S* § 9 Nr 2 Rn 22).

2. Nicht betroffene Unternehmen

ME **nicht betroffen** ist die **Beteiligung an einer KGaA,** auch dann nicht, 2a wenn eine juristische Person als Komplementärin fungiert (krit *Theisen* DB 1989, 2191; *Hesselmann* BB 1989, 2344). Sie ist in § 2 Abs 2 GewStG gesondert neben den Mitunternehmerschaften nach § 15 Abs 3 Nr 1 EStG erwähnt. An dieser Behandlung ändert sich nichts durch die Doppelbelastung mit GewSt (BFH I R 235/81 BStBl II 1986, 72). Es besteht kein Grundsatz, dass die Kürzung nur deswegen vorzunehmen ist, wenn es ohne sie zu einer Doppelbelastung kommt (BFH I R 164/68 BStBl II 1972, 858; aA *Bacher* DB 1985, 2117).

Auch die **Europäische Wirtschaftliche Interessenvereinigung** (EWIV) ist, obwohl einer OHG ähnlich, keine Mitunternehmerschaft (*Hamacher* FR 1986, 557). ME ist auch grundsätzlich eine Beteiligung an einer *Partnerschaftsgesellschaft* nicht betroffen, es sei denn, diese ist gewerblich „infiziert" (hierzu § 2 Rn 287 ff).

Zum Problem der **Alleinunternehmerschaft** des StPfl bzw zum „Treuhandmodell" vgl § 2 Rn 412.

III. Rechtsform

Die **Rechtsform** des beteiligten Unternehmens (GewStpfl) ist nicht von Bedeu- 3 tung (BFH I R 301/83 BStBl II 1987, 817). Jedoch ist grundsätzlich **seit EZ 2004** (§ 36 Abs 1 u 7 Satz 1) die Kürzung **ausgeschlossen** bei **Lebens-** und **Krankenversicherungsunternehmen** sowie bei **Pensionsfonds.** Bei ihnen erhöhen (auch) Gewinne aus Anteilen an Personengesellschaften die Bemessungsgrundlage für die Zuführung zu Rückstellungen für Beitragsrückerstattungen (§ 21 Abs 1 u 2 KStG). Der hierdurch geminderte kstliche Gewinn ist Grundlage für die Ermittlung des GewErtrages (§ 7 Satz 1). Einer Kürzung nach Nr 2 zur Vermeidung einer gewstlichen Doppelbelastung bedarf es daher nicht mehr. Zudem will der Gesetzgeber strukturelle gewstliche Dauerverluste vermeiden und die bezeichneten Unternehmen stärker am GewStAufkommen beteiligen (BTDrs 15/1684, 9).

Ausnahmsweise ist die Vorschrift schon **ab EZ 2001** (bzw EZ 2002) anzuwenden, wenn ein Antrag nach § 34 Abs 7 Satz 8 Nr 2 KStG (2004) gestellt worden ist (§ 36 Abs 7 Satz 2). In diesem Fall dürfen Fehlbeträge des Rückwirkungszeitraums nicht in EZ außerhalb dieses Zeitraums vorgetragen werden (§ 36 Abs 7 Satz 3).

IV. Gewerbesteuerpflicht der Mitunternehmerschaft

Die **GewStPfl der Mitunternehmerschaft** (Grundgesellschaft) ist **nicht erfor-** 4 **derlich** (BFH IV R 100/84 BStBl II 1986, 527; IV R 319/84 BStBl II 1987, 64; IV R 81/06 BStBl II 2010, 974), was aus dem insofern neutralen Wortlaut der Nr 2 und der Einbeziehung ausländischer Mitunternehmerschaften abzuleiten ist. In Betracht kommt mE auch eine **gewstbefreite** Personengesellschaft, dh die Befreiung würde auf den Gesellschafter durchschlagen; hieraus lassen sich jedoch keine Folgerungen für andere Kürzungsvorschriften, insb § 9 Nr 2b, herleiten (FG Münster EFG 2011, 2000, Rev I R 42/11).

Die Mitunternehmerschaft muss aber **Einkünfte aus Gewerbebetrieb** iSv § 15 Abs 1 Satz 1 Nr 2 Hs 1 EStG erzielen. Das ergibt sich aus dem Zusatz „Unternehmen des Gewerbebetriebs", der über den sachlichen Bezug zu § 2 Abs 1 Satz 2 GewStG u.a. auf § 15 Abs 1 Satz 1 Nr 2 Hs 1 EStG verweist (vgl BFH I 261/55 U BStBl III 1956, 6). Die Vorschrift gilt daher auch für **gewerblich geprägte** Personengesellschaften iSv § 15 Abs 3 Nr 2 EStG, die nach § 36 Abs 2 GewStG idF des StBereinG vor EZ 1986 nicht der GewSt unterlagen (*FinSen Berlin* FR 1987, 336), nicht jedoch für sonstige rein vermögensverwaltende Gesellschaften (BFH IV R 31/83 BStBl II 1985, 372; I R 301/83 BStBl II 1987, 817; III R 62/97 BFH/NV 1999, 1067). **Ausländische** Mitunternehmerschaften müssen ebenso wenig einer der GewSt entsprechenden ausländischen Steuer unterliegen (BFH IV R 319/84 BStBl II 1987, 64).

Nach allem ist die Kürzung auch zulässig, wenn der Stpfl zu **weniger als 50%** an der Mitunternehmerschaft beteiligt ist und diese den Betrieb ohne Abgabe einer Betriebsaufgabeerklärung **an ihn verpachtet** (ebenso *Lehwald* DStR 1982, 18; *Blümich/Gosch* § 9 GewStG Rn 141; *Keß* in *L/S* § 9 Nr 2 Rn 30 f; aA *Seithel* DStR 1975, 604; *Barske* DStR 1982, 94). Eine andere Entscheidung wäre nur möglich, wenn die Rspr die Verpachtung ohne Aufgabeerklärung einheitlich für das EStG und GewStG als Vermögensverwaltung ansehen würde (*Blümich/Gosch* § 9 GewStG Rn 141), was nicht zu erwarten ist.

V. Beteiligung

5 Erforderlich aus der Natur der Sache ist die Zugehörigkeit der Beteiligung zum **Betriebsvermögen** des GewStpfl und das Eingehen des (festgestellten) Gewinnanteils in dessen (StBilanz-)Gewinn (vgl BFH I R 58/07 BFH/NV 2009, 1953). **Unmittelbarkeit** der Beteiligung ist nicht erforderlich (*Blümich/Gosch* § 9 GewStG Rn 145; *Keß* in *L/S* § 9 Nr 2 Rn 28). Dies kann auch über einen Treuhänder der Fall sein (RFH RStBl 1938, 428). Die **Höhe des Anteils** ist nicht von Bedeutung, ebenso wenig die Dauer der Zugehörigkeit innerhalb des EZ (ebenso *Blümich/Gosch* § 9 GewStG Rn 141; *Keß* in *L/S* § 9 Nr 2 Rn 27 f).

VI. Umfang der Kürzung

1. Grundsatz

6 Gekürzt wird um den **Anteil am Gewinn** der Mitunternehmerschaft, der den **Gewinn** des Stpfl nach § 7 **erhöht** hat. Er ergibt sich regelmäßig aus der einheitlichen Gewinnfeststellung nach § 180 Abs 1 Nr 2 Buchst a AO. Hierbei ist der **Begriff** „Anteil am Gewinn" identisch mit „Gewinnanteile" iSv § 15 Abs 1 Satz 1 Nr 2 Satz 1 EStG (vgl BFH IV R 100/84 BStBl II 1986, 527). Daher werden auch **Sondervergütungen** des Stpfl (Gesellschafters) für die Leistung von Diensten, Hingabe von Darlehen und Überlassung von WG in die Kürzung einbezogen (BFH I R 301/83 BStBl II 1987, 816; I R 15/89 BStBl II 1991, 444).

Nicht Anteil am Gewinn der Mitunternehmerschaft ist mE der Ertrag, der unmittelbar beim Gesellschafter anfällt (aA *Hamacher* FR 1986, 557).

2. Bestimmte Veräußerungsgewinne

6a Der Gewinn aus der **Veräußerung des Anteils** entsteht auf der Ebene der Mitunternehmerschaft; er war **bis EZ 2001** bereits beim Ansatz des nach § 7 zu ermittelnden Gewinns auszuscheiden und wurde von der Kürzungsvorschrift nicht erfasst (BFH I 78/61 S BStBl III 1962, 438; IV R 319/84 BStBl II 1987, 64; VIII R 7/01 BStBl II 2004, 754; VIII R 99/03 BFH/NV 2006, 608; X R 39/07 BFH/NV 2012, 16; R 7.1 Abs 3 Satz 3 f GewStR). Ab **EZ 2002** gilt Letzteres nur, soweit er auf eine natürliche Person als unmittelbar beteiligter Mitunternehmer entfällt (§ 7 Satz 2). In anderen Fällen (Beteiligung einer Mitunternehmerschaft oder Kapitalgesellschaft) hat sich zwar nichts daran geändert, dass der Gewinn (GewErtrag) auf der

Ebene der Mitunternehmerschaft entsteht und bei ihr nach § 7 Satz 2 zu erfassen ist (§ 7 Rn 90); er ist aber aus dem GewErtrag des beteiligten Unternehmens herauszunehmen (*Körner* Inf 2004, 820, *Suchanek* GmbHR 2007, 248); ggf ist die Kürzung nach der Nr 2 durchzuführen (*Neumayer/Bader* GStB 2005, 386). Ob dies auch für einen Teil eines Mitunternehmeranteils gilt (so jedoch *Neyer* BB 2005, 577; *Keß* in *L/S* § 9 Nr 2 Rn 33) erscheint zweifelhaft.

Etwas anderes gilt bei der Veräußerung von **Anteilen an (Grundstücks-)Objektgesellschaften**, bei denen eine Gesamtbetrachtung auf der Ebene des Gesellschafters ergibt, dass die 3-Objekt-Grenze für den gewerblichen Grundstückshandel überschritten ist; verfügt die Objektgesellschaft nicht über weiteres nennenswertes AV, sind die Anteilsveräußerungen auf der **Ebene des Gesellschafters** als Grundstückshandel zu werten, der Gewinn hieraus ist **laufender Gewinn**, auf den die Vorschrift nicht anzuwenden ist (BFH IV R 81/06 BStBl II 2010, 974; krit *Behrens/Schmitt* BB 2008, 2334; vgl § 2 Rn 189, 204).

Betrifft eine Veräußerung den Anteil an der Obergesellschaft einer **doppelstöckigen Mitunternehmerschaft,** finden o.a. Vorgänge mE einheitlich auf der Ebene der Obergesellschaft statt; auf der Ebene der Untergesellschaft ergibt sich trotz § 15 Abs 1 Nr 2 Satz 2 EStG auch dann kein Veräußerungsvorgang iSd § 7 Satz 2, wenn ein Teil des Veräußerungspreises auf stille Reserven der Untergesellschaft entfällt; insofern findet für Zwecke einer Ergänzungsbilanz lediglich eine „Durchstockung" statt (*Suchanek* GmbHR 2007, 248; **aA** *Ludwig* BB 2007, 2152: anteiliger Veräußerungsgewinn bei der Untergesellschaft). ME ist insofern auch die Kürzung nach Nr 2 nicht möglich. Für teleologische Reduktion des § 7 Satz 2 s *Suchanek* aaO.

3. Umwandlungssteuerrechtliche Vorgänge

Die in Rn 6a eingangs dargestellten Grundsätze gelten mE aber weiterhin für **6b** **einbringungsgeborene Anteile** (Quelle des Gewinns ist der Betrieb der Personengesellschaft; BFH I R 89/95 BStBl II 1997, 224; *BMF* BStBl I 1998, 268 Rn 21.13) und auch für den **Übertragungsgewinn einer GmbH,** der durch Übertragung des Anteils, der ihr gesamtes Vermögen darstellt, auf ihren Alleingesellschafter entsteht (BFH I R 92/86 BStBl II 1990, 699; ebenso *Kraushaar* DB 1986, 2302; aA *Blümich/Gosch* § 9 GewStG Rn 149). Sachlich stellt die Übertragung insofern einen der Veräußerung des Anteils vergleichbaren Tatbestand dar, der nicht nach § 7 gewstrechtlich zu erfassen ist (vgl H 7.1 (4) GewStH). Der sinngemäßen Anwendung des § 9 Nr 2 bedarf es insofern nicht mehr (aA FG Ba-Wü 1986, 466), wohl aber im Falle der Besteuerung eines Aufgabe- oder Veräußerungsgewinns nach § 18 Abs 3 UmwStG (ebenso *Keß* in *L/S* § 9 Nr 2 Rn 34).

4. Aufwendungen

Im Zusammenhang mit einem Gewinnanteil stehende **Aufwendungen führen** **6c** **nicht zur Minderung** des Kürzungsanspruchs. Sie sind grundsätzlich bereits bei der einheitlichen Gewinnfeststellung bzw GewErtragsermittlung der Personengesellschaft zu berücksichtigen und beeinflussen dort die Höhe des Gewinnanteils (vgl BFH IV R 178/80 BStBl II 1981, 621; *Blümich/Gosch* § 9 GewStG Rn 150). Insofern ist die Sachlage nicht vergleichbar mit Aufwendungen im Zusammenhang mit Gewinnen aus Anteilen nach § 9 Nr 2 a, 7 u 8. **Schuldzinsen** iZm der Beteiligung an einer Personengesellschaft sind (Dauer-)Schuldentgelte nach § 8 Nr 1 aF bzw § 8 Nr 1 Buchst a nF, nach R 45 Abs 13 GewStR 1998 jedoch nur dann, wenn eine Kürzung wegen der Beteiligung in Betracht kommt (§ 8 Nr 1 Buchst a Rn 85).

§ 9 Nr. 2a Kürzungen (Schachtelbeteiligungen)

Die Summe des Gewinns und der Hinzurechnungen wird gekürzt um
...
2a. die Gewinne aus Anteilen an einer nicht steuerbefreiten inländischen Kapitalgesellschaft im Sinne des § 2 Abs. 2, einer Kredit- oder Versicherungsanstalt des öffentlichen Rechts, einer Erwerbs- und Wirtschaftsgenossenschaft oder einer Unternehmensbeteiligungsgesellschaft im Sinne des § 3 Nr. 23, wenn die Beteiligung zu Beginn des Erhebungszeitraums mindestens 15 Prozent des Grund- oder Stammkapitals beträgt und die Gewinnanteile bei Ermittlung des Gewinns (§ 7) angesetzt worden sind. ²Ist ein Grund- oder Stammkapital nicht vorhanden, so ist die Beteiligung an dem Vermögen, bei Erwerbs- und Wirtschaftsgenossenschaften die Beteiligung an der Summe der Geschäftsguthaben, maßgebend. ³Im unmittelbaren Zusammenhang mit Gewinnanteilen stehende Aufwendungen mindern den Kürzungsbetrag, soweit entsprechende Beteiligungserträge zu berücksichtigen sind; insoweit findet § 8 Nr. 1 keine Anwendung. ⁴Nach § 8b Abs. 5 des Körperschaftsteuergesetzes nicht abziehbare Betriebsausgaben sind keine Gewinne aus Anteilen im Sinne des Satzes 1. ⁵Satz 1 ist bei Lebens- und Krankenversicherungsunternehmen auf Gewinne aus Anteilen, die den Kapitalanlagen zuzurechnen sind, nicht anzuwenden; für Pensionsfonds gilt Entsprechendes;
...

Gewerbesteuer-Richtlinien 2009: R 9.3 GewStR/H 9.3 GewStH

Literatur: *Schnädter*, Die Belastungen durch die Gewerbesteuer und die Möglichkeiten, sie zu vermeiden, BB 1988, 313; *Theisen*, Die Besteuerung der KGaA, DB 1989, 2191; *Gosch*, Rechtsprechung zur Gewerbesteuer, StuW 1992, 350; *Streck/Olbing*, Auswirkungen der steuerlichen Rückwirkung auf die Schachtelprivilegien bei Einbringung einer KG in eine GmbH, BB 1994, 1830; *Eckart/Kneip/Rieke*, Aktuelle Fragen zur Gewerbesteuer nach Verabschiedung des Steuerentlastungsgesetzes 1999/2000/2001 . . ., Inf 1999, 227; *Killinger*, Berücksichtigung von Betriebsausgaben bei der Anwendung der Kürzungsvorschriften des § 9 Nr 2a u 7 GewStG, BB 1999, 580; *Lipke*, Zur gewerbesteuerlichen Behandlung von Kosten bei sog Schachtelerträgen, StBp 2000, 358; *Grotherr*, Gewerbesteuerliche Auswirkungen der mit steuerfreien Dividenden im Zusammenhang stehenden abzugsfähigen Betriebsausgaben, BB 2001, 597; *Heurung/Möbus*, Einkommensermittlung bei Organschaften: Gestaltungsmöglichkeiten bei Umwandlungen und grenzüberschreitenden Sachverhalten im Kontext der neueren Entwicklungen im Unternehmenssteuerrecht, BB 2003, 766; *Reinhardt*, Das BMF-Schreiben zur Anwendung des § 8b KStG und Auswirkungen auf die Gewerbesteuer, BB 2003, 1148; *Lindemann*, Gewerbesteuerliche Fragen bei inländischen Investmentfonds einschließlich Hedgefonds, DStZ 2003, 559; *Körner*, Gewerbeertragsbesteuerung von Mitunternehmerschaften, Inf 2004, 265; *Rogall*, Ungereimtheiten bei der Gewerbesteuer im Zusammenhang mit Beteiligungen an Kapitalgesellschaften, DB 2004, 2176; *Kratzsch*, Gewerbesteuerliche Hinzurechnungen/Kürzungen bei Sachverhalten, die unter das Halbeinkünfteverfahren fallen, StB 2005, 13; *Starke*, Gewerbesteuerliche Behandlung von Dividenden, FR 2005, 681; *Kollruss*, Kein pauschales Abzugsverbot nach § 8b Abs 5 KStG für GewSt-Zwecke bei Bezug von Schachteldividenden über eine Organgesellschaft, DStR 2006, 2291; *Grotherr*, Außensteuerliche Bezüge im Entwurf des JStG 2007, RIW 2006, 898; *Richter*, Kritische Beurteilung der gewerbesteuerlichen Auswirkung von § 8b Abs 5 KStG durch das JStG 2007, BB 2007, 751; *Kessler/Knörzer*, Die Verschärfung der gewerbesteuerlichen Schachtelstrafe – erneute Diskriminierung inländischer Holdinggesellschaften?, IStR 2008, 121; *Ott*, Zur Besteuerung von Kapitalgesellschaften und deren Gesellschaftern, StuB

Kürzungen (Schachtelbeteiligungen) **§ 9 Nr 2a**

2009, 232; *Kollruss,* Gewerbesteuerrechtliche Schachtelprivilegien und doppelt ansässige Kapitalgesellschaften, StuW 2009, 346.

Übersicht

	Rn
I. Allgemeines	1–5
1. Zweck der Vorschrift	1
2. Zur Rechtsentwicklung	1a
3. Unternehmensformen	2
4. Anwendungsbereiche	3
5. Beteiligung	4–4b
a) Grundsatz	4
b) Berechnung	4a
c) Besonderheiten	4b
6. Stichtagsprinzip	5
II. Umfang der Kürzung/Gewinne aus Anteilen	6–9c
1. Begriff der Gewinnanteile	6
2. Beispiele für Gewinnanteile	7, 7a
a) Einzelfälle	7
b) Liquidation	7a
3. Nicht Gewinnanteil darstellende Vorgänge	8–8c
a) Einzelfälle	8
b) Veräußerungs-/Übernahmegewinne	8a
c) Organschaft	8b
d) Lebens- u Krankenversicherungsunternehmen sowie Pensionsfonds	8c
4. Aufwendungen	9–9c
a) Allgemeines	9
b) Zeitlicher Anwendungsbereich	9a
c) Sachlicher Anwendungsbereich	9b
d) Insbesondere Beteiligungswert	9c

I. Allgemeines

1. Zweck der Vorschrift

Die Vorschrift dient (Ausnahme: Unternehmensbeteiligungsgesellschaften) der **1** **Vermeidung der Doppelbelastung** ausgeschütteter Gewinne beim Anteilseigner und bei der Kapitalgesellschaft mit GewSt (vgl BFH IV R 35/01 BStBl II 2004, 460; I R 16/04 BStBl II 2005, 297; I R 104/04 BStBl II 2006, 844), nicht der Vermeidung der einmaligen Erhebung von GewSt auf Beteiligungseinkünfte. Daher ist die Vorschrift auch anzuwenden auf Gewinne aus Anteilen an einer unbeschränkt persönlich oder beschränkt (sachlich) **gewstbefreiten Kapitalgesellschaft** (BFH I B 34/11 BFH/NV 2012, 1175). Ist die Kapitalgesellschaft nicht befreit, kommt es im Einzelfall nicht darauf an, dass bei der ausschüttenden Gesellschaft GewSt angefallen ist bzw ob mit der (Nicht-)Anwendung der Vorschrift eine Doppelbelastung vermieden wird (*Orth* DB 1993, 2152).

2. Zur Rechtsentwicklung

Die Vorschrift betraf nach ihrer Einführung ab EZ 1962 nur sog **Schachtelbetei- 1a** **ligungen** mit mindestens 25% am Grund- oder Stammkapital. Dem hierdurch gegebenen Anreiz zur Aufstockung von Beteiligungen sollte durch die Herabsetzung der Beteiligungsgrenze auf 10% begegnet werden (BTDrs 10/336, 22; vgl *Manke* FR 1984, 77). Durch G v 14.8.2007 (BGBl I 2007, 1912) ist die **Mindestbeteiligungsquote** mit Wirkung ab EZ 2008 (§ 36 Abs 8 Satz 6) auf **15%** angehoben worden (krit *Kessler/Knörzer* IStR 2008, 121).

Nach Einführung des **Halb-/Teileinkünfteverfahrens** und des Beteiligungsprivilegs (§ 8b Abs 1 u 5 KStG für juristische Personen; § 3 Nr 40 EStG für natürliche Personen) ist die Vorschrift unmittelbar nur noch auf den stpfl Teil (50 bzw 60 %) der Gewinnanteile von natürlichen Personen anwendbar; Bedeutung hat sie darüber hinaus mittelbar bei der Auslegung und Anwendung des § 8 Nr 5.

Zur jedenfalls nach dem Wortlaut der Vorschriften gegebenen **Anwendungsproblematik** der Nr 2a und des **§ 8 Nr 5** vgl dort Rn 1.

3. Unternehmensformen

2   Die **Unternehmensform** des beteiligten Unternehmens ist für die Berechtigung zur Kürzung ohne Bedeutung. Das Unternehmen, an dem die Beteiligung besteht, muss eine Kapitalgesellschaft iSd § 2 Abs 2 (AG, KGaA, GmbH), ab EZ 1974 auch eine Kreditanstalt des öffentlichen Rechts, ab EZ 1984 auch eine Erwerbs- oder Wirtschaftsgenossenschaft, ab EZ 1987 auch eine **Unternehmensbeteiligungsgesellschaft** und ab EZ 2008 auch eine **Versicherungsanstalt des öffentlichen Rechts** sein.

Die **Kapitalgesellschaft** darf **nicht steuerbefreit** sein (s Rn 1); nach ihrer ausdrücklichen Einbeziehung in die Kürzungsvorschrift gilt das jedoch nicht für die **Unternehmensbeteiligungsgesellschaften** (vgl § 3 Nr 23 GewStG), bei denen der mit der GewStBefreiung verfolgte Zweck auch durch Anerkennung als Schachteluntergesellschaft befördert werden sollte (gewstliche Gleichstellung des beteiligten Unternehmens, BTDrs 10/4551, 32).

4. Anwendungsbereiche

3   Die Vorschrift findet auch Anwendung bei **Betriebsaufspaltungen** (*Veigel* DB 1987, 2222) und **vororganschaftlichen Gewinnausschüttungen** (BFH I R 73/01 BStBl II 2003, 354; *Schnädter* BB 1988, 313, 319, FN 61). Auch bei einer **GmbH & Co KG** kann die Kürzung für die von den Kommanditisten im SonderBV gehaltenen Anteile an der Komplementär-GmbH gewährt werden, gleichviel ob die GmbH als Mitunternehmerin beteiligt ist oder nicht (*Hübl* DStZ/A 1970, 231; *Hesselmann* GmbHR 1977, 109; *Dendorfer* DB 1979, 812; aA *Barth* GmbHR 1969, 73). Auf Ausschüttungen im Rahmen einer **Organschaft** findet mE nicht diese Vorschrift, sondern § 2 Abs 2 Satz 2 Anwendung (vgl § 2 Rn 524). Außerorganschaftliche Ausschüttungen an die Organgesellschaft unterliegen der Kürzung, weil auf sie § 8b Abs 1 KStG nicht anzuwenden ist (§ 15 Nr 2 Satz 1 KStG; *BMF* BStBl I 2003, 437, Tz 30).

Die Vorschrift betrifft nicht Anteile an **ausländischen** Kapitalgesellschaften. Hat die ausländische Kapitalgesellschaft jedoch Betriebsstätten in der BRD, dann kann der GewErtrag um den auf diese Betriebsstätte entfallenden Gewinnanteil – notfalls im Wege der Schätzung – gekürzt werden.

5. Beteiligung

4   a) **Grundsatz.** Die Beteiligung muss **nicht unmittelbar** bestehen, wie sich aus einem Vergleich mit § 26 Abs 2 KStG idF bis VZ 2001 ergibt. Es genügt jede Form der **mittelbaren** Beteiligung, etwa über einen Treuhänder oder in der Weise, dass der Stpfl an einer Gesellschaft, die ihrerseits die Voraussetzungen erfüllt, in ausreichendem Maße beteiligt ist (*OFD Ffm* DStR 2003, 251; *Sarrazin* in L/S § 9 Nr 2a Rn 27; *Blümich/Gosch* § 9 GewStG Rn 172; *Winkler* BB 1970,

Kürzungen (Schachtelbeteiligungen) § 9 Nr 2a

1247; *Sauer* AG 1977, 215, 218). **Anteile** iSd Vorschrift sind nur solche, die eine Beteiligung am Gesellschaftsvermögen sowie an Gewinn und Verlust vermitteln; es kommt nicht darauf an, dass die Beteiligung Mitgliedschaftsrechte, insb Stimmrechte, begründet (zB Genussrechte, Schl-H FG 1 K 82/11 EFG 2013, 538, Rev I R 12/13; *OFD Ffm* DStR 2003, 251). Die Beteiligung muss aber zum **Betriebsvermögen** des Stpfl gehören und mindestens **10% ab EZ 1984** bzw **15% ab EZ 2008** (§ 36 Abs 8 Satz 6) am Grund- oder Stammkapital betragen (Erhöhung ist *verfassungsgemäß*, Schl-H FG aaO). Sie wird idR bestehen in Aktien, Kuxen oder Geschäftsanteilen, aber auch in Form von verbrieften oder unverbrieften Genussscheinen, mit denen das Recht auf Gewinn und Liquidationserlös verbunden ist (vgl § 20 Abs 1 Nr 1 EStG, § 8 Abs 3 Satz 3 KStG). **Wechselseitige Beteiligungen** zwischen Ober- und Untergesellschaft sind **zulässig**, auch wenn durch die Inanspruchnahme der Kürzung keine GewErtragSt anfällt (ebenso *Blümich/Gosch* § 9 GewStG Rn 164).

b) Berechnung. aa) Eigene Anteile/Eigenkapital. Bei der Berechnung **4a** sowohl des Grund- oder Stammkapitals wie des gehaltenen Anteils sind **Eigenanteile** der Untergesellschaft nicht einzubeziehen (vgl BFH IV R 138/69 BStBl II 1971, 89). Im Übrigen sind nicht nur die ausgegebenen Genussscheine, sondern auch **verdecktes Eigenkapital** zu berücksichtigen (*Sarrazin* in *L/S* § 9 Nr 2a Rn 25; *Blümich/Gosch* § 9 GewStG Rn 168). Die Abgrenzung zwischen Darlehen und verdecktem Eigenkapital richtet sich nach ertragsteuerlichen Gesichtspunkten (*BMF* BStBl I 1987, 373; krit *Schneeloch* DStR 1987, 458). Nach BFH I R 135/74 BStBl II 1976, 226 (mwN) ist maßgebend, ob das Kapital den Umständen nach zwingend als Eigenkapital hätte zugeführt werden müssen. Ein echtes Darlehen oder eine echte Beteiligung als stiller Gesellschafter führen jedoch nicht zu einer Beteiligung iSd Vorschrift (*Luedtke* DStZ/A 1966, 251).

bb) Kein Grund- oder Stammkapital. Ist ein Grund- oder Stammkapital nicht vorhanden, wie bei Kreditanstalten und Versicherungsgesellschaften des öffentlichen Rechts, dann ist nach Satz 2 die **Beteiligung am Vermögen** oder – bei Erwerbs- und Wirtschaftsgenossenschaften – die Beteiligung an der **Summe der Geschäftsguthaben** maßgebend. Geschäftsguthaben sind die auf die statutenmäßigen Geschäftsanteile geleisteten tatsächlichen Einzahlungen, vermehrt um die gutgeschriebenen Gewinnanteile und vermindert um die Verlustanteile sowie Abhebungen, soweit dieser Betrag die Geschäftsanteile nicht übersteigt (§ 19 GenG).

c) Besonderheiten. Sind **Inhaber** der Anteile **Gesellschafter einer Personen- 4b gesellschaft** und gehören die Anteile zum notwendigen BV der Gesellschaft, dann sind die einzelnen Anteile bei der Ermittlung der Höhe der Beteiligung zusammenzurechnen (BFH IV R 139/67 BStBl II 1968, 152; R 9.3 Satz 4 GewStR; vgl hierzu etwa *Heurung/Möbus* BB 2003, 766; *Reinhardt* BB 2003, 1148). Letzteres gilt nicht für die Gesellschafter einer Kapitalgesellschaft (RFH BStBl 1934, 317).

Im Falle der **Organschaft** genügt es nach FG Köln EFG 2003, 946 (aus anderen Gründen nv aufgeh), wenn der Organträger nur mit zusammengerechneten Beteiligungen seiner Organgesellschaften die nötige Beteiligungshöhe erreicht (*Sarrazin* in *L/S* § 9 Nr 2a Rn 29; mE unzutreffend; ebenso *Blümich/Gosch* § 9 GewStG Rn 172).

6. Stichtagsprinzip

Es besteht **strenges Stichtagsprinzip**, dh Veränderungen vor oder nach dem **5** Beginn der EZ (1. 1.) sind grundsätzlich nicht zu berücksichtigen (FG Hamburg EFG 1992, 405). Nach R 9.3 Satz 5 GewStR kommt es bei Beginn der Stpfl im EZ auf die Verhältnisse zum Zeitpunkt des Beginns an; mE zutreffend, weil in diesem Fall nach § 14 Satz 3 der EZ abgekürzt ist. Erfüllt jedoch der StPfl seine

Einlageverpflichtung erst einige Wochen nach der Eintragung der Gesellschaft in das HR, besteht die Beteiligung nicht zu Beginn des (abgekürzten) EZ (mit Konsequenzen für die Hinzurechnung nach § 8 Nr 5; vgl FG Ba-Wü 3 K 1386/07 EFG 2010, 1714).

Für **rückwirkende Umwandlungen** nach § 2 **UmwStG** gilt mE: (**1.**) Die Verschmelzung der Untergesellschaft auf eine andere Kapitalgesellschaft wirkt auf den steuerlichen Übertragungszeitpunkt zurück; für die Anwendung des § 9 Nr 2a hat dies mE Bedeutung, wenn die Verschmelzung der Obergesellschaft die erforderliche Quote vermittelt (a**A** *Blümich/Gosch* § 9 GewStG Rn 175). Das gilt mE auch für den Fall, dass die Obergesellschaft eine Personengesellschaft ist. (**2.**) Entsprechendes gilt mE auch für die Verschmelzung einer anderen Gesellschaft auf die Untergesellschaft. (**3.**) Wird die Untergesellschaft auf den bisherigen Anteilseigner verschmolzen (up-stream-merger), verändert dies rückwirkend die Beteiligungsverhältnisse beim Anteilseigner mit Konsequenzen für § 9 Nr 2 a. (**4.**) Wird der Anteilseigner (Obergesellschaft) auf eine andere Gesellschaft verschmolzen, kann dies entsprechend die Beteiligungsvoraussetzungen des § 9 Nr 2a vermitteln (*Streck/Olbing* BB 1994, 1830; *Blümich/Gosch* § 9 GewStG Rn 175).

II. Umfang der Kürzung/Gewinne aus Anteilen

1. Begriff der Gewinnanteile

6   Nach hM entspricht der **Begriff** sachlich im Wesentlichen dem Begriff „**Gewinnanteile**" iSv § 20 Abs 1 Nr 1 **EStG** (BFH IV R 35/01 BStBl II 2004, 460). Das sind alle auf Grund der gesellschaftsrechtlichen Beziehung bzw dem Besitz der Anteile bezogenen wirtschaftlichen Vorteile, insb Bardividenden, nicht jedoch aus sonstigen Gründen bezogene Vorteile (BFH I R 16/04 BStBl II 2005, 297; I R 104/04 BFH/NV 2006, 1022). Es kommt nicht darauf an, in welche zivilrechtliche Form die Vorteilsgewährung gekleidet ist (BFH VIII R 70/02 BStBl II 2005, 468).

Erforderlich ist ihr **Ansatz bei der Gewinnermittlung** des Gewinns (§ 7). Kein Raum für die Kürzung besteht daher im Hinblick auf die Vorschrift des § 8 Abs 1 KStG sowie des § 3 Nr 40 EStG („Halbeinkünfteverfahren"). Vor **EZ 2004** war § 8b Abs 6 KStG zu beachten (BFH I R 95/05 BStBl II 2007, 279); ab EZ 2004 ist die Anwendbarkeit des § 8b KStG in § 7 Satz 4 letzter Satzteil normiert.

2. Beispiele für Gewinnanteile

7   a) **Einzelfälle.** Erfasst werden **offene Ausschüttungen** aus dem handelsbilanzmäßig ausgewiesenen und nach außersteuerrechtlichen Vorschriften ermittelten Gewinn der Geschäftsjahre, die vor dem Eintritt in eine Liquidation enden (BFH I R 116/84 BStBl II 1991, 372). Der Gleichklang mit § 20 Abs 1 Nr 1 EStG bedeutet, dass auch die Verwendungsfiktion des § 28 Abs 3 Satz 1 KStG 1977/1991 bzw § 27 KStG 2001 zu beachten ist. Ausschüttungen, für die Beträge aus dem steuerlichen **Einlagekonto** als verwendet gelten, gehören nicht zu den Gewinnanteilen (BFH I R 16/04 BStBl II 2005, 297 zum EK 04 iSd KStG 1977; H 9.3 GewStH). Zu den Gewinnen aus Anteilen gehört auch die nach § 36 Abs 2 Nr 1 EStG **anrechenbare KSt** (BFH X R 6/95 BStBl II 1998, 25; IV R 35/01 BStBl II 2004, 460; *Palitzsch* StBp 1978, 109), und zwar auch bei Körperschaften (§ 31 Abs 1 KStG 2002), sowie **verdeckte Gewinnausschüttungen** (*Sarrazin* in L/S § 9 Nr 2a Rn 41; *Weissenborn* StuW 1964, 290, 363); daher Kürzung um den Gewinn, der durch ein zu niedrig verzinsliches Darlehen (*-en-* DB 1963, 1740) oder hohe Pachtentgelte der Betriebs-GmbH an die Besitzpersonengesellschaften entsteht (*Henninger* GmbHR 1968, 255). Entsprechendes gilt mE für die dem Anteilseigner

Kürzungen (Schachtelbeteiligungen) **§ 9 Nr 2a**

als Kapitalerträge nach § 20 Abs 1 Satz 1 EStG zuzurechnenden **offenen Rücklagen** nach **§ 7 UmwStG nF;** es handelt sich um Einnahmen iSv § 20 Abs 1 Nr 1 EStG, also Gewinnanteile (ebenso *Blümich/Gosch* § 9 GewStG Rn 181a; *Gosch* StBp 2000, 157).

b) Liquidation. Ebenfalls Gewinnanteile sind **Ausschüttungen** aus **Liquidati-** 7a **onsgewinnen** (BFH VIII R 2/93 BStBl II 1995, 705) sowie die **Liquidationsrate,** mit der das nach Abschluss der Liquidation verbliebene Reinvermögen an die Anteilseigner ausgekehrt wird, soweit bei den Ausschüttungen nicht Eigenkapital iSd § 30 Abs 2 Nr 4 KStG aF (EK 04) als verwendet gilt (BFH X R 6/95 BStBl II 1998, 25; IV R 35/01 BStBl II 2004, 460; H 9.3 GewStH). Sie sind in das kstliche Anrechnungsverfahren einzubeziehen (*Herzig* DB 1980, 1605; *Blümich/Gosch* § 9 GewStG Rn 181; aA *Sarrazin* in *L/S* § 9 Nr 2a Rn 41).

Bei **Vermögensauskehrungen** nach Eintritt in das Liquidationsstadium ist Voraussetzung, dass sie in Vollzug eines Gewinnverteilungsbeschlusses geschehen, der sich auf ein vor dem Eintritt in das Abwicklungsstadium endendes Geschäftsjahr bezieht (BFH I R 116/84 BStBl II 1991, 372). Diese Entscheidung ist noch zum alten KStRecht ergangen. ME ist sie auch auf das KStG 1977/2002 anzuwenden (aA *Gosch* StuW 1992, 350).

3. Nicht Gewinnanteil darstellende Vorgänge

a) Einzelfälle. Der Gewinn aus einer **Wertaufholung** (§ 6 Abs 1 Nr 2 Satz 3 8 EStG) nach vorangegangener Teilwertabschreibung ist nicht Gewinnanteil iSd Vorschrift (BFH I R 19/08 BStBl II 2010, 301; R 9.3 Satz 8 GewStR; hierzu u.a. *Gosch* BFH/PR 2009, 99; *Wendt* FR 2009, 543). Dividendenbezüge von **Investmentfonds** sind nach § 40 Abs 2 bzw § 40a Abs 1 KAGG aF, § 2 Abs 3 InvStG von der KSt bzw ESt befreit, so dass eine Kürzung nach Nr 2a nicht mehr in Betracht kommt (*Blümich/Gosch* § 9 GewStG Rn 190; zur Hinzurechnung nach § 8 Nr 5 s dort Rn 11).

Ebenfalls nicht zu den kürzungsfähigen Bezügen gehörte nach der Rspr auch in EZ vor 2006 der **Hinzurechnungsbetrag nach § 8b Abs 5 KStG** (BFH I R 53/06 BStBl II 2007, 585). Durch G v 13.12.2006 (BGBl I 2006, 2878) ist die Rechtslage in diesem Sinne geklärt, und zwar mW für EZ auch vor 2006 (§ 36 Abs 8 Satz 5 Hs 2 GewStG).

b) Veräußerungs-/Übernahmegewinne. Auch Gewinne aus der **Veräuße-** 8a **rung einer Beteiligung** werden von der Vorschrift nicht erfasst (BFH VIII R 3/70 BStBl II 1972, 468; I R 217/69 BStBl II 1972, 470; I R 154/81 BStBl II 1985, 160; *BMF* BStBl I 2003, 437 Rn 29). Sie unterliegen (vorbehaltlich der Wirkungen des § 8b Abs 2 KStG) der GewSt, wenn sie nicht im Rahmen einer Betriebsaufgabe anfallen (*Wihtol* GmbHR 1973, 60).

Für **Übernahmegewinne** aus der Umwandlung einer GmbH auf ihren Alleingesellschafter nach § 18 Abs 1 aF UmwStG gilt dies entsprechend, zumal Liquidation und Umwandlung angesichts der unterschiedlichen Steuerfolgen (vgl § 18 Abs 4 aF, Abs 3 nF UmwStG) wirtschaftlich und strukturell nicht vergleichbar sind; insb entsteht der Umwandlungsgewinn originär beim Gesellschafter (BFH XI R 48/99 BStBl II 2002, 875). ME gilt dies für den Aufgabe-/Veräußerungsgewinn iSv § 18 Abs 3 UmwStG entsprechend. Zur Doppelbelastung der Ausschüttung zuvor bezogener Gewinne einer Komplementär-GmbH an ihre Gesellschafter und Kommanditisten s *Dendorfer* DB 1979, 812.

c) Organschaft. Da die Vorschrift nur Gewinne „aus Anteilen" (s.o.) betrifft, 8b ist sie mE wegen des steuersystematischen Vorrangs des § 2 Abs 2 Satz 2 auf **Abführungen** im Rahmen einer **Organschaft nicht** anzuwenden (**aA** BTDrs 14/23, 258). Dagegen ist sie auf sog Mehrabführungen (zB ehemals gemeinnütziger Woh-

§ 9 Nr 2a

nungsbauunternehmen) anwendbar (ebenso *OFD Kiel* DB 2000, 2195, DStZ 2001, 215).

8c **d) Lebens- u Krankenversicherungsunternehmen sowie Pensionsfonds.** Für diese Unternehmen enthält Satz 5 einen **Kürzungsausschluss** für Gewinne aus Anteilen, die den Kapitalanlagen zuzurechnen sind. Diese Vorschrift ist **ab EZ 2004** anzuwenden (§ 36 Abs 7). Vgl hierzu § 9 Nr 2 Rn 3. Die Kapitalanteile der genannten Unternehmen werden für die KSt mit den Werten angesetzt, die für die Bemessung der Rückstellungen für Beitragsrückerstattungen maßgeblich sind. Damit gelten die aaO genannten Gründe iRd § 9 Nr 2a für die aus solchen Kapitalanlagen bezogenen Gewinne.

4. Aufwendungen

9 **a) Allgemeines.** Im **unmittelbaren Zusammenhang mit Gewinnanteilen** stehende Aufwendungen **mindern den Kürzungsanspruch.** Die ausdrückliche Regelung in Satz 3 der Nr 2a stellt eine Korrektur der gegenteiligen Rspr (BFH I R 104/04 BStBl II 2006, 844; entgegen A 61 Abs 1 Satz 12 GewStR 1998) dar (wie BFH: *Blümich/Gosch* § 9 GewStG Rn 184; *Killinger* BB 1999, 500; *Lipke* StBp 2000, 338; *Grotherr* BB 2001, 597). Die Neuregelung befindet sich in Übereinstimmung mit dem Wortlaut der Vorschrift „Gewinne **aus** Anteilen", der anders als der „Gewinnanteil/Dividende" (vgl § 20 Abs 1 Nr 1 EStG) nicht auf den Anteil *am* Gewinn der ausschüttenden Gesellschaft abhebt, sondern auf den Gewinn, den Empfänger *aus* dem Anteil verbleibt. Übereinstimmung besteht auch mit dem Zweck der Vorschrift, eine Doppelbelastung von Ertragsanteilen mit GewErtragSt zu vermeiden: denn ohne die Kürzungsvorschrift wäre nur der Nettobetrag der Gewinnanteile der Doppelbelastung ausgesetzt.

Eine **Hinzurechnung überschießender Aufwendungen** kommt jedoch nicht in Betracht („... soweit entsprechende Beteiligungserträge zu berücksichtigen sind ...").

Konsequenterweise scheidet nach der Neuregelung eine Hinzurechnung von **Schuldentgelten** nach § 8 Nr 1 Buchst a (bis EZ 2007 einschließlich: von Dauerschuldentgelte nach § 8 Nr 1 aF) ab EZ 2007 aus (wieder in Übereinstimmung mit A 61 Abs 1 Satz 12 GewStR 1998).

9a **b) Zeitlicher Anwendungsbereich.** Nach *FinVerw* BStBl I 2006, 715 ist das Urteil BFH I R 104/04 BStBl II 2006, 844 für **EZ vor 2006** anzuwenden. **Ab EZ 2006** (§ 36 Abs 8 Satz 5 Hs 2 GewStG nF) ist die Vorschrift des Satzes 3 (Rn 9) anzuwenden.

9b **c) Sachlicher Anwendungsbereich.** Problematisiert wird allerdings die Reichweite dieser Norm insofern, als nur die **durch die Erlangung/den Zufluss** ausgelösten Kosten als „unmittelbar zusammenhängend" verstanden werden (so *Blümich/Gosch* § 9 GewStG Rn 184 b). Doch ist mE das G insofern weiter gefasst, als es auf den (unmittelbaren) Zusammenhang „mit Gewinnanteilen", nicht nur mit deren Verfügbarkeit abstellt. Man wird aber annehmen müssen, dass der Gesetzgeber mit dieser Formulierung das allgemeine **Nettoprinzip** auch für die Nettodividende verwirklichen wollte. Angesprochen ist mE letztlich der estrechtliche Veranlassungsbegriff (vgl § 4 Abs 4 EStG). Hiernach stehen auch **Beteiligungsaufwendungen**, zB Schuldzinsen iZm einem Beteiligungserwerb, unmittelbar mit dem Gewinnanteil in Zusammenhang. Allerdings ist die großzügige BFH-Rspr zu § 17 EStG – WK auch ohne die Erwartung von Kapitalerträgen, zB BFH VIII R 2/02 BStBl II 2004, 551, – angesichts des Bezugs zu Gewinnanteilen in der Kürzungsvorschrift nicht einschlägig.

Kürzungen (KGaA-Gewinnanteile) § 9 Nr 2b

Bei der **Zuordnung der Ausgaben** ist mE in erster Linie auf den wirtschaftlichen Zusammenhang mit der Beteiligung abzustellen. Soweit eine direkte Zuordnung nicht möglich ist, hat mE eine schätzungsweise Aufteilung zu erfolgen.
Zum Kürzungsbetrag nach § 8b Abs 5 KStG s Rn 8.

d) Insbesondere Beteiligungswert. Eine ausschüttungsbedingte **Teilwertabschreibung** mindert den Kürzungsanspruch jedoch nicht (*Döllerer* DStZ/A 1977, 139, 145; *Blümich/Gosch* § 9 GewStG Rn 187). Sie steht nicht mit dem Gewinnanteil in Zusammenhang und ist lediglich das Äquivalent mit dem beim Veräußerer entstandenen Veräußerungsgewinn (BFH I R 56/82 BStBl II 1986, 73; I R 73/01 BStBl II 2003, 354; *Schnädter* BB 1988, 313, 319). Auch die nach Auskehrung der Liquidationsrate erfolgte **Ausbuchung der Beteiligung** mindert den Kürzungsbetrag nicht, da sie ebenfalls nicht im Zusammenhang mit dem Gewinnanteil steht (BFH IV R 35/01 BStBl II 2004, 460; H 9.3 GewStH). Das Problem ist durch Einführung der Hinzurechnungsvorschrift **§ 8 Nr 10 ab EZ 1990** geklärt (s dort; zu gewinnabführungs- bzw ausschüttungsbedingten Teilwertabschreibungen im Rahmen einer **Organschaft** vgl § 2 Rn 532). 9c

§ 9 Nr. 2b Kürzungen (KGaA-Gewinnanteile)

Die Summe des Gewinns und der Hinzurechnungen wird gekürzt um

...

2b. die nach § 8 Nr. 4 dem Gewerbeertrag einer Kommanditgesellschaft auf Aktien hinzugerechneten Gewinnanteile, wenn sie bei der Ermittlung des Gewinns (§ 7) angesetzt worden sind;

...

Literatur: *Thiel/Eversberg,* Gesetz zur steuerlichen Förderung von Kunst, Kultur und Stiftung sowie zur Änderung steuerlicher Vorschriften, DB 1991, 118; *Graf,* Die Gewerbeertragsbesteuerung der Kapitalgesellschaft & Co KG auf Aktien, DStR 1991, 1374; *Gosch,* Die Kommanditgesellschaft auf Aktien und die Gewerbesteuer, FR 1991, 345; *Kollruss* Gewerbesteuerliche Optimierung bei der GmbH & Co KGaA, Inf 2003, 347; *Schmincke/Heuel,* § 8 Nr 4 GewStG: Gewerbesteuerfalle bei der Kapitalgesellschaft & Co KGaA, FR 2004, 861; *Wassermeyer,* Die Besteuerung des Gewinnanteils des persönlich haftenden Gesellschafters einer Kommanditgesellschaft auf Aktien, FS M. Streck 2011, 259.

I. Allgemeines

Die Vorschrift beruht auf dem Kultur- und StiftungsförderungsG v 13.12.1990 (BGBl I 1990, 2775). Sie gilt ab EZ 1991 (vgl § 36 Abs 4a idF des genannten Gesetzes). 1

Sie **bezweckt** den **Abbau der Doppelbelastung von Gewinnanteilen,** die an persönlich haftende Gesellschafter einer KGaA auf ihre nicht auf das Grundkapital gemachten Einlagen oder als Vergütung (Tantieme) für die Geschäftsführung verteilt worden sind (hierzu BFH I R 102/06 BFH/NV 2010, 462). Da sie nach § 8 Nr 4 hinzurechnen sind, müssen sie beim persönlich haftenden Gesellschafter abgezogen werden (*Thiel/Eversberg* DB 1991, 118, 128). Hierdurch wird der GewErtrag der KGaA – in jeder Beteiligungsform – dem der Mitunternehmerschaft gleichgestellt (*Graf* DStR 1991, 1374). Die Vorschrift ist im Wesentlichen zugeschnitten auf eine Kapitalgesellschaft als persönlich haftende Gesellschafterin, weil eine natürliche Person allein aufgrund dieser Funktion keinen Gewerbebetrieb begründet – auch wenn sie im Regelfall weitgehend leerläuft (FG Köln EFG 2006, 1923; hierzu *Schmincke/Heuel* FR 2004, 861; *Herlinghaus* EFG 2006, 1925).

§ 9 Nr 3

Nicht begünstigt sind – wie bei § 8 Nr 4 – Gewinnanteile, die der persönlich haftende Gesellschafter in seiner Eigenschaft als **Kommanditaktionär** erhalten hat (*Hidien/Pohl/Schnitter* aaO § 9 Nr 2b Rn 7.5).

II. Umfang der Kürzung

2   Die **Kürzung** erfolgt nach dem Wortlaut der Vorschrift:
   (1.) in dem Maße, wie die Gewinnanteile (zum Begriff § 8 Nr 4 Rn 7 f) bei der KGaA **tatsächlich** hinzugerechnet worden sind (ebenso *Gosch* FR 1991, 345, 348); unerheblich ist, ob die Hinzurechnung gesetzeskonform erfolgt ist; auch ist nicht erheblich, welche gewlichen Folgen die Hinzurechnung bei der KGaA hatte (FG Münster 9 K 104/6/09, G, F EFG 2011, 427, best; *Roser* in *L/S* § 9 Nr 2b Rn 6; *Blümich/Gosch* § 9 GewStG Rn 205). Ist die KGaA von der **GewSt befreit,** fehlt es an einer GewErtragsermittlung (mit Hinzurechnung nach § 8 Nr 4); eine Doppelbelastung kann nicht eintreten (BFH I R 42/11 BFH/NV 2013, 589; FG Münster aaO). Zweck der Vorschrift ist nicht die Verhinderung der einmaligen Besteuerung der Gewinnanteile des persönlich haftenden Gesellschafters.
   Hinzugerechnet wird regelmäßig der „**Bruttobetrag**" (§ 8 Nr 4 Rn 10), also nicht der um Aufwendungen des persönlich haftenden Gesellschafters verminderte Betrag (ebenso *Gosch* FR 1991, 345). Der letzte Halbsatz der Vorschrift besagt nichts anderes;
   (2.) wenn die Gewinnanteile bei der Ermittlung des Gewinns, selbstredend des persönlich haftenden Gesellschafters (FG Münster aaO), **angesetzt** worden sind. Diese Voraussetzung bedeutet, dass die Kürzung durch den Betrag **begrenzt** wird, mit dem die Gewinnanteile bei der Ermittlung des Gewinns des persönlich haftenden Gesellschafters angesetzt worden sind. Die Aktivierung hat mE phasengleich mit der Passivierung bei der KGaA zu erfolgen, weil Verbindlichkeit und Anspruch sowohl bei gewinnabhängigen als auch bei gewinnunabhängigen Vergütungen zeitgleich entstehen (hierzu FG Münster aaO).

III. Gestaltung

3   Ein Modell zur Nutzbarmachung der Effekte dieser Vorschrift bei einer GmbH & Co KGaA stellt *Kollruss* Inf 2003, 347 vor.

§ 9 Nr. 3 Kürzungen (Ausländische Betriebsstätte)

Die Summe des Gewinns und der Hinzurechnungen wird gekürzt um
. . .
3. **den Teil des Gewerbeertrags eines inländischen Unternehmens, der auf eine nicht im Inland belegene Betriebsstätte entfällt.** ²Bei Unternehmen, die ausschließlich den Betrieb von eigenen oder gecharterten Handelsschiffen im internationalen Verkehr zum Gegenstand haben, gelten 80 Prozent des Gewerbeertrags als auf eine nicht im Inland belegene Betriebsstätte entfallend. ³Ist Gegenstand eines Betriebs nicht ausschließlich der Betrieb von Handelsschiffen im internationalen Verkehr, so gelten 80 Prozent des Teils des Gewerbeertrags, der auf den Betrieb von Handelsschiffen im internationalen Verkehr entfällt, als auf eine nicht im Inland belegene Betriebsstätte entfallend; in diesem Fall ist Voraussetzung, dass dieser Teil gesondert ermittelt wird. ⁴Handelsschiffe werden im internationalen Verkehr betrieben, wenn eigene oder gecharterte Handelsschiffe im Wirtschaftsjahr überwiegend zur Beförderung von Personen und Gütern im Verkehr mit oder zwischen auslän-

Kürzungen (Ausländische Betriebsstätte) § 9 Nr 3

dischen Häfen, innerhalb eines ausländischen Hafens oder zwischen einem ausländischen Hafen und der freien See eingesetzt werden. [5]Für die Anwendung der Sätze 2 bis 4 gilt § 5a Abs. 2 Satz 2 des Einkommensteuergesetzes entsprechend;

...

Gewerbesteuer-Richtlinien 2009: R 9.4 GewStR/H 9.4 GewStH

Literatur: *Hildesheim*, Zum Umfang der Gewerbesteuerfreiheit bei im Ausland erzielten Gewerbeerträgen gemäß § 9 Nr 3 GewStG, DStR 1989, 138; *Tittel/Grothkopf*, Besteuerung der Einkünfte aus dem Betrieb von Handelsschiffen im internationalen Verkehr, StBp 1991, 117; *Da*, Betriebsstättenbesteuerung – Gewerbesteuerliche Behandlung der im Ausland erzielten Montagegewinne (§ 9 Nr 3 GewStG), IStR 1992, 16; *Bader/Klose*, Steuerliche Behandlung vergeblicher Auftragskosten für ausländische Bauprojekte, IStR 1996, 318; *Urbahns*, Ertragsteuerliche Folgen eines Warenlagers im Ausland unter besonderer Beachtung des § 9 Nr 3 GewStG, Inf 2003, 938; *Schön*, Besteuerung im Binnenmarkt – die Rechtsprechung des EuGH zu den direkten Steuern, IStR 2004, 289; *Rosenke/Liedtke*, Anwendbarkeit der Kürzungen des § 9 Nr 3 S 2 ff GewStG auf Veräußerungsgewinne von Mitunternehmeranteilen an Schifffahrtsunternehmen und auf die Gewinnhinzurechnungen durch einen Wechsel zur Tonnagebesteuerung nach § 5a Abs 4 S 3 EStG, FR 2007, 290; *Suchanek*, Anwendung von § 7 S 2 Nr 2 GewStG bei der Veräußerung von doppelstöckigen Mitunternehmerschaften, GmbHR 2008, 248; *Glasenapp*, Die Änderungen im Tonnagesteuererlass durch das Schreiben des BMF v 31.10.2008, DStR 2009, 1462; *Roser*, Umsetzung und Umfang der Verlustnutzung nach Marks&Spencer – Umsetzungsfragen in der Praxis, Ubg 2010, 30; *Braunagel*, Verstößt die Nichtberücksichtigung ausländischer Betriebsstättenverluste bei der Gewerbesteuer gegen Gemeinschaftsrecht?, IStR 2010, 313; *Gebhardt/Quilitzsch*, Berücksichtigung finaler Betriebsstättenverluste im Rahmen der Gewerbesteuer, FR 2011, 359; *Kessler/Philipp*, Zur gemeinschaftsrechtlichen Notwendigkeit der inländischen Berücksichtigung „finaler" Verluste aus EU-Betriebsstätten, IStR 2011, 865.

Übersicht

	Rn
I. Allgemeines	1–1b
1. Zweck	1
2. EU-Recht/DBA	1a
3. Handelsschiffe im internationalen Verkehr	1b
II. Ausländische Betriebsstätten	2–4b
1. Unterhalten einer Betriebsstätte als Voraussetzung	2
2. Begriff Betriebsstätte	2a
3. Rechtsfolge	3
4. Umfang der Kürzung	4, 4a
a) Allgemeines	4
b) Negativer Gewerbeertrag	4a
5. Durchführung der Kürzung	4b
III. Betrieb von Handelsschiffen im internationalen Verkehr	5–8b
1. Bedeutung der Sätze 2 ff	5
2. Handelsschiffe im internationalen Verkehr als Voraussetzung	6, 6a
a) Begriff	6
b) Einzelfälle	6a
3. Überwiegender Betrieb	7
4. Durchführung der Kürzung	8–8b
a) Keine Tonnagebesteuerung	8
b) Ermittlung	8a
c) Anwendung	8b

§ 9 Nr 3 Kürzungen

I. Allgemeines

1. Zweck

1 Die Vorschrift **bezweckt** die Vermeidung der ungerechtfertigten Belastung durch GewSt. **Satz 1** hat mE ausschließlich **klarstellenden Charakter**. Er ist Folge der Regelung in § 2 Abs 1, wonach der GewSt jeder stehende GewBetrieb unterliegt, soweit er im Inland betrieben wird. Nach § 2 Abs 1 Satz 3 wird ein GewBetrieb im Inland betrieben, soweit für ihn im Inland oder auf einem inländischen Kauffahrteischiff eine Betriebsstätte unterhalten wird.

2. EU-Recht/DBA

1a Durch die Regelung wird mE **EU-Recht** nicht berührt. Die durch die Vorschrift gegebene Rechtslage kann nicht zu Ungunsten des Stpfl durch **DBA** verändert werden, wenn darin für bestimmte Betriebe das ausschließliche Besteuerungsrecht des Staates der Geschäftsleitung bestimmt ist (*Sarrazin* in *L/S* § 9 Nr 3 Rn 2; *Blümich/ Gosch* § 9 GewStG Rn 212). Jedoch kann die GewStPfl durch DBA beschränkt werden (vgl die Zusammenstellung der gültigen DBA von *BMF* BStBl I 2012, 108).

3. Handelsschiffe im internationalen Verkehr

1b Durch G v 20.12.1996 (BGBl I 1996, 2049) sind die Sätze 2–5 betreffend Handelsschiffe im internationalen Verkehr eingefügt worden, und zwar mit Wirkung ab EZ 1997. Durch G v 9.9.1998 (BGBl I 1998, 2860) ist in Satz 5 die Verweisung auf § 34c Abs 4 Satz 3 EStG durch die Verweisung auf § 5a Abs 2 Satz 2 EStG geändert worden. Die Änderung steht in Zusammenhang mit der Aufhebung des § 34c Abs 4 EStG und Neueinfügung des § 5a EStG durch o.a. G; sie ist ab EZ 1999 anzuwenden (genehmigt durch die EU-Kommission, vgl BGBl I 1998, 4023).

II. Ausländische Betriebsstätten

1. Unterhalten einer Betriebsstätte als Voraussetzung

2 Eine oder mehrere **ausländische Betriebsstätten** müssen unterhalten werden, und zwar in der Weise, dass sie dem inländischen GewBetrieb zugerechnet werden können. Im Ausland muss der Begriff der Betriebsstätte erfüllt sein. Betriebsstätte in diesem Sinne ist weder der Anteil an einer ausländischen Kapitalgesellschaft (BFH I R 154/81 BStBl II 1985, 160) noch die Beteiligung an einer ausländischen Personengesellschaft (*Blümich/Gosch* § 9 GewStG Rn 218; *Suchanek* GmbHR 2008, 248); insofern Kürzung nur nach Nrn 7 bzw 8 oder Nr 2. Ebensowenig genügt die Ausübung der Tätigkeit oder ihre Verwertung im Ausland (BFH I R 200/67 BStBl II 1971, 743; I R 248/71 BStBl II 1974, 752). Eine andere Deutung lässt der Wortlaut der Vorschrift nicht zu. Sie enthält ihrem Inhalt nach eine rechtssystematische Ergänzung zur Beschreibung und Begrenzung des Steuergegenstandes in § 2 Abs 1 Satz 1 u 3 (*Hildesheim* DStR 1989, 138).

2. Begriff Betriebsstätte

2a Es gilt der **Betriebsstättenbegriff des § 12 AO** (hierzu § 2 Rn 610), nicht der einschränkende Begriff der meisten DBA. Letzterer gilt nur im Verhältnis zu dem jeweiligen Vertragsstaat (*Sarrazin* in *L/S* § 9 Nr 3 Rn 6; vgl *Blümich/Gosch* § 9 GewStG Rn 216 f; vgl BFH I R 248/71 BStBl II 1979, 527). Auch die Sätze 2 ff der Vorschrift modifizieren den o.a. maßgebenden Betriebsstättenbegriff nicht. Bei mehreren auslän-

Kürzungen (Ausländische Betriebsstätte) § 9 Nr 3

dischen Bauausführungen oder Montagen, die unabhängig voneinander nebeneinander bestehen oder unmittelbar zeitlich aufeinander folgen, besteht keine einheitliche „Welt"-Betriebsstätte (es kommt für jede einzelne Ausführung auf die Voraussetzungen des § 12 Nr 8 AO an, FG Düsseldorf EFG 1991, 290; aA *Brendle/Schaaf* FR 1975, 589; *Schröder* StBp 1978, 169). Auch ausländische Organschaften erfüllen den Betriebsstättenbegriff in Anbetracht der Selbstständigkeit der einzelnen Gesellschaften nicht. Aus § 2 Abs 2 Satz 2 ergibt sich in Anbetracht der Beschränkung seiner Funktion bei der Zerlegung auf inländische Gemeinden nichts anderes. Ein Unternehmen, das nur im Inland eine Betriebsstätte unterhält, unterliegt also mit dem gesamten GewErtrag der deutschen GewSt (BFH IV R 80/82 BStBl II 1985, 405).

3. Rechtsfolge

Besteht eine ausländische Betriebsstätte, dann wird deswegen aber noch nicht der 3 gesamte aus der ausländischen Tätigkeit herrührende GewErtrag der inländischen GewBesteuerung entzogen, sondern **nur der Teil,** der tatsächlich **auf die ausländischen Betriebsstätten** entfällt (BFH I R 200/67 BStBl II 1971, 743; IV R 80/82 BStBl II 1985, 405). Die Kritik von *Brendle/Schaaf* (FR 1975, 589) geht am Wortlaut des Gesetzes und am Objektsteuercharakter der GewSt vorbei (ebenso *Sarrazin* in *L/S* § 9 Nr 3 Rn 12; *Blümich/Gosch* § 9 GewStG Rn 217). Für Unternehmen mit Sitz im Ausland und Betriebsstätte im Inland wird entsprechend nur der GewErtrag der Besteuerung unterworfen, der tatsächlich mit der inländischen Betriebsstätte, nicht mit der gesamten inländischen Betätigung in Zusammenhang steht (BFH I 153/61 S BStBl III 1964, 165). Auf ausländische Betriebsstätten entfallen etwa Erträge aus der Tätigkeit des ständigen ausländischen Vertreters (BFH I R 35/70 BStBl II 1972, 785). Bei Reiseunternehmen entfallen Hilfstätigkeiten der ausländischen Reiseleiter in Zusammenhang mit dem Flugtransport und der Hotelunterbringung nicht auf die ausländische Betriebsstätte. Sie sind Hilfstätigkeiten der inländischen Betriebsstätte (vgl HessFG EFG 1975, 586). Eine andere Entscheidung ist möglich bei der sonstigen Betreuung der Reisenden sowie bei der Veranstaltung von örtlichen Ausflügen (BFH IV R 80/82 aaO).

4. Umfang der Kürzung

a) Allgemeines. Der zur Kürzung anstehende Teil des GewErtrags muss **auf die** 4 **ausländische Betriebsstätte entfallen** (Rn 3). Das ist derjenige Teil des gesamten GewErtrags, der iRd Gesamtunternehmens durch die in der ausländischen Betriebsstätte ausgeübte oder ihr zuzurechnende unternehmerische Betätigung erzielt worden ist. Das können mE auch vergebliche (fehlgeschlagene) Kosten sein, sofern auf das entsprechende Objekt bezogen (**aA** *Blümich/Gosch* § 9 GewStG Rn 221; *Bader/Klose* IStR 1996, 318). Zu eliminieren sind auch die auf die ausländischen Betriebsstätten entfallenden **Hinzurechnungen und Kürzungen** (vgl *OFD Kiel* FR 1999, 866, DStR 2000, 328).

Ein Teil des GewErtrags muss regelmäßig der **inländischen Geschäftsleitungs-Betriebsstätte** zugerechnet werden, und zwar auch dann, wenn der GewTreibende ganzjährig im Ausland Montagearbeiten durchführt (BFH I R 4/02 BFH/NV 2004, 83). Im Übrigen ist es nicht von Bedeutung, ob es sich um laufende Gewinne oder Aufgabe- bzw Veräußerungsgewinne handelt (*Behrens/Schmitt* BB 2002, 860).

Hinzurechnungsbeträge nach § 10 AStG sind mE nicht einzubeziehen; es fehlt an einer gesetzlichen Grundlage, die stpfl Zwischeneinkünfte (§ 7 Abs 1 AStG) als solche einer ausländischen Betriebsstätte zu qualifizieren (**aA** *Rödder/Schumacher* DStR 2002, 105, 112; zweifelnd *Blümich/Gosch* § 9 GewStG Rn 221 a).

b) Negativer Gewerbeertrag. In Betracht kommt auch ein dann zu einer **Hin-** 4a **zurechnung** führender **negativer GewErtragsteil** (BFH I R 200/67 BStBl II 1971, 743; I R 248/71 BStBl II 1974, 752; hierzu *von Wallis* DStZA 1974, 446).

§ 9 Nr 3 Kürzungen

Das gilt nach der Rspr **nicht** für **„finale" Verluste** aus einer Betriebsstätte in einem DBA-Ausland (BFH I R 107/09 BFH/NV 2010, 1744; ebenso zB *Schön* IStR 2004, 289, 294; *Roser* Stbg 2010, 30, 38; *Braunagel* IStR 2010, 313; *Kessler/Philipp* IStR 2011, 865; krit im Hinblick auf die Begründung des BFH *Gebhardt/Quilitzsch* FR 2011, 359; mE zutr **aA** FG Hamburg 6 K 147/08 EFG 2010, 265, aufgeh: trotz der ertragsteuerlichen Anerkennung des „finalen" Verlustes" Anwendung des § 9 Nr 3). ME ist jedoch nicht einzusehen und auch nicht überzeugend hergeleitet, dass der in einem EU-Staat erwirtschaftete „finale" Verlust gewstrechtlich anders zu behandeln ist als ein Verlust aus einer Betriebsstätte in einem Nicht-EU-Staat. Der I. Senat überträgt (BFH I R 107/09 aaO unter B. II. 1.) die Ergebnisse zur est/kstrechtlichen Gewinnermittlung auf den GewErtrag und behauptet den Anwendungsvorrang des EU-Rechts, insb wohl der Niederlassungsfreiheit (Bezug auf EuGH C-414/06 BStBl II 2009, 462); der strukturelle Inlandsbezug der GewSt stehe nicht entgegen, weil sowohl bei unilateraler als auch bei bilateraler Freistellung der Auslandseinkünfte diese prinzipiell symmetrisch abgeschirmt würden (was mE kein Argument ist); und er ergänzt (mE in einer klassischen petitio principii), es gehe darum, die „finalen" Auslandsverluste" einmal zum Abzug zuzulassen, sie sollten nicht *„im steuerlichen Niemandsland"* verschwinden *(des „Pudels Kern"!)*. Aber: was für die ESt/KSt richtig ist, muss nicht für die GewSt richtig sein. Bei ihr aber steht Gemeinschaftsrecht der Nichtberücksichtigung des „finalen" Auslandsverlust nicht entgegen. Denn § 2 Abs 2 Satz 1 u § 9 Nr 3 regeln reine Inlandssachverhalte, für die die gemeinschaftsrechtlichen Grundfreiheiten (insb Niederlassungsfreiheit, Diskriminierungsverbot) nicht einschlägig sind. Verstößt die GewSt an sich nicht gegen EU-Recht, verstoßen auch kohärente, insb sich aus dem Inlandsbezug der GewSt ergebende Vorschriften nicht dagegen. Zudem kommt nach dem vom BFH I R 107/09 aaO (unter B. I.) erörterten Grundsätzen ein Verstoß gegen die Niederlassungsfreiheit höchstens dann in Betracht, wenn für die ausländischen Betriebsstättengewinne im Ausland eine der GewSt entsprechende Steuer zu zahlen ist.

5. Durchführung der Kürzung

4b Grundsätzlich ist nach BFH I R 200/67 BStBl II 1971, 743 und IV R 80/82 BStBl II 1985, 405 der auf die ausländische Betriebsstätte entfallende Gewinnanteil aus der Buchführung zu entnehmen **(direkte Methode)**. Nur soweit dies nicht möglich ist, muss auf Grund eindeutiger Unterlagen eine Schätzung durchgeführt werden **(indirekte Methode)**. Bei vergleichbarem Lohn- und Preisniveau kann nach BFH I R 200/67 aaO (ebenso H 9.4 GewStH; *Wihtol* FR 1972, 161; *Klunzinger*, Anm zu StRK GewStG § 9 R 34) die entsprechende Anwendung der Zerlegungsvorschriften des § 29 in Frage kommen (vgl zur Berücksichtigung von Personalaufwand bei einer Fluggesellschaft FG Düsseldorf EFG 1978, 503). Werden sie angewendet, dann sollen Betriebseinnahmen und Betriebsausgaben auch dann nicht einer bestimmten Betriebsstätte zuzuordnen sein, wenn dies an sich möglich ist (*Sarrazin* in *L/S* § 9 Nr 3 Rn 12 f). ME sind stattdessen im Interesse der Ermittlung eines möglichst zutreffenden Ergebnisses eindeutig zurechenbare Ausgaben und Einnahmen vorweg abzurechnen und im Übrigen nach der indirekten Methode zu verfahren (*Blümich/Gosch* § 9 GewStG Rn 222). Bei Unternehmen mit Sitz im Ausland und Betriebsstätten im Inland (oben Rn 3) ist entsprechend zu verfahren.

III. Betrieb von Handelsschiffen im internationalen Verkehr

1. Bedeutung der Sätze 2 ff

5 Die Vorschriften enthalten eine **Fiktion der Herkunft** des GewErtrags beim Betrieb von Handelsschiffen im internationalen Verkehr als insgesamt bzw teilweise

Kürzungen (Ausländische Betriebsstätte) **§ 9 Nr 3**

auf eine ausländische Betriebsstätte entfallend. Insofern haben die Vorschriften der Sätze 2 ff eine eigenständige **konstitutive Bedeutung.** Sie enthalten aber **keine Modifikation** des für die GewSt maßgebenden Begriffs der Betriebsstätte in § 12 AO (vgl § 2 Rn 610; FG Hamburg 6 K 102/08 EFG 2009, 1665).

2. Handelsschiffe im internationalen Verkehr als Voraussetzung

a) Begriff. Betrieb von Handelsschiffen im internationalen Verkehr liegt vor, 6 wenn eigene oder gecharterte Handelsschiffe überwiegend zur Beförderung von Personen und Gütern im Verkehr mit oder zwischen ausländischen Häfen, innerhalb eines ausländischen Hafens oder zwischen einem ausländischen Hafen und der freien See eingesetzt werden (vgl hierzu BFH I R 163/87 BStBl II 1990, 783); es muss sich um Seeschiffe handeln. Auf die Eintragung in ein inländisches Seeschiffsregister und die Führung der deutschen Flagge kommt es – anders als in § 34 Abs 4 Satz 2 EStG aF – nicht an (vgl BFH I R 181/76 BStBl II 1980, 190).

b) Einzelfälle. Der **Abfalltransport** von einem ausländischen Hafen zur Ver- 6a brennung oder sonstigen Beseitigung **auf der offenen See** ist mE kein Betrieb von Handelsschiffen (vgl BFH I S 17/83 BStBl II 1984, 566). Entsprechendes gilt mE für **Küstenschiffe** auch dann, wenn sie gelegentlich Fahrten nach ausländischen Häfen durchführen sowie für **Bagger- u Bergungsschiffe, Taucher- u Fischereifahrzeuge** (*Sarrazin* in *L/S* § 9 Nr 3 Rn 23). Dagegen gehört der Einsatz als **Schleppschiff** zum Gütertransport (BFH I R 163/87 BStBl II 1990, 783). Die **Vercharterung** ist nach § 5a Abs 2 Satz 2 EStG begünstigt, wenn das Schiff vom Vercharterer ausgerüstet ist; Entsprechendes gilt für Neben- und Hilfsgeschäfte (BFH IV R 12/73 BStBl II 1976, 710), einschließlich der **Veräußerung** des Handelsschiffs sowie der **Weitervercharterung** (BFH IV R 86/88 BStBl II 1990, 433). Eine sog „bare-boat-charter" genügt nicht (BFH IV R 170/83 BStBl II 1990, 60). **Einkaufsfahrten** („Butterfahrten") finden mE im internationalen Verkehr statt, wenn ein ausländischer Hafen angefahren wird, Aus- und Zusteigemöglichkeiten gegeben sind und die Liegezeit einen Landaufenthalt im Ausland zulässt.

3. Überwiegender Betrieb

Für das Merkmal **„überwiegend"** ist allein auf die Verhältnisse im Wirtschafts- 7 jahr abzustellen (so ausdrücklich Satz 4). **Jedes Schiff** muss an **mehr als 50%** der Gesamtreisetage des Wirtschaftsjahres im internationalen Verkehr eingesetzt sein (vgl BFH I R 163/87 BStBl II 1990, 783; FG Hamburg EFG 1988, 25). Es genügt also nicht, wenn alle Schiffe zusammengenommen mehr als 50% der Reisetage im internationalen Verkehr eingesetzt sind. Liegen die o.a. Voraussetzungen vor, dann werden **Leer-, Ballast-** und **Reparaturzeiten** dem internationalen Verkehr zugerechnet; es ist also nicht erheblich, dass/wenn das Schiff weniger als 50% der Kalendertage im internationalen Verkehr eingesetzt wird (BFH I R 163/87 aaO).

Nach der **Veräußerung** des von einem Ein-Schiff-Unternehmen bestellten, noch nicht fertiggestellten Schiffs und Übernahme anderweitiger Tätigkeiten ist Gegenstand des Unternehmens nicht der Betrieb von Handelsschiffen im internationalen Verkehr. Weder der Veräußerungsgewinn noch der nachfolgende laufende Gewinn unterliegen der Kürzung nach der Nr 3 (FG Hamburg 2 K 124/07 EFG 2009, 95; 2 K 147/08 EFG 2010, 1116, Rev IV R 12/10).

4. Durchführung der Kürzung

a) Keine Tonnagebesteuerung. Der Gewinn darf **nicht nach § 5a EStG** 8 ermittelt worden sein; ist er das jedoch, dann ist er nach § 7 Satz 3 der (bereits um Hinzurechnungen nach § 8 vermehrte und um Kürzungen nach § 9 verminderte)

Güroff

GewErtrag; für die Anwendung der Nr 3 Satz 2 ist dann kein Raum (BFH VIII R 74/02 BFH/NV 2005, 2274; VIII R 72/02 BStBl II 2010, 828). Das gilt auch für den Gewinn aus der Auflösung des Unterschiedsbetrags zwischen dem Buchwert und dem Teilwert von Anlagegütern nach § 5a Abs 4 Satz 3 EStG (BFH IV R 92/05 BStBl II 2008, 583; FG Hamburg 2 K 183/10 EFG 2011, 1447, Rev IV R 10/11; H 9.4 GewStH; *BMF* BStBl I 2002, 614; 2008, 956 Rn 37 f; **aA** jedoch *Rosenke/Liedtke* FR 2007, 290).

8a   **b) Ermittlung.** Die Ermittlung des jeweils der Kürzung unterliegenden **Gewerbeertrages** hat nach den **§§ 7–10a**, jedoch ohne die Kürzung nach § 9 Nr 3 (*OFD Kiel* FR 1999, 866, DStR 2000, 328), zu erfolgen. Fehlbeträge der Vorjahre sind mE dann zu berücksichtigen, wenn und soweit in diesen die Voraussetzungen der Vorschrift vorgelegen haben (vgl BFH IV R 74/80 BStBl II 1984, 155; IV R 26/81 BStBl II 1984, 376). Negative gewerbliche Einkünfte iSd § 32c EStG aF, die ein Kommanditist aus der Beteiligung von einer Schifffahrtsgesellschaft erzielt, sind (um 80%) zu kürzen (BFH IV R 31/06 BStBl II 2009, 142).

8b   **c) Anwendung. aa) Ausschließlicher Betrieb.** Bei **ausschließlichem Betrieb** im internationalen Verkehr iSd Vorschrift ist der Gesamtgewerbeertrag begünstigt, dh 80% hiervon sind abzuziehen, ohne dass eine nach Unternehmensbereichen gesonderte Ermittlung des Gewerbeertrages stattfände (vgl BFH VIII R 269/81 BStBl II 1986, 860).

bb) Nicht ausschließlicher Betrieb. Bei nicht ausschließlichem Betrieb im internationalen Verkehr sind 80% des auf den Betrieb im internationalen Verkehr entfallenden Teils des GewErtrages begünstigt, dh dieser Teil des GewErtrages ist **gesondert zu ermitteln** (Satz 2 Halbsatz 2). ME erfordert dies eine buchmäßige Zuordnung der Betriebseinnahmen und -ausgaben zu den verschiedenen Tätigkeitsbereichen, sofern diese möglich ist (direkte Methode; **aA** *Blümich/Gosch* § 9 GewStG Rn 226). Eine **anteilige Zurechnung** erfolgt für nicht ausschließlich einem Tätigkeitsbereich zuzuordnende Einnahmen und Ausgaben (zB Löhne; Aufwendungen durch Leer-, Liege- und Reparaturzeiten) nach dem jeweiligen Geschäftsumfang (insb dem Umsatz). Eine **Schätzung** des begünstigten Anteils an Stelle einer direkten Zuordnung genügt mE dem Wortlaut der – ansonsten überflüssigen – Vorschrift im Übrigen nicht. Dem steht nicht der Grundsatz entgegen, dass eine gesonderte Ermittlung des GewErtrages nach Unternehmensbereichen dem System des GewStRechts fremd ist (BFH I R 34/75 BStBl II 1977, 251; VIII R 269/81 aaO). Denn gefordert ist die Ermittlung nach Satz 2 Halbsatz 2 lediglich in einer Hilfsrechnung.

cc) Warenverkauf. Warenverkauf auf Linienschiffen gehört mE zu den (begünstigten) Hilfs- und Nebengeschäften (vgl *BMF* DStZ/E 1977, 37). Dagegen ist bei „Butterfahrten" mE zwischen (begünstigten) Beförderungsleistungen und (nicht begünstigtem) Warenverkauf zu unterscheiden. Ist eine **Fahrt am Bilanzstichtag** noch nicht beendet, dann sind die hierdurch verursachten Aufwendungen als Forderungen und die erhaltenen Frachtzahlungen als Anzahlungen auszuweisen (*Tittel/Grothkopf* StBp 1991, 117). Anteilig auf den Betrieb von Handelsschiffen entfallende GewVerluste sind von dem maßgeblichen GewErtrag insgesamt abzusetzen (BFH VIII R 269/81 aaO).

§ 9 Nr. 4 aF Kürzungen (*Miet- und Pachtzinsen – aufgehoben*)

Die Summe des Gewinns und der Hinzurechnungen wird gekürzt um

...

4. die bei der Ermittlung des Gewinns aus Gewerbebetrieb des Vermieters oder Verpächters berücksichtigten Miet- oder Pachtzinsen für die Überlassung von nicht in Grundbesitz bestehenden Wirtschaftsgütern des Anlagevermögens, soweit sie

Kürzungen (Miet- und Pachtzinsen) § 9 Nr 4 aF

nach § 8 Nr. 7 dem Gewinn aus Gewerbebetrieb des Mieters oder Pächters hinzugerechnet worden sind;
...

Gewerbesteuer-Richtlinien 1998: A 63 GewStR

Literatur: *Bestgen,* Die gewerbesteuerlichen Hinzurechnungs- und Kürzungsvorschriften wegen betrieblicher Nutzung fremder Wirtschaftsgüter, StuW 1981, 23, 106, 261, 346; *Herden,* Vermietung und Verpachtung, Gewerbesteuer, LSW Gr 4/271, 7 (1983); *Gosch,* Rechtsprechung zur Gewerbesteuer, StuW 1992, 350; *Kessler/Teufel,* Die klassische Betriebsaufspaltung nach der Unternehmenssteuerreform, BB 2001, 17.

I. Allgemeines

Zweck der Vorschrift war die Vermeidung einer Doppelbelastung der Miet- 1 oder Pachtzinsen für die Überlassung von nicht in Grundbesitz bestehenden WG des AV mit GewSt. Waren sie nach § 8 Nr 7 dem GewErtrag des Mieters oder Pächters hinzugerechnet worden, dann bedeutete das Absehen von der Kürzung beim Vermieter oder Verpächter eine doppelte GewBesteuerung dieser Beträge. Die Kürzung um die genannten Beträge hing nicht davon ab, dass der Mieter oder Pächter tatsächlich GewSt auf sie bezahlt hat. Sie war auch dann vorzunehmen, wenn sie sich beim Vermieter oder Verpächter wegen Fehlens eines GewErtrags im Jahr der Kürzung nicht auswirkte und lediglich zu einem nach § 10a GewStG zu berücksichtigenden GewVerlust führte (FG Ba-Wü EFG 1997, 1034; *Blümich/ Gosch* § 9 GewStG Rn 232; *Sarrazin* in *L/S* § 9 Nr 4 Rn 8). Das galt auch für **Organschaften,** wenn die Kürzung bei der verpachtenden Organgesellschaft zu einem negativen Gewerbeertrag führte und deswegen vororganschaftliche Verluste verlorengingen. Denn durch die – wie erforderlich – getrennte Ermittlung der Gewerbeerträge (vgl § 2 Rn 523 ff) trat wegen der Korrespondenz von § 8 Nr 7 und § 9 Nr 4 eine Doppelbelastung des Gewerbeertrags im betreffenden EZ gerade nicht ein (BFH XI R 47/89 BStBl II 1992, 630; zust *Gosch* StuW 1992, 350, 358).

Die Vorschrift ist mit Wirkung **ab EZ 2007** (§ 36 Abs 8a GewStG) durch G v 14.8.2007 (BGBl I 2007, 1912) **aufgehoben** worden.

II. Umfang der Kürzung

1. Grundsatz

Die Kürzung betraf nur die Beträge, die **im GewErtrag** tatsächlich enthalten 2 waren. Zweifelhaft war, ob Aufwendungen des Mieters oder Pächters für Instandhaltungen, die zu den Miet- oder Pachtzinsen nach § 8 Nr 7 aF gehörten (vgl § 8 Nr 1 Buchst d nF Rn 19), beim Vermieter oder Verpächter nach § 9 Nr 4 aF gekürzt werden konnten (so jedoch *Koch* DB 1965, 651). Im Übrigen bestand durchgängige **Abhängigkeit** der gewstlichen Behandlung von Vermieter oder Verpächter nach § 9 Nr 4 aF von den Verhältnissen beim Mieter oder Pächter nach § 8 Nr 7 aF (vgl *Bestgen* StuW 1981, 261), dh die Kürzung erfolgte nur in der Höhe, in der beim Mieter oder Pächter die *Hinzurechnung* tatsächlich durchgeführt worden war (BFH I R 229/72 BStBl II 1974, 584; gegen BFH I 120/57 U BStBl III 1959, 274).

2. Auswirkung von Fehlern

Fehler bei der Behandlung der Miet- und Pachtzinsen **beim Mieter/Pächter** 2a nach § 8 Nr 7 wirkten sich daher auf die Ermittlung des Gewerbeertrags beim

Vermieter/Verpächter aus. Die Kürzung hatte nach dem Wortlaut der Vorschrift mE auch zu erfolgen, wenn die Zinsen beim Mieter oder Pächter schon dem Grunde nach zu Unrecht hinzugerechnet worden waren; auf eine materiell-rechtliche Prüfung kam es also nicht an (*Blümich/Gosch* § 9 GewStG Rn 233; aA *Bestgen* StuW 1981, 268 FN 264).

III. Verfahrensrecht

3   Zudem war ohne Bedeutung, ob der den Mieter/Pächter betreffende GewStMessbescheid noch **geändert** werden konnte (BFH I B 162/93 BFH/NV 1995, 822). Wurde die Hinzurechnung beim Mieter/Pächter auf Grund eines Gerichtsverfahrens **rückgängig gemacht,** so war die entsprechende Kürzung beim Vermieter/Verpächter nach § 175 Abs 1 Satz 1 Nr 2 AO rückgängig zu machen (BFH III R 81/97 BFH/NV 2001, 814). **Umgekehrt** bestand diese Abhängigkeit **nicht** (BFH X R 26/01 BStBl II 2005, 145). Auch hatte der Vermieter/Verpächter keinen – etwa gar gerichtlich durchsetzbaren – Anspruch darauf, auf eine seiner Ansicht nach zutreffende Besteuerung beim Mieter/Pächter hinzuwirken (FG M-V 3 K 163/09).

§ 9 Nr. 5 Kürzungen (Spenden und Mitgliedsbeiträge)

Die Summe des Gewinns und der Hinzurechnungen wird gekürzt um ...

5. die aus den Mitteln des Gewerbebetriebs geleisteten Zuwendungen (Spenden und Mitgliedsbeiträge) zur Förderung steuerbegünstigter Zwecke im Sinne der §§ 52 bis 54 der Abgabenordnung bis zur Höhe von insgesamt 20 Prozent des um die Hinzurechnungen nach § 8 Nummer 9 erhöhten Gewinns aus Gewerbebetrieb (§ 7) oder 4 Promille der Summe der gesamten Umsätze und der im Wirtschaftsjahr aufgewendeten Löhne und Gehälter. [2]Voraussetzung für die Kürzung ist, dass diese Zuwendungen
   a) an eine juristische Person des öffentlichen Rechts oder an eine öffentliche Dienststelle, die in einem Mitgliedstaat der Europäischen Union oder in einem Staat belegen ist, auf den das Abkommen über den Europäischen Wirtschaftsraum (EWR-Abkommen) Anwendung findet, oder
   b) an eine nach § 5 Absatz 1 Nummer 9 des Körperschaftsteuergesetzes steuerbefreite Körperschaft, Personenvereinigung oder Vermögensmasse oder
   c) an eine Körperschaft, Personenvereinigung oder Vermögensmasse, die in einem Mitgliedstaat der Europäischen Union oder in einem Staat belegen ist, auf den das Abkommen über den Europäischen Wirtschaftsraum (EWR-Abkommen) Anwendung findet, und die nach § 5 Absatz 1 Nummer 9 des Körperschaftsteuergesetzes in Verbindung mit § 5 Absatz 2 Nummer 2 zweiter Halbsatz des Körperschaftsteuergesetzes steuerbefreit wäre, wenn sie inländische Einkünfte erzielen würde,
   geleistet werden (Zuwendungsempfänger). [3]Für nicht im Inland ansässige Zuwendungsempfänger nach Satz 2 ist weitere Voraussetzung, dass durch diese Staaten Amtshilfe und Unterstützung bei der Beitreibung geleistet werden. [4]Amtshilfe ist der Auskunftsaustausch im Sinne oder entsprechend der Amtshilferichtlinie gemäß § 2 Absatz 2 des EU-Amtshilfegesetzes. [5]Beitreibung ist die gegenseitige Unterstützung bei der

Beitreibung von Forderungen im Sinne oder entsprechend der Beitreibungsrichtlinie einschließlich der in diesem Zusammenhang anzuwendenden Durchführungsbestimmungen in den für den jeweiligen Veranlagungszeitraum geltenden Fassungen oder eines entsprechenden Nachfolgerechtsaktes. [6]Werden die steuerbegünstigten Zwecke des Zuwendungsempfängers im Sinne von Satz 2 Buchstabe a nur im Ausland verwirklicht, ist für eine Kürzung nach Satz 1 Voraussetzung, dass natürliche Personen, die ihren Wohnsitz oder ihren gewöhnlichen Aufenthalt im Geltungsbereich dieses Gesetzes haben, gefördert werden oder dass die Tätigkeit dieses Zuwendungsempfängers neben der Verwirklichung der steuerbegünstigten Zwecke auch zum Ansehen der Bundesrepublik Deutschland beitragen kann. [7]In die Kürzung nach Satz 1 sind auch Mitgliedsbeiträge an Körperschaften einzubeziehen, die Kunst und Kultur gemäß § 52 Absatz 2 Nummer 5 der Abgabenordnung fördern, soweit es sich nicht um Mitgliedsbeiträge nach Satz 11 Nummer 2 handelt, auch wenn den Mitgliedern Vergünstigungen gewährt werden. [8]Überschreiten die geleisteten Zuwendungen die Höchstsätze nach Satz 1, kann die Kürzung im Rahmen der Höchstsätze nach Satz 1 in den folgenden Erhebungszeiträumen vorgenommen werden. [9]Einzelunternehmen und Personengesellschaften können auf Antrag neben der Kürzung nach Satz 1 eine Kürzung um die im Erhebungszeitraum in das zu erhaltende Vermögen (Vermögensstock) einer Stiftung, die die Voraussetzungen der Sätze 2 bis 6 erfüllt, geleisteten Spenden in diesem und in den folgenden neun Erhebungszeiträumen bis zu einem Betrag von 1 Million Euro vornehmen. [10]Nicht abzugsfähig nach Satz 9 sind Spenden in das verbrauchbare Vermögen einer Stiftung. [11]Der besondere Kürzungsbetrag nach Satz 9 kann der Höhe nach innerhalb des Zehnjahreszeitraums nur einmal in Anspruch genommen werden. [12]Eine Kürzung nach den Sätzen 1 bis 10 ist ausgeschlossen, soweit auf die geleisteten Zuwendungen § 8 Abs. 3 des Körperschaftsteuergesetzes anzuwenden ist oder soweit Mitgliedsbeiträge an Körperschaften geleistet werden, die

1. den Sport (§ 52 Abs. 2 Nr. 21 der Abgabenordnung),
2. kulturelle Betätigungen, die in erster Linie der Freizeitgestaltung dienen,
3. die Heimatpflege und Heimatkunde (§ 52 Abs. 2 Nr. 22 der Abgabenordnung) oder
4. Zwecke im Sinne des § 52 Abs. 2 Nr. 23 der Abgabenordnung

fördern. [13]§ 10b Absatz 3 und 4 Satz 1 sowie § 10d Absatz 4 des Einkommensteuergesetzes und § 9 Absatz 2 Satz 2 bis 5 und Absatz 3 Satz 1 des Körperschaftsteuergesetzes sowie die einkommensteuerrechtlichen Vorschriften zur Abziehbarkeit von Zuwendungen gelten entsprechend. [14]Wer vorsätzlich oder grob fahrlässig eine unrichtige Bestätigung über Spenden und Mitgliedsbeiträge ausstellt oder veranlasst, dass entsprechende Zuwendungen nicht zu den in der Bestätigung angegebenen steuerbegünstigten Zwecken verwendet werden (Veranlasserhaftung), haftet für die entgangene Gewerbesteuer. [15]In den Fällen der Veranlasserhaftung ist vorrangig der Zuwendungsempfänger in Anspruch zu nehmen; die natürlichen Personen, die in diesen Fällen für den Zuwendungsempfänger handeln, sind nur in Anspruch zu nehmen, wenn die entgangene Steuer nicht nach § 47 der Abgabenordnung erloschen ist und Vollstreckungsmaßnahmen gegen den Zuwendungsempfänger nicht erfolgreich sind; § 10b Absatz 4 Satz 5 des Einkommensteuergesetzes gilt entsprechend. [16]Der Haftungsbetrag ist mit 15 Prozent der

§ 9 Nr 5 Kürzungen

Zuwendungen anzusetzen und fließt der für den Spendenempfänger zuständigen Gemeinde zu, die durch sinngemäße Anwendung des § 20 der Abgabenordnung bestimmt wird. [17]Der Haftungsbetrag wird durch Haftungsbescheid des Finanzamts festgesetzt; die Befugnis der Gemeinde zur Erhebung der entgangenen Gewerbesteuer bleibt unberührt. [18]§ 184 Abs. 3 der Abgabenordnung gilt sinngemäß.
...

Gewerbesteuer-Richtlinien 2009: R 8.5 GewStR

Literatur: *Thiel/Eversberg,* Das Vereinsförderungsgesetz und seine Auswirkungen auf das Gemeinnützigkeits- und Spendenrecht (Teil III), DB 1990, 395; *Jansen,* Steuerliche Änderungen nach dem Vereinsförderungsgesetz, DStR 1990, 61; *Gierlich,* Vertrauensschutz und Haftung bei Spenden, FR 1991, 518; *Wallenhorst,* Die neue Haftung bei Fehlverwendung von Spenden, DB 1991, 1410; *Pöllath,* Das Kultur- und Stiftungsförderungsgesetz – Steuerliche Förderung von Kunst, Kultur und Stiftungen, NJW 1991, 2608; *Thiel/Eversberg,* Gesetz zur steuerlichen Förderung von Kunst, Kultur und Stiftung sowie zur Änderung steuerlicher Vorschriften, DB 1991, 118; *Pauka,* StÄndG 1992: Die Änderungen im Gewerbesteuerrecht, DB 1992, 1207; *Frank,* Die „Großspenden" der Mitunternehmer, DB 1992, 1495; *Oppermann/Peter,* Die steuerrechtliche Haftung für rechtswidrig ausgestellte Spendenbescheinigungen, DStZ 1998, 424 (zu § 10b Abs 4 EStG und § 9 Abs 4 KStG); *Hüttemann,* Das Gesetz zur weiteren steuerlichen Förderung von Stiftungen, DB 2000, 1584; *Hüttemann,* Die Neuordnung des Spendenrechts ab 2000, Inf 2000, 97; *Kümpel,* Die Änderung des Spendenrechts ab 1.1.2000, FR 2000, 91; *Jost,* Spendenrecht 2000, DB 2000, 1248; *Wallenhorst,* Die Erhöhung des Spendenvolumens durch Zuwendungen in den Vermögensstock bei fiduziarischen Verbrauchsstiftungen, DStR 2002, 984; *Helios/Schlotter,* Spendenabzug und EU-Recht – Zugleich Anmerkung zu FG Münster, Urteil vom 28.10.2005 ..., IStR 2006, 483; *Schießl/Küpperfahrenberg,* Steuerrechtliche Haftung der Vorstände von Vereinen und Verbänden, Risikovermeidungsstrategie, Versicherbarkeit, DStR 2006, 445; *Fritz,* Regierungsentwurf eines Gesetzes zur weiteren Stärkung des bürgerschaftlichen Engagements, BB 2007, 690; *Tiedtke/Möllmann,* Spenden und Stiften soll attraktiver werden ..., DStR 2007, 509; *Tiedtke/Szczesny,* Zur steuerlichen Abzugsfähigkeit von Zuwendungen an einen Golfclub, FR 2007, 765; *Krieger,* Das Gesetz zur weiteren Stärkung des bürgerschaftlichen Engagements, DStZ 2007, 77; *Richter/Eichler,* Änderungen des Spendenrechts aufgrund des Gesetzes zur weiteren Stärkung des bürgerschaftlichen Engagements, FR 2007, 1037; *Hüttemann,* Gesetz zur weiteren Stärkung des bürgerschaftlichen Engagements und seine Auswirkungen auf das Gemeinnützigkeits- und Spendenrecht, DB 2007, 2053; *Schauhoff/Kirchhain,* Das Gesetz zur weiteren Stärkung des bürgerschaftlichen Engagements, DStR 2007, 1985; *Drüen/Liedtke,* Die Reform des Gemeinnützigkeits- und Zuwendungsrechts und seine europarechtliche Flanke, FR 2008, 1; *Tiedtke/Möllmann,* Gemeinnützigkeit und Europäische Grundfreiheiten, DStZ 2008, 69; *Hüttemann/Helios,* Abzugsfähigkeit von Direktspenden an gemeinnützige Einrichtungen im EU-Ausland, IStR 2008, 39; *Hüttemann,* Die steuerliche Förderung gemeinnütziger Tätigkeiten im Ausland – Eine Frage des Ansehens?, DB 2008, 1061; *Möllmann,* Haftungsfalle Ehrenamt, DStR 2009, 2125; *Wachter,* Kein Spendenabzug bei Zuwendungen an eine Vorstiftung, DStR 2009, 2469; *Nolte,* Das Spendenabzugsrecht, NWB 2009, 2236; *Geserich,* Der Abzug von Auslandsspenden, NWB 2010, 1408; *Janssen,* Verdeckte Gewinnausschüttung und Spendenabzug, DStZ 2010, 170; *Hüttemann,* Rechtsfragen des grenzüberschreitenden Spendenabzugs, IStR 2010, 118; *Wörle-Himmel/Endres,* Neue gesetzliche Regelungen im Vereinsrecht, DStR 2010, 759; *Schiffer/Pruns,* Stiftung und Vorstiftung, NWB 2011, 1258; *Jachmann,* Zivilgesellschaft und Steuern, FS J. Lang 2010, 295; *Becker,* Der Wegfall des gemeinnützigkeitsrechtlichen Status ..., DStR 2010, 953; *Wagner,* Wider die These der verdeckten Gewinnausschüttung von Unternehmensspenden an gemeinnützige Stiftungen, DStR 2010, 1594; *Thömmes,* Gemeinnützigkeit, JbFfSt 2010/2011, 39; *Förster,* Grenzüberschreitende Gemeinnützigkeit – Spenden schwer gemacht?, BB 2011, 663; *Olbing,* Die Berücksichtigung von Einkommen der Organgesellschaft bei dem Höchstbetrag für den Spendenabzug beim Organträger ..., FS M. Streck 2011, 121; *Staats,* Änderung in den Gewerbesteuervordrucken 2011, Stbg 2012, 166; *Jochum,* Die Vermögensstock-

Kürzungen (Spenden und Mitgliedsbeiträge) **§ 9 Nr 5**

spende – deutscher Sonderweg oder europäisches Pionierstück, IStR 2012, 325; *Droege,* Europäisierung des Gemeinnützigkeitsrechts – der offene Steuerstaat im europäischen Gemeinwohlverbund, StuW 2012, 356; *Seer,* Der Einfluss des europäischen Steuerrechts auf die Beweislast, IWB 2012, 604; *Sydow,* Nachweispflichten in grenzüberschreitenden Sachverhalten, NWB 2012, 2842; *Rathke/Ritter,* Die Spendenhaftung, NWB 2012, 3373.

Übersicht

	Rn
I. Zweck/Rechtsentwicklung	1–1f
1. Bis EZ 1990	1
2. Ab EZ 1991	1a
3. Bedeutungswandel	1b
4. Ab EZ 1996	1c
5. Ab EZ 2007	1d
6. Ab EZ 2009	1e
7. Ab EZ 2010	1f
II. Voraussetzungen und Durchführung der Kürzung	2–16
1. Ausgaben	2
2. Aus Mitteln des GewBetriebs	3
3. Uneigennützigkeit bzw Unentgeltlichkeit/Freiwilligkeit	4–6
a) Kein Gegenleistungsverhältnis	4
b) Freiwilligkeit	5
c) Motivation	6
4. Förderung steuerbegünstigter Zwecke iSd §§ 52–54 AO	7–7b
a) Grundsatz	7
b) Die einzelnen steuerbegünstigten Zwecke	7a
c) Verwirklichung im Ausland	7b
5. Spendenempfänger	8–8b
a) Bis EZ 2006	8
b) Ab EZ 2007	8a
c) Sonstige Empfänger/Durchlaufspende	8b
6. Spendenbestätigung	9–9b
a) Allgemeines	9
b) Nachweiserfordernisse	9a
c) Amtlich vorgeschriebener Vordruck/Datenübertragung	9b
7. Vertrauensschutz	10–10b
a) Grundsatz	10
b) Ausnahmen	10a, 10b
8. Umfang der Kürzung (Sätze 1 u 2)	11–11d
a) Allgemeines	11
b) Kürzungshöchstbetrag	11a
c) Spendenvortrag	11b
d) Stiftungsspenden bis EZ 2006	11c
e) Großspenden bis EZ 2006	11d
9. Insbesondere Vermögensstockzuwendungen für Stiftungen	12–15
a) Allgemeines	12
b) Die einzelnen Gesetzesfassungen	13
c) Die Kürzung	14, 15
10. Gesonderte Feststellung	16
III. Haftung	17–26
1. Allgemeines	17–17b
a) Tatbestände	17
b) Haftungsschuldner	17a

§ 9 Nr 5   Kürzungen

	Rn
c) Zivilrechtliche Haftungsbegrenzung	17b
2. Unrichtigkeit der Spendenbestätigung	18–18b
a) Allgemeines	18
b) Persönliche Begünstigung	18a
c) Verschulden	18b
3. Verwendung zu nicht begünstigten Zwecken	19–19b
a) Allgemeines	19
b) Einzelverfolgbarkeit	19a
c) Veranlasser	19b
4. Haftung für die entgangene Gewerbesteuer	20–22
a) Fiktion oder Haftungsbegrenzung?	20
b) Durch den Vertrauensschutz entgangen?	21
c) Haftungsgläubiger	22
5. Verfahren	23–24
a) Zuständigkeit/Festsetzungsfrist	23
b) Ermessen	23a
c) Mitteilung der Haftung	24
6. Erhebung der entgangenen Steuer	25
7. Verfassungsrecht	26

I. Zweck/Rechtsentwicklung

1. Bis EZ 1990

1   **Zunächst bezweckte** die Vorschrift – wie die des § 8 Nr 9 GewStG – die gewstliche **Gleichstellung** von Körperschaften einerseits und Personengesellschaften sowie Einzelunternehmen andererseits. Nach § 9 Nr 3 KStG aF konnten Körperschaftsteuersubjekte Spenden zur Förderung mildtätiger, kirchlicher, religiöser, wissenschaftlicher und staatspolitischer Zwecke und der als besonders förderungswürdig anerkannten Zwecke bei der Ermittlung des Einkommens abziehen. Da bei Einkommensteuersubjekten die Berücksichtigung solcher Aufwendungen nur bei den Sonderausgaben möglich war, schuf die Vorschrift des § 8 Nr 9 GewStG durch die dort vorgesehene Hinzurechnung bei Körperschaften einen Ausgleich mit Ausnahmen der Ausgaben zur Förderung wissenschaftlicher Zwecke.

2. Ab EZ 1991

1a   Nach dem Kultur- und StiftungsförderungsG v 13.12.1990 (BGBl I 1990, 2775) galt zunächst die Hinzurechnung nicht für Ausgaben zur Förderung mildtätiger, kirchlicher, religiöser und wissenschaftlicher Zwecke und der als besonders förderungswürdig anerkannten gemeinnützigen Zwecke (§ 9 Nr 3a – jetzt § 9 Abs 1 Nr 2 – KStG). Das erforderte die **Erweiterung der Kürzungsmöglichkeit** auf eben diese Zwecke durch Bezugnahme auf § 10b Abs 1 EStG (vgl *Thiel/Eversberg* DB 1991, 118, 123).

3. Bedeutungswandel

1b   Ebenfalls **ab EZ 1991** hat die Vorschrift durch das StÄndG 1992 (BGBl I 1992, 297; BStBl I 1992, 146) einen **Bedeutungswandel** sowie eine völlige Neufassung erfahren. Da durch die Neufassung der Hinzurechnungsvorschrift des § 8 Nr 9 (s dort) eine gewstrechtliche Gleichstellung zwischen den GewStPflichtigen erreicht ist, geht es in § 9 Nr 5 nunmehr nur noch um die **sachliche Erweiterung des Spendenabzugs** überhaupt (zur Rechtfertigung *Jachmann* FS J. Lang 2010, 295).

Kürzungen (Spenden und Mitgliedsbeiträge) § 9 Nr 5

Erreicht wird dies durch Einfügung eines Förderungskatalogs sowie Anknüpfung an § 10b Abs 1 EStG und § 9 Abs 1 Nr 2 KStG. Die Vorschrift enthält aber iSv **Verwaltungsvereinfachung** (Vermeidung von Kontrollmitteilungen usw; vgl BRDrs 522/91, 69 f) eigenständige Kürzungsmerkmale. Zudem brachte die Vorschrift eine betragsmäßige Beschränkung des Spendenabzugs sowie eine Regelung des Großspendenabzugs (über 50 000 DM/25 565 €), eine Vertrauensschutzregelung sowie eine Regelung über die **Haftung des Ausstellers** einer unrichtigen Spendenbestätigung. Die Vorschriften gelten ab EZ 1991 bzw EZ 1992 (s unter den einzelnen Stichpunkten) gleichermaßen für Unternehmen in jedweder Rechtsform.

4. Ab EZ 1996

Durch JStG 1996 v 11.10.1995 BGBl I 1995, 1250 wurden **ab EZ 1996** die   1c
Sätze 3–5 ersetzt durch neue Sätze 3 und 4 (mit der Berücksichtigung von Großspenden für mildtätige Zwecke); die bish Sätze 6–9 wurden 5–8.

Ab **EZ 1999** ist der Kürzungsvortrag des Satzes 4 (bisher Satz 3) von 7 auf 6 Jahre verkürzt worden.

Ab **EZ 2000** sind die Sätze 3–8 durch G v 14.7.2000, BGBl I 2000, 1433 zum Zwecke der Förderung von bestimmten Stiftungen eingefügt bzw neugefasst worden.

5. Ab EZ 2007

Durch G zur weiteren Stärkung des bürgerschaftl Engagements v 10.10.2007   1d
(BGBl I 2007, 2332) ist die Vorschrift insb an das **veränderte Grundkonzept des Gemeinnützigkeitsrechts** (Neufassung von § 52 AO) angepasst sowie mit dem Recht des Spendenabzugs insgesamt neu gefasst worden (prinzipiell zust *Hüttemann* DB 2007, 2053; *Drüen/Liedtke* FR 2008, 1); mWv **EZ 2007, sofern nicht** der Stpfl für Aufwendungen in diesem EZ die Anwendung der bis 31.12.2006 geltenden Gesetzesfassung beantragt (§ 36 Abs 8a GewStG).

6. Ab EZ 2009

Durch G v 19.12.2008 (BGBl I 2008, 2794) wurde eingefügt der seinerzeitige   1e
Satz 8 zur **vorrangigen Inanspruchnahme** des Zuwendungsempfängers in den Fällen der Veranlasserhaftung mWv EZ 2009.

7. Ab EZ 2010

Durch G v 8.4.2010 (BGBl I 2010, 1912) wurden die Sätze 2–6 in Nachvollzug   1f
der EuGH-Rspr zur Abziehbarkeit von **Auslandsspenden** (keine Zuwendung an bzw Durchleitung über inländische Körperschaft) sowie Satz 7 zur Abziehbarkeit **bestimmter Mitgliedsbeiträge** an Kunst u Kultur fördernde Körperschaften eingefügt mit differenzierten Wirkungsbestimmungen (**EZ 2010 und früher;** vgl § 36 Abs 8b Sätze 3–5). Die bisherigen Sätze 2–11 wurden Sätze 8–17.

II. Voraussetzungen und Durchführung der Kürzung

1. Ausgaben

Der **Begriff der Zuwendungen** (Spenden und Mitgliedsbeiträge) bezeichnet   2
den **Abfluss von Gütern in Geld oder Geldeswert,** die zu einer endgültigen Belastung des Vermögens führen (zu § 10b EStG BFH X R 46/09 BStBl II 2011, 685), nicht dagegen Zuwendungen von Nutzungen und Leistungen (§ 10b Abs 3 Satz 1 EStG, § 9 Abs 2 Satz 2 KStG). Gleichwohl kann die Nutzungsüberlassung zu

einer begünstigten Ausgabe führen, wenn nämlich dem Spender Ausgaben entstehen, die er dem Empfänger erspart (BFH X R 149/88 BStBl II 1991, 70). **Aufwandspenden** sind mE wie bisher nur (insoweit) zu berücksichtigen, wenn (als) die Aufwendungen beim Empfänger in derselben Höhe angefallen wären (BFH X R 119/90 BFH/NV 1994, 154; Einzelheiten bei *FM Ba-Wü* DStR 1995, 530). Zumindest in diesem Sinne müssen die Ausgaben unmittelbar beim Empfänger zugeflossen sein (BFH X R 154/88 BStBl II 1990, 570 mwN). Außerdem müssen sie zu einer endgültigen wirtschaftlichen Belastung des Spenders geführt haben (BFH X R 191/87 BStBl II 1991, 690). Im Übrigen sind Aufwendungen zu Gunsten einer zum Empfang steuerlich abziehbarer Zuwendungen berechtigten Körperschaft nur zu berücksichtigen, wenn auf Grund Vertrags oder Satzung ein Erstattungsanspruch besteht und auf die Erstattung verzichtet worden ist (BFH XI R 23/06 BFH/NV 2007, 2251; FG München 6 K 3583/07 EFG 2009, 1823); der Anspruch darf nicht unter der Bedingung des Verzichts eingeräumt worden sein (zu Einzelheiten *BMF* BStBl I 1999, 591). Die **Bewertung** erfolgt nach § 10b Abs 3 Satz 3 EStG grundsätzlich mit dem gemeinen Wert (§ 9 Abs 2 BewG; hierzu BFH X R 17/85 BStBl II 1989, 879), es sei denn, der Gegenstand ist unmittelbar vor der Zuwendung einem Betriebsvermögen entnommen worden; dann darf nach § 10b Abs 3 Satz 2 EStG der bei der Entnahme angesetzte Wert, also der Teilwert (§ 6 Abs 1 Nr 4 Satz 1 EStG) oder wahlweise der Buchwert (§ 6 Abs 1 Nr 4 Satz 2 EStG; hierzu *FM M-V* DStR 1994, 323; vgl *BMF* BStBl I 2010, 179 u 628) nicht überschritten werden.

2. Aus Mitteln des GewBetriebs

3 Diese Voraussetzung bedeutet mE, dass die Ausgaben in der Buchführung als **Entnahme** oder als **Betriebsausgaben** ausgewiesen sein müssen. Bei retrograder Betrachtung von der Buchführung zum Beleg muss sich der unmittelbare sachliche und zeitliche Zusammenhang von Vermögensabgang und begünstigter Zahlung ergeben. Unzulässig, weil mit dem Gesetzeswortlaut nicht in Einklang stehend, ist die Unterstellung eines solchen Zusammenhangs für den Fall, dass überhaupt Entnahmen getätigt und Zahlungen des Betriebsinhabers zu dem begünstigten Zweck zu irgendeinem anderen Zeitpunkt im EZ geleistet werden (aA *Sarrazin* in *L/S* § 9 Nr 5 Rn 17 f; *Blümich/Gosch* § 9 GewStG Rn 243).

3. Uneigennützigkeit bzw Unentgeltlichkeit/Freiwilligkeit

4 **a) Kein Gegenleistungsverhältnis.** Ohne Bezug zu einer vertraglichen oder ähnlichen **Gegenleistung** müssen die Aufwendungen erbracht worden sein. Das folgert die Rechtsprechung zutreffend aus der **Zweckbestimmung** der Aufwendungen (BFH I R 126/85 BStBl II 1988, 220; I R 205/82 BStBl II 1990, 237; I R 65/86 BStBl II 1991, 258; zum Problem der umgeleiteten Mitgliedsbeiträge vgl BFH IX R 7/83 BStBl II 1987, 414). „Gegenleistung" ist hierbei nicht im bürgerlrechtl Sinn zu verstehen; es genügt der ursächliche Zusammenhang auch mit einem nicht-wirtschaftlichen Vorteil (BFH XI R 6/03 BStBl II 2007, 8). Auch **Sponsoring** und Sozio-Sponsoring führt nicht zur Annahme einer Spende, wenn der Sponsor einen Vorteil durch den Empfänger erwartet (*BMF* BStBl I 1998, 21 Rn 7; hierzu *Thiel* DB 1993, 2452). Eine Gegenleistung und keine Spende liegt vor, wenn ein Schulträger das **Schulgeld** so niedrig ansetzt, dass der normale Betrieb nur durch Zuwendungen von Eltern an einen Förderverein aufrechterhalten werden kann (BFH XI R 65/98 BStBl II 2000, 65); ebensowenig bei einer **„Aufnahmespende"** (BFH XI R 6/03 BStBl II 2007, 8; krit *Tiedtke/Szczesny* FR 2007, 765).

Für die Förderung von **Kunst und Kultur** regelt Satz 7 nF (mWv EZ 2007) spezialgesetzlich die Abziehbarkeit von Mitgliedsbeiträgen auch bei Gewährung

Kürzungen (Spenden und Mitgliedsbeiträge) **§ 9 Nr 5**

von Vergünstigungen für Mitglieder (zB verbilligte Eintrittskarten, Jahresgaben u.ä.; *FinVerw* DStR 2007, 2164). Diese Regelung ist mE nicht auf andere Förderungszwecke zu übertragen.

b) Freiwilligkeit. Für die Leistung der Ausgaben darf **keine von außen auferlegte Rechtspflicht** bestanden haben (BFH VI R 23/71 BStBl II 1974, 300; I R 126/90 BStBl II 1992, 849), zB durch ein **Vermächtnis** (BFH X R 107/91 BStBl II 1993, 874; X R 75/94 BStBl II 1997, 239). Nicht abziehbar ist auch die **Pflichtspende** einer Sparkasse an ihren Gewährträger (BFH I R 126/90 aaO; krit zur Annahme von vGA in Spendenfällen *Janssen* DStZ 2010, 170). Ebenfalls nicht freiwillig ist eine **„Aufnahmespende"**, ohne die ein Beitrittsinteressierter nicht (in den Verein) aufgenommen wird (BFH XI R 6/03 BStBl II 2007, 8; *BMF* BStBl I 1998, 1424; aA *Tiedtke/Szcesny* FR 2007, 765). 5

Eine ausgabenbezogene **freiwillig eingegangene Verpflichtung** schadet jedoch nicht (BFH I R 126/85 BStBl II 1988, 220; I R 53/91 BStBl II 1992, 748). Allerdings ist im Einzelfall (zB „Vorschlag" des ArbG, Lohnbestandteile zu „spenden") die Freiwilligkeit mehr als fraglich (ebenso *FinVerw* DStR 2003, 1299). Die freiwillig vorher ergangene **Zusage der Rückzahlung** von Entgelten (zB für den Übungsleiter) ist mE weniger eine Frage der Freiwilligkeit (so aber *Schmidt/Heinicke* § 10b Rn 20) als des Bestehens von Aufwendungen (Rn 2).

c) Motivation. Für die Annahme einer Spende ist grundsätzlich die **Motivation** des Spenders **unerheblich;** ihr objektiver Charakter ist entscheidend (FG Münster EFG 2007, 1470). Gleichwohl können die Beweggründe einen Anhalt für die Prüfung liefern, ob überhaupt eine Spende vorliegt (vgl BFH I R 126/85 BStBl II 1988, 220; I R 205/82 BStBl II 1990, 237; I R 65/86 BStBl II 1991, 258). 6

4. Förderung steuerbegünstigter Zwecke iSd §§ 52–54 AO

a) Grundsatz. Gemeinnützigkeits- u Spendenrecht weisen im Hinblick auf den Förderungszweck dem Grunde nach einen **Gleichklang** auf, der unterschiedliche Entscheidungen insofern vermeidet (was allerdings abweichende Würdigungen derselben Spende, zB zum Problem „Allgemeinheit" auf Seiten des Empfängers und zur Unentgeltlichkeit/Freiwilligkeit auf Seiten des Spenders, weiterhin zulässt). 7

b) Die einzelnen steuerbegünstigten Zwecke. Die Kürzung erfolgt um Ausgaben für 7a
- **gemeinnützige Zwecke** (§ 52 AO, vgl § 3 Rn 30ff); **bis EZ 2006** war die Abziehbarkeit beschränkt auf als **besonders förderungswürdig anerkannte** gemeinnützige Zwecke, vgl Anlage 1 zur EStDV ab EZ 2000. Zur Weitergeltung der früheren Anlage 7 zu Abschnitt 111 EStR aF (letztlich bis EZ 1999) vgl BFH X R 5/91 BStBl II 1994, 683 sowie XI R 63/98 BStBl II 2000, 200. Zusätzliche Spezialregelungen bestanden für **wissenschaftliche** (vgl § 2 ABC Rn 275), **religiöse** (hierzu § 3 Rn 54; BFH VI R 35/70 BStBl II 1973, 850; XI R 66/98 BStBl II 2000, 533) und als besonders förderungswürdig anerkannt **kulturelle** Zwecke, vgl Anlage 1 zur EStDV, insb dort Abschnitt A Nr 3 u Abschnitt B Nr 2 (ab EZ 2000; zur Abgrenzung vgl *OFD Ffm* DB 2001, 1856). Ein kultureller Zweck liegt auch vor, wenn eine Spende an eine Kirchengemeinde ergeht mit der ausdrücklichen Weisung, diese für kulturelle Zwecke zu verwenden (BFH XI R 93/97 BStBl II 2000, 608),
- **mildtätige Zwecke** (§ 53 AO; vgl § 3 Rn 100 ff),
- **kirchliche Zwecke** (§ 54, vgl § 3 Rn 110).

Nicht zu berücksichtigen waren/sind Ausgaben zur Förderung **staatspolitischer Zwecke** und Mitgliedsbeiträge an politische Parteien, die in § 10b Abs 2 EStG angesprochen waren. Solche und ähnliche Zwecke mussten als gemeinnützig aner-

§ 9 Nr 5 Kürzungen

kannt sein, wie zB die Förderung des demokratischen Staatswesens (§ 52 Abs 2 Nr 3 AO; jetzt § 52 Abs 2 Nr 24 AO; vgl § 3 Rn 93 u ABC Rn 99).

7b **c) Verwirklichung im Ausland.** Bei Verwirklichung der steuerbegünstigten Zwecke durch einen (ausländischen) Zuwendungsempfänger iSv Rn 8a (c) ist nach Satz 6 Voraussetzung entweder die **Förderung** einer natürlichen Person mit Wohnsitz/gewöhnlichem Aufenthaltsort **im Inland** oder die Eignung zu einem Beitrag zum **Ansehen der Bundesrepublik Deutschland** durch die Tätigkeit des Zuwendungsempfängers selbst (dh nicht der geförderten natürlichen Person). Mit der ersten Variante gemeint ist wohl die Förderung der eigentlichen Fördertätigkeit durch einen Inländer im Ausland (zB Entwicklungshilfe; s BTDrs 16/11108, 11). Anwendung erstmals ab EZ 2010 (§ 36 Abs 8b Satz 4).

5. Spendenempfänger

8 **a) Bis EZ 2006.** In Betracht kamen nur Personengruppen nach § 49 EStDV aF (zur Verfassungsmäßigkeit vgl BFH X R 5/91 BStBl II 1994, 683), also juristische Personen des öffentlichen Rechts oder andere öffentliche Dienststellen (zB Universität, Forschungsinstitut) sowie nach § 5 Abs 1 Nr 9 KStG befreite (also gemeinnützige, mildtätige oder kirchliche) Körperschaften, Personenvereinigungen oder Vermögensmassen. Der **Empfänger** durfte **im EU/EWR-Ausland** ansässig sein; auch durften Zwecke in diesen Ländern gefördert werden (hierzu EuGH C 318/07 EuGHE 2009, I 00359; BFH X R 56/05 BFH/NV 2009, 1633; *Helios/Schlotter* IStR 2008, 483; *Tiedtke/Möllmann* DStR 2007, 556; DStZ 2008, 69; *Drüen/Liedtke* FR 2008, 1; *Hüttemann/Helios* IStR 2008, 39). Allerdings musste die Empfängerkörperschaft den *Voraussetzungen* der steuerlichen Gemeinnützigkeit *nach deutschem Recht* (vgl § 3 Rn 30 ff) entsprechen (zur Satzungsmäßigkeit FG Münster 2 K 2608/09 E EFG 2012, 1539); die **Feststellungslast** trifft den Stpfl (*BMF* BStBl I 2010, 386; hierzu *Seer* IWB 2012, 604; zust *Sydow* NWB 2012, 2842; krit *Geserich* NWB 2011, 2188; *Thömmes* JbFfSt 2010/2011, 39; s jetzt Rn 8a (c)).

8a **b) Ab EZ 2007.** Ab EZ 2007 (auf alle nicht bestandskräftigen die Vorjahre betreffenden Fälle, § 36 Abs 8b Satz 3) kommen als **Spendenempfänger** in Betracht:

(1.) eine **juristische Person des öffentlichen Rechts** oder eine öffentliche Dienststelle in einem EU- bzw EWR-Mitgliedsstaat (mE nicht die Schweiz trotz Anwendung der Kapitalverkehrsfreiheit),

(2.) eine **nach § 5 Abs 1 Nr 9 KStG befreite** Körperschaft, Personenvereinigung oder Vermögensmasse,

(3.) eine bei fiktiver inländischer Einkünfteerzielung nach **§ 5 Abs 1 Nr 9 iVm § 5 Abs 2 Nr 2 2. Hs KStG fikiv steuerbefreite** Körperschaft, Personenvereinigung oder Vermögensmasse in einem EU- bzw EWR-Mitgliedsstaat (mE nicht die Schweiz, s.o.; krit zur nationalstaatlich gefassten Gemeinnützigkeit *Hüttemann* IStR 2010, 118; *Förster* BB 2011, 663; *Droege* StuW 2012, 256).

Bei **im Ausland belegenen Zuwendungsempfängern** ist Voraussetzung, dass der betreffende EU-/EWR-Staat Amtshilfe bzw Unterstützung bei der Beitreibung (ab EZ 2013:) gemäß § 2 Abs 2 des EU-Amtshilfegesetzes leistet. Zu den Begriffsbestimmungen und den jeweiligen Rechtsgrundlagen s Sätze 4 u 5 der Vorschrift.

8b **c) Sonstige Empfänger/Durchlaufspende.** Eine **nicht als gemeinnützig anerkannte** Personenvereinigung, die dem anerkannten Zweck (zB Sport) dient, kann nicht Empfänger einer begünstigten Spende sein (BFH I R 20/05 BStBl II 2007, 450). Das gilt auch für das Verfahren der sog **Durchlaufspende,** dh die Leistung an den Letztempfänger erfolgt über eine juristische Person des öffentlichen Rechts oder eine öffentliche Dienststelle, die die zweckentsprechende Verwendung bestätigt (BFH I R 65/86 BStBl II 1991, 258). Solche Durchlaufspenden sind wei-

Kürzungen (Spenden und Mitgliedsbeiträge) § 9 Nr 5

terhin zulässig (zu den Einzelheiten R 10b.1 Abs 2 EStR). Zuwendungen an nichtbegünstigte Mitglieder eines begünstigten Vereins sind jedoch keine Durchlaufspende (Nds FG DStRE 2010, 592, rkr).

6. Spendenbestätigung

a) Allgemeines. Die Berücksichtigung der Spende setzt die Vorlage einer **Bestä-** 9
tigung über Spenden u **Mitgliedsbeiträge** voraus, wie sich aus dem in Bezug
genommenen § 10b Abs 4 Satz 1 EStG ergibt (s auch § 50 Abs 1 EStDV). Sie ist
„**unverzichtbar**" für den Abzug (BFH IX R 24/85 BStBl II 1987, 850; X R 119/
90 BFH/NV 1994, 154; X B 192/01 BFH/NV 2002, 1302). Sie ist eine notwendige, aber keine hinreichende Voraussetzung. Denn für den Abzug kommt es auf
die mit der Bestätigung nachzuweisenden **tatsächlichen Verhältnisse** (Rn 9a) an;
das gilt insb für die **zweckentsprechende Verwendung** der Spenden (BFH I R
63/91 BStBl II 1992, 748), auch bei *Durchlaufspenden* (BFH I R 58/86 BStBl II 1988,
215). Gerade der durch die Bescheinigung begründete Vertrauensschutz (Rn 10)
unterstreicht dies. Daher hat die Bestätigung nur die Bedeutung einer **Beweiserleichterung** im Rahmen der Feststellungslast (BFH X R 17/85 BStBl II 1989, 879).
Weitere Beweiserleichterungen gibt **§ 50 Abs 2 EStDV.** Sammelbestätigungen sind
zulässig (*BMF* BStBl I 2000, 592 Rn 6, mE nicht überholt).

b) Nachweiserfordernisse. Nachzuweisen sind mit Hilfe der Bestätigung: 9a
(1.) die Tatsache der **Zahlung** bzw bei Sachspenden Abgabe des/der WG bzw
bei Aufwandsspenden die Spezifizierung der Leistung (BFH X R 154/08 BStBl II
1990, 570; X R 119/90 BFH/NV 1994, 154; *FinVerw* DB 2003, 2624); das gilt
auch die zutreffende **Qualifikation als Spende** (BFH XI R 65/98 BStBl II 2000,
65 zur entgeltlichen Leistung; XI R 30/01 BFH/NV 2002, 1029);
(2.) die **Zugehörigkeit** des Empfängers **zum begünstigten Personenkreis**
(BFH VI R 167/77 BStBl II 1981, 52). War die bedachte Körperschaft im Zeitpunkt
der Zahlung noch nicht als begünstigt anerkannt, ist die auf den Zeitpunkt der
späteren Anerkennung erteilte Bestätigung unrichtig (BFH I R 20/05 BStBl II 2007,
450); Entsprechendes gilt, wenn Zahlung und Bestätigung nach dem Widerruf der
vorläufigen Bescheinigung der Gemeinnützigkeit erfolgen (vgl FG Köln EFG 2010,
1993, best von BFH X R 32/10 BFH/NV 2012, 179; krit *Hüttemann* FR 2012,
241);
(3.) die **zweckentsprechende Verwendung** der Zuwendung. Sie ist (auflösende) **Bedingung** für den Abzug. Ist die Spende in einem späteren Jahr zurückgezahlt worden, wird die Bestätigung unrichtig (BFH VI R 72/73 BStBl II 1976, 338).
Entsprechendes gilt, wenn die Begünstigung der Körperschaft vor der Verwendung
aufgehoben wird (BFH VI R 167/77 BStBl II 1981, 52). Die Finanzierung von
allgemeinen Verwaltungs- u Nebenkosten durch den Empfänger ist in einem angemessenen Rahmen zulässig (zur Spendenwerbung BFH XI B 128/98 BFH/NV
1999, 1055; XI B 130/98 BFH/NV 1999, 1089), nach BFH I R 60/01 (BFH/NV
2003, 1025) ohne absolute oder relative Obergrenze (**aA** AEAO Nr 18 zu § 55
Abs 1 Nr 1 AO: auch weniger als 50% kann schädlich sein; vgl auch § 3 Rn 118).
Zur Aufzeichnungspflicht einer nach § 5 Abs 1 Nr 9 KStG befreiten Körperschaft
vgl § 50 Abs 4 EStDV.

c) Amtlich vorgeschriebener Vordruck/Datenübertragung. Die **Bestäti-** 9b
gung über Spenden und Mitgliedsbeiträge sind auf **amtlich vorgeschriebenem
Vordruck** auszustellen (§ 50 Abs 1 EStDV). *BMF* BStBl I 2012, 884 hat hierzu in
einer Neuauflage Vordrucke für verschiedene Konstellationen veröffentlicht.

Abweichend hiervon kann der Zuwendungsempfänger aufgrund Vollmacht des
Zuwendenden die Spendenbestätigung nach amtlich vorgeschriebenem Datensatz

durch **Datenfernübertragung** nach Maßgabe der Steuerdaten-ÜbermittlungsVO übermitteln (§ 50 Abs 1a EStDV mit weiteren Einzelheiten).

7. Vertrauensschutz

10 a) **Grundsatz.** Nach **Satz 13** der Vorschrift iVm § 10b Abs 4 Satz 1 EStG darf der StPfl grundsätzlich auf die Richtigkeit der Spendenbestätigung vertrauen (zu den Risiken des Spenders *Becker* DStR 2010, 953). Die hierin zum Ausdruck kommende **Richtigkeitsgewähr** bezieht sich auf alle tatsächlichen Voraussetzungen für den Spendenabzug (Rn 9a), insb die Zahlung einschließlich der zutreffenden Qualifikation als Spende (BFH XI R 65/98 BStBl II 2000, 65; XI R 30/01 BFH/NV 2002, 1029), die Zugehörigkeit des Empfängers zum begünstigten Personenkreis und die zweckentsprechende Verwendung der zugewendeten Mittel, mE jedoch **nicht** auf den Fall der **Rückzahlung** der Spende (vgl BFH VI R 72/73 BStBl II 1976, 338). Auch erfasst die Vorschrift nicht den Fall, dass die Spendenbescheinigung zwar falsch ist, aber der Sachverhalt, wäre er zutreffend ausgewiesen, ohnehin keinen Spendenabzug rechtfertigt (BFH I R 20/05 BStBl II 2007, 450).

10a b) **Ausnahmen. Kein Vertrauensschutz** besteht in folgenden Fällen:

aa) **Unlautere Mittel.** Der StPfl hat die Bestätigung durch **unlautere Mittel** oder **falsche Angaben** bewirkt. Das setzt Ursächlichkeit voraus. Handeln oder Unterlassen dritter Personen (zB Vertreter) können dem StPfl zuzurechnen sein (BFH X R 143/88 BStBl II 1991, 329). Unlautere Mittel sind insb arglistige Täuschung, Drohung oder Bestechung (vgl § 130 Abs 2 Nr 2 AO). Falsch sind Angaben, wenn sie in ihren wesentlichen, für die Bestätigung erheblichen Teilen objektiv unrichtig oder unvollständig waren; auf die Kenntnis des StPfl kommt es in diesem Zusammenhang nicht an (vgl § 130 Abs 2 Nr 3 AO, hierzu BFH I R 252/82 BStBl II 1983, 699).

10b bb) **Bekanntsein der Unrichtigkeit.** Dem StPfl war die **Unrichtigkeit** der Bestätigung **bekannt** oder infolge **grober Fahrlässigkeit nicht bekannt.** Kenntnis bedeutet positives Wissen um die inhaltliche Unrichtigkeit der Bestätigung. Es genügt nicht das Wissen um die Begleitumstände der Bestätigung; er muss – wenn auch laienhaft – das Bewusstsein der Unrichtigkeit der in der Bestätigung enthaltenen Aussagen haben (vgl Rn 9a).

Zum Begriff der groben Fahrlässigkeit allgemein s Rn 18b. Maßgebend sind auch hier die **individuellen Fähigkeiten.** Muss dem StPfl hiernach –wenn auch laienhaft – klar sein, dass eine „Eintrittsspende" in einem Gegenleistungsverhältnis steht, genießt er keinen Vertrauensschutz (BFH XI R 6/03 BStBl II 2007, 8 zum Golfclub; krit *Tiedtke/Szczesny* FR 2007, 765).

Maßgeblicher Zeitpunkt für die jeweilige Beurteilung ist der der Abgabe der Steuererklärung (BFH XI R 6/03, aaO; *FinVerw* DStR 2004, 772).

8. Umfang der Kürzung (Sätze 1 u 2)

11 a) **Allgemeines.** Die Kürzung ist von vornherein beschränkt auf den Betrag, der **aus Mitteln des Betriebes** geleistet ist. **Nicht abziehbar** sind nach Satz 11 Zuwendungen, die jeweils **vGA** oder bestimmte offene Ausschüttungen darstellen (§ 8 Abs 3 KStG; zur Kritik *Wagner* DStR 2010, 1594). Ebenfalls nicht abziehbar sind bestimmte **Mitgliedsbeiträge** an Körperschaften, die die Förderung des Sports, kultureller Betätigungen, die in erster Linie der Freizeitgestaltung dienen, der Heimatpflege/-kunde sowie der nach § 52 Abs 2 Nr 23 AO anerkannten Freizeitgestaltungen (Tier-, Pflanzenzucht, Kleingärtnerei, Brauchtum/Karneval/Fastnacht/Fasching, Soldaten-/Reservistenbetreuung, Amateurfunken u Hundesport) bezwecken.

Kürzungen (Spenden und Mitgliedsbeiträge) **§ 9 Nr 5**

Im Übrigen (also nicht bei der Freizeitgestaltung dienenden kulturellen Betätigungen) sind nach Satz 7 Mitgliedsbeiträge an Kunst u Kultur (§ 52 Abs 2 Nr 5 AO) fördernde Körperschaften auch dann abzuziehen, wenn den Mitgliedern Vergünstigungen gewährt werden.

b) Kürzungshöchstbetrag. Ab EZ 2007 (s aber Rn 1d) ist die Beschränkung **11a** auf einen absoluten Höchstbetrag entfallen. Es gelten die **relativen Höchstbeträge** nach Satz 1, die bei einer **Organschaft** für den OT und die OGen selbstständig und ohne Zurechnung des Einkommens der OG beim OT zu ermitteln sind (zu § 10b EStG BFH XI R 95/97 BStBl II 2003, 9; zu § 9 Abs 1 Nr 2 KStG FG Düsseldorf 6 K 3767/10 F EFG 2012, 1876, Rev I R 55/12; aA *Olbing* FS Streck 2011, 121).

Der Stpfl hat ein **Wahlrecht** zwischen **zwei Alternativen** zur Berechnung des Kürzungshöchstbetrags:
- **20%** (bis einschließlich EZ 2006 5%) **des** um die Hinzurechnung nach § 8 Nr 9 erhöhten **Gewinns aus Gewerbebetrieb** (§ 7), also nicht des durch sonstige Hinzurechnungen und Kürzungen ermittelten GewErtrages; folglich bleibt auch der Verlustabzug (§ 10 a) unberücksichtigt. Der o.a. Satz gilt **für alle Förderungszwecke** (Rn 7a).
Das galt **bis EZ 2006** auch dann, wenn Ausgaben für wissenschaftliche, mildtätige und als besonders förderungswürdig anerkannte kulturelle Zwecke geleistet worden sind. Das bedeutete (bis EZ 2006:) an sich, dass alle begünstigten Ausgaben zunächst anteilig so weit zu kappen waren, bis insgesamt der Betrag von 5% des maßgebenden Gewinns erreicht war. Sodann durfte der StPfl für wissenschaftliche, mildtätige und kulturelle Zwecke geleistete Zahlungen bis zum **Erhöhungsbetrag von weiteren 5%** abziehen. Doch war insoweit die Gegenmeinung (*Blümich/Gosch* § 9 GewStG Rn 254) vorzuziehen, wonach erst eine Verrechnung auf den Erhöhungsbetrag, dann auf den Restbetrag vorzunehmen ist. Sie entspricht dem Begünstigungszweck der Vorschrift.
Unabhängig hiervon muss bei der Weitergabe von Spenden (§ 58 Nr 2 AO; § 3 Rn 168 f) sichergestellt sein, dass der mit 10% bemessene Spendenbetrag tatsächlich für den in der Zuwendungsbestätigung angegebenen Zweck verwendet wird (*OFD Magdeburg* DStR 2005, 1732). Geschieht das nicht, kommt mE die Haftung nach Satz 9 in Betracht.
- **4‰** (bis EZ 2006: 2‰) der Summe **der gesamten Umsätze** und (nach beiden Fassungen:) der im Wirtschaftsjahr aufgewendeten **Löhne und Gehälter**. Das ist das Wirtschaftsjahr, das im EZ endet (§ 10 Abs 2). Dieser Satz gilt einheitlich für **alle Arten von Ausgaben**. Mit der Formulierung „Summe der gesamten Umsätze" knüpft die Vorschrift sowohl hinsichtlich des Begriffs „Umsatz" als auch hinsichtlich der Bemessung des Umsatzes an das UStrecht an; zur „Summe der gesamten Umsätze" gehören nicht nur die stpfl, sondern auch die stfreien Umsätze (vgl BFH I R 151/93 BStBl II 1997, 327).
Da beide Berechnungsmethoden wahlweise zur Verfügung stehen, kann der StPfl die für ihn **günstigere Methode** wählen.

c) Spendenvortrag. Überschreiten die Zuwendungen diese Höchstbeträge, **11b** kann die Kürzung in diesem betragsmäßigen Rahmen in den folgenden EZ vorgenommen werden. Für den **Spendenvortrag** besteht **keine zeitliche Beschränkung** mehr. Ein **Spendenrücktrag** ist nach wie vor nicht vorgesehen. Kann sich die Großspende, etwa infolge Betriebsaufgabe, gewerbesteuerlich nicht mehr auswirken, ist ein **Steuererlass** nicht angezeigt (vgl zu § 10b EStG BFH X B 12/11 BFH/NV 2012, 215).

d) Stiftungsspenden bis EZ 2006. Zuwendungen an **Stiftungen des öffentli- 11c chen Rechts** und an nach § 5 Abs 1 Nr 9 KStG **steuerbefreite Stiftungen** des

§ 9 Nr 5

privaten Rechts zur Förderung steuerbegünstigter Zwecke iSd §§ 52–54 AO waren mit Ausnahme der Zwecke nach § 52 Abs 2 Nr 4 AO **darüber hinaus** bis zur Höhe von 20 450 € abziehbar. Solche Zuwendungen waren also **neben** den o.a. Zuwendungen abziehbar. Der Abzug erfolgte **von Amts wegen** ohne Bindung an die Behandlung bei der ESt oder KSt. Auf Antrag konnte das **bis EZ 2006 geltende Recht** auf Spenden des **EZ 2007** angewendet werden (vgl *BMF* BStBl I 2009, 16). Diesen gesonderten Höchstbetrag für Spenden an Stiftungen sieht das G nicht mehr vor, weiterhin jedoch einen besonderen Höchstbetrag für Zuwendungen in den **Vermögensstock** (Rn 12).

11d e) **Großspenden bis EZ 2006.** Zuwendungen mit einem **Einzelbetrag von mindestens 25 565 €** zur Förderung wissenschaftlicher, (ab EZ 1996:) mildtätiger oder als besonders förderungswürdig anerkannter kultureller Zwecke, die die Höchstbeträge (5 % bzw 2 ‰) nach Rn 11a und 11c überschreiten, waren im Rahmen dieser Höchstsätze im Jahr der Zuwendung und in den folgenden sechs (bis EZ 1998 sieben) EZ abzuziehen. Für Spenden unterhalb des Höchstbetrags war Satz 4 aF nicht anzuwenden (vgl BFH XI R 34/03 BStBl II 2004, 736). Ein **Spendenrücktrag** war **nicht zulässig,** weil den Gemeinden die Rückzahlung schon eingenommener Steuerbeträge erspart werden sollte (vgl BTDrs 11/7833, 9). Der Spendenvortrag war nur insoweit zulässig, als die Kürzung in den vorangegangenen EZ nicht vorgenommen werden konnte („ist . . . vorzunehmen"). Er hatte zwingend zu erfolgen, konnte also nicht bedarfsgerecht verteilt werden. Auch bestand – anders als bei § 10a (s dort Rn 116) – bei fehlerhaftem Nichtabzug in den folgenden EZ keine Korrekturmöglichkeit. Die Grenze von 25 565 € galt für jede Rechtsform des Gewerbebetriebs; bei Personengesellschaften musste also nicht auf jeden Gesellschafter ein Spendenanteil von 25 565 € entfallen (*OFD Münster* DStR 1993, 651). Auf Antrag konnte **das bis EZ 2006 geltende Recht** auf Spenden des **EZ 2007** angewendet werden (vgl *BMF* BStBl I 2009, 16).

Bei der **Bemessung der Höchstsätze** in den 6 Folgejahren waren die beiden Spendenarten (Rn 11a und 11c) **getrennt zu beurteilen.** Der Festbetrag des Satzes 3 stand also in jedem Kürzungsjahr zur Verfügung (*Hüttemann* DB 2000, 1584, 1589). Der nach Ablauf des Abzugszeitraums verbleibende Betrag geht nicht in den allgemeinen Spendenabzug über, sondern ist verloren (*BMF* BStBl I 2009, 16 Tz 4b).

9. Insbesondere Vermögensstockzuwendungen für Stiftungen

12 a) **Allgemeines.** Zuwendungen in den **Vermögensstock** (hierzu *Hüttemann* DB 2000, 1584; 2007, 2053; *Jochum* IStR 2012, 325) bzw **(ab EZ 2013:)** „das zu erhaltende Vermögen" können gesondert berücksichtigt werden, was verfassungsrechtliche Bedenken wegen ihrer Privilegierung auslöst (*Tiedtke/Möllmann* DStR 2007, 509). **Zuwendender** darf nur eine **natürliche Person** oder ein **Personengesellschaft** sein. Kapitalgesellschaften sind nicht genannt. **Zuwendungsempfänger** dürfen nur **Stiftungen** wie in Rn 11c bezeichnet sein; zudem bedarf es der Anerkennung nach §§ 80 ff BGB, da das Recht eine **„Vorstiftung"** nicht kennt (Schl-H FG 1 K 156/04 EFG 2009, 1486 rkr; FG Ba-Wü 4 K 4080/09, Rev X R 36/11; *Schiffer/Pruns* NWB 2011, 1258; aA *Wachter* DStR 2009, 2469). Die Zuwendung muss **Zwecke iSd Satzes 1** betreffen. Zudem muss die finale **Zweckbestimmung des Zuwendenden** den Vermögensstock **(ab EZ 2013:)** „das zu erhaltende Vermögen" betreffen. Für die Kürzung kommt es mE bei Gutgläubigkeit des Spenders nicht darauf an, dass die Zuwendung von der Stiftung zweckentsprechend verwendet wird, da er insofern auf die Richtigkeit der Spendenbestätigung vertrauen darf (ohne eine solche erfolgt ohnehin die Kürzung nicht, Rn 9).

Ausdrücklich nicht begünstigt, weil **nicht abzugsfähig** (ab EZ 2013; vgl § 36 Abs 8b aE), sind Spenden in das verbrauchbare Vermögen einer Stiftung (neuer Satz 10).

b) Die einzelnen Gesetzesfassungen. aa) Bis EZ 1999. Hier galten auch für Spenden in den Vermögensstock einer Stiftung die **allgemeinen Regeln** und Höchstbeträge, ggf als Großspende.

bb) EZ 2000–2006. In den EZ 2000–2006 galt dies nach den Sätzen 5–8 bei **Neugründungen** bis zum **Höchstbetrag** von 307 000 €. Eine Neugründung war mE gegeben, wenn die Zuwendung innerhalb eines Jahres nach der Gründung der Stiftung geleistet wurde. Hierbei kam es mE auf den Zeitpunkt an, an dem die Voraussetzungen für die Wirksamkeit des Stiftungsgeschäfts erstmals vorlagen.

cc) Ab EZ 2007. Nunmehr war (und ist) der Anlass der **Neugründung nicht mehr gefordert**; somit sind auch **Zustiftungen** in den Vermögensstock (Grundstockvermögen) begünstigt, und zwar bis zu einem Betrag von **1 Mio €**.

c) Die Kürzung. aa) Antrag. Die Kürzung erfolgt nicht von Amts wegen, sondern nur **auf Antrag,** und zwar **neben** der Kürzung nach den Sätzen 1–2 (bis EZ 2006: 1–4). Ohne Antrag sind die Höchstbeträge des Satzes 1 anzuwenden. Der Stpfl kann auch beantragen, nur einen Teil der Vermögensstockspende nach Satz 9, im Übrigen nach Satz 1 zu behandeln. Ein Wechsel zwischen den gewählten Abzugsarten ist nicht zulässig (*BMF* BStBl I 2009, 16 Nr 3).

bb) Zeitliche Begrenzung. Die Kürzung darf **innerhalb von 10 Jahren nur einmal** in Anspruch genommen werden, wobei das Jahr der Zuwendung das erste Jahr darstellt. Die Verteilung steht im Belieben des Stpfl.

Wendet der StPfl innerhalb der 10 Jahre eine **weitere Spende** (mit der der Betrag von 1 Mio € bzw 307 000 € überschritten wird) zu, so beginnt ein weiterer Abzugszeitraum. Der Stpfl ist aber mit dem ersten Höchstbetrag übersteigenden Betrag mE bis zum Ablauf der 10-Jahres-Frist von der Kürzung ausgeschlossen. Nach deren Ablauf rechnet sich mE für den übersteigenden Betrag ein weiterer mit dem Zeitpunkt der zweiten Zahlung beginnender 10-jähriger Kürzungszeitraum (*BMF* BStBl I 2009, 16 Nr 3). Die Höchstbeträge übersteigende Beträge gehen mE in den allgemeinen Spendenabzug nach Satz 1 über. Das gilt mE auch, wenn bereits die erste Spende den o.a. Betrag übersteigt. Zur **gesonderten Feststellung** des insoweit verbleibenden Kürzungsbetrages gelten die Ausführungen in Rn 16 entsprechend.

10. Gesonderte Feststellung

Über die Höhe des zum Schluss des EZ **verbleibenden Kürzungsbetrags** ist nach Satz 12 (bis EZ 2006: Satz 8; bis EZ 2009: Satz 6) iVm § 10d Abs 4 Satz 1 EStG eine **gesonderte Feststellung** zu treffen. Verbleibender Kürzungsbetrag ist der iRd GewErtragsermittlung nicht zum Abzug gelangte Zuwendungsbetrag, vermindert um die in den vorhergehenden EZ abgezogenen Beträge, vermehrt um den am Schluss des vorhergehenden EZ verbleibenden Kürzungsvortrag. Ggf sind Feststellungen für **drei verschiedene Spendenvorträge** zu treffen: über eine **verbleibende Großspende** für einen ab EZ 2006/2007 beginnenden Übergangszeitraum, über eine **normale Spende** nach Satz 1 und über eine **Vermögensstockspende** (*BMF* BStBl I 2009, 16 Nr 4c). Zur Gestaltung der erforderlichen StErklärungsvordrucke *Staats* Stbg 2012, 166.

Feststellungsbescheide sind zu **erlassen, aufzuheben oder zu ändern,** soweit sich die betreffenden Beträge ändern (§ 10d Abs 4 Satz 4 EStG). Das gilt auch, wenn eine Änderung des GewStMessbescheids mangels steuerlicher Auswirkung unterbleibt (§ 10d Abs 4 Satz 5 EStG).

III. Haftung

1. Allgemeines

17 **a) Tatbestände.** Die Sätze 14–18 (ab EZ 2013) der Vorschrift beinhalten zwei Haftungstatbestände, eine **Verschuldenshaftung** des Ausstellers der Zuwendungsbestätigung und eine **Veranlasserhaftung** desjenigen, der die Spendenverwendung veranlasst. Die Vorschrift dient der Missbrauchsabwehr.

17a **b) Haftungsschuldner.** Einen der Haftungstatbestände erfüllen konnte mE ursprünglich – wie sich aus dem Wortlaut „wer vorsätzlich oder grob fahrlässig ... ausstellt" bzw „... veranlasst ..." ergibt – nur eine natürliche, nicht auch eine juristische Person bzw Dienststelle iSv § 49 EStDV aF (ebenso *Jansen* DStR 1990, 61; **aA** *Gierlich* FR 1991, 518; *Oppermann/Peter* DStZ 1998, 424). Mit der Einfügung von Satz 8 durch G v 20.12.2008 (BGBl I 2008, 2794) ab EZ 2009 – jetzt Satz 14 – ist klargestellt, dass nach der Vorstellung des Gesetzgebers **auch die juristische Person** bzw die als **Durchlaufstelle** fungierende Gebietskörperschaft die Haftungstatbestände erfüllen kann. Für Letztere besteht mE unabhängig hiervon die Haftung für den Amtsträger nach Art 34 GG (BFH XI R 123/96, BStBl II 2003, 128; FG München EFG 1997, 322).

Die Neuregelung des Satzes 2 für Auslandssachverhalte bedeutet, dass auch **Empfänger im EU-/EWR-Raum** der Haftung ausgesetzt sind.

17b **c) Zivilrechtliche Haftungsbegrenzung.** Die **Neuregelung des § 31a BGB** (BGBl I 2013, 556, zuvor BGBl I 2009, 3161) besteht zu Gunsten des ehrenamtlich Tätigen gegenüber dem Verein. Sie hat keine Bedeutung für die steuerrechtliche Haftung (ebenso *Möllmann* DStR 2009, 2125; *Wörle-Himmel/Endres* DStR 2010, 759).

2. Unrichtigkeit der Spendenbestätigung

18 **a) Allgemeines.** Das Tatbestandsmerkmal bezieht sich auf den **objektiven Aussagegehalt**, sei es auf die (Höhe der) Zahlung selbst, den beabsichtigten Verwendungszweck oder auf die persönliche Freistellung des Spendenempfängers (BFH XI R 65/98 BStBl II 2000, 65, unter Aufhebung des Schl-H FG EFG 1998, 1197; BFH XI R 123/96 BStBl II 2003, 128 zu § 10b Abs 4 EStG), ebenso auf den Ausweis einer Gegenleistung als Spende (BFH XI R 65/98 aaO; XI R 6/03 BStBl II 2007, 8, zum Vertrauensschutz).

Die Unrichtigkeit der Zuwendungsbestätigung kann sich **ab EZ 2007** tatsächlich – gem dem Wortlaut des Satzes 7 – auf **Spenden und Mitgliedsbeiträge** beziehen.

18a **b) Persönliche Begünstigung.** Lag zum Zeitpunkt der Spende(nbestätigung) **weder eine Freistellung** des Letztempfängers **noch** eine vorläufige **Bescheinigung der Gemeinnützigkeit** (§ 3 Rn 308 ff) vor, ist die Spendenbestätigung trotz des Umstandes unrichtig, dass die Spende tatsächlich dem begünstigten Zweck zugeführt wurde. Die insofern allgemein gehaltenen Ausführungen des BFH zur Spendenfehlverwendung (Rn 19; zB BFH XI R 58/01 BStBl II 2004, 352; XI R 39/03 BFH/NV 2005, 516; aA HessFG 4 K 8594/94; EFG 1998, 757), es komme auf die tatsächliche Verwendung für den begünstigten Zweck an, sind für die Frage der Unrichtigkeit der Spendenbestätigung nicht einschlägig; der Status der persönlichen Begünstigung muss in der Bestätigung angegeben werden (Rn 9a).

18b **c) Verschulden.** Die Haftung des Ausstellers ergibt sich nur bei **Vorsatz oder grober Fahrlässigkeit** in Zusammenhang mit der unrichtigen Bestätigung. Hierbei bedeutet **Vorsatz** Wissen und Wollen der Tat, wobei ein sog bedingter Vorsatz,

Kürzungen (Spenden und Mitgliedsbeiträge) § 9 Nr 5

also das Für-Möglich-Halten und In-Kauf-Nehmen der Pflichtverletzung ausreicht (zum Begriff vgl BFH VIII R 52/69 BStBl II 1973, 273; *HHSp* § 370 AO Rn 113). **Grobe Fahrlässigkeit** liegt vor, wenn der Aussteller die ihm persönlich zuzumutende Sorgfalt in ungewöhnlichem Maße bzw in nicht entschuldbarer Weise verletzt. Maßgebend sind die *individuellen Fähigkeiten* (BFH XI R 42/00 BStBl II 2001, 379; VI R 17/05 BStBl II 2006, 806; *Tipke/Kruse* § 69 AO Rn 9). Das ist insb dann der Fall, wenn der Aussteller einer Bescheinigung über Durchlaufspenden nicht prüft, ob der letztempfangenden Körperschaft eine Freistellungsbescheid oder eine vorläufige Bescheinigung der Gemeinnützigkeit (§ 3 Rn 308 ff) erteilt worden ist (BFH XI R 123/96 BStBl II 2003, 128).

3. Verwendung zu nicht begünstigten Zwecken

a) Allgemeines. Dieses Tatbestandsmerkmal setzte (bis EZ 2012) **kein Verschulden** voraus (BFH XI R 123/96 BStBl II 2003, 128; ebenso *Blümich/Gosch* § 9 GewStG Rn 268), und zwar in Abweichung von Satz 9 aF, bei dem zu Beginn der 2. Alternative das Wort „wer" fehlte. Durch Einfügung des Wortes „wer" in – bisher – Satz 13 2. Alternative kam die Verschuldensunabhängigkeit der Haftung für die Mittelfehlverwendung unmittelbar zum Ausdruck. Ab **EZ 2013** (§ 36 Abs 8b aE) ist wieder davon auszugehen, dass dieser Haftungstatbestand **verschuldensabhängig** ist. Denn durch G zur Stärkung des Ehrenamtes (BGBl I 2013, 556) ist dieses „wer" wieder gestrichen worden (Entschärfung der Haftung, vgl RegBegr BTDrs 17/11316, 12). 19

Die **Beurteilung der Fehlverwendung** bestimmt sich nicht nach der tatsächlichen Rechtslage, sondern nach dem **Inhalt der Bestätigung** (BFH XI R 39/03 BFH/NV 2005, 516). Sie **betrifft** daher jede Abweichung vom Inhalt der Spendenbestätigung, gleich worauf sie beruht: zB Satzungsänderungen, Unterschlagung, Einsatz für einen wirtschaftlichen Geschäftsbetrieb, überhöhten Einsatz für Mitgliederwerbung u.ä. (vgl BFH XI B 130/98 BFH/NV 1999, 1089), aber auch für andere gemeinnützige als die angegebenen Zwecke (so zutr *Schmidt/Heinicke* § 10b Rn 54). Entsprechendes gilt mE für Verstöße gegen das Gebot der satzungsgemäßen Geschäftsführung (§ 63 AO), die zu einer auch rückwirkenden Aufhebung des Gemeinnützigkeitsstatus führen können, wie im Falle von vGA aus den satzungsgemäß zu verwendenden Mitteln (vgl BFH I R 59/09 BFH/NV 2011, 329), **nicht jedoch** bei **endgültiger Versagung** des Gemeinnützigkeitsstatus, sofern Spenden und Beiträge nur für den begünstigten Zweck verwendet worden sind (BFH XI R 58/01 BStBl II 2004, 352; XI R 39/03 aaO zu § 10b Abs 4 Satz 2 EStG u § 48 Abs 3 EStDV 1990 ff; aA HessFG 4 K 8594/94 EFG 1998, 757). Die Entscheidungen betreffen zwar abgelaufenes Recht, sind mE aber auch für die neue Rechtslage (Bezugnahme auf §§ 52–54 AO) anwendbar, sofern die Spendenbestätigung zum Zeitpunkt der Ausstellung zutreffend war.

b) Einzelverfolgbarkeit. Ungeklärt ist die Frage, ob die (Fehl-)Verwendung **einzeln verfolgbar** sein muss (so *Gierlich* FR 1991, 518; *Wallenhorst* DB 1991, 1410), was bei vielen kleinen Zuwendungen kaum möglich sein dürfte, oder ob eine geringere Summe begünstigter Verwendung im Vergleich zu dem in allen Spendenbestätigungen ausgewiesenen Gesamtbetrag ausreicht, was zu kaum lösbaren Schwierigkeiten im Zusammenhang mit den Verhältnissen der Spender führen dürfte (welche Spende? Bösgläubigkeit des Spenders? usw). 19a

c) Veranlasser. In Betracht kommt die für die Verwendung im Einzelfall **maßgebende Person,** also idR ein Vorstandsmitglied, aber auch eine zur (zweckentsprechenden) Verwendung beauftragte Person oder sonstige Dritte, wie der Unterschlager. Auch die Empfängerkörperschaft ist Veranlasser iSd Vorschrift (Rn 17a). 19b

4. Haftung für die entgangene Gewerbesteuer

20 **a) Fiktion oder Haftungsbegrenzung?** Gemeint ist **nicht die konkret** durch den Vorfall **entgangene GewSt.** Vielmehr ist nach Satz 16 die Steuer **mit 15%** (bis EZ 2006: 10%) anzusetzen. Damit scheint gemeint zu sein, dass die Haftung ohne Prüfung des Einzelfalles mit 15 bzw 10% angesetzt wird, gleich ob tatsächlich ein Steuerausfall vorliegt oder nicht (so *Blümich/Gosch* § 9 GewStG Rn 269 und für § 10b EStG *Schmidt/Heinicke* § 10b Rn 56 f). ME geht diese Auslegung jedoch zu weit. Haftung heißt Eintreten-Müssen für eine fremde Schuld; zwischen Haftung und Schuld besteht **Akzessorietät** insoweit, als die Haftungsschuld nicht höher sein kann als die Steuerschuld (*Tipke/Kruse* § 191 AO Rn 3; *Rathke/Ritter* NWB 2012, 3373 zu § 10b EStG). Auch für die Haftung nach § 9 Nr 5 muss Akzessorietät zu dem Steuerbetrag verlangt werden, auf den der Steuergläubiger allein wegen des Vorliegens der Spendenbestätigung verzichtet hat. Bei der weiteren Auslegung bekommt die Haftung – jedenfalls soweit tatsächlich kein Steuerausfall eingetreten ist – den Charakter einer **versteckten Strafe.** Als solche ist sie mE verfassungsrechtlich bedenklich, zumal vergleichbare Sachverhalte (kein Steuerausfall) ungleich behandelt werden; zB wenn der Spender und Steuerschuldner bösgläubig ist und den Steuerabzug nicht bekommt oder aber nicht bösgläubig ist und der Spendenabzug sich nicht auswirkt (GewErtrag bleibt unter dem Freibetrag, aber über 0 €). Der Gesichtspunkt der Verwaltungsvereinfachung kann nicht durchschlagen, weil sich – wenn die Erfüllung des Haftungstatbestandes im Übrigen feststeht – ohne große Mühe ermitteln lässt, ob und inwieweit ein Steuerausfall eingetreten ist. Daher kann mE die Regelung in Satz 16 nur den Charakter einer Haftungsbegrenzung für den Fall eines höheren Steuerausfalls haben (zum Meinungsstreit *Thiel/Eversberg* DB 1990, 399; *Wallenhorst* DB 1991, 1410; *Gierlich* FR 1991, 518; *Jansen* DStR 1990, 61).

21 **b) Durch den Vertrauensschutz entgangen?** Nach der hM hängen **Haftung und Vertrauensschutz** zusammen (vgl zu § 10b EStG *Schmidt/Heinicke* Rn 56f). Danach muss die Steuer durch den dem Spender gewährten Vertrauensschutz entgangen sein. Das ergibt sich mE aus dem Sinnzusammenhang und dem Zweck der Haftungsnormen: Anleitung des Ausstellers bzw Verwenders zu größter Sorgfalt, weil der Abzug beim Spender zunächst auf der Bestätigung beruht und das FA mangels anderweitiger Erkenntnis von der entsprechenden Mittelverwendung ausgehen muss. Beim gutgläubigen Spender kommt hinzu, dass der Abzug nicht korrigiert werden kann.

Gleichwohl ist mE auch bei **Bösgläubigkeit des Spenders** der Haftungstatbestand erfüllt, ohne dass sich der als Haftender in Betracht Kommende endgültig „exkulpieren" könnte. Ist der Spendenabzug gewährt worden und kann bei späterer Erkenntnis der Bösgläubigkeit des Spenders die tatsächlich entgangene GewSt zB wegen Vermögensverfalls des Spenders bei ihm nicht erhoben bzw beigetrieben werden, so ist mE (entgegen den Vorauflagen) der Haftungstatbestand erfüllt (aA *FinVerw* DStR 2004, 772; *Schmidt/Heinicke* § 10b Rn 52 aE; *Wallenhorst* DB 1991, 1420).

22 **c) Haftungsgläubiger.** Der Haftungsbetrag (die missglückte Formulierung „Sie", also die „entgangene Steuer", ist in Satz 11 aF ist insoweit richtig gewesen) fließt der für den **Spendenempfänger zuständigen Gemeinde** zu (jetzt Satz 16). Auch diese Regelung mutet merkwürdig an. Grundgedanke der Haftung ist – auch wenn Satz 16 nF dem nicht vollständig folgt – das Eintreten-Müssen für „die entgangene Steuer" (Satz 14 nF, vgl Rn 20). Die Steuer aber entgeht bestenfalls der/den für den Spender zuständigen Gemeinde(n). Gleichwohl bestimmt Satz 16 nF völlig unsystematisch die Gemeinde des Spendenempfängers zum Haftungsgläubiger. Die **Zuständigkeit** bestimmt sich in sinngemäßer Anwendung des § 20 AO nach dem

Kürzungen (Spenden und Mitgliedsbeiträge) **§ 9 Nr 5**

Ort der Geschäftsleitung, hilfsweise dem Sitz, hilfsweise der Lage des Vermögens und hilfsweise der überwiegenden Ausübung oder Verwendung der Tätigkeit.

5. Verfahren

a) Zuständigkeit/Festsetzungsfrist. Der Haftungsbetrag „wird durch Haftungsbescheid **des Finanzamts**" festgesetzt (Satz 17 Hs 1). Welches FA das ist, sagt die Vorschrift nicht. Größere Sachnähe zu den Verhältnissen des Spenders sowie gemeinte (wenn auch nicht erreichte) Verfahrensvereinfachung sprechen dafür, dass das Betriebsstättenfinanzamt des GewTreibenden, das auch für den Erlass des GewStMessbescheides zuständig ist (§ 14), gemeint ist (ebenso *Blümich/Gosch* § 9 GewStG Rn 272).

Für den **Ablauf der Festsetzungsfrist** gilt § 10b Abs 4 Satz 5 EStG entsprechend: nicht vor Ablauf der für den EZ der Haftungsbegründung geschuldeten KSt – mE: GewSt – der Empfängerkörperschaft.

b) Ermessen. Für den Haftungsbescheid gilt die Vorschrift des **§ 191 AO**. Das bedeutet insb, dass das FA nur iRd **pflichtgemäßen Ermessens** handeln darf. Es muss also Erwägungen zum „ob" und „wer" anstellen und spätestens in der Einspruchsentscheidung zum Ausdruck bringen. Einwendungen aus der Akzessorietät der Haftungsschuld (Rn 20), ggf der Bösgläubigkeit des Zuwendenden (s aber Rn 21) sind von Amts wegen zu beachten (§ 88 AO), nicht erst auf Grund von Einwendungen des Haftenden (so jedoch *Blümich/Gosch* § 9 GewStG Rn 270). Dh das FA muss solchen Fragen möglichst vor Erlass des Haftungsbescheides nachgehen und ggf erst den GewStMessbescheid ändern. Eine bestimmte Reihenfolge der Inanspruchnahme besteht grundsätzlich nicht. Das FA hat einen weiten Spielraum; es genügt der Hinweis, dass **mehrere Haftungsschuldner nebeneinander** in Anspruch genommen werden (BFH XI B 130/98 BFH/NV 1999, 1089). Doch ist iRd Ermessens mE darauf Rücksicht zu nehmen, wer den größeren Einfluss auf die zur Haftung führende Gestaltung der Verhältnisse hatte (vgl *Oppermann/Peter* DStZ 1998, 424).

Eine **innerorganisatorische Haftungsbegrenzung** (nicht jedoch Aufhebung der Haftung) kommt wie bei einem GmbH-Geschäftsführer (BFH VII R 4/98 BStBl II 1998, 761) in Betracht für den Fall, dass ein Vorstand auf Grund interner Aufgabenverteilung bzw -zuweisung für die haftungsbegründende Maßnahme nicht zuständig war. Das setzt jedoch voraus, dass klare (schriftliche) Vereinbarungen hierüber bestehen und die Wahrnehmung der den Verein treffenden Pflichten durch den anderen Funktionsträger überwacht wird (vgl BFH VII R 46/02 BStBl II 2003, 556; hierzu *Schießl/Küpperfahrenberg* DStR 2006, 445).

Für die Fälle der **Veranlasserhaftung** enthält Satz 15 nF (bisher Satz 13, zuvor Satz 8 aF) eine spezielle Regelung, wonach **„vorrangig"** *der* **Zuwendungsempfänger** in Anspruch zu nehmen ist. Dagegen werden die für sie handelnden *natürlichen Personen* durch eine gesetzliche Haftungsbeschränkung insofern weitgehend geschützt, als nicht nur die „entgangene Steuer" nicht erloschen (§ 47 AO) sein darf, sondern auch Vollstreckungsmaßnahmen gegen den Zuwendungsempfänger nicht erfolgreich sind. Diese Regelung ist **ab EZ 2009** anzuwenden, was mE den Erlass des Haftungsbescheids, nicht die Veranlassung der Fehlverwendung betrifft (aA *Schmidt/Heinicke* § 10b Rn 58).

c) Mitteilung der Haftung. Die haftungsbegründenden Merkmale sind nach Satz 18 iVm § 184 Abs 3 AO der Gemeinde (des Spendenempfängers) mitzuteilen. Das sind insb die Person des Haftungsschuldners und die Höhe der Haftungsschuld.

23

23a

24

§ 9 Nrn 6, 7

6. Erhebung der entgangenen Steuer

25 Die Befugnis der Gemeinde zur Erhebung der entgangenen GewSt (bis EZ 2006: „dieser Steuer"; dh der Haftungsschuld?) bleibt nach Satz 17 Hs 2 unberührt. Das bedeutet mE lediglich, dass die Gemeinde, der die Steuer durch die Berücksichtigung der Spende entgangen ist (so der Gesetzeswortlaut), also die **Gemeinde des Spenders,** nicht gehindert ist, wenn Vertrauensschutz nicht gegeben ist (§ 10b Abs 4 Satz 1 EStG), die *entgangene* Steuer zu erheben (was den Erlass eines Änderungsbescheides über den GewSt-Messbetrag voraussetzt). Nach **aA** macht die **Gemeinde des Spendenempfängers** nach Ergehen der Mitteilung die GewSt entsprechend dem Haftungsanspruch selbst geltend und erlässt das Zahlungsgebot (§ 219 AO); hierbei ist sie an den Inhalt des Haftungsbescheides gebunden (§§ 179 Abs 1, 182 Abs 1 AO; so *Blümich/Gosch* § 9 GewStG Rn 270). Die Gegenmeinung übersieht mE, dass die Verwirklichung des jeweiligen Haftungstatbestands bei der Gemeinde des Spenders zu einem sachlich ungerechtfertigten Steuerausfall führt.

7. Verfassungsrecht

26 **Grundsätzliche verfassungsrechtliche Bedenken** im Hinblick auf das Verfahren dürften **nicht** bestehen. Insb ist der Bund ermächtigt, durch Bundesgesetz eine von der generellen Verwaltungskompetenz der Gemeinden abweichende Zuständigkeit der Landesfinanzbehörden zu begründen, solange hiervon das Erhebungsrecht der Gemeinden unangetastet bleibt (ebenso *Blümich/Gosch* § 9 GewStG Rn 275).

Im Hinblick auf die **Ausgestaltung im Einzelnen** ergeben sich mE Bedenken insb gegen die Fassung des Haftungsbetrages als versteckte Strafe (Rn 20).

§ 9 Nr. 6 *(weggefallen)*

§ 9 Nr. 7 Kürzungen (Zinsen)

Die Summe des Gewinns und der Hinzurechnungen wird gekürzt um

...

7. die Gewinne aus Anteilen an einer Kapitalgesellschaft mit Geschäftsleitung und Sitz außerhalb des Geltungsbereichs dieses Gesetzes, an deren Nennkapital das Unternehmen seit Beginn des Erhebungszeitraums ununterbrochen mindestens zu 15 Prozent beteiligt ist (Tochtergesellschaft) und die ihre Bruttoerträge ausschließlich oder fast ausschließlich aus unter § 8 Abs. 1 Nr. 1 bis 6 des Außensteuergesetzes fallenden Tätigkeiten und aus Beteiligungen an Gesellschaften bezieht, an deren Nennkapital sie mindestens zu einem Viertel unmittelbar beteiligt ist, wenn die Beteiligungen ununterbrochen seit mindestens zwölf Monaten vor dem für die Ermittlung des Gewinns maßgebenden Abschlussstichtag bestehen und das Unternehmen nachweist, dass
   1. diese Gesellschaften Geschäftsleitung und Sitz in demselben Staat wie die Tochtergesellschaft haben und ihre Bruttoerträge ausschließlich oder fast ausschließlich aus den unter § 8 Abs. 1 Nr. 1 bis 6 des Außensteuergesetzes fallenden Tätigkeiten beziehen oder
   2. die Tochtergesellschaft die Beteiligungen in wirtschaftlichem Zusammenhang mit eigenen unter Absatz 1 Nr. 1 bis 6 fallenden Tätigkeiten hält und die Gesellschaft, an der die Beteiligung besteht, ihre Bruttoerträge ausschließlich oder fast ausschließlich aus solchen Tätigkeiten bezieht,

   wenn die Gewinnanteile bei der Ermittlung des Gewinns (§ 7) angesetzt worden sind; das gilt auch für Gewinne aus Anteilen an einer Gesellschaft, die die in der Anlage 2 zum Einkommensteuergesetz genannten Voraussetzungen des Artikels 2 der Richtlinie 2011/96/EU des Rates vom 30. November 2011 über das gemeinsame Steuersystem der Mutter- und Tochtergesellschaften verschiedener Mitgliedstaaten (ABl. L 345 vom 29.12.2011, S. 8) erfüllt, weder Geschäftsleitung noch Sitz im Inland hat und an deren Nennkapital das Unternehmen zu Beginn des Erhebungszeitraums mindestens zu einem Zehntel beteiligt ist. ²§ 9 Nr. 2a Satz 3 gilt entsprechend. ³§ 9 Nr. 2a Satz 4 gilt entsprechend. ⁴Bezieht ein Unternehmen, das über eine Tochtergesellschaft mindestens zu 15 Prozent an einer Kapitalgesellschaft mit Geschäftsleitung und Sitz außerhalb des Geltungsbereichs dieses Gesetzes (Enkelgesellschaft) mittelbar beteiligt ist, in einem Wirtschaftsjahr Gewinne aus Anteilen an der Tochtergesellschaft und schüttet die Enkelgesellschaft zu einem Zeitpunkt, der in dieses Wirtschaftsjahr fällt, Gewinne an die Tochtergesellschaft aus, so gilt auf Antrag des Unternehmens das Gleiche für den Teil der von ihm bezogenen Gewinne, der der nach seiner mittelbaren Beteiligung auf das Unternehmen entfallenden Gewinnausschüttung der Enkelgesellschaft entspricht. ⁵Hat die Tochtergesellschaft in dem betreffenden Wirtschaftsjahr neben den Gewinnanteilen einer Enkelgesellschaft noch andere Erträge bezogen, so findet Satz 4 nur Anwendung für den Teil der Ausschüttung der Tochtergesellschaft, der dem Verhältnis dieser Gewinnanteile zu der Summe dieser Gewinnanteile und der übrigen Erträge entspricht, höchstens aber in Höhe des Betrags dieser Gewinnanteile. ⁶Die Anwendung des Satzes 4 setzt voraus, dass

1. die Enkelgesellschaft in dem Wirtschaftsjahr, für das sie die Ausschüttung vorgenommen hat, ihre Bruttoerträge ausschließlich oder fast ausschließlich aus unter § 8 Abs. 1 Nr. 1 bis 6 des Außensteuergesetzes fallenden Tätigkeiten oder aus unter Satz 1 Nr. 1 fallenden Beteiligungen bezieht und
2. die Tochtergesellschaft unter den Voraussetzungen des Satzes 1 am Nennkapital der Enkelgesellschaft beteiligt ist.

⁷Die Anwendung der vorstehenden Vorschriften setzt voraus, dass das Unternehmen alle Nachweise erbringt, insbesondere

1. durch Vorlage sachdienlicher Unterlagen nachweist, dass die Tochtergesellschaft ihre Bruttoerträge ausschließlich oder fast ausschließlich aus unter § 8 Abs. 1 Nr. 1 bis 6 des Außensteuergesetzes fallenden Tätigkeiten oder aus unter Satz 1 Nr. 1 und 2 fallenden Beteiligungen bezieht,
2. durch Vorlage sachdienlicher Unterlagen nachweist, dass die Enkelgesellschaft ihre Bruttoerträge ausschließlich oder fast ausschließlich aus unter § 8 Abs. 1 Nr. 1 bis 6 des Außensteuergesetzes fallenden Tätigkeiten oder aus unter Satz 1 Nr. 1 fallenden Beteiligungen bezieht,
3. den ausschüttbaren Gewinn der Tochtergesellschaft oder Enkelgesellschaft durch Vorlage von Bilanzen und Erfolgsrechnungen nachweist; auf Verlangen sind diese Unterlagen mit dem in dem Staat der Geschäftsleitung oder des Sitzes vorgeschriebenen oder üblichen Prüfungsvermerk einer behördlich anerkannten Wirtschaftsprüfungsstelle oder einer vergleichbaren Stelle vorzulegen.

⁸Die Sätze 1 bis 7 sind bei Lebens- und Krankenversicherungsunternehmen auf Gewinne aus Anteilen, die den Kapitalanlagen zuzurechnen sind, nicht anzuwenden; für Pensionsfonds gilt Entsprechendes;

. . .

§ 9 Nr 7

Gewerbesteuer-Richtlinien 2009: R 9.5 GewStR/H 9.5 GewStH

Literatur: *Manke,* Vermögensteuer- und Außensteuerrecht nach dem Steuerentlastungsgesetz 1984, FR 1984, 77; *Sarrazin,* Analogie zuungunsten des Steuerpflichtigen . . ., FR 1984, 499; *Pauka,* StÄndG 1992: Die Änderungen im Gewerbesteuerrecht, DB 1992, 1207; *Ritter,* Das StÄndG 1992 und die Besteuerung grenzüberschreitender Unternehmenstätigkeit, BB 1992, 361; *Killinger,* Berücksichtigung von Betriebsausgaben bei der Anwendung der Kürzungsvorschriften des § 9 Nr 2a u 7 GewStG, BB 1999, 500; *Lipke,* Zur gewerbesteuerlichen Behandlung von Kosten bei sog Schachtelerträgen, StBp 2000, 358; *Grotherr,* Gewerbesteuerliche Auswirkungen der mit steuerfreien Dividenden im Zusammenhang stehenden abzugsfähigen Betriebsausgaben, BB 2001, 597; *Haas,* Die Gewerbesteuerpflicht von Streubesitz nach § 8 Nr 5 GewStG und ihre Auswirkung auf 100%-Beteiligungen, DB 2002, 549; *Kollruss,* Kein pauschales Abzugsverbot nach § 8b Abs 5 KStG für GewSt-Zwecke bei Bezug von Schachteldividenden über eine Organgesellschaft, DStR 2006, 2291; s auch die Hinweise zu § 9 Nr 2 a; *Heurung/Seidel/Pippart,* Auslandseinkünfte aus Betriebsstätten und Kapitalgesellschaftsanteilen in der Gewerbesteuer, FS Krawitz 2010, 103; *Baier/Schmid,* Qualifikation der Verzinsung des Eigenkapitals einer brasilianischen Kapitalgesellschaft, IStR 2010, 20; *Kempf/Gelsdorf,* Umsetzung der Mutter-Tochter-Richtlinie in deutsches Steuerrecht – eine olle Kamelle?, IStR 2011, 173; *Schnitger,* Die Niederlande als Niedrigsteuerland iSd § 8 Abs 3 AStG und die gewerbesteuerliche Kürzung des Hinzurechnungsbetrages, IStR 2011, 328; *Beckmann/Schanz,* Gewerbesteuerliche Hinzurechnungen und Kürzungen im Zusammenhang mit Beteiligungserträgen, DB 2011, 954; *Ernst,* Das gewerbesteuerliche Schachtelprivileg bei Umwandlungsvorgängen, Ubg 2012, 678; *Kessler/Dietrich,* Wann ist eine Beteiligung eine Schachtelbeteiligung?, DStR 2012, 2101; *Rödder/Liekenbrock,* Verstößt die gewerbesteuerliche Belastung des Hinzurechnungsbetrags iSd § 10 AStG gegen Europarecht?, Ubg 2013, 23.

Übersicht

	Rn
I. Allgemeines	1–4
1. Zweck	1
2. Rechtsentwicklung	2
3. Verhältnis von Vorschriften	3
4. EU-Recht	4
II. Voraussetzungen nach Satz 1	5–11
1. Die Beteiligung nach Satz 1 Hs 1	5–5b
a) Allgemeines	5
b) Dauer	5a
c) Besonderheiten	5b
2. Die Beteiligung nach Satz 1 Hs 2	6
3. Persönlicher Geltungsbereich	7–7b
a) Rechtsformen	7
b) Lebens- und Krankenversicherungsunternehmen sowie Pensionsfonds	7a
c) Mutter-Tochter-Richtlinie	7b
4. Die Tätigkeiten nach § 8 Abs 1 Nrn 1–6 AStG	8
5. Beteiligungen der Tochtergesellschaft	9
6. Bruttoerträge	10–11
a) Allgemeines	10
b) „Fast ausschließlich"	10a
c) Zeitfragen	11
III. Voraussetzungen nach Satz 4–7	12–15
1. Beteiligungen	12, 12a
a) Höhe der Beteiligungen	12

Kürzungen (Zinsen) **§ 9 Nr 7**

	Rn
b) Dauer der Beteiligung	12a
2. Gewinnausschüttungen	13
3. Die Bruttoerträge	14
4. Antrag der Muttergesellschaft	15
IV. Gemeinsame Voraussetzungen für die Anwendung der Sätze 1–6	16
V. Kürzung	17–18
1. Grundsatz	17
2. Gewinn	17a
3. Aufwendungen	17b
4. Kürzung nach Satz 4	18

I. Allgemeines

1. Zweck

Die durch G v 8.9.1972 (BGBl I 1972, 1713) für eine ausländische Schachtelbetei- **1** ligung von seinerzeit 25% (ab EZ 1984 10%), ab **EZ 2008** 15% (G v 14.8.2007, BGBl I 2007, 1912), eingeführte Vorschrift **bezweckt** und bewirkt eine weitgehende **Gleichstellung** der ausländischen mit inländischen Schachtelbeteiligungen (§ 9 Nr 2a GewStG); hinzu kommt das Interesse an einer Gleichstellung mit den nach § 9 Nr 3 begünstigten Erträgen, die wiederum nicht eintritt, wenn die nach Nr 7 erforderlichen Voraussetzungen nicht vorliegen.

Im Ergebnis handelt es sich aber um eine **sachliche Steuerbefreiung,** da idR die Erträge der ausländischen Beteiligungsgesellschaft keiner GewSt unterliegen.

2. Rechtsentwicklung

Zur Umsetzung der sog Mutter-Tochter-Richtlinie – MTR – (EG-RL Nr 90/ **2** 435/EWG v 23.7.1990, ABl EG Nr L 255, 6; **ab EZ 2013:** RL 2011/96/EU des Rates v 30.11.2011, ABl EU L 345, 8) ist durch das StÄndG 1992 (BGBl I 1992, 297) dem Satz 1 ein 2. Halbsatz angefügt worden. Die **derzeitige Fassung** hat die Vorschrift durch G v 23.10.2000 (BGBl I 2000, 1433: Übernahme des Regelungsgehalts des **§ 26 Abs 2–5 KStG aF**), G v 20.12.2001 (BGBl I 2001, 3858: Übernahme der in **§ 8 Abs 2 AStG aF** genannten Voraussetzungen), G v 22.12.2003 (BGBl I 2003, 2840; Anfügung v. Satz 6, jetzt **Satz 8**), G v 13.12.2006 (BGBl I 2006, 2878: nur **Kürzung um den Nettobetrag**) sowie G v 14.8.2007 (BGBl I 2007, 1912: **Mindestbeteiligung 15%**) u G v 26.6.2013 (BGBl 2013, 1809: Anpassung an die **Änderung der MTR** – s.o. –) erhalten.

3. Verhältnis von Vorschriften

Die Vorschriften des **Satzes 1 und des Satzes 4** schließen sich mE tatbestands- **3** mäßig aus (aA *Blümich/Gosch* § 9 GewStG Rn 295). Im Übrigen kann es angesichts der unterschiedlichen Rechtsfolgen nicht zu einer kumulativen Anwendung kommen (BFH I R 186/94 BStBl 1997, 434; *Blümich/Gosch* aaO).

Zur jedenfalls nach dem Wortlaut der Vorschriften gegebenen **Anwendungsproblematik der Nr 7** und **§ 8 Nr 5** vgl dort Rn 1; zur gewstrechtlichen Wirkung abkommensrechtlicher Privilegien vgl § 8 Nr 5 Rn 6.

Bei Zusammentreffen mit abweichenden Vorschriften eines **DBA** sind die für den Stpfl jeweils günstigeren Bestimmungen anzuwenden (R 9.5 Satz 7 GewStR). Die **Auslegung** von DBA-Vorschriften lässt aber keine zwingenden Rückschlüsse auf die Auslegung der Begriffe des nationalen Außensteuerrechts zu (BFH I R 154/ 81 BStBl II 1985, 160).

§ 9 Nr 7

4. EU-Recht

4 Zweifel im Hinblick auf das **Europäische Recht** bestehen abweichend von der bisherigen Auffassung mE insofern, als in § 9 Nr 2a kein Aktivitätsvorbehalt besteht (ebenso *Blümich/Gosch* § 9 GewStG Rn 297; *Lüdicke* IStR 2002, 337, 341; 2003, 188, 193; *Rainer* DStR 2007, 667). Zwar besteht der Zweck jener Vorschrift, anders als der der Nr 7, in der Vermeidung von Doppelbelastungen mit GewSt. Das ändert jedoch nichts daran, dass in der Nr 7 höhere Hürden für die Berücksichtigung von ausländischen Erträgen aufgestellt werden als in der Nr 2a (s EuGH C-347/04 BStBl II 2007, 492).

II. Voraussetzungen nach Satz 1

1. Die Beteiligung nach Satz 1 Hs 1

5 a) **Allgemeines.** Die **Beteiligung** muss sich **im BV** des beteiligten Unternehmens befinden (hierzu RFH RStBl 1936, 590; vgl BFH II R 186/80 BStBl II 1987, 550). Nach BFH I R 31/99 BStBl 2001, 685 genügt bei der Anwendung des Satzes 1 auch eine **mittelbare Beteiligung** (zust H 9.5 GewStH; *Sarrazin* in *L/S* § 9 Nr 7 Rn 23; *Blümich/Gosch* § 9 GewStG Rn 308). ME ergibt jedoch der Klammerzusatz „Tochtergesellschaft" sowie ein Vergleich von Satz 1 und Satz 4, dass die Muttergesellschaft unmittelbar an der Tochtergesellschaft beteiligt sein muss.

5a b) **Dauer.** Die **Beteiligung nach Satz 1 Hs 1** muss **mindestens 15%** (bis einschließlich **EZ 2007: 10%**) vom Nennkapital der ausländischen Gesellschaft betragen und **seit Beginn des EZ** zumindest in dieser Höhe **ununterbrochen** bestanden haben (krit *Kempf/Gelsdorf* IStR 2011, 173: Verstoß gegen die MTR; s auch *Kessler/Knörzer* IStR 2008, 121; *Kessler/Dietrich* DStR 2012, 2101); es kommt im Unterschied zu Nr 2a also auf die Dauerhaftigkeit der Beteiligung an. Bei **Beginn der StPfl während des EZ** ist mE dieser Zeitpunkt maßgebend, weil ein abgekürzter EZ (§ 14 Satz 3) besteht (*Blümich/Gosch* § 9 GewStG Rn 309). Über die **Dauer** bzw das **Ende der Beteiligung** enthält das G keine Bestimmung; nach der bisher hier vertretenen Auffassung sollte die Beteiligung zumindest bis zum Ende des EZ endenden Wirtschaftsjahres bestehen(so auch *Blümich/Gosch* § 9 GewStG Rn 309 „Ende der Beteiligung"; offen gelassen durch BFH I R 71/09 BStBl II 2011, 129). Vorzuziehen ist aber die Auffassung von *Sarrazin* in *L/S* § 9 Nr 7 Rn 24, wonach es auf den Zeitpunkt des Gewinnbezugs ankommt. Das ergibt sich mE aus dem Zweck der Vorschrift, Gewinne aus Schachtelbeteiligungen zu begünstigen, sowie aus dem diesem Zweck entsprechenden Textzusammenhang, der für die erforderliche Dauer der Beteiligung nur die Gewinnanteile und den Beginn des EZ markiert.

5b c) **Besonderheiten.** Im Falle der **Gesamtrechtsnachfolge** (§§ 3 ff bzw 11–13 UmwStG) ist die bereits abgelaufene Beteiligungsdauer unter der Voraussetzung, dass die notwendige Beteiligungshöhe (15% bzw bis EZ 2007: 10%) erreicht war, der übernehmenden Gesellschaft zuzurechnen (§ 4 Abs 2 Satz 3 bzw § 12 Abs 3 Satz 1 iVm § 4 Abs 2 Satz 3 UmwStG; ebenso *Blümich/Gosch* § 9 GewStG Rn 311). Für **andere Umwandlungsvorgänge** (zB Anteilstausch, § 22 UmwStG) gilt dies mE mangels Verweisung auf § 4 Abs 2 Satz 3 UmwStG nicht (zu den Problemen *Ernst* Ubg 2012, 678).

Eine **wechselnde Beteiligungshöhe** hat nur Bedeutung, wenn die Beteiligungsgrenze unterschritten wird (s.o.). Im Übrigen ist kein Einfluss auf die Höhe der Kürzung, bei der also vom Betrag der zugeflossenen Dividenden auszugehen ist (hierzu Rn 17). Sinkt sie bis zum Gewinnbezug auch nur kurzfristig unter 15% bzw

Kürzungen (Zinsen) **§ 9 Nr 7**

bis EZ 2007: 10%, so entfällt die Vergünstigung (vgl BFH I R 154/81 BStBl II 1985, 160).

2. Die Beteiligung nach Satz 1 Hs 2

Für die Anwendung von **Satz 1 Hs 2** (EU-Ausland; Mutter-Tochter-Richtlinie) kommt es nach der Neufassung *auch rückwirkend* (§ 36 Abs 8 c) nunmehr auf eine **Beteiligungshöhe von 10%** und das Bestehen der **Beteiligung zu Beginn des EZ** an. Die **Dauer der Beteiligung** im EZ ist hiernach nicht von Bedeutung. **6**

3. Persönlicher Geltungsbereich

a) Rechtsformen. Die **Rechtsform des beteiligten Unternehmens** ist für die Schachtelvergünstigung ohne Bedeutung, auch wenn die Vorschrift im Hinblick auf § 8b Abs 1 KStG oder ein jeweiliges DBA praktisch nur für Einzelunternehmen und Personengesellschaften relevant ist. Auch **im Ausland ansässige** Unternehmen sind begünstigt, wenn sie im Inland eine Betriebsstätte unterhalten und die Beteiligung zum BV dieser Betriebsstätte zählt (zur Problematik vgl BFH II R 186/80 BStBl II 1987, 550). **7**

Die **ausländische Gesellschaft iSv Satz 1 Hs 1** (Tochtergesellschaft) muss dem Zweck der Vorschrift entsprechend einer deutschen Kapitalgesellschaft vergleichbar sein. Auf das Bestehen einer Rechtspersönlichkeit oder die steuerliche Behandlung im Ausland allein kommt es nicht an (*Lempenau* BB 1972, 1045; *Sarrazin* in *L/S* § 9 Nr 7 Rn 23). Zur **ausländischen Gesellschaft iSv Satz 1 Hs 2** (Tochtergesellschaft) s Rn 7b.

b) Lebens- und Krankenversicherungsunternehmen sowie Pensionsfonds. Für solche Unternehmen enthält Satz 8 einen **Kürzungsausschluss** für Gewinne aus Anteilen, die den Kapitalanlagen zuzurechnen sind. Die Vorschrift ist ab EZ 2004 anzuwenden (§ 36 Abs 7). Vgl hierzu § 9 Nr 2 Rn 3 und § 9 Nr 2a Rn 8c. **7a**

c) Mutter-Tochter-Richtlinie. Bei der Umsetzung der **MTR** durch Satz 1 Hs 2 kommt es darauf an, dass die **Tochtergesellschaft** die Bedingungen der Anlage 2 zum EStG erfüllt. Das sind im Wesentlichen Anforderungen an die **Rechtsform** (Kapital- u vergleichbare Gesellschaftsformen der EU), die **Ansässigkeit** in einem EU-Staat und die **Besteuerung** (Körperschaft- oder ähnliche Steuer). Die Rechtsform des beteiligten Unternehmens wird durch die MTR nicht berührt (ebenso *Blümich/Gosch* § 9 GewStG Rn 303; *Sarrazin* in *L/S* § 9 Nr 7 Rn 46). **7b**

4. Die Tätigkeiten nach § 8 Abs 1 Nrn 1–6 AStG

Die **Tätigkeiten**, aus denen die Bruttoerträge der Tochtergesellschaft stammen dürfen, sind **nach Satz 1 Hs 1** **8**
(Nr 1) Land- und Forstwirtschaft,
(Nr 2) Herstellung, Bearbeitung, Verarbeitung und Montage von Sachen, Erzeugung von Energie sowie Aufsuchen und Gewinnung von Bodenschätzen.
(Nr 3) Betrieb von Kreditinstituten oder Versicherungsunternehmen, die für ihre Geschäfte einen in kaufmännischer Weise eingerichteten Betrieb unterhalten, mit Ausnahmen,
(Nr 4) der Handel, mit Ausnahmen,
(Nr 5) Dienstleistungen, mit Ausnahmen,
(Nr 6) Vermietung und Verpachtung, ausgenommen

(a) die Überlassung der Nutzung von Rechten, Plänen, Mustern, Verfahren, Erfahrungen und Kenntnissen, es sei denn, es handelt sich um die Auswertung der Ergebnisse eigener Forschung und Entwicklungsarbeit,
(b) Vermietung und Verpachtung von Grundstücken, mit Ausnahmen,
(c) Vermietung und Verpachtung von beweglichen Sachen, mit Ausnahmen.

Für Tochtergesellschaften nach der **Mutter-Tochter-Richtlinie** (Satz 1 Hs 2) gelten diese Tätigkeitserfordernisse nicht.

5. Beteiligungen der Tochtergesellschaft

9   Die **Beteiligungen**, aus denen die Erträge der Tochtergesellschaft ebenfalls stammen dürfen, sind:
(1.) **Landesschachtelbeteiligungen**: Beteiligungen (unmittelbar und ununterbrochen seit mindestens 12 Monaten vor dem maßgeblichen Abschlussstichtag mit mindestens 25%) an einer Gesellschaft, die in demselben Staat wie die Holding ansässig ist und ausschließlich oder fast ausschließlich Bruttoerträge aus aktiver Wirtschaftstätigkeit (Rn 10 ff) erzielt,
(2.) **Funktionsschachtelbeteiligungen**: Beteiligungen (unmittelbar und ununterbrochen seit mindestens 12 Monaten vor dem maßgeblichen Abschlussstichtag mit mindestens 25%) an einer Gesellschaft iZm eigener aktiver Wirtschaftstätigkeit (Rn 8), wenn die Gesellschaft (auch in einem Drittstaat) ihrerseits ausschließlich oder fast ausschließlich werbende Tätigkeit (Rn 8) ausübt,
(3.) **Beteiligungen** an Gesellschaften **isd MTR** (Anlage 2 EStG), die weder Geschäftsleitung noch Sitz im Inland haben und an deren Kapital die Beteiligung mindestens ¹⁄₁₀ zu Beginn des EZ beträgt. Weitere Beschränkungen enthält Satz 1 Hs 2 nach der Änderung durch das JStG 2008 v 20.12.2007 (Rn 2) nicht mehr.

6. Bruttoerträge

10   a) **Allgemeines. Bruttoerträge** iSd Vorschrift sind bei BV-Vergleich die Solleinnahmen, bei Einnahmen-Überschussrechnung die Isteinnahmen, jeweils vermindert um gesondert ausgewiesene USt und durchlaufende Posten (BFH I R 75/07 BFH/NV 2008, 1395).

10a   b) „**Fast ausschließlich**". Die Formulierung „**fast ausschließlich**" ist in der Vorschrift nicht definiert. Zutreffend ist mE, dass es sich hierbei um eine relative Grenze handelt, die nach BFH mindestens 90% bedeutet (BFH I R 77/94 BStBl II 1996, 122; I R 75/07 BStBl II 2010, 1028; zust *Sarrazin* in *L/S* § 9 Nr 7 Rn 26), mE zweifelhaft. Das Verhältnis von 90 : 10 wird im Steuerrecht allgemein durch Formulierungen wie „weitaus überwiegend" bezeichnet. „Fast ausschließlich" ist mehr als dies, nämlich fast 100%, also wohl 99%.

Ist die ausländische Tochtergesellschaft **mitunternehmerisch** an einem weiteren Unternehmen beteiligt, sind ihr die in diesem Rahmen erzielten Bruttoerträge (auch bei mehrstufiger Beteiligung) anteilig zuzurechnen (BFH I R 75/07 aaO).

11   c) **Zeitfragen.** Der Zeitraum, in dem die vorgenannten Voraussetzungen **bei der Tochtergesellschaft** erfüllt sein müssen, ist im Gesetz nur im Hinblick auf **zulässige Beteiligungen** bestimmt, nämlich mit mindestens 12 Monaten vor dem für die Gewinnermittlung der Tochtergesellschaft maßgebenden Abschlusszeitpunkt.

Im Hinblick auf die **Tätigkeitserfordernisse** ist eine zeitliche Voraussetzung nicht bezeichnet. Daraus könnte man schließen wollen, die vom Gesetz bezeichnete Tochtergesellschaft solle die Voraussetzungen von Dauer erfüllen. Ein Vergleich

Kürzungen (Zinsen)

mit der erforderlichen Beteiligungsdauer und mit den Grundsätzen zum Ausschließlichkeitsgebot in § 9 Nr 1 Satz 2 (dort Rn 23) zeigt mE jedoch auf, dass es allein auf das **Wirtschaftsjahr** ankommt, in dem die Gewinnanteile bei der Tochtergesellschaft erwirtschaftet worden sind (ebenso *Sarrazin* in *L/S* § 9 Nr 7 Rn 35). Dh sie darf in diesem Wj im Wesentlichen keiner anderen Tätigkeit nachgehen. Daher sind Ausschüttungen aus einem **Gewinnvortrag** eines Wj nicht begünstigt, in dem die Tochtergesellschaft die Aktivitätserfordernisse (noch) nicht erfüllt hat (FG Hamburg 2 K 101/11 EFG 2013, 541).

III. Voraussetzungen nach Satz 4–7

1. Beteiligungen

a) Höhe der Beteiligungen. Erforderlich ist eine **Beteiligung** an einer **ausländischen Enkelgesellschaft** von **mindestens 15%** (**bis EZ 2007: 10%**). Die vermittelnde Beteiligung **an der Tochtergesellschaft** muss mE ebenfalls mindestens 15% (bis EZ 2007: 10%) betragen (vgl die Definition der Tochtergesellschaft in Satz 1; ebenso *Sarrazin* in *L/S* § 9 Nr 7 Rn 56; *Blümich/Gosch* § 9 GewStG Rn 321). Aber auch die **Beteiligung der Tochter** an der Enkelgesellschaft muss ihrerseits **mindestens 15%** (**bis EZ 2007: 10%**) betragen; das ergibt sich nunmehr aus Satz 6 Nr 2 iVm Satz 1. Die gebotene Beteiligungsquote der Mutter- an der Enkelgesellschaft darf **nicht durch Zusammenrechnung** der mittelbaren mit einer unmittelbaren Beteiligung, also der Mutter- an der Enkelgesellschaft, erreicht werden (BFH I R 186/94 BStBl II 1997, 434; H 9.5 GewStH). Entsprechendes gilt mE für mehrere mittelbare Beteiligungen (**aA** *Flick/Wassermeyer* FR 1975, 342; *Reuter* DStR 1974, 67, 72). Der Wortlaut der Vorschrift(en) schließt mE eine Zusammenrechnung eindeutig aus. 12

b) Dauer der Beteiligung. Trotz der o.a. Verweisungskette nach der Fassung **bis EZ 2000** ergab sich nach höchstrichterlicher Rspr aus § 26 Abs 5 Nr 2 iVm Abs 2 KStG aF nicht, dass die Tochtergesellschaft seit mindestens 12 Monaten vor Ende des EZ oder eines davon abweichenden Gewinnermittlungszeitraums in der bezeichneten Höhe an der Enkelgesellschaft beteiligt sein muss (BFH I R 186/94 BStBl II 1997, 434 im Wege einer teleologischen Reduktion; ebenso *Blümich/Gosch* § 9 GewStG Rn 323). ME befand sich diese Auffassung nicht im Einklang mit der seinerzeitigen Gesetzeslage. 12a

Durch die Fassung der Vorschrift grds **ab EZ 2001** ist mE klargestellt, dass die Tochtergesellschaft lediglich seit Beginn des EZ **ununterbrochen** an der Enkelgesellschaft beteiligt sein muss (Satz 6 Nr 2 iVm Satz 1; vgl Rn 5a u 5b).

2. Gewinnausschüttungen

Voraussetzung ist die **Gewinnausschüttung** von der Enkelgesellschaft an die Tochtergesellschaft „**in einem Wirtschaftsjahr**". Das ist mE das Wirtschaftsjahr der Muttergesellschaft (des deutschen Unternehmens; ebenso *Sarrazin* in *L/S* § 9 Nr 7 Rn 57). Es muss sich bei den von der Muttergesellschaft bezogenen Gewinnen aus Anteilen an der Tochter nicht um eine Ausschüttung von Gewinnanteilen durch die Enkelgesellschaft handeln. Ebenso wenig ist zeitlicher Zusammenhang oder eine bestimmte zeitliche Abfolge erforderlich. Voraussetzung ist allein, dass die Ausschüttung durch die Enkelgesellschaft in dasselbe Wirtschaftsjahr fällt wie der Bezug von Gewinnanteilen bei der Tochtergesellschaft. „**Ausschüttung**" von der Enkelgesellschaft ist alles, was diese auf gesellschaftsrechtlicher Grundlage an die Tochter erbringt, etwa auch Gewinnabführungen (denn die §§ 14 ff KStG finden auf ausländische Kapitalgesellschaften keine Anwendung, vgl *Blümich/Gosch* § 9 GewStG Rn 325). 13

§ 9 Nr 7

3. Die Bruttoerträge

14 Sie müssen (bisher: Hinweis auf § 26 Abs 5 Satz 3 KStG; nunmehr: Satz 6 Nr 1) ausschließlich oder fast ausschließlich aus Tätigkeiten nach § 8 Abs 1 Nrn 1 bis 6 AStG (Rn 8, 10 ff) oder aus Beteiligungen iSv Satz 1 Nr 1 bezogen sein (vgl hierzu Rn 9 zu (1.)). Beteiligungen der Enkelgesellschaft an einer Funktionsholding nach Satz 1 Nr 2 (Rn 9 zu (2.)) sind schädlich.

4. Antrag der Muttergesellschaft

15 Die Kürzung erfolgt **nur auf Grund Antrags** der Muttergesellschaft (des deutschen Unternehmens) auf Kürzung des GewErtrags um den Teil des von ihm bezogenen Gewinns, der der Gewinnausschüttung der Enkelgesellschaft nach dem Maße der mittelbaren Beteiligung entspricht.

Beispiel:
Die Mutter ist mit 40% an der Tochter, die Tochter mit 50% an der Enkelin beteiligt. Die Mutter ist mit 20% mittelbar an der Enkelin beteiligt. Dieser Prozentsatz der Ausschüttung der Enkelgesellschaft kann der Kürzung unterworfen werden.

IV. Gemeinsame Voraussetzungen für die Anwendung der Sätze 1–6

16 **Erfüllung der steuerlichen Pflichten.** Die Muttergesellschaft hat die steuerlichen Pflichten zu erfüllen, die ihr **bis EZ 2000** nach **§ 26 Abs 4 KStG** oblagen (§ 9 Nr 7 Satz 3 GewStG iVm § 26 Abs 5 Satz 3 Nr 3 KStG aF; hierbei war die fehlende Verweisung auf § 26 Abs 4 KStG aF bei Schachtelbeteiligungen an Tochtergesellschaften im Wege der Lückenausfüllung zu ergänzen, vgl *Blümich/Gosch* § 9 GewStG Rn 301). In Übereinstimmung mit § 26 Abs 4 KStG aF setzt die Vergünstigung nach Satz 7 **ab EZ 2001** voraus, dass die Muttergesellschaft alle Nachweise erbringt, insbesondere

(Nr 1) durch Vorlage **sachdienlicher Unterlagen** nachweist, dass die **Tochtergesellschaft** ihre Bruttoerträge (fast) ausschließlich aus unter § 8 Abs 1 Nr 1–6 AStG fallenden Tätigkeiten oder aus unter Satz 1 Nr 1 u 2 fallenden Beteiligungen bezieht,

(Nr 2) durch Vorlage **sachdienlicher Unterlagen** nachweist, dass die **Enkelgesellschaft** ihre Bruttoerträge (fast) ausschließlich aus unter § 8 Abs 1 Nr 1–6 AStG fallenden Tätigkeiten oder aus unter Satz 1 Nr 1 fallenden Beteiligungen bezieht,

(Nr 3) den **ausschüttbaren Gewinn** der Tochtergesellschaft oder Enkelgesellschaft durch Vorlage von Bilanzen und Erfolgsrechnungen nachweist; auf Verlangen sind diese Unterlagen mit dem im Staat der Geschäftsleitung oder des Sitzes vorgeschriebenen oder üblichen Prüfungsvermerk einer behördlich anerkannten Wirtschaftsprüfungsstelle oder einer vergleichbaren Stelle vorzulegen.

Der Nachweis der Festsetzung und Zahlung der anzurechnenden Steuern ist für die Gewährung des gewstlichen Schachtelprivilegs nicht erforderlich (ebenso *Sarrazin* in *L/S* § 9 Nr 7 Rn 41).

V. Kürzung

1. Grundsatz

Zum **Begriff** des **Gewinns aus Anteilen** vgl grds § 9 Nr 2a Rn 6 f. Die Kürzung 17 betrifft nur die Gewinnanteile nach Satz 1 und Satz 4, die bei der Ermittlung des Gewinns nach § 7 GewStG angesetzt worden sind. Hieran fehlt es, wenn der Stpfl ein Schachtelprivileg nach **DBA** in Anspruch genommen hat (BFH I R 95/05 BStBl II 2007, 279; I R 30/05 BFH/NV 2006, 1659). S aber Rn 3.

Die **Kürzung nach Satz 1** erfolgt **von Amts wegen** ohne Antrag (s aber Rn 16). Nur die **Kürzung nach Satz 4** bedarf eines **ausdrücklichen Antrags**.

2. Gewinn

Zu den Gewinnen gehören auch **verdeckte Gewinnausschüttungen** und in 17a den Fällen, in denen der Beteiligte eine Körperschaft ist und bei ihr § 26 Abs 2–5 KStG aF zur Anwendung kommt, der bei der Ermittlung der Einkünfte hinzugerechnete Aufstockungsbetrag der **anrechenbaren ausländischen KSt** (A 65 Abs 1 Satz 4 iVm A 61 Abs 1 Satz 12 GewStR 1998; *Sarrazin* in *L/S* § 9 Nr 7 Rn 36; *Blümich/Gosch* § 9 GewStG Rn 315) sowie **Zinsen auf das Eigenkapital** nach dem brasilianischen G Nr 9249/95 bzw 9430/96 (BFH I R 6, 8/11 BStBl II 2013, 111; FG Nürnberg 1 K 1958/2008 IStR 2011, 234; *Baier/Schmid* IStR 2010, 20; *Hengeler-Mueller* FR 2012, 1177). Grundsätzlich ist auch der **Aufstockungsbetrag nach § 12 AStG** einzubeziehen (vgl BFH I R 4/05 BStBl II 2006, 555), was idR angesichts der Aktivitätserfordernisse des 8 AStG scheitern dürfte (*Blümich/Gosch* § 9 GewStG Rn 315; *Günkel/Lieber* IStR 2006, 459); für eine klarstellende Einbeziehung auch des **Hinzurechnungsbetrages nach §§ 7 ff AStG** *Schnitger* IStR 2011, 328; *Rödder/Liekenbrock* Ubg 2013, 23.

Gewinn iSd Vorschrift ist **nicht** der Gewinn aus der **Veräußerung** von Anteilen (BFH I R 154/81 BStBl II 1985, 160); er unterlag bis zum Inkrafttreten des § 3 Nr 40 EStG und des § 8b Abs 2 KStG idF des G v. 20.12.2001 (BGBl I 2001, 3858) der GewSt auch dann, wenn die Veräußerung sämtliche Anteile an einer Kapitalgesellschaft zum Gegenstand hatte (BFH I R 217/69 BStBl II 1972, 470; vgl auch BFH VIII R 3/70 BStBl II 1972, 368). Zu **Teilwertabschreibungen** iZm der Ausschüttung vgl § 9 Nr 2a Rn 9c und § 8 Nr 10.

Bei Beteiligungen nach der **MTR** waren bis EZ 2007 nach Satz 1 solche Gewinne, die auf Grund einer **Herabsetzung des Kapitals** oder nach **Auflösung der Tochtergesellschaft** anfallen, nicht begünstigt. Diese Beschränkung ist durch G v 20.11.2007 (BGBl I 2007, 3150) mit **Wirkung für EZ vor 2007 aufgehoben** worden (§ 36 Abs 8c).

3. Aufwendungen

Im (unmittelbaren) Zusammenhang mit dem Bezug der Schachteldividenden ste- 17b hende Aufwendungen minderten den Kürzungsbetrag nach BFH I R 30/05 BFH/ NV 2006, 1659 entgegen A 65 Abs 1 Satz 4 GewStR aF auch dann nicht, wenn sie den Gewinn gemindert haben (ebenso *Grotherr* BB 2001, 597; **aA** zB *Killinger* BB 1999, 500). Dieser Rspr hat der Gesetzgeber mit Einfügung des Satzes 2 durch G v 13.12.2006 (BGBl I 2006, 2878) den Boden entzogen. **Überschießende Aufwendungen** werden jedoch nicht hinzugerechnet (vgl § 9 Nr 2a Rn 8). Auch eine Hinzurechnung **nach § 8 Nr 1 aF** bzw **§ 8 Nr 1 Buchst a nF** scheidet (in Übereinstimmung mit A 65 Abs 1 Satz 4 GewStR 1998) aus.

Zu den fiktiven Aufwendungen nach **§ 8b Abs 5 KStG** vgl § 9 Nr 2a Rn 8 aE. Die Frage ist jedoch durch Einfügung des Satzes 3 mW auch für EZ vor 2006 (§ 3b Abs 8 Satz 5 Hs 2 GewStG) geklärt.

4. Kürzung nach Satz 4

18 S zunächst Rn 15. Bei **anderen Erträgen** der Tochtergesellschaft neben den Gewinnanteilen der Enkelgesellschaft unterliegt nur der Teil der Ausschüttung der Tochtergesellschaft der Kürzung, der dem Verhältnis der Gewinnanteile zu der Summe der Gewinnanteile und der übrigen Erträge entspricht, höchstens aber in Höhe des Betrages der Gewinnanteile (§ 9 Nr 7 Satz 3 bzw idF des JStG 2007).

Beispiel:

Die Mutter ist mit 40% an der Tochter, diese ist mit 50% an der Enkelin beteiligt. Die Mutter ist mittelbar mit 20% an der Enkelin beteiligt. Diese schüttet 2 Mio aus, hiervon 1 Mio an die Tochter. Diese hat noch sonstige Erträge von 600 000 € und schüttet 1 Mio aus, hiervon 400 000 € an die Mutter. Deren Anteil an der Ausschüttung durch die Enkelin beträgt 400 000 €. Nach Nr 7 Satz 5 kann sie aber nur 1 Mio: 1,6 Mio = 5/8 von 400 000 € = 250 000 € abziehen.

§ 9 Nr. 8 Kürzungen

Die Summe des Gewinns und der Hinzurechnungen wird gekürzt um
...
8. die Gewinne aus Anteilen an einer ausländischen Gesellschaft, die nach einem Abkommen zur Vermeidung der Doppelbesteuerung unter der Voraussetzung einer Mindestbeteiligung von der Gewerbesteuer befreit sind, wenn die Beteiligung mindestens 15 Prozent beträgt und die Gewinnanteile bei der Ermittlung des Gewinns (§ 7) angesetzt worden sind; ist in einem Abkommen zur Vermeidung der Doppelbesteuerung eine niedrigere Mindestbeteiligungsgrenze vereinbart, ist diese maßgebend. ²§ 9 Nr. 2a Satz 3 gilt entsprechend. ³§ 9 Nr. 2a Satz 4 gilt entsprechend. ⁴Satz 1 ist bei Lebens- und Krankenversicherungsunternehmen auf Gewinne aus Anteilen, die den Kapitalanlagen zuzurechnen sind, nicht anzuwenden; für Pensionsfonds gilt Entsprechendes.
...

Gewerbesteuer-Richtlinien 2009: R 9.5 GewStR/H 9.5 GewStH

Literatur: *Manke,* Vermögensteuer- und Außensteuerrecht nach dem Steuerentlastungsgesetz 1984, FR 1984, 77; *Sauer,* Die steuerliche Behandlung von Schachtelbeteiligungen, AG 1977, 215; *Sarrazin,* Analogie zuungunsten des Steuerpflichtigen ..., FR 1984, 499; *Schnädter,* Die Belastung durch die Gewerbesteuer und die Möglichkeiten, sie zu vermeiden, BB 1988, 313, 319; *Grotherr,* Gewerbesteuerliche Auswirkungen der mit steuerlichen Dividenden in Zusammenhang stehenden nicht abzugsfähigen Betriebsausgaben, BB 2001, 597.

I. Allgemeines

1 Die durch G v 22.12.1983 (BGBl I 1983, 1583) eingefügte Vorschrift ist eine Ergänzung zu und Harmonisierung mit § 9 Nr 2a und Nr 7 GewStG. Ist in einem DBA eine höhere Schachtelgrenze vorgesehen, so soll sie für gewerbesteuerliche Zwecke in Entsprechung zu den letztgenannten Vorschriften ebenfalls nur 10%, ab **EZ 2008 15%** (§ 36 Abs 8 Satz 6) betragen.

II. Rechtsformen

Die Rechtsform der **ausländischen Gesellschaft** ist nach dem Wortlaut der Vorschrift **nicht beschränkt** auf ausländische Kapitalgesellschaften. Sie verwendet auch nicht den Begriff der ausländischen Gesellschaft in § 7 Abs 1 AStG, also Körperschaften, Personenvereinigungen oder Vermögensmassen iSd § 1 Abs 1 KStG. Daher können auch Gewinne aus Anteilen an ausländischen **Personengesellschaften** der Kürzung unterliegen (ebenso *Sarrazin* in *L/S* § 9 Nr 8 Rn 2). **Maßgebend** ist der Geltungsbereich des jeweiligen **DBA**. 2

Die Rechtsform des **inländischen Unternehmens** ist grundsätzlich ohne Bedeutung. Jedoch wird eine Schachtelvergünstigung in einem DBA regelmäßig nur Körperschaften gewährt, deren Erträge aus Beteiligungen an anderen Körperschaften bereits nach § 8b Abs 1 KStG iVm § 7 Satz 1 GewStG außer Ansatz bleiben.

III. Beteiligung

Beteiligungen an einer **ausländischen Gesellschaft** (Rn 2) in Höhe von mindestens einem Zehntel, **ab EZ 2008** von **mindestens 15%**. Ist in dem **DBA** eine **niedrigere Mindestbeteiligung** vereinbart, so ist diese maßgebend (vgl R 9.5 Satz 7 GewStR). Ein bestimmter **Stichtag** oder eine **Mindestdauer** der Beteiligung ist im G nicht vorgesehen. Die Anforderungen im Einzelnen richten sich mE nach dem DBA; unabhängig davon dürfte eine Beteiligung in der Mindesthöhe während des Wirtschaftsjahres bis zum Gewinnbezug genügen. 3

Welche **Art der Beteiligung** vorliegen muss, ergibt sich nicht aus § 9 Nr 8, sondern notwendig aus dem jeweiligen DBA (*Blümich/Gosch* § 9 GewStG Rn 344; *Sarrazin* in *L/S* § 9 Nr 8 Rn 3). Die Beteiligung muss sich aber – wie üblich – **im BV** des deutschen GewBetriebs befinden. Zudem müssen die Gewinnanteile bei der Ermittlung des Gewinns angesetzt worden sein.

IV. Voraussetzungen der Kürzung

Bestehen **nach dem jeweiligen DBA** weitere sachliche und/oder persönliche Voraussetzungen für die Befreiung, sind diese auch für die Kürzung maßgebend (R 9.5 Satz 9 GewStR; *Sarrazin* in *L/S* § 9 Nr 8 Rn 5). 4

Erforderlich ist der **Ansatz** der Gewinnanteile **in der Gewinnermittlung.** Es genügt nicht der Ansatz im GewErtrag durch Hinzurechnung nach § 8 Nr 5 (ebenso *Sarrazin* in *L/S* § 9 Nr 8 Rn 4). Gehört allerdings auch die GewSt zum Regelungsbereich eines DBA, so lebt dessen Privilegierung – zunächst verdrängt durch § 8b Abs 1 KStG – nach Hinzurechnung gemäß § 8 Nr 5 wieder auf, mit der Konsequenz, dass die Hinzurechnung zu unterbleiben hat (BFH I R 71/09 BStBl II 2011, 129).

V. Umfang der Kürzung

Es gelten im Wesentlichen die Grundsätze zu § 9 Nr 7 Rn 17 ff und § 9 Nr 2a Rn 8 ff. Zum **Kürzungsausschluss** bei **Lebens-** und **Krankenversicherungsunternehmen** sowie **Pensionsfonds** vgl § 9 Nr 2 Rn 3 und § 9 Nr 2a Rn 8c. 5

§ 9 Nr. 9 Kürzungen *(weggefallen)*

§ 9 Nr. 10 Kürzungen *(aufgehoben)*

Die Summe des Gewinns und der Hinzurechnungen wird gekürzt um

...

10. die nach § 8a des Körperschaftsteuergesetzes bei der Ermittlung des Gewinns (§ 7) angesetzten Vergütungen für Fremdkapital. ²§ 8 Nr. 1 und 3 ist auf diese Vergütungen anzuwenden.

Die Vorschrift ist durch G v 23.12.2003, BGBl I 2003, 2922 mWv EZ 2004 aufgehoben worden; zur Kommentierung s 5. Aufl.

§ 10 Maßgebender Gewerbeertrag

(1) Maßgebend ist der Gewerbeertrag, der in dem Erhebungszeitraum bezogen worden ist, für den der Steuermeßbetrag (§ 14) festgesetzt wird.

(2) Weicht bei Unternehmen, die Bücher nach den Vorschriften des Handelsgesetzbuchs zu führen verpflichtet sind, das Wirtschaftsjahr, für das sie regelmäßig Abschlüsse machen, vom Kalenderjahr ab, so gilt der Gewerbeertrag als in dem Erhebungszeitraum bezogen, in dem das Wirtschaftsjahr endet.

Literatur: *Biber,* Gewerbesteuer bei Umstellung des Wirtschaftsjahres, Betriebseröffnung und Betriebsschließung, BB 1981, 1388; *Woltmann,* Das Ende der Gewerbesteuerpflicht des Einzelunternehmens, DB 1987, 2008; *Corsten,* Gewerbesteuer-„Pause" bei Umstellung des Wirtschaftsjahres, ZKF 1988, 41; *Lüders/Meyer-Kessel,* Gewerbeertragsteuer bei Unternehmen mit vom Kalenderjahr abweichendem Wirtschaftsjahr, DStR 1991, 141; *Pauka,* Erwiderung hierzu, DStR 1991, 443; *Lüders/Meyer-Kessel,* Replik hierzu, DStR 1991, 703.

Übersicht

	Rn
I. Allgemeines	1, 2
1. Grundsatz	1
2. Zur Entstehung	2
II. Maßgebender Gewerbeertrag	3–8
1. Begriff	3, 4
a) Grundsatz	3
b) Abgekürzter EZ	4
2. Sonderregelung nach § 16 Abs 1 GewStDV	5
3. Abweichendes Wirtschaftsjahr	6–8
a) Grundsatz	6
b) Buchführungspflicht	7
c) Umstellung	8
III. Beginn der Steuerpflicht während des ersten EZ bis 1985	9–11
1. Beginn der Steuerpflicht bis 1985	9
2. Ende des ersten Wirtschaftsjahres im ersten EZ	10
3. Wegfall von Abs 2 Satz 2	11

I. Allgemeines

1. Grundsatz

1 Die Vorschrift beruht auf dem System der Gegenwartsbesteuerung. Sie setzt einen stehenden GewBetrieb voraus (vgl FG Schl-H EFG 1997, 550).

Maßgebender Gewerbeertrag § 10

2. Zur Entstehung

Durch G v 26.7.1957 (BGBl I 1957, 848) erhielt Abs 2 seine bis einschließlich 2
1985 geltende Fassung, wonach bei Unternehmen mit abw Wirtschaftsjahr der
GewErtrag als in dem EZ bezogen gilt, in dem das Wirtschaftsjahr endet. Abs 3
Satz 1 erhielt ebenfalls seine bis 1985 einschließlich geltende Fassung (Umrechnung des GewErtrags auf einen Jahresbetrag). Durch G v 13.7.1961 (BGBl I 1961,
981) wurde Abs 3 Satz 2 angefügt (Ausnahmen von der Umrechnung). Durch G
v 19.12.1985 (BGBl I 1985, 2436) wurden Abs 1 neu gefasst und Absatz 2 Satz 2
sowie Abs 3 ersatzlos gestrichen, jeweils mit Wirkung ab EZ 1986. Mit der Streichung des Wortes „einheitliche" durch G v 29.10.1997 (BGBl I 1997, 2590) zur
Anpassung an den Wegfall der GewKapSt ab EZ 1998 erhielt die Vorschrift ihre
jetzige Fassung.

II. Maßgebender Gewerbeertrag

1. Begriff

a) Grundsatz. Absatz 1 enthält eine Bestimmung des Begriffs des **maßgeben-** 3
den GewErtrags. Ab 1986 bezeichnet sie damit den GewErtrag, der in dem EZ
bezogen worden ist, für den der (bis EZ 1997 einheitliche) StMessbetrag festgesetzt
wird. Damit wird der Grundsatz aufgegeben, dass der GewBetrieb während der
gesamten Zeit seines Bestehens, dh von der Eröffnung bis zur Einstellung mit einem
GewErtrag, der der Dauer seiner Stpfl im Kalenderjahr entspricht, zur GewSt herangezogen wird (Begr RegEntw, BTDrs 10/1636, 69). Zugleich wird klargestellt, dass
bei Unternehmen mit dem Kalenderjahr als Wirtschaftsjahr der Bemessungszeitraum
für den GewErtrag und der EZ für die GewSt übereinstimmen. Abweichungen
ergaben sich bis EZ 1985 nach Abs 2 Satz 2 und Abs 3 bei Beginn der StPfl während
des EZ und bei Unternehmen mit abw Wirtschaftsjahr.

b) Abgekürzter EZ. § 10 Abs 1 ist auch anzuwenden, wenn das **Ende des** 4
Gewinnermittlungszeitraums und der **GewStPfl** (zB bei Betriebsverpachtung
ohne Aufgabeerklärung bei abweichendem Wirtschaftsjahr) **auseinanderfallen.** In
diesem Fall besteht nach § 14 (Abs 2 aF) ein abgekürzter EZ. Bringt ein Einzelunternehmer im Laufe des EZ den Betrieb in eine Personengesellschaft ein, an der er
beteiligt ist, dann ist ihm bereits nach allgemeinen Grundsätzen nur der bis zu diesem
Zeitpunkt erwirtschaftete GewErtrag zuzurechnen, weil die persönliche StPfl des
Unternehmers geendet hat (BFH III R 36/85 BStBl II 1989, 664).

2. Sonderregelung nach § 16 Abs 1 GewStDV

Für in **Abwicklung** befindliche **Unternehmen iSd § 2 Abs 2 GewStG** (Kapi- 5
talgesellschaften, Genossenschaften, Versicherungs- u Pensionsfondsvereine auf
Gegenseitigkeit) ist der GewErtrag, der während der Abwicklung entstanden ist,
auf die Jahre der Abwicklung zu verteilen. Abwicklungszeitraum ist der Zeitraum
vom Beginn bis zum Ende der Abwicklung. Beginnt die Abwicklung im Laufe des
Wirtschaftsjahrs, so ist grundsätzlich für die Zeit vom Schluss des vorangegangenen
Wirtschaftsjahrs bis zum Beginn der Abwicklung ein Rumpfwirtschaftsjahr zu bilden, das nicht in den Abwicklungszeitraum einzubeziehen ist (BFH I R 233/71
BStBl II 1974, 692). Wird ein Rumpfwirtschaftsjahr nicht gebildet, dann beginnt
der Abwicklungszeitraum am Schluss des vorangegangenen Wirtschaftsjahrs.

Die **Verteilung** des im Abwicklungszeitraum erzielten GewErtrags auf die einzelnen Jahre erfolgt nach dem Verhältnis, in dem die Zahl der Kalendermonate, in
denen im einzelnen Jahr die StPfl bestanden hat, zu der Gesamtzahl der Kalendermo-

Güroff 977

§ 10 Maßgebender Gewerbeertrag

nate des Abwicklungszeitraums steht (ebenso noch A 46 Abs 1 GewStR 1998). Nach § 16 Abs 2 GewStDV gilt die entsprechende Regelung für **alle GewBetriebe**, wenn über das Vermögen des Unternehmens das Insolvenzverfahren eröffnet worden ist (vgl hierzu RFH RStBl 1940, 476).

3. Abweichendes Wirtschaftsjahr

6 **a) Grundsatz. Absatz 2** enthält eine abw Regelung für Unternehmen mit **abweichendem Wirtschaftsjahr** (Zeitraum, für das sie regelmäßig Abschlüsse machen). Danach gilt der GewErtrag als **in dem EZ bezogen,** in dem das Wirtschaftsjahr endet. In diesem EZ wird der GewErtrag des Wirtschaftsjahres ungeteilt der GewSt unterworfen. Daher ist auch bei Hinzurechnungen nach § 8 und Kürzungen nach § 9 keine Aufteilung vorzunehmen (zu Dauerschuldzinsen vgl FG Hamburg EFG 1989, 420). Der GewErtrag des im EZ endenden abw Wirtschaftsjahres ist auch ohne Umrechnung der Zerlegung zugrunde zu legen (BFH I R 19/92 BStBl II 1993, 679; vgl auch VIII R 45/90 BFH/NV 1993, 191 sowie FG Münster EFG 1992, 292). Die Bestimmung des abw Wirtschaftsjahres erfolgt nicht schon durch die Einreichung einer Eröffnungsbilanz, sondern frühestens mit dem ersten Abschluss (vgl BFH IV R 307/84 BFH/NV 1990, 632). Die Vorschrift gilt auch für den Ertrag eines **Rumpfwirtschaftsjahres,** weil sie die Rechtsfolge nicht auf die Wirtschaftsjahre beschränkt, für die regelmäßig Abschlüsse gemacht werden.

7 **b) Buchführungspflicht.** Die Vorschrift ist **nur anwendbar** für Unternehmen, die **Bücher nach den Vorschriften des HGB** zu führen verpflichtet sind. Sie ist inhaltsgleich mit § 7 Abs 4 Satz 2 KStG und weiter als § 4a Abs 1 Satz 2 Nr 2 EStG, wo es auf die Eintragung im HR ankommt. Praktisch dürfte diese Unterscheidung kaum werden, weil die Betriebseröffnung mit abw Wirtschaftsjahr nach § 4a Abs 1 Nr 2 Satz 1 EStG nur durch im HR eingetragene Gewerbebetriebe und die Umstellung auf ein abw Wirtschaftsjahr nur im Einvernehmen mit dem FA erfolgen darf. Ob § 7, der für die Ermittlung des Gewinns auf das Einkommen in dem dem EZ entsprechenden VZ abstellt, eine insofern vereinheitlichende Funktion zukommt (*Lenski/Steinberg* § 10 Rn 8; *Blümich/Hofmeister* § 10 GewStG Rn 7), ist daher eher theoretischer Natur.

Zur **Führung von Büchern** nach Vorschriften des HGB sind **verpflichtet:** Vollkaufleute mit einem Handelsgewerbe iSv § 1 HGB oder deren Firma nach § 2 oder § 3 Abs 2 HGB ins HR eingetragen ist (vgl § 238 Abs 1 HGB); dazu Handelsgesellschaften (§ 6 HGB), also OHG (§ 105 HGB), KG (§ 161 HGB), AG (§ 1 AktG), KG auf Aktien (§ 278 AktG); GmbH (§ 13 Abs 3 GmbHG), Erwerbs- und Wirtschaftsgenossenschaften (§ 17 Abs 2 GenG) und die großen Versicherungsvereine auf Gegenseitigkeit (§ 53 VAG).

8 **c) Umstellung.** Die Umstellung auf ein vom Kalenderjahr **abw Wirtschaftsjahr** darf nur im Einvernehmen mit dem FA erfolgen (§ 4a Abs 1 Nr 2 EStG; § 7 Abs 4 KStG). Dieses ist vor der Umstellung herzustellen. Durch die Umstellung auf ein abw Wirtschaftsjahr kann eine **GewSt-„Pause"** eintreten (*Corsten* ZKF 1988, 41). Die Auswirkungen lassen sich aber durch die Notwendigkeit, die Zustimmung des FA zur Umstellung herbeizuführen, begrenzen (ebenso *Lenski/Steinberg* § 10 Rn 10). Denn im Rahmen seines pflichtgemäßen Ermessens darf es nur gewichtige wirtschaftliche, sich aus der Betriebsorganisation ergebende Gründe berücksichtigen (vgl BFH I R 141/72 BStBl II 1974, 238; IV R 149/76 BStBl II 1981, 50); zur **Organschaft** vgl BFH I B 31/96 BFH/NV 1997, 378. Die Umstellung auf ein mit dem Kalenderjahr übereinstimmendes Wirtschaftsjahr bedarf nicht der Zustimmung des FA. Ebensowenig ist sie für die Wahl des abw Wirtschaftsjahres bei der Neugründung erforderlich (BFH I R 244/74 BStBl II 1977, 561).

III. Beginn der Steuerpflicht während des ersten EZ bis 1985

1. Beginn der Steuerpflicht bis 1985

Nach der **bis 1985** geltenden Vorschrift des Abs 2 Satz 2 war bei Unternehmen mit einem vom Kalenderjahr abw Wirtschaftsjahr für den ersten EZ der **GewErtrag des ersten Wirtschaftsjahres** maßgebend. Dies galt selbst dann, wenn dieses Wirtschaftsjahr nach dem ersten EZ endete. In diesem Fall war das Ergebnis des ersten Wirtschaftsjahres der GewSt nach dem GewErtrag für den ersten und den zweiten EZ zugrunde zu legen. Für den ersten verkürzten EZ wurde der StMessbetrag nach dem GewErtrag nach § 11 Abs 6 aF GewStG auf den verkürzten EZ umgerechnet (BFH I 232/59 S BStBl III 1961, 23; IV 122/65 BStBl II 1970, 256). Allerdings durfte der im ersten Wirtschaftsjahr bezogene Verlust nur einmal abgezogen werden (BFH IV R 16/66 BStBl III 1966, 684). **9**

2. Ende des ersten Wirtschaftsjahres im ersten EZ

Der in diesem Rumpfwirtschaftsjahr erzielte Gewinn war für die **Umrechnung nach Abs 3 aF** zugrunde zu legen. Dies galt auch für eine Kapitalgesellschaft, die zur Übernahme eines GewBetriebes gegründet worden war, wenn die Übernahme am Ende des Rumpfwirtschaftsjahres erfolgte und die Gesellschaft in diesem noch keinen Gewinn erzielt hatte (BFH I R 244/74 BStBl II 1977, 561). Zum **Wechsel des Organträgers** mit abw Wirtschaftsjahr vgl BFH I R 183/74 BStBl II 1977, 560. **10**

3. Wegfall von Abs 2 Satz 2

Der Wegfall mit **Beginn des EZ 1986** hatte zur Folge, dass ab 1986 bei Neugründungen mit abw Wirtschaftsjahr im EZ der Eröffnung des GewBetriebs keine GewErtragSt mehr erhoben wurde (Entwurf und Begründung der BReg, BTDrs 10/1636, 69). Eine **Ausnahme** bestand nur dann, wenn das erste abw Wirtschaftsjahr ein Rumpfwirtschaftsjahr war und noch im ersten EZ endete. Im Zusammenhang mit der Streichung von Abs 2 Satz 2 stand die Streichung von Absatz 3. **11**

§ 10a Gewerbeverlust

¹Der maßgebende Gewerbeertrag wird bis zu einem Betrag in Höhe von 1 Million Euro um die Fehlbeträge gekürzt, die sich bei der Ermittlung des maßgebenden Gewerbeertrags für die vorangegangenen Erhebungszeiträume nach den Vorschriften der §§ 7 bis 10 ergeben haben, soweit die Fehlbeträge nicht bei der Ermittlung des Gewerbeertrags für die vorangegangenen Erhebungszeiträume berücksichtigt worden sind. ²Der 1 Million Euro übersteigende maßgebende Gewerbeertrag ist bis zu 60 Prozent um nach Satz 1 nicht berücksichtigte Fehlbeträge der vorangegangenen Erhebungszeiträume zu kürzen. ³Im Fall des § 2 Abs. 2 Satz 2 kann die Organgesellschaft den maßgebenden Gewerbeertrag nicht um Fehlbeträge kürzen, die sich vor dem rechtswirksamen Abschluss des Gewinnabführungsvertrags ergeben haben. ⁴Bei einer Mitunternehmerschaft ist der sich für die Mitunternehmerschaft insgesamt ergebende Fehlbetrag den Mitunternehmern entsprechend dem sich aus dem Gesellschaftsvertrag ergebenden allgemeinen Gewinnverteilungsschlüssel zuzurechnen; Vorabgewinnanteile sind nicht zu berücksichtigen. ⁵Für den Abzug der den Mitunternehmern zugerechneten Fehlbeträge nach Maßgabe der Sätze 1 und 2 ist der sich für die Mitunternehmerschaft insgesamt ergebende maßgebende Gewerbeertrag sowie der Höchstbetrag nach

§ 10a

Satz 1 den Mitunternehmern entsprechend dem sich aus dem Gesellschaftsvertrag für das Abzugsjahr ergebenden allgemeinen Gewinnverteilungsschlüssel zuzurechnen; Vorabgewinnanteile sind nicht zu berücksichtigen. [6]Die Höhe der vortragsfähigen Fehlbeträge ist gesondert festzustellen. [7]Vortragsfähige Fehlbeträge sind die nach der Kürzung des maßgebenden Gewerbeertrags nach Satz 1 und 2 zum Schluss des Erhebungszeitraums verbleibenden Fehlbeträge. [8]Im Fall des § 2 Abs. 5 kann der andere Unternehmer den maßgebenden Gewerbeertrag nicht um die Fehlbeträge kürzen, die sich bei der Ermittlung des maßgebenden Gewerbeertrags des übergegangenen Unternehmens ergeben haben. [9]§ 8 Abs. 8 und 9 Satz 5 bis 8 des Körperschaftsteuergesetzes ist entsprechend anzuwenden. [10]Auf die Fehlbeträge ist § 8c des Körperschaftsteuergesetzes entsprechend anzuwenden; dies gilt auch für den Fehlbetrag einer Mitunternehmerschaft, soweit dieser
1. einer Körperschaft unmittelbar oder
2. einer Mitunternehmerschaft, soweit an dieser eine Körperschaft unmittelbar oder mittelbar über eine oder mehrere Personengesellschaften beteiligt ist,
zuzurechnen ist.

Gewerbesteuer-Richtlinien 2009: R 10a.1–10a.4 GewStR/H 10a.1–10a.4 GewStH

Literatur (ab 1997): *Finkbeiner,* Verlustvortrag nach § 10a GewStG bei wechselnden Gesellschaftern einer Personenhandelsgesellschaft, BB 1997, 230; *Pyszka,* Gewerbesteuerlicher Verlustvortrag bei „stufenweisem" Gesellschafterwechsel in Personengesellschaften, DStR 1997, 1073; *Weßling,* Stufenweiser Gesellschafterwechsel in Personengesellschaften und Verlustvortrag bei der Gewerbesteuer, Inf 1997, 167; *Kreckl,* Verlustabzug im Körperschaftsteuerrecht, DStZ 1997, 765; *Schwedhelm/Olbing,* Gesetz zur Fortführung der Unternehmenssteuerreform, Stbg 1997, 385; *Goutier/Müller,* Verfassungswidrigkeit der rückwirkenden Steuerverschärfungsvorschrift des „Gesetzes zur Fortsetzung der Unternehmenssteuerreform", BB 1997, 2242; *Münch,* Die Rückwirkungsproblematik im „Gesetz zur Fortsetzung der Unternehmenssteuerreform", DStR 1997, 1674; *Prinz,* Verlustnutzung bei Verschmelzung nach dem „Gesetz zur Fortsetzung der Unternehmenssteuerreform", FR 1997, 881; *Köster/Prinz,* Spaltung von Kapitalgesellschaften, GmbHR 1997, 339; *Orth,* Gesetz zur Fortsetzung der Unternehmenssteuerreform . . ., DB 1997, 2242; *Füger/Rieger,* Das Gesetz zur Fortsetzung der Unternehmenssteuerreform . . ., DStR 1997, 1427; *Schumacher,* Gewerbesteuerlicher Verlustvortrag einer KG & atypisch Still, DStR 1998, 840; *Hörger/Endres,* Verlustnutzung beim Mantelkauf, DB 1998, 335; *Füger,* Der zeitliche Anwendungsbereich von § 8 Abs 4 KStG und § 50c Abs 11 EStG, DStR 1998, 1153; *Breuninger/Frey,* Erste Anmerkungen zum Entwurf des BMF-Schreibens zur Anwendung von § 8 Abs 4 KStG nF und § 12 Abs 3 S 2 UmwStG nF, GmbHR 1998, 866; *Gerhold,* Der gewerbesteuerliche Verlustvortrag bei Einzelunternehmen und Personengesellschaften, StWa 1998, 221; *Prinz/Ommerborn,* Neue „Organschaftsfälle" bei Verlusten – Abschn 68 Abs 5 GewStR 1998, FR 1999, 993; *Eckart/Kneip/Rieke,* Aktuelle Fragen zur Gewerbesteuer nach Verabschiedung des Steuerentlastungsgesetzes 1999/2000/2002 und der GewStR 1998, Inf 1999, 225; *Dötsch/Pung,* Steuerentlastungsgesetz 1999/2000/2002 . . ., DB 1999, 932; *Patt,* Änderungen im Gewerbesteuerrecht ab dem Erhebungszeitraum 1998, DB 1999, 597; *Patt/Stimpel,* Verlustverwertung im Rahmen einer gewerbesteuerlichen Organschaft, FR 2000, 705; *Prinz/Ommerborn,* Nochmals: Verwaltungsseitige „Organschaftsfälle" zu Recht beseitigt (Erwiderung zu *Patt/Stimpel*), FR 2000, 708; *Meyer,* Verlustnutzung nach Identitätswechsel, BB 2001, 173; *Wendt,* Gewerbesteuerlicher Verlustvortrag bei doppelstöckiger Personengesellschaft, FR 2001, 79; *Gosch,* Zum Vortrag von Gewerbeverlusten bei doppelstöckigen Mitunternehmerschaften, StBp 2001, 24; *Gosch,* Erneut zum gewerbesteuerlichen Verlustabzug, StBp 2001, 80; *Kempermann,* Gewerbesteuerlicher Verlustabzug bei mittelbarer Beteiligung an einer Personengesellschaft, HFR 2001, 263; *Dötsch,* Regierungsentwurf eines StVergAbG: Gravierende Verschlechterungen bei der körperschaftsteuerlichen und gewerbesteuerlichen Verlustnutzung, DStZ 2003, 25; *Dötsch/Pung,* Die Neuerungen bei der Körperschaftsteuer und bei der Gewerbesteuer durch das

Übersicht § 10a

Steuergesetzgebungspaket vom Dezember 2003, DB 2004, 151; *Intemann/Nacke,* Verlustverrechnung nach den Steueränderungen für 2003/2004, DStR 2004, 1149; *Forst/Frings,* Die neue Mindestbesteuerung ab 1.1.2004 – Möglichkeiten zur optimalen Nutzung von Verlustvorträgen, EStB 2004, 80; *Weber-Grellet,* Mindestbesteuerung/Verlustverrechnung, Stbg 2004, 75; *Lehner* (Hrsg), Verluste im nationalen und internationalen Steuerrecht, 2004; *Herzig/Wagner,* Mindestbesteuerung durch die Begrenzung der Verrechnung von Verlustvorträgen, Wpg 2004, 53; *Breiteneicher,* Die Anwachsung als steuerliches Umwandlungsinstrument, DStR 2004, 1405; *Lang/Englisch,* Zur Verfassungswidrigkeit der neuen Mindestbesteuerung, StuW 2005, 3; *Orth,* Organschaft und Anwachsung, DStR 2005, 1629; *Hackmann,* Verfassungswidrigkeit der neuen Mindestbesteuerung? (Rn zu *Lang/Englisch*), StuW 2006, 124; *Zerhusen,* Der Verlustvortrag nach § 10a GewStG beim Ausscheiden eines Gesellschafters aus einer Personengesellschaft unter Berücksichtigung von Sonderbetriebsvermögen, Inf 2005, 698; *Thill,* Der Übergang von Verlustvorträgen bei Anwachsung einer Personengesellschaft auf eine Kapitalgesellschaft, FR 2006, 407; *Zerhusen,* Überblick über den Verlustvortrag nach § 10a GewStG, Inf 2006, 737; *Prinz/Hick,* Transfer gewerbesteuerlicher Verlustabzüge einer Personengesellschaft durch Anwachsung auf eine Organgesellschaft, GmbHR 2006, 841; *Kratzsch,* Untergang des Gewerbeverlustes beim „Ortswechsel" eines Franchisenehmers, GStB 2007, 195; *Günther,* Gewerbesteuerlichen Verlustabzug bei Personengesellschaften optimal nutzen, GStB 2007, 281; *Fischer,* Grenzen der Verlustbeschränkung nach § 10d Abs 2 EStG bei Kapitalgesellschaften, FR 2007, 281; *Dötsch/Pung,* JStG 2007: Die Änderungen des KStG und des GewStG, DB 2007, 11; *Oenings,* Gewerbesteuerliche Verlustverrechnung – Unternehmeridentität iSd § 10a GewStG bei atypisch stiller Gesellschaft, DStR 2008, 279; *Behrendt/Arjes,* Gewerbesteuerliche Unternehmeridentität bei Verschmelzung von Kapitalgesellschaften, DStR 2008, 811; *Loose/Suck,* Die Bindungswirkung des § 10a GewStG im Rahmen von Gesellschafterwechseln bei Personengesellschaften, FR 2008, 864; *Melchior,* Das JStG 2009 im Überblick, DStR 2009, 4, *Lempenau,* Gesetzgebung: Steuergesetzgeber contra Steuerbürger?, DStR 2009 Nr 8, VI; *Onert/Hobser,* Gewerbesteuerliche Verluste bei Mitunternehmerschaften, EStB 2009, 404; *Kleinheisterkamp,* Gewerbeverlust und Zinsvortrag bei Übergang und Aufgabe von Teilbetrieben, FR 2009, 522; *Ropold/Freck,* Die Anwachsung als rechtliches und steuerliches Gestaltungsinstrument, GmbHR 2009, 1076; *Schießl,* Gewerbesteuerliche Fehlbeträge bei Verschmelzung und Auf- bzw Abspaltung von Kapitalgesellschaften, StuB 2010, 17; *Patt,* Einbringung betrieblicher Einheiten durch Kapitalgesellschaften, EStB 2010, 146; *Grützner,* Ausgewählte Regelungen der neuen Gewerbesteuerrichtlinien 2009, BBK 2010, 357; *Brandenberg,* Besteuerung der Personengesellschaften – unpraktikabel und realitätsfremd, FR 2010, 731; *Heinz/Wilke,* Sicherung der Verlustverwertung im Unternehmenskonzern durch Einschaltung von Personengesellschaften, GmbHR 2010, 360; *Lüdicke,* Der Verlust im Steuerrecht, JbFfSt 2010/2011, 11; *Wassermeyer/Brandenberg/Crezelius/Prinz/Wacker,* Gewerbeverlust, JbFfSt 2010/2011, 430; *Schöneborn,* Gewerbeverluste gem § 10a GewStG bei Personengesellschaften, NWB 2011, 366; *Dorenkamp,* Für einen haushaltsverträglichen Einstieg in den Ausstieg aus der Mindestbesteuerung und gegen eine Verfristung von Verlustvorträgen, FR 2011, 733; *Desens,* Der Verlust von Verlustvorträgen nach der Mindestbesteuerung, FR 2011, 745; *Klemt,* Die Entsorgung steuerlicher Altlasten – Rückkehr zum zeitlich beschränkten Verlustvortrag verfassungsrechtlich zulässig?, DStR 2011, 1686; *Esterer/Bartelt,* Einordnung ausgewählter Verlustnutzungsregelungen in die Steuersystematik – Kritische Analyse von sog Mantelkaufregelung und Mindestgewinnbesteuerung, Ubg 2012, 383; *Klomp,* Rechtsschutz im Zusammenhang mit der verfassungskonformen Auslegung der sog Mindestbesteuerung bei Kapitalgesellschaften, GmbHR 2012, 675; *Schöneborn,* Das Merkmal der Unternehmensidentität bei gewerblichen Verlusten, NWB 2013, 863.

Übersicht

	Rn
A. Allgemeines	1–9
I. Zweck	1
II. Zur Entstehung	2

§ 10a — Gewerbeverlust

	Rn
III. Personale und sachliche Elemente/Grundsatz	3
IV. Zeitfragen	4
V. Kein Verlustrücktrag	5
VI. Gewerbeverlust	6–9
1. Begriff	6
2. Vorweggenommene Verluste	7–9
B. Voraussetzungen für den Verlustabzug	10–121d
I. Unternehmensidentität	10–26
1. Allgemeines	10–19
a) Begriff	10
b) Mehrere gewerbliche Betätigungen	11
c) Strukturelle Anpassungen	12
d) Betriebsverlegung	13
e) Teilbetriebe	14
f) Betriebsaufspaltung	15
g) Weitere Einzelfälle	16–19
2. Personengesellschaften	20–24
a) Grundsatz	20
b) Beteiligungen	21
c) Beteiligungsidentische Personengesellschaften	22
d) Übertragungsvorgänge	23–24
3. Körperschaften	25, 26
a) Rechtslage bis EZ 1989 bzw 1988	25
b) Rechtslage ab EZ 1989 bzw 1988	26
II. § 8 Abs 4 KStG aF im Einzelnen	27–44
1. Allgemeines	27–30b
a) Inhalt der Regelung	27
b) Zweck	28–28c
c) Erstmalige zeitliche Anwendung	29
d) Verfassungsrechtliches	30–30b
2. Voraussetzungen nach Satz 2	31–40
a) Einstellung/Fortführung des Geschäftsbetriebes	31
b) Anteilsübertragung von mehr als 75%/50% der Anteile	32–32d
c) Mittelbare Beteiligungsverhältnisse	33–33b
d) Kapitalerhöhung	34
e) Verschmelzungsfälle	35
f) Überwiegend neues Betriebsvermögen	36–36k
g) Reihenfolge	37
h) Sachlicher Zusammenhang	38
i) Zeitlicher Zusammenhang	39
j) Fortführung/Wiederaufnahme	40
3. Ähnliche Fälle iSv Satz 1	41–41d
a) Übertragungsvorgänge	41a
b) Reihenfolge	41b
c) BV-Zuführung	41c
d) Reduzierung der Tätigkeit	41d
4. Umfang des Abzugsverbots	42
5. Sonderfall Sanierung	43–44
a) Allgemeines	43
b) Begriff	43a
c) Einzelnes	43b
d) Fortführung des Geschäftsbetriebs	43c
e) Rechtsfolge	44

Übersicht § 10a

	Rn
III. § 8c KStG im Einzelnen	45–88
1. Allgemeines	46–46c
a) Ursprünglicher Zweck	46
b) Weitere Schritte	46a
c) Persönlicher Anwendungsbereich	46b
d) Verfassungsrechtliches	46c
2. Schädlicher Beteiligungserwerb als Voraussetzung	47–52
a) Begriff	47
b) Gegenstand	48
c) Mitgliedschaftsrechte	49
d) Beteiligungsrechte	50
e) Stimmrechte	51
f) Vermögens- und Pfandrechte	52
3. Erwerber	53–55
a) Begriff	53
b) Nahestehende Personen	54
c) Erwerbergruppe mit gleichgerichteten Interessen	55
4. Übertragungsvorgang	56–60a
a) Begriff	56
b) Umwandlungsrecht	57
c) Kapitalerhöhung	58
d) Erbfolge	59
e) Dauer der Inhaberschaft	60
f) Weiterübertragung des nämlichen Anteils	60a
5. Höhe der Übertragung	61–63
a) Grundsatz	61
b) Vorzugsaktien	62
c) Kapitalerhöhung	63
6. Mittelbare Beteiligungen	64–64c
a) Grundsatz	64
b) Beteiligungsstufen	64a
c) Umfang der Übertragung	64b
d) Personengesellschaft	64c
7. Zeitfragen	65–69
a) Zeitpunkt des Beteiligungserwerbs	65
b) Fünf-Jahres-Fristen	66–69
8. Rechtsfolgen	70–75
a) Nach Satz 1	70
b) Nach Satz 2	71
c) Vorhandensein von Verlustvorträgen	72
d) Maßgeblicher Verlustvortrag	73
e) Unterjährige Ereignisse	74
f) Unternehmenssanierungen	75
9. Vergleichbarer Sachverhalt	76–78
a) Allgemeines	76
b) Positivbeispiele	77
c) Negativbeispiele	78
10. Zeitlicher Geltungsbereich	79
11. Beispiel zur Verlustnutzung	80
12. Ausnahme Konzernklausel (§ 8c Abs 1 Satz 5 KStG)	81–84
a) Allgemeines	81
b) Voraussetzungen	82–83b
c) Rechtsfolge	84

	Rn
13. Stille-Reserven-Verschonungsregel	85–86
a) Allgemeines	85
b) Tatbestandsmerkmale	85a
c) Zeitfragen	85b
d) Rechtsfolge	86
14. Sanierungsklausel (§ 8c Abs 1a KStG)	87–88
a) Allgemeines	87
b) Voraussetzungen	87a–87d
c) Rechtsfolge	88
IV. Betriebe der öffentlichen Hand	89, 89a
1. Zusammengefasste Betriebe gewerblicher Art (ab EZ 2009)	89
2. Kapitalgesellschaften der öffentlichen Hand	89a
V. Unternehmeridentität	90–111
1. Allgemeines	90
2. Einzelunternehmen	91, 92
a) Wechsel im Einzelunternehmen	91
b) Vereinigung von Betrieben	92
3. Mitunternehmerschaften	93–102
a) Allgemeines	93
b) Personenidentische Mitunternehmerschaften	94
c) Wechsel zum letzten Gesellschafter	95
d) Wechsel vom Einzelunternehmen zur Mitunternehmerschaft	96
e) Gesellschafterwechsel in der Personengesellschaft	97
f) Weitere Einzelfälle	98–98b
g) Unterjähriger Wechsel	99
h) Atypische stille Gesellschaft	100
i) Doppelstöckige Personengesellschaft	101, 102
4. Körperschaften/Betriebe gewerblicher Art	103–105
a) Vor Erlass des SEStEG	103
b) Nach Erlass des SEStEG	104
c) Betriebe gewerblicher Art	105
5. Organschaften	106–111
a) Allgemeines	106
b) Innerorganschaftliche Verluste	107
c) Vororganschaftliche Verluste	108–109
d) Andere außerorganschaftliche Verluste des Organs	110
e) Mehrmütterorganschaft	111
VI. Durchführung des Verlustabzugs	112–121d
1. Ermittlung des GewErtrags/-Fehlbetrags	112–112b
a) Ausgangsgrößen	112
b) Veräußerungsgewinne	112a
c) Steuervergünstigungen	112b
2. Abzug	113, 113a
a) Von Amts wegen	113
b) Reihenfolge	113a
3. Mindestbesteuerung	114–115a
a) Bedeutung	114
b) Verfassungsrecht	115
c) Billigkeitsmaßnahmen	115a
4. Verfahren	116–119
a) Bis einschließlich EZ 1989	116

Entstehung   § 10a

	Rn
b) Ab EZ 1990	117
c) Bindungswirkung	118
d) Bekanntgabe	119
5. Abzug bei Personengesellschaften	120–120e
a) Mitunternehmerbezogener Abzug	120
b) Rechtslage ab EZ 2007 (und ggf früher, § 36 Abs 9)	120a–120e
6. Beteiligung einer Körperschaft an Personengesellschaft (Satz 10)	121–121d
a) Grundsatz	121
b) Mehrfache Übertragung des nämlichen Anteils	121a
c) Anwendung der Konzernklausel	121b
d) Anwendung der Verschonungsregeln	121c
e) Anwendung der Sanierungsklausel	121d

A. Allgemeines

I. Zweck

Die Vorschrift dient in Durchbrechung des auch im GewStG angelegten Prinzips **1** der Abschnittsbesteuerung einem **abschnittsübergreifenden Nettoprinzip**. Sie wird als *Fiskalzwecknorm* angesehen (*Kleinheisterkamp* in *L/S* § 10a Rn 2, 4), was mE angesichts ihrer Orientierung an den Interessen der gewerblichen Wirtschaft nur für ihre Beschränkungen zutrifft (kein Verlustrücktrag; zeitliche Streckung bzw teilweise Verhinderung der Verrechnung durch Ansatz von Höchstbeträgen usw). Sie ist mE dem Grundgedanken nach eine *Sozialzwecknorm,* die mit dem Objektsteuerprinzip durchaus vereinbar ist (RFH IV A 33/35 RFHE 38, 120).

II. Zur Entstehung

Das GewStG 1936 (RGBl I 1936, 979) enthielt keine Regelung über den Abzug von **2** Verlusten früherer EZ. Der Verlustabzug wurde **erstmals durch RMF**-Erlass (RStBl 1939, 849) und sodann durch die 3. GewStDV (RGBl I 1940, 284) für buchführende GewTreibende möglich gemacht, und zwar im Wege des Vortrags auf die beiden folgenden EZ. Diese Regelung wurde als § 10a unter Verlängerung des Vortragszeitraums auf drei Jahre in das **GewStG 1951** (BGBl I 1951, 996) übernommen. Durch G v 16.12.1954 (BGBl I 1954, 373) wurde der Vortragszeitraum auf 5 Jahre verlängert. Mit G v 13.7.1961 (BGBl I 1961, 981) wurde der Verlustabzug für die Fälle des § 2 Abs 5 gestrichen. **Bis zum EZ 1974** einschließlich war die Vorschrift nur anzuwenden auf GewTreibende, die den Gewinn nach § 5 EStG auf Grund **ordnungsmäßiger Buchführung** ermittelten. Durch G v 21.12.1974 (BGBl I 1974, 3656) ist dieses Erfordernis fortgefallen. Durch G v 19.12.1985 (BGBl I 1985, 2436) sind die Worte „bei Gewerbetreibenden, die den Gewinn nach § 5 des Einkommensteuergesetzes ermitteln," gestrichen worden. Diese Fassung ist ebenfalls ab EZ 1975 anzuwenden. Weitere Änderungen brachte das StRefG v 25.7.1988 (BGBl I 1988, 1093, BStBl I 1988, 224). Durch Streichung der Worte „vier" bzw „fünf" in Satz 1 ist die zeitliche Beschränkung der Vortragsfähigkeit von Fehlbeträgen aufgehoben worden. Der damalige Satz 2 (jetzt Satz 6) bestimmt, dass die vortragsfähigen Fehlbeträge gesondert festzustellen sind. Der damalige Satz 4 (jetzt Satz 10) schließt die **Verweisung auf § 8 Abs 4 KStG** den Verlustvortrag in Fällen des **sog Mantelkaufs** aus. Diese Vorschriften sind grundsätzlich ab EZ 1990 anzuwenden; jedoch gilt die unbeschränkte Vortragsfähigkeit bereits für

§ 10a

Verluste ab EZ 1985; der Ausschluss des Verlustabzugs beim Mantelkauf gilt bereits vor dem EZ 1990, wenn die maßgeblichen Rechtsgeschäfte nach dem 23.6.1988 abgeschlossen worden sind (§ 36 Abs 6 aF). Mit Änderung des Satzes 1 und Einfügung der neuen Sätze 2 und 3 durch das GewStÄndG v 23.12.2003 (BGBl I 2003, 2922) ist die Kürzung um Fehlbeträge auf einen Betrag von 1 Mio € und darüber hinaus 60% der nicht ausgeglichenen Fehlbeträge beschränkt; der Abzug vororganschaftlicher Fehlbeträge ist vollständig ausgeschlossen worden. Diese Änderungen sind ab EZ 2004 anzuwenden.

Durch **JStG 2007** v 13.12.2006 (BGBl I 2006, 2878) ist durch Einfügung der Sätze 4 u 5 festgeschrieben worden, dass bei **Mitunternehmerschaften** die Zurechnung des maßgebenden Fehlbetrags sowie – für den Abzug – des maßgebenden GewErtrags auf die Mitunternehmer nach dem **Gewinnverteilungsschlüssel** ohne Berücksichtigung von Vorabgewinnanteilen zu erfolgen hat (mW für 2007 und frühere EZ, § 36 Abs 1 u 9). Durch **G v 14.8.2007** (BGBl I 2007, 1912) ist der Verweis auf § 8 Abs 4 KStG für Zwecke des „Mantelkaufs" an den neu geschaffenen **§ 8c KStG** angepasst worden. Durch G v 20.12.2007 (BGBl I 2007, 3150) wurde in einem neuen Satz 7 der Begriff der vortragsfähigen Fehlbeträge bestimmt. Durch JStG 2009 v 19.12.2008 (BGBl I 2008, 2794) ist in einem neuen Satz 9 die entsprechende Anwendbarkeit von § 8 Abs 8 und 9 Sätze 5–7 KStG (Rn 89a), im neugefassten Satz 10 die entsprechende Anwendbarkeit von § 8c KStG auch auf Mitunternehmerschaften, an denen eine Körperschaft unmittelbar oder mittelbar beteiligt ist, geregelt worden. Differenzierte Anwendungsregeln enthält § 36 Abs 9.

III. Personale und sachliche Elemente/Grundsatz

3   Die Vorschrift nimmt im System der GewSt eine **gewisse Sonderstellung** ein. Sie bringt nach einer ursprünglich von der BFH-Rspr getragenen Mindermeinung und aufgrund der klarstellenden Regelung der Sätze 4 u 5 (G v 13.12.2006, BGBl I 2006, 2878) **personale Elemente** in die als Objektsteuer gedachte GewSt und stellt sie gleichrangig neben unternehmensbezogene Elemente (BFH GrS 3/92 BStBl II 1993, 616; IV R 137/91 BStBl II 1994, 477). Einerseits erfordert sie nach Auffassung des BFH **Unternehmeridentität** (vgl Rn 90 ff). Andererseits setzt der Abzug des GewVerlusts **Unternehmensidentität** voraus (BFH IV R 353/60 U BStBl III 1961, 65; I R 165/80 BStBl II 1985, 403; X R 20/89 BStBl II 1991, 25; VIII B 129/95 BFH/NV 1997, 528), was sich aus dem Objektsteuercharakter der GewSt ergibt (s jedoch Rn 27 ff). Die Berücksichtigung von Verlusten setzt demnach voraus, dass der Verlust während des Bestehens eines Gewerbebetriebes entstanden ist, für den die sachliche GewStPfl (§ 2 Rn 565 ff) bestanden hatte (s Rn 7). Das schließt nicht aus, dass bei Wegfall der GewStPfl wegen eines persönlichen Befreiungsgrundes und Wiederaufleben der GewStPfl die Unternehmer- und Unternehmensidentität erhalten bleibt (BFH I R 92/98 BStBl II 1999, 733). Zu sich hieraus ergebenden Schwierigkeiten vgl u.a. *Mutze* (FR 1968, 26), *Weingart* (DB 1976, 1081). Zur „Billigkeits"regelung bei Seeschifffahrtsunternehmen OFD Kiel FR 1999, 866.

IV. Zeitfragen

4   Die Vorschrift betrifft grundsätzlich **nicht** einen Verlustausgleich **innerhalb des Wirtschaftsjahres,** für das der maßgebende GewErtrag (§ 10a) einheitlich zu ermitteln ist. Das gilt sowohl für einen Mitunternehmerwechsel (vgl BFH VIII R 41/95 BStBl II 1997, 179) sowie für die Einbringung eines Unternehmens in eine Personengesellschaft (BFH VIII R 84/90 BStBl II 1994, 764). Zum **unterjährigen Verlustausgleich** bei Anwendung des **§ 8 Abs 4 KStG aF** bzw **§ 8c KStG** bei einem schädlichen Beteiligungserwerb im Laufe des Wirtschaftsjahres vgl Rn 42, 74.

V. Kein Verlustrücktrag

Einen dem § 10d EStG entsprechenden **Verlustrücktrag** gibt es bei der GewSt nicht. Die finanzielle Schutzbedürftigkeit insbesondere kleinerer Gemeinden mit wenigen großen Steuerzahlern verbot die Übernahme der nach dem Bericht des Finanzausschusses (BTDrs 7/4604, 3) für den Verlustrücktrag maßgebenden Gedanken. Auch in neueren Gesetzgebungsvorhaben ist der Gedanke des Verlustrücktrags bei der GewSt nicht aufgegriffen worden (vgl BTDrs 10/716, 4); hiergegen bestehen **keine** begründeten **verfassungsrechtlichen Bedenken** (BFH I R 62/86 BStBl II 1990, 1083; III R 84/89 BFH/NV 1991, 766; vgl zu § 10d EStG BVerfG 1 BvR 318/88, DStR 1991, 1278). Nimmt ein Veranlagungsbeamter trotzdem irrtümlich einen Verlustrücktrag vor, weil er einen um Verlustrückträge nach § 10d EStG geminderten einkommensteuerlichen Gewinn als Basisgröße für die Ermittlung des GewErtrags ansetzt, so liegt nach Hess FG (EFG 1991, 363) keine zur Berichtigung führende offenbare Unrichtigkeit vor.

5

VI. Gewerbeverlust

1. Begriff

Der **Begriff des GewVerlusts** ergibt sich aus der Vorschrift als „die Fehlbeträge ..., die sich bei der Ermittlung des maßgebenden Gewerbeertrags für die vorangegangenen Erhebungszeiträume ... ergeben haben". Der maßgebende GewErtrag ist der des § 10 (s dort). Vortragsfähiger Fehlbetrag ist demnach nur ein für vorangegangene EZ **insgesamt** ermittelter Fehlbetrag, nicht etwa ein während eines laufenden EZ auf die Zeit vor oder nach einem Gesellschafterwechsel entfallender (Teil-)Fehlbetrag (BFH VIII R 41/95 BStBl II 1997, 179; IV R 90/05 BFH/NV 2009, 843). Der GewVerlust unterscheidet sich vom Verlust bei der ESt und KSt wie der Gewinn vom GewErtrag; dh er bezeichnet die Fehlbeträge, die sich nach den entsprechenden Hinzurechnungen und Kürzungen ergeben haben. Trotz eines einkommensteuerlichen Gewinns kann sich also ein GewVerlust ergeben und umgekehrt.

6

Berücksichtigt werden darf nur der **im Inland entstandene** Verlust (§ 2 Abs 1; Ausnahme: **„finaler" Betriebsstätten-Verlust,** § 9 Nr 3 Rn 4a). GewVerluste aus Betriebsstätten in der ehem DDR und Berlin (Ost) können erstmals ab EZ 1990 abgezogen werden, soweit nicht von § 9a Gebrauch gemacht worden ist (§ 36 Abs 5a idF des Einigungsvertrages).

§ 15a EStG hat – da keine Gewinnermittlungsvorschrift – für den Verlustabzug nach § 10a keine Bedeutung (BFH VIII R 39/97 BFH/NV 1997, 857).

2. Vorweggenommene Verluste

Das GewStRecht berücksichtigt **keine vorweggenommenen Verluste.** Der GewVerlust setzt das Bestehen eines GewBetriebs voraus. Vorher kann ein (abzugsfähiger) Gewerbeverlust nicht entstehen (BFH IV R 107/74 BStBl II 1978, 23; IV R 8/97 BStBl II 1998, 478; IV R 52/09 BStBl II 2011, 929). Das ergibt sich bei der GewSt aus ihrem Objektsteuercharakter (BFH HFR 1961, 52; IV R 107/74 aaO; IV R 52/09 aaO; *Kleinheisterkamp* in *L/S* § 10a Rn 349).

7

Nicht vorweggenommen sind Verluste im **gewerblichen Grundstückshandel,** die durch Erwerb und Bebauung entstanden sind, weil der Gewerbebetrieb hiermit und nicht erst mit der Veräußerung beginnt (FG Saarl EFG 1992, 407; vgl § 2 Rn 201). Zum Beginn der GewStPflicht von **gewerblich geprägten Personengesellschaften** ab EZ 1986 s § 2 Rn 453.

(frei)   **8, 9**

B. Voraussetzungen für den Verlustabzug

I. Unternehmensidentität

1. Allgemeines

10 **a) Begriff. Unternehmensidentität bedeutet,** dass der im Anrechnungsjahr bestehende **Gewerbebetrieb derselbe** sein muss wie der Betrieb, der den Fehlbetrag (Verlust) erwirtschaftet hat (BFH I R 165/80 BStBl II 1985, 403; BFH VIII R 424/83 BFH/NV 1991, 804; VIII R 84/90; BStBl II 1994, 764; *Kleinheisterkamp* in *L/S* § 10a Rn 18; *Blümich/Drüen* § 10a GewStG Rn 45). Das Erfordernis ergibt sich aus dem Charakter der GewSt als Objektsteuer (BFH IV 666/55 U BStBl III 1958, 210; IV R 165/76 BStBl II 1977, 666; I S 3/81 BStBl II 1981, 748). Zum Begriff des Gewerbebetriebs s § 2 Rn 50 ff.

Wer gleichzeitig oder nacheinander **mehrere GewBetriebe** unterhält (§ 2 Rn 16 ff), kann den GewErtrag des einen Betriebes nicht um die Verluste des anderen Betriebes kürzen. Dabei ist es unerheblich, dass der Unternehmer gleichzeitig Steuerschuldner der mehreren GewBetriebe ist (BFH I R 16/66 BStBl II 1969, 169). Das gilt nicht, wenn mehrere Betätigungen als ein einheitlicher Gewerbebetrieb darstellen (vgl BFH X R 130/87 BStBl II 1989, 901).

Unternehmensidentität setzt auf jeden Fall **Unternehmeridentität voraus;** daher darf der GewErtrag einer GmbH & Co KG nicht mit dem GewVerlust einer nur aus natürlichen Personen bestehenden KG ausgeglichen werden (BFH IV R 194/71 BStBl II 1972, 794), ebenso wenig die Verluste aus SonderBV bei einer KG mit GewErträgen aus einem Einzelunternehmen (FG Hamburg 2 K 140/11; vgl aber Rn 25 f u 25, 40).

11 **b) Mehrere gewerbliche Betätigungen.** Übt ein Unternehmer mehrere gewerbliche Betätigungen aus, dann beurteilt sich die Unternehmensidentität nach dem Gesamtbild der Verhältnisse unter Berücksichtigung der Verkehrsanschauung nach wirtschaftlichen Gesichtspunkten (zB BFH VIII R 149/81 BStBl II 1983, 278). Von Bedeutung ist hierbei der **sachliche Zusammenhang,** insb die Gleichartigkeit der Betätigung (die jedoch nicht entscheidend sein muss, BFH VIII R 294/84 BFH/NV 1990, 261), des Kunden- u Lieferantenkreises, der Arbeitnehmerschaft, der Geschäftsleitung, der Betriebsstätten sowie der Umfang und die Zusammensetzung des Aktivvermögens. Unter Berücksichtigung dieser im Hinblick auf die Besonderheiten des Einzelfalles zu gewichtenden Merkmale muss ein **wirtschaftlicher, finanzieller** oder **organisatorischer Zusammenhang** bestehen (BFH IV 353/60 U BStBl III 1961, 65; IV 340/64 BStBl II 1968, 688; IV R 165/76 BStBl II 1977, 666; IV R 26/73 BStBl II 1978, 348; IV R 177/80 BStBl II 1983, 425; III R 78/86 BStBl II 1989, 467; X R 130/87 BStBl II 1989, 901; IV R 137/91 BStBl II 1994, 477; VIII R 84/90 BStBl II 1994, 764; zur Kritik aus der Sicht eines erweiterten Betriebsbegriffes und einer dynamischen Unternehmensauffassung *Braun* BB 1993, 1122). Zu diesen Kriterien vgl § 2 Rn 16 ff.

Diese Kriterien gelten im gleichen Maße für mehrere Betätigungen, die **nacheinander oder gleichzeitig** ausgeführt werden (BFH IV 353/60 U BStBl III 1961, 65; IV R 177/80 BStBl II 1983, 425).

Allerdings kann auch bei **völliger Verschiedenheit** von gleichzeitig oder nacheinander ausgeübten Betätigungen ein einheitliches Unternehmen vorliegen, wenn die Bereiche im vorbezeichneten Sinne finanziell, wirtschaftlich oder organisatorisch zusammenhängen (zB BFH VIII R 310/83 BStBl II 1986, 719; Nds FG EFG 1995, 682).

Unternehmensidentität § 10a

c) Strukturelle Anpassungen. Betriebsbedingte, auch **strukturelle Anpas‑ 12 sungen** an veränderte wirtschaftliche Verhältnisse stehen der Annahme einer identischen Tätigkeit nicht entgegen (BFH IV R 177/80 BStBl II 1983, 425; VIII R 94/90 BStBl II 1994, 764; *Schöneborn* NWB 2013, 863); das gilt umso mehr bei einer bloß partiellen Veränderung (Erweiterung) des Warensortiments (vgl BFH IV R 133/90 BStBl II 1995, 791).

Veränderungen bei der **Gewichtung der Bewertungskriterien** können eintreten bei Veränderungen infolge eines (völligen oder teilweisen) Unternehmerwechsels oder eines Strukturwandels (Verschmelzung, Branchenwechsel, Diversifikation; vgl BFH VIII R 94/90 BStBl II 1994, 764; *Bethmann* StuW 1979, 339). Dies gilt insb für die Geschäftsleitung, den Umfang des Aktivvermögens und dessen Finanzierung. Ihnen ist nicht unbedingt entscheidendes Gewicht beizumessen (BFH IV R 177/80 BStBl II 1983, 425). Die Unbeachtlichkeit der Veränderung solcher struktur- bzw verlegungsbedingten Veränderungen knüpft der BFH an die Voraussetzung, dass der neue und der alte Betrieb bei wirtschaftlicher Betrachtungsweise identisch sind (vgl BFH VIII R 30/05 BStBl II 2007, 723 mwN). Allerdings sind die vom BFH erzielten Ergebnisse nicht immer überzeugend: zB Unternehmensidentität bei Veräußerung des Betriebsgrundstücks an Dritte und des beweglichen AV an eine selbst produzierende Schwestergesellschaft, die bisher Abnehmerin war; diese übernimmt die bisherige Produktion mit nur einem Teil der Arbeitnehmer (BFH VIII R 16/01 BFH/NV 2003, 81).

d) Betriebsverlegung. Im Falle einer Betriebsverlegung gilt Entsprechendes. Es **13 können, müssen aber nicht verschiedene** nacheinander geführte GewBetriebe sein. Es kommt entscheidend auf die o.a. Merkmale an (BFH VIII R 16/01 BFH/NV 2003, 81). Eine große Entfernung zwischen den Betriebsstellen spricht dabei für die Uneinheitlichkeit, zumal die sachlich-organisatorischen Mittel sowie die Kundenkreise unterschiedliche sein dürften; dann genügt auch die Zugehörigkeit zur selben Unternehmensgruppe oder ein im Wesentlichen gleich lautender Franchisevertrag nicht für die Einheitlichkeit des GewBetriebes (BFH VIII R 30/05 BStBl II 2007, 723).

e) Teilbetriebe. Unterhält ein GewTreibender **mehrere Teilbetriebe,** ist ein **14** Verlustausgleich zulässig, solange sie ihm zuzurechnen sind; mit der Veräußerung eines Teilbetriebes geht jedoch der auf diesen entfallende Verlustvortrag unter, nicht jedoch der intraperiodische Verlustausgleich (BFH IV R 86/05 BStBl II 2012, 145; *Schöneborn* NWB 2013, 863; krit *Roser* EStB 2011, 461).

f) Betriebsaufspaltung. Bei einer Betriebsaufspaltung kann Unternehmensiden‑ **15** tität auch dann gegeben sein, wenn die Gesellschafter der Besitz-Personengesellschaft (GbR) ihre Anteile in eine KG einbringen, die in den Pachtvertrag eintritt, auch wenn sie Besitzgesellschaft iR einer weiteren Betriebsaufspaltung ist und die Verwaltungstätigkeit nicht mehr vom Sitz der GbR ausgeht (BFH IV R 137/91 BStBl II 1994, 477).

Bei einer **Rückumwandlung der Betriebs-GmbH** auf die Besitzpersonengesellschaft kann der Verlust der Letzteren geltend gemacht werden (BFH IV 340/64 BStBl II 1968, 688); dagegen geht der Verlust der Betriebs-GmbH mit der Rückumwandlung unter. Auch bei der Anwachsung eines Betriebsunternehmens zum Besitzunternehmen bleibt die Unternehmensidentität für Letzteres gewahrt, auch wenn in der Folge eine weitere Betriebsaufspaltung begründet wird (Nds FG EFG 1995, 230 rkr).

g) Weitere Einzelfälle. Vgl § 2 Rn 16. **16**
(frei) **17–19**

Güroff 989

2. Personengesellschaften

20 **a) Grundsatz.** Bei **Personengesellschaften** gelten die vorstehenden Grundsätze nach herrschender Auffassung nicht, dh bei ihnen werden sachlich an sich selbstständige Tätigkeiten (Rn 11) als ein **einziger GewBetrieb** und damit als ein einziges Unternehmen angesehen (zB *Kleinheisterkamp* in L/S § 10a Rn 25, 28; *Bethmann* StuW 1979, 332, 337). Dogmatische Grundlage für diese Auffassung soll § 15 Abs 3 EStG darstellen, wonach bei Personengesellschaften, die auch gewerblich tätig oder gewerblich geprägt sind, die Tätigkeit stets und in vollem Umfang als Gewerbebetrieb gilt. Jedoch lässt sich diese Vorschrift mE nur so lesen, dass andere Betätigungen einer gewerblich tätigen oder geprägten Personengesellschaft zur gewerblichen **umqualifiziert** werden. Sie lässt die Tatsache unberührt, dass sachlich selbstständige Betätigungen auch verschiedene Unternehmen darstellen (ebenso wohl BFH IV R 177/80 BStBl II 1983, 425; VIII R 30/05 BStBl II 2007, 723). Nach der herrschenden Auffassung bleibt einer Personengesellschaft also der interperiodische Verlustabzug erhalten, wenn sie eine von mehreren Tätigkeiten aufgibt (BFH XI R 60/89 BFH/NV 1994, 899) oder zusätzliche verschiedenartige Tätigkeiten ausübt (**Ausnahme Teilbetrieb,** s Rn 14). Allerdings prüft die Rspr beim Übergang von einer gewerblichen Tätigkeit auf eine verschiedenartige Tätigkeit auch bei einer Personengesellschaft konsequent die Unternehmensidentität (vgl BFH IV R 165/76 BStBl II 1977, 666; IV R 177/80 BStBl II 1983, 425; VIII R 30/05 BStBl II 2007, 723; zum Teilbetrieb IV R 86/05 BStBl II 2012, 145; FG Köln 10 K 1830/10 EFG 2012, 1291; hierzu *Salzmann* DStR 2008, 2016; *Kleinheisterkamp* FR 2009, 522).

21 **b) Beteiligungen.** Mehrere Betriebe liegen auch vor bei der **Beteiligung eines Einzelunternehmers** an einer **Mitunternehmerschaft:** kein Abzug der Verluste bei dieser vom Gewerbeertrag beim Einzelunternehmen (BFH I R 16/66 BStBl II 1969, 169; FG Hamburg 2 K 140/11 EFG 2013, 389, NZB X B 5/13). Zum **Treuhandmodell** s jedoch BFH IV R 26/07 BStBl II 2010, 751.

Bei einer **atypischen stillen Beteiligung** eines Kommanditisten an „seiner" KG besteht gewstrechtlich – anders als zivilrechtlich – nur ein einziger Gewerbebtrieb, wenn der Zweck der atypischen stillen Gesellschaft darauf gerichtet ist, die gesamte Tätigkeit des Inhabers des Handelsgewerbes gemeinsam auszuüben; der vortragsfähige Verlust der KG kann nur mit dem Betrag von dem GewErtrag der KG & Still abgezogen werden, der nach deren Gewinnverteilungsschlüssel auf die KG entfällt (FG Köln 4 K 3505/07 EFG 2011, 1083, Rev IV R 34/10). Mehrere Gewerbebetriebe bestehen jedoch, wenn und soweit der Stille nur an bestimmten Geschäftsbereichen des Handelsgewerbes beteiligt ist (BFH I R 109/94 BStBl II 1998, 685).

22 **c) Beteiligungsidentische Personengesellschaften.** Bei ihnen kann der Verlust der einen Gesellschaft nicht bei der anderen Gesellschaft abgezogen werden; es liegen **verschiedene Gewerbebetriebe** vor (vgl § 2 Rn 27 ff). Veräußert jedoch eine Gesellschaft ihr Betriebsgrundstück an einen Dritten und das gesamte bewegliche Anlagevermögen an eine Schwestergesellschaft, die die Betätigung (Produktion) mit einem Teil des Personals (weiter) betreibt, besteht nach BFH Unternehmensidentität (BFH VIII R 16/01 BFH/NV 2003, 81; aA FG Münster EFG 2001, 649, aufgeh).

23 **d) Übertragungsvorgänge.** Nach hM besteht das **Erfordernis der Fortführung** des Betriebs in seiner bisherigen sachlichen Ausprägung iRd aufnehmenden Gesellschaft/des aufnehmenden Betriebs. Die Tätigkeit der aufgenommenen Gesellschaft muss sich iRd aufnehmenden Gesellschaft wirtschaftlich, organisatorisch und finanziell als Fortsetzung der bisherigen Tätigkeit darstellen. Erforderlich ist aber weder ein abgegrenzter Betriebsteil, gar ein Teilbetrieb, im aufnehmenden Betrieb noch dessen Prägung durch den aufgenommenen Betrieb (vgl BFH VIII 84/90

Unternehmensidentität § 10a

BStBl II 1994, 764; VIII R 16/01 BFH/NV 2003, 81). Bei Anwachsung des Betriebsunternehmens auf das Besitzunternehmen iRd **Beendigung einer Betriebsaufspaltung** und Weiterverpachtung iR einer weiteren Betriebsaufspaltung nimmt das Nds FG IX 836/89 (EFG 1995, 230) Unternehmensgleichheit an. Gegen das Erfordernis der Fortführung zB FG Düsseldorf (11 K 3637/09 EFG 2011, 477). ME ist diese aA unzutreffend: Unternehmensidentität bedeutet im Kontext des § 10a, dass der Verlustbetrieb bis zum vollständigen Verlustausgleich vorhanden sein muss (ähnlich *Kleinheisterkamp* in *L/S* § 10a Rn 36).

aa) Ausscheiden des vorletzten Gesellschafters. Bei Ausscheiden des vor- 23a letzten Gesellschafters aus einer gewerblich tätigen Personengesellschaft kann bei Fortführung des Betriebs durch den Verbleibenden (Einzelunternehmer, Kapitalgesellschaft) Unternehmensidentität gegeben sein (BFH I R 165/80 BStBl II 1985, 403).

bb) Einbringung. Bei Einbringung eines **Einzelunternehmens in eine Per-** 23b **sonengesellschaft** kann für den bisherigen Einzelunternehmer und das bisherige Einzelunternehmen Identität gegeben sein. Nur für die neu eintretenden Gesellschafter kommt es zu einer (teilweisen) Neugründung (BFH IV 293/64 BStBl III 1967, 185; IV R 26/73 BStBl II 1978, 348; IV R 133/90 BStBl II 1995, 791). Verändert sich dagegen mit der Neugründung der sachliche Bestand des Unternehmens, wie im Falle des Übergangs vom Kaufhaus zum Immobilienbüro (BFH IV R 165/76 BStBl II 1977, 666), dann ist Unternehmensidentität zu verneinen.

Im Falle der Einbringung von **Gesellschaftsanteilen** an einer Besitz-GbR in eine KG, die die Verpachtung iR einer Betriebsaufspaltung fortführt, kann die Unternehmensidentität auch dann gegeben sein, wenn die KG Besitzgesellschaft iR einer weiteren Betriebsaufspaltung ist und wenn die Verwaltungstätigkeit nicht mehr vom Sitz der GbR ausgeht (BFH IV R 137/91 BStBl II 1994, 477).

Die **Übertragung** des Gewerbebetriebs **auf eine Kapitalgesellschaft,** an der auch Gesellschafter der Personengesellschaft beteiligt sind, führt zum vollständigen Fortfall der Unternehmensidentität (vgl BFH GrS 3/92 BStBl II 1993, 616; IV B 108/07 ZSteu 2009, R 854).

cc) Verschmelzung. Bei der **Verschmelzung von Personengesellschaften** 23c ist erforderlich und hinreichend die Fortführung des Betriebs der Verlustgesellschaft in der aufnehmenden Gesellschaft (BFH VIII R 84/90 BStBl II 1994, 764). Wird eine Betriebsaufspaltung durch eine **übertragende Umwandlung** der Betriebs-GmbH auf die Besitz-OHG beendet, nimmt der BFH bei Fortführung des Betriebs durch Letztere Unternehmensidentität an (BFH IV 340/64 BStBl II 1968, 688). Bei der **Verschmelzung einer GmbH,** an der eine KG atypisch still beteiligt ist, auf die KG geht mangels Unternehmensidentität der Gewerbeverlust insoweit unter, wie er in dem nach der gesellschaftsinternen Verteilung auf die verschmolzene GmbH entfiel (BFH IV R 38/09 DStR 2013, 400).

dd) Mehrmütterorganschaft. Im Falle einer Mehrmütterorganschaft besteht 23d bei Übernahme sämtlicher Anteile an der Organgesellschaft durch einen Gesellschafter der Organträger-GbR keine Unternehmensidentität mit der Folge, dass jener die im Organkreis aufgelaufenen Verluste auch nicht im Verhältnis seiner bisherigen Beteiligung abziehen kann (BFH I R 1/04 BStBl II 2006, 549; IV R 72/06 BFH/NV 2009, 791; *BMF* BStBl I 2003, 437 Rn 20). Der auf der Lehre von der mehrfachen Abhängigkeit beruhenden aA (BFH I R 43/97 BStBl II 2000, 695), nach der ein Wechsel im Gesellschafterbestand der Organträger-GbR ohne Bedeutung ist, hat der Gesetzgeber durch auch rückwirkenden Erlass der § 14 Abs 2 KStG und § 2 Abs 2 Satz 3 GewStG den Boden entzogen.

§ 10a Gewerbeverlust

23e **ee) Realteilung.** Bei einer **Realteilung** ist erforderlich, dass der auf den Gesellschafter übergehende Betriebsteil ein Teilbetrieb war und sich der anteilige Verlust ihm aus der Buchführung zuordnen lässt (BFH X R 20/89 BStBl II 1991, 25; hierzu *Stöcker* DStZ 1991, 61). Bei einer sonstigen Übertragung des Gewerbebetriebs einer OHG auf die bisherigen Gesellschafter wird der Abzug der Verluste der OHG bei diesen mangels Unternehmensidentität nicht zugelassen (BFH I R 93/69 BStBl II 1971, 147). Das gilt auch, wenn der übernehmende Gesellschafter eine GmbH ist (BFH I R 175/80 BStBl II 1985, 403). Teilweise **aA** und für die Anerkennung einer „partiellen Unternehmensidentität" *Kleinheisterkamp* in *L/S* § 10a Rn 40.

24 *(frei)*

3. Körperschaften

Literatur: *Dieterlen/Schaden,* Die Erweiterung des § 8 Abs 4 KStG (Mantelkauf) um eine gesetzliche Fiktion des Verlusts der wirtschaftlichen Identität, BB 1998, 820; *Hemmelrath,* Neue Rahmenbedingungen zum Unternehmenskauf – Verlust der Verlustnutzung?, DStR 1998, 1033; *Dötsch,* Körperschaftsteuerlicher Verlustabzug – Anwendung von § 8 Abs 4 KStG und § 12 Abs 3 S 2 UmwStG, BB-Beil 8/1999; *Eilers/Wienands,* Konzerninterne Restrukturierungen, FR 1998, 828; *Krebs,* Steuerorientierte Umstrukturierungen, BB 1998, 1921; *Kröner,* Überlegungen zur Verlustnutzung..., DStR 1998, 1495; *Cloppenburg/Strunk,* Der Erlassentwurf zur Verlustnutzung nach § 8 Abs 4 KStG sowie § 12 Abs 3 UmwStG, BB 1998, 2446; *Cloppenburg/Strunk,* Erlass zu § 8 Abs 4 KStG und § 12 Abs 3 Satz 2 UmwStG, BB 1999, 1095; *Roser,* Heilungsmöglichkeiten beim Mantelkauf, GmbHR 1999, 27; *Fey/Neyer,* Veränderungssperre für Konzernstrukturen nach steuerneutraler Spaltung?, GmbHR 1999, 274; *Fey/Neyer,* Überlegungen zur Wahl des Verschmelzungsweges, GmbHR 1999, 952; *Rödder/ Wochinger,* Besteuerung des down-stream-merger, FR 1999, 1; *Neumann,* Verlustabzugsbeschränkung beim Mantelkauf . . ., FR 1999, 682; *Braun,* Verlustabzug nach § 8 Abs 4 KStG, StBp 1999, 13; *Hörger/Endres,* Körperschaftsteuerlicher Verlustabzug . . ., GmbHR 1999, 569; *Bode/Meissner,* Körperschaftsteuerlicher Verlustvortrag . . ., GmbHR 1999, 1069; *Hübner/Schaden,* Die Formelle Verfassungswidrigkeit der §§ 8 Abs 4 KStG und 12 Abs 3 Satz 2 UmwStG . . ., DStR 1999, 2093; *Gehrke/Krohn,* Verlust der wirtschaftlichen Identität nach § 8 Abs 4 KStG . . ., StBp 2000, 46; *Dieterlen/Schaden,* § 8 Abs 4 KStG – Vermögenszuführung über Tochtergesellschaften . . ., GmbHR 2000, 260; *Fey/Neyer,* Verlustnutzung nach Umstrukturierung im Konzern . . ., GmbHR 2000, 705; *Düll/Fuhrmann,* Erwerb der Anteile einer Kapitalgesellschaft und anschließende Verschmelzung auf die Muttergesellschaft . . ., DStR 2000, 1166; *Djanani/Brähler/Zölch,* § 8 Abs 4 KStG und § 12 Abs 3 Satz 2 UmwStG: Die Verlustfallen bei der Umstrukturierung von Konzernen?, BB 2000, 1497; *Heimann/Frey,* Auswirkung der formellen Verfassungswidrigkeit von Steuergesetzen; die mögliche Aufersteheung verlässlicher Verlustnutzungsregelungen?, GmbHR 2001, 171; *Herzberg,* Ausgewählte Fragen zur Einschränkung der Verlustnutzung nach § 8 Abs 4 KStG, DStR 2001, 553; *Rödder/Metzner,* Verlustverbrauchsfolge bei Anwendung von § 8 Abs 4 KStG auf Altfälle, DStR 2001, 560; *Rödder,* Verlustverrechnung im gewerbesteuerlichen Organkreis, DStR 2001, 780; *Janssen,* Die Behandlung des Mantelkaufs nach § 8 Abs 4 KStG . . ., DStR 2001, 837; *Neyer,* Verlustnutzung nach Identitätswechsel, BB 2001, 173; *Orth,* Verlustabzug: Schädliche Zuführung neuen Betriebsvermögens iSd § 8 Abs 4 KStG durch Reorganisationsmaßnahmen?, DB 2001, 1326; *Fuhrmann,* Einzelfragen zum Mantelkauf bei konzerninternen Umstrukturierungen, DB 2001, 1690; *Hoffmann,* Anmerkung zum BFH-Urteil v 8.8.2001 I R 29/00, GmbHR 2001, 1123; *Roser,* Weitere Unklarheiten beim Mantelkauf, GmbHR 2001, 1153; *-sch-,* Anmerkung zum BFH-Urteil v 8.8.2001 I R 29/00, DStR 2001, 1976; *Frotscher,* Zur „Zuführung neuen Betriebsvermögens" nach § 8 Abs 4 KStG . . ., DStR 2002, 10; *Neyer,* Die gegenständliche Betrachtungsweise bei der Prüfung der wirtschaftlichen Identität gemäß § 8 Abs 4 KStG BB 2002, 754; *Crezelius,* Zum Grundverständnis des Mantelkaufs, DB 2002, 2613; *Neumann,* Einschränkung des Verlustabzugs bei Kapitalgesellschaften nach § 8 Abs 4 KStG, § 12 Abs 3 UmwStG und § 15 Abs 4 UmwStG, StB 2002, 246, 292; *Siegels/Krauß,* Verlustabzug bei sukzessiver und mehrfacher Übertragung von Anteilen? . . ., GmbHR 2002, 828; *Dötsch,* Regierungsentwurf eines StVergAbG: Gravierende

Verschlechterungen bei der körperschaftsteuerlichen und gewerbesteuerlichen Verlustnutzung, DStZ 2003, 25; *Herzig/Wagner,* Einschränkung der Verlustberücksichtigung bei Kapitalgesellschaften, DStR 2003, 225; *Roser,* Überschießende Folgen des sog „Mantelkaufs", FR 2003, 451; *Köhler,* § 8 Abs 4 KStG: Verlust der wirtschaftlichen Identität bei überwiegendem Zuführen von „neuem" Betriebsvermögen, DStR 2003, 1011; *Orth,* § 8 Abs 4 KStG: Verlust der wirtschaftlichen Identität verbundener Unternehmen, Der Konzern 2003, 378, 441; *Förster/Schmidtmann,* Die Gesamtplanrechtsprechung im Steuerrecht, StuW 2003, 114; *Gosch,* Neue Antworten und Lösungsansätze des BFH zu den Verlustbeschränkungen des § 8 Abs 4 KStG, DStR 2003, 1918; *Herzig/Thomas,* Einschränkungen bei der Verlustberücksichtigung bei Kapitalgesellschaften, DStR 2003, 225; *Neumann/Neu,* Beschränkungen des Verlustabzugs gemäß § 8 Abs 4 KStG nach dem Kabinettsbeschluss zum StVergAbG, GmbHR 2003, 74; *Kussmaul/Zabel,* Die geplanten Änderungen des Verlustabzugs bei Kapitalgesellschaften nach dem Entwurf des StVergAbG, BB 2003, 290; *Bock,* Das personale Substrat der Körperschaftsteuer beim Mantelkauf und die zeitliche Anwendung des § 8 Abs 4 KStG nF, GmbHR 2003, 497; *Mildner,* Zeitliche Nutzung von Verlusten bei Verschmelzungen, GmbHR 2003, 644; *Berg/Schmich,* Die Auswirkungen eines Forderungsverzichts mit Besserungsschein im Rahmen des § 8 Abs 4 KStG, FR 2004, 520; *Hoffmann,* Forderungsverzicht des Gesellschafters einer Kapitalgesellschaft gegen Besserungsschein bei Gesellschaftswechsel, DStR 2004, 293; *Bock,* Telos und Tatbestand des § 8 Abs 4 KStG . . ., GmbHR 2004, 221; *Bacmeister,* Verlust der wirtschaftlichen Identität und Bestandskraft der Verlustfeststellung, DStR 2004, 841; *Neu/Watermeyer,* Steuerlicher Handlungsbedarf zum Jahreswechsel 2004/2005 (Teil II), DStR 2004, 2128; *Neyer,* Direkter und indirekter Gesellschafterwechsel, DStR 2004, 2379; *Horn,* Einschränkungen der steuerlichen Verlustnutzung durch Kapitalgesellschaften und andere Körperschaften, GmbHR 2004, 1077; *Orth,* Zur wirtschaftlichen Identität einer Kapitalgesellschaft iSd § 8 Abs 4 KStG, FR 2004, 613; *Hans,* Verhindert § 8 Abs 4 KStG die Berücksichtigung von Verlustvorträgen einer übertragenden Körperschaft bei einer aufnehmenden Körperschaft nach einer Verschmelzung?, FR 2005, 907; *Grube/Altrichter-Herzberg,* Aktuelles im Bereich von steuerlichen Verlustvorträgen bei Körperschaften im Zusammenhang mit § 8 Abs 4 KStG; *Kollruss,* Erfasst § 8 Abs 4 KStG auch die Übertragung eines KGaA-Komplementäranteils und damit einen gewerbesteuerlichen Mantelkauf bei der KGaA?, StBp 2005, 65, 109; *Dörner,* Neuere Entwicklungen zur wirtschaftlichen Identität nach § 8 Abs 4 KStG, Inf 2005, 175; *Kaeser,* Der „Mantelverkauf" – ein Fall für die Altkleidersammlung, DStR 2005, 349; *Kluger/Löhr,* Internationaler Mantelkauf, DB 2005, 791; *Lenz/Behnes,* Vermögensumschichtungen als Zuführung neuen Betriebsvermögens iSd § 8 Abs 4 KStG, BB 2005, 2219; *Lüttge/Kuck,* Verlustabzugsbeschränkung nach § 8 Abs 4 KStG in Verschmelzungsfällen mit anschließendem Pflichtangebot nach § 35 Abs 2 WpÜG, DStR 2006, 925; *Engers,* Schädlicher Gesellschafterwechsel iSv § 8 Abs 4 KStG beim Zusammentreffen von kapitalverändernden Maßnahmen und Anteilsübertragungen, BB 2006, 743; *Stahlschmidt,* Die wirtschaftliche Identität beim Verlustabzug der Kapitalgesellschaft nach § 8 Abs 4 KStG, BB 2006, 913; *Wittlinger,* Zuführung überwiegend neuen Betriebsvermögens iSv § 8 Abs 4 KStG, Inf 2006, 661; *Krupske,* Öffnung statt Sperre? Auf der Suche nach einer Alternativlösung zu § 8 Abs 4 KStG, GmbHR 2006, 741; *Rombey-Imschweiler,* Erwerb von Beteiligungen durch Verlustgesellschaften – Grenzen des § 8 Abs 4 KStG und Plädoyer für eine Neuregelung, DStR 2007, 321; *Korn,* Steuerliche Charakterisierung von Rückflüssen aus Besserungsscheinen und Übertragung des Geschäftsanteils, GmbHR 2007, 624; *Breuninger/Frey/Schade,* Geschäftsanteil: Erwerb neuen Betriebsvermögens bei innenfinanzierten Anschaffungen und Branchenwechsel, GmbHR 2007, 1163; *Prokscha,* Aktuelle Rechtsprechung zu § 8 Abs 4 KStG, BB 2008, 310; *Tiedchen,* Das Merkmal der „Zuführung neuen Betriebsvermögens" in § 8 Abs 4 KStG, FR 2008, 201; *Prokscha,* Aktuelle Rechtsprechung zu § 8 Abs 4 KStG, BB 2008, 310.

a) Rechtslage bis EZ 1989 bzw 1988. Nach BFH I R 202/82 BStBl II 1987, 25 308; I R 318-319/83 BStBl II 1987, 310 ist **bei Kapitalgesellschaften** und sonstigen Körperschaften bei einer Änderung der gewerblichen Betätigung das **sachliche Weiterbestehen** des Unternehmens, also der wirtschaftliche, finanzielle oder organisatorische Zusammenhang, **nicht von Bedeutung**. Dies sei zwangsläufig Folge

§ 10a Gewerbeverlust

der weiten Definition des Gewerbebetriebs in § 2 Abs 2 (und 3), wonach die Tätigkeit einer Kapitalgesellschaft (usw) sowie einer sonstigen juristischen Person des privaten Rechts und der nichtrechtsfähigen Vereine stets und in vollem Umfang als GewBetrieb gilt (anders und zutreffend noch BFH I R 137/71 BStBl II 1974, 181; I R 165/80 BStBl II 1985, 403). Das Urteil BFH I R 318-319/83 aaO betrifft insb die Fälle des *sog* „**Mantelkaufs**", also wenn die Kapitalgesellschaft ihre bisherigen Vermögenswerte im Wesentlichen verloren hat und durch Zuführung von Mitteln der Neugesellschafter wirtschaftlich neu belebt wird; entgegen A 68 Abs 6 Satz 7 GewStR 1984 war nach BFH kein Missbrauch anzunehmen (BFH I R 202/82 aaO). **ME** war der geänderten Rspr **nicht zuzustimmen.** Aus § 2 Abs 2 lässt sich nur entnehmen, dass auch bei einer Änderung der Betätigung stets ein GewBetrieb der Kapitalgesellschaft vorliegt, nicht jedoch, dass dies dasselbe Unternehmen/derselbe Gewerbebetrieb ist. Auch bei Kapitalgesellschaften ist daher wegen des Objektsteuercharakters der GewSt auf die Tätigkeit selbst, verkörpert im persönlichen, sachlichen und organisatorischen Substrat, abzustellen (ebenso FG München EFG 1991, 272 rkr; *Fichtelmann* StWa 1988, 77, 80; **aA** *Kleinheisterkamp* in *L/S* § 10a Rn 29).

26 **b) Rechtslage ab EZ 1989 bzw 1988. Für den sog „Mantelkauf"** hat die o.a. Änderung der Rspr zunächst zum Erlass des **§ 8 Abs 4 KStG** geführt (StRefG v 25.7.1988, BGBl I 1988, 1093; Einzelheiten Rn 27 ff). Ziel war es, den vor der Änderung der Rspr bestehenden Rechtszustand wiederherzustellen, dh den Verlustabzug auch bei Körperschaften letztlich an die Voraussetzung der Unternehmensidentität zu knüpfen und beim Verkauf lediglich eines **Verlustmantels** zu versagen (BTDrs 11/2157, 171; BFH I R 81/02 BStBl II 2004, 614; I R 61/01 BStBl II 2004, 616; zur Geschichte u.a. *Dieterlen/Schaden* BB 1998, 820; *Gail/Düll/Heß-Emmerich/Fuhrmann,* DB-Beil 19/98, 18; zur Kritik an der Vorschrift *Kaeser* DStR 2005, 349). **Maßgebliches Kriterium** und *„Voraussetzung für den Verlustabzug"* war folgerichtig die **wirtschaftliche Identität der Körperschaft.**

Diese Regelung wurde **abgelöst durch § 8c KStG** (eingefügt durch G v 14.8.2007, BGBl I 2007, 1912; Einzelheiten Rn 45 ff). Mit dieser Vorschrift wurde das Ziel des § 8 Abs 4 KStG aF aufgegeben. Schon nach ihrer sprachlichen Fassung geht es **nicht** um die Beschreibung der **Voraussetzungen für den Verlustabzug,** sondern um die Beschreibung des **Verlusts des Verlustabzugs;** folglich ist *nicht die wirtschaftliche Identität* das maßgebliche Kriterium, sondern allein der sog **schädliche Beteiligungserwerb** (Rn 47 ff).

Der **Anwendungszeitraum** läuft für die beiden Vorschriften **parallel;** entscheidend sind die tatsächlichen Verhältnisse (vgl Rn 79 ff).

II. § 8 Abs 4 KStG aF im Einzelnen

1. Allgemeines

27 **a) Inhalt der Regelung.** Nach **§ 8 Abs 4 Satz 1 KStG aF** ist Voraussetzung für den **Verlustabzug bei einer Körperschaft,** dass sie nicht nur rechtlich, sondern auch wirtschaftlich mit der Körperschaft identisch ist, die den Verlust erlitten hat. **Wirtschaftliche Identität** liegt nach **§ 8 Abs 4 Satz 2 KStG** insb dann nicht vor, wenn mehr als 75%/50% der **Anteile** an einer Kapitalgesellschaft **übertragen** werden und die Gesellschaft danach ihren Geschäftsbetrieb mit überwiegend neuem BV fortführt oder wieder aufnimmt. Ab **EZ 1997 bzw 1998** (vgl § 54 Abs 6 KStG idF der G v 19.12.1997, BGBl I 1997, 3121) ist ein neuer **Satz 3** des § 8 Abs 4 KStG zu beachten: hiernach ist die Einführung von neuem BV unschädlich, wenn sie allein der **Sanierung** des Geschäftsbetriebs dient, der den verbleibenden Verlustabzug verursacht hat, und die Körperschaft den Geschäftsbetrieb in einem nach dem Gesamtbild der wirtschaftlichen Verhältnisse vergleichbaren Umfang in den folgenden fünf Jahren betreibt.

Das **Verhältnis der ersten beiden Sätze** zueinander ist das von allgemeiner Bestimmung (Obersatz) und beispielhafter Auslegungshilfe durch Kennzeichnung eines Hauptanwendungsfalles; Satz 2 enthält also keine abschließende Regelung, jedoch mittelbar einen Maßstab für die unter Satz 1 zu fassenden Sachverhalte (BTDrs 11/2157, 171; BFH I R 89/96 BStBl II 1997, 829; I R 29/00 BStBl II 2002, 392; I R 18/02 BStBl II 2004, 468; I R 112/03 BStBl II 2004, 1085; I R 64/09 BFH/NV 2011, 525; *BMF* BStBl I 1999, 455; *Schulze zur Wiesche* GmbHR 1988, 350; *Stahl* KÖSDI 1988, 7457; *Blümich/von Twickel* § 10a GewStG Rn 73; *Hörger/Kemper* DStR 1989, 15; *Orth* FR 2004, 613; **aA** *Streck/Schwedhelm* FR 1989, 153).

b) Zweck. Es handelt sich um eine – um eine personelle Komponente angereicherte – **Normierung der wirtschaftlichen Identität** (BFH I R 61/01 BStBl II 2004, 616; I R 87/07 BFH/NV 2008, 2129; *Frotscher/Maas* § 8 KStG Rn 182; krit zB *Bock* GmbHR 2004, 221; *Orth* FR 2004, 613). Sie wird jedoch auch als spezielle **Missbrauchsnorm** angesehen, auch wenn ihr Regelungsgehalt darüber hinaus geht und allgemein wirkt (BFH I R 8/05 BStBl II 2007, 602; zust *Bock* GmbHR 2004, 221; *Dötsch* DStZ 2003, 25; *Roser* GmbHR 2001, 1153; 2003, 451; *Orth* Der Konzern 2003, 378). 28

Die **Missbrauchsabwehr** ist demnach nur **rechtfertigender Grund** für die Norm; sie ist auch anzuwenden, wenn im Einzelfall kein Missbrauch vorliegt (vgl BFH I R 56/09 BFH/NV 2010, 1123; I R 57/09 BFH/NV 2010, 1859; I R 64/09 BFH/NV 2011, 525; I R 8/10 BFH/NV 2011, 1188). Die Änderungen der Struktur, Zusammensetzung und wirtschaftlichen Bedeutung des BV werden für den Verlust der wirtschaftlichen Identität herangezogen, weil sie typischer Weise darauf schließen lassen, dass bei der Anteilsübertragung letztlich nicht der Gewerbebetrieb in seiner bisherigen Gestalt erworben werden sollte (vgl BFH I R 106/05 BStBl II 2008, 986; I R 56/09 aaO); dies insofern, als nach BFH die wirtschaftliche Identität einer Körperschaft als Rechtsperson durch ihren Unternehmensgegenstand und ihr verfügbares BV bestimmt wird (BFH I R 61/01 BStBl II 2004, 616; I R 87/07 BFH/NV 2008, 2129; differenzierend für neu gegründete Kapitalgesellschaften FG München 7 K 1793/08 EFG 2011, 565). 28a

Der **Zweck** der Vorschrift **begrenzt** jedoch ihre **Auslegung** dahin, dass die zum Verlust der wirtschaftlichen Identität führenden Tatbestandselemente im Einzelfall nicht zufällig und unverbunden nebeneinander stehen dürfen, es vielmehr (als Merkmale eines Gesamtplans) eines **zeitlichen und sachlichen Zusammenhangs** bedarf (hierzu Rn 38 ff; ähnlich *Förster/Schmidtmann* StuW 2003, 114). Weitere Einschränkungen (etwa zum Tatbestandsmerkmal „Übertragung") lassen sich aus dem Regelungszweck nicht herleiten (vgl BFH I R 57/09 BFH/NV 2010, 1859). 28b

Angesichts dessen ist es nicht (mehr) zutreffend, die Vorschrift als allgemeine, von ihrem Regelungsgrund entfernte **Verlustabzugsbeschränkung** zu verstehen (so noch *Streck/Schwedhelm* FR 1989, 153; *Bahlau* FR 1988, 565; *Crezelius* DB 2002, 2613; *Rödder* StbJB 2002/2003, 307 ff; *Herzig/Wagner* DStR 2003, 225; *Gosch* DStR 2003, 1917; *Lenz/Behnes* BB 2005, 2219). Das gilt mE auch für die **Verschärfung** des § 8 Abs 4 KStG durch G v 29.10.1997 (BGBl I 1997, 2590, hierzu im Folgenden) und trotz der Einführung des Tatbestandsmerkmals „Fortführung des Geschäftsbetriebs" (zur Kritik an der Verschärfung *Orth* DB 1997, 2242; *Füger/Rieger* DStR 1997, 1427, 1432; *Prinz* FR 1997, 881; *Korn/Strahl* KÖSDI 1997, 11; *Krebs* BB 1997, 2031; *Schwedhelm/Olbing* DStR 1997, 385; *Hörger/Endres* DB 1998, 335; *Gehrke/Krohn* StBp 2000, 46). 28c

c) Erstmalige zeitliche Anwendung. § 8 Abs 4 KStG war grds **erstmals im EZ 1990** anzuwenden (§ 54 Abs 1 KStG idF des G v 25.7.1988), es sei denn die 29 zum Verlust der wirtschaftlichen Identität führenden Rechtsgeschäfte wurden nach dem 23.6.1988 abgeschlossen (Anwendung schon vor EZ 1990, § 54 Abs 4 KStG wie vor; BFH I R 81/97, BStBl II 1998, 485). Sind sie vor diesem Datum abgeschlossen worden, wird die Verlustverrechnung ab EZ 1990 versagt (BFH I R 81/97 aaO; aA *Streck/Schwedhelm* FR 1989, 153; *Hörger/Kemper* DStR 1990, 539: überhaupt keine Anwendung des § 8 Abs 4 KStG, mE zutreffend).

Die **verschärfte Fassung** des G v 19.12.1997 BGBl I 1997, 3121) war anzuwenden bei Verlust der wirtschaftlichen Identität vor 1997 erstmals im EZ 1997, bei Identitätsverlust zwischen 1. 1. und 6.8.1997 erstmals im EZ 1998 (§ 54 Abs 6 KStG wie vor; BFH I R 78/01 BFH/NV 2009, 497; I R 95/04 BFH/NV 2009, 500; *BMF* BStBl I 1999, 455 Rn 35; **aA** FG B-Bbg 6 K 6307/10 EFG 2012, 356: Anwendung der aF) und bei Identitätsverlust nach dem 6.8.1997 mE ebenfalls ab EZ 1997 (FG B-Bbg aaO). Kein Verlust des Verlustvortrags tritt ein, wenn nur bei Zusammenrechnung der vor dem 1. 1. und nach dem 1.1.1997 übertragenen Anteile der Grenzwert von 50% überschritten wird (BFH I R 95/04 BFH/NV 2011, 1192).

30 **d) Verfassungsrechtliches. aa) Problem Rückwirkung.** Zur Rückanknüpfung der **ersten Fassung** des § 8 Abs 4 KStG bei dessen **erstmaliger Anwendung** s BFH I R 81/97 BStBl II 1998, 485.

Die erstmalige Anwendung der Vorschrift in der **verschärften Fassung** d G v 19.12.1997 enthält **keinen Verstoß** gegen das **Rückwirkungsverbot** (BFH I R 78/01 BFH/NV 2009, 497: der StPfl müsse bei Vorschriften zur Missbrauchsabwehr jederzeit mit auch rückwirkenden Einschränkungen rechnen; **aA** *Prinz* FR 1997, 881; *Goutier/Müller* BB 1997, 2242; *Münch* DStR 1997, 1674; *Füger* DStR 1998, 1153.

30a **bb) Verstoß gegen das Demokratieprinzip.** Das Gesetzgebungsverfahren litt an einem erheblichen, mE nicht nur formellen Mangel (Vermittlungsausschuss als „**Ersatzgesetzgeber**"; vgl BFH I R 58/01 BStBl II 2002, 395; I R 25/06 BStBl II 2007, 793; *OFD Koblenz* BB 2003, 1942; hierzu u.a. *Braun* StBp 1999, 13; *Bock/Meissner* GmbHR 1999, 1069; *Hübner/Schaden* DStR 1999, 2043; *Dieterlen/Schaden* DStR 2000, 255; *Erkens/Zeiss* DB 2001, 245; *Herzberg* DStR 2001, 553; *Rödder/Metzner* DStR 2001, 560; *Heimann/Frey* GmbHR 2001, 171; *Haritz/Wisniewski* GmbHR 2001, 214; *Bock* GmbHR 2006, 1277). Er führt jedoch „**mangels Evidenz**" des Verfassungsverstoßes nicht zur Ungültigkeit der Norm (BFH I R 91/05 DStR 2008, 1378: Anwendung von BVerfG 2 BvL 12/01 DStR 2008, 556 zur vergleichbaren Problematik des § 12 Abs 2 UmwStG 1995; vgl BFH I R 78/01 DStR 2009, 158).

30b **cc) Verstoß gegen Art 3 GG.** Einen **Verstoß gegen Art 3 GG** sieht der BFH wegen der unterschiedlichen erstmaligen Anwendung des § 8 Abs 4 idF des G v 19.12.1997 (Rn 29); BFH I R 95/04 DStR 2009, 161, Vorlagebeschluss mit Ergänzung I R 95/04 BFH/NV 2011, 1192, Verfahren BVerfG 2 BvL 2/09).

2. Voraussetzungen nach Satz 2

31 **a) Einstellung/Fortführung des Geschäftsbetriebes. aa) Fassung ab EZ 1990.** Die **Einstellung** ist für die **erste Fassung** der Vorschrift (ab EZ 1990, Rn 29) ungeschriebenes (alternatives) Tatbestandsmerkmal, das sich aus dem Tatbestandsmerkmal „wieder aufnimmt" ergibt (BFH I R 89/96 BStBl II 1997, 829; I R 38/01 BStBl II 2003, 822; I R 9/06 BStBl II 2008, 988). Es kommt auf die tatsächliche Nichtausübung der werbenden Tätigkeit an; Abwicklungsmaßnahmen sind mit Einstellung gleichzusetzen, zumal der Bereich der Sanierung verlassen ist (*Thiel* GmbHR 1990, 223; *Hörger/Kemper* DStR 1989, 15). Die Einstellung muss **nicht auf Dauer** angelegt sein; ausreichend ist eine vorübergehende Unterbrechung zumindest bei Branchenwechsel (vgl Rn 43c), ebenso die Veränderung der Tätigkeit

(BFH I R 89/96 aaO) oder die Verpachtung des Betriebes im Ganzen (FG Düsseldorf EFG 1995, 1191 rkr; *BMF* BStBl I 1988, 252). Die Eröffnung des Insolvenzverfahrens ist nicht erforderlich, aber auch nicht hinderlich (*BMF* BStBl I 1988, 252; DStR 1991, 1561). Auch die Realisierung stiller Reserven ist mE nicht erforderlich (*Thiel* GmbHR 1990, 223; *Hörger/Kemper* DStR 1989, 15). Ohne Bedeutung ist der Grund der Einstellung, insb die Vermögenslosigkeit (*Thiel* GmbHR 1990, 223; *Bahlau* FR 1988, 565).

Bei einer **Holding** ist keine Einstellung anzunehmen, wenn sie während des gesamten EZ geschäftsleitend in Bezug auf nicht wertlose Beteiligungen tätig geworden ist (FG Nbg I 71/2004, DStRE 2009, 808).

bb) Fassung ab EZ 1997/1998. Auf die Einstellung des Geschäftsbetriebs kommt es aber **ab EZ 1997/1998** nicht mehr an, weil nach der seither geltenden Fassung des § 8 Abs 4 Satz 2 KStG auch die „**Fortführung**" (nach Anteilsübertragung und Zuführung von überwiegend neuem Betriebsvermögen) zum Verlust der wirtschaftlichen Identität führen kann (Rn 40).

b) Anteilsübertragung von mehr als 75%/50% der Anteile. aa) Gegenstand. Die Übertragung bezieht sich auf das **Nennkapital** (Grund-/Stammkapital). Verfügt die Kapitalgesellschaft über eigene Anteile, sind diese für Zwecke der Berechnung vom Nennkapital zu kürzen (*BMF* BStBl I 1999, 455 Rn 3). Verdecktes Eigenkapital, Genuss- oder Bezugsrechte genügen nicht, zumal sie nicht Stimmrechte gewähren (*Schulze zur Wiesche* GmbHR 1988, 350; *Thiel* GmbHR 1990, 223; *Hörger/Kemper* DStR 1989, 15 u 1990, 539; zT **aA** *Dötsch* in *D/J/P/W* § 8 Abs 4 KStG nF Rn 49 ff; *Müller-Gatermann* DStR 1991, 597); mE ebenso wenig die Beteiligung des persönlich haftenden Gesellschafters bei einer KGaA (*Kollruss* StBp 2005, 65, 109). Weichen die übertragenen Stimmrechte von den Kapitalanteilen ab, ist nach dem Wortlaut der Vorschrift auf Letztere abzustellen (zB *Prinz* DStR 1997, 1963; *Herzig/Wagner* DStR 2003, 225; **aA** *Thiel* GmbHR 1990, 223; *Müller-Gatermann* DStR 1991, 597). In Frage kommt ggf – ebenso wie bei der gesonderten Übertragung von Stimmrechten – ein vergleichbarer Sachverhalt (Rn 41).

bb) Formaler Akt. Der **Begriff der Übertragung** stellt auf den rein **formalen Akt** ab (BFH I R 81/02 BStBl II 2004, 614; I R 61/03 BStBl II 2004, 616), der auch in der Verschaffung des **wirtschaftlichen Eigentums** liegen kann (FG Münster 9 K 2404/09 K,G, Rev I R 67/11, Hinweis auf BFH X R 17/05 BStBl II 2008, 579). Eine Anteilsübertragung ist daher ohne Einschränkung zu erfassen, auch bei **gesellschaftsinternen** Vorgängen und wenn der Übertragende den Anteil zuvor von dem Erwerber übernommen hatte; anders ggf bei einer Rückabwicklung (vgl BFH I R 57/09 BFH/NV 2010, 1859).

Erfasst werden auch **unentgeltliche Geschäfte** (*BMF* BStBl I 1999, 455 Rn 3). Zwar steht dem der Gesetzeszweck (Verhinderung des Mantelkaufs) entgegen, doch hat sich dieser insoweit nicht im Wortlaut des Gesetzes niedergeschlagen (*Hörger/Kemper* DStR 1990, 539; *Thiel* GmbHR 1990, 223; aA *Streck/Schwedhelm* FR 1989, 153). Die Erbfolge erfüllt mangels Übertragungsakts den Begriff nicht; anders jedoch die vorweggenommene Erbfolge (*BMF* BStBl I 1999, 455 Rn 4; **aA** zB *Lang* in *E & Y* § 8c Rn 1263f; *Schloßmacher* in HHR § 8c KStG Rn 446).

Der **maßgebliche Zeitpunkt** wird mE ebenfalls durch den formalen Akt bestimmt. Die Bestimmung einer **steuerlichen Rückwirkung** ist mE **unbeachtlich** (ebenso *Kleinheisterkamp* in *L/S* § 10a Rn 227).

Zu Verschmelzungen, Kapitalerhöhungen und Einbringung von Betrieben s Rn 34 ff.

cc) Rechtsformen. Auf die **Rechtsform** des/der neuen Anteilseigner/s kommt es nicht an (zB KG übernimmt von GmbH). Das gilt auch, wenn die Anteile durch eine mit den bisherigen Inhabern **personenidentische Personengesellschaft**

erfolgt (BFH I R 81/02 BStBl II 2004, 614; I R 78/01 BFH/NV 2009, 497: Unbeachtlichkeit des § 39 Abs 2 Satz 2 AO; ebenso *Gosch* DStR 2003, 1917). Da die Rspr für die Schädlichkeit der Anteilsübertragung stets auf die **zivilrechtliche Rechtspersönlichkeit** abgestellt hat, ist dem mE zu folgen (**aA** zB *Djanani/Brähler/ Zölch* BB 2000, 1497; *Bock* GmbHR 2003, 497; *Orth* FR 2004, 613; *Kleinheisterkamp* in *L/S* § 10a Rn 223 f).

32c **dd) Anzahl der Übertragungen.** Auf die **Anzahl** der Übertragungsakte und Erwerber kommt es nicht an. Die mehrfache **Übertragung des nämlichen Anteils** ist **nur einmal** zu zählen (*BMF* BStBl I 1999, 455 Rn 5). Im Übrigen zählt auch eine Übertragung an Banken zur Aufnahme in die Platzierungsreserve „greenshoe" (*Kraft* DB 2001, 112; *Dautel* DStR 2000, 891). Für den Fall der Übertragung an **mehrere Erwerber** sind gleich gerichtete Interessen nicht erforderlich (**aA** *Streck/ Schwedhelm* FR 1989, 153). Bei mehreren Übertragungsakten gibt das G einen **zeitlichen Rahmen** nicht vor. Nach *BMF* BStBl I 1999, 455 Rn 6, kann er **5 (Zeit-)Jahre** betragen (hierzu *Gehrke/Krohn* StBp 2000, 46; *Siegels/Krauß* GmbHR 2002, 828), was im G keine Stütze findet und mit der Rspr zum zeitlichen Zusammenhang zwischen Anteilsübertragung und Zuführung von neuem BV nicht harmoniert. Es genügt mE, wenn bei der ersten Übertragung insb auf Grund eines einheitlichen Planes die Bedingungen vorliegen oder geschaffen werden, die konsequent zur Übertragung von insgesamt mehr als 75%/50% der Anteile führen (vgl BFH I R 89/96 BStBl II 1997, 829; Hess FG 1996, 331 rkr; *Hörger/Kemper* DStR 1990, 539 unter Hinweis auf BFHE 122, 445; ähnlich *Stahl* KÖSDI 1988, 7457; *Kleinheisterkamp* in *L/S* § 10a Rn 234; **aA** *Streck/Schwedhelm* FR 1989, 153, die auf einen engen zeitlichen und sachlichen Zusammenhang abstellen). Ggf waren **mehrere** mit den einzelnen Übertragungen beginnende **Beobachtungszeiträume** erforderlich (zB *Dötsch* in *D/J/P/W* § 8 Abs 4 Rn 47, 62).

32d **ee) Umfang der Übertragung.** Die **prozentuale Veränderung** durch die Übertragung ist zwingende Voraussetzung für den Ausschluss des Verlustausgleichs; auch eine geringfügig unter 75%/50% liegende Anteilsübertragung ist daher unschädlich. Es genügt nicht, wenn der Gesellschafter nach der Übertragung von weniger als 50% mehr als 50% innehat (vgl BFH I R 78/01 DStR 2009, 158; *BMF* BStBl I 1999, 455 Rn 5). Das gilt auch bei der Einbringung eines Einzelunternehmens in eine GmbH (Erfordernis einer entsprechenden Mehrheitsbeteiligung, FG Köln 13 K 3113/07 EFG 2009, 286, Anm *Neu* EFG 2009, 290).

33 **c) Mittelbare Beteiligungsverhältnisse. aa) Mittelbare Übertragung.** Eine mittelbare Anteilsübertragung erfüllt den Tatbestand nicht (BFH I R 61/01 BStBl II 2004, 616; I R 25/06 BStBl II 2007, 793; I R 57/09 BFH/NV 2010, 1859). Entscheidend ist eine rein zivilrechtliche Betrachtungsweise (BFH I R 81/02 BStBl II 2004, 614; I R 78/01 DStR 2009, 158). Eine andere Auffassung wird dem Wortlaut sowie Sinn und Zweck der Vorschrift nicht gerecht. Allenfalls lässt sich im Einzelfall Missbrauch (§ 42 AO) denken (*Kröner* DStR 1998, 1497); ein Fall des § 8 Abs 4 Satz 1 KStG ist idR nicht anzunehmen (s Rn 41a; hierzu *Djanani/Brähler/ Zölch* BB 2000, 1497).

33a **bb) Mittelbare Beteiligungsverhältnisse.** Bleiben die mittelbaren Beteiligungsverhältnisse auf der vorgelagerten Beteiligungsstufe unverändert, hindert dies weder nach dem Wortlaut noch nach Sinn und Zweck des § 8 Abs 4 KStG den Verlust der wirtschaftlichen Identität. Dies gilt umso mehr, als **keine Konzernklausel** bestand (BFH I R 81/02 BStBl II 2004, 614; I R 61/01 BStBl II 2004, 616; aA *Moog* DB 2000, 1638; *Hörger/Meissner* GmbHR 1999, 1069; *Cloppenburg/Strunk* BB 1999, 1095; *Eilers/Wienands* FR 1998, 828; *Bock/Meissner* GmbHR 1999, 1069; *Fey/Neyer* GmbHR 2000, 705; *Orth* DB 2001, 1326; *Fuhrmann* DB 2001, 1690;

§ 8 Abs 4 KStG aF im Einzelnen　　　　　　　　　　　　　　§ 10a

Frey/Beck GmbHR 2003, 240; *Berg/Schnuck* DB 2003, 1291; *Pezzer* FR 2004, 161; *Bock* GmbHR 2004, 128; *Then* FR 2004, 31; *Neyer* BB 2004, 2379).

cc) Wechsel. Ein **Wechsel von einer mittelbaren zu einer unmittelbaren Beteiligung** stellt jedoch eine schädliche Anteilsübertragung (*BMF* BStBl I 1999, 455 Rn 28; zust *Bock* GmbHR 2004, 128; *Kleinheisterkamp* in *L/S* §10a Rn 225; aA FG Berlin 7 K 7227/01 EFG 2003, 186, Rev I R 77/02 gelöscht; **aA** *Müller-Gatermann* DStR 1991, 597; Anm *Neu* EFG 2003, 188, *Frey/Beck* GmbHR 2003, 240). **33b**

d) Kapitalerhöhung. Auch die **Übernahme** von über 50% des Stammkapitals anlässlich **einer Kapitalerhöhung** steht der Anteilsübertragung gleich (BFH I R 78/01 BFH/NV 2009, 497; I R 57/09 BFH/NV 2010, 1859; FG München 7 K 1793/08 EFG 2011, 565). Streitig ist jedoch, ob die Übernahme neuer Anteile durch die **Altgesellschafter** die Voraussetzungen des § 8 Abs 4 Satz 2 KStG erfüllt (so *BMF* BStBl I 1999, 455 Rn 27; *Dötsch* in *D/J/P/W* § 8 Rn 132; *Singbartl/Dötsch/Hundt* DB 1988, 1767; *Kreckl* DStZ 1997, 766; **aA** *Hörger/Kemper* DStR 1989, 15; *Streck/Schwedhelm* FR 1989, 153; *Prinz* FR 1997, 881; *Hörger/Endres* DB 1998, 335: nur bei Ausgabe an Neugesellschafter). Die Auffassung des *BMF* ist im Hinblick auf die Rspr des BFH zu gesellschaftsinternen Veräußerungen (Rn 32a) konsequent. **34**

e) Verschmelzungsfälle. Auch in Verschmelzungsfällen kommen schädliche Anteilsübertragungen in Betracht (*Kreckl* DStZ 1997, 765; **aA** *Hörger/Kemper* DStR 1990, 539; *Streck/Schwedhelm* FR 1989, 153). Das gilt insb, wenn – Ausnahme Verschmelzung der Tochter- auf die Muttergesellschaft (*OFD Ffm* GmbHR 1995, 397; *Orth* DB 1997, 2242) – eine andere Kapitalgesellschaft auf die Verlustgesellschaft verschmolzen wird (*BMF* BStBl I 1999, 455 Rn 26; *Füger/Rieger* DStR 1997, 1427, 1435). Wird insb die Mutter- auf die Tochtergesellschaft verschmolzen („down-stream-merger"), ohne dass eine Kapitalerhöhung vorgenommen wird, liegt in der Übertragung der Anteile von der untergehenden Muttergesellschaft auf ihre Gesellschafter eine Übertragung iSd Vorschrift; denn Verschmelzung bedeutet Wechsel der Anteilsinhaberschaft auf die Gesellschafter der übertragenen ohne Durchgangserwerb bei der aufnehmenden Gesellschaft (BFH I R 4/09 BStBl II 2011, 315; I B 108/10 BFH/NV 2011, 1924; *BMF* BStBl I 1999, 455 Rn 26; *Fey/Neyer* GmbHR 1999, 952; **aA** *Müller/Gatermann* DStR 1991, 597; *Orth* DB 1997, 2242; 2001, 1326; *Kröner* DStR 1998, 1495; *Breuninger/Frey* GmbHR 1998, 866; *Eilers/Wienands* FR 1998, 826; *Rödder/Wochinger* FR 1999, 1, 12; *Düll/Fuhrmann* DStR 2000, 1166; *Djanani/Brähler/Zölch* BB 2000, 1497). **35**

f) Überwiegend neues Betriebsvermögen. Das Tatbestandsmerkmal zielt darauf ab, jegliche **Änderungen der Struktur, Zusammensetzung und wirtschaftlichen Bedeutung des BV** zu erfassen (hierzu Rn 28a). Allerdings wird durch die quantitative Ausrichtung der Vorschrift nicht die Notwendigkeit abgeschnitten, einzelne BV-Mehrungen daraufhin zu untersuchen, ob sie die wirtschaftliche Identität berühren; Letzteres ist nicht der Fall, wenn sich die Zuführung als Ergebnis des fortgesetzten Wirkens der Gesellschaft darstellt (vgl BFH I R 101/08 BFH/NV 2009, 1838; I R 8/10 BFH/NV 2011, 1188 zu „unfertigen Leistungen"). **36**

aa) Gegenständliche Betrachtungweise. Maßgebend ist eine gegenständliche Betrachtungsweise. Aber auch insoweit ist nur das **Aktivvermögen** von Bedeutung, eine Verrechnung von Zu- und Abgängen ist nicht vorzunehmen (BFH I R 89/96 BStBl II 1997, 829; I R 29/00 BStBl II 2002, 392; I R 106/05 BStBl II 2008, 986; I R 9/06 BStBl II 2008, 988; I R 91/05 DStRE 2008, 1378; I R 56/09 BFH/NV 2010, 1123; *BMF* BStBl I 1999, 455 Rn 9; *Thiel* GmbHR 1990, 223; **aA** *Kudert/Saakel* BB 1988, 1229, *Rödder* StbJb 2002/2003, 307; *Frey/Weißgerber* **36a**

GmbHR 2002, 135; *Heisberg* DStR 2002, 1290; *Bock* GmbHR 2004, 221; *Lenz/ Behnes* BB 2005, 2219; *Prokscha* BB 2008, 310). Ein Abstellen auf die Summe der Bilanzposten ergibt danach keine brauchbaren Ergebnisse (**aA** *Hörger/Kemper* DStR 1989, 15; *Dötsch* in *D/J/P/W* § 8 Abs 4 KStG nF Rn 67; *Hörger/Endres* DB 1998, 335; für ein Abstellen auf das Anlagevermögen *Herzberg* DStR 2001, 553). Auf das Eigenkapital kommt es nicht an, weil in diesem Falle bereits geringste Zuführungen von Aktivvermögen zum Verlust der wirtschaftlichen Identität führen würden (*Streck/Schwedhelm* FR 1989, 153). Auch beim **Schütt-aus-hol-zurück-Verfahren** darf eine Verrechnung nicht vorgenommen werden; BMF BStBl I 1999, 455 Rn 9 Satz 4 ist mE durch *BMF* BStBl I 2008, 1033 nicht aufgehoben (aA *Kleinheisterkamp* in *L/S* § 10a Rn 265 ff; *Dötsch* in *D/J/P/W* § 8 Abs 4 Rn 101).

Mit Sicherheiten belastetes Aktivvermögen ist ohne Verrechnung mit der Belastung einzubeziehen (BFH I R 8/10 BFH/NV 2011, 1188: Pfandrechte an Anteilen). Das gilt auch für **selbst erwirtschaftete** WG (FG Münster 9 K 2404/09 K, G, Rev I R 67/11). ME können je nach Gestaltung auch **verpachtete WG** betroffen sein (**aA** *Hörger/Kemper* DStR 1989, 15).

Für eine **Einschränkung bei Neugründungen** FG München 7 K 1793/08 EFG 2011, 565 (keine neue Prägung des Geschäftsbetriebs).

36b **bb) Aktivtausch/Finanzmittel.** Auch ein **Aktivtausch** kann in bestimmten Fällen, zB bei funktional nicht gleichwertigen WG, ausreichen (BFH I R 29/00 BStBl II 2002, 392; I R 106/05 BStBl II 2008, 986; I R 9/06 BStBl II 2008, 988; I R 91/05 DStRE 2008, 1378; I R 101/08 BFH/NV 2009, 1838; zust *BMF* BStBl I 2008, 1033: ggf Vertrauensschutz wegen der ursprünglichen **aA** *BMF* BStBl I 2002, 629; *Kleinheisterkamp* in *L/S* § 10a Rn 252 f; *Prokshe* BB 2008, 310; *Roser* GmbHR 2001, 1153; *Hoffmann* GmbHR 2001, 1123; *Frotscher* DStR 2002, 10; *Schlossmacher* FR 2004, 1389; *Lenz/Behnes* BB 2005, 2219).

Auch die Zuführung von **Finanzmitteln** auf Grund eines Darlehens erfüllt den Tatbestand (vgl BFH I R 137/71 BStBl II 1974, 181; *BMF* BStBl I 1999, 455 Rn 9; *Thiel* GmbHR 1990, 223). Das soll auch gelten, wenn das Darlehen bis zum nächsten Bilanzstichtag zurückgezahlt worden ist (FG München 6 K 5198/99 EFG 2009, 1838); aber fraglich, weil die Kurzfristigkeit der Zuführung die wirtschaftliche Identität mE unberührt lässt (zutreffend daher FG München 7 K 1793/08 EFG 2011, 565: fehlende Prägung durch Kapitalzufuhr insb bei Neugründungen). Jedoch stellt die bloße **Umschichtung der Finanzanlagen** einer Körperschaft auch dann keine Zuführung von neuem Betriebsvermögen dar, wenn sie bei rein *gegenständlicher Betrachtung* Veränderungen des Betriebsvermögens zur Folge hat (BFH I R 112/03 BStBl II 2004, 1085; zust *Neu/Watermeyer* DStR 2004, 2128; *Kaeser* DStR 2005, 349). Das gilt auch bei einer Veränderung der Finanzierung der laufenden Geschäftstätigkeit (FG B-Bbg 12 K 8489/05 EFG 2009, 683; 12 K 8293/06 EFG 2009, 684).

Zur Zuführung von **Darlehensmitteln** s Rn 41c.

36c **cc) „Neues" BV.** „Neues" BV bedeutet nicht, dass die zugeführten WG tatsächlich neu iSv ungebraucht sein müssen (ebenso *Orth* DB 2001, 1326; offen geblieben in BFH I R 112/03 BStBl II 2004, 1085). Erforderlich ist mE lediglich, dass sie bisher im BV der Kapitalgesellschaft nicht vorhanden waren. Es genügt qualitativ anders geartetes, identitätsveränderndes BV (*Köhler* DStR 2005, 1011). Auch eine **Ersatzbeschaffung** führt zu „neuem" BV (BFH I R 29/00 BStBl II 2002, 392; I R 56/09 BFH/NV 2010, 1123).

36d **dd) Anlage-/Umlaufvermögen.** Nach dem Missbrauchsverhinderungszweck der Vorschrift kommt es grds auf die steuerrechtliche **Qualifikation** des zugeführten BV **als AV oder UV** nicht an; doch sind solche UV-Mehrungen auszuscheiden, die die wirtschaftliche Identität des Betriebs nicht berühren, weil sie sich als Ergebnis des fortlaufenden Wirtschaftens darstellen (BFH I R 101/08 BFH/NV 2009, 1838;

I R 64/09 BFH/NV 2011, 525; FG B-Bbg 12 K 8489/05 EFG 2009, 683; 12 K 8293/06 EFG 2009, 684; FG Köln 13 K 787/05 EFG 2009, 967). Sie ergeben schädliches „Betriebsvermögen" (Aktivvermögen) iSd der Vorschrift, wenn die Zuführung **im Rahmen eines Branchenwechsels** erfolgt (BFH I R 9/06 BStBl II 2008, 988; FG Ba-Wü EFG 205, 899; *Frotscher* DStR 2002, 10; *Neyer* BB 2002, 754; *Biermann/Rau* GmbHR 2002, 509; *Lang* in E&Y § 8 KStG Rn 1273. 1. 2.1; **krit** zB *Kleinheisterkamp* in L/S § 10a Rn 239; *Herzberg* DStR 2002, 1290; *Lenz/ Behnes* BB 2005, 2219; *Prokscha* BB 2008, 310). Für die Frage des Branchenwechsels ist nicht die Satzung entscheidend, sondern der tatsächliche Geschäftsbetrieb (FG Hamburg 3 K 65/08 EFG 2010, 1723). Die Zuführung von UV muss also eine Veränderung der Struktur kennzeichnen; eine bloße **Ausweitung oder Einschränkung der Tätigkeit** (FG B-Bbg 12 K 12197/08 DStRE 2009, 1450) genügt nicht ohne Weiteres. Anderes gilt ggf bei einer nach einer zunächst gegebenen Einschränkung erfolgenden erheblichen Erweiterung des Geschäftsgegenstands auf einem anderen Gebiet (vgl BFH I R 9/06 aaO; I R 64/09 aaO).

ee) „Überwiegen". Das erforderliche **Maß des Überwiegens** wird vom G nicht bestimmt. Es genügt nach der *gegenständlichen Betrachtung* daher, wenn das zugeführte das zuvor vorhandene Aktivvermögen nur geringfügig übersteigt (BFH I R 29/00 BStBl II 2002, 392; I R 81/02 BStBl II 2004, 614; I R 106/05 BStBl II 2008, 986; I R 9/06 BStBl II 2008, 988; I R 64/09 BFH/NV 2011, 525; krit *Hoffmann* GmbHR 2001, 1153; *Roser* GmbHR 2001, 1153; *Frotscher* DStR 2002, 10; *Neyer* BB 2002, 754; *Bock* GmbHR 2004, 221; *Horn* GmbHR 2004, 1077; für eine **wertende Betrachtung** *Kleinheisterkamp* in L/S § 10a Rn 253, 267). Bei einem **Aktivtausch** müssen die neu angeschafften WG das durch den Tausch *verringerte Restvermögen* wertmäßig übersteigen (FG Hamburg 3 K 65/08 EFG 2010, 1727; mE ist Bezugsgröße das *nicht verminderte BV*).

ff) Immaterielle WG. Immaterielle WG sind anzusetzen, und zwar auf der Seite des vor Zuführung vorhandenen wie des zugeführten BV; ohne Bedeutung ist, ob das WG selbst geschaffen ist oder nicht (BFH I R 64/09 DStRE 2011, 229; *BMF* BStBl I 1999, 455 Rn 9; offen gelassen von BFH I R 91/05 DStRE 2008, 1378; I R 56/09 BFH/NV 2010, 1123, Firmenwert); mE zutreffend; angesichts der Frage nach der wirtschaftlichen Identität ist die Handhabung restriktiver steuerlicher Vorschriften (etwa § 5 Abs 2 EStG) nicht angezeigt (**aA** *Hörger/Kemper* DStR 1990, 539; *Hörger/Endres* DB 1998, 335; *Streck/Schwedhelm* FR 1989, 153). Ausgenommen sind immaterielle Wirtschaftsgüter, die wegen Schwebens des Leistungsaustauschs nicht bilanziert werden dürfen (*OFD Ffm* DB 2000, 1541; *OFD Kiel* DStZ 2000, 910).

Zu erfassen sind auch **Beteiligungen** an Tochterkapitalgesellschaften (BFH I R 8/10 BFH/NV 2011, 1188; FG B-Bbg 12 K 8023/06 EFG 2010, 1162) und bei Beteiligungen an Personengesellschaften auch deren Aktivvermögen im Verhältnis der Beteiligung (*BMF* BStBl I 1999, 455 Rn 9; zT krit *Kleinheisterkamp* in L/S § 10a Rn 246: Zurechnung nur bei vermögensverwaltenden Personengesellschaften).

gg) Organschaft. Ist im Falle einer **Organschaft** die OT Verlustgesellschaft, soll ihr nach *BMF* (BStBl I 1999, 455 Rn 9 Satz 2) aus Gründen der Missbrauchsabwehr ungeachtet der Höhe der Beteiligung nicht nur das Aktivvermögen der OG, sondern auch die BV-Zuführung bei dieser zuzurechnen sein (zust *Dötsch* in D/J/P/W § 8 Abs 4 Rn 113). Indes führt dies zu einer ergebnisorientierten Einheitsbetrachtung, die mit der gängigen Auffassung der Organschaft nicht in Einklang steht und auch im G keine Stütze findet (*Küster/Köhler* BB 1998, 2401; *Kleinheisterkamp* in L/S § 10a Rn 245).

hh) Verschmelzung. Auch in **Verschmelzungsfällen** kann es zur Zuführung von überwiegend neuem Betriebsvermögen kommen (BFH I R 64/09 BFH/NV

2011, 525; *BMF* BStBl I 1999, 455 Rn 11). Das gilt auf jeden Fall für eine Verschmelzung **auf eine Verlustgesellschaft** und zwar mE sowohl für nicht-verbundene Unternehmen wie für verbundene Unternehmen, und hier für den „down-stream-merger", den „up-stream-merger" (BFH I R 64/09 aaO) und mE auch den „side-stream-merger" (aA *Mildner* GmbHR 2003, 644; zu den einzelnen Varianten *Dieterlen/Strnad* GmbHR 2000, 260; *Orth* DB 2001, 1326).

Die Verschmelzung **der Verlustgesellschaft** auf eine Gewinnkapitalgesellschaft kann unter entsprechenden Voraussetzungen ebenfalls ein Anwendungsfall der Vorschrift sein (*BMF* BStBl I 1999, 455 Rn 49; **krit** zB *Widmann/Mayer* § 12 UmwStG Rn 721; *Düll/Fuhrmann* FR 2000, 1166; *Hans* FR 2005, 907).

36i ii) **Finanzierung der Zuführung.** Zur bloßen Umschichtung von Finanzanlagen s Rn 36b. Im Übrigen gilt:
- (1.) Die **Zuführung** ist in jedem Fall auch dann schädlich, wenn sie **von außen** erfolgt (vgl BFH I R 89/96 BStBl II 1997, 829; I R 29/00 BStBl II 2002, 392; *BMF* BStBl I 1999, 455 Rn 9) bzw **fremdfinanziert** ist. Hierbei macht es keinen Unterschied, dass die Fremdfinanzierung durch ein Gesellschafter-Darlehen erfolgt (BFH I R 91/05 BFH/NV 2008, 1965). Die Zuführung kann iÜ über Einlagen (auch in Form einer Geschäftschance oder eines Forderungsverzichts, vgl *Bock* GmbHR 2004, 221) und Fremdkapital erfolgen (BFH I R 89/96 aaO; **aA** *Bock* GmbHR 2004, 221).
- (2.) Die **Innenfinanzierung** der Zuführung hindert nicht deren Schädlichkeit, jedoch lediglich bei einem **Branchenwechsel** (BFH I R 106/05 BStBl II 2008, 986; *BMF* BStBl I 2008, 1033; **aA** *Rombey/Imschweiler* DStR 2007, 321; *Breuninger/Frey/Schade* GmbHR 2007, 1163; *Tiedchen* FR 2008, 201). Findet kein Branchenwechsel statt, hindert ein Gesellschafter-Darlehen die wirtschaftliche Identität nicht (FG B-Bbg 12 K 8293/06 EFG 2009, 684).

Die **Gestellung von Sicherheiten** steht idR iZm der Zuführung von neuem Betriebsvermögen (vgl BFH I R 29/00 BStBl II 2002, 392; *Gosch* DStR 2003, 1917; **krit** *Bock* GmbHR 2004, 221).

36j jj) **Bewertung.** Die Bewertung zum Zwecke des Vergleichs hat mit dem **Teilwert** zu erfolgen (BFH I R 64/09 BFH/NV 2011, 525; I R 8/10 BFH/NV 2011, 1123; *BMF* BStBl I 1999, 455 Rn 9). Das gilt für den Ansatz des Restaktivvermögens wie für das zugeführte BV. Jedoch entspricht dem Zweck der Bewertung (Ermittlung der *wirtschaftlichen* Identität) der Ansatz der gemeinen Werte eher (*Hörger/Kemper* DStR 1990, 539; *Thiel* GmbHR 1990, 223; **aA** *Streck/Schwedhelm* FR 1989, 153).

Maßgebender Zeitpunkt für das **Restaktivvermögen** ist der der letzten zum Überschreiten der 50%-Marke führenden Übertragung von Anteilen (vgl BFH I R 64/09 DStRE 2011, 229; *Gehrke/Krohn* StBp 2000, 46; *Neyer* BB 2001, 173). In Verschmelzungsfällen sind zu vergleichen die Teilwerte vor und nach der Verschmelzung (BFH I R 64/09 aaO). ME ist für den Wertvergleich und damit auch für die Bewertung des vorhandenen und des zugeführten BV allein auf den **Zeitpunkt der Zuführung** abzustellen. Das gilt insb bei Zuführung vor der Anteilsübertragung (*BMF* BStBl I 1999, 455 Rn 31). Bei BV-Zuführung in mehreren Tranchen (Rn 36k) ist für diese mE auf den Zeitpunkt der jeweiligen Zuführung abzustellen (*Frotscher/Maas* § 8 KStG Rn 189 c; *Frey/Weißgerber* GmbHR 2002, 135).

Wertveränderungen **nach diesen Zeitpunkten** sind unbeachtlich (aA *Lang* in E&Y Rn 1276: Beachtlichkeit von Wertminderungen).

36k kk) **Schrittweise Zuführung.** Führen **mehrere Maßnahmen** zur Zuführung von überwiegend neuem Betriebsvermögen, stellen sie die wirtschaftliche Identität nur in Frage, wenn zwischen ihnen ein wirtschaftlicher Zusammenhang (vgl FG Düsseldorf EFG 1995, 1119; *Singbartl/Dötsch/Hundt* DB 1988, 1787; *Stahl* KÖSDI

§ 8 Abs 4 KStG aF im Einzelnen **§ 10a**

1988, 7457; *Kleinheisterkamp* in *L/S* § 10a Rn 264) und wohl auch ein zeitlicher Zusammenhang besteht (*Hörger/Endres* DB 1998, 335).

Ein **wirtschaftlicher Zusammenhang** besteht mE bei solchen Maßnahmen, die nach einem einheitlichen Plan den fortzuführenden bzw wieder aufzunehmenden Geschäftsbetrieb fördern; spätere Umstrukturierungen aus anderen Gründen stehen außerhalb eines solchen Zusammenhangs.

Der **zeitliche Zusammenhang** kann mE noch bestehen, wenn zwischen der ersten und der letzten Maßnahme ein Zeitraum von bis zu **2 Jahren** liegt (vgl *BMF* BStBl I 2007, 624 zum zeitlichen Zusammenhang zwischen Anteilsübertragung und BV-Zuführung; Rn 39). Ein größerer zeitlicher Abstand zwischen den einzelnen Maßnahmen stellt den wirtschaftlichen Zusammenhang mit der BV-Zuführung in Frage. Auch sollte eine Einzelmaßnahme, die mehr als 5 Jahre nach der BV-Zuführung erfolgt, nicht mehr ins Gewicht fallen.

g) Reihenfolge. Das Regelbeispiel des **§ 8 Abs 4 KStG aF** (vor dem G v 29.10.1997, BGBl I 1997, 2590) sah für den Verlust der wirtschaftlichen Identität grds eine bestimmte **Reihenfolge,** nämlich die (erste) Anteilsübertragung vor der (ersten) BV-Zuführung, vor (vgl BFH I R 89/96 BStBl 1997, 829; I R 8/06 BStBl II 2008, 988). Eine **Änderung der Rechtslage** erfolgte durch § 8 Abs 4 Satz 2 KStG nF (G v 29.10.1997, BGBl I 1997, 2590), der **keine bestimmte Reihenfolge** vorsah (BFH I R 8/05 BStBl II 2007, 602; I R 25/06 BStBl II 2007, 793; I R 8/10 BFH/NV 2011, 1188). Davon abgesehen schließt auch nach der älteren Rechtslage eine andere Reihenfolge die Anwendung des § 8 Abs 4 Satz 1 KStG nicht aus (Rn 41b ff). Das gilt etwa, wenn bei Zuführung von BV bereits ein einheitlicher *Gesamtplan* erkennbar ist (*Hörger/Kemper* DStR 1989, 15) und insb, wenn der Erwerber vor Wiederaufnahme des Geschäftsbetriebs eine Rechtsposition erhält, die mit der eines mit mehr als 50% beteiligten Gesellschafters wirtschaftlich vergleichbar ist (BFH I R 89/96 aaO). 37

h) Sachlicher Zusammenhang. Der Verlust der wirtschaftlichen Identität nach § 8 Abs 4 Satz 2 KStG setzt einen **sachlichen Zusammenhang** zwischen den im G beschriebenen Vorgängen voraus. Er ist zwar gesetzlich nicht vorgesehen. Gleichwohl hält die Rspr einen solchen aus Gründen einer sachlich gebotenen *einschränkenden Auslegung* für erforderlich. Danach genügt es nicht, wenn die maßgeblichen Vorgänge unverbunden und zufällig nebeneinander stehen (vgl BFH I R 112/03 BStBl II 2004, 1085; I R 8/05 BStBl II 2007, 602; I R 56/09 BFH/NV 2010, 1123). Hierdurch angesprochen ist die Beherrschung des Geschehensablaufs durch die (neuen, ggf auch alten) Gesellschafter nach Maßgabe eines Gesamtplans (BFH I R 8/05 aaO; I R 8/10 BFH/NV 2011, 1188; ebenso *Bock* GmbHR 2004, 221; *Lüttge/Kuck* DStR 2006, 925; zu Einwendungen *Jebens* BB 2009, 2172); uU kann auch eine (abgestimmte) Einwirkung des Altgesellschafters genügen (*Dötsch,* Der Konzern, 2005 S 252). Werden Anteile an mehreren Kapitalgesellschaften auf die Verlustgesellschaft und zeitgleich die Anteile an ihr auf einen neuen Gesellschafter übertragen, ist der sachliche Zusammenhang gegeben (FG B-Bbg 12 K 8023/06 EFG 2010, 1162). Bei einem **Branchenwechsel** ist ein Gesamtplan erkennbar, wenn der neue Gesellschafter die Sachverhaltselemente erkennt, billigt und auf der neuen Grundlage zu arbeiten beginnt (BFH I R 8/10 aaO zu FG B-Bbg, wie vor). Der sachliche Zusammenhang ist **zu vermuten** bei einem engen zeitlichen Zusammenhang zwischen Anteilsübertragung und BV-Zuführung (BFH I R 8/05 aaO; I R 56/09 aaO; s Rn 39). 38

Die **Vermutung greift nicht** bei einer **Verschmelzung** von Tochterunternehmen (auf die Muttergesellschaft) nach der entsprechenden Anteilsübertragung, weil – so der BFH – die Änderung der Unternehmensstruktur auch ohne die Anteilsübertragung aus eigener Wirtschaftskraft der (Verlust-)Gesellschaft möglich gewesen wäre (BFH I R 64/09 DStRE 2011, 229; ebenso *Fuhrmann* DB 2001, 1960; *Müller-*

Gatermann DStR 1991, 597; *Lenz/Behnes* BB 2005, 2219). ME ist das schon wegen der Abweichung von der Gesamtplan-Rspr fraglich. Eine allgemeine Regel dieses Inhalts lässt sich für Verschmelzungsfälle zudem nicht bilden; entscheidend sind auch insofern die jeweils festzustellenden Tatsachen (§ 118 Abs 2 FGO!).

Ebenfalls **kein sachlicher Zusammenhang** besteht bei einem bereits vor der Übertragung zugesagten **Anstieg der Rückdeckung** einer Lebensversicherung (BFH I R 101/08 BFH/NV 2009, 1838).

39 **i) Zeitlicher Zusammenhang.** Ein zeitlicher Zusammenhang ist ebenfalls gesetzlich nicht vorgeschrieben, wird aber aus Gründen einer einschränkenden Auslegung für erforderlich gehalten (BFH I R 112/03 BStBl II 2004, 1085). Nach BFH I R 8/05 BStBl II 2007, 602, kann ein zeitlicher (und sachlicher) Zusammenhang bei einem Zeitintervall von **mehr als 1 Jahr** nicht unterstellt werden. Andererseits kann auch ein engerer zeitlicher Zusammenhang (zB weniger als 1 Jahr) nicht gefordert werden; vielmehr sind die tatsächlichen Gegebenheiten entscheidend (zust *Suchanek* GmbHR 2006, 768; zweifelnd *Stahlschmidt* BB 2006, 913; *Wittlinger* Inf 2006, 661; *Prokscha* BB 2008, 310; zur Indizwirkung *Schloßmacher* FR 2004, 1389). **BMF** BStBl I 2007, 624, geht **„regelmäßig" von zwei Jahren** aus, lässt aber bei sachlichem Zusammenhang auch ein längeres Zeitintervall genügen (Aufhebung von *BMF* BStBl I 1999, 455 Rn 12: fünf Zeitjahre; zur Kritik *Orth* DB 1997, 2242; *Janssen* DStR 2001, 837; *Neumann* FR 1999, 682). Der zeitliche Zusammenhang kann **mE nur Wertungshilfe** bei der Bestimmung des sachlichen Zusammenhangs sein; eine darüber hinausgehende eigenständige Bedeutung kommt ihm nicht zu.

Allerdings können sich die zum Verlust der wirtschaftlichen Identität führenden **Ereignisse im Laufe mehrerer EZ** abspielen (BFH I R 8/05 BStBl II 2007, 602; *BMF* BStBl I 2007, 624; *Schloßmacher* FR 2004, 1389; **aA** *Hörger/Endres* DB 1998, 829), sofern nur der geforderte sachliche Zusammenhang gegeben ist. In **Umwandlungsfällen** steht die Rückwirkungsfiktion des § 2 Abs 1 UmwStG mE der Annahme des zeitlichen Zusammenhangs nicht entgegen (ebenso *Kleinheisterkamp* in L/S § 10a Rn 247).

Weitere Einzelfälle: In BFH I R 115/04 BFH/NV 2005, 794 waren drei Jahre nicht schädlich (ähnlich FG B-Bbg 12 K 8142/06 DStRE 2009, 1384 zum Branchenwechsel). Nach FG M-V 1 K 676/03 (EFG 2007, 443) waren bei einer VorratsGmbH 14 Monate unschädlich, nach FG M-V 1 K 122/03 (DStRE 2010, 794) waren 18 Monate schädlich (von BFH I R 56/09 BFH/NV 2010, 1123 nicht aufgegriffen).

40 **j) Fortführung/Wiederaufnahme. Fortführung** (ab EZ 1998) bzw **Wiederaufnahme des Geschäftsbetriebes** bedeutet nicht, dass die bisherige Tätigkeit fortgeführt werden muss (*BMF* BStBl I 1990, 252); schädlich kann daher auch eine andersartige Tätigkeit sein (BFH I R 89/96 BStBl II 1997, 829: Fitnessstudio und gastronomische Beratung). Im Falle des **Branchenwechsels** ist auch bei einem nur geringen zeitlichen Abstand zwischen der bisherigen und der neuen Tätigkeit von Einstellung und Wiederaufnahme auszugehen (BFH I R 8/05 BStBl II 2007, 602; I R 106/05 BStBl II 2008, 986). Entsprechendes gilt für eine Reduzierung der bisherigen Tätigkeit auf einen geringfügigen Teil und spätere Ausweitung auf eine völlig andersartige und umfangreichere Tätigkeit (BFH I R 9/06 BStBl II 2008, 988).

Die **Ausdehnung des „Regelbeispiels"** auf die *Fortführung* bedeutet allerdings, dass eine entsprechende Kapitalzuführung neben der Anteilsübertragung schon ausreichen kann, den Verlustabzug nicht zu gewähren (vgl das Beispiel bei *Füger/Rieger* DStR 1997, 1427, 1432; ähnlich *Orth* DB 1997, 2242). Insofern hat das Tatbestandsmerkmal „Fortführung oder Wiederaufnahme . . ." keine eigenständige Bedeutung mehr (ebenso *Kleinheisterkamp* in L/S § 10a Rn 276). Die Wiederaufnahme bzw Fortführung erfordert nicht Handlungen eines Geschäftsführers; es genügt ein Tätigwerden im Namen der Gesellschaft (FG Münster 9 K 2404/09 K, G EFG 2012, 650, Rev I R 67/11). Bei **Verschmelzung** auf die Verlustkapitalgesellschaft ist auf den gesamten Geschäftsbetrieb, nicht auf einzelne Geschäftszweige abzustellen (BFH I B 108/10 BFH/NV 2011, 1924; *BMF* BStBl I 1999, 455 Rn 08).

Keine Fortführung eines (aktiven) Geschäftsbetriebs, wenn vor der Kapitalzuführung nur Stammkapital verwaltet wurde, auch bei Planung und späterer Durchführung eines bestimmten Unternehmensgegenstandes (FG B-Bbg 6 K 6307/10 EFG 2012, 356).

3. Ähnliche Fälle iSv Satz 1

Ähnliche Fälle des Verlustes der wirtschaftlichen Identität (§ 8 Abs 4 Satz 1 **41** KStG) sind gegeben, wenn wirtschaftlich ein dem Regelbeispiel vergleichbarer Endzustand eingetreten ist, wobei es auf die Reihenfolge im Einzelnen nicht ankommt (BFH I R 89/96 BStBl II 1997, 829; I R 18/02 BStBl II 2004, 468; I R 9/06 BStBl II 2008, 988; I R 87/07 BFH/NV 2008, 2129; *Hörger/Kemper* DStR 1989, 15). Das Verhältnis der Sätze 1 u 2 des § 8 Abs 4 KStG (Rn 27) zeigt auf, dass das G den Verlustabzug bei Gestaltungen versagen will, die das Regelbeispiel unterlaufen sollen (vgl BFH I R 89/96 aaO; *Thiel* GmbHR 1990, 223; *Kudert/Saakel* BB 1988, 1229; *BMF* BStBl I 1990, 252). Ein ähnlicher Fall ist daher nur dann gegeben, wenn zumindest im Hinblick auf das **sachliche** *und* **persönliche Substrat** des Unternehmens wirtschaftlich vergleichbare Veränderungen eingetreten sind; Änderungen nur in der einen oder anderen Hinsicht genügen nicht (BFH I R 112/03 BStBl II 2004, 1085). Das gilt mE auch bei einem der Liquidation und Neugründung wirtschaftlich vergleichbaren Fall (vgl zur älteren Rechtslage BFH I R 137/71 BStBl II 1974, 181; I R 165/80 BStBl II 1985, 403; ähnlich *Streck/Schwedhelm* FR 1989, 153).

Ein ähnlicher Fall des Verlusts der wirtschaftlichen Identität kann demnach bei folgenden Gestaltungen vorliegen:

a) Übertragungsvorgänge. Statt der **Übertragung** von mehr als ½ der Kapital- **41a** anteile werden weniger als ½ übertragen und der Erwerber erhält eine Rechtsposition, die mit der eines über 50% beteiligten Gesellschafters vergleichbar ist (BFH I R 89/96 BStBl II 1997, 829). Auch soll die Übertragung von mehr als 50% der Stimm- oder Gewinnbezugsrechte genügen (*BMF* BStBl I 1999, 455 Rn 30; *Thiel* GmbHR 1990, 223; *Müller-Gatermann* DStR 1991, 597: Übertragung von nahezu 50%/75% allein; **aA** *Streck/Schwedhelm* FR 1989, 153; *Schulze zur Wiesche* GmbHR 1987, 238; *Kleinheisterkamp* in *L/S* § 10a Rn 293); oder eine von weniger als 50% der Kapitalanteile, zusätzlich aber in zeitlichem Zusammenhang Bankforderungen an die Kapitalgesellschaft auf den Erwerber (bzw Alleingesellschafter der erwerbenden Kapitalgesellschaft) übertragen (vgl BFH I R 18/02 BStBl II 2004, 468); oder eine Kapitalerhöhung wird mit Neueintritt von Gesellschaftern (mehr als 50%) verbunden (FG B-Bbg 12 K 8142/06 DStRE 2009, 1384; *BMF* BStBl I 1999, 455 Rn 26); oder eine Verschmelzung auf die Verlustgesellschaft (mehr als 50% der bisher nicht beteiligten Gesellschafter!) findet statt; oder ein Betrieb, Teilbetrieb oder Mitunternehmeranteil (mehr als 50% der neu hinzugekommenen Gesellschafter!) wird eingebracht (*BMF* BStBl I 1999, 455 Rn 26; *Hörger/Kemper* DStR 1990, 539; *Thiel* GmbHR 1990, 223; *Fichtelmann* GmbHR 1990, 305; aA *Streck/Schwedhelm* FR 1989, 153). Entsprechendes gilt, wenn an Stelle von neuen und/oder neben diesen bereits beteiligte Gesellschafter zusammen mehr als 50% der Anteile am Nennkapital erhalten (*BMF* BStBl I 1999, 455 Rn 27; zust *Dötsch* in *D/J/P/W*, § 8 Abs 4 KStG Rn 132). Werden **lediglich** die **mittelbaren Beteiligungen** übertragen, liegt weder der Hauptanwendungsfall noch ein vergleichbarer Fall vor (BFH I R 81/02 BStBl II 2004, 614; I R 61701 BStBl II 2004, 616, Anm *Buciek* DStZ 2003, 853;

Orth FR 2004, 613; *Dötsch* FS Wassermeyer 2005, 113; **aA** *BMF* BStBl I 1999, 455 Rn 28).

ME reicht es nicht aus, wenn lediglich neue Anteile an die bisherigen Gesellschafter ausgegeben werden (BFH I 112/63 BStBl III 1966, 289), Genussrechte eingeräumt werden (so aber *Dötsch* in *D/J/P/W* § 8 Abs 4 KStG nF Rn 49) oder eine typische stille Beteiligung an der Verlustgesellschaft begründet wird (ebenso *Lang* in *E&Y* § 8 KStG Rn 1290.1; aA *Dötsch* in *D/J/P/W* aaO Rn 135) oder wenn die Nutzung des Verlustvortrags bei den Kaufpreisüberlegungen eine Rolle gespielt hat (vgl BFH I R 137/71 BStBl II 1974, 181; *Fichtelmann* StWa 1988, 77). Im Fall der **Verschmelzung** der Verlust-Tochter auf die Gewinn-Mutter nach vorherigem Erwerb von Anteilen an der Tochter durch die Mutter ist nach *BMF* BStBl I 1999, 455 Rn 49 (zust *Kleinheisterkamp* in *L/S* § 10a Rn 290; *Middendorf/Stegemann* DStR 2005, 1082; **aA** zB *Lang* in *E&Y* § 10a Rn 1289.4, 11291.5) ein ähnlicher Fall gegeben (nach BFH I R 4/09 BFH/NV 2011, 525 fehlt es am sachlichen Zusammenhang; s Rn 38). Das gilt umso mehr, wenn zudem der Mutter von außen neues Betriebsvermögen zugeführt wird (krit *Hans* FR 2005, 907). Das Gleiche gilt im Fall des **down-stream-mergers** für die Verlust-Tochter, weil die Anteile der Mutter an der Tochter auf ihre Gesellschafter übergehen (*BMF* BStBl I 1999, 455 Rn 26; hierzu *Orth* DB 2001, 1326, 1332; **aA** *Rödder/Wochinger* FR 1999, 1; *Kröner* DStR 1998, 1495; *Breuninger/Frey* GmbHR 1998, 866; *Eilers/Wienands* FR 1998, 828; *Düll/Fuhrmann* DStR 2000, 1166; *Djanani/Brähler/Zölch* BB 2000, 1497).

Bei **anderen Körperschaften** kommt es auf die Übertragung von (mehr als 50% von) Mitgliedschafts- bzw Beteiligungsrechten an (*BMF* BStBl I 1999, 455 Rn 24). Bei einer **Genossenschaft** muss – auch nach einer Verschmelzung – nach der BFH-Rspr der Betrag der Geschäftsguthaben der neuen Mitglieder höher sein als der der Altmitglieder. Angesichts der formalen Ausdeutung des Tatbestandsmerkmals der Anteilsübertragung im Regelfall komme es im Bereich der Generalklausel nicht darauf an, dass jedes Mitglied in der Generalversammlung unabhängig von der Höhe der gezeichneten Geschäftsanteile nur eine Stimme habe (BFH I R 70/11 BFH/NV 2013, 987, gegen Sächs FG 1 K 934/07 EFG 2012, 1495, aufgeh), mE sehr fraglich, denn zum Einen ist das Geschäftsguthaben einer „formalen Ausdeutung" nicht näher als das Mitgliedschaftsrecht, zum Anderen ist jenes angesichts seiner Variabilität für die wirtschaftliche Identität weniger aussagekräftig als dieses.

41b **b) Reihenfolge.** Statt der Reihenfolge des § 8 Abs 4 Satz 2 KStG wird eine andere Reihenfolge gewählt, zB erst Bezugsrechte, dann Kapitalzuführung, dann Anteilsübertragung (vgl *BMF* BStBl I 1999, 455 Rn 31; *Hörger/Kemper* DStR 1990, 539; *Thiel* GmbHR 1990, 223; *Singbartl/Dötsch/Hundt* DB 1988, 1767; *Fichtelmann* GmbHR 1990, 305; **aA** *Streck/Schwedhelm* FR 1989, 153; *Schulze zur Wiesche* GmbHR 1987, 238; *Stahl* KÖSDI 1988, 7457). Das gilt insb für gestaltendes Zusammenwirken von Alt- u Neugesellschafter. In diesen Fällen ist als Vergleichsgröße das vor der BV-Zuführung vorhandene Aktivvermögen anzusetzen.

41c **c) BV-Zuführung.** Zuführung von Betriebsvermögen nicht an die Verlustgesellschaft, sondern an die Tochtergesellschaft zwecks Verrechnung von GAen mit Verlustvorträgen der Muttergesellschaft (*BMF* BStBl I 1999, 455 Rn 32); mE unzutreffend, da die wirtschaftliche Identität der Verlustgesellschaft nicht berührt ist (ebenso *Küster/Köhler* BB 1998, 2401; *Lang* in *E&Y* § 8 KStG Rn 1293.1; *Kleinheisterkamp* in *L/S* § 10a Rn 297). Ebenso fraglich, wenn lediglich eine Stellung von **Sicherheiten** an Stelle der BV-Zuführung erfolgt, zB wenn eine Gesellschaft für ihre geschäftliche Tätigkeit auf die Vorfinanzierung im Streckengeschäft angewiesen ist (BFH I R 29/00 BStBl II 2002, 392, FG Münster EFG 2000, 587, bestätigt; Anm *Frey/Weißgerber* GmbHR 2000, 737; **aA** auch *Kleinheisterkamp* in *L/S* § 10a Rn 298). Die wirtschaftliche Identität entfällt jedoch, wenn bei **Branchenwechsel**

§ 8 Abs 4 KStG aF im Einzelnen § 10a

(vom Leichtbetonbau zur reinen Treuhandtätigkeit) das bisherige BV nicht mehr verwendet werden kann (FG Hamburg EFG 1996, 332 rkr, mE zutreffend).

Zweifelhaft ist die **Nutzungsüberlassung** (hierzu *Frotscher/Maas* § 8 KStG Rn 191k; *Roser* GmbHR 2001, 1153), die zwar der Fortführung der betrieblichen Tätigkeit dienlich sein kann, mE jedoch die Struktur des sachlichen Substrats unberührt lässt (*Kleinheisterkamp* in *L/S* § 10a Rn 299).

Darlehen sind mE mit der Beschaffung von AV oder bei einem Sachdarlehen mit der BV-Zuführung vergleichbar (vgl BFH I R 58/01 BStBl II 2002, 395).

Kein vergleichbarer Fall liegt vor, wenn das bisher aktive Unternehmen **ohne BV-Zuführung** zur Verpachtung im Rahmen einer Betriebsaufspaltung übergeht (BFH I R 87/07 BFH/NV 2008, 2129); ebenso bei Beschaffung von UV ohne Branchenwechsel (FG B-Bbg 12 K 8293/06 DStRE 2009, 864) sowie bei einem **Forderungsverzicht mit Besserungsschein** und Abtretung der Besserungsanwartschaft an den Anteilserwerber (vgl BFH I R 23/11 BFH/NV 2012, 1901, gegen FG München 6 K 1451/08 EFG 2011, 1986, und *BMF* BStBl I 2003, 648 Nr 2d); zur „Verlustkonservierung" *Orth* FR 2004, 613; *Berg/Schmich* FR 2004, 520; *Hoffmann* DStR 2004, 243; *Grube/Altrichter-Herzberg* GmbHR 2005, 287; *Dörner* Inf 2005, 175; *Korn* GmbHR 2007, 624; *Pohl* DB 2008, 1531).

d) Reduzierung der Tätigkeit. Statt der **Einstellung** und **Wiederaufnahme** 41d des Geschäftsbetriebs wird dieser auf einen geringfügigen Teil reduziert und später mit einer völlig anders gearteten Tätigkeit in deutlich gesteigertem Umfang fortgeführt (BFH I R 9/06 BStBl II 2008, 988). Kein ähnlicher Fall aber bei Erwerb einer Vorratsgesellschaft (FG M-V 1 K 676/03 EFG 2007, 443).

4. Umfang des Abzugsverbots

Nicht abziehbar sind nach dem Wortlaut der Vorschrift die Verluste, die bis zum 42 Verlust der wirtschaftlichen Identität eingetreten sind. **Maßgebender Zeitpunkt** ist für den *Hauptanwendungsfall* nach dem Wortlaut des § 8 Abs 4 Satz 2 KStG zwar der Zeitpunkt, in dem alle Voraussetzungen der Vorschrift gemeinsam vorlagen (ebenso *Bacmeister* DStR 2004, 841). Dagegen kommt es nach BFH I R 9/06 BStBl II 2008, 988, auf den **Zeitpunkt der Anteilsübertragung** an (ebenso FG München 6 K 1945/07 DStRE 2011, 892; *BMF* BStBl I 2008, 1033, ggf **Vertrauensschutz**; *Breuninger/Frey/Schade* GmbHR 2008, 52; *Fey/Neyer* GmbHR 2008, 692; **aA** FG Köln 13 K 6016/00 EFG 2001, 991 Rev I R 53/01; *Altrichter-Herzberg* BB 2008, 31). ME ist dieses Urteil dahin zu verstehen, dass es **nicht nur** für vergleichbare Fälle iSv **§ 8 Abs 4 Satz 1 KStG, sondern** auch für das Regelbeispiel des **§ 8 Abs 4 Satz 2 KStG** gilt; eine Beschränkung auf Satz 1 wäre systematisch und teleologisch nicht konsequent (**aA** *Gehrke/Krohn* StBp 2000, 46; *Herzberg* DStR 2001, 553; für ein Wahlrecht *Neyer* BB 2001, 173).

Nach Anteilsübertragung und vor BV-Zuführung **entstandene Gewinne** können nicht mit früheren Verlusten ausgeglichen werden. Die zwischen der Anteilsübertragung und vor der schädlichen BV-Zuführung **entstandenen Verluste** können mE mit Gewinnen nach dem Verlust der wirtschaftlichen Identität verrechnet werden (vgl BFH I R 9/06 BStBl II 2008, 988 passim; FG Saarl EFG 2004, 1398 mit Anm *Neu*; *Frey/Holzmeier* GmbHR 2004, 1478).

Bei **unterjährigem Identitätswechsel** gilt mE − über § 7 − Entsprechendes für den Verlustausgleich im Jahr des Identitätswechsels (*Neyer* BB 2001, 173). § 8 Abs 4 Satz 3 aF, Satz 4 nF KStG schließt insoweit den innerperiodischen **Verlustausgleich** ab Anteilsübertragung aus; Für den **Verlustabzug** ergibt sich in Anwendung von BFH I R 9/06 BStBl II 2008, 988 hieraus, dass Gewinne des EZ der Anteilsübertragung bis zu dieser mit festgestellten Verlusten der vorhergehenden EZ verrechnet werden können.

Heilungsmöglichkeiten im Falle der Rückgängigmachung des Identitätsverlustes diskutiert mE zu Recht *Roser* GmbHR 1999, 27.

5. Sonderfall Sanierung

43 **a) Allgemeines.** Ab **EZ 1998** ist die Zuführung überwiegend neuen Betriebsvermögens unschädlich, wenn sie allein der **Sanierung des Verlustbetriebs** dient und die Körperschaft diesen in vergleichbarem Umfang mindestens fünf Jahre fortführt. Die Vorschrift ist als Ausnahmevorschrift eng auszulegen (*Krohn/Gehrke* StBp 2000, 46).

43a **b) Begriff.** Sanierung ist mE in vorsichtiger Analogie zu § 3 Nr 66 aF EStG zu verstehen (ohne Zusammenwirken aller Gläubiger, FG Münster 2757/09 K, G, F, Rev I R 79/12), also als Maßnahmen zur **Vermeidung des Zusammenbruchs** und Wiederherstellung der Ertragsfähigkeit (vgl BFH VIII R 37/84 BStBl II 1985, 501; IV R 177/83 BStBl II 1985, 504; IV R 84/89 BFH/NV 1991, 821; hierzu *Hörger/Endres* DB 1998, 335; ähnlich *Orth* DB 1997, 2242). Voraussetzungen sind mE **Sanierungsbedürftigkeit, Sanierungseignung** und **Sanierungsabsicht** (vgl BFH IV R 11/01 BStBl II 2002, 854; ebenso *Krohn/Gehrke* StBp 2000, 46); *BMF* BStBl 1999, 455 Rn 14 stellt allein auf die Sanierungsbedürftigkeit und darauf ab, dass das zugeführte Betriebsvermögen das für die Sanierung erforderliche nicht überschreitet. Es darf sich also nicht um gesellschaftsrechtlich bzw betrieblich veranlasste Zuführungen handeln, sondern um Maßnahmen iR eines Sanierungsgesamtkonzepts. Ein Schulderlass ist mE nicht erforderlich (*Orth* DB 1997, 2242; *Schloßmacher* in HHR § 10a KStG Rn 471).

43b **c) Einzelnes. aa) Sanierungsbedürftigkeit.** Sie ist daran zu messen, ob bei einer Beurteilung ex tunc eine profitable Fortführung des ohne die BV-Zuführung möglich gewesen wäre (vgl BFH VIII R 14/81 BStBl II 1984, 472).

bb) Sanierungseignung. Es kommt darauf an, ob die **BV-Zuführung objektiv geeignet** ist, die Profitabilität wieder herzustellen bzw den Betrieb vor dem drohenden Zusammenbruch zu bewahren (BFH IV R 177/83 BStBl II 1985, 504; aA *Hörger/Endres* DB 1998, 335: Sicht der Gesellschafter). Der Betrieb muss noch ein erhaltenswerter Faktor des Wirtschaftslebens sein (FG Köln 13 K 6016/00 EFG 2001, 991, Rev I R 53/01). Ein endgültig **eingestellter Betrieb** (Einstellung der werbenden Tätigkeit, § 2 Rn 570, 584) kann nicht saniert werden (*BMF* BStBl I 1999, 455 Rn 16).

cc) Sanierungsabsicht. Die BV-Zuführungen müssen **allein der Sanierung** dienen. Sie dürfen also den Umfang des für die Erhaltung des Geschäftsbetriebs Notwendigen nicht wesentlich überschreiten (*BMF* BStBl I 1999, 455 Rn 14); insb nicht dem Aufbau neuer Geschäftszweige dienen, was sich auch aus dem Fortführungserfordernis (Rn 43c) ergibt (aA jedoch *Orth* DB 1997, 2242; *Hörger/Endres* DB 1998, 335: qualifizierte Fortführung genügt; *Kleinheisterkamp* in L/S § 10a Rn 315: kaufmännisches Ermessen, nur Extremfälle schädlich). Allerdings erscheint eine zurückhaltende Auslegung geboten, die Mitnahme von Synergieeffekten allein ist mE nicht schädlich (*Füger/Rieger* DStR 1997, 1427, 1433). Die der Sanierungsmaßnahme zu Grunde liegende **Motivation** (zB Sicherung der Werthaltigkeit einer eigenen Forderung des Gesellschafters; Verhinderung des Konkurses aus Gründen des Rufs) ist mE außer Betracht zu lassen; sie ersetzt aber auch die fehlende Sanierungsabsicht nicht (FG Köln 13 K 6016/00 EFG 2001, 991, Rev I R 53/01). Entscheidend ist die Verwendung des zugeführten BV (vgl *BMF* BStBl I 1999, 455 Rn 14). Die Zuführung von für die Sanierung nicht erforderlichem Betriebsvermögen nach Ablauf des Fünf-Jahres-Zeitraums ist unschädlich (*OFD Ffm* DB 2000, 1541).

§ 8c KStG im Einzelnen

dd) Sanierungserfolg. Er gehört mE **nicht zum Tatbestand** (zB *Kleinheisterkamp* in *L/S* §10a Rn 312). Auch das Fortführungserfordernis (Rn 43c) spricht nicht hiergegen. Es ist mE nur im Erfolgsfalle zu beachten.

d) Fortführung des Geschäftsbetriebs. Der **Geschäftsbetrieb**, der den Ver- 43c
lustabzug verursacht hat und **fünf Jahre lang fortgeführt** werden muss, ist nicht ein Geschäftszweig, ein Teilbetrieb, Betriebsteil oder die so geartete Aktivität, sondern das Unternehmen der Kapitalgesellschaft **in dem Umfang**, in dem sie sich während **der Verlustphase** am allgemeinen Wirtschaftsverkehr beteiligt hat (*BMF* BStBl I 1999, 455 Rn 15; ähnlich *Füger/Rieger* DStR 1997, 1427, 1433 f; *Neumann* StB 2002, 246, 261; **aA** zB *Dötsch* in *D/J/P/W* § 8 Abs 4 KStG nF Rn 150). Der Geschäftsbetrieb darf noch nicht endgültig eingestellt worden sein; auch nicht vorübergehend (Ruhen, Unterbrechung; aA *Bock/Meissner* GmbHR 1999, 1069; *Neumann* StB 2002, 296). Auch die Übertragung des Verlustbetriebs auf einen anderen Rechtsträger – also außerhalb der Gesamtrechtsnachfolge – ist schädlich (*BMF* BStBl I 1999, 455 Rn 22).

Ein **Abschmelzen** des Verlust verursachenden Geschäftsbetriebs bis zum Ablauf des Fortführungszeitraums um mehr als die Hälfte seines Umfangs ist schädlich (*BMF* BStBl I 1999, 455 Rn 16). Hierzu kann mE auch die Einstellung einer/s bestimmten Produktion/Vertriebs gehören, ggf auch des verlustbringenden Teils (*Kleinheisterkamp* in *L/S* § 10a Rn 309). Es darf nicht im Belieben des Geschäftsführers stehen, durch seine Funktion in einem anderen Unternehmen der Verlustgesellschaft gelegentlich Aufträge zu verschaffen (FG Köln 13 K 6016/00 EFG 2001, 991, Rev I R 53/01). Für die Beurteilung, ob der Betrieb im angemessenen Umfang fortgeführt wird, kommt als **Messgröße** das Betriebsvermögen nach Zuführung, die Zahl der Arbeitnehmer, der Umsatz sowie das Auftragsvolumen in Betracht (*BMF* BStBl I 1999, 455 Rn 17; **krit** zB *Orth* DB 1997, 2242; *Kleinheisterkamp* in *L/S* § 10a Rn 318).

Ein **Branchenwechsel** kann als Einstellung des Betriebs zu qualifizieren sein; nicht jedoch, wenn er ohne Änderung der wesentlichen personellen und sachlichen Ressourcen erfolgt (BFH I R 89/96 BStBl II 1997, 829; FG Münster 9 K 2757/09 K, G, F StE 2012, 789, Rev I R 79/12; *BMF* BStBl I 1999, 455 Rn 18 f).

e) Rechtsfolge. Liegen die Voraussetzungen des § 8 Abs 4 Satz 3 KStG vor, ist 44
die **BV-Zuführung unschädlich,** auch im sachlichen und zeitlichen Zusammenhang mit der Anteilsübertragung; dh der vor diesen Vorgängen festgestellte Verlustvortrag kann genutzt werden.

III. § 8c KStG im Einzelnen

§ 10a Satz 10 idF des JStG 2009 (BGBl I 2008, 2794), zuvor Satz 9 idF des G v 45
14.8.2007 (BGBl I 2007, 1912) verweist nunmehr auf **§ 8c KStG.** Dessen **Abs 1** lautet:

§ 8c KStG Verlustabzug bei Körperschaften

(1)[1]**Werden innerhalb von fünf Jahren mittelbar oder unmittelbar mehr als 25 Prozent des gezeichneten Kapitals, der Mitgliedschaftsrechte, Beteiligungsrechte oder der Stimmrechte an einer Körperschaft an einen Erwerber oder diesem nahe stehende Personen übertragen oder liegt ein vergleichbarer Sachverhalt vor (schädlicher Beteiligungserwerb), sind insoweit die bis zum schädlichen Beteiligungserwerb nicht ausgeglichenen oder abgezogenen negativen Einkünfte (nicht genutzte Verluste) nicht mehr abziehbar.** [2]**Unabhängig von Satz 1 sind bis zum schädlichen Beteiligungserwerb nicht genutzte Verluste vollständig nicht mehr abziehbar, wenn innerhalb von fünf Jahren mittelbar oder unmit-**

telbar mehr als 50 Prozent des gezeichneten Kapitals, der Mitgliedschaftsrechte, Beteiligungsrechte oder der Stimmrechte an einer Körperschaft an einen Erwerber oder diesem nahe stehende Personen übertragen werden oder ein vergleichbarer Sachverhalt vorliegt. ³Als ein Erwerber im Sinne der Sätze 1 und 2 gilt auch eine Gruppe von Erwerbern mit gleichgerichteten Interessen. ⁴Eine Kapitalerhöhung steht der Übertragung des gezeichneten Kapitals gleich, soweit sie zu einer Veränderung der Beteiligungsquoten am Kapital der Körperschaft führt. ⁵Ein schädlicher Beteiligungserwerb liegt nicht vor, wenn an dem übertragenden und an dem übernehmenden Rechtsträger dieselbe Person zu jeweils 100 Prozent mittelbar oder unmittelbar beteiligt ist. ⁶Ein nicht abziehbarer nicht genutzter Verlust kann abweichend von den Sätzen 1 und 2 abgezogen werden, soweit er bei einem schädlichen Beteiligungserwerb im Sinne des Satzes 1 die anteiligen und bei einem schädlichen Beteiligungserwerb im Sinne des Satzes 2 die gesamten zum Zeitpunkt des schädlichen Beteiligungserwerbs vorhandenen im Inland steuerpflichtigen stillen Reserven des Betriebsvermögens der Körperschaft nicht übersteigt. ⁷Stille Reserven im Sinne des Satzes 6 sind der Unterschiedsbetrag zwischen dem anteiligen oder bei einem schädlichen Beteiligungserwerb im Sinne des Satzes 2 dem gesamten in der steuerlichen Gewinnermittlung ausgewiesenen Eigenkapital und dem auf dieses Eigenkapital jeweils entfallenden gemeinen Wert der Anteile an der Körperschaft, soweit diese im Inland steuerpflichtig sind. ⁸Ist das Eigenkapital der Körperschaft negativ, sind stille Reserven im Sinne des Satzes 6 der Unterschiedsbetrag zwischen dem anteiligen oder bei einem schädlichen Beteiligungserwerb im Sinne des Satzes 2 dem gesamten in der steuerlichen Gewinnermittlung ausgewiesenen Eigenkapital und dem diesem Anteil entsprechenden gemeinen Wert des Betriebsvermögens der Körperschaft. ⁹Bei der Ermittlung der stillen Reserven ist nur das Betriebsvermögen zu berücksichtigen, das der Körperschaft ohne steuerrechtliche Rückwirkung, insbesondere ohne Anwendung des § 2 Absatz 1 des Umwandlungssteuergesetzes, zuzurechnen ist.

Literatur: *Maiterth/Müller,* Abschaffung der Verlustübernahme bei Verschmelzung von Körperschaften – steuersystematisch geboten oder fiskalisch motiviert?, DStR 2006, 1861; *Hans/Engelen,* Wegfall der Mantelkaufregelung durch das Unternehmensteuerreformgesetz, NWB Beratung aktuell 2007, 1981; *Neumann,* Die neue Mantelkaufregelung in § 8c KStG, GmbH-StB 2007, 249; *Neyer,* Verlustnutzung nach Anteilsübertragung: Die Neuregelung des Mantelkaufs durch § 8c KStG nF, BB 2007, 1415; *Lenz/Ribbrock,* Versagung des Verlustabzugs bei Anteilseignerwechsel – kritische Analyse des § 8c KStG idF des Referentenentwurfs zur Unternehmensteuerreform 2008, BB 2007, 587; *Grützner,* Verschärfung der bisherigen Einschränkungen beim Verlustabzug nach § 8 Abs 4 KStG durch § 8c KStG-E, StuB 2007, 339; *Wiese,* Der Untergang des Verlust- und Zinsvortrages bei Körperschaften, DStR 2007, 741; *Dörfler/Wittkowski,* Verschärfung der Verlustnutzung bei Kapitalgesellschaften: Wie § 8c KStG-E das Kind mit dem Bade ausschüttet, GmbHR 2007, 513; *Hans,* Unternehmensteuerreform 2008: Kritik der Neuregelung über die Nutzung körperschaftsteuerlicher Verluste (§ 8c KStG), FR 2007, 775; *Eickhorst,* Auswirkungen der Unternehmensteuerreform 2008 auf Krisenunternehmen und ihre Sanierung, BB 2007, 1707; *Dieterlen/Winkler,* Konzernsachverhalte im Rahmen der neuen „Mantelkauf"-Regelung des § 8c KStG, GmbHR 2007, 815; *Beußer,* Die Verlustabzugsbeschränkung des § 8c KStG im Unternehmensteuerreformgesetz 2008, DB 2007, 1549; *Suchanek/Herbst,* Unternehmensteuerreform 2008: Fatale Wirkungen des neuen § 8c KStG zur Verlustnutzung bei Körperschaften und der Auslaufvorschrift zu § 8 Abs 4 KStG, FR 2007, 863; *Eisgruber,* Aktuelle Fragen der Verlustnutzung im Unternehmensbereich, DStZ 2007, 630; *B. Lang,* Die Neuregelung der Verlustabzugsbeschränkung gem § 8c KStG durch das Unternehmensteuerreformgesetz 2008, DStZ 2007, 652; *Rödder,* Unternehmensteuerreformgesetz 2008, DStR 2007, Beih zu Heft 40; *Zerwas/Fröhlich,* § 8c KStG – Auslegung der neuen Verlustabzugsbeschränkung, DStR 2007, 1933; *Neumann/Stimpel,* Ausgewählte Zweifelsfragen zur neuen Verlustabzugsbeschränkung nach § 8c KStG, GmbHR 2007, 1194; *Hey,* Verletzung fundamentaler Besteuerungsprinzipien durch die Gegenfinanzierungsmaßnahmen des Unternehmensteuerreformgesetzes 2008, BB 2007, 1303; *Dörr,* Neuausrichtung der Mantelkaufregelung – Änderungen beim Verlustabzug für Körperschaften nach Anteilseignerwechsel, NWB 31/2007, F 4, 5181; *Viskorf/Michel,* Stimmrechtsübertragungen und vergleichbare Sachverhalte im Rahmen des § 8c KStG, DB 2007, 2561; *Schaumburg/Rödder,* Unternehmensteuerreform 2008, 2007; *Korn/Strahl,* Beratungsbrennpunkt Unternehmensteuerreform 2008, 2007; *Blumenberg/Benz,* Die Unternehmensteuerreform 2008, 2007; *Beck/Klar,* Asset-Deal versus Share-Deal – Eine Gesamtbetrachtung unter expliziter Berücksichtigung des Risikoaspekts DB 2007, 2819, *Behrendt/Arjes/Nogens,* § 8c KStG – Struktur zum Erhalt gewerbesteuerlicher Verlustvorträge, BB 2008, 367; *Roser,* Verlust- (und Zins-) Nutzung nach § 8c KStG, DStR 2008, 77; *Suchanek,* Verlustabzugsbeschränkung für Körperschaften..., GmbHR 2008, 292; *Schwedhelm,* Die Neuregelung des Mantelkaufs in § 8c KStG – verfassungs- und steuersystematische Würdigung, GmHR 2008, 404; *Neu/Schiffers/Watermeyer,* Stellungnahme der Centrale für GmbH Dr. Otto Schmidt vom 14.3.2008 zum Entwurf eines BMF-Schreibens vom 20.2.2008 zur Verlustnutzungsbeschränkung ... aufgrund § 8c KStG, GmbHR 2008, 421; *Altrichter-Herzberg,* Untergang der steuerlichen Verlustvorträge nach § 8c KStG..., GmbHR 2008, 857; *Sedemund/Fischenich,* Die neuen Mantelkaufregelungen und Grunderwerbsteuer als verfassungs- und europarechtlich bedenkliche Bremse von internationalen Umstrukturierungen, BB 2008, 535; *Strunk,* Verlustabzugsbeschränkungen für Körperschaften gem § 8c KStG..., Stbg 2008, 192; *Schumacher/Hageböke,* Umwandlungssteuerrechtliche Rückwirkungsfiktion und Übertragung von Anteilen im Rahmen des § 8c KStG, DB 2008, 493; *Dötsch/Pung,* § 8c KStG: Verlustabzugsbeschränkungen für Körperschaften, DB 2008, 1703; *B. Lang* BMF-Schreiben zur Verlustabzugsbeschränkung für Körperschaften (§ 8c KStG) vom 4.7.2008, DStZ 2008, 549; *Meiisel/Bokeloh,* Anmerkungen zum Entwurf des BMF-Schreibens zu § 8c KStG, BB 2008, 808; *Lenz,* Der neue § 8c KStG aus Unternehmenssicht, Ubg 2008, 24; *Breuninger/Schade,* Entwurf eines BMF-Schreibens zu § 8c KStG – „Verlustvernichtung" ohne Ende?, Ubg 2008, 261; *Rödder/Möhlenbrock,* Die Neuregelung des § 8c KStG betr Verluste von Kapitalgesellschaften bei Beteiligungserwerben, Ubg 2008, 595; *Wild/Sustmann/Papke,* Gefährdet § 8c KStG bei einem Börsengang die steuerlichen Verlustvorträge der emittierenden Gesellschaft?, DStR 2008, 851; *Sistermann/Brinkmann,* Verlustuntergang aufgrund konzerninterner Umstrukturierungen, DStR 2008, 897; *van Lishaut,* Grenzfragen zum „Mantelkauf" (§ 8c KStG), FR 2008, 789; *Pohl,* Die Auswirkungen eines Forderungsverzichts mit Besserungsschein im Rahmen des § 8c KStG, DB 2008, 1531; *Sistermann/Brinkmann,* Verlustabzugsbeschränkungen nach § 8c KStG..., BB 2008, 1928; *Grützner,* Die Einschränkungen des Verlustabzugs durch § 8c KStG, StuB 2008, 617; *Dörr,* Verlustabzugsbeschränkungen für Körperschaften nach § 8c KStG, NWB 33/2008, F 4, 5339; *Kußmaul/Richter/Tcherveniachki,* Ausgewählte Problemfelder im Kontext des § 8c KStG, GmbHR 2008, 1009; *Roser,* Verlustabzüge nach § 8c KStG – ein ernüchterndes Anwendungsschreiben, DStR 2008, 1561; *Schick/Franz,* Verlustnutzung bei Umwandlungen trotz § 8c KStG?, DB 2008, 1987; *Avella/Ziegler,* Mantelkauf nach § 8c KStG..., StC 10.08, 24; *Wehrheim/Haussmann,* Die gewerbesteuerliche Verlustnutzung von Personenunternehmen und Körperschaften: eine vergleichende Analyse, StuW 2008, 317; *Schwedhelm/Olbing/Binnewies,* Aktuelles zum Jahreswechsel 2008/2009 rund um die GmbH, GmbHR 2008, 1233; *Sistermann/Brinkmann,* Rückwirkende Verlustnutzung nach dem JStG 2009, DStR 2008, 2455; *Pohl,* Gesplittete Anteilsübertragung und § 8c KStG, GmbHR 2009, 132; *Busch,* Die Verlustvernichtung im Konzern, JbFfSt 2008/2009, 223; *Drüen,* Das Unternehmensteuerrecht unter verfassungsrechtlicher Kontrolle – zur Gestaltungsfreiheit des Gesetzgebers zwischen Folgerichtigkeit und Systemwechsel, Ubg 2009, 23; *Honert/Christoph,* Anwendungsschreiben bei Körperschaften (§ 8c KStG), EStB 2009, 32; *Suchanek,* Ertragsteuerliche Änderungen im JStG 2009 zur Verhinderung von Gestaltungen im Zusammenhang mit § 8c KStG... Ubg 2009, 178; *Hofmann,* Weitere Verlustvernichtung im JStG 2009, DStR 2009, 257; *Dötsch,* Verlustnutzung bei Körperschaften, FS Schaumburg 2009, 253; *Neyer,* Verlustnutzung nach Anteilsübertragung – Zum Umfang des Verlustverwertungsverbots gem § 8c KStG, BB 2009, 415; *Hey,* Körperschaft- u. Gewerbesteuer und objektives Nettoprinzip, DStR 2009, Beih 34, 109; *Heger,* dto, DStR 2009, Beih 34, 117; *Forst/Busch/Kubiak,* Verlustnutzung innerhalb einer Unternehmensgruppe, EStB

§ 10a

2009, 361; *Honert/Obser*, Steuerlich nicht genutzte Verluste und/oder Zinsvorträge in der Gesellschaft – Vorsicht beim Abschluss von Stimmrechtsvereinbarungen, BB 2009, 1161; *Ballwieser/Frase*, Zur (Un-)Anwendbarkeit von § 8c KStG bei konzerninternen Umstrukturierungen …, BB 2009, 1502; *Jacobsen*, Die Generierung und Koordination steuerlicher Teilgestaltungen iRd Umstrukturierung von Unternehmen, BB 2009, 1955; *Kutt/Möllmann*, Verlustnutzung bei unterjährigem Beteiligungserwerb, DB 2009, 2564; *Jebens*, Einwendungsmöglichkeiten gegen Gesamtplanbesteuerung, BB 2009, 2172; *Elicker/Zillmer*, Böses Erwachen beim Körperschaftsteuerbescheid – Was tun, wenn Poolverträge vermeintliche Verlust- und Zinsvorträge zerstört haben?, BB 2009, 2620; *Dörr*, § 8c Abs 2 KStG tritt nicht in Kraft, NWB 2009, 3499; *Hey*, Besteuerung von Unternehmen und Individualsteuerprinzip, Kernfragen des Unternehmenssteuerrechts 2010, 1; *Breuninger*, Verlustvernichtung bei Anteilsübertragung, JbFfSt 2009/2010, 219; *Frey/Mückl*, Konzeption und Systematik der Änderung beim Verlustabzug (§ 8c KStG), GmbHR 2010, 71; *Eisgruber/Schaden*, Vom Sinn und Zweck des § 8c KStG, Ubg 2010, 73; *Patt*, Einbringung betrieblicher Einheiten durch Kapitalgesellschaften, EStB 2010, 146; *Schmiel*, § 8c KStG in der Kritik: Ungleichmäßigkeiten der Besteuerung durch Verlustverrechnungsbeschränkung beim Mantelkauf und anderen Übertragungen, BB 2010, 151; *Orth*, Verbesserte Verlustverrechnungsmöglichkeiten, Ubg 2010, 169; *Weber*, Nutzung des gewerbesteuerlichen Verlustvortrags von Personengesellschaften in Kapitalgesellschaftskonzernen bei Umstrukturierung und Veräußerung, Ubg 2010, 201; *Heinz/Wilke*, Sicherung der Verlustverwertung im Unternehmenskonzern durch Einschaltung von Personengesellschaften, GmbHR 2010, 360; *Altrichter-Herzberg*, Steuerliche Verlustvorträge: Der Fünf-Jahres-Zeitraum iSd § 8c KStG, GmbHR 2010, 799; *Neyer*, Verlustnutzung nach unterjährigem Beteiligungserwerb …, DStR 2010, 1600; *Kroninger/Braun*, Nämlichkeit von Anteilen bei mehrfachen Übertragungsvorgängen nach § 8c KStG, BB 2010, 2336; *Stollenwerk/Scherff*, Verwertung steuerlicher Verlustvorträge trotz schädlichen Beteiligungserwerbs, GmbH-StB 2011, 76; *Breuninger*, Anwendungsfragen des neuen § 8c KStG, StJb 2010/2011, 303; *Breuninger*, § 8c KStG im Konzern, u.a.: wie wirken sich atypisch stille Beteiligungen aus, JbFfSt 2010/2011, 333; *Neumann*, Die Kapitalgesellschaft im Würgegriff des § 8c KStG, FS Streck 2011, 103; *Tschesche/Hofmann*, Die Berücksichtigung von Minderheitsaktionären iRd § 8c KStG bei der Verschmelzung börsennotierter Aktiengesellschaften, BB 2011, 279; *Roth*, Verfassungswidrigkeit des § 8c KStG – Verrechnungsverbot bei (unterjährigem) Beteiligungserwerb, StBW 2011, 603; *Drüen/Schmitz*, Verfassungskonforme Auslegung des § 8c KStG in Altfällen, Ubg 2011, 921; *Ernst*, Neuordnung der Verlustnutzung nach Anteilseignerwechsel, IFSt Nr 470 (2011); *Röder*, Zur Verfassungswidrigkeit der Mindestbesteuerung (§ 10d Abs 2 EStG) und der Beschränkung des Verlustabzugs nach § 8c KStG, StuW 2012, 18; *J. Lang*, Verfassungswidrigkeit des § 8c KStG – eine Bestandsaufnahme, GmbHR 2012, 57; *Mammen/Sassen/Bethmann*, Verlustabzugsbeschränkung bei Beteiligungserwerben BBK 2012, 507; *Engelberth*, Der Verlustabzug bei Körperschaften, NWB 2012, 1685; *Neyer*, Anteilsübertragungen im Konzern: Verlustverschonung vor Einführung der Konzernklausel, FR 2012, 858; *Roth*, Teleologische Reduktion des § 8c KStG bei mittelbaren Anteilsübertragungen, DB 2012, 1768; *Dörr/Eggert*, Gestaltungsmodell Mantelkauf mit Abtretung einer Besserungsanwartschaft gegen die GmbH, NWB 2013, 22.

1. Allgemeines

46 **a) Ursprünglicher Zweck.** Die Vorschrift ist eine **Abkehr** des Gesetzgebers von dem in § 8 Abs 4 KStG niedergelegten Grundsatz der Abhängigkeit des Verlustabzugs **von der wirtschaftlichen Identität** der Körperschaft und einer sachgerechten Rspr des BFH hierzu. Herausgekommen ist eine systemfremde Vorschrift zur **Verlustabzugsbeschränkung** bzw -vernichtung (*Müller/Gatermann* Stbg 2007, 158; *Breuninger/Schade* Ubg 2008, 261). Zu diesem Zweck stellt § 8c Abs 1 KStG im Rahmen einer rein personenbezogenen Betrachtung ab auf einen **„schädlichen Beteiligungserwerb"** ohne Berücksichtigung der *wirtschaftlichen Identität* (*Beußer* DB 2007, 1549; *Kußmaul/Richter/Tcherveniachki* GmbHR 2008, 1009; *Roser* DStR 2008, 77; *Dötsch/Pung* DB 2008, 1703). Nach BTDrs 16/4841, 76 veränderte sich diese zwar durch das *wirtschaftliche Engagement* des neuen Anteilseigners. Diese

„Begründung" hat indessen keinerlei Grundlage, weil nicht die Veränderung des wirtschaftlichen Engagements – wenn sie denn vorliegt – Einfluss auf die wirtschaftliche *Identität* einer Körperschaft hat, diese vielmehr durch ihren Unternehmensgegenstand und ihr verfügbares BV bestimmt wird (vgl BFH I R 61/01 BStBl II 2004, 616; I R 87/07 BFH/NV 2008, 2129; *Neyer* BB 2007, 1415; *Blumenberg/Benz* S 202; *B. Lang* DStZ 2007, 652; *Wehrheim/Haussmann* StuW 2008, 317).

Auch ein **Missbrauchsverhinderungszweck** ist angesichts der Ausgestaltung der Norm **nicht erkennbar** (BFH I B 49/10 BFH/NV 2010, 2356 unter 3 c aa).

Tatsächlich ging es daher wohl um den Abbau bzw die **Vernichtung von Verlustvorträgen**, über die die Kapitalgesellschaften bundesweit iHv 380 Mrd € verfügten; nicht zufällig geht diese Regelung einher mit dem Abbau von Verlustvortragsregelungen im UmwStG idF des SEStEG, was auf eine rein *fiskalische Motivation* dieser Regelungen, jedoch nicht auf den Vollzug eines *„wertneutralen Gedankens"* (so *van Lishaut* FR 2008, 789) hindeutet (zB *Maiterth/Müller* DStR 2006, 1861; *Suchanek/Herbst* FR 2007, 863 FN 6; *Wiese* DStR 2007, 741; *Zerwas/Fröhlich* DStR 2007, 1933; *Meiisel/Bokeloh* BB 2008, 808; *Schick/Franz* DB 2008, 1987; *Breuninger/Schade* Ubg 2008, 261; *Sistermann/Brinkmann* BB 2008, 1928; *Breuninger* StJb 2010/2011, 303). Allerdings wird das tatsächliche Steueraufkommen aus der Verlustvernichtung auf wenige 100 Mio €, der gesamt- und betriebswirtschaftliche Kollateralschaden jedoch sehr hoch eingeschätzt (*Franz* IFSt Nr 470).

Für Zwecke der **Auslegung**, insb für die in der Literatur in mehrfacher Hinsicht häufig angemahnte **teleologische Reduktion** (zB *Drüen/Schmitz* Ubg 2011, 921 mwN), ist der reine Fiskalzweck der Norm selbst unergiebig. Allerdings spielt mE der in der Gesetzesbegründung angesprochene Gedanke der Veränderung der wirtschaftlichen Identität durch Veränderung des wirtschaftlichen Engagements eine wichtige Rolle, was bis zur Einführung der Konzernklausel (Rn 46a, 81 ff) insb für die Verkürzung der Beteiligungskette gilt (ebenso FG B-Bbg 8 K 8311/10 DStRE 2012, 1189, Rev I R 79/11).

b) Weitere Schritte. aa) MoRaKG. In einem zweiten Akt hat der Gesetzgeber **46a** die Interessen von **Wagniskapitalbeteiligungsgesellschaften**, für die die zunächst erlassene Regelung jeden Investitionsanreiz genommen hatte und nimmt (*Kussmaul/Richter/Tcherveniachki* GmbHR 2008, 1009), durch Erlass eines **Absatz 2** berücksichtigt (MoRaKG v 12.8.2008, BGBl I 2008, 1672). Mangels Genehmigung durch die EU-Kommission (Art 8 Abs 2 MoRaKG) ist diese Vorschrift nicht in Kraft getreten.

bb) Konzern-/Stille-Reserverven-/Sanierungsklausel. Mit der **Einführung** einer **Konzernklausel** (§ 8c Abs 1 Satz 5 KStG), einer **Stille-Reserven-Klausel** (§ 8c Abs 1 Sätze 6–9; G v 22.12.2009, BGBl I 2009, 3950 und v 8.12.2010, BGBl I 2010, 1768) und der **Sanierungsklausel** (§ 8c Abs 1 a KStG; G v 16.7.2009, BGBl I 2009, 1959) ist die Vorschrift als fiskalistische Verlustvernichtungsnorm entschärft worden; sie hat aber schon mangels Berücksichtigung des sachlichen Substrats nicht die Kontur einer Missbrauchsverhinderungsnorm gewonnen (ähnlich *Bien/Wagner* BB 2009, 2626; **aA** *Sistermann/Brinkmann* DStR 2009, 2633; *Wittkowski/Hielscher* DB 2010, 11; *Eisgruber/Schaden* Ubg 2010, 73; *Breuninger/Ernst* GmbHR 2010, 673). Allerdings ist das **Schicksal** der Sanierungsklausel **noch ungeklärt** (hierzu Rn 87).

c) Persönlicher Anwendungsbereich. Die Vorschrift bezieht sich auf den **46b** „Verlustabzug bei Körperschaften" und befasst sich mit der *„Übertragung"* von Kapital (-Anteilen), Mitgliedschafts-, Beteiligungs- und Stimmrechten sowie vergleichbaren Sachverhalten. Dadurch wird mE der **persönliche Anwendungsbereich** insofern **erheblich eingeschränkt,** als Anstalten und Stiftungen, bei denen es sich um Vermögensmassen handelt (Nds FG 6 K 31/09 EFG 2010, 577; bestätigt von

BFH I R 112/09 BFH/NV 2011, 1194: kein verschmelzungsfähiger Rechtsträger), und Vereine nicht betroffen sind, weil es (zudem) eine *Übertragung* von Mitgliedschafts- oder Beteiligungsrechten nicht gibt, und zwar weder ieS noch als vergleichbaren Sachverhalt (iE ebenso *B. Lang* DStZ 2008, 549; *Neu/Schiffers/Watermeyer* GmbHR 2008, 421; *Suchanek* GmbHR 2008, 292; *Sistermann/Brinkmann* BB 2008, 1928; *Kleinheisterkamp* in *L/S* § 10a Rn 108; **aA** *BMF* BStBl I 2008, 736 Rn 1, 7; für einen vergleichbaren Sachverhalt *van Lishaut* FR 2008, 789).

46c **d) Verfassungsrechtliches.** Verfassungsrechtliche **Bedenken** gründen mE zu Recht auf der mit der Neuregelung verbundenen *Verletzung des* (abschnittsübergreifenden) **Nettoprinzips**; zudem ist sie angesichts der über die Unterbindung des „Mantelkaufs" weit hinausgreifenden Tatbestandsstruktur unverhältnismäßig und enthält angesichts der Verletzung der Grundsätze der Beteiligungsunabhängigkeit von Körperschaften (auf der das KSt-Recht gründet) – **Trennungsprinzip** – einen In-Sich-Widerspruch gegen diesen Teil der Rechtsordnung (vgl FG Hamburg 2 K 33/10 EFG 2011, 1460, Vorlagebeschluss BVerfG 2 BvL 6/11; FG Hamburg 2 V 86/12 zur AdV; dem folgend FG Münster 9 V 357/11 K, G EFG 2012, 165; vgl auch *Hans* FR 2007, 775; *Wiese* DStR 2007, 741; *Lenz/Ribbrock* BB 2007, 587; *Hey* BB 2007, 1303; *Beußer* DB 2007, 1549; *Müller-Gatermann* Stbg 2007, 158; *Suchanek/Herbst* FR 2007, 863; *Zerwas/Fröhlich* DStR 2007, 1933; *Rödder* DStR 2007, Heft 40, Beih 12; *Dörfler/Wittkowski* GmbHR 2007, 513; *Blumenberg/Benz*, 2001; *Schaumburg/Rödder*, 522; *Tiedchen* FR 2008, 201; *Schwedhelm* GmbHR 2008, 404; *Kussmaul/Richter/Tcherveniachki* GmbHR 2008, 1009; *Sedemund/Fischenich* BB 2008, 535; *Wehrheim/Haussmann* StuW 2008, 317; *Oenings* FR 2009, 606; *Drüen*, Unternehmen im Umbruch, 2010, 19; *J. Lang* GmbHR 2012, 57; *Esterer/Bartelt* Ubg 2012, 383; *Röder* StuW 2012, 18). Auch der Gedanke der gewstrechtlichen **Unternehmeridentität**, der bei der Vorschrift durchschimmert, geht völlig fehl (ebenso *Kleinheisterkamp* in *L/S* § 10a Rn 102; **aA** wohl *van Lishaut* FR 2008, 789; *Dötsch/Pung* DB 2008, 1703).

Nicht mehr ins Gewicht fällt mE der Umstand, dass **zunächst keine Ausnahme** für wirtschaftlich notwendige **Sanierungsmaßnahmen** vorgesehen war; denn § 8c Abs 1a KStG ist ebenfalls ab EZ 2008 anwendbar. Sollte das diesbezügliche EuGH-Verfahren erfolglos bleiben, ließe sich mE wegen des prinzipiellen Vorrangs des EU-Rechts aus dem Fehlen einer Sanierungsklausel eine Verfassungswidrigkeit der Vorschrift nicht herleiten.

Weniger überzeugend erscheint mE der Einwand, die Gesellschaft trage nach § 8c KStG Konsequenzen (der Anteilsübertragungen), die sie nicht zu verantworten habe (zB *Strunk* StGB 2008, 192).

2. Schädlicher Beteiligungserwerb als Voraussetzung

47 **a) Begriff.** Einen **Überblick** über die Regelung u.a. bei *Mammen/Sassen/Bethmann* BBK 2012, 507; *Engelberth* NWB 2012, 1685. Der **schädliche Beteiligungserwerb** wird in **Satz 1 der Vorschrift** ausdrücklich als **Erwerb von mehr als 25 %** des gezeichneten Kapitals usw definiert; für Zwecke des **Satzes 2** fehlt eine dahin gehende Definition. Gleichwohl ist mE davon auszugehen, dass für die je unterschiedlichen Rechtsfolgen in den Sätzen 1 und 2 der schädliche Beteiligungserwerb mit den dort angegebenen Prozentsätzen und den Gegenständen der Übertragung definiert ist (aA zB *Zerwas/Fröhlich* DStR 2007, 1933; *Benz/Rosenberg* in *Blumenberg/Benz*, 172).

Ausreichend ist der Erwerb von Rechten auch nur **einer der** im Gesetz **genannten Arten**. Eine teleologische Reduktion in dem Sinne, dass die erworbene Rechtsposition Einfluss auf die Beherrschung der Gesellschaft gewähren müsse, erscheint angesichts des ausgesprochenen Fiskalzwecks der Norm insofern nicht möglich.

§ 8c KStG im Einzelnen § 10a

Werden **zugleich Anteile und Rechte** bzw **mehrere Rechte** übertragen, ist nach *BMF* BStBl I 2008, 736 Rn 5 die Übertragung maßgebend, die die weitestgehende Anwendung des § 8c KStG erlaubt (krit *Roser* DStR 2008, 1561). Das ist zwar unglücklich, weil tendenziös ausgedrückt, ist aber im Kern insofern richtig, als es um die Erfüllung des jeweiligen Tatbestandmerkmals geht.

Auf die **Motive des Anteilserwerbs** kommt es – mE jedoch mit Ausnahme der Interessengleichrichtung bei einer Erwerbergruppe (Rn 55) – nicht an. Daher sind auch **zwangsweise** Anteilserwerbe, zB Pflichtgebot nach §§ 29 Abs 2, § 35 Abs 2 WpÜG (*van Lishaut* FR 2008, 789; **aA** *Beußer* DB 2007, 1549), oder ein **unfreiwilliger** Anteilserwerb, etwa wenn andere Gesellschafter an einer Kapitalerhöhung nicht teilnehmen und der Erwerber durch Übernahme die Schädlichkeitsgrenze überschreitet (*van Lishaut* FR 2008, 789), einzubeziehen.

b) Gegenstand. Ein schädlicher Beteiligungserwerb kann liegen in der Übertragung von Anteilen am gezeichneten **Kapital, Mitgliedschaftsrechten, Beteiligungsrechten** oder **Stimmrechten** an/in einer Körperschaft. **Hauptanwendungsfall** ist mE die Übertragung von **Kapitalanteilen.** Gemeint sein kann hiermit sinnvollerweise zB die durch Aktien, GmbH-Geschäftsanteilen o.Ä. verkörperte Beteiligung am *Grundkapital* einer AG bzw *Stammkapital* einer GmbH. Nach *BMF* BStBl I 2008, 736 Rn 5 ist die Übertragung von Stimmrechten nicht erforderlich; das ist mE, auch wenn das G eine solche nicht verlangt, wegen fehlender Auswirkungen auf das wirtschaftliche Engagement nicht zutreffend (vgl Rn 46). Daher genügen Vorzugsaktien mE nicht (ebenso *Neumann* GmbH-StB 2007, 249; *Beußer* DB 2007, 1549; *Zerwas/Fröhlich* DStR 2007, 1933; *B. Lang* DStZ 2007, 652; *Schaumburg/ Rödder* S 524; *Breuninger/Schade* Ubg 2008, 261; *Viskorf/Michel* DB 2007, 2561; *Lenz* Ubg 2008, 21; **aA** *BMF* BStBl I 2008, 736 Rn 5; *Rödder* DStR 2007, Heft 40, Beih 13; *Dötsch/Pung* DB 2008, 1703; *Kleinheisterkamp* in *L/S* § 10a Rn 113). Der Erwerb eigener Anteile ist zu berücksichtigen, wenn sich hierdurch die Beteiligungsquoten ändern (*BMF* aaO Rn 7); im Übrigen sind sie mE zur Ermittlung der Beteiligungsquote vom Nennkapital abzuziehen (vgl zu § 8 Abs 4 KStG aF *BMF* BStBl I 1999, 455 Rn 3; *Suchanek* in *HHR* § 8c KStG Rn 23). 48

c) Mitgliedschaftsrechte. Die **Bedeutung** des Hinweises auf sie ist **unklar.** IdR sind hiermit Rechte an Vereinen und Personenvereinigungen, insb Individualrechte bezogen auf die Gesellschafterversammlung (Teilnahmerecht, Stimmrecht und Anfechtungsrecht) gemeint. Mitgliedschaftsrechte an **Vereinen** und **Personenvereinigungen** sind grds nicht übertragbar (§ 38 Satz 1, § 719 Abs 1 BGB), so dass der Wechsel von Vereinsmitgliedern weder einen Grundfall noch einen vergleichbaren Sachverhalt darstellen kann (vgl *Roser* DStR 2008, 77; *B. Lang* DStZ 2008, 549). Die **aA**, die unter Mitgliedschaftsrechten alle Stimm-, Teilnahme-, Informations- und Kontrollrechte sowie Vermögensrechte verstehen möchte (zB *Hans* FR 2007, 775), lässt nicht deutlich werden, inwieweit diese Rechte eine eigenständige Bedeutung im Hinblick auf die Kapitalbeteiligung haben. Das gilt mE auch insoweit, als angenommen wird, der Gesetzgeber habe mit der Erwähnung der Mitgliedschaftsrechte die Anwendbarkeit des § 8c KStG auf **andere** Körperschaften (zB **Genossenschaften, wirtschaftliche Vereine**) abdecken wollen (vgl *Korn/Strahl* S 67; *Neyer* BB 2007, 1415). Denn bei Genossenschaften wird die Mitgliedschaft entweder durch Teilnahme am Gründungsvorgang oder durch schriftliche Beitrittserklärung mit Zustimmung des Vorstands erworben. 49

d) Beteiligungsrechte. Auch ihr **Begriff** ist **unklar,** zumal er keine eigenständige gesellschaftsrechtliche Relevanz hat (ebenso *Hans* FR 2007, 775; *Neumann* GmbH-StB 2007, 249; *Roser* DStR 2008, 77) und im Hinblick auf die Quote kaum fassbar ist (vgl *Dötsch/Pung* DB 2008, 1703). Die Anwendung auf **Genussrechte** 50 scheitert mE aus demselben Grund (*Kleinheisterkamp* in *L/S* § 10a Rn 111; **aA** *BMF* BStBl I 2008, 736 Rn 7). Für ein Verständnis von Beteiligungs- und Mitgliedsrechten als Bezugsgrößen für Körperschaften, die nicht Kapitalgesellschaften sind, jedoch zB *Suchanek* GmbHR 2008, 292; *Meiisel/Bokeloh* BB 2008, 808; *Sistermann/Brinkmann* BB 2008, 1928.

51 **e) Stimmrechte.** Ebenso **zweifelhaft** ist die Nennung von Stimmrechten in der Vorschrift, und zwar schon deswegen, weil sie idR nicht gesondert übertragen werden können und eine dauerhafte Trennung von Stimmrecht und Stammrecht nach der hM im Handelsrecht zur Nichtigkeit der „Übertragung" führt (vgl BGHZ 48, 163, NJW 1967, 1963; *Roser* DStR 2008, 77; *Viskorf/Michel* DB 2007, 2561; *Blumenberg/Benz*, 177). Der Gesetzgeber hat wohl die Übertragung von Anteilen mit Schaffung von Mehrstimmrechtsanteilen sowie Stimmbindungs- bzw Verzichtsvereinbarungen gemeint (hierzu *Viskorf/Michel* DB 2007, 2561; *Dötsch/Pung* DB 2007, 1703; *Sistermann/Brinkmann* BB 2008, 1928). Im Übrigen kommt in Betracht, ihre Erwähnung als Ausdruck für vergleichbare Sachverhalte oder sonst als flankierende Maßnahme anzusehen (vgl *Suchanek* in *HHR* § 8c KStG Rn 24).

52 **f) Vermögens- und Pfandrechte. Nicht ausreichend** sind mE rein **vermögensrechtliche Beteiligungen,** wie partiarische Darlehen, Genussrechte sowie stille (Unter-)Beteiligungen (typisch und atypisch), zumal der Stille zwar am Handelsgewerbe, *nicht* aber am *Kapital* beteiligt ist (§ 230 HGB). Ebensowenig fallen Optionen und sonstige Bezugsrechte unter die Norm (*B. Lang* DStZ 2007, 652; *van Lishaut* FR 2008, 789). Das gilt auch für die Stellung des **persönlich haftenden Gesellschafters** einer **KGaA** (ebenso *Roser* DStR 2008, 1561; *Meiisel/Bokeloh* BB 2008, 808) sowie die dingliche Belastung (zB Pfandrecht) eines Vollrechts (*Dötsch* in *D/J/P/W* § 8c Rn 44 f).

3. Erwerber

53 **a) Begriff.** Erwerber kann eine **natürliche** oder **juristische Person** sein; in Betracht kommt auch eine **Personengesellschaft** (vgl BFH I R 81/02 BStBl II 2004, 614; *BMF* BStBl I 2008, 736 Rn 24: bei vermögensverwaltenden Personengesellschaften anteilige Zurechnung nach § 39 Abs 2 Nr 2 AO; *B. Lang* DStZ 2007, 652). Das gilt auch – wie bei § 8 Abs 4 KStG – für *Altgesellschafter* (*Beußer* DB 2007, 1540; *Blumenberg/Benz*, 183, 1549).

An **„einen"** Erwerber muss die Übertragung erfolgt sein; **mehrere** Erwerber werden grds **nicht** zusammengezählt. Etwas anderes gilt nach der Vorschrift für **nahestehende Personen** (Rn 54) und eine **Erwerbergruppe** (Rn 55). *BMF* BStBl I 2008, 736 Rn 3 führt als Oberbegriff den **„Erwerberkreis"** ein: Erwerber mit nahestehenden Angehörigen sowie Personen mit gleichgerichteten Interessen; das will wohl besagen, dass *BMF* aaO mit „Erwerberkreis" auch einen einzelnen Erwerber meint, wenn weitere in Frage kommende Personen nicht vorhanden sind.

Die **Person des Übertragenden** ist *ohne Bedeutung;* dh es genügt, wenn *mehrere* Gesellschafter Anteile an *einen* Erwerber(kreis) übertragen (*Dötsch/Pung* DB 2008, 1703).

54 **b) Nahestehende Personen.** Hierbei gelten mE die Merkmale wie bei der **vGA** nach § 8 Abs 3 KStG (ebenso *BMF* BStBl I 2008, 736 Rn 25; *Neumann* GmbH-StB 2007, 251; *Korn/Strahl* S 66; *B. Lang* DStZ 2007, 652; *Suchanek/Herbst* FR 2007, 863; *Sistermann/Brinkmann BB 2008, 1928;* **aA** *Hans* FR 2007, 775; *Zerwas/Fröhlich* DStR 2007, 1933; *Blumenberg/Benz*, 184: Grundsätze des § 1 Abs 2 AStG), also u.a. nahe Angehörige (§ 15 AO) ebenso wie Organ- und Konzerngesellschaften sowie deren Gesellschafter. **Andere Auffassungen** stellen ab auf die Grundsätze des § 1 Abs 2 AStG (*Hans* FR 2007, 775; *Zerwas/Fröhlich* DStR 2007, 1933; *Blumenberg/Benz* S 184); auf eine gesellschaftsrechtliche Verbundenheit, nicht auf Familien-

§ 8c KStG im Einzelnen § 10a

angehörigkeit wegen Art 6 GG (*Suchanek* in *HHR* § 8c KStG Rn 26); nur formales Vertreten der Interessen des eigentlichen Erwerbers durch die anderen Personen (*Kleinheisterkamp* in *L/S* § 10a Rn 129; *Frotscher* in *F/M* § 8c KStG Rn 49 f); fraglich, da ohne eindeutige Abgrenzung zu Abs 1 Satz 3 (Rn 55). Abweichend von der Vorauflage zutreffend ist *BMF* BStBl I 2008, 736 Rn 25, wonach **jede tatsächliche oder rechtliche Beziehung** zu einer anderen Person ausreicht (Hinweis auf H 36 KStH „Nahestehende Personen – Kreis der nahestehenden Personen").

Der **maßgebliche Zeitpunkt** der Beurteilung des Nahestehens ist mE der des/ der jeweiligen Erwerbs/Erwerbe (ebenso *van Lishaut* FR 2008, 789; *Meiisel/Bokeloh* BB 2008, 508; *Roser* DStR 2008, 1561; *Dötsch/Pung* DB 2008, 1703; *Sistermann/ Brinkmann* BB 2008, 1928).

c) **Erwerbergruppe mit gleichgerichteten Interessen.** Dieses Tatbestands- 55 merkmal dient der Verhinderung der sog **„Quartettlösung";** Es besteht eine gewisse Überschneidung mit Rn 54, wobei jedoch auch fremde Dritte in Betracht kommen (*Neyer* BB 2007, 1415, mE auch Gesellschafter einer vermögensverwaltenden Personengesellschaft trotz anteiliger Zurechnung; **aA** *Sistermann/Brinkmann* BB 2008, 1928). **Gleichgerichtete Interessen** sind indiziert, wenn eine Abstimmung zwischen den Erwerbern stattgefunden hat, ebenso bei gemeinsamer Zweckverfolgung iSd § 705 BGB, die jedoch nicht erforderlich ist. Sie müssen sich nach *BMF* BStBl I 2008, 736 Rn 27 (unter Hinweis auf H 36 KStH) nicht auf die Ausnutzung des Verlustvortrags richten. Diese Auffassung geht mE zu weit, denn nach BTDrs 16/5491, 22 dient die Erfassung der Erwerbergruppe der Abwehr des Missbrauchs zum Zwecke der Erhaltung der Verlustnutzung (krit auch *Sistermann/Brinkmann* DStR 2008, 897; BB 2008, 1928; *Suchanek/Herbst* FR 2007, 863; *Meiisel/Bokeloh* BB 2008, 808; *Dötsch/Pung* DB 2008, 1703; *van Lishaut* FR 2008, 789). Gleichwohl lassen sich mE **retrospektiv Schlüsse** auf die entsprechenden Absichten der Erwerbergruppe aufgrund von abgestimmten Handlungen iZm der einvernehmlichen Beherrschung der Gesellschaft ziehen (vgl BTDrs 16/5491, 53; *BMF* BStBl I 2008, 736 Rn 27; **krit** auch *B. Lang* DStZ 2007, 652; *Neyer* DM 2007, 1415; *Schaumburg/ Rödder*, 529). In Betracht kommen mE Stimmrechtsvereinbarungen, der Zusammenschluss einer Investorengruppe in einer vermögensverwaltenden Personengesellschaft, nicht aber die Poolung von Anteilen allein für Zwecke des § 13b Abs 1 Nr 2 ErbStG (*Honert/Obser* BB 2009, 1161; *Elicker/Zillmer* BB 2009, 2620; *Bron* FR 2010, 208; *Felten* DStR 2010, 1261).

Das G geht von einer Zusammenrechnung der Erwerbe von nahestehenden Personen bzw der Erwerbergruppe auch dann aus, wenn sie zu **verschiedenen Zeitpunkten** erfolgen (ebenso *Zerwas/Fröhlich* DStR 2007, 1933; **aA** *Neumann* GmbHStB 2007, 249; *Schaumburg/Rödder*, 533). Allerdings reicht allein die *theoretische Möglichkeit* der Beherrschung nicht (*B. Lang* DStZ 2007, 652). Betroffen sind insb mangels Konzernklausel – nach der ursprünglichenFassung – Umstrukturierungen im Konzern (*Sistermann/Brinkmann* DStR 2008, 897; *Neumann/Stimpel* GmbHR 2007, 1194).

4. Übertragungsvorgang

a) **Begriff. Übertragung** iSd Vorschrift ist **jeder formale Rechtsakt,** durch 56 den die Kapitalanteile bzw -rechte auf eine andere Person übergehen, also Abretung, entgeltliche und unentgeltliche Veräußerung, zB Schenkung. Wenn für die Übertragung (zivilrechtlich) der Übergang des Eigentums erforderlich ist, ist auf den Übergang des **wirtschaftlichen Eigentums** abzustellen (*BMF* BStBl I 2008, 736 Rn 6, 13; **aA** *Kleinheisterkamp* in *L/S* § 10a Rn 115, mE zu Unrecht, da das Abstellen auch auf das wirtschaftliche Eigentum nicht der zivilrechtlichen Betrachtungsweise widerspricht). ME sind die Grundsätze zu § 8 Abs 4 KStG aF (Rn 32a) anzuwenden.

57 **b) Umwandlungsrecht.** Auch **umwandlungsrechtliche Vorgänge**, zB Verschmelzung, Umwandlung, Einbringung und Spaltung, können einschlägig sein, wenn damit eine Änderung der Beteiligungsquoten einhergeht (vgl FG B-Bbg 8 K 8311/10 DStRE 2012, 1189, Rev I R 79/11; *BMF* BStBl I 1999, 455 Rn 26; **krit** *Schick/Franz* DB 2008, 1987). Nicht erwähnt ist in *BMF* BStBl I 2008, 736 der **Anteilstausch,** was mE jedoch nicht den Schluss zulässt, dass er aus der Sicht der *FinVerw* als identitätswahrend (BFH I D 1/57 S BStBl III 1959, 30) nicht erfasst werden soll (**aA** *Roser* DStR 2008, 1561), sondern einen Grundfall darstellt (*van Lishaut* FR 2008, 789). Für die Unschädlichkeit von Verschmelzungen auf die Verlust-Mutter, auf Schwestergesellschaften und auf die Verlust-Tochter (up-, side- und down-stream-merger), wenn keine Kapitalerhöhung erfolgt, *Sistermann/Brinkmann* BB 2008, 1928.

58 **c) Kapitalerhöhung. Erfasst wird** kraft ausdrücklicher gesetzlicher Bestimmung (§ 8c Abs 1 Satz 4 KStG) **auch** eine **Kapitalerhöhung** (hierzu *Engers* BB 2006, 743), und zwar auf der Ebene der Verlustgesellschaft ebenso wie auf der Ebene der unmittelbar oder mittelbar beteiligten Gesellschaft (*BMF* BStBl I 2008, 736 Rn 10; **aA** nach dem Wortlaut zutreffend *Sistermann/Brinkmann* BB 2008, 1928, jedoch dürfte zumindest ein vergleichbarer Fall vorliegen), wenn eine zumindest 25%ige Veränderung der Beteiligungsquoten an der Verlustgesellschaft die Folge ist (ebenso *Sistermann/Brinkmann* DStR 2008, 897; *B. Lang* DStZ 2007, 625; *Schick/ Franz* DB 2008, 1897). Das gilt auch, wenn ein Gesellschafter eine geringere Beteiligung an der Erhöhung erhält, als ihm nach seiner Einlage rechnerisch zustünde (*Neumann/Stimpel* GmbHR 2007, 1194).Eine Kapitalerhöhung bezieht sich nach dem Wortlaut des G auf das **gezeichnete Kapital;** eine entsprechende Anwendung auf die übrigen dort genannten Rechte kommt – entgegen *BMF* BStBl I 2008, 736 Rn 9 – mE nicht unmittelbar in Betracht (ebenso *Sistermann/Brinkmann* BB 2008, 1928), ggf aber als vergleichbarer Sachverhalt iSd § 8c Abs 1 Satz 1 KStG (*Kleinheisterkamp* in *L/S* § 10a Rn 160).

59 **d) Erbfolge.** Ein Übergang durch **Erbfolge** bzw unentgeltliche **Erbauseinandersetzung** sowie die unentgeltliche **vorweggenommene Erbfolge** gehört nicht dazu. Das gilt nach *BMF* BStBl I 2008, 736 Rn 4 nicht, wenn diese Vorgänge in auch nur geringem Umfang entgeltlich sind (**aA** *Thonemann* DB 2008, 2156) oder eine nicht natürliche Person Erbe wird. Auch **Stimmrechtszurechnungen** kraft Gesetzes (zB § 22 WpHG) sind mE nicht Übertragung iSd Vorschrift, ebenso wenig eine bloß *formale* zivilrechtliche oder eine treuhänderische Übertragung (*B. Lang* DStR 2008, 549; *Sistermann/Brinkmann* DStR 2008, 897). Ein **Formwechsel** iSv § 190 UmwG bewirkt keine (mittelbare) Übertragung der Anteile.

60 **e) Dauer der Inhaberschaft.** Die Dauer der Inhaberschaft nach der Übertragung ist nach dem Wortlaut der Vorschrift an sich nicht von Bedeutung; jedoch ist mE im Wege der **teleologischen Reduktion** eine Einschränkung zB im Fall des **Börsengangs** für den Zwischenerwerb von Aktien bei der Emissionsbank geboten (ebenso *BMF* BStBl I 2008, 736 Rn 6; *Schaumburg/Rödder* S 527 Fn 43; für eine Ausnahme beim Zwischenerwerb aus anderen abwicklungstechnischen Gründen *Roser* DB 2008, 1561), obwohl die Bank ggf auch wirtschaftliches Eigentum erlangt (hierzu *Sustmann/Papke* DStR 2008, 851). Das gilt jedoch nicht, wenn die Bank die Aktien letztlich in ihren eigenen Bestand übernimmt (*van Lishaut* FR 2008, 789).

60a **f) Weiterübertragung des nämlichen Anteils. aa) Grundsatz.** Auch die **Weiterübertragung derselben Beteiligung** (des „nämlichen" Anteils) löst die Folge des Satzes 1 bzw Satzes 2 aus, wenn und soweit sie je Erwerberkreis die Grenze des schädlichen Beteiligungserwerbs übersteigt; zwei Erwerbe des nämlichen Anteils werden also – im Unterschied zur hM zu § 8 Abs 4 KStG (Rn 32c) – je einmal gezählt und nicht zusammengerechnet (*BMF* BStBl I 2008, 736 Rn 22; ebenso *Neumann* GmbH-StB 2007, 249; *Rödder* DStR 2007, Beih 40, 13; *Blumenberg/Benz* S 182; einschr *Sistermann/Brinkmann* BB 2008, 1928; *Dötsch/Pung* DB 2008, 1703; *Kroninger/Braun* BB 2010, 2336). Jede Übertragung des nämlichen Anteils löst ggf einen eigenen 5-Jahres-Zeitraum aus.

bb) Im selben EZ. Bei einer Weiterübertragung des nämlichen Anteils in **demselben EZ** ist mE eine teleologische Reduktion der Vorschrift dahin geboten, dass der nicht genutzte Verlust nur *einmal* verloren geht und nicht mehrfach quotal mit dem auf den jeweils verbleibenden Verlustvortrag weitergerechneten Betrag (so wohl *BMF* aaO; *Neumann/Stimpel* GmbH 2007, 1194; wie hier: *Suchanek/Herbst* FR 2007, 863; *Altrichter-Herzberg* GmbHR 2008, 857).

cc) Konzernvorgänge. Die vorstehenden Grundsätze gelten auch für **Konzernvorgänge,** die die Voraussetzungen des Satzes 5 nF (Rn 81) nicht erfüllen (*BMF* aaO; **aA** *Neumann/Stimpel* GmbHR 2007, 1194; *Zerwas/Fröhlich* DStR 2007, 1933; *Schaumburg/Rödder* S 528; abermals **aA** *B. Lang* DStZ 2007, 652, mit Hinweis auf das mE nicht einschlägige *BMF* BStBl I 1999, 455 Rn 5 (Rn 32a); **aA** *Suchanek/Herbst* FR 2007, 863: bei der 2. Übertragung unter 51% nur in Bezug auf den zwischenzeitlich erwirtschafteten Verlust). Zur Verkürzung/Verlängerung der **Beteiligungskette** vgl Rn 64.

Bei einer Weiterübertragung im Konzern **in verschiedenen EZ** werden die Übertragungen mit ihrer Quote und der jeweiligen Rechtsfolge des anteiligen Verlustvortrags erfasst, aber trotz der Konzernzugehörigkeit nicht zusammengezählt mit der ggf eintretenden Rechtsfolge des Satzes 2 (*BMF* BStBl I 2008, 736 Rn 22; *van Lishaut* FR 2008, 789).

dd) Im selben Erwerberkreis. Die Weiterübertragung **innerhalb eines Erwerberkreises** (nahe Angehörige iSd Satzes 1; Interessengruppe iSd Satzes 3) ist mE unbeachtlich, da diese Gruppe wie ein Erwerber behandelt wird (ebenso *Sistermann/Brinkmann* BB 208, 1928; **aA** *Neumann/Stimpel* GmbHR 2007, 1194; zweifelnd *Kleinheisterkamp* in *L/S* § 10a Rn 142).

5. Höhe der Übertragung

a) Grundsatz. Maßgebend ist nach dem Wortlaut der Vorschrift an sich nur die **61 Höhe der Übertragung,** jedoch **nicht der Beteiligung des Erwerbers.** Allerdings sollte im Rahmen einer teleologischen Auslegung gefordert werden, dass dieser auch der Übertragungen irgendwann einen **Anteilsbestand von mehr als 25%** innehatte, was bei gestreckten Anteilsübertragungen auf ihn und **zwischenzeitlichen Veräußerungen** durch ihn relevant ist (ebenso Nds FG 6 K 51/10 EFG 2012, 2311, Rev I R 75/12; *Suchanek* in HHR § 8c KStG Rn 23; *Rödder/Möhlenbrock* Ubg 2008, 595; *Adrian* BB 2012, 2995; Ubg 2013, 8). *BMF* BStBl I 2008, 736 enthält hierzu keine Regelung.

Der **maßgebliche Prozentsatz** bezieht sich grds auf die Art des übertragenen Rechts, also bei Kapitalanteilen (zB Aktien) auf das gezeichnete Kapital (zB Nennkapital), bei Mitgliedschafts- u Beteiligungsrechten sowie bei Stimmrechten auf den Gesamtbestand an solchen Rechten. **Eigene Anteile** der Körperschaft sind abzuziehen bzw nur zu berücksichtigen, wenn sich durch den Erwerb die Beteiligungsquote ändert (*BMF* BStBl I 2008, 736 Rn 7; allg Auffassung).

b) Vorzugsaktien. Bei Erwerb von *Stamm- und Vorzugsaktien* ist nach *BMF* **62** BStBl I 2008, 736 Rn 8 „im Regelfall" auf das **stimmberechtigte Kapital** (bei Stammaktien) bzw das *gezeichnete Kapital (bei Vorzugsaktien)* abzustellen, mE unzutreffend (vgl Rn 48; iE ebenso zB *Kussmaul/Richter/Tcherveniachki* GmbHR 2008,

§ 10a   Gewerbeverlust

1009; *Meüsel/Bokeloh* BB 2008, 808; *Roser* DStR 2008, 1561; *Suchanek* GmbHR 2008, 292; wie BMF *Sistermann/Brinkmann* BB 2008, 1928).

Sonstige disquotale Vorzugsrechte (Beteiligungs-, Mitgliedschaftsrechte) sind mE neben Kapitalanteilen irrelevant (ebenso *Kleinheisterkamp* in *L/S* § 10a Rn 145).

63   c) **Kapitalerhöhung.** Bei einer Kapitalerhöhung ist mE die **Quote nach der Erhöhung** mit der *vor* der Erhöhung abzugleichen (wohl ebenso *BMF* BStBl I 2008, 736 Rn 9); hierbei sind bei einem Erwerberkreis die Quotenveränderungen zusammenzurechnen. Bei einem **Zusammentreffen** von Kapitalerhöhung und Anteilsübertragung gilt mE Entsprechendes (**aA** *Blümich/Brandis* § 8c KStG Rn 46). Lag vor der Erhöhung bereits eine schädliche Übertragung vor, werden ihre Folgen durch das Ergebnis der Erhöhung nicht beseitigt (ebenso *Kleinheisterkamp* in *L/S* § 10a Rn 164; *Frotscher* in *F/M* § 8c KStG Rn 97; für eine **einheitliche ex-post-Betrachtung** *B. Lang* DStZ 2007, 652; 2008, 549).

6. Mittelbare Beteiligungen

64   a) **Grundsatz. aa) Schädlichkeit nach der aF.** Eine nur **mittelbare Übertragung** ist – anders als bei § 8 Abs 4 KStG – der unmittelbaren Übertragung gleichgestellt. Nach *BMF* BStBl I 2008, 736 Rn 11 ist grds **jede Übertragung innerhalb einer Beteiligungskette** ebenfalls geeignet für einen schädlichen Beteiligungserwerb. Hierdurch werden erhebliche praktische Schwierigkeiten bei der Erfassung und Überwachung von Beteiligungsverhältnissen und ihrer Änderung begründet.

bb) Teleologische Reduktion. Zudem stellte sich die Frage, ob unabhängig von der Existenz einer **Konzernklausel** (hierzu Rn 81 ff) eine sich auf die Beteiligungsverhältnisse auf der höheren Stufe nicht auswirkende Veränderung auf einer unteren Stufe einer Beteiligungskette vom Sinn der Vorschrift erfasst wird (so *BMF* BStBl I 2008, 736 Rn 11; verneinend insb *Ballwieser/Frase* BB 2009, 1502; krit auch *Lenz/Ribbrock* BB 2007, 587; *Dörfler/Wittkowski* GmbHR 2007, 513; *Sedemund/Fischenich* BB 2007, 535; *Dieterlen/Winkler* GmbHR 2007, 815; *Wiese* DStR 2007, 741; *Neyer* BB 2007, 1415; *Beußer* DB 2007, 1549; *Suchanek/Herbst* FR 2007, 863; *Kussmaul/Richter/Tcherveniachki* GmbHR 2007, 1009; *Breuninger/Schade* Ubg 2008, 261; *Schaumburg/Rödder* S 531). Das gilt insb für eine die Quote nicht verändernde **Verkürzung** oder **Verlängerung der Beteiligungskette**. Fraglich ist schon, ob ein solcher Fall vom Wortlaut der Vorschrift überhaupt erfasst ist; denn auf der übergeordneten Ebene, auf die es wegen der Frage des wirtschaftlichen Engagements mE ankommt, findet keine mittelbare Übertragung von Anteilen usw statt (*Kleinheisterkamp* in *L/S* § 10a Rn 122). Davon abgesehen war in einem solchen Fall die Möglichkeit einer **teleologischen Reduktion** (Stichwort: wirtschaftliches Engagement) eröffnet (so FG Bbg 8 K 8311/10 DStRE 2012, 1189, Rev I R 79/11; *B. Lang* DStZ 2007, 652; *Suchanek/Herbst* FR 2007, 863; *Rödder* DStR 2007, Beih 40, 13; *Dieterlen/Winkler* GmbHR 2007, 815; *Blumenberg/Benz* S 180; *Neumann* GmbHStB 2007, 249; *Neumann/Stimpel* GmbHR 2007, 1194; *Schick/Franz* DB 2008, 1987; *Lenz* Ubg 2008, 24; *Meüsel/Bokeloh* BB 2008, 808; *Roser* DStR 2008, 1561; *Sistermann/Brinkmann* BB 2008, 897, 1928; *Neu/Schiffers/Watermeyer* GmbHR 2008, 421; *B. Lang* DStZ 2008, 549; *van Lishaut* FR 2008, 789; *Roth* DB 2012, 1768; *Neyer* BB 2012, 615; FR 2012, 858; *Karl* BB 2012, 1329; aA noch Vorauflage).

Mit der **Einfügung der Konzernklausel** des § 8c Abs 1 Satz 5 KStG durch G v 22.12.2009 (BGBl I 2009, 3950) mit Wirkung für Erwerbe nach dem 31.12.2009 hat der Gesetzgeber allerdings die Streitfrage mittelbar auch für Erwerbe vor dem 1.1.2010 im Sinne des *BMF* entschieden.

64a   b) **Beteiligungsstufen.** Ohne die Lösung in Rn 64 ist grundsätzlich die **Veränderung auf jeder Stufe** noch so weit oben beachtlich, sofern sie sich mit der entsprechend durchgerechneten Quote auswirkt, was im Extremfall auch eine 10.

§ 8c KStG im Einzelnen § 10a

Stufe sein kann (so *B. Lang* DStR 2008, 549; *van Lishaut* FR 2008, 789). Entsprechendes gilt für eine mittelbare Kapitalerhöhung (*B. Lang* DStZ 2007, 652).

Umgekehrt ist eine unmittelbare Übertragung auf der unteren Stufe gleichwohl zu beachten, auch wenn sich hierdurch die Beteiligungsverhältnisse auf der höheren Stufe (mittelbar) nicht verändern (BTDrs 16/4841, 76; *BMF* BStBl I 2008, 736 Rn 11).

c) Umfang der Übertragung. aa) Durchrechnung. Zum Zwecke der *Ermitt-* **64b** *lung* des Anteils bei einer mittelbaren Übertragung sind die Beteiligungs- und Übertragungsquoten „**durchzurechnen**" (BTDrs 16/4841, 76; *BMF* BStBl I 2008, 736 Rn 12).

Beispiel:

Die A-AG hält 50% an B-GmbH, diese 80% an V-GmbH; die Übertragung von 25% der Anteile durch die A-AG bedeutet eine mittelbare Übertragung von 20% an der V-GmbH.

Das gilt auch dann, wenn im Einzelfall eine unmittelbare Übertragung der Anteile an einer **vermittelnden Verlustgesellschaft** die Schädlichkeitsgrenze nicht übersteigt und nur durch Zusammenrechnung mit den Anteilen einer Schwestergesellschaft an der Verlust-Untergesellschaft die mittelbaren Übertragungen die Schädlichkeitsgrenze übersteigen (ebenso *Kleinheisterkamp* in L/S § 10a Rn 147; **aA** zB *Suchanek* in *HHR* § 8c KStG Rn 23; *Suchanek/Herbst* FR 2007, 863; *van Lishaut* FR 2008, 789).

Bei **unterschiedlichen Beteiligungsrechten** auf den verschiedenen Stufen ist mE nicht nur im Hinblick auf ein gleichartiges Recht, sondern im Hinblick auf alle im G genannten Beteiligungsrechte durchzurechnen, weil sie jeweils für einen schädlichen Beteiligungserwerb in Betracht kommen (**aA** *Kleinheisterkamp* in L/S § 10a Rn 148).

bb) Additionsgebot. Unmittelbare und mittelbare Übertragungen sind grds **zusammenzurechnen** (zB *Suchanek* in *HHR* § 8c KStG Rn 23; *Neumann/Stimpel* GmbHR 2007, 1194). Löst eine unmittelbare Anteilsübertragung **gleichzeitig** eine mittelbare Anteilsübertragung aus, so ist mE für die Rechtswirkung nur die unmittelbare Anteilsübertragung zu berücksichtigen; sie ist nicht mit der rechnerischen mittelbaren Anteilsübertragung zu addieren (ebenso *BMF* BStBl I 2008, 736 Rn 22; *Dötsch/Pung* DB 2008, 1703; **aA** *Suchanek* aaO, 292). Dh der Tatbestand des G ist insoweit zu reduzieren, dass es auf die mittelbare Anteilsübertragung nur dann ankommt, wenn keine diese erst vermittelnde unmittelbare Anteilsübertragung vorliegt.

Bei einer der unmittelbaren Übertragung **nachfolgenden mittelbaren Übertragung** ist diese mE ohne Berücksichtigung der unmittelbaren Übertragung durchzurechnen.

Beispiel (nach *Suchanek* in *HHR* § 8c KStG Rn 23):

A hält 80% an M, diese hält 50% an V. M erwirbt weitere 20% an V; darauf A weitere 10% an M.

Der unmittelbare Erwerb von M an V (20%) wird voll erfasst. Der mittelbare Erwerb von A (10%) jedoch ohne die vorherige Erhöhung der Anteile der M an V, weil diese sonst doppelt berücksichtigt würde, also nur mit 10% x 50% = 5%.

d) Personengesellschaft. Auch der **Gesellschafterwechsel** einer **Personen-** **64c gesellschaft** kann zu einer mittelbaren Anteilsveräußerung führen, wenn die Anteile zum Gesamthandsvermögen der Gesellschaft gehören; Entsprechendes gilt bei einem Wechsel der Anteile von SonderBV ins Gesamthandsvermögen und umgekehrt (BFH I R 81/02 BStBl II 2004, 614; *BMF* BStBl I 2008, 736 Rn 11; *Dötsch* in D/J/P/W § 8c Rn 16; *Beußer* DB 2007, 1549). Eine *Anwachsung* hat mE diese Wirkung ebenfalls, bei vermögensverwaltenden Personengesellschaften trotz der anteiligen Zurechnung nach § 39 Abs 2 Satz 2 AO (**aA** *Roser* DStR 2008, 1561; *Dieterlen/Winkler* GmbHR 2007, 815; *Sistermann/Brinkmann* BB 2008, 1928). Befinden sich die Anteile im SonderBV des ausscheidenden Gesellschafters, dann führt mE der Gesellschafterwechsel nicht zu einer mittelbaren Übertragung (ebenso *B. Lang* DStZ 2008, 549).

7. Zeitfragen

65 a) **Zeitpunkt des Beteiligungserwerbs.** ME ist dies der der **zivilrechtlichen Wirksamkeit** des Rechtsgeschäfts/Vorgangs, ggf – wenn bestimmbar – der des Übergangs des *wirtschaftlichen Eigentums* (*BMF* BStBl I 2008, 736 Rn 13). Das gilt nach *BMF* aaO Rn 15 auch für Fälle der *Umwandlung*; ein steuerlicher *Rückbezug* nach § 2 UmwStG scheidet danach aus (**aA** *Schumacher/Hageböke* DB 2008, 493; *Lenz* Ubg 2008, 24; *Schick/Franz* DB 2008, 1987; *Meiisel/Bokeloh* DB 2008, 808; *Sistermann/Brinkmann* DStR 2008, 897; BB 2008, 1928; **aA** für die Verschmelzung der Verlustgesellschaft auf den Anteilserwerber *Dötsch/Pung* DB 2008, 1703). Doch kann sich diese Regelung auch günstig für den Erwerber auswirken (*van Lishaut* FR 2008, 789).

Bei einer **Kapitalerhöhung** ist maßgebend die Eintragung ins Handelsregister (BFH VIII R 49/04 BStBl II 2006, 746; *BMF* aaO Rn 14).

66 b) **Fünf-Jahres-Fristen. aa) Erster schädlicher Erwerb.** Der **Zeitrahmen** von jeweils **5 Jahren** wird abgesteckt durch die erste Übertragung an *einen* Erwerber/Erwerberkreis. Die Fristbestimmung bezeichnet **Zeitjahre**; die jeweilige Frist endet taggenau nach 5 Jahren (*B. Lang* DStZ 2007, 652; 2008, 549): zB A überträgt an C am 1.4.2001 14%; B an C am 30.3.2003 12%; die Frist beginnt am 1.4.2001 (vgl BTDrs 16/4841, 76: „**retrospektive Betrachtung**"; *BMF* BStBl I 2008, 736 Rn 17). Die insoweit erfassten Erwerbe können bei weiteren Erwerben (zB 24% am 30.3.2005) nicht noch einmal für einen anteiligen Fortfall des Verlustabzuges nach Satz 1, wohl aber iRd Satzes 2 mit der Folge des völligen Fortfalls des Verlustabzugs berücksichtigt werden (BTDrs 16/4841, 769; *BMF* aaO Rn 20). Allerdings werden nach *BMF* zur Ermittlung des schädlichen Beteiligungserwerbs **alle Erwerbe eines Erwerberkreises** innerhalb von fünf Jahren zusammengefasst (*BMF* aaO Rn 16).

bb) Nachfolgender schädlicher Erwerb. Im Übrigen eröffnet eine **nachfolgende Übertragung** für jeden „Erwerberkreis" (zB 24% am 30.3.2005) einen neuen „Übertragungszeitraum" bzw „Beobachtungszeitraum" für andere Verlustabzüge (*BMF* BStBl I 2008, 736 Rn 18; *Beußer* DB 2007, 1549; *Neumann* GmbH-StB 2007, 249; *Blumenberg/Benz*, 181), die mit den jeweils zuerst eröffneten relevanten Zeiträumen teilweise parallel verlaufen können. Auch nach Überschreiten der 50%-Grenze eröffnet eine weitere Übertragung einen neuen Übertragungszeitraum unabhängig vom Vorhandensein eines nichtgenutzten Verlustvortrags (*BMF* aaO Rn 20).

cc) Mehrere Erwerbe je Erwerberkreis. Nach *BMF* BStBl I 2008, 736 Rn 19 gilt eine **Mehrzahl von Erwerben** durch einen **Erwerberkreis** als *ein* Erwerb, wenn ihnen ein **Gesamtplan** zugrunde liegt; ein solcher wird vermutet, wenn die Erwerbe **innerhalb eines Jahres** erfolgen (hierzu auch *B. Lang* DStZ 2008, 549). Jedoch erscheint sehr fraglich, ob hierdurch eine *Umkehr der Beweislast* bestimmt werden kann (**krit** zB *Roser* DStR 2008, 1561). Das gilt umso mehr, als das *BMF* diese Regelung offenbar auch für die Verlängerung des 5-Jahres-Zeitraums anwenden will (zweifelnd auch *van Lishaut* FR 2008, 789).

Das **Verhältnis von** *BMF* BStBl I 2008, 736 **Rn 19** zur **Rn 16** (oben unter aa) ist mE uneindeutig. Nach Rn 16 müssen Erwerbe am 1.1.2001 (zB 13% an A) und 31.12.2005 (zB 13% an die Ehefrau von A) zusammengefasst werden zu *einem*

§ 8c KStG im Einzelnen § 10a

schädlichen Beteiligungserwerb, nach BMF aaO Rn 19 jedoch nicht ohne Weiteres. Möglicherweise meint BMF aaO, dass (Abwandlung: bis 31.12.2005 nur 25%, am 31.12.2006 weitere 5% durch A) die letzten beiden Erwerbe zu **einem Erwerb** zusammengefasst werden müssten mit der Folge, dass insgesamt 30% übertragen wären. Das allerdings wäre ein klarer Verstoß gegen den Wortlaut des § 8c KStG. Stattdessen zielt *BMF* aaO Rn 19 wohl auf eine Beschneidung des Sanktionsverbrauchs (Rn 70) bei einem zunächst nur geringen schädlichen Beteiligungserwerb und einer nachfolgenden weiteren Übertragung.

(frei) 67–69

8. Rechtsfolgen

a) Nach Satz 1. Es sind „**insoweit**" die „bis zum schädlichen „Beteiligungser- 70 werb" nicht genutzten Verluste **nicht mehr abziehbar** (zur Frage der teleologischen Reduktion bei Nichterreichen einer 25%igen Beteiligung s Rn 61). Das bedeutet gleichzeitig, es tritt bei **weiteren Übertragungen** (nacheinander) unterhalb der Schwelle des Satzes 2 (über 50%) keine Veränderung der Quote des nicht abziehbaren Verlusts ein – „**Sanktionsverbrauch**".

Beispiel:
Übertragung am 1. 1. 01 von 26%, am 1. 4. 04 von 24%: Es bleibt bei einer Kürzung von 26%, da nach dem G nur diese eine Rechtsfolge vorgesehen ist.

Der Tatbestand ist insoweit „**abgeschlossen**" (BTDrs 16/4841, 76; vgl *BMF* BStBl I 2008, 736 Rn 18; *B. Lang* DStZ 2008, 549; hierzu *Dötsch/Pung* DB 2008, 1703: „Dummenbesteuerung"). Wird die 25%-Grenze erst mit der 2. Übertragung überschritten (am 1.1.2001 25%; am 1.4.2004 15%), führt erst diese zu einer *anteiligen* Kürzung des Verlustabzugs, allerdings auch mit einem höheren Anteil (hier: 40%). Auch die **Bezugsgröße** der Kürzung richtet sich nach dem **Zeitpunkt** des schädlichen Beteiligungserwerbs (in der Variante also der Verlustabzug zum 31.12.2003). Eine **Ausnahme vom Sanktionsverbrauch** besteht mE nach *BMF* BStBl I 2008, 736 Rn 19 (s oben Rn 66 unter cc): werden zB bis 31.12.2004 26% und am 31.12.2005 noch einmal 10% übertragen, gehen nach *BMF* aaO wohl nicht nur 26% des Verlustvortrags verloren, sondern 36%; was mE ebenfalls gegen den Wortlaut der Vorschrift verstößt.

Eine **Ausnahme vom Verlust des Verlustvortrags** enthält für Beteiligungserwerbe nach dem 31.12.2009 die **Stille-Reserven-Verschonungsregel** des § 8c Abs 1 Sätze 6–8 KStG (Rn 85).

b) Nach Satz 2. Die Verlustkürzung nach **Satz 2** ist – so der Wortlaut – „**unab-** 71 **hängig" von Satz 1** anzuwenden, dh die Folge des Vortragsverlusts tritt unabhängig davon ein, ob eine einstufige oder eine mehrstufige (diese innerhalb von 5 Jahren) Übertragung erfolgt. Für die **mehrstufige Übertragung** gilt dies auch dann, wenn auf einer vorhergehenden Stufe die Grenze des Satzes 1 von 25% überschritten ist (vgl Beispiel in BTDrs 16/4841, 76; *BMF* BStBl I 2008, 736 Rn 20). Auch wenn erst mit dem zweiten Erwerb (2001: 10%; 2004: 20%) die Grenze des Satzes 1 überschritten ist, ist dieser mit einem weiteren Erwerb (zB 2007: 31%) zu einem schädlichen Beteiligungserwerb iSv Satz 2 zusammenzufassen. Der Verlustabzug ist **vollständig zu versagen** (*BMF* BStBl I 2008, 736 Rn 21), jedoch in der Höhe des zu diesem *späteren* Zeitpunkt vorhandenen Verlustvortrags (*BMF* aaO Rn 30); eine Rückbeziehung auf den Zeitpunkt der ersten der zum schädlichen Beteiligungserwerb führenden Übertragungen sieht das G nicht vor (*Dötsch/Pung* DB 2008, 1703). Die **aA** (zB *Zerwas/Fröhlich* DStR 2007, 1933; *Benz/ Rosenberg* in *Blumenberg/Benz* S 172) ist nicht zu teilen; sie geht mE zu Unrecht von einer auf Satz 1 beschränkten Bestimmung des Begriffs des schädlichen Beteiligungserwerbs aus (hierzu Rn 47).

Noch **frühere Erwerbe** sind nach einer den Satz 1 überlagernden Anwendung des Satzes 2 mE verbraucht (ebenso *Sistermann/Brinkmann* BB 2008, 1928).

72 **c) Vorhandensein von Verlustvorträgen.** Auf das **Vorhandensein** von **nicht genutzten Verlustvorträgen** zum Zeitpunkt/zu den Zeitpunkten der früheren Erwerbe kommt es für die Anwendung der **Sätze 1 und 2** nicht an (*BMF* BStBl I 2008, 736 Rn 17 Satz 2). Entscheidend ist nach dem Wortlaut der Vorschrift allein die Lage zum Zeitpunkt des schädlichen Beteiligungserwerbs (insoweit missverständlich *BMF* aaO Rn 23). Das bedeutet, dass bei einer gestaffelten Übertragung von 50% der Anteile ein Verlust insoweit nicht verloren geht, als er erst nach dem erstmaligen Überschreiten der 25%-Grenze anfällt (s Bsp bei *B. Lang* DStZ 2008, 549, 556).

Allerdings geht der Verlustvortrag auch dann verloren, wenn erst die Übertragung eines **Zwerganteils** zum schädlichen Beteiligungserwerb führt (*D/J/P/W* § 8c Rn 30; *Sistermann/Brinkmann* DStR 2008, 897; *Benz/Rosenberg* in *Blumenberg/Benz*, 172; krit zB *Neyer* BB 2007, 1415; *B. Lang* in E&Y Rn 76; *B. Lang* DStZ 2007, 652; *Altrichter/Herzberg* GmbHR 2010, 799; *Suchanek* in *HHR* § 8c KStG Rn 21).

73 **d) Maßgeblicher Verlustvortrag.** Maßgeblich ist zunächst der **zum Schluss des EZ** vor dem ersten schädlichen Erwerb festgestellte Vortrag; hinzu kommt der bis zum Erwerb (unterjährig) aufgelaufene Verlust (Rn 74). Bei *mehrstufigen* Übertragungen ist das der bis zur *letzten* die Schädlichkeitsgrenze übersteigenden Übertragung aufgelaufene Verlust, was – insb bei Überschreiten der Grenze nach Satz 2 – zu vom Zweck der Vorschrift nicht gedeckten Verwerfungen führen kann.

Beispiel:

In 02 Übertragung von 50% an einer Gewinn GmbH; in 05 Übertragung von 5%, nachdem in 03 und 04 Verluste eingetreten sind: nach dem Wortlaut der Vorschrift geht der Verlustvortrag zum 31. 12. 04 unter, da Satz 2 den Verlust der Verlustnutzung eindeutig „unabhängig" von Satz 1 vorschreibt.

Dem entspricht *BMF* BStBl I 2008, 736 Rn 23, wonach zum Zeitpunkt des ersten Erwerbs noch kein Verlust vorhanden sein muss (hierzu krit zB *Neyer* BB 2007, 1415; *Dörr* NWB S 4 2007, 5181, 5188; *B. Lang* DStZ 2007, 652; *Beußer* DB 2007, 1549; *Altrichter-Herzberg* GmbHR 2008, 857). Ähnlich ist mE das Ergebnis, wenn die erste Übertragung nicht eine Gewinn-, sondern eine Verlust-GmbH betrifft:

Beispiel:

Zunächst Untergang von 50% des Verlustvortrags zum 31.12.2001; im zweiten Akt Untergang des gesamten Verlustvortrags zum 31.12.2004 (einschließlich der Verluste 2001 bis 2003).

74 **e) Unterjährige Ereignisse.** Erfolgt der schädliche Beteiligungserwerb **im Laufe eines Wirtschaftsjahres,** so gilt die o.a. Rechtsfolge nach *BMF* BStBl I 2008, 736 Rn 31 auch für den bis zu diesem Zeitpunkt **erzielten Verlust** (hierzu *Neumann* GmbH-StB 2007, 249; *Neyer* BB 2007, 1415; *Schaumburg/Rödder* S 535; *Blumenberg/Benz*, 187; *Grützner* StuB 2007, 341; *B. Lang* DStZ 2007, 652; *Dötsch/Pung* DB 2008, 1703). Ein **innerperiodischer Verlustausgleich** ist – mE über § 7 – ausgeschlossen; das Jahresergebnis ist aufzuteilen (zum Problem *Sistermann/Brinkmann* BB 2008, 1928; *Zerwas/Fröhlich* DStR 2007, 1933; *Kutt/Möllmann* DB 2009, 2564; *Fuhrmann* KÖSDI 2010, 16970).

Der bis zum schädliche Beteiligungserwerb **im Laufe eines Wirtschaftsjahres** erzielte **GewErtrag** kann mit dem bisher noch nicht genutzten Verlust verrechnet werden (BFH I R 14/11 BStBl II 2012, 360; I B 18/12 BFH/NV 2012, 1489; hierzu zB *Neyer* StuB 2012, 312; *Klein/Nosky* FR 2012, 312; *Lohmann/Stumm* BB

§ 8c KStG im Einzelnen § 10a

2012, 1651; *Suchanek* GmbHR 2012, 412). Die Gegenmeinung des *BMF* (BStBl I 2008, 736 Rn 31) steht mit dem Gesetzeswortlaut und dem Grundgedanken in Widerspruch, dass der Verlustvortrag für das alte wirtschaftliche Engagement genutzt werden soll (hierzu BFH I R 9/06 BStBl II 2008, 988; Hess FG 4 V 1489/10 DStRE 2011, 289; *B. Lang* DStZ 2008, 549; *Suchanek* GmbHR 2008, 292; *Suchanek* in HHR § 8c KStG Rn 32; *Meiisel/Bokeloh* BB 2008, 808; *Roser* DStR 2008, 1561; *Schick/Franz* DB 2008, 1987; *Behrens* BB 2009, 1169; *Neyer* BB 2007, 1415; DStR 2011, 654; **aA** *Dötsch* in *D/J/P/W* § 8c KStG Rn 81; *Frotscher* in *F/M* § 8c KStG Rn 78d).

f) Unternehmenssanierungen. Für diese enthielt das G **zunächst keine 75 eigene Regelung;** die durch G v 16.7.2009 (BGBl I 2009, 1959) eingefügte Sanierungsklausel wird derzeit nicht angewendet (*BMF* BStBl I 2010, 482; s Rn 87). Es gilt daher wohl *BMF* BStBl I 2003, 240 (nach BFH VIII R 2/08 BFH/NV 2012, 1135; FG München EFG 2008, 615 jedoch ohne Rechtsgrundlage) über einen *Billigkeitserweis* (*BMF* BStBl I 2008, 736 Rn 34; krit zB *Sistermann/Brinkmann* BB 2008, 1928); bei einem Forderungsverzicht mit Besserungsschein wohl auch die Regelung des *BMF* BStBl I 2003, 648, wonach der durch Wiedereinbuchung der Verbindlichkeit entstehende Aufwand durch Gegenbuchung des abgezogenen Verlusts zu neutralisieren sei (krit *Neumann/Stimpel* GmbHR 2007, 1194; *Pohl* DB 2008, 1531).

9. Vergleichbarer Sachverhalt

a) Allgemeines. Ein **vergleichbarer Sachverhalt** kann nach § 8c Satz 1 und 2 **76** KStG **zu denselben Rechtsfolgen** führen wie die Übertragung. Es handelt sich um einen unscharfen **unbestimmten Rechtsbegriff** *(hierzu krit Beußer* DB 2007, 1549; *Schwedhelm* GmbHR 2008, 404; *B. Lang* DStZ 2008, 549; *Suchanek* GmbHR 2008, 292; *Sistermann/Brinkmann* DStR 2008, 897; BB 2008, 1928; *Dötsch* in FS Schaumburg 2009, 253), eine schwer praktikable Angstklausel (*Wiese* DStR 2007, 741). In Übertragung der Rspr-Grundsätze zu § 8 Abs 4 KStG (Rn 41) liegt er vor, wenn einem Dritten eine dem Erwerb der Anteile, Mitgliedschafts-, Beteiligungs- u Stimmrechte **vergleichbare Rechtsposition** bzw ein **vergleichbarer Einfluss** eingeräumt wird (vgl *Suchanek/Herbst* FR 2007, 863; *Meiisel/Bokeloh* BB 2008, 808; *van Lishaut* FR 2008, 789). Die Position muss mE – wie bei der Übertragung – geeignet sein, eine Änderung des wirtschaftlichen Engagements bzw des Einflusses des (neuen) Anteilsinhabers zu tragen (zB *Suchanek* GmbHR 2008, 292; *Suchanek/Herbst* FR 2007, 863). Angezeigt ist nicht ein Typenvergleich, sondern ein **Einzelvergleich** mit einem der gesetzlich genannten Fälle; hierbei können – mE jedoch nur in engen Grenzen – auch *schuldrechtliche Verträge* ausreichen (*van Lishaut* FR 2008, 789).

b) Positivbeispiele. Nach *BMF* BStBl I 2008, 736 Rn 7 genügen: **77**
- der Erwerb von **Genussscheinen** iSd § 8 Abs 3 Satz 2 KStG (angesichts der Stimmrechtslosigkeit mE zu weit; *B. Lang* DStZ 2008, 549; *Breuninger/Schade* Ubg 2008, 261; *Meiisel/Bokeloh* BB 2008, 808; *Suchanek* GmbHR 2008, 292; **zust** jedoch *Dötsch/Pung* DB 2008, 1703; *van Lishaut* FR 2008, 789; *Sistermann/ Brinkmann* BB 2008, 1928);
- **Stimmrechtsvereinbarungen,** Stimmrechtsbindungen, Stimmrechtsverzicht; mE auch Änderung der Mehrheitsbestimmungen iZm der Übertragung von Anteilen zugunsten des Erwerbers, die ihm bei Erwerb unter 25% de facto eine Sperrminorität verschaffen (**aA** *Viskorf/Michel* DB 2007, 2562; *Blumenberg/Benz,* 176; *B. Lang* DStZ 2008, 549; *Suchanek* GmbHR 2008, 292; *Neu/Schiffers/Watermeier* GmbHR 2008, 421; *Sistermann/Brinkmann* BB 2008, 1928). **Nicht genügt** eine **Poolung** oder eine nicht auf Dauer angelegte bzw jederzeit kündbare Vereinbarung (ebenso *van Lishaut*

FR 2008, 789; zu erbschaftsteuerlich – §§ 13a, 13b ErbStG – motivierten Poolverträgen vgl *Elicker/Zillmer* BB 2009, 262, *Felten* DStR 2010, 1261; **aA** *Honert/Obser* BB 2009, 1161; *Richter/Escher* FR 2011, 760);
- die **Umwandlung** auf eine Verlustgesellschaft, wenn durch die Umwandlung ein Beteiligungserwerb durch einen Erwerberkreis stattfindet (mE ggf schon im Grundtatbestand erfasst; hierzu *Schick/Franz* DB 2008, 1987; krit auch *Sistermann/Brinkmann* DStR 2008, 898, BB 2008, 1928);
- die **Einbringung** eines Betriebs, Teilbetriebs oder Mitunternehmeranteils, wenn durch die Einbringung ein Beteiligungserwerb am übernehmenden Rechtsträger durch einen Erwerberkreis stattfindet;
- die **Fusion** von **Anstalten des öffentlichen Rechts,** wenn hierdurch bei der aufnehmenden Anstalt des öffentlichen Rechts mit nicht genutzten Verlusten ein Träger „Beteiligungsrechte" an der Anstalt (hinzu) erwirbt (mE schon nicht im persönlichen Anwendungsbereich, Rn 46b; *Suchanek* in *HHR* § 8c KStG Rn 30);
- der **Erwerb eigener Anteile,** wenn sich hierdurch die Beteiligungsquoten ändern (**aA** *B. Lang* DStZ 2007, 652; *Sistermann/Brinkmann* DStR 2008, 898; BB 2008, 1928);
- die **Kapitalherabsetzung,** mit der eine Änderung der Beteiligungsquoten einhergeht (zust *Dötsch/Pung* DB 2008, 1703); mE ebenso die Einziehung von Geschäftsanteilen (ebenso *Korn/Strahl* S 67; *Blumenberg/Benz*, 186; *Meyer* BB 2007, 1415; *Schaumburg/Rödder* S 529; **aA** *Beußer* DB 2007, 1549);
- auch die **Kombination** verschiedener Sachverhalte kann hiernach insgesamt zu einem schädlichen Beteiligungserwerb führen (Hinweis auf BFH I R 18/02 BStBl II 2004, 468; hierzu krit wg Unbestimmtheit: *Breuninger/Schade* Ubg 2008, 261; *Dötsch/Pung* DB 2008, 1703; *Sistermann/Brinkmann* BB 2008, 1928; *Avella/Ziegler* StC 10.08, 24). Nur iZm einer *Anteilsübertragung* kommen mE in Betracht: Einräumung/Wechsel einer atypischen Beteiligung, Gewährung von Darlehen, Gewährung von Optionen zum Anteilserwerb und die Verpfändung von Anteilen (vgl hierzu *B. Lang* DStR 2008, 549; *van Lishaut* FR 2008, 789).

78 c) **Negativbeispiele. Nicht ausreichend** ist mE die Übertragung von **Mitwirkungsrechten** außerhalb der Stimmrechte, soweit dies möglich ist (hierzu *Blumenberg/Benz*, 176; *Viskorf/Michel* DB 2007, 2561) oder eine rein **vermögensrechtliche Position** (ebenso *Beußer* DB 2007, 1549; *Schaumburg/Rödder* S 526). Das betrifft insb **Bezugsrechte** (ebenso *Neu/Schiffers/Watermeyer* GmbHR 2008, 421; *B. Lang* DStZ 2008, 549; *Meiisel/Bokeloh* BB 2008, 808; *van Lishaut* FR 2008, 789), den Erwerb/die Stärkung der Stellung des persönlich haftenden Gesellschafters der **KGaA** (*B. Lang* DStZ 2008, 549; *Kollruss/Weißert/Ilin* DStR 2009, 88; zweifelnd *van Lishaut* FR 2008, 789: abhängig vom wirtschaftlichen Engagement) sowie der Ein- und Austritt von **Vereinsmitgliedern,** zumal ein solcher Vorgang auch nicht im entferntesten einer Übertragung ähnlich ist (**aA** *van Lishaut* FR 2008, 789).
Ebenfalls kein vergleichbarer Sachverhalt ist mE der **Formwechsel** des Anteilseigners nach § 190 UmwG, ebenso wenig der **Wechsel der Tätigkeit** einer Personengesellschaft von der gewerblichen Tätigkeit zur Vermögensverwaltung (zB *B. Lang* DStR 2008, 549; *van Lishaut* FR 2008, 789), Abschluss eines **Beherrschungsvertrages** (*Suchanek* in *HHR* § 8c KStG Rn 30), Ausgabe von lediglich die Stellung eines Kapitalgebers verbriefenden **Finanzinstrumenten** oder die Begründung einer **atypischen stillen Gesellschaft,** auch für den Anteilseigner (*Suchanek* in *HHR* § 8c KStG Rn 30; differenzierend *Breuninger/Ernst* GmbHR 2010, 561). Ebenfalls kein vergleichbarer Fall liegt vor bei einem **Forderungsverzicht mit Besserungsschein** und Abtretung der Besserungsanwartschaft an den Anteilserwerber (vgl BFH I R 23/11 BFH/NV 2012, 1901, gegen *BMF* BStBl I 2003, 648 Nr 2d); zur „Verlustkonservierung" auch unter Geltung des § 8c KStG vgl *Dörr/Eggert* NWB 2013, 22.

10. Zeitlicher Geltungsbereich

§ 10a Satz 10 idF der JStG 2009 (BGBl I 2008, 2794) ist **erstmals** auf schädliche 79
Beteiligungserwerbe nach dem 28.11.2008, Satz 9 idF des G v 14.8.2007 (BGBl I
2007, 1912) – jeweils iVm § 8c KStG – ist erstmals ab EZ 2008 und auf Anteilsübertragungen nach dem 31.12.2007 anzuwenden (§ 36 Abs 9 Satz 6). Das gilt auch bei einem *abweichenden Wirtschaftsjahr* (*BMF* BStBl I 2008, 736 Rn 35). Allerdings ist **§ 8 Abs 4 KStG** idF v 2001 letztmals **neben § 8c KStG** anzuwenden, wenn mehr als die Hälfte der Anteile an einer *Kapitalgesellschaft* innerhalb eines Zeitraums von 5 Jahren, der vor dem 1.1.2008 beginnt, übertragen werden und der Verlust der wirtschaftlichen Identität vor dem 1.1.2013 eintritt (§ 36 Abs 9 Satz 2 GewStG).

Das letztbezeichnete Tatbestandsmerkmal ist nach den Rechtsgrundsätzen zu § 8 Abs 4 KStG zu beantworten, wobei der **Dissens zwischen BMF** BStBl I 2007, 624 (Zuführung von neuem BV innerhalb von zwei Jahren nach der schädlichen Anteilsübertragung) **und BFH** I R 8/05 BStBl II 2007, 602 (regelmäßig eine Zeitspanne von nur einem Jahr) zu beachten ist. Letztlich wird es mE auf die Rspr des BFH ankommen, zumal bereits der Übertragungszeitraum mit 5 Jahren eine weitere Streckung des Verlusts der wirtschaftlichen Identität schon aus Gründen der Rechtssicherheit verbietet. Die Übergangsvorschrift bestimmt also lediglich eine *zeitlichsachliche Grenze*, bis zu der Vorgänge, die vor dem 1.1.2008 mit einer Anteilsübertragung begonnen haben, unter der Geltung des § 8 Abs 4 KStG zusammenzufassen sind (ebenso *Neumann/Stimpel* GmbHR 2007, 1194; *Zerwas/Fröhlich* DStR 2007, 1933; *B. Lang* DStZ 2007, 652). **Anteile sind** offenbar (vgl die Rspr zu § 8 Abs 4 KStG) nur **unmittelbare Beteiligungen** und zwar ausschließlich an *Kapitalgesellschaften*. **Übertragungen** sind für die Anwendung des § 8c KStG nur solche *nach* dem 31.12.2007, *nicht* auch *vor* dem 1.1.2008. Das Miteinander der beiden Übergangsvorschriften bedeutet, dass es im Zeitraum vom 1.1.2008 bis 31.12.2012 durchaus zum Verlust der wirtschaftlichen Identität und damit des Verlustvortrags kommen kann, wenn die Voraussetzungen des § 8c KStG in diesem Zeitraum nicht vorliegen (Anteilsübertragungen ganz oder zum Teil *vor* dem 1.1.2008, Zuführung von überwiegend neuem BV *nach* dem 31.12.2007). Ggf kann dies auch erst in einem dem quotalen Fortfall des Verlustvortrags folgenden EZ eintreten, zB wenn im EZ 2007 25% und im EZ 2008 26% der Anteile übertragen werden und im EZ 2009 überwiegend neues BV zugeführt wird; vgl auch das Bsp in *BMF* BStBl I 2008, 736 Rn 38). ME kommt es umgekehrt zum Fortfall des Verlustvortrags, wenn stattdessen im EZ 2008 51% der Anteile übertragen werden. Kommt es zu einem Vortragsverlust nach § 8 Abs 4 KStG, ist weiterhin die **Sanierungsklausel des § 8 Abs 4 Satz 3 KStG** zu prüfen und ggf bis 31.12.2017 zu überwachen (*BMF* BStBl I 2008, 736 Rn 37; ebenso *Neumann* GmbH-StB 2007, 249; *Neumann/Stimpel* GmbHR 2007, 1194; *B. Lang* DStZ 2007, 652; *Suchanek/Herbst* FR 2007, 863).

11. Beispiel zur Verlustnutzung

Zur Entwicklung des Fortfalls der Verlustnutzung vgl folgendes Bsp nach BTDrs 80
16/4841, 76 (*BMF* BStBl I 2008, 736 Rn 30):

Jahr 01 T€	Jahr 02 T€	Jahr 03 T€	Jahr 04 T€	Jahr 05 T€
gez. Kap 1000	1000	1000	1000	1000
Beteiligungsverhältnisse:				
A 700	400	400	400	400
B 300	300	200	150	50
C –	300	400	450	550

Jahr 01 T€	Jahr 02 T€	Jahr 03 T€	Jahr 04 T€	Jahr 05 T€
übertragene Anteile im Fünfjahreszeitraum	300 (30%)	400 (40%)	450 (45%)	550 (55%)
schädlicher Beteiligungserwerb	**ja**	**nein**	**nein**	**ja**
Ergebnis des laufenden EZ	./. 2000	./. 600	3500	4700
davon: Verlust bis zum Zeitpunkt des schädlichen Beteiligungserwerbs	./. 1200	./. 300	0	0
verbleibender Verlustabzug bis zum Ende des vorangegangenen EZ	20 000	15 640	16 240	13 740
Verlustabzugsverbot gem § 8c Satz 1 KStG	6000 (30% von 20 000)	0	0	0
Verlustabzugsverbot gem § 8c Satz 2 KStG	0	0	0	13 740 (100%)
Verlustausgleichsverbot gem § 8c Satz 1 KStG	360 (30% von 1200)	0	0	0
Verlustabzug			2 500	
verbleibender Verlustabzug zum Ende des EZ	**15 640**	**16 240**	**13 740**	**0**

12. Ausnahme Konzernklausel (§ 8c Abs 1 Satz 5 KStG)

Literatur: *Busch,* Die Verlustvernichtung im Konzern, JbFfSt 2008/2009, 223; *Forst/Busch/ Kubiak,* Verlustnutzung innerhalb einer Unternehmensgruppe, EStB 2009, 361; *Ballwieser/Frase,* Zur (Un-)Anwendbarkeit von § 8c KStG bei konzerninternen Umstrukturierungen…, BB 2009, 1502; *Jacobsen,* Die Generierung und Koordination steuerlicher Teilgestaltungen iRd Umstrukturierung von Unternehmen, BB 2009, 1955; *Bien/Wagner,* Erleichterungen bei der Verlustabzugsbeschränkung … nach dem Wachstumsbeschleunigungsgesetz, BB 2009, 2627; *Sistermann/Brinkmann,* Wachstumsbeschleunigungsgesetz: Die Änderungen bei der Mantelkaufregelung, DStR 2009, 2633; *Dörr,* § 8c KStG wird saniert, NWB 2009, 2050; *Rödder,* Gebotene Entschärfungen; Verlustuntergang und § 8c KStG, JbFfSt 2009/2010, 141; *Scheipers/Linn,* Änderungen des § 8c KStG durch das Wachstumsbeschleunigungsgesetz, Ubg 2010, 8; *Wittkowski/ Hielscher,* Änderungen des § 8c KStG durch das Wachstumsbeschleunigungsgesetz, DB 2010, 11; *Scheunemann/Dennisen/Behrens,* Steuerliche Änderungen durch das Wachstumsbeschleunigungsgesetz, BB 2010, 23; *Suchanek,* Die Änderungen des § 8c KStG durch das Wachstumsbeschleunigungsgesetz, StBW 2010, 25; *B. Lang,* Die Neufassung von § 8c Abs 1 KStG durch das Wachstumsbeschleunigungsgesetz, Der Konzern 2010, 35; *Fey/Neyer,* Erleichterungen bei der Mantelkaufnorm des § 8c KStG durch das Wachstumsbeschleunigungsgesetz, StuB 2010, 47; *Schneider/Roderburg,* Beratungsrelevante Änderungen durch das Wachstumsbeschleunigungsgesetz, FR 2010, 58; *Ortmann-Babel/Zipfel,* Praxisfälle zur neuen Konzernklausel in § 8c KStG, SteuK 2010, 109; *Rödder,* Perspektiven der Unternehmensbesteuerung …, Ubg 2010, 162; Orth, Verbesserte Verlustverrechnungsmöglichkeiten, Ubg 2010, 169; *Dörr,* Wachstumsbeschleunigung durch den neuen § 8c KStG, NWB 2010, 184; *Busch/Spiekermann,* Die Konzernklausel des § 8c Abs 1 Satz 5 KStG, EStB 2010, 260; *Drüen,* Systemfortschritte im Unternehmenssteuerrecht durch das Wachstumsbeschleunigungsgesetz?, Ubg 2010, 543; *Cortez/Brucker,* Änderungen der Verlustabzugsbeschränkungsregelung des § 8c KStG durch das Wachstumsbeschleunigungsgesetz v 22.12.2009, BB 2010, 734; *Bien/Wagner,* Die Konzernklausel des § 8c KStG, BB 2010, 923; *Franz,* Enge oder weite Auslegung der „Konzernklausel" in § 8c Abs 1 Satz 5 KStG, BB 2010, 991; *Neyer,* Verlustnutzung nach Anteilsübertragung: Anwendung der neuen Verschonungsregeln auf Konzernsachverhalte, DB 2010, 1055; *Neyer,* Die Konzernklausel für den Verlustabzug, GmbHR 2010, 1132; *Haßa/Gosmann,* Zweifelsfragen zu Konzernklausel und Verschonungsregel des § 8c KStG, DB 2010, 1198; *Hötzel,* Die neue Konzernklausel in § 8c KStG, JbFfSt 2010/2011, 131; *Wagner,* Zweifelsfragen zur Anwendbarkeit der Konzernklausel des § 8c KStG, PISTB 2011, 45.

a) Allgemeines. Nach **§ 8c Abs 1 Satz 5 KStG** liegt **kein schädlicher Beteiligungserwerb** vor, wenn an dem übertragenden und dem übernehmenden Rechtsträger **dieselbe Person zu 100% mittelbar oder unmittelbar beteiligt** ist. 81

Zweck der Vorschrift ist die Verschonung von Umstrukturierungen ausschließlich innerhalb eines Konzerns, die eine Verschiebung von Verlusten auf Dritte ausschließen (BTDrs 17/15, 19). Die Vorschrift ist eingefügt worden durch das Wachstumsbeschleunigungsgesetz v 22.12.2009 (BGBl I 2009, 3950) mit Wirkung für schädliche Beteiligungserwerbe nach dem 31.12.2009.

b) Voraussetzungen. aa) Rechtsträger. Der **Begriff** bezeichnet eine Person, einschließlich Personengesellschaften sowie Vermögensmassen, die Rechtsinhaber sein und das betreffende Recht übertragen bzw übernehmen kann. Bei einer vermögensverwaltenden Personengesellschaft ist zum Zwecke der Besteuerung (§ 39 Abs 2 Nr 2 letzter Satzteil AO) mE nicht auf die Gesellschafter abzustellen (*Dörr* NWB 2009, 184; *Bien/Wagner* BB 2010, 923; aA *Kleinheisterkamp* in *L/S* § 10a Rn 184b). 82

Zudem ist nach dem Wortlaut der Vorschrift erforderlich, dass an ihnen **eine andere Person „beteiligt"** sein kann. „Rechtsträger" ist nach der Vorstellung des Gesetzgebers daher offenkundig nur die mittelbare Beteiligung **vermittelnde Person bzw Gesellschaft**. Eine **natürliche Person** kommt hierfür mE nicht in Betracht (ebenso *Wittkowski/Hielscher* DB 2010, 11; aA *Bien/Wagner* BB 2009, 2627; *B. Lang* Der Konzern 2010, 35; *Dörr* NWB 2010, 184; *Scheunemann/Dennisen/Behrens* BB 2010, 23; *Eisgruber/Schaden* Ubg 2010, 73; *Suchanek* in *HHR* § 8c KStG Rn 48; *Kleinheisterkamp* in *L/S* § 10a Rn 184c). Die Vorstellung, dass auch die Übertragung zwischen natürlichen Personen begünstigt sei (zB *Suchanek* in *HHR* aaO), widerspricht dem Wortlaut und dem Zweck der Vorschrift (Rn 81). Zur **Konzernspitze** s Rn 83.

bb) Beteiligte Person. Auch insofern ist mE **begrifflich** die **Fähigkeit zur Rechtsinhaberschaft** (Beteiligung) erforderlich, erfüllbar durch jede natürliche oder juristische Person sowie durch Personengesellschaften; auch diesbezüglich ist mE auf eine zivilrechtliche Betrachtungsweise abzustellen, so dass bei einer vermögensverwaltenden Personengesellschaft die Beteiligung nicht anteilig zuzurechnen ist (s Rn 82; ebenso *Scheunemann/Dennisen/Behrens* BB 2010, 23; *Frey/ Mückl* GmbHR 2010, 71; *Watermeyer* GmbH-StB 2010, 132; **aA** *Dörr* NWB 2010, 184). **Idealtypisch** ist daher ein dreistufiger Konzern mit Übertragung zwischen Schwestergesellschaften oder ein vier- und mehrstufiger Konzern mit Übertragungen (auch) über die Beteiligungsstufen unterhalb der Konzernspitze hinweg. 83

Es muss sich um **„dieselbe Person"**, dh nur **eine Person** handeln. Dass ggf an dieser Person mehrere andere Personen beteiligt sind, ist nach Wortlaut und Zweck der Vorschrift unerheblich; die beteiligte Person muss also nicht die Konzernspitze sein (ebenso *Suchanek* in *HHR* § 8c KStG Rn 49). Allerdings ist nach dem Wortlaut der Vorschrift eine Übertragung unter Beteiligung der **Konzernspitze** nicht begünstigt, da an ihr (idR) nicht dieselbe Person (Einzahl) beteiligt ist. Das erfordert mE eine teleologische Extension, wenn in einem solchen Fall eine Übertragung der

Verluste auf Dritte nicht möglich ist (vgl die bisher angegebene Literatur sowie *Ortmann-Babel/Zipfel* Ubg 2009, 813; *Sistermann/Brinkmann* DStR 2009, 2633; *Scheipers/Linn* Ubg 2010, 8; *Schneider/Roderburg* FR 2010, 58; *Fey/Neyer* StuB 2010, 47; *Rödder* Ubg 2010, 162; *Orth* Ubg 2010, 169; *Franz* BB 2010, 991; **aA** *Dötsch* in *D/J/P/W* § 8c KStG Rn 59e; *Bien/Wagner* BB 2010, 923; *B. Lang* in *E&Y* § 8c KStG Rn 120 ff). Das gilt mE auch im Falle einer **Abwärtsverschmelzung** (hierzu *Bien/Wagner* BB 2009, 2627; *Wittkowski/Hielscher* DB 2010, 11; *Scheunemann/Dennisen/Behrens* BB 2010, 23; *B. Lang* Der Konzern 2010, 35).

Für eine **Interessengruppe** iSd Satzes 3 gilt mE Entsprechendes, wenn sie im gleichen Verhältnis an den Rechtsträgern beteiligt ist. Der insoweit einschränkende Wortlaut bedarf nach dem Zweck des Satzes 5 einer extensiven Auslegung (ebenso *Eisgruber/Schaden* Ubg 2010, 73; *B. Lang* Der Konzern 2010, 35; *B. Lang* in *E&Y* § 8c KStG Rn 124; *Suchanek* in *HHR* § 8c KStG Rn 49; **aA** *Franz* BB 2010, 991; *Kleinheisterkamp* in *L/S* § 10a Rn 184). Für **nahestehende Personen** gilt dies mE jedoch insoweit nicht, als sie nicht zugleich eine Interessengruppe bilden.

83a **cc) 100%ige Beteiligung.** Maßgebend ist bei **Körperschaften** mE die Beteiligung am Stamm- bzw Nennkapital und, nur wo solches nicht vorhanden ist, an Beteiligungs- oder Mitgliedschaftsrechten, am Vermögen bzw Geschäftsguthaben (allg M, zB *Frey/Mückl* GmbHR 2010, 71; *Dörr* NWB 2010, 184; *Franz* BB 2010, 991; *Kleinheisterkamp* in *L/S* § 10a Rn 184k). Die Beteiligung weiterer Personen an Genussrechten dürfte unschädlich sein (*Suchanek* in *HHR* § 8c KStG Rn 47; *Kleinheisterkamp* in *L/S* § 10a Rn 184m; **aA** *Frotscher* in *F/M* § 8c KStG Rn 121). Besteht die Beteiligung an einer oder über eine Personengesellschaft, ist entscheidend die vermögensmäßige Beteiligung (Unschädlichkeit der Beteiligung eines am Vermögen nicht beteiligten Gesellschafters, *Wittkowski/Hielscher* DB 2010, 11; *Scheunemann/Dennisen/Behrens* BB 2010, 23; *Bien/Wagner* BB 2010, 923; *Franz* BB 2010, 991; *Kleinheisterkamp* in *L/S* § 19a Rn 184o) bzw am Eigenkapital (*Suchanek* in *HHR* § 8c KStG Rn 47).

Entscheidend sind allein die Beteiligungsverhältnisse an den o.a. **Rechtsträgern,** nicht an der Verlustkörperschaft (ebenso *Scheipers/Linn* Ubg 2010, 8). **Mittelbare und unmittelbare** Beteiligungen sind mE **zusammenzurechnen.** Es wäre zweckwidrig, „oder" ausschließend und nicht kumulativ zu verstehen (ebenso *Wittkowski/Hielscher* DB 2010, 11; *Frey/Mückl* GmbHR 2010, 71; *Franz* BB 2010, 991). Allerdings ist jede noch so geringe **Abweichung schädlich.**

83b **dd) Zeitfragen.** Die erforderliche Beteiligung muss mE (nur) zum Zeitpunkt des (ansonsten) **schädlichen Beteiligungserwerbs** bestehen; bei **gestreckten Erwerben** ist dies mE der Zeitpunkt der Übertragung, durch den die maßgebliche Quote überschritten wird (ebenso *Dörr* NWB 2009, 1184). Denn Satz 5 nimmt Bezug auf den Begriff des schädlichen Beteiligungserwerbs in Satz 1 u 2 (s auch Rn 84). Abzustellen ist mE auf das wirtschaftliche Eigentum, nicht auf die zivilrechtliche Wirksamkeit oder gar eine (umwandlungs)steuerliche Rückwirkung (zT **aA** *Kleinheisterkamp* in *L/S* § 10a Rn 184o; *Frotscher* in *F/M* § 10a KStG Rn 14 ff, 17; *Franz* BB 2010, 991). **Abweichungen vor oder nach** dem maßgeblichen Zeitpunkt sind – Missbrauch ausgenommen – unerheblich.

84 **c) Rechtsfolge.** Die Rechtsfolge besteht in der **Unschädlichkeit** eines ansonsten schädlichen Beteiligungserwerbs. Das betrifft mE bei **gestreckten Erwerben** nur denjenigen, durch den die Schädlichkeitsgrenze des Satzes 1 bzw 2 überschritten wird (Rn 83b). Hierfür spricht neben dem abw Wortlaut in § 8c Abs 1a KStG auch die Anwendungsvorschrift des § 34 Abs 7b KStG, die nicht auf Beteiligungserwerbe, sondern auf „schädliche Beteiligungserwerbe" nach dem 31.12.2009 abstellt. Da die *FinVerw* sich auch beim maßgeblichen Verlustvortrag entsprechend geäußert hat (*BMF* BStBl I 2008, 736 Rn 30), ist von einer entsprechenden Vorstellung des

§ 8c KStG im Einzelnen § 10a

Gesetzgebers auszugehen. Sind also bei den (noch) nicht schädlichen Erwerben die Beteiligungsvoraussetzungen gegeben, bei dem schädlichen Erwerb hingegen nicht, so sind jene nicht unbeachtlich; dh die Rechtsfolge des Satzes 5 tritt nicht ein (ebenso *Dörr* NWB 2009, 184; **aA** *Suchanek* in HHR § 8c KStG Rn 50; *Kleinheisterkamp* in L/S § 10a Rn 184p; *B. Lang* Der Konzern 2010, 35; *Frey/Mückl* GmbHR 2010, 71; *Bien/Wagner* BB 2010, 923).

13. Stille-Reserven-Verschonungsregel

Literatur: *Pott/Wittkoski*, Fortführung steuerlicher Verlustvorträge trotz § 8c KStG in Höhe übergehender stiller Reserven..., StuW 2009, 139; *Suchanek*, Die Änderungen des § 8c KStG durch das Wachstumsbeschleunigungsgesetz, StBW 2010, 25; *B. Lang*, Die Neufassung des § 8c Abs 1 KStG durch das Wachstumsbeschleunigungsgesetz, Der Konzern 2010, 35; *Fey/Neyer*, Erleichterungen bei der Mantelkaufnorm des § 8c KStG durch das Wachstumsbeschleunigungsgesetz, StuB 2010, 47; *Schneider/Roderburg*, Beratungsrelevante Änderungen durch das Wachstumsbeschleunigungsgesetz, FR 2010, 58; *Orth*, Verbesserte Verlustverrechnungsmöglichkeiten, Ubg 2010, 169; *Roser*, Quantitative Verlusterhaltung nach § 8c Abs 1 Sätze 6–8 KStG, EStB 2010, 265; *Rödder/von Freeden*, Stille Reserven für Zwecke des § 8c KStG bei unmittelbarem und zugleich mittelbarem (mehrstöckigen) Beteiligungserwerb, Ubg 2010, 551; *Cortez/Brucker*, Änderungen der Verlustabzugsbeschränkungsregelung des § 8c KStG durch das Wachstumsbeschleunigungsgesetz v 22.12.2009, BB 2010, 734; *Wagner*, § 8c KStG: Verschonungsregeln bei stillen Reserven, DB 2010, 2751; *Hötzel/Pilz*, Die neue Stille-Reserven-Klausel in § 8c KStG und zur Ermittlung des gemeinen Werts der Anteile, JbFfSt 2010/2011, 150; *Brinkmann*, Die Stille-Reserven-Klausel des § 8c KStG..., Ubg 2011, 94; *Suchanek/Jansen*, Änderungen bei der Stille-Reserven-Klausel durch das JStG 2010, GmbHR 2011, 174; *Schnitger/Rometzki*, Das Verschonungspotential des § 8c Abs 1 Sätze 6 bis 9..., Ubg 2013, 1.

a) Allgemeines. Nach **§ 8c Abs 1 Satz 6 KStG** kann ein nach den Sätzen 1 85 und 2 an sich nicht abziehbarer **Verlust abgezogen** werden, soweit er die anteiligen (Satz 1) bzw gesamten (Satz 2) im Inland **vorhandenen stpfl stillen Reserven** (Rn 85a) der Körperschaft zum Zeitpunkt des schädlichen Beteiligungserwerbs nicht übersteigt.

Zweck der Vorschrift ist die Verschonung des Verlustvortrags insoweit, als in Höhe der stillen Reserven kein zusätzliches Verlustverrechnungspotential übergeht (BTDrs 17/15, 19), also ein (missbräuchlicher) Mantelkauf nicht vorliegt, bzw weil die stillen Reserven auch vor dem schädlichen Beteiligungserwerb hätten realisiert und mit bestehenden Verlusten verrechnet werden können (vgl *Rödder/v Freeden* Ubg 2010, 551; *Sistermann/Brinkmann* DStR 2010, 2633; *Bien/Wagner* BB 2010, 2627; **krit** zur Gesetzgebungstechnik *Suchanek* StBW 2010, 25). Sie wurde ebenfalls durch das Wachstumsbeschleunigungsgesetz v 22.12.2009 (BGBl I 2009, 3950) eingeführt und ist erstmals auf schädliche Beteiligungserwerbe nach dem 31.12.2009 anwendbar.

b) Tatbestandsmerkmale. aa) Stille Reserven. Stille Reserven iSd Vorschrift 85a sind **nach Satz 7** der Unterschiedsbetrag zwischen dem anteiligen (Bezug zu Satz 1) bzw gesamten (Bezug zu Satz 2) EK lt stl Gewinnermittlung und dem auf dieses entfallenden gemeinen Wert der im Inland stpfl Anteile an der Körperschaft. Ist das **EK negativ**, sind **nach Satz 8** stille Reserven der Unterschiedsbetrag zwischen dem anteiligen (Satz 1) bzw gesamten (Satz 2) EK lt stl Gewinnermittlung und dem diesem Anteil entsprechenden gemeinen Wert des BV der Körperschaft. **Nach Satz 9** ist eine stl **Rückwirkung unbeachtlich.**

bb) Stille Reserven der Verlustkörperschaft. Stille Reserven sind die der **Verlustkörperschaft,** wie sich aus dem Textzusammenhang mit den Sätzen 1 u 2 zwingend ergibt (so auch BTDrs 17/3549, 25, zu Nr 4 Buchst b, letzter Absatz). Fällt

§ 10a Gewerbeverlust

der unmittelbare Beteiligungserwerb mit einem **mittelbaren Beteiligungserwerb** zusammen, ist eine mehrstufige Ermittlung der stillen Reserven erforderlich. Hierfür sieht die Gesetzesbegründung (BTDrs 17/15, 19) eine Beschränkung dahin vor, dass die Summe der in den Tochterkapitalgesellschaften ermittelten stillen Reserven nicht höher sein dürfe als die im Kaufpreis bzw dem Unternehmenswert der erworbenen Muttergesellschaft enthaltenen stillen Reserven; diese Beschränkung kommt mE angesichts des insofern offenen Gesetzeswortlauts jedoch nicht in Betracht (**krit** auch *Sistermann/Brinkmann* DStR 2009, 2633; *Scheipers/Linn* Ubg 2010, 8; *Rödder/v Freeden* Ubg 2010, 551; *Suchanek* in *HHR* § 8c KStG Rn 60; *Kleinheisterkamp* in *L/S* § 10a Rn 199f; *B. Lang* in *E&Y* § 8c KStG Rn 132).

cc) Gemeiner Wert der Anteile. S hierzu § 9 Abs 2 BewG (Ableitung aus Kaufpreis, jedoch ggf gemindert um Zuschlag für Verlustnutzung; zB *Frotscher* in *F/M* § 8c KStG Rn 135), § 11 Abs 2 BewG (Ableitung aus Unternehmensbewertung; hierzu *OFD Rheinland* S 2244–1008-St 14 GmbHR 2008, 112).

dd) Negatives EK. Es kommt auf den Wert des BV auf der Grundlage einer Einzelbewertung aller, auch der nicht bilanzierten WG an (BTDrs 17/3549, 25; *Wagner* DB 2010, 2751; *Suchanek/Jansen* GmbHR 2011, 174); eine – wenn auch nicht schematische – Ableitung aus einem Anteilskaufpreis kommt mE nicht in Betracht (**aA** *Kleinheisterkamp* in *L/S* § 10a Rn 199h).

ee) Inländische Steuerpflicht. „Im Inland stpfl" (vgl § 8c Abs 1 Satz 6) bezeichnet mE nicht (nur) das grundsätzliche Bestehen des deutschen Besteuerungsrechts, was sich für *Zwecke der GewSt* bereits aus dem *Territorialitätsprinzip* ergibt (hierzu *Wittkowski/Hielscher* DB 2010, 11; *Dörr* NWB 2010, 184; *Haßa/Gosmann* DB 2010, 1198). Vielmehr wird (zusätzlich) das Fehlen einer Steuerfreistellung für den Fall der Veräußerung gefordert (ebenso *Kleinheisterkamp* in *L/S* § 10a Rn 199j; *Dötsch* aaO; *Frotscher* in *F/M* § 8c KStG Rn 139 f; **aA** *Sistermann/Brinkmann* DStR 2009, 2622; *Bien/Wagner* BB 2009, 2627; *Scheunemann/Dennisen/Behrens* BB 2010, 23; krit hierzu *Schnitger/Rometzki* Ubg 2013, 1). Das gilt auch für stille Reserven aus **Beteiligungsbesitz** (vgl BTDrs 17/15, 19 zu § 8b Abs 2 KStG). Diese Auslegung wird dem Zweck der Vorschriften, nämlich Verringerung des Verlustnutzungspotentials, gerecht. Das kann zwar bei **Organschaften** zu Schwierigkeiten führen, weil/soweit idR nicht der OT, sondern die OGen über erhebliche stille Reserven verfügen (vgl *Frey/Mückl* AG 2009, 866). Insofern fordert die hM bei ihnen ein Abstellen auf die stillen Reserven nicht in den Anteilen, sondern in den WG der OGen (vgl die o.a. Autoren sowie *B. Lang* in *E&Y* § 8c KStG Rn 136.1; *B. Lang* Der Konzern 2010, 35), was mE nicht methodisch, sondern nur im Hinblick auf das gewünschte Ergebnis konsequent ist. Für eine Berücksichtigung von nur „technisch" stbefreiten Veräußerungsgewinnen, zB § 8b Abs 2 KStG, *Suchanek* in *HHR* § 8c KStG Rn 57.

Ob sich auch die unglückliche Hs-Konstruktion in Satz 7 („soweit *diese* …") auf die stillen Reserven oder auf die ihnen gegenüber zu stellenden Anteile bezieht, ist unklar (vgl *Dötsch* in *D/J/P/W* § 8c KStG Rn 76n: Satz 7 würde leer laufen, vgl § 8b Abs 2 KStG; mE jedoch fraglich). Wie immer, für die Begrenzung des Betrags der stillen Reserven nach Satz 6 kann es somit auf die Einzelbewertung der WG ankommen. Insofern kommt der Formulierung in Satz 7 wohl keine eigenständige Bedeutung zu (*Suchanek* in *HHR* § 8c KStG Rn 64).

ff) Anteilige Erfassung. Dies bedeutet, dass der **Prozentsatz** des iSv Satz 1 erworbenen Anteils für die gesamte Berechnung der stillen Reserven, des EK und den Wert des auf dieses EK entfallenden Anteils an der Körperschaft **durchschlägt** (*Kleinheisterkamp* in *L/S* § 10a Rn 199m; *Suchanek* in *HHR* § 8c KStG Rn 62 aE).

§ 8c KStG im Einzelnen § 10a

c) Zeitfragen. Maßgebend ist mE der **Zeitpunkt des schädlichen Beteili-** 85b
gungserwerbs, auch im Falle einer gestaffelten Übertragung (vgl Rn 83b; ebenso
Wagner DB 2010, 275; *Hötzel* JbFfStR 2010/2011, 150; *Suchanek* in HHR § 8c
KStG Rn 54). Eine **steuerliche Rückwirkung** kommt nicht in Betracht (§ 8c
Abs 1 Satz 9 KStG). Das gilt insb für Umwandlungsvorgänge (§ 2 UmwStG); maßgebend ist mE auch insoweit der Erwerb des wirtschaftlichen Eigentums (vgl *BMF*
BStBl I 2008, 736 Rn 15).

Bei **unterjährigem Beteiligungserwerb** ist die Erstellung einer Zwischenbilanz
(*Frey/Mückl* GmbHR 2010, 71; *Schneider/Roderburg* FR 2010, 58; *Dörr* NWB 2010,
184), die Fortschreibung der Vorjahresgewinnermittlung (ähnlich *Neyer* DStR 2010,
1600; *Dötsch* in D/J/P/W § 8c KStG Rn 7f; vgl auch *BMF* BStBl I 2008, 736 Rn
32) oder eine Schätzung erforderlich (zum Problem *Bien/Wagner* BB 2009, 2627;
Sistermann/Brinkmann DStR 2009, 2633; *Scheipers/Linn* Ubg 2010, 8; *Kleinheisterkamp* in L/S § 10a Rn 199n).

Bei einer **Kapitalerhöhung** durch **Einbringung/Verschmelzung** ist mE das
zugeführte BV bei der Berechnung der im Zeitpunkt des schädlichen Beteiligungserwerbs vorhandenen stillen Reserven nicht einzubeziehen. Ihre Berücksichtigung
würde dem Zweck der Sätze 6–8 widersprechen (ebenso *Möhlenbrock* JbFfSt 2010/
2011, 165; *Dötsch* in D/J/P/W § 8c KStG Rn 76k; **aA** *Roser* EStB 2010, 265; *Hötzel*
JbFfSt 2010/2011, 150; *Gosch* JbFfSt 2010/2011, 167; *Suchanek* in HHR § 8c KStG
Rn 54; *Kleinheisterkamp* in L/S § 10a Rn 199o)

d) Rechtsfolge. Der **Verlustabzug** bleibt in Höhe des Betrages **zulässig,** die 86
der nicht genutzte Verlust die anteiligen (Satz 1) bzw gesamten (Satz 2) stillen Reserven **nicht übersteigt.** Nur der übersteigende Verlustvortrag geht nach den Sätzen
1 bzw 2 verloren.

Beispiel:

Die V-GmbH verfügt über ein EK von 100 und einen Verlustvortrag von 300. Die E-GmbH erwirbt einen 50%igen Anteil für 150. Der Verlust nach Satz 1 an sich iHv 150 nicht abziehbar. Die anteiligen stillen Reserven betragen jedoch 100 (150 ./. 50). In dieser Höhe bleibt der Verlustabzug erhalten.

Gleichwohl tritt **keine Änderung der Qualifikation** als schädlicher Beteiligungserwerb ein; ebenso wenig verändern sich die Rechtsfolgen der Sätze 1 und
2: der betreffende Verlustanteil ist (an sich) mit nicht abziehbar (vgl die Diktion
in Satz 6); auch der Sanktionsverbrauch (Rn 70) bleibt daher mE erhalten. Auch
kann bei weiteren Anteilsübertragungen innerhalb der Fünf-Jahres-Frist unter Einschluss des ersten schädlichen Beteiligungserwerbs die Sanktion nach Satz 2 erfolgen
(ebenso *Kleinheisterkamp* in L/S § 10a Rn 199s).

14. Sanierungsklausel (§ 8c Abs 1a KStG)

Literatur: *Trossen,* Die neue Sanierungsklausel des § 8c Abs 1a KStG, GmbH-StB 2009,
227; *Imschweiler/Geimer,* Einführung einer Sanierungsklausel in § 8c KStG, EStB 2009, 324;
Suchanek/Herbst, Die neue Sanierungsklausel gemäß § 8c Abs 1a KStG nF, Ubg 2009, 525;
Hallerbach, Änderungen der Unternehmensbesteuerung durch das BürgerEntlG Krankenversicherung, StuB 2009, 576; *B. Lang,* Die neue Sanierungsklausel in § 8c KStG, DStZ 2009,
751; *Mückl/Remplik,* Die Sanierungsklausel gem § 8c Abs 1a KStG nF, FR 2009, 689; *Roser,*
Auslegungsfragen zur Sanierungsklausel des § 8c KStG, FR 2009, 937; *Fey/Neyer,* Entschärfung der Mantelkaufregelung für Sanierungsfälle, DB 2009, 1368; *Sistermann/Brinkmann,* Die
neue Sanierungsklausel in § 8c KStG, DStR 2009, 1453; *Ziegenhagen/Thewes,* Die neue Sanierungsklausel in § 8c Abs 1a KStG, BB 2009, 2116; *Ortmann-Babel/Bolik/Gageur,* Mantelkauf:
Passt nicht, immer noch zu weit!, DStR 2009, 2173; *Neyer,* Sanierungsprivileg gem § 8c
Abs 1a KStG, BB 2009, 2284; *Frotscher,* Wenn die Wirklichkeit die Steuerpolitik einholt, Stbg

2009, H9, M1; *Seewald,* Sanierungsklausel: Die Rückausnahme von der Ausnahme, DB 2009, H 33 I; *Suchanek,* Die Änderungen des § 8c KStG durch das WBG, StBW 2010, 25; *Fey/ Neyer,* Erleichterungen bei der Mantelkaufnorm des § 8c KStG durch das WBG,, StuB 2010, 47; *Europäische Kommission,* Bestimmungen des KStG über den steuerlichen Verlustvortrag – Sanierungsklausel, NZI 2010, 518; *de Weerth,* Die Sanierungsklausel des § 8c KStG und europäisches Beihilferecht, DB 2010, 1205; *Ehrmann,* Beihilferechtliche Zulässigkeit des § 8c Abs 1a KStG, DStR 2011, 5; *Rädler,* Verstößt die deutsche Sanierungsklausel gegen europäisches Beihilferecht?, DB 2011, Beil zu H 9, 17; *Musil,* dto, DB 2011, Beil zu H 9, 19; *Blumenberg,* dto, DB 2011, Beil zu H 9, 21; *Welling,* dto, DB 2011, Beil zu H 9, 23; *Herzig,* Sanierungsklausel als unzulässige Beihilfe?, DB 2011, H 8, M1; *Drüen,* Die Sanierungsklausel des § 8c KStG als europarechtswidrige Beihilfe, DStR 2011, 289; *Jennert/Ellenrieder,* Unternehmensbesteuerung im Lichte des EU-Beihilferechts, EWS 2011, 305; *Marquardt,* Die Möglichkeit der Verlustverrechnung als selektive Begünstigung sanierungsbedürftiger Unternehmen?, IStR 2011, 445; *Jochum,* Systemfragen zu Mantelkauf und Sanierungsklausel, FR 2011, 497; *Breuninger/Ernst,* § 8c KStG im „Zangengriff" von Europa- und Verfassungsrecht, GmbHR 2011, 673; *Hackemann/Momen,* Sanierungsklausel … – Analyse der Entscheidungsbegründung der EU-Kommission, BB 2011, 2135; *Blumenberg/Haisch,* Die unionsrechtliche Beihilfeproblematik des § 8c Abs 1a KStG, FR 2012, 12.

87 **a) Allgemeines.** Die Vorschrift wurde eingefügt durch G v 16.7.2009 (BGBl I 2009, 1959) mW für **Anteilsübertragungen nach dem 31.12.2007** und vor dem 1.1.2010, die letztbezeichnete Beschränkung ist durch G v 22.12.2009 (BGBl I 2009, 3950) aufgehoben worden.

Zweck der Vorschrift ist, im Interesse der Beseitigung der globalen Finanz- u Wirtschaftskrise das freiwillige Engagement des Neugesellschafters vergleichbar dem insolvenzrechtlichen Sanierungsprivileg zu belohnen (BTDrs 16/13429, 50). Mit dieser Begründung hat der Gesetzgeber der EU-Kommission den Weg gewiesen, die Vorschrift als **mit der EU-Beihilferichtlinie unvereinbar** zu erklären, was mit Beschluss vom 26.1.2011 K (2011) 275 geschehen ist. Hiergegen hat die Bundesrepublik Deutschland **Nichtigkeitsklage zum EuGH** erhoben, die dieser mit Beschluss T-205/11 (IStR 2013, 101) wegen Fristversäumnisses abgewiesen hat (zur materiell-rechtlichen Erfolgsaussicht *Blumenberg/Haisch* FR 2012, 12).

Gleichwohl erscheint die **Anwendung** der Vorschrift, die zunächst noch **suspendiert** ist (*BMF* BStBl I 2010, 488), immer noch möglich, da einige Privatklagen anhängig sind, denen die Bundesrepublik beigetreten ist (hierzu *Kippenberg* IStR 2013, 106; *Eilers* SteuK 2013, 82). Zur Zulässigkeit einer **AdV** FG Münster 9 V 357/11 K, G EFG 2012, 165).

87a **b) Voraussetzungen. aa) Beteiligungserwerb zum Zweck der Sanierung.** „Beteiligungserwerb" ist **jeder Beteiligungserwerb** iSd Sätze 1 u 2, einschließlich vergleichbarer Sachverhalte, also **nicht nur** der **schädliche Beteiligungserwerb** (ebenso *OFD Rheinland* DStR 2010, 929 Rn 2).

Ist die **Verlustkörperschaft** an anderen Gesellschaften **beteiligt,** ist nach der *FinVerw* die Vorschrift bei jeder unmittelbar oder mittelbar betroffenen Körperschaft anzuwenden; dh auch die nachgeschalteten Gesellschaften müssen sanierungsbedürftig und geeignet sein (vgl *OFD Rheinland* aaO Rn 8: je eigenständige Prüfung). ME ist dem nicht zuzustimmen; diese Auffassung lässt sich zwar auf den Gesetzeswortlaut stützen, steht aber mit dessen Sinn u Zweck in Widerspruch. Der Gesetzgeber kann nicht auf der Ebene der Verlustkörperschaft begünstigen, auf den nachgelagerten Ebenen schaden wollen; das gilt mE auch im umgekehrten Fall, dass nur die Untergesellschaft sanierungsbedürftig ist. Liegen die übrigen Voraussetzungen der Sanierungsklausel im Hinblick auf die sanierungsbedürftige Körperschaft vor, ist mE der Beteiligungserwerb für die übrigen Körperschaften unschädlich (iE ebenso *Altrichter-Herzberg* GmbHR 2009, 466; *Ortmann-Babel/Bolik/Gageur* DStR 2009, 2173). ME muss das aber auch dann gelten, wenn zB die Untergesellschaft ebenfalls sanierungs-

§ 8c KStG im Einzelnen § 10a

bedürftig ist und die übrigen Maßnahmen bei ihr nicht stattfinden (*Sistermann/ Brinkmann* DStR 2009, 1453; differenzierend *Kleinheisterkamp* in *L/S* § 10a Rn 200t).

Unzutreffend mE daher für den Fall einer **Organschaft** *OFD Rheinland* (aaO Rn 9), die auf die Sanierungsvoraussetzungen im gesamten Organkreis abstellt und insoweit mit dem Gesetzeswortlaut in Konflikt gerät.

Entsprechendes gilt für die **Beteiligung** der Körperschaft **an** einer **Personengesellschaft** (*OFD Rheinland* aaO Rn 10; hiergegen zutr *Kleinheisterkamp* in *L/S* § 10a Rn 200v).

bb) Sanierung. Sanierung iSd Vorschrift ist **begrifflich** eine Maßnahme zur Verhinderung oder Beseitigung der Zahlungsunfähigkeit oder Überschuldung und der Erhaltung der wesentlichen Betriebsstrukturen. **87b**

(**1.**) **Zahlungsunfähigkeit** *und* **Überschuldung** sind mE Begriffe des Insolvenzrechts (vgl BTDrs 16/13429, 50). Diese bestimmen konkret die **Sanierungsbedürftigkeit;** dh ohne die tatbestandsmäßigen Maßnahmen muss in absehbarer Zeit mit ihrem Eintritt zu rechnen sein (*Neumann/Stimpel* Der Konzern 2009, 409; *Kleinheisterkamp* in *L/S* § 10a Rn 200e; **aA** *Suchanek/Herbst* Ubg 2009, 525; *Sistermann/Brinkmann* DStR 2009, 1453; *Breuninger/Ernst* GmbHR 2010, 561: Sanierungsbedürftigkeit in Anlehnung an BFH IV R 11/01 BStBl II 2002, 854; vgl Rn 43a). **Vor dem Beginn der Krise** ist ein Beteiligungserwerb nicht begünstigt (*OFD Rheinland* DStR 2010, 929 Rn 4, Hinw auf *BMF* BStBl I 1999, 1151).

(**2.**) **Sanierungsfähigkeit** der Körperschaft muss gegeben sein; dh ihr Zustand der Art sein, dass bestimmte Maßnahmen noch einen Erfolg versprechen können. Diese müssen nach Einschätzung eines sachkundigen Dritten – am besten auf Grund eines Sanierungsplans – objektiv geeignet sein, die Körperschaft nachhaltig aus der Krise zu führen; auf den **Sanierungserfolg** der Maßnahmen kommt es dann nicht an (vgl BTDrs 16/13429, 50 f).

(**3.**) **Sanierungsabsicht** muss – mE im Zeitpunkt des schädlichen Beteiligungserwerbs – gegeben sein. Dh dieser und die nachfolgenden Maßnahmen müssen auch subjektiv dem Sanierungsziel dienen. Sie ergibt sich mE objektiv aus der Sanierungsbedürftigkeit und -geeignetheit.

cc) Erhaltung der wesentlichen Betriebsstrukturen. Die hierauf gerichteten Maßnahmen müssen mE in einem **sachlichen und zeitlichen Zusammenhang** mit dem schädlichen Beteiligungserwerb stehen. Dh sie müssen alsbald, mE **innerhalb eines Jahres,** nach diesem ergriffen werden (zutr *OFD Rheinland* DStR 2010, 929 Rn 7). **87c**

Legaldefinition des Tatbestandsmerkmals in **drei Alternativen:**

(**Nr 1) Befolgung einer Betriebsvereinbarung** mit Arbeitsplatzregelung. Existenz eines Betriebsrats ist mE an sich erforderlich, nach *OFD Rheinland* DStR 2010, 929 Rn 13 genügt, wenn 50% der AN in dem betroffenen Betriebsbereich tätig sind, die folglich einvernehmlich einen für sie handelnden Bevollmächtigten bestellen müssten. Ein Sozialplan kann mE genügen (*Mückl/Remplik* FR 2009, 689), wenn in Form einer (Betriebs)Vereinbarung festgelegt, nicht jedoch ein Tarifvertrag (zT aA *OFD Rheinland* aaO Rn 13; *Dörr* NWB 2010, 184).

Nach *OFD Rheinland* (aaO Rn 15) sollte die **Vereinbarung nach** dem **Beteiligungserwerb** abgeschlossen werden, sonst ggf Anschlussvereinbarung (**aA** *Ortmann-Babel/Bolik/Gageur* DStR 2009, 2173: ggf auch vor Beteiligungserwerb, mE zutreffend).

Über den **Inhalt der Arbeitsplatzregelung** schweigt das G. Nach *OFD Rheinland* aaO Rn 13 kommt es daher auf den **Umfang der Erhaltung** von Arbeitsplätzen nicht an. ME gibt auch die Alternative (2) keinen Hinweis auf die möglichen Vorstellungen des Gesetzgebers, nämlich Erhaltung von **etwa 80 %** der bei Beteili-

§ 10a

gungserwerb bestehenden Arbeitsplätze, weil auch ein tief greifender Arbeitsplatzabbau zu einer Sanierungsmaßnahme gehören kann (BTDrs 16/13429, 51). Auf der anderen Seite kann mE dem Zweck der Vorschrift mit einer Regelung über einen weitgehenden Arbeitsplatzabbau allein nicht Genüge getan sein; daher ist mE die Erhaltung von 50% der Arbeitsplätze zu fordern.

(Nr 2) Nichtunterschreiten von 400% der Lohnsumme nach Beteiligungserwerb **innerhalb von fünf Jahren.** Die Vorschrift enthält einen Verweis auf § 13a Abs 1 Sätze 3 u 4, Abs 4 ErbStG, der von BTDrs 16/13429, 51 als Vereinfachung gefeiert wird, was (nur) für die Arbeit des Gesetzgebers richtig ist. Es fragt sich aber, ob der Verweis der Problematik einer Sanierungsbegünstigung genügt.

Der **Zeitraum** beginnt mit dem ersten Beteiligungserwerb iSd Sätze 1 u 2. Das kann bei gestaffeltem schädlichen Erwerb den Lohnsummenvergleich für alle Erwerbe erforderlich machen (*Sistermann/Brinkmann* DStR 2009, 1453; *Kleinheisterkamp* in *L/S* § 10a Rn 200k). IdR wird es genügen, nur einen Erwerb als unbeachtlich aufzuweisen.

Bemessungsgrundlage ist der *Durchschnitt der letzten fünf Jahre* (§ 13a Abs 1 Satz 3 ErbStG) vor dem beachtlichen Erwerb. Beträgt die **Ausgangssumme Null** (was bei einem Fünf-Jahres-Durchschnitt kaum der Fall sein dürfte) oder beschäftigt die Körperschaft **weniger als zwanzig AN** (§ 13a Abs 1 Satz 4 ErbStG), findet der Lohnsummenvergleich nicht statt, die Körperschaft ist dann auf die Möglichkeiten der Nrn (1) oder (3) verwiesen (*OFD Rheinland* DStR 2010, 929 Rn 18; *Neumann/Stimpel* Der Konzern 2009, 409; *Mückl/Remplik* FR 2009, 689; *B. Lang* DStZ 2009, 7751; aA *Trossen* GmbH-StB 2009, 227; *Fey/Neyer* DB 2009, 1368).

Maßgebend sind **die Verhältnisse** – so der eindeutige Wortlaut – der zu sanierenden Körperschaft insgesamt, **nicht nur bestimmter Betriebsteile**. ME ist die Vorschrift jedoch teleologisch zu reduzieren, wenn innerhalb der Fünf-Jahres-Frist vor dem Beteiligungserwerb *Betriebsteile veräußert oder eingestellt* worden sind; denn nur im Hinblick auf den verbliebenen Betrieb kann Sanierungsbedürftigkeit und -absicht bestehen (iE ebenso *Sistermann/Brinkmann* DStR 2009, 1453). Bei **Beteiligungen** von **mehr als 25%** an EU- bzw EWR-Gesellschaften sind auch die Lohnsummen der Untergesellschaften mit dem entsprechenden Anteil in den Vergleich einzubeziehen (§ 13a Abs 4 ErbStG), eine kontraproduktive Vorschrift insofern, als die Veräußerung von Beteiligungen zu einem tragfähigen Sanierungskonzept gehören kann (iE ebenso *Ortmann-Babel/Bolik/Gageur* DStR 2009, 2173).

(Nr 3) Zuführung von wesentlichem BV durch Einlagen. Erforderlich ist die Zuführung von BV iHv 25% des in der StBilanz des vorangegangenen Wjahres enthaltenen Aktivvermögens bzw (bei nur anteiligem Erwerb) des entsprechenden Anteils.

(a) „Einlagen" sind – wie der Gesamtzusammenhang der Vorschrift ergibt – die des Erwerbers, ggf von nahestehenden Personen (auch Gesellschaften), nicht auch der Altgesellschafter (*OFD Rheinland* DStR 2010, 929, Rn 26; *Mückl/Remplik* FR 2009, 689; *Neyer* BB 2009, 2284; **aA** *Kleinheisterkamp* in *L/S* § 10a Rn 200l); mE jedoch bei einer abgestimmten Maßnahme. Auch der Übergang von Vermögen auf die Verlustkörperschaft iR einer **Verschmelzung, Auf- oder Abspaltung** wird einer Einlage der Erhöhung des stl EK gleichgestellt (*OFD Rheinland* aaO Rn 22; differenzierend *Kleinheisterkamp* in *L/S* § 10a Rn 200l: nicht bei Verschmelzung der Tochter auf die Verlust-Mutter).

(b) Der **Erlass einer werthaltigen Verbindlichkeit** durch den Erwerber oder eine nahestehende Person steht einer Einlage gleich (Nr 3 Satz 4), mE jedoch nicht bei Erlass gegen Besserungsschein im Falle des Wiederaufleben innerhalb von drei Jahren (s (c)).

(c) Die **erforderliche Höhe** der Einlage bestimmt sich mE nach dem **Teilwert des Aktivvermögens.** Zwar lässt sich der gesetzliche Bezug auf die StBilanz dahin deuten, dass der Buchwert gemeint ist; doch wird das dem Begünstigungszweck

(Sanierung durch wesentliche BV-Zufuhr) nicht gerecht (ebenso *Dötsch* in *D/J/P/ W* § 8c KStG Rn 124; *Neumann/Stimpel* Der Konzern 2009, 409; *B. Lang* DStZ 2009, 751; **aA** zB *Suchanek/Herbst* Ubg 2009, 525; *Mückl/Remplik* FR 2009, 689; *Kleinheisterkamp* in *L/S* § 10a Rn 200l). Der Bezug auf die StBilanz dient danach nur der Klarstellung, dass nicht-bilanzierte WG nicht zu berücksichtigen sind.

Die **Bewertung der Einlage** hat mE ebenfalls, und zwar ohne Berücksichtigung von Sondervorschriften zB des UmwStG, einheitlich mit dem **Teilwert** zu erfolgen (§ 6 Abs 1 Nr 5 EStG; *OFD Rheinland* DStR 2010, 929 Rn 23; *Neyer* BB 2010, 1055; **aA** zB *Mückl/Remplik* FR 2009, 689; *Suchanek/Herbst* Ubg 2009, 525: gemeiner Wert).

(d) **Zeitfragen.** Die BV-Zuführung muss **innerhalb von 12 Monaten** taggenau, nach dem jeweiligen, mE nicht nur dem letztlich schädlichen Beteiligungserwerb erfolgen; denn die Sanierungsklausel betrifft jeden Beteiligungserwerb (Rn 87a; ebenso *Kleinheisterkamp* in *L/S* § 10a Rn 200l; **aA** *OFD Rheinland* DStR 2010, 929 Rn 27; *Neyer* BB 2009, 2284; *Dötsch* in *D/J/P/W* § 8c KStG Rn 124: Bezugszeitpunkt ist nur der schädliche Beteiligungserwerb). Die hier vertretene Lösung bedeutet, dass ein nach den Sätzen 1 u 2 noch unschädlicher Erwerb (zB 24% am 1. 1. 01) bei einer BV-Zuführung innerhalb von 12 Monaten selbst dann unbeachtlich ist, wenn nach dem schädlichen Beteiligungserwerb (2% am 1. 7. 05) keine BV-Zuführung erfolgt.

Zuführungszeitpunkt ist mE der des **tatsächlichen Zugangs** bzw **Zuflusses**; die Bilanzierungsfähigkeit (zB ausstehende Einlagen) allein dürfte daher nicht ausreichen (ebenso *OFD Rheinland* aaO Rn 24; *Neyer* BB 2009, 2284; **aA** *Mückl/Remplik* FR 2009, 689; *Kleinheisterkamp* in *L/S* § 10a Rn 200l). Nach dem den § 8 Abs 4 KStG u § 8c KStG beherrschenden Grundsatz dürfte es im Übrigen (bei Sacheinlagen) auf die **zivilrechtliche Wirksamkeit**, ggf den Erwerb des **wirtschaftlichen Eigentums** ankommen (ebenso *Kleinheisterkamp* aaO). Eine stl Rückwirkung (insb in Umwandlungsfällen) ist, da zweckwidrig, mE nicht zu berücksichtigen (*OFD Rheinland* aaO Rn 25; **aA** *Kleinheisterkamp* aaO). Bei einer **Kapitalerhöhung** ist maßgebend grundsätzlich die Eintragung im HR. Es ist aber unschädlich, wenn die Einlage schon vorher, nach dem Erhöhungsbeschluss, geleistet worden ist; sie ist jedoch nicht in die Vergleichsgrundlage zum vorangegangenen Bilanzstichtag einzubeziehen (*OFD Rheinland* aaO Rn 28; allg M).

(e) **Leistungen der Körperschaft** innerhalb eines **Drei-Jahres-Zeitraums** nach der BV-Zuführung mindern den Wert des zugeführten BV (Nr 3 Satz 5). Hierzu zählen etwa vGA und Ausschüttungen auf Genussrechte (§ 8 Abs 3 Satz 2 KStG), Mehrabführungen nach § 14 Abs 3 KStG, Kapitalrückzahlungen (vgl *Mückl/ Remplik* FR 2009, 689; *B. Lang* DStZ 2009, 751; *Ortmann-Babel/Bolik/Gageur* DStR 2009, 2173). Auch insoweit erfolgt die Berechnung des Zeitintervalls taggenau.

In Betracht kommen **Leistungen an den Altgesellschafter** mE nur dann, wenn er mit dem Neugesellschafter abgestimmt beachtliche Einlagen erbracht hat (vgl (a)); im Übrigen sind sie mE unbeachtlich (weiter BTDrs 16/13429, 51; *OFD Rheinland* DStR 2010, 929 Rn 29; *Kleinheisterkamp* in *L/S* § 10a Rn 200l; *B. Lang* DStZ 2009, 751). ME hat insoweit der innere Zusammenhang der Nr 3 (Bestimmung der Höhe der Einlage) Vorrang vor dem auf Nachhaltigkeit gerichteten Zweck des Abs 1a. Davon abgesehen kann dem Neugesellschafter nur das Verhalten der Körperschaft zuzurechnen sein, das er auch steuern kann.

dd) Sanierungshindernde Vorgänge. Keine Sanierung liegt nach **§ 8c Abs 1a** 87d **Satz 4 KStG** vor bei **Einstellung des Geschäftsbetriebs** bis zum Beteiligungserwerb oder **Branchenwechsel** innerhalb von fünf Jahren danach. Zum maßgeblichen Beteiligungserwerb s.o.

(1.) Einstellung setzt das Fehlen einer nennenswerten werbenden Tätigkeit voraus (BFH I R 9/06 BStBl II 2008, 988). Der nachfolgende Beteiligungserwerb markiert insoweit eine wirtschaftliche Neugründung (vgl BTDrs 16/13429, 51, Hinw auf BGH II ZB 4/02 DStR 2003, 1887).

(2.) **Branchenwechsel** bedeutet, die Körperschaft knüpft in wirtschaftlich gewichtbarer Weise nicht an die bisherige Tätigkeit an (vgl Rn 40). Bestimmend ist mE allein der Unternehmensgegenstand, für den das vorhandene BV im Wesentlichen nicht mehr verwendbar ist, nicht jedoch der Kundenstamm (**aA** *Kleinheisterkamp* in *L/S* § 10a Rn 200p). *Nicht anwendbar* sind mE die Grundsätze von *BMF* BStBl I 1999, 455 Rn 18 (vgl Rn 43c aE), weil es dort um die Frage geht, unter welchen Voraussetzungen der Branchenwechsel eine Einstellung des Geschäftsbetriebs darstellt, dagegen in § 8c Abs 1a Satz 4 KStG der Branchenwechsel alternativ zur Einstellung als schädlich angegeben ist.

88   c) **Rechtsfolge.** Der **jeweilige** in Sanierungsabsicht vorgenommene **Beteiligungserwerb** ist für die Anwendung des Abs 1 Sätze 1 u 2 **unbeachtlich**; er zählt nicht mit (vgl *OFD Rheinland* DStR 2010, 929 Rn 2; allg M).

IV. Betriebe der öffentlichen Hand

Literatur: *Weitemeyer,* Verdeckte Gewinnausschüttungen bei der öffentlichen Hand nach dem JStG 2009 und die Schranken des europäischen Beihilferechts, FR 2009, 1; *Bracksiek,* Die Neuregelung des steuerlichen Querverbunds durch das JStG 2009, FR 2009, 15; *Leippe/Baldauf,* Änderungen beim kommunalen Querverbund nach dem JStG 2009, DStZ 2009, 67; *Leippe,* Der kommunale steuerliche Querverbund im JStG 2009, ZKF 2009, 81.

1. Zusammengefasste Betriebe gewerblicher Art (ab EZ 2009)

89   Nach **Satz 9 nF** ist **§ 8 Abs 8 KStG nF** und die dort für **zusammengefasste BgA** geregelte *Einschränkung der Verlustnutzung* entsprechend anzuwenden (hierzu *Weitemeyer* FR 2009, 1). Hiernach gilt: (**1.**) *§ 10 d EStG* ist auf *den BgA* anzuwenden, *der sich* durch die Zusammenfassung *ergibt;* (**2.**) *der Abzug* der von den *einzelnen* BgA *nicht ausgeglichenen Verluste* – gemeint sind mE auch die *nicht abgezogenen* Verluste – beim *zusammengefassten* Betrieb ist unzulässig; (**3.**) ein *Verlustrücktrag* vom zusammengefassten Betrieb auf die einzelnen BgA ist – bei der GewSt selbstredend – unzulässig; (**4.**) ein *vor Zusammenfassung festgestellter Verlust* eines einzelnen Betriebs kann bei diesem *nach* Beendigung *der Zusammenfassung* abgezogen werden (Bezug auf § 10 d EStG); (**5.**) bei *gleichartigen Betrieben* gelten die Einschränkungen der Nrn (2)–(4) nicht; dh bei ihnen kann ein nicht ausgeglichener/abgezogener Verlust der Einzelbetriebe auch beim zusammengefassten Betrieb abgezogen werden; für § 10a GewStG kann dies jedoch – entgegen der in der Nichtanwendung der in Nr *(3)* enthaltenen Aussage – nach allg Grundsätzen (Rn 5) *nicht* zu einem *Verlustrücktrag* führen; das Tatbestandsmerkmal der Gleichartigkeit ist hierbei mE angesichts der eigenständigen Kodifikation in § 4 Abs 6 KStG nF enger auszulegen als bisher durch den BFH insb zu Versorgungsbetrieben (hierzu *Weitemeyer* FR 2009, 1, 9; *Bracksiek* FR 2009, 15); iÜ fällt auch die Zusammenfassung zusammengefasster BgA unter die Regelung (BTDrs 16/11108, 33).

2. Kapitalgesellschaften der öffentlichen Hand

89a   Nach **Satz 9 nF** ist auch **§ 8 Abs 9 Sätze 5–7 KStG nF** mit der Regelung der Verlustnutzung bei der **Spartentrennung** des § 8 Abs 9 KStG entsprechend anzuwenden (hierzu *Weitemeyer* FR 2009, 1; *Bracksiek* FR 2009, 15). Die Bezugnahme ist zum einen aus redaktionellen Gründen fragwürdig, denn § 8 Abs 9 Satz 5 KStG beginnt mit „*Er* mindert . . .", aus dem nicht in Bezug genommenen Satz 4 ergibt sich, dass der negative Gesamtbetrag der Einkünfte gemeint ist; unklar bleibt

Unternehmeridentität § 10a

auch, ob die Verweisung nur für Kapitalgesellschaften **mit Dauerverlusten** gelten oder der Spartentrennung überhaupt Rechnung tragen soll (vgl BTDrs 16/11108, 34 u 37). Zum anderen ist die Bezugnahme auch aus materiell-rechtlichen Gründen missglückt. Denn **(1.)** der Verlust einer Sparte mindert „die positiven Gesamtbeträge der Einkünfte" (hier: GewErtrag) des *unmittelbar vorangegangenen* und der folgenden EZ derselben Sparte (Satz 5); ein **Verlustrücktrag** aber ist ein gewstrechtliches Unding (Rn 5) und sollte nicht mit einem – möglicherweise nicht durchdachten – Querverweis eingeführt werden; **(2.)** entfallen die Voraussetzungen des § 8 Abs 7 Satz 1 Nr 2 Satz 2 KStG (insb Mehrheitsbeteiligung der öffentlichen Hand; ggf Dauerverlusttätigkeit), entfallen auch die nicht ausgeglichenen/abgezogenen Verluste sowie Verlustvorträge aus Dauerverlustsparten; **(3.)** treten die Voraussetzungen wie zu (2.) erst innerhalb eines EZ ein, kann ein *bis* zu diesem Zeitpunkt entstandener Verlust abgezogen werden, ein verbleibender Verlust ist der Sparte ohne Dauerverlust zuzuordnen.

V. Unternehmeridentität

Literatur: *Oenings,* Gewerbesteuerliche Verlustverrechnung – Unternehmeridentität iSd § 10a GewStG bei atypisch stiller Gesellschaft, DStR 2008, 279; *Loose/Suck,* Die Bindungswirkung des § 10a GewStG im Rahmen von Gesellschafterwechseln bei Personengesellschaften, FR 2008, 864; *Onert/Hobser,* Gewerbesteuerliche Verluste bei Mitunternehmerschaften, EStB 2009, 404; *Stümper,* Das Schicksal steuerlicher Verlustvorträge in Anwachsungsfällen, GmbHR 2010, 129; *Brandenberg,* Besteuerung der Personengesellschaften – unpraktikabel und realitätsfremd, FR 2010, 731; *Hierstetter,* (Mit)Unternehmeridentität bei Verschmelzung bzw Spaltung einer Kapitalgesellschaft, DB 2010, 1081; *Schöneborn,* Gewerbeverluste gem § 10a GewStG bei Personengesellschaften, NWB 2011, 366; *Suchanek,* Übergang des Gewerbeverlustes nach § 10a GewStG von einer Kapital- auf eine Personengesellschaft, FR 2012, 296.

1. Allgemeines

Unternehmeridentität bedeutet nach st Rspr, dass der Unternehmer, der die 90 Kürzung in Anspruch nimmt, derselbe ist, der den Fehlbetrag (Verlust) getragen hat (BFH IV 666/55 U BStBl II 1958, 210; IV B 133/95 BStBl II 1997, 82; IV R 59/07 BFH/NV 2010, 1492). Sie muss **ununterbrochen** vorliegen, so dass auch eine kürzestfristige Unterbrechung – auch für eine „logische Sekunde"– zum Verlust des Verlustabzugs führt (BFH IV R 3/09 BStBl I 2013, 176).

Die **in den Vorauflagen vertretene aA** zum Erfordernis der Unternehmeridentität als dem Objektsteuercharakter der GewSt entgegenstehend ist inzwischen überholt (s Rn 3). Zwar ergab und ergibt es sich für den Sonderfall des Übergangs des GewBetriebs im Ganzen (§ 2 Abs 5) unmittelbar aus dem Gesetz (§ 10a Satz 8, früher Satz 3, hierzu BFH VIII R 269/81 BStBl II 1986, 860; IV R 117/88 BStBl II 1990, 436). Gegen die Herleitung des Erfordernisses der Unternehmeridentität allein aus diesen Vorschriften auch für andere Fälle (zB BFH GrS 3/92 BStBl II 1993, 616; VIII R 160/86 BStBl II 1994, 331; VIII R 84/90 BStBl II 1994, 764; VIII R 4/88 BFH/NV 1994, 573; IV R 59/07 BFH/NV 2010, 1492) bestanden schon deswegen methodische Bedenken, weil sich aus der Regelung eines Sonderfalles ableiten lässt, dass die geregelte Rechtsfolge (hier: des § 10a Satz 8, früher Satz 3) in anderen Fällen eben nicht eintreten soll. Auch die Gesetzesmaterialien (BTDrs 3/2573, 25 f) lassen erkennen, dass Satz 8 (früher Satz 3) dem Charakter der GewSt entsprechend eine objektbezogene Beschränkung bezweckt hat. Schließlich steht der Wortlaut des Satzes 8 („maßgebender Gewerbeertrag", hierzu § 10 Abs 1) dem Erfordernis der Unternehmeridentität entgegen (aA BFH GrS 3/92 BStBl II 1993, 616; IV B 133/95 BStBl II 1997, 82). Auch die Aufhebung der Beschränkung des Verlustabzugs auf die „Gewerbetreibenden" mit ordnungsgemäßer Buchführung, auf die der BFH zur Begründung seiner Rspr ursprünglich auch abgestellt hatte (BFH I R 85/79 BStBl II 1983, 427; VIII R 312/82 BStBl II 1985, 334; GrS 3/92 BStBl II 1990, 916 mwN), durch das StBerG 1986 v 14.12.1985 (BGBl I 1985, 2436), hat in der Rspr keinen Niederschlag gefunden. Der BFH hielt trotz massiver Kritik in Rspr u Literatur (hierzu die Vorauflagen) an dem Erfordernis der Unternehmeridentität fest. Lediglich der mE zutreffend als tätigkeitsbezogen verstandene GewBetrieb-Begriff (§ 2 Rn 1) konnte mE das vom BFH vertretene Ergebnis („Träger des gewerbesteuerlichen Verlustabzugs", s oben) tragen.

Mit der Einfügung der Sätze 4 und 5 über die **Verlustverrechnung bei Mitunternehmerschaften** durch G v 13.12.2006 (BGBl I 2006, 2878) **ab EZ 2007** (und früher) hat sich die Sachlage jedoch insoweit geändert, als nunmehr eine (letztlich) ausdrückliche gesetzliche Grundlage besteht, auf die sich das Erfordernis der (Mit-)Unternehmeridentität stützen lässt.

2. Einzelunternehmen

91 **a) Wechsel im Einzelunternehmen.** Bei einem Wechsel im Einzelunternehmen kann der Verlust nach Satz 8 iVm § 2 Abs 5 auf keinen Fall ausgeglichen werden. Hierbei ist ohne Bedeutung, ob der Wechsel entgeltlich oder unentgeltlich, ob der Wechsel unter Lebenden oder durch Erbfolge eingetreten ist und ob es sich um eine gesetzliche oder testamentarische Erbfolge (BFH I 139/57 U BStBl III 1958, 426; I 120/60 S BStBl III 1961, 357; IV 173/64 S BStBl III 1965, 115; GrS 3/92 BStBl II 1993, 616) oder um eine vorweggenommene Erbfolge handelt (aA bei noch anderer Rechtslage BFH I 37/54 U BStBl III 1954, 243).

92 **b) Vereinigung von Betrieben.** Bei einer Vereinigung von Betrieben geht der Verlust des übergegangenen Betriebes unter; der des übernehmenden Betriebes bleibt bestehen, sofern die Unternehmensidentität bejaht werden kann (vgl für Rückgängigmachung einer Betriebsaufspaltung Rn 15, 23).

3. Mitunternehmerschaften

93 **a) Allgemeines.** Bei **Personengesellschaften** und sonstigen **Mitunternehmerschaften** ist der einzelne Mitunternehmer **Subjekt der Einkünfteerzielung** (vgl § 2 Rn 400). Danach ist Unternehmer nicht die Mitunternehmerschaft als solche, sondern jeder einzelne Gesellschafter als Mitunternehmer (BFH IV R 26/73 BStBl II 1978, 348; IV R 117/88 BStBl II 1990, 436; IV R 116/88 BFH/NV 1991, 112; GrS 3/92 BStBl II 1993, 616). Er ist nach der in Rn 90 dargestellten Rspr sachlich gewstpfl und **Träger des gewstlichen Verlustabzugs** (BFH GrS 3/92 aaO; IV R 90/05 BFH/NV 2009, 843). Diese Rspr ist durch Einfügung der **Verlustverrechnungsvorschriften** der **Sätze 4 und 5** ab EZ 2007 (Rn 90 aE) durch den Gesetzgeber bestätigt worden.

Danach gilt der **Grundsatz:** Fehlbeträge der Mitunternehmerschaft können im EZ der Entstehung des GewErtrags (Anrechnungsjahr) nur insoweit berücksichtigt werden, als der betreffende Gesellschafter im Verlustentstehungsjahr Mitunternehmer war und im Anrechnungsjahr noch beteiligt ist (vgl BFH IV R 117/88 aaO). Danach ist es mE höchst zweifelhaft, ob sich GewVerluste durch eine **stufenweise Veränderung** des Gesellschafterbestandes „retten" lassen (**abl** *OFD Köln* DStR 1998, 1472; hierzu *Pyszka* DStR 1995, 1825; 1997, 1073; *Herzig/Förster/Förster* DStR 1996, 1025; **aA** *Weßling* Inf 1994, 686; 1995, 489; 1997, 167; *Madauß* StBp 1998, 331).

Für die **Berechnung** sind *nach der Rspr* **bis EZ 2006** (hierzu Rn 120) nicht nur besondere Gewinnanteile wie Tätigkeitsvergütungen und Kapitalverzinsung zu berücksichtigen (BFH IV R 26/73 BStBl II 1976, 348), sondern auch Sonderbe-

Unternehmeridentität § 10a

triebsausgaben iZm Sonderbetriebsvermögen des bisherigen Einzelunternehmers (BFH VIII R 96/04 BFH/NV 2006, 885). S im Übrigen Rn 120.

Wesentlich ist jedoch: **Mitunternehmeridentität** erfordert **nicht Beteiligungsidentität.** Eine ggf gesellschaftsinterne Veränderung bei den Beteiligungsverhältnissen bedeutet nicht Verlust des Verlustvortrags, sondern lediglich eine Veränderung beim Anteil des zu kürzenden GewErtrags (BFH VIII R 96/04 BFH/NV 2009, 885). Diese Grundsätze führen zu nachfolgend (Rn 94–101) dargestellten Ergebnissen.

b) Personenidentische Mitunternehmerschaften. Bei personenidentischen 94 Mitunternehmerschaften ist insoweit Unternehmeridentität anzunehmen, als ein/mehrere Gesellschafter an beiden Personengesellschaften beteilig ist/sind (BFH GrS 3/92 BStBl II 1993, 616). Das gilt auch für die Umwandlung ebenso wie für die Einbringung des Betriebs einer Personengesellschaft in eine Personengesellschaft anderer Rechtsform (BFH IV R 137/91 BStBl II 1994, 477) sowie bei der Verschmelzung von zwei gesellschafteridentischen Personengesellschaften (BFH VIII R 84/90 BStBl II 1994, 764).

Im **Sonderfall,** dass Komplementär und Kommanditist gleichzeitig aus einer zweigliedrigen KG 1 *ausscheiden* bzw den Kommanditanteil an eine KG 2 *abtreten*, an der der Kommanditist zu 100% beteiligt ist, geht der Verlustvortrag der KG 1 vollständig verloren, weil die KG 2 für eine „logische Sekunde" unmittelbar an der KG 1 beteiligt gewesen ist (BFH IV R 3/09 BStBl II 2013, 176; Best v FG München 10 K 1965/06 DStRE 2010, 420; zur nur mittelbaren Beteiligung s Rn 98).

c) Wechsel zum letzten Gesellschafter. Bei **Ausscheiden des vorletzten** 95 **Mitunternehmers** aus einer Mitunternehmerschaft liegt insofern kein Unternehmerwechsel vor, als der verbleibende Gesellschafter den Betrieb **als Einzelunternehmer fortführt** (R 10a.3 Abs 3 Satz 9 Nr 4 GewStR). Der Einzelunternehmer darf den GewVerlust der Gesellschaft mit Anteil abziehen, der unter Zugrundelegung des Gewinnverteilungsschlüssels auf ihn entfiel (BFH IV 666/55 U BStBl III 1958, 210; IV R 26/73 BStBl II 1978, 348; VIII R 269/81 BFH/NV 1986, 696; IV R 116/88 BFH/NV 1991, 112; IV R 117/88 BStBl II 1990, 436; GrS 3/92 BStBl II 1993, 616). Entsprechendes gilt, wenn ein zum **Gesamtgut von Ehegatten** gehörender Betrieb von einem Ehegatten fortgeführt wird (BFH I R 153/70 BStBl II 1972, 775). Auch wenn der übernehmende Gesellschafter eine **Kapitalgesellschaft** ist (BFH I R 16/66 BStBl II 1983, 427; I R 165/80 BStBl II 1985, 403) sowie im Fall der **Verschmelzung** einer Personengesellschaft auf einen Gesellschafter (R 10a.3 Abs 3 Satz 9 Nr 4 GewStR) bzw der Verschmelzung der letzten beiden Gesellschafter (FG Düsseldorf 11 K 3637/09 F EFG 2011, 477) sind diese Grundsätze anzuwenden.

Der anteilige **GewVerlust des ausgeschiedenen Mitunternehmers** darf selbst dann nicht beim Verbleibenden berücksichtigt werden, wenn sich dieser bürgerlich-rechtlich verpflichtet hat, die Verluste zu übernehmen (BFH I R 85/79 BStBl II 1983, 427).

Bei einer **Aufteilung einer Personengesellschaft** auf mehrere Einzelunternehmer bleibt die Unternehmeridentität, nicht jedoch die Unternehmensidentität erhalten; daher keine Berücksichtigung des GewVerlustes der Gesellschaft (BFH I R 93/69 BStBl II 1971, 147); anders jedoch, wenn und soweit ein Gesellschafter im Wege der **Realteilung** einen Teilbetrieb übernimmt und sich die Zuordnung der Verluste aus der Buchführung ergibt (BFH X R 20/89 BStBl II 1991, 25; R 10a.3 Abs 3 Satz 9 Nr 7 GewStR).

d) Wechsel vom Einzelunternehmen zur Mitunternehmerschaft. Bei 96 einem Wechsel von einem Einzelunternehmen zur Mitunternehmerschaft, auch in Einbringungsfällen, bleibt der (frühere) Einzelunternehmer insoweit Unternehmer des GewBetriebs, als er am Gewinn der Personengesellschaft beteiligt ist (BFH IV R 26/73 BStBl II 1978, 348; V R 117/88 BStBl II 1990, 436; GrS 3/92 BStBl II 1993, 613; IV R 116/88 BFH/NV 1991, 112). § 24 Abs 4 UmwStG nF steht nicht entgegen (kein Verweis auf § 23 Abs 5 UmwStG). Der Verlust kann nur bis zu dem Betrag berücksichtigt werden, der von dem GewErtrag der Personengesellschaft nach ihrem Verteilungsschlüssel auf den früheren Einzelunternehmer entfällt, sofern der Schlüssel nicht von außerbetrieblichen Erwägungen, etwa nur zur Verrechnung des Verlustes, beeinflusst ist (BFH IV R 26/73 BStBl II 1978, 348). Er muss den Beiträgen der Gesellschafter an der Erreichung des Gesellschaftszwecks entsprechen.

97 **e) Gesellschafterwechsel in der Personengesellschaft.** Bei einem Gesellschafterwechsel in der Personengesellschaft kommt es zu einem teilweisen Unternehmerwechsel (vgl BFH IV R 26/73 BStBl II 1978, 348 und GrS 3/92 BStBl II 1993, 616). Demnach ist zu unterscheiden:

aa) Ersatzloses Ausscheiden. Bei **Ausscheiden** eines Gesellschafters **ohne Hinzutreten** eines anderen geht sein Anteil am seinerzeitigen GewVerlust unter; die verbleibenden Gesellschafter können den Verlust der Gesellschaft nur insoweit berücksichtigen, als sie im Jahr seiner Entstehung daran beteiligt waren (BFH VIII R 4/88 BFH/NV 1994, 573; IV R 133/90 BStBl II 1995, 791; IV B 133/95 BStBl II 1997, 82; VIII R 96/04 BFH/NV 2006, 885; IV R 90/05 BFH/NV 2009, 843; hierzu *Wingler* BB 1998, 2087). Der Verlust des ausgeschiedenen Gesellschafters ist auch dann nicht zu berücksichtigen, wenn die verbleibenden Gesellschafter bürgerlich-rechtlich zu der Übernahme verpflichtet sind (BFH I R 85/79 BStBl II 1983, 427). Es ist unerheblich, ob das Ausscheiden zu einer Anwachsung (§ 738 BGB) führt oder auf einer Anteilsübertragung beruht bzw ob diese entgeltlich oder unentgeltlich erfolgt (BFH IV R 117/88 BStBl II 1990, 436; VIII R 160/86 BStBl II 1994, 331).

Diese Grundsätze gelten auch beim **Tod eines Gesellschafters** und sogar dann, wenn die verbleibenen Gesellschafter dessen Erben sind (BFH I 139/57 U BStBl III 1958, 426; VI 272/63 BStBl III 1966, 374; IV R 116/88 BFH/NV 1991, 112; VIII R 160/86 BStBl II 1994, 331; vgl auch VIII B 70/96 BFH/NV 1997, 897; *Gosch* StBp 1994, 126; mE jedoch zweifelhaft, da der Erbe in die Rechtsstellung des Erblassers einrückt).

Es gibt **kein Wiederaufleben des Verlustvortrags,** auch für den Fall nicht, dass der ausgeschiedene Gesellschafter wieder der Gesellschaft beitritt (BFH IV R 11/08 BFH/NV 2011, 1750).

bb) Ausscheiden und Eintritt. Entsprechendes gilt bei **Ausscheiden** eines Gesellschafters und **Eintritt** eines neuen Gesellschafters. Die übrigen Gesellschafter können nur ihren Anteil des Verlustentstehungsjahres berücksichtigen, und zwar bis zu dem Betrag, der vom GewErtrag des Anrechnungsjahres auf sie entfällt (vgl BFH VIII R 269/81 BFH/NV 1986, 696; VIII R 41/95 BStBl II 1997, 178). Ein Gesellschafterwechsel liegt auch vor, wenn bei einer **Organschaft** der OT (Obergesellschaft) seine Anteile an der Personengesellschaft auf das Organ überträgt (BFH I 237/61 U BStBl III 1963, 188).

cc) Übertragung eines Teilanteils. Die Übertragung von Teilanteilen auf einen anderen Gesellschafter führt nicht zu einem teilweisen Fortfall des Verlustvortrags, sondern lediglich zu einem geänderten Anteil am zu kürzenden GewErtrag (FG Bremen 1 94 188 K1 EFG 1995, 586 rkr; *Weßling* Inf 1995, 489).

dd) Eintritt eines zusätzlichen Mitunternehmers. Wird lediglich ein Gesellschafter **zusätzlich aufgenommen,** so ist der Verlust nur bis zur Höhe des anteiligen GewErtrags des Anrechnungsjahres zu berücksichtigen (vgl BFH IV R 137/91 BStBl II 1994, 477; VIII R 84/90 BStBl II 1994, 764 unter II. 2. e aa).

Unternehmeridentität § 10a

f) Weitere Einzelfälle. aa) Wechsel zur mittelbaren Beteiligung. Ein 98
schädlicher Gesellschafterwechsel liegt auch vor, wenn ein Gesellschafter seine
unmittelbare Beteiligung aufgibt und **mittelbar** über eine Obergesellschaft
beteiligt bleibt (BFH IV R 69/99 BStBl II 2001, 731; IV R 90/05 BFH/NV
2009, 843). Das gilt auch, wenn der ausgeschiedene Gesellschafter über eine Organgesellschaft mittelbar an der Personengesellschaft beteiligt bleibt (BFH VIII R 1/00
BStBl II 2001, 114; Anm *Wendt* FR 2001, 253).

bb) Verschmelzung von Kapitalgesellschaften. Die Verschmelzung einer 98a
beteiligten Kapitalgesellschaft ist mE angesichts des Untergangs der aufgenommenen Kapitalgesellschaft als Rechtsperson *an sich* Unternehmerwechsel. Jedoch
blieb nach A 68 Abs 3 Satz 7 Nr 6 GewStR aF in entsprechender Anwendung
von § 19 Abs 2 UmwStG der auf sie entfallende Verlustanteil erhalten (ebenso
gestützt auf § 19 Abs 1 iVm § 12 Abs 3 Satz 2 UmwStG aF FG Münster EFG
2006, 1536 rkr).
Nach der **Neufassung des § 4 Abs 2 Satz 2** iVm § 12 Abs 3 u § 19 Abs 2
UmwStG durch G v 7.12.2006 (BGBl I 2006, 2782) ist dies auf der Grundlage
von § 10a Satz 4 u 5 mE nicht mehr anzunehmen (ebenso R 10a.3 Abs 3 Nr 6
GewStR). Dem lässt sich mE nicht entgegenhalten, § 4 Abs 2 Satz 2 UmwStG
nF betreffe den *eigenen* GewVerlust der übertragenden Kapitalgesellschaft (so aber
Kleinheisterkamp in L/S § 10a Rn 74; *Behrendt/Arjes* DStR 2008, 811; *Hierstetter* DB
2010, 1089), denn nach der Rspr des BFH ist der Mitunternehmer selbst Träger
des gewstlichen Verlustvortrags. Zudem trifft § 4 Abs 2 Satz 2 UmwStG keine
Unterscheidung nach eigenem und zugerechnetem GewVerlust.
Zur Verschmelzung einer **GmbH** auf eine **still beteiligte KG** s Rn 23c.

cc) Betriebsübertragung. Bei einer Betriebsübertragung auf eine andere Perso- 98b
nengesellschaft, an der kein Gesellschafter der übertragenden Gesellschaft beteiligt
ist, liegt ebenso ein vollständiger Unternehmerwechsel (§ 2 Abs 5) vor (BFH GrS
3/92 BStBl II 1993, 616) wie bei einem Ausscheiden aller Gesellschafter aus der das
Unternehmen fortführenden Gesellschaft (BFH VIII R 41/95 BStBl II 1997, 179).
Entsprechendes gilt bei einer Übertragung auf einen bisher an der Mitunternehmerschaft nicht beteiligten Einzelunternehmer (Rn 91).

g) Unterjähriger Wechsel. Der unterjährige Wechsel führt nicht zu einem 99
abgekürzten EZ iSv § 14 Abs 3, weil/wenn der Betrieb fortgeführt wird. Bis zum
Ausscheiden eines Gesellschafters entstandene Gewinne sind **vorrangig intraperiodisch** mit etwaigen nach dem Ausscheiden entstandenen Verlusten innerhalb
desselben EZ zu verrechnen (BFH VIII R 41/85 BStBl II 1997, 179; IV R 90/05
BFH/NV 2009, 843; *Kutt/Möllmann* DB 2009, 2564; 2010, 1150; aA FG Berlin 6
K 6080/02 EFG 2006, 755, aufgeh: vorrangige interperiodische Verrechnung).
Im Übrigen ist der **Fehlbetrag/GewErtrag** des entsprechenden EZ **aufzuteilen** (*OFD Kiel* DStR 2000, 823). § 18 GewStG steht dem mE nicht entgegen,
weil diese Vorschrift nur den *Zeitpunkt* des Entstehens der GewSt betrifft. Das
bedeutet: im **Verlustentstehungsjahr** geht nur der bis zum Ausscheiden eines
Mitunternehmers entstandene Verlust anteilig verloren; im **Anrechnungsjahr** ist
der bis zum Wechsel entstandene Gewinn anteilig um die bis zum Ausscheiden
entfallenden Fehlbeträge zu kürzen (*Söffing* DB 1994, 747; *Orth* DB 1994, 1313;
Behrens BB 2009, 1169; *Honold/Obser* EStB 2009, 404). Die Aufteilung erfolgt nicht
mit einem Bruchteil des Jahresbetrages, sondern aufgrund einer separaten Ermittlung
mit dem tatsächlich bis zum Ausscheiden erzielten Fehlbetrag/GewErtrag (BFH IV
R 90/05 BFH/NV 2009, 843).
Zum maßgebenden kürzungsfähigen GewErtrag gehört mE auch der vom Ausscheidenden erzielte **Veräußerungs-/Aufgabegewinn** iSv § 7 Satz 2 (*Kleinheister-*

kamp in *L/S* § 10a Rn 368; *Füger/Rieger* DStR 2002, 933; *Günkel/Levedag* FR 2004, 261).

100 **h) Atypische stille Gesellschaft.** Bei der atypischen stillen Gesellschaft sind die vorstehenden Grundsätze anzuwenden (BFH I R 109/94 BStBl II 1998, 685; IV R 90/05 BFH/NV 2009, 843; FG Köln 4 K 3505/07 EFG 2011, 1033, Rev IV R 34/10; *Oenings* DStR 2008, 279; **aA** *Winkeljohann/Halfar* DB 1994, 2471). Personelle **Veränderungen** auf Seiten **der still Beteiligten** beeinflussen daher den Verlustvortrag bzw verrechenbaren GewErtrag (*Kleinheisterkamp* in *L/S* § 10a Rn 76). Beteiligen sich *mehrere Personen,* ist zu prüfen, ob eine *einheitliche* Mitunternehmerschaft oder mehrere Mitunternehmerschaften vorliegen (§ 2 Rn 30 f). Im letztgenannten Fall ist mE der Verlustvortrag entsprechend den unterschiedlichen Geschäftszwecken aufzuteilen und danach entsprechend der Unternehmeridentität zu verrechnen.

Auf **Seiten des Betriebsinhabers** geht – von den Fällen des § 10 Satz 10 abgesehen – der Verlustvortrag unter, insofern er erlischt (vgl BFH IV R 38/09 DStR 2013, 400 unter 4. zur GmbH und atypischen stillen KG). Die Beteiligung an einer KG führt mE zur Anwendung der Grundsätze zur doppelstöckigen Gesellschaft (Rn 101).

101 **i) Doppelstöckige Personengesellschaft.** Ist an einer Personengesellschaft (KG) A eine andere B als Kommanditistin beteiligt, dann ist **diese selbst** (nicht ihre Gesellschafter) **Mitunternehmerin** der A (BFH GrS 7/89 BStBl II 1991, 691; GrS 3/92 BStBl II 1993, 616); ein Verlustabzug des Obergesellschafters kommt nur in dessen SonderBVBereich in Betracht (IV R 59/97 BFH/NV 2010, 1492). Nach § 15 Abs 3 Nr 1 nF EStG ist eine Differenzierung nach der Tätigkeit der Obergesellschaft nicht zulässig (entgegen BFH IX R 53/01 BStBl II 2005, 383).

Ein **Gesellschafterwechsel bei B** führt daher nicht zu einem Unternehmerwechsel bei A (BFH I S 3/81 BStBl II 1981, 748; VIII R 312/82 BStBl II 1985, 334, vgl hierzu *L. Schmidt* FR 1985, 277; *Söffing* DB 1994, 1488; **aA** *Wingler* BB 1998, 2087). Entsprechendes gilt mE für eine KG und atypisch Still im Fall eines Gesellschafterwechsels bei der KG (*Schumacher* DStR 1998, 841; *Kleinheisterkamp* in *L/S* § 10a Rn 76).

Tritt an die Stelle eines Gesellschafters eine **andere Personengesellschaft B** in die weiterbestehende Personengesellschaft A ein, dann treten die in Rn 97 dargestellten Rechtsfolgen auch dann ein, wenn der ausgeschiedene Gesellschafter an der B beteiligt ist (BFH VIII R 41/95 BStBl II 1997, 179; VIII B 74/99 BStBl II 1999, 794; IV R 69/99 BStBl II 2001, 731; *HG* DStR 1999, 1855; *Schiffers* GmbHR 1999, 1266; zweifelnd *Wendt* FR 1999, 1311; 2001, 77; **aA** *Bordewin* DStR 1995, 313; 1996, 1594; *Herzig/Förster/Förster* DStR 1996, 1025: dem mittelbar beteiligten Gesellschafter bleibe sein Anteil am Verlustabzug erhalten). Das soll auch dann gelten, wenn die doppelstöckige Gesellschaft nur für eine **„logische Sekunde"** bestanden hat (BFH IV R 3/09 BStBl II 2013, 176; Best v FG München 10 K 1965/06 DStRE 2010, 420; *Rodewald* GmbHR 2013, 207; mE zu eng, da in dem entschiedenen Fall Identität des Trägers des Verlusts bestand). Aus § 15 Abs 1 Satz 1 Nr 2 Satz 2 EStG ergibt sich nichts anderes (lediglich Gleichstellung des Obergesellschafters im Hinblick auf Sondervergütungen: BFH VIII B 74/99 BStBl II 1999, 794; IV R 69/99 BStBl II 2001, 731; IV R 59/07 BFH/NV 2010, 1492; *HG* DStR 1996, 1364).

102 Findet hingegen **bei der Obergesellschaft** (GmbH & Co KG) eine **Verschmelzung** der einzigen Kommanditistin auf die Komplementärin als einzige verbliebene Gesellschafterin statt, kommt es zur Vollbeendigung der KG; der auf die Obergesellschaft entfallende Verlustanteil geht unter, weil die Verschmelzung insofern einen Gesellschafterwechsel bedeutet, wobei die stl **Rückwirkungsfiktion** des UmwStG 1995 zu beachten ist (BFH IV R 59/07 BFH/NV 2010, 1492; **aA** Sächs FG EFG

Unternehmeridentität § 10a

2008, 1403 aufgeh, Anm *Wüllenkemper;* hierzu auch *Breiteneicher* DStR 2004, 1405; *Orth* DStR 2005, 1629).

Bei einer **Anwachsung der Obergesellschaft** auf ihren verbleibenden Gesellschafter ist der Verlustabzug der Untergesellschaft um den auf die Obergesellschaft entfallenden Verlustabzug zu kürzen (R 10a. 3 Abs 3 Nr 8 Satz 4 GewStR). Im Fall der Anwachsung der Tochter- auf die Muttergesellschaft kann die Mutter einen auf sie entfallenden Fehlbetrag der Tochter weiterhin nutzen (R 10a.3 Abs 3 Nr 8 Satz 6 GewStR).

Bei einem **Formwechsel** der Obergesellschaft **in eine Kapitalgesellschaft** ist weiterhin von der Unternehmeridentität bei der Untergesellschaft auszugehen (R 10a.3 Abs 3 Nr 8 Satz 5 GewStR).

4. Körperschaften/Betriebe gewerblicher Art

a) Vor Erlass des SEStEG. Vor Erlass des UmwStG nF idF des SEStEG v **103** 7.12.2006 (BGBl I 2006, 2782) galt Folgendes:

Die **Umwandlung** von Körperschaften **in eine Personengesellschaft** durch Verschmelzung oder Formwechsel hatte zur Folge, dass der GewVerlust untergeht (§ 18 Abs 1 Satz 2 UmwStG aF). Bei einer **Abspaltung oder Aufspaltung** auf eine Personengesellschaft ging der Fehlbetrag der übertragenden Körperschaft nicht über (§ 19 Abs 2 iVm § 16 Satz 3 UmwStG aF); zudem minderte sich der ihr verbleibende Fehlbetrag anteilig (§ 15 Abs 4 UmwStG; A 68 Abs 4 Satz 4 GewStR aF).

Bei einer vor dem 13.12.2006 zur HR-Eintragung angemeldeten **Verschmelzung von Kapitalgesellschaften** waren die vortragsfähigen Fehlbeträge der übertragenden Gesellschaft nach § 19 Abs 2 Satz 3 UmwStG aF vom maßgebenden GewErtrag der übernehmenden Körperschaft zu kürzen (zu den Voraussetzungen BFH I R 4/09 BStBl II 2011, 315; zur Rückwirkung BFH I R 26/09 BFH/NV 2010, 1667). Bei einer **Abspaltung oder Aufspaltung auf** eine **Körperschaft** war der vorhandene Fehlbetrag auf die beteiligten Körperschaften aufzuteilen (A 68 Abs 4 Satz 3 GewStR aF); das galt jedoch nicht bei **Abspaltung eines 100%igen Kommanditanteils** durch eine GmbH und Übertragung auf eine andere GmbH (FG Nürnberg III 262/2005 EFG 2009, 1045: weder Unternehmeridentität noch Anwendung von § 19 Abs 1 u 2 UmwStG).

Dagegen galten bei **Einbringung eines Betriebes,** Teilbetriebes oder Mitunternehmeranteils in eine Personengesellschaft nach § 24 UmwStG aF die Grundsätze zu Rn 23b (A 68 Abs 4 Satz 6 GewStR aF). Hieran hält die *FinVerw* nicht mehr fest; hiernach verbleibt der Verlustvortrag bei der Körperschaft (*FM NRW* G 1427-26-V B 4 FR 2012, 238; **aA** *Suchanek* FR 2012, 296).

Kein Unternehmerwechsel lag – und liegt – vor bei der sog **formwechselnden Umwandlung** nach §§ 190 ff UmwG von und zu einer Körperschaft (A 68 Abs 4 Satz 1 GewStR aF; R 10a.3 Abs 4 Satz 1 GewStR nF), nicht jedoch bei Umwandlungen auf Personengesellschaften und Partnerschaftsgesellschaften (vgl § 191 Abs 2 UmwG).

Für die **Abspaltung/Aufspaltung** auf eine andere Körperschaft enthielt das **UmwStG 1995** in § 19 Abs 1 eine Sonderregelung (Kürzung des GewErtrags der übernehmenden Körperschaft um die vortragsfähigen Fehlbeträge der übertragenden Körperschaft). Nach der Fassung des G v 23.10.2000 (BGBl I 2000, 1433) war ein vorhandener GewVerlust nach § 19 Abs 2 und § 15 Abs 4 UmwStG aF auf die beteiligten Körperschaften aufzuteilen, ohne dass es auf die Spaltung gerade des Verlustbetriebs angekommen wäre (A 68 Abs 4 Satz 3 GewStR aF). Bei **Umwandlung einer GmbH & Co KG** in eine GmbH durch Ausscheiden des einzigen Kommanditisten war wie bei einem Gesellschafterwechsel bei Personengesellschaften Rn 95) zu verfahren (BFH I R 85/79 BStBl II 1983, 427); dh die GmbH konnte ihren GewVerlust insoweit abziehen, wie sie ihn im Entstehungsjahr getragen hatte (*Orth* StRK GewStG § 10a R 36).

104 **b) Nach Erlass des SEStEG.** Nach Erlass des UmwStG nF idF des SEStEG v 7.10.2006 (BGBl I 2006, 2782) gilt nunmehr:

Bei einem **Vermögensübergang auf** eine **Personengesellschaft** kann diese die Fehlbeträge der übertragenden Körperschaft nicht nutzen (§ 18 Abs 1 Satz 2 UmwStG nF; **aA** *Oenings* DStR 2008, 279). Das gilt mE – wie zuvor – auch für einen **Formwechsel** sowie eine **Spaltung** (A 68 Abs 4 Satz 4 GewStR aF; R 10a.3 Abs 4 Satz 5 GewStR; *Kleinheisterkamp* in L/S § 10a Rn 87); bei der Abspaltung von Vermögen auf eine Personengesellschaft mindert sich der Fehlbetrag der fortbestehenden Körperschaft anteilig (§ 16 iVm § 15 Abs 3, § 18 Abs 1 Satz 1 UmwStG).

Bei einem **Formwechsel** in eine **andere Körperschaft** bleibt der Verlustvortrag erhalten (R 10a.3 Abs 4 Satz 1 GewStR), bei einem **Vermögensübergang** (Anmeldung zur Eintragung ins HR nach dem 12.12.2006) geht er nach § 19 Abs 2, § 12 Abs 3, § 4 Abs 2 Satz 2 UmwStG nF verloren (R 10a.3 Abs 4 Satz 2 GewStR; zur Kritik *Maiterth/Müller* DStR 2006, 1861). Bei einer **Spaltung** auf eine **andere Körperschaft** verbleibt der Fehlbetrag nach § 19 Abs 2, § 15 Abs 3 UmwStG nF im Verhältnis des gemeinen Werts des bei der Verlustgesellschaft verbleibenden Vermögens bei dieser und geht iÜ verloren (vgl R 10a.3 Abs 4 Satz 3 f GewStR).

Bei **Einbringung eines Betriebs** oder Teilbetriebs **in eine Kapitalgesellschaft** kann der maßgebende GewErtrag der übernehmenden Gesellschaft nicht um die Fehlbeträge des Einbringenden gekürzt werden (§ 23 Abs 5 UmwStG nF). Im Fall der Ausgliederung nach § 123 Abs 3 UmwG verbleiben sie bei dem ausgliedernden Unternehmen (R 10a.3 Abs 4 Satz 6 GewStR; vgl jedoch zur Zurechenbarkeit von GewVerlusten zu einem **Teilbetrieb** BFH IV R 86/05 BFH/NV 2008, 1960).

105 **c) Betriebe gewerblicher Art.** Bei einer **Zusammenfassung** von Betrieben gewerblicher Art (BgA) galt das Erfordernis der Unternehmeridentität entsprechend. Die Trägerkörperschaft ist Steuersubjekt wegen jedes einzelnen BgA. Daraus folgte, dass ein Verlustvortrag nur insoweit zulässig war, als der Verlust durch dieselbe Tätigkeit entstanden war wie der um ihn zu mindernde Gewerbeertrag (vgl BFH I R 74/89 BStBl II 1992, 432).

Geht ein BgA nach LandesR im Wege der „Gesamtrechtsnachfolge" **auf eine Anstalt des öffentlichen Rechts** über, liegt ein Betriebsübergang im Ganzen vor. Es besteht keine Unternehmeridentität. Das UmwStG ist auf einen solchen Vorgang nicht anwendbar (BFH I R 112/09 BFH/NV 2011, 1194; Nds FG 6 K 31/09 EFG 2010, 577).

Ab **EZ 2009** ist Satz 9 nF zu beachten (Rn 89).

5. Organschaften

Literatur: Rödder, Verlustvortrag im Organkreis, DStR 2001, 780; *Urbahns,* Die gewerbesteuerliche Organschaft unter besonderer Berücksichtigung der Verlustverrechnung, Inf 2001, 581.

106 **a) Allgemeines.** Der Grundsatz, dass der Verlustvortrag **Unternehmer- und Unternehmensidentität** voraussetzt, gilt auch **für organschaftlich verbundene** Unternehmen (BFH XI R 47/89 BStBl II 1992, 630; VIII R 1/00 BStBl II 2001, 114; zu den sich hieraus ergebenden Aspekten bei der Planung *Urbahns* Inf 2001, 581). Zudem sind die Grundsätze über die **zweistufige GewErtragsermittlung** im Organkreis (§ 2 Rn 523) zu beachten.

107 **b) Innerorganschaftliche Verluste. Im Organkreis entstandene** Verluste kann **während des Bestehens** der Organschaft nur der Organträger abziehen und zwar durch Zusammenfassung der GewErträge der zum Organkreis gehörenden

Gesellschaften. Verbleibt ein Fehlbetrag, dann steht dieser dem Organträger zu (BFH IV R 17/68 BStBl II 1972, 582). Die Anwendung des § 10a erfolgt nach der BFH-Rspr auf der zweiten Stufe der GewErtragsermittlung (BFH I R 158/87 BFH/NV 1991, 116). Hierbei ist es ohne Bedeutung, ob ein Ergebnisabführungsvertrag bestand/besteht oder nicht (ebenso *Kleinheisterkamp* in *L/S* § 10a Rn 330; *Blümich/ von Twickel* § 10a Rn 100). Hatte **bis EZ 1985** eine Organgesellschaft ein Rumpfwirtschaftsjahr, dann war der GewErtrag auf einen Jahresbetrag umzurechnen (BFH IV R 26/85 BStBl II 1987, 579).

Diese Grundsätze gelten auch **nach Beendigung der Organschaft,** dh das Organ kann nicht verbrauchte Fehlbeträge (soweit sie ihm rechnerisch überhaupt zugeordnet werden könnten) nicht „mitnehmen" (BFH I R 183/85 BStBl II 1990, 916; I R 79/98 BFH/NV 1991, 116; I R 1/04 BStBl II 2006, 549; zust *Jonas* DB 1990, 2394; *Gosch* StuW 1992, 350, 358). Da das **Ergebnis** des Organkreises **beim Organträger** durch Zusammenfassung der getrennt ermittelten Ergebnisse der einzelnen Gesellschaften errechnet wird (BFH VIII R 1/00 BStBl II 2001, 114), lediglich bereinigt durch evtl Doppelbelastungen und -entlastungen (BFH VIII R 54/93 BStBl II 1995, 794; I R 79/98 BFH/NV 2000, 745), besteht materiell-rechtlich kein gemeinsamer GewErtrag aller Unternehmen des Organkreises, sondern nur ein GewErtrag des Organträgers. Für die Festsetzung des GewStMessbetrages ist nur dieses Gesamtergebnis maßgebend (st Rspr, vgl BFH VIII R 1/00 aaO). Die Einzelergebnisse der Organgesellschaft und damit auch deren Fehlbeträge gehen auf den Organträger über; diese können nur von ihm abgesetzt werden (BFH IV R 72/06 BFH/NV 2009, 791).

Damit kann künftig **nur ein Fehlbetrag,** nämlich der **des Organträgers,** von Interesse sein. Für dieses Ergebnis spricht auch die Betriebsstättenfunktion des Organs (§ 2 Abs 2) sowie dessen Sinn und Zweck, willkürliche Gewinnverlagerungen im Organkreis zu vermeiden. Allein die Möglichkeit, dass im Einzelfall Gew-Verluste nicht berücksichtigt werden können, rechtfertigt kein anderes Ergebnis gegen die gesetzgeberische Entscheidung, davon abgesehen dass bei größeren Organkreisen nach mehreren Jahren kaum zu ermitteln sein dürfte, welcher Fehlbetrag in der Zwischenzeit beim Organträger verrechnet ist.

c) Vororganschaftliche Verluste. aa) Organgesellschaft. Für die Organgesellschaft besteht **ab EZ 2004** die verschärfende Bestimmung (G v 23.12.2003, BGBl I 2003, 2922), dass sie ihren eigenen GewErtrag – während des Bestehens der Organschaft – nicht um Fehlbeträge kürzen darf, die sich vor dem rechtswirksamen Abschluss des Gewinnabführungsvertrags ergeben haben **(vororganschaftliche Fehlbeträge).** Ob mit dieser Formulierung tatsächlich der Zeitpunkt des Wirksamwerdens des Vertrags (durch Eintragung in das HR) gemeint ist (so *BMF* BStBl I 2005, 1038 Rn 25; *Blümich/von Twickel* § 10a GewStG Rn 97; *Dötsch/Pung* DB 2004, 151; *Dötsch* DB 2005, 2541), erscheint zumindest zweifelhaft. ME ist daher der Anteil des GewVerlusts, der auf die Zeit nach dem Abschluss – auch *unterjährig* – entfällt, kein vororganschaftlicher Verlust iSd Vorschrift (im Ergebnis ebenso *Walter* GmbHR 2005, 456; *Sauter/Heurung/Klübenspies* BB 2005, 1304; *Rautenstrauch/ Adrian* DB 2005, 1018; *Kleinheisterkamp* in *L/S* § 10a Rn 334).

Wie auch immer, vororganschaftliche Fehlbeträge kann das Organ erst **nach Beendigung der Organschaft** unter der Voraussetzung der Unternehmens- und Unternehmeridentität bzw der wirtschaftlichen Identität abziehen (vgl BFH I R 92/98 BStBl II 1999, 733). Das gilt mE auch für andere außerorganschaftliche Verluste, die zwar nach dem Abschluss des GAV übergegangen (zB durch Anwachsen einer Personengesellschaft), aber bereits früher entstanden sind; denn § 10a Satz 3 stellt auf den Zeitraum ab, in dem die Verluste entstanden sind. Für die nach dem rechtswirksamen Abschluss entstandenen und übergehenden Verluste ist die

108

§ 10a Gewerbeverlust

Vorschrift nicht einschlägig (*Prinz/Hick* GmbHR 2006, 841; *Kleinheisterkamp* in *L/ S* § 10a Rn 335).

108a Bis EZ 2003 konnte die **Organgesellschaft** auf der **ersten Stufe** der GewErtragsermittlung ihre Verluste aus vororganschaftlicher Zeit bei sich ausgleichen (BFH I 254/55 U BStBl III 1956, 91; IV R 17/68 BStBl II 1972, 582; XI R 47/89 BStBl II 1992, 630). Denn trotz § 2 Abs 2 Satz 2 sind die in der Organschaft verbundenen Unternehmen gewstrechtlich selbstständig und bilden keinen „einheitlichen Steuergegenstand" (vgl § 2 Rn 518 ff, 523 ff). Der um den Verlustabzug geminderte GewErtrag der Organgesellschaft ist bei der Zusammenrechnung der GewErträge von Organträger und Organ – zweite Stufe – als Rechnungsposten anzusetzen (BFH I R 85/79 BStBl II 1983, 427; XI R 47/89 BStBl II 1992, 630; VIII R 1/00 BStBl II 2001, 114). Beim Organ nicht verbrauchte Fehlbeträge sind nicht auf den Organträger zu übertragen (BFH I 254/55 U BStBl III 1956, 91; IV R 17/68 BStBl II 1972, 582). Dies gilt auch, wenn der Verlust aus einer Beteiligung als Mitunternehmer an einer durch Austritt des einzigen Kommanditisten aufgelösten KG herrührt (BFH I R 85/79 BStBl II 1983, 427). Der Verlust aus der Beteiligung an einer bestehenden Personengesellschaft darf sich (solange diese besteht) nach § 8 Nr 8 und § 9 Nr 2 nicht bei der beteiligten Gesellschaft auswirken; er bleibt daher auch außerhalb des Organschaftsverhältnisses (BFH I 237/61 U BStBl III 1963, 188).

109 bb) Organträger. Die Frage, ob **vororganschaftliche Verluste des Organträgers** von einem positiven GewErtrag des Organs abziehbar sind, hat der BFH noch nicht entschieden (offen gelassen in BFH VIII R 1/00 BStBl II 2001, 114; ablehnend A 68 Abs 5 Satz 6 GewStR aF; *Kleinheisterkamp* in L/S § 10a Rn 213; *Patt/Stimpel* FR 2000, 705; **aA** Ländererlass BStBl I 1999, 1134; *Prinz/Ommerborn* FR 1999, 993; FR 2000, 708; vgl auch *Eckart/Kneip/Rieke* Inf 1999, 225; *Rödder* DStR 2001, 780). ME sollte die Kürzung zulässig sein, weil die sachliche und persönliche StPfl den Organträger trifft und der GewErtrag des Organs durch die organschaftliche Zurechnung Bestandteil des GewErtrags des OT wird. Auch in einem **mehrstufigen Organkreis** lässt die *FinVerw* (vgl *OFD Kiel* DStR 2000, 823; *OFD Hannover* DStR 2003, 1836) die Verrechnung mit eigenen vororganschaftlichen Verlusten des Organträgers mit der Maßgabe zu, dass die Verrechnung stufenweise nach der tatsächlichen Eingliederung erfolgt.

Für **außerorganschaftliche Verluste** des Organträgers gelten entsprechende Grundsätze (*OFD Magdeburg* DStR 2000, 1436; *Rödder* DStR 2001, 780).

110 d) Andere außerorganschaftliche Verluste des Organs. Betroffen sind in erster Linie **Verluste einer Personengesellschaft,** die durch Anwachsung auf das Organ übergehen. Für sie gilt mE das in Rn 108 f Ausgeführte entsprechend. Sie sind nach der eingeschränkten Einheitstheorie nur auf der ersten Stufe der GewErtragsermittlung der Organgesellschaft zu erfassen (BFH I R 183/85 BStBl II 1990, 916; I R 158/87 BFH/NV 1991, 116; vgl zu allem R 10a.4 GewStR); eine unmittelbare Verrechnung mit Gewinnen des Organträgers ist nicht zulässig. Nicht durch Anwachsung übergegangene Verluste einer Personengesellschaft, an der das Organ beteiligt ist, erreichen nicht einmal diese erste Ermittlungsphase (BFH VIII R 54/93 BStBl II 1995, 794; VIII R 1/00 BStBl II 2001, 114).

Entsprechendes galt vor Erlass des SEStEG (vgl Rn 103) bei **Verschmelzung** einer **anderen Kapitalgesellschaft** auf das Organ (vgl § 19 UmwStG aF; hierzu *OFD Ffm* DStR 2000, 1436; DB 2000, 1594); für spätere Vorgänge sind die Grundsätze in Rn 104 zu beachten.

111 e) Mehrmütterorganschaft. In Fällen der **bis EZ 2002** zulässigen Mehrmütterorganschaft galten die vorstehenden Ausführungen entsprechend. Die anteilige Zurechnung der GewVerluste hatte, wenn eine BGB-Gesellschaft zwischengeschal-

Durchführung des Verlustabzugs § 10a

tet war, nach § 180 Abs 1 Nr 2 a AO im Rahmen einer einheitlichen und gesonderten Gewinnfeststellung zu erfolgen. Der auf der Lehre von der mehrfachen Abhängigkeit beruhenden aA des BFH (BFH I R 43/97 BStBl II 2000, 695; I R 37/98 BFH/NV 2000, 347) hatte der Gesetzgeber zunächst durch rückwirkende Einfügung von § 2 Abs 2 Satz 3 GewStG 1999 und § 14 Abs 2 KStG 1999 den Boden entzogen (G v 20.12.2001, BGBl I 2001, 3858; hierzu BTDrs 14/6882, 41). Die **Rückwirkung** auch auf EZe vor 2002 (§ 36 Abs 2 Satz 3 GewStG; § 34 Abs 6 Satz 2 KStG) verletzt nach BFH I R 1/04 BStBl II 2006, 549 kein Verfassungsrecht (Nichtannahme durch BVerfG 1 BvR 1416/06 BFH/NV 2009, 1768).

Es kam mithin allein auf die Verhältnisse der **Willensbildungs-GbR** und der an ihr beteiligten Unternehmer an (BFH IV R 72/08 BFH/NV 2009, 791). Bei Ausscheiden des vorletzten Gesellschafters aus der GbR geht der verbleibende Verlust mangels Unternehmensidentität nicht auf den letzten Gesellschafter über (BFH I R 1/04 BStBl II 2006, 549; *BMF* BStBl I 2003, 497; zust *Kleinheisterkamp* in *L/S* § 10a Rn 338). ME ist diese Auffassung im Hinblick auf die o.a. Grundsätze zur Unternehmensidentität (insb Rn 23a) nicht zu teilen; zutreffend ist mE ein Übergang des Verlusts mit dem Anteil, mit dem der letzte Gesellschafter an der GbR beteiligt war.

VI. Durchführung des Verlustabzugs

1. Ermittlung des GewErtrags/-Fehlbetrags

a) Ausgangsgrößen. Auszugehen ist vom *GewErtrag/GewVerlust*, der nach den 112 §§ 7–9 zu ermitteln ist (R 10a.1 GewStR). Einnahmen (Gewinne), die einer **sachlichen Steuerbefreiung** unterliegen, sind nicht mit dem ohne sie entstandenen abziehbaren Verlust desselben oder eines anderen EZ zu verrechnen. Dies gilt insb für (ehemals) steuerfreie Sanierungsgewinne (§ 3 Nr 66 aF EStG; BFH I 41/58 S BStBl III 1959, 366), steuerfreie Zinseinnahmen (§ 3a EStG aF; BFH I 276/61 S BStBl III 1963, 464) und ausländische Schachteldividenden sowie steuerfreie Veräußerungsgewinne (BFH GrS 2/67 BStBl II 1968, 666; VI R 41/66 BStBl II 1969, 102). Zwar sind die letztbezeichneten Entscheidungen zur ESt und KSt ergangen. Doch dürfte auch bei der GewSt nicht anders zu verfahren sein (s auch *Curtius/Hartung* StbJb 1986, 87, 10 ff). Zum Verfahren bei **Sanierungsgewinnen** (nach EZ 1998) vgl *BMF* BStBl I 2003, 240 (abw Steuerfestsetzung nach § 163 AO *einschließlich* Verrechnung; Stundung nach § 222 AO mit dem Ziel des späteren Erlasses nach § 227 AO) sowie *BayLfSt* FR 2006, 900; *OFD Hannover* DStR 2006, 2138 (Prüfung eines Verrechnungsvorbehalts durch Gemeinde bei Billigkeitsmaßnahme); hierzu *Braun/Geist* BB 2013, 351.

b) Veräußerungsgewinne. Gewinne aus der **Veräußerung/Aufgabe eines** 112a **GewBetriebs** bzw **Mitunternehmeranteils** gehören **ab EZ 2002** zum GewErtrag, soweit er nicht auf eine natürliche Person als unmittelbar beteiligter Mitunternehmer entfällt.

c) Steuervergünstigungen. Bestand eine **persönliche Steuerbefreiung,** kann 112b ein **in dieser Zeit entstandener Verlust** nicht mit Gewinnen nach Beendigung der Befreiung verrechnet werden, und zwar auch dann nicht, wenn die Steuerbefreiung aus Billigkeitsgründen gewährt worden ist (aA *Blümich/von Twickel* § 10a GewStG Rn 61). Etwas anderes kann mE nur gelten, wenn sich durch eine abw Steuerfestsetzung aus Billigkeitsgründen (§ 163 AO, zB Nichtansatz einer Besteuerungsgrundlage) ein GewVerlust ergeben hat. Ein **vor der Befreiung entstandener Verlust** kann, sofern Unternehmensidentität besteht (BFH I R 92/98 BStBl II 1999, 733), nach Wegfall der Befreiung verrechnet werden.

Bei Tätigkeiten, für die eine **ermäßigte StMesszahl** gilt, findet eine Aufteilung auch dann nicht statt, wenn der Betrieb auch nicht begünstigte Tätigkeiten ausübt. Das gilt etwa für **Wasserkraftwerke,** die steuerbegünstigte Anlagen (VO v 26.10.1944, RGBl I 1944, 278, RStBl 1944, 667, geänd durch G v 14.12.1984, BGBl I 1984, 1493, BStBl I 1984, 659) und nicht steuerbegünstigte Anlagen betreiben. Sie haben den GewErtrag, die Fehlbeträge nach § 10a GewStG und den GewStMessbetrag zusammen, dh ohne Aufteilung auf steuerbegünstigte und nicht steuerbegünstigte Anlagen zu ermitteln. Nur wenn sich danach eine positive Zahl ergibt, ist zu prüfen, inwieweit der einheitliche GewStMessbetrag auf die begünstigten und nicht begünstigten Anlagen entfällt (BFH I R 34/75 BStBl II 1977, 251).

Bewertungswahlrechte wie Sonderabschreibungen sind bei der Ermittlung des GewVerlusts in vollem Umfang und nicht nur zeitanteilig zu berücksichtigen, wenn die GewStPflicht nicht während des ganzen ESt-Veranlagungszeitraums bestanden hat (BFH VIII R 271/81 BStBl II 1986, 528).

2. Abzug

113 **a) Von Amts wegen.** Der maßgebende GewErtrag wird um die genannten Fehlbeträge von Amts wegen gekürzt, soweit diese nicht schon in den vier vorherigen Jahren berücksichtigt worden sind. Es besteht also **kein Wahlrecht.** Für die tatsächliche Berücksichtigung ist ohne Bedeutung, ob von den Erträgen GewSt zu zahlen ist. Dh **auch** wenn diese **unter den Freibeträgen** des § 11 Abs 1 liegen, können GewVerluste berücksichtigt werden, solange sie durch positive Erträge gedeckt sind (BFH IV 250/57 U BStBl III 1958, 134). Für den Abzug bestehen **keine zeitlichen Beschränkungen** (vgl BFH X R 102/89 BStBl II 1991, 477; zur Kritik *Bahlau* FR 1988, 565); **anders** jedoch bei GewVerlusten, die **bis EZ 1984** entstanden waren (hierzu die 5. Aufl § 10a Rn 24).

113a **b) Reihenfolge.** Das G sieht **keine bestimmte Reihenfolge** für den Abzug von Fehlbeträgen aus verschiedenen EZ vor. Die Frage kann insb noch eine Rolle spielen beim Übergang von Fehlbeträgen zB auf eine Schwesterpersonengesellschaft, die über eigene Fehlbeträge verfügt, sofern man der Auffassung folgt, dass der übernommene Betrieb mindestens bis zum Verbrauch der übernommenen Fehlbeträge fortzuführen ist (s Rn 23). Es dürfte mE Spielraum für ein Wahlrecht des Stpfl iS einer Meistbegünstigung bestehen (*Wienands* GmbHR 1999, 462; *Kleinheisterkamp* in *L/S* § 10a Rn 357; **aA** *Deloitte/Brauer/Sonnenschein* § 10a Rn 113: Abzug nach der zeitlichen Reihenfolge des Entstehens).

3. Mindestbesteuerung

114 **a) Bedeutung. Ab EZ 2004** (G v 23.12.2003, BGBl I 2003, 2922) besteht eine **betragsmäßige Beschränkung.** Hiernach erfolgt die Kürzung in zwei Schritten: zunächst wird der maßgebende GewErtrag nur bis zu einem *Sockelbetrag von 1 Mio €* um bisher nicht ausgeglichene Fehlbeträge der vorangegangenen EZ (bis EZ 1985) gekürzt; sodann wird der GewErtrag, der den Betrag von 1 Mio € übersteigt, bis zu einem Anteil von 60% um im ersten Schritt nicht berücksichtigte Fehlbeträge gekürzt. Die Angabe 60% bezieht sich also nicht auf den gesamten GewErtrag, sondern nur auf den 1 Mio € übersteigenden Betrag. Die Regelung, die der Stetigkeit der Gemeindeeinnahmen dient (BTDrs 15/ 1517, 19; hierzu *Dötsch* DStZ 2003, 25; **krit** *Dorenkamp* FR 2011, 733; *Esterer/Bartelt* Ubg 2012, 383), ist ein Einschnitt in das *abschnittsübergreifende Nettoprinzip* (hierzu Rn 1). Sie bedeutet idR keine Vernichtung von nicht ausgeglichenen Verlustvorträgen (hierzu *Wiese/Klass* GmbHR 2003, 1031), sondern lediglich die **zeitliche Streckung** des Verlustausgleichs. Sie hat aber bei Beendigung des Unternehmens sowie Veränderungen bei der Unter-

Durchführung des Verlustabzugs § 10a

nehmer- oder der wirtschaftlichen Identität die Folge, dass ein nicht genutzter Verlustvortrag endgültig verfällt. Unabhängig hiervon tritt eine Belastung des jeweiligen Unternehmens mit GewSt auch dann ein, wenn nach einer Verlustperiode insgesamt noch kein positiver GewErtrag erzielt worden ist. Der hiermit verbundene negative wirtschaftliche Effekt wird noch verschärft, wenn ein hoher Anteil von Hinzurechnungen im maßgebenden GewErtrag enthalten ist (*Herzig/Wagner* WPg 2004, 53: Investitionshemmnis bei risikobehafteten Unternehmen). Hiernach ist eine Neuordnung des Verlustabzugs erstrebenswert (hierzu *Klemt* DStR 2011, 1686).

In der **Abwicklung** und **Insolvenz** (§ 16 GewStDV) wird der **Sockelbetrag nur einmal** gewährt (vgl zu § 11 KStG BFH I R 35/12 BStBl II 2013, 508, gegen FG Düsseldorf 6 K 2199/09 EFG 1387, aufgeh).

b) Verfassungsrecht. Trotz dieser nachteiligen Wirkungen dürfte die Vorschrift angesichts des weiten gesetzgeberischen Gestaltungsspielraums **keinen verfassungsrechtlichen Bedenken** unterliegen, zumal in diesem Bereich erforderliche Abwägungen zwischen materieller Steuergerechtigkeit und Rechts- sowie Aufkommenssicherheit erkennbar sind; zudem sind die nachteiligen Folgen nicht typische, vom Gesetzgeber zulässigerweise in Kauf genommene Nebenfolgen des Gesetzeszwecks (vgl BFH VIII B 179/05 BFH/NV 2006, 1150; IV R 36/10 BStBl II 2013, 498; I R 9/11 BStBl II 2013, 512 mit umfangreicher Darstellung des Streitstandes; FG München 1 K 608/07 EFG 2010, 1914, best; FG B-Bbg 12 K 8812/06 B; Hess FG 8 K 2285/09 EFG 2011, 260, best durch BFH IV R 43/10 BFH/NV 2013, 408; *Intemann/Nacke* DStR 2004, 1149; *Hallerbach* FR 2013, 217; **aA** *Herzig/Wagner* Wpg 2004, 53; *Lindauer* BB 2004, 2720; *Weber-Grellet* Stbg 2004, 75, 82; *Lang/Englisch* StuW 2005, 3; *Lehner* in *Lehner*, 1; *v Groll* in *Lehner*, 23; *Raupach* in *Lehner*, 53; *Röder* StuW 2012, 18; sowie für das Ausscheiden eines Mitunternehmers FG München EFG 2008, 1736 rkr; Hess FG 8 V 938/10 EFG 2010, 1811). Zudem wird die Mindestbesteuerung durch die Möglichkeit einer Billigkeitsentscheidung für den Einzelfall flankiert, dass die Definitivbesteuerung den StPfl unverhälnismäßig und unzumutbar benachteiligt (BFH IV R 60/11 BFH/NV 2013, 410, Best v FG Hamburg 1 K 208/10 EFG 2012, 434). Allerdings hat der BFH **verfassungsrechtliche Bedenken,** wenn der Verlust des Verlustvortrags (nach § 10d Abs 2 Satz 1 EStG) aus **rechtlichen Gründen** eintritt (BFH I R 49/10 BStBl II 2011, 826; *Desens* FR 2011, 745; *Roser* GmbH-StB 2013, 53; *Boller/Franke* NWB 2013, 668). Zur Möglichkeit einer **verfassungskonformen Auslegung** *Klomp* GmbHR 2012, 675. Zu den Möglichkeiten einer **AdV** *BMF* BStBl I 2011, 974 (hierzu *Gragert* NWB 2011, 4007; *Kessler/Hinz* BB 2012, 555). 115

c) Billigkeitsmaßnahmen. Die **zeitliche Streckung** des Verlustabzugs allein ist mE **nicht sachlich unbillig** iSv §§ 163, 227 AO. **Jedoch** soll **der endgültige Verlust** des Verlustvortrags (zB bei Betriebsbeendigung) eine sachliche Unbilligkeit kennzeichnen (FG B-Bbg 6 K 6216/06 EFG 2010,1576, aufgeh, s.u.); kein endgültiger Verlust des Verlustvortrags liegt vor bei erheblichen Grundstückswerten mit unklaren stillen Reserven (FG B-Bbg 12 K 12179/09 u.a., Rev I R 59/12). ME ist jedoch **fraglich,** ob angesichts dessen, dass der Gesetzgeber die nachteiligen Folgen der Regelung in bestimmten Fällen bedacht haben muss (Rn 115; **aA** FG München 8 V 1588/08 EFG 2008, 1736), ein Überhang des Gesetzeswortlauts über das vom Gesetzgeber Gewollte gegeben ist. BFH IV R 29/10 (BStBl II 2013, 505, Aufh v FG B-Bbg 6 K 6216/06) hat die Frage mE zu Unrecht offen gelassen, weil die StPfl selbst zum Enstehen eines außerordentlichen GewErtrags (durch Forderungsverzicht ihrer Gläubiger) beigetragen habe – was mE ein zu kurz greifender Ansatz ist, denn die (mögliche) Unbilligkeit liegt nicht in der Erfassung dieses GewErtrags an sich, sondern in der Beschneidung des Verlustabzugs. 115a

§ 10a

4. Verfahren

116 **a) Bis einschließlich EZ 1989. aa) Grundsatz.** Der Fehlbetrag (GewVerlust) war nach Grund und Höhe **bei der Ermittlung** des GewErtrags **des Anrechnungsjahres** zu prüfen. Hierbei bestand keine Bindung an die Entscheidung des FA im Entstehungsjahr (BFH VIII R 110/79 BStBl II 1984, 227; VIII R 41/95 BStBl II 1997, 179). § 10a Satz 1 enthielt keine eigenständige Verfahrensvorschrift (vgl BFH X R 5/88 BStBl II 1991, 55).

bb) Fehlerwirkung. Im Falle eines **fehlerhaften Nichtabzugs** lag in der (versehentlichen) Nichtberücksichtigung in einem (möglichen) Abzugsjahr keine Entscheidung über das Nichtvorliegen eines GewVerlustes im Entstehungsjahr. Auch war bei Übernahme der fehlerhaften GewStErklärung durch das FA der GewStMessbescheid für den EZ des möglichen Abzugs nicht offenbar unrichtig iSd § 129 AO (BFH I R 116/88 BStBl II 1991, 22). Daher war die Berücksichtigung des Fehlbetrags in einem späteren EZ nicht abgeschnitten (BFH X R 102/89 BStBl II 1991, 477).

Das galt jedoch wegen der **Rechtskraftwirkung eines Urteils** nicht, wenn das FG die Klage gegen einen GewStMessbescheid des Jahres 03 mit der Begründung abgewiesen hatte, der geltend gemachte Verlustvortrag aus den Jahren 01/02 bestehe nicht (BFH IV R 47/97 BStBl II 1999, 303).

cc) Rechtsbehelfe. Im Hinblick auf den GewVerlust sind Rechtsbehelfe nicht gegen den GewStMessbescheid des Entstehungsjahres (fehlende Beschwer, da Messbetrag 0 DM), sondern allein des Abzugsjahres zulässig; anders jedoch **ab EZ 1990** (s Rn 118).

117 **b) Ab EZ 1990. aa) Gesonderte Feststellung.** Der vortragsfähige Verlust wird **gesondert festgestellt** (Satz 2; vgl § 36 Abs 1 idF des StRefG, BGBl I 1988, 1093, zur Kritik an der Gesetzesfassung *Kuchenreuther* DStR 1988, 638; dazu *Sarrazin* DStR 1988, 639). Das bedeutet: noch nicht berücksichtigte Fehlbeträge können in einem folgenden EZ nur abgezogen werden, wenn sie der Höhe nach gesondert festgestellt worden sind (BFH IV R 109/06 BFH/NV 2010, 2056 unter 3a).

Das G ist auf eine **lückenlose Fortschreibung** der vortragsfähigen Fehlbeträge hin angelegt; hierbei ist es unerheblich, wann die Verluste entstanden sind. Die gesonderten Feststellungen haben daher so lange zu erfolgen, wie sich nach Verrechnung mit positiven GewErträgen noch ein Fehlbetrag ergibt (BFH I R 92/98 BStBl II 1999, 733; *Kleinheisterkamp* in *L/S* § 10a Rn 382; *Blümich/von Twickel* § 10a Rn 49).

bb) Gegenstand der Feststellung. Festgestellt wird daher die Höhe des jeweiligen Verlustbetrags, der Verbrauch des vortragsfähigen GewVerlusts und die steuerliche Abzugsfähigkeit dieses Betrags nach Maßgabe der im Feststellungszeitpunkt geltenden Rechtslage für das spätere Abzugsjahr, also ihre steuerliche „Wertigkeit" („abgeschichtete" Grundlagenentscheidung; BFH I R 18/02 BStBl II 2004, 468; I R 112/03 BStBl II 2004, 1085; *BMF* BStBl I 1999, 455 Rn 35; *OFD Magdeburg* DB 2004, 1806; DStR 2004, 1608; *Bacmeister* DStR 2004, 841; *Neu/Watermeyer* DStR 2004, 2128).

Nicht festgestellt wird der Anteil des einzelnen Mitunternehmers (vgl BFH IV R 11/08 BStBl II 2011, 903; FG M-V DStRE 2008, 947; *Loose/Suck* FR 2008, 864). Sein Ausscheiden ist bei der Fortentwicklung des festzustellenden Fehlbetrags zu berücksichtigen. Geschieht das nicht, ergeben sich Bindungswirkungen aus dem materiell-rechtlich fehlerhaften, aber bestandskräftigen Feststellungsbescheid bei der Verlustverrechnung im Anrechnungsjahr (BFH IV R 11/08 aaO).

118 **c) Bindungswirkung.** Der **Feststellungsbescheid ist Grundlagenbescheid** iSv § 182 AO für den GewStMessbescheid des Folgejahres (BFH I R 92/88

Durchführung des Verlustabzugs § 10a

BStBl II 1999, 733; IV R 100/06 BFH/NV 2010, 2056). Der **Umfang der Bindungswirkung** bestimmt sich grds nach dem Verfügungssatz (Tenor) auch im Falle seiner Unrichtigkeit (BFH IV R 11/08 BStBl II 2011, 903); sie erstreckt sich aber nicht auf künftige Umstände (BFH IV R 38/09 DStR 2013, 400). Die hier getroffenen Entscheidungen sind nur durch Anfechtung des Feststellungsbescheides, nicht (auch) des GewStMessbescheides angreifbar (vgl BFH I R 8/05 BStBl II 2007, 602; IV R 100/06 aaO). Auch darf eine („korrigierende") Abrechnung nicht vorgenommen werden. Eine **Durchbrechung der Bindungswirkung** kommt nur in Betracht, wenn sich die gesetzlichen Voraussetzungen für den Verlustabzug ändern (BFH I R 18/02 BStBl II 2004, 468; *OFD Magdeburg* DStR 2004, 1806). Allerdings hat eine **Änderung** des Feststellungsbescheids **nach § 35 b** zu erfolgen, wenn sich der GewVerlust eines der Vorjahre oder des lfd EZ ändert (vgl BFH I R 77/00 BFH/NV 2001, 1293; FG München 7 K 843/10 EFG 2012, 1181), und zwar auch dann, wenn eine Änderung des Messbescheids mangels steuerlicher Auswirkung nicht erfolgt (vgl *Orth* StuW 1996, 317).

Der **GewStMessbescheid** (zB des AnrechnungsEZ) ist **seinerseits Grundlagenbescheid** mit der entsprechenden Bindungswirkung für den Feststellungsbescheid dieses EZ.

d) Bekanntgabe. Bekanntzugeben ist der Feststellungsbescheid an den **Schuld-** 119 **ner der GewSt** (§ 5). In **Organschaftsfällen** ist dies der Organträger auf jeden Fall dann, wenn organschaftliche Verluste des Organs festzustellen sind. Aber auch bei **vororganschaftlichen Verlusten** *bis EZ 2003* ist zumindest eine Ausfertigung des Bescheids dem Organträger bekannt zu geben, weil über die Verlustverrechnung beim Organ der GewErtrag des Organträgers beeinflusst wird (vgl *FM Bbg* DB 1992, 919). Zur **örtlichen Zuständigkeit** vgl *FM Bayern* DB 1993, 2262; *FM Bbg* FR 1993, 821 und § 35b Rn 8. *Ab EZ 2004* entstandene vororganschaftliche Verluste der Organgesellschaft sind nur dieser gegenüber festzustellen, da sie sich nur bei ihr im Falle der Beendigung der Organschaft auswirken können.

5. Abzug bei Personengesellschaften

a) Mitunternehmerbezogener Abzug. Vor JStG 2007 war nach der Rspr 120 des BFH der abziehbare **GewVerlust mitunternehmerbezogen** zu ermitteln. Danach setzte der Abzug bzw seine Ermittlung zwar voraus, dass auf der **Ebene der Mitunternehmerschaft** ein GewVerlust (im Entstehungsjahr) und ein positiver GewErtrag (im Anrechnungsjahr) entstanden war; die **Höhe des zulässigen Abzugs** berücksichtigte aber Verhältnisse auf der **Ebene der Mitunternehmer,** nämlich den Gewinnverteilungsschlüssel und – bis zur Einführung der Sätze 4 u 5 durch das JStG 2007 (v 13.12.2006, BGBl I 2006, 2878) – Sonderbetriebseinnahmen und -ausgaben (BFH XI R 50/88 BStBl II 1994, 364; VIII B 74/99 BStBl II 1999, 794; VIII R 96/04 BFH/NV 2006, 885; Anm *Wendt* FR 2006, 560; IV B 171/06 BStBl II 2008, 380); auch war der Gewinnverteilungsschlüssel *ausnahmsweise* nicht maßgebend, wenn er nicht durch betriebliche Interessen bestimmt war und nicht den unternehmensbezogenen Beiträgen der Mitunternehmer entsprach (BFH IV R 26/73 BStBl II 1978, 348; IV R 117/88 BStBl II 1990, 436).

Zur Kritik. Diese Auffassung war **mE inkonsequent,** weil die mitunternehmerbezogene Betrachtung nur unter den u.a. Voraussetzungen stattfand, *nicht* etwa wenn die Gesellschaft, nicht aber ein Mitunternehmer *vor* dem Verlustjahr positive GewErträge erzielt hat; Verluste einzelner Mitunternehmer konnten daher verloren gehen (krit auch *FM Ba-Wü* BStBl I 1996, 1392 NAnwErl; *Gosch* StBp 1994, 148; *Pyszka* DStR 1997, 1073; *Ritzer/Stangl* DStR 2002, 1785; *Neu* DStR 2002, 1062, 1078; *Zerhusen* Inf 2005, 618; wie BFH *Bordewin* DStR 1995, 1488; für Wahlrecht: *Herzig/Förster/Förster* DStR 1996, 1025). Daher löst der Hinweis darauf, dass im

Verlustentstehungsjahr keine GewSt angefallen sei und ein individueller Verlust des betroffenen Mitunternehmers sich nicht zusätzlich auswirken dürfe (BFH IV R 4/06 BStBl II 2008, 140; IV R 59/05 BFH/NV 2007, 1780, 2334), mE das Grundproblem nicht.

Die **Berücksichtigung von Sonderbetriebseinnahmen und -ausgaben** brachte ebenfalls Verwerfungen mit sich.

Beispiel:

Nach *OFD Köln* DStR 1997, 1046 (Mitunternehmerschaft mit 2 Mitunternehmern)

EZ 01	KG	A (50%)	B (50%)
Gesamt	./. 100 000	./. 50 000	./. 50 000
SonderBE	+ 60 000	+ 60 000	
SonderBA	./. 40 000	./. 40 000	
GewErtrag	./. 80 000	./. 30 000	./. 50 000

EZ 02	KG	A (50%)	B (50%)
Gesamt	+ 40 000	+ 20 000	+ 20 000
SonderBE	+ 60 000	+ 60 000	
SonderBA	./. 40 000	./. 40 000	
GewErtrag	+ 60 000	+ 40 000	+ 20 000

Nach *BFH* können vom Verlust 01 50 000 (A: 30 000, B: 20 000), nach der *FinVerw* 60 000 (A: 30 000, B: 30 000) gekürzt werden. Scheidet B zum 31. 12. 02 aus, geht mit ihm ein Verlustvortrag von nach *BFH* 30 000, nach *FinVerw* von 10 000 verloren. Die Verlustfeststellung zum 31. 12. 02 erfolgt nach *BFH* mit 0 und nach *FinVerw* mit ./. 10 000.

120a **b) Rechtslage ab EZ 2007 (und ggf früher, § 36 Abs 9). aa) Grundsatz.** Mit **Einfügung der Sätze 4 u 5** hat der Gesetzgeber die Auffassung der *FinVerw* festgeschrieben. Danach ist weiterhin maßgebend, dass **überhaupt ein Fehlbetrag** der Personengesellschaft vorliegt (BFH VIII R 41/95 BStBl II 1997, 179). Es findet aber weiterhin eine mitunternehmerbezogene Zurechnung des GewVerlusts (Entstehungsjahr) und des GewErtrags (Anrechnungsjahr) statt, jedoch **nur** nach dem **Gewinnverteilungsschlüssel** (BFH IV R 4/06 BStBl II 2008, 140; IV R 11/08 BStBl II 2011, 903). Das bedeutet (weiterhin), dass trotz Verbleibens eines Gesellschafters ohne Beteiligung an GuV bei einem Gesellschafterwechsel der Verlustvortrag vollständig verloren geht (vgl BFH VIII R 41/95 BStBl II 1997, 179 unter 3.).

120b **bb) Verfahren.** Verfahrensmäßig erfordert die Verlustverrechnung bei **Personengesellschaften** also eine auf den einzelnen Mitunternehmer bezogene Berechnung, bei der die Verrechnung jeweils für den einzelnen Mitunternehmer vorzunehmen ist. Die Ergebnisse der einzelnen Verrechnung sind – in einem 2. Schritt – zum GewErtrag der Mitunternehmerschaft zusammenzufassen (BFH IV R 11/08 BStBl II 2011, 903). Insofern hat sich gegenüber der Rechtslage vor Einfügung der Sätze 4 u 5 nichts geändert.

Die **Verlustfeststellung** selbst hat sich an diesen Grundsätzen zu orientieren: bei **Ausscheiden eines Gesellschafters** im Verlustentstehungsjahr oder zu dessen Ende steht fest, dass dessen Verlustanteil für eine Verrechnung in einem nachfolgenden EZ nicht mehr in Betracht kommt; der auf ihn entfallende Verlustanteil ist für Zwecke der Feststellung auf das Ende des Verlustentstehungsjahres **herauszurechnen**; der verbleibende Verlustabzug ist entsprechend niedriger festzustellen.

Bei einem **abweichenden Wj** sind nur die Ereignisse bis zu dessen in den EZ der Feststellung fallendes Ende zu berücksichtigen (BFH IV R 59/07 BFH/NV 2010, 1492). Geschieht das nicht und wird der Feststellungsbescheid bestandskräftig, steht der überhöhte Verlustabzug den verbliebenen Gesellschaftern nach dem Ver-

Durchführung des Verlustabzugs § 10a

hältnis ihrer Beteiligung im Verlustentstehungsjahr zur Verlustverrechnung zur Verfügung (BFH IV R 11/08 aaO).

cc) Höchstbeträge. Die vorstehenden Grundsätze gelten auch für die **Höchstbeträge** der Sätze 1 u 2 (Mindestbesteuerung). ME schreibt Satz 5 insofern eindeutig die Aufteilung des Höchstbetrags auf die Mitunternehmer nach dem Verhältnis des Gewinnverteilungsschlüssels vor; eine Deckelung des Verlustabzugs erst nach der Zusammenfassung der auf die Mitunternehmer entfallenden Verlustabzüge (vgl hierzu *Kleinheisterkamp* in *L/S* § 10a Rn 366f) wird dem Wortlaut der Vorschrift nicht gerecht. Das kann im Einzelfall zur Folge haben, dass – insb bei einem Gesellschafterwechsel nach der Verlustentstehung – ebenfalls Verrechnungsmöglichkeiten zunächst ungenutzt bleiben müssen, ggf ganz verloren gehen. 120c

dd) Vorabgewinn. „Vorabgewinnanteile" sind nicht zu berücksichtigen. Das gilt für die Ermittlung des Fehlbetrags wie für den zu kürzenden Gewerbeertrag (Sätze 4 u 5, jeweils Hs 2). Unklar ist die Bedeutung dieser Bestimmungen (gewinnunabhängige Gewinnanteile?, Sondervergütungen?). ME handelt es sich schon rein sprachlich um eine Klarstellung dahin, dass allein der Gewinnverteilungsschlüssel (ein Prozentsatz am Gewinn/Verlust) maßgeblich ist und **jeder Gewinnvorab** außer Betracht zu lassen ist, nicht aber um eine Erweiterung der Einschränkung durch die jeweiligen Hs 1 (vgl FG B-Bbg 6 K 1332/03 B EFG 2008, 219; *Schmidt/ Glanegger* 32. Aufl § 35 Rn 23; *Kleinheisterkamp* in *L/S* § 10a Rn 359; aA *BMF* BStBl I 2007, 701 Rn 20 ff). 120d

ee) Rückwirkung. Die in § 36 Abs 9 angeordnete **Rückwirkung** der Sätze 4 u 5 unterliegt – soweit sie im Einzelfall belastend wirkt – **verfassungsrechtlichen** Bedenken (BFH IV R 59/05 BFH/NV 2007, 2334; IV R 4/06 BStBl II 2008, 140; ebenso *Kleinheisterkamp* in *L/S* § 10a Rn 362); allein wegen der unterschiedlichen Auffassungen von BFH und BMF musste der Stpfl nicht mit einer rückwirkenden Regelung rechnen. Der BFH hat jedoch die Vorlagen (aaO) wegen Abhilfe durch die FÄ zurückgezogen (vgl BFH IV R 59/05 aaO; IV R 4/06 aaO). 120e

6. Beteiligung einer Körperschaft an Personengesellschaft (Satz 10)

a) Grundsatz. Ist der Fehlbetrag einer Körperschaft *unmittelbar* oder *mittelbar* über eine **Beteiligung an einer Mitunternehmerschaft** (auch mehrstöckig) zuzurechnen (§ 10a Satz 4; Rn 120a ff), so ist für schädliche **Beteiligungserwerbe nach dem 28.11.2008** (§ 36 Abs 9 Satz 10) *insoweit* § 8 c KStG (Rn 45 ff) anzuwenden. Es handelt sich um eine **Rechtsgrundverweisung**, nicht um eine Rechtsfolgenverweisung. 121

Bedeutung: In dem Maße, in dem bei der Körperschaft aufgrund schädlichen Beteiligungserwerbs (Rn 47 ff) ein Verlust des Verlustvortrags (Rn 90 ff) eintritt, geht auch auf der Ebene der Mitunternehmerschaft der anteilige GewVerlust unter. Das G behandelt also den schädlichen Beteiligungserwerb als partiellen (§ 8 c Abs 1 Satz 1 KStG) oder vollständigen (§ 8 c Abs 1 Satz 2 KStG) Unternehmenswechsel in der Mitunternehmerschaft (Rn 97 ff) mit der o.a. Rechtsfolge (vgl BTDrs 16/11108, 37).

Es ist also von dem schädlichen Beteiligungswechsel in der Körperschaft auf die Auswirkungen auf der Ebene der Mitunternehmerschaft „**durchzurechnen**" (H 10a.3 (3) GewStH; ebenso *Beinert/Benecke* Ubg 2009, 169; *Honert/Obser* EStB 2010, 404; **aA** *Suchanek* Ubg 2009, 178; *Hoffmann* DStR 2009, 257: Verlustuntergang iHd Beteiligung der Obergesellschaft an der Untergesellschaft; weitere **aA** *Deloitte/ Brauer/Sonnenschein* § 10a Rn 158f: mittelbarer Erwerb von mindestens 25% bei der Untergesellschaft erforderlich**).** Zur hier vertretenen Auffassung folgende

§ 11 Steuermesszahl und Steuermessbetrag

Beispiele:
1. Ist die Körperschaft *unmittelbar* zu 50% an der Mitunternehmerschaft mit einem Verlustvortrag von 100 beteiligt und werden bei ihr innerhalb von 5 Jahren 51% der Anteile übertragen (§ 8 c Abs 1 Satz 2 KStG), so geht der ihr zuzurechnende Verlustanteil von 50 vollständig unter (§ 10a Satz 4).
2. An einer Mitunternehmerschaft mit Verlust 100 ist eine weitere Mitunternehmerschaft beteiligt, auf die nach Gewinnverteilungsschlüssel 50% entfallen, und an dieser eine Kapitalgesellschaft, auf die hier nach Gewinnverteilungsschlüssel 40% entfallen; bei der Kapitalgesellschaft findet ein schädlicher Beteiligungserwerb von 30% (§ 8 Abs 1 Satz 1 KStG) statt. Es geht folgender Anteil am Gewerbeverlust bei der Verlustgesellschaft unter: 100 × 50% × 40% × 30% = 6%.

121a **b) Mehrfache Übertragung des nämlichen Anteils.** Bei ihm tritt trotz der Grundsätze in Rn 60a mE **keine wiederholte Minderung** des Verlustvortrags ein (so jedoch *v Schöneborn* NWB 2011, 366). Die Anordnung in Satz 10 hat als Rechtsgrundverweisung ihre Funktion als gesetzlich fingierter Mitunternehmerwechsel in der Mitunternehmerschaft, bei dem der Verlust nur insoweit verloren geht, als der den Verlust tragende Mitunternehmer nicht (mehr) beteiligt ist (ebenso *Kleinheisterkamp* in *L/S* § 10a Rn 81).

121b **c) Anwendung der Konzernklausel.** ME bedeutet der Charakter der Vorschrift als Rechtsgrundverweisung auch hier, dass auf die Beteiligungen an der Körperschaft selbst abzustellen ist.

121c **d) Anwendung der Verschonungsregeln. ME** ist auch insoweit auf die **Verhältnisse bei der Körperschaft** abzustellen, als der auf sie durchgerechnete Verlustanteil die stillen Reserven der Körperschaft nicht übersteigen darf (**aA** *Kleinheisterkamp* in *L/S* § 10a Rn 84s: maßgebend sind die Verhältnisse bei der Mitunternehmerschaft).

121d **e) Anwendung der Sanierungsklausel.** Auch diesbezüglich ist ein systematischer Zusammenhang mit den Tatbestandsvoraussetzungen des § 8c Abs 1 Sätze 1 u 2 KStG gegeben; dh es müssen die **Sanierungsvoraussetzungen für die Körperschaft**, im Hinblick auf die mittelbar oder unmittelbar eine Beteiligung übertragen wird, gegeben sein (ebenso *Suchanek/Herbst* Ubg 2009, 525; **aA** *OFD Münster* DStR 2010, 929 Rn 11; differenzierend *Kleinheisterkamp* in *L/S* § 10a Rn 84d).

§ 11 Steuermesszahl und Steuermessbetrag

(1) ¹Bei der Berechnung der Gewerbesteuer ist von einem Steuermessbetrag auszugehen. ²Dieser ist durch Anwendung eines Prozentsatzes (Steuermesszahl) auf den Gewerbeertrag zu ermitteln. ³Der Gewerbeertrag ist auf volle 100 Euro nach unten abzurunden und
1. bei natürlichen Personen sowie bei Personengesellschaften um einen Freibetrag in Höhe von 24 500 Euro,
2. bei Unternehmen im Sinne des § 2 Abs. 3 und des § 3 Nr. 5, 6, 8, 9, 15, 17, 21, 26, 27, 28 und 29 sowie bei Unternehmen von juristischen Personen des öffentlichen Rechts um einen Freibetrag in Höhe von 5 000 Euro,
höchstens jedoch in Höhe des abgerundeten Gewerbeertrags, zu kürzen.

(2) Die Steuermesszahl für den Gewerbeertrag beträgt 3,5 Prozent.

(3) ¹Die Steuermesszahl ermäßigt sich auf 56 Prozent bei Hausgewerbetreibenden und ihnen nach § 1 Abs. 2 Buchstaben b und d des Heimarbeitsgesetzes in der im Bundesgesetzblatt Teil III, GliederungsNummer 804–1,

veröffentlichten bereinigten Fassung, zuletzt geändert durch Artikel 4 des Gesetzes vom 13. Juli 1988 (BGBl. I S. 1034), gleichgestellten Personen. ²Das Gleiche gilt für die nach § 1 Abs. 2 Buchstabe c des Heimarbeitsgesetzes gleichgestellten Personen, deren Entgelte (§ 10 Abs. 1 des Umsatzsteuergesetzes) aus der Tätigkeit unmittelbar für den Absatzmarkt im Erhebungszeitraum 25 000 Euro nicht übersteigen.

Gewerbesteuer-Durchführungsverordnung

§ 22 GewStDV Hausgewerbetreibende und ihnen gleichgestellte Personen

¹Betreibt ein Hausgewerbetreibender oder eine ihm gleichgestellte Person noch eine andere gewerbliche Tätigkeit und sind beide Tätigkeiten als eine Einheit anzusehen, so ist § 11 Abs. 3 des Gesetzes nur anzuwenden, wenn die andere Tätigkeit nicht überwiegt. ²Die Vergünstigung gilt in diesem Fall für den gesamten Gewerbeertrag.

§§ 23, 24 (weggefallen)

Gewerbesteuer-Richtlinien 2009: R 11.1, 11.2 GewStR/H 11.1, 11.2 GewStH

Literatur: *Schnädter,* Die Belastungen durch die Gewerbesteuer und die Möglichkeiten, sie zu vermeiden, BB 1988, 313; *Schneider,* Sinn und Widersinn der steuerlichen Investitionsförderung für die neuen Bundesländer und des Solidaritätszuschlages, DB 1991, 1081; *Tittel/Grothkopf,* Besteuerung der Einkünfte aus dem Betrieb von Handelsschiffen im internationalen Verkehr, StBp 1991, 117; *Pauka,* StÄndG 1992: Die Änderungen im Gewerbesteuerrecht, DB 1992, 1207; *Beránek,* Zur Berechnung der effektiven Gewerbeertragsteuer nach dem neuen Staffeltarif des § 11 Abs 2 Nr 1 GewStG, BB 1992, 1832; *Seer,* Rechtsformabhängige Unternehmensbesteuerung – Kritische Bestandsaufnahme der derzeitigen Rechtslage, StuW 1993, 114; *Mielke,* Die neue Gewerbeertragsteuerformel bei Personengesellschaften, DB 1993, 2446; *Bauschatz,* Verunglückte Trading-Stock-Struktur, DStZ 2009, 582; *Kanzler,* Vervielfältigung des Gewerbesteuerfreibetrags durch Flucht in die Scheinselbstständigkeit – kein einfaches Gestaltungsmodell, FR 2009, 1140; *Schulze zur Wiesche,* Innengesellschaften an einzelnen Geschäftszweigen eines Unternehmens als selbstständige Mitunternehmerschaft, DStZ 2009, 873; *Schulze zur Wiesche,* Die GmbH & Still in der aktuellen Rechtsprechung, DB 2011, 1477.

Übersicht

	Rn
I. Allgemeines	1–2
1. Bedeutung der Vorschrift	1–1b
a) Funktion	1
b) Tarifvorschrift	1a
c) Reformdiskussion	1b
2. Zur Entstehung	2
II. Durchführung	3–10
1. Grundsatz	3
2. Freibetrag bei natürlichen Personen und Personengesellschaften	4–4b
a) Zur Höhe	4
b) Fiktiver Unternehmerlohn	4a
c) Keine weiteren Funktionen	4b
3. Insbesondere atypische stille Gesellschaft	5, 5a
a) Grundsatz	5
b) Segmentierung	5a
4. Betriebs-/Unternehmensbezogenheit	6–6b

	Rn
a) Grundsatz	6
b) Atypische stille Gesellschaft	6a
c) Weitere Einzelheiten	6b
5. Zeitfragen	7
6. Bestimmte juristische Personen	8
7. Die Steuermesszahl (Grundsatz)	9–9b
a) Allgemeines	9
b) Tabelle	9a
c) Andere Gewerbebetriebe	9b
8. Organverhältnisse	10
III. Besonderheiten bei Hausgewerbetreibenden	11–14
1. Allgemeines	11
2. Begriffe	11a–13
a) Hausgewerbetreibende	11a
b) Heimarbeiter	12
c) Hausgewerbetreibenden gleichgestellte Personen	13
3. Andere Tätigkeiten	14

I. Allgemeines

1. Bedeutung der Vorschrift

1 **a) Funktion.** Der **GewStMessbetrag** bildet die Grundlage für die Erhebung der GewSt durch die hebeberechtigte Gemeinde (§ 16). Er wird durch das FA festgesetzt, und zwar durch **Anwendung der StMesszahl** auf den abgerundeten GewErtrag (§ 11 Abs 1). Die GewStMesszahl ist ein **fester Prozentsatz**, der von *EZ 1993 bis EZ 2007* einem Staffeltarif gewichen war; **ab EZ 2008** (§ 36 Abs 9 a) gilt wieder ein fester Prozentsatz. Ab EZ 1998 ist der GewErtrag alleinige Besteuerungsgrundlage (§ 6), demzufolge ist nur noch von *einem* Steuermessbetrag, nämlich dem nach dem GewErtrag, auszugehen.

1a **b) Tarifvorschrift.** Die Vorschrift ist demnach eine **reine Tarifvorschrift,** die an die Besteuerungsgrundlage Gewerbeertrag anknüpft (BFH VIII R 269/81 BStBl 1986, 860; *Schuhmacher* StuW 1987, 111; *Blümich/Gosch* § 11 GewStG Rn 4, 8). Sie ist keine Kürzungsvorschrift ieS (so aber *Schnädter* FR 1985, 93), auch wenn bei den Freibeträgen (Rn 4) von „Kürzung" die Rede ist und sie zum Teil wie eine Kürzungsvorschrift wirkt (*Rendels* DStR 1988, 234). Die Kürzungsvorschriften (§ 9) dienen der Ermittlung des GewErtrags; die Tarifvorschriften bestimmen, wie die StMesszahl auf den hierfür maßgebenden GewErtrag anzuwenden ist. Die Unterscheidung hat insb Bedeutung für die Verhältnisse bei Organschaften (Rn 10).

1b **c) Reformdiskussion.** Dem **Vorschlag,** den Unternehmerlohn durch Kürzung nach § 9 bei der Ermittlung des GewErtrags zu berücksichtigen, ist mE wegen des Objektsteuercharakters der GewSt nicht zu folgen (**aA** *Sarrazin* in *L/S* § 11 Rn 9). Dem ist die Berücksichtigung eines fiktiven, gar von betrieblichen Größen abhängigen Unternehmerlohns fremd (vgl BVerfGE 40, 109, 117; 46, 224, 237; *StRefKommission,* Schriftenreihe des BMF, Heft 17 Rn 219).

2. Zur Entstehung

2 Die Vorschrift ist seit Erlass des GewStG häufig geändert worden. Die wichtigsten Änderungen der letzten rd 35 Jahre waren:
- G v 16.8.1977 (BGBl I 1977, 1586): Aufgabe des Staffeltarifs nach § 11 Abs 2 und Einführung einer einheitlichen GewStMesszahl von 5%, bei Hausgewerbe-

Durchführung § 11

treibenden und gleichgestellten Personen von 2,5% (für den Betrieb von Handelsschiffen gilt diese gemäß G v 18.7.1974, BGBl I 1974, 1489 ab EZ 1974), sowie Einführung des Freibetrages für natürliche Personen und Personengesellschaften nach § 11 Abs 1 (seinerzeit 24 000 DM) ab EZ 1978;
- G v 30.11.1978 (BGBl I 1978, 1849): Anhebung des allgemeinen Freibetrages auf 36 000 DM sowie Einführung einer Freigrenze von 5000 DM für wirtschaftliche Geschäftsbetriebe bestimmter juristischer Personen nach § 11 Abs 6 aF ab EZ 1980; die Heraufsetzung des Freibetrages hat den Realsteuercharakter der GewSt nachhaltig verändert. Im Jahr 1981 zahlten nur noch 30% aller gewstpfl Betriebe GewSt nach dem GewErtrag (nur 16% zahlten GewSt nach dem GewKapital);
- G v 26.8.1981 (BGBl I 1981, 537): Streichung der bis dahin geltenden ermäßigten GewStMesszahl für Sparkassen, Kreditgenossenschaften und Zentralkassen ab EZ 1981;
- G v 19.12.1985 (BGBl I 1985, 2436): Streichung der Ermäßigungsvorschrift des § 11 Abs 6 ab EZ 1986;
- G v 18.12.1989 (BGBl I 1989, 2212): Streichung des Abs 5 aF sowie Neufassung des Abs 1 Satz 3 unter Umwandlung der Freigrenze von 5000 DM des Abs 5 aF in einen Freibetrag von 7500 DM und Anpassung des Katalogs der begünstigten Körperschaften an die zwischenzeitlichen Änderungen des § 3;
- G v 22.12.1989 (BGBl I 1989, 2408): Erstreckung der o.a. Freibetragsregelung auf Genossenschaften nach § 3 Nr 8;
- G v 24.6.1991 (BGBl I 1991, 1322): Schaffung eines Staffeltarifs für Gewerbebetriebe von natürlichen Personen und Personengesellschaften, die im EZ überwiegend die Geschäftsleitung im Beitrittsgebiet hatten, für die EZ 1991 und 1992;
- G v 25.2.1992 (BGBl I 1992, 297): Erhöhung des Freibetrags auf 48 000 DM, erneute Einführung des Staffeltarifs und Fortfall der Steuerermäßigung für Handelsschiffe im internationalen Verkehr ab EZ 1993;
- G v 29.10.1997 (BGBl I 1997, 2590): Streichung der Wörter „nach dem Gewerbeertrag" als Folgeänderung nach der Abschaffung der GewKapitalSt ab EZ 1998 durch dieses Gesetz;
- G v 16.7.1998 (BGBl I 1998, 1842): Erstreckung der Freibetragsregelung auf Entschädigungs- und Sicherungseinrichtungen nach § 3 Nr 21;
- G v 22.12.1999 (BGBl I 1999, 2601): Erstreckung der Freibetragsregelung auf Gesamthafenbetriebe, Versorgungszusammenschlüsse, Arbeitsgemeinschaften Medizinischer Dienst und bestimmte Arbeitsgemeinschaften der Tarifvertragsparteien;
- G v 19.12.2000 (BGBl I 2000, 1790): Umstellung der DM-Beträge auf Euro-Beträge;
- G v 20.12.2001 (BGBl I 2001, 3955): Aufhebung der GewStMessbetragssonderregelung des § 11 Abs 4 für das ZDF ab EZ 2001; entsprechende Änderungen in § 7 Satz 2 GewStG iVm § 8 Abs 1 Satz 2 KStG: Übernahme der Regelung für alle inländischen öff-rechtl Rundfunkanstalten;
- G v 29.12.2003 (BGBl I 2003, 3076): Verringerung der Ermäßigung nach § 11 Abs 3 Satz 1 von 50% auf 56%;
- G v. 14.8.2007 (BGBl I 2007, 1912): Umstellung von einem Staffeltarif auf eine einheitliche Steuermesszahl;
- G v 17.3.2009 (BGBl I 2009, 550): Erhöhung des Freibetrags nach § 11 Abs 1 Satz 3 Nr 2 von 3900 € auf 5000 €.

II. Durchführung

1. Grundsatz

Die Festsetzung des **GewStMessbetrags** nach Abs 1 ist ein Zwischenschritt vor **3** der Festsetzung der GewSt durch die Gemeinden. Er darf **nicht negativ** sein, beträgt also mindestens 0 €. Denn nach Abs 1 Satz 3 erfolgt eine Kürzung um den Freibetrag nur bis zur Höhe des (abgerundeten) GewErtrags. Vor Berechnung des GewStMessbetrags ist der GewErtrag auf 100 volle € nach unten abzurunden (Abs 1 Satz 3).

2. Freibetrag bei natürlichen Personen und Personengesellschaften

4 a) **Zur Höhe.** Der **Freibetrag** wird *nach der Abrundung* durch Kürzung vom GewErtrag, ab EZ 2002 **24 500 €,** gewährt (Abs 1 Satz 3 Nr 1). Die Freibetragsregelung bedeutet, dass ein GewStMessbetrag nur für GewErträge von mindestens 24 600 € festzusetzen ist. Auch der Freibetrag darf nicht zu einem (etwa nach § 10a GewStG zu berücksichtigenden) GewVerlust führen.

4a b) **Fiktiver Unternehmerlohn.** Die **Rechtfertigung** für diese Begünstigung bestand ursprünglich darin, dass Körperschaften ihren GewErtrag durch Zahlung von Geschäftsführergehältern mindern können; daher mE kein Verstoß gegen den Gleichheitssatz (Art 3 GG; ebenso *Sarrazin* in *L/S* § 11 Rn 4; *Blümich/Gosch* § 11 GewStG Rn 9). Der Freibetrag berücksichtigt somit typisierend einen **fiktiven Unternehmerlohn** (vgl BFH IV R 47/05 BStBl II 2008, 200; IV R 73/06 BStBl II 2010, 40).

Es handelt sich um eine **zulässige Typisierung.** Folge hiervon ist u.a., dass **bei Personengesellschaften keine Vervielfältigung** des Freibetrags um die Zahl der beteiligten Mitunternehmer möglich ist (BFH I R 127/93 BStBl II 1995, 764). Auf der anderen Seite ist der Freibetrag auch bei einer **stillen Beteiligung an einer Kapitalgesellschaft** ebenso zu gewähren wie bei einer OHG/KG, an der **nur Kapitalgesellschaften beteiligt** sind. Trotz der sich aus dem Zweck der Freibetragsregelung hiergegen richtenden Bedenken handelt es sich um die wortgetreue Rechtsfolge einer zulässigen Typisierung, die der Gesetzgeber im Interesse der mittelständischen GmbH & Co KG (BTDrs 14/443, 40) hingenommen hat (BFH IV R 47/05 BStBl II 2008, 200). Die Begünstigung gilt jedoch **nicht** für eine **KGaA** (BFH I 186/64 U BStBl III 1965, 418).

4b c) **Keine weiteren Funktionen.** Die Freibetragsregelung hat jedoch **keine weitere Funktion,** insb **nicht** als **Geringfügigkeitsgrenze.** Deswegen erscheint es problematisch, sie im Hinblick auf wegen Geringfügigkeit unschädliche gewerbliche Betätigungen im Rahmen der Abfärberegelung (§ 15 Abs 3 Nr 1 EStG; § 2 Rn 287, 428) zu instrumentalisieren (FG Münster 8 K 4272/06 G EFG 2008, 1975; Schl-H FG 5 K 38/08 EFG 2012, 41; **aA** FG Köln 8 K 4450/08 EFG 2011, 1167, Rev VIII R 16/11; Nds FG 3 K 447/10, EFG 2012, 625, Rev VIII R 41/11; FG M-V 2 K 412/08, Rev VIII R 6/12; *Kühnen* EFG 2011, 1168). Auch hat der Freibetrag **keinen Bezug zu bestimmten Bestandteilen** des GewErtrags, was Folgen für die **Verrechnungsreihenfolge** bei Anwendung des § 35 EStG haben kann (zur Tonnagebesteuerung nach § 5a EStG: Nds FG 12 K 160/10, EFG 2012, 245, Rev IV R 27/11).

3. Insbesondere atypische stille Gesellschaft

5 a) **Grundsatz.** Begünstigt ist auch eine **atypische stille Gesellschaft,** denn sie ist trotz Fehlens der subjektiven GewStPflicht (BFH VIII R 364/83 BStBl II 1986, 311) objektiv gewstpfl (BFH I R 20/93 BStBl II 1994, 327; I R 100/94 BFH/NV 1996, 798; *BMF* BStBl I 1987, 765; *Unvericht* DStR 1987, 413; *Binger* DB 1988, 414; *Blümich/Gosch* § 11 GewStG Rn 9; *Sarrazin* in *L/S* § 11 Rn 4; *Döllner* StbJb 1987/88, 289; *Horn/Maertins* GmbHR 1995, 816; **aA** *Zacharias/Suttmeyer/Rinnewitz* DStR 1988, 128, 132; *Winkeljohann/Halfar* DB 1994, 2471). Das gilt unabhängig

Durchführung § 11

davon, ob die Beteiligung einer natürlichen Person an einer Personengesellschaft (vgl BFH IV R 73/06 BStBl II 2010, 40) oder einer Kapitalgesellschaft (BFH I R 127/93 BStBl II 1995, 764) oder einer Kapitalgesellschaft an einer anderen besteht (BFH IV R 47/05 BStBl II 2008, 200, Best von Nds FG EFG 2005, 1292).

b) Segmentierung. Ist eine stille Beteiligung nur an **einzelnen Geschäftsbe-** 5a
reichen/Unternehmensteilen des Handelsgewerbes gewollt, müssen diese eine in sich geschlossene, von anderen Teilen unabhängige und auf (ein) bestimmte(s) Projekt(e) bezogene Einheit bilden (BFH X R 108/91 BStBl II 1994, 96). Hierfür ist nicht ausreichend, dass die Mitunternehmerstellung bei mehreren stillen Gesellschaftern nicht auf einer einheitlichen (mehrgliedrigen) Vereinbarung, sondern auf mehreren (zweigliedrigen) Vereinbarungen beruht (BFH I R 127/93 BStBl II 1995, 764). Auch genügt nicht eine auf einzelne Tätigkeiten bezogene Gewinnvereinbarung oder die Akquisition durch einen Gesellschafter. Entscheidend ist für die Abgrenzung, ob insgesamt ein gemeinsamer Unternehmensverbund gewollt ist oder eigenständige Gesellschaftszwecke verfolgt werden (vgl BFH I R 109/94 BStBl II 1998, 685; IV R 73/06 BStBl II 2010, 40; *Kanzler* FR 2009, 1140; *Schulze zur Wiesche* DStZ 2009, 873; DB 2011, 1477; krit *Lindwurm* DStR 2000, 53; *Bauschatz* DStZ 2009, 582). Zu den *Folgen einer* geglückten *Segmentierung* Rn 6a.

4. Betriebs-/Unternehmensbezogenheit

a) Grundsatz. Der **Freibetrag** ist ebenso wie der *Abrundungsbetrag* **gewerbebe-** 6
triebs-/unternehmensbezogen zu gewähren. Er ist, wenn eine natürliche Person mehrere eigenständige Betriebe unterhält, in voller Höhe **für jeden einzelnen Betrieb** anzusetzen (BFH I R 127/93 BStBl II 1995, 764; IV R 133/90 BStBl II 1995, 791; IV R 73/06 BStBl II 2010, 40; X R 36/10 BFH/NV 2013, 252; *Sarrazin* in *L/S* § 11 Rn 12; *Schnädter* FR 1985, 93; kritisch *Schuhmacher* StuW 1987, 111). Entsprechendes gilt für persönlich verflochtene, aber selbstständig tätige gewerbliche (Schwester-)Personengesellschaften (BFH I R 95/76 BStBl II 1980, 465; IV R 73/93 BStBl II 1995, 589); iÜ kann eine Personengesellschaft jeweils nur einen Gewerbebetrieb unterhalten (§ 2 Rn 26; BFH X R 130/87 BStBl II 1989, 901).

b) Atypische stille Gesellschaft. Für atypische stille Gesellschaften bedingt die 6a
Unternehmensbezogenheit von Freibetrag und Abrundungsbetrag, dass sie auch dann **nur einmal** gewährt werden, wenn an dem Unternehmen mehrere natürliche Personen auf Grund mehrerer Gesellschaftsverträge als atypische stille Gesellschafter beteiligt sind (BFH I R 127/93 BStBl II 1995, 764).

Ist die **Segmentierung** allerdings geglückt (hierzu s Rn 5a), dann ist der Freibetrag für jede Innengesellschaft (jeden Geschäftsbereich) in voller Höhe zu gewähren (vgl BFH I R 109/94 BStBl II 1998, 685; IV R 73/06 BStBl II 2010, 40; H 11.1 GewStH; *Sarrazin* in *L/S* § 11 Rn 13; *Gosch* StBp 1996, 135).

c) Weitere Einzelheiten. Aus der Unternehmensbezogenheit von Freibetrag 6b
(und Abrundungsbetrag) folgt, dass er nach der **Einbringung eines GewBetriebs** (Einzelunternehmen) in eine Personengesellschaft während des EZ nur einmal gewährt werden kann, wenn die Unternehmensgleichheit (hierzu § 2 Rn 26 ff; § 10a Rn 20 ff) gewahrt bleibt. Nach § 5 kommt es folglich zu einer Aufteilung von Abrundungsbetrag und Freibetrag (BFH IV R 133/91 BStBl II 1995, 791; R 11.1 Sätze 2–7 GewStR; **aA** *Blümich/Gosch* § 5 Rn 76: die beiden Beträge kommen jedem Steuerschuldner zugute). Entsprechendes gilt für den umgekehrten Fall der Fortführung des Gewerbebetriebs einer Personengesellschaft durch einen Gesellschafter (FG Ba-Wü EFG 1994, 496 rkr).

§ 11 Steuermesszahl und Steuermessbetrag

5. Zeitfragen

7 Der Freibetrag ist bei **Betriebseröffnung** oder **-schließung im Laufe des EZ** in voller Höhe zu gewähren (BTDrs 10/1636, 69; R 11.1 Satz 2 GewStR; *Sarrazin* in *L/S* § 11 Rn 4 aE; *Blümich/Gosch* § 11 GewStG Rn 44). Lediglich für den Wechsel der Steuerschuldnerschaft zwischen Einzelunternehmen und Personengesellschaft findet eine Aufteilung des GewStMessbetrags und folglich auch des Freibetrags statt (R 11.1 Sätze 3–7 GewStR).

6. Bestimmte juristische Personen

8 Bei den in Abs 1 Satz 3 Nr 2 bezeichneten juristischen Personen beträgt der Freibetrag *ab EZ 1990* **3900 €** und *ab EZ 2009* **5000 €**. Er wird ebenfalls gewährt durch Kürzung nach Abrundung (Abs 1 Satz 3 Nr 2). Die Vorschrift gilt für:
(1.) Unternehmer iSv § 2 Abs 3; das sind sonstige juristische Personen des privaten Rechts, insb rechtsfähige Vereine (§§ 21 ff BGB), privatrechtliche Stiftungen und Anstalten mit eigener Rechtspersönlichkeit (§§ 80 ff BGB) und nichtrechtsfähige Vereine, soweit sie einen Geschäftsbetrieb unterhalten;
(2.) Gewerbebetriebe von Hauberg-, Wald-, Forst- und Laubgenossenschaften, wenn sie über den Rahmen eines Nebenbetriebs hinausgehen (§ 3 Nr 5);
(3.) wirtschaftliche Geschäftsbetriebe gemeinnütziger, mildtätiger oder kirchlicher Körperschaften (§ 3 Nr 6);
(4.) Erwerbs- u Wirtschaftsgenossenschaften sowie Vereine iSd § 15 Abs 1 Nr 4 KStG (land- u forstwirtschaftliche Vereine), die an sich von der KSt befreit sind (§ 3 Nr 8), soweit sie der GewSt unterliegen;
(5.) rechtsfähige Pensions-, Sterbe-, Kranken- und Unterstützungskassen, die dem Grunde nach unter die Befreiungsvorschrift des § 5 Abs 1 Nr 3 KStG fallen, wenn sie für einen EZ die Voraussetzungen für eine Steuerbefreiung nicht erfüllen (§ 3 Nr 9);
(6.) Erwerbs- u Wirtschaftsgenossenschaften sowie Vereine iSd § 5 Abs 1 Nr 10 KStG (Vermietungs- u.ä. Genossenschaften und Vereine), die an sich von der KSt befreit sind (§ 3 Nr 15), soweit sie der GewSt unterliegen;
(7.) anerkannte gemeinnützige Siedlungsunternehmen iSd Reichssiedlungsgesetzes und der Bodenreformgesetze der Länder (§ 3 Nr 17), soweit sie der GewSt unterliegen;
(8.) Entschädigungs- und Sicherungseinrichtungen iSd § 5 Abs 1 Nr 16 KStG, die an sich von der KSt befreit sind (§ 3 Nr 21), soweit sie der GewSt unterliegen;
(9.) Gesamthafenbetriebe iSd G über die Schaffung eines besonderen Arbeitgebers für Hafenarbeiter, soweit von der KSt befreit (§ 3 Nr 26);
(10.) Versorgungszusammenschlüsse iSv § 5 Abs 1 Nr 20 KStG, soweit von der KSt befreit (§ 3 Nr 27);
(11.) Arbeitsgemeinschaften Medizinischer Dienst der Krankenversicherung und der Medizinische Dienst der Spitzenverbände der Krankenkassen, soweit von der KSt befreit (§ 3 Nr 28);
(12.) bestimmte gemeinsame Einrichtungen der Tarifvertragsparteien iSv § 5 Abs 1 Nr 22 KStG (§ 3 Nr 29);
(13.) Unternehmen von juristischen Personen des öffentlichen Rechts; der Freibetrag wird auch den Unternehmen gewährt, die von der öffentlichen Hand in Form von Kapitalgesellschaften betrieben werden; das Gesetz enthält keine Unterscheidung nach der Rechtsform. Die Privilegierung solcher Unternehmen gegenüber den nach § 2 Abs 2 in vollem Umfang gewstpfl Unternehmen ist willkürlich und verstößt mE gegen Art 3 GG (ähnlich *Sarrazin* in *L/S* § 11 Rn 6). In der Rechtsform von Kapitalgesellschaften betriebenen Unterneh-

Durchführung **§ 11**

men von Körperschaften des öffentlichen Rechts steht der Freibetrag nicht zu (FG Münster EFG 1997, 1452 rkr).

Auch im Übrigen ist die **Auswahl** der begünstigten Unternehmen aus dem Katalog des § 3 **willkürlich.** Gründe für den Steuervorteil, den die begünstigten Unternehmen im Vergleich zu den übrigen Unternehmen des § 3 haben, sind nicht ersichtlich. Aber auch im Verhältnis zu anderen Gewerbebetrieben bestehen keine Gründe für den Steuervorteil; das umso weniger, als der Gesetzgeber durch die Versagung der Steuerbefreiung für bestimmte Tätigkeiten oder Geschäftsbetriebe des Katalogs des § 3 den Umstand unterstrichen hat, dass sie mit sonstigen Gewerbebetrieben vergleichbar sind (ähnlich *Sarrazin* in *L/S* § 11 Rn 2; *Blümich/Gosch* § 11 GewStG Rn 12 d), was besonders deutlich wird etwa bei Festveranstaltungen (wirtschaftlichen Geschäftsbetrieben) von gemeinnützigen Vereinen.

7. Die Steuermesszahl (Grundsatz)

a) Allgemeines. Die **StMesszahl** ist ein **Prozentsatz** des um den Abrundungs- **9** und den Freibetrag geminderten GewErtrags (Abs 1 Sätze 2 u 3). Sie beträgt nach § 11 Abs 2 **ab EZ 2008** einheitlich **für alle Unternehmensformen 3,5%** (G v 14.8.2007, BGBl I 2007, 1912). Von **EZ 1993 bis EZ 2007** galt für natürliche Personen und Personengesellschaften ein **Staffeltarif** mit 0% bis zu einem GewErtrag von 24 599 € (48 099 DM) und 1, 2, 3 und 4% für jeden darüber liegenden Teilbetrag von 12 000 € (24 000 DM) sowie 5% für alle weiteren, über 72 599 € (144 099 DM) liegenden Beträge. Die damit verbundene GewStErsparnis war nicht unerheblich. Sie betrug bei einem GewErtrag von 160 000 DM und einem Hebesatz von 400% 10 000 DM (vgl *Pauka* DB 1992, 1207).

b) Tabelle. Eine Tabelle der sich aus dem Staffeltarif ergebenden Messbeträge **9a** auf den abgerundeten GewErtrag bis zu 72 900 € (ab EZ 2002) findet sich in der 7. Auflage in Rn 14. Für GewErträge **ab 72 000 €** lässt sich der Messbetrag in der Weise ermitteln, dass der GewErtrag *vor Abzug* des Freibetrages mit 5% multipliziert und von dem Produkt der Betrag von 2425 € abgezogen wird. Bei *nach Abzug* des Freibetrages verbleibenden GewErträgen ab 48 000 € lässt sich der Messbetrag auch in der Weise ermitteln, dass der verbleibende GewErtrag mit 5% multipliziert und von dem Produkt der Betrag von 1200 € abgezogen wird (vgl *Wüstenhöfer,* Gewerbesteuer, 6. Aufl 2006, S 113, 116).

c) Andere Gewerbebetriebe. Für **alle anderen GewBetriebe** galt weiterhin **9b** ein fester Hundertsatz von 5%, auch für eine *KGaA;* also keine Anwendung der GewStMesszahl für natürliche Personen auf den persönlich haftenden Gesellschafter und nur im Übrigen der GewStMesszahl für Körperschaften, da das einheitliche Unternehmen der GewSt unterliegt (BFH I 186/64 U BStBl III 1965, 418).

8. Organverhältnisse

Bei **Organschaften** sind die GewErträge für das beherrschende Unternehmen **10** und die Organgesellschaft getrennt zu ermitteln und zusammen zu rechnen (vgl § 2 Rn 518, 523 ff). Aus der Summe ist der GewStMessbetrag für den GewErtrag des gesamten Unternehmens zu ermitteln. Die *GewStMesszahl* für das *beherrschende Unternehmen* ist maßgebend. Ist dies ein Einzelunternehmen oder eine Personengesellschaft, so ist der Freibetrag nach Abs 1 Nr 1 zu berücksichtigen, und zwar auch dann, wenn das Organ eine Kapitalgesellschaft ist (*Heidner* DStR 1988, 87). Ist das beherrschende Unternehmen eine Kapitalgesellschaft oder sonstige Körperschaft, ist der Freibetrag nach Abs 1 Nr 2 nur einmal zu gewähren, und zwar auch dann, wenn die Organgesellschaft ebenfalls ein Unternehmen iS dieser Vorschrift ist. § 11 als Tarifvorschrift ist anzuwenden auf den zusammengerechneten GewErtrag des

Organträgers. Daher gehen der Freibetrag und der Abrundungsbetrag nach Abs 1 Nr 2 dem Organ verloren *(Blümich/Gosch* § 11 GewStG Rn 42).

III. Besonderheiten bei Hausgewerbetreibenden

1. Allgemeines

11 Bei **Hausgewerbetreibenden** (Abs 3) **ermäßigt sich** die GewStMesszahl auf **56%** der Sätze für natürliche Personen, und zwar ohne Rücksicht auf die Höhe des GewErtrags. Die Vorschrift bedient sich einer Verweisung auf arbeitsrechtliche Tatbestände und Begriffe und knüpft folglich unmittelbar an das Heimarbeitsgesetz (HAG v 14.3.1951, BGBl I 1951, 191, zuletzt geändert durch VO v 31.10.2006, BGBl I 2006, 2407) an (BFH I R 67/80 BStBl II 1984, 534; III R 223/83 BStBl II 1987, 719; BFH X R 61/99 BStBl II 2003, 31).

2. Begriffe

11a a) **Hausgewerbetreibende.** Hausgewerbetreibender ist nach **§ 2 Abs 2 HAG**, wer in eigener Arbeitsstätte (Wohnung oder Betriebsstätte) mit nicht mehr als zwei fremden Hilfskräften (Arbeitnehmer des Hausgewerbetreibenden, § 2 Abs 6 HAG) im Auftrag von Gewerbetreibenden oder Zwischenmeistern Waren herstellt, bearbeitet oder verpackt, wobei er selbst wesentlich am Stück mitarbeitet, jedoch die Verwertung der Arbeitsergebnisse dem unmittelbar oder mittelbar auftraggebenden Gewerbetreibenden überlässt. Das HAG stellt einen bestimmten Personenkreis wegen wirtschaftlicher Abhängigkeit mit existenzgefährdendem Charakter unter Schutz (vgl BFH I R 67/80 BStBl II 1984, 534; X R 61/99 BStBl II 2003, 31 sowie FG Ba-Wü EFG 1996, 37: Betreiben einer Tankstelle kein Hausgewerbe).

aa) **Eigene Arbeitsstätte.** Die eigene Arbeitsstätte kann auch in einer **Betriebsstätte** bestehen, die dem **Auftraggeber** gehört. Sie muss aber dem Hausgewerbetreibenden zur ausschließlichen Benutzung überlassen bleiben und tatsächlich ausschließlich von ihm benutzt werden (BFH I 226/59 U BStBl III 1960, 160). An einer eigenen Arbeitsstätte fehlt es, wenn der GewTreibende ausschließlich Montagearbeiten in fremden Räumen oder auf Baustellen des Auftraggebers ausführt (FG Ba-Wü EFG 1989, 303).

bb) **Fremde Hilfskraft.** Fremde Hilfskraft ist nach § 2 Abs 6 HAG, wer als **Arbeitnehmer** eines Hausgewerbetreibenden **oder** nach § 1 Abs 2 Buchst b und c HAG als **Gleichgestellter** in deren Arbeitsstätte beschäftigt ist. Das können Vollzeitbeschäftigte, aber auch aushilfsweise Beschäftigte sein. Letztere werden bei der Bemessung der Zahl der Beschäftigten im vollen Umfang einbezogen (BFH III R 223/83 BStBl II 1987, 719). „Fremde Hilfskraft" kann auch ein auf Grund Arbeitsvertrages beschäftigter, mit dem Hausgewerbetreibenden in häuslicher Gemeinschaft lebender naher Angehöriger sein (BFH X R 61/99 BStBl II 2003, 31; die aA von BFH V 96/56 S BStBl III 1956, 343 ist damit überholt). Diese Rspr gründet zutreffend auf der Erwägung, dass ein Arbeitsvertrag mit in häuslicher Gemeinschaft mit ihm zusammen lebenden Angehörigen dieselben Rechte und Pflichten begründet wie ein Arbeitsvertrag mit fremden Dritten. Eine andere Auffassung würde dem Schutzgedanken des HAG ebenso wenig gerecht wie dem Gebot der Wettbewerbsgleichheit. Nahe Angehörige in häuslicher Gemeinschaft mit dem Hausgewerbetreibenden sind nur dann keine „fremde Hilfskraft", wenn sie ihre Arbeitsleistung auf familienrechtlicher Grundlage erbringen (BFH X R 61/99 BStBl II 2003, 31).

Die Voraussetzung der Beschäftigung von **nicht mehr als zwei fremden Hilfskräften** bezieht sich auf einen Dauerzustand bei normaler Beschäftigungslage; ein vorübergehender Einsatz von mehr als zwei fremden Hilfskräften aus besonderem

Hausgewerbetreibende **§ 11**

Anlass schadet nicht (BFH I R 67/80 BStBl II 1984, 534), wohl aber der dauernde Einsatz von mehr als zwei fremden Hilfskräften, selbst wenn deren zeitliche Arbeitsleistung nicht über die von zwei Kräften hinausgeht (BFH III R 223/83 BStBl II 1987, 719). An Stelle der zwei Hilfskräfte können auch **zwei Heimarbeiter** beschäftigt werden (§ 2 Abs 2 Satz 1 HAG).

cc) Arbeit für den Absatzmarkt. Arbeit für den Absatzmarkt liegt vor, wenn die Arbeiten nicht für den auftraggebenden GewTreibenden, sondern für Dritte erbracht werden, indem der GewTreibende zu selbst festgelegten Konditionen an einen nicht beschränkten, nahezu ausschließlich aus Händlern bestehenden Abnehmerkreis liefert (FG Ba-Wü EFG 1991, 38).

Sie ist **vorübergehend,** wenn die Arbeitszeit hierfür bei 10% der Gesamtarbeitszeit der im Betrieb Tätigen liegt. Geringfügige Überschreitungen schaden auch dann nicht, wenn sie zwar ständig, von Dauer hier aber stets nur nebenbei erbracht werden (BFH IV 100/60 U BStBl III 1965, 66); 13,1% der Gesamtarbeitszeit sind jedoch zu viel (BFH VIII R 11/69 BStBl II 1975, 265). Die Vorschrift begünstigt den Hausgewerbetreibenden wegen seiner wirtschaftlichen Abhängigkeit vom Auftraggeber. Daher erscheint es sinnvoller, das Merkmal „vorübergehend" durch Umsatzvergleich statt durch Zeitvergleich zu bestimmen (ebenso *Blümich/ Gosch* § 11 GewStG Rn 23 mwN).

Mitarbeit am Stück ist die körperliche Arbeit am Produkt, insb in kleineren Betrieben, nicht jedoch allein die kaufmännische oder unternehmerische Tätigkeit (BFH IV 186/65 BStBl II 1972, 385); der Einsatz von Maschinen in bescheidenem Umfang ist nicht von vornherein ausgeschlossen (FG Ba-Wü EFG 1991, 38 rkr).

b) Heimarbeiter. Heimarbeiter ist nach **§ 2 Abs 1 HAG,** wer in selbst gewähl- **12** ter Arbeitsstätte (eigene Wohnung oder selbst gewählte Betriebsstätte) allein oder mit Familienangehörigen im Auftrag von Gewerbetreibenden oder Zwischenmeistern gewerblich arbeitet, jedoch die Verwertung der Arbeitsergebnisse dem unmittelbar oder mittelbar auftraggebenden Gewerbetreibenden überlässt. Beschafft der Heimarbeiter die Roh- oder Hilfsstoffe selbst, so wird dadurch seine Eigenschaft als Heimarbeiter nicht beeinträchtigt. Der Heimarbeiter selbst ist nichtselbstständig tätig, wenn er kein Unternehmerrisiko trägt (BFH I R 17/78 BStBl II 1980, 303). Im Übrigen kommt GewStPfl in Betracht (BFH VI 183/59 S BStBl III 1962, 37). Bei gewstpfl Heimarbeitern ist mE die Tarifvorschrift des Abs 3 entsprechend anzuwenden, weil insofern eine Regelungslücke vorliegt (ebenso *Blümich/Gosch* § 11 GewStG Rn 28). Die **Abgrenzung** zum Hausgewerbetreibenden im Einzelfall ist mitunter schwierig, insb wenn dieser keine Hilfskräfte beschäftigt (vgl § 2 Rn 59 „Hausgewerbetreibender").

c) Hausgewerbetreibenden gleichgestellte Personen. Bei den gleichgestell- **13** ten Personen **ermäßigt** sich die Steuermesszahl ebenfalls auf **56%.** Die Vorschrift unterscheidet 2 Gruppen:

(1.) die nach **§ 1 Abs 2 Buchst b und d HAG** gleichgestellten Personen; das sind Hausgewerbetreibende, die mit **mehr als zwei fremden Hilfskräften** (§ 2 Abs 2 HAG, zum Begriff s Rn 11a) oder Heimarbeitern (§ 2 Abs 1 HAG) arbeiten (§ 1 Abs 2 Buchst b HAG), sowie **Zwischenmeister** (§ 1 Abs 2 d HAG).

Zwischenmeister ist, wer lediglich als Mittelsperson die ihm von dem Gew-Treibenden übertragenen Arbeiten an Hausgewerbetreibende oder Heimarbeiter weitergibt, organisiert und kontrolliert, dh Funktionen der Auftraggeber ausübt (BFH HFR 1961, 186 mwN). Er darf die Waren vor der Vergabe von Arbeiten nicht selbst bearbeiten; dh er muss ganze Arbeit vergeben. Wer nur Teilarbeit vergibt, ist nicht Zwischenmeister (BFH IV 186/65 BStBl II 1972, 385). Allerdings braucht er nicht ausschließlich als Mittelsperson aufzutreten

§ 11 Steuermesszahl und Steuermessbetrag

(BFH V 27/59 BStBl III 1967, 741), dh er muss nicht alle ihm übertragenen Arbeiten an Heimarbeiter oder Hausgewerbetreibende weiterleiten (BFH V 96/56 S BStBl III 1956, 343).

Ist bei diesen Personen die Gleichstellung erfolgt, so ist für sie die ermäßigte GewStMesszahl **unabhängig von der Höhe der Entgelte** am Absatzmarkt zu gewähren. Dies gilt auch, wenn jemand nach § 1 Abs 2 Buchst b HAG gleichgestellt und gleichzeitig als Zwischenmeister tätig ist, ohne eine andere gewerbliche Tätigkeit auszuüben (BFH I 98/60 U BStBl III 1963, 144; IV 154/61 U BStBl III 1963, 146);

(2.) die nach **§ 1 Abs 2 Buchst c HAG** gleichgestellten Personen. Das sind andere im Lohnauftrag arbeitende Gewerbetreibende, die infolge ihrer wirtschaftlichen Abhängigkeit eine ähnliche Stellung wie Hausgewerbetreibende einnehmen. Auch bei ihnen wird die Gleichstellung wegen der sozialen und wirtschaftlichen Schutzbedürftigkeit ausgesprochen (§ 1 Abs 2 HAG).

Als Hausgewerbetreibende und gleichgestellte Personen sind auch **Zusammenschlüsse** solcher Personen zu behandeln (BFH I 226/59 U BStBl III 1960, 160; IV 186/65 BStBl II 1972, 385). Dann müssen jedoch alle Betroffenen Hausgewerbetreibende, Heimarbeiter oder gleichgestellte Personen sein, insb am Stück (s Rn 11a unter cc)) mitarbeiten.

Die **Gleichstellung** erfolgt in allen Fällen **durch widerrufliche Entscheidung** der zuständigen Heimarbeiterausschüsse nach Anhörung der Beteiligten (§ 1 Abs 4 HAG). Sie bedarf der Zustimmung der zuständigen Arbeitsbehörde. Sie ist im Bundesanzeiger zu veröffentlichen, es sei denn, sie betrifft nur bestimmte Einzelpersonen. Ist kein Heimarbeiterausschuss vorhanden, dann ist für die Gleichstellung die Arbeitsbehörde nach Anhörung der Beteiligten unter Mitwirkung der Gewerkschaften und der Vereinigung der Auftraggeber zuständig. Die Gleichstellung ist **für die GewSt bindend** (FG Düsseldorf EFG 1997, 1254 rkr). Die Finanzbehörden haben im Hinblick auf die Voraussetzungen für die Gleichstellung kein Nachprüfungsrecht (BFH IV 100/60 U BStBl III 1963, 66; IV 98/60 U BStBl III 1963, 144).

Voraussetzung für die Anwendung der ermäßigten GewStMesszahl bei dieser Gruppe der Gleichgestellten ist, dass die **Entgelte aus Tätigkeiten** unmittelbar **für den Absatzmarkt** (hierzu Rn 11a unter cc)) eine Grenze von **25 000 €** nicht übersteigen. Wird die Grenze überschritten, dann entfällt die Ermäßigung für den gesamten GewErtrag dieses EZ, und zwar auch, wenn die höheren allgemeinen Umsätze noch der Gleichstellungsverfügung zugelassen werden. Erfüllt eine gleichgestellte Person zum Teil auch die **Voraussetzungen eines Hausgewerbetreibenden** und lassen sich die Bereiche nicht trennen, dann wird die Vergünstigung insgesamt nicht gewährt, falls die Entgelte aus Tätigkeiten für den allgemeinen Absatzmarkt 25 000 € überschreiten (BFH I 98/60 U BStBl III 1963, 144; IV 154/61 U BStBl III 1963, 146).

3. Andere Tätigkeiten

14 Nach **§ 22 GewStDV** kann neben der Tätigkeit als Hausgewerbetreibender, Zwischenmeister und gleichgestellte Personen noch eine **weitere gewerbliche Tätigkeit** ausgeübt werden, ohne dass die Begünstigung des § 11 Abs 3 entfällt. Sie gilt dann für den gesamten Gewerbeertrag. Voraussetzung: beide Tätigkeiten sind als Einheit anzusehen (vgl § 2 Rn 16 ff) und die andere Tätigkeit überwiegt nicht. ME sollte allein darauf abgestellt werden, ob trotz der zusätzlichen Tätigkeit noch Schutzbedürftigkeit gegeben ist.

Abschnitt III.

§§ 12, 13 *(weggefallen)*

Abschnitt IV. Steuermessbetrag

§ 14 Festsetzung des Steuermessbetrags

¹Der Steuermessbetrag wird für den Erhebungszeitraum nach dessen Ablauf festgesetzt. ²Erhebungszeitraum ist das Kalenderjahr. ³Besteht die Gewerbesteuerpflicht nicht während eines ganzen Kalenderjahrs, so tritt an die Stelle des Kalenderjahrs der Zeitraum der Steuerpflicht (abgekürzter Erhebungszeitraum).

Gewerbesteuer-Richtlinien 2009: R 14.1 GewStR/H 14.1 GewStH

Übersicht

	Rn
1. Allgemeines	1
2. Gewerbesteuermessbescheid	2–8
a) Zuständigkeit	2
b) Inhalt	3–5
c) Bekanntgabe	6
d) Bindungswirkung	7
e) Verjährung	8
3. Erhebungszeitraum	9
4. Pauschale Gewerbesteueranrechnung	10
5. Steuermessbetrag (Übersicht)	11

1. Allgemeines

1 Nach früherem Recht **(bis EZ 1997)** wurden die Steuermessbeträge nach dem Gewerbeertrag und dem Gewerbekapital zwar getrennt ermittelt, durch ihre Zusammenrechnung zu einem einheitlichen Steuermessbetrag im GewStMessbescheid verloren sie aber ihre selbstständige Bedeutung. Nur der einheitliche Steuermessbetrag war anfechtbar. Zur Höhe des Gewerbeertrages konnte kein Teilurteil ergehen (BFH IV R 24/07 BFH/NV 2010, 1491). Eine Saldierung von Fehlern beim Messbetrag nach dem Ertrag war mit solchen des Kapitalmessbetrags zulässig (BFH GrS 1/66 BStBl II 1968, 344); es trat keine getrennte Bestandskraft der Messbeträge ein.

Ab EZ 1998 wird der Steuermessbetrag nur noch nach dem Gewerbeertrag ermittelt.

Bei **Organschaftsverhältnissen** sind die Gewerbeerträge und (bis EZ 1997:) die Gewerbekapitalien (nicht die Messbeträge) der verbundenen Unternehmen getrennt zu ermitteln, aber dann beim Organträger zusammenzufassen. Denn die Organgesellschaft gilt nach § 2 Abs 2 als Betriebsstätte des Organträgers (vgl § 2 Rn 488 f). Gegenüber der Organgesellschaft, deren Gewinn in vollem Umfang dem Organträger zugerechnet wird, wird kein GewStMessbetrag festgesetzt (BFH I R 44/95 BStBl II 1997, 181).

Das geltende Gewerbesteuerrecht folgt der sog **Gegenwartsbesteuerung.** Der Gewerbeertrag geht von dem für den Erhebungszeitraum maßgebenden Gewinn aus (§ 7). Nach dem GewStG 1936 war Bemessungszeitraum das jeweils vorangegangene Jahr.

Erhebungszeitraum ist das Kalenderjahr, dh bei Beginn oder Ende der Steuerpflicht während des Kalenderjahrs der Zeitraum der Steuerpflicht. Nach Ablauf des Erhebungszeitraums, auch des abgekürzten, wird der (bis EZ 1997 einheitliche)

Gewerbesteuermessbescheid § 14

Steuermessbetrag festgesetzt. Er ist erforderlichenfalls auf volle Euro nach unten abzurunden (R 14.1 GewStR).

2. Gewerbesteuermessbescheid

a) Zuständigkeit. Den Gewerbesteuermessbescheid erlässt das Finanzamt (§ 184, §§ 155 f AO). **Örtlich zuständig** ist das BetriebsFA (§ 22 Abs 1 Satz 1, § 18 Abs 1 Nr 2 AO). Bei „reinen" Reisegewerbebetrieben ist das FA zuständig, in dessen Bezirk sich der Mittelpunkt der gewerblichen Betätigung befindet (R 1.3 Abs 1 Satz 2 GewStR). Die örtliche Unzuständigkeit eines FA ist nach § 127 AO noch kein Aufhebungsgrund (BFH I R 88/02 BStBl II 2004, 751). Zur Bekanntgabe des Messbescheids durch Gemeinden s Rn 6, zur Übertragung der Verwaltung der GewSt auf die Gemeinden s § 4 Rn 6. Für das Gebiet der **ehem DDR** wurden den FÄ zunächst auch Festsetzung, Erhebung und Billigkeitsmaßnahmen übertragen (*Pauka* DB DDR-Report 1990, 3182). 2

b) Inhalt. Nach § 184 Abs 1 AO hat das FA im Steuermessbescheid über die **persönliche** und die **sachliche Steuerpflicht** zu entscheiden. Die persönliche Steuerpflicht betrifft die Steuerschuldnerschaft (§ 5 Rn 1), die sachliche die Frage, welcher Betrieb Steuergegenstand ist. Der Messbescheid hat bindende Wirkung (§ 182 Abs 1 AO) für den GewStBescheid. Einwendungen gegen den Gewerbeertrag sind daher im Rechtsbehelf gegen den Messbescheid und nicht gegen den GewStBescheid geltend zu machen (BFH I R 301/83 BStBl II 1987, 816). Es gelten die §§ 155, 157 AO. Der Streitwert im Verfahren über den Messbetrag richtet sich nach der Höhe der GewSt (BFH VIII E 3/11 BFH/NV 2012, 60). Die Bezeichnung des **Steuerschuldners** entspricht regelmäßig der des Bescheidadressaten. Der Steuergegenstand (Gewerbebetrieb), über den der Bescheid gilt, ergibt sich bei mehreren gewerbesteuerlich selbstständigen Betrieben eines Gewerbetreibenden aus der Steuernummer, unter der er geführt wird (s BFH III R 45/08 BStBl II 2011, 673). Wird dies nicht beachtet, droht Nichtigkeit (BFH X R 38/11 BFH/NV 2013, 1125). 3

Nach früherer Rechtsprechung des BFH zählte auch die **Steuergläubigerschaft** zum notwendigen Inhalt des GewStMessbescheids (s *Blümich/Hofmeister* § 14 GewStG Rn 18). Teilweise wurde angenommen, die auch den Steuerschuldner bindende Feststellung der hebeberechtigten Gemeinde folge daraus, dass das FA nach § 184 Abs 3 AO dieser Gemeinde den Inhalt des Steuermessbescheids mitzuteilen habe (BFH I R 151/80 BStBl II 1985, 607; I R 117/84 BStBl II 1985, 650). Auch das BVerwG sieht offensichtlich die Nennung der hebeberechtigten Gemeinde im Messbescheid als Verwaltungsakt an (KStZ 1999, 34, ebenso OVG Rh-Pf KStZ 2004, 79). Nach neuerer BFH-Rspr (BFH I R 88/02 BStBl II 2004, 751) ist die Bestimmung der hebeberechtigten Gemeinde nicht Bestandteil des GewStMessbescheides (s § 4 Rn 7; aA *Lenski/Steinberg* § 14 Rn 25). Die Mitteilung nach § 184 Abs 3 AO ist kein Verwaltungsakt, sondern eine verwaltungsinterne Maßnahme (*HHSp* § 184 AO Rn 92). 4

Nach § 184 Abs 1 AO sind die **Vorschriften über die Steuerfestsetzung** auf den Steuermessbescheid sinngemäß anzuwenden. Dies beinhaltet auch die Möglichkeit, den Bescheid nach § 164 AO unter den Vorbehalt der Nachprüfung zu stellen oder nach § 165 AO vorläufig zu erlassen. Nachdem das BVerfG im dritten Anlauf über eine Richtervorlage des Nds FG (DStRE 2004, 1161) zur Verfassungsmäßigkeit des GewStG sachlich entschieden hat und dieses als verfassungskonform beurteilt hat (BVerfG 1 BvL 2/04 DStRE 2008, 1003), wird der Gewerbesteuermessbetrag **nicht mehr vorläufig** (§ 165 AO) festgesetzt (*BMF* BStBl I 2008, 934). Auch eine Vorläufigkeit wegen der Frage, ob das HaushaltsbegleitG in verfassungskonformer Weise zustande gekommen ist (s hierzu BVerfG 2 BvR 758/07 NVwZ 2010, 634), kommt keine Vorläufigkeitserklärung mehr in Betracht, nachdem die sog *Koch-Steinbrück*-Liste durch das G v 5.4.2011 (BStBl I 2011, 310) bestätigt worden ist (s 5

§ 14 Festsetzung des Steuermessbetrags

BMF BStBl I 2011, 468). Die Festsetzungsfrist nach §§ 169 f AO ist zu beachten (s auch § 5 Rn 25). Hinsichtlich der **Bescheidänderung** gelten die §§ 172 f AO. § 182 Abs 2 AO gilt nicht für den GewStMessbescheid (§ 184 Abs 1 Satz 4 AO). Gegenüber dem Rechtsnachfolger entfaltet der GewStMessbescheid keine Bindungswirkung. Dies stimmt überein mit § 2 Abs 5. Danach gilt bei einem Unternehmerwechsel der Gewerbebetrieb durch den bisherigen Unternehmer als eingestellt. Zu **Billigkeitsmaßnahmen** s § 5 Rn 27.

6   c) **Bekanntgabe.** Die Bekanntgabe des Gewerbesteuermessbescheids erfolgt in der Praxis zT durch die **Gemeinden,** denen das FA die für den Steuerpflichtigen bestimmte Ausfertigung des Bescheids übermittelt (R 1.4 Abs 2 Satz 2 GewStR) oder die erforderlichen Daten überlässt. Die Kritik an diesem Verfahren wäre nicht aus Gründen des Steuergeheimnisses (FG Ba-Wü EFG 1986, 306 rkr; *Hammer* DStR 1982, 98), sondern allenfalls damit gerechtfertigt, dass gesetzliche Zuständigkeiten für die Bekanntgabe nach § 122 AO bestehen müssen. Es wird aber genügen, wenn das zuständige FA diese Bekanntgabe zwar nicht selbst durchführt, aber in die Wege leitet. Die Gemeinde handelt nur als Botin. Dagegen soll nach BFH I R 28/88 BStBl II 1991, 244, die Gemeinde GewStMessbescheide (auch kombinierte) nicht nur nicht herstellen, sondern auch in eigener Verantwortung nicht bekannt geben dürfen, wenn hierfür keine **landesrechtliche Grundlage** besteht (vgl Nachweise bei *Tipke/Kruse* § 184 AO Tz 54 sowie bei *HHSp* § 184 Rn 43; krit *Frotscher/Maas* § 14 GewStG Rn 22). Ein Bescheid, der trotz Fehlens einer solchen Grundlage erlassen worden ist, ist jedoch nicht nichtig (BFH I R 28/88 aaO). BFH XI B 69/92 BStBl II 1993, 263 nimmt die Heilung einer fehlerhaften Bekanntgabe dann an, wenn die Einspruchsentscheidung ordnungsgemäß bekanntgegeben wurde. Für Einspruchsentscheidungen besorgen allerdings die FÄ die nach § 366 AO vorgeschriebene Bekanntgabe selbst. Die gesetzlich zur Bekanntgabe befugte Gemeinde darf jedenfalls das Bescheidsdatum einfügen (FG Ba-Wü EFG 1989, 327 rkr, auch zum kombinierten Verspätungszuschlag). Zur (fehlenden) Rechtsbehelfsbefugnis der Gemeinden s § 5 Rn 10.

7   d) **Bindungswirkung.** Die im Steuermessbescheid getroffenen Feststellungen sind für den **GewStBescheid bindend** (§ 184 Abs 1 iVm § 182 AO). Er ist Grundlagenbescheid iSd § 171 Abs 10 AO (BFH I R 111/98 BFH/NV 2000, 346). Nach Eröffnung des Insolvenzverfahrens darf ein GewStMessbescheid nicht mehr ergehen; vielmehr ist die Steuerforderung zur Insolvenztabelle anzumelden (BFH I R 11/97 BStBl II 1998, 428; s § 7 Rn 52 ff). Zu diesem Zweck teilen die FÄ den Gemeinden den Messbetrag formlos mit (AEAO Nr 2.9.1 zu § 122 AO). Einkommensteuer- oder Feststellungsbescheid haben trotz der in § 35 b vorgeschriebenen Änderung auch des GewStMessbescheids bei Änderung des Einkommensteuerbescheids gegenüber dem Messbescheid keine bindende Wirkung (BFH VIII R 73/05 BStBl II 2008, 681; s § 35b Rn 2). Verneint das FA in einem Einkommensteuerbescheid einen bestehenden Gewerbebetrieb, so ist es nicht gehindert, einen GewStMessbescheid für den fraglichen Zeitraum zu erlassen. In Ausnahmefällen kann dieses Recht jedoch verwirkt sein (§ 5 Rn 26). Zur Frage der Aussetzung der Vollziehung und der Einkommensteuerbescheid nicht als Grundlagenbescheid für den GewStMessbescheid zu behandeln (BFH VIII B 1/66 BStBl II 1994, 300). Wird die Vollziehung des angefochtenen Einkommensteuerbescheids wegen strittiger gewerblicher Einkünfte ausgesetzt, so ist auch ein Antrag auf Aussetzung des bestandskräftigen GewStMessbescheids statthaft (BFH I B 1/66 BStBl III 1966, 651; vgl auch § 35b Rn 11). Der GewStMessbescheid hat **Tatbestandswirkung** für die Festsetzung von **Beiträgen zur IHK** (§ 2 Abs 1 IHKG). Diese Wirkung kommt einem Bescheid, der auf 0 € lautet, jedoch nicht zu (BVerwG GewArch 2011, 403).

Gewerbesteuermessbescheid **§ 14**

e) Verjährung. Nach Ablauf der Verjährungsfrist darf ein GewStMessbescheid 8
nicht mehr erlassen, aufgehoben oder geändert werden. Die §§ 169ff AO gelten
entsprechend (§ 184 Abs 1 Satz 3 AO), dh der Messbescheid muss vor Ablauf der
Verjährungsfrist den Bereich des zuständigen FA verlassen haben (§ 169 Abs 1 Satz 3
Nr 1 AO). Übersendet die Gemeinde den Bescheid, so muss er deren Bereich
verlassen haben. Die Mitteilung nach § 184 Abs 3 AO hat als Verwaltungsinternum
auf den Ablauf der Festsetzungsfrist keinen Einfluss. Zur Verwirkung s § 5 Rn 26.

3. Erhebungszeitraum

Erhebungszeitraum ist grundsätzlich das Kalenderjahr. Besteht die Gewerbesteu- 9
erpflicht nicht während des ganzen Jahres, so tritt an die Stelle des Kalenderjahres
der Zeitraum der Steuerpflicht als abgekürzter Erhebungszeitraum (§ 14). Nach
Ablauf des Erhebungszeitraums, auch des abgekürzten, wird der (bis EZ 1997 einheitliche) Steuermessbescheid festgesetzt. Nach § 19 Abs 3 Satz 3 kann das FA noch
während des laufenden EZ für Vorauszahlungszwecke einen Messbescheid erlassen.

4. Pauschale Gewerbesteueranrechnung

Der durch GewStMessbescheid festgesetzte Messbetrag ist Ausgangspunkt für die 10
pauschale Anrechnung der Gewerbesteuer auf die Einkommensteuer nach **§ 35
EStG.** Bei gewerbetreibenden Einzelunternehmern und bei Mitunternehmern wird
die auf die gewerblichen Einkünfte entfallende Einkommensteuer um das 1,8fache
des Messbetrages (Rechtslage bis einschließlich 2007) bzw auf das 3,8fache (Rechtslage ab 2008) gemindert. Der Messbescheid ist somit Grundlagenbescheid für den
Einkommensteuerbescheid (vgl BFH IV R 5/08 BStBl II 2010, 912; BMF BStBl I
2009, 440 Rn 33). Der auf den einzelnen Mitunternehmer entfallende Anteil am
Messbetrag, der sich nach dem allgemeinen Gewinnverteilungsschlüssel richtet, ist
gesondert und einheitlich festzustellen (§ 35 Abs 2 EStG). Das hierfür zuständige
FA hat die Mitunternehmerstellung der Feststellungsbeteiligten zu prüfen, nicht aber
die Anrechnungsmöglichkeit (BFH IV R 8/09 BStBl II 2012, 183). Der nach
§ 35 Abs 2 EStG festzustellende Betrag kann ausnahmsweise niedriger sein als der
GewStMessbetrag, wenn nämlich Teile des festgesetzten Messbetrages von der
Ermäßigung nach § 35 EStG ausgeschlossen sind (BFH IV R 5/08 aaO). Vorabgewinnanteile sind für die Bemessung des Anteils eines Mitunternehmers am
GewStMessbetrag nicht zu berücksichtigen (BFH IV B 109/08 BStBl II 2010, 116;
BMF BStBl I 2010, 43). Nach dem Wortlaut des § 35 Abs 1 Satz 3 EStG kommt es
darauf an, ob die einkommensteuerlich zu erfassenden gewerblichen Einkünfte
durch Gewerbesteuer vorbelastet sind. Zu den Einzelheiten der GewSt-Anrechnung
s *BMF* BStBl I 2009, 440 sowie zu mehrstöckigen Personengesellschaften *BMF*
BStBl I 2010, 1312.

5. Steuermessbetrag (Übersicht)

	Gewerbeertrag:
	Gewinn aus Gewerbebetrieb (§ 7)
+	Hinzurechnungen (§ 8)
./.	Kürzungen (§ 9)
=	Gewerbeertrag (Abrundung auf volle 100 €, § 11 Abs 1)
./.	Freibetrag (24 500 € bzw 5000 €; § 11 Abs 1)
=	Steuerpflichtiger Gewerbeertrag
×	Steuermesszahl (§ 11 Abs 2)
=	Steuermessbetrag (§ 14)

Selder 1071

§ 14a Steuererklärungspflicht

11 Der Steuermessbetrag, multipliziert mit dem Hebesatz (§ 16), ergibt die Gewerbesteuer.

§ 14a Steuererklärungspflicht

¹Der Steuerschuldner (§ 5) hat für steuerpflichtige Gewerbebetriebe eine Erklärung zur Festsetzung des Steuermessbetrags und in den Fällen des § 28 außerdem eine Zerlegungserklärung nach amtlich vorgeschriebenem Datensatz durch Datenfernübertragung zu übermitteln. ²Auf Antrag kann die Finanzbehörde zur Vermeidung unbilliger Härten auf eine elektronische Übermittlung verzichten; in diesem Fall ist die Erklärung nach amtlich vorgeschriebenem Vordruck abzugeben und vom Steuerschuldner oder von den in § 34 der Abgabenordnung bezeichneten Personen eigenhändig zu unterschreiben.

Gewerbesteuer-Durchführungsverordnung

§ 25 GewStDV Gewerbesteuererklärung

(1) Eine Gewerbesteuererklärung ist abzugeben
1. *für alle gewerbesteuerpflichtigen Unternehmen, deren Gewerbeertrag im Erhebungszeitraum den Betrag von 24 500 Euro überstiegen hat;*
2. *für Kapitalgesellschaften (Aktiengesellschaften, Kommanditgesellschaften auf Aktien, Gesellschaften mit beschränkter Haftung), wenn sie nicht von der Gewerbesteuer befreit sind;*
3. *für Genossenschaften einschließlich Europäischer Genossenschaften und für Versicherungsvereine auf Gegenseitigkeit, wenn sie nicht von der Gewerbesteuer befreit sind. ²Für sonstige juristische Personen des privaten Rechts und für nichtrechtsfähige Vereine ist eine Gewerbesteuererklärung nur abzugeben, soweit diese Unternehmen einen wirtschaftlichen Geschäftsbetrieb – ausgenommen Land- und Forstwirtschaft – unterhalten, dessen Gewerbeertrag im Erhebungszeitraum den Betrag von 5000 Euro überstiegen hat;*
4. *für Unternehmen von juristischen Personen des öffentlichen Rechts, wenn sie als stehende Gewerbebetriebe anzusehen sind und ihr Gewerbeertrag im Erhebungszeitraum den Betrag von 5000 Euro überstiegen hat;*
5. *für Unternehmen im Sinne des § 3 Nr. 5, 6, 8, 9, 15, 17, 21, 26, 27, 28 und 29 des Gesetzes nur, wenn sie neben der von der Gewerbesteuer befreiten Tätigkeit auch eine der Gewerbesteuer unterliegende Tätigkeit ausgeübt haben und ihr steuerpflichtiger Gewerbeertrag im Erhebungszeitraum den Betrag von 5000 Euro überstiegen hat;*
6. *für Unternehmen, für die zum Schluss des vorangegangenen Erhebungszeitraums vortragsfähige Fehlbeträge gesondert festgestellt worden sind;*
7. *für alle gewerbesteuerpflichtigen Unternehmen, für die vom Finanzamt eine Gewerbesteuererklärung besonders verlangt wird.*

(2) ¹Die Steuererklärung ist spätestens an dem von den obersten Finanzbehörden der Länder bestimmten Zeitpunkt abzugeben. ²Für die Erklärung sind die amtlichen Vordrucke zu verwenden. ³Das Recht des Finanzamts, schon vor diesem Zeitpunkt Angaben zu verlangen, die für die Besteuerung von Bedeutung sind, bleibt unberührt.

1. Entstehungsgeschichte und zeitlicher Anwendungsbereich

1 § 14 a wurde durch das Steuerbereinigungsgesetz 1985 v 14.12.1984 (BGBl I 1984, 1493) eingeführt. Damit sollte eine ausdrückliche Rechtsgrundlage für die Pflicht zur Abgabe einer Steuererklärung im Gesetz vorgesehen werden. Bis dahin bestand für die

Steuererklärungspflicht § 14a

Gewerbesteuererklärung eine spezielle Regelung lediglich in § 25 GewStDV. Mit Wirkung ab EZ 2011 ist die GewSt-Erklärung grundsätzlich in elektronischer Form abzugeben (StBürokratieAbbG v 20.12.2008, BGBl I 2008, 2850).

2. Erklärungspflicht

Erklärungspflichtig ist nach § 14a Satz 1 der Steuerschuldner (§ 5). An seiner Stelle handeln bei gesetzlicher Vertretung natürlicher oder juristischer Personen die gesetzlichen Vertreter, bei nichtrechtsfähigen Personenvereinigungen und Vermögensmassen die anderen in § 34 AO genannten Personen, also Geschäftsführer oder hilfsweise die Gesellschafter oder Mitglieder. Beim Unternehmensverbund in der Form einer **Organschaft** ist der Organträger als Steuerschuldner zur Abgabe der Steuererklärung verpflichtet, und zwar auch für die Organgesellschaft. Bei der **Betriebsaufspaltung** trifft die Erklärungspflicht die jeweiligen Gesellschaften oder Gemeinschaften, weil nicht nur eine getrennte Ermittlung der Besteuerungsgrundlagen erforderlich ist, sondern auch mehrere Steuerschuldner existieren (BFH IV R 19/82 BStBl II 1985, 199). Hat ein Unternehmer **mehrere Gewerbebetriebe,** ist für jeden einzelnen Betrieb eine GewStErklärung abzugeben. Stellt sich erst nachträglich, nach dem Verkauf eines vierten Objekts, das Vorliegen eines **gewerblichen Grundstückshandels** heraus, so bestand dennoch von Anfang an, dh nach Verkauf des ersten Objekts, die Pflicht zur Abgabe einer GewStErklärung, so dass bei einer Pflichtverletzung der Beginn der Festsetzungsfrist nach § 170 Abs 2 Satz 1 Nr 1 AO iVm § 184 Abs 1 Satz 3 AO hinausgeschoben ist (BFH III R 1/05 BStBl II 2007, 375).

3. Form der Erklärung

Ab **EZ 2011** ist die Übermittlung der Steuererklärung in **elektronischer Form** der Regelfall. Nach § 150 Abs 7 AO ist der Datensatz mit einer qualifizierten elektronischen Signatur nach dem SignaturG zu versehen. Die Abgabe in **Papierform** auf Antrag ist nur noch bei unbilliger Härte möglich. Dies ist anzunehmen, wenn eine Steuererklärung durch Datenfernübertragung wirtschaftlich oder persönlich unzumutbar ist (§ 150 Abs 8 Satz 1 AO; s.a. BFH XI R 33/09 BStBl II 2012, 477). Dies ist insb der Fall, wenn die Schaffung der technischen Voraussetzungen nur mit einem nicht unerheblichen technischen Aufwand möglich wäre oder wenn der Stpfl nach seinen individuellen Kenntnissen und Fähigkeiten nicht oder nur eingeschränkt in der Lage ist, die Möglichkeiten der Datenfernübertragung zu nutzen (§ 150 Abs 8 Satz 2 AO).

Eine auf Papier abgegebene Steuererklärung ist **eigenhändig** zu unterschreiben. Blankounterschriften und dergleichen genügen diesem Erfordernis nicht (BFH VI R 80/81 BStBl II 1984, 13; VI R 16/82 BStBl II 1984, 436). Eine Stellvertretung bei der Unterschriftsleistung ist nur unter den Voraussetzungen des § 150 Abs 3 AO statthaft.

§ 25 Abs 2 Satz 2 GewStDV bestimmt, dass für die Erklärung *der* amtliche Vordruck zu verwenden ist. § 150 Abs 1 Satz 1 AO sowie § 14 a nF verlangen lediglich die Abgabe *nach* amtlich vorgeschriebenem Vordruck. Dem genügen auch selbst hergestellte und hinsichtlich ihrer Ausgestaltung mit dem amtlichen Vordruck übereinstimmende Vordrucke und Fotokopien, die bestimmten Voraussetzungen genügen müssen (vgl hierzu *BMF* BStBl I 2011, 247).

4. Erklärungsfristen

Als Abgabetermin bestimmt die *FinVerw* wie für die übrigen laufend veranlagten Steuern auch bei der Gewerbesteuer jeweils den 31. 5. des dem VZ/EZ folgenden Kalenderjahres. Diese Frist wird für die steuerlich vertretenen Steuerpflichtigen nach § 109 AO bis zum 31. 12. verlängert (BStBl I 2013, 66).

§ 14b Verspätungszuschlag

5. Betroffene Steuergegenstände

5 Die von der Erklärungspflicht betroffenen Steuergegenstände bezeichnet § 25 Abs 1 GewStDV. Nach § 11 Abs 1 löst ein Überschreiten der Freibeträge für den Gewerbeertrag (24 500 € für natürliche Personen oder Personengesellschaften) die Abgabepflicht aus. Kapitalgesellschaften sind – soweit sie nicht gewerbesteuerbefreit sind – zur Erklärungsabgabe verpflichtet, ebenso die Genossenschaften (einschließlich der Europäischen) und Versicherungsvereine auf Gegenseitigkeit. Für die sonstigen juristischen Personen des privaten Rechts und die nicht rechtsfähigen Vereine wird auf den Freibetrag des § 11 Abs 1 Satz 3 Nr 2 von 5000 € (vor EZ 2009: 3900 €) abgehoben. Dasselbe gilt für Unternehmen von juristischen Personen des öffentlichen Rechts und nach § 25 Abs 1 Nr 5 GewStDV für teilweise von der GewSt befreite Unternehmen, soweit sie daneben eine gewerbesteuerpflichtige Tätigkeit ausüben. Die Anhebung des Freibetrags in § 11 Abs 1 Satz 3 Nr 2 GewStG auf 5000 € und korrespondierend in § 25 Abs 1 Nr 2–5 GewStDV mWv EZ 2009 erfolgte durch das 3. MittelstEntlG v 17.3.2009 (BGBl I 2009, 550). Durch die 3. VO zur Änderung der GewStDV v 17.12.1990 (BStBl I 1991, 29) war in § 25 Abs 1 Nr 6 GewStDV eine Erklärungspflicht bei gesondert festgestellten Fehlbeträgen (§ 10a) des vergangenen Erhebungszeitraums eingeführt worden. Außerdem ist für alle gewerbesteuerpflichtigen Unternehmen eine Erklärung abzugeben, für die dies vom FA besonders verlangt wird (§ 25 Abs 1 Nr 7 GewStDV, Ermessensentscheidung). Gewinnermittlungsunterlagen sind nach § 60 EStDV der Einkommensteuer- oder Feststellungserklärung beizufügen. Bei Unsicherheit über die GewStPflicht ist eine GewStErklärung auf Aufforderung des FA abzugeben (§ 184 Abs 1 Satz 3, § 149 Abs 1 Satz 2 AO).

In **Zerlegungsfällen** (§ 28) hat der Steuerschuldner zusätzlich eine Zerlegungserklärung abzugeben. In dieser Erklärung sind die Gemeinden anzugeben, in denen der Steuerpflichtige Betriebsstätten unterhalten hat, darüber hinaus die auf die einzelnen Betriebsstätten entfallenden Arbeitslöhne.

§ 14b Verspätungszuschlag

¹Ein nach § 152 der Abgabenordnung zu entrichtender Verspätungszuschlag fließt der Gemeinde zu. ²Sind mehrere Gemeinden an der Gewerbesteuer beteiligt, so fließt der Verspätungszuschlag der Gemeinde zu, in der sich die Geschäftsleitung am Ende des Erhebungszeitraums befindet. ³Befindet sich die Geschäftsleitung im Ausland, so fließt der Verspätungszuschlag der Gemeinde zu, in der sich die wirtschaftlich bedeutendste Betriebsstätte befindet. ⁴Auf den Verspätungszuschlag ist der Hebesatz der Gemeinde nicht anzuwenden.

1. Entstehungsgeschichte

1 Die Vorschrift wurde durch das SteuerbereinigungsG v 14.12.1984 (BGBl I 1984, 1493) mit Wirkung ab dem Erhebungszeitraum 1984 in das Gesetz aufgenommen. Die „Ertragshoheit" der Gemeinde für den Verspätungszuschlag soll eine gesicherte Rechtsgrundlage aufweisen. Der inhaltsgleiche § 26 Abs 2 GewStDV aF stand im Widerspruch zu der höherrangigen Regelung in § 3 Abs 4 AO.

2. Zweck

2 Der Verspätungszuschlag ist wie auch der Säumniszuschlag ein **Druckmittel** eigener Art. Er dient weder seinem Nebenzweck noch seinem Hauptzweck nach der Erzielung von Einnahmen der öffentlichen Hand (BFH VI R 268/80 BStBl II 1983, 489 zu Säumniszuschlägen; BFH VI B 108/04 BFH/NV 2005, 1003), viel-

Pauschfestsetzung § 15

mehr soll er den geordneten Gang der Veranlagung gewährleisten; er wird vom FA festgesetzt. Gleichwohl ist es sachgerecht, dass der Zuschlag der berechtigten Gemeinde zugewiesen wird. Aufgrund der Änderung durch das JStG 1996 v 11.10.1995 (BStBl I 1995, 1250) wird der Verspätungszuschlag bei der Beteiligung mehrerer Gemeinden an der Gewerbesteuer nicht mehr der Gemeinde mit dem größten Zerlegungsanteil zugewiesen, sondern derjenigen Gemeinde, in der sich die Geschäftsleitung am Ende des Erhebungszeitraums befindet (Satz 2). Die geänderte Fassung des Gesetzes soll die berechtigte Gemeinde eindeutig definieren. Die Vorgängervorschrift hatte zu Schwierigkeiten in den Fällen geführt, in denen mehreren Gemeinden ein gleich hoher „größter" Zerlegungsanteil zugewiesen wurde (BRDrs 171/95, 147). Befindet sich die Geschäftsleitung im Ausland, so fließt der Verspätungszuschlag der Gemeinde zu, in der sich die wirtschaftlich bedeutendste Betriebsstätte befindet. Dies richtet sich nach der Ertragskraft. Der Hebesatz ist auf den Verspätungszuschlag nicht anzuwenden. Diese Klarstellung im Gesetz erschien nötig, weil der Zuschlag regelmäßig vom FA zusammen mit dem Steuermessbetrag festgesetzt wird (§ 152 Abs 3 AO).

3. Verfahrensrecht

Verfahrensrechtliches regelt § 152 AO. Ob ein Zuschlag festgesetzt wird, ist eine 3 Ermessensentscheidung (BFH IV R 29/00 BStBl II 2002, 120). Ermessenskriterien sind nach § 152 Abs 2 Satz 2 AO der Zweck des Zuschlags (Anhalten zur rechtzeitigen Abgabe der Steuererklärung), die Dauer der Fristüberschreitung, die Höhe des Zahlungsanspruchs, Vorteile aus verspäteter Abgabe, Verschulden sowie die wirtschaftliche Leistungsfähigkeit. Zur Ermessensausübung s BFH V R 89/88 BStBl II 1992, 3. Voraussetzung ist, dass die Steuererklärung nicht oder nicht fristrecht abgegeben worden ist. Belastet wird der Erklärungspflichtige (s § 14 a Rn 2). Bei einer durch ihre gesetzlichen Vertreter handelnden Gesellschaft kann ein Verspätungszuschlag gegen die Gesellschaft oder gegen den Vertreter festgesetzt werden (BFH IV R 127/89 BStBl II 1991, 675; s § 152 Abs 1 Satz 3 AO).

Der Verspätungszuschlag darf 10% der festgesetzten Steuer bzw hier des festgesetzten Messbetrags nicht überschreiten und höchstens 25 000 € betragen. Die spätere Bescheidänderung lässt den Verspätungszuschlag grundsätzlich unberührt. Die Finanzbehörden müssen aber den Verspätungszuschlag nochmals überprüfen (*Klein / Rätke* § 152 Rn 40). Das Versäumnis sieht die *FinVerw* regelmäßig dann nicht als entschuldbar und einen Zuschlag für erforderlich an, wenn die Steuererklärung wiederholt nicht oder wiederholt nicht fristgerecht abgegeben oder eine gewährte Fristverlängerung nicht eingehalten wurde (AEAO Nr 2 zu § 152 AO).

Wird der Steuermessbetrag durch Einspruchs- oder Änderungsbescheid nachträglich herabgesetzt, so hat das FA zu prüfen, in welchem Umfang die für die Bemessung des Zuschlages maßgebenden Erwägungen des § 152 Abs 2 AO noch zutreffen. Der Höchstbetrag (10%) ist nur in außergewöhnlichen Fällen, dh beim Zusammentreffen mehrerer erschwerender Umstände vertretbar (BFH V R 69/77 BStBl II 1979, 641). Zur Anwendung der §§ 130, 131 AO auf den festgesetzten Zuschlag s auch *Klein/Rätke* § 152 Rn 40.

§ 15 Pauschfestsetzung

Wird die Einkommensteuer oder die Körperschaftsteuer in einem Pauschbetrag festgesetzt, so kann die für die Festsetzung zuständige Behörde im Einvernehmen mit der Landesregierung oder der von ihr bestimmten Behörde auch den Steuermessbetrag in einem Pauschbetrag festsetzen.

Gewerbesteuer-Richtlinien 2009: R 15.1 GewStR

§ 15

1. Regelungszusammenhang

1   Nach seinem Regelungszusammenhang ist § 15 keine eigenständige Grundlage für die Pauschalierung des Steuermessbetrags, sondern setzt die pauschale Festsetzung der ESt oder KSt voraus. Dies lassen die §§ 34 c Abs 5, 50 Abs 4 EStG sowie § 26 Abs 6 KStG zu. Bei Zuzug aus dem Ausland gestattete § 31 EStG aF die Pauschalierung der ESt bis zur Dauer von 10 Jahren. Die Vorschrift wurde durch das StRefG 1990 v 25.7.1988 (BStBl I 1988, 224) mWv VZ 1990 aufgehoben. Eine Pauschalfestsetzung nach § 15 ist eine Ermessensentscheidung, allerdings ist das Ermessen vorgeprägt, wenn die ESt/KSt in einem Pauschbetrag festgesetzt worden ist, was eine vorherige Ermessensentscheidung voraussetzt (s §§ 34c Abs 5, 50 Abs 4 EStG, § 26 Abs 6 KStG).

2. Beschränkte Einkommen-/Körperschaftsteuerpflicht

2   Bei estrechtlich beschränkt Stpfl kann die Steuer ganz oder zum Teil erlassen oder in einem Pauschbetrag festgesetzt werden, wenn dies im besonderen öffentlichen Interesse liegt; dies kann insb bei kulturellen oder sportlichen Veranstaltungen zu bejahen sein (§ 50 Abs 4 EStG).
    Die Alternative „besonders schwierige Berechnung der Einkünfte" nach § 50 Abs 7 EStG in der bis 2008 geltenden Fassung ergab für die GewSt mangels einer Unterscheidung zwischen beschränkter und unbeschränkter GewStPflicht keinen Sinn. Die Ausnahme eines Gewerbeertrags eines inländischen Unternehmens, der auf nicht im Inland gelegene Betriebsstätten entfällt, regelt § 9 Nr 3. Inländische Betriebsstätten von Unternehmen, deren Geschäftsleitung sich im Ausland befinden, sind unter den Voraussetzungen des § 2 Abs 6 von der GewSt freigestellt (§ 2 Rn 13). Danach verblieben bei der beschränkten StPfl für die GewStPauschalierung die Fälle, in denen die ESt bzw KSt aus volkswirtschaftlichen Gründen in einem Pauschbetrag festgesetzt wurde.

3. Ausländische Einkünfte

3   Die in R 15.1 GewStR angesprochene Pauschalierung bei ausländischen Einkünften für die ESt (§ 34 c Abs 5 EStG) und für die KSt (§ 26 Abs 6 KStG) ist hinsichtlich ihrer Übertragung auf die GewSt zweifelhaft.
    Für die 2. Alternative des § 34 c Abs 5 EStG „besonders schwierige Ermittlung der anzurechnenden ausländischen Steuer" gibt es im GewStRecht keine Entsprechung. Ein Anrechnungsverfahren ist hier nicht vorgesehen. Ausländische Einkünfte des § 34 c Abs 5 sowie des § 34 d EStG sind in § 9 Nrn 3, 7 und 8 und § 8 Nr 8 hinsichtlich des gewstrechtlich Gewerbeertrags berücksichtigt. § 15 soll die Tätigkeit inländischer Unternehmen u.a. in Nicht-DBA-Ländern fördern (vgl den **Auslandstätigkeitserlass** BStBl I 1983, 470 sowie den **Pauschalierungserlass** BStBl I 1984, 252). Der subventionsähnliche Charakter gestattet es, den Begriff „ausländische Einkünfte" des EStRechts in die Besteuerungsgrundlagen der GewSt umzusetzen. Tatbestandlich denkbar ist dies zwar nicht für die ohnehin ausgenommenen Erträge der ausländischen Betriebsstätten eines inländischen Unternehmens, wohl aber zB für Beteiligungserträge und -werte, die nicht unter § 9 Nr 7 fallen. Technisch durchführbar ist die pauschale Begünstigung von Teilen des Gewerbeertrags auch bei einem GewStMessbetrag eines einheitlichen Betriebs, wie die bis EZ 1992 gesetzlich geregelten Fälle in § 11 Abs 3 Nr 2 aF und § 13 Abs 3 aF zeigen (vgl dazu § 13 Rn 2 in der 3. Aufl).

4. Verfahrensrecht

§ 34 c Abs 5, § 50 Abs 4 EStG und § 26 Abs 6 KStG sind Ermessensvorschriften **4** (vgl zu § 34 c Abs 5 – früher Abs 3 – BVerfG BStBl II 1978, 548). Ihre zutreffende Anwendung ist nach § 102 FGO nur eingeschränkt nachprüfbar.

Kommt es nachträglich durch eine geänderte Entscheidung zu einer Pauschalierung der ESt bzw KSt, so muss das FA von Amts wegen in die Prüfung des § 15 eintreten. Die verfahrensrechtliche Grundlage für die Änderung des GewStMessbescheids bietet dann § 35 b.

Ist die GewSt für mehrere Jahre nachzuholen, so müssen für die einzelnen Jahre getrennte pauschalierte GewStMessbeträge festgesetzt werden (R 15.1 GewStR). Steuervereinbarungen über die Erhebung der Gewerbesteuer sind nach zutreffender hM unzulässig (s § 4 Rn 12). Sie werden auch nicht durch § 15 gestattet.

Abschnitt V. Entstehung, Festsetzung und Erhebung der Steuer

§ 16 Hebesatz

(1) Die Steuer wird auf Grund des Steuermessbetrags (§ 14) mit einem Prozentsatz (Hebesatz) festgesetzt und erhoben, der von der hebeberechtigten Gemeinde (§§ 4, 35 a) zu bestimmen ist.

(2) Der Hebesatz kann für ein Kalenderjahr oder mehrere Kalenderjahre festgesetzt werden.

(3) [1]Der Beschluss über die Festsetzung oder Änderung des Hebesatzes ist bis zum 30. Juni eines Kalenderjahrs mit Wirkung vom Beginn dieses Kalenderjahrs zu fassen. [2]Nach diesem Zeitpunkt kann der Beschluss über die Festsetzung des Hebesatzes gefasst werden, wenn der Hebesatz die Höhe der letzten Festsetzung nicht überschreitet.

(4) [1]Der Hebesatz muss für alle in der Gemeinde vorhandenen Unternehmen der gleiche sein. [2]Er beträgt 200 Prozent, wenn die Gemeinde nicht einen höheren Hebesatz bestimmt hat. [3]Wird das Gebiet von Gemeinden geändert, so kann die Landesregierung oder die von ihr bestimmte Stelle für die von der Änderung betroffenen Gebietsteile auf eine bestimmte Zeit verschiedene Hebesätze zulassen. [4]In den Fällen des Satzes 3 sind die §§ 28 bis 34 mit der Maßgabe anzuwenden, dass an die Stelle mehrerer Gemeinden die Gebietsteile der Gemeinde mit verschiedenen Hebesätzen treten.

(5) In welchem Verhältnis die Hebesätze für die Grundsteuer der Betriebe der Land- und Forstwirtschaft, für die Grundsteuer der Grundstücke und für die Gewerbesteuer zueinander stehen müssen, welche Höchstsätze nicht überschritten werden dürfen und inwieweit mit Genehmigung der Gemeindeaufsichtsbehörde Ausnahmen zugelassen werden können, bleibt einer landesrechtlichen Regelung vorbehalten.

Gewerbesteuer-Richtlinien 2009: H 16.1 GewStH

Literatur: *Flies,* Entspricht die im Laufe eines Kalenderjahres angeordnete Erhöhung der Hebesätze der Gewerbesteuer dem Grundgesetz?, FR 1994, 248; *Behrendt,* Hebesatzautonomie und Standortentscheidung, StB 1996, 296; *Wälz/Süß,* Verfassungswidrigkeit der gewerbesteuerlichen Änderungen durch das Steuervergünstigungsabbaugesetz?, DStR 2003, 1637; *Rödel,* Änderungen im Bereich der Gewerbesteuer durch das Steuervergünstigungsabbaugesetz, Inf 2003, 740; *B. Schmidt,* Auswirkungen des GewStÄndG auf Unternehmen und die Gewerbesteuer-Hebesätze der Gemeinden, StuB 2004, 249; *Hidien,* Staatliche Gewerbesteuerpflicht und gemeindliches Gewerbesteuerertragsrecht, ZKF 2004, 29; *Otting,* Verfassungsrechtliche Grenzen der Bestimmung des Gewerbesteuerhebesatzes durch Bundesgesetz, DB 2004, 1222; *Selmer/Hummel,* Verfassungsgerechte Pflicht der Gemeinden zur Erhebung von GewSt?, NVwZ 2006, 14; *Broer,* Internationale Gewinnverlagerungen – eine empirische Untersuchung von steuerlichen Anreizen und Aufkommenseffekten am Beispiel Deutschlands, StuW 2010, 110; *Brüning,* Zur Reanimation der Staatsaufsicht über die Kommunalwirtschaft, DÖV 2010, 553; *Kußmaul/Weiler,* Die Berücksichtigung von Steuern in der Investitionsrechnung, StB 2011, 115; *Scheffler,* Interstaatliche Erfolgszuordnung als Instrument der Steuerplanung, Ubg 2011, 262.

Übersicht

	Rn
I. Allgemeines	1
II. Anwendung des Hebesatzes	2–9
1. Festsetzung und Erhebung	2, 2a
a) Grundsatz	2
b) Zuständigkeit	2a
2. Zum Verfahren	3, 3a
a) GewStBescheid als Folgebescheid	3
b) Bekanntgabe	3a
3. Rechtsbehelfe	4, 4a
a) Besteuerungsgrundlagen	4
b) GewStFestsetzung	4a
4. Verjährung	5
5. Beitreibung und Niederschlagung	6
6. Stundung	7
7. Erlass	8, 8a
a) Grundsatz	8
b) Zuständigkeit/Verfahren	8a
8. Säumniszuschläge	9
III. Der Hebesatz	10–13
1. Festsetzung des Hebesatzes	10, 10a
a) Grundsatz	10
b) Frist für Beschlussfassung	10a
2. Höhe des Hebesatzes	11–11c
a) Grundsatz	11
b) Einzelheiten	11a
c) Mindesthebesatz	11b
d) Gleichheit des Hebesatzes	11c
3. Landesrechtliche Regelungen	12
4. Rechtsbehelfe	13

I. Allgemeines

Die Vorschrift **konkretisiert Art 106 Abs 6 Satz 2 GG,** wonach den Gemein- 1
den das Recht einzuräumen ist, die Hebesätze der RealSt im Rahmen der Gesetze
festzusetzen. Durch G v 29.10.1997 (BGBl I 1997, 2590) ist Abs 1 an die Aufhebung
der GewKapSt ab EZ 1998 durch dieses G angepasst worden. Die Festlegung eines
Mindesthebesatzes durch Einfügung von Satz 2 in Abs 4 erfolgte mWv EZ 2004
durch G v 23.12.2003 (BGBl I 2003, 2922). Zur Ergänzung der Ausnahmeregelung
in Abs 4 Satz 1 wurde mWv EZ 2009 ein Satz 4 angefügt durch JStG 2009 (BGBl I
2008, 2794).

II. Anwendung des Hebesatzes

1. Festsetzung und Erhebung

a) Grundsatz. Die **Festsetzung der GewSt** bestimmt den zweiten Verfahrens- 2
abschnitt der GewBesteuerung. Sie erfolgt durch **Anwendung eines Hebesatzes**
(Prozentsatzes) auf den GewStMessbetrag oder den der Gemeinde hieran zustehenden Zerlegungsanteil. Der Hebesatz hat die Funktion eines Steuersatzes. Die den

Hebesatz regelnde Satzungsbestimmung der Gemeinde (Rn 10 ff) hat iVm § 16 die Funktion einer **Tarifvorschrift.** Hieraus ergibt sich, dass die Festsetzung des GewStMessbetrags selbst nicht zu einer (verfassungsrechtlich unzulässigen) **Überbesteuerung** führen kann (BFH IV B 91/04 BStBl II 2005, 647; III B 170/06 BFH/NV 2010, 237). Bei der Anwendung ist die sog KleinbetragsVO v 19.12.2000 (BGBl I 2000, 1790/1805, BStBl I 2001, 3/18), insb § 2, zu beachten.

2a **b) Zuständigkeit.** Die Festsetzung und Erhebung ist **grundsätzlich** eine **Angelegenheit der Gemeinde** (vgl §§ 1, 16 Abs 1 GewStG; Übertragung durch LandesG gem Art 108 Abs 4 Satz 2 GG). Diese erlässt auf Grund des ihr vom FA übersandten GewStMessbescheids oder – im Falle der Zerlegung – der Zerlegungsmitteilung den GewStBescheid. Ist die Festsetzung und Erhebung der GewSt nach § 5 Abs 2 GewStÄndG **den FÄ übertragen,** wie in Hamburg, Bremen und Berlin, so erlässt das FA auch den GewStBescheid, der äußerlich mit dem GewStMessbescheid verbunden werden kann.

Die hebeberechtigte Gemeinde wird nicht durch den GewStMessbescheid (Rn 3) bestimmt (BFH IV B 64/11 BFH/NV 2013, 512).

2. Zum Verfahren

3 **a) GewStBescheid als Folgebescheid.** Der GewStBescheid ist StBescheid iSv § 155 AO. Er ist **Folgebescheid** des GewStMessbescheids iSv § 182 Abs 1 AO (vgl § 184 Abs 1 Satz 4 AO). Die Festsetzung des GewStMessbetrags (bzw des auf die Gemeinde entfallenden Zerlegungsanteils) ist bindend für den GewStBescheid. Das bedeutet u.a., dass die Gemeinde nach dem Grundsatz der Gesetzmäßigkeit der Verwaltung (Art 20 Abs 3 GG) einen **GewStBescheid erlassen oder ändern muss,** wenn ein GewStMessbescheid ergangen oder geändert worden ist (vgl BFH I R 151/80 BStBl II 1985, 607; I B 54/96 BStBl II 1997, 136; I R 11/98 BFH/NV 2000, 346; *Blümich/Gosch* § 16 GewStG Rn 35). Der GewStMessbescheid ist bei der Festsetzung der GewSt auch dann zu Grunde zu legen, wenn er noch nicht bestandskräftig ist (§ 182 Abs 1 Satz 1 AO). Wird der GewStMessbetrag geändert, so ist der GewStBescheid auch dann zu ändern, wenn er bereits bestandskräftig ist (vgl § 175 Abs 1 Satz 1 Nr 1 AO). Ergeht eine **AdV** über den GewStMessbescheid, so hat die Gemeinde auch den GewStBescheid von der Vollziehung auszusetzen (vgl OVG S-Anh 2 M 114/09 NVwZ-RR 2010, 53)

3a **b) Bekanntgabe.** Als StBescheid iSv § 155 AO ist der GewStBescheid nach § 122 Abs 1 AO demjenigen **bekannt zu geben,** für den er **bestimmt** ist oder der von ihm betroffen wird. Das ist auf jeden Fall der Steuerschuldner iSv § 5. Außerdem ist anzugeben, wer die Steuer schuldet (vgl § 157 Abs 1 Satz 2 AO). Zur fehlerhaften Bezeichnung einer Personengesellschaft als Steuerschuldner im GewStMessverfahren vgl BFH VIII R 260/84 BStBl II 1987, 768.

3. Rechtsbehelfe

4 **a) Besteuerungsgrundlagen.** Aus der Grundlagenfunktion des (positiven) GewStMessbescheids folgt, dass der Stpfl begründete **Einwendungen** gegen die StPfl und den Ansatz von Besteuerungsgrundlagen (GewErtrag und bis EZ 1997 GewKapital) sowie gegen den (einheitlichen) GewStMessbetrag nur durch Anfechtung des GewStMessbescheids geltend machen kann (vgl § 42 FGO, § 351 Abs 2 AO; BVerwG 7 C 56/78 HFR 1981, 285; BFH I R 301/83 BStBl II 1987, 816; FG B-Bbg 12 V 12208/11 EFG 2012, 1465; zur eingeschränkten Bedeutung eines auf 0 lautenden GewStMessbescheids vgl BVerwG 8 C 23/10 HFR 2011, 1390 mwN). Das gilt jedoch nicht ohne Weiteres für den **Haftungsschuldner** nach § 75 AO, zumal er nicht durch den GewStMessbescheid beschwert wird (BVerfG 2 BvR 1157/93 BStBl II 1997, 415, gegen BVerwG 8 C 20.90, NJW 1993, 2453).

Anwendung des Hebesatzes **§ 16**

Der **Streitwert** im Klageverfahren gegen den GewStMessbetrag bemisst sich nach dem streitigen Messbetrag multipliziert mit dem jeweiligen Hebesatz (BFH VIII E 3/11 BFH/NV 2012, 60).

b) GewStFestsetzung. Obliegt den Gemeinden die Festsetzung und Erhebung 4a der GewSt (Rn 2), dann sind **Widerspruch** nach § 68 VwGO und bei Erfolglosigkeit **Klage,** Berufung und Revision vor den Gerichten der Verwaltungsgerichtsbarkeit nach §§ 40, 132 ff VwGO statthaft. Obliegt die Festsetzung und Erhebung den FÄ, dann sind Einspruch nach § 347 AO und Klage sowie Revision vor den Gerichten der Finanzgerichtsbarkeit nach §§ 40, 115 ff FGO statthaft (BFH IV 11/54 U BStBl III 1957, 421). Wird eine pflichtgemäß zu gewährende **Folge-AdV** (Rn 3) nicht gewährt, so ist ein Antrag auf einstweilige Anordnung nach § 123 VwGO zulässig (OVG S-Anh 2 M 114/09 NVwZ-RR 2010, 53).

4. Verjährung

Es gelten die Vorschriften der AO (vgl § 1 Abs 2 Nr 4 u 5 AO) über die **Festset-** 5 **zungsverjährung** (§§ 169 ff AO) und die **Zahlungsverjährung** (§§ 228 ff AO). Nach Ablauf der Festsetzungsfrist darf die GewSt nicht mehr festgesetzt werden. Die Frist beginnt mit Ablauf des Kalenderjahres, in dem die GewStErklärung eingereicht worden ist oder – wenn die Erklärung nicht eingereicht worden ist – mit Ablauf des dritten dem Kalenderjahr der Entstehung der GewSt folgenden Kalenderjahres (§ 170 Abs 2 Satz 1 Nr 1 AO). Die **Festsetzungsfrist** beträgt grundsätzlich 4 Jahre (§ 169 Abs 2 Satz 1 Nr 2 AO), bei hinterzogener GewSt (§ 370 AO) 10 Jahre und bei leichtfertig verkürzter GewSt (§ 378 AO) 5 Jahre (§ 169 Abs 2 Satz 2 AO). Die Frist läuft nach § 171 Abs 10 AO nicht vor Ablauf von 2 Jahren nach Bekanntgabe des GewStMessbescheids (Grundlagenbescheid) ab. Entsprechendes gilt bei einer Änderung des GewStMessbescheids durch das FA oder das FG. Der Eintritt der Verjährung bedeutet insoweit Erlöschen des StSchuldverhältnisses (§ 47 AO) und ist von Amts wegen zu beachten. Ein gleichwohl erlassener GewStBescheid ist aber nicht nichtig, sondern nur rechtswidrig und muss nach den Grundsätzen zu Rn 4a angefochten werden.

5. Beitreibung und Niederschlagung

Obliegt die Festsetzung und Erhebung der GewSt den Gemeinden, dann richtet 6 sich die Beitreibung und Niederschlagung nach **landesrechtlichen Vorschriften,** nicht nach der AO (vgl § 1 Nr 2 AO). Sind dagegen die FÄ zuständig (Rn 2), dann gelten die Vorschriften der AO, insb §§ 249 ff AO und § 261 AO.

6. Stundung

Zu beachten sind die Vorschriften des **§ 222 AO** (vgl § 1 Abs 2 Nr 5 AO). Danach 7 können die Finanzbehörden Ansprüche aus dem Steuerschuldverhältnis ganz oder teilweise stunden, wenn die Einziehung bei Fälligkeit eine **erhebliche Härte** für den Schuldner bedeuten würde und der Anspruch durch die Stundung nicht gefährdet erscheint. Die Stundung soll idR nur auf Antrag und gegen Sicherheitsleistung gewährt werden. **Kein Stundungsgrund** ist die Tatsache, dass der Stpfl ein Rechtsmittel gegen den GewStMessbescheid führt, auf dessen günstigen Ausgang er setzt (VG Gelsenkirchen 5 L 1358/11); anders kann zu entscheiden sein, wenn der eingezogene Betrag mit an Sicherheit grenzender Wahrscheinlichkeit alsbald zu erstatten wäre (BFH I R 149/85 BFH/NV 1991, 14).

Zuständig ist die Behörde, die für die Festsetzung und Erhebung der GewSt zuständig ist (Rn 2). Vgl zu den Stundungsgrundsätzen im Einzelnen die einschlägige Kommentarliteratur zur AO, insb *HHSp; Tipke/Kruse; Koch; Klein.*

Wird die GewSt gestundet, so sind nach § 234 Abs 1 AO **Stundungszinsen** zu erheben. Allerdings kann auch hierauf verzichtet werden, wenn die Einziehung nach Lage des einzelnen Falles unbillig wäre (vgl im Einzelnen hierzu die o.a. Kommentarliteratur). Die Stundungszinsen stehen der steuerberechtigten Gemeinde zu (§ 3 Abs 4 Satz 2 AO).

Obliegt der Gemeinde die Festsetzung und Erhebung der GewSt, dann kann auch sie für die Bearbeitung eines Stundungsantrags **keine Gebühr** erheben; eine solche ist für die Erhebung staatlich verwalteter Steuern grundsätzlich nicht vorgesehen (BVerwG KStZ 1986, 191).

7. Erlass

8   a) **Grundsatz.** Es gelten die Vorschriften des **§ 227 AO** (vgl § 1 Abs 2 Nr 5 AO). Danach können die Finanzbehörden Ansprüche aus dem Steuerschuldverhältnis ganz oder zum Teil erlassen, wenn deren **Einziehung** nach Lage des einzelnen Falles **unbillig** wäre; unter den gleichen Voraussetzungen können bereits entrichtete Beträge erstattet oder angerechnet werden. Die Unbilligkeit kann sich aus der Natur der Sache, dh aus einer vom Gesetzgeber nicht gewollten Benachteiligung des einzelnen Stpfl (zB BVerwG VII C 18.76 BB 1978, 795; 7 B 128/78 HFR 1981, 239; 8 C 162/81 BStBl II 1984, 244), oder aus persönlichen und wirtschaftlichen Gründen ergeben (BVerwG VII C 193.57 BVerwGE 9, 238, 240; 8 C 42/88 DVBl 1990, 1405). Zu den Ermessensgrundsätzen sowie zur – eingeschränkten – Möglichkeit, einen bestandskräftigen StBescheid inhaltlich-sachlich im Rahmen des Erlassverfahrens zu korrigieren, vgl BVerwG 8 C 42/88 aaO.

Die Vorschrift gibt der Gemeinde **nicht das Recht,** an Stelle einer vom Gesetzgeber unterlassenen sozial- oder wirtschaftspolitischen Maßnahme die gesetzlich geschuldete GewSt ganz oder teilweise **nicht zu erheben** (BFH I 255/62 U BStBl III 1964, 589; IV R 34/69 BStBl II 1970, 696); das gilt auch, wenn der GewBetrieb nur geringe Gewinne bzw einen GewErtrag nur durch Anwendung von Hinzurechnungsvorschriften erzielt (BVerwG VII B 40.77 KStZ 1977, 218; 8 C 49/82 HFR 1984, 302); ebenso wenig besteht ein Erlassgrund, wenn der Hebesatz in der Nachbargemeinde niedriger ist (BVerwG VII C 7.74 BB 1976, 456). Zur nicht abstrakt-generell zu beantwortenden – Frage des Erlasses wegen Fehlens eines Verlustausgleichs nach § 10a vgl BVerwG 11 B 57/99.

8a b) **Zuständigkeit/Verfahren.** Zuständig ist die **Gemeinde/Behörde,** der die Erhebung der GewSt obliegt. Hierbei ist die Gemeinde nicht an einen vom FA ausgesprochenen Billigkeitserlass (zB von USt) gebunden (BVerwG 8 C 42/88 NJW 1991, 1073). Allerdings sind die Finanzbehörden nach § 184 Abs 2 AO zur abweichenden Festsetzung des GewStMessbetrags aus Billigkeitsgründen nach § 163 AO befugt, soweit hierfür in einer allgemeinen Verwaltungsvorschrift der Bundesregierung oder einer der obersten Landesfinanzbehörden Richtlinien aufgestellt worden sind.

Für den Erlass ist ein **Antrag nicht erforderlich.** Wird ein solcher gestellt, so ist er nicht fristgebunden. Nach höchstrichterlicher Rspr (BFH V 181/57 U BStBl III 1958, 248; II R 8/76 BStBl II 1981, 82; BVerwG StRK AO 77, § 227 R 25) kann jedoch die unangemessene Verzögerung der Antragstellung (über die Verjährungsfristen für die StFestsetzung hinaus) zur Verwirkung des Anspruchs auf ermessensfehlerfreie Billigkeitsentscheidung führen. Das ist mE zweifelhaft, denn die Behörde ist unabhängig von einem Antrag zu jeder Zeit zu einer Prüfung von Amts wegen aufgerufen. Im Übrigen könnte eine Verwirkung mE bestenfalls bei sachlichen, nicht jedoch bei persönlichen Billigkeitsgründen eintreten.

Vgl zu den Erlassgrundsätzen im Übrigen die einschlägige Kommentarliteratur (Rn 7).

8. Säumniszuschläge

Säumniszuschläge sind nach **§ 240 Abs 1 AO** Folgen einer verspäteten Zahlung (vgl BVerwG 8 C 31/96 HFR 2000, 225). Sie fließen nach § 3 Abs 4 Satz 2 AO der verwaltenden Körperschaft zu. 9

III. Der Hebesatz

1. Festsetzung des Hebesatzes

a) Grundsatz. Die Festsetzung des Hebesatzes ist Schaffung von **materiellem Steuerrecht** (BVerfG 1 BvR 33/64 BVerfGE 21, 54; BFH VI 318/67 BStBl II 1970, 20). Sie kann nach Abs 2 für ein oder mehrere Kalenderjahre erfolgen. Die Festsetzung erfolgt idR durch Haushaltssatzung der Gemeinde. Auch eine besondere Hebesatz-Satzung ist wohl zulässig, zumal die Gemeindeordnungen der einzelnen Länder keine Verpflichtung mehr enthalten, die Hebesätze durch Haushaltssatzung festzulegen (OVG Münster 22 A 57/89 NVwZ 1991, 1208, ZKF 1991, 36; *Loberg* ZKF 1982, 187; *Welge* GemH 1986, 85; aA *Depericux* BB 1983, 436). Bei der Beratung und Abstimmung ist ein Gemeinderatsmitglied nicht deswegen ausgeschlossen, weil es selbst gewstpfl ist (vgl zur GrundSt BayVGH KStZ 1976, 150, DÖV 1976, 752). 10

b) Frist für Beschlussfassung. Der **Beschluss** ist nach Abs 3 **bis 30. 6.** mit Wirkung vom Beginn dieses Kalenderjahres zu fassen; nach diesem Termin ist er nur zulässig, wenn er die Höhe der letzten Festsetzung nicht überschreitet. Für eine **erstmalige Festsetzung** gelten diese Fristen nicht auch noch nach Ablauf des Kalenderjahres zulässig (BVerwG VII C 44.68 BStBl II 1971, 443; *Sarrazin* in L/S § 16 Rn 42; aA *Blümich/Gosch* § 16 GewStG Rn 21). Die Vorschrift bedeutet, dass der Hebesatz grundsätzlich für das Kalenderjahr festzusetzen ist, wobei der Festsetzungszeitraum auch mehrere Kalenderjahre umfassen kann. Die **rückwirkende Festsetzung** des GewStHebesatzes ist verfassungsgemäß (BVerfG 2 BvR 2/60 BVerfGE 13, 279; BFH VI R 118/67 BStBl II 1970, 20; BVerwG VII C 44.68 BStBl II 1971, 443; *Fick* DGStZ 1979, 18; krit *Flies* FR 1994, 248). 10a

Die **Genehmigung** durch die Genehmigungsbehörde und **Bekanntmachung** der Satzung ist **nicht fristgebunden** (BVerwG 7 B 143/79 HFR 1980, 156). Eine verfassungskonforme Auslegung ergibt mE aber, dass die Vorschrift den Schutzzweck nur erfüllen kann, wenn der zeitliche Zusammenhang zwischen Beschlussfassung und Bekanntmachung gewahrt bleibt (aA *Sarrazin* in L/S § 16 Rn 3). Die Vorschrift des Abs 3 bezweckt eine Lösung des Konflikts zwischen den Interessen der Gemeinde an einem gewissen Spielraum bei der Finanzplanung und dem Vertrauensschutz des Bürgers in die Vorhersehbarkeit und nur eingeschränkte Rückwirkung von belastenden Normen.

2. Höhe des Hebesatzes

a) Grundsatz. Bei der Bestimmung des Hebesatzes der Höhe nach sind die Gemeinden **grundsätzlich frei** (BVerfG 2 BvR 2185, 2189/04 BVerfGE 125, 141; BFH VI 318/67 BStBl II 1970, 20; BVerwG 8 C 32/90 KStZ 1993, 193; *Welge* GemH 1986, 85). Doch darf die Gemeinde ihr **Normsetzungsermessen nicht überschreiten** und völlig *willkürliche Hebesätze* festsetzen; die kommunale Finanzautonomie schließt nicht aus, im Wege der **staatlichen Kommunalaufsicht** die RealSt-Hebesätze zu beanstanden. Das gilt zB, wenn ein wirtschaftlich in keinem Fall mehr vertretbarer und nicht im Rahmen einer ordnungsgemäßen Verwaltung liegender Verbrauch öffentlicher Mittel festzustellen ist (HessVGH KStZ 1964, 109; 11

§ 16

BayVGH BayVBl 1976, 341), oder wenn sich die Gemeinde in einer anhaltenden Haushaltsnotlage befindet und ihr Haushaltssicherungskonzept nicht erkennen lässt, wie die mit einer Senkung der Hebesätze verbundenen Einnahmeverluste ausgeglichen werden sollen (BVerwG 8 C 43/09 BVerwGE 138, 89; vorsichtig *Brüning* DÖV 2010, 553).

11a **b) Einzelheiten.** Darüber hinaus ist das Hebesatzrecht durch das sich aus Art 20 Abs 1 GG ergebende Gebot **sozialer Steuerpolitik** begrenzt (zur LohnsummenSt BFH IV R 161, 162/75 BStBl II 1977, 512; zur GrundSt FG Berlin 2 K 2386/02 EFG 2005, 390; allgemein zB BVerfG 2 BvL 3/66 u.a. BVerfGE 27, 111). Ein weitergehendes Gebot, die StPfl möglichst zu schonen, besteht ebenso wenig wie eine Verpflichtung, den Hebesatz bei steigendem Steueraufkommen zu senken (BayVGH BayVBl 1976, 341, KStZ 1976, 150, DÖV 1976, 752). Der Landesgesetzgeber hat daher keine Kompetenz, die Bemessung der Hebesätze an die Ausschöpfung des Gebührenrahmens für besondere Leistungen der Gemeinden zu binden (BVerwG 8 C 32/90 KStZ 1993, 193; *Deperieux* NWB 1991, F 29, 899).

Die Gemeinde muss zur Wahrung von Art 12 GG nur **Erdrosselungswirkungen** vermeiden, dh sie darf die StPfl nicht durch Geldleistungspflichten übermäßig belasten und die Vermögensverhältnisse grundlegend beeinträchtigen (zB BVerfG 1 BvR 51/69 u.a. BVerfGE 38, 61 mwN). Das aber ist nicht schon dann der Fall, wenn einzelne Stpfl die Steuer nicht tragen können, sondern erst, wenn die Mehrheit der Stpfl bzw der **durchschnittliche GewStpfl** die GewSt unter normalen Umständen nicht aufbringen kann; denn Art 12 GG gewährleistet keinen Bestandsschutz für die Fortsetzung einer unwirtschaftlichen Betriebsführung (vgl BVerfG 1 BvL 22/67 BVerfGE 31, 8; BVerwG VII C 84.57 BVerwGE 6, 247, 268; 10 C 5/04 BVerwGE 123, 218; BFH II R 47/95 BStBl II 1996, 538). Es besteht keine unmittelbare **Äquivalenzverknüpfung**. Im Übrigen ergibt sich eine gewisse Beschränkung aus der Regelung des Abs 5. Für eine Beschränkung des Hebesatzrechts tritt insb ein *InstFSt* Brief 206. Sie würde aber eine Änderung von Verfassungsrecht erfordern, weil eine Beschränkung des Hebesatzrechts gegen Art 28 Abs 2 Satz 3 und Art 106 Abs 6 Satz 2 GG verstieße (vgl BVerfG 1 BvR 33/64 BVerfGE 21, 54; grds 2 BvR 2185, 2189/04, BVerfGE 125, 141, BFH/NV 2010, 793).

Zur **betriebswirtschaftlichen Bedeutung** des Hebesatzes für Überlegungen zur Steueroptimierung durch Verlagerung von betrieblichen Funktionen in Gemeinden mit niedrigen Steuersätzen *Broer* StuW 2010, 110; *Kußmaul/Weiler* StB 2022, 115; *Scheffler* Ubg 2011, 266.

11b **c) Mindesthebesatz.** Ab **EZ 2004** sieht **Abs 4 Satz 2** einen Mindesthebesatz von **200%** vor. Die Vorschrift dient der Vermeidung eines „Steuerwettbewerbs" (genauer: eines Nullsteuerwettbewerbs), der geeignet war, durch „gravierende regionale Verwerfungen" (BTDrs 15/1517, 19), also Bildung von „Steueroasen", dem Grundsatz der **Finanzautonomie** der Gemeinden – jedenfalls soweit die Einnahmeseite betroffen ist – den Boden zu entziehen (vgl § 1 Rn 16). Die Regelung verstößt (auch unter Einschluss der nunmehr nach § 1 bestehenden Verpflichtung zur Erhebung der GewSt) nicht gegen **Verfassungsrecht,** insb gegen die Art 28 Abs 2 Satz 3 und Art 106 Abs 6 Satz 2 GG (BVerfG 2 BvR 2185, 2189/04, BVerfGE 125, 141, BFH/NV 2010, 793; ebenso *Sarrazin* in *L/S* § 16 Rn 4; *B. Schmidt* StuB 2004, 249; *Hidien* ZKF 2004, 29; *Selmer/Hummel* NVwZ 2006, 14; **aA** *Wälz/Süß* DStR 2003, 1637; *Rödel* Inf 2003, 740; *Otting* DB 2004, 1222). Die bezeichneten GG-Artikel garantieren nicht die Möglichkeit des Verzichts auf die GewStErhebung und stehen insofern der Beschränkung des kommunalen Hebesatzrechts nicht entgegen. Die (konkurrierende) Gesetzgebungskompetenz des Bundes ergibt sich aus Art 105 Abs 2 iVm Art 72 Abs 2 GG.

Rechtsbehelfe § 16

Ebenso wenig bestehen mE Zweifel, ob die Regelung ihren Zweck insb im Hinblick auf das **„Ob" der Hebesatzfestsetzung** erreichen kann (so jedoch *Blümich/Gosch* § 16 GewStG Rn 16). Denn die Pflicht zur Festsetzung eines Hebesatzes ergibt sich aus der Pflicht zur Erhebung der GewSt (§ 1). Bleibt die Gemeinde untätig, muss die Rechtsaufsicht tätig werden (vgl Rn 11, ebenso *Otting* DB 2004, 1222).

d) Gleichheit des Hebesatzes. aa) Grundsatz. Der Hebesatz muss nach **Abs 4** **11c** Satz 1 für alle in der Gemeinde vorhandenen Unternehmen **der gleiche** sein. Das bedeutet, dass der geltende Hebesatz bindend für alle GewBetriebe der Gemeinde ist.

bb) Ausnahme bei Neugliederung. Satz 3 enthält hierzu **Ausnahmen** für die **Neugliederung** von Gemeindegebieten. Die Landesregierung oder die von ihr bestimmte Stelle kann in diesem Fall die Geltung unterschiedlicher Hebesätze nur zulassen, nicht aber selbst bestimmen. Zuständig bleibt weiterhin die Gemeinde. Die Vorschrift schließt eine Erhöhung des Hebesatzes für das bisherige Gebiet der aufnehmenden Gemeinde nicht aus, wenn dessen Hebesatz bei der Eingliederung bereits höher war als der der eingegliederten Gemeinde (BVerwG 8 B 210/81 ZKF 1982, 32; zust *Sarrazin* in *L/S* § 16 Rn 38). ME fraglich, eine zusätzliche Spreizung der Hebesätze an Stelle einer maßvollen Anhebung immer noch unterschiedlich hoher Hebesätze ist sach- u ermessenswidrig; Satz 3 enthält für eng begrenzte Fälle in einem eng begrenzten Rahmen eine Ausnahme von Satz 1, der auch für die Auslegung des Satzes 3 Bedeutung hat.

Hiervon abgesehen dürfen abweichende Hebesätze **nur lokal,** jedoch **nicht personal** bestimmt werden. Es ist also nicht zulässig, für die bei der Neugliederung bereits vorhandenen Unternehmen einen (höheren) Hebesatz festzusetzen und die neu gegründeten GewBetriebe hiervon auszunehmen.

cc) Zerlegungsgrundsätze. Zur Durchführung der o.a. Ausnahmeregelung bestimmt ein **neuer Satz 4** die entsprechende **Anwendung der §§ 28–34** mit der Maßgabe, dass an die Stelle mehrerer Gemeinden die Gebietsteile mit verschiedenen Hebesätzen treten. Die Bestimmung unterschiedlicher Hebesätze würde leerlaufen, wenn die bisherige Zerlegung für die Betriebsstätten in den (bisher) mehreren Gemeinden unberücksichtigt bliebe. Dem trägt die Neuregelung ab EZ 2009 Rechnung, obwohl die Ausnahmeregelung schon seit Erlass des § 4 Abs 1 EGRealStG v 1.12.1936 (RGBl 1936, 961), transformiert durch G v 17.4.1974 (BGBl I 1974, 949), besteht.

3. Landesrechtliche Regelungen

Koppelungsvorschriften zum Verhältnis der Hebesätze für die GrundSt und **12** GewSt, zur Bestimmung der Höchstsätze und zu den zulässigen Ausnahmen bleiben nach Abs 5 einer jeweiligen landesrechtlichen Regelung vorbehalten (zur Rechtsentwicklung *Glier* DGStZ 1975, 146). Der Erlass solcher Vorschriften hat keinen Einfluss auf die Rechtmäßigkeit der Festsetzung des GewStMessbetrags (Nds FG EFG 1976, 198).

4. Rechtsbehelfe

Die Hebesatzvorschrift (Satzung) der Gemeinde kann unmittelbar nur in den **13** Bundesländern angefochten werden, in denen **Landesrecht** ein Verfahren der **abstrakten Normenkontrolle** vorsieht (vgl OVG Lüneburg IX C 1/77 OVGE MüLü 34, 470). Derzeit ist dies nur in Berlin, Hbg und NRW nicht der Fall (*Blümich/Gosch* § 16 GewStG Rn 31 mwN). Im Übrigen kann der Steuerschuldner Einwendungen gegen den Hebesatz im Verfahren gegen den GewStBescheid erheben

§§ 17, 18

(HessVGH KStZ 1964, 103; OVG Lüneburg VII OVG A 4/69 DB 1969, 1088; *Blümich/Gosch* § 16 GewStG Rn 31; *Tipke/Kruse* § 184 AO Rn 10). Die Anerkennung dieser Möglichkeit verdient den Vorzug, weil die Genehmigung der Hebesatz-Satzung durch die Genehmigungsbehörde nicht anfechtbar ist (BVerwG VII C 44.68 BStBl II 1971, 443).

§ 17 *(weggefallen)*

§ 18 Entstehung der Steuer

Die Gewerbesteuer entsteht, soweit es sich nicht um Vorauszahlungen (§ 21) handelt, mit Ablauf des Erhebungszeitraums, für den die Festsetzung vorgenommen wird.

Literatur: *Söhn,* Steuerrechtliche Folgenbeseitigung durch Erstattung, 1973; *Hein,* Überlegungen zur Entstehung des steuerrechtlichen Erstattungsanspruchs, DStR 1990, 301.

1. Allgemeines

1   Die Vorschrift ist eine **Konkretisierung** der Blankettnorm **des § 38 AO.** Hiernach entstehen Ansprüche aus dem Steuerschuldverhältnis, sobald der Tatbestand verwirklicht ist, an den das G die Leistungspflicht knüpft. Der Begriff des Tatbestandes in § 38 AO bezeichnet die Gesamtheit der in den einzelnen Steuergesetzen enthaltenen Voraussetzungen, bei deren tatsächlichen Vorliegen der Anspruch entsteht. Die Vorschrift des § 18 erweitert demnach die in den §§ 1 bis 16 enthaltenen sachlichen Voraussetzungen (u.a. Bestehen eines inländischen GewBetriebs, Nichtvorliegen einer Befreiung, Erzielung eines bestimmten GewErtrags einschließlich Hinzurechnungen und Kürzungen sowie bis EZ 1997: Bestehen eines bestimmten GewKapitals einschließlich Hinzurechnungen und Kürzungen) um die zeitliche Voraussetzung des Ablaufs des EZ.

2. Entstehung kraft Gesetzes

2   Die **Entstehung der GewSt ist zwingend** an die Verwirklichung der sachlichen und zeitlichen Voraussetzungen der Vorschrift geknüpft – Ausnahme: die Vorauszahlungen nach § 21. Entstehung bedeutet, dass der **Steueranspruch erstmalig existent** wird. Diese Rechtsfolge ist unabhängig von dem Willen des Stpfl, den Anspruch zu verwirklichen (*Krämer* FR 1958, 453; *Tipke/Kruse* § 38 AO Rn 2). Ein Irrtum ist daher insoweit unbeachtlich. Entsprechendes gilt für Steuervereinbarungen. Der Stpfl kann sich nicht wirksam zur Zahlung von nach dem G nicht geschuldeten Steuern verpflichten (vgl zu GrSt/EWBV BFH III 31/60 U BStBl III 1962, 241); ebenso wenig darf die Gemeinde auf die Erhebung geschuldeter Steuern verzichten (vgl BFH I 255/62 U BStBl III 1964, 589; IV R 34/69 BStBl II 1970, 696).

Entstehung kraft Gesetzes besagt weiter, dass der einmal **verwirklichte StAnspruch unabänderlich** ist; Rückgängigmachungen, Rückbeziehungen, Rückdatierungen tatsächlicher oder rechtlicher Verhältnisse lassen ihn unberührt (BFH I R 227/79 BStBl II 1973, 287; VIII R 15/80 BStBl II 1983, 736; *Tipke/Kruse* § 38 AO Rn 5), und zwar auch bei öffentlich-rechtlichen Rechtsverhältnissen (FG Rh-Pf EFG 1984, 122).

Entstehung kraft Gesetzes besagt weiter, dass der StAnspruch **unabhängig von seiner Festsetzung** entsteht (*"materielle Rechtsgrundtheorie",* vgl BFH VII R 86/88 BStBl II 1990, 523; *Tipke/Kruse* § 38 AO Rn 4; *Blümich/Hofmeister* § 18 GewStG Rn 6 ff; *Sarrazin* in L/S § 18; aA *Söhn* aaO 54 ff; *Offerhaus* in HHSp § 38 AO Rn 11,

Vorauszahlungen § 19

"formelle Rechtsgrundtheorie"). Diese wirkt nur **deklaratorisch** (BFH I 108/52 S BStBl III 1954, 26). Konstitutive Wirkungen hat die Festsetzung nach den Grundsätzen über die formelle Bestandskraft, soweit durch den Bescheid eine nicht entstandene St festgesetzt wird (*Blümich/Hofmeister* § 18 GewStG Rn 11). Konstitutive Wirkungen hat der Bescheid auch im Hinblick auf steuerliche Nebenleistungen, insb Verspätungszuschläge. Sie entstehen als Folge einer Ermessensentscheidung des FA nach § 152 Abs 1 und 2 AO erst durch den Bescheid (*Tipke/Kruse* § 38 AO Rn 1; *Sarrazin* in *L/S* § 18).

Bis zum Entstehen des Steueranspruchs ist der Gesetzgeber zur **Veränderung seiner gesetzlichen Grundlagen** auch für den zurückliegenden Zeitraum im EZ berechtigt (vgl BVerfG 1 BvL 6/07 DStR 2012, 2322 zu § 8 Nr 5 GewSt iVm § 8b KStG; BFH I B 87/06 BStBl II 2005, 143 zu § 28 Abs 1 Nr 4 aF).

3. Bedeutung

Der Regelungsgehalt der Vorschrift ist bedeutsam für **Folgewirkungen** des Entstehens, insb für die Gesamtrechtsnachfolge (§ 45 AO), für die Haftung (§§ 48, 69 ff, § 192 AO), für die Festsetzungsverjährung (§§ 169, 170 AO), für die Aufrechnung (§ 226 AO), den Arrest (§ 224 AO), für Insolvenzfragen (hierzu FG B-Bbg 12 K 6165/05 EFG 2010, 774), aber auch für die Berücksichtigung der Schuld in der Steuerbilanz sowie bei der Einheitsbewertung. Auch für den **Erstattungsanspruch** gilt die in der Vorschrift umgesetzte „materielle Rechtsgrundtheorie". Das bedeutet, dass der Erstattungsanspruch mit Ablauf des EZ in Höhe der Überzahlung entsteht. Ab diesem Zeitpunkt kann verpfändet, gepfändet oder abgetreten werden (BFH VII R 109/93 BFH/NV 1994, 839; Nds FG EFG 1994, 264). 3

§ 19 Vorauszahlungen

(1) ¹**Der Steuerschuldner hat am 15. Februar, 15. Mai, 15. August und 15. November Vorauszahlungen zu entrichten.** ²**Gewerbetreibende, deren Wirtschaftsjahr vom Kalenderjahr abweicht, haben die Vorauszahlungen während des Wirtschaftsjahrs zu entrichten, das im Erhebungszeitraum endet.** ³**Satz 2 gilt nur, wenn der Gewerbebetrieb nach dem 31. Dezember 1985 gegründet worden oder infolge Wegfalls eines Befreiungsgrunds in die Steuerpflicht eingetreten ist oder das Wirtschaftsjahr nach diesem Zeitpunkt auf einen vom Kalenderjahr abweichenden Zeitraum umgestellt worden ist.**

(2) **Jede Vorauszahlung beträgt grundsätzlich ein Viertel der Steuer, die sich bei der letzten Veranlagung ergeben hat.**

(3) ¹**Die Gemeinde kann die Vorauszahlungen der Steuer anpassen, die sich für den Erhebungszeitraum (§ 14) voraussichtlich ergeben wird.** ²**Die Anpassung kann bis zum Ende des 15. auf den Erhebungszeitraum folgenden Kalendermonats vorgenommen werden; bei einer nachträglichen Erhöhung der Vorauszahlungen ist der Erhöhungsbetrag innerhalb eines Monats nach Bekanntgabe des Vorauszahlungsbescheids zu entrichten.** ³**Das Finanzamt kann bis zum Ende des 15. auf den Erhebungszeitraum folgenden Kalendermonats für Zwecke der Gewerbesteuer-Vorauszahlungen den Steuermessbetrag festsetzen, der sich voraussichtlich ergeben wird.** ⁴**An diese Festsetzung ist die Gemeinde bei der Anpassung der Vorauszahlungen nach den Sätzen 1 und 2 gebunden.** ⁵**Wird der Gewinn durch Bestandsvergleich ermittelt, sind bei der Festsetzung des Messbetrags für Zwecke der Gewerbesteuer-Vorauszahlungen die Änderungen durch das Unternehmensteuerreformgesetz 2008 vom 14. August 2007 (BGBl. I S. 1912) zu berücksichtigen, wenn der Steuerpflichtige dies nach amtlich**

vorgeschriebenem Vordruck beim Finanzamt beantragt oder das Finanzamt den Steuerpflichtigen zur Abgabe des Vordrucks auffordert.

(4) Wird im Laufe des Erhebungszeitraums ein Gewerbebetrieb neu gegründet oder tritt ein bereits bestehender Gewerbebetrieb infolge Wegfalls des Befreiungsgrundes in die Steuerpflicht ein, so gilt für die erstmalige Festsetzung der Vorauszahlungen Absatz 3 entsprechend.

(5) ¹Die einzelne Vorauszahlung ist auf den nächsten vollen Betrag in Euro nach unten abzurunden. ²Sie wird nur festgesetzt, wenn sie mindestens 50 Euro beträgt.

Gewerbesteuer-Durchführungsverordnung

§ 29 GewStDV Anpassung und erstmalige Festsetzung der Vorauszahlungen

(1) ¹Setzt das Finanzamt nach § 19 Abs. 3 Satz 3 des Gesetzes einen Steuermessbetrag für Zwecke der Gewerbesteuer-Vorauszahlungen fest, so braucht ein Zerlegungsbescheid nicht erteilt zu werden. ²Die hebeberechtigten Gemeinden können an dem Steuermessbetrag in demselben Verhältnis beteiligt werden, nach dem die Zerlegungsanteile in dem unmittelbar vorangegangenen Zerlegungsbescheid festgesetzt sind. ³Das Finanzamt hat in diesem Fall gleichzeitig mit der Festsetzung des Steuermessbetrags den hebeberechtigten Gemeinden mitzuteilen

1. den Prozentsatz, um den sich der Steuermessbetrag gegenüber dem in der Mitteilung über die Zerlegung (§ 188 Abs. 1 der Abgabenordnung) angegebenen Steuermessbetrag erhöht oder ermäßigt, oder den Zerlegungsanteil,

2. den Erhebungszeitraum, für den die Änderung erstmals gilt.

(2) ¹In den Fällen des § 19 Abs. 4 des Gesetzes hat das Finanzamt erforderlichenfalls den Steuermessbetrag für Zwecke der Gewerbesteuer-Vorauszahlungen zu zerlegen. ²Das Gleiche gilt in den Fällen des § 19 Abs. 3 des Gesetzes, wenn an den Vorauszahlungen nicht dieselben Gemeinden beteiligt sind, die nach dem unmittelbar vorangegangenen Zerlegungsbescheid beteiligt waren. ³Bei der Zerlegung sind die mutmaßlichen Arbeitslöhne des Erhebungszeitraums anzusetzen, für den die Festsetzung der Vorauszahlungen erstmals gilt.

§ 30 GewStDV Verlegung von Betriebsstätten

¹Wird eine Betriebsstätte in eine andere Gemeinde verlegt, so sind die Vorauszahlungen in dieser Gemeinde von dem auf die Verlegung folgenden Fälligkeitstag ab zu entrichten. ²Das gilt nicht, wenn in der Gemeinde, aus der die Betriebsstätte verlegt wird, mindestens eine Betriebsstätte des Unternehmens bestehen bleibt.

§§ 31–33 GewStDV (weggefallen)

Gewerbesteuer-Richtlinien 2009: R 19.1, 19.2 GewStR/H 19.1, 19.2 GewStH

Literatur: *Langel,* Rechtswidrige Übergriffe der Gemeinden zu Lasten der Steuerpflichtigen bei der Anpassung der Gewerbesteuer-Vorauszahlungen?, DB 1983, 1944; *Seitrich,* Verfahrensrechtliche Konsequenzen der Jahresveranlagungen für einen Rechtsstreit über Vorauszahlungen, FR 1984, 439; *Langel,* Herabsetzung von Gewerbesteuer-Vorauszahlungen während des laufenden Erhebungszeitraums für bereits verstrichene Vorauszahlungstermine, DB 1987, 196; *Corsten,* Gewerbesteuer-„Pause" bei Umstellung des Wirtschaftsjahres, ZKF 1988, 41; *Irnich/Borggräfe,* Die Steuererhebungspraxis nach Abschaffung der Gewerbekapitalsteuer ist gesetzwidrig, BB 1998, 561; *Schiffers,* Der Anpassung der Steuervorauszahlungen als Mittel zur Schonung der Liquidität, Stbg 2009, 341; *Kolbe,* Wachstumsbeschleunigungsgesetz, BBK 2010, 102.

Vorauszahlungen **§ 19**

Übersicht

	Rn
I. Allgemeines	1
II. Festsetzung der Vorauszahlungen	2–2b
1. Grundsatz nach Absatz 1	2
2. Abweichendes Wirtschaftsjahr	2a
3. Zuständigkeit	2b
III. Höhe der Vorauszahlungen	3–3b
1. Grundsatz	3
2. Erhöhung	3a
3. Mindestbetrag	3b
IV. Anpassung der Vorauszahlungen	4–4d
1. Grundsatz	4
2. Grundlage der Anpassung	4a
3. Pflichtgemäßes Ermessen	4b
4. Verfahren	4c
5. Zahlungsfolgen	4d
V. Messbetrag zum Zwecke der Vorauszahlungen	5–5c
1. Grundsatz	5
2. Beschränkte Bindungswirkung	5a
3. Vorauszahlung nach UntStRefG	5b
4. Zerlegungsbescheid	5c
VI. Erstmalige Festsetzung der Vorauszahlungen	6
VII. Verlegung der Betriebsstätte	7
VIII. Rechtsbehelfe	8

I. Allgemeines

Zweck der Vorschrift ist zum einen die **Sicherung der Gemeindefinanzen** 1 durch stetige Steuerzahlungen unabhängig vom Stand der Veranlagung. Zum anderen dient die Vorschrift allgemein der Vermeidung von Schwierigkeiten, die sich durch die Zusammenballung von Steuerzahlungen auf Grund einer Veranlagung ergeben können. Die Vorauszahlungen sind dem Charakter nach *Abschlagszahlungen* auf die endgültige StSchuld. Das Vorauszahlungssystem entspricht dem des EStG und KStG. Dies gilt insbesondere für die Möglichkeit, die Vorauszahlungen noch nach Ablauf des EZ, für den sie geleistet werden (ab EZ 1990: bis zum 15. dem EZ folgenden Kalendermonat), anzupassen (vgl § 37 Abs 4 EStG).

Eine Besonderheit besteht in dem **Zusammenwirken** von **FA** und **Gemeinde** auch im Hinblick auf die Vorauszahlungen. Nach § 19 Abs 3 Satz 3 kann das FA auch für Zwecke der Vorauszahlungen einen GewStMessbetrag festsetzen. Die Vorschrift wird ergänzt durch § 20 (Abrechnung) und § 21 (Entstehung).

Zur Stellung der Vorauszahlungen im **Insolvenzverfahren** vgl FG B-Bbg 12 K 6165/05 B EFG 2010, 774.

Entstehung der Vorschrift. § 19 ist durch G v 29.10.1997 (BGBl I 1997, 2590) in Abs 3 an die Aufhebung der GewKapSt ab EZ 1998 durch dieses G angepasst worden. Abs 3 Satz 5 ist durch das UntStRefG 2008 v 14.8.2007 (BGBl I 2007, 1912) mWv EZ 2008 (§ 36 Abs 9 c) angefügt worden.

II. Festsetzung der Vorauszahlungen

1. Grundsatz nach Absatz 1

2 Nach **Abs 1 Satz 1** hat der StSchuldner am **15. 2., 15. 5., 15. 8. und 15. 11.** Vorauszahlungen zu entrichten. Die Vorauszahlungsschuld bedarf zu ihrer **Entstehung der Festsetzung** durch die Gemeinde (arg: § 19 Abs 5 Satz 2). Die Gemeinde darf grds keine anderen Vorauszahlungstermine festsetzen (vgl zur ESt: BFH IV R 241/80 BStBl II 1982, 105), Ausnahme Anpassung nach Abs 3 (Rn 4, 5).

2. Abweichendes Wirtschaftsjahr

2a Nach **Abs 1 Satz 2** gilt ab dem Wj, das im **EZ 1990** endet (§ 36 Abs 7 aF), für bestimmte Unternehmen mit abweichendem Wj eine Sonderregelung. Hiernach haben diese Gewerbetreibenden die Vorauszahlungen während des Wj zu entrichten, das im EZ endet. Es handelt sich um eine Konsequenz aus der Streichung der Umrechnungsvorschriften des § 10 aF durch das StBereinigungsG 1986 zur Vermeidung einer Steuerpause für Gewerbetreibende mit abw Wj (BTDrs 11/2536, 11; zur damaligen Rechtslage *Corsten* ZKF 1988, 41). Hierbei ist zu beachten, dass in einem EZ mehrere Wj enden können, etwa wenn sich ein Rumpfwirtschaftsjahr anschließt. In diesem Fall sind für den EZ die Vorauszahlungen innerhalb aller im EZ endenden Wj zu entrichten. Die Vorauszahlungstermine ändern sich hierbei jedoch in keinem Fall. Endet die Stpfl in dem EZ vor dem Ende des Wj, dann sind die Vorauszahlungen dem EZ zuzurechnen, in dem das Wj endet (*Blümich/Hofmeister* § 19 GewStG Rn 22).

Die **Neuregelung** war erstmals auf Wj anzuwenden, die im EZ 1990 enden. Auf Gewerbetreibende, die vor dem EZ 1990 schon ein abw Wj hatten, ist Abs 1 Satz 2 **nach Abs 1 Satz 3** nur dann anzuwenden, wenn
der Gewerbebetrieb nach dem 31.12.1985 gegründet worden ist oder
der Gewerbebetrieb infolge Wegfalls eines Befreiungsgrundes nach diesem Zeitpunkt in die GewStpfl eingetreten ist oder
der GewBetrieb nach diesem Zeitpunkt auf ein vom Kalenderjahr abw Wj umgestellt worden ist.

Mit der Regelung sollte erreicht werden, dass nur die GewBetriebe erfasst werden, die wegen des abw Wj die Steuerpause erreicht hätten (BTDrs 11/2226, 24). Allerdings konnte die Vermeidung der Steuerpause bei ihnen zu einer doppelten Belastung im EZ 1989 führen, weil Vorauszahlungen nach altem Recht für den EZ 1989 und nach neuem Recht für das im EZ 1990 endende Wj 1989/1990 zu leisten waren. In diesem Fall waren ggf Billigkeitsmaßnahmen angezeigt.

3. Zuständigkeit

2b Die Festsetzung der Vorauszahlungen erfolgt **durch die Gemeinde** (arg: § 19 Abs 3 Satz 1), sofern ihr die Verwaltung der GewSt nach Art 108 Abs 4 GG übertragen ist (hierzu § 5 Abs 1 GewStÄndG).

III. Höhe der Vorauszahlungen

1. Grundsatz

3 Nach Absatz 2 beträgt die Vorauszahlung grundsätzlich ¼ **der Steuer,** die sich bei **der letzten Veranlagung** ergeben hat. Das gilt auch für Zerlegungsfälle (§§ 28 ff). Letzte Veranlagung ist die Veranlagung, die dem EZ der **Vorauszahlung**

Anpassung der Vorauszahlungen **§ 19**

zeitlich am nächsten liegt (R 19.1 Satz 8 GewStR). Trotz ihres Wortlauts ("grundsätzlich") hat die Vorschrift zwingenden Charakter. Das gilt insbesondere für die Viertelung der Vorauszahlungen in gleich hohe Raten (*Sarrazin* in *L/S* § 19 Rn 22; *Langel* DB 1987, 176). Die durch die Gesetzesformulierung zugelassenen **Ausnahmen** beziehen sich mE auf die Anpassung der Vorauszahlungen während und nach Ablauf des EZ (Absatz 3; Rn 4) sowie auf die Bemessungsgrundlage für den Eintritt (Wiedereintritt) in die StPfl (Absatz 4).

Festsetzungen **für mehrere EZ** sind zulässig; ggf mit der Folge, dass es bei der nächsten Veranlagung idR zu Anpassungen kommen wird.

2. Erhöhung

Auch eine **Erhöhung der Vorauszahlungen** durch einen vor dem entsprechen- **3a** den Vorauszahlungszeitpunkt erlassenen GewSt-(Vorauszahlungs-)Bescheid ist ohne Einhaltung einer Frist zulässig (ebenso *Blümich/Hofmeister* § 19 GewStG Rn 9; zur ESt: BFH IV R 241/80 BStBl II 1982, 105; aA *Diebold* FR 1992, 708).

3. Mindestbetrag

Die (einzelne) Vorauszahlung ist auf einen vollen Euro-Betrag nach unten abzu- **3b** runden. Sie wird nur festgesetzt, wenn sie **mindestens 50 €** beträgt. Vgl im Übrigen R 19.1 GewStR.

IV. Anpassung der Vorauszahlungen

1. Grundsatz

Nach **Absatz 3 Satz 1** kann die **Gemeinde** die Vorauszahlungen der GewSt **4** anpassen, die sich für den EZ voraussichtlich ergeben wird. Bei Unternehmen mit abw Wj kann die Anpassung bereits ab Beginn desselben erfolgen (*Blümich/Hofmeister* § 19 Rn 23; *Sarrazin* in *L/S* § 19 Rn 12 ff). Nach **Absatz 3 Satz 2** kann eine **nachträgliche Anpassung** bis zum Ende des 15. auf den EZ folgenden Kalendermonats erfolgen. Hierbei ist es der Gemeinde überlassen, in welchem Monat des nachfolgenden EZ dies geschieht. Sinn der Vorschrift ist, die tatsächliche GewStZahlung in den EZ (möglichst nahe an den EZ) zu verlegen, für den sie gezahlt wird.

Der Grundsatz der **Viertelung** der Vorauszahlungen **gilt** bei deren Anpassung **nicht** (BVerwG 8 C 33/86 BStBl II 1987, 698).

2. Grundlage der Anpassung

Grundlage ist die **voraussichtliche Entwicklung** der endgültigen StSchuld, **4a** wobei die bereits vorhandene StErklärung von Bedeutung sein kann (vgl aber zur ESt: BFH VIII B 69/75 BStBl II 1977, 33). Im Übrigen kann eine Schätzung (§ 162 Abs 1 Satz 2 AO) erfolgen, für die wegen der Vorläufigkeit nur ein summarisch ermittelter Sachverhalt zugrunde zu legen ist (*Blümich/Hofmeister* § 19 GewStG Rn 18 unter Hinweis auf BFH IV R 81/79 BStBl II 1982, 446).

Nach Ablauf des EZ sind Vorauszahlungen nicht mehr festzusetzen oder anzupassen, wenn **bereits ein GewStBescheid** ergangen ist; ab diesem Zeitpunkt ist er alleinige Grundlage für die Erhebung der GewSt (*Blümich/Hofmeister* § 19 GewStG Rn 12; BFH V R 146/83 BStBl II 1985, 370; VII B 134/85 BStBl II 1986, 752).

3. Pflichtgemäßes Ermessen

Die Anpassungen sind **Ermessensentscheidungen** ("kann"). Das gilt für die **4b** Sätze 1 u 2. Die Entscheidung der Gemeinde unterliegt jedoch einer **Ermessens-**

schrumpfung, wenn die bisher festgesetzten Vorauszahlungen voraussichtlich wesentlich zu hoch festgesetzt sind. In diesem Fall muss die Gemeinde mE anpassen (ebenso OVG Koblenz ZKF 1985, 134; offen gelassen von BVerwG 8 C 33/86 BStBl II 1987, 698); maßgebend ist mE das Verhältnis der bisher festgesetzten Vorauszahlungen und der glaubhaft gemachten Höhe der endgültigen GewStSchuld (ebenso *Blümich/Hofmeister* § 19 GewStG Rn 11).

4. Verfahren

4c Die Vorschrift lässt offen, **auf welchem Wege** die Anpassung zu erfolgen hat. Nach BVerwG 8 C 33/86 BStBl II 1987, 698 steht die Art der Durchführung einer nachträglichen Anpassung im Ermessen der Gemeinde. ME ist insoweit § 37 Abs 4 EStG entsprechend anzuwenden. Demnach ist bei einer nachträglichen **Erhöhung** die letzte Vorauszahlung des EZ anzupassen. § 19 Abs 2 steht dem nicht entgegen, weil die Vorauszahlung nur „grundsätzlich" ein Viertel der Bemessungsgrundlage beträgt (vgl Rn 3). Im Ergebnis kommt es aber zu einer fünften Vorauszahlung (vgl BVerwG 8 C 33/86 aaO). Bei einer **Herabsetzung** der Vorauszahlungen während des laufenden EZ und nach dessen Ablauf sind zunächst die jeweils letzten Vorauszahlungen in dem Umfang herabzusetzen, bis das voraussichtliche GewStSoll erreicht ist; die übrigen Vorauszahlungen bleiben bestehen. Die geleisteten Vorauszahlungen sind mit dem neuen Vorauszahlungssoll zu verrechnen und ggf zu erstatten (OVG Münster 3 A 618/84 BB 1986, 1347; dagegen insb *Langel* DB 1987, 196: aus § 18 folge die Pflicht zur gleichmäßigen rückwirkenden Minderung der Vorauszahlungen; mE unzutreffend, weil Gegenstand des § 18 nicht die Entstehung der Vorauszahlungen ist). Zu den verschiedenen Möglichkeit *Sarrazin* in *L/S* § 19 Rn 30 ff.

5. Zahlungsfolgen

4d Bei einer **Erhöhung** der Vorauszahlungen **nach Ablauf des EZ** ist der Erhöhungsbetrag innerhalb eines Monats zu entrichten (Satz 2 Hs 2). Dies gilt mE gleichermaßen für die Anpassung nach dem 15. 11. des laufenden EZ und für Anpassungen bis zum Ende des 15. Kalendermonats nach Ablauf des EZ.

Die Herabsetzung der Vorauszahlungen hat im Übrigen keinen Einfluss auf **Säumniszuschläge** für verspätet gezahlte Vorauszahlungen (vgl § 240 Abs 1 Satz 4 AO; hierzu OVG Münster DB 1972, 828).

V. Messbetrag zum Zwecke der Vorauszahlungen

1. Grundsatz

5 Nach Absatz 3 Satz 3 kann das **Finanzamt** bis zum Ende des 15. auf den EZ folgenden Kalendermonats den **GewStMessbetrag** für die Zwecke der Vorauszahlungen festsetzen. Die Möglichkeit besteht für die erstmalige Festsetzung wie für die Anpassung der Vorauszahlungen, denn der Messbetrag kann auch für den vorangegangenen EZ festgesetzt werden.

Es besteht **pflichtgemäßes Ermessen** (vgl Rn 4b). Die Vorschrift nennt aber **keine Grenze** für die Anpassung durch die FÄ; nach R 19.2 Abs 1 Sätze 4–7 GewStR soll das FA die Anpassung im Zuge der Anpassung der ESt- und KSt-Vorauszahlungen vornehmen, wenn sich der GewStMessbetrag entweder um mehr als ⅕, mindestens 10 €, oder um mehr als 500 € ändert.

2. Beschränkte Bindungswirkung

Der Messbescheid für Vorauszahlungszwecke ist **Grundlagenbescheid** unter 5a dem **Vorbehalt der Nachprüfung** (BFH I B 87/04 BStBl II 2005, 143). Ist er bestandskräftig, dann fehlt das Rechtsschutzbedürfnis für einen Antrag auf AdV (FG Hamburg EFG 1997, 1454).

Die Gemeinde ist **„bei der Anpassung"** der Vorauszahlungen an die Messbetragsfestsetzung nach Satz 3 **gebunden** (Satz 4). Das bedeutet Bindungswirkung aber **nur insoweit,** als die Gemeinde überhaupt die Anpassung vornehmen will und vornimmt.

Der Messbescheid für Zwecke der Anpassung **ersetzt nicht** die **Ermessensentscheidung der Gemeinde** über das „ob" der Anpassung. Eine Bindungswirkung besteht also nicht, wenn die Gemeinde keine Anpassung vornehmen will (*Blümich/ Hofmeister* § 19 GewStG Rn 19). Das ergibt sich aus der Bezugnahme auf die „Anpassung . . . nach den Sätzen 1 und 2".

3. Vorauszahlung nach UntStRefG

Anderes gilt mE bei der Änderung des Vorauszahlungs-Messbetrags nach dem 5b **mWv EZ 2008** geltenden **Satz 5** insofern, als die Gemeinde auch im Hinblick auf das **„Ob"** einer **Ermessensschrumpfung** unterliegt. Angesprochen sind Rechtswirkungen des UntStRefG 2008, soweit sie zu einer Änderung der GewStSchuld führen. Insofern steht mE der Gemeinde kein Spielraum dazu zu, „ob" sie diese Änderungen berücksichtigen will. Zwar regelt die Vorschrift für das FA eine gebundene Entscheidung nur „bei der" Festsetzung des Messbetrags; das Ermessen nach Satz 3 wird insofern verdrängt. Doch hat der Gesetzgeber die Änderungen durch das UntStRefG auch im Hinblick auf die Vorauszahlungen für gravierend eingeschätzt. Darauf beruhen die Verfahrensvoraussetzungen, dass der Stpfl (**1.**) einen entsprechenden **Antrag** auf amtlichem Vordruck stellt oder (**2.**) der **Aufforderung** durch das FA **nicht nachkommt.** Vor diesem Hintergrund erscheint ein nachfolgendes Ermessen der Gemeinde über das „Ob" der Anpassung der Vorauszahlungen nicht sachgerecht.

Das FA muss ggf die voraussichtlichen Auswirkungen des UntStRefG 2008 **schätzen.**

4. Zerlegungsbescheid

Über den GewStMessbetrag zum Zwecke der Vorauszahlung wird ein **Zerle-** 5c **gungsbescheid** (Bescheid unter Vorbehalt der Nachprüfung, BFH I B 87/04 BStBl II 2005, 143) nur erteilt, wenn an den Vorauszahlungen nicht dieselben Gemeinden beteiligt sind wie an dem GewStMessbetrag nach dem unmittelbar vorangegangenen Zerlegungsbescheid (§ 29 Abs 2 Satz 2 GewStDV). Bei der Zerlegung sind die **mutmaßlichen Betriebseinnahmen** oder **Arbeitslöhne** des EZ anzusetzen, für den die Festsetzung der Vorauszahlungen erstmals gilt (§ 29 Abs 2 Satz 3 GewStDV).

Sind **dieselben Gemeinden** beteiligt, dann sind sie dies in demselben Verhältnis wie nach dem letzten Zerlegungsbescheid. In diesem Fall teilt das FA nach seinem Ermessen den Gemeinden nach § 29 Abs 1 GewStDV nur den Prozentsatz der Anpassung oder den neuen Zerlegungsanteil mit (vgl hierzu R 19.2 Abs 2 GewStR). Zur Aufgabenteilung zwischen FA und Gemeinde bei der Anpassung der Vorauszahlungen vgl R 19.2 Abs 4 GewStR. Die dortige **„Anweisung"** an die Gemeinden, insbesondere bei der Anpassung Zurückhaltung bis zur Festsetzung eines GewStMessbetrags zum Zwecke der Vorauszahlungen zu üben, ist jedoch **rechtsunverbindlich** (ebenso *Sarrazin* in *L/S* § 19 Rn 7; aA *Blümich/Hofmeister* § 19

§ 20   Abrechnung über die Vorauszahlungen

GewStG Rn 10). Allerdings haben die Gemeinden mE kein eigenes Prüfungsrecht, sondern nur ein Teilnahmerecht bei Außenprüfungen (§ 21 Abs 3 FVG).

VI. Erstmalige Festsetzung der Vorauszahlungen

6   **Nach Abs 4** kann das FA bei Eintritt in die StPfl (Hinweis auf Abs 3) einen **GewStMessbetrag** zum Zwecke der Vorauszahlungen nach den Grundsätzen zu Rn 4 ff erlassen; auch insoweit besteht **pflichtgemäßes Ermessen** des FA. Erlässt das FA einen Messbescheid zum Zwecke der Vorauszahlung, ist die Gemeinde bei der Festsetzung der Vorauszahlungen gebunden. Denn nach Abs 1 „hat" der StSchuldner Vorauszahlungen zu entrichten. Insofern besteht ein Unterschied zur Anpassung von Vorauszahlungen.

Erlässt das FA **keinen Messbescheid** zum Zwecke der Vorauszahlung, dann kann die Gemeinde die Vorauszahlungen auch ohne Messbescheid festsetzen. In diesem Fall muss sich die Gemeinde die notwendigen Angaben vom Stpfl oder vom FA beschaffen. Gelingt dies nicht, ist sie zur *Schätzung* befugt (OVG Münster DGStZ 1967, 101). Bei **abw Wj** kann die erste Vorauszahlung bereits für einen Termin vor Beginn des ersten EZ festgesetzt werden (vgl Rn 2a).

VII. Verlegung der Betriebsstätte

7   Wird eine **Betriebsstätte** in eine andere Gemeinde **verlegt**, so sind die Vorauszahlungen in dieser Gemeinde von dem auf die Verlegung folgenden Fälligkeitstag ab zu entrichten. Das gilt nicht, wenn in der Gemeinde, aus der die Betriebsstätte verlegt wird, mindestens eine Betriebsstätte des Unternehmens bestehen bleibt (§ 30 GewStDV). Eine Aufteilung der Vorauszahlungen findet auch in diesem Fall nicht statt. Etwas anderes gilt mE jedoch, wenn das FA für Zwecke der Vorauszahlungen einen (geänderten) GewStMessbescheid mit Zerlegungsbescheid (Rn 5c) erteilt (§ 29 Abs 2 Satz 2 GewStDV).

VIII. Rechtsbehelfe

8   Gegen die **Vorauszahlungsbescheide** ist bei Festsetzung **durch die Gemeinde** Widerspruch nach der VwGO zulässig (vgl § 1 Rn 36 ff); bei Erfolglosigkeit des Widerspruchs ist der Verwaltungsrechtsweg zum Verwaltungsgericht eröffnet (BFH I B 18/71 BStBl II 1971, 738). In den Stadtstaaten ist der Einspruch nach § 347 Abs 1 AO gegeben. Gegen den **GewStMessbescheid** für Zwecke der GewStVorauszahlungen ist ebenfalls Einspruch zulässig, danach Klage vor dem FG. Ergeht während des Klageverfahrens ein GewStMessbescheid für den EZ, dann wird dieser nach § 68 FGO Gegenstand des Klageverfahrens (BFH VIII R 198/84 BStBl II 1987, 28). Gegen die Zerlegung für Zwecke der Vorauszahlungen können sowohl der Stpfl als auch die Gemeinde Einspruch einlegen (§ 347 Abs 1 AO).

§ 20 Abrechnung über die Vorauszahlungen

(1) **Die für einen Erhebungszeitraum (§ 14) entrichteten Vorauszahlungen werden auf die Steuerschuld für diesen Erhebungszeitraum angerechnet.**

(2) **Ist die Steuerschuld größer als die Summe der anzurechnenden Vorauszahlungen, so ist der Unterschiedsbetrag, soweit er den im Erhebungszeitraum und nach § 19 Abs. 3 Satz 2 nach Ablauf des Erhebungszeit-**

Abrechnung über die Vorauszahlungen **§ 20**

raums fällig gewordenen, aber nicht entrichteten Vorauszahlungen entspricht, sofort, im Übrigen innerhalb eines Monats nach Bekanntgabe des Steuerbescheids zu entrichten (Abschlusszahlung).

(3) Ist die Steuerschuld kleiner als die Summe der anzurechnenden Vorauszahlungen, so wird der Unterschiedsbetrag nach Bekanntgabe des Steuerbescheids durch Aufrechnung oder Zurückzahlung ausgeglichen.

Literatur: *Völlmeke,* Probleme bei der Anrechnung von Lohnsteuer, DB 1994, 1746; *Siegert,* Das Verhältnis An- und Abrechnungsteil und Leistungsgebot zum Abrechnungsbescheid, DB 1997, 2398.

1. Allgemeines

Die Vorschrift regelt die Grundsätze des **Abrechnungsverfahrens** nach Ergehen 1 des GewStBescheides bei vorheriger Festsetzung von Vorauszahlungen. Gleichzeitig enthält sie die **Begriffsbestimmung** der sog **Abschlusszahlung** sowie die Grundsätze für die Bestimmung der Fälligkeit der Abschlusszahlung und ihrer Umkehrung, des **Erstattungsanspruchs.** Aus ihr ergibt sich der Grundsatz, dass die Gemeinde die Vorauszahlungen behalten darf, soweit sie vom Steueranspruch gedeckt sind (FG B-Bbg 12 K 6165/05 B EFG 2010, 774).

Die Vorschrift ist durch G v 29.10.1997 (BGBl I 1997, 2590) in Abs 1 an die Aufhebung der GewKapSt durch dieses G angepasst worden.

2. Grundsatz der Anrechnung

Abs 1 enthält den an sich selbstverständlichen Grundsatz, dass (nur) die tatsäch- 2 lich entrichteten Vorauszahlungen (vgl BFH VIII B 31/80 BStBl II 1981, 767) auf die Steuerschuld **angerechnet** werden. Hierbei handelt es sich nur um eine kassentechnische Anweisung. Die Bestimmung der Abschlusszahlung und die Formulierung des Leistungsgebots (Art 23 BayVwZVG; § 254 Abs 1 Satz 1 AO) bleibt von der tatsächlichen Entrichtung der Vorauszahlungen unberührt (Rn 3). Verfahrensrechtlich ist die idR im Steuerbescheid enthaltene Verfügung über die Anrechnung kein Teil der StFestsetzung, sondern ein **eigenständiger VA,** für den die Berichtigungsvorschriften des § 130 AO gelten (BFH VII R 159/83 BStBl II 1987, 405; VII R 39/91 BStBl II 1992, 956). Das gilt nicht für den Erlass eines Abrechnungsbescheids iSv § 218 Abs 2 AO (BFH VII R 100/96 BStBl II 1997, 787; *Völlmeke* DB 1994, 1746; **aA** BFH I R 123/91 BStBl II 1994, 147; *Siegert* DB 1997, 2398).

3. Begriff der Abschlusszahlung/Fälligkeit

Nach Abs 2 ist bei dem **Unterschiedsbetrag** zwischen der höheren Steuer- 3 schuld und den anzurechnenden Vorauszahlungen zu unterscheiden zwischen dem **Betrag der rückständigen Vorauszahlungen** und dem „im Übrigen" **verbleibenden Betrag.** Nur diesen nicht auf die nicht entrichteten Vorauszahlungen entfallenden Restbetrag bezeichnet die Vorschrift als Abschlusszahlung (aA *Blümich/ Hofmeister* § 20 GewStG Rn 6 unter Hinweis auf BFH GrS 3/93 BStBl II 1995, 730: der gesamte Unterschiedsbetrag). Diese ist erst einen Monat nach der Bekanntgabe des Steuerbescheids fällig; Entsprechendes gilt für noch nicht fällige Vorauszahlungen (ebenso *Blümich/Hofmeister* § 20 GewStG Rn 6). Anzurechnen sind die tatsächlich entrichteten Vorauszahlungen (Abs 1). Soweit die fälligen Vorauszahlungen noch nicht entrichtet sind, sind sie sofort nach Bekanntgabe des Steuerbescheides zu entrichten. Die ursprüngliche Fälligkeitsbestimmung für sie bleibt trotz der Regelung des Abs 2 unberührt. Dasselbe gilt für bereits entstandene Säumniszuschläge (vgl § 240 Abs 1 Satz 4 AO).

4. Erstattungsanspruch/Fälligkeit

4   Nach Abs 3 ist der **Unterschiedsbetrag** zwischen den anzurechnenden Vorauszahlungen und der niedrigeren Steuerschuld nach Bekanntgabe des Steuerbescheides durch Aufrechnung oder Zurückzahlung **auszugleichen.** Hierdurch kennzeichnet die Vorschrift den GewStErstattungsanspruch und dessen Fälligkeit, dh den Zeitpunkt, von dem ab er geltend gemacht werden kann. Das ist der Zeitpunkt der Bekanntgabe des Steuerbescheides (BVerwG 8 B 112/84 KStZ 1985, 93). Ergeht kein Steuerbescheid (etwa weil der Betrieb nicht der GewSt unterliegt oder die Gemeinde nicht hebeberechtigt ist), dann wird der Erstattungsanspruch fällig mit Ergehen eines Bescheides, der dieser Sachlage Rechnung trägt (*Blümich/Hofmeister* § 20 GewStG Rn 8). Hiervon zu unterscheiden ist der Zeitpunkt des Entstehens des Erstattungsanspruchs. Als Umkehrung des Steueranspruchs entsteht dieser mit Ablauf des EZ, für den die Vorauszahlungen entrichtet worden sind (BFH VIII R 58/77 BStBl II 1979, 639; BVerwG 8 B 112/84 aaO); denn zu diesem Zeitpunkt entsteht die GewSt (§ 18). Etwas anderes gilt nur für den Teil der nach dem EZ überzahlten Vorauszahlung; der entsprechende Erstattungsanspruch entsteht erst mit der Zahlung (*Blümich/Hofmeister* § 20 GewStG Rn 7).

Unberührt bleiben zuvor entstandene **Säumniszuschläge.** Auch wenn letztlich die GewStSchuld niedriger ausfällt als die Summe der festgesetzten Vorauszahlungen, so bleiben die Folgen der Nichtzahlung fälliger Vorauszahlungen bestehen (§ 240 Abs 1 Satz 4 AO; vgl BVerwG VII C 25/72 BStBl II 1974, 279).

§ 21 Entstehung der Vorauszahlungen

Die Vorauszahlungen auf die Gewerbesteuer entstehen mit Beginn des Kalendervierteljahrs, in dem die Vorauszahlungen zu entrichten sind, oder, wenn die Steuerpflicht erst im Laufe des Kalendervierteljahrs begründet wird, mit Begründung der Steuerpflicht.

1. Allgemeines

1   Die Vorschrift füllt die Blankettnorm des § 38 AO aus und regelt das Entstehen der Vorauszahlungen grundsätzlich mit **Beginn des Kalender-Vierteljahres,** in dem sie zu entrichten sind. Eine Ausnahme besteht bei Begründung der Stpfl im Kalendervierteljahr. In diesem Fall entsteht die Vorauszahlung erst mit Beginn der StPfl. Die Fälligkeit der entstandenen Vorauszahlungen behandelt § 19 Abs 1 (vgl dort).

2. Entstehen und Festsetzung

2   Im Unterschied zur GewSt insgesamt (vgl § 18 und die dortigen Erläuterungen) bedeutet die Regelung des § 21, dass Vorauszahlungen **nicht unabhängig von** ihrer **Festsetzung** entstehen. Vielmehr besagt die Bestimmung „zu entrichten sind", dass die Entstehung der Vorauszahlungen (am 1. des Kalendervierteljahres) abhängig ist von ihrer Festsetzung und der entsprechenden Fälligkeitsbestimmung (15. des Folgemonats; § 19 Abs 1). Auch ist die einmal entstandene Vorauszahlung, wie sich aus § 19 Abs 3 ergibt, nicht unabänderlich.

3. Bedeutung

3   Die unterschiedlichen Zeitpunkte (1. des Kalendervierteljahres; 15. des Folgemonats) haben **Bedeutung** u.a. **für die Beendigung der Stpfl** zwischen Beginn des

Entstehung der Vorauszahlungen §§ 22 bis 27

Kalendervierteljahres und dem 15. des Folgemonats. In diesem Fall bleibt die Pflicht zur Entrichtung der Vorauszahlung mit der bezeichneten Fälligkeit bestehen.

Im **Insolvenzverfahren** sind Vorauszahlungen eines Kalendervierteljahres auch dann Verbindlichkeiten der Insolvenzmasse (§ 35 InsO), wenn das Verfahren während des Kalendervierteljahres, für das sie zu leisten sind, eröffnet wird (FG B-Bbg 12 K 6165/05 B EFG 2010, 774; *Sarrazin* in *L/S* § 21 Rn 5).

§§ 22 bis 27 *(weggefallen)*

Abschnitt VI. Zerlegung

§ 28 Allgemeines

(1) ¹Sind im Erhebungszeitraum Betriebsstätten zur Ausübung des Gewerbes in mehreren Gemeinden unterhalten worden, so ist der Steuermessbetrag in die auf die einzelnen Gemeinden entfallenden Anteile (Zerlegungsanteile) zu zerlegen. ²Das gilt auch in den Fällen, in denen eine Betriebsstätte sich über mehrere Gemeinden erstreckt hat oder eine Betriebsstätte innerhalb eines Erhebungszeitraums von einer Gemeinde in eine andere Gemeinde verlegt worden ist.

(2) ¹Bei der Zerlegung sind die Gemeinden nicht zu berücksichtigen, in denen
1. Verkehrsunternehmen lediglich Gleisanlagen unterhalten,
2. sich nur Anlagen befinden, die der Weiterleitung fester, flüssiger oder gasförmiger Stoffe sowie elektrischer Energie dienen, ohne dass diese dort abgegeben werden,
3. Bergbauunternehmen keine oberirdischen Anlagen haben, in welchen eine gewerbliche Tätigkeit entfaltet wird.
4. *(aufgehoben)*
²Dies gilt nicht, wenn dadurch auf keine Gemeinde ein Zerlegungsanteil oder der Steuermessbetrag entfallen würde.

Gewerbesteuer-Richtlinien 2009: R 28.1 GewStR/H 28.1 GewStH

Literatur: *Seitrich,* Die Änderung der Zerlegung des einheitlichen Gewerbesteuermessbetrages, DStZ 1985, 401; *Lohmeyer,* Die Zerlegung von Steuermessbeträgen, KStZ 1990, 86; *Olbrich,* Ist die Gewerbesteuerzerlegung verfassungswidrig?, DB 1996, 958, 1649; *Blasweiler,* Ist die Gewerbesteuerzerlegung tatsächlich verfassungswidrig?, DB 1996, 1648; *Rödder/Schumacher,* Das StVergAbG, DStR 2003, 805; *Mattern/Schnitger,* Die neue Hinzurechnungsbesteuerung des GewStG, DStR 2003, 1321, 1377; *Wälz/Süß,* Verfassungswidrigkeit der gewerbesteuerlichen Änderungen durch das StVergAbG, DStR 2003, 1637; *Förster,* Die Änderungen durch das StVergAbG bei der Einkommensteuer und Körperschaftsteuer, DB 2003, 899; *Rödel,* Änderungen im Bereich der Gewerbesteuer durch das StVergAbG, Inf 2003, 740; *Otting,* Verfassungsrechtliche Grenzen der Bestimmung des GewStG durch Bundesgesetz, DB 2004, 1222; *Hidien/Rodenhäuser,* Der Rechtsbegriff der mehrgemeindlichen Betriebsstätte … und seine Anwendung auf großtechnische Netzwerke …, DStZ 2007, 689; *Dietrich/Krakowiak,* Deutschland – ein Paradies für Kapitalgesellschaften?, DStR 2009, 661; *Urbahns,* Optimierte Zerlegung des Gewerbesteuermessbetrags, StuB 2010, 425; *Scheffler,* Innerstaatliche Erfolgszuordnung als Instrument der Steuerplanung, Ubg 2011, 262.

Übersicht

	Rn
I. Grundsatz der Zerlegung	1–2b
1. Allgemeines	1–1c
a) Zweck	1
b) Notwendigkeit	1a
c) Kein Rechtsanspruch	1b
d) Zerlegungsausschluss/Beitrittsgebiet	1c
2. Zerlegungsanteil	2–2b
a) Begriff	2

Zerlegung **§ 28**

	Rn
b) Abweichendes Wirtschaftsjahr/Organschaft	2a
c) Eingemeindung	2b
II. Betriebsstätten in mehreren Gemeinden	3–8
1. Begriff der Betriebsstätte	3–3d
a) Feste Geschäftseinrichtung	3a
b) Verfügungsmacht	3b
c) Dauernde Tätigkeiten/Ausübung des Gewerbes	3c
d) Geschäftsleitung/Organschaft	3d
2. Mehrgemeindliche Betriebsstätten	4
3. Verlegung von Betriebsstätten	5
4. Ausnahmen vom Anknüpfungspunkt Betriebsstätte	6–8
a) Grundsatz	6
b) Rückausnahme	7, 8
III. Zerlegungsverfahren	9–16
1. Anzuwendende Vorschriften	9
2. Amtsverfahren	10
3. Beteiligte	11
4. Zerlegungsbescheid	12–12c
a) Allgemeines	12
b) Inhalt	12a
c) Grundlagen-/Folgebescheid	12b
d) Bestandskraftwirkung	12c
5. Änderung der Zerlegung	13, 14
a) Allgemeines	13
b) Änderungssperre	14
6. Zuteilungsbescheid	15
7. Rechtsbehelfe	16

I. Grundsatz der Zerlegung

1. Allgemeines

a) Zweck. Die Vorschrift ist eine **Konsequenz des** dem GewStG zu Grunde **1** liegenden **Äquivalenzprinzips**. Aus ihm folgt, dass nicht nur die Gemeinde etwa der Geschäftsleitung, sondern alle Gemeinden, die durch den GewBetrieb Belastungen ausgesetzt sind, anteilig auf den einheitlichen Messbetrag GewSt erheben können (vgl BFH I R 376/83 BStBl II 1988, 201). Diesem Zweck dient das in den folgenden Vorschriften beschriebene und geregelte Zerlegungsverfahren, für dessen Durchführung nach § 22 Abs 1 AO das BetriebsstättenFA örtlich zuständig ist. Dagegen hat das Zerlegungsverfahren **nicht** die Funktion eines kommunalen **Finanzausgleichs** (BFH IV R 114/73 BStBl II 1976, 123; VIII R 45/90 BFH/NV 1993, 191; I R 23/06 BStBl II 2007, 836).

b) Notwendigkeit. Die Zerlegung ist erforderlich, weil der einheitliche **1a** **GewStMessbetrag für den gesamten GewBetrieb** und nicht für die jeweilige Betriebsstätte festgesetzt wird. Der auf die einzelne Gemeinde entfallende Anteil ist einheitlich zu ermitteln. Anknüpfungspunkt für die Zerlegung ist hierbei die Betriebsstätte (Abs 1) mit gewissen Einschränkungen für bestimmte Anlagen (Abs 2). Die Vorschrift ist durch G v 29.10.1997 BGBl I 1997, 2590 in Abs 1 Satz 1 und Abs 2 Satz 2 an die Aufhebung der GewKapSt ab EZ 1998 durch dieses G angepasst worden.

c) Kein Rechtsanspruch. Es bestehen keine Rechtsansprüche auf Beteiligung **1b** an dem einheitlichen GewStMessbetrag durch Zuweisung eines Zerlegungsanteils

§ 28 Zerlegung

trotz des klaren Wortlauts („ist ... auf die einzelnen Gemeinden ... zu zerlegen"). Das gilt insb bei geringer Bedeutung einer im Bereich der Gemeinde liegenden Betriebsstätte (BFH I B 49/58 U BStBl III 1958, 379).

1c d) **Zerlegungsausschluss/Beitrittsgebiet.** Nur für den **EZ 2003** galt die Vorschrift des **Abs 2 Nr 4**, wonach bei der Zerlegung die Gemeinden nicht zu berücksichtigen waren, deren Hebesatz 200% unterschritt (zu den Gründen hierfür vgl § 1 Rn 16, § 8a Rn 1 f und § 16 Rn 11b).
Zur Besteuerung von **Betriebsstätten im Beitrittsgebiet** in den **EZ 1991–1997** vgl 5. Aufl Rn 1a.

2. Zerlegungsanteil

2 a) **Begriff.** Absatz 1 beschreibt den Grundsatz der Zerlegung sowie den Begriff des Zerlegungsanteils. Der Zerlegungsanteil ist Grundlage für die **Anwendung des Hebesatzes** (§ 16) zur Ermittlung der GewSt.
Der **Zerlegungsanteil** ist der Anteil, der im Wege der Zerlegung, also der verhältnismäßigen Aufteilung (vgl § 29 Abs 1) auf die jeweilige Gemeinde entfällt, in der im EZ eine Betriebsstätte zur Ausübung des Gewerbes unterhalten worden ist (vgl BFH VIII R 270/81 BFH/NV 1988, 735). Hierbei ist „**im EZ**" gleichbedeutend mit „**im Laufe des EZ**". Es ist nicht erforderlich, dass die Betriebsstätte zu einem bestimmten Zeitpunkt oder über eine gewisse (Mindest-)Dauer im Bereich der jeweiligen Gemeinde bestanden hat (BFH I R 49/06 BFH/NV 2007, 2346; *Blümich/Hofmeister* § 28 GewStG Rn 10). Daher erfolgt eine Zerlegung auch bei einer Verlegung einer Betriebsstätte (auch des Sitzes) im Lauf des EZ (§ 28 Abs 1 Satz 2 2. Alt; BFH I R 18/08 BFH/NV 2010, 941).

2a b) **Abweichendes Wirtschaftsjahr/Organschaft.** Auch im Fall des **abweichenden Wirtschaftsjahres** kommt es auf das Bestehen einer Betriebsstätte irgendwann im EZ an, **auch** wenn diese erst **nach Ablauf des Wirtschaftsjahres** im EZ seiner Beendigung begründet worden ist. Das gilt selbst im Falle der **Begründung einer Organschaft** erst nach Ablauf des abw Wj. Zwar mag es sinnvoll erscheinen, bei der Zerlegung nur auf die Verhältnisse des Wj abzustellen, dessen GewErtrag der Zerlegung zugrunde liegt. Doch spricht auch der Umstand, dass die GewSt eine Steuer des EZ ist, dem § 10 Abs 2 das Ergebnis des abw Wj zuordnet, ebenfalls für eine wortgetreue Auslegung (ebenso BFH I R 19/92 BStBl II 1993, 679; VIII R 45/90 BFH/NV 1993, 191).

2b c) **Eingemeindung.** Die Zerlegung ist auch durchzuführen, wenn im Falle einer Eingemeindung die aufnehmende Gemeinde die Hebesätze der aufgenommenen Gemeinde fortführt (§ 16 Rn 11c; *OFD Erfurt* FR 1995, 356).

II. Betriebsstätten in mehreren Gemeinden

1. Begriff der Betriebsstätte

3 Der **Begriff** ist grds **inhaltsgleich** mit dem Begriff des **§ 12 AO** (BFH X R 174/96 BStBl II 2001, 734; IV R 29/02 BStBl II 2004, 602; I R 56/08 BStBl II 2010, 492; I R 18/08 BFH/NV 2010, 941; vgl hierzu insb § 2 Rn 610 ff; **krit** und für eine funktionale Ausdifferenzierung *Hidien/Rodenhäuser* DStZ 2007, 689).

3a a) **Feste Geschäftseinrichtung.** Betriebsstätte bezeichnet eine **örtlich feste Geschäftseinrichtung** oder Anlage, die der Tätigkeit des Unternehmens dient. Nicht erforderlich sind besondere Räumlichkeiten oder Vorrichtungen, ebenso wenig ein auf Dauer angelegter Bezug zu einem bestimmten Teil der Erdoberfläche (BFH I R 128/73 BStBl II 1975, 203; I R 80-81/91 BStBl II 1993, 462). Es genügt

Betriebsstätten in mehreren Gemeinden § 28

eine mechanische Verbindung durch eine bewegliche Einrichtung, zB ein Imbissstand im Caravan (vgl im Einzelnen § 2 Rn 614 ff), ebenso ein Container (BFH I R 138/97 BStBl II 1999, 437; IV R 29/02 BStBl II 2004, 602), nicht jedoch ein Milchlieferfahrzeug (RFH RStBl 1942, 469), ein Taxi ohne festen Standplatz (BFH IV 319/60 U BStBl III 1963, 38) oder ein einmal für vier Wochen im Jahr unterhaltener Verkaufsstand auf einem (Weihnachts-)Markt (BFH I R 12/02 BStBl II 2004, 396).

b) Verfügungsmacht. Voraussetzung ist weiter eine gewisse **nicht nur vorübergehende Verfügungsmacht** über die Einrichtung (BFH I R 77/88 BStBl II 1990, 166; III R 76/03 BStBl II 2006, 84; I R 84/05 BStBl II 2007, 94), die sich aus dem Eigentum oder sonstigen Umständen (zB unentgeltliche Überlassung) ergeben kann (BFH I R 87/72 BStBl II 1974, 327), wenn die zu Grunde liegende **Rechtsposition** dem Gewerbetreibenden nicht ohne Weiteres entzogen werden kann. Die bloße Nutzungsmöglichkeit ohne Rechtsposition genügt nicht (BFH IV R 168/72 BStBl II 1976, 365; I R 189/79 BStBl II 1982, 624; X S 10/87 BFH/NV 1988, 124); ebenso wenig kurzfristige Tätigkeiten. 3b

Der *Kehrbezirk eines Bezirkskaminkehrermeisters* ist daher keine Betriebsstätte (BFH X R 174/96 BStBl II 2001, 734); ebenso wenig die *vom Arbeitgeber genutzten Wohnräume* (auch Kellerräume und Garagen) des Arbeitnehmers trotz der Ausstattung mit den notwendigen Einrichtungen durch den Arbeitgeber, wenn die jederzeitige Verfügungsmacht des Arbeitgebers über diese Räume nicht unbestritten ist (BFH I B 80/97 BFH/NV 1999, 665), und die von Mineralölunternehmen verpachteten Tankstellen (BFH III R 76/03 BStBl II 2006, 84; I R 84/05 BStBl II 2007, 94). Vgl § 2 Rn 618.

c) Dauernde Tätigkeiten/Ausübung des Gewerbes. Schließlich ist erforderlich, dass sich in der Anlage **dauernde Tätigkeiten**, wenn auch bloße Hilfstätigkeiten oder andere unwesentliche Tätigkeiten, zur **unmittelbaren Ausübung des Gewerbes** vollziehen (BFH IV R 168/72 BStBl II 1976, 365; I R 226/75 BStBl II 1976, 111; II R 12/92 BStBl II 1997, 12). Auch ein *Lagerplatz* oder *Abstellplatz* (zB für LKW) stellt eine Betriebsstätte dar (BFH IV R 49/77 BStBl II 1981, 538), ebenso die *Lärmmessstation* eines Flughafenbetreibers (BFH I R 56/08 BStBl II 2010, 492). **Ruhende oder stillgelegte** Anlagen begründen keine Betriebsstätte iSd Vorschrift (BFH I B 14/62 U BStBl III 1963, 156; IV R 49/77 aaO); ebenso wenig *Haltestellen* für einen Linienverkehr mit Kfz (BayVGH DÖV 1988, 695), *Basisstationen* beim Mobilfunk (*OFD Hannover* DB 1999, 1141; *OFD Ffm* FR 2000, 1059) oder *Hausmülltonnen* bei einem Mülltransportunternehmen (BFH VIII R 270/81 BFH/NV 1988, 735). 3c

ME ist die Formulierung „dauernde Tätigkeiten" so zu verstehen, dass sie lediglich auf die Dauer gesehen, also **nicht notwendig ununterbrochen** stattfinden müssen. Auch vorübergehend ruhende Anlagen, etwa die eines *Saisonbetriebes*, stellen auch für die Dauer des Ruhens Betriebsstätten dar (*Sarrazin* in L/S § 28 Rn 16). Daher kann wohl auch ein *Auslieferungslager* eine Betriebsstätte darstellen (ebenso *Sarrazin* aaO); BFH I B 47/49 S BStBl III 1960, 386 hat hierüber nicht entschieden.

Verpachtete Betriebe begründen keine Betriebsstätte des Verpächters (BFH I B 148/59 U BStBl III 1960, 468; I B 223/61 S BStBl III 1962, 477). Das gilt auch für *Betriebsaufspaltungen* (BFH VI B 31/63 BStBl III 1966, 598). Dagegen sind **gemietete oder gepachtete** Anlagen bei Ausübung von dem GewBetrieb dienenden Tätigkeiten Betriebsstätten.

Keine Betriebsstätten sind dem GewBetrieb **mittelbar dienende** Einrichtungen wie Wohngebäude, Gemeinschaftsräume und sonstige Sozialeinrichtungen der Arbeitnehmer (vgl BFH I B 222/59 U BStBl III 1961, 52; BayVGH DÖV 1988, 695; ebenso *Sarrazin* in *L/S* § 2 Rn 69; aA *Tipke/Kruse* § 12 AO Rn 9; *Blümich/Hofmeister* § 28 GewStG Rn 12; HessFG VIII 326/78 EFG 1983, 34).

Güroff

§ 28   Zerlegung

3d   **d) Geschäftsleitung/Organschaft.** Zum Ort der **Geschäftsleitung,** der sich für Kapital- und Personengesellschaften nach einheitlichen Grundsätzen bestimmt (BFH IV R 58/95 BStBl II 1998, 86), vgl BFH IV R 29/02 BStBl II 2004, 602.

Als Betriebsstätte(n) des **Organträgers** gelten nach § 2 Abs 2 Satz 2 die (Betriebsstätten der) Organgesellschaften (vgl BFH I R 19/92 BStBl II 1993, 679; I R 23/06 BStBl II 2007, 836).

2. Mehrgemeindliche Betriebsstätten

4   Nach **Absatz 1 Satz 2 1. Alternative** findet eine Zerlegung auch statt, wenn sich eine Betriebsstätte **über mehrere Gemeinden** erstreckt (zu den Einzelheiten vgl die Erläuterungen zu § 30). Die Vorschrift kann bei Vorhandensein mehrerer Betriebsstätten in verschiedenen Gemeinden dazu führen, dass eine **mehrfache Zerlegung** durchzuführen ist, wenn (zumindest) eine Betriebsstätte eine mehrgemeindliche ist, nämlich die Zerlegung auf die einzelnen Betriebsstätten nach §§ 28, 29 GewStG (Hauptzerlegung) und die Zerlegung des auf die mehrgemeindliche Betriebsstätte entfallenden Betrags auf die beteiligten Gemeinden nach § 30 (Unterzerlegung).

3. Verlegung von Betriebsstätten

5   Eine Zerlegung findet nach **Absatz 1 Satz 2 2. Alternative** auch statt bei der **Verlegung** einer Betriebsstätte von einer Gemeinde in eine andere. Verlegung bedeutet Auflösung des Bestandes einer Betriebsstätte in einem Maße, dass dort betriebliche Tätigkeiten nicht mehr stattfinden (können), und Aufbau einer entsprechenden Betriebsstätte in einer anderen Gemeinde. Auch der **Wechsel eines Händlerbezirks** – selbst unter Beibehaltung desselben Auftraggebers – stellt eine Betriebsverlegung (mit der Folge der Zerlegung) dar (BFH X S 24/96 BFH/NV 1997, 376).

Keine Verlegung, sondern Neugründung liegt vor, wenn **nur Teile** der Betriebsstätte herausgelöst werden, ohne dass diese ihren Charakter verliert, und in einer weiteren Gemeinde zum Aufbau einer weiteren Betriebsstätte verwendet werden. Für die Zerlegung hat dies jedoch keine Auswirkungen, weil es nicht auf einen bestimmten Stichtag oder eine bestimmte Zeitdauer des Bestehens im EZ ankommt.

Bei **Bauausführung und Montage** (§ 12 Satz 2 Nr 8 AO) liegt nach BFH VI R 56/76 BStBl II 1979, 479 eine Betriebsverlegung vor, wenn die Bauausführung innerhalb einer Gemeinde kürzer als 6 Monate dauert; eine Zusammenrechnung als mehrgemeindliche Betriebsstätte ist nicht zulässig. Wie BFH auch R 28.1 Abs 1 Sätze 5 f GewStR, jedoch mit dem methodisch fragwürdigen Ausweg der entsprechenden Anwendung des § 28 Abs 2 Satz 2 (zust *Sarrazin* in *L/S* § 28 Rn 13). ME ist dem nicht zu folgen. Der vorrangige Ordnungsgesichtspunkt ist der der Betriebsstätte, die bei Überschreiten der 6-Monatsfrist vorliegt (§ 12 Satz 2 Nr 8 AO). Die Tatsache, dass das erforderliche Zeitelement sich in mehreren Gemeinden erfüllt, führt zu einem Anwendungsfall der § 28 Abs 1 Satz 2, § 30.

4. Ausnahmen vom Anknüpfungspunkt Betriebsstätte

6   **a) Grundsatz. Ausnahmen** enthält **Absatz 2.** Danach sind bei der Zerlegung die Gemeinden nicht zu berücksichtigen, in denen

(Nr 1) Verkehrsunternehmen lediglich **Gleisanlagen** unterhalten; Verkehrsunternehmen sind solche Unternehmen, die Menschen und Güter gegen Entgelt von einem Ort zu einem anderen Ort befördern; nicht hierher gehören daher Werksbahnen oder Teststrecken;

Zerlegungsverfahren § 28

(**Nr 2**) sich nur Anlagen befinden, die der **Weiterleitung** fester, flüssiger oder gasförmiger Stoffe sowie elektrischer Energie dienen, ohne dass diese dort abgegeben werden. Bei Abgabe der Stoffe/Energie wird der Ausnahmetatbestand nicht verwirklicht. Abgabe in diesem Sinne ist die Übernahme der Stoffe oder Energie aus der Anlage durch einen Dritten (BFH I B 61/63 BStBl III 1966, 567). Das übernehmende Unternehmen muss nicht der Veräußerer sein (BFH I B 270/63 BStBl II 1968, 40). Der Betrieb/Unterhalt eines Pump- und Umspannwerkes u.Ä. soll eine Betriebsstätte begründen (vgl BFH I R 227/75 BStBl II 1978, 160); mE ist das zutreffend, wenn dort auf die Dauer gesehen (Rn 3c) Tätigkeiten verrichtet werden (ähnlich *Sarrazin* in *L/S* § 28 Rn 27). Zu Windkraftanlagen vgl 29 Abs 1 Nr 2 und dort Rn 9 ff sowie § 33 Rn 6. Im Übrigen ist es unerheblich, ob die Leitungen unterirdisch oder oberirdisch verlaufen (BFH I R 226/75 BStBl II 1978, 111);

(**Nr 3**) **Bergbauunternehmen** keine oberirdischen Anlagen haben, in welchen eine gewerbliche Tätigkeit entfaltet wird; betroffen ist also ausschließlich das Unterhalten von Untertage-Anlagen sowie von oberirdischen Anlagen, in denen sich keine gewerbliche Tätigkeit entfaltet, wie Wohnungen und Sozialeinrichtungen (zu diesen Rn 3c; ebenso *Sarrazin* in *L/S* § 28 Rn 28);

(**Nr 4 aF**) der Hebesatz 200% unterschritt (**nur im EZ 2003**). Diese Vorschrift, mit der die „GewSt-Oasen" (§ 1 Rn 16) angehalten werden sollten, einen Hebesatz von mindestens 200% festzusetzen, war verfassungsrechtlich insofern unbedenklich, als sie erst am 20.5.2003 rückwirkend zum Beginn des EZ erlassen worden ist. Durch einen möglichen unzulässigen Eingriff in das kommunale Selbstverwaltungsrecht (Art 28 Abs 2 u Art 106 Abs 6 Satz 2 GG) ist der Stpfl nicht beschwert (BFH I B 87/04 BStBl II 2005, 143). Doch liegt ein solcher Eingriff mE ohnehin nicht vor (*Mattern/Schnitger* DStR 2003, 1377, 1381; *Otting* DB 2004, 1222; *Blümich/ Hofmeister* § 28 GewstG Rn 19a; **aA** *Förster* DB 2003, 899; *Wälz/Süß* DStR 2003, 1677; *Rödel* Inf 2003, 740); denn die ausgeschlossene Gemeinde hat ohnehin auf die Einnahmen von GewSt verzichtet. Den Vorteil haben die „teureren" Gemeinden. Der hieraus resultierende mögliche Reflex, nämlich der Wegzug von Unternehmen aus der „billigen" Gemeinde, tangiert nicht die o.a. Rechtsposition der Gemeinde.

b) Rückausnahme. Diese Ausnahmen kommen jedoch nach **§ 28 Abs 2** 7 **Satz 2** dann nicht zur Anwendung, wenn dadurch auf **keine Gemeinde ein Zerlegungsanteil** oder einheitlicher GewStMessbetrag entfallen würde.

(frei) 8

III. Zerlegungsverfahren

1. Anzuwendende Vorschriften

Das Verfahren richtet sich nach den **§§ 185 bis 189 AO.** Nach § 185 AO sind 9 die für die Ermittlung und Festsetzung der StMessbeträge geltenden Vorschriften entsprechend anzuwenden, insb über die Amtsermittlung, die Verwaltungsakte, die Steuerfestsetzung und über deren Aufhebung und Änderung (BFH I R 83/94 BStBl II 1996, 509; VIII R 13/97 BStBl II 1999, 542).

2. Amtsverfahren

Nach §§ 85 ff AO, insb **§ 88 AO,** ist das Zerlegungsverfahren ein **von Amts** 10 **wegen** durchzuführendes Verfahren. Unabhängig hiervon können die Beteiligten die Durchführung eines Zerlegungsverfahrens beantragen. Es gilt Untersuchungsmaxime. Die Finanzbehörden haben den Sachverhalt zu ermitteln (§ 88 AO). Ist dies

§ 28 Zerlegung

nicht oder nicht vollständig möglich, können die Grundlagen der Zerlegung geschätzt werden (§ 162 AO). Die **steuerberechtigten Gemeinden** haben ein Recht auf Auskunft sowie auf Akteneinsicht durch ihre Amtsträger (nicht durch einen bevollmächtigen Rechtsanwalt, FG Düsseldorf 18 K 1888/96 AO EFG 1998, 1555) bei den Finanzbehörden (§ 187 AO), nicht jedoch wenn der Messbetrag 0 € beträgt (BFH I R 111/98 BFH/NV 2000, 346).

Zuständig für das Zerlegungsverfahren ist nach § 22 AO das **BetriebsstättenFA**.

3. Beteiligte

11 Am Zerlegungsverfahren beteiligt sind **der Stpfl** und **die Gemeinde**, der ein Anteil am GewStMessbetrag zugeteilt worden ist oder die einen Anteil beansprucht (§ 186 AO; vgl BFH III R 286/84 BFH/NV 1990, 56). Betriebsstätten **außerhalb des Geltungsbereichs** des GewStG werden nicht berücksichtigt (R 28.1 Abs 3 GewStR).

4. Zerlegungsbescheid

12 a) **Allgemeines.** Über die Zerlegung ergeht ein **Zerlegungsbescheid,** der den Beteiligten bekannt zu geben ist, soweit sie betroffen sind. Der Bescheid muss **für die Beteiligten einheitlich** ergehen (BFH I R 60/93 BFH/NV 1995, 484); das gilt auch, wenn – bei Vorhandensein (auch) einer mehrgemeindlichen Betriebsstätte – eine Haupt- und Unterzerlegung stattfindet (BFH I R 227/75 BStBl II 1978, 164). Der Bescheid kann unter dem Vorbehalt der Nachprüfung (§ 164 AO) oder im Hinblick auf einzelne Punkte vorläufig (§ 165 AO) ergehen. Auch solche **Nebenbestimmungen** sind allen am Zerlegungsverfahren Beteiligten bekannt zu geben (BFH I R 83/94 BStBl II 1996, 509). Wird ein Zerlegungsbescheid zum Zwecke der Vorauszahlung (§ 19 Abs 3 Satz 3) erlassen, steht dieser unter dem Vorbehalt der Nachprüfung (BFH I B 87/04 BStBl II 1985, 143).

12a b) **Inhalt.** Es gilt **§ 188 AO.** Der Zerlegungsbescheid muss die Höhe des zu zerlegenden Messbetrages angeben und bestimmen, welche Anteile den beteiligten steuerberechtigten Gemeinden zugeteilt werden. Er muss die Zerlegungsgrundlagen angeben (§ 188 AO). Macht eine Gemeinde zu Unrecht einen Zerlegungsanteil geltend, muss dieser Antrag ausdrücklich zurückgewiesen werden (arg § 189 Abs 1 Satz 1 AO).

12b c) **Grundlagen-/Folgebescheid.** Der GewStMessbescheid ist Grundlagenbescheid für den **Zerlegungsbescheid** als **Folgebescheid** (§ 171 Abs 10 AO) und für diesen **bindend,** jedoch nur im Hinblick auf den Messbetrag, den EZ und den StSchuldner, nicht jedoch im Hinblick auf den StBerechtigten (BFH I R 84/98 BStBl II 2001, 3). Daher ist etwa über das Vorliegen einer Organschaft im GewStMessbescheid und nicht im Zerlegungsbescheid zu entscheiden (BFH IV R 100/85 BStBl II 1988, 456; VIII R 45/90 BFH/NV 1993, 191)). Bei einer **Änderung des GewStMessbescheids** muss auch eine Änderung des Zerlegungsbescheids erfolgen (BFH X R 49/08 BFH/NV 2010, 2225).

Gleichzeitig ist der Zerlegungsbescheid **Grundlagenbescheid** bei der Festsetzung der GewSt (vgl BFH IV R 1/91 BStBl II 1993, 828).

12c d) **Bestandskraftwirkung.** Die **Bestandskraft** eines Zerlegungsbescheids erstreckt sich auf den festgestellten Zerlegungsanteil **nur nach seinem Betrag**, nicht auf den angewendeten Zerlegungsmaßstab. Deswegen können bei einer Änderung des Zerlegungsbescheids nach § 175 Abs 1 Satz 1 Nr 1 AO alle materiellrechtlichen Fehler des Erstbescheids – soweit die Änderung reicht (§ 177 AO) – zu Gunsten wie zu Ungunsten der Gemeinde berichtigt werden (BFH VIII R 33/90 BStBl II 1992, 869; VIII R 13/97 BStBl II 1999, 542).

§ 28

5. Änderung der Zerlegung

a) Allgemeines. aa) Nichtberücksichtigung. Ist der Anspruch eines Steuerbe- 13
rechtigten auf einen Anteil am StMessbetrag **nicht berücksichtigt** und auch **nicht zurückgewiesen** worden, so wird nach **§ 189 Satz 1 AO** die Zerlegung von Amts wegen oder auf Antrag geändert oder nachgeholt. Das gilt aber nur für den Fall, dass eine Gemeinde **überhaupt nicht** berücksichtigt, nicht aber, wenn sie lediglich mit einem unzutreffenden Anteil berücksichtigt worden ist (BFH VIII R 42/02 BFH/NV 2006, 498). Die Vorschrift enthält eine **Spezialregelung** nur für Fälle der Nichtberücksichtigung; für andere Fallgestaltungen sind die übrigen Änderungsvorschriften der AO anwendbar (vgl BFH VIII R 33/90 BStBl II 1992, 869; VIII R 45/90 BFH/NV 1993, 191; hierzu *Seitrich* DStZ 1985, 401; *Blümich/Hofmeister* § 28 GewStG Rn 25).

bb) Unanfechtbare Zerlegungsbescheide. Änderungen unanfechtbarer Zerlegungsbescheide gegenüber den an dem Zerlegungsverfahren bereits beteiligten Steuerberechtigten können bei der Änderung der Zerlegung nur insoweit vorgenommen werden, als sie sich aus der nachträglichen Berücksichtigung des bisher übergangenen Steuerberechtigten ergeben (§ 189 Satz 2 AO). Sonstige Fehler bei der bisherigen Zerlegung dürfen also nicht berichtigt werden. Das gilt auch für die Berücksichtigung einer an sich nicht berechtigten Gemeinde; eine Korrektur der Zerlegungsbescheide gegenüber den übrigen Beteiligten erfolgt nur im Hinblick auf die zusätzliche Berücksichtigung der bisher übergangenen Gemeinde (also kein einfacher Austausch, BFH I R 60/93 BFH/NV 1995, 484).

cc) Erhöhung des GewStMessbetrags. Berücksichtigt das FA bei der Änderung aber gleichzeitig eine Erhöhung des GewStMessbetrages, so kann der Differenzbetrag nach einem auch unter den bisherigen Zerlegungsbeteiligten geänderten Verhältnis zerlegt werden (FG Düsseldorf 17 K 57/83 G EFG 1992, 550; *Tipke/Kruse* § 189 AO Rn 1, 2). Die Gemeinde, die einen höheren Zerlegungsanteil (Maßstab) erstreiten will, als ihr im geänderten Zerlegungsbescheid zugebilligt ist, muss sich entgegenhalten lassen, dass sie einen gegenüber dem Erstbescheid betragsmäßig höheren Anteil erhalten hat und deswegen nicht beschwert ist (§ 351 Abs 1 AO; FG Nürnberg V 468/92 EFG 1996, 286).

b) Änderungssperre. aa) Frist. Nach **§ 189 Satz 3 AO** unterbleibt eine Ände- 14
rung oder Nachholung der Zerlegung, wenn **ein Jahr vergangen** ist, seitdem der StMessbescheid unanfechtbar geworden ist, es sei denn, dass der übergangene Steuerberechtigte die Änderung oder Nachholung der Zerlegung vor Ablauf des Jahres beantragt hatte (hierzu BFH VIII R 33/90 BStBl II 1992, 869). Maßgebend hierbei ist der endgültige, nicht ein unter Nachprüfungsvorbehalt stehender oder ein vorläufiger GewStMessbescheid (BFH IV B 288/55 U BStBl III 1957, 178; I B 7/58 U BStBl III 1959, 106). Nur für den übergangenen Steuerberechtigten, der den Antrag gestellt hat, wirkt dieser Antrag (BFH I R 19/92 BStBl II 1993, 679; VIII R 45/90 BFH/NV 1993, 191). Ein Antrag des GewStSchuldners genügt nicht (BFH I R 84/98 BStBl II 2001, 269).

Wird der Antrag rechtzeitig gestellt, wirkt er auch **für künftige EZ** (Nds FG 11 K 306/04 EFG 2007, 1804).

bb) Einzelheiten zur Jahresfrist. Die **Frist** gilt **auch für** Fälle, in denen keine geänderte, sondern eine **erstmalige Zerlegung** vorzunehmen ist (RFH RStBl 1942, 25; BFH IV B 288/55 U BStBl III 1957, 178). Vor Fristablauf kommt es auf den Zeitpunkt der Antragstellung nicht an; es genügt, dass überhaupt ein Antrag gestellt worden ist (BFH IV R 10/73 BStBl II 1978, 120). Die Frist beginnt nach der Rspr auch dann neu zu laufen, wenn wegen **Änderung des StMessbetrags** eine Folgeänderung des Zerlegungsbescheides nach § 175 Abs 1 Nr 1 AO zu

§ 28 Zerlegung

erfolgen hat (BFH I R 84/98 BStBl II 2001, 3; R 28.1Abs 2 Satz 5 GewStR; *Sarrazin* in *L/S* § 28 Rn 43). ME ist dem nicht zuzustimmen. Der Sinn der Änderungssperre des § 189 Satz 3 AO besteht insb darin, innerhalb einer kurz bemessenen Ausschlussfrist den Kreis der Steuerberechtigten im Interesse der Planungssicherheit für die begünstigten Gemeinden abschließend zu begrenzen (vgl BFH I R 19/92 BStBl II 1993, 679; VIII R 45/90 BStBl II 2001, 3). Wegen der ggf schwerwiegenden Einwirkung durch eine nachträgliche Berücksichtigung weiterer Gemeinden gewährt das G einen zeitlich gestaffelten **Bestandsschutz** (BFH VIII R 33/90 BStBl II 1992, 869; VIII R 42/02 BFH/NV 2006, 498).

cc) Wiedereinsetzung. Eine andere Frage ist, ob bei bestimmten Veränderungen der für die Zerlegung maßgebenden Verhältnisse (Verlegung der einzigen Betriebsstätte; Hinzutreten weiterer Betriebsstätten in bisher nicht berechtigten Gemeinden) **Wiedereinsetzung** wegen Versäumung der Frist des § 189 Satz 3 AO gewährt werden kann. *OFD Koblenz* (DB 1990, 2501) bejaht dies, und zwar wohl für die bisher allein berechtigte Gemeinde. Dem ist mE nicht zuzustimmen. Die Frist des § 189 Satz 3 AO ist eine Antragsfrist allein des übergangenen Steuerberechtigten (BFH I R 19/92 BStBl II 1993, 679; VIII R 45/90 BFH/NV 1993, 191). Der übergangene Steuerberechtigte aber ist in den bezeichneten Fällen die bisher nicht berechtigte Gemeinde, die wiederum von der Veränderung der Verhältnisse idR sofort Kenntnis erlangt.

6. Zuteilungsbescheid

15   Ist ein StMessbetrag in voller Höhe **nur einem Steuerberechtigten** zuzuteilen, besteht aber Streit darüber, welchem Steuerberechtigten der StMessbetrag zusteht, so entscheidet die Finanzbehörde nach **§ 190 AO** auf Antrag eines Beteiligten durch **Zuteilungsbescheid**. Die für das Zerlegungsverfahren geltenden Vorschriften sind entsprechend anzuwenden, jedoch mit der Maßgabe, dass im Zuteilungsverfahren die Behörde auf Antrag eines jeden Beteiligten tätig werden muss (vgl BFH I R 1/00 BStBl II 2001, 769).

7. Rechtsbehelfe

16   Gegen den Zerlegungsbescheid ist **Einspruch** nach § 347 AO gegeben. Er kann von dem nach § 186 AO (Rn 11) Beteiligten erhoben werden. Geltendmachung von **Beschwer** ist erforderlich (§ 350 AO; hierzu BFH I R 1/85 BStBl II 1988, 463; III R 286/84 BFH/NV 1990, 56). Einwendungen gegen den Messbetrag als solchen sind nicht zulässig (§ 351 Abs 2 AO); Entsprechendes gilt für einen Antrag auf AdV durch die Gemeinde gegen einen (geänderten) GewStMessbescheid (BFH I B 54/96 BStBl II 1997, 136).

Bei **Änderungsbescheiden** ist der Einspruch nur so weit zulässig, wie die Änderung reicht (§ 351 Abs 1 AO). Hat sich der Zerlegungsanteil (Maßstab) der Gemeinde erhöht, dann ist ihre Klagebefugnis auf den Unterschiedsbetrag zwischen ihrem Antrag und dem höheren Zerlegungsbetrag beschränkt (BFH VIII R 13/97 BStBl II 1999, 542).

Diejenigen **Beteiligten,** die nicht Einspruch bzw Klage erhoben haben, sind im Einspruchsverfahren **hinzuzuziehen** (§ 360 Abs 3 AO) bzw im Klageverfahren **beizuladen** (§ 60 Abs 3 FGO; vgl BFH IV R 179/71 BStBl II 1975, 828; I R 226/75 BStBl II 1978, 111; I B 31/81 und I B 32/81 BStBl II 1982, 130; I R 60/93 BFH/NV 1995, 484), es sei denn ihre Belange werden durch das Verfahren nicht berührt; das ist beim StSchuldner der Fall, wenn die streitenden Gemeinden den gleichen Hebesatz anwenden (BFH IV R 51/72 BStBl II 1978, 140; IR 286/56 BFH/NV 1990, 56; FG Nürnberg 4 K 1962/2008 EFG 2011, 559). **Übergangene Gemeinden,** die nicht innerhalb der Jahresfrist des § 189 Satz 3 AO den Änderungs-

Zerlegungsmaßstab § 29

antrag stellen (Rn 14), sind nicht Beteiligte und daher nicht beizuladen (vgl BFH VIII R 45/90 BFH/NV 1993, 191).

Eine **unterlassene Hinzuziehung** im Einspruchsverfahren wird durch die Beiladung im Klageverfahren geheilt (BFH VIII R 62/85 BStBl II 1989, 359; I R 8/98 BFH/NV 2000, 579).

§ 29 Zerlegungsmaßstab

(1) **Zerlegungsmaßstab ist**
1. vorbehaltlich der Nummer 2 das Verhältnis, in dem die Summe der Arbeitslöhne, die an die bei allen Betriebsstätten (§ 28) beschäftigten Arbeitnehmer gezahlt worden sind, zu den Arbeitslöhnen steht, die an die bei den Betriebsstätten der einzelnen Gemeinden beschäftigten Arbeitnehmer gezahlt worden sind;

[bis EZ 2013:
2. bei Betrieben, die Anlagen zur Erzeugung von Windenergie betreiben, zu drei Zehntel das in Nummer 1 bezeichnete Verhältnis und zu sieben Zehntel das Verhältnis, in dem die Summe der steuerlich maßgebenden Ansätze des Sachanlagevermögens mit Ausnahme der Betriebs- und Geschäftsausstattung, der geleisteten Anzahlungen und der Anlagen im Bau in allen Betriebsstätten (§ 28) zu dem Ansatz in den einzelnen Betriebsstätten steht.]

[ab EZ 2014:
2. bei Betrieben, die ausschließlich Anlagen zur Erzeugung von Strom und anderen Energieträgern sowie Wärme aus Windenergie und solarer Strahlungsenergie im Sinne des § 3 Nummer 3 des Erneuerbare-Energien-Gesetzes vom 25. Oktober 2008 (BGBl. I S. 2074), das zuletzt durch Artikel 5 des Gesetzes vom 20. Dezember 2012 (BGBl. I S. 2730) geändert worden ist, in der jeweils geltenden Fassung betreiben, zu drei Zehntel das in Nummer 1 bezeichnete Verhältnis und zu sieben Zehntel das Verhältnis, in dem die Summe der steuerlich maßgebenden Ansätze des Sachanlagevermögens mit Ausnahme der Betriebs- und Geschäftsausstattung, der geleisteten Anzahlungen und der Anlagen im Bau in allen Betriebsstätten (§ 28) zu dem Ansatz in den einzelnen Betriebsstätten steht.]

[ab EZ 2014 nur für Neuanlagen:
2. bei Betrieben, die ausschließlich Anlagen zur Erzeugung von Strom und anderen Energieträgern sowie Wärme aus solarer Strahlungsenergie im Sinne des § 3 Nummer 3 des Erneuerbare-Energien-Gesetzes betreiben,
   a) für den auf Neuanlagen im Sinne von Satz 3 entfallenden Anteil am Steuermessbetrag zu drei Zehntel das in Nummer 1 bezeichnete Verhältnis und zu sieben Zehntel das Verhältnis, in dem die Summe der steuerlich maßgebenden Ansätze des Sachanlagevermögens mit Ausnahme der Betriebs- und Geschäftsausstattung, der geleisteten Anzahlungen und der Anlagen im Bau (maßgebendes Sachanlagenvermögen) in allen Betriebsstätten (§ 28) zu dem Ansatz in den einzelnen Betriebsstätten steht, und
   b) für den auf die übrigen Anlagen im Sinne von Satz 4 entfallenden Anteil am Steuermessbetrag das in Nummer 1 bezeichnete Verhältnis.

²Der auf Neuanlagen und auf übrige Anlagen jeweils entfallende Anteil am Steuermessbetrag ermittelt sich aus dem Verhältnis, in dem
   a) die Summe des maßgebenden Sachanlagevermögens für Neuanlagen und

b) **die Summe des übrigen maßgebenden Sachanlagevermögens für die übrigen Anlagen**

zum gesamten maßgebenden Sachanlagevermögen des Betriebs steht. ³Neuanlagen sind Anlagen, die nach dem 30. Juni 2013 zur Erzeugung von Strom und anderen Energieträgern sowie Wärme aus solarer Strahlungsenergie genehmigt wurden. ⁴Die übrigen Anlagen umfassen das übrige maßgebende Sachanlagenvermögen des Betriebs.]

(2) **Bei der Zerlegung nach Absatz 1 sind die Arbeitslöhne anzusetzen, die in den Betriebsstätten der beteiligten Gemeinden (§ 28) während des Erhebungszeitraums (§ 14) erzielt oder gezahlt worden sind.**

(3) **Bei Ermittlung der Verhältniszahlen sind die Arbeitslöhne auf volle 1000 Euro abzurunden.**

Gewerbesteuer-Richtlinien 2009: R 29.1 GewStR/H 29.1 GewStH

Literatur: *Olbrich*, Ist die Gewerbesteuerzerlegung verfassungswidrig?, DB 1996, 958 u 1649; *Blasweiler*, Ist die Gewerbesteuerzerlegung tatsächlich verfassungswidrig?, DB 1996, 1648; *N. Meier*, Zum gewerbesteuerlichen Zerlegungsmaßstab beim Betrieb von Windkraftanlagen, FR 2006, 538, *Trossen*, Zerlegung der Gewerbesteuer bei Windkraftanlagen, DStZ 2006, 836; *Kronawitter*, Zerlegung des Gewerbesteuermessbetrags eines Solarparkbetreibers, ZKF 2009, 269; *Siebert/Kindel*, Gewerbesteueraufteilung bei Windkraftanlagen-Betreibermodellen, FR 2009, 613; *Dietrich/Krakowiak*, Deutschland – ein Paradies für Kapitalgesellschaften, DStR 2009, 661; *Wischott/Krohn/Nogens*, Steuerliche Risiken und Gestaltungsmöglichkeiten beim Erwerb und Betrieb von Windkraftanlagen, DStR 2009, 1737; *Urbahns*, Optimierte Zerlegung des Gewebesteuermessbetrags, StuB 2010, 425; *Scheffler*, Innerstaatliche Erfolgszuordnung als Instrument der Steuerplanung, Ubg 2011, 262; *Waldhoff/Engler*, Die Küste im deutschen Ertragsteuerrecht – am Beispiel der Besteuerung von Offshore-Energieerzeugung, FR 2012, 254; *Markus/Maurer*, Windenergie und Gewerbesteuer, NVwZ 2012, 604; *Stöbener/Gach*, Photovoltaik einmal anders – Der gewerbesteuerliche Zerlegungsmaßstab bei Solaranlagen, DStR 2012, 1376; *Behrendt/Wischott/Krüger*, Zielgerichtete Ausgestaltung der Gewerbesteuerzerlegung bei Wind- und Solarparks, BB 2012, 2723; *Meier*, Ungleichbehandlungen bei der gewerbesteuerlichen Veranlagung von Anlagen zur Erzeugung erneuerbarer Energien iRd § 29 Abs 1 Nr 2 GewStG?, FR 2012, 1072; *Waffenschmidt*, Rücken- oder Gegenwind; Gewerbesteuerliche Fragen bei Windparks, FR 2013, 268.

Übersicht

	Rn
I. Allgemeines	1, 1a
1. Grundsatz	1
2. Ausnahmen	1a
II. Zerlegungsmaßstab	2–8
1. Grundsatz	2
2. Begriff des Arbeitnehmers	3, 3a
a) Maßgeblichkeit des ESt-/LSt-Rechts	3
b) Abgrenzungen	3a
3. Gegenwärtiges Dienstverhältnis	4
4. Eigene Arbeitnehmer	5, 5a
a) Grundsatz	5
b) Arbeitnehmerüberlassung	5a
5. Beschäftigung in einer Betriebsstätte	6–6c
a) Grundsatz	6
b) Vollständige Zuordnung	6a
c) Anteilige Zuordnung	6b

Zerlegungsmaßstab **§ 29**

	Rn
d) Einzelfälle zur Zuordnung	6c
6. Begriff des Arbeitslohns	7
7. Maßgebliche Beträge (Absatz 2)	8
III. Besonderheiten bei Windkraftanlagen (Abs 1 Nr 2)	9–9c
1. Allgemeines	9
2. Sachlicher Anwendungsbereich	9a
3. Ausschließlichkeit als Voraussetzung?	9b
4. Durchführung	9c

I. Allgemeines

1. Grundsatz

Die Vorschrift enthält den **Zerlegungsmaßstab** für den Regelfall der Zerlegung 1 des einheitlichen GewStMessbetrags bei Betriebsstätten, die keine mehrgemeindlichen Betriebsstätten iSv § 28 Abs 1 Satz 2 und § 30 sind. **Grundsätzlich** ist das **Verhältnis der Arbeitslöhne** maßgebend. Zwar kommt in ihm die Lastenverursachung durch die einzelne Betriebsstätte für die Gemeinde nicht unmittelbar zum Ausdruck. Das ist jedoch unschädlich, weil das Äquivalenzprinzip nur eine pauschale Rechtfertigung für die GewSt darstellt, die konkrete Lastenverursachung ohnehin nicht feststellbar ist und daher nicht Voraussetzung/Bemessungsgrundlage der GewSt sein kann (vgl BVerfG 1 BvR 15/75 BStBl II 1978, 125). Auch werden sich kaum andere Maßstäbe finden lassen, die – notwendig typisierend – dem Äquivalenzprinzip eher gerecht werden; insbesondere ist das Betriebsergebnis kein sachgerechter Maßstab (BFH IV 114/73 BStBl II 1976, 123; I R 23/06 BStBl II 2007, 836; I R 18/08 BFH/NV 2010, 941).

Wird in (einer Betriebsstätte) der Gemeinde **kein Arbeitslohn** gezahlt, steht der Gemeinde **kein Zerlegungsanteil** zu (vgl BFH I R 23/06 BStBl II 2007, 836).

2. Ausnahmen

In Ausnahmefällen kann **bei Unbilligkeit** durch Anwendung der Maßstäbe des 1a § 29 die Zerlegung nach einem die tatsächlichen Verhältnisse berücksichtigenden Maßstab erfolgen (§ 33; hierzu BFH I B 49/58 BStBl III 1958, 379). Sie ist aber nur bei einer eindeutigen Unbilligkeit **von erheblichem Gewicht** gerechtfertigt, die auf der Zerlegung selbst beruht und die sich aus dem groben Maßstab des § 29 allgemein ergebende Unbilligkeit übertrifft (vgl BFH I B 49/58 U BStBl III 1958, 379; I R 19/92 BStBl II 1993, 679; I R 23/06 BStBl II 2007, 836; I R 56/08 BStBl II 2010, 492). Im Einzelnen s § 33 Rn 2 ff.

II. Zerlegungsmaßstab

1. Grundsatz

Zu zerlegen ist bis **EZ 2008** (§ 36 Abs 1) **ausschließlich** in dem **Verhältnis,** in 2 dem die Summe **der Arbeitslöhne** in allen Betriebsstätten zu der Summe der Arbeitslöhne in den Betriebsstätten der einzelnen Gemeinden steht. Hierbei kommt es darauf an, dass der Arbeitnehmer in der jeweiligen Betriebsstätte tatsächlich beschäftigt ist und dass die Arbeitslöhne in der jeweiligen Betriebsstätte tatsächlich gezahlt worden sind (Abs 2). Werden überhaupt **keine Arbeitslöhne** gezahlt, ist dieser Maßstab (selbstredend) von vornherein ungeeignet (BFH I R 1/93 BStBl II 1995, 175; I R 23/06 BStBl II 2007, 836). In Betracht kommt dann die entsprechende Anwendung von § 33. Anderes gilt für den **fiktiven Unternehmerlohn** nach § 31 Nr 5 (BFH IV B 164/64 U BStBl III 1965, 69 zu § 31 Nr 2 aF). Die Zerlegung nach dem Verhältnis der Arbeitslöhne erfolgt auch dann, wenn der GewErtrag im Wesentlichen auf der **Veräußerung des Unternehmensvermögens** zu Beginn des EZ beruht (BFH I R 49/06 BFH/NV 2007, 2346 unter Bestätigung von FG Ba-Wü EFG 2006, 1348).

2. Begriff des Arbeitnehmers

3 a) **Maßgeblichkeit des ESt-/LSt-Rechts. aa) Arbeitnehmerbegriff.** Der Arbeitnehmerbegriff ist im Wesentlichen der des **ESt/LSt-Rechts.** Nach **§ 1 LStDV** sind Arbeitnehmer Personen, die im öffentlichen oder privaten Dienst angestellt oder beschäftigt sind und die aus diesem Dienstverhältnis Arbeitslohn beziehen. Ein Dienstverhältnis liegt vor, wenn der Angestellte dem Arbeitgeber seine Arbeitskraft schuldet. Dies ist dann der Fall, wenn die tätige Person in der Betätigung ihres geschäftlichen Willens unter der Leitung des Arbeitgebers steht oder im geschäftlichen Organismus des Arbeitgebers dessen Weisungen zu folgen verpflichtet ist.

bb) **Eigenständiger Begriff.** Diese Definition beschreibt in zutreffender Auslegung des Gesetzes einen **eigenständigen steuerrechtlichen Begriff** des Arbeitnehmers (BFH VI R 29/72 BStBl II 1975, 520). Der Begriff des Arbeitnehmers ist kein feststehender Begriff. Er beschreibt einen **offenen Typus**, der sich nicht durch Aufzählung bestimmter Merkmale abschließend gewinnen lässt (vgl § 2 Rn 51 ff). Entscheidend ist stets das Gesamtbild der objektiven Umstände nach ihrer tatsächlichen Durchführung im Einzelfall. Hierbei kommt es nicht so sehr auf das Auftreten nach außen, sondern auf das Innenverhältnis an (BFH VIII R 52/77 BStBl II 1979, 414). In allen Fällen kann Arbeitnehmer **nur eine natürliche Person** sein. Geschäftsfähigkeit ist nicht erforderlich.

3a b) **Abgrenzungen. Abgrenzungsprobleme** gibt es insb im Hinblick auf die Beschäftigung von Personen, bei denen selbst die Ausübung eines GewBetriebs iSv § 15 EStG (etwa Handelsvertreter, hierzu BFH V R 150/66 BStBl II 1970, 474) oder eines Freiberufs iSv § 18 EStG (etwa Künstler oder Musiker, hierzu BFH IV R 118/72 BStBl II 1973, 636; VI R 80/74 BStBl II 1977, 178) in Betracht kommt. Maßgebliche **Abgrenzungskriterien** sind in solchen Fällen vor allem die Eingliederung in den Betrieb des Auftraggebers, die Weisungsgebundenheit in Bezug auf Zeit und Ort der Arbeitsleistung, das Bestehen von Unternehmerrisiko und/oder -initiative sowie maßgeblicher Einfluss auf die Gestaltung der zu erbringenden Leistung. Vgl im Einzelnen *Schmidt/Drenseck* § 19 Rn 4 ff u 15.

3. Gegenwärtiges Dienstverhältnis

4 Im Unterschied zu § 1 LStDV muss für Zwecke der Zerlegung ein **gegenwärtiges Dienstverhältnis** bestehen. Das ergibt sich daraus, dass nach Nr 1 der Vorschrift nur Arbeitslöhne für „beschäftigte Arbeitnehmer" zu erfassen sind und nach § 31 Abs 1 Arbeitslöhne grundsätzlich die Vergütungen iSv § 19 Abs 1 Satz 1 Nr 1 EStG darstellen und die Bezüge und Vorteile aus früheren Dienstleistungen iSv § 19 Abs 1 Satz 1 Nr 2 EStG nicht einzubeziehen sind. *Ruhegehaltsempfänger* und *Rechtsnachfolger* eines Arbeitnehmers sind demnach keine Arbeitnehmer iSd Vorschrift. Entsprechendes gilt für bereits *ausgeschiedene Arbeitnehmer,* an die rückständiger Lohn für Zeiträume außerhalb des EZ gezahlt wird. Auch ausscheidende Arbeitnehmer, die – aus welchem Grund auch immer – eine *Abfindung* für in Zukunft entgehenden Arbeitslohn erhalten, beziehen diese nicht für ein gegenwärtiges Dienstverhältnis. Auch diese Bezüge gehören somit nicht zur Grundlage des Zerlegungsmaßstabs (ebenso *Sarrazin* in *L/S* § 31 Rn 20).

Zerlegungsmaßstab §29

4. Eigene Arbeitnehmer

a) Grundsatz. Arbeitnehmer iSd Vorschrift sind nur Personen, die in einem 5 **Dienstverhältnis** zu dem **Unternehmen** stehen, für das der zu zerlegende Messbetrag festgesetzt worden ist (BFH I R 16/90 BFH/NV 1992, 836; IV R 29/02 BStBl II 2004, 602). Voraussetzung hierfür ist nicht der Abschluss eines Arbeitsvertrages (BFH I R 64/98 BStBl II 2000, 41). Vielmehr ist die Frage der Zugehörigkeit nach wirtschaftlichen Gesichtspunkten zu entscheiden. Sind **Anstellungs- und Beschäftigungsunternehmen nicht identisch**, dann sind die Arbeitnehmer dem Beschäftigungsunternehmen zuzurechnen, wenn **(1.)** dort der vertragliche und tatsächliche Tätigkeitsbereich liegt, **(2.)** die Arbeitnehmer in dessen geschäftlichen Organismus eingegliedert und weisungsgebunden sind und **(3.)** dem Anstellungsunternehmen vom Beschäftigungsunternehmen lediglich die Lohnaufwendungen ohne Verwaltungskosten oder gar einen Gewinnaufschlag erstattet werden, gleich ob im Voraus oder nachträglich (vgl BFH IV R 42/03 BFH/NV 2004, 1291). Liegen diese Voraussetzungen nicht vor, ist der Arbeitnehmer dem Anstellungsunternehmen zuzurechnen (Schl-H FG 1 K 73/06 EFG 2011, 1911, Rev IV R 30/11).

Beispiel:
Kontrahiert demnach ein Unternehmen (A) mit Arbeitnehmern im eigenen Namen, aber für Rechnung und zur Erledigung von Arbeiten eines anderen Unternehmens (B), dann gehören die Arbeitnehmer diesem Unternehmen (B) an, wenn dieses die Arbeitslöhne zu entrichten hat, aber (A) als Erfüllungsgehilfe die Auszahlung übernimmt (BFH I B 23/57 U BStBl III 1958, 182 zu Verhältnissen im „Gesamthafenbetrieb"). Entsprechendes gilt, wenn (B) die Lohnaufwendungen, die (A) getragen hat, diesem erstattet (vgl BFH IV R 29/02 BStBl II 2004, 602; Anm *Kempermann* FR 2004, 760). Die wirtschaftlichen Gegebenheiten entsprechen dem in BFH I B 23/57 U BStBl II 1958, 182 entschiedenen Fall.

b) Arbeitnehmerüberlassung. Bei der Arbeitnehmerüberlassung („Leiharbeits- 5a verhältnis") liegt kein Arbeitsverhältnis zum entleihenden Unternehmen vor, wenn dieses nicht unmittelbar an die bei ihm beschäftigten Arbeitnehmer, sondern Entgelt für die Überlassung an den Entleiher zahlt. Allerdings kann bei überwiegender oder sogar ausschließlicher Beschäftigung von Leiharbeitnehmern nur in bestimmten Betriebsstätten ein nach § 33 zu korrigierendes unbilliges Ergebnis vorliegen (BFH I R 16/90 BFH/NV 1992, 836). Entsprechendes gilt für Beschäftigung von **Strafgefangenen** (BFH StRK GewStG § 24 R 3).

5. Beschäftigung in einer Betriebsstätte

a) Grundsatz. Die Vorschrift normiert den Grundsatz, den Arbeitnehmer der 6 Betriebsstätte/dem Ort der tatsächlichen Arbeitsleistung zuzuordnen. Das bedeutet, dass es – im Hinblick auf die Notwendigkeit der Zerlegung – keinen „betriebsstättenlosen Arbeitnehmer" gibt (BFH I R 18/08 BFH/NV 2010, 941).

b) Vollständige Zuordnung. Zudem wird die Vorschrift nach allg M dahin 6a ausgelegt, dass eine alleinige, vollständige Zuordnung des Arbeitslohns zu einer Betriebsstätte **nur** erfolgt, wenn der Arbeitnehmer seine Tätigkeit tatsächlich *ganz oder weitaus überwiegend* – mE zu mindestens 90% – in/von der Betriebsstätte (aus) ausübt (BFH I R 376/83 BStBl II 1988, 201; III R 286/84 BFH/NV 1990, 56; *Sarrazin* in *L/S* § 29 Rn 9; *Blümich/Hofmeister* § 29 GewStG Rn 7); auf die (ggf abweichende) wirtschaftliche Zurechnung der Tätigkeit zu einer anderen Betriebsstätte kommt es nicht an (BFH I R 102/04 BFH/NV 2007, 270). **Gelegentliche Tätigkeiten** von ganz untergeordneter Bedeutung in einer anderen Betriebsstätte haben keinen Einfluss auf die Zuordnung seines Lohns.

c) Anteilige Zuordnung. Eine anteilige Zuordnung erfolgt, wenn der Arbeit- 6b nehmer in nicht unwesentlichem Umfang in anderen Betriebsstätten beschäftigt ist;

§ 29 Zerlegungsmaßstab

dann ist der Lohn entsprechend aufzuteilen (BFH III R 286/84 BFH/NV 1990, 56; FG Münster IV-IX 4489/80 G EFG 1985, 137, best; ebenso *Sarrazin* in *L/S* § 29 Rn 14; *Blümich/Hofmeister* § 29 GewStG Rn 7). Die Tätigkeit an einem von sechs Wochentagen in einer Betriebsstätte ist nicht unwesentlich; daher Aufteilung des Arbeitslohns und Zerlegung nach dem Regelmaßstab (BFH aaO; FG Münster aaO).

6c **d) Einzelfälle zur Zuordnung.** Ein auf häufig **wechselnden Einsatzstellen** tätiger Arbeitnehmer kann der Betriebsstätte der Geschäftsleitung (§ 10 AO; zum Begriff § 2 Rn 628) zuzuordnen sein (vgl BFH I 25/56 U BStBl III 1956, 386). Ein **ständig auswärts**, nicht in einer Betriebsstätte beschäftigter Arbeitnehmer ist hiernach der (den) Betriebsstätte(n) zuzuordnen, mit der er durch die Art der Tätigkeit verbunden ist (vgl BFH I 25/56 BStBl III 1956, 386). Die Wohnsitzzugehörigkeit des Arbeitnehmers hat keinen Einfluss. Bei **LKW-Fahrern** ist mE der regelmäßige Standort der Fahrzeuge, an dem sie abgestellt und gewartet werden, maßgebend. Von hier aus werden die Fahrten angetreten, auch wenn die Fahrzeuge in anderen Betriebsstätten beladen werden; anders nur wenn auch hier die Arbeitszeit ins Gewicht fällt. Bei **(Hochsee-)Schiffsmannschaften** sind die Arbeitnehmer während der Fahrt idR dem Sitz der Geschäftsleitung (Reederei) zuzuordnen (RFH RStBl 1940, 445), es sei denn, es besteht eine wesentliche Verknüpfung der Tätigkeit während des Aufenthalts in einem Hafen mit einer bestimmten Schiffsanlegestelle; dann ist der hierauf entfallende Lohn dieser Betriebsstätte zuzurechnen (BFH I R 376/83 BStBl II 1988, 201). Bei **Binnen- und Küstenschifffahrtsbetrieben**, die eine feste örtliche Anlage oder Einrichtung zur Ausübung des Gewerbes nicht unterhalten, sind die Arbeitnehmer der (fiktiven) Betriebsstätte des Orts zuzuordnen, der als Heimathafen (Heimatort) im Schiffsregister eingetragen ist (§ 6 GewStDV). Für **fliegendes Personal** gilt das zu (Hochsee-)Schiffsmannschaften Ausgeführte entsprechend (BFH I R 18/08 BFH/NV 2010, 941).

6. Begriff des Arbeitslohns

7 Vgl hierzu § 31 und die dortigen Erläuterungen.

7. Maßgebliche Beträge (Absatz 2)

8 **Maßgeblich** sind nach Abs 2 die **Arbeitslöhne**, die **in dem EZ** erzielt oder gezahlt worden sind. Bei der Ermittlung der Verhältniszahlen sind die Arbeitslöhne auf volle 1000 € abzurunden **(Abs 3)**. Dies gilt auch für Unternehmen mit **abw Wj**. Für sie sind die Beträge des EZ anzusetzen, in dem der GewErtrag nach § 10 Abs 2 als bezogen gilt. Eine Umrechnung auf einen Jahresbetrag findet in keinem Fall statt. Der Wortlaut der Vorschrift nennt ausdrücklich den EZ. Seine Anwendung führt nicht zu einem sinnwidrigen Ergebnis, dass hiervon abzusehen wäre. Zwar besteht ein innerer Zusammenhang zwischen dem zu zerlegenden GewErtrag und den im Wj erzielten bzw gezahlten Bemessungsbeträgen. Doch ist die GewSt eine Steuer des EZ, dem § 10 Abs 2 das Ergebnis des Wj zuordnet. Daher ist es jedenfalls nicht völlig sinnwidrig, auf die im EZ erzielten bzw gezahlten Bemessungsbeträge auch im Falle des abw Wj abzustellen (BFH I R 19/92 BStBl II 1993, 679; VIII R 45/02 BFH/NV 1993, 191).

III. Besonderheiten bei Windkraftanlagen (Abs 1 Nr 2)

1. Allgemeines

9 Als Reaktion auf die BFH-Entscheidung I R 23/06 BStBl II 2007, 836 (vgl § 33 Rn 4), wonach auch bei **Windkraftanlagen** der Zerlegungsmaßstab des § 29 Abs 1

Besonderheiten bei Windkraftanlagen § 29

nicht zu unbilligen Ergebnissen führe, hat der Gesetzgeber für solche Anlagen aus umweltpolitischen Gründen einen **eigenen Zerlegungsmaßstab** eingeführt (G v 19.12.2008 BGBl I 2008, 2794; vgl hierzu BTDrs 16/11108, 30). Nach dieser Vorschrift wird nur zu $^{3}/^{10}$ das Verhältnis der in den einzelnen Betriebsstätten gezahlten Arbeitslöhne, zu $^{7}/^{10}$ das Verhältnis der Summe der Sachanlagen zu den Sachanlagen in den einzelnen Betriebsstätten, jedoch ohne Betriebs- und Geschäftsausstattung, Anzahlungen und in Anlagen im Bau, angesetzt (krit hierzu *Behrendt/ Wischott/Krüger* BB 2012, 2723; *Waffenschmidt* FR 2013, 268).

Zur Problematik der Zuweisung von Zerlegungsanteilen (nicht nur nach § 4 Abs 2) bei sog **Offshore-Anlagen** *Waldhoff/Engler* FR 2012, 254; *Markus/Maurer* NVwZ 2012, 604.

2. Sachlicher Anwendungsbereich

Bis einschließlich EZ 2013 betrifft die Vorschrift ausdrücklich **allein Windkraftanlagen.** Erfasst werden **nicht andere Anlagen** zur alternativen Gewinnung von Strom bzw *„erneuerbarer Energie"* überhaupt (*Meier* FR 2012, 1072). Für sie kommt günstigstenfalls eine Einigung nach § 33 Abs 2 in Betracht (ebenso *Kronawitter* ZKF 2009, 269). 9a

Ab EZ 2014 wird die Vorschrift auf „Anlagen zur Erzeugung von Strom und anderen Energieträgern sowie Wärme aus **Windenergie und solarer Strahlungsenergie** im Sinne des § 3 Nr 3 EEG" ausgedehnt (AmtshilfeRLUmsG v 26.6.2013, BGBl I 2013, 1809; zust *Stöbener/Gach* DStR 2012, 1376; krit im Hinblick auf den Zerlegungsmaßstab *Meier* FR 2012, 1072). Hierzu erhält § 36 Abs 9d nF für Anlagen zur Energieerzeugung aus solarer Strahlungsenergie für die **EZ 2014-2023** eine differenzierende **Anwendungsregelung.**

Für **Neuanlagen** (Genehmigung nach dem 30.6.2013) gilt der Maßstab des Abs 2 Nr 2, für die **übrigen Anlagen** der Maßstab des Abs 2 Nr 1. Der entsprechende Anteil am GewStMessbetrag ermittelt sich nach dem Verhältnis des den jeweiligen Anlagen zuzurechnenden Sachanlagevermögens.

3. Ausschließlichkeit als Voraussetzung?

Der Wortlaut der Vorschrift ließ bisher **offen,** ob nur der **ausschließliche Betrieb** einer Windkraftanlage (ggf einer anderen Anlage iSd § 3 Nr 3 EEG) erfasst wird **oder** ob der Betrieb **neben anderen** (gewerblichen) Tätigkeiten genügt. ME ist der ersten Alternative der Vorzug zu geben. Zwar sprechen neben dem insoweit nicht eindeutigen Wortlaut der Vorschrift die umweltpolitischen Motive des Gesetzgebers sowie die Anreizfunktion der Vorschrift dafür, dass auch solche Betriebe, die **daneben andere gewerbliche Tätigkeiten** ausüben, in den Genuss der Vorschrift kommen. Dagegen spricht jedoch der Zusammenhang mit § 28 („… ist *der* Steuermessbetrag … zu zerlegen.") für das Erfordernis des ausschließlichen Betriebs von Windkraftanlagen. Auch ist der G-Entwurf, der die zweite Alternative stützt („… der auf *diese Tätigkeit entfallende Anteil* am Steuermessbetrag …"; vgl BRDrs 545/ 08 B, 55), nicht Gesetz geworden. 9b

Mit Wirkung **ab EZ 2014** ist eindeutig vorgeschrieben, dass Abs 2 Nr 2 nur für solche Betriebe anwendbar ist, die **ausschließlich** die entsprechenden Anlagen unterhalten.

Zudem ist mE der **unmittelbare Betrieb** unabdingbares Erfordernis. Bei einem sog **gespaltenen Investitionsmodell** ist **nur** der **Erzeugerbetrieb,** nicht hingegen der Netzverteilerbetrieb erfasst (aA *Siebert/Kindel* FR 2009, 613).

§ 30 Zerlegung bei mehrgemeindlichen Betriebsstätten

4. Durchführung

9c Will man auch den Betrieb von Windkraftanlagen **neben anderen Tätigkeiten** genügen lassen, ist der auf jenen entfallende **Anteil am GewStMessbetrag** – wenn möglich – direkt **zuzuordnen**. Ist dies nicht (vollständig) möglich, muss mE eine (unterstützende) Schätzung erfolgen (krit angesichts der geringen „Zielgenauigkeit" des Maßstabs *Behrendt/Wischott/Krüger* BB 2012, 2723).

Die **Zerlegung selbst** nach dem vorgeschriebenen Maßstab kann dahin führen, dass der Sitzgemeinde die gesamte auf den Arbeitslohn und der Belegenheitsgemeinde der gesamte auf die Sachanlagen entfallende Zerlegungsanteil entfällt (hierzu auch *Sarrazin* in *L/S* § 29 Rn 19 f).

§ 30 Zerlegung bei mehrgemeindlichen Betriebsstätten

Erstreckt sich die Betriebsstätte auf mehrere Gemeinden, so ist der Steuermessbetrag oder Zerlegungsanteil auf die Gemeinden zu zerlegen, auf die sich die Betriebsstätte erstreckt, und zwar nach der Lage der örtlichen Verhältnisse unter Berücksichtigung der durch das Vorhandensein der Betriebsstätte erwachsenden Gemeindelasten.

Gewerbesteuer-Richtlinien 2009: R 30.1 GewStR/H 30.1 GewStH

Literatur: *H. Schmidt*, Die Zerlegung der Gewerbesteuer bei mehrgemeindlichen Betriebsstätten, ZKF 1987, 146; *Offerhaus/Althof*, Gewerbesteuerzerlegung bei mehrgemeindlichen Betriebsstätten am Beispiel eines Großflughafens, FR 2006, 623; *Hidien/Rodenhäuser*, Der Rechsbegriff der mehrgemeindlichen Betriebsstätte ... und seine Anwendung auf großtechnische Netzwerke ..., DStZ 2007, 689; *Heine*, Zerlegung des Gewerbesteuermessbetrages eines Flughafenbetreibers unter Berücksichtigung der in den angrenzenden Gemeinden unterhaltenen Einrichtungen zur Messung des Fluglärms, KStZ 2009, 181; *Dietrich/Krakowiak*, Deutschland – ein Paradies für Kapitalgesellschaften?, DStR 2009, 661; *Spohn/Peter*, Rechtsprechung im Rückwärtsgang? – Lärmmessstationen eines Verkehrsflughafens begründen keine mehrgemeindliche Betriebsstätte, DStR 2010, 1017.

Übersicht

	Rn
I. Allgemeines	1, 1a
1. Zweck	1
2. Verfahren	1a
II. Mehrgemeindliche Betriebsstätte	2–4
1. Begriff	2–2b
a) Allgemeines	2
b) Verbindende Elemente	2a
c) Kritik	2b
2. Die Verbindungsmerkmale im Einzelnen	3–3c
a) Räumlicher Zusammenhang	3
b) Technischer Zusammenhang	3a
c) Wirtschaftlicher Zusammenhang	3b
d) Organisatorischer Zusammenhang	3c
3. Tätigkeit in allen Gemeinden	4
III. Zerlegungsmaßstab	5–8
1. Grundsatz	5, 5a
a) Unbestimmte Rechtsbegriffe	5
b) Kein Ermessen	5a

	Rn
2. Die örtlichen Verhältnisse	6
3. Die Gemeindelasten	7, 7a
a) Allgemeines	7
b) Bezug zum Betriebsstättenteil	7a
4. Ermittlung und Aufteilung der Gemeindelasten	8

I. Allgemeines

1. Zweck

Die Vorschrift bezweckt den **zwischengemeindlichen Ausgleich** bei Vorhandensein einer mehrgemeindlichen Betriebsstätte. Sie ist eine auch in § 28 Abs 1 Satz 2 niedergelegte notwendige Konsequenz aus dem allgemeinen Zerlegungsgrundsatz. Da eine Betriebsstätte sich über Gebiete in mehreren Gemeinden erstrecken kann, muss auch insoweit ein Ausgleich gefunden werden, und zwar im Wege der Zerlegung des GewStMessbetrags oder des Zerlegungsanteils. Bei Letzterer handelt es sich um eine zweite Zerlegung (Unterzerlegung nach der Hauptzerlegung) nach Maßgabe des GewStMessbetrags (vgl § 28 Rn 12), der über den nach § 29 ermittelten Zerlegungsanteil auf die mehrgemeindliche Betriebsstätte entfällt.

1

2. Verfahren

Beide Zerlegungen erfolgen in einem **einheitlichen Verfahren** durch nur einen einzigen Zerlegungsbescheid (BFH I R 227/75 BStBl 1978, 160). Die Vorschrift gibt dem FA **kein Ermessen** (BFH I B 31/86 BFH/NV 1987, 394). Im Rahmen des Zerlegungsverfahrens ist sorgfältig zu prüfen, ob ein Betriebsteil eine selbständige Betriebsstätte oder Teil einer mehrgemeindlichen Betriebsstätte ist, weil hiervon der anzuwendende Maßstab abhängt. Die nach Arbeitslohn (§ 29) bzw örtlichen Verhältnissen (§ 30) eintretenden Ergebnisse können erheblich voneinander abweichen.

1a

Jedoch setzt die Vorschrift nicht voraus, dass durch die mehrgemeindliche Betriebsstätte einer der beteiligten Gemeinden **bestimmte Lasten** entstehen; die Lasten haben nur Bedeutung für den Zerlegungsmaßstab (BFH I R 275/83 BStBl II 1988, 292). Gleichwohl haben die beteiligten Gemeinden **keinen Rechtsanspruch** auf einen Zerlegungsanteil (vgl § 28 Rn 1).

Im **Klageverfahren** genügt es, wenn die eine Zerlegung nach § 30 beanspruchende Gemeinde **geltend macht,** sie sei zu Unrecht (mE: mit nachteiligen Folgen im Hinblick auf den Zerlegungsanteil) an der Zerlegung nach § 30 nicht beteiligt worden (BFH I R 275/83 BStBl II 1988, 292; abw von BFH I R 54/72 BStBl II 1975, 42 aE: nicht berücksichtigte Lasten).

II. Mehrgemeindliche Betriebsstätte

1. Begriff

a) Allgemeines. Mehrgemeindlich ist die Betriebsstätte (zum Begriff vgl § 12 AO sowie § 2 Rn 610 ff und § 28 Rn 2), wenn sie sich **über mehrere Gemeinden erstreckt.** Das ist der Fall, wenn die auf verschiedenen Gemeindegebieten liegenden Anlagen eine geschlossene wirtschaftliche, betriebliche Einheit bilden (BFH I B 249/62 U BStBl II 1968, 40; I R 227/75 BStBl II 1978, 160); zudem müssen nach der Rspr die in den einzelnen Gemeinden liegenden Teile je für sich die Merkmale einer Betriebsstätte erfüllen (BFH I R 275/83 BStBl II 1988, 292; VIII R 270/81

2

BFH/NV 1988, 735; X R 174/96 BStBl II 2001, 734; mE zweifelhaft, s Rn 4). Die einzelne(n) Geschäftseinrichtung(en) muss (müssen) Teil der übergeordneten Einheit Betrieb sein (BFH VIII R 13/97 BStBl II 1999, 542, 545).

2a **b) Verbindende Elemente.** Die Einheit kann nach der Rspr hergestellt werden durch einen **räumlichen und betrieblichen Zusammenhang;** wobei der betriebliche durch einen **technischen, wirtschaftlichen und organisatorischen** Zusammenhang gekennzeichnet ist (RFH RStBl 1940, 714, Elektrizitätswerk; BFH I B 186/53 U BStBl III 1954, 372, Wasserwerk und Kanal; I B 118/65 BStBl II 1968, 827, Straßenbahnbetrieb; I R 179/72 BStBl II 1974, 427, Raffinerie/Tanklager; I R 227/75 BStBl II 1978, 160, Mineralölunternehmen; I R 56/08 BStBl II 2010, 492, Lärmmessstationen; FG Köln 2 K 6440/03 EFG 2007, 372 rkr zum Leitungsnetz der Telekom).

Diese **verbindenden Elemente** müssen nach der Rspr grundsätzlich **kumulativ** vorliegen. Doch könne in „bestimmten Unternehmen" der räumliche Zusammenhang bei einer besonders engen wirtschaftlichen, technischen und organisatorischen Verbindung in den Hintergrund treten (zB BFH I R 227/75 BStBl II 1978, 160; I R 58/91 BFH/NV 1992, 766; I R 56/08 BStBl II 2010, 492).

2b **c) Kritik.** Die Rspr des BFH ist mE schon **im Ansatz verfehlt.** „Sich erstrecken" bezeichnet „Ausdehnung". Daher beschreibt der Gesetzeswortlaut („... auf die Bezirke mehrerer Gemeinden *erstreckt* ..."; ähnlich *Hidien/Rodenhäuser* DStZ 2007, 689, 699 f) den Typus einer räumlichen Einheit, die in dem unmittelbaren Zusammenhang auf der Erdoberfläche oder darunter besteht, wobei es mE darauf ankommt, dass auch der unterirdische Raum zum Zwecke betrieblicher Tätigkeiten begehbar ist (wie zB in Bergwerken). In der Regel wird bei einem so verstandenen räumlichen Zusammenhang auch der betriebliche Zusammenhang gegeben sein, wenn auch nicht kumulativ und deutlich ausgeprägt.

Der BFH (wie schon die älteste Rspr) weicht für die Fälle, in denen ihm voluntativ ein anderes Ergebnis vorschwebt, von diesem Typus ab und setzt sich mit seinem eigenen Grundsatz, ihn gleichzeitig entwertend, in Widerspruch. In zutreffender Abweichung zur herrschenden Rspr s nur BFH VIII R 270/81 BFH/NV 1988, 735: mehrgemeindliche Betriebsstätte als einheitliches Ganzes, als wirtschaftliche geschlossene Einheit, die sich räumlich über mehrere Gemeinden erstreckt.

2. Die Verbindungsmerkmale im Einzelnen

3 **a) Räumlicher Zusammenhang. aa) Erdoberfläche.** Der räumliche Zusammenhang wird grds durch die Erdoberfläche hergestellt werden (vgl BFH I B 403/61 BStBl III 1965, 113). Denkbar ist auch die unterirdische Erstreckung durch begehbare Räume, wie Tunnels, Bergwerksstollen, Speicherseen u.Ä. (ebenso *Sarrazin* in L/S § 30 Rn 13). Nur bei Vorliegen ganz besonderer Umstände soll trotz räumlichen Zusammenhangs keine mehrgemeindliche Betriebsstätte anzunehmen sein, offenbar wenn es am organisatorischen, technischen und wirtschaftlichen Zusammenhang fehlt (vgl die jeweils nicht entscheidungserheblichen obiter dicta in BFH I B 34/50 U BStBl III 1951, 124; I B 403/61 U BStBl III 1965, 113). Nach der hier vertretenen Auffassung (Rn 2b), ist dies selbst dann unzutreffend, wenn in den zusammenhängenden Grundstücksteilen verschiedenartige Tätigkeiten ausgeführt werden.

bb) Beförderungsunternehmen. Bei einem **Straßenbahnunternehmen** auf den Gebieten von Nachbargemeinden besteht der räumliche Zusammenhang, weil sich die eigentliche Betriebstätigkeit über die Gemeindegrenzen hinweg auf eigenen betrieblichen Anlagen abspielt (BFH I B 118/65 BStBl II 1968, 827). Nur in einem solchen eng begrenzten Rahmen erscheint der Satz, in besonderen Fällen könne der räumliche Zusammenhang zurücktreten, zulässig (zumal er nicht völlig ver-

Mehrgemeindliche Betriebsstätte **§ 30**

schwindet, wie in den Fällen, in denen eine Verbindung nur durch technische Anlagen besteht). Für ein **Omnibusunternehmen** gilt dies trotz Beförderungstätigkeit in Nachbargemeinden deswegen nicht, weil es an der eigenen einheitlichen Betriebsanlage fehlt (BFH I B 118/65 BStBl II 1968, 827). Entsprechendes gilt mE für **andere Beförderungstätigkeiten** ohne eigene Anlagen auf öffentlichen Flächen (anders RFH I 473/38 RStBl 1939, 1056, für einen Fährbetrieb: räumlicher Zusammenhang durch die öffentliche Wasserstraße!).

cc) Trennende Elemente. Der räumliche Zusammenhang wird ohne Weiteres **nicht unterbrochen** durch **trennende Elemente**, zB wenn sich auf der Grenze zweier benachbarter Grundstücke eine innerbetriebliche Mauer (mit Durchbrüchen) befindet (BFH I B 218/56 U BStBl III 1958, 261). Bestehen keine begehbaren Verbindungen, dann ist mE jedoch der räumliche Zusammenhang unterbrochen. Entsprechendes gilt mE, wenn sich zwischen den Grundstück(steil)en etwa Wasserläufe, Bahndämme, Straßen usw befinden; nach der Verkehrsanschauung ist allerdings trotzdem eine einheitliche Betriebsstätte gegeben, wenn durch entsprechende Vorrichtungen (Überbrückungen usw) eine Verbindung bereits geschaffen ist (BFH v 17.8.1954 I B 58/53 nv).

b) Technischer Zusammenhang. aa) Technische Anlagen. Der technische 3a Zusammenhang wird hergestellt durch technische Anlagen, mittels derer die gewerbliche Tätigkeit ganz oder zum Teil ausgeführt wird. In der Regel wird es sich um Anlagen handeln, durch die das Zusammenwirken räumlich getrennter Betriebsteile ermöglicht wird, die also insbesondere dem Transport dienen. In Frage kommen Schienen einer Straßenbahn (RFH I 1101/39 RStBl 1939, 755; BFH I B 118/65 BStBl II 1968, 827) sowie auch ohne räumlichen Zusammenhang eine Schiffsverbindung (RFH I 473/38 RStBl 1939, 1056, fraglich, s Rn 2b, 3), unterirdische Rohrleitungen zB von Mineralölunternehmen (BFH I R 197/72 BStBl II 1974, 427; I R 54/72 BStBl II 1975, 42), ein Wasserkanal eines Wasserwerks (BFH I B 186/53 BStBl III 1954, 372), durch Leitungen mit oberirdischen Anlagen verbundener unterirdischer Porenspeicher (FG Hamburg VI 181/02 EFG 2005, 804 rkr), Kabel und Transformatoren eines Elektrizitätswerks, bei denen es –wegen der „Besonderheiten der Elektrizitätswirtschaft" – nicht auf das Eigentum des Unternehmens an den Anlagen ankommen soll (BFH I B 249/62 U BStBl II 1966, 40; I B 270/63 BStBl II 1968, 40), sowie das Leitungsnetz der Telekom (FG Köln 2 K 6440/03 EFG 2007, 372 rkr).

Hat das Unternehmen **verschiedene Betriebszweige,** wird ein technischer Zusammenhang durch die jeweiligen Anlagen (Netzleitungen, Gas-, Wasser-, Fernwärmeleitungen) nur zwischen den „einschlägigen" Betriebsteilen hergestellt (BFH I R 58/91 BFH/NV 1992, 766 zum kommunalen Eigenbetrieb).

Bei **fehlender Beteiligung** einer Betriebsstätte (zB der Geschäftsleitung) **an der technischen Steuerung** der Anlage und Beschränkung auf sie betreffende Entscheidungen, ist insofern keine technische Verbindung iSd Rspr gegeben (BFH I R 227/75 BStBl II 1978, 160).

bb) Eigentum. Grundsätzlich müssen die verbindenden **Anlagen im Eigentum** des Unternehmens stehen. Es genügt nicht, dass ein Zusammenhang allein durch öffentliche Straßen (BFH I B 118/65 BStBl II 1968, 827, Busunternehmen) oder öffentliche Versorgungs- bzw Kommunikationseinrichtungen hergestellt wird (BFH I R 56/08 BStBl II 2010, 492, zu Lärmmessstationen; *Heine* KStZ 2009, 181; **aA** *Offerhaus/Althof* FR 2006, 623; *Spohn/Peter* DStR 2010, 1013). **Anderes** soll jedoch bei der **Elektrizitätswirtschaft** gelten für eine gemeinsame Energieversorgungsanlage (Netzleitung; BFH I B 249/62 U BStBl II 1966, 40; I B 270/63 BStBl II 1968, 40); **abermals anders** für die Stau- u Wehranlagen eines Wasserwerks BFH

I B 14/62 (BStBl III 1963, 156). Eine konsequente Arbeit am Begriff sieht anders aus (krit auch *Sarrazin* in L/S § 30 Rn 15).

cc) Weiterleitung. Das bloße Vorhandensein von **Leitungen** zur **ausschließlichen Weiterleitung** von festen, flüssigen oder gasförmigen Stoffen sowie elektrischer Energie durch ein Gemeindegebiet begründet (entsprechend § 28 Abs 1 Satz 1) dort keine mehrgemeindliche Betriebsstätte (BFH I R 226/75 BStBl II 1978, 111; I R 227/75 BStBl II 1978, 160; s aber zu § 121 Nr 3 BewG BFH II R 12/92 BStBl II 1997, 12).

3b **c) Wirtschaftlicher Zusammenhang.** Er wird bereits dann angenommen, wenn die Unterhaltung der Betriebsanlagen unter mehreren denkbaren Möglichkeiten ein **sinnvolles Mittel** ist, den (wirtschaftlichen) Zweck der Betriebsanlage zu erfüllen, dass also dieser Zweck nicht erreicht werden könnte, wenn die Unterhaltung der Anlage ersatzlos wegfiele (BFH I R 179/72 BStBl II 1974, 427). Nicht verfolgt hat der BFH eine Äußerung von BFH I B 31/59 U (BStBl III 1961, 8), die so zu verstehen sein kann, als käme es auf die wirtschaftliche Notwendigkeit der Anlage an. Gelegentlich – insb bei Elektrizitätsunternehmen, allerdings die drei Aspekte „wirtschaftlich, organisatorisch und technisch" zusammenfassend – taucht das Argument der fehlenden Autarkie auf (zB BFH I B 249/62 U BStBl III 1966, 40), womit freilich der Begriff der mehrgemeindlichen Betriebsstätte endgültig verwischt wird.

3c **d) Organisatorischer Zusammenhang.** Es genügt mE ein **sinnvolles Abgestimmtsein** der verschiedenen Organisationseinheiten und Betriebsabläufe aufeinander (ähnlich dem wirtschaftlichen Zusammenhang). Dieses Element wird in der Rspr idR auch nicht gesondert geprüft.

3. Tätigkeit in allen Gemeinden

4 Nach der Rspr sollen solche verbundene Betriebsteile keine mehrgemeindliche Betriebsstätte bilden, in denen eine **dauernde gewerbliche Tätigkeit** nicht ausgeübt wird (vgl BFH I R 226/75 BStBl II 1978, 111; VIII R 270/81 BFH/NV 1988, 735; I R 275/83 BStBl II 1988, 292; X R 174/96 BStBl II 2001, 734; *Sarrazin* in L/S § 30 Rn 10: „Teilbetriebsstätte"; *Hidien/Rodenhäuser* DStZ 2007, 689, mE angesichts des auch von ihnen geforderten räumlichen Zusammenhangs nicht konsequent). Begründet wird dies mit dem Zweck der Vorschrift, dem die Beteiligung einer nicht belasteten Gemeinde an der Zerlegung widerspreche. ME verstößt gerade diese Auffassung gegen den Wortlaut und den Zweck der Vorschrift. Sie verkennt, dass nicht das Gemeindegebiet, sondern die Betriebsstätte der die jeweilige Einheit kennzeichnende Ordnungsbegriff ist. Der *Zweck der Vorschrift* aber wird *durch den Zerlegungsmaßstab* verwirklicht. Es ist nicht Funktion des Begriffs der mehrgemeindlichen Betriebsstätte, bereits auf der Ebene der Subsumtion unter diesen Begriff über die (Nicht-)Beteiligung einer – möglicherweise – belasteten Gemeinde zu entscheiden. Die *tatsächliche Nichtbelastung* wird auf der zweiten Ebene, der *Ermittlung/Anwendung des Zerlegungsmaßstabs*, berücksichtigt.

Liegt überhaupt eine Betriebsstätte vor, deren Grundstücke sich zusammenhängend in mehrere Gemeindegebiete erstrecken, so ist, auch ohne dass Tätigkeiten in allen Gemeindegebieten ausgeübt werden, eine mehrgemeindliche Betriebsstätte gegeben. Dem nähern sich mE die Entscheidungen, wonach eine *Verkehrsanbindung* über ein Gemeindegebiet auch ohne betriebliche Tätigkeiten (BFH VIII R 13/97 BStBl II 1999, 542) und *Lagerflächen für Abraum* unabhängig von der tatsächlichen (dauerhaften) Nutzung (FG Nürnberg 4 K 1962/2008 EFG 2011, 559) eine mehrgemeindliche Betriebsstätte vermitteln.

§ 30

III. Zerlegungsmaßstab

1. Grundsatz

a) Unbestimmte Rechtsbegriffe. Es besteht **kein fester Maßstab;** vielmehr 5
wird er mit unbestimmten Rechtsbegriffen umschrieben (BFH I R 275/83 BStBl II
1988, 292). Zu zerlegen ist nach Lage der **örtlichen Verhältnisse** unter Berücksichtigung der durch das Vorhandensein der Betriebsstätte erwachsenden **Gemeindelasten.** Die Regelung berücksichtigt mE den Umstand, dass (vgl Rn 4) in einzelnen
Teilen einer mehrgemeindlichen Betriebsstätte keine oder nur vorübergehende
Tätigkeiten stattfinden, daher dort **kein Arbeitslohn** gezahlt wird und gleichwohl
Gemeindelasten anfallen. Trotz ihrer allgemeinen Fassung enthält die Vorschrift eine
abschließende Aufzählung der in Betracht kommenden Umstände.

Andere Umstände, etwa die finanzielle Lage oder innere Struktur der Gemeinde
(vgl BFH I B 240/62, I B 241/62 BStBl III 1967, 324), sind nicht zu berücksichtigen, ebenso wenig innere *Verhältnisse beim Unternehmen,* wie etwa die Arbeitslöhne
oder die in den einzelnen Gemeindegebieten erbrachten Leistungen (aA für die
Abgabe von Strom durch ein Elektrizitätswerk RFH RStBl 1940, 714; nicht mehr
für annehmbar erachtet von FG Ba-Wü EFG 1998, 503, von BFH I R 8/98 BFH/
NV 2000, 579 aus formellen Gründen aufgehoben). Auch iRd § 30 gilt mE der
Grundsatz, dass das Zerlegungsverfahren nicht die Funktion eines *kommunalen
Finanzausgleichs* hat (§ 28 Rn 1). Demnach kann der hier anzuwendende Maßstab
dahin führen, dass beteiligte Gemeinden keinen Anteil erhalten (vgl FG Hamburg
VI 181/02 EFG 2005, 804 rkr).

b) Kein Ermessen. Auch im Hinblick auf den Zerlegungsmaßstab räumt die 5a
Vorschrift der Finanzbehörde kein Ermessen ein (BFH I B 31/86 BFH/NV 1987,
394; aA noch RFH RStBl 1939, 1056; BFH I B 218/56 U BStBl III 1958, 261). Die
weite Fassung der Vorschrift kennzeichnet lediglich eine hiervon zu unterscheidende
Schätzungsbefugnis. Hierbei hat die Finanzbehörde pflichtgemäß die in Betracht
kommenden Einzelfallmaßstäbe mit dem Ziel zu ermitteln, dem Verhältnis der
entstandenen Lasten mit einem Höchstmaß an Wahrscheinlichkeit nahezukommen.
Die in Betracht kommenden **Faktoren** sind nach den Umständen des Einzelfalles
zu **gewichten** (FG Köln 2 K 6440/03 EFG 2007, 372 rkr mwN).
Der Ansatz unterliegt voller **tat- und revisionsrichterlicher Nachprüfung**
(§§ 76 Abs 1 Satz 1 und 96 Abs 1 Satz 1 FGO; zT aA FG Rh-Pf EFG 1992, 550;
Meyer-Scharenberg/Popp/Woring § 30 Rn 2: nur eingeschränkter Überprüfungsspielraum im Hinblick auf eine grobe Verkennung der örtlichen Verhältnisse). Auch
wenn das Gesetz nur einen rohen Maßstab vorschreibt, besteht kein Anlass, bessere
Erkenntnisse im Rechtsbehelfsverfahren nur dann durchgreifen zu lassen, wenn die
Finanzbehörde die zu beurteilenden Verhältnisse gröblich verkannt hat (so jedoch
BFH I B 186/53 U BStBl III 1954, 372).

2. Die örtlichen Verhältnisse

Sie sind gekennzeichnet durch die **Lage der einzelnen Teile** der Betriebsstätte 6
in Beziehung zum Gemeindegebiet sowie das Verhältnis des von dem Teil der
Betriebsstätte in Anspruch genommenen Gemeindegebiets zum gesamten Gemeindegebiet. Diese Verhältnisse allein sind indes für die Zerlegung ohne besondere
Aussagekraft (aA BFH v 28.2.1956 I B 170/54 nv). In Betracht kommen aber
zudem der **Wert der betrieblichen Anlagen** der jeweiligen Betriebsstätten und
die durch die Gemeinde – bezogen auf die **Arbeitnehmerschaft** und die schulpflichtigen Kinder – zur Verfügung zu stellende **Infrastruktur** (*Sarrazin* in *L/S* § 30
Rn 25). Entscheidend sind im Wesentlichen die durch die jeweiligen Betriebsstätten
nach den örtlichen Verhältnisse ausgelösten Folgelasten der Gemeinde (vgl BFH I

R 54/72 BStBl II 1975, 42). Daher können jene unberücksichtigt bleiben, wenn hierdurch das Aufteilungsergebnis nicht unbillig beeinträchtigt wird (RFHE 48, 317).

3. Die Gemeindelasten

a) Allgemeines. Die Gemeindelasten müssen **durch** das Vorhandensein der **Betriebsstätten erwachsen** sein. Belastungen, die die Gemeinde für die Ansiedlung der Betriebsstätte auf sich genommen hat, können nicht angesetzt werden (BFH I B 403/61 U BStBl III 1965, 113); anders mE jedoch, soweit es sich um Dauerlasten handelt, die nach der Ansiedlung entstanden sind. Entstehen für eine Gemeinde keine Lasten dadurch, dass Arbeitnehmer der Betriebsstätte in ihr wohnen, so hat dies noch nicht zur Folge, dass sie keinen Zerlegungsanteil erhält (so inzwischen auch BFH I R 275/83 BStBl II 1988, 292; FG Köln 2 K 6464/03 EFG 2007, 372 rkr zum Leitungsnetz der Telekom; aA noch BFH I R 54/72 BStBl II 1975, 42).

Als **Lasten** kommen insb in Betracht Bau und Unterhalt von *Verkehrsverbindungen, Wohnungen, öffentliche Verwaltungs- und Versorgungseinrichtungen, Schulen, Krankenhäuser* usw. Lasten durch sich ansiedelnde *Zulieferbetriebe* sind nicht zu berücksichtigen, weil diese bereits durch deren GewSt erfasst sind. Ebenso wenig sind zu berücksichtigen *Umweltbelastungen* (Lärm-, Schadstoffimmissionen), Bauschutzbeschränkungen u.ä. (BFH I R 23/06 BStBl II 2007, 836; **aA** *Offerhaus/Althof* FR 2006, 623).

b) Bezug zum Betriebsstättenteil. Problematisch ist, ob nur die Lasten anzusetzen sind, die von dem im jeweiligen Gemeindegebiet belegenen Teil der Betriebsstätte ausgehen, oder die durch die Betriebsstätte insgesamt für die Gemeinde entstehenden Lasten. Für die erste Alternative RFH RStBl 1939, 1025 (mE – abweichend von den Vorauflagen – nicht zutreffend, auch wenn es richtig ist, dass die Gemeinde insoweit nicht an einer Zerlegung teilnimmt, als Arbeitnehmer einer gemeindefremden Betriebsstätte in ihrem Gebiet wohnen); anders zu Recht BFH I B 34/50 U BStBl III 1951, 124, wonach auf die Lasten durch die Betriebsstätte insgesamt abzustellen ist (ebenso BFH I B 170/54 nv). Weder Wortlaut noch Zweck der Vorschrift sehen die o.a. Differenzierung vor.

4. Ermittlung und Aufteilung der Gemeindelasten

Eine **betragsmäßige Ermittlung** der tatsächlich durch die Betriebsstätten anfallenden Lasten ist in der Regel nicht möglich. Es bleibt im Einzelfall nur die Aufteilung **nach Art einer Schätzung** im Wege der Abwägung aller Interessen (BFH I B 186/53 U BStBl III 1954, 372). In der Praxis wird der GewStMessbetrag quotenmäßig nach der Bedeutung der in Betracht kommenden verschiedenen Faktoren aufgeteilt und innerhalb der Quoten eine Aufteilung nach Maßgabe der Gemeindelasten durchgeführt (vgl RFH RStBl 1939, 1056; RStBl 1940, 714; BFH I B 186/53 U BStBl III 1954, 372; I B 218/56 U BStBl III 1958, 261). Als Faktoren kommen insb in Betracht die Anzahl der in der Gemeinde *wohnenden Arbeitnehmer* einschließlich der *Schulkinder* (RFH RStBl 1940, 714) sowie Größe und Wert der *Betriebsanlagen*, sofern nicht durch die Arbeitnehmer bereits berücksichtigt (RFH RStBl 1939, 1056; BFH I B 403/61 U BStBl III 1965, 113; I R 275/83 BStBl II 1988, 292), die Kosten der von ihnen beanspruchten *Verkehrs-, Versorgungs- und Entsorgungsanbindungen* (vgl BFH I B 186/53 U BStBl III 1954, 372) sowie bei Elektrizitätsunternehmen auch die *Stromabgabe* in die einzelne Gemeinde (RFH RStBl 1940, 714).

§ 31 Begriff der Arbeitslöhne für die Zerlegung

(1) ¹Arbeitslöhne sind vorbehaltlich der Absätze 2 bis 5 die Vergütungen im Sinne des § 19 Abs. 1 Nr. 1 des Einkommensteuergesetzes, soweit sie nicht durch andere Rechtsvorschriften von der Einkommensteuer befreit sind. ²Zuschläge für Mehrarbeit und für Sonntags-, Feiertags- und Nachtarbeit gehören unbeschadet der einkommensteuerlichen Behandlung zu den Arbeitslöhnen.

(2) Zu den Arbeitslöhnen gehören nicht Vergütungen, die an Personen gezahlt worden sind, die zu ihrer Berufsausbildung beschäftigt werden.

(3) In den Fällen des § 3 Nr. 5, 6, 8, 9, 12, 13, 15, 17, 21, 26, 27, 28 und 29 bleiben die Vergütungen an solche Arbeitnehmer außer Ansatz, die nicht ausschließlich oder überwiegend in dem steuerpflichtigen Betrieb oder Teil des Betriebs tätig sind.

(4) ¹Nach dem Gewinn berechnete einmalige Vergütungen (z. B. Tantiemen, Gratifikationen) sind nicht anzusetzen. ²Das Gleiche gilt für sonstige Vergütungen, soweit sie bei dem einzelnen Arbeitnehmer 50 000 Euro übersteigen.

(5) Bei Unternehmen, die nicht von einer juristischen Person betrieben werden, sind für die im Betrieb tätigen Unternehmer (Mitunternehmer) insgesamt 25 000 Euro jährlich anzusetzen.

Gewerbesteuer-Richtlinien 2009: R 31.1 GewStR/H 31.1 GewStH

Literatur: *Kloubert,* Was ist Arbeitslohn, FR 2000, 46; *Urbahns,* Optimierte Zerlegung des Gewerbesteuermessbetrags, StuB 2010, 425.

Übersicht

	Rn
I. Allgemeines	1
II. Begriff der Arbeitslöhne	2–9
1. Grundsatz	2–2d
a) Gegenwärtiges Dienstverhältnis	2
b) Einnahmen	2a
c) Veranlassung durch das Dienstverhältnis	2b
d) Mitunternehmerschaften	2c
e) Lohnsteuerpauschalierung	2d
2. Abfindungen/Altersteilzeit	3
3. Befreiungen von der ESt	4, 4a
a) Rechtsvorschriften	4
b) Beispiele für Befreiungen	4a
4. Vergütungen an Auszubildende	5
5. Beschränkt steuerpflichtige Körperschaften	6
6. Nach dem Gewinn berechnete einmalige Vergütungen	7
7. Vergütungen über 50 000 €	8
8. Unternehmervergütungen	9

I. Allgemeines

Die Vorschrift bestimmt den **Begriff der Arbeitslöhne** für Zwecke der Zerlegung. Hierbei legt sie den estrechtlichen Begriff zu Grunde, nimmt jedoch im Hinblick auf bestimmte Beträge vom EStRecht abweichende **Differenzierungen** 1 insofern vor, als nach Auffassung des Gesetzgebers die Zerlegung von GewSt eine eigenständige Zuordnung erfordert. Die Vorschrift ist verfassungskonform (BFH IV R 153/84 BStBl II 1988, 191). Sie ist durch G v 16.7.1998 (BGBl I 1998, 1842) in Abs 3 geändert worden mit Aufnahme der durch dasselbe Gesetz neu geregelten Entschädigungs- und Sicherungseinrichtungen nach § 3 Nr 21 in den Katalog der beschränkt steuerpflichtigen Körperschaften.

II. Begriff der Arbeitslöhne

1. Grundsatz

2   a) **Gegenwärtiges Dienstverhältnis.** Arbeitslöhne sind grundsätzlich die Vergütungen iSd § 19 Abs 1 Satz 1 Nr 1 EStG. Hiermit kennzeichnet die Vorschrift jeweils die Bruttolöhne. Mit der Ausklammerung der Bezüge und Vorteile aus früheren Dienstleistungen nach § 19 Abs 1 Satz 1 Nr 2 EStG wird verdeutlicht, dass nur **Bezüge aus gegenwärtigen Dienstleistungen** zu den Arbeitslöhnen iSd Vorschrift zählen (vgl hierzu § 29 Rn 4). § 2 Abs 1 LStDV erläutert in zutreffender Auslegung (BFH VI R 150/75 BStBl II 1978, 239) den Begriff des Arbeitslohns als **alle Einnahmen aus dem Dienstverhältnis,** die dem Arbeitnehmer zufließen (zum Zufluss Rn 2a aE). Es ist unerheblich, ob es sich um laufende oder einmalige Bezüge bzw um besondere Zuwendungen handelt.

2a b) **Einnahmen.** Einnahmen sind alle **Güter in Geld oder Geldeswert.** Der Arbeitnehmer muss also bereichert sein (BFH VI R 150/75 BStBl II 1978, 239). Das ist auch bei Sachbezügen, dh unentgeltlich oder verbilligt überlassenen Sachwerten möglich. Hierbei hängt die Bereicherung nicht davon ab, dass der Arbeitnehmer die Zuwendung auch in Geld umsetzen kann (daher auch Arbeitslohn bei verbilligt überlassenen Mahlzeiten). Unerheblich ist grundsätzlich auch, ob der Arbeitnehmer den verbilligt überlassenen Sachwert sich auch anderweitig angeschafft hätte.

Nicht bereichert ist der Arbeitnehmer durch sog **Annehmlichkeiten.** Mit diesem Begriff kennzeichnet die Rechtsprechung Vorteile, die die Arbeitsbedingungen ieS, dh die Art und Weise der Erbringung der Arbeitsleistung, betreffen (zB Waschräume, Erholungsräume einschließlich Sportstätten, aber auch Getränke bei bestimmten verarbeitenden Berufen). Ebenfalls nicht bereichert ist der Arbeitnehmer bei **Auslagenersatz** und anderen **durchlaufenden Geldern,** die der Arbeitnehmer vom Arbeitgeber erhält, um sie für ihn auszugeben (BFH VI 68/65 BStBl II 1970, 69), jedoch nur bei Vorliegen einer genauen Einzelabrechnung über die Verausgabung der empfangenen Beträge (BFH VI R 28/73 BStBl II 1976, 134).

Bereicherung liegt dagegen vor beim sog **Werbungskostenersatz,** dh bei Zuwendungen des Arbeitgebers zum Ausgleich von Aufwendungen des Arbeitnehmers iZm der Erbringung seiner Dienstleistung (zB das Waschgeld eines Kaminkehrers, BFH VI 197/60 U BStBl III 1962, 50). Die in der Rechtspraxis häufig zugelassene „Saldierung" hat schon keine Grundlage im EStG; noch weniger darf sie bei der Ermittlung der Arbeitslöhne nach §§ 28 ff durchgeführt werden.

Es muss ein **Zufluss** von Geld oder Geldeswert beim Arbeitnehmer stattgefunden haben. Zufluss erfordert die Möglichkeit, wirtschaftlich über den Geldeswert **zu verfügen** (BFH VI R 19/03 BStBl II 2006, 832; VI R 47/02 BFH/NV 2007, 1876). Das ist u.a. der Fall bei Barzahlung, Überweisung auf ein Konto des Arbeitnehmers, Zahlung durch einen gedeckten Scheck, aber auch durch Gutschrift in den Büchern des Arbeitgebers, wenn dadurch zum Ausdruck gebracht wird, dass der Betrag dem Arbeitnehmer abredegemäß zur Verfügung steht, und der Arbeitnehmer ohne Zutun des Arbeitgebers den Leistungserfolg herbeiführt (vgl BFH VIII R 221/80 BStBl II 1984, 480; VIII R 40/08 BFH/NV 2011, 592), ebenso bei freiwilliger Umwandlung in ein Darlehen (vgl BFH VIII R 97/79 BStBl II 1983, 295) oder

Begriff der Arbeitslöhne für die Zerlegung **§ 31**

bei **Zahlung an einen Dritten** für Rechnung des Arbeitnehmers, wenn dieser einen Anspruch gegen den Dritten erwirbt (vgl BFH III R 32/93 BStBl II 1994, 179; VI R 47/02 aaO). Eine anderweitige **Verfügungsbeschränkung** (zB bei Pfändung des Bankkontos) steht dem Zufluss nicht entgegen (vgl BFH VI R 66/03 BStBl II 2008, 375), ebenso wenig bei Zahlungen an einen rechtlich selbstständigen Pensionsfonds der Mangel der Unverfallbarkeit des Anspruchs (BFH III R 32/93 aaO; VI R 47/02 aaO).

Nicht genügt die Einräumung eines Anspruchs allein (BFH VI R 124/99 BStBl II 2005, 766; VI R 165/01 BStBl II 2005, 890), ebensowenig eine Gutschrift, wenn der Arbeitnehmer über den gutgeschriebenen Betrag selbstständig (noch) nicht verfügen kann (BFH VI R 124/77 BStBl II 1982, 469), ebenso wenig die Zahlung an einen Dritten, durch die der Arbeitnehmer keinen eigenen Anspruch gegen diesen erwirbt (vgl BFH I 3/59 U BStBl III 1960, 73 zu Zahlungen des Arbeitgebers an Ausgleichskassen).

c) Veranlassung durch das Dienstverhältnis. Ein Zufluss von Gütern im Gel- **2b** deswert ist nur dann Arbeitslohn, wenn er **durch das Dienstverhältnis veranlasst** ist (BFH VI R 75/79 BStBl II 1983, 39; hierzu *Kloubert* FR 2000, 46), dh im **weitesten Sinn eine Gegenleistung** für die Zurverfügungstellung der individuellen Arbeitskraft darstellt (BFH VI R 25/05 BStBl II 2009, 382; VI R 80/10 BFH/NV 2011, 1952). Das ist nicht der Fall, wenn die Leistungen im zumindest weitaus überwiegenden eigenbetrieblichen Interesse des Arbeitgebers erfolgen. Das kann angenommen werden bei Verschaffung von Vorsorgeuntersuchungen für Arbeitnehmer in Schlüsselstellungen (BFH VI R 75/79 BStBl II 1983, 39) oder bei üblichen Zuwendungen im Rahmen von Betriebsveranstaltungen zum Zwecke der Verbesserung des Arbeitsklimas (BFH VI R 170/82 BStBl II 1985, 529). Dagegen gehören zum Arbeitslohn die sog Gelegenheitsgeschenke (BFH VI R 26/82 BStBl II 1985, 641). Vorteile aus vom Arbeitsverhältnis unabhängigen **Sonderrechtsbeziehungen** sind nicht durch jenes veranlasst (vgl BFH VI R 69/06 BStBl II 2010, 69; VI R 12/08 BStBl II 2010, 1069). Vorteile, die der Arbeitnehmer nur **bei Gelegenheit der Dienstleistung** erhält, sind mE nicht Arbeitslohn; sie beruhen auf der Ausnutzung nur einer Gelegenheit zum eigenen Vorteil aus Eigenmacht oder mit Hilfe von Dritten und geschehen ohne Willen und Zutun des Arbeitgebers (aA *Schmidt/Krüger* § 19 Rn 25; FG Rh-Pf 6 K 129/87 DStZ 1992, 54 zu Fundgeldern mit abl Anm *Krüger* DStZ 1992, 55).

Auch **Leistungen durch Dritte** können Arbeitslohn sein, wenn der Dritte erkennbar die Arbeitsleistungen des Arbeitnehmers entlohnen will (BFH VIII R 109/76 BStBl II 1981, 707); bedeutsam insb für die in § 29 Rn 5 f geschilderten Fallgestaltungen. Auch **Leistungen an Dritte** (insb Angehörige des Arbeitnehmers) können durch das Arbeitsverhältnis veranlasst sein (BFH VI R 74/76 BStBl II 1979, 390 zu Betriebsveranstaltungen).

Siehe zum Begriff des Arbeitslohns im Übrigen *Schmidt/Krüger* § 19 Rn 16 ff, 50, zur tatsächlichen Zahlung § 29 Rn 5 f.

d) Mitunternehmerschaften. Zu den Arbeitslöhnen gehören können insb auch **2c** **Bezüge von Ehegatten** des Mitunternehmers, von stillen Gesellschaftern, von persönlich haftenden Gesellschaftern einer KGaA, von Gesellschaftern von Kapitalgesellschaften, soweit sie für eine Beschäftigung im Betrieb bezahlt werden. **Nicht zum Arbeitslohn gehört dagegen die Tätigkeitsvergütung des Mitunternehmers** iSv § 15 Abs 1 Nr 2 EStG.

e) Lohnsteuerpauschalierung. Macht der Arbeitgeber von der Möglichkeit der **2d** **Pauschalierung der Lohnsteuer** in besonderen Fällen Gebrauch, dann ist die von ihm übernommene Lohnsteuer zwar ein geldwerter Vorteil (§ 40 Abs 1 Satz 2 EStG); sie gehört jedoch nicht zum Arbeitslohn iSv § 19 Abs 1 Satz 1 Nr 1 EStG

§ 31 Begriff der Arbeitslöhne für die Zerlegung

(BFH IV R 83/76 BStBl II 1980, 127; VI R 4/87 BStBl II 1994, 194; hierzu *OFD Berlin* DStR 1994, 1692).

2. Abfindungen/Altersteilzeit

3   **Abfindungen** wegen der **Auflösung eines Dienstverhältnisses** gehören zwar grds zum Arbeitslohn, wenn auch nach § 3 Nr 9 EStG aF zT steuerbefreit (zB BFH III R 133/78 BStBl II 1982, 305 mwN). Sie sind mE jedoch unabhängig hiervon nach § 29 Abs 1 nicht in die Zerlegung einzubeziehen (ebenso *Sarrazin* in L/S § 31 Rn 20). Der dortigen Formulierung „Arbeitslöhne ... an die ... beschäftigten Arbeitnehmer" sowie dem Zweck der Vorschrift, mit dem Arbeitslohn einen Parameter für die Belastung der Gemeinden zu setzen, ist zu entnehmen, dass der Arbeitslohn für die tatsächliche Beschäftigung gezahlt werden muss. Das ist bei Abfindungen wegen der Auflösung eines Dienstverhältnisses nicht der Fall.

Bei der in der **Altersteilzeit** Beschäftigten ist nach R 31.1 Abs 4 GewStR wie folgt zu verfahren:
- Aufstockungszahlungen des Arbeitgebers nach § 3 Abs 1 Nr 1 ATG werden nicht als Arbeitslohn behandelt;
- der Ausgleichsanspruch des Arbeitgebers nach § 4 ATG mindert nicht die zu berücksichtigenden Arbeitslöhne;
- Zuführungen zu Rückstellungen für Löhne in der Freistellungsphase werden nicht als Arbeitslöhne behandelt;
- Vergütungen in der Freistellungsphase sind Arbeitslöhne.

3. Befreiungen von der ESt

4   **a) Rechtsvorschriften. Befreiungen** der Arbeitslöhne **von der ESt** durch andere Rechtsvorschriften sind auch bei der Zerlegung zu beachten. Rechtsvorschriften sind Gesetze, insb § 3 EStG, Doppelbesteuerungsabkommen sowie Durchführungsverordnungen (insb LStDV), soweit sie sich im Rahmen der gesetzlichen Ermächtigung halten, nicht hingegen die (LSt-)Richtlinien; Letztere schon deswegen nicht, weil aus der dortigen systemwidrigen Steuerbefreiungen behaupteten Zwecke (insb Vereinfachung) andere sind als der mit der Erfassung der Arbeitslöhne für die Zerlegung erstrebte (aA R 31.1 Abs 1 Satz 1 GewStR; *Blümich/Hofmeister* § 31 GewStG Rn 3; differenzierend *Sarrazin* in L/S § 31 Rn 25: soweit zutreffende Auslegung). Rechtsvorschriften sind auch Verordnungen aus der Zeit vor Erlass des GG (BFH I 109/52 U BStBl III 1953, 258; IV 556/55 U BStBl III 1957, 148).

4a   **b) Beispiele für Befreiungen.** In Betracht kommen **insbesondere Befreiungen nach § 3 EStG,** und hier die Nrn 4 (Überlassung von Berufskleidung), 11 (Beihilfen), 12, 13, 16, 26 (Aufwandsentschädigungen, Reise-, Verpflegungskostenersatz), 28 (Leistungen nach ATZG), 30 (Werkzeuggeld), 32 (Sammelbeförderung), 33 (Kinderbetreuung), 45 (Telekommunikationsgeräte, PC), 50 (Auslagenersatz, durchlaufende Gelder), 51 (Trinkgelder), 62 (Zukunftssicherungsleistungen) u 64 (Zuschläge für Auslandstätigkeit). Steuerfrei sind auch die Arbeitnehmer-Sparzulagen (§ 13 Abs 3 des 5. VermBG), nicht dagegen vermögenswirksame Leistungen (§ 2 Abs 6 des 5. VermBG).

Nicht zu den Befreiungen gehören unabhängig von ihrer estrechtlichen Behandlung (§ 3b EStG) Zuschläge für Mehrarbeit, Sonntags-, Feiertags- u Nachtarbeit (Abs 1 Satz 2). Entsprechendes gilt für den Teil des Arbeitslohns, der auf Grund der Tarifstruktur der Steuertabellen steuerfrei bleibt (Grundfreibetrag, BFH I 262/54 U BStBl III 1956, 130; I R 240/71 BStBl II 1972, 910), ebenso wenig die Beträge (Werbungskosten, Sonderausgaben insb Beiträge zur Sozialversicherung), die der Arbeitnehmer bei seiner Besteuerung abziehen darf.

Begriff der Arbeitslöhne für die Zerlegung **§ 31**

4. Vergütungen an Auszubildende

Sie sind nach Abs 2 **freigestellt**. Voraussetzung ist allein die **Beschäftigung zur** 5 **Ausbildung**. Hierbei kommt es weder auf die Höhe der Bezüge noch darauf an, ob die Ausbildung auf Grund eines schriftlichen Ausbildungsvertrages erfolgt (BTDrs 8/555, 28); Letzteres jedoch dann, wenn nach der einschlägigen Ausbildungsvorschrift der Abschluss eines schriftlichen Ausbildungsvertrages vorgesehen ist. Das gilt auch für Praktikanten, sog Junggrade in der Seeschifffahrt und Neubergleute (R 31.1 Abs 2 Satz 3 GewStR).

5. Beschränkt steuerpflichtige Körperschaften

Bei **Körperschaften** iSv **§ 3 Nrn 5, 6, 8, 9, 12, 13, 15, 17, 21, 26, 27, 28 und** 6 **29** (vgl die Erläuterungen dort) erfolgt Hinzurechnung der Löhne nur, wenn der Arbeitnehmer zumindest überwiegend im stpfl Betrieb oder Teil des Betriebs tätig ist. Diese Voraussetzung liegt mE vor, wenn der Arbeitnehmer dort zu mehr als 50% seiner Arbeitszeit verbringt (ebenso *Sarrazin* in *L/S* § 31 Rn 49). Das gilt mE auch, wenn die Tätigkeit des Arbeitnehmers in den verschiedenen Bereichen unterschiedlicher Qualität ist und unterschiedlich entgolten wird. Der Wortlaut der Vorschrift verbietet auch in diesem Fall, auf das Verhältnis der Vergütungen abzustellen (aA *Blümich/Hofmeister* § 31 GewStG Rn 7).

6. Nach dem Gewinn berechnete einmalige Vergütungen

Sie sind nach Abs 4 Satz 1 **nicht einzubeziehen**. Die Vorschrift bezweckt, die 7 Bevorzugung der Gemeinde des Sitzes der Geschäftsleitung zu vermeiden. Unabdingbare Voraussetzung ist **Berechnung nach Gewinn,** und zwar nach den Grundsätzen des EStRechts oder KStRechts. Die Vorschrift nennt als Beispiele die **Tantiemen** und die **Gratifikationen.** Zu erfassen sind also übliche Weihnachtszuwendungen, die nicht nach dem Gewinn berechnet werden. Entsprechendes gilt für sonstige Sonderzuwendungen, wie Prämien und Boni, die als Gegenleistung für besondere Leistungen des Arbeitnehmers gezahlt werden.

Einmaligkeit bedeutet, dass es sich um eine **Sonderleistung** aus besonderem Anlass handeln muss, die grds in einem Betrag zu zahlen ist; doch dürften Ratenzahlungen zulässig sein, solange sich dahinter nicht Vereinbarungen und Durchführung von gewinnabhängigen laufenden Vergütungen verbergen. **Wiederholungen** von Sonderleistungen sind zulässig, jedoch nur wenn die Beziehung zu einem anderen besonderen Anlass erkennbar ist. Auch insoweit dürfen sich hinter den Wiederholungszahlungen nicht laufende Zahlungen verbergen, wie etwa bei monatlichen Zuwendungen für das Erreichen eines bestimmten Monatsergebnisses.

7. Vergütungen über 50 000 €

Sie sind „soweit" – also mit dem übersteigenden Teilbetrag – nach Abs 4 Satz 2 8 ebenfalls **nicht einzubeziehen**. Zum Zweck der Vorschrift vgl Rn 7. Gemeint ist der Gesamtbetrag der an einen Arbeitnehmer gezahlten „sonstigen" Vergütungen, die also nicht als einmalige Sonderleistung nach dem Gewinn berechnet werden (Abs 4 Satz 1), insb Gehälter (Arbeitslöhne, R 31.1 Abs 2 Satz 1 GewStR) und sonstige Sonderzuwendungen. Betroffen sind Löhne für **alle Arbeitnehmer** (ebenso *Sarrazin* in *L/S* § 31 Rn 53). Bei einem **Wechsel des Arbeitnehmers** zu einer anderen Betriebsstätte bzw einem anderen Unternehmen eines Organkreises während des EZ setzt die *FinVerw* den Kappungsbetrag nur einmal an (vgl *FM Ba-Wü* StEK GewStG § 31 Nr 2), mE vor dem Hintergrund des § 29 Abs 1 Nr 1 („… bei den Betriebsstätten der *einzelnen Gemeinden* … gezahlt worden sind") unzutreffend.

Güroff 1125

§§ 32, 33

8. Unternehmervergütungen

9 Sie sind nach Abs 5 für die **im Betrieb tätigen (Mit-)Unternehmer** „insgesamt", also **nur einmal**, iHv 25 000 € anzusetzen. Die Vorschrift **bezweckt** zu vermeiden, dass auf einzelne Gemeinden kein Zerlegungsanteil entfällt, wenn in den Betriebsstätten allein (Mit-)Unternehmer tätig sind und in anderen Betriebsstätten allein Arbeitnehmer (RFH RStBl 1939, 730; BFH IV R 153/84 BStBl II 1988, 191). Unebenheiten der Betragsregelung hat der Gesetzgeber im Interesse eines einfachen Aufteilungsmaßstabs in Kauf genommen (BFH I R 105/68 BStBl II 1970, 607). Sie führen nicht zu einer Zerlegung nach § 33 (BFH IV R 29/02 BStBl II 2004, 602). Die Vorschrift verstößt nicht gegen den Gleichheitssatz des Art 3 GG (BFH IV R 153/84 BStBl II 1988, 191).

Ist der (Mit-)Unternehmer **in mehreren Betriebsstätten** verschiedener Gemeinden **tätig**, so ist der Betrag nach den Grundsätzen zu § 29 Rn 6 auf diese Betriebsstätten nach dem Verhältnis seiner Mitwirkung des **aufzuteilen;** es muss sich aber jeweils um *geschäftsleitende Tätigkeiten* handeln (BFH IV B 164/64 U BStBl III 1965, 69), die übliche Aufsicht als Vorgesetzter genügt nicht (RFH RStBl 1939, 730).

Die Vorschrift ist auch anzuwenden, wenn das Unternehmen von einer Mitunternehmerschaft (KG) betrieben wird und die **Geschäftsleitung von einer (Komplementär-)Kapitalgesellschaft** (durch die zu ihrer Vertretung berechtigte Person) durchgeführt wird (BFH IV R 29/02 BStBl II 2004, 602; FG Schl-H 1 K 73/06 EFG 2011, 1911, Rev IV R 30/11; *Blümich/Hofmeister* § 31 GewStG Rn 10; *Bichel* StBp 1978, 185, auch dann, wenn aus dem Vermögen der Kapitalgesellschaft kein Arbeitslohn gezahlt wird, weil ein Fremdgeschäftsführer von einer anderen Kapitalgesellschaft angestellt worden ist (FG Schl-H 2 V 193/08 EFG 2009, 429; 2 V 196/08 EFG 2009, 682).

§ 32 *(weggefallen)*

§ 33 Zerlegung in besonderen Fällen

(1) **¹Führt die Zerlegung nach den §§ 28 bis 31 zu einem offenbar unbilligen Ergebnis, so ist nach einem Maßstab zu zerlegen, der die tatsächlichen Verhältnisse besser berücksichtigt. ²In dem Zerlegungsbescheid hat das Finanzamt darauf hinzuweisen, dass bei der Zerlegung Satz 1 angewendet worden ist.**

(2) **Einigen sich die Gemeinden mit dem Steuerschuldner über die Zerlegung, so ist der Steuermessbetrag nach Maßgabe der Einigung zu zerlegen.**

Gewerbesteuer-Richtlinien 2009: R 33.1 GewStR/H 33.1 GewStH

Literatur: *Olbrich*, Ist die Gewerbesteuerzerlegung verfassungswidrig?, DB 1996, 958 u 1649; *Blasweiler*, Ist die Gewerbesteuerzerlegung tatsächlich verfassungswidrig?, DB 1996, 1648; *N. Meier*, Zum gewerbesteuerlichen Zerlegungsmaßstab beim Betrieb von Windkraftanlagen, FR 2006, 538; *Trossen*, Zerlegung der Gewerbesteuer bei Windkraftanlagen, DStZ 2006, 836; *Urbahns*, Optimierte Zerlegung des Gewerbesteuermessbetrags, StuB 2010, 425; s auch Nachw zu § 29.

Übersicht

	Rn
I. Allgemeines	1, 1a
1. Zweck/Bedeutung	1

	Rn
2. Kein Ermessen	1a
II. Unbilliges Ergebnis	2–6
1. Grundsatz	2
2. Begriff	3
3. Einzelheiten	4, 4a
a) Offenbare Unbilligkeit	4
b) Keine offenbare Unbilligkeit	4a
4. Zum Verfahren	5
5. Ersatzmaßstab	6
III. Zerlegung bei Einigung der Beteiligten (Abs 2)	7–9
1. Allgemeines	7
2. Voraussetzungen	8
3. Bindungswirkung	9

I. Allgemeines

1. Zweck/Bedeutung

Es handelt sich um eine **Ausnahmevorschrift** der ausgleichenden Gerechtigkeit. 1
Sie erlaubt die Anwendung eines abweichenden Zerlegungsmaßstabs, wenn die
Zerlegung nach den Vorschriften der §§ 28 bis 31 zu einem offenbar unbilligen
Ergebnis führt (Abs 1) oder die beteiligten Gemeinden sich mit dem Steuerschuldner
abweichend einigen (Abs 2).

Abs 1 ist aber iZm dem groben Zerlegungsmaßstab des § 29 (s dort Rn 1a) zu
sehen, der seiner Natur nach regelmäßig „unbillige" Ergebnisse zeigt. **Nicht
Zweck** ist es, solche im System liegenden Ungereimtheiten auszugleichen (Rn 2).
Sie hat nicht die Funktion, die Folgen des ertragsteuerlichen Realisationsprinzips
auszugleichen (BFH I R 49/06 BFH/NV 2007, 2346; I R 15/08 BFH/NV 2010,
941). Insofern kann ggf die Einigung nach Abs 2 zum Zuge kommen.

Die Anwendung mE nicht nur des Abs 1 darf nicht den **Grundsatz** durchbrechen, dass der **GewStMessbetrag die unangreifbare Grundlage** des Zerlegungsverfahrens bildet (RFH RStBl 1942, 908). Auf keinen Fall dürfen Ungereimtheiten ausgeglichen werden, die in anderen Vorschriften als den Zerlegungsvorschriften begründet sind, wie etwa in der Anknüpfung des Besteuerungsrechts der Gemeinde an das Bestehen einer Betriebsstätte nach § 4 Abs 1 (RFH RStBl 1939, 731). Auch darf der Kreis der nach § 28 zu berücksichtigenden Gemeinden nicht erweitert werden (RFH RStBl 1939, 731); auch in der die Zerlegung nach § 33 beanspruchenden Gemeinde muss eine Betriebsstätte vorhanden sein (BFH I R 376/83 BStBl II 1988, 201; VIII R 270/81 BFH/NV 1988, 735).

2. Kein Ermessen

Es handelt sich um eine **zwingende Vorschrift** insoweit, als die Finanzbehörden 1a
einen anderen Maßstab zu suchen haben, wenn ansonsten das unbillige Ergebnis
iSv Abs 1 eintritt bzw wenn eine Einigung nach Abs 2 zustande kommt. Hierbei
ist ihnen **kein Beurteilungsspielraum** und auch kein Ermessen eingeräumt.

II. Unbilliges Ergebnis

1. Grundsatz

„Unbilligkeit" ist ein **unbestimmter Rechtsbegriff,** der durch die Finanzbe- 2
hörden lediglich nach Art einer Schätzung (insb im Hinblick auf die nicht berück-

§ 33 Zerlegung in besonderen Fällen

sichtigten Lasten) zu füllen ist. Ihre Wertung ist im vollen Umfang durch die Gerichte **nachprüfbar.** Entsprechendes gilt für die Wahl des abweichenden Maßstabs (vgl GemSen GmS-OGB 3/70 BStBl II 1972, 603; BFH I R 376/83 BStBl II 1988, 201; I R 18/08 BFH/NV 2010, 941; *Sarrazin* in L/S § 33 Rn 5).

Aus der dargestellten Funktion ergibt sich, dass die Vorschrift **restriktiv auszulegen** ist (BFH I B 31/69 U BStBl III 1961, 8). Sie betrifft nur **besondere Ausnahmefälle,** nicht jedoch die allgemeinen, im System liegenden Ungereimtheiten (RFH RStBl 1940, 264; RStBl 1940, 283; BFH I B 87/64 BStBl II 1968, 185; IV R 153/84 BStBl II 1988, 191). Die Vorschrift verlangt eine eindeutige Unbilligkeit von erheblichem Gewicht, durch die die allgemeinen Ungereimtheiten offensichtlich übertroffen werden (BFH I R 16/90 BFH/NV 1992, 836; I R 102/04 BFH/NV 2007, 270).

Nur die Verhältnisse des **jeweiligen Zerlegungsfalles** sind für die Frage der Unbilligkeit zu würdigen. Unerheblich ist daher, ob die in diesem Fall bei Anwendung des allgemeinen Zerlegungsmaßstabs zurückstehende Gemeinde anderweitig einen gewissen Ausgleich erzielen kann (BFH I R 16/90 BFH/NV 1992, 836), oder wenn für die Gemeinde durch Unternehmensansammlungen eine Zusammenballung von Kosten eintritt (BFH I B 240, 241/62 BStBl III 1967, 324).

2. Begriff

3 Ein **unbilliges Ergebnis** liegt daher vor, wenn einem oder mehreren Beteiligten bei objektiver Beurteilung nicht zugemutet werden kann, das nach den Vorschriften der §§ 28 bis 31 ermittelte Zerlegungsergebnis hinzunehmen (BFH I B 87/64 BStBl II 1968, 185; IV B 125/64 BStBl II 1969, 688), weil die Ungereimtheit erheblich ins Gewicht fällt und atypisch ist (BFH I R 376/83 BStBl II 1988, 201; I R 19/92 BStBl II 1993, 679; VIII R 45/90 BFH/NV 1993, 191). Erforderlich ist, dass von den Regelfällen wesensverschiedene Besonderheiten des Einzelfalles nach den Vorschriften der §§ 29 und 30 nicht hinreichend berücksichtigt werden können.

Nicht jedes offenbar unbillige Ergebnis rechtfertigt daher eine Zerlegung nach einem abweichenden Maßstab (st Rspr, vgl BFH I R 56/08 BStBl II 2010, 492; I R 18/08 BFH/NV 2010, 941). Infolge der Besonderheiten des Einzelfalles (Rn 2) muss ein **deutliches Missverhältnis** zwischen dem Anteil der den einzelnen Gemeinden unmittelbar durch die Betriebsstätte erwachsenen Lasten und dem ihnen zugewiesenen Zerlegungsanteil bestehen; es muss offenbar sein, also für jeden mit der Sache befassten Dritten auf der Hand liegen; Abweichungen geringer Bedeutung genügen nicht. Darüber hinaus muss es **für die GewStZerlegung untypisch** sein (BFH I B 84/67 BStBl II 1968, 185; IV R 114/73 BStBl II 1976, 123; I R 376/83 BStBl II 1988, 201; I R 102/04 BStBl II 2007, 836, Windkraftanlage; hierzu ab EZ 2009 § 29 Abs 1 Nr 2). Allgemein unbillige Ergebnisse, etwa eine ungleichmäßige Verteilung des Messbetrages in lediglich absoluten Beträgen reichen daher nicht (BFH I B 387/62 U BStBl III 1965, 668; I B 87/64 BStBl II 1968, 185; I K 1/93 BStBl II 1995, 175, 179).

3. Einzelheiten

4 **a) Offenbare Unbilligkeit.** Sie **wurde angenommen,** wenn der Gemeinde durch eine Betriebsstätte von einigem Gewicht hohe Lasten (hier: durch das *Wohnen von Arbeitnehmern*) entstehen, die durch den Zerlegungsmaßstab nicht berücksichtigt werden (BFH I R 376/83 BStBl II 1988, 201), bzw dass im Gebiet einer Gemeinde mit hohen Belastungen durch eine Betriebsstätte von einigem Gewicht *keine Arbeitslöhne* gezahlt werden (RFH RStBl 1942, 908). Wesentlich ist, dass die Gemeinde durch die Zerlegung allein nach dem **Maßstab der Arbeitslöhne zu kurz** käme

Unbilliges Ergebnis § 33

(RFH RStBl 1938, 910; RStBl 1939, 550). Das gilt auch, wenn der StSchuldner in der Betriebsstätte, die nach Art und Umfang von erheblichem Gewicht ist, aus Dauer und *ausschließlich Leiharbeitnehmer* an Stelle von selbstbeschäftigten Arbeitnehmern einsetzt, ohne die Löhne unmittelbar an diese auszuzahlen (Zerlegungsmaßstab dann die „reinen" Löhne entsprechend § 29, BFH I R 16/90 BFH/NV 1992, 836). Danach ist mE die Anwendung des § 33 angezeigt, wenn zwischen Betriebsstätten in Gemeinden mit unterschiedlichen Hebesätzen ein **krasses Missverhältnis** von Arbeitslöhnen und den dort erzielten GewErträgen besteht (vgl zum Problem die Diskussion zwischen *Olbrich* DB 1996, 958 und 1649 und *Blasweiler* DB 1996, 1648).

Das gilt wohl auch für die Zerlegung nach Arbeitslöhnen ohne weitere *Differenzierung*, etwa hinsichtlich des *Betriebszweiges*, in dem sie entstanden sind, wenn hierdurch die Lasten nicht entsprechend berücksichtigt werden (RFH RStBl 1939, 542; RStBl 1939, 730; RStBl 1940, 445). Fragwürdig mE allerdings FG Ba-Wü 12 K 60/97 (EFG 1998, 503, aus formellen Gründen aufgeh durch BFH I R 8/98 BFH/NV 2000, 579), das bei einer Zerlegung nach § 30 die für ein *Kraftwerk* in Betracht kommenden Maßstäbe angesichts ihrer *systematischen Ungenauigkeiten* verwirft (was nach den o.a. Grundsätzen nicht ausreicht).

b) Keine offenbare Unbilligkeit. Sie liegt vor, wenn – ohne ausschließlichen 4a Einsatz von Leiharbeitnehmern (Rn 4) – im Gebiet einer Gemeinde in der Betriebsstätte geringer Bedeutung **keine Arbeitslöhne** angefallen sind und deswegen ihr Zerlegungsanteil 0 € beträgt (BFH I B 49/58 U BStBl III 1958, 379; I B 47/59 BStBl III 1960, 386; I B 387/62 U BStBl III 1965, 668; I R 1/93 BStBl II 1995, 175), auch wenn Wartungsarbeiten an der Betriebsstätte **(Windkraftanlage)** von beauftragten Unternehmen durchgeführt werden (BFH R 23/06 BStBl II 2007, 836; aA *Trossen* DStZ 2006, 836); mE entsprechend für **Solaranlagen** (hierzu *Kronawitter* ZKF 2009, 269) und für **Brunnenanlagen** (FG Saarl 1 K 1213/04).

Auch ein **gemeindespezifischer Aufwand** im „Betriebsstättenertrag" (zB Getränkesteuer) rechtfertigt nicht eine vom üblichen Zerlegungsmaßstab abweichende Zerlegung (FG Hamburg I 423/86 EFG 1991, 746)

Hinzunehmen ist auch der Umstand, dass bei einem **abw Wj** für den maßgebenden GewErtrag teilweise ein anderer Zeitraum zu Grunde zu legen ist als für den Zerlegungsmaßstab (BFH VIII R 45/90 BFH/NV 1993, 191).

Auch die Einbeziehung eines **Veräußerungserlöses** aufgrund des Realisationsprinzips und des Prinzips der Abschnittsbesteuerung in die allgemeine Zerlegung genügt nicht (BFH I R 49/06 BFH/NV 2007, 2346, unter Bestätigung von FG Ba-Wü EFG 2006, 1348, Anm *Lemaire* EFG 2006, 1350). Das gilt allgemein für Fragen des **materiellen GewStRechts** (RFH RStBl 1942, 908).

Ebensowenig genügen Besonderheiten in der **Struktur oder im Finanzgebaren** der Gemeinde, die mit dem Vorhandensein der Betriebsstätte in keinem Zusammenhang stehen (RFH RStBl 1940, 828).

Kein atypisches Ergebnis tritt ein, wenn bei Bestehen eines **Organverhältnisses** die Steuereinnahmen der Sitzgemeinde der Organgesellschaft niedriger ausfallen als bei der selbstständigen Besteuerung der Organgesellschaft (BFH I B 240, 241/62 BStBl III 1967, 324; IV R 114/73 BStBl II 1976, 123; I R 19/92 BStBl II 1993, 679; VIII R 45/90 BFH/NV 1993, 191).

Nicht ausreichend ist, dass die Betriebsstätte einen verhältnismäßig **großen Teil des Gemeindegebiets** beansprucht (BFH IV R 114/73 BStBl II 1976, 123). Das gilt auch für Auswirkungen des Betriebs auf die **allgemeine Lebensqualität** für die Einwohner (zB Geräuschimmissionen, Beeinträchtigung des Landschaftsbildes, touristische Attraktivität der Gemeinde, die – wenn überhaupt – mittelbar Folgen für den Gemeindehaushalt haben (BFH I R 23/06 BStBl II 2007, 836); die Berücksichtigung würde den Rahmen des Zerlegungsverfahrens sprengen (hierzu § 28 Rn 1).

4. Zum Verfahren

5 Den **Nachweis** hat die Gemeinde, die sich benachteiligt fühlt, durch entsprechende Unterlagen (BFH I B 47/59 S BStBl III 1963, 386) zu führen. Allgemeine Erwägungen über die Kapitalintensität des einen und Lohnintensität des anderen Betriebes genügen nicht (RFH RStBl 1942, 908). Ebenso verbietet sich eine pauschale Betrachtung oder eine nicht auf Unterlagen gegründete Behauptung zu den mit dem Betrieb einhergehenden Gemeindelasten (BFH I R 23/06 BStBl II 2007, 836; *N. Meier* FR 2006, 538; *Trossen* DStZ 2006, 836). Entscheidend sind die konkreten Verhältnisse des Einzelfalls (BFH I B 171/05 BFH/NV 2006, 1692).

Wer eine Zerlegung nach § 33 begehrt, muss im **Klageverfahren** darlegen, durch die Zerlegung nach § 29 beschwert und in seinen Rechten verletzt zu sein (vgl BFH I R 54/72 BStBl II 1975, 42; I R 376/83 BStBl II 1988, 201).

5. Ersatzmaßstab

6 Der Ersatzmaßstab muss die in Geld ausgedrückten **Gemeindelasten** deutlich besser berücksichtigen als die Zerlegung nach § 29. In Betracht kommen insb die Betriebseinnahmen (Umsätze), betriebsstättenbezogene Aufwendungen, Zeitanteile u.ä. Umstände (vgl BFH VI R 62/90 BStBl II 1995, 180). Möglich ist auch eine weitergehende Aufteilung, wie etwa (vor BFH I R 23/06 BStBl II 2007, 836 und Einführung des § 29 Abs 1 Nr 2) bei **Windkraftanlagen** nach *OFD Düsseldorf* DB 2004, 733: 50% des Messbetrages im Verhältnis der Arbeitslöhne und 50% im Verhältnis der Anlagevermögen nach Steuerbilanzwerten (krit *N. Meier* FR 2006, 538; *Trossen* DStZ 2006, 836). Bei dauerhaftem Einsatz von **Leiharbeitskräften** kommt die Bemessung nach den Verhältnissen der durch das überlassende Unternehmen gezahlten „reinen" Löhne in Betracht (BFH I R 16/90 BFH/NV 1992, 836).

III. Zerlegung bei Einigung der Beteiligten (Abs 2)

1. Allgemeines

7 Die Vorschrift hat **zwingenden Charakter.**

Ihrer **Rechtsnatur** nach ist die Einigung eine Vereinbarung eigener Art, die einer tatsächlichen Verständigung ähnlich ist (BFH I B 118/65 BStBl II 1968, 827; I R 58/91 BFH/NV 1992, 766; VIII R 13/97 BStBl II 1999, 542). Nach aA ist sie ein öffentlich-rechtlicher Vertrag (FG Köln EFG 1983, 362; *Blümich/Hofmeister* § 33 GewStG Rn 11; *Meyer-Scharenberg/Popp/Woring* § 33 Rn 4). Dagegen spricht mE jedoch der Umstand, dass ihre Umsetzung noch den vom FA zu erlassenden Verwaltungsakt erfordert. Sie bedarf mE daher nicht der Schriftform (§ 57 VwVfG analog; aA *Blümich/Hofmeister* aaO).

2. Voraussetzungen

8 **Beteiligte** an der Einigung können neben dem **Steuerschuldner** mE nur die **erhebungsberechtigten Gemeinden** sein. Eine Gemeinde, die zu Unrecht (zB mangels Betriebsstätte im Gemeindegebiet) einen Zerlegungsanteil begehrt, kann nicht Beteiligte der Einigung sein, da die Erhebung/Nichterhebung von GewSt nicht verhandelbar ist (vgl § 1 Rn 17).

Nicht Voraussetzung für die Zerlegung aufgrund Einigung ist das Vorliegen der Voraussetzungen des § 30 (mehrgemeindliche Betriebsstätte) oder des § 33 Abs 1 (offenbar unbilliges Ergebnis); die Einigung hat **Befriedungsfunktion** und ist daher **auch in anderen Fällen** anzuwenden (vgl BFH I B 118/65 BStBl II 1968, 827;

Kleinbeträge § 34

R 33.1 Abs 2 GewStR; *BayLfSt* DB 2008, 2380; ebenso *Sarrazin* in *L/S* § 33 Rn 16; aA *Blümich/Hofmeister* § 33 GewStG Rn 10: nur bei unbilligem Ergebnis).

Die Einigung ist mE (abw von der Auffassung in der Vorauflage) auch zulässig/ beachtlich **nach Eintritt der Bestandskraft** eines schon zuvor erlassenen Zerlegungsbescheides. Da die Vorschrift die Zulässigkeit/Beachtlichkeit der Einigung insofern nicht beschränkt, ist das allgemeine Abgabenrecht anzuwenden; eine nachträgliche Vereinbarung stellt angesichts der von ihr ausgehenden prinzipiellen Bindungswirkung ein Ereignis mit Wirkung für die Vergangenheit iSd § 175 Abs 1 Nr 2 AO dar (ebenso *Blümich/Hofmeister* § 33 GewStG Rn 14; **aA** *Sarrazin* in *L/S* § 32 Rn 21).

3. Bindungswirkung

Das **FA ist** an die Einigung **gebunden** und hat ihr zu folgen. Auch die Beteiligten 9 sind an ihre Einigung gebunden; der hierauf ergehende Bescheid kann jedoch mit der Begründung angefochten werden, dass er der Einigung nicht entspreche (BFH I B 118/65 BStBl II 1968, 827).

Zeitlich gilt die Einigung im Zweifel nur **für den jeweiligen EZ** (BFH VIII R 13/97 BStBl II 1999, 542; **aA** *Blümich/Hofmeister* § 33 GewStG Rn 13: auf unbestimmte Zeit aus wichtigem Grund wesentlicher Veränderungen für die Zukunft kündbar. ME ist der Auffassung des BFH schon deswegen zu folgen, weil der Gesamtzusammenhang der Vorschrift auf den einzelnen EZ abstellt und es nicht im Sinn der Befriedungsfunktion einer Einigung über die Zerlegung sein kann, dass der jeweilige Beteiligte die Unsicherheit in Kauf nehmen muss, ob ggf das FG seiner Auffassung von seiner Berechtigung zur Kündigung der Einigung folgt.

§ 34 Kleinbeträge

(1) ¹Übersteigt der Steuermessbetrag nicht den Betrag von 10 Euro, so ist er in voller Höhe der Gemeinde zuzuweisen, in der sich die Geschäftsleitung befindet. ²Befindet sich die Geschäftsleitung im Ausland, so ist der Steuermessbetrag der Gemeinde zuzuweisen, in der sich die wirtschaftlich bedeutendste der zu berücksichtigenden Betriebsstätten befindet.

(2) ¹Übersteigt der Steuermessbetrag zwar den Betrag von 10 Euro, würde aber nach den Zerlegungsvorschriften einer Gemeinde ein Zerlegungsanteil von nicht mehr als 10 Euro zuzuweisen sein, so ist dieser Anteil der Gemeinde zuzuweisen, in der sich die Geschäftsleitung befindet. ²Absatz 1 Satz 2 ist entsprechend anzuwenden.

(3) ¹Wird der Zerlegungsbescheid geändert oder berichtigt, würde sich dabei aber der Zerlegungsanteil einer Gemeinde um nicht mehr als 10 Euro erhöhen oder ermäßigen, so ist der Betrag der Erhöhung oder Ermäßigung bei dem Zerlegungsanteil der Gemeinde zu berücksichtigen, in der sich die Geschäftsleitung befindet. ²Absatz 1 Satz 2 ist entsprechend anzuwenden.

Gewerbesteuer-Durchführungsverordnung

§ 34 GewStDV Kleinbeträge bei Verlegung der Geschäftsleitung

Hat das Unternehmen die Geschäftsleitung im Laufe des Erhebungszeitraums in eine andere Gemeinde verlegt, so ist der Kleinbetrag der Gemeinde zuzuweisen, in der sich die Geschäftsleitung am Ende des Erhebungszeitraums befindet.

Gewerbesteuer-Richtlinien 2009: R 34.1 GewStR

§ 35 Kleinbeträge

1. Allgemeines

1 Die Vorschrift dient der **Verwaltungsvereinfachung.** Vermieden werden soll, dass einer Vielzahl von Gemeinden mit geringsten Anteilen am GewStMessbetrag Zerlegungsbescheide zuzustellen sind und dass diese Gemeinden womöglich noch Rechtsmittelverfahren betreiben.

2. Messbetrag (Absatz 1)

2 Ein **GewStMessbetrag bis einschließlich 10 €** steht grds der Gemeinde der Geschäftsleitung zu. Befindet diese sich im Ausland, dann der Gemeinde der wirtschaftlich bedeutendsten Betriebsstätte, die nach Umfang und Wert der Gebäude und Betriebseinrichtungen, aber auch nach Umfang der in ihr ablaufenden Geschäftsvorfälle als die für den GewBetrieb wichtigste (nach der Geschäftsleitung) anzusehen ist (§ 18 Abs 1 Nr 2 AO).

3. Zerlegungsanteil (Absatz 2)

3 Übersteigt der **Zerlegungsanteil für eine Gemeinde** den Betrag von 10 € nicht, dann Zuweisung an die Gemeinde der Geschäftsleitung. Befindet diese sich im Ausland, dann an die Gemeinde der bedeutendsten Betriebsstätte (Rn 2).

4. Änderung oder Berichtigung des Zerlegungsanteils (Absatz 3)

4 Bei **Veränderungen des Zerlegungsanteils** einer Gemeinde nach oben oder unten bis zu 10 € einschließlich ist dieser Betrag nur bei der Änderung des Zerlegungsbescheids für die Gemeinde der Geschäftsleitung zu berücksichtigen. Die Vorschrift erfasst **alle Änderungen,** auf welcher rechtlichen oder tatsächlichen Grundlage auch immer (vgl BFH VIII R 33/90 BStBl II 1992, 869). „Zerlegungsanteil einer Gemeinde" ist mE der Anteil, der der Gemeinde tatsächlich zugewiesen ist (aA *OFD Ffm* DB 1994, 1901: der für sie berechnete, wenn auch der Gemeinde der Geschäftsleitung zugewiesene Anteil). Würde sich bei der Gemeinde der Geschäftsleitung durch eine Minderung ein negativer GewStMessbetrag ergeben, dann mindert sich dieser nur auf 0 € (R 34.1 GewStR), weil das GewStG keinen negativen GewStMessbetrag kennt. Nur soweit er zu einem negativen Messbetrag führen würde, bleibt der Änderungsbetrag also unbeachtlich und ist auch nicht bei der Gemeinde anzusetzen, für die die Änderung des Zerlegungsanteils nicht mehr als 10 € betragen hat. Von der Zuweisung des Änderungsbetrages auf die Gemeinde der Geschäftsleitung ist in solchen Fällen nicht gänzlich abzusehen (aA *FM NRW* DStR 1981, 349). Ist die Geschäftsleitung während des EZ verlegt worden, dann gilt § 34 GewStDV.
Die **Vorschriften** des Abs 2 und des Abs 3 sind **unabhängig** voneinander anzuwenden. Das bedeutet, dass bei einer zulässigen Minderung des Zerlegungsanteils nach Abs 3 der auf diese Gemeinde entfallende Zerlegungsanteil auf die Gemeinde der Geschäftsleitung überwiesen wird, wenn er nicht mehr als 10 € beträgt.

§ 35 *(weggefallen)*

Abschnitt VII. Gewerbesteuer der Reisegewerbebetriebe

§ 35a Gewerbesteuer der Reisegewerbebetriebe

(1) Der Gewerbesteuer unterliegen auch die Reisegewerbebetriebe, soweit sie im Inland betrieben werden.

(2) ¹Reisegewerbebetrieb im Sinne dieses Gesetzes ist ein Gewerbebetrieb, dessen Inhaber nach den Vorschriften der Gewerbeordnung und den dazugehörigen Ausführungsbestimmungen einer Reisegewerbekarte bedarf. ²Wird im Rahmen eines einheitlichen Gewerbebetriebs sowohl ein stehendes Gewerbe als auch ein Reisegewerbe betrieben, so ist der Betrieb in vollem Umfang als stehendes Gewerbe zu behandeln.

(3) Hebeberechtigt ist die Gemeinde, in der sich der Mittelpunkt der gewerblichen Tätigkeit befindet.

(4) Ist im Laufe des Erhebungszeitraums der Mittelpunkt der gewerblichen Tätigkeit von einer Gemeinde in eine andere Gemeinde verlegt worden, so hat das Finanzamt den Steuermessbetrag nach den zeitlichen Anteilen (Kalendermonaten) auf die beteiligten Gemeinden zu zerlegen.

Gewerbesteuer-Durchführungsverordnung

§ 35 GewStDV Reisegewerbebetriebe

(1) ¹Der Mittelpunkt der gewerblichen Tätigkeit befindet sich in der Gemeinde, von der aus die gewerbliche Tätigkeit vorwiegend ausgeübt wird. ²Das ist in der Regel die Gemeinde, in der sich der Wohnsitz des Reisegewerbetreibenden befindet. ³In Ausnahmefällen ist Mittelpunkt eine auswärtige Gemeinde, wenn die gewerbliche Tätigkeit von dieser Gemeinde (z. B. von einem Büro oder Warenlager) aus vorwiegend ausgeübt wird. ⁴Ist der Mittelpunkt der gewerblichen Tätigkeit nicht feststellbar, so ist die Gemeinde hebeberechtigt, in der der Unternehmer polizeilich gemeldet oder meldepflichtig ist.

(2) Eine Zerlegung des Steuermessbetrags auf die Gemeinden, in denen das Gewerbe ausgeübt worden ist, unterbleibt.

(3) ¹Der Steuermessbetrag ist im Fall des § 35a Abs. 4 des Gesetzes nach dem Anteil der Kalendermonate auf die hebeberechtigten Gemeinden zu zerlegen. ²Kalendermonate, in denen die Steuerpflicht nur während eines Teils bestanden hat, sind voll zu rechnen. ³Der Anteil für den Kalendermonat, in dem der Mittelpunkt der gewerblichen Tätigkeit verlegt worden ist, ist der Gemeinde zuzuteilen, in der sich der Mittelpunkt in diesem Kalendermonat die längste Zeit befunden hat.

Gewerbesteuer-Richtlinien 2009: R 35a.1 GewStR/H 35a.1 GewStH

1. Begriff des Reisegewerbes

Das GewStG unterscheidet zwischen stehendem Gewerbebetrieb (§ 2 Abs 1 **1** Satz 1) und den Reisegewerbetreibenden. Nach der gesetzlichen Definition in § 35a Abs 2 ist ein Reisegewerbebetrieb ein Gewerbebetrieb, dessen Inhaber nach den Vorschriften der Gewerbeordnung und den Ausführungsbestimmungen dazu einer Reisegewerbekarte bedarf.

Die Regelung über Reisegewerbebetriebe hat das frühere Wandergewerbesteuergesetz abgelöst, das bis Ende 1942 gegolten hatte (vgl das Gesetz über die Besteue-

§ 35a   Gewerbesteuer der Reisegewerbebetriebe

rung des Wandergewerbes v 10.12.1937, RGBl I 1937, 1348). § 55 GewO spricht nach dem ÄnderungsG v 5.2.1960, BGBl I 1960, 61, dementsprechend nicht mehr vom Wandergewerbeschein, sondern von der Reisegewerbekarte. Früher war für das Reisegewerbe außerdem bedeutsam, dass es nach § 6 Abs 2 aF nicht der Lohnsummensteuer unterworfen war. Die Lohnsummensteuer wurde mWv 1.1.1980 abgeschafft (Steueränderungsgesetz 1979 BStBl I 1978, 479). Nach Streichung der Regelung über den Blindenwaren-Vertriebsausweis in § 55 Abs 1 Nr 4 GewO aF entfiel aufgrund einer Änderung durch das JStG 2010 (BGBl I 2010, 1768) auch die entsprechende Gesetzesverweisung in Abs 1.

Das Erfordernis der Reisegewerbekarte regelt § 55 GewO:

§ 55 GewO Reisegewerbekarte

(1) Ein Reisegewerbe betreibt, wer gewerbsmäßig ohne vorhergehende Bestellung außerhalb seiner gewerblichen Niederlassung (§ 4 Absatz 3) oder ohne eine solche zu haben
1. Waren feilbietet oder Bestellungen aufsucht (vertreibt) oder ankauft, Leistungen anbietet oder Bestellungen auf Leistungen aufsucht oder
2. unterhaltende Tätigkeiten als Schausteller oder nach Schaustellerart ausübt.
(2) Wer ein Reisegewerbe betreiben will, bedarf der Erlaubnis (Reisegewerbekarte).
(3) Die Reisegewerbekarte kann inhaltlich beschränkt, mit einer Befristung erteilt und mit Auflagen verbunden werden, soweit dies zum Schutze der Allgemeinheit oder der Verbraucher erforderlich ist; unter denselben Voraussetzungen ist auch die nachträgliche Aufnahme, Änderung und Ergänzung von Auflagen zulässig.

2   **Ausnahmen** vom Erfordernis der Reisegewerbekarte regeln § 55a und § 55b GewO (zB behördlich erlaubtes Feilbieten von Waren bei Messen, Ausstellungen und öffentlichen Festen, Vertrieb von selbstgewonnenen Erzeugnissen aus Land- und Forstwirtschaft, Gemüse-, Obst- und Gartenbau, erlaubte Abgabe von Milcherzeugnissen, Ausübung des Reisegewerbes in der Gemeinde des eigenen Wohnsitzes oder der eigenen gewerblichen Niederlassung, sofern die Gemeinde nicht mehr als 10 000 Einwohner zählt, Versicherungs- und Bausparvermittler). Die *FinVerw* stellt grundsätzlich darauf ab, ob der Steuerpflichtige für den Erhebungszeitraum oder einen Teil davon eine Reisegewerbekarte erworben hat (R 35a.1 Satz 6 GewStR).

3   Für das Reisegewerbe setzt das Gesetz zunächst einen Gewerbebetrieb iSv § 2 Abs 1 Satz 2 voraus. Der Besitz der Reisegewerbekarte bietet allein noch keinen hinreichenden Grund dafür, dass der Betreffende einen Reisegewerbebetrieb unterhält. Denn auch derjenige, der als unselbstständiger Tätiger iSv § 55 GewO Waren feilbietet, ankauft, Warenbestellungen entgegennimmt oder ähnliche Leistungen anbietet, bedarf einer Reisegewerbekarte. Es fehlt jedoch am Merkmal der **persönlichen Selbstständigkeit** (vgl R 35a.1 Satz 4 GewStR). Derjenige, der nicht selbstständige Reisegewerbekarteninhaber beschäftigt, unterhält selbst nur dann ein Reisegewerbe, wenn er eine solche Karte besitzt und in erheblichem Umfang in eigener Person tätig wird (Rn 2). Reisegewerbetreibende sind beispielsweise selbstständige Hausierer, Schausteller und die Besitzer mobiler Stände oder Kaufstände, wie etwa Eisverkäufer. Nach der Neufassung des § 55 Abs 1 Nr 1 GewO mWv 14.9.2007 (BGBl I 2007, 2246) muss das Reisegewerbe nicht mehr in eigener Person betrieben werden. Daher kann auch eine Kapitalgesellschaft ein solches Gewerbe unterhalten (zur früheren Rechtslage s BFH I 317/61 U BStBl III 1963, 148). Bei „reinen" Reisegewerbebetrieben ist das FA zuständig, in dessen Bezirk sich der Mittelpunkt der gewerblichen Tätigkeit befindet (R 1.3 Abs 1 Satz 2 GewStR).

2. Einheitlicher Betrieb

Wird im Rahmen eines einheitlichen Gewerbebetriebs sowohl ein **stehendes** 4
Gewerbe als auch ein **Reisegewerbe** betrieben, so ist der Betrieb in vollem Umfang als stehendes Gewerbe zu behandeln (Abs 2 Satz 2). Den stehenden Gewerbebetrieb bestimmt § 1 GewStDV als jeden Gewerbebetrieb, der kein Reisegewerbe iSd § 35a Abs 2 GewStG ist. Der Gewerbebetrieb setzt nach § 2 Abs 1 Satz 2 GewStG iVm § 15 Abs 2 EStG begrifflich keine Betriebsstätte voraus. Diese begründet für den stehenden Gewerbebetrieb lediglich Steuerpflicht im Inland nach § 2 Abs 1 Satz 3. Damit macht eine vorhandene Betriebsstätte den selbstständigen Inhaber einer Reisegewerbekarte noch nicht zum Unternehmer eines stehenden Gewerbebetriebs. Die fehlende Betriebsstätte ist nicht Merkmal des Reisegewerbebetriebes. Sie ist lediglich für den Reisegewerbebetrieb gewerbesteuerrechtlich bedeutungslos. Wird ein Unternehmer als Reisegewerbetreibender tätig und unterhält er gleichzeitig einen stehenden Gewerbebetrieb, so richtet sich die Einheitlichkeit oder Eigenständigkeit der Betriebsteile nach allgemeinen Kriterien. Es kommt deshalb auf die organisatorischen, wirtschaftlichen und finanziellen Beziehungen zwischen den beiden Betätigungen an. Wird ein Unternehmer als Reisegewerbetreibender, zB Eisverkäufer, tätig und beschäftigt er im entsprechenden Straßenhandel auch Angestellte, die im Besitz der Reisegewerbekarte sind, so führt dies nach Abs 2 Satz 2 für sich gesehen noch nicht zu einem stehenden Gewerbebetrieb. Abs 2 Satz 1 enthält keine Regelungen dafür, in welchem Umfang ein Reisegewerbetreibender Angestellte beschäftigen darf, wenn er selbst reisend tätig wird. Ein Reisegewerbe liegt in solchen Fällen dann vor, wenn die reisende Tätigkeit des Geschäftsinhabers noch von ausschlaggebender Bedeutung ist. Dabei kommt es auf das Gesamtbild der Verhältnisse an (BFH v 23.11.1983 I R 201/79 nv; Vorinstanz FG Hamburg EFG 1979, 405).

3. Hebeberechtigung

Hebeberechtigt ist die Gemeinde, in der sich der Mittelpunkt der gewerblichen 5
Tätigkeit befindet (Abs 3). Das ist die Gemeinde, von der aus die gewerbliche Tätigkeit vorwiegend ausgeübt wird, dh regelmäßig die Wohnsitzgemeinde. In Ausnahmefällen kann der Mittelpunkt aber auch in einer auswärtigen Gemeinde liegen, wenn die gewerbliche Tätigkeit von dort, zB von einem Büro oder Warenlager, ausgeübt wird. Hilfsweise ist die Gemeinde hebeberechtigt, in der der Unternehmer polizeilich gemeldet oder meldepflichtig ist (§ 35 Abs 1 Satz 4 GewStDV). Der Mittelpunkt der gewerblichen Tätigkeit im Inland bewirkt nicht, dass der Steuerpflichtige auch mit seiner Tätigkeit im Ausland der inländischen Gewerbesteuerpflicht unterliegt (*Blümich/Hofmeister* § 35a GewStG Rn 12; aA *Lenski/Steinberg* § 35a Rn 7). Der Gewerbeertrag ist vielmehr wirtschaftlich – im Zweifel nach dem Verhältnis der inländischen und ausländischen Einnahmen – auf das Inland und Ausland zu verteilen (Analogie zu § 9 Nr 3 Satz 1).

Da auf eine Betriebsstättenbesteuerung verzichtet wird, findet nach § 35 Abs 2 6
GewStDV auch grundsätzlich **keine Zerlegung** statt auf die Gemeinden, in denen das Gewerbe ausgeübt wird. Sie ist nur dann vorgesehen, wenn im Laufe eines Erhebungszeitraums der Mittelpunkt der gewerblichen Tätigkeit von einer Gemeinde in eine andere verlegt wird (Abs 4). Der einheitliche Steuermessbetrag ist nach vollen Kalendermonaten auf die hebeberechtigten Gemeinden zu zerlegen. Dabei ist der Anteil für den Kalendermonat, in dem der Wechsel stattfindet, der Gemeinde zuzuteilen, in der sich der Mittelpunkt in diesem Kalendermonat die längste Zeit befunden hat (Abs 4, § 35 Abs 3 Satz 3 GewStDV).

Für die ausnahmsweise erforderliche Zerlegung gelten die allgemeinen verfahrensrechtlichen Grundsätze (vgl § 28 Rn 9 f). Hinsichtlich des Hebesatzes bestehen keine Besonderheiten. Er stimmt mit demjenigen überein, der in der betreffenden Gemeinde auch für die stehenden Gewerbebetriebe gilt.

Abschnitt VIII. Änderung des Gewerbesteuermessbescheids von Amts wegen

§ 35b Änderung des Gewerbesteuermessbescheids von Amts wegen

(1) ¹Der Gewerbesteuermessbescheid oder Verlustfeststellungsbescheid ist von Amts wegen aufzuheben oder zu ändern, wenn der Einkommensteuerbescheid, der Körperschaftsteuerbescheid oder ein Feststellungsbescheid aufgehoben oder geändert wird und die Aufhebung oder Änderung den Gewinn aus Gewerbebetrieb berührt. ²Die Änderung des Gewinns aus Gewerbebetrieb ist insoweit zu berücksichtigen, als sie die Höhe des Gewerbeertrags oder des vortragsfähigen Gewerbeverlustes beeinflusst. ³§ 171 Abs. 10 der Abgabenordnung gilt sinngemäß.

(2) ¹Zuständig für die Feststellung des vortragsfähigen Gewerbeverlustes ist das für den Erlass des Gewerbesteuermessbescheids zuständige Finanzamt. ²Bei der Feststellung des vortragsfähigen Gewerbeverlustes sind die Besteuerungsgrundlagen so zu berücksichtigen, wie sie der Festsetzung des Steuermessbetrags für den Erhebungszeitraum, auf dessen Schluss der vortragsfähige Gewerbeverlust festgestellt wird, zu Grunde gelegt worden sind; § 171 Absatz 10, § 175 Absatz 1 Satz 1 Nummer 1 und § 351 Absatz 2 der Abgabenordnung sowie § 42 der Finanzgerichtsordnung gelten entsprechend. ³Die Besteuerungsgrundlagen dürfen bei der Feststellung nur insoweit abweichend von Satz 2 berücksichtigt werden, wie die Aufhebung, Änderung oder Berichtigung des Gewerbesteuermessbescheids ausschließlich mangels Auswirkung auf die Höhe des festzusetzenden Steuermessbetrags unterbleibt. ⁴Die Feststellungsfrist endet nicht, bevor die Festsetzungsfrist für den Erhebungszeitraum abgelaufen ist, auf dessen Schluss der vortragsfähige Gewerbeverlust gesondert festzustellen ist; § 181 Abs. 5 der Abgabenordnung ist nur anzuwenden, wenn die zuständige Finanzbehörde die Feststellung des vortragsfähigen Gewerbeverlustes pflichtwidrig unterlassen hat.

Gewerbesteuer-Richtlinien 2009: R 35b.1 GewStR/H 35b.1 GewStH

Übersicht

	Rn
I. Allgemeines	1–4
1. Zeitlicher Geltungsbereich	1
2. Eigenständige Ertragsermittlung	2, 3
3. Verhältnis zu anderen Korrekturvorschriften	4
II. Aufhebung/Änderung nach Abs 1	5–13
1. Bescheidänderung	5
2. Gewinnänderung	6–8
3. Auswirkung auf den Gewerbesteuermessbescheid	9
4. Berichtigung von Rechtsfehlern	10
5. Weitere verfahrensrechtliche Fragen	11–13
III. Verlustfeststellungsbescheid (Abs 2)	14–20
1. Zuständiges Feststellungsfinanzamt	14
2. Bindungswirkung	15
3. Erlass, Änderung und Aufhebung	16–19
4. Feststellungsverjährung	20

Änderung des Gewerbesteuermessbescheids von Amts wegen § 35b

I. Allgemeines

1. Zeitlicher Geltungsbereich

Der Wortlaut des § 35b ist durch Art 4 Nr 13 UntStRefG v 29.10.1997 (BGBl I 1997, 2590) ab **EZ 1998** der Aufhebung der Gewerbekapitalsteuer und dem damit verbundenen Wegfall der Korrektur des GewStMessbescheids im Bereich des EW des Betriebsvermögens angepasst worden. Zur alten Rechtslage s 4. Aufl. Eine redaktionelle Anpassung des Abs 2 Satz 1 ergab sich auf Grund der Änderung des § 10a durch das GewStÄndG v 23.12.2003 (BGBl I 2003, 2922). Durch das JStG 2007 v. 13.12.2006 (BGBl I 2006, 2878) wurde in Abs 2 ein Satz 4 angefügt, durch das JStG 2008 v. 20.12.2007 (BGBl I 2007, 3150) wurde in Abs 2 Satz 1 der Klammerzusatz (Hinweis auf § 10a Satz 4) gestrichen. Durch das **JStG 2010** (BGBl I 2010, 1768) wurden in Abs 2 die Sätze 2 und 3 geändert. Dies war eine Reaktion auf BFH IX R 70/06 (BStBl II 2009, 897), in dem dieser entschieden hatte, dass ein verbleibender Verlustvortrag auch dann erstmals gesondert festgestellt werden darf, wenn der EStBescheid für das Verlustfeststellungsjahr bestandskräftig geworden ist, obwohl in dem Bescheid Verluste zu Unrecht nicht berücksichtigt worden sind. Die Neuregelung soll dies verhindern (s Rn 16). Sie gilt erstmals für Verluste, für die nach dem 13.12.2010 eine Erklärung zur Feststellung des vortragsfähigen Gewerbeverlustes abgegeben wird (§ 36 Abs 10 Satz 1).   **1**

2. Eigenständige Ertragsermittlung

Die Gewerbeertragsermittlung nach § 7 erfolgt materiell-rechtlich eigenständig (§ 7 Rn 1). Auch verfahrensrechtlich bilden die ergangenen Einkommensteuer-, Körperschaftsteuer- und Gewinnfeststellungsbescheide jeweils keinen eigentlichen Grundlagenbescheid iSd § 175 Abs 1 Satz 1 Nr 1 AO. Dies ist ein Zugeständnis an die materiell-rechtliche Ausgangslage, bei der in Ausnahmefällen einkommensteuerrechtlich und gewerbesteuerrechtlich Abweichungen beim gewerblichen Gewinn möglich sind (§ 7 Rn 2). So gesehen bilden weder der Einkommensteuer- noch der Körperschaftsteuerbescheid und auch nicht der Gewinnfeststellungsbescheid (einheitlich und/oder gesondert) einen Grundlagenbescheid iSd § 171 Abs 10 AO (BFH III R 31/87 BStBl II 1990, 383, 385). Der GewStMessbescheid ist neben dem Einkommensteuer-, Körperschaftsteuer- oder Feststellungsbescheid anfechtbar (BFH I 252/64 BStBl II 1970, 257). Aus § 7 ergibt sich das Recht des Steuerpflichtigen, eine von der ESt unabhängige Prüfung des Gewerbeertrags zu verlangen und mit denselben Einwendungen wie bei der ESt gegen die Höhe des Gewerbeertrags vorzugehen (BFH X B 154/07 BFH/NV 2008, 1361). In **gewissem Umfang** gelten die *aufgehobenen* oder *geänderten* Einkommensteuer-, Körperschaftsteuer- und Feststellungsbescheide als **Grundlagenbescheide** für den GewStMessbescheid (nicht umgekehrt: BGH I R 115/84 BFH/NV 1989, 482). So findet für die Verjährungsvorschrift § 171 Abs 10 AO entsprechende Anwendung (Abs 1 Satz 3). Die Festsetzungsfrist endet nicht vor Ablauf von zwei Jahren nach Bekanntgabe der „Grundlagenbescheide". § 35b dient der Verfahrensvereinfachung (BFH IV 188/60 U BStBl III 1963, 10), durch die eine Verdoppelung des Rechtsbehelfsverfahrens vermieden werden soll (BFH X R 59/01 BStBl II 2004, 901).   **2**

Nach **neuerer Rechtsprechung des BFH** (Urteil in BFH X R 59/01 BStBl II 2004, 901) sind jedoch Einkommen- oder Körperschaftsteuerbescheid de facto einem Grundlagenbescheid noch weiter angenähert: Hiernach ist eine Änderung nach § 35b auch dann vorzunehmen, wenn zB im geänderten Einkommensteuerbescheid Einkünfte nicht mehr als gewerbliche, sondern als solche aus selbständiger Arbeit qualifiziert werden (Abweichung von BFH XI R 28/98 BStBl II 1999, 475,   **3** der der XI. Senat zugestimmt hat). Die Änderungsvorschrift ist somit nicht nur dann anwendbar, wenn gewerbliche Einkünfte der Höhe nach streitig sind, sondern auch dann, wenn dem Grunde nach Streit besteht über die Zuordnung zu den Einkünften aus Gewerbebetrieb. Entsprechendes gilt, wenn ein gewerblicher Gewinn einkommensteuerrechtlich nicht mehr als Veräußerungs-, sondern als Aufgabegewinn beurteilt ist (s auch BFH X R 14/03 BStBl II 2005, 184 zum umgekehrten Fall; anders FG Nürnberg EFG 2003, 1401, Vorinstanz). § 35b ist hiernach nicht mehr als eng begrenzte Änderungsvorschrift auszulegen (so noch BFH XI R 28/98 aaO), sondern als selbstständige Rechtsgrundlage zur Änderung oder Aufhebung von GewStMessbescheiden und Verlustfeststellungsbescheiden. Auch bei der Ausübung des Ermessens über eine Verfahrensaussetzung nach § 74 FGO ist zu berücksichtigen, dass ESt- oder Feststellungsbescheide de facto Grundlagenfunktion haben (BFH X B 163/09 BFH/NV 2010, 2082).

3. Verhältnis zu anderen Korrekturvorschriften

4   Für die Konkurrenz zu anderen Änderungsbefugnissen ist von dem gesetzgeberischen Zweck auszugehen, dass die von Amts wegen zu beachtende Änderungsvorschrift des § 35b lediglich eine **Verfahrensvereinfachung** darstellt und ansonsten der GewStMessbescheid einerseits und der Einkommensteuer-, Körperschaftsteuer- oder Feststellungsbescheid andererseits dem Grundsatz nach verfahrensrechtlich unterschiedliche Schicksale haben können. Für eine von § 35b ausgehende Verfahrensvereinfachung ist kein Raum, wenn die Änderung des GewStMessbescheids unmittelbar auf einen anderen gesetzlichen Tatbestand gestützt werden kann (BFH IV 40/65 U BStBl III 1965, 667). Auf § 35b muss auch nicht zurückgegriffen werden, wenn der GewStMessbescheid nach § 173 AO zu ändern ist (aA *Guth/Ling* DStZ 1984, 394, 397). Aus ähnlichen Gründen geht eine Änderung nach § 164 Abs 2 AO jener nach § 35b vor (R 35b.1 Abs 1 Satz 3 GewStR). Konkurrieren die gesetzlichen Befugnisse für die Änderungsbescheide, so ist die Frage nach dem Vorrang oder Nachrang indessen im Allgemeinen akademischer Natur. Denn das FA kann die zutreffende, dh vorrangige Änderungsnorm im Rechtsbehelfsverfahren gegen den angefochtenen Bescheid nachschieben. Allgemein ist es unschädlich, wenn sich das FA auf eine unzutreffende Korrekturvorschrift beruft, sofern eine andere Korrekturvorschrift einschlägig ist.

II. Aufhebung/Änderung nach Abs 1

1. Bescheidänderung

5   Die – von Amts wegen vorzunehmende – Änderung des GewStMessbescheids nach dieser Vorschrift erfordert u.a., dass der Einkommensteuer-, der Körperschaftsteuer- oder ein Feststellungsbescheid **aufgehoben** oder **geändert** worden sind. Auch eine Berichtigung nach § 129 AO ist ausreichend (R 35b.1 Abs 1 Satz 6 GewStR). Wird der GewStMessbescheid **vor Änderung** der bezeichneten Bescheide korrigiert, stellt dies einen Verfahrensfehler dar, der jedoch mit Ergehen des geänderten Einkommensteuer-, Körperschaftsteuer- oder Feststellungsbescheids bis zum Abschluss des Rechtsbehelfsverfahrens geheilt wird (FG München EFG 2000, 1272 rkr). Anders können die Verhältnisse liegen, wenn die Beteiligten über die Wirksamkeit des Bescheids (§ 124 AO) streiten, zB darüber, ob der Bescheid dem Steuerpflichtigen bekannt gegeben worden ist. Wird ein unwirksamer durch einen wirksamen Bescheid ersetzt und wird dabei der gewerbliche Gewinn berührt, so ist nach § 35b auch der GewStMessbescheid zu ändern. Zwar ist ein nicht bekannt gegebener Bescheid nicht existent (§ 124 AO). Der Gesetzeswortlaut in Abs 1 ist aber dahin zu verstehen, dass seine Rechtsfolgen auch dann eintreten, wenn der

Aufhebung/Änderung nach Abs 1 § 35b

ursprüngliche Einkommensteuer-, Körperschaftsteuer- oder Feststellungsbescheid aus Gründen der Rechtsscheinsbeseitigung aufgehoben wird (ebenso *Blümich/Hofmeister* § 35b GewStG Rn 20) oder Gegenstand einer Feststellungsklage nach § 41 Abs 1 FGO wird (vgl BVerwG 8 C 127.84 BStBl II 1987, 472). Würde man die Berichtigung in einem solchen Fall versagen, so würde der Steuerpflichtige durch die möglicherweise erst vom Gericht festgestellte Unwirksamkeit des Bescheids überrascht und in seinem Rechtsschutz beeinträchtigt, weil er auf die Anwendbarkeit des § 35b vertraut hat (aA für § 35b idF des EGAO 1977 BFH I R 28/88 BStBl II 1991, 244). Abs 1 ist nicht einschlägig, wenn ein ESt- oder Feststellungsbescheid nicht aufgehoben oder geändert, sondern erstmals erlassen wird und die Festsetzungsfrist für einen GewStMessbescheid bereits abgelaufen ist (BFH IV R 99/06 BStBl II 2010, 593).

2. Gewinnänderung

Voraussetzung ist, dass die Änderung der in Abs 1 Satz 1 erwähnten Bescheide 6 oder ihre Aufhebung auch den **Gewinn aus Gewerbebetrieb** berührt. Dies kann auch bei einer Bescheidaufhebung der Fall sein (BFH X R 48/91 BStBl II 1992, 351). Beanstandet ein StPfl nicht den gewerblichen Gewinn, sondern andere Besteuerungsgrundlagen, wie etwa Hinzurechnungen oder Kürzungen nach §§ 8, 9, so muss er sich von vornherein für die Anfechtung des GewStMessbescheids entscheiden. Eine Gewinnänderung liegt auch dann vor, wenn sich der Gewinn auf der Ebene der Organgesellschaft geändert hat (BFH I R 29/09 BStBl II 2010, 644). Der Gewerbeertrag ist verfahrensrechtlich selbstständig zu ermitteln, wenn ein ESt-Bescheid lediglich aus verfahrensrechtlichen Gründen (zB wegen Verjährung) aufgehoben wird (BFH X R 36/06 BStBl II 2010, 171).

Die Änderung des gewerblichen Gewinns muss nicht immer eine Änderung des 7 Einkommensteuerbescheids zur Folge haben. Denn das FA hat die **Kompensationsmöglichkeit** nach § 177 AO zu berücksichtigen. Beispielsweise kann eine Gewinnminderung um 300 durch eine betragsgleiche Sonderausgabenkürzung ausgeglichen werden und eine Bescheidänderung verhindern. Eine solche Saldierung kann auch in der Weise eintreten, dass eine Gewinnerhöhung im Betrieb A durch eine Gewinnminderung im Betrieb B desselben Stpfl aufgehoben und der gesamte gewerbliche Gewinn im Einkommensteuerbescheid unverändert bleibt. Das Gesetz verlangt nur, dass der gewerbliche Gewinn berührt wird. Das Ergebnis der Bescheidänderung (Aufhebung) muss mit Blick auf den Gewerbeertrag gesehen werden. Wird zB im Verfahren über die einheitliche Gewinnfeststellung ein bisher als laufender Gewinn bezeichneter Teil des unverändert gebliebenen Gesamtgewinns als Veräußerungsgewinn beurteilt, so ist nach § 35b eine Folgeänderung durchzuführen (BFH VI 341/62 U BStBl III 1964, 581; X R 14/03 BStBl II 2005, 184). Wird der Einkommensteuerbescheid zu Ungunsten des Stpfl, zB nach § 173 Abs 1 Nr 1 AO, geändert und beseitigt das FA im Zuge dieser Änderung einen Rechtsfehler zugunsten des Stpfl, der den gewerblichen Gewinn berührt, so ist nach § 35b Abs 1 auch der Gewerbeertrag entsprechend zu mindern. Die Vorschrift setzt nicht voraus, dass die in ihrem Satz 1 genannten Bescheide zu einer Verminderung der Einkommensteuer bzw Körperschaftsteuer führen.

Ein auf 0 € lautender Einkommensteuer-(Körperschaftsteuer-)Bescheid kann 8 nicht mit der Begründung angefochten werden, der gewerbliche Gewinn sei zu hoch angesetzt worden und dies habe Auswirkungen auf die Gewerbesteuer (BFH VII B 65/69 BStBl II 1971, 586). Dem entspricht es, dass für die Streitwertbemessung im Einkommensteuer- oder Körperschaftsteuerverfahren oder im Verfahren über die gesonderte Feststellung Folgewirkungen hinsichtlich der Gewerbesteuer außer Betracht bleiben müssen (BFH IV R 60/67 BStBl II 1968, 62).

3. Auswirkung auf den Gewerbesteuermessbescheid

9 Zwischen Abs 1 Satz 1 und 2 besteht ein Zusammenhang dahin, dass die den Gewinn berührende Änderung oder Aufhebung den Gewerbeertrag des GewStMessbescheids oder den vortragsfähigen Gewerbeverlust beeinflusst. Dies gilt auch für den Fall der Bescheidsaufhebung, soweit eine Wechselwirkung mit dem Gewerbeertrag vorliegt. Nach BFH X R 48/91 BStBl II 1992, 351 kann das FA auch dann neu über den Gewerbesteuerertrag entscheiden, wenn der Einkommensteuerbescheid aus Verjährungsgründen aufgehoben wird und es an einer Wechselwirkung fehlt. Grundsätzlich unbeeinträchtigt von einer Folgeänderung wegen des veränderten gewerblichen Gewinns bleiben die Hinzurechnungen und Kürzungen nach §§ 8 und 9. Dies gilt indessen nicht für solche, die unmittelbar nach Grund und Höhe von der Gewinnänderung berührt werden (BFH I 175/64 S BStBl III 1965, 228; *Woerner* DStZ 1966, 358, 359; R 35b.1 Abs 2 Satz 3 GewStR). So können beispielsweise Schuldzinsen, die nachträglich als Betriebsausgaben zu berücksichtigen sind, nach § 8 Nr 1 wieder hinzugerechnet werden.

4. Berichtigung von Rechtsfehlern

10 Diese punktuelle Folgeberichtigung nach § 35b hindert indessen nicht eine beschränkte Wiederaufrollung nach § 177 AO (Berichtigung von Rechtsfehlern). Der unanfechtbar gewordene GewStMessbetrag ist nach § 351 Abs 1 AO dergestalt zu berücksichtigen, dass der Stpfl in einem Einspruchsverfahren gegen den nach § 35b folgeberichtigten GewStMessbescheid nur die Herabsetzung auf den bisherigen Messbetrag erreichen kann. Entsprechendes gilt auch für § 177 AO. Auch das FA kann bei einer Folgeberichtigung zu Gunsten des Stpfl Rechtsfehler gegenrechnen (beschränkte Wiederaufrollung). Eine weitergehende Änderung ist nur möglich, wenn sie auf andere gesetzliche Tatbestände, wie etwa § 173 AO, gestützt werden kann.

Wird der Einkommensteuerbescheid sowohl nach § 173 Abs 1 Nr 1 AO zu Ungunsten als auch nach Nr 2 dieser Vorschrift zu Gunsten des Steuerpflichtigen geändert und ist jeweils der gewerbliche Gewinn desselben Betriebs betroffen, so ist der Ausgleich mit Rechtsfehlern zu Gunsten des Steuerpflichtigen, etwa wegen unterlassener Kürzungen nach § 9, zweifelhaft.

Beispiel:

Der Gewinn aus Gewerbebetrieb ist bei der ESt-Veranlagung um 1000 € zu erhöhen und aus einem anderen Grund um 700 € zu vermindern. Der Steuerpflichtige beanstandet im Einspruchsverfahren gegen die Folgeänderung nach § 35b Abs 1 unterlassene Kürzungen iHv 800 €.

Guth/Ling (DStZ 1984, 394, 397) sehen hier zwei äußerlich in einem Bescheid zusammengefasste Änderungen nach § 173 Abs 1 Nr 1 bzw Nr 2 AO. Sie sehen es deshalb als statthaft an, dass der Steuerpflichtige den Rechtsfehler von 800 € mit der Gewinnerhöhung von 1000 € verrechnet und der Gewerbeertrag insgesamt um 500 € vermindert wird. Saldiert man dagegen die Gewinnveränderungen vorher, so ist das Ergebnis der Rechtsfehlerbereinigung von 800 € dem Saldo von 300 € gegenüber zu stellen und führt lediglich zum Ausgleich des Erhöhungsbetrags. Für die erstgenannte Lösung spricht, dass das FA für den Beispielsfall in Nr 1 und Nr 2 des § 173 Abs 1 AO eigenständige Änderungstatbestände sieht. Dagegen spricht allerdings, dass das FA bei einer getrennt gesehenen Folgeänderung zugunsten des Steuerpflichtigen (./. 700 €) eine Rechtsfehlerbereinigung mit insgesamt 1000 € entgegenhalten kann. Auch der Gesetzeswortlaut (§ 35b Abs 1 Satz 2: „Änderung des Gewinns") spricht für ein **zusammengefasstes Ergebnis** ohne Rücksicht darauf, dass der Einkommensteueränderungsbescheid auf mehrere gesetzliche Tatbestände gestützt wird. In der Mehrzahl der Fälle werden die neuen Tatsachen nach § 173 Abs 1 Nr 1 und 2 AO auch für den GewStMessbescheid gelten, so dass sich bei diesem eine eigenständige Saldierung der beiden Gewinnveränderungen mit dem Saldo 300 ergibt, dem ein Rechtsfehler mit dem Wert 800 € gegenübersteht (Ausgleich der Erhöhung von 300 €).

5. Weitere verfahrensrechtliche Fragen

Für den **vorläufigen Rechtsschutz** werden die angefochtenen Einkommen- 11 steuer-, Körperschaftsteuer- oder Feststellungsbescheide wie Grundlagenbescheide behandelt. Ihre Aussetzung der Vollziehung hat wegen § 35b auch die Aussetzung der Vollziehung des bestandskräftigen GewStMessbescheids zur Folge (BFH I B 1/66 BStBl III 1966, 651). Einem eigenständigen AdV-Antrag in Sachen GewStMessbescheid fehlt aber nicht das Rechtsschutzbedürfnis (BFH VIII B 107/93 BStBl II 1994, 300). Dies gilt auch hinsichtlich der Qualifizierung eines Teilgewinns als Veräußerungs- oder als laufender Gewinn (BFH IVB 72/74 BStBl II 1977, 367). Deshalb ist auch ein AdV-Antrag zum BFH wegen eines GewStMessbescheides zulässig, wenn die Revision nur wegen der Einkommensteuersache anhängig ist (BFH v 1.12.1971 I S 5/71 nv; s auch I S 1/00 BFH/NV 2000, 1350). Bei der AdV eines Verlustfeststellungsbescheids beruht die Folgeaussetzung auf § 361 Abs 3 Satz 1 AO bzw § 69 Abs 2 Satz 4 FGO.

ESt- und GewStMessbescheide werden von der **Rechtskraftwirkung** des § 110 12 Abs 1 Satz 1 FGO in der Weise erfasst, dass die Entscheidung in einer Einkommensteuersache ein rechtskräftiges Urteil in einem Rechtsstreit über einen GewStMessbetrag nicht nach § 35b außer Kraft setzen kann (BFH I S 8/79 BStBl II 1980, 104). Dies erfordert allerdings, dass das Gericht bereits in der GewStMessbetragssache über die jetzige Streitfrage zu entscheiden hatte.

Geht es in einem Verfahren wegen Einkommensteuer, Körperschaftsteuer oder 13 Gewinnfeststellung nicht um die Höhe des gewerblichen Gewinns, sondern um die **Einkunftsart,** so besteht das vorbezeichnete Verhältnis zwischen Folgebescheid und Grundlagenbescheid nach neuerer BFH-Rspr ebenfalls (BFH X R 59/01 BStBl II 2004, 901). Auch bei einem Streit über die Gewinnhöhe ist die Rechtskraftwirkung des § 110 Abs 1 FGO zu beachten. Kommt danach § 35b deshalb nicht zur Anwendung, weil das FG über *denselben Sachverhalt* sowohl in der Einkommensteuer- wie auch in der Gewerbesteuersache entschieden, der Stpfl aber Revision nur wegen der Einkommensteuersache eingelegt hat, so kann die Vollziehung der bestandskräftigen GewStMessbescheide nicht ausgesetzt werden (BFH I S 8/79 BStBl II 1980, 104).

III. Verlustfeststellungsbescheid (Abs 2)

1. Zuständiges Feststellungsfinanzamt

Abs 2 Satz 1 begründet die Zuständigkeit des FA, welches auch für den Erlass des 14 GewStMessbescheids zuständig ist (§ 14 Rn 2). Dies ist das Betriebsfinanzamt. In Organschaftsfällen ist das für den Organträger zuständige Finanzamt das zuständige Feststellungsfinanzamt, wenn die Geschäftsleitung der Organgesellschaft durch den Organträger in maßgeblicher Weise beeinflusst wird (*BayFM* DB 1993, 2262).

2. Bindungswirkung

Der Feststellungsbescheid ist – auch wenn er mit dem GewStMessbescheid ver- 15 bunden ist – ein eigenständiger Bescheid. Er ist **Grundlagenbescheid** (§ 10a Rn 117) für die Erhebungszeiträume, für die nicht verbrauchte Fehlbeträge zur Verfügung stehen, regelt aber umgekehrt, welche Fehlbeträge bis zu welchem EZ

§ 35b Änderung des Gewerbesteuermessbescheids von Amts wegen

verbraucht sind und welche nicht bzw welche durch Zuschreibung neu hinzugekommen sind. Ab EZ 04 wurde der Verlustvortrag beschränkt (§ 10a Sätze 1 und 2). Eine Abzugsbeschränkung besteht nunmehr auch hinsichtlich der Verluste einer Organgesellschaft, die auf die Zeit vor dem Abschluss eines Gewinnabführungsvertrages entfallen (§ 10a Satz 3; s *BMF* BStBl I 2005, 49). Der Verlustfeststellungsbescheid regelt für den Erhebungszeitraum die jeweiligen GewStMessbescheids mit Verrechnung oder Zuschreibung von Fehlbeträgen. Wird für die zurückliegenden Erhebungszeiträume der Verlustfeststellungsbescheid geändert, so sind spätere Verlustfeststellungsbescheide und – soweit veranlasst (Messbetrag > 0) – auch die GewStMessbescheide zu ändern. Bindungswirkung entfaltet der Verlustfeststellungsbescheid nicht nur hinsichtlich der verrechneten Fehlbeträge, sondern auch für das festgestellte Verlustvolumen. Wegen der Feststellungswirkung kann das Verlustvolumen nicht jederzeit neu überprüft werden, vielmehr kann es für den Erhebungszeitraum des Verlustfeststellungsbescheids nur auf Grund von Korrekturvorschriften geändert oder für weitere Erhebungszeiträume durch weitere Verrechnung oder Fehlbetragszuschreibung in weiteren Verlustfeststellungsbescheiden fortgeschrieben werden. Weil der Verlustfeststellungsbescheid Grundlagenbescheid iSd § 175 Abs 1 AO ist, muss der GewStMessbescheid auf seiner Grundlage geändert werden, selbst wenn sich der vortragbare Fehlbetrag neu ergibt und deshalb erstmals ein Verlustfeststellungsbescheid ergeht. Hinsichtlich des übrigen Bescheidinhalts gelten die allgemeinen Regeln. Dies bedeutet, der Steuerschuldner und der Betrieb müssen dem Bescheid entnommen werden können (§ 14 Rn 3). Über nur partiell vortragbare Fehlbeträge, zB im Falle der Betriebseinbringung, ist nach Verrechnung ebenfalls im Verlustfeststellungsbescheid zu entscheiden (*Blümich/Hofmeister* § 35b GewStG Rn 44).

3. Erlass, Änderung und Aufhebung

16 **Abs 2 Satz 2** sieht in seiner jetzigen Fassung (s Rn 1) eine Verknüpfung zwischen GewStMessbescheid einerseits und Verlustfeststellungsbescheid andererseits dergestalt vor, dass der Verlust für das Verlustentstehungsjahr in der Höhe festzustellen ist, in der er sich bei Ermittlung des Gewerbeertrags ausgewirkt hat. Stellt sich nachträglich heraus, dass ein Verlust in einem nicht mehr änderbaren GewStMessbescheid zu Unrecht nicht berücksichtigt worden ist, so kann auch kein erstmaliger Verlustfeststellungsbescheid mehr ergehen. Ändert sich der Gewerbeertrag und damit der Verlustverbrauch, so ist der Verlustfeststellungsbescheid von Amts wegen zu ändern. Das Gesetz misst dem Gewerbeertrag in Abs 2 Satz 2 – Verweisung auf § 171 Abs 10, § 175 Abs 1 Satz 1 und § 351 Abs 2 AO – Grundlagenfunktion zu (vgl *Meyer/Ball* DStR 2011, 345). Der Gewerbeertrag eines EZ hat Grundlagenfunktion für die Verlustfeststellung auf das Ende dieses EZ. Diese Feststellung ist wiederum Ausgangspunkt und Grundlagenbescheid für den Verlustverbrauch und die Verlustfeststellung auf den Schluss des darauf folgenden EZ.

17 Ist der Messbetrag für einen EZ trotz einer Änderung des Gewerbeertrags nicht zu korrigieren, zB weil der Gewerbeertrag bereits auf 0 € lautet und der Gewerbeverlust für diesen EZ höher ist als zunächst angenommen, so kann die Verlustfeststellung für diesen EZ nach **Abs 2 Satz 3 geändert** werden, ohne dass es einer vorherigen Korrektur des Messbescheides bedarf. Liegt ein solcher Fall vor, so müssen darüber hinaus die verfahrensrechtlichen Voraussetzungen für eine Änderung gegeben sein. Ein Feststellungsbescheid mit einem höheren Verlustvortrag kann nach Abs 2 Satz 3 nicht ergehen, wenn zB den Steuerpflichtigen grobes Verschulden daran trifft, dass der höhere Verlust erst nachträglich bekannt geworden ist (§ 173 Abs 1 Nr 2 AO). Das Tatbestandsmerkmal „ausschließlich mangels Auswirkung ... unterbleibt" erfordert nicht, dass der Stpfl gegen einen auf 0 € lautenden

Verlustfeststellungsbescheid (Abs 2) **§ 35b**

GewStMessbescheid Einspruch einlegen muss, wenn er eine Änderung des Verlustfeststellungsbescheids erreichen will (aA wohl *Meyer/Ball* DStR 2011, 345).

Im Gegensatz zur Änderungsvorschrift des Abs 1 wird nach Abs 2 nicht nur ein 18 veränderter gewerblicher **Gewinn** berücksichtigt, wie er sich nach dem EStG oder KStG ergibt, sondern der geänderte **Gewerbeertrag** (§ 7) und damit auch geänderte Kürzungen und Hinzurechnungen (§§ 8, 9) und die sich daraus ergebende Veränderung der Fehlbeträge des betreffenden EZ. Besteuerungsgrundlagen in diesem Sinne sind solche nach § 157 Abs 2 AO, zu denen auch die abziehbaren Fehlbeträge iSv § 10a GewStG gehören (BFH I R 77/00 BFH/NV 2001, 1293). Die Änderung erfolgt unabhängig davon, ob die Besteuerungsgrundlagen sich aus tatsächlichen oder rechtlichen Gründen ändern.

Den **erstmaligen Erlass** eines Verlustfeststellungsbescheids regelt § 10a Satz 6. 19 Er ist mE danach auch dann möglich, wenn der GewStMessbetrag zunächst 0 € beträgt, weil der Gewerbeertrag durch den Freibetrag nach § 11 Abs 1 Nr 1 auf 0 € vermindert wird, später der Einkommensteuerbescheid mit dem Ergebnis nach § 15 EStG auf ./. 100 000 € geändert wird mit der Folge, dass eine Änderung des GewStMessbescheids mangels geänderten Einkommensteuerbescheids unterbleibt, aber erstmals ein Fehlbetrag nach § 10a festzustellen ist.

4. Feststellungsverjährung

Durch das JStG 2007 (BGBl I 2006, 2878) wurde ein **Abs 2 Satz 4** angefügt und 20 die Feststellungsfrist für den Verlustfeststellungsbescheid an die Festsetzungsfrist für den Messbescheid gekoppelt. Die Frist für eine Feststellung auf das Ende eines EZ endet nicht, bevor die Festsetzungsfrist für diesen EZ abgelaufen ist. Ist die Feststellungsfrist abgelaufen, so würde § 181 Abs 5 AO eigentlich eine Nachholung der Feststellung ermöglichen, weil die Feststellung für die Festsetzung der Messbeträge für spätere Jahre von Bedeutung ist. Eine Nachholung der Feststellung nach § 181 Abs 5 AO scheidet nach Satz 4 dann nicht aus, wenn das FA eine Verlustfeststellung pflichtwidrig unterlassen hat (s BTDrs 16/2712, 43, 44). Pflichtwidrig ist anzunehmen, wenn das FA eine Verlustfeststellung unterlassen hat, obwohl die hierzu verpflichtenden Umstände offenkundig waren (ähnlich *Blümich/Hofmeister* § 35b GewStG Rn 12).

Abschnitt IX. Durchführung

§ 35c Ermächtigung

(1) Die Bundesregierung wird ermächtigt, mit Zustimmung des Bundesrates
1. zur Durchführung des Gewerbesteuergesetzes Rechtsverordnungen zu erlassen
   a) über die Abgrenzung der Steuerpflicht,
   b) über die Ermittlung des Gewerbeertrags,
   c) über die Festsetzung der Steuermessbeträge, soweit dies zur Wahrung der Gleichmäßigkeit der Besteuerung und zur Vermeidung von Unbilligkeiten in Härtefällen erforderlich ist,
   d) über die Zerlegung des Steuermessbetrags,
   e) über die Abgabe von Steuererklärungen unter Berücksichtigung von Freibeträgen und Freigrenzen;
2. Vorschriften durch Rechtsverordnung zu erlassen
   a) über die sich aus der Aufhebung oder Änderung von Vorschriften dieses Gesetzes ergebenden Rechtsfolgen, soweit dies zur Wahrung der Gleichmäßigkeit bei der Besteuerung oder zur Beseitigung von Unbilligkeiten in Härtefällen erforderlich ist,
   b) *(weggefallen)*
   c) über die Steuerbefreiung der Einnehmer einer staatlichen Lotterie,
   d) über die Steuerbefreiung bei bestimmten kleineren Versicherungsvereinen auf Gegenseitigkeit im Sinne des § 53 des Versicherungsaufsichtsgesetzes, wenn sie von der Körperschaftsteuer befreit sind,
   e) über die Beschränkung der Hinzurechnung von Entgelten für Schulden und ihnen gleichgestellte Beträge (§ 8 Nr. 1 Buchstabe a) bei Kreditinstituten nach dem Verhältnis des Eigenkapitals zu Teilen der Aktivposten und bei Gewerbebetrieben, die nachweislich ausschließlich unmittelbar oder mittelbar Kredite oder Kreditrisiken, die einem Kreditinstitut oder einem in § 3 Nr. 2 genannten Gewerbebetrieb aus Bankgeschäften entstanden sind, erwerben und Schuldtitel zur Refinanzierung des Kaufpreises für den Erwerb solcher Kredite oder zur Refinanzierung von für die Risikoübernahmen zu stellenden Sicherheiten ausgeben,
   f) über die Beschränkung der Hinzurechnung von Entgelten für Schulden und ihnen gleichgestellte Beträge (§ 8 Nummer 1 Buchstabe a) bei
      aa) Finanzdienstleistungsinstituten, soweit sie Finanzdienstleistungen im Sinne des § 1 Absatz 1 a Satz 2 des Kreditwesengesetzes tätigen,
      bb) bb)Zahlungsinstituten, soweit sie Zahlungsdienste im Sinne des § 1 Absatz 2 Nummer 2 Buchstabe c und Nummer 6 des Zahlungsdiensteaufsichtsgesetzes erbringen.
      ²Voraussetzung für die Umsetzung von Satz 1 ist, dass die Umsätze des Finanzdienstleistungsinstituts zu mindestens 50 Prozent auf Finanzdienstleistungen und die Umsätze des Zahlungsinstituts zu mindestens 50 Prozent auf Zahlungsdienste entfallen,
   g) über die Festsetzung abweichender Vorauszahlungstermine.

(2) Das Bundesministerium der Finanzen wird ermächtigt, den Wortlaut dieses Gesetzes und der zu diesem Gesetz erlassenen Rechtsverordnungen

Ermächtigung § 35c

in der jeweils geltenden Fassung satzweise nummeriert mit neuem Datum und in neuer Paragrafenfolge bekannt zu machen und dabei Unstimmigkeiten im Wortlaut zu beseitigen.

Abs 1 ist die **Ermächtigungsgrundlage** für den Erlass verschiedener Rechtsverordnungen, die Gesetze im materiellen Sinn darstellen. Die Ermächtigung muss als nachkonstitutionelles Recht den Erfordernissen des Art 80 GG genügen. Inhalt, Zweck und Ausmaß, dh die Tendenz des Gesetzes oder das gesetzgeberische Programm muss sich aus der Ermächtigungsnorm selbst ergeben (vgl BFH XI R 87/92 BStBl II 1994, 587). Gerichte haben die Verwerfungskompetenz für Rechtsverordnungen nur bei festgestellter Gesetzwidrigkeit (Verstoß gegen höherrangiges Recht). Gelangt ein Gericht dagegen zur Verfassungswidrigkeit der Ermächtigungsnorm wegen eines angenommenen Verstoßes gegen Art 80 GG, so hat es bei nachkonstitutionellem Bundesrecht nach Art 100 GG die Entscheidung des BVerfG einzuholen. Die Ermächtigungsgrundlagen in § 35c sind sehr allgemein gehalten, und so können Zweifel daran aufkommen, ob Art 80 Abs 1 GG ausreichend beachtet wurde. Ein Rechtsmittel überhaupt darauf zu stützen, dürfte gleichwohl wenig Erfolg versprechend sein. Die Rspr des BFH legt großzügige Maßstäbe an. Abs 1 Nr 2 Buchst e bildet danach eine ausreichende Ermächtigungsnorm für § 19 GewStDV (BFH VIII R 257/81 BFH/NV 1987, 391). Auch ist zu berücksichtigen, dass eine Reihe von Durchführungsbestimmungen der GewStDV nur deklaratorischen Charakter haben und Rechtsprechungsgrundsätze wiedergeben (zB §§ 1, 2, 4 GewStDV). Abs 1 Nr 2 Buchst a ermächtigt zum Erlass von gesetzesergänzenden Verordnungen. 1

Ermächtigung nach Abs 2. Durch das StBereinG 1999 v 22.12.1999 (BGBl I 1999, 2601) wurde mWv **EZ 2000** durch den neu eingefügten Abs 2 das *BMF* ermächtigt, den Wortlaut des GewStG und der dazu erlassenen Rechtsverordnungen in der jeweils geltenden Fassung bekannt zu machen. Hierbei dürfen das Datum des Gesetzes oder der Verordnung, die Reihenfolge der Paragraphen und die Nummerierung ihrer einzelnen Sätze angepasst sowie Unstimmigkeiten des Wortlauts beseitigt werden. Materielle Änderungen sind nicht zulässig. 2

Abschnitt X. Schlussvorschriften

§ 36 Zeitlicher Anwendungsbereich

(1) Die vorstehende Fassung dieses Gesetzes ist, soweit in den folgenden Absätzen nichts anderes bestimmt ist, erstmals für den Erhebungszeitraum 2010 anzuwenden.

(2) ¹§ 2 Abs. 2 Satz 1 in der Fassung des Artikels 5 des Gesetzes vom 13. Dezember 2006 (BGBl. I S. 2878) ist erstmals für den Erhebungszeitraum 2006 anzuwenden. ²§ 2 Abs. 2 Satz 2 ist für den Erhebungszeitraum 2001 in folgender Fassung anzuwenden:
„Ist eine Kapitalgesellschaft in ein einziges anderes inländisches gewerbliches Unternehmen in der Weise eingegliedert, dass die Voraussetzungen des § 14 Nr. 1 des Körperschaftsteuergesetzes in der Fassung des Artikels 4 des Gesetzes vom 20. Dezember 2000 (BGBl. I S. 1850) und des § 14 Nr. 2 und 3 des Körperschaftsteuergesetzes in der Fassung des Artikels 4 des Gesetzes vom 14. Juli 2000 (BGBl. I S. 1034) erfüllt sind, so gilt sie als Betriebsstätte des anderen Unternehmens."
³§ 2 Abs. 2 Satz 3 des Gewerbesteuergesetzes in der Fassung des Artikels 7 des Gesetzes vom 20. Dezember 2001 (BGBl. I S. 3794) ist letztmals für den Erhebungszeitraum 2001 anzuwenden. ⁴§ 2 Abs. 2 Satz 3 in der Fassung des Artikels 4 des Gesetzes vom 20. Dezember 2001 (BGBl. I S. 3858) ist auch für Erhebungszeiträume vor 2002 anzuwenden. ⁵§ 2 Absatz 2 Satz 2 in der Fassung des Artikels 4 des Gesetzes vom 20. Februar 2013 (BGBl. I S. 285) ist erstmals für den Erhebungszeitraum 2012 anzuwenden. ⁶§ 2 Abs. 7 Nr. 1 in der Fassung des Artikels 5 des Gesetzes vom 20. Dezember 2007 (BGBl. I S. 3150) ist erstmals ab dem Erhebungszeitraum 2008 anzuwenden.

(3) ¹§ 3 Nr. 2 ist für die Landestreuhandstelle Hessen – Bank für Infrastruktur – rechtlich unselbständige Anstalt in der Landesbank Hessen-Thüringen Girozentrale erstmals für den Erhebungszeitraum 2007 sowie für die Investitions- und Förderbank Niedersachsen erstmals für den Erhebungszeitraum 2008 anzuwenden. ²§ 3 Nummer 2 ist für die Wirtschafts- und Infrastrukturbank Hessen – rechtlich unselbständige Anstalt in der Landesbank Hessen-Thüringen Girozentrale erstmals für den Erhebungszeitraum 2009 anzuwenden. ³Die Steuerbefreiung nach § 3 Nr. 2 in der bis zum 24. Dezember 2008 geltenden Fassung ist für die Investitions- und Förderbank Niedersachsen GmbH sowie für die Niedersächsische Landestreuhandstelle – Norddeutsche Landesbank Girozentrale – letztmals für den Erhebungszeitraum 2007 anzuwenden. ⁴Die Steuerbefreiung nach § 3 Nummer 2 ist für die Investitionsbank Hessen, für die Wohnungsbauförderungsanstalt Nordrhein-Westfalen – Anstalt der NRW.Bank – und für die Landestreuhandstelle Hessen – Bank für Infrastruktur – rechtlich unselbständige Anstalt in der Landesbank Hessen-Thüringen Girozentrale – letztmals für den Erhebungszeitraum 2009 anzuwenden.

(3a) § 3 Nr. 17 in der Fassung des Artikels 4 des Gesetzes vom 19. Dezember 2008 (BGBl. I S. 2794) ist erstmals für den Erhebungszeitraum 2008 anzuwenden.

(3b) § 3 Nr. 20 Buchstabe c in der Fassung des Artikels 50 des Gesetzes vom 27. Dezember 2003 (BGBl. I S. 3022) ist erstmals ab dem Erhebungszeitraum 2005 anzuwenden.

§ 36

(3c) § 3 Nr. 23 in der Fassung des Artikels 5 des Gesetzes vom 12. August 2008 (BGBl. I S. 1672) ist erstmals für den Erhebungszeitraum 2008 anzuwenden.

(4) § 3 Nr. 24 ist für die Wagnisbeteiligungsgesellschaft Sachsen-Anhalt mbH erstmals für den Erhebungszeitraum 1996 und für die IBG Beteiligungsgesellschaft Sachsen-Anhalt mbH erstmals für den Erhebungszeitraum 2000 anzuwenden.

(4a) § 3 Nr. 30 in der Fassung des Artikels 4 des Gesetzes vom 15. Dezember 2003 (BGBl. I S. 2645) ist auch in Erhebungszeiträumen vor 2003 anzuwenden.

(5) [1]§ 7 in der Fassung des Artikels 4 des Gesetzes vom 19. Dezember 2008 (BGBl. I S. 2794) ist erstmals für den Erhebungszeitraum 2009 anzuwenden. [2]§ 7 Satz 6 in der Fassung des Artikels 4 des Gesetzes vom 19. Dezember 2008 (BGBl. I S. 2794) ist auch für Erhebungszeiträume vor 2009 anzuwenden.

(5a) § 8 in der Fassung des Artikels 3 des Gesetzes vom 14. August 2007 (BGBl. I S. 1912) ist erstmals für den Erhebungszeitraum 2008 anzuwenden.

(5b) § 8 Nr. 1 in der Fassung des Artikels 5 des Gesetzes vom 20. Dezember 2007 (BGBl. I S. 3150) ist erstmals ab dem Erhebungszeitraum 2008 anzuwenden.

(6) § 8 Nr. 5 in der Fassung des Artikels 3 des Gesetzes vom 14. August 2007 (BGBl. I S. 1912) ist erstmals ab dem Erhebungszeitraum 2007 anzuwenden.

(6a) [1]§ 9 Nr. 1 Satz 1 in der Fassung des Artikels 3 des Gesetzes vom 14. August 2007 (BGBl. I S. 1912) ist erstmals für den Erhebungszeitraum 2008 anzuwenden. [2]§ 9 Nr. 1 Satz 5 Nr. 1a in der Fassung des Artikels 4 des Gesetzes vom 19. Dezember 2008 (BGBl. I S. 2794) ist erstmals auf Vergütungen anzuwenden, die nach dem 18. Juni 2008 erstmals vereinbart worden sind; eine wesentliche Änderung einer vor diesem Zeitpunkt getroffenen Vereinbarung über die Vergütungen gilt als neue Vereinbarung.

(7) [1]§ 9 Nr. 2 in der am 1. Januar 2004 geltenden Fassung ist erstmals für den Erhebungszeitraum 2004 anzuwenden. [2]Ist ein Antrag nach § 34 Abs. 7 Satz 8 Nr. 2 des Körperschaftsteuergesetzes in der am 1. Januar 2004 geltenden Fassung gestellt worden, sind die Vorschriften bereits ab dem Erhebungszeitraum 2001, bei vom Kalenderjahr abweichenden Wirtschaftsjahren ab dem Erhebungszeitraum 2002 anzuwenden. [3]In den Fällen des Satzes 2 dürfen Fehlbeträge des Rückwirkungszeitraums nicht in Erhebungszeiträume außerhalb dieses Zeitraums vorgetragen werden. [4]Auf Fehlbeträge des Rückwirkungszeitraums ist § 14 Abs. 1 des Körperschaftsteuergesetzes nicht anzuwenden.

(8) [1]§ 9 Nr. 2a, 7 und 8 in der am 1. Januar 2004 geltenden Fassung sind erstmals für den Erhebungszeitraum 2004 anzuwenden. [2]Ist ein Antrag nach § 34 Abs. 7 Satz 8 Nr. 2 des Körperschaftsteuergesetzes in der am 1. Januar 2004 geltenden Fassung gestellt worden, sind die Vorschriften bereits ab dem Erhebungszeitraum 2001, bei vom Kalenderjahr abweichenden Wirtschaftsjahren ab dem Erhebungszeitraum 2002 anzuwenden. [3]In den Fällen des Satzes 2 dürfen Fehlbeträge des Rückwirkungszeitraums nicht in Erhebungszeiträume außerhalb dieses Zeitraums vorgetragen werden. [4]Auf Fehlbeträge des Rückwirkungszeitraums ist § 14 Abs. 1 des Körperschaftsteuergesetzes nicht anzuwenden. [5]§ 9 Nr. 2 a, 7 und 8 in der Fassung des

§ 36 Zeitlicher Anwendungsbereich

Artikels 5 des Gesetzes vom 13. Dezember 2006 (BGBl. I S. 2878) ist erstmals für den Erhebungszeitraum 2006 anzuwenden; § 9 Nr. 2a Satz 4, Nr. 7 Satz 3 und Nr. 8 Satz 3 in der Fassung des Artikels 5 des Gesetzes vom 13. Dezember 2006 (BGBl. I S. 2878) ist auch für Erhebungszeiträume vor 2006 anzuwenden. [6]§ 9 Nr. 2a, 7 und 8 in der Fassung des Artikels 3 des Gesetzes vom 14. August 2007 (BGBl. I S. 1912) ist erstmals für den Erhebungszeitraum 2008 anzuwenden. [7]§ 9 Nr. 2a in der Fassung des Artikels 4 des Gesetzes vom 19. Dezember 2008 (BGBl. I S. 2794) ist erstmals für den Erhebungszeitraum 2008 anzuwenden.

(8a) § 9 Nr. 4 in der am 1. Januar 2007 geltenden Fassung ist letztmals für den Erhebungszeitraum 2007 anzuwenden.

(8b) [1]§ 9 Nr. 5 in der Fassung des Artikels 4 des Gesetzes vom 10. Oktober 2007 (BGBl. I S. 2332) gilt erstmals für Zuwendungen, die im Erhebungszeitraum 2007 geleistet werden. [2]Auf Antrag des Steuerpflichtigen ist auf Zuwendungen, die im Erhebungszeitraum 2007 geleistet werden, § 9 Nr. 5 in der bis zum 31. Dezember 2006 geltenden Fassung anzuwenden. [3]§ 9 Nummer 5 Satz 1 bis 5, Satz 8 bis 10 und Satz 14 in der Fassung des Artikels 3 des Gesetzes vom 8. April 2010 (BGBl. I S. 386) ist in allen Fällen anzuwenden, in denen der Steuermessbetrag noch nicht bestandskräftig festgesetzt ist; dabei sind die für den jeweiligen Erhebungszeitraum bisher festgelegten Höchstabzugsgrenzen weiterhin maßgebend. [4]§ 9 Nummer 5 Satz 4 in der Fassung des Artikels 4 des Gesetzes vom 26. Juni 2013 (BGBl. I S. 1809) ist erstmals für den Erhebungszeitraum 2013 anzuwenden. [5]§ 9 Nummer 5 Satz 5 in der Fassung des Artikels 5 des Gesetzes vom 7. Dezember 2011 (BGBl. I S. 2592) gilt erstmals für den Erhebungszeitraum 2012.[6]§ 9 Nummer 5 Satz 6 in der Fassung des Artikels 3 des Gesetzes vom 8. April 2010 (BGBl. I S. 386) ist erstmals im Erhebungszeitraum 2010 anzuwenden. [7]§ 9 Nummer 5 Satz 7 in der Fassung des Artikels 3 des Gesetzes vom 8. April 2010 (BGBl. I S. 386) ist in allen Fällen anzuwenden, in denen der Steuermessbetrag noch nicht bestandskräftig festgesetzt ist und in denen die Mitgliedsbeiträge nach dem 31. Dezember 2006 geleistet werden. [8]§ 9 Nummer 5 Satz 9, 10, 13 und 14 in der Fassung des Artikels 5 des Gesetzes vom 21. März 2013 (BGBl. I S. 556) ist erstmals für den Erhebungszeitraum 2013 anzuwenden.

(8c) § 9 Nr. 7 in der Fassung des Artikels 5 des Gesetzes vom 20. Dezember 2007 (BGBl. I S. 3150) ist auch in Erhebungszeiträumen vor 2007 anzuwenden.

(9) [1]§ 10a Satz 4 und 5 in der Fassung des Artikels 5 des Gesetzes vom 13. Dezember 2006 (BGBl. I S. 2878) ist auch für Erhebungszeiträume vor 2007 anzuwenden. [2]§ 10a Satz 8 in der Fassung des Artikels 5 des Gesetzes vom 13. Dezember 2006 (BGBl. I S. 2878) ist neben § 10a Satz 8 in der Fassung des Artikels 3 des Gesetzes vom 14. August 2007 (BGBl. I S. 1912) letztmals anzuwenden, wenn mehr als die Hälfte der Anteile an einer Kapitalgesellschaft innerhalb eines Zeitraums von fünf Jahren übertragen werden, der vor dem 1. Januar 2008 beginnt, und der Verlust der wirtschaftlichen Identität vor dem 1. Januar 2013 eintritt. [3]Im Fall einer Übertragung von mehr als der Hälfte der Anteile an einer Zielgesellschaft im Sinne des § 2 Abs. 3 des Wagniskapitalbeteiligungsgesetzes in der Fassung des Artikels 1 des Gesetzes vom 12. August 2008 (BGBl. I S. 1672) in der jeweils geltenden Fassung durch eine Wagniskapitalbeteiligungsgesellschaft (§ 2 Abs. 1 des Wagniskapitalbeteiligungsgesetzes) ist § 10a Satz 10 mit der Maßgabe anzuwenden, dass ein nach Satz 2 nicht genutzter Fehlbetrag anteilig abgezogen werden kann, soweit er auf stille Reserven des steuer-

pflichtigen, inländischen Betriebsvermögens der Zielgesellschaft entfällt. ⁴Gleiches gilt im Fall eines unmittelbaren schädlichen Beteiligungserwerbs an einer Zielgesellschaft von einer Wagniskapitalbeteiligungsgesellschaft durch einen Erwerber, der keine Wagniskapitalbeteiligungsgesellschaft ist, wenn
1. die Zielgesellschaft bei Erwerb der Beteiligung ein Eigenkapital von nicht mehr als 20 Millionen Euro aufweist oder
2. die Zielgesellschaft bei Erwerb der Beteiligung ein Eigenkapital von nicht mehr als 100 Millionen Euro aufweist und die den Betrag von 20 Millionen Euro übersteigende Erhöhung des Eigenkapitals auf den Jahresüberschüssen der der Veräußerung vorangegangenen vier Geschäftsjahre beruht;

der Zeitraum zwischen Anschaffung und Veräußerung der Beteiligung an der Zielgesellschaft durch die Wagniskapitalbeteiligungsgesellschaft darf vier Jahre nicht unterschreiten. ⁵Der nach Satz 3 abziehbare Fehlbetrag kann im Jahr des Wegfalls der wirtschaftlichen Identität zu einem Fünftel im Rahmen des Verlustabzugs nach § 10a Satz 1 und 2 abgezogen werden; dieser Betrag erhöht sich in den folgenden vier Jahren um je ein weiteres Fünftel des abziehbaren Fehlbetrages. ⁶§ 10a Satz 9 in der Fassung des Artikels 5 des Gesetzes vom 12. August 2008 (BGBl. I S. 1672) ist erstmals für den Erhebungszeitraum 2008 und auf Anteilsübertragungen nach dem 31. Dezember 2007 anzuwenden. ⁷§ 10a Satz 7 in der Fassung des Artikels 5 des Gesetzes vom 20. Dezember 2007 (BGBl. I S. 3150) gilt auch für Erhebungszeiträume vor 2007. ⁸§ 10a Satz 9 in der Fassung des Artikels 3 des Gesetzes vom 8. Dezember 2010 (BGBl. I S. 1768) ist erstmals für den Erhebungszeitraum 2009 anzuwenden; § 34 Abs. 6 Satz 8 und 10 des Körperschaftsteuergesetzes gilt entsprechend. ⁹Nach Inkrafttreten des Artikels 4 des Gesetzes vom 12. August 2008 (BGBl. I S. 1672) ist Satz 8 mit der Maßgabe anzuwenden, dass an die Stelle der Angabe „Satz 8 und 10" die Angabe „Satz 11 und 13" tritt. ¹⁰§ 10a Satz 10 in der Fassung des Artikels 4 des Gesetzes vom 19. Dezember 2008 (BGBl. I S. 2794) ist erstmals auf schädliche Beteiligungserwerbe nach dem 28. November 2008 anzuwenden, deren sämtliche Erwerbe und gleichgestellte Rechtsakte nach dem 28. November 2008 stattfinden.

(9a) § 11 Abs. 2 in der Fassung des Artikels 3 des Gesetzes vom 14. August 2007 (BGBl. I S. 1912) ist erstmals für den Erhebungszeitraum 2008 anzuwenden.

(9b) § 14a in der Fassung des Artikels 7 des Gesetzes vom 20. Dezember 2008 (BGBl. I S. 2850) ist erstmals für den Erhebungszeitraum 2011 anzuwenden.

(9c) § 19 Abs. 3 Satz 5 in der Fassung des Artikels 3 des Gesetzes vom 14. August 2007 (BGBl. I S. 1912) ist erstmals für den Erhebungszeitraum 2008 anzuwenden.

(9d) ¹§ 29 Absatz 1 Nummer 2 in der Fassung des Artikels 4 des Gesetzes vom 26. Juni 2013 (BGBl. I S. 1809) ist vorbehaltlich des Satzes 2 erstmals für den Erhebungszeitraum 2014 anzuwenden. ²Für die Erhebungszeiträume 2014 bis 2023 ist § 29 Absatz 1 Nummer 2 bei Betrieben, die ausschließlich Anlagen zur Erzeugung von Strom und anderen Energieträgern sowie Wärme aus solarer Strahlungsenergie im Sinne des § 3 Nummer 3 des Erneuerbare-Energien-Gesetzes betreiben, in folgender Fassung anzuwenden:

(bei § 29 wiedergegeben)

§ 36

Zeitlicher Anwendungsbereich

(10) ¹§ 35b Absatz 2 Satz 2 und 3 in der Fassung des Artikels 3 des Gesetzes vom 8. Dezember 2010 (BGBl. I S. 1768) gilt erstmals für Verluste, für die nach dem 13. Dezember 2010 eine Erklärung zur Feststellung des vortragsfähigen Gewerbeverlustes abgegeben wird. ²§ 35b Abs. 2 Satz 4 in der Fassung des Artikels 5 des Gesetzes vom 13. Dezember 2006 (BGBl. I S. 2878) gilt für alle bei Inkrafttreten dieses Gesetzes noch nicht abgelaufenen Feststellungsfristen.

(10a) ¹§ 35c Abs. 1 Nr. 2 Buchstabe e in der Fassung des Artikels 3 des Gesetzes vom 14. August 2007 (BGBl. I S. 1912) ist erstmals für den Erhebungszeitraum 2008 anzuwenden. ²§ 35c Absatz 1 Nummer 2 Buchstabe f Satz 1 in der Fassung des Artikels 3 des Gesetzes vom 8. April 2010 (BGBl. I S. 386) ist erstmals für den Erhebungszeitraum 2008 anzuwenden. ³§ 35c Absatz 1 Nummer 2 Buchstabe f Satz 1 in der Fassung des Artikels 4 des Gesetzes vom 26. Juni 2013 (BGBl. I S. 1809) ist erstmals für den Erhebungszeitraum 2009 anzuwenden. ⁴§ 35c Absatz 1 Nummer 2 Buchstabe f Satz 2 in der Fassung des Artikels 4 des Gesetzes vom 26. Juni 2013 (BGBl. I S. 1809) ist erstmals für den Erhebungszeitraum 2011 anzuwenden.

Gewerbesteuer-Durchführungsverordnung

§ 36 GewStDV Zeitlicher Anwendungsbereich

(1) Die vorstehende Fassung dieser Verordnung ist, soweit in den folgenden Absätzen nichts anderes bestimmt ist, erstmals für den Erhebungszeitraum 2009 anzuwenden.

(2) § 2 Absatz 1 in der Fassung des Artikels 5 des Gesetzes vom 19. Dezember 2008 (BGBl. I S. 2794) ist auch für Erhebungszeiträume vor 2009 anzuwenden.

(3) ¹§ 19 in der Fassung des Artikels 5 des Gesetzes vom 19. Dezember 2008 (BGBl. I S. 2794) ist erstmals für den Erhebungszeitraum 2008 anzuwenden. ²§ 19 Absatz 3 in der Fassung des Artikels 4 des Gesetzes vom 8. April 2010 (BGBl. I S. 386) ist erstmals für den Erhebungszeitraum 2008 anzuwenden. ³§ 19 Absatz 1 und 4 Satz 1 in der Fassung des Artikels 4 der Verordnung vom 17. November 2010 (BGBl. I S. 1544) ist erstmals für den Erhebungszeitraum 2008 anzuwenden. ⁴§ 19 Absatz 4 Satz 1 in der Fassung des Artikels 5 des Gesetzes vom 26. Juni 2013 (BGBl. I S. 1809) ist erstmals für den Erhebungszeitraum 2009 anzuwenden. ⁵§ 19 Absatz 4 Satz 2 in der Fassung des Artikels 5 des Gesetzes vom 26. Juni 2013 (BGBl. I S. 1809) ist erstmals für den Erhebungszeitraum 2011 anzuwenden. ⁶Weist das Unternehmen im Sinne des § 64j Absatz 2 des Kreditwesengesetzes nicht spätestens mit der Abgabe der Erklärung zur Festsetzung des Steuermessbetrags für den Erhebungszeitraum 2009 nach, dass die Anzeige nach § 64j Absatz 2 des Kreditwesengesetzes bei der Bundesanstalt für Finanzdienstleistungsaufsicht vorliegt, ist § 19 auf das Unternehmen ab dem Erhebungszeitraum 2008 nicht anzuwenden; das Nichterbringen des Nachweises gilt als rückwirkendes Ereignis im Sinne des § 175 Absatz 1 Satz 1 Nummer 2 der Abgabenordnung.

1. Aktuelle Gesetzesfassung

1   In der aktuellen Fassung ist das GewStG gemäß Abs 1 grds erstmals ab EZ 2010 anzuwenden (§ 36 Abs 1 idF des WachstBeschlG v. 22.12.2009, BGBl I 2009, 3950). Ausnahmen von diesem Grundsatz regeln die Abs 2–10a.

Seit dem JStG 2009 v 19.12.2008 (BGBl I 2008, 2794) wurde das GewStG durch folgende Gesetze geändert (chronologische Reihenfolge):

Das **3. MittelstEntlG** v 17.3.2009 (BGBl I 2009, 550) brachte eine Anhebung des Freibetrags in § 11 Abs 1 Satz 3 Nr 2 von 3900 € auf 5000 € sowie eine entspre-

Zeitlicher Anwendungsbereich **§ 36**

chende Anpassung in § 25 Abs 1 Nr 3 GewStDV. Aufgrund des **WachstBeschlG** v. 22.12.2009 (BGBl I 2009, 3950) wurde die Hinzurechnung von Miet- und Pachtzinsen für unbewegliche Wirtschaftsgüter von $^{13}/_{20}$ auf ½ vermindert. Durch das **EU-VorgabenG** v 8.4.2010 (BGBl I 2010, 386) wurden die geänderten einkommensteuerlichen Regelungen zum Spendenabzug in § 9 Nr 5 in das GewStG übernommen; außerdem wurde an § 19 GewStDV ein Abs 4 angefügt (keine Hinzurechnung von Schuldzinsen bei bestimmten Finanzdienstleistungsinstituten). Das **JStG 2010** v 8.12.2010 (BGBl I 2010, 1768) brachte in § 3 Nr 2 eine Änderung bei den steuerbefreiten Kreditinstituten; § 10a Satz 9 schuf die Voraussetzungen für die Verlustfeststellung bei kommunalen Querverbünden, in § 11 Abs 3 Satz 1 wurde der Abschlag auf die Messzahl bei Hausgewerbetreibenden angepasst, § 35a Abs 2 an die Änderung des § 55 GewO. § 35b Abs 2 wurde dahin präzisiert, dass nachträglich erklärte Verluste nur noch dann festzustellen sind, wenn der entsprechende GewStMessbescheid noch geändert werden könnte. Durch das **BeitrRLUmsG** v 7.12.2011 (BGBl I 2011, 2592) wurde § 9 Nr 5 Satz 5 redaktionell angepasst. Das G zur Änderung und Vereinfachung der **Unternehmensbesteuerung und des steuerlichen Reisekostenrechts** v 20.2.2013 (BGBl I 2013, 285) passte die Verweisung in § 2 Abs 2 an die geänderten Regelungen zur Organschaft im KStG an. Das **EhrenamtsstärkungsG** v 21.3.2013 (BGBl I 2013, 556) enthält in § 9 Nr 5 Änderungen zur Kürzung bei Spenden an Stiftungen. Das **AmtshilfeRLUmsG** v 26.6.2013 (BGBl I 2013, 1809) brachte im Wesentlichen Änderungen beim Zerlegungsmaßstab für Anlagen von Wind- und Solarenergie (§ 29 Abs 1 Nr 2).

Vor diesen Änderungen war das GewStG zuletzt durch das **JStG 2009** in größe- 2 rem Umfang geändert worden. § 7 enthält seither eine Verweisung auf die Regelungen zum sog kommunalen Querverbund sowie auf die Behandlung von Vorwegvergütungen im DBA-Recht. In § 9 Nr 1 Satz 5 wurde eine Nr 1a eingeführt, die Steuerstattungen iZm der erweiterten Kürzung für Grundstücksunternehmen verhindern soll. In § 29 wurde ein besonderer Zerlegungsmaßstab bei Windenergieanlagen eingeführt. Außerdem wurde in § 9 Nr 5 ein Satz 8 angefügt, der den Vorrang der Inanspruchnahme des Zuwendungsempfängers bei der Veranlasserhaftung im Spendenrecht regelt. Durch das **SteuerbürokratieabbauG** v 20.12.2008 (BGBl I 2008, 2850) wurde in § 14a die grds Verpflichtung zur Abgabe der Steuererklärung in elektronischer Form ab EZ 2011 eingeführt. Zuvor war das GewStG durch das **MoRaKG** v 12.8.2008 (BGBl I 2008, 1672) geändert worden, und zwar in § 3 Nr 23 und in § 36 Abs 9. Durch das **JStG 2008** v 20.12.2007 (BGBl I 2007, 3150) war der Begriff des Inlands in § 2 Abs 7 Nr 1 konkretisiert worden (Festlandssockel, der zur Nutzung erneuerbarer Energien dient). Auch wurde § 8 Nr 1 Buchst e geändert, der erst durch das UntStRefG eingeführt worden war (Absenkung des Finanzierungsanteils von Mieten und Pachten für unbewegliche Wirtschaftsgüter von 75 auf 65). Durch das **Gesetz zur weiteren Stärkung des bürgerschaftlichen Engagements** v 10.10.2007 (BGBl I 2007, 2332) war das GewStG an das geänderte Spendenrecht angepasst worden. Grundlegende Änderungen traten durch das **UntStRefG** v 17.8.2007 (BGBl I 2007, 1912) mWv 1.1.2008 ein. Die wichtigsten: Die Gewerbesteuermesszahl wurde von 5 auf 3,5% abgesenkt. Die GewSt ist nicht mehr als Betriebsausgabe abziehbar (§ 4 Abs 5b EStG). Die Hinzurechnung von Schulden ist nicht mehr auf Dauerschulden beschränkt, vielmehr wurde § 8 Nr 1 zu einer umfassenden Hinzurechnungsvorschrift ausgebaut, unabhängig von der Rechtsnatur der Schuld. Die Hinzurechnung von Renten und dauernden Lasten (§ 8 Nr 1 Buchst b) setzt nicht mehr voraus, dass die Verpflichtung iZm der Gründung oder dem Erwerb des Betriebs begründet wurde. Bei Miet- und Pachtzinsen einschließlich Leasingraten für bewegliche Wirtschaftsgüter beträgt die Hinzurechnung 5%, für unbewegliche Wirtschaftsgüter 16,25% (ein Viertel von 65, letzterer Prozentsatz festgelegt durch das JStG 2008). Neu ist die Hinzurechnung für die zeitlich befristete Überlassung von Rechten (§ 8 Nr 1 Buchst f). Für alle Hinzurechnungen gibt es nunmehr einen Freibetrag von 100 000 €. Das Korrespondenzprinzip in § 8 Nr 3 aF (Hinzurechnung von Gewinnanteilen des stillen Gesellschafters beim Leistenden bei gewstlicher Erfassung beim Empfänger) ist entfallen. In § 9 Nrn 2a und 7 wurde die Beteiligungsgrenze von 10% auf 15% angehoben. Der Staffeltarif des § 11 Abs 2 Nr 1 aF ist weggefallen. Der Faktor zur Anrechnung der GewSt nach § 35 EStG wurde von 1,8 auf 3,8 erhöht (§ 35 Abs 1 EStG), der ESt-Ermäßigungsbetrag wurde auf die tatsächlich zu zahlende GewSt beschränkt. Im **JStG 2007** v 13.12.2006 (BGBl I 2006, 2878) wurde die Kürzungsvorschrift des § 9 Nr 2a geändert (Reaktion auf BFH I R 104/04 BStBl II 2006, 844). Außerdem wurde geregelt, dass fiktive nicht abziehbare Betriebsausgaben nach § 8b Abs 5 KStG nicht zur Kürzung führen (§ 9 Nr 2a Satz 4). Neu geregelt wurde weiterhin die Zuweisung von Verlusten an Mitunternehmer in § 10a. Die hierfür vorgesehene Rückwirkung (§ 36 Abs 9) auf EZ vor 2007 ist nach BFH IV R 4/06 BStBl II 2008, 140 sowie IV R 59/05 BFH/NV 2007, 2334 nicht verfassungskonform (s Rn 3). Weiterhin wurde in § 35b Abs 2 Satz 4 die Feststellungsfrist für Verluste an die Festsetzungsfrist für den maßgeblichen EZ gekoppelt. Durch das **SEStEG** v 7.12.2006 (BGBl I 2006, 2782) wurden Europäische Gesellschaften/Genossenschaften in den Katalog des § 2 Abs 2 aufgenommen. Durch das **Gesetz zu dem Dritten Zusatzprotokoll zum DBA Niederlande** v 15.12.2004 (BGBl II 2004, 1653) wurde das Besteuerungsrecht auf solche zum Ausland gehörenden Gebiete ausgedehnt, die in einem DBA als grenzüberschreitendes Gewerbegebiet bestimmt sind (§ 2 Abs 7 Nr 2, § 4 Abs 3). Diese Gesetzesänderung wurde nicht in eine Übergangsvorschrift des § 36 aufgenommen. Sie gilt mWv EZ 2004 (Abs 1). Durch das **EURLUmsG** v 9.12.2004 (BGBl I 2004, 3310) wurde in dem ab EZ 2004 anwendbaren § 7 Satz 4 ausdrücklich klargestellt, dass das Halbeinkünfteverfahren bei Mitunternehmerschaften auch gewstlich durchschlägt (s hierzu § 7 Rn 16). Weiterhin wurde der Katalog der durch § 3 Nr 2 steuerbefreiten Geldinstitute ergänzt und aktualisiert sowie mit § 9 Nr 1 Satz 5 Nr 2 eine Regelung zur Vermeidung von Konstruktionen geschaffen, durch die der Gewinn aus der Aufdeckung von stillen Reserven in Grundstücken, die zum Buchwert eingebracht worden sind, durch die Kürzung nach § 9 Nr 1 Sätze 2 und 3 kompensiert wird. Ebenso wurde die Kürzung in § 9 Nr 1 Satz 5 ausgeschlossen für den Teil des Gewerbeertrages, der bei Veräußerungs- oder Aufgabegewinne iSd § 7 Satz 2 Nr 2 und 3 entfällt. Durch das **RVOrgG** v 9.12.2004 (BGBl I 2004, 3242) wurde die Befreiungsvorschrift des § 3 Nr 11 redaktionell an die Neuordnung der Rentenversicherung angepasst. Sowohl im EURLUmsG als auch im RVOrgV wurde die entsprechende Übergangsvorschrift auf Grund eines Redaktionsversehens jeweils als Abs 3a in § 36 eingefügt. Durch das **GewStÄndG** v 23.12.2003 (BGBl I 2003, 2922) wurde ab EZ 2004 die Verpflichtung zur Erhebung von GewSt eingeführt. Die Bekämpfung von Niedrigsteuergebieten wurde mWv EZ 2004 umgestellt durch Einführung eines Mindeststeuersatzes von 200% (§ 16 Abs 4), die davor geltenden Regelungen (§§ 8 a, 9 Nr 2 Satz 1 Hs 2, 28 Abs 2 Nr 4) entfielen. Ebenfalls ab EZ 2004 wurde die Kürzung für Fremdkapitalzinsen nach § 8a KStG gestrichen; weiterhin wurde in § 9 Nr 10 der Verlustvortrag nach § 10a eingeschränkt. Im **HBeglG 2004** v 29.12.2003 (BGBl I 2003, 3076) wurde die Minderung der Steuermesszahl für Hausgewerbetreibende (§ 11 Abs 3) auf 56% abgeändert (zuvor 50%). Durch das **Gesetz zur Einordnung des Sozialhilferechts in das Sozialgesetzbuch** v 27.12.2003 (BGBl I 2003, 3022) wurde § 3 Nr 20 Buchst c redaktionell angepasst (Aufhebung des BSHG). Im **ProtErklG** v 22.12.2003 (BGBl I 2003, 2840) wurden für Lebens- und Krankenversicherungen sowie Pensionsfonds die Kürzungsmöglichkeiten nach § 9 Nrn 2, 2 a, 7 und 8 beschränkt bzw gestrichen, und zwar mWv EZ 2004 (§ 36 Abs 7 Satz 1). Wurde ein Antrag nach § 34 Abs 7 Satz 8 Nr 2 KStG gestellt, gelten die Änderungen ab EZ 2001, bei abweichendem Wirtschaftsjahr ab EZ 2002 (§ 36 Abs 7 Satz 2). Das **StÄndG 2003** v 15.12.2003 (BGBl I 2003, 2645) enthält Aktualisierungen der Aufzählung der in § 3 Nr 2 aufge-

Zeitlicher Anwendungsbereich **§ 37**

führten Geldinstitute. Das **FörderbankneustrukturierungsG** v 15.8.2003 (BGBl I 2003, 1657) strich in § 3 Nr 2 die Deutsche Ausgleichsbank. Mit dem **KleinUntFG** v 31.7.2003 (BGBl I 2003, 1550) wurde mWv EZ 2003 die Hinzurechnung von Dauerschuldzinsen bei Gewerbebetrieben eingeschränkt, deren Geschäftstätigkeit ausschließlich im Ankauf von Krediten/Kreditrisiken von Kreditinstituten unter Ausgabe von Schuldtiteln zur Refinanzierung besteht (§ 19 Abs 3 Nr 2 GewStDV, § 35c Abs 1 Nr 2 Buchst e GewStG). Durch das **StVergAbG** v 16.5.2003 (BGBl I 2003, 660) wurde § 2 Abs 2 Satz 3 mWv EZ 2003 aufgehoben und damit die Mehrmütterorganschaft abgeschafft (s Rn 3). Außerdem wurden in §§ 8 a, 9 Nr 2 sowie 28 Abs 2 Satz 1 Regelungen zur Bekämpfung der Niedrigbesteuerung eingeführt, die bald darauf wieder aufgehoben wurden (**GewStÄndG** v 23.12.2003, BGBl I 2003, 2922). Unter dem Datum des 15.10.2002 wurden das GewStG sowie die GewStDV in der damals jeweils geltenden Fassung neu bekannt gemacht (BGBl I 2002, 4167 bzw I 2002, 4180). Zu früheren Fassungen des GewStG s 5. Aufl.

2. Rückwirkende Änderung der Mehrmütterorganschaft

Der BFH entschied (BFH I R 43/97 BStBl II 2000, 695) in Abweichung von 3 seiner früheren Rspr und von der Verwaltungspraxis, dass bei Zwischenschaltung einer GbR zwischen Organgesellschaft einerseits und Muttergesellschaften andererseits das Organschaftsverhältnis unmittelbar zu den Muttergesellschaften besteht und nicht zur GbR. Dies veranlasste den Gesetzgeber wegen befürchteter Gewerbesteuerausfälle bei den Gemeinden, in § 36 Abs 2 für den EZ 2001 eine geänderte Fassung des § 2 Abs 2 einzuführen, in der die Eingliederung in ein einziges Unternehmen gefordert wird. Durch das **UntStFG** v 20.12.2001 (BGBl I 2001, 3858) wurde § 2 Abs 2 Satz 3 dahingehend geändert, dass in Fällen der Mehrmütterorganschaft das Organschaftsverhältnis zur zwischengeschalteten Personengesellschaft besteht. Diese Fassung des § 2 Abs 2 Satz 3 ist auch auf EZ vor 2002 anzuwenden (§ 36 Abs 2 Satz 3). Nach BFH I B 145/05 BStBl II 2006, 546 ist die Rückwirkung verfassungsgemäß, da kein Vertrauensschutz bestanden habe. Das BVerfG hat dies bestätigt (v 15.10.2008 1 BvR 1138/06 HFR 2009, 187 sowie v 10.7.2009 1 BvR 1416/06 HFR 2009, 1030).

§ 37 *(weggefallen)*

Sachregister

Die fett gedruckten Zahlen bezeichnen die Paragraphen des Gewerbesteuergesetzes,
die mageren Zahlen die Randnummern.

ABC-Darstellungen, Einheitlicher Betrieb **2** 25
Gemeinnützige Zwecke **3** 99
Gewinnerzielungsabsicht **2** 97
Miet- und Pachtzinsen **8 Nr 1d** 30
öffentliche Unternehmen **2** 389
Schuldentgelte/Dauerschulden **8 Nr 1a** 60 ff
selbstständige Tätigkeit/Gewerbebetrieb **2** 275
Selbstständigkeit/Nichtselbstständigkeit **2** 59
verdeckte Gewinnausschüttungen **7** 248
Vermögensverwaltung/Gewerbebetrieb **2** 115 ff
Zweckbetriebe **3** 259 f
Abfallberatung 2 389
Abfallentsorgung 2 389; *s auch Müll- und Abfallentsorgung*
Abfallentsorgung/-verwertung bei Land- und Forstwirtschaft **2** 223
Abfallwirtschaft 2 389
Abfallwirtschaftsberater 2 275
Abfärbetheorie 7 172
Ausnahmen **2** 428
betroffene Tätigkeiten **2** 429
Mitunternehmerschaft **2** 424 ff
Personengesellschaften **2** 287 ff
Abfindung, lästiger Gesellschafter **7** 140
s auch Arbeitslohn
Abfindungsrenten, Wertsicherungsklauseln
– Hinzurechnung **8 Nr 1b** 10a
Abgeltungssteuer Anh 7 1039
Abgeordnete 2 275
Abmahnvereine, gemeinnütziger Zweck **3** 99
Abonnentenwerbung 2 59
Abrechnung über Vorauszahlungen 20
Anrechnung, Grundsatz **20** 2
Fälligkeit **20** 3
Leistungsgebot **20** 2
Absatzfonds, Befreiung **3** 489
Abschichtungsbilanz 7 136
Abschlusszahlung, Begriff **20** 3
Fälligkeit **20** 3
Abschreibung Anh 7 640 f
Abschreibungsgesellschaften 7 223
Absetzung Anh 7 981
Abspaltung Anh 7 79, 1106 ff, 1109, 1257
Anteile an übernehmender Körperschaft **Anh 7** 1225
von ausländischen Gesellschaften **Anh 7** 1229
Einbringender **Anh 7** 2024
Missbrauchsregelung **Anh 7** 1162
auf Muttergesellschaft **Anh 7** 1228
nichtverhältniswahrende **Anh 7** 2080
Organschaft **Anh 7** 305, 322
Rücklage nach § 6b EStG **Anh 7** 1217
Sachausschüttung **Anh 7** 1217
Teilbetrieb **Anh 7** 1150, 1216 f
verbleibendes Vermögen **Anh 7** 1150
Verlustabzug **Anh 7** 252
Abwärtsverschmelzung Anh 7 847, 1029 f
Direkterwerb **Anh 7** 938
Durchgangserwerb **Anh 7** 940
Inlandsverschmelzung mit Auslandsbezug **Anh 7** 1062
Organschaft **Anh 7** 288
Verlustabzg **Anh 7** 262
Verschmelzung **Anh 7** 935 ff
Abwicklung 7 75
bei Unternehmen iSd § 2 Abs 2 GewStG **7** 51
Abzinsung 8 Nr 1a 60
AfA 8 Nr 1a 61
Einbringung von Wirtschaftsgütern **Anh 7** 1898
übernehmende Gesellschaft **Anh 7** 1875
Zwischenwertansatz **Anh 7** 1881
Agent, Selbstständigkeit **2** 59
Agio *s Aufgeld (Agio)*
Agrarstrukturverbesserung 3 422
Ähnlicher Beruf, Ausbildung
– Nachweis **2** 251 ff, 252a
– Sachverständigengutachten **2** 253
Autodidakt **2** 252
Berufszulassungsvorschriften **2** 255
bei freien Berufen **2** 247 ff
Heilhilfsberufe als Sonderfall **2** 258
Hochschulausbildung **2** 252
Kritik der Rspr **2** 254
mehrere Berufsbilder **2** 250
Merkmale **2** 247 f
Standesrecht **2** 257
Tätigkeit **2** 249
unerlaubte Ausübung **2** 256
Akquisition 2 275

1155

Akteneinsicht

fette Zahlen = §§

Akteneinsicht durch Gemeinden **4** 6
Aktiengesellschaft 2 458
Grunderwerbsteuer **Anh 7** 137
Akupunktur, gemeinnütziger Zweck **3** 99
Alkoholische Enthaltsamkeit, gemeinnütziger Zweck **3** 99
Alleingesellschafter, Grunderwerbsteuer **Anh 7** 136
Allgemeine Geschäftskredite 8 Nr 1a 62
Allgemeinheit, Begriff **3** 36 ff
Einzelfragen **3** 40 ff
Exklusivität **3** 40 ff
Mitgliedsbeiträge, Spenden **3** 40 ff
Offenheit **3** 37
Allmähliche Abwicklung 7 93
Alten(wohn)heime 2 389
Befreiung **3** 432, 427 ff
Altenhilfe, gemeinnütziger Zweck **3** 56
Altenpfleger 2 275
Alternative Wohnformen, gemeinnütziger Zweck **3** 99
Altlasten, eigenwirtschaftliche Zwecke **3** 127
Altmaterial, wirtschaftlicher Geschäftsbetrieb **3** 235
Amateurfunk, gemeinnütziger Zweck **3** 90
Amateursportler 2 59
Ambulante Pflegeeinrichtungen, Befreiung **3** 435
Ambulanter Pflegedienst 2 275
Amortisationsdarlehen 8 Nr 1a 63
Andenken, gemeinnütziger Zweck **3** 63, 99
Andere Gegenleistungen, Erbschaftsteuer **Anh 7** 284
Andere Wirtschaftsgüter, Ansatz **Anh 7** 1382
Aufstockung **Anh 7** 1382
Ausgleichszahlungen **Anh 7** 1382
Begriff **Anh 7** 1381
beschränkt steuerpflichtiger übernehmender Rechtsträger **Anh 7** 1382
Gegenleistung **Anh 7** 1696
Minderung der Anschaffungskosten **Anh 7** 1405
– der Anteile **Anh 7** 1383
Anfechtungsklage 1 47, 50
Angeln, gemeinnütziger Zweck **3** 99
Anlageberater 2 275
Anlagenvermittlung 2 275
Annahmezwang 2 383
Ansässigkeitsvoraussetzungen, Wegfall **Anh 7** 1725 ff
Ansatz, eingebrachtes Vermögen **Anh 7** 2177
Ansatz- und Bewertungsvorschriften, eigenständige **Anh 7** 866

umwandlungssteuerrechtliche **Anh 7** 2175
Verhältnis zu Handelsbilanz **Anh 7** 2176
Ansatzverbote isd § 5 EStG Anh 7 878, 2175
Sacheinlage **Anh 7** 1332, 1340, 1366
Ansatzwahlrecht, Ansatz des gemeinen Werts **Anh 7** 1330 ff
Ausübung **Anh 7** 1565
Anschaffung, begünstigte **Anh 7** 643
Anschaffungskosten Anh 7 1049
eingebrachte Anteile **Anh 7** 1902
nachträgliche **Anh 7** 1685 f
Unterschreitung **Anh 7** 1000 ff
Anschlagstellen 2 389
Ansparabschreibung nach § 7g EStG, übernehmende Personengesellschaft **Anh 7** 2267
Ansparrücklage nach § 7g Abs 3 EStG, Auflösung **Anh 7** 1469
Anstalt des öffentlichen Rechts, Formwechsel **Anh 7** 836
Anstalten, Steuermessbetrag **11** 8
Anteile iSd **§ 21 UmwStG Anh 7** 1550 f
100%ige Beteiligung an Kapitalgesellschaft **Anh 7** 1546, 2118, 2137
100%iger A. an Komplementär-GmbH **Anh 7** 2120
Altanteile/Neuanteile **Anh 7** 91
Anschaffung neuer A. **Anh 7** 1400
Anschaffungskosten erhaltener A. **Anh 7** 1645 f
„beruhende" **Anh 7** 1800
Besteuerung des Veräußerungsgewinns **Anh 7** 1749 f
Besteuerung im Privatvermögen **Anh 7** 1650 f
im Betriebsvermögen **Anh 7** 1015 ff, 1641
Doppelerfassung **Anh 7** 183
Durchgangserwerb **Anh 7** 940
eigene **Anh 7** 684, 1435 ff
entgeltliche Weiterübertragung **Anh 7** 1693
Ermittlung des Veräußerungsgewinns **Anh 7** 1745 ff
Ermittlung des Veräußerungspreises **Anh 7** 1651
Ersatzrealisationstatbestände **Anh 7** 1851
erworbene **Anh 7** 730 ff
Grunderwerbsteuer **Anh 7** 137
junge **Anh 7** 1447
keine **Anh 7** 1551
an Komplementär-GmbH **Anh 7** 2126
Minderung der Anschaffungskosten **Anh 7** 1646
Miteinbringung **Anh 7** 1801
miteingebrachte **Anh 7** 1545, 1547
mitverstrickte **Anh 7** 1763, 2307
Mitverstrickung Anh 7 1850 ff

magere Zahlen = Rn

Anzahlungen

nachträgliche Einbringungsgewinnbesteuerung **Anh 7** 2291
Nachweispflicht **Anh 7** 1800 ff
nicht steuerverstrickte neue A. **Anh 7** 1404
im Privatvermögen **Anh 7** 1020, 1640
rückwirkende Besteuerung **Anh 7** 1660 ff
Sammelverwahrung **Anh 7** 1590
schädliche Veräußerung **Anh 7** 1853
spätere Veräußerung **Anh 7** 1621
sperrfristbehaftete **Anh 7** 1660 ff, 1851, 2290
nach dem steuerlichen Übertragungsstichtag erworbene A. **Anh 7** 742
teilentgeltliche Übertragung **Anh 7** 1692
Teilmitverstrickung **Anh 7** 1855
übernehmende Körperschaft **Anh 7** 1225
am übernehmenden Rechtsträger **Anh 7** 47
der übertragenden Körperschaft **Anh 7** 734
Übertragung von sperrfristbehafteten A. **Anh 7** 1690 ff
übrige **Anh 7** 1550 f
Umwandlung ohne Gewährung von Anteilen **Anh 7** 1702
unentgeltliche Übertragung **Anh 7** 1665, 1691
unentgeltlicher Erwerb **Anh 7** 730
Veräußerung **Anh 7** 1851
– an außenstehende Personen **Anh 7** 1173
– erhaltener A. **Anh 7** 1663
– nach Aufwärts-Abspaltung **Anh 7** 1181
Veräußerungskosten **Anh 7** 1751 ff
Veräußerungstatbestände **Anh 7** 1785 ff
verunglückte Übertragung **Anh 7** 1948
Vorgesellschaft **Anh 7** 2291
zurückbehaltene **Anh 7** 1435
Anteile an Personengesellschaft, Veräußerung **Anh 7** 179
Anteile an übernehmender Gesellschaft, Zurückbehaltung **Anh 7** 1310
Anteilseigner, Ausschüttungsfiktion **Anh 7** 797
Besteuerung **Anh 7** 1660 ff
Spaltung auf Personengesellschaft **Anh 7** 1241
der übertragenden Kapitalgesellschaft **Anh 7** 1015 ff, 1025 ff
Anteilsentnahme, Hinzurechnung der Gewinnminderung **8 Nr 10**
Anteilserwerb vor Umwandlung **Anh 7** 721
Anteilstausch Anh 7 419, 1250 ff
iSd § 21 Abs 1 Satz 1 UmwStG **Anh 7** 1555
Abgrenzung zur Sacheinlage **Anh 7** 1545 ff
alte Rechtslage **Anh 7** 1580
Ansatz des gemeinen Werts **Anh 7** 1555, 1595 f
Ansatzwahlrecht **Anh 7** 1605 f

Anschaffungskosten erhaltener Anteile **Anh 7** 1645 f
Anteile im Privatvermögen **Anh 7** 1650 f
Aufgeld **Anh 7** 1530
aufschiebende Bedingung **Anh 7** 1537
Ausübung des Ansatzwahlrechts **Anh 7** 1565
Ausübung des Bewertungswahlrechts **Anh 7** 1615
Begriff **Anh 7** 1530 ff
Besteuerung des Anteilseigners **Anh 7** 1660 ff
Besteuerungsrecht **Anh 7** 1605
Bewertung der Anteile **Anh 7** 1590 ff
Buchwertansatz **Anh 7** 1605
Einbringender **Anh 7** 1535 ff
Einbringung **Anh 7** 36
– in Personengesellschaft **Anh 7** 2046
– von Anteilen **Anh 7** 1550 f
einbringungsgeborene Anteile **Anh 7** 1550
Einbringungsgewinn **Anh 7** 1620 f
Einbringungszeitpunkt **Anh 7** 1771
erworbene Gesellschaft **Anh 7** 1541
Fusionsrichtlinie **Anh 7** 1298, 1605 f
gemeiner Wert **Anh 7** 1900
grenzüberschreitender **Anh 7** 1596
handelsrechtliche Behandlung **Anh 7** 1556
inkongruente Kapitalerhöhung **Anh 7** 1538
Mitverstrickung von Anteilen **Anh 7** 1850 ff
Nachweispflicht **Anh 7** 1800 ff, 1806
qualifizierter **Anh 7** 1560 ff, 1605 f
rückwirkende Einbringung **Anh 7** 1548
Rückwirkung **Anh 7** 1636
Selbstständigkeit der Anteile **Anh 7** 1590
steuerneutraler **Anh 7** 1550
Steuervergünstigungen **Anh 7** 1640 f
übernehmende Gesellschaft **Anh 7** 1540 f
Veräußerung **Anh 7** 1555
Veräußerungstatbestände **Anh 7** 1785 ff
Zeitpunkt **Anh 7** 1635 f
Zwischenwertansatz **Anh 7** 1605
Anteilsveräußerung, Hinzurechnung der Gewinnminderung **8 Nr 10**
Anteilsvereinigung, Grunderwerbsteuer **Anh 7** 138
Verlustabzug nach § 10a GewStG **Anh 7** 213
Anwachsung 7 137; **Anh 7** 226 f, 1318
Einbringung **Anh 7** 1256
Einzelrechtsnachfolge **Anh 7** 1897
Ersatzrealisationstatbestand **Anh 7** 1692
erweiterte **Anh 7** 1986
Organschaft **Anh 7** 313
Verlustabzug nach § 10a GewStG **Anh 7** 200
Anwachsungsmodell Anh 7 1985 ff
erweitertes **Anh 7** 1318
Anzahlungen 8 Nr 1a 64

1157

Anzeigenvertreter

fette Zahlen = §§

Anzeigenvertreter 2 59
Apothekeninventurbüro 2 275
Apothekenrezeptabrechner 2 275
Apotheker 2 275
Äquivalenzprinzip 1 11 f; **16** 11a
Kritik **1** 12
Lastenausgleich **1** 11
Arbeiterwohnheim 2 275
Arbeitnehmerähnliche Personen 2 59
Arbeitnehmerbegriff 2 55 f
**Arbeitnehmerschutzbestimmungen
Anh 7** 92
Arbeitnehmerüberlassungsgesellschaft,
gemeinnütziger Zweck **3** 99
Arbeitsgemeinschaft, Begriff **2a** 2
Betriebsstätten **2a** 11
Drei-Jahres-Frist **2a** 10
Hilfsgeschäfte **2a** 8
Rechtsfolgen **2a** 11
Rechtsformen **2a** 3
Steuergegenstand **2a** 6
Steuerrecht **2a** 6, 9
Werkvertrag
– Beschränkung **2a** 4, 7
Zivilrecht **2a** 5
Zweck **2a** 4
**Arbeitsgemeinschaften medizinischer
Dienst,** Befreiung **3** 471 f
Arbeitskraft als Einlage **7** 255
Arbeitslohn, Abfindungen **31** 3
Altersteilzeit **31** 3
Annehmlichkeiten **31** 2a
Ausbildungsvergütungen **31** 5
Auslagenersatz **31** 2a
Befreiungen **31** 4 f
Begriff für Zerlegung **31** 2 ff
beschränkt steuerpflichtige Körperschaften
31 6
durchlaufende Gelder **31** 2a
einmalige Vergütungen **31** 7
Einnahmen **31** 2a
gegenwärtiges Dienstverhältnis **31** 2
Gelegenheitsvorteile **31** 2b
Leistung an Dritte **31** 2b
Leistung durch Dritte **31** 2b
Lohnsteuerpauschalierung **31** 2d
Mitunternehmerschaften **31** 2c
Unternehmervergütung **31** 9
Veranlassung **31** 2b
Verfügungsbeschränkung **31** 2a
Vergütung über 50000 € **31** 8
Werbungskostenersatz **31** 2a
für Zerlegung **31**
Zufluss **31** 2a
Arbeitslosenhilfe, gemeinnütziger Zweck
3 99
Arbeitsmedizinischer Dienst, Steuermessbetrag **11** 8

Arbeitsschutz, gemeinnütziger Zweck **3**
65, 99
Arbeitsverhältnisse mit Kindern **7** 265
Architekt 2 275
Artist 2 275
Selbstständigkeit **2** 59
Arzt 2 59, 275
Ärztepropagandist 2 59, 275
Arztvertretung 2 275
**Asset-Backed-Security-Geschäfte 8
Nr 1a** 65, 93a
Assistent 2 59
AStA, Mitglied **2** 59
Astrologe 2 275
Astrologische Lehre, gemeinnütziger
Zweck **3** 99
Atypische stille Gesellschaft, aufnehmende Personengesellschaft **Anh 7** 2030
Ausscheiden eines Mitunternehmers **Anh 7**
199
Betriebsaufgabe **7** 235
einheitlicher Gewerbebetrieb **2** 30
Gleichbehandlung für Mitunternehmerschaft
7 214
Inhaber des Handelsgewerbes **2** 415
KGaA **Anh 7** 2081
Mitunternehmerschaft **2** 414 ff
Organträger **Anh 7** 295
Segmentierung **2** 417
Steuerschuldner **5** 10
Unterbeteiligung **2** 418
Verschmelzung **Anh 7** 197
Wechsel der Mitunternehmerstellung **Anh 7**
199
Audio-Psycho-Phonologe 2 275
Auditor 2 275
Aufgabe, Begriff **Anh 7** 180
Aufgabeerklärung bei Betriebsaufgabe **7**
106
Aufgabegewinn, Ermittlung **7** 89
Steuerfreiheit **7** 27 f
Aufgeld (Agio), Anteilstausch **Anh 7** 1530
Gewährung neuer Anteile **Anh 7** 1315
Sacheinbringung **Anh 7** 2073
Sacheinlage **Anh 7** 1277
**Auflösung des alten Rechtsträgers
Anh 7** 90
Auflösung der Körperschaft, Hinzurechnung der Gewinnminderung **8 Nr 10**
Auflösung des übertragenden Rechtsträgers, ausländische Vorgänge **Anh 7** 48
Aufnahmeeinrichtungen, Befreiung **3**
427 ff, 433 ff
Aufnehmende Personengesellschaft, Einbringung in Personengesellschaft **Anh 7**
2030 ff
Aufsichtsratsmitglied 2 59, 275

magere Zahlen = Rn

Aufsichtsratsvergütungen, Rückwirkung **Anh 7** 39f
Aufspaltung Anh 7 1106 ff, 1109
Anteile an übernehmender Körperschaft **Anh 7** 1225
Einbringender **Anh 7** 2024
Organschaft **Anh 7** 323
Organträger **Anh 7** 303
Teilbetrieb **Anh 7** 1150
Aufstockung Anh 7 495 ff, 520, 646
Buchwert **Anh 7** 2308
Einbringungsgewinn I **Anh 7** 1910 f
einheitlicher Ansatz **Anh 7** 2201
Zwischenwertansatz **Anh 7** 2266
Auftragsforschung, Befreiung **3** 476 f
Zweckbetrieb **3** 302 ff
Aufwärtsverschmelzung Anh 7 847, 976, 1028
Organschaft **Anh 7** 336, 996
rückwirkende Einbringungsbesteuerung **Anh 7** 1702
Rückwirkung **Anh 7** 391
Übernahmegewinn und § 8b KStG **Anh 7** 994 f
Verlustabzug **Anh 7** 263
Verschmelzung auf andere Körperschaft **Anh 7** 945
Augenhersteller 2 275
Auktionator 2 275
Au-pair-Mädchen 2 59
Ausbeuterechte 8 Nr 1a 66
Ausbeuteverträge, Abgrenzung Kauf/Pacht **8 Nr 1d** 12 f
Ausgleichsposten, Organschaft **Anh 7** 328
organschaftliche **Anh 7** 300 f, 304, 308, 321 f
Ausgleichsverbindlichkeiten 8 Nr 1a 67
Ausgleichszahlungen, andere Wirtschaftsgüter **Anh 7** 1382
Einbringung in Personengesellschaft **Anh 7** 2330 ff
Ergänzungsbilanzen **Anh 7** 2342 f
in Gesellschaftsvermögen **Anh 7** 2342
Gewährung von Gesellschaftsrechten **Anh 7** 2153
Mitverstrickung **Anh 7** 1852
Realteilung **7** 120
Ausgliederung Anh 7 70, 80, 110, 438, 1106 ff, 1110, 1258
Einbringender **Anh 7** 2023
Einbringung **Anh 7** 33
Einbringung in Personengesellschaft **Anh 7** 2088
einzelne Wirtschaftsgüter **Anh 7** 1483
Organschaft **Anh 7** 307, 322
vorgangsbezogene Abgrenzung **Anh 7** 115

Auslandsverluste

Ausgliederungsmodell Anh 7 2078
Aushilfstätigkeit, Selbstständigkeit **2** 59
Auskunftsrecht der Gemeinden bei Haftung **5** 38
Ausländische Betriebsstätte, Begriff **9 Nr 3** 2 f
Durchführung der Kürzung **9 Nr 3** 4b
finaler Betriebsstättenverlust **Anh 7** 270 ff; **9 Nr 3** 4a
Gewerbeertrag
– Umfang **9 Nr 3** 3
Gewerbeertragskürzung **9 Nr 3**
Nachversteuerung **Anh 7** 272 ff
negativer Gewerbeertrag **9 Nr 3** 4a
Umfang der Kürzung **9 Nr 3** 4
Verlustabzug **Anh 7** 237
– im Inland **Anh 7** 270 ff
Zweck der Kürzung **9 Nr 3** 1
Ausländische Einkünfte 15 3
Ausländische Steuern Anh 7 1354
Hinzurechnung **8 Nr 12**
Ausländische Tätigkeit 2 13
Ausländische Umwandlungen Anh 7 438, 848
Anwendung deutschen Steuerrechts **Anh 7** 859
Einbringung in Personengesellschaft **Anh 7** 2086, 2088
Gesamtrechtsnachfolge **Anh 7** 1893
inländische Bilanzierungsgrundsätze **Anh 7** 2173
Rückwirkung **Anh 7** 374
Ausländische Verschmelzungen Anh 7 1026
Ausländische Vorgänge Anh 7 70
Abgrenzung Formwechsel **Anh 7** 49
Anteile am übernehmenden Rechtsträger **Anh 7** 47
aufgelöste Rechtsträger **Anh 7** 44
Auflösung des übertragenden Rechtsträgers **Anh 7** 48
Einbringung in Personengesellschaft **Anh 7** 2281
Ersatzrealisationstatbestand **Anh 7** 1698
Gesamtrechtsnachfolge **Anh 7** 46
Maßgeblichkeit des Gesellschaftsrechts **Anh 7** 40 ff
Rechtstypenvergleich **Anh 7** 43
Sonderrechtsnachfolge **Anh 7** 46
Strukturmerkmale **Anh 7** 41, 45
Umwandlungen **Anh 7** 27
Umwandlungsfähigkeit **Anh 7** 42
wesentliche sonstige Vergleichskriterien **Anh 7** 50
Auslandstätigkeitserlass 15 3
Auslandsverluste, Gewerbesteuer **Anh 7** 237

1159

Auslandsvermögen fette Zahlen = §§

Auslandsvermögen **Anh 7** 681, 687 f, 762
Auslandsverschmelzung mit Inlandsbezug Anh 7 580, 1070 f
Ausscheiden der Kommanditisten Anh 7 1317
Ausscheidender Anteilseigner, Rückwirkung **Anh 7** 379 f, 388
Ausschließlichkeit, Ausnahmen **3** 166 ff
Einzelfälle **3** 155
gesellige Zusammenkünfte **3** 177
Grundsatz **3** 151
mehrere Zwecke **3** 154
Mildtätigkeit **3** 109
Stiftungen **3** 173 ff
Umfang **3** 152 f
Ausschluss des Besteuerungsrechts Anh 7 915
Sacheinlage **Anh 7** 1501
transparente Gesellschaften **Anh 7** 1506
Ausschüttungsfiktion (§ 7 UmwStG) Anh 7 656 ff
Abgeltungssteuer **Anh 7** 665
Anteilseigner **Anh 7** 797
Doppelbesteuerung **Anh 7** 666 ff
Einnahmen aus Kapitalvermögen **Anh 7** 660
Ermittlung **Anh 7** 661
gesonderte und einheitliche Feststellung **Anh 7** 798
Gewerbesteuer **Anh 7** 669
Gewinnausschüttungen nach dem steuerlichen Übertragungsstichtag **Anh 7** 663
Körperschaften **Anh 7** 665
Teileinkünfteverfahren **Anh 7** 665
Zufluss **Anh 7** 664
Außenhaftung, Mitunternehmerrisiko **7** 169
Aussetzung der Vollziehung 1 47, 50; **8 Nr 1a** 108; **35b** 11
Gewerbesteuermessbescheid **7** 1
Aussetzungszinsen 8 Nr 1a 108
Ausstehende Einlagen Anh 7 877
Ausübung öffentlicher Gewalt 2 382

Bademeister 2 275
Bäderbetrieb 2 389
Ballonfahren, gemeinnütziger Zweck **3** 99
Banken 2 389
Barabfindung Anh 7 923, 1100
Baraufzahlung, Gewährung neuer Anteile **Anh 7** 1315
Bardepot 8 Nr 1a 113
Bardepotpflicht 8 Nr 1a 68
Bare Zuzahlungen, Anteilstausch **Anh 7** 1646
Bargründung Anh 7 1277
Baubetreuer 2 275
Baukostenzuschüsse 8 Nr 1a 69
Bauleitung 2 275

Baumschulen und Land- und Forstwirtschaft **2** 228
Bausachverständiger 2 275
Bausparkassenaktionsleiter 2 275
Baustatiker 2 275
Bauzeichner 2 275
Bayerische Landesanstalt für Aufbaufinanzierung, Befreiung **3** 14
Bayerische Landesbodenkreditanstalt, Befreiung **3** 14
Be- und Verarbeitungsbetrieb bei Land- und Forstwirtschaft **2** 224
Bearbeitungsgenossenschaft 3 328 ff
Bearbeitungsverein 3 328 ff
Befreiungen, Abfärbung **3** 3
Befreiungstatbestände **3** 6 ff
bestimmte Banken **3** 13 ff
Betriebsaufspaltung **3** 3
Branntweinmonopolverwaltung **3** 9
Bundeseisenbahnvermögen **3** 8
Dachverband **3** 26
Erdölbevorratungsverband **3** 12
erweiterte Kürzung **3** 3
Körperschaft des öffentlichen Rechts **3** 22
Korrespondenzen **3** 5
Lotterieunternehmen **3** 10
monopolartige Unternehmen **3** 6 ff
– persönlicher Umfang **3** 7
persönliche **3** 1
persönlicher Geltungsbereich **3** 2
sachliche **3** 1
Spielbanken **3** 11
steuerbegünstigte Zwecke **3** 20 ff
Untergliederung **3** 5
zeitlicher Geltungsbereich **3** 4
Beginn und Ende der Betriebsaufgabe 7 70 f
Beginn und Ende der sachlichen Steuerpflicht, Betriebsaufspaltung **2** 377, 580
Betriebsbeendigung **2** 567 f
Betriebsbeginn **2** 566
Betriebsunterbrechung **2** 577
Betriebsverlegung **2** 578
Betriebsverpachtung **2** 579 ff
Einkommensteuer/Gewerbesteuer **2** 565
gewerblich geprägte Personengesellschaft **2** 582
GmbH & Co KG **2** 583
Insolvenz **2** 576
Kapitalgesellschaften **2** 584
Liquidation **2** 575
natürliche Personen
– Beginn **2** 569
– Betriebseinstellung **2** 570 ff
Organschaft **2** 584a
Personengesellschaften
– Beginn **2** 569

magere Zahlen = Rn

Besteuerungsgrundlagen

– Betriebseinstellung **2** 570 ff
Teilbetriebsverpachtung **2** 581
Veräußerung des Betriebsvermögens **2** 574
wirtschaftlicher Geschäftsbetrieb **2** 585
Behaltefristen Anh 7 644, 983, 1407
Beitragsdepot, Vorauszahlungen **8 Nr 1a** 113
Beitragsrückerstattungen 8 Nr 1a 113
Bekanntgabe bei Vollbeendigung **5** 7
Belastingadviseur-NL 2 275
Beleuchtungskörper 2 275
Belieferungsrechte 2 275
Beliehener Unternehmer 2 389
Beteiligung am allgemeinen Wirtschaftsverkehr **2** 71
Beratender Betriebswirt 2 275
Beratung 2 59
Beratungsgenossenschaft 3 332
Beratungsstellenleiter 2 275
Beratungsverein 3 332
Bergführer 2 275
Beriebsübergang, Steuerschuldnerschaft **5** 20
Berufsbetreuer 2 275
Berufsbildung, gemeinnütziger Zweck **3** 60
Berufsorganisationen 2 389
Berufssportler 2 59, 275
Berufsverbände, Begriff **3** 388 ff
Einzelfälle **3** 391
und Vermögensverwaltungsgesellschaft **3** 386 ff
wirtschaftlicher Geschäftsbetrieb **2** 541
Besamungstechniker 2 275
Beschäftigungsgesellschaften, gemeinnütziger Zweck **3** 99
Bescheidadressierung bei atypischer stiller Gesellschaft **5** 33
bei BGB-Gesellschaft **5** 29
bei Gesellschafterwechsel **5** 17
bei vollbeendeter Gesellschaft **5** 32
Bescheinigungsverfahren, Einbringungsgewinn **Anh 7** 1830 f
rückwirkender Einbringungsgewinn **Anh 7** 2305
Beschränkt steuerpflichtige Körperschaft, Verschmelzung **Anh 7** 1032
Beschränkte Steuerpflicht 15 2
Einbringungsgewinn I **Anh 7** 1673
inländische **2** 13
Nachweispflicht **Anh 7** 1805
Beschränkung des Besteuerungsrechts Anh 7 915
Auslandsverschmelzung mit Inlandsbezug **Anh 7** 1070 f
grenzüberschreitende Vorgänge **Anh 7** 1060
Hereinverschmelzung **Anh 7** 1090 ff

Hinausverschmelzung **Anh 7** 1080 f
Inlandsverschmelzung mit Auslandsbezug **Anh 7** 1061 f
Besitzzeitanrechnung, Ansparrücklage nach § 7g EStG **Anh 7** 128
Gewerbesteuer **Anh 7** 147
Rücklage nach § 6b EStG **Anh 7** 127
Spaltung **Anh 7** 1219
Besitzzeitanrechnung nach § 6b EStG, übernehmende Personengesellschaft **Anh 7** 2267
Besitzzeiten, übernehmende Gesellschaft **Anh 7** 1875 ff
Besserungsabrede 8 Nr 1a 70
Besteuerung, gesicherte Besteuerung **Anh 7** 1351 ff
vergleichbare ausländische Steuer **Anh 7** 1354
Besteuerung der Anteilseigner der übertragenden Kapitalgesellschaft (§ 13 UmwStG), Ansatz des gemeinen Werts **Anh 7** 1035 ff
Anschaffungskosten **Anh 7** 1049
ausländische Abspaltungen **Anh 7** 1040
Besteuerung des Veräußerungsgewinns **Anh 7** 1038 f
Buchwertfortführung **Anh 7** 1045 f
Entstehung des Veräußerungsgewinns **Anh 7** 1042
Ermittlung des Veräußerungsgewinns **Anh 7** 1037
Folgen der Buchwertfortführung **Anh 7** 1047
Gewährung von Mitgliedschaftsrechten **Anh 7** 1055
nicht verhältniswahrende Verschmelzung **Anh 7** 1041
verdeckte Einlage **Anh 7** 1041
Verzicht auf neue Anteile **Anh 7** 1050
Zwischenwertansatz **Anh 7** 1048
Besteuerung der Anteilseigner der übertragenden Kapitalgesellschaft (§ 13 UmwStG aF), Anteile im Betriebsvermögen **Anh 7** 1015 ff
Anteile im Privatvermögen **Anh 7** 1020
Anwendungsbereich **Anh 7** 1025 ff
Besteuerungstatbestände bei den Anteilseignern **Anh 7** 1022
fehlende Beteiligung **Anh 7** 1019
Zusammenrechnung von Kapitalien **Anh 7** 1023
Besteuerungsgrundlagen, Begriff/Funktion **6** 2
gesetzgeberische Motive **6** 6
Gewerbeertrag **6** 1
Gewerbekapital **6** 1
Grundsatz **6** 1

Besteuerungsrecht   fette Zahlen = §§

Lohnsummensteuer **6** 1
neue Bundesländer **6** 7
ZDF **6** 1
Besteuerungsrecht, Ausschluss **Anh 7** 535, 1595, 1605
Beschränkung **Anh 7** 536 ff, 1595, 1605
erstmals begründetes **Anh 7** 1333
uneingeschränktes **Anh 7** 1365 f
Besteuerungsverfahren 1 24-51
Billigkeitsmaßnahmen **1** 45 ff
Bindungswirkungen **1** 29
Erhebung **1** 24-51
Erlass **1** 45
Freistellungsbescheid **1** 31
Gewerbertrag, Ermittlung **1** 28 f
Gewerbesteuerbescheid **1** 42
Gewerbesteuermessbescheid **1** 29
Konkurs/Insolvenz **1** 30
Messbetrag **1** 27 f
– Mitteilung **1** 31
Mitwirkung der Gemeinde **1** 36
Rechtsschutz **1** 47 ff
Steuerfestsetzung **1** 37 ff
Verjährung **1** 33
Verwirkung **1** 33
Vorauszahlungen **1** 43
Zerlegung **1** 32
Zuständigkeiten **1** 35, 44
Zuteilungsbescheid **1** 32
Zweiteilung **1** 26 ff
Beteiligung 2 389
am allgemeinen wirtschaftlichen Verkehr **2** 68 ff
fehlende **Anh 7** 1019
persönlich haftender Gesellschafter an KGaA **Anh 7** 1551
an transparenter Gesellschaft **Anh 7** 1506
Beteiligung an Kapitalgesellschaft,
 100%ige Beteiligung **Anh 7** 1546
Einbringung **Anh 7** 1290
Teilbetrieb **Anh 7** 1290
wesentliche Betriebsgrundlage **Anh 7** 1283
Beteiligung an Personengesellschaft,
 wesentliche Betriebsgrundlage **Anh 7** 1283
Beteiligungshandel 2 115
Beteiligungskorrekturgewinn Anh 7 654, 937, 977, 983
Gewerbesteuer **Anh 7** 149, 655
Übernahmegewinn nach § 5 UmwStG **Anh 7** 761
Beteiligungsverhältnis, Verschiebung durch Spaltung **Anh 7** 1212
Beteiligungsverhältnisse, Korrektur **Anh 7** 2222
Betrieb, Einbringung **Anh 7** 1280
Einbringung in Personengesellschaft **Anh 7** 2201 ff

ruhender **Anh 7** 2101
verpachteter **Anh 7** 2101
wesentliche Betriebsgrundlagen **Anh 7** 2101 ff
Betrieb gewerblicher Art 2 43, 380 ff; **Anh 7** 1266, 1820
ABC-Darstellungen **2** 389
Befreiung **3** 22
Betriebsvermögen **2** 391
Buchführungspflicht **2** 394
Einbringender **Anh 7** 2027
gewerbliches Tätigwerden **2** 387 f
Gewinnermittlung **2** 391
Gewinnerzielungsabsicht **2** 393
Steuerschuldner **5** 14
Umwandlung **Anh 7** 31
Unternehmenszurechnung **2** 390
verdeckte Gewinnausschüttung **2** 392
Verlustabzug **10a** 89
Zerlegung **2** 390
Betrieblicher Schuldzinsenabzug Anh 7 2361
Betriebsanmeldung 1 25
Betriebsaufgabe 7 65 f
Beendigung **7** 77
Beginn **7** 70 f, 76
bei Personengesellschaften **7** 113
durch Steuerentstrickung **7** 109
Betriebsaufspaltung 2 295 ff, 389; **Anh 7** 1426 ff; **8 Nr 1a** 71
(Dauer)Schulden **2** 373
Abgrenzung zur Mitunternehmerschaft **2** 309 ff
Abspaltung von Betriebsvermögen **2** 365
Aktivierung (phasengleiche) **2** 360
Anteile an der Betriebs-GmbH **2** 362
Bedeutung des Gesellschaftsvertrags **2** 330
Beendigung
– Erbfolge **2** 369
– Insolvenz **2** 370
– Schenkung des Besitzunternehmen **2** 369
– Strukturwandel **2** 369
– Verschmelzung **2** 368
– vorübergehende/missglückte Betriebsaufspaltung **2** 371
Beginn und Ende der sachlichen Steuerpflicht **2** 377
Begriff, Grundsatz **2** 295 ff
Beherrschung **2** 325
– der Betriebsgesellschaft **2** 334
– nach Gesellschaftsrecht **2** 330
– ohne Anteilsbesitz **2** 341 ff
Beherrschungsidentität **2** 325 f
Beherrschungsverhältnisse
– bei Ehegatten **2** 336 ff
– bei Kindern **2** 340
Beteiligungsidentität **2** 325 ff

magere Zahlen = Rn **Betriebsstätte**

Beteiligungsverhältnisse **2** 328
Betriebsvermögen im Besitzunternehmen **2** 362
Buchführungsgrundsätze **2** 360
Bürgschaften **2** 363
Darlehen an die Betriebsgesellschaft **2** 363
Doppelbelastungen **2** 373
Doppelkonstruktion **2** 326 f
echte/unechte **2** 299
Ehegatten **2** 336 ff
einheitliche **2** 302
Einstimmigkeitsprinzip **2** 331 ff
Erfindervergütungen **2** 359
Erfindungen/Patente **2** 363
Erscheinungsformen **2** 302, 349 ff
erweiterte Kürzung des Gewerbeertrags **2** 373
faktische Beherrschung **2** 345
– Besitzgesellschaft **2** 346
– Betriebsgesellschaft **2** 341 ff
– Großgläubiger **2** 344
Geschäftswert **2** 361
Gewerbesteuerfreiheit **2** 374
gewerbesteuerrechtliche Folgen **2** 372
Gewinnermittlung **2** 357
über die Grenze **2** 375
Gründungsphase
– Betriebskapitalgesellschaft **2** 352
– Betriebspersonengesellschaft **2** 353
– Geschäftswert **2** 354
– luf Betriebsaufgabe **2** 355
Haftung **2** 314
Handelsrecht **2** 298
Hinzurechnung von Miet- und Pachtzinsen **2** 373
Interessen, Gleichrichtung **2** 326
Interessengegensätzen **2** 329
Investitionszulage **2** 376
kapitalistische **2** 302, 349
klassische **2** 302
Kritik **2** 301
mehrere Besitzgesellschaften **2** 297
mehrere Betriebsgesellschaft **2** 351
Missbrauchsabwehr **2** 300
missglückte **2** 371
mittelbare Beherrschung **2** 347 f
mitunternehmerische **2** 302, 309 ff
Nutzungsüberlassung **2** 317
Pachtzinsen **2** 358
Partei kraft Amtes **2** 335
personelle Voraussetzungen **2** 325 ff
Personengruppentheorie **2** 327
qualifizierte **2** 302
Rechtsentwicklung **2** 300
Rechtsfolgen
– Besitzgesellschaft **2** 308
– originär gewerbliche Tätigkeit **2** 308

Regelfall **2** 297
sachliche Voraussetzung **2** 317 ff
sachlicher Umfang **2** 303 ff
– Gesellschaftszwecke **2** 307
– historischer Vorgang **2** 303 f
– Rechtsbeziehungen **2** 305 f
Schwester-Kapitalgesellschaften **2** 349
Selbstständigkeit der Unternehmen **2** 296, 356
Sonderbetriebsvermögen **2** 364
Stimmrechtsausschluss **2** 333
Teilbetrieb **2** 372
Testamentsvollstrecker **2** 335
überlagerte **2** 302
umgekehrte **2** 302, 350
unentgeltliche **2** 313
verdeckte Einlage **2** 366
Verein **2** 349
Verhältnis zur Betriebsverpachtung **2** 312
Vetorecht **2** 333
Vor- und Nachteile **2** 314 ff
vorübergehende Beendigung **2** 371
wesentliche Betriebsgrundlage **2** 318 ff
– Beispiele **2** 322 ff
– sonstiges Anlagevermögen **2** 324
Wiesbadener Modell **2** 339
Zonenrandförderung **2** 376
Betriebsbeendigung, Gewerbeertrag **7** 26 f
Betriebsbegriff 2 2
enger/weiter **2** 17
Betriebseinbringung und Unternehmerwechsel
– Kapitalgesellschaft **2** 594
– Personengesellschaft **2** 596
Betriebseinstellung ohne einkommensteuerrechtliche Betriebsaufgabe **7** 36
Betriebsfortführung 7 101
Betriebsgrundlagen, nicht funktional wesentliche **Anh 7** 1142
wesentliche **Anh 7** 1280 f
Betriebsstätte 2 610 ff
Arbeitsgemeinschaft **2a** 11
Bauausführung **2** 634 ff
– Dauer **2** 636
Bedeutung **2** 610
Begriff/Rechtsgrundlagen **2** 611 f
Bodenschätze **2** 633
Erkundung **2** 637
Fabrikationsstätte **2** 631
feste Geschäftseinrichtung bzw Anlage **2** 614 ff
– Dauer **2** 614
– Definitionsmerkmale **2** 617
– feste Verbindung **2** 616
– körperliche Gegenstände **2** 615
– Schiffe **2** 618

1163

Betriebsstättenverluste fette Zahlen = §§

Geschäftsstellen **2** 630
gesetzliche Einzelfälle **2** 628 ff
Kapitalgesellschaft **2** 625
mehrgemeindliche **2** 638, **4** 2; **28** 4
Mitunternehmer **2** 639
Montage **2** 634 ff
– Dauer **2** 636
Schiffe **2** 618
ständiger Vertreter
– Begriff **2** 626
– Verfügungsmacht **2** 627
Stätte der Geschäftsleitung **2** 628
unmittelbares Dienen
– Begriff **2** 622
– Hilfs-/Nebenhandlungen **2** 624
Verfügungsmacht
– ausländisches Unternehmen **2** 620
– Fehlen von V. **2** 621
– Rechtsposition **2** 619
Verlegung **28** 5
Verpachtung **2** 623
Versuchsbohrung **2** 637
Warenlager **2** 632
Werkstätten **2** 631
Zerlegung **28** 3 ff
Zweigniederlassung **2** 629
Betriebsstättenverluste im Ausland **7** 6
Betriebsübergang, Erbfall **2** 592
Fiktion **2** 590
Gesetzeszweck **2** 590
Teilbetrieb **2** 591
Voraussetzungen **2** 591
Betriebsüberlassungsvertrag 7 104
Betriebsübernehmer, Haftung **5** 35
Betriebsübertragung, teilentgeltliche **7** 95
unentgeltliche **7** 95
Betriebsunterbrechung 7 24, 80
und Steuerpflicht **2** 577
Betriebsveräußerung 7 67
bei Personengesellschaften **7** 113
Betriebsvereinigung, Verlustausgleich
 Anh 7 221
Betriebsverlegung 7 79
und Steuerpflicht **2** 578
Betriebsvermögen, Beendigung **2** 367 ff
negatives **Anh 7** 1346
positives **Anh 7** 1360
Betriebsverpachtung 2 389; **7** 100 f
als Betriebsunterbrechung **7** 80
bei Personengesellschaften **7** 108
und Steuerpflicht **2** 579 ff
Betriebswirt 2 275
Beweislast, Veräußerungssperrklausel
 Anh 7 1180 ff
Bewertungswahlrecht, Abgabe der Steuer-
 erkärung **Anh 7** 2211
Änderung **Anh 7** 528

Antrag **Anh 7** 525, 2210
Ausübung **Anh 7** 1371, 1615, 2210 ff
Begrenzung **Anh 7** 1400
Berichtigung **Anh 7** 1372
Bilanzberichtigung **Anh 7** 2214
Drittanfechtung **Anh 7** 1372
eigenständiges **Anh 7** 1366
Einschränkung **Anh 7** 1482
Gesellschafter **Anh 7** 527
gesicherte Besteuerung **Anh 7** 1351 ff
Korrekturen **Anh 7** 1373
Mitunternehmeranteil **Anh 7** 1373, 2212
nachträgliche Änderung **Anh 7** 2214
nachträgliche Ausübung **Anh 7** 1372
positives Betriebsvermögen **Anh 7** 1360
rückwirkende Sachverhaltsgestaltung **Anh 7**
 526
in steuerlicher Schlussbilanz **Anh 7** 526
uneingeschränktes Besteuerungsrecht **Anh 7**
 1365 f
Voraussetzungen **Anh 7** 1350 ff
Zwischenwertansatz **Anh 7** 1373
Bewirtschaftungsverein, Befreiung **3**
 410 f
Bezirkskaminkehrermeister 2 275
Bezitzzeiten, übernehmende Gesellschaft
 Anh 7 1894
Bezüge nach § 7 UmwStG, Entstehung
 Anh 7 367
Gewerbesteuer **Anh 7** 150
Bezugsrechte Anh 7 1174
Anteilstausch **Anh 7** 1580
Freistellung des Veräußerungsgewinns
 Anh 7 1584
Kapitalerhöhung **Anh 7** 1446
Mitverstrickung **Anh 7** 1853
Veräußerung **Anh 7** 1530, 1580
BGB-Gesellschaft, Formwechsel **Anh 7**
 823
Mehrheit von Betrieben **2** 28
verbundene Gesellschaften **2** 38
vermögensverwaltende **2** 39
Bierbrauen, gemeinnütziger Zweck **3** 99
Bilanzansätze, Auflösung nach § 5 EStG
 Anh 7 645
Bilanzberichtigung Anh 7 932
Änderung des Bewertungswahlrechts **Anh 7**
 2214
Bilanzbuchhalter 2 275
Bilanzierungsgrundsätze, inländische
 Anh 7 2173
Bilanzzusammenhang für Zwecke der
 Gewerbesteuer **7** 8
Bildberichterstatter 2 275
Bildhauer 2 275
Bildjournalist 2 275
Bildung, gemeinnütziger Zweck **3** 60

magere Zahlen = Rn **Darlehensbeschaffung**

Bildungseinrichtungen, Befreiung **3** 403 ff
und Betriebsaufspaltung **3** 408
Billard, gemeinnütziger Zweck **3** 99
Billigkeitsmaßnahmen 5 27; **7** 11
Zuständigkeit **1** 45
Billigkeitsregelung Anh 7 1352
Anteile an übernehmender Gesellschaft **Anh 7** 1311
Beendigung der Betriebsaufspaltung **Anh 7** 1427
Ersatzrealisationstatbestand **Anh 7** 1699 f
Weiterumwandlung auf Kapitalgesellschaft **Anh 7** 1702
Weiterumwandlung auf Personengesellschaft **Anh 7** 1701
zurückbehaltene Anteile **Anh 7** 1435
Binnenfischerei 2 219; **3** 321
Biologe 2 275
Biologisch-dynamische Landwirtschaft, gemeinnütziger Zweck **3** 99
Blutalkoholuntersuchung 2 389
Blutgruppengutachter 2 275
Bodenschatz, bei Land- und Forstwirtschaft **2** 223
Body-Builder 2 275
Bordell 2 275
Börsenmakler 2 275
Börsenverein, eigenwirtschaftliche Zwecke **3** 127
Brancheneinschlägige Nebentätigkeit, Abgrenzung zum Gewerbebetrieb **2** 110
Branntweinmonopolverwaltung, Befreiung **3** 9
Brauchtum, gemeinnütziger Zweck **3** 87
Bremer Aufbaubank, Befreiung **3** 14
Brennerei bei Land- und Forstwirtschaft **2** 225
Brettspiele, gemeinnütziger Zweck **3** 99
Briefmarkensammeln 2 116
Brieftauben 2 213
Bruchteilsgemeinschaft, Mitunternehmerschaft **2** 407; **7** 213
Steuerschuldner **5** 12
Brutbetrieb bei Land- und Forstwirtschaft **2** 225
Buchführungshelfer, gewerbliche Tätigkeit **2** 59
Buchführungspflicht Anh 7 126
Buchhalter 2 59, 275
Buchkunst, gemeinnütziger Zweck **3** 99
Buchmacher 2 59, 275
Buchwert, Begriff **Anh 7** 1340
Buchwertabfindung, Mitunternehmerschaft **7** 165
Buchwertansatz, Ansatzverbote **Anh 7** 1340
Einbringungsgewinn **Anh 7** 2243

einheitlicher Ansatz **Anh 7** 2191
Handelsbilanzabweichung **Anh 7** 1342
Mitunternehmeranteile **Anh 7** 1361
negatives eingebrachtes Vermögen **Anh 7** 2192
niedriger gemeiner Wert **Anh 7** 2193
Organschaft **Anh 7** 338
übernehmende Gesellschaft **Anh 7** 1875 ff
übernehmende Personengesellschaft **Anh 7** 2190 ff
Buchwertaufstockung, Einbringungsgewinn I **Anh 7** 1920 ff
Entrichtung der Steuer **Anh 7** 1930 ff
steuerliches Einlagekonto **Anh 7** 1923
übernehmende Gesellschaft **Anh 7** 1884
Verlust **Anh 7** 1931
Buchwertfortführung, Realteilung **7** 118
Buchwertüberschreitung, Sacheinlage **Anh 7** 1341
Buchwertunterschreitung Anh 7 1335
einzelne Wirtschaftsgüter **Anh 7** 1341
Sacheinlage **Anh 7** 1341
Bühnenvermittler 2 275
Bundesanstalt für vereinigungsbedingte Sonderaufgaben, Befreiung **3** 15
Bundeseisenbahnvermögen 2 389
Befreiung **3** 8
Bürgerschaftliches Engagement, gemeinnütziger Zweck **3** 94
Bürgschaft als Sonderbetriebsvermögen **7** 193
Bürgschaftsbanken, Befreiung **3** 445 f
Bürogemeinschaft 2 290
Mitunternehmerschaft **2** 407
Burschenverein, gemeinnütziger Zweck **3** 99
Büttenredner 2 275
Butterauktionen, eigenwirtschaftliche Zwecke **3** 127

Campingplatz 2 389
Campingplatzinhaber 2 117
Campingverein, gemeinnütziger Zweck **3** 99
Carried Interest, freier Beruf/Gewerbebetrieb **2** 267 ff
Castingdirektor 2 275
Chemiker 2 275
Chirologe 2 275
Chiromant 2 275
Choreograph 2 275
Consultant 2 275

Darlehen, Eigenkapital **7** 206
bei nahestehenden Personen **7** 267
Darlehensbeschaffung, eigenwirtschaftliche Zwecke **3** 127

1165

Darlehenskonto
fette Zahlen = §§

Darlehenskonto, Gewährung von Gesellschaftsrechten **Anh 7** 2152
Darlehensvergabe, gemeinnütziger Zweck **3** 99
Dart, gemeinnütziger Zweck **3** 99
Datenschutzbeauftragter 2 275
Datenverarbeitung 2 275
Dauernde Lasten, Begriff **8 Nr 1b** 7
Betriebserweiterung, -verbesserung **8 Nr 1b** 15
Betriebsgründung/-erwerb **8 Nr 1b** 15
Einzelfälle
– bejaht **8 Nr 1b** 7a
– verneint **8 Nr 1b** 7b
Entgeltlichkeit **8 Nr 1b** 16
Folgeereignisse **8 Nr 1b** 18
Heranziehung beim Empfänger **8 Nr 1b** 19
Hinzurechnung **8 Nr 1b**
– abschließende Regelung **8 Nr 1b** 4
– höherrangiges Recht **8 Nr 1b** 2 f
Rückzahlung **8 Nr 1b** 11
Übernahme **8 Nr 1b** 15
Umfang der Hinzurechnung **8 Nr 1b** 9 ff
Umwandlungsvorgänge **8 Nr 1b** 17
Versorgungszusagen des Arbeitgebers **8 Nr 1b** 7c f
Zweck der Hinzurechnung **8 Nr 1b** 1
Dauerschuldentgelte, ABC-Darstellung **8 Nr 1a** 60 ff
Allgemeines/Auslegung **8 Nr 1a** 30
Anteil am Betrieb, Gründung/Erwerb **8 Nr 1a** 60 ff
Berechnung **8 Nr 1a** 56
Betriebserweiterung/-verbesserung **8 Nr 1a** 40 ff
– Begriff **8 Nr 1a** 40
– Gleichwertigkeit **8 Nr 1a** 40a
– Saldierungsverbot **8 Nr 1a** 42
– wirtschaftlicher Zusammenhang **8 Nr 1a** 41
– Zeitmoment **8 Nr 1a** 41
Betriebsgründung/-erwerb
– Begriff **8 Nr 1a** 33 ff
– Saldierungsverbot **8 Nr 1a** 39
– wirtschaftlicher Zusammenhang **8 Nr 1a** 38
– Zeitmoment **8 Nr 1a** 38
Betriebskapital
– „eigentliches" **8 Nr 1a** 32
Charakter der Schuld **8 Nr 1a** 50b
Dauerschuld
– Begriff **8 Nr 1a** 30 ff
– Ende **8 Nr 1a** 55
Geschäftsvorfälle (Bedeutung) **8 Nr 1a** 31, 50a f
Hinzurechnung **8 Nr 1a** 56
laufende Geschäftsvorfälle **8 Nr 1a** 50a f
– Abwicklung **8 Nr 1a** 51a ff

– Begriff **8 Nr 1a** 51
– fehlender Zusammenhang **8 Nr 1a** 51c f
sonstige Geschäftsvorfälle **8 Nr 1a** 50a f
– Anlagevermögen **8 Nr 1a** 53
– Begriff **8 Nr 1a** 52
– Dauerelement **8 Nr 1a** 52
– Laufzeit **8 Nr 1a** 54
– Zeitmoment **8 Nr 1a** 52
Teilbetrieb
– Gründung/Erwerb **8 Nr 1a** 33 ff
Verstärkung des Betriebskapitals
– Begriff **8 Nr 1a** 43 f
– isolierte Betrachtung **8 Nr 1a** 47 ff
– Mehrheit von Gläubigern **8 Nr 1a** 48a f
– Mehrheit von Konten **8 Nr 1a** 48
– Mittelverwendung **8 Nr 1a** 45
– nicht nur vorübergehend **8 Nr 1a** 50 ff
– Notwendigkeit, Zweckmäßigkeit **8 Nr 1a** 44a
– wechselnde Schulden **8 Nr 1a** 46
– Zeitmoment **8 Nr 1a** 50 ff
– Zweck der Kreditaufnahme **8 Nr 1a** 45
Zeitmoment **8 Nr 1a** 31
DBA, Ersatzrealisationstatbestand **Anh 7** 1726
DDR-Altkredite 8 Nr 1a 72
Deckungsrückstellung 8 Nr 1a 113
Deckungsstock 8 Nr 1a 113
Dekorateur 2 275
Demokratisches Prinzip, gemeinnütziger Zweck **3** 93
Demokratisches Staatswesen, gemeinnütziger Zweck **3** 93
Denkmalpflege, gemeinnütziger Zweck **3** 59, 99
Denkmalschutz, gemeinnütziger Zweck **3** 59
Designer 2 275
Desinfektor 2 275
Detektiv 2 275
Deutsche Bahn AG, Befreiung **3** 8
Deutsche Bundesbank, Befreiung **3** 14
Devisengeschäfte 2 118
Dialyseverein, gemeinnütziger Zweck **3** 99
Diätenassistent 2 275
Dienstmann 2 59
Differenzgeschäft 2 119
Direktvermarktung bei Land- und Forstwirtschaft **2** 225
Diskont, Begriff **8 Nr 1a** 15
Dispacheur 2 275
Disquotale Sacheinlage, Erbschaftsteuer **Anh 7** 283
Dokumentar 2 275
Doppelbelastung, kein Verbot **7** 10
Doppelstöckige KG 7 207
Doppelumwandlung, Sperrbetrag iSd § 50c EStG **Anh 7** 691

magere Zahlen = Rn

Einbringung in der EU

Drachenflug, gemeinnütziger Zweck 3 99
Drittanfechtung Anh 7 1372
Anteilstausch **Anh 7** 1519
Drittmittelforschung 2 389
Zweckbetrieb 3 302 ff
Drittstaaten Anh 7 56, 62
Umwandlungen **Anh 7** 18
Drittstaatenansässigkeit Anh 7 1264
Drittstaaten-Verschmelzungen Anh 7 1093
Drogenmissbrauch, Bekämpfung
– gemeinnütziger Zweck **3** 99
Durchlaufende Kredite 8 Nr 1a 73
Durchleitungsrecht, Ausschließlichkeit **8 Nr 1f** 11

EBITDA-Vorträge Anh 7 205, 211, 257, 647, 982, 2360
Abspaltung **Anh 7** 1195
EDV-Berater 2 275
Ehe und Familie (Schutz), gemeinnütziger Zweck **3** 72, 99
Eheähnliche Lebensgemeinschaft 2 35
Eheanbahnung, gemeinnütziger Zweck **3** 99
Ehegatten, einheitlicher Gewerbebetrieb **2** 34
Mitunternehmerschaft **2** 34
Ehegattenarbeitsverhältnis 7 260
Pensionszusagen **7** 265
Zukunftssicherungsleistungen **7** 262
Ehegattenpersonengesellschaft, einheitlicher Gewerbebetrieb **2** 34
Ehevermittler 2 275
Eichaufnehmer 2 275
Eigenständigkeit der Gewinnermittlung **7** 2
Eigenverantwortlichkeit, Begriff **2** 240
berufsfremde Person **2** 245
Erbe **2** 245
und Leitungsfunktion **2** 240
Mitarbeiterzahl
– Grenzziehung **2** 242
Prägung **2** 241
technische Hilfsmittel **2** 244
Vertretung **2** 243
Eigenwirtschaftliche Zwecke, Rechtsprechungsbeispiele **3** 127
Einbringender Anh 7 1261 ff
Änderung des Wertansatzes **Anh 7** 1403 f
Anteilstausch **Anh 7** 1535 ff, 1591
Bestimmung des Veräußerungspreises **Anh 7** 1402
Betrieb gewerblicher Art **Anh 7** 1266
Bindungswirkung des Wertansatzes **Anh 7** 1401
Drittanfechtung **Anh 7** 1591

Einbringung in Personengesellschaft **Anh 7** 2022 ff
Einbringungsgewinn II **Anh 7** 1762
nachträgliche Anschaffungskosten **Anh 7** 1736
Nachweispflicht **Anh 7** 1800 ff
Prüfungsrecht **Anh 7** 1591
Versteuerung des Einbringungsgewinn II **Anh 7** 1771 ff
Wohnsitz bzw Sitz **Anh 7** 2028
Einbringung in anderen Mitgliedstaaten **Anh 7** 1505 ff
von Anteilen **Anh 7** 1550 f
Anteilstausch **Anh 7** 36, 419, 1530 ff
Anwachsung **Anh 7** 1256
Begriff **Anh 7** 1255
beschränkte Steuerpflicht **Anh 7** 1265
Beteiligung an transparenter Gesellschaft **Anh 7** 1506
Einbringungsfolgegewinn **Anh 7** 1935
einzelner Wirtschaftsgüter **Anh 7** 2070 ff
– tauschähnlicher Vorgang **Anh 7** 2071
Einzelrechtsnachfolge **Anh 7** 35
Einzelrechtsübertragung **Anh 7** 110
ertragsteuerlicher Gesamtrechtsnachfolge **Anh 7** 1870 ff
Formwechsel **Anh 7** 35
gemischte **Anh 7** 1895
gegen Gesellschaftsrechte **7** 195
Gesamtrechtsnachfolge **Anh 7** 35
Missbrauchsklausel **Anh 7** 180
Mitverstrickung von Anteilen **Anh 7** 1850 ff
Nachversteuerung (§ 34a EStG) **Anh 7** 1520
objektbezogene Kosten **Anh 7** 1883
Organschaft **Anh 7** 312
in Personengesellschaft **Anh 7** 420
Sacheinlage **Anh 7** 110, 417
in Schwestergesellschaft **Anh 7** 2080
in Sonderbetriebsvermögen **Anh 7** 2032
sonstige Gegenleistungen **Anh 7** 1575 ff
transparente Gesellschaften **Anh 7** 1505 ff
übernehmende Gesellschaft **Anh 7** 1870 ff
Verlustabzug **Anh 7** 253
Vorgänge **Anh 7** 34
Weitereinbringung **Anh 7** 1690 ff, 1720 ff, 1800
von Wirtschaftsgütern **Anh 7** 1898
Einbringung in der EU Anh 7 2000 ff
Anteilstausch in der EU **Anh 7** 2010 ff
Betriebsstätte **Anh 7** 2003
in EU-Kapitalgesellschaft **Anh 7** 2004 f
Gegenstände der Sacheinlage **Anh 7** 2002
in inländische Betriebsstätte einer beschränkt steuerpflichtigen Kapitalgesellschaft **Anh 7** 2001
Missbrauchsvermeidung **Anh 7** 2017
Mitbestimmung **Anh 7** 2016

1167

Einbringung in Kapitalgesellschaft   fette Zahlen = §§

Einbringung in Kapitalgesellschaft oder Genossenschaft Anh 7 1250 ff
Abspaltung **Anh 7** 1257
Ausgliederung **Anh 7** 1258
Begriff Veräußerung **Anh 7** 1664
Einbringender **Anh 7** 1261 ff
Einbringungsgewinn I **Anh 7** 1670 ff
Einzelrechtsnachfolge **Anh 7** 1255 f
Ersatzrealisationstatbestände **Anh 7** 1690 ff
formwechselnde Umwandlung **Anh 7** 1258
Gesamtrechtsnachfolge **Anh 7** 1255, 1257
Gewährung neuer Anteile **Anh 7** 1360
Haftung **Anh 7** 1252
Kapitalerhöhung **Anh 7** 1360
persönlicher Anwendungsbereich **Anh 7** 1260 ff
rückwirkende Besteuerung **Anh 7** 1660 ff
Rückwirkung **Anh 7** 1272
Sacheinlage **Anh 7** 1275 ff
übernehmende Gesellschaft **Anh 7** 1270 ff
Umsatzsteuer **Anh 7** 1252
UmwG **Anh 7** 1255
Veräußerung erhaltener Anteile **Anh 7** 1663
verdeckte Einlage **Anh 7** 1982 f
verschleierte Sachgründung **Anh 7** 1980 ff
Verschmelzung **Anh 7** 1257
wirtschaftliches Eigentum **Anh 7** 1256
Einbringung in Personengesellschaft Anh 7 2020 ff
Abspaltung **Anh 7** 2085
Ansatz des eingebrachten Vermögens **Anh 7** 2170 ff
Anschaffungsgeschäft **Anh 7** 2020
Anteilstausch **Anh 7** 2046
Aufnahme eines Gesellschafters **Anh 7** 2041
aufnehmende Personengesellschaft **Anh 7** 2030 ff
Aufspaltung **Anh 7** 2085
Aufstockung des Mitunternehmeranteils **Anh 7** 2026, 2061
Ausgleichszahlungen **Anh 7** 2330 ff
Ausgliederung **Anh 7** 2078, 2085
ausländische Einbringungsvorgänge **Anh 7** 2086
ausländische Personengesellschaft **Anh 7** 2124
Ausübung des Bewertungswahlrechts **Anh 7** 2210 ff
Besteuerung des Einbringungsgewinns **Anh 7** 2230 ff
betrieblicher Schuldzinsenabzug **Anh 7** 2361
Bewertungswahlrechte **Anh 7** 2180 ff
EBITDA-Vortrag **Anh 7** 2360
Einbringungsgegenstand **Anh 7** 2100 ff
Einbringungsgewinn **Anh 7** 2240 ff
Eintritt eines weiteren Gesellschafters **Anh 7** 2025
Eintritt weiterer Gesellschafter **Anh 7** 2051, 2054
einzelne Wirtschaftsgüter **Anh 7** 2070 ff
Einzelrechtsnachfolge **Anh 7** 2025, 2040 ff
Einzelunternehmen **Anh 7** 2043 f
entgeltliche Kapitalerhöhung **Anh 7** 2052
ermäßigte Besteuerung **Anh 7** 2250 ff
ertragsteuerliche Folgen bei übernehmender Personengesellschaft **Anh 7** 2265 ff
fiktive Veräußerung **Anh 7** 2240
Gesamtplanbetrachtung **Anh 7** 2075 ff
Gesamtrechtsnachfolge **Anh 7** 2085 ff
Gesellschafterwechsel **Anh 7** 2079
von Gesellschaftsanteilen **Anh 7** 2060
Gewährung von Gesellschaftsrechten **Anh 7** 2150 ff
Gewerbesteuer **Anh 7** 2320 ff
Maßgeblichkeit der Handelsbilanz **Anh 7** 2088
Mitunternehmeranteil **Anh 7** 2047, 2125 ff
nachträgliche Einbringungsgewinnbesteuerung **Anh 7** 2290 ff
Nachversteuerung (§ 34a EStG) **Anh 7** 2362
persönlicher Anwendungsbereich **Anh 7** 2022 ff
Rückbeziehung **Anh 7** 2280 f
ruhender Gewerbebetrieb **Anh 7** 2046
sachlicher Anwendungsbereich **Anh 7** 2035 ff
Sonderbetriebsvermögen **Anh 7** 2052, 2072, 2105
tauschähnlicher Vorgang **Anh 7** 2020 ff
Teilbetrieb **Anh 7** 2115 ff
nach UmwG **Anh 7** 2088
unentgeltliche Aufnahme eines Gesellschafters **Anh 7** 2042
Veräußerung „an sich selbst" **Anh 7** 2260 f
Veräußerungsgeschäft **Anh 7** 2020
vermögensverwaltende Personengesellschaft **Anh 7** 2083
verpachteter Gewerbebetrieb **Anh 7** 2046
Verschmelzung **Anh 7** 2085
Voraussetzungen des Bewertungswahlrechts **Anh 7** 2205 ff
wesentliche Betriebsgrundlagen **Anh 7** 2047
Zinsvortrag **Anh 7** 2360
Zurückbehaltung von Wirtschaftsgütern **Anh 7** 2135 ff
Zusammenschluss von mehreren Einzelunternehmen **Anh 7** 2050
Zuzahlung **Anh 7** 2340 ff
– bei Buchwertfortführung **Anh 7** 2340 ff
– bei Einbringung zum gemeinen Wert **Anh 7** 2350 ff
Einbringungsbilanz, Einbringender **Anh 7** 2221, 2230
Eintritt eines Gesellschafters **Anh 7** 2232

magere Zahlen = Rn

Einheitlicher Gewerbebetrieb

bei Gewinnermittlung nach § 4 Abs 3 EStG **Anh 7** 2230 ff
Einbringungsfolgegewinn, übernehmende Gesellschaft **Anh 7** 1935
übernehmende Personengesellschaft **Anh 7** 2271
Einbringungsgeborene Anteile Anh 7 767 f, 1016, 1580 ff, 1965 ff, 2291
nach § 8b Abs 4 Satz Nr 2 KStG aF **Anh 7** 1972
Anteilstausch **Anh 7** 1550
Antrag **Anh 7** 1976
Besteuerung des Veräußerungsgewinns **Anh 7** 1778
Eigenschaft **Anh 7** 1630
Einbringung **Anh 7** 1901
Einlage **Anh 7** 1977
Entnahme **Anh 7** 1967
Freibetrag **Anh 7** 1974 f
Gewerbeertrag **Anh 7** 1583
Kapitalgesellschaft **Anh 7** 1968
– als Mitunternehmerin **Anh 7** 1583
Minderung des Kaufpreises **Anh 7** 1970
miteingebrachte **Anh 7** 1410
natürliche Person **Anh 7** 1582
Sacheinlage **Anh 7** 1410
SEStEG **Anh 7** 1971
Sperrfrist **Anh 7** 1969
steuerfreie Veräußerung nach § 8b KStG **Anh 7** 1580 ff
Tausch **Anh 7** 1973
Übergang von stillen Reserven **Anh 7** 1447
Veräußerung **Anh 7** 1966
wirtschaftliches Eigentum **Anh 7** 1966
Einbringungsgegenstand, Einbringung in Personengesellschaft **Anh 7** 2100 ff
Einbringungsgewinn, Anteilstausch **Anh 7** 1620 f
Besteuerung **Anh 7** 1620 f
Buchwertansatz **Anh 7** 2243
Einbringender **Anh 7** 2240
Entstehung **Anh 7** 2244
Erhöhung des Kapitalkontos **Anh 7** 2300
Gewerbesteuer **Anh 7** 155
nachträgliche Anschaffungskosten **Anh 7** 2299
Einbringungsgewinn I, Auswirkung auf Veräußerungsgewinn **Anh 7** 1748
Bescheinigungsverfahren **Anh 7** 1830 f
beschränkt Steuerpflichtiger **Anh 7** 1673
Besteuerung **Anh 7** 1671
Buchwertaufstockung **Anh 7** 1920 ff
eingebrachte Vermögen **Anh 7** 1672
Erhöhungsbetrag **Anh 7** 1910 f
Ermittlung **Anh 7** 1745 ff
– des Veräußerungspreises **Anh 7** 1670 ff
gewerbesteuerliche Behandlung **Anh 7** 1678

juristische Personen des öffentlichen Rechts **Anh 7** 1820 ff
Kosten des Vermögensübergangs **Anh 7** 1675 f
nachträgliche Anschaffungskosten **Anh 7** 1685 f, 1718, 1723, 1736, 1748
Rücklage nach § 6b EStG **Anh 7** 1677
rückwirkendes Ereignis **Anh 7** 1680, 1952
teilweise Veräußerung **Anh 7** 1670, 1686
Verzinsung **Anh 7** 1680
Einbringungsgewinn II, andere steuerliche Entstrickung **Anh 7** 1779
Ausschluss der nachträglichen Besteuerung **Anh 7** 1778
Bereinigung **Anh 7** 1775
Bescheinigungsverfahren **Anh 7** 1830 f
Besteuerung **Anh 7** 1771 ff
Einbringender **Anh 7** 1762
Einbringungszeitpunkt **Anh 7** 1771
Entstehung **Anh 7** 1760 ff
Erhöhungsbetrag **Anh 7** 1925 ff
Ermittlung **Anh 7** 1770 ff
gewerbesteuerliche Behandlung **Anh 7** 1775
Ketteneinbringungen **Anh 7** 1788
Körperschaften **Anh 7** 1762
Korrektur der Anschaffungskosten der Anteile **Anh 7** 1771
Kreditinstitute **Anh 7** 1762
Minderung **Anh 7** 1773
mitverstrickte Anteile **Anh 7** 1763
nachträgliche Anschaffungskosten **Anh 7** 1777, 1787 ff
natürliche Person **Anh 7** 1762
Organgesellschaft **Anh 7** 1764
Personengesellschaft **Anh 7** 1762
qualifizierter Anteilstausch **Anh 7** 1760
rückwirkendes Ereignis **Anh 7** 1774, 1957
Steuervergünstigungen **Anh 7** 1773
Veräußerungstatbestände **Anh 7** 1785 ff
Einbringungsgewinnbesteuerung, nachträgliche **Anh 7** 2290 ff
Einbringungskosten Anh 7 1406
Einbringungszeitpunkt bei Anteilstausch **Anh 7** 1771
Sacheinlage **Anh 7** 1670
Eingebrachte Anteile, Anschaffungskosten **Anh 7** 1902
Einheitlicher Gewerbebetrieb 2 16 ff, 26 ff
Arbeitsgemeinschaften **2** 32
Innengesellschaft **2** 30 f
Interessengemeinschaft **2** 32
Mitunternehmerschaft **2** 26 ff
Partenreederei **2** 29
Rechtsprechungsbeispiele **2** 25
Reisegewerbe **35a** 4
Unterbeteiligung **2** 31

1169

Einlagefiktion

fette Zahlen = §§

verbundene Unternehmen **2** 37
s auch Sachliche Selbstständigkeit
Einlagefiktion Anh 7 725 ff
Einlagekonto, steuerliches **Anh 7** 2341
Einlagen, ausstehende **Anh 7** 683
bei GmbH & Co KG **7** 246
steuerfreies Vermögen **Anh 7** 975
nach Übertragungsstichtag **Anh 7** 1481
verdeckte **Anh 7** 1277, 1317, 1982
von Wirtschaftsgütern **7** 199
Einspruch 1 47
Eintritt eines weiteren Gesellschafters, Einbringender **Anh 7** 2025
Einbringung in Personengesellschaft **Anh 7** 2171
Einzelrechtsnachfolge Anh 7 1255 f
Anteilstausch **Anh 7** 36, 1530
Begriff **Anh 7** 1897, 2036
Einbringung **Anh 7** 35, 110
– in Personengesellschaft **Anh 7** 2025
gemeiner Wert **Anh 7** 1890
Sacheinlage **Anh 7** 1250
übernehmende Gesellschaft **Anh 7** 1893 ff
übernehmende Personengesellschaft **Anh 7** 2266
wirtschaftliches Eigentum **Anh 7** 1282, 1480
Einzelunternehmen, Einbringung in Personengesellschaft **Anh 7** 2045
Zusammenschluss von mehreren E. **Anh 7** 2050
Eisverkäufer 35a 3
Elektrotechniker 2 275
Energieberater 2 275
Entbindungspfleger 2 275
Entgelte *s Dauerschuldentgelte*
Entgeltliche Übertragung, Ersatzrealisationstatbestand **Anh 7** 1693
Entnahmen, Gewerbesteuer **Anh 7** 181
nach Übertragungsstichtag **Anh 7** 1481
zurückbehaltene Wirtschaftsgüter **Anh 7** 2139
Entnahmenüberhang Anh 7 1482
Entrichtung der Steuer, Buchwertaufstockung **Anh 7** 1930 ff
Organgesellschaft **Anh 7** 1932
Entschädigungen, Betriebsaufgabe **7** 74
Gewerbesteuerpflicht **7** 42
Entschädigungs- und Sicherungseinrichtung, Befreiung **3** 441
Steuermessbetrag **11** 8
Entstehen der Steuerschuld **5** 22
Entstehung der Gewerbesteuer 1 1; **18**
Bedeutung **18** 3
und Festsetzung **18** 2
und Vereinbarungen **18** 2
und Verzicht **18** 2
Entstrickung 7 109; **Anh 7** 590 ff
Einbringungsgewinn II **Anh 7** 1779

Gewerbesteuer **Anh 7** 160 f
Entwicklungshilfe, gemeinnütziger Zweck **3** 68
Entwicklungszusammenarbeit, gemeinnütziger Zweck **3** 68
Erbauseinandersetzung 7 121
Erbbaurechtsveräußerungen 2 120
Erbbauzinsen 8 Nr 1a 74; **8 Nr 1b** 5, 7b
Erben 2 275
Verlustabzug **Anh 7** 252
Erbengemeinschaft, einheitlicher Gewerbebetrieb **2** 33
Mitunternehmerschaft **2** 407
Steuerschuldner **5** 12
Erbensucher 2 275
Erbfolge, Gewerbeertrag **7** 38
Erbschaft 2 389
Erbschaftsteuer, disquotale Sacheinlage **Anh 7** 283
Forderungsverzicht zu Sanierungszwecken **Anh 7** 283
Formwechsel **Anh 7** 280
Leistungen an Kapitalgesellschaft **Anh 7** 283
schädliche Verwendung **Anh 7** 284
Umstrukturierungen **Anh 7** 280 ff
unentgeltliche Übertragung von Treugut **Anh 7** 285
Verschmelzung von Kapitalgesellschaften **Anh 7** 281
Werterhöhungen **Anh 7** 283
Erdölbevorratungsverband, Befreiung **3** 12
Erdrosselungssteuer 1 20; **16** 11a
Erfindertätigkeit 2 275
Ergänzungsbilanzen Anh 7 715, 2177
Ausgleichszahlungen **Anh 7** 2342 f
Einbringung gegen Zuzahlung ins Privatvermögen **Anh 7** 2225
Formwechsel **Anh 7** 831
bei Gewinnermittlung nach § 4 Abs 3 EStG **Anh 7** 2225
Korrektur von Beteiligungsverhältnissen **Anh 7** 2222
Korrekturposten **Anh 7** 2182
übernehmende Personengesellschaft **Anh 7** 2220 ff
Zweck **Anh 7** 2220
Ergotherapeut 2 275
Erhebungspflicht 1 16
Erhebungsverfahren 1 44 ff
Erhebungszeitraum 14 2, 9
Erhöhungsbetrag, Einbringungsgewinn I **Anh 7** 1910 f
Einbringungsgewinn II **Anh 7** 1925 ff
steuerliches Einlagekonto **Anh 7** 1926
Erholungsheim, gemeinnütziger Zweck **3** 99

magere Zahlen = Rn **Erweiterte Kürzung**

Erholungsverein, gemeinnütziger Zweck 3 99
Erklärungsfristen 14a 4
Erlass, Zuständigkeit **1** 45
Erlöschen der Steuerschuld **5** 24
Ermäßigter Steuersatz, Ansparrücklage nach § 7g EStG **Anh 7** 2251
Auflösung von steuerfreien Rücklagen **Anh 7** 2250
Buchwertausgliederung eines Mitunternehmeranteils **Anh 7** 2254
Buchwertausgliederung in Schwester-Personengesellschaft **Anh 7** 2255
Einbringung in Personengesellschaft **Anh 7** 2250
Einbringung von Mitunternehmeranteilen **Anh 7** 1467
funktional unwesentliche Wirtschaftsgüter **Anh 7** 1467
Halbeinkünfteverfahren **Anh 7** 1470 f
Rücklagen nach § 6b EStG **Anh 7** 2251
Sacheinlage **Anh 7** 1465
Sonderbetriebsvermögen **Anh 7** 2252
stille Reserven des Umlaufvermögens **Anh 7** 2256
Teil eines Mitunternehmeranteils **Anh 7** 2251
Teileinkünfteverfahren **Anh 7** 1467, 2251
Zurückbehaltung eines Teilbetriebs **Anh 7** 2253
Ernährungsberater 2 275
Eröffnungsbilanz Anh 7 970
rückwirkendes Ereignis **Anh 7** 2242
Ersatzrealisationstatbestände Anh 7 1690 ff
Abwicklung der Kapitalgesellschaft **Anh 7** 1711 ff
andere Gegenleistungen **Anh 7** 1717
andere Umwandlungen **Anh 7** 1699
Anteil an Organgesellschaft **Anh 7** 1713
Anwachsung **Anh 7** 1692
Auflösung der Kapitalgesellschaft **Anh 7** 1711 ff
ausländische Vorgänge **Anh 7** 1698
Einbringungsgewinn II **Anh 7** 1735
entgeltliche Weiterübertragung **Anh 7** 1693
Formwechsel **Anh 7** 1738
Kapitalherabsetzung **Anh 7** 1712
Ketteneinbringungen **Anh 7** 1713, 1715 ff
Leistungen aus steuerlichem Einlagekonto **Anh 7** 1712
nachfolgende Einbringung **Anh 7** 1698
nachträgliche Anschaffungskosten **Anh 7** 1718, 1723
ohne Gewährung von neuen Anteilen **Anh 7** 1702
schädlicher Veräußerungsvorgang **Anh 7** 1695

teilentgeltliche Übertragung **Anh 7** 1692
umwandlungsbedingte Übertragung **Anh 7** 1697
unentgeltliche Übertragung **Anh 7** 1691
Wegfall der Ansässigkeitsvoraussetzungen **Anh 7** 1725 ff
Weitereinbringung **Anh 7** 1697
– durch Einbringenden **Anh 7** 1720 ff
Weiterumwandlung **Anh 7** 1701 f
Erstattungsanspruch, Entstehung **20** 4
Fälligkeit **20** 4
Erweiterte Kürzung 9 Nr 1; **9 Nr 1** 17 ff
Antrag auf Kürzung **9 Nr 1** 32
Aufdeckung stiller Reserven
– Ausschluss **9 Nr 1** 35
Aufgabegewinn
– Ausschluss **9 Nr 1** 36
Ausschließlichkeit
– Ausnahmen bei zwingend notwendigen Tätigkeiten **9 Nr 1** 24
– Betriebsvorrichtungen **9 Nr 1** 24b
– Geringfügigkeit **9 Nr 1** 23a
– Gewinnerzielungsabsicht **9 Nr 1** 23b
– Zeitfragen **9 Nr 1** 23c
begünstigte Unternehmen **9 Nr 1** 18 f
Betriebsaufspaltung **9 Nr 1** 26
Betriebsvorrichtungen **9 Nr 1** 24b
Errichtung und Veräußerung von Einfamilienhaus, Zweifamilienhaus oder Eigentumswohnung **9 Nr 1** 30
Gewerbebetrieb des Gesellschafters/Genossen **9 Nr 1** 33 ff
– „dienen", Begriff **9 Nr 1** 33d f
– Geringfügigkeitsgrenze **9 Nr 1** 33 f
– mittelbare Beteiligung **9 Nr 1** 33a
– mittelbare Überlassung **9 Nr 1** 33b f
Gewinnermittlung **9 Nr 1** 31
Grundbesitz
– Begriff **9 Nr 1** 20 ff
– eigener Grundbesitz **9 Nr 1** 21
– Zeitfragen **9 Nr 1** 21a
Immobilien-Leasing **9 Nr 1** 22e
Kapitalvermögen
– Verwaltung **9 Nr 1** 28
Organschaften **9 Nr 1** 19 ff
schädliche Nebentätigkeiten **9 Nr 1** 25
Umfang der Kürzung **9 Nr 1** 37 f
Veräußerung von Grundbesitz **9 Nr 1** 22d
Veräußerungsgewinne
– Ausschluss **9 Nr 1** 36
Vergütungen iSv § 15 Abs 1 Nr 2 Satz 1 EStG
– Ausschluss **9 Nr 1** 34
Vermietung und Verpachtung **9 Nr 1** 22b f
Verwaltung von Grundbesitz **9 Nr 1** 22
– Ausschließlichkeit **9 Nr 1** 23 ff
– Risikoeinsatz **9 Nr 1** 22a

1171

Erwerbs- und Wirtschaftsgenossenschaften   fette Zahlen = §§

– Zeitfragen **9 Nr 1** 22f
Wohnungsbauten
– Errichtung und Betreuung **9 Nr 1** 29 f
zulässige Nebentätigkeiten **9 Nr 1** 27 ff
Zweck **9 Nr 1** 17
Erwerbs- und Wirtschaftsgenossenschaften 3 325 ff
Befreiung **3** 413 ff
Steuermessbetrag **11** 8
Erwerbsverein 3 325 ff
Erzieherische Tätigkeit 2 275
Erziehung, gemeinnütziger Zweck **3** 60
Erziehungshelfer 2 59
Erzprobennehmer 2 275
Eurokredite 8 Nr 1a 75
Europäische Genossenschaft (SCE) 2 462; **Anh 7** 55
Europäische Gesellschaft (SE) 2 457; **Anh 7** 55, 59, 63
Europäische Wirtschaftliche Interessenvereinigung (EWIV) 5 13
aufnehmende Personengesellschaft **Anh 7** 2030
Mitunternehmerschaft **2** 406
Europarecht und Gewerbesteuer **1** 23
European Transonic Windtunnel GmbH, Befreiung **3** 488
Exportkredite 8 Nr 1a 76

Fachbuchhandel, eigenwirtschaftliche Zwecke **3** 127
Factoring 8 Nr 1a 77
Fahrschule 2 275
Fakir 2 275
Faktische Gesellschaft 7 161
Familiengesellschaft 7 250 f
Befristung **7** 255
Buchwertabfindung **7** 255
Fremdvergleich **7** 251
Gewinnverteilung **7** 255
GmbH & Co KG **7** 246
zivilrechtliche Fragen **7** 256
Familienstiftung, gemeinnütziger Zweck **3** 99
Fasching, gemeinnütziger Zweck **3** 88
Faschingsbälle 2 389
Fastnacht, gemeinnütziger Zweck **3** 88
Ferienwohnung, Vermietung **2** 121
Fernsehen 2 275
Fernsehfahnder 2 59
Fernsehshow 2 275
Fernsehsprecher 2 275
Festlandsockel 4 3
Festsetzung der Gewerbesteuer 1 37 ff; **16**
Beitreibung **16** 6
Durchführung **16** 2

Erlass **16** 8
Gewerbesteuerbescheid *s dort*
Säumniszuschläge **16** 9
Stundung **16** 7
Verfahren **16** 3
Verjährung **16** 5
Zuständigkeit **16** 2
Feststellungslast Anh 7 1562
Feststellungsverjährung 35b 20
Feuerbestattung, eigenwirtschaftliche Zwecke **3** 127
gemeinnütziger Zweck **3** 99
Feuerschutz, gemeinnütziger Zweck **3** 65, 99
Feuerwehrfonds, Befreiung **3** 440 ff
Fiktive Teilbetriebe Anh 7 1145 f
Missbrauchsregelung **Anh 7** 1160
Filmautoren, -komponisten, -regisseure 2 59
Filmclub, gemeinnütziger Zweck **3** 99
Filmemacher 2 275
Filmkredite 8 Nr 1a 78
Filmschauspieler 2 59
Finanzanalyst 2 275
Finanzberater 2 275
Finanzdienstleistungsinstitute 8 Nr 1a 79, 93a
Finanzhoheit 1 6
Finanzierungsanteile, Freibetrag **8 Nr 1f** 18
Finanzreformgesetz 1 10
Finanzverfassung und Verfassung **1** 22
Firmenwert, Zwischenwertansatz **Anh 7** 1345
Fischerei 3 320 ff
Fischzucht 2 213, 219
Fiskalbetrieb 2 380
Fitness-Studio 2 275
Fleischbeschauer 2 275
Flüchtlingshilfe, gemeinnütziger Zweck **3** 63, 99
Flughafenbetrieb, gemeinnütziger Zweck **3** 99
Flugsport, gemeinnütziger Zweck **3** 99
Fonds, geschlossene **2** 122
Forderungen, zurückbehaltene **Anh 7** 2140, 2231
Forderungsverzicht, Erbschaftsteuer **Anh 7** 283
Förderzinsen 8 Nr 1a 116
Forfaitierung 8 Nr 1a 80
Formwechsel Anh 7 29, 74, 110, 228, 416, 438, 1258
Abgrenzung Verschmelzung **Anh 7** 49
Aufdeckung der stillen Reserven in Übertragungsbilanz **Anh 7** 825 ff
einbringungsgeborene Anteile **Anh 7** 1581

magere Zahlen = Rn

Gartenarchitekt

einkommensteuerrechtlicher **Anh 7** 99
ertragsteuerliche Behandlung **Anh 7** 81
Ersatztatbestände **Anh 7** 1738
formwechselfähige Rechtsträger **Anh 7** 98 ff
GbR **Anh 7** 99, 823, 2373
Genossenschaft **Anh 7** 833
Gewerbesteuer **Anh 7** 177, 830, 836
GmbH & Co KG **Anh 7** 2379
Handelsbilanz **Anh 7** 2377
handelsrechtlicher **Anh 7** 81, 100
in Kapitalgesellschaft **Anh 7** 1893
Kapitalgesellschaft in Personengesellschaft und umgekehrt **Anh 7** 820 ff
zwischen Kapitalgesellschaften **Anh 7** 835 f
Minderheitsgesellschafter **Anh 7** 831 f
Nachversteuerung (§ 34a EStG) **Anh 7** 2383
Organschaft **Anh 7** 309, 324 ff
in Personengesellschaft **Anh 7** 114, 2079, 2087
Personengesellschaft in Kapitalgesellschaft oder Genossenschaft **Anh 7** 834, 2370 ff
rückwirkende Besteuerung nach § 6 Abs 5 Satz 6 EStG **Anh 7** 2381
Rückwirkung **Anh 7** 370 f, 822 f
schädlicher Unternehmerwechsel **Anh 7** 202
Sonderbetriebsvermögen **Anh 7** 2374
Sperrbetrag iSd § 50c EStG **Anh 7** 691
steuerrechtlich **Anh 7** 2371
Übernahmegewinn **Anh 7** 827 f
Übersicht **Anh 7** 116
Übertragungs- und Eröffnungsbilanz **Anh 7** 820 ff
Übertragungsbilanz **Anh 7** 2382
UmwG **Anh 7** 2370
vergleichbare ausländische Vorgänge **Anh 7** 2372
Verlustvortrag **Anh 7** 2378
vermögensverwaltende Personengesellschaft **Anh 7** 2380
wesentliche Betriebsgrundlagen **Anh 7** 2374
wirtschaftliches Eigentum **Anh 7** 35
Formwechselnde Umwandlung 7 236
Forschung, gemeinnütziger Zweck **3** 53
Forschungsanstalt 2 389
Forschungseinrichtungen, gemeinnütziger Zweck **3** 99
Forstgenossenschaft 3 16
Steuermessbetrag **11** 8
Fotoclub, gemeinnütziger Zweck **3** 99
Fotodesigner 2 275
Fotograf 2 275
Fotomodell 2 59, 275
Fotoreporter 2 275
Frachtenprüfer 2 275
Frachtführer 2 59
Franchisenehmer 2 59
Franchise-Verkauf 2 275

Frauenbeauftragte 2 275
Freibetrag, Finanzierungsanteile **8 Nr 1f** 18
Freie Berufe 2 275
ähnlicher Beruf **2** 247 ff
Berufsbild
– Tätigkeit nach B. **2** 238
eigenverantwortliche Tätigkeit **2** 239 ff
Gruppenähnlichkeit **2** 247
interprofessionelle Zusammenschlüsse **2** 246
Katalog **2** 237
kein einheitlicher Begriff **2** 236
Mischtatbestände **2** 276 ff
Personengesellschaft **2** 246
s auch Selbstständige Tätigkeit
Freikörperkultur, gemeinnütziger Zweck **3** 99
Freimaurerloge, gemeinnütziger Zweck **3** 99
Freistellungsbescheid 3 308
Freiwillige Feuerwehr 2 389
Freizeitaktivitäten, gemeinnütziger Zweck **3** 84, 95
Fremdenführer 2 59, 275
Fremdenverkehrsbetrieb, gemeinnütziger Zweck **3** 99
Fremdenverkehrsverband, -verein, eigenwirtschaftliche Zwecke **3** 127
Fremdkapitalkonto, Gewährung von Gesellschaftsrechten **Anh 7** 2152
Fremdvergleich 7 251
Friedensförderung, gemeinnütziger Zweck **3** 99
Friedhofsgärtner 2 275
Friedhofsverwaltung 2 389
Frühere Tätigkeiten 8 Nr 1a 81
Fundustheorie 1 11
Funken, gemeinnütziger Zweck **3** 99
Funktionaler Betriebsbegriff 7 69
Funktionsschachtelbeteiligung an ausländischer Kapitalgesellschaft
– Bruttoerträge der Tochtergesellschaft **9 Nr 7** 9
Fürsorgeerziehung, gemeinnütziger Zweck **3** 99
Fürsorgetätigkeit 2 389
Fusionsrichtlinie Anh 7 1298, 1321
Anteilstausch **Anh 7** 1605 f
Verletzung **Anh 7** 1739
Fußballverein, gemeinnütziger Zweck **3** 99
Fußpfleger 2 275
Fußreflexzonenmasseur 2 275

Garagenablösung 2 389
Garantieentgelte 8 Nr 1a 82
Gartenarchitekt 2 275

1173

Gartenschau fette Zahlen = §§

Gartenschau, gemeinnütziger Zweck **3** 99
Gaststätten **2** 389
Gaststättenhandel **2** 123
Gastwirtschaft bei Land- und Forstwirtschaft **2** 225
GbR, Formwechsel **Anh 7** 99, 2373
s auch *BGB-Gesellschaft*
Gebietskörperschaft **1** 4 f
Gefangenenarbeitsbetriebe **2** 389
Gefolgschaftsverein, gemeinnütziger Zweck **3** 99
Gegengeschäfte von Genossenschaften **3** 334
Gegenleistung **Anh 7** 887, 920 ff, 1027
andere **Anh 7** 1717
andere Wirtschaftsgüter **Anh 7** 1380 ff, 1696
Barabfindung **Anh 7** 923
Einbringung ohne G. **Anh 7** 1319
Minderung der Anschaffungskosten **Anh 7** 1577
sonstige **Anh 7** 1575 ff, 1771
Veräußerungserlös **Anh 7** 924
Wegfall der Beteiligung **Anh 7** 923
zusätzliche **Anh 7** 1646
GEMA-Beauftragter **2** 59
Gemeinde, Begriff **1** 3 f
Bestand **1** 5 ff
örtliche Gemeinschaft **1** 5
Rechtsbehelfsbefugnis **1** 48 f
Selbstverwaltungsrecht **1** 4
verfassungsrechtliche Garantie **1** 6
Gemeinde-Einkommensteuer **1** 11
Gemeindefinanzreform **1** 56
Gemeindefreie Gebiete **1** 7
Gemeindeumlage **1** 10, 56
Gemeindeverbände **1** 7
Gemeindewerke **2** 389
Gemeiner Wert **Anh 7** 1330 ff, 1555
Anteile **Anh 7** 1036
Anteilstausch **Anh 7** 1595
Begrenzung des Bewertungswahlrechts **Anh 7** 1400
Begriff **Anh 7** 1890 f
Buchwertunterschreitung **Anh 7** 1335
eingebrachtes Vermögen **Anh 7** 2177
erstmaliges inländisches Besteuerungsrecht **Anh 7** 2184
sonstige Gegenleistungen **Anh 7** 1575
übernehmende Gesellschaft **Anh 7** 1890 ff
übernehmende Personengesellschaft **Anh 7** 2180
uneingeschränktes Besteuerungsrecht **Anh 7** 1366
zwingender Ansatz **Anh 7** 2183
Gemeinnützige Siedlungsunternehmen, Befreiung **3** 420 ff
Gemeinnützige Zwecke, ABC-Darstellung **3** 99 ff

abschließende Aufzählung **3** 33, 52
Allgemeinheit
– Einzelfragen **3** 40 ff
– Förderung der A. **3** 36 ff
Auslandssachverhalte **3** 39
Auslegungsfragen **3** 32 ff
Begriff **3** 30
Förderung der Allgemeinheit **3** 43 ff
Förderungskatalog **3** 51 ff
geistige Förderung **3** 49
und Gemeinwohl **3** 31
materielle Förderung **3** 48
Rechts-/Werteordnung **3** 46
sittliche Förderung **3** 50
verfassungsmäßige Ordnung **3** 46
und Zeitgeist **3** 34 f
Zielkonflikte **3** 44 f
Zweckgerichtetheit **3** 47
Gemeinnützigkeit, einstweilige Anordnung **3** 312
vorläufige Bescheinigung **3** 309 ff
Gemeinschaftliche Tierhaltung, Befreiung **3** 400 ff
Generalbevollmächtigter 2 275
Genossenschaften 2 461; **Anh 7** 71 f; **8 Nr 1a** 83, 93a
Entstehen **2** 473
Formwechsel **Anh 7** 833
Genussrechte 8 Nr 1a 84
schuldrechtliche **Anh 7** 1551
Gepäckträger 2 59
Gesamtbilanz 7 188
Gesamthafenbetriebe, Befreiung **3** 465 ff
Steuermessbetrag **11** 8
Gesamthandsvermögen, Grunderwerbsteuer **Anh 7** 135
Gesamtplan, Einbringung in Personengesellschaft **Anh 7** 2075 ff, 2117
Gesamtplanrechtsprechung Anh 7 1305
Gesamtrechtsnachfolge Anh 7 110, 125 ff, 1255, 1257
iSd § 45 AO **Anh 7** 1107
Anteilstausch **Anh 7** 36, 1530
ausländische Umwandlungen **Anh 7** 1893
Einbringung **Anh 7** 35
– in Personengesellschaft **Anh 7** 2085 ff
ertragsteuerliche **Anh 7** 1250
gemeiner Wert **Anh 7** 1890
handelsrechtliche Umwandlungen **Anh 7** 75
modifizierte **Anh 7** 1894
partielle **Anh 7** 46
steuerliche **Anh 7** 980
übernehmende Gesellschaft **Anh 7** 1870 ff, 1893 ff
übernehmende Personengesellschaft **Anh 7** 2266
umwandlungsrechtliche **Anh 7** 2036

magere Zahlen = Rn

Gewerbekapital

umwandlungssteuerrechtliche **Anh 7** 1107, 2280 f
wirtschaftliches Eigentum **Anh 7** 1480
Geschäftsanteil, Anschaffungskosten **Anh 7** 1347
Aufstockung **Anh 7** 1317
Geschäftsführer 2 275
Geschäftsführergehalt 7 246
Geschäftsführung, Mittelansammlung **3** 217
Nachweis **3** 216
Rechtsordnung **3** 213
tatsächliche **3** 210 ff
Verstoßfolgen **3** 215
Zurechenbarkeit **3** 214
Zuwendungsbestätigung **3** 218
Geschäftswert bei Betriebsverpachtung **7** 106
verdeckte Einlage **7** 90
Zwischenwertansatz **Anh 7** 1345
Geselligkeitsverein, gemeinnütziger Zweck **3** 99
Gesellschaft, in anderen Mitgliedstaaten ansässige **Anh 7** 1505 ff
ausländische **Anh 7** 1229
erworbene **Anh 7** 1541
transparente **Anh 7** 56, 1505 ff
übernehmende **Anh 7** 1540 f
überschuldete **Anh 7** 705
Gesellschaft bürgerlichen Rechts *s BGB-Gesellschaft*
Gesellschaft mit beschränkter Haftung *s GmbH*
Gesellschafter, abgefundener **Anh 7** 731
Aufnahme eines G. **Anh 7** 2041, 2350 f
– unentgeltliche **Anh 7** 2042
ausländischer **Anh 7** 750 f
Ausscheiden eines G. **Anh 7** 1492, 2079, 2270
Eintritt eines weiteren G. **Anh 7** 198, 2025, 2051, 2054, 2171, 2232, 2261
GmbH einer GmbH & Co KG **Anh 7** 2089
GmbH ohne Vermögensbeteiligung **Anh 7** 2079
Haftung **5** 34
nicht nach § 8b KStG begünstigte G. **Anh 7** 2294
ohne Vermögensbeteiligung **Anh 7** 2051
Selbstständigkeit **2** 59
Übernahmefolgegewinn **Anh 7** 774
Wechsel **Anh 7** 731
widersprechender **Anh 7** 518, 923
Gesellschafterdarlehen 7 206
Gesellschafterdarlehenskonto Anh 7 2341
Gesellschafterkonto, Gewährung von Gesellschaftsrechten **Anh 7** 2152

Gesellschafterwechsel, Einbringung in Personengesellschaft **Anh 7** 2079
Kosten des Vermögensübergangs **Anh 7** 992
Steuerschuldner **5** 15
Steuerschuldnerschaft **5** 15
Gesellschaftsanteile 8 Nr 1a 85
Aufgabe **7** 133
Veräußerung **7** 126
Gesellschaftsgründung 7 198
aus Gesellschaftermitteln **Anh 7** 1850
Gesellschaftsrechte, Gewährung **Anh 7** 2150 ff, 2330 f
unentgeltlicher Vorgang **Anh 7** 2154
Gesetz und Recht, gemeinnütziger Zweck **3** 99
Gesonderte Feststellung, satzungsmäßige Voraussetzungen **3** 313 ff
Gesundheitsfürsorge, gemeinnütziger Zweck **3** 99
Gesundheitswesen, öffentliches, gemeinnütziger Zweck **3** 55
Getreidebörse, gemeinnütziger Zweck **3** 99
Gewährung neuer Anteile, Kapitalerhöhung **Anh 7** 1360
Gewerbebetrieb 2 275
Abgrenzung zur Land- und Forstwirtschaft **2** 210 ff
Abgrenzung zur selbstständigen Arbeit **2** 235 f
Abgrenzung zur Vermögensverwaltung **2** 100 ff
Begriff **2** 50
Betriebsbegriff **2** 2
Einzelunternehmen **2** 17 ff
laufender Gewinn **2** 3
Legaldefinition **2** 7
ruhender **Anh 7** 2046
Typusbegriff **2** 51
verpachteter **Anh 7** 2046
Gewerbeertrag Anh 7 165 ff
bei Abwicklung
– Insolvenz **7** 50 f
Begriff **6** 4
Gründungsphase **7** 24
Hinzurechnung **8a aF**
– Beteiligungsketten **8a aF** 5 ff
– Umfang **8a aF** 4, 6
– Verfahren **8a aF** 7
– Voraussetzungen **8a aF** 2 f
– Zweck **8a aF** 1
inländischer **6** 3
bei Körperschaften **7** 46
bei Personengesellschaften, natürlichen Personen **7** 41 f
s auch Maßgebender Gewerbeertrag
Gewerbekapital, Begriff **6** 5

1175

Gewerbesteuer

fette Zahlen = §§

Gewerbesteuer, Anteilstausch **Anh 7** 1947
Äquivalenzprinzip **1** 11
Aufkommen **1** 55 ff, 8 ff
Begünstigung nach § 32c EStG **Anh 7** 152
Berechtigung **1** 16
Berufswahl und -ausübung **1** 20
Besitzzeitanrechnung **Anh 7** 147
Besteuerung des Einbringungsgewinns **Anh 7** 2301
Besteuerungsverfahren **1** 24-51
Beteiligungskorrekturgewinn **Anh 7** 149
Betriebsausgabe **1** 15
Bezüge iSd § 7 UmwStG **Anh 7** 150
Diskussion **1** 57 ff
Eigentumsgarantie **1** 20
Einbringender **Anh 7** 1940 ff
Einbringung eines ideellen Mitunternehmeranteils **Anh 7** 2321
Einbringung in Personengesellschaft **Anh 7** 2090
Einbringungsgewinn **Anh 7** 155, 1940
Einbringungsgewinn I **Anh 7** 1678 f, 1950 ff
Einbringungsgewinn II **Anh 7** 1776, 1955 ff
Ende der Gewerbesteuerpflicht **Anh 7** 166
Entstehung **1** 1; **18** 2; *s auch Entstehung der Gewerbesteuer*
Entstrickung **Anh 7** 160 f
Erhebung **1** 44 ff
finanzwirtschaftliche Bedeutung **1** 55 ff
Fundustheorie **1** 11
Gemeindesteuer **1** 2, 10
Gesetzesvorbehalt **1** 17
Gewerbeertrag **Anh 7** 165 ff
Gewinn aus Einlagefiktion nach § 5 Abs 2 UmwStG **Anh 7** 749
Gleichheitssatz **1** 19 f
Kapitalgesellschaft **Anh 7** 1942
Kosten des Vermögensübergangs **Anh 7** 991
Kostensteuer **1** 15
Missbrauchsklausel **Anh 7** 175 ff
natürliche Person **Anh 7** 1941
Objektsteuer **1** 14
Personengesellschaft **Anh 7** 1943
Rückstellung **1** 15
rückwirkende Einbringungsgewinnbesteuerung **Anh 7** 2320 ff
Rückwirkung **Anh 7** 375 f
Sacheinlage **Anh 7** 1945 f
Schadensersatz **1** 17, 25
Sozialstaatsprinzip **1** 21
Steuer ieS **1** 13
Steuergegenstand **2**
Steuerschuldner **5** 1; **Anh 7** 238
Teilbetriebsveräußerung **Anh 7** 169
Teileinkünfteverfahren **Anh 7** 1956
Übernahmefolgegewinn **Anh 7** 149, 780
Übernahmegewinn **Anh 7** 148, 617

übernehmende Kapitalgesellschaft **Anh 7** 1960
Übertragungsgewinn **Anh 7** 146, 617
Umwandlungen **Anh 7** 145 ff
unproportionales Sonderbetriebsvermögen **Anh 7** 1948
Unternehmerwechsel **Anh 7** 166 ff
Veräußerung „an sich selbst" **Anh 7** 2324, 2352
Veräußerung von Umlaufvermögen **Anh 7** 2322
Veräußerungsfreibetrag **Anh 7** 190
Veräußerungsgewinn **Anh 7** 1409
Veräußerungskosten **Anh 7** 189
Vereinbarungen **1** 17
Verfahrensvorschriften **1** 17
Verfassungsmäßigkeit **1** 18-22
verfassungsrechtliche Garantie **1** 9
Verlustabzug nach § 10a GewStG **Anh 7** 195 ff
verunglückte Anteilsübertragung **Anh 7** 1948
Verwaltung **1** 44 ff
Wertaufholung **Anh 7** 763
Zerlegung *s dort*
Zurückbehaltung von Wirtschaftsgütern **Anh 7** 2323
Zuzahlungen **Anh 7** 2345
Zweck **1** 11
Gewerbesteueranrechnung 14 10
Gewerbesteuerbescheid, Bekanntgabe **16** 3
Folgebescheid **1** 42; **16** 3
Rechtsbehelfe **16** 4 f
Gewerbesteuermessbescheid, Aussetzung der Vollziehung **35b** 11
Bekanntgabe **1** 30; **14** 6
Bindungswirkung **1** 42; **14** 7
Folgeänderung **35b** 7
Grundlagenbescheid **1** 29, 42
Inhalt **14** 3
Konkurrenz von Änderungsvorschriften **35b** 10
Mitteilung an die Gemeinde **14** 4
streitiges Heberecht **14** 4
Zuständigkeit **14** 2
Gewerbesteuermessbetrag, Fehlersaldierung **14** 1
s auch Steuermessbetrag
Gewerbesteuerpflicht, Beginn **7** 24
Ende **Anh 7** 166
Gewerbesteuerrückstellung 7 13
Gewerbesteuerumlage, Beitrittsgebiet **1** 56

Gewerbeverlust 10a
Begriff **10a** 6
Durchführung des Verlustabzugs **10a** 112 ff
– Amtsverfahren **10a** 113

magere Zahlen = Rn   **Gewinnanteile**

– Beteiligung einer Körperschaft **10a** 121 ff
– gesonderte Feststellung **10a** 117 ff
– Personengesellschaften **10a** 120 ff
– Reihenfolge **10a** 113a
– Steuervergünstigungen **10a** 112b
– Verfahren **10a** 116 ff
Entstehungsgeschichte **10a** 2
gesonderte Feststellung **10a** 117 ff
Körperschaften **10a** 25 ff
Mindestbesteuerung **10a** 114 ff
personale Elemente **10a** 3
sachliche Elemente **10a** 3
Teilbetrieb **10a** 14
Unternehmensidentität **10a** 3
– Begriff **10a** 10
– *s auch dort*
Unternehmeridentität **10a** 3
Verlustrücktrag **10a** 5
vorweggenommene Verluste **10a** 7
Zeitfragen **10a** 4
Zweck der Vorschrift **10a** 1
Gewerblich geprägte Personengesellschaft **2** 430 ff
Anwendungsbereich **2** 433 f
Beteiligung bei fehlender Prägung **2** 454
Beteiligung einer Kapitalgesellschaft **2** 436
Betriebsaufgabe durch Rechtshandlungen **2** 450
doppelstöckige GmbH & Co KG **2** 436
Einkünfteerzielungsabsicht **2** 435
– Wegfall **2** 449
Gepräge-GbR **2** 447
Gepräge-KG **2** 444
Gepräge-OHG **2** 446
Geschäftsführung **2** 438 ff
Gesellschafterhaftung **2** 437
Gewerbesteuerbelastung **2** 452
Gewerbesteuerpflicht **2** 451 ff
Rechtsfolgen **2** 448 ff
Rechtsformen **2** 443 ff
sachliche Steuerpflicht **2** 582
Schein-KG **2** 445
Voraussetzungen **2** 436
zeitlicher Anwendungsbereich **2** 453
Gewerbliche Tätigkeit, Gewinnerzielungsabsicht
– Voraussetzung **2** 73
Zurechnungssubjekt **2** 53
Gewerblicher Grundstückshandel *s Grundbesitz; Grundstückshandel*
Gewinnabführungsvertrag, Organschaft **Anh 7** 310, 326
Gewinnanteile an ausländischer Kapitalgesellschaft
– Antrag der Muttergesellschaft **9 Nr 7** 15
– Aufwendungen **9 Nr 7** 17b
– Begriff **9 Nr 7** 17 f

– Beteiligung nach Satz 1 Hs 1 **9 Nr 7** 5 ff
– Beteiligung nach Satz 1 Hs 2 **9 Nr 7** 6
– Beteiligung nach Satz 4 ff **9 Nr 7** 12 ff
– Beteiligungen der Tochtergesellschaft **9 Nr 7** 9
– Bruttoerträge der Enkelgesellschaft **9 Nr 7** 14
– Bruttoerträge der Tochter **9 Nr 7** 10 ff
– EU-Recht **9 Nr 7** 4
– Gewinnausschüttungen Tochtergesellschaft/Enkelgesellschaft **9 Nr 7** 13
– Kürzung **9 Nr 7**
– Kürzung nach Satz 4 **9 Nr 7** 18
– Mutter-Tochter-Richtlinie **9 Nr 7** 7b, 9
– Pensionsfonds **9 Nr 7** 7a
– Rechtsformen **9 Nr 7** 7
– Tätigkeiten der Tochter **9 Nr 7** 8
– Umfang der Kürzung **9 Nr 7** 17 ff
– Versicherungsunternehmen **9 Nr 7** 7a
– Voraussetzungen, Erfüllung steuerlicher Pflichten **9 Nr 7** 16
– Zweck **9 Nr 7** 1
an DBA-befreiter Gesellschaft
– Beteiligung **9 Nr 8** 3
– Kürzung **9 Nr 8**
– Rechtsformen **9 Nr 8** 2
– Umfang der Kürzung **9 Nr 8** 5
– Voraussetzung der Kürzung **9 Nr 8** 4
– Zweck der Kürzung **9 Nr 8** 1
an inländischer Kapitalgesellschaft usw
– Anwendungsbereiche **9 Nr 2a** 3
– Aufwendungen **9 Nr 2a** 9 ff
– Begriff **9 Nr 2a** 6
– Beispiele **9 Nr 2a** 7 ff
– Beteiligung **9 Nr 2a** 4 ff
– Beteiligungswert **9 Nr 2a** 9c
– Kürzung **9 Nr 2a**
– Liquidation **9 Nr 2a** 7a
– Organschaft **9 Nr 2a** 4b, 8b
– Pensionsfonds **9 Nr 2a** 8c
– Personengesellschaft **9 Nr 2a** 4b
– Rechtsformen **9 Nr 2a**
– Stichtagsprinzip **9 Nr 2a** 5
– Umfang der Kürzung **9 Nr 2a** 6 ff
– Veräußerungsgewinne **9 Nr 2a** 8a
– Versicherungsunternehmen **9 Nr 2a** 8c
– Zweck der Kürzung **9 Nr 2a** 1
an KGaA
– Kürzung **9 Nr 2b**
– Umfang der Kürzung **9 Nr 2b** 2
– Zweck der Kürzung **9 Nr 2b** 1
an Mitunternehmerschaft
– Aufwendungen **9 Nr 2** 6c
– ausländische **9 Nr 2** 2
– BV-Eigenschaft der Beteiligung **9 Nr 2** 5
– EWIV **9 Nr 2** 2a
– Gewerbesteuerpflicht **9 Nr 2** 4

1177

Gewinnausschüttungen

fette Zahlen = §§

- KGaA **9 Nr 2** 2a
- Kürzung **9 Nr 2**
- niedrige Gewerbesteuerbelastung **9 Nr 2** 1a
- Rechtsformen **9 Nr 2** 3
- Umfang der Kürzung **9 Nr 2** 6 ff
- Umwandlungsvorgänge **9 Nr 2** 6b
- Veräußerungsgewinne **9 Nr 2** 6a
- Zeitfragen **9 Nr 7** 11
- Zweck der Kürzung **9 Nr 2** 1

Gewinnausschüttungen, Rückwirkung **Anh 7** 383 ff
Gewinnbeteiligung, Mitunternehmerrisiko **7** 167
stille Gesellschaft **7** 230
Gewinnermittlung nach § 4 Abs 3 EStG
- steuerliche Eröffnungsbilanz **Anh 7** 2212
Abweichungen wegen Objektsteuercharakters **7** 3
Konkurrenzen **7** 179
bei Mitunternehmerschaften **7** 9
Mitunternehmerschaften ohne Gesamthandsvermögen **7** 213 f
für Zwecke der Gewerbesteuer **7** 2 f
Gewinnermittlungsart, Wechsel **7** 7
Gewinnerzielungsabsicht 2 73
abweichender Zeitpunkt **2** 95
Anlaufzeiten/Anfangsverluste **2** 79, 85
Anscheinsbeweis **2** 86 ff
Aufgabe **7** 178
Beweis-/Feststellungslast **2** 96
Ende/Umstellung der Tätigkeit **2** 92
Freizeitvergnügen **2** 81
gemischte Tätigkeiten **2** 99
Generationenbetrieb **2** 93
Grundsätzliches **2** 73
Indizien **2** 82
bei Mitunternehmerschaften **7** 176
objektive Kriterien **2** 73
Personengesellschaften **2** 98 f
persönliche Neigungen **2** 79 ff
Prognose **2** 74
qualitative Änderung der Tätigkeit **2** 95
Rechtsprechungsbeispiele **2** 97
Segmentierung **2** 94
steuerrechtliche Kriterien **2** 75 ff
Steuervorteile **2** 81
tatsächliche Gewinne **2** 89
Totalgewinn **2** 74
Umstrukturierung **2** 82
verschiedene Tätigkeiten **2** 94
Zeitrahmen **2** 90
Zweigbetrieb **2** 94
Gewinngutschriften 8 Nr 1a 113
Gewinnminderung, Anteilsentnahme **8 Nr 10** 5
Anteilsveräußerung **8 Nr 10** 5

Auflösung der Körperschaft **8 Nr 10** 5
Hinzurechnung **8 Nr 10**
- Gewinnausschüttungen **8 Nr 10** 4
- Kürzung als Voraussetzung **8 Nr 10** 6
- bei Organschaft **8 Nr 10** 2, 7 f
- bei Schachtelbeteiligung **8 Nr 10** 3
- Ursachenzusammenhang **8 Nr 10** 5 f
- Zweck **8 Nr 10** 1
Kapitalherabsetzung **8 Nr 10** 5
Teilwertabschreibung **8 Nr 10** 5
Teilwertaufholung/-zuschreibung **8 Nr 10** 8
Gewinnverteilung, Auswirkung der Gewerbesteuer **7** 44
Gewinnvorab, anteilige Gewinnrealisierung **Anh 7** 2334
Gewinnvorzug 2 267 ff
Gläubigerschutzbestimmungen Anh 7 92
Gleichberechtigung, gemeinnütziger Zweck **3** 71, 99
Gleichheitssatz, Produktionsfaktoren **1** 19 f
Typisierung **1** 19a
Globalkredite 8 Nr 1a 86
Glücksspiele 2 275
GmbH 2 460
Beginn der Gewerbesteuerpflicht **2** 470 ff
Gründungsgesellschaft, Vor-GmbH **2** 470
Mitunternehmerschaft **7** 170
ohne Vermögensbeteiligung **Anh 7** 2079
Vorgesellschaft **2** 471
Vorgründungsgesellschaft **2** 472
GmbH & atypisch Still Anh 7 112
GmbH & Co KG 7 246 f; **Anh 7** 1435 ff
100%iger Anteil an Komplementär-GmbH **Anh 7** 2103, 2120
Betriebsaufgabe **7** 246
Familiengesellschaft **7** 246
Formwechsel **Anh 7** 2379
Geschäftsführergehälter **7** 246
GmbH als Einbringende **Anh 7** 2089
identitätswahrende Umwandlung **Anh 7** 2089
Steuerpflicht
- Beginn und Ende **2** 583
verdeckte Gewinnausschüttungen **7** 247
Verlustabzug nach § 10a GewStG **Anh 7** 229
GmbH & Still 7 242
GmbH-Beteiligung 7 170
als Sonderbetriebsvermögen **7** 193
Golf, gemeinnütziger Zweck **3** 99
Gotcha, gemeinnütziger Zweck **3** 99
Graphiker 2 275
Grenzüberschreitende Gewerbegebiete 4 4
Grenzüberschreitende Organschaft, Gewerbesteuer **Anh 7** 240

magere Zahlen = Rn

Grundstückshandel

Grenzüberschreitende Umwandlungen Anh 7 27
Anteilstausch **Anh 7** 56
Beschränkung des Besteuerungsrechts **Anh 7** 1060
Rückwirkung **Anh 7** 395
Sacheinlage **Anh 7** 56
Grenzüberschreitende Verschmelzung, Rechtsträger **Anh 7** 95
Grenzüberschreitende Vorgänge, Bewertungswahlrechte **Anh 7** 2205
Grundbesitz, Begriff **9 Nr 1** 3 f
Betriebsvermögen
– anteilige Nutzung **9 Nr 1** 5
– Ehegatten **9 Nr 1** 6
– Einzelgewerbetreibende **9 Nr 1** 4
– Entnahme **9 Nr 1** 8
– fremder Grund und Boden **9 Nr 1** 4
– gewillkürtes **9 Nr 1** 7
– Körperschaften **9 Nr 1** 10
– Miteigentum **9 Nr 1** 6
– Personengesellschaft **9 Nr 1** 9
Kürzung **9 Nr 1**
– Bemessungsgrundlage **9 Nr 1** 13
– Grundsteuerbefreiung **9 Nr 1** 15
– Maßgeblichkeit des Einheitswerts **9 Nr 1** 12
– Umfang **9 Nr 1** 14
– Zweck **9 Nr 1** 2a f
Zeitfragen **9 Nr 1** 11
Grunderwerbsteuer, Anschaffungsnebenkosten **Anh 7** 138
Anteilsvereinigung **Anh 7** 138, 992
begünstigte Erwerbsvorgänge **Anh 7** 132 f
Bemessungsgrundlage **Anh 7** 136
Einbringung von Anteilen **Anh 7** 137
Erhebung **Anh 7** 135
Formwechsel **Anh 7** 134 f
Gesellschafterwechsel **Anh 7** 992, 1899
Kapitalerhöhung **Anh 7** 137
im Konzern **Anh 7** 131
Rückwirkung **Anh 7** 139
Übergang von Gesamthandsvermögen **Anh 7** 135
Umstrukturierungen **Anh 7** 137
Umwandlung auf Alleingesellschafter **Anh 7** 136
Umwandlungen **Anh 7** 130 ff
Verwirklichung **Anh 7** 135
Grundlagenbescheid, Folgewirkung für Gewerbesteuer **35b** 11
Verlustfeststellungsbescheid **35b** 15
Grundstück, Ausgliederung **Anh 7** 2122
Spaltung **Anh 7** 2122
Teilbetrieb **Anh 7** 2122
als wesentliche Betriebsgrundlage **7** 101
Grundstücksgesellschaft Anh 7 1062

Grundstückshandel, Art und Durchführung **2** 163
Beginn
– Einlagezeitpunkt **2** 201
besondere Übertragungsfälle **2** 153 ff
– gewinnlose Geschäfte **2** 153 ff
– Schenkung **2** 154
Betriebsaufgabe **2** 204
– gewerbesteuerfreie **7** 74
Betriebsvermögen
– Umfang **2** 202
Dauerschulden **2** 205
Drei-Objekt-Grenze **2** 148 ff
– Ausnahmen **2** 194 ff
– Ehegatten **2** 150
– indizielle Bedeutung **2** 152
– keine Erwerbsgrenze **2** 151
Eigentumswohnungen **2** 161
Einzelfragen **2** 201 ff
Erwerb
– Begriff **2** 146
Fallgruppen **2** 143 ff
gewerblicher **2** 140 ff
Gewinnermittlungsart **2** 203
Gewinnerzielungsabsicht **2** 141
Gewinnverwirklichung **2** 203
Großobjekt **2** 165 f
Immobiliengesellschaften
– Anteilsverkauf **2** 189 ff
Land- und Forstwirtschaft **2** 200
Motive **2** 157
Objektbegriff **2** 159 ff
– Aufteilung/Zusammenfassung **2** 162
– ausländische Objekte **2** 164
Objekte
– Anzahl **2** 148 f
Personengesellschaften
– Gesellschafterebene **2** 185 ff
– Gesellschaftsebene **2** 182 ff
planmäßiger Zusammenhang **2** 178 ff
Privatvermögen **2** 155 f
Rechtsnachfolge **2** 177
Rücklage nach § 6b EStG **2** 206
Selbstnutzung **2** 156
sonstige Fälle **2** 194 ff
unbedingte Verkaufsabsicht **2** 194
– Gewerblichkeit, Zeitpunkt **2** 197
– Indizien **2** 195 f
– unzureichende Maßnahmen **2** 198
Veräußerung
– Begriff **2** 147
Veräußerungsabsicht, bedingte **2** 145
weitere Beispiele **2** 199
zeitlicher Zusammenhang
– Indizwirkung **2** 170 ff
– keine starre Grenze **2** 173 ff
– Veräußerungsabsicht **2** 167 ff

1179

Grundstückshandelsgesellschaft   fette Zahlen = §§

Zurechnung **2** 142
zwangsweise Veräußerung **2** 157 f
Zwischenschaltung
– Kapitalgesellschaft **2** 193
– Personengesellschaft **2** 192
Grundstückshandelsgesellschaft Anh 7 1466
Gründungsphase 7 24
Gründungstheorie Anh 7 27, 63
Gruppenähnlichkeit bei freien Berufen **2** 247
Gutachter 2 59, 275
Gutachterausschuss 2 389
Gütergemeinschaft 2 34
Mitunternehmerschaft **2** 407
Steuerschuldner **5** 12

Haftung 5 34 f
Gesellschafter **5** 34
Haftungsbescheid 5 37
Hähnchenmast 2 213
Halbeinkünfteverfahren, ermäßigter Steuersatz **Anh 7** 1470 f
Gewinnermittlung **7** 5
Hamburgische Wohnungsbaukreditanstalt, Befreiung **3** 14
Handaufleger 2 275
Handelsbilanz Anh 7 630 ff, 858, 885
Buchwertansatz **Anh 7** 1342
Einbringung in Personengesellschaft **Anh 7** 2088
Maßgeblichkeit **Anh 7** 2176
Maßgeblichkeitsgrundsatz **Anh 7** 2376
Sonderbetriebsvermögen **Anh 7** 2375
Spaltung **Anh 7** 1201
Zwischenwertansatz **Anh 7**
Handelsrechtliche Behandlung, Anteilstausch **Anh 7** 1556
Handelsrechtliche Wertansätze Anh 7 898
Handelsrechtlicher Anteilstausch Anh 7 1564
Handelsrechtlicher Zwischenwertansatz Anh 7 1882
Handelsschiffe im internationalen Verkehr, ausschließlicher Betrieb **9 Nr 3** 8b
Begriff/Einzelfälle **9 Nr 3** 6 f
Durchführung der Kürzung **9 Nr 3** 8 ff
Fiktion **9 Nr 3** 5
Gewerbeertragskürzung **9 Nr 3**
überwiegender Betrieb **9 Nr 3** 7
Zweck der Kürzung **9 Nr 3** 1
Handelsvertreter 2 275
Gewerbesteuerpflicht der Ausgleichszahlung **1** 19a; **7** 42
Selbstständigkeit **2** 59
Händlertypisches Verhalten, Abgrenzungsmerkmal **2** 105

Hanseatische Gesellschaft für öffentliche Finanzierungen, Befreiung **3** 14
Hauberggenossenschaft 3 16
Steuermessbetrag **11** 8
Haus- und Grundbesitzerverein, gemeinnütziger Zweck **3** 99
Hausgehilfe/-gehilfin 2 59
Hausgewerbetreibende 2 59, 275
Begriff **11** 11a
Steuermesszahl **11** 11
– bei Gleichgestellten **11** 13
Hausierer 35a 3
Hausmeister, Nichtselbstständigkeit **2** 59
Haustierzucht 2 213
Hausverwalter 2 59, 275
Havariesachverständiger 2 275
Hebamme 2 275
Hebeberechtigte Gemeinde 4 1
Hebeberechtigung bei Betriebsstätten in gemeindefreien Gebieten **4** 3
Reisegewerbe **35a** 5
Hebesatz 16
Begrenzung **1** 16
Begriff **16** 2, 10
Beschluss **16** 10
Festsetzung **16** 10
Funktion **16** 2
Gleichheit **16** 11c
Höhe **16** 11 ff
Koppelungsvorschriften **16** 12
Mindesthebesatz **16** 11b
Rechtsbehelfe **16** 13
Satzung **16** 10
Hebesatzanspannung, Übersichten **1** 39 ff
Heilberufe 2 275
Heileurhythmist 2 275
Heilhilfsberuf, ähnlicher Beruf **2** 258
Heilpädagogische Leistungen, gemeinnütziger Zweck **3** 99
Heilpraktiker 2 275
Heimarbeiter 2 59
Steuermesszahl **11** 12
Heimatgedanke, gemeinnütziger Zweck **3** 83
Heimatpflege, gemeinnütziger Zweck **3** 83, 99
Heimatverein, gemeinnütziger Zweck **3** 99
Heime, gemeinnütziger Zweck **3** 99
Heimfalllasten 8 Nr 1a 87
Hellseherin 2 275
Herbergsvater 2 59
Hereinverschmelzung Anh 7 570 ff, 971
übernehmende inländische Körperschaft **Anh 7** 1091
übertragende Körperschaft **Anh 7** 1090
Hilfsgeschäfte von Genossenschaften **3** 335

magere Zahlen = Rn   **Jugendsekte**

Hinauseinbringung, Sacheinlage **Anh 7** 1500
Hinausverschmelzung Anh 7 560 f, 916, 1080 f
Hinterziehungszinsen 1 26
Zuständigkeit der Gemeinde **4** 6
Hinzurechnungen 8
ausländische Betriebsstätten **8** 5
Dauerschuldentgelte **8 Nr 1a** 30 ff
höherrangiges Recht **8 Nr 1a** 3 f
Neufassung **8** 2
rechtliche Bedeutung **8** 3
Schuldentgelte u.ä. **8 Nr 1a**
– Entstehungsgeschichte **8 Nr 1a** 2
– Zweck **8 Nr 1a** 1
Spenden **8 Nr 9** 1 ff
Wirkungen **8** 3
wirtschaftliche Bedeutung **8** 4
Zweck **8** 1
s auch Dauernde Lasten; Dauerschulden; Dauerschuldentgelte; Grundbesitz; Kommanditgesellschaft auf Aktien; Miet- und Pachtzinsen; Mitunternehmerschaft; Renten; Spenden; Stille Gesellschaft; Verlustanteile
Hochbautechniker 2 275
Hochschulen *s Schulen*
Hochseefischerei 3 320 ff
Hoheitliches Tätigwerden 2 381
Beteiligung am allgemeinen Wirtschaftsverkehr **2** 71
Hoheitsbetrieb, Abgrenzung **2** 382
Hilfsgeschäfte **2** 386
Mischtatbestände **2** 385
Wettbewerbsrelevanz **2** 384
Holzabsatzfonds, Befreiung **3** 489
Holzschnitzer 2 275
Homosexuellenverein, gemeinnütziger Zweck **3** 99
Hopfentreter 2 59
Hundesport, gemeinnütziger Zweck **3** 92, 99
Hundezucht, -haltung 2 213
Hypnotherapeut 2 275
Hypotheken 8 Nr 1a 88
Hypothekenbanken 8 Nr 1a 93a

Illustration 2 275
Imkerei 2 219
Immaterielles Wirtschaftsgut und Miet- und Pachtzinsen **8 Nr 1d** 15
Importkredite 8 Nr 1a 89
Importwarenabschlag 7 75
Industriegleisanlagen 2 389
Informationsdienst 2 275
Ingenieur 2 275
Inkassobüro 2 275
Inland 2 13

Inländisches Besteuerungsrecht, Ausschluss **Anh 7** 2206
Beschränkung **Anh 7** 2207
erstmaliges **Anh 7** 1892
gemeiner Wert **Anh 7** 2181
Inlandsbegriff 2 640
Inlandsbesteuerung 2 640
Inlandsverschmelzung mit Auslandsbezug Anh 7 550 f, 1061 f
Innenarchitekt 2 275
Innengesellschaft 2 30 f; **7** 214
einheitlicher Gewerbebetrieb **2** 30 f
Gewinnermittlung **7** 214
Mitunternehmerschaft **2** 404; **7** 161
Steuerschuldner **5** 10
verdeckte **7** 161
Insolvenz 7 52 ff
Feststellung **7** 57
Insolvenzforderung **7** 54
Masseverbindlichkeiten **7** 60
und Steuerpflicht **2** 576
Verfahren **7** 53
Insolvenzsicherung, Befreiung **3** 425
Insolvenzverwalter 2 275
Instrumentenbauer 2 275
Internat *s Schulen*
Internationale Gesinnung, gemeinnütziger Zweck **3** 66
Internet 2 275
Internetverein, gemeinnütziger Zweck **3** 99
Interprofessionelle Zusammenschlüsse und freie Berufe **2** 246
und Mischtatbestände **2** 289
Partnerschaftsgesellschaft **2** 289
Interviewer 2 275
Inventurbüro 2 275
Investitions- und Förderbank Niedersachsen, Befreiung **3** 14
Investitions- und Strukturbank Rheinland-Pfalz, Befreiung **3** 14
Investitionsabzugsbetrag nach § 7g EStG, Spaltung **Anh 7** 1240
Investitionsbank Berlin, Befreiung **3** 14
Investitionsbank Brandenburg, Befreiung **3** 14
Investitionsbank Sachsen-Anhalt, Befreiung **3** 14
Investitionsbank Schleswig-Holstein, Befreiung **3** 14
Investitionszulage 8 Nr 1a 90
Investitionszulage Anh 7 290

Jagd 2 220
Journalist 2 275
Jugendhilfe, gemeinnütziger Zweck **3** 56
Jugendsekte, gemeinnütziger Zweck **3** 99

1181

Jugendverband fette Zahlen = §§

Jugendverband, gemeinnütziger Zweck **3** 99
Jugendweihe, gemeinnütziger Zweck **3** 99
Junggesellenverein, gemeinnütziger Zweck **3** 99
Juristische Personen, Beteiligung an Mitunternehmerschaften **7** 16
Juristische Personen des öffentlichen Rechts, Einbringungsgewinn I **Anh 7** 1820 ff
Steuermessbetrag **11** 8

Kameradschaftsverein, gemeinnütziger Zweck **3** 99
Kameramann 2 275
Kaminkehrer 2 389
Kanalbetrieb 2 389
Kantinen 2 389
Kapitalanlagegesellschaft 2 465
Befreiung **3** 487
Kapitalbeteiligungsgesellschaften, Befreiung **3** 455 ff
Kapitalerhöhung Anh 7 1277
Anschaffungskosten für Erwerb junger Anteile **Anh 7** 1448
Aufstockung des Mitunternehmeranteils **Anh 7** 2061
Begriff **Anh 7** 1445
Einbringung ohne K. **Anh 7** 1317
entgeltliche **Anh 7** 2052
aus Gesellschaftermitteln **Anh 7** 1850
Gewährung neuer Anteile **Anh 7** 1360
inkongruente **Anh 7** 1538
Mitverstrickung **Anh 7** 1854
Überpreis **Anh 7** 1449
verschleierte **Anh 7** 1317
Kapitalgesellschaft, Abwicklung
– Insolvenz **2** 476; **7** 51; **Anh 7** 1711 ff
Anteilstausch **Anh 7** 56
Auflösung **Anh 7** 1711 ff
ausländische Rechtsgebilde **2** 466
Beendigung des Steuergegenstandes **2** 474
Beginn der Gewerbesteuerpflicht **7** 25
Beteiligungen **2** 478
einheitlicher Gewerbebetrieb **2** 468 f
Insolvenz **2** 476
Liquidation **2** 474
Rechtsfolgen **2** 467
rechtsformabhängiger Steuergegenstand **2** 456 ff
Rechtsformen **2** 457 ff
Reisegewerbe **2** 477
steuerfreie **Anh 7** 1353
Veräußerung aller Anteile **7** 74
Veräußerungsgewinne **2** 475; **7** 30 f
Kapitalherabsetzung, Ersatzrealisationstatbestand **Anh 7** 1712

Hinzurechnung der Gewinnminderung **8** Nr 10
Kapitalkonto 7 139
Gewährung von Gesellschaftsrechten **Anh 7** 2151 f
Karneval, gemeinnütziger Zweck **3** 88
Karnevalsverein, gemeinnütziger Zweck **3** 99
Kartelle 2 464
Kartenspiele, gemeinnütziger Zweck **3** 99
Kartenspieler 2 275
Kartograph 2 275
Käseherstellung bei Land- und Forstwirtschaft **2** 224
Kassierer 2 59
Katastrophenschutz, gemeinnütziger Zweck **3** 65, 99
Kautionen 8 Nr 1a 91
Ketteneinbringungen, Einbringungsgewinn II **Anh 7** 1788
Ersatzrealisationstatbestand **Anh 7** 1713, 1715 ff
Kettenhonorarvertrag 2 59
Kfz-Sachverständiger 2 275
KGaA *s Kommanditgesellschaft auf Aktien*
Kiesausbeute, bei Land- und Forstwirtschaft **2** 223
Kindererholungsheim 2 275
Kindergarten 2 389
Kinderheim 2 275
Kindesvermögen, Nutzung **5** 3
Kirchliche Zwecke, Ausbildung **3** 113
Begriff **3** 110
Begünstigungszweck **3** 112
Besichtigung **3** 113
Heidenmission **3** 113
Kirchturmbesteigung **3** 113
Körperschaft des öffentlichen Rechts
– Anerkennung **3** 114
Messwein
– Ankauf **3** 113
Religionsgemeinschaft
– förderbare **3** 111
Religionsunterricht **3** 113
Sklavenbefreiung **3** 113
Vermögensverwaltung **3** 113
Versorgung **3** 113
Klärschlammtransport bei Land- und Forstwirtschaft **2** 225
Klavierstimmer 2 275
Kleinbeträge 34
Zerlegung, Änderung **34** 4
Zuweisung **34** 1 ff
Kleinere Körperschaften, Befreiung **3** 484
Besteuerung **2** 479
Kleingartenverein, gemeinnütziger Zweck **3** 99

1182

magere Zahlen = Rn **Kreistagsabgeordneter**

Kleingärtnerei, gemeinnütziger Zweck **3** 86
Kleintierzucht 2 213
gemeinnütziger Zweck **3** 99
Kochen, gemeinnütziger Zweck **3** 99
Kommanditbeteiligung, Erhöhung **Anh 7** 2071
Kommanditgesellschaft auf Aktien 2 459; **7** 229; **Anh 7** 1320, 1561
Anteilsveräußerung **7** 129
aufnehmende Personengesellschaft **Anh 7** 2032
Aufwendungen **8 Nr 4** 10
Ausschluss der Hinzurechnung **8 Nr 4** 9
Doppelbelastungen **8 Nr 4** 5
Gewinnunabhängigkeit **8 Nr 4** 8
Hinzurechnung der Gewinnanteile **8 Nr 4**
– Zweck **8 Nr 4** 1
persönlich haftender Gesellschafter **8 Nr 4** 3 f
Umfang der Hinzurechnung **8 Nr 4** 7 ff
Verfassungsrecht **8 Nr 4** 2
Vergütungen des persönlich haftenden Gesellschafters **8 Nr 4** 7
Wechsel in atypische stille Gesellschaft **Anh 7** 2081
Wirkung der Hinzurechnung **8 Nr 4** 6
Kommunalberater 2 275
Kommunale Datenverarbeitungszentralen 2 389
Kommunaler Querverbund 7 18
Kommunales Kino, gemeinnütziger Zweck **3** 99
Kommunalkreditinstitute 8 Nr 1a 93a
Kommunikationstechnik 2 275
Komparse 2 275
Kompasskompensierer 2 275
Kompensation 35b 7
Komplementär, Wechsel in atypische stille Gesellschaft einer KGaA **Anh 7** 2081
Komplementär-GmbH, Anteile **Anh 7** 2126
zurückbehaltene Anteile **Anh 7** 1435 ff
Komplementärtätigkeit 2 126
Konkurs s Insolvenz
Konsortium 2 32, 464; **7** 217
Konstrukteur 2 275
Kontokorrent 8 Nr 1a 92
Konzertdirektion 2 275
Konzessionsvergabe 2 389
Körperschaft, Gewerbeertrag **7** 46
s auch Kapitalgesellschaft
Körperschaft, Einbringungsgewinn II **Anh 7** 1762
Rückwirkung **Anh 7** 381 f
Sacheinlagen **Anh 7** 111 f
steuerbefreite **Anh 7** 1820 ff, 1823 f

Verlustabzug nach § 8c KStG **Anh 7** 264 f
Körperschaft des öffentlichen Rechts, Befreiung **3** 22
Körperschaftsteuererhöhung Anh 7 620 f
Körperschaftsteuerlicher Aufwand, Hinzurechnung
– Umfang **8 Nr 9** 3
– Zweck **8 Nr 9** 1
Korrekturposten, Mitunternehmeranteil **Anh 7** 2203
Kosmetikerin 2 275
Kosmetikverein, gemeinnütziger Zweck **3** 99
Kosten des Vermögensübergangs Anh 7 991 f
Einbringungsgewinn **Anh 7** 1675 f
rückwirkende Einbringungsgewinnbesteuerung **Anh 7** 2302
Spaltung **Anh 7** 1218
übernehmende Gesellschaft **Anh 7** 1899
verdeckte Gewinnausschüttung **Anh 7** 1676
Kostengemeinschaft 7 178
Begriff **2** 290
Krankenanstalt 2 389
Krankengymnast 2 275
Krankenhaus 2 275
ambulante Einrichtung **3** 268
Befreiung **3** 427 ff, 431
– Umfang **3** 274
Begriff **3** 266, 268
Belegkrankenhaus **3** 273
Bundespflegesatzverordnung **3** 266, 270 ff
Einzelfälle **3** 268
Kurklinik **3** 269
Krankenhausberater 2 275
Krankenhausbetrieb 2 275
Krankenhaushygieneberater 2 275
Krankenhauswäscherei, gemeinnütziger Zweck **3** 99
Krankenkassen, Befreiung **3** 340 ff
Steuermessbetrag **11** 8
Überdotierung **3** 361 ff
Krankenpflegehelfer 2 275
Krankenpfleger 2 275
Krankenschwester 2 275
Krankenversicherungen 2 389
Kreditanstalt für Wiederaufbau, Befreiung **3** 14
Kreditberater 2 275
Kreditgarantiegemeinschaften, Befreiung **3** 445 f
Kreditgenossenschaften 8 Nr 1a 93a
Kreditgewährung 2 125
Kreditinstitute 8 Nr 1a 93 ff
Einbringungsgewinn II **Anh 7** 1762
Kreistagsabgeordneter 2 275

1183

Krematorium

fette Zahlen = §§

Krematorium **2** 389
Kriegsopfer-/-hinterbliebenen-/-beschädigten-/-gefangenenhilfe, gemeinnütziger Zweck **3** 99
Kriminalprävention, gemeinnütziger Zweck **3** 73, 99
Kükenbrüterei 2 213
Kükensortierer 2 275
Kultur, gemeinnütziger Zweck **3** 58
Kulturwissenschaftler 2 275
Kundenforderungen, Ankauf von K. **2** 127
Kunst, gemeinnütziger Zweck **3** 57
Künstler 2 59, 275
Künstlerförderung, gemeinnütziger Zweck **3** 99
Künstlerische Tätigkeit 2 275
Künstlermanager 2 275
Kurberatung 2 275
Kurheim 2 275
gemeinnütziger Zweck **3** 99
Kurpacker/in 2 275
Kursmakler 2 275
Kurverwaltung 2 389
Kürzungen 9
nach § 9 Nr 2a GewStG
– übernehmende Gesellschaft **Anh 7** 1875
abschließende Aufzählung **9** 2
Grundbesitz **9 Nr 1**
– Wahlmöglichkeit **9 Nr 1** 1 f
rechtliche Wirkung **9** 3
wirtschaftliche Bedeutung **9** 4
Zweck **9** 1
s auch Ausländische Betriebsstätte; Gewinnanteile; Grundbesitz; Miet- und Pachtzinsen; Mitunternehmerschaft; Spenden
Küstenfischerei 3 320 ff
Küstenschutz, gemeinnütziger Zweck **3** 99

Laboratoriumsmedizin 2 275
Land- und Forstwirtschaft, Abfallentsorgung/-verwertung **2** 223
Abgrenzung zum Gewerbebetrieb **2** 210 ff
Absatz von Eigenerzeugnissen **2** 145 f, 226
Baumschulen **2** 228
Be- und Verarbeitungsbetrieb **2** 224
– Beispiele **2** 225
Begriff **2** 210
Beherbung **2** 229
Betriebseinheit, -vielheit **2** 222 ff
Betriebsmindestgröße **2** 221
Binnenfischerei **2** 219
Bodenbewirschaftung **2** 211
Dienst-/Werkvertragsleistungen **2** 229
Energieerzeugung **2** 229
Fischzucht **2** 219

Friedhofsgärtnerei **2** 229
Fuhrleistungen **2** 229
Futtergrundlage **2** 214
Gartenbau **2** 229
gewerbliche Tierzucht/-haltung **2** 216
Grundstückshandel **2** 229
Handelsgeschäft **2** 226
Hilfsgeschäfte **2** 222
Hofladen **2** 226
Holzrücktätigkeit **2** 229
Imkerei **2** 219
Jagd **2** 220
Landschaftspflege **2** 229
Naturalpacht **2** 226
Nebenbetrieb **2** 222 ff
– wirtschaftliche Eigenständigkeit **2** 227
Pensionstierhaltung **2** 218
Pferdepension **2** 229
Schlossbesichtigung **2** 229
Strukturwandel **2** 230
Substanzbetrieb **2** 223
Teichwirtschaft **2** 219
Tierzucht/Tierhaltung **2** 212 ff
– Einzelfälle **2** 213
Vermietung/Verpachtung **2** 229
Vieheinheiten **2** 215
Wanderschäferei **2** 219
Zusatzleistungen **2** 229
Landesentwicklung 3 422
Landesförderinstitut Mecklenburg-Vorpommern, Befreiung **3** 14
Landesförderinstitut Sachsen-Anhalt, Befreiung **3** 14
Landeskreditbank Baden-Württemberg Förderbank, Befreiung **3** 14
Landesschachtelbeteiligung an ausländischer Kapitalgesellschaft
– Beteiligung an der Enkelgesellschaft **9 Nr 7** 9
Landschaftsschutz, gemeinnütziger Zweck **3** 61
Landwirtschaftliche Bewirtschaftungsgenossenschaft, Befreiung **3** 410 f
Landwirtschaftliche Nutzungsgenossenschaft, Befreiung **3** 410 f
Landwirtschaftliche Rentenbank, Befreiung **3** 14
Landwirtschaftliche Unternehmen 2 389
Laubgenossenschaft, Nebenbetrieb **3** 16
Steuermessbetrag **11** 8
Layouter 2 275
Leasing 8 Nr 1a 94
Abgrenzung zum Gewerbebetrieb **2** 109
Leasingunternehmen 2 128
Lebensgefahr, Rettung aus L.
– gemeinnütziger Zweck **3** 64
Lebenspartnerschaft, faktische Mitunternehmerschaften **2** 36

magere Zahlen = Rn

Miet- und Pachtzinsen

Lebensrettungseinrichtungen, gemeinnütziger Zweck **3** 99
Lebensversicherungen, Erwerb/Verwertung **2** 129
Leibrente, Gewerbesteuer **Anh 7** 186
Leichenfrau/-mann 2 275
Leihanstalten 2 389
Leistungsgenossenschaft 3 327
Leistungsverein 3 327
Lexikograph 2 275
Liebhabereibetriebe 7 109
bei Kapitalgesellschaft **7** 49
Liquidation einer Kapitalgesellschaft **7** 31
negatives Kapitalkonto **7** 147
und Steuerpflicht **2** 575
Liquidationsphase, tätiger Betrieb **7** 26
Liquiditäts-Konsortialbank, Befreiung **3** 14
Lizenzgebühren 8 Nr 1a 95
Logen, gemeinnütziger Zweck **3** 99
Logopäde 2 275
Lohnsteuerhilfeverein 2 275
Lombardkredite 8 Nr 1a 96
Lotterieeinnehmer 2 275
Befreiung **3** 480 ff
staatliche Lotterie **2** 260
Lotterieunternehmen, Befreiung **3** 10
Luftschutzzeitung, gemeinnütziger Zweck **3** 99
Lungenheilanstalt, gemeinnütziger Zweck **3** 99

Makler 2 275
Maler 2 275
Managementtrainer 2 275
Manager 2 275
Mannequin 2 59, 275
Mantelkauf, Gewerbeverlust **10a** 25 ff
Marketingberater 2 275
Markscheider 2 275
Märkte 2 389
Marktforscher 2 275
Marktforschungsberater 2 275
Maschinenbautechniker 2 275
Masseur/Masseuse 2 275
Selbstständigkeit **2** 59
Maßgebender Gewerbeertrag 10
abgekürzter Erhebungszeitraum **10** 4
abweichendes Wirtschaftsjahr **10** 6 f
Abwicklung **10** 5
Begriff **10** 3
doppelte Berücksichtigung im ersten Wirtschaftsjahr (bis 1985) **10** 9
Ende der Steuerpflicht im ersten Erhebungszeitraum (bis 1985) **10** 10
Gegenwartsbesteuerung **10** 1
Umstellung des Wirtschaftsjahres **10** 8

Maßgeblichkeit **Anh 7** 452 f
der Handelsbilanz **Anh 7** 858
steuerliche Schlussbilanz **Anh 7** 1395
des UmwG **Anh 7** 846
Mediator 2 275
Medikamentenerprobung 2 275
Medizinisch-diagnostische(r) Assistent(in) 2 275
Medizinischer Dienst der Spitzenverbände der Krankenkassen, Befreiung **3** 471 f
Medizinisch-technische(r) Assistent(in) 2 275
Medizinphysiker 2 275
Mehrgemeindliche Betriebsstätte, Begriff **30** 2
organisatorischer Zusammenhang **30** 3c
räumlicher Zusammenhang **30** 3
Tätigkeitserfordernisse **30** 4
technischer Zusammenhang **30** 3a
verbindende Elemente **30** 2a
Verfahren **30** 1a
wirtschaftlicher Zusammenhang **30** 3b
Zerlegung **28** 4; **30**
Zerlegungsmaßstab *s dort*
Zweck der Zerlegung **30** 1
Mehrheit von Betrieben, Merkmale **2** 18 ff
bei Mitunternehmerschaften **2** 26 ff
Mehrmütterorganschaft *s Organschaft*
Mehrstöckige Mitunternehmerschaften, Gewinnermittlung **7** 208
Mensaverein, gemeinnütziger Zweck **3** 99
Merkmalbesteuerung 1 1
Meta-Gesellschaft 2 32; **7** 217
Metzgerei bei Land- und Forstwirtschaft **2** 225
Miet- und Pachtvertrag, Abgrenzung
Kauf- und Liefervertrag **8 Nr 1d** 11 ff
Ausbeuteverträge **8 Nr 1d** 12 f
Begriff **8 Nr 1d** 5 f
Gegenstand **8 Nr 1d** 9
Leasingverträge **8 Nr 1d** 13
miet- und pachtfremde Elemente **8 Nr 1d** 8 ff
öffentlich-rechtliche Verträge **8 Nr 1d** 8c
Typenkombination **8 Nr 1d** 8b
Typenverschmelzung **8 Nr 1d** 8b
Überlassung zur Benutzung **8 Nr 1d** 7 ff
wirtschaftliches Eigentum **8 Nr 1d** 11
Miet- und Pachtzinsen, ABC-Darstellung **8 Nr 1d** 30
Abgrenzung **8 Nr 1d** 21
Anlagevermögen **8 Nr 1d** 16; **8 Nr 7 aF** 8
Aufteilung **8 Nr 1d** 24 f; **8 Nr 7 aF** 10
Ausbeuteverträge **8 Nr 1e** 4
Ausnahmen von Hinzurechnung **8 Nr 7 aF** 11 ff

1185

Mietverein
fette Zahlen = §§

Begriff **8 Nr 1d** 19 ff; **8 Nr 7 aF** 9
Benutzung im Betrieb **8 Nr 1d** 18
Betriebspacht **8 Nr 7 aF** 12
- räumliche/persönliche Abgrenzung **8 Nr 7 aF** 15
bewegliches Wirtschaftsgut
- Begriff **8 Nr 1d** 14
Eigentum eines anderen **8 Nr 1d** 17
gegenständlicher Bezug **8 Nr 1d** 23
Gesellschaftsverhältnisse **8 Nr 1d** 10
Grundbesitz **8 Nr 7 aF** 7
Hinzurechnung
- bewegliche Wirtschaftsgüter **8 Nr 1d**
- höherrangiges Recht **8 Nr 1d** 2 f
- unbewegliche Wirtschaftgüter **8 Nr 1e**
- Wirtschaftsgut nicht Grundbesitz **8 Nr 7 aF**
- Zweck **8 Nr 1d** 1; **8 Nr 1e** 1
immaterielles Wirtschaftsgut
- Abgrenzung **8 Nr 1d** 15
Kürzung **9 Nr 4 aF**
Lastenverteilungssystem **8 Nr 1d** 20
Miet- und Pachtvertrag
- Begriff **8 Nr 1d** 5 f
nahe Angehörige **8 Nr 1d** 10a
Rückausnahme
- maßgebender Betrag **8 Nr 7 aF** 16
Substanzausnahme **8 Nr 7 aF** 7
Umfang der Hinzurechnung
- bewegliche Wirtschaftsgüter **8 Nr 1d** 26 ff
- unbewegliche Wirtschaftsgüter **8 Nr 1e** 4
Umfang der Kürzung **9 Nr 4 aF** 2 ff
unbewegliches Wirtschaftsgut
- Begriff **8 Nr 1e** 2 f
verschleierte **8 Nr 1d** 22
Wirtschaftsgut nicht Grundbesitz **8 Nr 7 aF** 6 ff
- Organschaft **8 Nr 7 aF** 17
Zweck der Kürzung **9 Nr 4 aF** 1
Mietverein, gemeinnütziger Zweck **3** 99
Milchversorgungsgesellschaft, gemeinnütziger Zweck **3** 99
Mildtätige Zwecke, Ausschließlichkeit **3** 109
Begriff **3** 100
Einkommensgrenzen **3** 103 ff
Hilfsbedürftigkeit **3** 102
Notlage besonderer Art **3** 108
Regelsätze **3** 103
unterstützter Personenkreis **3** 101
Unterstützungsbedürftigkeit **3** 103 ff
Vermögensbeute **3** 107
Millitärberater 2 275
Minderbemittelte, Versorgung
- gemeinnütziger Zweck **3** 99
Minderheitsgesellschafter Anh 7 831 f
Barabfindung **Anh 7** 1100

Mindestbesteuerung, § 10d EStG **Anh 7** 255
Verlustabzugs nach § 10a GewStG **Anh 7** 214
Mindesthebesatz 1 16; **16** 11b
Miquel'sche Reform 1 1
Mischentgelt, anteilige Gewinnrealisierung **Anh 7** 2330 f
Gewährung von Gesellschaftsrechten **Anh 7** 2153
Mischnachlass, Erbauseinandersetzung **7** 121
Mischtatbestände, freie Berufe **2** 276 ff
interprofessionelle Zusammenschlüsse **2** 289
Mitunternehmerschaft **2** 423 ff
Personengesellschaften **2** 283 ff
- Abfärbetheorie **2** 287 f
- berufsfremder Mitunternehmer **2** 285
Rechtsfolgen **2** 280 ff
Missbrauchsklausel, Abspaltung **Anh 7** 1162
Besteuerung **Anh 7** 186
Doppelerfassung **Anh 7** 183
doppelstöckige Personengesellschaft **Anh 7** 178
Einbringung **Anh 7** 180
Entnahme **Anh 7** 181
fiktive Teilbetriebe **Anh 7** 1160 ff
Formwechsel **Anh 7** 177
Gewerbesteuer **Anh 7** 175 ff
- als Veräußerungskosten **Anh 7** 189
Leibrente **Anh 7** 186
Missbrauchsfrist **Anh 7** 184 f
Mitunternehmeranteile **Anh 7** 1163
Realteilung **Anh 7** 182
Steuerermäßigung nach § 35 EStG **Anh 7** 188
unentgeltliche Übertragung **Anh 7** 182
Veräußerung **Anh 7** 180
- eines Anteils an Spaltungsgesellschaft **Anh 7** 1165
- von Mitunternehmeranteilen **Anh 7** 179
- eines Teilbetriebs **Anh 7** 179
wirtschaftliches Eigentum **Anh 7** 180
Zebragesellschaft **Anh 7** 178
zeitgleiche Veräußerung **Anh 7** 187
Mitgliederdarlehen 8 Nr 1a 113
Mitgliederwerbung 2 275
Mitgliedsbeiträge s Spenden
Mittelbare Leistung 7 209
Mittelverwendung, Ausnahmen s Vermögensbildung
Begriff **3** 148
zulässige Verwendungen **3** 150
zulässiges Vermögen **3** 149
Mitunternehmer, Ausscheiden **Anh 7** 196
Begriff **2** 408

magere Zahlen = Rn

Mitunternehmerinitiative **2** 408 f, 411
Mitunternehmerrisiko **2** 408, 410 f
der übernehmenden Personengesellschaft **Anh 7** 733
Wechsel **Anh 7** 199
Mitunternehmeranteile, Ansatz **Anh 7** 1331
Aufstockung **Anh 7** 2026
Bewertungswahlrecht **Anh 7** 2212
Buchwertansatz **Anh 7** 1361
Einbringung **Anh 7** 1295 ff
– in Personengesellschaft **Anh 7** 2125 ff
Einbringungsobjekt **Anh 7** 1299
Ergänzungsbilanz **Anh 7** 1331
Erwerber **Anh 7** 1493
an Grundstückshandelsgesellschaft **Anh 7** 1466
Korrekturposten **Anh 7** 2182, 2203
mehrere **Anh 7** 2127
mehrstöckige Personengesellschaft **Anh 7** 1300
miteingebrachte **Anh 7** 2182
rückwirkende Einbringung **Anh 7** 2129
Sonderbetriebsvermögen **Anh 7** 2125, 2128
steuerlicher Übertragungsstichtag **Anh 7** 1301
unentgeltiche Übertragung **Anh 7** 2223
Veräußerung **7** 126
Weitereinbringung **Anh 7** 2293
wesentliche Betriebsgrundlagen **Anh 7** 2104
zurückbehaltene **Anh 7** 2141
Zwischenwertansatz **Anh 7** 2203
Mitunternehmereigenschaft 7 162
Mitunternehmerinitiative 7 164
Mitunternehmerrisiko 7 166
Mitunternehmerschaft 2 275; **7** 160 f
atypische stille Gesellschaft **2** 414 ff
faktische **2** 419
Hinzurechnung der Verlustanteile **8 Nr 8**
Merkmale, Ausprägung/Gewichtung **2** 410 f
Treuhandverhältnisse **2** 412
verdeckte **2** 420 ff
Mitverstrickung von Anteilen **Anh 7** 1850 ff
Ausgleichszahlung **Anh 7** 1852
Bezugsrechte **Anh 7** 1853
Kapitalerhöhung **Anh 7** 1854
Teilmitverstrickung **Anh 7** 1855
Übergang anteiliger Anschaffungskosten **Anh 7** 1852
unentgeltiche Rechtsnachfolge **Anh 7** 1852
Modefotograf 2 275
Modellbau, gemeinnütziger Zweck **3** 99
Modellbauer 2 275
gemeinnütziger Zweck **3** 99
Modellflug, gemeinnütziger Zweck **3** 91
Modeschöpfer 2 275

Nachweispflicht

Modewerbeberater 2 275
Modezeichner 2 275
Monopolverwaltungen, Befreiung **3** 9
Motopädagoge 2 275
Motor„sport", gemeinnütziger Zweck **3** 75 ff, 99
Motorflug, gemeinnütziger Zweck **3** 99
Müll- und Abfallentsorgung 2 389
gemeinnütziger Zweck **3** 99
Mülldeponie bei Land- und Forstwirtschaft **2** 223
Müllverbrennungsanlage, eigenwirtschaftliche Zwecke **3** 127
Museumsführer, Rechtsprechungsbeispiele **2** 59
Musiker **2** 59, 275
Musikinstrumentenbau 2 275
gemeinnütziger Zweck **3** 99
Musikschule, gemeinnütziger Zweck **3** 99
Musiktherapeut 2 275
Muttergesellschaft, Abspaltung **Anh 7** 1228

Nachbarschaftshilfe, gemeinnütziger Zweck **3** 99
Nachhaltigkeit 2 60 ff
einmaliger Entschluss **2** 63
Fehlen von N. **2** 66
Gewinnerzielungsabsicht **2** 65
Wiederholung **2** 61
zeitlicher Zusammenhang **2** 62
Zuordnung **2** 64
Nachhilfe, gemeinnütziger Zweck **3** 99
Nachlassabwickler 2 275
Nachlassverwalter 2 275
Nachträgliche Anschaffungskosten, Einbringungsgewinn I **Anh 7** 1723, 1748
Einbringungsgewinn I/II **Anh 7** 1718, 1736
Einbringungsgewinn II **Anh 7** 1777, 1787 ff
Nachträgliche Besteuerung, Ausschluss **Anh 7** 1778 f
Nachträgliche Einkünfte 7 94
Nachversteuerung, ausländische Betriebsstättenverluste **Anh 7** 272 ff
Nachversteuerung (§ 34a EStG), Einbringung in Personengesellschaft **Anh 7** 2362
Formwechsel **Anh 7** 2383
nicht entnommene Gewinne **Anh 7** 1860
Sacheinlage **Anh 7** 1520
Nachweisfrist, Nachweispflicht **Anh 7** 1809
Nachweispflicht, erhaltene Anteile **Anh 7** 1800 ff
jährliche **Anh 7** 1807
Nachweisfrist **Anh 7** 1809
rückwirkender Einbringungsgewinn **Anh 7** 2304
Veräußerungsfiktion **Anh 7** 1808

Natürliche Person

fette Zahlen = §§

Natürliche Person Anh 7 55
Einbringungsgewinn II Anh 7 1762
Verschmelzung Anh 7 815
Naturschutz, gemeinnütziger Zweck 3 61
Nebenbetrieb bei Land- und Forstwirtschaft
– wirtschaftliche Eigenständigkeit 2 222 ff, 227
Nebengeschäfte von Genossenschaften 3 336
Negatives Kapitalkonto 7 142 f, 225
Netzplantechniker 2 275
Netzwerk, berufstätige Frauen
– eigenwirtschaftliche Zwecke 3 127
Neugründung 7 78
Nicht-DBA-Länder 2 641
Nichtselbstständigkeit 2 59
Einzelheiten 2 56
Nebenpflichten 2 58
Niedersächsische Gesellschaft für öffentliche Finanzierungen, Befreiung 3 14
Niedrige Gewerbesteuerbelastung, Hinzurechnung des Gewerbeertrags 8a aF
Notenschreiber 2 275
NRW.Bank, Befreiung 3 14
Nutzungsgenossenschaft 3 326
Nutzungsüberlassung Anh 7 1282
Teilbetrieb Anh 7 2116
wesentliche Betriebsgrundlagen Anh 7 2106
Nutzungsverein 3 326
Befreiung 3 410 f

Obergesellschaft Anh 7 226
Ober-Personengesellschaft, Anteilsvereinigung Anh 7 213
Verlustabzug nach § 10a GewStG Anh 7 197
Objektbezogene Kosten bei übernehmender Gesellschaft Anh 7 1883
Objektbezogener Steuerbescheid bei sachlicher Selbstständigkeit 2 47
Objektsteuer 2 5
Abgrenzung laufender Gewinn 2 5
Bedeutung 1 14
Begriff 1 14
Steuergegenstand 2 3
Veräußerungsgewinn 2 4
und Verfassung 1 22
Objektsteuercharakter 2 1 ff
Oder-Konto 7 260
Oecotrophologe 2 275
Öffentliche Gewalt, Körperschaften des öffentlichen Rechts 2 43
s auch Hoheitliches Tätigwerden
Öffentliche Hand, Unternehmen der ö. H. 2 380 ff
Verlustabzug 10a 89

Öffentliches Versicherungsunternehmen Anh 7 1010 f
Öffentlich-rechtliche Rundfunkanstalten *s Rundfunkanstalten*
Offshore-Anlagen, Hebeberechtigung 4 3
Oldtimerverein, gemeinnütziger Zweck 3 99
Omnibusgesellschaft, eigenwirtschaftliche Zwecke 3 127
Opernsänger 2 59
Opfer von Straftaten, gemeinnütziger Zweck 3 99
Organgesellschaft, Billigkeitsregelung Anh 7 1352
Einbringungsgewinn II Anh 7 1764
Entrichtung der Steuer Anh 7 1932
gesicherte Besteuerung Anh 7 1352
übernehmender Rechtsträger Anh 7 335 ff
Übertragung von sperrfristbehafteten Anteilen Anh 7 1713
Verrechnung nach § 15a EStG Anh 7 302
Verschmelzung auf andere Körperschaft Anh 7 955
Organisationsberater 2 275
Organschaft 2 485 ff; Anh 7 295 ff; 8 Nr 1a 97
Abspaltung Anh 7 305, 322
Abwärtsverschmelzung Anh 7 299
Anwachsung Anh 7 313
atypische stille Gesellschaft Anh 7 296
Aufspaltung Anh 7 323
– des Vermögens Anh 7 303
Aufwärtsverschmelzung Anh 7 336
– auf Organgesellschaft Anh 7 996
Ausgleichsposten Anh 7 308, 321, 322, 328
Ausgliederung Anh 7 307, 322
Beginn und Ende 2 534 f
Begriff 2 485
betriebsaufspalterisches Besitzunternehmen 2 507
Betriebsstättenfiktion 2 488
Bilanzierungskonkurrenz 2 522
Einbringung Anh 7 312
erstmalige Begründung Anh 7 298
finanzielle Eingliederung 2 501 ff
– mittelbare Beteiligung 2 503 f
– in Personengesellschaft 2 502
– Rückbeziehung 2 501
finanzielle Eingliederung Anh 7 297
Formwechsel Anh 7 309, 324 ff
„gebrochene Einheitstheorie" 2 518
als gesetzliche Voraussetzungen 2 489 ff
Gewerbeertragsermittlung im Organkreis 2 523 ff
– Einzelheiten 2 525 ff
– Korrekturen 2 524
Gewerbesteuerumlagen 2 521

magere Zahlen = Rn

Pensionszusagen

Gewinnabführungsvertrag **2** 508 ff; **Anh 7** 310, 326
– Bedeutung **2** 509
– Durchführung **2** 516
– formelle Vorgaben **2** 510 ff
– materielle Vorgaben **2** 512 ff
Gewinnermittlung **2** 518 ff
– Einzelheiten **2** 520
– Selbstständigkeit der Unternehmen **2** 519
grenzüberschreitende **Anh 7** 240
Haftung **2** 537; **5** 36
Mehrmütterorganschaft **2** 517
Organgesellschaft
– atypische stille Gesellschaft **2** 497
– ausländische Kapitalgesellschaft **2** 498
– gewerblich geprägte Personengesellschaft **2** 496
– Kapitalgesellschaft in Gründung **2** 499
– Lebens- und Krankenversicherung **2** 500
– Rechtsformen **2** 496 ff
– als unternehmender Rechtsträger **Anh 7** 335 ff
– als übertragender Rechtsträger **Anh 7** 320 ff
organisatorische Eingliederung **2** 505
organschaftliche Ausgleichsposten **Anh 7** 300 f; 304
Organträger
– ausländischer **2** 495
– Inlandsbezug **2** 494 ff
– Rechtsformen **2** 490 ff
– Steuerpflicht **2** 493
– als übertragender Rechtsträger **Anh 7** 295 ff
Rechtsentwicklung **2** 486 f
Seitwärtsverschmelzung **Anh 7** 337
Selbstständigkeit der Unternehmen **2** 488
steuerbefreiter Organträger **Anh 7** 314
Steuererklärungspflicht **14a** 2
Steuermessbetrag **14** 1
Steuerschuldner **2** 533; **5** 14
Teilwertabschreibung
– ausschüttungs-/abführungsbedingte **2** 531 f
Übernahmegewinn **Anh 7** 336
Übernahmeverlust **Anh 7** 337
Umwandlung
– zu Buchwerten **Anh 7** 338
– des Organträgers **Anh 7** 311
Verfahren **2** 536
Verlustabzug **Anh 7** 277
Verlustfeststellungsbescheid **35b** 14
Verschmelzung auf Schwestergesellschaft **Anh 7** 320
Versteuerung des Übertragungsgewinns **Anh 7** 327
vororganschaftliche Mehr- oder Minderabführungen **Anh 7** 338 f

wirtschaftliche Eingliederung **2** 506
Zwangsverknüpfung **2** 487
Orthoptist 2 275
Outplacementberater 2 275

Paintball, gemeinnütziger Zweck **3** 99
Parkhaus 2 389
Parkplatz 2 389
Parkuhren 2 389
Parteipolitische Zielsetzung, gemeinnütziger Zweck **3** 99
Partenreederei 2 29
als Gewerbesteuersubjekt **5** 6
Mitunternehmerschaft **2** 407
Veräußerungsgewinn **7** 34
Partiarischer Austauschvertrag 7 162
Partiarisches Arbeitsverhältnis und stille Gesellschaft **8 Nr 1c** 14 ff
Partiarisches Darlehen 8 Nr 1a 98
und stille Gesellschaft **8 Nr 1c** 15 f
Partiarisches Pachtverhältnis und stille Gesellschaft **8 Nr 1c** 16
Partnerschaftsgesellschaft Anh 7 70
Mitunternehmerschaft **2** 405
Patentberichterstatter 2 275
Patentrechtsverletzung 8 Nr 1a 99
Pauschalierungserlass 15 3
Pauschfestsetzung 15 1
Pelztierzucht 2 213
Pensions- und Unterstützungskassen, Einkünfte- und Vermögenssicherung **3** 356 ff
Höchstbeträge **3** 352 ff
Leistungsempfänger **3** 345 ff
partielle Steuerpflicht **3** 371 ff
Portabilität **3** 356
soziale Einrichtung **3** 348 ff
Überdotierung **3** 361 ff
Verlust der Steuerfreiheit **3** 360
Vermögensbindung **3** 351
Wohlfahrtspflege **3** 346
Zugehörige **3** 345 ff
Pensionsanwartschaft, Handelsvertreter **7** 43
Pensionsgeschäfte 8 Nr 1a 100
Pensionskassen, Befreiung **3** 340 ff
Steuermessbetrag **11** 8
Vermögensgrenzen **3** 361 ff
Pensionsrückstellungen Anh 7 637, 876, 1135
Übernahmefolgegewinn **Anh 7** 775f
übernehmende Personengesellschaft **Anh 7** 2180
Pensionssicherungsvereine, Befreiung **3** 425 f
Pensionstierhaltung 2 218
Pensionszusagen an einbringenden Mitunternehmer **Anh 7** 1455 ff

1189

Personalberater

fette Zahlen = §§

rückwirkende Ausgliederung von Pensionsverpflichtungen **Anh 7** 1483
Sonderbetriebsvermögen **7** 193
Personalberater 2 275
Personalsachbearbeiter 2 275
Personalvermittler 2 275
Personengesellschaft, Abfärbetheorie **2** 424 ff
Adressierung **1** 30
ausländische **Anh 7** 2031, 2124
Bescheinigungsverfahren **Anh 7** 1831
Dienstleistung durch Gesellschafter **7** 205
doppelstöckige **2** 413; **Anh 7** 178, 1263
Einbringungsgewinn II **Anh 7** 1762
Einheit der Mitunternehmerschaft **2** 400
einheitliche Einkunftsart **2** 401
Einlagebewertung **7** 199
Entnahmebewertung **7** 199
und freie Berufe **2** 246
Gesellschaftstypus **2** 403 ff
gewerblich geprägte **Anh 7** 502 f
Gewinnermittlung **7** 175 f
Gewinnerzielungssubjekt **7** 175
KGaA **Anh 7** 2032
Liebhabereibetriebe **2** 402
Lieferungsverkehr mit Gesellschafter **7** 200
Mischtatbestände **2** 283 ff, 423 ff
– Abfärbetheorie **2** 287 ff
Mitunternehmerschaft **2** 403
Nutzungsüberlassung durch Gesellschafter **7** 205
ohne Betriebsvermögen **Anh 7** 178
rechtsformabhängiger Steuergegenstand **2** 400 ff
Rückwirkung **Anh 7** 377f
Steuerschuldner **5** 6
übertragender Rechtsträger **Anh 7** 56
Unternehmer **2** 401
Vermögensübergang auf Personengesellschaft **Anh 7** 196 ff
vermögensverwaltende **2** 402; **Anh 7** 502, 744, 2083
Verschmelzung auf Tochter-P. **Anh 7** 762
Personengruppentheorie 2 327
Personenhandelsgesellschaft 2 27
aufnehmende Personengesellschaft **Anh 7** 2030
Einbringung in Personengesellschaft **Anh 7** 2088 f
Personenunternehmen, Sacheinlagen **Anh 7** 113 f
Persönliche Selbstständigkeit, (nicht)selbstständige Tätigkeit **2** 55
Persönliche Steuerpflicht 5 1
Persönliche Zurechnung des Unternehmens **5** 2
Pfandbriefanstalten 8 Nr 1a 93a

Pfandleiher 8 Nr 1a 93a, 101
Pferdesport, gemeinnütziger Zweck **3** 99
Pferdezucht 2 213
gemeinnütziger Zweck **3** 99
bei Land- und Forstwirtschaft **2** 225
Pflanzenzucht, gemeinnütziger Zweck **3** 85, 99
Pflegeanstalt, eigenwirtschaftliche Zwecke **3** 127
Pflegeeinrichtungen, Befreiung **3** 427 ff, 433 ff
Pflegeheim 2 389
Befreiung **3** 427 ff, 433 ff
Pharmaberater 2 275
Photovoltaikanlage 2 130, 389
Physiotherapeut 2 275
Pilot 2 275
Pilzzucht bei Land- und Forstwirtschaft **2** 225
Planungsberater 2 275
Podologe 2 275
Policedarlehen 8 Nr 1a 113
Politische Meinungsäußerung, gemeinnütziger Zweck **3** 66
Pornographie 2 275
Portabilität, Pensions- und Unterstützungskassen **3** 356
Vermögensgrenzen **3** 370
Positives Kapitalkonto 7 153
Präventionsräte, gemeinnütziger Zweck **3** 99
Praxisgemeinschaft, Mitunternehmerschaft **2** 407
PR-Berater 2 275
Preis- und Lieferkonventionsverein, gemeinnütziger Zweck **3** 99
Preisverbilligung, gemeinnütziger Zweck **3** 99
Pressezeichner 2 275
Private Equity Fonds 2 131
Produktionsgenossenschaften Anh 7 71
Projektmanager 2 275
Promotionsberater, -vermittler 2 275
Prostituierte 2 59, 275
Prozessleittechniker 2 275
Prüfungsanordnung bei Formwechsel **5** 16
Psychologe 2 275
Psychotherapeut 2 275
Puppenhersteller 2 275

Qualifizierter Anteilstausch Anh 7 1560 ff
Buchwertansatz **Anh 7** 1563
handelsrechtliche Behandlung **Anh 7** 1564
KGaA **Anh 7** 1561
Stimmrechtsmehrheit **Anh 7** 1561
Zwischenwertansatz **Anh 7** 1563

magere Zahlen = Rn

Rassetierzucht, gemeinnütziger Zweck **3** 99
Räumungsverkauf 7 75
Realgemeinden 2 461; **3** 16 ff
Realsteuer, Begriff **1** 14
Reform **1** 2
Realsteueraufkommen, Garantie **1** 8 ff
Umfang **1** 55
Realteilung 7 116
nach § 8b Abs 2 UmwStG begünstigte Person (Kapitalgesellschaft) **Anh 7** 2295 f
Anwendung des § 24 UmwStG **Anh 7** 2332 f
Missbrauchsklausel **Anh 7** 182
nicht verhältniswahrende Abspaltung **Anh 7** 2080
Übertragung von Unternehmensteilen **Anh 7** 2082
Rechteüberlassung *s Überlassung von Rechten*
Rechtsanwalt 2 275
Rechtsbehelfe 1 47 ff
Rechtsbeistand 2 275
Rechtsberatung 2 275
Rechtsfehlerbereinigung 35b 10
Rechtsformen, einzelne Formen **2** 7 ff
Rechtsformunabhängige gewerbliche Unternehmen, Typusbegriff **2** 51
Rechtsmittelbefugnis der Gemeinde **1** 48 f; **4** 10
Rechtsnachfolge, modifizierte **Anh 7** 1881
teilweise **Anh 7** 2266
umwandlungssteuerliche **Anh 7** 2265
Rechtsordnung, gemeinnütziger Zweck **3** 99
und Gemeinnützigkeit **3** 46
Rechtsschutz, Billigkeitsmaßnahmen **1** 50
Gewerbesteuerfestsetzung **1** 50 ff
Gewerbesteuermessverfahren **1** 47 ff
Zerlegungsverfahren **1** 49
Rechtsträger, aufgelöster **Anh 7** 44
formwechselfähiger **Anh 7** 98 ff
grenzüberschreitende Verschmelzung **Anh 7** 95
spaltungsfähiger **Anh 7** 96
verschmelzungsfähiger **Anh 7** 94
Rechtstypenvergleich, ausländische Vorgänge **Anh 7** 43
Redakteur 2 59
Refinanzierungskredite 8 Nr 1a 102
Reformmodelle, „Drei-Säulen-Modell" **1** 58
Gemeindeeinkommensteuer **1** 58
Gemeindesteuer **1** 58
„Gemeindewirtschaftsteuer" **1** 58
Gewinnsteuer **1** 58
Kommunalmodell **1** 58

Restbetriebsvermögen

„Konsensmodell" **1** 58
„Prüfmodell" **1** 58
Revitalisierung **1** 58
Unternehmenssteuer **1** 58
„Vier-Säulen-Modell" **1** 58
Wertschöpfungsteuer **1** 58
„Zwei-Säulen-Modell" **1** 58
Rehabilitationseinrichtungen, Befreiung **3** 437, 427 ff
Reichsfinanzausgleichsgesetz 1 1
Reichssiedlungsgesetz 3 422
Reiki, gemeinnütziger Zweck **3** 99
Reinigungsarbeiter 2 59
Reisegewerbe, Abgrenzung stehender Gewerbebetrieb **2** 6
Begriff **35a** 1
Betriebsstätte **2** 5
einheitlicher Betrieb **35a** 4
Hebeberechtigung **35a** 5
Reisegewerbekarte **35a** 2
und stehender Gewerbebetrieb **2** 46
Zerlegung **35a** 6
Reiseleiter 2 59, 275
Reisevermittlung, eigenwirtschaftliche Zwecke **3** 127
Reiten, gemeinnütziger Zweck **3** 99
Reitunterricht *s Schulen*
Rekultivierungsverpflichtung 8 Nr 1a 104
Religion, gemeinnütziger Zweck **3** 54, 99
Rennveranstaltung 2 275
Renten, Abfindungsrenten **8 Nr 1b** 10d
Begriff **8 Nr 1b** 5
Betriebserweiterung, -verbesserung **8 Nr 1b** 15
Betriebsgründung/-erwerb **8 Nr 1b** 15
Entgeltlichkeit **8 Nr 1b** 16
Folgeereignisse **8 Nr 1b** 18
Heranziehung beim Empfänger **8 Nr 1b** 19
Hinzurechnung **8 Nr 1b**
– abschließende Regelung **8 Nr 1b** 4
– höherrangiges Recht **8 Nr 1b** 2 f
Rententypen **8 Nr 1b** 6
Rückzahlung **8 Nr 1b** 11
Übernahme **8 Nr 1b** 15
Umwandlungsvorgänge **8 Nr 1b** 17
Veräußerungsleibrenten **8 Nr 1b** 10
Veräußerungszeitrenten **8 Nr 1b** 10b
Versogungsrenten **8 Nr 1b** 10c
Zweck der Hinzurechnung **8 Nr 1b** 1
Rentenreservedepot 8 Nr 1a 113
Rentenverpflichtung, Wegfall **7** 74
Repartitionssteuer 1 1
Reservistenbetreuung, gemeinnütziger Zweck **3** 89
Restaurator 2 275
Restbetriebsvermögen, Einbringungsbilanz **Anh 7** 2231

Restbuchwert

fette Zahlen = §§

zurückbehaltene Wirtschaftsgüter **Anh 7** 2140
Restbuchwert 7 91
Rettungsassistent 2 275
Rettungsschwimmer 2 275
Rettungswache 2 59, 275
Retuscheur 2 275
Rezeptabrechner 2 275
Rückbeziehung, Einbringung in Personengesellschaft **Anh 7** 2280 f
Rückgabeverpflichtung 8 Nr 1a 103
Rückgängigmachung von Vorgängen mit Hinzurechnungswirkung **7** 10
Rücklage nach § 6b EStG Anh 7 984
Einbringung **Anh 7** 1468
Einbringungsgewinn I **Anh 7** 1677
übernehmende Gesellschaft **Anh 7** 1875
Rücklage nach § 7g EStG, übernehmende Gesellschaft **Anh 7** 1876
Rücklagen Anh 7 458
Auflösung und Gewerbeertrag **7** 74
erforderliche **3** 207a
freie **3** 207c
gebundene **3** 207a
Gesellschaftsrechte
– Erwerb **3** 207d
Grundsatz **3** 206 f
Wiederbeschaffung **3** 207b
Rücklagenkonto, gesamthänderisch gebunden **Anh 7** 2071
Rücklieferung 7 75
Rückstellungen 7 74; **8 Nr 1a** 104
Grunderwerbsteuer **Anh 7** 139
Rückversicherung 8 Nr 1a 113
Rückwirkende Besteuerung (§ 6 Abs 5 Satz 6 EStG), Formwechsel **Anh 7** 2381
Rückwirkende Einbringung, Mitunternehmeranteile **Anh 7** 2129
Rückwirkende Einbringungsgewinnbesteuerung, Anwendungsbereich **Anh 7** 2295
Begrenzung **Anh 7** 2296
Voraussetzungen des § 24 Abs 2 UmwStG **Anh 7** 2294
Rückwirkende Übertragung, Verlustabzug nach § 10a GewStG **Anh 7** 203 f
Rückwirkender Einbringungsgewinn nach § 24 Abs 5 UmwStG, besondere Nachweispflichten **Anh 7** 2304
Besteuerung **Anh 7** 2298 ff
Buchwertaufstockung **Anh 7** 2308
Ermittlung **Anh 7** 2297
Rückwirkendes Ereignis, Betriebsveräußerung **7** 85
Erstellung der Eröffnungsbilanz **Anh 7** 2242
Veräußerung von miteingebrachten Anteilen **Anh 7** 2303

Rückwirkung Anh 7 1272
allgemeine **Anh 7** 1494
andere Steuern **Anh 7** 399
Anteilstausch **Anh 7** 1548, 1636
Anwendungsbereich **Anh 7** 360 ff
Aufsichtsratsvergütungen **Anh 7** 393f
Aufwärtsverschmelzung **Anh 7** 391
ausländische Umwandlungen **Anh 7** 374
ausscheidende Gesellschafter **Anh 7** 1492
ausscheidender Anteilseigner **Anh 7** 379 f, 388
EBITDA-Vortrag iSd § 4h EStG **Anh 7** 396 f
Einlagen nach Übertragungsstichtag **Anh 7** 1481
einzelne Wirtschaftsgüter **Anh 7** 1494
Ende des Organschaftsverhältnisses **Anh 7** 368
Entnahmen nach Übertragungsstichtag **Anh 7** 1481
Entstehung der Bezüge nach § 7 UmwStG **Anh 7** 367
Entstehung des Übernahmeergebnisses **Anh 7** 367
Entstehung des Übertragungsgewinns **Anh 7** 367
Erwerber eines Mitunternehmeranteils **Anh 7** 1493
Formwechsel **Anh 7** 370 f, 822 f
Gesellschafter **Anh 7** 400
gewerbesteuerliche Folgen **Anh 7** 375 f
Gewinnausschüttungen **Anh 7** 383 ff
Gewinnnutzung **Anh 7** 11
Gewinnnutzungsbeschränkung **Anh 7** 397
grenzüberschreitende Umwandlungen **Anh 7** 395
Körperschaft als Übernehmerin **Anh 7** 381 f
körperschaftsteuerliche Folgen **Anh 7** 398
Organschaft **Anh 7** 298
Personengesellschaft als Übernehmerin **Anh 7** 377 f
Rechtsfolgen **Anh 7** 1490 ff
Rücklagen nach § 7 UmwStG **Anh 7** 386
Rückwirkungsfiktion **Anh 7** 365 f
Rückwirkungszeitraum **Anh 7** 369
Sacheinlage **Anh 7** 1480, 1485 ff
Schuldposten **Anh 7** 390
Sondervergütungen **Anh 7** 392
Spaltungen **Anh 7** 372
steuerliche **Anh 7** 360 ff
steuerliche Schlussbilanz **Anh 7** 1486
steuerlicher Übertragungsstichtag **Anh 7** 363 f
verbundene Unternehmen **Anh 7** 397
Verlustabzug **Anh 7** 1495
Verlustabzugsbeschränkung **Anh 7** 396
Verträge **Anh 7** 1491

magere Zahlen = Rn **Sachliche Selbstständigkeit**

Zinsvortrag **Anh 7** 1495
– iSd § 4h EStG **Anh 7** 396
Rückwirkungsfiktion Anh 7 365 f
verunglückte Spaltung **Anh 7** 1108
Rückzahlungsverbindlichkeiten 8 Nr 1a 105
Rundfunkanstalten 2 389
Rundfunkberatung 2 275
Rundfunkermittler 2 59, 275
Rundfunksprecher 2 59, 275
Rundfunkverein, gemeinnütziger Zweck **3** 99
Rutengänger 2 275

Saarländische Investitionskreditbank, Befreiung **3** 14
Sacheinlage Anh 7 419, 1250 ff, 1275 ff
Abgrenzung zum Anteilstausch **Anh 7** 1545 ff
Ansatz des gemeinen Werts **Anh 7** 1330 ff
Ansatzverbote **Anh 7** 1332
Ansatzwahlrecht **Anh 7** 1330 ff
Anschaffung neuer Anteile **Anh 7** 1400 ff
Anteile an übernehmender Kapitalgesellschaft **Anh 7** 1319
Anwachsung **Anh 7** 1317
Aufgeld (Agio) **Anh 7** 1277
Aufstockung des Geschäftsanteils **Anh 7** 1317
Ausgleichsposten **Anh 7** 1342
Ausscheiden der Kommanditisten **Anh 7** 1317
Ausschluss des Besteuerungsrechts **Anh 7** 1501
Ausübung des Bewertungswahlrechts **Anh 7** 1370 ff
Bargründung **Anh 7** 1277
Barkapitalerhöhung **Anh 7** 1277
Begriff **Anh 7** 1275 ff
Behaltefristen **Anh 7** 1407
Besteuerung des Anteilseigners **Anh 7** 1660 ff
Bewertungswahlrecht **Anh 7** 1350 ff
Bezugsrechte **Anh 7** 1446
Buchwertansatz **Anh 7** 1340 ff
Buchwertunterschreitung **Anh 7** 1335
Einbringung eines Betriebs **Anh 7** 1280 ff
einbringungsgeborene Anteile **Anh 7** 1410 ff
Einbringungsgewinn I **Anh 7** 1670 ff
Einbringungskosten **Anh 7** 1406
Einbringungszeitpunkt **Anh 7** 1670
einzelne Wirtschaftsgüter **Anh 7** 1334, 1425
Einzelrechtsnachfolge **Anh 7** 1250
Erhöhungsbetrag **Anh 7** 1910 f
Fusionsrichtlinie **Anh 7** 1321
Gesamtplanrechtsprechung **Anh 7** 1305
Gewährung neuer Anteile **Anh 7** 1315 ff

grenzüberschreitende **Anh 7** 1365
Hinauseinbringung **Anh 7** 1500 f
juristische Personen des öffentlichen Rechts **Anh 7** 1820 ff
Kapitalerhöhung **Anh 7** 1445 ff
KGaA **Anh 7** 1320
Maßgeblichkeit der steuerlichen Schlussbilanz **Anh 7** 1395
Mitunternehmeranteile **Anh 7** 1295 ff
Mitverstrickung von Anteilen **Anh 7** 1850 ff
Nachweispflicht **Anh 7** 1801 f, 1806
negatives Betriebsvermögen **Anh 7** 1346
ohne Gegenleistung **Anh 7** 1319
ohne Kapitalerhöhung **Anh 7** 1317
Pensionszusagen **Anh 7** 1455 ff
positives Betriebsvermögen **Anh 7** 1360 f
Rücklage nach § 6b EStG **Anh 7** 1468
Rückwirkung **Anh 7** 1485 ff
spätere Veräußerung der Anteile nach § 17 Abs 6 EStG **Anh 7** 1413
Sperrfristen **Anh 7** 1407
steuerfreie Kapitalgesellschaft **Anh 7** 1353
steuerlicher Übertragungsstichtag **Anh 7** 1301
steuerrechtliche **Anh 7** 110 ff
Steuervergünstigungen **Anh 7** 1465 ff
Stundung **Anh 7** 1475 f
Teilbetrieb **Anh 7** 1290 f
Übergangsgewinn **Anh 7** 1407
Übernahmefolgegewinn **Anh 7** 1407
Überpari-Emission **Anh 7** 1316
Übertragungsstichtag **Anh 7** 1480 ff
Veräußerung **Anh 7** 1400 ff
Veräußerungsgewinn **Anh 7** 1406
verdeckte Einlage **Anh 7** 1317
verschleierte Sachkapitalerhöhung **Anh 7** 1317
Versteuerung nach § 23 Abs 1 Satz 5 Nr 1 EStG **Anh 7** 1284
Zinsvortrag **Anh 7** 1510
Zurückbehaltung von Wirtschaftsgütern **Anh 7** 1305 ff
Zwischenwertansatz **Anh 7** 1345 ff
Sachgesamtheit Anh 7 1283
Einbringungsgegenstand **Anh 7** 2100
Sachliche Selbstständigkeit 2 54
Begriff **2** 16 ff
Betriebsaufspaltung **2** 40
Betriebsbegriff **2** 16 ff
BGB-Gesellschaften **2** 28
Einzelunternehmen **2** 16 f
Gewerbebetrieb **2** 16 ff
gleichartige Tätigkeiten **2** 20, 23
Kapitalgesellschaften **2** 41
Mitunternehmerschaften **2** 26 ff
objektbezogener Steuerbescheid **2** 47
Personenhandelsgesellschaft **2** 27

Sächsische Aufbaubank   fette Zahlen = §§

Rechtsprechungsbeispiele **2** 25
stehender Gewerbebetrieb/Reisegewerbe **2** 46
ungleichartige Tätigkeiten **2** 20, 23
und Unternehmen der öffentlichen Hand **2** 43 ff
wirtschaftlicher Geschäftsbetrieb **2** 42
Zusammenfassung mehrerer BgA **2** 43 ff
s auch Einheitlicher Gewerbebetrieb
Sächsische Aufbaubank, Befreiung **3** 14
Sachverständiger 2 275; *s auch Gutachter*
Sachwertabfindung 7 155 f
Buchwertfortführung **7** 157
Saisonkredite 8 Nr 1a 106
Sammeltätigkeit, gemeinnütziger Zweck **3** 99
Sammelverwahrung Anh 7 1590
Sammlerpuppen 2 275
Satzungsmäßigkeit, Auslegung **3** 203
Fehlerfolgen **3** 204c f
formelle **3** 196
Geschäftsführung **3** 210 ff
gesonderte Feststellung **3** 313 ff
Grundsatz **3** 195
materielle **3** 197
– Funktion/Buchnachweis **3** 200 f
– negative Abgrenzung **3** 202
– unschädliche Betätigung **3** 198
Mustersatzung **3** 204a
Satzungsänderung **3** 204c f
Vermögensbindung **3** 204 ff
– Ausnahmen **3** 205
Verwirklichung **3** 212
Saucen-Designer 2 275
Säumniszuschläge 8 Nr 1a 108
Sauna 2 275
gemeinnütziger Zweck **3** 99
Schach, gemeinnütziger Zweck **3** 80
Schadensersatzforderung, Aufgabegewinn **7** 89
Schadensersatzverpflichtung 8 Nr 1a 107
Schadensgutachter 2 275
Schadensregulierer 2 275
Schadensreservedepot 8 Nr 1a 113
Schadensrückstellungen 8 Nr 1a 113
Schädlicher Beteiligungserwerb, Begriff **10a** 47
Beispielsrechnungen **10a** 80
Beteiligungsrechte **10a** 50
Erwerber
– Begriff **10a** 53
Erwerbergruppe **10a** 55
Fristen **10a** 66
– im Erwerberkreis **10a** 66
Gegenstand **10a** 48
gleichgerichtete Interessen **10a** 55
Höhe der Übertragung
– Berechnung **10a** 64b

– und Beteiligung **10a** 61
– Kapitalerhöhung **10a** 63
– Personengesellschaft **10a** 64c
– Vorzugsaktien **10a** 62
Inhalt der Regelung **10a** 45
KGaA **10a** 52
Konzernklausel **10a** 64, 81 ff
– Beteigter **10a** 83
– Beteiligung **10a** 83a
– Rechtsfolgen **10a** 84
– Rechtsträger **10a** 82
– Zeitfragen **10a** 83b
maßgeblicher Verlustvertrag **10a** 73
Mitgliedschaftsrechte **10a** 49
mittelbare Beteiligungsverhältnisse **10a** 64 f
nahestehende Person **10a** 54
persönlicher Anwendungsbereich **10a** 46b
Rechtsfolgen **10a** 70 ff
– Satz 1 **10a** 70
– Satz 2 **10a** 71
– Verlustvorträge **10a** 72
Sanierung **10a** 75
Sanierungsklausel **10a** 87 ff
– Begriff Sanierung **10a** 87b
– Beteiligungszweck **10a** 87a
– Erhaltung der Betriebsstrukturen **10a** 87c
– Rechtsfolge **10a** 88
– sanierungshindernde Vorgänge **10a** 87d
stille Reserven
– Begriff **10a** 85a
Stille-Reserven-Klausel **10a** 85 ff
– Rechtsfolgen **10a** 86
– Voraussetzungen **10a** 85a
– Zeitfragen **10a** 85b
Stimmrechte **10a** 51
Übertragung
– Begriff **10a** 56
– Dauer der Inhaberschaft **10a** 60
– Erbfolge **10a** 59
– Höhe **10a** 61
– Kapitalerhöhung **10a** 58
– Umwandlungsvorgänge **10a** 57
– Weiterübertragung **10a** 60a
– Zeitpunkt **10a** 65
unterjährige Ereignisse **10a** 74
Verfassungsrecht **10a** 46c
vergleichbarer Sachverhalt **10a** 76 ff
– Negativbeispiele **10a** 78
– Positivbeispiele **10a** 77
Vermögensrechte **10a** 52
Weiterübertragung **10a** 60a
Zeitfragen **10a** 67
zeitlicher Geltungsbereich **10a** 79
Zweck der Regelung **10a** 46
Schauspieler 2 59
Schausteller 35a 3
Schenkungsteuer *s Erbschaftsteuer*

magere Zahlen = Rn

Sitzverlegung

Schießen, gemeinnütziger Zweck **3** 99
Schiffe, Hebeberechtigung **4** 5
Schiffsklassifizierung, eigenwirtschaftliche Zwecke **3** 127
Schiffssachverständiger 2 275
Schlachthof 2 389
eigenwirtschaftliche Zwecke **3** 127
Schlossbesichtigung 2 275
Schlussbilanz, handelsrechtliche **Anh 7** 363, 450 ff, 855 ff
Spaltung **Anh 7** 1107
steuerliche **Anh 7** 363, 445 ff, 857 ff
Schneeballsystem 2 275
Schnittholzverarbeitung bei Land- und Forstwirtschaft **2** 225
Schönheitskönigin 2 275
Schriftsteller 2 275
Schulden als Sonderbetriebsvermögen **7** 192
Schuldentgelte, ABC-Darstellung **8 Nr 1a** 60 ff
Abgrenzung
– persönlich **8 Nr 1a** 7
– sachlich **8 Nr 1a** 6b
Begriff **8 Nr 1a** 6 f
Beispiele **8 Nr 1a** 6a
Diskont **8 Nr 1a** 15 f
Drittzahlung **8 Nr 1a** 20a
Erstattung **8 Nr 1a** 22
Factoring/Forfaitierung **8 Nr 1a** 21a
Fiktion von S. **8 Nr 1a** 8 ff
nachträgliche Minderung **8 Nr 1a** 23
Rückzahlung **8 Nr 1a** 23
Saldierungsverbot **8 Nr 1a** 22
Schulden **8 Nr 1a** 4 ff
– Inhalt **8 Nr 1a** 5 ff
– isolierte Betrachtung **8 Nr 1a** 5b
schwebende Vertragsverhältnisse **8 Nr 1a** 21
Skonto **8 Nr 1a** 9 ff
Umfang der Hinzurechnung **8 Nr 1a** 20 ff
vergleichbare Vorteile **8 Nr 1a** 14
Zeitfragen **8 Nr 1a** 21b
Zinsverbilligung **8 Nr 1a** 22
Schulen 2 275, 389
Befreiung **3** 403 ff
und Betriebsaufspaltung **3** 408
gemeinnütziger Zweck **3** 99
Schützenverein, gemeinnütziger Zweck **3** 87, 99
Schwankungsrückstellungen 8 Nr 1a 113
Schwarzarbeiter 2 59
Schwebende Geschäfte 7 75
Schwestergesellschaft 7 210; **Anh 7** 1050
Einbringung **Anh 7** 2080
Leistungsaustausch **7** 180
Organschaft **Anh 7** 320
Übertragung einzelner Wirtschaftsgüter **Anh 7** 1425

Verschmelzung auf andere Körperschaft **Anh 7** 946f
Schwester-Personengesellschaft, ermäßigter Steuersatz **Anh 7** 2255
Schwimmbad 2 389
Segelfliegen, gemeinnütziger Zweck **3** 99
Segelsport, gemeinnütziger Zweck **3** 99
Segmentierung 7 177
Seitwärtsverschmelzung Anh 7 847
Kosten des Vermögensübergangs **Anh 7** 1676
Organschaft **Anh 7** 337
Selbsthilfegruppen, gemeinnütziger Zweck **3** 99
Selbstlosigkeit, Ausgliederung **3** 130, 146
Ausnahmen **3** 117, 166 ff
Begriff **3** 116
bezahlter Sport **3** 178
eigenwirtschaftliche Zwecke **3** 117
Geprägetheorie **3** 125
gesellige Zusammenkünfte **3** 177
Gewinnausschüttungen **3** 134
Grundsatz **3** 116 ff
„in erster Linie" **3** 123 ff
Mitgliederbegünstigung **3** 117, 121 f, 135 ff
Mittelverwendung **3** 128 ff
– zeitnahe **3** 148 ff
Stiftungen **3** 173 ff
Vergütungen **3** 143
Verlustausgleich **3** 131 ff
Vermögensbindung **3** 144
Vermögensumschichtung **3** 119
Vermögensverwendung **3** 140
Verwaltungskosten **3** 118
wirtschaftlicher Geschäftsbetrieb **3** 120
Zuwendungen
– Mitglieder **3** 135 ff
– politische Parteien **3** 139
zweckfremde Ausgaben **3** 141 f
Selbstständige Arbeit 2 59
Abgrenzung zum Gewerbebetrieb **2** 235 ff
Lotterieeinnehmer
– staatliche Lotterie **2** 260
Merkmale **2** 54 ff
Selbstständige Tätigkeit s *Selbstständige Arbeit; Sonstige selbstständige Arbeit*
Selbstständigkeit, Einzelheiten **2** 57
Sicherheitsberater 2 275
Sicherungseinrichtungen, Befreiung **3** 442
Siedlungsmaßnahmen 3 422
Siedlungsunternehmen, Befreiung **3** 420 ff
Steuermessbetrag 11 8
Sitztheorie Anh 7 27, 62
Sitzverlegung Anh 7 58 ff
Ersatzrealisationstatbestand **Anh 7** 1726

Skatspiel

fette Zahlen = §§

Skatspiel, gemeinnütziger Zweck **3** 99
Skilift 2 389
Sklavenbefreiung 3 63, 113
Skonto, Begriff **8 Nr 1a** 9
Fälligkeit **8 Nr 1a** 12 ff
Geschäftsüblichkeit **8 Nr 1a** 10 f
vergleichbare Vorteile **8 Nr 1a** 14
Sofortversteuerung bei wiederkehrenden Bezügen **7** 86
Software s *Datenverarbeitung*
Soldatenbetreuung, gemeinnütziger Zweck **3** 89, 99
Sonderbetriebsvermögen 7 190; **Anh 7** 1280 f, 2177
Einbringung
– in Personengesellschaft **Anh 7** 1296 f, 2032, 2047, 2072, 2105, 2260
– in S. **Anh 7** 2052
ermäßigte Besteuerung **Anh 7** 2252
Formwechsel **Anh 7** 2374 f
Mitunternehmeranteile **Anh 7** 2125, 2128
nicht wesentliche Wirtschaftsgüter **Anh 7** 1145
Steuerentstrickung **7** 114
teilweise Einbringung **Anh 7** 2105
Übernahmegewinn nach § 5 UmwStG **Anh 7** 762
unproportionales **Anh 7** 1948
Vermögensübertragungen **7** 201
wesentliche Betriebsgrundlagen **Anh 7** 2102
zurückbehaltenes **Anh 7** 1465
Sonderrechtsnachfolge Anh 7 46, 1107
partielle Gesamtrechtsnachfolge **Anh 7** 46
Sondervergütungen, Rückwirkung **Anh 7** 392
Sonstige selbstständige Arbeit 2 261 ff
Insolvenz-/Zwangsverwalter **2** 263
kein einheitlicher Begriff **2** 261 f
Subunternehmer **2** 264
Testamentsvollstrecker **2** 261
unmittelbare Betätigung **2** 264
Vervielfältigungsverbot **2** 265
Sozial Schwache, gemeinnütziger Zweck **3** 99
Soziale Einrichtung, Pensions- und Unterstützungskassen **3** 348 ff
Vermögensbindung **3** 351
Spaltung Anh 7 70, 438
AfA **Anh 7** 1219
Aufteilung nach dem Verhältnis der gemeinen Werte **Anh 7** 1227
Ausgliederung **Anh 7** 1110
Besitzzeitanrechnung **Anh 7** 1219
Besteuerung der Anteilseigner der übertragenden Gesellschaft **Anh 7** 1225 ff
Bewertung des übergehenden Vermögens **Anh 7** 1203

Bilanzierung der übernehmenden Gesellschaft **Anh 7** 1215 ff
fiktive Teilbetriebe **Anh 7** 1145 f
fiktive Veräußerung durch Gesellschafter **Anh 7** 1109
Gesellschafter **Anh 7** 1109
Gliederung des verwendbaren Eigenkapitals **Anh 7** 1196
Handelsbilanz **Anh 7** 1201, 1215
Kosten des Vermögensübergangs **Anh 7** 1218
Missbrauchsregelung **Anh 7** 1160 ff
nicht verhältniswahrend **Anh 7** 1225
auf Personengesellschaft s *dort*
persönlicher Anwendungsbereich **Anh 7** 1111
Spaltungsgegenstände **Anh 7** 1120 ff
steuerliche Schlussbilanz **Anh 7** 1202, 1216
Teilübertragung **Anh 7** 1115
Trennung von Gesellschafterstämmen **Anh 7** 1190 f
übergehendes Vermögen **Anh 7** 1135
Übertragungsbilanz **Anh 7** 1200 ff
Veräußerung **Anh 7** 1226
Veräußerungssperrklausel **Anh 7** 1170 ff
verbleibendes Vermögen **Anh 7** 1150 f
Verlustabzug **Anh 7** 1195
Verschiebung des Beteiligungsverhältnisses **Anh 7** 1212
verunglückte **Anh 7** 1108
Wertverschiebungen zwischen Anteilseignern **Anh 7** 1210 ff
Zurückbehaltung von Vermögen **Anh 7** 1140 ff
Zuzahlungen **Anh 7** 1205 ff
Spaltung auf andere Körperschaften oder Personengesellschaften Anh 7 1105 ff
sachlicher Anwendungsbereich **Anh 7** 1106 ff
Spaltung auf Körperschaft, Verlustabzug nach § 19 Abs 2 UmwStG **Anh 7** 235
Spaltung auf Personengesellschaft Anh 7 1235 ff, 1242
Anwendung des § 15 UmwStG **Anh 7** 1240
Anwendung des 2. Teils des UmwStG **Anh 7** 1235
Besteuerung der Anteilseigner **Anh 7** 1241
Kombinationen von Spaltungsarten **Anh 7** 1243
Verlustabzug nach § 10a GewStG **Anh 7** 236
verwendbares Eigenkapital **Anh 7** 1241
Spaltungsformen Anh 7 78
Spar- und Darlehenskassen 2 389; **8 Nr 1a** 93a
Sparsinnförderung, gemeinnütziger Zweck **3** 99

magere Zahlen = Rn

Steuerliche Eröffnungsbilanz

Spenden, Hinzurechnungen **8 Nr 9** 1 ff
Sperrbetrag isd § 50c EStG Anh 7 689 ff
Doppelumwandlung **Anh 7** 691
Formwechsel **Anh 7** 691
Unionsrecht **Anh 7** 692
Sperrfrist Anh 7 1407
einbringungsgeborene Anteile **Anh 7** 1969
Einbringungsgewinn I **Anh 7** 1660
Einbringungsgewinn II **Anh 7** 1761
Veräußerungssperrklausel **Anh 7** 1180
Spielbanken, Befreiung **3** 11
Spielerberater, -vermittler 2 275
Sport, gemeinnütziger Zweck **3** 74, 99
Sporthilfe, gemeinnütziger Zweck **3** 99
Sportler 2 59
Sportliche Veranstaltungen, Begriff **3** 275, 277 f
Besteuerungswahlrecht **3** 282 ff
bezahlter Sport **3** 285 ff
Einzelfälle **3** 277 f
Umfang **3** 279
Zweckbetrieb **3** 275 ff
Zweckbetriebsgrenze **3** 280 f
Sportnahe Betätigung, gemeinnütziger Zweck **3** 81
Sportschule s Schulen
Sportstätten 2 389
Sprechtherapeut 2 275
Städtebauförderung, gemeinnütziger Zweck **3** 99
Statusverbesserung isd § 8b KStG **Anh 7** 2294
Stehender Gewerbebetrieb, Begriff **2** 6
Betriebsstätten **2** 6
Steinbruch bei Land- und Forstwirtschaft **2** 223
Sterbekassen, Befreiung **3** 340 ff
Höchstbeträge **3** 352 ff
Steuermessbetrag **11** 8
Steueranrechnung, ausländische Steuer **Anh 7** 1506 f
fiktive **Anh 7** 610, 1506
Kürzung des Gewerbeertrags **Anh 7** 611
tatsächliche **Anh 7** 1507
Steuerbegünstigte Zwecke, Ausschließlichkeit **3** 151 ff
Auslandssachverhalte **3** 28
Befreiung **3** 20 ff
Beginn und Ende **3** 27
Begriff
– Kürzung **9 Nr 5** 7a
Betrieb gewerblicher Art **3** 22
drittschützende Norm **3** 318 f
Gemeinnützigkeit **3** 30 ff
gesonderte Feststellung **3** 313 ff
kirchliche Zwecke **3** 110 ff
Konkurrentenklage **3** 319

Körperschaftsteuerpflicht **3** 24
Kreis der Begünstigten **3** 21
Kürzung **9 Nr 5** 1 ff
– Ausgaben **9 Nr 5** 2 f
– entgangene Steuer, Erhebung **9 Nr 5** 25
– Fehlverwendung **9 Nr 5** 19 ff
– Förderung **9 Nr 5** 7 ff
– gesonderte Feststellung **9 Nr 5** 16
– Großspenden **9 Nr 5** 11d
– Haftung **9 Nr 5** 17 ff
– Haftungsgegenstand **9 Nr 5** 20 ff
– Haftungsgläubiger **9 Nr 5** 22
– Haftungsverfahren **9 Nr 5** 23 ff
– Höchstbeträge **9 Nr 5** 11a
– Spendenbestätigung **9 Nr 5** 9 ff, 18 ff
– Spendenempfänger **9 Nr 5** 8 ff
– Spendenvortrag **9 Nr 5** 11b
– Stiftungsspenden **9 Nr 5** 11c, 12 ff
– Umfang **9 Nr 5** 11 ff
– Uneigennützigkeit **9 Nr 5** 4 ff
– Unentgeltlichkeit **9 Nr 5** 4 ff
– Vermögensstockspenden **9 Nr 5** 12 ff
– Verschuldenshaftung **9 Nr 5** 18b
– Vertrauensschutz **9 Nr 5** 10 ff
– Voraussetzungen **9 Nr 5** 2
Mildtätigkeit **3** 100 ff
persönliche Befreiung **3** 20
Selbstlosigkeit **3** 116 ff
Unmittelbarkeit **3** 156 ff
Verfahrensfragen **3** 308 ff
Verfassungsschutz **3** 29
Zweckmehrheit **3** 20
Steuerberater 2 275
Steuerberaterpraxis 2 389
Steuerbescheid s Gewerbesteuerbescheid
Steuerbevollmächtigter 2 275
Steuerbilanz, Ausgleichsposten **Anh 7** 1342
Steuererklärung 14a 2
Form **14a** 3
Steuererklärungspflicht 14a 2
Steuerermäßigung nach § 35 EStG, Missbrauchsregelung **Anh 7** 188
Steuerfreie Einnahmen 7 5
Steuergegenstand 2 1 ff
Gewerbebetrieb **2** 2
rechtsformabhängiger/rechtsformunabhängiger **2** 7 f
Steuergläubiger 4 1
Gewerbesteuermessbescheid **14** 4
Steuerliche Eröffnungsbilanz Anh 7 635
Ansatz des eingebrachten Vermögens **Anh 7** 2177
Bewertungswahlrecht **Anh 7** 2212
Einbringung in Personengesellschaft **Anh 7** 2170
Gewinnermittlung nach § 4 Abs 3 EStG **Anh 7** 2212

1197

Steuerliche Rechtsnachfolge

fette Zahlen = §§

Steuerliche Rechtsnachfolge **Anh 7**
640 ff
Steuerliche Schlussbilanz Anh 7 636
Sacheinlage **Anh 7** 1486
Spaltung **Anh 7** 1202
Steuerlicher Übertragungsstichtag, Einbringung in Personengesellschaft **Anh 7** 2281
Steuerliches Einlagekonto Anh 7 1712
Buchwertaufstockung **Anh 7** 1923
Steuermessbetrag 11
Bedeutung **11** 1 ff
Durchführung **11** 3 ff
einheitlicher **14** 1
Freibetrag
– atypische stille Gesellschaft **11** 5 f
– Betriebsbezogenheit **11** 6 f
– Betriebseinbringung **11** 6b
– Grundsatz **11** 4 ff
– juristische Personen **11** 8
– KGaA **11** 4a
– Segmentierung **11** 6a
– Zeitfragen **11** 7
Kleinbeträge **34**
Übersicht **14** 11
Steuermesszahl 11
Bedeutung **11** 1 ff
Begriff **11** 9
Hausgewerbetreibende **11** 11 ff
den Hausgewerbetreibenden Gleichgestellte **11** 13
Heimarbeiter **11** 12
Organschaften **11** 10
Zwischenmeister **11** 13
Steuerschuld 8 Nr 1a 108
Entstehen **5** 15
Erlöschen **5** 24
Steuerschuldner 5 1
Gewerbesteuer **Anh 7** 238
Steuerschuldnerschaft, Gesamthandsvermögen **5** 9
Gewerbesteuermessbescheid **14** 3
bei Personengesellschaften **5** 5
Steuervergünstigungen, Anteilstausch **Anh 7** 1640 f
Einbringungsgewinn II **Anh 7** 1773
Steuerverstrickung, quotale **Anh 7** 1850
Stiftungen, Einkommensverwendung **3** 173 ff
gemeinnütziger Zweck **3** 99
Spenden *s dort*
Zuschussvergabe **3** 179
Stille Beteiligung Anh 7 1551
Stille Gesellschaft 7 230 f
Abfindungen **7** 241
Abgrenzungen **8 Nr 1c** 13 ff
atypische *s Atypische stille Gesellschaft*

atypische/typische **8 Nr 1c** 4 f
Begriff **8 Nr 1c** 3 ff
Beteiligung **8 Nr 1c** 9
Beteiligungsumfang **8 Nr 1c** 9
Doppelfunktionen **8 Nr 1c** 17
Familiengesellschaft **8 Nr 1c** 6
Gewinnanteil
– Abgrenzung **8 Nr 1c** 19a
– Umfang **8 Nr 1c** 18
Gewinnbeteiligung **8 Nr 1c** 12
Heranziehung beim Empfänger **8 Nr 1c** 20
Mitunternehmerrisiko **7** 173
partiarisches Arbeitsverhältnis **8 Nr 1c** 14 ff
partiarisches Darlehen **8 Nr 1c** 15 f
partiarisches Pachtverhältnis **8 Nr 1c** 16
partnerschaftliches Zusammenwirken **8 Nr 1c** 11
Rechtsformen **8 Nr 1c** 7
Rückzahlung **8 Nr 1c** 21
Umfang der Hinzurechnung **8 Nr 1c** 18
Verfahrensbeteiligung **1** 47
Verlustbeteiligung **8 Nr 1c** 12
Vermögenseinlage **8 Nr 1c** 10
Stille Reserven, Übergang auf junge Anteile **Anh 7** 1447
Verlagerung **Anh 7** 2154
Stiller Gesellschafter, Hinzurechnung Gewinnanteil **8 Nr 1c**
Zweck der Hinzurechnung **8 Nr 1c** 1
Stillhalteschulden 1a 109
Stornorückbehalt 8 Nr 1a 110
Strafgefangenenbetreuung, gemeinnütziger Zweck **3** 70, 99
Straßenreinigung 2 389
Streubesitzdividenden, Beteiligung **8 Nr 5** 4 f
Gewinnausschüttungen **8 Nr 5** 13
Hinzurechnung **8 Nr 5**
– Zweck **8 Nr 5** 1 f
Investmentfonds **8 Nr 5** 11
Kürzungsvoraussetzungen **8 Nr 5** 7
Personengesellschaft **8 Nr 5** 8
Umfang der Hinzurechnung **8 Nr 5** 10 ff
Voraussetzungen der Hinzurechnung **8 Nr 5** 3 ff
zeitlicher Anwendungsbereich **8 Nr 5** 14
Stromableser 2 59, 275
Strukturmerkmale, ausländische Vorgänge **Anh 7** 41, 45
Strukturwandel 7 109
Land- und Forstwirtschaft **2** 230
Studentenhilfe, gemeinnütziger Zweck **3** 60
Stundbuchhalter 2 275
Stundung, Sacheinlage **Anh 7** 1475 f
Stundungszinsen 8 Nr 1a 108
Stuntman 2 275

magere Zahlen = Rn **Trennung von Gesellschafterstämmen**

Substanzbetrieb bei Land- und Forstwirtschaft 2 223
Subunternehmer 2 59
Synchronsprecher 2 59, 275
Syndikat 2 464
Systemanalytiker 2 275

Tagesmütter 2 275
Talkshow 2 275
Tanzschule 2 275
Tanzsport, gemeinnütziger Zweck 3 99
Tarifvertragseinrichtungen, Steuermessbetrag 11 8
Tarifvertragsparteien, Einrichtungen
– Befreiung 3 473 ff
Tätigkeitsvergütung 7 211
Tauschähnlicher Vorgang Anh 7 1555
Einbringung einzelner Wirtschaftsgüter Anh 7 2071
Einbringung in Personengesellschaft Anh 7 2240
Techniker 2 275
Teichwirtschaft 2 219
Teilbetrieb, 100%ige Beteiligung an Kapitalgesellschaft Anh 7 2118 f
abgespaltener Anh 7 261
im Aufbau Anh 7 1226
Aufgabe 7 66
Begriff Anh 7 1125 ff, 1290
Beteiligung an Kapitalgesellschaft Anh 7 1128, 1145, 1290
Dauerschuldentgelte 8 Nr 1a 37 f
doppeltes Teilbetriebserfordernis Anh 7 1108, 1150
Einbringung in Personengesellschaft Anh 7 2115 ff
europäischer Begriff Anh 7 2115
fiktive Anh 7 1145 f
Gesamtplanbetrachtung Anh 7 2117
Grundstücke Anh 7 2122
Komplementär-GmbH Anh 7 1146
Mitunternehmeranteil Anh 7 1127, 1145
nicht funktional wesentliche Wirtschaftsgüter des Sonderbetriebsvermögens Anh 7 1145
Nutzungsrecht Anh 7 1137
Nutzungsüberlassung Anh 7 2116
rückwirkende Spaltung Anh 7 2123
Sonderbetriebsvermögen Anh 7 2121
steuerlicher Übertragungsstichtag Anh 7 1121, 1301
Veräußerung 7 67
Verpachtung 7 105, 108
wirtschaftliches Eigentum Anh 7 1136
zuordenbare Wirtschaftsgüter Anh 7 1291
Zurückbehaltung von Wirtschaftsgütern Anh 7 1291
Teilbetriebsaufgabe 7 115

Teilbetriebsübertragung, Buchwertfortführung 7 118
Teilbetriebsveräußerung, Gewerbesteuer Anh 7 169, 179
Teileinkünfteverfahren, ermäßigter Steuersatz Anh 7 2251
Gewerbesteuer Anh 7 1956
Gewinnermittlung 7 5, 16
Teilentgeltliche Betriebsübertragung 7 95
Teilentgeltliche Übertragung, Ersatzrealisationstatbestand Anh 7 1692
Teilübertragung Anh 7 1115
Teilbetrieb Anh 7 1150
Teilwertabschreibung, Hinzurechnung der Gewinnminderung 8 Nr 10
Teilwertansatz, zwingender Anh 7 1390 ff
Teilzahlungsbanken 8 Nr 1a 93a
Telearbeiter 2 59
Telefonseelsorge, Mildtätigkeit 3 102
Telefonsex 2 275
Telekommunikationsberater 2 275
Termingeschäfte 2 132; *s auch Differenzgeschäft*
Testamentsvollstrecker 2 275
Textildesigner 2 275
Thüringer Aufbaubank, Befreiung 3 14
Tiefgarage 2 389
Tierhaltung 2 212 ff
Befreiung 3 400 ff
gemeinschaftliche 2 217
gewerbliche 2 217
Tierpark, gemeinnütziger Zweck 3 99
Tierschutz, gemeinnütziger Zweck 3 67, 99
Tierzucht 2 212 ff
gemeinnütziger Zweck 3 85, 99
gemeinschaftliche 2 217
gewerbliche 2 217
Tischfußball, gemeinnütziger Zweck 3 99
Tod, Unternehmers 1 47
Toleranz, gemeinnütziger Zweck 3 66
Tonnagesteuer 7 14
Tontechniker 2 275
Torfstecherei bei Land- und Forstwirtschaft 2 223
Tourneeleiter 2 275
Trabertrainer 2 275
Trabrennfahrer 2 275
Trabrennstall bei Land- und Forstwirtschaft 2 225
Trainer 2 59, 275
Transzendentale Meditation, gemeinnütziger Zweck 3 99
Trauerredner 2 275
Treaty-override Anh 7 1606
Trennung von Gesellschafterstämmen Anh 7 1190 f
Vorbesitzzeit Anh 7 1191

Treugut fette Zahlen = §§

Treugut, Erbschaftsteuer **Anh 7** 285
Treuhandanstalt, Befreiung **3** 15
Treuhänder **2** 59, 275
Treuhandmodell **5** 8
Beendigung **Anh 7** 2074
Tutor **2** 275
Typenvergleich, erworbene Gesellschaft **Anh 7** 1541
Typische stille Gesellschaft **7** 237; *s auch Stille Gesellschaft*
Vergütung *s Spenden*

Überdotierung, Vermögensgrenzen **3** 361 ff
Übergangsgewinn **7** 91; **Anh 7** 1407, 1466, 2172
Einbringungsbilanz **Anh 7** 2233
Verteilung **Anh 7** 2234
Überlassung von Rechten 8 Nr 1f 8 ff
Aufwendungen **8 Nr 1f** 12 f
Befristung **8 Nr 1f** 9
Begriff des Rechts **8 Nr 1f** 4 f
Durchleitungsrecht **8 Nr 1f** 10 f
Einzelfälle **8 Nr 1f** 6 f
Hinzurechnung **8 Nr 1f**
– Zweck **8 Nr 1f** 1
höherrangiges Recht **8 Nr 1f** 2 f
Künstlersozialabgabe **8 Nr 1f** 17 ff
Saldierungsverbot **8 Nr 1f** 16
tatsächliche Nutzung **8 Nr 1f** 13
Umfang der Hinzurechnung **8 Nr 1f** 14 ff
Vertriebslizenz **8 Nr 1f** 10 f
Überlassungsverträge 2 59
Übernahmeergebnis, Anteile des Betriebsvermögens **Anh 7** 650
Anteile des Privatvermögens **Anh 7** 651
Aufwärtsverschmelzung **Anh 7** 653
beschränkt steuerpflichtige Gesellschafter **Anh 7** 652
Besteuerung **Anh 7** 806 ff
Beteiligungskorrekturgewinn **Anh 7** 654 f
Entstehung **Anh 7** 703
Ermittlung **Anh 7** 700 ff
Feststellung **Anh 7** 704
überschuldete Gesellschaft **Anh 7** 705
Wertaufholung **Anh 7** 653
Übernahmefolgegewinn, Gesellschafter **Anh 7** 774
Gewerbesteuer **Anh 7** 149, 780
Missbrauchsregelung **Anh 7** 781 ff
Pensionsrückstellungen **Anh 7** 775 f
Rücklage **Anh 7** 777
Sacheinlage **Anh 7** 1407
Verschmelzung **Anh 7** 770 ff
– auf andere Körperschaft **Anh 7** 1005 f
– einer Unterstützungskasse **Anh 7** 784

Übernahmegewinn **Anh 7** 412
abkommensrechtliche Besteuerung **Anh 7** 686
Ansatz des Auslandsvermögens **Anh 7** 681
Anteile an der übertragenden Körperschaft **Anh 7** 682
ausländisches Betriebsvermögen **Anh 7** 687 f
Ausschüttungsfiktion (§ 7 UmwStG) **Anh 7** 656 ff
ausstehende Einlagen **Anh 7** 683
beschränkt steuerpflichtige Gesellschafter **Anh 7** 685
Besteuerung **Anh 7** 706 ff
Beteiligung im Privatvermögen (§ 7 UmwStG aF) **Anh 7** 790 ff
eigene Anteile **Anh 7** 684
Entstehung **Anh 7** 367
Ermittlung **Anh 7** 677, 709
Formwechsel **Anh 7** 827
gesellschafterbezogene Ermittlung **Anh 7** 675
Gewerbesteuer **Anh 7** 148, 617, 709
Organschaft **Anh 7** 336
Spaltung auf Personengesellschaft **Anh 7** 1242
Umwandlungskosten **Anh 7** 678 ff
Vermögensübergang auf Personengesellschaft ohne Betriebsvermögen **Anh 7** 800 ff
Zurechnung **Anh 7** 676
Übernahmegewinn nach § 5 UmwStG, abgefundener Gesellschafter **Anh 7** 731
abkommensrechtliche Grundsätze **Anh 7** 753 f
Anteile der übertragenden Körperschaft **Anh 7** 734
Anteile im Betriebsvermögen des Anteilseigners **Anh 7** 760 ff
Anwendung inländischen Rechts **Anh 7** 752
ausländischer Gesellschafter **Anh 7** 750 f
ausländisches Betriebsvermögen **Anh 7** 762
Auswirkungen auf Herkunftsbetriebsvermögen **Anh 7** 766
Beteiligung im Privatvermögen des Gesellschafters der Personengesellschaft **Anh 7** 740 ff
Beteiligungskorrekturgewinn **Anh 7** 761
eigene Anteile der Körperschaft **Anh 7** 745
einbringungsgeborene Anteile **Anh 7** 743, 767 f
Einlagefiktion **Anh 7** 725 ff
erworbene Anteile **Anh 7** 730 ff
Gesellschafterwechsel **Anh 7** 731
gewerbesteuerliche Behandlung der Wertaufholung **Anh 7** 763
gewerbesteuerliche Behandlung des entstehenden Gewinns **Anh 7** 749
Missbrauchsklausel **Anh 7** 764 f

magere Zahlen = Rn   **Umwandlungskosten**

Mitunternehmer der übernehmenden Personengesellschaft **Anh 7** 733
Sonderbetriebsvermögen **Anh 7** 762
nach dem steuerlichen Übertragungsstichtag erworbene Anteile **Anh 7** 742
unentgeltlicher Erwerb **Anh 7** 730
Veräußerung an Dritten **Anh 7** 732
vermögensverwaltende Personengesellschaft **Anh 7** 744
Verschmelzung auf Schwester-Personengesellschaft **Anh 7** 762
Verschmelzung auf Tochter-Personengesellschaft **Anh 7** 762
vorausgegangene Umwandlung **Anh 7** 741
Wertaufholung **Anh 7** 761
wirtschaftliches Eigentum **Anh 7** 731
Zebragesellschaft **Anh 7** 762
Zuzahlungen **Anh 7** 726
Übernahmeverlust Anh 7 413
Ergänzungsbilanzen **Anh 7** 715
Gewerbesteuer **Anh 7** 151
Organschaft **Anh 7** 337
Unternehmenskauf bei Aufstockung des AfA-Volumens **Anh 7** 720
Übernehmende Gesellschaft, Ansatz des gemeinen Werts **Anh 7** 1890 ff
Besitzzeiten **Anh 7** 1875 ff
Buchwertaufstockung **Anh 7** 1884
erstmaliges inländisches Besteuerungsrecht **Anh 7** 1892
ertragsteuerliche Folgen bei Einbringung **Anh 7** 2265 ff
nachträgliche Anschaffungskosten **Anh 7** 1737
objektbezogene Kosten **Anh 7** 1883
Veräußerungstatbestände **Anh 7** 1785 ff
Zwischenwertansatz **Anh 7** 1880 ff
Übernehmende Kapitalgesellschaft, Verlustabzug **Anh 7** 254, 256
Überpari-Emission Anh 7 1316, 2073
Überpreis, Kapitalerhöhung **Anh 7** 1449
Überschuldete Unternehmen Anh 7 956
Überschusseinkünfte 7 222
Übersetzer 2 275
Übersetzungsbüro 2 275
Übertragende Kapitalgesellschaft, Verlustabzug nach § 10a GewStG **Anh 7** 201
Übertragender Rechtsträger, abwicklungslose Auflösung **Anh 7** 90
Übertragungsbilanz, Formwechsel **Anh 7** 2382
Spaltung **Anh 7** 1200
Übertragungsgewinn Anh 7 414, 519, 600 ff, 965 f
ausländisches Betriebsvermögen **Anh 7** 616
Entstehung **Anh 7** 367
Gewerbesteuer **Anh 7** 146, 180, 617

Organschaft **Anh 7** 327
Übertragungsstichtag, Bilanzierung **Anh 7** 1480
steuerlicher **Anh 7** 57, 363 f
wirtschaftliches Eigentum **Anh 7** 1480
Umlaufvermögen 7 75
Grundstücke **7** 28
Veräußerung **Anh 7** 2322
Umsatzsteuer Anh 7 245 f
Umtauschverhältnis, Veräußerungssperrklausel **Anh 7** 1183
Umwandlung auf andere Körperschaft
– Verlustabzug **Anh 7** 215 ff
Ausgliederung **Anh 7** 33
ausländische **Anh 7** 28
ausländische Vorgänge **Anh 7** 27
Begriff **Anh 7** 73
Betrieb gewerblicher Art **Anh 7** 31
Bundes- bzw Landesgesetze **Anh 7** 30
Einbringung **Anh 7** 34
Erbschaftsteuer **Anh 7** 280 ff
formwechselnde **Anh 7** 114
gesellschaftsrechtliche **Anh 7** 437
ohne Gewährung von neuen Anteilen **Anh 7** 1702
Gewerbesteuer **Anh 7**
grenzüberschreitende **Anh 7** 27
Grunderwerbsteuer **Anh 7** 130 ff
identitätswahrende **Anh 7** 2089
inländische **Anh 7** 26
in Kapitalgesellschaft
– Erbschaftsteuer **Anh 7** 280 ff
natürliche Person **Anh 7** 55
zur Neugründung **Anh 7** 57
Personengesellschaft ohne Betriebsvermögen **Anh 7** 178
zwischen Personengesellschaften
– Verlustabzug nach § 10a GewStG **Anh 7** 225 ff
steuerneutrale **Anh 7** 18
Überblick **Anh 7** 410 ff
Verlustabzug
– nach § 10a GewStG **Anh 7** 210 ff
– nach § 12 Abs 3 UmwStG **Anh 7** 252
– nach § 4 Abs 2 UmwStG **Anh 7** 252
vergleichbare ausländische Vorgänge **Anh 7** 40 ff
Vermögensübertragungen **Anh 7** 32
zeitgleiche Veräußerung **Anh 7** 187
Umwandlungsarten Anh 7 437 f
Umwandlungsbedingte Übertragung Anh 7 1697
Umwandlungsfähigkeit, ausländische Vorgänge **Anh 7** 42
Umwandlungskosten Anh 7 410, 678 ff
Finanzierungskosten **Anh 7** 679
objektbezogene Kosten **Anh 7** 681

1201

Umwandlungsstichtag
fette Zahlen = §§

Umwandlungsstichtag, Sacheinlage **Anh 7** 1486
Umwandlungsverfahren Anh 7 93
Umweltauditor 2 275
Umweltberater 2 275
Umweltschutz, gemeinnütziger Zweck **3** 61, 99
UmwG Anh 7 1106, 1255
abwicklungslose Auflösung **Anh 7** 90
Altanteile, Neuanteile **Anh 7** 91
Einbringung in Personengesellschaft **Anh 7** 2088
Formwechsel **Anh 7** 74, 2370
formwechselfähige Rechtsträger **Anh 7** 98 ff
Gläubiger-, Arbeitnehmerschutzbestimmungen **Anh 7** 92
Körperschaften **Anh 7** 111 f
korrespondierendes UmwStG **Anh 7** 110 ff
Personenunternehmen **Anh 7** 113 f
spaltungsfähige Rechtsträger **Anh 7** 96
steuerrechtliche Folgen **Anh 7** 125 ff
Umwandlungen **Anh 7** 70 ff
Umwandlungsarten **Anh 7** 73
verschmelzungsfähige Rechtsträger **Anh 7** 94 f
UmwSt-Erlass Anh 7 12
UmwStG, Einbringung **Anh 7** 5
einbringungsgeborene Anteile **Anh 7** 6, 8, 10
Einbringungsgewinn **Anh 7** 10
Einzelrechtsnachfolge **Anh 7** 5
Gesetzesaufbau **Anh 7** 1
persönlicher Anwendungsbereich **Anh 7** 55 ff
räumlicher Anwendungsbereich **Anh 7** 15 ff
rückwirkende Besteuerung **Anh 7** 10
Rückwirkung **Anh 7** 4
sachlicher Anwendungsbereich **Anh 7** 25 ff, 70
Stundungsregelung **Anh 7** 7, 9
Übergangsregelung **Anh 7** 3
Verschmelzung **Anh 7** 5
wirtschaftliches Eigentum **Anh 7** 5
zeitlicher Anwendungsbereich **Anh 7** 2 ff
Unbilliges Ergebnis, Zerlegung
 – Begriff **33** 3
 – Beurteilungsspielraum **33** 1a
 – Einzelfälle **33** 4 f
 – Ermessen **33** 1a
 – Ersatzmaßstab **33** 6
 – Verfahren **33** 5
 – Zweck der Vorschrift **33** 1
Unentgeltliche Betriebsübertragung 7 95
Unentgeltliche Rechtsnachfolge, Ersatzrealisationstatbestand **Anh 7** 1695, 1725 ff, 1729

Mitverstrickung **Anh 7** 1852
Nachweispflicht **Anh 7** 1804 f
Rechtsfolgen **Anh 7** 1842 ff
Sperrfrist **Anh 7** 2306
Übertragung von sperrfristbehafteten Anteilen **Anh 7** 1840 ff
Veräußerungstatbestände **Anh 7** 1786
Unentgeltliche Übertragung, Anteile **Anh 7** 1665
Ersatzrealisationstatbestand **Anh 7** 1691
Missbrauchsregelung **Anh 7** 182
Unfallverhütung, gemeinnütziger Zweck **3** 65, 99
Ungeborenes Leben, gemeinnütziger Zweck **3** 99
Unmittelbarkeit, Arbeitskräfte-Überlassung **3** 171
Ausnahmen **3** 166 ff
Begriff **3** 156
Dachorganisationen **3** 163
Einzelfälle **3** 159, 162
Gesellschaftsrechte
 – Erwerb **3** 180
Hilfspersonen **3** 160
Mittelbeschaffung **3** 168
Mittelzuwendung **3** 169
Raumüberlassung **3** 172
Überschusszuwendung **3** 170
Verstoßfolgen **3** 161
Zurechenbarkeit **3** 157 f
Zuschussvergabe **3** 179
Unterbeteiligung 7 218
Erbengemeinschaft **2** 31
Steuerschuldner **5** 11
bei Umwandlungen **Anh 7** 125
Unterbringung, gemeinnütziger Zweck **3** 99
Unternehmen 5 2 f
Gleichheit *s Unternehmensidentität*
Gütergemeinschaft **5** 3
Zurechnung **5** 2
Unternehmensberater 2 275
Unternehmensbeteiligungsgesellschaft 2 465
Anerkennung **3** 451
Befreiung **3** 448 ff
Bezeichnungsschutz **3** 452
Grundlagenbescheid **3** 454
Nachversteuerung **3** 453
Unternehmensgegenstand **3** 450
Unternehmenseinheit bei einheitlichem Gewerbebetrieb **2** 27
Unternehmensidentität, Begriff **10a** 10
Betriebsaufspaltung **10a** 15
Betriebsverlegung **10a** 13
Beurteilungskriterien **10a** 11 ff
Gewerbeverlust **10a** 10 ff

magere Zahlen = Rn

Veräußerungsfreibetrag

Körperschaften **10a** 25 ff
- wirtschaftliche Identität *s dort*
Mantelkauf **10a** 25 ff
mehrere Gewerbebetriebe **10a** 11
öffentliche Hand **10a** 89 f
Personengesellschaft **10a** 20 ff
- Beteiligungen **10a** 21
- beteiligungsidentische **10a** 22
- Mehrmütterorganschaft **10a** 23d
- Realteilung **10a** 23e
- Übertragungsvorgänge **10a** 23 ff
schädlicher Beteiligungserwerb *s dort*
strukturelle Anpassungen **10a** 12
wirtschaftliche Identität *s dort*
Unternehmer, Nießbrauchsberechtigter **5** 3
Stellvertretung **5** 4
Treuhandverhältnis **5** 4
Vergütung *s Arbeitslohn*
Wechsel *s Unternehmerwechsel*
Unternehmeridentität, Betriebe gewerblicher Art **10a** 105
Einzelunternehmen **10a** 91 f
Kapitalgesellschaften **10a** 103 ff
Körperschaften **10a** 103 ff
Mitunternehmerschaften **10a** 93 ff
- atypische stille Gesellschaft **10a** 100
- Betriebsübertragung **10a** 98b
- doppelstöckige Gesellschaft **10a** 101 f
- Gesellschafterwechsel **10a** 97 ff
- personenidentische **10a** 94
- unterjähriger Wechsel **10a** 99
- Verschmelzung von Mitunternehmern **10a** 98a
- Wechsel zum Einzelunternehmer **10a** 96
- Wechsel zum letzten Mitunternehmer **10a** 95
- Wechsel zur mittelbaren Beteiligung **10a** 98
Organschaften **10a** 106 ff
- außerorganschaftliche Verluste **10a** 110
- innerorganschaftliche Verluste **10a** 107
- Mehrmütterorganschaft **10a** 111
- vororganschaftliche Verluste **10a** 108 ff
Vereinigung von Betrieben **10a** 92
Verlustabzug **10a** 90 ff
Unternehmerwechsel, Aufteilung des Gewerbeertrags **2** 601 f
Bescheidzustellung **2** 599
Erbfall **2** 592
Fiktion **2** 590
Gesetzeszweck **2** 590
Gewerbeertragsermittlung **7** 38
materiell-rechtliche Folgen **2** 597 f
partieller **Anh 7** 199
Personengesellschaften **2** 595 f
und Steuerschuldnerschaft **2** 599

übernehmende Personengesellschaft **Anh 7** 2268
Umwandlungsvorgänge **2** 593 ff
Verfahrensrecht **2** 603 ff
- Betriebsvereinigung **2** 607
- formwechselnde Umwandlung **2** 604
- Liquidation **2** 606
- Personengesellschaft **2** 605
Voraussetzungen **2** 591
Zeitpunkt **2** 600
Unterricht 2 275
Unterstützungsbedürftigkeit, Mildtätigkeit **3** 103 ff
Unterstützungskassen 8 Nr 1a 111
Befreiung **3** 340 ff
Leistungen von Fall zu Fall **3** 355
partielle Steuerpflicht **3** 375 ff
rückgedeckte
- Vermögensgrenze **3** 368
Steuermessbetrag **11** 8
Übernahmefolgegewinn **Anh 7** 784
Vermögensgrenzen **3** 366 ff
Verschmelzung **Anh 7** 1003
s auch Pensions- und Unterstützungskassen
Unterstützungskassen Post, Befreiung **3** 490
Untreue, Einkünftezurechnung bei Mitunternehmerschaft **7** 164
Unverzinsliche Verbindlichkeiten 8 Nr 1a 112
Urheberrechte, Verwertung von U. **2** 108
Urlaubsvertreter 2 59, 275

Venture Capital Fonds 2 131
Veräußerung „an sich selbst"
- Aufnahme eines weiteren Gesellschafters **Anh 7** 2260 f, 2351
- Gewerbesteuer **Anh 7** 2324
von Anteilen an Kapitalgesellschaft **7** 31
von Anteilen nach § 8b KStG **Anh 7** 1580 ff
Begriff **Anh 7** 180, 1664, 1694
Einbringung **Anh 7** 2073
- in Personengesellschaft **Anh 7** 2035
fiktive **Anh 7** 2240
mittelbare V. von Anteilen **Anh 7** 1716
schädliche **Anh 7** 1695
- iSd § 22 Abs 1 Satz 6 UmwStG **Anh 7** 2292
teilweise **Anh 7** 1670
Veräußerungs-/Aufgabekosten 7 92
Veräußerungsfiktion, Anteile an übertragender Kapitalgesellschaft **Anh 7** 1035
Nachweispflicht **Anh 7** 1808
Veräußerungsfreibetrag Anh 7 1465, 1471
Einbringung von Mitunternehmeranteilen **Anh 7** 1467

1203

Veräußerungsgewinn

fette Zahlen = §§

bei Kapitalgesellschaften **7** 31
Missbrauchsklausel **Anh 7** 190
Veräußerungsgewinn 7 82
Anteilseigner der übertragenden Kapitalgesellschaft **Anh 7** 1037 ff
Besteuerung **Anh 7** 1408 f, 1749 f
Entstehung **Anh 7** 1042
Ermittlung **Anh 7** 1406, 1745 ff
Gewerbesteuer **Anh 7** 1409
Steuerfreiheit **7** 27 f
Veräußerungskosten, anteilige Kostenübernahme **Anh 7** 1753
Erhöhung des laufenden Gewinns **Anh 7** 1752
Veräußerungspreis 7 83
Änderung des Wertansatzes **Anh 7** 1403
des Einbringenden **Anh 7** 2181
Veräußerungssperrklausel, Änderung der Beteiligungsrechte **Anh 7** 1174
Anteilsveräußerung an außenstehende Personen **Anh 7** 1173
Ausgleichszahlungen **Anh 7** 1174
Bagatellgrenze **Anh 7** 1180, 1182 ff
Beweislastregel **Anh 7** 1180 ff
Bezugsrecht **Anh 7** 1174
Erbfolge **Anh 7** 1174
Realteilung **Anh 7** 1174
schädliche Veräußerung **Anh 7** 1171
Sperrfrist **Anh 7** 1180, 1185
Steuerbefreiung nach § 8b KStG **Anh 7** 1174
Umstrukturierungen **Anh 7** 1172
Umtauschverhältnis **Anh 7** 1183
Veräußerung von Anteilen an Muttergesellschaft nach Aufwärts-Abspaltung **Anh 7** 1181
Vereinbarung zwischen Gesellschaftern **Anh 7** 1184
Vollzug einer Veräußerung durch Spaltung **Anh 7** 1175
Vorbereitung einer Veräußerung **Anh 7** 1176
Veräußerungstatbestände, eingebrachte Anteile **Anh 7** 1785 ff
Verbandsgeschäftsführer 2 275
Verbindlichkeiten, nicht bilanzierte ungewisse betriebliche **Anh 7** 2256
Übernahme **Anh 7** 2118
Wertausgleich **Anh 7** 2224
Verbraucherberatung, gemeinnütziger Zweck **3** 69, 99
Verbraucherschutz, gemeinnütziger Zweck **3** 69, 99
Verbundene Unternehmen Anh 7 397
Hinzurechnungen und Kürzungen **7** 10
Verdeckte Einlagen, Gewährung von Gesellschaftsrechten **Anh 7** 2154

Verdeckte Gewinnausschüttung, ABC **7** 248
anteilige Kostenübernahme **Anh 7** 1753
Gewährung von Gesellschaftsrechten **Anh 7** 2154 f
Kosten des Vermögensübergangs **Anh 7** 1676
Verdeckte Veräußerung, Gewährung von Gesellschaftsrechten **Anh 7** 2155
Vereine, Steuermessbetrag **11** 8
Vereinigungsphilosophie, gemeinnütziger Zweck **3** 99
Vereinsgeschäftsführer 2 275
Vereinsvorstand 2 275
Verfahrenspfleger 2 275
Verfassungsmäßige Ordnung, gemeinnütziger Zweck **3** 99
und Gemeinnützigkeit **3** 46
Verfassungsrechte und -ziele, gemeinnütziger Zweck **3** 99
Verfolgtenhilfe, gemeinnütziger Zweck **3** 99
Vergleichskriterien, ausländische Vorgänge **Anh 7** 50
Vergleichsverwalter 2 275
Verjährung 1 34; **5** 25
Gewerbesteuermessbescheid **14** 8
Verkaufstrainer 2 275
Verkehrserziehung, gemeinnütziger Zweck **3** 65
Verkehrsflughafen, eigenwirtschaftliche Zwecke **3** 127
Verkehrssicherheit, gemeinnütziger Zweck **3** 99
Verkehrsverein, gemeinnütziger Zweck **3** 99
Verlust, Buchwertaufstockung **Anh 7** 1931
finaler **Anh 7** 270 ff
Verlust nach § 10a GewStG, Formwechsel **Anh 7** 2378
Verlustabzug Anh 7 250 ff
abgespalteter Teilbetrieb **Anh 7** 261
Abspaltung **Anh 7** 1195
Abwärtsverschmelzung **Anh 7** 262
Aufwärtsverschmelzung **Anh 7** 263
ausländische Betriebsstättenverluste **Anh 7** 237, 270 ff
EBITDA-Vorträge **Anh 7** 257
Einbringungen **Anh 7** 253
bei Körperschaften nach §§ 8 Abs 4, 8c KStG **Anh 7** 264 f
Mindestbesteuerung **Anh 7** 255
Organschaft **Anh 7** 277
Rechtsnachfolge **Anh 7** 258 ff
übernehmende Gesellschaft **Anh 7** 1877
übernehmende Kapitalgesellschaft **Anh 7** 254

magere Zahlen = Rn

Vermögensübertragung

übernehmende Personengesellschaft **Anh 7** 2268 ff
Umwandlungen **Anh 7** 258 ff
auf Körperschaft **Anh 7** 252, 260
verbleibender Verlustvortrag **Anh 7** 251 ff
Zinsvorträge **Anh 7** 257
s auch Gewerbeverlust
Verlustabzug nach § 10a GewStG Anh 7 195 ff
Änderung der Beteiligungsquote **Anh 7** 198
Anteilsvereinigung **Anh 7** 213
Anwachsung **Anh 7** 200, 226 f
atypische stille Gesellschaft **Anh 7** 199
Ausscheiden eines Mitunternehmers **Anh 7** 196
Betriebsvereinigung **Anh 7** 221
EBITDA-Vorträge **Anh 7** 205, 211
Eintritt eines neuen Gesellschafters **Anh 7** 198
Formwechsel **Anh 7** 202, 228
Gesellschafter einer Ober-Personengesellschaft **Anh 7** 197
Mindestbesteuerung **Anh 7** 214
Obergesellschaft **Anh 7** 226 ff
rückwirkende Übertragung **Anh 7** 203 f
Spaltung auf Personengesellschaft **Anh 7** 236
übertragende Kapitalgesellschaft **Anh 7** 201
Umwandlung auf andere Körperschaft **Anh 7** 215 ff
Umwandlung zwischen Personengesellschaften **Anh 7** 225 ff
Verlustausgleich **Anh 7** 220
Vermögensübergang auf Körperschaft **Anh 7** 210 ff
Vermögensübergang auf Personengesellschaft **Anh 7** 196 ff
Verschmelzung der atypisch still beteiligten GmbH **Anh 7** 197
Verschmelzung GmbH & Co KG **Anh 7** 229
vororganische Verluste **Anh 7** 222
Wechsel der Mitunternehmerstellung **Anh 7** 199
Zinsvorträge **Anh 7** 205, 211
Verlustabzug nach § 15a EStG Anh 7 2270
Verlustabzug nach § 19 Abs 2 UmwStG, Spaltung auf Körperschaft **Anh 7** 235
Verlustabzug nach § 4 Abs 2 UmwStG, Umwandlung auf Körperschaft **Anh 7** 252
Verlustanteile, ausländische Mitunternehmerschaft **8 Nr 8** 2
Begriff **8 Nr 8** 3
GmbH & Co KG **8 Nr 8** 4
Hinzurechnung **8 Nr 8**
– Zweck **8 Nr 8** 1

– Umfang **8 Nr 8** 5
Verlustausgleich Anh 7 220
Verlustbeteiligung, Mitunternehmerrisiko **7** 168
Verluste Anh 7 982
Verlustfeststellungsbescheid 35b 14 ff
Änderung **35b** 16
Zuständigkeit **35b** 14
s auch Sachliche Selbstständigkeit
Verlustnutzung Anh 7 252, 256
Verlustverrechnung nach § 15a EStG Anh 7 291 f
Organgesellschaft **Anh 7** 302
Verlustvortrag, Formwechsel **Anh 7** 2378
Verlustzuweisungsgesellschaften 7 223
Vermietung 2 389
Abgrenzung zum Gewerbebetrieb **2** 106 ff
bewegliche Gegenstände **2** 108
Flugzeuge **2** 108
Grundstücke **2** 106
möblierte Zimmer **2** 107
Vermittlungen 2 59
Vermögensbeteiligung, Gesellschafter ohne V. **Anh 7** 2079
Vermögensbildung, letztwillige Verfügung **3** 208a
Spendenaufruf **3** 208c
Stiftung in Gründung **3** 209
Vermögensbezogenheit **3** 208d
Zulässigkeit **3** 208 ff
Zuwendungsbestimmung **3** 208b
Vermögensbindung, künftige Bestimmung **3** 204b
Pensions- und Unterstützungskassen **3** 351
Satzungsmäßigkeit **3** 145, 204 ff
– Ausnahmen **3** 205
Stifter **3** 147
Vermögensgemeinschaft, Mitunternehmerschaft **2** 407
Vermögensübergabe gegen Versorgungsleistungen **7** 87
Vermögensübergang kraft Gesetzes **Anh 7** 46
auf Personengesellschaft ohne Betriebsvermögen **Anh 7** 800 ff
– Besteuerung des Übernahmegewinns **Anh 7** 806 ff
– Investitionsabzugsbetrag **Anh 7** 802
– Rechtsfolgen bei Personengesellschaft **Anh 7** 805
– vermögensverwaltende Personengesellschaft **Anh 7** 803
– vorausgegangene Betriebsaufgabe bei Körperschaft **Anh 7** 802 ff
– Zebragesellschaft **Anh 7** 803
Vermögensübertragung Anh 7 32, 97, 849
Begriff **Anh 7** 77

1205

Vermögensverwaltende Personengesellschaft   fette Zahlen = §§

Vermögensverwaltende Personengesellschaft **Anh 7** 803
Formwechsel **Anh 7** 2380
Vermögensverwaltung 2 100 ff
ABC zur Abgrenzung **2** 115 ff
Abgrenzung wirtschaftlicher Geschäftsbetrieb **3** 242 ff
Abgrenzung zum Gewerbebetrieb **2** 100 ff
Begriff **3** 241 f
betriebliche Organisation **2** 103
Betriebsaufspaltung **3** 244
gemischte Tätigkeiten **2** 101
Leasing **2** 109
Spärenwechsel **3** 245
Vermögensverwaltungsgesellschaft 7 220
Befreiung **3** 386 ff
Erträge
– Herkunft **3** 393
Gewinnerteilungsschlüssel **7** 222
Zweckmehrheit **3** 392
Verpachtung 2 389
Verpflichtungsklage 1 51
Verschleierte Sachgründung, Einbringung in Kapitalgesellschaft **Anh 7** 1980 ff
Verschmelzung Anh 7 70, 76, 430 ff, 1257
Ansatz des gemeinen Werts (§ 3 Abs 1 UmwStG) **Anh 7** 470 ff
Ansatz des übergehenden Vermögens **Anh 7** 455 ff
Ansatz- und Bewertungsvorschrift des § 3 UmwStG **Anh 7** 456
Ansatzverbote des § 5 EStG **Anh 7** 456 f
Anteilserwerb vor Umwandlung **Anh 7** 721
Auflösung der Bilanzansätze nach § 5 EStG **Anh 7** 645
Aufstockung **Anh 7** 495 ff, 520, 646
Auslandsverschmelzung **Anh 7** 17
– mit Inlandsbezug **Anh 7** 580
ausscheidende Gesellschafter **Anh 7** 518
Ausschluss des inländischen Besteuerungsrechts **Anh 7** 535 ff
Ausschüttungsfiktion **Anh 7** 797
Ausübung des Bewertungswahlrechts (§ 3 Abs 2 UmwStG) **Anh 7** 525 ff
Barabfindung **Anh 7** 518
beschränkt steuerpflichtige Körperschaft **Anh 7** 1032
Beschränkung des Besteuerungsrechts **Anh 7** 510 f
Beschränkung des inländischen Besteuerungsrechts **Anh 7** 535 ff
Besteuerung des Übernahmegewinns **Anh 7** 706 ff
Betriebs-GmbH **Anh 7** 1428
Bewertung des übergehenden Vermögens **Anh 7** 470 ff

Bilanzierung des Übernehmenden **Anh 7** 630 ff
Bilanzierung des Übertragenden **Anh 7** 445 ff
Buchwertansatz (§ 3 Abs 2 UmwStG) **Anh 7** 480 ff
doppelte Ansässigkeit **Anh 7** 432
Drittstaaten **Anh 7** 18, 1093
Einbringender **Anh 7** 2024
Entstrickung **Anh 7** 590 ff
Ermittlung des Übernahmeergebnisses **Anh 7** 700 ff
europäische Gesellschaften **Anh 7** 433
fiktive Steueranrechnung **Anh 7** 610 f
Formwechsel **Anh 7** 416
Gegenleistung **Anh 7** 516
Gesamtrechtsnachfolge **Anh 7** 76, 110
Gewährung von Gesellschaftsrechten **Anh 7** 515 ff
gewerblich geprägte Personengesellschaft **Anh 7** 503
GmbH & Co KG **Anh 7** 229
grenzüberschreitende **Anh 7** 17
Grunderwerbsteuer **Anh 7** 458
Hereinverschmelzung **Anh 7** 17, 570 ff
Hinausverschmelzung **Anh 7** 17, 560 f
Inlandsverschmelzung **Anh 7** 17
– mit Auslandsbezug **Anh 7** 550 f
Kapitalgesellschaft auf Personengesellschaft **Anh 7** 411
von Körperschaften **Anh 7** 415
Körperschaftsteuererhöhung **Anh 7** 620 f
natürliche Person **Anh 7** 112, 436
– § 9 UmwStG **Anh 7** 815
nicht verhältniswahrende **Anh 7** 1018, 1041
Pensionsrückstellungen **Anh 7** 637
Personengesellschaft **Anh 7** 435
Rücklagen (§§ 6b, 7g EStG) **Anh 7** 458
Rückstellung **Anh 7** 458
von Schwestergesellschaftern **Anh 7** 1050
Sperrbetrag iSd § 50c EStG **Anh 7** 689 ff
steuerbefreite Körperschaft **Anh 7** 504
steuerbefreites Zweckvermögen **Anh 7** 504
steuerliche Eröffnungsbilanz **Anh 7** 635 ff
steuerliche Rechtsnachfolge **Anh 7** 640 ff
steuerliche Schlussbilanz **Anh 7** 636
Übergang in das Betriebsvermögen **Anh 7** 501 ff
Übernahmeergebnis **Anh 7** 650 ff
Übernahmefolgegewinn **Anh 7** 770 ff
– bei Beteiligung im Privatvermögen (§ 7 UmwStG aF) **Anh 7** 790 ff
Übernahmegewinn **Anh 7** 675 ff
– nach § 5 UmwStG **Anh 7** 725 ff
– bei Vermögensübergang auf Personengesellschaft ohne Betriebsvermögen **Anh 7** 800 ff

magere Zahlen = Rn

Versicherungsvertreter

Übernahmeverlust **Anh 7** 710 ff
übernehmender Rechtsträger **Anh 7** 435 f
Übersicht **Anh 7** 116
übertragender Rechtsträger **Anh 7** 432 ff
Übertragungsgewinn **Anh 7** 519, 600 ff
Umwandlungsarten **Anh 7** 437 f
Veräußerungsgewinn **Anh 7** 517
verbleibende Anteilseigner **Anh 7** 517
Verlustabzug **Anh 7** 259
– nach § 19 Abs 2 UmwStG **Anh 7** 215 ff
Verlustnutzung **Anh 7** 647
vermögensverwaltende Personengesellschaft **Anh 7** 502
Voraussetzungen des Bewertungswahlrechts (§ 3 Abs 2 UmwStG) **Anh 7** 501 ff
Wertaufholung **Anh 7** 1030
Wertverschiebungen **Anh 7** 1031
widersprechende Gesellschafter **Anh 7** 518
Zebragesellschaft **Anh 7** 503
Zurückbehaltung von Vermögen **Anh 7** 465
Zuständigkeit **Anh 7** 529
Zwischenwertansatz (§ 3 Abs 2 UmwStG) **Anh 7** 490 ff
Verschmelzung auf andere Körperschaft Anh 7 845 ff
Abwärtsverschmelzung **Anh 7** 847, 935 ff
Ansatz des gemeinen Werts **Anh 7** 875 ff
Ansatz des übergehenden Vermögens **Anh 7** 865 ff
Anschaffung von Anteilen nach steuerlichem Übertragungsstichtag **Anh 7** 998
Aufwärtsverschmelzung **Anh 7** 847, 945, 994 ff
– auf Organgesellschaft **Anh 7** 996
ausländische Umwandlungsvorgänge **Anh 7** 848
Ausübung des Bewertungswahlrechts **Anh 7** 930 ff
Besteuerung der Anteilseigner der übertragenden Kapitalgesellschaft (§ 13 UmwStG aF) **Anh 7** 1015 ff
Bewertung der Anteile an der übertragenden Körperschaft (Aufwärtsverschmelzung) **Anh 7** 976
Bewertung des übergehenden Vermögens **Anh 7** 875 ff
Bewertungswahlrecht **Anh 7** 905 ff
Bilanzierung des Übernehmenden **Anh 7** 970 ff
Bilanzierung des Übertragenden **Anh 7** 855 ff
Buchwertfortführung **Anh 7** 885 ff
Drittstaaten-Verschmelzungen **Anh 7** 1093
Einlage aus steuerfreiem Vermögen **Anh 7** 975
Ermittlung des Übernahmeergebnisses **Anh 7** 997
Gegenleistung **Anh 7** 887

Gesellschafter der übernehmenden Kapitalgesellschaft **Anh 7** 1092
gesicherte Besteuerung **Anh 7** 906 f
handelsrechtliche Schlussbilanz **Anh 7** 855 ff
Hinausverschmelzung **Anh 7** 916
keine Gegenleistung **Anh 7** 920 ff
nicht übergehendes Vermögen **Anh 7** 880
auf Organgesellschaft **Anh 7** 955
Pensionsrückstellungen **Anh 7** 876
persönlicher Anwendungsbereich **Anh 7** 850
Rechtsstellung der übernehmenden Körperschaft **Anh 7** 980 ff
sachlicher Anwendungsbereich **Anh 7** 846 ff
auf Schwestergesellschaften **Anh 7** 946 f
Seitwärtsverschmelzung **Anh 7** 847
steuerliche Schlussbilanz **Anh 7** 857 ff
Übergangsverlust **Anh 7** 993
Übernahmeergebnis (§ 12 Abs 2 UmwStG) **Anh 7** 990 ff
Übernahmefolgegewinn **Anh 7** 1005 f
überschuldete Unternehmen **Anh 7** 956
übertragende Körperschaft als Mitunternehmerin **Anh 7** 888
Übertragungsgewinn **Anh 7** 897, 965 f
uneingeschränktes Besteuerungsrecht **Anh 7** 915
Unterschreitung der Anschaffungskosten (§ 12 Abs 2 Satz 2 u 4 UmwStG aF) **Anh 7** 1000 ff
Unterschreitung des Buchwerts **Anh 7** 879
Unterstützungskasse **Anh 7** 1003
Vermögensübertragung **Anh 7** 849
Versicherungs-AG **Anh 7** 1010 ff
Versicherungsverein auf Gegenseitigkeit (VVaG) **Anh 7** 1010 f
Vollvermögensübertragung **Anh 7** 921
Wertverschiebungen **Anh 7** 948
Zurückbehaltung von Vermögen **Anh 7** 870
Zwischenwertansatz **Anh 7** 895 ff
Versicherung, eigenwirtschaftliche Zwecke **3** 127
Versicherungs- und Versorgungseinrichtungen, berufsständische
– Befreiung **3** 395 ff
Versicherungs-Aktiengesellschaft Anh 7 1010 f
Versicherungsberater 2 275
Versicherungsleistungen und Gewerbeertrag **7** 74
Versicherungsmathematiker 2 275
Versicherungsunternehmen 2 389; **8** Nr 1a 113
Versicherungsverein auf Gegenseitigkeit (VVaG) 2 463; **Anh 7** 1010 f
Befreiung **3** 485 f
Gewährung von Mitgliedschaftsrechten **Anh 7** 1055
Versicherungsvertreter 2 59, 275

1207

Versorgungsbetriebe

fette Zahlen = §§

Versorgungsbetriebe 2 381, 389
Versorgungswerk 2 389
Versorgungszusagen an Betriebsübergeber **7** 268
Versorgungszusammenschlüsse, Befreiung **3** 468 ff
Steuermessbetrag **11** 8
Verspätungszuschlag, Verfahren **14b** 3
Zweck **14b** 2
Verträge zwischen Gemeinden und Steuerpflichtigen **4** 12
Vertriebenenhilfe, gemeinnütziger Zweck **3** 99
Vertriebenenverbände, gemeinnütziger Zweck **3** 99
Vertriebslizenz, Ausschließlichkeit **8 Nr 1f** 11
Vervielfältigungstheorie 2 239, 265
Verwaltungssitz Anh 7 60
Verlegung ins Inland **Anh 7** 61, 63
Verwertungsgenossenschaft 3 328 ff
Verwertungsverein 3 328 ff
Verwirkung 1 33; **5** 26
Verzinsung der Steuernachzahlung, rückwirkender Einbringungsgewinn **Anh 7** 2303
Vetorecht, Wertansatz der übernehmenden Personengesellschaft **Anh 7** 2241
Video-Cutter 2 275
Video-Editor 2 275
Viehkastrierer 2 275
Viehklauenpfleger 2 275
Visagist 2 275
Vogelzucht 2 213
Völkerverständigung, gemeinnütziger Zweck **3** 66
Volksbildung, gemeinnütziger Zweck **3** 60
Vorauszahlungen 19
abweichendes Wirtschaftsjahr **19** 2 f
Anpassung **19** 4 ff
– Ermessen **19** 4b
– Grundlage **19** 4a
– Verfahren **19** 4c
Bemessungsgrundlage **19** 3
Entstehung **19** 2; 21
– Bedeutung **21** 3
– und Festsetzung **21** 2
Festsetzung **19** 2
Höhe **19** 3 ff
Messbetrag
– Bindungswirkung **19** 5a
– bei erstmaliger Vorauszahlung **19** 6
– Grundsatz **19** 5
– und UntStRefG **19** 5b
– Zerlegung **19** 5c
Rechtsbehelfe **19** 8
Verlegung der Betriebsstätte **19** 7

Zuständigkeit **19** 2b
Zweck **19** 1
Vorbehaltsnießbrauch 5 3
Vorbesitzzeiten Anh 7 644, 983
Organschaftsverhältnis **Anh 7** 644
Vordienstzeiten Anh 7 346
Vorgesellschaft, Anteile **Anh 7** 2291
Vorläufiger Rechtsschutz 35b 11
Vororganische Verluste Anh 7 222
Vorratshaltung 8 Nr 1a 114
Vortragswerber 2 275
Vorwegvergütungen, DBA-Recht **7** 20

Wahlrecht, bei Betriebsverpachtung **7** 100
Wahlrechtsausübung 7 8
Handels- und Steuerrecht **7** 186
Waldgenossenschaft 3 16
Steuermessbetrag **11** 8
Wanderschäferei 2 219
Wareneinkauf, eigenwirtschaftliche Zwecke **3** 127
Warenverbindlichkeiten 8 Nr 1a 115
Wartegelder 8 Nr 1a 116
Wasserkraftwerke, Befreiung **3** 483
Wasserversorgungsbetriebe 2 389
Wasserversorgungsverbände 2 389
Wasserwerke, eigenwirtschaftliche Zwecke **3** 127
Wechsel der Gewinnermittlungsart bei Betriebseinstellung **7** 37
Wechselkredite 8 Nr 1a 117
Wegzug, Ersatzrealisationstatbestand **Anh 7** 1726
Weinbau bei Land- und Forstwirtschaft **2** 225
Weinlabor 2 275
Weitereinbringung Anh 7 1690 ff
von Anteilen iSd § 22 Abs 1 Satz 6 UmwStG **Anh 7** 2292
durch Einbringenden **Anh 7** 1720 ff
erhaltener Mitunternehmeranteile **Anh 7** 2293
Nachweispflicht **Anh 7** 1800
Zuzahlungen **Anh 7** 1722
Weiterumwandlung auf Kapitalgesellschaft **Anh 7** 1702
auf Personengesellschaft **Anh 7** 1701
Weltanschauung, gemeinnütziger Zweck **3** 54
Werbeanzeigen 2 275
Werbeberater 2 275
Werbedamen 2 59
Werbefilme 2 59
Werbeprospektverteiler 2 59
Werbesendungen von Rundfunkanstalten **7** 15
Werbung 2 275

Wirtschaftlicher Geschäftsbetrieb

magere Zahlen = Rn

Werks-Motocross-Fahrer 2 59
Wertansatz, nachträgliche Erhöhung
    Anh 7 1877
der übernehmenden Personengesellschaft
– zwingende Bindung **Anh 7** 2241
s auch Gemeiner Wert
Wertaufholung Anh 7 653, 1030
Übernahmegewinn nach § 5 UmwStG
    Anh 7 761
Wertaufstockung, Entnahmenüberhang
    Anh 7 1482
Wertausgleich, Zuordnung von Verbindlichkeiten **Anh 7** 2224
Wertpapierhandel 2 133
Wertstoffverwertung 2 389
Wertverknüpfung Anh 7 635, 970
Anteilstausch **Anh 7** 1590 f
doppelte **Anh 7** 1595
Wertverschiebungen Anh 7 948, 1050
Spaltung **Anh 7** 1210 ff
Verschmelzung **Anh 7** 1031
Wesentliche Betriebsgrundlagen 7 68;
    Anh 7 1283
100%ige Beteiligung an Kapitalgesellschaft
    Anh 7 2102, 2118
100%iger Anteil an Komplementär-GmbH
    Anh 7 2103, 2120, 2126
Betriebsaufspaltung **2** 318 ff
Betriebsgrundstück **7** 101
Einbringung in Personengesellschaft **Anh 7**
    2047
Formwechsel **Anh 7** 2374
Mitunternehmeranteil **Anh 7** 2104
Sonderbetriebsvermögen **Anh 7** 1296, 2102
Umgestaltung **7** 103
wirtschaftliches Eigentum **Anh 7** 2106
Zurückbehaltung von Wirtschaftsgütern
    Anh 7 1305 ff
Wettbewerbsverein, eigenwirtschaftliche
    Zwecke **3** 127
Wettfischen, gemeinnütziger Zweck **3** 99
Widerspruch 1 50
Widerspruchsrecht, Mitunternehmerschaft
    7 165
Wiederkehrende Bezüge 7 86
Wildpark 2 220
Willkür 1 48
Winzer bei Land- und Forstwirtschaft **2**
    225
Wirtschaftliche Identität 10a 27 ff
Abzugsverbot
– maßgeblicher Zeitpunkt **10a** 42
– Umfang **10a** 42
– unterjähriger Identitätswechsel **10a** 42
ähnliche Fälle **10a** 41 ff
Allgemeines/Inhalt **10a** 27
Anteilsübertragung **10a** 32 ff

bei Betriebsverlegung **7** 79
Einstellung des Geschäftsbetriebs **10a** 31
Fortführung des Geschäftsbetriebs **10a** 31,
    40
Kapitalerhöhung **10a** 34
mittelbare Beteiligungsverhältnisse **10a** 33 ff
Reihenfolge **10a** 37
sachlicher Zusammenhang **10a** 38
Sanierung
– Begriff **10a** 43 f
– Fortführung des Geschäftsbetriebs **10a** 43c
– Voraussetzungen **10a** 43b
überwiegend neues Betriebsvermögen **10a**
    36 ff
– Aktivtausch **10a** 36b
– Bewertung **10a** 36j
– Ersatzbeschaffung **10a** 36c
– Finanzierung **10a** 36i
– gegenständliche Betrachtung **10a** 36a
– immaterielle WG **10a** 36f
– Maß des Überwiegens **10a** 36e
– Organschaft **10a** 36g
– schrittweise Zuführung **10a** 36k
– Umlaufvermögen **10a** 36d
– Verschmelzung **10a** 36h
Verfassungsfragen **10a** 30 ff
Verschmelzungsfälle **10a** 35
Voraussetzungen **10a** 31 ff
Wiederaufnahme des Geschäftsbetriebs **10a**
    40
zeitliche Anwendung **10a** 29
zeitlicher Zusammenhang **10a** 39
Zuführung von Betriebsvermögen **10a** 36 ff
Zweck der Regelung **10a** 28 ff
Wirtschaftlicher Geschäftsbetrieb 2 540
Abgrenzung zur Vermögensverwaltung **2**
    548
Abgrenzung Zweckbetrieb **3** 255 ff
Arbeitgeberverbände **2** 541
ausländische Rechtsgebilde **2** 544
Auslegung **2** 548
Beginn und Ende **2** 558
Begriff **2** 547; **3** 226
Berufsverbände **2** 541
Besteuerungsgrenze **3** 247 ff
– Aufteilung der Körperschaft **3** 251
– Verlustausgleich **3** 250
Beteiligung an Kapitalgesellschaft **3** 229
Beteiligung an Personengesellschaft **3** 228
Betriebsaufspaltung **3** 244
Betriebsausgaben **2** 554
Betriebsbegriff **2** 2
Betriebseinnahmen **2** 553
Binnenmarkt des Vereins **2** 546
Blutspendedienste **3** 240
Einzelfälle **2** 551; **3** 227
Gewerkschaften **2** 541

Wirtschaftlicher Verkehr

fette Zahlen = §§

Gewinnermittlung **2** 552 ff; **3** 230 ff
– Altmaterial **3** 235
– pauschaler Ansatz **3** 236 ff
– Rücklagen **3** 233
– stille Reserven **3** 234
– Veranlassung **3** 231 ff
Gewinnerzielungsabsicht nicht erforderlich **2** 549 f
GmbH **3** 223
kleinere Vereine **2** 545
Land- und Forstwirtschaft **2** 542
mehrere Betriebe **3** 221, 246
mehrere Körperschaften **3** 222
partielle Steuerpflicht/Grundsatz **3** 219 f
persönlicher Anwendungsbereich **2** 540 ff
politische Parteien **2** 543
Rechtsformabhängigkeit **2** 546
Religions- und Ordensgemeinschaften **2** 540
stille Reserven **2** 556
Totalisator **3** 239
Übertragung **2** 557
verdeckte Gewinnausschüttungen **2** 555
Vermögensverwaltung
– Abgrenzung **3** 242 ff
Verpachtung **3** 225
Werbung **3** 238
wettbewerbsneutrale Besteuerung **2** 546
Wirtschaftlicher Verkehr, Abnehmerkreis **2** 70
Beteiligung am w.V. **2** 68 ff
Wirtschaftliches Eigentum Anh 7 731, 1136, 1694
Anteilstausch **Anh 7** 1536 ff
Einbringung **Anh 7** 1256, 1486
– in Personengesellschaft **Anh 7** 2281
Einzelrechtsnachfolge **Anh 7** 1282
Formwechsel **Anh 7** 35
Missbrauchsklausel **Anh 7** 180
Nachweispflicht **Anh 7** 1803
Sacheinlage **Anh 7** 1480
Übertragung **Anh 7** 1635
wesentliche Betriebsgrundlagen **Anh 7** 2106
Wirtschafts- und Strukturbank Hessen, Befreiung **3** 14
Wirtschaftsberater 2 275
Wirtschaftsberatung, gemeinnütziger Zweck **3** 99
Wirtschaftsförderung, gemeinnütziger Zweck **3** 99
Wirtschaftsförderungsgesellschaft, Befreiung **3** 460 ff
Wirtschaftsgenossenschaft 3 325 ff
Wirtschaftsgüter, Abspaltung von Einzelwirtschaftsgütern **Anh 7** 2080
ausgeschiedene **Anh 7** 1920
Ausgliederung einzelner W. **Anh 7** 1483

einzelne **Anh 7** 1333 f
immaterielle **Anh 7** 2177
neutrale **Anh 7** 1142
Realteilung **Anh 7** 2082
Rückwirkung **Anh 7** 1494
Übertragung einzelner W. **Anh 7** 1425
Übertragung unter gemeinem Wert **Anh 7** 1921
untergegangene **Anh 7** 1920
zuordenbare **Anh 7** 1291, 2116, 2136 ff
Wirtschaftsingenieur 2 275
Wirtschaftsprüfer 2 275
Wirtschaftsverein 3 325 ff
Wissenschaft, gemeinnütziger Zweck **3** 53
Wissenschaftliche Tätigkeit 2 275
Witwen- und Waisenkasse, Befreiung **3** 341
Wohlfahrtspflege, anerkannte Verbände **3** 265
Leistungserfordernisse **3** 263
Unmittelbarkeit **3** 263
Wohl der Allgemeinheit **3** 264
Zweckbetrieb **3** 261 ff
Wohlfahrtswesen, gemeinnütziger Zweck **3** 62
Wohnheim 2 275
Wohnmobil, Vermietung **2** 134
Wohnungseigentümergemeinschaft, Mitunternehmerschaft **2** 407
Wohnungsgenossenschaften, Befreiung **3** 413 ff
Wohnungsvermietung, eigenwirtschaftliche Zwecke **3** 127
Wurstfabrik bei Land- und Forstwirtschaft **2** 225
Wurstherstellung bei Land- und Forstwirtschaft **2** 224

Yoga-Meditation, gemeinnütziger Zweck **3** 99

Zahlungsdienste 8 Nr 1a 79, 93a, 118
Zahnpraktiker 2 275
Zahntechniker 2 275
Zauberei 2 275
gemeinnütziger Zweck **3** 99
Zebragesellschaft 7 181; **Anh 7** 503, 803
Formwechsel in Kapitalgesellschaft **Anh 7** 2380
Gewerbesteuer **Anh 7** 178
Übernahmegewinn nach § 5 UmwStG **Anh 7** 762
Zeitungsverkäufer 2 59
Zelt- und Wohnwagenwesen, gemeinnütziger Zweck **3** 99
Zerlegung 28 ff
abweichendes Wirtschaftsjahr **28** 2a

magere Zahlen = Rn

Zuahlungen

Amtsverfahren 28 10
Änderung 28 13
Änderungssperre 28 14
Ausnahmen 28 6
Bergbauunternehmen 28 6
besondere Fälle 33
Beteiligte 28 11
Betriebsstätte 28 3 ff
– mehrgemeindliche 28 4
– Verlegung 28 5
Eingemeindung 28 2b
Einigung der Beteiligten 33 7 ff
Gleisanlagen 28 6
Kleinbeträge 34
Leitungsanlagen 28 6
mehrgemeindliche Betriebsstätte *s* dort
niedrig besteuernde Gemeinde 28 6
Organschaft 28 2a
Rechtsanspruch 28 1b
Rechtsbehelfe 28 16
Reisegewerbe 35a 6
Rückausnahme 28 7
unbilliges Ergebnis *s* dort
Verfahren 28 9 ff
Zerlegungsanteil 28 2
Zerlegungsbescheid 28 12 ff
Zerlegungsmaßstab *s* dort
Zuteilungsbescheid 28 15
Zweck 28 1 f
Zerlegungsanteil 1 32
Begriff 28 2
Zerlegungsbescheid 1 32; **28** 12 ff
Bestandskraft 28 12c
Grundlagen-/Folgebescheid 28 12b
Inhalt 28 12a
Zerlegungsmaßstab 29
Allgemeines 29 1
Arbeitnehmerbegriff 29 3 ff
Arbeitslöhne 29 2
Beschäftigung in Betriebsstätte 29 6 ff
eigene Arbeitnehmer 29 5
Energiegewinnung 29 9a
gegenwärtiges Dienstverhältnis 29 4
Leiharbeitnehmer 29 5a
maßgebliche Beträge 29 8
mehrgemeindliche Betriebsstätte
– Aufteilung Gemeindelasten 30 8
– Ermessen 30 5 ff
– Gemeindelasten 30 7
– örtliche Verhältnisse 30 6
Windkraftanlagen 29 9 ff
Zeugen Jehovas, gemeinnütziger Zweck **3** 99
Ziegelei bei Land- und Forstwirtschaft **2** 223
Zinsaufwendungen (Zinsschranke)
Anh 7 345

Zins-Swap-Vertrag 8 Nr 1a 119
Zinsvorträge Anh 7 205, 257, 347, 647, 982, 2360
Abspaltung **Anh 7** 1195
Rückwirkung **Anh 7** 396, 1495
Sacheinlage **Anh 7** 1510
Übergang auf übernehmende Gesellschaft **Anh 7** 211
Zivilschutz, gemeinnütziger Zweck **3** 65, 99
Zollberater 2 275
Zolldeklarant 2 275
Zollkredite 8 Nr 1a 120
Zuchtausstellung, eigenwirtschaftliche Zwecke **3** 127
Zurückbehaltung, nicht wesentliche Wirtschaftsgüter **Anh 7** 2125
Zurückbehaltung von Vermögen Anh 7 465, 870
100%ige Beteiligung an Kapitalgesellschaft **Anh 7** 2137
Anteile an übernehmender Gesellschaft **Anh 7** 1310
Billigkeitsregelung **Anh 7** 1310 f
Einbringung **Anh 7** 1305 ff
– in Personengesellschaft **Anh 7** 2135 ff
einzelne Wirtschaftsgüter **Anh 7** 1150
Entnahme **Anh 7** 2139
Forderungen **Anh 7** 2140
Gewerbesteuer **Anh 7** 2323
Mitunternehmeranteil **Anh 7** 2141
neutrale Wirtschaftsgüter **Anh 7** 1142
nicht wesentliche Betriebsgrundlagen **Anh 7** 1306
nicht zuordenbare Wirtschaftsgüter **Anh 7** 1307
Nutzungsrecht **Anh 7** 1137
Sonderbetriebsvermögen **Anh 7** 1309
Teilbetrieb **Anh 7** 1291
Verbindlichkeiten **Anh 7** 1308
Wahlrecht **Anh 7** 1151
wesentliche Betriebsgrundlagen **Anh 7** 1140, 2135
zuordenbare Wirtschaftsgüter **Anh 7** 2136 f
Zusatzversorgungseinrichtung, Befreiung **3** 341
Zuständigkeit Anh 7 348 ff
Anwachsung **Anh 7** 350
Aufspaltung **Anh 7** 351
formwechselnde Umwandlung **Anh 7** 349
örtliche **Anh 7** 125
rückwirkende Besteuerung **Anh 7** 352
Verschmelzung **Anh 7** 348
Zuteilungsverfahren, Beschwer **4** 8
Zuteilungsbescheid **4** 8
Zuwendungen *s* Spenden
Zuzahlungen Anh 7 726, 1017
in anderes Betriebsvermögen **Anh 7** 2341

1211

Zwangsverpflichteter

fette Zahlen = §§

anteilige Gewinnrealisierung **Anh 7** 2340 ff
bare **Anh 7** 1576
in Betriebsvermögen der Personengesellschaft **Anh 7** 2341
Einbringung zu Buchwerten **Anh 7** 2340 ff
Einbringung zum gemeinen Wert **Anh 7** 2350 ff
Entnahme **Anh 7** 2346
freiwillige **Anh 7** 2073
Geschäftsvorfall des einbringenden Betriebs **Anh 7** 2344
in Privatvermögen **Anh 7** 2072, 2340, 2343 f
– Ergänzungsbilanz **Anh 7** 2225
Spaltung **Anh 7** 1225, 1205 ff
in Vermögen des Altgesellschafters **Anh 7** 2054
Weitereinbringung **Anh 7** 1722
Zwangsverpflichteter 2 59
Zwangsverwalter 2 275
Zweckbetrieb, ABC-Darstellung **3** 259 f
Abgrenzung wirtschaftlicher Geschäftsbetrieb **3** 255 ff
Alten(wohn)heim **3** 288, 290
Auftragsforschung **3** 302 ff
Begriff **3** 255
Behindertenfürsorge **3** 288, 294
Behindertenwerkstätte **3** 288, 294
Beschäftigungs- und Arbeitstherapie **3** 288, 295
Blindenfürsorge **3** 288, 297
Dienen **3** 256
Drittmittelforschung **3** 302 ff
Erholungsheim **3** 288, 290
freiwillige Erziehungshilfe **3** 288, 298
Fürsorgeerziehung **3** 288, 298
Gärtnerei **3** 288, 292
gesetzlich normierter **3** 261 ff
Integrationsprojekte **3** 288, 296
Jugendheim **3** 288, 291
Jugendherberge **3** 288, 291
Kindergarten **3** 288, 291
Kinderheim **3** 288, 291
Krankenhaus **3** 266 ff
kulturelle Einrichtung **3** 288, 300
landwirtschaftlicher Betrieb **3** 288, 292
Lotterie **3** 288, 299
Mahlzeitendienst **3** 288, 290
„Nur-Erreichen-Können" **3** 257
Pflegeheim **3** 288, 290
Schullandheim **3** 288, 291
Selbstversorgungseinrichtung **3** 288, 292
sportliche Veranstaltungen **3** 275 ff
Studentenheim **3** 288, 291
Volkshochschule **3** 288, 301
Werkstätten für behinderte Menschen **3** 288, 294
Wettbewerbsklausel **3** 258
Wissenschafts- und Forschungseinrichtungen **3** 288, 302 ff
Wohlfahrtspflege **3** 261 ff
Zweckgeschäfte von Genossenschaften **3** 333
Zweites Deutsches Fernsehen *s Rundfunkanstalten*
Zwischenkredite 8 Nr 1a 121
Zwischenmeister 2 59
Steuermesszahl **11** 13
Zwischenwert Anh 7 895
negatives Betriebsvermögen **Anh 7** 1346
Veräußerungspreis **Anh 7** 1347
Zwischenwertansatz, einheitlicher Ansatz **Anh 7** 2201
Handelsbilanz **Anh 7** 2202
Korrekturen **Anh 7** 1374
Mitunternehmeranteil **Anh 7** 2203
Sacheinlage **Anh 7** 1345 ff
übernehmende Gesellschaft **Anh 7** 1880 ff
übernehmende Personengesellschaft **Anh 7** 2200 ff
Zytologielabor 2 275